KODEX

DES ÖSTERREICHISCHEN RECHTS

Herausgeber: em. o. Univ. Prof. Dr. Werner Doralt
Redaktion: Dr. Veronika Doralt

VÖLKERRECHT

bearbeitet von

DDr. Markus Beham, LL.M.

und

Dr. Melanie Fink

und

Mag. Dr. Ralph Janik, LL.M.

Rubbeln Sie Ihren persönlichen Code frei und laden
Sie diesen Kodexband kostenlos in die Kodex App!

866886

HIER

RUBBELN!

Der Code kann bis zum Erscheinen der Neuauflage eingelöst werden.
Beachten Sie bitte, dass das Aufrubbeln des Feldes
zum Kauf des Buches verpflichtet!

LexisNexis®

Benützungsanleitung: Die Novellen sind nach dem Muster der Wiederverlautbarung in Kursivdruck jeweils am Ende eines Paragraphen, eines Absatzes oder einer Ziffer durch Angabe des Bundesgesetzblattes in Klammer ausgewiesen. Soweit nach Meinung der Bearbeiter ein Bedarf nach einem genauen Novellenausweis besteht, ist der geänderte Text zusätzlich durch Anführungszeichen hervorgehoben.

KODEX

DES ÖSTERREICHISCHEN RECHTS

VERFASSUNGSRECHT
PARLAMENTSRECHT
EUROPARECHT (EU-VERFASSUNGSRECHT)
VÖLKERRECHT
SCHIEDSVERFAHREN
EINFÜHRUNGSGESETZE ABGB und B-VG
BÜRGERLICHES RECHT
UNTERNEHMENSRECHT
ZIVILGERICHTLICHES VERFAHREN
INTERNATIONALES PRIVATRECHT
FAMILIENRECHT
STRAFRECHT
GERICHTSORGANISATION
ANWALTS- UND GERICHTSTARIFE
JUSTIZGESETZE
WOHNUNGSGESETZE
FINANZMARKTRECHT I
FINANZMARKTRECHT II
FINANZMARKTRECHT III
FINANZMARKTRECHT IV
VERSICHERUNGSRECHT I + II
COMPLIANCE FÜR UNTERNEHMEN
WIRTSCHAFTSGESETZE I + VI
WETTBEWERBS- und KARTELLRECHT
UNLAUTERER WETTBEWERB
TELEKOMMUNIKATION
DATENSCHUTZ
VERGABEGESETZE
ARBEITSRECHT
EU-ARBEITSRECHT
AUSHANGPFLICHTIGE GESETZE
SOZIALVERSICHERUNG I + II
SV DURCHFÜHRUNGSVORSCHRIFTEN
STEUERGESETZE
STEUER-ERLÄSSE I -V
EU-STEUERRECHT
ESTG – RICHTLINIENKOMMENTAR
LST – RICHTLINIENKOMMENTAR
KSTG – RICHTLINIENKOMMENTAR
UMGRSTG – RICHTLINIENKOMMENTAR
USTG – RICHTLINIENKOMMENTAR
DOPPELBESTEUERUNGSABKOMMEN
ZOLLRECHT UND VERBRAUCHSTEUERN
RECHNUNGSLEGUNG UND PRÜFUNG
INTERNATIONALE RECHNUNGSLEGUNG
VERKEHRSRECHT
WEHRRECHT
ÄRZTERECHT
GESUNDHEITSBERUFE I + II
KRANKENANSTALTENGESETZE
LEBENSMITTELRECHT
VETERINÄRRECHT
UMWELTRECHT
EU-UMWELTRECHT
EU-CHEMIKALIENRECHT
CHEMIKALIENGESETZE
WASSERRECHT
ABFALLRECHT
SCHULGESETZE
UNIVERSITÄTSRECHT
INNERE VERWALTNG
BESONDERES VERWALTUNGSRECHT
ASYL- UND FREMDENRECHT
POLIZEIRECHT
VERWALTUNGSVERFAHRENSGESETZE
LANDESRECHT TIROL I + II
LANDESRECHT VORARLBERG

ISBN: 978-3-7007-7312-2

LexisNexis Verlag ARD ORAC GmbH & CoKG, 1030 Wien, Marxergasse 25
Druck: CZECH PRINT CENTER a.s.

Vorwort

Der Kodex Völkerrecht geht mit seiner in Unterricht und Praxis bewährten Auswahl an Materialien mit einer kleinen strukturellen Änderung in die 4. Auflage. Aus Abschnitt 2 zum Vertragsrecht wurde nun der breiter angelegte Abschnitt „Quellen", der den Bemühungen der Völkerrechtskommission, die Feststellung von Völkergewohnheitsrecht zu kodifizieren, Rechnung trägt.

Zwei politische Erklärungen zum Fremdenrecht, der *Globale Pakt für eine sichere, geordnete und reguläre Migration* und der *Globale Pakt für Flüchtlinge*, wurden insbesondere im Hinblick auf die öffentliche Debatte hinsichtlich Österreichs Entscheidung, dem sogenannten Migrationspakt nicht beizutreten, als neue Materialien aufgenommen.

Zusätzlich wurden innerstaatliche Änderungen zum *Bundes-Verfassungsgesetz* sowie zum *Strafgesetzbuch* eingearbeitet.

Unser Dank gilt einmal mehr Herrn Professor Dr. Werner Doralt und Frau Dr. Veronika Doralt. Für die Umsetzung und das Layout der 4. Auflage bedanken wir uns auf Verlagsseite bei Frau Mag. Tanja Albler.

Leiden / Passau / Wien im Oktober 2019

DDr. Markus Beham, LL.M.

Dr. Melanie Fink

Mag. Dr. Ralph Janik, LL.M.

Inhaltsverzeichnis

1/1. Die Satzung der Vereinten Nationen

BGBl 1956/120 idF

1 BGBl 1965/294
2 BGBl 1968/258
3 BGBl 1973/633

Die Satzung der Vereinten Nationen

Der Beitritt Österreichs ist am 14. Dezember 1955 wirksam geworden.

WIR, DIE VÖLKER DER VEREINTEN NATIONEN, ENTSCHLOSSEN,

Die kommenden Generationen vor der Geißel des Krieges zu bewahren, die zweimal zu unseren Lebzeiten unsägliches Leid über die Menschheit gebracht hat, und

Den Glauben an grundlegende Menschenrechte, an Würde und Wert der menschlichen Person und an die Gleichberechtigung von Mann und Frau und von großen und kleinen Nationen erneut zu bekräftigen und

Bedingungen zu schaffen, unter denen Gerechtigkeit und Achtung der Verpflichtungen, die auf Verträgen oder anderen Quellen des Völkerrechtes beruhen, gewährleistet werden kann und

Sozialen Fortschritt und bessere Lebensbedingungen bei größerer Freiheit zu fördern

UND FÜR DIESE ZWECKE

Toleranz zu üben und als gute Nachbarn in Frieden miteinander zu leben und

Unsere Macht zu vereinen, um den Weltfrieden und die internationale Sicherheit aufrechtzuerhalten und

Durch die Annahme von Grundsätzen und die Schaffung entsprechender Methoden sicherzustellen, daß Waffengewalt nicht zur Anwendung komme, es sei denn im Interesse des Gemeinwohles, und

Internationale Organisationen heranzuziehen, um den wirtschaftlichen und sozialen Fortschritt aller Völker zu fördern,

HABEN BESCHLOSSEN, UNSERE ANSTRENGUNGEN ZU VEREINEN, UM DIESE ABSICHTEN ZU ERREICHEN.

Dementsprechend haben sich unsere Regierungen durch ihre in der Stadt San Francisco versammelten Vertreter, die ihre in guter und gehöriger Form befundenen Vollmachten vorgewiesen haben, auf die vorliegende Satzung der Vereinten Nationen geeinigt und errichten hiermit eine internationale Organisation, die den Namen Vereinte Nationen tragen soll.

Kapitel I.

Ziele und Grundsätze

Artikel 1.

Die Ziele der Vereinten Nationen sind:

1. Den Weltfrieden und die internationale Sicherheit aufrechtzuerhalten und zu diesem Zweck: wirksame Kollektivmaßnahmen zu ergreifen, um Bedrohungen des Friedens vorzubeugen und sie zu beseitigen und um Angriffshandlungen und andere Friedensbrüche zu unterdrücken, sowie durch friedliche Mittel und in Übereinstimmung mit den Grundsätzen der Gerechtigkeit und des Völkerrechts die Ordnung und Regelung internationaler Streitfälle oder solcher Situationen zu erzielen, die zu einem Friedensbruch führen könnten;

2. Freundschaftliche Beziehungen zwischen den Nationen zu entwickeln, gegründet auf die Achtung des Grundsatzes der Gleichberechtigung und des Selbstbestimmungsrechtes der Völker, sowie entsprechende andere Maßnahmen zu ergreifen, um den Weltfrieden zu festigen;

3. Internationale Zusammenarbeit zu erzielen, um internationale Probleme wirtschaftlicher, sozialer, kultureller oder humanitärer Art zu lösen und die Achtung der Menschenrechte und Grundfreiheiten für jedermann ohne Unterschied von Rasse, Geschlecht, Sprache oder Religion zu fördern und zu festigen;

4. Ein Zentrum zu sein, um die Maßnahmen der Nationen zur Erreichung dieser gemeinsamen Ziele in Einklang zu bringen.

Artikel 2.

Die Organisation und ihre Mitglieder sollen in Verfolgung der in Artikel 1 festgesetzten Ziele gemäß folgenden Grundsätzen vorgehen:

1. Die Organisation ist auf dem Grundsatz der souveränen Gleichheit aller ihrer Mitglieder aufgebaut.

2. Alle Mitglieder erfüllen nach Treu und Glauben die von ihnen gemäß der vorliegenden Satzung übernommenen Verpflichtungen, um jedem einzelnen von ihnen die sich aus der Mitgliedschaft ergebenden Rechte und Vorteile zu sichern.

3. Alle Mitglieder regeln ihre internationalen Streitfälle mit friedlichen Mitteln auf solche Weise, daß der Weltfriede, die internationale Si-

cherheit und die Gerechtigkeit nicht gefährdet werden.

4. Alle Mitglieder enthalten sich in ihren internationalen Beziehungen der Drohung mit Gewalt oder der Gewaltanwendung, die gegen die territoriale Unversehrtheit oder die politische Unabhängigkeit irgendeines Staates gerichtet oder sonst mit den Zielen der Vereinten Nationen unvereinbar ist.

5. Alle Mitglieder gewähren den Vereinten Nationen bei jeder von diesen gemäß der vorliegenden Satzung ergriffenen Maßnahme jede Unterstützung und enthalten sich, irgendeinem Staat Hilfe zu leisten, gegen den die Vereinten Nationen Präventivmaßnahmen oder Zwangsmaßnahmen ergreifen.

6. Die Organisation trägt dafür Sorge, daß Staaten, die nicht Mitglieder der Vereinten Nationen sind, gemäß diesen Grundsätzen handeln, soweit dies zur Aufrechterhaltung des Weltfriedens und der internationalen Sicherheit notwendig ist.

7. Keine Bestimmung der vorliegenden Satzung berechtigt die Vereinten Nationen, in Angelegenheiten einzugreifen, die ihrem Wesen nach in die innerstaatliche Zuständigkeit jedes Staates gehören, oder verpflichtet die Mitglieder, solche Angelegenheiten der in der vorliegenden Satzung vorgesehenen Regelung zu unterwerfen; dieser Grundsatz beeinträchtigt aber in keiner Weise die Anwendung der in Kapitel VII vorgesehenen Zwangsmaßnahmen.

Kapitel II.
Mitgliedschaft

Artikel 3.

Ursprüngliche Mitglieder der Vereinten Nationen sind die Staaten, welche an der Konferenz der Vereinten Nationen über Internationale Organisation in San Francisco teilgenommen oder vorher die Erklärung der Vereinten Nationen vom 1. Jänner 1942 unterzeichnet haben, und welche die vorliegende Satzung unterzeichnen und gemäß Artikel 110 ratifizieren.

Artikel 4.

1. Die Mitgliedschaft der Vereinten Nationen steht allen anderen friedliebenden Staaten offen, welche die in der vorliegenden Satzung enthaltenen Verpflichtungen auf sich nehmen und nach dem Urteil der Organisation fähig und gewillt sind, diese Verpflichtungen zu erfüllen.

2. Die Zulassung eines solchen Staates zur Mitgliedschaft der Vereinten Nationen erfolgt auf Empfehlung des Sicherheitsrates durch Beschluß der Generalversammlung.

Artikel 5.

Ein Mitglied der Vereinten Nationen, gegen das vom Sicherheitsrat Präventivmaßnahmen oder Zwangsmaßnahmen ergriffen worden sind, kann auf Empfehlung des Sicherheitsrates durch die Generalversammlung von der Ausübung seiner Rechte und Privilegien aus der Mitgliedschaft suspendiert werden. Die Ausübung dieser Rechte und Privilegien kann durch den Sicherheitsrat wiederhergestellt werden.

Artikel 6.

Ein Mitglied der Vereinten Nationen, das die in der vorliegenden Satzung enthaltenen Grundsätze beharrlich verletzt, kann auf Empfehlung des Sicherheitsrates durch die Generalversammlung aus der Organisation ausgeschlossen werden.

Kapitel III.
Organe

Artikel 7.

1. Als Hauptorgane der Vereinten Nationen werden geschaffen: eine Generalversammlung, ein Sicherheitsrat, ein Wirtschafts- und Sozialrat, ein Treuhandschaftsrat, ein Internationaler Gerichtshof und ein Sekretariat.

2. Gemäß der vorliegenden Satzung können Hilfsorgane geschaffen werden, die sich als notwendig erweisen.

Artikel 8.

Die Vereinten Nationen beschränken in keiner Weise die Auswahl von Männern und Frauen, die, völlig gleichberechtigt, jede Stellung in den Haupt- und Hilfsorganen der Vereinten Nationen bekleiden können.

Kapitel IV.
Die Generalversammlung

Zusammensetzung

Artikel 9.

1. Die Generalversammlung besteht aus allen Mitgliedern der Vereinten Nationen.

2. Kein Mitglied hat mehr als fünf Vertreter in der Generalversammlung.

Funktionen und Befugnisse

Artikel 10.

Die Generalversammlung kann alle Fragen oder Angelegenheiten erörtern, die in den Rahmen der vorliegenden Satzung fallen oder die Befugnisse und Funktionen irgendeines in der vorliegenden Satzung vorgesehenen Organs betreffen, und kann über alle solche Fragen und Angelegenheiten Empfehlungen an die Mitglieder der Vereinten Nationen oder an den Sicherheitsrat oder an beide richten mit der in Artikel 12 vorgesehenen Ausnahme.

Artikel 11.

1. Die Generalversammlung kann die allgemeinen Grundsätze für die Zusammenarbeit zur Aufrechterhaltung des Weltfriedens und der internationalen Sicherheit, einschließlich der Grundsätze für die Abrüstung und die Regelung von Rüstungen, erwägen und kann hinsichtlich solcher Grundsätze Empfehlungen an die Mitglieder oder an den Sicherheitsrat oder an beide richten.

2. Die Generalversammlung kann alle Fragen erörtern, welche die Aufrechterhaltung des Weltfriedens und der internationalen Sicherheit betreffen und die ihr von einem Mitglied der Vereinten Nationen oder vom Sicherheitsrat oder gemäß Artikel 35, Absatz 2, von einem Staat, der nicht Mitglied der Vereinten Nationen ist, vorgelegt werden. Bezüglich aller solcher Fragen kann sie Empfehlungen an den betreffenden Staat oder an die betreffenden Staaten oder an den Sicherheitsrat oder an beide richten, mit der in Artikel 12 vorgesehenen Ausnahme. Jede solche Frage, die Maßnahmen nötig macht, wird von der Generalversammlung vor oder nach der Erörterung an den Sicherheitsrat überwiesen.

3. Die Generalversammlung kann die Aufmerksamkeit des Sicherheitsrates auf Situationen lenken, die geeignet sind, den Weltfrieden und die internationale Sicherheit zu gefährden.

4. Die in diesem Artikel angeführten Befugnisse der Generalversammlung beschränken die allgemeine Zielsetzung des Artikels 10 nicht.

Artikel 12.

1. Solange der Sicherheitsrat hinsichtlich irgendeines Streitfalles oder irgendeiner Situation die ihm in der vorliegenden Satzung zugewiesenen Funktionen ausübt, darf die Generalversammlung bezüglich dieses Streitfalles oder dieser Situation keine Empfehlungen erstatten, es sei denn, daß der Sicherheitsrat sie dazu auffordert.

2. Der Generalsekretär verständigt mit Zustimmung des Sicherheitsrates die Generalversammlung bei jeder Tagung von allen Angelegenheiten, die den Weltfrieden und die internationale Sicherheit betreffen und vom Sicherheitsrat behandelt werden, und verständigt desgleichen die Generalversammlung oder, wenn die Generalversammlung nicht tagt, die Mitglieder der Vereinten Nationen, sobald der Sicherheitsrat diese Angelegenheiten nicht mehr behandelt.

Artikel 13.

1. Die Generalversammlung veranlaßt Studien und erstattet Empfehlungen zu dem Zweck:

a) Um die internationale Zusammenarbeit auf politischem Gebiet zu fördern und die fortschreitende Entwicklung des Völkerrechtes und seine Kodifikation zu begünstigen;

b) um die internationale Zusammenarbeit auf wirtschaftlichem, sozialem, kulturellem, erzieherischem und gesundheitlichem Gebiet zu fördern und am Wirksamwerden der Menschenrechte und Grundfreiheiten für jedermann ohne Unterschied von Rasse, Geschlecht, Sprache oder Religion mitzuwirken.

2. Die weiteren Pflichten, Funktionen und Befugnisse der Generalversammlung bezüglich der oben in Absatz 1b erwähnten Angelegenheiten sind in den Kapiteln IX und X angeführt.

Artikel 14.

Vorbehaltlich der Bestimmungen des Artikels 12 kann die Generalversammlung Maßnahmen für die friedliche Ordnung jeder Situation empfehlen, die sie ohne Rücksicht darauf, wie sie entstanden ist, für geeignet hält, die allgemeine Wohlfahrt oder die freundschaftlichen Beziehungen zwischen den Nationen zu beeinträchtigen, einschließlich solcher Situationen, die sich aus einer Verletzung der Bestimmungen der vorliegenden Satzung ergeben, in denen die Ziele und Grundsätze der Vereinten Nationen angeführt sind.

Artikel 15.

1. Die Generalversammlung erhält vom Sicherheitsrat Jahresberichte und Sonderberichte und prüft sie; diese Berichte enthalten einen Rechenschaftsbericht über die Maßnahmen, die der Sicherheitsrat zur Aufrechterhaltung des Weltfriedens und der internationalen Sicherheit beschlossen oder ergriffen hat.

2. Die Generalversammlung erhält Berichte von den anderen Organen der Vereinten Nationen und prüft sie.

Artikel 16.

Die Generalversammlung übt hinsichtlich des internationalen Treuhandschaftssystems die ihr gemäß Kapitel XII und XIII zugewiesenen Funktionen aus. Sie genehmigt auch die Treuhandschaftsverträge für Zonen, die nicht als strategische bezeichnet sind.

Artikel 17.

1. Die Generalversammlung prüft und genehmigt das Budget der Organisation.

2. Die Ausgaben der Organisation werden von den Mitgliedern in einem von der Generalversammlung festgesetzten Verhältnis getragen.

3. Die Generalversammlung prüft und genehmigt alle Finanz- und Budgetabmachungen mit den in Artikel 57 angeführten Spezialorganisationen und prüft auch die Budgets der Verwaltung solcher Spezialorganisationen, um an die betreffenden Organisationen Empfehlungen zu richten.

Abstimmung

Artikel 18.

1. Jedes Mitglied der Generalversammlung hat eine Stimme.

2. Beschlüsse der Generalversammlung über wichtige Fragen werden mit Zweidrittelmehrheit der anwesenden und abstimmenden Mitglieder gefaßt. Zu diesen Fragen gehören: Empfehlungen bezüglich der Aufrechterhaltung des Weltfriedens und der internationalen Sicherheit, die Wahl der nichtständigen Mitglieder des Sicherheitsrates, die Wahl der Mitglieder des Wirtschafts- und Sozialrates, die Wahl der Mitglieder des Treuhandschaftsrates gemäß Artikel 86, Absatz 1c, die Aufnahme neuer Mitglieder in die Vereinten Nationen, die Suspendierung der Rechte und Privilegien der Mitgliedschaft, der Ausschluß von Mitgliedern, Fragen, betreffend die Handhabung des Treuhandschaftssystems und Budgetfragen.

3. Beschlüsse über andere Fragen, einschließlich der Festsetzung weiterer Kategorien von Fragen, die mit Zweidrittelmehrheit zu entscheiden sind, werden mit einfacher Mehrheit der anwesenden und abstimmenden Mitglieder gefaßt.

Artikel 19.

Ein Mitglied der Vereinten Nationen, das mit der Zahlung seiner finanziellen Beiträge an die Organisation im Rückstand ist, hat kein Stimmrecht in der Generalversammlung, wenn die Höhe seines Rückstandes den Betrag, der für die vorhergehenden zwei vollen Jahre fällig war, erreicht oder übersteigt. Die Generalversammlung kann dessenungeachtet einem solchen Mitglied das Stimmrecht gewähren, wenn sie überzeugt ist, daß die Nichtzahlung auf Umstände zurückzuführen ist, über die das Mitglied keine Macht hat.

Verfahren.

Artikel 20.

Die Generalversammlung tritt zu ordentlichen Jahrestagungen und, wenn die Umstände dies erfordern, zu außerordentlichen Tagungen zusammen. Außerordentliche Tagungen werden auf Verlangen des Sicherheitsrates oder der Mehrheit der Mitglieder der Vereinten Nationen vom Generalsekretär einberufen.

Artikel 21.

Die Generalversammlung setzt ihre eigene Geschäftsordnung fest. Sie wählt für jede Tagung ihren Präsidenten.

Artikel 22.

Die Generalversammlung kann die zur Ausübung ihrer Funktionen für nötig erachteten Hilfsorgane schaffen.

Kapitel V.

Der Sicherheitsrat

Zusammensetzung.

Artikel 23.

1. Der Sicherheitsrat besteht aus 15 Mitgliedern der Vereinten Nationen. Die Republik China, Frankreich, die Union der Sozialistischen Sowjetrepubliken, das Vereinigte Königreich von Großbritannien und Nordirland und die Vereinigten Staaten von Amerika sind ständige Mitglieder des Sicherheitsrates. Die Generalversammlung wählt zehn andere Mitglieder der Vereinten Nationen zu nichtständigen Mitgliedern des Sicherheitsrates; dabei sind gebührend zu berücksichtigen: in erster Linie der Beitrag der Mitglieder der Vereinten Nationen für die Aufrechterhaltung des Weltfriedens und der internationalen Sicherheit und für die anderen Ziele der Organisation, dann eine angemessene Aufteilung in geographischer Hinsicht.

2. Die nichtständigen Mitglieder des Sicherheitsrates werden für einen Zeitraum von zwei Jahren gewählt. Bei der ersten Wahl der nichtständigen Mitglieder nach der Erhöhung der Mitgliederzahl des Sicherheitsrates von 11 auf 15 sollen zwei der vier zusätzlichen Mitglieder für den Zeitraum eines Jahres gewählt werden. Ein ausscheidendes Mitglied kann nicht unmittelbar wiedergewählt werden.

3. Jedes Mitglied des Sicherheitsrates hat einen Vertreter.

Funktionen und Befugnisse.

Artikel 24.

1. Um sofortige und wirksame Maßnahmen durch die Vereinten Nationen zu gewährleisten, übertragen ihre Mitglieder dem Sicherheitsrat die Hauptverantwortung für die Aufrechterhaltung des Weltfriedens und der internationalen Sicherheit und kommen überein, daß der Sicherheitsrat

in Ausübung seiner Pflichten, die sich aus dieser Verantwortung ergeben, in ihrem Namen handelt.

2. Der Sicherheitsrat handelt bei der Erfüllung dieser Pflichten gemäß den Zielen und Grundsätzen der Vereinten Nationen. Die besonderen Befugnisse, die dem Sicherheitsrat zur Erfüllung dieser Pflichten eingeräumt werden, sind in den Kapiteln VI, VII, VIII und XII festgesetzt.

3. Der Sicherheitsrat legt der Generalversammlung Jahresberichte und, wenn nötig, Sonderberichte zur Prüfung vor.

Artikel 25.

Die Mitglieder der Vereinten Nationen kommen überein, die Beschlüsse des Sicherheitsrates gemäß der vorliegenden Satzung anzunehmen und durchzuführen.

Artikel 26.

Um die Begründung und Aufrechterhaltung des Weltfriedens und der internationalen Sicherheit mit einem Mindestaufwand an Menschen und wirtschaftlichen Mitteln für Rüstungszwecke zu fördern, ist der Sicherheitsrat verpflichtet, unter Mitwirkung des im Artikel 47 angeführten Generalstabsausschusses für ein System der Regelung der Rüstungen Pläne auszuarbeiten, die den Mitgliedern der Vereinten Nationen vorzulegen sind.

Abstimmung.

Artikel 27.

1. Jedes Mitglied des Sicherheitsrates hat eine Stimme.

2. Beschlüsse des Sicherheitsrates über Verfahrensfragen werden mit Zustimmung von neun Mitgliedern gefaßt.

3. Beschlüsse des Sicherheitsrates über alle anderen Fragen werden mit Zustimmung von neun Mitgliedern gefaßt, inbegriffen die Zustimmung aller ständigen Mitglieder; dabei ist vorausgesetzt, daß bei Beschlüssen gemäß Kapitel VI und gemäß Artikel 52, Absatz 3, eine an einem Streitfall beteiligte Partei sich der Abstimmung enthält.

Verfahren.

Artikel 28.

1. Der Sicherheitsrat ist so einzurichten, daß er in der Lage ist, seine Funktionen ständig auszuüben. Jedes Mitglied des Sicherheitsrates hat zu diesem Zweck am Sitz der Organisation jederzeit vertreten zu sein.

2. Der Sicherheitsrat hält periodische Sitzungen ab, in denen jedes seiner Mitglieder je nach Wunsch durch ein Regierungsmitglied oder durch irgendeinen anderen besonders bestimmten Vertreter vertreten sein kann.

3. Der Sicherheitsrat kann Sitzungen auch an anderen Orten als am Sitz der Organisation abhalten, wenn dies seiner Meinung nach seine Arbeit möglichst erleichtert.

Artikel 29.

Der Sicherheitsrat kann die zur Ausübung seiner Funktionen für nötig erachteten Hilfsorgane schaffen.

Artikel 30.

Der Sicherheitsrat setzt seine eigene Geschäftsordnung einschließlich der Wahlordnung seines Präsidenten fest.

Artikel 31.

Jedes Mitglied der Vereinten Nationen, das nicht Mitglied des Sicherheitsrates ist, kann, ohne Stimmrecht, an der Erörterung jeder vor den Sicherheitsrat gebrachten Frage teilnehmen, wenn dieser der Auffassung ist, daß die Interessen dieses Mitgliedes besonders berührt werden.

Artikel 32.

Jedes Mitglied der Vereinten Nationen, das nicht Mitglied des Sicherheitsrates ist, oder jeder Staat, der nicht Mitglied der Vereinten Nationen ist, ist zur Teilnahme an der Erörterung des Streitfalles, ohne Stimmrecht, einzuladen, wenn dieses Mitglied oder dieser Staat in dem vom Sicherheitsrat geprüften Streitfall Partei ist. Der Sicherheitsrat setzt die Bedingungen fest, die er für die Teilnahme eines Staates für angemessen hält, der nicht Mitglied der Vereinten Nationen ist.

Kapitel VI.

Friedliche Regelung von Streitfällen

Artikel 33.

1. Die Parteien an irgendeinem Streitfall, dessen Fortdauer geeignet ist, die Aufrechterhaltung des Weltfriedens und der internationalen Sicherheit zu gefährden, sollen dessen Lösung zu finden versuchen vor allem durch Verhandlungen, Untersuchungen, Vermittlung, Vergleich, Schiedsspruch, gerichtliche Regelung, Anrufung regionaler Organe oder Abkommen oder durch andere friedliche Mittel eigener Wahl.

2. Der Sicherheitsrat fordert, wenn es nötig erscheint, die Parteien auf, ihren Streitfall durch solche Mittel zu regeln.

Artikel 34.

Der Sicherheitsrat kann jeden Streitfall oder jede Situation, die zu internationalen Reibungen führen oder einen Streitfall hervorrufen könnten, untersuchen, um festzustellen, ob die Fortdauer des Streitfalles oder der Situation geeignet ist, die Aufrechterhaltung des Weltfriedens und der internationalen Sicherheit zu gefährden.

Artikel 35.

1. Jedes Mitglied der Vereinten Nationen kann die Aufmerksamkeit des Sicherheitsrates oder der Generalversammlung auf jeden Streitfall oder auf jede Situation lenken, wie sie in Artikel 34 angeführt sind.

2. Ein Staat, der nicht Mitglied der Vereinten Nationen ist, kann die Aufmerksamkeit des Sicherheitsrates oder der Generalversammlung auf jeden Streitfall lenken, an dem er Partei ist, wenn er im vorhinein für diesen Streitfall die in der vorliegenden Satzung vorgesehenen Verpflichtungen für eine friedliche Regelung annimmt.

3. Auf die Verhandlungen der Generalversammlung über Angelegenheiten, auf die ihre Aufmerksamkeit gemäß diesem Artikel gelenkt worden ist, finden die Bestimmungen der Artikel 11 und 12 Anwendung.

Artikel 36.

1. Der Sicherheitsrat kann in jedem Stadium eines Streitfalles der in Artikel 33 angeführten Art oder einer Situation gleicher Art entsprechende Verfahren oder Methoden der Beilegung empfehlen.

2. Der Sicherheitsrat soll alle Verfahren zur Regelung des Streitfalles in Erwägung ziehen, die von den Parteien bereits angenommen wurden.

3. Der Sicherheitsrat soll bei Erstattung von Empfehlungen auf Grund eines Artikels auch berücksichtigen, daß Rechtsstreitigkeiten von den Parteien grundsätzlich dem Internationalen Gerichtshof gemäß den Bestimmungen des Statuts des Gerichtshofs zu unterbreiten sind.

Artikel 37.

1. Falls es den Parteien eines Streitfalles der in Artikel 33 angeführten Art nicht gelingt, den Streitfall mit den in diesem Artikel angegebenen Mitteln zu regeln, unterbreiten sie ihn dem Sicherheitsrat.

2. Wenn der Sicherheitsrat zur Ansicht gelangt, daß die Fortdauer des Streitfalles tatsächlich geeignet ist, die Aufrechterhaltung des Weltfriedens und der internationalen Sicherheit zu gefährden, so beschließt er, ob er Maßnahmen gemäß Artikel 36 ergreifen oder ob er die ihm angemessen erscheinenden Bedingungen der Regelung empfehlen soll.

Artikel 38.

Unbeschadet der Bestimmungen der Artikel 33 bis 37 kann der Sicherheitsrat auf Verlangen aller Parteien eines Streitfalles Empfehlungen zur friedlichen Regelung des Streitfalles an die Parteien richten.

Kapitel VII.

Maßnahmen bei Bedrohung des Friedens, bei Friedensbrüchen und Angriffshandlungen

Artikel 39.

Der Sicherheitsrat hat jedesmal festzustellen, daß eine Bedrohung des Friedens, ein Friedensbruch oder eine Angriffshandlung vorliegt, und erstattet Empfehlungen oder beschließt, welche Maßnahmen gemäß Artikel 41 und 42 zur Aufrechterhaltung oder Wiederherstellung des Weltfriedens und der internationalen Sicherheit zu ergreifen sind.

Artikel 40.

Um eine Verschärfung der Situation zu verhindern, kann der Sicherheitsrat, bevor er Empfehlungen erstattet oder über die in Artikel 39 vorgesehenen Maßnahmen beschließt, die beteiligten Parteien auffordern, sich den vorläufigen Maßnahmen zu fügen, die er für nötig oder erwünscht hält. Solche vorläufige Maßnahmen berühren die Rechte, Ansprüche oder die Stellung der beteiligten Parteien nicht. Der Sicherheitsrat stellt die Nichtbefolgung solcher vorläufiger Maßnahmen entsprechend in Rechnung.

Artikel 41.

Der Sicherheitsrat kann beschließen, welche Maßnahmen, bei denen Waffengewalt nicht zur Anwendung kommt, zu ergreifen sind, um seinen Beschlüssen Wirksamkeit zu verleihen, und er kann die Mitglieder der Vereinten Nationen auffordern, diese Maßnahmen durchzuführen. Diese können die vollständige oder teilweise Unterbrechung der wirtschaftlichen Beziehungen der Eisenbahn- , Schiffs- Luft- Post- Telegraphen- Radio- und sonstigen Verbindungen und den Abbruch der diplomatischen Beziehungen umfassen.

Artikel 42.

Sollte der Sicherheitsrat zur Auffassung gelangen, daß die in Artikel 41 vorgesehenen Maßnahmen nicht genügen oder sich als ungeeignet erwiesen haben, kann er durch Luft- See-, oder

Landstreitkräfte die Operationen durchführen, die zur Aufrechterhaltung oder Wiederherstellung des Weltfriedens und der internationalen Sicherheit nötig sind. Solche Maßnahmen können Demonstrationen, Blockade und andere Operationen von Luft- See- oder Landstreitkräften von Mitgliedern der Vereinten Nationen umfassen.

Artikel 43.

1. Alle Mitglieder der Vereinten Nationen verpflichten sich, als Beitrag zur Aufrechterhaltung des Weltfriedens und der internationalen Sicherheit dem Sicherheitsrat auf sein Verlangen und gemäß einem Sonderabkommen oder von Sonderabkommen Streitkräfte, Hilfe und Begünstigungen einschließlich Durchmarschrechte zur Verfügung zu stellen, soweit dies zur Aufrechterhaltung des Weltfriedens und der internationalen Sicherheit nötig ist.

2. Ein solches Sonderabkommen oder solche Sonderabkommen setzen die Zahl und Art der Streitkräfte, den Grad der Bereitschaft und ihre Standorte im allgemeinen sowie die Art der zu gewährenden Begünstigungen und Hilfe fest.

3. Das Sonderabkommen oder die Sonderabkommen werden auf Initiative des Sicherheitsrates sobald als möglich im Verhandlungsweg ausgearbeitet. Sie werden zwischen dem Sicherheitsrat und einzelnen Mitgliedern oder zwischen dem Sicherheitsrat und Gruppen von Mitgliedern abgeschlossen und unterliegen der Ratifikation durch die Signatarstaaten gemäß ihren Verfassungsbestimmungen.

Artikel 44.

Wenn der Sicherheitsrat beschlossen hat, Waffengewalt anzuwenden, soll er ein in ihm nicht vertretenes Mitglied, bevor er es zur Stellung von Streitkräften in Erfüllung der in Artikel 43 übernommenen Verpflichtungen auffordert, auf dessen Verlangen einladen, an den Beschlüssen des Sicherheitsrates über die Verwendung des Kontingents der Streitkräfte dieses Mitgliedes teilzunehmen.

Artikel 45.

Um die Vereinten Nationen in die Lage zu versetzen, dringende militärische Maßnahmen zu ergreifen, sollen Mitglieder der Vereinten Nationen Kontingente ihrer Luftstreitkräfte für vereinte internationale Zwangsmaßnahmen zur sofortigen Verfügung bereit halten. Die Stärke und der Bereitschaftsgrad dieser Kontingente und die Pläne für deren gemeinsame Aktion werden im Rahmen des Sonderabkommens oder der Sonderabkommen, die in Artikel 43 angeführt sind, vom Sicherheitsrat unter Mitwirkung des Generalstabsausschusses festgesetzt.

Artikel 46.

Pläne für die Verwendung der Streitkräfte werden vom Sicherheitsrat unter Mitwirkung des Generalstabsausschusses ausgearbeitet.

Artikel 47.

1. Es wird ein Generalstabsausschuß eingesetzt, um den Sicherheitsrat in allen Fragen zu beraten und zu unterstützen, die sich auf seine militärischen Erfordernisse zur Aufrechterhaltung des Weltfriedens und der internationalen Sicherheit, auf die Verwendung und das Kommando der ihm zur Verfügung gestellten Streitkräfte, auf die Regelung der Rüstungen und auf die allfällige Abrüstung beziehen.

2. Der Generalstabsausschuß besteht aus den Generalstabschefs der ständigen Mitglieder des Sicherheitsrates oder aus deren Vertretern. Jedes nicht ständig in dem Ausschuß vertretene Mitglied der Vereinten Nationen wird vom Ausschuß zur Teilnahme eingeladen, wenn die wirksame Erfüllung der Aufgaben des Ausschusses die Mitwirkung des betreffenden Mitgliedes bei seiner Arbeit erfordert.

3. Der Generalstabsausschuß ist unter der Autorität des Sicherheitsrates für die strategische Führung aller dem Sicherheitsrat zur Verfügung gestellten Streitkräfte verantwortlich. Die Fragen bezüglich des Kommandos über diese Streitkräfte werden später geregelt.

4. Der Generalstabsausschuß kann mit Ermächtigung des Sicherheitsrates und nach Konsultation mit den entsprechenden regionalen Organen regionale Unterausschüsse einsetzen.

Artikel 48.

1. Die zur Ausführung der Beschlüsse des Sicherheitsrates zur Aufrechterhaltung des Weltfriedens und der internationalen Sicherheit erforderlichen Maßnahmen werden je nach der Entscheidung des Sicherheitsrates von allen Mitgliedern der Vereinten Nationen oder von einzelnen von ihnen durchgeführt.

2. Diese Beschlüsse werden unmittelbar durch die Mitglieder der Vereinten Nationen und durch ihre Mitwirkung bei den entsprechenden internationalen Organisationen, deren Mitglieder sie sind, durchgeführt.

Artikel 49.

Die Mitglieder der Vereinten Nationen schließen sich bei der Durchführung der vom Sicherheitsrat beschlossenen Maßnahmen zusammen und leisten sich so gegenseitig Beistand.

Artikel 50.

Wenn vom Sicherheitsrat Präventivmaßnahmen oder Zwangsmaßnahmen gegen einen Staat ergriffen werden, ist jeder andere Staat, ob Mitglied der Vereinten Nationen oder nicht, der sich infolge der Durchführung dieser Maßnahmen vor besondere wirtschaftliche Probleme gestellt sieht, berechtigt, sich zwecks Lösung dieser Probleme an den Sicherheitsrat um Rat zu wenden.

Artikel 51.

Keine Bestimmung der vorliegenden Satzung beeinträchtigt das Naturrecht individueller oder kollektiver Selbstverteidigung, wenn ein Angriff mit Waffengewalt gegen ein Mitglied der Vereinten Nationen erfolgt, bis der Sicherheitsrat die zur Aufrechterhaltung des Weltfriedens und der internationalen Sicherheit erforderlichen Maßnahmen ergriffen hat. Von den Mitgliedern in Ausübung dieses Rechts der Selbstverteidigung ergriffene Maßnahmen sind dem Sicherheitsrat sofort zu melden und beeinträchtigen in keiner Weise die in der vorliegenden Satzung vorgesehene Befugnis und Verpflichtung des Sicherheitsrates, zu jeder Zeit die ihm erforderlich scheinenden Maßnahmen zur Aufrechterhaltung oder Wiederherstellung des Weltfriedens und der internationalen Sicherheit zu ergreifen.

Kapitel VIII.

Regionale Abkommen

Artikel 52.

1. Keine Bestimmung der vorliegenden Satzung schließt das Bestehen von regionalen Abkommen oder Organen zur Behandlung von Angelegenheiten aus, welche die Aufrechterhaltung des Weltfriedens und der internationalen Sicherheit betreffen und für welche regionale Maßnahmen geeignet sind, vorausgesetzt, daß solche Abkommen oder Organe und ihre Tätigkeit mit den Zielen und Grundsätzen der Vereinten Nationen vereinbar sind.

2. Die Mitglieder der Vereinten Nationen, die solche Abkommen abschließen oder solche Organe schaffen, sollen alle Anstrengungen machen, um örtliche Streitfälle durch solche regionale Abkommen oder durch solche regionale Organe friedlich zu regeln, bevor sie diese dem Sicherheitsrat vorlegen.

3. Der Sicherheitsrat fördert die Entwicklung der friedlichen Regelung örtlicher Streitfälle durch solche regionale Abkommen oder solche regionale Organe, sei es auf Initiative der beteiligten Staaten, sei es auf Grund einer Überweisung durch den Sicherheitsrat.

4. Dieser Artikel beeinträchtigt in keiner Weise die Anwendung der Artikel 34 und 35.

Artikel 53.

1. Der Sicherheitsrat zieht, wo es angezeigt ist, solche regionale Abkommen oder Organe heran, um Zwangsmaßnahmen unter seiner Autorität durchzuführen. Auf Grund regionaler Abkommen oder durch regionale Organe sollen jedoch keine Zwangsmaßnahmen ohne Ermächtigung durch den Sicherheitsrat ergriffen werden, ausgenommen Maßnahmen gegen irgendeinen feindlichen Staat im Sinne des Absatzes 2 dieses Artikels, wie sie im Artikel 107 oder in regionalen, gegen die Wiederaufnahme der Angriffspolitik eines solchen Staates gerichteten Abkommens vorgesehen sind, bis die Organisation auf Ersuchen der betroffenen Regierungen mit der Aufgabe betraut wird, weitere Angriffe durch einen solchen Staat zu verhüten.

2. Der im Absatz 1 dieses Artikels verwendete Ausdruck feindlicher Staat bezeichnet jeden Staat, der während des zweiten Weltkrieges der Feind irgendeines Signatars der vorliegenden Satzung gewesen ist.

Artikel 54.

Der Sicherheitsrat soll jederzeit vollständig über die Maßnahmen unterrichtet werden, die auf Grund regionaler Abkommen oder durch regionale Organe zur Aufrechterhaltung des Weltfriedens und der internationalen Sicherheit ergriffen worden sind oder geplant werden.

Kapitel IX.

Internationale Zusammenarbeit auf wirtschaftlichem und sozialem Gebiete

Artikel 55.

Um einen Zustand der Stabilität und Wohlfahrt herbeizuführen, der für friedliche und freundschaftliche, auf Achtung des Grundsatzes der Gleichberechtigung und des Selbstbestimmungsrechtes der Völker gegründete Beziehungen zwischen den Nationen nötig ist, fördern die Vereinten Nationen:

a) bessere Lebensbedingungen, Vollbeschäftigung und Voraussetzungen wirtschaftlichen und sozialen Fortschritts und Aufstiegs;

b) Lösung von internationalen wirtschaftlichen, sozialen, gesundheitlichen und verwandten Problemen und internationale Zusammenarbeit auf kulturellem und erzieherischem Gebiet; und

c) allgemeine Achtung und Wahrung der Menschenrechte und Grundfreiheiten für jedermann ohne Unterschied von Rasse, Geschlecht, Sprache oder Religion.

Artikel 56.

Alle Mitglieder verpflichten sich, gemeinsam und einzeln in Zusammenarbeit mit der Organisation zu handeln, um die in Artikel 55 angeführten Ziele zu erreichen.

Artikel 57.

1. Die verschiedenen durch zwischenstaatliche Abkommen errichteten Spezialorganisationen, die in ihren Statuten umschriebene, weitreichende Aufgaben auf wirtschaftlichem, sozialem, kulturellem, erzieherischem, gesundheitlichem Gebiet und auf verwandten Gebieten haben, werden gemäß den Bestimmungen des Artikels 63 mit den Vereinten Nationen in Verbindung gebracht.

2. Die auf diese Weise mit den Vereinten Nationen in Verbindung gebrachten Organisationen werden in der Folge als Spezialorganisationen bezeichnet.

Artikel 58.

Die Organisation erstattet Empfehlungen, um die Politik und die Tätigkeit der Spezialorganisation zu koordinieren.

Artikel 59.

Die Organisation leitet, wo es angezeigt ist, zwischen den interessierten Staaten Verhandlungen ein für die Schaffung aller neuen Spezialorganisationen, die für die Erreichung der in Artikel 55 angeführten Ziele erforderlich sind.

Artikel 60.

Die Verantwortung für die Erfüllung der in diesem Kapitel angeführten Funktionen der Organisation ist der Generalversammlung und unter der Autorität der Generalversammlung dem Wirtschafts- und Sozialrat übertragen, der zu diesem Zweck die ihm in Kapitel X eingeräumten Befugnisse besitzt.

Kapitel X.

Der Wirtschafts- und Sozialrat

Zusammensetzung

Artikel 61.

1. Der Wirtschafts- und Sozialrat besteht aus 54 Mitgliedern der Vereinten Nationen, die von der Generalversammlung gewählt werden.

2. Vorbehaltlich der Bestimmungen des Absatzes 3 werden jedes Jahr 18 Mitglieder des Wirtschaftsund Sozialrates für einen Zeitraum von drei Jahren gewählt. Ein ausscheidendes Mitglied kann unmittelbar wiedergewählt werden.

3. Bei der ersten Wahl nach der Erhöhung der Mitgliederzahl des Wirtschafts- und Sozialrates von 27 auf 54 Mitglieder werden zusätzlich zu den Mitgliedern, die an Stelle der neun Mitglieder gewählt werden, deren Amtsdauer mit dem Ende dieses Jahres ausläuft, 27 weitere Mitglieder gewählt. Die Amtsdauer von neun der gewählten Mitglieder aus dem Kreis dieser zusätzlichen Mitglieder endet gemäß den von der Generalversammlung getroffenen Abmachungen nach einem Jahr und die von neun weiteren Mitgliedern nach zwei Jahren.

4. Jedes Mitglied des Wirtschafts- und Sozialrates hat einen Vertreter.

Funktionen und Befugnisse

Artikel 62.

1. Der Wirtschafts- und Sozialrat kann Studien und Berichte über internationale wirtschaftliche, soziale, kulturelle, erzieherische, gesundheitliche und verwandte Angelegenheiten machen oder veranlassen und kann über jede derartige Angelegenheit Empfehlungen an die Generalversammlung, an die Mitglieder der Vereinten Nationen und an die in Betracht kommenden Spezialorganisationen richten.

2. Er kann Empfehlungen erstatten, um die Achtung und die Wahrung der Menschenrechte und Grundfreiheiten für jedermann zu fördern.

3. Er kann Vertragsentwürfe über Angelegenheiten seiner Zuständigkeit vorbereiten und der Generalversammlung vorlegen.

4. In Übereinstimmung mit den von den Vereinten Nationen aufgestellten Richtlinien kann er internationale Konferenzen über Angelegenheiten seiner Zuständigkeit einberufen.

Artikel 63.

1. Der Wirtschafts- und Sozialrat kann mit jeder der in Artikel 57 erwähnten Organisationen Abkommen über die Bedingungen abschließen, unter denen die betreffende Organisation mit den Vereinten Nationen in Verbindung gebracht werden soll. Solche Abkommen bedürfen der Genehmigung durch die Generalversammlung.

2. Er kann die Tätigkeit der Spezialorganisationen koordinieren, indem er sich mit ihnen ins Einvernehmen setzt und Empfehlungen an sie, an die Generalversammlung und an die Mitglieder der Vereinten Nationen richtet.

Artikel 64.

1. Der Wirtschafts- und Sozialrat kann geeignete Schritte unternehmen, um regelmäßige Be-

richte von den Spezialorganisationen zu erhalten. Er kann mit den Mitgliedern der Vereinten Nationen und mit den Spezialorganisationen Abmachungen treffen, um Berichte über Maßnahmen zu erhalten, die getroffen worden sind, um seine Empfehlungen und die Empfehlungen der Generalversammlung über Angelegenheiten seiner Zuständigkeit zu verwirklichen.

2. Er kann seine Bemerkungen zu diesen Berichten der Generalversammlung mitteilen.

Artikel 65.

Der Wirtschafts- und Sozialrat kann dem Sicherheitsrat Auskünfte erteilen und den Sicherheitsrat auf dessen Verlangen unterstützen.

Artikel 66.

1. Der Wirtschafts- und Sozialrat übt jene Funktionen aus, die bei Durchführung der Empfehlungen der Generalversammlung in seine Zuständigkeit fallen.

2. Er kann mit Genehmigung der Generalversammlung auf Ersuchen von Mitgliedern der Vereinten Nationen und auf Ersuchen der Spezialorganisationen Dienste leisten.

3. Er übt jene weiteren Funktionen aus, die in anderen Bestimmungen der vorliegenden Satzung angeführt oder ihm von der Generalversammlung übertragen werden.

Abstimmung

Artikel 67.

1. Jedes Mitglied des Wirtschafts- und Sozialrates hat eine Stimme.

2. Beschlüsse des Wirtschafts- und Sozialrates werden mit einfacher Mehrheit der anwesenden und abstimmenden Mitglieder gefaßt.

Verfahren.

Artikel 68.

Der Wirtschafts- und Sozialrat setzt Kommissionen für wirtschaftliche und soziale Fragen und für die Förderung der Menschenrechte und andere Kommissionen ein, die für die Erfüllung seiner Funktionen erforderlich sind.

Artikel 69.

Der Wirtschafts- und Sozialrat ladet ein Mitglied der Vereinten Nationen ein, ohne Stimmrecht an seinen Beratungen über eine Angelegenheit teilzunehmen, die für das betreffende Mitglied von besonderer Bedeutung ist.

Artikel 70.

Der Wirtschafts- und Sozialrat kann Abmachungen treffen, daß Vertreter der Spezialorganisationen ohne Stimmrecht an seinen Beratungen oder an den Beratungen der von ihm eingesetzten Kommissionen teilnehmen und daß seine Vertreter an den Beratungen der Spezialorganisationen teilnehmen.

Artikel 71.

Der Wirtschafts- und Sozialrat kann geeignete Abmachungen zwecks Konsultation mit nichtstaatlichen Organisationen treffen, die sich mit Angelegenheiten seiner Zuständigkeit befassen. Solche Abmachungen können mit internationalen Organisationen und, wenn dies zweckmäßig ist, auch mit nationalen Organisationen nach Konsultation mit dem betreffenden Mitglied der Vereinten Nationen getroffen werden.

Artikel 72.

1. Der Wirtschafts- und Sozialrat setzt seine eigene Geschäftsordnung einschließlich der Wahlordnung seines Präsidenten fest.

2. Der Wirtschafts- und Sozialrat tagt nach Bedarf gemäß den Bestimmungen seiner Geschäftsordnung, die eine Bestimmung über die Einberufung einer Sitzung auf Verlangen der Mehrheit seiner Mitglieder zu enthalten hat.

Kapitel XI.

Erklärung über Gebiete ohne Selbstregierung

Artikel 73.

Die Mitglieder der Vereinten Nationen, welche die Verantwortung für die Verwaltung von Gebieten haben oder übernehmen, deren Völker noch nicht die volle Selbstregierung erreicht haben, anerkennen den Grundsatz, daß die Interessen der Bewohner dieser Gebiete ausschlaggebend sind, und übernehmen als eine heilige Mission die Verpflichtung, die Wohlfahrt der Bewohner dieser Gebiete im Rahmen des durch die vorliegende Satzung begründeten Systems des Weltfriedens und der internationalen Sicherheit weitestgehend zu fördern und zu diesem Zweck

a) mit gebührender Rücksichtnahme auf die Kultur der betreffenden Völker, ihren politischen, wirtschaftlichen, sozialen und erzieherischen Fortschritt, ihre gerechte Behandlung und ihren Schutz gegen Mißbräuche zu gewährleisten;

b) die Fähigkeit zur Selbstregierung zu entwickeln, die politischen Bestrebungen der Völker gebührend zu berücksichtigen und sie bei der schrittweisen Entwicklung ihrer freien politischen Einrichtungen zu unterstützen, entsprechend den besonderen Verhältnissen jedes einzelnen Gebiets und dessen Bevölkerung und den verschiedenen Stufen ihrer Entwicklung;

c) den Weltfrieden und die internationale Sicherheit zu fördern;

d) Maßnahmen des Aufbaues zu fördern, die Forschung zu begünstigen und miteinander und, wann und wo dies angezeigt ist, mit internationalen Spezialorganisationen zu dem Zwecke zusammenzuarbeiten, um die in diesem Artikel angeführten sozialen, wirtschaftlichen und wissenschaftlichen Ziele zu verwirklichen; und

e) dem Generalsekretär zum Zwecke der Information regelmäßig mit der aus Sicherheits- und verfassungsrechtlichen Gründen gebotenen Einschränkung statistische und andere Auskünfte technischer Art über die wirtschaftlichen und sozialen Verhältnisse und das Erziehungswesen in den Gebieten zu übermitteln, für die sie jeweils verantwortlich sind, nicht aber über Gebiete, auf welche Kapitel XII und XIII Anwendung finden.

Artikel 74.

Die Mitglieder der Vereinten Nationen kommen auch darin überein, daß ihre Politik bezüglich der Gebiete, auf welche dieses Kapitel Anwendung findet, ebensosehr auf dem allgemeinen Grundsatz guter Nachbarschaft beruhen muß wie die Politik bezüglich ihrer Mutterländer, wobei die Interessen und die Wohlfahrt der übrigen Welt in sozialen, wirtschaftlichen und handelspolitischen Angelegenheiten gebührend zu berücksichtigen sind.

Kapitel XII.

Internationales Treuhandschafts-System

Artikel 75.

Die Vereinten Nationen errichten unter ihrer Autorität ein internationales Treuhandschafts-System für die Verwaltung und Beaufsichtigung von Gebieten, die durch spätere Einzelverträge diesem System unterstellt werden können. Diese Gebiete werden in der Folge als Treuhandgebiete bezeichnet.

Artikel 76.

Hauptziele des Treuhandschafts-Systems sind entsprechend den in Artikel 1 der vorliegenden Satzung angeführten Zielen der Vereinten Nationen:

a) den Weltfrieden und die internationale Sicherheit zu fördern;

b) den politischen, wirtschaftlichen, sozialen und erzieherischen Fortschritt der Bewohner der Treuhandgebiete und ihre schrittweise Entwicklung zur Selbstregierung oder Unabhängigkeit zu fördern, wie es den besonderen Verhältnissen jedes Gebietes und seiner Bevölkerung und den frei geäußerten Wünschen der betreffenden Bevölkerung entspricht und in den Bestimmungen jedes Treuhandschaftsvertrages vorgesehen ist;

c) die Achtung der Menschenrechte und der Grundfreiheiten für jedermann ohne Unterschied von Rasse, Geschlecht, Sprache oder Religion zu festigen und das Bewußtsein der wechselseitigen Abhängigkeit der Völker der Welt zu verstärken;

d) Gleichbehandlung aller Mitglieder der Vereinten Nationen und ihrer Staatsangehörigen auf sozialem, wirtschaftlichem und handelspolitischem Gebiet und ebenso die Gleichbehandlung der Staatsangehörigen in der Rechtspflege zu gewährleisten, unbeschadet der Verwirklichung der oben angeführten Ziele und mit Vorbehalt der Bestimmungen des Artikels 80.

Artikel 77.

1. Das System der Treuhandschaft findet auf folgende Kategorien von Gebieten Anwendung, die ihm auf Grund von Treuhandverträgen unterstellt werden:

a) derzeit unter Mandat befindliche Gebiete;

b) Gebiete, die infolge des Zweiten Weltkrieges von feindlichen Staaten abgetrennt werden;

c) Gebiete, die von Staaten, welche für ihre Verwaltung verantwortlich sind, freiwillig dem System unterstellt werden.

2. Es wird Gegenstand späterer Verträge sein, welche Gebiete der oben angeführten Kategorien dem System der Treuhandschaft unterstellt werden und unter welchen Bedingungen.

Artikel 78.

Das System der Treuhandschaft findet keine Anwendung auf Gebiete, die Mitglieder der Vereinten Nationen geworden sind: die Beziehungen zwischen diesen beruhen auf der Achtung des Grundsatzes der souveränen Gleichheit.

Artikel 79.

Die Bedingungen der Treuhandschaft für jedes Gebiet, das unter das System der Treuhandschaft zu stellen ist, einschließlich aller Änderungen oder Ergänzungen, sollen von den unmittelbar interessierten Staaten einschließlich der Mandatsmacht bei Gebieten unter dem Mandat eines Mitgliedes der Vereinten Nationen vereinbart und gemäß den Bestimmungen der Artikel 83 und 85 genehmigt werden.

Artikel 80.

1. Ausgenommen allfällig vereinbarte Bestimmungen in einzelnen Treuhandschaftsverträgen, die gemäß den Artikeln 77, 79 und 81 abgeschlos-

sen werden und jedes einzelne Gebiet dem System der Treuhandschaft unterstellen, und bis zum Abschluß solcher Verträge darf keine Bestimmung dieses Kapitels so ausgelegt werden, daß sie in irgendeiner Weise mittelbar oder unmittelbar Änderungen irgendwelcher Rechte von Staaten oder Völkern oder von Bestimmungen bestehender internationaler Verträge herbeiführt, an denen Mitglieder der Vereinten Nationen jeweils beteiligt sein können.

2. Absatz 1 dieses Artikels darf nicht so ausgelegt werden, daß er Anlaß für eine Verzögerung oder Verschiebung der Vertragsverhandlungen und des Abschlusses von Verträgen gibt, durch welche Mandatsgebiete und andere Gebiete gemäß Artikel 77 dem System der Treuhandschaft unterstellt werden.

Artikel 81.

Der Treuhandschaftsvertrag enthält in jedem Fall die Bedingungen, unter denen das Treuhandgebiet zu verwalten ist, und bezeichnet die Behörde, welche die Verwaltung des Treuhandgebietes ausüben wird. Diese Behörde, im folgenden als verwaltende Behörde bezeichnet, kann ein Staat oder mehrere Staaten oder die Organisation selbst sein.

Artikel 82.

In jedem Treuhandschaftsvertrag können eine strategische Zone oder strategische Zonen bezeichnet werden, die das ganze Treuhandgebiet, auf das sich der Vertrag bezieht, oder Teile desselben umfassen, unbeschadet eines Sonderabkommens oder von Sonderabkommen, die gemäß Artikel 43 abgeschlossen wurden.

Artikel 83.

1. Alle Funktionen der Vereinten Nationen in bezug auf strategische Zonen werden vom Sicherheitsrat ausgeübt einschließlich der Genehmigung der Bedingungen der Treuhandschaftsverträge und deren Änderung oder Ergänzung.

2. Die im Artikel 76 angeführten Hauptziele gelten auch für die Bevölkerung jeder strategischen Zone.

3. Der Sicherheitsrat hat sich unter Vorbehalt der Bestimmungen der Treuhandschaftsverträge und von Erwägungen der Sicherheit der Hilfe des Treuhandschaftsrates zu bedienen, um jene Funktionen der Vereinten Nationen auf Grund des Systems der Treuhandschaft auszuüben, die politische, wirtschaftliche, soziale und erzieherische Angelegenheiten in den strategischen Zonen betreffen.

Artikel 84.

Die verwaltende Behörde hat die Pflicht, dafür zu sorgen, daß das Treuhandgebiet seinen Beitrag zur Aufrechterhaltung des Weltfriedens und der internationalen Sicherheit leistet. Zu diesem Zweck kann die verwaltende Behörde von freiwilligen Streitkräften, Hilfsmitteln und dem Beistand des Treuhandgebietes Gebrauch machen, um die in dieser Beziehung von der verwaltenden Behörde gegenüber dem Sicherheitsrat übernommenen Verpflichtungen zu erfüllen sowie um die örtliche Verteidigung und die Aufrechterhaltung von Gesetz und Ordnung innerhalb des Treuhandgebietes sicherzustellen.

Artikel 85.

1. Die Funktionen der Vereinten Nationen in bezug auf Treuhandschaftsverträge für alle nicht als strategische Zonen bezeichneten Zonen werden von der Generalversammlung ausgeübt einschließlich der Genehmigung der Bedingungen der Treuhandschaftsverträge und deren Änderung oder Ergänzung.

2. Der Treuhandschaftsrat, der seine Tätigkeit unter der Autorität der Generalversammlung ausübt, unterstützt die Generalversammlung bei der Erfüllung dieser Funktionen.

Kapitel XIII.
Der Treuhandschaftsrat

Zusammensetzung

Artikel 86.

1. Der Treuhandschaftsrat besteht aus folgenden Mitgliedern der Vereinten Nationen:

a) aus den Mitgliedern, die Treuhandgebiete verwalten;

b) aus den im Artikel 23 namentlich angeführten Mitgliedern, die keine Treuhandgebiete verwalten; und

c) so vielen von der Generalversammlung für einen Zeitraum von drei Jahren gewählten anderen Mitgliedern, als nötig sind, um die Gesamtzahl der Mitglieder des Treuhandschaftsrates je zur Hälfte zwischen Mitgliedern der Vereinten Nationen, die Treuhandgebiete verwalten, und solchen, die keine verwalten, aufzuteilen.

2. Jedes Mitglied des Treuhandschaftsrates bezeichnet eine besonders geeignete Person, um es im Treuhandschaftsrat zu vertreten.

Funktionen und Befugnisse

Artikel 87.

Die Generalversammlung und unter ihrer Autorität der Treuhandschaftsrat können in Ausübung ihrer Funktionen

a) von der verwaltenden Behörde vorgelegte Berichte prüfen;

b) Petitionen entgegennehmen und sie durch Konsultation mit der verwaltenden Behörde prüfen;

c) periodische Besichtigungen der einzelnen Treuhandgebiete anordnen, deren Zeitpunkt mit der verwaltenden Behörde vereinbart wird; und

d) diese und andere Maßnahmen gemäß den Bestimmungen der Treuhandschaftsverträge ergreifen.

Artikel 88.

Der Treuhandschaftsvertrag verfaßt einen Fragebogen über den politischen, wirtschaftlichen, sozialen und erzieherischen Fortschritt der Bewohner jedes Treuhandgebietes; die verwaltende Behörde jedes Treuhandgebietes, für das die Generalversammlung zuständig ist, erstattet der Generalversammlung auf Grund dieses Fragebogens einen Jahresbericht.

Abstimmung.

Artikel 89.

1. Jedes Mitglied des Treuhandschaftsrates hat eine Stimme.

2. Beschlüsse des Treuhandschaftsrates werden mit einfacher Mehrheit der anwesenden und abstimmenden Mitglieder gefaßt.

Verfahren.

Artikel 90.

1. Der Treuhandschaftsrat setzt seine eigene Geschäftsordnung einschließlich der Wahlordnung seines Präsidenten fest.

2. Der Treuhandschaftsrat tagt nach Bedarf gemäß den Bestimmungen seiner Geschäftsordnung, die eine Bestimmung über die Einberufung einer Sitzung auf Verlangen der Mehrheit seiner Mitglieder zu enthalten hat.

Artikel 91.

Der Treuhandschaftsrat bedient sich, wenn dies zweckentsprechend ist, der Unterstützung des Wirtschafts- und Sozialrates und der Spezialorganisationen in Angelegenheiten, mit denen diese befaßt sind.

Kapitel XIV.

Der Internationale Gerichtshof

Artikel 92.

Der Internationale Gerichtshof ist das Hauptorgan der Rechtsprechung der Vereinten Nationen. Er übt seine Funktionen gemäß dem beigefügten Statut aus, das auf dem Statut des Ständigen Internationalen Gerichtshofes beruht und einen integrierenden Bestandteil der vorliegenden Satzung bildet.

Artikel 93.

1. Alle Mitglieder der Vereinten Nationen nehmen ipso facto das Statut des Internationalen Gerichtshofes an.

2. Ein Staat, der nicht Mitglied der Vereinten Nationen ist, kann unter Bedingungen, die in jedem einzelnen Fall auf Empfehlung des Sicherheitsrates durch die Generalversammlung festzusetzen sind, das Statut des Internationalen Gerichtshofes annehmen.

Artikel 94.

1. Jedes Mitglied der Vereinten Nationen verpflichtet sich, in jedem Streitfall, in dem es Partei ist, sich der Entscheidung des Internationalen Gerichtshofes zu fügen.

2. Wenn eine Streitpartei es unterläßt, die ihr auf Grund einer vom Gerichtshof gefällten Entscheidung obliegenden Verpflichtungen zu erfüllen, kann sich die andere Partei an den Sicherheitsrat wenden, der, wenn er es für nötig hält, Empfehlungen machen oder Maßnahmen beschließen kann, die ergriffen werden sollen, um der Entscheidung Wirksamkeit zu verschaffen.

Artikel 95.

Keine Bestimmung der vorliegenden Satzung hindert die Mitglieder der Vereinten Nationen daran, mit der Beilegung ihrer Streitfälle auf Grund von bereits bestehenden oder in Zukunft abzuschließenden Abkommen andere Gerichte zu betrauen.

Artikel 96.

1. Die Generalversammlung oder der Sicherheitsrat können den Internationalen Gerichtshof ersuchen, über jede Rechtsfrage ein Gutachten zu erstatten.

2. Andere Organe der Vereinten Nationen oder Spezialorganisationen, die von der Generalversammlung jederzeit hiezu ermächtigt werden können, können den Gerichtshof ebenfalls um Gutachten über Rechtsfragen ersuchen, die sich im Bereich ihrer Tätigkeit ergeben.

Kapitel XV.
Das Sekretariat

Artikel 97.

Das Sekretariat besteht aus einem Generalsekretär und dem für die Organisation erforderlichen Personal. Der Generalsekretär wird auf Empfehlung des Sicherheitsrates von der Generalversammlung ernannt. Er ist der höchste Verwaltungsbeamte der Organisation.

Artikel 98.

Der Generalsekretär ist in dieser Eigenschaft bei allen Sitzungen der Generalversammlung, des Sicherheitsrates, des Wirtschafts- und Sozialrates und des Treuhandschaftsrates tätig und übt die sonstigen Funktionen aus, die ihm von diesen Organen übertragen werden. Der Generalsekretär erstattet der Generalversammlung einen Jahresbericht über die Tätigkeit der Organisation.

Artikel 99.

Der Generalsekretär kann die Aufmerksamkeit des Sicherheitsrates auf alle Angelegenheiten lenken, die seiner Meinung nach geeignet sind, die Aufrechterhaltung des Weltfriedens und der internationalen Sicherheit zu bedrohen.

Artikel 100.

1. Der Generalsekretär und das Personal dürfen bei Erfüllung ihrer Pflichten keine Weisungen von irgendeiner Regierung oder von irgendeiner Autorität außerhalb der Organisation einholen oder entgegennehmen. Sie sollen jede Handlung vermeiden, die mit ihrer Stellung als internationale, nur der Organisation verantwortliche Beamte unvereinbar wäre.

2. Jedes Mitglied der Vereinten Nationen verpflichtet sich, den ausschließlich internationalen Charakter der Aufgaben des Generalsekretärs und des Personals zu achten und nicht zu versuchen, sie in der Erfüllung ihrer Aufgaben zu beeinflussen.

Artikel 101.

1. Das Personal wird vom Generalsekretär gemäß den von der Generalversammlung festgesetzten Richtlinien ernannt.

2. Besonderes Personal wird dem Wirtschafts- und Sozialrat, dem Treuhandschaftsrat und nötigenfalls anderen Organen der Vereinten Nationen auf Dauer zugeteilt. Dieses Personal bildet einen Teil des Sekretariats.

3. Bei der Anstellung des Personals und bei der Festsetzung seiner Dienstverhältnisse soll die Erwägung den Ausschlag geben, daß es notwendig ist, größte Tüchtigkeit, Sachkenntnis und Ehrenhaftigkeit zu gewährleisten. Die Bedeutung einer in geographischer Hinsicht möglichst umfassenden Zusammenstellung des Personals soll entsprechend berücksichtigt werden.

Kapitel XVI.
Verschiedene Bestimmungen

Artikel 102.

1. Jeder Vertrag und jedes internationale Abkommen, das nach dem Inkrafttreten dieser Satzung von einem Mitglied der Vereinten Nationen abgeschlossen wird, soll sobald als möglich beim Sekretariat registriert und von ihm veröffentlicht werden.

2. Keine Partei eines solchen Vertrages oder internationalen Abkommens, das nicht gemäß den Bestimmungen des Absatzes 1 dieses Artikels registriert ist, kann sich von irgendeinem Organ der Vereinten Nationen auf einen solchen Vertrag oder auf ein solches Abkommen berufen.

Artikel 103.

Im Fall eines Widerspruches zwischen den aus der vorliegenden Satzung sich ergebenden Verpflichtungen von Mitgliedern der Vereinten Nationen und Verpflichtungen auf Grund irgendeines anderen internationalen Abkommens haben die Verpflichtungen auf Grund der vorliegenden Satzung den Vorrang.

Artikel 104.

Die Organisation genießt im Gebiet jedes ihrer Mitglieder die Rechtsstellung, die erforderlich ist, um ihre Funktion auszuüben und ihre Ziele zu verwirklichen.

Artikel 105.

1. Die Organisation genießt im Gebiet jedes ihrer Mitglieder die Privilegien und Immunitäten, die zur Verwirklichung ihrer Ziele erforderlich sind.

2. Vertreter der Mitglieder der Vereinten Nationen und Beamte der Organisation genießen gleichermaßen die Privilegien und Immunitäten, die erforderlich sind, um ihre Funktion im Zusammenhang mit der Organisation in Unabhängigkeit auszuüben.

3. Die Generalversammlung kann Empfehlungen über die Regelung von Einzelheiten der Anwendung von Absatz 1 und 2 dieses Artikels erstatten oder kann den Mitgliedern der Vereinten Nationen Abkommen für diesen Zweck vorschlagen.

Kapitel XVII.
Übergangsbestimmungen, betreffend die Sicherheit

Artikel 106.

Bis zum Inkrafttreten der in Artikel 43 vorgesehenen Sonderabkommen, die den Sicherheitsrat nach seiner Meinung in die Lage versetzen, mit der Ausübung seiner Pflichten im Sinne des Artikels 42 zu beginnen, sollen die Signatare der Moskauer Viermächte-Erklärung vom 30. Oktober 1943 und Frankreich, gemäß den Bestimmungen des Absatzes 5 dieser Erklärung, sich miteinander und nötigenfalls mit anderen Mitgliedern der Vereinten Nationen ins Einvernehmen setzen, um gemeinsam die zur Aufrechterhaltung des Weltfriedens und der internationalen Sicherheit erforderlichen Maßnahmen im Namen der Organisation zu ergreifen.

Artikel 107.

Keine Bestimmung der vorliegenden Satzung macht Maßnahmen ungültig oder unanwendbar, die gegen einen Staat, der während des Zweiten Weltkrieges der Feind irgendeines Signatars der vorliegenden Satzung gewesen ist, als Folge dieses Krieges von den Regierungen ergriffen oder gestattet werden, welche die Verantwortung für solche Maßnahmen haben.

Kapitel XVIII.
Änderungen

Artikel 108.

Änderungen der vorliegenden Satzung treten für alle Mitglieder der Vereinten Nationen in Kraft, wenn sie mit Zweidrittelmehrheit der Mitglieder der Generalversammlung angenommen und gemäß ihren Verfassungsbestimmungen von zwei Dritteln der Mitglieder der Vereinten Nationen einschließlich aller ständigen Mitglieder des Sicherheitsrates ratifiziert worden sind.

Artikel 109.

1. Eine Allgemeine Konferenz der Mitglieder der Vereinten Nationen zum Zwecke der Revision der vorliegenden Satzung kann zu einem Zeitpunkt und an einem Ort abgehalten werden, die mit Zweidrittelmehrheit der Mitglieder der Generalversammlung und mit Zustimmung von neun beliebigen Mitgliedern des Sicherheitsrates festgesetzt werden. Jedes Mitglied der Vereinten Nationen hat auf der Konferenz eine Stimme.

2. Jede Änderung der vorliegenden Satzung, die mit einer Zweidrittelmehrheit von der Konferenz empfohlen wird, tritt in Kraft, wenn sie gemäß ihren Verfassungsbestimmungen von zwei Dritteln der Mitglieder der Vereinten Nationen einschließlich aller ständigen Mitglieder des Sicherheitsrates ratifiziert ist.

3. Wenn eine solche Konferenz nicht vor der zehnten Jahrestagung der Generalversammlung nach dem Inkrafttreten der vorliegenden Satzung abgehalten worden ist, soll der Vorschlag, eine solche Konferenz einzuberufen, auf die Tagesordnung der Generalversammlung gesetzt werden. Die Konferenz ist abzuhalten, wenn dies mit einfacher Mehrheit der Mitglieder der Generalversammlung und mit Zustimmung von sieben beliebigen Mitgliedern des Sicherheitsrates beschlossen wird.

Kapitel XIX.
Ratifikation und Unterzeichnung

Artikel 110.

1. Die vorliegende Satzung soll von den Signatarstaaten gemäß ihren Verfassungsbestimmungen ratifiziert werden.

2. Die Ratifikationsurkunden sollen bei der Regierung der Vereinigten Staaten von Amerika hinterlegt werden, die alle Signatarstaaten sowie den Generalsekretär der Organisation, sobald er ernannt ist, von jeder Hinterlegung verständigt.

3. Die vorliegende Satzung tritt in Kraft, sobald die Republik China, Frankreich, die Union der Sozialistischen Sowjetrepubliken, das Vereinigte Königreich von Großbritannien und Nordirland und die Vereinigten Staaten von Amerika und die Mehrheit der anderen Signatarstaaten ihre Ratifikationsurkunden hinterlegt haben. Die Regierung der Vereinigten Staaten von Amerika errichtet über die Hinterlegung der Ratifikationsurkunden ein Protokoll und übermittelt allen Signatarstaaten Abschriften davon.

4. Die Signatarstaaten der vorliegenden Satzung, welche diese nach ihrem Inkrafttreten ratifizieren, werden mit dem Tag der Hinterlegung ihrer Ratifikationsurkunden ursprüngliche Mitglieder der Vereinten Nationen.

Artikel 111.

Die vorliegende Satzung deren chinesischer, französischer, russischer, englischer und spanischer Text gleichermaßen authentisch ist, bleibt in den Archiven der Regierung der Vereinigten Staaten von Amerika verwahrt. Ordnungsgemäß beglaubigte Abschriften davon werden von dieser Regierung den Regierungen der anderen Signatarstaaten übermittelt.

Zu Urkund dessen haben die Vertreter der Regierungen der Vereinten Nationen die vorliegende Satzung unterzeichnet.

Artikel 111

Gegeben in der Stadt San Francisco am sechsundzwanzigsten Juni eintausendneunhundertfünfundvierzig.

1/2. Statut des Internationalen Gerichtshofes

BGBl 1956/120

Statut des Internationalen Gerichtshofes

Der Beitritt Österreichs ist am 14. Dezember 1955 wirksam geworden.

Artikel 1.

Der durch die Satzung der Vereinten Nationen als das Hauptorgan der Rechtsprechung der Vereinten Nationen geschaffene Internationale Gerichtshof soll gemäß den Bestimmungen des vorliegenden Statuts errichtet werden und seine Tätigkeit ausüben.

Kapitel I

Organisation des Gerichtshofes

Artikel 2.

Der Gerichtshof besteht aus unabhängigen Richtern, die ohne Rücksicht auf ihre Staatsangehörigkeit aus dem Kreis von Personen gewählt werden, welche die höchste Achtung in sittlicher Hinsicht genießen, die zur Ausübung des höchsten richterlichen Amtes in ihrem Lande erforderlichen Voraussetzungen erfüllen oder Rechtsgelehrte von anerkanntem Ruf auf dem Gebiete des Völkerrechts sind.

Artikel 3.

1. Der Gerichtshof besteht aus fünfzehn Mitgliedern, von denen nur je einer Angehöriger desselben Staates sein darf.

2. Wer bezüglich der Mitgliedschaft beim Gerichtshof als Angehöriger mehr als eines Staates angesehen werden kann, gilt als Angehöriger jenes Staates, in dem er gewöhnlich seine bürgerlichen und politischen Rechte ausübt.

Artikel 4.

1. Die Mitglieder des Gerichtshofes werden durch die Generalversammlung und durch den Sicherheitsrat aus einer Liste von Personen, die von den nationalen Gruppen des Ständigen Schiedshofes vorgeschlagen werden, gemäß den nachfolgenden Bestimmungen gewählt.

2. Was die im Ständigen Schiedshof nicht vertretenen Mitglieder der Vereinten Nationen anbelangt, werden die Kandidaten durch die nationalen Gruppen vorgeschlagen, die von ihren Regierungen zu diesem Zweck unter den gleichen Bedingungen bestellt werden, wie sie in Artikel 44 des Haager Abkommens von 1907 zur friedlichen Erledigung internationaler Streitfälle für die Mitglieder des Ständigen Schiedshofes vorgesehen sind.

3. In Ermangelung einer besonderen Vereinbarung wird die Generalversammlung auf Empfehlung des Sicherheitsrates die Bedingungen festsetzen, unter denen ein Staat, der das vorliegende Statut angenommen hat, aber nicht Mitglied der Vereinten Nationen ist, an der Wahl der Mitglieder des Gerichtshofes teilnehmen kann.

Artikel 5.

1. Mindestens drei Monate vor der Wahl ladet der Generalsekretär der Vereinten Nationen die Mitglieder des Ständigen Schiedshofes, die den Staaten angehören, welche das vorliegende Statut angenommen haben, sowie die Mitglieder der gemäß Artikel 4, Absatz 2, bestellten nationalen Gruppen schriftlich ein, innerhalb einer gesetzten Frist durch die nationalen Gruppen Personen in Vorschlag zu bringen, die in der Lage sind, das Amt eines Mitgliedes des Gerichtshofes zu versehen.

2. Eine Gruppe darf nicht mehr als vier Personen vorschlagen, worunter höchstens zwei ihrer Staatsangehörigkeit sein dürfen. Die Zahl der vorgeschlagenen Kandidaten darf unter keinen Umständen mehr als das Doppelte der Zahl der zu besetzenden Sitze betragen.

Artikel 6.

Es wird jeder nationalen Gruppe empfohlen, vor Erstattung dieser Vorschläge den Obersten Gerichtshof des Landes sowie die juridischen Fakultäten und Schulen und die nationalen Akademien und die nationalen Sektionen internationaler Akademien zu Rate zu ziehen, die sich dem Rechtsstudium widmen.

Artikel 7.

1. Der Generalsekretär stellt in alphabetischer Reihenfolge ein Verzeichnis aller auf diese Weise vorgeschlagenen Personen auf. Diese Personen allein sind wählbar, unbeschadet der Bestimmungen des Artikels 12, Absatz 2.

2. Der Generalsekretär legt dieses Verzeichnis der Generalversammlung und dem Sicherheitsrat vor.

Artikel 8.

Die Generalversammlung und der Sicherheitsrat schreiten unabhängig voneinander zur Wahl der Mitglieder des Gerichtshofes.

Artikel 9.

Bei jeder Wahl haben die Wähler darauf zu achten, daß die zu wählenden Mitglieder nicht nur für ihre Person die gestellten Bedingungen erfüllen, sondern daß der Gerichtshof auch als Gesamtheit die Vertretung der Hauptformen der Zivilisation und der hauptsächlichen Rechtssysteme der Welt gewährleiste.

Artikel 10.

1. Gewählt sind jene Kandidaten, welche die absolute Stimmenmehrheit in der Generalversammlung und im Sicherheitsrat erhalten haben.

2. Die Abstimmung im Sicherheitsrat sowohl bei der Wahl der Richter als auch bei der Bestellung der Mitglieder der in Artikel 12 vorgesehenen Kommission erfolgt ohne Unterscheidung zwischen ständigen und nichtständigen Mitgliedern des Sicherheitsrates.

3. In dem Falle, als mehr als ein Angehöriger desselben Staates die absolute Stimmenmehrheit der Generalversammlung und des Sicherheitsrates erhält, gilt nur der Älteste von ihnen als gewählt.

Artikel 11.

Bleiben nach der ersten Wahlversammlung noch Sitze frei, so wird in derselben Weise zu einer zweiten und, wenn nötig, zu einer dritten geschritten.

Artikel 12.

1. Bleiben nach der dritten Wahlversammlung noch Sitze frei, so kann jederzeit auf das Verlangen entweder der Generalversammlung oder des Sicherheitsrates eine Vermittlungskommission von sechs Mitgliedern bestellt werden, von denen drei von der Generalversammlung und drei vom Sicherheitsrate zu ernennen sind, mit dem Auftrage, mit einfacher Stimmenmehrheit für jeden freien Sitz einen Namen auszuwählen, welcher der Generalversammlung und dem Sicherheitsrat getrennt zur Annahme vorzuschlagen ist.

2. Die Vermittlungskommission kann auf ihre Liste den Namen jeder Person setzen, über welche sie sich einstimmig geeinigt hat und welche die gestellten Bedingungen erfüllt, selbst wenn sie nicht auf der in Artikel 7 vorgesehenen Liste der Vorgeschlagenen steht.

3. Stellt die Vermittlungskommission fest, daß es ihr nicht gelingt, die Wahl sicherzustellen, so werden die schon gewählten Mitglieder des Gerichtshofes innerhalb einer vom Sicherheitsrate festzusetzenden Frist die vakanten Sitze besetzen, indem sie die Wahl unter denjenigen Personen treffen, die entweder in der Generalversammlung oder im Sicherheitsrate Stimmen erhalten haben.

4. Im Falle von Stimmengleichheit unter den Richtern gibt die Stimme des ältesten Richters den Ausschlag.

Artikel 13.

1. Die Mitglieder des Gerichtshofes sind für einen Zeitraum von neun Jahren gewählt und sind wiederwählbar; was jedoch die in der ersten Wahl gewählten Richter betrifft, soll jedoch die Amtsdauer von fünf Richtern nach drei Jahren, die von weiteren fünf Richtern nach sechs Jahren enden.

2. Die Richter, deren Amtsdauer nach Ablauf der Anfangszeit von drei und sechs Jahren endet, werden vom Generalsekretär unmittelbar nach der ersten Wahl durch das Los bestimmt.

3. Die Mitglieder des Gerichtshofes bleiben im Amt, bis sie ersetzt sind. Auch wenn sie ersetzt sind, erledigen sie noch die Fälle, die sie zu bearbeiten begonnen haben.

4. Im Falle des Rücktrittes eines Mitgliedes des Gerichtshofes ist das Rücktrittsschreiben an den Präsidenten des Gerichtshofes zur Weiterleitung an den Generalsekretär zu richten. Letztere Anzeige bewirkt die Vakanz des Sitzes.

Artikel 14.

Die Wiederbesetzung vakanter Sitze findet nach dem für die erste Wahl befolgten Verfahren statt unter Vorbehalt folgender Bestimmung: Im Lauf des auf den Eintritt der Vakanz folgenden Monats hat der Generalsekretär die in Artikel 5 vorgesehene Einladung auszusenden, und der Zeitpunkt der Wahl ist vom Sicherheitsrat festzusetzen.

Artikel 15.

Das an Stelle eines Mitgliedes, dessen Amtszeit noch nicht abgelaufen ist, gewählte Mitglied des Gerichtshofes beendet die Amtszeit seines Vorgängers.

Artikel 16.

1. Die Mitglieder des Gerichtshofes dürfen weder eine politische noch eine Verwaltungsfunktion ausüben noch sich irgendeiner anderen Beschäftigung beruflicher Art widmen.

2. Bestehen Zweifel, so entscheidet der Gerichtshof.

Artikel 17.

1. Kein Mitglied des Gerichtshofes darf die Funktion eines Agenten, eines Rechtsbeistandes oder eines Anwaltes in irgendeiner Angelegenheit ausüben.

2. Kein Mitglied darf an der Entscheidung irgendeiner Angelegenheit teilnehmen, mit der es sich früher als Agent, Rechtsbeistand oder Anwalt einer der Parteien, als Mitglied eines nationalen oder internationalen Gerichtshofes, einer Untersuchungskommission oder in irgendeiner anderen Eigenschaft befaßt hat.

3. Bestehen Zweifel, so entscheidet der Gerichtshof.

Artikel 18.

1. Ein Mitglied des Gerichtshofes kann nur dann seines Amtes enthoben werden, wenn es nach der einstimmigen Meinung der übrigen Mitglieder aufgehört hat, die gestellten Bedingungen zu erfüllen.

2. Von dieser Tatsache wird dem Generalsekretär vom Gerichtsschreiber amtlich Mitteilung gemacht.

3. Mit dieser Mitteilung gilt der Sitz als vakant.

Artikel 19.

Die Mitglieder des Gerichtshofes genießen bei der Ausübung ihres Amtes die diplomatischen Privilegien und Immunitäten.

Artikel 20.

Vor Antritt seines Amtes muß jedes Mitglied des Gerichtshofes in öffentlicher Sitzung die feierliche Erklärung abgeben, daß es seine Befugnisse unparteiisch und gewissenhaft ausüben werde.

Artikel 21.

1. Der Gerichtshof wählt für die Dauer von drei Jahren seinen Präsidenten und Vizepräsidenten; dieselben sind wiederwählbar.

2. Der Gerichtshof ernennt seinen Gerichtsschreiber und die erforderlichen anderen Beamten.

Artikel 22.

1. Der Gerichtshof hat seinen Sitz im Haag. Der Gerichtshof kann jedoch an anderen Orten tagen und seine Funktionen ausüben, sofern er das für wünschenswert hält.

2. Der Präsident und der Gerichtsschreiber wohnen am Sitze des Gerichtshofes.

Artikel 23.

1. Der Gerichtshof tagt ständig, außer während der Gerichtsferien, deren Zeitpunkt und Dauer vom Gerichtshof festgesetzt werden.

2. Die Mitglieder des Gerichtshofes haben Anspruch auf periodischen Urlaub, dessen Zeitpunkt und Dauer vom Gerichtshof unter Berücksichtigung der Entfernung des Haag vom Heimatort der einzelnen Richter festgesetzt wird.

3. Die Mitglieder des Gerichtshofes sind verpflichtet, sich außer bei ordentlichem Urlaub, bei Verhinderung wegen Krankheit oder wegen anderer schwerwiegender Gründe, die dem Präsidenten ausreichend darzulegen sind, dem Gerichtshof jederzeit zur Verfügung zu halten.

Artikel 24.

1. Glaubt ein Mitglied des Gerichtshofes, aus besonderen Gründen an der Entscheidung eines Streitfalles nicht teilnehmen zu sollen, so gibt es dem Präsidenten davon Kenntnis.

2. Ist der Präsident der Meinung, daß eines der Mitglieder des Gerichtshofes aus besonderen Gründen bei der Behandlung einer Angelegenheit nicht mitwirken sollte, so macht er ihm davon Mitteilung.

3. Bestehen in einem derartigen Falle Meinungsverschiedenheiten zwischen dem Mitgliede des Gerichtshofes und dem Präsidenten, so entscheidet der Gerichtshof.

Artikel 25.

1. Der Gerichtshof tagt in Plenarsitzungen, sofern das vorliegende Statut es nicht ausdrücklich anders bestimmt.

2. Unter der Bedingung, daß die Zahl der Richter, die zur Bildung des Gerichtshofes zur Verfügung stehen, nicht unter elf herabgesetzt wird, kann das Reglement des Gerichtshofes vorsehen, daß je nach den Umständen und der Reihenfolge nach einer oder mehrere der Richter von der Teilnahme befreit werden können.

3. Ein Quorum von neun Richtern genügt zur Bildung des Gerichtshofes.

Artikel 26.

1. Der Gerichtshof kann jederzeit eine oder mehrere, je nach seiner Entscheidung, aus drei oder mehr Richtern bestehende Kammer einsetzen, um bestimmte Arten von Angelegenheiten zu entscheiden, zum Beispiel Angelegenheiten, die sich auf die Arbeit und auf die Durchfuhr und den Verkehr beziehen.

2. Der Gerichtshof kann jederzeit eine Kammer zur Entscheidung einer bestimmten Angelegenheit einsetzen. Die Zahl der Richter dieser Kammer

wird vom Gerichtshof mit Zustimmung der Parteien festgesetzt.

3. Von den in diesem Artikel vorgesehenen Kammern sollen Angelegenheiten verhandelt und entschieden werden, wenn die Parteien es beantragen.

Artikel 27.

Jedes von einer der in den Artikeln 26 und 29 vorgesehenen Kammern gefällte Urteil gilt als Urteil des Gerichtshofes.

Artikel 28.

Die in den Artikeln 26 und 29 vorgesehenen Kammern können mit Zustimmung der Parteien anderswo als im Haag tagen und ihre Funktionen ausüben.

Artikel 29.

Zum Zwecke der raschen Erledigung der Geschäfte bestellt der Gerichtshof jährlich eine Kammer von fünf Richtern, die berufen ist, auf Ansuchen der Parteien in abgekürztem Verfahren zu entscheiden. überdies werden zwei Richter bestimmt, um Richter zu ersetzen, die an Sitzungen nicht teilnehmen können.

Artikel 30.

1. Der Gerichtshof setzt durch ein Reglement fest, in welcher Weise er seine Befugnisse ausübt. Er regelt insbesondere sein Verfahren.

2. Das Reglement des Gerichtshofes kann Beisitzer vorsehen, die an den Sitzungen des Gerichtshofes oder seiner Kammern ohne Stimmrecht teilnehmen.

Artikel 31.

1. Richter, welche die Staatsangehörigkeit der Parteien besitzen, behalten ihren Sitz bei Verhandlung der bei dem Gerichtshof anhängig gemachten Angelegenheit.

2. Hat eine der Parteien einen ihrer Staatsangehörigen im Gerichtshof, so kann die andere Partei eine Person ihrer Wahl bezeichnen, die als Richter an den Sitzungen teilnimmt und die vorzugsweise aus dem Kreise jener Personen zu nehmen ist, die gemäß den Bestimmungen der Artikel 4 und 5 vorgeschlagen worden sind.

3. Befindet sich auf der Richterbank kein Richter, der die Staatsangehörigkeit einer der Parteien besitzt, so kann jede der Parteien auf die im vorhergehenden Absatz vorgesehene Weise einen Richter bezeichnen.

4. Die Bestimmungen des vorliegenden Artikels finden auch auf die in den Artikeln 26 und 29 vorgesehenen Fälle Anwendung. In diesen Fällen wird der Präsident ein oder erforderlichenfalls zwei der die Kammer bildenden Mitglieder des Gerichtshofes ersuchen, ihren Platz den Mitgliedern des Gerichtshofes, welche die Staatsangehörigkeit der beteiligten Parteien besitzen, abzutreten und in Ermangelung solcher oder bei Verhinderung den von den Parteien besonders bezeichneten Richtern.

5. Bilden mehrere Parteien eine Streitgenossenschaft, so gelten sie in Ansehung der vorstehenden Bestimmungen als eine Partei. Im Zweifelsfall entscheidet der Gerichtshof.

6. Die gemäß Absatz 2, 3 und 4 dieses Artikels bezeichneten Richter müssen die in den Artikeln 2, 17 Absatz 2, 20 und 24 des vorliegenden Statuts aufgestellten Bedingungen erfüllen. Sie wirken an der Entscheidung in völliger Gleichberechtigung mit ihren Kollegen mit.

Artikel 32.

1. Die Mitglieder des Gerichtshofes erhalten ein Jahresgehalt.

2. Der Präsident erhält eine besondere jährliche Zulage.

3. Der Vizepräsident erhält eine besondere Zulage für jeden Tag, an dem er das Amt des Präsidenten ausübt.

4. Die gemäß Artikel 31 bezeichneten Richter, die nicht Mitglieder des Gerichtshofes sind, erhalten eine Entschädigung für jeden Tag, an dem sie ihr Amt ausüben.

5. Diese Gehälter, Zulagen und Entschädigungen werden von der Generalversammlung festgesetzt. Sie können während der Amtsdauer nicht herabgesetzt werden.

6. Das Gehalt des Gerichtsschreibers wird auf Vorschlag des Gerichtshofes von der Generalversammlung festgesetzt.

7. Ein von der Generalversammlung erlassenes Reglement setzt die Bedingungen fest, unter denen den Mitgliedern des Gerichtshofes und dem Gerichtsschreiber eine Pension ausgezahlt wird, sowie die Bedingungen, unter denen den Mitgliedern des Gerichtshofes und dem Gerichtsschreiber Reisekosten vergütet werden.

8. Die Gehälter, Zulagen und Entschädigungen sind von allen Abgaben befreit.

Artikel 33.

Die Ausgaben des Gerichtshofes werden von den Vereinten Nationen in einer durch die Generalversammlung festzusetzenden Weise getragen.

Kapitel II
Zuständigkeit des Gerichtshofes

Artikel 34.

1. Nur Staaten sind berechtigt, als Parteien vor dem Gerichtshof aufzutreten.

2. Der Gerichtshof kann unter den in seinem Reglement vorgesehenen Bedingungen von öffentlichen internationalen Organisationen Auskünfte in bezug auf ihm vorgelegte Angelegenheiten verlangen und nimmt solche Auskünfte auch entgegen, wenn sie ihm von solchen Organisationen aus eigener Initiative erteilt werden.

3. Wenn die Auslegung des konstituierenden Aktes einer öffentlichen internationalen Organisation oder eines auf Grund dieses Aktes abgeschlossenen internationalen Vertrages in einer dem Gerichtshof vorgelegten Angelegenheit in Frage steht, so verständigt der Gerichtsschreiber die betreffende öffentliche internationale Organisation hievon und übermittelt ihr Abschriften der gesamten Akten des schriftlichen Verfahrens.

Artikel 35.

1. Der Gerichtshof steht den Staaten, die das vorliegende Statut angenommen haben, offen.

2. Die Bedingungen, unter denen der Gerichtshof den anderen Staaten offensteht, werden, unbeschadet der besonderen Bestimmungen in den geltenden Verträgen, vom Sicherheitsrat festgesetzt, und zwar so, daß unter keinen Umständen sich für die Parteien Ungleichheit vor dem Gerichtshof ergeben darf.

3. Ist ein Staat, der nicht Mitglied der Vereinten Nationen ist, Partei in einem Streitfall, so setzt der Gerichtshof den von dieser Partei zu den Ausgaben des Gerichtshofes zu entrichtenden Beitrag fest. Diese Bestimmung findet jedoch keine Anwendung, wenn der betreffende Staat die Ausgaben des Gerichtshofes mitbestreitet.

Artikel 36.

1. Die Zuständigkeit des Gerichtshofes erstreckt sich auf alle Angelegenheiten, welche die Parteien ihm vorlegen, sowie auf alle Fälle, die in der Satzung der Vereinten Nationen oder in den geltenden Verträgen und Abkommen besonders vorgesehen sind.

2. Die Staaten, welche das vorliegende Statut angenommen haben, können jederzeit die Erklärung abgeben, daß sie ipso facto und ohne besondere Abkommen gegenüber jedem anderen die gleiche Verpflichtung übernehmenden Staat die Gerichtsbarkeit des Gerichtshofes in allen Rechtsstreitigkeiten als obligatorisch anerkennen, welche zum Gegenstande haben:

a) die Auslegung eines Vertrages;

b) irgendwelche Fragen des internationalen Rechtes;

c) das Bestehen einer Tatsache, die, wenn sie bewiesen wäre, die Verletzung einer internationalen Verpflichtung bedeuten würde;

d) die Art und den Umfang der wegen Verletzung einer internationalen Verpflichtung geschuldeten Wiedergutmachung.

3. Die oben vorgesehenen Erklärungen können bedingungslos oder unter dem Vorbehalt einer entsprechenden Verpflichtung mehrerer oder bestimmter Staaten oder für eine bestimmte Frist abgegeben werden.

4. Die Erklärungen sind dem Generalsekretär der Vereinten Nationen zu übergeben, der eine Abschrift den Staaten, die das vorliegende Statut angenommen haben, und dem Gerichtsschreiber übermittelt.

5. Die in Anwendung des Artikels 36 des Statuts des Ständigen Internationalen Gerichtshofes für eine Frist, die noch nicht abgelaufen ist, abgegebenen Erklärungen sollen in den Beziehungen zwischen den Staaten, die das vorliegende Statut angenommen haben, als Annahme der obligatorischen Gerichtsbarkeit des Internationalen Gerichtshofes für die Dauer der noch nicht abgelaufenen Frist und entsprechend ihren Bedingungen angesehen werden.

6. Ist die Zuständigkeit des Gerichtshofes bestritten, so entscheidet der Gerichtshof über diese Frage.

Artikel 37.

Ist in einem geltenden Vertrag oder Abkommen die überweisung einer Angelegenheit an ein Gericht, das der Völkerbund zu errichten hatte, oder an den Ständigen Internationalen Gerichtshof vorgesehen, so wird die Angelegenheit zwischen den Parteien, die das vorliegende Statut angenommen haben, dem Internationalen Gerichtshof überwiesen werden.

Artikel 38.

1. Der Gerichtshof, dessen Aufgabe es ist, die ihm unterbreiteten Streitfälle nach Völkerrecht zu entscheiden, wendet an:

a) die internationalen Abkommen allgemeiner oder besonderer Natur, in denen von den im Streit befindlichen Staaten ausdrücklich anerkannte Normen aufgestellt sind;

b) das internationale Gewohnheitsrecht als Ausdruck einer allgemeinen, als Recht anerkannten Übung;

c) die von den zivilisierten Staaten anerkannten allgemeinen Rechtsgrundsätze;

d) unter Vorbehalt der Bestimmung des Artikels 59 die gerichtlichen Entscheidungen und die

Lehren der anerkanntesten Autoren der verschiedenen Völker als Hilfsmittel zur Feststellung der Rechtsnormen.

2. Durch diese Bestimmung wird die Befugnis des Gerichtshofes, mit Zustimmung der Parteien den Streitfall ex aequo et bono zu entscheiden, nicht beeinträchtigt.

Kapitel III

Verfahren

Artikel 39.

1. Die amtlichen Sprachen des Gerichtshofes sind das Französische und das Englische. Sind die Parteien damit einverstanden, daß das ganze Verfahren in französischer Sprache durchgeführt wird, so wird das Urteil in dieser Sprache gefällt. Sind die Parteien darüber einig, daß das ganze Verfahren in englischer Sprache durchgeführt wird, so wird das Urteil in dieser Sprache gefällt.

2. In Ermangelung einer Vereinbarung über die anzuwendende Sprache können sich die Parteien für die Parteienvorträge der Sprache bedienen, die sie bevorzugen; die Entscheidung des Gerichtshofes ergeht in französischer und englischer Sprache. In diesem Fall hat der Gerichtshof gleichzeitig zu bestimmen, welcher von den beiden Texten maßgebend ist.

3. Auf Ansuchen einer jeden Partei kann der Gerichtshof dieser den Gebrauch einer anderen Sprache als der französischen oder englischen gestatten.

Artikel 40.

1. Die Streitfälle werden beim Gerichtshof je nach der Art des Falles durch Mitteilung des Schiedsvertrages oder durch eine Klageschrift anhängig gemacht, die bei der Gerichtsschreiberei einzureichen sind; in beiden Fällen müssen der Streitgegenstand und die Parteien angegeben werden.

2. Der Gerichtsschreiber teilt die Klageschrift unverzüglich allen Beteiligten mit.

3. Er gibt auch den Mitgliedern der Vereinten Nationen durch Vermittlung des Generalsekretärs sowie den anderen zum Gerichtshof zugelassenen Staaten davon Kenntnis.

Artikel 41.

1. Der Gerichtshof ist befugt, sofern es seines Erachtens die Umstände erfordern, diejenigen vorsorglichen Maßnahmen zu bezeichnen, die zum Schutze der Rechte jeder Partei getroffen werden müssen.

2. Vorbehaltlich der endgültigen Entscheidung wird den Parteien und dem Sicherheitsrate von den vorgesehenen Maßnahmen sofort Kenntnis gegeben.

Artikel 42.

1. Die Parteien werden durch Agenten vertreten.

2. Sie können vor dem Gerichtshofe Rechtsbeistände oder Anwälte beiziehen.

3. Die Agenten, Rechtsbeistände und Anwälte der Parteien vor dem Gerichtshof genießen die Privilegien und Immunitäten, die zur unabhängigen Ausübung ihrer Pflichten nötig sind.

Artikel 43.

1. Das Verfahren besteht aus zwei Abschnitten: ein schriftliches und ein mündliches.

2. Das schriftliche Verfahren umfaßt die übermittlung der Schriftsätze, der Gegenschriften und gegebenenfalls der Repliken sowie aller zur Unterstützung vorgelegten Schriftstücke und Urkunden an die Richter und an die Parteien.

3. Die übermittlung erfolgt durch den Gerichtsschreiber in der Reihenfolge und innerhalb der Fristen, wie sie vom Gerichtshof festgesetzt werden.

4. Jedes von einer der Parteien vorgelegte Schriftstück ist der anderen Partei in beglaubigter Abschrift zuzustellen.

5. Das mündliche Verfahren besteht in der Anhörung der Zeugen, Sachverständigen, Agenten, Rechtsbeistände und Anwälte durch den Gerichtshof.

Artikel 44.

1. Für alle Zustellungen an andere Personen als die Agenten, Rechtsbeistände und Anwälte wendet sich der Gerichtshof unmittelbar an die Regierung des Staates, auf dessen Gebiet die Zustellung erfolgen soll.

2. Das gleiche gilt, wenn eine Beweiserhebung an Ort und Stelle vorgenommen werden soll.

Artikel 45.

Die Verhandlungen werden vom Präsidenten und, wenn dieser dazu nicht in der Lage ist, vom Vizepräsidenten geleitet; im Falle der Verhinderung beider übernimmt der rangälteste anwesende Richter den Vorsitz.

Artikel 46.

Die Verhandlung ist öffentlich, wenn nicht der Gerichtshof anders beschließt oder beide Parteien beantragen, daß die Öffentlichkeit ausgeschlossen wird.

Artikel 47.

1. über jede Verhandlung wird ein Protokoll aufgenommen, das vom Gerichtsschreiber und vom Präsidenten unterzeichnet wird.

2. Dieses Protokoll allein ist authentisch.

Artikel 48.

Der Gerichtshof erläßt Verfügungen, betreffend die Leitung des Prozesses und die Festsetzung der Form und der Fristen für die Einbringung der Schlußanträge durch jede Partei, und trifft alle auf die Beweisaufnahme bezüglichen Maßnahmen.

Artikel 49.

Der Gerichtshof kann, schon vor der Verhandlung, von den Agenten die Vorlegung aller Urkunden und die Erteilung aller Auskünfte verlangen. Im Fall der Verweigerung wird davon Vormerkung genommen.

Artikel 50.

Der Gerichtshof kann jederzeit und nach freier Wahl irgendeine Person, eine Körperschaft, ein Büro, eine Kommission oder ein anderes Organ mit der Vornahme einer Untersuchung oder der Abgabe eines Sachverständigengutachtens betrauen.

Artikel 51.

Während der Verhandlung werden den Zeugen und Sachverständigen alle zweckdienlichen Fragen unter den Bedingungen vorgelegt, die der Gerichtshof in dem in Artikel 30 vorgesehenen Reglement festsetzt.

Artikel 52.

Nachdem der Gerichtshof innerhalb der von ihm festgesetzten Fristen die Beweismittel und Zeugenaussagen erhalten hat, kann er alle weiteren Aussagen oder Beweisurkunden zurückweisen, die ihm eine der Parteien ohne die Zustimmung der anderen vorlegen möchte.

Artikel 53.

1. Erscheint eine der Parteien nicht vor dem Gerichtshof oder verzichtet sie darauf, ihren Standpunkt zu verteidigen, so kann die andere Partei vom Gerichtshofe verlangen, daß er im Sinne ihrer Anträge entscheide.

2. Bevor der Gerichtshof diesem Begehren entspricht, muß er sich nicht nur vergewissern, daß er gemäß Artikel 36 und 37 zuständig sei, sondern auch, daß die Anträge in tatsächlicher und rechtlicher Beziehung begründet sind.

Artikel 54.

1. Nachdem die Agenten, Rechtsbeistände und Anwälte unter der Leitung des Gerichtshofes ihre Darstellung des Streitfalles abgeschlossen haben, verkündet der Präsident den Schluß der Verhandlung.

2. Der Gerichtshof zieht sich zur Beratung des Urteils zurück.

3. Die Beratungen des Gerichtshofes sind und bleiben geheim.

Artikel 55.

1. Die Entscheidungen des Gerichtshofes werden mit Stimmenmehrheit der anwesenden Richter gefaßt.

2. Bei Stimmengleichheit entscheidet die Stimme des Präsidenten oder des Richters, der ihn vertritt.

Artikel 56.

1. Die Entscheidung ist zu begründen.

2. Sie enthält die Namen der Richter, die daran teilgenommen haben.

Artikel 57.

Bringt die Entscheidung in ihrer Gesamtheit oder zum Teil nicht die übereinstimmende Meinung der Richter zum Ausdruck, so ist jeder Richter berechtigt, eine Darlegung seiner persönlichen Meinung abzugeben.

Artikel 58.

Die Entscheidung wird vom Präsidenten und vom Gerichtsschreiber unterzeichnet. Nach gehöriger Benachrichtigung der Agenten wird sie in öffentlicher Sitzung verlesen.

Artikel 59.

Die Entscheidung des Gerichtshofes ist nur für die Parteien verbindlich, und zwar nur für den Fall, über den entschieden worden ist.

Artikel 60.

Die Entscheidung ist endgültig und ohne Rechtsmittel. Bei Meinungsverschiedenheiten über den Sinn oder die Tragweite der Entscheidung hat der Gerichtshof auf Ansuchen einer jeden Partei sie auszulegen.

Artikel 61.

1. Ein Begehren um Revision der Entscheidung kann beim Gerichtshofe nur auf Grund des Hervorkommens einer Tatsache gestellt werden, die geeignet wäre, einen entscheidenden Einfluß auszuüben und die vor Erlassung der Entscheidung sowohl dem Gerichtshofe als der Partei, welche die Revision verlangt, unbekannt war, immer vorausgesetzt, daß diese Unkenntnis nicht auf einem Verschulden beruhte.

2. Das Revisionsverfahren wird durch eine Entscheidung des Gerichtshofes eröffnet, die das Vorhandensein der neuen Tatsache ausdrücklich feststellt, ihr die zur Eröffnung des Revisionsverfahrens Anlaß gebenden Merkmale zuerkennt und dementsprechend das Begehren als zulässig erklärt.

3. Der Gerichtshof kann vorher die Vollziehung der Entscheidung verlangen, bevor er das Revisionsverfahren eröffnet.

4. Das Revisionsbegehren muß spätestens innerhalb einer Frist von sechs Monaten nach der Entdeckung der neuen Tatsachen gestellt werden.

5. Nach Ablauf von zehn Jahren vom Tag der Entscheidung an gerechnet, kann kein Revisionsbegehren mehr gestellt werden.

Artikel 62.

1. Ist der Staat der Meinung, daß er ein Interesse rechtlicher Natur hat, das durch die Entscheidung in diesem Streitfall berührt werden könnte, so kann er einen Antrag an den Gerichtshof stellen, zur Intervention ermächtigt zu werden.

2. Der Gerichtshof entscheidet über diesen Antrag.

Artikel 63.

1. Handelt es sich um die Auslegung des Vertrages, an dem andere Staaten als die im Streite befindlichen beteiligt sind, so verständigt sie der Gerichtsschreiber unverzüglich von der Angelegenheit.

2. Jeder der verständigten Staaten ist berechtigt, in Prozessen zu intervenieren; wenn er von diesem Recht Gebrauch macht, so ist die in der Entscheidung enthaltene Auslegung auch für ihn bindend.

Artikel 64.

Wenn der Gerichtshof nicht anders beschließt, trägt jede Partei ihre eigenen Kosten.

Kapitel IV

Gutachten

Artikel 65.

1. Der Gerichtshof kann über jede Rechtsfrage ein Gutachten erstatten, und zwar auf Verlangen jedes Organs oder jeder Organisation, die durch die Satzung der Vereinten Nationen oder gemäß ihren Bestimmungen ermächtigt sind, ein Gutachten zu verlangen.

2. Die Fragen, über die vom Gerichtshof ein Gutachten eingeholt wird, werden dem Gerichtshof in einem schriftlichen Begehren dargelegt, das eine genaue Darstellung der Frage enthält, über die das Gutachten verlangt wird und dem alle Urkunden beigefügt werden, die zur Klärung der Frage dienen können.

Artikel 66.

1. Der Gerichtsschreiber gibt von dem Verlangen nach einem Gutachten unverzüglich allen zum Gerichtshof zugelassenen Staaten Kenntnis.

2. Jeder zum Gerichtshof zugelassene Staat und jede internationale Organisation, die nach Ansicht des Gerichtshofes oder, wenn er nicht tagt, nach Ansicht seines Präsidenten über die Frage Auskunft geben können, werden außerdem vom Gerichtsschreiber durch besondere und direkte Mitteilung verständigt, daß der Gerichtshof bereit ist, ihre schriftlichen Ausführungen binnen einer vom Präsidenten festgesetzten Frist entgegenzunehmen oder ihre mündlichen Vorträge zur Frage in einer zu diesem Zweck anberaumten öffentlichen Sitzung zu hören.

3. Wenn ein solcher zum Gerichtshof zugelassener Staat die besondere in Absatz 2 dieses Artikels vorgesehene Mitteilung nicht erhalten hat, aber den Wunsch äußert, schriftliche Ausführungen vorzulegen oder gehört zu werden, so entscheidet der Gerichtshof.

4. Die Staaten und Organisationen, die schriftliche oder mündliche Ausführungen gemacht haben, sind berechtigt, zu den von den anderen Staaten oder Organisationen gemachten Ausführungen in der Form, in dem Umfang und innerhalb der Fristen Stellung zu nehmen, die der Gerichtshof oder, wenn er nicht tagt, sein Präsident in jedem einzelnen Fall festsetzt. Zu diesem Zweck übermittelt der Gerichtsschreiber die schriftlichen Ausführungen zu gegebener Zeit den Staaten und Organisationen, die selber solche Ausführungen vorgelegt haben.

Artikel 67.

Der Gerichtshof gibt sein Gutachten in öffentlicher Sitzung ab, nachdem der Generalsekretär und die Vertreter der Mitglieder der Vereinten

Nationen sowie der anderen Staaten und internationalen Organisationen, die ein unmittelbares Interesse haben, benachrichtigt worden sind.

Artikel 68.

Bei der Ausübung seiner gutachtlichen Tätigkeit soll sich der Gerichtshof außerdem an die Bestimmungen des vorliegenden Statuts halten, die auf Streitsachen Anwendung finden, soweit er sie für anwendbar hält.

Kapitel V
Änderungen

Artikel 69.

Änderungen des vorliegenden Statuts sind in dem gleichen Verfahren durchzuführen, das für Änderungen der Satzung der Vereinten Nationen vorgesehen ist, jedoch unter Vorbehalt der Bestimmungen, welche die Generalversammlung auf Empfehlung des Sicherheitsrates allenfalls anordnen wird, um die Teilnahme von Staaten an diesem Verfahren zu regeln, die das vorliegende Statut angenommen haben, aber nicht Mitglieder der Vereinten Nationen sind.

Artikel 70.

Der Gerichtshof kann Änderungen des vorliegenden Statuts, die er für nötig hält, durch schriftliche Mitteilung an den Generalsekretär vorschlagen, damit sie gemäß den Bestimmungen des Artikels 69 geprüft werden.

1/3. Völkerbundssatzung.

StGBl 1920/303

Völkerbundssatzung.

In der Erwägung, daß es zur Förderung der Zusammenarbeit unter den Nationen und zur Gewährleistung des internationalen Friedens und der internationalen Sicherheit wesentlich ist,

bestimmte Verpflichtungen zu übernehmen, nicht zum Kriege zu schreiten;

in aller Öffentlichkeit auf Gerechtigkeit und Ehre begründete internationale Beziehungen zu unterhalten;

die Vorschriften des internationalen Rechtes, die für der hin als Richtschnur für das tatsächliche Verhalten der Regierungen anerkannt sind, genau zu beobachten,

die Gerechtigkeit herrschen zu lassen und alle Vertragsverpflichtungen in den gegenseitigen Beziehungen der organisierten Völker peinlich zu achten,

nehmen die Hohen Vertragschließenden Teile die gegenwärtige Satzung, die den Völkerbund errichtet, an.

Artikel 1.

Ursprüngliche Mitglieder des Völkerbundes sind diejenigen Signatarmächte, deren Namen in der Anlage der gegenwärtigen Satzung aufgeführt sind, sowie die ebenfalls in der Anlage genannten Staaten, die der gegenwärtigen Satzung ohne jeden Vorbehalt durch eine binnen zwei Monaten nach Inkrafttreten der Satzung im Sekretariat niederzulegende Erklärung beitreten; die Beitrittserklärung ist den andern Bundesmitgliedern bekanntzugeben.

Alle Staaten, Dominions oder Kolonien mit voller Selbstverwaltung, die nicht in der Anlage aufgeführt sind, können Bundesmitglieder werden, wenn ihrer Zulassung von zwei Dritteln der Bundesversammlung ausgesprochen wird, vorausgesetzt, daß sie für ihre aufrichtige Absicht, ihre internationalen Verpflichtungen zu beobachten, wirksame Gewähr leisten und die hinsichtlich ihrer Streitkräfte und Rüstungen zu Lande, zur See und in der Luft von dem Bunde festgesetzte Ordnung annehmen.

Jedes Bundesmitglied kann mit nach zweijähriger Kündigung aus dem Bunde austreten, vorausgesetzt, daß es zu dieser Zeit alle internationalen Verpflichtungen einschließlich derjenigen aus der gegenwärtigen Satzung erfüllt hat.

Artikel 2.

Der Bund übt seine in dieser Satzung bestimmte Tätigkeit durch eine Bundesversammlung und durch einen Rat, denen ein ständiges Sekretariat beigegeben ist, aus.

Artikel 3.

Die Bundesversammlung setzt sich zusammen aus Vertretern der Bundesmitglieder.

Sie tagt zu festgesetzten Zeitpunkten und außerdem dann, wenn die Umstände es erfordern, am Bundessitz oder an einem zu bestimmenden anderen Orte.

Die Bundesversammlung befindet über jede Frage, die in den Tätigkeitsbereich des Bundes fällt oder die den Weltfrieden berührt.

Jedes Bundesmitglied hat höchstens drei Vertreter in der Bundesversammlung und verfügt nur über eine Stimme.

Artikel 4.

Der Rat setzt sich aus Vertretern der alliierten und assoziierten Hauptmächte und aus Vertretern vier anderer Bundesmitgliedern zusammen. Diese vier Bundesmitglieder werden von der Bundesversammlung nach freiem Ermessen und zu den Zeiten, die sie für gut befindet, bestimmt. Bis zu der ersten Bestimmung durch die Bundesversammlung sind die Vertreter Belgiens, Brasiliens, Spaniens und Griechenlands Mitglieder des Rates.

Mit Zustimmung der Mehrheit der Bundesversammlung kann der Rat andere Bundesmitglieder bestimmen, die von an ab ständig im Rat vertreten sind. Er kann mit der gleichen Zustimmung die Anzahl der Bundesmitglieder, die durch die Bundesversammlung als Vertreter in den Rat gewählt werden, erhöhen.

Der Rat tagt, wenn es die Umstände erfordern, am Bundessitz oder an einem zu bestimmenden anderen Orte, und zwar zum mindestens einmal im Jahre.

Der Rat befindet[1)] über jede Frage, die in den Tätigkeitsbereich des Bundes fällt oder die den Weltfrieden berührt.

Jedes im Rate nicht vertretene Bundesmitglied wird eingeladen, zur Teilnahme an der Tagung einen Vertreter abzuordnen, wenn eine seine Interessen besonders berührende Frage auf der Tagesordnung des Rates steht.

Jedes im Rate vertretene Bundesmitglied verfügt[2] nur eine Stimme und hat nur einen Vertreter.

---

[1] *Der englische Text fügt hinzu: „in seinen Sitzungen"*
[2] *Der englische Text fügt hinzu: „in den Sitzungen des Rates"*

Artikel 5.

Beschlüsse der Bundesversammlung oder des Rates erfordern Einstimmigkeit der in der Tagung vertretenen Bundesmitglieder, es sei denn, daß in den Vorschriften dieser Satzung oder den Bestimmungen des gegenwärtigen Vertrags ausdrücklich ein anderes vorgesehen ist.

Alle Verfahrensfragen, die sich im Laufe der Tagung der Bundesversammlung oder des Rates ergeben, einschließlich der Ernennung von Ausschüssen zur Untersuchung besonderer Angelegenheiten, werden durch die Bundesversammlung oder den Rat geregelt und durch die Mehrheit der anwesenden Bundesmitglieder entschieden.

Die erste Tagung der Bundesversammlung und die erste Tagung des Rates erfolgen auf Einberufung des Präsidenten der Vereinigten Staaten von Amerika.

Artikel 6.

Das ständige Sekretariat befindet sich am Bundessitz. Es besteht aus einen Generalsekretär sowie den erforderlichen Sekretäre und dem erforderlichen Personal.

Der erste Generalsekretär ist in der Anlage benannt. Für die Folge wird der Generalsekretär mit Zustimmung der Mehrheit der Bundesversammlung durch den Rat ernannt.

Die Sekretäre und das Personal des Sekretariats werden mit Zustimmung des Rates durch den Generalsekretär ernannt.

Der Generalsekretär des Bundes ist ohne weiteres auch Generalsekretär der Bundesversammlung und des Rates.

Die Kosten des Sekretariats werden von den Bundesmitgliedern nach dem Verhältnis getragen, das für die Umlegung der Kosten des Internationalen Büros des Weltpostvereins maßgebend ist.

Artikel 7.

Der Bundessitz ist Genf.

Der Rat ist berechtigt, ihn jederzeit an einen anderen Ort zu verlegen.

Alle Ämter des Bundes oder seines Verwaltungsdienstes, einschließlich des Sekretariats, sind in gleicher Weise Männern und Frauen zugänglich.

Die Vertreter der Bundesmitglieder und die Beauftragten des Bundes genießen in der Ausübung ihres Amtes die Vorrechte und die Unverletzlichkeit der Diplomaten.

Die dem Bunde, seiner Verwaltung oder seinen Tagungen dienenden Gebäude und Grundstücke sind unverletzlich.

Artikel 8.

Die Bundesmitglieder bekennen sich zu dem Grundsatz, daß die Aufrechterhaltung des Friedens eine Herabsetzung der nationalen Rüstungen auf das Mindestmaß erfordert, das mit der nationalen Sicherheit und mit der Erzwingung internationaler Verpflichtungen durch gemeinschaftliches Vorgehen vereinbar ist.

Der Rat entwirft unter Berücksichtigung der geographischen Lage und der besonderen Verhältnisse eines jeden Staates die Abrüstungspläne und unterbreitet sie den verschiedenen Regierungen zur Prüfung und Entscheidung.

Von zehn zu zehn Jahren sind diese Pläne einer Nachprüfung und gegebenenfalls einer Berichtigung zu unterziehen.

Die auf diese Weise festgesetzte Grenze der Rüstungen darf nach ihrer Annahme durch die verschiedenen Regierungen nicht ohne Zustimmung des Rates überschritten werden.

Mit Rücksicht auf die schweren Bedenken gegen die private Herstellung von Munition und Kriegsgerät beauftragen sie Bundesmitglieder den Rat, auf Mittel gegen die daraus entspringenden schlimmen Folgen Bedacht zu nehmen, und zwar unter Berücksichtigung der Bedürfnisse der Bundesmitglieder, die nicht in der Lage sind, selbst die für ihre Sicherheit erforderlichen Mengen an Munition und Kriegsgerät herzustellen.

Die Bundesmitglieder übernehmen es, sich in der offensten und erschöpfendsten Weise gegenseitig jede Auskunft über den Stand ihrer Rüstung, über ihr Heer-, Flotten- und Luftschiffahrtsprogramm und über die Lage ihrer auf Kriegszwecke einstellbaren Industrieen zukommen zu lassen.

Artikel 9.

Ein ständiger Ausschuß wird eingesetzt, um dem Rate sein Gutachten über die Ausführung der Bestimmungen der Artikel 1 und 8 und überhaupt über Heer-, Flotten- und Luftschiffahrtsfragen zu erstatten.

Artikel 10.

Die Bundesmitglieder verpflichten sich, die Unversehrtheit des Gebiets und die bestehende politische Unabhängigkeit aller Bundesmitglieder zu achten und gegen jeden äußeren Angriff zu wahren. Im Falle eines Angriffs, der Bedrohung mit einem Angriff oder einer Angriffsgefahr nimmt der Rat auf die Mittel zur Durchführung dieser Verpflichtung Bedacht.

Artikel 11.

Ausdrücklich wird hiermit festgestellt, daß jeder Krieg oder jede Bedrohung mit Krieg, mag davon unmittelbar ein Bundesmitglied betroffen werden oder nicht, eine Angelegenheit des ganzen Bundes ist, und daß dieser die zum wirksamen Schutz des Völkerfriedens geeigneten Maßnahmen zu ergreifen hat. Tritt ein solcher Fall ein, so beruft der Generalsekretär unverzüglich auf Antrag irgend eines Bundesmitglieds den Rat.

Es wird weiter festgestellt, daß jedes Bundesmitglied das Recht hat, in freundschaftlicher Weise die Aufmerksamkeit der Bundesversammlung oder des Rates auf jeden Umstand zu lenken, der von Einfluß auf die internationalen Beziehungen sein kann und daher[1)] den Frieden oder das gute Einvernehmen zwischen den Nationen, von dem der Friede abhängt, zu stören droht.

[1)] „daher" fehlt im englischen Text.

Artikel 12.

Alle Bundesmitglieder kommen überein, eine etwa zwischen ihnen entstehenden Streitfrage, die zu einem Bruche führen könnte, entweder der Schiedsgerichtsbarkeit oder der Prüfung durch den Rat zu unterbreiten. Sie kommen ferner überein, in keinem Fall vor Ablauf von drei Monaten nach dem Spruch der Schiedsrichter oder dem Berichte des Rates zum Kriege zu schreiten.

In allen in diesem Artikel vorgesehenen Fällen ist der Spruch der Schiedsrichter binnen angemessener Frist zu erlassen und der Bericht des Rates binnen sechs Monaten nach dem Tage zu erstatten, an dem er mit der Streitfrage befaßt worden ist.

Artikel 13.

Die Bundesmitglieder kommen überein, daß, wenn zwischen ihnen eine Streitfrage entsteht, die nach ihrer Ansicht einer schiedsgerichtlichen Lösung zugänglich ist und die auf diplomatischem Wege nicht zufriedenstellend geregelt werden kann, die Frage in ihrer Gesamtheit der Schiedsgerichtsbarkeit unterbreiter werden soll.

Streitfragen über die Auslegung eines Vertrags, über alle Fragen des internationalen Rechts, über das Bestehen jeder Tatsache, welche die Verletzung einer internationalen Verpflichtung bedeuten würde, oder über Umfang und Art de r Wiedergutmachung im Falle einer solchen Verletzung gelten allgemein als solche, die einer schiedsrichterlichen Lösung zugänglich sind.

Als Schiedsgericht, dem der Streitfall unterbreitet wird, wird das Gericht tätig, das von den Parteien bestimmt wird oder des in früheren Übereinkommen von ihnen vereinbart ist.

Die Bundesmitglieder verpflichten sich, den erlassenen Schiedsspruch nach Treu und Glauben auszuführen und gegen kein Bundesmitglied, das sich dem Schiedsspruch fügt, zum Kriege zu schreiten. Im Falle der Nichtausführung des Spruches schlägt der Rat die Schritte vor, die ihm Wirkung verschaffen sollen.

Artikel 14.

Der Rat wird mit dem Entwurf eines Planes zur Errichtung eines ständigen internationalen Gerichtshofs betraut und hat den Plan den Bundesmitgliedern zu auf und unterbreiten. Dieser Gerichtshof befindet über alle ihm von den Parteien unterbreiteten internationalen Streitfragen. Er erstattet ferner gutachtliche Äußerungen über jede ihm vom Rate oder der Bundesversammlung vorgelegten Streitfrage oder sonstige Angelegenheit.

Artikel 15.

Entsteht zwischen Bundesmitgliedern eine Streitfrage, die zu einem Bruche führen könnte, und wird diese Streitfrage nicht, wie im Artikel 13 vorgesehen, der Schiedsgerichtsbarkeit unterbreitet, so kommen die Bundesmitglieder überein, sie vor den Rat zu bringen. Zu diesem Zwecke genügt es, wenn eine der Parteien den Generalsekretär von der Streitfrage benachrichtigt; dieser veranlaßt alles Nötige zu erschöpfender Untersuchung und Prüfung.

Die Parteien haben ihm binnen kürzester Frist eine Darlegung ihres Falles mit allen einschlägigen Tatsachen und Belegstücken mitzuteilen; der Rat kann deren sofortige Veröffentlichung anordnen.

Der Rat bemüht sich, die Schlichtung der Streitfrage herbeizuführen. Gelingt dies, so veröffentlicht er, soweit er dies für zweckdienlich hält, eine Darstellung des Tatbestandes mit den zugehörigen Erläuterungen und dem Wortlaut des Ausgleichs.

Kann die Streitfrage nicht geschlichtet werden, so erstattet und veröffentlicht der Rat einen auf einstimmigem Beschluß oder Mehrheitsbeschluß beruhenden Bericht, der die Einzelheiten der Streitfrage und die Vorschläge wiedergibt, die er zur Lösung der Frage als die gerechtesten und geeignetsten empfiehlt.

Jedes im Rate vertretene Bundesmitglied kann gleichfalls eine Darstellung des Tatbestandes der Streitfrage und seine eigene Stellungnahme dazu veröffentlichen.

Wird der Bericht .des Rates von denjenigen seiner Mitglieder, die nicht Vertreter der Parteien sind, einstimmig angenommen, so verpflichten sich die Bundesmitglieder, gegen keine Partei, die sich dem Vorschlag fügt, zum Kriege zu schreiten.

Findet der Bericht des Rates nicht die einstimmige Annahme bei denjenigen seiner Mitglieder, die nicht Vertreter der Parteien sind, so behalten sich die Bundesmitglieder das Recht vor, die Schritte zu tun, die sie zur Wahrung von Recht und Gerechtigkeit für nötig erachten.

Macht eine Partei geltend und erkennt der Rat an, daß sich der Streit sich auf eine Frage bezieht, die nach internationalem Recht zur ausschließlichen Zuständigkeit dieser Partei gehört, so hat der Rat dies in einem Bericht festzustellen, ohne eine Lösung vorzuschlagen.

Der Rat kann in allen in diesem Artikel vorgesehenen Fällen die Streitfrage vor die Bundesversammlung bringen. Die Bundesversammlung hat sich auch auf Antrag einer der Parteien mit der Streitfrage zu befassen; der Antrag ist binnen vierzehn Tagen zu stellen, nachdem die Streitfrage vor den Rat gebracht worden ist.

In jedem der Bundesversammlung unterbreiteten Falle finden auf das Verfahren und die Befugnisse der Bundesversammlung die Bestimmungen dieses Artikels und des Artikel 12, der sich auf das Verfahren und die Befugnisse des Rates beziehen, mit der Maßgabe Anwendung daß ein Bericht, den die Bundesversammlung unter Zustimmung der Vertreter der dem Rate angehörenden Bundesmitglieder und der Mehrheit der anderen Bundesmitglieder immer mit Ausschluß der Vertreter der Parteien verfaßt, dieselbe Bedeutung hat wie ein Bericht des Rates, den seine Mitglieder, mit Ausnahme der Vertreter der Parteien einstimmig gutheißen.

Artikel 16.

Schreitet ein Bundesmitglied entgegen den in den Artikeln 12, 13 oder 15 übernommenen Verpflichtungen zum Kriege, so wird es ohne weiteres so angesehen, als hätte es eine Kriegshandlung gegen alle anderen Bundesmitglieder begangen. Diese verpflichten sich, unverzüglich alle Handels- und Finanzbeziehungen zu ihm abzubrechen, ihren Staatsangehörigen jeden Verkehr mit den Staatsangehörigen des vertragsbrüchigen Staates zu untersagen und alle finanziellen, Handels- oder persönlichen Verbindungen zwischen den Staatsangehörigen dieses Staates und jedes anderen Staates, gleichviel ob Bundesmitglied oder nicht, abzuschneiden.

In diesem Falle ist der Rat verpflichtet, den verschiedenen beteiligten Regierungen vorzuschlagen, mit welchen Land-, See- oder Luftstreitkräften jedes Bundesmitglied für seinen Teil zu der bewaffneten Macht beizutragen hat, die den Bundesverpflichtungen Achtung zu verschaffen bestimmt ist.

Die Bundesmitglieder sagen sich außerdem wechselseitige Unterstützung bei Ausführung der auf Grund dieses Artikels zu ergreifenden wirtschaftlichen und finanziellen Maßnahmen zu, um die damit verbundenen Verluste und Nachteile auf das Mindestmaß herabzusetzen. Sie unterstützen sich gleichfalls wechselseitig in dem Widerstand gegen jede Sondermaßnahme, die der vertragsbrüchige Staat gegen eines von ihnen richtet. Sie veranlassen alles Erforderliche, um den Streitkräften eines jeden Bundesmitglieds, das an einem gemeinsamen Vorgehen zur Wahrung der Bundesverpflichtungen teilnimmt, den Durchzug durch ihr Gebiet zu ermöglichen.

Jedes Mitglied, das sich der Verletzung einer aus der Satzung entspringenden Verpflichtung schuldig macht, kann aus dem Bunde ausgeschlossen werden. Die Ausschließung wird durch Abstimmung aller anderen im Rate vertretenen Bundesmitglieder ausgesprochen.

Artikel 17.

Bei Streitigkeiten zwischen einem Bundesmitglied und einem Nichtmitglied oder zwischen Staaten, die Nichtmitglieder sind, werden der Staat oder die Staaten, die Nichtmitglieder sind, aufgefordert, sich für die Beilegung der Streitfrage den den Bundesmitgliedern obliegenden Verpflichtungen zu unterwerfen, und zwar unter den vom Rat für gerecht erachteten Bedingungen. Wird dieses Aufforderung Folge geleistet, so gelangen unter Vorbehalt der Änderungen, die der Rat für erforderlich erachtet, die Bestimmungen der Artikel 12 bis 16 zur Anwendung.

Zugleich mit dem Erlaß dieser Aufforderung eröffnet der Rat eine Untersuchung über die Einzelheiten der Streitfrage und schlägt die Schritte vor, die er in dem besonderen Falle für die besten und wirksamsten hält.

Lehnt der so aufgeforderte Staat es ab, die Verpflichtungen eines Bundesmitglieds für die Beilegung der Streitfrage auf sich zu nehmen, und schreitet er zum Krieg gegen ein Bundesmitglied, so finden die Bestimmungen des Artikels 16 auf ihn Anwendung.

Weigern sich beide Parteien, auf die Aufforderung hin, die Verpflichtungen eines Bundesmitglieds für die Beilegung der Streitfrage auf sich zu nehmen, so kann der Rat alle zur Vermeidung von Feindseligkeiten und zur Schlichtung des Streites geeigneten Maßnahmen ergreifen und Vorschläge machen.

Artikel 18.

Jeder Vertrag oder jede internationale Abmachung, die ein Bundesmitglied zukünftig abschließt, ist unverzüglich beim Sekretariat einzutragen und sobald wie möglich von ihm zu veröffentlichen. Kein solcher Vertrag und keine solche internationale Abmachung ist vor dieser Eintragung rechtsverbindlich.

Artikel 19.

Die Bundesversammlung kann von Zeit zu Zeit die Bundesmitglieder zu einer Nachprüfung der unanwendbar gewordenen Verträge und solcher internationalen Verhältnisse auffordern, deren Aufrechterhaltung den Weltfrieden gefährden könnte.

Artikel 20.

Die Bundesmitglieder erkennen, ein jedes für sein Teil, an, daß die gegenwärtige Satzung Verpflichtungen oder Einzelverständigungen aufhebt, die mit ihren Bestimmungen unvereinbar sind; und verpflichten sich feierlich, solche in Zukunft nicht mehr einzugehen.

Hat ein Mitglied vor seinem Eintritt in den Bund Verpflichtungen übernommen, die mit den Bestimmungen der Satzung unvereinbar sind, so hat es die Pflicht, unverzüglich Maßnahmen zur Lösung dieser Verpflichtungen zu ergreifen.

Artikel 21.

Internationale Abreden wie Schiedsgerichtsverträge und Abmachungen über bestimmte Gebiete, wie die Monroedoktrin, welche die Erhaltung des Friedens sicherstellen, gelten nicht als mit einer der Bestimmungen der gegenwärtigen Satzung unvereinbar.

Artikel 22.

Auf die Kolonien und Gebiete, die infolge des Krieges aufgehört haben, unter der Souveränität der Staaten zu stehen, die sie vorher beherrschten, und die von solchen Völkern bewohnt sind, die noch nicht imstande sind, sich unter den besonders schwierigen Bedingungen der heutigen Welt selbst zu leiten, finden die nachstehenden Grundsätze Anwendung: Das Wohlergehen und die Entwicklung dieser Völker bilden eine heilige Aufgabe der Zivilisation, und es ist geboten, in die gegenwärtige Satzung Bürgschaften für die Erfüllung dieser Aufgabe aufzunehmen.

Der beste Weg, diesen Grundsatz durch die Tat zu verwirklichen, ist die Übertragung der Vormundschaft über diese Völker an die fortgeschrittenen Nationen, die auf Grund ihrer Hilfsmittel, ihrer Erfahrung oder ihrer geographischen Lage am besten imstande sind, eine solche Verantwortung auf sich zu nehmen, und die hierzu bereit sind;: sie hätten die Vormundschaft als Mandatare des Bundes und in seinem Namen zu führen.

Die Art des Mandats muß sich nach der Entwicklungsstufe des Volkes, nach der geographischen Lage des Gebiets, nach seinen wirtschaftlichen Verhältnissen und allen sonstigen Umständen dieser Art verschieden sein.

Gewisse Gemeinwesen, die ehemals zum Türkischen Reiche gehörten, haben einen solchen Entwicklungsstufe erreicht, daß sie in ihrem Dasein als unabhängige Nationen vorläufig anerkannt werden können, unter der Bedingung, daß die Ratschläge und die Unterstützung einer Mandatars ihre Verwaltung bis zu dem Zeitpunkt leiten, wo sie imstande sein werden, sich selbst zu leiten. Bei der Wahl des Mandatars sind in erster Linie die Wünsche jener Gemeinwesen zu berücksichtigen.

Die Entwicklungsstufe, auf der sich andere Völker, insbesondere die mittelafrikanischen befinden, erfordert, daß der Mandatar dort die Verwaltung des Gebiets übernimmt[1]. Doch ist dies an Bedingungen geknüpft. Außer der Abstellung von Mißbräuchen, wie Sklaven-, Waffen- und Alkoholhandel, muß Gewissens- und Religionsfreiheit, lediglich mit den Einschränkungen, die die Aufrechterhaltung der öffentlichen Ordnung und der guten Sitten erfordert, gewährleistet sein. Verbürgt muß weiter sein das Verbot der Errichtung von Befestigungen oder von Heeres- oder Flottenstützpunkten, sowie das Verbot militärischer Ausbildung der Eingeborenen, soweit sie nicht lediglich polizeiliche oder Landesverteidigungszwecken dient. Dem Güteraustausch und Handel der anderen Bundesmitglieder muß ferner die gleiche Möglichkeit der Betätigung gesichert sein.

Endlich gibt es Gebiete, wie Südwestafrika und gewisse Inseln im australischen Stillen Ozean, die infolge ihrer schwachen Bevölkerungsdichte und geringen Ausdehnung, ihrer Entfernung von den Mittelpunkten der Zivilisation, ihres geographischen Nachbarschaft zum Gebiete des Mandatars oder infolge anderer Umstände nicht wohl besser verwaltet werden können, als nach den Gesetzen des Mandatars und als integraler Bestandteil seines Gebiets, Unter Vorbehalt der Bürgschaften, die vorstehend im Interesse der eingeborenen Bevölkerung vorgesehenen sind.

In allen Fällen hat der Mandatar dem Rate jährlich einen Bericht über die seiner Fürsorge anvertrauten Gebiete vorzulegen.

Ist der Grad von behördlicher Machtbefugnis, Überwachung und Verwaltung, den der Mandatar ausüben soll, nicht bereits Gegenstand eines vorgängigen Übereinkommens zwischen den Bundesmitgliedern, so trifft der Rat hierüber ausdrückliche Entscheidung.

Ein ständiger Ausschuß wird beauftragt, die Jahresberichte der Mandatare entgegenzunehmen und zu prüfen und dem Rate über alle die Ausführung der Mandatsverpflichtungen angehenden Fragen sein Gutachten zu erstatten.

---

[1] *Der englische Text lauten übersetzt: „daß der Mandatar verantwortlich für die Verwaltung des Gebietes sein muß".*

Artikel 23.

Unter Vorbehalt der Bestimmungen der schon bestehenden oder künftig abzuschließenden internationalen Übereinkommen und im Einklang mit diesen Bestimmungen übernehmen die Bundesmitglieder folgendes:

a) sie werden sich bemühen, angemessene und menschliche Arbeitsbedingungen für Männer, Frauen und Kinder zu schaffen und aufrechtzuerhalten, sowohl in ihren eigenen Gebieten, wie in allen Ländern, auf die sich ihre Handels- und Gewerbebeziehungen erstrecken und zu diesem Zwecke die erforderlichen internationalen Stellen einzurichten und zu unterhalten;

b) sie verbürgen der eingeborenen Bevölkerung in den ihrer Verwaltung unterstellten Gebiete eine gerechte Behandlung;

c) sie betrauen den Bunde mit der allgemeinen Überwachung der Abmachungen, betreffend den Mädchen- und Kinderhandel sowie über den Handel mit Opium und anderen schädlichen Mitteln;

d) sie betrauen den Bund mit der allgemeinen Überwachung des Waffen- und Munitionshandels mit den Ländern, bei denen die Überwachung dieses Handels im allgemeinen Interesse unumgänglich ist;

e) sie werden die nötigen Anordnungen treffen, um die Freiheit des Verkehrs und der Durchfuhr sowie die gerechte Regelung des Handels aller Bundesmitglieder zu gewährleisten und aufrechtzuerhalten mit der Maßgabe, daß die besonderen Bedürfnisse der während des Krieges 1914/1918 verwüsteten Gegenden berücksichtigt werden sollen;

f) sie werden sich bemühen, internationale Maßnahmen zur Verhütung und Bekämpfung der Krankheiten treffen.

Artikel 24.

Alle früher durch Gesamtverträge errichteten internationalen Stellen werden vorbehaltlich der Zustimmung der vertragschließenden Teile, dem Bunde untergeordnet. Alle anderen künftig gebildeten internationalen Stellen und mit der Regelung von Angelegenheiten internationalen Interesses betrauten Ausschüsse werden dem Bunde untergeordnet.

In allen durch allgemeine Übereinkommen geregelten Angelegenheiten internationalen Interesses, die der Aufsicht internationaler Ausschüsse oder Stellen nicht unterstehen, hat das Sekretariat des Bundes, auf Antrag der vertragschließenden Teile und mit Zustimmung des Rates, alle geeigneten Unterlagen zu sammeln und weiterzuleiten sowie jede nötige oder wünschenswerte Unterstützung zu gewähren.

Der Rat kann bestimmen, daß zu den Ausgaben des Sekretariats auch die Ausgaben der dem Bunde untergeordneten Stellen oder Ausschüsse gehören sollen.

Artikel 25.

Die Bundesmitglieder verpflichten sich, die Errichtung und Zusammenarbeit anerkannter freiwilliger nationaler Organisationen des Roten Kreuzes zur Hebung der Gesundheit, Verhütung von Krankheiten und Milderung der Leiden in der Welt zu fördern und zu begünstigen.

Artikel 26.

Abänderungen der gegenwärtigen Satzung treten mit der Ratifikation durch die Gesamtheit der im Rate und die Mehrheit der in der Bundesversammlung vertretenen Bundesmitglieder in Kraft.

Jedem Bundesmitglied steht es frei, Abänderungen abzulehnen; in diesem Falle scheidet es aus dem Bunde aus.

1/4. Abkommen zwischen der Republik Österreich und den Vereinten Nationen über den Amtssitz der Vereinten Nationen in Wien

BGBl III 1998/99

ABKOMMEN ZWISCHEN DER REPUBLIK ÖSTERREICH UND DEN VEREINTEN NATIONEN ÜBER DEN AMTSSITZ DER VEREINTEN NATIONEN IN WIEN

Der Nationalrat hat beschlossen:

Der Abschluß des nachstehenden Staatsvertrages wird genehmigt:

Die Mitteilung gemäß Art. XV Abschnitt 58 wurde am 26. Mai 1998 abgegeben; das Abkommen tritt gemäß seinem Art. XV Abschnitt 58 mit 1. Juni 1998 in Kraft.

In Anbetracht des Abkommens zwischen der Republik Österreich und den Vereinten Nationen über den Amtssitz der Organisation der Vereinten Nationen für Industrielle Entwicklung vom 13. April 1967[1)] (im folgenden das „UNIDO-Amtssitzabkommen von 1967" genannt), des Abkommens zwischen der Bundesregierung der Republik Österreich und den Vereinten Nationen über den Amtssitz der Organisation der Vereinten Nationen für Industrielle Entwicklung und anderer Ämter der Vereinten Nationen vom 28. September 1979[2)], und des Abkommens zwischen der Republik Österreich und den Vereinten Nationen über den Amtssitz der Organisation der Vereinten Nationen für Industrielle Entwicklung und anderer Ämter der Vereinten Nationen im Internationalen Zentrum Wien vom 19. Jänner 1981[3)], sowie anderer, diese Abkommen ergänzender Abkommen;

In der Erwägung, daß die Organisation der Vereinten Nationen für Industrielle Entwicklung mit Inkrafttreten ihrer Verfassung[4)] am 21. Juni 1985 eine unabhängige Organisation mit eigener Rechtspersönlichkeit geworden ist;

Ferner in Anbetracht der verschiedenen Notenwechsel vom 20. Dezember 1985 zwischen der Republik Österreich und den Vereinten Nationen über die Anwendbarkeit der Bestimmungen des bestehenden UNIDO-Amtssitzabkommens und damit verbundener Abkommen zwischen der Republik Österreich und den Vereinten Nationen hinsichtlich der Vereinten Nationen für eine Interimsperiode bis zu deren Ersetzung durch endgültige Abkommen[5)];

In der Erwägung, daß die Bundesregierung der Republik Österreich den Vereinten Nationen die Benützung des Grundstückes, der Gebäude und Einrichtungen innerhalb des Internationalen Zentrums Wien (im folgenden das „VIC" genannt) angeboten hat und die Vereinten Nationen dieses Angebot angenommen haben;

Sind die Republik Österreich und die Vereinten Nationen somit wie folgt übereingekommen:

Artikel I
Begriffsbestimmungen

Abschnitt 1

In diesem Abkommen

a) bezeichnet der Begriff „Regierung" die Bundesregierung der Republik Österreich;

b) bezeichnet der Begriff „Generaldirektor" den Generaldirektor des Amtes der Vereinten Nationen in Wien oder jenen Funktionär, der beauftragt ist, im Namen des Generaldirektors zu handeln;

c) bezeichnet der Begriff „zuständige österreichische Behörden" die Bundes- , Landes- Gemeindeoder sonstigen Behörden der Republik Österreich, die je nach dem Zusammenhang und gemäß den in der Republik Österreich geltenden Gesetzen und Übungen zuständig sind;

d) umfaßt der Begriff „Gesetze der Republik Österreich":

i) die Verfassungen des Bundes und der Länder; und

ii) gesetzgeberische Akte und Durchführungsverordnungen, die von der Regierung, von den zuständigen österreichischen Behörden oder in deren Namen ausgehen;

e) bezeichnet der Begriff „Amtssitz der Vereinten Nationen":

i) den von den Vereinten Nationen in Wien gemäß Abschnitt 2 bezogenen Bereich; und

Zur Präambel:

1) Kundgemacht in BGBl. Nr. 245/1967

2) Kundgemacht in BGBl. Nr. 464/1979

3) Kundgemacht in BGBl. Nr. 365/1981

4) Kundgemacht in BGBl. Nr. 397/1985

5) Kundgemacht in BGBl. Nr. 418/1986, Nr. 420/1986 und Nr. 421/1986

ii) jedes sonstige Grundstück und Gebäude, welches von Zeit zu Zeit jeweils auf Grund dieses Abkommens oder eines Zusatzabkommens mit der Regierung als diesem Amtssitz vorübergehend oder ständig zugehörig angesehen wird;

f) bezeichnet der Begriff „Mitgliedstaat" einen Staat, der Mitglied der Vereinten Nationen ist;

g) bezeichnet der Begriff „Angestellter der Vereinten Nationen" den Generaldirektor und alle Angehörigen des Personals der Vereinten Nationen mit Ausnahme des an Ort und Stelle aufgenommenen und nach Stundenlohn bezahlten Personals;

h) bezeichnet der Begriff „Allgemeines Übereinkommen" das von der Generalversammlung der Vereinten Nationen am 13. Februar 1946 genehmigte Übereinkommen über die Privilegien und Immunitäten der Vereinten Nationen[1];

i) bezeichnet der Begriff „Pensionsfonds" den United Nations Joint Staff Pension Fund.

Artikel II
Der Amtssitz der Vereinten Nationen in Wien

Abschnitt 2

a) Die Regierung stellt den Vereinten Nationen für den Gebrauch und die Inbesitznahme in Verbindung mit der UNIDO bis 31. August 2078 das Gebiet und die Liegenschaften zur Verfügung, die in dem diesem Abkommen angeschlossenen Liegenschaftsplan als Amtssitz der Vereinten Nationen in Wien aufscheinen und die Vereinten Nationen nehmen dies an. Innerhalb des bezeichneten Gebietes und der bezeichneten Liegenschaften werden die Vereinten Nationen und die UNIDO untereinander für die zeitweilige oder dauernde Zuweisung von Raum sorgen.

b) Der Amtssitz der Vereinten Nationen in Wien befindet sich innerhalb des in Unterabschnitt a) bezeichneten Bereiches und kann von dort nur über Beschluß der Vereinten Nationen verlegt werden. Eine zeitweilige Verlegung der Vereinten Nationen an einen anderen Ort soll nicht als Verlegung des Amtssitzes der Vereinten Nationen gelten, sofern kein ausdrücklicher diesbezüglicher Beschluß der Vereinten Nationen vorliegt.

c) Jedes Gebäude in Wien oder außerhalb Wiens, das im Einvernehmen mit der Regierung für von den Vereinten Nationen einberufene Tagungen benützt wird, soll zeitweilig in den Amtssitzbereich der Vereinten Nationen einbezogen werden. Auf all diese Tagungen wird das vorliegende Abkommen sinngemäß angewendet.

d) Die zuständigen österreichischen Behörden werden alle erforderlichen Maßnahmen treffen, um zu gewährleisten, daß den Vereinten Nationen nicht ohne ihre ausdrückliche Zustimmung der Besitz des Amtssitzbereiches der Vereinten Nationen oder eines Teiles davon entzogen wird.

Abschnitt 3

a) Die Vereinten Nationen haben das Recht, den Amtssitzbereich der Vereinten Nationen entsprechend den in ihrer Charta festgelegten Zwecken und Aufgaben und im Einklang mit den Bestimmungen dieses Abkommens zu benützen. Insbesondere können die Vereinten Nationen in ihrem Amtssitzbereich Tagungen, einschließlich internationaler Konferenzen, Seminare, Arbeitstreffen und Tagungen aller Organe der Vereinten Nationen, einschließlich nachgeordneter Organe abhalten.

b) Unbeschadet der oben genannten Rechte der Vereinten Nationen bleibt die Regierung Eigentümerin des den Amtssitz darstellenden Bereiches.

c) Die Vereinten Nationen können nach entsprechenden Konsultationen mit der Regierung in ihrem Amtssitzbereich internationalen staatlichen oder nichtstaatlichen Organisationen Raum für Zwecke, die im Zusammenhang mit den Tätigkeiten der Vereinten Nationen stehen, zur Verfügung stellen.

d) Die Vereinten Nationen können im Einvernehmen mit der Regierung in ihrem Amtssitzbereich jeder physischen oder juristischen Person, die den Vereinten Nationen oder ihren Angestellten Dienste leistet, Räumlichkeiten vermieten. Die Miete, die von den Vereinten Nationen von solchen Personen eingehoben wird, hält sich – nach Konsultationen mit der Regierung – an die geschäftsüblichen Sätze für vergleichbaren Büroraum und wird zur Gänze an die Regierung überwiesen, mit Ausnahme der Zahlungen von Wartungs- und Betriebskosten, die von den Vereinten Nationen einbehalten werden.

Abschnitt 4

Die Vereinten Nationen zahlen der Regierung für das Recht der Benützung des Amtssitzbereiches den Betrag von einem österreichischen Schilling pro Jahr, welcher jährlich im vorhinein während der Dauer der Benützung fällig wird.

Abschnitt 5

a) Änderungen in bezug auf irgendeines der Gebäude, die Teil des Amtssitzbereiches der Vereinten Nationen sind und die entweder eine Veränderung der Baustruktur oder des architektonischen Erscheinungsbildes zur Folge haben können, können von den Vereinten Nationen auf

---

Zu Artikel I:

[1] *Kundgemacht in BGBl. Nr. 126/1957*

eigene Kosten und ohne Recht auf Kostenersatz nur nach Zustimmung der Regierung vorgenommen werden.

b) Andere Änderungen an den Gebäuden oder Anlagen, die Teil des Amtssitzbereiches der Vereinten Nationen sind, können die Vereinten Nationen auf ihre Kosten und ohne Recht auf Kostenersatz vornehmen.

Abschnitt 6

Die Vereinten Nationen sind auf eigene Kosten für den sachgemäßen Betrieb und die angemessene Wartung der Gebäude und Anlagen und der darin befindlichen Installationen, die Bestandteil des Amtssitzbereiches der Vereinten Nationen bilden, verantwortlich; ebenso für kleinere Reparaturen und Erneuerungen mit dem Zweck, diese in einwandfreier Betriebsfähigkeit zu erhalten; ferner für Reparaturen und Erneuerungen, die durch unsachgemäßen Betrieb und duch (Anm.: richtig: durch) unzulängliche Wartung notwendig werden können.

Abschnitt 7

Die Regierung führt auf eigene Kosten Reparaturen und Erneuerungen an Gebäuden, Anlagen und Installationen durch, die durch höhere Gewalt oder durch im Zuge ihres Baus eingesetzte fehlerhafte Materialien, fehlerhafte Planung oder fehlerhafte Arbeit, die im Verantwortungsbereich der Regierung gelegen sind, notwendig werden.

Abschnitt 8

Die Art und Weise der Bestreitung der Kosten für größere Reparaturen und Erneuerungen von Gebäuden, Anlagen und technischen Installationen, die sich im Eigentum der Regierung befinden und Bestandteile des Amtssitzbereiches der Vereinten Nationen bilden, sind Gegenstand eines gesonderten Abkommens zwischen den Vertragsparteien und anderen internationalen Organisationen im VIC.

Abschnitt 9

Haben die Vereinten Nationen einen Versicherungsvertrag abgeschlossen, um ihre Haftung für von der Benützung ihres Amtssitzbereiches ausgehende Schäden zu decken, die juristische oder physische Personen, die nicht Angestellte der Vereinten Nationen sind, erleiden, so kann jeder Anspruch betreffend die Haftung der Vereinten Nationen für solche Schäden unmittelbar gegen den Versicherungsträger vor österreichischen Gerichten geltend gemacht werden; dies ist im Versicherungsvertrag vorzusehen.

Abschnitt 10

a) Die Vereinten Nationen haben für amtliche Zwecke sowie für die Zwecke des Nachrichtenverkehrs verwandter Internationaler Organisationen das Recht, eine oder mehrere Funksende-und -empfangsanlagen zu errichten und zu nutzen, um an geeigneten Punkten mit dem Funknetz der Vereinten Nationen in Verbindung zu treten und Nachrichten auszutauschen. Die Vereinten Nationen werden als Fernmeldeverwaltung ihren Fernmeldedienst in Übereinstimmung mit dem Internationalen Fernmeldevertrag und den ihm angeschlossenen Vollzugsordnungen betreiben. Die von diesen Anlagen benützten Frequenzen werden von den Vereinten Nationen der Regierung und dem Internationalen Ausschuß für Frequenzregistrierung mitgeteilt.

b) Die Regierung gewährt den Vereinten Nationen über deren Ersuchen für amtliche Zwecke kostenlos geeignete Funk- Fernmeldenetz- und andere Einrichtungen entsprechend den mit der Internationalen Fernmelde-Union zu treffenden technischen Abmachungen.

Abschnitt 11

Die Vereinten Nationen können Forschungs- Dokumentations- und andere technische Einrichtungen jeder Art errichten und betreiben. Diese Einrichtungen unterliegen den entsprechenden Sicherheitsvorkehrungen, die für Einrichtungen, durch welche Gefahren für Gesundheit und Sicherheit oder nachteilige Auswirkungen auf Eigentum entstehen können, einvernehmlich mit den zuständigen österreichischen Behörden festzulegen sind.

Abschnitt 12

Die in den Abschnitten 10 und 11 vorgesehenen Einrichtungen können, soweit dies für ihren ordentlichen Betrieb erforderlich ist, außerhalb des Amtssitzbereiches der Vereinten Nationen errichtet und betrieben werden. Die zuständigen österreichischen Behörden werden über Ersuchen der Vereinten Nationen, gemäß den in einem Zusatzabkommen zu vereinbarenden Bestimmungen und Modalitäten, für den Erwerb oder die Benützung entsprechender Liegenschaften durch die Vereinten Nationen für derartige Zwecke und für die Einbeziehung derselben in ihren Amtssitzbereich Vorsorge treffen.

Abschnitt 13

Die Regierung stellt den Vereinten Nationen im Austria Center Vienna oder in entsprechenden Einrichtungen kostenlos jene Konferenzeinrichtungen zur Verfügung, die für vom Amt der Vereinten Nationen in Wien organisierte Tagungen, welche nicht in den Konferenzeinrichtungen des VIC untergebracht werden können, erforderlich sind.

Abschnitt 14

Sollten die Vereinten Nationen ihren Amtssitz aufgeben, so übergeben sie den von diesem Amtssitz eingenommenen Bereich, in so gutem Zustand wie es die natürliche Abnützung erlaubt, an die Regierung, wobei jedoch die Vereinten Nationen nicht verhalten sind, den Bereich in der Form und Beschaffenheit wiederherzustellen, wie er vor einem Umbau oder einer Veränderung, die von der Regierung oder den Vereinten Nationen in Übereinstimmung mit diesem Abkommen allenfalls vorgenommen wurde, bestand.

Artikel III
Unverletzlichkeit des Amtssitzbereiches der Vereinten Nationen

Abschnitt 15

a) Die Regierung anerkennt die Unverletzlichkeit des Amtssitzbereiches der Vereinten Nationen, der nach den Bestimmungen dieses Abkommens der Aufsicht und Verfügungsgewalt der Vereinten Nationen unterworfen ist.

b) Soweit in diesem Abkommen oder im Allgemeinen Übereinkommen nichts anderes vorgesehen ist und vorbehaltlich allfälliger gemäß Abschnitt 16 erlassener Vorschriften, gelten innerhalb des Amtssitzbereiches der Vereinten Nationen die Gesetze der Republik Österreich.

c) Soweit in diesem Abkommen oder im Allgemeinen Übereinkommen nichts anderes vorgesehen ist, sind die innerhalb des Amtssitzbereiches der Vereinten Nationen gesetzten Handlungen und vorgenommenen Rechtsgeschäfte der Jurisdiktion der Gerichte oder der sonst zuständigen Organe der Republik Österreich auf Grund der geltenden gesetzlichen Bestimmungen unterworfen.

Abschnitt 16

a) Die Vereinten Nationen sind befugt, für ihren Amtssitzbereich geltende Vorschriften zu erlassen, um darin alle für die vollständige Wahrnehmung ihrer Funktionen in jeder Beziehung notwendigen Voraussetzungen zu schaffen. Gesetze der Republik Österreich, welche mit einer der von den Vereinten Nationen im Rahmen dieses Abschnittes erlassenen Vorschrift unvereinbar sind, sind in dem Ausmaß, in dem eine solche Unvereinbarkeit gegeben ist, für den Amtssitzbereich der Vereinten Nationen nicht anwendbar. Jede Meinungsverschiedenheit zwischen der Regierung und den Vereinten Nationen darüber, ob eine Vorschrift der Vereinten Nationen nach den Bestimmungen dieses Abschnittes erlassen wurde oder ob ein Gesetz der Republik Österreich mit einer im Rahmen dieses Abschnittes erlassenen Vorschrift der Vereinten Nationen unvereinbar ist, ist unverzüglich nach dem in Abschnitt 46 vorgesehenen Verfahren beizulegen. Bis zu einer solchen Beilegung bleibt die Vorschrift der Vereinten Nationen in Geltung, und das Gesetz der Republik Österreich ist in dem Ausmaß für den Amtssitzbereich nicht anwendbar, in dem die Vereinten Nationen seine Unvereinbarkeit mit ihrer Vorschrift behaupten.

b) Die Vereinten Nationen werden die Regierung soweit angemessen von Zeit zu Zeit über die von ihnen gemäß Unterabschnitt a) erlassenen Vorschriften unterrichten.

c) Dieser Abschnitt steht der angemessenen Anwendung der Feuerschutz- bzw. Gesundheitsvorschriften der zuständigen österreichischen Behörden nicht entgegen.

Abschnitt 17

a) Der Amtssitzbereich der Vereinten Nationen ist unverletzlich. Kein Organ der Republik Österreich noch sonst irgendeine in der Republik Österreich Hoheitsrechte ausübende Person darf den Amtssitzbereich der Vereinten Nationen betreten, um dort Amtshandlungen zu setzen, es sei denn mit Zustimmung des Generaldirektors und unter den von ihm festgelegten Bedingungen. Gerichtliche Vollzugshandlungen, einschließlich der Beschlagnahme privaten Eigentums, dürfen innerhalb des Amtssitzbereiches nur mit ausdrücklicher Erlaubnis des Generaldirektors und unter den von ihm festgelegten Bedingungen stattfinden.

b) Die Vereinten Nationen werden unbeschadet der Bestimmungen des Allgemeinen Übereinkommens oder des Artikels X dieses Abkommens verhindern, daß ihr Amtssitzbereich Personen als Zuflucht dient, die sich der Verhaftung auf Grund eines Gesetzes der Republik Österreich entziehen wollen, die die Regierung an ein anderes Land ausliefern will oder die gerichtlichen Vollzugshandlungen zu entgehen versuchen.

Artikel IV
Schutz des Amtssitzbereiches der Vereinten Nationen

Abschnitt 18

a) Die zuständigen österreichischen Behörden werden entsprechende Vorsorge treffen, um zu gewährleisten, daß die Ruhe im Amtssitzbereich der Vereinten Nationen nicht durch Personen oder Personengruppen gestört wird, die ihn ohne Erlaubnis zu betreten versuchen oder in der unmittelbaren Umgebung des Amtssitzbereiches der Vereinten Nationen Unruhe stiften; sie werden ferner an den Grenzen des Amtssitzbereiches der Vereinten Nationen den zu diesem Zweck erforderlichen Polizeischutz beistellen.

b) Die zuständigen österreichischen Behörden und die Vereinten Nationen arbeiten im Hinblick auf die Aufrechterhaltung einer wirksamen Sicherheit innerhalb und in unmittelbarer Umgebung des Amtssitzbereiches der Vereinten Nationen eng zusammen.

c) Wenn dies vom Generaldirektor gewünscht wird, so werden die zuständigen österreichischen Behörden eine ausreichende Zahl von Polizisten zur Aufrechterhaltung von Ruhe und Ordnung im Amtssitzbereich der Vereinten Nationen beistellen.

d) Die Vereinten Nationen konsultieren bei der Erstellung ihrer Sicherheitsvorschriften und -verfahren die Regierung, um dadurch die wirksamste und zweckmäßigste Ausübung der Sicherheitsaufgaben zu erreichen.

Abschnitt 19

Die zuständigen österreichischen Behörden werden alle entsprechenden Vorkehrungen treffen, um zu gewährleisten, daß die durch die örtlichen Gegebenheiten bedingten Vorteile des Amtssitzbereiches der Vereinten Nationen nicht beeinträchtigt werden und die Erfüllung der Aufgaben, denen der Amtssitzbereich der Vereinten Nationen dient, nicht durch irgendeine Verwendung der Grundstücke oder der Gebäude in der Umgebung desselben erschwert wird. Die Vereinten Nationen werden alle entsprechenden Vorkehrungen treffen, um zu gewährleisten, daß die durch die örtlichen Gegebenheiten bedingten Vorteile der Grundstücke in der Umgebung des Amtssitzbereiches der Vereinten Nationen nicht durch irgendeinen Gebrauch des Landes oder der Gebäude im Amtssitzbereich der Vereinten Nationen beeinträchtigt werden.

Artikel V
Öffentliche Leistungen im Amtssitzbereich der Vereinten Nationen

Abschnitt 20

a) Die zuständigen österreichischen Behörden werden in dem vom Generaldirektor erbetenen Ausmaß ihre Befugnisse dahingehend geltend machen, daß für den Amtssitzbereich der Vereinten Nationen die notwendigen öffentlichen Einrichtungen und Leistungen einschließlich Elektrizität, Wasser, Kanalisierung, Gas, Post, Telefon, Fernschreibverbindungen, örtliche Verkehrsmittel, Entwässerung, Müllabfuhr, Feuerschutz und Schneeräumung auf öffentlichen Fahrbahnen, ohne daß jedoch dieser Aufzählung einschränkende Wirkung zukommen soll, zu angemessenen Bedingungen beigestellt werden.

b) Im Falle einer Unterbrechung oder drohenden Unterbrechung solcher Leistungen werden die zuständigen österreichischen Behörden dem Bedarf der Vereinten Nationen gleiche Bedeutung zumessen, wie dem der wichtigsten Regierungsämter und entsprechende Maßnahmen treffen, um zu gewährleisten, daß die Arbeit der Vereinten Nationen keine Beeinträchtigung erfährt.

c) Der Generaldirektor wird über Ersuchen die erforderlichen Vorkehrungen treffen, um den gehörig bevollmächtigten Vertretern der zuständigen öffentlichen Einrichtungen zu ermöglichen, die Anlagen, Leitungen, Netze und Kanalanlagen im Amtssitzbereich der Vereinten Nationen zu überprüfen, instandzusetzen, instandzuhalten, wiederherzustellen oder zu verlegen, und zwar in einer Weise, daß dadurch die Durchführung der Aufgaben der Vereinten Nationen nicht über Gebühr gestört wird.

d) Soweit die Gas- Strom- Wasser- oder Wärmezufuhr von den zuständigen österreichischen Behörden bewerkstelligt wird oder die diesbezüglichen Tarife unter deren Kontrolle stehen, sind die Vereinten Nationen zu Tarifen zu beliefern, die nicht höher sein dürfen als die niedrigsten, vergleichbaren, der österreichischen staatlichen Verwaltung eingeräumten Sätze.

Artikel VI
Nachrichtenverkehr, Veröffentlichungen und Transportmittel

Abschnitt 21

a) Die amtlichen Mitteilungen, die an die Vereinten Nationen oder einen ihrer Angestellten in ihrem Amtssitzbereich gerichtet sind, sowie die von den Vereinten Nationen abgehenden amtlichen Mitteilungen, auf welchem Wege und in welcher Form sie auch immer übermittelt werden, unterliegen keiner Zensur und dürfen auch sonst nicht abgefangen oder in ihrem vertraulichen Charakter verletzt werden. Diese Immunität erstreckt sich – ohne daß jedoch dieser Aufzählung einschränkende Wirkung zukommen soll – auf Veröffentlichungen, photographische Aufnahmen, Filmaufnahmen, Filme, computergestützte Kommunikation sowie Ton- und Videoaufnahmen.

b) Die Vereinten Nationen sind befugt, Codes zu benützen und ihre Briefe und sonstigen amtlichen Mitteilungen durch Kuriere oder versiegelt abzusenden und zu empfangen; auf diese finden dieselben Privilegien und Immunitäten Anwendung, wie auf diplomatische Kuriere und Sendungen.

Abschnitt 22

a) Die Regierung anerkennt das Recht der Vereinten Nationen, zur Erfüllung ihrer Zwecke innerhalb der Republik Österreich ungehindert Veröffentlichungen durch Druckwerke und Rundfunk vorzunehmen.

b) Es besteht jedoch Einverständnis darüber, daß die Vereinten Nationen auf Gesetze der Republik Österreich oder auf internationale Verträge, die das Urheberrecht betreffen und denen die Republik Österreich angehört, Bedacht nehmen werden.

Abschnitt 23

Die Vereinten Nationen sind berechtigt, für ihre amtlichen Zwecke das Eisenbahnnetz der Regierung zu Tarifen zu benützen, die nicht höher sein dürfen, als die niedrigsten, vergleichbaren, der österreichischen staatlichen Verwaltung für Personen- und Frachtbeförderung eingeräumten Sätze.

Artikel VII
Steuerfreiheit

Abschnitt 24

a) Die Vereinten Nationen, ihre Vermögenswerte, Einkünfte und anderes Eigentum sind von jeder Form der Besteuerung befreit; eine solche Steuerbefreiung bezieht sich jedoch nicht auf den Eigentümer oder Bestandgeber des von den Vereinten Nationen in Bestand genommenen Eigentums.

b) Sofern die Regierung aus wichtigen verwaltungsmäßigen Erwägungen außerstande sein sollte, den Vereinten Nationen Befreiungen von der Einhebung indirekter Steuern zu gewähren, die einen Teil der Kosten der Waren oder Dienstleistungen darstellen, die von den Vereinten Nationen gekauft bzw. für sie erbracht wurden, Miet- und Pachtzinse eingeschlossen, wird die Regierung den Vereinten Nationen für solche Steuern durch Bezahlung von Pauschalbeträgen, die von der Regierung und von den Vereinten Nationen einvernehmlich festgelegt werden, von Zeit zu Zeit Rückerstattung leisten. Es besteht jedoch Einverständnis darüber, daß die Vereinten Nationen in bezug auf kleinere Käufe keine Rückerstattung fordern werden. In bezug auf diese Steuern werden die Vereinten Nationen jederzeit zumindest die gleichen Befreiungen und Erleichterungen genießen, die der österreichischen staatlichen Verwaltung oder den bei der Republik Österreich beglaubigten Leitern diplomatischer Vertretungen gewährt werden, je nachdem, welche günstiger sind. Es besteht jedoch weiters Einverständnis darüber, daß die Vereinten Nationen keine Befreiung von solchen Steuern fordern werden, die tatsächlich nur ein Entgelt für öffentliche Dienstleistungen darstellen.

c) Alle Rechtsgeschäfte, an denen die Vereinten Nationen beteiligt sind, und alle Urkunden über solche Rechtsgeschäfte sind von allen Abgaben, Beurkundungs- und Gerichtsgebühren befreit. Dieser Grundsatz wird auch auf die Lieferung von Waren und die Erbringung von Dienstleistungen angewandt, die von den Vereinten Nationen für den unmittelbaren Export oder für den Gebrauch im Ausland angeschafft werden.

d) Gegenstände, die von den Vereinten Nationen für amtliche Zwecke ein- oder ausgeführt werden, sind von Zollgebühren und anderen Abgaben, Ein- und Ausfuhrverboten und -beschränkungen befreit.

e) Die Vereinten Nationen sind hinsichtlich der Einfuhr von Dienstkraftwagen und Ersatzteilen für diese, soweit sie für ihren amtlichen Gebrauch benötigt werden, von Zollgebühren und sonstigen Abgaben, Verboten und Beschränkungen befreit.

f) Die Regierung wird über Ersuchen Zuteilungen von Benzin und anderen Treibstoffen und Schmierölen für jeden derartigen von den Vereinten Nationen betriebenen Kraftwagen in den Mengen vornehmen, die für deren Betrieb erforderlich sind, und zwar zu jenen Sondersätzen, die für diplomatische Vertretungen in der Republik Österreich gelten.

g) Die gemäß Unterabschnitt d) und e) eingeführten oder gemäß Unterabschnitt f) von der Regierung bezogenen Gegenstände dürfen von den Vereinten Nationen in der Republik Österreich innerhalb eines Zeitraumes von zwei Jahren nach Einfuhr oder Erwerb nicht verkauft werden, außer es wurde mit der Regierung etwas anderes vereinbart.

h) Über die in Unterabschnitt g) erwähnten Gegenstände darf abgabenfrei nur zugunsten Internationaler Organisationen, die vergleichbare Privilegien besitzen, oder wohltätiger Organisationen verfügt werden.

i) Die Vereinten Nationen sind von der Verpflichtung zur Entrichtung des Dienstgeberbeitrages zum Ausgleichsfonds für Familienbeihilfen oder an eine Einrichtung mit gleichartigen Funktionen befreit.

Artikel VIII
Finanzielle Erleichterungen

Abschnitt 25

a) Die Vereinten Nationen können, ohne irgendwelchen finanziellen Kontrollen, Vorschriften oder zeitlichen Einschränkungen unterworfen zu sein, unbehindert:

i) jegliche Zahlungsmittel auf gesetzlich zulässigem Weg erwerben, besitzen und über sie verfügen;

ii) über Guthaben in jeder beliebigen Währung verfügen;

iii) Kapitalien, Wertpapiere und Gold auf gesetzlich zulässigem Weg erwerben, besitzen und darüber verfügen;

iv) ihre Kapitalien, Wertpapiere, Gold und Zahlungsmittel in die Republik Österreich oder aus der Republik Österreich, in jedes Land oder aus jedem Land oder innerhalb der Republik Österreich transferieren; und

v) sich durch Nutzung ihrer Kreditfähigkeit oder auf eine andere ihnen wünschenswert erscheinende Weise Kapitalien beschaffen, jedoch mit der Maßgabe, daß für die Beschaffung von Kapitalien in der Republik Österreich die Vereinten Nationen die Zustimmung der Regierung einzuholen haben.

b) Die Regierung wird den Vereinten Nationen behilflich sein, bei Umwechslungen und ähnlichen Transaktionen hinsichtlich der Wechselkurse und Bankprovisionen möglichst günstige Bedingungen zu erzielen.

c) Die Vereinten Nationen werden bei der Ausübung ihrer Rechte im Rahmen dieses Abschnittes den von der Regierung erhobenen Vorstellungen gebührend Rechnung tragen, soweit solchen Vorstellungen ohne Beeinträchtigung der Interessen der Vereinten Nationen Folge gegeben werden kann.

Artikel IX
Sozialversicherung und Pensionsfonds

Abschnitt 26

Der Pensionsfonds genießt in der Republik Österreich Rechtspersönlichkeit, und es gelten für ihn die gleichen Befreiungen, Immunitäten und Privilegien, wie für die Vereinten Nationen selbst. Aus dem Pensionsfonds bezogene Ruhegenüsse sind von der Besteuerung befreit.

Abschnitt 27

Die Vereinten Nationen und ihre Angestellten sind mit Ausnahme von Regelungen, die in einem Zusatzabkommen getroffen werden, von der Anwendbarkeit aller Gesetze betreffend Sozialversicherung befreit.

Abschnitt 28

Die Republik Österreich und die Vereinten Nationen treffen durch ein Zusatzabkommen die erforderlichen Maßnahmen, um es jedem Angestellten der Vereinten Nationen, der an Sozialversicherungseinrichtungen der Vereinten Nationen nicht teilhat, zu ermöglichen, einer Sozialversicherungseinrichtung der Republik Österreich beizutreten. Die Vereinten Nationen können im Einklang mit den Bestimmungen eines solchen Zusatzabkommens Vorsorge dafür treffen, daß die an Ort und Stelle aufgenommenen Angehörigen ihres Personals, die nicht am Pensionsfonds teilnehmen oder denen die Vereinten Nationen keinen Sozialversicherungsschutz zuteil werden lassen, der dem nach österreichischem Recht gewährten zumindest gleichwertig ist, Mitglieder einer österreichischen Sozialversicherungseinrichtung werden können.

Artikel X
Durchreise und Aufenthalt

Abschnitt 29

a) Hinsichtlich der nachstehend angeführten Personen wird die Regierung alle erforderlichen Maßnahmen treffen, um deren Einreise nach und den Aufenthalt im Gebiet der Republik Österreich zu erleichtern und wird ihrer Ausreise aus dem Gebiet der Republik Österreich keine Hindernisse in den Weg legen und dafür sorgen, daß sie bei ihren Reisen zum und vom Amtssitz der Vereinten Nationen nicht behindert werden, sowie ihnen während der Reise jeden erforderlichen Schutz zuteil werden lassen:

i) Mitgliedern von Ständigen Vertretungen und anderen Vertretern von Mitgliedstaaten, deren Familien und sonstigen Haushaltsangehörigen sowie dem Kanzlei- und anderen Hilfspersonal und den Ehegatten und unterhaltsberechtigten Kindern dieses Personals;

ii) Mitgliedern von Ständigen Beobachtermissionen von Nicht-Mitgliedstaaten, von Ständigen Beobachtermissionen zwischenstaatlicher Organisationen, und Mitgliedern anderer Beobachtermissionen die bei den Vereinten Nationen in Wien beglaubigt sind, deren Familien und sonstigen Haushaltsangehörigen sowie dem Kanzlei- und Hilfspersonal und den Ehegatten und unterhaltsberechtigten Kindern dieses Personals;

iii) Angestellten der Vereinten Nationen, die in Wien eingesetzt sind, deren Familien und sonstigen Haushaltsangehörigen;

iv) Angestellten der Sonderorganisationen oder der Internationalen Atomenergie-Organisation, die den Vereinten Nationen zugeteilt sind oder bei den Vereinten Nationen in Wien amtliche Aufgaben wahrzunehmen haben, und deren Ehegatten und unterhaltsberechtigte Kindern;

v) Vertretern anderer Organisationen, mit welchen die Vereinten Nationen offizielle Beziehungen aufgenommen haben, die amtliche Aufgaben bei den Vereinten Nationen wahrzunehmen haben;

vi) Personen, die keine Angestellten der Vereinten Nationen sind und die Aufträge ausführen, zu denen sie von den Vereinten Nationen ermächtigt wurden, oder in Ausschüssen oder sonstigen Hilfsorganen der Vereinten Nationen arbeiten, sowie deren Ehegatten;

vii) Vertretern von Presse, Rundfunk, Film, Fernsehen oder anderen Informationsdiensten, die bei den Vereinten Nationen in Wien nach Rücksprache zwischen der Regierung und den Vereinten Nationen beglaubigt wurden;

viii) Vertretern anderer Organisationen und anderen Personen, die von den Vereinten Nationen in amtlicher Eigenschaft in ihren Amtssitzbereich eingeladen werden. Der Generaldirektor hat der Regierung die Namen dieser Personen vor ihrer beabsichtigten Einreise bekanntzugeben.

b) Dieser Abschnitt findet bei einer allgemeinen Störung der Verkehrseinrichtungen, in welchem Falle gemäß Abschnitt 20 Unterabschnitt b) vorzugehen ist, keine Anwendung und beeinträchtigt nicht die Wirksamkeit der allgemeingültigen gesetzlichen Bestimmungen über den Betrieb von Verkehrsmitteln.

c) Die von den in diesem Abschnitt angeführten Personen benötigten Sichtvermerke werden kostenlos und so rasch wie möglich erteilt.

d) Eine von einer in diesem Abschnitt angeführten Person in ihrer amtlichen Eigenschaft für die Vereinten Nationen gemäß Unterabschnitt a) ausgeübte Tätigkeit stellt keinen Grund dafür dar, sie an der Einreise in das oder an der Ausreise aus dem Gebiet der Republik Österreich zu hindern oder sie zu verhalten, deren Gebiet zu verlassen.

e) Eine in Unterabschnitt a) angeführte Person darf von der Regierung nicht zum Verlassen des Gebietes der Republik Österreich verhalten werden, außer bei Vorliegen eines Mißbrauches des Rechtes auf Aufenthalt, in welchem Falle das folgende Verfahren anzuwenden ist:

i) Die Einleitung eines Verfahrens mit dem Ziel, eine solche Person zum Verlassen des Gebietes der Republik Österreich zu verhalten, bedarf der vorherigen Zustimmung des Bundesministers für auswärtige Angelegenheiten der Republik Österreich;

ii) Handelt es sich hiebei um den Vertreter eines Staates, dann darf diese Zustimmung nur nach Rücksprache mit der Regierung des betreffenden Staates erteilt werden;

iii) Handelt es sich um eine andere in Unterabschnitt a) genannte Person, dann darf diese Zustimmung nur nach Rücksprache mit dem Generaldirektor erteilt werden. Wird ein Ausweisungsverfahren gegen eine solche Person eingeleitet, hat der Generaldirektor das Recht, bei einem solchen Verfahren für die Person, gegen die es eingeleitet wird, zu erscheinen oder einen Vertreter zu entsenden; und

iv) Personen, die gemäß Abschnitt 38 Anspruch auf diplomatische Privilegien und Immunitäten haben, dürfen nur entsprechend dem gegenüber Mitgliedern vergleichbaren Ranges des Personals der bei der Republik Österreich beglaubigten Leiter diplomatischer Vertretungen üblichen Verfahren zum Verlassen des Gebietes der Republik Österreich verhalten werden.

f) Dieser Abschnitt steht dem nicht entgegen, einen ausreichenden Nachweis dafür zu verlangen, daß die Personen, welche die auf Grund dieses Abschnittes eingeräumten Rechte beanspruchen, unter die in Unterabschnitt a) angegebenen Kategorien fallen; weiters steht dieser Abschnitt dem nicht entgegen, daß die angemessene Anwendung von Quarantäne- und Gesundheitsvorschriften gefordert wird.

Abschnitt 30

Die zuständigen österreichischen Behörden und der Generaldirektor setzen sich über Antrag eines Teiles hinsichtlich der Methoden ins Einvernehmen, die angewandt werden sollen, um aus dem Ausland kommenden Personen, die sich in den Amtssitzbereich der Vereinten Nationen zu begeben wünschen und die in Abschnitt 29 vorgesehenen Privilegien nicht genießen, die Einreise in das Gebiet der Republik Österreich und die Benützung vorhandener Verkehrsmittel zu erleichtern.

Artikel XI
Vertreter bei den Vereinten Nationen

Abschnitt 31

Ständige Vertretungen, die bei den Vereinten Nationen beglaubigt sind, genießen die gleichen Privilegien und Immunitäten, wie sie diplomatischen Vertretungsbehörden in der Republik Österreich eingeräumt werden.

Abschnitt 32

a) Mitglieder von Ständigen Vertretungen, die bei den Vereinten Nationen beglaubigt sind, genießen die gleichen Privilegien und Immunitäten, wie sie die Regierung den Mitgliedern vergleichbaren Ranges der in der Republik Österreich beglaubigten diplomatischen Vertretungsbehörden einräumt.

b) Mitglieder von Ständigen Beobachtermissionen von Nichtmitgliedstaaten und Zwischenstaatlichen Organisationen bei den Vereinten Nationen genießen die gleichen Privilegien und Immunitäten wie sie die Regierung den Mitgliedern vergleichbaren Ranges der in der Republik Österreich beglaubigten diplomatischen Vertretungsbehörden einräumt.

c) Vorbehaltlich jeglicher zusätzlicher Privilegien und Immunitäten, die die Regierung einseitig einräumen kann, genießen Mitglieder von sonstigen Ständigen Beobachtermissionen, denen dieser Status von der Generalversammlung eingeräumt wurde, solche Immunitäten wie sie für die unabhängige Ausübung ihrer Funktionen im Zusammenhang mit den Vereinten Nationen erforderlich sind.

Abschnitt 33

Vertreter von Staaten oder Zwischenstaatlichen Organisationen bei Tagungen der Vereinten Nationen oder Tagungen, die von den Vereinten Nationen einberufen werden, sowie Vertreter, die bei den Vereinten Nationen in Wien amtliche Aufgaben wahrzunehmen haben, genießen während der Ausübung ihrer Funktionen und auf ihren Reisen nach und aus Österreich die in Artikel IV des Allgemeinen Übereinkommens vorgesehenen Privilegien und Immunitäten.

Abschnitt 34

Im Hinblick auf Artikel 38 Absatz 1 des Wiener Übereinkommens über diplomatische Beziehungen (1961) und im Hinblick auf die Praxis der Republik Österreich wird den im Abschnitt 32 erwähnten Mitgliedern von Ständigen Vertretungen und Ständigen Beobachtermissionen, die österreichische Staatsbürger oder Staatenlose mit Wohnsitz in Österreich sind, nur die Befreiung von jeglicher Jurisdiktion in bezug auf die von ihnen in Ausübung ihrer Funktionen als Mitglieder dieser Ständigen Vertretungen und Ständigen Beobachtermissionen gemachten mündlichen oder schriftlichen Äußerungen oder gesetzten Handlungen gewährt.

Abschnitt 35

In Übereinstimmung mit Artikel 42 des Wiener Übereinkommens über diplomatische Beziehungen und der Praxis der Republik Österreich, dürfen die in den Abschnitten 31 und 32 erwähnten Mitglieder von Ständigen Vertretungen und Ständigen Beobachtermissionen, denen die gleichen Privilegien und Immunitäten gewährt werden, wie sie Mitgliedern vergleichbaren Ranges der in der Republik Österreich beglaubigten diplomatischen Vertretungsbehörden eingeräumt werden, keinen freien Beruf oder keine gewerbliche Tätigkeit in der Republik Österreich ausüben, die auf persönlichen Gewinn gerichtet ist.

Abschnitt 36

Die Vereinten Nationen werden der Regierung eine Liste der unter die Bestimmungen dieses Artikels fallenden Personen übermitteln und diese nach Bedarf von Zeit zu Zeit revidieren.

Artikel XII
Angestellte der Vereinten Nationen

Abschnitt 37

Die Angestellten der Vereinten Nationen genießen in und gegenüber der Republik Österreich folgende Privilegien und Immunitäten:

a) Befreiung von jeglicher Jurisdiktion in bezug auf die von ihnen in Ausübung ihrer amtlichen Funktionen gemachten mündlichen oder schriftlichen Äußerungen und in bezug auf alle von ihnen in Ausübung ihrer amtlichen Funktionen gesetzten Handlungen, wobei diese Befreiung auch dann weiterbesteht, wenn die betreffenden Personen nicht mehr Angestellte der Vereinten Nationen sind;

b) Schutz vor Beschlagnahme ihres privaten und ihres Dienstgepäcks;

c) Schutz vor Durchsuchung des Dienstgepäcks und, falls der Angestellte unter Abschnitt 38 fällt, Schutz vor Durchsuchung des privaten Gepäcks;

d) Befreiung von der Besteuerung der Gehälter, Bezüge, Vergütungen und Ruhegenüsse, die sie von den Vereinten Nationen für gegenwärtige oder frühere Dienste oder im Zusammenhang mit ihrer Tätigkeit bei den Vereinten Nationen erhalten;

e) Befreiung von der Besteuerung von Leistungen, die sich aus der Zugehörigkeit zu österreichischen Sozialversicherungseinrichtungen ergeben;

f) Befreiung von der Besteuerung aller Einkünfte und Vermögenswerte der Angestellten und ihrer im gemeinsamen Haushalt lebenden Familienangehörigen, sofern diese Einkünfte aus Quellen außerhalb der Republik Österreich stammen oder sofern sich diese Vermögenswerte außerhalb der Republik Österreich befinden;

g) Befreiung von der Erbschafts- und Schenkungssteuer, ausgenommen der in der Republik Österreich befindlichen Liegenschaften, sofern die Verpflichtung zur Bezahlung solcher Steuern allein aus der Tatsache entsteht, daß die Angestellten und Mitglieder ihres Haushalts ihren gewöhnlichen Aufenthalt in Österreich genommen haben oder beibehalten;

h) Befreiung von KFZ-Steuer und motorbezogener Versicherungssteuer;

i) Befreiung von Einwanderungsbeschränkungen und von der Ausländerregistrierung für sich selbst, ihre Ehegatten, ihre unterhaltsberechtigten Verwandten und andere Haushaltsangehörige. Dieselben Befreiungen von Einwanderungsbeschränkungen gelten auch für pensionierte Angestellte der Vereinten Nationen unter Modalitäten, die von der Regierung festgelegt werden;

j) Ehegatten und unterhaltsberechtigte Verwandte, die im selben Haushalt leben, haben im Einklang mit den österreichischen gesetzlichen Bestimmungen bevorzugten Zugang zum Arbeitsmarkt. Sofern sie eine gewinnbringende Beschäftigung ausüben, finden auf sie Vorrechte und Befreiungen keine Anwendung in bezug auf diese Beschäftigung;

k) Befreiung vom nationalen Dienst, jedoch mit der Maßgabe, daß sich diese Befreiung bei österreichischen Staatsbürgern auf jene Angestellten beschränkt, deren Namen im Hinblick auf ihre Aufgaben in einer vom Generaldirektor erstellten und der Regierung übermittelten Liste aufscheinen; die weitere Maßgabe besteht darin, daß im Falle der Einberufung anderer Angestellter zum nationalen Dienst, die österreichische Staatsbürger sind und auf dieser Liste nicht aufscheinen, die Regierung über Ersuchen des Generaldirektors einen zeitweiligen Aufschub der Einberufung für solche Angestellte in dem Ausmaß einräumt, als dies zur Vermeidung der Unterbrechung einer wesentlichen Arbeit der Vereinten Nationen nötig ist;

l) die Befugnis, in der Republik Österreich oder anderswo ausländische Wertpapiere, Guthaben in fremden Währungen und andere bewegliche und unbewegliche Vermögenswerte, letztere unter den auch für österreichische Staatsbürger geltenden Bedingungen, zu erwerben und zu besitzen; weiters das Recht, bei Beendigung ihres Dienstverhältnisses beim Amt der Vereinten Nationen in Wien ohne Verbote oder Beschränkungen ihre Zahlungsmittel auf gesetzlich zulässigem Wege in der gleichen Währung und bis zu denselben Beträgen auszuführen, wie sie sie in die Republik Österreich eingeführt haben;

m) vorbehaltlich der Bestimmungen des Abschnittes 18 Unterabschnitt e) des Allgemeinen Übereinkommens und Unterabschnittes l) dieses Abschnittes, die Befugnis, über die durch dieses Abkommen gewährten Erleichterungen hinaus Transfers in andere Länder durchzuführen;

n) der gleiche Schutz und die gleichen Repatriierungsmöglichkeiten für sich selbst, ihre Ehegatten, ihre unterhaltsberechtigten Verwandten und sonstige Haushaltsangehörige, wie sie Mitgliedern vergleichbaren Ranges des Personals der bei der Republik Österreich beglaubigten Leiter diplomatischer Vertretungsbehörden in Zeiten internationaler Krisen eingeräumt werden;

o) das Recht, zum persönlichen Gebrauch steuer- und abgabenfrei sowie frei von Einfuhrverboten und -beschränkungen folgendes einzuführen:

i) ihre Einrichtungsgegenstände und persönliche Habe in einem oder mehreren getrennten Transporten und danach die notwendigen Ergänzungen;

ii) alle vier Jahre einen Kraftwagen sowie ein Motorrad;

iii) beschränkte Mengen bestimmter Artikel, die zum persönlichen Gebrauch oder Verbrauch, jedoch nicht für Geschenk- oder Verkaufszwecke bestimmt sind. Die Vereinten Nationen dürfen zum Verkauf solcher Artikel an ihre Angestellten oder Mitglieder von Vertretungen ein „Commissary" einrichten; die diesbezüglich genauen Regelungen sind in den in Abschnitt 59 Unterabschnitt h) erwähnten Abkommen festgelegt;

p) für sich und ihre Familienangehörigen unter den gleichen Bedingungen, wie sie österreichischen Staatsangehörigen zustehen, das Recht zum Zugang zu Universitäten und anderen höheren Bildungslehranstalten zum Erwerb eines Grades im Rahmen eines akademischen oder Postgraduate-Studiums zu erhalten sowie verwandte Ausbildungsmöglichkeiten in Anspruch nehmen zu können, die zum Erwerb entsprechender Bildungs- und Berufsbefähigungen führen, welche in Österreich erforderlich sind.

Abschnitt 38

Neben den in Abschnitt 37 angeführten Privilegien und Immunitäten werden:

a) dem Generaldirektor die Privilegien, Immunitäten, Befreiungen und Erleichterungen gewährt, die Botschaftern, die Leiter diplomatischer Vertretungsbehörden sind, eingeräumt werden;

b) einem höheren Angestellten der Vereinten Nationen, während er den Generaldirektor in dessen Abwesenheit vom Dienst vertritt, die gleichen Privilegien, Immunitäten, Befreiungen und Erleichterungen gewährt, die dem Generaldirektor eingeräumt werden;

c) vorbehaltlich der Bestimmungen von Abschnitt 39 werden sonstigen Angestellten, die den Dienstgrad P-5 oder einen höheren Dienstgrad besitzen, sowie jenen weiteren Kategorien von Angestellten, die vom Generaldirektor mit Zustimmung der Regierung im Hinblick auf ihre verantwortliche Stellung in den Vereinten Nationen namhaft gemacht werden, die gleichen Privilegien, Immunitäten, Befreiungen und Erleichterungen gewährt, wie sie die Regierung den Mitgliedern vergleichbaren Ranges des Personals der bei der Republik Österreich beglaubigten Leiter diplomatischer Vertretungsbehörden einräumt;

d) in Übereinstimmung mit Artikel 42 des Wiener Übereinkommens über diplomatische Beziehungen und der Praxis der Republik Österreich dürfen Angestellte, die die gleichen Privilegien und Immunitäten genießen, wie sie Mitgliedern vergleichbaren Ranges der bei der Republik Österreich beglaubigten diplomatischen Vertretungsbehörden eingeräumt werden, keinen freien Beruf und keine gewerbliche Tätigkeit in der

Republik Österreich ausüben, die auf persönlichen Gewinn gerichtet ist;

e) die Familienmitglieder eines der in diesem Abschnitt genannten Angestellten, die seinem Haushalt angehören, genießen, sofern sie nicht österreichische Staatsbürger oder Staatenlose mit Wohnsitz in Österreich sind, die für diese Kategorie von Personen im Wiener Übereinkommen über diplomatische Beziehungen genannten Privilegien und Immunitäten.

Abschnitt 39

a) Sofern nichts anderes vorgesehen ist, genießen die Angestellten der Vereinten Nationen, die österreichische Staatsbürger oder Staatenlose mit Wohnsitz in Österreich sind, nur die im Allgemeinen Übereinkommen vorgesehenen Privilegien und Immunitäten, wobei jedoch Einvernehmen darüber besteht, daß unter diese Privilegien und Immunitäten auch fallen:

i) die Befreiung von der Besteuerung von Ruhegenüssen, die diesen Personen vom Pensionsfonds ausgezahlt werden;

ii) der Zutritt zu dem in Übereinstimmung mit Abschnitt 37 Unterabschnitt o)

iii) eingerichteten „Commissary".

b) Die Angestellten der Vereinten Nationen und deren im gemeinsamen Haushalt lebende Familienmitglieder, auf die sich das Abkommen bezieht, sind von den Leistungen aus dem Ausgleichsfonds für Familienbeihilfen oder einer Einrichtung mit gleichartigen Funktionen ausgeschlossen, sofern diese Personen weder österreichische Staatsbürger noch Staatenlose mit Wohnsitz in Österreich sind.

Abschnitt 40

a) Der Generaldirektor wird der Regierung eine Liste der Angestellten der Vereinten Nationen übermitteln und diese nach Bedarf von Zeit zu Zeit revidieren.

b) Die Regierung wird den Vereinten Nationen für alle in diesem Artikel genannten Personen einen Identitätsausweis, der mit dem Lichtbild des Inhabers versehen ist, zur Verfügung stellen. Dieser Ausweis dient zur Legitimierung des Inhabers gegenüber allen österreichischen Behörden.

c) Die Regierung hat dafür zu sorgen, daß der Generaldirektor im Falle der Verhaftung oder Anhaltung eines Angestellten der Vereinten Nationen durch eine österreichische Behörde unverzüglich davon in Kenntnis gesetzt wird, und es ihm erlaubt wird, einen Angestellten zu dem Verhafteten oder Angehaltenen zu senden, mit dem Angestellten mündlich oder schriftlich zu verkehren und ihm bzw. ihr die erforderliche rechtliche oder medizinische Hilfe zu leisten.

Abschnitt 41

Die Bestimmungen dieses Artikels werden auch auf Angestellte der Sonderorganisationen und der Internationalen Atomenergie-Organisation angewendet, die den Vereinten Nationen zugeteilt sind.

Artikel XIII
Sachverständige im Auftrag der Vereinten Nationen

Abschnitt 42

Sachverständige (soweit es sich nicht um Angestellte der Vereinten Nationen handelt, die unter Artikel XII fallen), die Aufträge ausführen, zu denen sie von den Vereinten Nationen ermächtigt wurden, die in Ausschüssen oder anderen Hilfsorganen der Vereinten Nationen arbeiten oder mit den Vereinten Nationen über deren Ersuchen in irgendeiner Weise Beratungen pflegen, genießen in und gegenüber der Republik Österreich die folgenden Privilegien und Immunitäten, soweit diese für die unabhängige Ausübung ihrer Funktionen erforderlich sind:

a) Schutz für ihre Person, ihre Ehegatten und ihre unterhaltsberechtigten Kinder vor persönlicher Verhaftung oder Anhaltung und vor Beschlagnahme ihres privaten und ihres Dienstgepäcks;

b) Befreiung von jeglicher Jurisdiktion in bezug auf die von ihnen in Ausübung ihrer amtlichen Funktionen gemachten mündlichen oder schriftlichen Äußerungen und in bezug auf alle von ihnen in Ausübung ihrer amtlichen Funktionen gesetzten Handlungen, wobei dieser Schutz auch dann weiterbesteht, wenn die betreffenden Personen nicht mehr mit Aufträgen für die Vereinten Nationen beschäftigt sind, in ihren Ausschüssen arbeiten oder als Berater für dieselben tätig sind oder sich nicht mehr im Amtssitzbereich der Vereinten Nationen aufhalten oder den von den Vereinten Nationen einberufenen Tagungen beiwohnen;

c) Unverletzlichkeit aller Schriftstücke, Dokumente und sonstigen amtlichen Materials;

d) das Recht, für den Nachrichtenverkehr mit den Vereinten Nationen Codes zu benutzen und Schriftstücke, Dokumente und anderes amtliches Material durch Kurier oder versiegelt abzusenden oder zu empfangen;

e) Befreiung von Einwanderungsbeschränkungen, von der Ausländerregistrierung und vom nationalen Dienst für sich selbst und ihre Ehegatten;

f) den gleichen Schutz und die gleichen Repatriierungsmöglichkeiten für sich selbst, ihre Ehegatten, ihre unterhaltsberechtigten Verwandten und sonstige Haushaltsangehörige, wie sie Mitgliedern vergleichbaren Ranges des Personals der bei der Republik Österreich beglaubigten Leiter diplomatischer Vertretungsbehörden in Zeiten internationaler Krisen eingeräumt werden;

g) die gleichen Privilegien in bezug auf Währungs- und Devisenbeschränkungen, wie sie den Vertretern ausländischer Regierungen in vorübergehender amtlicher Mission eingeräumt werden;

h) vorbehaltlich der Bestimmungen von Abschnitt 22 Unterabschnitt e) des Allgemeinen Übereinkommens und Unterabschnitt g) dieses Abschnittes die Freiheit, über die durch dieses Abkommen gewährten Erleichterungen hinaus, Transfers in andere Länder durchzuführen;

i) die gleichen Immunitäten und Erleichterungen in bezug auf ihr privates und ihr Dienstgepäck, wie sie die Regierung den Mitgliedern vergleichbaren Ranges des Personals der bei der Republik Österreich beglaubigten Leiter diplomatischer Vertretungsbehörden einräumt.

Abschnitt 43

a) In jenen Fällen, in denen der Anfall irgendeiner Steuer vom Aufenthalt abhängt, werden Zeiträume, während derer sich die in Abschnitt 42 genannten Personen in der Republik Österreich zur Erfüllung ihrer Aufgaben aufhalten, nicht als Aufenthaltszeiträume angesehen. Diese Personen sind insbesondere von der Steuerzahlung für ihre von den Vereinten Nationen empfangenen Gehälter und Bezüge während eines derartigen Dienstzeitraumes sowie von allen Fremdenverkehrsabgaben befreit.

b) Sofern nichts anderes vorgesehen ist, genießen die in Abschnitt 42 genannten Personen, die österreichische Staatsbürger oder Staatenlose mit Wohnsitz in Österreich sind, nur die im Allgemeinen Übereinkommen gewährten Privilegien und Immunitäten, wobei jedoch Einvernehmen darüber besteht, daß unter diese Privilegien und Immunitäten auch die Befreiung von der Besteuerung der Ruhegenüsse fällt, die diesen Personen vom Pensionsfonds ausgezahlt werden.

Abschnitt 44

a) Die Vereinten Nationen werden der Regierung eine Liste der Personen übermitteln, die unter diesen Artikel fallen.

b) Die Regierung wird den Vereinten Nationen für alle unter diesen Artikel fallenden Personen, einen Identitätsausweis, der mit dem Lichtbild des Inhabers versehen ist, zur Verfügung stellen. Dieser Ausweis dient zur Legitimierung des Inhabers gegenüber allen österreichischen Behörden.

Artikel XIV
Beilegung von Meinungsverschiedenheiten

Abschnitt 45

Die Vereinten Nationen treffen Maßnahmen hinsichtlich geeigneter Verfahren zur Beilegung von:

a) Streitigkeiten aus Verträgen oder Streitigkeiten privatrechtlichen Charakters, bei denen die Vereinten Nationen Partei sind; und

b) Streitigkeiten, an denen ein Angestellter der Vereinten Nationen oder ein im Auftrag der Vereinten Nationen tätiger Sachverständiger, der auf Grund seiner amtlichen Stellung Befreiung von der Jurisdiktion genießt und dessen Befreiung nicht aufgehoben wurde, beteiligt ist.

Abschnitt 46

a) Alle Meinungsverschiedenheiten zwischen der Regierung und den Vereinten Nationen über die Auslegung oder Anwendung dieses Abkommens oder irgendeines Zusatzabkommens sowie alle Fragen hinsichtlich des Amtssitzbereiches der Vereinten Nationen oder des Verhältnisses zwischen der Regierung und den Vereinten Nationen, welche nicht im Verhandlungswege oder nach einem anderen einvernehmlich festgelegten Verfahren beigelegt werden, sind zur endgültigen Entscheidung einem aus drei Schiedsrichtern zusammengesetzten Schiedsgericht zu unterbreiten; von diesen ist einer vom Bundesminister für auswärtige Angelegenheiten der Republik Österreich, einer vom Generaldirektor und der dritte, der als Vorsitzender des Schiedsgerichtes fungieren soll, von den beiden ersten Schiedsrichtern auszuwählen. Hat eine der beiden Parteien innerhalb von sechs Monaten nach Ernennung des Schiedsrichters durch die andere Partei ihren Schiedsrichter nicht ausgewählt oder können die beiden ersten Schiedsrichter innerhalb von sechs Monaten nach ihrer Ernennung keine Einigung hinsichtlich des dritten Schiedsrichters erzielen, so wird dieser zweite oder dritte Schiedsrichter auf Ersuchen der Regierung oder der Vereinten Nationen vom Präsidenten des Internationalen Gerichtshofes ausgewählt.

b) Die Regierung oder der Generalsekretär der Vereinten Nationen können die Generalversammlung ersuchen, vom Internationalen Gerichtshof ein Gutachten über jede rechtliche Frage, die sich im Laufe eines solchen Verfahrens ergibt, anzufordern. Bis zum Einlangen eines solchen Gutachtens des Gerichtshofes ist jede Zwischenentscheidung des Schiedsgerichtes von beiden Parteien zu beachten. Daraufhin wird das Schiedsgericht unter Bedachtnahme auf das Gutachten des Gerichtshofes eine endgültige Entscheidung fällen.

Artikel XV
Allgemeine Bestimmungen

Abschnitt 47

Außer derjenigen völkerrechtlichen Verantwortlichkeit, die sich aus der Mitgliedschaft der Republik Österreich bei den Vereinten Nationen ergeben könnte, erwächst der Republik Österreich aus der Tatsache, daß sich der Amtssitzbereich der Vereinten Nationen innerhalb ihres Gebietes befindet, keine völkerrechtliche Verantwortlichkeit für Handlungen oder Unterlassungen der Vereinten Nationen oder für Handlungen oder Unterlassungen der Angestellten der Vereinten Nationen im Rahmen ihrer Funktionen.

Abschnitt 48

Unbeschadet der durch dieses Abkommen gewährten Privilegien und Immunitäten sind alle Personen, die in den Genuß dieser Privilegien und Immunitäten kommen, verpflichtet, die Gesetze und anderen Rechtsvorschriften der Republik Österreich zu beachten sowie sich nicht in die inneren Angelegenheiten dieses Staates einzumischen.

Abschnitt 49

a) Der Generaldirektor trifft alle Vorkehrungen dafür, daß mit den im Rahmen dieses Abkommens gewährten Privilegien und Immunitäten kein Mißbrauch getrieben wird, und erläßt zu diesem Zweck die für notwendig und zweckmäßig erachteten Regeln und Vorschriften für die Angestellten der Vereinten Nationen und die anderen dafür in Betracht kommenden Personen.

b) Falls die Regierung der Ansicht ist, daß mit den im Rahmen dieses Abkommens gewährten Privilegien und Immunitäten Mißbrauch getrieben wurde, wird der Generaldirektor über Ersuchen mit den zuständigen österreichischen Behörden Rücksprache pflegen, um festzustellen, ob ein solcher Mißbrauch vorliegt. Führen derartige Rücksprachen zu keinem für die Regierung und den Generaldirektor befriedigenden Ergebnis, dann wird die Angelegenheit gemäß dem in Abschnitt 46 festgelegten Verfahren entschieden.

Abschnitt 50

Dieses Abkommen wird angewendet, unabhängig davon, ob die Regierung mit dem betreffenden Staat oder der betreffenden Organisation diplomatische Beziehungen unterhält oder nicht, sowie unabhängig davon, ob der betreffende Staat die gleichen Privilegien und Immunitäten den diplomatischen Vertretern oder Staatsbürgern der Republik Österreich gewährt.

Abschnitt 51

In allen Fällen, in denen den zuständigen österreichischen Behörden durch dieses Abkommen Verpflichtungen auferlegt werden, ist letztlich die Regierung für die Erfüllung dieser Verpflichtungen verantwortlich.

Abschnitt 52

Die Bestimmungen dieses Abkommens ergänzen die Bestimmungen des Allgemeinen Übereinkommens. Insoweit sich irgendeine Bestimmung dieses Abkommens und irgendeine Bestimmung des Allgemeinen Übereinkommens auf denselben Gegenstand beziehen, werden die beiden Bestimmungen, wo immer möglich, als einander ergänzend behandelt, so daß beide Bestimmungen anwendbar sind und keine die Wirkung der anderen einschränkt.

Abschnitt 53

a) Die Auslegung dieses Abkommens hat im Lichte seines vorrangigen Zwecks zu erfolgen, der darin besteht, die Vereinten Nationen in die Lage zu versetzen, an ihrem Amtssitz in der Republik Österreich die ihnen gestellten Aufgaben voll und ganz zu erfüllen und ihrer Zweckbestimmung nachzukommen.

b) Angestellte und Sachverständige im Auftrag der Vereinten Nationen genießen Vorrechte und Befreiungen im Interesse der Vereinten Nationen und nicht für den persönlichen Vorteil der jeweiligen Einzelpersonen.

c) Der Generaldirektor besitzt das Recht und die Pflicht, auf die Immunität eines Angestellten in jedem Fall zu verzichten, in dem nach seiner Auffassung die Immunität den Lauf der Gerechtigkeit hindern würde und auf diese ohne Nachteil für die Interessen der Vereinten Nationen verzichtet werden kann.

Abschnitt 54

Beratungen über die Abänderung dieses Abkommens werden über Ersuchen der Regierung oder der Vereinten Nationen aufgenommen. Jede derartige Abänderung erfolgt im gegenseitigen Einvernehmen, das im Wege eines Briefwechsels oder eines von der Regierung und den Vereinten Nationen getroffenen Abkommens hergestellt wird.

Abschnitt 55

a) Die Regierung und die Vereinten Nationen können nach Bedarf Zusatzabkommen schließen.

b) Sofern und insoweit die Regierung mit einer Zwischenstaatlichen Organisation ein Abkommen trifft, das Bestimmungen oder Bedingungen enthält, die für die betreffende Organisation günstiger sind als die entsprechenden Bestimmungen oder Bedingungen dieses Abkommens, dann dehnt die Regierung mittels eines Zusatzabkommens diese günstigeren Bestimmungen oder Bedingungen auch auf die Vereinten Nationen aus.

Abschnitt 56

Dieses Abkommen wird sinngemäß auf andere Ämter der Vereinten Nationen angewendet werden, die mit Zustimmung der Regierung in Österreich errichtet werden.

Abschnitt 57

Dieses Abkommen tritt außer Kraft:

i) wenn darüber zwischen der Regierung und den Vereinten Nationen Einvernehmen herrscht; und

ii) wenn der Amtssitz der Vereinten Nationen aus dem Gebiet der Republik Österreich verlegt wird; hiebei sind jene Bestimmungen des Abkommens ausgenommen, die im Zusammenhang mit der ordnungsgemäßen Beendigung der Tätigkeit der Vereinten Nationen an ihrem Amtssitz in der Republik Österreich und mit der Verfügung über ihr dort befindliches Eigentum gegebenenfalls Anwendung finden.

Abschnitt 58

Dieses Abkommen und der dazugehörige Annex (Anm.: Annex nicht darstellbar) treten am ersten Tag des Monats folgend auf den Tag in Kraft, an dem die Regierung den Vereinten Nationen mitteilt, daß die für das Inkrafttreten erforderlichen verfassungsmäßigen Voraussetzungen erfüllt sind.

Abschnitt 59

Unbeschadet solcher anderer Vorrechte und Befreiungen, die auf Grund der Gesetze der Republik Österreich gewährt werden, ersetzt dieses Abkommen das frühere Amtssitzabkommen von 1967 einschließlich aller damit verbundenen Abkommen, die für eine Interimsperiode durch Notenwechsel vom 20. Dezember 1985 zwischen den Vereinten Nationen und der Republik Österreich ausgedehnt wurden, mit Ausnahme der nachfolgend angeführten Abkommen, die auf die Vereinten Nationen weiterhin anwendbar sind:

a) Abkommen vom 28. Juni 1979 zwischen der Republik Österreich und den Vereinten Nationen über die Postdienste im Internationalen Zentrum Wien für die Vereinten Nationen und die Internationale Atomenergie-Organisation einschließlich eines Notenwechsels[1];

b) Abkommen zwischen der Bundesregierung der Republik Österreich, den Vereinten Nationen und der Internationalen Atomenergie-Organisation und über den gemeinsamen Amtssitzbereich vom 28. September 1979[2];

c) Abkommen zwischen der Republik Österreich, den Vereinten Nationen und der Internationalen Atomenergie-Organisation über den gemeinsamen Amtssitzbereich der Vereinten Nationen und der Internationalen Atomenergie-Organisation im Internationalen Zentrum Wien vom 19. Jänner 1981[3];

d) Abkommen zwischen der Republik Österreich, den Vereinten Nationen und der Internationalen Atomenergie-Organisation über die Errichtung und Verwaltung eines Gemeinsamen Fonds zur Finanzierung größerer Reparaturen und Erneuerungen in deren Amtssitzen im Internationalen Zentrum Wien vom 19. Jänner 1981, geändert durch Notenwechsel vom 20. Dezember 1985[4], einschließlich eines Notenwechsels desselben Datums über die Streitbeilegung nach diesem Abkommen;

e) Protokoll vom 19. Jänner 1981 über die vorläufige Liste der wesentlichen Bestandteile gemäß Artikel 2, Abs. 2 des Abkommens zwischen der Republik Österreich, den Vereinten Nationen und der Internationalen Atomenergie-Organisation über die Errichtung und Verwaltung eines Gemeinsamen Fonds zur Finanzierung größerer Reparaturen und Erneuerungen in deren Amtssitzen im Internationalen Zentrum Wien;

f) Abkommen zwischen der Regierung der Republik Österreich und der Organisation der Vereinten Nationen für Industrielle Entwicklung betreffend die Soziale Sicherheit der Angestellten dieser Organisation vom 15. Dezember 1970[5];

g) Notenwechsel vom 27. Juli 1982 zwischen der Republik Österreich und den Vereinten Nationen betreffend die modifizierte Anwendbarkeit des Abkommens über Soziale Sicherheit mit der Organisation der Vereinten Nationen für Industrielle Entwicklung auf weitere in Österreich errichtete Ämter der Vereinten Nationen[6];

h) Zusatzabkommen vom 1. März 1972 zwischen der Österreichischen Bundesregierung und der Organisation der Vereinten Nationen für Industrielle Entwicklung im Sinne von Artikel XII, Abschnitt 27 Unterabschnitt j) iii) des Abkom-

Zu Artikel XV:

1) Kundgemacht in BGBl. Nr. 417/1980
2) Kundgemacht in BGBl. Nr. 465/1979
3) Kundgemacht in BGBl. Nr. 363/1981
4) Kundgemacht in BGBl. Nr. 364/1981
5) Kundgemacht in BGBl. Nr. 424/1971
6) Kundgemacht in BGBl. Nr. 340/1983

mens zwischen der Republik Österreich und den Vereinten Nationen über den Amtssitz der UNIDO vom 13. April 1967, geändert durch den Notenwechsel vom 8. Dezember 1981 und den Notenwechsel vom 20. Dezember 1985 zwischen der Bundesregierung der Republik Österreich und den Vereinten Nationen, womit die Bestimmungen gewisser Zusatzabkommen zum bestehenden UNIDO Amtssitzabkommen für eine Interimsperiode bis zu deren Ersetzung durch endgültige Abkommen auf die Vereinten Nationen ausgedehnt werden.

GESCHEHEN zu Wien, am 29. November 1995, in zwei Urschriften, jede in deutscher und englischer Sprache, wobei jeder Wortlaut gleichermaßen verbindlich ist.

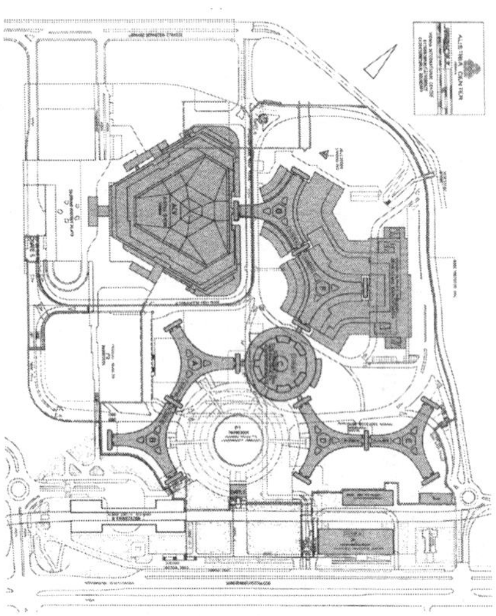

KODEX
DES ÖSTERREICHISCHEN RECHTS
SAMMLUNG DER ÖSTERREICHISCHEN BUNDESGESETZE
DOPPEL-BESTEUERUNGS-ABKOMMEN
1 Deutschland
2 Liechtenstein
3 Schweiz
4 Italien
5 Slowenien
6 Ungarn
7 Slowakei
8 Tschechien
9 CSSR
10 Belgien
11 Bulgarien
12 Dänemark
13 Finnland
14 Frankreich
15 Griechenland
16 Großbritannien
17 Irland
18 Kroatien
19 Luxemburg
20 Malta
21 Moldova
22 Niederlande
23 Norwegen
24 Polen
25 Portugal
26 Rumänien
27 Russland
28 Schweden
29 Spanien
30 Türkei
31 UdSSR
32 Ukraine
33 Weißrussland
34 Zypern
35 USA
36 Kanada
37 Argentinien
38 Brasilien
39 Australien
40 China
41 Japan
42 Armenien
43 Aserbaidschan
44 Georgien
45 Indien
46 Indonesien
47 Israel
48 Korea, Rep.
49 Malaysia
50 Pakistan
51 Philippinen
52 Tadschikistan
53 Thailand
54 Turkmenistan
55 Usbekistan
56 Ägypten
57 Südafrika
58 Tunesien
Anhang EU-Recht
LINDE VERLAG

KODEX
DES ÖSTERREICHISCHEN RECHTS
SAMMLUNG DER ÖSTERREICHISCHEN BUNDESGESETZE
VERKEHRS-RECHT
1 StVO VO
2 PARKGEBÜHRENGESETZE Bgld Kärnten NÖ OÖ Salzburg Steiermark Tirol Vorarlberg Wien
3 BStG
4 KFG KDV PBStV Kraftstoff-VO FSG + VO
5 GGBG VO
6 GüterbefG VO
7 GelegenheitsVG VO
8 KraftfahrlinienG
9 KHVG 1994 Kfz StG 1992 Nov AG 1991 BStFG 1996 Mautstrecken-VO StraBAG 1994
10 TGSt VO TGEisb
11 EKHG
12 EisenbahnG E-Kr VO SchLV SchIV
13 EBG
14 Transit
15 Ökopunkte-Vereinbarungen
16 EWG-RECHTSAKTE VO 3820 VO 3821 Einheitsformulare Verfahrensrichtlinie
LexisNexis
ARD Orac

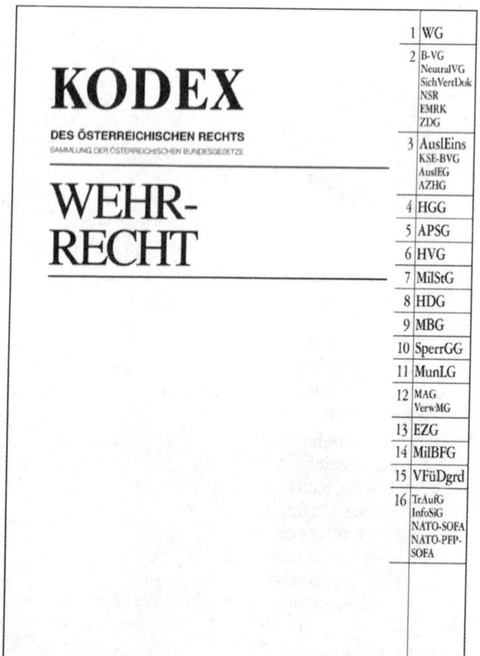
KODEX
DES ÖSTERREICHISCHEN RECHTS
SAMMLUNG DER ÖSTERREICHISCHEN BUNDESGESETZE
WEHR-RECHT
1 WG
2 B-VG NeutralVG SichVertDok NSR EMRK ZDG
3 AuslEins KSE-BVG AuslEG AZHG
4 HGG
5 APSG
6 HVG
7 MilStG
8 HDG
9 MBG
10 SperrGG
11 MunLG
12 MAG VerwMG
13 EZG
14 MilBFG
15 VFüDgrd
16 TrAufG InfoSiG NATO-SOFA NATO-PFP-SOFA
LexisNexis
ARD Orac

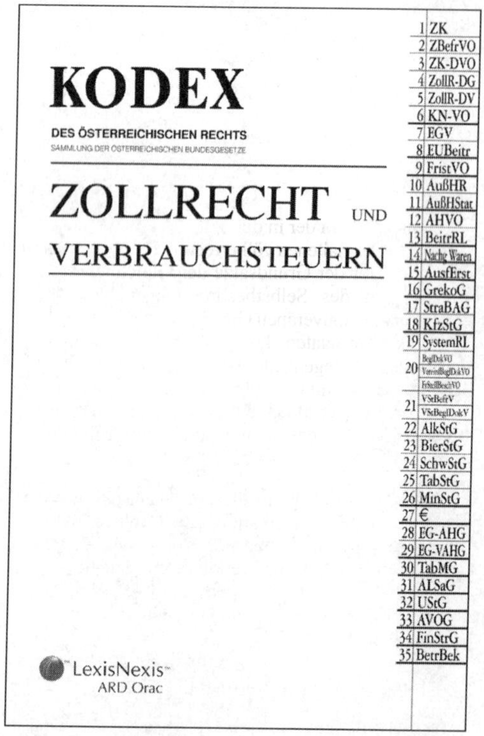
KODEX
DES ÖSTERREICHISCHEN RECHTS
SAMMLUNG DER ÖSTERREICHISCHEN BUNDESGESETZE
ZOLLRECHT UND VERBRAUCHSTEUERN
1 ZK
2 ZBefrVO
3 ZK-DVO
4 ZollR-DG
5 ZollR-DV
6 KN-VO
7 EGV
8 EUBeitr
9 FristVO
10 AußHR
11 AußHStat
12 AHVO
13 BeitrRL
14 Nachg Waren
15 AusfErst
16 GrekoG
17 StraBAG
18 KfzStG
19 SystemRL
20 BeglDokVO VereinfBeglDokVO FrStellBeschVO
21 VStBefrV VStBeglDokV
22 AlkStG
23 BierStG
24 SchwStG
25 TabStG
26 MinStG
27 €
28 EG-AHG
29 EG-VAHG
30 TabMG
31 ALSaG
32 UStG
33 AVOG
34 FinStrG
35 BetrBek
LexisNexis
ARD Orac

2/1. Wiener Übereinkommen über das Recht der Verträge

BGBl 1980/40

Wiener Übereinkommen über das Recht der Verträge

Die Vertragsstaaten dieses Übereinkommens –

in Anbetracht der grundlegenden Rolle der Verträge in der Geschichte der internationalen Beziehungen;

in Erkenntnis der ständig wachsenden Bedeutung der Verträge als Quelle des Völkerrechts und als Mittel zur Entwicklung der friedlichen Zusammenarbeit zwischen den Völkern ungeachtet ihrer Verfassungs- und Gesellschaftssysteme;

im Hinblickdarauf, daß die Grundsätze der freien Zustimmung und von Treu und Glauben sowie der Rechtsgrundsatz pacta sunt servanda allgemein anerkannt sind;

in Bekräftigung des Grundsatzes, daß Streitigkeiten über Verträge wie andere internationale Streitigkeiten durch friedliche Mittel nach den Grundsätzen der Gerechtigkeit und des Völkerrechts beigelegt werden sollen;

eingedenk der Entschlossenheit der Völker der Vereinten Nationen, Bedingungen zu schaffen, unter denen Gerechtigkeit und die Achtung der Verpflichtungen, die auf Verträgen beruhen, gewahrt werden können;

im Bewußtsein der in der Satzung der Vereinten Nationen enthaltenen völkerrechtlichen Grundsätze, darunter der Grundsätze der Gleichberechtigung und des Selbstbestimmungsrechtes der Völker, der souveränen Gleichheit und Unabhängigkeit aller Staaten, der Nichteinmischung in die inneren Angelegenheiten der Staaten, des Verbots der Drohung mit Gewalt oder der Gewaltanwendung sowie der allgemeinen Achtung und Wahrung der Menschenrechte und Grundfreiheiten für jedermann;

überzeugt, daß die in diesem Übereinkommen verwirklichte Kodifikation und fortschreitende Entwicklung des Vertragsrechts die in der Satzung der Vereinten Nationen verkündeten Ziele fördern wird, nämlich die Aufrechterhaltung des Weltfriedens und der internationalen Sicherheit, die Entwicklung freundschaftlicher Beziehungen und die Verwirklichung der Zusammenarbeit zwischen den Nationen;

in Bekräftigung des Grundsatzes, daß die Sätze des Völkergewohnheitsrechts weiterhin für Fragen gelten, die in diesem Übereinkommen nicht geregelt sind –

haben folgendes **vereinbart:**

TEIL I
EINLEITUNG

Artikel 1
Geltungsbereich dieses Übereinkommens

Dieses Übereinkommen findet auf Verträge zwischen Staaten Anwendung.

Artikel 2
Begriffsbestimmungen

(1) Im Sinne dieses Übereinkommens

a) bedeutet „Vertrag" eine in Schriftform geschlossene und vom Völkerrecht bestimmte internationale Übereinkunft zwischen Staaten, gleichviel ob sie in einer oder in mehreren zusammengehörigen Urkunden enthalten ist und welche besondere Bezeichnung sie hat;

b) bedeutet „Ratifikation", „Annahme", „Genehmigung" und „Beitritt" jeweils die so bezeichnete völkerrechtliche Handlung, durch die ein Staat im internationalen Bereich seine Zustimmung bekundet, durch einen Vertrag gebunden zu sein;

c) bedeutet „Vollmacht" eine vom zuständigen Organ eines Staates errichtete Urkunde, durch die einzelne oder mehrere Personen benannt werden, um in Vertretung des Staates den Text eines Vertrags auszuhandeln oder als authentisch festzulegen, die Zustimmung des Staates auszudrücken, durch einen Vertrag gebunden zu sein, oder sonstige Handlungen in bezug auf einen Vertrag vorzunehmen;

d) bedeutet „Vorbehalt" eine wie auch immer formulierte oder bezeichnete, von einem Staat bei der Unterzeichnung, Ratifikation, Annahme oder Genehmigung eines Vertrags oder bei dem Beitritt zu einem Vertrag abgegebene einseitige Erklärung, durch die der Staat bezweckt, die Rechtswirkung einzelner Vertragsbestimmungen in der Anwendung auf diesen Staat auszuschließen oder zu ändern;

e) bedeutet „Verhandlungsstaat" einen Staat, der am Abfassen und Annehmen des Vertragstextes teilgenommen hat;

f) bedeutet „Vertragsstaat" einen Staat, der zugestimmt hat, durch den Vertrag gebunden zu sein, gleichviel ob der Vertrag in Kraft getreten ist oder nicht;

g) bedeutet „Vertragspartei" einen Staat, der zugestimmt hat, durch den Vertrag gebunden zu sein, und für den der Vertrag in Kraft ist;

h) bedeutet „Drittstaat" einen Staat, der nicht Vertragspartei ist;

i) bedeutet „internationale Organisation" eine zwischenstaatliche Organisation.

(2) Die Bestimmung des Absatzes 1 über die in diesem Übereinkommen verwendeten Begriffe beeinträchtigen weder die Verwendung dieser Begriffe noch die Bedeutung, die ihnen im innerstaatlichen Recht gegebenenfalls zukommt.

Artikel 3
Nicht in den Geltungsbereich dieses Übereinkommens fallende internationale Übereinkünfte

Der Umstand, daß dieses Übereinkommen weder auf die zwischen Staaten und anderen Völkerrechtssubjekten oder zwischen solchen anderen Völkerrechtssubjekten geschlossenen internationalen Übereinkünfte noch auf nicht schriftliche internationale Übereinkünfte Anwendung findet, berührt nicht

a) die rechtliche Gültigkeit solcher Übereinkünfte;

b) die Anwendung einer der in diesem Übereinkommen niedergelegten Regeln auf sie, denen sie auch unabhängig von diesem Übereinkommen auf Grund des Völkerrechts unterworfen wären;

c) die Anwendung des Übereinkommens auf die Beziehungen zwischen Staaten auf Grund internationaler Übereinkünfte, denen auch andere Völkerrechtssubjekte als Vertragsparteien angehören.

Artikel 4
Nichtrückwirkung dieses Übereinkommens unbeschadet der Anwendung

Unbeschadet der Anwendung der in diesem Übereinkommen niedergelegten Regeln, denen Verträge unabhängig von dem Übereinkommen auf Grund des Völkerrechts unterworfen wären, findet das Übereinkommen nur auf Verträge Anwendung, die von Staaten geschlossen werden, nachdem das Übereinkommen für sie in Kraft getreten ist.

Artikel 5
Gründungsverträge internationaler Organisationen und im Rahmen einer internationalen Organisation angenommene Verträge

Dieses Übereinkommen findet auf jeden Vertrag Anwendung, der die Gründungsurkunde einer internationalen Organisation bildet, sowie auf jeden im Rahmen einer internationalen Organisation angenommenen Vertrag, unbeschadet aller einschlägigen Vorschriften der Organisation.

TEIL II

ABSCHLUSS UND INKRAFTTRETEN VON VERTRÄGEN

ABSCHNITT 1:

ABSCHLUSS VON VERTRÄGEN

Artikel 6
Vertragsfähigkeit der Staaten

Jeder Staat besitzt die Fähigkeit, Verträge zu schließen.

Artikel 7
Vollmacht

(1) Eine Person gilt hinsichtlich des Annehmens des Textes eines Vertrages oder der Festlegung seines authentischen Textes oder der Abgabe der Zustimmung eines Staates, durch einen Vertrag gebunden zu sein, als Vertreter eines Staates,

a) wenn sie eine gehörige Vollmacht vorlegt oder

b) wenn aus der Übung der beteiligten Staaten oder aus anderen Umständen hervorgeht, daß sie die Absicht hatten, diese Person als Vertreter des Staates für die genannten Zwecke anzusehen und auch keine Vollmacht zu verlangen.

(2) Kraft ihres Amtes werden, ohne eine Vollmacht vorlegen zu müssen, als Vertreter ihres Staates angesehen

a) Staatsoberhäupter, Regierungschefs und Außenminister zur Vornahme aller sich auf den Abschluß eines Vertrags beziehenden Handlungen;

b) Chefs diplomatischer Missionen zum Annehmen des Textes eines Vertrags zwischen Entsende- und Empfangsstaat;

c) die von Staaten bei einer internationalen Konferenz oder bei einer internationalen Organisation oder einem ihrer Organe beglaubigten Vertreter zum Annehmen des Textes eines Vertrags im Rahmen der Konferenz, der Organisation oder des Organs.

Artikel 8
Nachträgliche Bestätigung einer ohne Ermächtigung vorgenommenen Handlung

Eine sich auf den Abschluß eines Vertrags beziehende Handlung, die von einer Person vorgenommen wird, welche nicht nach Artikel 7 als zur Vertretung eines Staates zu diesem Zweck ermächtigt angesehen werden kann, ist ohne Rechtswirkung, sofern sie nicht nachträglich von dem Staat bestätigt wird.

Artikel 9
Annehmen des Textes

(1) Der Text eines Vertrags wird durch Zustimmung aller an seiner Abfassung beteiligten Staaten angenommen, soweit Absatz 2 nichts anderes vorsieht.

(2) Auf einer internationalen Konferenz wird der Text eines Vertrags mit den Stimmen von zwei Dritteln der anwesenden und abstimmenden Staaten angenommen, sofern sie nicht mit der gleichen Mehrheit die Anwendung einer anderen Regel beschließen.

Artikel 10
Festlegung des authentischen Textes

Der Text eines Vertrags wird als authentisch und endgültig festgelegt

a) nach dem Verfahren, das darin vorgesehen oder von den an seiner Abfassung beteiligten Staaten vereinbart wurde, oder,

b) in Ermangelung eines solchen Verfahrens, durch Unterzeichnung, Unterzeichnung ad referendum oder Paraphierung des Vertragswortlauts oder einer den Wortlaut enthaltenden Schlußakte einer Konferenz durch die Vertreter dieser Staaten.

Artikel 11
Arten der Zustimmung, durch einen Vertrag gebunden zu sein

Die Zustimmung eines Staates, durch einen Vertrag gebunden zu sein, kann durch Unterzeichnung, Austausch von Urkunden, die einen Vertrag bilden, Ratifikation, Annahme, Genehmigung oder Beitritt oder auf eine andere vereinbarte Art ausgedrückt werden.

Artikel 12
Zustimmung, durch einen Vertrag gebunden zu sein, durch Unterzeichnung

(1) Die Zustimmung eines Staates, durch einen Vertrag gebunden zu sein, wird durch Unterzeichnung seitens seines Vertreters ausgedrückt,

a) wenn der Vertrag vorsieht, daß der Unterzeichnung diese Wirkung zukommen soll;

b) wenn anderweitig feststeht, daß die Verhandlungsstaaten der Unterzeichnung einvernehmlich diese Wirkung beilegen wollten, oder

c) wenn die Absicht des Staates, der Unterzeichnung diese Wirkung beizulegen, aus der Vollmacht seines Vertreters hervorgeht oder während der Verhandlung zum Ausdruck gebracht wurde.

(2) Im Sinne des Absatzes 1

a) gilt die Paraphierung des Textes als Unterzeichnung des Vertrags, wenn feststeht, daß die Verhandlungsstaaten dies vereinbart haben;

b) gilt die Unterzeichnung eines Vertrags ad referendum durch den Vertreter eines Staates als unbedingte Vertragsunterzeichnung, wenn sie von dem Staat bestätigt wird.

Artikel 13
Zustimmung, durch einen Vertrag gebunden zu sein, durch Austausch der einen Vertrag bildenden Urkunden

Die Zustimmung von Staaten, durch einen Vertrag gebunden zu sein, der durch zwischen ihnen ausgetauschte Urkunden begründet wird, findet in diesem Austausch ihren Ausdruck,

a) wenn die Urkunden vorsehen, daß ihrem Austausch diese Wirkung zukommen soll, oder

b) wenn anderweitig feststeht, daß diese Staaten dem Austausch der Urkunden einvernehmlich diese Wirkung beilegen wollten.

Artikel 14
Zustimmung, durch einen Vertrag gebunden zu sein, durch Ratifikation, Annahme oder Genehmigung

(1) Die Zustimmung eines Staates, durch einen Vertrag gebunden zu sein, wird durch Ratifikation ausgedrückt,

a) wenn der Vertrag vorsieht, daß diese Zustimmung durch Ratifikation ausgedrückt wird;

b) wenn anderweitig feststeht, daß die Verhandlungsstaaten die Ratifikation einvernehmlich für erforderlich hielten;

c) wenn der Vertreter des Staates den Vertrag unter Vorbehalt der Ratifikation unterzeichnet hat oder

d) wenn die Absicht des Staates, den Vertrag unter Vorbehalt der Ratifikation zu unterzeichnen, aus der Vollmacht seines Vertreters hervorgeht oder während der Verhandlungen zum Ausdruck gebracht wurde.

(2) Die Zustimmung eines Staates, durch einen Vertrag gebunden zu sein, wird durch Annahme oder Genehmigung unter ähnlichen Bedingungen ausgedrückt, wie sie für die Ratifikation gelten.

Artikel 15
Zustimmung, durch einen Vertrag gebunden zu sein, durch Beitritt

Die Zustimmung eines Staates, durch einen Vertrag gebunden zu sein, wird durch Beitritt ausgedrückt,

a) wenn der Vertrag vorsieht, daß die Zustimmung von diesem Staat durch Beitritt ausgedrückt werden kann;

b) wenn anderweitig feststeht, daß die Verhandlungsstaaten vereinbart haben, daß die Zustimmung von diesem Staat durch Beitritt ausgedrückt werden kann, oder

c) wenn alle Vertragsparteien nachträglich vereinbart haben, daß die Zustimmung von diesem Staat durch Beitritt ausgedrückt werden kann.

Artikel 16
Austausch oder Hinterlegung von Ratifikations-, Annahme-, Genehmigungs- oder Beitrittsurkunden

Sofern der Vertrag nichts anderes vorsieht, begründen Ratifikations-, Annahme-, Genehmigungsoder Beitrittsurkunden die Zustimmung eines Staates, durch einen Vertrag gebunden zu sein, im Zeitpunkt

a) ihres Austausches zwischen den Vertragsstaaten;

b) ihrer Hinterlegung bei dem Depositär oder

c) ihrer Notifikation an die Vertragsstaaten oder den Depositär, wenn dies vereinbart wurde.

Artikel 17
Zustimmung, durch einen Teil eines Vertrags gebunden zu sein, sowie Wahl zwischen unterschiedlichen Bestimmungen

(1) Unbeschadet der Artikel 19 bis 23 ist die Zustimmung eines Staates, durch einen Teil eines Vertrags gebunden zu sein, nur wirksam, wenn der Vertrag dies zuläßt oder die anderen Vertragsstaaten dem zustimmen.

(2) Die Zustimmung eines Staates, durch einen Vertrag gebunden zu sein, der eine Wahl zwischen unterschiedlichen Bestimmungen zuläßt, ist nur wirksam, wenn klargestellt wird, auf welche Bestimmungen sich die Zustimmung bezieht.

Artikel 18
Verpflichtung, Ziel und Zweck eines Vertrags vor seinem Inkrafttreten nicht zu vereiteln

Ein Staat ist verpflichtet, sich aller Handlungen zu enthalten, die Ziel und Zweck eines Vertrags vereiteln würden,

a) wenn er unter Vorbehalt der Ratifikation, Annahme oder Genehmigung den Vertrag unterzeichnet oder Urkunden ausgetauscht hat, die einen Vertrag bilden, solange er seine Absicht nicht klar zu erkennen gegeben hat, nicht Vertragspartei zu werden, oder

b) wenn er seine Zustimmung, durch den Vertrag gebunden zu sein, ausgedrückt hat, und zwar bis zum Inkrafttreten des Vertrags und unter der Voraussetzung, daß sich das Inkrafttreten nicht ungebührlich verzögert.

ABSCHNITT 2:
VORBEHALTE

Artikel 19
Anbringen von Vorbehalten

Ein Staat kann bei der Unterzeichnung, Ratifikation, Annahme oder Genehmigung eines Vertrags oder beim Beitritt einen Vorbehalt anbringen, sofern nicht

a) der Vertrag den Vorbehalt verbietet;

b) der Vertrag vorsieht, daß nur bestimmte Vorbehalte gemacht werden dürfen, zu denen der betreffende Vorbehalt nicht gehört, oder

c) in den unter lit. a oder b nicht bezeichneten Fällen der Vorbehalt mit Ziel und Zweck des Vertrags unvereinbar ist.

Artikel 20
Annahme von Vorbehalten und Einsprüche gegen Vorbehalte

(1) Ein durch einen Vertrag ausdrücklich zugelassener Vorbehalt bedarf der nachträglichen Annahme durch die anderen Vertragsstaaten nur, wenn der Vertrag dies vorsieht.

(2) Geht aus der begrenzten Zahl der Verhandlungsstaaten sowie aus Ziel und Zweck eines Vertrags hervor, daß die Anwendung des Vertrags in seiner Gesamtheit zwischen allen Vertragsparteien eine wesentliche Voraussetzung für die Zustimmung jeder Vertragspartei ist, durch den Vertrag gebunden zu sein, so bedarf ein Vorbehalt der Annahme durch alle Vertragsparteien.

(3) Bildet ein Vertrag die Gründungsurkunde einer internationalen Organisation und sieht er nichts anderes vor, so bedarf ein Vorbehalt der Annahme durch das zuständige Organ der Organisation.

(4) In den nicht in den Absätzen 1 bis 3 bezeichneten Fällen und sofern der Vertrag nichts anderes vorsieht,

a) macht die Annahme eines Vorbehalts durch einen anderen Vertragsstaat den den Vorbehalt anbringenden Staat zur Vertragspartei im Verhältnis zu jenem anderen Staat, sofern der Vertrag für diese Staaten in Kraft getreten ist oder sobald er für sie in Kraft tritt;

b) schließt der Einspruch eines anderen Vertragsstaats gegen einen Vorbehalt das Inkrafttreten des Vertrags zwischen dem den Einspruch erhebenden und dem den Vorbehalt anbringenden Staat nicht aus, sofern nicht der den Einspruch erhebende Staat seine gegenteilige Absicht eindeutig zum Ausdruck bringt;

c) wird eine Handlung, mit der die Zustimmung eines Staates, durch den Vertrag gebunden zu sein, ausgedrückt wird und die einen Vorbehalt in sich schließt, wirksam, sobald mindestens ein anderer Vertragsstaat den Vorbehalt angenommen hat.

(5) Im Sinne der Absätze 2 und 4 und sofern der Vertrag nichts anderes vorsieht, gilt ein Vorbehalt als von einem Staat angenommen, wenn dieser bis zum Ablauf von zwölf Monaten, nachdem ihm der Vorbehalt notifiziert worden ist, oder bis zu dem Zeitpunkt, wenn dies der spätere ist, in dem er seine Zustimmung ausgedrückt hat, durch den Vertrag gebunden zu sein, keinen Einspruch gegen den Vorbehalt erhebt.

Artikel 21
Rechtswirkungen von Vorbehalten und von Einsprüchen gegen Vorbehalte

(1) Ein gegenüber einer anderen Vertragspartei nach den Artikeln 19, 20 und 23 bestehender Vorbehalt

a) ändert für den den Vorbehalt anbringenden Staat im Verhältnis zu der anderen Vertragspartei die Vertragsbestimmungen, auf die sich der Vorbehalt bezieht, in dem darin vorgesehenen Ausmaß und

b) ändert diese Bestimmungen für die andere Vertragspartei im Verhältnis zu dem den Vorbehalt anbringenden Staat in demselben Ausmaß.

(2) Der Vorbehalt ändert die Vertragsbestimmungen für die anderen Vertragsparteien untereinander nicht.

(3) Hat ein Staat, der einen Einspruch gegen einen Vorbehalt erhoben hat, dem Inkrafttreten des Vertrags zwischen sich und dem den Vorbehalt anbringenden Staat nicht widersprochen, so finden die Bestimmungen, auf die sich der Vorbehalt bezieht, in dem darin vorgesehenen Ausmaß zwischen den beiden Staaten keine Anwendung.

Artikel 22
Zurückziehen von Vorbehalten und von Einsprüchen gegen Vorbehalte

(1) Sofern der Vertrag nichts anderes vorsieht, kann ein Vorbehalt jederzeit zurückgezogen werden; das Zurückziehen bedarf nicht der Zustimmung eines Staates, der den Vorbehalt angenommen hat.

(2) Sofern der Vertrag nichts anderes vorsieht, kann ein Einspruch gegen einen Vorbehalt jederzeit zurückgezogen werden.

(3) Sofern der Vertrag nichts anderes vorsieht oder sofern nichts anderes vereinbart ist,

a) wird das Zurückziehen eines Vorbehalts im Verhältnis zu einem anderen Vertragsstaat erst wirksam, wenn dieser Staat eine Notifikation des Zurückziehens erhalten hat;

b) wird das Zurückziehen eines Einspruchs gegen einen Vorbehalt erst wirksam, wenn der Staat, der den Vorbehalt angebracht hat, eine Notifikation des Zurückziehens erhalten hat.

Artikel 23
Verfahren bei Vorbehalten

(1) Ein Vorbehalt, die ausdrückliche Annahme eines Vorbehalts und der Einspruch gegen einen Vorbehalt bedürfen der Schriftform und sind den Vertragsstaaten sowie sonstigen Staaten mitzuteilen, die Vertragsparteien zu werden berechtigt sind.

(2) Wenn der Vertrag vorbehaltlich der Ratifikation, Annahme oder Genehmigung unterzeichnet und hierbei ein Vorbehalt angebracht wird, so ist dieser von dem ihn anbringenden Staat in dem Zeitpunkt förmlich zu bestätigen, zu dem dieser Staat seine Zustimmung ausdrückt, durch den Vertrag gebunden zu sein. In diesem Fall gilt der Vorbehalt als im Zeitpunkt seiner Bestätigung angebracht.

(3) Die vor Bestätigung eines Vorbehalts erfolgte ausdrückliche Annahme des Vorbehalts oder der vor diesem Zeitpunkt erhobene Einspruch gegen den Vorbehalt bedarf selbst keiner Bestätigung.

(4) Das Zurückziehen eines Vorbehalts oder des Einspruchs gegen einen Vorbehalt bedarf der Schriftform.

ABSCHNITT 3:
INKRAFTTRETEN UND VORLÄUFIGE ANWENDUNG VON VERTRÄGEN

Artikel 24
Inkrafttreten

(1) Ein Vertrag tritt in der Weise und zu dem Zeitpunkt in Kraft, die er vorsieht oder die von den Verhandlungsstaaten vereinbart werden.

(2) In Ermangelung einer solchen Bestimmung oder Vereinbarung tritt ein Vertrag in Kraft, sobald die Zustimmung aller Verhandlungsstaaten vorliegt, durch den Vertrag gebunden zu sein.

(3) Wird die Zustimmung, durch einen Vertrag gebunden zu sein, von einem Staat erst nach dem Zeitpunkt des Inkrafttretens erteilt, so tritt der

Vertrag für diesen Staat zu diesem Zeitpunkt in Kraft, sofern er nichts anderes vorsieht.

(4) Vertragsbestimmungen über die Festlegung des authentischen Textes, die Zustimmung von Staaten, durch den Vertrag gebunden zu sein, die Art und den Zeitpunkt seines Inkrafttretens sowie über Vorbehalte, die Aufgaben des Depositärs und sonstige sich notwendigerweise vor dem Inkrafttreten des Vertrags ergebende Fragen gelten von dem Zeitpunkt an, zu dem sein Text angenommen wird.

Artikel 25
Vorläufige Anwendung

(1) Ein Vertrag oder ein Teil eines Vertrags wird bis zu seinem Inkrafttreten vorläufig angewendet,

a) wenn der Vertrag dies vorsieht oder

b) wenn die Verhandlungsstaaten dies auf andere Weise vereinbart haben.

(2) Sofern der Vertrag nichts anderes vorsieht oder die Verhandlungsstaaten nichts anderes vereinbart haben, endet die vorläufige Anwendung eines Vertrags oder eines Teiles eines Vertrags hinsichtlich eines Staates, wenn dieser den anderen Staaten, zwischen denen der Vertrag vorläufig angewendet wird, seine Absicht notifiziert, nicht Vertragspartei zu werden.

TEIL III

EINHALTUNG, ANWENDUNG UND AUSLEGUNG VON VERTRÄGEN

ABSCHNITT 1:
EINHALTUNG VON VERTRÄGEN

Artikel 26
Pacta sunt servanda

Ist ein Vertrag in Kraft, so bindet er die Vertragsparteien und ist von ihnen nach Treu und Glauben zu erfüllen.

Artikel 27
Innerstaatliches Recht und Einhaltung von Verträgen

Eine Vertragspartei kann sich nicht auf ihr innerstaatliches Recht berufen, um die Nichterfüllung eines Vertrags zu rechtfertigen. Diese Bestimmung läßt Artikel 46 unberührt.

ABSCHNITT 2:
ANWENDUNG VON VERTRÄGEN

Artikel 28
Nichtrückwirkung von Verträgen

Sofern keine abweichende Absicht aus dem Vertrag hervorgeht oder anderweitig festgestellt ist, binden seine Bestimmungen eine Vertragspartei nicht in bezug auf eine Handlung oder Tatsache, die vor dem Inkrafttreten des Vertrags hinsichtlich der betreffenden Vertragspartei vorgenommen wurde oder eingetreten ist, sowie in bezug auf eine Lage, die vor dem genannten Zeitpunkt zu bestehen aufgehört hat.

Artikel 29
Räumlicher Geltungsbereich von Verträgen

Sofern keine abweichende Absicht aus dem Vertrag hervorgeht oder anderweitig festgestellt ist, bindet ein Vertrag jede Vertragspartei hinsichtlich ihres gesamten Hoheitsgebiets.

Artikel 30
Anwendung aufeinanderfolgender Verträge über denselben Gegenstand

(1) Vorbehaltlich des Artikels 103 der Satzung der Vereinten Nationen bestimmen sich die Rechte und Pflichten von Staaten, die Vertragsparteien aufeinanderfolgender Verträge über denselben Gegenstand sind, nach den folgenden Absätzen.

(2) Bestimmt ein Vertrag, daß er einem früher oder später geschlossenen Vertrag untergeordnet ist oder nicht als mit diesem unvereinbar anzusehen ist, so hat der andere Vertrag Vorrang.

(3) Sind alle Vertragsparteien eines früheren Vertrags zugleich Vertragsparteien eines späteren, ohne daß der frühere Vertrag beendet oder nach Artikel 59 suspendiert wird, so findet der frühere Vertrag nur insoweit Anwendung, als er mit dem späteren Vertrag vereinbar ist.

(4) Gehören nicht alle Vertragsparteien des früheren Vertrags zu den Vertragsparteien des späteren,

a) so findet zwischen Staaten, die Vertragsparteien beider Verträge sind, Absatz 3 Anwendung;

b) so regelt zwischen einem Staat, der Vertragspartei beider Verträge ist, und einem Staat, der Vertragspartei nur eines der beiden Verträge ist, der Vertrag, dem beide Staaten als Vertragsparteien angehören, ihre gegenseitigen Rechte und Pflichten.

(5) Absatz 4 gilt unbeschadet des Artikels 41 sowie unbeschadet aller Fragen der Beendigung oder der Suspendierung eines Vertrags nach Artikel 60 und aller Fragen der Verantwortlichkeit, die sich für einen Staat aus Abschluß oder Anwen-

dung eines Vertrags ergeben können, dessen Bestimmungen mit seinen Pflichten gegenüber einem anderen Staat auf Grund eines anderen Vertrags unvereinbar sind.

ABSCHNITT 3:

AUSLEGUNG VON VERTRÄGEN

Artikel 31
Allgemeine Auslegungsregel

(1) Ein Vertrag ist nach Treu und Glauben in Übereinstimmung mit der gewöhnlichen, seinen Bestimmungen in ihrem Zusammenhang zukommenden Bedeutung und im Lichte seines Zieles und Zweckes auszulegen.

(2) Für die Auslegung eines Vertrags bedeutet der Zusammenhang außer dem Vertragswortlaut samt Präambel und Anlagen

a) jede sich auf den Vertrag beziehende Übereinkunft, die zwischen allen Vertragsparteien anläßlich des Vertragsabschlusses getroffen wurde;

b) jede Urkunde, die von einer oder mehreren Vertragsparteien anläßlich des Vertragsabschlusses abgefaßt und von den anderen Vertragsparteien als eine sich auf den Vertrag beziehende Urkunde angenommen wurde.

(3) Außer dem Zusammenhang sind in gleicher Weise zu berücksichtigen

a) jede spätere Übereinkunft zwischen den Vertragsparteien über die Auslegung des Vertrags oder die Anwendung seiner Bestimmungen;

b) jede spätere Übung bei der Anwendung des Vertrags, aus der die Übereinstimmung der Vertragsparteien über seine Auslegung hervorgeht;

c) jeder in den Beziehungen zwischen den Vertragsparteien anwendbarer einschlägiger Völkerrechtssatz.

(4) Eine besondere Bedeutung ist einem Ausdruck beizulegen, wenn feststeht, daß die Vertragsparteien dies beabsichtigt haben.

Artikel 32
Ergänzende Auslegungsmittel

Ergänzende Auslegungsmittel, insbesondere die vorbereitenden Arbeiten und die Umstände des Vertragsabschlusses, können herangezogen werden, um die sich unter Anwendung des Artikels 31 ergebende Bedeutung zu bestätigen oder die Bedeutung zu bestimmen, wenn die Auslegung nach Artikel 31

a) die Bedeutung mehrdeutig oder dunkel läßt oder

b) zu einem offensichtlich sinnwidrigen oder unvernünftigen Ergebnis führt.

Artikel 33
Auslegung von Verträgen mit zwei oder mehr authentischen Sprachen

(1) Ist ein Vertrag in zwei oder mehr Sprachen als authentisch festgelegt worden, so ist der Text in jeder Sprache in gleicher Weise maßgebend, sofern nicht der Vertrag vorsieht oder die Vertragsparteien vereinbaren, daß bei Abweichungen ein bestimmter Text vorgehen soll.

(2) Eine Vertragsfassung in einer anderen Sprache als einer der Sprachen, deren Text als authentisch festgelegt wurde, gilt nur dann als authentischer Wortlaut, wenn der Vertrag dies vorsieht oder die Vertragsparteien dies vereinbaren.

(3) Es wird vermutet, daß die Ausdrücke des Vertrags in jedem authentischen Text dieselbe Bedeutung haben.

(4) Außer in Fällen, in denen ein bestimmter Text nach Absatz 1 vorgeht, wird, wenn ein Vergleich der authentischen Texte einen Bedeutungsunterschied aufdeckt, der durch die Anwendung der Artikel 31 und 32 nicht ausgeräumt werden kann, diejenige Bedeutung zugrunde gelegt, die unter Berücksichtigung von Ziel und Zweck des Vertrags die Wortlaute am besten miteinander in Einklang bringt.

ABSCHNITT 4:

VERTRÄGE UND DRITTSTAATEN

Artikel 34
Allgemeine Regel betreffend Drittstaaten

Ein Vertrag begründet für einen Drittstaat ohne dessen Zustimmung weder Pflichten noch Rechte.

Artikel 35
Verträge zu Lasten von Drittstaaten

Ein Drittstaat wird durch eine Vertragsbestimmung verpflichtet, wenn die Vertragsparteien beabsichtigen, durch die Vertragsbestimmung eine Verpflichtung zu begründen, und der Drittstaat diese Verpflichtung ausdrücklich in Schriftform annimmt.

Artikel 36
Verträge zugunsten von Drittstaaten

(1) Ein Drittstaat wird durch eine Vertragsbestimmung berechtigt, wenn die Vertragsparteien beabsichtigen, durch die Vertragsbestimmung dem Drittstaat oder einer Staatengruppe, zu der er gehört, oder allen Staaten ein Recht einzuräumen, und der Drittstaat dem zustimmt. Sofern der Vertrag nichts anderes vorsieht, wird die Zustimmung vermutet, solange nicht das Gegenteil erkennbar wird.

(2) Ein Staat, der ein Recht nach Absatz 1 ausübt, hat die hiefür in dem Vertrag niedergelegten oder im Einklang mit ihm aufgestellten Bedingungen einzuhalten.

Artikel 37
Aufhebung oder Änderung der Pflichten oder Rechte von Drittstaaten

(1) Ist nach Artikel 35 einem Drittstaat eine Verpflichtung erwachsen, so kann diese nur mit Zustimmung der Vertragsparteien und des Drittstaats aufgehoben oder geändert werden, sofern nicht feststeht, daß sie etwas anderes vereinbart hatten.

(2) Ist nach Artikel 36 einem Drittstaat ein Recht erwachsen, so kann dieses von den Vertragsparteien nicht aufgehoben oder geändert werden, wenn feststeht, daß beabsichtigt war, daß das Recht nur mit Zustimmung des Drittstaats aufgehoben oder geändert werden kann.

Artikel 38
Vertragsbestimmungen, die kraft internationaler Gewohnheit für Drittstaaten verbindlich werden

Die Artikel 34 bis 37 schließen nicht aus, daß eine vertragliche Bestimmung als ein Satz des Völkergewohnheitsrechts, der als solcher anerkannt ist, für einen Drittstaat verbindlich wird.

TEIL IV

ÄNDERUNG UND MODIFIKATION VON VERTRÄGEN

Artikel 39
Allgemeine Regel über die Änderung von Verträgen

Ein Vertrag kann durch Übereinkunft zwischen den Vertragsparteien geändert werden. Teil II findet auf eine solche Übereinkunft insoweit Anwendung, als der Vertrag nichts anderes vorsieht.

Artikel 40
Änderung mehrseitiger Verträge

(1) Sofern der Vertrag nichts anderes vorsieht, richtet sich die Änderung mehrseitiger Verträge nach den folgenden Absätzen.

(2) Vorschläge zur Änderung eines mehrseitigen Vertrags mit Wirkung zwischen allen Vertragsparteien sind allen Vertragsstaaten zu notifizieren; jeder von ihnen ist berechtigt,

a) an dem Beschluß über das auf einen solchen Vorschlag hin zu Veranlassende teilzunehmen;

b) am Aushandeln und am Abschluß einer Übereinkunft zur Änderung des Vertrags teilzunehmen.

(3) Jeder Staat, der berechtigt ist, Vertragspartei des Vertrags zu werden, ist auch berechtigt, Vertragspartei des geänderten Vertrags zu werden.

(4) Die Änderungsübereinkunft bindet keinen Staat, der schon Vertragspartei des Vertrags ist, jedoch nicht Vertragspartei der Änderungsübereinkunft wird; auf einen solchen Staat findet Artikel 30 Absatz 4 lit. b Anwendung.

(5) Ein Staat, der nach Inkrafttreten der Änderungsübereinkunft Vertragspartei des Vertrags wird, gilt, sofern er nicht eine abweichende Absicht äußert,

a) als Vertragspartei des geänderten Vertrags und

b) als Vertragspartei des nicht geänderten Vertrags im Verhältnis zu einer Vertragspartei, die durch die Änderungsübereinkunft nicht gebunden ist.

Artikel 41
Übereinkünfte zur Modifikation mehrseitiger Verträge zwischen einzelnen Vertragsparteien

(1) Zwei oder mehr Vertragsparteien eines mehrseitigen Vertrags können eine Übereinkunft schließen, um den Vertrag ausschließlich im Verhältnis zueinander zu modifizieren,

a) wenn die Möglichkeit einer solchen Modifikation in dem Vertrag vorgesehen ist oder

b) wenn die betreffende Modifikation durch den Vertrag nicht verboten ist und

i) die anderen Vertragsparteien in dem Genuß ihrer Rechte auf Grund des Vertrags oder in der Erfüllung ihrer Pflichten nicht beeinträchtigt und

ii) sich nicht auf eine Bestimmung bezieht, von der abzuweichen mit der vollen Verwirklichung von Ziel und Zweck des gesamten Vertrags unvereinbar ist.

(2) Sofern der Vertrag in einem Fall des Absatzes 1 lit. a nichts anderes vorsieht, haben die betreffenden Vertragsparteien den anderen Vertragsparteien ihre Absicht, eine Übereinkunft zu schließen, sowie die darin vorgesehene Modifikation zu notifizieren.

TEIL V
UNGÜLTIGKEIT, BEENDIGUNG UND SUSPENDIERUNG VON VERTRÄGEN

ABSCHNITT 1:
ALLGEMEINE BESTIMMUNGEN

Artikel 42
Gültigkeit und Weitergeltung von Verträgen

(1) Die Gültigkeit eines Vertrags oder der Zustimmung eines Staates, durch einen Vertrag gebunden zu sein, kann nur in Anwendung dieses Übereinkommens angefochten werden.

(2) Die Beendigung eines Vertrags, seine Kündigung oder der Rücktritt einer Vertragspartei kann nur in Anwendung der Bestimmungen des Vertrags oder dieses Übereinkommens erfolgen. Das gleiche gilt für die Suspendierung eines Vertrags.

Artikel 43
Pflichten, die das Völkerrecht unabhängig von einem Vertrag auferlegt

Die Ungültigkeit, Beendigung oder Kündigung eines Vertrags, der Rücktritt einer Vertragspartei vom Vertrag oder seine Suspendierung beeinträchtigen, soweit sie sich aus der Anwendung dieses Übereinkommens oder des Vertrags ergeben, in keiner Hinsicht die Pflicht eines Staates, eine in dem Vertrag enthaltene Verpflichtung zu erfüllen, der er auch unabhängig von dem Vertrag auf Grund des Völkerrechts unterworfen ist.

Artikel 44
Trennbarkeit von Vertragsbestimmungen

(1) Das in einem Vertrag vorgesehene oder sich aus Artikel 56 ergebende Recht einer Vertragspartei, zu kündigen, zurückzutreten oder den Vertrag zu suspendieren, kann nur hinsichtlich des gesamten Vertrags ausgeübt werden, sofern der Vertrag nichts anderes vorsieht oder die Vertragsparteien nichts anderes vereinbaren.

(2) Ein in diesem Übereinkommen anerkannter Grund dafür, einen Vertrag als ungültig zu erklären, ihn zu beenden, von ihm zurückzutreten oder ihn zu suspendieren, kann nur hinsichtlich des gesamten Vertrags geltend gemacht werden, sofern in den folgenden Absätzen oder in Artikel 60 nichts anderes vorgesehen ist.

(3) Trifft der Grund nur auf einzelne Bestimmungen zu, so kann er hinsichtlich dieser allein geltend gemacht werden,

a) wenn diese Bestimmungen von den übrigen Vertragsbestimmungen getrennt angewendet werden können;

b) wenn aus dem Vertrag hervorgeht oder anderweitig feststeht, daß die Annahme dieser Bestimmungen keine wesentliche Grundlage für die Zustimmung der anderen Vertragspartei oder Vertragsparteien war, durch den gesamten Vertrag gebunden zu sein, und

c) wenn die Weiteranwendung der übrigen Vertragsbestimmungen nicht unbillig ist.

(4) In den Fällen der Artikel 49 und 50 kann ein Staat, der berechtigt ist, Betrug oder Bestechung geltend zu machen, dies entweder hinsichtlich des gesamten Vertrags oder, vorbehaltlich des Absatzes 3, nur hinsichtlich einzelner Bestimmungen tun.

(5) In den Fällen der Artikel 51, 52 und 53 ist die Abtrennung einzelner Vertragsbestimmungen unzulässig.

Artikel 45
Verlust des Rechtes, Gründe dafür geltend zu machen, einen Vertrag als ungültig zu erklären, zu beenden, von ihm zurückzutreten oder ihn zu suspendieren

Ein Staat kann Gründe nach den Artikeln 46 bis 50 oder 60 und 62 nicht länger geltend machen, um einen Vertrag als ungültig zu erklären, ihn zu beenden, von ihm zurückzutreten oder ihn zu suspendieren, wenn, nachdem dem Staat der Sachverhalt bekanntgeworden ist,

a) er ausdrücklich, zugestimmt hat, daß der Vertrag – je nach Lage des Falles – gültig ist, in Kraft bleibt oder weiterhin angewendet wird, oder

b) auf Grund seines Verhaltens angenommen werden muß, er habe – je nach Lage des Falles – der Gültigkeit des Vertrags, seinem Inkraftbleiben oder seiner Weiteranwendung stillschweigend zugestimmt.

ABSCHNITT 2:
UNGÜLTIGKEIT VON VERTRÄGEN

Artikel 46
Innerstaatliche Bestimmungen über die Zuständigkeit zum Abschluß von Verträgen

(1) Ein Staat kann sich nicht darauf berufen, daß seine Zustimmung, durch einen Vertrag gebunden zu sein, unter Verletzung einer Bestimmung seines innerstaatlichen Rechts über die Zuständigkeit zum Abschluß von Verträgen ausgedrückt wurde und daher ungültig sei, sofern nicht die Verletzung offenkundig war und eine innerstaatliche Rechtsvorschrift von grundlegender Bedeutung betraf.

(2) Eine Verletzung ist offenkundig, wenn sie für jeden Staat, der sich hierbei im Einklang mit der allgemeinen Übung und nach Treu und Glauben verhält, objektiv erkennbar ist.

Artikel 47

Besondere Beschränkungen der Ermächtigung, die Zustimmung eines Staates zum Ausdruck zu bringen

Ist die Ermächtigung eines Vertreters, die Zustimmung eines Staates auszudrücken, durch einen bestimmten Vertrag gebunden zu sein, einer besonderen Beschränkung unterworfen worden, so kann nur dann geltend gemacht werden, daß diese Zustimmung wegen Nichtbeachtung der Beschränkung ungültig sei, wenn die Beschränkung den anderen Verhandlungsstaaten notifiziert worden war, bevor der Vertreter die Zustimmung zum Ausdruck brachte.

Artikel 48

Irrtum

(1) Ein Staat kann geltend machen, daß seine Zustimmung, durch den Vertrag gebunden zu sein, wegen eines Irrtums im Vertrag ungültig sei, wenn sich der Irrtum auf eine Tatsache oder Lage bezieht, deren Bestehen der Staat im Zeitpunkt des Vertragsabschlusses annahm und die eine wesentliche Grundlage für seine Zustimmung bildete.

(2) Absatz 1 findet keine Anwendung, wenn der betreffende Staat durch sein eigenes Verhalten zu dem Irrtum beigetragen hat oder nach den Umständen mit der Möglichkeit eines Irrtums rechnen mußte.

(3) Ein ausschließlich redaktioneller Irrtum berührt die Gültigkeit eines Vertrags nicht; in diesem Fall findet Artikel 79 Anwendung.

Artikel 49

Betrug

Ist ein Staat durch das betrügerische Verhalten eines anderen Verhandlungsstaats zum Vertragsabschluß veranlaßt worden, so kann er geltend machen, daß seine Zustimmung, durch den Vertrag gebunden zu sein, wegen des Betrugs ungültig sei.

Artikel 50

Bestechung eines Staatenvertreters

Hat ein Verhandlungsstaat die Zustimmung eines anderen Staates, durch einen Vertrag gebunden zu sein, mittelbar oder unmittelbar durch Bestechung eines Vertreters dieses Staates herbeigeführt, so kann dieser Staat geltend machen, daß seine Zustimmung wegen der Bestechung ungültig sei.

Artikel 51

Zwang gegen einen Staatenvertreter

Wurde die Zustimmung eines Staates, durch einen Vertrag gebunden zu sein, durch Zwang gegen seinen Vertreter mittels gegen diesen gerichteter Handlungen oder Drohungen herbeigeführt, so hat sie keine Rechtswirkung.

Artikel 52

Zwang gegen einen Staat durch Drohung mit oder Anwendung von Gewalt

Ein Vertrag ist nichtig, wenn sein Abschluß durch Drohung mit oder Anwendung von Gewalt unter Verletzung der in der Satzung der Vereinten Nationen niedergelegten Grundsätze des Völkerrechts herbeigeführt wurde.

Artikel 53

Verträge im Widerspruch zu einer zwingenden Norm des allgemeinen Völkerrechts (ius cogens)

Ein Vertrag ist nichtig, wenn er im Zeitpunkt seines Abschlusses im Widerspruch zu einer zwingenden Norm des allgemeinen Völkerrechts steht. Im Sinne dieses Übereinkommens ist eine zwingende Norm des allgemeinen Völkerrechts eine Norm die von der internationalen Staatengemeinschaft in ihrer Gesamtheit angenommen und anerkannt wird als eine Norm, von der nicht abgewichen werden darf und die nur durch eine spätere Norm des allgemeinen Völkerrechts derselben Rechtsnatur geändert werden kann.

ABSCHNITT 3:

BEENDIGUNG UND SUSPENDIERUNG VON VERTRÄGEN

Artikel 54

Beendigung eines Vertrags oder Rücktritt vom Vertrag auf Grund seiner Bestimmungen oder durch Einvernehmen zwischen den Vertragsparteien

Die Beendigung eines Vertrags oder der Rücktritt einer Vertragspartei vom Vertrag können erfolgen

a) nach Maßgabe der Vertragsbestimmungen oder

b) jederzeit durch Einvernehmen zwischen allen Vertragsparteien nach Konsultierung der anderen Vertragsstaaten.

Artikel 55
Abnahme der Zahl der Vertragsparteien eines mehrseitigen Vertrags auf weniger als die für sein Inkrafttreten erforderliche Zahl

Sofern der Vertrag nichts anderes vorsieht, erlischt ein mehrseitiger Vertrag nicht schon deshalb, weil die Zahl der Vertragsparteien unter die für sein Inkrafttreten erforderliche Zahl sinkt.

Artikel 56
Kündigung eines Vertrags oder Rücktritt von einem Vertrag, der keine Bestimmung über Beendigung, Kündigung oder Rücktritt enthält

(1) Ein Vertrag, der keine Bestimmung über seine Beendigung enthält und eine Kündigung oder einen Rücktritt nicht vorsieht, unterliegt weder der Kündigung noch dem Rücktritt, sofern

a) nicht feststeht, daß die Vertragsparteien die Möglichkeit einer Kündigung oder eines Rücktritts zuzulassen beabsichtigten, oder

b) ein Kündigungs- oder Rücktrittsrecht sich nicht aus der Natur des Vertrags herleiten läßt.

(2) Eine Vertragspartei hat ihre Absicht, nach Absatz 1 einen Vertrag zu kündigen oder von einem Vertrag zurückzutreten, mindestens zwölf Monate im voraus zu notifizieren.

Artikel 57
Suspendierung eines Vertrags auf Grund seiner Bestimmungen oder durch Einvernehmen zwischen den Vertragsparteien

Ein Vertrag kann gegenüber allen oder einzelnen Vertragsparteien suspendiert werden

a) nach Maßgabe der Vertragsbestimmungen oder

b) jederzeit durch Einvernehmen zwischen allen Vertragsparteien nach Konsultierung der anderen Vertragsstaaten.

Artikel 58
Suspendierung eines mehrseitigen Vertrags auf Grund einer Übereinkunft zwischen einzelnen Vertragsparteien

(1) Zwei oder mehr Vertragsparteien eines mehrseitigen Vertrags können eine Übereinkunft zur zeitweiligen, nur zwischen ihnen wirksamen Suspendierung einzelner Vertragsbestimmungen schließen,

a) wenn eine solche Suspendierungsmöglichkeit im Vertrag vorgesehen ist oder

b) wenn die Suspendierung durch den Vertrag nicht verboten ist, vorausgesetzt,

i) daß sie die anderen Vertragsparteien im Genuß ihrer Rechte auf Grund des Vertrags oder in der Erfüllung ihrer Pflichten nicht beeinträchtigt und

ii) daß sie mit Ziel und Zweck des Vertrags nicht unvereinbar ist.

(2) Sofern der Vertrag in einem Fall des Absatzes 1 lit. a nichts anderes vorsieht, haben diese Vertragsparteien den anderen Vertragsparteien ihre Absicht, die Übereinkunft zu schließen, sowie diejenigen Vertragsbestimmungen zu notifizieren, die sie suspendieren wollen.

Artikel 59
Beendigung oder Suspendierung eines Vertrags durch Abschluß eines späteren Vertrags

(1) Ein Vertrag gilt als beendet, wenn alle Vertragsparteien später einen sich auf denselben Gegenstand beziehenden Vertrag schließen und

a) aus dem späteren Vertrag hervorgeht oder anderweitig feststeht, daß die Vertragsparteien beabsichtigten, den Gegenstand durch den späteren Vertrag zu regeln, oder

b) die Bestimmungen des späteren Vertrags mit denen des früheren Vertrags in solchem Maße unvereinbar sind, daß die beiden Verträge eine gleichzeitige Anwendung nicht zulassen.

(2) Der frühere Vertrag gilt als nur suspendiert, wenn eine solche Absicht der Vertragsparteien aus dem späteren Vertrag hervorgeht oder anderweitig feststeht.

Artikel 60
Beendigung oder Suspendierung eines Vertrags infolge Vertragsverletzung

(1) Eine erhebliche Verletzung eines zweiseitigen Vertrags durch eine Vertragspartei berechtigt die andere Vertragspartei, die Vertragsverletzung als Grund für die Beendigung des Vertrags oder für seine gänzliche oder teilweise Suspendierung geltend zu machen.

(2) Eine erhebliche Verletzung eines mehrseitigen Vertrags durch eine Vertragspartei

a) berechtigt die anderen Vertragsparteien, einvernehmlich den Vertrag ganz oder teilweise zu suspendieren oder ihn zu beenden

i) entweder im Verhältnis zwischen ihnen und dem vertragsbrüchigen Staat

ii) oder zwischen allen Vertragsparteien;

b) berechtigt eine durch die Vertragsverletzung besonders betroffene Vertragspartei, die Verletzung als Grund für die gänzliche oder teilweise Suspendierung des Vertrags im Verhältnis zwischen ihr und dem vertragsbrüchigen Staat geltend zu machen;

c) berechtigt jede Vertragspartei außer dem vertragsbrüchigen Staat, die Vertragsverletzung als Grund für die gänzliche oder teilweise Suspendierung des Vertrags in bezug auf sich selbst geltend zu machen, wenn der Vertrag so beschaffen ist, daß eine erhebliche Verletzung seiner Bestimmungen durch eine Vertragspartei die Lage jeder Vertragspartei hinsichtlich der weiteren Erfüllung ihrer Vertragsverpflichtungen grundlegend ändert.

(3) Eine erhebliche Verletzung im Sinne dieses Artikels liegt

a) in einer nach diesem Übereinkommen nicht zulässigen Ablehnung des Vertrags oder

b) in der Verletzung einer für die Erreichung des Vertragsziels oder des Vertragszwecks wesentlichen Bestimmung.

(4) Die Absätze 1 bis 3 lassen Vertragsbestimmungen unberührt, die bei einer Verletzung des Vertrags anwendbar sind.

(5) Die Absätze 1 bis 3 finden keine Anwendung auf Bestimmungen über den Schutz der menschlichen Person in Verträgen humanitärer Art, insbesondere auf Bestimmungen zum Verbot von Repressalien jeder Art gegen die durch derartige Verträge geschützten Personen.

Artikel 61
Nachträgliche Unmöglichkeit der Erfüllung

(1) Eine Vertragspartei kann die Unmöglichkeit der Vertragserfüllung als Grund für die Beendigung des Vertrags oder den Rücktritt vom Vertrag geltend machen, wenn sich die Unmöglichkeit aus dem endgültigen Verschwinden oder der Vernichtung eines zur Ausführung des Vertrags unerläßlichen Gegenstands ergibt. Eine vorübergehende Unmöglichkeit kann nur als Grund für die Suspendierung des Vertrags geltend gemacht werden.

(2) Eine Vertragspartei kann die Unmöglichkeit der Vertragserfüllung nicht als Grund für die Beendigung des Vertrags, den Rücktritt vom Vertrag oder seine Suspendierung geltend machen, wenn sie die Unmöglichkeit durch die Verletzung einer Vertragsverpflichtung oder einer sonstigen, gegenüber einer anderen Vertragspartei bestehenden internationalen Verpflichtung selbst herbeigeführt hat.

Artikel 62
Grundlegende Änderung der Umstände

(1) Eine grundlegende Änderung der beim Vertragsabschluß gegebenen Umstände, die von den Vertragsparteien nicht vorausgesehen wurde, kann nicht als Grund für die Beendigung des Vertrags oder den Rücktritt von ihm geltend gemacht werden, es sei denn

a) das Vorhandensein jener Umstände bildete eine wesentliche Grundlage für die Zustimmung der Vertragsparteien, durch den Vertrag gebunden zu sein, und

b) die Änderung der Umstände würde das Ausmaß der auf Grund des Vertrags noch zu erfüllenden Verpflichtungen tiefgreifend umgestalten.

(2) Eine grundlegende Änderung der Umstände kann nicht als Grund für die Beendigung des Vertrags oder den Rücktritt von ihm geltend gemacht werden,

a) wenn der Vertrag eine Grenze festlegt oder

b) wenn die Vertragspartei, welche die grundlegende Änderung der Umstände geltend macht, diese durch Verletzung einer Vertragsverpflichtung oder einer sonstigen,gegenüber einer anderen Vertragspartei bestehenden internationalen Verpflichtung selbst herbeigeführt hat.

(3) Kann eine Vertragspartei nach Absatz 1 oder 2 eine grundlegende Änderung der Umstände als Grund für die Beendigung des Vertrags oder den Rücktritt von ihm geltend machen, so kann sie die Änderung auch als Grund für die Suspendierung des Vertrags geltend machen.

Artikel 63
Abbruch der diplomatischen oder konsularischen Beziehungen

Der Abbruch der diplomatischen oder konsularischen Beziehungen zwischen Parteien eines Vertrags läßt die zwischen ihnen durch den Vertrag begründeten Rechtsbeziehungen unberührt, es sei denn, das Bestehen diplomatischer oder konsularischer Beziehungen ist für die Anwendung des Vertrags unerläßlich.

Artikel 64
Entstehung einer neuen zwingenden Norm des allgemeinen Völkerrechts (ius cogens)

Entsteht eine neue zwingende Norm des allgemeinen Völkerrechts, so wird jeder zu dieser Norm im Widerspruch stehende Vertrag nichtig und erlischt.

ABSCHNITT: 4
VERFAHREN

Artikel 65
Verfahren bei Ungültigkeit oder Beendigung eines Vertrags, beim Rücktritt von einem Vertrag oder bei Suspendierung eines Vertrags

(1) Macht eine Vertragspartei auf Grund dieses Übereinkommens entweder einen Mangel in ihrer Zustimmung, durch einen Vertrag gebunden zu sein, oder einen Grund zur Anfechtung der Gültigkeit eines Vertrags, zu seiner Beendigung, zum Rücktritt vom Vertrag oder zu seiner Suspendierung geltend, so hat sie den anderen Vertragsparteien ihren Anspruch zu notifizieren. In der Notifikation sind die in bezug auf den Vertrag beab-

sichtigte Maßnahme und die Gründe dafür anzugeben.

(2) Erhebt innerhalb einer Frist, die – außer in besonders dringenden Fällen – nicht weniger als drei Monate nach Empfang der Notifikation beträgt, keine Vertragspartei Einspruch, so kann die notifizierende Vertragspartei in der in Artikel 67 vorgesehenen Form die angekündigte Maßnahme durchführen.

(3) Hat jedoch eine andere Vertragspartei Einspruch erhoben, so bemühen sich die Vertragsparteien um eine Lösung durch die in Artikel 33 der Satzung der Vereinten Nationen genannten Mittel.

(4) Die Absätze 1 bis 3 berühren nicht die Rechte oder Pflichten der Vertragsparteien auf Grund in Kraft befindlicher und für die Vertragsparteien verbindlicher Bestimmungen über die Beilegung von Streitigkeiten.

(5) Unbeschadet des Artikels 45 hindert der Umstand, daß ein Staat die nach Absatz 1 vorgeschriebene Notifikation noch nicht abgegeben hat, diesen nicht daran, eine solche Notifikation als Antwort gegenüber einer anderen Vertragspartei abzugeben, die Vertragserfüllung fordert oder eine Vertragsverletzung behauptet.

Artikel 66
Verfahren zur gerichtlichen oder schiedsgerichtlichen Beilegung oder zum Vergleich

Ist innerhalb von zwölf Monaten nach Erhebung eines Einspruchs keine Lösung nach Artikel 65 Absatz 3 erzielt worden, so sind folgende Verfahren anzuwenden:

a) Jede Partei einer Streitigkeit über die Anwendung oder Auslegung des Artikels 53 oder 64 kann die Streitigkeit durch eine Klageschrift dem Internationalen Gerichtshof zur Entscheidung unterbreiten, sofern die Parteien nicht vereinbaren, die Streitigkeit einem Schiedsverfahren zu unterwerfen,

b) jede Partei einer Streitigkeit über die Anwendung oder Auslegung eines sonstigen Artikels des Teiles V dieses Übereinkommens kann das in der Anlage zu dem Übereinkommen bezeichnete Verfahren durch einen diesbezüglichen Antrag an den Generalsekretär der Vereinten Nationen einleiten.

Artikel 67
Urkunden zur Ungültigerklärung oder Beendigung eines Vertrags, zum Rücktritt von einem Vertrag oder zur Suspendierung eines Vertrags

(1) Die Notifikation nach Artikel 65 Absatz 1 bedarf der Schriftform.

(2) Eine Handlung, durch die ein Vertrag auf Grund seiner Bestimmungen oder nach Artikel 65 Absatz 2 oder 3 dieses Übereinkommens für ungültig erklärt oder beendet wird, durch die der Rücktritt vom Vertrag erklärt oder dieser suspendiert wird, ist durch eine den anderen Vertragsparteien zu übermittelnde Urkunde vorzunehmen. Ist die Urkunde nicht vom Staatsoberhaupt, Regierungschef oder Außenminister unterzeichnet, so kann der Vertreter des die Urkunde übermittelnden Staates aufgefordert werden, seine Vollmacht vorzulegen.

Artikel 68
Rücknahme von Notifikationen und Urkunden nach den Artikeln 65 und 67

Eine Notifikation oder eine Urkunde nach den Artikeln 65 und 67 kann jederzeit zurückgenommen werden, bevor sie wirksam wird.

ABSCHNITT 5:
FOLGEN DER UNGÜLTIGKEIT, DER BEENDIGUNG ODER DER SUSPENDIERUNG EINES VERTRAGS

Artikel 69
Folgen der Ungültigkeit eines Vertrags

(1) Ein Vertrag, dessen Ungültigkeit auf Grund dieses Übereinkommens festgestellt wird, ist nichtig. Die Bestimmungen eines nichtigen Vertrags haben keine rechtliche Gültigkeit.

(2) Sind jedoch, gestützt auf einen solchen Vertrag, Handlungen vorgenommen worden,

a) so kann jede Vertragspartei von jeder anderen Vertragspartei verlangen, daß diese in ihren gegenseitigen Beziehungen soweit wie möglich die Lage wiederherstellt, die bestanden hätte, wenn die Handlungen nicht vorgenommen worden wären;

b) so werden Handlungen, die vor Geltendmachung der Ungültigkeit in gutem Glauben vorgenommen wurden, nicht schon durch die Ungültigkeit des Vertrags rechtswidrig.

(3) In den Fällen der Artikel 49, 50, 51 oder 52 findet Absatz 2 keine Anwendung in bezug auf die Vertragspartei, welcher der Betrug, die Bestechung oder der Zwang zuzurechnen ist.

(4) Ist die Zustimmung eines bestimmten Staates, durch einen mehrseitigen Vertrag gebunden zu sein, mit einem Mangel behaftet, so finden die Absätze 1 bis 3 im Verhältnis zwischen diesem Staat und den Vertragsparteien Anwendung.

Artikel 70
Folgen der Beendigung eines Vertrags

(1) Sofern der Vertrag nichts anderes vorsieht oder die Vertragsparteien nichts anderes vereinbaren, hat die nach den Bestimmungen des Vertrags oder nach diesem Übereinkommen eingetretene Beendigung des Vertrags folgende Wirkungen:

a) Sie befreit die Vertragsparteien von der Verpflichtung, den Vertrag weiterhin zu erfüllen;

b) sie berührt nicht die vor Beendigung des Vertrags durch dessen Durchführung begründeten Rechte und Pflichten der Vertragsparteien und ihre dadurch geschaffene Rechtslage.

(2) Kündigt ein Staat einen mehrseitigen Vertrag oder tritt er von ihm zurück, so gilt Absatz 1 in den Beziehungen zwischen diesem Staat und jeder anderen Vertragspartei vom Zeitpunkt des Wirksamwerdens der Kündigung oder des Rücktritts an.

Artikel 71
Folgen der Ungültigkeit eines Vertrags, der im Widerspruch zu einer zwingenden Norm des allgemeinen Völkerrechts steht

(1) Im Fall eines nach Artikel 53 nichtigen Vertrags haben die Vertragsparteien

a) soweit wie möglich die Folgen von Handlungen zu beseitigen, die, gestützt auf eine zu der zwingenden Norm des allgemeinen Völkerrechts im Widerspruch stehenden Bestimmung, vorgenommen wurden, und

b) ihre gegenseitigen Beziehungen mit der zwingenden Norm des allgemeinen Völkerrechts in Einklang zu bringen.

(2) Im Fall eines Vertrags, der nach Artikel 64 nichtig wird und erlischt, hat die Beendigung folgende Wirkungen:

a) Sie befreit die Vertragsparteien von der Verpflichtung, den Vertrag weiterhin zu erfüllen;

b) sie berührt nicht die vor Beendigung des Vertrags begründeten Rechte und Pflichten der Vertragsparteien und ihre dadurch geschaffene Rechtslage; solche Rechte, Pflichten und Rechtslagen dürfen danach jedoch nur insoweit aufrechterhalten werden, als ihre Aufrechterhaltung als solche nicht im Widerspruch zu der neuen zwingenden Norm des allgemeinen Völkerrechts steht.

Artikel 72
Folgen der Suspendierung eines Vertrags

(1) Sofern der Vertrag nichts anderes vorsieht oder die Vertragsparteien nichts anderes vereinbaren, hat die nach den Bestimmungen des Vertrags oder nach diesem Übereinkommen erfolgte Suspendierung des Vertrags folgende Wirkungen:

a) Sie befreit die Vertragsparteien, zwischen denen der Vertrag suspendiert ist, in ihren gegenseitigen Beziehungen während der Suspendierung von der Verpflichtung, den Vertrag zu erfüllen;

b) sie berührt anderweitig die durch den Vertrag zwischen den Vertragsparteien begründeten Rechtsbeziehungen nicht.

(2) Während der Suspendierung haben sich die Vertragsparteien aller Handlungen zu enthalten, die der Wiederanwendung des Vertrags entgegenstehen könnten.

TEIL VI
VERSCHIEDENE BESTIMMUNGEN

Artikel 73
Fälle der Staatennachfolge, der Verantwortlichkeit der Staaten und des Ausbruchs von Feindseligkeiten

Dieses Übereinkommen läßt Fragen unberührt, die sich hinsichtlich eines Vertrags aus der Nachfolge von Staaten, aus der völkerrechtlichen Verantwortlichkeit eines Staates oder aus dem Ausbruch von Feindseligkeiten zwischen Staaten ergeben können.

Artikel 74
Diplomatische und konsularische Beziehungen und der Abschluß von Verträgen

Der Abbruch oder das Fehlen diplomatischer oder konsularischer Beziehungen zwischen zwei oder mehr Staaten steht dem Abschluß von Verträgen zwischen diesen Staaten nicht entgegen. Der Abschluß eines Vertrags ist als solcher ohne Wirkung in bezug auf diplomatische oder konsularische Beziehungen.

Artikel 75
Fall eines Aggressorstaates

Dieses Übereinkommen berührt keine mit einem Vertrag zusammenhängenden Verpflichtungen, welche sich für einen Aggressorstaat infolge von Maßnahmen ergeben können, die auf die Aggression des betreffenden Staates hin im Einklang mit der Satzung der Vereinten Nationen getroffen wurden.

TEIL VII
DEPOSITÄR, NOTIFIKATIONEN, BERICHTIGUNGEN UND REGISTRIERUNG

Artikel 76
Depositär von Verträgen

(1) Der Depositär eines Vertrags kann von den Verhandlungsstaaten im Vertrag selbst oder in

sonstiger Weise bestimmt werden. Einzelne oder mehrere Staaten, eine internationale Organisation oder der leitende Verwaltungsbeamte einer internationalen Organisation können Depositär sein.

(2) Die Aufgaben des Depositärs haben internationalen Charakter; der Depositär ist verpflichtet, diese Aufgaben unparteiisch wahrzunehmen. Insbesondere wird diese Verpflichtung nicht davon berührt, daß ein Vertrag zwischen einzelnen Vertragsparteien nicht in Kraft getreten ist oder daß zwischen einem Staat und einem Depositär über die Erfüllung von dessen Aufgaben Meinungsverschiedenheiten aufgetreten sind.

Artikel 77
Aufgaben des Depositärs

(1) Sofern der Vertrag nichts anderes vorsieht oder die Vertragsstaaten nichts anderes vereinbaren, hat ein Depositär insbesondere folgende Aufgaben:

a) die Urschrift des Vertrags und der dem Depositär übergebenen Vollmachten zu verwahren;

b) beglaubigte Abschriften der Urschrift sowie weitere Texte des Vertrags in den nach dem Vertrag erforderlichen zusätzlichen Sprachen zu erstellen und sie den Vertragsparteien und den Staaten zu übermitteln, die berechtigt sind, Vertragsparteien zu werden;

c) Unterzeichnungen des Vertrags entgegenzunehmen sowie alle sich auf den Vertrag beziehenden Urkunden, Notifikationen und Mitteilungen entgegenzunehmen und zu verwahren;

d) zu prüfen, ob die Unterzeichnung und jede sich auf den Vertrag beziehende Urkunde, Notifikation oder Mitteilung in guter und gehöriger Form sind, und, falls erforderlich, den betreffenden Staat darauf aufmerksam zu machen;

e) die Vertragsparteien sowie die Staaten, die berechtigt sind, Vertragsparteien zu werden, von Handlungen, Notifikationen und Mitteilungen zu unterrichten, die sich auf den Vertrag beziehen;

f) die Staaten, die berechtigt sind, Vertragsparteien zu werden, von dem Zeitpunkt zu unterrichten, zu dem die für das Inkrafttreten des Vertrags erforderliche Anzahl von Unterzeichnungen oder von Ratifikations- Annahme- Genehmigungs- oder Beitrittsurkunden vorliegt oder hinterlegt wurde;

g) den Vertrag beim Sekretariat der Vereinten Nationen registrieren zu lassen;

h) die in anderen Bestimmungen dieses Übereinkommens bezeichneten Aufgaben zu erfüllen.

(2) Treten zwischen einem Staat und dem Depositär über die Erfüllung von dessen Aufgaben Meinungsverschiedenheiten auf, so macht dieser die Unterzeichnerstaaten und die Vertragsstaaten oder, wenn angebracht, das zuständige Organ der internationalen Organisation darauf aufmerksam.

Artikel 78
Notifikationen und Mitteilungen

Sofern der Vertrag oder dieses Übereinkommen nichts anderes vorsieht, gilt für Notifikationen und Mitteilungen, die ein Staat auf Grund dieses Übereinkommens abzugeben hat, folgendes:

a) Ist kein Depositär vorhanden, so sind sie unmittelbar den Staaten zu übersenden, für die sie bestimmt sind; ist ein Depositär vorhanden, so sind sie diesem zu übersenden;

b) sie gelten erst dann als von dem betreffenden Staat abgegeben, wenn sie – je nach Lage des Falles – der Staat, dem sie übermittelt werden, oder der Depositär empfangen hat;

c) werden sie einem Depositär übermittelt, so gelten sie erst in dem Zeitpunkt als von dem Staat, für den sie bestimmt sind, empfangen, zu dem dieser nach Artikel 77 Absatz 1 lit. e von dem Depositär unterrichtet wurde.

Artikel 79
Berichtigung von Fehlern im Text oder in den beglaubigten Abschriften von Verträgen

(1) Kommen die Unterzeichnerstaaten und die Vertragsstaaten nach Festlegung des authentischen Textes eines Vertrags übereinstimmend zu der Ansicht, daß er einen Fehler enthält, so wird dieser, sofern die genannten Staaten nicht ein anderes Verfahren zur Berichtigung beschließen, wie folgt berichtigt:

a) Der Text wird entsprechend berichtigt und die Berichtigung von gehörig ermächtigten Vertretern paraphiert;

b) über die vereinbarte Berichtigung wird eine Urkunde errichtet oder werden mehrere Urkunden ausgetauscht oder

c) ein berichtigter Text des gesamten Vertrags wird nach demselben Verfahren hergestellt wie der ursprüngliche Text.

(2) Ist für einen Vertrag ein Depositär vorhanden, so notifiziert dieser den Unterzeichnerstaaten und den Vertragsstaaten den Fehler und den Berichtigungsvorschlag und setzt eine angemessene Frist, innerhalb welcher Einspruch gegen die vorgeschlagene Berichtigung erhoben werden kann. Ist nach Ablauf dieser Frist

a) kein Einspruch erhoben worden, so nimmt der Depositär die Berichtigung am Text vor und paraphiert sie; ferner fertigt er eine Niederschrift über die Berichtigung an und übermittelt von dieser je eine Abschrift den Vertragsparteien und den Staaten, die berechtigt sind, Vertragsparteien zu werden;

b) Einspruch erhoben worden, so teilt der Depositär den Unterzeichnerstaaten und den Vertragsstaaten den Einspruch mit.

(3) Die Absätze 1 und 2 finden auch Anwendung, wenn der Text in zwei oder mehr Sprachen als authentisch festgelegt wurde und sich ein Mangel an Übereinstimmung herausstellt, der nach einhelliger Auffassung der Unterzeichnerstaaten und der Vertragsstaaten behoben werden soll.

(4) Der berichtigte Text tritt ab initio an die Stelle des mangelhaften Textes, sofern die Unterzeichnerstaaten und die Vertragsstaaten nichts anderes beschließen.

(5) Die Berichtigung des Textes eines registrierten Vertrags ist dem Sekretariat der Vereinten Nationen zu notifizieren.

(6) Wird in einer beglaubigten Abschrift eines Vertrags ein Fehler festgestellt, so fertigt der Depositär eine Niederschrift über die Berichtigung an und übermittelt den Unterzeichnerstaaten und den Vertragsstaaten von dieser je eine Abschrift.

Artikel 80
Registrierung und Veröffentlichung von Verträgen

(1) Verträge werden nach ihrem Inkrafttreten dem Sekretariat der Vereinten Nationen zur Registrierung beziehungsweise Aufnahme in die Akten (filing and recording) und zur Veröffentlichung übermittelt.

(2) Ist ein Depositär bestimmt, so gilt er als befugt, die in Absatz 1 genannten Handlungen vorzunehmen.

TEIL VIII
SCHLUSSBESTIMMUNGEN

Artikel 81
Unterzeichnung

Dieses Übereinkommen liegt für alle Mitgliedstaaten der Vereinten Nationen, einer ihrer Spezialorganisationen oder der Internationalen Atomenergie-Organisation, für Vertragsparteien des Statuts des Internationalen Gerichtshofs und für jeden anderen Staat, den die Generalversammlung der Vereinten Nationen einlädt, Vertragspartei des Übereinkommens zu werden, wie folgt zur Unterzeichnung auf: bis zum 30. November 1969 im Bundesministerium für Auswärtige Angelegenheiten der Republik Österreich und danach bis zum 30. April 1970 am Sitz der Vereinten Nationen in New York.

Artikel 82
Ratifikation

Dieses Übereinkommen bedarf der Ratifikation. Die Ratifikationsurkunden werden beim Generalsekretär der Vereinten Nationen hinterlegt.

Artikel 83
Beitritt

Dieses Übereinkommen steht jedem Staat zum Beitritt offen, der einer der in Artikel 81 bezeichneten Kategorien angehört. Die Beitrittsurkunden werden beim Generalsekretär der Vereinten Nationen hinterlegt.

Artikel 84
Inkrafttreten

(1) Dieses Übereinkommen tritt am dreißigsten Tag nach Hinterlegung der fünfunddreißigsten Ratifikations- oder Beitrittsurkunde in Kraft.

(2) Für jeden Staat, der nach Hinterlegung der fünfunddreißigsten Ratifikations- oder Beitrittsurkunde das Übereinkommen ratifiziert oder ihm beitritt, tritt es am dreißigsten Tag nach Hinterlegung seiner eigenen Ratifikations- oder Beitrittsurkunde in Kraft.

Artikel 85
Authentische Texte

Die Urschrift dieses Übereinkommens, dessen chinesischer, englischer, französischer, russischer und spanischer Text gleichermaßen authentisch ist, wird beim Generalsekretär der Vereinten Nationen hinterlegt.

ZU URKUND DESSEN haben die unterzeichneten, von ihren Regierungen hiezu gehörig befugten Bevollmächtigten dieses Übereinkommen unterschrieben.

GESCHEHEN ZU WIEN am 23. Mai 1969.

ANHANG

(1) Der Generalsekretär der Vereinten Nationen erstellt und führt ein Verzeichnis qualifizierter Juristen als Vermittler. Zu diesem Zweck wird jeder Staat, der Mitglied der Vereinten Nationen oder Vertragspartei dieses Übereinkommens ist, ersucht, zwei Vermittler zu ernennen; die Namen der so Ernannten bilden das Verzeichnis. Die Vermittler, einschließlich der zur zeitweiligen Stellvertretung berufenen, werden für fünf Jahre ernannt; die Ernennung kann erneuert werden. Nach Ablauf der Zeit, für welche die Vermittler ernannt worden sind, nehmen diese weiterhin die Aufgaben wahr, für die sie nach Absatz 2 ausgewählt wurden.

(2) Ist nach Artikel 66 ein Antrag beim Generalsekretär gestellt worden, so legt dieser die Streitigkeit einer Vergleichskommission vor, die sich wie folgt zusammensetzt:

Der Staat oder die Staaten, die eine der Streitparteien bilden, bestellen

a) einen Vermittler mit der Staatsangehörigkeit dieses Staates oder eines dieser Staaten, der aus dem in Absatz 1 genannten Verzeichnis ausgewählt werden kann, sowie

b) einen Vermittler der nicht die Staatsangehörigkeit dieses Staates oder eines dieser Staaten besitzt und der aus dem Verzeichnis auszuwählen ist.

Der Staat oder die Staaten, welche die andere Streitpartei bilden, bestellen in derselben Weise zwei Vermittler. Die von den Parteien ausgewählten vier Vermittler sind innerhalb von sechzig Tagen zu bestellen, nachdem der Antrag beim Generalsekretär eingegangen ist.

Die vier Vermittler bestellen innerhalb von sechzig Tagen, nachdem der letzte von ihnen bestellt wurde, einen fünften Vermittler zum Vorsitzenden, der aus dem Verzeichnis auszuwählen ist.

Wird der Vorsitzende oder ein anderer Vermittler nicht innerhalb der oben hiefür vorgeschriebenen Frist bestellt, so wird er innerhalb von sechzig Tagen nach Ablauf der genannten Frist vom Generalsekretär bestellt. Der Generalsekretär kann eine der im Verzeichnis eingetragenen Personen oder ein Mitglied der Völkerrechtskommission zum Vorsitzenden ernennen. Sämtliche Fristen, innerhalb derer die Bestellungen vorzunehmen sind, können durch Vereinbarung zwischen den Streitparteien verlängert werden.

Wird die Stelle eines Vermittlers frei, so ist sie nach dem für die ursprüngliche Bestellung vorgeschriebenen Verfahren zu besetzen.

(3) Die Vergleichskommission beschließt ihr Verfahren. Mit Zustimmung der Streitparteien kann die Kommission jede Vertragspartei einladen, ihr ihre Ansichten schriftlich oder mündlich darzulegen. Entscheidungen und Empfehlungen der Kommission bedürfen der Mehrheit der fünf Mitglieder.

(4) Die Kommission kann den Streitparteien Maßnahmen aufzeigen, die eine gütliche Beilegung erleichtern könnten.

(5) Die Kommission hört die Parteien, prüft die Ansprüche und Einwendungen und macht den Parteien Vorschläge mit dem Ziel einer gütlichen Beilegung der Streitigkeit.

(6) Die Kommission erstattet innerhalb von zwölf Monaten nach ihrer Einsetzung Bericht. Der Bericht wird an den Generalsekretär gerichtet und den Streitparteien übermittelt. Der Bericht der Kommission, einschließlich der darin niedergelegten Schlußfolgerungen über Tatsachen oder in Rechtsfragen, bindet die Parteien nicht und hat nur den Charakter von Empfehlungen, die den Parteien zur Prüfung vorgelegt werden, um eine gütliche Beilegung der Streitigkeit zu erleichtern.

(7) Der Generalsekretär gewährt der Kommission jede Unterstützung und stellt ihr alle Einrichtungen zur Verfügung, derer sie bedarf. Die Kosten der Kommission werden von den Vereinten Nationen getragen.

2/2. Wiener Übereinkommen über das Recht der Verträge zwischen Staaten und internationalen Organisationen oder zwischen internationalen Organisationen

Wiener Übereinkommen über das Recht der Verträge zwischen Staaten und internationalen Organisationen oder zwischen internationalen Organisationen samt Anhang

Die Vertragsparteien dieses Übereinkommens

IN ANBETRACHT der grundlegenden Rolle der Verträge in der Geschichte der internationalen Beziehungen;

IN ERKENNTNIS der einvernehmlichen Natur der Verträge und ihrer ständig wachsenden Bedeutung als Quelle des Völkerrechts;

IM HINBLICK DARAUF, daß die Grundsätze der freien Zustimmung und von Treu und Glauben sowie der Rechtsgrundsatz **pacta sunt servanda** allgemein anerkannt sind;

IN BEKRÄFTIGUNG der Bedeutung einer Stärkung des Prozesses der Kodifikation und fortschreitenden Entwicklung des Völkerrechts auf universeller Ebene;

ÜBERZEUGT, daß die Kodifikation und fortschreitende Entwicklung der Regeln betreffend Verträge zwischen Staaten und internationalen Organisationen oder zwischen internationalen Organisationen Mittel zur Stärkung der Rechtsordnung in den internationalen Beziehungen und zur Erfüllung der Zwecke der Vereinten Nationen sind;

IM BEWUSSTSEIN der in der Satzung der Vereinten Nationen enthaltenen völkerrechtlichen Grundsätze, darunter der Grundsätze der Gleichberechtigung und des Selbstbestimmungsrechtes der Völker, der souveränen Gleichheit und Unabhängigkeit aller Staaten, der Nichteinmischung in die inneren Angelegenheiten der Staaten, des Verbots der Drohung mit Gewalt oder der Gewaltanwendung sowie der allgemeinen Achtung und Wahrung der Menschenrechte und Grundfreiheiten für jedermann;

EINGEDENK der Bestimmungen des Wiener Übereinkommens über das Recht der Verträge von 1969;

IN ERKENNTNIS des Verhältnisses zwischen dem Recht der Verträge zwischen Staaten und dem Recht der Verträge zwischen Staaten und internationalen Organisationen oder zwischen internationalen Orgisationen;

IN ANBETRACHT der Bedeutung der Verträge zwischen Staaten und internationalen Organisatiqnen oder zwischen internationalen Organisationen als ein nützliches Mittel zur Förderung der internationalen Beziehungen und zur Sicherung der Voraussetzungen für eine friedliche Zusammenarbeit zwischen den Nationen ungeachtet ihrer verfassungsmäßigen und gesellschaftlichen Systeme;

IM BEWUSSTSEIN der speziellen Merkmale der Verträge, bei denen internationale Organisationen als von Staaten verschiedene Völkerrechtssubjekte Vertragsparteien sind;

IM HINBLICK DARAUF, daß internationale Organisationen die Fähigkeit besitzen, Verträge zu schließen, die für die Ausübung ihrer Aufgaben und die Erfüllung ihrer Zwecke notwendig ist;

IN ERKENNTNIS, daß die Übung internationaler Organisationen hinsichtlich des Abschlusses von Verträgen mit Staaten oder zwischen ihnen untereinander im Einklang mit ihren Gründungsurkunden stehen soll;

IN BEKRÄFTIGUNG DES GRUNDSATZES, daß keine Bestimmung dieses Übereinkommes als die Beziehungen zwischen einer internationalen Organisation und ihren Mitgliedern berührend ausgelegt werden soll, die sich nach den Vorschriften der Organisation bestimmen;

EBENFALLS IN BEKRÄFTIGUNG DES GRUNDSATZES, daß Streitigkeiten über Verträge, wie andere internationale Streitigkeiten, durch friedliche Mittel nach den Grundsätzen. der Gerechtigkeit und des Völkerrechts im Einklang mit der Satzung der Vereinten Nalionen beigelegt werden sollen;

EBENFALLS IN BEKRÄFTIGUNG DES GRUNDSATZES, daß die Sätze des Völkergewohnheitsrechts weiterhin für Fragen gelten, die in diesem Übereinkommen nicht geregelt sind –

HABEN FOLGENDES VEREINBART:

TEIL I
EINLEITUNG

Artikel 1
Geltungsbereich dieses Übereinkommens

Dieses Übereinkommen findet Anwendung

a) einem oder mehreren Staaten und einer oder mehreren internationalen Organisationen und

b) auf Verträge zwischen internationalen Organisationen.

Artikel 2
Begriffsbestimmungen

(1) Im Sinne dieses Übereinkommens

a) bedeutet „Vertrag" eine vom Völkerrecht bestimmte und in Schriftform geschlossene internationale Übereinkunft

i) zwischen einem oder mehreren Staaten und einer oder mehreren internationalen Organisationen oder

ii) zwischen internationalen Organisationen,

gleichviel ob diese Übereinkunft in einer oder in mehreren zusammengehörigen Urkunden enthalten ist und welche besondere Bezeichnung sie hat;

b) bedeutet „Ratifikation" die so bezeichnete völkerrechtliche Handlung, durch die ein Staat im internationalen Bereich seine Zustimmung bekundet, durch einen Vertrag gebunden zu sein;

b bis) bedeutet „Akt der förmlichen Bestätigung" eine jener der Ratifikation durch einen Staat entsprechende völkerrechtliche Handlung, durch die eine internationale Organisation im internationalen Bereich ihre Zustimmung bekundet, durch einen Vertrag gebunden zu sein;

b ter) bedeutet „Annahme", „Genehmigung" und „Beitritt" jeweils die so bezeichnete völkerrechtliche Handlung, durch die ein Staat oder eine internationale Organisation im internationalen Bereich ihre Zustimmung bekunden, durch einen Vertrag gebunden zu sein;

c) bedeutet „Vollmacht" eine vom zuständigen Organ eines Staates oder vom zuständigen Organ einer internationalen Organisation errichtete Urkunde, durch die einzelne oder mehrere Personen benannt werden, um in Vertretung des Staates oder der Organisation den Text eines Vertrags auszuhandeln oder als authentisch festzulegen, die Zustimmung des Staates oder der Organisation auszudrücken, durch einen Vertrag gebunden zu sein, oder sonstige Handlungen in bezug auf einen Vertrag vorzunehmen;

d) bedeutet „Vorbehalt" eine wie auch immer formulierte oder bezeichnete, von einem Staat oder einer internationalen Organisation bei der Unterzeichnung, der Ratifikation, der förmlichen Bestätigung, der Annahme oder der Genehmigung eines Vertrags oder bei dem Beitritt zu einem Vertrag abgegebene einseitige Erklärung, durch die der Staat oder die internationale Organisation bezwecken, die Rechtswirkung einzelner Vertragsbestimmungen in der Anwendung auf diesen Staat oder diese Organisation auszuschließen oder zu ändern;

e) bedeutet „Verhandlungsstaat" und „Verhandlungsorganisation"

i) einen Staat bzw.

ii) eine internationale Organisation,

die am Abfassen und Annehmen des Vertragstextes teilgenommen haben;

f) bedeutet „Vertragsstaat" und „Vertragsorganisation"

i) einen Staat bzw.

ii) eine internationale Organisation,

die zugestimmt haben, durch den Vertrag gebunden zu sein, gleichviel ob der Vertrag in Kraft getreten ist oder nicht;

g) bedeutet „Vertragspartei" einen Staat oder eine internationale Organisation, die zugestimmt haben, durch den Vertrag gebunden zu sein und für die der Vertrag in Kraft ist;

h) bedeutet „Drittstaat" und „Drittorganisation"

i) einen Staat bzw.

ii) eine internationale Organisation,

die nicht Vertragspartei sind;

i) bedeutet „internationale Organisation" eine zwischenstaatliche Organisation;

j) bedeutet „Vorschriften der Organisation" insbesondere die Gründungsurkunden, die gemäß diesen angenommenen Entscheidungen und Resolutionen sowie die feststehende Übung der Organisation.

(2) Die Bestimmungen des Absatzes 1 über die in diesem Übereinkommen verwendeten Begriffe beeinträchtigen weder die Verwendung dieser Begriffe noch die Bedeutung, die ihnen im innerstaatlichen Recht oder nach den Vorschriften einer internationalen Organisation gegebenenfalls zukommt.

Artikel 3
Nicht in den Geltungsbereich dieses Übereinkommens fallende internationale Übereinkünfte

Der Umstand, daß dieses Übereinkommen

i) auf internationale Übereinkünfte, bei denen ein oder mehrere Staaten, eine oder mehrere internationale Organisationen und ein oder mehrere andere Völkerrechtssubjekte als Staaten oder Organisationen Vertragsparteien sind;

ii) auf internationale Übereinkünfte, bei denen eine oder mehrere Organisationen und ein oder mehrere andere Völkerrechtssubjekte als Staaten oder Organisationen Vertragsparteien sind;

iii) auf nicht schriftliche internationale Übereinkünfte zwischen einem oder mehreren Staaten und einer oder mehreren internationalen Organisationen oder zwischen internationalen Organisationen oder

iv) auf internationale Übereinkünfte zwischen anderen Völkerrechtssubjekten als Staaten oder internationalen Organisationen

nicht Anwendung findet, berührt nicht

a) die rechtliche Gültigkeit solcher Übereinkünfte;

b) die Anwendung einer der in diesem Übereinkommen niedergelegten Regeln auf sie, denen sie auch unabhängig von diesem Übereinkommen auf Grund des Völkerrechts unterworfen wären;

c) die Anwendung des Übereinkommens auf die Beziehungen zwischen Staaten und internationalen Organisationen oder auf die Beziehungen zwischen internationalen Organisationen untereinander, wenn diese Beziehungen durch internationale Übereinkünfte, denen auch andere Völkerrechtssubjekte als Vertragsparteien angehören, geregelt werden.

Artikel 4
Nichtrückwirkung dieses Übereinkommens

Unbeschadet der Anwendung der in diesem Übereinkommen niedergelegten Regeln, denen Verträge zwischen einem öder mehreren Staaten und einer oder mehreren internationalen Organisationen oder zwischen internationalen Organisationen unabhängig von dem Übereinkommen auf Grund des Völkerrechts unterworfen wären, findet das Übereinkommen nur auf derartige Verträge Anwendung, die geschlossen werden, nachdem das Übereinkommen für diese Staaten und Organisationen in Kraft getreten ist.

Artikel 5
Gründungsverträge internationaler Organisationen und im Rahmen einer internationalen Organisation angenommene Verträge

Dieses Übereinkommen findet auf jeden Vertrag zwischen einem oder mehreren Staaten und einer oder mehreren internationalen Organisationen Anwendung, der die Gründungsurkunde einer internationalen Organisation bildet, sowie auf jeden im Rahmen einer internationalen Organisation angenommenen Vertrag, unbeschadet aller einschlägigen Vorschriften der Organisation.

TEIL II
ABSCHLUSS UND INKRAFTTRETEN VON VERTRÄGEN

ABSCHNITT 1
ABSCHLUSS VON VERTRÄGEN

Artikel 6
Vertragsfähigkeit der internationalen Organisationen

Die Fähigkeit einer internationalen Organisation, Verträge zu schließen, bestimmt sich nach den Vorschriften dieser Organisation.

Artikel 7
Vollmacht

Die Fähigkeit einer internationalen Organisation, Verträge zu schließen, bestimmt sich nach den Vorschriften dieser Organisation.

(1) Eine Person gilt hinsichtlich des Annehmens des Textes eines Vertrages oder der Festlegung seines authentischen Textes oder der Abgabe der Zustimmung eines Staates, durch einen Vertrag gebunden zu sein, als Vertreter eines Staates,

a) wenn diese Person eine gehörige Vollmacht vorlegt oder

b) wenn aus der Übung oder aus anderen Umständen hervorgeht, daß die beteiligten Staaten und internationalen Organisationen die Absicht hatten, diese Person als Vertreter des Staates für die genannten Zwecke ohne Vorlage einer Vollmacht anzusehen.

(2) Kraft ihres Amtes werden, ohne eine Vollmacht vorlegen zu müssen, als Vertreter ihres Staates angesehen

a) Staatsoberhäupter, Regierungschefs und Außenminister zur Vornahme aller sich auf den Abschluß eines Vertrags zwischen einem oder mehreren Staaten und einer oder mehreren internationalen Organisationen beziehenden Handlungen;.

b) die von Staaten bei einer internationalen Konferenz beglaubigten Vertreter zum Annehmen des Textes eines Vertrags zwischen Staaten und internationalen Organisationen;

c) die von Staaten bei einer internationalen Organisation oder einem ihrer Organe beglaubigten Vertreter zum Annehmen des Textes eines Vertrags im Rahmen der Organisation oder des Organs;

d) Chefs ständiger Missionen bei einer internationalen Organisation zum Annehmen des Textes eines Vertrags zwischen den Entsendestaaten und der Organisation.

(3) Eine Person gilt hinsichtlich des Annehmens des Textes eines Vertrags oder der Festlegung seines authentischen Textes oder der Abgabe der Zustimmung einer Organisation, durch einen Vertrag gebunden zu sein, als Vertreter einer internationalen Organisation,

a) wenn diese Person eine gehörige Vollmacht vorlegt oder

b) wenn aus den Umständen hervorgeht, daß die beteiligten Staaten und internationalen Organisationen die Absicht hatten, diese Person als Vertreter der Organisation für die genannten Zwecke, gemäß den Vorschriften der Organisation, ohne Vorlage einer Vollmacht anzusehen.

Artikel 8
Nachträgliche Bestätigung einer ohne Ermächtigung vorgenommenen Handlung

Eine sich auf den Abschluß eines Vertrags beziehende Handlung, die von einer Person vorgenommen wird, welche nicht nach Artikel 7 als zur Vertretung eines Staates oder einer internationalen Organisation zu diesem Zweck ermächtigt angesehen werden kann, ist ohne Rechtswirkung, sofern sie nicht nachträglich von dem Staat oder der Organisation bestätigt wird.

Artikel 9
Annehmen des Textes

(1) Der Text eines Vertrags wird durch Zustimmung aller an seiner Abfassung beteiligten Staaten und internationalen Organisationen oder, je nachdem, internationalen Organisationen angenommen, soweit Absatz 2 nichts anderes vorsieht.

(2) Auf einer internationalen Konferenz wird der Text eines Vertrags gemäß dem Verfahren, das von den Teilnehmern an der Konferenz vereinbart wurde, angenommen. Wenn jedoch keine Einigung über ein derartiges Verfahren erzielt wird, wird der Text mit den Stimmen von zwei Dritteln der anwesenden und abstimmenden Teilnehmer angenommen, sofern sie nicht mit der gleichen Mehrheit die Anwendung einer anderen Regel beschließen.

Artikel 10
Festlegung des authentischen Textes

(1) Der Text eines Vertrags zwischen einem oder mehreren Staaten und einer oder mehreren internationalen Organisationen wird als authentisch und endgültig festgelegt

a) nach dem Verfahren, das darin vorgesehen oder von den an seiner Abfassung beteiligten Staaten und Organisationen vereinbart wurde, oder,

b) in Ermangelung eines solchen Verfahrens, durch Unterzeichnung, Unterzeichnung ad referendum oder Paraphierung des Vertragswortlauts oder einer den Wortlaut enthaltenen Schlußakte einer Konferenz durch die Vertreter dieser Staaten und Organisationen.

(2) Der Text eines Vertrags zwischen internationalen Organisationen wird als authentisch und endgültig festgelegt

a) darin vorgesehen oder von den an seiner Abfassung beteiligten Organisationen vereinbart wurde, oder,

b) in Ermangelung eines solchen Verfahrens, durch Unterzeichnung, Unterzeichnung ad referendum oder Paraphierung des Vertragswortlauts oder einer den Wortlaut enthaltenden Schlußakte einer Konferenz durch die Vertreter dieser Organisationen.

Artikel 11
Arten der Zustimmung, durch einen Vertrag gebunden zu sein

(1) Die Zustimmung eines Staates, durch einen Vertrag gebunden zu sein, kann durch Unterzeichnung, Austausch von Urkunden, die einen Vertrag bilden, Ratifikation, Annahme, Genehmigung oder Beitritt oder auf eine andere vereinbarte An ausgedrückt werden.

(2) Die Zustimmung einer internationalen Organisation, durch einen Vertrag gebunden zu sein, kann durch Unterzeichnung, Austausch von Urkunden, die einen Vertrag bilden, Akt der förmlichen Bestätigung, Annahme, Genehmigung oder Beitritt oder auf eine andere vereinbarte Art ausgedrückt werden.

Artikel 12
Zustimmung, durch einen Vertrag gebunden zu sein, durch Unterzeichnung

(1) Die Zustimmung eines Staates oder einer internationalen Organisation, durch einen Vertrag gebunden zu sein, wird durch Unterzeichnung seitens des Vertreters dieses Staates oder dieser Organisation ausgedrückt,

a) wenn der Vertrag vorsieht, daß der Unterzeichnung diese Wirkung zukommen soll;

b) wenn anderweitig feststeht, daß die Verhandlungsstaaten und Verhandlungsorganisationen oder, je nachdem, die Verhandlungsorganisationen der Unterzeichnung einvernehmlich diese Wirkung beilegen wollten, oder

c) wenn die Absicht des Staates oder der Organisation, der Unterzeichnung diese Wirkung beizulegen, aus der Vollmacht des Vertreters des Staates oder der Organisation hervorgeht oder während der Verhandlung zum Ausdruck gebracht wurde.

(2) Im Sinne des Absatzes 1

a) gilt die Paraphierung des Textes als Unterzeichnung des Vertrags, wenn feststeht, daß die Verhandlungsstaaten und Verhandlungsorganisationen oder, je nachdem, die Verhandlungsorganisationen dies vereinbart haben;

b) gilt die Unterzeichnung eines Vertrags ad referendum durch den Vertreter eines Staates oder einer internationalen Organisation als unbedingte Vertragsunterzeichnung, wenn sie von dem Staat oder der Organisation bestätigt wird.

Artikel 13
Zustimmung, durch einen Vertrag gebunden zu sein, durch Austausch der einen Vertrag bildenden Urkunden

Die Zustimmung von Staaten oder internationalen Organisationen, durch einen Vertrag gebunden zu sein, der durch zwischen ihnen ausgetauschte Urkunden begründet wird, findet in diesem Austausch ihren Ausdruck,

a) wenn die Urkunden vorsehen, daß ihrem Austausch diese Wirkung zukommen soll, oder

b) wenn anderweitig feststeht, daß diese Staaten und Organisationen oder, je nachdem, diese Organisationen dem Austausch der Urkunden einvernehmlich diese Wirkung beilegen wollten.

Artikel 14
Zustimmung, durch einen Vertrag gebunden zu sein, durch Ratifikation, Akt der förmlichen Bestätigung, Annahme oder Genehmigung

(1) Die. Zustimmung eines Staates, durch einen Vertrag gebunden zu sein, wird durch Ratifikation ausgedrückt,

a) wenn der Vertrag vorsieht, daß diese Zustimmung durch Ratifikation ausgedruckt wird;

b) wenn anderweitig feststeht, daß die Verhandlungsstaaten und Verhandlungsorganisationen die Ratifikation einvernehmlich für erforderlich hielten;

c) wenn der Vertreter des Staates den Vertrag unter Vorbehalt der Ratifikation unterzeichnet hat oder

d) wenn die Absicht des Staates, den Vertrag unter Vorbehalt der Ratifikation zu unterzeichnen, aus der Vollmacht seines Vertreters hervorgeht oder während der Verhandlungen zum Ausdruck gebracht wurde.

(2) Die Zustimmung einer internationalen Organisation, durch einen Vertrag gebunden zu sein, wird durch einen Akt der förmlichen Bestätigung ausgedrückt,

a) wenn der Vertrag vorsieht, daß diese Zustimmung durch einen Akt der förmlichen Bestätigung ausgedrückt wird;

b) wenn anderweitig feststeht, daß die Verhandlungsstaaten und Verhandlungsorganisationen oder, je nachdem, die Verhandlungsorganisationen einen Akt der förmlichen Bestätigung einvernehmlich für erforderlich hielten;

c) wenn der Vertreter der Organisation den Vertrag unter Vorbehalt eines Akts der förmlichen Bestätigung unterzeichnet hat oder

d) wenn die Absicht der Organisation, den Vertrag unter Vorbehalt eines Akts der förmlichen Bestätigung zu unterzeichnen, aus der Vollmacht ihres Vertreters hervorgeht oder während der Verhandlungen zum Ausdruck gebracht wurde.

(3) Die Zustimmung eines Staates oder einer internationalen Organisation, durch einen Vertrag gebunden zu sein, wird durch Annahme oder Genehmigung unter ähnlichen Bedingungen ausgedrückt, wie sie für die Ratifikation oder, je nachdem, einen Akt der förmlichen Bestätigung gelten.

Artikel 15
Zustimmung, durch einen Vertrag gebunden zu sein, durch Beitritt

Die Zustimmung eines Staates oder einer internationalen Organisation, durch einen Vertrag gebunden zu sein, wird durch Beitritt ausgedrückt,

a) wenn der Vertrag vorsieht, daß die Zustimmung von diesem Staat oder dieser Organisation durch Beitritt ausgedrückt werden kann;

b) wenn anderweitig feststeht, daß die Verhandlungsstaaten und Verhandlungsorganisationen oder, je nachdem, die Verhandlungsorganisationen vereinbart haben, daß die Zustimmung von diesem Staat oder dieser Organisation durch Beitritt ausgedrückt werden kann, oder

c) wenn alle Vertragsparteien nachträglich vereinbart haben, daß die Zustimmung von diesem Staat oder dieser Organisation durch Beitritt ausgedrückt werden kann.

Artikel 16
Austausch oder Hinterlegung von Ratiftkationsurkunden, Urkunden förmlicher Bestätigung, Annahme-, Genehmigungs- oder Beitrittsurkunden

(1) Sofern der Vertrag nichts anderes vorsieht, begründen Ratifikationsurkunden, Urkunden betreffend einen Akt der förmlichen Bestätigung, Annahme-, Genehmigungs- oder Beitrittsurkunden die Zustimmung eines Staates oder einer internationalen Organisation, durch einen Vertrag zwischen einem oder mehreren Staaten und einer oder mehreren internationalen Organisationen gebunden zu sein, im Zeitpunkt

a) ihres Austausches zwischen den Vertragsstaaten und Vertragsorganisationen;

b) ihrer Hinterlegung bei dem Depositär oder

c) ihrer Notifikation an die Vertragsstaaten und Vertragsorganisationen oder den Depositär, wenn dies vereinbart wurde.

(1) Sofern der Vertrag nichts anderes vorsieht, begründen Urkunden betreffend einen Akt der förmlichen Bestätigung oder Annahme-, Genehmigungs- oder Beitrittsurkunden die Zustimmung einer internationalen Organisation, durch einen Vertrag zwischen internationalen Organisationen gebunden zu sein, im Zeitpunkt

a) ihres Austausches zwischen den Vertragsorganisationen;

b) ihrer Hinterlegung bei dem Depositär oder

c) ihrer Notifikation an die Vertragsorganisationen oder den Depositär, wenn dies vereinbart wurde.

Artikel 17
Zustimmung, durch einen Teil eines Vertrags gebunden zu sein, sowie Wahl zwischen unterschiedlichen Bestimmungen

(1) Unbeschadet der Artikel 19 bis 23 ist die Zustimmung eines Staates oder einer internationalen Organisation, durch einen Teil eines Vertrags gebunden zu sein, nur wirksam, wenn der Vertrag dies zuläßt oder die Vertragsstaaten und Vertragsorganisationen oder, je nachdem, die Vertragsorganisationen dem zustimmen.

(2) Die Zustimmung eines Staates oder einer internationalen Organisation, durch einen Vertrag gebunden zu sein, der eine Wahl zwischen unterschiedlichen Bestimmungen zuläßt, ist nur wirksam, wenn klargestellt wird, auf welche Bestimmungen sich die Zustimmung bezieht.

Artikel 18
Verpflichtung, Ziel und Zweck eines Vertrags vor seinem Inkrafttreten nicht zu vereiteln

Ein Staat oder eine internationale Organisation sind verpflichtet, sich aller Handlungen zu enthalten, die Ziel und Zweck eines Vertrags vereiteln würden,

a) wenn dieser Staat oder diese Organisation unter Vorbehalt der Ratifikation, des Akts der förmlichen Bestätigung, der Annahme oder Genehmigung den Vertrag unterzeichnet oder Urkunden ausgetauscht haben, die einen Vertrag bilden, solange der Staat oder die Organisation ihre Absicht nicht klar zu erkennen gegeben haben, nicht Vertragspartei zu werden, oder

b) wenn dieser Staat oder diese Organisation ihre Zustimmung, durch den Vertrag gebunden zu sein, ausgedrückt haben, und zwar bis zum Inkrafttreten des Vertrags und unter der Voraussetzung, daß sich das Inkrafttreten nicht ungebührlich verzögert.

ABSCHNITT 2
VORBEHALTE

Artikel 19
Anbringen von Vorbehalten

Ein Staat oder eine internationale Organisation können bei der Unterzeichnung, Ratifikation, förmlichen Bestätigung, Annahme oder Genehmigung eines Vertrags oder beim Beitritt einen Vorbehalt anbringen, sofern nicht

a) der Vertrag den Vorbehalt verbietet;

b) der Vertrag vorsieht, daß nur bestimmte Vorbehalte gemacht werden dürfen, zu denen der betreffende Vorbehalt nicht gehört, oder

c) in den unter lit. a oder b nicht bezeichneten Fällen der Vorbehalt mit Ziel und Zweck des Vertrags unvereinbar ist.

Artikel 20
Annahme von Vorbehalten und Einsprüche gegen Vorbehalte

(1) Ein durch einen Vertrag ausdrücklich zugelassener Vorbehalt bedarf der nachträglichen Annahme durch die Vertragsstaaten und Vertragsorganisationen oder, je nachdem, die Vertragsorganisationen nur, wenn der Vertrag dies vorsieht.

(2) Geht aus der begrenzten Zahl der Verhandlungsstaaten und Verhandlungsorganisationen oder, je nachdem, der Verhandlungsorganisationen sowie aus Ziel und Zweck eines Vertrags hervor, daß die Anwendung des Vertrags in seiner Gesamtheit zwischen allen Vertragsparteien eine wesentliche Voraussetzung für die Zustimmung jeder Vertragspartei ist, durch den Vertrag gebunden zu sein, so bedarf ein Vorbehalt der Annahme durch alle Vertragsparteien.

(3) Bildet ein Vertrag die Gründungsurkunde einer internationalen Organisation und sieht er nichts anderes vor, so bedarf ein Vorbehalt der Annahme durch das zuständige Organ der Organisation.

(4) In den nicht in den Absätzen 1 bis 3 bezeichneten Fällen und sofern der Vertrag nichts anderes vorsieht,

a) macht die Annahme eines Vorbehalts durch einen Vertrags staat oder eine Vertragsorganisation den den Vorbehalt anbringenden Staat oder die den Vorbehalt anbringende internationale Organisation zur Vertragspartei im Verhältnis zu dem annehmenden Staat oder der annehmenden Organisation, sofern der Vertrag für den den Vorbehalt anbringenden Staat oder die den Vorbehalt anbringende Organisation und für den annehmenden Staat oder die annehmende Organisation in Kraft getreten ist oder sobald er für sie in Kraft tritt;

b) schließt der Einspruch eines Vertragsstaats oder einer Vertragsorganisation gegen einen Vorbehalt das Inkrafttreten des Vertrags zwischen dem den Einspruch erhebenden Staat oder der den Einspruch erhebenden internationalen Organisation und dem den Vorbehalt anbringenden Staat oder der den Vorbehalt anbringenden Organisation nicht aus, sofern nicht der den Einspruch erhebende Staat oder die den Einspruch erhebende Organisation ihre gegenteilige Absicht eindeutig zum Ausdruck bringen;

c) wird eine Handlung, mit der die Zustimmung eines Staates oder einer internationalen Organisation, durch den Vertrag gebunden zu sein, ausgedrückt wird und die einen Vorbehalt in sich schließt, wirksam, sobald mindestens ein Vertrags staat oder eine Vertragsorganisation den Vorbehalt angenommen haben.

(5) Im Sinne der Absätze 2 und 4 und sofern der Vertrag nichts anderes vorsieht, gilt ein Vorbehalt als von einem Staat oder einer internationalen Organisation angenommen, wenn diese bis zum Ablauf von zwölf Monaten, nachdem ihnen der Vorbehalt notifiziert worden ist, oder bis zu dem Zeitpunkt, wenn dies der spätere ist, in dem sie ihre Zustimmung ausgedrückt haben, durch den Vertrag gebunden zu sein, keinen Einspruch gegen den Vorbehalt erheben.

Artikel 21
Rechtswirkungen von Vorbehalten und von Einsprüchen gegen Vorbehalte

(1) Ein gegenüber einer anderen Vertragspartei nach den Artikeln 19, 20 und 23 bestehender Vorbehalt

a) ändert für den den Vorbehalt anbringenden Staat oder die den Vorbehalt anbringende internationale Organisation im Verhältnis zu der anderen Vertragspartei die Vertragsbestimmungen, auf die sich der Vorbehalt bezieht, in dem darin vorgesehenen Ausmaß und

b) ändert diese Bestimmungen für die andere Vertragspartei im Verhältnis zu dem den Vorbehalt anbringenden Staat oder der den Vorbehalt anbringenden internationalen Organisation in demselben Ausmaß.

(2) Der Vorbehalt ändert die Vertragsbestimmungen für die anderen Vertragsparteien untereinander nicht.

(3) Haben ein Staat oder eine internationale Organisation, die einen Einspruch gegen einen Vorbehalt erhoben haben, dem Inkrafttreten des Vertrags zwischen sich und dem den Vorbehalt anbringenden Staat oder der den Vorbehalt anbringenden Organisation nicht widersprochen, so finden die Bestimmungen, auf die sich der Vorbehalt bezieht, in dem darin vorgesehenen Ausmaß zwischen dem den Vorbehalt anbringenden Staat oder der den Vorbehalt anbringenden Organisation und dem den Einspruch erhebenden Staat oder der den Einspruch erhebenden Organisation keine Anwendung.

Artikel 22
Zurückziehen von Vorbehalten und von Einsprüchen gegen Vorbehalte

(1) Sofern der Vertrag nichts anderes vorsieht, kann ein Vorbehalt jederzeit zurückgezogen werden; das Zurückziehen bedarf nicht der Zustimmung eines Staates oder einer internationalen Organisation, die den Vorbehalt angenommen haben.

(2) Sofern der Vertrag nichts anderes vorsieht, kann ein Einspruch gegen einen Vorbehalt jederzeit zurückgezogen werden.

(3) Sofern der Vertrag nichts anderes vorsieht oder sofern nichts anderes vereinbart ist,

a) wird das Zurückziehen eines Vorbehalts im Verhältnis zu einem Vertragsstaat oder einer Vertragsorganisation erst wirksam, wenn dieser Staat oder diese Organisation eine Notifikation des Zurückziehens erhalten haben;

b) wird das Zurückziehen eines Einspruchs gegen einen Vorbehalt erst wirksam, wenn der Staat oder die internationale Organisation, die den Vorbehalt angebracht haben, eine Notifikation des Zurückziehens erhalten haben.

Artikel 23
Verfahren bei Vorbehalten

(1) Ein Vorbehalt, die ausdrückliche Annahme eines Vorbehalts und der Einspruch gegen einen Vorbehalt bedürfen der Schriftform und sind den Vertragsstaaten und Vertragsorganisationen sowie sonstigen Staaten und internationalen Organisationen mitzuteilen, die Vertragsparteien zu werden berechtigt sind.

(2) Wenn der Vertrag vorbehaltlich der Ratifikation, des Akts der förmlichen Bestätigung, der Annahme oder Genehmigung unterzeichnet und hierbei ein Vorbehalt angebracht wird, so ist dieser von dem ihn anbringenden Staat oder der ihn anbringenden internationalen Organisation in dem Zeitpunkt förmlich zu bestätigen, zu dem dieser Staat oder diese Organisation ihre Zustimmung ausdrücken, durch den Vertrag gebunden zu sein. In diesem Fall gilt der Vorbehalt als im Zeitpunkt seiner Bestätigung angebracht.

(3) Die vor Bestätigung seines Vorbehalts erfolgte ausdrückliche Annahme des Vorbehalts oder der vor diesem Zeitpunkt erhobene Einspruch gegen den Vorbehalt bedarf selbst keiner Bestätigung.

(4) Das Zurückziehen eines Vorbehalts oder des Einspruchs gegen einen Vorbehalt bedarf der Schriftform.

ABSCHNTT 3
INKRAFTTRETEN UND VORLÄUFIGE ANWENDUNG VON VERTRÄGEN

Artikel 24
Inkrafttreten

(1) Ein Vertrag tritt in der Weise und zu dem Zeitpunkt in Kraft, die er vorsieht oder die von den Verhandlungsstaaten und Verhandlungsorganisationen oder, je nachdem, den Verhandlungsorganisationen vereinbart werden.

(2) In Ermangelung einer solchen Bestimmung oder Vereinbarung tritt ein Vertrag in Kraft, sobald die Zustimmung aller Verhandlungsstaaten und Verhandlungsorganisationen oder, je nachdem, aller Verhandlungsorganisationen vorliegt, durch den Vertrag gebunden zu sein.

(3) Wird die Zustimmung, durch einen Vertrag gebunden zu sein, von einem Staat oder einer internationalen Organisation erst nach dem Zeitpunkt des Inkrafttretens erteilt, so tritt der Vertrag für diesen Staat oder diese Organisation zu diesem Zeitpunkt in Kraft, sofern er nichts anderes vorsieht.

(4) Vertragsbestimmungen über die Festlegung des authentischen Textes, die Zustimmung, durch den Vertrag gebunden zu sein, die Art und den Zeitpunkt seines Inkrafttretens sowie über Vorbehalte, die Aufgaben des Depositärs und sonstige sich notwendigerweise vor dem Inkrafttreten des Vertrags ergebende Fragen gelten von dem Zeitpunkt an, zu dem sein Text angenommen wird.

Artikel 25
Vorläufige Anwendung

(1) Ein Vertrag oder ein Teil eines Vertrags wird bis zu seinem Inkrafttreten vorläufig. angewendet,

a) wenn der Vertrag dies vorsieht oder

b) wenn die Verhandlungsstaaten und Verhandlungsorganisationen oder, je nachdem, die Verhandlungsorganisationen dies auf andere Weise vereinbart haben.

(2) Sofern der Vertrag nichts anderes vorsieht oder die Verhandlungsstaaten und Verhandlungsorganisationen oder, je nachdem, die Verhandlungsorganisationen nichts anderes vereinbart haben, endet die vorläufige Anwendung eines Vertrags oder eines Teiles eines Vertrags hinsichtlich eines Staates oder einer internationalen Organisation, . wenn dieser Staat oder diese Organisation den Staaten und Organisationen, zwischen denen der Vertrag vorläufig angewendet wird, ihre Absicht notifizieren, nicht Vertragspartei zu werden.

TEIL III
EINHALTUNG, ANWENDUNG UND AUSLEGUNG VON VERTRÄGEN

ABSCHNITT 1
EINHALTUNG VON VERTRÄGEN

Artikel 26
Pacta sunt servanda

Ist ein Vertrag in Kraft, so bindet er die Vertragsparteien und ist von ihnen nach Treu und Glauben zu erfüllen.

Artikel 27
Innerstaatliches Recht, Vorschriften internationaler Organisationen und Einhaltung von Verträgen

(1) Ein Staat, der Partei eines Vertrags ist, kann sich nicht auf sein innerstaatliches Recht berufen, um die Nichterfüllung des Vertrages zu rechtfertigen.

(2) Eine internationale Organisation, die Partei seines Vertrags ist, kann sich nicht auf die Vorschriften der Organisation berufen, um die Nichterfüllung des Vertrags zu rechtfertigen.

(3) Die in den Absätzen 1 und 2 enthaltenen Bestimmungen lassen Artikel 46 unberührt.

ABSCHNITT 2
ANWENDUNG VON VERTRÄGEN

Artikel 28
Nichtrückwirkung von Verträgen

Sofern keine abweichende Absicht aus dem Vertrag hervorgeht oder anderweitig festgestellt ist, binden seine Bestimmungen eine Vertragspartei nicht in bezug auf eine Handlung oder Tatsache, die vor dem Inkrafttreten des Vertrags hinsichtlich der betreffenden Vertragspartei vorgenommen wurde oder eingetreten ist, sowie in bezug auf eine Lage, die vor dem genannten Zeitpunkt zu bestehen aufgehört hat.

Artikel 29
Räumlicher Geltungsbereich von Verträgen

Sofern keine abweichende Absicht aus dem Vertrag hervorgeht oder anderweitig festgestellt ist, bindet ein Vertrag zwischen einem oder mehreren Staaten und einer oder mehreren internationalen Organisationen jeden Staat, der Vertragspartei ist, hinsichtlich seines gesamten Hoheitsgebiets.

Artikel 30
Anwendung aufeinanderfolgender Verträge über denselben Gegenstand

(1) Die Rechte und Pflichten von Staaten und internationalen Organisationen, die Vertragsparteien aufeinanderfolgender Verträge über denselben Gegenstand sind, bestimmen sich nach den folgenden Absätzen.

(2) Bestimmt ein Vertrag, daß er einem früher oder später geschlossenen Vertrag untergeordnet ist oder nicht als mit diesem unvereinbar anzusehen ist, so hat der andere Vertrag Vorrang.

(3) Sind alle Vertragsparteien eines früheren Vertrags zugleich Vertragsparteien eines späteren, ohne daß der frühere Vertrag beendet oder nach Artikel 59 suspendiert wird, so findet der frühere Vertrag nur insoweit Anwendung, als er mit dem späteren Vertrag vereinbar ist.

(4) Gehören nicht alle Vertragsparteien des früheren Vertrags zu den Vertragsparteien des späteren,

a) so findet zwischen zwei Vertragsparteien, von denen jede Partei beider Verträge ist, Absatz 3 Anwendung;

b) so regelt zwischen einer Partei beider Verträge und einer Partei nur eines der beiden Verträge der Vertrag, dem beide als Vertragsparteien angehören, ihre gegenseitigen Rechte und Pflichten.

(5) Absatz 4 gilt unbeschadet des Artikels 41 sowie unbeschadet aller Fragen der Beendigung oder der Suspendierung eines Vertrags nach Artikel 60 und aller Fragen der Verantwortlichkeit, die sich für einen Staat oder eine internationale Organisation aus Abschluß oder Anwendung eines Vertrags ergeben können, dessen Bestimmungen mit ihren Pflichten gegenüber einem Staat oder einer Organisation auf Grund eines anderen Vertrags unvereinbar sind.

(6) Die vorangehenden Absätze berühren nicht den Umstand, daß im Falle eines Konfliktes zwischen Verpflichtungen aus der Satzung der Vereinten Nationen und Verpflichtungen aus einem Vertrag die Verpflichtungen aus der Satzung Vorrang haben.

ABSCHNITT 3

AUSLEGUNG VON VERTRÄGEN

Artikel 31
Allgemeine Auslegungsregel

(1) Ein Vertrag ist nach Treu und Glauben in Übereinstimmung mit der gewöhnlichen, seinen Bestimmungen in ihrem Zusammenhang zukommenden Bedeutung und im Lichte seines Zieles und Zweckes auszulegen

(2) Für die Auslegung eines Vertrags bedeutet der Zusammenhang außer dem Vertragswortlaut samt Präambel und Anlagen

a) jede sich auf den Vertrag beziehende Übereinkunft, die zwischen allen Vertragsparteien anläßlich des Vertragsabschlusses getroffen wurde;

b) jede Urkunde, die von einer oder mehreren Vertragsparteien anläßlich des Vertragsabschlusses abgefaßt und von den anderen Vertragsparteien als eine sich auf den Vertrag beziehende Urkunde angenommen wurde.

(3) Außer dem Zusammenhang sind in gleicher Weise zu berücksichtigen

a) jede spätere übereinkunft zwischen den Vertragsparteien über die Auslegung des Vertrags oder die Anwendung seiner Bestimmungen;

b) jede spätere übung bei der Anwendung des Vertrags, aus der die Übereinstimmung der Vertragsparteien über seine Auslegung hervorgeht;

c) jeder in den Beziehungen zwischen den Vertragsparteien anwendbarer einschlägiger Völkerrechtssatz.

(4) Eine besondere Bedeutung ist einem Ausdruck beizulegen, wenn feststeht, daß die Vertragsparteien dies beabsichtigt haben.

Artikel 32
Ergänzende Auslegungsmittel

Ergänzende Auslegungsmittel, insbesondere die vorbereitenden Arbeiten und die Umstände des Vertragsabschlusses, können herangezogen werden, um die sich unter Anwendung des Artikels 31 ergebende Bedeutung zu bestätigen oder die Bedeutung zu bestimmen, wenn die Auslegung nach Artikel 31

a) die Bedeutung mehrdeutig oder dunkel läßt oder

b) zu einem offensichtlich sinnwidrigen oder unvernünftigen Ergebnis führt.

Artikel 33
Auslegung von Verträgen mit zwei oder mehr authentischen Sprachen

(1) Ist ein Vertrag in zwei oder mehr Sprachen als authentisch festgelegt worden, so ist der Text in jeder Sprache in gleicher Weise maßgebend, sofern nicht der Vertrag vorsieht oder die Vertragsparteien vereinbaren, daß bei Abweichungen ein bestimmter Text vorgehen soll.

(2) Eine Vertragsfassung in einer anderen Sprache als einer der Sprachen, deren Text als authentisch festgelegt wurde, gilt nur dann als authentischer Wortlaut, wenn der Vertrag dies vorsieht oder die Vertragsparteien dies vereinbaren.

(3) Es wird vermutet, daß die Ausdrücke des Vertrags in jedem authentischen Text dieselbe Bedeutung haben.

(4) Außer in Fällen, in denen ein bestimmter Text nach Absatz 1 vorgeht, wird, wenn ein Vergleich der authentischen Texte einen Bedeutungsunterschied aufdeckt, der durch die Anwendung der Artikel 31 und 32 nicht ausgeräumt werden kann, diejenige Bedeutung zugrunde gelegt, die unter Berücksichtigung von Ziel und Zweck des Vertrags die Wortlaute am besten miteinander in Einklang bringt.

ABSCHNITT 4
VERTRÄGE UND DRITTSTAATEN

Artikel 34
Allgemeine Regel betreffend Drittstaaten und Drittorganisationen

Ein Vertrag begründet für einen Drittstaat oder eine Drittorganisation ohne die Zustimmung dieses Staates oder dieser Organisation weder Pflichten noch Rechte.

Artikel 35
Verträge zu Lasten von Drittstaaten oder Drittorganisationen

Ein Drittstaat oder eine Drittorganisation wird durch eine Vertragsbestimmung verpflichtet, wenn die Vertragsparteien beabsichtigen, durch die Vertragsbestimmung eine Verpflichtung zu begründen, und der Drittstaat oder die Drittorganisation diese Verpflichtung ausdrücklich in Schriftform annehmen. Die Annahme einer derartigen Verpflichtung durch die Drittorganisation bestimmt sich nach den Vorschriften dieser Organisation.

Artikel 36
Verträge zugunsten von Drittstaaten oder Drittorganisationen

(1) Ein Drittstaat wird durch eine Vertragsbestimmung berechtigt, wenn die Vertragsparteien beabsichtigen, durch die Vertragsbestimmung dem Drittstaat oder einer Staatengruppe, zu der er gehört, oder allen Staaten ein Recht einzuräumen, und der Drittstaat dem zustimmt. Sofern der Vertrag nichts anderes vorsieht, wird die Zustimmung vermutet, solange nicht das Gegenteil erkennbar wird.

(2) Eine Drittorganisation wird durch eine Vertragsbestimmung berechtigt, wenn die Vertragsparteien beabsichtigen, durch, die Vertragsbestimmung der Drittorganisation oder einer Gruppe internationaler Organisationen, zu der sie gehört, oder allen Organisationen ein Recht einzuräumen, und die Drittorganisation dem zustimmt. Die Zustimmung bestimmt sich nach den Vorschriften der Organisation.

(3) Ein Staat oder eine internationale Organisation, die ein Recht nach den Absätzen 1 oder 2 ausüben, haben die hiefür in dem Vertrag niedergelegten oder im Einklang mit ihm aufgestellten Bedingungen einzuhalten.

Artikel 37
Aufhebung oder Änderung der Pflichten oder Rechte von Drittstaaten oder Drittorganisationen

(1) Ist ein Vertrag in zwei oder mehr Sprachen als authentisch festgelegt worden, so ist der Text in jeder Sprache in gleicher Weise maßgebend, sofern nicht der Vertrag vorsieht oder die Vertragsparteien vereinbaren, daß bei Abweichungen ein bestimmter Text vorgehen soll.

(2) Eine Vertragsfassung in einer anderen Sprache als einer der Sprachen, deren Text als authentisch festgelegt wurde, gilt nur dann als authentischer Wortlaut, wenn der Vertrag dies vorsieht oder die Vertragsparteien dies vereinbaren.

(3) Es wird vermutet, daß die Ausdrücke des Vertrags in jedem authentischen Text dieselbe Bedeutung haben.

(4) Außer in Fällen, in denen ein bestimmter Text nach Absatz 1 vorgeht, wird, wenn ein Vergleich der authentischen Texte einen Bedeutungsunterschied aufdeckt, der durch die Anwendung der Artikel 31 und 32 nicht ausgeräumt werden kann, diejenige Bedeutung zugrunde gelegt, die unter Berücksichtigung von Ziel und Zweck des Vertrags die Wortlaute am besten miteinander in Einklang bringt.

Artikel 38
Vertragsbestimmungen, die kraft internationaler Gewohnheit für Drittstaaten oder Drittorganisationen verbindlich werden

Die Artikel 34 bis 37 schließen nicht aus, daß eine vertragliche Bestimmung als ein Satz des Völkergewohnheitsrechts, der als solcher anerkannt ist, für einen Drittstaat oder eine Drittorganisation verbindlich wird.

TEIL IV
ÄNDERUNG UND MODIFIKATION VON VERTRÄGEN

Artikel 39
Allgemeine Regel über die Änderung von Verträgen

(1) Ein Vertrag kann durch Übereinkunft zwischen den Vertragspaneien geändert werden.

Teil II findet auf eine solche Übereinkunft insoweit Anwendung, als der Vertrag nichts anderes vorsieht.

(2) Die Zustimmung einer internationalen Organisation zu einer in Absatz 1 vorgesehenen Übereinkunft bestimmt sich nach den Vorschriften dieser Organisation.

Artikel 40
Änderung mehrseitiger Verträge

(1) Sofern der Vertrag nichts anderes vorsieht, richtet sich die Änderung mehrseitiger Verträge nach den folgenden Absätzen.

(2) Vorschläge zur Änderung eines mehrseitigen Vertrags mit Wirkung zwischen allen Vertragsparteien sind allen Vertragsstaaten und Vertragsorganisationen zu notifizieren; jeder oder jede von ihnen ist berechtigt,

a) an dem Beschluß über das auf einen solchen Vorschlag hin zu Veranlassende teilzunehmen;

b) am Aushandeln und am Abschluß einer Übereinkunft zur Änderung des Vertrags teilzunehmen.

(3) Jeder Staat oder jede internationale Organisation, die berechtigt sind, Vertragspartei des Vertrags zu werden, sind auch berechtigt, Vertragspartei des geänderten Vertrags zu werden.

(4) Die Änderungsübereinkunft bindet keinen Staat und keine internationale Organisation, die schon Vertragspartei des Vertrags sind, jedoch nicht Vertragspartei der Änderungsübereinkunft werden; auf einen solchen Staat oder eine solche Organisation findet Artikel 30 Absatz 4 lit. b Anwendung.

(5) Ein Staat oder eine internationale Organisation, die nach Inkrafttreten der Änderungsübereinkunft Vertragspartei des Vertrags werden, gelten, sofern dieser Staat oder diese Organisation nicht eine abweichende Absicht äußern,

a) als Vertragspartei des geänderten Vertrags und

b) als Vertragspartei des nicht geänderten Vertrags im Verhältnis zu einer Vertragspartei, die durch die Änderungsübereinkunft nicht gebunden ist.

Artikel 41
Übereinkünfte zur Modifikation mehrseitiger Verträge zwischen einzelnen Vertragsparteien

(1) Zwei oder mehr Vertragsparteien eines mehrseitigen Vertrags können eine Übereinkunft schließen, um den Vertrag ausschließlich im Verhältnis zueinander zu modifizieren,

a) wenn die Möglichkeit einer solchen Modifikation in dem Vertrag vorgesehen ist oder

b) wenn die betreffende Modifikation durch den Vertrag nicht verboten ist und

i) die anderen Vertragsparteien in dem Genuß ihrer Rechte auf Grund des Vertrags oder in Erfüllung ihrer Pflichten nicht beeinträchtigt und

ii) sich nicht auf eine Bestimmung bezieht, von der abzuweichen mit der vollen Verwirklichung von Ziel und Zweck des gesamten Vertrags unvereinbar ist.

(2) Sofern der Vertrag in einem Fall des Absatzes 1 lit. a nichts anderes vorsieht, haben die betreffenden Vertragsparteien den anderen Vertragsparteien ihre Absicht, eine Übereinkunft zu schließen, sowie die darin vorgesehene Modifikation zu notifizieren.

TEIL V
UNGÜLTIGKEIT, BEENDIGUNG UND SUSPENDIERUNG VON VERTRÄGEN

ABSCHNITT 1
ALLGEMEINE BESTIMMUNGEN

Artikel 42
Gültigkeit und Weitergeltung von Verträgen

(1) Die Gültigkeit eines Vertrags oder der Zustimmung eines Staates oder einer internationalen Organisation, durch einen Vertrag gebunden zu sein, kann nur in Anwendung dieses Übereinkommens angefochten werden.

(2) Die Beendigung eines Vertrags, seine Kündigung oder der Rücktritt einer Vertragspartei kann nur in Anwendung der Bestimmungen des Vertrags oder dieses Übereinkommens erfolgen. Das gleiche gilt für die Suspendierung eines Vertrags.

Artikel 43
Pflichten, die das Völkerrecht unabhängig von einem Vertrag auferlegt

Die Ungültigkeit, Beendigung oder Kündigung eines Vertrags, der Rücktritt einer Vertragspartei vom Vertrag oder seine Suspendierung beeinträchtigen, soweit sie sich aus der Abwendung dieses Übereinkommens oder des Vertrages ergeben, in keiner Hinsicht die Pflicht eines Staates oder einer internationalen Organisation, eine in dem Vertrag enthaltene Verpflichtung zu erfüllen, der dieser Staat oder diese Organisation auch unabhängig von dem Vertrag auf Grund des Völkerrechts unterworfen sind.

Artikel 44
Trennbarkeit von Vertragsbestimmungen

(1) Das in einem Vertrag vorgesehene oder sich aus Artikel 56 ergebende Recht einer Vertragspartei, zu kündigen, zurückzutreten oder den

Vertrag zu suspendieren, kann nur hinsichtlich des gesamten Vertrags ausgeübt werden, sofern der Vertrag nichts anderes vorsieht oder die Vertragsparteien nichts anderes vereinbaren.

(2) Ein in diesem Übereinkommen anerkannter Grund dafür, einen Vertrag als ungültig zu erklären, ihn zu beenden, von ihm zurückzutreten oder ihn zu suspendieren, kann nur hinsichtlich des gesamten Vertrags geltend gemacht werden, sofern in den folgenden Absätzen oder in Artikel 60 nichts anderes vorgesehen ist.

(3) Trifft der Grund nur auf einzelne Bestimmungen zu, so kann er hinsichtlich dieser allein geltend gemacht werden,

a) wenn diese Bestimmungen von den übrigen Vertragsbestimmungen getrennt angewendet werden können;

b) wenn aus dem Vertrag hervorgeht oder anderweitig feststeht, daß die Annahme dieser Bestimmungen keine wesentliche Grundlage für die Zustimmung der anderen Vertragsparteien war, durch den gesamten Vertrag gebunden zu sein, und

c) wenn die Weiteranwendung der übrigen Vertragsbestimmungen nicht unbillig ist.

(4) In den Fällen der Artikel 49 und 50 können ein Staat oder eine internationale Organisation, die berechtigt sind, Betrug oder Bestechung geltend zu machen, dies entweder hinsichtlich des gesamten Vertrags oder, vorbehaltlich des Absatzes 3, nur hinsichtlich einzelner Bestimmungen tun.

(5) In den Fällen der Artikel 51, 52 und 53 ist die Abtrennung einzelner Vertragsbestimmungen unzulässig.

Artikel 45
Verlust des Rechtes, Gründe dafür geltend zu machen, einen Vertrag als ungültig zu erklären, ihn zu beenden, von ihm zurückzutreten oder ihn zu suspendieren

(1) Ein Staat kann Gründe nach den Artikeln 46 bis SO oder 60 und 62 nicht länger geltend machen, um einen Vertrag als ungültig zu erklären, ihn zu beenden, von ihm zurückzutreten oder ihn zu suspendieren, wenn, nachdem dem Staat der Sachverhalt bekanntgeworden ist,

a) er ausdrücklich zugestimmt hat, daß der Vertrag – je nach Lage des Falles – gültig ist, in Kraft bleibt oder weiterhin angewendet wird, oder

b) auf Grund seines Verhaltens angenommen werden muß, er habe – je nach Lage des Falles – der Gültigkeit des Vertrags, seinem Inkraftbleiben oder seiner Weiteranwendung stillschweigend zugestimmt.

(2) Eine internationale Organisation kann Gründe nach den Artikeln 46 bis 50 oder 60 und 62 nicht länger geltend machen, um einen Vertrag als ungültig zu erklären, ihn zu beenden, von ihm zurückzutreten oder ihn zu suspendieren, wenn, nachdem der Organisation der Sachverhalt bekanntgeworden ist,

a) sie ausdrücklich zugestimmt hat, daß der Vertrag – je nach Lage des Falles – gültig ist, in Kraft bleibt oder weiterhin angewendet wird, oder

b) auf Grund des Verhaltens des zuständigen Organs angenommen werden muß, sie habe auf das Recht, diesen Grund geltend zu machen, verzichtet.

ABSCHNITT 2
UNGÜLTIGKEIT VON VERTRÄGEN

Artikel 46
Innerstaatliche Bestimmungen und Vorschriften einer internationalen Organisation über die Zuständigkeit zum Abschluß von Verträgen

(1) Ein Staat kann sich nicht darauf berufen, daß seine Zustimmung, durch einen Vertrag gebunden zu sein, unter Verletzung einer Bestimmung seines innerstaatlichen Rechts über die Zuständigkeit zum Abschluß von Verträgen ausgedrückt wurde und daher ungültig sei, sofern nicht die Verletzung offenkundig war und eine innerstaatliche Rechtsvorschrift von grundlegender Bedeutung betraf.

(2) Eine internationale Organisation kann sich nicht darauf berufen, daß ihre Zustimmung, durch einen Vertrag gebunden zu sein, unter Verletzung der Vorschriften der Organisation über die Zuständigkeit zum Abschluß von Verträgen ausgedrückt wurde und daher ungültig sei, sofern nicht die Verletzung offenkundig war und eine Vorschrift von grundlegender Bedeutung betraf.

(3) Eine Verletzung ist offenkundig, wenn sie für jeden Staat oder jede internationale Organisation, die sich hierbei im Einklang mit der allgemeinen Übung der Staaten und gegebenenfalls internationalen Organisationen und nach Treu und Glauben verhalten, objektiv erkennbar sind.

Artikel 47
Besondere Beschränkungen der Ermächtigung, die Zustimmung eines Staates oder einer internationalen Organisation zum Ausdruck zu bringen

Ist die Ermächtigung eines Vertreters, die Zustimmung eines Staates oder einer internationalen Organisation auszudrücken, durch einen bestimmten Vertrag gebunden zu sein, einer besonderen Beschränkung unterworfen worden, so kann nur dann geltend gemacht werden, daß diese Zustimmung wegen Nichtbeachtung der Beschränkung ungültig sei, wenn die Beschränkung den Verhandlungsstaaten und Verhandlungsorganisationen notifiziert worden war, bevor der Vertreter die Zustimmung zum Ausdruck brachte.

Artikel 48
Irrtum

(1) Ein Staat oder eine internationale Organisation können geltend machen, daß ihre Zustimmung, durch den Vertrag gebunden zu sein, wegen eines Irrtums im Vertrag ungültig sei, wenn sich der Irrtum auf eine Tatsache oder Lage bezieht, deren Bestehen der Staat oder die internationale Organisation im Zeitpunkt des Vertragsabschlusses annahmen und die eine wesentliche Grundlage für die Zustimmung des Staates oder der Organisation bildete.

(2) Absatz 1 findet keine Anwendung, wenn der betreffende Staat oder die betreffende internationale Organisation durch ihr eigenes Verhalten zu dem Irrtum beigetragen haben oder nach den Umständen mit der Möglichkeit eines Irrtums rechnen mußten.

(3) Ein ausschließlich redaktioneller Irrtum berührt die Gültigkeit eines Vertrags nicht; in diesem Fall findet Artikel 80 Anwendung.

Artikel 49
Betrug

Ein Staat oder eine internationale Organisation, die durch das betrügerische Verhalten eines Verhandlungsstaats oder einer Verhandlungsorganisation zum Vertragsabschluß veranlaßt worden sind, können geltend machen, daß ihre Zustimmung, durch den Vertrag gebunden zu sein, wegen des Betrugs ungültig sein.

Artikel 50
Bestechung eines Vertreters eines Staates oder einer internationalen Organisation

Ein Staat oder eine internationale Organisation, deren Zustimmung, durch einen Vertrag gebunden zu sein, unmittelbar oder mittelbar durch Bestechung ihres Vertreters durch einen Verhandlungsstaat oder eine Verhandlungsorganisation herbeigeführt worden ist, können geltend machen, daß ihre Zustimmung, durch den Vertrag gebunden zu sein, wegen der Bestechung ungültig sei.

Artikel 51
Zwang gegen einen Vertreter eines Staates oder einer internationalen Organisation

Wurde die Zustimmung eines Staates oder einer internationalen Organisation, durch einen Vertrag gebunden zu sein, durch Zwang gegen den Vertreter dieses Staates oder dieser Organisation mittels gegen diesen gerichteter Handlungen oder Drohungen herbeigeführt, so hat sie keine Rechtswirkung.

Artikel 52
Zwang gegen einen Staat oder gegen eine internationale Organisation durch Drohung mit oder Anwendung von Gewalt

Ein Vertrag ist nichtig, wenn sein Abschluß durch Drohung mit oder Anwendung von Gewalt unter Verletzung der in der Satzung der Vereinten Nationen niedergelegten Grundsätze des Völkerrechts herbeigeführt wurde.

Artikel 53
Verträge im Widerspruch zu einer zwingenden Norm des allgemeinen Völkerrechts (ius cogens)

Ein Vertrag ist nichtig, wenn er im Zeitpunkt seines Abschlusses im Widerspruch zu einer zwingenden Norm des allgemeinen Völkerrechts steht. Im Sinne dieses Übereinkommens ist eine zwingende Norm des allgemeinen Völlkerrechtes eine Norm, die von der internationalen Staatsgemeinschaft in ihrer Gesamtheit angenommen und anerkannt wird als eine Norm, von der nicht abgewichen werden darf und die nur durch eine spätere Norm des allgemeinen Völkerrechts derselben Rechtsnatur geändert werden kann.

ABSCHNITT 3

BEENDIGUNG UND SUSPENDIERUNG VON VERTRÄGEN

Artikel 54
Beendigung eines Vertrags oder Rücktritt vom Vertrag auf Grund seiner Bestimmungen oder durch Einvernehmen zwischen den Vertragsparteien

Die Beendigung eines Vertrags oder der Rücktritt einer Vertragspartei vom Vertrag können erfolgen

a) nach Maßgabe der Vertragsbestimmungen oder

b) jederzeit durch Einvernehmen zwischen allen Vertragsparteien nach Konsultierung der Vertragsstaaten und Vertragsorganisationen.

Artikel 55
Abnahme der Zahl der Vertragsparteien eines mehrseitigen Vertrags auf weniger als die für sein Inkrafttreten erforderliche Zahl

Sofern der Vertrag nichts anderes vorsieht, erlischt ein mehrseitiger Vertrag nicht schon deshalb, weil die Zahl der Vertragsparteien unter die für sein Inkrafttreten erforderliche Zahl sinkt.

Artikel 56
Kündigung eines Vertrags oder Rücktritt von einem Vertrag, der keine Bestimmungen über Beendigung, Kündigung oder Rücktritt enthält

(1) Ein Vertrag, der keine Bestimmung über seine Beendigung enthält und eine Kündigung oder einen Rücktritt nicht vorsieht, unterliegt weder der Kündigung noch dem Rücktritt, sofern

a) nicht feststeht, daß die Vertragsparteien die Möglichkeit einer Kündigung oder eines Rücktritts zuzulassen beabsichtigten, oder

b) ein Kündigungs- oder Rücktrittsrecht sich nicht aus der Natur des Vertrages herleiten läßt.

(2) Eine Vertragspartei hat ihre Absicht, nach Absatz 1 einen Vertrag zu kündigen oder von einem Vertrag zurückzutreten, mindestens zwölf Monate im voraus zu notifizieren.

Artikel 57
Suspendierung eines Vertrags auf Grund seiner Bestimmungen oder durch Einvernehmen zwischen den Vertragsparteien

Ein Vertrag kann gegenüber allen oder einzelnen Vertragsparteien suspendiert werden

a) nach Maßgabe der Vertragsbestimmungen oder

b) jederzeit durch Einvernehmen zwischen allen Vertragsparteien nach Konsultierung der Vertragsstaaten und Vertragsorganisationen.

Artikel 58
Suspendierung eines mehrseitigen Vertrags auf Grund einer Übereinkunft zwischen einzelnen Vertragsparteien

(1) Zwei oder mehr Vertragsparteien eines mehrseitigen Vertrags können eine Übereinkunft zur zeitweiligen, nur zwischen ihnen wirksamen Suspendierung einzelner Vertragsbestimmungen schließen,

a) wenn eine solche Suspendierungsmöglichkeit im Vertrag vorgesehen ist oder

b) wenn die Suspendierung durch den Vertrag nicht verboten ist, vorausgesetzt,

i) daß sie die anderen Vertragsparteien im Genuß ihrer Rechte auf Grund des Vertrags oder in der Erfüllung ihrer Pflichten nicht beeinträchtigt und

ii) daß sie mit Ziel und Zweck des Vertrags nicht unvereinbar ist.

(2) Sofern der Vertrag in einem Fall des Absatzes 1 lit. a nichts anderes versieht, haben diese Vertragsparteien den anderen Vertragsparteien ihre Absicht, die Übereinkunft zu schließen, sowie diejenigen Vertragsbestimmungen zu notifizieren, die sie suspendieren wollen.

Artikel 59
Beendigung oder Suspendierung eines Vertrags durch Abschluß eines späteren Vertrags

(1) Ein Vertrag gilt als beendet, wenn alle Vertragsparteien später einen sich auf denselben Gegenstand beziehenden Vertrag schließen und

a) aus dem späteren Vertrag hervorgeht oder anderweitig feststeht, daß die Vertragsparteien beabsichtigten, den Gegenstand durch den späteren Vertrag zu regeln, oder

b) die Bestimmungen des späteren Vertrags mit denen des früheren Vertrags in solchem Maße unvereinbar sind, daß die beiden Verträge eine gleichzeitige Anwendung nicht zulassen.

(2) Der frühere Vertrag gilt als nur suspendiert, wenn eine solche Absicht der Vertragsparteien aus dem späteren Vertrag hervorgeht oder anderweitig feststeht.

Artikel 60
Beendigung oder Suspendierung eines Vertrages infolge Vertragsverletzung

(1) Eine erhebliche Verletzung eines zweiseitigen Vertrags durch eine Vertragspartei berechtigt die andere Vertragspartei die Vertragsverletzung als Grund für die Beendigung des Vertrags oder für seine gänzliche oder teilweise Suspendierung geltend zu machen.

(2) Eine erhebliche Verletzung eines mehrseitigen Vertrags durch eine Vertragspartei

a) berechtigt die anderen Vertragsparteien, einvernehmlich den Vertrag ganz oder teilweise zu suspendieren oder ihn zu beenden

i) entweder im Verhältnis zwischen ihnen und dem vertragsbrüchigen Staat oder der vertragsbrüchigen internationalen Organisation

ii) oder zwischen allen Vertragsparteien;

b) berechtigt eine durch die Vertragsverletzung besonders betroffene Vertragspartei, die Verletzung als Grund für die gänzliche oder teilweise Suspendierung des Vertrags im Verhältnis zwischen ihr und dem vertragsbrüchigen Staat oder der vertragsbrüchigen internationalen Organisation geltend zu machen;

c) berechtigt jede Vertragspartei außer dem vertragsbrüchigen Staat oder der vertragsbrüchigen internationalen Organisation, die Vertragsverletzung als Grund für die gänzliche oder teilweise Suspendierung des Vertrags in bezug auf sich selbst geltend zu machen, wenn der Vertrag so beschaffen ist, daß eine erhebliche Verletzung seiner Bestimmungen durch eine Vertragspartei die Lage jeder Vertragspartei hinsichtlich der weiteren Erfüllung ihrer Vertragsverpflichtungen grundlegend ändert.

(3) Eine erhebliche Verletzung im Sinne dieses Artikels liegt

a) in einer nach diesem Übereinkommen nicht zulässigen Ablehnung des Vertrages oder

b) in der Verletzung einer für die Erreichung des Vertragsziels oder des Vertragszwecks wesentlichen Bestimmung.

(4) Die Absätze 1 bis 3 lassen Vertragsbestimmungen unberührt, die bei einer Verletzung des Vertrags anwendbar sind.

(5) Die Absätze 1 bis 3 finden keine Anwendung auf Bestimmungen über den Schutz der menschlichen Person in Verträgen humanitärer Art, insbesondere auf Bestimmungen zum Verbot von Repressalien jeder Art gegen die durch derartige Verträge geschützten Personen.

Artikel 61
Nachträgliche Unmöglichkeit der Erfüllung

(1) Eine Vertragspartei kann die Unmöglichkeit der Vertragserfüllung als Grund für die Beendigung des Vertrags oder den Rücktritt vom Vertrag geltend machen, wenn sich die Unmöglichkeit aus dem endgültigen Verschwinden oder der Vernichtung eines zur Ausführung des Vertrags unerläßlichen Gegenstands ergibt. Eine vorübergehende Unmöglichkeit kann nur als Grund für die Suspendierung des Vertrags geltend gemacht werden.

(2) Eine Vertragspartei kann die Unmöglichkeit der Vertragserfüllung nicht als Grund für die Beendigung des Vertrags, den Rücktritt vom Vertrag oder seine Suspendierung geltend machen, wenn sie die Unmöglichkeit durch die Verletzung einer Vertragsverpflichtung oder einer sonstigen, gegenüber einer anderen Vertragspartei bestehenden internationalen Verpflichtung selbst herbeigeführt hat.

Artikel 62
Grundlegende Änderung der Umstände

(1) Eine grundlegende Änderung der beim Vertragsabschluß gegebenen Umstände, die von den Vertragsparteien nicht vorausgesehen wurde, kann nicht als Grund für die Beendigung des Vertrags oder den Rücktritt von ihm geltend gemacht werden, es sei denn,

a) das Vorhandensein jener Umstände bildete eine wesentliche Grundlage für die Zustimmung der Vertragsparteien, durch den Vertrag gebunden zu sein, und

b) die Änderung der Umstände würde das Ausmaß der auf Grund des Vertrags noch zu erfüllenden Verpflichtungen tiefgreifend umgestalten.

(2) Eine grundlegende Änderung der Umstände kann nicht als Grund für die Beendigung eines Vertrags zwischen zwei oder mehreren Staaten und einer oder mehreren internationalen Organisationen oder den Rücktritt von ihm geltend gemacht werden, wenn der Vertrag eine Grenze festlegt .

(3) Eine grundlegende Änderung der Umstände kann nicht als Grund für die Beendigung des Vertrags oder den Rücktritt von ihm geltend gemacht werden, wenn die Vertragspartei, welche die grundlegende Änderung der Umstände geltend macht, diese durch Verletzung einer Vertragsverpflichtung oder einer sonstigen, gegenüber einer anderen Vertragspartei bestehenden internationalen Verpflichtung selbst herbeigeführt hat.

(4) Kann eine Vertragspartei nach den Absätzen 1 bis 3 eine grundlegende Änderung der Umstände als Grund für die Beendigung des Vertrags oder den Rücktritt von ihm geltend machen, so kann sie die Änderung auch als Grund für die Suspendierung des Vertrags geltend. machen.

Artikel 63
Abbruch der diplomatischen oder konsularischen Beziehungen

Der Abbruch der diplomatischen oder konsularischen Beziehungen zwischen Staaten, die Parteien eines Vertrags zwischen zwei oder mehreren Staaten und einer oder mehreren internationalen Organisationen sind, läßt die zwischen diesen Staaten durch den Vertrag begründeten Rechtsbeziehungen unberührt, es sei denn, das Bestehen diplomatischer oder konsularischer Beziehungen ist für die Anwendung des Vertrags unerläßlich.

Artikel 64
Entstehung einer neuen zwingenden Norm des allgemeinen Völkerrechts (ius cogens)

Entsteht eine neue zwingende Norm des allgemeinen Völkerrechts, so wird jeder zu dieser Norm im Widerspruch stehende Vertrag nichtig und erlischt.

ABSCHNITT 4
VERFAHREN

Artikel 65
Verfahren bei Ungültigkeit oder Beendigung eines Vertrags, beim Rücktritt von einem Vertrag oder bei Suspendierung eines Vertrags

(1) Macht eine Vertragspartei auf Grund dieses Übereinkommens entweder einen Mangel in ihrer Zustimmung, durch einen Vertrag gebunden zu sein, oder einen Grund zur Anfechtung der Gültigkeit eines Vertrags, zu seiner Beendigung, zum Rücktritt vom Vertrag oder zu seiner Suspendierung geltend, so hat sie den anderen Vertragsparteien ihren Anspruch zu notifizieren. In der Notifikation sind die in bezug auf den Vertrag beab-

sichtigte Maßnahme und die Gründe dafür anzugeben.

(2) Erhebt innerhalb einer Frist, die – außer in besonders dringenden Fällen – nicht weniger als drei Monate nach Empfang der Notifikation beträgt, keine Vertragspartei Einspruch, so kann die notifizierende Vertragspartei in der in Artikel 67 vorgesehenen Form die angekündigte Maßnahme durchführen.

(3) Hat jedoch eine andere Vertragspartei Einspruch erhoben, so bemühen sich die Vertragsparteien um eine Lösung durch die in Artikel 33 der Satzung der Vereinten Nationen genannten Mittel.

(4) Die Notifikation oder der Einspruch, die durch eine internationale Organisation erfolgen, bestimmen sich nach den Vorschriften dieser Organisation.

(5) Die Absätze 1 bis 4 berühren nicht die Rechte oder Pflichten der Vertragsparteien auf Grund in Kraft befindlicher und für die Vertragsparteien verbindlicher Bestimmungen über die Beilegung von Streitigkeiten.

(6) Unbeschadet des Artikels 45 hindert der Umstand, daß ein Staat oder eine internationale Organisation die nach Absatz 1 vorgeschriebene Notifikation noch nicht abgegeben haben, diese nicht daran, eine solche Notifikation als Antwort gegenüber einer anderen Vertragspartei abzugeben, die Vertragserfüllung fordert oder eine Vertragsverletzung behauptet.

Artikel 66
Verfahren zur gerichtlichen oder schiedsgerichtlichen Beilegung oder zum Vergleich

(1) Ist innerhalb von zwölf. Monaten nach Erhebung eines Einspruchs keine Lösung nach Artikel 65 Absatz 3 erzielt worden, so sind die in den folgenden Absätzen bezeichneten Verfahren anzuwenden.

(2) Bei einer Streitigkeit über die Anwendung oder Auslegung des Artikels 53 oder 64

a) kann ein Staat, wenn er Partei einer Streitigkeit mit einem oder mehreren Staaten ist, die Streitigkeit durch eine Klageschrift dem Internationalen Gerichtshof zur Entscheidung unterbreiten;

b) kann ein Staat, wenn er Partei einer Streitigkeit ist, bei der eine oder mehrere internationale Organisationen Parteien sind, notwendigenfalls durch einen Mitgliedstaat der Vereinten Nationen, die Generalversammlung oder den Sicherheitsrat oder gegebenenfalls das zuständige Organ einer internationalen Organisation, die Partei der Streitigkeit ist und nach Artikel 96 der Satzung der Vereinten Nationen ermächtigt ist, ersuchen, den Internationalen Gerichtshof um ein Gutachten nach Artikel 65 des Statuts des Gerichtshofs zu ersuchen;

c) können die Vereinten Nationen oder eine internationale Organisation, die nach Artikel 96 der Satzung der Vereinten Nationen ermächtigt ist, wenn sie Partei der Streitigkeit sind, den Internationalen Gerichtshof nach Artikel 65 des Statuts des Gerichtshofs um ein Gutachten ersuchen;

d) kann eine andere internationale Organisation als die in lit. c genannten, wenn sie Partei der Streitigkeit ist, durch einen Mitgliedstaat der Vereinten Nationen das in lit. b bezeichnete Verfahren anwenden;

e) wird das gemäß lit. b, c oder d abgegebene Gutachten von allen Parteien der Streitigkeit als entscheidend angenommen;

f) kann jede der Parteien der Streitigkeit, wenn dem Ersuchen nach lit. b, c oder d um ein Gutachten des Gerichtshofs nicht stattgegeben wird, sie durch eine schriftliche Notifikation an die andere Partei oder die anderen Parteien einem Schiedsverfahren nach den Bestimmungen der Anlage zu diesem Übereinkommen unterwerfen.

(3) Die Bestimmungen des Absatzes 2 finden Anwendung, sofern nicht alle Parteien einer in dem erwähnten Absatz genannten Streitigkeit vereinbaren, die Streitigkeit einem Schiedsverfahren einschließlich des in der Anlage zu diesem Übereinkommen bezeichneten zu unterwerfen.

(4) Bei einer Streitigkeit über die Anwendung oder Auslegung eines sonstigen Artikels des Teiles V dieses Übereinkommens außer den Artikeln 53 und 64 kann jede Partei der Streitigkeit das in der Anlage zu dem Übereinkommen bezeichnete Vergleichsverfahren durch einen diesbezüglichen Antrag an den Generalsekretär der Vereinten Nationen einleiten.

Artikel 67
Urkunden zur Ungültigerklärung oder Beendigung eines Vertrags, zum Rücktritt von einem Vertrag oder zur Suspendierung eines Vertrags

(1) Die Notifikation nach Artikel 65 Absatz 1 bedarf der Schriftform.

(2) Eine Handlung, durch die ein Vertrag auf Grund seiner Bestimmungen oder nach Artikel 65 Absatz 2 oder 3 dieses Übereinkommens für ungültig erklärt oder beendet wird, durch die der Rücktritt vom Vertrag erklärt oder dieser suspendiert wird, ist durch eine den anderen Vertragsparteien zu übermittelnde Urkunde vorzunehmen. Ist die von einem Staat stammende Urkunde nicht vom Staatsoberhaupt, Regierungschef oder Außenminister unterzeichnet, so kann der Vertreter des die Urkunde übermittelnden Staates aufgefordert werden, seine Vollmacht vorzulegen. Stammt die Urkunde von einer internationalen Organisa-

tion, so kann der Vertreter der die Urkunde übermittelnden Organisation aufgefordert werden, seine Vollmacht vorzulegen.

Artikel 68
Rücknahme von Notifikationen und Urkunden nach den Artikeln 65 und 67

Eine Notifikation oder eine Urkunde nach den Artikeln 65 und 67 kann jederzeit zurückgenommen werden, bevor sie wirksam wird.

ABSCHNITT 5
FOLGEN DER UNGÜLTIGKEIT, DER BEENDIGUNG ODER DER SUSPENDIERUNG EINES VERTRAGS

Artikel 69
Folgen der Ungültigkeit eines Vertrags

(1) Ein Vertrag, dessen Ungültigkeit auf Grund dieses Übereinkommens festgestellt wird, ist nichtig. Die Bestimmungen eines nichtigen Vertrags haben keine rechtliche Gültigkeit.

(2) Sind jedoch, gestützt auf einen solchen Vertrag, Handlungen vorgenommen worden,

a) so kann jede Vertragspartei von jeder anderen Vertragspartei verlangen, daß diese in ihren gegenseitigen Beziehungen soweit wie möglich die Lage wiederherstellt, die bestanden hätte, wenn die Handlungen nicht vorgenommen worden wären;

b) so werden Handlungen, die vor Geltendmachung der Ungültigkeit m gutem Glauben vorgenommen wurden, nicht schon durch die Ungültigkeit des Vertrags rechtswidrig.

(3) In den Fällen der Artikel 49, 50,51 oder 52 findet Absatz 2 keine Anwendung in bezug auf die Vertragspartei, welcher der Betrug, die Bestechung oder der Zwang zuzurechnen ist.

(4) Ist die Zustimmung eines bestimmten Staates oder einer bestimmten internationalen Organisation, durch einen mehrseitigen Vertrag gebunden zu sein, mit einem Mangel behaftet, so finden die Absätze 1 bis 3 im Verhältnis zwischen diesem Staat oder dieser Organisation und den Vertragsparteien Anwendung.

Artikel 70
Folgen der Beendigung eines Vertrags

(1) Sofern der Vertrag nichts anderes vorsieht oder die Vertragsparteien nichts anderes vereinbaren, hat die nach den Bestimmungen des Vertrags oder nach diesem Übereinkommen eingetretene Beendigung des Vertrags folgende Wirkungen:

a) Sie befreit die Vertragsparteien von der Verpflichtung, den Vertrag weiterhin zu erfüllen;

b) Beendigung des Vertrags durch dessen Durchführung begründeten Rechte und Pflichten der Vertragsparteien und ihre dadurch geschaffene Rechtslage.

(2) Kündigen ein Staat oder eine internationale Organisation einen mehrseitigen Vertrag oder treten sie von ihm zurück, so gilt Absatz 1 in den Beziehungen zwischen diesem Staat oder dieser Organisation und jeder anderen Vertragspartei vom Zeitpunkt des Wirksamwerdens der Kündigung oder des Rücktritts an.

Artikel 71
Folgen der Ungültigkeit eines Vertrags, der im Widerspruch zu einer zwingenden Norm des allgemeinen Völkerrechts steht

(1) Im Fall eines nach Artikel 53 nichtigen Vertrags haben die Vertragsparteien

a) soweit wie möglich die Folgen von Handlungen zu beseitigen, die, gestützt auf eine zu der zwingenden Norm des allgemeinen Völkerrechts im Widerspruch stehende Bestimmung, vorgenommen wurden, und

b) ihre gegenseitigen Beziehungen mit der zwingenden Norm des allgemeinen Völkerrechts in Einklang zu bringen.

(2) Im Fall eines Vertrags, der nach Artikel 64 nichtig wird und erlischt, hat die Beendigung folgende Wirkungen:

a) Sie befreit die Vertragsparteien von der Verpflichtung, den Vertrag weiterhin zu erfüllen;

b) sie berührt nicht die vor Beendigung des Vertrags begründeten Rechte und Pflichten der Vertragsparteien und ihre dadurch geschaffene Rechtslage; solche Rechte, Pflichten und Rechtslagen dürfen danach jedoch nur insoweit aufrechterhalten werden, als ihre Aufrechterhaltung als solche nicht im Widerspruch zu der neuen zwingenden Norm des allgemeinen Völkerrechts steht.

Artikel 72
Folgen der Suspendierung eines Vertrags

(1) Sofern der Vertrag nichts anderes vorsieht oder die Vertragsparteien nichts anderes vereinbaren, hat die nach den Bestimmungen des Vertrags oder nach diesem Übereinkommen erfolgte Suspendierung des Vertrags folgende Wirkungen:

a) Sie befreit die Vertragsparteien, zwischen denen der Vertrag suspendiert ist, in ihren gegenseitigen Beziehungen während der Suspendierung von der Verpflichtung, den Vertrag zu erfüllen;

b) sie berührt anderweitig die durch den Vertrag zwischen den Vertragsparteien begründeten Rechtsbeziehungen nicht.

(2) Während der Suspendierung haben sich die Vertragsparteien aller Handlungen zu enthalten,

die der Wiederanwendung des Vertrags entgegenstehen könnten.

TEIL VI

VERSCHIEDENE BESTIMMUNGEN

Artikel 73
Verhältnis zum Wiener Übereinkommen über das Recht der Verträge

Zwischen Staaten, die Vertragsparteien des Wiener Übereinkommens über das Recht der Verträge von 1969 sind, bestimmen sich die Beziehungen auf Grund eines Vertrags zwischen zwei oder mehreren Staaten und einer oder mehreren internationalen Organisationen nach dem genannten Übereinkommen.

Artikel 74
Durch dieses Übereinkommen nicht berührte Fragen

(1) Dieses Übereinkommen läßt Fragen unberührt, die sich hinsichtlich eines Vertrags zwischen einem oder mehreren Staaten und einer oder mehreren internationalen Organisationen aus der Nachfolge von Staaten, aus der völkerrechtlichen Verantwortlichkeit eines Staates oder aus dem Ausbruch von Feindseligkeiten zwischen Staaten ergeben können.

(2) Dieses Übereinkommen läßt Fragen unberührt, die sich hinsichtlich eines Vertrags aus der völkerrechtlichen Verantwortlichkeit einer internationalen Organisation, aus der Beendigung des Bestehens der Organisation oder aus der Beendigung der Beteiligung eines Staates als Mitglied bei der Organisation ergeben können.

(3) Dieses Übereinkommen läßt Fragen unberührt, die sich hinsichtlich der Schaffung von Pflichten und Rechten für Staaten, die Mitglieder einer internationalen Organisation sind, auf Grund eines Vertrags, bei dem die Organisation Partei ist, ergeben können.

Artikel 75
Diplomatische und konsularische Beziehungen und der Abschluß von Verträgen

Der Abbruch oder das Fehlen diplomatischer oder konsularischer Beziehungen zwischen zwei oder mehreren Staaten steht dem Abschluß von Verträgen zwischen diesen Staaten und einer oder mehreren internationalen Organisationen nicht entgegen. Der Abschluß eines derartigen Vertrags ist als solcher ohne Wirkung in bezug auf diplomatische oder konsularische Beziehungen.

Artikel 76
Fall eines Aggressorstaates

Dieses Übereinkommen berührt keine mit einem Vertrag zwischen einem oder mehreren Staaten und einer oder mehreren internationalen Organisationen zusammenhängenden Verpflichtungen, welche sich für einen Aggressorstaat infolge von Maßnahmen ergeben können, die auf die Aggression des betreffenden Staates hin im Einklang mit der Satzung der Vereinten Nationen getroffen wurden.

TEIL VII

DEPOSITÄR, NOTIFIKATIONEN, BERICHTIGUNGEN UND REGISTRIERUNG

Artikel 77
Depositär von Verträgen

(1) Der Depositär eines Vertrags kann von den Verhandlungsstaaten und Verhandlungsorganisationen oder, je nachdem, von den Verhandlungsorganisationen im Vertrag selbst oder in sonstiger Weise bestimmt werden. Einzelne oder mehrere Staaten, eine internationale Organisation oder der leitende Verwaltungsbeamte einer internationalen Organisation können Depositär sein.

(2) Die Aufgaben des Depositärs haben internationalen Charakter; der Depositär ist verpflichtet, diese Aufgaben unparteiisch wahrzunehmen. Insbesondere wird diese Verpflichtung nicht davon berührt, daß ein Vertrag zwischen einzelnen Vertragsparteien nicht in Kraft getreten ist oder daß zwischen einem Staat oder einer internationalen Organisation und einem Depositär über die Erfüllung von dessen Aufgaben Meinungsverschiedenheiten aufgetreten sind.

Artikel 78
Aufgaben des Depositärs

(1) Sofern der Vertrag nichts anderes vorsieht oder die Vertragsstaaten und Vertragsorganisationen oder, je nachdem, die Vertragsorganisationen nichts anderes vereinbaren, hat ein Depositär insbesondere folgende Aufgaben:

a) die Urschrift des Vertrags und der dem Depositär übergebenen Vollmachten zu verwahren;

b) beglaubigte Abschriften der Urschrift sowie weitere Texte des Vertrags in den nach dem Vertrag erforderlichen zusätzlichen Sprachen zu erstellen und sie den Vertragsparteien und den Staaten und internationalen Organisationen zu übermitteln, die berechtigt sind, Vertragsparteien zu werden;

c) Unterzeichnungen des Vertrags entgegenzunehmen sowie alle sich auf den Vertrag beziehenden Urkunden, Notifikationen und Mitteilungen entgegenzunehmen und zu verwahren;

d) zu prüfen, ob die Unterzeichnung und jede sich auf den Vertrag beziehende Urkunde, Notifikation oder Mitteilung in guter und gehöriger Form sind, und, falls erforderlich, den betreffenden Staat darauf aufmerksam zu machen;

e) die Vertragsparteien sowie die Staaten und internationalen Organisationen, die berechtigt sind, Vertragsparteien zu werden, von Handlungen, Notifikationen und Mitteilungen zu unterrichten, die sich auf den Vertrag beziehen;

f) die Staaten und internationalen Organisationen, die berechtigt sind, Vertragsparteien zu werden, von dem Zeitpunkt zu unterrichten, zu dem die für das Inkrafttreten des Vertrags erforderliche Anzahl von Unterzeichnungen oder von Ratifikationsurkunden, Urkunden betreffend einen Akt der förmlichen Bestätigung, Annahme-, Genehmigungs- oder Beitrittsurkunden vorliegt oder hinterlegt wurde;

g) den Vertrag beim Sekretariat der Vereinten Nationen registrieren zu lassen;

h) die in anderen Bestimmungen dieses Übereinkommens bezeichneten Aufgaben zu erfüllen.

(2) Treten zwischen einem Staat oder einer internationalen Organisation und dem Depositär über die Erfüllung von dessen Aufgaben Meinungsverschiedenheiten auf, so macht dieser

a) die Unterzeichnerstaaten und -organisationen und die Vertragsstaaten und Vertragsorganisationen oder,

b) wenn angebracht, das zuständige Organ der internationalen Organisation

darauf aufmerksam.

Artikel 79
Notifikationen und Mitteilungen

Sofern der Vertrag oder dieses Übereinkommen nichts anderes vorsieht, gilt für Notifikationen und Mitteilungen, die ein Staat oder eine internationale Organisation auf Grund dieses Übereinkommens abzugeben haben, folgendes:

a) Ist kein Depositär vorhanden, so sind sie unmittelbar den Staaten zu übersenden, für die sie bestimmt sind; ist ein Depositär vorhanden, so sind sie diesem zu übersenden;

b) sie gelten erst dann als von dem betreffenden Staat oder der betreffenden Organisation abgegeben, wenn sie – je nach Lage des Falles – der Staat oder die Organisation, denen sie übermittelt werden, oder der Depositär empfangen haben;

c) werden sie einem Depositär übermittelt, so gelten sie erst in dem Zeitpunkt als von dem Staat oder der Organisation, für die sie bestimmt sind, empfangen, zu dem diese nach Artikel 78 Absatz 1 lit. e von dem Depositär unterrichtet wurden.

Artikel 80
Berichtigung von Fehlern im Text oder in den beglaubigten Abschriften von Verträgen

(1) Kommen die Unterzeichnerstaaten und die unterzeichnenden internationalen Organisationen sowie die Vertragsstaaten und Vertragsorganisationen nach Festlegung des authentischen Textes eines Vertrags übereinstimmend zu der Ansicht, daß er einen Fehler enthält, so wird dieser, sofern diese Staaten und Organisationen nicht ein anderes Verfahren zur Berichtigung beschließen, wie folgt berichtigt:

a) Der Text wird entsprechend berichtigt und die Berichtigung von gehörig ermächtigten Vertretern paraphiert;

b) über die vereinbarte Berichtigung wird eine Urkunde errichtet oder werden mehrere Urkunden ausgetauscht oder

c) ein berichtigter Text des gesamten Vertrags wird nach demselben Verfahren hergestellt wie der ursprüngliche Text.

(2) Ist für einen Vertrag ein Depositär vorhanden, so notifiziert dieser den Unterzeichnerstaaten und den unterzeichnenden internationalen Organisationen sowie den Vertragsstaaten und Vertragsorganisationen den Fehler und den Berichtigungsvorschlag und setzt eine angemessene Frist, innerhalb welcher Einspruch gegen die vorgeschlagene Berichtigung erhoben werden kann. Ist nach Ablauf dieser Frist

a) kein Einspruch erhoben worden, so nimmt der Depositär die Berichtigung am Text vor und paraphiert sie; ferner fertigt er eine Niederschrift über die Berichtigung an und übermittelt von dieser je eine Abschrift den Vertragsparteien und den Staaten und Organisationen, die berechtigt sind, Vertragsparteien zu werden;

b) Einspruch erhoben worden, so teilt der Depositär den Unterzeichnerstaaten und -organisationen sowie den Vertragsstaaten und Vertragsorganisationen den Einspruch mit.

(3) Die Absätze 1 und 2 finden auch Anwendung, wenn der Text in zwei oder mehr Sprachen als authentisch festgelegt wurde und Republisich ein Mangel an Übereinstimmung herausstellt, der nach einhelliger Auffassung der Unterzeichnerstaaten und unterzeichnenden internationalen Organisationen sowie der Vertragsstaaten und Vertragsorganisationen behoben werden soll.

(4) Der berichtigte Text tritt ab initio an die Stelle des mangelhaften Textes, sofern die Unterzeichnerstaaten und die unterzeichnenden internationalen Organisationen sowie die Vertragsstaaten und Vertragsorganisationen nichts anderes beschließen.

(5) Die Berichtigung des Textes eines registrierten Vertrags ist dem Sekretariat der Vereinten Nationen zu notifizieren.

(6) Wird in einer beglaubigten Abschrift eines Vertrags ein Fehler festgestellt, so fertigt der Depositär eine Niederschrift über die Berichtigung an und übermittelt den Unterzeichnerstaaten und den unterzeichnenden internationalen Organisationen sowie den Vertragsstaaten und Vertragsorganisationen von dieser je eine Abschrift.

Artikel 81
Registrierung und Veröffentlichung von Verträgen

(1) Verträge werden nach ihrem Inkrafttreten dem Sekretariat der Vereinten Nationen zur Registrierung beziehungsweise Aufnahme in die Akten (filing and recording) und zur Veröffent ichung übermittelt.

(2) Ist ein Depositär bestimmt, so gilt er als befugt, die in Absatz 1 genannten Handlungen vorzunehmen.

TEIL VIIII
SCHLUSSBESTIMMUNGEN

Artikel 82
Unterzeichnung

Dieses Übereinkommen liegt bis zum 31. Dezember 1986 im Bundesministerium für Auswärtige Angelegenheiten der Republik Österreich und danach bis zum 30. Juni 1987 am Sitz der Vereinten Nationen in New York

a) für alle Staaten,

b) für Namibia, vertreten durch den Rat der Vereinten Nationen für Namibia,

c) für internationale Organisationen, die zur Teilnahme an der Konferenz der Vereinten Nationen über das Recht der Verträge zwischen Staaten und internationalen Organisationen oder zwischen internationalen Organisationen eingeladen wurden,

zur Unterzeichnung auf.

Artikel 83
Ratifikation oder Akt der förmlichen Bestätigung

Dieses Übereinkommen bedarf der Ratifikation durch Staaten und Namibia, vertreten durch den Rat der Vereinten Nationen für Namibia, sowie Akten der förmlichen Bestätigung durch internationale Organisationen. Die Ratifikationsurkunden und die Urkunden betreffend Akte der förmlichen Bestätigung werden beim Generalsekretär der Vereinten Nationen hinterlegt.

Artikel 84

(1) Dieses Übereinkommen steht jedem Staat, Namibia, vertreten durch den Rat der Vereinten Nationen für Namibia, und jeder internationalen Organisation, die die Fähigkeit besitzt, Verträge zu schließen, zum Beitritt offen.

(2) Die Beitrittsurkunde einer internationalen Organisation enthält eine Erklärung, daß die Organisation die Fähigkeit besitzt, Verträge zu schließen.

(3) Die Beitrittsurkunden werden beim Generalsekretär der Vereinten Nationen hinterlegt.

Artikel 85
Inkrafttreten

(1) Dieses Übereinkommen tritt am dreißigsten Tag nach Hinterlegung der fünfunddreißigsten Ratifikations- oder Beitrittsurkunde durch Staaten oder durch Namibia, vertreten durch den Rat der Vereinten Nationen für Namibia, in Kraft.

(2) Für jeden Staat oder für Namibia, vertreten durch den Rat der Vereinten Nationen für Namibia, der das Übereinkommen ratifiziert oder ihm beitritt, nachdem die in Absatz 1 bezeichnete Voraussetzung erfüllt worden ist, tritt es am dreißigsten Tag nach Hinterlegung seiner eigenen Ratifikations- oder Beitrittsurkunde in Kraft.

(3) Für jede internationale Organisation, die eine Urkunde betreffend einen Akt der förmlichen Bestätigung oder eine Beitrittsurkunde hinterlegt, tritt das Übereinkommen am dreißigsten Tag nach einer derartigen Hinterlegung oder zum Zeitpunkt des Inkrafttretens des Übereinkommens nach Absatz 1, wenn dies der spätere ist, in Kraft.

Artikel 86
Authentische Texte

Die Urschrift dieses Übereinkommens, dessen arabischer, chinesischer, englischer, französischer, russischer und spanischer Text gleichermaßen authentisch ist, wird beim Generalsekretär der Vereinten Nationen hinterlegt.

ZU URKUND DESSEN haben die unterzeichneten, von ihren Regierungen gehörig befugten Bevollmächtigten und die gehörig befugten Vertreter des Rates der Vereinten Nationen für Namibia und der internationalen Organisationen dieses Übereinkommen unterschrieben.

GESCHEHEN ZU WIEN am 21. März 1986.

Anhang

IN ANWENDUNG DES ARTIKELS 66 EINGERICHTETES SCHIEDS- UND VERGLEICHSVERFAHREN

I. BILDUNG DES SCHIEDSGERICHTS ODER DER VERGLEICHSKOMMISSION

(1) Der Generalsekretär der Vereinten Nationen erstellt und führt ein Verzeichnis qualifizierter Juristen, aus dem die Parteien einer Streitigkeit die Personen wählen können, die das Schiedstribunal oder, je nachdem, die Vergleichskommission bilden. Zu diesem Zweck werden jeder Staat, der Mitglied der Vereinten Nationen ist, und jede Vertragspartei dieses Übereinkommens ersucht, zwei Personen zu ernennen. Die Namen der so Ernannten bilden das Verzeichnis, das in Kopie dem Präsidenten des Internationalen Gerichtshofs übermittelt wird. Die auf der Liste aufscheinenden Personen, einschließlich der zur zeitweiligen Stellvertretung berufenen, werden für fünf Jahre ernannt; die Ernennung kann erneuert werden. Nach Ablauf der Zeit, für welche die Personen ernannt worden sind, nehmen diese weiterhin die Aufgaben wahr, für die sie nach den folgenden Absätzen ausgewählt wurden.

(2) Ist nach Artikel 66 Absatz 2 lit. f eine Notifikation vorgenommen oder Einvernehmen über das Verfahren in dieser Anlage nach Absatz 3 erzielt worden, wird die Streitigkeit einem Schiedsgericht vorgelegt. Ist nach Artikel 66 Absatz 4 ein Antrag beim Generalsekretär gestellt worden, so legt dieser die Streitigkeit einer Vergleichskommission vor. Das Schiedsgericht und die Vergleichskommission setzen sich wie folgt zusammen:

Die Staaten, internationalen Organisationen oder, je nachdem, die Staaten und Organisationen, die eine der Streitparteien bilden, bestellen einvernehmlich

a) einen Schiedsrichter oder, je nachdem, einen Vermittler, der aus dem in Absatz 1 genannten Verzeichnis ausgewählt werden kann, sowie

b) einen Schiedsrichter oder, je nachdem, einen Vermittler, der unter den ins Verzeichnis aufgenommenen ausgewählt wird und nicht die Staatsangehörigkeit eines Staates besitzt oder durch eine Organisation ernannt wird, die diese Streitpartei bilden, unter der Voraussetzung, daß eine Streitigkeit zwischen zwei internationalen Organisationen nicht durch Staatsangehörige eines und desselben Staates geprüft wird.

Die Staaten, internationalen Organisationen oder, je nachdem, die Staaten und internationalen Organisationen, welche die andere Streitpartei bilden, bestellen in derselben Weise zwei Schiedsrichter oder, je nachdem, zwei Vermittler. Die vier von den Parteien ausgewählten Personen sind innerhalb von sechzig Tagen zu bestellen, nachdem die Notifikation nach Artikel 66 Absatz 2 lit. f bei der anderen Streitpartei eingegangen ist oder nach dem Einvernehmen über das Verfahren in dieser Anlage nach Absatz 3 erzielt worden ist oder nachdem der Vergleichsantrag beim Generalsekretär eingegangen ist.

Die vier so ausgewählten Personen bestellen aus dem Verzeichnis innerhalb von sechzig Tagen, nachdem der letzte von ihnen bestellt wurde, einen fünften Schiedsrichter oder, je nachdem, Vermittler zum Vorsitzenden.

Wird der Vorsitzende oder ein Schiedsrichter oder, je nachdem, Vermittler nicht innerhalb der oben hiefür vorgeschriebenen Frist bestellt, so wird er innerhalb von sechzig Tagen nach Ablauf der genannten Frist vom Generalsekretär der Vereinten Nationen bestellt. Der Generalsekretär kann eine der im Verzeichnis eingetragenen Personen oder ein Mitglied der Völkerrechtskommission zum Vorsitzenden ernennen. Sämtliche Fristen, innerhalb derer die Bestellungen vorzunehmen sind, können durch Vereinbarung zwischen den Streitparteien verlängert werden. Sind die Vereinten Nationen eine Streitpartei oder Teil einer Streitpartei, so übermittelt der Generalsekretär den oben erwähnten Antrag dem Präsidenten des Internationalen Gerichtshofs, der die dem Generalsekretär nach diesem Unterabsatz übertragenen Aufgaben erfüllt.

Wird die Stelle eines Schiedsrichters oder Vermittlers frei, so ist sie nach dem für die ursprüngliche Bestellung vorgeschriebenen Verfahren zu besetzen.

Die in den Absätzen 1 und 2 vorgesehene Bestellung der Schiedsrichter oder Vermittler durch eine internationale Organisation bestimmt sich nach den Vorschriften dieser Organisation.

II. ARBEITSWEISE DES SCHIEDSGERICHTS

(3) Sofern die Streitparteien nichts anderes vereinbaren, beschließt das Schiedsgericht sein eigenes Verfahren, mit dem jeder Streitpartei ausreichende Gelegenheit, gehört zu werden und sich zu verteidigen, zugesichert wird.

(4) Mit Zustimmung der Streitparteien kann das Schiedsgericht jeden interessierten Staat oder jede interessierte internationale Organisation einladen, ihm seine bzw. ihre Ansichten schriftlich oder mündlich darzulegen.

(5) Entscheidungen des Schiedsgerichts bedürfen der Mehrheit der Mitglieder. Im Falle einer Stimmengleichheit ist die Stimme des Vorsitzenden ausschlaggebend.

(6) Erscheint eine Streitpartei nicht vor dem Gericht oder versäumt sie es, sich zu verteidigen, so kann die andere Partei das Schiedsgericht ersuchen, das Verfahren fortzusetzen und seinen Spruch zu fällen. Vor dem Fällen seines Spruchs muß sich das Gericht nicht nur versichern, daß es für die Streitigkeit zuständig ist, sondern auch, daß der Anspruch faktisch und rechtlich begründet ist.

(7) Der Spruch des Schiedsgerichts beschränkt sich auf den Gegenstand der Streitigkeit und ist begründet. Jedes Mitglied des Gerichts kann eine persönliche Meinung (separate opinion) oder abweichende Meinung (dissenting opinion) äußern.

(8) Der Spruch ist endgültig und unanfechtbar. Er wird von allen Streitparteien erfüllt.

(9) Der Generalsekretär gewährt dem Schiedsgericht jede Unterstützung und stellt ihm alle Einrichtungen zur Verfügung, derer es bedarf. Die Kosten des Gerichts werden von den Vereinten Nationen getragen.

III. ARBEITSWEISE DER VERGLEICHSKOMMISSION

(10) Die Vergleichskommission beschließt ihr Verfahren. Mit Zustimmung der Streitparteien kann die Kommission jede Vertragspartei einladen, ihr ihre Ansichten schriftlich oder mündlich darzulegen. Entscheidungen und Empfehlungen der Kommission bedürfen der Mehrheit der fünf Mitglieder.

(11) Die Kommission kann den Streitparteien Maßnahmen aufzeigen, die eine gütliche Beilegung erleichtern könnten.

(12) Die Kommission hört die Parteien, prüft die Ansprüche und Einwendungen und macht den Parteien Vorschläge mit dem Ziel einer gütlichen Beilegung der Streitigkeit.

(13) Die Kommission erstattet innerhalb von zwölf Monaten nach ihrer Einsetzung Bericht. Der Bericht wird an den Generalsekretär gerichtet und den Streitparteien übermittelt. Der Bericht der Kommission, einschließlich der darin niedergelegten Schlußfolgerungen über Tatsachen oder in Rechtsfragen, bindet die Parteien nicht und hat nur den Charakter von Empfehlungen, die den Parteien zur Prüfung vorgelegt werden, um eine gütliche Beilegung der Streitigkeit zu erleichtern.

(14) Der Generalsekretär gewährt der Kommission jede Unterstützung und stellt ihr alle Einrichtungen zur Verfügung, derer sie bedarf. Die Kosten der Kommission werden von den Vereinten Nationen getragen.

2/3. Schlussfolgerungen zur Feststellung von Völkergewohnheitsrecht

A/RES/73/203 (2019) (20. Dezember 2019)

Resolution 73/203 der Generalversammlung, Feststellung von Völkergewohnheitsrecht

Die Generalversammlung,

nach Prüfung des Kapitels V des Berichts der Völkerrechtskommission über ihre siebzigste Tagung[1)], das den Entwurf von Schlussfolgerungen zur Feststellung von Völkergewohnheitsrecht enthält,

Kenntnis nehmend von der in Ziffer 63 ihres Berichts enthaltenen Empfehlung der Völkerrechtskommission,

Kenntnis nehmend von dem Memorandum des Sekretariats über Mittel und Wege zur leichteren Verfügbarmachung von Nachweisen des Völkergewohnheitsrechts, das einen Überblick über den derzeitigen Stand der Nachweise des Völkergewohnheitsrechts gibt und Vorschläge zu seiner Verbesserung enthält[2)],

sowie Kenntnis nehmend von der Bibliografie, die der Sonderberichterstatter zu dem Thema erstellt hat[3)],

betonend, wie wichtig auch künftig die Kodifizierung und fortschreitende Entwicklung des Völkerrechts ist, wie in Artikel 13 Absatz 1 Buchstabe a der Charta der Vereinten Nationen vorgesehen,

darauf hinweisend, dass die Frage der Feststellung von Völkergewohnheitsrecht von großer Bedeutung in den internationalen Beziehungen ist,

1. *begrüßt*, dass die Völkerrechtskommission ihre Arbeit über die Feststellung von Völkergewohnheitsrecht abgeschlossen und den Entwurf von Schlussfolgerungen samt den dazugehörigen Kommentaren angenommen hat[4)];

2. *dankt* der Völkerrechtskommission für den Beitrag, den sie auch weiterhin zur Kodifizierung und fortschreitenden Entwicklung des Völkerrechts leistet;

3. *nimmt Kenntnis* von den im Sechsten Ausschuss zu dem Thema abgegebenen Erklärungen, einschließlich derjenigen, die auf der dreiundsiebzigsten Tagung der Generalversammlung abgegeben wurden[5)], nachdem die Völkerrechtskommission ihre Behandlung dieses Themas gemäß ihrem Statut abgeschlossen hatte;

4. *nimmt außerdem Kenntnis* von den Schlussfolgerungen zur Feststellung von Völkergewohnheitsrecht, deren Wortlaut dieser Resolution als Anlage beigefügt ist, samt den dazugehörigen Kommentaren, bringt sie den Staaten und all denen zur Kenntnis, die gefordert sein könnten, Regeln des Völkergewohnheitsrechts festzustellen, und befürwortet ihre möglichst weite Verbreitung;

5. *anerkennt* die Nützlichkeit veröffentlichter Kompendien und Überblicke über die völkerrechtliche Praxis, einschließlich derjenigen, durch die die Praxis von Gesetzgebung, vollziehender Gewalt und Rechtsprechung breit verfügbar gemacht wird, und legt den Staaten nahe, alles zu tun, um die bestehenden auf das Völkerrecht spezialisierten Publikationen und Bibliotheken zu unterstützen.

62. Plenarsitzung
20. Dezember 2018

---

1) Official Records of the General Assembly, Seventy-third Session, Supplement No. 10 (A/73/10).

2) A/CN.4/710.

3) A/CN.4/717/Add.1.

Zu Z. 1:

4) Official Records of the General Assembly, Seventy-third Session, Supplement No. 10 (A/73/10), Ziff. 66.

Zu Z. 3:

5) Siehe A/C.6/73/SR.20, A/C.6/73/SR.21, A/C.6/73/SR.22, A/C.6/73/SR.23, A/C.6/73/SR.24 und A/C.6/73/SR.29; siehe außerdem die im Sechsten Ausschuss abgegebenen Erklärungen, die über das PaperSmart-Portal der Vereinten Nationen verfügbar sind.

Anlage

Anlage
Feststellung von Völkergewohnheitsrecht

Erster Teil

Einleitung

Schlussfolgerung 1

Anwendungsbereich

Diese Schlussfolgerungen betreffen das Verfahren zur Feststellung des Bestehens und des Inhalts von Regeln des Völkergewohnheitsrechts.

Zweiter Teil

Grundlegender Ansatz

Schlussfolgerung 2

Zwei konstitutive Elemente

Zur Feststellung des Bestehens und des Inhalts einer Regel des Völkergewohnheitsrechts gilt es zu ermitteln, ob eine allgemeine, als Recht anerkannte Praxis vorliegt (*opinio iuris*).

Schlussfolgerung 3

Bewertung von Nachweisen für das Vorliegen der zwei konstitutiven Elemente

1. Bei der Bewertung von Nachweisen zur Ermittlung dessen, ob eine allgemeine Praxis vorliegt und ob diese Praxis als Recht anerkannt wird (*opinio iuris*), sind der Gesamtzusammenhang, die Natur der Regel und die besonderen Umstände, unter denen die fraglichen Nachweise zu finden sind, zu berücksichtigen.
2. Das Vorliegen jedes der beiden konstitutiven Elemente ist gesondert zu ermitteln. Dies erfordert eine Bewertung der Nachweise für jedes Element.

Dritter Teil

Allgemeine Praxis

Schlussfolgerung 4

Erfordernis der Praxis

1. Das Erfordernis der allgemeinen Praxis als konstitutives Element des Völkergewohnheitsrechts bezieht sich in erster Linie auf die Staatenpraxis, die dazu beiträgt, Regeln des Völkergewohnheitsrechts herauszubilden oder ihnen Ausdruck zu geben.
2. In bestimmten Fällen trägt auch die Praxis internationaler Organisationen dazu bei, Regeln des Völkergewohnheitsrechts herauszubilden oder ihnen Ausdruck zu geben.
3. Das Verhalten sonstiger Akteure stellt keine Praxis dar, die dazu beiträgt, Regeln des Völkergewohnheitsrechts herauszubilden oder ihnen Ausdruck zu geben; es kann jedoch für die Bewertung der in den Absätzen 1 und 2 genannten Praxis relevant sein.

Schlussfolgerung 5

Verhalten des Staates als Staatenpraxis

Die Staatenpraxis umfasst das Verhalten des Staates, gleichviel ob in Wahrnehmung von Aufgaben der vollziehenden Gewalt, der Gesetzgebung, der Rechtsprechung oder anderer Aufgaben.

Schlussfolgerung 6

Formen der Praxis

1. Die Praxis kann eine Vielzahl von Formen annehmen. Sie umfasst sowohl physische als auch verbale Akte. Unter bestimmten Umständen schließt sie auch ein Unterlassen ein.

2. Zu den Formen der Staatenpraxis gehören unter anderem, aber nicht nur, diplomatische Amtshandlungen und Korrespondenz, Verhalten im Zusammenhang mit Beschlüssen, die von einer internationalen Organisation oder auf einer zwischenstaatlichen Konferenz gefasst werden, Verhalten im Zusammenhang mit Verträgen, Verhalten der vollziehenden Gewalt, einschließlich operativen Verhaltens „vor Ort", Gesetzgebungs- und Verwaltungsakte und Entscheidungen nationaler Gerichte.
3. Zwischen den verschiedenen Formen der Praxis besteht keine vorbestimmte Hierarchie.

Schlussfolgerung 7

Bewertung der Staatenpraxis

1. Es ist die gesamte vorhandene Praxis eines bestimmten Staates zu berücksichtigen und in ihrer Gesamtheit zu bewerten.
2. In Fällen, in denen die Praxis eines bestimmten Staates variiert, kann dieser Praxis den Umständen entsprechend weniger Gewicht beizumessen sein.

Schlussfolgerung 8

Die Praxis muss allgemein sein

1. Die jeweilige Praxis muss allgemein sein, das heißt, sie muss ausreichend verbreitet und repräsentativ sowie konsistent sein.
2. Sofern die Praxis allgemein ist, besteht kein Erfordernis einer bestimmten Dauer.

Vierter Teil

Als Recht anerkannt (*opinio iuris*)

Schlussfolgerung 9

Erfordernis der Anerkennung als Recht (*opinio iuris*)

1. Das als konstitutives Element des Völkergewohnheitsrechts bestehende Erfordernis der Anerkennung der allgemeinen Praxis als Recht (*opinio iuris*) bedeutet, dass die fragliche Praxis in der Überzeugung, dass sie einem Recht oder einer rechtlichen Verpflichtung entspricht, vorgenommen werden muss.
2. Eine allgemeine Praxis, die als Recht anerkannt wird (*opinio iuris*), ist von bloßem Gebrauch oder bloßer Gepflogenheit zu unterscheiden.

Schlussfolgerung 10

Formen des Nachweises der Anerkennung als Recht (*opinio iuris*)

1. Der Nachweis der Anerkennung als Recht (*opinio iuris*) kann eine Vielzahl von Formen annehmen.
2. Zu den Formen des Nachweises der Anerkennung als Recht (*opinio iuris*) gehören unter anderem, aber nicht nur, im Namen von Staaten abgegebene öffentliche Erklärungen, offizielle Veröffentlichungen, staatliche Rechtsgutachten, diplomatische Korrespondenz, Entscheidungen nationaler Gerichte, Vertragsbestimmungen und Verhalten im Zusammenhang mit Beschlüssen, die von einer internationalen Organisation oder auf einer zwischenstaatlichen Konferenz gefasst werden.
3. Erfolgt im Zeitverlauf keine Reaktion auf eine Praxis, so kann dies als Nachweis der Anerkennung als Recht (*opinio juris*) dienen, sofern Staaten zu reagieren in der Lage waren und die Umstände eine Reaktion verlangten.

Fünfter Teil

Bedeutsamkeit bestimmten Materials für die Feststellung von Völkergewohnheitsrecht

Schlussfolgerung 11

Verträge

1. Eine in einem Vertrag festgelegte Regel kann Ausdruck einer Regel des Völkergewohnheitsrechts sein, wenn festgestellt wird, dass die Vertragsregel
   a) eine zum Zeitpunkt des Vertragsabschlusses bestehende Regel des Völkergewohnheitsrechts kodifiziert hat;

b) zur Verfestigung einer Regel des Völkergewohnheitsrechts geführt hat, die sich vor Abschluss des Vertrags herauszubilden begann; oder

c) zu einer allgemeinen, als Recht anerkannten Praxis (*opinio iuris*) geführt und damit eine neue Regel des Völkergewohnheitsrechts geschaffen hat.

2. Die Tatsache, dass eine Regel in mehreren Verträgen festgelegt ist, kann darauf hindeuten ? tut es aber nicht notwendigerweise ?, dass die Vertragsregel Ausdruck einer Regel des Völkergewohnheitsrechts ist.

Schlussfolgerung 12

Beschlüsse internationaler Organisationen und zwischenstaatlicher Konferenzen

1. Ein von einer internationalen Organisation oder auf einer zwischenstaatlichen Konferenz gefasster Beschluss kann als solcher keine Regel des Völkergewohnheitsrechts begründen.
2. Ein von einer internationalen Organisation oder auf einer zwischenstaatlichen Konferenz gefasster Beschluss kann einen Nachweis für die Feststellung des Bestehens und des Inhalts einer Regel des Völkergewohnheitsrechts liefern oder zu ihrer Herausbildung beitragen.
3. Eine Bestimmung in einem von einer internationalen Organisation oder auf einer zwischenstaatlichen Konferenz gefassten Beschluss kann Ausdruck einer Regel des Völkergewohnheitsrechts sein, wenn festgestellt wird, dass die Bestimmung einer allgemeinen, als Recht anerkannten Praxis (*opinio iuris*) entspricht.

Schlussfolgerung 13

Entscheidungen von Gerichten und Gerichtshöfen

1. Entscheidungen internationaler Gerichte und Gerichtshöfe, insbesondere des Internationalen Gerichtshofs, betreffend das Bestehen und den Inhalt von Regeln des Völkergewohnheitsrechts sind ein Hilfsmittel zur Feststellung solcher Regeln.
2. Entscheidungen nationaler Gerichte betreffend das Bestehen und den Inhalt von Regeln des Völkergewohnheitsrechts können, sofern angemessen, als Hilfsmittel zur Feststellung solcher Regeln berücksichtigt werden.

Schlussfolgerung 14

Lehrmeinungen

Die Lehrmeinungen der fähigsten Völkerrechtlerinnen und Völkerrechtler der verschiedenen Nationen können als Hilfsmittel zur Feststellung von Regeln des Völkergewohnheitsrechts dienen.

Sechster Teil

Beharrlicher Widerspruch

Schlussfolgerung 15

Beharrlicher Widerspruch

1. Hat ein Staat einer Regel des Völkergewohnheitsrechts im Verlauf ihrer Herausbildung widersprochen, so kann die Regel dem betreffenden Staat so lange nicht entgegengehalten werden, wie er den Widerspruch aufrechterhält.
2. Der Widerspruch muss klar geäußert, anderen Staaten zur Kenntnis gebracht und beharrlich aufrechterhalten werden.
3. Diese Schlussfolgerung lässt alle Fragen betreffend zwingende Normen des allgemeinen Völkerrechts (*ius cogens*) unberührt.

Siebter Teil

Partikulares Völkergewohnheitsrecht

Schlussfolgerung 16

Partikulares Völkergewohnheitsrecht

1. Eine Regel des partikularen Völkergewohnheitsrechts, gleichviel ob regional, lokal oder anderweitig begrenzt, ist eine Regel des Völkergewohnheitsrechts, die nur zwischen einer begrenzten Zahl von Staaten Anwendung findet.
2. Zur Feststellung des Bestehens und des Inhalts einer Regel des partikularen Völkergewohnheitsrechts gilt es zu ermitteln, ob unter den betreffenden Staaten eine allgemeine, von ihnen als Recht anerkannte Praxis (*opinio iuris*) vorliegt.

KODEX

DES ÖSTERREICHISCHEN RECHTS

SAMMLUNG DER ÖSTERREICHISCHEN BUNDESGESETZE

VERFASSUNGS-RECHT

LexisNexis

1	B-VG
1a	ÜG, B-VGNov
2a	StGG
2b	EMRK
2c	ReligionsR, ZDG VerG VersammlungsG ORF-G, RGG PrR-G, PrTV-G FERG, KOG PresseFG MinderheitenR
3a	BVG
3b	VfBest in BG
4	UnabhErkl, V-ÜG R-ÜG, StV Wien
5	BVG Neutralität KMG Int Sanktionen KSE-BVG, TrAufG Staatl Symbole
6	StbG
7	PartG VerbotsG KlubFG, PubFG
8	Wahlen Direkte Demokratie
9	GOG-NR
10	BezR UnvG
11	BGBlG Rechtsbereinigung
12	BMG BVG ÄmterlReg BGemAufsG
13	F-VG, FAG 2005 KonsMech StabPakt 2005
14	RHG
15	UBASG
16	VwGG
17	VfGG
18	VolksanwG
19	AHG, OrgHG
20	AuskPfl
21	EUV/EGV

KODEX

DES ÖSTERREICHISCHEN RECHTS

SAMMLUNG DER ÖSTERREICHISCHEN BUNDESGESETZE

BÜRGERLICHES RECHT

LexisNexis

1	ABGB mit FamErbRÄG
2	IPRG mit EVÜ
3	TEG
4	EheG
5	PStG
6	NÄG
7	RelKEG
8	UVG mit AuslUG
9	JWG
10	NotwegeG
11	GSGG
12	WWSGG
13	EisbEG
14	WEG
15	MRG RWG HeizKG
16	BauRG
17	LPG
18	KlGG
19	GBG mit GUG
20	UHG mit LiegTG
21	AnerbG
22	KSchG BTVG, TNG FernFinG
23	WucherG
24	UrhG mit ZaKG
25	RHPflG
26	EKHG VerkOG, LFG EU-LFVO ÜberbuchVO
27	AtomHG
28	AHG mit PolBEG
29	OrgHG
30	DHG
31	ASVG/ Haftung
32	PHG mit GTG
33	UN-KaufR
34	AngG
35	NotaktsG
36	ECG
37	SigG
38	RAPG

KODEX

DES ÖSTERREICHISCHEN RECHTS

HERAUSGEBER: UNIV.-PROF. DR. WERNER DORALT

UNTERNEHMENS-RECHT

LexisNexis

1	UGB HGB A-QSG, SRLG
2	ABGB
3	FBG+VOen
4	HVertrG
5	MaklerG
6	KSchG
7	UN-KaufR
8	GmbHG
9	AktG ÜbG + VO VeröffentlichungsV Corporate Governance
10	SE (EU-Ges) SEG
11	GenG GenRevG, GenRevRÄG GenRevPO GenVerschmG GenKonkVO Euro-GenBeG
12	SCE (EU-Gen) SCEG
13	VerG VereinsDS-VO
14	EWIVG
15	PSG
16	ArbVG+VO/RL
17	StellenbesG+VO
18	GesAusG
19	KapBG
20	EKEG
21	URG
22	UmwG
23	SpaltG
24	EU-VerschG
25	UmgrStG
26	InvFG+VOen
27	ImmoInvFG
28	BeteilFG
29	KMG
30	ScheckG
31	WechselG
32	KEG+VO
33	AÖSp
34	CMR
35	UWG
36	KartG
37	WettbG
38	UrhG
39	MarkSchG
40	MuSchG
41	PatG
Anhang	EU Privatges

KODEX

DES ÖSTERREICHISCHEN RECHTS

SAMMLUNG DER ÖSTERREICHISCHEN BUNDESGESETZE

ZIVIL-GERICHTLICHES VERFAHREN

LexisNexis

1	JN
2	ZPO
3	ZustellG ZustellV
4	ASGG
5	OGHG
6	ProkG
7	RpflG
8	Winkel-schreiber
9	Ehe- und Abstverf EidesG FeiertRG B-VG, EMRK
10	EO
11	EO-ÜbgB
12	LBG
13	VGebG
14	VVG
15	USchG
16	KO
17	AO
18	IEG Insolvenz-ÜbgB
19	AnfO
20	GenKV
21/1	BWG
21/2	URG
22	IESG
23	EuInsVO
23/1	EuInsVO – Erlass
24	AußStrG
25	GKoärG
26	KEG
27	VerwEinzG
28	UVG
29	AuslUG
30	UbG
31	HeimAufG
Anhang:	BG-Wien/Graz GOG Elektr Rechtsverk ADV-FormV ZustellFormV TABELLEN LUGANO-Übk Brüsseler Übk Brüssel I-VO Euro BeweisaufnahmeVO Zivilrechts-MediationsG RL Prozesskosten AußStrG aF FamErbRÄG 2004 samt Mat Zivilverfahrensnov 2004 samt Mat

3/1. Bundes-Verfassungsgesetz

(Auszug)

BGBl 1930/1 (WV) idF

1 BGBl 1955/8
2 BGBl 1960/148
3 BGBl 1974/287
4 BGBl 1974/444
5 BGBl 1975/302
6 BGBl 1981/350
7 BGBl 1983/175
8 BGBl 1984/490
9 BGBl 1986/212
10 BGBl 1987/285
11 BGBl 1987/640
12 BGBl 1988/685
13 BGBl 1990/445
14 BGBl 1991/565
15 BGBl 1993/508
16 BGBl 1994/504
17 BGBl 1994/506
18 BGBl 1994/1013
19 BGBl I 1999/8
20 BGBl I 2000/114
21 BGBl I 2001/121
22 BGBl I 2003/100
23 BGBl I 2004/118
24 BGBl I 2004/153
25 BGBl I 2005/81
26 BGBl I 2005/106
27 BGBl I 2008/1
28 BGBl I 2008/2
29 BGBl I 2010/50
30 BGBl I 2010/57
31 BGBl I 2011/58
32 BGBl I 2011/60
33 BGBl I 2012/12
34 BGBl I 2012/49
35 BGBl I 2012/51
36 BGBl I 2012/65
37 BGBl I 2013/59
38 BGBl I 2013/114
39 BGBl I 2013/115
40 BGBl I 2016/62
41 BGBl I 2017/138
42 BGBl I 2019/14

Erstes Hauptstück
Allgemeine Bestimmungen. Europäische Union

A. Allgemeine Bestimmungen

Artikel 1. Österreich ist eine demokratische Republik. Ihr Recht geht vom Volk aus.

Artikel 2. (1) Österreich ist ein Bundesstaat.

(2) Der Bundesstaat wird gebildet aus den selbständigen Ländern: Burgenland, Kärnten, Niederösterreich, Oberösterreich, Salzburg, Steiermark, Tirol, Vorarlberg, Wien.

(3) Änderungen im Bestand der Länder oder eine Einschränkung der in diesem Absatz und in Art. 3 vorgesehenen Mitwirkung der Länder bedürfen auch verfassungsgesetzlicher Regelungen der Länder. *(BGBl I 2008/2)*

Artikel 3. (1) Das Bundesgebiet umfasst die Gebiete der Bundesländer. *(BGBl I 2003/100)*

(2) Staatsverträge, mit denen die Bundesgrenzen geändert werden, dürfen nur mit Zustimmung der betroffenen Länder abgeschlossen werden. *(BGBl I 2008/2)*

(3) Grenzänderungen innerhalb des Bundesgebietes bedürfen übereinstimmender Gesetze des Bundes und der betroffenen Länder. Für Grenzbereinigungen innerhalb des Bundesgebietes genügen übereinstimmende Gesetze der betroffenen Länder. *(BGBl I 2008/2)*

(4) Sofern es sich nicht um Grenzbereinigungen handelt, bedürfen Beschlüsse des Nationalrates über Grenzänderungen gemäß Abs. 2 und 3 der Anwesenheit von mindestens der Hälfte der Mitglieder und einer Mehrheit von zwei Dritteln der abgegebenen Stimmen. *(BGBl I 2008/2)*

Artikel 4. (1) Das Bundesgebiet bildet ein einheitliches Währungs-, Wirtschafts- und Zollgebiet.

(2) Innerhalb des Bundes dürfen Zwischenzolllinien oder sonstige Verkehrsbeschränkungen nicht errichtet werden. *(BGBl I 2003/100)*

Artikel 5. (1) Bundeshauptstadt und Sitz der obersten Organe des Bundes ist Wien.

(2) Für die Dauer außergewöhnlicher Verhältnisse kann der Bundespräsident auf Antrag der Bundesregierung den Sitz oberster Organe des Bundes in einen anderen Ort des Bundesgebietes verlegen.

Artikel 6. (1) Für die Republik Österreich besteht eine einheitliche Staatsbürgerschaft.

(2) Jene Staatsbürger, die in einem Land den Hauptwohnsitz haben, sind dessen Landesbürger; die Landesgesetze können jedoch vorsehen, dass auch Staatsbürger, die in einem Land einen Wohnsitz, nicht aber den Hauptwohnsitz haben, dessen Landesbürger sind. *(BGBl I 2003/100)*

(3) Der Hauptwohnsitz einer Person ist dort begründet, wo sie sich in der erweislichen oder aus den Umständen hervorgehenden Absicht niedergelassen hat, hier den Mittelpunkt ihrer Lebensbeziehungen zu schaffen; trifft diese sachliche Voraussetzung bei einer Gesamtbetrachtung der beruflichen, wirtschaftlichen und gesellschaftlichen Lebensbeziehungen einer Person auf mehrere Wohnsitze zu, so hat sie jenen als Hauptwohnsitz zu bezeichnen, zu dem sie das überwiegende Naheverhältnis hat. *(BGBl 1994/504, Übergangsrecht siehe Art 151 Abs 9)*

(4) In den Angelegenheiten der Durchführung der Wahl des Bundespräsidenten, von Wahlen zu den allgemeinen Vertretungskörpern und zum Europäischen Parlament, der Wahl des Bürgermeisters durch die zur Wahl des Gemeinderates Berechtigten, in den Angelegenheiten der Durchführung von Volksbegehren, Volksabstimmungen und Volksbefragungen auf Grund der Bundesverfassung oder einer Landesverfassung sowie in den Angelegenheiten der unmittelbaren Mitwirkung der zum Gemeinderat Wahlberechtigten an der Besorgung der Angelegenheiten des eigenen Wirkungsbereiches der Gemeinde gelten für die Dauer einer Festnahme oder Anhaltung im Sinne des Bundesverfassungsgesetzes über den Schutz der persönlichen Freiheit, BGBl. Nr. 684/1988, die letzten, außerhalb des Ortes einer Festnahme oder Anhaltung gelegenen Wohnsitze und der letzte, außerhalb des Ortes einer Festnahme oder Anhaltung gelegene Hauptwohnsitz vor der Festnahme oder Anhaltung als Wohnsitze beziehungsweise Hauptwohnsitz der festgenommenen oder angehaltenen Person. *(BGBl I 2013/115)*

(BGBl 1988/685)

Artikel 7. (1) Alle Staatsbürger sind vor dem Gesetz gleich. Vorrechte der Geburt, des Geschlechtes, des Standes, der Klasse und des Bekenntnisses sind ausgeschlossen. Niemand darf wegen seiner Behinderung benachteiligt werden. Die Republik (Bund, Länder und Gemeinden) bekennt sich dazu, die Gleichbehandlung von behinderten und nichtbehinderten Menschen in allen Bereichen des täglichen Lebens zu gewährleisten. *(BGBl I 1997/87; BGBl I 2003/100)*

(2) Bund, Länder und Gemeinden bekennen sich zur tatsächlichen Gleichstellung von Mann und Frau. Maßnahmen zur Förderung der faktischen Gleichstellung von Frauen und Männern insbesondere durch Beseitigung tatsächlich bestehender Ungleichheiten sind zulässig. *(BGBl I 1998/68)*

(3) Amtsbezeichnungen können in der Form verwendet werden, die das Geschlecht des Amtsinhabers oder der Amtsinhaberin zum Ausdruck bringt. Gleiches gilt für Titel, akademische Grade und Berufsbezeichnungen. *(BGBl I 1998/68, ab 16. Mai 1998)*

(4) Den öffentlich Bediensteten, einschließlich der Angehörigen des Bundesheeres, ist die ungeschmälerte Ausübung ihrer politischen Rechte gewährleistet. *(BGBl I 1998/68; BGBl I 2013/114)*

Artikel 8. (1) Die deutsche Sprache ist, unbeschadet der den sprachlichen Minderheiten bundesgesetzlich eingeräumten Rechte, die Staatssprache der Republik.

(2) Die Republik (Bund, Länder und Gemeinden) bekennt sich zu ihrer gewachsenen sprachlichen und kulturellen Vielfalt, die in den autochthonen Volksgruppen zum Ausdruck kommt. Sprache und Kultur, Bestand und Erhaltung dieser Volksgruppen sind zu achten, zu sichern und zu fördern.

(3) Die Österreichische Gebärdensprache ist als eigenständige Sprache anerkannt. Das Nähere bestimmen die Gesetze. *(BGBl I 2005/81)*

(BGBl I 2003/100)

Artikel 8a. (1) Die Farben der Republik Österreich sind rot-weiß-rot. Die Flagge besteht aus drei gleichbreiten waagrechten Streifen, von denen der mittlere weiß, der obere und der untere rot sind.

(2) Das Wappen der Republik Österreich (Bundeswappen) besteht aus einem freischwebenden, einköpfigen, schwarzen, golden gewaffneten und rot bezungten Adler, dessen Brust mit einem roten, von einem silbernen Querbalken durchzogenen Schild belegt ist. Der Adler trägt auf seinem Haupt eine goldene Mauerkrone mit drei sichtbaren Zinnen. Die beiden Fänge umschließt eine gesprengte Eisenkette. Er trägt im rechten Fang eine goldene Sichel mit einwärts gekehrter Schneide, im linken Fang einen goldenen Hammer.

(3) Nähere Bestimmungen, insbesondere über den Schutz der Farben und des Wappens sowie über das Siegel der Republik werden durch Bundesgesetz getroffen.

(BGBl I 2003/100)

Artikel 9. (1) Die allgemein anerkannten Regeln des Völkerrechtes gelten als Bestandteile des Bundesrechtes. *(BGBl 1981/350)*

(2) Durch Gesetz oder durch einen gemäß Art. 50 Abs. 1 genehmigten Staatsvertrag können einzelne Hoheitsrechte auf andere Staaten oder zwischenstaatliche Einrichtungen übertragen werden. In gleicher Weise können die Tätigkeit von Organen anderer Staaten oder zwischenstaatlicher Einrichtungen im Inland und die Tätigkeit österreichischer Organe im Ausland geregelt sowie die Übertragung einzelner Hoheitsrechte anderer Staaten oder zwischenstaatlicher Einrichtun-

gen auf österreichische Organe vorgesehen werden. Dabei kann auch vorgesehen werden, dass österreichische Organe der Weisungsbefugnis der Organe anderer Staaten oder zwischenstaatlicher Einrichtungen oder diese der Weisungsbefugnis österreichischer Organe unterstellt werden. *(BGBl I 2008/2)*

Artikel 9a. (1) Österreich bekennt sich zur umfassenden Landesverteidigung. Ihre Aufgabe ist es, die Unabhängigkeit nach außen sowie die Unverletzlichkeit und Einheit des Bundesgebietes zu bewahren, insbesondere zur Aufrechterhaltung und Verteidigung der immerwährenden Neutralität. Hiebei sind auch die verfassungsmäßigen Einrichtungen und ihre Handlungsfähigkeit sowie die demokratischen Freiheiten der Einwohner vor gewaltsamen Angriffen von außen zu schützen und zu verteidigen.

(2) Zur umfassenden Landesverteidigung gehören die militärische, die geistige, die zivile und die wirtschaftliche Landesverteidigung.

(3) Jeder männliche Staatsbürger ist wehrpflichtig. Staatsbürgerinnen können freiwillig Dienst im Bundesheer als Soldatinnen leisten und haben das Recht, diesen Dienst zu beenden. *(BGBl I 2005/106)*

(4) Wer die Erfüllung der Wehrpflicht aus Gewissensgründen verweigert und hievon befreit wird, hat die Pflicht, einen Ersatzdienst (Zivildienst) zu leisten. *(BGBl I 2005/106)*

(BGBl I 2003/100)

Artikel 10. (1) Bundessache ist die Gesetzgebung und die Vollziehung in folgenden Angelegenheiten:

1. Bundesverfassung, insbesondere Wahlen zum Nationalrat, und Volksbegehren, Volksabstimmungen und Volksbefragungen auf Grund der Bundesverfassung; Verfassungsgerichtsbarkeit; Verwaltungsgerichtsbarkeit mit Ausnahme der Organisation der Verwaltungsgerichte der Länder; *(BGBl I 2012/51; BGBl I 2013/115)*

1a. Wahlen zum Europäischen Parlament; Europäische Bürgerinitiativen; *(BGBl I 2012/12)*

2. äußere Angelegenheiten mit Einschluss der politischen und wirtschaftlichen Vertretung gegenüber dem Ausland, insbesondere Abschluss von Staatsverträgen, unbeschadet der Zuständigkeit der Länder nach Art. 16 Abs. 1; Grenzvermarkung; Waren- und Viehverkehr mit dem Ausland; Zollwesen; *(BGBl I 2003/100)*

3. Regelung und Überwachung des Eintrittes in das Bundesgebiet und des Austrittes aus ihm; Ein- und Auswanderungswesen einschließlich des Aufenthaltsrechtes aus berücksichtigungswürdigen Gründen; Passwesen; Aufenthaltsverbot, Ausweisung und Abschiebung; Asyl; Auslieferung; *(BGBl I 2003/100; BGBl I 2008/2; BGBl I 2012/51)*

4. Bundesfinanzen, insbesondere öffentliche Abgaben, die ausschließlich oder teilweise für den Bund einzuheben sind; Monopolwesen;

5. Geld-, Kredit-, Börse- und Bankwesen; Maß- und Gewichts-, Normen- und Punzierungswesen;

6. Zivilrechtswesen einschließlich des wirtschaftlichen Assoziationswesens, jedoch mit Ausschluss von Regelungen, die den Grundstücksverkehr für Ausländer und den Verkehr mit bebauten oder zur Bebauung bestimmten Grundstücken verwaltungsbehördlichen Beschränkungen unterwerfen, einschließlich des Rechtserwerbes von Todes wegen durch Personen, die nicht zum Kreis der gesetzlichen Erben gehören; Privatstiftungswesen; Strafrechtswesen mit Ausschluss des Verwaltungsstrafrechtes und des Verwaltungsstrafverfahrens in Angelegenheiten, die in den selbständigen Wirkungsbereich der Länder fallen; Justizpflege; Einrichtungen zum Schutz der Gesellschaft gegen verbrecherische oder sonstige gefährliche Personen; Urheberrecht; Pressewesen; Enteignung, soweit sie nicht Angelegenheiten betrifft, die in den selbständigen Wirkungsbereich der Länder fallen; Angelegenheiten der Notare, der Rechtsanwälte und verwandter Berufe; außergerichtliche Vermittlung von Streitigkeiten in den Angelegenheiten des Zivilrechtswesens und des Strafrechtswesens; *(BGBl I 2003/100; BGBl I 2008/2; BGBl I 2019/14)*

7. Aufrechterhaltung der öffentlichen Ruhe, Ordnung und Sicherheit einschließlich der ersten allgemeinen Hilfeleistung, jedoch mit Ausnahme der örtlichen Sicherheitspolizei; Vereins- und Versammlungsrecht; Personenstandsangelegenheiten einschließlich des Matrikenwesens und der Namensänderung; Fremdenpolizei und Meldewesen; Waffen-, Munitions- und Sprengmittelwesen, Schießwesen; *(BGBl 1991/565)*

8. Angelegenheiten des Gewerbes und der Industrie; öffentliche Agentien und Privatgeschäftsvermittlungen; Bekämpfung des unlauteren Wettbewerbes; Kartellrecht; Patentwesen sowie Schutz von Mustern, Marken und anderen Warenbezeichnungen; Angelegenheiten der Patentanwälte; Ingenieur- und Ziviltechnikerwesen; Kammern für Handel, Gewerbe und Industrie; Einrichtung beruflicher Vertretungen, soweit sie sich auf das ganze Bundesgebiet erstrecken, mit Ausnahme solcher auf land- und forstwirtschaftlichem Gebiet; *(BGBl I 2012/51)*

9. Verkehrswesen bezüglich der Eisenbahnen und der Luftfahrt sowie der Schifffahrt, soweit diese nicht unter Art. 11 fällt; Kraftfahrwesen; Angelegenheiten der wegen ihrer Bedeutung für den Durchzugsverkehr durch Bundesgesetz als Bundesstraßen erklärten Straßenzüge außer der Straßenpolizei; Strom- und Schifffahrtspolizei, soweit sie nicht unter Art. 11 fällt; Post- und

Fernmeldewesen; Umweltverträglichkeitsprüfung für Bundesstraßen und Eisenbahn-Hochleistungsstrecken, bei denen mit erheblichen Auswirkungen auf die Umwelt zu rechnen ist; *(BGBl 1993/508; BGBl I 2003/100; BGBl I 2004/153)*

10. Bergwesen; Forstwesen einschließlich des Triftwesens; Wasserrecht; Regulierung und Instandhaltung der Gewässer zum Zweck der unschädlichen Ableitung der Hochfluten oder zum Zweck der Schifffahrt und Flößerei; Wildbachverbauung; Bau und Instandhaltung von Wasserstraßen; Normalisierung und Typisierung elektrischer Anlagen und Einrichtungen, Sicherheitsmaßnahmen auf diesem Gebiet; Starkstromwegerecht, soweit sich die Leitungsanlage auf zwei oder mehrere Länder erstreckt; Dampfkessel- und Kraftmaschinenwesen; Vermessungswesen; *(BGBl I 2003/100)*

11. Arbeitsrecht, soweit es nicht unter Art. 11 fällt, jedoch einschließlich des Arbeiterrechtes sowie des Arbeiter- und Angestelltenschutzes der Dienstnehmer in Sägen, Harzverarbeitungsstätten, Mühlen und Molkereien, die von land- und forstwirtschaftlichen Erwerbs- und Wirtschaftsgenossenschaften betrieben werden, sofern in diesen eine bundesgesetzlich zu bestimmende Anzahl von Dienstnehmern dauernd beschäftigt ist; für diese Dienstnehmer gelten die für die Dienstnehmer in gewerblichen Betrieben bestehenden Rechtsvorschriften; Sozial- und Vertragsversicherungswesen; Pflegegeldwesen; Sozialentschädigungsrecht; Ausbildungspflicht für Jugendliche; Kammern für Arbeiter und Angestellte, mit Ausnahme solcher auf land- und forstwirtschaftlichem Gebiet, jedoch auch für die Dienstnehmer in Sägen, Harzverarbeitungsstätten, Mühlen und Molkereien, die von land- und forstwirtschaftlichen Erwerbs- und Wirtschaftsgenossenschaften betrieben werden, sofern in diesen eine bundesgesetzlich zu bestimmende Anzahl von Dienstnehmern dauernd beschäftigt ist; *(BGBl I 2003/100; BGBl I 2011/58; BGBl I 2013/59; BGBl I 2016/62; BGBl I 2019/14)*

12. Gesundheitswesen mit Ausnahme des Leichen- und Bestattungswesens sowie des Gemeindesanitätsdienstes und Rettungswesens, hinsichtlich der Heil- und Pflegeanstalten, des Kurortewesens und der natürlichen Heilvorkommen jedoch nur die sanitäre Aufsicht; Maßnahmen zur Abwehr von gefährlichen Belastungen der Umwelt, die durch Überschreitung von Immissionsgrenzwerten entstehen; Luftreinhaltung, unbeschadet der Zuständigkeit der Länder für Heizungsanlagen; Abfallwirtschaft hinsichtlich gefährlicher Abfälle, hinsichtlich anderer Abfälle nur soweit ein Bedürfnis nach Erlassung einheitlicher Vorschriften vorhanden ist; Veterinärwesen; Ernährungswesen einschließlich der Nahrungsmittelkontrolle; Regelung des geschäftlichen Verkehrs mit Saat- und Pflanzgut, Futter-, Dünge- und Pflanzenschutzmitteln sowie mit Pflanzenschutzgeräten, einschließlich der Zulassung und bei Saat- und Pflanzgut auch der Anerkennung; *(BGBl 1988/685; BGBl 1990/445)*

12a. Universitäts- und Hochschulwesen sowie das Erziehungswesen betreffend Studentenheime in diesen Angelegenheiten; *(BGBl I 2017/138)*

13. wissenschaftlicher und fachtechnischer Archiv- und Bibliotheksdienst; Angelegenheiten der künstlerischen und wissenschaftlichen Sammlungen und Einrichtungen des Bundes; Angelegenheiten der Bundestheater mit Ausnahme der Bauangelegenheiten; Denkmalschutz; Angelegenheiten des Kultus; Volkszählungswesen sowie – unter Wahrung der Rechte der Länder, im eigenen Land jegliche Statistik zu betreiben – sonstige Statistik, soweit sie nicht nur den Interessen eines einzelnen Landes dient; allgemeine Angelegenheiten des Schutzes personenbezogener Daten; Stiftungs- und Fondswesen, soweit es sich um Stiftungen und Fonds handelt, die nach ihren Zwecken über den Interessenbereich eines Landes hinausgehen und nicht schon bisher von den Ländern autonom verwaltet wurden; *(BGBl 1984/490; BGBl I 2019/14)*

14. Organisation und Führung der Bundespolizei ; Regelung der Errichtung und der Organisierung sonstiger Wachkörper mit Ausnahme der Gemeindewachkörper; Regelung der Bewaffnung der Wachkörper und des Rechtes zum Waffengebrauch; *(BGBl I 1999/8; BGBl I 2008/2)*

15. militärische Angelegenheiten; Angelegenheiten des Zivildienstes; Kriegsschadenangelegenheiten; Fürsorge für Kriegsgräber; aus Anlass eines Krieges oder im Gefolge eines solchen zur Sicherung der einheitlichen Führung der Wirtschaft notwendig erscheinende Maßnahmen, insbesondere auch hinsichtlich der Versorgung der Bevölkerung mit Bedarfsgegenständen; *(BGBl I 2003/100; BGBl I 2005/106; BGBl I 2013/59)*

16. Einrichtung der Bundesbehörden und sonstigen Bundesämter; Dienstrecht und Personalvertretungsrecht der Bundesbediensteten; *(BGBl 1974/444)*

17. Bevölkerungspolitik. *(BGBl 1955/8; BGBl I 2012/12; BGBl I 2019/14)*

18. *(entfällt, BGBl I 2012/12)*

(2) In Bundesgesetzen über das bäuerliche Anerbenrecht sowie in den nach Abs. 1 Z 10 ergehenden Bundesgesetzen kann die Landesgesetzgebung ermächtigt werden, zu genau zu bezeichnenden einzelnen Bestimmungen Ausführungsbestimmungen zu erlassen.* Für diese Landesgesetze sind die Bestimmungen des Art. 15 Abs. 6 sinngemäß anzuwenden. Die Vollziehung der in solchen Fällen ergehenden Ausführungsgesetze steht dem Bund zu, doch bedürfen die Durchführungsverordnungen, soweit sie sich auf die Ausführungsbestimmungen des Landesgesetzes beziehen, des vorherigen Einvernehmens mit der be-

treffenden Landesregierung. *(BGBl 1974/444; BGBl I 2003/100)*

(3) Bevor der Bund Staatsverträge, die Durchführungsmaßnahmen im Sinne des Art. 16 erforderlich machen oder die den selbständigen Wirkungsbereich der Länder in anderer Weise berühren, abschließt, hat er den Ländern Gelegenheit zur Stellungnahme zu geben. Liegt dem Bund eine einheitliche Stellungnahme der Länder vor, so ist der Bund beim Abschluss des Staatsvertrages an diese Stellungnahme gebunden. Der Bund darf davon nur aus zwingenden außenpolitischen Gründen abweichen; er hat diese Gründe den Ländern unverzüglich mitzuteilen. *(BGBl I 2003/100; BGBl I 2008/2)*

(4) bis (6) *(entfällt, BGBl 1994/1013)*

Artikel 11. (1) Bundessache ist die Gesetzgebung, Landessache die Vollziehung in folgenden Angelegenheiten:

1. Staatsbürgerschaft; *(BGBl 1988/685)*

2. berufliche Vertretungen, soweit sie nicht unter Art. 10 fallen, jedoch mit Ausnahme jener auf land- und forstwirtschaftlichem Gebiet sowie auf dem Gebiet des Berg- und Schiführerwesens und des in den selbständigen Wirkungsbereich der Länder fallenden Sportunterrichtswesens; *(BGBl 1988/685)*

3. Volkswohnungswesen mit Ausnahme der Förderung des Wohnbaus und der Wohnhaussanierung; *(BGBl 1987/640)*

4. Straßenpolizei; *(BGBl 1960/148)*

5. Assanierung; *(BGBl 1974/287)*

6. Binnenschifffahrt hinsichtlich der Schifffahrtskonzessionen, Schifffahrtsanlagen und Zwangsrechte an solchen Anlagen, soweit sie sich nicht auf die Donau, den Bodensee, den Neusiedlersee und auf Grenzstrecken sonstiger Grenzgewässer bezieht; Strom- und Schifffahrtspolizei auf Binnengewässern mit Ausnahme der Donau, des Bodensees, des Neusiedlersees und der Grenzstrecken sonstiger Grenzgewässer; *(BGBl I 2003/100)*

7. Umweltverträglichkeitsprüfung für Vorhaben, bei denen mit erheblichen Auswirkungen auf die Umwelt zu rechnen ist; soweit ein Bedürfnis nach Erlassung einheitlicher Vorschriften als vorhanden erachtet wird, Genehmigung solcher Vorhaben; *(BGBl 1993/508; BGBl I 2004/118)*

8. Tierschutz, soweit er nicht nach anderen Bestimmungen in Gesetzgebung Bundessache ist, jedoch mit Ausnahme der Ausübung der Jagd oder der Fischerei; *(BGBl I 2004/118; BGBl I 2019/14)*

9. Arbeiterrecht sowie Arbeiter- und Angestelltenschutz, soweit es sich um land- und forstwirtschaftliche Arbeiter und Angestellte handelt. *(BGBl I 2019/14)*

(2) Soweit ein Bedürfnis nach Erlassung einheitlicher Vorschriften als vorhanden erachtet wird, werden das Verwaltungsverfahren, die allgemeinen Bestimmungen des Verwaltungsstrafrechtes, das Verwaltungsstrafverfahren und die Verwaltungsvollstreckung auch in den Angelegenheiten, in denen die Gesetzgebung den Ländern zusteht, durch Bundesgesetz geregelt; abweichende Regelungen können in den die einzelnen Gebiete der Verwaltung regelnden Bundes- oder Landesgesetzen nur dann getroffen werden, wenn sie zur Regelung des Gegenstandes erforderlich sind. *(BGBl 1974/444; BGBl I 2012/51)*

(3) Die Durchführungsverordnungen zu den nach den Abs. 1 und 2 ergehenden Bundesgesetzen sind, soweit in diesen Gesetzen nicht anderes bestimmt ist, vom Bund zu erlassen. Die Art der Kundmachung von Durchführungsverordnungen, zu deren Erlassung die Länder in den Angelegenheiten des Abs. 1 Z 4 und 6 bundesgesetzlich ermächtigt werden, kann durch Bundesgesetz geregelt werden.* *(BGBl 1974/444; BGBl I 2003/100)*

(4) Die Handhabung der gemäß Abs. 2 ergehenden Gesetze und der hiezu erlassenen Durchführungsverordnungen steht dem Bund oder den Ländern zu, je nachdem, ob die den Gegenstand des Verfahrens bildende Angelegenheit der Vollziehung nach Bundes- oder Landessache ist. *(BGBl I 2003/100)*

(5) Soweit ein Bedürfnis nach Erlassung einheitlicher Vorschriften vorhanden ist, können durch Bundesgesetz einheitliche Emissionsgrenzwerte für Luftschadstoffe festgelegt werden. Diese dürfen in den die einzelnen Gebiete der Verwaltung regelnden Bundes- und Landesvorschriften nicht überschritten werden. *(BGBl 1988/685)*

(6) Soweit ein Bedürfnis nach Erlassung einheitlicher Vorschriften als vorhanden erachtet wird, werden auch das Bürgerbeteiligungsverfahren für bundesgesetzlich zu bestimmende Vorhaben, die Beteiligung an den einem Bürgerbeteiligungsverfahren nachfolgenden Verwaltungsverfahren und die Berücksichtigung der Ergebnisse des Bürgerbeteiligungsverfahrens bei der Erteilung der für die betroffenen Vorhaben erforderlichen Genehmigungen sowie die Genehmigung der in Art. 10 Abs. 1 Z 9 genannten Vorhaben durch Bundesgesetz geregelt. Für die Vollziehung dieser Vorschriften gilt Abs. 4. *(BGBl 1993/508)*

(7) In den in Abs. 1 Z 7 und 8 genannten Angelegenheiten stehen der Bundesregierung und den einzelnen Bundesministern gegenüber der Landesregierung die folgenden Befugnisse zu:

1. die Befugnis, durch Bundesorgane in die Akten der Landesbehörden Einsicht zu nehmen;

2. die Befugnis, die Übermittlung von Berichten über die Vollziehung der vom Bund erlassenen Gesetze und Verordnungen zu verlangen;

3. die Befugnis, alle für die Vorbereitung der Erlassung von Gesetzen und Verordnungen durch den Bund notwendigen Auskünfte über die Vollziehung zu verlangen;

4. die Befugnis, in bestimmten Fällen Auskünfte und die Vorlage von Akten zu verlangen, soweit dies zur Ausübung anderer Befugnisse notwendig ist.
(BGBl I 2004/118; BGBl I 2012/51)

(8) *(entfällt, BGBl I 2012/51)*

Artikel 12. (1) Bundessache ist die Gesetzgebung über die Grundsätze, Landessache die Erlassung von Ausführungsgesetzen und die Vollziehung in folgenden Angelegenheiten:

1. Armenwesen; Bevölkerungspolitik, soweit sie nicht unter Art. 10 fällt; Volkspflegestätten; Mutterschafts-, Säuglings- und Jugendfürsorge; Heil- und Pflegeanstalten; vom gesundheitlichen Standpunkt aus an Kurorte sowie Kuranstalten und Kureinrichtungen zu stellende Anforderungen; natürliche Heilvorkommen; *(BGBl 1983/175; BGBl I 2013/114)*

Fassung ab 1. 1. 2020 (BGBl I 2019/14):

1. Armenwesen; Mutterschafts-, Säuglings- und Jugendfürsorge; Heil- und Pflegeanstalten; *(BGBl 1983/175; BGBl I 2019/14)*

2. *(entfällt, BGBl I 2019/14)*

3. *(entfällt, BGBl I 2019/14)*

4. *(entfällt, BGBl I 2019/14)*

2. Elektrizitätswesen, soweit es nicht unter Art. 10 fällt. *(BGBl I 2003/100; BGBl I 2019/14)*

6. *(entfällt, BGBl I 2019/14)*
(BGBl 1974/444)

(2) Grundsatzgesetze und Grundsatzbestimmungen in Bundesgesetzen sind als solche ausdrücklich zu bezeichnen. *(BGBl 1984/490; BGBl I 2012/51)*

Artikel 13. (1) Die Zuständigkeiten des Bundes und der Länder auf dem Gebiet des Abgabenwesens werden durch ein eigenes Bundesverfassungsgesetz („Finanz-Verfassungsgesetz") geregelt. *(BGBl 1986/212; BGBl I 2003/100)*

(2) Bund, Länder und Gemeinden haben bei ihrer Haushaltsführung die Sicherstellung des gesamtwirtschaftlichen Gleichgewichtes und nachhaltig geordnete Haushalte anzustreben. Sie haben ihre Haushaltsführung in Hinblick auf diese Ziele zu koordinieren. *(BGBl I 2008/1)*

(3) Bund, Länder und Gemeinden haben bei der Haushaltsführung die tatsächliche Gleichstellung von Frauen und Männern anzustreben. *(BGBl I 2008/1)*

Artikel 14. (1) Bundessache ist die Gesetzgebung und die Vollziehung auf dem Gebiet des Schulwesens sowie auf dem Gebiet des Erziehungswesens in den Angelegenheiten der Schülerheime, soweit in den folgenden Absätzen nicht anderes bestimmt ist. Zum Schul- und Erziehungswesen im Sinne dieses Artikels zählen nicht die im Art. 14a geregelten Angelegenheiten. *(BGBl 1975/316; BGBl I 2003/100; BGBl I 2017/138)*

(2) Bundessache ist die Gesetzgebung, Landessache die Vollziehung in den Angelegenheiten des Dienstrechtes und des Personalvertretungsrechtes der Lehrer für öffentliche Pflichtschulen, soweit im Abs. 4 lit. a nicht anderes bestimmt ist.* In diesen Bundesgesetzen kann die Landesgesetzgebung ermächtigt werden, zu genau zu bezeichnenden einzelnen Bestimmungen Ausführungsbestimmungen zu erlassen; hiebei finden die Bestimmungen des Art. 15 Abs. 6 sinngemäß Anwendung. Durchführungsverordnungen zu diesen Bundesgesetzen sind, soweit darin nicht anderes bestimmt ist, vom Bund zu erlassen. *(BGBl 1974/444; BGBl I 2003/100)*

(3) Bundessache ist die Gesetzgebung über die Grundsätze, Landessache die Erlassung von Ausführungsgesetzen und die Vollziehung in folgenden Angelegenheiten:

a) äußere Organisation (Aufbau, Organisationsformen, Errichtung, Erhaltung, Auflassung, Sprengel, Klassenschülerzahlen und Unterrichtszeit) der öffentlichen Pflichtschulen; *(BGBl I 2017/138)*

b) äußere Organisation der öffentlichen Schülerheime, die ausschließlich oder vorwiegend für Schüler von Pflichtschulen bestimmt sind; *(BGBl I 2017/138)*

c) fachliche Anstellungserfordernisse für die von den Ländern, Gemeinden oder von Gemeindeverbänden anzustellenden Kindergärtnerinnen und Erzieher an Horten und an Schülerheimen, die ausschließlich oder vorwiegend für Schüler von Pflichtschulen bestimmt sind. *(BGBl I 2017/138)*

(4) Landessache ist die Gesetzgebung und die Vollziehung in folgenden Angelegenheiten:

a) Behördenzuständigkeit zur Ausübung der Diensthoheit über die Lehrer für öffentliche Pflichtschulen auf Grund der gemäß Abs. 2 ergehenden Gesetze; *(BGBl I 2017/138)*

b) Kindergartenwesen und Hortwesen.

(5) Abweichend von den Bestimmungen der Abs. 2 bis 4 ist Bundessache die Gesetzgebung und die Vollziehung in folgenden Angelegenheiten:

a) Öffentliche Praxisschulen, Übungskindergärten, Übungshorte und Übungsschülerheime, die einer öffentlichen Schule zum Zweck lehrplanmäßig vorgesehener Übungen eingegliedert sind; *(BGBl I 2003/100; BGBl I 2013/164)*

b) öffentliche Schülerheime, die ausschließlich oder vorwiegend für Schüler der in lit. a genannten Praxisschulen bestimmt sind; *(BGBl I 2013/164)*

c) Dienstrecht und Personalvertretungsrecht der Lehrer, Erzieher und Kindergärtnerinnen für die in lit. a und b genannten öffentlichen Einrichtungen. *(BGBl 1974/444)*

(5a) Demokratie, Humanität, Solidarität, Friede und Gerechtigkeit sowie Offenheit und Toleranz gegenüber den Menschen sind Grundwerte der Schule, auf deren Grundlage sie der gesamten Bevölkerung, unabhängig von Herkunft, sozialer Lage und finanziellem Hintergrund, unter steter Sicherung und Weiterentwicklung bestmöglicher Qualität ein höchstmögliches Bildungsniveau sichert. Im partnerschaftlichen Zusammenwirken von Schülern, Eltern und Lehrern ist Kindern und Jugendlichen die bestmögliche geistige, seelische und körperliche Entwicklung zu ermöglichen, damit sie zu gesunden, selbstbewussten, glücklichen, leistungsorientierten, pflichttreuen, musischen und kreativen Menschen werden, die befähigt sind, an den sozialen, religiösen und moralischen Werten orientiert Verantwortung für sich selbst, Mitmenschen, Umwelt und nachfolgende Generationen zu übernehmen. Jeder Jugendliche soll seiner Entwicklung und seinem Bildungsweg entsprechend zu selbständigem Urteil und sozialem Verständnis geführt werden, dem politischen, religiösen und weltanschaulichen Denken anderer aufgeschlossen sein sowie befähigt werden, am Kultur- und Wirtschaftsleben Österreichs, Europas und der Welt teilzunehmen und in Freiheits- und Friedensliebe an den gemeinsamen Aufgaben der Menschheit mitzuwirken. *(BGBl I 2005/31)*

(6) Schulen sind Einrichtungen, in denen Schüler gemeinsam nach einem umfassenden, festen Lehrplan unterrichtet werden und im Zusammenhang mit der Vermittlung von allgemeinen oder allgemeinen und beruflichen Kenntnissen und Fertigkeiten ein umfassendes erzieherisches Ziel angestrebt wird. Öffentliche Schulen sind jene Schulen, die vom gesetzlichen Schulerhalter errichtet und erhalten werden. Gesetzlicher Schulerhalter ist der Bund, soweit die Gesetzgebung und Vollziehung in den Angelegenheiten der Errichtung, Erhaltung und Auflassung von öffentlichen Schulen Bundessache ist. Gesetzlicher Schulerhalter ist das Land oder nach Maßgabe der landesgesetzlichen Vorschriften die Gemeinde oder ein Gemeindeverband, soweit die Gesetzgebung oder Ausführungsgesetzgebung und die Vollziehung in den Angelegenheiten der Errichtung, Erhaltung und Auflassung von öffentlichen Schulen Landessache ist. Öffentliche Schulen sind allgemein ohne Unterschied der Geburt, des Geschlechtes, der Rasse, des Standes, der Klasse, der Sprache und des Bekenntnisses, im Übrigen im Rahmen der gesetzlichen Voraussetzungen zugänglich. Das Gleiche gilt sinngemäß für Kindergärten, Horte und Schülerheime. *(BGBl I 2003/100; BGBl I 2005/31)*

(6a) Die Gesetzgebung hat ein differenziertes Schulsystem vorzusehen, das zumindest nach Bildungsinhalten in allgemeinbildende und berufsbildende Schulen und nach Bildungshöhe in Primar- und Sekundarschulbereiche gegliedert ist, wobei bei den Sekundarschulen eine weitere angemessene Differenzierung vorzusehen ist. *(BGBl I 2005/31)*

(7) Schulen, die nicht öffentlich sind, sind Privatschulen; diesen ist nach Maßgabe der gesetzlichen Bestimmungen das Öffentlichkeitsrecht zu verleihen.

(7a) Die Schulpflicht beträgt zumindest neun Jahre und es besteht auch Berufsschulpflicht. *(BGBl I 2005/31)*

(8) Dem Bund steht die Befugnis zu, sich in den Angelegenheiten, die nach Abs. 2 und 3 in die Vollziehung der Länder fallen, von der Einhaltung der auf Grund dieser Absätze erlassenen Gesetze und Verordnungen Kenntnis zu verschaffen, zu welchem Zweck er auch Organe in die Schulen und Schülerheime entsenden kann. Werden Mängel wahrgenommen, so kann dem Landeshauptmann durch Weisung (Art. 20 Abs. 1) die Abstellung der Mängel innerhalb einer angemessenen Frist aufgetragen werden. Der Landeshauptmann hat für die Abstellung der Mängel nach Maßgabe der gesetzlichen Vorschriften Sorge zu tragen und ist verpflichtet, um die Durchführung solcher Weisungen zu bewirken, auch die ihm in seiner Eigenschaft als Organ des selbständigen Wirkungsbereiches des Landes zu Gebote stehenden Mittel anzuwenden. *(BGBl I 2003/100)*

(9) Auf dem Gebiet des Dienstrechtes der Lehrer, Erzieher und Kindergärtnerinnen gelten für die Verteilung der Zuständigkeiten zur Gesetzgebung und Vollziehung hinsichtlich der Dienstverhältnisse zum Bund, zu den Ländern, zu den Gemeinden und zu den Gemeindeverbänden, soweit in den vorhergehenden Absätzen nicht anderes bestimmt ist, die diesbezüglichen allgemeinen Regelungen der Art. 10 und 21. Gleiches gilt für das Personalvertretungsrecht der Lehrer, Erzieher und Kindergärtnerinnen. *(BGBl I 2003/100)*

(10) In den Angelegenheiten der Schulgeldfreiheit sowie des Verhältnisses der Schule und Kirchen (Religionsgesellschaften) einschließlich des Religionsunterrichtes in der Schule, soweit es sich nicht um Angelegenheiten der Universitäten und Hochschulen handelt, können Bundesgesetze vom Nationalrat nur in Anwesenheit von mindestens der Hälfte der Mitglieder und mit einer Mehrheit von zwei Dritteln der abgegebenen Stimmen beschlossen werden. Das Gleiche gilt, wenn die Grundsätze des Abs. 6a verlassen werden sollen und für die Genehmigung der in vorstehenden Angelegenheiten abgeschlossenen Staatsverträge der im Art. 50 bezeichneten Art. *(BGBl I 2005/31)*

(11) *(entfällt, BGBl 1975/316)*
(BGBl 1962/215)

Artikel 15. (1) Soweit eine Angelegenheit nicht ausdrücklich durch die Bundesverfassung der Gesetzgebung oder auch der Vollziehung des Bundes übertragen ist, verbleibt sie im selbständigen Wirkungsbereich der Länder.

(2) In den Angelegenheiten der örtlichen Sicherheitspolizei, das ist des Teiles der Sicherheitspolizei, der im ausschließlichen oder überwiegenden Interesse der in der Gemeinde verkörperten örtlichen Gemeinschaft gelegen und geeignet ist, durch die Gemeinschaft innerhalb ihrer örtlichen Grenzen besorgt zu werden, wie die Wahrung des öffentlichen Anstandes und die Abwehr ungebührlicherweise hervorgerufenen störenden Lärmes, steht dem Bund die Befugnis zu, die Führung dieser Angelegenheiten durch die Gemeinde zu beaufsichtigen und wahrgenommene Mängel durch Weisungen an den Landeshauptmann (Art. 103) abzustellen. Zu diesem Zweck können auch Inspektionsorgane des Bundes in die Gemeinde entsendet werden; hievon ist in jedem einzelnen Fall der Landeshauptmann zu verständigen. *(BGBl I 2003/100)*

(3) Die landesgesetzlichen Bestimmungen in den Angelegenheiten des Theater- und Kinowesens sowie der öffentlichen Schaustellungen, Darbietungen und Belustigungen haben für das Gebiet einer Gemeinde, in dem die Landespolizeidirektion zugleich Sicherheitsbehörde erster Instanz ist, der Landespolizeidirektion wenigstens die Überwachung der Veranstaltungen, soweit sie sich nicht auf betriebstechnische, bau- und feuerpolizeiliche Rücksichten erstreckt, und die Mitwirkung in erster Instanz bei Verleihung von Berechtigungen, die in solchen Gesetzen vorgesehen werden, zu übertragen. *(BGBl I 2012/49)*

(4) Inwieweit in den Angelegenheiten der Straßenpolizei mit Ausnahme der örtlichen Straßenpolizei (Art. 118 Abs. 3 Z 4) und der Strom- und Schifffahrtspolizei auf Binnengewässern mit Ausnahme der Donau, des Bodensees, des Neusiedlersees und der Grenzstrecken sonstiger Grenzgewässer für das Gebiet einer Gemeinde, in dem die Landespolizeidirektion zugleich Sicherheitsbehörde erster Instanz ist, der Landespolizeidirektion die Vollziehung übertragen wird, wird durch übereinstimmende Gesetze des Bundes und des betreffenden Landes geregelt. *(BGBl I 1999/8; BGBl I 2012/49)*

(5) *(entfällt, BGBl I 2012/51)*

(6) Soweit dem Bund bloß die Gesetzgebung über die Grundsätze vorbehalten ist, obliegt innerhalb des bundesgesetzlich festgelegten Rahmens die nähere Ausführung der Landesgesetzgebung. Das Bundesgesetz kann für die Erlassung der Ausführungsgesetze eine Frist bestimmen, die ohne Zustimmung des Bundesrates nicht kürzer als sechs Monate und nicht länger als ein Jahr sein darf. Wird diese Frist von einem Land nicht eingehalten, so geht die Zuständigkeit zur Erlassung des Ausführungsgesetzes für dieses Land auf den Bund über. Sobald das Land das Ausführungsgesetz erlassen hat, tritt das Ausführungsgesetz des Bundes außer Kraft. Sind vom Bund keine Grundsätze aufgestellt, so kann die Landesgesetzgebung solche Angelegenheiten frei regeln. Sobald der Bund Grundsätze aufgestellt hat, sind die landesgesetzlichen Bestimmungen binnen der bundesgesetzlich zu bestimmenden Frist dem Grundsatzgesetz anzupassen. *(BGBl I 2012/51)*

(7) Die Kundmachung der im Landesgesetzblatt zu verlautbarenden Rechtsvorschriften (Art. 97 Abs. 1) sowie der Rechtsvorschriften der Gemeinden, der Gemeindeverbände und der sonstigen im Bereich der Vollziehung der Länder eingerichteten Behörden kann im Rahmen des Rechtsinformationssystems des Bundes erfolgen. *(BGBl I 2019/14)*

(8) In den Angelegenheiten, die nach Art. 11 und 12 der Bundesgesetzgebung vorbehalten sind, steht dem Bund das Recht zu, die Einhaltung der von ihm erlassenen Vorschriften wahrzunehmen. *(BGBl I 2003/100)*

(9) Die Länder sind im Bereich ihrer Gesetzgebung befugt, die zur Regelung des Gegenstandes erforderlichen Bestimmungen auch auf dem Gebiet des Straf- und Zivilrechtes zu treffen.

(10) In Landesgesetzen, durch die die bestehende Organisation der Behörden der allgemeinen staatlichen Verwaltung in den Ländern geändert oder neu geregelt wird, kann eine sprengelübergreifende Zusammenarbeit von Bezirksverwaltungsbehörden einschließlich der Organe der Städte mit eigenem Statut (Art. 116 Abs. 3), insbesondere auch die Übertragung behördlicher Zuständigkeiten, vorgesehen werden. *(BGBl I 2019/14)*

(11) Die Sprengel der politischen Bezirke sind durch Verordnung der Landesregierung festzulegen. *(BGBl I 2019/14)*

(BGBl 1974/444)

Artikel 16. (1) Die Länder können in Angelegenheiten, die in ihren selbständigen Wirkungsbereich fallen, Staatsverträge mit an Österreich angrenzenden Staaten oder deren Teilstaaten abschließen.

(2) Der Landeshauptmann hat die Bundesregierung vor der Aufnahme von Verhandlungen über einen solchen Staatsvertrag zu unterrichten. Vor dessen Abschluss ist vom Landeshauptmann die Zustimmung der Bundesregierung einzuholen. Die Zustimmung gilt als erteilt, wenn die Bundesregierung nicht binnen acht Wochen von dem Tage, an dem das Ersuchen um Zustimmung beim Bundeskanzleramt eingelangt ist, dem Landes-

hauptmann mitgeteilt hat, dass die Zustimmung verweigert wird. Die Bevollmächtigung zur Aufnahme von Verhandlungen und der Abschluss des Staatsvertrages obliegen dem Bundespräsidenten auf Vorschlag der Landesregierung und mit Gegenzeichnung des Landeshauptmannes. *(BGBl I 2003/100)*

(3) Auf Verlangen der Bundesregierung sind Staatsverträge nach Abs. 1 vom Land zu kündigen. Kommt ein Land dieser Verpflichtung nicht rechtzeitig nach, so geht die Zuständigkeit dazu auf den Bund über.

(4) Die Länder sind verpflichtet, Maßnahmen zu treffen, die in ihrem selbständigen Wirkungsbereich zur Durchführung von Staatsverträgen erforderlich werden; kommt ein Land dieser Verpflichtung nicht rechtzeitig nach, so geht die Zuständigkeit zu solchen Maßnahmen, insbesondere zur Erlassung der notwendigen Gesetze, auf den Bund über. Eine gemäß dieser Bestimmung vom Bund getroffene Maßnahme, insbesondere ein solcherart erlassenes Gesetz oder eine solcherart erlassene Verordnung, tritt außer Kraft, sobald das Land die erforderlichen Maßnahmen getroffen hat. *(BGBl 1992/276; BGBl 1994/1013)*

(5) Ebenso hat der Bund bei Durchführung von Staatsverträgen das Überwachungsrecht auch in solchen Angelegenheiten, die zum selbständigen Wirkungsbereich der Länder gehören. Hiebei stehen dem Bund die gleichen Rechte gegenüber den Ländern zu wie bei den Angelegenheiten der mittelbaren Bundesverwaltung (Art. 102). *(BGBl I 2013/114)*

(6) *(entfällt, BGBl 1994/1013)*

(BGBl 1988/685)

Artikel 17. Durch die Bestimmungen der Art. 10 bis 15 über die Zuständigkeit in Gesetzgebung und Vollziehung wird die Stellung des Bundes und der Länder als Träger von Privatrechten in keiner Weise berührt.

(BGBl I 2003/100)

Artikel 18. (1) Die gesamte staatliche Verwaltung darf nur auf Grund der Gesetze ausgeübt werden.

(2) Jede Verwaltungsbehörde kann auf Grund der Gesetze innerhalb ihres Wirkungsbereiches Verordnungen erlassen.

(3) Wenn die sofortige Erlassung von Maßnahmen, die verfassungsgemäß einer Beschlussfassung des Nationalrates bedürfen, zur Abwehr eines offenkundigen, nicht wieder gutzumachenden Schadens für die Allgemeinheit zu einer Zeit notwendig wird, in der der Nationalrat nicht versammelt ist, nicht rechtzeitig zusammentreten kann oder in seiner Tätigkeit durch höhere Gewalt behindert ist, kann der Bundespräsident auf Vorschlag der Bundesregierung unter seiner und deren Verantwortlichkeit diese Maßnahmen durch vorläufige gesetzändernde Verordnungen treffen. Die Bundesregierung hat ihren Vorschlag im Einvernehmen mit dem vom Hauptausschuss des Nationalrates einzusetzenden ständigen Unterausschuss (Art. 55 Abs. 3) zu erstatten. Eine solche Verordnung bedarf der Gegenzeichnung der Bundesregierung. *(BGBl I 2001/121; BGBl I 2003/100)*

(4) Jede nach Abs. 3 erlassene Verordnung ist von der Bundesregierung unverzüglich dem Nationalrat vorzulegen, den der Bundespräsident, falls der Nationalrat in diesem Zeitpunkt keine Tagung hat, während der Tagung aber der Präsident des Nationalrates für einen der der Vorlage folgenden acht Tage einzuberufen hat. Binnen vier Wochen nach der Vorlage hat der Nationalrat entweder an Stelle der Verordnung ein entsprechendes Bundesgesetz zu beschließen oder durch Beschluss das Verlangen zu stellen, dass die Verordnung von der Bundesregierung sofort außer Kraft gesetzt wird. Im letzterwähnten Fall muss die Bundesregierung diesem Verlangen sofort entsprechen. Zum Zweck der rechtzeitigen Beschlussfassung des Nationalrates hat der Präsident die Vorlage spätestens am vorletzten Tag der vierwöchigen Frist zur Abstimmung zu stellen; die näheren Bestimmungen trifft das Bundesgesetz über die Geschäftsordnung des Nationalrates. Wird die Verordnung nach den vorhergehenden Bestimmungen von der Bundesregierung aufgehoben, treten mit dem Tag des Inkrafttretens der Aufhebung die gesetzlichen Bestimmungen wieder in Kraft, die durch die Verordnung aufgehoben worden waren. *(BGBl I 2001/121; BGBl I 2003/100)*

(5) Die im Abs. 3 bezeichneten Verordnungen dürfen nicht eine Abänderung bundesverfassungsgesetzlicher Bestimmungen bedeuten und weder eine dauernde finanzielle Belastung des Bundes, noch eine finanzielle Belastung der Länder oder Gemeinden, noch finanzielle Verpflichtungen der Staatsbürger, noch eine Veräußerung von Bundesvermögen, noch Maßnahmen in den im Art. 10 Abs. 1 Z 11 bezeichneten Angelegenheiten, noch endlich solche auf dem Gebiet des Koalitionsrechtes oder des Mieterschutzes zum Gegenstand haben. *(BGBl I 1999/8; BGBl I 2003/100; BGBl I 2012/51)*

Artikel 19. (1) Die obersten Organe der Vollziehung sind der Bundespräsident, die Bundesminister und Staatssekretäre sowie die Mitglieder der Landesregierungen.

(2) Durch Bundesgesetz kann die Zulässigkeit der Betätigung der im Abs. 1 bezeichneten Organe und von sonstigen öffentlichen Funktionären in der Privatwirtschaft beschränkt werden. *(BGBl I 2003/100)*

Artikel 20. (1) Unter der Leitung der obersten Organe des Bundes und der Länder führen nach den Bestimmungen der Gesetze auf Zeit gewählte Organe, ernannte berufsmäßige Organe oder vertraglich bestellte Organe die Verwaltung. Sie sind den ihnen vorgesetzten Organen für ihre amtliche Tätigkeit verantwortlich und, soweit in Gesetzen gemäß Abs. 2 nicht anderes bestimmt ist, an deren Weisungen gebunden. Das nachgeordnete Organ kann die Befolgung einer Weisung ablehnen, wenn die Weisung entweder von einem unzuständigen Organ erteilt wurde oder die Befolgung gegen strafgesetzliche Vorschriften verstoßen würde. *(BGBl I 2008/2)*

(2) Durch Gesetz können Organe

1. zur sachverständigen Prüfung,

2. zur Kontrolle der Gesetzmäßigkeit der Verwaltung, *(BGBl I 2012/51)*

3. mit Schieds-, Vermittlungs- und Interessenvertretungsaufgaben, *(BGBl I 2012/51)*

4. zur Sicherung des Wettbewerbs und zur Durchführung der Wirtschaftsaufsicht, *(BGBl I 2012/51)*

5. zur Aufsicht und Regulierung elektronischer Medien und zur Förderung der Medien, *(BGBl I 2010/50; BGBl I 2012/51)*

6. zur Durchführung einzelner Angelegenheiten des Dienst- und Disziplinarrechts,

7. zur Durchführung und Leitung von Wahlen, oder,

8. soweit dies nach Maßgabe des Rechts der Europäischen Union geboten ist,

von der Bindung an Weisungen der ihnen vorgesetzten Organe freigestellt werden. Durch Landesverfassungsgesetz können weitere Kategorien weisungsfreier Organe geschaffen werden. Durch Gesetz ist ein der Aufgabe des weisungsfreien Organs angemessenes Aufsichtsrecht der obersten Organe vorzusehen, zumindest das Recht, sich über alle Gegenstände der Geschäftsführung der weisungsfreien Organe zu unterrichten, und – soweit es sich nicht um Organe gemäß den Z 2, 5 und 8 handelt – das Recht, weisungsfreie Organe aus wichtigem Grund abzuberufen.
(BGBl I 2008/2; BGBl I 2010/50; BGBl I 2012/51)

(3) Alle mit Aufgaben der Bundes-, Landes- und Gemeindeverwaltung betrauten Organe sowie die Organe anderer Körperschaften des öffentlichen Rechts sind, soweit gesetzlich nicht anderes bestimmt ist, zur Verschwiegenheit über alle ihnen ausschließlich aus ihrer amtlichen Tätigkeit bekannt gewordenen Tatsachen verpflichtet, deren Geheimhaltung im Interesse der Aufrechterhaltung der öffentlichen Ruhe, Ordnung und Sicherheit, der umfassenden Landesverteidigung, der auswärtigen Beziehungen, im wirtschaftlichen Interesse einer Körperschaft des öffentlichen Rechts, zur Vorbereitung einer Entscheidung oder im überwiegenden Interesse der Parteien geboten ist (Amtsverschwiegenheit). Die Amtsverschwiegenheit besteht für die von einem allgemeinen Vertretungskörper bestellten Funktionäre nicht gegenüber diesem Vertretungskörper, wenn er derartige Auskünfte ausdrücklich verlangt. *(BGBl 1975/302; BGBl 1987/285)*

(4) Alle mit Aufgaben der Bundes-, Landes- und Gemeindeverwaltung betrauten Organe sowie die Organe anderer Körperschaften des öffentlichen Rechts haben über Angelegenheiten ihres Wirkungsbereiches Auskünfte zu erteilen, soweit eine gesetzliche Verschwiegenheitspflicht dem nicht entgegensteht; berufliche Vertretungen sind nur gegenüber den ihnen jeweils Zugehörigen auskunftspflichtig und dies insoweit, als dadurch die ordnungsgemäße Erfüllung ihrer gesetzlichen Aufgaben nicht verhindert wird. Die näheren Regelungen sind hinsichtlich der Organe des Bundes sowie der durch die Bundesgesetzgebung zu regelnden Selbstverwaltung in Gesetzgebung und Vollziehung Bundessache, hinsichtlich der Organe der Länder und Gemeinden sowie der durch die Landesgesetzgebung zu regelnden Selbstverwaltung in der Grundsatzgesetzgebung Bundessache, in der Ausführungsgesetzgebung und in der Vollziehung Landessache. *(BGBl 1987/285)*

Artikel 21. (1) Den Ländern obliegt die Gesetzgebung und Vollziehung in den Angelegenheiten des Dienstrechtes einschließlich des Dienstvertragsrechtes und des Personalvertretungsrechtes der Bediensteten der Länder, der Gemeinden und der Gemeindeverbände, soweit für alle diese Angelegenheiten in Abs. 2, in Art. 14 Abs. 2, Abs. 3 lit. c und Abs. 5 lit. c und in Art. 14a Abs. 2 lit. e und Abs. 3 lit. b nicht anderes bestimmt ist. Über Streitigkeiten aus vertraglichen Dienstverhältnissen entscheiden die ordentlichen Gerichte. *(BGBl I 2001/121; BGBl I 2012/51; BGBl I 2017/138)*

(2) Den Ländern obliegt die Gesetzgebung und Vollziehung in den Angelegenheiten des Arbeitnehmerschutzes der Bediensteten (Abs. 1) und der Personalvertretung der Bediensteten der Länder, soweit die Bediensteten nicht in Betrieben tätig sind. Soweit nach dem ersten Satz nicht die Zuständigkeit der Länder gegeben ist, fallen die genannten Angelegenheiten in die Zuständigkeit des Bundes. *(BGBl I 1999/8)*

(3) Soweit in diesem Gesetz nicht anderes bestimmt ist, wird die Diensthoheit gegenüber den Bediensteten des Bundes von den obersten Organen des Bundes ausgeübt. Die Diensthoheit gegenüber den Bediensteten der Länder wird von den obersten Organen der Länder ausgeübt; soweit dieses Gesetz entsprechende Ausnahmen hinsichtlich der Bediensteten des Bundes vorsieht, kann durch Landesverfassungsgesetz bestimmt werden,

dass die Diensthoheit gegenüber den Bediensteten des Landes von gleichartigen Organen ausgeübt wird. *(BGBl I 2003/100)*

(4) Die Möglichkeit des Wechsels zwischen dem Dienst beim Bund, bei den Ländern, bei den Gemeinden und bei den Gemeindeverbänden bleibt den öffentlich Bediensteten jederzeit gewahrt. Gesetzliche Bestimmungen, wonach die Anrechnung von Dienstzeiten davon abhängig unterschiedlich erfolgt, ob sie beim Bund, bei einem Land, bei einer Gemeinde oder bei einem Gemeindeverband zurückgelegt worden sind, sind unzulässig. Um eine gleichwertige Entwicklung des Dienstrechtes, des Personalvertretungsrechtes und des Arbeitnehmerschutzes bei Bund, Ländern und Gemeinden zu ermöglichen, haben Bund und Länder einander über Vorhaben in diesen Angelegenheiten zu informieren. *(BGBl I 1999/8)*

(5) Durch Gesetz kann vorgesehen werden, dass

1. Beamte zur Ausübung bestimmter Leitungsfunktionen oder in den Fällen, in denen dies auf Grund der Natur des Dienstes erforderlich ist, befristet ernannt werden;

2. nach Ablauf der Befristung oder bei Änderung der Organisation der Behörden oder der dienstrechtlichen Gliederungen durch Gesetz keine Ernennung erforderlich ist;

3. es, soweit die Zuständigkeit zur Ernennung gemäß Art. 66 Abs. 1 übertragen ist, in den Fällen einer Versetzung oder einer Änderung der Verwendung keiner Ernennung bedarf.
(BGBl I 1999/8; BGBl I 2003/100)

(6) In den Fällen des Abs. 5 besteht kein Anspruch auf eine gleichwertige Verwendung. *(BGBl 1994/1013; BGBl I 1999/8; BGBl I 2001/121)*

(BGBl 1974/444)

Artikel 22. Alle Organe des Bundes, der Länder, der Gemeinden und der Gemeindeverbände sowie der sonstigen Selbstverwaltungskörper sind im Rahmen ihres gesetzmäßigen Wirkungsbereiches zur wechselseitigen Hilfeleistung verpflichtet.

(BGBl I 2012/51)

B. Europäische Union

Artikel 23a. (1) Die Mitglieder des Europäischen Parlaments werden in Österreich auf Grund des gleichen, unmittelbaren, persönlichen, freien und geheimen Wahlrechtes der Männer und Frauen, die am Wahltag das 16. Lebensjahr vollendet haben und am Stichtag der Wahl entweder die österreichische Staatsbürgerschaft besitzen und nicht nach Maßgabe des Rechts der Europäischen Union vom Wahlrecht ausgeschlossen sind oder die Staatsangehörigkeit eines anderen Mitgliedstaates der Europäischen Union besitzen und nach Maßgabe des Rechts der Europäischen Union wahlberechtigt sind, nach den Grundsätzen der Verhältniswahl gewählt. *(BGBl I 2007/27)*

(2) Das Bundesgebiet bildet für die Wahlen zum Europäischen Parlament einen einheitlichen Wahlkörper.

(3) Wählbar sind die in Österreich zum Europäischen Parlament Wahlberechtigten, die am Wahltag das 18. Lebensjahr vollendet haben. *(BGBl I 2007/27)*

(4) Art. 26 Abs. 5 bis 7 ist sinngemäß anzuwenden. *(BGBl I 2007/27; BGBl I 2016/106)*

(5) und (6) *(entfällt, BGBl I 2007/27)*

Artikel 23b. (1) Öffentlich Bediensteten ist, wenn sie sich um ein Mandat im Europäischen Parlament bewerben, die für die Bewerbung um das Mandat erforderliche freie Zeit zu gewähren. Öffentlich Bedienstete, die zu Mitgliedern des Europäischen Parlaments gewählt wurden, sind für die Dauer der Mandatsausübung unter Entfall der Dienstbezüge außer Dienst zu stellen. Das Nähere wird durch Gesetz geregelt.

(2) Universitätslehrer können eine Tätigkeit in Forschung und Lehre und die Prüfungstätigkeit auch während der Zugehörigkeit zum Europäischen Parlament fortsetzen. Die Dienstbezüge für diese Tätigkeit sind entsprechend den tatsächlich erbrachten Leistungen zu bemessen, dürfen aber 25% der Bezüge eines Universitätslehrers nicht übersteigen. *(BGBl I 2001/121)*

(3) Insoweit dieses Bundesverfassungsgesetz die Unvereinbarkeit von Funktionen mit der Zugehörigkeit oder mit der ehemaligen Zugehörigkeit zum Nationalrat vorsieht, sind diese Funktionen auch mit der Zugehörigkeit oder mit der ehemaligen Zugehörigkeit zum Europäischen Parlament unvereinbar.

Artikel 23c. (1) Die Erstellung der österreichischen Vorschläge für die Ernennung von Mitgliedern der Europäischen Kommission, von Mitgliedern des Gerichtshofes der Europäischen Union, von Mitgliedern des Rechnungshofes, von Mitgliedern des Wirtschafts- und Sozialausschusses, von Mitgliedern des Ausschusses der Regionen und deren Stellvertretern und von Mitgliedern des Verwaltungsrates der Europäischen Investitionsbank obliegt der Bundesregierung.

(2) Vor der Erstellung der Vorschläge für die Ernennung von Mitgliedern der Europäischen Kommission, des Gerichtshofes der Europäischen Union, des Rechnungshofes und des Verwaltungsrates der Europäischen Investitionsbank hat die Bundesregierung dem Nationalrat und dem Bundespräsidenten mitzuteilen, wen sie vorzuschlagen beabsichtigt. Die Bundesregierung hat über die Vorschläge das Einvernehmen mit dem Hauptausschuss des Nationalrates herzustellen.

(3) Vor der Erstellung der Vorschläge für die Ernennung von Mitgliedern des Wirtschafts- und Sozialausschusses hat die Bundesregierung Vorschläge der gesetzlichen und sonstigen beruflichen Vertretungen der verschiedenen Gruppen des wirtschaftlichen und sozialen Lebens einzuholen.

(4) Die Vorschläge für die Ernennung von Mitgliedern des Ausschusses der Regionen und deren Stellvertretern hat die Bundesregierung auf Grund von Vorschlägen der Länder sowie des Österreichischen Gemeindebundes und des Österreichischen Städtebundes zu erstellen. Jedes Land hat ein Mitglied und dessen Stellvertreter vorzuschlagen; die sonstigen Mitglieder und deren Stellvertreter sind vom Österreichischen Gemeindebund und vom Österreichischen Städtebund gemeinsam vorzuschlagen.

(5) Die Bundesregierung hat dem Nationalrat mitzuteilen, wen sie nach Abs. 3 und 4 vorgeschlagen hat, und dem Bundesrat mitzuteilen, wen sie nach Abs. 2, 3 und 4 vorgeschlagen hat.

(BGBl I 2010/57)

Artikel 23d. (1) Der Bund hat die Länder unverzüglich über alle Vorhaben im Rahmen der Europäischen Union, die den selbständigen Wirkungsbereich der Länder berühren oder sonst für sie von Interesse sein könnten, zu unterrichten und ihnen Gelegenheit zur Stellungnahme zu geben. Solche Stellungnahmen sind an das Bundeskanzleramt zu richten. Gleiches gilt für die Gemeinden, soweit der eigene Wirkungsbereich oder sonstige wichtige Interessen der Gemeinden berührt werden. Die Vertretung der Gemeinden obliegt in diesen Angelegenheiten dem Österreichischen Städtebund und dem Österreichischen Gemeindebund (Art. 115 Abs. 3).

(2) Haben die Länder eine einheitliche Stellungnahme zu einem Vorhaben erstattet, das Angelegenheiten betrifft, in denen die Gesetzgebung Landessache ist, so darf der Bund bei Verhandlungen und Abstimmungen in der Europäischen Union nur aus zwingenden integrations- und außenpolitischen Gründen von dieser Stellungnahme abweichen. Der Bund hat den Ländern diese Gründe unverzüglich mitzuteilen. *(BGBl I 2010/57)*

(3) Betrifft ein Vorhaben auch Angelegenheiten, in denen die Gesetzgebung Landessache ist, so kann die Bundesregierung die Befugnis, an den Tagungen des Rates teilzunehmen und in diesem Rahmen zu diesem Vorhaben die Verhandlungen zu führen und die Stimme abzugeben, einem von den Ländern namhaft gemachten Mitglied einer Landesregierung übertragen. Die Wahrnehmung dieser Befugnis durch den Vertreter der Länder erfolgt unter Beteiligung des zuständigen Bundesministers und in Abstimmung mit diesem; Abs. 2 gilt auch für ihn. Der Vertreter der Länder ist dabei in Angelegenheiten der Bundesgesetzgebung dem Nationalrat, in Angelegenheiten der Landesgesetzgebung den Landtagen gemäß Art. 142 verantwortlich. *(BGBl I 2010/57)*

(4) Die näheren Bestimmungen zu den Abs. 1 bis 3 sind in einer Vereinbarung zwischen dem Bund und den Ländern (Art. 15a Abs. 1) festzulegen.

(5) Die Länder sind verpflichtet, Maßnahmen zu treffen, die in ihrem selbständigen Wirkungsbereich zur Durchführung von Rechtsakten im Rahmen der Europäischen Union erforderlich werden; kommt ein Land dieser Verpflichtung nicht rechtzeitig nach und wird dies vom Gerichtshof der Europäischen Union gegenüber Österreich festgestellt, so geht die Zuständigkeit zu solchen Maßnahmen, insbesondere zur Erlassung der notwendigen Gesetze, auf den Bund über. Eine gemäß dieser Bestimmung vom Bund getroffene Maßnahme, insbesondere ein solcherart erlassenes Gesetz oder eine solcherart erlassene Verordnung, tritt außer Kraft, sobald das Land die erforderlichen Maßnahmen getroffen hat. *(BGBl I 2010/57)*

Artikel 23e. (1) Der zuständige Bundesminister hat den Nationalrat und den Bundesrat unverzüglich über alle Vorhaben im Rahmen der Europäischen Union zu unterrichten und ihnen Gelegenheit zur Stellungnahme zu geben.

(2) Der zuständige Bundesminister hat den Nationalrat und den Bundesrat über einen bevorstehenden Beschluss des Europäischen Rates oder des Rates betreffend

1. den Übergang von der Einstimmigkeit zur qualifizierten Mehrheit oder

2. den Übergang von einem besonderen Gesetzgebungsverfahren zum ordentlichen Gesetzgebungsverfahren

ausdrücklich und so rechtzeitig zu unterrichten, dass dem Nationalrat und dem Bundesrat die Wahrnehmung der Zuständigkeiten nach diesem Artikel ermöglicht wird.

(3) Hat der Nationalrat eine Stellungnahme zu einem Vorhaben erstattet, das auf die Erlassung eines verbindlichen Rechtsaktes gerichtet ist, der sich auf die Erlassung von Bundesgesetzen auf dem im Rechtsakt geregelten Gebiet auswirken würde, so darf der zuständige Bundesminister bei Verhandlungen und Abstimmungen in der Europäischen Union nur aus zwingenden integrations- und außenpolitischen Gründen von dieser Stellungnahme abweichen. Beabsichtigt der zuständige Bundesminister, von der Stellungnahme des Nationalrates abzuweichen, so hat er den Nationalrat neuerlich zu befassen. Ist das Vorhaben auf die Erlassung eines verbindlichen Rechtsaktes gerichtet, der entweder die Erlassung bundesverfassungsgesetzlicher Bestimmungen erfordern würde oder Regelungen enthält, die nur durch

solche Bestimmungen getroffen werden könnten, so ist eine Abweichung jedenfalls nur zulässig, wenn ihr der Nationalrat innerhalb angemessener Frist nicht widerspricht. Der zuständige Bundesminister hat dem Nationalrat nach der Abstimmung in der Europäischen Union unverzüglich Bericht zu erstatten und ihm gegebenenfalls die Gründe mitzuteilen, aus denen er von der Stellungnahme abgewichen ist.

(4) Hat der Bundesrat eine Stellungnahme zu einem Vorhaben erstattet, das auf die Erlassung eines verbindlichen Rechtsaktes gerichtet ist, der entweder die Erlassung bundesverfassungsgesetzlicher Bestimmungen erfordern würde, durch die die Zuständigkeit der Länder in Gesetzgebung oder Vollziehung gemäß Art. 44 Abs. 2 eingeschränkt wird, oder Regelungen enthält, die nur durch solche Bestimmungen getroffen werden könnten, so darf der zuständige Bundesminister bei Verhandlungen und Abstimmungen in der Europäischen Union nur aus zwingenden integrations- und außenpolitischen Gründen von dieser Stellungnahme abweichen. Eine Abweichung ist jedenfalls nur zulässig, wenn ihr der Bundesrat innerhalb angemessener Frist nicht widerspricht. Der zuständige Bundesminister hat dem Bundesrat nach der Abstimmung in der Europäischen Union unverzüglich Bericht zu erstatten und ihm gegebenenfalls die Gründe mitzuteilen, aus denen er von der Stellungnahme abgewichen ist.

(BGBl I 2010/57)

Artikel 23f. (1) Der Nationalrat und der Bundesrat üben die im Vertrag über die Europäische Union, im Vertrag über die Arbeitsweise der Europäischen Union und in den diesen Verträgen beigegebenen Protokollen in der jeweils geltenden Fassung vorgesehenen Zuständigkeiten der nationalen Parlamente aus.

(2) Jeder Bundesminister berichtet dem Nationalrat und dem Bundesrat zu Beginn jedes Jahres über die in diesem Jahr zu erwartenden Vorhaben des Rates und der Europäischen Kommission sowie über die voraussichtliche österreichische Position zu diesen Vorhaben. *(BGBl I 2012/51)*

(3) Weitere Unterrichtungsverpflichtungen sind durch Bundesgesetz vorzusehen.

(4) Der Nationalrat und der Bundesrat können ihren Wünschen über Vorhaben der Europäischen Union in Mitteilungen an die Organe der Europäischen Union Ausdruck geben.

(BGBl I 2010/57)

Artikel 23g. (1) Der Nationalrat und der Bundesrat können zu einem Entwurf eines Gesetzgebungsakts im Rahmen der Europäischen Union in einer begründeten Stellungnahme darlegen, weshalb der Entwurf nicht mit dem Subsidiaritätsprinzip vereinbar ist.

(2) Der Nationalrat und der Bundesrat können vom zuständigen Bundesminister eine Äußerung zur Vereinbarkeit von Entwürfen gemäß Abs. 1 mit dem Subsidiaritätsprinzip verlangen, die im Regelfall innerhalb von zwei Wochen nach Einlangen des Verlangens vorzulegen ist.

(3) Der Bundesrat hat die Landtage unverzüglich über alle Entwürfe gemäß Abs. 1 zu unterrichten und ihnen Gelegenheit zur Stellungnahme zu geben. Bei Beschlussfassung einer begründeten Stellungnahme gemäß Abs. 1 hat der Bundesrat die Stellungnahmen der Landtage zu erwägen und die Landtage über solche Beschlüsse zu unterrichten.

(BGBl I 2010/57)

Artikel 23h. (1) Der Nationalrat und der Bundesrat können beschließen, dass gegen einen Gesetzgebungsakt im Rahmen der Europäischen Union beim Gerichtshof der Europäischen Union Klage wegen Verstoßes gegen das Subsidiaritätsprinzip erhoben wird.

(2) Das Bundeskanzleramt übermittelt die Klage im Namen des Nationalrates oder des Bundesrates unverzüglich an den Gerichtshof der Europäischen Union.

(BGBl I 2010/57)

Artikel 23i. (1) Das österreichische Mitglied im Europäischen Rat darf einer Initiative gemäß Art. 48 Abs. 7 des Vertrags über die Europäische Union in der Fassung des Vertrags von Lissabon nur dann zustimmen, wenn es der Nationalrat mit Zustimmung des Bundesrates auf Grund eines Vorschlages der Bundesregierung dazu ermächtigt hat. Diese Beschlüsse des Nationalrates und des Bundesrates bedürfen jeweils der Anwesenheit von mindestens der Hälfte der Mitglieder und einer Mehrheit von zwei Dritteln der abgegebenen Stimmen.

(2) Soweit nach dem Recht der Europäischen Union für die nationalen Parlamente die Möglichkeit der Ablehnung einer Initiative oder eines Vorschlages betreffend

1. den Übergang von der Einstimmigkeit zur qualifizierten Mehrheit oder

2. den Übergang von einem besonderen Gesetzgebungsverfahren zum ordentlichen Gesetzgebungsverfahren

vorgesehen ist, kann der Nationalrat mit Zustimmung des Bundesrates diese Initiative oder diesen Vorschlag innerhalb der nach dem Recht der Europäischen Union vorgesehenen Fristen ablehnen.

(3) Beschlüsse des Rates, durch die neue Kategorien von Eigenmitteln der Europäischen Union eingeführt werden, bedürfen der Genehmigung des Nationalrates und der Zustimmung des Bundesrates; Art. 50 Abs. 4 zweiter Satz ist sinngemäß anzuwenden. Andere Beschlüsse des Rates,

mit denen Bestimmungen über das System der Eigenmittel der Europäischen Union festgelegt werden, bedürfen der Genehmigung des Nationalrates. Art. 23e Abs. 2 gilt sinngemäß.

(4) Auf andere Beschlüsse des Europäischen Rates oder des Rates, die nach dem Recht der Europäischen Union erst nach Zustimmung der Mitgliedstaaten im Einklang mit ihren jeweiligen verfassungsrechtlichen Vorschriften in Kraft treten, ist Art. 50 Abs. 4 sinngemäß anzuwenden.

(5) Beschlüsse des Nationalrates und des Bundesrates nach diesem Artikel sind vom Bundeskanzler im Bundesgesetzblatt kundzumachen.

(BGBl I 2010/57)

Artikel 23j. (1) Österreich wirkt an der Gemeinsamen Außen- und Sicherheitspolitik der Europäischen Union auf Grund des Titels V Kapitel 1 und 2 des Vertrags über die Europäische Union in der Fassung des Vertrags von Lissabon mit, der in Art. 3 Abs. 5 und in Art. 21 Abs. 1 insbesondere die Wahrung beziehungsweise Achtung der Grundsätze der Charta der Vereinten Nationen vorsieht. Dies schließt die Mitwirkung an Aufgaben gemäß Art. 43 Abs. 1 dieses Vertrags sowie an Maßnahmen ein, mit denen die Wirtschafts- und Finanzbeziehungen zu einem oder mehreren Drittländern ausgesetzt, eingeschränkt oder vollständig eingestellt werden. Auf Beschlüsse des Europäischen Rates über eine gemeinsame Verteidigung ist Art. 50 Abs. 4 sinngemäß anzuwenden.

(2) Für Beschlüsse im Rahmen der Gemeinsamen Außen- und Sicherheitspolitik der Europäischen Union auf Grund des Titels V Kapitel 2 des Vertrags über die Europäische Union in der Fassung des Vertrags von Lissabon gilt Art. 23e Abs. 3 sinngemäß.

(3) Bei Beschlüssen über die Einleitung einer Mission außerhalb der Europäischen Union, die Aufgaben der militärischen Beratung und Unterstützung, Aufgaben der Konfliktverhütung und der Erhaltung des Friedens oder Kampfeinsätze im Rahmen der Krisenbewältigung einschließlich Frieden schaffender Maßnahmen und Operationen zur Stabilisierung der Lage nach Konflikten umfasst, sowie bei Beschlüssen gemäß Art. 42 Abs. 2 des Vertrags über die Europäische Union in der Fassung des Vertrags von Lissabon betreffend die schrittweise Festlegung einer gemeinsamen Verteidigungspolitik ist das Stimmrecht im Einvernehmen zwischen dem Bundeskanzler und dem für auswärtige Angelegenheiten zuständigen Bundesminister auszuüben.

(4) Eine Zustimmung zu Maßnahmen gemäß Abs. 3 darf, wenn der zu fassende Beschluss eine Verpflichtung Österreichs zur Entsendung von Einheiten oder einzelnen Personen bewirken würde, nur unter dem Vorbehalt gegeben werden, dass es diesbezüglich noch der Durchführung des für die Entsendung von Einheiten oder einzelnen Personen in das Ausland verfassungsrechtlich vorgesehenen Verfahrens bedarf.

(BGBl I 2010/57)

Artikel 23k. (1) Nähere Bestimmungen zu den Art. 23e, 23f Abs. 1, 2 und 4 sowie 23g bis 23j treffen das Bundesgesetz über die Geschäftsordnung des Nationalrates und die Geschäftsordnung des Bundesrates.

(2) Die Zuständigkeiten des Nationalrates nach den Art. 23e, 23f Abs. 4, 23g und 23j Abs. 2 obliegen dessen Hauptausschuss. Das Bundesgesetz über die Geschäftsordnung des Nationalrates kann vorsehen, dass der Hauptausschuss einen ständigen Unterausschuss wählt, für den Art. 55 Abs. 3 sinngemäß gilt. Der Hauptausschuss kann diesem ständigen Unterausschuss Zuständigkeiten nach dem ersten Satz übertragen. Eine solche Übertragung kann jederzeit ganz oder teilweise widerrufen werden. Durch das Bundesgesetz über die Geschäftsordnung des Nationalrates können Zuständigkeiten des Hauptausschusses nach dem ersten Satz dem Nationalrat oder dem ständigen Unterausschuss des Hauptausschusses gemäß dem zweiten Satz übertragen werden.

(3) Zuständigkeiten des Bundesrates nach den Art. 23e, 23f Abs. 4 und 23g können durch die Geschäftsordnung des Bundesrates einem von diesem zu wählenden Ausschuss übertragen werden.

(BGBl I 2010/57)

Zweites Hauptstück

Gesetzgebung des Bundes

E. Mitwirkung des Nationalrates und des Bundesrates an der Vollziehung des Bundes

...

Artikel 50. (1) Der Abschluss von

1. politischen Staatsverträgen und Staatsverträgen, die gesetzändernden oder gesetzesergänzenden Inhalt haben und nicht unter Art. 16 Abs. 1 fallen, sowie

2. Staatsverträgen, durch die die vertraglichen Grundlagen der Europäischen Union geändert werden,

bedarf der Genehmigung des Nationalrates.

(2) Für Staatsverträge gemäß Abs. 1 Z 1 gilt darüber hinaus Folgendes:

1. Sieht ein Staatsvertrag seine vereinfachte Änderung vor, so bedarf eine solche Änderung nicht der Genehmigung nach Abs. 1, sofern sich diese der Nationalrat nicht vorbehalten hat.

2. Insoweit ein Staatsvertrag Angelegenheiten des selbständigen Wirkungsbereiches der Länder

regelt, bedarf er der Zustimmung des Bundesrates. *(BGBl I 2012/51)*

3. Ist ein Staatsvertrag in mehr als zwei Sprachen authentisch festgelegt worden, reicht es aus, wenn die Genehmigung nach Abs. 1

a) auf der Grundlage von zwei authentischen Sprachfassungen und einer Übersetzung in die deutsche Sprache,

b) wenn jedoch die deutsche Sprachfassung authentisch ist, auf der Grundlage dieser und einer weiteren authentischen Sprachfassung

erfolgt. *(BGBl I 2012/51)*

4. Anlässlich der Genehmigung eines Staatsvertrages kann der Nationalrat beschließen, in welchem Umfang dieser Staatsvertrag durch Erlassung von Gesetzen zu erfüllen ist. *(BGBl I 2012/51)*

(3) Auf Beschlüsse des Nationalrates nach Abs. 1 Z 1 und Abs. 2 Z 4 ist Art. 42 Abs. 1 bis 4 sinngemäß anzuwenden. *(BGBl I 2012/51)*

(4) Staatsverträge gemäß Abs. 1 Z 2 dürfen unbeschadet des Art. 44 Abs. 3 nur mit Genehmigung des Nationalrates und mit Zustimmung des Bundesrates abgeschlossen werden. Diese Beschlüsse bedürfen jeweils der Anwesenheit von mindestens der Hälfte der Mitglieder und einer Mehrheit von zwei Dritteln der abgegebenen Stimmen.

(5) Der Nationalrat und der Bundesrat sind von der Aufnahme von Verhandlungen über einen Staatsvertrag gemäß Abs. 1 unverzüglich zu unterrichten.

(BGBl I 2008/2)

Artikel 50a. Der Nationalrat wirkt in Angelegenheiten des Europäischen Stabilitätsmechanismus mit.

(BGBl I 2012/65)

Artikel 50b. Ein österreichischer Vertreter im Europäischen Stabilitätsmechanismus darf

1. einem Vorschlag für einen Beschluss, einem Mitgliedstaat grundsätzlich Stabilitätshilfe zu gewähren,

2. einer Veränderung des genehmigten Stammkapitals und einer Anpassung des maximalen Darlehensvolumens des Europäischen Stabilitätsmechanismus sowie einem Abruf von genehmigtem nicht eingezahlten Stammkapital und

3. Änderungen der Finanzhilfeinstrumente

nur zustimmen oder sich bei der Beschlussfassung enthalten, wenn ihn der Nationalrat auf Grund eines Vorschlages der Bundesregierung dazu ermächtigt hat. In Fällen besonderer Dringlichkeit kann der zuständige Bundesminister den Nationalrat befassen. Ohne Ermächtigung des Nationalrates muss der österreichische Vertreter den Vorschlag für einen solchen Beschluss ablehnen.

(BGBl I 2012/65)

Artikel 50c. (1) Der zuständige Bundesminister hat den Nationalrat unverzüglich in Angelegenheiten des Europäischen Stabilitätsmechanismus gemäß den Bestimmungen des Bundesgesetzes über die Geschäftsordnung des Nationalrates zu unterrichten. Durch das Bundesgesetz über die Geschäftsordnung des Nationalrates sind Stellungnahmerechte des Nationalrates vorzusehen.

(2) Hat der Nationalrat rechtzeitig eine Stellungnahme in Angelegenheiten des Europäischen Stabilitätsmechanismus erstattet, so hat der österreichische Vertreter im Europäischen Stabilitätsmechanismus diese bei Verhandlungen und Abstimmungen zu berücksichtigen. Der zuständige Bundesminister hat dem Nationalrat nach der Abstimmung unverzüglich Bericht zu erstatten und ihm gegebenenfalls die Gründe mitzuteilen, aus denen der österreichische Vertreter die Stellungnahme nicht berücksichtigt hat.

(3) Der zuständige Bundesminister berichtet dem Nationalrat regelmäßig über die im Rahmen des Europäischen Stabilitätsmechanismus getroffenen Maßnahmen.

(BGBl I 2012/65)

Artikel 50d. (1) Das Nähere zu den Art. 50b und 50c Abs. 2 und 3 bestimmt das Bundesgesetz über die Geschäftsordnung des Nationalrates.

(2) Durch das Bundesgesetz über die Geschäftsordnung des Nationalrates können weitere Zuständigkeiten des Nationalrates zur Mitwirkung an der Ausübung des Stimmrechtes durch österreichische Vertreter im Europäischen Stabilitätsmechanismus vorgesehen werden.

(3) Zur Mitwirkung in Angelegenheiten des Europäischen Stabilitätsmechanismus wählt der mit der Vorberatung von Bundesfinanzgesetzen betraute Ausschuss des Nationalrates ständige Unterausschüsse. Jedem dieser ständigen Unterausschüsse muss mindestens ein Mitglied jeder im Hauptausschuss des Nationalrates vertretenen Partei angehören. Zuständigkeiten des Nationalrates nach Abs. 2, Art. 50b und 50c können durch das Bundesgesetz über die Geschäftsordnung des Nationalrates diesen ständigen Unterausschüssen übertragen werden. Das Bundesgesetz über die Geschäftsordnung des Nationalrates hat Vorsorge zu treffen, dass die ständigen Unterausschüsse jederzeit einberufen werden und zusammentreten können. Wird der Nationalrat nach Art. 29 Abs. 1 vom Bundespräsidenten aufgelöst, so obliegt den ständigen Unterausschüssen die Mitwirkung in Angelegenheiten des Europäischen Stabilitätsmechanismus.

(BGBl I 2012/65)

Drittes Hauptstück
Vollziehung des Bundes

A. Verwaltung

1. Bundespräsident

...

Artikel 65. (1) Der Bundespräsident vertritt die Republik nach außen, empfängt und beglaubigt die Gesandten, genehmigt die Bestellung der fremden Konsuln, bestellt die konsularischen Vertreter der Republik im Ausland und schließt die Staatsverträge ab. Er kann anlässlich des Abschlusses eines nicht unter Art. 50 fallenden Staatsvertrages oder eines Staatsvertrages gemäß Art. 16 Abs. 1, der weder gesetzändernd noch gesetzesergänzend ist, anordnen, dass dieser Staatsvertrag durch Erlassung von Verordnungen zu erfüllen ist. *(BGBl I 2003/100)*

(2) Weiter stehen ihm – außer den ihm nach anderen Bestimmungen dieser Verfassung übertragenen Befugnissen – zu:

a) die Ernennung der Bundesbeamten, einschließlich der Offiziere, und der sonstigen Bundesfunktionäre, die Verleihung von Amtstiteln an solche; *(BGBl 1974/444)*

b) die Schaffung und Verleihung von Berufstiteln;

c) für Einzelfälle: die Begnadigung der von den Gerichten rechtskräftig Verurteilten, die Milderung und Umwandlung der von den Gerichten ausgesprochenen Strafen, die Nachsicht von Rechtsfolgen und die Tilgung von Verurteilungen im Gnadenweg, ferner die Niederschlagung des strafgerichtlichen Verfahrens bei den von Amts wegen zu verfolgenden strafbaren Handlungen;

d) die Erklärung unehelicher Kinder zu ehelichen auf Ansuchen der Eltern.

(3) Inwieweit dem Bundespräsidenten außerdem noch Befugnisse hinsichtlich Gewährung von Ehrenrechten, außerordentlichen Zuwendungen, Zulagen und Versorgungsgenüssen, Ernennungs- oder Bestätigungsrechten und sonstigen Befugnissen in Personalangelegenheiten zustehen, bestimmen besondere Gesetze.

Artikel 66. (1) Der Bundespräsident kann das ihm zustehende Recht der Ernennung von Bundesbeamten bestimmter Kategorien den zuständigen Mitgliedern der Bundesregierung übertragen und sie ermächtigen, ihrerseits diese Befugnis für bestimmte Kategorien von Bundesbeamten an ihnen nachgeordnete Organe weiter zu übertragen. *(BGBl 1994/506)*

(2) Der Bundespräsident kann zum Abschluss bestimmter Kategorien von Staatsverträgen, die weder unter Art. 16 Abs. 1 noch unter Art. 50 fallen, die Bundesregierung oder die zuständigen Mitglieder der Bundesregierung ermächtigen; eine solche Ermächtigung erstreckt sich auch auf die Befugnis zur Anordnung, dass diese Staatsverträge durch Erlassung von Verordnungen zu erfüllen sind. *(BGBl I 2003/100)*

(3) Der Bundespräsident kann zum Abschluss von Staatsverträgen nach Art. 16 Abs. 1, die weder gesetzändernd noch gesetzesergänzend sind, auf Vorschlag der Landesregierung und mit Gegenzeichnung des Landeshauptmannes die Landesregierung ermächtigen; eine solche Ermächtigung erstreckt sich auch auf die Befugnis zur Anordnung, dass dieser Staatsvertrag durch Erlassung von Verordnungen zu erfüllen ist. *(BGBl I 2003/100)*

Artikel 67. (1) Alle Akte des Bundespräsidenten erfolgen, soweit nicht verfassungsmäßig anderes bestimmt ist, auf Vorschlag der Bundesregierung oder des von ihr ermächtigten Bundesministers. Inwieweit die Bundesregierung oder der zuständige Bundesminister hiebei selbst an Vorschläge anderer Stellen gebunden ist, bestimmt das Gesetz.

(2) Alle Akte des Bundespräsidenten bedürfen, soweit nicht verfassungsgesetzlich anderes bestimmt ist, zu ihrer Gültigkeit der Gegenzeichnung des Bundeskanzlers oder der zuständigen Bundesminister.

Artikel 67a. (1) Zur Unterstützung des Bundespräsidenten bei der Besorgung seiner Amtsgeschäfte ist die Präsidentschaftskanzlei berufen, die dem Bundespräsidenten untersteht. Das Nähere über den Geschäftsgang in der Präsidentschaftskanzlei kann durch eine vom Bundespräsidenten zu erlassende Geschäftsordnung geregelt werden.

(2) Art. 67 gilt nicht für die Erlassung der Geschäftsordnung der Präsidentschaftskanzlei, für die Ernennung von Bediensteten der Präsidentschaftskanzlei und die Verleihung von Amtstiteln an diese sowie für Akte des Bundespräsidenten in Ausübung der Diensthoheit diesen gegenüber.

(BGBl I 2008/2)

B. Verfassungsgerichtsbarkeit

...

Artikel 140. (1) Der Verfassungsgerichtshof erkennt über Verfassungswidrigkeit

1. von Gesetzen

a) auf Antrag eines Gerichtes;

b) von Amts wegen, wenn er das Gesetz in einer bei ihm anhängigen Rechtssache anzuwenden hätte;

c) auf Antrag einer Person, die unmittelbar durch diese Verfassungswidrigkeit in ihren Rechten verletzt zu sein behauptet, wenn das Gesetz ohne Fällung einer gerichtlichen Entscheidung oder ohne Erlassung eines Bescheides für diese Person wirksam geworden ist;

d) auf Antrag einer Person, die als Partei einer von einem ordentlichen Gericht in erster Instanz entschiedenen Rechtssache wegen Anwendung eines verfassungswidrigen Gesetzes in ihren Rechten verletzt zu sein behauptet, aus Anlass eines gegen diese Entscheidung erhobenen Rechtsmittels;

2. von Bundesgesetzen auch auf Antrag einer Landesregierung, eines Drittels der Mitglieder des Nationalrates oder eines Drittels der Mitglieder des Bundesrates;

3. von Landesgesetzen auch auf Antrag der Bundesregierung oder, wenn dies landesverfassungsgesetzlich vorgesehen ist, auf Antrag eines Drittels der Mitglieder des Landtages.

Auf Anträge gemäß Z 1 lit. c und d ist Art. 89 Abs. 3 sinngemäß anzuwenden. *(BGBl I 2013/114)*

(1a) Wenn dies zur Sicherung des Zwecks des Verfahrens vor dem ordentlichen Gericht erforderlich ist, kann die Stellung eines Antrages gemäß Abs. 1 Z 1 lit. d durch Bundesgesetz für unzulässig erklärt werden. Durch Bundesgesetz ist zu bestimmen, welche Wirkung ein Antrag gemäß Abs. 1 Z 1 lit. d hat. *(BGBl I 2013/114)*

(1b) Der Verfassungsgerichtshof kann die Behandlung eines Antrages gemäß Abs. 1 Z 1 lit. c oder d bis zur Verhandlung durch Beschluss ablehnen, wenn er keine hinreichende Aussicht auf Erfolg hat. *(BGBl I 2013/114)*

(2) Wird in einer beim Verfassungsgerichtshof anhängigen Rechtssache, in der der Verfassungsgerichtshof ein Gesetz anzuwenden hat, die Partei klaglos gestellt, so ist ein bereits eingeleitetes Verfahren zur Prüfung der Verfassungsmäßigkeit des Gesetzes dennoch fortzusetzen.

(3) Der Verfassungsgerichtshof darf ein Gesetz nur insoweit als verfassungswidrig aufheben, als seine Aufhebung ausdrücklich beantragt wurde oder als der Verfassungsgerichtshof das Gesetz in der bei ihm anhängigen Rechtssache anzuwenden hätte. Gelangt der Verfassungsgerichtshof jedoch zu der Auffassung, dass das ganze Gesetz von einem nach der Kompetenzverteilung nicht berufenen Gesetzgebungsorgan erlassen oder in verfassungswidriger Weise kundgemacht wurde, so hat er das ganze Gesetz als verfassungswidrig aufzuheben. Dies gilt nicht, wenn die Aufhebung des ganzen Gesetzes offensichtlich den rechtlichen Interessen der Partei zuwiderläuft, die einen Antrag gemäß Abs. 1 Z 1 lit. c oder d gestellt hat oder deren Rechtssache Anlass für die amtswegige Einleitung des Gesetzesprüfungsverfahrens gegeben hat. *(BGBl I 2003/100; BGBl I 2012/51; BGBl I 2013/114)*

(4) Ist das Gesetz im Zeitpunkt der Fällung des Erkenntnisses des Verfassungsgerichtshofes bereits außer Kraft getreten und wurde das Verfahren von Amts wegen eingeleitet oder der Antrag von einem Gericht oder von einer Person gestellt, die durch die Verfassungswidrigkeit des Gesetzes in ihren Rechten verletzt zu sein behauptet, so hat der Verfassungsgerichtshof auszusprechen, ob das Gesetz verfassungswidrig war. Abs. 3 gilt sinngemäß. *(BGBl I 2012/51; BGBl I 2013/114)*

(5) Das Erkenntnis des Verfassungsgerichtshofes, mit dem ein Gesetz als verfassungswidrig aufgehoben wird, verpflichtet den Bundeskanzler oder den zuständigen Landeshauptmann zur unverzüglichen Kundmachung der Aufhebung. Dies gilt sinngemäß für den Fall eines Ausspruches gemäß Abs. 4. Die Aufhebung tritt mit Ablauf des Tages der Kundmachung in Kraft, wenn nicht der Verfassungsgerichtshof für das Außerkrafttreten eine Frist bestimmt. Diese Frist darf 18 Monate nicht überschreiten. *(BGBl 1992/276; BGBl I 2003/100)*

(6) Wird durch ein Erkenntnis des Verfassungsgerichtshofes ein Gesetz als verfassungswidrig aufgehoben, so treten mit dem Tag des Inkrafttretens der Aufhebung, falls das Erkenntnis nicht anderes ausspricht, die gesetzlichen Bestimmungen wieder in Kraft, die durch das vom Verfassungsgerichtshof als verfassungswidrig erkannte Gesetz aufgehoben worden waren. In der Kundmachung über die Aufhebung des Gesetzes ist auch zu verlautbaren, ob und welche gesetzlichen Bestimmungen wieder in Kraft treten. *(BGBl I 2003/100)*

(7) Ist ein Gesetz wegen Verfassungswidrigkeit aufgehoben worden oder hat der Verfassungsgerichtshof gemäß Abs. 4 ausgesprochen, dass ein Gesetz verfassungswidrig war, so sind alle Gerichte und Verwaltungsbehörden an den Spruch des Verfassungsgerichtshofes gebunden. Auf die vor der Aufhebung verwirklichten Tatbestände mit Ausnahme des Anlassfalles ist jedoch das Gesetz weiterhin anzuwenden, sofern der Verfassungsgerichtshof nicht in seinem aufhebenden Erkenntnis anderes ausspricht. Hat der Verfassungsgerichtshof in seinem aufhebenden Erkenntnis eine Frist gemäß Abs. 5 gesetzt, so ist das Gesetz auf alle bis zum Ablauf dieser Frist verwirklichten Tatbestände mit Ausnahme des Anlassfalles anzuwenden. *(BGBl I 2003/100)*

(8) Für Rechtssachen, die zur Stellung eines Antrages gemäß Abs. 1 Z 1 lit. d Anlass gegeben haben, ist durch Bundesgesetz zu bestimmen, dass das Erkenntnis des Verfassungsgerichtshofes, mit dem das Gesetz als verfassungswidrig aufgehoben wird, eine neuerliche Entscheidung dieser Rechtssache ermöglicht. Dies gilt sinngemäß für

den Fall eines Ausspruches gemäß Abs. 4. *(BGBl I 2013/114)*

(BGBl I 2003/100)

Artikel 140a. Der Verfassungsgerichtshof erkennt über Rechtswidrigkeit von Staatsverträgen. Auf die politischen, gesetzändernden und gesetzesergänzenden Staatsverträge und auf die Staatsverträge, durch die die vertraglichen Grundlagen der Europäischen Union geändert werden, ist Art. 140, auf alle anderen Staatsverträge Art. 139 sinngemäß mit folgenden Maßgaben anzuwenden:

1. Ein Staatsvertrag, dessen Verfassungs- oder Gesetzwidrigkeit der Verfassungsgerichtshof feststellt, ist mit Ablauf des Tages der Kundmachung des Erkenntnisses von den zu seiner Vollziehung berufenen Organen nicht mehr anzuwenden, wenn nicht der Verfassungsgerichtshof eine Frist bestimmt, innerhalb der der Staatsvertrag weiterhin anzuwenden ist; diese Frist darf bei den politischen, gesetzändernden und gesetzesergänzenden Staatsverträgen und bei den Staatsverträgen, durch die die vertraglichen Grundlagen der Europäischen Union geändert werden, zwei Jahre, bei allen anderen Staatsverträgen ein Jahr nicht überschreiten.

2. Ferner treten mit Ablauf des Tages der Kundmachung des Erkenntnisses eine Anordnung, dass der Staatsvertrag durch die Erlassung von Verordnungen zu erfüllen ist, oder ein Beschluss, dass der Staatsvertrag durch die Erlassung von Gesetzen zu erfüllen ist, außer Kraft.

(BGBl I 2012/51)

3/2. Staatsvertrag betreffend die Wiederherstellung eines unabhängigen und demokratischen Österreich

BGBl 1955/152 idF

1 BGBl 1964/59
2 BGBl III 2002/179 (DFB)
3 BGBl I 2008/2

Staatsvertrag betreffend die Wiederherstellung eines unabhängigen und demokratischen Österreich

Präambel

Die Union der Sozialistischen Sowjetrepubliken, das Vereinigte Königreich von Großbritannien und Nordirland, die Vereinigten Staaten von Amerika und Frankreich, in der Folge die Alliierten und Assoziierten Mächte genannt, einerseits und Österreich anderseits;

Im Hinblick darauf, daß Hitler-Deutschland am 13. März 1938 Österreich mit Gewalt annektierte und sein Gebiet dem Deutschen Reich einverleibte;

Im Hinblick darauf, daß in der Moskauer Erklärung, verlautbart am 1. November 1943, die Regierungen der Union der Sozialistischen Sowjetrepubliken, des Vereinigten Königreiches und der Vereinigten Staaten von Amerika erklärten, daß sie die Annexion Österreichs durch Deutschland am 13. März 1938 als null und nichtig betrachten, und ihrem Wunsche Ausdruck gaben, Österreich als einen freien und unabhängigen Staat wiederhergestellt zu sehen und daß das Französische Komitee der Nationalen Befreiung am 16. November 1943 eine ähnliche Erklärung abgab; *(BGBl III 2002/179 (DFB))*

Im Hinblick darauf, daß als ein Ergebnis des alliierten Sieges Österreich von der Gewaltherrschaft Hitler-Deutschlands befreit wurde;

Im Hinblick darauf, daß die Alliierten und Assoziierten Mächte und Österreich unter Berücksichtigung der Bedeutung der Anstrengungen, die das österreichische Volk zur Wiederherstellung und zum demokratischen Wiederaufbau seines Landes selbst machte und weiter zu machen haben wird, den Wunsch hegen, einen Vertrag abzuschließen, der Österreich als einen freien, unabhängigen und demokratischen Staat wiederherstellt, wodurch sie zur Wiederaufrichtung des Friedens in Europa beitragen;

Im Hinblick darauf, daß die Alliierten und Assoziierten Mächte den Wunsch haben, durch den vorliegenden Vertrag in Übereinstimmung mit den Grundsätzen der Gerechtigkeit alle Fragen zu regeln, die im Zusammenhange mit den oberwähnten Ereignissen einschließlich der Annexion Österreichs durch Hitler-Deutschland und seiner Teilnahme am Kriege als integrierender Teil Deutschlands noch offenstehen; und

Im Hinblick darauf, daß die Alliierten und Assoziierten Mächte und Österreich zu diesem Zwecke den Wunsch hegen, den vorliegenden Vertrag abzuschließen, um als Grundlage freundschaftlicher Beziehungen zwischen ihnen zu dienen und um damit die Alliierten und Assoziierten Mächte in die Lage zu versetzen, die Bewerbung Österreichs um Zulassung zur Organisation der Vereinten Nationen zu unterstützen;

Haben daher die unterfertigten Bevollmächtigten ernannt, welche nach Vorweisung ihrer Vollmachten, die in guter und gehöriger Form befunden wurden, über die nachstehenden Bestimmungen übereingekommen sind:

Teil I

Politische und territoriale Bestimmungen

Artikel 1.
Wiederherstellung Österreichs als freier und unabhängiger Staat

Die Alliierten und Assoziierten Mächte anerkennen, daß Österreich als ein souveräner, unabhängiger und demokratischer Staat wiederhergestellt ist.

Artikel 2.
Wahrung der Unabhängigkeit Österreichs

Die Alliierten und Assoziierten Mächte erklären, daß sie die Unabhängigkeit und territoriale Unversehrtheit Österreichs, wie sie gemäß dem vorliegenden Vertrag festgelegt sind, achten werden.

Artikel 3.
Anerkennung der Unabhängigkeit Österreichs durch Deutschland

Die Alliierten und Assoziierten Mächte werden in den deutschen Friedensvertrag Bestimmungen aufnehmen, welche die Anerkennung der Souveränität und Unabhängigkeit Österreichs durch Deutschland und den Verzicht Deutschlands auf alle territorialen und politischen Ansprüche in bezug auf Österreich und österreichisches Staatsgebiet sichern.

Artikel 4.
Verbot des Anschlusses

1. Die Alliierten und Assoziierten Mächte erklären, daß eine politische oder wirtschaftliche Vereinigung zwischen Österreich und Deutschland verboten ist. Österreich anerkennt voll und ganz seine Verantwortlichkeiten auf diesem Gebiete und wird keine wie immer geartete politische oder wirtschaftliche Vereinigung mit Deutschland eingehen.

2. Um einer solchen Vereinigung vorzubeugen, wird Österreich keinerlei Vereinbarung mit Deutschland treffen oder irgendeine Handlung setzen oder irgendwelche Maßnahmen treffen, die geeignet wären, unmittelbar oder mittelbar eine politische oder wirtschaftliche Vereinigung mit Deutschland zu fördern oder seine territoriale Unversehrtheit oder politische oder wirtschaftliche Unabhängigkeit zu beeinträchtigen. Österreich verpflichtet sich ferner, innerhalb seines Gebietes jede Handlung zu verhindern, die geeignet wäre, eine solche Vereinigung mittelbar oder unmittelbar zu fördern, und wird den Bestand, das Wiederaufleben und die Tätigkeit jeglicher Organisationen, welche die politische oder wirtschaftliche Vereinigung mit Deutschland zum Ziele haben, sowie großdeutsche Propaganda zugunsten der Vereinigung mit Deutschland verhindern.

Artikel 5.
Grenzen Österreichs

Die Grenzen Österreichs sind jene, die am 1. Jänner 1938 bestanden haben.

Artikel 6.
Menschenrechte

1. Österreich wird alle erforderlichen Maßnahmen treffen, um allen unter österreichischer Staatshoheit lebenden Personen ohne Unterschied von Rasse, Geschlecht, Sprache oder Religion den Genuß der Menschenrechte und der Grundfreiheiten einschließlich der Freiheit der Meinungsäußerung, der Presse und Veröffentlichung, der Religionsausübung, der politischen Meinung und der öffentlichen Versammlung zu sichern.

2. Österreich verpflichtet sich weiters dazu, daß die in Österreich geltenden Gesetze weder in ihrem Inhalt noch in ihrer Anwendung zwischen Personen österreichischer Staatsangehörigkeit auf Grund ihrer Rasse, ihres Geschlechtes, ihrer Sprache oder ihrer Religion, sei es in bezug auf ihre Person, ihre Vermögenswerte, ihre geschäftlichen, beruflichen oder finanziellen Interessen, ihre Rechtsstellung, ihre politischen oder bürgerlichen Rechte, sei es auf irgendeinem anderen Gebiete, diskriminieren oder Diskriminierungen zur Folge haben werden.

Artikel 7.
Rechte der slowenischen und kroatischen Minderheiten

1. Österreichische Staatsangehörige der slowenischen und kroatischen Minderheiten in Kärnten, Burgenland und Steiermark genießen dieselben Rechte auf Grund gleicher Bedingungen wie alle anderen österreichischen Staatsangehörigen einschließlich des Rechtes auf ihre eigenen Organisationen, Versammlungen und Presse in ihrer eigenen Sprache.

2. Sie haben Anspruch auf Elementarunterricht in slowenischer oder kroatischer Sprache und auf eine verhältnismäßige Anzahl eigener Mittelschulen; in diesem Zusammenhang werden Schullehrpläne überprüft und eine Abteilung der Schulaufsichtsbehörde wird für slowenische und kroatische Schulen errichtet werden.

3. In den Verwaltungs- und Gerichtsbezirken Kärntens, des Burgenlandes und der Steiermark mit slowenischer, kroatischer oder gemischter Bevölkerung wird die slowenische oder kroatische Sprache zusätzlich zum Deutschen als Amtssprache zugelassen. In solchen Bezirken werden die Bezeichnungen und Aufschriften topographischer Natur sowohl in slowenischer oder kroatischer Sprache wie in Deutsch verfaßt.

4. Österreichische Staatsangehörige der slowenischen und kroatischen Minderheiten in Kärnten, Burgenland und Steiermark nehmen an den kulturellen, Verwaltungs- und Gerichtseinrichtungen in diesen Gebieten auf Grund gleicher Bedingungen wie andere österreichische Staatsangehörige teil.

5. Die Tätigkeit von Organisationen, die darauf abzielen, der kroatischen oder slowenischen Bevölkerung ihre Eigenschaft und ihre Rechte als Minderheit zu nehmen, ist zu verbieten.

Artikel 8.
Demokratische Einrichtungen

Österreich wird eine demokratische, auf geheime Wahlen gegründete Regierung haben und verbürgt allen Staatsbürgern ein freies, gleiches und allgemeines Wahlrecht sowie das Recht, ohne Unterschied von Rasse, Geschlecht, Sprache, Religion oder politische Meinung zu einem öffentlichen Amte gewählt zu werden.

Artikel 9.
Auflösung nazistischer Organisationen

1. Österreich wird die bereits durch die Erlassung entsprechender und von der Alliierten

Kommission für Österreich genehmigter Gesetze begonnenen Maßnahmen zur Auflösung der nationalsozialistischen Partei und der ihr angegliederten und von ihr kontrollierten Organisationen einschließlich der politischen, militärischen und paramilitärischen auf österreichischem Gebiet vollenden. Österreich wird auch die Bemühungen fortsetzen, aus dem österreichischen politischen, wirtschaftlichen und kulturellen Leben alle Spuren des Nazismus zu entfernen, um zu gewährleisten, daß die obgenannten Organisationen nicht in irgendeiner Form wieder ins Leben gerufen werden, und um alle nazistische oder militaristische Tätigkeit und Propaganda in Österreich zu verhindern.

2. Österreich verpflichtet sich, alle Organisationen faschistischen Charakters aufzulösen, die auf seinem Gebiete bestehen, und zwar sowohl politische, militärische und paramilitärische, als auch alle anderen Organisationen, welche eine irgendeiner der Vereinten Nationen feindliche Tätigkeit entfalten oder welche die Bevölkerung ihrer demokratischen Rechte zu berauben bestrebt sind.

3. Österreich verpflichtet sich, unter der Androhung von Strafsanktionen, die umgehend in Übereinstimmung mit den österreichischen Rechtsvorschriften festzulegen sind, das Bestehen und die Tätigkeit der obgenannten Organisationen auf österreichischem Gebiete zu untersagen.

Artikel 10.
Besondere Bestimmungen über die Gesetzgebung

1. Österreich verpflichtet sich, die Grundsätze, die in den von der österreichischen Regierung und vom österreichischen Parlament seit dem 1. Mai 1945 angenommenen und von der Alliierten Kommission für Österreich genehmigten, auf die Liquidierung der Überreste des Naziregimes und auf die Wiederherstellung des demokratischen Systems abzielenden Gesetze und Verordnungen enthalten sind, aufrechtzuerhalten und ihre Durchführung fortzusetzen, die seit dem 1. Mai 1945 bereits getroffenen oder eingeleiteten gesetzgeberischen und administrativen Maßnahmen zu vollenden und die in den Artikeln 6, 8 und 9 des vorliegenden Vertrages festgelegten Grundsätze zu kodifizieren und in Kraft zu setzen und, soweit dies nicht schon geschehen ist, alle gesetzgeberischen und administrativen Maßnahmen, die zwischen dem 5. März 1933 und dem 30. April 1945 getroffen wurden und die in Widerspruch mit den in den Artikeln 6, 8 und 9 festgelegten Grundsätzen stehen, aufzuheben oder abzuändern.

2. Österreich verpflichtet sich ferner, das Gesetz vom 3. April 1919, betreffend das Haus Habsburg-Lothringen, aufrechtzuerhalten.

Artikel 11.
Anerkennung der Friedensverträge

Österreich verpflichtet sich, die volle Geltung der Friedensverträge mit Italien, Rumänien, Bulgarien, Ungarn und Finnland und anderer Abkommen oder Regelungen anzuerkennen, die von den Alliierten und Assoziierten Mächten bezüglich Deutschlands und Japans zur Wiederherstellung des Friedens herbeigeführt worden sind oder künftig herbeigeführt werden.

Teil II
Militärische und Luftfahrt-Bestimmungen

Artikel 12.
Verbot der Dienstleistung in den österreichischen Streitkräften für ehemalige Mitglieder nazistischer Organisationen und Angehörige bestimmter anderer Personenkreise

(als nicht mehr geltend festgestellt, BGBl I 2008/2)

Artikel 13.
Verbot von Spezialwaffen

1. Österreich soll weder besitzen noch herstellen noch zu Versuchen verwenden:

a) irgendeine Atomwaffe,

b) irgendeine andere schwere Waffe, die jetzt oder in der Zukunft als Mittel für Massenvernichtung verwendbar gemacht werden kann und als solche durch das zuständige Organ der Vereinten Nationen bezeichnet worden ist,

c) irgendeine Art von selbstgetriebenen oder gelenkten Geschossen, Torpedos sowie Apparaten, die für deren Abschuß und Kontrolle dienen,

d) Seeminen,

e) Torpedos, die bemannt werden können,

f) Unterseeboote oder andere Unterwasserfahrzeuge,

g) Motor-Torpedoboote,

h) spezialisierte Typen von Angriffs-Fahrzeugen,

i) Geschütze mit einer Reichweite von mehr als 30 km,

j) erstickende, ätzende oder giftige Stoffe oder biologische Substanzen in größeren Mengen oder anderen Typen als solchen, die für erlaubte zivile Zwecke benötigt werden, oder irgendwelche Apparate, die geeignet sind, solche Stoffe oder Substanzen für kriegerische Zwecke herzustellen, zu schleudern oder zu verbreiten.

2. Die Alliierten und Assoziierten Mächte behalten sich das Recht vor, zu diesem Artikel Verbote von irgendwelchen Waffen hinzuzufü-

gen, die als Ergebnis wissenschaftlichen Fortschritts entwickelt werden könnten.

Artikel 14.
Verfügung über Kriegsmaterial alliierten und deutschen Ursprungs

1. Alles Kriegsmaterial alliierten Ursprungs in Österreich wird der betreffenden Alliierten oder Assoziierten Macht gemäß den von dieser Macht gegebenen Weisungen zur Verfügung gestellt werden. Österreich verzichtet auf alle Rechte an dem obenerwähnten Kriegsmaterial.

2. Innerhalb eines Jahres vom Inkrafttreten des vorliegenden Vertrages soll Österreich für Militärzwecke unbrauchbar machen oder vernichten:

alles überschüssige Kriegsmaterial deutschen oder nichtalliierten Ursprungs;

insoweit als sie sich auf modernes Kriegsmaterial beziehen, alle deutschen und japanischen Zeichnungen einschließlich vorhandener Werkszeichnungen, Muster und Experimentiermodelle und Pläne;

alles Kriegsmaterial, das durch Artikel 13 des vorliegenden Vertrages verboten ist;

alle spezialisierten Einrichtungen einschließlich Forschungs- und Produktionsausrüstung, die durch Artikel 13 verboten sind und nicht für eine erlaubte Forschung, Entwicklung oder Konstruktion umgeändert werden können.

3. Österreich wird innerhalb von sechs Monaten nach Inkrafttreten des vorliegenden Vertrages den Regierungen der Sowjetunion, des Vereinigten Königreiches, der Vereinigten Staaten von Amerika und Frankreichs eine Liste von Kriegsmaterial und Einrichtungen übermitteln, die in Paragraph 2 aufgezählt sind.

4. Österreich soll kein Kriegsmaterial deutschen Entwurfes herstellen.

Österreich soll kein Kriegsmaterial deutscher Erzeugung oder deutschen Ursprungs oder Entwurfes öffentlich oder privat oder durch irgendwelche andere Mittel erwerben oder besitzen, mit der Ausnahme, daß die österreichische Regierung zur Aufstellung der österreichischen Streitkräfte beschränkte Mengen von Kriegsmaterial deutscher Erzeugung, deutschen Ursprunges oder Entwurfes, das nach dem Zweiten Weltkrieg in Österreich verblieben ist, verwenden kann.

5. Eine Definition und Liste des Kriegsmaterials für die Zwecke des vorliegenden Vertrages sind in Annex I enthalten.

Artikel 15.
Verhinderung der deutschen Wiederaufrüstung

1. Österreich arbeitet mit den Alliierten und Assoziierten Mächten voll zusammen, um zu gewährleisten, daß Deutschland nicht in der Lage ist, außerhalb des deutschen Territoriums Schritte für eine Wiederaufrüstung zu unternehmen.

2. *(als nicht mehr geltend festgestellt, BGBl I 2008/2)*

Artikel 16.
Verbot betreffend Zivilflugzeuge deutscher und japanischer Bauart

Österreich soll zivile Luftfahrzeuge deutscher oder japanischer Bauart oder solche Luftfahrzeuge, die eine größere Zahl von Teilen deutscher oder japanischer Herstellung oder Bauart enthalten, weder erwerben noch erzeugen.

Artikel 17.
Dauer der Beschränkungen

Jede der militärischen und Luftfahrtsbestimmungen des vorliegenden Vertrages bleibt in Kraft, bis sie zur Gänze oder zum Teil durch ein Abkommen zwischen den Alliierten und Assoziierten Mächten und Österreich oder, nachdem Österreich Mitglied der Vereinten Nationen geworden ist, durch ein Abkommen zwischen dem Sicherheitsrat und Österreich abgeändert wird.

Artikel 18.
Kriegsgefangene

1. Österreicher, die derzeit Kriegsgefangene sind, sollen sobald als möglich gemäß Regelungen, die zwischen den einzelnen Mächten, die solche Kriegsgefangene festhalten, und Österreich zu vereinbaren sind, heimbefördert werden.

2. Alle Kosten einschließlich der Unterhaltskosten, die sich aus dem Transport von Österreichern, die derzeit Kriegsgefangene sind, aus den in Betracht kommenden Sammelstellen, wie sie von der Regierung der betreffenden Alliierten oder Assoziierten Macht ausgewählt worden sind, bis zum Punkte ihres Eintrittes auf österreichisches Gebiet ergeben, werden von der österreichischen Regierung getragen werden.

Artikel 19.
Kriegsgräber und Denkmäler

1. Österreich verpflichtet sich, die auf österreichischem Gebiet befindlichen Gräber von Soldaten, Kriegsgefangenen und zwangsweise nach Österreich gebrachten Staatsangehörigen der Alliierten Mächte und jener der anderen Vereinten Nationen, die sich mit Deutschland im Kriegszustand befanden, zu achten, zu schützen und zu erhalten; desgleichen die Gedenksteine und Embleme dieser Gräber sowie Denkmäler, die dem militärischen Ruhm der Armeen gewidmet sind, die auf österreichischem Staatsgebiet gegen Hitler-Deutschland gekämpft haben.

2. Die österreichische Regierung wird jede Kommission, Delegation oder andere Organisation anerkennen, die von dem betreffenden Land ermächtigt ist, die in Paragraph 1 angeführten Gräber und Bauten zu identifizieren, zu registrieren, zu erhalten und zu regulieren; sie wird die Arbeit solcher Organisationen erleichtern, sie wird hinsichtlich der obenerwähnten Gräber und Bauten die für nötig befundenen Abkommen mit dem betreffenden Land oder mit jeder von ihm bevollmächtigten Kommission oder Delegation oder mit irgendeiner anderen Organisation abschließen. Sie erklärt desgleichen ihr Einverständnis, in Übereinstimmung mit angemessenen sanitären Vorsichtsmaßnahmen jede Erleichterung für die Exhumierung und Überführung der in den erwähnten Gräbern bestatteten Überreste in deren Heimatland zu gewähren, sei es auf Ansuchen der offiziellen Organisationen des betreffenden Staates oder auf Ansuchen der Angehörigen der beerdigten Personen.

Teil III

Artikel 20.
Zurückziehung der Alliierten Streitkräfte

1. Das Übereinkommen über den Kontrollapparat in Österreich vom 28. Juni 1946 verliert mit dem Inkrafttreten des vorliegenden Vertrages seine Wirksamkeit.

2. Mit dem Inkrafttreten des vorliegenden Vertrages hört die gemäß Paragraph 4 des Abkommens über Besatzungszonen in Österreich und die Verwaltung der Stadt Wien vom 9. Juli 1945 errichtete interalliierte Kommandantur auf, irgendwelche Funktionen hinsichtlich der Verwaltung der Stadt Wien auszuüben. Das Übereinkommen über die Besatzungszonen in Österreich tritt mit der Beendigung der Räumung Österreichs durch die Streitkräfte der Alliierten und Assoziierten Mächte gemäß Paragraph 3 dieses Artikels außer Kraft.

3. Die Streitkräfte der Alliierten und Assoziierten Mächte und die Mitglieder der Alliierten Kommission für Österreich werden innerhalb von neunzig Tagen, angefangen vom Inkrafttreten des vorliegenden Vertrages, soweit irgend möglich, spätestens bis zum 31. Dezember 1955, aus Österreich zurückgezogen.

4. Die österreichische Regierung wird den Streitkräften der Alliierten und Assoziierten Mächte und den Mitgliedern der Alliierten Kommission für Österreich bis zu ihrer Zurückziehung aus Österreich alle Rechte, Immunitäten und Begünstigungen gewähren, die ihnen unmittelbar vor dem Inkrafttreten dieses Vertrages zustanden.

5. Die Alliierten und Assoziierten Mächte verpflichten sich, der österreichischen Regierung nach Inkrafttreten dieses Vertrages und innerhalb der in Paragraph 3 dieses Artikels vorgesehenen Frist zurückzustellen:

a) alles Geld, das den Alliierten und Assoziierten Mächten für Okkupationszwecke kostenlos zur Verfügung gestellt worden und im Zeitpunkt der Beendigung der Zurückziehung der alliierten Streitkräfte unverausgabt geblieben ist;

b) alles österreichische Eigentum, das von alliierten Streitkräften oder von der Alliierten Kommission requiriert wurde und sich noch in deren Besitz befindet. Die sich aus diesem Absatz ergebenden Verpflichtungen sind vorbehaltlich der Bestimmungen des Artikels 22 dieses Vertrages zu erfüllen.

Teil IV
Aus dem Krieg herrührende Ansprüche

Artikel 21.
Reparationen

Von Österreich werden keine Reparationen verlangt, die sich aus dem Bestehen eines Kriegszustandes in Europa nach dem 1. September 1939 ergeben.

Artikel 22.
Deutsche Vermögenswerte in Österreich

Die Sowjetunion, das Vereinigte Königreich, die Vereinigten Staaten von Amerika und Frankreich haben das Recht, über alle ehemaligen deutschen Vermögenswerte in Österreich gemäß dem Protokoll der Berliner Konferenz vom 2. August 1945 zu verfügen.

1. Die Sowjetunion erhält für eine Geltungsdauer von dreißig Jahren Konzessionen auf Ölfelder, die 60% der Ölförderung in Österreich im Jahre 1947 entsprechen, sowie Eigentumsrechte an allen Gebäuden, Konstruktionen, Ausrüstung und anderen Vermögenschaften, die gemäß Liste Nr. 1 und Karte Nr. 1 (Anm.: Die Karte ist nicht darstellbar.), welche dem Vertrag angeschlossen ist, zu diesen Ölfeldern gehören.

2. Die Sowjetunion erhält Konzession auf 60% aller im östlichen Österreich gelegenen Schurfgebiete, die deutsche Vermögenschaften sind, auf welche die Sowjetunion gemäß dem Potsdamer Abkommen Anspruch hat und welche derzeit in ihrem Besitz sind, gemäß der Liste Nr. 2 und der Karte Nr. 2 (Anm.: Die Karte ist nicht darstellbar.), welche dem Vertrag angeschlossen ist.

3. Die Sowjetunion erhält Ölraffinerien mit einer jährlichen Gesamtproduktion von 420.000 Tonnen Rohöl gemäß Liste Nr. 3.

4. Die Sowjetunion erhält jene mit der Verteilung von Ölprodukten befaßten Unternehmungen, die sie zur Verfügung hat, gemäß der Liste Nr. 4.

5. Die Sowjetunion erhält die in Ungarn, Rumänien und Bulgarien gelegenen Vermögenswerte der DDSG; desgleichen gemäß der Liste Nr. 5 100% der im östlichen Österreich gelegenen Vermögenswerte der Donau-Dampfschiffahrts-Gesellschaft.

6. Die Sowjetunion überträgt an Österreich Vermögenschaften, Rechte und Interessen, die sie als deutsche Vermögenswerte mit der vorhandenen Ausstattung innehat oder beansprucht, und überträgt auch Kriegsindustrie-Unternehmungen zusammen mit vorhandenen Ausstattungen, Häusern und ähnlichem Immobiliarvermögen einschließlich von in Österreich gelegenen Grundstücken, die sie als Kriegsbeute innehat oder beansprucht mit Ausnahme der in den Paragraphen 1, 2, 3, 4 und 5 dieses Artikels erwähnten Vermögenswerte. Österreich verpflichtet sich seinerseits, der Sowjetunion 150,000.000 USA-Dollar in frei konvertierbarer Währung innerhalb eines Zeitraumes von sechs Jahren zu zahlen.

Die angeführte Summe wird der Sowjetunion von Österreich in gleichen dreimonatlichen Raten von 6,250.000 Dollar in frei konvertierbarer Währung gezahlt werden. Die erste Zahlung wird am ersten Tag des zweiten Monats geleistet werden, der auf den Monat folgt, in dem der vorliegende Vertrag in Kraft tritt. Die folgenden dreimonatlichen Zahlungen werden am ersten Tag des entsprechenden Monates geleistet werden. Die letzte dreimonatliche Zahlung wird am letzten Tag des Zeitraumes von sechs Jahren nach dem Inkrafttreten des Vertrages geleistet.

Die Grundlage für die in diesem Artikel vorgesehenen Zahlungen ist der USA-Dollar zu seiner Goldparität am 1. September 1949, das sind 35 Dollar für eine Unze Gold.

Als Sicherstellung für die pünktliche Zahlung der obenerwähnten der Sowjetunion zustehenden Summen wird die Österreichische Nationalbank der Staatsbank der UdSSR innerhalb von zwei Wochen nach Inkrafttreten des vorliegenden Vertrages Wechsel über die Gesamtsumme von 150,000.000 USA-Dollar ausstellen, die zu den im vorliegenden Artikel vorgesehenen Zeitpunkten fällig zu stellen sind.

Die von Österreich auszustellenden Wechsel sind unverzinslich. Die Staatsbank der UdSSR beabsichtigt nicht, diese Wechsel weiterzubegeben, sofern die österreichische Regierung und die Österreichische Nationalbank ihre Verpflichtungen pünktlich und genau erfüllen.

7. Rechtsbestimmungen betreffend die Vermögenswerte:

a) Alle ehemaligen deutschen Vermögenswerte, die gemäß Paragraph 1, 2, 3, 4 und 5 dieses Artikels Eigentum der Sowjetunion geworden sind, bleiben grundsätzlich unter österreichischer Staatshoheit und dementsprechend finden die österreichischen Gesetze auf sie Anwendung.

b) Hinsichtlich Gebühren und Abgaben, Vorschriften für Handel, Gewerbe und Industrie und der Einhebung von Steuern, unterliegen diese Vermögenswerte nicht weniger günstigen Bestimmungen als jenen, die auf Unternehmungen Anwendung finden oder Anwendung finden werden, die Österreich oder seinen Staatsangehörigen und auch anderen Staaten und Personen gehören, denen Meistbegünstigungsbehandlung gewährt wird.

c) Alle ehemaligen deutschen Vermögenswerte, die Eigentum der Sowjetunion geworden sind, sollen nicht ohne Zustimmung der Sowjetunion enteignet werden.

d) Österreich wird hinsichtlich der Ausfuhr von Gewinnen und anderen Einkommen (das sind Miet- oder Pachtzinse) in Form von Produkten oder irgendeiner erhaltenen frei konvertierbaren Währung keine Schwierigkeiten bereiten.

e) Die der Sowjetunion übertragenen Rechte, Vermögenschaften und Interessen sowie die Rechte, Vermögenschaften und Interessen, welche die Sowjetunion Österreich überträgt, werden ohne Lasten oder Ansprüche seitens der Sowjetunion oder seitens Österreichs übertragen. Unter den Ausdrücken "Lasten und Ansprüche" sind nicht nur Gläubiger-Ansprüche zu verstehen, die sich aus der Ausübung der Alliierten Kontrolle über diese Vermögenschaften, Rechte und Interessen nach dem 8. Mai 1945 ergeben, sondern auch alle anderen Ansprüche einschließlich Ansprüchen hinsichtlich Steuern. Der gegenseitige Verzicht der Sowjetunion und Österreichs auf Lasten und Ansprüche bezieht sich auf alle Lasten und Ansprüche, die im Zeitpunkt bestehen, in dem Österreich die Rechte der Sowjetunion auf die ihr übertragenen deutschen Vermögenswerte formell einträgt, und die im Zeitpunkt der tatsächlichen Übertragung der von der Sowjetunion überlassenen Vermögenswerte an Österreich bestehen.

8. Die Übertragung aller in Paragraph 6 des vorliegenden Artikels vorgesehenen Vermögenschaften, Rechte und Interessen auf Österreich sowie die formelle Eintragung der Rechte der Sowjetunion auf die zu übertragenden deutschen Vermögenswerte wird innerhalb von zwei Monaten vom Tag des Inkrafttretens dieses Vertrages durchgeführt.

9. Die Sowjetunion erhält desgleichen das Eigentum an den Vermögenschaften, Rechten und Interessen hinsichtlich aller Vermögenswerte, die zum Betrieb der in den nachstehenden Listen 1, 2, 3, 4 und 5 aufgezählten Vermögenschaften von sowjetischen Organisationen seit dem 8. Mai 1945 geschaffen oder käuflich erworben wurden, wo immer sie im östlichen Österreich gelegen sein mögen.

Die in den Absätzen a, b, c und d des Paragraph 7 dieses Artikels angeführten Bestimmungen finden auf diese Vermögenswerte entsprechend Anwendung.

10. Meinungsverschiedenheiten, die sich hinsichtlich der Anwendung der Bestimmungen des vorliegenden Artikels ergeben, sind im Wege von zweiseitigen Verhandlungen zwischen den beteiligten Parteien beizulegen.

Im Falle, daß eine Einigung im Wege von zweiseitigen Verhandlungen zwischen den Regierungen der Sowjetunion und Österreichs innerhalb von drei Monaten nicht erreicht wird, werden Meinungsverschiedenheiten zwecks Beilegung einer Schiedskommission überwiesen, die aus einem Vertreter der Sowjetunion, einem Vertreter Österreichs und zusätzlich einem dritten Mitglied besteht, das Staatsangehöriger eines dritten Landes ist und auf Grund einer Einigung zwischen den beiden Regierungen ausgewählt wird.

11. Das Vereinigte Königreich, die Vereinigten Staaten von Amerika und Frankreich übertragen hiemit Österreich alle Vermögenschaften, Rechte und Interessen, die von ihnen oder in ihrem Namen in Österreich als ehemalige deutsche Vermögenswerte oder Kriegsbeute innegehabt oder beansprucht werden.

Die Österreich gemäß diesem Paragraphen übertragenen Vermögenschaften, Rechte und Interessen gehen seitens des Vereinigten Königreiches, der Vereinigten Staaten von Amerika oder Frankreichs frei von allen Lasten oder Ansprüchen, die sich aus der Ausübung ihrer Kontrolle dieser Vermögenschaften, Rechte oder Interessen nach dem 8. Mai 1945 ergeben, auf Österreich über.

12. Nach Erfüllung aller Verpflichtungen, die in den Bestimmungen des vorliegenden Artikels festgesetzt oder aus solchen Bestimmungen abgeleitet werden, durch Österreich sind die Ansprüche der Alliierten und Assoziierten Mächte hinsichtlich ehemaliger deutscher Vermögenswerte in Österreich, die sich auf die Beschlüsse der Berliner Konferenz vom 2. August 1945 gründen, als voll befriedigt anzusehen.

13. Österreich verpflichtet sich, mit Ausnahme der erzieherischen, kulturellen, caritativen und religiösen Zwecken dienenden Vermögenschaften keine der ihm als ehemalige deutsche Vermögenswerte übertragenen Vermögenschaften, Rechte und Interessen in das Eigentum deutscher juristischer Personen oder - sofern der Wert der Vermögenschaften, Rechte oder Interessen 260.000 Schillinge übersteigt - in das Eigentum deutscher physischer Personen zu übertragen. Österreich verpflichtet sich ferner, diejenigen in den Listen 1 und 2 dieses Artikels erwähnten Rechte und Vermögenschaften, welche von der Sowjetunion gemäß dem österreichisch- sowjetischen Memorandum vom 15. April 1955 an Österreich übertragen werden, nicht in ausländisches Eigentum zu übertragen.

14. Die Vorschriften dieses Artikels unterliegen den Bestimmungen des Annexes II dieses Vertrages.

Artikel 23.

Österreichisches Vermögen in Deutschland und Verzicht Österreichs auf Forderungen gegenüber Deutschland

1. Vom Zeitpunkt des Inkrafttretens des vorliegenden Vertrages ist das in Deutschland befindliche Vermögen der österreichischen Regierung oder österreichischer Staatsangehöriger einschließlich von Vermögen, das nach dem 12. März 1938 gewaltsam aus dem österreichischen Staatsgebiet nach Deutschland verbracht worden ist, seinen Eigentümern wieder zurückzugeben. Diese Bestimmung bezieht sich nicht auf das Eigentum von Kriegsverbrechern oder Personen, die den Strafbestimmungen der Entnazifizierungsmaßnahmen unterliegen; solches Vermögen wird der österreichischen Regierung zur Verfügung gestellt, sofern es nicht gemäß den in Deutschland nach dem 8. Mai 1945 in Kraft stehenden Gesetzen oder Verordnungen blockiert oder konfisziert wurde.

2. Die Wiederherstellung österreichischer Vermögensrechte in Deutschland ist im Einklang mit Maßnahmen durchzuführen, die durch die Besatzungsmächte in Deutschland in ihren Besatzungszonen festgelegt werden.

3. Unbeschadet dieser und aller anderen zugunsten Österreichs und österreichischer Staatsangehöriger getroffenen Verfügungen der Besatzungsmächte in Deutschland verzichtet Österreich, unbeschadet der Giltigkeit (Anm.: richtig: Gültigkeit) bereits getroffener Regelungen, im eigenen Namen und im Namen der österreichischen Staatsangehörigen auf alle am 8. Mai 1945 noch offenen Forderungen gegen Deutschland und deutsche Staatsangehörige, mit Ausnahme jener, die aus Verträgen und anderen Verpflichtungen stammen, die vor dem 13. März 1938 eingegangen wurden sowie der vor dem 13. März 1938 erworbenen Rechte. Dieser Verzicht umfaßt alle Forderungen hinsichtlich der während der Zeit der Annexion Österreichs durch Deutschland durchgeführten Transaktionen und alle Forderungen hinsichtlich der während dieses Zeitraumes erlittenen Verluste oder Schäden, insbesondere hinsichtlich der im Besitz der österreichischen Regierung oder österreichischer Staatsangehöriger befindlichen öffentlichen deutschen Schulden und der Zahlungsmittel, die zur Zeit der Geldkonversion eingezogen wurden. Solche Zahlungsmittel sind bei Inkrafttreten des vorliegenden Vertrages zu vernichten.

Artikel 24.
Verzicht Österreichs auf Ansprüche gegen die Alliierten

1. Österreich verzichtet im Namen der österreichischen Regierung oder österreichischer Staatsangehöriger auf alle Ansprüche irgendwelcher Art gegen die Alliierten und Assoziierten Mächte, soweit sich solche Ansprüche unmittelbar aus dem Krieg in Europa nach dem 1. September 1939 oder aus Maßnahmen, die infolge des Kriegszustandes in Europa nach diesem Datum ergriffen wurden, ergeben, gleichgültig, ob sich die Alliierte oder Assoziierte Macht zu jenem Zeitpunkt mit Deutschland im Krieg befand oder nicht. Dieser Verzicht umfaßt folgende Ansprüche:

a) Ansprüche für Verluste oder Schäden, die infolge von Handlungen der Streitkräfte oder Behörden Alliierter oder Assoziierter Mächte erlitten wurden;

b) Ansprüche, die sich aus der Anwesenheit, aus Operationen oder Handlungen von Streitkräften oder Behörden Alliierter oder Assoziierter Mächte auf österreichischem Staatsgebiet ergeben;

c) Ansprüche hinsichtlich der Entscheidungen oder Anordnungen von Prisengerichten der Alliierten oder Assoziierten Mächte, wobei Österreich damit einverstanden ist, alle Entscheidungen und Anordnungen solcher Prisengerichte, die vom 1. September 1939 an ergangen sind und sich auf österreichischen Staatbürgern gehörige Schiffe oder Güter oder auf die Bezahlung von Kosten beziehen, als gültig und bindend anzuerkennen;

d) Ansprüche, die sich aus der Ausübung oder vermeintlichen Ausübung von Rechten der Kriegsführenden ergeben.

2. Die Bestimmungen dieses Artikels schließen vollständig und endgültig alle Ansprüche der hierin angeführten Natur aus, die von nun an erloschen sein sollen, welche Vertragsteile auch immer ein Interesse daran haben mögen. Die österreichische Regierung stimmt zu, eine billige Entschädigung in Schillingen den Personen zu leisten, die den Streitkräften der Alliierten oder Assoziierten Mächte im österreichischen Staatsgebiet auf Grund von Requisition Güter geliefert oder Dienste geleistet haben und ebenso eine Entschädigung zur Befriedigung von Ansprüchen aus Nichtkampfschäden gegen die Streitkräfte der Alliierten oder Assoziierten Mächte, die auf österreichischem Staatsgebiet entstanden sind.

3. Desgleichen verzichtet Österreich im Namen der österreichischen Regierung oder österreichischer Staatsangehöriger auf alle Ansprüche der in Paragraph 1 dieses Artikels bezeichneten Art gegen jede Vereinte Nation, deren diplomatische Beziehungen mit Deutschland zwischen dem 1. September 1939 und dem 1. Jänner 1945 abgebrochen waren und die mit den Alliierten oder Assoziierten Mächten aktiv zusammengearbeitet hat.

4. Die österreichische Regierung wird für alliiertes Militärgeld im Nennwert von fünf Schilling und darunter, das in Österreich von alliierten Militärbehörden ausgegeben wurde, einschließlich jenes Geldes, das sich beim Inkrafttreten des vorliegenden Vertrages im Umlauf befindet, die volle Einlösepflicht übernehmen. Von den alliierten Militärbehörden ausgegebene Noten im Nennwert von mehr als fünf Schilling werden vernichtet und Ansprüche in diesem Zusammenhang können gegen keine der Alliierten und Assoziierten Mächte erhoben werden.

5. Der Verzicht auf Ansprüche durch Österreich nach Paragraph 1 dieses Artikels umfaßt alle Ansprüche, die sich aus Maßnahmen ergeben, die von irgendeiner Alliierten oder Assoziierten Macht hinsichtlich solcher Schiffe ergriffen wurden, die österreichischen Staatsangehörigen im Zeitraum zwischen dem 1. September 1939 und dem Inkrafttreten des vorliegenden Vertrages gehörten, und ebenso alle Ansprüche und Schulden, die sich aus jetzt in Kraft befindlichen Abkommen über Kriegsgefangene ergeben.

Teil V
Eigentum, Rechte und Interessen

Artikel 25.
Vermögen der Vereinten Nationen in Österreich

1. Soweit Österreich dies nicht schon durchgeführt hat, wird es alle den Vereinten Nationen und ihren Staatsangehörigen gehörenden gesetzlichen Rechte und Interessen in Österreich wiederherstellen, wie sie an dem Tag bestanden, an dem die Feindseligkeiten zwischen Deutschland und der betreffenden Vereinten Nation begannen, und wird alles Vermögen der Vereinten Nationen und ihrer Staatsangehörigen in Österreich zurückgeben, wie es jetzt vorhanden ist.

2. Die österreichische Regierung verpflichtet sich, alle unter diesen Artikel fallenden Vermögenschaften, Rechte und Interessen frei von allen Belastungen und Kosten jeder Art wiederherzustellen, denen sie als Folge des Krieges mit Deutschland unterworfen sein mögen, und ohne Auferlegung irgendwelcher Kosten durch die österreichische Regierung aus Anlaß ihrer Rückgabe. Die österreichische Regierung wird alle Maßnahmen der Beschlagnahme, Sequestrierung oder Kontrolle für nichtig erklären, die gegen Vermögen von Vereinten Nationen in Österreich in der Zeit zwischen dem Tag des Beginns der Feindseligkeiten zwischen Deutschland und der betreffenden Vereinten Nation und dem Inkrafttreten des vorliegenden Vertrages ergriffen wur-

den. In Fällen, in denen das Eigentum nicht innerhalb von sechs Monaten nach Inkrafttreten dieses Vertrages zurückgegeben worden ist, ist die Anmeldung zwecks Rückgabe des Eigentums bei den österreichischen Behörden spätestens innerhalb von zwölf Monaten nach Inkrafttreten des Vertrages vorzunehmen, ausgenommen in Fällen, in denen der Anspruchstellende beweisen kann, daß er innerhalb dieser Zeit seine Anmeldung nicht vornehmen konnte.

3. Die österreichische Regierung wird Übertragungen in bezug auf Staatsangehörigen der Vereinten Nationen gehörende Vermögenschaften, Rechte und Interessen jeder Art, für ungültig erklären, soferne solche Übertragungen durch von Regierungen der Achsenmächte oder deren Dienststellen in der Zeit zwischen dem Beginn der Feindseligkeiten zwischen Deutschland und der betreffenden Vereinten Nation und dem 8. Mai 1945 ausgeübten Zwang zustande gekommen sind.

4. a) In Fällen, in denen die österreichische Regierung eine Entschädigung für Verluste leistet, die auf Grund einer während der deutschen Besetzung Österreichs oder während des Krieges erlittenen Verletzung oder einer Schädigung an Vermögen in Österreich entstanden sind, soll den Staatsangehörigen der Vereinten Nationen keine weniger vorteilhafte Behandlung eingeräumt werden, als österreichischen Staatsangehörigen gewährt wird; und in solchen Fällen sollen Staatsangehörige der Vereinten Nationen, die unmittelbar oder mittelbar Eigentumsinteressen an Gesellschaften oder Vereinigungen besitzen, die nicht Staatsangehörige der Vereinten Nationen im Sinne des Paragraphen 8a dieses Artikels sind, eine Entschädigung erhalten, die unter Zugrundelegung des gesamten Verlustes oder Schadens, den diese Gesellschaften oder Vereinigungen erlitten haben, berechnet ist, und in jenem Verhältnis zu diesem Verlust oder Schaden steht, das der kapitalsmäßigen Beteiligung eines solchen Staatsangehörigen an der Gesellschaft oder Vereinigung entspricht.

b) Die österreichische Regierung wird den Vereinten Nationen und deren Staatsangehörigen in der Zuteilung von Material für die Reparatur oder den Wiederaufbau ihres Eigentums in Österreich und in der Zuteilung von Devisen für die Einfuhr von solchem Material die gleiche Behandlung wie den österreichischen Staatsangehörigen gewähren.

5. Alle angemessenen Ausgaben, die in Österreich im Zusammenhang mit der Geltendmachung von Ansprüchen, einschließlich der Kosten für die Festsetzung des Verlustes oder Schadens, erwachsen, werden von der österreichischen Regierung getragen.

6. Staatsangehörige der Vereinten Nationen und deren Vermögen sind von allen außerordentlichen Steuern, Abgaben und Auflagen befreit, mit denen ihre Kapitalswerte in Österreich durch die österreichische Regierung oder irgendeine österreichische Behörde zwischen dem Zeitpunkt der Übergabe der deutschen Streitkräfte und dem Inkrafttreten dieses Vertrages zu dem besonderen Zwecke belastet worden sind, Ausgaben, die sich aus dem Kriege ergeben, oder die Kosten der Besatzungstruppen damit zu decken. Beträge, die aus diesem Titel bezahlt wurden, sind zurückzuerstatten.

7. An Stelle der Bestimmungen dieses Artikels können der Eigentümer des betreffenden Vermögens und die österreichische Regierung eine Vereinbarung treffen.

8. Die in diesem Artikel gebrauchten Ausdrücke:

a) "Staatsangehörige der Vereinten Nationen" bedeuten physische Personen, die im Zeitpunkt des Inkrafttretens dieses Vertrages Staatsangehörige irgendeiner der Vereinten Nationen sind, oder Gesellschaften oder Vereinigungen, die im Zeitpunkt des Inkrafttretens dieses Vertrages gemäß dem Recht irgendeiner der Vereinten Nationen errichtet worden sind, vorausgesetzt, daß diese physischen Personen, Gesellschaften oder Vereinigungen diesen Status auch am 8. Mai 1945 besessen haben. Der Ausdruck "Staatsangehörige der Vereinten Nationen" schließt auch alle physischen Personen, Gesellschaften und Vereinigungen ein, die gemäß den während des Krieges in Österreich geltenden Gesetzen als Feinde behandelt worden sind.

b) "Eigentümer" bedeutet eine der Vereinten Nationen oder einen Staatsangehörigen einer der Vereinten Nationen im Sinne der Definition des oben angeführten Absatzes a), der einen Rechtsanspruch auf das in Frage stehende Vermögen hat, und umfaßt auch den Rechtsnachfolger des Eigentümers, vorausgesetzt, daß der Rechtsnachfolger gleichfalls eine Vereinte Nation oder ein Staatsangehöriger einer Vereinten Nation im Sinne der Definition des Absatzes a) ist. Wenn der Rechtsnachfolger das Vermögen in einem beschädigten Zustand erworben hat, behält der Übertragende seine Rechte auf Entschädigung gemäß diesem Artikel; Verpflichtungen nach Landesrecht zwischen dem Übertragenden und dem Erwerber werden hiedurch nicht berührt.

c) "Vermögen" bedeutet alles bewegliche oder unbewegliche, materielle oder immaterielle Vermögen einschließlich gewerblichen, literarischen und künstlerischen Eigentums sowie alle Eigentumsrechte und -interessen jeder Art.

9. Die Bestimmungen dieses Artikels finden keine Anwendung auf die Übertragung von Vermögen, Rechten oder Interessen von Vereinten Nationen oder von Staatsangehörigen Vereinter Nationen in Österreich, die in Übereinstimmung mit Gesetzen und Verordnungen erfolgte, die als

österreichisches Recht am 28. Juni 1946 in Kraft waren.

10. Die österreichische Regierung anerkennt, daß das Abkommen von Brioni vom 10. August 1942 null und nichtig ist. Sie verpflichtet sich, mit den anderen Signataren des Abkommens von Rom vom 21. März 1923 an Verhandlungen teilzunehmen, die den Zweck verfolgen, in die Bestimmungen des Abkommens die nötigen Modifikationen einzufügen, um eine billige Regelung der darin vorgesehenen Annuitäten sicherzustellen.

Artikel 26.
Vermögenschaften, Rechte und Interessen von Minderheitsgruppen in Österreich

1. Soweit solche Maßnahmen noch nicht getroffen worden sind, verpflichtet sich Österreich in allen Fällen, in denen Vermögenschaften, gesetzliche Rechte oder Interessen in Österreich seit dem 13. März 1938 wegen der rassischen Abstammung oder der Religion des Eigentümers Gegenstand gewaltsamer Übertragung oder von Maßnahmen der Sequestrierung, Konfiskation oder Kontrolle gewesen sind, das angeführte Vermögen zurückzugeben und diese gesetzlichen Rechte und Interessen mit allem Zubehör wiederherzustellen. Wo eine Rückgabe oder Wiederherstellung nicht möglich ist, wird für auf Grund solcher Maßnahmen erlittene Verluste eine Entschädigung in einem Ausmaß gewährt, wie sie bei Kriegsschäden österreichischen Staatsangehörigen jetzt oder späterhin generell gegeben wird.

2. Österreich stimmt zu, alle Vermögenschaften, gesetzlichen Rechte und Interessen in Österreich, die Personen, Organisationen oder Gemeinschaften gehören, die einzeln oder als Mitglieder von Gruppen rassischen, religiösen oder anderen Naziverfolgungsmaßnahmen unterworfen worden sind, unter seine Kontrolle zu nehmen, wenn, falls es sich um Personen handelt, diese Vermögenschaften, Rechte und Interessen ohne Erben bleiben oder durch sechs Monate nach Inkrafttreten des vorliegenden Vertrages nicht beansprucht werden oder wenn, falls es sich um Organisationen und Gemeinschaften handelt, diese Organisationen und Gemeinschaften aufgehört haben zu bestehen. Österreich soll diese Vermögenschaften, Rechte und Interessen geeigneten, von den vier Missionschefs in Wien im Wege von Vereinbarungen mit der österreichischen Regierung zu bestimmenden Dienststellen oder Organisationen übertragen, damit sie für Hilfe und Unterstützung von Opfern der Verfolgung durch die Achsenmächte und für Wiedergutmachung an solche verwendet werden; diese Bestimmungen sind dahin zu verstehen, daß sie von Österreich keine Zahlungen in fremder Währung oder andere Überweisungen an fremde Länder erfordern, die eine Belastung der österreichischen Wirtschaft darstellen würden. Diese Übertragung wird innerhalb von achtzehn Monaten nach Inkrafttreten des vorliegenden Vertrages durchgeführt werden und Vermögenschaften, Rechte und Interessen, deren Wiederherstellung in Paragraph 1 dieses Artikels verlangt wird, einschließen.

Artikel 27.
Österreichisches Vermögen im Gebiete der Alliierten und Assoziierten Mächte

1. Die Alliierten und Assoziierten Mächte erklären ihre Absicht, österreichische Vermögenschaften, Rechte und Interessen, so wie sie sich derzeit in ihren Gebieten vorfinden, zurückzustellen oder, soweit solche Vermögenschaften, Rechte und Interessen einer Liquidierungs-, Verwendungs- oder sonstigen Verwertungsmaßnahme unterzogen worden sind, den Erlös, der sich aus der Liquidierung, Verwendung oder Verwertung solcher Vermögenschaften, Rechte und Interessen ergeben hat, abzüglich der aufgelaufenen Gebühren, Verwaltungsausgaben, Gläubigerforderungen und anderen ähnlichen Lasten auszufolgen. Die Alliierten und Assoziierten Mächte sind bereit, zu diesem Behufe Vereinbarungen mit der österreichischen Regierung abzuschließen.

2. Unbeschadet der vorstehenden Bestimmungen wird der Föderativen Volksrepublik Jugoslawien das Recht eingeräumt, österreichische Vermögenschaften, Rechte und Interessen, die sich im Zeitpunkt des Inkrafttretens des vorliegenden Vertrages auf jugoslawischem Gebiet befinden, zu beschlagnahmen, zurückzubehalten oder zu liquidieren. Die österreichische Regierung verpflichtet sich, österreichische Staatsangehörige, deren Vermögen auf Grund dieses Paragraphen herangezogen wird, zu entschädigen.

Artikel 28.
Schulden

1. Die Alliierten und Assoziierten Mächte anerkennen, daß Zinsenzahlungen und ähnliche Auflagen, die österreichische Staatspapiere belasten und nach dem 12. März 1938 und vor dem 8. Mai 1945 fällig wurden, einen Anspruch gegen Deutschland und nicht gegen Österreich darstellen.

2. Die Alliierten und Assoziierten Mächte erklären ihre Absicht, von den Bestimmungen von Anleiheabkommen, die von der österreichischen Regierung vor dem 13. März 1938 abgeschlossen wurden, keinen Gebrauch zu machen, insoweit diese Bestimmungen den Gläubigern ein Kontrollrecht über die österreichischen Staatsfinanzen einräumen.

3. Das Bestehen des Kriegszustandes zwischen den Alliierten und Assoziierten Mächten und Deutschland berührt an sich nicht die Verpflich-

tung zur Bezahlung von Geldschulden, die entweder aus vor Bestehen des Kriegszustandes stammenden Verpflichtungen und Verträgen herrühren oder aus Rechten hervorgehen, die vor Bestehen des Kriegszustandes erworben wurden, soweit diese Schulden vor dem Inkrafttreten des vorliegenden Vertrages fällig geworden sind und die der Regierung oder den Staatsangehörigen einer der Alliierten und Assoziierten Mächte gegen die Regierung oder Staatsangehörige Österreichs zustehen, oder die der Regierung oder Staatsangehörigen Österreichs gegen die Regierung oder Staatsangehörige einer der Alliierten und Assoziierten Mächte zustehen.

4. Soweit nicht in dem vorliegenden Vertrag ausdrücklich etwas anderes bestimmt ist, ist darin nichts dahin auszulegen, daß dadurch das Schuldner-Gläubigerverhältnis beeinträchtigt wird, das sich aus Verträgen ergibt, die zu irgendeinem Zeitpunkt vor dem 1. September 1939 entweder von der österreichischen Regierung oder von Personen, die am 12. März 1938 österreichische Staatsangehörige waren, abgeschlossen worden sind.

Teil VI

Allgemeine Wirtschaftsbeziehungen

Artikel 29.

1. Bis zum Abschluß von Handelsverträgen oder -abkommen zwischen einzelnen der Vereinten Nationen und Österreich gewährt die österreichische Regierung während eines Zeitraumes von achtzehn Monaten vom Inkrafttreten des vorliegenden Vertrages jeder der Vereinten Nationen, die Österreich tatsächlich in reziproker Weise eine gleichartige Behandlung in analogen Angelegenheiten einräumt, folgende Behandlung:

a) In allem, was Abgaben und Lasten auf die Ein- oder Ausfuhr, die innerstaatliche Besteuerung eingeführter Waren und sämtliche einschlägigen Regelungen betrifft, wird den Vereinten Nationen die bedingungslose Meistbegünstigung gewährt.

b) In jeder anderen Hinsicht wird Österreich Güter, die aus dem Gebiet einer der Vereinten Nationen stammen oder für deren Gebiet bestimmt sind, im Verhältnis zu den gleichen Gütern, die aus dem Gebiet einer anderen der Vereinten Nationen oder irgendeinem anderen fremden Lande stammen oder dorthin bestimmt sind, nicht willkürlich diskriminierend behandeln.

c) Staatsangehörigen der Vereinten Nationen, einschließlich juristischen Personen, wird in allen Angelegenheiten, die Handel, Industrie, Schiffahrt und andere Formen der Geschäftstätigkeit innerhalb Österreichs betreffen, die gleiche Behandlung wie den Inländern und der meistbegünstigten Nation gewährt. Diese Bestimmungen finden auf die Handelsluftfahrt keine Anwendung.

d) Österreich gewährt keinem Land für den Betrieb von Handelsflugzeugen im internationalen Verkehr ausschließliche oder präferenzielle Rechte, es bietet allen Vereinten Nationen gleiche Möglichkeiten, internationale Handelsluftfahrtsrechte auf österreichischem Staatsgebiet zu erwerben, einschließlich des Rechtes der Landung zur Brennstoffaufnahme und Reparatur, und gewährt hinsichtlich des Betriebes von Handelsflugzeugen im internationalen Verkehr allen Vereinten Nationen auf Grundlage der Gegenseitigkeit und nicht diskriminierender Behandlung das Recht, über österreichisches Gebiet zu fliegen ohne zu landen. Diese Bestimmungen dürfen die Interessen der österreichischen Landesverteidigung nicht beeinträchtigen.

2. Es besteht Einverständnis darüber, daß die obigen Verpflichtungen Österreichs den Ausnahmen unterworfen sind, die üblicherweise in den vor dem 13. März 1938 von Österreich abgeschlossenen Handelsverträgen enthalten waren; die Bestimmungen bezüglich der von jeder der Vereinten Nationen gewährten Gegenseitigkeit sind gleichfalls mit jenen Ausnahmen zu verstehen, die üblicherweise in den von diesem Staat geschlossenen Handelsverträgen enthalten sind.

Teil VII

Regelung von Streitfällen

Artikel 30.
Regelung von Streitfällen

1. Alle Streitfälle, die bei Ausführung des Artikels über das Eigentum der Vereinten Nationen in Österreich dieses Vertrages entstehen könnten, werden einer auf paritätischer Grundlage gebildeten Vergleichskommission, die aus einem Vertreter der Regierung der in Betracht kommenden Vereinten Nation und einem Vertreter der österreichischen Regierung besteht, überwiesen werden. Wenn innerhalb von drei Monaten, nachdem der Streitfall der Vergleichskommission überwiesen wurde, keine Einigung erzielt worden ist, kann jede der Regierungen die Zuziehung eines dritten Mitgliedes zur Kommission beantragen, das von den beiden Regierungen einvernehmlich aus den Angehörigen eines dritten Landes ausgewählt wird. Sollten die beiden Regierungen innerhalb von zwei Monaten zu keinem Einverständnis über die Wahl eines dritten Mitgliedes der Kommission gelangen, kann jede der beiden Regierungen die Chefs der diplomatischen Missionen der Sowjetunion, des Vereinigten Königreiches, der Vereinigten Staaten von Amerika und Frankreichs in Wien ersuchen, die Bestellung vorzunehmen. Wenn sich die Missionschefs innerhalb eines Zeitraumes von einem Monat nicht über die Bestellung dieses dritten Mitgliedes einigen können,

kann der Generalsekretär der Vereinten Nationen von jeder der beiden Parteien ersucht werden, die Bestellung vorzunehmen.

2. Wenn eine Vergleichskommission nach Paragraph 1 dieses Artikels bestellt ist, hat sie die Jurisdiktion über alle Streitfälle, die in Hinkunft zwischen der in Betracht kommenden Vereinten Nation und Österreich bezüglich der Anwendung oder der Auslegung des in Paragraph 1 dieses Artikels genannten Artikels entstehen könnten, und übt die ihr durch diese Bestimmungen zugewiesenen Funktionen aus.

3. Jede Vergleichskommission bestimmt ihr Verfahren selbst, wobei eine der Gerechtigkeit und der Billigkeit entsprechende Geschäftsordnung anzunehmen ist.

4. Jede Regierung bezahlt das Honorar des von ihr bestellten Mitgliedes der Vergleichskommission und jedes Bevollmächtigten, den sie zu ihrer Vertretung vor der Kommission bestimmt. Das Honorar des dritten Mitgliedes wird durch besondere Vereinbarung zwischen den in Betracht kommenden Regierungen festgesetzt und zusammen mit den gemeinsamen Auslagen jeder Kommission zu gleichen Teilen durch die beiden Regierungen bezahlt.

5. Die Parteien verpflichten sich, daß ihre Behörden der Vergleichskommission direkt jeden in ihrer Macht stehenden Beistand leisten werden.

6. Die Entscheidung der Mehrzahl der Mitglieder der Kommission stellt die Entscheidung der Kommission dar und ist von den Parteien als endgültig und bindend anzunehmen.

Teil VIII
Verschiedene wirtschaftliche Bestimmungen

Artikel 31.
Bestimmungen betreffend die Donau

Die Schiffahrt auf der Donau ist für die Angehörigen, die Handelsschiffe und die Waren aller Staaten auf Grundlage der Gleichstellung bezüglich der Hafen- und Schiffahrtsgebühren und der Bedingungen für die Handelsschiffahrt frei und offen. Vorstehendes findet keine Anwendung auf den Verkehr zwischen Häfen desselben Staates.

Artikel 32.
Transiterleichterungen

1. Österreich wird soweit wie möglich den Eisenbahn-Transitverkehr durch sein Staatsgebiet zu angemessenen Tarifen erleichtern und ist bereit, mit den Nachbarstaaten zu diesem Zwecke notwendige Gegenseitigkeitsabkommen abzuschließen.

2. Die Alliierten und Assoziierten Mächte verpflichten sich, die Aufnahme von Bestimmungen zwecks Erleichterung des Transits und der Verbindungen ohne Zölle und sonstige Lasten zwischen Salzburg und Lofer (Salzburg) über den Reichenhall-Steinpaß und zwischen Scharnitz (Tirol) und Ehrwald (Tirol) über Garmisch-Partenkirchen in die Regelung hinsichtlich Deutschland zu unterstützen.

Artikel 33.
Anwendungsbereich

Die mit "Vermögen der Vereinten Nationen in Österreich" und "Allgemeine Wirtschaftsbeziehungen" überschriebenen Artikel dieses Vertrages sind auf die Alliierten und Assoziierten Mächte und diejenigen der Vereinten Nationen anzuwenden, die diesen Status am 8. Mai 1945 hatten und deren diplomatische Beziehungen mit Deutschland im Zeitraum zwischen dem 1. September 1939 und 1. Jänner 1945 abgebrochen worden sind.

Teil IX
Schlußbestimmungen

Artikel 34.
Missionschefs

1. Für einen Zeitraum, der achtzehn Monate vom Inkrafttreten dieses Vertrages an gerechnet nicht zu überschreiten hat, werden die Chefs der diplomatischen Missionen der Sowjetunion, des Vereinigten Königreiches, der Vereinigten Staaten von Amerika und Frankreichs in Wien im einvernehmlichen Vorgehen die Alliierten und Assoziierten Mächte in allen die Durchführung und Auslegung des vorliegenden Vertrages betreffenden Fragen der österreichischen Regierung gegenüber vertreten.

2. Die vier Missionschefs werden der österreichischen Regierung Anleitung, technischen Rat und Aufklärung geben, die etwa erforderlich sein sollten, um die rasche und wirksame Durchführung des vorliegenden Vertrages sowohl dem Wortlaut als dem Sinne nach zu gewährleisten.

3. Die österreichische Regierung wird den genannten vier Missionschefs jede notwendige Information erteilen und jeden Beistand leisten, den sie zur Erfüllung der ihnen aus diesem Vertrage erwachsenden Aufgaben benötigen sollten.

Artikel 35.
Auslegung des Vertrages

1. Soweit kein anderes Verfahren in irgendeinem Artikel des vorliegenden Vertrages besonders vorgesehen ist, wird jede Meinungsverschiedenheit über die Auslegung oder die Durchführung des Vertrages, die nicht durch unmittelbare diplomatische Verhandlungen beigelegt wird, den vier Missionschefs überwiesen, die gemäß Artikel 34

vorgehen, jedoch mit der Maßgabe, daß die Missionschefs in diesem Fall nicht durch die in diesem Artikel vorgesehene Frist beschränkt sind. Jede Meinungsverschiedenheit dieser Art, die von ihnen nicht innerhalb eines Zeitraumes von zwei Monaten beigelegt worden ist, wird, falls sich die streitenden Parteien nicht über andere Mittel der Beilegung einigen, auf Ersuchen einer der beiden Parteien einer Kommission überwiesen, die aus einem Vertreter jeder Partei und einem dritten Mitglied besteht, das von den beiden Parteien einvernehmlich aus Angehörigen eines dritten Staates ausgewählt wird. Sollten sich die beiden Parteien innerhalb eines Monats nicht über die Bestellung des dritten Mitgliedes einigen können, kann der Generalsekretär der Vereinten Nationen von jeder der beiden Parteien ersucht werden, die Bestellung vorzunehmen.

2. Die Entscheidung der Mehrzahl der Mitglieder der Kommission stellt die Entscheidung der Kommission dar und ist von den Parteien als endgültig und bindend anzunehmen.

Artikel 36.
Geltung der Annexe

Die Bestimmungen der Annexe haben als integrierende Bestandteile dieses Vertrages Geltung und Wirksamkeit.

Artikel 37.
Beitritt zum Vertrage

1. Jedes Mitglied der Vereinten Nationen, das am 8. Mai 1945 sich mit Deutschland im Kriegszustand befunden und den Status einer Vereinten Nation besessen hat und nicht Signatar des vorliegenden Vertrages ist, kann dem Vertrag beitreten und ist nach Beitritt für die Zwecke des Vertrages als Assoziierte Macht anzusehen.

2. Die Beitrittsurkunden sollen bei der Regierung der Union der Sozialistischen Sowjetrepubliken hinterlegt werden und treten mit der Hinterlegung in Kraft.

Artikel 38.
Ratifikation des Vertrages

1. Der vorliegende Vertrag, dessen russischer, englischer, französischer und deutscher Text authentisch ist, soll ratifiziert werden. Er tritt unmittelbar nach Hinterlegung der Ratifikationsurkunden durch die Union der Sozialistischen Sowjetrepubliken, durch das Vereinigte Königreich von Großbritannien und Nordirland, durch die Vereinigten Staaten von Amerika und durch Frankreich einerseits und durch Österreich andererseits in Kraft. Die Ratifikationsurkunden sollen in möglichst kurzer Zeit bei der Regierung der Union der Sozialistischen Sowjetrepubliken hinterlegt werden.

2. Der Vertrag soll bezüglich jeder Alliierten oder Assoziierten Macht, deren Ratifikationsurkunde hienach hinterlegt wird, am Tag der Hinterlegung in Kraft treten. Der vorliegende Vertrag soll in den Archiven der Regierung der Union der Sozialistischen Sowjetrepubliken hinterlegt werden, die jedem der Signatarstaaten und beitretenden Staaten beglaubigte Abschriften übermitteln wird.

Annex I

Definition und Liste von Kriegsmaterial

Der Ausdruck "Kriegsmaterial", wie er im vorliegenden Vertrag gebraucht wird, umfaßt alle Waffen, Munition und Ausrüstungsgegenstände, die für den Gebrauch im Kriege speziell entworfen oder adaptiert wurden, soweit sie nachstehend aufgezählt sind.

Die Alliierten und Assoziierten Mächte behalten sich das Recht vor, die Liste periodisch durch Änderung oder Hinzufügung im Hinblick auf die künftige wissenschaftliche Entwicklung zu ergänzen.

Kategorie I.

1. Militärgewehre, Karabiner, Revolver und Pistolen; Läufe für diese Waffen, und andere Ersatzteile, die nicht ohne weiteres für zivilen Gebrauch umgeändert werden können.

2. Maschinengewehre, automatische und selbstladende Militärgewehre und Maschinenpistolen; Läufe für diese Waffen und andere Ersatzteile, die nicht ohne weiteres für zivilen Gebrauch umgeändert werden können; Maschinengewehrgestelle.

3. Kanonen, Haubitzen, Mörser, Minenwerfer, Spezialkanonen für Flugzeuge, verschlußlose oder rückstoßfreie Geschütze und Flammenwerfer; Läufe für diese Waffen und Ersatzteile, die nicht ohne weiteres für zivilen Gebrauch umgeändert werden können; Lafetten und Gestelle für die vorgenannten.

4. Abschußvorrichtungen für Raketen; Abschuß- und Kontrollmechanismen für selbstgetriebene und gelenkte Geschosse und Projektile; Montierungen für diese.

5. Selbstgetriebene und gelenkte Geschosse, Projektile, Raketen, scharfe Munition und Kartuschen, sei es gefüllt oder ungefüllt, für die Waffen, die in den oben angeführten Punkten 1 bis 4 aufgezählt sind und Zündvorrichtungen, Zündladungen oder Auslöser, um dieselben zur Explosi-

on zu bringen oder zu betätigen. Zündvorrichtungen für zivile Zwecke sind nicht eingeschlossen.

6. Granaten, Bomben, Torpedos, Minen, Wasserbomben und Brandsätze und Ladungen, sei es gefüllt oder ungefüllt, alle Mittel, um sie zur Explosion zu bringen oder zu betätigen. Zündvorrichtungen für zivilen Gebrauch sind nicht eingeschlossen.

7. Bajonette.

Kategorie II.

1. Gepanzerte Kampfwagen; Panzerzüge, die technisch nicht für zivilen Gebrauch umzuändern sind.

2. Mechanische und selbstgetriebene Fahrzeuge für alle in Kategorie I angeführten Waffen; Chassis und Karosserien speziell militärischen Typs, außer den in Punkt 1 angeführten.

3. Panzerplatten mit mehr als drei Zoll Dicke, die für Schutzzwecke im Kriege verwendet werden.

Kategorie III.

1. Ziel- und Einstellungsvorrichtungen zur Vorbereitung und Kontrolle des Feuers einschließlich Zielmeßgeräte und Flächenmeßgeräte für Feuerkontrolle; Feuerlenkungsgeräte, Kanonen- und Bombenzielvorrichtungen, Einstellungsvorrichtungen für Zündladungen, Ausrüstungen für die Kalibrierung von Geschützen und Feuerkontrollinstrumente.

2. Sturmbrücken, Angriffs- und Sturmboote.

3. Objekte für Täuschung im Felde; Blend- und Lockvorrichtungen.

4. Persönliche Kriegsausrüstung spezialisierter Natur, die nicht ohne weiteres für zivilen Gebrauch zu adaptieren ist.

Kategorie IV.

1. Kriegsschiffe aller Art einschließlich umgebaute Schiffe und Fahrzeuge, die für deren Unterstützung und Versorgung konstruiert und bestimmt sind, die technisch nicht wieder für zivilen Gebrauch abgeändert werden können, als auch Waffen, Panzerung, Munition, Flugzeuge und alle andere Ausrüstung, Material, Maschinen und Vorrichtungen, die in Friedenszeiten nicht auf anderen Schiffen als auf Kriegsschiffen verwendet werden.

2. Landungsboote und amphibische Fahrzeuge oder Ausrüstung jeder Art; Sturmboote oder Vorrichtungen aller Art sowie Katapulte oder andere Apparate zum Starten oder Abschleudern von Flugzeugen, Raketen, angetriebene Waffen oder andere Geschosse, Instrumente oder Vorrichtungen, sei es bemannt oder unbemannt, sei es gesteuert oder ungesteuert.

3. Tauchfähige oder halbtauchfähige Schiffe, Fahrzeuge, Waffen, Vorrichtungen oder Apparate jeder Art einschließlich speziell entworfene Ausleger zur Hafenverteidigung, ausgenommen solche, die für Bergung, Rettung oder andere zivile Zwecke benötigt werden, ferner alle Ausrüstung, Zubehör, Ersatzteile, experimentelle oder Ausbildungshilfen, Instrumente oder Vorrichtungen, die besonders für ihre Konstruktion, Erprobung, Unterhaltung oder Unterbringung derselben entworfen wurden.

Kategorie V.

1. Zusammengestellte oder nicht zusammengestellte Luftfahrzeuge, schwerer oder leichter als Luft, die für den Luftkampf durch den Gebrauch von Maschinengewehren, Raketenvorrichtungen oder Geschützen oder für Mitführen und Abwurf von Bomben entworfen oder adaptiert sind, ferner solche, die für Geräte der in Absatz 2 angeführten Art eingerichtet oder nach ihrem Entwurf oder ihrer Konstruktion dafür bestimmt sind.

2. Bordgeschützstände und Montierungen, Bombenbehälter, Torpedoträger und Auslösevorrichtungen für Bomben oder Torpedos, Geschütztürme und Deckungen.

3. Speziell für Luftlandetruppen bestimmte und nur von ihnen benützte Ausrüstung.

4. Katapulte und Abschußapparate für Flugzeuge auf Mutterschiffen, Land- und Seeflugzeuge, Apparate für den Abschuß von fliegenden Geschossen.

5. Sperrballons.

Kategorie VI.

Erstickende, blasenerzeugende, tödliche, giftige oder lähmende Stoffe, die für Kriegszwecke bestimmt oder über die zivilen Bedürfnisse hinaus hergestellt werden.

Kategorie VII.

Antriebsstoffe, Explosivstoffe, pyrotechnische Stoffe oder verflüssigte Gase, die für Antrieb, Explosion, Laden oder Füllen von oder für den

Gebrauch in Verbindung mit Kriegsmaterial im Sinn dieser Kategorien bestimmt und für zivile Zwecke nicht verwendbar sind oder über die Zivilbedürfnisse hinaus hergestellt werden.

Kategorie VIII.

Fabrik- und Werkzeugausrüstungen, die speziell für die Herstellung und Instandhaltung des oben angeführten Materials bestimmt sind und technisch nicht für zivilen Gebrauch umgewandelt werden können.

Annex II

In Anbetracht der zwischen der Sowjetunion und Österreich getroffenen und in dem in Moskau am 15. April 1955 unterzeichneten Memorandum niedergelegten Vereinbarungen gilt Artikel 22 dieses Vertrages nach Maßgabe folgender Bestimmungen:

1. Auf Grund der einschlägigen wirtschaftlichen Bestimmungen der Vereinbarungen zwischen der Sowjetunion und Österreich vom 15. April 1955 überträgt die Sowjetunion an Österreich innerhalb von zwei Monaten vom Tage des Inkrafttretens dieses Vertrages alle Vermögenswerte, Rechte und Interessen, die sie gemäß Artikel 22 behalten oder erhalten hat, ausgenommen die Vermögenswerte der Donau-Dampfschiffahrts-Gesellschaft (DDSG) in Ungarn, Rumänien und Bulgarien.

2. Es besteht Übereinstimmung, daß die Rechte Österreichs hinsichtlich aller Vermögenschaften, Rechte und Interessen, die an Österreich gemäß diesem Annex übertragen werden, nur in der im Paragraph 13 des Artikels 22 dargelegten Weise beschränkt werden.

Über die Lieferung von Waren an die UdSSR zur Ablöse des Wertes der gemäß dem österreichischen Staatsvertrag (Artikel 22) übergebenen sowjetischen Unternehmen in Österreich

1. Die Sowjetregierung ist im Sinne ihrer auf der Konferenz in Berlin 1954 gemachten Zusage bereit, den Gegenwert der in Artikel 22 angeführten Pauschalsumme von 150 Millionen Dollar zur Gänze in österreichischen Warenlieferungen entgegenzunehmen.

2. Die sowjetische Delegation nimmt die Erklärung der österreichischen Delegation zur Kenntnis, daß diese die Liste der Waren, welche sie von der sowjetischen Delegation erhalten hat, als Grundlage annimmt und in diesem Zusammenhang besondere Bevollmächtigte der österreichischen Regierung nicht später als bis Ende Mai dieses Jahres sich nach Moskau begeben werden.

3. Die sowjetische Delegation nimmt auch die Erklärung der österreichischen Delegation zur Kenntnis, daß die österreichische Regierung eine besondere Kommission bilden wird, welche sich mit den Terminen und der Qualität der Lieferung der Waren an die Sowjetunion befassen wird, und zwar in den vereinbarten Mengen für die allgemeine Summe von 150 Millionen am. Dollar, das heißt 25 Millionen am. Dollar jährlich.

4. Die österreichische Delegation hat sich bereit erklärt, den Vertretern des sowjetischen Bestellers die Möglichkeit zu gewährleisten, bei Übernahme der Waren, die zur Lieferung an die Sowjetunion auf Rechnung der obigen Summe bestimmt sind, Prüfungen durchzuführen. Es besteht Einverständnis darüber, daß die Lieferung der Waren franko österreichische Grenze zu Weltmarktpreisen erfolgen soll. Die Preise und die Menge der Waren werden durch die beiden Parteien jährlich, drei Monate vor Beginn eines jeden Jahres abgesprochen werden. Die Österreichische Nationalbank wird Garantiewechsel zur Sicherstellung der obigen Warenlieferungen auf die im Staatsvertragsentwurf erwähnte Summe von 150 Millionen am. Dollar ausfolgen. Die Wechsel der Österreichischen Nationalbank werden nach Maßgabe der Tilgung der Wechselsumme durch Warenlieferungen zurückgegeben werden.

Zur Übergabe der von der UdSSR in Österreich innegehabten Ölunternehmungen an Österreich

1. Die sowjetische Delegation nimmt den Vorschlag der österreichischen Delegation an, wonach die österreichische Regierung für die an Österreich übergebenen und von der UdSSR innegehabten Ölfelder und Ölraffinerien eine Bezahlung durch Lieferungen von Rohöl im Ausmaß von einer Million Tonnen jährlich innerhalb von 10 Jahren, also von insgesamt 10 Millionen Tonnen, an die Sowjetunion leisten wird.

Die sowjetische Delegation nimmt die Erklärung der österreichischen Delegation zur Kenntnis, daß die österreichische Regierung sich das Recht vorbehält, die Lieferungen der angeführten Menge von Rohöl an die Sowjetunion auch in kürzeren Fristen durchzuführen. Das Rohöl wird zu folgenden Bedingungen geliefert werden: franko österreichische Grenze, frei von Abgaben und Zöllen.

2. Die österreichische Delegation hat die Erklärung der sowjetischen Delegation zur Kenntnis genommen, daß zu den von der Sowjetunion an Österreich übergebenen Ölunternehmen und Ölfeldern auch die Raffinerien und die Aktiengesellschaft für Handel mit Ölprodukten (OROP) gehören.

Zur Übergabe der Vermögenswerte der Donaudampfschiffahrtsgesellschaft im östlichen Österreich an Österreich

Die sowjetische Seite übergibt an Österreich alle Vermögenswerte der Donaudampfschiffahrtsgesellschaft, die sich im östlichen Österreich befinden einschließlich der Schiffswerft in Korneuburg, der Schiffe und Hafenanlagen, wofür die österreichische Regierung gleichzeitig mit der Übergabe dieser Vermögenswerte an Österreich den Betrag von zwei Millionen am. Dollar an die Sowjetunion auszahlen wird.

3/3. Neutralitätsgesetz

BGBl 1955/211

Bundesverfassungsgesetz vom 26. Oktober 1955 über die Neutralität Österreichs.

Artikel I.

(1) Zum Zwecke der dauernden Behauptung seiner Unabhängigkeit nach außen und zum Zwecke der Unverletzlichkeit seines Gebietes erklärt Österreich aus freien Stücken seine immerwährende Neutralität. Österreich wird diese mit allen ihm zu Gebote stehenden Mitteln aufrechterhalten und verteidigen.

(2) Österreich wird zur Sicherung dieser Zwecke in aller Zukunft keinen militärischen Bündnissen beitreten und die Errichtung militärischer Stützpunkte fremder Staaten auf seinem Gebiete nicht zulassen.

Artikel II.

Mit der Vollziehung dieses Bundesverfassungsgesetzes ist die Bundesregierung betraut.

3/4. Staatsbürgerschaftsgesetz

BGBl 1985/311 (WV) idF

1 BGBl 1986/386
2 BGBl 1988/685
3 BGBl 1993/521
4 BGBl 1994/505
5 BGBl I 1997/109
6 BGBl I 1998/30
7 BGBl I 1998/123
8 BGBl I 1998/124
9 BGBl I 2006/37
10 BGBl I 2008/2
11 BGBl I 2008/4
12 BGBl I 2008/108 (VfGH)
13 BGBl I 2009/122
14 BGBl I 2009/135
15 BGBl I 2011/38
16 BGBl I 2011/111 (VfGH)
17 BGBl I 2012/87
18 BGBl I 2013/16
19 BGBl I 2013/29 (VfGH)
20 BGBl I 2013/54 (VfGH)
21 BGBl I 2013/136
22 BGBl I 2013/188 (VfGH)
23 BGBl I 2014/80
24 BGBl I 2014/104
25 BGBl I 2017/39 (VfGH)
26 BGBl I 2017/68
27 BGBl I 2018/32 (Materien-Datenschutz-Anpassungsgesetz 2018)
28 BGBl I 2018/56 (Fremdenrechtsänderungsgesetz 2018)

Kundmachung des Bundeskanzlers und des Bundesministers für Inneres vom 19. Juli 1985, mit der das Staatsbürgerschaftsgesetz 1965 wiederverlautbart wird

ABSCHNITT A

Artikel I

Auf Grund des Art. 49a B-VG wird in der Anlage 1 das Staatsbürgerschaftsgesetz 1965, BGBl. Nr. 250, wiederverlautbart.

Artikel II – VII

(nicht abgedruckt)

ABSCHNITT B

Artikel I

Auf Grund des Art. 49a B-VG werden in der Anlage 2 [„Übergangsrecht anläßlich von Novellen zum Staatsbürgerschaftsgesetz 1965 (Staatsbürgerschafts-Übergangsrecht 1985)"]

1. Art. II der Staatsbürgerschaftsgesetz-Novelle 1974 sowie die noch anzuwendenden früheren Fassungen des § 14 Abs. 1 Z 3 und des § 15 lit. b des Staatsbürgerschaftsgesetzes 1965 (Stammfassung),

2. Art. II des Bundesgesetzes BGBl. Nr. 170/1983 in der Fassung des Art. II des Bundesgesetzes BGBl. Nr. 202/1985 und

3. Art. III lit. A des Bundesgesetzes BGBl. Nr. 170/1983

wiederverlautbart.

Artikel II – VI

(nicht abgedruckt)

Anlage 1

Bundesgesetz über die österreichische Staatsbürgerschaft (Staatsbürgerschaftsgesetz 1985 – StbG)

ABSCHNITT I

ALLGEMEINE BESTIMMUNGEN

§ 1. *(aufgehoben, BGBl 1988/685)*

§ 2. Im Sinne dieses Bundesgesetzes bedeutet:

1. Republik: die Republik Österreich;

2. Staatsbürgerschaft: die Staatsbürgerschaft der Republik Österreich (österreichische Staatsbürgerschaft);

3. Staatsbürger: ohne Unterschied des Geschlechtes eine Person, welche die österreichische Staatsbürgerschaft besitzt;

4. Fremder: ohne Unterschied des Geschlechtes eine Person, welche die österreichische Staatsbürgerschaft nicht besitzt.

§ 3. Von den im § 8 geregelten Fällen abgesehen, ist eine Person, deren Staatsangehörigkeit nicht geklärt werden kann, wie ein Staatenloser zu behandeln.

§ 4. Soweit dieses Bundesgesetz nicht ausdrücklich etwas anderes bestimmt, kommt für seinen Bereich dem Geschlecht und dem Familienstand keine rechtliche Bedeutung zu. Fremde, die einen

Antrag auf Verleihung der Staatsbürgerschaft eingebracht haben, sind jedoch verpflichtet, in diesen Verfahren ihre familiären Verhältnisse, die Mittelpunkte ihrer Lebensinteressen sowie ihre persönlichen Lebensumstände darzulegen.

(BGBl I 1998/124)

§ 5. (1) Gelingt es dem Fremden nicht, eine behauptete und auf Grund der bisher vorliegenden Ergebnisse des Ermittlungsverfahrens zweifelhafte Minderjährigkeit, auf die er sich in einem Verfahren nach diesem Bundesgesetz beruft, durch unbedenkliche Urkunden oder sonstige geeignete und gleichwertige Bescheinigungsmittel nachzuweisen, kann die Behörde im Rahmen einer multifaktoriellen Untersuchungsmethodik zur Altersdiagnose (§ 2 Abs. 1 Z 25 AsylG 2005) auch die Vornahme radiologischer Untersuchungen, insbesondere Röntgenuntersuchungen, anordnen. Jede Untersuchungsmethode hat mit dem geringst möglichen Eingriff zu erfolgen. Die Mitwirkung des Fremden an einer radiologischen Untersuchung ist nicht mit Zwangsmittel durchsetzbar. Bestehen nach der Altersdiagnose weiterhin begründete Zweifel, so ist zu Gunsten des Fremden von seiner Minderjährigkeit auszugehen.

(2) Gelingt es einem Fremden nicht, ein behauptetes Verwandtschaftsverhältnis, auf das er sich in einem Verfahren nach diesem Bundesgesetz beruft, durch unbedenkliche Urkunden oder sonstige geeignete und gleichwertige Bescheinigungsmittel nachzuweisen, so hat ihm die Behörde auf sein Verlangen und auf seine Kosten die Vornahme einer DNA-Analyse zu ermöglichen. Der Fremde ist über diese Möglichkeit zu belehren. Das mangelnde Verlangen des Fremden auf Vornahme einer DNA-Analyse ist keine Weigerung des Fremden, an der Klärung des Sachverhaltes mitzuwirken. Im weiteren Verfahren darf nur die Information über das Verwandtschaftsverhältnis verarbeitet werden; allenfalls darüber hinaus gehende Daten sind zu löschen.

(3) Gelingt es dem Fremden nicht, seine Identität, auf die er sich in einem Verfahren nach diesem Bundesgesetz beruft, durch unbedenkliche Urkunden oder sonstige geeignete und gleichwertige Bescheinigungsmittel nachzuweisen, so kann die Behörde die Abnahme der Papillarlinienabdrücke der Finger anordnen. Die Weigerung des Fremden, an der Abnahme mitzuwirken, ist von der Behörde im Rahmen der Beweiswürdigung zu berücksichtigen.

(BGBl I 2009/122)

ABSCHNITT II
ERWERB DER STAATSBÜRGERSCHAFT

§ 6. Die Staatsbürgerschaft wird erworben durch

1. Abstammung (Legitimation) (§§ 7, 7a und 8); *(BGBl. Nr. 202/1985, Art. I Z 2)*

2. Verleihung (Erstreckung der Verleihung) (§§ 10 bis 24);

3. und 4. *(entfallen, BGBl I 2009/122)*

5. Anzeige (§§ 57, 58c und 59). *(BGBl 1993/521; BGBl I 2013/136)*

(BGBl. Nr. 170/1983, Art. I Z 2)

Abstammung

§ 7. (1) Kinder erwerben die Staatsbürgerschaft mit dem Zeitpunkt der Geburt, wenn in diesem Zeitpunkt

1. die Mutter gemäß § 143 des Allgemeinen Bürgerlichen Gesetzbuches – ABGB, JGS 946/1811, Staatsbürgerin ist,

2. der Vater gemäß § 144 Abs. 1 Z 1 ABGB Staatsbürger ist,

3. der Vater Staatsbürger ist und dieser die Vaterschaft gemäß § 144 Abs. 1 Z 2 ABGB anerkannt hat, oder

4. der Vater Staatsbürger ist und dessen Vaterschaft gemäß § 144 Abs. 1 Z 3 ABGB gerichtlich festgestellt wurde.

Vaterschaftsanerkenntnisse gemäß Z 3 oder gerichtliche Feststellungen der Vaterschaft gemäß Z 4, die innerhalb von acht Wochen nach Geburt des Kindes vorgenommen wurden, wirken für den Anwendungsbereich der Z 3 und 4 mit dem Zeitpunkt der Geburt des Kindes.

(2) Das Ableben eines Elternteiles, der die Voraussetzungen gemäß Abs. 1 Z 1 bis 4 vor der Geburt des Kindes erfüllt, hindert den Erwerb der Staatsbürgerschaft nicht, sofern dieser Elternteil am Tag seines Ablebens Staatsbürger war.

(3) Unbeschadet des Abs. 1 erwerben im Ausland geborene Kinder die Staatsbürgerschaft, wenn

1. im Zeitpunkt der Geburt ein österreichischer Staatsbürger nach dem Recht des Geburtslandes Mutter oder Vater des Kindes ist, und

2. sie ansonsten staatenlos sein würden.

(BGBl I 2013/136)

Legitimation

§ 7a. (1) Ein minderjähriger, lediger Fremder, der unehelich geboren wurde und die Staatsbürgerschaft nicht bereits gemäß § 7 erworben hat, erwirbt die Staatsbürgerschaft im Zeitpunkt der Eheschließung seiner Eltern oder im Zeitpunkt der Ehelicherklärung, wenn sein Vater in diesem Zeitpunkt Staatsbürger ist oder, falls er vorher verstorben ist, am Tag seines Ablebens Staatsbürger war.

(2) Hat der minderjährige, ledige Fremde das 14. Lebensjahr bereits vollendet, so gilt Abs. 1 nur, wenn

1. er und sein gesetzlicher Vertreter dem Erwerb der Staatsbürgerschaft binnen drei Jahren ab Eheschließung oder Ehelicherklärung zustimmen, und

2. er im Zeitpunkt der Zustimmung noch ledig ist.

Die Zustimmung ist der Evidenzstelle (§ 49 Abs. 2) schriftlich zu erklären.

(3) Wird die Zustimmung gemäß Abs. 2 verweigert, so kann sie durch das Gericht ersetzt werden, wenn der Erwerb der Staatsbürgerschaft aus erzieherischen, beruflichen oder anderen wichtigen Gründen dem Wohl des mündigen Minderjährigen dient. Gleiches gilt, wenn der mündige Minderjährige keinen gesetzlichen Vertreter hat oder sein gesetzlicher Vertreter nicht erreichbar ist und die Bestellung eines gesetzlichen Vertreters auf unüberwindliche Hindernisse stößt; gleiches gilt ferner, wenn der mündige Minderjährige unbekannten Aufenthaltes oder sonst nicht erreichbar ist. Zuständig ist jenes inländische Gericht, das als Pflegschaftsgericht einzuschreiten hätte, wenn der mündige Minderjährige die Staatsbürgerschaft besäße. Die Frist für die Abgabe der Zustimmung gilt als gewahrt, sofern das Gericht vor ihrem Ablauf angerufen wurde und der mündige Minderjährige noch ledig ist, wenn der Evidenzstelle die Entscheidung des Gerichtes zukommt. *(BGBl I 2018/56)*

(4) Der Erwerb der Staatsbürgerschaft gemäß Abs. 1 erstreckt sich auf uneheliche Kinder

1. der legitimierten Frau, oder

2. des legitimierten Mannes, sofern dieser die Voraussetzung gemäß § 7 Abs. 1 Z 3 oder 4 erfüllt.

Haben sie das 14. Lebensjahr bereits vollendet, so gelten die Abs. 2 und 3 sinngemäß.

(BGBl I 2013/136)

§ 8. (1) Bis zum Beweis des Gegenteiles gilt als Staatsbürger kraft Abstammung, wer im Alter unter sechs Monaten im Gebiet der Republik aufgefunden wird.

(2) *(aufgehoben, BGBl I 2013/136)*

(3) Abs. 1 gilt auch für Personen, die vor dem 1. September 1983 im Gebiet der Republik aufgefunden worden sind. *(BGBl I 2013/136, (BGBl. Nr. 170/1983, Art. I Z 6)*

§ 9. Der Aufenthalt von Fremden als Träger von Privilegien und Immunitäten (§ 95 FPG), gilt nicht als Niederlassung im Sinne dieses Bundesgesetzes.

(BGBl I 2009/122)

Verleihung

§ 10. (1) Die Staatsbürgerschaft darf einem Fremden, soweit in diesem Bundesgesetz nicht anderes bestimmt ist, nur verliehen werden, wenn

1. er sich seit mindestens zehn Jahren rechtmäßig und ununterbrochen im Bundesgebiet aufgehalten hat und davon zumindest fünf Jahre niedergelassen war;

2. er nicht durch ein inländisches oder ausländisches Gericht wegen einer oder mehrerer Vorsatztaten rechtskräftig zu einer Freiheitsstrafe verurteilt worden ist, die der Verurteilung durch das ausländische Gericht zugrunde liegenden strafbaren Handlungen auch nach dem inländischen Recht gerichtlich strafbar sind und die Verurteilung in einem den Grundsätzen des Art. 6 der Europäischen Konvention zum Schutze der Menschenrechte und Grundfreiheiten (EMRK), BGBl. Nr. 210/1958, entsprechendem Verfahren ergangen ist;

3. er nicht durch ein inländisches Gericht wegen eines Finanzvergehens rechtskräftig zu einer Freiheitsstrafe verurteilt worden ist;

4. gegen ihn nicht wegen des Verdachtes einer mit Freiheitsstrafe bedrohten Vorsatztat oder eines mit Freiheitsstrafe bedrohten Finanzvergehens bei einem inländischen Gericht ein Strafverfahren anhängig ist;

5. durch die Verleihung der Staatsbürgerschaft die internationalen Beziehungen der Republik Österreich nicht wesentlich beeinträchtigt werden;

6. er nach seinem bisherigen Verhalten Gewähr dafür bietet, dass er zur Republik bejahend eingestellt ist und weder eine Gefahr für die öffentliche Ruhe, Ordnung und Sicherheit darstellt noch andere in Art. 8 Abs. 2 EMRK genannte öffentliche Interessen gefährdet;

7. sein Lebensunterhalt hinreichend gesichert ist oder der Fremde seinen Lebensunterhalt aus tatsächlichen, von ihm nicht zu vertretenden Gründen dauerhaft nicht oder nicht in ausreichendem Maße sichern kann und *(BGBl I 2013/136)*

8. er nicht mit fremden Staaten in solchen Beziehungen steht, dass die Verleihung der Staatsbürgerschaft die Interessen der Republik schädigen würde.

(BGBl I 2006/37)

(1a) Eine gemäß Abs. 1 Z 2 oder 3 maßgebliche Verurteilung liegt nicht vor, wenn sie in Strafregisterauskünfte an die Behörde nicht aufgenommen werden darf. Eine gemäß Abs. 1 Z 2 oder 3 maßgebliche Verurteilung liegt vor, wenn sie wegen einer Jugendstraftat erfolgt. *(BGBl I 2006/37)*

(1b) Nicht zu vertreten hat der Fremde seinen nicht gesicherten Lebensunterhalt insbesondere dann, wenn dieser auf einer Behinderung oder auf einer dauerhaften schwerwiegenden Krankheit beruht, wobei dies durch ein ärztliches Gutachten nachzuweisen ist. *(BGBl I 2013/136)*

(2) Die Staatsbürgerschaft darf einem Fremden nicht verliehen werden, wenn

1. bestimmte Tatsachen gemäß § 53 Abs. 2 Z 2, 3, 5, 8, 9 und Abs. 3 des Fremdenpolizeigesetzes 2005 (FPG), BGBl. I Nr. 100, vorliegen; § 53 Abs. 5 FPG gilt; *(BGBl I 2011/38)*

2. er mehr als einmal wegen einer schwerwiegenden Verwaltungsübertretung mit besonderem Unrechtsgehalt, insbesondere wegen § 99 Abs. 1 bis 2 der Straßenverkehrsordnung 1960 (StVO), BGBl. Nr. 159, wegen § 37 Abs. 3 oder 4 des Führerscheingesetzes (FSG), BGBl. I Nr. 120/1997, § 366 Abs. 1 Z 1 i.V.m. Abs. 2 der Gewerbeordnung 1994 (GewO), BGBl. Nr. 194, wegen §§ 81 bis 83 des Sicherheitspolizeigesetzes (SPG), BGBl. Nr. 566/1991, oder wegen einer schwerwiegenden Übertretung des Fremdenpolizeigesetzes 2005, des Niederlassungs- und Aufenthaltsgesetzes (NAG), BGBl. I Nr. 100/2005, des Grenzkontrollgesetzes (GrekoG), BGBl. Nr. 435/1996, oder des Ausländerbeschäftigungsgesetzes (AuslBG), BGBl. Nr. 218/1975, rechtskräftig bestraft worden ist; § 55 Abs. 1 des Verwaltungsstrafgesetzes (VStG), BGBl. Nr. 52/1991, gilt;

3. gegen ihn ein Verfahren zur Aufenthaltsbeendigung anhängig ist;

4. gegen ihn eine durchsetzbare Rückkehrentscheidung gemäß § 52 FPG oder ein aufrechtes Aufenthaltsverbot gemäß § 67 FPG besteht; *(BGBl I 2011/38; BGBl I 2012/87)*

5. gegen ihn eine Rückführungsentscheidung eines anderen EWR-Staates oder der Schweiz besteht; *(BGBl I 2011/38)*

6. gegen ihn das mit einer Rückkehrentscheidung gemäß § 52 FPG einhergehende Einreiseverbot weiterhin aufrecht ist oder gegen ihn in den letzten 18 Monaten eine Ausweisung gemäß § 66 FPG rechtskräftig erlassen wurde oder *(BGBl I 2011/38; BGBl I 2012/87)*

7. er ein Naheverhältnis zu einer extremistischen oder terroristischen Gruppierung hat und im Hinblick auf deren bestehende Strukturen oder auf zu gewärtigende Entwicklungen in deren Umfeld extremistische oder terroristische Aktivitäten derselben nicht ausgeschlossen werden können.
(BGBl I 2006/37)

(3) Einem Fremden, der eine fremde Staatsangehörigkeit besitzt, darf die Staatsbürgerschaft nicht verliehen werden, wenn er

1. die für das Ausscheiden aus seinem bisherigen Staatsverband erforderlichen Handlungen unterläßt, obwohl ihm diese möglich und zumutbar sind oder

2. auf Grund seines Antrages oder auf andere Weise absichtlich die Beibehaltung seiner bisherigen Staatsangehörigkeit erwirkt.

(4) Von der Voraussetzung des Abs. 1 Z 1, dem Verleihungshindernis nach Abs. 2 Z 2 sowie in den Fällen der Z 2 auch des Abs. 3 ist abzusehen. *(BGBl I 2006/37)*

1. bei einem Fremden mit Aufenthalt im Bundesgebiet, der durch mindestens zehn Jahre die Staatsbürgerschaft ununterbrochen besessen und diese auf andere Weise als durch Entziehung (§§ 32 bis 34) verloren hat; *(BGBl I 2006/37; BGBl I 2011/38)*

2. bei einem Fremden, der vor dem 9. Mai 1945 die Staatsangehörigkeit eines der Nachfolgestaaten der ehemaligen österreichisch-ungarischen Monarchie hatte oder staatenlos war, seinen Hauptwohnsitz im Bundesgebiet hatte und sich damals deshalb in das Ausland begeben hat, weil er Verfolgung durch Organe der NSDAP oder der Behörden des Dritten Reiches mit Grund zu befürchten hatte oder erlitten hat oder weil er wegen seines Einsatzes für die demokratische Republik Österreich Verfolgungen ausgesetzt war oder solche mit Grund zu befürchten hatte.

(5) Der Lebensunterhalt (Abs. 1 Z 7) ist dann hinreichend gesichert, wenn feste und regelmäßige eigene Einkünfte aus Erwerb, Einkommen, gesetzlichen Unterhaltsansprüchen oder Versicherungsleistungen zum Entscheidungszeitpunkt im Durchschnitt von 36 Monaten aus den letzten sechs Jahren vor dem Antragszeitpunkt vom Fremden nachgewiesen werden, wobei jedenfalls die letzten geltend gemachten sechs Monate unmittelbar vor dem Antragszeitpunkt liegen müssen. Im geltend gemachten Zeitraum müssen die eigenen Einkünfte des Fremden ihm eine Lebensführung ohne Inanspruchnahme von Sozialhilfeleistungen der Gebietskörperschaften ermöglichen und der Höhe nach dem Durchschnitt der Richtsätze des § 293 des Allgemeinen Sozialversicherungsgesetzes (ASVG), BGBl. Nr. 189/1955, der letzten drei Jahre entsprechen. Feste und regelmäßige eigene Einkünfte werden durch regelmäßige Aufwendungen geschmälert, insbesondere durch Mietbelastungen, Kreditbelastungen, Pfändungen und durch Unterhaltszahlungen an Dritte nicht im gemeinsamen Haushalt lebende Personen. Dabei bleibt einmalig ein Betrag bis zu der in § 292 Abs. 3 ASVG festgelegten Höhe unberücksichtigt und führt zu keiner Erhöhung der notwendigen Einkünfte im Sinne des ersten Satzes. Bei Nachweis der Unterhaltsmittel durch Unterhaltsansprüche ist zur Berechnung der Leistungsfähigkeit des Verpflichteten nur der das pfändungsfreie Existenzminimum gemäß § 291a der Exekutionsordnung (EO), RGBl. Nr. 79/1896, übersteigende Einkommensteil zu berücksichtigen. Wird in den letzten geltend gemachten sechs Monaten unmittelbar vor dem Antragszeitpunkt Kinderbetreu-

ungsgeld gemäß den Bestimmungen des Kinderbetreuungsgeldgesetzes – KBGG, BGBl. I Nr. 103/2001, bezogen, so gilt in dem Zeitraum in dem Kinderbetreuungsgeld bezogen wird, der Lebensunterhalt jedenfalls als hinreichend gesichert. *(BGBl I 2009/122; BGBl I 2013/136)*

(6) **(Verfassungsbestimmung)** Die Voraussetzungen des Abs. 1 Z 1 und 7 sowie des Abs. 3 entfallen, wenn die Bundesregierung bestätigt, daß die Verleihung der Staatsbürgerschaft wegen der vom Fremden bereits erbrachten und von ihm noch zu erwartenden außerordentlichen Leistungen im besonderen Interesse der Republik liegt.

(7) Die Bundesregierung kann über Vorschlag des Bundesministers für Inneres eine Verordnung erlassen, mit der nähere Bestimmungen über das Verfahren zur Erlangung einer Bestätigung der Bundesregierung in Verfahren gemäß Abs. 6 festgelegt werden. *(BGBl I 2013/136)*

(BGBl I 1998/124)

§ 10a. (1) Voraussetzung jeglicher Verleihung der Staatsbürgerschaft ist weiters der Nachweis

1. über ausreichende Deutschkenntnisse gemäß § 7 Abs. 2 Z 2 Integrationsgesetz (IntG), BGBl. I Nr. 68/2017, und *(BGBl I 2011/38; BGBl I 2017/68)*

2. von Grundkenntnissen der demokratischen Ordnung und die sich daraus ableitbaren Grundprinzipien sowie der Geschichte Österreichs und des jeweiligen Bundeslandes. *(BGBl I 2013/136)*

(2) Ausgenommen von den Nachweisen nach Abs. 1 sind:

1. Fälle der §§ 10 Abs. 4 und 6, 11a Abs. 2, 13, 57 , 58c sowie 59; *(BGBl I 2009/122; BGBl I 2013/136)*

2. Fremde, die zum Zeitpunkt der Antragstellung unmündige Minderjährige sind; *(BGBl I 2013/136)*

3. Fremden, denen auf Grund ihres physisch oder psychisch dauerhaft schlechten Gesundheitszustandes, insbesondere auch auf Grund von Sprach- oder Hörbehinderungen, die Erbringung der Nachweise nicht möglich ist und dies durch ein amtsärztliches Gutachten nachgewiesen wird. *(BGBl I 2011/38; BGBl I 2013/136)*

4. andere, nicht nur allein auf Grund ihres Alters selbst nicht handlungsfähige Fremde.

(3) Die Nachweise nach Abs. 1 gelten als erbracht, wenn der Fremde zum Zeitpunkt der Antragstellung minderjährig ist und

1. im Rahmen der allgemeinen Schulpflicht eine Primarschule (§ 3 Abs. 3 des Schulorganisationsgesetzes, BGBl. Nr. 242/1962) besucht oder im vorangegangenen Semester besucht hat oder

2. im Rahmen der allgemeinen Schulpflicht eine Sekundarschule (§ 3 Abs. 4 des Schulorganisationsgesetzes) besucht und

a) der Unterrichtsgegenstand „Deutsch" in dem der Antragstellung vorangegangenen Schuljahr positiv beurteilt wurde oder die Schulnachricht am Ende des ersten Semesters des laufenden Schuljahres im Unterrichtsgegenstand „Deutsch" eine positive Leistung ausweist oder

b) der Antragsteller bis zum Entscheidungszeitpunkt die positive Beurteilung im Unterrichtsgegenstand „Deutsch" durch das zuletzt ausgestellte Jahreszeugnis oder die zuletzt ausgestellte Schulnachricht nachweist.

(4) Der Nachweis nach Abs. 1 Z 1 gilt als erbracht, wenn

1. die deutsche Sprache die Muttersprache des Fremden ist oder

2. der Fremde das Modul 2 der Integrationsvereinbarung nach § 10 Abs. 2 IntG erfüllt hat, auch wenn er nach dem Integrationsgesetz dazu nicht verpflichtet ist, und einen entsprechenden Nachweis vorlegt. *(BGBl I 2011/38; BGBl I 2017/68)*

(4a) Der Nachweis nach Abs. 1 Z 2 gilt als erbracht, wenn der Fremde einen Schulabschluss im Unterrichtsgegenstand „Geschichte und Sozialkunde" zumindest auf dem Niveau des Lehrplans der Hauptschule für den Unterrichtsgegenstand „Geschichte und Sozialkunde" in der 4. Klasse gemäß Anlage 1 zu BGBl. II Nr. 134/2000, zuletzt geändert durch BGBl. II Nr. 290/2008, nachweist. *(BGBl I 2009/122)*

(5) Der Nachweis nach Abs. 1 Z 2 ist, soweit dieser nicht nach Abs. 3 oder 4a als erbracht gilt, durch eine von der zuständigen Landesregierung durchzuführende Prüfung zu erbringen. Das Nähere über die Durchführung der Prüfung ist nach Maßgabe der folgenden Grundsätze durch Verordnung des Bundesministers für Inneres festzulegen:

1. Die Prüfung ist schriftlich abzuhalten, wobei vom Prüfungsteilnehmer unter mehreren vorgegebenen Antworten die richtige oder die richtigen erkannt werden müssen; *(BGBl I 2013/136)*

2. Der Prüfungserfolg ist mit „Bestanden" oder „Nicht bestanden" zu beurteilen;

3. Wiederholungen von nicht bestandenen Prüfungen sind zulässig.

(BGBl I 2009/122)

(6) Das Nähere über die Inhalte der Prüfung im Bezug auf die Grundkenntnisse der demokratischen Ordnung der Republik Österreich und die sich daraus ableitbaren Grundprinzipien sowie die Geschichte Österreichs (Prüfungsstoffabgrenzung I) ist nach Maßgabe der folgenden Grundsätze durch Verordnung des Bundesministers für Inneres festzulegen:

1. Die Grundkenntnisse der demokratischen Ordnung der Republik Österreich umfassen in Grundzügen den Aufbau und die Organisation der Republik Österreich und ihrer maßgeblichen Institutionen, der Grund- und Freiheitsrechte einschließlich der Rechtsschutzmöglichkeiten

und des Wahlrechts auf dem Niveau des Lehrplans der Hauptschule für den Unterrichtsgegenstand „Geschichte und Sozialkunde" in der 4. Klasse gemäß Anlage 1 zu BGBl. II Nr. 134/2000, zuletzt geändert durch BGBl. II Nr. 290/2008; *(BGBl I 2013/136)*

2. die Grundkenntnisse über die Geschichte Österreichs haben sich am Lehrstoff des Lehrplans der Hauptschule für den Unterrichtsgegenstand „Geschichte und Sozialkunde" in der 4. Klasse gemäß Anlage 1 zu BGBl. II Nr. 134/2000, zuletzt geändert durch BGBl. II Nr. 290/2008, zu orientieren. *(BGBl I 2013/136)*
(BGBl I 2013/136)

(7) Das Nähere über die Inhalte der Prüfung im Bezug auf die Grundkenntnisse der Geschichte des jeweiligen Bundeslandes (Prüfungsstoffabgrenzung II) ist durch Verordnung der Landesregierung festzulegen. In dieser Verordnung kann die Landesregierung die Bezirksverwaltungsbehörden mit der Durchführung der Prüfungen im Namen der Landesregierung ermächtigen.

(BGBl I 2006/37)

§ 11. Bei Entscheidungen nach diesem Bundesgesetz ist das Gesamtverhalten des Fremden im Hinblick auf das allgemeine Wohl, die öffentlichen Interessen und das Ausmaß seiner Integration zu berücksichtigen. Zu dieser zählt insbesondere die Orientierung des Fremden am gesellschaftlichen, wirtschaftlichen und kulturellen Leben in Österreich sowie das Bekenntnis zu den Grundwerten eines europäischen demokratischen Staates und seiner Gesellschaft. *(BGBl I 2009/122)*

(BGBl I 2006/37)

§ 11a. (1) Einem Fremden ist nach einem rechtmäßigen und ununterbrochenen Aufenthalt von mindestens sechs Jahren im Bundesgebiet und unter den Voraussetzungen des § 10 Abs. 1 Z 2 bis 8, Abs. 2 und 3 die Staatsbürgerschaft zu verleihen, wenn

1. sein Ehegatte Staatsbürger ist und bei fünfjähriger aufrechter Ehe im gemeinsamen Haushalt mit ihm lebt;

2. die eheliche Lebensgemeinschaft der Ehegatten nicht aufgehoben ist und *(BGBl I 2009/122)*

3. er nicht infolge der Entziehung der Staatsbürgerschaft nach §§ 32 oder 33 Fremder ist. *(BGBl I 2011/38)*

(2) Abs. 1 gilt auch für Fremde ohne Aufenthalt im Bundesgebiet, wenn

1. sein Ehegatte Staatsbürger ist, der in einem Dienstverhältnis zu einer inländischen Gebietskörperschaft steht und dessen Dienstort im Ausland liegt,

2. sein Ehegatte Staatsbürger ist, der in einem Dienstverhältnis zu einer inländischen Körperschaft öffentlichen Rechts steht und dessen Dienstort im Ausland liegt, soweit die Tätigkeit dieser Körperschaft im Ausland im Interesse der Republik liegt, oder

3. der Ehegatte die Staatsbürgerschaft durch Verleihung gemäß § 10 Abs. 4 Z 2 oder durch Erklärung gemäß § 58c erworben hat und der Fremde seinen Hauptwohnsitz vor dem 9. Mai 1945 im Bundesgebiet hatte und sich damals gemeinsam mit seinem späteren Ehegatten ins Ausland begeben hat. § 10 Abs. 3 gilt diesfalls nicht.
(BGBl I 2009/122)

(3) Einem Fremden darf die Staatsbürgerschaft gemäß Abs. 1 oder 2 nicht verliehen werden, wenn er

1. mit dem Ehegatten das zweite Mal verheiratet ist und

2. diesem Ehegatten die Staatsbürgerschaft nach Scheidung der ersten gemeinsamen Ehe auf Grund der Heirat mit einem Staatsbürger verliehen wurde.

(4) Einem Fremden ist nach einem rechtmäßigen und ununterbrochenen Aufenthalt von mindestens sechs Jahren im Bundesgebiet und unter den Voraussetzungen des § 10 Abs. 1 Z 2 bis 8, Abs. 2 und 3 die Staatsbürgerschaft zu verleihen, wenn

1. *(entfällt, BGBl I 2018/56)*

2. er im Besitz der Staatsangehörigkeit eines Vertragsstaates des Abkommens über den Europäischen Wirtschaftsraum (EWR-Abkommen), BGBl. Nr. 909/1993, ist;

3. er im Bundesgebiet geboren wurde oder

4. die Verleihung auf Grund der vom Fremden bereits erbrachten und zu erwartenden außerordentlichen Leistungen auf wissenschaftlichem, wirtschaftlichem, künstlerischem oder sportlichem Gebiet im Interesse der Republik liegt.

(5) Eine Person, die an Bord eines die Seeflagge der Republik Österreich führenden Schiffes oder eines Luftfahrzeuges mit österreichischer Staatszugehörigkeit geboren wurde, gilt bei der Anwendung des Abs. 4 Z 3 als im Bundesgebiet geboren.

(6) Einem Fremden ist nach einem rechtmäßigen und ununterbrochenen Aufenthalt von mindestens sechs Jahren im Bundesgebiet unter den Voraussetzungen des § 10 Abs. 1 Z 2 bis 8, Abs. 2 und 3 die Staatsbürgerschaft zu verleihen, wenn

1. er, abweichend von § 10a Abs. 1 Z 1, einen Nachweis über Deutschkenntnisse gemäß dem B2-Niveau des Gemeinsamen Europäischen Referenzrahmens für Sprachen (GERS) erbringt, oder

2. er einen Nachweis gemäß § 10a Abs. 1 Z 1 erbringt und seine nachhaltige persönliche Integration nachweist, insbesondere durch

a) ein mindestens dreijähriges freiwilliges, ehrenamtliches Engagement in einer gemeinnützigen Organisation, die den Vorgaben des § 35 Bundesabgabenordnung (BAO), BGBl. Nr. 195/1961, entspricht, oder

b) eine mindestens dreijährige Ausübung eines Berufes im Bildungs-, Sozial- oder Gesundheitsbereich, sofern das daraus erzielte Einkommen durchgängig die monatliche Geringfügigkeitsgrenze gemäß § 5 Abs. 2 ASVG erreicht hat, oder

c) die Bekleidung einer Funktion in einem Interessenverband oder einer Interessenvertretung für mindestens drei Jahre hindurch.

Die Tätigkeit des Fremden, mit der die nachhaltige persönliche Integration nachgewiesen werden soll, muss dem Allgemeinwohl in besonderer Weise dienen und einen integrationsrelevanten Mehrwert für seine Integration in Österreich darstellen. Dies ist vom Fremden und der jeweiligen Institution jeweils im Rahmen einer schriftlichen Stellungnahme ausführlich zu begründen. *(BGBl I 2013/136)*

(7) Einem Fremden ist nach einem rechtmäßigen und ununterbrochenen Aufenthalt von mindestens zehn Jahren im Bundesgebiet und unter den Voraussetzungen des § 10 Abs. 1 Z 2 bis 8, Abs. 2 und 3 die Staatsbürgerschaft zu verleihen, wenn ihm der Status als Asylberechtigter zukommt, sofern das Bundesamt für Fremdenwesen und Asyl auf Anfrage mitteilt, dass weder ein Verfahren nach § 7 AsylG 2005 eingeleitet wurde noch die Voraussetzungen für die Einleitung eines solchen Verfahrens vorliegen. *(BGBl I 2018/56)*

(BGBl I 2006/37)

§ 11b. (1) Einem im Bundesgebiet aufhältigen Kind, das das 14. Lebensjahr noch nicht vollendet hat und die österreichische Staatsbürgerschaft nicht besitzt, ist diese unter den Voraussetzungen des § 10 Abs. 1 Z 5 und 6 auf Antrag zu verleihen, wenn es von einem Staatsbürger an Kindesstatt angenommen wurde.

(2) Vom Erfordernis des Aufenthaltes gemäß Abs. 1 ist abzusehen, wenn der maßgebliche Wahlelternteil nachweislich den Mittelpunkt der Lebensinteressen und seinen ständigen und rechtmäßigen Aufenthalt seit mindestens zwölf Monaten im Ausland hat.

(3) Die Verleihung ist von der Behörde binnen sechs Wochen ab Antragstellung vorzunehmen.

(BGBl I 2013/136)

§ 12. (1) Einem Fremden ist unter den Voraussetzungen des § 10 Abs. 1 Z 2 bis 8, Abs. 2 und 3 die Staatsbürgerschaft zu verleihen, wenn er

1. nicht infolge der Entziehung der Staatsbürgerschaft (§§ 32 bis 34) oder des Verzichts auf die Staatsbürgerschaft (§ 37) Fremder ist und entweder *(BGBl I 2011/38)*

a) seit mindestens 30 Jahren ununterbrochen seinen Hauptwohnsitz im Bundesgebiet hat oder

b) seit mindestens 15 Jahren seinen rechtmäßigen und ununterbrochenen Aufenthalt im Bundesgebiet hat und seine nachhaltige persönliche und berufliche Integration nachweist;

2. die Staatsbürgerschaft zu einer Zeit, da er nicht voll handlungsfähig war, auf andere Weise als durch Entziehung nach §§ 32 oder 33 verloren hat, seither Fremder ist, sich rechtmäßig im Bundesgebiet aufhält und die Verleihung der Staatsbürgerschaft binnen zwei Jahren nach Erlangung der vollen Handlungsfähigkeit beantragt oder *(BGBl I 2011/38; BGBl I 2018/56)*

3. die Staatsbürgerschaft nach § 17 durch Erstreckung der Verleihung nur deshalb nicht erwerben kann, weil der hierfür maßgebliche Elternteil (Wahlelternteil) bereits Staatsbürger ist und die Voraussetzungen nach § 16 Abs. 1 Z 2 vorliegen. Vom Erfordernis der Niederlassung nach § 16 Abs. 1 Z 2 lit. a ist abzusehen, wenn der maßgebliche Elternteil (Wahlelternteil) nachweislich den Mittelpunkt der Lebensinteressen und seinen ständigen und rechtmäßigen Aufenthalt seit mindestens zwölf Monaten im Ausland hat. *(BGBl I 2009/122)*

(BGBl I 2013/136)

(2) Einem unmündigen minderjährigen Fremden ist unter den Voraussetzungen des § 10 Abs. 1 Z 5 und 6 die Staatsbürgerschaft zu verleihen, wenn

1. dieser zum Zeitpunkt der Antragstellung rechtmäßig niedergelassen war (§ 2 Abs. 2 NAG),

2. dessen Vater zum Zeitpunkt der Geburt Staatsbürger ist,

3. dessen Vater die Vaterschaft gemäß § 144 Abs. 1 Z 2 ABGB anerkannt hat oder diese gemäß § 144 Abs. 1 Z 3 ABGB festgestellt wurde, und

4. ein Fall des § 7 nicht vorliegt.

Vom Erfordernis der Niederlassung gemäß Z 1 ist abzusehen, wenn der Vater nachweislich den Mittelpunkt seiner Lebensinteressen und seinen ständigen und rechtmäßigen Aufenthalt seit mindestens zwölf Monaten im Ausland hat. *(BGBl I 2013/136)*

(BGBl I 2006/37)

§ 13. Einem Fremden ist unter den Voraussetzungen des § 10 Abs. 1 Z 2 bis 8, Abs. 2 und 3 die Staatsbürgerschaft zu verleihen, wenn

1. er die Staatsbürgerschaft dadurch verloren hat, daß er

a) einen Fremden geheiratet,

b) gleichzeitig mit dem Ehegatten dieselbe fremde Staatsangehörigkeit erworben oder

c) während der Ehe mit einem Fremden dessen Staatsangehörigkeit erworben hat;

2. er seither Fremder ist;

3. die Ehe durch den Tod des Ehegatten oder sonst dem Bande nach aufgelöst ist und

4. er die Verleihung der Staatsbürgerschaft binnen fünf Jahren nach Auflösung der Ehe beantragt.

(BGBl I 1998/124; BGBl I 2006/37)

§ 14. (1) Einem Fremden ist die Staatsbürgerschaft ferner zu verleihen, wenn er

1. im Gebiet der Republik geboren und seit seiner Geburt staatenlos ist;

2. insgesamt mindestens zehn Jahre seinen Hauptwohnsitz im Gebiet der Republik hatte, wobei ununterbrochen mindestens fünf Jahre unmittelbar vor der Verleihung der Staatsbürgerschaft liegen müssen; *(BGBl 1994/505)*

3. nicht von einem inländischen Gericht rechtskräftig nach einer der folgenden Gesetzesstellen verurteilt worden ist:

a) §§ 103, 124, 242, 244, 246, 248, 252 bis 254, 256, 257 Abs. 2, 258, 259, 260, 269, 274 bis 276, 278a bis 278d, 279 bis 285 und 320 StGB, BGBl. Nr. 60/1974; *(BGBl I 2006/37)*

b) §§ 277 und 278 StGB, soweit die Tat mit Beziehung auf eine nach § 103 StGB strafbare Handlung begangen worden ist;

c) § 286 StGB, soweit die Tat mit Beziehung auf die in lit. a angeführten strafbaren Handlungen begangen worden ist;

d) §§ 3a und 3b sowie 3d bis 3g des Verbotsgesetzes 1947;
(BGBl. Nr. 703/1974, Art. I Z 2)

4. weder von einem inländischen noch von einem ausländischen Gericht zu einer Freiheitsstrafe von fünf oder mehr Jahren rechtskräftig verurteilt worden ist, die der Verurteilung durch das ausländische Gericht zugrunde liegenden strafbaren Handlungen auch nach inländischem Recht gerichtlich strafbar sind und die Verurteilung in einem den Grundsätzen des Art. 6 der Europäischen Konvention zum Schutze der Menschenrechte und Grundfreiheiten, BGBl. Nr. 210/1958, entsprechenden Verfahren ergangen ist und *(BGBl. Nr. 202/1985, Art. I Z 7)*

5. die Verleihung der Staatsbürgerschaft nach Vollendung des 18. Lebensjahres und spätestens zwei Jahre nach dem Eintritt der Volljährigkeit beantragt. *(BGBl. Nr. 394/1973, Art. I Z 7)*

(2) Eine Person, die an Bord eines die Seeflagge der Republik führenden Schiffes oder eines Luftfahrzeuges mit österreichischer Staatszugehörigkeit geboren wurde, gilt bei der Anwendung des Abs. 1 Z 1 als im Gebiet der Republik geboren. *(BGBl. Nr. 170/1983, Art. I Z 13 lit. b)*

§ 15. (1) Die Frist des rechtmäßigen und ununterbrochenen Aufenthalts nach diesem Bundesgesetz sowie der Lauf der Wohnsitzfristen nach den §§ 12 Z 1 lit. a und 14 Abs. 1 Z 2 werden unterbrochen

1. durch eine durchsetzbare Rückkehrentscheidung gemäß § 52 FPG oder durch ein rechtskräftiges Aufenthaltsverbot gemäß § 67 FPG; *(BGBl I 2011/38; BGBl I 2012/87)*

2. durch einen mehr als sechsmonatigen Aufenthalt in einer Anstalt zum Vollzug von Freiheitsstrafen, in einer Anstalt für geistig abnorme Rechtsbrecher, einer Anstalt für entwöhnungsbedürftige Rechtsbrecher oder einer Anstalt für gefährliche Rückfallstäter des Inlandes oder diesen gleich zu wertenden Anstalten des Auslandes infolge Verurteilung wegen einer nach österreichischem Recht gerichtlich strafbaren Handlung; hierbei sind der Aufenthalt in einer Anstalt zum Vollzug von Freiheitsstrafen und die Zeit des Vollzuges einer mit Freiheitsentziehung verbundenen vorbeugenden Maßnahme zusammenzurechnen;

3. wenn sich der Fremde innerhalb dieser Frist insgesamt länger als 20 v.H. der Zeitspanne außerhalb des Bundesgebietes aufgehalten hat; in diesen Fällen beginnt die Frist ab der letzten rechtmäßigen Einreise neuerlich zu laufen oder

4. wenn sich der Fremde im Fall des § 11a Abs. 7 als Asylwerber dem Verfahren gemäß § 24 Abs. 1 AsylG 2005 entzogen hat und das Verfahren eingestellt wurde. *(BGBl I 2018/56)*

(2) Eine Unterbrechung des Fristenlaufes gemäß Abs. 1 Z 1 ist nicht zu beachten, wenn die Rückkehrentscheidung oder das Aufenthaltsverbot deshalb aufgehoben wurde, weil sich seine Erlassung in der Folge als unbegründet erwiesen hat. *(BGBl I 2011/38)*

(BGBl I 2006/37)

§ 16. (1) Die Verleihung der Staatsbürgerschaft an einen Fremden ist unter den Voraussetzungen des § 10 Abs. 1 Z 2 bis 8, Abs. 2 und 3 auf seinen mit ihm im gemeinsamen Haushalt lebenden Ehegatten zu erstrecken, wenn

1. sich dieser seit mindestens sechs Jahren rechtmäßig und ununterbrochen im Bundesgebiet aufhält;

2. zum Zeitpunkt der Antragstellung

a) dieser rechtmäßig niedergelassen war (§ 2 Abs. 2 NAG) oder

b) ihm zum Zeitpunkt der Antragstellung der Status des Asylberechtigten zugekommen ist oder

c) dieser Inhaber eines Lichtbildausweises für Träger von Privilegien und Immunitäten (§ 95 FPG) ist; *(BGBl I 2008/4)*

3. die eheliche Lebensgemeinschaft der Ehegatten nicht aufgehoben ist; *(BGBl I 2009/135)*

4. er nicht infolge der Entziehung der Staatsbürgerschaft nach §§ 32 oder 33 Fremder ist und *(BGBl I 2011/38)*

5. die Ehe seit mindestens fünf Jahren aufrecht ist.

(BGBl I 2006/37)

(2) Das Fehlen der Voraussetzungen nach Abs. 1 Z 1, 2 und 5 und § 10 Abs. 3 steht der Erstreckung nicht entgegen, wenn die Staatsbürgerschaft nach § 10 Abs. 6 verliehen wird. *(BGBl I 1998/124; BGBl I 2008/4)*

(BGBl. Nr. 170/1983, Art. I Z 16)

§ 17. (1) Die Verleihung der Staatsbürgerschaft ist unter den Voraussetzungen der §§ 10 Abs. 1 Z 2 bis 8, Abs. 2 und 3 sowie 16 Abs. 1 Z 2 auf die Kinder des Fremden, sofern die Kinder minderjährig, ledig und nicht infolge der Entziehung der Staatsbürgerschaft nach §§ 32 und 33 Fremde sind, zu erstrecken, wenn

1. der Mutter gemäß § 143 ABGB, oder

2. dem Vater gemäß § 144 Abs. 1 ABGB

die Staatsbürgerschaft verliehen wird. *(BGBl I 2013/136)*

(1a) Die Verleihung der Staatsbürgerschaft ist unter den Voraussetzungen der §§ 10 Abs. 1 Z 2 bis 8, Abs. 2 und 3 sowie 16 Abs. 1 Z 2 auf die Wahlkinder des Fremden, sofern die Kinder minderjährig, ledig und nicht infolge der Entziehung der Staatsbürgerschaft nach §§ 32 und 33 Fremde sind, zu erstrecken. *(BGBl I 2013/136)*

(2) Die Verleihung der Staatsbürgerschaft ist unter den Voraussetzungen des § 10 Abs. 3 weiters auf die unehelichen Kinder der im Abs. 1 genannten Nachkommen zu erstrecken, soweit die Verleihung der Staatsbürgerschaft auf sie erstreckt wird. *(BGBl I 1998/124; BGBl I 2013/136)*

(3) Die Voraussetzung der Minderjährigkeit entfällt bei einem behinderten Kind, wenn die Behinderung erheblich ist und das Kind mit dem für die Erstreckung der Verleihung maßgebenden Elternteil im gemeinsamen Haushalt lebt oder diesem die Sorgepflicht für das Kind obliegt und er seiner Unterhaltspflicht nachkommt. Als erheblich behindert im Sinne dieser Bestimmung gelten Personen, die infolge eines Leidens oder Gebrechens in ihrer körperlichen oder geistigen Fähigkeit so wesentlich beeinträchtigt sind, daß sie einer besonderen Pflege oder eines besonderen Unterhaltsaufwandes bedürfen und voraussichtlich dauernd nicht fähig sind, sich selbst den Unterhalt zu verschaffen. Die erhebliche Behinderung ist durch ein Zeugnis eines inländischen Amtsarztes nachzuweisen.

(4) Das Fehlen der Voraussetzung nach § 10 Abs. 3 und § 16 Abs. 1 Z 2 steht der Erstreckung nicht entgegen, wenn die Staatsbürgerschaft nach § 10 Abs. 6 verliehen wird. *(BGBl I 1998/124; BGBl I 2009/122)*

(BGBl. Nr. 170/1983, Art. I Z 17)

§ 18. Die Erstreckung der Verleihung darf nur gleichzeitig mit der Verleihung der Staatsbürgerschaft und nur mit demselben Erwerbszeitpunkt verfügt werden.

§ 19. (1) Anträge auf Verleihung und Erstreckung der Verleihung der Staatsbürgerschaft sind persönlich bei der Behörde zu stellen. Soweit der Antragsteller nicht selbst handlungsfähig ist, hat den Antrag sein gesetzlicher Vertreter einzubringen.

(2) Der Fremde hat am Verfahren mitzuwirken und der Behörde alle notwendigen Unterlagen und Beweismittel sowie ein Lichtbild zur Verfügung zu stellen. Der Bundesminister für Inneres ist ermächtigt, durch Verordnung festzulegen, welche Urkunden und Beweismittel jedenfalls vorzulegen sind. Diese Verordnung kann auch Form und Art der Antragstellung, einschließlich bestimmter, ausschließlich zu verwendender Antragsformulare, enthalten.

(BGBl I 2009/122)

§ 20. (1) Die Verleihung der Staatsbürgerschaft ist einem Fremden zunächst für den Fall zuzusichern, daß er binnen zwei Jahren das Ausscheiden aus dem Verband seines bisherigen Heimatstaates nachweist, wenn

1. er nicht staatenlos ist;

2. weder § 10 Abs. 6 noch die §§ 16 Abs. 2 oder 17 Abs. 4 Anwendung finden und

3. ihm durch die Zusicherung das Ausscheiden aus dem Verband seines bisherigen Heimatstaates ermöglicht wird oder erleichtert werden könnte.

(2) Die Zusicherung ist zu widerrufen, wenn der Fremde mit Ausnahme von § 10 Abs. 1 Z 7 auch nur eine der für die Verleihung der Staatsbürgerschaft erforderlichen Voraussetzungen nicht mehr erfüllt. *(BGBl I 2013/16)*

(3) Die Staatsbürgerschaft, deren Verleihung zugesichert wurde, ist zu verleihen, sobald der Fremde

1. aus dem Verband seines bisherigen Heimatstaates ausgeschieden ist oder

2. nachweist, daß ihm die für das Ausscheiden aus seinem bisherigen Staatsverband erforderlichen Handlungen nicht möglich oder nicht zumutbar waren.

(4) Die Staatsbürgerschaft, deren Verleihung zugesichert wurde, kann verliehen werden, sobald der Fremde glaubhaft macht, daß er für das Ausscheiden aus seinem bisherigen Staatsverband Zahlungen zu entrichten gehabt hätte, die für sich allein oder im Hinblick auf den für die gesamte Familie erforderlichen Aufwand zum Anlaß außer Verhältnis gestanden wären.

(5) Die Bestimmungen der Abs. 1 bis 4 gelten auch für die Erstreckung der Verleihung.

(BGBl I 1998/124)

§ 21. (1) Die Verleihung der Staatsbürgerschaft hat in einem diesem Anlass angemessenen, feierlichen Rahmen zu erfolgen, dem durch das gemeinsame Absingen der Bundeshymne und das sichtbare Vorhandensein der Fahnen der Republik Österreich, des jeweiligen Bundeslandes, und der Europäischen Union Ausdruck verliehen wird. *(BGBl I 2013/136)*

(2) Ein Fremder, der voll handlungsfähig ist oder der das 18. Lebensjahr vollendet hat und nur infolge seines Alters nicht voll handlungsfähig ist, hat vor der Verleihung der Staatsbürgerschaft (Erstreckung der Verleihung) folgendes Gelöbnis abzulegen:

„Ich gelobe, dass ich der Republik Österreich als getreuer Staatsbürger angehören, ihre Gesetze stets gewissenhaft beachten und alles unterlassen werde, was den Interessen und dem Ansehen der Republik abträglich sein könnte und bekenne mich zu den Grundwerten eines europäischen demokratischen Staates und seiner Gesellschaft." *(BGBl I 2009/122; BGBl I 2013/136; BGBl I 2018/56)*

§ 22. (1) Hat der Fremde seinen Hauptwohnsitz im Gebiet der Republik, so ist das Gelöbnis mündlich vor der nach § 39 zuständigen Behörde abzulegen. Diese kann jedoch die Bezirksverwaltungsbehörde, in deren Bereich der Fremde seinen Hauptwohnsitz hat, zur Entgegennahme des Gelöbnisses ermächtigen. *(BGBl 1994/505)*

(2) Hat der Fremde seinen Hauptwohnsitz im Ausland, so ist das Gelöbnis mündlich vor der österreichischen Vertretungsbehörde abzulegen, die von der nach § 39 zuständigen Behörde um die Entgegennahme des Gelöbnisses ersucht worden ist. Dies gilt nicht, wenn es dem Fremden wegen der Entfernung seines Wohnsitzes oder aus anderen wichtigen Gründen nicht zugemutet werden kann, sich zur Ablegung des Gelöbnisses bei der österreichischen Vertretungsbehörde einzufinden. *(BGBl 1994/505)*

(3) Hat der Fremde überhaupt keinen Hauptwohnsitz oder ist auf ihn Abs. 2 zweiter Satz anzuwenden, so ist das Gelöbnis schriftlich der nach § 39 zuständigen Behörde zu übermitteln, sofern sich der Fremde nicht selbst zur mündlichen Ablegung des Gelöbnisses bei dieser Behörde einfindet. *(BGBl 1994/505)*

(4) Wird das Gelöbnis mündlich abgelegt, so ist hierüber eine Niederschrift aufzunehmen.

§ 23. (1) Der Bescheid über die Verleihung der Staatsbürgerschaft (Erstreckung der Verleihung) ist schriftlich zu erlassen.

(2) Die Staatsbürgerschaft wird mit dem im Bescheid angegebenen Zeitpunkt erworben. Dieser ist unter Bedachtnahme auf den voraussichtlichen Zeitpunkt der Aushändigung oder Zustellung des Bescheides nach der Kalenderzeit zu bestimmen.

(3) Hat der Fremde, dem die Staatsbürgerschaft verliehen werden soll, das Gelöbnis mündlich abgelegt, so ist ihm der Bescheid im Anschluß daran auszuhändigen. Sonst ist der Bescheid derjenigen Person zuzustellen, die den Antrag auf Verleihung der Staatsbürgerschaft gestellt hat.

§ 24. Die Wiederaufnahme eines Verleihungsverfahrens darf aus den im § 69 Abs. 1 Z 2 und 3 AVG, BGBl. Nr. 51/1991, genannten Gründen nur bewilligt oder verfügt werden, wenn der Betroffene hiedurch nicht staatenlos wird. *(BGBl I 1998/124)*

§ 25. Einem Fremden, der nicht mehr minderjährig ist, ist unter den Voraussetzungen des § 10 Abs. 1 Z 2 bis 6 und 8, Abs. 2 und 3 die Staatsbürgerschaft zu verleihen, wenn er nie Staatsbürger war, zu Beginn seines rechtmäßigen Aufenthaltes in Österreich minderjährig war und sich seither zumindest 15 Jahre rechtmäßig und ununterbrochen in Österreich aufhält sowie ein Anwendungsfall

1. des § 17 Abs. 1 vorlag und eine Erstreckung der Verleihung nicht vorgenommen wurde, oder

2. des § 12 Z 3 vorlag und eine Verleihung nicht vorgenommen wurde.

(BGBl I 2013/136)

ABSCHNITT III

VERLUST DER STAATSBÜRGERSCHAFT

§ 26. Die Staatsbürgerschaft wird verloren durch

1. Erwerb einer fremden Staatsangehörigkeit (§§ 27 und 29);

2. Eintritt in den Militärdienst eines fremden Staates (§ 32); *(BGBl. Nr. 170/1983, Art. I Z 21)*

3. Entziehung (§§ 33 bis 36); *(BGBl. Nr. 170/1983, Art. I Z 21)*

4. Verzicht (§§ 37 und 38). *(BGBl. Nr. 170/1983, Art. I Z 21)*

Erwerb einer fremden Staatsangehörigkeit

§ 27. (1) Die Staatsbürgerschaft verliert, wer auf Grund seines Antrages, seiner Erklärung oder seiner ausdrücklichen Zustimmung eine fremde Staatsangehörigkeit erwirbt, sofern ihm nicht vorher die Beibehaltung der Staatsbürgerschaft bewilligt worden ist.

(2) Ein nicht voll handlungsfähiger Staatsbürger verliert die Staatsbürgerschaft nur dann, wenn die auf den Erwerb der fremden Staatsangehörigkeit gerichtete Willenserklärung (Abs. 1) für ihn entweder von seinem gesetzlichen Vertreter oder mit dessen ausdrücklicher Zustimmung von ihm selbst oder einer dritten Person abgegeben wird. Die Zustimmung des gesetzlichen Vertreters muß vor dem Erwerb der fremden Staatsangehörigkeit vorliegen. Ist jemand anderer als die Eltern oder die Wahleltern gesetzlicher Vertreter, so tritt der Verlust der Staatsbürgerschaft überdies nur dann ein, wenn das Pflegschaftsgericht die Willenserklärung (Zustimmung) des gesetzlichen Vertreters vor dem Erwerb der fremden Staatsangehörigkeit genehmigt hat. *(BGBl I 2018/56) (BGBl. Nr. 403/1977, Art. XIV Z 1)*

(3) Ein minderjähriger Staatsbürger, der das 14. Lebensjahr vollendet hat, verliert die Staatsbürgerschaft außerdem nur, wenn er der auf den Erwerb der fremden Staatsangehörigkeit gerichteten Willenserklärung (Abs. 1) seines gesetzlichen Vertreters oder der dritten Person (Abs. 2) vor dem Erwerb der fremden Staatsangehörigkeit ausdrücklich zugestimmt hat. *(BGBl. Nr. 202/1985, Art. I Z 13)*

§ 28. (1) Einem Staatsbürger ist für den Fall des Erwerbes einer fremden Staatsangehörigkeit (§ 27) die Beibehaltung der Staatsbürgerschaft zu bewilligen, wenn

1. sie wegen der von ihm bereits erbrachten und von ihm noch zu erwartenden Leistungen oder aus einem besonders berücksichtigungswürdigen Grund im Interesse der Republik liegt, und – soweit Gegenseitigkeit besteht – der fremde Staat, dessen Staatsangehörigkeit er anstrebt, der Beibehaltung zustimmt sowie die Voraussetzungen des § 10 Abs. 1 Z 2 bis 6 und 8 sinngemäß erfüllt sind, oder

2. es im Fall von Minderjährigen dem Kindeswohl entspricht.

(BGBl I 2006/37)

(2) Dasselbe gilt für Staatsbürger, wenn sie die Staatsbürgerschaft durch Abstammung erworben haben und in ihrem Privat- und Familienleben ein für die Beibehaltung besonders berücksichtigungswürdiger Grund vorliegt. *(BGBl I 1998/124; BGBl I 2013/136)*

(3) Die Beibehaltung der Staatsbürgerschaft darf nur auf schriftlichen Antrag und unter der Bedingung bewilligt werden, daß die fremde Staatsangehörigkeit binnen zwei Jahren erworben wird. *(BGBl I 1998/124)*

(4) Der Antrag ist vom voll handlungsfähigen Staatsbürger persönlich zu unterfertigen. Ist der Staatsbürger nicht voll handlungsfähig, so ist der Antrag für ihn entweder von seinem gesetzlichen Vertreter persönlich oder mit dessen schriftlicher Zustimmung von ihm selbst oder einer dritten Person zu unterfertigen. Der vom gesetzlichen Vertreter oder mit dessen schriftlicher Zustimmung von einer dritten Person gestellte Antrag bedarf der schriftlichen Zustimmung des minderjährigen Staatsbürgers, sofern dieser das 14. Lebensjahr vollendet hat. Ist jemand anderer als die Eltern oder die Wahleltern gesetzlicher Vertreter, so bedarf der Antrag oder die Zustimmung des gesetzlichen Vertreters ferner der Genehmigung des Pflegschaftsgerichts. *(BGBl. Nr. 202/1985, Art. I Z 14) (BGBl I 1998/124; BGBl I 2018/56)*

(5) Der Bescheid, mit dem die Beibehaltung der Staatsbürgerschaft bewilligt wird, ist schriftlich zu erlassen. *(BGBl I 1998/124)*

§ 29. (1) Der Verlust der Staatsbürgerschaft gemäß § 27 erstreckt sich auf die Kinder des Fremden, sofern sie minderjährig und ledig sind und ihm von Rechts wegen in die fremde Staatsangehörigkeit folgen oder folgen würden, wenn sie diese nicht bereits besäßen, wenn

1. die Mutter gemäß § 143 ABGB, oder

2. der Vater gemäß § 144 Abs. 1 ABGB

die Staatsbürgerschaft verliert, es sei denn der andere Elternteil ist weiterhin Staatsbürger. § 27 Abs. 3 ist sinngemäß anzuwenden.

(2) Der Verlust der Staatsbürgerschaft ist auf die Wahlkinder des Fremden, sofern sie minderjährig und ledig sind und ihm von Rechts wegen in die fremde Staatsangehörigkeit folgen oder folgen würden, zu erstrecken, wenn der Wahlelternteil die Staatsbürgerschaft verliert, es sei denn der andere Elternteil oder Wahlelternteil ist weiterhin Staatsbürger. § 27 Abs. 3 ist sinngemäß anzuwenden.

(BGBl I 2013/136)

§ 30. (1) Strebt ein Staatsbürger eine fremde Staatsangehörigkeit an und ist ihm die Beibehaltung der Staatsbürgerschaft nicht bewilligt worden, so hat ihm die Behörde auf seinen Antrag zu bestätigen, daß er im Falle des Erwerbes der fremden Staatsangehörigkeit aus dem österreichischen Staatsverband ausscheidet. In dieser Bestätigung sind auf seinen Antrag gegebenenfalls auch die minderjährigen Kinder anzuführen, auf die sich der Verlust der Staatsbürgerschaft nach § 29 erstreckt. *(BGBl. Nr. 170/1983, Art. I Z 23)*

(2) Für einen nicht voll handlungsfähigen Staatsbürger darf die Bestätigung nach Abs. 1 nur ausgestellt oder er in dieser nur angeführt werden,

wenn die Zustimmung des gesetzlichen Vertreters und des Minderjährigen, der das 14. Lebensjahr vollendet hat, und gegebenenfalls die Genehmigung des Gerichtes (§ 27 Abs. 2 und § 29 Abs. 2) bereits vorliegen. *(BGBl I 2018/56) (BGBl. Nr. 202/1985, Art. I Z 17)*

§ 31. *(Entfällt samt Überschrift; BGBl. Nr. 170/1983, Art. I Z 24)*

Eintritt in den Militärdienst eines fremden Staates

§ 32. Einem Staatsbürger, der freiwillig in den Militärdienst eines fremden Staates tritt, ist die Staatsbürgerschaft zu entziehen. § 27 Abs. 2 ist sinngemäß anzuwenden. *(BGBl I 2011/38)*

Entziehung

§ 33. (1) Einem Staatsbürger, der im Dienst eines fremden Staates steht, ist, sofern nicht schon § 32 anzuwenden ist, die Staatsbürgerschaft zu entziehen, wenn er durch sein Verhalten die Interessen oder das Ansehen der Republik erheblich schädigt. *(BGBl I 2014/104)*

(2) Einem Staatsbürger, der freiwillig für eine organisierte bewaffnete Gruppe aktiv an Kampfhandlungen im Ausland im Rahmen eines bewaffneten Konfliktes teilnimmt, ist die Staatsbürgerschaft zu entziehen, wenn er dadurch nicht staatenlos wird. *(BGBl I 2014/104)*

§ 34. (1) Einem Staatsbürger ist die Staatsbürgerschaft ferner zu entziehen, wenn

1. er sie vor mehr als zwei Jahren durch Verleihung oder durch die Erstreckung der Verleihung nach diesem Bundesgesetz erworben hat,

2. hiebei weder § 10 Abs. 6 noch die §§ 16 Abs. 2 oder 17 Abs. 4 angewendet worden sind, *(BGBl I 1998/124)*

3. er trotz des Erwerbes der Staatsbürgerschaft seither aus Gründen, die er zu vertreten hat, eine fremde Staatsangehörigkeit beibehalten hat. *(BGBl I 1998/124)*
(BGBl. Nr. 170/1983, Art. I Z 25)

(2) Der betroffene Staatsbürger ist mindestens sechs Monate vor der beabsichtigten Entziehung der Staatsbürgerschaft über die Bestimmung des Abs. 1 zu belehren.

(3) Die Entziehung ist nach Ablauf der im Abs. 1 Z 1 genannten Frist ohne unnötigen Aufschub schriftlich zu verfügen. Nach Ablauf von sechs Jahren nach der Verleihung (Erstreckung der Verleihung) ist die Entziehung nicht mehr zulässig.

§ 35. Die Entziehung der Staatsbürgerschaft (§§ 32 bis 34) oder die Wiederaufnahme des Verfahrens nach § 69 Abs. 1 Z 1 AVG hat von Amts wegen oder auf Antrag des Bundesministers für Inneres zu erfolgen. Der Bundesminister für Inneres hat in dem auf seinen Antrag einzuleitenden Verfahren Parteistellung. *(BGBl I 2006/37; BGBl I 2011/38)*

(BGBl. Nr. 170/1983, Art. I Z 26)

§ 36. Hält sich derjenige, dem die Staatsbürgerschaft entzogen werden soll, im Ausland auf und wurde eine Zustellung an ihn bereits erfolglos versucht, so ist § 11 AVG, BGBl. Nr. 51/1991, auch dann anzuwenden, wenn sein Aufenthalt bekannt ist. *(BGBl I 1998/124)*

Verzicht

§ 37. (1) Ein Staatsbürger kann auf die Staatsbürgerschaft verzichten, wenn

1. er eine fremde Staatsangehörigkeit besitzt;

2. gegen ihn im Inland wegen einer gerichtlich strafbaren Handlung, die mit mehr als sechs Monaten Freiheitsstrafe bedroht ist, ein Strafverfahren oder eine Strafvollstreckung nicht anhängig ist und *(BGBl. Nr. 703/1974, Art. I Z 4)*

3. er kein Angehöriger des Bundesheeres ist und, sofern männlichen Geschlechtes,

a) das 16. Lebensjahr noch nicht oder das 36. Lebensjahr bereits vollendet hat,

b) den Grundwehrdienst oder den ordentlichen Zivildienst geleistet hat, *(BGBl I 2013/136)*

c) von der Stellungskommission als untauglich oder vom zuständigen Amtsarzt als dauernd unfähig zu jedem Zivildienst festgestellt worden ist,

d) wegen Geisteskrankheit oder Geistesschwäche von der Einberufung in das Bundesheer ausgeschlossen ist oder

e) seine Militärdienstpflicht oder eine an deren Stelle tretende Dienstverpflichtung in einem anderen Staat, dessen Angehöriger er ist, erfüllt hat und deshalb auf Grund eines zwischenstaatlichen Vertrages oder eines internationalen Übereinkommens von der Leistung des ordentlichen Präsenzdienstes oder ordentlichen Zivildienstes befreit ist.

(BGBl. Nr. 170/1983, Art. I Z 27)
(BGBl I 1998/30)

(2) Die Voraussetzungen des Abs. 1 Z 2 und 3 entfallen, wenn der Verzichtende seit mindestens fünf Jahren ununterbrochen seinen Hauptwohnsitz außerhalb des Gebietes der Republik hat. *(BGBl. Nr. 170/1983, Art. I Z 28) (BGBl 1994/505)*

§ 38. (1) Die Verzichtserklärung ist in schriftlicher Form bei der nach § 39 zuständigen Behörde abzugeben. § 28 Abs. 4 ist sinngemäß mit der Maßgabe anzuwenden, daß die Zustimmung des gesetzlichen Vertreters und des Minderjährigen, der das 14. Lebensjahr vollendet hat, oder die Genehmigung des Gerichtes auch nach der Abgabe der Verzichtserklärung erteilt werden kann. *(BGBl. Nr. 202/1985, Art. I Z 18) (BGBl I 1998/124)*

(2) Die Behörde (§ 39) hat festzustellen, ob die für den Verzicht vorgesehenen Voraussetzungen erfüllt sind. Bejahendenfalls hat sie auszusprechen, daß der Verzichtende die Staatsbürgerschaft in dem Zeitpunkt, in dem der Verzicht bei ihr eingelangt ist, verloren hat.

(3) Der Bescheid, mit dem der Verlust der Staatsbürgerschaft infolge Verzichtes festgestellt wird, ist schriftlich zu erlassen.

ABSCHNITT IV

BEHÖRDEN UND VERFAHREN

§ 39. (1) Zur Erlassung von Bescheiden in Angelegenheiten der Staatsbürgerschaft ist unbeschadet des § 41 die Landesregierung zuständig. *(BGBl. Nr. 202/1985, Art. I Z 19)*

(2) Örtlich zuständig ist jene Landesregierung, in deren Bereich die Person, auf die sich der Bescheid bezieht, ihren Hauptwohnsitz hat, sonst die Landesregierung, in deren Bereich die Evidenzstelle (§ 49 Abs. 2) liegt. Die Zuständigkeit zur Erstreckung der Verleihung richtet sich nach der Zuständigkeit zur Verleihung der Staatsbürgerschaft. *(BGBl. Nr. 170/1983, Art. I Z 30; BGBl. Nr. 202/1985, Art. I Z 20) (BGBl 1994/505)*

§ 39a. (1) Die Behörden nach diesem Bundesgesetz dürfen personenbezogene Daten nur verarbeiten, soweit dies zur Erfüllung der ihnen übertragenen Aufgaben erforderlich ist. *(BGBl I 2018/32)*

(2) Hinsichtlich der Verarbeitung personenbezogener Daten nach diesem Bundesgesetz besteht kein Widerspruchsrecht gemäß Art. 21 DSGVO sowie kein Recht auf Einschränkung der Verarbeitung gemäß Art. 18 DSGVO. Darüber sind die Betroffenen in geeigneter Weise zu informieren. *(BGBl I 2018/32)*

(3) Eine Auskunftserteilung gemäß Art. 15 DSGVO zur Verarbeitung personenbezogener Daten nach diesem Bundesgesetz hat zu unterbleiben, soweit dies

1. zum Schutz der nationalen Sicherheit und Landesverteidigung,

2. zum Schutz der öffentlichen Sicherheit,

3. zum Schutz der verfassungsmäßigen Einrichtungen der Republik Österreich,

4. zum Schutz der Betroffenen oder der Rechte und Freiheiten anderer Personen oder

5. aus sonstigen wichtigen Zielen des allgemeinen öffentlichen Interesses

notwendig und verhältnismäßig ist. *(BGBl I 2018/32)*

(4) Im Falle einer Nichterteilung der Auskunft gemäß Abs. 3 hat der Verantwortliche den Betroffenen schriftlich über diese und die dafür maßgeblichen Gründe zu informieren, es sei denn, die Erteilung dieser Information würde den in Abs. 3 genannten Zwecken zuwiderlaufen. Diesfalls sind die für die Nichterteilung der Auskunft maßgeblichen Gründe mit Aktenvermerk festzuhalten. *(BGBl I 2018/32)*

(5) Die nach diesem Bundesgesetz zuständigen Behörden und Berufsvertretungsbehörden sind ermächtigt, Fremde, die die österreichische Staatsbürgerschaft beantragen, gemäß § 5 Abs. 3 erkennungsdienstlich zu behandeln. Zur Durchführung der erkennungsdienstlichen Behandlung dürfen nur geeignete und besonders geschulte Bedienstete, welche der Verschwiegenheitspflicht unterliegen, ermächtigt werden. Die erkennungsdienstliche Behandlung hat unter Achtung der Menschenwürde und mit möglichster Schonung der Person zu erfolgen. *(BGBl I 2018/32)*

(6) Die §§ 64 Abs. 1 bis 5, 65 Abs. 4 und 73 Abs. 7 des Sicherheitspolizeigesetzes (SPG), BGBl. Nr. 566/1991, gelten mit der Maßgabe, dass an die Stelle der Sicherheitsbehörden die nach diesem Bundesgesetz zuständigen Behörden und Berufsvertretungsbehörden treten. *(BGBl I 2018/32)*

(7) Die Behörde hat einen Fremden, den sie einer erkennungsdienstlichen Behandlung zu unterziehen hat, unter Bekanntgabe des maßgeblichen Grundes formlos hiezu aufzufordern. Kommt der Betroffene der Aufforderung nicht nach, ist er schriftlich, unter Hinweis auf die Folgen einer mangelnden Mitwirkung, ein weiteres Mal zur Vornahme der erkennungsdienstlichen Behandlung aufzufordern. *(BGBl I 2018/32)*

(8) Die Behörden des Bundes, der Länder und Gemeinden, die Geschäftsstellen des Arbeitsmarktservice, sowie die Träger der Sozialversicherung, die rechtmäßig über Daten verfügen, sind ermächtigt und auf Anfrage verpflichtet, der Staatsbürgerschaftsbehörde diese Daten zu übermitteln, sofern diese für ein Verfahren zur Erteilung oder dem Verlust der Staatsbürgerschaft benötigt werden. Eine Verweigerung der Auskunft ist nicht zulässig. Die Daten sind unverzüglich zu löschen, wenn sie für die Erfüllung des konkreten Zwecks nicht mehr benötigt werden. *(BGBl I 2018/32)*

(9) Die Behörden nach diesem Bundesgesetz sind verpflichtet, personenbezogene Daten dem Bundesminister für Inneres im Einzelfall auf begründete Anfrage zur Verfügung zu stellen, soweit diese zur Erfüllung der ihm übertragenen Aufgaben erforderlich sind. *(BGBl I 2018/32)*

(10) Erkennungsdienstliche Daten (§ 5 Abs. 3) sind von Amts wegen zu löschen, wenn

1. der Tod des Betroffenen bekannt wird, oder

2. seit der Verleihung der Staatsbürgerschaft sechs Jahre vergangen sind. *(BGBl I 2018/32)*

(BGBl I 2009/122)

§ 40. (Verfassungsbestimmung) Der Antrag gemäß § 28 kann auch bei der gemäß § 41 Abs. 2 zuständigen Vertretungsbehörde eingebracht werden, die sie an die Behörde weiterzuleiten hat.

(BGBl I 1998/124)

§ 41. (1) Von Fällen des Abs. 2 abgesehen, ist zur Ausstellung von Bestätigungen in Angelegenheiten der Staatsbürgerschaft und zur Entscheidung über derartige Anträge jene Gemeinde (Gemeindeverband) zuständig, an die (den) sich der Antragsteller im Inland wendet. *(BGBl I 2013/16)*

(2) **(Verfassungsbestimmung)** Liegt der Hauptwohnsitz dieser Person nicht im Gebiet der Republik, so ist das österreichische Berufskonsulat, wo jedoch ein solches nicht besteht, die österreichische diplomatische Vertretungsbehörde zuständig, in deren Bereich der Hauptwohnsitz liegt. Die Vertretungsbehörden haben hiebei das AVG, BGBl. Nr. 51/1991, anzuwenden; über die Berufung gegen einen Bescheid, womit der Antrag auf Ausstellung einer Bestätigung abgewiesen wird, entscheidet die Landesregierung. *(BGBl. Nr. 170/1983, Art. I Z 31) (BGBl 1994/505; BGBl I 1998/124)*

(3) Ergibt sich auch aus Abs. 2 erster Satz keine örtliche Zuständigkeit, so ist die Evidenzstelle (§ 49 Abs. 2) zuständig.

(4) Erwirbt ein im Bundesgebiet aufhältiger Fremder die Staatsbürgerschaft anders als durch Abstammung, so hat die Behörde (§ 39) hievon das Bundesamt für Fremdenwesen und Asyl, die nach dem Fremdenpolizeigesetz 2005 zuständige Landespolizeidirektion und die nach dem Niederlassungs- und Aufenthaltsgesetz zuständige Aufenthaltsbehörde in Kenntnis zu setzen (§ 30 Abs. 6 BFA-Verfahrensgesetz, BGBl. I Nr. 87/2012, § 105 Abs. 4 FPG und § 37 Abs. 2 NAG). Die Behörde hat hiebei den Namen, Geschlecht, Geburtsdatum, Geburtsort, Adresse und bisherige Staatsangehörigkeit des Betroffenen anzuführen und das Datum des Erwerbs der Staatsbürgerschaft mitzuteilen. *(BGBl I 1998/124; BGBl I 2008/4; BGBl I 2012/87)*

§ 42. (1) Außer den in den §§ 38 und 58c besonders geregelten Fällen ist ein Feststellungsbescheid in Angelegenheiten der Staatsbürgerschaft zu erlassen, wenn der Antragsteller ein rechtliches Interesse an der Feststellung hat. *(BGBl. Nr. 202/1985, Art. I Z 22) (BGBl I 2009/122)*

(2) Ein Feststellungsbescheid ist weiters zu erlassen, wenn dies der Bundesminister für Inneres beantragt. In diesem Fall hat der Bundesminister für Inneres im Verfahren Parteistellung. *(BGBl. Nr. 170/1983, Art. I Z 33)*

(3) Ein Feststellungsbescheid kann von Amts wegen erlassen werden, wenn ein öffentliches Interesse an der Feststellung besteht.

§ 43. (1) Außer den in diesem Bundesgesetz besonders geregelten Fällen ist eine Bestätigung in Angelegenheiten der Staatsbürgerschaft auszustellen, wenn der Antragsteller ein rechtliches Interesse an der Ausstellung der Bestätigung glaubhaft macht. *(BGBl. Nr. 170/1983, Art. I Z 34)*

(2) Eine Bestätigung kann von Amts wegen ausgestellt werden, wenn ein öffentliches Interesse daran besteht. *(BGBl. Nr. 170/1983, Art. I Z 34)*

(3) Eine Bestätigung darf nicht ausgestellt werden, wenn begründete Zweifel daran bestehen, ob sie der Sach- und Rechtslage entspricht. *(BGBl. Nr. 170/1983, Art. I Z 34)*

§ 44. (1) Bestätigungen, dass eine bestimmte Person die Staatsbürgerschaft besitzt (Staatsbürgerschaftsnachweise), sowie staatsbürgerschaftsrechtliche Bestätigungen sind Auszüge aus dem Zentralen Staatsbürgerschaftsregister – ZSR (§ 56a).

(2) Auf Antrag ist ein Staatsbürgerschaftsnachweis mit bestimmten förmlichen Gestaltungsmerkmalen auszustellen, dessen Erscheinungsbild durch Verordnung des Bundesministers für Inneres festzulegen ist.

(3) Nach Maßgabe der technischen Möglichkeiten kann ein Staatsbürgerschaftsnachweis auch im Datenfernverkehr aus dem ZSR nach § 56a Abs. 1 unter Verwendung der Funktion Bürgerkarte (§§ 4 ff des E-Government-Gesetzes – E-GovG, BGBl. I Nr. 10/2004) beantragt und ausgestellt werden.

(4) Staatsbürgerschaftsnachweise sind mit der Amtssignatur des Betreibers des ZSR zu versehen.

(BGBl I 2013/16)

§ 45. *(entfällt, BGBl I 2013/16)*

§ 46. (1) Die Form der gemäß §§ 23 Abs. 1, 28 Abs. 5, 30 Abs. 1, 38 Abs. 3, 44 und 58c Abs. 2 auszufertigenden Urkunden wird durch Verordnung des Bundesministers für Inneres bestimmt. Hiebei ist darauf Bedacht zu nehmen, daß diese Urkunden ein zweckentsprechendes Ausmaß und ein ihrer Bedeutung angemessenes Aussehen erhalten und daß ihre Nachmachung oder Verfälschung nach Möglichkeit verhindert wird. *(BGBl. Nr. 170/1983, Art. I Z 37) (BGBl I 2009/122)*

(2) Der Bundesminister für Inneres kann im Interesse der einheitlichen Ausgestaltung der im Abs. 1 genannten Urkunden und zur Verhinde-

rung ihrer Nachmachung oder Verfälschung anordnen, daß für die Ausfertigung dieser Urkunden nur solche Vordrucke verwendet werden dürfen, die in den vom Bundesminister für Inneres bestimmten Druckereien hergestellt worden sind. *(BGBl. Nr. 170/1983, Art. I Z 38)*

§ 47. (1) Gemeinden, die zu einem Standesamtsverband vereinigt sind (§ 5 des Personenstandsgesetzes 2013 – PStG 2013, BGBl. I Nr. 16/2013)), bilden kraft Gesetzes zur Durchführung der in den §§ 41, 49 bis 52 und 53 Z 5 genannten Aufgaben einen Gemeindeverband. *(BGBl I 2013/16)*

(2) Sitz des Gemeindeverbandes ist jene Gemeinde, in der der Standesamtsverband seinen Sitz hat.

(3) Der Gemeindeverband führt die Bezeichnung „Staatsbürgerschaftsverband"; ihr ist jener Zusatz beizufügen, mit dem auch der Standesamtsverband näher bezeichnet wird.

(4) Ein Staatsbürgerschaftsverband kann im Rahmen eines Standesamts- und Staatsbürgerschaftsverbandes gemäß § 5 Abs. 5 PStG 2013 geführt werden. *(BGBl I 2013/16)*

(BGBl 1986/386)

§ 48. (1) Die Gemeinden (Gemeindeverbände) haben die Kosten, die ihnen aus der Durchführung der ihnen nach diesem Bundesgesetz obliegenden Aufgaben erwachsen, selbst zu tragen. Das Land hat jedoch den Gemeinden (Gemeindeverbänden) jene Kosten zu ersetzen, die ihnen aus der Führung der Staatsbürgerschaftsevidenz (§ 49) erwachsen.

(2) Der Kostenersatz nach Abs. 1 hat jährlich in Bauschbeträgen zu erfolgen. Diese sind durch Verordnung der Landesregierung für jedes begonnene Hundert der in der Staatsbürgerschaftsevidenz verzeichneten Personen festzusetzen. Für die Berechnung des Kostenersatzes ist die Anzahl der Personen maßgebend, die am Ende des jeweiligen Rechnungsjahres in der Staatsbürgerschaftsevidenz verzeichnet waren. *(BGBl. Nr. 394/1973, Art. I Z 14)*

(3) Die Gemeinden (Gemeindeverbände) haben den Anspruch auf Ersatz der Kosten binnen drei Monaten nach Ablauf des Rechnungsjahres bei sonstigem Verlust bei der Landesregierung geltend zu machen.

(4) Über Streitigkeiten, die sich auf Ersatzansprüche nach Abs. 1 beziehen, entscheidet die Landesregierung. *(BGBl 1986/386)*

ABSCHNITT V

STAATSBÜRGERSCHAFTSEVIDENZ

§ 49. (1) Die Gemeinden (Gemeindeverbände) haben nach Maßgabe dieses Abschnittes ein ständiges Verzeichnis der Staatsbürger (Staatsbürgerschaftsevidenz) zu führen.

(2) Evidenzstelle ist

a) für Personen, die vor dem 1. Juli 1966 im Gebiet der Republik geboren sind:
die Geburtsgemeinde (Gemeindeverband);

b) für Personen, die ab dem 1. Juli 1966 im Gebiet der Republik geboren sind:
die Gemeinde (Gemeindeverband), in der die Mutter im Zeitpunkt der Geburt der zu verzeichnenden Person laut Eintragung im Geburtenbuch ihren Wohnort hatte, wenn dieser aber im Ausland liegt, die Geburtsgemeinde (Gemeindeverband) der zu verzeichnenden Person;

c) für Personen, die im Ausland geboren sind oder bei denen sich nach lit. a oder b keine Zuständigkeit feststellen läßt:
die Gemeinde Wien.

§ 50. Die Staatsbürgerschaftsevidenz ist für jede Gemeinde gesondert im Rahmen des ZSR (§ 56a) zu führen.

(BGBl I 2013/16)

§ 51. Die Evidenzstelle hat einen Staatsbürger in der Staatsbürgerschaftsevidenz zu verzeichnen und die den Staatsbürgerschaftserwerb begründenden Umstände anzumerken, sobald sie durch eine Mitteilung nach den §§ 53 bis 55 oder auf andere Art davon Kenntnis erhält, auf welche Weise er die Staatsbürgerschaft erworben hat. Die Evidenzstelle hat, soweit dies ohne übermäßigen Verwaltungsaufwand möglich ist, von Amts wegen jede Gelegenheit wahrzunehmen, um sich diese Kenntnis zu verschaffen. In die Staatsbürgerschaftsevidenz sind Verstorbene, die dort noch nicht verzeichnet sind, nur dann aufzunehmen, wenn die den Staatsbürgerschaftserwerb begründenden Umstände bekannt sind und keiner weiteren Ermittlungen bedürfen oder ein Feststellungsbescheid nach § 42 erlassen oder eine Bestätigung nach § 43 ausgestellt worden ist. *(BGBl. Nr. 170/1983, Art. I Z 41)*

§ 52. Die Evidenzstelle hat weiters, sobald sie durch eine Mitteilung nach den §§ 53 bis 55 oder auf andere Art Kenntnis erhält, anzumerken

a) Umstände, die auf den Verlust der Staatsbürgerschaft hinweisen;

b) die bescheidmäßige Feststellung, daß eine Person niemals die Staatsbürgerschaft besessen hat;

c) die Nichtigerklärung einer Ehe, wenn dadurch die Frau oder ein Kind aus dieser Ehe nicht mehr als Staatsbürger gilt;

d) die Feststellung der Ehelichkeit oder Unehelichkeit eines Kindes, wenn dadurch das Kind nicht mehr als Staatsbürger gilt;

e) die Änderung oder Berichtigung des Familiennamens oder Vornamens eines Staatsbürgers oder einer bereits verzeichneten Person und

f) das Ableben eines Staatsbürgers oder einer bereits verzeichneten Person. *(BGBl. Nr. 202/1985, Art. I Z 23)*
(BGBl I 2013/136)

(2) *(entfallen, BGBl I 2013/136)*

(3) *(entfallen, BGBl I 2013/136)*

§ 53. Der Evidenzstelle ist nach Maßgabe der technischen Möglichkeiten in elektronisch weiterverarbeitbarer Form unverzüglich mitzuteilen

1. vom Amt der Landesregierung:
jeder von der Landesregierung in Angelegenheiten der Staatsbürgerschaft erlassene Bescheid; *(BGBl. Nr. 202/1985, Art. I Z 24)*

2. vom Gericht:

a) die Genehmigung nach § 27 Abs. 2 und § 29 Abs. 2; *(BGBl. Nr. 202/1985, Art. I Z 25)*

b) die Nichtigerklärung einer Ehe, wenn bloß einer der Ehegatten am Tag der Eheschließung Staatsbürger war oder wenn am Tag der Nichtigerklärung mindestens einer der Ehegatten Staatsbürger ist oder bis dahin als solcher gegolten hat;

c) die Feststellung der Ehelichkeit oder Unehelichkeit eines Kindes, wenn im Zeitpunkt seiner Geburt zumindest ein Elternteil Staatsbürger war, und

d) der Beschluß, womit ein Staatsbürger für tot erklärt oder der Beweis seines Todes als hergestellt erkannt wird;

3. vom Bundesministerium für Justiz:

a) die Legitimation eines minderjährigen ledigen Fremden durch Entschließung des Bundespräsidenten; hat das legitimierte Kind uneheliche Kinder, so sind gegebenenfalls auch diese bekanntzugeben, und *(BGBl I 2013/136) (BGBl. Nr. 202/1985, Art. I Z 26)*

b) die Anerkennung eines ausländischen Urteiles, das eine Ehe für nichtig erklärt, wenn die Voraussetzungen der Z 2 lit. b vorliegen;

4. von der österreichischen Vertretungsbehörde im Ausland:
jede von ihr in Angelegenheiten der Staatsbürgerschaft ausgestellte Bestätigung;

5. von der Gemeinde (Gemeindeverband):

a) *(entfällt, BGBl I 2013/16)*

b) *(entfällt, BGBl I 2013/16)*

c) die Legitimation eines minderjährigen ledigen Fremden durch die beurkundete Eheschließung seiner Eltern, wenn der Vater des Kindes Staatsbürger ist; hat das legitimierte Kind uneheliche Kinder, so sind gegebenenfalls auch diese bekanntzugeben; *(BGBl I 2013/136)*

d) die in ihrem Bereich beurkundete Änderung oder Berichtigung des Familiennamens oder Vornamens eines Staatsbürgers, sofern die Änderung oder Berichtigung nicht durch die Entscheidung einer inländischen Behörde bewirkt wurde, und

e) das in ihrem Bereich beurkundete Ableben eines Staatsbürgers;

f) ein durchbrechendes Vaterschaftsanerkenntnis gemäß § 147 ABGB. *(BGBl I 2013/16; BGBl I 2013/136)*
(BGBl. Nr. 202/1985, Art. I Z 27)

6. *(entfällt, BGBl I 2011/38)*
(BGBl. Nr. 170/1983, Art. I Z 42)
(BGBl I 2013/16)

§ 54. *(entfällt, BGBl I 2013/16)*

§ 55. Erhält das Amt der Landesregierung, die Bezirksverwaltungsbehörde, die österreichische Vertretungsbehörde im Ausland, die Gemeinde oder der Gemeindeverband (§ 47) Kenntnis von Umständen, die in der Staatsbürgerschaftsevidenz anzumerken und die nicht schon nach den §§ 53 oder 54 mitzuteilen sind, so sind sie der Evidenzstelle mitzuteilen, wenn anzunehmen ist, daß sie ihr noch nicht bekannt sind.

§ 56. Alle natürlichen Personen, alle Behörden und Ämter und die für die wirtschaftlichen, administrativen und technischen Angelegenheiten verantwortlichen Leiter der Krankenanstalten sind verpflichtet, den Gemeinden (Gemeindeverbänden) die von diesen verlangten, für die Staatsbürgerschaftsevidenz erforderlichen Auskünfte, wenn notwendig an Hand von amtlichen Urkunden, vollständig und wahrheitsgetreu zu erteilen.

ABSCHNITT Va
Zentrales Staatsbürgerschaftsregister (ZSR)

§ 56a. (1) Die Evidenzstellen sind als gemeinsam Verantwortliche gemäß Art. 4 Z 7 der Verordnung (EU) Nr. 679/2016 zum Schutz natürlicher Personen bei der Verarbeitung personenbezogener Daten, zum freien Datenverkehr und zur Aufhebung der Richtlinie 95/46/EG (Datenschutz-Grundverordnung), ABl. L 119 vom 04.05.2016 S. 1, in der geltenden Fassung (DSGVO), ermächtigt, zu Staatsbürgern

1. Namen;

2. Geburtsdaten;

3. Geschlecht;

4. den Umstand, dass jemand Staatsbürger ist, und weitere Staatsangehörigkeiten;

5. Datum des Erwerbs und entsprechender Erwerbsgrund;

6. Datum des Verlusts und entsprechender Verlustgrund;

7. Todesdaten;

8. bereichsspezifische Personenkennzeichen (bPK, §§ 9 ff E-GovG);

9. akademische Grade und Standesbezeichnungen sowie

10. sonstige Umstände, die für den Erwerb, Verlust oder die Beibehaltung der Staatsbürgerschaft erforderlich sind,

gemeinsam in der Art zu verarbeiten, dass jeder Verantwortliche auch auf jene Daten in der Datenverarbeitung Zugriff hat, die dieser von den anderen Verantwortlichen zur Verfügung gestellt wurden (Zentrales Staatsbürgerschaftsregister). *(BGBl I 2018/32)*

(1a) Die Erfüllung von Auskunfts-, Informations-, Berichtigungs-, Löschungs- und sonstigen Pflichten nach den Bestimmungen der DSGVO obliegt jedem Verantwortlichen nur gegenüber jenen Betroffenen, für die er gemäß § 49 Abs. 2 Evidenzstelle ist. Nimmt ein Betroffener unter Nachweis seiner Identität ein Recht nach der DSGVO gegenüber einem gemäß dem ersten Satz unzuständigen Verantwortlichen in Bezug auf Daten gemäß Abs. 1 wahr, ist er an den zuständigen Verantwortlichen zu verweisen. *(BGBl I 2018/32)*

(2) Der Bundesminister für Inneres übt die Funktion des Auftragsverarbeiters gemäß Art. 4 Z 8 in Verbindung mit Art. 28 Abs. 1 DSGVO aus. Er ist in dieser Funktion verpflichtet, die Datenschutzpflichten gemäß Art. 28 Abs. 3 lit. a bis h DSGVO wahrzunehmen. Zudem ist er berechtigt, weitere Auftragsverarbeiter in Anspruch zu nehmen. Staatsbürgerschaftsbehörden haben dem Bundesminister für Inneres für die Zwecke des ZSR ihre Staatsbürgerschaftsdaten zu übermitteln. *(BGBl I 2018/32)*

(BGBl I 2013/16)

§ 56b. (1) Die Evidenzstellen sind berechtigt, die im ZSR verarbeiteten Daten zu verwenden und Auskünfte daraus zu erteilen. Zur Vollziehung der ihnen nach diesem Bundesgesetz übertragenen Aufgaben sind die österreichischen Berufskonsulate und österreichischen diplomatischen Vertretungsbehörden berechtigt, die im ZSR verarbeiteten Daten zu ermitteln und für diese Zwecke weiterzuverarbeiten.

(2) Der Bundesminister für Inneres hat die ihm überlassenen Staatsbürgerschaftsdaten weiter zu verarbeiten und deren Auswählbarkeit aus der gesamten Menge der gespeicherten Daten nach Namen der Eingetragenen oder nach dem Namen in Kombination mit einem weiteren Datum nach § 56a Abs. 1 vorzusehen.

(3) Für Zwecke der ordnungsgemäßen Führung der Daten kann die Auswählbarkeit auch nach anderen Kriterien vorgenommen werden. Für Zwecke der Sicherheitspolizei und Strafrechtspflege oder, soweit dies gesetzlich vorgesehen ist, kann die Auswählbarkeit aus der gesamten Menge aller im ZSR verarbeiteten Daten auch nach anderen als in Abs. 2 genannten Kriterien vorgesehen werden (Verknüpfungsanfrage).

(4) Staatsbürgerschaftsdaten, die im ZSR verarbeitet werden, sind 120 Jahre nach dem eingetragenen Sterbedatum des Betroffenen zu löschen. Danach sind sie dem Österreichischen Staatsarchiv zu übermitteln. *(BGBl I 2018/32)*

(5) Der Bundesminister für Inneres ist ermächtigt vorzusehen, dass die Echtheit der aus dem ZSR ausgestellten Urkunden mit Hilfe eines Codes überprüft werden kann.

(6) Daten zur und die Änderung der Staatsangehörigkeit im ZSR werden automatisch dem Zentralen Personenstandsregister (§ 44 PStG 2013) zur Verfügung gestellt und aktualisiert. *(BGBl I 2018/32)*

(7) Anstelle einer Mitteilung gemäß § 53 Z 1 kann das Amt der Landesregierung anlässlich des Erwerbs, des Verlusts, des Verzichts oder der Feststellung, der Beibehaltung und Entziehung der Staatsbürgerschaft für die zuständige Evidenzstelle die Daten gemäß § 56a Abs. 1 in das ZSR eintragen.

(8) Protokolldaten über tatsächlich durchgeführte Verarbeitungsvorgänge, wie insbesondere Änderungen, Abfragen und Übermittlungen, sind drei Jahre lang aufzubewahren. *(BGBl I 2018/32)*

(BGBl I 2013/16)

§ 56c. (1) Die Staatsbürgerschaftsdaten gemäß § 56a Abs. 1 stehen, soweit dies zur Besorgung einer gesetzlich übertragenen Aufgabe erforderlich ist, jeder Behörde im Wege des Datenfernverkehrs zur Verfügung, wenn sie die betroffene Person nach dem Namen und allenfalls einem weiteren Merkmal bestimmen kann. Sofern in einem Verfahren zur Staatsbürgerschaft maßgeblich, sind die Daten im ZSR zu prüfen. Der Bundesminister für Inneres hat der Bundesanstalt Statistik Österreich unter Verwendung des verschlüsselten bereichsspezifischen Personenkennzeichens „Amtliche Statistik" (bPK-AS) Daten gemäß § 56a Abs. 1 für die Erstellung der Statistik ohne Namen der Betroffenen zur Verfügung zu stellen.

(2) Treten bei einer Abfrage Zweifel an der Richtigkeit der im ZSR verarbeiteten Daten auf, ist jeder gemäß Abs. 1 Abfrageberechtigte verpflichtet, die Evidenzstelle unverzüglich im Wege des ZSR darüber in Kenntnis zu setzen.

(3) Für Abfragen aus dem ZSR ist seitens des Abfragenden sicherzustellen, dass

1. in seinem Bereich ausdrücklich festgelegt wird, wer unter welchen Voraussetzungen eine Abfrage durchführen darf,

2. abfrageberechtigte Mitarbeiter über ihre nach Datenschutzvorschriften bestehenden Pflichten belehrt werden,

3. entsprechende Regelungen über die Abfrageberechtigungen und den Schutz vor Einsicht und Verwendung der Staatsbürgerschaftsdaten durch Unbefugte getroffen werden,

4. durch technische oder programmgesteuerte Vorkehrungen Maßnahmen gegen unbefugte Abfragen ergriffen werden,

5. Aufzeichnungen geführt werden, damit tatsächlich durchgeführte Verwendungsvorgänge im Hinblick auf ihre Zulässigkeit im notwendigen Ausmaß nachvollzogen werden können,

6. Maßnahmen zum Schutz vor unberechtigtem Zutritt zu Räumlichkeiten, von denen aus Abfragen durchgeführt werden können, ergriffen werden und

7. eine Dokumentation über die nach Z 1 bis 6 getroffenen Maßnahmen geführt wird.

(BGBl I 2013/16)

ABSCHNITT VI

Erwerb der Staatsbürgerschaft durch Anzeige

§ 57. (1) Ein Fremder erwirbt unter den Voraussetzungen des § 10 Abs. 1 Z 2 bis 6 und 8 und Abs. 2 Z 1 und 3 bis 7 die Staatsbürgerschaft, wenn er der Behörde unter Bezugnahme auf dieses Bundesgesetz schriftlich anzeigt, dass er zumindest in den letzten 15 Jahren von einer österreichischen Behörde fälschlich als Staatsbürger behandelt wurde und dies nicht zu vertreten hat. Als Staatsbürger wird insbesondere behandelt, wem ein Staatsbürgerschaftsnachweis, Reisepass oder Personalausweis ausgestellt wurde. Die Behörde hat die fälschliche Behandlung als Staatsbürger dem Fremden schriftlich zur Kenntnis zu bringen und ihn über die Frist zur Anzeige gemäß Abs. 2 zu belehren. Den Erwerb durch Anzeige hat die Behörde rückwirkend mit dem Tag, an dem der Fremde das erste Mal von einer österreichischen Behörde fälschlich als Staatsbürger behandelt wurde, mit Bescheid festzustellen.

(2) Die Anzeige ist binnen sechs Monaten ab Kenntnis der fälschlichen Behandlung gemäß Abs. 1 einzubringen.

(3) Die Frist gemäß Abs. 1 entfällt, wenn der Fremde den Grundwehr- oder Ausbildungsdienst oder den ordentlichen Zivildienst geleistet hat.

(4) Eine Anzeige gemäß Abs. 1 kann auch bei der örtlich zuständigen Vertretungsbehörde im Ausland (§ 41 Abs. 2) eingebracht werden. Diese hat die Anzeige an die zuständige Behörde weiterzuleiten.

(5) Anzeigen und Bescheide gemäß Abs. 1 und im Verfahren beizubringende Dokumente, insbesondere Zeugnisse, Personenstandsurkunden und Übersetzungen, sind gebührenfrei.

(BGBl I 2013/136)

§ 58, 58a und 58b. *(Entfallen; BGBl. Nr. 170/1983, Art. I Z 43)*

§ 58c. (1) Ein Fremder erwirbt unter den Voraussetzungen des § 10 Abs. 1 Z 2 bis 6 und 8 und Abs. 2 Z 1 und 3 bis 7 die Staatsbürgerschaft, wenn er der Behörde (§ 39) unter Bezugnahme auf dieses Bundesgesetz schriftlich anzeigt, sich als Staatsbürger vor dem 9. Mai 1945 in das Ausland begeben zu haben, weil er Verfolgungen durch Organe der NSDAP oder der Behörden des Dritten Reiches mit Grund zu befürchten hatte oder erlitten hat oder weil er wegen seines Eintretens für die demokratische Republik Österreich Verfolgungen ausgesetzt war oder solche zu befürchten hatte. *(BGBl I 2006/37)*

(2) Liegen die Voraussetzungen des Abs. 1 vor, so hat die Behörde mit schriftlichem Bescheid festzustellen, daß der Einschreiter die Staatsbürgerschaft mit dem Tag des Einlangens der Anzeige bei der Behörde (§ 39) wiedererworben hat.

(3) Die Anzeige (Abs. 1) kann auch bei der gemäß § 41 Abs. 2 zuständigen Vertretungsbehörde eingebracht werden, die sie an die Behörde weiterzuleiten hat. *(BGBl I 2008/2)*

(4) Die Anzeige (Abs. 1), der Bescheid (Abs. 2) und im Verfahren beizubringende Unterlagen wie insbesondere Zeugnisse, Personenstandsurkunden und Übersetzungen sind von den Stempelgebühren befreit.

(BGBl 1993/521)

§ 59. (1) Ein Fremder, der der Behörde unter Bezugnahme auf dieses Bundesgesetz schriftlich anzeigt, Staatsbürger kraft Abstammung gemäß § 7 oder § 7a nur vermeintlich gewesen zu sein, weil eine Feststellung der Vaterschaft gemäß §§ 145 ff. ABGB nachträglich ergeben hat, dass ein Fall des § 7 oder § 7a nicht vorlag, erwirbt die Staatsbürgerschaft rückwirkend mit dem Tag der Geburt (§ 7) oder dem Tag der Legitimation (§ 7a). Dies hat die Behörde mit Bescheid festzustellen. *(BGBl I 2013/136)*

(2) Ein Fall des Abs. 1 liegt nicht vor, wenn die Erschleichung der Staatsbürgerschaft beabsichtigt war. Darüber ist bescheidmäßig abzusprechen.

(3) Bis zur Rechtskraft einer Entscheidung gemäß Abs. 1 oder 2 gilt der Aufenthalt des Fremden als rechtmäßige Niederlassung (§ 31 Abs. 1 Z 2 FPG). Liegt ein Fall des Abs. 2 vor, gelten die §§ 41a Abs. 8, 45 Abs. 10 und 48 Abs. 5 NAG. *(BGBl I 2011/38)*

(4) Eine Anzeige gemäß Abs. 1 kann auch bei der örtlich zuständigen Vertretungsbehörde im

Ausland (§ 41 Abs. 2) eingebracht werden. Diese hat die Anzeige an die zuständige Behörde weiterzuleiten.

(5) Anzeigen gemäß Abs. 1, Bescheide gemäß Abs. 2 und im Verfahren beizubringende Dokumente, insbesondere Zeugnisse, Personenstandsurkunden und Übersetzungen, sind gebührenfrei.

(BGBl I 2009/122)

ABSCHNITT VII

Schluss- und Übergangsbestimmungen

Eingetragene Partnerschaften

§ 60. Die §§ 7a Abs. 2 , 11a Abs. 1 Z 1 und 2 und Abs. 2 und 3, 13, 16, 52 Abs. 1 lit. c, 53 Z 2 lit. b und Z 3 lit. b, sind auf eingetragene Partnerschaften und eingetragene Partner sinngemäß anzuwenden. *(BGBl I 2013/136)*

(BGBl I 2009/135)

§ 61. (1) Die nach dem Muster der Anlage 1 zur Staatsbürgerschaftsverordnung vom 29. Oktober 1945, BGBl. Nr. 28/1946, ausgestellten Staatsbürgerschaftsnachweise gelten als Staatsbürgerschaftsnachweise im Sinne des § 44. *(BGBl I 2013/136)*

(2) Staatsbürgerschaftsnachweise und andere staatsbürgerschaftsrechtliche Bestätigungen, die vor dem 1. November 2013 ausgestellt wurden, behalten auch nach diesem Zeitpunkt ihre Gültigkeit. *(BGBl I 2013/136)*

§ 62. Die Gemeinden sind verpflichtet, die auf Grund der Heimatrechtsnovelle 1928, BGBl. Nr. 355, angelegten Heimatrollen und die sonstigen heimatrechtlichen Unterlagen, wie insbesondere Heimatmatriken und Heimatscheinverzeichnisse, aufzubewahren. Der Bundesminister für Inneres kann durch Verordnung bestimmen, daß die Gemeinden, die einem Gemeindeverband angehören (§ 47), ihre heimatrechtlichen Unterlagen diesem Gemeindeverband zu übergeben haben.

(BGBl. Nr. 170/1983, Art. I Z 45)

Einziehung von Personalpapieren

§ 63. (1) In zwischenstaatlichen Verträgen kann zur Hintanhaltung des Mißbrauches ausländischer Ausweispapiere vereinbart werden, daß Reisepässe, Staatsangehörigkeitsurkunden und sonstige Personalpapiere, die eine Person als Angehörigen eines fremden Staates ausweisen, einzuziehen sind, wenn diese Person die fremde Staatsangehörigkeit durch den Erwerb der Staatsbürgerschaft verliert.

(2) **(Verfassungsbestimmung)** Liegt eine Vereinbarung nach Abs. 1 vor, so hat erforderlichenfalls die Landesregierung die Einziehung der unter diese Vereinbarung fallenden Ausweispapiere zu verfügen.

Sprachliche Gleichbehandlung

§ 63a. Soweit in diesem Bundesgesetz auf natürliche Personen bezogene Bezeichnungen nur in männlicher Form angeführt sind, beziehen sie sich auf Frauen und Männer in gleicher Weise. Bei der Anwendung der Bezeichnung auf bestimmte natürliche Personen ist die jeweils geschlechtsspezifische Form zu verwenden.

(BGBl I 2006/37)

Verweisungen

§ 63b. Soweit in diesem Bundesgesetz auf Bestimmungen anderer Bundesgesetze verwiesen wird, sind diese in ihrer jeweils geltenden Fassung anzuwenden.

(BGBl I 2006/37)

Verwaltungsübertretungen

§ 63c. (1) Wer in einem Verfahren zum Erwerb der Staatsbürgerschaft oder in einem Verfahren zur Ausstellung von Bestätigungen oder sonstigen Urkunden vor der zuständigen Behörde wissentlich falsche Angaben macht, um sich die Staatsbürgerschaft oder die Ausstellung einer Bestätigung oder sonstigen Urkunde in Angelegenheiten der Staatsbürgerschaft zu erschleichen, begeht eine Verwaltungsübertretung und ist mit Geldstrafe von 1 000 Euro bis zu 5 000 Euro, im Fall ihrer Uneinbringlichkeit mit Freiheitsstrafe bis zu drei Wochen, zu bestrafen. Wer diese Tat begeht, obwohl er wegen einer solchen Tat bereits einmal rechtskräftig bestraft wurde, ist mit Geldstrafe von 5 000 Euro bis zu 15 000 Euro oder mit Freiheitsstrafe bis zu sechs Wochen zu bestrafen. Der Versuch ist strafbar.

(2) Wer einer Verfügung nach § 63 Abs. 2 keine Folge leistet oder der ihm nach § 56 obliegenden Verpflichtungen nicht nachkommt, begeht eine Verwaltungsübertretung und ist mit Geldstrafe von 50 Euro bis zu 250 Euro, im Fall ihrer Uneinbringlichkeit mit Freiheitsstrafe bis zu einer Woche, zu bestrafen. Dies gilt nicht für Organe der inländischen Gebietskörperschaften. *(BGBl I 2013/16)*

(BGBl I 2009/122)

Unrechtmäßige Inanspruchnahme von sozialen Leistungen

§ 64. Wer sich unter Berufung auf eine gemäß § 63c Abs. 1 erschlichene Staatsbürgerschaft, Bestätigung oder Urkunde soziale Leistungen, insbesondere Leistungen einer Kranken-, Unfall-

oder Pensionsversicherung oder Leistungen aus dem Titel der Sozialhilfe, in Anspruch genommen hat, ist vom Gericht mit Freiheitsstrafe bis zu einem Jahr oder mit Geldstrafe bis zu 360 Tagessätzen zu bestrafen. Wer soziale Leistungen in Anspruch genommen hat, deren Wert 3 000 Euro übersteigt, ist vom Gericht mit Freiheitsstrafe bis zu drei Jahren zu bestrafen.

(BGBl I 2009/122)

In-Kraft-Treten und Übergangsbestimmungen

§ 64a. (1) § 37 Abs. 1 Z 3 in der Fassung des Bundesgesetzes BGBl. I Nr. 30/1998 tritt mit 1. Jänner 1998 in Kraft. *(BGBl I 1998/124)*

(2) Die §§ 4, 5, 10 Abs. 1 bis 5, 10a, 11, 11a, 12, 13, 15, 16, 17, 19, 20, 24, 28, 34, 36, 38, 41, 46 und 66 in der Fassung des Bundesgesetzes BGBl. I Nr. 124/1998 treten mit 1. Jänner 1999 in Kraft. *(BGBl I 1998/124)*

(3) *(als nicht mehr geltend festgestellt, BGBl I 2008/2)*

(4) Verfahren auf Grund eines vor dem In-Kraft-Treten des Bundesgesetzes BGBl. I Nr. 37/2006 erlassenen Zusicherungsbescheides nach § 20 Abs. 1 sind nach den Bestimmungen dieses Bundesgesetzes in der vor der durch das Bundesgesetz BGBl. I Nr. 37/2006 geänderten Fassung zu Ende zu führen. *(BGBl I 2006/37)*

(5) Für Staatsbürgerschaftswerber, die vor dem 1. Jänner 2006 die Integrationsvereinbarung nach § 50a FrG 1997 eingegangen sind und diese entsprechend § 50c Abs. 1 FrG 1997, in der am 31. Dezember 2005 geltenden Fassung erfüllt haben, gilt der Nachweis nach § 10a Abs. 1 Z 1 als erbracht. *(BGBl I 2006/37)*

(6) § 11a Abs. 4 Z 1, § 16 Abs. 1 Z 2 lit. c, § 16 Abs. 2 und § 41 Abs. 4 in der Fassung des Bundesgesetzes BGBl. I Nr. 4/2008 treten mit 1. Juli 2008 in Kraft. *(BGBl I 2008/4)*

(7) Die §§ 5, 6 Z 5, 9, 10 Abs. 5, 10a Abs. 2 Z 1, Abs. 4a und 5, §§ 11, 11a Abs. 1 Z 2 und Abs. 2, 12 Z 3, 17 Abs. 4, 19, 21, 39a, 46 Abs. 1, 59, 63c samt Überschrift, 64 samt Überschrift, 64a Abs. 8 und 9 sowie 66 Z 1 lit. c in der Fassung des Bundesgesetzes BGBl. I Nr. 122/2009 treten mit 1. Jänner 2010 in Kraft. Die §§ 6 Z 3 und 4 sowie 25 samt Überschrift treten mit Ablauf des 31. Dezember 2009 außer Kraft. *(BGBl I 2009/122)*

(8) § 64 dieses Bundesgesetzes in der Fassung des Bundesgesetzes BGBl. I Nr. 4/2008 gilt für strafbare Handlungen, die vor dem 1. Jänner 2010 begangen wurden, weiter. *(BGBl I 2009/122)*

(9) Verfahren auf Grund eines vor dem Inkrafttreten des Bundesgesetzes BGBl. I Nr. 122/2009 erlassenen Zusicherungsbescheides nach § 20 Abs. 1 sind nach den Bestimmungen dieses Bundesgesetzes in der am 31. Dezember 2009 gültigen Fassung zu Ende zu führen. *(BGBl I 2009/122)*

(10) Die §§ 16 Abs. 1 Z 3 und 60 samt Überschrift in der Fassung des Bundesgesetzes BGBl. I Nr. 135/2009 treten mit 1. Jänner 2010 in Kraft. *(BGBl I 2009/135)*

(11) Zum Zeitpunkt des Inkrafttretens des Bundesgesetzes BGBl. I Nr. 38/2011 anhängige Verfahren sind nach den Bestimmungen in der Fassung vor dem Bundesgesetz BGBl. I Nr. 38/2011 zu Ende zu führen. *(BGBl I 2011/38)*

(12) Verfahren auf Grund eines vor dem Inkrafttreten des Bundesgesetzes BGBl. I Nr. 38/2011 erlassenen Zusicherungsbescheides gemäß § 20 Abs. 1 sind nach den Bestimmungen in der am 30. Juni 2011 gültigen Fassung zu Ende zu führen. *(BGBl I 2011/38)*

(13) Die §§ 10 Abs. 2 Z 1, 4 bis 6 und Abs. 4 Z 1, 10a Abs. 1 Z 1, Abs. 2 Z 3 und Abs. 4 Z 2, 11a Abs. 1 Z 3, 12 Z 1 und 2, 15 Abs. 1 Z 1 und Abs. 2, 16 Abs. 1 Z 4, 17 Abs. 1, 32, 35, 53 Z 5 lit. e, 59 Abs. 3 und 64a Abs. 11 und 12 in der Fassung des Bundesgesetzes BGBl. I Nr. 38/2011 treten mit 1. Juli 2011 in Kraft. Der § 53 Z 6 tritt mit Ablauf des 30. Juni 2011 außer Kraft. *(BGBl I 2011/38)*

(14) Die §§ 10 Abs. 2 Z 4 und 6, 11a Abs. 4 Z 1, 15 Abs. 1 Z 1 und 41 Abs. 4 in der Fassung BGBl. I Nr. 87/2012 treten mit 1. Jänner 2014 in Kraft. *(BGBl I 2012/87)*

(15) Ab 1. April 2013 wird das ZSR im Rahmen eines Aufbaubetriebes geführt. Die Evidenzstellen können nach Maßgabe der technischen und organisatorischen Möglichkeiten Staatsbürgerschaftsdaten dem Bundeminister für Inneres überlassen. *(BGBl I 2013/16)*

(16) Soweit dies für eine ordnungsgemäße Überleitung von der Führung der Staatsbürgerschaftsevidenzen hin zur ausschließlich automationsunterstützten Verarbeitung von Staatsbürgerschaftsdaten erforderlich ist, kann der Bundesminister für Inneres durch Verordnung anordnen, dass die Staatsbürgerschaftsevidenzen für einen bestimmten, ein Jahr nicht übersteigenden Zeitraum weiter nach den Bestimmungen des Staatsbürgerschaftsgesetzes 1985 – StbG, BGBl. Nr. 311/1985, in der Fassung des Bundesgesetzes BGBl. I Nr. 87/2012 zu führen sind. Soweit Daten nicht bereits im Rahmen des Aufbaubetriebes im ZSR erfasst wurden, sind sie anlassbezogen im ZSR nachzuerfassen, wenn diese in einem Verfahren erforderlich sind. Darüber hinaus kann unabhängig von einem Anlassfall eine Nacherfassung erfolgen, sofern ein Staatsbürger diese verlangt. Soweit dies insbesondere im Hinblick auf einen einheitlichen Abschluss der Nacherfassung erforderlich ist, kann der Bundesminister für Inneres Näheres über die Vorgangsweise, den Umfang und den endgültigen oder vorläufigen Abschluss der Nacherfassung durch Verordnung festlegen.

Die im ZSR nacherfassten Daten sind nach Abschluss der Nacherfassung mit den Daten des Zentralen Melderegisters (ZMR) gemäß § 16 des Meldegesetzes 1991 – MeldeG, BGBl. Nr. 9/1992, automatisch abzugleichen. Erforderlichenfalls sind die Angaben zur Staatsangehörigkeit zu ändern. *(BGBl I 2013/16)*

(17) § 64a Abs. 15 in der Fassung des Bundesgesetzes BGBl I. Nr. 16/2013 tritt mit 1. April 2013 in Kraft; § 20 Abs. 2 tritt mit dem auf die Kundmachung folgenden Tag in Kraft. Die §§ 41 Abs. 1, 44, 47 Abs. 1, 50, 52 Abs. 3, 53, Abschnitt Va, 63c Abs. 2, 64a Abs. 16 und § 66 in der Fassung des Bundesgesetzes BGBl. I Nr. 16/2013 treten mit Ausnahme von § 47 Abs. 4 mit 1. November 2013 in Kraft; gleichzeitig treten §§ 45, 53 Z 5 lit. a und b und 54 außer Kraft. § 47 Abs. 4 in der Fassung des Bundesgesetzes BGBl. I Nr. 16/2013 tritt mit 1. Jänner 2013 in Kraft. Ab dem auf die Kundmachung dieses Bundesgesetzes folgenden Tag kann ein Testbetrieb für das ZSR eingerichtet werden. Die hiezu verwendeten Daten sind mit Aufnahme des Echtbetriebes zu löschen. *(BGBl I 2013/16)*

(18) Vor dem 1. September 1983 geborene eheliche und legitimierte Kinder erwerben unter den Voraussetzungen des § 10 Abs. 1 Z 2 bis 8 die Staatsbürgerschaft durch Anzeige, der Republik als getreue Staatsbürger angehören zu wollen, wenn

1. sie am 1. September 1983 ledig waren und das 19. Lebensjahr noch nicht vollendet hatten,

2. sie nie Staatsbürger waren oder die mit der Geburt erworbene Staatsbürgerschaft durch Legitimation verloren haben und

3. die Mutter die Staatsbürgerschaft am Tag der Geburt des Kindes besessen hat. *(BGBl I 2017/39 (VfGH))*

Die Anzeige ist binnen neun Monaten ab Inkrafttreten dieser Bestimmung schriftlich bei der Behörde abzugeben. Die Behörde hat mit Bescheid festzustellen, dass die Staatsbürgerschaft mit dem Tag des Einlangens der Anzeige bei der Behörde erworben wurde. Dieser Erwerb der Staatsbürgerschaft ist gebührenfrei. *(BGBl I 2013/136)*

(19) Unbeschadet des § 57 erwirbt ein Fremder unter den Voraussetzungen des § 10 Abs. 1 Z 2 bis 6 und 8 und Abs. 2 Z 1 und 3 bis 7 die Staatsbürgerschaft, wenn er der Behörde unter Bezugnahme auf dieses Bundesgesetz schriftlich anzeigt, dass er vor Inkrafttreten dieses Bundesgesetzes in der Fassung BGBl. I Nr. 136/2013 zumindest 15 Jahre von einer österreichischen Behörde fälschlich als Staatsbürger behandelt wurde und dies nicht zu vertreten hatte. Als Staatsbürger wird insbesondere behandelt, wem ein Staatsbürgerschaftsnachweis, Reisepass oder Personalausweis ausgestellt wurde. Der Fremde hat die fälschliche Behandlung als Staatsbürger der Behörde glaubhaft zu machen. Den Erwerb durch Anzeige hat die Behörde rückwirkend mit dem Tag, an dem der Fremde das erste Mal von einer österreichischen Behörde fälschlich als Staatsbürger behandelt wurde, mit Bescheid festzustellen. Die Anzeige ist binnen sechs Monaten ab Inkrafttreten dieses Bundesgesetzes in der Fassung BGBl. I Nr. 136/2013 einzubringen. § 57 Abs. 3 bis 5 gilt sinngemäß. *(BGBl I 2013/136)*

(20) Die §§ 6 Z 5, 7 und 7a samt Überschriften, 8 Abs. 3, 10 Abs. 1 Z 7 und Abs. 1b, 5 und 7, 10a Abs. 1 Z 2, Abs. 2 Z 1 bis 3, Abs. 5 Z 1 und Abs. 6, 11a Abs. 6, 11b, 12, 17 Abs. 1 bis 2, 21, 25, 28 Abs. 2, 29, 37 Abs. 1 Z 3, 52, 53 Z 3 lit. a und Z 5 lit. c, die Überschrift des Abschnittes VI, §§ 57, 59 Abs. 1, die Überschrift des Abschnittes VII, die §§ 60, 64a Abs. 18 und 19 sowie 66 Z 1 lit. b in der Fassung BGBl. I Nr. 136/2013 treten mit 1. August 2013 in Kraft. Die §§ 53 Z 5 lit. f, 56a Abs. 2 und 61 in der Fassung BGBl. I Nr. 136/2013 treten mit 1. November 2013 in Kraft. Die §§ 8 Abs. 2, 52 Abs. 2 und § 66 Z 1 lit. d in der Fassung vor dem BGBl. I Nr. 136/2013 treten mit Ablauf des 31. Juli 2013 außer Kraft. § 52 Abs. 3 in der Fassung vor dem BGBl. I Nr. 136/2013 tritt am 1. November 2013 außer Kraft. *(BGBl I 2013/136)*

(21) Die Anordnungen des Bundesgesetzes BGBl. I Nr. 136/2013 sind so zu verstehen, dass sie sich auf jene Fassung dieses Bundesgesetzes beziehen, die es durch das Bundesgesetz BGBl. I Nr. 16/2013 erhalten würde. *(BGBl I 2013/136)*

(22) Steht das ZSR in der Zeit bis 1. Juni 2015 aus technischen Gründen bundesweit nicht nur kurzfristig nicht zur Verfügung und können auf Grund der den Behörden zur Verfügung stehenden Informationen Verfahren nach diesem Bundesgesetz nicht mehr ordnungsgemäß bearbeitet oder Bestätigungen in Angelegenheiten der Staatsbürgerschaft nicht ausgestellt werden, kann der Bundesminister für Inneres durch Verordnung anordnen, dass die Staatsbürgerschaftsevidenzen nach den Bestimmungen des Staatsbürgerschaftsgesetzes, BGBL. Nr. 311/1985, in der Fassung des Bundesgesetzes BGBl. I Nr. 87/2012 zu führen sind. Diese Verordnung ist aufzuheben, sobald die volle Betriebsfähigkeit des ZSR wieder hergestellt ist. Die in der Zeit der Geltung einer solchen Verordnung entstandenen Daten zu Staatsbürgerschaften sind danach dem Betreiber zur weiteren Verarbeitung im ZSR zu überlassen. Soweit Daten vor der Geltung der Verordnung dem Betreiber überlassen wurden und für die Erledigung eines aktuellen Verfahrens benötigt werden, können diese im Anlassfall vom Betreiber angefordert werden. *(BGBl I 2014/80)*

(23) Abs. 22 tritt am 1. November 2014 in Kraft. *(BGBl I 2014/80)*

(24) § 33 in der Fassung des Bundesgesetzes BGBl. I Nr. 104/2014 tritt mit 1. Jänner 2015 in Kraft. *(BGBl I 2014/104; BGBl I 2017/68)*

(25) Zum Zeitpunkt des Inkrafttretens des Bundesgesetzes BGBl. I Nr. 68/2017 anhängige Verfahren sind nach den Bestimmungen in der Fassung vor dem Bundesgesetz BGBl. I Nr. 68/2017 zu Ende zu führen. *(BGBl I 2017/68)*

(26) § 10a Abs. 1 Z 1 und Abs. 4 Z 2 in der Fassung des Bundesgesetzes BGBl. I Nr. 68/2017 tritt mit 1. Oktober 2017 in Kraft. *(BGBl I 2017/68)*

(27) § 39a, § 56a Abs. 1, 1a und 2, § 56b Abs. 4, 6 und 8 sowie § 66 Abs. 1 lit. c in der Fassung des Materien-Datenschutz-Anpassungsgesetzes 2018, BGBl. I Nr. 32/2018, treten mit 25. Mai 2018 in Kraft. *(BGBl I 2018/32)*

(28) Zum Zeitpunkt des Inkrafttretens des Bundesgesetzes BGBl. I Nr. 56/2018 anhängige Verfahren sind nach den Bestimmungen in der Fassung vor dem Bundesgesetz BGBl. I Nr. 56/2018 zu Ende zu führen. *(BGBl I 2018/56)*

(29) Die §§ 11a Abs. 7, 15 Abs. 1 Z 4 und 64a Abs. 28 in der Fassung des Bundesgesetzes BGBl. I Nr. 56/2018 treten mit 1. September 2018 in Kraft. Die §§ 7a Abs. 3, 12 Abs. 1 Z 2, 21 Abs. 2, 27 Abs. 2, 28 Abs. 4 und 30 Abs. 2 in der Fassung des Bundesgesetzes BGBl. I Nr. 56/2018 treten mit dem Ablauf des Tages der Kundmachung in Kraft. § 11a Abs. 4 Z 1 tritt mit Ablauf des 31. August 2018 außer Kraft. *(BGBl I 2018/56)*

(BGBl I 1998/30)

§ 65. *(Entfällt samt Überschrift; Abschnitt A Art. III der Kundmachung)*

Vollziehung

§ 66. Mit der Vollziehung dieses Bundesgesetzes sind betraut:

1. soweit sie dem Bund zukommt, hinsichtlich

a) des § 10 Abs. 6 die Bundesregierung; *(BGBl I 1998/124)*

b) des § 7a Abs. 3 , § 19 Abs. 3, § 27 Abs. 2 letzter Satz, § 28 Abs. 4 letzter Satz, § 29 Abs. 2 letzter Satz sowie § 53 Z 2 und 3 der Bundesminister für Justiz im Einvernehmen mit dem Bundesminister für Inneres; *(BGBl. Nr. 170/1983, Art. I Z 46; BGBl. Nr. 202/1985, Art. IV Z 1) (BGBl I 1998/124; BGBl I 2013/136)*

c) der §§ 39a Abs. 5, 41 Abs. 2, 53 Z 4, 56b Abs. 1 zweiter Satz sowie § 58c Abs. 3 der Bundesminister für Europa, Integration und Äußeres im Einvernehmen mit dem Bundesminister für Inneres; *(BGBl I 2009/122; BGBl I 2013/16; BGBl I 2014/104; BGBl I 2018/32)*

d) *(aufgehoben, BGBl I 2013/136)*

e) des § 58c Abs. 4 der Bundesminister für Finanzen; *(BGBl 1993/521)*

f) der übrigen Bestimmungen dieses Bundesgesetzes der Bundesminister für Inneres; *(BGBl 1993/521)*

2. soweit die Vollziehung dem Land zukommt, die Landesregierung.

4/1. Übereinkommen der Vereinten Nationen über die Immunität der Staaten und ihres Vermögens von der Gerichtsbarkeit

Res 59/38 (2. Dezember 2004)

Übereinkommen der Vereinten Nationen über die Immunität der Staaten und ihres Vermögens von der Gerichtsbarkeit

Verabschiedet auf der 65. Plenarsitzung am 2. Dezember 2004, ohne Abstimmung, auf Empfehlung des Ausschusses (A/59/508, Ziffer 9)[1].

Die Generalversammlung,

eingedenk des Artikels 13 Absatz 1 Buchstabe a der Charta der Vereinten Nationen,

unter Hinweis auf ihre Resolution 32/151 vom 19. Dezember 1977, in der sie empfahl, die Völkerrechtskommission solle Untersuchungen über das Recht der Immunität der Staaten und ihres Vermögens von der Gerichtsbarkeit durchführen, mit dem Ziel der fortschreitenden Entwicklung und Kodifizierung dieses Rechts, und auf ihre späteren Resolutionen 46/55 vom 9. Dezember 1991, 49/61 vom 9. Dezember 1994, 52/151 vom 15. Dezember 1997, 54/101 vom 9. Dezember 1999, 55/150 vom 12. Dezember 2000, 56/78 vom 12. Dezember 2001, 57/16 vom 19. November 2002 und 58/74 vom 9. Dezember 2003,

sowie unter Hinweis darauf, dass die Völkerrechtskommission in Kapitel II ihres Berichts über ihre dreiundvierzigste Tagung[2] abschließende Artikelentwürfe samt Kommentaren über das Recht der Immunität der Staaten und ihres Vermögens von der Gerichtsbarkeit vorgelegt hat,

ferner unter Hinweis auf die Berichte der offenen Arbeitsgruppe des Sechsten Ausschusses[3] sowie auf den gemäß Resolution 53/98 der Generalversammlung vom 8. Dezember 1998 vorgelegten Bericht der Arbeitsgruppe der Völkerrechtskommission über die Immunität der Staaten und ihres Vermögens von der Gerichtsbarkeit[4],

unter Hinweis auf ihre Resolution 55/150, in der sie beschloss, den Ad-hoc-Ausschuss über die Immunität der Staaten und ihres Vermögens von der Gerichtsbarkeit einzurichten, der auch den Mitgliedstaaten der Sonderorganisationen zur Teilnahme offen steht, um die Arbeiten voranzubringen, die Bereiche, in denen Einvernehmen besteht, zu festigen und noch ausstehende Fragen zu klären, mit dem Ziel, auf der Grundlage der von der Völkerrechtskommission verabschiedeten Artikelentwürfe über die Immunität der Staaten und ihres Vermögens von der Gerichtsbarkeit sowie der Beratungen in der offenen Arbeitsgruppe des Sechsten Ausschusses ein allgemein annehmbares Rechtsinstrument auszuarbeiten,

nach Behandlung des Berichts des Ad-hoc-Ausschusses über die Immunität der Staaten und ihres Vermögens von der Gerichtsbarkeit[5],

betonend, wie wichtig einheitliche und klare Rechtsvorschriften betreffend die Immunität der Staaten und ihres Vermögens von der Gerichtsbarkeit sind, und in diesem Zusammenhang nachdrücklich auf die Rolle eines Übereinkommens hinweisend,

Kenntnis nehmend von der breiten Unterstützung für den Abschluss eines Übereinkommens über die Immunität der Staaten und ihres Vermögens von der Gerichtsbarkeit,

unter Berücksichtigung der von dem Vorsitzenden des Ad-hoc-Ausschusses abgegebenen Erklärung zur Vorstellung des Berichts des Ad-hoc-Ausschusses[6],

1. *spricht* der Völkerrechtskommission und dem Ad-hoc-Ausschuss über die Immunität der Staaten und ihres Vermögens von der Gerichtsbarkeit *ihren tief empfundenen Dank* für die wertvolle Arbeit zum Recht der Immunität der Staaten und ihres Vermögens von der Gerichtsbarkeit *aus;*

2. *teilt* die im Ad-hoc-Ausschuss allgemein vertretene Auffassung, dass das Übereinkommen der Vereinten Nationen über die Immunität der Staaten und ihres Vermögens von der Gerichtsbarkeit nicht auf Strafverfahren anwendbar ist;

---

1) Der in dem Bericht empfohlene Resolutionsentwurf wurde von dem Vertreter Österreichs im Namen des Präsidiums vorgelegt.

2) Offizielles Protokoll der Generalversammlung, Sechsundvierzigste Tagung Beilage 10 (A/46/10).

3) A/C.6/54/L.12 und A/C.6/55/L.12.

4) Offizielles Protokoll der Generalversammlung Vierundfünfzigste Tagung Beilage 10 und Korrigenda (A/54/10 und Corr.1 und 2), Anhang.

5) Ebd., Neunundfünfzigste Tagung Beilage 22 (A/59/22).

6) Ebd., Fifty-ninth Session, Sixth Committee, 13. Sitzung (A/C.6/59/SR.13) und Korrigendum.

3. *verabschiedet* das in der Anlage zu dieser Resolution enthaltene Übereinkommen der Vereinten Nationen über die Immunität der Staaten und ihres Vermögens von der Gerichtsbarkeit und ersucht den Generalsekretär als Verwahrer des Übereinkommens, dieses zur Unterzeichnung aufzulegen;

4. *bittet* die Staaten, Vertragsparteien des Übereinkommens zu werden.

Anlage

Anlage

Übereinkommen der Vereinten Nationen über die Immunität der Staaten und ihres Vermögens von der Gerichtsbarkeit

Die Vertragsstaaten dieses Übereinkommens[7],

in der Erwägung, dass die Immunität der Staaten und ihres Vermögens von der Gerichtsbarkeit als Grundsatz des Völkergewohnheitsrechts allgemein anerkannt ist,

*eingedenk*der in der Charta der Vereinten Nationen verankerten Grundsätze des Völkerrechts,

in der Überzeugung, dass ein völkerrechtliches Übereinkommen über die Immunität der Staaten und ihres Vermögens von der Gerichtsbarkeit die Rechtsstaatlichkeit und die Rechtssicherheit insbesondere in den Beziehungen der Staaten mit natürlichen oder juristischen Personen stärken sowie zur Kodifikation und Entwicklung des Völkerrechts und zur Vereinheitlichung der Praxis auf diesem Gebiet beitragen würde,

unter Berücksichtigung der Entwicklungen der Staatenpraxis hinsichtlich der Immunität der Staaten und ihres Vermögens von der Gerichtsbarkeit,

in Bekräftigung des Grundsatzes, dass die Regeln des Völkergewohnheitsrechts auch weiterhin für alle Fragen gelten, die nicht in diesem Übereinkommen geregelt sind,

sind wie folgt *übereingekommen*:

[7] *Deutsche Fassung der zwischen Deutschland, Österreich und der Schweiz abgestimmten Übersetzung (Stand: 1. März 2005).*

Teil I

Einleitung

Artikel 1. Geltungsbereich dieses Übereinkommens

Dieses Übereinkommen findet Anwendung auf die Immunität eines Staates und seines Vermögens von der Gerichtsbarkeit eines anderen Staates vor dessen Gerichten.

Artikel 2. Begriffsbestimmungen

1. Im Sinne dieses Übereinkommens

a) bezeichnet der Ausdruck „Gericht" jedes Organ eines Staates gleich welcher Bezeichnung, das zur Wahrnehmung richterlicher Aufgaben berechtigt ist;

b) bezeichnet der Ausdruck „Staat"

i) den Staat und seine verschiedenen staatlichen Organe;

ii) Gliedstaaten eines Bundesstaats oder Gebietskörperschaften des Staates, die berechtigt sind, Handlungen in Ausübung der Hoheitsgewalt vorzunehmen, und die in dieser Eigenschaft handeln;

iii) Einrichtungen oder Stellen des Staates oder andere Rechtsträger, soweit sie berechtigt sind, Handlungen in Ausübung der Hoheitsgewalt des Staates vorzunehmen, und solche Handlungen tatsächlich vornehmen;

iv) Vertreter des Staates, die in dieser Eigenschaft handeln;

c) bezeichnet der Ausdruck „privatwirtschaftliches Rechtsgeschäft"

i) jeden privatwirtschaftlichen Vertrag oder jedes privatwirtschaftliche Rechtsgeschäft zum Zweck des Warenkaufs oder der Erbringung von Dienstleistungen;

ii) jeden Darlehensvertrag oder jedes andere Rechtsgeschäft finanzieller Art einschließlich aller Garantie- oder Entschädigungsverpflichtungen in Bezug auf derartige Darlehen oder Rechtsgeschäfte;

iii) jeden sonstigen Vertrag oder jedes sonstige Rechtsgeschäft privatwirtschaftlicher oder gewerblicher Art oder über die Lieferung von Waren oder die Erbringung von Dienstleistungen, wobei Arbeitsverträge nicht eingeschlossen sind.

2. Bei der Feststellung, ob es sich bei einem Vertrag oder Rechtsgeschäft um ein „privatwirtschaftliches Rechtsgeschäft" im Sinne des Absatzes 1 Buchstabe c handelt, soll in erster Linie auf die Natur des Vertrags oder Rechtsgeschäfts abgestellt werden; dessen Zweck soll aber ebenfalls berücksichtigt werden, wenn die an dem Vertrag oder Rechtsgeschäft beteiligten Parteien dies vereinbart haben oder wenn in der Praxis des Gerichtsstaats dieser Zweck für die Feststellung

der nicht privatwirtschaftlichen Natur des Vertrags oder Rechtsgeschäfts von Bedeutung ist.

3. Die Bestimmungen der Absätze 1 und 2 über die Verwendung der Begriffe in diesem Übereinkommen lassen die Verwendung dieser Begriffe oder die diesen gegebenenfalls zugeschriebenen Bedeutungen in anderen völkerrechtlichen Übereinkünften oder im innerstaatlichen Recht eines Staates unberührt.

Artikel 3. Vorrechte und Immunitäten, die von diesem Übereinkommen nicht berührt werden

1. Dieses Übereinkommen berührt nicht die von einem Staat aufgrund des Völkerrechts genossenen Vorrechte und Immunitäten im Zusammenhang mit der Wahrnehmung der Aufgaben

a) seiner diplomatischen Missionen, konsularischen Vertretungen, Sondermissionen, Missionen bei internationalen Organisationen oder Delegationen bei Organen internationaler Organisationen oder bei internationalen Konferenzen sowie

b) der diesen angehörenden Personen.

2. Dieses Übereinkommen lässt Vorrechte und Immunitäten, die nach dem Völkerrecht Staatsoberhäuptern *ratione personae* gewährt werden, unberührt.

3. Dieses Übereinkommen lässt die Immunitäten, die ein Staat nach dem Völkerrecht in Bezug auf ihm gehörende oder von ihm eingesetzte Luftfahrzeuge oder Weltraumgegenstände genießt, unberührt.

Artikel 4. Nichtrückwirkung dieses Übereinkommens

Unbeschadet der Anwendung aller in diesem Übereinkommen festgelegten Regeln, denen die Immunität der Staaten und ihres Vermögens von der Gerichtsbarkeit unabhängig von diesem Übereinkommen nach dem Völkerrecht unterliegt, findet das Übereinkommen keine Anwendung auf Fragen der Immunität der Staaten oder ihres Vermögens von der Gerichtsbarkeit, die in einem Verfahren aufgeworfen werden, das gegen einen Staat vor einem Gericht eines anderen Staates vor Inkrafttreten dieses Übereinkommens für die betreffenden Staaten eingeleitet wurde.

Teil II Allgemeine Grundsätze

Artikel 5. Staatenimmunität

Ein Staat genießt nach Maßgabe dieses Übereinkommens in Bezug auf sich selbst und sein Vermögen Immunität von der Gerichtsbarkeit eines anderen Staates vor dessen Gerichten.

Artikel 6. Art und Weise der Anwendung der Staatenimmunität

1. Ein Staat wendet die in Artikel 5 vorgesehene Staatenimmunität an, indem er davon absieht, in einem Verfahren vor seinen Gerichten gegen einen anderen Staat die Gerichtsbarkeit auszuüben; er stellt zu diesem Zweck sicher, dass seine Gerichte von Amts wegen feststellen, dass die in Artikel 5 vorgesehene Immunität dieses anderen Staates beachtet wird.

2. Ein Verfahren vor einem Gericht eines Staates gilt als gegen einen anderen Staat eingeleitet, wenn dieser andere Staat

a) als Partei in diesem Verfahren benannt wird oder

b) zwar nicht als Partei in dem Verfahren benannt wird, das Verfahren aber tatsächlich darauf abzielt, das Vermögen, die Rechte, die Interessen oder die Tätigkeiten dieses anderen Staates zu beeinträchtigen.

Artikel 7. Ausdrückliche Zustimmung zur Ausübung der Gerichtsbarkeit

1. Ein Staat kann sich in einem Verfahren vor dem Gericht eines anderen Staates hinsichtlich einer Sache oder eines Falles nicht auf Immunität von der Gerichtsbarkeit berufen, wenn er der Ausübung der Gerichtsbarkeit durch das Gericht hinsichtlich dieser Sache oder dieses Falles ausdrücklich zugestimmt hat, und zwar

a) durch internationale Vereinbarung,

b) in einem schriftlichen Vertrag oder

c) durch eine Erklärung vor dem Gericht oder durch eine schriftliche Mitteilung in einem bestimmten Verfahren.

2. Die Einwilligung eines Staates zur Anwendung des Rechtes eines anderen Staates wird nicht als Zustimmung zur Ausübung der Gerichtsbarkeit durch die Gerichte dieses anderen Staates ausgelegt.

Artikel 8. Auswirkungen der Beteiligung an einem Verfahren vor Gericht

1. Ein Staat kann sich in einem Verfahren vor dem Gericht eines anderen Staates nicht auf Immunität von der Gerichtsbarkeit berufen, wenn er

a) das Verfahren selbst anhängig gemacht hat oder

b) ihm als Intervenient beigetreten ist oder sich sonst zur Hauptsache eingelassen hat. Weist er gegenüber dem Gericht jedoch nach, dass er von den Tatsachen, auf Grund deren Immunität beansprucht werden kann, erst nachträglich Kenntnis erlangen konnte, so kann er die Immunität beansprüchen, wenn er sich auf diese Tatsachen so bald wie möglich beruft.

2. Es gilt nicht als Zustimmung zur Ausübung der Gerichtsbarkeit durch das Gericht eines anderen Staates, wenn ein Staat einem Verfahren als Intervenient beitritt oder sonstige Maßnahmen ergreift, nur um

a) sich auf Immunität zu berufen oder

b) ein Recht an dem den Gegenstand des Verfahrens bildenden Vermögen geltend zu machen.

3. Tritt ein Vertreter eines Staates als Zeuge vor einem Gericht eines anderen Staates auf, so wird dies nicht als Zustimmung des erstgenannten Staates zur Ausübung der Gerichtsbarkeit durch das Gericht ausgelegt.

4. Beteiligt sich ein Staat nicht an einem Verfahren vor einem Gericht eines anderen Staates, so wird dies nicht als Zustimmung des erstgenannten Staates zur Ausübung der Gerichtsbarkeit durch das Gericht ausgelegt.

Artikel 9. Widerklagen

1. Ein Staat, der vor einem Gericht eines anderen Staates ein Verfahren anhängig macht, kann sich vor diesem Gericht für eine Widerklage, die sich aus demselben Rechtsverhältnis oder Sachverhalt wie die Hauptklage herleitet, nicht auf Immunität von der Gerichtsbarkeit berufen.

2. Ein Staat, der vor einem Gericht eines anderen Staates einem Verfahren beitritt, um eine Klage zu erheben, kann sich vor diesem Gericht für eine Widerklage, die sich aus demselben Rechtsverhältnis oder Sachverhalt wie die von ihm erhobene Klage herleitet, nicht auf Immunität von der Gerichtsbarkeit berufen.

3. Ein Staat, der in einem Verfahren, das vor dem Gericht eines anderen Staates gegen ihn eingeleitet wurde, eine Widerklage erhebt, kann sich vor diesem Gericht für die Hauptklage nicht auf Immunität von der Gerichtsbarkeit berufen.

Teil III Verfahren, in denen Berufung auf Staatenimmunität nicht möglich ist

Artikel 10. Privatwirtschaftliche Rechtsgeschäfte

1. Tätigt ein Staat ein privatwirtschaftliches Rechtsgeschäft mit einer ausländischen natürlichen oder juristischen Person und fallen Meinungsverschiedenheiten im Zusammenhang mit dem privatwirtschaftlichen Rechtsgeschäft aufgrund der anwendbaren Regeln des Internationalen Privatrechts unter die Gerichtsbarkeit eines Gerichts eines anderen Staates, so kann sich der erstgenannte Staat in einem sich aus diesem privatwirtschaftlichen Rechtsgeschäft ergebenden Verfahren nicht auf Immunität von dieser Gerichtsbarkeit berufen.

2. Absatz 1 findet keine Anwendung, wenn

a) es sich um ein privatwirtschaftliches Rechtsgeschäft zwischen Staaten handelt oder

b) die an dem privatwirtschaftlichen Rechtsgeschäft beteiligten Parteien ausdrücklich etwas anderes vereinbart haben.

3. Ist ein staatliches Unternehmen oder ein anderer von einem Staat gegründeter Rechtsträger mit selbständiger Rechtspersönlichkeit und der Fähigkeit,

a) vor Gericht aufzutreten und

b) Vermögen, einschließlich des Vermögens, zu dessen Verwendung oder Verwaltung dieser Staat ihn ermächtigt hat, zu erwerben, es im Eigentum oder Besitz zu haben und es zu veräußern,

an einem Verfahren beteiligt, das mit einem von diesem Rechtsträger getätigten privatwirtschaftlichen Rechtsgeschäft im Zusammenhang steht, so bleibt die Immunität dieses Staates von der Gerichtsbarkeit unberührt.

Artikel 11. Arbeitsverträge

1. Sofern die betreffenden Staaten nichts anderes vereinbart haben, kann sich ein Staat vor einem sonst zuständigen Gericht eines anderen Staates nicht auf Immunität von der Gerichtsbarkeit in einem Verfahren berufen, das sich auf einen zwischen dem Staat und einer natürlichen Person geschlossenen Arbeitsvertrag bezieht, dem zufolge die Arbeit ganz oder teilweise im Hoheitsgebiet dieses anderen Staates geleistet wird beziehungsweise zu leisten ist.

2. Absatz 1 findet keine Anwendung, wenn

a) der Arbeitnehmer eingestellt worden ist, um bestimmte Aufgaben in Ausübung von Hoheitsgewalt zu erfüllen;

b) der Arbeitnehmer

i) ein Diplomat im Sinne des Wiener Übereinkommens von 1961 über diplomatische Beziehungen ist;

ii) ein Konsularbeamter im Sinne des Wiener Übereinkommens von 1963 über konsularische Beziehungen ist;

iii) ein Mitglied des diplomatischen Personals einer Ständigen Mission bei einer internationalen Organisation oder einer Sondermission ist oder eingestellt wurde, um einen Staat bei einer internationalen Konferenz zu vertreten, oder

iv) eine andere Person ist, die diplomatische Immunität genießt;

c) die Einstellung, die Verlängerung des Arbeitsverhältnisses oder die Wiedereinstellung einer natürlichen Person Gegenstand des Verfahrens ist;

d) die Entlassung oder die Beendigung des Arbeitsverhältnisses einer natürlichen Person Gegenstand des Verfahrens ist und das Verfahren nach Feststellung des Staats- oder Regierungschefs oder des Außenministers des Staates, der ihr Arbeitgeber ist, den Sicherheitsinteressen dieses Staates zuwiderliefe;

e) der Arbeitnehmer zum Zeitpunkt der Einleitung des Verfahrens Angehöriger des Staates ist, der sein Arbeitgeber ist, sofern er nicht seinen ständigen Aufenthalt im Gerichtsstaat hat, oder

f) der Staat, der Arbeitgeber ist, und der Arbeitnehmer schriftlich etwas anderes vereinbart haben, sofern den Gerichten des Gerichtsstaats nicht aus Gründen der öffentlichen Ordnung (*ordre public*) wegen des Verfahrensgegenstands die ausschließliche Zuständigkeit übertragen wird.

Artikel 12. Personen- und Sachschäden

Sofern die betreffenden Staaten nichts anderes vereinbart haben, kann sich ein Staat vor einem sonst zuständigen Gericht eines anderen Staates nicht auf Immunität von der Gerichtsbarkeit in einem Verfahren berufen, das sich auf die Entschädigung in Geld für den Tod einer Person, für einen Personenschaden oder für einen Schaden an materiellen Vermögenswerten oder deren Verlust bezieht, wenn der Tod, Schaden oder Verlust durch eine dem Staat vorgeblich zuzurechnende Handlung oder Unterlassung verursacht wurde, die Handlung oder Unterlassung ganz oder teilweise im Hoheitsgebiet dieses anderen Staates stattfand und die Person, welche die Handlung oder Unterlassung begangen hat, sich zum Zeitpunkt der Begehung im Hoheitsgebiet dieses anderen Staates aufhielt.

Artikel 13. Eigentum, Besitz und Gebrauch von Vermögen

Sofern die betreffenden Staaten nichts anderes vereinbart haben, kann sich ein Staat vor einem sonst zuständigen Gericht eines anderen Staates nicht auf Immunität von der Gerichtsbarkeit in einem Verfahren berufen, das sich bezieht auf die Feststellung

a) eines Rechtes des Staates an im Gerichtsstaat gelegenem unbeweglichem Vermögen, des Besitzes oder des Gebrauchs solchen Vermögens durch den Staat oder einer Pflicht, die ihm als Inhaber von Rechten an solchem Vermögen oder als dessen Besitzer obliegt oder sich aus dessen Gebrauch ergibt;

b) eines Rechtes des Staates an beweglichem oder unbeweglichem Vermögen, das zu einer Erbschaft oder Schenkung gehört oder erb- oder herrenlos ist, oder

c) eines Rechtes des Staates an der Verwaltung von Vermögenswerten wie etwa eines Treuhandvermögens, einer Insolvenzmasse oder von Vermögen einer Gesellschaft im Fall ihrer Liquidation.

Artikel 14. Geistiges und gewerbliches Eigentum

Sofern die betreffenden Staaten nichts anderes vereinbart haben, kann sich ein Staat vor einem sonst zuständigen Gericht eines anderen Staates nicht auf Immunität von der Gerichtsbarkeit in einem Verfahren berufen, das sich bezieht auf

a) die Feststellung eines Rechtes des Staates an einem Patent, einem gewerblichen Muster oder Modell, einem Handels- oder Firmennamen, einer Marke, einem Urheberrecht oder an jeder anderen Form von geistigem oder gewerblichem Eigentum, die im Gerichtsstaat ein bestimmtes Maß an – wenn auch nur vorläufigem – gesetzlichem Schutz genießt, oder

b) die Behauptung, der Staat habe im Gerichtsstaat ein dort geschütztes und einem Dritten zustehendes Recht einer der unter Buchstabe a aufgeführten Art verletzt.

Artikel 15. Beteiligung an Gesellschaften oder anderen Vereinigungen

1. Ein Staat kann sich vor einem sonst zuständigen Gericht eines anderen Staates nicht auf Immunität von der Gerichtsbarkeit in einem Verfahren berufen, das sich auf seine Beteiligung an einer Gesellschaft oder einer anderen Vereinigung – ob rechtsfähig oder nicht – bezieht, wenn das Verfahren die

Beziehungen zwischen dem Staat einerseits und der Gesellschaft oder Vereinigung oder den weiteren Beteiligten andererseits betrifft, sofern die Gesellschaft oder Vereinigung

a) Beteiligte hat, die nicht Staaten oder internationale Organisationen sind, und

b) nach dem Recht des Gerichtsstaats gegründet oder gebildet ist oder ihren Sitz oder ihre Hauptniederlassung im Gerichtsstaat hat.

2. Ein Staat kann sich jedoch in einem solchen Verfahren auf Immunität von der Gerichtsbarkeit berufen, wenn die betreffenden Staaten dies vereinbart haben, wenn die Streitparteien dies durch eine schriftliche Vereinbarung festgelegt haben oder wenn die Gründungsurkunde oder Satzung der betreffenden Gesellschaft oder Vereinigung entsprechende Bestimmungen enthält.

Artikel 16. Schiffe, die einem Staat gehören oder von ihm eingesetzt werden

1. Sofern die betreffenden Staaten nichts anderes vereinbart haben, kann sich ein Staat, dem ein Schiff gehört oder der es einsetzt, vor einem sonst zuständigen Gericht eines anderen Staates nicht auf Immunität von der Gerichtsbarkeit in einem Verfahren berufen, das sich auf den Einsatz dieses Schiffes bezieht, wenn das Schiff zum Zeitpunkt der Entstehung des Klagegrunds zu anderen als

nicht privatwirtschaftlichen staatlichen Zwecken benutzt wurde.

2. Absatz 1 findet keine Anwendung auf Kriegsschiffe und Flottenhilfsschiffe; ferner findet er keine Anwendung auf sonstige Schiffe, die einem Staat gehören oder von ihm eingesetzt werden und die zum gegebenen Zeitpunkt ausschließlich zu nicht privatwirtschaftlichen staatlichen Zwecken benutzt werden.

3. Sofern die betreffenden Staaten nichts anderes vereinbart haben, kann sich ein Staat vor einem sonst zuständigen Gericht eines anderen Staates nicht auf Immunität von der Gerichtsbarkeit in einem Verfahren berufen, das sich auf die Beförderung von Ladung an Bord eines diesem Staat gehörenden oder von ihm eingesetzten Schiffes bezieht, wenn das Schiff zum Zeitpunkt der Entstehung des Klagegrunds zu anderen als nicht privatwirtschaftlichen staatlichen Zwecken benutzt wurde.

4. Absatz 3 findet keine Anwendung auf Ladung, die an Bord der in Absatz 2 genannten Schiffe befördert wird; ferner findet er keine Anwendung auf Ladung, die einem Staat gehört und die ausschließlich zu nicht privatwirtschaftlichen staatlichen Zwecken benutzt wird oder für eine solche Nutzung bestimmt ist.

5. Ein Staat kann alle Rechtsbehelfe und die Mittel der Verjährung und Haftungsbeschränkung geltend machen, die privaten Schiffen, privater Ladung sowie deren Eigentümern offen stehen.

6. Wird in einem Verfahren eine Frage aufgeworfen, die sich auf die staatliche und nicht privatwirtschaftliche Zweckbestimmung eines einem Staat gehörenden oder von ihm eingesetzten Schiffes beziehungsweise einer einem Staat gehörenden Ladung bezieht, so dient eine dem Gericht vorgelegte, von einem diplomatischen Vertreter oder einer anderen zuständigen Behörde dieses Staates unterzeichnete Bescheinigung als Nachweis der Zweckbestimmung dieses Schiffes beziehungsweise dieser Ladung.

Artikel 17. Wirkung einer Schiedsvereinbarung

Trifft ein Staat mit einer ausländischen natürlichen oder juristischen Person eine schriftliche Vereinbarung, um Meinungsverschiedenheiten im Zusammenhang mit einem privatwirtschaftlichen Rechtsgeschäft einem schiedsrichterlichen Verfahren zu unterwerfen, so kann sich dieser Staat vor einem sonst zuständigen Gericht eines anderen Staates nicht auf Immunität von der Gerichtsbarkeit in einem Verfahren berufen, das sich auf

a) die Gültigkeit, Auslegung oder Anwendung der Schiedsvereinbarung,

b) das schiedsrichterliche Verfahren oder

c) die Bestätigung oder die Aufhebung des Schiedsspruchs

bezieht, sofern nicht die Schiedsvereinbarung etwas anderes vorsieht.

Teil IV
Staatenimmunität von Zwangsmaßnahmen im Zusammenhang mit gerichtlichen Verfahren

Artikel 18. Staatenimmunität von Zwangsmaßnahmen, die vor einer gerichtlichen Entscheidung angeordnet werden

Gegen das Vermögen eines Staates dürfen im Zusammenhang mit einem Verfahren vor einem Gericht eines anderen Staates vor der Entscheidung keine Zwangsmaßnahmen wie beispielsweise Pfändung oder Beschlagnahme angeordnet werden, sofern und soweit nicht

a) der Staat der Anordnung derartiger Maßnahmen ausdrücklich zugestimmt hat, und zwar

i) durch internationale Vereinbarung,

ii) durch eine Schiedsvereinbarung oder in einem schriftlichen Vertrag oder

iii) durch eine Erklärung vor dem Gericht oder durch eine schriftliche Mitteilung nach Entstehen einer Streitigkeit zwischen den Parteien oder

b) der Staat Vermögen für die Befriedigung des Anspruchs, der Gegenstand des Verfahrens ist, bereitgestellt oder bestimmt hat.

Artikel 19. Staatenimmunität von Zwangsmaßnahmen, die nach einer gerichtlichen Entscheidung angeordnet werden

Gegen das Vermögen eines Staates dürfen im Zusammenhang mit einem Verfahren vor einem Gericht eines anderen Staates nach der Entscheidung keine Zwangsmaßnahmen wie beispielsweise Pfändung, Beschlagnahme oder Vollstreckung angeordnet werden, sofern und soweit nicht

a) der Staat der Anordnung derartiger Maßnahmen ausdrücklich zugestimmt hat, und zwar

i) durch internationale Vereinbarung,

ii) durch eine Schiedsvereinbarung oder in einem schriftlichen Vertrag oder

iii) durch eine Erklärung vor dem Gericht oder durch eine schriftliche Mitteilung nach Entstehen einer Streitigkeit zwischen den Parteien, oder

b) der Staat Vermögen für die Befriedigung des Anspruchs, der Gegenstand des Verfahrens ist, bereitgestellt oder bestimmt hat oder

c) der Nachweis erbracht worden ist, dass das Vermögen von dem Staat eigens zu anderen als nicht privatwirtschaftlichen staatlichen Zwecken benutzt wird oder für eine solche Nutzung bestimmt ist und dass es sich im Gerichtsstaat befindet, vorausgesetzt, dass Zwangsmaßnahmen nach einer Entscheidung nur gegen Vermögen angeordnet werden dürfen, das mit dem Rechtsträger, gegen den das Verfahren gerichtet war, im Zusammenhang steht.

Artikel 20. Wirkung der Zustimmung zur Ausübung der Gerichtsbarkeit auf Zwangsmaßnahmen

In Fällen, in denen die Zustimmung zu Zwangsmaßnahmen aufgrund der Artikel 18 und 19 erforderlich ist, schließt die Zustimmung zur Ausübung der Gerichtsbarkeit aufgrund des Artikels 7 die Zustimmung zur Ergreifung von Zwangsmaßnahmen nicht ein.

Artikel 21. Bestimmte Vermögensarten

1. Insbesondere die folgenden Arten von staatlichem Vermögen gelten nicht als Vermögen, das im Sinne des Artikels 19 Buchstabe c von diesem Staat eigens zu anderen als nicht privatwirtschaftlichen staatlichen Zwecken benutzt wird oder für eine solche Nutzung bestimmt ist:

a) Vermögen, einschließlich Bankkonten, das für die Wahrnehmung der Aufgaben der diplomatischen Mission des Staates oder seiner konsularischen Vertretungen, Sondermissionen, Missionen bei internationalen Organisationen oder Delegationen bei Organen internationaler Organisationen oder bei internationalen Konferenzen benutzt wird oder für eine solche Nutzung bestimmt ist;

b) Vermögen militärischer Art oder für die Wahrnehmung militärischer Aufgaben benutztes oder bestimmtes Vermögen;

c) Vermögen der Zentralbank oder einer anderen Währungsbehörde des Staates;

d) Vermögen, das Bestandteil des kulturellen Erbes des Staates oder seiner Archive ist und nicht zum Verkauf steht oder zum Verkauf bestimmt ist;

e) Vermögen, das Bestandteil einer Ausstellung von wissenschaftlich, kulturell oder historisch bedeutsamen Gegenständen ist und nicht zum Verkauf steht oder zum Verkauf bestimmt ist.

2. Absatz 1 lässt Artikel 18 und Artikel 19 Buchstaben a und b unberührt.

Teil V Verschiedene Bestimmungen

Artikel 22. Zustellung verfahrenseinleitender Schriftstücke

1. Die Zustellung der Klage oder eines sonstigen ein Verfahren gegen einen Staat einleitenden Schriftstücks erfolgt

a) in Übereinstimmung mit jeder anwendbaren völkerrechtlichen Übereinkunft, die für den Gerichtsstaat und den betreffenden Staat bindend ist, oder

b) in Übereinstimmung mit jeder Sondervereinbarung zwischen dem Kläger und dem betreffenden Staat über die Zustellung, wenn dies nicht nach dem Recht des Gerichtsstaats ausgeschlossen ist, oder,

c) in Ermangelung einer solchen Übereinkunft oder Sondervereinbarung,

i) durch Übermittlung auf dem diplomatischen Weg an das Außenministerium des betreffenden Staates oder

ii) auf jede andere von dem betreffenden Staat anerkannte Art, wenn dies nicht nach dem Recht des Gerichtsstaats ausgeschlossen ist.

2. Die in Absatz 1 Buchstabe c Ziffer i genannte Zustellung gilt mit dem Eingang der Schriftstücke beim Außenministerium als bewirkt.

3. Diesen Schriftstücken ist erforderlichenfalls eine Übersetzung in die Amtssprache oder in eine der Amtssprachen des betreffenden Staates beizufügen.

4. Lässt sich ein Staat in einem gegen ihn eingeleiteten Verfahren zur Hauptsache ein, so kann er danach nicht mehr geltend machen, dass die Zustellung nicht in Übereinstimmung mit den Absätzen 1 und 3 erfolgte.

Artikel 23. Versäumnisentscheidung

1. Eine Versäumnisentscheidung gegen einen Staat wird nur getroffen, wenn das Gericht sich vergewissert hat, dass

a) die in Artikel 22 Absätze 1 und 3 festgelegten Voraussetzungen erfüllt sind,

b) eine Frist von mindestens vier Monaten verstrichen ist, gerechnet ab dem Tag, an dem die Zustellung der Klage beziehungsweise sonstiger verfahrenseinleitender Schriftstücke nach Artikel 22 Absätze 1 und 2 bewirkt wurde oder als bewirkt gilt, und

c) dieses Übereinkommen die Ausübung der Gerichtsbarkeit nicht ausschließt.

2. Eine Abschrift einer gegen einen Staat ergangenen Versäumnisentscheidung, der erforderlichenfalls eine Übersetzung in die Amtssprache oder in eine der Amtssprachen des betreffenden Staates beizufügen ist, wird diesem durch eine der in Artikel 22 Absatz 1 näher bezeichneten Arten und in Übereinstimmung mit den Bestimmungen des genannten Absatzes übermittelt.

3. Die Frist für Anträge auf Aufhebung einer Versäumnisentscheidung beträgt mindestens vier Monate und läuft ab dem Tag, an dem die Abschrift der Entscheidung bei dem betreffenden Staat eingegangen ist oder als eingegangen gilt.

Artikel 24. Vorrechte und Immunitäten während eines gerichtlichen Verfahrens

1. Wenn es ein Staat unterlässt oder ablehnt, eine Anordnung eines Gerichts eines anderen Staates zu befolgen, die ihm auferlegt, für Verfahrenszwecke eine bestimmte Handlung auszuführen oder zu unterlassen beziehungsweise bestimmte Unterlagen beizubringen oder sonstige Informationen offen zu legen, dann hat dies keine anderen Folgen als die, welche ein solches Verhalten in Bezug auf die Hauptsache nach sich ziehen kann. Insbesondere werden wegen einer solchen Nichtbefolgung oder Weigerung keine Geldbußen oder sonstigen Strafen gegen den Staat verhängt.

2. Einem Staat, der beklagte Partei in einem Verfahren vor einem Gericht eines anderen Staates ist, wird zur Sicherung der Verfahrenskosten keine – wie auch immer bezeichnete – Sicherheitsleistung oder Hinterlegung auferlegt.

Teil VI

Schlussbestimmungen

Artikel 25. Anlage

Die Anlage zu diesem Übereinkommen ist Bestandteil des Übereinkommens.

Artikel 26. Andere völkerrechtliche Übereinkünfte

Dieses Übereinkommen berührt nicht die Rechte und Pflichten der Vertragsstaaten aus bestehenden völkerrechtlichen Übereinkünften, deren Vertragsparteien sie sind und die Fragen behandeln, die Gegenstand dieses Übereinkommens sind.

Artikel 27. Beilegung von Streitigkeiten

1. Die Vertragsstaaten bemühen sich, Streitigkeiten über die Auslegung oder die Anwendung dieses Übereinkommens durch Verhandlungen beizulegen.

2. Jede Streitigkeit zwischen zwei oder mehreren Vertragsstaaten über die Auslegung oder die Anwendung dieses Übereinkommens, die nicht innerhalb von sechs Monaten durch Verhandlungen beigelegt werden kann, wird auf Verlangen eines dieser Vertragsstaaten einem Schiedsverfahren unterworfen. Können sich die Vertragsstaaten binnen sechs Monaten nach dem Zeitpunkt, zu dem das Schiedsverfahren verlangt worden ist, über seine Einrichtung nicht einigen, so kann jeder dieser Vertragsstaaten die Streitigkeit dem Internationalen Gerichtshof unterbreiten, indem er einen Antrag in Übereinstimmung mit dem Statut des Gerichtshofs stellt.

3. Jeder Vertragsstaat kann bei der Unterzeichnung, Ratifikation, Annahme oder Genehmigung dieses Übereinkommens oder dem Beitritt zu diesem erklären, dass er sich durch Absatz 2 nicht als gebunden betrachtet. Die anderen Vertragsstaaten sind gegenüber einem Vertragsstaat, der eine solche Erklärung abgegeben hat, durch Absatz 2 nicht gebunden.

4. Ein Vertragsstaat, der eine Erklärung nach Absatz 3 abgegeben hat, kann diese Erklärung jederzeit durch eine an den Generalsekretär der Vereinten Nationen gerichtete Notifikation zurückziehen.

Artikel 28. Unterzeichnung

Dieses Übereinkommen liegt für alle Staaten bis zum 17. Januar 2007 am Sitz der Vereinten Nationen in New York zur Unterzeichnung auf.

Artikel 29. Ratifikation, Annahme, Genehmigung oder Beitritt

1. Dieses Übereinkommen bedarf der Ratifikation, Annahme oder Genehmigung.

2. Dieses Übereinkommen steht jedem Staat zum Beitritt offen.

3. Die Ratifikations- , Annahme- Genehmigungs- oder Beitrittsurkunden werden beim Generalsekretär der Vereinten Nationen hinterlegt.

Artikel 30. Inkrafttreten

1. Dieses Übereinkommen tritt am dreißigsten Tag nach Hinterlegung der dreißigsten Ratifikations- Annahme- Genehmigungs- oder Beitrittsurkunde beim Generalsekretär der Vereinten Nationen in Kraft.

2. Für jeden Staat, der dieses Übereinkommen nach Hinterlegung der dreißigsten Ratifikations- Annahme- Genehmigungs- oder Beitrittsurkunde ratifiziert, annimmt, genehmigt oder ihm beitritt, tritt das Übereinkommen am dreißigsten Tag nach Hinterlegung der entsprechenden Urkunde durch diesen Staat in Kraft.

Artikel 31. Kündigung

1. Jeder Vertragsstaat kann dieses Übereinkommen durch eine an den Generalsekretär der Vereinten Nationen gerichtete schriftliche Notifikation kündigen.

2. Die Kündigung wird ein Jahr nach Eingang der Notifikation beim Generalsekretär der Vereinten Nationen wirksam. Dieses Übereinkommen bleibt jedoch weiterhin auf alle Fragen der Immunität von Staaten oder ihres Vermögens von der Gerichtsbarkeit anwendbar, die in einem Verfahren aufgeworfen werden, das gegen einen Staat vor einem Gericht eines anderen Staates eingelei-

tet wurde, bevor die Kündigung für einen der betreffenden Staaten wirksam geworden ist.

3. Die Kündigung berührt nicht die Pflicht jedes Vertragsstaats, jede in diesem Übereinkommen verankerte Verpflichtung zu erfüllen, die ihm aufgrund des Völkerrechts unabhängig von diesem Übereinkommen auferlegt ist.

Artikel 32. Verwahrer und Notifikationen

1. Der Generalsekretär der Vereinten Nationen wird zum Verwahrer dieses Übereinkommens bestimmt.

2. Als Verwahrer dieses Übereinkommens unterrichtet der Generalsekretär der Vereinten Nationen alle Staaten von

a) jeder Unterzeichnung dieses Übereinkommens und jeder Hinterlegung einer Ratifikations- Annahme- Genehmigungs- oder Beitrittsurkunde oder einer Kündigungsnotifikation nach den Artikeln 29 und 31;

b) dem Zeitpunkt des Inkrafttretens dieses Übereinkommens nach Artikel 30;

c) jeder Handlung, Notifikation oder Mitteilung im Zusammenhang mit diesem Übereinkommen.

Artikel 33. Verbindliche Wortlaute

Der arabische, chinesische, englische, französische, russische und spanische Wortlaut dieses Übereinkommens ist gleichermaßen verbindlich.

ZU URKUND DESSEN haben die hierzu von ihren Regierungen gehörig befugten Unterzeichneten dieses am 17. Januar 2005 am Sitz der Vereinten Nationen in New York zur Unterzeichnung aufgelegte Übereinkommen unterschrieben.

Anlage zum Übereinkommen Vereinbarte Auslegung einiger Bestimmungen des Übereinkommens

Diese Anlage dient dazu, die vereinbarte Auslegung der betreffenden Bestimmungen festzuhalten.

Zu Artikel 10

Der Begriff „Immunität" in Artikel 10 ist im Gesamtzusammenhang dieses Übereinkommens zu verstehen.

Artikel 10 Absatz 3 präjudiziert nicht die Frage der Durchgriffshaftung („piercing the corporate veil"), Fragen zu Sachverhalten, in denen ein staatlicher Rechtsträger vorsätzlich falsche Angaben über seine finanzielle Lage gemacht oder sein Vermögen nachträglich verringert hat, um die Befriedigung eines Anspruchs zu umgehen, oder andere damit im Zusammenhang stehende Fragen.

Zu Artikel 11

Der in Artikel 11 Absatz 2 Buchstabe d enthaltene Verweis auf die „Sicherheitsinteressen" des Staates, der Arbeitgeber ist, zielt in erster Linie auf Angelegenheiten der nationalen Sicherheit sowie der Sicherheit der diplomatischen Missionen und der konsularischen Vertretungen ab.

Nach Artikel 41 des Wiener Übereinkommens von 1961 über diplomatische Beziehungen und nach Artikel 55 des Wiener Übereinkommens von 1963 über konsularische Beziehungen sind alle in diesen Artikeln bezeichneten Personen verpflichtet, die Gesetze und sonstigen Rechtsvorschriften, einschließlich des Arbeitsrechts, des Gastlands zu beachten. Gleichzeitig ist der Empfangsstaat nach Artikel 38 des Wiener Übereinkommens von 1961 über diplomatische Beziehungen und nach Artikel 71 des Wiener Übereinkommens von 1963 über konsularische Beziehungen verpflichtet, seine Hoheitsgewalt so auszuüben, dass er die Mission beziehungsweise die konsularische Vertretung bei der Wahrnehmung ihrer Aufgaben nicht ungebührlich behindert.

Zu den Artikeln 13 und 14

Der Begriff „Feststellung" bezieht sich nicht nur auf die Bestätigung des Bestehens der geschützten Rechte, sondern auch auf die Bewertung oder Beurteilung des wesentlichen Gehalts dieser Rechte einschließlich ihres Inhalts, ihres Geltungsbereichs und ihres Umfangs.

Zu Artikel 17

Der Begriff „privatwirtschaftliches Rechtsgeschäft" schließt Investitionsangelegenheiten mit ein.

Zu Artikel 19

Der Begriff „Rechtsträger" unter Buchstabe c bezeichnet den Staat als selbständige Rechtspersönlichkeit, einen Gliedstaat eines Bundesstaats, eine Gebietskörperschaft eines Staates, eine Einrichtung oder Stelle eines Staates oder einen anderen Rechtsträger mit selbständiger Rechtspersönlichkeit.

Der Ausdruck „Vermögen [...], das mit dem Rechtsträger [...] im Zusammenhang steht" unter Buchstabe c ist weiter gefasst als die Begriffe „Eigentum" oder „Besitz".

Artikel 19 präjudiziert nicht die Frage der Durchgriffshaftung („piercing the corporate veil"), Fragen zu Sachverhalten, in denen ein staatlicher Rechtsträger vorsätzlich falsche Angaben über seine finanzielle Lage gemacht oder sein Vermögen nachträglich verringert hat, um die Befriedigung eines Anspruchs zu umgehen, oder andere damit im Zusammenhang stehende Fragen.

4/2. Europäisches Übereinkommen über Staatenimmunität

BGBl 1976/432

Europäisches Übereinkommen über Staatenimmunität

Österreichische Erklärung gemäß Art. 28 Abs. 2 des Europäischen Übereinkommens über Staatenimmunität

„Die Republik Österreich erklärt gemäß Artikel 28 Absatz 2 des Europäischen Übereinkommens über Staatenimmunität, daß sich die Länder Burgenland, Kärnten, Niederösterreich, Oberösterreich, Salzburg, Steiermark, Tirol, Vorarlberg und Wien auf die für die Vertragsstaaten geltenden Vorschriften des Europäischen Übereinkommens über Staatenimmunität berufen können und die gleichen Pflichten haben wie diese."

Die vom Bundespräsidenten unterzeichnete und vom Vizekanzler gegengezeichnete Ratifikationsurkunde wurde am 10. Juli 1974 hinterlegt; das Übereinkommen ist gemäß seinem Artikel 36 Absatz 2 am 11. Juni 1976 zwischen Österreich, Belgien und Zypern in Kraft getreten. Das Inkrafttreten des Zusatzprotokolls wird gesondert kundgemacht.

Anläßlich der Hinterlegung seiner Ratifikationsurkunde hat Belgien folgende Erklärungen abgegeben:

„Die belgische Regierung bezeichnet gemäß Artikel 21 die Gerichtshöfe erster Instanz als zuständig zur Feststellung, ob der belgische Staat eine ausländische Entscheidung erfüllen muß."

„Unter Bezugnahme auf den Artikel 24 erklärt die belgische Regierung, daß ihre Gerichte über die Fälle der Artikel 1 bis 13 hinaus in Verfahren gegen einen anderen Vertragsstaat in demselben Ausmaß wie in Verfahren gegen Nichtvertragsstaaten entscheiden können. Diese Erklärung läßt die Immunität von der Gerichtsbarkeit unberührt, die fremde Staaten hinsichtlich der in Ausübung der Hoheitsgewalt vorgenommenen Handlungen (acta iure imperii) genießen."

Die Mitgliedstaaten des Europarats, die dieses Übereinkommen unterzeichnet haben, –

in der Erwägung, daß es das Ziel des Europarats ist, eine engere Verbindung zwischen seinen Mitgliedern herzustellen,

unter Berücksichtigung der Tatsache, daß im internationalen Recht die Tendenz besteht, die Fälle einzuschränken, in denen ein Staat vor ausländischen Gerichten Immunität beanspruchen kann,

in dem Wunsch, für ihre gegenseitigen Beziehungen gemeinsame Regeln aufzustellen, die das Ausmaß der Immunität von der Gerichtsbarkeit bestimmen, die ein Staat vor den Gerichten eines anderen Staates genießt und die Durchsetzung der gegen einen Staat ergangenen Entscheidungen zu sichern,

in der Erwägung, daß die Annahme solcher Regeln geeignet ist, zum Fortschritt des Vereinheitlichungswerks der Mitgliedstaaten des Europarats auf dem Gebiet des Rechts beizutragen, –

haben folgendes vereinbart:

KAPITEL I

Immunität von der Gerichtsbarkeit

Artikel 1

(1) Ein Vertragsstaat, der vor einem Gericht eines anderen Vertragsstaats ein Verfahren anhängig macht oder einem solchen als Intervenient beitritt, unterwirft sich für das Verfahren der Gerichtsbarkeit der Gerichte dieses Staates.

(2) Ein solcher Vertragsstaat kann vor den Gerichten des anderen Vertragsstaats für eine Widerklage Immunität von der Gerichtsbarkeit nicht beanspruchen,

a) wenn sich die Widerklage aus dem Rechtsverhältnis oder aus dem Sachverhalt herleitet, auf die sich die Hauptklage stützt;

b) wenn dieser Staat Immunität von der Gerichtsbarkeit nach diesem Übereinkommen nicht hätte beanspruchen können, wäre vor den Gerichten des anderen Staates eine besondere Klage gegen ihn erhoben worden.

(3) Ein Vertragsstaat, der vor dem Gericht eines anderen Vertragsstaats eine Widerklage erhebt, unterwirft sich der Gerichtsbarkeit der Gerichte dieses Staates sowohl für die Haupt- als auch für die Widerklage.

Artikel 2

Ein Vertragsstaat kann vor einem Gericht eines anderen Vertragsstaats Immunität von der Gerichtsbarkeit nicht beanspruchen, wenn er sich verpflichtet hat, sich der Gerichtsbarkeit dieses Gerichts zu unterwerfen, und zwar

a) durch internationale Vereinbarung,

b) durch ausdrückliche Bestimmung in einem schriftlichen Vertrag oder

c) durch nach Entstehen der Streitigkeit ausdrücklich erklärte Zustimmung.

Artikel 3

(1) Ein Vertragsstaat kann vor einem Gericht eines anderen Vertragsstaats Immunität von der Gerichtsbarkeit nicht beanspruchen, wenn er sich vor Geltendmachung der Immunität zur Hauptsache einläßt. Weist er jedoch nach daß er von den Tatsachen, auf Grund welcher er Immunität hätte beanspruchen können, erst nachträglich Kenntnis erlangen konnte, so kann er die Immunität beanspruchen, wenn er sich auf diese Tatsachen so bald wie möglich beruft.

(2) Tritt ein Vertragsstaat vor einem Gericht eines anderen Vertragsstaats auf, um Immunität zu beanspruchen, so gilt dies nicht als Verzicht auf die Immunität.

Artikel 4

(1) Vorbehaltlich des Artikels 5 kann ein Vertragsstaat vor einem Gericht eines anderen Vertragsstaats Immunität von der Gerichtsbarkeit nicht beanspruchen, wenn das Verfahren eine von dem Staat in einem nicht völkerrechtlichen Vertrag eingegangene Verpflichtung betrifft und die Verpflichtung im Gerichtsstaat zu erfüllen ist.

(2) Absatz 1 ist nicht anzuwenden,

a) wenn der Vertrag zwischen Staaten geschlossen worden ist,

b) wenn die Vertragsparteien schriftlich etwas anderes vereinbart haben,

c) wenn der Vertrag von dem Staat in seinem Hoheitsgebiet geschlossen worden ist und die Verpflichtung des Staates seinem Verwaltungsrecht unterliegt.

Artikel 5

(1) Ein Vertragsstaat kann vor einem Gericht eines anderen Vertragsstaats Immunität von der Gerichtsbarkeit nicht beanspruchen, wenn das Verfahren einen zwischen dem Staat und einer natürlichen Person geschlossenen Arbeitsvertrag betrifft und die Arbeit im Gerichtsstaat zu leisten ist.

(2) Absatz 1 ist nicht anzuwenden,

a) wenn die natürliche Person im Zeitpunkt der Einleitung des Verfahrens die Staatsangehörigkeit des Staates hat, der ihr Arbeitgeber ist,

b) wenn sie im Zeitpunkt des Vertragsschlusses weder Angehörige des Gerichtsstaats war noch ihren gewöhnlichen Aufenthalt in diesem Staat hatte oder

c) wenn die Vertragsparteien schriftlich etwas anderes vereinbart haben, sofern nicht nach dem Recht des Gerichtsstaats dessen Gerichte wegen der Art der Streitigkeit ausschließlich zuständig sind.

(3) Wird die Arbeit für ein Büro, eine Agentur oder eine andere Niederlassung im Sinne des Artikels 7 geleistet, so ist Absatz 2 Buchstaben a und b nur anzuwenden, wenn die natürliche Person im Zeitpunkt des Vertragsschlusses ihren gewöhnlichen Aufenthalt in dem Staat hatte, der ihr Arbeitgeber ist.

Artikel 6

(1) Ein Vertragsstaat kann vor einem Gericht eines anderen Vertragsstaats Immunität von der Gerichtsbarkeit nicht beanspruchen, wenn er sich gemeinsam mit einer oder mehreren Privatpersonen an einer Gesellschaft, Vereinigung oder juristischen Person beteiligt, die ihren tatsächlichen oder satzungsmäßigen Sitz oder ihre Hauptniederlassung im Gerichtsstaat hat, und wenn das Verfahren die Beziehungen betrifft, die sich aus dieser Beteiligung zwischen dem Staat einerseits und der Gesellschaft, Vereinigung oder juristischen Person oder weiteren Beteiligten anderseits ergeben.

(2) Absatz 1 ist nicht anzuwenden, wenn schriftlich etwas anderes vereinbart worden ist.

Artikel 7

(1) Ein Vertragsstaat kann vor einem Gericht eines anderen Vertragsstaats Immunität von der Gerichtsbarkeit nicht beanspruchen, wenn er im Gerichtsstaat ein Büro, eine Agentur oder eine andere Niederlassung hat, durch die er auf die gleiche Weise wie eine Privatperson eine gewerbliche, kaufmännische oder finanzielle Tätigkeit ausübt, und wenn das Verfahren diese Tätigkeit des Büros, der Agentur oder der Niederlassung betrifft.

(2) Absatz 1 ist nicht anzuwenden, wenn alle Streitparteien Staaten sind oder wenn die Parteien schriftlich etwas anderes vereinbart haben.

Artikel 8

Ein Vertragsstaat kann vor einem Gericht eines anderen Vertragsstaats Immunität von der Gerichtsbarkeit nicht beanspruchen, wenn sich das Verfahren bezieht

a) auf ein Patent, ein gewerbliches Muster oder Modell, ein Warenzeichen, eine Dienstleistungsmarke oder ein anderes gleichartiges Recht, das im Gerichtsstaat angemeldet, hinterlegt, eingetragen oder auf andere Weise geschützt ist, wenn der Staat Anmelder, Hinterleger oder Inhaber ist;

b) auf die Behauptung, der Staat habe im Gerichtsstaat ein solches, dort geschütztes und einem Dritten zustehendes Recht verletzt;

c) auf die Behauptung, der Staat habe im Gerichtsstaat ein dort geschütztes und einem Dritten zustehendes Urheberrecht verletzt;

d) auf das Recht zum Gebrauch einer Firma im Gerichtsstaat.

Artikel 9

Ein Vertragsstaat kann vor den Gerichten eines anderen Vertragsstaats Immunität von der Gerichtsbarkeit nicht beanspruchen, wenn sich das Verfahren bezieht

a) auf ein Recht des Staates an unbeweglichem Vermögen, auf den Besitz oder den Gebrauch solchen Vermögens durch den Staat oder

b) auf seine Pflichten, die ihm als Inhaber von Rechten an unbeweglichem Vermögen oder als Besitzer obliegen oder sich aus dem Gebrauch eines solchen Vermögens ergeben,

sofern das unbewegliche Vermögen im Gerichtsstaat gelegen ist.

Artikel 10

Ein Vertragsstaat kann vor einem Gericht eines anderen Vertragsstaats Immunität von der Gerichtsbarkeit nicht beanspruchen, wenn das Verfahren ein Recht an beweglichem oder unbeweglichem Vermögen betrifft, das zu einer Erbschaft oder Schenkung gehört oder erb- oder herrenlos ist.

Artikel 11

Ein Vertragsstaat kann vor einem Gericht eines anderen Vertragsstaates Immunität von der Gerichtsbarkeit nicht beanspruchen, wenn das Verfahren den Ersatz eines Personen- oder Sachschadens betrifft, das schädigende Ereignis im Gerichtsstaat eingetreten ist und der Schädiger sich bei Eintritt des Ereignisses in diesem Staat aufgehalten hat.

Artikel 12

(1) Hat ein Vertragsstaat schriftlich zugestimmt, daß bestehende oder künftige zivil- oder handelsrechtliche Streitigkeiten einem schiedsrichterlichen Verfahren unterworfen werden, so kann er vor einem Gericht eines anderen Vertragsstaats, in dessen Hoheitsgebiet oder nach dessen Recht das schiedsrichterliche Verfahren stattfinden soll oder stattgefunden hat, Immunität von der Gerichtsbarkeit für kein Verfahren beanspruchen, das

a) die Gültigkeit oder die Auslegung der Schiedsvereinbarung,

b) das schiedsrichterliche Verfahren,

c) die Aufhebung des Schiedsspruchs

betrifft, sofern nicht die Schiedsvereinbarung etwas anderes vorsieht.

(2) Absatz 1 ist auf eine Schiedsvereinbarung zwischen Staaten nicht anzuwenden.

Artikel 13

Artikel 1 Absatz 1 ist nicht anzuwenden, wenn ein Vertragsstaat in einem Verfahren, das vor einem Gericht eines anderen Vertragsstaats anhängig und in dem er nicht Partei ist, geltend macht, er habe ein Recht an dem den Gegenstand des Verfahrens bildenden Vermögen, sofern der Staat Immunität hätte beanspruchen können, wäre das Verfahren gegen ihn gerichtet gewesen.

Artikel 14

Dieses Übereinkommen darf nicht so ausgelegt werden, daß es ein Gericht eines Vertragsstaats nur deshalb daran hindert, Vermögenswerte wie etwa ein Treuhandvermögen oder eine Konkursmasse zu verwalten oder dessen Verwaltung zu veranlassen oder zu überwachen, weil ein anderer Vertragsstaat ein Recht an dem Vermögen hat.

Artikel 15

Ein Vertragsstaat kann vor den Gerichten eines anderen Vertragsstaats Immunität von der Gerichtsbarkeit beanspruchen, wenn das Verfahren nicht unter die Artikel 1 bis 14 fällt; das Gericht muß die Durchführung eines solchen Verfahrens auch dann ablehnen, wenn sich der Staat daran nicht beteiligt.

KAPITEL II

Verfahrensvorschriften

Artikel 16

(1) Die nachstehenden Vorschriften gelten für Verfahren gegen einen Vertragsstaat vor einem Gericht eines anderen Vertragsstaats.

(2) Die zuständigen Behörden des Gerichtsstaats übermitteln

– die Urschrift oder eine Abschrift des das Verfahren einleitenden Schriftstücks,

– eine Abschrift jeder gegen den beklagten Staat ergangenen Versäumungsentscheidung

auf diplomatischem Weg dem Außenministerium des beklagten Staates zur etwaigen Weiterleitung an die zuständige Behörde. Diesen Urkunden ist erforderlichenfalls eine Übersetzung in die Amtssprache oder in eine der Amtssprachen des beklagten Staates beizufügen.

(3) Die Zustellung der in Absatz 2 bezeichneten Urkunden gilt als mit ihrem Eingang beim Außenministerium bewirkt.

(4) Die Fristen zur Beteiligung am Verfahren und die Rechtsmittelfristen bei Versäumungsentscheidungen beginnen zwei Monate nach dem Eingang des das Verfahren einleitenden Schriftstücks oder der Abschrift der Entscheidung beim Außenministerium.

(5) Ist es Sache des Gerichts, die Fristen zur Beteiligung am Verfahren oder die Rechtsmittelfristen bei Versäumungsentscheidungen zu bestimmen, so kann es dem Staat keine Frist setzen, die vor Ablauf von zwei Monaten nach dem Eingang des das Verfahren einleitenden Schriftstücks oder der Abschrift der Entscheidung beim Außenministerium endet.

(6) Beteiligt sich ein Vertragsstaat an dem Verfahren, so gilt dies als Verzicht auf alle Einwendungen gegen die Art der Zustellung des das Verfahren einleitenden Schriftstücks.

(7) Hat sich der Vertragsstaat nicht an dem Verfahren beteiligt, so kann eine Versäumungsentscheidung gegen ihn nur ergehen, wenn festgestellt ist, daß ihm das der Einleitung des Verfahrens dienende Schriftstück nach Absatz 2 übermittelt worden ist und daß die in den Absätzen 4 und 5 vorgesehenen Fristen für die Beteiligung am Verfahren eingehalten worden sind.

Artikel 17

Einem Vertragsstaat darf zur Sicherung der Verfahrenskosten keine Sicherheitsleistung oder Hinterlegung auferlegt werden, unter welcher Bezeichnung es auch sei, die im Gerichtsstaat nicht von einem Angehörigen dieses Staates oder von einer Person verlangt werden könnte, die dort ihren Wohnsitz oder Aufenthalt hat. Der Staat, der vor einem Gericht eines anderen Vertragsstaats als Kläger auftritt, hat alle ihm auferlegten Verfahrenskosten zu zahlen.

Artikel 18

Gegen einen Vertragsstaat, der in einem Verfahren vor einem Gericht eines anderen Vertragsstaats Partei ist, dürfen keine Zwangs- oder Strafmaßnahmen verhängt werden, weil er es ablehnt oder unterläßt, Beweismittel beizubringen. Das Gericht kann jedoch aus einer solchen Ablehnung oder Unterlassung die ihm gerechtfertigt scheinenden Schlüsse ziehen.

Artikel 19

(1) Ein Gericht, vor dem ein Verfahren anhängig ist, in dem ein Vertragsstaat Partei ist, hat auf Antrag einer Partei oder, wenn sein innerstaatliches Recht dies gestattet, von Amts wegen die Klage zurückzuweisen oder das Verfahren auszusetzen, wenn ein anderes auf demselben Sachverhalt beruhendes und denselben Gegenstand betreffendes Verfahren zwischen denselben Parteien

a) vor einem Gericht dieses Vertragsstaats anhängig und als erstes eingeleitet worden ist oder

b) vor einem Gericht eines anderen Vertragsstaats anhängig ist, als erstes eingeleitet worden ist und zu einer Entscheidung führen kann, die der an dem Verfahren beteiligte Staat nach Artikel 20 oder 25 zu erfüllen hätte.

(2) Jeder Vertragsstaat, dessen Recht es den Gerichten gestattet, die Klage zurückzuweisen oder das Verfahren auszusetzen, wenn vor einem Gericht eines anderen Vertragsstaats bereits ein auf demselben Sachverhalt beruhendes und denselben Gegenstand betreffendes Verfahren zwischen denselben Parteien anhängig ist, kann durch eine an den Generalsekretär des Europarats gerichtete Notifikation erklären, daß seine Gerichte an Absatz 1 nicht gebunden sind.

KAPITEL III

Wirkungen der Entscheidungen

Artikel 20

(1) Ein Vertragsstaat hat die gegen ihn ergangene Entscheidung eines Gerichts eines anderen Vertragsstaats zu erfüllen,

a) wenn er nach den Artikeln 1 bis 13 Immunität von der Gerichtsbarkeit nicht beanspruchen konnte und

b) wenn die Entscheidung nicht oder nicht mehr Gegenstand eines Einspruchs gegen eine Versäumungsentscheidung, einer Berufung oder eines anderen ordentlichen Rechtsmittels oder einer Kassationsbeschwerde sein kann.

(2) Ein Vertragsstaat ist jedoch nicht verpflichtet, eine solche Entscheidung zu erfüllen,

a) wenn dies offensichtlich gegen die öffentliche Ordnung dieses Staates verstieße,

b) wenn ein auf demselben Sachverhalt beruhendes und denselben Gegenstand betreffendes Verfahren zwischen denselben Parteien

i) vor einem Gericht dieses Staates anhängig und als erstes eingeleitet worden ist oder

ii) vor einem Gericht eines anderen Vertragsstaats anhängig ist, als erstes eingeleitet worden ist und zu einer Entscheidung führen kann, die der an dem Verfahren beteiligte Staat nach dem Übereinkommen zu erfüllen hätte;

c) wenn die Wirkungen der Entscheidung unvereinbar sind mit denen einer anderen zwischen denselben Parteien ergangenen Entscheidung

i) eines Gerichtes des Vertragsstaats, sofern das Verfahren vor diesem Gericht als erstes eingeleitet worden und diese andere Entscheidung ergangen ist, bevor die Entscheidung die Voraussetzungen des Absatzes 1 Buchstabe b erfüllt hat, oder

ii) eines Gerichtes eines anderen Vertragsstaats, sofern dessen

Entscheidung als erste die in diesem Übereinkommen vorgesehenen Voraussetzungen erfüllt hat;

d) wenn Artikel 16 nicht eingehalten worden ist und der Staat sich an dem Verfahren nicht beteiligt oder gegen eine Versäumungsentscheidung kein Rechtsmittel eingelegt hat.

(3) Ferner ist ein Vertragsstaat in den in Artikel 10 bezeichneten Fällen nicht verpflichtet, die Entscheidung zu erfüllen,

a) wenn die Gerichte im Gerichtsstaat nicht zuständig gewesen wären, hätten sie die in dem Staat, gegen den die Entscheidung ergangen ist, geltenden Zuständigkeitsvorschriften –mit Ausnahme der Zuständigkeitsvorschriften in der Anlage zu diesem Übereinkommen – entsprechend angewendet;

b) wenn das Gericht wegen der Anwendung eines anderen Rechtes als desjenigen das nach den Regeln des internationalen Privatrechts dieses Staates anzuwenden gewesen wäre, zu einem anderen Ergebnis gekommen ist als demjenigen, zu dem die Anwendung des von diesen Regeln bezeichneten Rechtes geführt hätte.

Ein Vertragsstaat kann sich jedoch auf die Ablehnungsgründe der Buchstaben a und b nicht berufen, wenn er mit dem Gerichtsstaat durch ein Abkommen über die Anerkennung und Vollstreckung gerichtlicher Entscheidungen verbunden ist und die Entscheidung die Voraussetzungen dieses Abkommens hinsichtlich der Zuständigkeit und gegebenenfalls des anzuwendenden Rechtes erfüllt.

Artikel 21

(1) Ist gegen einen Vertragsstaat eine Entscheidung ergangen und erfüllt er sie nicht, so kann die Partei, die sich auf die Entscheidung beruft, von dem zuständigen Gericht dieses Staates eine Feststellung darüber verlangen, ob die Entscheidung nach Artikel 20 erfüllt werden muß. Wenn sein Recht ihm dies gestattet, kann auch der Staat, gegen den die Entscheidung ergangen ist, das Gericht anrufen.

(2) Vorbehaltlich des Artikels 20 darf das Gericht des betreffenden Staates die Entscheidung in der Sache selbst nicht nachprüfen.

(3) Wird vor einem Gericht eines Staates ein Verfahren nach Absatz 1 eingeleitet,

a) so ist den Parteien in dem Verfahren rechtliches Gehör zu gewähren,

b) so sind die von der Partei, die sich auf die Entscheidung beruft, vorgelegten Urkunden von der Beglaubigung und allen anderen gleichartigen Förmlichkeiten befreit,

c) so darf von der Partei, die sich auf die Entscheidung beruft, wegen ihrer Staatsangehörigkeit, ihres Wohnsitzes oder ihres Aufenthalts weder eine Sicherheitsleistung noch eine Hinterlegung, unter welcher Bezeichnung es auch sei, verlangt werden,

d) so ist die Partei, die sich auf die Entscheidung beruft, zum Armenrecht unter Bedingungen zuzulassen, die mindestens ebenso günstig sind wie diejenigen, die für eigene Staatsangehörige mit Wohnsitz oder Aufenthalt in diesem Staat gelten.

(4) Jeder Vertragsstaat bezeichnet das Gericht oder die Gerichte im Sinne des Absatzes 1 und verständigt davon den Generalsekretär des Europarats bei der Hinterlegung seiner Ratifikations-, Annahme- oder Beitrittsurkunde.

Artikel 22

(1) Ein Vertragsstaat hat einen Vergleich zu erfüllen, an dem er als Partei beteiligt ist und der in einem Verfahren vor einem Gericht eines anderen Vertragsstaats geschlossen worden ist; Artikel 20 ist auf einen solchen Vergleich nicht anwendbar.

(2) Erfüllt der Staat den Vergleich nicht, so kann von dem in Artikel 21 vorgesehenen Verfahren Gebrauch gemacht werden.

Artikel 23

In einem Vertragsstaat darf gegen das Vermögen eines anderen Vertragsstaats weder eine Zwangsvollstreckung durchgeführt noch eine Sicherungsmaßnahme getroffen werden, außer in dem Fall und in dem Ausmaß, in denen der Staat selbst ausdrücklich in Schriftform zugestimmt hat.

KAPITEL IV

Bestimmungen, deren Annahme freigestellt ist

Artikel 24

(1) Vorbehaltlich des Artikels 15 kann jeder Staat bei der Unterzeichnung oder bei der Hinterlegung seiner Ratifikations- ,Annahme- oder Beitrittsurkunde oder jederzeit danach durch eine an den Generalsekretär des Europarats gerichtete Notifikation erklären, daß seine Gerichte über die Fälle der Artikel 1 bis 13 hinaus in Verfahren gegen einen anderen Vertragsstaat in demselben Ausmaß wie in Verfahren gegen Nichtvertragsstaaten entscheiden können. Diese Erklärung läßt die Immunität von der Gerichtsbarkeit unberührt, die fremde Staaten hinsichtlich der in Ausübung der Hoheitsgewalt vorgenommenen Handlungen (acta iure imperii) genießen.

(2) Die Gerichte eines Staates, der die Erklärung nach Absatz 1 abgegeben hat, dürfen jedoch in einem Verfahren gegen einen anderen Vertrags-

staat nicht entscheiden, wenn ihre Zuständigkeit nur auf einen oder mehrere der in der Anlage zu diesem Übereinkommen bezeichneten Gründe gestützt werden kann, sofern sich der andere Vertragsstaat nicht zu Hauptsache einläßt, ohne die Einrede der mangelnden Zuständigkeit des Gerichts erhoben zu haben.

(3) Auf Verfahren, die nach diesem Artikel gegen einen Vertragsstaat anhängig gemacht werden, ist Kapitel II anzuwenden.

(4) Die Erklärung nach Absatz 1 kann durch eine an den Generalsekretär des Europarats gerichtete Notifikation zurückgenommen werden. Die Zurücknahme wird drei Monate nach ihrem Eingang wirksam, berührt aber nicht die vor Ablauf dieser Frist eingeleiteten Verfahren.

Artikel 25

(1) Jeder Vertragsstaat, der die Erklärung nach Artikel 24 abgegeben hat, muß in anderen als den Fällen der Artikel 1 bis 13 die Entscheidung eines Gerichts eines anderen Vertragsstaats, der die Erklärung ebenfalls abgegeben hat, erfüllen,

a) wenn die Voraussetzungen des Artikels 20 Absatz 1 Buchstabe b vorliegen und

b) wenn das Gericht nach den folgenden Absätzen als zuständig anzusehen ist.

(2) Der Vertragsstaat ist jedoch nicht verpflichtet, eine solche Entscheidung zu erfüllen,

a) wenn einer der Ablehnungsgründe des Artikels 20 Absatz 2 vorliegt oder

b) wenn Artikel 24 Absatz 2 verletzt worden ist.

(3) Vorbehaltlich des Absatzes 4 gilt ein Gericht eines Vertragsstaats als zuständig im Sinne des Absatzes 1 Buchstabe b,

a) wenn seine Zuständigkeit durch eine Vereinbarung anerkannt ist, die zwischen dem Gerichtsstaat und dem anderen Vertragsstaat in Kraft ist,

b) bei Fehlen einer Vereinbarung zwischen den beiden Staaten über die Anerkennung und Vollstreckung von Entscheidungen in Zivilsachen, wenn die Gerichte im Gerichtsstaat zuständig gewesen wären, hätten sie die in dem Staat, gegen den die Entscheidung ergangen ist, geltenden Zuständigkeitsvorschriften – mit Ausnahme der Zuständigkeitsvorschriften in der Anlage zu diesem Übereinkommen – entsprechend angewendet. Diese Bestimmung gilt nicht für den Bereich des Vertragsrechts.

(4) Vertragsstaaten, die eine Erklärung nach Artikel 24 abgegeben haben, können in einer Zusatzvereinbarung zu diesem Übereinkommen die Voraussetzungen festlegen, unter denen ihre Gerichte als zuständig im Sinne des Absatzes 1 Buchstabe b anzusehen sind.

(5) Erfüllt der Staat die Entscheidung nicht, so kann von dem in Artikel 21 vorgesehenen Verfahren Gebrauch gemacht werden.

Artikel 26

Abweichend von Artikel 23 kann eine Entscheidung, die gegen einen Vertragsstaat in einem Verfahren betreffend eine von dem Staat auf die gleiche Weise wie von einer Privatperson ausgeübte gewerbliche oder kaufmännische Tätigkeit ergangen ist, im Gerichtsstaat gegen das ausschließlich für eine solche Tätigkeit verwendete Vermögen des Staates vollstreckt werden, gegen den die Entscheidung ergangen ist,

a) wenn der Gerichtsstaat und der Staat, gegen den die Entscheidung ergangen ist, die Erklärung nach Artikel 24 abgegeben haben,

b) wenn das Verfahren, das zu der Entscheidung geführt hat, unter die Artikel 1 bis 13 fällt oder nach Artikel 24 Absätze 1 und 2 eingeleitet worden ist und

c) wenn die Entscheidung die Voraussetzungen des Artikels 20 Absatz 1 Buchstabe b erfüllt.

KAPITEL V

Allgemeine Bestimmungen

Artikel 27

(1) Für die Zwecke dieses Übereinkommens schließt der Ausdruck „Vertragsstaat" einen Rechtsträger eines Vertragsstaats nicht ein, der sich von diesem unterscheidet und die Fähigkeit hat, vor Gericht aufzutreten, selbst wenn er mit öffentlichen Aufgaben betraut ist.

(2) Jeder in Absatz 1 bezeichnete Rechtsträger kann vor den Gerichten eines anderen Vertragsstaats wie eine Privatperson in Anspruch genommen werden; diese Gerichte können jedoch nicht über in Ausübung der Hoheitsgewalt vorgenommene Handlungen (acta iure imperii) des Rechtsträgers entscheiden.

(3) Ein solcher Rechtsträger kann in jedem Fall vor diesen Gerichten in Anspruch genommen werden, wenn sie unter gleichartigen Voraussetzungen in einem Verfahren gegen einen Vertragsstaat hätten entscheiden dürfen.

Artikel 28

(1) Unbeschadet des Artikels 27 genießen die Gliedstaaten eines Bundesstaats keine Immunität.

(2) Ein Bundesstaat, der diesem Übereinkommen angehört, kann jedoch durch eine an den Generalsekretär des Europarats gerichtete Notifikation erklären, daß seine Gliedstaaten sich auf die für Vertragsstaaten geltenden Vorschriften dieses Übereinkommens berufen können und die gleichen Pflichten haben wie diese.

(3) Ist eine Erklärung nach Absatz 2 abgegeben worden, so sind Zustellungen an einen Gliedstaat nach Artikel 16 an das Außenministerium des Bundesstaates vorzunehmen.

(4) Nur der Bundesstaat ist befugt, die in diesem Übereinkommen vorgesehenen Erklärungen, Notifikationen und Mitteilungen vorzunehmen, und nur er kann Partei eines Verfahrens nach Artikel 34 sein.

Artikel 29

Dieses Übereinkommen ist nicht anzuwenden auf Verfahren betreffend

a) die soziale Sicherheit,

b) Schäden durch Kernenergie,

c) Zölle, Steuern, Abgaben und Geldstrafen.

Artikel 30

Dieses Übereinkommen ist auf Verfahren nicht anzuwenden, die Ansprüche aus dem Betrieb von einem Vertragsstaat gehörenden oder von ihm verwendeten Seeschiffen, der Beförderung von Ladungen und Reisenden durch diese Schiffe oder der Beförderung von einem Vertragsstaat gehörenden Ladungen an Bord von Handelsschiffen zum Gegenstand haben.

Artikel 31

Dieses Übereinkommen berührt nicht die Immunitäten oder Vorrechte, die ein Vertragsstaat für alle Handlungen oder Unterlassungen genießt, die von seinen Streitkräften oder im Zusammenhang mit diesen im Hoheitsgebiet eines anderen Vertragsstaats begangen werden.

Artikel 32

Dieses Übereinkommen berührt nicht die Vorrechte und Immunitäten im Zusammenhang mit der Wahrnehmung der Aufgaben der diplomatischen Missionen und der konsularischen Vertretungen sowie der diesen angehörenden Personen.

Artikel 33

Dieses Übereinkommen berührt nicht bestehende oder künftige internationale Übereinkünfte, die für besondere Rechtsgebiete Fragen behandeln, die Gegenstand dieses Übereinkommens sind.

Artikel 34

(1) Zwischen zwei oder mehreren Vertragsstaaten entstehende Streitigkeiten über die Auslegung oder die Anwendung dieses Übereinkommens sind auf Antrag eines der an der Streitigkeit beteiligten Staaten oder im gegenseitigen Einvernehmen dem Internationalen Gerichtshof vorzulegen, es sei denn, daß sich die Parteien auf eine andere Art der friedlichen Beilegung einigen.

(2) Der Internationale Gerichtshof kann jedoch nicht angerufen werden

a) wegen einer Streitigkeit, die eine bereits in einem vor dem Gericht eines Vertragsstaats gegen einen anderen Vertragsstaat eingeleiteten Verfahren aufgeworfene Frage zum Gegenstand hat, bevor dieses Gericht eine den Voraussetzungen des Artikels 20 Absatz 1 Buchstabe b entsprechende Entscheidung erlassen hat,

b) wegen einer Streitigkeit, die eine bereits in einem vor dem Gericht eines Vertragsstaats nach Artikel 21 Absatz 1 eingeleiteten Verfahren aufgeworfene Frage zum Gegenstand hat, bevor dieses Gericht in dem Verfahren endgültig entschieden hat.

Artikel 35

(1) Dieses Übereinkommen ist nur auf Verfahren anzuwenden, die nach seinem Inkrafttreten eingeleitet werden.

(2) Ist ein Staat Vertragspartei dieses Übereinkommens geworden, nachdem es in Kraft getreten ist, so ist es nur auf Verfahren anzuwenden, die nach seinem Inkrafttreten für den betreffenden Staat eingeleitet werden.

(3) Dieses Übereinkommen ist nicht auf Verfahren und Entscheidungen anzuwenden, die Handlungen, Unterlassungen oder Tatbestände aus der Zeit, bevor das Übereinkommen zur Unterzeichnung aufgelegt worden ist, zum Gegenstand haben.

KAPITEL VI

Schlußbestimmungen

Artikel 36

(1) Dieses Übereinkommen liegt für die Mitgliedstaaten des Europarats zur Unterzeichnung auf. Es bedarf der Ratifikation oder der Annahme. Die Ratifikations- oder Annahmeurkunden werden beim Generalsekretär des Europarats hinterlegt.

(2) Dieses Übereinkommen tritt drei Monate nach Hinterlegung der dritten Ratifikations- oder Annahmeurkunde in Kraft.

(3) Für jeden Unterzeichnerstaat, der das Übereinkommen später ratifiziert oder annimmt, tritt es drei Monate nach Hinterlegung seiner Ratifikations- oder Annahmeurkunde in Kraft.

Artikel 37

(1) Nach Inkrafttreten dieses Übereinkommens kann das Ministerkomitee des Europarats auf

Grund eines mit Einstimmigkeit der abgegebenen Stimmen gefaßten Beschlusses jeden Nichtmitgliedstaat einladen, dem Übereinkommen beizutreten.

(2) Der Beitritt geschieht durch Hinterlegung einer Beitrittsurkunde beim Generalsekretär des Europarats und wird drei Monate nach der Hinterlegung wirksam.

(3) Notifiziert jedoch ein Staat, der dem Übereinkommen bereits beigetreten ist, dem Generalsekretär des Europarats einen Einspruch gegen den Beitritt eines anderen Nichtmitgliedstaats, bevor dieser Beitritt wirksam geworden ist, so ist das Übereinkommen auf die Beziehungen zwischen diesen beiden Staaten nicht anzuwenden.

Artikel 38

(1) Jeder Staat kann bei der Unterzeichnung oder bei der Hinterlegung seiner Ratifikations-Annahmeoder Beitrittsurkunde das oder die Hoheitsgebiete bezeichnen, auf die dieses Übereinkommen Anwendung findet.

(2) Jeder Staat kann bei der Hinterlegung seiner Ratifikations- Annahme- oder Beitrittsurkunde oder jederzeit danach durch eine an den Generalsekretär des Europarats gerichtete Erklärung die Geltung dieses Übereinkommens auf jedes weitere in der Erklärung bezeichnete Hoheitsgebiet erstrecken, dessen internationale Beziehungen er wahrnimmt oder für das er Vereinbarungen treffen kann.

(3) Jede nach Absatz 2 abgegebene Erklärung kann in bezug auf jedes darin genannte Hoheitsgebiet nach Maßgabe des Artikels 40 zurückgenommen werden.

Artikel 39

Vorbehalte zu diesem Übereinkommen sind nicht zugelassen.

Artikel 40

(1) Jeder Vertragsstaat kann dieses Übereinkommen durch eine an den Generalsekretär des Europarats gerichtete Notifikation für sich kündigen.

(2) Die Kündigung wird sechs Monate nach Eingang der Notifikation beim Generalsekretär wirksam. Das Übereinkommen bleibt jedoch auf die vor Ablauf dieser Frist eingeleiteten Verfahren und auf die in diesen Verfahren ergangenen Entscheidungen anwendbar.

Artikel 41

Der Generalsekretär des Europarats notifiziert den Mitgliedstaaten des Rates und jedem Staat, der diesem Übereinkommen beigetreten ist,

a) jede Unterzeichnung;

b) jede Hinterlegung einer Ratifikations-Annahme- oder Beitrittsurkunde;

c) jeden Zeitpunkt des Inkrafttretens dieses Übereinkommens nach den Artikeln 36 und 37;

d) jede nach Artikel 19 Absatz 2 eingegangene ,Notifikation;

e) jede nach Artikel 21 Absatz 4 eingegangene Notifikation;

f) jede nach Artikel 24 Absatz 1 eingegangene Notifikation;

g) jede Zurücknahme einer Notifikation nach Artikel 24 Absatz 4;

h) jede nach Artikel 28 Absatz 2 eingegangene Notifikation;

i) jede nach Artikel 37 Absatz 3 eingegangene Notifikation;

j) jede nach Artikel 38 eingegangene Erklärung;

k) jede nach Artikel 40 eingegangene Notifikation und den Zeitpunkt, zu dem die Kündigung wirksam wird.

Zu Urkund dessen haben die hierzu gehörig bevollmächtigen Unterzeichneten dieses Übereinkommen unterschrieben.

Geschehen zu Basel am 16. Mai 1972 in englischer und französischer Sprache, wobei jeder Wortlaut gleichermaßen verbindlich ist, in einer Urschrift, die im Archiv des Europarats hinterlegt wird. Der Generalsekretär des Europarats übermittelt allen Unterzeichnerstaaten und allen beitretenden Staaten beglaubigte Abschriften.

ANLAGE

Die in Artikel 20 Absatz 3 Buchstabe a, Artikel 24 Absatz 2 und Artikel 25 Absatz 3 Buchstabe b genannten Zuständigkeitsgründe sind die folgenden:

a das Vorhandensein von Vermögenswerten des Beklagten oder die Beschlagnahme von Vermögenswerten durch den Kläger im Gerichtsstaat, es sei denn,
  – die Klage betrifft das Eigentum oder den Besitz an den Vermögenswerten oder eine andere Streitigkeit über diese Vermögenswerte;
  – die Streitigkeit betrifft eine Forderung, die im Gerichtsstaat durch ein dingliches Recht gesichert ist;

b die Staatsangehörigkeit des des (Anm.: richtig: nur einmal „des") Klägers;

c der Wohnsitz oder der gewöhnliche oder vorübergehende Aufenthalt des Klägers im Gerichtsstaat, es sei denn, die sich hierauf gründende Zuständigkeit wird für bestimmte vertragliche Beziehungen wegen der besonderen Natur des Vertragsgegenstands zugelassen;

d die Tatsache, daß der Beklagte im Gerichtsstaat Geschäfte getätigt hat, es sei denn, die Streitigkeit betrifft diese Geschäfte;

e die einseitige Bestimmung des Gerichts durch den Kläger, namentlich in einer Rechnung.

Dem Wohnsitz und dem gewöhnlichen Aufenthalt werden der tatsächliche und der satzungsmäßige Sitz und die Hauptniederlassung juristischer Personen gleichgestellt.

4/3. Übereinkommen über die Privilegien und Immunitäten der Vereinten Nationen

BGBl 1957/126

Übereinkommen über die Privilegien und Immunitäten der Vereinten Nationen

Das vorliegende Übereinkommen ist gemäß seinem Abschnitt 32 am 10. Mai 1957 für Österreich in Kraft getreten.

Da Artikel 104 der Satzung der Vereinten Nationen bestimmt, daß die Organisation im Gebiete jedes ihrer Mitglieder die zur Ausübung ihrer Funktionen und zur Verwirklichung ihrer Ziele erforderliche Rechtsstellung genießt und

da Artikel 105 der Satzung der Vereinten Nationen bestimmt, daß die Organisation im Gebiete jedes ihrer Mitglieder die Privilegien und Immunitäten genießt, die zur Verwirklichung ihrer Ziele erforderlich sind, und daß die Vertreter der Mitglieder der Vereinten Nationen und die Beamten der Organisation gleichermaßen die Privilegien und Immunitäten genießen, die erforderlich sind, um ihre Funktionen im Zusammenhang mit der Organisation in Unabhängigkeit auszuüben,

hat die Generalversammlung mit einer am 13. Feber 1946 angenommenen Resolution das folgende Übereinkommen genehmigt und jedem Mitglied der Vereinten Nationen vorgeschlagen, ihm beizutreten.

Artikel I
Rechtspersönlichkeit

Abschnitt 1.
Die Organisation der Vereinten Nationen besitzt Rechtspersönlichkeit. Sie hat die Fähigkeit,

a) Verträge zu schließen;

b) unbewegliches und bewegliches Eigentum zu erwerben und zu veräußern;

c) gerichtliche Verfahren einzuleiten.

Artikel II
Eigentum, Kapitalien und Vermögenswerte

Abschnitt 2.
Die Organisation der Vereinten Nationen, ihr Eigentum und ihre Vermögenswerte, wo immer sie liegen und in wessen Händen sie sich befinden, sind von der Gerichtsbarkeit befreit, es sei denn, daß die Organisation in einem Sonderfall ausdrücklich auf dieses Vorrecht verzichtet hat. Es besteht jedoch Einverständnis, daß der Verzicht sich nicht auf Zwangsvollstreckungsmaßnahmen erstrecken kann.

Abschnitt 3.
Die Räumlichkeiten der Organisation sind unverletzlich. Ihr Eigentum und ihre Vermögenswerte, wo immer sie liegen und in welchen Händen immer sie sich befinden, sind vor Durchsuchung, Requisition, Beschlagnahme, Enteignung und jeder anderen Form von Zwangsmaßnahmen der Vollzugs-, Verwaltungs-, Gerichts- oder gesetzgebenden Behörden geschützt.

Abschnitt 4.
Die Archive der Organisation sowie im allgemeinen alle ihr gehörigen oder in ihren Händen befindlichen Schriftstücke sind unverletzlich, wo immer sie sich befinden.

Abschnitt 5.
Ohne durch eine finanzielle Überwachung, Regelung oder ein Moratorium irgendwelcher Art behindert zu sein, kann die Organisation

a) Kapitalien, Gold oder Zahlungsmittel jeglicher Art besitzen und Guthaben in allen Währungen unterhalten;

b) Überweisungen ihrer Kapitalien, ihres Goldes oder ihrer Zahlungsmittel von einem in ein anderes oder innerhalb irgendeines Landes vornehmen und alle in ihrem Besitz befindlichen Zahlungsmittel in jede beliebige Währung umwandeln.

Abschnitt 6.
Bei der Ausübung der ihr gemäß Abschnitt 5 zustehenden Rechte berücksichtigt die Organisation der Vereinten Nationen alle Vorstellungen, die von der Regierung eines Mitgliedstaates erhoben werden, insoweit sie glaubt, ihnen ohne Nachteile für die Belange der Vereinten Nationen Folge geben zu können.

Abschnitt 7.
Die Organisation der Vereinten Nationen, ihre Vermögenswerte, Einkünfte und anderes Eigentum sind

a) befreit von allen direkten Steuern. Es besteht jedoch Einverständnis darüber, daß die Organisation keine Befreiung von Steuern verlangen wird, die in Wirklichkeit nicht mehr sind als Abgaben für öffentliche Dienstleistungen;

b) befreit von Zollgebühren sowie Ein- und Ausfuhrverboten und -beschränkungen hinsichtlich der von der Organisation der Vereinten Nationen für ihren amtlichen Gebrauch ein- oder ausgeführten Gegenstände. Es besteht jedoch Einverständnis darüber, daß die auf diese Weise zollfrei eingeführten Güter auf dem Gebiete des Einfuhrlandes nicht verkauft werden, es sei denn zu den mit der Regierung dieses Landes vereinbarten Bedingungen;

c) befreit von Zollgebühren und Ein- und Ausfuhrverboten und -beschränkungen hinsichtlich ihrer Veröffentlichungen.

Abschnitt 8.

Die Organisation der Vereinten Nationen wird im allgemeinen keine Befreiung von den im Kaufpreis von beweglichen und unbeweglichen Gütern inbegriffenen Verbrauchs- und Umsatzsteuern beanspruchen. Wenn jedoch die Organisation für ihren amtlichen Gebrauch größere Ankäufe von Gütern vornimmt, in deren Preis derartige Steuern und Abgaben inbegriffen sind, so werden die Mitglieder, wann immer möglich, geeignete Verwaltungsmaßnahmen im Hinblick auf die Erlassung oder Rückerstattung des Betrages dieser Steuern und Abgaben treffen.

Artikel III
Erleichterungen für den Nachrichtenverkehr

Abschnitt 9.

Die Organisation der Vereinten Nationen genießt auf dem Gebiete jedes Mitgliedes für ihren amtlichen Nachrichtenverkehr keine weniger vorteilhafte Behandlung, als sie von der Regierung dieses Mitgliedes jeder anderen Regierung einschließlich deren diplomatischen Missionen hinsichtlich des Vorzugsrechtes der Tarife und Gebühren für Briefpost, Kabel, Telegramme, Radiogramme, Telephotographien, Telephonverbindungen und anderer Arten der Nachrichtenübermittlung sowie in bezug auf die Pressetarife für die Mitteilungen an die Presse und an den Rundfunk gewährt werden. Die amtlichen Briefe und die anderen amtlichen Mitteilungen der Organisation unterliegen nicht der Zensur.

Abschnitt 10.

Die Organisation der Vereinten Nationen hat das Recht, Codes zu benutzen sowie ihre Briefe durch Kuriere oder in Postsäcken (Valisen) abzusenden oder zu empfangen, die dieselben Privilegien und Immunitäten genießen wie die diplomatischen Kuriere und Kuriersäcke (Valisen).

Artikel IV
Vertreter der Mitglieder

Abschnitt 11.

Die Vertreter der Mitglieder bei den Haupt- und Hilfsorganen der Vereinten Nationen und bei den von den Vereinten Nationen einberufenen Konferenzen genießen während der Ausübung ihrer Aufgaben und auf ihren Reisen zum und vom Konferenzorte die folgenden Privilegien und Immunitäten:

a) Schutz vor persönlicher Verhaftung oder Zurückhaltung und vor Beschlagnahme ihres persönlichen Gepäcks und in bezug auf ihre mündlichen und schriftlichen Äußerungen sowie alle Handlungen, die sie in ihrer Eigenschaft als Vertreter setzen, Schutz vor jeglicher Gerichtsbarkeit;

b) Unverletzlichkeit aller Schriftstücke und Urkunden;

c) das Recht, Codes zu benutzen und Schriftstücke oder Briefe durch Kurier oder in versiegelten Postsäcken (Valisen) zu empfangen;

d) in den Staaten, die sie bei Ausübung ihrer Aufgaben besuchen oder durchreisen, Befreiung von Einwanderungsbeschränkungen, von der Ausländerregistrierung und von den nationalen Dienstverpflichtungen für sich selbst und für ihre Ehegatten;

e) die gleichen Erleichterungen in bezug auf Währungs- oder Geldwechselbeschränkungen, wie sie den Vertretern ausländischer Regierungen in vorübergehender amtlicher Mission gewährt werden;

f) die gleichen Immunitäten und Erleichterungen in bezug auf ihr persönliches Gepäck, wie sie diplomatischen Beamten gewährt werden, und gleichermaßen

g) andere Privilegien, Immunitäten und Erleichterungen, die diplomatische Beamte genießen und die nicht im Widerspruch zu den vorgenannten stehen, ausgenommen das Recht, die Befreiung von Verbrauchs- oder Umsatzsteuern oder von Zöllen für jene eingeführten Gegenstände zu verlangen, die nicht Teile ihres persönlichen Gepäcks sind.

Abschnitt 12.

Um den Vertretern der Mitglieder bei den Haupt- und Hilfsorganen der Vereinten Nationen und bei den von der Organisation einberufenen Konferenzen volle Redefreiheit und volle Unabhängigkeit bei der Ausübung ihrer Pflichten zu sichern, wird ihnen der Schutz vor gerichtlicher Verfolgung in bezug auf ihre schriftlichen und mündlichen Äußerungen sowie alle Handlungen, die sie bei der Ausübung ihrer Pflichten gesetzt haben, weiterhin gewährt, auch wenn diese Personen nicht mehr Vertreter der Mitglieder sind.

Abschnitt 13.

Dort, wo der Anfall irgendeiner Steuer vom Aufenthalt abhängt, werden Zeiträume, während welcher die Vertreter der Mitglieder bei den Haupt- und Hilfsorganen der Vereinten Nationen und bei den von der Organisation der Vereinten Nationen einberufenen Konferenzen in einem Mitgliedstaat zur Ausübung ihrer Aufgaben anwesend sind, nicht als Aufenthaltszeiträume angesehen.

Abschnitt 14.
Die Privilegien und Immunitäten werden den Vertretern der Mitglieder nicht zu ihrem persönlichen Vorteil gewährt, sondern um ihnen die unabhängige Ausübung ihrer Pflichten in Verbindung mit der Organisation zu sichern. Infolgedessen hat ein Mitglied nicht nur das Recht, sondern die Pflicht, die Immunität seiner Vertreter in jedem Falle aufzuheben, in dem nach der Meinung des Mitgliedes die Immunität den Lauf der Gerechtigkeit hindern würde und in dem die Immunität ohne Nachteil für den Zweck, für den sie gewährt wurde, aufgehoben werden kann.

Abschnitt 15.
Die Bestimmungen der Abschnitte 11, 12 und 13 sind nicht anwendbar auf einen Vertreter gegenüber den Behörden des Staates, dessen Staatsangehöriger er ist oder dessen Vertreter er ist oder war.

Abschnitt 16.
Die in dem vorstehenden Artikel verwendete Bezeichnung "Vertreter" umfaßt alle Delegierten, Delegiertenstellvertreter, Berater, Sachverständigen und Sekretäre der Delegation.

Artikel V
Beamte

Abschnitt 17.
Der Generalsekretär bestimmt die Kategorien von Beamten, auf welche die Bestimmungen dieses Artikels und des Artikels VII Anwendung finden. Er unterbreitet die Liste der Generalversammlung und teilt sie sodann den Regierungen aller Mitglieder mit. Die Namen der in diesen Kategorien enthaltenen Beamten werden von Zeit zu Zeit den Regierungen der Mitglieder bekanntgegeben werden.

Abschnitt 18.
Beamte der Organisation der Vereinten Nationen

a) sind geschützt vor gerichtlicher Verfolgung in bezug auf ihre mündlichen und schriftlichen Äußerungen und alle Handlungen, die von ihnen in ihrer offiziellen Eigenschaft gesetzt werden;

b) sind von allen Steuern in bezug auf die von der Organisation der Vereinten Nationen bezahlten Gehälter und Einkünfte befreit;

c) sind von den Verpflichtungen zum nationalen Dienst befreit;

d) sind zusammen mit ihren Gatten und den von ihnen abhängigen Verwandten frei von Einwanderungsbeschränkungen und der Ausländerregistrierung;

e) erhalten in bezug auf Erleichterungen für den Geldwechsel dieselben Privilegien, wie sie den Beamten diplomatischer Vertretungen von entsprechendem Rang, die bei der betreffenden Regierung akkreditiert sind, gewährt werden;

f) genießen zusammen mit ihren Gatten und den von ihnen abhängigen Verwandten in Zeiten internationaler Krisen dieselben Heimbeförderungserleichterungen wie diplomatische Gesandte;

g) haben das Recht, bei ihrem ersten Dienstantritt im betreffenden Land ihre Wohnungseinrichtungen und Gebrauchsgegenstände zollfrei einzuführen.

Abschnitt 19.
Außer den in Abschnitt 18 vorgesehenen Privilegien und Immunitäten werden dem Generalsekretär und allen stellvertretenden Generalsekretären in bezug auf sich selbst, ihre Gattinnen und ihre minderjährigen Kinder diejenigen Privilegien und Immunitäten, Befreiungen und Erleichterungen gewährt, die diplomatischen Gesandten gemäß Völkerrecht gewährt werden.

Abschnitt 20.
Die Privilegien und Immunitäten werden den Beamten nur im Interesse der Vereinten Nationen und nicht zum persönlichen Vorteil der einzelnen selbst gewährt. Der Generalsekretär hat das Recht und die Pflicht, auf die Immunität eines Beamten in jedem Fall zu verzichten, in dem nach seiner Meinung die Immunität den Lauf der Gerechtigkeit hindern würde und in dem auf sie ohne Nachteil für die Interessen der Organisation verzichtet werden kann. Im Falle des Generalsekretärs ist der Sicherheitsrat berufen, die Immunitäten aufzuheben.

Abschnitt 21.
Die Organisation der Vereinten Nationen arbeitet jederzeit mit den zuständigen Behörden der Mitgliedstaaten zusammen, um die angemessene Handhabung der Rechtsprechung zu erleichtern, die Beobachtung der Polizeivorschriften zu sichern und jeden Mißbrauch im Zusammenhange mit den in diesem Artikel erwähnten Privilegien, Immunitäten und Erleichterungen zu verhindern.

Artikel VI
Beauftragte Sachverständige der Organisation der Vereinten Nationen

Abschnitt 22.
Den Sachverständigen (außer den Beamten, die unter die Bestimmungen des Artikels V fallen), welche Aufträge für die Organisation der Vereinten Nationen ausführen, werden Privilegien und Immunitäten, soweit es für die Ausübung ihrer Funktionen in Unabhängigkeit erforderlich ist, während der Dauer dieser Aufgabe einschließ-

lich der Zeit, die sie auf der Reise verbringen, gewährt. Im besonderen genießen sie folgende Privilegien und Immunitäten:

a) Schutz vor persönlicher Verhaftung oder Zurückhaltung und vor Beschlagnahme ihres persönlichen Gepäcks;

b) Schutz vor jeglicher Gerichtsbarkeit in bezug auf ihre mündlichen und schriftlichen Äußerungen, die sie bei Erfüllung ihrer Aufgaben setzen. Dieser Schutz wirkt ungeachtet der Tatsache weiter, daß diese Personen nicht mehr Aufträge für die Organisation der Vereinten Nationen ausführen;

c) Unverletzlichkeit aller Schriftstücke und Urkunden;

d) zur Aufrechterhaltung des Nachrichtenverkehrs mit der Organisation der Vereinten Nationen das Recht, Codes zu benützen, Schriftstücke und Briefe durch Kurier oder in versiegelten Postsäcken (Valisen) zu empfangen;

e) die gleichen Erleichterungen in bezug auf Währungs- oder Geldwechselbeschränkungen, wie sie den Vertretern ausländischer Regierungen in vorübergehender amtlicher Mission gewährt werden;

f) die gleichen Immunitäten und Erleichterungen in bezug auf ihr persönliches Gepäck, wie sie diplomatischen Beamten gewährt werden.

Abschnitt 23.

Die Privilegien und Immunitäten werden den Sachverständigen im Interesse der Organisation der Vereinten Nationen und nicht zu ihrem persönlichen Vorteil gewährt. Der Generalsekretär hat das Recht und die Pflicht, auf die Immunität eines Sachverständigen in jedem Fall zu verzichten, in dem nach seiner Meinung die Immunität den Lauf der Gerechtigkeit hindern würde und in dem auf sie ohne Nachteil für die Interessen der Organisation verzichtet werden kann.

Artikel VII
Laissez-passer der Vereinten Nationen

Abschnitt 24.

Die Organisation der Vereinten Nationen kann Laissez-passer an ihre Beamten ausgeben. Die Mitgliedstaaten anerkennen und nehmen diese Laissez-passer unter Berücksichtigung der Bestimmungen des Abschnittes 25 als gültige Reisedokumente an.

Abschnitt 25.

Ansuchen um Visa (wo solche notwendig sind) von Inhabern dieser Laissez-passer werden, wenn sie von einer Bestätigung begleitet sind, daß diese Beamten im Auftrag der Organisation reisen, so schnell als möglich behandelt. Außerdem werden solchen Personen Erleichterungen für schnelles Reisen gewährt.

Abschnitt 26.

Ähnliche Erleichterungen wie jene im Abschnitt 25 werden den Sachverständigen und anderen Personen gewährt, die, obwohl sie selbst nicht Inhaber eines Laissez-passer der Vereinten Nationen sind, eine Bestätigung haben, daß sie im Auftrag der Organisation reisen.

Abschnitt 27.

Dem Generalsekretär, den stellvertretenden Generalsekretären und den Abteilungsleitern, welche im Auftrag der Organisation mit einem von ihr ausgegebenen Laissez-passer reisen, werden die gleichen Erleichterungen wie den diplomatischen Gesandten gewährt.

Abschnitt 28.

Die Bestimmungen dieses Artikels können auf Beamte mit einem entsprechenden Rang, die Spezialorganisationen angehören, angewendet werden, wenn die im Sinne des Artikels 63 der Satzung erwähnten Abkommen, betreffend die Beziehungen zwischen diesen Spezialorganisationen und der Organisation, eine diesbezügliche Bestimmung enthalten.

Artikel VIII
Beilegung von Meinungsverschiedenheiten

Abschnitt 29.

Die Organisation der Vereinten Nationen trifft Vorkehrungen für angemessene Arten der Beilegung von:

a) Meinungsverschiedenheiten, die aus Verträgen oder anderen Meinungsverschiedenheiten des Privatrechtes entstehen, in denen die Organisation Partei ist;

b) Meinungsverschiedenheiten, in die ein Beamter der Organisation verwickelt ist, der auf Grund seiner offiziellen Stellung die Immunität genießt, wenn diese Immunität nicht durch den Generalsekretär aufgehoben wurde.

Abschnitt 30.

Alle Meinungsverschiedenheiten, die aus der Auslegung oder Anwendung des vorliegenden Übereinkommens entstehen, werden dem Internationalen Gerichtshof überwiesen werden, außer wenn die Parteien in einem Falle übereinkommen, zu einer anderen Art der Beilegung Zuflucht zu nehmen. Wenn eine Meinungsverschiedenheit zwischen der Organisation der Vereinten Nationen einerseits und einem Mitgliedstaat anderseits entsteht, so wird über jede aufgeworfene Rechtsfrage ein Ansuchen um ein Rechtsgutachten gestellt, und zwar in Übereinstimmung mit Artikel 96 der Satzung und Artikel 65 des Statuts des Gerichtshofes. Das Rechtsgutachten des Gerichtshofes wird von den Parteien als entscheidend angenommen.

Artikel IX
SCHLUSSARTIKEL

Abschnitt 31.

Das vorliegende Übereinkommen steht allen Mitgliedern der Organisation der Vereinten Nationen zum Beitritt offen.

Abschnitt 32.

Der Beitritt erfolgt durch die Hinterlegung einer Beitrittsurkunde beim Generalsekretär der Organisation der Vereinten Nationen und wird hinsichtlich jedes Mitgliedes mit dem Zeitpunkte der Hinterlegung der Beitrittsurkunde durch dieses Mitglied wirksam.

Abschnitt 33.

Der Generalsekretär benachrichtigt alle Mitglieder der Organisation der Vereinten Nationen von jeder Hinterlegung einer Beitrittsurkunde.

Abschnitt 34.

Es besteht Einverständnis darüber, daß, wenn eine Beitrittsurkunde durch irgendein Mitglied hinterlegt wird, dieses Mitglied in der Lage sein muß, die Bestimmungen des vorliegenden Übereinkommens nach seinem eigenen Recht zu verwirklichen.

Abschnitt 35.

Das vorliegende Übereinkommen bleibt so lange zwischen der Organisation der Vereinten Nationen und jedem Mitglied, das seine Beitrittsurkunde hinterlegt hat, in Kraft, als dieses Mitglied Mitglied der Organisation ist oder bis ein abgeändertes allgemeines Übereinkommen von der Generalversammlung angenommen wurde und das genannte Mitglied Vertragsstaat dieses letzteren Übereinkommens geworden ist.

Abschnitt 36.

Der Generalsekretär kann mit einem oder mehreren Mitgliedern Zusatzvereinbarungen abschließen, die die Bestimmungen des vorliegenden Übereinkommens hinsichtlich dieses oder dieser Mitglieder ergänzen. Diese Zusatzvereinbarungen werden in jedem Fall der Generalversammlung zur Genehmigung vorgelegt.

4/4. Übereinkommen über die Privilegien und Immunitäten der Spezialorganisationen der Vereinten Nationen

BGBl 1950/248 idF

1 BGBl 1955/40
2 BGBl 1958/98
3 BGBl 1959/8
4 BGBl 1960/79
5 BGBl 1962/50
6 BGBl 1962/301
7 BGBl 1966/144
8 BGBl 1991/438
9 BGBl III 2010/15

Übereinkommen über die Privilegien und Immunitäten der Spezialorganisationen der Vereinten Nationen

Der Beitritt Österreichs zu obigem Übereinkommen wurde gemäß seinem Abschnitt 41 am 21. Juli 1950 durch Hinterlegung der Beitrittsurkunde beim Generalsekretär der Vereinten Nationen vollzogen und sogleich wirksam.

Alle Spezialorganisationen der Vereinten Nationen haben gemäß Abschnitt 36 des Übereinkommens den endgültigen Text des sie betreffenden Annexes angenommen, ihn dem Generalsekretär der Vereinten Nationen übermittelt sowie die gemäß Abschnitt 37 erforderliche Annahmeerklärung abgegeben. Es enthalten daher die Annexe I bis XI den endgültigen Text der von den Spezialorganisationen der Vereinten Nationen bis zum 29. Dezember 1951 angenommenen bzw. abgeänderten Annexe.

Da die Generalversammlung der Vereinten Nationen am 13. Februar 1946 eine Resolution angenommen hat, die soweit als möglich die Vereinheitlichung der Privilegien und Immunitäten ins Auge faßt, welche die Vereinten Nationen und die verschiedenen Spezialorganisationen genießen; und

da zwischen den Vereinten Nationen und den Spezialorganisationen Besprechungen betreffend die Durchführung der vorerwähnten Resolution stattgefunden haben,

hat demgemäß die Generalversammlung mit der am 21. November 1947 angenommenen Resolution 179 (II) das folgende Übereinkommen genehmigt, welches den Spezialorganisationen zur Annahme und jedem Mitglied der Vereinten Nationen wie auch jedem anderen Staat, der Mitglied einer oder mehrerer Spezialorganisationen ist, zum Beitritt unterbreitet wird.

Artikel I
Definition und Anwendungsgebiet.

Abschnitt 1

In diesem Übereinkommen

I. beziehen sich die Worte „Standardklauseln" auf die Bestimmungen der Artikel II bis IX.

II. Unter dem Worte „Spezialorganisationen" ist zu verstehen:

a) Die Internationale Arbeitsorganisation.

b) Die Ernährungs- und Landwirtschaftsorganisation der Vereinten Nationen.

c) Die Organisation der Vereinten Nationen für Erziehung, Wissenschaft und Kultur.

d) Die Internationale Organisation für Zivile Luftfahrt.

e) Der Internationale Währungsfonds.

f) Die Internationale Bank für Wiederaufbau und Wirtschaftsförderung. g) Die Weltgesundheitsorganisation.

h) Der Weltpostverein.

i) Der Internationale Weltnachrichtenverein.

j) Jede andere Organisation, die mit den Vereinten Nationen gemäß Artikel 57 und 63 der Charter in Verbindung steht.

III. Das Wort „Übereinkommen" bedeutet, in bezug auf eine bestimmte Spezialorganisation, die Standardklauseln, wie sie durch den endgültigen (oder revidierten) Text des Annexes abgeändert und von dieser Organisation in Übereinstimmung mit den Abschnitten 36 und 38 übermittelt wurden.

IV. Für die Zwecke des Artikels III sollen die Worte „Eigentum und Vermögenswerte" auch Eigentum und Geldmittel, die von einer Spezialorganisation zur Förderung ihrer verfassungsmäßigen Funktionen verwaltet werden, einschließen.

V. Für die Zwecke der Artikel V und VII soll der Ausdruck „Vertreter der Mitglieder" so ausgelegt werden, daß er alle Vertreter, die Stellvertreter, Berater, technische Sachverständige und Delegationssekretäre umfaßt.

VI. In den Abschnitten 13, 14, 15 und 25 bedeutet der Ausdruck „Tagungen, die von einer Spezialorganisation einberufen werden", Tagungen: (1) ihrer Versammlung und ihres Exekutivausschusses (gleichgültig wie die Bezeichnung auch sei), (2) jeder Kommission, die in ihrer Satzung vorgesehen ist, (3) jeder internationalen Konferenz, welche durch sie einberufen wird, und (4) jedes Komitees irgendeiner dieser Körperschaften.

VII. Der Ausdruck „Oberstes Exekutivorgan" bedeutet den obersten Funktionär der betreffenden

Spezialorganisation, mag sein Titel Generaldirektor oder anders lauten.

Abschnitt 2

Jeder Vertragspartner dieses Übereinkommens in bezug auf irgendeine Spezialorganisation, auf den dieses Übereinkommen in Übereinstimmung mit Abschnitt 37 anwendbar geworden ist, gewährt dieser Organisation diejenigen Privilegien und Immunitäten, die in den Standardklauseln unter den darin festgesetzten Bedingungen festgelegt sind, vorbehaltlich jeder Änderung jener Klauseln, die in den Bestimmungen des endgültigen (oder revidierten) Textes des Annexes enthalten sind, der sich auf die betreffende Organisation bezieht und gemäß den Abschnitten 36 oder 38 übermittelt wird.

Artikel II
Rechtspersönlichkeit

Abschnitt 3

Die Spezialorganisationen besitzen Rechtspersönlichkeit. Sie haben die Fähigkeit:

a) Verträge zu schließen.

b) Unbewegliches und bewegliches Eigentum zu erwerben und darüber zu verfügen.

c) Gerichtliche Verfahren einzuleiten.

Artikel III
Eigentum, Kapitalien und Vermögenswerte

Abschnitt 4

Die Spezialorganisationen, ihr Eigentum und ihre Vermögenswerte, wo immer sie liegen und in wessen Händen immer sie sich befinden, sind von der Gerichtsbarkeit befreit, es sei denn, daß sie in einem Sonderfall ausdrücklich auf dieses Vorrecht verzichtet haben.

Es besteht jedoch Einverständnis, daß der Verzicht sich nicht auf Zwangsvollstreckungsmaßnahmen erstrecken kann.

Abschnitt 5

Die Räumlichkeiten der Spezialorganisationen sind unverletzlich. Ihr Eigentum und ihre Vermögenswerte, wo immer sie liegen und in wessen Händen immer sie sich befinden, sind geschützt vor Durchsuchung, Requisition, Beschlagnahme, Enteignung und jeder anderen Form von

Zwangsmaßnahmen der Vollzugs-, Verwaltungs-, Gerichts- oder gesetzgebenden Behörden.

Abschnitt 6

Die Archive der Spezialorganisationen sowie im allgemeinen alle ihnen gehörigen oder in ihren Händen befindliche Schriftstücke sind unverletzlich, wo immer sie sich befinden.

Abschnitt 7

Ohne durch eine finanzielle Überwachung, Regelung oder ein Moratorium irgendwelcher Art behindert zu sein, können die Spezialorganisationen

a) Kapitalien, Gold oder Zahlungsmittel jeglicher Art besitzen und Guthaben in allen Währungen unterhalten;

b) Überweisungen ihrer Kapitalien, ihres Goldes oder ihrer Zahlungsmittel von einem Land in ein anderes oder innerhalb irgendeines Landes vornehmen und alle in ihrem Besitz befindlichen Zahlungsmittel in jede beliebige Währung umwandeln.

Abschnitt 8

Bei der Ausübung der ihr gemäß Abschnitt 7 zustehenden Rechte berücksichtigt jede Spezialorganisation alle Vorstellungen, die von der Regierung eines Vertragspartners dieses Übereinkommens erhoben werden, insoweit sie glaubt, ihnen ohne Nachteil für die Belange der Organisation Folge geben zu können.

Abschnitt 9

Die Spezialorganisationen, ihre Vermögenswerte, Einkünfte und anderes Eigentum sind

a) befreit von allen direkten Steuern. Es besteht jedoch Einverständnis, daß die Spezialorganisationen keine Befreiung von Steuern verlangen werden, die in Wirklichkeit nicht mehr sind als Abgaben für öffentliche Dienstleistungen;

b) befreit von Zollgebühren sowie Ein- und Ausfuhrverboten und -beschränkungen hinsichtlich der von den Spezialorganisationen für ihren amtlichen Gebrauch ein- oder ausgeführten Gegenstände. Es besteht jedoch Einverständnis darüber, daß die auf diese Weise zollfrei eingeführten Güter auf dem Gebiete des Einfuhrlandes nicht verkauft werden, es sei denn, zu den mit der Regierung dieses Landes vereinbarten Bedingungen;

c) befreit von Zollgebühren und Ein- und Ausfuhrverboten und -beschränkungen hinsichtlich ihrer Veröffentlichungen.

Abschnitt 10

Die Spezialorganisationen werden im allgemeinen keine Befreiung von den im Kaufpreis von beweglichen und unbeweglichen Gütern inbegriffenen Verbrauchs- und Umsatzsteuern beanspruchen. Wenn jedoch die Spezialorganisationen für ihren amtlichen Gebrauch größere Ankäufe von Gütern vornehmen, in deren Preis derartige Steuern und Abgaben inbegriffen sind, so werden die Vertragspartner dieses Übereinkommens, wann immer möglich, geeignete Verwaltungsmaßnahmen im Hinblick auf die Erlassung oder Rückerstattung des Betrages dieser Steuern und Abgaben treffen.

Artikel IV
Erleichterungen für den Nachrichtenverkehr

Abschnitt 11

Jede Spezialorganisation genießt auf dem Gebiete jedes Staates, der in bezug auf diese Organisation Vertragspartner dieses Übereinkommens ist, für ihren amtlichen Nachrichtenverkehr eine nicht weniger vorteilhafte Behandlung als wie sie von der Regierung eines solchen Staates jeder anderen Regierung, einschließlich deren diplomatischen Missionen, hinsichtlich des Vorzugsrechtes der Tarife und Gebühren für Briefpost, Kabel, Telegramme, Radiogramme, Telephotographien, Telephonverbindungen und anderer Arten der Nachrichtenübertragung sowie in bezug auf die Pressetarife für die Mitteilungen an die Presse und an den Rundfunk gewährt werden.

Abschnitt 12

Die amtlichen Briefe und die anderen amtlichen Mitteilungen der Spezialorganisationen können nicht zensuriert werden.

Die Spezialorganisationen haben das Recht, Codes zu benutzen sowie ihre Briefe durch Kuriere oder in versiegelten Postsäcken (Valisen) abzusenden oder zu empfangen, die dieselben Immunitäten und Vorrechte genießen wie die diplomatischen Kuriere und Kuriersäcke (Valisen).

Nichts in diesem Abschnitt soll so ausgelegt werden, daß die Annahme geeigneter Sicherheitsmaßnahmen, die zwischen einem Vertragspartner dieses Übereinkommens und einer Spezialorganisation festgelegt werden, ausgeschlossen wird.

Artikel V
Vertreter der Mitglieder

Abschnitt 13

Die Vertreter der Mitglieder bei den von einer Spezialorganisation einberufenen Konferenzen genießen während der Ausübung ihrer Aufgaben und auf ihren Reisen zum und vom Konferenzorte die folgenden Privilegien und Immunitäten:

a) Schutz vor persönlicher Verhaftung oder Zurückhaltung und vor Beschlagnahme ihres persönlichen Gepäcks und, in bezug auf ihre mündlichen und schriftlichen Äußerungen sowie alle Handlungen, die sie in ihrer offiziellen Eigenschaft setzen, Schutz vor jeglicher Gerichtsbarkeit;

b) Unverletzlichkeit aller Schriftstücke und Urkunden;

c) das Recht, Codes zu benützen und Schriftstücke oder Briefe durch Kurier oder in versiegelten Postsäcken (Valisen) zu empfangen;

d) in den Staaten, die sie bei Ausübung ihrer Aufgaben besuchen oder durchreisen, Befreiung für sich selbst und für ihre Ehegatten von Einwanderungsbeschränkungen, von der Ausländerregistrierung und von nationalen Dienstverpflichtungen;

e) die gleichen Erleichterungen in bezug auf Währungs- oder Geldwechselbeschränkungen, wie sie den Vertretern ausländischer Regierungen in vorübergehender amtlicher Mission gewährt werden;

f) die gleichen Immunitäten und Erleichterungen in bezug auf ihr persönliches Gepäck, wie sie den Mitgliedern diplomatischer Vertretungen von entsprechendem Rang gewährt werden.

Abschnitt 14

Um den Vertretern der Mitglieder der Spezialorganisationen auf den von ihnen einberufenen Konferenzen volle Redefreiheit und volle Unabhängigkeit bei der Ausübung ihrer Pflichten zu sichern, wird ihnen der Schutz vor gerichtlicher Verfolgung in bezug auf ihre schriftlichen und mündlichen Äußerungen sowie alle Handlungen, die sie bei der Ausübung ihrer Pflichten gesetzt haben, weiterhin gewährt, auch wenn die betreffenden Personen nicht weiter mit der Durchführung solcher Aufgaben betraut sind.

Abschnitt 15

Dort, wo der Anfall irgendeiner Steuer vom Aufenthalt abhängt, werden Zeiträume, während welcher die Vertreter der Mitglieder der Spezialorganisationen auf den von ihnen einberufenen Konferenzen in einem Mitgliedstaat zur Ausübung ihrer Aufgaben anwesend sind, nicht als Aufenthaltszeiträume angesehen.

Abschnitt 16

Die Privilegien und Immunitäten werden den Vertretern der Mitglieder nicht zu ihrem persönlichen Vorteil gewährt, sondern um ihnen die unabhängige Ausübung ihrer Pflichten in Verbindung mit den Spezialorganisationen zu sichern. Infolgedessen hat ein Mitglied nicht nur das Recht, sondern die Pflicht, die Immunität seiner Vertreter in jedem Falle aufzuheben, in dem nach der Meinung des Mitgliedes die Immunität den Lauf der Gerechtigkeit hindern würde und in dem die Immunität ohne Nachteil für den Zweck, für den sie gewährt wurde, aufgehoben werden kann.

Abschnitt 17

Die Bestimmungen der Abschnitte 13, 14 und 15 sind nicht anwendbar in bezug auf die Behörden eines Staates, dessen Staatsangehöriger die Person ist oder dessen Vertreter er ist oder war.

Artikel VI
Beamte

Abschnitt 18

Jede Spezialorganisation bestimmt die Kategorien von Beamten, auf welche die Bestimmungen dieses Artikels und des Artikels VIII Anwendung finden. Sie teilt sie den Regierungen aller Staaten, die Vertragspartner dieses Übereinkommens in bezug auf die betreffende Organisation sind, und dem Generalsekretär der Vereinten Nationen mit. Die Namen der in diesen Kategorien enthaltenen Beamten werden von Zeit zu Zeit den oben erwähnten Regierungen bekanntgeben werden.

Abschnitt 19

Beamte der Spezialorganisationen:

a) sind geschützt vor gerichtlicher Verfolgung in bezug auf ihre mündlichen und schriftlichen Äußerungen und alle Handlungen, die von ihnen in ihrer offiziellen Eigenschaft gesetzt werden;

b) genießen dieselben Steuerbefreiungen in bezug auf die ihnen von den Spezialorganisationen bezahlten Gehälter und Einkünfte, und zwar unter denselben Bedingungen, wie sie die Beamten der Vereinten Nationen genießen;

c) sind zusammen mit ihren Gatten und den von ihnen abhängigen Verwandten frei von Einwanderungsbeschränkungen und der Ausländerregistrierung;

d) erhalten in bezug auf Erleichterungen für den Geldwechsel dieselben Privilegien, wie sie den Beamten diplomatischer Vertretungen von entsprechendem Rang gewährt werden;

e) genießen, zusammen mit ihren Gatten und den von ihnen abhängigen Verwandten, in Zeiten internationaler Krisen dieselben Heimbeförderungserleichterungen wie die Beamten diplomatischer Vertretungen von entsprechendem Rang;

f) haben das Recht, bei ihrem ersten Dienstantritt im betreffenden Land ihre Wohnungseinrichtungen und Gebrauchsgegenstände zollfrei einzuführen.

Abschnitt 20

Die Beamten der Spezialorganisationen sind von den Verpflichtungen zum nationalen Dienst befreit. Im Verhältnis zu den Staaten, deren Staatsangehörige sie sind, wird jedoch eine solche Befreiung auf die Beamten der Spezialorganisationen beschränkt, deren Namen wegen ihrer Aufgaben in eine Liste aufgenommen wurden, die vom obersten Exekutivorgan der Spezialorganisation zusammengestellt und vom betreffenden Staat gebilligt wurde.

Für den Fall, daß andere Beamte der Spezialorganisationen zum nationalen Dienst einberufen werden sollten, wird der betreffende Staat über Ersuchen der betreffenden Spezialorganisation solche zeitliche Aufschübe bei der Einberufung solcher Beamten gewähren, die notwendig sind, um eine Unterbrechung der wesentlichen Arbeit zu vermeiden.

Abschnitt 21

Außer den in den Abschnitten 19 und 20 vorgesehenen Privilegien und Immunitäten werden dem obersten Exekutivorgan jeder Spezialorganisation einschließlich jedem Beamten, der während dessen dienstlichen Abwesenheit in seinem Namen tätig ist, in bezug auf sich selbst, seine Gattin und seine minderjährigen Kinder diejenigen Privilegien und Immunitäten, Befreiungen und Erleichterungen gewährt, die diplomatischen Gesandten gemäß Völkerrecht gewährt werden.

Abschnitt 22

Die Privilegien und Immunitäten werden den Beamten nur im Interesse der Spezialorganisationen und nicht zum persönlichen Vorteil der Einzelnen selbst gewährt. Jede Spezialorganisation hat das Recht und die Pflicht, auf die Immunität eines Beamten in jedem Fall zu verzichten, in dem nach ihrer Meinung die Immunität den Lauf der Gerechtigkeit hindern würde, und in dem auf sie ohne Nachteil für die Interessen der Spezialorganisationen verzichtet werden kann.

Abschnitt 23

Jede Spezialorganisation arbeitet jederzeit mit den zuständigen Behörden der Mitgliedstaaten zusammen, um die angemessene Handhabung der Rechtsprechung zu erleichtern, die Beobachtung der Polizeivorschriften zu sichern und jeden Mißbrauch im Zusammenhange mit den in diesem Artikel erwähnten Privilegien, Immunitäten und Erleichterungen zu verhindern.

Artikel VII
Mißbrauch der Privilegien

Abschnitt 24

Wenn ein Vertragspartner dieses Übereinkommens der Ansicht ist, daß ein Mißbrauch eines Privilegs oder einer Immunität, die durch das vorliegende Übereinkommen gewährt werden, vorgekommen ist, werden zwischen jenem Staat und der betreffenden Spezialorganisation Beratungen stattfinden, um festzustellen, ob ein solcher Mißbrauch vorgefallen ist und bejahendenfalls zu versuchen, die Wiederholung eines solchen Falles zu verhindern. Wenn derartige Beratungen keinen für den Staat und die betreffende Spezialorganisation zufriedenstellenden Erfolg zeitigen, wird die Frage, ob ein Mißbrauch eines Privilegs oder einer Immunität vorgefallen ist, dem Internationalen Gerichtshof in Übereinstimmung mit Abschnitt 32 unterbreitet werden. Wenn der Internationale Gerichtshof feststellt, daß ein solcher Mißbrauch vorgekommen ist, hat der Staat, der Vertragspartner dieses Übereinkommens ist und der von einem solchen Mißbrauch betroffen ist, nach Benachrichtigung der in Frage kommenden Spezialorganisation das Recht, ihr die Wohltaten des so mißbrauchten Privilegs oder der Immunität vorzuenthalten.

Abschnitt 25

1. Die Vertreter der Mitglieder auf den von den Spezialorganisationen einberufenen Konferenzen werden, während sie ihre Funktionen ausüben und auf ihren Reisen zum und vom Tagungsort, ebenso wie die im Abschnitt 18 bezeichneten Beamten, nicht von den örtlichen Behörden gezwungen werden, das Land, in welchem sie ihre Funktionen ausüben, auf Grund von Handlungen, die sie in ihrer offiziellen Eigenschaft setzen, zu verlassen. In dem Falle jedoch, daß eine solche Person die Privilegien des Aufenthaltsortes mißbraucht, indem sie in diesem Lande Tätigkeiten ausübt, die außerhalb ihrer offiziellen Funktionen liegen, so kann sie von der Regierung des betreffenden Landes gezwungen werden, dasselbe zu verlassen, falls folgende Voraussetzungen gegeben sind:

2. I. Die Vertreter der Mitglieder oder Personen, denen die diplomatische Immunität gemäß Abschnitt 21 zusteht, werden nur in Übereinstimmung mit dem diplomatischen Verfahren, das auf die in diesem Lande akkreditierten diplomatischen Gesandten angewendet wird, gezwungen werden, das Land zu verlassen.

II. Im Falle es sich um einen Beamten handelt, auf den Abschnitt 21 keine Anwendung findet, wird keine Landesverweisung verfügt, außer mit der Genehmigung des Außenministers des betreffenden Staates, und eine solche Genehmigung wird nur nach Einvernehmen mit dem obersten Exekutivorgan der betreffenden Spezialorganisation erteilt; falls ein Ausweisungsverfahren gegen einen Beamten eingeleitet wird, hat das oberste Exekutivorgan der Spezialorganisation das Recht, bei einem solchen Verfahren zugunsten der Person aufzutreten, gegen welche dieses eingeleitet wird.

Artikel VIII
Laissez-passer

Abschnitt 26

Die Beamten der Spezialorganisationen sind berechtigt, Laissez-passer der Vereinten Nationen in Übereinstimmung mit den verwaltungsrechtlichen Vereinbarungen, die zwischen dem Generalsekretär der Vereinten Nationen und den zuständigen Behörden der Spezialorganisationen abgeschlossen werden, zu verwenden; diesen Spezialorganisationen können Sondervollmachten übertragen werden, Laissez-passer auszustellen. Der Generalsekretär der Vereinten Nationen benachrichtigt jeden Vertragspartner dieses Übereinkommens von allen auf diese Weise abgeschlossenen verwaltungsrechtlichen Vereinbarungen.

Abschnitt 27

Die Vertragspartner dieses Übereinkommens anerkennen und nehmen die an die Beamten der Spezialorganisationen ausgegebenen Laissez-passer der Vereinten Nationen als gültige Reisedokumente an.

Abschnitt 28

Ansuchen um Visa (wo solche notwendig sind) von Beamten der Spezialorganisationen, die Inhaber eines Laissez-passer der Vereinten Nationen sind, werden, wenn sie von einer Bestätigung begleitet sind, daß sie im Auftrag einer Spezialorganisation reisen, so schnell als möglich behandelt. Außerdem werden solchen Personen Erleichterungen für schnelles Reisen gewährt.

Abschnitt 29

Ähnliche Erleichterungen wie jene im Abschnitt 28 werden den Sachverständigen und anderen Personen gewährt, die, obwohl sie selbst nicht Inhaber eines Laissez-passer der Vereinten Nationen sind, eine Bestätigung haben, daß sie im Auftrag einer Spezialorganisation reisen.

Abschnitt 30

Den obersten Exekutivorganen, den stellvertretenden obersten Exekutivorganen, den Abteilungsleitern und anderen Beamten mit einem Range, der nicht unter dem eines Abteilungsleiters der Spezialorganisationen liegt, welche im Auftrag der Spezialorganisationen mit einem Laissez-passer der Vereinten Nationen reisen, werden die gleichen Erleichterungen für Reisen gewährt, wie sie den Beamten diplomatischer Missionen von entsprechendem Range gewährt werden.

Artikel IX
Beilegung von Meinungsverschiedenheiten

Abschnitt 31

Jede Spezialorganisation trifft Vorkehrungen für angemessene Arten der Beilegung von:

a) Meinungsverschiedenheiten, die aus Verträgen oder anderen Meinungsverschiedenheiten des Privatrechtes entstehen, in denen die Spezialorganisation Partei ist;

b) Meinungsverschiedenheiten, in die ein Beamter einer Spezialorganisation verwickelt ist, der auf Grund seiner offiziellen Stellung die Immunität genießt, wenn diese Immunität nicht in Übereinstimmung mit den Bestimmungen des Anschnittes 22 aufgehoben wurde.

Abschnitt 32

Alle Meinungsverschiedenheiten, die aus der Auslegung oder Anwendung der vorliegenden Übereinkommens entstehen, werden dem Internationalen Gerichtshof überwiesen werden, außer wenn die Parteien in einem Falle übereinkommen, zu einer anderen Art der Beilegung Zuflucht zu nehmen. Wenn eine Meinungsverschiedenheit zwischen einer der Spezialorganisationen einerseits und einem Mitglied anderseits entsteht, so wird über jede aufgeworfene Rechtsfrage ein

Ansuchen um ein Rechtsgutachten gestellt, und zwar in Übereinstimmung mit Artikel 96 der Charter und Artikel 65 des Statutes des Gerichtshofes und ebenso mit den entsprechenden Bestimmungen der zwischen den Vereinten Nationen und der betreffenden Spezialorganisation abgeschlossenen Vereinbarungen. Das Rechtsgutachten des Gerichtshofes wird von den Parteien als entscheidend angenommen.

Artikel X
Annexe und Anwendung auf die einzelnen Spezialorganisationen

Abschnitt 33

In ihrer Anwendung auf jede Spezialorganisation gelten die Standardklauseln vorbehaltlich jeder Änderung, die sich aus dem endgültigen (oder revidierten) Text des sich auf die betreffende Organisation beziehenden Annexes ergibt, wie dies in den Abschnitten 36 und 38 vorgesehen ist.

Abschnitt 34

Die Bestimmungen des Übereinkommens müssen in bezug auf jede Spezialorganisation in der Weise ausgelegt werden, daß sie den Aufgaben, mit denen die Spezialorganisation durch ihre Verfassungsurkunde betraut ist, Rechnung tragen.

Abschnitt 35

Die Annex-Entwürfe 1-9 werden den darin bezeichneten Spezialorganisationen empfohlen. Im Falle, daß eine Spezialorganisation im Abschnitt 1 nicht namentlich angeführt ist, wird der Generalsekretär der Vereinten Nationen dieser Organisation einen vom Wirtschafts- und Sozialrat empfohlenen Annex-Entwurf übermitteln.

Abschnitt 36

Der endgültige Text eines jeden Annexes ist jener, der von der betreffenden Spezialorganisation in Übereinstimmung mit ihrem verfassungsrechtlichen Verfahren genehmigt wurde. Eine Kopie des von jeder Spezialorganisation genehmigten Annexes wird von der betreffenden Organisation dem Generalsekretär der Vereinten Nationen übermittelt und ersetzt hierauf den Entwurf, auf den im Abschnitt 35 Bezug genommen ist.

Abschnitt 37

Das vorliegende Übereinkommen wird auf jede Spezialorganisation anwendbar, sobald sie dem Generalsekretär der Vereinten Nationen den endgültigen Text des bezüglichen Annexes übermittelt und ihm angezeigt hat, daß sie die Standardklauseln, wie sie durch diesen Annex abgeändert wurden, annimmt, und daß sie es übernimmt, die Abschnitte 8, 18, 22, 23, 24, 31, 32, 42 und 45 (vorbehaltlich jeder Änderung des Abschnittes 32, die für notwendig gehalten werden kann, um den endgültigen Text des Annexes mit der Verfassungsurkunde der Organisation in Übereinstimmung zu bringen) und alle Bestimmungen des Annexes, die der Organisation Verpflichtungen auferlegen, in Kraft zu setzen. Der Generalsekretär übermittelt allen Mitgliedern der Vereinten Nationen und allen anderen Mitgliedstaaten der Spezialorganisationen beglaubigte Abschriften aller Annexe, die ihm gemäß diesem Abschnitt und der revidierten Annexe, die ihm gemäß Abschnitt 38 übermittelt wurden.

Abschnitt 38

Wenn nach Übermittlung des endgültigen Annexes gemäß Abschnitt 36 eine Spezialorganisation diesbezüglich gewisse Abänderungen in Übereinstimmung mit ihrem verfassungsrechtlichen Verfahren billigt, so wird der abgeänderte Annex durch sie dem Generalsekretär der Vereinten Nationen übermittelt.

Abschnitt 39

Die Bestimmungen dieses Übereinkommens begrenzen oder präjudizieren in keiner Weise die Privilegien und Immunitäten, die von einem Staat einer Spezialorganisation auf Grund der Errichtung ihres Sitzes oder ihrer regionalen Büros auf dem Gebiete dieses Staates bereits gewährt worden sind oder noch gewährt werden können. Dieses Übereinkommen kann nicht so ausgelegt werden, daß es den Abschluß zusätzlicher Vereinbarungen, welche die Bestimmungen dieses Übereinkommens entsprechend anpassen oder die dadurch gewährten Privilegien und Immunitäten ausdehnen oder einschränken, zwischen einem seiner Vertragspartner und einer Spezialorganisation ausschließt.

Abschnitt 40

Es besteht Einverständnis, daß die Standardklauseln, so wie sie im endgültigen Texte eines Annexes modifiziert erscheinen, der dem Generalsekretär der Vereinten Nationen von einer Spezialorganisation gemäß Abschnitt 36 übermittelt wird (beziehungsweise gemäß Abschnitt 38, wenn es sich um einen revidierten Annex handelt), mit den dann für die betreffende Organisation geltenden Bestimmungen ihrer Verfassungsurkunde übereinstimmen müssen, sowie darüber, daß, wenn eine Änderung an dieser Urkunde notwendig ist, um die Verfassungsurkunde auf diese Weise damit in Einklang zu bringen, eine solche Änderung in Übereinstimmung mit dem verfassungsrechtlichen Verfahren dieser Organisation vor Überreichung des endgültigen (oder revidierten Annexes) in Kraft gesetzt worden sein muß.

Das Übereinkommen selbst kann durch seine Anwendung keine Bestimmungen der Verfassungsurkunde einer Spezialorganisation oder auch allfällige Rechte oder Pflichten, die die Organisation besitzen, erwerben oder übernehmen kann, widerrufen oder abändern.

Artikel XI
Schlußbestimmungen

Abschnitt 41

Der Beitritt zum vorliegenden Übereinkommen durch ein Mitglied der Vereinten Nationen und (vorbehaltlich des Abschnittes 42) durch einen Mitgliedstaat einer Spezialorganisation erfolgt durch Hinterlegung einer Beitrittsurkunde beim Generalsekretär der Vereinten Nationen und wird mit dem Zeitpunkte ihrer Hinterlegung wirksam.

Abschnitt 42

Jede in Frage kommende Spezialorganisation teilt den Text dieses Übereinkommens zusammen mit den bezüglichen Annexen jenen ihrer Mitglieder mit, die nicht Mitglieder der Vereinten Nationen sind, und lädt sie ein, dem Übereinkommen in bezug auf diese Organisation durch Hinterlegung einer Beitrittsurkunde entweder beim Generalsekretär der Vereinten Nationen oder dem Generaldirektor der betreffenden Spezialorganisation beizutreten.

Abschnitt 43

Jeder Vertragspartner dieses Übereinkommens bezeichnet in seiner Beitrittsurkunde die Spezialorganisation oder -organisationen, in bezug auf welche er sich verpflichtet, die Bestimmungen dieses Übereinkommens anzuwenden. Jeder Vertragspartner dieses Übereinkommens kann sich durch eine nachfolgende schriftliche Mitteilung an den Generalsekretär der Vereinten Nationen verpflichten, die Bestimmungen dieses Übereinkommens auf eine oder mehrere Spezialorganisationen anzuwenden; diese Mitteilung wird mit dem Zeitpunkt ihres Empfanges durch den Generalsekretär wirksam.

Abschnitt 44

Dieses Übereinkommen tritt zwischen jedem Vertragspartner dieses Übereinkommens und einer Spezialorganisation in Kraft, wenn es auf diese Organisation gemäß Abschnitt 37 anwendbar geworden ist und der Vertragspartner sich verpflichtet hat, die Bestimmungen des Übereinkommens auf diese Organisation gemäß Abschnitt 43 anzuwenden.

Abschnitt 45

Der Generalsekretär der Vereinten Nationen benachrichtigt alle Mitglieder der Vereinten Nationen wie auch alle Mitglieder der Spezialorganisationen und die obersten Exekutivorgane der Spezialorganisationen von der Hinterlegung jeder Beitrittsurkunde, die er gemäß Abschnitt 41, und von nachfolgenden Mitteilungen, die er gemäß Abschnitt 43 erhalten hat. Das oberste Exekutivorgan einer Spezialorganisation benachrichtigt den Generalsekretär der Vereinten Nationen und die Mitglieder der betreffenden Organisation von der Hinterlegung jeder Beitrittsurkunde, die bei ihm gemäß Abschnitt 42 hinterlegt wurde.

Abschnitt 46

Es besteht Einverständnis darüber, daß, wenn eine Beitrittsurkunde oder eine spätere Mitteilung im Namen irgendeines Staates hinterlegt wird, dieser Staat in der Lage sein muß, die Bestimmungen des vorliegenden Übereinkommens in der durch die endgültigen Texte der Annexe abgeänderten Form nach seinem eigenen Recht zu verwirklichen; diese Annexe beziehen sich auf die Organisationen, die durch solche Beitritte oder Mitteilungen berührt werden.

Abschnitt 47

1. Vorbehaltlich der Bestimmungen der Absätze 2 und 3 dieses Abschnittes verpflichtet sich jeder Vertragspartner dieses Übereinkommens, dieses Übereinkommen auf jede Spezialorganisation, die durch seinen Beitritt oder eine spätere Mitteilung berührt wird, anzuwenden, und zwar solange, bis ein revidiertes Übereinkommen oder ein revidierter Annex auf diese Organisation anwendbar geworden ist und der genannte Staat das revidierte Übereinkommen oder den revidierten Annex angenommen hat. Im Falle eines revidierten Annexes erfolgt die Annahme durch die Staaten mittels Mitteilung an den Generalsekretär der Vereinten Nationen; sie wird mit dem Zeitpunkt ihres Erhaltes durch den Generalsekretär wirksam.

2. Jeder Vertragspartner dieses Übereinkommens jedoch, der nicht Mitglied einer Spezialorganisation ist oder aufgehört hat, es zu sein, kann an den Generalsekretär der Vereinten Nationen und an das oberste Exekutivorgan der betreffenden Organisation eine schriftliche Mitteilung richten, des Inhalts, daß er beabsichtigt, dieser Organisation die Vorteile dieses Übereinkommens von einem bestimmten Zeitpunkt an, der nicht vor Ablauf von drei Monaten vom Zeitpunkt des Erhaltes der Mitteilung an liegen soll, vorzuenthalten.

3. Jeder Vertragspartner dieses Übereinkommens kann jeder Spezialorganisation, die aufhört, in Verbindung mit den Vereinten Nationen zu stehen, die Vorteile dieses Übereinkommens vorenthalten.

4. Der Generalsekretär der Vereinten Nationen benachrichtigt alle Vertragspartner dieses Übereinkommens von jeder Mitteilung, die ihm gemäß den Bestimmungen dieses Abschnittes übermittelt wurde.

Artikel XI

Abschnitt 48

Auf Verlangen von einem Drittel der Vertragspartner dieses Übereinkommens beruft der Generalsekretär der Vereinten Nationen eine Konferenz zum Zwecke einer Revision des Übereinkommens ein.

Abschnitt 49

Der Generalsekretär der Vereinten Nationen übermittelt jeder Spezialorganisation und der Regierung eines jeden Mitgliedes der Vereinten Nationen Kopien dieses Übereinkommens.

Annex I

Die Internationale Arbeitsorganisation

In ihrer Anwendung auf die Internationale Arbeitsorganisation gelten die Standardklauseln vorbehaltlich der folgenden Bestimmungen:

1. Artikel V, außer Paragraph c des Abschnittes 13 und Abschnitt 25, Paragraphe 1 und 2a des Artikels VII finden Anwendung auf die Mitglieder der Arbeitgeber und Arbeitnehmer und die stellvertretenden Mitglieder des Verwaltungsrates des Internationalen Arbeitsamtes sowie deren Ersatzleute, außer es erfolgt durch den Verwaltunsrat ein Verzicht auf die Immunität eines solchen Mitgliedes gemäß Abschnitt 16.

2. Die Privilegien, Immunitäten, Befreiungen und Erleichterungen, auf die im Abschnitt 21 der Standardklauseln Bezug genommen wird, werden ebenso dem stellvertretenden Generaldirektor des Internationalen Arbeitsamtes und jedem diensttuenden Generaldirektor des Internationalen Arbeitsamtes gewährt.

3. I. Den Sachverständigen (außer den Beamten, die unter die Bestimmung des Artikels VI fallen), welche in den Komitees der Organisation Dienst tun oder Aufträge für die Organisation ausführen, werden die folgenden Privilegien und Immunitäten, soweit es für die wirksame Ausübung ihrer Aufgaben notwendig ist, gewährt, einschließlich der Zeit, die sie auf Reisen in Verbindung mit dem Dienst bei solchen Komitees oder Aufträgen verbringen:

a) Schutz vor persönlicher Verhaftung oder Beschlagnahme ihres persönlichen Gepäcks;

b) In bezug auf die mündlichen oder schriftlichen Äußerungen oder Handlungen, die sie bei Erfüllung ihrer offiziellen Aufgaben setzen, Schutz vor gerichtlicher Verfolgung jeder Art. Dieser Schutz wirkt ungeachtet der Tatsache, daß die betreffenden Personen nicht mehr bei Komitees der Organisation Dienst tun oder mit Aufträgen für die Organisation beschäftigt sind, weiter.

c) Dieselben Erleichterungen in bezug auf Währungs- und Geldwechselbeschränkungen und in bezug auf ihr persönliches Gepäck, wie sie den Beamten ausländischer Regierungen bei Erfüllung zeitweiliger offizieller Aufträge gewährt werden;

d) Unverletzlichkeit ihrer Papiere und Dokumente in bezug auf die Tätigkeit, in der sie für diese Organisation tätig sind.

II. In Verbindung mit Absatz d obigen Punktes 3 I ist der Grundsatz, der im letzten Satz des Abschnittes 12 der Standardklauseln enthalten ist, anwendbar.

III. Die Privilegien und Immunitäten werden den Sachverständigen der Organisation im Interesse der Organisation und nicht zum persönlichen Vorteil der einzelnen selbst gewährt. Die Organisation hat das Recht und die Pflicht, die Immunität eines Sachverständigen in jedem Falle aufzuheben, in dem nach ihrer Meinung die Immunität den Lauf der Gerechtigkeit hindern würde und in dem ohne Nachteil auf die Interessen der Organisation darauf verzichtet werden kann.

ANNEX II

ANNEX II

DIE ERNÄHRUNGS- UND LANDWIRTSCHAFTSORGANISATION DER VEREINTEN NATIONEN

In ihrer Anwendung auf die Ernährungs- und Landwirtschaftsorganisation der Vereinten Nationen (im folgenden als „die Organisation" bezeichnet) gelten die Standardklauseln vorbehaltlich der folgenden Bestimmungen:

1. Artikel V und Abschnitt 25, Absätze 1 und 2 (I) des Artikels VII gelten für den Vorsitzenden des Rates der Organisation und für die Vertreter Assoziierter Mitglieder, ausgenommen es erfolgt von seiten des Rates der Organisation ein Verzicht auch die Immunität des Vorsitzenden gemäß Abschnitt 16.

2. I. Den Sachverständigen (außer den Beamten, die unter die Bestimmungen des Artikels VI fallen), welche in Komitees der Organisation Dienst tun oder Aufträge für die Organisation ausführen, werden die folgenden Privilegien und Immunitäten, soweit es für die wirksame Ausübung ihrer Aufgaben

notwendig ist, gewährt, einschließlich der Zeit, die sie auf Reisen in Verbindung mit dem Dienst bei solchen Komitees oder Aufträgen verbringen:

a) Schutz vor persönlicher Verhaftung oder Beschlagnahme ihres persönlichen Gepäcks;

b) in bezug auf die mündlichen oder schriftlichen Äußerungen oder Handlungen, die sie bei Erfüllung ihrer offiziellen Aufgaben setzen, Schutz vor gerichtlicher Verfolgung jeder Art. Dieser Schutz wirkt ungeachtet der Tatsache, daß die betreffenden Personen nicht mehr bei Komitees der Organisation Dienst tun oder mit Aufträgen für die Organisation beschäftigt sind, weiter;

c) dieselben Erleichterungen in bezug auf Währungs- und Geldwechselbeschränkungen und in bezug auf ihr persönliches Gepäck, wie sie den Beamten ausländischer Regierungen bei Erfüllung zeitweiliger offizieller Aufträge gewährt werden;

d) Unverletzlichkeit ihrer Papiere und Dokumente in bezug auf die Tätigkeit, in der sie für diese Organisation tätig sind, sowie das Recht, zum Zwecke ihres Verkehrs mit der Organisation Chiffrierschlüssel zu verwenden und Dokumente oder schriftliche Mitteilungen durch Kurier oder in versiegelten Säcken zu empfangen.

II. In Verbindung mit Absatz d obigen Punktes 2 I ist der Grundsatz, der im letzten Satz des Abschnittes 12 der Standardklauseln enthalten ist, anwendbar.

III. Die Privilegien und Immunitäten werden den Sachverständigen im Interesse der Organisation und nicht zum persönlichen Vorteil der einzelnen selbst gewährt. Die Organisation hat das Recht und die Pflicht, die Immunität eines Sachverständigen in jedem Falle aufzuheben, in dem nach ihrer Meinung die Immunität den Lauf der Gerechtigkeit hindern würde und in dem ohne Nachteil auf die Interessen der Organisation darauf verzichtet werden kann.

3. Die Privilegien, Immunitäten, Befreiungen und Erleichterungen, auf die in Abschnitt 21 der Standardklauseln Bezug genommen ist, sollen dem Stellvertretenden Generaldirektor und den Untergeneraldirektoren der Organisation gewährt werden.

Annex III

Internationale Zivilluftfahrtsorganisation

In ihrer Anwendung auf die Internationale Zivilluftfahrtsorganisation (im folgenden als „die Organisation" bezeichnet) gelten die Standardklauseln vorbehaltlich der folgenden Bestimmungen:

1. Die Privilegien, Immunitäten, Befreiungen und Erleichterungen, auf die im Abschnitt 21 der Standardklauseln Bezug genommen ist, werden ebenso dem Präsidenten des Rates der Organisation gewährt.

2. I. Den Sachverständigen (außer den Beamten, die unter die Bestimmungen des Artikels VI fallen), welche in Komitees der Organisation Dienst tun oder Aufträge für die Organisation ausführen, werden die folgenden Privilegien und Immunitäten, soweit es für die wirksame Ausübung ihrer Aufgaben notwendig ist, gewährt, einschließlich der Zeit, die sie auf Reisen in Verbindung mit dem Dienst bei solchen Komitees oder Aufträgen verbringen:

a) Schutz vor persönlicher Verhaftung oder Beschlagnahme ihres persönlichen Gepäcks;

b) In bezug auf die mündlichen oder schriftlichen Äußerungen oder Handlungen, die sie bei Erfüllung ihrer offiziellen Aufgaben setzen, Schutz vor gerichtlicher Verfolgung jeder Art. Dieser Schutz wirkt ungeachtet der Tatsache, daß die betreffenden Personen nicht mehr bei Komitees der Organisation Dienst tun oder mit Aufträgen für die Organisation beschäftigt sind;

c) dieselben Erleichterungen in bezug auf Währungs- und Geldwechselbeschränkungen und in bezug auf ihr persönliches Gepäck, wie sie den Beamten ausländischer Regierungen bei Erfüllung zeitweiliger offizieller Aufträge gewährt werden;

d) Unverletzlichkeit ihrer Papiere und Dokumente in bezug auf die Tätigkeit, in der sie für diese Organisation tätig sind.

II. In Verbindung mit Absatz d obigen Punktes 2 ist der Grundsatz, der im letzten Satz des Abschnittes 12 der Standardklauseln enthalten ist, anwendbar.

III. Die Privilegien und Immunitäten werden den Sachverständigen im Interesse der Organisation und nicht zum persönlichen Vorteil der einzelnen selbst gewährt. Die Organisation hat das Recht und die Pflicht, die Immunität eines Sachverständigen in jedem Falle aufzuheben, in dem nach ihrer

Meinung die Immunität den Lauf der Gerechtigkeit hindern würde und in dem ohne Nachteil auf die Interessen der Organisation darauf verzichtet werden kann.

Annex IV

Die Organisation der Vereinten Nationen für Erziehung, Wissenschaft und Kultur

In ihrer Anwendung auf die Organisation der Vereinten Nationen für Erziehung, Wissenschaft und Kultur (im folgenden als „die Organisation" bezeichnet) gelten die Standardklauseln vorbehaltlich der folgenden Bestimmungen:

1. Artikel V und Abschnitt 25, Paragraphe 1 und 2 (I) des Artikels VII gelten für den Präsidenten der Konferenz und die Mitglieder des Exekutivrates der Organisation, ihre Vertreter und Berater, ausgenommen es erfolgt von seiten des Exekutivrates ein Verzicht auf die Immunität einer solchen Person des Exekutivrates gemäß Abschnitt 16.

2. Der stellvertretende Generaldirektor der Organisation, seine Gattin und seine minderjährigen Kinder genießen ebenso die Privilegien und Immunitäten, Befreiungen und Erleichterungen, wie sie diplomatischen Gesandten in Übereinstimmung mit dem Völkerrecht gewährt werden und die Artikel VI, Abschnitt 21, des Übereinkommens dem obersten Exekutivorgan jeder Spezialorganisation zusichert.

3. I. Den Sachverständigen (außer den Beamten, die unter die Bestimmungen des Artikels VI fallen), welche in Komitees der Organisation Dienst tun oder Aufträge für die Organisation ausführen, werden die folgenden Privilegien und Immunitäten, soweit es für die wirksame Ausübung ihrer Aufgaben notwendig ist, gewährt, einschließlich der Zeit, die sie auf Reisen in Verbindung mit dem Dienst bei solchen Komitees oder Aufträgen verbringen:

a) Schutz vor persönlicher Verhaftung oder Beschlagnahme ihres persönlichen Gepäcks;

b) in bezug auf mündliche oder schriftliche Äußerungen oder Handlungen, die sie in Erfüllung ihrer offiziellen Aufgaben setzen, Schutz vor gerichtlicher Verfolgung jeder Art. Dieser Schutz wirkt ungeachtet der Tatsache, daß die betreffenden Personen nicht mehr bei Komitees der Organisation Dienst tun oder mit Aufträgen für die Organisation beschäftigt sind, weiter;

c) dieselben Erleichterungen in bezug auf Währungs- und Geldwechselbeschränkungen und in bezug auf ihr persönliches Gepäck, wie sie den Beamten ausländischer Regierungen bei Erfüllung zeitweiliger offizieller Aufträge gewährt werden.

II. Die Privilegien und Immunitäten werden den Sachverständigen der Organisation im Interesse der Organisation und nicht zum persönlichen Vorteil der einzelnen selbst gewährt. Die Organisation hat das Recht und die Pflicht, die Immunität eines Sachverständigen in jedem Falle aufzuheben, in dem nach ihrer Meinung die Immunität den Lauf der Gerechtigkeit hindern würde und in dem ohne Nachteil auf die Interessen der Organisation darauf verzichtet werden kann.

Annex V

Der Internationale Währungsfonds

In seiner Anwendung auf den Internationalen Währungsfonds (im folgenden als „der Fonds" bezeichnet) gilt das Übereinkommen (einschließlich dieses Annexes) vorbehaltlich der folgenden Bestimmungen:

1. Abschnitt 32 der Standardklauseln findet nur Anwendung auf Meinungsverschiedenheiten, die sich aus der Auslegung oder Anwendung der Privilegien und Immunitäten ergeben, die vom Fonds nur von diesem Übereinkommen abgeleitet werden und die nicht in jene mit eingeschlossen sind, die er auf Grund der Artikel des Fondsabkommens oder auf andere Weise beanspruchen kann.

2. Die Bestimmungen des Übereinkommens (einschließlich dieses Annexes) gestalten die Rechte, Immunitäten, Privilegien und Befreiungen, die dem Fonds oder einem seiner Mitglieder, den Gouverneuren, Exekutivdirektoren, Stellvertretern, Beamten oder Angestellten durch die Artikel des

Abkommens über den Fonds oder durch ein Statut, Gesetz oder eine Regelung eines Mitglieds des Fonds oder einer politischen Körperschaft eines solchen Mitglieds oder auf sonstige Weise gewährt werden, weder um, noch ändern sie sie ab, noch verlangen sie die Umgestaltung oder Abänderung der Artikel des Fondsabkommens, noch beeinträchtigen oder beschränken sie diese Rechte, Immunitäten, Privilegien oder Befreiungen.

Annex VI

Internationale Bank für Wiederaufbau und Wirtschaftsförderung

In seiner Anwendung auf die Internationale Bank für Wiederaufbau und Wirtschaftsförderung (im folgenden „die Bank" genannt), gilt das Übereinkommen (einschließlich dieses Annexes) vorbehaltlich der folgenden Bestimmungen:

1. Für Abschnitt 4 wird folgendes eingesetzt:
„Klagen gegen die Bank können nur bei einem hiefür zuständigen Gerichtshofe im Gebiete eines Mitglieds der Bank eingebracht werden, in welchem die Bank eine Amtsstelle unterhält, einen Vertreter zum Zwecke der Entgegennahme von Klagen ernannt oder Sicherheitspapiere ausgegeben oder garantiert hat. Klagen sollen jedoch nicht von Mitgliedern oder Personen, die im Auftrage von Mitgliedern handeln oder Ansprüche von ihnen ableiten, eingebracht werden. Das Eigentum und die Vermögenswerte der Bank sollen, wo immer sie gelegen sein mögen und wer immer über sie verfügen mag, von allen Formen der Beschlagnahme oder Zwangsvollstreckung vor Fällung eines endgültigen Urteils gegen die Bank frei sein."

2. Abschnitt 32 der Standardklauseln findet nur Anwendung auf Meinungsverschiedenheiten, die sich aus der Auslegung oder Anwendung der Privilegien und Immunitäten ergeben, die von der Bank nur von diesem Übereinkommen abgeleitet werden, und die nicht in jene mit eingeschlossen sind, die sie auf Grund der Artikel des Abkommens oder auf andere Weise beanspruchen kann.

3. Die Bestimmungen des Übereinkommens (einschließlich dieses Annexes) gestalten die Rechte, Immunitäten, Privilegien und Befreiungen, die der Bank oder einer ihrer Mitglieder, den Gouverneuren, Exekutivdirektoren, Stellvertretern, Beamten oder Angestellten durch die Artikel des Abkommens über die Bank oder durch ein Statut, Gesetz oder eine Regelung eines Mitglieds der Bank oder einer politischen Körperschaft eines solchen Mitglieds oder auf sonstige Weise gewährt werden, weder um, noch ändern sie sie ab, noch verlangen sie Umgestaltung oder Abänderung der Artikel des Bankabkommens, noch beeinträchtigen oder beschränken sie diese Rechte, Immunitäten, Privilegien oder Befreiungen.

ANNEX VII

Die Weltgesundheitsorganisation

In ihrer Anwendung auf die Weltgesundheitsorganisation der Vereinten Nationen (im folgenden als „die Organisation" bezeichnet) gelten die Standardklauseln vorbehaltlich der folgenden Bestimmungen:

1. Artikel V und Abschnitt 25 Paragraph 1 und 2 (I) des Artikels VII gelten für Personen, die zur Dienstleistung beim Exekutivrat der Organisation ernannt wurden, ihre Vertreter und Berater, ausgenommen es erfolgt von seiten des Rates ein Verzicht auf die Immunität einer solchen Person gemäß Abschnitt 16.

2. I. Den Sachverständigen (außer den Beamten, die unter die Bestimmungen des Artikels VI fallen), welche in Komitees der Organisation Dienst tun oder Aufträge für die Organisation ausführen, werden die folgenden Privilegien und Immunitäten, soweit es für die wirksame Ausübung ihrer Aufgaben notwendig ist, gewährt, einschließlich der Zeit, die sie auf Reisen in Verbindung mit dem Dienst bei solchen Komitees oder Aufträgen verbringen:

a) Schutz vor persönlicher Verhaftung oder Beschlagnahme ihres persönlichen Gepäcks;

b) in bezug auf mündliche oder schriftliche Äußerungen oder Handlungen, die sie bei der Erfüllung ihrer offiziellen Aufgaben setzen, Schutz vor gerichtlicher Verfolgung jeder Art. Dieser Schutz wirkt ungeachtet der Tatsache, daß die betreffenden Personen nicht mehr bei Komitees der Organisation Dienst tun oder mit Aufträgen für die Organisation beschäftigt sind, weiter;

c) dieselben Erleichterungen in bezug auf Währungs- und Geldwechselbeschränkungen und in bezug auf ihr persönliches Gepäck, wie sie den Beamten ausländischer Regierungen bei Erfüllung zeitweiliger offizieller Aufträge gewährt werden;

d) Unverletzlichkeit ihrer Papiere und Dokumente;

e) das Recht, Chiffrierschlüssel zu verwenden, Dokumente und schriftliche Mitteilungen durch Kurier oder in versiegelten Säcken für ihre Mitteilungen mit der Organisation zu empfangen.

II. Die in den obigen Paragraphen (b) und (e) festgesetzten Privilegien und Immunitäten werden den Personen gewährt, die bei beratenden Sachverständigenkörperschaften der Organisation tätig sind, jedoch nur in Ausübung ihrer Funktionen als solche.

III. Die Privilegien und Immunitäten werden den Sachverständigen der Organisation im Interesse der Organisation und nicht zum persönlichen Vorteil der einzelnen selbst gewährt. Die Organisation hat das Recht und die Pflicht, die Immunität eines Sachverständigen in jedem Falle aufzuheben, in dem nach ihrer Meinung die Immunität den Lauf der Gerechtigkeit hindern würde und in dem ohne Nachteil auf die Interessen der Organisation darauf verzichtet werden kann.

3. Artikel V und Abschnitt 25 Paragraph 1 und 2 (I) des Artikels VII erstrecken sich auf die Vertreter der außerordentlichen Mitglieder, die an der Arbeit der Organisation in Übereinstimmung mit den Artikeln 8 und 47 der Verfassung teilnehmen.

4. Die in Abschnitt 21 der Standardklauseln angeführten Privilegien, Immunitäten, Befreiungen und Erleichterungen werden auch allen Stellvertretenden Generaldirektoren, Vizegeneraldirektoren und Regionaldirektoren der Organisation gewährt.

Annex VIII

Annex VIII

Weltpostverein

Die Standardklauseln finden ohne Abänderung Anwendung.

Annex IX

Annex IX

Internationaler Weltnachrichtenverein

Die Standardklauseln finden ohne Abänderung Anwendung mit der Ausnahme, daß der Internationale Weltnachrichtenverein für sich nicht den Genuß der bevorzugten Behandlung hinsichtlich der in Abschnitt 11 des Artikels IV vorgesehenen „Erleichterungen für den Nachrichtenverkehr" in Anspruch nehmen wird.

Annex X

Annex X

Internationale Flüchtlingsorganisation

Die Standardklauseln finden ohne Abänderung Anwendung.

ANNEX XI
METEOROLOGISCHE WELTORGANISATION

Die Standardklauseln finden ohne Abänderung Anwendung.

ANNEX XIII

Das Übereinkommen (einschließlich dieses Annexes) soll auf die Internationale Finanz-Corporation (in der Folge „Corporation" genannt) vorbehaltlich folgender Bestimmungen Anwendung finden.

1. Abschnitt 4 ist durch folgenden Text zu ersetzen:
„Klagen gegen die Corporation können nur vor einem zuständigen Gericht im Gebiet eines solchen Mitgliedstaates eingebracht werden, in dem die Corporation einen Sitz hat, in dem sie Zustellungsbevollmächtigte ernannt oder in dem sie eine Sicherheitsleistung gegeben oder garantiert hat. Klagen von Mitgliedstaaten oder von Personen, die Mitgliedstaaten vertreten oder ihre Ansprüche von ihnen ableiten, sind jedoch nicht zulässig. Eigentum und Vermögenswerte der Corporation sind, wo immer sie liegen und in wessen Händen sie immer sich befinden, von jeder Art der Beschlagnahme, Pfändung oder Exekution befreit, bevor nicht ein rechtskräftiges Urteil gegen die Corporation ergangen ist."

2. Lit. b des Abschnittes 7 der Standardklauseln soll auf die Corporation vorbehaltlich Art. III Abs. 5 des Abkommens über die Internationale Finanz-Corporation angewendet werden.

3. Die Corporation kann nach ihrem Ermessen Privilegien und Immunitäten, die ihr nach Art. VI des Abkommens über die Internationale Finanz-Corporation verliehen wurden, im Umfange und zu Bedingungen, die sie bestimmt, aufheben.

4. Abschnitt 32 der Standardklauseln bezieht sich lediglich auf Meinungsverschiedenheit, die sich aus der Auslegung oder Anwendung der Privilegien und Immunitäten ergeben, die die Corporation aus diesem Abkommen ableitet und die nicht in denen enthalten sind, die sie nach dem Abkommen über die Internationale Finanz-Corporation oder aus anderen Bestimmungen verlangen kann.

5. Die Bestimmungen dieses Übereinkommens (einschließlich des Annexes) ändern oder ergänzen das Abkommen über die Internationale Finanz-Corporation und machen seine Abänderung oder Ergänzung nicht notwendig. Auch hindern oder beschränken sie keine Rechte, Privilegien, Immunitäten oder Befreiungen, die der Corporation oder irgendwelchen ihrer Mitglieder, Gouverneure, Direktoren, Stellvertreter, leitenden Angestellten oder sonstigem Personal durch das Abkommen über die Internationale Finanz-Corporation oder durch ein Gesetz oder eine Verordnung eines Mitgliedstaates oder eine Behörde eines Mitgliedstaates oder auf andere Weise verliehen wurden.

ANNEX XIV
INTERNATIONALE ENTWICKLUNGSORGANISATION

Das Übereinkommen (einschließlich dieses Annexes) soll auf die Internationale Entwicklungsorganisation (in Folge „Organisation" genannt) vorbehaltlich folgender Bestimmungen Anwendung finden:

1. Abschnitt 4 ist durch folgenden Text zu ersetzen: „Klagen gegen die Organisation können nur vor einem zuständigen Gericht im Gebiet eines solchen Mitgliedstaates eingebracht werden, in dem die Organisation eine Geschäftsstelle hat, in dem sie Zustellungsbevollmächtigte ernannt oder in dem sie eine Sicherheitsleistung gegeben oder garantiert hat. Klagen von Mitgliedsstaaten oder von Personen, die Mitgliedsstaaten vertreten oder ihre Ansprüche von ihnen ableiten, sind jedoch nicht zulässig. Eigentum und Vermögenswerte der Organisation sind, wo immer sie liegen und in wessen Händen sie immer sich befinden, von jeder Art der Beschlagnahme, Pfändung oder Exekution befreit, bevor nicht ein rechtskräftiges Urteil gegen die Organisation ergangen ist."

2. Abschnitt 32 der Standardklauseln bezieht sich lediglich auf Meinungsverschiedenheiten, die sich aus der Auslegung oder Anwendung der Privilegien und Immunitäten ergeben, die die Organisation aus diesem Abkommen ableitet und die nicht in denen enthalten sind, die sie nach dem Abkommen über die Internationale Entwicklungsorganisation oder aus anderen Bestimmungen verlangen kann.

3. Die Bestimmungen dieses Übereinkommens (einschließlich des Annexes) ändern oder ergänzen nicht das Abkommen über die Internationale Entwicklungsorganisation und machen seine Abänderung oder Ergänzung nicht notwendig. Auch hindern oder beschränken sie keine Rechte, Privilegien, Immunitäten oder Befreiungen, die der Organisation oder irgendwelchen ihrer Mitglieder, Gouverneure, Direktoren, Stellvertreter, leitenden Angestellten oder sonstigem Personal durch das Abkommen über die Internationale Entwicklungsorganisation oder durch ein Gesetz oder eine Verordnung eines Mitgliedsstaates oder einer Behörde eines Mitgliedsstaates oder auf andere Weise verliehen wurden.

(Übersetzung)

ANLAGE XV

ANLAGE XV

Weltorganisation für geistiges Eigentum

„Die Standardklauseln gelten für die Weltorganisation für geistiges Eigentum (in der Folge die „Organisation" genannt) vorbehaltlich der folgenden Abänderungen:

1. Die in Artikel VI, Abschnitt 21, der Standardklauseln genannten Vorrechte, Immunitäten, Befreiungen und Erleichterungen werden auch den Vize-Generaldirektoren der Organisation gewährt.

2. (a) Experten (mit Ausnahme der in Artikel VI genannten Beamten), die in den Kommissionen der Organisation tätig sind oder Aufgaben für diese erfüllen, genießen die nachstehenden Vorrechte und Immunitäten, soweit dies zur tatsächlichen Ausübung ihrer Tätigkeit erforderlich ist, auch während der Reisen, die sie im Zusammenhang mit ihrer Tätigkeit in diesen Kommissionen oder in Erfüllung dieser Aufgaben unternehmen:

   (i) Immunität hinsichtlich Festnahme ihrer Person oder Beschlagnahme ihres persönlichen Gepäcks;

   (ii) Immunität hinsichtlich jeder Art von gerichtlicher Verfolgung auf Grund von Handlungen sowie von gesprochenen oder geschriebenen Worten, die in Ausübung ihrer offiziellen Funktionen erfolgt sind; sie genießen diese Immunität auch wenn sie nicht mehr in den Kommissionen der Organisation tätig oder nicht mehr mit Aufgaben im Namen der Organisation betraut sind;

   (iii) Die gleichen Erleichterungen hinsichtlich der Währungs- und Devisenvorschriften und hinsichtlich ihres persönlichen Gepäcks, wie sie den Beamten fremder Staaten in vorübergehender offizieller Mission gewährt werden;

   (iv) Unverletzlichkeit aller ihrer Dokumente und Unterlagen betreffend die Arbeiten, die sie im Namen der Organisation durchführen;

   (v) Das Recht, für ihren Verkehr mit der Organisation Verschlüsselungen zu verwenden und Dokumente und Post mittels Kurier oder versiegelten Säcken zu empfangen.

   Der im letzten Satz des Abschnitts 12 der Standardklauseln genannte Grundsatz gilt für die unter den obigen Punkten (iv) und (v) genannten Bestimmungen.

   (b) Die Vorrechte und Immunitäten werden den im obigen Absatz (a) genannten Experten im Interesse der Organisation und nicht zu ihrem persönlichen Vorteil eingeräumt. Die Organisation kann und muß die einem Experten eingeräumte Immunität in allen jenen Fällen aufheben, in denen ihrer Meinung nach diese Immunität den Gang der Rechtsprechung behindert, und wenn die Immunität aufgehoben werden kann, ohne daß die Interessen der Organisation darunter leiden."

(Übersetzung)

ANNEX VVII

ANNEX XVIII
WELT-FREMDENVERKEHRSORGANISATION

„Die Standardklauseln gelten für die Welt-Fremdenverkehrsorganisation (in der Folge „Organisation” genannt) vorbehaltlich der folgenden Änderungen:

1. Artikel V und Artikel VII Abschnitt 25, Absatz 1 und 2 (I) des Übereinkommens werden auf die Vertreter der assoziierten Mitglieder, die in der Organisation mitwirken, in Übereinstimmung mit den Statuten der Welt-Fremdenverkehrsorganisation (in der Folge „Statuten” genannt), ausgeweitet.
2. Vertretern der affiliierten Mitglieder, die an den Aktivitäten der Organisation gemäß den Statuten mitwirken, wird gewährt:
   a) Alle Erleichterungen, um die unabhängige Ausübung ihrer offiziellen Funktionen zu sichern;
   b) Raschestmögliche Bearbeitung ihrer Visaanträge, sofern sie erforderlich sind und wenn sie von einer Bestätigung begleitet sind, dass sie geschäftlich für die Organisation reisen. Weiters werden diesen Personen Erleichterungen für schnelles Reisen gewährt.
   c) Im Zusammenhang mit obiger lit. b) wird der in dem letzten Satz von Abschnitt 12 der Standardklauseln enthaltene Grundsatz angewendet.
3. Experten, mit Ausnahme der in Artikel VI des Übereinkommens genannten Beamten, die in den Organen und Körperschaften der Organisation tätig sind oder Aufgaben für diese erfüllen, genießen Privilegien und Immunitäten, soweit dies zur tatsächlichen Ausübung ihrer Tätigkeit erforderlich ist, auch während der Reisen, die sie im Zusammenhang mit ihrer Tätigkeit in diesen Organen und Körperschaften unternehmen. Insbesondere wird ihnen gewährt:
   a) Immunität hinsichtlich Festnahme ihrer Person oder Beschlagnahme ihres persönlichen Gepäcks;
   b) Immunität hinsichtlich jeder Art von gerichtlicher Verfolgung auf Grund von Handlungen sowie von gesprochenen oder geschriebenen Worten, die in Ausübung ihrer offiziellen Funktionen erfolgt sind; sie genießen diese Immunität auch wenn sie nicht mehr in den Organen und Körperschaften der Organisation tätig oder nicht mehr mit Aufgaben im Namen der Organisation betraut sind;
   c) Unverletzlichkeit aller ihrer Dokumente und Unterlagen betreffend die Arbeiten, die sie im Namen der Organisation durchführen;
   d) Das Recht, für ihren Verkehr mit der Organisation Verschlüsselungen zu verwenden und Dokumente oder Post mittels Kurier oder versiegelten Säcken zu empfangen;
   e) Die gleichen Erleichterungen hinsichtlich der Währungs- und Devisenvorschriften und hinsichtlich ihres persönlichen Gepäcks, wie sie den Beamten fremder Staaten in vorübergehender offizieller Mission gewährt werden.
4. Die Privilegien und Immunitäten werden den Experten im Interesse der Organisation und nicht zu ihrem persönlichen Vorteil eingeräumt. Der Generalsekretär der Organisation kann und muss die einem Experten eingeräumte Immunität in allen jenen Fällen aufheben, in denen ihrer Meinung nach die Immunität den Gang der Rechtsprechung behindert und sie aufgehoben werden kann, ohne dass die Interessen der Organisation darunter leiden.
5. Ungeachtet von Absatz 2 oben werden Absatz 3 und 4 oben auf Vertreter von affiliierten Mitgliedern, die Aufgaben für die Organisation als Experten erfüllen, angewendet.
6. Die in Abschnitt 21 der Standardklauseln genannten Privilegien, Immunitäten, Befreiungen und Erleichterungen werden auch dem Vize- Generalsekretär der Organisation sowie seinem/r Ehegatten/in und minderjährigen Kindern gewährt.”

4/5. Bundesgesetz über die Einräumung von Privilegien und Immunitäten an internationale Organisationen

BGBl 1977/677 idF

1 BGBl I 1997/2 | 2 BGBl I 2009/135

Bundesgesetz vom 14. Dezember 1977 über die Einräumung von Privilegien und Immunitäten an internationale Organisationen

§ 1. (1) Die Bundesregierung wird ermächtigt, den im Abs. 7 genannten internationalen Organisationen, den im Abs. 9 genannten Ständigen Vertretungen sowie den im Abs. 10 genannten Personen die in diesem Bundesgesetz vorgesehenen Privilegien und Immunitäten durch Verordnungen oder in Regierungsübereinkommen ganz oder zum Teil einzuräumen.

(2) Den im Abs. 7 genannten internationalen Organisationen sowie den im Abs. 10 genannten Personen können auch jene Privilegien und Immunitäten eingeräumt werden (Abs. 1), die entweder in den Satzungen dieser Organisationen oder in einem sich auf die jeweilige internationale Organisation beziehenden, in ihren Mitgliedstaaten geltenden völkerrechtlichen Vertrag über Privilegien und Immunitäten enthalten oder nach den allgemein anerkannten Regeln des Völkerrechts zur Erfüllung ihrer Aufgaben vorgesehen sind.

(3) Die in den Abs. 1 und 2 vorgesehene Ermächtigung gilt auch für die Einräumung von Privilegien und Immunitäten anläßlich der Abhaltung internationaler Konferenzen, die mit der Tätigkeit der im Abs. 7 genannten Organisationen im Zusammenhang stehen oder von Staaten einberufen werden.

(4) Verordnungen der Bundesregierung nach den Abs. 1 und 2 bedürfen, soweit sie nicht den im Abs. 3 umschriebenen Inhalt haben, des Einvernehmens mit dem Hauptausschuß des Nationalrates.

(5) Vor dem Abschluß von Regierungsübereinkommen nach den Abs. 1 und 2 hat die Bundesregierung, soweit diese Regierungsübereinkommen nicht den im Abs. 3 umschriebenen Inhalt haben, gleichfalls das Einvernehmen mit dem Hauptausschuß des Nationalrates herzustellen.

(6) Nach dem Abschluß eines Regierungsübereinkommens oder der Erlassung einer Verordnung betreffend eine internationale Konferenz (Abs. 3) hat die Bundesregierung dem Hauptausschuß des Nationalrates unverzüglich zu berichten.

(7) Internationale Organisationen im Sinne dieses Bundesgesetzes sind:

1. Organisationen, die ausschließlich aus Staaten oder Staatenverbindungen gebildet werden;

2. Organisationen, die entweder zur Gänze aus juristischen Personen des öffentlichen Rechts mehrerer Staaten oder aus dieser Rechtsform nach gleichartigen Einrichtungen bestehen oder teilweise aus diesen und teilweise aus Staaten oder Staatenverbindungen gebildet werden;

3. Die Welt-Fremdenverkehrsorganisation (World Tourism Organization – WTO).

(8) Privilegien und Immunitäten dürfen nur zugunsten solcher internationaler Organisationen eingeräumt werden, an denen die Republik Österreich oder andere österreichische juristische Personen des öffentlichen Rechts teilnehmen oder deren in Österreich entfaltete Tätigkeit von der Bundesregierung als im außenpolitischen Interesse der Republik Österreich gelegen bezeichnet wird.

(9) Ständige Vertretungen im Sinne dieses Bundesgesetzes sind Ständige Vertretungen der Mitglieder der im Abs. 7 Z 1 genannten internationalen Organisationen bei diesen. Diesen Vertretungen können Ständige Beobachtermissionen, die bei solchen Organisationen akkreditiert sind, zur Gänze oder teilweise gleichgehalten werden.

(10) Personen im Sinne dieses Bundesgesetzes sind:

1. Vertreter der Mitglieder der im Abs. 7 Z 1 genannten internationalen Organisationen, die an Tagungen dieser Organisationen teilnehmen oder bei diesen in anderer amtlicher Funktion tätig werden. Diesen können Vertreter von Nichtmitgliedern sowie Beobachter bei solchen Tagungen zur Gänze oder teilweise gleichgehalten werden;

2. Mitglieder der im Abs. 9 genannten Ständigen Vertretungen oder Beobachtermissionen;

3. Bedienstete der internationalen Organisationen. Diesen können Sachverständige, die im Auftrag der internationalen Organisationen tätig werden, zur Gänze oder teilweise gleichgehalten werden.

(11) Unter „Wiener Übereinkommen über diplomatische Beziehungen" ist das Wiener Übereinkommen über diplomatische Beziehungen vom 18. April 1961, BGBl. Nr. 66/1966, zu verstehen.

§ 2. (1) Der Umfang der Privilegien und Immunitäten, der von der Bundesregierung den internationalen Organisationen und den Personen im Sinne dieses Bundesgesetzes im einzelnen eingeräumt werden kann, ist – soweit dieses Bundesgesetz nicht selbst eine genaue Umschreibung vorsieht – nach dem Sitz im In- oder Ausland, der Rechtsnatur (§ 1 Abs. 7), der internationalen Bedeutung und dem Aufgabenbereich der jeweiligen Organisation, der Art der von der zu begünstigenden Person auszuübenden Funktion, deren In- oder Ausländereigenschaft, sowie danach, ob sich eine solche Person für einen länger andauernden Zeitraum oder nur vorübergehend im Bundesgebiet aufhält, zu bemessen.

(2) Die in diesem Bundesgesetz vorgesehenen Privilegien und Immunitäten können rückwirkend gewährt werden, wenn die betreffende internationale Organisation zum Zeitpunkt des Inkrafttretens dieses Bundesgesetzes ihren Sitz bereits im Bundesgebiet gehabt hat.

§ 3. (1) Die internationalen Organisationen können in bezug auf ihre amtliche Tätigkeit von der Besteuerung befreit werden. Unter amtlicher Tätigkeit ist die durch den statutenmäßigen Zweck bestimmte Tätigkeit internationaler Organisationen, soweit sie mit dieser Tätigkeit nicht in Konkurrenz zu inländischen Unternehmen treten, zu verstehen. Diese Bestimmung bezieht sich nicht auf Personen, die an diese Organisationen Leistungen erbringen.

(2) Lieferungen oder sonstige Leistungen, die die internationalen Organisationen im Zusammenhang mit ihrer amtlichen Tätigkeit empfangen, können von den für diese Lieferungen und sonstigen Leistungen im Preis offen oder verdeckt überwälzten Steuern entlastet werden.

(3) Rechtsgeschäfte, an denen die internationalen Organisationen in Ausübung ihrer amtlichen Tätigkeit beteiligt sind, und alle Urkunden über solche können von der Besteuerung befreit werden.

(4) Die internationalen Organisationen können von der Verpflichtung zur Entrichtung des Dienstgeberbeitrags zum Ausgleichsfonds für Familienbeihilfen befreit werden. Im Falle einer solchen Befreiung sind die Bediensteten der internationalen Organisationen, die nicht österreichische Staatsbürger sind, von den Leistungen aus dem Familienlastenausgleich ausgeschlossen; gleiches gilt für deren Ehegatten oder eingetragene Partner und minderjährige Kinder, sofern sie mit dem Bediensteten in einer Haushaltsgemeinschaft leben.

(5) Gegenstände, die von den internationalen Organisationen für ihre amtliche Tätigkeit ein- oder ausgeführt werden, können bei der Ein- oder Ausfuhr von Zöllen und anderen Abgaben sowie von wirtschaftlichen Einfuhrverboten und -beschränkungen befreit werden.

(6) Die internationalen Organisationen können bei der Einfuhr von Dienstfahrzeugen und Ersatzteilen für diese, soweit sie für ihre amtliche Tätigkeit benötigt werden, von Zöllen und anderen Abgaben sowie von wirtschaftlichen Einfuhrverboten und -beschränkungen befreit werden.

(7) Die bei der Einfuhr unerhoben gebliebenen Abgaben sind zu entrichten, wenn die nach den Abs. 5 und 6 abgabenfrei eingeführten Gegenstände von den internationalen Organisationen vor Ablauf einer näher zu bestimmenden Frist, die zumindest mit einem Zeitraum von zwei Jahren nach der Abfertigung dieser Gegenstände zum freien Verkehr festzulegen ist, in Österreich an andere Personen überlassen oder übertragen werden. Für Gegenstände, die nicht im Eigentum der Organisationen stehen, ist festzulegen, daß die Befreiung von Zöllen und anderen Abgaben nur so lange besteht, als diese Gegenstände im Gebrauch der jeweiligen Organisationen stehen.

(8) Die vorstehenden Befreiungen dürfen sich nicht auf Abgaben beziehen, die tatsächlich nur ein Entgelt für öffentliche Dienstleistungen darstellen.

§ 4. Die internationalen Organisationen können von jeder Beitragspflicht an eine Sozialversicherungseinrichtung der Republik Österreich befreit werden. Eine solche Befreiung darf insoweit nicht eingeräumt werden, als die Organisationen Personen beschäftigen, auf welche die im § 10 vorgesehenen Befreiungen keine oder nur teilweise Anwendung finden.

§ 5. (1) Jeder zum Nutzen der Bediensteten der internationalen Organisationen errichtete Pensionsoder Unterstützungsfonds, der in Österreich Rechtspersönlichkeit besitzt, genießt die gleichen Privilegien wie die Organisation selbst, soweit dessen Betätigung nicht über den Rahmen einer bloßen Vermögensverwaltung hinausgeht.

(2) Von den internationalen Organisationen errichtete und für amtliche Zwecke bestimmte Fonds und Stiftungen genießen die gleichen Privilegien wie die Organisationen selbst, soweit deren Betätigung nicht über den Rahmen einer bloßen Vermögensverwaltung hinausgeht.

§ 6. Ständigen Vertretungen der ausländischen Mitglieder der im § 1 Abs. 7 Z 1 genannten internationalen Organisationen können die gleichen Privilegien und Immunitäten, wie sie den diplomatischen Missionen in der Republik Österreich auf Grund des Wiener Übereinkommens über diplomatische Beziehungen eingeräumt werden, gewährt werden. § 3 Abs. 4 gilt sinngemäß.

§ 7. Den im § 1 Abs. 10 Z 1 und 2 genannten Personen sowie den im gemeinsamen Haushalt lebenden Familienangehörigen können die gleichen Privilegien und Immunitäten gewährt werden, wie sie den Mitgliedern der in der Republik Österreich akkreditierten diplomatischen Missionen auf Grund des Wiener Übereinkommens über diplomatische Beziehungen eingeräumt werden.

§ 8. (1) Bediensteten der internationalen Organisationen können folgende Privilegien und Immunitäten eingeräumt werden:

1. Befreiung von jeglicher Jurisdiktion in bezug auf die von ihnen in Ausübung ihrer amtlichen Funktionen gemachten mündlichen oder schriftlichen Äußerungen und in bezug auf alle von ihnen in Ausübung ihrer amtlichen Funktionen gesetzten Handlungen, wobei diese Befreiung auch dann weiterbesteht, wenn die betreffenden Personen nicht mehr Bedienstete der Organisationen sind;

2. Schutz vor Beschlagnahme ihres privaten und ihres Dienstgepäcks;

3. Schutz vor Durchsuchung des Dienstgepäcks und, falls der Bedienstete unter § 9 fällt, Schutz vor Durchsuchung des privaten Gepäcks;

4. Befreiung von der Besteuerung der Gehälter, Bezüge, Vergütungen und Ruhegenüssen, die sie für gegenwärtige oder frühere Dienste für die Organisation erhalten; diese Befreiung kann sich auch auf Unterstützungen an die Familienangehörigen der Bediensteten beziehen;

5. Befreiung von der Besteuerung aller Einkünfte und Vermögenswerte der Bediensteten und ihrer im gemeinsamen Haushalt lebenden Familienangehörigen, sofern diese Einkünfte und Vermögenswerte nicht unter die beschränkte Steuerpflicht des österreichischen Einkommensteuerrechts oder Vermögensteuerrechts fallen;

6. Befreiung von der Erbschafts- und Schenkungssteuer, soweit diese allein infolge des Wohnsitzes oder gewöhnlichen Aufenthalts der Bediensteten oder ihrer im gemeinsamen Haushalt lebenden Familienangehörigen in der Republik Österreich entsteht;

7. das Recht, zum persönlichen Gebrauch steuer- und abgabenfrei sowie frei von wirtschaftlichen Einfuhrverboten und -beschränkungen folgendes einzuführen:

a) bei ihrem ersten Dienstantritt ihre Einrichtungsgegenstände und persönliche Habe in einem oder in mehreren getrennten Transporten und innerhalb von sechs Monaten die notwendigen Ergänzungen;

b) alle vier Jahre einen Kraftwagen;

c) beschränkte Mengen bestimmter Artikel, die zum persönlichen Gebrauch und Verbrauch, jedoch nicht für Geschenk- oder Verkaufszwecke bestimmt sind;

8. Befreiung von Ein- und Ausreisebeschränkungen für sich selbst, ihre Ehegatten oder ihre eingetragenen Partner, ihre unterhaltsberechtigten Verwandten und andere Haushaltsangehörige; allenfalls erforderliche Sichtvermerke werden gebührenfrei erteilt;

9. die Befugnis, in der Republik Österreich oder anderswo ausländische Wertpapiere, Guthaben in fremden Währungen und andere bewegliche Vermögenswerte zu erwerben und zu besitzen, sowie das Recht, bei Beendigung ihres Dienstverhältnisses bei der Organisation ohne Vorbehalte oder Beschränkungen ihre Zahlungsmittel auf gesetzlich zulässigem Wege in der gleichen Währung und bis zu denselben Beträgen auszuführen, wie sie sie in die Republik Österreich eingeführt haben.

(2) Die Erteilung der im Abs. 1 Z 4 und 5 vorgesehenen einkommensteuerlichen Privilegien kann an die Bedingung geknüpft werden, daß die privilegierten Personen von den im österreichischen Einkommensteuerrecht jeweils für beschränkt Steuerpflichtige nicht anwendbaren Begünstigungsvorschriften ganz oder teilweise ausgeschlossen sind.

§ 9. Neben den im § 8 angeführten Privilegien und Immunitäten können in leitender Funktion tätigen Bediensteten der im § 1 Abs. 7 Z 1 genannten Organisationen die gleichen Privilegien und Immunitäten gewährt werden, wie sie den Mitgliedern des diplomatischen Personals der diplomatischen Missionen in der Republik Österreich auf Grund des Wiener Übereinkommens über diplomatische Beziehungen eingeräumt werden.

§ 10. (1) Die im § 1 Abs. 10 Z 3 genannten Personen, die nicht österreichische Staatsbürger sind oder die sich als Flüchtlinge oder Staatenlose nicht ständig in der Republik Österreich aufhalten, können hinsichtlich der von ihnen ausgeübten Tätigkeit von der Anwendung der österreichischen Rechtsvorschriften im Bereich der Sozialversicherung befreit werden.

(2) Den im § 1 Abs. 10 Z 3 genannten Personen, die österreichische Staatsbürger sind oder die sich als Flüchtlinge oder Staatenlose ständig in der Republik Österreich aufhalten, kann eine Befreiung im Sinne des Abs. 1 gewährt werden, soweit die Organisation ihnen einen Schutz hinsichtlich der Risken Krankheit und Mutterschaft, Arbeitslosigkeit, Arbeitsunfall und Berufskrankheit sowie Invalidität, Alter und Tod einräumt.

§ 11. In jenen Fällen, in denen der Anfall irgendeiner Steuer vom Aufenthalt abhängt, kann bestimmt werden, daß Zeiträume, während derer sich die im Auftrag der internationalen Organisationen tätigen Sachverständigen in Erfüllung ihrer Aufgaben in der Republik Österreich aufhalten, nicht als steuerlich maßgebende Aufenthaltszeiträume angesehen werden. Dies gilt nicht für Sachverständige, die in Österreich einen Wohnsitz haben.

§ 12. (1) Soweit in diesem Bundesgesetz nicht anderes bestimmt ist, gelten für die Gewährung einer Abgabenbefreiung bei der Ein- oder Ausfuhr von Waren nach § 3 Abs. 5 und 6, § 6, § 7, § 8 Abs. 1 Z 7 und § 9 die auf die Gewährung der Zollfreiheit für Diplomaten- und Konsulargut (§ 40 des Zollgesetzes 1955) anzuwendenden Rechtsvorschriften für Zölle sinngemäß. Sofern in einer Verordnung oder einem Regierungsübereinkommen auf Grund des § 1 Abs. 1 und 2 nicht anderes bestimmt ist, werden Ständigen Vertretungen und ihren Mitgliedern Abgabenbefreiungen nur in dem Ausmaß gewährt, wie sie der diplomatischen Mission des betreffenden Staates in der Republik Österreich und den Mitgliedern des Personals dieser Mission auf Grund der bestehenden Gegenrechtsübung eingeräumt werden.

(2) Soweit in völkerrechtlichen Verträgen über den Amtssitz, welche die Republik Österreich mit internationalen Organisationen abgeschlossen hat, nicht anderes bestimmt ist, gelten die Bestimmungen des Abs. 1 auch für die Gewährung von Abgabenbefreiungen, die auf Grund dieser Verträge zu gewähren sind.

§ 13. (1) Mit dem Inkrafttreten dieses Bundesgesetzes tritt das Bundesgesetz vom 24. Feber 1954, BGBl. Nr. 74/1954, über die Einräumung von Privilegien und Immunitäten an zwischenstaatliche Organisationen in der Fassung des Bundesgesetzes vom 13. Feber 1957, BGBl. Nr. 56/1957, außer Kraft.

(2) Soweit in Rechtsvorschriften auf das im Abs. 1 genannte Bundesgesetz Bezug genommen wird, tritt das vorliegende Bundesgesetz an dessen Stelle.

§ 14. Dieses Bundesgesetz tritt mit 1. Jänner 1978 in Kraft.

§ 15. Mit der Vollziehung dieses Bundesgesetzes ist die Bundesregierung betraut.

7. Hauptstück

Schluss- und Übergangsbestimmungen

Artikel 79

Inkrafttreten und Übergangsbestimmungen

(Anm.: Zu den §§ 3 und 8, BGBl. Nr. 677/1977)

(1) Art. 2 (Änderung des Allgemeinen Bürgerlichen Gesetzbuchs), Art. 3 (Änderung des Ehegesetzes), Art. 4 (Änderung des Fortpflanzungsmedizingesetzes), Art. 6 (Änderung der Jurisdiktionsnorm), Art. 7 (Änderung des Strafgesetzbuches), Art. 27 (Änderung des Einkommensteuergesetzes 1988), Art. 28 (Änderung des Körperschaftsteuergesetzes 1988), Art. 29 (Änderung des Umsatzsteuergesetzes 1994), Art. 30 (Änderung des Bewertungsgesetzes 1955), Art. 31 (Änderung des Gebührengesetzes 1957), Art. 33 (Änderung der Bundesabgabenordnung), Art. 34 (Änderung des Alkoholsteuergesetzes), Art. 61 (Änderung des Ärztegesetzes 1998), Art. 62 (Änderung des Gehaltskassengesetzes 2002), Art. 63 (Änderung des Apothekengesetzes), Art. 72 (Änderung des Studienförderungsgesetzes), Art. 76 (Änderung des Entwicklungshelfergesetzes), Art. 77 (Änderung des Bundesgesetzes über Aufgaben und Organisation des auswärtigen Dienstes – Statut) und Art. 78 (Bundesgesetz über die Einräumung von Privilegien und Immunitäten an internationale Organisationen) treten mit 1. Jänner 2010 in Kraft.

(2) Die durch dieses Bundesgesetz geänderten Strafbestimmungen sind in Strafsachen nicht anzuwenden, in denen vor ihrem Inkrafttreten das Urteil in erster Instanz gefällt worden ist. Nach Aufhebung eines Urteils infolge Nichtigkeitsbeschwerde, Berufung, Wiederaufnahme oder Erneuerung des Strafverfahrens oder infolge eines Einspruches ist jedoch im Sinne der §§ 1 und 61 StGB vorzugehen.

5/1. Wiener Übereinkommen über diplomatische Beziehungen

BGBl 1966/66

Wiener Übereinkommen über diplomatische Beziehungen

Die Ratifikationsurkunde ist am 28. April 1966 beim Generalsekretär der Vereinten Nationen hinterlegt worden. Das vorliegende Übereinkommen und das Fakultativprotokoll treten daher gemäß Artikel 2 des Übereinkommens und Artikel VIII Absatz 2 des Fakultativprotokolls für Österreich am 28. Mai 1966 in Kraft.

DIE VERTRAGSSTAATEN DIESES ÜBEREINKOMMENS

EINGEDENK DESSEN, daß die Völker aller Staaten von alters her die besondere Stellung des Diplomaten anerkannt haben,

IN ANBETRACHT der in der Satzung der Vereinten Nationen verkündeten Ziele und Grundsätze in bezug auf die souveräne Gleichheit der Staaten, die Wahrung des Weltfriedens und der internationalen Sicherheit und auf die Förderung freundschaftlicher Beziehungen zwischen den Nationen,

ÜBERZEUGT, daß ein internationales Übereinkommen über den diplomatischen Verkehr, diplomatische Vorrechte und Immunitäten geeignet ist, ungeachtet der unterschiedliche n Verfassungs- und Sozialordnungen der Nationen zur Entwicklung freundschaftlicher Beziehungen zwischen ihnen beizutragen,

IN DER ERKENNTNIS, daß diese Vorrechte und Immunitäten nicht dem Zweck dienen, Einzelne zu bevorzugen, sondern zum Ziel haben, den diplomatischen Missionen als Vertretung von Staaten die wirksame Wahrnehmung ihrer Aufgaben zu gewährleisten,

UNTER BEKRÄFTIGUNG des Grundsatzes, daß die Regeln des Völkergewohnheitsrecht auch weiterhin für alle Fragen gelten sollen, die nicht ausdrücklich in diesem Übereinkommen geregelt sind,

HABEN folgendes VEREINBART:

Artikel 1

Im Sinne dieses Übereinkommens haben die nachstehenden Ausdrücke folgende Bedeutung:

a) der Ausdruck „Missionschef" bezeichnet die Person, die vom Entsendestaat beauftragt ist, in dieser Eigenschaft tätig zu sein;

b) der Ausdruck „Mitglieder der Mission" bezeichnet den Missionschef und die Mitglieder des Personals der Mission;

c) der Ausdruck „Mitglieder des Personals der Mission" bezeichnet die Mitglieder des diplomatischen Personals, des Verwaltungs- und technischen Personals und des dienstlichen Hauspersonals der Mission;

d) der Ausdruck „Mitglieder des diplomatischen Personals" bezeichnet die in diplomatischem Rang stehenden Mitglieder des Personals der Mission;

e) der Ausdruck „Diplomat" bezeichnet den Missionschef und die Mitglieder des diplomatischen Personals der Mission;

f) der Ausdruck „Mitglieder des Verwaltungs- und technischen Personals" bezeichnet die im Verwaltungs- und technischen Dienst der Mission beschäftigten Mitglieder ihres Personals;

g) der Ausdruck „Mitglieder des dienstlichen Hauspersonals" bezeichnet die als Hausbedienstete bei der Mission beschäftigten Mitglieder ihres Personals;

h) der Ausdruck „privater Hausangestellter" bezeichnet eine im häuslichen Dienst eines Mitglieds der Mission beschäftigte Person, die nicht Bediensteter des Entsendestaates ist;

i) der Ausdruck „Räumlichkeiten der Mission" bezeichnet ungeachtet der Eigentumsverhältnisse die Gebäude oder Gebäudeteile und das dazugehörige Gelände, die für die Zwecke der Mission verwendet werden, einschließlich der Residenz des Missionschef.

Artikel 2

Die Aufnahme diplomatischer Beziehungen zwischen Staaten und die Errichtung ständiger diplomatischer Missionen erfolgen in gegenseitigem Einvernehmen.

Artikel 3

(1) Aufgabe einer diplomatischen Mission ist es unter anderem,

a) den Entsendestaat im Empfangsstaat zu vertreten,

b) die Interessen des Entsendestaats und seiner Angehörigen im Empfangsstaat innerhalb der völkerrechtlich zulässigen Grenzen zu schützen,

c) mit der Regierung des Empfangsstaates zu verhandeln,

d) sich mit allen rechtmäßigen Mitteln über Verhältnisse und Entwicklungen im Empfangsstaat zu unterrichten und darüber an die Regierung des Entsendestaates zu berichten,

e) freundschaftliche Beziehungen zwischen Entsendestaat und Empfangsstaat zu fördern und ihre wirtschaftlichen, kulturellen und wissenschaftlichen Beziehungen auszubauen.

(2) Dieses Übereinkommen ist nicht so auszulegen, als schließe es die Wahrnehmung konsularischer Aufgaben durch eine diplomatische Mission aus.

Artikel 4

(1) Der Entsendestaat hat sich zu vergewissern, daß die Person, die er als Missionschef bei dem Empfangsstaat zu beglaubigen beabsichtigt, dessen Agrement erhalten hat.

(2) Der Empfangsstaat ist nicht verpflichtet, dem Entsendestaat die Gründe für eine Verweigerung des Agrements mitzuteilen,

Artikel 5

(1) Der Entsendestaat kann nach einer Notifikation an die beteiligten Empfangsstaaten die Beglaubigung eines Missionschefs oder gegebenenfalls die Bestellung eines Mitglieds des diplomatischen Personals für mehrere Staaten vornehmen, es sei denn, daß einer der Empfangsstaaten ausdrücklich Einspruch erhebt.

(2) Beglaubigt der Entsendestaat einen Missionschef bei einem oder mehreren weiteren Staaten, so kann er in jedem Staat, in dem der Missionschef nicht seinen ständigen Sitz hat, eine diplomatische Mission unter der Leitung eines Geschäftsträgers ad interim errichten.

(3) Ein Missionschef oder ein Mitglied des diplomatischen Personals der Mission kann den Entsendestaat bei jeder internationalen Organisation vertreten.

Artikel 6

Mehrere Staaten können dieselbe Person bei einem anderen Staat als Missionschef beglaubigen, es sei denn, daß der Empfangsstaat Einspruch erhebt.

Artikel 7

Vorbehaltlich der Artikel 5, 8, 9 und 11 kann der Entsendestaat die Mitglieder des Personals seiner Mission nach freiem Ermessen ernennen. Bei Militär- , Marine- und Luftattachés kann der Empfangsstaat verlangen, daß ihm ihre Namen vorher zwecks Zustimmung mitgeteilt werden.

Artikel 8

(1) Die Mitglieder des diplomatischen Personals der Mission sollen grundsätzlich Angehörige des Entsendestaates sein.

(2) Angehörige des Empfangsstaats dürfen nur mit dessen Zustimmung zu Mitgliedern des diplomatischen Personals der Mission ernannt werden; die Zustimmung kann jederzeit widerrufen werden.

(3) Der Empfangsstaat kann sich das gleiche Recht in bezug auf Angehörige eines dritten Staates vorbehalten, die nicht gleichzeitig Angehörige des Entsendestaates sind.

Artikel 9

(1) Der Empfangsstaat kann dem Entsendestaat jederzeit ohne Angabe von Gründen notifizieren, daß der Missionschef oder ein Mitglied des diplomatischen Personals der Mission persona non grata oder daß ein anderes Mitglied des Personals der Mission ihm nicht genehm ist. In diesen Fällen hat der Entsendestaat die betreffende Person entweder abzuberufen oder ihre Tätigkeit bei der Mission zu beenden. Eine Person kann als non grata oder nicht genehm erklärt werden, bevor sie im Hoheitsgebiet des Empfangsstaates eintrifft.

(2) Weigert sich der Entsendestaat oder unterläßt er es innerhalb einer angemessenen Frist, seinen Verpflichtungen auf Grund des Absatzes 1 nachzukommen, so kann der Empfangsstaat es ablehnen, die betreffende Person als Mitglied der Mission anzuerkennen.

Artikel 10

(1) Dem Ministerium für Auswärtige Angelegenheiten oder einem anderen in gegenseitigem Einvernehmen bestimmten Ministerium des Empfangsstaats ist folgendes zu notifizieren:

a) die Ernennung von Mitgliedern der Mission, ihre Ankunft und ihre endgültige Abreise oder die Beendigung ihrer dienstlichen Tätigkeit bei der Mission;

b) die Ankunft und die endgültige Abreise eines Familienangehörigen eines Mitglieds der Mission und gegebenenfalls die Tatsache, daß eine Person Familienangehöriger eines Mitglieds der Mission wird oder diese Eigenschaft verliert;

c) die Ankunft und die endgültige Abreise von privaten Hausangestellten, die bei den unter Buchstabe a) bezeichneten Personen beschäftigt sind, und gegebenenfalls ihr Ausscheiden aus deren Dienst;

d) die Anstellung und die Entlassung von im Empfangsstaat ansässigen Personen als Mitglied der Mission oder als private Hausangestellte mit Anspruch auf Vorrechte und Immunitäten.

(2) Die Ankunft und die endgültige Abreise sind nach Möglichkeit im voraus zu notifizieren.

Artikel 11

(1) Ist keine ausdrückliche Vereinbarung über den Personalbestand der Mission getroffen worden, so kann der Empfangsstaat verlangen, daß dieser Bestand in den Grenzen gehalten wird, die er in Anbetracht der bei ihm vorliegenden Umstände und Verhältnisse sowie der Bedürfnisse der betreffenden Mission für angemessen und normal hält.

(2) Der Empfangsstaat kann ferner innerhalb der gleichen Grenzen, aber ohne Diskriminierung, die Zulassung von Bediensteten einer bestimmten Kategorie ablehnen.

Artikel 12

Der Entsendestaat darf ohne vorherige ausdrückliche Zustimmung des Empfangsstaates keine zur Mission gehörenden Büros an anderen Orten als denjenigen einrichten, in denen die Mission selbst ihren Sitz hat.

Artikel 13

(1) Als Zeitpunkt des Amtsantritts des Missionschefs im Empfangsstaat gilt der Tag, an welchem er nach der im Empfangsstaat geübten und einheitlich anzuwendenden Praxis entweder sein Beglaubigungsschreiben überreicht hat oder aber dem Ministerium für Auswärtige Angelegenheiten oder einem anderen in gegenseitigem Einvernehmen bestimmten Ministerium des Empfangsstaats seine Ankunft notifiziert hat und diesem eine formgetreue Abschrift seines Beglaubigungsschreibens überreicht worden ist.

(2) Die Reihenfolge der Überreichung von Beglaubigungsschreiben oder von deren formgetreuen Abschriften richtet sich nach Tag und Zeit der Ankunft des Missionschefs.

Artikel 14

(1) Die Missionschefs sind in drei Klassen eingeteilt:

a) die Klasse der Botschafter oder Nuntien, die bei Staatsoberhäuptern beglaubigt sind, und sonstiger im gleichen Rang stehender Missionschefs;

b) die Klasse der Gesandten, Minister und Internuntien, die bei Staatsoberhäuptern beglaubigt sind;

c) die Klasse der Geschäftsträger, die bei Außenministern beglaubigt sind.

(2) Abgesehen von Fragen der Rangfolge und der Etikette wird zwischen den Missionschefs kein Unterschied auf Grund ihrer Klasse gemacht.

Artikel 15

Die Staaten vereinbaren die Klasse, in welche ihre Missionschefs einzuordnen sind.

Artikel 16

(1) Innerhalb jeder Klasse richtet sich die Rangfolge der Missionschefs nach Tag und Zeit ihres Amtsantritts gemäß Artikel 13.

(2) Änderungen im Beglaubigungsschreiben des Missionschefs, die keine Änderung der Klasse bewirken, lassen die Rangfolge unberührt.

(3) Dieser Artikel läßt die Übung unberührt, die ein Empfangsstaat hinsichtlich des Vorranges des Vertreters des Heiligen Stuhls angenommen hat oder künftig annimmt.

Artikel 17

Die Rangfolge der Mitglieder des diplomatischen Personals der Mission wird vom Missionschef dem Ministerium für Auswärtige Angelegenheiten oder dem anderen in gegenseitigem Einvernehmen bestimmten Ministerium notifiziert.

Artikel 18

Das in einem Staat beim Empfang von Missionschefs zu befolgende Verfahren muß für jede Klasse einheitlich sein.

Artikel 19

(1) Ist der Posten des Missionschefs unbesetzt oder ist der Missionschef außerstande, seine Aufgaben wahrzunehmen, so ist ein Geschäftsträger ad interim vorübergehend als Missionschef tätig. Den Namen des Geschäftsträgers ad interim notifiziert der Missionschef oder, wenn er dazu außerstande ist, das Ministerium für Auswärtige Angelegenheiten des Entsendestaates dem Ministerium für Auswärtige Angelegenheiten oder dem anderen in gegenseitigem Einvernehmen bestimmten Ministerium des Empfangsstaates.

(2) Ist kein Mitglied des diplomatischen Personals der Mission im Empfangsstaat anwesend, so kann der Entsendestaat mit Zustimmung des Empfangsstaats ein Mitglied des Verwaltungs- und technischen Personals mit der Leitung der laufenden Verwaltungsangelegenheiten der Mission beauftragen.

Artikel 20

Die Mission und ihr Chef sind berechtigt, die Flagge und das Hoheitszeichen des Entsendestaats an den Räumlichkeiten der Mission einschließlich der Residenz des Missionschefs und an dessen Beförderungsmitteln zu führen.

Artikel 21

(1) Der Empfangsstaat erleichtert nach Maßgabe seiner Rechtsvorschriften dem Entsendestaat den Erwerb der für dessen Mission in seinem Hoheitsgebiet benötigten Räumlichkeiten oder hilft ihm, sich auf andere Weise Räumlichkeiten zu beschaffen.

(2) Erforderlichenfalls hilft der Empfangsstaat ferner den Missionen bei der Beschaffung geeigneten Wohnraums für ihre Mitglieder.

Artikel 22

(1) Die Räumlichkeiten der Mission sind unverletzlich. Vertreter des Empfangsstaates dürfen sie nur mit Zustimmung des Missionschefs betreten.

(2) Der Empfangsstaat hat die besondere Pflicht, alle geeigneten Maßnahmen zu treffen, um die Räumlichkeiten der Mission vor jedem Eindringen und jeder Beschädigung zu schützen und um zu verhindern, daß der Friede der Mission gestört oder ihre Würde beeinträchtigt wird.

(3) Die Räumlichkeiten der Mission, ihre Einrichtung und die sonstigen darin befindlichen Gegenstände sowie die Beförderungsmittel der Mission genießen Immunität von jeder Durchsuchung, Beschlagnahme, Pfändung oder Vollstreckung.

Artikel 23

(1) Der Entsendestaat und der Missionschef sind hinsichtlich der in ihrem Eigentum stehenden und der von ihnen gemieteten bzw. gepachteten Räumlichkeiten der Mission von allen staatlichen, regionalen und kommunalen Steuern oder sonstigen Abgaben befreit, soweit diese nicht als Vergütung für bestimmte Dienstleistungen erhoben werden.

(2) Die in diesem Artikel vorgesehene Steuerbefreiung gilt nicht für Steuern und sonstige Abgaben, die nach den Rechtsvorschriften des Empfangsstaats von den Personen zu entrichten sind, die mit dem Entsendestaat oder dem Missionschef Verträge schließen.

Artikel 24

Die Archive und Schriftstücke der Mission sind jederzeit unverletzlich, wo immer sie sich befinden.

Artikel 25

Der Empfangsstaat gewährt der Mission jede Erleichterung zur Wahrnehmung ihrer Aufgaben.

Artikel 26

Vorbehaltlich seiner Gesetze und anderen Rechtsvorschriften über Zonen, deren Betreten aus Gründen der nationalen Sicherheit verboten oder geregelt ist, gewährleistet der Empfangsstaat allen Mitgliedern der Mission volle Bewegungs- und Reisefreiheit in seinem Hoheitsgebiet.

Artikel 27

(1) Der Empfangsstaat gestattet und schützt den freien Verkehr der Mission für alle amtlichen Zwecke. Die Mission kann sich im Verkehr mit der Regierung, den anderen Missionen und den Konsulaten des Entsendestaats, wo immer sie sich befinden, aller geeigneten Mittel einschließlich diplomatischer Kuriere und verschlüsselter Nachrichten bedienen. Das Errichten und Betreiben einer Funksendeanlage ist der Mission jedoch nur mit Zustimmung des Empfangsstaats gestattet.

(2) Die amtliche Korrespondenz der Mission ist unverletzlich. Als „amtliche Korrespondenz" gilt die gesamte Korrespondenz, welche die Mission und ihre Aufgaben betrifft.

(3) Das diplomatische Kuriergepäck darf weder geöffnet noch zurückgehalten werden.

(4) Gepäcksstücke, die das diplomatische Kuriergepäck bilden, müssen äußerlich sichtbar als solches gekennzeichnet sein; sie dürfen nur diplomatische Schriftstücke oder für den amtlichen Gebrauch bestimmte Gegenstände enthalten.

(5) Der diplomatische Kurier muß ein amtliches Schriftstück mit sich führen, aus dem seine Stellung und die Anzahl der Gepäcksstücke ersichtlich sind, die das diplomatische Kuriergepäck bilden; er wird vom Empfangsstaat bei der Wahrnehmung seiner Aufgaben geschützt. Er genießt persönliche Unverletzlichkeit und unterliegt keiner Festnahme oder Haft irgendwelcher Art.

(6) Der Entsendestaat oder die Mission kann diplomatische Kuriere ad hoc ernennen. Auch in diesen Fällen gilt Absatz 5; jedoch finden die darin erwähnten Immunitäten keine Anwendung mehr, sobald der Kurier das ihm anvertraute diplomatische Kuriergepäck dem Empfänger ausgehändigt hat.

(7) Diplomatisches Kuriergepäck kann dem Kommandanten eines gewerblichen Luftfahrzeuges anvertraut werden, dessen Bestimmungsort ein zugelassener Einreiseflugplatz ist. Der Kommandant muß ein amtliches Schriftstück mit sich führen, aus dem die Anzahl der Gepäckstücke ersichtlich ist, die das Kuriergepäck bilden; er gilt jedoch nicht als diplomatischer Kurier. Die Mission kann eines ihrer Mitglieder entsenden, um das diplomatische Kuriergepäck unmittelbar und ungehindert von dem Kommandanten des Luftfahrzeugs entgegenzunehmen.

Artikel 28

Die Gebühren und Kosten, welche die Mission für Amtshandlungen erhebt, sind von allen Steuern und sonstigen Abgaben befreit.

Artikel 29

Die Person des Diplomaten ist unverletzlich. Er unterliegt keiner Festnahme oder Haft irgendwelcher Art. Der Empfangsstaat behandelt ihn mit gebührender Achtung und trifft alle geeigneten Maßnahmen, um jeden Angriff auf seine Person, seine Freiheit oder seine Würde zu verhindern.

Artikel 30

(1) Die Privatwohnung des Diplomaten genießt dieselbe Unverletzlichkeit und denselben Schutz wie die Räumlichkeiten der Mission.

(2) Seine Papiere, seine Korrespondenz und – vorbehaltlich des Artikels 31 Absatz 3 – sein Vermögen sind ebenfalls unverletzlich.

Artikel 31

(1) Der Diplomat genießt Immunität von der Strafgerichtsbarkeit des Empfangsstaats. Ferner steht ihm Immunität von dessen Zivil- und Verwaltungsgerichtsbarkeit zu; ausgenommen hievon sind folgende Fälle:

a) dingliche Klagen in bezug auf privates, im Hoheitsgebiet des Empfangsstaats gelegenes unbewegliches Vermögen, es sei denn, daß der Diplomat dieses im Auftrag des Entsendestaats für die Zwecke der Mission benützt;

b) Klagen in Nachlaßsachen, in denen der Diplomat als Testamentsvollstrecker, Verwalter, Erbe oder Vermächtnisnehmer in privater Eigenschaft und nicht als Vertreter des Entsendestaats beteiligt ist;

c) Klagen im Zusammenhang mit einem freien Beruf oder einer gewerblichen Tätigkeit, die der Diplomat im Empfangsstaat neben seiner amtlichen Tätigkeit ausübt.

(2) Der Diplomat ist nicht verpflichtet, als Zeuge auszusagen.

(3) Gegen einen Diplomaten dürfen Vollstreckungsmaßnahmen nur in den in Absatz 1 Buchstaben a), b) und c) vorgesehenen Fällen und nur unter der Voraussetzung getroffen werden, daß sie durchführbar sind, ohne die Unverletzlichkeit seiner Person oder seiner Wohnung zu beeinträchtigen.

(4) Die Immunität des Diplomaten von der Gerichtsbarkeit des Empfangsstaats befreit ihn nicht von der Gerichtsbarkeit des Entsendestaats.

Artikel 32

(1) Auf die Immunität von der Gerichtsbarkeit, die einem Diplomaten oder nach Maßgabe des Artikels 37 einer anderen Person zusteht, kann der Entsendestaat verzichten.

(2) Der Verzicht muß stets ausdrücklich erklärt werden.

(3) Strengt ein Diplomat oder eine Person, die nach Maßgabe des Artikels 37 Immunität von der Gerichtsbarkeit genießt, ein Gerichtsverfahren an, so können sie sich in bezug auf eine Widerklage, die mit der Hauptklage in unmittelbarem Zusammenhang steht, nicht auf die Immunität von der Gerichtsbarkeit berufen.

(4) Der Verzicht auf die Immunität von der Gerichtsbarkeit in einem Zivil- oder Verwaltungsgerichtsverfahren gilt nicht als Verzicht auf die Immunität von der Urteilsvollstreckung; hiefür ist ein besonderer Verzicht erforderlich.

Artikel 33

(1) Vorbehaltlich des Absatzes 3 ist ein Diplomat in bezug auf seine Dienste für den Entsendestaat von den im Empfangsstaat geltenden Vorschriften über soziale Sicherheit befreit.

(2) Die in Absatz 1 vorgesehene Befreiung gilt auch für private Hausangestellte, die ausschließlich bei einem Diplomaten beschäftigt sind, sofern sie

a) weder Angehörige des Empfangsstaats noch in demselben ständig ansässig sind und

b) den im Entsendestaat oder in einem dritten Staat geltenden Vorschriften über soziale Sicherheit unterstehen.

(3) Beschäftigt ein Diplomat Personen, auf welche die in Absatz 2 vorgesehene Befreiung keine Anwendung findet, so hat er die Vorschriften über soziale Sicherheit zu beachten, die im Empfangsstaat für Arbeitgeber gelten.

(4) Die in den Absätzen 1 und 2 vorgesehene Befreiung schließt die freiwillige Beteiligung an dem System der sozialen Sicherheit des Empfangsstaats nicht aus, sofern dieser eine solche Beteiligung zuläßt.

(5) Dieser Artikel läßt bereits geschlossene zwei- oder mehrseitige Übereinkünfte über soziale Sicherheit unberührt und steht dem künftigen Abschluß weiterer Übereinkünfte dieser Art nicht entgegen.

Artikel 34

Der Diplomat ist von allen staatlichen, regionalen und kommunalen Personal- und Realsteuern oder abgaben befreit; ausgenommen hievon sind

a) die normalerweise im Preis von Waren oder Dienstleistungen enthaltenen indirekten Steuern;

b) Steuern und sonstige Abgaben von privatem, im Hoheitsgebiet des Empfangsstaats gelegenem unbeweglichen Vermögen, es sei denn, daß der Diplomat es im Auftrag des Entsendestaats für die Zwecke der Mission benützt;

c) Erbschaftssteuern, die der Empfangsstaat erhebt, jedoch vorbehaltlich des Artikels 39 Absatz 4;

d) Steuern und sonstige Abgaben von privaten Einkünften, deren Quelle sich im Empfangsstaat befindet, sowie Vermögensteuern von Kapitalanlagen in gewerblichen Unternehmen, die im Empfangsstaat gelegen sind;

e) Steuern, Gebühren und sonstige Abgaben, die als Vergütung für bestimmte Dienstleistungen erhoben werden;

f) Eintragungs- ,Gerichts- ,Beurkundungs- Beglaubigungs- Hypotheken- und Stempelgebühren in bezug auf unbewegliches Vermögen, jedoch vorbehaltlich des Artikels 23.

Artikel 35

Der Empfangsstaat befreit Diplomaten von allen persönlichen Dienstleistungen, von allen öffentlichen Dienstleistungen jeder Art und von militärischen Auflagen wie zum Beispiel Beschlagnahmen, Kontributionen und Einquartierungen.

Artikel 36

(1) Nach Maßgabe seiner geltenden Gesetze und anderen Rechtsvorschriften gestattet der Empfangsstaat die Einfuhr der nachstehend genannten Gegenstände und befreit sie von allen Zöllen, Steuern und ähnlichen Abgaben mit Ausnahme von Gebühren für Einlagerung, Beförderung und ähnliche Dienstleistungen;

a) Gegenstände für den amtlichen Gebrauch der Mission;

b) Gegenstände für den persönlichen Gebrauch des Diplomaten oder eines zu seinem Haushalt gehörenden Familienmitglieds, einschließlich der für seine Einrichtung vorgesehenen Gegenstände.

(2) Der Diplomat genießt Befreiung von der Kontrolle seines persönlichen Gepäcks, sofern nicht triftige Gründe für die Vermutung vorliegen, daß es Gegenstände enthält, für welche die in Absatz 1 erwähnten Befreiungen nicht gelten oder deren Ein- oder Ausfuhr nach dem Recht des Empfangsstaats verboten oder durch Quarantänevorschriften geregelt ist. In solchen Fällen darf die Kontrolle nur in Anwesenheit des Diplomaten oder seines ermächtigten Vertreters stattfinden.

Artikel 37

(1) Die zum Haushalt eines Diplomaten gehörenden Familienmitglieder genießen, wenn sie nicht Angehörige des Empfangsstaats sind, die in den Artikeln 29 bis 36 bezeichneten Vorrechte und Immunitäten.

(2) Mitglieder des Verwaltungs- und technischen Personals der Mission und die zu ihrem Haushalt gehörenden Familienmitglieder genießen, wenn sie weder Angehörige des Empfangsstaats noch in demselben ständig ansässig sind, die in den Artikeln 29 bis 35 bezeichneten Vorrechte und Immunitäten; jedoch sind ihre nicht in Ausübung ihrer dienstlichen Tätigkeit vorgenommenen Handlungen von der in Artikel 31 Absatz 1 bezeichneten Immunität von der Zivil- und Verwaltungsgerichtsbarkeit des Empfangsstaats ausgeschlossen. Sie genießen ferner die in Artikel 36 Absatz 1 bezeichneten Vorrechte in bezug auf Gegenstände, die im Zeitpunkt der ersten Niederlassung eingeführt werden.

(3) Mitglieder des dienstlichen Hauspersonals der Mission, die weder Angehörige des Empfangsstaates noch in demselben ständig ansässig sind, genießen Immunität in bezug auf ihre in Ausübung ihrer dienstlichen Tätigkeit vorgenommenen Handlungen, Befreiung von Steuern und sonstigen Abgaben auf ihre Dienstbezüge sowie die in Artikel 33 vorgesehene Befreiung.

(4) Private Hausangestellte von Mitgliedern der Mission genießen, wenn sie weder Angehörige des Empfangsstaats noch in demselben ständig ansässig sind, Befreiung von Steuern und sonstigen Abgaben auf die Bezüge, die sie auf Grund ihres Arbeitsverhältnisses erhalten. Im übrigen stehen ihnen Vorrechte und Immunitäten nur in dem vom Empfangsstaat zugelassenen Umfang zu. Der Empfangsstaat darf jedoch seine Hoheitsgewalt über diese Personen nur so ausüben, daß er die Mission bei der Wahrnehmung ihrer Aufgaben nicht ungebührlich behindert.

Artikel 38

(1) Soweit der Empfangsstaat nicht zusätzliche Vorrechte und Immunitäten gewährt, genießt ein Diplomat, der Angehöriger dieses Staates oder in demselben ständig ansässig ist, Immunität von der Gerichtsbarkeit und Unverletzlichkeit lediglich in bezug auf seine in Ausübung seiner dienstlichen Tätigkeit vorgenommenen Amtshandlungen.

(2) Anderen Mitgliedern des Personals der Mission und privaten Hausangestellten, die Angehörige des Empfangsstaats oder in demselben ständig ansässig sind, stehen Vorrechte und Immunitäten nur in dem vom Empfangsstaat zugelassenen Umfang zu. Der Empfangsstaat darf jedoch seine Hoheitsgewalt über diese Personen nur so ausüben, daß er die Mission bei der Wahrnehmung ihrer Aufgaben nicht ungebührlich behindert.

Artikel 39

(1) Die Vorrechte und Immunitäten stehen den Berechtigen von dem Zeitpunkt an zu, in dem sie in das Hoheitsgebiet des Empfangsstaats einreisen, um dort ihren Posten anzutreten, oder, wenn sie sich bereits in diesem Hoheitsgebiet befinden, von dem Zeitpunkt an, in dem ihre Ernennung dem Ministerium für Auswärtige Angelegenheiten oder dem anderen in gegenseitigem Einvernehmen bestimmten Ministerium notifiziert wird.

(2) Die Vorrechte und Immunitäten einer Person, deren dienstliche Tätigkeit beendet ist, werden normalerweise im Zeitpunkt der Ausreise oder aber des Ablaufs einer hiefür gewährten angemessenen Frist hinfällig; bis zu diesem Zeitpunkt bleiben sie bestehen, und zwar auch im Falle eines bewaffneten Konflikts. In bezug auf die von der betreffenden Person in Ausübung ihrer dienstlichen Tätigkeit als Mitglied der Mission vorgenommenen Handlungen bleibt jedoch die Immunität auch weiterhin bestehen.

(3) Stirbt ein Mitglied der Mission, so genießen seine Familienangehörigen bis zum Ablauf einer angemessenen Frist für ihre Ausreise weiterhin die ihnen zustehenden Vorrechte und Immunitäten.

(4) Stirbt ein Mitglied der Mission, das weder Angehöriger des Empfangsstaat noch in demselben ständig ansässig ist, oder stirbt ein zu seinem Haushalt gehörendes Familienmitglied, so gestattet der Empfangsstaat die Ausfuhr des beweglichen Vermögens des Verstorbenen, mit Ausnahme von im Inland erworbenen Vermögensgegenständen, deren Ausfuhr im Zeitpunkt des Todesfalls verboten war. Von beweglichem Vermögen, das sich nur deshalb im Empfangsstaat befindet, weil sich der Verstorbene als Mitglied der Mission oder als Familienangehöriger eines solchen in diesem Staat aufhielt, dürfen keine Erbschaftssteuern erhoben werden.

Artikel 40

(1) Reist ein Diplomat, um sein Amt anzutreten oder um auf seinen Posten oder in seinen Heimatstaat zurückzukehren, durch das Hoheitsgebiet eines dritten Staates oder befindet er sich im Hoheitsgebiet dieses Staates, der erforderlichenfalls seinen Paß mit einem Sichtvermerk versehen hat, so gewährt ihm dieser Staat Unverletzlichkeit und alle sonstigen für seine sichere Durchreise erforderlichen Immunitäten. Das gleiche gilt, wenn Familienangehörige des Diplomaten, denen Vorrechte und Immunitäten zustehen, ihn begleiten oder wenn sie getrennt von ihm reisen, um sich zu ihm zu begeben oder in ihren Heimatstaat zurückzukehren.

(2) Unter den Voraussetzungen des Absatzes 1 dürfen dritte Staaten auch die Reise von Mitgliedern des Verwaltungs- und technischen Personals und des dienstlichen Hauspersonals einer Mission sowie ihrer Familienangehörigen durch ihr Hoheitsgebiet nicht behindern.

(3) Dritte Staaten gewähren in bezug auf die amtliche Korrespondenz und sonstige amtliche Mitteilungen im Durchgangsverkehr, einschließlich verschlüsselter Nachrichten, die gleiche Freiheit und den gleichen Schutz wie der Empfangsstaat. Diplomatischen Kurieren, deren Paß erforderlichenfalls mit einem Sichtvermerk versehen wurde, und dem diplomatischen Kuriergepäck im Durchgangsverkehr gewähren sie die gleiche Unverletzlichkeit und den gleichen Schutz, die der Empfangsstaat zu gewähren verpflichtet ist.

(4) Die Verpflichtungen dritter Staaten auf Grund der Absätze 1, 2 und 3 gelten gegenüber den in jenen Absätzen bezeichneten Personen sowie in bezug auf amtliche Mitteilungen und das diplomatische Kuriergepäck auch dann, wenn diese sich infolge höherer Gewalt im Hoheitsgebiet des dritten Staates befinden.

Artikel 41

(1) Alle Personen, die Vorrechte und Immunitäten genießen, sind unbeschadet derselben verpflichtet, die Gesetze und anderen Rechtsvorschriften des Empfangsstaats zu beachten. Sie sind ferner verpflichtet, sich nicht in dessen innere Angelegenheiten einzumischen.

(2) Alle Amtsgeschäfte mit dem Empfangsstaat, mit deren Wahrnehmung der Entsendestaat die Mission beauftragt, sind mit dem Ministerium für Auswärtige Angelegenheiten oder dem anderen in gegenseitigem Einvernehmen bestimmten Ministerium des Empfangsstaats zu führen oder über diese zu leiten.

(3) Die Räumlichkeiten der Mission dürfen nicht in einer Weise benutzt werden, die unvereinbar ist mit den Aufgaben der Mission, wie sie in diesem Übereinkommen, in anderen Regeln des allgemeinen Völkerrechts oder in besonderen, zwischen dem Entsendestaat und dem Empfangsstaat in Kraft befindlichen Übereinkünften niedergelegt sind.

Artikel 42

Ein Diplomat darf im Empfangsstaat keinen freien Beruf und keine gewerbliche Tätigkeit ausüben, die auf persönlichen Gewinn gerichtet sind.

Artikel 43

Die dienstliche Tätigkeit eines Diplomaten wird unter anderem dadurch beendet,

a) daß der Entsendestaat dem Empfangsstaat die Beendigung der dienstlichen Tätigkeiten des Diplomaten notifiziert, oder

b) daß der Empfangsstaat dem Entsendestaat notifiziert, er lehne es gemäß Artikel 9 Absatz 2 ab, den Diplomaten als Mitglied der Mission anzuerkennen.

Artikel 44

Auch im Fall eines bewaffneten Konflikts gewährt der Empfangsstaat den Personen, die Vorrechte und Immunitäten genießen und nicht seine Angehörigen sind, sowie ihren Familienmitgliedern, ungeachtet ihrer Staatsangehörigkeit, die erforderlichen Erleichterungen, um es ihnen zu ermöglichen, sein Hoheitsgebiet so bald wie möglich zu verlassen. Insbesondere stellt er ihnen im Bedarfsfall die benötigten Beförderungsmittel für sie selbst und ihre Vermögensgegenstände zur Verfügung.

Artikel 45

Werden die diplomatischen Beziehungen zwischen zwei Staaten abgebrochen oder wird eine Mission endgültig oder vorübergehend abberufen,

a) so hat der Empfangsstaat auch im Fall eines bewaffneten Konflikts die Räumlichkeiten, das Vermögen und die Archive der Mission zu achten und zu schützen;

b) so kann der Entsendestaat einem dem Empfangsstaat genehmen dritten Staat die Obhut der Räumlichkeiten, des Vermögens und der Archive der Mission übertragen;

c) so kann der Entsendestaat einem dem Empfangsstaat genehmen dritten Staat den Schutz seiner Interessen und derjenigen seiner Angehörigen übertragen.

Artikel 46

Ein Entsendestaat kann mit vorheriger Zustimmung des Empfangsstaats auf Ersuchen eines im Empfangsstaat nicht vertretenen dritten Staates den zeitweiligen Schutz der Interessen des dritten Staates und seiner Angehörigen übernehmen.

Artikel 47

(1) Bei der Anwendung dieses Übereinkommen unterläßt der Empfangsstaat jede diskriminierende Behandlung von Staaten.

(2) Es gilt jedoch nicht als Diskriminierung,

a) wenn der Empfangsstaat eine Bestimmung dieses Übereinkommens deshalb einschränkend anwendet, weil sie im Entsendestaat auf seine eigene Mission einschränkend angewandt wird;

b) wenn Staaten auf Grund von Gewohnheit oder Vereinbarung einander eine günstigere Behandlung gewähren als es nach diesem Übereinkommen erforderlich ist.

Artikel 48

Dieses Übereinkommen liegt für alle Mitgliedsstaaten der Vereinten Nationen oder ihrer Spezialorganisationen, für Vertragsstaaten des Statuts des Internationalen Gerichtshofs und für jeden anderen Staat, den die Generalversammlung der Vereinten Nationen einlädt, Vertragspartei des Übereinkommens zu werden, wie folgt zur Unterzeichnung auf: bis zum 31. Oktober 1961 im österreichischen Bundesministerium für Auswärtige Angelegenheiten und danach bis zum 31. März 1962 am Sitz der Vereinten Nationen in New York.

Artikel 49

Dieses Übereinkommen bedarf der Ratifizierung. Die Ratifikationsurkunden sind beim Generalsekretär der Vereinten Nationen zu hinterlegen.

Artikel 50

Dieses Übereinkommen liegt zum Beitritt für jeden Staat auf, der einer der in Artikel 48 bezeichneten vier Kategorien angehört. Die Beitrittsurkunden sind beim Generalsekretär der Vereinten Nationen zu hinterlegen.

Artikel 51

(1) Dieses Übereinkommen tritt am dreißigsten Tag nach Hinterlegung der zweiundzwanzigsten Ratifikationsurkunde beim Generalsekretär der Vereinten Nationen in Kraft.

(2) Für jeden Staat, der nach Hinterlegung der zweiundzwanzigsten Ratifikations- oder Beitritturkunde das Übereinkommen ratifiziert oder ihm beitritt, tritt es am dreißigsten Tag nach Hinterlegung seiner eigenen Ratifikations- oder Beitrittsurkunde in Kraft.

Artikel 52

Der Generalsekretär der Vereinten Nationen notifiziert allen Staaten, die einer der in Artikel 48 bezeichneten vier Kategorien angehören,

a) die Unterzeichnungen dieses Übereinkommens und die Hinterlegung der Ratifikations- oder Beitrittsurkunden gemäß den Artikeln 48, 49 und 50;

b) den Tag, an dem dieses Übereinkommen gemäß Artikel 51 in Kraft tritt.

Artikel 53

Die Urschrift dieses Übereinkommens, dessen chinesischer, englischer, französischer, russischer und spanischer Wortlaut gleichermaßen verbindlich ist, wird beim Generalsekretär der Vereinten Nationen hinterlegt; dieser übermittelt allen

Staaten, die einer der in Artikel 48 bezeichneten vier Kategorien angehören, beglaubigte Abschriften.

ZU URKUND DESSEN haben die unterzeichneten, von ihren Regierungen hiezu gehörig befugten Bevollmächtigten dieses Übereinkommen unterschrieben.

GESCHEHEN ZU WIEN, am 18. April 1961.

5/2. Wiener Übereinkommen über konsularische Beziehungen

BGBl 1969/318

Wiener Übereinkommen über konsularische Beziehungen

Die Ratifikationsurkunde ist am 12. Juni 1969 beim Generalsekretär der Vereinten Nationen hinterlegt worden. Das vorliegende Übereinkommen und das Fakultativprotokoll treten daher gemäß Artikel 77 Absatz 2 des Übereinkommens und Artikel VIII Absatz 2 des Fakultativprotokolls für Österreich am 12. Juli 1969 in Kraft.

Die Vertragsstaaten dieses Übereinkommens,

eingedenk dessen, daß zwischen den Völkern von alters her konsularische Beziehungen aufgenommen worden sind,

in Anbetracht der in der Satzung der Vereinten Nationen verkündeten Ziele und Grundsätze in bezug auf die souveräne Gleichheit der Staaten, die Wahrung des Weltfriedens und der internationalen Sicherheit sowie auf die Förderung freundschaftlicher Beziehungen zwischen den Nationen,

in der Erwägung, daß die Konferenz der Vereinten Nationen über die diplomatischen Beziehungen und Immunitäten das Wiener Übereinkommen über diplomatische Beziehungen angenommen hat, das am 18. April 1961 zur Unterzeichnung aufgelegt worden ist,

überzeugt, daß ein internationales Übereinkommen über konsularische Beziehungen, Vorrechte und Immunitäten ebenfalls geeignet ist, ungeachtet der unterschiedlichen Verfassungs- und Sozialordnungen der Nationen zur Entwicklung freundschaftlicher Beziehungen zwischen ihnen beizutragen,

in der Erkenntnis, daß diese Vorrechte und Immunitäten nicht dem Zweck dienen, einzelne zu bevorzugen, sondern zum Ziel haben, den konsularischen Vertretungen die wirksame Wahrnehmung ihrer Aufgaben im Namen ihres Staates zu gewährleisten,

unter Bekräftigung des Grundsatzes, daß die Regeln des Völkergewohnheitsrechts auch weiterhin für alle Fragen gelten, die nicht ausdrücklich in diesem Übereinkommen geregelt sind,

haben folgendes vereinbart:

Artikel 1
Begriffsbestimmungen

(1) Im Sinne dieses Übereinkommens haben die nachstehenden Ausdrücke folgende Bedeutung:

a) der Ausdruck „konsularische Vertretung" bezeichnet jedes Generalkonsulat, Konsulat, Vizekonsulat und jede Konsularagentur;

b) der Ausdruck „Konsularbezirk" bezeichnet das einer konsularischen Vertretung für die Wahrnehmung konsularischer Aufgaben zugeteilte Gebiet;

c) der Ausdruck „Leiter der konsularischen Vertretung" bezeichnet eine Person, die beauftragt ist, in dieser Eigenschaft tätig zu sein;

d) der Ausdruck „Konsul" bezeichnet jede in dieser Eigenschaft mit der Wahrnehmung konsularischer Aufgaben beauftragte Person einschließlich des Leiters der konsularischen Vertretung;

e) der Ausdruck „Bediensteter des Verwaltungs- oder technischen Personals" bezeichnet jede in dieser Eigenschaft in der konsularischen Vertretung beschäftigte Person;

f) der Ausdruck „Mitglied des dienstlichen Hauspersonals" bezeichnet jede als Hausbediensteter bei einer konsularischen Vertretung beschäftigte Person;

g) der Ausdruck „Mitglieder der konsularischen Vertretung" bezeichnet die Konsuln, die Bediensteten des Verwaltungs- oder technischen Personals und die Mitglieder des dienstlichen Hauspersonals;

h) der Ausdruck „Mitglieder des konsularischen Personals" bezeichnet die Konsuln mit Ausnahme des Leiters der konsularischen Vertretung, die Bediensteten des Verwaltungs- oder technischen Personals und die Mitglieder des dienstlichen Hauspersonals;

i) der Ausdruck „Mitglied des Privatpersonals" bezeichnet eine ausschließlich im privaten Dienst eines Mitglieds der konsularischen Vertretung beschäftigte Person;

j) der Ausdruck „konsularische Räumlichkeiten" bezeichnet ungeachtet der Eigentumsverhältnisse die Gebäude oder Gebäudeteile und das dazugehörende Gelände, die ausschließlich für die Zwecke der konsularischen Vertretung benützt werden;

k) der Ausdruck „konsularische Archive" umfaßt alle Papiere, Schriftstücke, Korrespondenzen, Bücher, Filme, Tonbänder und Register der konsularischen Vertretung sowie die Schlüsselmittel und Chiffriergeräte, die Karteien und die zum Schutz oder zur Aufbewahrung derselben bestimmten Einrichtungsgegenstände.

(2) Die Konsuln sind in zwei Kategorien eingeteilt: Berufskonsuln und Honorarkonsuln. Kapitel II gilt für die von Berufskonsuln geleiteten und Kapitel III für die von Honorarkonsuln geleiteten konsularischen Vertretungen.

(3) Die Sonderstellung der Mitglieder konsularischer Vertretungen, die Angehörige des Empfangsstaats oder dort ständig ansässig sind, ist in Artikel 71 geregelt.

KAPITEL I.
KONSULARISCHE BEZIEHUNGEN IM ALLGEMEINEN

ABSCHNITT I.
AUFNAHME UND PFLEGE KONSULARISCHER BEZIEHUNGEN

Artikel 2
Aufnahme konsularischer Beziehungen

(1) Die Aufnahme konsularischer Beziehungen zwischen Staaten erfolgt in gegenseitigem Einvernehmen.

(2) Die Zustimmung zur Aufnahme diplomatischer Beziehungen zwischen zwei Staaten schließt, sofern keine gegenteilige Feststellung getroffen wird, die Zustimmung zur Aufnahme konsularischer Beziehungen ein.

(3) Der Abbruch diplomatischer Beziehungen hat nicht ohne weiteres den Abbruch konsularischer Beziehungen zur Folge.

Artikel 3
Wahrnehmung konsularischer Aufgaben

Die konsularischen Aufgaben werden von konsularischen Vertretungen wahrgenommen. Sie werden auch von diplomatischen Missionen nach Maßgabe dieses Übereinkommens wahrgenommen.

Artikel 4
Errichtung einer konsularischen Vertretung

(1) Eine konsularische Vertretung kann im Hoheitsgebiet des Empfangsstaats nur mit dessen Zustimmung errichtet werden.

(2) Sitz, Rang und Konsularbezirk der konsularischen Vertretung werden vom Entsendestaat bestimmt und bedürfen der Genehmigung des Empfangsstaats.

(3) Spätere Änderungen des Sitzes, des Ranges oder des Konsularbezirks der konsularischen Vertretung kann der Entsendestaat nur mit Zustimmung des Empfangsstaats vornehmen.

(4) Die Zustimmung des Empfangsstaats ist ebenfalls erforderlich, wenn ein Generalkonsulat oder ein Konsulat an einem anderen Ort als demjenigen, wo es selbst errichtet ist, ein Vizekonsulat oder eine Konsularagentur zu eröffnen wünscht.

(5) Die ausdrückliche und vorherige Zustimmung des Empfangsstaats ist ferner erforderlich, wenn an einem anderen Ort als am Sitz einer bestehenden konsularischen Vertretung ein zu dieser gehörendes Büro eröffnet werden soll.

Artikel 5
Konsularische Aufgaben

Die konsularischen Aufgaben bestehen darin,

a) die Interessen des Entsendestaats sowie seiner Angehörigen, und zwar sowohl natürlicher als auch juristischer Personen, im Empfangsstaat innerhalb der völkerrechtlich zulässigen Grenzen zu schützen;

b) die Entwicklung kommerzieller, wirtschaftlicher, kultureller und wissenschaftlicher Beziehungen zwischen dem Entsendestaat und dem Empfangsstaat zu fördern und zwischen ihnen auch sonst nach Maßgabe dieses Übereinkommens freundschaftliche Beziehungen zu pflegen;

c) sich mit allen rechtmäßigen Mitteln über Verhältnisse und Entwicklungen im kommerziellen, wirtschaftlichen, kulturellen und wissenschaftlichen Leben des Empfangsstaats zu unterrichten, an die Regierung des Entsendestaats darüber zu berichten und interessierten Personen Auskünfte zu erteilen;

d) den Angehörigen des Entsendestaats Pässe und Reiseausweise und den Personen, die sich in den Entsendestaat zu begeben wünschen, Sichtvermerke oder entsprechende Urkunden auszustellen;

e) den Angehörigen des Entsendestaats, und zwar sowohl natürlichen als auch juristischen Personen, Hilfe und Beistand zu leisten;

f) notarielle, standesamtliche und ähnliche Befugnisse auszuüben sowie bestimmte Verwaltungsaufgaben wahrzunehmen, soweit die Gesetze und sonstigen Rechtsvorschriften des Empfangsstaats dem nicht entgegenstehen;

g) bei Nachlaßsachen im Hoheitsgebiet des Empfangsstaats die Interessen von Angehörigen des Entsendestaats, und zwar sowohl natürlicher als auch juristischer Personen, nach Maßgabe der Gesetze und sonstigen Rechtsvorschriften des Empfangsstaats zu wahren;

h) im Rahmen der Gesetze und sonstigen Rechtsvorschriften des Empfangsstaats die Interessen minderjähriger und anderer nicht voll handlungsfähiger Angehöriger des Entsendestaats zu wahren, insbesondere wenn für sie eine Vormundschaft oder Pflegschaft erforderlich ist;

i) vorbehaltlich der im Empfangsstaat geltenden Gepflogenheiten und Verfahren die Angehörigen des Entsendestaats vor den Gerichten und anderen Behörden des Empfangsstaats zu vertreten oder für ihre angemessene Vertretung zu sorgen, um entsprechend den Gesetzen und sonstigen Rechtsvorschriften des Empfangsstaats vorläufig Maßnahmen zur Wahrung der Rechte und Interessen dieser Staatsangehörigen zu erwirken, wenn diese wegen Abwesenheit oder aus einem anderen Grund ihre Rechte und Interessen nicht selbst rechtzeitig verteidigen können;

j) gerichtliche und außergerichtliche Urkunden zu übermitteln und Rechtshilfeersuchen zu erledigen, soweit dies geltenden internationalen Übereinkünften entspricht oder, in Ermangelung solcher, mit den Gesetzen und sonstigen Rechtsvorschriften des Empfangsstaats vereinbar ist;

k) die in den Gesetzen und sonstigen Rechtsvorschriften des Entsendestaats vorgesehenen Rechte zur Kontrolle und Aufsicht über die See- und Binnenschiffe, welche die Staatszugehörigkeit des Entsendestaats besitzen, und über die in diesem Staat registrierten Luftfahrzeuge sowie über die Besatzungen dieser Schiffe und Luftfahrzeuge auszuüben;

l) den unter Buchstabe k bezeichneten Schiffen und Luftfahrzeugen sowie ihren Besatzungen Hilfe zu leisten, Erklärungen über die Reise dieser Schiffe entgegenzunehmen, Schiffspapiere zu prüfen und zu stempeln, unbeschadet der Befugnisse der Behörden des Empfangsstaats Erhebungen über Vorfälle während der Reise durchzuführen und, soweit dies nach den Gesetzen und sonstigen Rechtsvorschriften des Entsendestaats zulässig ist, Streitigkeiten jeder Art zwischen Kapitän, Offizieren und Mannschaften beizulegen;

m) alle anderen der konsularischen Vertretung vom Entsendestaat zugewiesenen Aufgaben wahrzunehmen, die nicht durch Gesetze und sonstige Rechtsvorschriften des Empfangsstaats verboten sind oder gegen die der Empfangsstaat keinen Einspruch erhebt oder die in den zwischen dem Entsendestaat und dem Empfangsstaat in Kraft befindlichen internationalen Übereinkünften erwähnt sind.

Artikel 6
Wahrnehmungen konsularischer Aufgaben außerhalb des Konsularbezirks

Unter besonderen Umständen kann ein Konsul mit Zustimmung des Empfangsstaats seine Aufgaben auch außerhalb seines Konsularbezirks wahrnehmen.

Artikel 7
Wahrnehmung konsularischer Aufgaben in einem dritten Staat

Der Entsendestaat kann nach einer Notifikation an die beteiligten Staaten eine in einem Staat errichtete konsularische Vertretung auch mit der Wahrnehmung konsularischer Aufgaben in einem anderen Staat beauftragen, es sei denn, daß einer der beteiligten Staaten ausdrücklich Einspruch erhebt.

Artikel 8
Wahrnehmung konsularischer Aufgaben für einen dritten Staat

Nach einer angemessenen Notifikation an den Empfangsstaat kann, sofern dieser keinen Einspruch erhebt, eine konsularische Vertretung des Entsendestaats im Empfangsstaat konsularische Aufgaben auch für einen dritten Staat wahrnehmen.

Artikel 9
Klassen der Leiter konsularischer Vertretungen

(1) Die Leiter konsularischer Vertretungen sind in folgende vier Klassen eingeteilt:

a) Generalkonsuln,

b) Konsuln,

c) Vizekonsuln,

d) Konsularagenten.

(2) Absatz 1 schränkt das Recht einer Vertragspartei nicht ein, die Amtsbezeichnung derjenigen Konsuln festzusetzen, die nicht Leiter konsularischer Vertretungen sind.

Artikel 10
Bestellung und Zulassung von Leitern konsularischer Vertretungen

(1) Die Leiter konsularischer Vertretungen werden vom Entsendestaat bestellt und vom Empfangsstaat zur Wahrnehmung ihrer Aufgaben zugelassen.

(2) Vorbehaltlich dieses Übereinkommens bestimmen sich die Förmlichkeiten der Bestellung und der Zulassung des Leiters einer konsularischen Vertretung nach den Gesetzen und sonstigen Rechtsvorschriften sowie der Übung des Entsendestaats und des Empfangsstaats.

Artikel 11
Bestallungsschreiben oder Notifikation der Bestellung

(1) Der Entsendestaat versieht den Leiter einer konsularischen Vertretung mit einer Urkunde in

Form eines Bestallungsschreibens oder eines entsprechenden Schriftstückes; die Urkunde wird für jede Bestellung ausgestellt; darin werden seine Eigenschaft bescheinigt und in der Regel sein Name und seine Vornamen, seine Kategorie und seine Klasse, der Konsularbezirk und der Sitz der konsularischen Vertretung angegeben.

(2) Der Entsendestaat übermittelt das Bestallungsschreiben oder das entsprechende Schriftstück auf diplomatischen oder einem anderen geeigneten Wege an die Regierung des Staates, in dessen Hoheitsgebiet der Leiter der konsularischen Vertretung seine Aufgaben wahrnehmen soll.

(3) Mit Zustimmung des Empfangsstaats kann der Entsendestaat das Bestallungsschreiben oder das entsprechende Schriftstück durch eine Notifikation ersetzen, welche die in Absatz 1 vorgesehenen Angaben enthält.

Artikel 12
Exequatur

(1) Der Leiter einer konsularischen Vertretung wird zur Wahrnehmung seiner Aufgaben durch eine Ermächtigung des Empfangsstaats zugelassen, die unabhängig von ihrer Form als „Exequatur" bezeichnet wird.

(2) Lehnt ein Staat es ab, ein Exquatur zu erteilen, so ist er nicht verpflichtet, dem Entsendestaat die Gründe hiefür mitzuteilen.

(3) Vorbehaltich der Artikel 13 und 15 kann der Leiter einer konsularischen Vertretung sein Amt nicht antreten, bevor er das Exquatur erhalten hat.

Artikel 13
Vorläufige Zulassung des Leiters einer konsularischen Vertretung

Bis zur Erteilung des Exquaturs kann der Leiter einer konsularischen Vertretung zur Wahrnehmung seiner Aufgaben vorläufig zugelassen werden. In diesem Falle findet dieses Übereinkommen Anwendung.

Artikel 14
Notifizierung an die Behörde des Konsularbezirks

Sobald der Leiter einer konsularischen Vertretung – wenn auch nur vorläufig – zur Wahrnehmung seiner Aufgaben zugelassen ist, hat der Empfangsstaat sofort die zuständigen Behörden des Konsularbezirks zu unterrichten. Er hat ferner dafür zu sorgen, daß die erforderlichen Maßnahmen getroffen werden, damit der Leiter der konsularischen Vertretung seine dienstlichen Obliegenheiten wahrnehmen und die in diesem Übereinkommen vorgesehene Behandlung genießen kann.

Artikel 15
Vorübergehende Wahrnehmungen der Aufgaben des Leiters einer konsularischen Vertretung

(1) Ist der Leiter einer konsularischen Vertretung außerstande, seine Aufgaben wahrzunehmen, oder ist sein Posten unbesetzt, so kann ein anderer vorübergehend als amtierender Leiter der konsularischen Vertretung tätig sein.

(2) Namen und Vornamen des amtierenden Leiters notifiziert die diplomatische Mission des Entsendestaats oder, wenn es eine solche im Empfangsstaat nicht gibt, der Leiter der konsularischen Vertretung oder, wenn dieser verhindert ist, eine zuständige Behörde des Entsendestaats dem Ministerium für Auswärtige Angelegenheiten des Empfangsstaats oder der von diesem Ministerium bezeichneten Behörde. In der Regel hat diese Notifizierung im voraus zu erfolgen. Der Empfangsstaat kann es von seiner Zustimmung abhängig machen, ob er als amtierenden Leiter eine Person zulassen will, die weder Diplomat noch Konsul des Entsendestaats im Empfangsstaat ist.

(3) Die zuständigen Behörden des Empfangsstaats haben dem amtierenden Leiter Beistand und Schutz zu gewähren. Während seiner Amtsführung wird dieses Übereinkommen auf ihn in gleicher Weise wie auf den Leiter der betreffenden konsularischen Vertretung angewendet. Jedoch braucht der Empfangsstaat dem amtierenden Leiter diejenigen Erleichterungen, Vorrechte und Immunitäten nicht zu gewähren, die der Leiter der konsularischen Vertretung nur auf Grund von Voraussetzungen genießt, die der amtierende Leiter nicht erfüllt.

(4) Bestellt unter den in Absatz 1 erwähnten Umständen der Entsendestaat ein Mitglied des diplomatischen Personals seiner diplomatischen Mission im Empfangsstaat zum amtierenden Leiter der konsularischen Vertretung, so genießt dieser weiterhin diplomatische Vorrechte und Immunitäten, falls der Empfangsstaat keinen Einspruch erhebt.

Artikel 16
Rangfolge der Leiter konsularischer Vertretungen

(1) Innerhalb jeder Klasse richtet sich die Rangfolge der Leiter konsularischer Vertretungen nach dem Tag, an dem ihnen das Exequatur erteilt worden ist.

(2) Ist jedoch der Leiter einer konsularischen Vertretung vor der Erteilung des Exequaturs zur Wahrnehmung seiner Aufgaben vorläufig zuge-

lassen worden, so richtet sich seine Rangfolge nach dem Tag der vorläufigen Zulassung; diese Rangfolge bleibt nach Erteilung des Exequaturs erhalten.

(3) Haben zwei oder mehrere Leiter konsularischer Vertretungen das Exequatur oder die vorläufige Zulassung an demselben Tag erhalten, so richtet sich die Rangfolge zwischen ihnen nach dem Tag, an welchem dem Empfangsstaat ihr Bestallungsschreiben oder das entsprechende Schriftstück vorgelegt worden oder die in Artikel 11 Absatz 3 vorgesehene Notifikation bei ihm eingegangen ist.

(4) Amtierende Leiter konsularischer Vertretungen sind allen Leitern konsularischer Vertretungen in der Rangfolge nachgeordnet. Zwischen ihnen richtet sich die Rangfolge nach dem Tag, an dem sie, wie in der Notifikation nach Artikel 15 Absatz 2 angegeben, ihre Aufgaben als amtierender Leiter übernommen haben.

(5) Honorarkonsuln, die konsularische Vertretungen leiten, sind innerhalb jeder Klasse den Berufskonsuln, die Leiter konsularischer Vertretungen sind, in der Rangfolge nachgeordnet; zwischen ihnen richtet sich die Rangfolge nach den vorstehenden Absätzen.

(6) Leiter konsularischer Vertretungen stehen in der Rangfolge vor Konsuln, die nicht diese Stellung haben.

Artikel 17
Vornahme diplomatischer Amtshandlungen durch Konsuln

(1) In einem Staat, wo der Entsendestaat weder eine diplomatische Mission unterhält noch durch die diplomatische Mission eines dritten Staates vertreten ist, kann mit Zustimmung des Empfangsstaats ein Konsul ermächtigt werden, diplomatische Amtshandlungen vorzunehmen, ohne daß dies seine Stellung als Konsul berührt. Die Vornahme solcher Amtshandlungen durch einen Konsul verleiht diesem keinen Anspruch auf diplomatische Vorrechte und Immunitäten.

(2) Ein Konsul kann nach einer Notifikation an den Empfangsstaat den Entsendestaat bei jeder zwischenstaatlichen Organisation vertreten. Handelt er in dieser Eigenschaft, so hat er Anspruch auf alle Vorrechte und Immunitäten, die einem Vertreter bei einer zwischenstaatlichen Organisation auf Grund des Völkergewohnheitsrechts oder internationaler Übereinkünfte zustehen; soweit er jedoch konsularische Aufgaben wahrnimmt, hat er keinen Anspruch auf eine weitergehende Immunität von der Gerichtsbarkeit, als einem Konsul auf Grund dieses Übereinkommens zusteht.

Artikel 18
Bestellung derselben Person zum Konsul durch zwei oder mehrere Staaten

Zwei oder mehrere Staaten können mit Zustimmung des Empfangsstaats dieselbe Person zum Konsul in diesem Staat bestellen.

Artikel 19
Bestellung der Mitglieder des konsularischen Personals

(1) Vorbehaltlich der Artikel 20, 22 und 23 bestellt der Entsendestaat die Mitglieder des konsularischen Personals nach freiem Ermessen.

(2) Namen und Vornamen, Kategorie und Klasse aller Konsuln, die nicht Leiter einer konsularischen Vertretung sind, notifiziert der Entsendestaat dem Empfangsstaat so rechtzeitig, daß dieser, falls er es wünscht, die ihm in Artikel 23 Absatz 3 gewährten Rechte ausüben kann.

(3) Der Entsendestaat kann, wenn es seine Gesetze und sonstigen Rechtsvorschriften erfordern, den Empfangsstaat bitten, einem Konsul, der nicht Leiter einer konsularischen Vertretung ist, eine Exequatur zu erteilen.

(4) Der Empfangsstaat kann, wenn es seine Gesetze und sonstigen Rechtsvorschriften erfordern, einem Konsul, der nicht Leiter einer konsularischen Vertretung ist, ein Exequatur erteilen.

Artikel 20
Personalbestand der konsularischen Vertretung

Ist keine ausdrückliche Vereinbarung über den Personalbestand der konsularischen Vertretung getroffen worden, so kann der Empfangsstaat verlangen, daß dieser Bestand in den Grenzen gehalten wird, die er in Anbetracht der im Konsularbezirk vorliegenden Umstände und Verhältnisse sowie der Bedürfnisse der betreffenden konsularischen Vertretung für angemessen und normal hält.

Artikel 21
Rangfolge der Konsuln einer konsularischen Vertretung

Die Rangfolge der Konsuln einer konsularischen Vertretung und jede Änderung dieser Rangfolge notifiziert die diplomatische Mission des Entsendestaats oder, wenn es eine solche im Empfangsstaat nicht gibt, der Leiter der konsularischen Vertretung dem Ministerium für Auswärtige Angelegenheiten des Empfangsstaats oder der von diesem Ministerium bezeichneten Behörde.

Artikel 22
Staatsangehörigkeit der Konsuln

(1) Konsuln sollen grundsätzlich Angehörige des Entsendestaats sein.

(2) Angehörige des Empfangsstaats dürfen nur mit dessen ausdrücklicher Zustimmung zu Konsuln bestellt werden; die Zustimmung kann jederzeit widerrufen werden.

(3) Der Empfangsstaat kann sich das gleiche Recht in bezug auf Angehörige eines dritten Staates vorbehalten, die nicht gleichzeitig Angehörige des Entsendestaats sind.

Artikel 23
Erklärung zur persona non grata

(1) Der Empfangsstaat kann dem Entsendestaat jederzeit notifizieren, daß ein Konsul persona non grata oder daß ein anderes Mitglied des konsularischen Personals ihm nicht genehm ist. In diesen Fällen hat der Entsendestaat die betreffende Person entweder abzuberufen oder ihre dienstliche Tätigkeit bei der konsularischen Vertretung zu beenden.

(2) Weigert sich der Entsendestaat oder unterläßt er es innerhalb einer angemessenen Frist, seinen Verpflichtungen auf Grund des Absatzes 1 nachzukommen, so kann der Empfangsstaat entweder der betreffenden Person das Exequatur entziehen oder sie nicht weiterhin als Mitglied des konsularischen Personals betrachten.

(3) Eine zum Mitglied einer konsularischen Vertretung bestellte Person kann als nicht genehm erklärt werden, bevor sie im Hoheitsgebiet des Empfangsstaats eintrifft oder, wenn sie sich bereits dort befindet, bevor sie ihre dienstliche Tätigkeit in der konsularischen Vertretung aufnimmt. In diesen Fällen hat der Entsendestaat die Bestellung rückgängig zu machen.

(4) In den in den Absätzen 1 und 3 genannten Fällen ist der Empfangsstaat nicht verpflichtet, dem Entsendestaat die Gründe für seine Entscheidung mitzuteilen.

Artikel 24
Notifizierung der Bestellungen, Ankünfte und Abreisen an den Empfangsstaat

(1) Dem Ministerium für Auswärtige Angelegenheiten des Empfangsstaats oder der von diesem Ministerium bezeichneten Behörde ist folgendes zu notifizieren:

a) die Bestellung von Mitgliedern einer konsularischen Vertretung, ihre Ankunft nach dieser Bestellung, ihre endgültige Abreise oder die Beendigung ihrer dienstlichen Tätigkeit sowie alle sonstigen ihre Stellung betreffenden Änderungen, die während ihrer Tätigkeit in der konsularischen Vertretung erfolgen;

b) die Ankunft und die endgültige Abreise eines im gemeinsamen Haushalt mit einem Mitglied einer konsularischen Vertretung lebenden Familienangehörigen und gegebenenfalls die Tatsache, daß eine Person Familienangehöriger wird oder diese Eigenschaft verliert;

c) die Ankunft und die endgültige Abreise von Mitgliedern des Privatpersonals und gegebenenfalls ihr Ausscheiden aus diesem Dienst;

d) die Anstellung und die Entlassung von im Empfangsstaat ansässigen Personen als Mitglied der konsularischen Vertretung oder als Mitglied des Privatpersonals mit Anspruch auf Vorrechte und Immunitäten.

(2) Die Ankunft und die endgültige Abreise sind nach Möglichkeit im voraus zu notifizieren.

ABSCHNITT II.
BEENDIGUNG DER KONSULARISCHEN TÄTIGKEIT

Artikel 25
Beendigung der dienstlichen Tätigkeit eines Mitglieds einer konsularischen Vertretung

Die dienstliche Tätigkeit eines Mitglieds einer konsularischen Vertretung wird unter anderem dadurch beendet,

a) daß der Entsendestaat dem Empfangsstaat die Beendigung seiner dienstlichen Tätigkeit notifiziert,

b) daß das Exequatur entzogen wird, oder

c) daß der Empfangsstaat dem Entsendestaat notifiziert, er betrachte die betreffende Person nicht mehr als Mitglied des konsularischen Personals.

Artikel 26
Abreise aus dem Hoheitsgebiet des Empfangsstaats

Der Empfangsstaat gewährt, auch im Fall eines bewaffneten Konflikts, den Mitgliedern der konsularischen Vertretung und des Privatpersonals, die nicht seine Staatsangehörigen sind, sowie den mit ihnen im gemeinsamen Haushalt lebenden Familienangehörigen ungeachtet ihrer Staatsangehörigkeit die Zeit und die Erleichterungen, die erforderlich sind, damit sie ihre Abreise vorbereiten und sein Hoheitsgebiet so bald wie möglich nach Beendigung ihrer dienstlichen Tätigkeit verlassen können. Insbesondere stellt er ihnen im Bedarfsfall die benötigten Beförderungsmittel für sie selbst und ihre Vermögensgegenstände mit Ausnahme derjenigen zur Verfügung, die im Empfangsstaat erworben worden sind und deren Ausfuhr im Zeitpunkt der Abreise verboten ist.

Artikel 27
Schutz der konsularischen Räumlichkeiten und Archive sowie der Interessen des Entsendestaats unter außergewöhnlichen Umständen

(1) Werden die konsularischen Beziehungen zwischen zwei Staaten abgebrochen,

a) so hat der Empfangsstaat, auch im Falle eines bewaffneten Konflikts, die konsularischen Räumlichkeiten, das Vermögen der konsularischen Vertretung und die konsularischen Archive zu achten und zu schützen;

b) so kann der Entsendestaat einem dem Empfangsstaat genehmen dritten Staat die Obhut der konsularischen Räumlichkeiten, des darin befindlichen Vermögens und der konsularischen Archive übertragen;

c) so kann der Entsendestaat einem dem Empfangsstaat genehmen dritten Staat den Schutz seiner Interessen und derjenigen seiner Angehörigen übertragen.

(2) Wird eine konsularische Vertretung vorübergehend oder endgültig geschlossen, so findet Absatz 1 Buchstabe a Anwendung. Ferner gilt folgendes:

a) Besitzt der Entsendestaat, obwohl er im Empfangsstaat nicht durch eine diplomatische Mission vertreten ist, in dessen Hoheitsgebiet noch eine andere konsularische Vertretung, so kann dieser die Obhut der Räumlichkeiten der geschlossenen konsularischen Vertretung, des darin befindlichen Vermögens und der konsularischen Archive sowie mit Zustimmung des Empfangsstaats die Wahrnehmung der konsularischen Aufgaben im Amtsbezirk der geschlossenen konsularischen Vertretung übertragen werden;

b) besitzt der Entsendestaat im Empfangsstaat weder eine diplomatische Mission noch eine andere konsularische Vertretung, so findet Absatz Buchstabe b und c Anwendung.

KAPITEL II.
ERLEICHTERUNGEN, VORRECHTE UND IMMUNITÄTEN FÜR KONSULARISCHE VERTRETUNGEN, BERUFSKONSULN UND SONSTIGE MITGLIEDER EINER KONSULARISCHEN VERTRETUNG

ABSCHNITT I.
ERLEICHTERUNGEN, VORRECHTE UND IMMUNITÄTEN FÜR DIE KONSULARISCHE VERTRETUNG

Artikel 28
Erleichterungen für die Tätigkeit der konsularischen Vertretung

Der Empfangsstaat gewährt der konsularischen Vertretung jede Erleichterung zur Wahrnehmung ihrer Aufgaben.

Artikel 29
Benützung der Nationalflagge und des Staatswappens

(1) Der Entsendestaat ist berechtigt, seine Nationalflagge und sein Wappen nach Maßgabe dieses Artikels im Empfangsstaat zu benützen.

(2) Die Nationalflagge und das Wappen des Entsendestaats können an dem Gebäude, in welchem sich die konsularische Vertretung befindet, und an dessen Eingangstür, an der Residenz des Leiters der konsularischen Vertretung sowie an seinen Beförderungsmitteln bei deren dienstlicher Benützung geführt werden.

(3) Bei der Ausübung des in diesem Artikel gewährten Rechts sind die Gesetze und sonstigen Rechtsvorschriften sowie die Übung des Empfangsstaats zu berücksichtigen.

Artikel 30
Unterbringung

(1) Der Empfangsstaat erleichtert nach Maßgabe seiner Gesetze und sonstigen Rechtsvorschriften dem Entsendestaat den Erwerb der für dessen konsularische Vertretung in seinem Hoheitsgebiet benötigten Räumlichkeiten oder hilft ihm, sich auf andere Weise Räumlichkeiten zu beschaffen.

(2) Erforderlichenfalls hilft der Empfangsstaat ferner der konsularischen Vertretung bei der Beschaffung geeigneten Wohnraums für ihre Mitglieder.

Artikel 31
Unverletzlichkeit der konsularischen Räumlichkeiten

(1) Die konsularischen Räumlichkeiten sind in den in diesem Artikel vorgesehenen Umfang unverletzlich.

(2) Die Behörden des Empfangsstaats dürfen den Teil der konsularischen Räumlichkeiten, den die konsularische Vertretung ausschließlich für ihre dienstlichen Zwecke benützt, nur mit Zustimmung des Leiters der konsularischen Vertretung oder einer von ihm bestimmten Person oder des Chefs der diplomatischen Mission des Entsendestaats betreten. Jedoch kann bei Feuer oder einem anderen Unglück, wenn sofortige Schutzmaßnahmen erforderlich sind, die Zustimmung des Leiters der konsularischen Vertretung vermutet werden.

(3) Vorbehaltlich des Absatzes 2 hat der Empfangsstaat die besondere Pflicht, alle geeigneten Maßnahmen zu treffen, um die konsularischen Räumlichkeiten vor jedem Eindringen und jeder Beschädigung zu schützen und um zu verhindern, daß der Friede der konsularischen Vertretung gestört oder ihre Würde beeinträchtigt wird.

(4) Die konsularischen Räumlichkeiten, ihre Einrichtung, das Vermögen der konsularischen Vertretung und deren Beförderungsmittel genießen Immunität von jeder Beschlagnahme für Zwecke der Landesverteidigung oder des öffentlichen Wohls. Ist für solche Zwecke eine Enteignung notwendig, so werden alle geeigneten Maßnahmen getroffen, damit die Wahrnehmung der konsularischen Aufgaben nicht behindert wird; dem Entsendestaat wird rasch eine angemessene und wirksame Entschädigung gezahlt.

Artikel 32
Befreiung der konsularischen Räumlichkeiten von der Besteuerung

(1) Die konsularischen Räumlichkeiten und die Residenz des eine konsularische Vertretung leitenden Berufskonsuls, die im Eigentum des Entsendestaats oder einer für diesen handelnden Person stehen oder von ihnen gemietet oder gepachtet sind, sind von allen staatlichen, regionalen und kommunalen Steuern oder sonstigen Abgaben befreit, soweit diese nicht als Vergütung für bestimmte Dienstleistungen erhoben werden.

(2) Die in Absatz 1 vorgesehene Steuerbefreiung gilt nicht für diese Steuern und sonstigen Abgaben, wenn sie nach den Gesetzen und sonstigen Rechtsvorschriften des Empfangsstaats von einer Person zu entrichten sind, die mit dem Entsendestaat oder der für diesen handelnden Person Verträge geschlossen hat.

Artikel 33
Unverletzlichkeit der konsularischen Archive und Schriftstücke

Die konsularischen Archive und Schriftstücke sind jederzeit unverletzlich, wo immer sie sich befinden.

Artikel 34
Bewegungsfreiheit

Vorbehaltlich seiner Gesetze und sonstigen Rechtsvorschriften über Zonen, deren Betreten aus Gründen der nationalen Sicherheit verboten oder geregelt ist, gewährleistet der Empfangsstaat allen Mitgliedern der konsularischen Vertretung volle Bewegungs- und Reisefreiheit in seinem Hoheitsgebiet.

Artikel 35
Verkehrsfreiheit

(1) Der Empfangsstaat gestattet und schützt den freien Verkehr der konsularischen Vertretung für alle amtlichen Zwecke. Die konsularische Vertretung kann sich im Verkehr mit der Regierung, den diplomatischen Missionen und den anderen konsularischen Vertretungen des Entsendestaats, wo immer sie sich befinden, aller geeigneten Mittel einschließlich diplomatischer oder konsularischer Kuriere, diplomatischer oder konsularischer Dienstpostsendungen und verschlüsselter Nachrichten bedienen. Das Errichten und Betreiben einer Funksendeanlage ist der konsularischen Vertretung jedoch nur mit Zustimmung des Empfangsstaates gestattet.

(2) Die amtliche Korrespondenz der konsularischen Vertretung ist unverletzlich. Als „amtliche Korrespondenz" gilt die gesamte Korrespondenz, welche die konsularische Vertretung und ihre Aufgaben betrifft.

(3) Die konsularische Dienstpostsendung darf weder geöffnet noch zurückgehalten werden. Haben jedoch die zuständigen Behörden des Empfangsstaats triftige Gründe für die Annahme, daß die Sendung etwas anderes als Korrespondenz, Schriftstücke und Gegenstände im Sinne von Absatz 4 enthält, so können sie verlangen, daß ein ermächtigter Vertreter des Entsendestaats es in ihrer Gegenwart öffnet. Lehnen die Behörden des Entsendestaats dieses Verlangen ab, so wird die Sendung an ihren Ursprungsort zurückbefördert.

(4) Gepäckstücke, welche die konsularische Dienstpostsendung bilden, müssen äußerlich sichtbar als solche gekennzeichnet sein; sie dürfen nur die amtliche Korrespondenz sowie ausschließlich für den amtlichen Gebrauch bestimmte Schriftstücke oder Gegenstände enthalten.

(5) Der konsularische Kurier muß ein amtliches Schriftstück mit sich führen, aus dem seine Stellung und die Anzahl der Gepäckstücke ersichtlich sind, welche die konsularische Dienstpostsendung bilden. Außer mit Zustimmung des Empfangsstaats darf er weder ein Angehöriger des Empfangsstaates, noch, wenn er nicht Angehöriger des Entsendestaats ist, im Empfangsstaat ständig ansässig sein. Bei der Wahrnehmung seiner Aufgaben wird dieser Kurier vom Empfangsstaat geschützt. Er genießt persönliche Unverletzlichkeit und unterliegt keiner Festnahme oder Haft irgendwelcher Art.

(6) Der Entsendestaat, seine diplomatischen Missionen und seine konsularischen Vertretungen können konsularische Kuriere ad hoc ernennen. Auch in diesen Fällen gilt Absatz 5; jedoch finden die darin erwähnten Immunitäten keine Anwendung mehr, sobald der Kurier die ihm anvertraute konsularische Dienstpostsendung dem Empfänger ausgehändigt hat.

(7) Eine konsularische Dienstpostsendung kann dem Kapitän eines Seeschiffes oder eines gewerblichen Luftfahrzeuges anvertraut werden, dessen Bestimmungsort ein zugelassener Einreisehafen oder -flugplatz ist. Der Kapitän muß ein amtliches Schriftstück mit sich führen, aus dem die Anzahl der Gepäckstücke ersichtlich ist, welche die Dienstpostsendung bilden; er gilt jedoch nicht als konsularischer Kurier. Auf Grund einer Abmachung mit den zuständigen Ortsbehörden kann die konsularische Vertretung eines ihrer Mitglieder entsenden, um die Dienstpostsendung unmittelbar und ungehindert von dem Kapitän des Seeschiffes oder Luftfahrzeuges entgegenzunehmen.

Artikel 36
Verkehr mit Angehörigen des Entsendestaats

(1) Um die Wahrnehmung konsularischer Aufgaben in bezug auf Angehörige des Entsendestaats zu erleichtern, gilt folgendes:

a) Den Konsuln steht es frei, mit Angehörigen des Entsendestaats zu verkehren und sie aufzusuchen. Angehörigen des Entsendestaats steht es in gleicher Weise frei, mit den Konsuln ihres Staates zu verkehren und sie aufzusuchen;

b) die zuständigen Behörden des Empfangsstaats haben die konsularische Vertretung des Entsendestaats auf Verlangen des Betroffenen unverzüglich zu unterrichten, wenn in deren Konsularbezirk ein Angehöriger dieses Staats festgenommen, in Verwahrung oder Untersuchungshaft genommen oder sonst angehalten wird. Von der festgenommenen, in Verwahrung oder Untersuchungshaft gehaltenen oder sonst angehaltenen Person an die konsularische Vertretung gerichtete Mitteilungen haben die genannten Behörden ebenfalls unverzüglich weiterzuleiten. Diese Behörden haben den Betroffenen unverzüglich über seine Rechte auf Grund dieser Bestimmung zu unterrichten;

c) Konsuln sind berechtigt, einen Angehörigen des Entsendestaats aufzusuchen, der in Verwahrung oder Untersuchungshaft ist oder sonst angehalten wird, mit ihm zu sprechen und zu korrespondieren sowie für seine Vertretung in rechtlicher Hinsicht zu sorgen. Sie sind ferner berechtigt, einen Angehörigen des Entsendestaats aufzusuchen, der in ihrem Konsularbezirk zum Vollzug eines Urteils in Verwahrung oder Haft ist oder angehalten wird. Konsuln haben sich jedoch jedes Einschreitens für einen in Verwahrung oder Untersuchungshaft befindlichen oder sonst angehaltenen Staatsangehörigen zu enthalten, wenn er ausdrücklich dagegen Einspruch erhebt.

(2) Die in Absatz 1 genannten Rechte sind nach Maßgabe der Gesetze und sonstigen Rechtsvorschriften des Empfangsstaats auszuüben; hiebei wird jedoch vorausgesetzt, daß diese Gesetze und sonstigen Rechtsvorschriften die volle Verwirklichung der Zwecke ermöglichen müssen, für welche die in diesem Artikel vorgesehenen Rechte eingeräumt werden.

Artikel 37
Benachrichtigung bei Todesfällen, Vormundschaften oder Pflegschaften, bei Schiffbruch und Unglücken in der Luft

Verfügen die zuständigen Behörden des Empfangsstaats über die entsprechenden Auskünfte, so sind sie verpflichtet,

a) beim Tod eines Angehörigen des Entsendestaats unverzüglich die konsularische Vertretung zu benachrichtigen, in deren Amtsbezirk der Todesfall eingetreten ist;

b) die zuständige konsularische Vertretung unverzüglich von allen Fällen zu benachrichtigen, in denen die Bestellung eines Vormunds oder Pflegers im Interesse eines minderjährigen oder anderen nicht voll handlungsfähigen Angehörigen des Entsendestaats angebracht erscheint. Die Benachrichtigung läßt jedoch in Anwendung der Gesetze und sonstigen Rechtsvorschriften des Empfangsstaats auf diese Bestellung unberührt;

c) unverzüglich die dem Ort des Unglücks am nächsten gelegene konsularische Vertretung zu benachrichtigen, wenn ein Schiff, das die Staatszugehörigkeit des Entsendestaats besitzt, im Küstenmeer oder in den Binnengewässern des Empfangsstaats Schiffbruch erleidet oder auf Grund läuft oder wenn ein im Entsendestaat registriertes Luftfahrzeug im Hoheitsgebiet des Empfangsstaats verunglückt.

Artikel 38
Verkehr mit den Behörden des Empfangsstaats

Bei der Wahrnehmung ihrer Aufgaben können sich die Konsuln

a) an die zuständigen örtlichen Behörden ihres Konsularbezirks sowie

b) an die zuständigen Zentralbehörden des Empfangsstaats wenden, wenn und soweit letzteres auf Grund der Gesetze und sonstigen Rechtsvorschriften sowie der Übung des Empfangsstaats oder auf Grund entsprechender internationaler Übereinkünfte zulässig ist.

Artikel 39
Konsulargebühren und -kosten

(1) Die konsularische Vertretung kann im Hoheitsgebiet des Empfangsstaats die in den Gesetzen und sonstigen Rechtsvorschriften des Entsendestaats für konsularische Amtshandlungen vorgesehenen Gebühren und Kosten erheben.

(2) Die vereinnahmten Beträge der in Absatz 1 genannten Gebühren und Kosten und die hierüber ausgestellten Quittungen sind im Empfangsstaat von allen Steuern und sonstigen Abgaben befreit.

ABSCHNITT II.

ERLEICHTERUNGEN, VORRECHTE UND IMMUNITÄTEN FÜR BERUFSKONSULN UND ANDERE MITGLIEDER DER KONSULARISCHEN VERTRETUNG

Artikel 40
Schutz der Konsuln

Der Empfangsstaat behandelt die Konsuln mit gebührender Achtung und trifft alle geeigneten Maßnahmen, um jeden Angriff auf ihre Person, ihre Freiheit oder ihre Würde zu verhindern.

Artikel 41
Persönliche Unverletzlichkeit der Konsuln

(1) Konsuln dürfen nur im Falle eines schweren Verbrechens und auf Grund einer Entscheidung der zuständigen Justizbehörde festgenommen oder in Untersuchungshaft genommen werden.

(2) Außer in dem in Absatz 1 genannten Fall dürfen Konsuln weder in Verwahrung genommen noch einer anderen Form der Einschränkung ihrer persönlichen Freiheit unterworfen werden, es sei denn in Vollstreckung einer rechtskräftigen gerichtlichen Entscheidung.

(3) Wird gegen einen Konsul ein Strafverfahren eingeleitet, so hat er vor den zuständigen Behörden zu erscheinen. Jedoch ist das Verfahren mit der ihm auf Grund seiner amtlichen Stellung gebührenden Rücksicht und, außer in dem in Absatz 1 vorgesehenen Fall, in einer Weise zu führen, welche die Wahrnehmung der konsularischen Aufgaben möglichst wenig beeinträchtigt. Ist es unter den in Absatz 1 genannten Umständen notwendig geworden, einen Konsul in Untersuchungshaft zu nehmen, so ist das Verfahren gegen ihn in kürzester Frist einzuleiten.

Artikel 42
Benachrichtigung über Festnahme, Untersuchungshaft oder Strafverfolgung

Wird ein Mitglied des konsularischen Personals festgenommen, in Untersuchungshaft genommen oder wird ein Strafverfahren gegen dieses Mitglied eingeleitet, so hat der Empfangsstaat sofort den Leiter der konsularischen Vertretung zu benachrichtigen. Ist dieser selbst von einer der genannten Maßnahmen betroffen, so hat der Empfangsstaat den Entsendestaat auf diplomatischem Wege zu benachrichtigen.

Artikel 43
Immunität von der Gerichtsbarkeit

(1) Konsuln sowie Bedienstete des Verwaltungs- oder technischen Personals sind in bezug auf die von ihnen in Wahrnehmung konsularischer Aufgaben gesetzten Handlungen der Jurisdiktion der Gerichts- und Verwaltungsbehörden des Empfangsstaats nicht unterworfen.

(2) Absatz 1 wird jedoch nicht angewendet bei Zivilklagen,

a) wenn diese aus einem Vertrag entstehen, den ein Konsul oder ein Bediensteter des Verwaltungs- oder technischen Personals geschlossen hat, ohne dabei ausdrücklich oder implicite im Auftrag des Entsendestaats zu handeln, oder

b) wenn diese von einem Dritten wegen eines Schadens angestrengt werden, der aus einem im Empfangsstaat durch ein Land- , Wasser- oder Luftfahrzeug verursachten Unfall entstanden ist.

Artikel 44
Zeugnispflicht

(1) Mitglieder einer konsularischen Vertretung können in einem Gerichts- oder Verwaltungsverfahren als Zeugen geladen werden. Mitglieder des Verwaltungs- oder technischen Personals oder Mitglieder des dienstlichen Hauspersonals dürfen nur in den in Absatz 3 genannten Fällen das Zeugnis verweigern. Weigert sich ein Konsul auszusagen, so kann gegen ihn keine Zwangs- oder Strafmaßnahme getroffen werden.

(2) Die Behörde, welche das Zeugnis eines Konsuls verlangt, darf ihn nicht bei der Wahrnehmung seiner Aufgaben behindern. Sie kann, soweit möglich, seine Aussage in seiner Wohnung oder in den Räumlichkeiten der konsularischen

Vertretung oder aber eine schriftliche Erklärung von ihm entgegennehmen.

(3) Mitglieder einer konsularischen Vertretung sind nicht verpflichtet, Zeugnis über Angelegenheiten zu geben, die mit der Wahrnehmung ihrer Aufgaben zusammenhängen, oder die darauf bezüglichen amtlichen Korrespondenzen und Schriftstücke vorzulegen. Sie sind auch berechtigt, die Aussage als Sachverständige über das Recht des Entsendestaats zu verweigern.

Artikel 45
Verzicht auf Vorrechte und Immunitäten

(1) Der Entsendestaat kann hinsichtlich eines Mitglieds der konsularischen Vertretung auf die in den Artikeln 41, 43 und 44 vorgesehenen Vorrechte und Immunitäten verzichten.

(2) Der Verzicht muß vorbehaltlich des Absatzes 3 stets ausdrücklich erklärt und dem Empfangsstaat schriftlich mitgeteilt werden.

(3) Strengt ein Konsul oder ein Bediensteter des Verwaltungs- oder technischen Personals ein Gerichtsverfahren in einer Sache an, in der er nach Maßgabe des Artikels 43 Immunität von der Gerichtsbarkeit genießen würde, so kann er sich in bezug auf eine Widerklage, die mit der Hauptklage in unmittelbarem Zusammenhang steht, nicht auf die Immunität von der Gerichtsbarkeit berufen.

(4) Der Verzicht auf die Immunität von der Gerichtsbarkeit in einem Zivil- oder Verwaltungsgerichtsverfahren gilt nicht als Verzicht auf die Immunität von der Urteilsvollstreckung; hiefür ist ein besonderer Verzicht erforderlich.

Artikel 46
Befreiung von der Ausländermeldepflicht und der Aufenthaltsgenehmigung

(1) Konsuln und Bedienstete des Verwaltungs- oder technischen Personals sowie die mit ihnen im gemeinsamen Haushalt lebenden Familienangehörigen sind von allen in den Gesetzen und sonstigen Rechtsvorschriften des Empfangsstaats vorgesehenen Verpflichtungen in bezug auf die Ausländermeldepflicht und die Aufenthaltsgenehmigung befreit.

(2) Absatz 1 gilt jedoch weder für Bedienstete des Verwaltungs- oder technischen Personals, die nicht ständige Bedienstete des Entsendestaats sind oder die eine private Erwerbstätigkeit im Empfangsstaat ausüben, noch für ihre Familienangehörigen.

Artikel 47
Befreiung von der Arbeitserlaubnis

(1) Mitglieder der konsularischen Vertretung sind in bezug auf ihre Dienste für den Entsendestaat von allen in den Gesetzen und sonstigen Rechtsvorschriften des Empfangsstaats vorgesehenen Verpflichtungen hinsichtlich der Arbeitserlaubnis für ausländische Arbeitskräfte befreit.

(2) Mitglieder des Privatpersonals der Konsuln und der Bediensteten des Verwaltungs- oder technischen Personals sind, wenn sie im Empfangsstaat keine andere private Erwerbstätigkeit ausüben, von den in Absatz 1 erwähnten Verpflichtungen befreit.

Artikel 48
Befreiung vom System der sozialen Sicherheit

(1) Vorbehaltlich des Absatzes 3 sind die Mitglieder der konsularischen Vertretung in bezug auf ihre Dienste für den Entsendestaat und die mit ihnen im gemeinsamen Haushalt lebenden Familienangehörigen von den im Empfangsstaat geltenden Vorschriften über soziale Sicherheit befreit.

(2) Die in Absatz 1 vorgesehene Befreiung gilt auch für die Mitglieder des Privatpersonals, die ausschließlich bei Mitgliedern der konsularischen Vertretung beschäftigt sind, sofern sie

a) weder Angehörige des Empfangsstaats noch dort ständig ansässig sind und

b) den im Entsendestaat oder in einem dritten Staat geltenden Vorschriften über soziale Sicherheit unterstehen.

(3) Beschäftigen Mitglieder der konsularischen Vertretung Personen, auf welche die in Absatz 2 vorgesehene Befreiung keine Anwendung findet, so haben sie die Verpflichtungen zu beachten, welche die Vorschriften des Empfangsstaats über soziale Sicherheit den Arbeitgebern auferlegen.

(4) Die in den Absätzen 1 und 2 vorgesehene Befreiung schließt die freiwillige Beteiligung am System der sozialen Sicherheit des Empfangsstaats nicht aus, sofern dieser eine solche Beteiligung zuläßt.

Artikel 49
Befreiung von der Besteuerung

(1) Konsuln und Bedienstete des Verwaltungs- oder technischen Personals sowie die mit ihnen im gemeinsamen Haushalt lebenden Familienangehörigen sind von allen staatlichen, regionalen und kommunalen Personal- und Realsteuern oder -abgaben befreit; ausgenommen hievon sind

a) die normalerweise im Preis von Waren oder Dienstleistungen enthaltenen indirekten Steuern;

b) Steuern und sonstige Abgaben von privatem, im Hoheitsgebiet des Empfangsstaats gelegenen unbeweglichen Vermögen, jedoch vorbehaltlich des Artikels 32;

c) Erbschaftssteuern und Abgaben vom Vermögensübergang, die der Empfangsstaat erhebt, jedoch vorbehaltlich des Artikels 51 Buchstabe b;

d) Steuern und sonstige Abgaben von privaten Einkünften einschließlich Veräußerungsgewinne, deren Quelle sich im Empfangsstaat befindet, sowie Vermögensteuern von Kapitalanlagen in gewerblichen oder Finanzunternehmen, die im Empfangsstaat gelegen sind;

e) Steuern, Gebühren und sonstige Abgaben, die als Vergütung für bestimmte Dienstleistungen erhoben werden;

f) Eintragungs- ,Gerichts- Beurkundungs- Beglaubigungs- Hypotheken- und Stempelgebühren, jedoch vorbehaltlich des Artikels 32.

(2) Die Mitglieder des dienstlichen Hauspersonals sind von Steuern und sonstigen Abgaben auf ihre Dienstbezüge befreit.

(3) Beschäftigen Mitglieder der konsularischen Vertretung Personen, deren Bezüge nicht von der Einkommensteuer im Empfangsstaat befreit sind, so haben sie die Verpflichtungen einzuhalten, welche die Gesetze und sonstigen Rechtsvorschriften dieses Staates den Arbeitgebern in bezug auf die Erhebung der Einkommensteuer auferlegen.

Artikel 50
Befreiung von Zöllen und Zollkontrollen

(1) Nach Maßgabe seiner geltenden Gesetze und sonstigen Rechtsvorschriften gestattet der Empfangsstaat die Einfuhr der nachstehend genannten Gegenstände und befreit sie von allen Zöllen, Steuern und ähnlichen Abgaben mit Ausnahme von Gebühren für Einlagerung, Beförderung und ähnliche Dienstleistungen:

a) Gegenstände für den amtlichen Gebrauch der konsularischen Vertretung;

b) Gegenstände für den persönlichen Gebrauch des Konsuls und der mit ihm im gemeinsamen Haushalt lebenden Familienangehörigen, einschließlich der für seine Einrichtung vorgesehenen Gegenstände. Die zum Verbrauch bestimmten Gegenstände dürfen die für die unmittelbare Verwendung durch die Beteiligten erforderliche Menge nicht überschreiten.

(2) Die Bediensteten des Verwaltungs- der technischen Personals genießen die in Absatz 1 vorgesehenen Vorrechte und Befreiungen in bezug auf Gegenstände, die im Zeitpunkt der ersten Niederlassung eingeführt werden.

(3) Konsuln und die mit ihnen im gemeinsamen Haushalt lebenden Familienangehörigen genießen Befreiung von der Zollkontrolle ihres mitgeführten persönlichen Gepäcks. Es darf nur kontrolliert werden, wenn triftige Gründe für die Vermutung vorliegen, daß es Gegenstände enthält, die in Absatz 1 Buchstabe b nicht bezeichnet sind oder deren Ein- oder Ausfuhr nach den Gesetzen und sonstigen Rechtsvorschriften des Empfangsstaats verboten ist oder die dessen Gesetzen und sonstigen Rechtsvorschrfiten über Quarantäne unterliegen. In solchen Fällen darf die Kontrolle nur in Anwesenheit des Konsuls oder des betreffenden Familienangehörigen stattfinden.

Artikel 51
Nachlaß eines Mitglieds der konsularischen Vertretung oder eines seiner Familienangehörigen

Stirbt ein Mitglied der konsularischen Vertretung oder ein mit ihm im gemeinsamen Haushalt lebender Familienangehöriger, so ist der Empfangsstaat verpflichtet,

a) die Ausfuhr des beweglichen Vermögens des Verstorbenen mit Ausnahme von im Empfangsstaat erworbenen Vermögensgegenständen, deren Ausfuhr im Zeitpunkt des Todesfalles verboten war, zu gestatten,

b) von dem beweglichen Vermögen, das sich nur deshalb im Empfangsstaat befindet, weil sich der Verstorbene als Mitglied der konsularischen Vertretung oder als Familienangehöriger eines solchen in diesem Staat aufhielt, keine staatlichen, regionalen oder kommunalen Erbschaftssteuern oder Abgaben vom Vermögensübergang zu erheben.

Artikel 52
Befreiung von persönlichen Dienstleistungen und Auflagen

Der Empfangsstaat befreit die Mitglieder der konsularischen Vertretung und die mit ihnen im gemeinsamen Haushalt lebenden Familienangehörigen von allen persönlichen Dienstleistungen, von allen öffentlichen Dienstleistungen jeder Art und von militärischen Auflagen, wie zum Beispiel Beschlagnahmen, Kontributionen und Einquartierungen.

Artikel 53
Beginn und Ende konsularischer Vorrechte und Immunitäten

(1) Die in diesem Übereinkommen vorgesehenen Vorrechte und Immunitäten stehen den Mitgliedern der konsularischen Vertretung von dem Zeitpunkt an zu, in dem sie in das Hoheitsgebiet des Empfangsstaats einreisen, um dort ihren Posten anzutreten, oder, wenn sie sich bereits in seinem Hoheitsgebiet befinden, von dem Zeitpunkt an, in dem sie ihre dienstliche Tätigkeit in der konsularischen Vertretung aufnehmen.

(2) Den im gemeinsamen Haushalt mit einem Mitglied der konsularischen Vertretung lebenden Familienangehörigen sowie den Mitgliedern seines Privatpersonals stehen die in diesem Übereín-

kommen vorgesehenen Vorrechte und Immunitäten von dem Zeitpunkt an zu, in dem das Mitglied der konsularischen Vertretung nach Absatz 1 in den Genuß der Vorrechte und Immunitäten kommt oder in dem die Mitglieder der Familie oder des Privatpersonals in das Hoheitsgebiet des Empfangsstaats einreisen oder in dem sie Mitglied der Familie oder des Privatpersonals werden, je nachdem welcher Zeitpunkt am spätesten liegt.

(3) Ist die dienstliche Tätigkeit eines Mitglieds einer konsularischen Vertretung beendet, so werden seine Vorrechte und Immunitäten sowie diejenigen der mit ihm im gemeinsamen Haushalt lebenden Familienangehörigen und der Mitglieder seines Privatpersonals normalerweise im Zeitpunkt der Ausreise des Betreffenden aus dem Empfangsstaat oder nach Ablauf einer hiefür gewährten angemessenen Frist hinfällig, je nachdem welcher Zeitpunkt früher liegt; bis zu diesem Zeitpunkt bleiben sie bestehen, und zwar selbst im Fall eines bewaffneten Konflikts. Die Vorrechte und Immunitäten der in Absatz 2 bezeichneten Personen werden beim Ausscheiden aus dem Haushalt oder dem Privatpersonal eines Mitglieds der konsularischen Vertretung hinfällig; beabsichtigen sie jedoch, innerhalb einer angemessenen Frist aus dem Empfangsstaat auszureisen, so bleiben ihre Vorrechte und Immunitäten bis zu ihrer Ausreise bestehen.

(4) In bezug auf die von einem Konsul oder einem Bediensteten des Verwaltungs- oder technischen Personals in Wahrnehmung seiner Aufgaben vorgenommenen Handlungen bleibt jedoch die Immunität von der Gerichtsbarkeit auf unbegrenzte Zeit bestehen.

(5) Stirbt ein Mitglied der konsularischen Vertretung, so genießen die mit ihm im gemeinsamen Haushalt lebenden Familienangehörigen weiterhin die ihnen zustehenden Vorrechte und Immunitäten bis zu ihrer Ausreise aus dem Empfangsstaat oder bis zum Ablauf einer hiefür gewährten angemessenen Frist, je nachdem welcher Zeitpunkt früher liegt.

Artikel 54
Verpflichtungen dritter Staaten

(1) Reist ein Konsul, um sein Amt anzutreten oder um auf seinen Posten oder in den Entsendestaat zurückzukehren, durch das Hoheitsgebiet eines dritten Staates oder befindet er sich aus einem der genannten Gründe im Hoheitsgebiet dieses Staates, der ihm erforderlichenfalls einen Sichtvermerk erteilt hat, so gewährt ihm dieser Staat alle in den anderen Artikeln dieses Übereinkommens vorgesehenen Immunitäten, soweit sie für seine sichere Durchreise oder Rückkehr erforderlich sind. Das gleiche gilt, wenn im gemeinsamen Haushalt mit dem Konsul lebende Familienangehörige, denen Vorrechte und Immunitäten zustehen, ihn begleiten oder wenn sie getrennt von ihm reisen, um sich zu ihm zu begeben oder in den Entsendestaat zurückkehren.

(2) Unter den Voraussetzungen des Absatzes 1 dürfen dritte Staaten auch die Reise anderer Mitglieder der konsularischen Vertretung oder der mit ihnen im gemeinsamen Haushalt lebenden Familienangehörigen durch ihr Hoheitsgebiet nicht behindern.

(3) Dritte Staaten gewähren in bezug auf die amtliche Korrespondenz und sonstige amtliche Mitteilungen im Durchgangsverkehr, einschließlich verschlüsselter Nachrichten, die gleiche Freiheit und den gleichen Schutz, die der Empfangsstaat auf Grund dieses Übereinkommens zu gewähren verpflichtet ist. Konsularischen Kurieren, denen erforderlichenfalls ein Sichtvermerk erteilt worden ist, und konsularischen Dienstpostsendungen im Durchgangsverkehr gewähren sie die gleiche Unverletzlichkeit und den gleichen Schutz, die der Empfangsstaat auf Grund dieses Übereinkommens zu gewähren verpflichtet ist.

(4) Die Verpflichtungen dritter Staaten auf Grund der Absätze 1, 2 und 3 gelten gegenüber den in jenen Absätzen bezeichneten Personen sowie in bezug auf amtliche Mitteilungen und die konsularische Dienstpostsendung auch dann, wenn sie sich infolge höherer Gewalt im Hoheitsgebiet des dritten Staates befinden.

Artikel 55
Beachtung der Gesetze und sonstigen Rechtsvorschriften des Empfangsstaats

(1) Alle Personen, die Vorrechte und Immunitäten genießen, sind unbeschadet derselben verpflichtet, die Gesetze und sonstigen Rechtsvorschriften des Empfangsstaats zu beachten. Sie sind ferner verpflichtet, sich nicht in dessen innere Angelegenheiten einzumischen.

(2) Die konsularischen Räumlichkeiten dürfen nicht in einer Weise benutzt werden, die mit der Wahrnehmung der konsularischen Aufgaben unvereinbar ist.

(3) Absatz 2 schließt die Möglichkeit nicht aus, daß Büros anderer Institutionen oder Dienststellen in einem Teil des Gebäudes untergebracht werden, in dem sich die konsularischen Räumlichkeiten befinden; Voraussetzung hiefür ist, daß die Räumlichkeiten dieser Büros von den Räumlichkeiten getrennt sind, welche die konsularische Vertretung benützt. In diesem Falle gelten diese Büros nicht als Teil der konsularischen Räumlichkeiten im Sinne dieses Übereinkommens.

Artikel 56
Haftpflichtversicherung

Die Mitglieder der konsularischen Vertretung haben allen Verpflichtungen nachzukommen, die in den Gesetzen und sonstigen Rechtsvorschriften des Empfangsstaats in bezug auf die Haftpflichtversicherung für die von ihnen benutzten Land- Wasser- oder Luftfahrzeuge vorgesehen sind.

Artikel 57
Sonderbestimmungen über private Erwerbstätigkeit

(1) Berufskonsuln dürfen im Empfangsstaat keinen freien Beruf und keine gewerbliche Tätigkeit ausüben, die auf persönlichen Gewinn gerichtet sind.

(2) Die in diesem Kapitel vorgesehenen Vorrechte und Immunitäten werden folgenden Personen nicht gewährt:

a) Bediensteten des Verwaltungs- oder technischen Personals oder Mitgliedern des dienstlichen Hauspersonals, die im Empfangsstaat eine private Erwerbstätigkeit ausüben;

b) Mitgliedern der Familie oder des Privatpersonals der unter Buchstabe a bezeichneten Personen;

c) Familienangehörigen eines Mitglieds einer konsularischen Vertretung, die im Empfangsstaat eine private Erwerbstätigkeit ausüben.

KAPITEL III.
REGELUNG FÜR HONORARKONSULN UND DIE VON IHNEN GELEITETEN KONSULARISCHEN VERTRETUNGEN

Artikel 58
Allgemeine Bestimmungen über Erleichterungen, Vorrechte und Immunitäten

(1) Die Artikel 28, 29, 30, 34, 35, 36, 37, 38 und 39, Artikel 54 Absatz 3 und Artikel 55 Absätze 2 und 3 gelten für konsularische Vertretungen, die von Honorarkonsuln geleitet werden. Außerdem bestimmen sich die Erleichterungen, Vorrechte und Immunitäten dieser konsularischen Vertretungen nach den Artikeln 59, 60, 61 und 62.

(2) Die Artikel 42 und 43, Artikel 44 Absatz 3, die Artikel 45 und 53 und Artikel 55 Absatz 1 gelten für Honorarkonsuln. Außerdem bestimmen sich die Erleichterungen, Vorrechte und Immunitäten dieser Konsuln nach den Artikeln 63, 64, 65, 66 und 67.

(3) Die in diesem Übereinkommen vorgesehenen Vorrechte und Immunitäten gelten nicht für Familienangehörige eines Honorarkonsuls oder eines Bediensteten des Verwaltungs- oder technischen Personals, der in einer von einem Honorarkonsul geleiteten, konsularischen Vertretung beschäftigt ist.

(4) Der Austausch von konsularischen Dienstpostsendungen zwischen zwei von Honorarkonsul geleiteten konsularischen Vertretungen in verschiedenen Staaten ist nur mit Zustimmung der beiden Empfangsstaaten zulässig.

Artikel 59
Schutz der konsularischen Räumlichkeiten

Der Empfangsstaat trifft alle erforderlichen Maßnahmen, um die konsularischen Räumlichkeiten einer von einem Honorarkonsul geleiteten konsularischen Vertretung vor jedem Eindringen und jeder Beschädigung zu schützen und um zu verhindern, daß der Friede der konsularischen Vertretung gestört oder ihre Würde beeinträchtigt wird.

Artikel 60
Befreiung der konsularischen Räumlichkeiten von der Besteuerung

(1) Die konsularischen Räumlichkeiten einer von einem Honorarkonsul geleiteten konsularischen Vertretung, die im Eigentum des Entsendestaats stehen oder von diesem gemietet oder gepachtet sind, genießen Befreiung von allen staatlichen, regionalen und kommunalen Steuern oder sonstigen Abgaben, soweit diese nicht als Vergütung für bestimmte Dienstleistungen erhoben werden.

(2) Die in Absatz 1 vorgesehene Steuerbefreiung gilt nicht für diese Steuern und sonstigen Abgaben, wenn sie nach den Gesetzen und sonstigen Rechtsvorschriften des Empfangsstaats von einer Person zu entrichten sind, die mit dem Entsendestaat Verträge geschlossen hat.

Artikel 61
Unverletzlichkeit der konsularischen Archive und Schriftstücke

Die konsularischen Archive und Schriftstücke einer von einem Honorarkonsul geleiteten konsularischen Vertretung sind jederzeit unverletzlich, wo immer sie sich befinden, sofern sie von anderen Papieren und Schriftstücken getrennt gehalten werden, insbesondere von der Privatkorrespondenz des Leiters der konsularischen Vertretung und seiner Mitarbeiter sowie von den Gegenständen, Büchern oder Schriftstücken, die sich auf ihren Beruf oder ihr Gewerbe beziehen.

Artikel 62
Befreiung von Zöllen

Nach Maßgabe seiner geltenden Gesetze und sonstigen Rechtsvorschriften gestattet der Empfangsstaat die Einfuhr der nachstehend genannten Gegenstände, sofern sie für den amtlichen Gebrauch einer von einem Honorarkonsul geleiteten konsularischen Vertretung bestimmt sind, und befreit sie von allen Zöllen, Steuern und ähnlichen

Abgaben mit Ausnahme von Gebühren für Einlagerung, Beförderung und ähnliche Dienstleistungen: Wappen, Flaggen, Schilder, Siegel und Stempel, Bücher, amtliche Drucksachen, Büromöbel, Büromaterial und ähnliche Gegenstände, die der konsularischen Vertretung vom Entsendestaat oder auf dessen Veranlassung geliefert werden.

Artikel 63
Strafverfahren

Wird gegen einen Honorarkonsul ein Strafverfahren eingeleitet, so hat er vor den zuständigen Behörden zu erscheinen. Jedoch ist das Verfahren mit der ihm auf Grund seiner amtlichen Stellung gebührenden Rücksicht und, außer wenn er festgenommen ist oder in Haft gehalten wird, in einer Weise zu führen, welche die Wahrnehmung der konsularischen Aufgaben möglichst wenig behindert. Ist es notwendig geworden, einen Honorarkonsul in Untersuchungshaft zu nehmen, so ist das Verfahren gegen ihn in kürzester Frist einzuleiten.

Artikel 64
Schutz des Honorarkonsuls

Der Empfangsstaat ist verpflichtet, dem Honorarkonsul den auf Grund seiner amtlichen Stellung etwa erforderlichen Schutz zu gewähren.

Artikel 65
Befreiung von der Ausländermeldepflicht und der Aufenthaltsgenehmigung

Honorarkonsuln mit Ausnahme derjenigen, die im Empfangsstaat einen freien Beruf oder eine gewerbliche Tätigkeit ausüben, welche auf persönlichen Gewinn gerichtet sind, genießen Befreiung von allen in den Gesetzen und sonstigen Rechtsvorschriften des Empfangsstaats vorgesehenen Verpflichtungen in bezug auf die Ausländermeldepflicht und die Aufenthaltsgenehmigung.

Artikel 66
Befreiung von der Besteuerung

Ein Honorarkonsul ist von allen Steuern und sonstigen Abgaben auf die Bezüge jeder Art befreit, die er vom Entsendestaat für die Wahrnehmung konsularischer Aufgaben erhält.

Artikel 67
Befreiung von persönlichen Dienstleistungen und Auflagen

Der Empfangsstaat befreit die Honorarkonsuln von allen persönlichen Dienstleistungen, von allen öffentlichen Dienstleistungen jeder Art und von militärischen Auflagen, wie zum Beispiel Beschlagnahmen, Kontributionen und Einquartierungen.

Artikel 68
Fakultativer Charakter der Institution des Honorarkonsuls

Jeder Staat kann nach freiem Ermessen entscheiden, ob er Honorarkonsuln bestellen oder empfangen will.

KAPITEL IV.
ALLGEMEINE BESTIMMUNGEN

Artikel 69
Konsularagenten, die nicht Leiter einer konsularischen Vertretung sind

(1) Jeder Staat kann nach freiem Ermessen entscheiden, ob er Konsularagenturen errichten oder zulassen will, denen Konsularagenten vorstehen, welche der Entsendestaat nicht zum Leiter der konsularischen Vertretung bestellt.

(2) Die Bedingungen, unter denen Konsularagenturen im Sinne von Absatz 1 ihre Tätigkeit ausüben können, und die Vorrechte und Immunitäten, welche die ihnen vorstehenden Konsularagenten genießen sollen, werden in gegenseitigem Einvernehmen zwischen dem Entsendestaat und dem Empfangsstaat festgesetzt.

Artikel 70
Wahrnehmung konsularischer Aufgaben durch eine diplomatische Mission

(1) Dieses Übereinkommen gilt, soweit der Zusammenhang es erlaubt, auch für die Wahrnehmung konsularischer Aufgaben durch eine diplomatische Mission.

(2) Die Namen der Mitglieder einer diplomatischen Mission, die der Konsularabteilung zugeteilt oder sonst mit der Wahrnehmung der konsularischen Aufgaben der Mission beauftragt sind, werden dem Ministerium für Auswärtige Angelegenheiten des Empfangsstaats oder der von diesem Ministerium bezeichneten Behörde notifiziert.

(3) Bei der Wahrnehmung konsularischer Aufgaben kann sich die diplomatische Mission

a) an die örtlichen Behörden des Konsularbezirks sowie

b) an die Zentralbehörden des Empfangsstaats wenden, sofern letzteres auf Grund der Gesetze und sonstigen Rechtsvorschriften sowie der Übung des Empfangsstaats oder auf Grund entsprechender internationaler Übereinkünfte zulässig ist.

(4) Die Vorrechte und Immunitäten der in Absatz 2 bezeichneten Mitglieder der diplomatischen

Mission richten sich auch weiterhin nach den Regeln des Völkerrechts über diplomatische Beziehungen.

Artikel 71
Angehörige des Empfangsstaats und Personen, die dort ständig ansässig sind

(1) Soweit der Empfangsstaat nicht zusätzliche Erleichterungen, Vorrechte und Immunitäten gewährt, genießen Konsuln, die Angehörige des Empfangsstaats oder dort ständig ansässig sind, lediglich Immunität von der Gerichtsbarkeit und persönliche Unverletzlichkeit in bezug auf ihre in Wahrnehmung ihrer Aufgaben vorgenommenen Amtshandlungen sowie das in Artikel 44 Absatz 3 vorgesehene Vorrecht. Hinsichtlich dieser Konsuln ist der Empfangsstaat ferner durch die in Artikel 42 festgelegte Verpflichtung gebunden. Wird gegen einen solchen Konsul ein Strafverfahren eingeleitet, so ist dieses, außer wenn er festgenommen ist oder in Haft gehalten wird, in einer Weise zu führen, welche die Wahrnehmung der konsularischen Aufgaben möglichst wenig beeinträchtigt.

(2) Anderen Mitgliedern der konsularischen Vertretung, die Angehörige des Empfangsstaats oder dort ständig ansässig sind, und ihren Familienangehörigen sowie den Familienangehörigen der in Absatz 1 bezeichneten Konsuln stehen Erleichterungen, Vorrechte und Immunitäten nur in dem vom Empfangsstaat zugelassenen Umfang zu. Denjenigen Familienangehörigen von Mitgliedern der konsularischen Vertretung und denjenigen Mitgliedern des Privatpersonals, die Angehörige des Empfangsstaats oder dort ständig ansässig sind, stehen ebenfalls Erleichterungen, Vorrechte und Immunitäten nur in dem vom Empfangsstaat zugelassenen Umfang zu. Der Empfangsstaat darf jedoch seine Hoheitsgewalt über diese Personen nur so ausüben, daß er die Wahrnehmung der Aufgaben der konsularischen Vertretung nicht ungebührlich behindert.

Artikel 72
Nichtdiskriminierung

(1) Bei der Anwendung dieses Übereinkommens unterläßt der Empfangsstaat jede diskriminierende Behandlung von Staaten.

(2) Es gilt jedoch nicht als Diskriminierung,

a) wenn der Empfangsstaat eine Bestimmung dieses Übereinkommens deshalb einschränkend anwendet, weil sie im Entsendestaat auf seine eigenen konsularischen Vertretungen einschränkend angewandt wird;

b) wenn Staaten auf Grund von Gewohnheit oder Vereinbarung einander eine günstigere Behandlung gewähren, als es nach diesem Übereinkommen erforderlich ist.

Artikel 73
Verhältnis zwischen diesem Übereinkommen und anderen internationalen Übereinkünften

(1) Dieses Übereinkommen läßt andere internationale Übereinkünfte unberührt, die zwischen deren Vertragsstaaten in Kraft sind.

(2) Dieses Übereinkommen hindert Staaten nicht daran, internationale Übereinkünfte zu schließen, die seine Bestimmungen bestätigen, ergänzen, vervollständigen oder deren Geltungsbereich erweitern.

KAPITEL V.
SCHLUSSBESTIMMUNGEN

Artikel 74
Unterzeichnung

Dieses Übereinkommen liegt für alle Mitgliedstaaten der Vereinten Nationen oder einer ihrer Spezialorganisationen, für Vertragsstaaten des Statuts des Internationalen Gerichtshofs und für jeden anderen Staat, den die Generalversammlung der Vereinten Nationen einlädt, Vertragspartei des Übereinkommens zu werden, wie folgt zur Unterzeichnung auf: bis zum 31. Oktober 1963 im Bundesministerium für Auswärtige Angelegenheiten der Republik Österreich und danach bis zum 31. März 1964 am Sitz der Vereinten Nationen in New York.

Artikel 75
Ratifizierung

Dieses Übereinkommen bedarf der Ratifizierung. Die Ratifikationsurkunden sind beim Generalsekretär der Vereinten Nationen zu hinterlegen.

Artikel 76
Beitritt

Dieses Übereinkommen liegt zum Beitritt für jeden Staat auf, der einer der in Artikel 74 bezeichneten vier Kategorien angehört. Die Beitrittsurkunden sind beim Generalsekretär der Vereinten Nationen zu hinterlegen.

Artikel 77
Inkrafttreten

(1) Dieses Übereinkommen tritt am dreißigsten Tag nach Hinterlegung der zweiundzwanzigsten Ratifikations- oder Beitrittsurkunde beim Generalsekretär der Vereinten Nationen in Kraft.

(2) Für jeden Staat, der nach Hinterlegung der zweiundzwanzigsten Ratifikations- oder Beitrittsurkunde das Übereinkommen ratifiziert oder ihm beitritt, tritt es am dreißigsten Tat nach Hinterle-

gung seiner eigenen Ratifikations- oder Beitrittsurkunde in Kraft.

Artikel 78
Notifikationen durch den Generalsekretär

Der Generalsekretär der Vereinten Nationen notifiziert allen Staaten, die einer der in Artikel 74 bezeichneten vier Kategorien angehören,

a) die Unterzeichnungen dieses Übereinkommens und die Hinterlegung der Ratifikations- oder Beitrittsurkunden gemäß den Artikeln 74, 75 und 76;

b) den Tag, an dem dieses Übereinkommen gemäß Artikel 77 in Kraft tritt.

Artikel 79
Verbindliche Wortlaute

Die Urschrift dieses Übereinkommens, dessen chinesischer, englischer, französischer, russischer und spanischer Wortlaut gleichermaßen verbindlich ist, wird beim Generalsekretär der Vereinten Nationen hinterlegt; dieser übermittelt allen Staaten, die einer der in Artikel 74 bezeichneten vier Kategorien angehören, beglaubigte Abschriften.

ZU URKUND DESSEN haben die unterzeichneten, von ihren Regierungen hiezu gehörig befugten Bevollmächtigten dieses Übereinkommen unterschrieben.

GESCHEHEN ZU WIEN, am 24. April 1963.

5/3. Übereinkommen über Spezialmissionen

BGBl 1985/380 idF

1 BGBl III 2006/91
2 BGBl III 2013/267
3 BGBl III 2013/268

Übereinkommen über Spezialmissionen

Die vom Bundespräsidenten unterzeichnete und vom Bundeskanzler gegengezeichnete Beitrittsurkunde wurde am 22. August 1978 hinterlegt; das Übereinkommen tritt nach seinem Artikel 53 Absatz 1 für Österreich am 21. Juni 1985 in Kraft. Das Fakultativprotokoll tritt nach seinem Artikel VII Absatz 1 für Österreich ebenfalls am 21. Juni 1985 in Kraft.

Die Vertragsstaaten dieses Übereinkommens

eingedenk der besonderen Behandlung, die Spezialmissionen stets zuteil geworden ist,

im Bewußtsein der in der Satzung der Vereinten Nationen verkündeten Ziele und Grundsätze in bezug auf die souveräne Gleichheit der Staaten, die Wahrung des Weltfriedens und der internationalen Sicherheit sowie die Förderung freundschaftlicher Beziehungen und Zusammenarbeit zwischen den Staaten,

eingedenk der Bedeutung, die der Frage der Spezialmissionen im Verlaufe der Konferenz der Vereinten Nationen über diplomatischen Verkehr und diplomatische Immunitäten sowie in der von der Konferenz am 10. April 1961 angenommenen Entschließung Nr. I zuerkannt worden ist,

in Anbetracht dessen, daß die Konferenz der Vereinten Nationen über diplomatischen Verkehr und diplomatische Immunitäten das Wiener Übereinkommen über diplomatische Beziehungen annahm, das am 18. April 1961 zur Unterzeichnung aufgelegt worden ist,

in Anbetracht dessen, daß die Konferenz der Vereinten Nationen über konsularische Beziehungen das Wiener Übereinkommen über konsularische Beziehungen annahm, das am 24. April 1963 zur Unterzeichnung aufgelegt worden ist,

in der Überzeugung, daß ein internationales Übereinkommen über Spezialmissionen diese beiden Übereinkommen ergänzen und zur Förderung freundschaftlicher Beziehungen zwischen den Nationen, ungeachtet ihrer Verfassungs- und Gesellschaftsordnungen beitragen würde,

in der Erkenntnis, daß die für Spezialmissionen vorgesehenen Privilegien und Immunitäten nicht dem Zweck dienen, Einzelpersonen zu bevorzugen, sondern den Spezialmissionen als Vertretungen von Staaten die wirksame Wahrnehmung ihrer Aufgaben zu gewährleisten,

unter Bekräftigung des Grundsatzes, daß für Fragen, die nicht durch dieses Übereinkommen geregelt sind, weiterhin die Regeln des Völkergewohnheitsrechtes gelten

haben folgendes vereinbart:

Artikel 1
Begriffsbestimmungen

Für die Zwecke dieses Übereinkommens bedeutet

a) „Spezialmission" eine einen Staat vertretende zeitweilige Mission, die von diesem Staat in einen anderen Staat mit Zustimmung desselben entsandt wird, um mit ihm bestimmte Fragen zu behandeln oder in bezug auf ihn eine bestimmte Aufgabe zu erfüllen;

b) „ständige diplomatische Mission" eine diplomatische Mission im Sinn des Wiener Übereinkommens über diplomatische Beziehungen;

c) „konsularische Vertretung" jedes Generalkonsulat, Konsulat, Vizekonsulat und jede Konsularagentur;

d) „Leiter einer Spezialmission" die Person, die vom Entsendestaat beauftragt ist, in dieser Eigenschaft tätig zu sein;

e) „Vertreter des Entsendestaates in der Spezialmission" jede Person, der der Entsendestaat diese Eigenschaft verliehen hat;

f) „Mitglieder der Spezialmission" den Leiter der Spezialmission, die Vertreter des Entsendestaates in der Spezialmission und die Mitglieder des Personals der Spezialmission;

g) „Mitglieder des Personals der Spezialmission" die Mitglieder des diplomatischen Personals, des Verwaltungs- und technischen Personals und des dienstlichen Hauspersonals der Spezialmission;

h) „Mitglieder des diplomatischen Personals" die Mitglieder des Personals der Spezialmission, die für die Zwecke der Spezialmission Diplomatenstatus besitzen;

i) „Mitglieder des Verwaltungs- und technischen Personals" die im Verwaltungs- und technischen Dienst der Spezialmission beschäftigten Mitglieder ihres Personals;

j) „Mitglieder des dienstlichen Hauspersonals" die Mitglieder des Personals der Spezialmission, die von ihr als Haushaltskräfte oder für ähnliche Arbeiten beschäftigt werden;

k) „Privates Personal" Personen, die ausschließlich in den privaten Diensten der Mitglieder der Spezialmission beschäftigt werden.

Artikel 2
Entsendung einer Spezialmission

Ein Staat kann eine Spezialmission in einen anderen Staat mit dessen vorheriger Zustimmung entsenden; die Zustimmung ist auf diplomatischem oder auf einem anderen vereinbarten oder für beide Seiten annehmbaren Weg einzuholen.

Artikel 3
Aufgaben einer Spezialmission

Die Aufgaben einer Spezialmission sind vom Entsende- und Empfangsstaat im gegenseitigen Einvernehmen festzulegen.

Artikel 4
Entsendung derselben Spezialmission in zwei oder mehrere Staaten

Ein Staat, der dieselbe Spezialmission in zwei oder mehrere Staaten zu entsenden wünscht, hat dies jedem Empfangsstaat bei Einholung seiner Zustimmung mitzuteilen.

Artikel 5
Entsendung einer gemeinsamen Spezialmission durch zwei oder mehrere Staaten

Zwei oder mehrere Staaten, die in einen anderen Staat eine gemeinsame Spezialmission zu entsenden wünschen, haben dies dem Empfangsstaat bei Einholung seiner Zustimmung mitzuteilen.

Artikel 6
Entsendung von Spezialmissionen durch zwei oder mehrere Staaten zur Behandlung einer Frage von gemeinsamem Interesse

Zwei oder mehrere Staaten können, sofern nach Artikel 2 die Zustimmung des betreffenden Staates eingeholt worden ist, zur gleichen Zeit je eine Spezialmission in einen anderen Staat entsenden, damit diese Missionen mit Genehmigung aller dieser Staaten zusammen eine Frage behandeln, die für sie alle von gemeinsamem Interesse ist.

Artikel 7
Fehlen diplomatischer oder konsularischer Beziehungen

Die Entsendung oder der Empfang einer Spezialmission setzen das Bestehen diplomatischer oder konsularischer Beziehungen nicht voraus.

Artikel 8
Ernennung der Mitglieder der Spezialmission

Vorbehaltlich der Artikel 10, 11 und 12 kann der Entsendestaat die Mitglieder der Spezialmission nach freiem Ermessen ernennen, nachdem er dem Empfangsstaat alle erforderlichen Angaben über den Umfang und die Zusammensetzung der Spezialmission sowie besonders die Namen und Bezeichnungen der Personen, die er zu ernennen beabsichtigt, übermittelt hat. Der Empfangsstaat kann die Aufnahme einer Spezialmission verweigern, die einen von ihm angesichts der Umstände und Verhältnisse im Empfangsstaat sowie der Bedürfnisse der betreffenden Mission als nicht angemessen betrachteten Umfang aufweist. Er kann auch ohne Angabe von Gründen jede beliebige Person als Mitglied der Spezialmission ablehnen.

Artikel 9
Zusammensetzung der Spezialmission

(1) Eine Spezialmission hat aus einem oder mehreren Vertretern des Entsendestaates zu bestehen, aus deren Reihen dieser einen Leiter ernennen kann. Sie kann ferner diplomatisches Personal, Verwaltungs- und technisches Personal sowie dienstliches Hauspersonal umfassen.

(2) Falls Mitglieder einer ständigen diplomatischen Mission oder konsularischen Vertretung im Empfangsstaat in eine Spezialmission eingegliedert werden, dann behalten sie zusätzlich zu den durch dieses Übereinkommen gewährten Privilegien und Immunitäten die Privilegien und Immunitäten, die ihnen als Mitglieder ihrer ständigen diplomatischen Mission oder konsularischen Vertretung zustehen.

Artikel 10
Staatsangehörigkeit der Mitglieder der Spezialmission

(1) Die Vertreter des Entsendestaates in der Spezialmission und die Mitglieder ihres diplomatischen Personals sollen grundsätzlich Angehörige des Entsendestaates sein.

(2) Angehörige des Empfangsstaates dürfen nur mit dessen Zustimmung, die jederzeit widerrufen werden kann, zu Mitgliedern einer Spezialmission ernannt werden.

(3) Der Empfangsstaat kann sich das im Absatz 2 vorgesehene Recht in bezug auf Angehörige eines dritten Staates vorbehalten, die nicht gleichzeitig Angehörige des Entsendestaates sind.

Artikel 11
Notifizierungen

(1) Dem Ministerium für Auswärtige Angelegenheiten oder einer anderen, in gegenseitigem Einvernehmen bestimmten Behörde des Empfangsstaates ist folgendes zu notifizieren:

a) die Zusammensetzung der Spezialmission sowie jegliche spätere Änderungen in derselben;

b) die Ankunft und die endgültige Abreise von Mitgliedern der Mission sowie die Beendigung ihrer dienstlichen Tätigkeit bei der Mission;

c) die Ankunft und die endgültige Abreise aller Personen, die ein Mitglied der Mission begleiten;

d) die Anstellung und die Entlassung von im Empfangsstaat ansässigen Personen als Mitglieder der Mission oder als privates Personal;

e) die Ernennung des Leiters der Spezialmission oder mangels eines solchen des im Artikel 14 Absatz 1 angeführten Vertreters sowie jedes Stellvertreters für dieselben;

f) die örtliche Lage der von der Spezialmission benützten Räumlichkeiten und der privaten Unterkünfte, denen nach Artikeln 30, 36 und 39 Unverletzlichkeit zukommt, sowie alle sonstigen zur Identifizierung solcher Räumlichkeiten und Unterkünfte erforderlichen Angaben.

(2) Die Ankunft und die endgültige Abreise sind im voraus zu notifizieren, sofern dies nicht unmöglich ist.

Artikel 12
Personen, die zur persona non grata oder als nicht genehm erklärt werden

(1) Der Empfangsstaat kann dem Entsendestaat jederzeit ohne Angabe von Gründen notifizieren, daß ein Vertreter des Entsendestaates in der Spezialmission oder ein Mitglied ihres diplomatischen Personals persona non grata oder daß ein anderes Mitglied des Personals der Mission ihm nicht genehm ist. In diesen Fällen hat der Entsendestaat die betreffende Person entweder abzuberufen oder ihre Tätigkeit bei der Mission zu beenden. Eine Person kann als non grata oder nicht genehm erklärt werden, bevor sie im Hoheitsgebiet des Empfangsstaates eintrifft.

(2) Weigert sich der Entsendestaat oder unterläßt er es innerhalb einer angemessenen Frist, seinen Verpflichtungen auf Grund des Absatzes 1 nachzukommen, so kann der Empfangsstaat es ablehnen, die betreffende Person als Mitglied der Spezialmission anzuerkennen.

Artikel 13
Beginn der Tätigkeit einer Spezialmission

(1) Die dienstliche Tätigkeit einer Spezialmission beginnt, sobald die Mission mit dem Ministerium für Auswärtige Angelegenheiten oder einer anderen, in gegenseitigem Einvernehmen bestimmten Behörde des Empfangsstaates amtlich Verbindung aufnimmt.

(2) Der Beginn der dienstlichen Tätigkeit einer Spezialmission hängt nicht von der Einführung der Mission durch die ständige diplomatische Mission des Entsendestaates oder von der Überreichung der Beglaubigungsschreiben oder Vollmachten ab.

Artikel 14
Befugnis zur Vertretung der Spezialmission

(1) Der Leiter der Spezialmission oder, wenn der Entsendestaat einen solchen nicht ernannt hat, einer der vom Entsendestaat bestellten Vertreter desselben ist befugt, im Namen der Spezialmission tätig zu sein und Mitteilungen an den Empfangsstaat zu richten. Der Empfangsstaat hat die Spezialmission betreffende Mitteilungen entweder unmittelbar oder über die ständige diplomatische Mission an den Leiter der Spezialmission oder, wenn ein solcher nicht vorhanden ist, an den oben bezeichneten Vertreter zu richten.

(2) Ein Mitglied der Spezialmission kann jedoch vom Entsendestaat, vom Leiter der Spezialmission oder, wenn ein solcher nicht vorhanden ist, von dem im Absatz 1 erwähnten Vertreter ermächtigt werden, den Leiter der Spezialmission oder den vorgenannten Vertreter zu vertreten oder bestimmte Handlungen im Namen der Mission zu setzen.

Artikel 15
Behörde des Empfangsstaates, mit der die Amtsgeschäfte zu führen sind

Alle Amtsgeschäfte, mit deren Wahrnehmung gegenüber dem Empfangsstaat der Entsendestaat die Spezialmission beauftragt, sind mit dem oder über das Ministerium für Auswärtige Angelegenheiten oder mit einer anderen, in gegenseitigem Einvernehmen bestimmten Behörde des Empfangsstaates zu führen.

Artikel 16
Vorschriften über die Rangfolge

(1) Treffen zwei oder mehrere Spezialmissionen im Hoheitsgebiet des Empfangsstaates oder eines dritten Staates zusammen, so bestimmt sich, wenn eine besondere Vereinbarung hierüber nicht vorhanden ist, die Rangfolge der Missionen nach der alphabetischen Reihenfolge der Namen der Staaten, die von dem Protokoll des Staates ver-

wendet werden, in dessen Hoheitsgebiet die Missionen zusammentreffen.

(2) Die Rangfolge zwischen zwei oder mehreren Spezialmissionen, die bei einem feierlichen oder förmlichen Anlaß zusammentreffen, regelt sich nach dem in dem Empfangsstaat geltenden Protokoll.

(3) Die Rangfolge zwischen den Mitgliedern derselben Spezialmission ist diejenige, die dem Empfangsstaat oder dem dritten Staat, in dessen Hoheitsgebiet zwei oder mehrere Spezialmissionen zusammentreffen, notifiziert wird.

Artikel 17
Sitz der Spezialmission

(1) Spezialmissionen haben ihren Sitz an dem von den betreffenden Staaten vereinbarten Ort.

(2) Mangels einer Vereinbarung hat die Spezialmission ihren Sitz an dem Ort, an dem sich das Ministerium für Auswärtige Angelegenheiten des Empfangsstaates befindet.

(3) Übt die Spezialmission ihre Tätigkeit an verschiedenen Orten aus, dann können die betreffenden Staaten vereinbaren, daß sie mehrere Sitze hat, unter denen sie einen als Hauptsitz auswählen können.

Artikel 18
Zusammentreffen von Spezialmissionen im Hoheitsgebiet eines dritten Staates

(1) Spezialmissionen von zwei oder mehreren Staaten dürfen im Hoheitsgebiet eines dritten Staates nur nach Einholung der ausdrücklichen Zustimmung dieses Staates zusammentreffen, und dieser ist berechtigt, die Zustimmung zu widerrufen.

(2) Der dritte Staat kann bei Erteilung seiner Zustimmung Bedingungen stellen, die von den Entsendestaaten einzuhalten sind.

(3) Der dritte Staat übernimmt gegenüber den Entsendestaaten die Rechte und Pflichten eines Empfangsstaates in dem bei Erteilung seiner Zustimmung angegebenen Ausmaß.

Artikel 19
Recht der Spezialmission, Flagge und Hoheitszeichen des Entsendestaates zu führen

(1) Spezialmissionen sind berechtigt, die Flagge und das Hoheitszeichen des Entsendestaates an den von der Mission benützten Räumlichkeiten und bei Dienstfahrten an ihren Beförderungsmitteln zu führen.

(2) Bei der Ausübung des auf Grund dieses Artikels eingeräumten Rechtes ist den Gesetzen, Vorschriften und Gebräuchen des Empfangsstaates Rechnung zu tragen.

Artikel 20
Ende der Tätigkeit einer Spezialmission

(1) Die Tätigkeit einer Spezialmission endet unter anderem

a) auf Grund einer Vereinbarung zwischen den betreffenden Staaten;

b) mit Erfüllung der Aufgabe der Spezialmission;

c) mit Ablauf der für die Spezialmission festgesetzten Frist, sofern diese nicht ausdrücklich verlängert wird;

d) auf Grund einer Notifizierung des Entsendestaates, daß dieser die Spezialmission beendet oder zurückberuft;

e) auf Grund einer Notifizierung des Empfangsstaates, daß dieser die Spezialmission als beendet ansieht.

(2) Der Abbruch der diplomatischen oder konsularischen Beziehungen zwischen dem Entsende- und dem Empfangsstaat bewirkt an sich keine Beendigung der zum Zeitpunkt des Abbruches solcher Beziehungen bestehenden Spezialmissionen.

Artikel 21
Stellung des Staatsoberhauptes und hochgestellter Persönlichkeiten

(1) Das Oberhaupt des Entsendestaates genießt als Leiter einer Spezialmission im Empfangsstaat und in dritten Staaten die Erleichterungen, Privilegien und Immunitäten, die vom Völkerrecht Staatsoberhäuptern bei offiziellen Besuchen zugestanden werden.

(2) Der Regierungschef, der Minister für Auswärtige Angelegenheiten und andere Persönlichkeiten hohen Ranges genießen, wenn sie an einer Spezialmission des Entsendestaates teilnehmen, im Empfangsstaat und in dritten Staaten zusätzlich zu den ihnen durch dieses Übereinkommen eingeräumten Begünstigungen die Erleichterungen, Privilegien und Immunitäten, die ihnen vom Völkerrecht zugestanden werden.

Artikel 22
Allgemeine Erleichterungen

Der Empfangsstaat hat der Spezialmission die Erleichterungen zu gewähren, die mit Rücksicht auf Art und Aufgabe der Spezialmission zur Durchführung ihrer Tätigkeit erforderlich sind.

Artikel 23
Räumlichkeiten und Unterkünfte

Der Empfangsstaat hat die Spezialmission auf deren Ersuchen bei der Beschaffung der erforderlichen Räumlichkeiten sowie geeigneter Unterkünfte für ihre Mitglieder zu unterstützen.

Artikel 24
Steuerbefreiung für die Räumlichkeiten der Spezialmission

(1) In dem mit Art und Dauer der Aufgaben der Spezialmission vereinbarten Maß sind der Entsendestaat und die im Namen der Mission tätigen Mitglieder der Spezialmission hinsichtlich der von der Spezialmission benützten Räumlichkeiten von allen staatlichen, regionalen und kommunalen Steuern und Abgaben befreit, soweit diese nicht als Vergütung für bestimmte Dienstleistungen erhoben werden.

(2) Die in diesem Artikel vorgesehene Steuerbefreiung gilt nicht für Steuern und Abgaben, die nach den Rechtsvorschriften des Empfangsstaates von Personen zu entrichten sind, die mit dem Entsendestaat oder mit einem Mitglied der Spezialmission Verträge schließen.

Artikel 25
Unverletzlichkeit der Räumlichkeiten

(1) Die Räumlichkeiten, in denen die Spezialmission gemäß diesem Übereinkommen Aufenthalt nimmt, sind unverletzlich. Vertreter des Empfangsstaates dürfen diese Räumlichkeiten nur mit Zustimmung des Leiters der Spezialmission oder gegebenenfalls mit der des im Empfangsstaat beglaubigten Chefs der ständigen diplomatischen Mission des Entsendestaates betreten. Das Vorliegen einer solchen Zustimmung darf bei Feuer oder einem anderen Unglück, das die öffentliche Sicherheit schwer gefährdet, vermutet werden, jedoch nur dann, wenn es nicht möglich war, die ausdrückliche Zustimmung des Leiters der Spezialmission oder gegebenenfalls des Chefs der ständigen Mission einzuholen.

(2) Der Empfangsstaat hat die besondere Pflicht, alle geeigneten Maßnahmen zu treffen, um die Räumlichkeiten der Spezialmission vor jedem Eindringen und jeder Beschädigung zu schützen und um zu verhindern, daß der Friede der Mission gestört oder ihre Würde beeinträchtigt wird.

(3) Die Räumlichkeiten der Spezialmission, ihre Einrichtung, sonstige bei der Tätigkeit der Spezialmission benützte Gegenstände sowie ihre Beförderungsmittel genießen Immunität von jeder Durchsuchung, Beschlagnahme, Pfändung oder Vollstreckung.

Artikel 26
Unverletzlichkeit der Archive und der Schriftstücke

Die Archive und die Schriftstücke der Spezialmission sind jederzeit unverletzlich, wo immer sie sich befinden. Soweit nötig, sollen sie mit sichtbaren äußerlichen Kennzeichen versehen sein.

Artikel 27
Bewegungsfreiheit

Vorbehaltlich seiner Gesetze und Rechtsvorschriften über Zonen, deren Betreten aus Gründen der nationalen Sicherheit verboten oder geregelt ist, hat der Empfangsstaat allen Mitgliedern der Spezialmission die Bewegungs- und Reisefreiheit in seinem Hoheitsgebiet zu gewährleisten, die für die Wahrnehmung der Aufgaben der Spezialmission notwendig ist.

Artikel 28
Verkehrsfreiheit

(1) Der Empfangsstaat gestattet und schützt den freien Verkehr der Spezialmission für alle amtlichen Zwecke. Die Spezialmission kann sich im Verkehr mit der Regierung des Entsendestaates, seinen diplomatischen Missionen, seinen konsularischen Vertretungen und seinen anderen Spezialmissionen oder mit Abteilungen derselben Mission, wo immer sie sich befinden, aller geeigneten Mittel, einschließlich Kuriere und verschlüsselter Nachrichten, bedienen. Das Errichten und das Betreiben einer Funksendeanlage ist der Spezialmission jedoch nur mit Zustimmung des Empfangsstaates gestattet.

(2) Die amtliche Korrespondenz der Spezialmission ist unverletzlich. Als „amtliche Korrespondenz" gilt die gesamte Korrespondenz, die die Spezialmission und ihre Aufgaben betrifft.

(3) Die Spezialmission verwendet, soweit durchführbar, die Nachrichtenübermittlungseinrichtungen der ständigen diplomatischen Mission des Entsendestaates einschließlich des Kuriergepäcks und des Kuriers.

(4) Das Kuriergepäck der Spezialmission darf weder geöffnet noch zurückgehalten werden.

(5) Die Gepäckstücke, die das Kuriergepäck der Spezialmission bilden, müssen äußerlich sichtbar als solches gekennzeichnet sein; sie dürfen nur für den amtlichen Gebrauch der Spezialmission bestimmte Schriftstücke oder Gegenstände enthalten.

(6) Der Kurier der Spezialmission muß ein amtliches Schriftstück mit sich führen, aus dem seine Stellung und die Anzahl der Gepäckstücke ersichtlich sind, die das Kuriergepäck bilden; er ist vom Empfangsstaat bei der Wahrnehmung

seiner Aufgaben zu schützen. Er genießt persönliche Unverletzlichkeit und unterliegt keiner Festnahme oder Haft irgendwelcher Art. (7) Der Entsendestaat oder die Spezialmission kann Kuriere der Spezialmission ad hoc ernennen. Auch in diesen Fällen gilt Absatz 6, doch finden die darin erwähnten Immunitäten keine Anwendung mehr, sobald der ad hoc ernannte Kurier das ihm anvertraute Kuriergepäck der Spezialmission dem Empfänger ausgehändigt hat.

(8) Das Kuriergepäck der Spezialmission kann dem Kapitän eines Schiffes oder eines gewerblichen Luftfahrzeuges anvertraut werden, dessen Bestimmungsort ein zugelassener Einreisehafen bzw. -flugplatz ist. Der Kapitän muß ein amtliches Schriftstück mit sich führen, aus dem die Anzahl der Gepäckstücke ersichtlich ist, die das Kuriergepäck bilden; er gilt jedoch nicht als Kurier der Spezialmission. Die Spezialmission kann auf Grund einer Vereinbarung mit den zuständigen Stellen eines ihrer Mitglieder entsenden, um das Kuriergepäck unmittelbar und ungehindert vom Kapitän des Schiffes oder Luftfahrzeuges entgegenzunehmen.

Artikel 29
Unverletzlichkeit der Person

Die Person der Vertreter des Entsendestaates in der Spezialmission sowie der Mitglieder ihres diplomatischen Personals ist unverletzlich. Sie unterliegen keiner Festnahme oder Haft irgendwelcher Art. Der Empfangsstaat behandelt sie mit gebührender Achtung und trifft alle geeigneten Maßnahmen, um jeden Angriff auf ihre Person, ihre Freiheit oder ihre Würde zu verhindern.

Artikel 30
Unverletzlichkeit der privaten Unterkunft

(1) Die private Unterkunft der Vertreter des Entsendestaates in der Spezialmission sowie der Mitglieder ihres diplomatischen Personals genießt dieselbe Unverletzlichkeit und denselben Schutz wie die Räumlichkeiten der Spezialmission.

(2) Ihre Papiere, ihre Korrespondenz und – vorbehaltlich des Artikels 31 Absatz 4 – ihr Vermögen sind ebenfalls unverletzlich.

Artikel 31
Immunität von der Gerichtsbarkeit

(1) Die Vertreter des Entsendestaates in der Spezialmission und die Mitglieder ihres diplomatischen Personals genießen Immunität von der Strafgerichtsbarkeit des Empfangsstaates.

(2) Ferner steht ihnen Immunität auch von der Zivil- und Verwaltungsgerichtsbarkeit des Empfangsstaates zu; ausgenommen hievon sind folgende Fälle:

a) dingliche Klagen in bezug auf privates, im Hoheitsgebiet des Empfangsstaates gelegenes unbewegliches Vermögen, es sei denn, daß die betreffende Person dieses im Auftrag des Entsendestaates für die Zwecke der Mission innehat;

b) Klagen in Nachlaßsachen, in denen die betreffende Person als Testamentsvollstrecker, Verwalter, Erbe oder Vermächtnisnehmer in privater Eigenschaft und nicht als Vertreter des Entsendestaates beteiligt ist;

c) Klagen im Zusammenhang mit einem freien Beruf oder einer gewerblichen Tätigkeit, die die betreffende Person im Empfangsstaat neben seiner amtlichen Tätigkeit ausübt;

d) Klagen auf Schadenersatz wegen eines Unfalles, den ein Fahrzeug verursacht hat, das von der betreffenden Person außerhalb der amtlichen Tätigkeit benützt worden ist.

(3) Die Vertreter des Entsendestaates in der Spezialmission und die Mitglieder ihres diplomatischen Personals sind nicht verpflichtet, als Zeugen auszusagen.

(4) Gegen einen Vertreter des Entsendestaates in der Spezialmission oder ein Mitglied ihres diplomatischen Personals dürfen Vollstreckungsmaßnahmen nur in den im Absatz 2 Buchstaben a, b, c und d vorgesehenen Fällen und nur unter der Voraussetzung getroffen werden, daß sie durchführbar sind, ohne die Unverletzlichkeit seiner Person oder seiner Unterkunft zu beeinträchtigen.

(5) Die Immunität der Vertreter des Entsendestaates in der Spezialmission und der Mitglieder ihres diplomatischen Personals von der Gerichtsbarkeit des Empfangsstaates befreit sie nicht von der Gerichtsbarkeit des Entsendestaates.

Artikel 32
Befreiung von den Gesetzen über soziale Sicherheit

(1) Vorbehaltlich des Absatzes 3 sind Vertreter des Entsendestaates in der Spezialmission und Mitglieder ihres diplomatischen Personals in bezug auf ihre für den Entsendestaat geleisteten Dienste von den im Empfangsstaat geltenden Vorschriften über soziale Sicherheit befreit.

(2) Die im Absatz 1 vorgesehene Befreiung gilt auch für Personen, die ausschließlich in einem privaten Beschäftigungsverhältnis zu einem Vertreter des Entsendestaates in der Spezialmission oder einem Mitglied ihres diplomatischen Personals stehen, sofern diese Beschäftigten

a) weder Angehörige des Empfangsstaates noch in demselben ständig ansässig sind; und

b) den im Entsendestaat oder in einem dritten Staat geltenden Bestimmungen über soziale Sicherheit unterstehen.

(3) Beschäftigen Vertreter des Entsendestaates in der Spezialmission und Mitglieder ihres diplo-

matischen Personals Personen, auf die die im Absatz 2 vorgesehene Befreiung nicht anzuwenden ist, so haben sie die Vorschriften über soziale Sicherheit zu beachten, die im Empfangsstaat für Arbeitgeber gelten.

(4) Die in den Absätzen 1 und 2 vorgesehene Befreiung schließt die freiwillige Beteiligung an dem System der sozialen Sicherheit des Empfangsstaates nicht aus, sofern dieser eine solche Beteiligung zuläßt.

(5) Dieser Artikel läßt bereits geschlossene zwei- oder mehrseitige Übereinkünfte über soziale Sicherheit unberührt und steht dem künftigen Abschluß von Übereinkünften dieser Art nicht entgegen.

Artikel 33
Befreiung von Steuern und Abgaben

Die Vertreter des Entsendestaates in der Spezialmission und die Mitglieder ihres diplomatischen Personals sind von allen staatlichen, regionalen und kommunalen Personal- und Realsteuern und -abgaben befreit, ausgenommen:

a) die normalerweise im Preis von Waren oder Dienstleistungen enthaltenen indirekten Steuern;

b) Steuern und sonstige Abgaben von privatem, im Hoheitsgebiet des Empfangsstaates gelegenem unbeweglichem Vermögen, es sei denn, daß die betreffende Person es im Auftrag des Entsendestaates für die Zwecke der Mission innehat;

c) Erbschaftssteuern, die der Empfangsstaat erhebt, jedoch vorbehaltlich des Artikels 44;

d) Steuern und sonstige Abgaben von privaten Einkünften, deren Quelle sich im Empfangsstaat befindet, sowie Vermögenssteuern von Kapitalanlagen in gewerblichen Unternehmen, die im Empfangsstaat gelegen sind;

e) Steuern, Gebühren und sonstige Abgaben, die als Vergütung für bestimmte Dienstleistungen erhoben werden;

f) Eintragungs-, Gerichts-, Beurkundungs-, Beglaubigungs-, Hypotheken- und Stempelgebühren, jedoch vorbehaltlich des Artikels 24.

Artikel 34
Befreiung von persönlichen Dienstleistungen

Der Empfangsstaat befreit die Vertreter des Entsendestaates in der Spezialmission und die Mitglieder ihres diplomatischen Personals von allen persönlichen Dienstleistungen, von allen öffentlichen Dienstleistungen jeder Art und von militärischen Auflagen, wie zum Beispiel Beschlagnahmen, Kontributionen und Einquartierungen.

Artikel 35
Befreiung von Zöllen und Zollkontrollen

(1) Innerhalb der Grenzen seiner geltenden Gesetze und anderen Rechtsvorschriften gestattet der Empfangsstaat die Einfuhr der nachstehend genannten Gegenstände und befreit sie von allen Zöllen, Steuern und ähnlichen Abgaben, mit Ausnahme von Gebühren für Einlagerung, Beförderung und ähnliche Dienstleistungen:

a) Gegenstände für den amtlichen Gebrauch der Spezialmission;

b) Gegenstände für den persönlichen Gebrauch der Vertreter des Entsendestaates in der Spezialmission und der Mitglieder ihres diplomatischen Personals.

(2) Die Vertreter des Entsendestaates in der Spezialmission und die Mitglieder ihres diplomatischen Personals genießen Befreiung von der Kontrolle ihres persönlichen Gepäcks, sofern nicht triftige Gründe für die Vermutung vorliegen, daß es Gegenstände enthält, für die die im Absatz 1 erwähnten Befreiungen nicht gelten oder deren Ein- oder Ausfuhr nach dem Recht des Empfangsstaates verboten oder durch Quarantänevorschriften geregelt ist. In solchen Fällen darf die Kontrolle nur in Anwesenheit der betreffenden Person oder ihres ermächtigten Vertreters stattfinden.

Artikel 36
Verwaltungs- und technisches Personal

Mitglieder des Verwaltungs- und technischen Personals der Spezialmission genießen die in den Artikeln 29 bis 34 bezeichneten Privilegien und Immunitäten, jedoch sind ihre nicht in Ausübung ihrer dienstlichen Tätigkeiten vorgenommenen Handlungen von der im Artikel 31 Absatz 2 bezeichneten Immunität von der Zivil- und Verwaltungsgerichtsbarkeit des Empfangsstaates ausgeschlossen. Sie genießen ferner die in Artikel 35 Absatz 1 bezeichneten Privilegien in bezug auf Gegenstände, die zum Zeitpunkt ihrer ersten Einreise in das Hoheitsgebiet des Empfangsstaates eingeführt werden.

Artikel 37
Mitglieder des dienstlichen Hauspersonals

Mitglieder des dienstlichen Hauspersonals der Spezialmission genießen Immunität von der Gerichtsbarkeit des Empfangsstaates in bezug auf ihre in Ausübung ihrer dienstlichen Tätigkeit vorgenommenen Handlungen, Befreiung von Steuern und sonstigen Abgaben auf ihre Dienstbezüge sowie Befreiung von den Gesetzen über soziale Sicherheit gemäß Artikel 32.

Artikel 38
Privates Personal

Privates Personal von Mitgliedern der Spezialmission genießt Befreiung von Steuern und sonstigen Abgaben auf die Bezüge, die es auf Grund seines Arbeitsverhältnisses erhält. Im übrigen stehen ihm Privilegien und Immunitäten nur in dem vom Empfangsstaat zugelassenen Umfang zu. Der Empfangsstaat darf jedoch seine Hoheitsgewalt über diese Personen nur so ausüben, daß er die Spezialmission bei der Wahrnehmung ihrer Aufgaben nicht ungebührlich behindert.

Artikel 39
Familienmitglieder

(1) Familienmitglieder der Vertreter des Entsendestaates in der Spezialmission und der Mitglieder ihres diplomatischen Personals genießen, wenn sie solche Mitglieder der Spezialmission begleiten, die in den Artikeln 29 bis 35 bezeichneten Privilegien und Immunitäten, unter der Voraussetzung, daß sie nicht Angehörige des Empfangsstaates oder in demselben ständig ansässig sind.

(2) Familienmitglieder des Verwaltungs- und technischen Personals der Spezialmission genießen, wenn sie solche Mitglieder der Spezialmission begleiten, die im Artikel 36 bezeichneten Privilegien und Immunitäten, unter der Voraussetzung, daß sie weder Angehörige des Empfangsstaates noch in demselben ständig ansässig sind.

Artikel 40
Angehörige des Empfangsstaates und dort ständig ansässige Personen

(1) Soweit der Empfangsstaat nicht zusätzliche Privilegien und Immunitäten gewährt, genießen die Vertreter des Entsendestaates in der Spezialmission und die Mitglieder ihres diplomatischen Personals, die Angehörige des Empfangsstaates oder in demselben ständig ansässig sind, lediglich Immunität von der Gerichtsbarkeit sowie Unverletzlichkeit in bezug auf ihre in Ausübung ihrer dienstlichen Tätigkeit vorgenommenen Amtshandlungen.

(2) Anderen Mitgliedern der Spezialmission und privatem Personal, die Angehörige des Empfangsstaates oder in demselben ständig ansässig sind, stehen Privilegien und Immunitäten nur in dem ihnen vom Empfangsstaat gewährten Umfang zu. Der Empfangsstaat darf jedoch seine Hoheitsgewalt über diese Personen nur so ausüben, daß er die Spezialmission bei der Wahrnehmung ihrer Aufgaben nicht ungebührlich behindert.

Artikel 41
Verzicht auf die Immunität

(1) Der Entsendestaat kann auf die Immunität von der Gerichtsbarkeit, die seinen Vertretern in der Spezialmission, den Mitgliedern ihres diplomatischen Personals und nach Maßgabe der Artikel 36 bis 40 anderen Personen zusteht, verzichten.

(2) Der Verzicht muß stets ausdrücklich erklärt werden.

(3) Strengt eine der im Absatz 1 bezeichneten Person ein Gerichtsverfahren an, so kann sie sich in bezug auf eine Widerklage, die mit der Hauptklage in unmittelbarem Zusammenhang steht, nicht auf die Immunität von der Gerichtsbarkeit berufen.

(4) Der Verzicht auf die Immunität von der Gerichtsbarkeit in einem Zivil- oder Verwaltungsgerichtsverfahren gilt nicht als Verzicht auf die Immunität von der Urteilsvollstreckung; hiefür ist ein besonderer Verzicht erforderlich.

Artikel 42
Durchreise durch das Hoheitsgebiet eines dritten Staates

(1) Reist ein Vertreter des Entsendestaates in der Spezialmission oder ein Mitglied ihres diplomatischen Personals, um seine Tätigkeit aufzunehmen oder in den Entsendestaat zurückzukehren, durch das Hoheitsgebiet eines dritten Staates oder befindet er sich dort, so hat ihm dieser Staat Unverletzlichkeit und alle sonstigen, für seine sichere Durchreise oder Rückkehr erforderlichen Immunitäten zu gewähren. Das gleiche gilt für Familienmitglieder, denen Privilegien und Immunitäten zustehen und die eine in diesem Absatz bezeichnete Person begleiten, ohne Rücksicht darauf, ob sie mit ihr zusammen reisen oder die Reise allein machen, um sich zu ihr zu begeben, oder in ihren Heimatstaat zurückzukehren.

(2) Unter den Voraussetzungen des Absatzes 1 dürfen dritte Staaten auch die Durchreise von Mitgliedern des Verwaltungs- und technischen Personals oder des dienstlichen Hauspersonals der Spezialmission oder von deren Familienmitgliedern durch ihr Hoheitsgebiet nicht behindern.

(3) Dritte Staaten haben in bezug auf die amtliche Korrespondenz und sonstige amtliche Mitteilungen im Durchgangsverkehr, einschließlich verschlüsselter Nachrichten, die gleiche Freiheit und den gleichen Schutz zu gewähren, die der Empfangsstaat nach diesem Übereinkommen zu gewähren verpflichtet ist. Den Kurieren und dem Kuriergepäck der Spezialmission im Durchgangsverkehr haben sie vorbehaltlich des Absatzes 4 die gleiche Unverletzlichkeit und den gleichen Schutz zu gewähren, die der Empfangsstaat nach

diesem Übereinkommen zu gewähren verpflichtet ist.

(4) Der dritte Staat ist nur dann gehalten, seine Verpflichtungen in bezug auf die im Absatz 1, 2 und 3 bezeichneten Personen einzuhalten, wenn er von der Durchreise dieser Personen als Mitglieder der Spezialmission, Familienmitglieder oder Kuriere entweder im Rahmen des Antrags auf Gewährung eines Visums oder mittels einer Notifikation im voraus in Kenntnis gesetzt worden ist und keinen Einwand dagegen erhoben hat.

(5) Die Verpflichtungen dritter Staaten auf Grund der Absätze 1, 2 und 3 gelten gegenüber den in diesen Absätzen bezeichneten Personen sowie in bezug auf amtliche Mitteilungen und das Kuriergepäck der Spezialmission auch dann, wenn das Hoheitsgebiet des dritten Staates infolge höherer Gewalt benützt wird.

Artikel 43
Geltungsdauer der Privilegien und Immunitäten

(1) Jedes Mitglied der Spezialmission genießt die ihm zustehenden Privilegien und Immunitäten von dem Zeitpunkt an, zu dem es in das Hoheitsgebiet des Empfangsstaates einreist, um seine Aufgaben in der Spezialmission zu erfüllen, oder, wenn es sich bereits in diesem Hoheitsgebiet befindet, von dem Zeitpunkt an, zu dem seine Ernennung dem Ministerium für Auswärtige Angelegenheiten oder einer anderen, in gegenseitigem Einvernehmen bestimmten Behörde des Empfangsstaates notifiziert wird.

(2) Wenn die Aufgaben eines Mitgliedes der Spezialmission beendet sind, erlöschen seine Privilegien und Immunitäten normalerweise im Zeitpunkt seiner Ausreise aus dem Hoheitsgebiet des Empfangsstaates oder aber des Ablaufs einer hiefür gewährten angemessenen Frist; sie bleiben jedoch bis zu diesem Zeitpunkt bestehen, und zwar auch im Falle eines bewaffneten Konflikts. In bezug auf die von einem solchen Mitglied in Ausübung seiner dienstlichen Tätigkeit vorgenommenen Handlungen bleibt jedoch die Immunität auch weiterhin bestehen.

(3) Stirbt ein Mitglied der Spezialmission, so genießen seine Familienmitglieder bis zum Ablauf einer angemessenen Frist für ihre Ausreise aus dem Hoheitsgebiet des Empfangsstaates weiterhin die ihnen zustehenden Privilegien und Immunitäten.

Artikel 44
Vermögen eines Mitgliedes der Spezialmission oder eines seiner Familienmitglieder im Fall des Ablebens

(1) Stirbt ein Mitglied der Spezialmission oder ein dieses begleitendes Familienmitglied und war der Verstorbene weder Angehöriger des Empfangsstaates noch in demselben ständig ansässig, so hat der Empfangsstaat die Ausfuhr des beweglichen Vermögens des Verstorbenen zu gestatten, mit Ausnahme von im Inland erworbenen Vermögensgegenständen, deren Ausfuhr zum Zeitpunkt des Todesfalles verboten war.

(2) Von beweglichem Vermögen, das sich nur deshalb im Empfangsstaat befindet, weil sich der Verstorbene als Mitglied der Spezialmission oder als Familienmitglied eines solchen in diesem Staat aufhielt, dürfen keine Erbschaftssteuern erhoben werden.

Artikel 45
Erleichterungen bei Verlassen des Hoheitsgebietes des Empfangsstaates und beim Abtransport der Archive der Spezialmission

(1) Auch im Fall eines bewaffneten Konflikts gewährt der Empfangsstaat Personen, die Privilegien und Immunitäten genießen und nicht seine Angehörigen sind, sowie ihren Familienmitgliedern, ungeachtet ihrer Staatsangehörigkeit, die erforderlichen Erleichterungen, um es ihnen zu ermöglichen, sein Hoheitsgebiet so bald wie möglich zu verlassen. Besonders stellt er ihnen im Bedarfsfall die benötigten Beförderungsmittel für sie selbst und ihre Vermögensgegenstände zur Verfügung.

(2) Der Empfangsstaat gewährt dem Entsendestaat die erforderlichen Erleichterungen für den Abtransport der Archive der Spezialmission aus dem Hoheitsgebiet des Empfangsstaates.

Artikel 46
Folgen der Beendigung der Tätigkeit einer Spezialmission

(1) Ist die Tätigkeit einer Spezialmission beendet, so achtet und schützt der Empfangsstaat die Räumlichkeiten der Spezialmission, solange sie für sie bestimmt sind, ebenso wie das Vermögen und die Archive der Spezialmission. Der Entsendestaat muß das Vermögen und die Archive innerhalb einer angemessenen Frist wegschaffen.

(2) Bestehen zwischen dem Entsendestaat und dem Empfangsstaat keine diplomatischen oder konsularischen Beziehungen oder werden sie abgebrochen und ist die Tätigkeit der Spezialmission beendet, so kann der Entsendestaat auch im Fall eines bewaffneten Konflikts einem dem Empfangsstaat genehmen dritten Staat die Obhut über das Vermögen und die Archive der Spezialmission übertragen.

Artikel 47
Beachtung der Gesetze und Vorschriften des Empfangsstaates und Benützung der Räumlichkeiten der Spezialmission

(1) Alle Personen, die Privilegien und Immunitäten auf Grund dieses Übereinkommens genießen, sind unbeschadet derselben verpflichtet, die Gesetze und anderen Rechtsvorschriften des Empfangsstaates zu beachten. Sie sind ferner verpflichtet, sich nicht in dessen innere Angelegenheiten einzumischen.

(2) Die Räumlichkeiten der Spezialmission dürfen nicht in einer Weise benützt werden, die unvereinbar ist mit den Aufgaben der Spezialmission, wie sie in diesem Übereinkommen, in anderen Regeln des allgemeinen Völkerrechts oder in besonderen, zwischen dem Entsendestaat und dem Empfangsstaat in Kraft befindlichen Übereinkünften niedergelegt sind.

Artikel 48
Freiberufliche oder gewerbliche Tätigkeit

Die Vertreter des Entsendestaates in der Spezialmission und die Mitglieder ihres diplomatischen Personals dürfen im Empfangsstaat keinen freien Beruf und keine gewerbliche Tätigkeit ausüben, die auf persönlichen Gewinn gerichtet sind.

Artikel 49
Unterlassung von Diskriminierungen

(1) Bei der Anwendung der Bestimmungen dieses Übereinkommens ist jede diskriminierende Behandlung von Staaten zu unterlassen.

(2) Es gilt jedoch nicht als Diskriminierung

a) wenn der Empfangsstaat eine Bestimmung dieses Übereinkommens deshalb einschränkend anwendet, weil sie im Entsendestaat auf seine eigene Spezialmission einschränkend angewandt wird;

b) wenn Staaten untereinander auf Grund von Gewohnheit oder Vereinbarung das Ausmaß der ihren Spezialmissionen gewährten Erleichterungen, Privilegien und Immunitäten ändern, obwohl eine solche Änderung mit anderen Staaten nicht vereinbart worden ist; diese Änderung muß mit Ziel und Zweck dieses Übereinkommens vereinbar sein und darf dritte Staaten im Genuß ihrer Rechte sowie in der Erfüllung ihrer Pflichten nicht beeinträchtigen.

Artikel 50
Unterzeichnung

Dieses Übereinkommen liegt für alle Mitgliedstaaten der Vereinten Nationen, ihrer Spezialorganisationen oder der Internationalen Atomenergie-Organisation, für die Vertragsstaaten des Statuts des Internationalen Gerichtshofes und für jeden anderen Staat, den die Generalversammlung der Vereinten Nationen einlädt, Vertragspartei des Übereinkommens zu werden, zur Unterzeichnung bis zum 31. Dezember 1970 am Sitz der Vereinten Nationen in New York auf.

Artikel 51
Ratifikation

Dieses Übereinkommen bedarf der Ratifizierung. Die Ratifikationsurkunden sind beim Generalsekretär der Vereinten Nationen zu hinterlegen.

Artikel 52
Beitritt

Dieses Übereinkommen liegt zum Beitritt für jeden Staat auf, der einer der im Artikel 50 bezeichneten Kategorien angehört. Die Beitrittsurkunden sind beim Generalsekretär der Vereinten Nationen zu hinterlegen.

Artikel 53
Inkrafttreten

(1) Dieses Übereinkommen tritt am dreißigsten Tag nach Hinterlegung der zweiundzwanzigsten Ratifikations- oder Beitrittsurkunde beim Generalsekretär der Vereinten Nationen in Kraft.

(2) Für jeden Staat, der nach Hinterlegung der zweiundzwanzigsten Ratifikations- oder Beitrittsurkunde das Übereinkommen ratifiziert oder ihm beitritt, tritt das Übereinkommen am dreißigsten Tag nach Hinterlegung seiner Ratifikations- oder Beitrittsurkunde in Kraft.

Artikel 54
Notifikationen des Depositärs

Der Generalsekretär der Vereinten Nationen notifiziert allen Staaten, die einer der im Artikel 50 bezeichneten Kategorien angehören

a) die Unterzeichnungen dieses Übereinkommens und die Hinterlegung der Ratifikations- oder Beitrittsurkunden nach Artikeln 50, 51 und 52;

b) den Tag, an dem dieses Übereinkommen nach Artikel 53 in Kraft tritt.

Artikel 55
Authentischer Wortlaut

Die Urschrift dieses Übereinkommens, dessen chinesischer, englischer, französischer, russischer und spanischer Wortlaut gleichermaßen authentisch ist, ist beim Generalsekretär der Vereinten Nationen zu hinterlegen; dieser hat allen Staaten, die einer der im Artikel 50 bezeichneten Kategorien angehören, beglaubigte Abschriften zu übermitteln.

ZU URKUND DESSEN haben die unterzeichneten, von ihren Regierungen hiezu gehörig Bevollmächtigten dieses Übereinkommen unterschrieben, das am 16. Dezember 1969 in New York zur Unterzeichnung aufgelegt worden ist.

5/4. Übereinkommen über die Verhütung, Verfolgung und Bestrafung von Straftaten gegen völkerrechtlich geschützte Personen einschließlich Diplomaten

BGBl 1977/488

Übereinkommen über die Verhütung, Verfolgung und Bestrafung von Straftaten gegen völkerrechtlich geschützte Personen einschließlich Diplomaten

Die vom Bundespräsidenten unterzeichnete und vom Bundeskanzler gegengezeichnete Beitrittsurkunde wurde am 3. August 1977 beim Generalsekretär der Vereinten Nationen hinterlegt; das Übereinkommen ist gemäß seinem Art. 17 Abs. 2 am 2. September 1977 für Österreich in Kraft getreten.

Die Vertragsstaaten dieses Übereinkommens –

in Anbetracht der Ziele und Grundsätze der Satzung der Vereinten Nationen betreffend die Wahrung des Weltfriedens und die Förderung freundschaftlicher Beziehungen und der Zusammenarbeit zwischen den Staaten,

in der Erwägung, daß Straftaten gegen Diplomaten und andere völkerrechtlich geschützte Personen, die deren Sicherheit gefährden, die Aufrechterhaltung normaler, für die Zusammenarbeit zwischen den Staaten notwendiger internationaler Beziehungen ernstlich bedrohen,

in dem Bewußtsein, daß die Begehung solcher Straftaten der Völkergemeinschaft Anlaß zu ernster Besorgnis gibt,

überzeugt, daß es dringend notwendig ist, geeignete und wirksame Maßnahmen zur Verhütung, Verfolgung und Bestrafung solcher Straftaten zu ergreifen –

haben folgendes **vereinbart:**

Artikel 1

Im Sinne dieses Übereinkommens

1. bedeutet der Ausdruck „völkerrechtlich geschützte Person"

a) ein Staatsoberhaupt, einschließlich eines jeden Mitglieds eines Kollegialorgans, das nach der Verfassung des betreffenden Staates die Aufgaben eines Staatsoberhaupts wahrnimmt, einen Regierungschef oder einen Außenminister, wenn sie sich in einem fremden Staat aufhalten, sowie die sie begleitenden Familienmitglieder;

b) jeden Vertreter oder jede Amtsperson eines Staates oder jeden Beamten oder sonstigen Beauftragten einer zwischenstaatlichen Organisation, die zu der Zeit und an dem Ort der Begehung der gegen sie, ihre Diensträume, ihre Privatwohnung oder ihre Beförderungsmittel gerichteten Straftat nach dem Völkerrecht Anspruch auf besonderen Schutz gegen jeden Angriff auf ihre Person, Freiheit oder Würde haben, sowie die mit ihnen im gemeinsamen Haushalt lebenden Familienmitglieder;

2. bezeichnet der Ausdruck „Verdächtiger" eine Person, gegen die ausreichende tatsächliche Anhaltspunkte den Verdacht begründen, daß sie eine oder mehrere der in Artikel 2 genannten Straftaten begangen hat oder daran beteiligt war.

Artikel 2

(1) Die vorsätzliche Begehung

a) einer Tötung, einer Entführung oder eines sonstigen Angriffs auf die Person oder Freiheit einer völkerrechtlich geschützten Person;

b) eines gewaltsamen Angriffs auf die Diensträume, die Privatwohnung oder die Beförderungsmittel einer völkerrechtlich geschützten Person, der geeignet ist, deren Person oder Freiheit zu gefährden;

c) einer Bedrohung mit einem solchen Angriff;

d) eines Versuchs eines solchen Angriffs und

e) einer Teilnahmehandlung an einem solchen Angriff

wird von jedem Vertragsstaat nach innerstaatlichem Recht mit Strafe bedroht.

(2) Jeder Vertragsstaat bedroht diese Straftaten mit angemessenen Strafen, welche die Schwere der Tat berücksichtigen.

(3) Die Absätze 1 und 2 berühren nicht die völkerrechtlichen Verpflichtungen der Vertragsstaaten, alle geeigneten Maßnahmen zu treffen, um sonstige Angriffe auf die Person, Freiheit oder Würde einer völkerrechtlich geschützten Person zu verhindern.

Artikel 3

(1) Jeder Vertragsstaat trifft die notwendigen Maßnahmen, um seine Gerichtsbarkeit über die in Artikel 2 genannten Straftaten in folgenden Fällen zu begründen:

a) wenn die Straftat im Hoheitsgebiet dieses Staates oder an Bord eines in diesem Staat eingetragenen Schiffes oder Luftfahrzeuges begangen wird;

b) wenn der Verdächtige Angehöriger dieses Staates ist;

c) wenn die Straftat gegen eine in Artikel 1 bezeichnete völkerrechtlich geschützte Person begangen wird, die ihre Rechtsstellung als solche auf Grund von Aufgaben genießt, die sie für diesen Staat wahrnimmt.

(2) Ebenso trifft jeder Vertragsstaat die notwendigen Maßnahmen, um seine Gerichtsbarkeit über diese Straftaten für den Fall zu begründen, daß der Verdächtige sich in seinem Hoheitsgebiet befindet und er ihn nicht nach Artikel 8 an einen der in Absatz 1 des vorliegenden Artikels genannten Staaten ausliefert.

(3) Dieses Übereinkommen schließt eine Strafgerichtsbarkeit, die nach innerstaatlichem Recht ausgeübt wird, nicht aus.

Artikel 4

Die Vertragsstaaten arbeiten bei der Verhütung der in Artikel 2 genannten Straftaten zusammen, indem sie insbesondere

a) alle durchführbaren Maßnahmen treffen, um Vorbereitungen in ihren jeweiligen Hoheitsgebieten für die Begehung dieser Straftaten innerhalb oder außerhalb ihrer Hoheitsgebiete zu verhindern;

b) Informationen austauschen sowie Verwaltungs- und andere Maßnahmen miteinander abstimmen, die geeignet sind, die Begehung dieser Straftaten zu verhindern.

Artikel 5

(1) Der Vertragsstaat, in dem eine der in Artikel 2 genannten Straftaten begangen wurde und der Grund zu der Annahme hat, daß ein Verdächtiger aus seinem Hoheitsgebiet geflohen ist, übermittelt allen anderen in Betracht kommenden Staaten unmittelbar oder über den Generalsekretär der Vereinten Nationen alle sachdienlichen Angaben über die begangene Straftat und alle verfügbaren Informationen, welche die Identität des Verdächtigen betreffen.

(2) Ist eine der in Artikel 2 genannten Straftaten gegen eine völkerrechtlich geschützte Person begangen worden, so bemüht sich jeder Vertragsstaat, der Informationen über das Opfer und die Umstände der Straftat besitzt, diese Informationen unter den in seinem innerstaatlichen Recht vorgesehenen Voraussetzungen in vollem Umfang sofort dem Vertragsstaat zu übermitteln, für den die betreffende Person ihre Aufgaben wahrgenommen hat.

Artikel 6

(1) Hält der Vertragsstaat, in dessen Hoheitsgebiet sich der Verdächtige befindet, es in Anbetracht der Umstände für gerechtfertigt, so trifft er nach seinem innerstaatlichen Recht die geeigneten Maßnahmen, um die Anwesenheit des Verdächtigen zum Zweck der Strafverfolgung oder der Auslieferung sicherzustellen. Diese Maßnahmen sind unverzüglich unmittelbar oder über den Generalsekretär der Vereinten Nationen zu notifizieren:

a) dem Staat, in dem die Straftat begangen wurde;

b) dem oder den Staaten, deren Angehöriger der Verdächtige ist, oder, wenn er Staatenloser ist, in deren Hoheitsgebiet er seinen ständigen Aufenthalt hat;

c) dem oder den Staaten, deren Angehörige die betroffene völkerrechtlich geschützte Person ist oder für die sie ihre Aufgaben wahrgenommen hat;

d) allen anderen in Betracht kommenden Staaten und

e) der zwischenstaatlichen Organisation, deren Beamter oder sonstiger Beauftragter die betroffene völkerrechtlich geschützte Person ist.

(2) Jeder, gegen den die in Absatz 1 bezeichneten Maßnahmen getroffen werden, ist berechtigt,

a) unverzüglich mit dem nächsten zuständigen Vertreter des Staates, dessen Angehöriger er ist, der sonst zur Wahrung seiner Rechte befugt ist oder der, wenn der Betreffende staatenlos ist, auf seine Bitte zur Wahrung seiner Rechte bereit ist, in Verbindung zu treten und

b) den Besuch eines Vertreters dieses Staates zu empfangen.

Artikel 7

Der Vertragsstaat, in dessen Hoheitsgebiet sich der Verdächtige befindet, hat, wenn er ihn nicht ausliefert, den Fall ohne irgendeine Ausnahme und ohne unangemessene Verzögerung seinen zuständigen Behörden zum Zweck der Strafverfolgung in einem Verfahren nach seinem Recht zu unterbreiten.

Artikel 8

(1) Soweit die in Artikel 2 genannten Straftaten nicht als der Auslieferung unterliegende strafbare Handlungen von einem zwischen den Vertragsstaaten bestehenden Auslieferungsvertrag erfaßt werden, gelten sie als in diesen Vertrag aufgenommen. Die Vertragsstaaten verpflichten sich, diese Straftaten als der Auslieferung unterliegende strafbare Handlungen in jeden künftig zwischen ihnen zu schließenden Auslieferungsvertrag aufzunehmen.

(2) Erhält ein Vertragsstaat, der die Auslieferung vom Bestehen eines Vertrages abhängig macht, ein Auslieferungsersuchen von einem anderen Vertragsstaat, mit dem er keinen Auslieferungsvertrag hat, so kann er, wenn er sich für die Auslieferung entscheidet, dieses Übereinkommen in bezug auf diese Straftaten als Rechtsgrundlage für die Auslieferung ansehen. Die Auslieferung unterliegt dem Verfahrensrecht und den übrigen im Recht des ersuchten Staates vorgesehenen Bedingungen.

(3) Vertragsstaaten, welche die Auslieferung nicht vom Bestehen eines Vertrags abhängig machen, erkennen unter sich diese Straftaten als der Auslieferung unterliegende strafbare Handlungen vorbehaltlich des Verfahrensrechts und der übrigen im Recht des ersuchten Staates vorgesehenen Bedingungen an.

(4) Diese Straftaten werden für die Zwecke der Auslieferung zwischen Vertragsstaaten so behandelt, als seien sie nicht nur an dem Ort, an dem sie sich ereignet haben, sondern auch in den Hoheitsgebieten der Staaten begangen worden, die verpflichtet sind, ihre Gerichtsbarkeit nach Artikel 3 Absatz 1 zu begründen.

Artikel 9

Jedem, gegen den ein Verfahren wegen einer der in Artikel 2 genannten Straftaten durchgeführt wird, ist während des gesamten Verfahrens eine gerechte Behandlung zu gewährleisten.

Artikel 10

(1) Die Vertragsstaaten gewähren einander die weitestgehende Hilfe im Zusammenhang mit Verfahren, die inbezug auf die in Artikel 2 genannten Straftaten eingeleitet werden, einschließlich der Überlassung aller ihnen zur Verfügung stehenden und für das Verfahren erforderlichen Beweismittel.

(2) Absatz 1 läßt Verpflichtungen über die gegenseitige Rechtshilfe unberührt, die in anderen Verträgen enthalten sind.

Artikel 11

Der Vertragsstaat, in dem ein Verdächtiger strafrechtlich verfolgt wird, teilt den Ausgang des Verfahrens dem Generalsekretär der Vereinten Nationen mit; dieser unterrichtet die anderen Vertragsstaaten.

Artikel 12

Dieses Übereinkommen läßt die Anwendung der im Zeitpunkt seiner Annahme geltenden Asylverträge zwischen den Vertragsstaaten dieser Verträge unberührt; jedoch kann sich ein Vertragsstaat dieses Übereinkommens gegenüber einem anderen Vertragsstaat, der nicht Vertragspartei jener Verträge ist, nicht auf diese berufen.

Artikel 13

(1) Jede Streitigkeit zwischen zwei oder mehr Vertragsstaaten über die Auslegung oder Anwendung dieses Übereinkommens, die nicht durch Verhandlungen beigelegt wird, ist auf Verlangen eines dieser Staaten einem Schiedsverfahren zu unterwerfen. Können sich die Parteien binnen sechs Monaten nach dem Zeitpunkt, zu dem das Schiedsverfahren verlangt worden ist, über seine Ausgestaltung nicht einigen, so kann jede dieser Parteien die Streitigkeit dem Internationalen Gerichtshof unterbreiten, indem sie einen seinem Statut entsprechenden Antrag stellt.

(2) Jeder Vertragsstaat kann bei der Unterzeichnung oder der Ratifikation des Übereinkommens oder dem Beitritt zu diesem erklären, daß er sich durch Absatz 1 nicht als gebunden betrachtet. Die anderen Vertragsstaaten sind gegenüber einem Vertragsstaat, der einen solchen Vorbehalt gemacht hat, durch Absatz 1 nicht gebunden.

(3) Ein Vertragsstaat, der einen Vorbehalt nach Absatz 2 gemacht hat, kann diesen Vorbehalt jederzeit durch eine an den Generalsekretär der Vereinten Nationen gerichtete Notifikation zurückziehen.

Artikel 14

Dieses Übereinkommen liegt bis zum 31. Dezember 1974 am Sitz der Vereinten Nationen in New York für alle Staaten zur Unterzeichnung auf.

Artikel 15

Dieses Übereinkommen bedarf der Ratifikation. Die Ratifikationsurkunden werden beim Generalsekretär der Vereinten Nationen hinterlegt.

Artikel 16

Dieses Übereinkommen liegt für alle Staaten zum Beitritt auf. Die Beitrittsurkunden werden beim Generalsekretär der Vereinten Nationen hinterlegt.

Artikel 17

(1) Dieses Übereinkommen tritt am dreißigsten Tag nach Hinterlegung der zweiundzwanzigsten Ratifikations- oder Beitrittsurkunde beim Generalsekretär der Vereinten Nationen in Kraft.

(2) Für jeden Staat, der das Übereinkommen nach Hinterlegung der zweiundzwanzigsten Ratifikations- oder Beitrittsurkunde ratifiziert oder ihm beitritt, tritt es am dreißigsten Tag nach

Hinterlegung der Ratifikations- oder Beitrittsurkunde durch diesen Staat in Kraft.

Artikel 18

(1) Jeder Vertragsstaat kann dieses Übereinkommen durch eine an den Generalsekretär der Vereinten Nationen gerichtete schriftliche Notifikation kündigen.

(2) Die Kündigung wird sechs Monate nach Eingang der Notifikation beim Generalsekretär der Vereinten Nationen wirksam.

Artikel 19

Der Generalsekretär der Vereinten Nationen unterrichtet alle Staaten unter anderem

a) über Unterzeichnungen dieses Übereinkommens, über die Hinterlegung von Ratifikations- oder Beitrittsurkunden nach den Artikeln 14, 15 und 16 und über Notifikationen nach Artikel 18;

b) über den Zeitpunkt, zu dem dieses Übereinkommen nach Artikel 17 in Kraft tritt.

Artikel 20

Die Urschrift dieses Übereinkommens, dessen chinesischer, englischer, französischer, russischer und spanischer Wortlaut gleichermaßen authentisch ist, wird beim Generalsekretär der Vereinten Nationen hinterlegt; dieser übermittelt allen Staaten beglaubigte Abschriften.

ZU URKUND DESSEN haben die von ihren Regierungen hierzu gehörig befugten Unterzeichneten dieses Übereinkommen, das am 14. Dezember 1973 in New York zur Unterzeichnung aufgelegt wurde, unterschrieben.

6/1. I. Haager Übereinkommen 1899/1907

RGBl. 1913/177

Übereinkommen vom 18. Oktober 1907 zur friedlichen Erledigung internationaler Streitfälle. (I. Übereinkommen der II. Haager Friedenskonferenz.)

Seine Majestät der Deutsche Kaiser, König von Preußen; der Präsident der Vereinigten Staaten von Amerika; der Präsident der Argentinischen Republik; Seine Majestät der Kaiser von Österreich, König von Böhmen usw. und Apostolischer König von Ungarn; Seine Majestät der König der Belgier; der Präsident der Republik Bolivien;

der Präsident der Republik der Vereinigten Staaten von Brasilien;

Seine Königliche Hoheit der Fürst von Bulgarien; der Präsident der Republik Chile; Seine Majestät der Kaiser von China; der Präsident der Republik Kolumbien; der einstweilige Gouverneur der Republik Kuba; Seine Majestät der König von Dänemark; der Präsident der Dominikanischen Republik; der Präsident der Republik Ekuador; Seine Majestät der König von Spanien; der Präsident der Französischen Republik; Seine Majestät der König des Vereinigten Königreiches von Großbritannien und Irland und der Britischen überseeischen Gebiete, Kaiser von Indien; Seine Majestät der König der Hellenen; der Präsident der Republik Guatemala; der Präsident der Republik Haiti;

Seine Majestät der König von Italien; Seine Majestät der Kaiser von Japan; Seine königliche Hoheit der Großherzog von Luxemburg, Herzog zu Nassau; der Präsident der Vereinigten Staaten von Mexiko; Seine Königliche Hoheit der Fürst von Montenegro; Seine Majestät der König von Norwegen; der Präsident der Republik Panama; der Präsident der Republik Paraguay; Ihre Majestät die Königin der Niederlande; der Präsident der Republik Peru; Seine kaiserliche Majestät der Schah von Persien; Seine Majestät der König von Portugal und Algarvien usw.; Seine Majestät der König von Rumänien; Seine Majestät der Kaiser aller Reußen; der Präsident der Republik Salvador; Seine Majestät der König von Serbien; Seine Majestät der König von Siam;

Seine Majestät der König von Schweden; der Schweizerische Bundesrat;

Seine Majestät der Kaiser der Osmanen; der Präsident der orientalischen Republik Uruguay; der Präsident der Vereinigten Staaten von Venezuela,

von dem festen Willen beseelt, zur Aufrechterhaltung des allgemeinen Friedens mitzuwirken,

entschlossen, mit allen ihren Kräften die friedliche Erledigung internationaler Streitigkeiten zu begünstigen,

in Anerkennung der Solidarität, welche die Glieder der Gemeinschaft der zivilisierten Nationen verbindet,

gewillt, die Herrschaft des Rechtes auszubreiten und das Gefühl der internationalen Gerechtigkeit zu stärken,

überzeugt, daß die dauernde Einrichtung einer allen zugänglichen Schiedsgerichtsbarkeit im Schoße der unabhängigen Mächte wirksam zu diesem Ergebnisse beitragen kann,

in Erwägung der Vorteile einer allgemeinen und regelmäßigen Einrichtung des Schiedsverfahrens,

mit dem erlauchten Urheber der Internationalen Friedenskonferenz der Ansicht, daß es von Wichtigkeit ist in einer internationalen Vereinbarung die Grundsätze der Billigkeit und des Rechtes festzulegen, auf denen die Sicherheit der Staaten und die Wohlfahrt der Völker beruhen,

von dem Wunsche erfüllt, zu diesem Zwecke größere Sicherheit für die praktische Betätigung der Untersuchungskommissionen und der Schiedsgerichte zu gewinnen und für Streitfragen, die ein abgekürztes Verfahren gestatten, die Anrufung der Schiedssprechung zu erleichtern,

haben für nötig befunden, das von der Ersten Friedenskonferenz hergestellt Werk zur friedlichen Erledigung internationaler Streitfälle in gewissen Punkten zu verbessern und zu ergänzen.

Die hohen vertragschließenden Teile haben beschlossen, zu diesem Ende ein neues Übereinkommen zu treffen, und haben zu Ihren Bevollmächtigten ernannt:

welche nach Hinterlegung ihrer Vollmachten, die in guter und gehöriger Form befunden wurden, über folgende Bestimmungen übereingekommen sind:

Erster Titel.
Erhaltung des allgemeinen Friedens.

Artikel 1

Um in den Beziehungen zwischen den Staaten die Anrufung der Gewalt so weit wie möglich zu verhüten, erklären sich die Vertragsmächte einverstanden, alle ihre Bemühungen aufwenden zu wollen, um die friedliche Erledigung der internationalen Streitfragen zu sichern.

Zweiter Titel.

Gute Dienste und Vermittlung.

Artikel 2

Die Vertragsmächte kommen überein, im Falle einer ernsten Meinungsverschiedenheit oder eines Streites, bevor sie zu den Waffen greifen, die guten Dienste oder die Vermittlung einer befreundeten Macht oder mehrerer befreundeter Mächte anzurufen, soweit dies die Umstände gestatten.

Artikel 3

Unabhängig hievon halten die Vertragsmächte es für nützlich und wünschenswert, daß eine Macht oder mehrere Mächte, die am Streite nicht beteiligt sind, aus eigenem Antriebe den im Streite befindlichen Staaten ihre guten Dienste oder ihre Vermittlung anbieten, soweit sich die Umstände hiefür eignen.

Das Recht, gute Dienste oder Vermittlung anzubieten, steht den am Streite nicht beteiligten Staaten auch während des Ganges der Feindseligkeiten zu.

Die Ausübung dieses Rechtes kann niemals von einem oder dem anderen der streitenden Teile als unfreundliche Handlung angesehen werden.

Artikel 4

Die Aufgabe des Vermittlers besteht darin, die einander entgegengesetzten Ansprüche auszugleichen und Verstimmungen zu beheben, die zwischen den im Streite befindichen Staaten etwa entstanden sind.

Artikel 5

Die Tätigkeit des Vermittlers hört auf, sobald, sei es durch einen der streitenden Teile, sei es durch den Vermittler selbst, festgestellt wird, daß die von diesem vorgeschlagenen Mittel der Verständigung nicht angenommen werden.

Artikel 6

Gute Dienste und Vermittlung, seien sie auf Anrufen der im Streite befindlichen Teile eingetreten oder aus dem Antriebe der am Streite nicht beteiligten Mächte hervorgegangen, haben ausschließlich die Bedeutung eines Rates und niemals verbindliche Kraft.

Artikel 7.

Die Annahme der Vermittlung kann, unbeschadet anderweitiger Vereinbarung, nicht die Wirkung haben, die Mobilmachung und andere den Krieg vorbereitende Maßnahmen zu unterbrechen, zu verzögern oder zu hemmen.

Erfolgt sie nach Eröffnung der Feindseligkeiten, so werden von ihr, unbeschadet anderweitiger Vereinbarung, die im Gange befindlichen militärischen Unternehmungen nicht unterbrochen.

Artikel 8

Die Vertragsmächte sind einverstanden, unter Umständen, die dies gestatten, die Anwendung einer besonderen Vermittlung in folgender Form zu empfehlen:

Bei ernsten, den Frieden gefährdenden Streitfragen wählt jeder der im Streite befindlichen Staaten eine Macht, die er mit der Aufgabe betraut, in unmittelbare Verbindung mit der von der anderen Seite gewählten Macht zu treten, um den Bruch der friedlichen Beziehungen zu verhüten.

Während der Dauer dieses Auftrages, die unbeschadet anderweitiger Abmachung, eine Frist von dreißig Tagen nicht überschreiten darf, stellen die streitenden Staaten jedes unmittelbare Benehmen über den Streit ein, welcher als ausschließlich den vermittelnden Mächten übertragen gilt. Diese sollen alle Bemühungen aufwenden, um die Streitfrage zu erledigen.

Kommt es zum wirklichen Bruche der friedlichen Beziehungen, so bleiben diese Mächte mit der gemeinsamen Aufgabe betraut, jede Gelegenheit zu benützen, um den Frieden wiederherzustellen.

Dritter Titel.

Internationale Untersuchungskommissionen.

Artikel 9

Bei internationalen Streitigkeiten, die weder die Ehre noch wesentliche Interessen berühren und einer verschiedenen Würdigung von Tatsachen entspringen, erachten die Vertragsmächte es für nützlich und wünschenswert, daß die Parteien, die sich auf diplomatischem Wege nicht haben einigen können, soweit es die Umstände gestatten, eine internationale Untersuchungskommission einsetzen mit dem Auftrage, die Lösung dieser Streitigkeiten zu erleichtern, indem sie durch eine unparteiische und gewissenhafte Prüfung die Tatfragen aufklären.

Artikel 10

Die internationalen Untersuchungskommissionen werden durch besonderes Übereinkommen der streitenden Teile gebildet.

Das Untersuchungsübereinkommen gibt die zu untersuchenden Tatsachen an; es bestimmt die Art und die Frist für die Bildung der Kommissionen, sowie den Umfang der Befugnisse der Kommissäre.

Es bestimmt gegebenenfalls ferner den Sitz der Kommission und die Befugnis, ihn zu verlegen, die Sprache, deren die Kommission sich bedienen wird, und die Sprachen, deren Gebrauch vor ihr gestattet sein soll, den Tag, bis zu dem jede Partei ihre Darstellung des Tatbestandes einzureichen hat, sowie überhaupt alle Punkte, worüber die Parteien sich geeinigt haben.

Erachten die Parteien die Ernennung von Beisitzern für nötig, so bestimmt das Untersuchungsübereinkommen die Art ihrer Bestellung und den Umfang ihrer Befugnisse.

Artikel 11

Hat das Untersuchungsübereinkommen den Sitz der Kommission nicht bezeichnet, so hat diese ihren Sitz im Haag.

Der einmal bestimmte Sitz kann von der Kommission nur mit Zustimmung der Parteien verlegt werden.

Hat das Untersuchungsübereinkommen die zu gebrauchenden Sprachen nicht bestimmt, so wird darüber von der Kommission entschieden.

Artikel 12

Sofern nicht ein anderes abgemacht ist, werden die Untersuchungskommissionen in der in den Artikeln 45 und 57 dieses Übereinkommens bezeichneten Weise gebildet.

Artikel 13

Im Falle des Todes, des Rücktrittes oder der durch irgend einen Grund verursachten Verhinderung eines Kommissärs oder eines etwaigen Beisitzers wird er in der für seine Ernennung vorgesehenen Weise ersetzt.

Artikel 14

Die Parteien haben das Recht, bei der Untersuchungskommission besondere Vertreter zu bestellen mit der Aufgabe, sie zu vertreten und zwischen ihnen und der Kommission als Mittelspersonen zu dienen.

Sie sind außerdem berechtigt, Rechtsbeistände oder Anwälte, die sie ernennen, mit der Darlegung und Wahrnehmung ihrer Interessen vor der Kommission zu beauftragen.

Artikel 15

Das Internationale Bureau des Ständigen Schiedshofes dient den Kommissionen, die ihren Sitz im Haag haben, für die Bureaugeschäfte und hat seine Geschäftsräume und seine Einrichtung den Vertragsmächten für die Tätigkeit der Untersuchungskommission zur Verfügung zu stellen.

Artikel 16

Hat die Kommission ihren Sitz anderswo als im Haag, so ernennt sie einen Generalsekretär, dessen Bureau ihr für die Bureaugeschäfte dient.

Dem Bureauvorstand liegt es ob, unter der Leitung des Vorsitzenden die äußeren Vorkehrungen für die Sitzungen der Kommission zu treffen, die Protokolle abzufassen und während der Dauer der Untersuchung das Archiv aufzubewahren, das später an das Internationale Bureau im Haag abzugeben ist.

Artikel 17

Um die Einsetzung und die Tätigkeit der Untersuchungskommissionen zu erleichtern, empfehlen die Vertragsmächte die nachstehenden Regeln, die auf das Untersuchungsverfahren Anwendung finden, soweit die Parteien nicht andere Regeln annehmen.

Artikel 18

Die Kommission soll die Einzelheiten des Verfahrens bestimmen, die weder in dem besonderen Untersuchungsübereinkommen noch in dem vorliegenden Übereinkommen geregelt sind; sie soll zu allen Förmlichkeiten schreiten, welche die Beweisaufnahme mit sich bringt.

Artikel 19

Die Untersuchung wird kontradiktorisch vorgenommen.

Zu den vorgesehenen Zeiten übermittelt jede Partei der Kommission und der Gegenpartei gegebenenfalls die Darlegungen über den Tatbestand und in jedem Falle die Akten, Schriftstücke und Urkunden, die sie zur Ermittlung der Wahrheit für nützlich erachtet, sowie eine Liste der Zeugen und Sachverständigen, deren Vernehmung sie wünscht.

Artikel 20

Die Kommission ist befugt, mit Zustimmung der Parteien sich zeitweilig an Orte zu begeben, wo sie dieses Aufklärungsmittel anzuwenden für nützlich erachtet, oder dorthin eines oder mehrere ihrer Mitglieder abzuordnen. Die Erlaubnis des Staates, auf dessen Gebiete zu der Aufklärung geschritten werden soll, ist einzuholen.

Artikel 21

Alle tatsächlichen Feststellungen und Augenscheinsvornahmen müssen in Gegenwart oder nach gehöriger Ladung der Vertreter und Rechtsbeistände der Parteien vorgenommen werden.

Artikel 22

Die Kommission hat das Recht, von beiden Parteien alle Auskünfte oder Aufklärungen zu verlangen, die sie für nützlich erachtet.

Artikel 23

Die Parteien verpflichten sich, der Untersuchungskommission in dem weitesten Umfange, den sie für möglich halten, alle Mittel und Erleichterungen zu gewähren, die zur vollständigen Kenntnis und genauen Würdigung der in Frage kommenden Tatsachen erforderlich sind.

Sie verpflichten sich, diejenigen Mittel, über welche sie nach ihrer inneren Gesetzgebung verfügen, anzuwenden, um das Erscheinen der vor die Kommission geladenen Zeugen oder Sachverständigen, die sich auf ihrem Gebiete befinden, herbeizuführen.

Sie werden, wenn diese nicht vor der Kommission erscheinen können, deren Vernehmung durch ihre zuständigen Behörden veranlassen.

Artikel 24

Die Kommission wird sich zur Bewirkung aller Zustellungen, die sie im Gebiete einer dritten Vertragsmacht herbeizuführen hat, unmittelbar an die Regierung dieser Macht wenden. Das gleiche gilt, wenn es sich um die Herbeiführung irgendwelcher Beweisaufnahmen an Ort und Stelle handelt.

Die zu diesem Zweck erlassenen Ersuchen sind nach Maßgabe derjenigen Mittel zu erledigen, über welche die ersuchte Macht nach ihrer inneren Gesetzgebung verfügt. Sie können nur abgelehnt werden, wenn diese Macht sie für geeignet hält, ihre Hoheitsrechte oder ihre Sicherheit zu gefährden.

Auch steht der Kommission stets frei, die Vermittlung der Macht in Anspruch zu nehmen, in deren Gebiete sie ihren Sitz hat.

Artikel 25

Die Zeugen und die Sachverständigen werden durch die Kommission auf Antrag der Parteien oder von Amts wegen geladen und zwar in allen Fällen durch Vermittlung der Regierung des Staates, in dem sie sich befinden.

Die Zeugen werden nacheinander und jeder für sich in Gegenwart der Vertreter und Rechtsbeistände und in der von der Kommission bestimmten Reihenfolge vernommen.

Artikel 26

Die Vernehmung der Zeugen wird durch den Vorsitzenden geleitet.

Doch dürfen die Mitglieder der Kommission an jeden Zeugen die Fragen richten, die sie zur Erläuterung oder Ergänzung seiner Aussage oder zu ihrer Aufklärung über alle den Zeugen betreffenden Umstände für zweckdienlich erachten, soweit es zur Ermittlung der Wahrheit notwendig ist.

Die Vertreter und die Rechtsbeistände der Parteien dürfen den Zeugen in seiner Aussage nicht unterbrechen, noch irgend eine unmittelbare Anfrage an ihn richten; sie können aber den Vorsitzenden bitten, ergänzende Fragen, die sie für nützlich halten, dem Zeugen vorzulegen.

Artikel 27

Dem Zeugen ist es bei seiner Aussage nicht gestattet, einen geschriebenen Entwurf zu verlesen. Doch kann er von dem Vorsitzenden ermächtigt werden, Aufzeichnungen oder Urkunden zu benützen, wenn die Natur der zu bekundenden Tatsachen eine solche Benützung erheischt.

Artikel 28

Über die Aussage des Zeugen wird während der Sitzung ein Protokoll aufgenommen, das dem Zeugen vorgelesen wird. Der Zeuge darf dazu die ihm gut scheinenden Änderungen und Zusätze machen, die am Schlusse seiner Aussage vermerkt werden.

Nachdem dem Zeugen seine ganze Aussage vorgelesen ist, wird er zur Unterzeichnung aufgefordert.

Artikel 29

Die Vertreter sind befugt, im Laufe oder am Schlusse der Untersuchung der Kommission und der Gegenpartei solche Ausführungen, Anträge oder Sachdarstellungen schriftlich vorzulegen, die sie zur Ermittlung der Wahrheit für nützlich halten.

Artikel 30

Die Beratung der Kommission ist nicht öffentlich und bleibt geheim.

Jede Entscheidung ergeht nach der Mehrheit der Mitglieder der Kommission.

Die Weigerung eines Mitgliedes, an der Abstimmung teilzunehmen, muß im Protokoll festgestellt werden.

Artikel 31

Die Sitzungen der Kommission sind nur dann öffentlich und die Protokolle und Urkunden der Untersuchung werden nur dann veröffentlicht, wenn ein Beschluß der Kommission mit Zustimmung der Parteien dahin ergeht.

Artikel 32

Nachdem die Parteien alle Aufklärungen und Beweise vorgetragen haben und nachdem alle Zeugen vernommen worden sind, spricht der Vorsitzende den Schluß der Untersuchung aus; die Kommission vertagt sich, um ihren Bericht zu beraten und abzufassen.

Artikel 33

Der Bericht wird von allen Mitgliedern der Kommission unterzeichnet.

Verweigert ein Mitglied seine Unterschrift, so wird dies vermerkt; der Bericht bleibt gleichwohl gültig.

Artikel 34

Der Bericht der Kommission wird in öffentlicher Sitzung in Gegenwart oder nach gehöriger Ladung der Vertreter und Rechtsbeistände der Parteien verlesen.

Jeder Partei wird eine Ausfertigung des Berichtes zugestellt.

Artikel 35

Der Bericht der Kommission, der sich auf die Feststellung der Tatsachen beschränkt, hat in keiner Weise die Bedeutung eines Schiedsspruches. Er läßt den Parteien volle Freiheit in Ansehung der Folge, die dieser Feststellung zu geben ist.

Artikel 36

Jede Partei trägt ihre eigenen Kosten selbst und die Kosten der Kommission zu gleichem Anteile.

Vierter Titel.
Internationale Schiedssprechung.

Erstes Kapitel.
Schiedswesen.

Artikel 37

Die internationale Schiedssprechung hat zum Gegenstande die Erledigung von Streitigkeiten zwischen den Staaten durch Richter ihrer Wahl auf Grund der Achtung vor dem Rechte.

Die Anrufung der Schiedssprechung schließt die Verpflichtung in sich, sich nach Treu und Glauben dem Schiedsspruche zu unterwerfen.

Artikel 38

In Rechtsfragen und in erster Linie in Fragen der Auslegung oder der Anwendung internationaler Übereinkommen wird die Schiedssprechung von den Vertragsmächten als das wirksamste und zugleich der Billigkeit an meisten entsprechende Mittel anerkannt, um die Streitigkeiten zu erledigen, die nicht auf diplomatischem Wege geschlichtet worden sind.

Demzufolge wäre es wünschenswert, daß bei Streitigkeiten über die vorerwähnten Fragen die Vertragsmächte eintretendenfalls die Schiedssprechung anrufen, soweit es die Umstände gestatten.

Artikel 39

Schiedsübereinkommen werden für bereits entstandene oder für etwa entstehende Streitverhältnisse abgeschlossen.

Sie können sich auf alle Streitigkeiten oder nur auf Streitigkeiten einer bestimmten Art beziehen.

Artikel 40

Unabhängig von den allgemeinen oder besonderen Verträgen, die schon jetzt den Vertragsmächten die Verpflichtung zur Anrufung der Schiedssprechung auferlegen, behalten diese Mächte sich vor, neue allgemeine oder besondere Vereinbarungen abzuschließen, um die obligatorische Schiedssprechung auf alle Fälle auszudehnen, die ihr nach ihrer Ansicht unterworfen werden können.

Zweites Kapitel.
Ständiger Schiedshof.

Artikel 41

Um die unmittelbare Anrufung der Schiedssprechung für die internationalen Streitfragen zu erleichtern, die nicht auf diplomatischem Wege haben erledigt werden können, machen sich die Vertragsmächte anheischig, den Ständigen Schiedshof, der jederzeit zugänglich ist und, unbeschadet anderweitiger Abmachung der Parteien, nach Maßgabe der in diesem Übereinkommen enthaltenen Bestimmungen über das Verfahren tätig wird, in der ihm von der Ersten Friedenskonferenz gegebenen Einrichtung zu erhalten.

Artikel 42

Der Ständige Schiedshof ist für alle Schiedsfälle zuständig, sofern nicht zwischen den Parteien über die Einsetzung eines besonderen Schiedsgerichtes Einverständnis besteht.

Artikel 43

Der Ständige Schiedshof hat seinen Sitz im Haag.

Ein Internationales Bureau dient dem Schiedshofe als Kanzlei. Er vermittelt die auf den Zusammentritt des Schiedshofes sich beziehenden Mitteilungen; es hat das Archiv unter seiner Obhut und besorgt alle Verwaltungsgeschäfte.

Die Vertragsmächte machen sich anheischig, dem Bureau möglichst bald eine beglaubigte Abschrift einer jeden zwischen ihnen getroffenen Schiedsabmachung sowie eines jeden Schiedsspruches mitzuteilen, der sie betrifft und durch besondere Schiedsgerichte erlassen ist.

Sie machen sich anheischig, dem Bureau ebenso die Gesetze, allgemeinen Anordnungen und Urkunden mitzuteilen, die gegebenenfalls die Vollziehung der von dem Schiedshofe erlassenen Sprüche dartun.

Artikel 44

Jede Vertragsmacht benennt höchstens vier Personen von anerkannter Sachkunde in Fragen des Völkerrechtes, die sich der höchsten sittlichen Achtung erfreuen und bereit sind, ein Schiedsrichteramt zu übernehmen.

Die so benannten Personen sollen unter dem Titel von Mitgliedern des Schiedshofes in eine Liste eingetragen werden; diese soll allen Vertragsmächten durch das Bureau mitgeteilt werden.

Jede Änderung in der Liste der Schiedsrichter wird durch das Bureau zur Kenntnis der Vertragsmächte gebracht.

Zwei oder mehrere Mächte können sich über die gemeinschaftliche Benennung eines Mitgliedes oder mehrerer Mitglieder verständigen.

Dieselbe Person kann von verschiedenen Mächten benannt werden.

Die Mitglieder des Schiedshofes werden für einen Zeitraum von sechs Jahren ernannt. Ihre Wiederernennung ist zulässig.

Im Falle des Todes oder des Rücktrittes eines Mitgliedes des Schiedshofes geschieht sein Ersatz in der für seine Ernennung vorgesehenen Weise und für einen neuen Zeitraum von sechs Jahren.

Artikel 45

Wollen die Vertragsmächte sich zur Erledigung einer unter ihnen entstandenen Streitfrage an den Schiedshof wenden, so muß die Auswahl der Schiedsrichter, welche berufen sind, das für die Entscheidung dieser Streitfrage zuständige Schiedsgericht zu bilden, aus der Gesamtliste der Mitglieder des Schiedshofes geschehen.

Wird das Schiedsgericht nicht durch Verständigung der Parteien gebildet, so ist in folgender Weise zu verfahren:

Jede Partei ernennt zwei Schiedsrichter, von denen nur einer ihr Staatsangehöriger sein oder unter den von ihr benannten Mitgliedern des Ständigen Schiedshofes ausgewählt werden darf. Diese Schiedsrichter wählen gemeinschaftlich einen Oberschiedsrichter.

Bei Stimmengleichheit wird die Wahl des Oberschiedsrichter einer dritten Macht anvertraut, über deren Bezeichnung sich die Parteien einigen.

Kommt eine Einigung hierüber nicht zustande, so bezeichnet jede Partei eine andere Macht und die Wahl des Oberschiedsrichters geschieht durch die so bezeichneten Mächte in Übereinstimmung.

Können sich diese beiden Mächte binnen zwei Monaten nicht einigen, so schlägt jede von ihnen zwei Personen vor, die aus der Liste der Mitglieder des Ständigen Schiedshofes, mit Ausnahme der von den Parteien benannten Mitglieder, genommen und nicht Staatsangehörige einer von ihnen sind. Das Los bestimmt, welche unter den so vorgeschlagenen Personen der Oberschiedsrichter sein soll.

Artikel 46

Sobald das Schiedsgericht gebildet ist, teilen die Parteien dem Bureau ihren Entschluß, sich an den Schiedshof zu wenden, den Wortlaut ihres Schiedsvertrages und die Namen der Schiedsrichter mit.

Das Bureau gibt unverzüglich jedem Schiedsrichter den Schiedsvertrag und die Namen der übrigen Mitglieder des Schiedsgerichtes bekannt.

Das Schiedsgericht tritt an dem von den Parteien festgesetzten Tage zusammen. Das Bureau sorgt für seine Unterbringung.

Die Mitglieder des Schiedsgerichtes genießen während der Ausübung ihres Amtes und außerhalb ihres Heimatlandes die diplomatischen Vorrechte und Befreiungen.

Artikel 47

Das Bureau ist ermächtigt, seine Geschäftsräume und seine Einrichtung den Vertragsmächten für die Tätigkeit eines jeden besonderen Schiedsgerichtes zur Verfügung zu stellen.

Die Schiedsgerichtsbarkeit des Ständigen Schiedshofes kann unter den durch die allgemeinen Anordnungen festgesetzten Bedingungen auf Streitigkeiten zwischen anderen Mächten als Vertragsmächten oder zwischen Vertragsmächten und anderen Mächten erstreckt werden, wenn die Parteien übereingekommen sind, diese Schiedsgerichtsbarkeit anzurufen.

Artikel 48

Die Vertragsmächte betrachten es als Pficht, in dem Falle, da ein ernsthafter Streit zwischen zwei oder mehreren von ihnen auszubrechen droht, diese daran zu erinnern, daß ihnen der Ständige Schiedshof offen steht.

Sie erklären demzufolge, daß die Handlung, womit den im Streite befindlichen Teilen die Bestimmungen dieses Übereinkommens in Erinnerung gebracht werden, und der im höheren Interesse des Friedens erteilte Rat, sich an den Ständigen Schiedshof zu wenden, immer nur als Betätigung guter Dienste angesehen werden dürfen.

Im Falle eines Streites zwischen zwei Mächten kann stets eine jede von ihnen an das Internationale Bureau eine Note richten, worin sie erklärt, daß sie bereit sei, den Streitfall einer Schiedssprechung zu unterbreiten.

Das Bureau hat die Erklärung sogleich zur Kenntnis der anderen Macht zu bringen.

Artikel 49

Der Ständige Verwaltungsrat, der aus den im Haag beglaubigten diplomatischen Vertretern der Vertragsmächte und dem niederländischen Minister der Auswärtigen Angelegenheiten als Vorsitzenden besteht, hat das Internationale Bureau unter seiner Leitung und Aufsicht.

Der Verwaltungsrat erläßt seine Geschäftsordnung sowie alle sonst notwendigen allgemeinen Anordnungen.

Er entscheidet alle Verwaltungsfragen die sich etwa in Beziehung auf den Geschäftsbetrieb des Schiedshofes ergeben.

Er hat volle Befugnis, die Beamten und Angestellten des Bureaus zu ernennen, ihres Dienstes vorläufig zu entheben oder zu entlassen.

Er setzt die Gehälter und Löhne fest und beaufsichtigt das Kassenwesen.

Die Anwesenheit von neun Mitgliedern in den ordnungsmäßig berufenen Versammlungen genügt zur gültigen Beratung des Verwaltungsrates. Die Beschlußfassung geschieht nach Stimmenmehrheit.

Der Verwaltungsrat teilt die von ihm genehmigten allgemeinen Anordnungen unverzüglich den Vertragsmächten mit. Er legt ihnen jährlich einen Bericht vor über die Arbeiten des Schiedshofes, über den Betrieb der Verwaltungsgeschäfte und über die Ausgaben. Der Bericht enthält ferner eine Zusammenstellung des wesentlichen Inhaltes der dem Bureau von den Mächten auf Grund des Artikels 43, Abs. 3 und 4, mitgeteilten Urkunden.

Artikel 50

Die Kosten des Bureaus werden von den Vertragsmächten nach dem für das Internationale Bureau des Weltpostvereines festgestellten Verteilungsmaßstabe getragen.

Die Kosten, die den beitretenden Mächten zur Last fallen, werden von dem Tage an berechnet, wo ihr Beitritt wirksam wird.

Drittes Kapitel.

Schiedsverfahren.

Artikel 51

Um die Entwicklung der Schiedssprechung zu fördern, haben die Vertragsmächte folgende Bestimmungen festgestellt, die auf das Schiedsverfahren Anwendung finden sollen, soweit nicht die Parteien über andere Bestimmungen übereingekommen sind.

Artikel 52

Die Mächte, welche die Schiedssprechung anrufen, unterzeichnen eine Schiedsvereinbarung, worin der Streitgegenstand, die Frist für die Ernennung der Schiedsrichter, die Form, die Reihenfolge und die Fristen für die im Artikel 63 vorgesehenen Mitteilungen sowie die Höhe des von jeder Partei als Kostenvorschuß zu hinterlegenden Betrages bestimmt werden.

Die Schiedsvereinbarung bestimmt gegebenenfalls ferner die Art der Ernennung der Schiedsrichter, alle etwaigen besonderen Befugnisse des Schiedsgerichtes, dessen Sitz, die Sprache, deren es sich bedienen wird, und die Sprachen, deren Gebrauch vor ihm gestattet sein soll, sowie überhaupt alle Punkte, worüber die Parteien sich geeinigt haben.

Artikel 53

Der Ständige Schiedshof ist für die Feststellung der Schiedsvereinbarung zuständig wenn die Parteien darin einig sind, sie ihm zu überlassen.

Er ist ferner auf Antrag auch nur einer der Parteien zuständig, wenn zuvor eine Verständigung auf diplomatischem Wege vergeblich versucht worden ist und es sich handelt:

1. um einen Streitfall, der unter einen nach dem Inkrafttreten dieses Übereinkommens abgeschlossenen oder erneuerten allgemeinen Schiedsvertrag fällt, sofern dieser für jeden einzelnen Streitfall eine Schiedsvereinbarung vorsieht und deren Feststellung der Zuständigkeit des Schiedshofes weder ausdrücklich noch stillschweigend entzieht. Doch ist, wenn die Gegenpartei erklärt, daß nach ihrer Auffassung der Streitfall nicht zu den der obligatorischen Schiedssprechung unterliegenden Streitfällen gehört, die Anrufung des Schiedshofes nicht zulässig, es sei denn, daß der Schiedsvertrag dem Schiedsgerichte die Befugnis zur Entscheidung dieser Vorfrage überträgt;

2. um einen Streitfall, der aus den bei einer Macht von einer anderen Macht für deren Angehörige eingeforderten Vertragsschulden herrührt

und für dessen Beilegung das Anerbieten schiedsgerichtlicher Erledigung angenommen worden ist. Diese Bestimmung findet keine Anwendung, wenn die Annahme unter der Bedingung erfolgt ist, daß die Schiedsvereinbarung auf einem anderen Wege festgestellt werden soll.

Artikel 54

In den Fällen des vorstehenden Artikels geschieht die Feststellung der Schiedsvereinbarung durch eine Kommission von fünf Mitgliedern, welche auf die im Artikel 45, Absatz 3 bis 6, angegebene Weise bestimmt werden.

Das fünfte Mitglied ist von Rechts wegen Vorsitzender der Kommission.

Artikel 55

Das Schiedsrichteramt kann einem einzigen Schiedsrichter oder mehreren Schiedsrichtern übertragen werden, die von den Parteien nach ihrem Belieben ernannt oder von ihnen unter den Mitgliedern des durch dieses Übereinkommen festgesetzten Ständigen Schiedshofes gewählt werden.

Wird das Schiedsgericht nicht durch Verständigung der Parteien gebildet, so ist in der im Artikel 45, Absatz 3 bis 6, angegebenen Weise zu verfahren.

Artikel 56

Wird ein Souverän oder ein sonstiges Staatsoberhaupt zum Schiedsrichter gewählt, so wird das Schiedsverfahren von ihm geregelt.

Artikel 57

Der Oberschiedsrichter ist von Rechts wegen Vorsitzender des Schiedsgerichtes.

Gehört dem Schiedsgerichte kein Oberschiedsrichter an, so ernennt es selbst seinen Vorsitzenden.

Artikel 58

Im Falle der Feststellung der Schiedsvereinbarung durch eine Kommission, so wie sie im Artikel 54 vorgesehen ist, soll, unbeschadet anderweitiger Abrede, die Kommission selbst das Schiedsgericht sein.

Artikel 59

Im Falle des Todes, des Rücktrittes oder der durch irgend einen Grund verursachten Verhinderung eines der Schiedsrichter wird er in der für seine Ernennung vorgesehenen Weise ersetzt.

Artikel 60

In Ermanglung einer Bestimmung durch die Parteien hat das Schiedsgericht seinen Sitz im Haag.

Das Schiedsgericht kann seinen Sitz auf dem Gebiete einer dritten Macht nur mit deren Zustimmung haben.

Der einmal bestimmte Sitz kann von dem Schiedsgerichte nur mit Zustimmung der Parteien verlegt werden.

Artikel 61

Hat die Schiedsvereinbarung die zu gebrauchenden Sprachen nicht bestimmt, so wird darüber durch das Schiedsgericht entschieden.

Artikel 62

Die Parteien haben das Recht, bei dem Schiedsgerichte besondere Vertreter zu ernennen mit der Aufgabe, zwischen ihnen und dem Schiedsgerichte als Mittelspersonen zu dienen.

Sie sind außerdem berechtigt, mit der Wahrnehmung ihrer Rechte und Interessen vor dem Schiedsgerichte Rechtsbeistände oder Anwälte zu betrauen, die zu diesem Zwecke von ihnen bestellt werden.

Die Mitglieder des Ständigen Schiedshofes dürfen als Vertreter, Rechtsbeistände oder Anwälte nur zugunsten der Macht tätig sein, die sie zu Mitgliedern des Schiedshofes ernannt hat.

Artikel 63

Das Schiedsverfahren zerfällt regelmäßig in zwei gesonderte Abschnitte: das schriftliche Vorverfahren und die Verhandlung.

Das schriftliche Vorverfahren besteht in der von den betreffenden Vertretern an die Mitglieder des Schiedsgerichtes und an die Gegenpartei zu machenden Mitteilung der Schriftsätze, der Gegenschriftsätze und der etwa weiter erforderlichen Rückäußerungen; die Parteien fügen alle in der Sache in Bezug genommenen Aktenstücke und Urkunden bei. Diese Mitteilungen geschehen unmittelbar oder durch Vermittlung des Internationalen Bureaus in der Reihenfolge und in den Fristen, wie solche durch den Schiedsvertrag bestimmt sind.

Die in der Schiedsvereinbarung festgesetzten Fristen können verlängert werden durch Übereinkommen der Parteien oder durch das Schiedsgericht, wenn dieses es für notwendig erachtet, um zu einer gerechten Entscheidung zu gelangen.

Die Verhandlung besteht in dem mündlichen Vortrage der Rechtsbehelfe der Parteien vor dem Schiedsgerichte.

Artikel 64

Jedes von einer Partei vorgelegte Schriftstück muß der anderen Partei in beglaubigter Abschrift mitgeteilt werden.

Artikel 65

Abgesehen von besonderen Umständen tritt das Schiedsgericht erst nach dem Schlusse des Vorverfahrens zusammen.

Artikel 66

Die Verhandlung wird vom Vorsitzenden geleitet.

Sie ist öffentlich nur, wenn ein Beschluß des Schiedsgerichtes mit Zustimmung der Parteien dahin ergeht.

Über die Verhandlung wird von Sekretären, die der Vorsitzende ernennt, ein Protokoll aufgenommen. Dieses Protokoll wird vom Vorsitzenden und einem der Sekretäre unterzeichnet; es hat allein öffentliche Beweiskraft.

Artikel 67

Nach dem Schlusse des Vorverfahrens ist das Schiedsgericht befugt, alle neuen Aktenstücke oder Urkunden von der Verhandlung auszuschließen, die ihm etwa eine Partei ohne Einwilligung der anderen vorlegen will.

Artikel 68

Dem Schiedsgerichte steht es jedoch frei, neue Aktenstücke oder Urkunden, auf welche etwa die Vertreter oder Rechtsbeistände der Parteien seine Aufmerksamkeit lenken, in Betracht zu ziehen.

In diesem Falle ist das Schiedsgericht befugt, die Vorlegung dieser Aktenstücke oder Urkunden zu verlangen, unbeschadet der Verpflichtung, der Gegenpartei davon Kenntnis zu geben.

Artikel 69

Das Schiedsgericht kann außerdem von den Vertretern der Parteien die Vorlegung aller nötigen Aktenstücke verlangen und alle nötigen Aufklärungen fordern. Im Falle der Verweigerung nimmt das Schiedsgericht von ihr Kenntnis.

Artikel 70

Die Vertreter und die Rechtsbeistände der Parteien sind befugt, beim Schiedsgerichte mündlich alle Rechtsbehelfe vorzubringen, die sie zur Verteidigung ihrer Sache für nützlich halten.

Artikel 71

Sie haben das Recht, Einreden sowie einen Zwischenstreit zu erheben. Die Entscheidungen des Schiedsgerichtes über diese Punkte sind endgültig und können zu weiteren Erörterungen nicht Anlaß geben.

Artikel 72

Die Mitglieder des Schiedsgerichtes sind befugt, an die Vertreter und die Rechtsbeistände der Parteien Fragen zu richten und von ihnen Aufklärungen über zweifelhafte Punkte zu fordern.

Weder die gestellten Fragen noch die von Mitgliedern des Schiedsgerichtes im Laufe der Verhandlung gemachten Bemerkungen dürfen als Ausdruck der Meinung des ganzen Schiedsgerichtes oder seiner einzelnen Mitglieder angesehen werden.

Artikel 73

Das Schiedsgericht ist befugt, seine Zuständigkeit zu bestimmen, indem es die Schiedsvereinbarung sowie die sonstigen Akten und Urkunden, die für den Gegenstand angeführt werden können, auslegt und die Grundsätze des Rechtes anwendet.

Artikel 74

Dem Schiedsgerichte steht es zu, zur Leitung der Streitsache Anordnungen über das Verfahren zu erlassen, die Formen, die Reihenfolge und die Fristen zu bestimmen, in denen jede Partei ihre Schlußanträge zu stellen hat, und zu allen Förmlichkeiten zu schreiten, welche die Beweisaufnahme mit sich bringt.

Artikel 75

Die Parteien verpflichten sich, dem Schiedsgerichte in dem weitesten Umfange, den sie für möglich halten, alle für die Entscheidung der Streitigkeit notwendigen Mittel zu gewähren.

Artikel 76

Das Schiedsgericht wird sich zur Bewirkung aller Zustellungen, die es im Gebiete einer dritten Vertragsmacht herbeizuführen hat, unmittelbar an die Regierung dieser Macht wenden. Das gleiche gilt, wenn es sich um die Herbeiführung irgendwelcher Beweisaufnahmen an Ort und Stelle handelt.

Die zu diesem Zwecke erlassenen Ersuchen sind nach Maßgabe derjenigen Mittel zu erledigen, über welche die ersuchte Macht nach ihrer inneren Gesetzgebung verfügt. Sie können nur abgelehnt werden, wenn diese Macht sie für geeignet hält, ihre Hoheitsrechte oder ihre Sicherheit zu gefährden.

Auch steht dem Schiedsgerichte stets frei, die Vermittlung der Macht in Anspruch zu nehmen, in deren Gebiete es seinen Sitz hat.

Artikel 77

Nachdem die Vertreter und die Rechtsbeistände der Parteien alle Aufklärungen und Beweise zugunsten ihrer Sache vorgetragen haben, spricht der Vorsitzende den Schluß der Verhandlung aus.

Artikel 78

Die Beratung des Schiedsgerichtes ist nicht öffentlich und bleibt geheim.

Jede Entscheidung ergeht nach der Mehrheit der Mitglieder des Schiedsgerichtes.

Artikel 79

Der Schiedsspruch ist mit Gründen zu versehen. Er enthält die Namen der Schiedsrichter und wird von dem Vorsitzenden und dem Bureauvorstande oder dem dessen Geschäfte versehenden Sekretär unterzeichnet.

Artikel 80

Der Schiedsspruch wird in öffentlicher Sitzung des Schiedsgerichtes in Gegenwart oder nach gehöriger Ladung der Vertreter und Rechtsbeistände der Parteien verlesen.

Artikel 81

Der gehörig verkündete und den Vertretern der Parteien zugestellte Schiedsspruch entscheidet das Streitverhältnis endgültig und mit Ausschließung der Berufung.

Artikel 82

Alle Streitfragen, die etwa zwischen den Parteien wegen der Auslegung und der Ausführung des Schiedsspruches entstehen, unterliegen, unbeschadet anderweitiger Abrede, der Beurteilung des Schiedsgerichtes, das den Spruch erlassen hat.

Artikel 83

Die Parteien können sich in der Schiedsvereinbarung vorbehalten, die Nachprüfung (Revision) des Schiedsspruches zu beantragen.

Der Antrag muß in diesem Falle, unbeschadet anderweitiger Abmachung, bei dem Schiedsgerichte angebracht werden, das den Spruch erlassen hat. Er kann nur auf die Ermittlung einer neuen Tatsache gegründet werden, die einen entscheidenden Einfluß auf den Spruch auszuüben geeignet gewesen wäre und bei Schluß der Verhandlung dem Schiedsgerichte selbst und der Partei, welche die Nachprüfung beantragt hat, unbekannt war.

Das Nachprüfungsverfahren kann nur durch einen Beschluß des Schiedsgerichtes eröffnet werden, der das Vorhandensein der neuen Tatsache ausdrücklich feststellt, ihr die im vorstehenden Absatze bezeichneten Merkmale zuerkennt und den Antrag insoweit für zulässig erklärt.

Die Schiedsvereinbarung bestimmt die Frist, innerhalb welcher der Nachprüfungsantrag gestellt werden muß.

Artikel 84

Der Schiedsspruch bindet nur die streitenden Parteien.

Wenn es sich um die Auslegung eines Übereinkommens handelt, an dem sich noch andere Mächte beteiligt haben, als die streitenden Teile, so benachrichtigen diese rechtzeitig alle Signatarmächte. Jede dieser Mächte hat das Recht, sich an der Streitsache zu beteiligen. Wenn eine oder mehrere von ihnen von dieser Berechtigung Gebrauch gemacht haben, so ist die in dem Schiedsspruch enthaltene Auslegung auch in Ansehung ihrer bindend.

Artikel 85

Jede Partei trägt ihre eigenen Kosten selbst und die Kosten des Schiedsgerichtes zu gleichem Anteile.

Viertes Kapitel.

Abgekürztes Schiedsverfahren.

Artikel 86

Um die Betätigung des Schiedswesens bei Streitigkeiten zu erleichtern, die ihrer Natur nach ein abgekürztes Verfahren gestatten, stellen die Vertragsmächte die nachstehenden Regeln auf, die befolgt werden sollen, soweit nicht abweichende Abmachungen bestehen, und unter dem Vorbehalte, daß geeigneten Falles die nicht widersprechenden Bestimmungen des dritten Kapitels zur Anwendung kommen.

Artikel 87

Jede der streitenden Parteien ernennt einen Schiedsrichter. Die beiden so bestellten Schiedsrichter wählen einen Oberschiedsrichter. Wenn sie sich hierüber nicht einigen, so schlägt jeder zwei Personen vor, die aus der allgemeinen Liste der Mitglieder des Ständigen Schiedshofes, mit Ausnahme der von den Parteien selbst benannten Mitglieder, genommen und nicht Staatsangehörige einer von ihnen sind; das Los bestimmt, welche unter den so vorgeschlagenen Personen der Oberschiedsrichter sein soll.

Der Oberschiedsrichter sitzt dem Schiedsgerichte vor, das seine Entscheidungen nach Stimmenmehrheit fällt.

Artikel 88

In Ermangelung einer vorherigen Vereinbarung bestimmt das Schiedsgericht, sobald es gebildet ist, die Frist, binnen welcher ihm die beiden Parteien ihre Schriftsätze einreichen müssen.

Artikel 89

Jede Partei wird vor dem Schiedsgerichte durch einen Vertreter vertreten; dieser dient als Mittelsperson zwischen dem Schiedsgerichte und der Regierung, die ihn bestellt hat.

Artikel 90

Das Verfahren ist ausschließlich schriftlich. Doch hat jede Partei das Recht; das Erscheinen von Zeugen und Sachverständigen zu verlangen. Das Schiedsgericht ist seinerseits befugt, von den Vertretern der beiden Parteien sowie von den Sachverständigen und Zeugen, deren Erscheinen es für nützlich hält, mündliche Aufklärungen zu verlangen.

Fünfter Titel.

Schlußbestimmungen.

Artikel 91

Dieses Übereinkommen tritt nach seiner Ratifikation für die Beziehungen zwischen den Vertragsmächten an die Stelle des Übereinkommens zur friedlichen Erledigung internationaler Streitfälle vom 29. Juli 1899.

Artikel 92

Dieses Übereinkommen soll möglichst bald ratifiziert werden. Die Ratifikationsurkunden sollen im Haag hinterlegt werden.

Die erste Hinterlegung von Ratifikationsurkunden wird durch ein Protokoll festgestellt, das von den Vertretern der daran teilnehmenden Mächte und von dem niederländischen Minister der Auswärtigen Angelegenheiten unterzeichnet wird.

Die späteren Hinterlegungen von Ratifikationsurkunden geschehen mittels einer schriftlichen, an die Regierung der Niederlande gerichteten Anzeige, der die Ratifikationsurkunde beizufügen ist.

Beglaubigte Abschriften des Protokolls über die erste Hinterlegung von Ratifikationsurkunden, der im vorstehenden Absatze erwähnten Anzeigen sowie der Ratifikationsurkunden werden durch die Regierung der Niederlande den zur Zweiten Friedenskonferenz eingeladenen Mächten sowie den anderen Mächten, die dem Übereinkommen beigetreten sind, auf diplomatischem Wege unverzüglich mitgeteilt werden. In den Fällen des vorstehenden Absatzes wird die bezeichnete Regierung ihnen zugleich bekanntgeben, an welchem Tage sie die Anzeige erhalten hat.

Artikel 93

Die Mächte, die zur Zweiten Friedenskonferenz eingeladen worden sind, dieses Übereinkommen aber nicht unterzeichnet haben, können ihm später beitreten.

Die Macht, die beizutreten wünscht, hat ihre Absicht der Regierung der Niederlande schriftlich anzuzeigen und ihr dabei die Beitrittsurkunde zu übersenden, die im Archiv der bezeichneten Regierung hinterlegt werden wird.

Diese Regierung wird unverzüglich allen anderen zur Zweiten Friedenskonferenz eingeladenen Mächten beglaubigte Abschriften der Anzeige sowie der Beitrittsurkunde übersenden und zugleich angeben, an welchem Tage sie die Anzeige erhalten hat.

Artikel 94

Die Bedingungen, unter denen die zur Zweiten Friedenskonferenz nicht eingeladenen Mächte diesem Übereinkommen beitreten können, sollen den Gegenstand einer späteren Verständigung zwischen den Vertragsmächten bilden.

Artikel 95

Dieses Übereinkommen wird wirksam für die Mächte, die an der ersten Hinterlegung von Ratifikationsurkunden teilgenommen haben, sechzig Tage nach dem Tage, an dem das Protokoll über diese Hinterlegung aufgenommen ist, und für die später ratifizierenden oder beitretenden Mächte sechzig Tage, nachdem die Regierung der Niederlande die Anzeige von ihrer Ratifikation oder von ihrem Beitritte erhalten hat.

Artikel 96

Sollte einer der Vertragsmächte dieses Übereinkommen kündigen wollen, so soll die Kündigung schriftlich der Regierung der Niederlande erklärt werden, die unverzüglich beglaubigte Abschriften der Erklärung allen anderen Mächten mitteilt und ihnen zugleich bekanntgibt, an welchem Tage sie die Erklärung erhalten hat.

Die Kündigung soll nur in Ansehung der Macht wirksam sein, die sie erklärt hat, und erst ein Jahr, nachdem die Erklärung bei der Regierung der Niederlande eingegangen ist.

Artikel 97

Ein im niederländischen Ministerium der Auswärtigen Angelegenheiten geführtes Register soll den Tag der gemäß Artikel 92 Abs. 3 und 4, vorgenommenen Hinterlegung von Ratifikationsurkunden angeben sowie den Tag, an dem die Anzeigen von dem Beitritte (Artikel 93, Abs. 2) oder von der Kündigung (Artikel 96, Abs. 1) eingegangen sind.

Jede Vertragsmacht hat das Recht, in dieses Register Einsicht zu nehmen und beglaubigte Auszüge daraus zu verlangen.

Zu Urkund dessen haben die Bevollmächtigten dieses Übereinkommen mit ihren Unterschriften versehen.

Geschehen im Haag, am achtzehnten Oktober neunzehnhundertsieben in einer einzigen Ausfertigung, die im Archiv der Regierung der Niederlande hinterlegt bleiben soll und wovon beglaubigte Abschriften den Vertragsmächten auf diplomatischem Wege übergeben werden sollen.

6/2. Die friedliche Beilegung von Streitigkeiten zwischen Staaten

A/RES/37/10 (15. November 1982)

Resolution 37/10. der UN-Generalversammlung (1982)

Die Generalversammlung,

nach Prüfung des Punkts „Die friedliche Beilegung von Streitigkeiten zwischen Staaten",

unter Hinweis auf ihre Resolutionen 34/102 vom 14. Dezember 1979, 35/160 vom 15. Dezember 1980 und 36/110 vom 10. Dezember 1981,

erneut erklärend, dass äußerste Anstrengungen unternommen werden müssen, um alle Konflikte und Streitigkeiten zwischen Staaten ausschließlich auf friedlichem Wege beizulegen und alle militärischen Aktionen und Feindseligkeiten zu vermeiden, durch welche die Lösung dieser Konflikte und Streitigkeiten nur noch erschwert wird,

in der Auffassung, dass die Frage der friedlichen Beilegung von Streitigkeiten eines der Hauptanliegen der Staaten und der Vereinten Nationen sein sollte und dass die Bemühungen um eine Stärkung des Prozesses der friedlichen Streitbeilegung fortgesetzt werden sollten,

in der Überzeugung, dass die Verabschiedung der Erklärung von Manila über die friedliche Beilegung von internationalen Streitigkeiten zu einer besseren Befolgung des Grundsatzes der friedlichen Beilegung von Streitigkeiten in den Beziehungen der Staaten untereinander führen sollte und einen Beitrag zur Beseitigung der Gefahr der Anwendung oder Androhung von Gewalt, zum Abbau internationaler Spannungen und zur Förderung einer Politik der Zusammenarbeit und des Friedens sowie der Achtung vor der Unabhängigkeit und Souveränität aller Staaten, zur Stärkung der Rolle der Vereinten Nationen bei der Verhinderung und friedlichen Beilegung von Konflikten und somit zur Festigung des Weltfriedens und der internationalen Sicherheit leisten wird,

in der Auffassung, dass für eine weite Verbreitung des Textes der Erklärung gesorgt werden muss,

1. *billigt* die Erklärung von Manila über die friedliche Beilegung von internationalen Streitigkeiten, deren Wortlaut im Anhang zu dieser Resolution wiedergegeben ist;

2. *dankt* dem Sonderausschuss für die Charta der Vereinten Nationen und die Stärkung der Rolle der Organisation für seinen wichtigen Beitrag zur Ausarbeitung des Wortlauts der Erklärung;

3. *ersucht* den Generalsekretär, die Regierungen der Mitgliedstaaten der Vereinten Nationen und der Sonderorganisationen, den Sicherheitsrat und den Internationalen Gerichtshof von der Verabschiedung der Erklärung in Kenntnis zu setzen;

4. *bittet eindringlich darum*, dass keine Anstrengungen gescheut werden, damit diese Erklärung allgemein bekannt gemacht und uneingeschränkt befolgt und angewendet wird.

68. Plenarsitzung
15. November 1982

ANHANG

Erklärung von Manila über die friedliche Beilegung von Internationalen Streitigkeiten

Die Generalversammlung,

in Bekräftigung des Grundsatzes der Charta der Vereinten Nationen, wonach alle Staaten ihre internationalen Streitigkeiten mit friedlichen Mitteln so beilegen, dass der Weltfriede, die internationale Sicherheit und die Gerechtigkeit nicht gefährdet werden,

im Bewusstsein dessen, dass die Charta der Vereinten Nationen die Mittel und einen grundsätzlichen Rahmen für die friedliche Beilegung der internationalen Streitigkeiten enthält, deren Fortdauer sehr leicht die Wahrung des Weltfriedens und der internationalen Sicherheit gefährden kann,

in Anerkennung der wichtigen Rolle der Vereinten Nationen und der Notwendigkeit einer Stärkung ihrer Wirksamkeit bei der friedlichen Beilegung internationaler Streitigkeiten und bei der Wahrung des Weltfriedens und der internationalen Sicherheit nach den Grundsätzen der Gerechtigkeit und des Völkerrechts im Einklang mit der Charta der Vereinten Nationen,

in Bekräftigung des Grundsatzes der Charta der Vereinten Nationen, wonach alle Staaten in ihren internationalen Beziehungen jede gegen die territoriale Unversehrtheit oder die politische Unabhängigkeit eines Staates gerichtete oder sonst mit den Zielen der Vereinten Nationen unvereinbare Androhung oder Anwendung von Gewalt unterlassen,

erneut erklärend, dass kein Staat beziehungsweise keine Gruppe von Staaten das Recht hat, sich aus irgendeinem Grund direkt oder indirekt in die inneren oder äußeren Angelegenheiten irgendeines anderen Staates einzumischen,

in Bekräftigung der Erklärung über völkerrechtliche Grundsätze für freundschaftliche Beziehungen und Zusammenarbeit zwischen Staaten im Sinne der Charta der Vereinten Nationen[1)],

[1)] *Resolution 2625 (XXV), Anhang.*

eingedenk der Bedeutung der Erhaltung und Stärkung des Weltfriedens und der internationalen Sicherheit sowie der Entwicklung freundschaftlicher Beziehungen zwischen Staaten unabhängig von ihrem politischen, wirtschaftlichen und gesellschaftlichen System oder ihrem wirtschaftlichen Entwicklungsstand,

in Bekräftigung des in der Charta der Vereinten Nationen verankerten Grundsatzes der Gleichberechtigung und des Selbstbestimmungsrechts der Völker, auf den auch die Erklärung über völkerrechtliche Grundsätze für freundschaftliche Beziehungen und Zusammenarbeit zwischen Staaten im Sinne der Charta der Vereinten Nationen sowie andere diesbezügliche Resolutionen der Generalversammlung Bezug nehmen,

unter Hervorhebung der Notwendigkeit, dass alle Staaten jegliche gewaltsame Maßnahmen unterlassen, die andere Völker, insbesondere wenn sie kolonialen und rassistischen Regimen beziehungsweise anderen Formen der Fremdherrschaft unterworfen sind, ihres unveräußerlichen Rechts auf Selbstbestimmung, Freiheit und Unabhängigkeit beraubt, eines Rechts, auf das in der Erklärung über völkerrechtliche Grundsätze für freundschaftliche Beziehungen und Zusammenarbeit zwischen Staaten im Sinne der Charta der Vereinten Nationen hingewiesen wird,

eingedenk der bestehenden internationalen Instrumente sowie der entsprechenden Grundsätze und Regeln über die friedliche Beilegung internationaler Streitigkeiten, darunter auch, wo immer dieser Fall vorliegt, über die Ausschöpfung interner Abhilfemaßnahmen,

entschlossen, die internationale Zusammenarbeit im politischen Bereich zu fördern und die schrittweise Weiterentwicklung des Völkerrechts und dessen Kodifizierung zu unterstützen, insbesondere soweit sich dieses auf die friedliche Beilegung von internationalen Streitigkeiten bezieht,

erklärt feierlich:

I

1.. Alle Staaten bemühen sich in redlicher Absicht und im Einklang mit den in der Charta der Vereinten Nationen niedergelegten Zielen und Grundsätzen, Streitigkeiten untereinander zu vermeiden, die sich auf die freundschaftlichen Beziehungen zwischen Staaten auswirken könnten, und tragen somit zur Wahrung des Weltfriedens und der internationalen Sicherheit bei. Sie leben als gute Nachbarn miteinander in Frieden und sind bestrebt, geeignete Maßnahmen zur Festigung des Weltfriedens und der internationalen Sicherheit zu ergreifen.

2. Jeder Staat legt seine internationalen Streitigkeiten ausschließlich durch friedliche Mittel so bei, dass der Weltfriede, die internationale Sicherheit und die Gerechtigkeit nicht gefährdet werden.

3. Internationale Streitigkeiten werden auf der Grundlage der souveränen Gleichheit der Staaten und im Einklang mit dem Grundsatz der freien Wahl der Mittel im Einklang mit den auf Grund der Charta der Vereinten Nationen eingegangenen Verpflichtungen sowie den Grundsätzen der Gerechtigkeit und des Völkerrechts beigelegt. Die Inanspruchnahme eines von den Staaten freiwillig vereinbarten Verfahrens zur Beilegung bestehender beziehungsweise künftiger Streitigkeiten, an denen diese Staaten beteiligt sind, beziehungsweise die Zustimmung zu einem derartigen Verfahren, gilt nicht als unvereinbar mit der souveränen Gleichheit von Staaten.

4. Staaten, die Parteien eines Streitfalls sind, halten sich bei ihren gegenseitigen Beziehungen weiterhin an ihre Verpflichtungen aufgrund der fundamentalen völkerrechtlichen Grundsätze der Souveränität, Unabhängigkeit und territorialen Integrität von Staaten sowie der sonstigen allgemein anerkannten Grundsätze und Regeln des gegenwärtigen Völkerrechts.

5. Die Staaten bemühen sich in redlicher Absicht und im Geist der Zusammenarbeit auf einem der folgenden Wege um eine baldige und gerechte Beilegung ihrer internationalen Streitigkeiten: durch Verhandlung, Untersuchung, Vermittlung, Vergleich, Schiedsspruch, gerichtliche Regelung, Inanspruchnahme regionaler Vereinbarungen oder Organisationen oder durch andere friedliche Mittel eigener Wahl, darunter auch gute Dienste. Bei ihren Bemühungen um eine solche Beilegung einigen sich die Parteien über die den Umständen und der Natur ihrer Streitigkeit angemessenen friedlichen Mittel.

6. Staaten, die regionalen Vereinbarungen oder Organisationen angehören, bemühen sich nach besten Kräften, ihre örtlich begrenzten Streitigkeiten über diese Vereinbarungen oder Organisationen friedlich beizulegen, bevor sie den Sicherheitsrat damit befassen. Dies schließt jedoch nicht aus, dass ein Staat im Einklang mit der Charta der Vereinten Nationen die Aufmerksamkeit des Sicherheitsrats oder der Generalversammlung auf jede Streitigkeit lenken kann.

7. Gelingt es den streitenden Parteien nicht, mit einem der obengenannten Mittel eine schnelle Lösung herbeizuführen, setzen sie die Suche nach einer friedlichen Lösung fort und konsultieren einander unverzüglich über gegenseitig vereinbarte Mittel zur friedlichen Beilegung der Streitigkeit. Gelingt es den Parteien nicht, mit einem der obigen Mittel eine Streitigkeit beizulegen, deren Fortdauer die Wahrung des Weltfriedens und der internationalen Sicherheit gefährden könnte, so legen sie diese unbeschadet der in den diesbezüglichen Bestimmungen von Kapitel VI der Charta der Vereinten Nationen niedergelegten Aufgaben und Befugnissen des Rats im Einklang mit der Charta dem Sicherheitsrat vor.

8. Staaten, die Parteien einer internationalen Streitigkeit sind, sowie andere Staaten unterlassen jedwede Handlung, die die Situation in einer Weise verschärfen könnte, die die Wahrung des Weltfriedens und der internationalen Sicherheit gefährdet und die friedliche Beilegung der Streitigkeit erschwert oder behindert, und handeln dabei im Einklang mit den Zielen und Grundsätzen der Vereinten Nationen.

9. Staaten sollten den Abschluss von Abkommen zur friedlichen Beilegung ihrer Streitigkeiten in Erwägung ziehen. Sofern dies angebracht ist, sollten sie ferner in geplante bilaterale Abkommen und multilaterale Konventionen wirksame Bestimmungen zur friedlichen Beilegung von Streitigkeiten aufnehmen, die sich aus der Auslegung beziehungsweise der Anwendung derselben ergeben.

10. Unbeschadet des Rechts der freien Wahl der Mittel sollten sich die Staaten dessen bewusst sein, dass direkte Verhandlungen ein flexibles und wirksames Mittel zur friedlichen Beilegung ihrer Streitigkeiten sind. Wenn sie sich zu direkten Verhandlungen entschließen, sollten die Staaten sinnvolle Verhandlungen führen, damit rasch eine für alle Parteien annehmbare Regelung gefunden wird. Die Staaten sollten ebenso bereit sein, die Beilegung ihrer Streitigkeiten mit den anderen in dieser Erklärung genannten Mitteln anzustreben.

11. Im Einklang mit dem Völkerrecht wenden die Staaten nach Treu und Glauben alle Bestimmungen der von ihnen zur Beilegung ihrer Streitigkeiten getroffenen Abkommen an.

12. Um den betreffenden Völkern die Wahrnehmung des in der Erklärung über völkerrechtliche Grundsätze für freundschaftliche Beziehungen und Zusammenarbeit zwischen Staaten im Sinne der Charta der Vereinten Nationen erwähnten Rechts auf Selbstbestimmung zu erleichtern, haben

die an einer Streitigkeit beteiligten Parteien die Möglichkeit, zur friedlichen Beilegung der Streitigkeit – wenn sie sich darüber einig sind und dies für zweckmäßig halten – auf die in der vorliegenden Erklärung genannten hierfür in Frage kommenden Verfahren zurückzugreifen.

13. Weder das Bestehen einer Streitigkeit noch die Erfolglosigkeit eines Verfahrens zur friedlichen Streitbeilegung berechtigt irgendeine der Streitparteien zur Anwendung beziehungsweise Androhung von Gewalt.

II

1. Die Mitgliedstaaten sollten vollen Gebrauch von den Bestimmungen der Charta der Vereinten Nationen machen, darunter auch von den insbesondere in Kapitel VI vorgesehenen Verfahren und Mitteln zur friedlichen Beilegung von Streitigkeiten.
2. Die Mitgliedstaaten erfüllen nach Treu und Glauben die Verpflichtungen, die sie mit der Charta der Vereinten Nationen eingegangen sind. Sie sollten im Einklang mit der Charta gegebenenfalls die Empfehlungen des Sicherheitsrats zur friedlichen Beilegung von Streitigkeiten gebührend berücksichtigen. Ferner sollten sie im Einklang mit der Charta gegebenenfalls die von der Generalversammlung gemäß Artikel 11 und 12 der Charta zum Thema der friedlichen Beilegung von Streitigkeiten verabschiedeten Empfehlungen gebührend berücksichtigen.
3. Die Mitgliedstaaten bekräftigen die wichtige Rolle, welche die Charta der Vereinten Nationen im Bereich der friedlichen Streitbeilegung der Generalversammlung übertragen hat, und betonen, dass diese ihren Aufgaben wirksam nachkommen muss. Sie sollten daher
   a) bedenken, dass die Generalversammlung jede wie auch immer entstandene Situation erörtern kann, wenn diese nach ihrer Auffassung geeignet ist, das allgemeine Wohl oder die freundschaftlichen Beziehungen zwischen den Nationen zu beeinträchtigen, und dass die Generalversammlung vorbehaltlich von Artikel 12 der Charta Maßnahmen zu ihrer friedlichen Beilegung empfehlen kann;
   b) erwägen, ob sie, wenn ihnen dies zweckmäßig erscheint, von der Möglichkeit Gebrauch machen können, die Aufmerksamkeit der Generalversammlung auf jede Streitigkeit beziehungsweise jede Situation zu lenken, die zu internationalen Reibungen führen oder eine Streitigkeit hervorrufen könnte;
   c) zur friedlichen Beilegung ihrer Streitigkeiten die Heranziehung der Nebenorgane erwägen, die die Generalversammlung zur Erfüllung der ihr nach der Charta zufallenden Aufgaben geschaffen hat;
   d) als Parteien einer der Generalversammlung zur Kenntnis gebrachten Streitigkeit die Möglichkeit von Konsultationen im Rahmen der Versammlung erwägen, um eine rasche Beilegung ihrer Streitigkeit zu erleichtern.
4. Die Mitgliedstaaten sollten den Sicherheitsrat in seiner Rolle als hauptverantwortliches Organ stärken, damit er seinen Aufgaben im Bereich der Beilegung von Streitigkeiten beziehungsweise in jeder Situation, deren Fortdauer die Wahrung des Weltfriedens und der internationalen Sicherheit gefährden könnte, im Einklang mit der Charta der Vereinten Nationen uneingeschränkt und wirksam nachkommen kann. Zu diesem Zweck sollten sie
   a) sich voll ihrer Pflicht bewusst sein, dem Sicherheitsrat eine Streitigkeit dieser Art, in der sie Partei sind, vorzulegen, wenn es ihnen nicht gelingt, diese mit den in Artikel 33 der Charta angegebenen Mitteln beizulegen;
   b) häufiger von der Möglichkeit Gebrauch machen, die Aufmerksamkeit des Sicherheitsrats auf jede Streitigkeit beziehungsweise jede Situation zu lenken, die zu internationalen Reibungen führen oder eine Streitigkeit hervorrufen könnte;
   c) den Sicherheitsrat ermutigen, mehr Gebrauch von den in der Charta vorgesehenen Möglichkeiten zur Untersuchung von Streitigkeiten beziehungsweise Situationen zu machen, deren Fortdauer die Erhaltung des Weltfriedens und der internationalen Sicherheit gefährden könnte;
   d) erwägen, ob sie nicht im Einklang mit der Charta stärkeren Gebrauch von den Möglichkeiten des Sicherheitsrats zur Tatsachenermittlung machen können;
   e) den Sicherheitsrat ermutigen, zur Förderung der friedlichen Streitbeilegung stärkeren Gebrauch von den von ihm zur Wahrnehmung seiner Aufgaben nach der Charta eingesetzten Nebenorganen zu machen;

f) bedenken, dass der Sicherheitsrat in jedem Stadium einer Streitigkeit im Sinne von Artikel 33 der Charta oder einer Situation gleicher Art geeignete Verfahren oder Methoden für deren Bereinigung empfehlen kann;

g) den Sicherheitsrat ermutigen, im Einklang mit seinen Aufgaben und Befugnissen unverzüglich zu handeln, insbesondere in Fällen, in denen internationale Streitigkeiten in bewaffnete Konflikte ausarten.

5. Die Staaten sollten sich voll der Rolle des Internationalen Gerichtshofs bewusst sein, der das Hauptrechtssprechungsorgan der Vereinten Nationen ist. Ihre Aufmerksamkeit wird auf die Möglichkeiten zur Beilegung von Rechtsstreitigkeiten gelenkt, die der Internationale Gerichtshof, insbesondere seit der Revision seiner Verfahrensordnung, bietet.

Die Staaten können aufgrund bestehender oder künftiger Abkommen andere Gerichte mit der Beilegung ihrer Streitigkeiten befassen.

Die Staaten sollten bedenken,

a) dass Rechtsstreitigkeiten von den Parteien im Einklang mit den Bestimmungen des Statuts des Gerichtshofs im allgemeinen dem Internationalen Gerichtshof zu unterbreiten sind;

b) dass sie gut daran täten,

i) die Möglichkeit zu erwägen, in Verträge, wo immer dies angebracht ist, Klauseln aufzunehmen, wonach etwaige aus der Auslegung oder der Anwendung dieser Verträge resultierende Streitigkeiten dem Internationalen Gerichtshof zu unterbreiten sind;

ii) zu prüfen, ob sie sich in freier Ausübung ihrer Souveränität dazu entschließen können, die Zuständigkeit des Internationalen Gerichtshofs im Einklang mit Artikel 36 seines Statuts als obligatorisch anzuerkennen;

iii) immer wieder zu prüfen, ob nicht Fälle vorliegen, in denen der Internationale Gerichtshof herangezogen werden könnte.

Die Organe der Vereinten Nationen und die Sonderorganisationen sollten untersuchen, ob es ratsam ist, von der Möglichkeit Gebrauch zu machen, Gutachten des Gerichtshofs über Rechtsfragen anzufordern, die sich in ihrem Tätigkeitsbereich ergeben, sofern sie dazu ordnungsgemäß ermächtigt sind.

Die Inanspruchnahme einer gerichtlichen Regelung von Rechtsstreitigkeiten, insbesondere die Vorlage beim Internationalen Gerichtshof, sollte nicht als unfreundlicher Akt zwischen Staaten angesehen werden.

6. Der Generalsekretär sollte von den Bestimmungen der Charta der Vereinten Nationen bezüglich der ihm übertragenen Aufgaben vollen Gebrauch machen. Der Generalsekretär kann die Aufmerksamkeit des Sicherheitsrats auf jede Angelegenheit lenken, die nach seinem Dafürhalten die Wahrung des Weltfriedens und der internationalen Sicherheit gefährden könnte. Er nimmt ferner alle sonstigen Aufgaben wahr, die ihm vom Sicherheitsrat oder von der Generalversammlung übertragen werden. Wann immer dies gewünscht wird, legt er dem Sicherheitsrat oder der Generalversammlung entsprechende Berichte vor.

bittet alle Staaten *eindringlich*, die Bestimmungen dieser Erklärung bei der friedlichen Beilegung ihrer internationalen Streitigkeiten nach Treu und Glauben zu befolgen und zu fördern;

erklärt, dass diese Erklärung an keiner Stelle so ausgelegt werden darf, dass die einschlägigen Bestimmungen der Charta beziehungsweise die Rechte und Pflichten von Staaten oder der Aufgaben- und Zuständigkeitsbereich der Organe der Vereinten Nationen nach der Charta in irgendeiner Weise dadurch beeinträchtigt werden, insbesondere sofern sie mit der friedlichen Beilegung von Streitigkeiten zusammenhängen;

erklärt, dass diese Erklärung in keiner Weise das aus der Charta abgeleitete Recht auf Selbstbestimmung, Freiheit und Unabhängigkeit der Völker beeinträchtigen darf, die dieses Rechts gewaltsam beraubt worden sind und auf die in der Erklärung über völkerrechtliche Grundsätze für freundschaftliche Beziehungen und Zusammenarbeit zwischen Staaten im Sinne der Charta der Vereinten Nationen hingewiesen wird, insbesondere nicht der Völker, die kolonialen und rassistischen Regimen oder anderen Formen der Fremdherrschaft unterworfen sind, noch das Recht dieser Völker beeinträchtigen darf, im Einklang mit den Grundsätzen der Charta und gemäß der obengenannten Erklärung um dieses Ziel zu kämpfen und dabei Unterstützung zu suchen und in Anspruch zu nehmen;

betont die Notwendigkeit, im Einklang mit der Charta die Bemühungen um eine Stärkung des Prozesses der friedlichen Beilegung von Streitigkeiten durch die ständige Weiterentwicklung und gegebenenfalls Kodifizierung des Völkerrechts sowie durch die Erhöhung der Wirksamkeit der Vereinten Nationen in diesem Bereich fortzusetzen.

7/1. Vereint für den Frieden („Uniting for Peace")

A/RES/377 (V) (1950) (3. November 1950)

Resolution 377(V) (1950) der UN-Generalversammlung

A

Die Generalversammlung,

im Hinblick darauf, dass die beiden ersten in der Charta der Vereinten Nationen genannten Ziele darin bestehen,

„den Weltfrieden und die internationale Sicherheit zu wahren und zu diesem Zweck wirksame Kollektivmaßnahmen zu treffen, um Bedrohungen des Friedens zu verhüten und zu beseitigen, Angriffshandlungen und andere Friedensbrüche zu unterdrücken und internationale Streitigkeiten oder Situationen, die zu einem Friedensbruch führen könnten, durch friedliche Mittel nach den Grundsätzen der Gerechtigkeit und des Völkerrechts zu bereinigen oder beizulegen", und

„freundschaftliche, auf der Achtung vor dem Grundsatz der Gleichberechtigung und Selbstbestimmung der Völker beruhende Beziehungen zwischen den Nationen zu entwickeln und andere geeignete Maßnahmen zur Festigung des Weltfriedens zu treffen",

erneut erklärend, dass alle Mitglieder der Vereinten Nationen, wenn sie in eine internationale Streitigkeit verwickelt werden, nach wie vor zuallererst verpflichtet sind, sich um die Beilegung der Streitigkeit mit friedlichen Mitteln durch die in Kapitel VI der Charta niedergelegten Verfahren zu bemühen, sowie unter Hinweis auf die Erfolge, die die Vereinten Nationen in dieser Hinsicht in mehreren früheren Fällen erzielt haben,

feststellend, dass internationale Spannungen von bedrohlichem Ausmaß herrschen,

unter Hinweis auf ihre Resolution 290 (IV) „Grundelemente des Friedens", der zufolge die Missachtung der Grundsätze der Charta der Vereinten Nationen die Hauptursache für die Fortdauer der internationalen Spannungen ist, sowie in dem Wunsche, einen weiteren Beitrag zur Verwirklichung der Ziele jener Resolution zu leisten,

erneut erklärend, wie wichtig es ist, dass der Sicherheitsrat seine Hauptverantwortung für die Wahrung des Weltfriedens und der internationalen Sicherheit wahrnimmt, und dass es die Pflicht der ständigen Mitglieder ist, sich um Einstimmigkeit zu bemühen und im Gebrauch des Vetos Zurückhaltung zu üben,

erneut erklärend, dass die Initiative für Verhandlungen über die in Artikel 43 der Charta vorgesehenen Abkommen über Streitkräfte beim Sicherheitsrat liegt, sowie in dem Wunsche zu gewährleisten, dass den Vereinten Nationen bis zum Abschluss derartiger Abkommen Mittel zur Wahrung des Weltfriedens und der internationalen Sicherheit zur Verfügung stehen,

in dem Bewusstsein, dass das Versäumnis des Sicherheitsrats, den ihm im Namen aller Mitgliedstaaten obliegenden Verantwortlichkeiten nachzukommen, insbesondere denjenigen, die in den beiden vorstehenden Absätzen genannt werden, weder die Mitgliedstaaten von ihren Verpflichtungen noch die Vereinten Nationen von ihrer Verantwortung nach der Charta entbindet, den Weltfrieden und die internationale Sicherheit zu wahren,

insbesondere *in der Erkenntnis*, dass ein solches Versäumnis die Generalversammlung weder der Rechte beraubt noch von den Verantwortlichkeiten entbindet, die ihr durch die Charta im Hinblick auf die Wahrung des Weltfriedens und der internationalen Sicherheit übertragen werden,

in der Erkenntnis, dass die Generalversammlung zur Wahrnehmung ihrer diesbezüglichen Verantwortlichkeiten über Beobachtungsmöglichkeiten zur Feststellung der Tatsachen und zur Bloßlegung von Aggressoren verfügen muss, dass gemeinsam einsetzbare Streitkräfte vorhanden sein müssen und dass die Generalversammlung die Möglichkeit haben muss, den Mitgliedern der Vereinten Nationen rechtzeitig Kollektivmaßnahmen zu empfehlen, die, um wirksam zu sein, auch rasch sein sollen,

A

1. *trifft hiermit den Beschluss*, dass in allen Fällen, in denen eine Bedrohung oder ein Bruch des Friedens oder eine Angriffshandlung vorzuliegen scheint und in denen der Sicherheitsrat mangels Einstimmigkeit der ständigen Mitglieder seine Hauptverantwortung für die Wahrung des Weltfriedens und der internationalen Sicherheit nicht wahrnimmt, die Frage unverzüglich von der Generalversammlung behandelt wird, mit dem Ziel, den Mitgliedern geeignete Empfehlungen für Kollektivmaßnahmen zur Wahrung oder Wiederherstellung des Weltfriedens und der internationalen Sicherheit zu geben, die im Falle eines Friedensbruchs oder einer Angriffshandlung erforderlichenfalls auch den Einsatz von Waffenge-

walt einschließen können. Sollte die Generalversammlung zu dem betreffenden Zeitpunkt nicht tagen, so kann sie binnen vierundzwanzig Stunden nach einem entsprechenden Antrag zu einer Notstandssondertagung zusammentreten. Eine derartige Notstandssondertagung wird auf Antrag des Sicherheitsrats mit den Stimmen von sieben[1] Mitgliedern oder durch die Mehrheit der Mitglieder der Vereinten Nationen einberufen;

[1] Inzwischen neun (Anm. d. Übs.).

2. *verabschiedet* zu diesem Zweck die in der Anlage zu dieser Resolution enthaltenen Änderungen ihrer Geschäftsordnung;

B

3. *setzt* eine Friedensbeobachtungskommission *ein*, die in den Kalenderjahren 1951 und 1952 aus vierzehn Mitgliedern besteht, nämlich China, Frankreich, Indien, Irak, Israel, Kolumbien, Neuseeland, Pakistan, Schweden, Tschechoslowakei, Union der Sozialistischen Sowjetrepubliken, Uruguay, Vereinigtes Königreich Großbritannien und Nordirland und Vereinigte Staaten von Amerika, und die in allen Gebieten, in denen internationale Spannungen herrschen, deren Fortdauer geeignet ist, die Wahrung des Weltfriedens und der internationalen Sicherheit zu gefährden, die Situation beobachten und darüber Bericht erstatten kann. Auf Einladung oder mit Zustimmung des Staaten, in dessen Hoheitsgebiet sich die Kommission begeben würde, kann die Generalversammlung oder, falls diese nicht tagt, der Interimsausschuss sich dieser Kommission bedienen, wenn der Sicherheitsrat die ihm in der Charta zugewiesenen Aufgaben in Bezug auf die anstehende Frage nicht wahrnimmt. Beschlüsse, sich der Kommission zu bedienen, bedürfen einer Zweidrittelmehrheit der anwesenden und abstimmenden Mitglieder. Entsprechend seinen Befugnissen nach der Charta kann auch der Sicherheitsrat sich der Kommission bedienen;

4. *beschließt*, dass die Kommission befugt ist, nach ihrem Ermessen Unterkommissionen einzusetzen und die Dienste von Beobachtern heranzuziehen, die sie bei der Wahrnehmung ihrer Aufgaben unterstützen;

5. *empfiehlt* allen Regierungen und Behörden, mit der Kommission zusammenzuarbeiten und sie bei der Wahrnehmung ihrer Aufgaben zu unterstützen;

6. *ersucht* den Generalsekretär, das erforderliche Personal und die erforderlichen Einrichtungen zur Verfügung zu stellen und, wenn die Kommission dies beschließt, die in Resolution 297 B (IV) der Generalversammlung vorgesehene Gruppe von Beobachtern der Vereinten Nationen heranzuziehen;

C

7. *bittet* alle Mitglieder der Vereinten Nationen, ihre Mittel und Möglichkeiten zu überprüfen, um festzustellen, welcher Art und wie groß die Unterstützung ist, die zu leisten sie in der Lage wären, um etwaige Empfehlungen des Sicherheitsrats oder der Generalversammlung zur Wiederherstellung des Weltfriedens und der internationalen Sicherheit zu unterstützen;

8. *empfiehlt* den Mitgliedstaaten der Vereinten Nationen, innerhalb ihrer nationalen Streitkräfte Truppenteile zu unterhalten, die so ausgebildet, organisiert und ausgerüstet sind, dass sie in Übereinstimmung mit den jeweiligen verfassungsmäßigen Verfahren auf Empfehlung des Sicherheitsrats oder der Generalversammlung rasch zum Dienst als Einheit oder Einheiten der Vereinten Nationen bereitgestellt werden können, wobei der Einsatz dieser Truppenteile in Ausübung des in Artikel 51 der Charta anerkannten Rechts zur individuellen oder kollektiven Selbstverteidigung davon unberührt bleibt;

9. *bittet* die Mitglieder der Vereinten Nationen, den in Ziffer 11 vorgesehenen Ausschuss für Kollektivmaßnahmen so bald wie möglich über die Maßnahmen zu unterrichten, die sie in Durchführung der vorstehenden Ziffer ergriffen haben;

10. *ersucht* den Generalsekretär, mit Zustimmung des in Ziffer 11 vorgesehenen Ausschusses eine Gruppe von Militärsachverständigen zu ernennen, die auf entsprechenden Antrag den Mitgliedstaaten zur Verfügung gestellt werden könnten, die fachliche Beratung über Organisation, Ausbildung und Ausrüstung der in Ziffer 8 genannten Truppenteile für deren raschen Einsatz als Einheiten der Vereinten Nationen zu erhalten wünschen;

D

11. *setzt* einen Ausschuss für Kollektivmaßnahmen *ein*, der aus vierzehn Mitgliedern besteht, nämlich Ägypten, Australien, Belgien, Birma, Brasilien, Frankreich, Jugoslawien, Kanada, Mexiko, Philippinen, Türkei, Venezuela, Vereinigtes Königreich Großbritannien und Nordirland sowie Vereinigte Staaten von Amerika, und weist den Ausschuss an, im Benehmen mit dem Generalsekretär und den vom Ausschuss für geeignet befundenen Mitgliedstaaten, unter Berücksichtigung der Bestimmungen über kollektive Selbstverteidi-

gung und regionale Abmachungen (Artikel 51 und 52 der Charta), Methoden zu untersuchen – darunter auch die in Abschnitt C dieser Resolution genannten –, die zur Wahrung und Festigung des Weltfriedens und der internationalen Sicherheit gemäß den Zielen und Grundsätzen der Charta angewandt werden könnten, und dem Sicherheitsrat und der Generalversammlung spätestens bis zum 1. September 1951 darüber Bericht zu erstatten;

12. *empfiehlt* allen Mitgliedstaaten, mit dem Ausschuss zusammenzuarbeiten und ihn bei der Wahrnehmung seiner Aufgaben zu unterstützen;

13. *ersucht* den Generalsekretär, das Personal und die Einrichtungen bereitzustellen, die erforderlich sind, damit die in den Abschnitten C und D dieser Resolution genannten Ziele tatsächlich erreicht werden;

E

14. *ist sich* bei der Verabschiedung der obenstehenden Vorschläge *voll dessen bewusst*, dass ein dauerhafter Friede nicht allein durch kollektive Sicherheitsvereinbarungen gegen Brüche des Weltfriedens und Angriffshandlungen gewährleistet ist, sondern dass ein echter und dauerhafter Friede auch von der Einhaltung aller in der Charta der Vereinten Nationen niedergelegten Grundsätze und Ziele, von der Durchführung der zur Wahrung des Weltfriedens und der internationalen Sicherheit verabschiedeten Resolutionen des Sicherheitsrats, der Generalversammlung und anderer Hauptorgane der Vereinten Nationen und besonders von der Achtung und Einhaltung der Menschenrechte und Grundfreiheiten für alle und von der Schaffung und Erhaltung der Voraussetzungen für wirtschaftlichen und sozialen Wohlstand in allen Ländern abhängt; und

15. *fordert* die Mitgliedstaaten *nachdrücklich auf*, das gemeinsame Vorgehen uneingeschränkt zu beachten und in Zusammenarbeit mit den Vereinten Nationen noch zu verstärken, die allgemeine Achtung und Einhaltung der Menschenrechte und Grundfreiheiten zu entwickeln und zu fördern und einzeln und gemeinsam verstärkte Anstrengungen zu unternehmen, um Bedingungen der wirtschaftlichen Stabilität und des sozialen Fortschritts herbeizuführen, insbesondere durch die Entwicklung der unterentwickelten Länder und Gebiete.

ANLAGE

Die Geschäftsordnung der Generalversammlung wird wie folgt geändert:

1. Regel 8 wird zu Regel 8 a); ein neuer Buchstabe b) mit folgendem Wortlaut wird hinzugefügt:

„Eine Notstandssondertagung im Sinne der Resolution 377 A (V) wird binnen vierundzwanzig Stunden einberufen, nachdem ein entsprechender, mit den Stimmen von sieben[1] seiner Mitglieder beschlossener Antrag des Sicherheitsrats oder ein im Interimsausschuss oder anderweitig beschlossener Antrag der Mehrheit der Mitglieder der Vereinten Nationen beim Generalsekretär eingegangen ist oder die in Regel 9 vorgesehene Zustimmung der Mehrheit der Mitglieder erteilt wurde."

---

[1] *Inzwischen neun (Anm. d. Übs.).*

2. Regel 9 wird zu Regel 9 a); ein neuer Buchstabe b) mit folgendem Wortlaut wird hinzugefügt;

„Das gleiche gilt für den Antrag eines Mitglieds auf Einberufung einer Notstandssondertagung im Sinne der Resolution 377 A (V). In diesem Fall setzt sich der Generalsekretär auf dem schnellsten verfügbaren Weg der Nachrichtenübermittlung mit den anderen Mitgliedern in Verbindung."

3. Regel 10 wird durch Hinzufügung des folgenden Satzes geändert:

„... Den Beginn einer nach Regel 8 Buchstabe b) einberufenen Notstandssondertagung gibt der Generalsekretär den Mitgliedern der Vereinten Nationen spätestens zwölf Stunden vor Beginn der Tagung bekannt."

4. Regel 16 wird durch Hinzufügung des folgenden Satzes geändert:

„... Die vorläufige Tagesordnung einer Notstandssondertagung wird den Mitgliedern der Vereinten Nationen gleichzeitig mit der Einberufung übermittelt."

5. Regel 19 wird durch Hinzufügung des folgenden Satzes geändert:

„... Während einer Notstandssondertagung können Zusatzgegenstände, sofern sie unter die Resolution 377 A (V) fallen, mit Zweidrittelmehrheit der anwesenden und abstimmenden Mitglieder der Tagesordnung angefügt werden."

6. Vor Regel 65[2] wird eine neue Regel mit folgendem Wortlaut eingefügt:

„Ungeachtet anderer Regeln tritt die Generalversammlung, falls sie selbst nichts anderes beschließt, bei einer Notstandssondertagung nur in Plenarsitzung zusammen und beginnt unmittelbar mit der Behandlung des in dem Antrag auf Einberufung der Tagung vorgeschlagenen Gegenstands, ohne ihn vorher an den Präsidialausschuss oder einen anderen Ausschuss zu überweisen; Präsident und Vizepräsidenten der Notstandssondertagung sind die Vorsitzenden der Delegationen, aus denen der Präsident und die Vizepräsidenten der vorangegangenen Tagung gewählt wurden."

302. Plenarsitzung
3. November 1950

[2)] *Jetzt: Regel 64 (Anm. d. Übs.).*

B

Zur Wahrung des Weltfriedens und der internationalen Sicherheit in Übereinstimmung mit der Charta der Vereinten Nationen und insbesondere mit den Kapiteln V, VI und VII der Charta

empfiehlt die Generalversammlung dem Sicherheitsrat,

die erforderlichen Schritte zu unternehmen, um sicherzustellen, dass die in der Charta vorgesehenen Maßnahmen bei Bedrohung oder Bruch des Friedens oder bei Angriffshandlungen sowie zur friedlichen Beilegung von Streitigkeiten oder Situationen, die geeignet sind, die Wahrung des Weltfriedens und der internationalen Sicherheit zu gefährden, ergriffen werden;

Maßnahmen zur möglichst baldigen Anwendung der Artikel 43, 45, 46 und 47 der Charta der Vereinten Nationen auszuarbeiten, die sich auf die Bereitstellung von Streitkräften durch die Mitgliedstaaten der Vereinten Nationen an den Sicherheitsrat und auf das wirksame Funktionieren des Generalstabsausschusses beziehen;

diese Bestimmungen sollen die Generalversammlung in keiner Weise an der Erfüllung ihrer Aufgaben nach Resolution 377 A (V) hindern.

302. Plenarsitzung
3. November 1950

C

Die Generalversammlung,

in der Erkenntnis, dass die Hauptaufgabe der Organisation der Vereinten Nationen darin besteht, den Frieden, die Sicherheit und die Gerechtigkeit in den Beziehungen zwischen allen Nationen zu wahren und zu fördern,

im Hinblick auf die Verantwortlichkeit aller Mitgliedstaaten, im Einklang mit ihren Verpflichtungen aus der Charta die Sache des Weltfriedens zu fördern,

im Hinblick darauf, dass die Charta dem Sicherheitsrat die Hauptverantwortung für die Wahrung des Weltfriedens und der internationalen Sicherheit überträgt,

in Bekräftigung der Wichtigkeit der Einstimmigkeit der ständigen Mitglieder des Sicherheitsrats in allen Problemen, die den Weltfrieden bedrohen könnten,

unter Hinweis auf die Resolution 190 (III) der Generalversammlung „Aufruf an die Großmächte zu erneuten Anstrengungen zum Ausgleich ihrer Differenzen und zur Schaffung eines dauerhaften Friedens",

empfiehlt den ständigen Mitgliedern des Sicherheitsrats,

a) zusammenzutreten und gemeinsam oder auf andere Weise sowie erforderlichenfalls zusammen mit anderen beteiligten Staaten alle Probleme zu erörtern, die den Weltfrieden bedrohen und die Tätigkeit der Vereinten Nationen behindern könnten, mit dem Ziel, ihre grundlegenden Differenzen auszuräumen und eine Einigung im Einklang mit dem Geist und dem Buchstaben der Charta zu erzielen;

b) die Generalversammlung und, wenn diese nicht tagt, die Mitglieder der Vereinten Nationen zum frühesten geeigneten Zeitpunkt über die Ergebnisse ihrer Konsultationen in Kenntnis zu setzen.

302. Plenarsitzung
3. November 1950

7/2. Definition der Aggression

A/RES/3314 (XXIX) (14. Dezember 1974)

Resolution 3314 (1974) der UN-Generalversammlung, Definition der Aggression

Die Generalversammlung,

nach Behandlung des Berichts des gemäß ihrer Resolution 2330 (XXII) vom 18. Dezember 1967 eingesetzten Sonderausschusses zur Frage der Definition der Aggression über die Arbeit seiner siebenten Tagung vom 11. März bis 12. April 1974, der den vom Sonderausschuss im Konsens angenommenen und zur Verabschiedung durch die Generalversammlung empfohlenen Entwurf der Definition der Aggression enthält[1)],

zutiefst davon überzeugt, dass die Annahme der Definition der Aggression zur Stärkung des Weltfriedens und der internationalen Sicherheit beiträgt,

Anlage

ANLAGE

Definition der Aggression

Die Generalversammlung,

gestützt auf die Tatsache, dass eines der grundlegenden Ziele der Vereinten Nationen darin besteht, den Weltfrieden und die internationale Sicherheit zu wahren und wirksame Kollektivmaßnahmen zu treffen, um Bedrohungen des Friedens zu verhüten und zu beseitigen sowie Angriffshandlungen und andere Friedensbrüche zu unterdrücken,

unter Hinweis darauf, dass der Sicherheitsrat nach Artikel 39 der Charta der Vereinten Nationen feststellt, ob eine Bedrohung oder ein Bruch des Friedens oder eine Angriffshandlung vorliegt, und dass er Empfehlungen abgibt oder beschließt, welche Maßnahmen auf Grund der Artikel 41 und 42 zu treffen sind, um den Weltfrieden und die internationale Sicherheit zu wahren oder wiederherzustellen,

sowie unter Hinweis darauf, dass die Staaten nach der Charta verpflichtet sind, ihre internationalen Streitigkeiten durch friedliche Mittel beizulegen, um nicht den Weltfrieden und die internationale Sicherheit und Gerechtigkeit zu gefährden,

eingedenk dessen, dass diese Definition nicht so auszulegen ist, als beeinträchtige sie in irgendeiner Weise den Geltungsbereich der Bestimmungen der Charta über die Aufgaben und Befugnisse der Organe der Vereinten Nationen,

sowie in der Erwägung, dass die Aggression die schwerste und gefährlichste Form der rechtswidrigen Anwendung von Gewalt ist, die unter den Bedingungen, die durch die Existenz von Massenvernichtungswaffen aller Art geschaffen wurden, die mögliche Gefahr eines weltweiten Konflikts mit all seinen verheerenden Folgen mit sich bringt, und dass daher der Begriff der Aggression nunmehr definiert werden sollte,

in Bekräftigung der Pflicht der Staaten, keine Waffengewalt einzusetzen, um Völker ihres Rechtes auf Selbstbestimmung, Freiheit und Unabhängigkeit zu berauben oder die territoriale Integrität zu verletzen,

erneut erklärend, dass das Hoheitsgebiet eines Staates nicht dadurch verletzt werden darf, dass es, und sei es nur vorübergehend, Gegenstand militärischer Besetzung oder sonstiger Gewaltmaßnahmen wird, die ein anderer Staat unter Verletzung der Charta ergreift, und dass es nicht durch Anwendung oder Androhung derartiger Maßnahmen Gegenstand der Aneignung durch einen anderen Staat werden darf,

sowie in Bekräftigung der Bestimmungen der Erklärung über Grundsätze des Völkerrechts betreffend freundschaftliche Beziehungen und Zusammenarbeit zwischen den Staaten im Einklang mit der Charta der Vereinten Nationen,

davon überzeugt, dass die Annahme einer Definition der Aggression eine abschreckende Wirkung auf einen potenziellen Angreifer haben wird, dass sie die Feststellung von Angriffshandlungen und die Durchführung von Maßnahmen zu ihrer Unterdrückung vereinfacht und dass sie ferner den Schutz der Rechte und rechtmäßigen Interessen des Angegriffenen und die Hilfeleistung an diesen erleichtern wird,

in der Auffassung, dass die Frage, ob eine Angriffshandlung begangen worden ist, zwar unter Berücksichtigung aller Umstände des jeweiligen Einzelfalles geprüft werden muss, dass es aber trotzdem wünschenswert ist, Grundprinzipien zu formulieren, die für eine solche Feststellung als Orientierung dienen können,

[1)] *Official Records of the General Assembly, Twenty-ninth Session, Supplement No. 19 (A/9619 und Corr.1).*

nimmt die folgende Definition der Aggression *an:*[3)]

Artikel 1

Aggression ist die Anwendung von Waffengewalt durch einen Staat, die gegen die Souveränität, die territoriale Unversehrtheit oder die politische Unabhängigkeit eines anderen Staates gerichtet oder sonst mit der Charta der Vereinten Nationen unvereinbar ist, wie in dieser Definition ausgeführt.

Erläuterung: Der Begriff „Staat"

a) wird in dieser Definition unabhängig von der Frage der Anerkennung und unabhängig davon verwendet, ob ein Staat Mitglied der Vereinten Nationen ist;
b) schließt in dieser Definition gegebenenfalls auch den Begriff „Gruppe von Staaten" ein.

Artikel 2

Wenn ein Staat als erster Waffengewalt unter Verletzung der Charta anwendet, so stellt dies einen Beweis des ersten Anscheins für eine Angriffshandlung dar, wiewohl der Sicherheitsrat im Einklang mit der Charta zu dem Schluss gelangen kann, dass die Feststellung, es sei eine Angriffshandlung begangen worden, angesichts anderer erheblicher Umstände nicht gerechtfertigt wäre, wie unter anderem in dem Fall, dass die betreffenden Handlungen oder ihre Folgen nicht schwerwiegend genug sind.

Artikel 3

Vorbehaltlich und nach Maßgabe der Bestimmungen des Artikels 2 gilt, ohne Rücksicht auf das Vorliegen einer Kriegserklärung, jede der folgenden Handlungen als Angriffshandlung:

a) die Invasion oder der Angriff der Streitkräfte eines Staates auf das Hoheitsgebiet eines anderen Staates oder jede, wenn auch vorübergehende, militärische Besetzung, die sich aus einer solchen Invasion oder einem solchen Angriff ergibt, oder jede gewaltsame Annexion des Hoheitsgebiets eines anderen Staates oder eines Teiles desselben;
b) die Beschießung oder Bombardierung des Hoheitsgebietes eines Staates durch die Streitkräfte eines anderen Staates oder der Einsatz von Waffen jeder Art durch einen Staat gegen das Hoheitsgebiet eines anderen Staates;
c) die Blockade der Häfen oder Küsten eines Staates durch die Streitkräfte eines anderen Staates;
d) der Angriff der Streitkräfte eines Staates auf die Land- , See- oder Luftstreitkräfte oder auf die See- und Luftflotte eines anderen Staates;
e) der Einsatz von Streitkräften eines Staates, die sich mit Zustimmung eines anderen Staates auf dessen Hoheitsgebiet befinden, unter Verstoß gegen die in dem entsprechenden Abkommen vorgesehenen Bedingungen oder jede Verlängerung ihrer Anwesenheit in diesem Gebiet über den Ablauf des Abkommens hinaus;
f) die Tatsache, dass ein Staat, der sein Hoheitsgebiet einem anderen Staat zur Verfügung gestellt hat, zulässt, dass dieses Hoheitsgebiet von dem anderen Staat dazu benutzt wird, eine Angriffshandlung gegen einen dritten Staat zu begehen;
g) das Entsenden bewaffneter Banden, Gruppen, Freischärler oder Söldner durch einen Staat oder in seinem Namen, wenn diese mit Waffengewalt Handlungen gegen einen anderen Staat ausführen, die auf Grund ihrer Schwere den oben aufgeführten Handlungen gleichkommen, oder die wesentliche Beteiligung daran.

Artikel 4

Dies ist keine erschöpfende Aufzählung von Handlungen; der Sicherheitsrat kann feststellen, dass andere Handlungen nach den Bestimmungen der Charta eine Aggression darstellen.

Artikel 5

1. Keine Überlegung irgendwelcher Art, sei sie politischer, wirtschaftlicher, militärischer oder sonstiger Natur, kann als Rechtfertigung für eine Aggression dienen.
2. Ein Angriffskrieg ist ein Verbrechen gegen den Weltfrieden. Eine Aggression führt zu völkerrechtlicher Verantwortlichkeit.
3. Ein sich aus einer Aggression ergebender Gebietserwerb oder besonderer Vorteil ist nicht rechtmäßig und darf nicht als rechtmäßig anerkannt werden.

Artikel 6

Diese Definition ist nicht so auszulegen, als erweitere oder beschränke sie in irgendeiner Weise den Geltungsbereich der Charta, einschließ-

[3)] *Erläuterungen zu den Artikeln 3 und 5 finden sich in Ziffer 20 des Berichts des Sonderausschusses zur Frage der Definition der Aggression (Official Records of the General Assembly, Twenty-ninth Session, Supplement No. 19 (A/9619 mit Corr.1)). Stellungnahmen zur Definition sind in den Ziffern 9 und 10 des Berichts des Sechsten Ausschusses (A/9890) enthalten.*

lich ihrer Bestimmungen über Fälle, in denen die Anwendung von Gewalt rechtmäßig ist.

Artikel 7

Diese Definition, insbesondere ihr Artikel 3, kann in keiner Weise das sich aus der Charta herleitende Recht auf Selbstbestimmung, Freiheit und Unabhängigkeit von Völkern beeinträchtigen, die dieses Rechts gewaltsam beraubt wurden und auf die in der Erklärung über Grundsätze des Völkerrechts betreffend freundschaftliche Beziehungen und Zusammenarbeit zwischen den Staaten im Einklang mit der Charta der Vereinten Nationen Bezug genommen wird, insbesondere nicht von Völkern unter kolonialen oder rassistischen Regimen oder anderen Formen der Fremdherrschaft; noch das Recht dieser Völker, im Einklang mit den Grundsätzen der Charta und in Übereinstimmung mit der genannten Erklärung für dieses Ziel zu kämpfen und Unterstützung zu suchen und zu erhalten.

Artikel 8

Bei ihrer Auslegung und Anwendung sind die vorstehenden Bestimmungen aufeinander bezogen, und jede Bestimmung ist im Kontext der anderen Bestimmungen auszulegen.

7/3. Friendly Relations Declaration

A/RES/2625 (XXV) (24. Oktober 1970)

Resolution 2625 (1970) der UN-Generalversammlung, Friendly Relations Declaration

Die Generalversammlung,

unter Hinweis auf ihre Resolutionen 1815 (XVII) vom 18. Dezember 1962, 1966 (XVIII) vom 16. Dezember 1963, 2103 (XX) vom 20. Dezember 1965, 2181 (XXI) vom 12. Dezember 1966, 2327 (XXII) vom 18. Dezember 1967, 2463 (XXIII) vom 20. Dezember 1968 und 2533 (XXIV) vom 8. Dezember 1969, in denen sie die Bedeutung der fortschreitenden Entwicklung und Kodifizierung der Grundsätze des Völkerrechts betreffend freundschaftliche Beziehungen und Zusammenarbeit zwischen den Staaten bekräftigt hat,

nach Behandlung des Berichts des Sonderausschusses über Grundsätze des Völkerrechts betreffend freundschaftliche Beziehungen und Zusammenarbeit zwischen den Staaten[1)], der vom 31. März bis zum 1. Mai 1970 in Genf zusammentrat,

unter Hervorhebung der überragenden Bedeutung der Charta der Vereinten Nationen für die Wahrung des Weltfriedens und der internationalen Sicherheit sowie für die Entwicklung freundschaftlicher Beziehungen und der Zusammenarbeit zwischen den Staaten,

zutiefst davon überzeugt, dass die Annahme der Erklärung über Grundsätze des Völkerrechts betreffend freundschaftliche Beziehungen und Zusammenarbeit zwischen den Staaten im Einklang mit der Charta der Vereinten Nationen anlässlich des fünfundzwanzigsten Jahrestags der Vereinten Nationen einen Beitrag zur Festigung des Weltfriedens leisten und einen Markstein in der Entwicklung des Völkerrechts und der Beziehungen zwischen den Staaten darstellen kann, indem sie die Herrschaft des Rechts in den Beziehungen zwischen den Nationen und insbesondere die universale Anwendung der in der Charta verankerten Grundsätze fördert,

in der Erwägung, dass die weite Verbreitung des Wortlauts der Erklärung wünschenswert ist,

1. *billigt* die Erklärung über Grundsätze des Völkerrechts betreffend freundschaftliche Beziehungen und Zusammenarbeit zwischen den Staaten im Einklang mit der Charta der Vereinten Nationen, deren Wortlaut dieser Resolution als Anlage beigefügt ist;

2. *dankt* dem Sonderausschuss über Grundsätze des Völkerrechts betreffend freundschaftliche Beziehungen und Zusammenarbeit zwischen den Staaten für seine Arbeit, die zur Ausarbeitung der Erklärung geführt hat;

3. *empfiehlt*, alles zu tun, um die Erklärung allgemein bekannt zu machen.

1883. Plenarsitzung
24. Oktober 1970

---

1) *Official Records of the General Assembly, Twenty-fifth Session, Supplement No. 18 (A/8018).*

Anlage

Anlage
Erklärung über Grundsätze des Völkerrechts betreffend freundschaftliche Beziehungen und Zusammenarbeit zwischen den Staaten im Einklang mit der Charta der Vereinten Nationen

PRÄAMBEL

Die Generalversammlung,

im Sinne der Charta der Vereinten Nationen *bekräftigend*, dass die Wahrung des Weltfriedens und der internationalen Sicherheit sowie die Entwicklung freundschaftlicher Beziehungen und der Zusammenarbeit zwischen den Nationen zu den Grundzielen der Vereinten Nationen gehören,

unter Hinweis darauf, dass die Völker der Vereinten Nationen entschlossen sind, Toleranz zu üben und als gute Nachbarn in Frieden miteinander zu leben,

eingedenk der Bedeutung der Wahrung und Festigung des Weltfriedens auf der Grundlage der Freiheit, der Gleichheit, der Gerechtigkeit und der Achtung der grundlegenden Menschenrechte sowie der Entwicklung freundschaftlicher Beziehungen zwischen den Nationen unabhängig von ihrem politischen, wirtschaftlichen und gesellschaftlichen System oder von ihrem Entwicklungsstand,

sowie eingedenk der überragenden Bedeutung der Charta der Vereinten Nationen für die Förderung der Herrschaft des Rechts in den Beziehungen zwischen den Nationen,

in der Erwägung, dass die getreue Beachtung der Grundsätze des Völkerrechts betreffend freundschaftliche Beziehungen und Zusammenarbeit zwischen den Staaten und die redliche Erfüllung der von den Staaten gemäß der Charta übernommenen Verpflichtungen von größter Bedeutung für die Wahrung des Weltfriedens und der internationalen Sicherheit sowie für die Verwirklichung der anderen Ziele der Vereinten Nationen ist,

feststellend, dass die großen politischen, wirtschaftlichen und sozialen Veränderungen und die wissenschaftlichen Fortschritte, die sich seit der Annahme der Charta in der Welt vollzogen haben, diesen Grundsätzen und der Notwendigkeit ihrer wirksameren Anwendung im Verhalten der Staaten, wo immer sich dieses entfaltet, erhöhte Bedeutung verleihen,

unter Hinweis auf den anerkannten Grundsatz, dass der Weltraum, einschließlich des Mondes und anderer Himmelskörper, keiner nationalen Aneignung durch Beanspruchung der Hoheitsgewalt, durch Benutzung oder Okkupation oder durch andere Mittel unterliegt, und eingedenk der Tatsache, dass die Vereinten Nationen gegenwärtig die Erarbeitung anderer geeigneter Bestimmungen erwägen, die vom gleichen Geist getragen sind,

in der Überzeugung, dass die strikte Einhaltung der Verpflichtung der Staaten, nicht in die Angelegenheiten eines anderen Staates einzugreifen, eine wesentliche Voraussetzung für das friedliche Zusammenleben der Nationen ist, da jede Form der Intervention nicht nur Geist und Buchstaben der Charta verletzt, sondern auch zur Entstehung von Situationen führt, die den Weltfrieden und die internationale Sicherheit bedrohen,

unter Hinweis auf die Pflicht der Staaten, in ihren internationalen Beziehungen jeden gegen die politische Unabhängigkeit oder die territoriale Unversehrtheit eines Staates gerichteten militärischen, politischen, wirtschaftlichen oder sonstigen Zwang zu unterlassen,

in der Erwägung, dass es wesentlich ist, dass alle Staaten in ihren internationalen Beziehungen jede gegen die territoriale Unversehrtheit oder die politische Unabhängigkeit eines Staates gerichtete oder sonst mit den Zielen der Vereinten Nationen unvereinbare Androhung oder Anwendung von Gewalt unterlassen,

in der Erwägung, dass es gleichermaßen wesentlich ist, dass alle Staaten ihre internationalen Streitigkeiten durch friedliche Mittel im Einklang mit der Charta beilegen,

im Einklang mit der Charta die grundlegende Bedeutung der souveränen Gleichheit *bekräftigend* und betonend, dass die Ziele der Vereinten Nationen nur verwirklicht werden können, wenn die Staaten souveräne Gleichheit genießen und sich in ihren internationalen Beziehungen uneingeschränkt an die Erfordernisse dieses Grundsatzes halten,

überzeugt, dass die Unterwerfung von Völkern unter fremde Unterjochung, Herrschaft und Ausbeutung eines der Haupthindernisse für die Förderung des Weltfriedens und der internationalen Sicherheit darstellt,

überzeugt, dass der Grundsatz der Gleichberechtigung und Selbstbestimmung der Völker einen bedeutsamen Beitrag zum heutigen Völkerrecht darstellt und dass seine wirksame Anwendung von größter Bedeutung für die Förderung freundschaftlicher Beziehungen zwischen den Staaten auf der Grundlage der Achtung des Grundsatzes der souveränen Gleichheit ist,

daher *in der Überzeugung*, dass jeder Versuch, die nationale Einheit und territoriale Unversehrtheit eines Staates oder Landes teilweise oder gänzlich zu zerstören oder seine politische Unabhängigkeit zu beeinträchtigen, mit den Zielen und Grundsätzen der Charta unvereinbar ist,

in Anbetracht der Bestimmungen der Charta in ihrer Gesamtheit und unter Berücksichtigung der Bedeutung der einschlägigen Resolutionen, die von den zuständigen Organen der Vereinten Nationen verabschiedet worden sind und die sich auf den Inhalt dieser Grundsätze beziehen,

in der Erwägung, dass die fortschreitende Entwicklung und Kodifizierung der folgenden Grundsätze:

a) des Grundsatzes, dass die Staaten in ihren internationalen Beziehungen jede gegen die territoriale Unversehrtheit oder die politische Unabhängigkeit eines Staates gerichtete oder sonst mit den Zielen der Vereinten Nationen unvereinbare Androhung oder Anwendung von Gewalt unterlassen;

b) des Grundsatzes, dass die Staaten ihre internationalen Streitigkeiten durch friedliche Mittel so beilegen, dass der Weltfriede, die internationale Sicherheit und die Gerechtigkeit nicht gefährdet werden;

c) er Pflicht, im Einklang mit der Charta nicht in Angelegenheiten einzugreifen, die zur inneren Zuständigkeit eines Staates gehören;

e) der Pflicht der Staaten, im Einklang mit der Charta miteinander zusammenzuarbeiten;

d) des Grundsatzes der Gleichberechtigung und Selbstbestimmung der Völker;

f) des Grundsatzes der souveränen Gleichheit der Staaten;

g) des Grundsatzes, dass die Staaten die Verpflichtungen, die sie gemäß der Charta übernommen haben, nach Treu und Glauben erfüllen,

mit dem Ziel, die wirksamere Anwendung dieser Grundsätze im Rahmen der internationalen Gemeinschaft sicherzustellen, die Verwirklichung der Ziele der Vereinten Nationen fördern würde,

nach Prüfung der Grundsätze des Völkerrechts betreffend freundschaftliche Beziehungen und Zusammenarbeit zwischen den Saaten,

1. *verkündet feierlich* die nachstehenden Grundsätze:

Der Grundsatz, dass die Staaten in ihren internationalen Beziehungen jede gegen die territoriale Unversehrtheit oder die politische Unabhängigkeit eines Staates gerichtete oder sonst mit den Zielen der Vereinten Nationen unvereinbare Androhung oder Anwendung von Gewalt unterlassen

Jeder Staat hat die Pflicht, in seinen internationalen Beziehungen jede gegen die territoriale Unversehrtheit oder die politische Unabhängigkeit eines Staates gerichtete oder sonst mit den Zielen der Vereinten Nationen unvereinbare Androhung oder Anwendung von Gewalt zu unterlassen. Eine solche Androhung oder Anwendung von Gewalt stellt eine Verletzung des Völkerrechts und der Charta der Vereinten Nationen dar und darf niemals als Mittel zur Regelung internationaler Fragen angewandt werden.

Ein Angriffskrieg stellt ein Verbrechen gegen den Frieden dar, für das Verantwortlichkeit nach dem Völkerrecht besteht.

Im Einklang mit den Zielen und Grundsätzen der Vereinten Nationen haben die Staaten die Pflicht, jede Propaganda für Angriffskriege zu unterlassen.

Jeder Staat hat die Pflicht, die Androhung oder Anwendung von Gewalt zum Zweck der Verletzung bestehender internationaler Grenzen eines anderen Staates oder als Mittel zur Lösung internationaler Streitigkeiten, einschließlich Gebietsstreitigkeiten und Probleme betreffend Staatsgrenzen, zu unterlassen.

Jeder Staat hat ebenso die Pflicht, jede Androhung oder Anwendung von Gewalt zum Zweck der Verletzung internationaler Demarkationslinien, wie Waffenstillstandslinien, zu unterlassen, die durch eine internationale Vereinbarung oder auf Grund einer solchen Vereinbarung errichtet wurden, deren Vertragspartei er ist oder die er aus anderen Gründen zu achten verpflichtet ist. Dies ist nicht so auszulegen, dass dadurch die Haltung der Parteien in Bezug auf den Status und die Auswirkungen solcher Linien nach den für sie geltenden speziellen Regelungen beeinträchtigt oder ihr vorübergehender Charakter betroffen wird.

Die Staaten haben die Pflicht, Vergeltungsmaßnahmen, die mit der Anwendung von Gewalt verbunden sind, zu unterlassen.

Jeder Staat hat die Pflicht, jede Gewaltmaßnahme zu unterlassen, welche die Völker, auf die sich die Erläuterung des Grundsatzes der Gleichberechtigung und Selbstbestimmung bezieht, ihres Rechts auf Selbstbestimmung, Freiheit und Unabhängigkeit beraubt.

Jeder Staat hat die Pflicht, die Aufstellung oder die Förderung der Aufstellung irregulärer Streitkräfte oder bewaffneter Banden, namentlich von Söldnern, zu unterlassen, die für Einfälle in das Hoheitsgebiet eines anderen Staates bestimmt sind.

Jeder Staat hat die Pflicht, die Organisierung, Anstiftung oder Unterstützung von Bürgerkriegs-

oder Terrorhandlungen in einem anderen Staat und die Teilnahme daran oder die Duldung organisierter Aktivitäten in seinem Hoheitsgebiet, die auf die Begehung solcher Handlungen gerichtet sind, zu unterlassen, wenn die in diesem Absatz genannten Handlungen die Androhung oder Anwendung von Gewalt einschließen.

Das Hoheitsgebiet eines Staates darf nicht zum Gegenstand einer militärischen Besetzung als Ergebnis der Anwendung von Gewalt unter Verletzung der Bestimmungen der Charta gemacht werden. Das Hoheitsgebiet eines Staates darf nicht zum Gegenstand der Aneignung durch einen anderen Staat als Ergebnis der Androhung oder Anwendung von Gewalt gemacht werden. Kein durch Androhung oder Anwendung von Gewalt erreichter Gebietserwerb wird als rechtmäßig anerkannt werden. Die vorstehenden Bestimmungen sind nicht so auszulegen, als beeinträchtigten sie

a) die Bestimmungen der Charta oder einer vor den Regelungen der Charta geschlossenen und nach dem Völkerrecht gültigen internationalen Übereinkunft oder
b) die Befugnisse des Sicherheitsrats nach der Charta.

Alle Staaten werden in redlicher Absicht Verhandlungen zum baldigen Abschluss eines universalen Vertrags über die allgemeine und vollständige Abrüstung unter wirksamer internationaler Kontrolle führen und die Annahme geeigneter Maßnahmen zum Abbau der internationalen Spannungen und zur Stärkung des Vertrauens zwischen den Staaten anstreben.

Alle Staaten werden ihre Verpflichtungen auf Grund der allgemein anerkannten Grundsätze und Regeln des Völkerrechts hinsichtlich der Wahrung des Weltfriedens und der internationalen Sicherheit nach Treu und Glauben erfüllen und werden bestrebt sein, das auf der Charta beruhende Sicherheitssystem der Vereinten Nationen wirksamer zu machen.

Die vorstehenden Absätze sind nicht so auszulegen, als erweiterten oder beschränkten sie in irgendeiner Weise den Geltungsbereich der Bestimmungen der Charta über Fälle, in denen die Anwendung von Gewalt rechtmäßig ist.

Der *Grundsatz, dass die Staaten ihre internationalen Streitigkeiten durch friedliche Mittel so beilegen, dass der Weltfriede, die internationale Sicherheit und die Gerechtigkeit nicht gefährdet werden*

Jeder Staat legt seine internationalen Streitigkeiten mit anderen Staaten durch friedliche Mittel so bei, dass der Weltfriede, die internationale Sicherheit und die Gerechtigkeit nicht gefährdet werden.

Die Staaten bemühen sich daher um eine rasche und gerechte Beilegung ihrer internationalen Streitigkeiten durch Verhandlung, Untersuchung, Vermittlung, Vergleich, Schiedsspruch, gerichtliche Entscheidung, Inanspruchnahme regionaler Einrichtungen oder Abmachungen oder durch andere friedliche Mittel ihrer Wahl. Beim Bemühen um eine solche Beilegung einigen sich die Parteien auf friedliche Mittel, die den Umständen und der Natur der Streitigkeit angemessen sind.

Gelingt es ihnen nicht, eine Lösung durch eines der genannten friedlichen Mittel herbeizuführen, haben die Parteien einer Streitigkeit die Pflicht, ihre Bemühungen zur Beilegung der Streitigkeit mit anderen zwischen ihnen vereinbarten friedlichen Mitteln fortzusetzen.

Die an einer internationalen Streitigkeit beteiligten Staaten sowie andere Staaten unterlassen jede Handlung, welche die Lage verschärfen und dadurch die Wahrung des Weltfriedens und der internationalen Sicherheit gefährden kann, und handeln im Einklang mit den Zielen und Grundsätzen der Vereinten Nationen.

Internationale Streitigkeiten werden auf der Grundlage der souveränen Gleichheit der Staaten und nach dem Grundsatz der freien Wahl der Mittel beigelegt. Die Inanspruchnahme oder die Annahme eines von den Staaten frei vereinbarten Verfahrens zur Beilegung bestehender oder künftiger Streitigkeiten, an denen sie beteiligt sind, wird nicht als unvereinbar mit der souveränen Gleichheit angesehen.

Die vorstehenden Absätze berühren oder beeinträchtigen nicht die geltenden Bestimmungen der Charta, insbesondere diejenigen, die sich auf die friedliche Beilegung internationaler Streitigkeiten beziehen.

Der Grundsatz betreffend die Pflicht, im Einklang mit der Charta nicht in Angelegenheiten einzugreifen, die zur inneren Zuständigkeit eines Staates gehören

Kein Staat und keine Staatengruppe hat das Recht, unmittelbar oder mittelbar, gleichviel aus welchem Grund, in die inneren oder äußeren Angelegenheiten eines anderen Staates einzugreifen. Folglich sind die bewaffnete Intervention und alle anderen Formen der Einmischung oder Drohversuche gegen die Rechtspersönlichkeit eines Staates oder gegen seine politischen, wirtschaftlichen und kulturellen Teilelemente völkerrechtswidrig.

Ein Staat darf keine wirtschaftlichen, politischen oder sonstigen Maßnahmen gegen einen anderen Staat anwenden oder ihre Anwendung begünstigen, um von ihm die Unterordnung bei der Ausübung seiner souveränen Rechte zu erlangen oder von ihm Vorteile irgendwelcher Art zu erwirken. Auch darf ein Staat keine auf den gewaltsamen Umsturz des Regimes eines anderen Staates gerichteten subversiven, terroristischen oder bewaffneten Aktivitäten organisieren, unterstützen, schüren, finanzieren, anstiften oder dulden und nicht in interne Konflikte in einem anderen Staat eingreifen.

Die Anwendung von Gewalt mit dem Ziel, Völker ihrer nationalen Identität zu berauben, stellt eine Verletzung ihrer unveräußerlichen Rechte und des Grundsatzes der Nichtintervention dar.

Jeder Staat hat das unveräußerliche Recht, sein politisches, wirtschaftliches, soziales und kulturelles System ohne Einmischung irgendwelcher Art durch einen anderen Staat zu wählen.

Die vorstehenden Absätze sind nicht so auszulegen, als beeinträchtigten sie die Bestimmungen der Charta, die sich auf die Wahrung des Weltfriedens und der internationalen Sicherheit beziehen.

Die Pflicht der Staaten, im Einklang mit der Charta miteinander zusammenzuarbeiten

Die Staaten haben die Pflicht, ungeachtet der Unterschiede ihrer politischen, wirtschaftlichen und sozialen Systeme in den verschiedenen Bereichen der internationalen Beziehungen miteinander zusammenzuarbeiten, um den Weltfrieden und die internationale Sicherheit zu wahren und internationale wirtschaftliche Stabilität und Fortschritt, das allgemeine Wohl der Nationen und eine internationale Zusammenarbeit zu fördern, die von jeder Diskriminierung auf Grund dieser Unterschiede frei ist.

Zu diesem Zweck

a) arbeiten die Staaten mit den anderen Staaten bei der Wahrung des Weltfriedens und der internationalen Sicherheit zusammen;
b) arbeiten die Staaten bei der Förderung der allgemeinen Achtung und Einhaltung der Menschenrechte und Grundfreiheiten für alle sowie bei der Beseitigung aller Formen der Rassendiskriminierung und aller Formen der religiösen Intoleranz zusammen;
c) gestalten die Staaten ihre internationalen Beziehungen auf wirtschaftlichem, sozialem, kulturellem und technischem Gebiet und auf dem Gebiet des Handels im Einklang mit den Grundsätzen der souveränen Gleichheit und der Nichtintervention;
d) haben die Mitgliedstaaten der Vereinten Nationen die Pflicht, im Einklang mit den einschlägigen Bestimmungen der Charta, gemeinsam und jeder für sich mit den Vereinten Nationen zusammenzuarbeiten.

Die Staaten sollen auf wirtschaftlichem, sozialem und kulturellem Gebiet sowie auf dem Gebiet der Wissenschaft und Technologie und zur Förderung des weltweiten Fortschritts auf dem Gebiet der Kultur und der Bildung zusammenarbeiten. Die Staaten sollen zur Förderung des wirtschaftlichen Wachstums in der ganzen Welt, insbesondere in den Entwicklungsländern, zusammenarbeiten.

Der Grundsatz der Gleichberechtigung und Selbstbestimmung der Völker

Kraft des in der Charta der Vereinten Nationen verankerten Grundsatzes der Gleichberechtigung und Selbstbestimmung der Völker haben alle Völker das Recht, frei und ohne Einmischung von außen über ihren politischen Status zu entscheiden und ihre wirtschaftliche, soziale und kulturelle Entwicklung zu gestalten, und jeder Staat ist verpflichtet, dieses Recht im Einklang mit den Bestimmungen der Charta zu achten.

Jeder Staat hat die Pflicht, sowohl gemeinsam mit anderen Staaten als auch jeder für sich, die Verwirklichung des Grundsatzes der Gleichberechtigung und Selbstbestimmung der Völker im Einklang mit den Bestimmungen der Charta zu fördern und die Vereinten Nationen bei der Erfüllung der ihnen mit der Charta übertragenen Aufgaben hinsichtlich der Anwendung dieses Grundsatzes zu unterstützen,

a) um freundschaftliche Beziehungen und Zusammenarbeit zwischen den Staaten zu fördern und
b) um dem Kolonialismus unter gebührender Berücksichtigung des frei geäußerten Willens der betroffenen Völker ein rasches Ende zu bereiten,

eingedenk dessen, dass die Unterwerfung von Völkern unter fremde Unterjochung, Herrschaft und Ausbeutung eine Verletzung dieses Grundsatzes und eine Verweigerung grundlegender Menschenrechte darstellt und im Widerspruch zur Charta steht.

Jeder Staat hat die Pflicht, sowohl gemeinsam mit anderen Staaten als auch jeder für sich die allgemeine Achtung und Einhaltung der Menschenrechte und Grundfreiheiten im Einklang mit der Charta zu fördern.

Die Gründung eines souveränen und unabhängigen Staates, die freie Assoziation mit einem unabhängigen Staat, die freie Eingliederung in einen solchen Staat oder der Eintritt in einen anderen, durch ein Volk frei bestimmten politischen Status sind Möglichkeiten der Verwirklichung des Selbstbestimmungsrechts durch das betreffende Volk.

Jeder Staat hat die Pflicht, jede Gewaltmaßnahme zu unterlassen, welche die Völker, auf die sich die Erläuterung dieses Grundsatzes bezieht, ihres Rechts auf Selbstbestimmung, Freiheit und Unabhängigkeit beraubt. Bei ihren Maßnahmen und ihrem Widerstand gegen solche Gewaltmaßnahmen im Bemühen um die Ausübung ihres Selbstbestimmungsrechts sind diese Völker berechtigt, im Einklang mit den Zielen und Grundsätzen der Charta Unterstützung zu suchen und zu erhalten.

Das Gebiet einer Kolonie oder eines anderen Hoheitsgebiets ohne Selbstregierung hat nach der Charta einen vom Hoheitsgebiet des Staates, von dem es verwaltet wird, gesonderten und unterschiedlichen Status; dieser gesonderte und unterschiedliche Status nach der Charta bleibt so lange bestehen, bis das Volk der Kolonie oder des Hoheitsgebiets ohne Selbstregierung sein Recht auf Selbstbestimmung im Einklang mit der Charta und insbesondere mit ihren Zielen und Grundsätzen ausgeübt hat.

Die vorstehenden Absätze sind nicht so auszulegen, als ermächtigten oder ermunterten sie zu Maßnahmen, welche die territoriale Unversehrtheit oder die politische Einheit souveräner und unabhängiger Staaten, die sich gemäß dem oben beschriebenen Grundsatz der Gleichberechtigung und Selbstbestimmung der Völker verhalten und die daher eine Regierung besitzen, welche die gesamte Bevölkerung des Gebiets ohne Unterschied der Rasse, des Glaubens oder der Hautfarbe vertritt, ganz oder teilweise auflösen oder beeinträchtigen würden.

Alle Staaten unterlassen jede Handlung, die auf die teilweise oder vollständige Zerstörung der nationalen Einheit und der territorialen Unversehrtheit eines anderen Staates oder Landes gerichtet ist.

Der Grundsatz der souveränen Gleichheit der Staaten

Alle Staaten genießen souveräne Gleichheit. Sie haben gleiche Rechte und Pflichten und sind ungeachtet wirtschaftlicher, sozialer, politischer oder anderer Unterschiede gleichberechtigte Mitglieder der internationalen Gemeinschaft.

Die souveräne Gleichheit umfasst insbesondere die folgenden Elemente:

a) die Staaten sind juristisch gleich;

b) jeder Staat genießt die der vollen Souveränität innewohnenden Rechte;

c) jeder Staat hat die Pflicht, die Rechtspersönlichkeit der anderen Staaten zu achten;

d) die territoriale Unversehrtheit und die politische Unabhängigkeit eines Staates sind unverletzlich;

e) jeder Staat hat das Recht, sein politisches, soziales, wirtschaftliches und kulturelles System frei zu wählen und zu entwickeln;

f) jeder Staat hat die Pflicht, seine internationalen Verpflichtungen uneingeschränkt und nach Treu und Glauben zu erfüllen und mit anderen Staaten in Frieden zu leben.

Der Grundsatz, dass die Staaten die Verpflichtungen, die sie gemäß der Charta übernommen haben, nach Treu und Glauben erfüllen

Jeder Staat hat die Pflicht, die Verpflichtungen, die er gemäß der Charta der Vereinten Nationen übernommen hat, nach Treu und Glauben zu erfüllen.

Jeder Staat hat die Pflicht, seine Verpflichtungen aus den allgemein anerkannten Grundsätzen und Regeln des Völkerrechts nach Treu und Glauben zu erfüllen.

Jeder Staat hat die Pflicht, seine Verpflichtungen aus internationalen Übereinkünften, die nach den allgemein anerkannten Grundsätzen und Regeln des Völkerrechts Gültigkeit besitzen, nach Treu und Glauben zu erfüllen.

Stehen Verpflichtungen aus internationalen Übereinkünften im Widerspruch zu Verpflichtungen der Mitglieder der Vereinten Nationen aus der Charta der Vereinten Nationen, so haben die Verpflichtungen aus der Charta Vorrang.

ALLGEMEINER TEIL

2. *erklärt*:

bei ihrer Auslegung und Anwendung sind die vorstehenden Grundsätze voneinander abhängig; jeder Grundsatz ist im Zusammenhang mit den anderen Grundsätzen zu verstehen;

diese Erklärung ist nicht so auszulegen, als beeinträchtige sie in irgendeiner Weise die Bestimmungen der Charta oder die Rechte und Pflichten der Mitgliedstaaten nach der Charta oder die Rechte der Völker nach der Charta, wobei die Erläuterung dieser Rechte in dieser Erklärung zu berücksichtigen ist.

3. *erklärt ferner*:

dass die Grundsätze der Charta, die in diese Erklärung eingegangen sind, Grundprinzipien des Völkerrechts darstellen, und ruft daher alle Staaten auf, sich in ihrem internationalen Verhalten von diesen Grundsätzen leiten zu lassen und ihre gegenseitigen Beziehungen auf der Grundlage der strikten Einhaltung dieser Grundsätze zu gestalten.

7/4. Ergebnis des Weltgipfels 2005

(Auszug)

Res 60/1. (2005) (16. September 2005)

Resolution 60/1. (2005) der UN-Generalversammlung, Ergebnis des Weltgipfels 2005

Verantwortung für den Schutz der Bevölkerung vor Völkermord, Kriegsverbrechen, ethnischer Säuberung und Verbrechen gegen die Menschlichkeit

138. Jeder einzelne Staat hat die Verantwortung für den Schutz seiner Bevölkerung vor Völkermord, Kriegsverbrechen, ethnischer Säuberung und Verbrechen gegen die Menschlichkeit. Zu dieser Verantwortung gehört es, solche Verbrechen, einschließlich der Anstiftung dazu, mittels angemessener und notwendiger Maßnahmen zu verhüten. Wir akzeptieren diese Verantwortung und werden im Einklang damit handeln. Die internationale Gemeinschaft sollte gegebenenfalls die Staaten ermutigen und ihnen dabei behilflich sein, diese Verantwortung wahrzunehmen, und die Vereinten Nationen bei der Schaffung einer Frühwarnkapazität unterstützen.

139. Die internationale Gemeinschaft hat durch die Vereinten Nationen auch die Pflicht, geeignete diplomatische, humanitäre und andere friedliche Mittel nach den Kapiteln VI und VIII der Charta einzusetzen, um beim Schutz der Bevölkerung vor Völkermord, Kriegsverbrechen, ethnischer Säuberung und Verbrechen gegen die Menschlichkeit behilflich zu sein. In diesem Zusammenhang sind wir bereit, im Einzelfall und in Zusammenarbeit mit den zuständigen Regionalorganisationen rechtzeitig und entschieden kollektive Maßnahmen über den Sicherheitsrat im Einklang mit der Charta, namentlich Kapitel VII, zu ergreifen, falls friedliche Mittel sich als unzureichend erweisen und die nationalen Behörden offenkundig dabei versagen, ihre Bevölkerung vor Völkermord, Kriegsverbrechen, ethnischer Säuberung und Verbrechen gegen die Menschlichkeit zu schützen. Wir betonen die Notwendigkeit, dass die Generalversammlung die Verantwortung für den Schutz von Bevölkerungsgruppen vor Völkermord, Kriegsverbrechen, ethnischer Säuberung und Verbrechen gegen die Menschlichkeit und die sich daraus ergebenden Auswirkungen eingedenk der Grundsätze der Charta und des Völkerrechts weiter prüft. Wir beabsichtigen außerdem, uns erforderlichenfalls und soweit angezeigt dazu zu verpflichten, den Staaten beim Aufbau von Kapazitäten zum Schutz ihrer Bevölkerung vor Völkermord, Kriegsverbrechen, ethnischer Säuberung und Verbrechen gegen die Menschlichkeit behilflich zu sein und besonders belasteten Staaten beizustehen, bevor Krisen und Konflikte ausbrechen.

7/5. Die Situation zwischen Irak und Kuwait

S/RES/687 (1991) (3. April 1991)

Resolution 687 (1991) des UN-Sicherheitsrats, Die Situation zwischen Irak und Kuwait

Der Sicherheitsrat,

unter Hinweis auf seine Resolutionen 660 (1990) vom 2. August 1990, 661 (1990) vom 6. August 1990, 662 (1990) vom 9. August 1990, 664 (1990) vom 18. August 1990, 665 (1990) vom 25. August 1990, 666 (1990) vom 13. September 1990, 667 (1990) vom 16. September 1990, 669 (1990) vom 24. September 1990, 670 (1990) vom 25. September 1990, 674 (1990) vom 29. Oktober 1990, 677 (1990) vom 28. November 1990, 678 (1990) vom 29. November 1990 und 686 (1991) vom 2. März 1991,

mit Genugtuung darüber, daß Kuwait seine Souveränität, Unabhängigkeit und territoriale Unversehrtheit zurückerhalten hat und daß seine rechtmäßige Regierung zurückgekehrt ist,

in Bekräftigung der Verpflichtung aller Mitgliedstaaten auf die Souveränität, die territoriale Unversehrtheit und die politische Unabhängigkeit Kuwaits und Iraks sowie feststellend, daß die mit Kuwait gemäß Ziffer 2 der Resolution 678 (1990) kooperierenden Mitgliedstaaten ihre Absicht bekundet haben, ihre militärische Präsenz in Irak so bald wie möglich entsprechend Ziffer 8 der Resolution 686 (1991) zu beenden,

in Bekräftigung der Notwendigkeit, sich in Anbetracht der unrechtmäßigen Invasion und Besetzung Kuwaits durch Irak der friedlichen Absichten Iraks zu versichern,

Kenntnis nehmend von dem Schreiben des Stellvertretenden Ministerpräsidenten und Ministers für auswärtige Angelegenheiten Iraks vom 27. Februar 1991 an den Präsidenten des Sicherheitsrats[1] und von seinen Schreiben selben Datums an den Ratspräsidenten und an den Generalsekretär[2] sowie von den auf die Resolution 686 (1991) hin an sie gerichteten Schreiben vom 3. März[3] und 5. März[4],

feststellend, daß Irak und Kuwait als unabhängige souveräne Staaten am 4. Oktober 1963 in Bagdad das „Einvernehmliche Protokoll zwischen dem Staat Kuwait und der Republik Irak betreffend die Wiederherstellung freundschaftlicher Beziehungen, die Anerkennung und damit zusammenhängende Angelegenheiten"[5] unterzeichnet haben, wodurch sie die Grenze zwischen Irak und Kuwait und die Zuteilung der Inseln formell anerkannt haben, und daß dieses Protokoll bei den Vereinten Nationen gemäß Artikel 102 der Charta der Vereinten Nationen registriert wurde und daß Irak darin die Unabhängigkeit und vollständige Souveränität des Staates Kuwait innerhalb seiner Grenzen anerkannt hat, wie sie in dem Schreiben des Ministerpräsidenten Iraks vom 21. Juli 1932 beschrieben und vom Herrscher Kuwaits in seinem Schreiben vom 10. August 1932 angenommen wurden,

im Bewußtsein der Notwendigkeit der Festlegung des Verlaufs der genannten Grenze,

sowie im Bewußtsein der Erklärungen Iraks, in denen der Einsatz von Waffen unter Verletzung seiner Verpflichtungen nach dem am 17. Juni 1925 in Genf unterzeichneten Protokoll über das Verbot der Verwendung von erstikenden, giftigen oder ähnlichen Gasen sowie von bakteriologischen Mitteln im Kriege[6] angedroht wurde, und seines schon früher vorgenommenen Einsatzes chemischer Waffen, sowie erklärend, daß jeder weitere Einsatz solcher Waffen durch Irak ernste Konsequenzen nach sich ziehen würde,

daran erinnernd, daß Irak sich der Schlußerklärung angeschlossen hat, die von allen Teilnehmerstaaten der vom 7. bis 11. Januar 1989 in Paris abgehaltenen Konferenz der Vertragsstaaten des Genfer Protokolls von 1925 und anderer interessierter Staaten[7] verabschiedet und in der das Ziel der weltweiten Beseitigung der chemischen und biologischen Waffen festgelegt wurde,

sowie daran erinnernd, daß Irak das Übereinkommen vom 10. April 1972 über das Verbot der Entwicklung, Herstellung und Lagerung bakteriologischer (biologischer) Waffen und von Toxin-

[1] *Official Records of the Security Council, Forty-sixth Year, Supplement for January, February and March 1991, Dokument S/22273.*

[2] *Ebd., Dokumente S/22275 und S/22276.*

[3] *Official Records of the Security Council, Forty-sixth Year, Supplement for January, February and March 1991, Dokumente S/22320 und S/22321.*

[4] *Ebd., Dokument S/22330.*

[5] *Vereinte Nationen, Treaty Series, Vol. 485, Nr. 7063.*

[6] *Völkerbund, Treaty Series, Vol. XCIV (1929), Nr. 2138.*

[7] *A/44/88, Anlage.*

waffen sowie über die Vernichtung solcher Waffen[8] unterzeichnet hat,

feststellend, wie wichtig es ist, daß Irak dieses Übereinkommen ratifiziert,

sowie feststellend, wie wichtig es ist, daß alle Staaten diesem Übereinkommen beitreten, und der bevorstehenden Konferenz zur Überprüfung dieses Übereinkommens nahelegend, die Verbindlichkeit, Wirksamkeit und Universalität des Übereinkommens zu stärken,

betonend, wie wichtig es ist, daß die Abrüstungskonferenz ihre Arbeit an einem Übereinkommen über das weltweite Verbot chemischer Waffen bald abschließt und daß alle Staaten ihm beitreten,

im Bewußtsein dessen, daß Irak in nichtprovozierten Angriffen ballistische Flugkörper eingesetzt hat und daß daher spezifische Maßnahmen in bezug auf derartige Flugkörper in Irak getroffen werden müssen,

besorgt über die den Mitgliedstaaten vorliegenden Berichte, wonach Irak versucht hat, Material für ein Kernwaffenprogramm zu erwerben, unter Zuwiderhandlung gegen seine Verpflichtungen nach dem Vertrag vom 1. Juli 1968 über die Nichtverbreitung von Kernwaffen[9],

unter Hinweis auf das Ziel der Schaffung einer kernwaffenfreien Zone in der Nahost-Region,

im Bewußtsein der Gefahr, die alle Massenvernichtungswaffen für den Frieden und die Sicherheit in dem Gebiet darstellen, sowie der Notwendigkeit, auf die Schaffung einer von derartigen Waffen freien Zone im Nahen Osten hinzuarbeiten,

sowie im Bewußtsein des Ziels der Herbeiführung einer ausgewogenen und umfassenden Kontrolle der Rüstungen in der Region,

ferner im Bewußtsein dessen, wie wichtig es ist, daß die oben genannten Ziele unter Heranziehung aller zur Verfügung stehenden Mittel erreicht werden, insbesondere auch durch einen Dialog zwischen den Staaten der Region,

feststellend, daß mit der Resolution 686 (1991) die durch Resolution 661 (1990) verhängten Maßnahmen aufgehoben worden sind, soweit sie auf Kuwait Anwendung fanden,

sowie feststellend, daß trotz der Fortschritte bei der Erfüllung der mit Resolution 686 (1991) auferlegten Verpflichtungen der Verbleib zahlreicher Staatsangehöriger Kuwaits und dritter Staaten noch immer ungeklärt ist und Vermögenswerte noch immer nicht zurückgegeben wurden,

unter Hinweis auf die am 18. Dezember 1979 in New York zur Unterzeichnung aufgelegte Internationale Konvention gegen Geiselnahme[10], die alle Geiselnahmen als Äußerungen des internationalen Terrorismus einstuft,

unter Mißbilligung der von Irak während des jüngsten Konflikts geäußerten Drohungen, terroristische Handlungen gegen Ziele außerhalb Iraks zu begehen, sowie der Geiselnahmen durch Irak,

mit großer Sorge Kenntnis nehmend von den Berichten des Generalsekretärs vom 20. März[11] und 28. März 1991[12] und sich dessen bewußt, daß der humanitäre Bedarf in Kuwait und Irak dringend gedeckt werden muß,

eingedenk seines Ziels der Wiederherstellung des Weltfriedens und der internationalen Sicherheit in dem Gebiet, wie in den jüngsten Resolutionen dargelegt,

im Bewußtsein der Notwendigkeit, tätig werdend nach Kapitel VII der Charta die folgenden Maßnahmen zu ergreifen,

1. *bekräftigt* alle dreizehn oben genannten Resolutionen, soweit sie nicht nachstehend ausdrücklich abgeändert werden, um die Ziele der vorliegenden Resolution zu erreichen, insbesondere auch eine formelle Feuereinstellung;

A

2. *verlangt*, daß Irak und Kuwait die Unverletzlichkeit der internationalen Grenze und die Zuteilung der Inseln respektieren, wie in dem „Einvernehmlichen Protokoll zwischen dem Staat Kuwait und der Republik Irak betreffend die Wiederherstellung freundschaftlicher Beziehungen, die Anerkennung und damit zusammenhängende Angelegenheiten"[5] dargelegt, das sie am 4. Oktober 1963 in Bagdad in Ausübung ihrer Souveränität unterzeichnet haben und das bei den Vereinten Nationen registriert worden ist;

3. *fordert* den Generalsekretär *auf*, seine Unterstützung zu gewähren, damit mit Irak und Kuwait Vorkehrungen für die Festlegung des Grenzverlaufs zwischen Irak und Kuwait getroffen werden können, unter Heranziehung geeigneter Unterlagen, insbesondere auch der

---

[8] *Resolution 2826 (XXVI) der Generalversammlung, Anlage.*

[9] *Vereinte Nationen, Treaty Series, Vol. 729, Nr. 10485.*

[10] *Resolution 34/146 der Generalversammlung, Anlage.*

[11] *Official Records of the Security Council, Forty-sixth Year, Supplement for April, May and June 1991, Dokument S/22366, Anlage.*

[12] *Ebd., Supplement for January, February and March 1991, Dokument S/22409, Anlage.*

mit dem an ihn gerichteten Schreiben des Ständigen Vertreters des Vereinigten Königreichs Großbritannien und Nordirland bei den Vereinten Nationen vom 28. März 1991 übermittelten Karten[13]), und dem Rat innerhalb eines Monats darüber Bericht zu erstatten;

4. *beschließt*, die Unverletzlichkeit der genannten internationalen Grenze zu garantieren und zu diesem Zweck je nach Bedarf alle erforderlichen Maßnahmen im Einklang mit der Charta der Vereinten Nationen zu ergreifen;

B

5. *ersucht* den Generalsekretär, nach Konsultation mit Irak und Kuwait dem Rat innerhalb von drei Tagen einen Plan zur Billigung vorzulegen, der die sofortige Dislozierung einer Beobachtereinheit der Vereinten Nationen vorsieht, mit dem Auftrag, den Khor Abdullah und eine entmilitarisierte Zone zu überwachen, die hiermit geschaffen wird und die sich, gemessen von der Grenze, die in dem „Einvernehmlichen Protokoll zwischen dem Staat Kuwait und der Republik Irak betreffend die Wiederherstellung freundschaftlicher Beziehungen, die Anerkennung und damit zusammenhängende Angelegenheiten" genannt wird, zehn Kilometer nach Irak und fünf Kilometer nach Kuwait hinein erstreckt, sowie durch ihre Anwesenheit in der entmilitarisierten Zone und durch ihre Überwachungstätigkeit Grenzverletzungen zu verhindern und etwaige feindselige oder potentiell feindselige Handlungen, die von dem Hoheitsgebiet eines Staates gegen den anderen Staat unternommen werden, zu beobachten; und ersucht den Generalsekretär außerdem, dem Rat über die Tätigkeit der Einheit regelmäßig Bericht zu erstatten, beziehungsweise sofort, wenn es zu schweren Verletzungen der Zone oder zu möglichen Bedrohungen des Friedens kommt;

6. *stellt fest*, daß, sobald der Generalsekretär dem Rat den Abschluß der Dislozierung der Beobachtereinheit der Vereinten Nationen bekanntgibt, die Bedingungen geschaffen sein werden, die es den mit Kuwait gemäß Resolution 678 (1990) kooperierenden Mitgliedstaaten ermöglichen, ihre militärische Präsenz in Irak im Einklang mit Resolution 686 (1991) zu beenden;

C

7. *bittet* Irak, seine Verpflichtungen aus dem am 17. Juni 1925 in Genf unterzeichneten Protokoll über das Verbot der Verwendung von erstickenden, giftigen oder ähnlichen Gasen sowie von bakteriologischen Mitteln im Kriege[6]) bedingungslos zu bekräftigen und das Übereinkommen vom 10. April 1972 über das Verbot der Entwicklung, Herstellung und Lagerung bakteriologischer (biologischer) Waffen und von Toxinwaffen sowie über die Vernichtung solcher Waffen[8]) zu ratifizieren;

8. *beschließt*, daß Irak die unter internationaler Aufsicht erfolgende Vernichtung, Beseitigung oder Unschädlichmachung

   a) aller chemischen und biologischen Waffen und aller Kampfstoffbestände sowie aller damit zusammenhängenden Subsysteme und Komponenten und aller Forschungs- , Entwicklungs- ,Unterstützungs- und Produktionseinrichtungen,

   b) aller ballistischen Flugkörper mit einer Reichweite von mehr als 150 Kilometern und der dazugehörigen größeren Bauteile sowie der Reparatur- und Produktionseinrichtungen

bedingungslos zu akzeptieren hat;

9. *beschließt außerdem* zur Umsetzung von Ziffer 8 folgendes:

   a) Irak hat dem Generalsekretär innerhalb von fünfzehn Tagen nach Verabschiedung dieser Resolution eine Deklaration der Standorte, Mengen und Arten sämtlicher in Ziffer 8 aufgeführter Gegenstände vorzulegen und einer umgehenden Inspektion an Ort und Stelle, wie nachstehend ausgeführt, zuzustimmen;

   b) der Generalsekretär wird im Benehmen mit den jeweiligen Regierungen und gegebenenfalls mit dem Generaldirektor der Weltgesundheitsorganisation innerhalb von fünfundvierzig Tagen nach Verabschiedung dieser Resolution einen Plan ausarbeiten und dem Rat zur Billigung vorlegen, der den Abschluß der folgenden Handlungen innerhalb von fünfundvierzig Tagen nach seiner Billigung vorsieht:

      i) die Bildung einer Sonderkommission, die auf der Grundlage der Deklarationen Iraks und der Bezeichnung etwaiger zusätzlicher Standorte durch die Sonderkommission selbst an Ort und Stelle eine sofortige Inspektion der biologischen, chemischen und Flugkörperkapazitäten Iraks vornimmt;

      ii) die Übergabe der Verfügungsgewalt über alle in Ziffer 8 *a)* aufgeführten Gegenstände, einschließlich der Gegenstände an den von der Sonderkommission nach Ziffer i) bezeich-

[13]) *Ebd., Dokument S/22412.*

neten zusätzlichen Standorten, durch Irak an die Sonderkommission zur Vernichtung, Beseitigung oder Unschädlichmachung, unter Berücksichtigung der Erfordernisse der Sicherheit der Öffentlichkeit, sowie die unter Aufsicht der Sonderkommission von Irak vorzunehmende Vernichtung seiner gesamten Flugkörperkapazitäten, einschließlich der Startgeräte, wie in Ziffer 8 *b*) aufgeführt;

iii) die Gewährung der in den Ziffern 12 und 13 geforderten Unterstützung und Zusammenarbeit seitens der Sonderkommission an den Generaldirektor der Internationalen Atomenergie-Organisation;

10. *beschließt ferner*, daß sich Irak bedingungslos zu verpflichten hat, keinen der in den Ziffern 8 und 9 aufgeführten Gegenstände einzusetzen, zu entwickeln, zu bauen oder zu erwerben, und ersucht den Generalsekretär, im Benehmen mit der Sonderkommission einen Plan für die künftige laufende Überwachung und Verifikation der Befolgung der vorliegenden Ziffer durch Irak auszuarbeiten, der dem Rat innerhalb von einhundertzwanzig Tagen nach Verabschiedung dieser Resolution zur Billigung vorzulegen ist;

11. *bittet* Irak, seine Verpflichtungen aus dem Vertrag vom 1. Juli 1968 über die Nichtverbreitung von Kernwaffen[9] bedingungslos zu bekräftigen;

12. *beschließt*, daß Irak bedingungslos zustimmen muß, Kernwaffen oder kernwaffenfähiges Material oder Subsysteme oder Komponenten oder damit zusammenhängende Forschungs- Entwicklungs- Unterstützungs- oder Produktionseinrichtungen weder zu erwerben noch zu entwickeln; dem Generalsekretär und dem Generaldirektor der Internationalen Atomenergie-Organisation innerhalb von fünfzehn Tagen nach Verabschiedung dieser Resolution eine Deklaration der Standorte, Mengen und Arten sämtlicher oben aufgeführter Gegenstände vorzulegen; sein gesamtes kernwaffenfähiges Material zum Zweck der Verwahrung und Beseitigung der ausschließlichen Kontrolle der Internationalen Atomenergie-Organisation zu unterstellen, mit Unterstützung und Zusammenarbeit der Sonderkommission, wie in dem in Ziffer 9 *b*) erörterten Plan des Generalsekretärs vorgesehen; im Einklang mit den in Ziffer 13 vorgesehenen Regelungen die umgehende Inspektion an Ort und Stelle sowie die Vernichtung, Beseitigung oder gegebenenfalls Unschädlichmachung sämtlicher oben aufgeführter Gegenstände zu akzeptieren sowie den in Ziffer 13 erörterten Plan für die künftige laufende Überwachung und Verifikation seiner Erfüllung dieser Verpflichtungen zu akzeptieren;

13. *ersucht* den Generaldirektor der Internationalen Atomenergie-Organisation, über den Generalsekretär und mit Unterstützung und Zusammenarbeit seitens der Sonderkommission, wie in dem in Ziffer 9 *b*) genannten Plan des Generalsekretärs vorgesehen, auf der Grundlage der Deklarationen Iraks und der Bezeichnung etwaiger zusätzlicher Standorte durch die Sonderkommission an Ort und Stelle eine sofortige Inspektion der Nuklearkapazitäten Iraks vorzunehmen; zur Vorlage an den Rat innerhalb von fünfundvierzig Tagen einen Plan auszuarbeiten, der die Vernichtung, Beseitigung oder gegebenenfalls Unschädlichmachung sämtlicher in Ziffer 12 aufgeführter Gegenstände vorsieht; den Plan innerhalb von fünfundvierzig Tagen nach seiner Billigung durch den Rat durchzuführen und unter Berücksichtigung der Rechte und Pflichten Iraks aus dem Vertrag über die Nichtverbreitung von Kernwaffen einen Plan für die künftige laufende Überwachung und Verifikation der Befolgung von Ziffer 12 durch Irak auszuarbeiten, der auch eine Bestandsaufnahme des gesamten der Verifikation durch die Internationale Atomenergie-Organisation unterliegenden Kernmaterials in Irak sowie Inspektionen vorsieht, um sicherzustellen, daß die Kernmaterialüberwachung durch diese Organisation alle einschlägigen Nuklearaktivitäten in Irak erfaßt, und den Plan innerhalb von einhundertzwanzig Tagen nach Verabschiedung dieser Resolution dem Sicherheitsrat zur Billigung vorzulegen;

14. *stellt fest*, daß die von Irak gemäß den Ziffern 8 bis 13 zu treffenden Maßnahmen Schritte in Richtung auf das Ziel der Schaffung einer von Massenvernichtungswaffen und allen Flugkörpern zum Einsatz dieser Waffen freien Zone im Nahen Osten sowie in Richtung auf das Ziel eines weltweiten Verbots chemischer Waffen darstellen;

D

15. *ersucht* den Generalsekretär, dem Rat über die Maßnahmen Bericht zu erstatten, die ergriffen worden sind, um die Rückgabe aller von Irak in seinen Besitz gebrachten kuwaitischen Vermögenswerte zu erleichtern, einschließlich eines Verzeichnisses der Vermögenswerte, die nach Angaben Kuwaits nicht zurückgegeben beziehungsweise nicht unversehrt zurückgegeben worden sind;

E

16. *erklärt erneut*, daß Irak, unbeschadet der vor dem 2. August 1990 entstandenen Schulden und Verpflichtungen Iraks, die nach den üblichen Verfahren behandelt werden, nach dem Völkerrecht für alle unmittelbaren Verluste, Schäden – einschließlich Umweltschäden und der Erschöpfung der natürlichen Ressourcen – und sonstigen Beeinträchtigungen haftet, die fremden Regierungen, Staatsangehörigen und Unternehmen als Folge der unrechtmäßigen Invasion und Besetzung Kuwaits durch Irak entstanden sind;

17. *beschließt*, daß alle seit dem 2. August 1990 von Irak abgegebenen Erklärungen, wonach es seine Auslandsverschuldung nicht anerkennt, null und nichtig sind, und verlangt, daß Irak alle seine Verpflichtungen betreffend die Bedienung und Rückzahlung seiner Auslandsschulden genauestens erfüllt;

18. *beschließt außerdem*, einen Fonds zur Zahlung von Entschädigungen bei Ansprüchen nach Ziffer 16 zu schaffen und eine Kommission zur Verwaltung des Fonds einzusetzen;

19. *beauftragt* den Generalsekretär, bis spätestens dreißig Tage nach Verabschiedung dieser Resolution Empfehlungen auszuarbeiten und dem Rat zur Beschlußfassung vorzulegen betreffend den nach Ziffer 18 zu schaffenden Fonds und betreffend ein Programm zur Durchführung der Beschlüsse in den Ziffern 16 bis 18, namentlich in bezug auf: die Verwaltung des Fonds; Verfahren zur Bestimmung der angemessenen Höhe des Beitrags Iraks zu dem Fonds auf der Grundlage eines Prozentsatzes des Wertes seiner Exporte von Erdöl und Erdölprodukten, bis zu einer Höchstgrenze, die der Generalsekretär unter Berücksichtigung der Bedürfnisse des irakischen Volkes, der Zahlungsfähigkeit Iraks, wie sie gemeinsam mit den internationalen Finanzinstitutionen unter Berücksichtigung des Auslandsschuldendienstes bewertet wird, und der Erfordernisse der irakischen Wirtschaft dem Rat vorschlägt; Vorkehrungen zur Sicherstellung der Zahlungen an den Fonds; den Prozeß der Mittelzuweisung und der Begleichung der Ansprüche; geeignete Verfahren zur Schadensbewertung, zur Erfassung der Ansprüche, zur Prüfung ihrer Berechtigung sowie zur Klärung von Ansprüchen, bei denen Iraks Haftung nach Ziffer 16 strittig ist; und die Zusammensetzung der genannten Kommission;

F

20. *beschließt* mit sofortiger Wirkung, daß das in Resolution 661 (1990) enthaltene Verbot des Verkaufs und der Lieferung von Rohstoffen und Erzeugnissen mit Ausnahme von Medikamenten und medizinischen Versorgungsgütern an Irak und das Verbot diesbezüglicher Finanztransaktionen keine Anwendung findet auf Nahrungsmittel, die dem Ausschuß des Sicherheitsrats nach Resolution 661 (1990) zur Situation zwischen Irak und Kuwait notifiziert werden, oder, vorbehaltlich der Zustimmung dieses Ausschusses nach dem vereinfachten und beschleunigten „Kein-Einwand"-Verfahren, auf Güter und Versorgungsgegenstände zur Deckung des Grundbedarfs der Zivilbevölkerung, die im Bericht des Generalsekretärs vom 20. März 1991[11)] genannt werden, noch in anderen Fällen, in denen durch den Ausschuß ein humanitärer Bedarf festgestellt wird;

21. *beschließt*, daß der Sicherheitsrat die Bestimmungen von Ziffer 20 in Abständen von sechzig Tagen unter Berücksichtigung der Politiken und Praktiken der Regierung Iraks, insbesondere auch der Durchführung aller einschlägigen Resolutionen des Rates, überprüfen wird, um festzustellen, ob die darin vorgesehenen Verbote gemildert oder aufgehoben werden sollen;

22. *beschließt außerdem*, daß, sobald der Rat das in Ziffer 19 geforderte Programm gebilligt hat und übereingekommen ist, daß Irak alle in den Ziffern 8 bis 13 vorgesehenen Maßnahmen abgeschlossen hat, die in Resolution 661 (1990) enthaltenen Verbote der Einfuhr aus Irak stammender Rohstoffe und Erzeugnisse und die Verbote diesbezüglicher Finanztransaktionen außer Kraft treten;

23. *beschließt ferner*, daß der Ausschuß des Sicherheitsrats nach Resolution 661 (1990) zur Situation zwischen Irak und Kuwait bis zu einer Beschlußfassung durch den Rat nach Ziffer 22 ermächtigt ist, Ausnahmen von dem Verbot der Einfuhr aus Irak stammender Rohstoffe und Erzeugnisse zu genehmigen, soweit dies notwendig ist, um sicherzustellen, daß auf irakischer Seite ausreichende Finanzmittel zur Durchführung der in Ziffer 20 genannten Aktivitäten vorhanden sind;

24. *beschließt*, daß alle Staaten in Übereinstimmung mit Resolution 661 (1990) und den danach verabschiedeten diesbezüglichen Resolutionen bis zu einem weiteren Beschluß des Rates auch weiterhin folgendes verhindern werden: den Verkauf oder die Lieferung beziehungsweise die Förderung oder Erleichterung des Verkaufs oder der Lieferung an Irak, durch ihre Staatsangehörigen oder von ihrem Hoheitsgebiet aus oder mit ihre Flagge führenden Schiffen oder mit bei ihnen eingetragenen Luftfahrzeugen,

a) von Waffen und Wehrmaterial aller Kategorien, unter ausdrücklicher Einbeziehung des Verkaufs oder der anderweitigen Weitergabe aller Arten konventionellen militärischen Geräts, einschließlich von Gerät für paramilitärische Kräfte, sowie von Ersatz- und Einzelteilen dafür und von Mitteln zur Herstellung solchen Geräts;

b) von in den Ziffern 8 und 12 aufgeführten und beschriebenen Gegenständen, die im vorangehenden sonst nicht erfaßt sind;

c) von Technologie im Rahmen von Lizenz- oder sonstigen Transfervereinbarungen für die Herstellung, Nutzung oder Lagerung von unter den Buchstaben *a*) und *b*) aufgeführten Gegenständen;

d) von Personal oder Material für Ausbildungszwecke oder technische Unterstützungsdienste im Zusammenhang mit der Konstruktion, Entwicklung, Herstellung, Nutzung, Wartung oder Instandsetzung von unter den Buchstaben *a*) und *b*) aufgeführten Gegenständen;

25. *fordert* alle Staaten und internationalen Organisationen *auf*, ungeachtet etwaiger bestehender Verträge, Vereinbarungen, Lizenzen oder sonstiger Abmachungen streng in Übereinstimmung mit Ziffer 24 zu handeln;

26. *ersucht* den Generalsekretär, im Benehmen mit den in Betracht kommenden Regierungen innerhalb von sechzig Tagen durch den Rat zu billigende Richtlinien zur Erleichterung der vollen internationalen Anwendung der Ziffern 24, 25 und 27 auszuarbeiten und allen Staaten zur Verfügung zu stellen sowie ein Verfahren zur regelmäßigen Aktualisierung dieser Richtlinien auszuarbeiten;

27. *fordert* alle Staaten *auf*, nationale Kontrollen und Verfahren zu schaffen und sonstige Maßnahmen zu treffen, die den vom Rat nach Ziffer 26 zu erlassenden Richtlinien entsprechen und die notwendig sind, um die Befolgung der Bestimmungen von Ziffer 24 sicherzustellen, und fordert die internationalen Organisationen auf, alle geeigneten Schritte zu unternehmen, um zur Sicherstellung der uneingeschränkten Befolgung der besagten Bestimmungen beizutragen;

28. *kommt überein*, seine Beschlüsse in den Ziffern 22 bis 25, außer in bezug auf die in den Ziffern 8 und 12 aufgeführten und beschriebenen Gegenstände, in regelmäßigen Abständen, in jedem Fall jedoch einhundertzwanzig Tage nach Verabschiedung dieser Resolution zu überprüfen und dabei die Befolgung dieser Resolution durch Irak und die allgemeinen Fortschritte in Richtung auf die Kontrolle der Rüstungen in der Region zu berücksichtigen;

29. *beschließt*, daß alle Staaten, einschließlich Iraks, die erforderlichen Maßnahmen treffen werden, um sicherzustellen, daß kein Anspruch zugelassen wird, der auf Betreiben der Regierung Iraks oder einer natürlichen oder juristischen Person in Irak oder einer Person, die durch eine solche natürliche oder juristische Person oder zu deren Gunsten tätig wird, im Zusammenhang mit Verträgen oder einem anderen Rechtsgeschäft geltend gemacht wird, dessen Erfüllung durch die vom Rat mit Resolution 661 (1990) und mit den damit zusammenhängenden Resolutionen getroffenen Maßnahmen beeinträchtigt wurde;

G

30. *beschließt*, daß Irak zur Erfüllung seiner Verpflichtung, die Repatriierung aller Staatsangehörigen Kuwaits und dritter Staaten zu erleichtern, dem Internationalen Komitee vom Roten Kreuz jede erforderliche Unterstützung zu gewähren hat, indem es Verzeichnisse dieser Personen vorlegt, den Zugang des Internationalen Komitees zu allen diesen Personen erleichtert, gleichviel, wo sie sich befinden oder festgehalten werden, und die Suche des Internationalen Komitees nach Staatsangehörigen Kuwaits und dritter Staaten erleichtert, deren Verbleib noch ungeklärt ist;

31. *bittet* das Internationale Komitee vom Roten Kreuz, den Generalsekretär in geeigneter Weise über alle Aktivitäten unterrichtet zu halten, die im Zusammenhang mit der Erleichterung der Repatriierung oder Rückkehr aller am oder nach dem 2. August 1990 in Irak anwesenden Staatsangehörigen Kuwaits und dritter Staaten, beziehungsweise der Rückgabe ihrer sterblichen Überreste, unternommen werden;

H

32. *verlangt*, daß Irak dem Rat mitteilt, daß es Handlungen des internationalen Terrorismus weder begehen noch unterstützen wird und daß es Organisationen, deren Ziel die Begehung derartiger Handlungen ist, nicht gestatten wird, auf seinem Hoheitsgebiet zu operieren, und daß es alle terroristischen Handlungen, Methoden und Praktiken unmißverständlich verurteilt und ihnen entsagt;

I

33. *erklärt*, daß, sobald Irak dem Generalsekretär und dem Sicherheitsrat offiziell die Annahme der vorstehenden Bestimmungen notifiziert, eine formelle Waffenruhe zwischen Irak und

Kuwait und den mit Kuwait gemäß Resolution 678 (1990) kooperierenden Mitgliedstaaten in Kraft tritt;

34. *beschließt*, mit dieser Angelegenheit befaßt zu bleiben und alle weiteren für die Durchführung dieser Resolution und für die Gewährleistung des Friedens und der Sicherheit in dem Gebiet erforderlichen Schritte zu unternehmen.

Auf der 2981. Sitzung mit 12 Stimmen bei 1 Gegenstimme (Kuba) und 2 Enthaltungen (Ecuador, Jemen) verabschiedet.

7/6. Die Situation in Libyen

UNSR-Res 1970 (2011) (26. Februar 2011)

Resolution 1970 (2011) des UN-Sicherheitsrats, Die Situation in Libyen

Der Sicherheitsrat,

mit dem Ausdruck großer Besorgnis über die Situation in der Libysch-Arabischen Dschamahirija und unter Verurteilung der Gewalttätigkeit und des Einsatzes von Gewalt gegen Zivilpersonen,

unter Missbilligung der groben und systematischen Verletzung der Menschenrechte, einschließlich der Unterdrückung friedlicher Demonstranten, mit dem Ausdruck seiner tiefen Besorgnis über den Tod von Zivilpersonen und unter unmissverständlicher Ablehnung der von der höchsten Ebene der libyschen Regierung ausgehenden Aufstachelung zu Feindseligkeit und Gewalt gegenüber der Zivilbevölkerung,

begrüßend, dass die Liga der arabischen Staaten, die Afrikanische Union und der Generalsekretär der Organisation der Islamischen Konferenz die schweren Verletzungen der Menschenrechte und des humanitären Völkerrechts, die derzeit in der Libysch-Arabischen Dschamahirija verübt werden, verurteilt haben,

Kenntnis nehmend von dem Schreiben des Ständigen Vertreters der Libysch-Arabischen Dschamahirija bei den Vereinten Nationen vom 26. Februar 2011 an den Präsidenten des Sicherheitsrats,

unter Begrüßung der Resolution S-15/1 des Menschenrechtsrats vom 25. Februar 2011[1], namentlich des Beschlusses, umgehend eine unabhängige internationale Untersuchungskommission zu entsenden mit dem Auftrag, alle behaupteten Verstöße gegen die internationalen Menschenrechtsnormen in der Libysch-Arabischen Dschamahirija zu untersuchen, die Tatsachen und Umstände dieser Verstöße und der begangenen Verbrechen aufzuklären und die dafür Verantwortlichen ausfindig zu machen, wo dies möglich ist,

in der Erwägung, dass die ausgedehnten und systematischen Angriffe gegen die Zivilbevölkerung, die in der Libysch-Arabischen Dschamahirija gegenwärtig begangen werden, möglicherweise Verbrechen gegen die Menschlichkeit darstellen,

mit dem Ausdruck seiner Besorgnis über die Not der Flüchtlinge, die sich gezwungen sehen, vor der Gewalt in der Libysch-Arabischen Dschamahirija zu fliehen,

sowie mit dem Ausdruck seiner Besorgnis über Meldungen, wonach es an medizinischen Gütern zur Versorgung der Verwundeten mangelt,

unter Hinweis auf die Verantwortung der libyschen Behörden, die libysche Bevölkerung zu schützen,

unterstreichend, dass das Recht, sich friedlich zu versammeln, und das Recht der freien Meinungsäußerung, einschließlich der Medienfreiheit, geachtet werden müssen,

betonend, dass die Verantwortlichen für die Angriffe auf Zivilpersonen, einschließlich Angriffen, die von ihrer Kontrolle unterstehenden Kräften begangen werden, zur Rechenschaft gezogen werden müssen,

unter Hinweis auf Artikel 16 des Römischen Statuts des Internationalen Strafgerichtshofs[2], wonach der Gerichtshof für einen Zeitraum von zwölf Monaten nach einem entsprechenden Ersuchen des Sicherheitsrats keine Ermittlungen und keine Strafverfolgung einleiten oder fortführen darf,

mit dem Ausdruck seiner Sorge um die Sicherheit ausländischer Staatsangehöriger und ihre Rechte in der Libysch-Arabischen Dschamahirija,

in Bekräftigung seines nachdrücklichen Bekenntnisses zur Souveränität, Unabhängigkeit, territorialen Unversehrtheit und nationalen Einheit der Libysch-Arabischen Dschamahirija,

eingedenk dessen, dass ihm nach der Charta der Vereinten Nationen die Hauptverantwortung für die Wahrung des Weltfriedens und der internationalen Sicherheit obliegt,

tätig werdend nach Kapitel VII der Charta und Maßnahmen nach deren Artikel 41 ergreifend,

1. *verlangt* ein sofortiges Ende der Gewalt und fordert, dass Schritte unternommen werden, um die legitimen Forderungen der Bevölkerung zu erfüllen;

[1] *Siehe Official Records of the General Assembly, Sixty-sixth Session, Supplement No. 53 (A/66/53), Kap. I.*

[2] *United Nations, Treaty Series, Vol. 2187, Nr. 38544. Amtliche deutschsprachige Fassungen: dBGBl. 2000 II S. 1394; LGBl. 2002 Nr. 90; öBGBl. III Nr. 180/2002; AS 2002 3743.*

2. *fordert* die libyschen Behörden *nachdrücklich auf*,
   a) äußerste Zurückhaltung zu üben, die Menschenrechte und das humanitäre Völkerrecht zu achten und internationalen Menschenrechtsbeobachtern sofortigen Zugang zu gewähren;
   b) die Sicherheit aller ausländischen Staatsangehörigen und ihrer Vermögenswerte zu gewährleisten und denjenigen, die das Land verlassen wollen, die Ausreise zu erleichtern;
   c) freies Geleit in das Land für humanitäre und medizinische Versorgungsgüter sowie humanitäre Organisationen und Helfer zu gewährleisten und
   d) sofort die Medien aller Art auferlegten Einschränkungen aufzuheben;
3. *ersucht* alle Mitgliedstaaten, so weit wie möglich bei der Evakuierung der ausländischen Staatsangehörigen, die das Land verlassen wollen, zusammenzuarbeiten;

Überweisung an den Internationalen Strafgerichtshof

4. *beschließt*, die Situation in der Libysch-Arabischen Dschamahirija seit dem 15. Februar 2011 dem Ankläger des Internationalen Strafgerichtshofs zu unterbreiten;
5. *beschließt außerdem*, dass die libyschen Behörden gemäß dieser Resolution mit dem Internationalen Strafgerichtshof und dem Ankläger uneingeschränkt zusammenarbeiten und ihnen jede erforderliche Unterstützung gewähren müssen, und fordert, wenngleich er anerkennt, dass den Staaten, die nicht Vertragspartei des Römischen Statuts des Gerichtshofs[2)] sind, keine Verpflichtung nach dem Römischen Statut obliegt, alle Staaten und zuständigen regionalen und anderen internationalen Organisationen nachdrücklich auf, mit dem Gerichtshof und dem Ankläger uneingeschränkt zusammenzuarbeiten;
6. *beschließt ferner*, dass Staatsangehörige, derzeitige oder ehemalige Amtsträger sowie derzeitiges oder ehemaliges Personal eines Staates außerhalb der Libysch-Arabischen Dschamahirija, der nicht Vertragspartei des Römischen Statuts ist, in Bezug auf alle behaupteten Handlungen oder Unterlassungen aufgrund von oder im Zusammenhang mit Einsätzen in der Libysch-Arabischen Dschamahirija, die vom Sicherheitsrat eingerichtet oder genehmigt wurden, der ausschließlichen Gerichtsbarkeit dieses Staates unterliegen, es sei denn, dass dieser Staat auf die ausschließliche Gerichtsbarkeit ausdrücklich verzichtet;
7. *bittet* den Ankläger, den Rat innerhalb von zwei Monaten nach der Verabschiedung dieser Resolution und alle sechs Monate danach über die gemäß dieser Resolution ergriffenen Maßnahmen zu unterrichten;
8. *stellt fest*, dass die im Zusammenhang mit der Unterbreitung der Situation entstehenden Kosten, einschließlich der damit verbundenen Ermittlungs- oder Strafverfolgungskosten, nicht von den Vereinten Nationen getragen werden, sondern von den Vertragsparteien des Römischen Statuts und von denjenigen Staaten, die freiwillige Beiträge zu leisten wünschen;

Waffenembargo

9. *beschließt*, dass alle Mitgliedstaaten sofort die erforderlichen Maßnahmen ergreifen werden, um die Lieferung, den Verkauf oder die Weitergabe, sei es auf direktem oder indirektem Weg, von Rüstungsgütern und sonstigem Wehrmaterial jeder Art, einschließlich Waffen und Munition, Militärfahrzeugen und -ausrüstung, paramilitärischer Ausrüstung und Ersatzteilen für dieselben, sowie die Bereitstellung von technischer Hilfe, Ausbildung sowie finanzieller und anderer Hilfe im Zusammenhang mit militärischen Aktivitäten oder mit der Bereitstellung, der Wartung oder dem Einsatz von Rüstungsgütern und sonstigem Wehrmaterial, einschließlich der Bereitstellung bewaffneter Söldner, gleichviel ob sie aus ihrem Hoheitsgebiet kommen oder nicht, von ihrem Hoheitsgebiet aus oder durch ihr Hoheitsgebiet oder durch ihre Staatsangehörigen oder unter Benutzung von ihre Flagge führenden Schiffen oder Luftfahrzeugen an die Libysch-Arabische Dschamahirija zu verhindern, und beschließt ferner, dass diese Maßnahme keine Anwendung findet auf
   a) Lieferungen nichtletalen militärischen Geräts, das ausschließlich für humanitäre oder Schutzzwecke bestimmt ist, und damit zusammenhängende technische Hilfe und Ausbildung, soweit der Ausschuss des Sicherheitsrats nach Ziffer 24 dazu im Voraus seine Genehmigung erteilt hat;
   b) Lieferungen von Schutzkleidung, einschließlich Körperschutzwesten und Militärhelmen, die von Personal der Vereinten Nationen, Medienvertretern sowie humanitären Helfern, Entwicklungshelfern und beigeordnetem Personal ausschließlich zum persönlichen Gebrauch vorübergehend in die Libysch-Arabische Dschamahirija ausgeführt werden, oder
   c) andere Verkäufe oder Lieferungen von Rüstungsgütern und sonstigem Wehrmaterial oder die Bereitstellung von Hilfe

oder Personal, soweit der Ausschuss dazu im Voraus seine Genehmigung erteilt hat;

10. *beschließt außerdem*, dass die Libysch-Arabische Dschamahirija die Ausfuhr aller Rüstungsgüter und sonstigen Wehrmaterials einzustellen hat und dass alle Mitgliedstaaten die Beschaffung solcher Gegenstände von der Libysch-Arabischen Dschamahirija durch ihre Staatsangehörigen oder unter Benutzung von ihre Flagge führenden Schiffen oder Luftfahrzeugen, und gleichviel ob sie ihren Ursprung in der Libysch-Arabischen Dschamahirija haben oder nicht, verbieten werden;

11. *fordert* alle Staaten, insbesondere die Nachbarstaaten der Libysch-Arabischen Dschamahirija, *auf*, nach Maßgabe ihrer nationalen Befugnisse und Rechtsvorschriften und im Einklang mit dem Völkerrecht, insbesondere dem Seerecht und den einschlägigen internationalen Übereinkünften auf dem Gebiet der Zivilluftfahrt, in ihrem Hoheitsgebiet, einschließlich ihrer Seehäfen und Flughäfen, alle Ladungen auf dem Weg in die oder aus der Libysch-Arabischen Dschamahirija zu überprüfen, falls der betreffende Staat über Informationen verfügt, die hinreichende Gründe für die Annahme liefern, dass die Ladung Artikel enthält, deren Lieferung, Verkauf, Weitergabe oder Ausfuhr nach den Ziffern 9 oder 10 verboten ist, zu dem Zweck, die strikte Einhaltung dieser Bestimmungen zu gewährleisten;

12. *beschließt*, alle Mitgliedstaaten zu ermächtigen, von ihnen entdeckte Artikel, deren Lieferung, Verkauf, Weitergabe oder Ausfuhr nach den Ziffern 9 oder 10 verboten ist, zu beschlagnahmen und zu entsorgen (sei es durch Vernichtung, Unbrauchbarmachung, Lagerung oder Weitergabe an einen anderen Staat als die Herkunfts- oder Zielstaaten zum Zwecke der Entsorgung), und dass alle Mitgliedstaaten gehalten sind, so zu verfahren, und beschließt ferner, dass alle Mitgliedstaaten bei diesen Anstrengungen zusammenarbeiten werden;

13. *verlangt*, dass jeder Mitgliedstaat, wenn er eine Überprüfung nach Ziffer 11 durchführt, dem Ausschuss rasch einen ersten schriftlichen Bericht vorlegt, der insbesondere eine Erläuterung der Gründe für die Überprüfung, die Ergebnisse der Überprüfung sowie Angaben darüber enthält, ob Zusammenarbeit gewährt wurde, und verlangt ferner, falls Artikel gefunden werden, deren Weitergabe verboten ist, dass diese Mitgliedstaaten dem Ausschuss später einen schriftlichen Folgebericht vorlegen, der maßgebliche Einzelheiten über die Überprüfung, Beschlagnahme und Entsorgung sowie maßgebliche Einzelheiten über die Weitergabe enthält, einschließlich einer Beschreibung der Artikel, ihrer Herkunft und des vorgesehenen Bestimmungsorts, sofern diese Informationen in dem ersten Bericht nicht enthalten waren;

14. *legt* den Mitgliedstaaten *nahe*, Schritte zu unternehmen, um ihre Staatsangehörigen nachdrücklich davon abzuhalten, sich in die Libysch-Arabische Dschamahirija zu begeben, um sich im Namen der libyschen Behörden an Aktivitäten zu beteiligen, bei denen man vernünftigerweise davon ausgehen kann, dass sie zur Verletzung von Menschenrechten beitragen könnten;

Reiseverbot

15. *beschließt*, dass alle Mitgliedstaaten die erforderlichen Maßnahmen ergreifen werden, um zu verhindern, dass die in Anlage I dieser Resolution genannten oder von dem Ausschuss nach Ziffer 24 benannten Personen in ihr Hoheitsgebiet einreisen oder durch ihr Hoheitsgebiet durchreisen, wobei kein Staat durch diese Bestimmung verpflichtet wird, seinen eigenen Staatsangehörigen die Einreise in sein Hoheitsgebiet zu verweigern;

16. *beschließt außerdem*, dass die mit Ziffer 15 verhängten Maßnahmen keine Anwendung finden,

    a) wenn der Ausschuss im Einzelfall bestimmt, dass die betreffende Reise aus humanitären Gründen, einschließlich religiöser Verpflichtungen, gerechtfertigt ist;

    b) wenn die Ein- oder Durchreise zur Durchführung eines Gerichtsverfahrens erforderlich ist;

    c) wenn der Ausschuss im Einzelfall bestimmt, dass eine Ausnahme die Ziele des Friedens und der nationalen Aussöhnung in der Libysch-Arabischen Dschamahirija und der Stabilität in der Region fördern würde oder

    d) wenn ein Staat im Einzelfall bestimmt, dass eine solche Ein- oder Durchreise zur Förderung des Friedens und der Stabilität in der Libysch-Arabischen Dschamahirija erforderlich ist, und er den Ausschuss binnen achtundvierzig Stunden nach dieser Entscheidung benachrichtigt;

Einfrieren von Vermögenswerten

17. *beschließt ferner*, dass alle Mitgliedstaaten alle sich in ihrem Hoheitsgebiet befindenden Gelder, anderen finanziellen Vermögenswerte und wirtschaftlichen Ressourcen, die im Eigentum oder unter der direkten oder indirekten Kontrolle der in Anlage II zu dieser Resolution genannten oder von dem Ausschuss nach Ziffer 24 benannten Personen oder Einrichtungen oder von Personen oder Ein-

richtungen, die in ihrem Namen oder auf ihre Anweisung handeln, oder von in ihrem Eigentum oder unter ihrer Kontrolle befindlichen Einrichtungen stehen, unverzüglich einfrieren werden, und beschließt ferner, dass alle Mitgliedstaaten sicherstellen werden, dass ihre Staatsangehörigen oder Personen oder Einrichtungen innerhalb ihres Hoheitsgebiets für die in Anlage II dieser Resolution genannten oder von dem Ausschuss benannten Personen oder Einrichtungen oder zu ihren Gunsten keine Gelder, finanziellen Vermögenswerte oder wirtschaftlichen Ressourcen zur Verfügung stellen;

18. *bekundet seine Absicht*, sicherzustellen, dass die gemäß Ziffer 17 eingefrorenen Vermögenswerte zu einem späteren Zeitpunkt dem Volk der Libysch-Arabischen Dschamahirija und zu dessen Nutzen zur Verfügung gestellt werden;

19. *beschließt*, dass die mit Ziffer 17 verhängten Maßnahmen nicht für Gelder, andere finanzielle Vermögenswerte oder wirtschaftliche Ressourcen gelten, die nach Feststellung der betreffenden Mitgliedstaaten

    a) für grundlegende Ausgaben erforderlich sind, namentlich für die Bezahlung von Nahrungsmitteln, Mieten oder Hypotheken, Medikamenten und medizinischer Behandlung, Steuern, Versicherungsprämien und Gebühren öffentlicher Versorgungsunternehmen, oder ausschließlich der Bezahlung angemessener Honorare und der Rückerstattung von Ausgaben im Zusammenhang mit der Bereitstellung rechtlicher Dienste, im Einklang mit nationalen Rechtsvorschriften, oder der Bezahlung von Gebühren oder Kosten, im Einklang mit nationalen Rechtsvorschriften, für die routinemäßige Verwahrung oder Verwaltung eingefrorener Gelder, anderer finanzieller Vermögenswerte und wirtschaftlicher Ressourcen dienen, sofern der betreffende Staat dem Ausschuss seine Absicht mitgeteilt hat, gegebenenfalls den Zugang zu diesen Geldern, anderen finanziellen Vermögenswerten oder wirtschaftlichen Ressourcen zu genehmigen, und der Ausschuss innerhalb von fünf Arbeitstagen nach einer solchen Mitteilung keine ablehnende Entscheidung getroffen hat;

    b) für außerordentliche Ausgaben erforderlich sind, vorausgesetzt, dass diese Feststellung dem Ausschuss von den betreffenden Staaten oder Mitgliedstaaten mitgeteilt und von dem Ausschuss gebilligt wurde, oder

    c) Gegenstand eines Pfandrechts oder einer Entscheidung eines Gerichts, einer Verwaltungsstelle oder eines Schiedsgerichts sind, in welchem Fall die Gelder, anderen finanziellen Vermögenswerte und wirtschaftlichen Ressourcen für die Erfüllung von Forderungen aus diesem Pfandrecht oder dieser Entscheidung verwendet werden können, vorausgesetzt, das Pfandrecht oder die Entscheidung entstand beziehungsweise erging vor dem Datum dieser Resolution, begünstigt nicht eine gemäß Ziffer 17 benannte Person oder Einrichtung und wurde dem Ausschuss durch die betreffenden Staaten oder Mitgliedstaaten mitgeteilt;

20. *beschließt außerdem*, dass Mitgliedstaaten gestatten können, dass den nach Ziffer 17 eingefrorenen Konten fällige Zinsen oder sonstige Erträge dieser Konten oder fällige Zahlungen aufgrund von Verträgen, Vereinbarungen oder Verpflichtungen, die vor dem Datum geschlossen beziehungsweise eingegangen wurden, ab dem diese Konten den Bestimmungen dieser Resolution unterliegen, gutgeschrieben werden, unter dem Vorbehalt, dass diese Zinsen, sonstigen Erträge und Zahlungen weiterhin diesen Bestimmungen unterliegen und eingefroren bleiben;

21. *beschließt ferner*, dass die in Ziffer 17 enthaltenen Maßnahmen eine benannte Person oder Einrichtung nicht daran hindern, Zahlungen zu leisten, die aufgrund eines vor der Aufnahme der Person oder Einrichtung in die Liste geschlossenen Vertrags geschuldet werden, wenn nach Feststellung der betreffenden Staaten die Zahlung weder direkt noch indirekt von einer nach Ziffer 17 benannten Person oder Einrichtung entgegengenommen wird und nachdem die betreffenden Staaten dem Ausschuss die Absicht mitgeteilt haben, solche Zahlungen zu leisten oder entgegenzunehmen oder gegebenenfalls die Aufhebung der Einfrierung von Geldern, anderen finanziellen Vermögenswerten oder wirtschaftlichen Ressourcen zu diesem Zweck zu genehmigen, wobei diese Mitteilung zehn Arbeitstage vor einer solchen Genehmigung zu erfolgen hat;

Benennungskriterien

22. *beschließt*, dass die in den Ziffern 15 und 17 genannten Maßnahmen auf die von dem Ausschuss gemäß Ziffer 24 *b*) beziehungsweise *c*) benannten Personen und Einrichtungen Anwendung finden, die

    a) an der Anordnung, Kontrolle oder anderweitigen Steuerung schwerer Menschenrechtsverletzungen an Personen in der Libysch-Arabischen Dschamahirija unmittelbar oder mittelbar beteiligt sind, auch indem sie an der Planung, Befehligung, Anordnung oder Durchführung völkerrechtswidriger Angriffe auf die Zivilbevölkerung oder zivile Einrichtungen, einschließlich Bombenangriffen, unmittelbar oder mittelbar beteiligt sind, oder

b) für die unter Buchstabe *a* genannten Personen oder Einrichtungen oder in deren Namen oder auf deren Anweisung handeln;

23 *legt* den Mitgliedstaaten *eindringlich nahe*, dem Ausschuss die Namen von Personen vorzulegen, die die in Ziffer 22 festgelegten Kriterien erfüllen;

Neuer Sanktionsausschuss

24. *beschließt*, im Einklang mit Regel 28 seiner vorläufigen Geschäftsordnung einen aus allen Ratsmitgliedern bestehenden Ausschuss des Sicherheitsrats („der Ausschuss") einzusetzen, der die folgenden Aufgaben wahrnehmen wird:

a) die Durchführung der in den Ziffern 9, 10, 15 und 17 verhängten Maßnahmen zu überwachen;

b) die Personen zu benennen, die den mit Ziffer 15 verhängten Maßnahmen unterliegen, und Anträge auf Ausnahmen gemäß Ziffer 16 zu prüfen;

c) die Personen zu benennen, die den mit Ziffer 17 verhängten Maßnahmen unterliegen, und Anträge auf Ausnahmen gemäß den Ziffern 19 und 20 zu prüfen;

d) die erforderlichen Richtlinien zur Erleichterung der Durchführung der verhängten Maßnahmen festzulegen;

e) dem Rat binnen dreißig Tagen den ersten Bericht über seine Arbeit vorzulegen und ihm danach Bericht zu erstatten, wenn der Ausschuss es für notwendig erachtet;

f) einen Dialog zwischen dem Ausschuss und interessierten Mitgliedstaaten, insbesondere denjenigen in der Region, anzuregen, so auch indem Vertreter dieser Staaten eingeladen werden, sich mit dem Ausschuss zu treffen, um die Durchführung der Maßnahmen zu erörtern;

g) von allen Staaten alle von ihm für nützlich erachteten Informationen über die von ihnen unternommenen Schritte zur wirksamen Durchführung der verhängten Maßnahmen einzuholen;

h) Informationen über behauptete Verstöße gegen die in dieser Resolution enthaltenen Maßnahmen oder die Nichtbefolgung dieser Maßnahmen zu prüfen und daraufhin geeignete Maßnahmen zu ergreifen;

25. *fordert* alle Mitgliedstaaten *auf*, dem Ausschuss innerhalb von einhundertzwanzig Tagen nach Verabschiedung dieser Resolution über die Schritte Bericht zu erstatten, die sie im Hinblick auf die wirksame Durchführung der Ziffern 9, 10, 15 und 17 unternommen haben;

Humanitäre Hilfe

26. *fordert* alle Mitgliedstaaten *außerdem auf*, in Zusammenarbeit miteinander und mit dem Generalsekretär die Rückkehr der humanitären Organisationen zu erleichtern und zu unterstützen und humanitäre und damit zusammenhängende Hilfe in der Libysch-Arabischen Dschamahirija bereitzustellen, ersucht die beteiligten Staaten, den Rat regelmäßig über den Stand der gemäß dieser Ziffer ergriffenen Maßnahmen unterrichtet zu halten, und bekundet seine Bereitschaft, nötigenfalls weitere geeignete Maßnahmen zu erwägen, um dies zu erreichen;

Zusicherung der Überprüfung

27. *bekräftigt*, dass er die Aktivitäten der libyschen Behörden laufend weiter verfolgen wird und dass er bereit sein wird, die Angemessenheit der in dieser Resolution enthaltenen Maßnahmen zu überprüfen, einschließlich ihrer Stärkung, Modifizierung, Aussetzung oder Aufhebung, wenn dies zu einem bestimmten Zeitpunkt im Lichte der Einhaltung der entsprechenden Bestimmungen dieser Resolution durch die libyschen Behörden erforderlich sein sollte;

28. *beschließt*, mit der Angelegenheit aktiv befasst zu bleiben.

Auf der 6491. Sitzung einstimmig verabschiedet.

Anlage I

Anlage I

Reiseverbot

1. Al-Baghdadi, Dr. Abdulqader Mohammed

Reisepass-Nummer: B010574. Geburtsdatum: 01.07.1950.

Leiter des Verbindungsbüros der Revolutionskomitees. Die Revolutionskomitees sind an der Gewalt gegen Demonstranten beteiligt.

2. Dibri, Abdulqader Yusef

Geburtsdatum: 1946. Geburtsort: Houn (Libyen).

Persönlicher Sicherheitschef von Muammar al-Gaddafi. Verantwortlich für die Sicherheit des Regimes. Hat in der Vergangenheit den Einsatz von Gewalt gegen Dissidenten gelenkt.

Dorda, Abu Zayd Umar

3. Direktor, Organisation für äußere Sicherheit. Regimetreu. Leiter des Auslandsnachrichtendiensts.

4. Jabir, Generalmajor Abu Bakr Yunis

   Geburtsdatum: 1952. Geburtsort: Jalo (Libyen).

   Verteidigungsminister. Trägt die Gesamtverantwortung für Aktionen der Streitkräfte.

5. Matuq, Matuq Mohammed

   Geburtsdatum: 1956. Geburtsort: Khoms (Libyen).

   Sekretär für Versorgungsleistungen. Hochrangiges Mitglied des Regimes. Beteiligung an den Revolutionskomitees. Hat sich in der Vergangenheit an der Unterdrückung abweichender Meinungen und an Gewalthandlungen beteiligt.

6. Qadhaf Al-dam, Sayyid Mohammed

   Geburtsdatum: 1948. Geburtsort: Surt (Libyen).

   Cousin von Muammar al-Gaddafi. In den 1980er Jahren war Sayyid an der Kampagne zur Ermordung von Dissidenten beteiligt und soll für die Tötung mehrerer Personen in Europa verantwortlich sein. Er soll außerdem an der Beschaffung von Rüstungsgütern beteiligt gewesen sein.

7. Al-Gaddafi, Aisha Muammar

   Geburtsdatum: 1978. Geburtsort: Tripolis (Libyen).

   Tochter von Muammar al-Gaddafi. Enge Verbindung zum Regime.

8. Al-Gaddafi, Hannibal Muammar

   Reisepass-Nummer: B/002210. Geburtsdatum: 20.09.1975. Geburtsort: Tripolis (Libyen).

   Sohn von Muammar al-Gaddafi. Enge Verbindung zum Regime.

9. Al-Gaddafi, Khamis Muammar

   Geburtsdatum: 1978. Geburtsort: Tripolis (Libyen).

   Sohn von Muammar al-Gaddafi. Enge Verbindung zum Regime. Befehligt Militäreinheiten, die an der Niederschlagung von Demonstrationen beteiligt sind.

10. Al-Gaddafi, Mohammed Muammar

    Geburtsdatum: 1970. Geburtsort: Tripolis (Libyen).

    Sohn von Muammar al-Gaddafi. Enge Verbindung zum Regime.

11. Al-Gaddafi, Muammar Mohammed Abu Minyar

    Geburtsdatum: 1942. Geburtsort: Surt (Libyen).

    Revolutionsführer, Oberster Befehlshaber der Streitkräfte. Verantwortlich für die Anordnung zur Niederschlagung von Demonstrationen, Menschenrechtsverletzungen.

12. Al-Gaddafi, Mutassim

    Geburtsdatum: 1976. Geburtsort: Tripolis (Libyen).

    Nationaler Sicherheitsberater. Sohn von Muammar al-Gaddafi. Enge Verbindung zum Regime.

13. Al-Gaddafi, Saadi

    Reisepass-Nummer: 014797. Geburtsdatum: 25.05.1973. Geburtsort: Tripolis (Libyen).

    Kommandeur der Sonderstreitkräfte. Sohn von Muammar al-Gaddafi. Enge Verbindung zum Regime. Befehligt Militäreinheiten, die an der Niederschlagung von Demonstrationen beteiligt sind.

14. Al-Gaddafi, Saif al-Arab

    Geburtsdatum: 1982. Geburtsort: Tripolis (Libyen).

    Sohn von Muammar al-Gaddafi. Enge Verbindung zum Regime.

15. Al-Gaddafi, Saif al-Islam

    Reisepass-Nummer: B014995. Geburtsdatum: 25.06.1972. Geburtsort: Tripolis (Libyen).

    Direktor, Gaddafi-Stiftung. Sohn von Muammar al-Gaddafi. Enge Verbindung zum Regime. Hetzerische öffentliche Erklärungen, die zu Gewalt gegen Demonstranten aufstacheln.

16. Al-Senussi, Oberst Abdullah

    Geburtsdatum: 1949. Geburtsort: Sudan.

    Direktor, Militärischer Nachrichtendienst. Der Militärische Nachrichtendienst ist an der Niederschlagung von Demonstrationen beteiligt. Al-Senussi steht unter dem Verdacht, an dem Massaker im Abu-Selim-Gefängnis beteiligt gewesen zu sein. Wurde wegen des Bombenanschlags auf den UTA-Flug in Abwesenheit verurteilt. Schwager von Muammar al-Gaddafi.

Anlage II

Anlage II

Einfrieren von Vermögenswerten

1. Al-Gaddafi, Aisha Muammar

   Geburtsdatum: 1978. Geburtsort: Tripolis (Libyen).

Tochter von Muammar al-Gaddafi. Enge Verbindung zum Regime.

2. Al-Gaddafi, Hannibal Muammar

Reisepass-Nummer: B/002210. Geburtsdatum: 20.09.1975. Geburtsort: Tripolis (Libyen).

Sohn von Muammar al-Gaddafi. Enge Verbindung zum Regime.

3. Al-Gaddafi, Khamis Muammar

Geburtsdatum: 1978. Geburtsort: Tripolis (Libyen).

Sohn von Muammar al-Gaddafi. Enge Verbindung zum Regime. Befehligt Militäreinheiten, die an der Niederschlagung von Demonstrationen beteiligt sind.

4. Al-Gaddafi, Muammar Mohammed Abu Minyar

Geburtsdatum: 1942. Geburtsort: Surt (Libyen).

Revolutionsführer, Oberster Befehlshaber der Streitkräfte. Verantwortlich für die Anordnung zur Niederschlagung von Demonstrationen, Menschenrechtsverletzungen.

5. Al-Gaddafi, Mutassim

Geburtsdatum: 1976. Geburtsort: Tripolis (Libyen).

Nationaler Sicherheitsberater. Sohn von Muammar al-Gaddafi. Enge Verbindung zum Regime.

6. Al-Gaddafi, Saif al-Islam

Reisepass-Nummer: B014995. Geburtsdatum: 25.06.1972. Geburtsort: Tripolis (Libyen).

Direktor, Gaddafi-Stiftung. Sohn von Muammar al-Gaddafi. Enge Verbindung zum Regime. Hetzerische öffentliche Erklärungen, die zu Gewalt gegen Demonstranten aufstacheln.

7/7. Die Situation in Libyen

UNSR-Res 1973 (2011) (17. März 2011)

Resolution 1973 (2011) des UN-Sicherheitsrats, Die Situation in Libyen

Der Sicherheitsrat,

unter Hinweis auf seine Resolution 1970 (2011) vom 26. Februar 2011,

missbilligend, dass die libyschen Behörden die Resolution 1970 (2011) nicht befolgen,

mit dem Ausdruck seiner großen Besorgnis über die sich verschlimmernde Lage, die Eskalation der Gewalt und die zahlreichen Opfer unter der Zivilbevölkerung,

erneut erklärend, dass die libyschen Behörden dafür verantwortlich sind, die libysche Bevölkerung zu schützen, und bekräftigend, dass die an bewaffneten Konflikten beteiligten Parteien die Hauptverantwortung dafür tragen, alle durchführbaren Schritte zu unternehmen, um den Schutz der Zivilpersonen zu gewährleisten,

unter Verurteilung der groben und systematischen Verletzung von Menschenrechten, insbesondere willkürlicher Inhaftierungen, des Verschwindenlassens, der Folter und summarischer Hinrichtungen,

sowie unter Verurteilung der von den libyschen Behörden begangenen Gewalthandlungen und Einschüchterungsmaßnahmen gegen Journalisten und andere Medienangehörige und dazugehöriges Personal und mit der nachdrücklichen Aufforderung an die libyschen Behörden, ihren in Resolution 1738 (2006) vom 23. Dezember 2006 genannten Verpflichtungen nach dem humanitären Völkerrecht nachzukommen,

in der Erwägung, dass die in der Libysch-Arabischen Dschamahirija derzeit stattfindenden ausgedehnten und systematischen Angriffe gegen die Zivilbevölkerung möglicherweise Verbrechen gegen die Menschlichkeit darstellen,

unter Hinweis auf Ziffer 26 der Resolution 1970 (2011), in der der Sicherheitsrat seine Bereitschaft bekundete, nötigenfalls weitere geeignete Maßnahmen zu erwägen, um die Rückkehr der humanitären Organisationen zu erleichtern und zu unterstützen und humanitäre und damit zusammenhängende Hilfe in der Libysch-Arabischen Dschamahirija bereitzustellen,

mit dem Ausdruck seiner Entschlossenheit, den Schutz der Zivilpersonen und der von der Zivilbevölkerung bewohnten Gebiete sowie den raschen und ungehinderten Durchlass humanitärer Hilfe und die Sicherheit der humanitären Helfer zu gewährleisten,

unter Hinweis darauf, dass die Liga der arabischen Staaten, die Afrikanische Union und der Generalsekretär der Organisation der Islamischen Konferenz die schweren Verletzungen der Menschenrechte und des humanitären Völkerrechts, die in der Libysch-Arabischen Dschamahirija begangen wurden und werden, verurteilt haben,

Kenntnis nehmend von dem Schlusskommuniqué der Organisation der Islamischen Konferenz vom 8. März 2011 und dem Kommuniqué des Friedens- und Sicherheitsrats der Afrikanischen Union vom 10. März 2011, mit dem dieser den Ad-hoc-Ausschuss auf hoher Ebene für Libyen einsetzte,

sowie Kenntnis nehmend von dem Beschluss des Rates der Liga der arabischen Staaten vom 12. März 2011 mit dem Aufruf zur Verhängung einer Flugverbotszone für den libyschen militärischen Luftverkehr und zur Einrichtung von Sicherheitszonen an Orten, die Beschuss ausgesetzt sind, als Vorsichtsmaßnahme zum Schutz der libyschen Bevölkerung und der in der Libysch-Arabischen Dschamahirija ansässigen ausländischen Staatsangehörigen[1],

ferner Kenntnis nehmend von dem Aufruf des Generalsekretärs vom 16. März 2011 zu einer sofortigen Waffenruhe,

unter Hinweis auf seinen Beschluss, die Situation in der Libysch-Arabischen Dschamahirija seit dem 15. Februar 2011 dem Ankläger des Internationalen Strafgerichtshofs zu unterbreiten, und betonend, dass diejenigen, die für die Angriffe gegen die Zivilbevölkerung, einschließlich aus der Luft und von See, verantwortlich sind oder daran mitbeteiligt waren, zur Rechenschaft gezogen werden müssen,

mit dem erneuten Ausdruck seiner Besorgnis über die Not der Flüchtlinge und der ausländischen Arbeiter, die sich gezwungen sehen, vor der Gewalt in der Libysch-Arabischen Dschamahirija zu fliehen, unter Begrüßung der Reaktion der Nachbarstaaten, insbesondere Tunesiens und Ägyptens, auf die Bedürfnisse dieser Flüchtlinge und ausländischen Arbeiter und mit der Aufforderung an die internationale Gemeinschaft, diese Anstrengungen zu unterstützen,

---

[1]) *Siehe S/2011/137, Anlage.*

missbilligend, dass die libyschen Behörden weiter Söldner einsetzen,

in der Erwägung, dass die Verhängung eines Verbots aller Flüge im Luftraum der Libysch-Arabischen Dschamahirija ein wichtiges Element für den Schutz von Zivilpersonen und die sichere Lieferung humanitärer Hilfsgüter und einen entscheidenden Schritt zur Einstellung der Feindseligkeiten in der Libysch-Arabischen Dschamahirija darstellt,

mit dem Ausdruck seiner Sorge um die Sicherheit ausländischer Staatsangehöriger und ihre Rechte in der Libysch-Arabischen Dschamahirija,

es begrüßend, dass der Generalsekretär Herrn Abdel-Elah Mohamed Al-Khatib zu seinem Sondergesandten für die Libysch-Arabische Dschamahirija ernannt hat, und seine Anstrengungen unterstützend, eine dauerhafte und friedliche Lösung der Krise in der Libysch-Arabischen Dschamahirija herbeizuführen,

in Bekräftigung seines nachdrücklichen Bekenntnisses zur Souveränität, Unabhängigkeit, territorialen Unversehrtheit und nationalen Einheit der Libysch-Arabischen Dschamahirija,

feststellend, dass die Situation in der Libysch-Arabischen Dschamahirija auch weiterhin eine Bedrohung des Weltfriedens und der internationalen Sicherheit darstellt,

tätig werdend nach Kapitel VII der Charta der Vereinten Nationen,

1. *verlangt* eine sofortige Waffenruhe und ein vollständiges Ende der Gewalt und aller Angriffe und Missbrauchshandlungen gegen Zivilpersonen;
2. *betont*, dass verstärkte Anstrengungen unternommen werden müssen, um eine Lösung für die Krise zu finden, die den legitimen Forderungen des libyschen Volkes gerecht wird, und nimmt Kenntnis von dem Beschluss des Generalsekretärs, seinen Sondergesandten in die Libysch-Arabische Dschamahirija zu entsenden, sowie von dem Beschluss des Friedens- und Sicherheitsrats der Afrikanischen Union, seinen Ad-hoc-Ausschuss auf hoher Ebene für die Libysch-Arabische Dschamahirija zu entsenden, mit dem Ziel, einen Dialog zu erleichtern, der zu den politischen Reformen führt, die für eine friedliche und tragfähige Lösung notwendig sind;
3. *verlangt*, dass die libyschen Behörden ihren Verpflichtungen nach dem Völkerrecht, namentlich dem humanitären Völkerrecht, den internationalen Menschenrechtsnormen und dem Flüchtlingsvölkerrecht, nachkommen und alle Maßnahmen ergreifen, um Zivilpersonen zu schützen und ihre Grundbedürfnisse zu decken sowie den raschen und ungehinderten Durchlass humanitärer Hilfe zu gewährleisten;

Schutz von Zivilpersonen

4. *ermächtigt* die Mitgliedstaaten, die eine Notifizierung an den Generalsekretär gerichtet haben und die einzelstaatlich oder über regionale Organisationen oder Abmachungen und in Zusammenarbeit mit dem Generalsekretär tätig werden, alle notwendigen Maßnahmen zu ergreifen, ungeachtet der Ziffer 9 der Resolution 1970 (2011), um von Angriffen bedrohte Zivilpersonen und von der Zivilbevölkerung bewohnte Gebiete in der Libysch-Arabischen Dschamahirija, einschließlich Bengasis, zu schützen, unter Ausschluss ausländischer Besatzungstruppen jeder Art in irgendeinem Teil libyschen Hoheitsgebiets, und ersucht die betreffenden Mitgliedstaaten, den Generalsekretär sofort von den Maßnahmen zu unterrichten, die sie gemäß der in dieser Ziffer erteilten Ermächtigung ergriffen haben, die sofort dem Sicherheitsrat zur Kenntnis zu bringen sind;
5. *anerkennt* die wichtige Rolle der Liga der arabischen Staaten in Angelegenheiten der Wahrung des Weltfriedens und der internationalen Sicherheit in der Region und ersucht eingedenk des Kapitels VIII der Charta der Vereinten Nationen die Mitgliedstaaten der Liga der arabischen Staaten, mit den anderen Mitgliedstaaten bei der Durchführung von Ziffer 4 zusammenzuarbeiten;

Flugverbotszone

6. *beschließt*, ein Verbot aller Flüge im Luftraum der Libysch-Arabischen Dschamahirija zu verhängen, um zum Schutz der Zivilpersonen beizutragen;
7. *beschließt außerdem*, dass das mit Ziffer 6 verhängte Verbot nicht für Flüge gilt, die einen ausschließlich humanitären Zweck haben, wie die Bereitstellung oder die Erleichterung der Bereitstellung von Hilfe, namentlich medizinischen Versorgungsgütern, Nahrungsmitteln, humanitären Helfern und damit zusammenhängender Hilfe, oder die zur Evakuierung ausländischer Staatsangehöriger aus der Libysch-Arabischen Dschamahirija durchgeführt werden, und auch nicht für mit Ziffer 4 oder 8 genehmigte Flüge gilt oder für andere Flüge, die von Staaten, die kraft der in Ziffer 8 erteilten Ermächtigung tätig werden, im Interesse des libyschen Volkes für notwendig erachtet werden, und dass diese Flüge mit einem nach Ziffer 8 eingerichteten Mechanismus abzustimmen sind;
8. *ermächtigt* die Mitgliedstaaten, die eine Notifizierung an den Generalsekretär der Verein-

ten Nationen und den Generalsekretär der Liga der arabischen Staaten gerichtet haben und die einzelstaatlich oder über regionale Organisationen oder Abmachungen tätig werden, alle notwendigen Maßnahmen zu ergreifen, um die Befolgung des mit Ziffer 6 verhängten Flugverbots den Erfordernissen entsprechend durchzusetzen, und ersucht die betreffenden Mitgliedstaaten, in Zusammenarbeit mit der Liga der arabischen Staaten, sich bei den von ihnen ergriffenen Maßnahmen zur Durchführung dieses Verbots eng mit dem Generalsekretär der Vereinten Nationen abzustimmen, namentlich indem sie einen geeigneten Mechanismus zur Durchführung der Bestimmungen in den Ziffern 6 und 7 einrichten;

9. *fordert* alle Mitgliedstaaten, die einzelstaatlich oder über regionale Organisationen oder Abmachungen tätig werden, *auf*, Hilfe zum Zweck der Durchführung der Ziffern 4, 6, 7 und 8 zu gewähren, einschließlich der Erteilung aller notwendigen Überfluggenehmigungen;

10. *ersucht* die betreffenden Mitgliedstaaten, sich bei den von ihnen ergriffenen Maßnahmen zur Durchführung der Ziffern 4, 6, 7 und 8, einschließlich praktischer Maßnahmen zur Überwachung und Genehmigung autorisierter humanitärer Flüge und Evakuierungsflüge, untereinander und mit dem Generalsekretär eng abzustimmen;

11. *ersucht* die betreffenden Mitgliedstaaten, den Generalsekretär der Vereinten Nationen und den Generalsekretär der Liga der arabischen Staaten sofort von den Maßnahmen zu unterrichten, die sie aufgrund der mit Ziffer 8 erteilten Ermächtigung ergriffen haben, und insbesondere ein Einsatzkonzept vorzulegen;

12. *ersucht* den Generalsekretär der Vereinten Nationen, den Sicherheitsrat sofort von allen Maßnahmen zu unterrichten, die von den betreffenden Mitgliedstaaten aufgrund der mit Ziffer 8 erteilten Ermächtigung ergriffen werden, und dem Rat binnen sieben Tagen und danach jeden Monat über die Durchführung dieser Resolution Bericht zu erstatten, einschließlich Angaben über jeden Verstoß gegen das mit Ziffer 6 verhängte Flugverbot;

Durchsetzung des Waffenembargos

13. *beschließt*, dass Ziffer 11 der Resolution 1970 (2011) durch die folgende Ziffer ersetzt wird: „fordert alle Mitgliedstaaten, insbesondere die Staaten der Region, die einzelstaatlich oder über regionale Organisationen oder Abmachungen tätig werden, auf, zur Gewährleistung der strikten Einhaltung des mit den Ziffern 9 und 10 der Resolution 1970 (2011) verhängten Waffenembargos in ihrem Hoheitsgebiet, einschließlich ihrer Seehäfen und Flughäfen, und auf Hoher See Schiffe und Luftfahrzeuge, deren Ziel- oder Ausgangsland die Libysch-Arabische Dschamahirija ist, zu überprüfen, falls der betreffende Staat über Informationen verfügt, die hinreichende Gründe für die Annahme liefern, dass die Ladung Artikel enthält, deren Lieferung, Verkauf, Weitergabe oder Ausfuhr nach Ziffer 9 oder 10 der Resolution 1970 (2011) in der durch diese Resolution geänderten Fassung verboten ist, einschließlich der Bereitstellung bewaffneter Söldner, fordert alle Flaggenstaaten dieser Schiffe und Luftfahrzeuge auf, bei solchen Überprüfungen zu kooperieren, und ermächtigt die Mitgliedstaaten, alle unter den besonderen Umständen zur Durchführung solcher Überprüfungen angemessenen Maßnahmen zu ergreifen";

14. *ersucht* die Mitgliedstaaten, die Maßnahmen auf Hoher See nach Ziffer 13 ergreifen, sich untereinander und mit dem Generalsekretär eng abzustimmen, und ersucht die betreffenden Staaten ferner, den Generalsekretär und den Ausschuss des Sicherheitsrats nach Ziffer 24 der Resolution 1970 (2011) („Ausschuss") sofort von den Maßnahmen zu unterrichten, die sie aufgrund der mit Ziffer 13 erteilten Ermächtigung ergreifen;

15. *verlangt*, dass jeder Mitgliedstaat, gleichviel ob er einzelstaatlich oder über regionale Organisationen oder Abmachungen tätig wird, der eine Überprüfung nach Ziffer 13 vornimmt, dem Ausschuss rasch einen ersten schriftlichen Bericht vorlegt, der insbesondere eine Erläuterung der Gründe für die Überprüfung, die Ergebnisse der Überprüfung sowie Angaben darüber enthält, ob Zusammenarbeit gewährt wurde, und verlangt ferner, falls Artikel gefunden werden, deren Weitergabe verboten ist, dass diese Mitgliedstaaten dem Ausschuss später einen schriftlichen Folgebericht vorlegen, der maßgebliche Einzelheiten über die Überprüfung, Beschlagnahme und Entsorgung sowie maßgebliche Einzelheiten über die Weitergabe enthält, einschließlich einer Beschreibung der Artikel, ihrer Herkunft und ihres vorgesehenen Bestimmungsorts, sofern diese Informationen in dem ersten Bericht nicht enthalten waren;

16. *missbilligt* den anhaltenden Zustrom von Söldnern in die Libysch-Arabische Dschamahirija und fordert alle Mitgliedstaaten auf, ihre Verpflichtungen nach Ziffer 9 der Resolution 1970 (2011) streng einzuhalten, um die Bereitstellung bewaffneter Söldner für die Libysch-Arabische Dschamahirija zu verhindern;

Flugverbot

17. *beschließt*, dass alle Staaten jedem Luftfahrzeug, das in der Libysch-Arabischen Dschamahirija eingetragen ist oder im Eigentum libyscher Staatsangehöriger oder Unternehmen steht oder von diesen betrieben wird, die Erlaubnis zum Start oder zur Landung in ihrem Hoheitsgebiet oder zum Überfliegen ihres Hoheitsgebiets verweigern, es sei denn, der Flug wurde vom Ausschuss im Voraus genehmigt oder im Falle einer Notlandung;

18. *beschließt außerdem*, dass alle Staaten jedem Luftfahrzeug die Erlaubnis zum Start oder zur Landung in ihrem Hoheitsgebiet oder zum Überfliegen ihres Hoheitsgebiets verweigern, wenn sie über Informationen verfügen, die hinreichende Gründe für die Annahme liefern, dass das Luftfahrzeug Artikel enthält, deren Lieferung, Verkauf, Weitergabe oder Ausfuhr nach den Ziffern 9 und 10 der Resolution 1970 (2011) in der durch diese Resolution geänderten Fassung verboten ist, einschließlich der Bereitstellung bewaffneter Söldner, ausgenommen im Falle einer Notlandung;

Einfrieren von Vermögenswerten

19. *beschließt ferner*, dass das mit den Ziffern 17, 19, 20 und 21 der Resolution 1970 (2011) verhängte Einfrieren von Vermögenswerten auf alle sich in ihrem Hoheitsgebiet befindenden Gelder, anderen finanziellen Vermögenswerte und wirtschaftlichen Ressourcen Anwendung findet, die im Eigentum oder unter der direkten oder indirekten Kontrolle der von dem Ausschuss benannten libyschen Behörden oder von in ihrem Namen oder auf ihre Anweisung handelnden Personen oder Einrichtungen oder von in ihrem Eigentum oder unter ihrer Kontrolle stehenden Einrichtungen stehen, soweit von dem Ausschuss benannt, beschließt ferner, dass alle Staaten sicherstellen, dass ihre Staatsangehörigen oder Personen oder Einrichtungen innerhalb ihres Hoheitsgebiets den oder zugunsten der von dem Ausschuss benannten libyschen Behörden oder in ihrem Namen oder auf ihre Anweisung handelnden Personen oder Einrichtungen oder in ihrem Eigentum oder unter ihrer Kontrolle stehenden Einrichtungen, soweit von dem Ausschuss benannt, keine Gelder, finanziellen Vermögenswerte oder wirtschaftlichen Ressourcen zur Verfügung stellen, und weist den Ausschuss an, innerhalb von dreißig Tagen nach Verabschiedung dieser Resolution und gegebenenfalls auch danach die betreffenden libyschen Behörden, Personen oder Einrichtungen zu benennen;

20. *bekräftigt seine Entschlossenheit*, dafür zu sorgen, dass die gemäß Ziffer 17 der Resolution 1970 (2011) eingefrorenen Vermögenswerte zu einem späteren Zeitpunkt so bald wie möglich dem Volk der Libysch-Arabischen Dschamahirija zur Verfügung gestellt werden und zugute kommen;

21. *beschließt*, dass alle Staaten ihre Staatsangehörigen, die ihrer Hoheitsgewalt unterstehenden Personen und die in ihrem Hoheitsgebiet eingetragenen oder ihrer Hoheitsgewalt unterstehenden Firmen verpflichten, Wachsamkeit zu üben, wenn sie mit in der Libysch-Arabischen Dschamahirija eingetragenen oder deren Hoheitsgewalt unterstehenden Einrichtungen und mit in ihrem Namen oder auf ihre Anweisung handelnden Personen oder Einrichtungen und mit in ihrem Eigentum oder unter ihrer Kontrolle stehenden Einrichtungen Geschäfte tätigen, wenn die Staaten über Informationen verfügen, die hinreichende Gründe für die Annahme liefern, dass diese Geschäfte zu Gewalttätigkeit und zum Einsatz von Gewalt gegen Zivilpersonen beitragen könnten;

Benennungen

22. *beschließt außerdem*, dass die in Anlage I aufgeführten Personen den mit den Ziffern 15 und 16 der Resolution 1970 (2011) verhängten Reisebeschränkungen unterliegen, und beschließt ferner, dass die in Anlage II aufgeführten Personen und Einrichtungen dem Einfrieren ihrer Vermögenswerte gemäß den Ziffern 17, 19, 20 und 21 der Resolution 1970 (2011) unterliegen;

23. *beschließt ferner*, dass die in den Ziffern 15, 16, 17, 19, 20 und 21 der Resolution 1970 (2011) genannten Maßnahmen auch auf Personen und Einrichtungen Anwendung finden, die nach Feststellung des Rates oder des Ausschusses gegen die Bestimmungen der Resolution 1970 (2011), insbesondere die Ziffern 9 und 10, verstoßen haben oder anderen bei Verstößen dagegen behilflich waren;

Sachverständigengruppe

24. *ersucht* den Generalsekretär, im Benehmen mit dem Ausschuss für einen Anfangszeitraum von einem Jahr eine Gruppe von bis zu acht Sachverständigen („Sachverständigengruppe") einzusetzen, die unter der Leitung des Ausschusses die folgenden Aufgaben ausführt:

a) dem Ausschuss bei der Durchführung seines in Ziffer 24 der Resolution 1970 (2011) und in dieser Resolution festgelegten Mandats behilflich zu sein;

b) von den Staaten, den zuständigen Organen der Vereinten Nationen, den Regionalorganisationen und anderen interessierten Parteien stammende Informationen über die Durchführung der in Resolution 1970 (2011) und in dieser Resolution beschlossenen Maßnahmen, insbesondere über Fälle der Nichtbefolgung, zu sammeln, zu prüfen und zu analysieren;

c) Empfehlungen zu Schritten abzugeben, die der Rat, der Ausschuss oder der Staat prüfen könnten, um die Durchführung der entsprechenden Maßnahmen zu verbessern, und

d) dem Rat spätestens neunzig Tage nach der Ernennung der Sachverständigengruppe einen Zwischenbericht über ihre Arbeit und spätestens dreißig Tage vor Ablauf ihres Mandats einen Schlussbericht mit ihren Feststellungen und Empfehlungen vorzulegen;

25. *fordert* alle Staaten, die zuständigen Organe der Vereinten Nationen und andere interessierte Parteien *nachdrücklich auf*, mit dem Ausschuss und der Sachverständigengruppe uneingeschränkt zusammenzuarbeiten, insbesondere indem sie alle ihnen zur Verfügung stehenden Informationen über die Durchführung der in Resolution 1970 (2011) und in dieser Resolution beschlossenen Maßnahmen übermitteln, insbesondere über Fälle der Nichtbefolgung;

26. *beschließt*, dass das in Ziffer 24 der Resolution 1970 (2011) festgelegte Mandat des Ausschusses auch für die in dieser Resolution beschlossenen Maßnahmen gilt;

27. *beschließt außerdem*, dass alle Staaten, einschließlich der Libysch-Arabischen Dschamahirija, die erforderlichen Maßnahmen ergreifen, um sicherzustellen, dass im Zusammenhang mit einem Vertrag oder einem anderen Rechtsgeschäft, dessen Erfüllung durch die vom Rat in der Resolution 1970 (2011), in dieser Resolution und in damit zusammenhängenden Resolutionen beschlossenen Maßnahmen beeinträchtigt wurde, keine Forderung zugelassen wird, die auf Betreiben der libyschen Behörden oder einer Person oder Stelle in der Libysch-Arabischen Dschamahirija oder einer über eine solche Person oder Stelle oder zu deren Gunsten tätig werdenden Person geltend gemacht wird;

28. *bekräftigt seine Absicht*, die Handlungen der libyschen Behörden laufend weiter zu verfolgen, und unterstreicht seine Bereitschaft, die mit dieser Resolution und der Resolution 1970 (2011) verhängten Maßnahmen jederzeit zu überprüfen, einschließlich ihrer Verstärkung, Aussetzung oder Aufhebung, nach Maßgabe der Einhaltung dieser Resolution und der Resolution 1970 (2011) durch die libyschen Behörden;

29. *beschließt*, mit der Angelegenheit aktiv befasst zu bleiben.

Auf der 6498. Sitzung mit 10 Stimmen ohne Gegenstimme bei 5 Enthaltungen (Brasilien, China, Deutschland, Indien und Russische Föderation) verabschiedet.

Libyen: Nach Resolution 1973 (2011) des Sicherheitsrats benannte Personen und Einrichtungen			
Nummer	**Name**	**Begründung**	**Identifizierungsangaben**
Anlage I: Reiseverbot			
1	QUREN SALIH QUREN AL-GADDAFI	Libyscher Botschafter in Tschad. Hat Tschad verlassen, um nach Sabha zu reisen. Ist unmittelbar an der Rekrutierung und Koordinierung von Söldnern für das Regime beteiligt.	
2	Oberst AMID HUSAIN AL KUNI	Gouverneur von Ghat (Südlibyen). Ist unmittelbar an der Rekrutierung von Söldnern beteiligt.	

Nummer	Name	Begründung	Identifizierungsangaben
Anlage II: Einfrieren von Vermögenswerten			
1	Dorda, Abu Zayd Umar	Position: Direktor, Organisation für äußere Sicherheit	
2	Jabir, Generalmajor Abu Bakr Yunis	Position: Verteidigungsminister	**Titel:** Generalmajor **Geburtsdatum:** –.–1952 **Geburtsort:** Jalo (Libyen)
3	Matuq, Matuq Mohammed	Position: Sekretär für Versorgungseinrichtungen	**Geburtsdatum:** –.–1956 **Geburtsort:** Khoms (Libyen)
4	Al-Gaddafi, Mohammed Muammar	Sohn von Muammar al-Gaddafi. Enge Verbindung zum Regime	**Geburtsdatum:** –.–1970 **Geburtsort:** Tripolis (Libyen)
5	Al-Gaddafi, Saadi	Kommandeur Sondereinheiten. Sohn von Muammar al-Gaddafi. Enge Verbindung zum Regime. Befehligt Militäreinheiten, die an der Niederschlagung von Demonstrationen beteiligt sind	**Geburtsdatum:** 25.05.1973 **Geburtsort:** Tripolis (Libyen)
6	Al-Gaddafi, Saif al-Arab	Sohn von Muammar al-Gaddafi. Enge Verbindung zum Regime	**Geburtsdatum:** –.–1982 **Geburtsort:** Tripolis (Libyen)
7	Al-Senussi, Oberst Abdullah	Position: Direktor, Militärischer Nachrichtendienst	**Titel:** Oberst **Geburtsdatum:** –.–1949 **Geburtsort:** Sudan
Einrichtungen			
1	Central Bank of Libya (Zentralbank Libyens)	Unter der Kontrolle Muammar al-Gaddafis und seiner Familie und eine potenzielle Finanzierungsquelle für sein Regime	
2	Libyan Investment Authority (Staatsfonds Libyens)	Unter der Kontrolle Muammar al-Gaddafis und seiner Familie und eine potenzielle Finanzierungsquelle für sein Regime	**Auch bekannt als:** Libyan Arab Foreign Investment Company (LAFICO) **Adresse:** 1 Fateh Tower Office, No. 99 22nd Floor, Borgaida Street, Tripolis, Libyen, 1103
3	Libyan Foreign Bank (Libysche Auslandsbank)	Unter der Kontrolle Muammar al-Gaddafis und seiner Familie und eine potenzielle Finanzierungsquelle für sein Regime	
4	Libyan Africa Investment Portfolio	Unter der Kontrolle Muammar al-Gaddafis und seiner Familie und eine potenzielle Finanzierungsquelle für sein Regime	**Adresse:** Jamahiriya Street, LAP Building, PO Box 91330, Tripolis, Libyen

Nummer	Name	Begründung	Identifizierungsangaben
5	Libyan National Oil Corporation (Nationale Ölgesellschaft Libyens)	Unter der Kontrolle Muammar al-Gaddafis und seiner Familie und eine potenzielle Finanzierungsquelle für sein Regime	**Adresse:** Bashir Saadwi Street, Tripolis, Tarabulis, Libyen

7/8. Bedrohungen des Weltfriedens und der internationalen Sicherheit durch terroristische Handlungen

UNSR-Res 2249 (2015) (20. November 2015)

Resolution 2249 (2015) des UN Sicherheitsrats, Bedrohungen des Weltfriedens und der internationalen Sicherheit durch terroristische Handlungen

Der Sicherheitsrat,

in Bekräftigung seiner Resolutionen 1267 (1999), 1368 (2001), 1373 (2001), 1618 (2005), 1624 (2005), 2083 (2012), 2129 (2013), 2133 (2014), 2161 (2014), 2170 (2014), 2178 (2014), 2195 (2014), 2199 (2015) und 2214 (2015) und der einschlägigen Erklärungen seines Präsidenten,

in Bekräftigung der Grundsätze und Ziele der Charta der Vereinten Nationen,

in Bekräftigung seiner Achtung der Souveränität, territorialen Unversehrtheit, Unabhängigkeit und Einheit aller Staaten im Einklang mit den Zielen und Grundsätzen der Charta der Vereinten Nationen,

bekräftigend, dass der Terrorismus in allen seinen Arten und Erscheinungsformen eine der schwersten Bedrohungen des Weltfriedens und der internationalen Sicherheit darstellt und dass alle terroristischen Handlungen verbrecherisch und nicht zu rechtfertigen sind, ungeachtet ihrer Beweggründe und gleichviel wann und von wem sie begangen werden,

feststellend, dass der Islamische Staat in Irak und der Levante (ISIL, auch bekannt als Daesh) aufgrund seiner extremistischen Gewaltideologie, seiner terroristischen Handlungen, seiner anhaltenden schweren, systematischen und ausgedehnten Angriffe auf Zivilpersonen, seiner Menschenrechtsverletzungen und Verstöße gegen das humanitäre Völkerrecht, insbesondere aus religiösen oder ethnischen Beweggründen, seiner Zerstörung von Kulturerbe und seines illegalen Handels mit Kulturgut, aber auch aufgrund seiner Kontrolle über erhebliche Teile Iraks und Syriens und deren natürliche Ressourcen sowie seiner Anwerbung und Ausbildung ausländischer terroristischer Kämpfer, von denen eine Gefahr für alle Regionen und Mitgliedstaaten, selbst für die weit von Konfliktzonen entfernt liegenden, ausgeht, eine weltweite und beispiellose Bedrohung des Weltfriedens und der internationalen Sicherheit darstellt,

daran erinnernd, dass die Al-Nusra-Front und alle anderen mit Al-Qaida verbundenen Personen, Gruppen, Unternehmen und Einrichtungen ebenfalls eine Bedrohung des Weltfriedens und der internationalen Sicherheit darstellen,

entschlossen, diese beispiellose Bedrohung des Weltfriedens und der internationalen Sicherheit mit allen Mitteln zu bekämpfen,

Kenntnis nehmend von den Schreiben der irakischen Behörden vom 25. Juni 2014 und vom 20. September 2014, denen zufolge Daesh einen sicheren Zufluchtsort außerhalb der Grenzen Iraks geschaffen hat, der eine direkte Bedrohung der Sicherheit des irakischen Volkes und Hoheitsgebiets darstellt,

erneut erklärend, dass die Mitgliedstaaten sicherstellen müssen, dass sämtliche von ihnen ergriffenen Maßnahmen zur Bekämpfung des Terrorismus mit allen ihren Verpflichtungen nach dem Völkerrecht, insbesondere den internationalen Menschenrechtsnormen, dem Flüchtlingsvölkerrecht und dem humanitären Völkerrecht, im Einklang stehen,

erneut erklärend, dass die Lage sich weiter verschlechtern wird, wenn keine politische Lösung des Syrienkonflikts erzielt wird, und *betonend*, dass das Genfer Kommuniqué vom 30. Juni 2012, dem er sich in seiner Resolution 2118 (2013) (Anlage II) anschloss, die Gemeinsame Erklärung über das Ergebnis der multilateralen Gespräche über Syrien am 30. Oktober 2015 in Wien und die Erklärung der Internationalen Unterstützungsgruppe für Syrien vom 14. November 2015 umgesetzt werden müssen,

1. *verurteilt unmissverständlich* und mit allem Nachdruck die vom ISIL, auch bekannt als Daesh, am 26. Juni 2015 in Sousse, am 10. Oktober 2015 in Ankara, am 31. Oktober 2015 über Sinai, am 12. November 2015 in Beirut und am 13. November 2015 in Paris verübten grauenvollen Terroranschläge und alle anderen vom ISIL, auch bekannt als Daesh, verübten Anschläge, einschließlich Geiselnahmen und -tötungen, *stellt fest*, dass dieser die Fähigkeit und die Absicht hat, weitere Anschläge zu verüben, und *erachtet* alle derartigen terroristischen Handlungen als eine Bedrohung des Friedens und der Sicherheit;
2. *bekundet* den Opfern und ihren Angehörigen sowie dem Volk und der Regierung Tunesiens, der Türkei, der Russischen Föderation, Libanons und Frankreichs sowie den Regie-

rungen aller Länder, deren Bürger Zielscheibe der genannten Anschläge waren, und allen anderen Opfern des Terrorismus sein tiefstes Mitgefühl und Beileid;

3. *verurteilt* außerdem mit allem Nachdruck die fortgesetzten schweren, systematischen und ausgedehnten Menschenrechtsverletzungen und Verstöße gegen das humanitäre Völkerrecht sowie die barbarischen Akte der Zerstörung und Plünderung von Kulturerbe, die vom ISIL, auch bekannt als Daesh, begangen werden;

4. *bekräftigt*, dass diejenigen, die terroristische Handlungen, Verstöße gegen das humanitäre Völkerrecht oder Menschenrechtsverletzungen oder -übergriffe begehen oder in anderer Weise dafür verantwortlich sind, zur Rechenschaft gezogen werden müssen;

5. *fordert* die Mitgliedstaaten, die dazu in der Lage sind, *auf*, unter Einhaltung des Völkerrechts, insbesondere der Charta der Vereinten Nationen sowie der internationalen Menschenrechtsnormen, des Flüchtlingsvölkerrechts und des humanitären Völkerrechts, in dem unter der Kontrolle des ISIL, auch bekannt als Daesh, stehenden Gebiet in Syrien und Irak alle notwendigen Maßnahmen zu ergreifen und ihre Anstrengungen zu verstärken und zu koordinieren, um terroristische Handlungen zu verhüten und zu unterbinden, die insbesondere vom ISIL, auch bekannt als Daesh, sowie von der Al-Nusra-Front und allen anderen mit Al-Qaida verbundenen Personen, Gruppen, Unternehmen und Einrichtungen und anderen terroristischen Gruppen begangen werden, die vom Sicherheitsrat der Vereinten Nationen als solche benannt wurden und möglicherweise noch von der Internationalen Unterstützungsgruppe für Syrien mit Billigung des Sicherheitsrats einvernehmlich als solche benannt werden, gemäß der Erklärung der Internationalen Unterstützungsgruppe für Syrien vom 14. November 2015, und den sicheren Zufluchtsort zu beseitigen, den sie in erheblichen Teilen Iraks und Syriens geschaffen haben;

6. *fordert* die Mitgliedstaaten *nachdrücklich* auf, ihre Anstrengungen zur Eindämmung des Zustroms ausländischer terroristischer Kämpfer nach Irak und Syrien und zur Verhütung und Bekämpfung der Terrorismusfinanzierung zu verstärken, und *legt* allen Mitgliedstaaten *eindringlich nahe*, die genannten Resolutionen auch weiterhin vollständig durchzuführen;

7. *bekundet* seine Absicht, die Sanktionsliste des Ausschusses nach Resolution 1267 (1999) rasch zu aktualisieren, damit sie die vom ISIL, auch bekannt als Daesh, ausgehende Bedrohung besser widerspiegelt;

8. *beschließt*, mit der Angelegenheit befasst zu bleiben.

7/9. KONFERENZ ÜBER SICHERHEIT UND ZUSAMMENARBEIT IN EUROPA SCHLUSSAKTE HELSINKI 1975

KONFERENZ ÜBER SICHERHEIT UND ZUSAMMENARBEIT IN EUROPA SCHLUSSAKTE HELSINKI 1975

Die Konferenz über Sicherheit und Zusammenarbeit in Europa, die am 3. Juli 1973 in Helsinki eröffnet und vom 18. September 1973 bis zum 21. Juli 1975 in Genf fortgesetzt wurde, fand ihren Abschluß in Helsinki am 1. August 1975 durch die Hohen Vertreter Belgiens, Bulgariens, Dänemarks, der Deutschen Demokratischen Republik, der Bundesrepublik Deutschland, Finnlands, Frankreichs, Griechenlands, des Heiligen Stuhls, Irlands, Islands, Italiens, Jugoslawiens, Kanadas, Liechtensteins, Luxemburgs, Maltas, Monacos, der Niederlande, Norwegens, Österreichs, Polens, Portugals, Rumäniens, San Marinos, Schwedens, der Schweiz, Spaniens, der Tschechoslowakei, der Türkei, Ungarns, der Union der Sozialistischen Sowjetrepubliken, des Vereinigten Königreichs, der Vereinigten Staaten von Amerika, Zyperns.

Während der Eröffnungs- und der Schlußphase der Konferenz richtete der Generalsekretär der Vereinten Nationen als Ehrengast das Wort an die Teilnehmer. Der Generaldirektor der UNESCO und der Exekutivsekretär der Wirtschaftskommission der Vereinten Nationen für Europa leisteten während der zweiten Phase der Konferenz Beiträge.

Im Verlauf der Beratungen der zweiten Phase erfolgten auch Beiträge zu einzelnen Punkten der Tagesordnung durch die Vertreter der folgenden nichtteilnehmenden Mittelmeerstaaten: Demokratische Volksrepublik Algerien, Arabische Republik Ägypten, Israel, Königreich Marokko, Arabische Republik Syrien, Tunesische Republik.

Von dem politischen Willen getragen, im Interesse der Völker ihre Beziehungen zu verbessern und zu verstärken, in Europa zum Frieden, zur Sicherheit, zur Gerechtigkeit und zur Zusammenarbeit sowie zur Annäherung zwischen ihnen und zu den anderen Staaten der Welt beizutragen,

Demzufolge entschlossen, den Ergebnissen der Konferenz volle Wirksamkeit zu verleihen und die Vorteile, die aus diesen Ergebnissen hervorgehen, zwischen ihren Staaten und in ganz Europa zu gewährleisten und dadurch den Prozeß der Entspannung zu erweitern, zu vertiefen und ihn fortschreitend und dauerhaft zu machen,

Haben die Hohen Vertreter der Teilnehmerstaaten feierlich folgendes angenommen:

Fragen der Sicherheit in Europa

Die Teilnehmerstaaten der Konferenz über Sicherheit und Zusammenarbeit in Europa,

Unter Bekräftigung ihres Zieles, bessere Beziehungen untereinander zu fördern sowie Bedingungen zu gewährleisten, unter denen ihre Völker in echtem und dauerhaftem Frieden, frei von jeglicher Bedrohung oder Beeinträchtigung ihrer Sicherheit leben können;

Überzeugt von der Notwendigkeit, Anstrengungen zu unternehmen, um die Entspannung im universellen Sinne sowohl zu einem dauerhaften als auch zu einem immer lebensfähigeren und umfassenderen Prozeß zu machen und überzeugt davon, daß die Durchführung der Ergebnisse der Konferenz über Sicherheit und Zusammenarbeit in Europa ein bedeutender Beitrag zu diesem Prozeß sein wird;

In der Erwägung, daß die Solidarität zwischen den Völkern sowie das gemeinsame Anliegen der Teilnehmerstaaten, die Ziele zu erreichen, wie sie von der Konferenz über Sicherheit und Zusammenarbeit in Europa gesetzt worden sind, zur Entwicklung besserer und engerer Beziehungen untereinander auf allen Gebieten und damit zur Überwindung der aus dem Charakter ihrer früheren Beziehungen herrührenden Konfrontation sowie zu besserem gegenseitigem Verständnis führen sollten;

Eingedenk ihrer gemeinsamen Geschichte und in der Erkenntnis, daß die vorhandenen gemeinsamen Elemente ihrer Traditionen und Werte bei der Entwicklung ihrer Beziehungen dienlich sein können, und von dem Wunsch geleitet, unter voller Berücksichtigung der Eigenart und Vielfalt ihrer Standpunkte und Auffassungen, nach Möglichkeiten zu suchen, ihre Bemühungen zur Überwindung des Mißtrauens und zur Vergrößerung des Vertrauens zu vereinigen, die Probleme, die sie trennen, zu lösen und zum Wohl der Menschheit zusammenzuarbeiten;

In der Erkenntnis der Unteilbarkeit der Sicherheit in Europa sowie ihres gemeinsamen Interesses an der Entwicklung der Zusammenarbeit überall in Europa und untereinander sowie unter Bekundung ihrer Absicht, weiterhin entsprechende Anstrengungen zu unternehmen;

In der Erkenntnis der engen Verbindung zwischen Frieden und Sicherheit in Europa und in der ganzen Welt und im Bewußtsein der Notwendigkeit, daß jeder von ihnen seinen Beitrag zur Festigung des Friedens und der Sicherheit in der Welt und zur Förderung der Grundrechte, des wirtschaftlichen und sozialen Fortschritts und des Wohlergehens aller Völker leistet;

Haben folgendes angenommen:

1.

a) **Erklärung über die Prinzipien, die die Beziehungen der Teilnehmerstaaten leiten**

Die Teilnehmerstaaten,

Unter Bekräftigung ihrer Verpflichtung zu Frieden, Sicherheit und Gerechtigkeit und zur stetigen Entwicklung freundschaftlicher Beziehungen und der Zusammenarbeit;

In der Erkenntnis, daß diese Verpflichtung, die das Interesse und die Bestrebungen der Völker widerspiegelt, für jeden Teilnehmerstaat eine durch Erfahrungen aus der Vergangenheit erhöhte Verantwortung in Gegenwart und Zukunft darstellt;

Unter Bekräftigung ihrer vollen und aktiven Unterstützung für die Vereinten Nationen und für die Stärkung ihrer Rolle und Wirksamkeit bei der Festigung des internationalen Friedens sowie der internationalen Sicherheit und Gerechtigkeit und bei der Förderung der Lösung internationaler Probleme sowie bei der Entwicklung freundschaftlicher Beziehungen und der Zusammenarbeit zwischen den Staaten, soweit sie als Mitglieder der Vereinten Nationen dazu gehalten sind und im Einklang mit den Zielen und Grundsätzen der Vereinten Nationen;

In Bekundung ihrer einmütigen Zustimmung zu den Prinzipien, die unten aufgeführt sind und die mit der Charta der Vereinten Nationen übereinstimmen, sowie ihres einmütigen Willens, bei der Anwendung dieser Prinzipien in Übereinstimmung mit den Zielen und Grundsätzen der Charta der Vereinten Nationen zu handeln;

Erklären ihre Entschlossenheit, die folgenden Prinzipien, die alle von grundlegender Bedeutung sind und ihre gegenseitigen Beziehungen leiten, ein jeder in seinen Beziehungen zu allen anderen Teilnehmerstaaten, ungeachtet ihrer politischen, wirtschaftlichen oder sozialen Systeme, als auch ihrer Größe, geographischen Lage oder ihres wirtschaftlichen Entwicklungsstandes, zu achten und in die Praxis umzusetzen:

I. *Souveräne Gleichheit, Achtung der der Souveränität innewohnenden Rechte*

Die Teilnehmerstaaten werden gegenseitig ihre souveräne Gleichheit und Individualität sowie alle ihrer Souveränität innewohnenden und von ihr umschlossenen Rechte achten, einschließlich insbesondere des Rechtes eines jeden Staates auf rechtliche Gleichheit, auf territoriale Integrität sowie auf Freiheit und politische Unabhängigkeit. Sie werden ebenfalls das Recht jedes anderen Teilnehmerstaates achten, sein politisches, soziales, wirtschaftliches und kulturelles System frei zu wählen und zu entwickeln sowie sein Recht, seine Gesetze und Verordnungen zu bestimmen.

Im Rahmen des Völkerrechts haben alle Teilnehmerstaaten gleiche Rechte und Pflichten. Sie werden das Recht jedes anderen Teilnehmerstaates achten, seine Beziehungen zu anderen Staaten im Einklang mit dem Völkerrecht und im Geiste der vorliegenden Erklärung zu bestimmen und zu gestalten, wie er es wünscht. Sie sind der Auffassung, daß ihre Grenzen, in Übereinstimmung mit dem Völkerrecht, durch friedliche Mittel und durch Vereinbarung verändert werden können. Sie haben ebenfalls das Recht, internationalen Organisationen anzugehören oder nicht anzugehören, Vertragspartei bilateraler oder multilateraler Verträge zu sein oder nicht zu sein, einschließlich des Rechtes, Vertragspartei eines Bündnisses zu sein oder nicht zu sein; desgleichen haben sie das Recht auf Neutralität.

II. *Enthaltung von der Androhung oder Anwendung von Gewalt*

Die Teilnehmerstaaten werden sich in ihren gegenseitigen Beziehungen sowie in ihren internationalen Beziehungen im allgemeinen der Androhung oder Anwendung von Gewalt, die gegen die territoriale Integrität oder politische Unabhängigkeit irgendeines Staates gerichtet oder auf irgendeine andere Weise mit den Zielen der Vereinten Nationen und mit der vorliegenden Erklärung unvereinbar ist, enthalten. Die Geltendmachung von Erwägungen zur Rechtfertigung eines gegen dieses Prinzip verstoßenden Rückgriffs auf die Androhung oder Anwendung von Gewalt ist unzulässig.

Die Teilnehmerstaaten werden sich dementsprechend jeglicher Handlung enthalten, die eine Gewaltandrohung oder eine direkte oder indirekte Gewaltanwendung gegen einen anderen Teilnehmerstaat darstellt. Sie werden sich gleichermaßen jeglicher Gewaltmanifestation, die den Zweck hat, einen anderen Teilnehmerstaat zum Verzicht auf die volle Ausübung seiner souveränen Rechte zu bewegen, enthalten. Sie werden sich ebenso in ihren gegenseitigen Beziehungen jeglicher gewaltsamen Repressalie enthalten.

Keine solche Androhung oder Anwendung von Gewalt wird als Mittel zur Regelung von Streitfällen oder von Fragen, die zu Streitfällen zwischen ihnen führen können, verwendet werden.

III. *Unverletzlichkeit der Grenzen*

Die Teilnehmerstaaten betrachten gegenseitig alle ihre Grenzen sowie die Grenzen aller Staaten in Europa als unverletzlich und werden deshalb jetzt und in der Zukunft keinen Anschlag auf diese Grenzen verüben.

Dementsprechend werden sie sich auch jeglicher Forderung oder Handlung enthalten, sich eines Teiles oder des gesamten Territoriums irgendeines Teilnehmerstaates zu bemächtigen.

IV. *Territoriale Integrität der Staaten*

Die Teilnehmerstaaten werden die territoriale Integrität eines jeden Teilnehmerstaates achten.

Dementsprechend werden sie sich jeder mit den Zielen und Grundsätzen der Charta der Vereinten Nationen unvereinbaren Handlung gegen die territoriale Integrität, politische Unabhängigkeit oder Einheit eines jeden Teilnehmerstaates enthalten, insbesondere jeder derartigen Handlung, die eine Androhung oder Anwendung von Gewalt darstellt.

Die Teilnehmerstaaten werden ebenso davon Abstand nehmen, das Territorium eines jeden anderen Teilnehmerstaates zum Gegenstand einer militärischen Besetzung oder anderer direkter oder indirekter Gewaltmaßnahmen unter Verletzung des Völkerrechts oder zum Gegenstand der Aneignung durch solche Maßnahmen oder deren Androhung zu machen. Keine solche Besetzung oder Aneignung wird als rechtmäßig anerkannt werden.

V. *Friedliche Regelung von Streitfällen*

Die Teilnehmerstaaten werden Streitfälle zwischen ihnen mit friedlichen Mitteln auf solche Weise regeln, daß der internationale Frieden und die internationale Sicherheit sowie die Gerechtigkeit nicht gefährdet werden.

Sie werden bestrebt sein, nach Treu und Glauben und im Geiste der Zusammenarbeit eine rasche und gerechte Lösung auf der Grundlage des Völkerrechts zu erreichen.

Zu diesem Zweck werden sie Mittel wie Verhandlung, Untersuchung, Vermittlung, Vergleich, Schiedsspruch, gerichtliche Regelung oder andere friedliche Mittel eigener Wahl verwenden, einschließlich jedes Streitregelungsverfahrens, auf das sich die beteiligten Parteien vor Entstehen des Streitfalles geeinigt haben.

Sollte sich durch keines der vorgenannten friedlichen Mittel eine Lösung erzielen lassen, werden die an einem Streitfall beteiligten Parteien weiterhin nach einem gegenseitig zu vereinbarenden Weg zur friedlichen Regelung des Streitfalles suchen.

Teilnehmerstaaten, die Parteien eines zwischen ihnen bestehenden Streitfalles sind, sowie alle anderen Teilnehmerstaaten werden sich jeder Handlung enthalten, welche die Lage in einem solchen Maße verschärfen könnte, daß die Erhaltung des internationalen Friedens und der internationalen Sicherheit gefährdet und dadurch eine friedliche Regelung des Streitfalles erschwert wird.

VI. *Nichteinmischung in innere Angelegenheiten*

Die Teilnehmerstaaten werden sich ungeachtet ihrer gegenseitigen Beziehungen jeder direkten oder indirekten, individuellen oder kollektiven Einmischung in die inneren oder äußeren Angelegenheiten enthalten, die in die innerstaatliche Zuständigkeit eines anderen Teilnehmerstaates fallen.

Sie werden sich dementsprechend jeder Form der bewaffneten Intervention oder der Androhung einer solchen Intervention gegen einen anderen Teilnehmerstaat enthalten.

Sie werden sich gleichermaßen unter allen Umständen jeder militärischen wie auch politischen, wirtschaftlichen oder sonstigen Zwangsmaßnahme enthalten, die darauf gerichtet ist, ihrem eigenen Interesse die Ausübung der Rechte eines anderen Teilnehmerstaates, die dessen Souveränität innewohnen, unterzuordnen und sich damit Vorteile irgendwelcher Art zu verschaffen.

Dementsprechend werden sie sich unter anderem der direkten oder indirekten Unterstützung terroristischer Tätigkeiten oder subversiver oder anderer Tätigkeiten enthalten, die auf den gewaltsamen Umsturz des Regimes eines anderen Teilnehmerstaates gerichtet sind.

VII. *Achtung der Menschenrechte und Grundfreiheiten, einschließlich der Gedanken-, Gewissens-, Religions- oder Überzeugungsfreiheit*

Die Teilnehmerstaaten werden die Menschenrechte und Grundfreiheiten, einschließlich der Gedanken-, Gewissens-, Religions- oder Überzeugungsfreiheit für alle ohne Unterschied der Rasse, des Geschlechts, der Sprache oder der Religion achten.

Sie werden die wirksame Ausübung der zivilen, politischen, wirtschaftlichen, sozialen, kulturellen sowie der anderen Rechte und Freiheiten, die sich alle aus der dem Menschen innewohnenden

Würde ergeben und für seine freie und volle Entfaltung wesentlich sind, fördern und ermutigen.

In diesem Rahmen werden die Teilnehmerstaaten die Freiheit des Individuums anerkennen und achten, sich allein oder in Gemeinschaft mit anderen zu einer Religion oder einer Überzeugung in Übereinstimmung mit dem, was sein Gewissen ihm gebietet, zu bekennen und sie auszuüben.

Die Teilnehmerstaaten, auf deren Territorium nationale Minderheiten bestehen, werden das Recht von Personen, die zu solchen Minderheiten gehören, auf Gleichheit vor dem Gesetz achten; sie werden ihnen jede Möglichkeit für den tatsächlichen Genuß der Menschenrechte und Grundfreiheiten gewähren und werden auf diese Weise ihre berechtigten Interessen in diesem Bereich schützen.

Die Teilnehmerstaaten anerkennen die universelle Bedeutung der Menschenrechte und Grundfreiheiten, deren Achtung ein wesentlicher Faktor für den Frieden, die Gerechtigkeit und das Wohlergehen ist, die ihrerseits erforderlich sind, um die Entwicklung freundschaftlicher Beziehungen und der Zusammenarbeit zwischen ihnen sowie zwischen allen Staaten zu gewährleisten.

Sie werden diese Rechte und Freiheiten in ihren gegenseitigen Beziehungen stets achten und sich einzeln und gemeinsam, auch in Zusammenarbeit mit den Vereinten Nationen, bemühen, die universelle und wirksame Achtung dieser Rechte und Freiheiten zu fördern.

Sie bestätigen das Recht des Individuums, seine Rechte und Pflichten auf diesem Gebiet zu kennen und auszuüben.

Auf dem Gebiet der Menschenrechte und Grundfreiheiten werden die Teilnehmerstaaten in Übereinstimmung mit den Zielen und Grundsätzen der Charta der Vereinten Nationen und mit der Allgemeinen Erklärung der Menschenrechte handeln. Sie werden ferner ihre Verpflichtungen erfüllen, wie diese festgelegt sind in den internationalen Erklärungen und Abkommen auf diesem Gebiet, soweit sie an sie gebunden sind, darunter auch in den Internationalen Konventionen über die Menschenrechte.

VIII. *Gleichberechtigung und Selbstbestimmungsrecht der Völker*

Die Teilnehmerstaaten werden die Gleichberechtigung der Völker und ihr Selbstbestimmungsrecht achten, indem sie jederzeit in Übereinstimmung mit den Zielen und Grundsätzen der Charta der Vereinten Nationen und den einschlägigen Normen des Völkerrechts handeln, einschließlich jener, die sich auf die territoriale Integrität der Staaten beziehen.

Kraft des Prinzips der Gleichberechtigung und des Selbstbestimmungsrechts der Völker haben alle Völker jederzeit das Recht, in voller Freiheit, wann und wie sie es wünschen, ihren inneren und äußeren politischen Status ohne äußere Einmischung zu bestimmen und ihre politische, wirtschaftliche, soziale und kulturelle Entwicklung nach eigenen Wünschen zu verfolgen.

Die Teilnehmerstaaten bekräftigen die universelle Bedeutung der Achtung und der wirksamen Ausübung der Gleichberechtigung und des Selbstbestimmungsrechts der Völker für die Entwicklung freundschaftlicher Beziehungen zwischen ihnen sowie zwischen allen Staaten; sie erinnern auch an die Bedeutung der Beseitigung jeglicher Form der Verletzung dieses Prinzips.

IX. *Zusammenarbeit zwischen den Staaten*

Die Teilnehmerstaaten werden ihre Zusammenarbeit miteinander und mit allen Staaten in allen Bereichen gemäß den Zielen und Grundsätzen der Charta der Vereinten Nationen entwickeln. Bei der Entwicklung ihrer Zusammenarbeit werden die Teilnehmerstaaten besonderes Gewicht auf die Bereiche legen, so wie sie im Rahmen der Konferenz über Sicherheit und Zusammenarbeit in Europa festgelegt sind, wobei jeder von ihnen seinen Beitrag unter Bedingungen voller Gleichheit leistet.

Sie werden sich bei der Entwicklung ihrer Zusammenarbeit als Gleiche bemühen, gegenseitiges Verständnis und Vertrauen, freundschaftliche und gutnachbarliche Beziehungen untereinander, internationalen Frieden, internationale Sicherheit und Gerechtigkeit zu fördern. Sie werden sich gleichermaßen bemühen, bei der Entwicklung ihrer Zusammenarbeit das Wohlergehen der Völker zu verbessern und zur Erfüllung ihrer Wünsche beizutragen, unter anderem durch die Vorteile, die sich aus größerer gegenseitiger Kenntnis sowie dem Fortschritt und den Leistungen im wirtschaftlichen, wissenschaftlichen, technischen, sozialen, kulturellen und humanitären Bereich ergeben. Sie werden Schritte zur Förderung von Bedingungen unternehmen, die den Zugang aller zu diesen Vorteilen begünstigen; sie werden das Interesse aller berücksichtigen, insbesondere das Interesse der Entwicklungsländer in der ganzen Welt, Unterschiede im Stand der wirtschaftlichen Entwicklung zu verringern.

Sie bestätigen, daß Regierungen, Institutionen, Organisationen und Personen eine relevante und positive Rolle zukommt, zur Erreichung dieser Ziele ihrer Zusammenarbeit beizutragen.

Sie werden bei der Verstärkung ihrer Zusammenarbeit wie oben dargelegt, danach streben, engere Beziehungen untereinander auf einer verbesserten und dauerhafteren Grundlage zum Nutzen der Völker zu entwickeln.

X. *Erfüllung völkerrechtlicher Verpflichtungen nach Treu und Glauben*

Die Teilnehmerstaaten werden ihre völkerrechtlichen Verpflichtungen nach Treu und Glauben erfüllen, und zwar jene Verpflichtungen, die sich aus den allgemein anerkannten Grundsätzen und Regeln des Völkerrechts ergeben, wie auch jene Verpflichtungen, die sich aus mit dem Völkerrecht übereinstimmenden Verträgen oder sonstigen Abkommen, deren Vertragspartei sie sind, ergeben.

Bei der Ausübung ihrer souveränen Rechte, einschließlich des Rechtes, ihre Gesetze und Verordnungen zu bestimmen, werden sie ihren rechtlichen Verpflichtungen aus dem Völkerrecht entsprechen; sie werden ferner die Bestimmungen der Schlußakte der Konferenz über Sicherheit und Zusammenarbeit in Europa gebührend berücksichtigen und durchführen.

Die Teilnehmerstaaten bestätigen, daß im Falle eines Widerspruchs zwischen den Verpflichtungen der Mitglieder der Vereinten Nationen aus der Charta der Vereinten Nationen und ihren Verpflichtungen aus irgendeinem Vertrag oder sonstigen internationalen Abkommen ihre Verpflichtungen aus der Charta der Vereinten Nationen gemäß ihrem Artikel 103 Vorrang haben.

Alle die vorstehend aufgeführten Prinzipien sind von grundlegender Bedeutung und werden folglich gleichermaßen und vorbehaltlos angewendet, wobei ein jedes von ihnen unter Beachtung der anderen ausgelegt wird.

Die Teilnehmerstaaten erklären ihre Entschlossenheit, diese Prinzipien, so wie sie in der vorliegenden Erklärung gelegt sind, voll in allen Aspekten in ihren gegenseitigen Beziehungen und ihrer Zusammenarbeit zu achten und anzuwenden, um jedem Teilnehmerstaat die Vorteile zu sichern, die sich aus der Achtung und der Anwendung dieser Prinzipien durch alle ergeben.

Indem die Teilnehmerstaaten die vorstehenden Prinzipien gebührend berücksichtigen, insbesondere den ersten Satz des zehnten Prinzips, "Erfüllung völkerrechtlicher Verpflichtungen nach Treu und Glauben", stellen sie fest, daß die vorliegende Erklärung weder ihre Rechte und Verpflichtungen noch die diesbezüglichen Verträge und Abkommen und Abmachungen berührt.

Die Teilnehmerstaaten geben der Überzeugung Ausdruck, daß die Achtung dieser Prinzipien die Entwicklung normaler und freundschaftlicher Beziehungen und den Fortschritt der Zusammenarbeit zwischen ihnen auf allen Gebieten fördern wird. Ferner geben sie der Überzeugung Ausdruck, daß die Achtung dieser Prinzipien die Entwicklung politischer Kontakte zwischen ihnen begünstigen wird, die ihrerseits zum besseren Verständnis ihrer Standpunkte und Auffassungen beitragen würde.

Die Teilnehmerstaaten erklären ihre Absicht, ihre Beziehungen zu allen anderen Staaten im Geiste der in dieser Erklärung enthaltenen Prinzipien zu gestalten.

8/1. Haager Landkriegsordnung

RGBl 1913/174

Ordnung der Gesetze und Gebräuche des Landkrieges.

Seine Majestät der Kaiser von Österreich, König von Böhmen usw. und apostolischer König von Ungarn:

(die Titel und Namen der weiteren Staatoberhäupte)

in der Erwägung, daß bei allem Bemühen, Mittel zu suchen, um den Frieden zu sichern und bewaffnete Streitigkeiten zwischen den Völkern zu verhüten, es doch von Wichtigkeit ist, auch den Fall ins Auge zu fassen, wo ein Ruf zu den Waffen durch Ereignisse herbeigeführt wird, die ihre Fürsorge nicht hat abwenden können,

von dem Wunsche beseelt, selbst in diesem äußersten Falle den Interessen der Menschlichkeit und den immer steigenden Forderungen der Zivilisation zu dienen,

in der Meinung, daß es zu diesem Zwecke von Bedeutung ist, die allgemeinen Gesetze und Gebräuche des Krieges einer Durchsicht zu unterziehen, sei es, um sie näher zu bestimmen, sei es, um ihnen gewissen Grenzen zu ziehen, damit sie soviel wie möglich von ihrer Schärfe verlieren,

beseelt von diesen Absichten, welche heute wie vor 25 Jahren zu Zeit der Büssler Konferenz vom Jahre 1874 durch eine weise und hochherzige Fürsorge nahegelegt werden;

Nach der Auffassung der hohen vertragschließenden Teile sollen diese Bestimmungen, deren Abschaffung durch den Wunsch angeregt wurde, die Leiden des Krieges zu mildern, soweit es die militärischen Anforderungen gestatten, den Kriegführenden als allgemeine Richtschnur für ihr Verhalten in den Beziehungen untereinander und mit der Bevölkerung dienen.

Es war indessen nicht möglich, sich schon jetzt über Bestimmungen zu einigen, die sich auf alle in der Wirklichkeit vorkommenden Fälle erstrecken.

Andererseits konnte es nicht in der Absicht der hohen vertragschließenden Teile liegen, daß die nicht vorgesehenen Fälle in Ermangelung einer schriftlichen Abmachung der willkürlichen Beurteilung der militärischen Befehlshaber überlassen bleiben.

Solange, bis ein vollständigeres Kriegsgesetzbuch festgestellt werden kann, halten es die hohen vertragschließenden Teile für zweckmäßig festzusetzen, daß in den Fällen, die in den Bestimmungen der von ihnen angenommenen Ordnung nicht inbegriffen sind, die Bevölkerung und die Kriegführenden unter dem Schutze und der Herrschaft der Grundsätze des Völkerrechtes bleiben, wie sie sich aus den unter gesitteten Völkern feststehenden Gebräuchen, aus den Gesetzen der Menschlichkeit und aus den Forderungen des öffentlichen Gewissens ergeben.

Sie erklären, daß namentlich die Artikel 1 und 2 der angenommenen Ordnung in diesem Sinne zu verstehen sind.

Die hohen vertragschließenden Teile, die hierüber ein neues Übereinkommen abzuschließen wünschen, haben zu Ihren Bevollmächtigten ernannt:

Seine Majestät der Kaiser von Österreich, König von Böhmen usw. und apostolischer König von Ungarn:

Seine Exzellenz den Grafen R. von Welsersheimb, Allerhöchst Seinen außerordentlichen und bevollmächtigten Botschafter,

Herrn Alexander Okoliesányi von Okoliesna, Allerhöchst Seinen außerordentlichen Gesandten und bevollmächtigten Minister im Haag;

(die Titel und Namen der weiteren Bevollmächtigten)

welche nach Hinterlegung ihrer Vollmachten, die in guter und gehöriger Form befunden wurden, über folgende Bestimmungen übereingekommen sind:

Ordnung der Gesetze und Gebräuche des Landkrieges.

Erster Abschnitt. Kriegführende.

Erstes Kapitel. Begriff des Kriegführenden.

Artikel 1.

Die Gesetze, Rechte und Pflichten des Krieges gelten nicht nur für die Armee, sondern auch für die Milizen und Freiwilligen-Korps, wenn sie folgende Bedingungen in sich vereinigen:

1. daß jemand an ihrer Spitze steht, der für seine Untergebenen verantwortlich ist,

2. daß sie bestimmtes aus der Ferne erkennbares Abzeichen tragen,

3. daß sie die Waffen offen führen und

4. daß sie bei ihren Unternehmungen die Gesetze und Gebräuche des Krieges beobachten.

In den Ländern, in denen Milizen oder Freiwilligen-Korps die Armee oder einen Bestandteil der Armee bilden, sind diese unter der Bezeichnung Armee inbegriffen.

Artikel 2.

Die Bevölkerung eines nicht besetzten Gebietes, die beim Herannahen des Feindes aus eigenem Antriebe zu den Waffen greift, um die eindringenden Truppen zu bekämpfen, ohne Zeit gehabt zu haben, sich nach Artikel 1 zu organisieren, wird als kriegführend betrachtet, wenn sie die Gesetze und Gebräuche des Krieges beobachtet.

Artikel 3.

Die bewaffnete Macht der Kriegsparteien kann sich zusammensetzen aus Kombattanten und Nichtkombattanten. Im Falle der Gefangennahme durch den Feind haben die einen wie die anderen Anspruch auf Behandlung als Kriegsgefangene.

Zweites Kapitel.
Kriegsgefangene.

Artikel 4.

Die Kriegsgefangenen unterstehen der Gewalt der feindlichen Regierung, aber nicht der Gewalt der Personen oder der Abteilungen, die sie gefangen genommen haben.

Sie sollen mit Menschlichkeit behandelt werden.

Alles, was ihnen persönlich gehört, verbleibt ihr Eigentum mit Ausnahme von Waffen, Pferden und Schriftstücken militärischen Inhalts.

Artikel 5.

Die Kriegsgefangenen können in Städten, Festungen, Lagern oder an anderen Orten untergebracht werden mit der Verpflichtung, sich nicht über bestimmte Grenzen hinaus zu entfernen; dagegen ist ihre Einschließung nur als unerläßliche Sicherungsmaßregel statthaft.

Artikel 6.

Der Staat ist befugt, die Kriegsgefangenen nach ihrem Dienstgrade und nach ihrer Eignung als Arbeiter zu verwenden. Diese Arbeiten dürfen nicht übermäßig sein und in keiner Beziehung zu den Kriegsunternehmungen stehen.

Den Kriegsgefangenen kann gestattet werden, Arbeiten für öffentliche Verwaltungen oder für Privatpersonen oder für ihre eigene Rechnung auszuführen.

Arbeiten für den Staat werden nach den Sätzen bezahlt, die für Militärpersonen der eigenen Armee bei Ausführung der gleichen Arbeiten gelten.

Werden die Arbeiten für Rechnung anderer öffentlicher Verwaltungen oder für Privatpersonen ausgeführt, so werden die Bedingungen im Einverständnisse mit der Militärbehörde festgestellt.

Der Verdienst der Kriegsgefangenen soll zur Besserung ihrer Lage verwendet und der Überschuß nach Abzug der Unterhaltskosten ihnen bei der Freilassung ausgezahlt werden.

Artikel 7.

Die Regierung, in deren Gewalt sich die Kriegsgefangenen befinden, hat für ihren Unterhalt zu sorgen.

In Ermanglung einer besonderen Verständigung zwischen den Kriegführenden sind die Kriegsgefangenen in bezug auf Nahrung, Unterkunft und Kleidung genau so zu behandeln, wie die Truppen der Regierung, die sie gefangen hält.

Artikel 8.

Die Kriegsgefangenen unterstehen den Gesetzen, Vorschriften und Befehlen, die in der Armee des Staates gelten, in dessen Gewalt sie sich befinden. Jede Unbotmäßigkeit kann mit der erforderlichen Strenge geahndet werden.

Entwichene Kriegsgefangene, die wieder ergriffen werden, bevor es ihnen gelungen ist, ihre Armee zu erreichen, oder bevor sie das Gebiet verlassen haben, das von der Armee, welche sie gefangen genommen hatte, besetzt ist, unterliegen disziplinarischer Bestrafung.

Kriegsgefangene, die nach gelungener Flucht von neuem gefangen genommen werden, können für die frühere Flucht nicht bestraft werden.

Artikel 9.

Jeder Kriegsgefangene ist verpflichtet, auf Befragen seinen wahren Namen und Dienstgrad anzugeben; handelt er gegen diese Vorschrift, so können ihm die Vergünstigungen, die den Kriegsgefangenen seiner Klasse zustehen, entzogen werden.

Artikel 10.

Kriegsgefangene können gegen Ehrenwort freigelassen werden, wenn die Gesetze ihres Landes sie dazu ermächtigen; sie sind dann bei ihrer persönlichen Ehre verbunden, die übernommenen Verpflichtungen sowohl ihrer eigenen Regierung als auch derjenigen gegenüber, die sie zu Kriegsgefangenen gemacht hat, gewissenhaft zu erfüllen.

Ihre Regierung ist in diesem Falle verpflichtet, von ihnen keinerlei Dienste zu verlangen oder anzunehmen, die dem gegebenen Ehrenwort widersprechen.

Artikel 11.

Ein Kriegsgefangener kann nicht gezwungen werden, seine Freilassung gegen Ehrenwort anzunehmen; ebensowenig ist die feindliche Regierung verpflichtet, dem Antrage eines Kriegsgefangenen auf Entlassung gegen Ehrenwort zu entsprechen.

Artikel 12.

Jeder gegen Ehrenwort in Freiheit gesetzte Kriegsgefangene, der gegen den Staat, dem gegenüber er die Ehrenverpflichtung eingegangen ist, oder gegen dessen Verbündete die Waffen trägt und wieder ergriffen wird, verliert das Recht der Behandlung als Kriegsgefangener und kann vor Gericht gestellt werden.

Artikel 13.

Personen, die einer Armee folgen, ohne ihr unmittelbar anzugehören, wie Kriegskorrespondenten, Zeitungsberichterstatter, Marketender und Lieferanten, haben, wenn sie in die Hand des Feindes geraten und diesem ihre Festhaltung zweckmäßig erscheint, das Recht auf Behandlung als Kriegsgefangene, vorausgesetzt, daß sie sich im Besitze eines Ausweises der Militärbehörde der Armee befinden, die sie begleiteten.

Artikel 14.

Beim Ausbruche der Feindseligkeiten wird in jedem der kriegführenden Staaten, und eintretendenfalls in den neutralen Staaten, die Kriegführende in ihr Gebiet aufgenommen haben, eine Auskunftsstelle über die Kriegsgefangenen errichtet. Diese ist berufen, alle die Kriegsgefangenen betreffenden Anfragen zu beantworten. Sie erhält von den zuständigen Dienststellen alle Angaben, die nötig sind, um sie in Stand zu setzen, über jeden Kriegsgefangenen ein Personalblatt anzulegen. Sie wird über die Unterbringung und deren Änderung, über Aufnahmen in die Spitäler und Sterbefälle auf dem laufenden erhalten.

Die Auskunftsstelle sammelt ferner alle zum persönlichen Gebrauche dienenden Gegenstände, Wertsachen, Briefe usw., die auf den Schlachtfeldern gefunden oder von den gegen Ehrenwort entlassenen, ausgetauschten, entwichenen oder in Spitälern oder Feldsanitätsanstalten gestorbenen Kriegsgefangenen hinterlassen werden, und stellt sie den Interessierten zu.

Artikel 15.

Die Hilfsgesellschaften für Kriegsgefangene, die ordnungsmäßig nach den Gesetzen ihres Landes gebildet worden sind und den Zweck verfolgen, die Vermittler der mildtätigen Nächstenhilfe zu sein, erhalten von den Kriegführenden für sich und ihre ordnungsmäßig beglaubigten Agenten jede Erleichterung innerhalb der durch die militärischen Anforderungen und Verwaltungsvorschriften gezogenen Grenzen, um ihre menschenfreundliche Aufgabe wirksam ausführen zu können. Den Abgesandten dieser Gesellschaften kann auf Grund einer ihnen persönlich von der Militärbehörde erteilten Erlaubnis und gegen die schriftliche Verpflichtung, sich allen von dieser etwa erlassenen Ordnungs- und Polizeimaßnahmen zu fügen, gestattet werden, an den Unterbringungsstellen sowie an den Rastorten der in die Heimat zurückkehrenden Gefangenen Beihilfen zu verteilen.

Artikel 16.

Die Auskunftstellen genießen Portofreiheit. Briefe, Postanweisungen, Geldsendungen und Postpakete, die für die Kriegsgefangenen bestimmt sind oder von ihnen abgesandt werden, sind sowohl im Lande der Aufgabe, als auch im Bestimmungslande und in den Zwischenländern von allen Postgebühren befreit.

Die als Liebesgaben und Beihilfen in Naturalien für Kriegsgefangene bestimmten Gegenstände sind von allen Eingangszöllen und anderen Gebühren sowie von den Frachtkosten auf den vom Staate betriebenen Eisenbahnen befreit.

Artikel 17.

Die gefangenen Offiziere können gegebenenfalls die Ergänzung der Bezüge, welche ihnen nach den Vorschriften ihres Landes in dieser Lage zukommen, erhalten; ihre Regierung ist zur Erstattung verpflichtet.

Artikel 18.

Den Kriegsgefangenen wird in der Ausübung ihrer Religion mit Einschluß der Teilnahme am Gottesdienste ihres Glaubens volle Freiheit gelassen unter der einzigen Bedingung, daß sie sich den Ordnungs- und Polizeivorschriften der Militärbehörde fügen.

Artikel 19.

Die Testamente der Kriegsgefangenen werden unter denselben Bedingungen entgegengenommen oder errichtet, wie die der Militärpersonen der eigenen Armee.

Das gleiche gilt für die Sterbeurkunden sowie für die Beerdigung von Kriegsgefangenen, wobei deren Dienstgrad und Rang zu berücksichtigen ist.

Artikel 20.

Nach dem Friedensschlusse sollen die Kriegsgefangenen binnen kürzester Zeit in ihre Heimat entlassen werden.

Drittes Kapitel.

Kranke und Verwundete.

Artikel 21.

Die Pflichten der Kriegsführenden in Ansehung der Behandlung von Kranken und Verwundeten bestimmen sich nach dem Genfer Übereinkommen vom 22. August 1864, vorbehaltlich der Abänderungen, denen dieses etwa unterworfen werden wird.

Zweiter Abschnitt.

Feindseligkeiten.

Erstes Kapitel.

Mittel zur Schädigung des Feindes, Belagerungen und Beschießungen.

Artikel 22.

Die Kriegführenden haben kein unbeschränktes Recht in der Wahl der Mittel zur Schädigung des Feindes.

Artikel 23.

Abgesehen von den durch Sonderverträge aufgestellten Verboten ist namentlich untersagt:

a) die Verwendung von Gift oder vergifteten Waffen,

b) die meuchlerische Tötung oder Verwundung von Angehörigen des feindlichen Volkes oder der feindlichen Armee,

c) die Tötung oder Verwundung eines die Waffen streckenden oder wehrlosen Feindes, der sich auf Gnade und Ungnade ergeben hat,

d) die Erklärung, daß kein Pardon gegeben wird,

e) der Gebrauch von Waffen, Geschossen oder Stoffen die geeignet sind, unnötig Leiden zu verursachen,

f) der Mißbrauch der Parlamentärflagge, der Nationalflagge oder der militärischen Abzeichen oder der Uniform des Feindes sowie der besonderen Abzeichen des Genfer Übereinkommens,

g) die Zerstörung oder Wegnahme feindlichen Eigentums außer in den Fällen, wo diese Zerstörung oder Wegnahme durch die Erfordernisse des Krieges dringend erheischt wird.

Artikel 24.

Kriegslisten und die Anwendung der notwendigen Mittel, um sich Nachrichten über den Gegner und das Gelände zu verschaffen, sind erlaubt.

Artikel 25.

Es ist untersagt, unverteidigte Städte, Dörfer, Wohnstätten oder Gebäude anzugreifen oder zu beschießen.

Artikel 26.

Der Befehlshaber einer angreifenden Truppe soll vor Beginn der Beschießung, den Fall eines Sturmangriffes ausgenommen, alles, was an ihm liegt, tun, um die Behörden davon zu benachrichtigen.

Artikel 27.

Bei Belagerungen und Beschießungen sollen alle erforderlichen Vorkehrungen getroffen werden, um die dem Gottesdieste, der Kunst, der Wissenschaft und der Wohltätigkeit gewidmeten Gebäude, die Spitäler und Sammelplätze für Kranke und Verwundete so viel wie möglich zu schonen, vorausgesetzt, daß sie nicht gleichzeitig zu einem militärischen Zwecke Verwendung finden.

Pflicht der Belagerten ist es, diese Gebäude oder Sammelplätze mit deutlichen besonderen Zeichen zu versehen und diese dem Belagerer vorher bekannt zu geben.

Artikel 28.

Es ist untersagt, Städte oder Örtlichkeiten, selbst wenn sie im Sturme genommen wurden, der Plünderung preiszugeben.

Zweites Kapitel.

Spione.

Artikel 29.

Als Spion gilt nur, wer heimlich oder unter falschem Vorwande in dem Operationsgebiete eines Kriegführenden Nachrichten einzieht oder einzuziehen sucht in der Absicht, sie der Gegenpartei mitzuteilen.

Demgemäß sind nicht verkleidete Militärpersonen, die in das Operationsgebiet der feindlichen Armee eingedrungen sind, um sich Nachrichten zu verschaffen, nicht als Spione zu betrachten.

Desgleichen gelten nicht als Spione: Militärpersonen und Nichtmilitärpersonen, die den ihnen erteilten Auftrag, Mitteilungen an ihre eigene oder an die feindliche Armee zu überbringen, offen ausführen. Dahin gehören ebenfalls Personen, die in Luftschiffen befördert werden, um Mitteilungen zu überbringen oder überhaupt um Verbindungen zwischen den verschiedenen Teilen einer Armee oder eines Gebietes aufrechtzuerhalten.

Artikel 30.

Der auf der Tat ertappte Spion kann nicht ohne vorausgegangenes Urteil bestraft werden.

Artikel 31.

Ein Spion, welcher zu der Armee, der er angehört, zurückgekehrt ist und später vom Feinde gefangen genommen wird, ist als Kriegsgefangener zu behandeln und kann für früher begangene Spionage nicht verantwortlich gemacht werden.

Drittes Kapitel.
Parlamentäre.

Artikel 32.

Als Parlamentär gilt, wer von einem der Kriegführenden bevollmächtigt ist, mit dem anderen in Unterhandlungen zu treten, und sich mit der weißen Fahne zeigt. Er hat Anspruch auf Unverletzlichkeit, ebenso der ihn etwa begleitende Trompeter, Hornist oder Trommler, Fahnenträger und Dolmetsch.

Artikel 33.

Der Befehlshaber, zu dem ein Parlamentär gesandt wird, ist nicht verpflichtet, ihn unter allen Umständen zu empfangen.

Er kann alle erforderlichen Maßregeln ergreifen, um den Parlamentär zu verhindern, seine Sendung zur Einziehung von Nachrichten zu benützen.

Er ist berechtigt, bei vorkommendem Mißbrauche den Parlamentär zeitweilig zurückzuhalten.

Artikel 34.

Der Parlamentär verliert seinen Anspruch auf Unverletzlichkeit, wenn der bestimmte, unwiderlegbare Beweis vorliegt, daß er seine bevorrechtigte Stellung dazu benützt hat, um Verrat zu üben oder dazu anzustiften.

Viertes Kapitel.
Kapitulationen.

Artikel 35.

Die zwischen den vertragschließenden Parteien vereinbarten Kapitulationen sollen den Forderungen der militärischen Ehre Rechnung tragen.

Einmal abgeschlossen, sollen sie von beiden Parteien gewissenhaft beobachtet werden.

Fünftes Kapitel.
Waffenstillstand.

Artikel 36.

Der Waffenstillstand unterbricht die Kriegsunternehmungen kraft eines wechselseitigen Übereinkommens der kriegführenden Parteien. Ist eine bestimmte Dauer nicht vereinbart worden, so können die kriegführenden Parteien jederzeit die Feindseligkeiten wieder aufnehmen, doch nur unter der Voraussetzung, daß der Feind, gemäß den Bedingungen des Waffenstillstandes, zur vereinbarten Frist benachrichtigt wird.

Artikel 37.

Der Waffenstillstand kann ein allgemeiner oder ein örtlich begrenzter sein. Der erste unterbricht die Kriegsunternehmungen der kriegführenden Staaten allenthalben, der letzte nur für bestimmte Teile der kriegführenden Armeen und innerhalb eines bestimmten Bereiches.

Artikel 38.

Der Waffenstillstand muß in aller Form und rechtzeitig den zuständigen Behörden und den Truppen bekanntgemacht werden. Die Feindseligkeiten sind sofort nach der Bekanntmachung oder zu dem festgesetzten Zeitpunkte einzustellen.

Artikel 39.

Es ist Sache der abschließenden Parteien, in den Bedingungen des Waffenstillstandes festzusetzen, welche Beziehungen etwa auf dem Kriegschauplatze mit der Bevölkerung und untereinander statthaft sind.

Artikel 40.

Jede schwere Verletzung des Waffenstillstandes durch eine der Parteien gibt der anderen das Recht, ihn zu kündigen und in dringenden Fällen sogar die Feindseligkeiten sofort wieder aufzunehmen.

Artikel 41.

Die Verletzung der Bedingungen des Waffenstillstandes durch Privatpersonen, die aus eigenem Antriebe handeln, gibt nur das Recht, die Bestrafung der Schuldigen und gegebenenfalls einen Ersatz für den erlittenen Schaden zu fordern.

Dritter Abschnitt.

Militärische Gewalt auf besetzem feindlichen Gebiete.

Artikel 42.

Ein Gebiet gilt als besetzt, wenn es sich tatsächlich in der Gewalt der feindlichen Armee befindet.

Die Besetzung erstreckt sich nur auf die Gebiete, wo diese Gewalt hergestellt ist und ausgeübt werden kann.

Artikel 43.

Nachdem die gesetzmäßige Gewalt tatsächlich in die Hände des Besetzenden übergegangen ist, hat dieser alle von ihm abhängenden Vorkehrungen zu treffen, um nach Möglichkeit die öffentliche Ordnung und das öffentliche Leben wiederherzustellen und aufrechtzuerhalten, und zwar, soweit kein zwingendes Hindernis besteht, unter Beachtung der Landesgesetze.

Artikel 44.

Es ist untersagt, die Bevölkerung eines besetzten Gebietes zur Teilnahme an militärischen Unternehmungen gegen ihr eigenes Land zu zwingen.

Artikel 45.

Es ist untersagt, die Bevölkerung eines besetzten Gebietes zu zwingen, der feindlichen Macht den Treueid zu leisten.

Artikel 46.

Die Ehre und die Rechte der Familie, das Leben der Bürger und das Privateigentum sowie die religiösen Überzeugungen und gottesdienstlichen Handlungen sollen geachtet werden.

Das Privateigentum darf nicht eingezogen werden.

Artikel 47.

Die Plünderung ist ausdrücklich untersagt.

Artikel 48.

Erhebt der Besetzende in dem besetzen Gebiete die zugunsten des Staates bestehenden Abgaben, Zölle und Gebühren, so soll er es möglichst nach Maßgabe der für die Ansetzung und Verteilung geltenden Vorschriften tun; es erwächst damit für ihn die Verpflichtung, die Kosten der Verwaltung des besetzten Gebietes in dem Umfange zu tragen, wie die gesetzmäßige Regierung hierzu verpflichtet war.

Artikel 49.

Erhebt der Besetzende in dem besetzten Gebiete außer den im vorstehenden Artikel bezeichneten Abgaben andere Auflagen in Geld, so darf dies nur zur Deckung der Bedürfnisse des Heeres oder der Verwaltung dieses Gebietes geschehen.

Artikel 50.

Keine Strafe in Geld oder anderer Art darf über eine ganze Bevölkerung wegen der Handlungen einzelner verhängt werden, für welche die Bevölkerung nicht als mitverantwortlich angesehen werden kann.

Artikel 51.

Zwangsauflagen können nur auf Grund eines schriftlichen Befehles und unter Verantwortlichkeit eines kommandierenden Generals erhoben werden.

Die Erhebung soll soviel wie möglich nach den Vorschriften über die Ansetzung und Verteilung der bestehenden Abgaben erfolgen.

Über jede auferlegte Leistung wird den Leistungspflichtigen eine Empfangsbestätigung erteilt.

Artikel 52.

Naturalleistungen und Dienstleistungen können von Gemeinden oder Einwohnern nur für die Bedürfnisse der Besetzungsarmee gefordert werden. Sie müssen im Verhältnisse zu den Hilfsquellen des Landes stehen und solcher Art sein, daß sie nicht für die Bevölkerung die Verpflichtung enthalten, an Kriegsunternehmungen gegen ihr Vaterland teilzunehmen.

Derartige Natural- und Dienstleistungen können nur mit Ermächtigung des Befehlshabers der besetzten Örtlichkeit gefordert werden.

Die Naturalleistungen sind soviel wie möglich bar zu bezahlen. Andernfalls sind dafür Empfangsbestätigungen auszustellen.

Artikel 53.

Die ein Gebiet besetzende Armee kann nur mit Beschlag belegen:

das bare Geld und die Wertbestände des Staates sowie die dem Staate zustehenden eintreibbaren Forderungen, die Waffenniederlagen, Beförderungsmittel, Vorratshäuser und Lebensmittelvorräte sowie überhaupt alles bewegliche Eigentum des Staates, das geeignet ist, den Kriegsunternehmungen zu dienen.

Eisenbahnmaterial, Landtelegraphen, Telephone, Dampfer und andere Schiffe – mit Ausnahme jener Fälle, für welche das Seerecht gilt – sind ebenso wie Waffenniederlagen und überhaupt alle Gattungen von Kriegsvorräten, selbst wenn sie Privatgesellschaften oder Privatpersonen gehören, gleichfalls Mittel, welche geeignet sind, für die Kriegsunternehmungen zu dienen. Beim Friedensschlusse müssen sie aber zurückgegeben und es müssen die Entschädigungen geregelt werden.

Artikel 54.

Eisenbahnmaterial, welches von neutralen Staaten herrührt, mag es diesen Staaten oder Privatgesellschaften oder Privatpersonen gehören, ist sobald wie möglich zurückzusenden.

Artikel 55.

Der besetzende Staat hat sich nur als Verwalter und Nutznießer der öffentlichen Gebäude, Liegenschaften, Wälder und landwirtschaftlichen Betriebe zu betrachten, die dem feindlichen Staate gehören und sich in dem besetzten Gebiete befinden. Es soll der Bestand dieser Güter unverletzt erhalten und sie nach den Regeln des Nießbrauches verwalten.

Artikel 56.

Das Eigentum der Gemeinden und der dem Gottesdienste, der Wohltätigkeit, dem Unterrichte, der Kunst und der Wissenschaft gewidmeten Anstalten, auch wenn diese dem Staate gehören, ist als Privateigentum zu behandeln.

Jede Beschlagnahme, jede absichtliche Zerstörung oder Beschädigung von derartigen Anlagen, von geschichtlichen Denkmälern oder von Werken der Kunst und Wissenschaft ist untersagt und soll geahndet werden.

Vierter Abschnitt.

Bei Neutralen untergebrachte Angehörige einer Kriegsmacht und in Pflege befindliche Verwundete.

Artikel 57.

Der neutrale Staat, auf dessen Gebiete Truppen der kriegführenden Armeen übertreten, muß sie möglichst weit vom Kriegsschauplatze unterbringen.

Er kann sie in Lagern verwahren und sie auch in Festungen oder in anderen zu diesem Zwecke geeigneten Orten einschließen.

Es hängt von seiner Entscheidung ab, ob Offiziere, die sich auf Ehrenwort verpflichten, das neutrale Gebiet nicht ohne Erlaubnis zu verlassen, freigelassen werden können.

Artikel 58.

In Ermanglung einer besonderen Vereinbarung hat der neutrale Staat den bei ihm untergebrachten Personen Nahrung, Kleidung und die durch die Menschlichkeit gebotenen Hilfsmittel zu gewähren.

Die durch die Unterbringung verursachten Kosten sind nach dem Friedensschlusse zu ersetzen.

Artikel 59.

Ein neutraler Staat kann den Durchzug von Verwundeten oder Kranken der kriegführenden Armeen durch sein Gebiet gestatten, doch nur unter dem Vorbehalte, daß die zur Beförderung benützten Züge weder Kriegspersonal noch Kriegsmaterial mit sich führen. Der neutrale Staat ist in einem solchen Falle verpflichtet, die erforderlichen Sicherheits- und Aufsichtsmaßregeln zu treffen.

Die der Gegenpartei angehörenden Verwundeten oder Kranken, die unter solchen Umständen von einem der Kriegführenden auf neutrales Gebiet gebracht werden, sind von dem neutralen Staate derart zu bewachen, daß sie an den Kriegsunternehmungen nicht wieder teilnehmen können. Dieser Staat hat die gleichen Verpflichtungen in Ansehung der ihm anvertrauten Verwundeten oder Kranken der anderen Armee.

Artikel 60.

Das Genfer Übereinkommen gilt auch für die im neutralen Gebiete untergebrachten Kranken und Verwundeten.

8/2. 1. Genfer Konvention

BGBl 1953/155

Genfer Abkommen zur Verbesserung des Loses der Verwundeten und Kranken der bewaffneten Kräfte im Felde

Kapitel I

Allgemeine Bestimmungen

Artikel 1

Die Hohen Vertragschließenden Parteien verpflichten sich, das vorliegende Abkommen unter allen Umständen einzuhalten und seine Einhaltung sicherzustellen.

Artikel 2

Neben den Bestimmungen, die bereits in Friedenszeiten zu handhaben sind, ist das vorliegende Abkommen in allen Fällen eines erklärten Krieges oder jedes anderen bewaffneten Konflikts anzuwenden, der zwischen zwei oder mehreren der Hohen Vertragschließenden Parteien entsteht, und zwar auch dann, wenn der Kriegszustand von einer dieser Parteien nicht anerkannt wird.

Das Abkommen ist auch bei vollständiger oder teilweiser Besetzung des Gebietes einer Hohen Vertragschließenden Partei anzuwenden, selbst wenn diese Besetzung auf keinen bewaffneten Widerstand stößt.

Wenn eine der im Konflikt befindlichen Mächte am vorliegenden Abkommen nicht beteiligt ist, bleiben die daran beteiligten Mächte in ihren gegenseitigen Beziehungen gleichwohl durch das Abkommen gebunden. Sie sind aber durch das Abkommen auch gegenüber der besagten Macht gebunden, wenn diese dessen Bestimmungen annimmt und anwendet.

Artikel 3

Im Falle eines bewaffneten Konflikts, der keinen internationalen Charakter aufweist und der auf dem Gebiet einer der Hohen Vertragschließenden Parteien entsteht, ist jede der am Konflikt beteiligten Parteien gehalten, wenigstens die folgenden Bestimmungen anzuwenden:

1. Personen, die nicht unmittelbar an den Feindseligkeiten teilnehmen, einschließlich der Angehörigen der bewaffneten Streitkräfte, welche die Waffen gestreckt haben, und der Personen, die infolge Krankheit, Verwundung, Gefangennahme oder irgendeiner anderen Ursache außer Kampf gesetzt wurden, sollen unter allen Umständen mit Menschlickeit behandelt werden, ohne jede Benachteiligung aus Gründen der Rasse, der Farbe, der Religion oder des Glaubens, des Geschlechts, der Geburt oder des Vermögens oder aus irgendeinem ähnlichen Grunde.

Zu diesem Zwecke sind und bleiben in bezug auf die oben erwähnten Personen jederzeit und überall verboten:

a) Angriffe auf Leib und Leben, namentlich Mord jeglicher Art, Verstümmelung, grausame Behandlung und Folterung;

b) Das Nehmen von Geiseln;

c) Beeinträchtigung der persönlichen Würde, namentlich erniedrigende und entwürdigende Behandlung;

d) Verurteilungen und Hinrichtungen ohne vorhergehendes Urteil eines ordnungsmäßig bestellten Gerichtes, das die von den zivilisierten Völkern als unerläßlich anerkannten Rechtsgarantien bietet.

2. Die Verwundeten und Kranken sollen geborgen und gepflegt werden.

Eine unparteiische humanitäre Organisation, wie das Internationale Komitee vom Roten Kreuz, kann den am Konflikt beteiligten Parteien ihre Dienste anbieten.

Die am Konflikt beteiligten Parteien werden sich weiters bemühen, durch Sondervereinbarungen auch die anderen Bestimmungen des vorliegenden Abkommens ganz oder teilweise in Kraft zu setzen.

Die Anwendung der vorstehenden Bestimmungen hat auf die Rechtsstellung der am Konflikt beteiligten Parteien keinen Einfluß.

Artikel 4

Die neutralen Mächte haben die Bestimmungen dieses Abkommens sinngemäß auf Verwundete und Kranke sowie auf die Angehörigen des Sanitäts- und Seelsorgepersonals der bewaffneten Kräfte der am Konflikt beteiligten Parteien anzuwenden, die in ihr Gebiet aufgenommen oder dort interniert werden, ebenso auf die geborgenen Gefallenen.

Artikel 5

Auf geschützte Personen, die in die Gewalt der Gegenpartei gefallen sind, ist dieses Abkommen bis zu ihrer endgültigen Heimschaffung anzuwenden.

Artikel 6

Außer den in den Artikeln 10, 15, 23, 28, 31, 36, 37 und 52 ausdrücklich vorgesehenen Vereinbarungen können die Hohen Vertragschließenden Parteien andere Sondervereinbarungen über jede Frage treffen, deren besondere Regelung ihnen zweckmäßig erscheint. Keine Sondervereinbarung darf die Lage der Verwundeten und Kranken sowie der Angehörigen des Sanitäts- und Seelsorgepersonals, wie sie durch das vorliegende Abkommen geregelt ist, beeinträchtigen oder die Rechte beschränken, die ihnen das Abkommen einräumt.

Die Verwundeten und Kranken sowie die Angehörigen des Sanitäts- und Seelsorgepersonals genießen die Vorteile dieser Vereinbarungen so lange, als das Abkommen auf sie anwendbar ist, vorbehaltlich ausdrücklicher gegenteiliger Bestimmungen, die in den oben genannten oder in späteren Vereinbarungen enthalten sind, oder vorbehaltlich günstigerer Maßnahmen, die von der einen oder anderen der am Konflikt beteiligten Parteien hinsichtlich dieser Personen ergriffen worden sind.

Artikel 7

Die Verwundeten und Kranken sowie die Angehörigen des Sanitäts- und Seelsorgepersonals können in keinem Falle, weder teilweise noch vollständig, auf die Rechte verzichten, die ihnen das vorliegende Abkommen und gegebenenfalls die im vorhergehenden Artikel genannten Sondervereinbarungen einräumen.

Artikel 8

Das vorliegende Abkommen ist unter der Mitwirkung und Aufsicht der Schutzmächte anzuwenden, die mit der Wahrnehmung der Interessen der am Konflikt beteiligten Parteien betraut sind. Zu diesem Zwecke können die Schutzmächte neben ihren diplomatischen oder konsularischen Vertretern Delegierte aus dem Kreise ihrer eigenen Staatsangehörigen oder der Staatsangehörigen anderer neutraler Mächte bestellen. Diese Delegierten bedürfen der Genehmigung der Macht, bei der sie ihre Mission durchzuführen haben.

Die am Konflikt beteiligten Parteien sollen die Aufgabe der Vertreter oder Delegierten der Schutzmächte in größtmöglichem Maße erleichtern.

Die Vertreter oder Delegierten der Schutzmächte dürfen keinesfalls die Grenzen ihrer Aufgabe, wie sie sich aus dem vorliegenden Abkommen ergibt, überschreiten; insbesondere haben sie die zwingenden Sicherheitsbedürfnisse des Staates, in dem sie ihre Aufgabe durchführen, zu berücksichtigen. Nur aus zwingender militärischer Notwendigkeit kann ihre Tätigkeit ausnahmsweise und zeitweilig eingeschränkt werden.

Artikel 9

Die Bestimmungen des vorliegenden Abkommens bilden kein Hindernis für die humanitäre Tätigkeit, die das Internationale Komitee vom Roten Kreuz oder irgendeine andere unparteiische humanitäre Organisation mit Einwilligung der am Konflikt beteiligten Parteien ausübt, um die Verwundeten und Kranken sowie die Angehörigen des Sanitäts- und Seelsorgepersonals zu schützen und ihnen Hilfe zu bringen.

Artikel 10

Die Hohen Vertragschließenden Parteien können jederzeit vereinbaren, die durch das vorliegende Abkommen den Schutzmächten übertragenen Aufgaben einer Organisation anzuvertrauen, die alle Garantien für Unparteilichkeit und erfolgreiche Arbeit bietet.

Wenn Verwundete und Kranke sowie Angehörige des Sanitäts- und Seelsorgepersonals aus irgendeinem Grunde nicht oder nicht mehr von einer in Absatz 1 vorgesehenen Organisation betreut werden, hat die Gewahrsamsmacht einen neutralen Staat oder eine solche Organisation zu ersuchen, die Funktionen zu übernehmen, die durch das vorliegende Abkommen den von den am Konflikt beteiligten Parteien bezeichneten Schutzmächten übertragen werden.

Sollte ein Schutz auf diese Weise nicht gewährleistet werden können, so hat die Gewahrsamsmacht entweder eine humanitäre Organisation, wie das Internationale Komitee vom Roten Kreuz, zu ersuchen, die durch das vorliegende Abkommen den Schutzmächten zufallenden humanitären Aufgaben zu übernehmen, oder vorbehaltlich der Bestimmungen dieses Artikels die Dienste anzunehmen, die ihr eine solche Organisation anbietet.

Jede neutrale Macht oder jede Organisation, die von der betreffenden Macht eingeladen wird oder sich zu diesem Zwecke zur Verfügung stellt, soll sich in ihrer Tätigkeit der Verantwortung gegenüber der am Konflikt beteiligten Partei, welcher die durch das vorliegende Abkommen geschützten Personen angehören, bewußt bleiben und ausreichende Garantien dafür bieten, daß sie in der Lage ist, die betreffenden Funktionen zu übernehmen und sie mit Unparteilichkeit zu erfüllen.

Von den vorstehenden Bestimmungen kann nicht durch eine Sondervereinbarung zwischen Mächten abgewichen werden, von denen die eine, wenn auch nur vorübergehend, gegenüber der anderen oder deren Verbündeten infolge militärischer Ereignisse und besonders infolge einer Besetzung des gesamten oder eines wesentlichen Teils ihres Gebietes in ihrer Verhandlungsfreiheit beschränkt wäre.

Wo immer im vorliegenden Abkommen die Schutzmacht erwähnt wird, bezieht sich diese

Erwähnung ebenfalls auf die Organisationen, die sie im Sinne dieses Artikels ersetzen.

Artikel 11

In allen Fällen, in denen die Schutzmächte es im Interesse der geschützten Personen als angezeigt erachten, insbesondere in Fällen von Meinungsverschiedenheiten zwischen den am Konflikt beteiligten Parteien über die Anwendung oder Auslegung der Bestimmungen des vorliegenden Abkommens, haben sie zur Beilegung des Streitfalles ihre guten Dienste zu leihen.

Zu diesem Zwecke kann jede der Schutzmächte, entweder auf Einladung einer Partei oder von sich aus, den am Konflikt beteiligten Parteien eine Zusammenkunft ihrer Vertreter und im besonderen der für das Schicksal der Verwundeten und Kranken sowie der Angehörigen des Sanitäts- und Seelsorgepersonals verantwortlichen Behörden vorschlagen, nach Tunlichkeit in einem passend gewählten neutralen Gebiet. Die am Konflikt beteiligten Parteien sind verpflichtet, den ihnen zu diesem Zwecke gemachten Vorschlägen Folge zu geben. Die Schutzmächte können, wenn nötig, unter Zustimmung der am Konflikt beteiligten Parteien eine einer neutralen Macht angehörende oder vom Internationalen Komitee vom Roten Kreuz delegierte Persönlichkeit zur Genehmigung vorschlagen, die zu ersuchen ist, an dieser Zusammenkunft teilzunehmen.

Kapitel II

Verwundete und Kranke

Artikel 12

Die Angehörigen der bewaffneten Kräfte und die anderen im folgenden Artikel angeführten Personen, die verwundet oder krank sind, sollen unter allen Umständen geschont und geschützt werden.

Sie sollen durch die am Konflikt beteiligte Partei, in deren Gewalt sie sich befinden, mit Menschlichkeit behandelt und gepflegt werden, ohne jede Benachteiligung aus Gründen des Geschlechtes, der Rasse, der Staatsangehörigkeit, der Religion, der politischen Meinung oder aus irgendeinem ähnlichen Grunde. Streng verboten ist jeder Angriff auf Leib und Leben dieser Personen und besonders, sie zu töten oder auszurotten, sie zu foltern, an ihnen biologische Versuche vorzunehmen, sie vorsätzlich ohne ärztliche Hilfe oder Pflege zu lassen oder sie eigens dazu geschaffenen Ansteckungs- oder Infektionsgefahren auszusetzen.

Nur dringliche medizinische Gründe rechtfertigen eine Bevorzugung in der Reihenfolge der Betreuung.

Frauen sollen mit aller ihrem Geschlechte geschuldeten Rücksicht behandelt werden.

Die am Konflikt beteiligte Partei, die Verwundete oder Kranke dem Gegner zu überlassen genötigt ist, soll, soweit es die militärische Notwendigkeit gestattet, zur Mithilfe bei ihrer Pflege einen Teil ihres Sanitätspersonals und -materials bei ihnen zurücklassen.

Artikel 13

Dieses Abkommen findet auf Verwundete und Kranke folgender Gruppen Anwendung:

1. Angehörige der bewafffneten Kräfte einer am Konflikt beteiligten Partei, ebenso Angehörige von Milizen und Freiwilligenkorps, die zu diesen bewaffneten Kräften gehören;

2. Angehörige anderer Milizen und Freiwilligenkorps einschließlich solcher von organisierten Widerstandsbewegungen, die zu einer am Konflikt beteiligten Partei gehören und außerhalb oder innerhalb ihres eigenen Gebietes, auch wenn dasselbe besetzt ist, tätig sind, sofern diese Milizen oder Freiwilligenkorps einschließlich der organisierten Widerstandsbewegungen die folgenden Bedingungen erfüllen:

a) an ihrer Spitze eine für ihre Untergebenen verantwortliche Person haben;

b) ein bleibendes und von weitem erkennbares Zeichen tragen;

c) die Waffen offen tragen;

d) bei ihren Operationen die Gesetze und Gebräuche des Krieges einhalten;

3. Angehörige regulärer bewaffneter Kräfte, die sich zu einer von der Gewahrsamsmacht nicht anerkannten Regierung oder Behörde bekennen;

4. Personen, die den bewaffneten Kräften folgen, ohne ihnen direkt anzugehören, wie zivile Besatzungsmitglieder von Militärflugzeugen, Kriegsberichterstatter, Heereslieferanten, Angehörige von Arbeitseinheiten oder von Dienststellen, die mit der Fürsorge für die bewaffneten Kräfte betraut sind, sofern sie von den bewaffneten Kräften, die sie begleiten, dazu ermächtigt wurden;

5. Besatzungsmitglieder der Handelsmarine einschließlich der Kapitäne, Steuermänner und Schiffsjungen sowie Besatzungen der Zivilluftfahrt der am Konflikt beteiligten Parteien, sofern sie auf Grund anderer Bestimmungen des internationalen Rechts keine günstigere Behandlung genießen;

6. die Bevölkerung eines unbesetzten Gebietes, die beim Herannahen des Feindes aus eigenem Antrieb die Waffen gegen die Invasionstruppen ergreift, ohne zur Bildung regulärer Streitkräfte Zeit gehabt zu haben, sofern sie die Waffen offen trägt und die Gesetze und Gebräuche des Krieges einhält.

Artikel 14

Unbeschadet der Bestimmungen des vorhergehenden Artikels werden Verwundete und Kranke eines Kriegführenden, wenn sie in Feindeshand geraten, Kriegsgefangene, und die die Kriegsgefangenen betreffenden Regeln des Völkerrechtes sind auf sie anzuwenden.

Artikel 15

Die am Konflikt beteiligten Parteien haben jederzeit und besonders nach einer Kampfhandlung unverzüglich alle zu Gebote stehenden Maßnahmen zu treffen, um die Verwundeten und Kranken aufzusuchen und zu bergen, sie vor Beraubung und Mißhandlung zu schützen und ihnen die notwendige Pflege zu sichern ferner um die Gefallenen aufzusuchen und deren Ausplünderung zu verhindern.

Wenn immer es die Umstände gestatten, sollen ein Waffenstillstand, eine Feuerpause oder örtliche Abmachungen vereinbart werden, um die Bergung, den Austausch und den Abtransport der auf dem Schlachtfeld gebliebenen Verwundeten zu ermöglichen.

Gleichfalls können zwischen den am Konflikt beteiligten Parteien örtliche Abmachungen für die Evakuierung oder den Austausch von Verwundeten und Kranken aus einer belagerten oder eingekreisten Zone getroffen werden sowie für den Durchzug von Sanitäts- und Seelsorgepersonal sowie von Sanitätsmaterial nach dieser Zone.

Artikel 16

Die am Konflikt beteiligten Parteien haben möglichst bald sämtliche Anhaltspunkte für die Identifizierung der in ihre Gewalt geratenen Verwundeten, Kranken und Gefallenen der Gegenpartei zu verzeichnen. Diese Ermittlungen sollen, wenn möglich, folgendes enthalten:

a) Angabe der Macht, von der sie abhängen;

b) militärische Einteilung oder Matrikelnummer;

c) Familienname;

d) den oder die Vornamen;

e) Geburtsdatum;

f) alle anderen auf der Identitätskarte oder der Erkennungsmarke enthaltenen Angaben;

g) Ort und Datum der Gefangennahme oder des Todes;

h) Angaben über Verwundungen, Krankheit oder Todesursache.

Die oben erwähnten Angaben müssen so rasch als möglich der im Artikel 122 des Genfer Abkommens vom 12. August 1949 über die Behandlung der Kriegsgefangenen vorgesehenen Auskunftsstelle übermittelt werden, die sie ihrerseits durch Vermittlung der Schutzmacht oder der Zentralstelle für Kriegsgefangene an die Macht weiterleitet, von der diese Personen abhängen.

Die am Konflikt beteiligten Parteien sollen gehörig beglaubigte Sterbeurkunden oder Gefallenenlisten ausfertigen und diese einander auf dem im vorhergehenden Absatz erwähnten Weg zukommen lassen. Sie haben zugleich auch die Hälften der doppelten Erkennungsmarken, Testamente und andere für die Familien der Gefallenen wichtige Schriftstücke sowie Geldbeträge und allgemein alle bei den Gefallenen gefundenen Gegenstände von eigentlichem oder gefühlsmäßigem Wert zu sammeln und einander durch Vermittlung derselben Stelle gegenseitig zukommen zu lassen. Diese sowie die nicht identifizierten Gegenstände sollen in versiegelten Paketen versandt werden und von einer Erklärung, die alle zur Identifizierung des verstorbenen Besitzes notwendigen Einzelheiten enthält, sowie von einem vollständigen Verzeichnis des Paketinhaltes begleitet sein.

Artikel 17

Die am Konflikt beteiligten Parteien haben dafür zu sorgen, daß der Beerdigung oder der Einäscherung der Gefallenen, die, soweit es die Umstände irgendwie gestatten, einzeln vorgenommen werden soll, eine sorgfältige und, wenn möglich, ärztliche Leichenbeschau vorangeht, die den Tod feststellen, die Identität klären und einen Bericht darüber ermöglichen soll. Die Hälfte der doppelten Erkennungsmarke oder, wenn diese nur einfach ist, die ganze soll an der Leiche bleiben.

Die Leichen dürfen nur aus zwingenden hygienischen Gründen oder auf Grund der Religion der Gefallenen eingeäschert werden. Im Falle einer Einäscherung hat dies unter Angabe der Gründe auf der Todesurkunde oder der beglaubigten Gefallenenliste ausführlich vermerkt zu werden.

Die am Konflikt beteiligten Parteien haben ferner dafür zu sorgen, daß die Gefallenen ehrenvoll und, wenn möglich, gemäß den Riten der Religion, der sie angehörten, bestattet werden und daß ihre Gräber geachtet und, wenn möglich, nach der Staatsangehörigkeit geordnet, angemessen unterhalten und so gekennzeichnet werden, daß sie jederzeit wieder aufgefunden werden können. Zu diesem Zwecke richten sie bei Beginn der Feindseligkeiten einen amtlichen Gräberdienst ein, um etwaige Exhumierungen zu ermöglichen und um, wie auch immer die Gräber angeordnet sind, die Identifizierung der Leichen und ihre etwaige Überführung in die Heimat sicherzustellen. Dieselben Bestimmungen gelten auch für die Asche, die vom Gräberdienst aufzubewahren ist, bis der Heimatstaat seine endgültigen Verfügungen in dieser Hinsicht bekanntgibt.

Sobald es die Umstände gestatten, spätestens aber nach Beendigung der Feindseligkeiten, tauschen diese Dienststellen durch Vermittlung der im Artikel 16, Absatz 2, erwähnten Auskunftsstelle die Listen aus mit den genauen Angaben über den Ort und die Bezeichnung der Gräber sowie über die darin beerdigten Gefallenen.

Artikel 18

Die Militärbehörde kann sich an die Hilfsbereitschaft der Einwohner wenden, damit diese unter ihrer Aufsicht Verwundete und Kranke freiwillig bergen und pflegen, wobei sie den Personen, die ihrem Aufruf Folge leisten, den notwendigen Schutz und die erforderlichen Erleichterungen gewährt. Wenn die Gegenpartei das betreffende Gebiet unter ihre Kontrolle bringt oder wieder unter ihre Kontrolle bringt, hat sie zugunsten der genannten Personen diesen Schutz und diese Erleichterungen aufrechtzuerhalten.

Die Militärbehörde hat die Einwohner und die Hilfsgesellschaften auch in überfallenen oder besetzten Gebieten zu ermächtigen, unaufgefordert Verwundete oder Kranke, gleich welcher Staatsangehörigkeit, zu bergen und zu pflegen. Die Zivilbevölkerung hat diese Verwundeten und Kranken zu schonen und darf vor allem keinerlei Gewaltakte gegen sie verüben.

Niemand darf jemals wegen der Pflege von Verwundeten oder Kranken behelligt oder verurteilt werden.

Die Bestimmungen dieses Artikels entheben die Besetzungsmacht nicht von den Pflichten, die ihr in sanitärer und moralischer Hinsicht gegenüber den Verwundeten und Kranken obliegen.

Kapitel III

Sanitätsformationen und -anstalten

Artikel 19

Stehende Sanitätsanstalten und bewegliche Sanitätsformationen des Sanitätsdienstes dürfen unter keinen Umständen angegriffen werden, sondern sind von den am Konflikt beteiligten Parteien jederzeit zu schonen und zu schützen. Fallen sie in die Hände der Gegenpartei, so können sie ihre Tätigkeit so lange fortsetzen, als die gefangennehmende Macht nicht selbst die für die in diesen Anstalten und Formationen befindlichen Verwundeten und Kranken notwendige Pflege sicherstellt.

Die zuständigen Behörden haben dafür zu sorgen, daß die oben erwähnten Sanitätsanstalten und -formationen nach Möglichkeit so gelegen sind, daß sie durch Angriffe auf militärische Ziele nicht gefährdet werden können.

Artikel 20

Lazarettschiffe, die Anspruch auf den Schutz des Genfer Abkommens vom 12. August 1949 zur Verbesserung des Loses der Verwundeten, Kranken und Schiffbrüchigen der bewaffneten Kräfte zur See haben, dürfen nicht vom Land aus angegriffen werden.

Artikel 21

Der den stehenden Sanitätsanstalten und beweglichen Sanitätsformationen des Santiätsdienstes gebührende Schutz darf nur aufhören, wenn diese außerhalb ihrer humanitären Aufgaben zur Begehung von Handlungen verwendet werden, die den Feind schädigen. Immerhin darf ihnen der Schutz erst entzogen werden, nachdem eine Warnung, die in allen Fällen, soweit angängig, eine angemessene Frist setzt, unbeachtet geblieben ist.

Artikel 22

Folgende Umstände gelten nicht als Begründung für den Entzug des Schutzes, der einer Sanitätsformation oder -anstalt durch Artikel 19 zugesichert ist:

1. wenn das Personal der Formation oder der Anstalt bewaffnet ist und von seinen Waffen zur eigenen Verteidigung oder zur Verteidigung seiner Verwundeten und Kranken Gebrauch macht;

2. wenn in Ermangelung bewaffneter eigener Pfleger die Formation oder die Anstalt von einer Truppenabteilung oder von Schildwachen oder von einem Geleite geschützt wird;

3. wenn sich in der Formation oder in der Anstalt Handwaffen und Munition vorfinden, die den Verwundeten oder Kranken abgenommen und der zuständigen Dienststelle noch nicht abgeliefert worden sind;

4. wenn sich Personal und Material des Veterinärdienstes in der Formation oder der Anstalt befinden, ohne integrierender Bestandteil derselben zu sein;

5. wenn sich die humanitäre Tätigkeit der Sanitätsformationen und -anstalten oder ihres Personals auf verwundete oder kranke Zivilpersonen erstreckt.

Artikel 23

Schon in Friedenszeiten können die Hohen Vertragschließenden Parteien und, nach Eröffnung der Feindseligkeiten, die am Konflikt beteiligten Parteien in ihrem eigenen und, wenn nötig, in den besetzten Gebieten Sanitätszonen und -orte schaffen, die so organisiert sind, daß sie den Verwundeten und Kranken sowie dem mit der Organisation und Verwaltung dieser Zonen und Orte und mit der Pflege der dort befindlichen Personen beauftragten Personal Schutz vor den Folgen des Krieges bieten.

Vom Ausbruch eines Konfliktes an und während seiner Dauer können die beteiligten Parteien unter sich Vereinbarungen über die gegenseitige Anerkennung der von ihnen errichteten Sanitätszonen und -orte treffen. Sie können zu diesem Zweck die Bestimmungen des dem vorliegenden Abkommen beigefügten Vereinbarungsentwurfs in Kraft setzen, und zwar mit den Abänderungen, die sie gegebenenfalls für notwendig erachten.

Die Schutzmächte und das Internationale Komitee vom Roten Kreuz werden eingeladen, ihre guten Dienste zu leihen, um die Errichtung und Anerkennung dieser Sanitätszonen und -orte zu erleichtern.

Kapitel IV

Das Sanitätspersonal

Artikel 24

Das ausschließlich zum Aufsuchen, zur Bergung, zum Transport oder zur Pflege der Verwundeten und Kranken oder zur Verhütung von Krankheiten verwendete Sanitätspersonal, das ausschließlich mit der Verwaltung der Sanitätsformationen und -anstalten verwendete Personal sowie die den bewaffneten Kräften zugeteilten Feldgeistlichen sind unter allen Umständen zu schonen und zu schützen.

Artikel 25

Militärpersonen, die besonders ausgebildet wurden, um gegebenenfalls als Hilfskrankenpfleger oder Hilfskrankenträger zum Aufsuchen, zur Bergung, zum Transport oder zur Pflege von Verwundeten und Kranken verwendet zu werden, sind in gleicher Weise zu schonen und zu schützen, wenn sie bei der Erfüllung dieser Aufgaben mit dem Feind in Berührung kommen oder in seine Gewalt geraten.

Artikel 26

Den im Artikel 24 erwähnten Personal wird das Personal der von ihrer Regierung gebührend anerkannten und zugelassenen nationalen Gesellschaften des Roten Kreuzes und anderer freiwilliger Hilfsgesellschaften, das für dieselben Aufgaben wie das im genannten Artikel erwähnte Personal verwendet wird, gleichgestellt unter der Voraussetzung, daß das Personal dieser Gesellschaften den Militärgesetzen und -vorschriften unterstellt ist.

Jede Hohe Vertragschließende Partei teilt der anderen, sei es schon in Friedenszeiten, sei es bei Beginn oder im Verlaufe der Feindseligkeiten, jedenfalls aber vor der tatsächlichen Inanspruchnahme, die Namen der Gesellschaften mit, die sie ermächtigt hat, unter ihrer Verantwortung den offiziellen Sanitätsdienst ihrer bewaffneten Kräfte zu unterstützen.

Artikel 27

Eine anerkannte Hilfsgesellschaft eines neutralen Staates darf einer am Konflikt beteiligten Partei nur dann mit ihrem Personal und ihren Sanitätsformationen Hilfe leisten, wenn ihre eigene Regierung zugestimmt und die am Konflikt beteiligte Partei selbst hiezu ermächtigt hat. Dieses Personal und diese Formationen stehen unter der Kontrolle dieser am Konflikt beteiligten Partei.

Die neutrale Regierung soll die Gegenpartei desjenigen Staates, der die Hilfe annimmt, über die Erteilung dieser Zustimmung unterrichten. Die am Konflikt beteiligte Partei, welche diese Hilfe angenommen hat, ist gehalten, bevor sie von dem Anerbieten Gebrauch macht, die Gegenpartei darüber zu benachrichtigen.

Unter keinen Umständen darf diese Hilfe als eine Einmischung in den Konflikt betrachtet werden.

Die Angehörigen des im Absatz 1 erwähnten Personals müssen vor dem Verlassen des neutralen Staates, dem sie angehören, mit den im Artikel 40 vorgesehenen Identitätsausweisen versehen sein.

Artikel 28

Gerät das in den Artikeln 24 und 26 bezeichnete Personal in die Gewalt der Gegenpartei, so darf es nur insofern zurückgehalten werden, als es der gesundheitliche Zustand, die seelischen Bedürfnisse und die Zahl der Kriegsgefangenen erfordern.

Die so zurückgehaltenen Personen sind nicht als Kriegsgefangene zu betrachten. Sie stehen jedoch zum mindesten im Genuß sämtlicher Bestimmungen des Genfer Abkommens vom 12. August 1949 über die Behandlung der Kriegsgefangenen. Sie haben im Rahmen der militärischen Gesetze und Vorschriften der Gewahrsamsmacht sowie unter der Leitung ihrer zuständigen Dienststellen und in Übereinstimmung mit ihrem Berufsgewissen ihre ärztliche und seelsorgerische Tätigkeit zugunsten der Kriegsgefangenen, vor allem derjenigen ihrer eigenen bewaffneten Kräfte, fortzusetzen. Für die Ausübung ihrer ärztlichen oder seelsorgerischen Tätigkeit sollen ihnen ferner folgende Erleichterungen zustehen:

a) Sie sind berechtigt, periodisch die Kriegsgefangenen, die sich in Arbeitsgruppen oder in außerhalb des Lagers liegenden Lazaretten befinden, zu besuchen. Die Gewahrsamsbehörde hat ihnen zu diesem Zweck die nötigen Transportmittel zur Verfügung zu stellen.

b) In jedem Lager soll der rangälteste Militärarzt des höchsten Dienstgrades gegenüber den militärischen Behörden für die gesamte Tätigkeit des zurückgehaltenen Sanitätspersonals verantwortlich sein. Zu diesem Zweck haben sich die am Konflikt beteiligten Parteien schon bei Beginn der Feindseligkeiten über das Dienstgradverhältnis ihres Sanitätspersonals, einschließlich desjenigen der im Artikel 26 erwähnten Gesellschaften, zu verständigen. Für alle ihre Aufgaben betreffenden Fragen sollen sich dieser Arzt sowie die Feldgeistlichen direkt an die zuständigen Lagerbehörden wenden können. Diese haben ihnen alle Erleichterungen zu gewähren, die für die mit diesen Fragen zusammenhängende Korrespondenz erforderlich sind.

c) Obwohl das zurückgehaltene Personal der betreffenden Lagerdisziplin unterstellt ist, kann es zu keiner mit seiner ärztlichen oder seelsorgerischen Tätigkeit nicht im Zusammenhang stehenden Arbeit gezwungen werden.

Im Verlaufe der Feindseligkeiten sollen sich die am Konflikt beteiligten Parteien über eine etwaige Ablösung des zurückgehaltenen Personals verständigen und die Art ihrer Durchführung festlegen.

Keine der vorhergehenden Bestimmungen enthebt die Gewahrsamsmacht der Pflichten, die ihr in gesundheitlicher und seelsorgerischer Hinsicht gegenüber den Kriegsgefangenen obliegen.

Artikel 29

Fallen die im Artikel 25 bezeichneten Personen in Feindeshand, so sind sie als Kriegsgefangene zu betrachten, aber, soweit ein Bedürfnis danach besteht, für den Sanitätsdienst zu verwenden.

Artikel 30

Angehörige des Personals, die nach den Bestimmungen des Artikels 28 nicht unbedingt zurückgehalten werden müssen, werden an die am Konflikt beteiligte Partei, der sie angehören, zurückgesandt, sobald ein Weg für ihre Rückkehr offen ist und die militärischen Erfordernisse es gestatten.

Bis zu ihrer Rücksendung sind sie nicht als Kriegsgefangene zu betrachten. Sie stehen jedoch zum mindesten im Genuß sämtlicher Bestimmungen des Genfer Abkommens vom 12. August 1949 über die Behandlung der Kriegsgefangenen. Sie haben ihre Tätigkeit unter der Leitung der Gegenpartei fortzusetzen und sollen vorzugsweise für die Pflege der Verwundeten und Kranken der am Konflikt beteiligten Partei verwendet werden, der sie angehören.

Bei ihrer Rückkehr dürfen sie die Effekten, persönlichen Gegenstände, Wertsachen und Instrumente, die ihnen gehören, mitnehmen.

Artikel 31

Die Auswahl der Personen, deren Rücksendung an die am Konflikt beteiligte Partei durch Artikel 30 vorgesehen ist, soll ohne jede Rücksicht auf Rasse, Religion oder politische Anschauung, vorzugsweise nach der zeitlichen Reihenfolge ihrer Gefangennahme und nach ihrem Gesundheitszustand, getroffen werden.

Vom Beginn der Feindseligkeiten an können die am Konflikt beteiligten Parteien durch Sondervereinbarungen den prozentualen Anteil des im Verhältnis zur Gefangenenzahl zurückzuhaltenden Personals und dessen Verteilung auf die einzelnen Lager festsetzen.

Artikel 32

Geraten die im Artikel 27 bezeichneten Personen in die Gewalt der Gegenpartei, so dürfen sie nicht zurückgehalten werden.

Unbeschadet gegenteiliger Vereinbarungen sind sie berechtigt, sobald ein Weg für ihre Rückkehr offen ist und die militärischen Erfordernisse es gestatten, in ihr Land zurückzukehren oder, wenn dies nicht möglich ist, in das Gebiet der am Konflikt beteiligten Partei, in deren Dienst sie standen.

Bis zu ihrer Rückkehr haben sie ihre Tätigkeit unter der Leitung der Gegenpartei fortzusetzen; sie sind vorzugsweise für die Pflege der Verwundeten und Kranken der am Konflikt beteiligten Partei zu verwenden, in deren Dienst sie standen.

Bei ihrer Rückkehr dürfen sie die Effekten, persönlichen Gegenstände und Wertsachen, Instrumente, Waffen und, wenn möglich, auch die Transportmittel, die ihnen gehören, mitnehmen.

Die am Konflikt beteiligten Parteien sollen diesem Personal, solange es sich in ihrer Gewalt befindet, denselben Unterhalt, dieselbe Unterkunft, dieselben Bezüge und denselben Sold wie dem entsprechenden Personal ihrer Armee gewähren. Menge, Beschaffenheit und Abwechslung ihrer Verpflegung soll auf jeden Fall genügen, um den Betreffenden ein normales gesundheitliches Gleichgewicht zu gewährleisten.

Kapitel V

Die Gebäude und das Sanitätsmaterial

Artikel 33

Das Material der beweglichen Sanitätsformationen bewaffneter Kräfte, die in die Gewalt der Gegenpartei geraten, soll weiterhin für die Pflege der Verwundeten und Kranken verwendet werden.

Die Gebäude, das Material und die Magazine der stehenden Sanitätsanstalten der bewaffneten Kräfte bleiben dem Kriegsrecht unterworfen, dürfen aber ihrer Bestimmung nicht entzogen werden, solange sie für die Verwundeten und Kranken notwendig sind. Die Befehlshaber der Armeen im Felde können sie jedoch, wenn dringende militärische Erfordernisse vorliegen, unter der Voraussetzung benützen, daß sie vorher die für das Wohl der dort gepflegten Kranken und Verwundeten notwendigen Maßnahmen getroffen haben.

Das in diesem Artikel erwähnte Material und die Magazine dürfen nicht absichtlich zerstört werden.

Artikel 34

Das bewegliche und unbewegliche Eigentum der Hilfsgesellschaften, welchen die Vergünstigungen dieses Abkommens zustehen, ist als Privateigentum zu betrachten.

Das den Kriegsführenden nach den Gesetzen und Gebräuchen des Krieges zuerkannte Recht zur Beschlagnahme darf nur im Falle dringender Notwendigkeit und nach Sicherstellung des Schicksals der Verwundeten und Kranken ausgeübt werden.

Kapitel VI

Sanitätstransporte

Artikel 35

Transporte von Verwundeten und Kranken oder von Sanitätsmaterial sind in gleicher Weise wie die beweglichen Sanitätsformationen zu schonen und zu schützen.

Geraten solche Transporte oder Fahrzeuge in die Gewalt der Gegenpartei, so unterliegen sie dem Kriegsrecht, vorausgesetzt, daß die am Konflikt beteiligte Partei, die sie erbeutet hat, sich in allen Fällen der mitgeführten Verwundeten und Kranken annimmt.

Das Zivilpersonal und alle requirierten Transportmittel unterliegen den allgemeinen Regeln des Völkerrechtes.

Artikel 36

Sanitätsluftfahrzeuge, d. h. ausschließlich für die Wegschaffung von Verwundeten und Kranken und für die Beförderung von Sanitätspersonal und -material verwendete Luftfahrzeuge sollen von den Kriegsführenden nicht angegriffen, sondern geschont werden, solange sie in Höhen, zu Stunden und auf Routen fliegen, die von allen beteiligten Kriegführenden ausdrücklich vereinbart wurden.

Sie sollen neben den Landesfarben deutlich sichtbar das im Artikel 38 vorgesehene Schutzzeichen auf den unteren, oberen und seitlichen Flächen tragen. Sie sollen mit allen übrigen zwischen den Kriegführenden bei Beginn oder im Verlaufe der Feindseligkeiten durch Vereinbarung festgelegten Kennzeichen oder Erkennungsmitteln ausgestattet sein.

Unbeschadet gegenteiliger Vereinbarungen ist das Überfliegen feindlichen oder vom Feind besetzten Gebietes untersagt.

Die Sanitätsluftfahrzeuge haben jedem Landesbefehl Folge zu leisten. Im Falle einer so befohlenen Landung kann das Luftfahrzeug mit seinen Insassen nach einer etwaigen Untersuchung den Flug fortsetzen.

Im Falle einer zufälligen Landung auf feindlichem oder vom Feinde besetzem Gebiet werden die Verwundeten und Kranken sowie die Besatzung des Luftfahrzeuges Kriegsgefangene. Das Sanitätspersonal soll gemäß Artikel 24 und den folgenden Artikeln behandelt werden.

Artikel 37

Sanitätsluftfahrzeuge der am Konflikt beteiligten Parteien können unter Vorbehalt der Bestimmungen des Absatzes 2 das Gebiet neutraler Mächte überfliegen und dort eine Not- oder Zwischenlandung vornehmen. Sie haben vorher den neutralen Mächten das Überfliegen ihres Gebietes zu melden und jeder Aufforderung, zu Lande oder zu Wasser niederzugehen, Folge zu leisten. Bei ihrem Flug sind sie vor Angriffen nur geschützt, solange sie in Höhen, zu Stunden und auf Routen fliegen, die zwischen den betreffenden am Konflikt beteiligten Parteien und neutralen Mächten ausdrücklich vereinbart wurden.

Die neutralen Mächte können jedoch für das Überfliegen ihres Gebietes durch Sanitätsluftfahrzeuge der für deren Landung auf demselben Bedingungen oder Beschränkungen festsetzen. Diese Bedingungen oder Beschränkungen sollen auf alle am Konflikt beteiligten Parteien in gleicher Weise angewendet werden.

Die mit Zustimmung der lokalen Behörde von einem Sanitätsluftfahrzeug auf neutralem Gebiet abgesetzten Verwundeten und Kranken müssen vom neutralen Staat, wenn zwischen ihm und den am Konflikt beteiligten Parteien keine gegenteilige Vereinbarung getroffen wurde, so bewacht werden, daß sie, wenn es das Völkerrecht erfordert, nicht mehr an Kriegshandlungen teilnehmen können. Die Hospitalisierungs- und Internierungskosten gehen zu Lasten derjenigen Macht, von der die Verwundeten und Kranken abhängen.

Kapitel VII

Das Schutzzeichen

Artikel 38

Zu Ehren der Schweiz wird das durch Umstellung der eidgenössischen Farben gebildete Wappenzeichen des roten Kreuzes auf weißem Grunde als Schutz- und Erkennungszeichen des Sanitätsdienstes der Armeen beibehalten.

Doch sind für die Länder, die an Stelle des roten Kreuzes den roten Halbmond oder den roten Löwen mit roter Sonne auf weißem Grunde bereits als Erkennungszeichen verwenden, diese Schutzzeichen im Sinne des vorliegenden Abkommens in gleicher Weise zugelassen.

Artikel 39

Unter der Aufsicht der zuständigen Militärbehörde sollen Fahnen, Armbinden und das gesamte für den Sanitätsdienst verwendete Material mit diesem Schutzzeichen versehen sein.

Artikel 40

Das im Artikel 24 sowie in den Artikeln 26 und 27 bezeichnete Personal hat eine am linken Arm befestigte, feuchtigkeitsbeständige, mit dem Schutzzeichen versehene Binde zu tragen, die von der Militärbehörde auszufolgen und zu stempeln ist.

Dieses Personal hat außer der im Artikel 16 erwähnten Erkennungsmarke eine besondere, mit dem Schutzzeichen versehene Identitätskarte bei sich zu tragen. Diese Karte muß feuchtigkeitsbeständig sein und Taschenformat haben. Sie soll in der Landessprache abgefaßt sein und mindestens Namen und Vornamen, Geburtsdatum, Dienstgrad und Matrikelnummer des Inhabers enthalten. Sie soll bescheinigen, in welcher Eigenschaft er Anspruch auf den Schutz des vorliegenden Abkommens hat. Die Karte soll mit einer Photographie des Inhabers und außerdem mit seiner Unterschrift oder seinen Fingerabdrücken oder mit beidem versehen sein. Sie soll ferner den Trockenstempel der Militärbehörde tragen.

In jeder Armee sollen die Identitätskarten einheitlich und in den Armeen der Hohen Vertragschließenden Parteien soweit als möglich nach gleichem Muster gestaltet sein. Die am Konflikt beteiligten Parteien können sich an das dem vorliegenden Abkommen beigefügte Muster halten. Bei Beginn der Feindseligkeiten sollen sie einander das von ihnen verwendete Muster bekanntgeben. Jede Identitätskarte soll, wenn möglich, in mindestens zwei Exemplaren ausgefertigt werden, wovon eines vom Heimatstaat aufbewahrt wird.

In keinem Fall dürfen dem oben erwähnten Personal die Abzeichen oder die Identitätskarte abgenommen oder das Recht zum Tragen seiner Armbinde entzogen werden. Bei Verlust derselben hat es Anspruch auf ein Duplikat der Karte oder auf Ersatz der Abzeichen.

Artikel 41

Das im Artikel 25 bezeichnete Personal soll, jedoch nur während der Verrichtung sanitätsdienstlicher Aufgaben, eine weiße Armbinde mit einem verkleinerten Schutzzeichen in der Mitte tragen; die Armbinde soll von der Militärbehörde ausgefolgt und gestempelt werden.

Die militärischen Identitätsausweise dieses Personals sollen alle Angaben über die sanitätsdienstliche Ausbildung des Inhabers, über den vorübergehenden Charakter seiner Tätigkeit und über das Recht zum Tragen der Armbinde enthalten.

Artikel 42

Das Flaggenabzeichen des vorliegenden Abkommens darf nur auf den durch das Abkommen geschützten Sanitätsformationen und -anstalten und nur mit Erlaubnis der Militärbehörde gehißt werden.

Bei den beweglichen Sanitätsformationen wie bei den stehenden Anstalten kann daneben die Nationalfahne der am Konflikt beteiligten Partei aufgezogen werden, der die Sanitätsformation oder -anstalt angehört.

In Feindeshand geratene Sanitätsformationen sollen jedoch keine Flagge als die des Abkommens hissen.

Die am Konflikt beteiligten Parteien sollen, soweit die militärischen Erfordernisse es gestatten, die nötigen Maßnahmen ergreifen, um den feindlichen Land- , Luft- und Seestreitkräften die Schutzzeichen, welche Sanitätsformationen und -anstalten kennzeichnen, deutlich sichtbar zu machen und so die Möglichkeit jeder Angriffshandlung auszuschalten.

Artikel 43

Sanitätsformationen neutraler Länder, die unter den im Artikel 27 vorgesehenen Bedingungen ermächtigt wurden, einem Kriegführenden Hilfe zu leisten, haben neben der Flagge des vorliegenden Abkommens die Nationalfahne dieses Kriegführenden zu hissen, wenn dieser von dem ihm gemäß Artikel 42 zustehenden Recht Gebrauch macht.

Sofern die zuständige Militärbehörde nichts Gegenteiliges befiehlt, können sie unter allen Umständen, selbst wenn sie in die Gewalt der Gegenpartei geraten, ihre eigene Nationalfahne hissen.

Artikel 44

Das Zeichen des roten Kreuzes auf weißem Grunde und die Worte „Rotes Kreuz" oder „Genfer Kreuz" dürfen, mit Ausnahme der in den nachfolgenden Absätzen dieses Artikels erwähnten Fälle, sowohl in Friedens- als in Kriegszeiten nur zur Bezeichnung oder zum Schutze der Sanitätsformationen, der Sanitätsanstalten, des Personals und des Materials verwendet werden, die durch das vorliegende Abkommen oder durch andere internationale Abkommen, welche ähnliche Gegenstände regeln, geschützt sind. Das gleiche gilt hinsichtlich der im Artikel 38, Absatz 2, genannten Schutzzeichen für die Länder, die sie verwenden. Die nationalen Gesellschaften des Roten Kreuzes und die übrigen im Artikel 26 genannten Gesellschaften dürfen das Erkennungszeichen, das den Schutz dieses Abkommens gewährleistet, nur im Rahmen der Bestimmungen dieses Absatzes verwenden.

Die nationalen Gesellschaften des Roten Kreuzes (des Roten Halbmondes, des Roten Löwen mit roter Sonne) dürfen außerdem in Friedenszeiten gemäß den nationalen Gesetzen den Namen und das Zeichen des Roten Kreuzes für ihre übrige den Grundsätzen der internationalen Rotkreuzkonferenzen entsprechende Tätigkeit verwenden. Wird diese Tätigkeit in Kriegszeiten fortgesetzt, so muß das Zeichen unter solchen Voraussetzungen verwendet werden, daß es nicht den Anschein haben kann, als ob dadurch der Schutz des Abkommens gewährleistet werde; das Zeichen muß entsprechend kleiner sein und darf weder auf Armbinden noch auf Dächern angebracht werden.

Die internationalen Rotkreuzorganisationen und ihr gehörig ausgewiesenes Personal sind berechtigt, jederzeit das Zeichen des roten Kreuzes auf weißem Grund zu verwenden.

Ausnahmsweise kann gemäß den nationalen Gesetzen und mit ausdrücklicher Erlaubnis einer der nationalen Gesellschaften des Roten Kreuzes (des Roten Halbmondes, des Roten Löwen mit roter Sonne) das Schutzzeichen des Abkommens in Friedenszeiten verwendet werden, um Ambulanzfahrzeuge und Rettungsstellen kenntlich zu machen, die ausschließlich der unentgeltlichen Pflege von Verwundeten oder Kranken dienen.

Kapitel VIII

Vollzug des Abkommens

Artikel 45

Jede am Konflikt beteiligte Partei hat durch ihre Oberbefehlshaber für die Einzelheiten der Durchführung der vorstehenden Artikel und für die nicht vorgesehenen Fälle in Übereinstimmung mit den allgemeinen Grundsätzen des vorliegenden Abkommens vorzusorgen.

Artikel 46

Vergeltungsmaßnahmen gegen Verwundete, Kranke, Personal, Gebäude oder Material, die unter dem Schutze des Abkommens stehen, sind untersagt.

Artikel 47

Die Hohen Vertragschließenden Parteien verpflichten sich, in Friedens- und in Kriegszeiten den Wortlaut des vorliegenden Abkommens in ihren Ländern im weitmöglichsten Ausmaß zu verbreiten und insbesondere sein Studium in die militärischen und, wenn möglich, zivilen Ausbildungsprogramme aufzunehmen, damit die Gesamtheit der Bevölkerung und insbesondere die bewaffneten Streitkräfte, das Sanitätspersonal und die Feldgeistlichen seine Grundsätze kennenlernen können.

Artikel 48

Die Hohen Vertragschließenden Parteien sollen sich gegenseitig durch Vermittlung des Schweizerischen Bundesrates und während der Feindseligkeiten durch Vermittlung der Schutzmächte die amtlichen Übersetzungen des vorliegenden Abkommens sowie die Gesetze und Verordnungen zustellen, die sie zur Gewährleistung seiner Anwendung unter Umständen erlassen.

Kapitel IX

Unterdrückung von Mißbräuchen und Übertretungen

Artikel 49

Die Hohen Vertragschließenden Parteien verpflichten sich, alle notwendigen gesetzgeberischen Maßnahmen zur Festsetzung von angemessenen Strafbestimmungen gegen Personen zu treffen, die irgendeine der im folgenden Artikel umschriebenen schweren Verletzungen des vorliegenden Abkommens begehen oder zu einer solchen Verletzung den Befehl erteilen.

Jede Vertragschließende Partei ist zur Ermittlung der Personen verpflichtet, die der Begehung oder der Erteilung eines Befehls zur Begehung der einen oder anderen dieser schweren Verletzungen beschuldigt sind, und hat sie ohne Rücksicht auf ihre Staatsangehörigkeit vor ihre eigenen Gerichte zu bringen. Wenn sie es vorzieht, kann sie sie auch gemäß den in ihrer eigenen Gesetzgebung vorgesehenen Bedingungen zur Aburteilung einer anderen an der Verfolgung interessierten vertragschließenden Partei übergeben, sofern diese gegen die erwähnten Personen ausreichende Verdachtsgründe nachgewiesen hat.

Jede Vertragschließende Partei hat die notwendigen Maßnahmen zu ergreifen, um alle Zuwiderhandlungen gegen die Bestimmungen des vorliegenden Abkommens zu unterbinden, die nicht zu den im folgenden Artikel umschriebenen schweren Verletzungen zählen.

Unter allen Umständen sollen die Angeklagten nicht geringere Sicherheiten in bezug auf Gerichtsverfahren und freie Verteidigung genießen als die im Artikel 105 und den folgenden Artikeln des Genfer Abkommens vom 12. August 1949 über die Behandlung der Kriegsgefangenen vorgesehenen.

Artikel 50

Als schwere Verletzungen, wie sie im vorhergehenden Artikel erwähnt sind, gelten jene, die die eine oder andere der folgenden Handlungen umfassen, sofern sie gegen Personen oder Güter begangen werden, die durch das Abkommen geschützt sind: absichtliche Tötung, Folterung oder unmenschliche Behandlung, einschließlich biologischer Experimente, vorsätzliche Verursachung großer Leiden oder schwere Beeinträchtigung der körperlichen Integrität oder der Gesundheit sowie Zerstörung und Aneignung von Gut, die nicht durch militärische Erfordernisse gerechtfertigt sind und in großem Ausmaß auf unerlaubte und willkürliche Weise vorgenommen werden.

Artikel 51

Eine Hohe Vertragschließende Partei kann weder sich selbst noch eine andere Vertragschließende Partei von den Verantwortlichkeiten befreien, die ihr selbst oder einer anderen Vertragschließenden Partei auf Grund der im vorhergehenden Artikel erwähnten Verletzungen zufallen.

Artikel 52

Auf Begehren einer am Konflikt beteiligten Partei soll gemäß einem zwischen den beteiligten Parteien festzusetzenden Verfahren eine Untersuchung über jede behauptete Verletzung des Abkommens eingeleitet werden.

Kann über das Untersuchungsverfahren keine Übereinstimmung erzielt werden, so sollen sich die Parteien über die Wahl eines Schiedsrichters einigen, der über das zu befolgende Verfahren zu entscheiden hat.

Sobald die Verletzung festgestellt ist, sollen ihr die am Konflikt beteiligten Parteien ein Ende setzen und sie so rasch als möglich unterdrücken.

Artikel 53

Der Gebrauch des Zeichens oder der Bezeichnung „Rotes Kreuz" oder „Genfer Kreuz" sowie von allen Zeichen und Bezeichnungen, die eine Nachahmung darstellen, durch nach dem gegenwärtigen Abkommen dazu nicht berechtigte Privatpersonen, durch öffentliche oder private Gesellschaften oder Handelsfirmen ist jederzeit verboten, ohne Rücksicht auf den Zweck und auf den etwaigen früheren Zeitpunkt der Verwendung.

Im Hinblick auf die der Schweiz durch die Annahme der umgestellten eidgenössischen Landesfarben erwiesene Ehrung und auf die zwischen dem Schweizerwappen und dem Schutzzeichen des Abkommens mögliche Verwechslung ist der Gebrauch des Wappens der Schweizerischen Eidgenossenschaft sowie aller Zeichen, die eine Nachahmung darstellen, durch Privatpersonen, Gesellschaften oder Handelsfirmen, sei es als Fabrik- oder Handelsmarke oder als Bestandteil solcher Marken, sei es zu einem gegen die kaufmännische Ehrbarkeit verstoßenden Zweck oder unter Bedingungen, die geeignet sind, das schweizerische Nationalgefühl zu verletzen, jederzeit verboten.

Die Hohen Vertragschließenden Parteien, die am Genfer Abkommen vom 27. Juli 1929 nicht beteiligt waren, können jedoch den bisherigen Benützern der im Absatz 1 erwähnten Zeichen, Bezeichnungen oder Marken eine Frist von höchstens drei Jahren seit Inkrafttreten dieses Abkommens einräumen, um diese Verwendung einzustellen, wobei während dieser Frist die Verwendung zu Kriegszeiten nicht den Anschein erwecken darf, als ob sie den Schutz des Abkommen gewährleistet.

Das im Absatz 1 dieses Artikels erlassene Verbot gilt auch für die im Artikel 38, Absatz 2, vorgesehenen Zeichen und Bezeichnungen, ohne jedoch eine Wirkung auf die durch bisherige Benützer erworbenen Rechte auszuüben.

Artikel 54

Die Hohen Vertragschließenden Parteien, deren Gesetze zurzeit nicht ausreichend sein sollten, haben die nötigen Maßnahmen zu treffen, um die im Artikel 53 erwähnten Mißbräuche jederzeit zu verhindern und zu unterdrücken.

Schlußbestimmungen

Artikel 55

Das vorliegende Abkommen ist in französischer und englischer Sprache abgefaßt. Beide Texte sind gleicherweise authentisch.

Der Schweizerische Bundesrat wird offizielle Übersetzungen des Abkommens in russischer Sprache herstellen lassen.

Artikel 56

Das vorliegende Abkommen, welches das Datum des heutigen Tages trägt, kann bis zum 12. Februar 1950 im Namen der Mächte unterzeichnet werden, die an der am 21. April 1949 in Genf eröffneten Konferenz vertreten waren, sowie im Namen der Mächte, die an dieser Konferenz nicht vertreten waren, aber an den Genfer Abkommen von 1864, 1906 oder 1929 zur Verbesserung des Loses der Verwundeten und Kranken der Heere im Felde beteiligt sind.

Artikel 57

Das vorliegende Abkommen soll sobald als möglich ratifiziert werden. Die Ratifikationsurkunden sollen in Bern hinterlegt werden.

Über die Hinterlegung jeder Ratifikationsurkunde soll ein Protokoll aufgenommen werden. Von diesem soll eine beglaubigte Abschrift durch den Schweizerischen Bundesrat allen Mächten zugestellt werden, in deren Namen das Abkommen unterzeichnet oder der Beitritt erklärt worden ist.

Artikel 58

Das vorliegende Abkommen tritt sechs Monate nach Hinterlegung von mindestens zwei Ratifikationsurkunden in Kraft.

Späterhin tritt es für jede Hohe Vertragschließende Partei sechs Monate nach Hinterlegung ihrer Ratifikationsurkunde in Kraft.

Artikel 59

Das vorliegende Abkommen ersetzt in den Beziehungen zwischen den Hohen Vertragschließenden Parteien die Abkommen vom 22. August 1864, vom 6. Juli 1906 und vom 27. Juli 1929.

Artikel 60

Vom Zeitpunkt seines Inkrafttretens an steht das vorliegende Abkommen jeder Macht zum Beitritt offen, in deren Namen es nicht unterzeichnet worden ist.

Artikel 61

Der Beitritt soll dem Schweizerischen Bundesrat schriftlich mitgeteilt werden und wird sechs Monate nach dem Zeitpunkt, an dem ihm die Mitteilung zugegangen ist, wirksam.

Der Schweizerische Bundesrat soll die Beitritte allen Mächten zur Kenntnis bringen, in deren Namen das Abkommen unterzeichnet oder der Beitritt erklärt worden ist.

Artikel 62

Die in den Artikeln 2 und 3 vorgesehenen Situationen verleihen den vor oder nach Beginn der Feindseligkeiten oder der Besetzung hinterlegten Ratifikationsurkunden und abgegebenen Beitrittserklärungen von den am Konflikt beteiligten Parteien sofortige Wirkung. Der Schweizerische Bundesrat soll die Ratifikationen oder Beitritte der am Konflikt beteiligten Parteien auf dem schnellsten Wege bekanntgeben.

Artikel 63

Jeder Hohen Vertragschließenden Partei steht es frei, das vorliegende Abkommen zu kündigen.

Anhang II

Anhang II

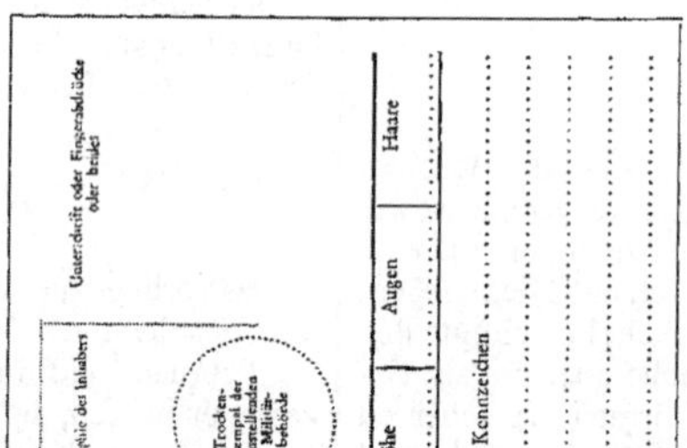

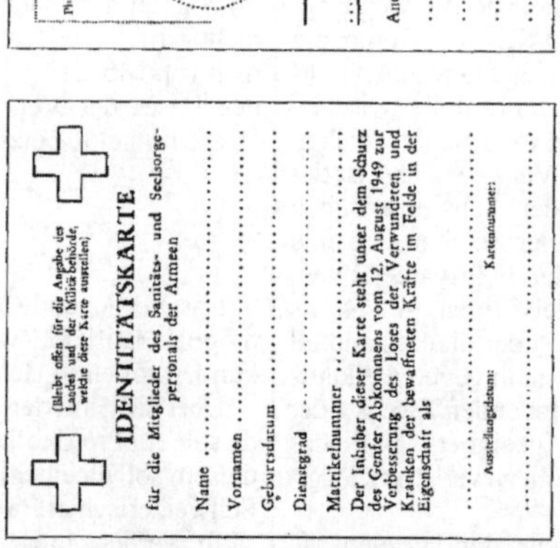

8/3. 2. Genfer Konvention

BGBl 1953/155

Genfer Abkommen zur Verbesserung des Loses der Verwundeten, Kranken und Schiffbrüchigen der bewaffneten Kräfte zur See

Kapitel I

Allgemeine Bestimmungen

Artikel 1

Die Hohen Vertragschließenden Parteien verpflichten sich, das vorliegende Abkommen unter allen Umständen einzuhalten und seine Einhaltung sicherzustellen.

Artikel 2

Neben den Bestimmungen, die bereits in Friedenszeiten zu handhaben sind, ist das vorliegende Abkommen in allen Fällen eines erklärten Krieges oder jedes anderen bewaffneten Konflikts anzuwenden, der zwischen zwei oder mehreren der Hohen Vertragschließenden Parteien entsteht, und zwar auch dann, wenn der Kriegszustand von einer dieser Parteien nicht anerkannt wird.

Das Abkommen ist auch in allen Fällen vollständiger oder teilweiser Besetzung des Gebietes einer Hohen Vertragschließenden Partei anzuwenden, selbst wenn diese Besetzung auf keinen bewaffneten Wiederstand stößt.

Wenn eine der im Konflikt befindlichen Mächte am vorliegenden Abkommen nicht beteiligt ist, bleiben die daran beteiligten Mächte in ihren gegenseitigen Beziehungen gleichwohl durch das Abkommen gebunden. Sie sind aber durch das Abkommen auch gegenüber der besagten Macht gebunden, wenn diese dessen Bestimmungen annimmt und anwendet.

Artikel 3

Im Falle eines bewaffneten Konflikts, der keinen internationalen Charakter aufweist und der auf dem Gebiet einer der Hohen Vertragschließenden Parteien entsteht, ist jede der am Konflikt beteiligten Parteien gehalten, wenigstens die folgenden Bestimmungen anzuwenden:

1. Personen, die nicht unmittelbar an den Feindseligkeiten teilnehmen, einschließlich der Angehörigen der bewaffneten Streitkräfte, welche die Waffen gestreckt haben, und der Personen, die infolge Krankheit, Verwundung, Gefangennahme oder irgendeiner anderen Ursache außer Kampf gesetzt wurden, sollen unter allen Umständen mit Menschlichkeit behandelt werden, ohne jede Benachteiligung aus Gründen der Rasse, der Farbe, der Religion oder des Glaubens, des Geschlechts, der Geburt oder des Vermögens oder einem ähnlichen Grunde.

Zu diesem Zwecke sind und bleiben in bezug auf die oben erwähnten Personen jederzeit und überall verboten:

a) Angriffe auf Leib und Leben, namentlich Mord jeglicher Art, Verstümmelung, grausame Behandlung und Folterung;

b) Das Nehmen von Geiseln;

c) Beeinträchtigung der persönlichen Würde, namentlich erniedrigende und entwürdigende Behandlung;

d) Verurteilungen und Hinrichtungen ohne vorhergehendes Urteil eines ordnungsmäßig bestellten Gerichtes, das die von den zivilisierten Völkern als unerläßlich anerkannten Rechtsgarantien bietet.

2. Die Verwundeten, Kranken und Schiffbrüchigen sollen geborgen und gepflegt werden.

Eine unparteiische humanitäre Organisation, wie das Internationale Komitee vom Roten Kreuz, kann den am Konflikt beteiligten Parteien ihre Dienste anbieten.

Die am Konflikt beteiligten Parteien werden sich weiters bemühen, durch Sondervereinbarungen auch die anderen Bestimmungen des vorliegenden Abkommens ganz oder teilweise in Kraft zu setzen.

Die Anwendung der vorstehenden Bestimmungen hat auf die Rechtsstellung der am Konflikt beteiligten Parteien keinen Einfluß.

Artikel 4

Bei Kriegshandlungen zwischen den Land- und Seestreitkräften der am Konflikt beteiligten Parteien sind die Bestimmungen dieses Abkommens nur auf die an Bord befindlichen Streitkräfte anwendbar.

Die an Land gesetzten Streitkräfte sind sofort dem Genfer Abkommen vom 12. August 1949 zur Verbesserung des Loses der Verwundeten und Kranken der bewaffneten Kräfte im Felde unterstellt.

Artikel 5

Die neutralen Mächte haben die Bestimmungen dieses Abkommens sinngemäß auf Verwundete, Kranke und Schiffbrüchige sowie auf die Angehörigen des Sanitäts- und Seelsorgepersonals der bewaffneten Kräfte der am Konflikt beteiligten

Parteien anzuwenden, die in ihr Gebiet aufgenommen oder dort interniert werden, ebenso auf die geborgenen Gefallenen.

Artikel 6

Außer den in den Artikeln 10, 18, 31, 38, 39, 40, 43 und 53 ausdrücklich vorgesehenen Vereinbarungen können die Hohen Vertragschließenden Parteien Sondervereinbarungen über jede Frage treffen, deren Sonderregelung ihnen zweckmäßig erscheint. Keine Sondervereinbarung darf die Lage der Verwundeten, Kranken und Schiffbrüchigen sowie der Angehörigen des Sanitäts- und Seelsorgepersonals, wie sie durch das vorliegende Abkommen geregelt ist, beeinträchtigen oder die Rechte beschränken, die ihnen das Abkommen einräumt.

Die Verwundeten, Kranken und Schiffbrüchigen sowie die Angehörigen des Sanitäts- und Seelsorgepersonals genießen die Vorteile dieser Vereinbarungen so lange, als das Abkommen auf sie anwendbar ist, vorbehaltlich ausdrücklicher gegenteiliger Bestimmungen, die in den oben genannten oder in späteren Vereinbarungen enthalten sind, oder vorbehaltich günstigerer Maßnahmen, die durch die eine oder andere der am Konflikt beteiligten Parteien hinsichtlich dieser Personen ergriffen worden sind.

Artikel 7

Die Verwundeten, Kranken und Schiffbrüchigen sowie die Angehörigen des Sanitäts- und Seelsorgepersonals können in keinem Falle, weder teilweise noch vollständig, auf die Rechte verzichten, die ihnen das vorliegende Abkommen und gegebenfalls die im vorhergehenden Artikel genannten Sondervereinbarungen einräumen.

Artikel 8

Das vorliegende Abkommen ist unter der Mitwirkung und Aufsicht der Schutzmächte anzuwenden, die mit der Wahrnehmung der Interessen er am Konflikt beteiligten Parteien betraut sind. Zu diesem Zwecke können die Schutzmächte neben ihren diplomatischen oder konsularischen Vertretern Delegierte aus dem Kreise ihrer eigenen Staatsangehörigen oder der Staatsangehörigen anderer neutraler Mächte bestellen. Diese Delegierten bedürfen der Genehmigung der Macht, bei der sie ihre Mission auszuführen haben.

Die am Konflikt beteiligten Parteien sollen die Aufgabe der Vertreter oder Delegierten der Schutzmächte in größtmöglichem Maße erleichtern.

Die Vertreter oder Delegierten der Schutzmächte dürfen keinesfalls die Grenzen ihrer Aufgabe, wie sie sich aus dem vorliegenden Abkommen ergibt, überschreiten; insbesondere haben sie die zwingenden Sicherheitsbedürfnisse des Staates, in dem sie ihre Aufgabe durchführen, zu berücksichtigen. Nur aus zwingender militärischer Notwendigkeit kann ihre Tätigkeit ausnahmsweise und zeitweilig eingeschränkt werden.

Artikel 9

Die Bestimmungen des vorliegenden Abkommens bilden kein Hindernis für die humanitäre Tätigkeit, die das Internationale Komitee vom Roten Kreuz oder irgendeine andere unparteiische humanitäre Organisation mit Einwilligung der am Konflikt beteiligten Parteien ausübt, um die Verwundeten, Kranken und Schiffbrüchigen sowie die Angehörigen des Sanitäts- und Seelsorgepersonals zu schützen und ihnen Hilfe zu bringen.

Artikel 10

Die Hohen Vertragschließenden Parteien können jederzeit vereinbaren, die durch das vorliegende Abkommen den Schutzmächten übertragenen Aufgaben einer Organisation anzuvertrauen, die alle Garantien für Unparteilichkeit und erfolgreiche Arbeit bietet.

Wenn Verwundete, Kranke und Schiffbrüchige sowie Angehörige des Sanitäts- und Seelsorgepersonals aus irgendeinem Grunde nicht oder nicht mehr von einer Schutzmacht oder einer in Absatz 1 vorgesehenen Organisation betreut werden, hat die Gewahrsamsmacht einen neutralen Staat oder eine solche Organisation zu ersuchen, die Funktionen zu übernehmen, die durch das vorliegende Abkommen den von den am Konflikt beteiligten Parteien bezeichneten Schutzmächten übertragen werden.

Sollte ein Schutz auf diese Weise nicht gewährleistet werden können, sie hat die Gewahrsamsmacht entweder eine humanitäre Organisation, wie das Internationale Komitee vom Roten Kreuz, zu ersuchen, die durch das vorliegende Abkommen den Schutzmächten zufallenden humanitären Aufgaben zu übernehmen, oder vorbehaltlich der Bestimmungen dieses Artikels die Dienste anzunehmen, die ihr eine solche Organisation anbietet.

Jede neutrale Macht oder jede Organisation, die von der betreffenden Macht eingeladen wird oder sich zu diesem Zwecke zur Verfügung stellt, soll sich in ihrer Tätigkeit der Verantwortung gegenüber der am Konflikt beteiligten Partei, welcher die durch das vorliegende Abkommen geschützten Personen angehören, bewußt bleiben und ausreichende Garantien dafür bieten, daß sie in der Lage ist, die betreffenden Funktionen zu übernehmen und sie mit Unparteilichkeit zu erfüllen.

Von den vorstehenden Bestimmungen kann nicht durch eine Sondervereinbarung zwischen Mächten abgewichen werden, von denen die eine, wenn auch nur vorübergehend, gegenüber der anderen oder deren Verbündeten infolge militärischer Ereignisse und besonders infolge einer Besetzung des gesamten oder eines wesentlichen Teils ihres Gebietes in ihrer Verhandlungsfreiheit beschränkt wäre.

Wo immer im vorliegenden Abkommen die Schutzmacht erwähnt wird, bezieht sich diese Erwähnung ebenfalls auf die Organisationen, die sie im Sinne dieses Artikels ersetzen.

Artikel 11

In allen Fällen, in denen die Schutzmächte es im Interesse der geschützten Personen als angezeigt erachten, insbesondere in Fällen von Meinungsverschiedenheiten zwischen den am Konflikt beteiligten Parteien über die Anwendung oder Auslegung der Bestimmungen des vorliegenden Abkommens, haben sie zur Beilegung des Streitfalles ihre guten Dienste zu leihen.

Zu diesem Zwecke kann jede der Schutzmächte, entweder auf Einladung einer Partei oder von sich aus, den am Konflikt beteiligten Parteien eine Zusammenkunft ihrer Vertreter und im besonderen der für das Schicksal der Verwundeten, Kranken und Schiffbrüchigen sowie der Angehörigen des Sanitäts- und Seelsorgepersonals verantwortlichen Behörden vorschlagen, nach Tunlichkeit in einem passend gewählten neutralen Gebiet. Die am Konflikt beteiligten Parteien sind verpflichtet, den ihnen zu diesem Zwecke gemachten Vorschlägen Folge zu geben. Die Schutzmächte können, wenn nötig, unter Zustimmung der am Konflikt beteiligten Parteien eine einer neutralen Macht angehörende oder vom Internationalen Komitee vom Roten Kreuz delegierte Persönlichkeit zur Genehmigung vorschlagen, die zu ersuchen ist, an dieser Zusammenkunft teilzunehmen.

Kapitel II

Verwundete, Kranke und Schiffbrüchige

Artikel 12

Die Angehörigen der bewaffneten Kräfte und die anderen im folgenden Artikel angeführten Personen, die sich zur See befinden und verwundet, krank oder schiffbrüchig sind, sollen unter allen Umständen geschont und geschützt werden, wobei der Ausdruck „Schiffbruch" auf jede Art von Schiffbruch anzuwenden ist, unter welchen Umständen immer er sich ereignet, einschließlich der Notwasserung von Flugzeugen auf dem Meere oder deren Absturz in das Meer.

Sie sollen durch die am Konflikt beteiligte Partei, in deren Gewalt sie sich befinden, mit Menschlichkeit behandelt und gepflegt werden, ohne jede Benachteiligung aus Gründen des Geschlechts, der Rasse, der Staatsangehörigkeit, der Religion, der politischen Meinung oder aus irgendeinem ähnlichen Grunde. Streng verboten ist jeder Angriff auf Leib und Leben dieser Personen und besonders, sie zu töten oder auszurotten, sie zu foltern, an ihnen biologische Versuche vorzunehmen, sie vorsätzlich ohne ärztliche Hilfe oder Pflege zu lassen oder sie eigens dazu geschaffenen Ansteckungs- oder Infektionsgefahren auszusetzen.

Nur dringliche medizinische Gründe rechtfertigen eine Bevorzugung in der Reihenfolge der Betreuung.

Frauen sollen mit aller ihrem Geschlechte geschuldeten Rücksicht behandelt werden.

Artikel 13

Dieses Abkommen findet auf Schiffbrüchige, Verwundete und Kranke zur See folgender Gruppen Anwendung:

1. Angehörige der bewaffneten Kräfte einer am Konflikt beteiligten Partei, ebenso Angehörige von Milizen und Freiwilligenkorps, die zu diesen bewaffneten Kräften gehören.

2. Angehörige anderer Milizen und Freiwilligenkorps, einschließlich solcher von organisierten Widerstandsbewegungen, die zu einer am Konflikt beteiligten Partei gehören und außerhalb oder innerhalb ihres eigenen Gebietes, auch wenn dasselbe besetzt ist, tätig sind, sofern diese Milizen oder Freiwilligenkorps, einschließlich der organisierten Widerstandsbewegungen, die folgenden Bedingungen erfüllen:

a) an ihrer Spitze eine für ihre Untergebenen verantwortliche Person haben;

b) ein bleibendes und von weitem erkennbares Zeichen tragen;

c) die Waffen offen tragen;

d) bei ihren Operationen die Gesetze und Gebräuche des Krieges einhalten;

3. Angehörige regulärer bewaffneter Kräfte, die sich zu einer von der Gewahrsamsmacht nicht anerkannten Regierung oder Behörde bekennen;

4. Personen, die den bewaffneten Kräften folgen, ohne ihnen direkt anzugehören, wie zivile Besatzungsmitglieder von Militärflugzeugen, Kriegsberichterstatter, Heereslieferanten, Angehörige von Arbeitseinheiten oder von Dienststellen, die mit der Fürsorge für die bewaffneten Kräfte für die bewaffneten Kräfte betraut sind, sofern sie von den bewaffneten Kräften, die sie begleiten, dazu ermächtigt wurden;

5. Besatzungsmitglieder der Handelsmarine, einschließlich der Kapitäne, Steuermänner und Schiffsjungen, sowie Besatzungen der Zivilluftfahrt der am Konflikt beteiligten Parteien, sofern sie auf Grund anderer Bestimmungen des internationalen Rechts keine günstigere Behandlung genießen;

6. Die Bevölkerung eines unbesetzten Gebietes, die beim Herannahen des Feindes aus eigenem

Antrieb die Waffen gegen die Invasionstruppen ergreift, ohne zur Bildung regulärer Streitkräfte Zeit gehabt zu haben, sofern sie die Waffen offen trägt und die Gesetze und Gebräuche des Krieges einhält.

Artikel 14

Jedes Kriegsschiff einer kriegführenden Partei kann die Auslieferung der Verwundeten, Kranken oder Schiffbrüchigen verlangen, die sich an Bord von militärischen Lazarettschiffen, von Lazarettschiffen der Hilfsgesellschaften oder privater Personen sowie von Handelsschiffen, Jachten und Booten, gleich welcher Nationalität, befinden, sofern der Gesundheitszustand der Verwundeten und Kranken dies gestattet und das Kriegsschiff über die für eine hinreichende Pflege nötigen Einrichtungen verfügt.

Artikel 15

Wenn Verwundete, Kranke oder Schiffbrüchige an Bord eines neutralen Kriegsschiffes oder eines neutralen Militärluftfahrzeuges genommen werden, ist, wenn es das Völkerrecht erfordert, dafür zu sorgen, daß sie nicht mehr an Kriegshandlungen teilnehmen können.

Artikel 16

Unbeschadet der Bestimmungen des Artikels 12 werden Verwundete, Kranke und Schiffbrüchige eines Kriegführenden, wenn sie in Feindeshand geraten, Kriegsgefangene, und die die Kriegsgefangenen betreffenden Regeln des Völkerrechtes sind auf sie anzuwenden. Es liegt im Ermessen des Gefangennehmenden, sie je nach Umständen festzuhalten oder sie nach einem Hafen seines Landes, nach einem neutralen oder selbst nach einem Hafen des Gegners zu geleiten. Im letzteren Falle dürfen die so in ihre Heimat zurückgekehrten Kriegsgefangenen während der Dauer des Krieges keinen Wehrdienst mehr leisten.

Artikel 17

Die mit Zustimmung der lokalen Behörden in einem neutralen Hafen an Land gebrachten Verwundeten, Kranken und Schiffbrüchigen müssen von der neutralen Macht, wenn zwischen ihr und den kriegsführenden Mächten keine gegenteilige Vereinbarung getroffen wurde, so bewacht werden, daß sie, wenn es das Völkerrecht erfordert, nicht mehr an Kriegshandlungen teilnehmen können.

Die Hospitalisierungs- und Internierungskosten gehen zu Lasten derjenigen Macht von der die Verwundeten, Kranken und Schiffbrüchigen abhängen.

Artikel 18

Nach jedem Kampfe haben die am Konflikt beteiligten Parteien unverzüglich alle zu Gebote stehenden Maßnahmen zu treffen, um die Schiffbrüchigen, Verwundeten und Kranken aufzusuchen und zu bergen, sie vor Beraubung und Mißhandlung zu schützen und ihnen die notwendige Pflege zu sichern, ferner um die Gefallenen aufzusuchen und deren Ausplünderung zu verhindern.

Wenn immer es die Umstände gestatten, sollen die am Konflikt beteiligten Parteien örtliche Abmachungen für die Evakuierung zur See von Verwundeten und Kranken aus einer belagerten oder eingekreisten Zone treffen sowie für den Durchzug von Sanitäts- und Seelsorgepersonal sowie von Sanitätsmaterial nach dieser Zone.

Artikel 19

Die am Konflikt beteiligten Parteien haben möglichst bald sämtliche Anhaltspunkte für die Identifizierung der in ihre Gewalt geratenen Schiffbrüchigen, Verwundeten, Kranken und Gefallenen der Gegenpartei zu verzeichnen. Diese Ermittlungen sollen, wenn möglich, folgendes enthalten:

a) Angabe der Macht, von der sie abhängen;

b) militärische Einteilung oder Matrikelnummer;

c) Familienname;

d) den oder die Vornamen;

e) Geburtsdatum;

f) alle anderen auf der Identitätskarte oder der Erkennungsmarke enthaltenen Angaben;

g) Ort und Datum der Gefangennahme oder des Todes;

h) Angaben über Verwundungen, Krankheit oder Todesursache.

Die oben erwähnten Angaben müssen so rasch als möglich der im Artikel 122 des Genfer Abkommens vom 12. August 1949 über die Behandlung der Kriegsgefangenen vorgesehenen Auskunftsstelle übermittelt werden, die sie ihrerseits durch Vermittlung der Schutzmacht oder der Zentralstelle für Kriegsgefangene an die Macht weiterleitet, von der diese Gefangenen abhängen.

Die am Konflikt beteiligten Parteien sollen gehörig beglaubigte Sterbeurkunden oder Gefallenenlisten ausfertigen und diese einander auf dem im vorhergehenden Absatz erwähnten Weg zukommen lassen. Sie haben zugleich auch die Hälften der doppelten Erkennungsmarken oder, wenn diese einfach sind, die ganzen sowie Testamente und andere für die Familien der Gefallenen wichtige Schriftstücke sowie Geldbeträge und allgemein alle bei dem Gefallenen gefundenen Gegenstände von eigentlichem oder gefühlmäßigem Wert zu sammeln und einander durch Vermittlung derselben Stelle gegenseitig zukommen zu lassen. Diese sowie die nicht identifizierten Gegenstände sollen in versiegelten Paketen versandt werden und von einer Erklärung, die alle zur Identifizierung des verstorbenen Besitzers notwendigen Einzelheiten enthält, sowie von einem vollständigen Verzeichnis des Paketinhaltes begleitet sein.

Artikel 20

Die am Konflikt beteiligten Parteien haben dafür zu sorgen, daß der Versenkung der Gefallenen, die, soweit es die Umstände irgendwie gestatten, einzeln vorgenommen werden soll, eine sorgfältige und, wenn möglich, ärztliche Leichenbeschau vorangeht, die den Tod feststellen, die Identität klären und einen Bericht darüber ermöglichen soll. Wurde eine doppelte Erkennungsmarke getragen, so soll deren Hälfte an der Leiche bleiben.

Werden Gefallene an Land gebracht, so sind die Bestimmungen des Genfer Abkommens vom 12. August 1949 zur Verbesserung des Loses der Verwundeten und Kranken der bewaffneten Kräfte im Felde auf sie anzuwenden.

Artikel 21

Die am Konflikt beteiligten Parteien können sich an die Hilfsbereitschaft der Kapitäne neutraler Handelsschiffe, Jachten oder Boote wenden, damit diese Verwundete, Kranke oder Schiffbrüchige an Bord nehmen und pflegen sowie Gefallene bergen.

Die Schiffe jeder Art, welche diesem Aufruf Folge leisten, sowie jene, die unaufgefordert Verwundete, Kranke oder Schiffbrüchige aufnehmen, sollen einen besonderen Schutz sowie Erleichterungen für die Ausübung ihrer Hilfstätigkeit genießen.

Sie dürfen auf keinen Fall wegen eines solchen Transportes aufgebracht werden; sofern ihnen aber keine gegenteiligen Zusicherungen gemacht wurden, bleiben sie für etwa begangene Neutralitätsverletzungen der Gefahr der Aufbringung ausgesetzt.

Kapitel III

Lazarettschiffe

Artikel 22

Die militärischen Lazarettschiffe, d. h. die Schiffe, die von den Mächten einzig und allein dazu erbaut und eingerichtet worden sind, um den Verwundeten, Kranken und Schiffbrüchigen Hilfe zu bringen, sie zu pflegen und zu befördern, dürfen unter keinen Umständen angegriffen oder aufgebracht werden, sondern sind jederzeit zu schonen und zu schützen, sofern ihre Namen und ihre besonderen Merkmale zehn Tage vor ihrem Einsatz den am Konflikt beteiligten Parteien mitgeteilt wurden.

Unter den besonderen Merkmalen, die in der Anzeige enthalten sein müssen, sind die Anzahl der Bruttoregistertonnen, die Länge vom Heck zum Bug sowie die Anzahl der Masten und Schornsteine zu verstehen.

Artikel 23

An der Küste gelegene Anstalten, die Anspruch auf den Schutz des Genfer Abkommens vom 12. August 1949 zur Verbesserung des Loses der Verwundeten und Kranken der bewaffneten Kräfte im Felde haben, dürfen nicht vom Meer aus angegriffen oder beschossen werden.

Artikel 24

Die von nationalen Gesellschaften des Roten Kreuzes, von offiziell anerkannten Hilfsgesellschaften oder von Privatpersonen eingesetzten Lazarettschiffe sollen den gleichen Schutz genießen wie die militärischen Lazarettschiffe und dürfen nicht aufgebracht werden, wenn die am Konflikt beteiligte Partei, von der sie abhängen, einen amtlichen Ausweis für sie ausgestellt hat und sofern die Bestimmungen des Artikels 22 über die Anzeige eingehalten wurden.

Diese Schiffe müssen eine Bescheinigung der zuständigen Behörde darüber bei sich führen, daß sie während der Ausrüstung und beim Auslaufen ihrer Aufsicht unterstellt waren.

Artikel 25

Die von nationalen Gesellschaften des Roten Kreuzes, von offiziell anerkannten Hilfsgesellschaften oder von Privatpersonen neutraler Länder eingesetzten Lazarettschiffe sollen den gleichen Schutz genießen wie die militärischen Lazarettschiffe und dürfen nicht aufgebracht werden, sofern sie sich nach vorheriger Einwilligung ihrer eigenen Regierung und mit Ermächtigung einer am Konflikt beteiligten Partei der Aufsicht dieser Partei unterstellt haben und sofern die Bestimmungen des Artikels 22 über die Anzeige eingehalten wurden.

Artikel 26

Der in den Artikeln 22, 24 und 25 vorgesehene Schutz soll sich auf die Lazarettschiffe aller Tonnagen und auf ihre Rettungsboote erstrecken, wo immer sie tätig sind. Um jedoch die größtmögliche Annehmlichkeit und Sicherheit zu gewährleisten, sollen sich die am Konflikt beteiligten Parteien bemühen, für die Beförderung von Verwundeten, Kranken und Schiffbrüchigen auf weite Entfernungen und auf hoher See nur Lazarettschiffe von mehr als 2000 Bruttoregistertonnen einzusetzen.

Artikel 27

Unter den gleichen Voraussetzungen, wie sie in den Artikeln 22 und 24 vorgesehen sind, sollen auch die von einem Staat oder von offiziell anerkannten Hilfsgesellschaften eingesetzten Küstenrettungsboote, soweit es die Erfordernisse der Operationen gestatten, geschont und geschützt werden.

Dasselbe soll soweit möglich auch für die feststehenden Küstenanlagen gelten, die ausschließlich von diesen Booten für ihre humanitäre Tätigkeit benützt werden.

Artikel 28

Findet an Bord von Kriegsschiffen ein Kampf statt, so sollen die Lazarette nach Möglichkeit geachtet und verschont werden. Diese Schiffslazarette und ihre Ausrüstung bleiben den Kriegsgesetzen unterworfen, dürfen aber ihrer Bestimmung nicht entzogen werden, solange sie für Verwundete und Kranke notwendig sind. Gleichwohl kann der Befehlshaber, der sie in seiner Gewalt hat, im Falle dringender militärischer Notwendigkeit darüber verfügen, wenn er zuvor die Betreuung der darin gepflegten Verwundeten und Kranken sichergestellt hat.

Artikel 29

Jedes Lazarettschiff, das in einem Hafen liegt, der in die Gewalt des Feindes gerät, ist berechtigt, auszulaufen.

Artikel 30

Die in den Artikeln 22, 24, 25 und 27 bezeichneten Schiffe und Boote sollen den Verwundeten, Kranken und Schiffbrüchigen ohne Unterschied der Staatsangehörigkeit Hilfe und Beistand gewähren.

Die Hohen Vertragschließenden Parteien verpflichten sich, diese Schiffe und Boote zu keinerlei militärischen Zwecken zu benützen.

Diese Schiffe und Boote dürfen in keiner Weise die Bewegungen der Kämpfenden behindern.

Während des Kampfes und nach demselben handeln sie auf ihre eigene Gefahr.

Artikel 31

Die am Konflikt beteiligten Parteien haben auf den in den Artikeln 22, 24, 25 und 27 bezeichneten Schiffen und Booten das Kontroll- und Durchsuchungsrecht. Sie können die Hilfe dieser Schiffe und Boote ablehnen, ihnen befehlen, sich zu entfernen, ihnen einen bestimmten Kurs vorschreiben, die Verwendung ihrer Funk- und aller anderen Nachrichtengeräte regeln und sie bei Vorliegen besonders schwerwiegender Umstände sogar für eine Höchstdauer von sieben Tagen, vom Zeitpunkt des Anhaltens an gerechnet, zurückhalten.

Sie können vorübergehend einen Kommissar an Bord geben, dessen ausschließliche Aufgabe darin besteht, die Ausführung der gemäß den Bestimmungen des vorhergehenden Absatzes erteilten Befehle sicherzustellen.

Die am Konflikt beteiligten Parteien sollen soweit wie möglich ihre den Lazarettschiffen erteilten Befehle in einer für den Kapitän des Lazarettschiffes verständlichen Sprache in deren Bordbuch eintragen.

Die am Konflikt beteiligten Parteien können einseitig oder durch eine besondere Vereinbarung neutrale Beobachter an Bord ihrer Lazarettschiffe geben, die die genaue Einhaltung der Bestimmungen des vorliegenden Abkommens festzustellen haben.

Artikel 32

Die in den Artikeln 22, 24, 25 und 27 bezeichneten Schiffe und Boote werden bei einem Aufenthalt in neutralen Häfen nicht als Kriegsschiffe behandelt.

Artikel 33

In Lazarettschiffe umgewandelte Handelsschiffe dürfen während der ganzen Dauer der Feindseligkeiten keiner anderen Bestimmung zugeführt werden.

Artikel 34

Der den Lazarettschiffen und Schiffslazaretten gebührende Schutz darf nur aufhören, wenn diese außerhalb ihrer humanitären Aufgaben zur Begehung von Handlungen verwendet werden, die den Feind schädigen. Immerhin darf ihnen der Schutz erst entzogen werden, nachdem eine Warnung, die, soweit angängig, eine angemessene Frist setzt, unbeachtet geblieben ist.

Insbesondere dürfen Lazarettschiffe für ihre Sendungen mit Funk- oder irgendwelchen anderen Nachrichtengeräten keinen Geheimkode besitzen oder verwenden.

Artikel 35

Folgende Umstände gelten nicht als Begründung für den Entzug des Schutzes, der den Lazarettschiffen oder Schiffslazaretten gebührt:

1. wenn das Personal dieser Schiffe oder Lazarette bewaffnet ist und von seinen Waffen zur Aufrechterhaltung der Ordnung, zu seiner eigenen

Verteidigung oder zur Verteidigung seiner Verwundeten und Kranken Gebrauch macht;

2. wenn sich an Bord Apparate befinden, die ausschließlich für die Sicherung der Navigation oder der Nachrichtenübermittlung bestimmt sind;

3. wenn sich an Bord von Lazarettschiffen oder in Schiffslazaretten Handwaffen und Munition vorfinden, die den Verwundeten, Kranken und Schiffbrüchigen abgenommen und der zuständigen Dienststelle noch nicht abgeliefert worden sind:

4. wenn sich die humanitäre Tätigkeit der Lazarettschiffe und der Schiffslazarette oder ihres Personals auf verwundete, kranke oder schiffbrüchige Zivilpersonen erstreckt;

5. wenn Lazarettschiffe ausschließlich für sanitätsdienstliche Zwecke bestimmtes Material und Personal in größerem Ausmaß befördern, als für sie üblicherweise erforderlich ist.

Kapitel IV

Sanitätspersonal

Artikel 36

Das geistliche, ärztliche und Lazarettpersonal von Lazarettschiffen und deren Besatzung sollen geschont und geschützt werden; es darf während der Zeit seines Dienstes auf diesen Schiffen nicht gefangengenommen werden, gleichgültig ob Verwundete und Kranke an Bord sind oder nicht.

Artikel 37

Wenn das geistliche, ärztliche und Lazarettpersonal, das mit der ärztlichen oder seelsorgerischen Betreuung der in den Artikeln 12 und 13 bezeichneten Personen befaßt ist, in Feindeshand gerät, soll es geschont und geschützt werden; es kann seine Tätigkeit so lange fortsetzen, als es die Pflege der Verwundeten und Kranken erfordert. Es muß danach zurückgesandt werden, sobald der Oberbefehlshaber, in dessen Gewalt es sich befindet, dies für möglich erachtet. Beim Verlassen des Schiffes kann es sein persönliches Eigentum mit sich nehmen.

Wenn es sich jedoch infolge der gesundheitlichen oder seelischen Bedürfnisse der Kriegsgefangenen als notwendig erweist, einen Teil dieses Personals zurückzuhalten, sollen alle Maßnahmen getroffen werden, um es möglichst bald an Land zu setzen.

Bei seiner Landung soll das zurückgehaltene Personal den Bestimmungen des Genfer Abkommens vom 12. August 1949 zur Verbesserung des Loses der Verwundeten und Kranken der bewaffneten Kräfte im Felde unterstellt werden.

Kapitel V

Sanitätstransporte

Artikel 38

Die zu diesem Zweck gecharterten Schiffe sind berechtigt, ausschließlich für die Pflege der Verwundeten und Kranken der bewaffneten Kräfte oder für die Verhütung von Krankheiten bestimmtes Material zu befördern, sofern ihre Fahrbedingungen der feindlichen Macht mitgeteilt und durch diese genehmigt wurden. Der feindlichen Macht bleibt das Recht vorbehalten, sie anzuhalten, aber nicht, sie aufzubringen oder das mitgeführte Material zu beschlagnahmen.

Auf Grund einer Abmachung zwischen den am Konflikt beteiligten Parteien können neutrale Beobachter zur Kontrolle des mitgeführten Materials an Bord gebracht werden. Zu diesem Zweck muß dieses Material leicht zugänglich sein.

Artikel 39

Sanitätsluftfahrzeuge, d. h. ausschließlich für die Wegschaffung von Verwundeten, Kranken und Schiffbrüchigen und für die Beförderung von Sanitätspersonal und -material verwendete Luftfahrzeuge, sollen von den am Konflikt beteiligten Parteien nicht angegriffen, sondern geschont werden, solange sie in Höhen, zu Stunden und auf Routen fliegen, die von allen am Konflikt Beteiligten ausdrücklich vereinbart wurden.

Sie sollen neben den Landesfarben deutlich sichtbar das im Artikel 41 vorgesehene Schutzzeichen auf den unteren, oberen und seitlichen Flächen tragen. Sie sollen mit allen übrigen zwischen den am Konflikt beteiligten Parteien bei Beginn oder im Verlaufe der Feindseligkeiten durch Vereinbarung festgelegten Kennzeichen oder Erkennungsmitteln ausgestattet sein.

Unbeschadet gegenteiliger Vereinbarungen ist das Überfliegen feindlichen oder vom Feinde besetzten Gebietes untersagt.

Die Sanitätsluftfahrzeuge haben jedem Befehl zum Landen oder Wassern Folge zu leisten. Im Falle einer so befohlenen Landung oder Wasserung kann das Luftfahrzeug mit seinen Insassen nach einer etwaigen Untersuchung den Flug fortsetzen.

Im Falle einer zufälligen Landung oder Wasserung auf feindlichem oder vom Feinde besetztem Gebiet werden die Verwundeten, Kranken und Schiffbrüchigen sowie die Besatzung des Luftfahrzeuges Kriegsgefangene. Das Sanitätspersonal soll gemäß Artikel 36 und 37 behandelt werden.

Artikel 40

Sanitätsluftfahrzeuge der am Konflikt beteiligten Parteien können unter Vorbehalt der Bestimmungen des Absatzes 2 das Gebiet neutraler

Mächte überfliegen und dort eine Not- oder Zwischenlandung vornehmen. Sie haben vorher den neutralen Mächten das Überfliegen ihres Gebietes zu melden und jeder Aufforderung, zu Lande oder zu Wasser niederzugehen, Folge zu leisten. Bei ihrem Flug sind sie vor Angriffen nur geschützt, solange sie in Höhen, zu Stunden und auf Routen fliegen, die zwischen den betreffenden am Konflikt beteiligten Parteien und neutralen Mächten ausdrücklich vereinbart wurden.

Die neutralen Mächte können jedoch für das Überfliegen ihres Gebietes durch Sanitätsluftfahrzeuge oder für deren Landung auf demselben Bedingungen oder Beschränkungen festsetzen. Diese Bedingungen oder Beschränkungen sollen auf alle am Konflikt beteiligten Parteien in gleicher Weise angewendet werden.

Die mit Zustimmung der lokalen Behörde von einem Sanitätsluftfahrzeug auf neutralem Gebiet abgesetzten Verwundeten, Kranken und Schiffbrüchigen müssen vom neutralen Staat, wenn zwischen ihm und den am Konflikt beteiligten Parteien keine gegenteilige Vereinbarung getroffen wurde, so bewacht werden, daß sie, wenn es das Völkerrecht erfordert, nicht mehr an Kriegshandlungen teilnehmen können. Die Hospitalisierungs- und Internierungskosten gehen zu Lasten derjenigen Macht, von der die Verwundeten, Kranken oder Schiffbrüchigen abhängen.

Kapitel VI

Schutzzeichen

Artikel 41

Unter der Aufsicht der zuständigen Militärbehörde sollen Fahnen, Armbinden und das gesamte für den Sanitätsdienst verwendete Material mit dem Zeichen des roten Kreuzes auf weißem Grund versehen sein.

Indessen sind für die Länder, die an Stelle des roten Kreuzes den roten Halbmond oder den roten Löwen mit roter Sonne auf weißem Grunde bereits als Erkennungszeichen verwenden, diese Schutzzeichen im Sinne dieses Abkommens ebenfalls zugelassen.

Artikel 42

Das in den Artikeln 36 und 37 bezeichnete Personal hat, am linken Arm befestigt, eine feuchtigkeitsbeständige, mit dem Schutzzeichen versehene Binde zu tragen, die von der Militärbehörde auszufolgen und zu stempeln ist.

Dieses Personal hat außer der im Artikel 19 erwähnten Erkennungsmarke eine besondere, mit dem Schutzzeichen versehene Identitätskarte bei sich zu tragen. Diese Karte muß feuchtigkeitsbeständig sein und Taschenformat haben. Sie soll in der Landessprache abgefaßt sein und mindestens Namen und Vornamen, Geburtsdatum, Dienstgrad und Matrikelnummer des Inhabers enthalten. Sie soll bescheinigen, in welcher Eigenschaft er Anspruch auf den Schutz des vorliegenden Abkommens hat. Die Karte soll mit einer Photographie des Inhabers und außerdem mit seiner Unterschrift oder seinen Fingerabdrücken oder mit beidem versehen sein. Sie soll ferner den Trockenstempel der Militärbehörde tragen.

In jeder Armee sollen die Identitätskarten einheitlich und in den Armeen der Hohen Vertragschließenden Parteien soweit als möglich nach gleichem Muster gestaltet sein. Die am Konflikt beteiligten Parteien können sich an das dem vorliegenden Abkommen beigefügte Muster halten. Bei Beginn der Feindseligkeiten sollen sie einander das von ihnen verwendete Muster bekanntgeben. Jede Identitätskarte soll, wenn möglich, in mindestens zwei Exemplaren ausgefertigt werden, wovon eines vom Heimatstaat aufbewahrt wird.

In keinem Fall dürfen dem oben erwähnten Personal die Abzeichen oder die Identitätskarten abgenommen oder das Recht zum Tragen seiner Armbinde entzogen werden. Bei Verlust derselben hat es Anspruch auf ein Duplikat der Karte oder auf Ersatz der Abzeichen.

Artikel 43

Die in den Artikeln 22, 24, 25 und 27 bezeichneten Schiffe und Boote sollen auf folgende Weise gekennzeichnet sein:

a) alle ihre äußeren Flächen sollen weiß sein;

b) ein oder mehrere möglichst große dunkelrote Kreuze sollen auf beiden Seiten des Rumpfes sowie auf die horizontalen Flächen so aufgemalt sein, daß sie die beste Sicht vom Meere und aus der Luft gewährleisten.

Alle Lazarettschiffe sollen sich kenntlich machen, indem sie ihre Landesflagge hissen und, wenn sie einem neutralen Staat angehören, ebenfalls die Flagge der am Konflikt beteiligten Partei, deren Aufsicht sie sich unterstellt haben. Eine weiße Flagge mit rotem Kreuz soll am Großmast so hoch wie möglich gehißt werden.

Die Rettungsboote der Lazarettschiffe, die Küstenrettungsboote und alle vom Sanitätsdienst verwendeten kleinen Boote sollen weiß mit gut sichtbaren dunkelroten Kreuzen bemalt sein; ganz allgemein gilt für sie die oben für Lazarettschiffe vorgesehene Art der Kennzeichnung.

Die oben erwähnten Schiffe und Boote, die sich bei Nacht und bei beschränkter Sicht den ihnen zustehenden Schutz sichern wollen, sollen im Einvernehmen mit der am Konflikt beteiligten Macht, in deren Gewalt sie sich befinden, die nötigen Maßnahmen treffen, um ihre Bemalung und ihre Schutzzeichen genügend sichtbar zu machen.

Lazarettschiffe, die auf Grund des Artikels 31 vorübergehend vom Feind zurückgehalten werden, müssen die Flagge der am Konflikt beteiligten Partei, in deren Dienst sie stehen oder deren Aufsicht sie sich unterstellt haben, einziehen.

Unter Vorbehalt der vorherigen Anzeige an alle interessierten am Konflikt beteiligten Parteien können die Küstenrettungsboote, die mit der Zustimmung der Besetzungsmacht ihre Tätigkeit von einem besetzten Stützpunkt aus fortsetzen, ermächtigt werden, neben der Rotkreuzflagge weiterhin ihre Landesflagge zu hissen, solange sie von ihrem Stützpunkt entfernt sind.

Alle Bestimmungen dieses Artikels über das Zeichen des Roten Kreuzes gelten auch für die anderen im Artikel 41 erwähnten Zeichen.

Die am Konflikt beteiligten Parteien sollen sich jederzeit bemühen, Vereinbarungen abzuschließen zwecks Verwendung der modernsten ihnen zur Verfügung stehenden Methoden, die die Kennzeichnung der in diesem Artikel erwähnten Schiffe und Boote erleichtern.

Artikel 44

Die im Artikel 43 vorgesehenen Schutzzeichen dürfen sowohl in Friedens- als in Kriegszeiten nur zur Bezeichnung oder zum Schutze der darin erwähnten Schiffe verwendet werden, unter Vorbehalt der Fälle, die in einem anderen internationalen Abkommen oder durch Vereinbarung zwischen allen interessierten am Konflikt beteiligten Parteien vorgesehen werden.

Artikel 45

Die Hohen Vertragschließenden Parteien, deren Gesetze zurzeit nicht ausreichend sein sollten, haben die nötigen Maßnahmen zu treffen, um jeden Mißbrauch der im Artikel 43 vorgesehenen Schutzzeichen jederzeit zu verhindern und zu unterdrücken.

Kapitel VII

Vollzug des Abkommens

Artikel 46

Jede am Konflikt beteiligte Partei hat durch ihre Oberbefehlshaber für die Einzelheiten der Durchführung der vorstehenden Artikel und für die nicht vorgesehenen Fälle in Übereinstimmung mit den allgemeinen Grundsätzen des vorliegenden Abkommens vorzusorgen.

Artikel 47

Vergeltungsmaßnahmen gegen Verwundete, Kranke, Schiffbrüchige, Personal, Schiffe oder Material, die unter dem Schutze des Abkommens stehen, sind untersagt.

Artikel 48

Die Hohen Vertragschließenden Parteien verpflichten sich, in Friedens- und in Kriegszeiten den Wortlaut des vorliegenden Abkommens in ihren Ländern im weitmöglichsten Ausmaß zu verbreiten und insbesondere sein Studium in die militärischen und, wenn möglich, zivilen Ausbildungsprogramme aufzunehmen, damit die Gesamtheit der Bevölkerung, insbesondere die bewaffneten Streitkräfte, das Sanitätspersonal und die Feldgeistlichen, seine Grundsätze kennenlernen können.

Artikel 49

Die Hohen Vertragschließenden Parteien sollen sich gegenseitig durch Vermittlung des Schweizerischen Bundesrates und während der Feindseligkeiten durch Vermittlung der Schutzmächte die amtlichen Übersetzungen des vorliegenden Abkommens sowie die Gesetze und Verordnungen zustellen, die sie zur Gewährleistung seiner Anwendung unter Umständen erlassen.

Kapitel VIII

Unterdrückung von Mißbräuchen und Übertretungen

Artikel 50

Die Hohen Vertragschließenden Parteien verpflichten sich, alle notwendigen gesetzgeberischen Maßnahmen zur Festsetzung von angemessenen Strafbestimmungen gegen Personen zu treffen, die irgendeine der im folgenden Artikel umschriebenen schweren Verletzungen des vorliegenden Abkommens begehen oder zu einer solchen Verletzung den Befehl erteilen.

Jede Vertragschließende Partei ist zur Ermittlung der Personen verpflichtet, die der Begehung oder der Erteilung eines Befehls zur Begehung der einen oder anderen dieser schweren Verletzungen beschuldigt sind, und hat sie ohne Rücksicht auf ihre Staatsangehörigkeit vor ihre eigenen Gerichte zu bringen. Wenn sie es vorzieht, kann sie sie auch gemäß den in ihrer eigenen Gesetzgebung vorgesehenen Bedingungen zur Aburteilung einer anderen an der Verfolgung interessierten Vertragschließenden Partei übergeben, sofern diese gegen die erwähnten Personen ausreichende Verdachtsgründe nachgewiesen hat. Jede Vertragschließende Partei soll die notwendigen Maßnahmen ergreifen, um alle Zuwiderhandlungen gegen die Bestimmungen des vorliegenden Abkommens zu unterbinden, die nicht zu den im folgenden Artikel umschriebenen schweren Verletzungen zählen.

Unter allen Umständen sollen die Angeklagten nicht geringere Sicherheiten in bezug auf Gerichtsverfahren und freie Verteidigung genießen als die im Artikel 105 und den folgenden Artikeln des Genfer Abkommens vom 12. August 1949 über die Behandlung der Kriegsgefangenen vorgesehenen.

Artikel 51

Als schwere Verletzungen, wie sie im vorhergehenden Artikel erwähnt sind, gelten jene, die die eine oder andere der folgenden Handlungen umfassen, sofern sie gegen Personen oder Güter begangen werden, die durch das Abkommen geschützt sind: absichtliche Tötung, Folterung oder unmenschliche Behandlung, einschließlich biologischer Experimente, vorsätzliche Verursachung großer Leiden oder schwere Beeinträchtigung der körperlichen Integrität oder der Gesundheit sowie Zerstörung und Aneigung von Gut, die nicht durch militärische Erfordernisse gerechtfertigt sind und in großem Ausmaß auf unerlaubte und willkürliche Weise vorgenommen werden.

Artikel 52

Eine Hohe Vertragschließende Partei kann weder sich selbst noch eine andere Vertragschließende Partei von den Verantwortlichkeiten befreien, die ihr selbst oder einer anderen Vertragschließenden Partei auf Grund der im vorhergehenden Artikel erwähnten Verletzungen zufallen.

Artikel 53

Auf Begehren einer am Konflikt beteiligten Partei soll gemäß einem zwischen den beteiligten Parteien festzusetzenden Verfahren eine Untersuchung über jede behauptete Verletzung des Abkommens eingeleitet werden.

Kann über das Untersuchungsverfahren keine Übereinstimmung erzielt werden, so sollen sich die Parteien über die Wahl eines Schiedsrichters einigen, der über das zu befolgende Verfahren zu entscheiden hat.

Sobald die Verletzung festgestellt ist, sollen ihr die am Konflikt beteiligten Parteien ein Ende setzen und sie so rasch als möglich unterdrücken.

Schlußbestimmungen.

Artikel 54

Das vorliegende Abkommen ist in französischer und englischer Sprache abgefaßt. Beide Texte sind gleicherweise authentisch.

Der Schweizerische Bundesrat wird offizielle Übersetzungen des Abkommens in russischer und spanischer Sprache herstellen lassen.

Artikel 55

Das vorliegende Abkommen, welches das Datum des heutigen Tages trägt, kann bis zum 12. Februar 1950 im Namen der Mächte unterzeichnet werden, die an der am 21. April 1949 in Genf eröffneten Konferenz vertreten waren, sowie im Namen der Mächte, unterzeichnet werden, die an der am 21. April 1949 in Genf eröffneten Konferenz vertreten waren, sowie im Namen der Mächte, die an dieser Konferenz nicht vertreten waren, aber am X. Haager Abkommen vom 18. Oktober 1907 betreffend die Anwendung der Grundsätze des Genfer Abkommens von 1906 auf den Seekrieg, oder an den Genfer Abkommen von 1864, 1906 oder 1929 zur Verbesserung des Loses der Verwundeten und Kranken der Heere im Felde beteiligt sind.

Artikel 56

Das vorliegende Abkommen soll sobald als möglich ratifiziert werden. Die Ratifikationsurkunden sollen in Bern hinterlegt werden.

Über die Hinterlegung jeder Ratifikationsurkunde soll ein Protokoll aufgenommen werden. Von diesem soll eine beglaubigte Abschrift durch den Schweizerischen Bundesrat allen Mächten zugestellt werden, in deren Namen das Abkommen unterzeichnet oder der Beitritt erklärt worden ist.

Artikel 57

Das vorliegende Abkommen tritt sechs Monate nach Hinterlegung von mindestens zwei Ratifikationsurkunden in Kraft.

Späterhin tritt es für jede Hohe Vertragschließende Partei sechs Monate nach Hinterlegung ihrer Ratifikationsurkunde in Kraft.

Artikel 58

Das vorliegende Abkommen ersetzt in den Beziehungen zwischen den Hohen Vertragschließenden Parteien das X. Haager Abkommen vom 18. Oktober 1907, betreffend die Anwendung der Grundsätze des Genfer Abkommens von 1906 auf den Seekrieg.

Artikel 59

Vom Zeitpunkt seines Inkrafttretens an steht das vorliegende Abkommen jeder Macht zum Beitritt offen, in deren Namen es nicht unterzeichnet worden ist.

Artikel 60

Der Beitritt soll dem Schweizerischen Bundesrat schriftlich mitgeteilt werden und wird sechs

Monate nach dem Zeitpunkt, an dem ihm die Mitteilung zugegangen ist, wirksam.

Der Schweizerische Bundesrat soll die Beitritte allen Mächten zur Kenntnis bringen, in deren Namen das Abkommen unterzeichnet oder der Beitritt erklärt worden ist.

Artikel 61

Die in den Artikeln 2 und 3 vorgesehenen Situationen verleihen den vor oder nach Beginn der Feindseligkeiten oder der Besetzung hinterlegten Ratifikationsurkunden und abgegebenen Beitrittserklärungen von den am Konflikt beteiligten Parteien sofortige Wirkung. Der Schweizerische Bundesrat soll die Ratifikationen oder Beitritte der am Konflikt beteiligten Parteien auf dem schnellsten Wege bekanntgeben.

Artikel 62

Jeder Hohen Vertragschließenden Partei steht es frei, das vorliegende Abkommen zu kündigen.

Die Kündigung ist dem Schweizerischen Bundesrat schriftlich anzuzeigen, der sie den Regierungen aller Hohen Vertragschließenden Parteien bekanntgibt.

Die Kündigung wird ein Jahr nach ihrer Anzeige an den Schweizerischen Bundesrat wirksam. Die angezeigte Kündigung bleibt jedoch, wenn die kündigende Macht in einen Konflikt verwickelt ist, so lange unwirksam, als der Friede nicht geschlossen wurde, und auf alle Fälle so lange, als die Aktionen nicht abgeschlossen sind, die mit der Freilassung und Heimschaffung der durch das vorliegende Abkommen geschützten Personen in Zusammenhang stehen.

Die Kündigung gilt nur in bezug auf die kündigende Macht. Sie hat keinerlei Wirkung auf die Verpflichtungen, welche die am Konflikt beteiligten Parteien gemäß den Grundsätzen des Völkerrechtes zu erfüllen gehalten sind, wie sie sich aus den unter zivilisierten Völkern feststehenden Gebräuchen, aus den Gesetzen der Menschlichkeit und aus den Forderungen des öffentlichen Gewissens ergeben.

Artikel 63

Der Schweizerische Bundesrat hat das vorliegende Abkommen beim Sekretariat der Vereinten Nationen eintragen lassen. Er wird das Sekretariat der Vereinten Nationen ebenfalls von allen Ratifikationen, Beitritten und Kündigungen, die er in bezug auf das vorliegende Abkommen erhält, in Kenntnis setzen.

Zu Urkund dessen haben die Unterzeichneten nach Hinterlegung ihrer entsprechenden Vollmachten das vorliegende Abkommen unterzeichnet.

Gegeben in Genf am 12. August 1949 in französischer und englischer Sprache. Das Original ist im Archiv der Schweizerischen Eidgenossenschaft zu hinterlegen. Der Schweizerische Bundesrat soll jedem der unterzeichnenden und beitretenden Staaten eine beglaubigte Abschrift dieses Abkommens übermitteln.

8/4. 3. Genfer Konvention

BGBl 1953/155

Genfer Abkommen über die Behandlung der Kriegsgefangenen vom 12. August 1949

Teil I

Allgemeine Bestimmungen

Artikel 1

Die Hohen Vertragschließenden Parteien verpflichten sich, das vorliegende Abkommen unter allen Umständen einzuhalten und seine Einhaltung sicherzustellen.

Artikel 2

Neben den Bestimmungen, die bereits in Friedenszeiten zu handhaben sind, ist das vorliegende Abkommen in allen Fällen eines erklärten Krieges oder jedes anderen bewaffneten Konflikts anzuwenden, der zwischen zwei oder mehreren der Hohen Vertragschließenden Parteien entsteht, und zwar auch dann, wenn der Kriegszustand von einer dieser Parteien nicht anerkannt wird.

Das Abkommen ist auch in allen Fällen vollständiger oder teilweiser Besetzung des Gebietes einer Hohen Vertragschließenden Partei anzuwenden, selbst wenn diese Besetzung auf keinen bewaffneten Widerstand stößt.

Wenn eine der im Konflikt befindlichen Mächte am vorliegenden Abkommen nicht beteiligt ist, bleiben die daran beteiligten Mächte in ihren gegenseitigen Beziehungen gleichwohl durch das Abkommen gebunden. Sie sind aber durch das Abkommen auch gegenüber der besagten Macht gebunden, wenn diese dessen Bestimmungen annimmt und anwendet.

Artikel 3

Im Falle eines bewaffneten Konflikts, der keinen internationalen Charakter aufweist und der auf dem Gebiet einer der Hohen Vertragschließenden Parteien entsteht, ist jede der am Konflikt beteiligten Parteien gehalten, wenigstens die folgenden Bestimmungen anzuwenden:

1. Personen, die nicht unmittelbar an den Feindseligkeiten teilnehmen, einschließlich der Angehörigen der bewaffneten Streitkräfte, welche die Waffen gestreckt haben, und der Personen, die infolge Krankheit, Verwundung, Gefangennahme oder irgendeiner anderen Ursache außer Kampf gesetzt wurden, sollen unter allen Umständen mit Menschlichkeit behandelt werden, ohne jede Benachteiligung aus Gründen der Rasse, der Farbe, der Religion oder des Glaubens, Geschlechts, der Geburt oder des Vermögens oder aus irgendeinem ähnlichen Grunde.

Zu diesem Zwecke sind und bleiben in bezug auf die oben erwähnten Personen jederzeit und überall verboten:

a) Angriffe auf Leib und Leben, namentlich Mord jeglicher Art, Verstümmelung, grausame Behandlung und Folterung;

b) das Nehmen von Geiseln;

c) Beeinträchtigung der persönlichen Würde, namentlich erniedrigende und entwürdigende Behandlung;

d) Verurteilungen und Hinrichtungen ohne vorhergehendes Urteil eines ordnungsmäßig bestellten Gerichtes, das die von den zivilisierten Völkern als unerläßlich anerkannten Rechtsgarantien bietet.

2. Die Verwundeten und Kranken sollen geborgen und gepflegt werden.

Eine unparteiische humanitäre Organisation, wie das Internationale Komitee vom Roten Kreuz, kann den am Konflikt beteiligten Parteien ihre Dienste anbieten.

Die am Konflikt beteiligten Parteien werden sich weiters bemühen, durch Sondervereinbarungen auch die anderen Bestimmungen des vorliegenden Abkommens ganz oder teilweise in Kraft zu setzen.

Die Anwendung der vorstehenden Bestimmungen hat auf die Rechtsstellung der am Konflikt beteiligten Parteien keinen Einfluß.

Artikel 4

A. Kriegsgefangene im Sinne des vorliegenden Abkommens sind die in die Gewalt des Feindes gefallenen Personen, die einer der nachstehenden Gruppen angehören:

1. Angehörige der bewaffneten Kräfte einer am Konflikt beteiligten Partei, ebenso Angehörige von Milizen und Freiwilligenkorps, die zu diesen bewaffneten Kräften gehören;

2. Angehörige anderer Milizen und Freiwilligenkorps, einschließlich solcher von organisierten Widerstandsbewegungen, die zu einer am Konflikt beteiligten Partei gehören und außerhalb oder innerhalb ihres eigenen Gebietes auch wenn dasselbe besetzt ist, tätig sind, sofern diese Milizen oder Freiwilligenkorps, einschließlich der organisierten Widerstandsbewegungen die folgenden Bedingungen erfüllen:

a) an ihrer Spitze eine für ihre Untergebenen verantwortliche Person haben;

b) ein bleibendes und von weitem erkennbares Zeichen tragen;

c) die Waffen offen tragen;

d) bei ihren Operationen die Gesetze und Gebräuche des Krieges einhalten;

3. Angehörige regulärer bewaffneter Kräfte, die sich zu einer von der Gewahrsamsmacht nicht anerkannten Regierung oder Behörde bekennen;

4. Personen, die den bewaffneten Kräften folgen, ohne ihnen direkt anzugehören, wie zivile Besatzungsmitglieder von Militärflugzeugen, Kriegsberichterstatter, Heereslieferanten, Angehörige von Arbeitseinheiten oder von Dienststellen, die mit der Fürsorge für die bewaffneten Kräfte betraut sind, sofern sie von den bewaffneten Kräften, die sie begleiten, dazu ermächtigt wurden. Diese sind gehalten, ihnen zu diesem Zweck eine dem beigefügten Muster entsprechende Identitätskarte auszuhändigen;

5. Besatzungsmitglieder der Handelsmarine, einschließlich der Kapitäne, Steuermänner und Schiffsjungen, sowie Besatzungen der Zivilluftfahrt der am Konflikt beteiligten Parteien, sofern sie auf Grund anderer Bestimmungen des internationalen Rechts keine günstigere Behandlung genießen;

6. die Bevölkerung eines unbesetzten Gebietes, die beim Herannahen des Feindes aus eigenem Antrieb die Waffen gegen die Invasionstruppen ergreift, ohne zur Bildung regulärer Streitkräfte Zeit gehabt zu haben, sofern sie die Waffen offen trägt und die Gesetze und Gebräuche des Krieges einhält.

B. Die gemäß dem vorliegenden Abkommen den Kriegsgefangenen zugesicherte Behandlung genießen ebenfalls:

1. die Personen, die den bewaffneten Kräften des besetzten Landes angehören oder angehört haben, sofern die Besetzungsmacht es als nötig erachtet, sie auf Grund dieser Zugehörigkeit zu internieren, selbst wenn sie sie ursprünglich, während die Feindseligkeiten außerhalb des besetzten Gebietes weitergingen, freigelassen hatte; dies gilt namentlich nach einem mißglückten Versuch, die eigenen, im Kampfe stehenden Streitkräfte zu erreichen, oder wenn die genannten Personen einer Aufforderung zur Internierung nicht Folge leisten;

2. die einer der im vorliegenden Artikel aufgezählten Gruppen angehörenden Personen, die von neutralen oder nicht kriegführenden Staaten in ihr Gebiet aufgenommen wurden und auf Grund des Völkerrechts interniert werden müssen, unter dem Vorbehalt jeder günstigeren Behandlung, die diese ihnen zu gewähren wünschen, und mit Ausnahme der Bestimmungen der Artikel 8, 10, 15, 30, Absatz 5, 58 bis einschließlich 67, 92, 126 und, für den Fall, daß zwischen den am Konflikt beteiligten Parteien und der beteiligten neutralen oder nicht kriegführenden Macht diplomatische Beziehungen bestehen, auch mit Ausnahme der die Schutzmacht betreffenden Bestimmungen. Bestehen solche diplomatischen Beziehungen, so sind die am Konflikt beteiligten Parteien, denen diese Personen angehören, ermächtigt, diesen gegenüber die gemäß dem vorliegenden Abkommen den Schutzmächten zukommenden Funktionen auszuüben, unbeschadet der von diesen Parteien auf Grund der diplomatischen oder konsularischen Gebräuche und Verträge ausgeübten Funktionen.

C. Die Bestimmungen dieses Artikels beeinträchtigen in keiner Weise die Rechtsstellung des Sanitäts- und Seelsorgepersonals, wie sie in Artikel 33 des vorliegenden Abkommens vorgesehen ist.

Artikel 5

Das vorliegende Abkommen findet auf die in Artikel 4 angeführten Personen von dem Zeitpunkt an, in dem sie in die Gewalt des Feindes fallen, bis zu ihrer endgültigen Befreiung und Heimschaffung Anwendung.

Wenn Zweifel bestehen, ob eine Person, die eine kriegerische Handlung begangen hat und in die Hand des Feindes gefallen ist, einer der in Artikel 4 aufgezählten Gruppen angehört, genießt diese Person den Schutz des vorliegenden Abkommens, bis ihre Rechtsstellung durch ein zuständiges Gericht festgestellt worden ist.

Artikel 6

Außer den in den Artikeln 10, 23, 28, 33, 60, 65, 66, 67, 72, 73, 75, 109, 110, 118, 119, 122 und 132 ausdrücklich vorgesehenen Vereinbarungen können die Hohen Vertragschließenden Parteien andere besondere Vereinbarungen über jede Frage treffen, deren besondere Regelung ihnen zweckmäßig erscheint. Keine besondere Vereinbarung darf die Lage der Kriegsgefangenen, wie sie durch das vorliegende Abkommen geregelt ist, beeinträchtigen oder die Rechte beschränken, die ihnen das Abkommen einräumt.

Die Kriegsgefangenen genießen die Vorteile dieser Vereinbarungen so lange, als das Abkommen auf sie anwendbar ist, vorbehaltlich ausdrücklicher gegenteiliger Bestimmungen, die in den oben genannten oder in späteren Vereinbarungen enthalten sind oder vorbehaltlich günstigerer Maßnahmen, die von der einen oder anderen der am Konflikt beteiligten Parteien hinsichtlich dieser Personen ergriffen worden sind.

Artikel 7

Die Kriegsgefangenen können in keinem Falle, weder teilweise noch vollständig, auf die Rechte verzichten, die ihnen das vorliegende Abkommen und gegebenenfalls die im vorhergehenden Artikel genannten Sondervereinbarungen einräumen.

Artikel 8

Das vorliegende Abkommen ist unter der Mitwirkung und Aufsicht der Schutzmächte anzuwenden, die mit der Wahrnehmung der Interessen der am Konflikt beteiligten Parteien betraut sind. Zu diesem Zwecke können die Schutzmächte neben ihren diplomatischen oder konsularischen Vertretern Delegierte aus dem Kreise ihrer eigenen Staatsangehörigen oder der Staatsangehörigen anderer neutraler Mächte bestellen. Diese Delegierten bedürfen der Genehmigung der Macht, bei der sie ihre Mission auszuführen haben.

Die am Konflikt beteiligten Parteien sollen die Aufgabe der Vertreter oder Delegierten der Schutzmächte in größtmöglichem Maße erleichtern.

Die Vertreter oder Delegierten der Schutzmächte dürfen keinesfalls die Grenzen ihrer Aufgabe, wie sie sich aus dem vorliegenden Abkommen ergibt, überschreiten; insbesondere haben sie die zwingenden Sicherheitsbedürfnisse des Staates, in dem sie ihre Aufgabe durchführen, zu berücksichtigen.

Artikel 9

Die Bestimmungen des vorliegenden Abkommens bilden kein Hindernis für die humanitäre Tätigkeit, die das Internationale Komitee vom Roten Kreuz oder irgendeine andere unparteiische humanitäre Organisation mit Einwilligung der am Konflikt beteiligten Parteien ausübt, um die Kriegsgefangenen zu schützen und ihnen Hilfe zu bringen.

Artikel 10

Die Hohen Vertragschließenden Parteien können jederzeit vereinbaren, die durch das vorliegende Abkommen den Schutzmächten übertragenen Aufgaben einer Organisation anzuvertrauen, die alle Garantien für Unparteilichkeit und erfolgreiche Arbeit bietet.

Wenn Kriegsgefangene aus irgendeinem Grunde nicht oder nicht mehr von einer Schutzmacht oder einer in Absatz 1 vorgesehenen Organisation betreut werden, hat die Gewahrsamsmacht einen neutralen Staat oder eine solche Organisation zu ersuchen, die Funktionen zu übernehmen, die durch das vorliegende Abkommen den von den am Konflikt beteiligten Parteien bezeichneten Schutzmächten übertragen werden.

Sollte ein Schutz auf diese Weise nicht gewährleistet werden können, so hat die Gewahrsamsmacht entweder eine humanitäre Organisation, wie das Internationale Komitee vom Roten Kreuz, zu ersuchen, die durch das vorliegende Abkommen den Schutzmächten zufallenden humanitären Aufgaben zu übernehmen, oder vorbehaltlich der Bestimmungen dieses Artikels die Dienste anzunehmen, die ihr eine solche Organisation anbietet.

Jede neutrale Macht oder jede Organisation, die von der betreffenden Macht eingeladen wird oder sich zu diesem Zweck zur Verfügung stellt, soll sich in ihrer Tätigkeit der Verantwortung gegenüber der am Konflikt beteiligten Partei, welcher die durch das vorliegende Abkommen geschützten Personen angehören, bewußt bleiben und ausreichende Garantien dafür bieten, daß sie in der Lage ist, die betreffenden Funktionen zu übernehmen und sie mit Unparteilichkeit zu erfüllen.

Von den vorstehenden Bestimmungen kann nicht durch eine Sondervereinbarung zwischen Mächten abgewichen werden, von denen die eine, wenn auch nur vorübergehend, gegenüber der anderen oder deren Verbündeten infolge militärischer Ereignisse und besonders infolge einer Besetzung des gesamten oder eines wesentlichen Teils ihres Gebietes in ihrer Verhandlungsfreiheit beschränkt wäre.

Wo immer im vorliegenden Abkommen die Schutzmacht erwähnt wird, bezieht sich diese Erwähnung ebenfalls auf die Organisationen, die sie im Sinne dieses Artikels ersetzen.

Artikel 11

In allen Fällen, in denen die Schutzmächte es im Interesse der geschützten Personen als angezeigt erachten, insbesondere in Fällen von Meinungsverschiedenheiten zwischen den am Konflikt beteiligten Parteien über die Anwendung oder Auslegung der Bestimmungen des vorliegenden Abkommens, haben sie zur Beilegung des Streitfalles ihre guten Dienste zu leihen.

Zu diesem Zwecke kann jede der Schutzmächte, entweder auf Einladung einer Partei oder von sich aus, den am Konflikt beteiligten Parteien eine Zusammenkunft ihrer Vertreter und im besonderen der für das Schicksal der Kriegsgefangenen verantwortlichen Behörden vorschlagen, nach Tunlichkeit in einem passend gewählten neutralen Gebiet. Die am Konflikt beteiligten Parteien sind verpflichtet, den ihnen zu diesem Zwecke gemachten Vorschlägen Folge zu geben. Die Schutzmächte können, wenn nötig, unter Zustimmung der am Konflikt beteiligten Parteien eine einer neutralen Macht angehörenden oder vom Internationalen Komitee vom Roten Kreuz delegierte Persönlichkeit zur Genehmigung vorschlagen, die zu ersuchen ist, an dieser Zusammenkunft teilzunehmen.

Teil II
Allgemeiner Schutz der Kriegsgefangenen

Artikel 12

Die Kriegsgefangenen unterstehen der Gewalt der feindlichen Macht, nicht jedoch der Gewalt der Personen oder Truppenteile, die sie gefangengenommen haben. Die Gewahrsamsmacht ist, unabhängig von etwa bestehenden persönlichen Verantwortlichkeiten, für die Behandlung der Kriegsgefangenen verantwortlich.

Die Kriegsgefangenen dürfen von der Gewahrsamsmacht nur einer Macht übergeben werden, die an diesem Abkommen beteiligt ist, und dies nur, wenn sich die Gewahrsamsmacht vergewissert hat, daß die fragliche Macht willens und in der Lage ist, das Abkommen anzuwenden. Wenn Kriegsgefangene unter diesen Umständen übergeben werden, übernimmt die sie aufnehmende Macht die Verantwortung für die Anwendung des Abkommens, solange sie ihr anvertraut sind.

Sollte diese Macht indessen die Bestimmungen des Abkommens nicht in allen wichtigen Punkten einhalten, so hat die Macht, die die Kriegsgefangenen übergeben hat, auf Anzeige der Schutzmacht hin wirksame Maßnahmen zu ergreifen, um Abhilfe zu schaffen, oder die Rückgabe der Kriegsgefangenen zu verlangen. Einem solchen Verlangen muß stattgegeben werden.

Artikel 13

Die Kriegsgefangenen sind jederzeit mit Menschlichkeit zu behandeln. Jede rechtswidrige Handlung oder Unterlassung seitens der Gewahrsamsmacht, die den Tod oder eine schwere Gefährdung der Gesundheit eines in ihrem Gewahrsam befindlichen Kriegsgefangenen zur Folge hat, ist verboten und als schwere Verletzung des vorliegenden Abkommens zu betrachten. Insbesondere dürfen an den Kriegsgefangenen keine Körperverstümmelungen oder medizinische oder wissenschaftliche Versuche irgendwelcher Art vorgenommen werden, die nicht durch die ärztliche Behandlung des betreffenden Kriegsgefangenen gerechtfertigt sind und nicht in seinem Interesse liegen.

Die Kriegsgefangenen müssen ferner jederzeit geschützt werden, namentlich auch vor Gewalttätigkeit oder Einschüchterung, Beleidigungen und der öffentlichen Neugier.

Vergeltungsmaßnahmen gegen Kriegsgefangene sind verboten.

Artikel 14

Die Kriegsgefangenen haben unter allen Umständen Anspruch auf Achtung ihrer Person und ihrer Ehre.

Frauen sind mit aller ihrem Geschlecht geschuldeten Rücksicht zu behandeln und müssen auf jeden Fall eine gleich günstige Behandlung erfahren wie die Männer.

Die Kriegsgefangenen behalten ihre volle bürgerliche Rechtsfähigkeit, wie sie im Augenblick ihrer Gefangennahme bestand. Die Gewahrsamsmacht darf ihre Ausübung innerhalb oder außerhalb ihres Gebietes nur insoweit einschränken, als es die Gefangenschaft erfordert.

Artikel 15

Die Gewahrsamsmacht ist verpflichtet, unentgeltlich für den Unterhalt der Kriegsgefangenen aufzukommen und ihnen unentgeltlich die ärztliche Behandlung angedeihen zu lassen, die ihr Gesundheitszustand erfordert.

Artikel 16

Unter Berücksichtigung der Bestimmungen des vorliegenden Abkommens hinsichtlich Dienstgrad und Geschlecht und vorbehaltlich der ihnen auf Grund ihres Gesundheitszustandes, ihres Alters oder ihrer beruflichen Eignung gewährten Vergünstigungen sind alle Kriegsgefangenen durch die Gewahrsamsmacht gleich zu behandeln, ohne jede Benachteiligung aus Gründen der Rasse, der Staatszugehörigkeit, der Religion, der politischen Meinung oder aus irgendeinem ähnlichen Grunde.

Teil III
Gefangenschaft

Abschnitt I
Beginn der Gefangenschaft

Artikel 17

Jeder Kriegsgefangene ist auf Befragen nur zur Nennung seines Namens, Vornamens und Dienstgrades, seines Geburtsdatums und der Matrikelnummer oder, wenn diese fehlt, einer anderen gleichwertigen Angabe verpflichtet.

Handelt er wissentlich gegen diese Vorschrift, so setzt er sich einer Beschränkung der Vergünstigungen, die den Kriegsgefangenen seines Dienstgrades oder seiner Stellung zustehen, aus.

Jede der am Konflikt beteiligten Parteien ist verpflichtet, allen Personen, die unter ihrer Hoheit stehen und die in Kriegsgefangenschaft geraten könnten, eine Identitätskarte auszuhändigen, auf der Name, Vorname und Dienstgrad, Matrikelnummer oder eine gleichwertige Angabe und das Geburtsdatum verzeichnet sind. Diese Identitätskarte kann außerdem mit der Unterschrift oder den Fingerabdrücken oder mit beidem sowie mit allen anderen den am Konflikt beteiligten Parteien für die Angehörigen ihrer bewaffneten Kräfte als wünschenswert erscheinenden Angaben versehen sein. Soweit möglich, soll diese Karte 6.5 × 10 cm messen und in zwei Exemplaren ausgestellt werden. Der Kriegsgefangene hat diese Identitätskarte auf Verlangen vorzuweisen; sie darf ihm jedoch keinesfalls abgenommen werden.

Zur Erlangung irgendwelcher Auskünfte dürfen die Kriegsgefangenen weder körperlichen noch seelischen Folterungen ausgesetzt, noch darf irgendein Zwang auf sie ausgeübt werden. Die Kriegsgefangenen, die eine Auskunft verweigern, dürfen weder bedroht noch beleidigt noch Unannehmlichkeiten oder Nachteilen irgendwelcher Art ausgesetzt werden.

Kriegsgefangene, die infolge ihres körperlichen oder geistigen Zustandes sich über ihre Person nicht auszuweisen vermögen, sind dem Sanitätsdienst anzuvertrauen. Die Identität dieser Kriegsgefangenen soll, vorbehaltlich der Bestimmungen des vorhergehenden Absatzes, mit allen zur Verfügung stehenden Mitteln festgestellt werden.

Die Kriegsgefangenen sollen in einer für sie verständlichen Sprache einvernommen werden.

Artikel 18

Alle persönlichen Effekten und Gebrauchsgegenstände – außer Waffen, Pferden, militärischer Ausrüstung und militärischen Dokumenten – verbleiben, ebenso wie die Stahlhelme, die Gasmasken und alle anderen zum persönlichen Schutz dienenden Gegenstände, im Besitze der Kriegsgefangenen. Sämtliche Effekten und Gegenstände, die zur Bekleidung und Verpflegung dienen, verbleiben gleicherweise in ihrem Besitze, auch wenn sie zur ihrer offiziellen militärischen Ausrüstung gehören.

Die Kriegsgefangenen müssen stets im Besitze eines Identitätsausweises sein. Die Gewahrsamsmacht hat allen denen, die keinen Ausweis besitzen, einen solchen zu verschaffen.

Dienstgrad- und Hoheitszeichen, Auszeichnungen sowie Gegenstände, die hauptsächlich persönlichen oder gefühlsmäßigen Wert haben, dürfen den Kriegsgefangenen nicht abgenommen werden.

Geldbeträge, die die Kriegsgefangenen bei sich tragen, dürfen ihnen nur auf Befehl eines Offiziers abgenommen werden, und dies erst, nachdem die Summe und die genaue Bezeichnung des Besitzers in ein besonderes Verzeichnis eingetragen worden sind und ihm eine genaue Empfangsbestätigung ausgehändigt wurde, auf der in gut lesbarer Schrift Name, Dienstgrad und Einheit des Ausstellers angeführt sind. Die Beträge in der Währung der Gewahrsamsmacht sowie diejenigen, die auf Verlangen des Kriegsgefangenen in diese Währung umgewechselt wurden, sind gemäß Artikel 64 auf das Konto des Kriegsgefangenen gutzuschreiben.

Wertgegenstände dürfen den Kriegsgefangenen durch die Gewahrsamsmacht nur aus Gründen der Sicherheit abgenommen werden. In diesem Falle ist das gleiche Verfahren anzuwenden wie bei der Abnahme von Geldbeträgen.

Diese Wertgegenstände sowie die abgenommenen Geldbeträge in jeder anderen Währung als derjenigen der Gewahrsamsmacht, deren Umwechslung vom Besitzer nicht verlangt worden ist, sind von der Gewahrsamsmacht aufzubewahren und dem Kriegsgefangenen bei Beendigung der Gefangenschaft in ihrer ursprünglichen Form zurückzuerstatten.

Artikel 19

Die Kriegsgefangenen sollen nach ihrer Gefangennahme möglichst bald in Lager gebracht werden, die von der Kampfzone so weit entfernt sind, daß sie sich außer Gefahr befinden.

In der Gefahrenzone dürfen nur solche Gefangene vorübergehend zurückbehalten werden, die infolge ihrer Verwundungen oder Krankheiten bei der Überführung in ein Lager größeren Gefahren ausgesetzt wären als beim Verbleiben an Ort und Stelle.

Die Kriegsgefangenen sollen bis zu ihrer Wegschaffung aus der Kampfzone nicht unnötig Gefahren ausgesetzt werden.

Artikel 20

Das Wegschaffen der Kriegsgefangenen soll immer mit Menschlichkeit und unter ähnlichen Bedingungen erfolgen wie die Verschiebungen der eigenen Truppen der Gewahrsamsmacht.

Die Gewahrsamsmacht soll die wegzuschaffenden Kriegsgefangenen mit Trinkwasser und Verpflegung in genügender Menge und mit der notwendigen Bekleidung und ärztlichen Pflege versehen; sie soll ferner alle Vorsichtsmaßnahmen treffen, um die Sicherheit der Gefangenen während der Wegschaffung zu gewährleisten, und so bald wie möglich ein Verzeichnis der weggeschafften Gefangenen erstellen.

Müssen die Kriegsgefangenen während der Wegschaffung in Übergangslagern untergebracht werden, so soll ihr Aufenthalt in diesen Lagern so kurz wie möglich sein.

Abschnitt II
Internierung der Kriegsgefangenen

Kapitel I
Allgemeines

Artikel 21

Die Gewahrsamsmacht kann die Kriegsgefangenen internieren. Sie kann ihnen die Verpflichtung auferlegen, sich nicht über eine gewisse Grenze vom Lager, in dem sie interniert sind, zu entfernen oder, wenn das Lager eingezäunt ist, nicht über diese Umzäunung hinauszugehen. Vorbehaltlich der Bestimmungen des vorliegenden Abkommens, betreffend Straf- und Disziplinarmaßnahmen, ist die Einschließung oder Beschränkung auf einen bestimmten Raum nur als unerläßliche Maßnahme zum Schutze ihrer Gesundheit zulässig, und zwar nur für so lange, als die Umstände, die diese Maßnahme nötig machten, andauern.

Die Kriegsgefangenen können auf Ehrenwort oder Versprechen teilweise oder ganz freigelassen werden, sofern die Gesetze der Macht, von der sie abhängen, dies gestatten. Diese Maßnahme soll namentlich dann getroffen werden, wenn sie zur Besserung des Gesundheitszustandes der Gefangenen beizutragen vermag. Es darf kein Gefangener gezwungen werden, seine Freilassung auf Ehrenwort oder Versprechen anzunehmen.

Bei Eröffnung der Feindseligkeiten soll jede am Konflikt beteiligte Partei der Gegenpartei ihre Gesetze und Vorschriften bekanntgeben, welche ihren Angehörigen die Annahme der Freilassung auf Ehrenwort oder Versprechen gestatten oder verbieten. Die gemäß diesen Gesetzen und Vorschriften auf Ehrenwort oder Versprechen in Freiheit gesetzten Gefangenen sind bei ihrer persönlichen Ehre verpflichtet, die eingegangenen Verpflichtungen gewissenhaft einzuhalten und dies sowohl gegenüber der Macht, von der sie abhängen, als gegenüber der Gewahrsamsmacht. In derartigen Fällen darf die Macht, von der die Kriegsgefangenen abhängen, keine Dienstleistung von ihnen verlangen oder annehmen, die gegen das eingegangene Ehrenwort oder Versprechen verstoßen würde.

Artikel 22

Die Kriegsgefangenen dürfen nur in Anlagen interniert werden, die auf dem Festlande liegen und jede mögliche Gewähr für Hygiene und Reinlichkeit bieten; abgesehen von besonderen Fällen, in denen dies ihr eigenes Interesse rechtfertigt, dürfen Kriegsgefangene nicht in Strafanstalten interniert werden.

Kriegsgefangene, die in ungesunden Gegenden oder solchen, deren Klima für sie schädlich ist, interniert sind, sollen sobald als möglich in Gegenden mit einem günstigeren Klima geschafft werden.

Die Gewahrsamsmacht hat die Kriegsgefangenen in den Lagern oder in Teilen derselben unter Berücksichtigung ihrer Staatsangehörigkeit, ihrer Sprache und ihrer Gebräuche zu gruppieren, unter dem Vorbehalt, daß diese Gefangenen nicht von den Kriegsgefangenen der bewaffneten Kräfte getrennt werden, in denen sie im Augenblick ihrer Gefangennahme dienten, es sei denn, sie wären damit einverstanden.

Artikel 23

Kein Kriegsgefangener darf jemals in ein Gebiet gebracht oder dort zurückgehalten werden, wo er dem Feuer der Kampfzone ausgesetzt wäre; er darf auch nicht dazu benützt werden, um durch seine Anwesenheit militärische Operationen von gewissen Punkten oder Gebieten fernzuhalten.

Die Kriegsgefangenen sollen in gleichem Maße wie die ortsansässige Zivilbevölkerung über Schutzräume gegen Fliegerangriffe und andere Kriegsgefahren verfügen; mit Ausnahme derjenigen, die am Schutz ihrer Unterkunftsräume gegen diese Gefahren teilnehmen, sollen sie sich nach gegebenem Alarm so rasch wie möglich in die Schutzräume begeben können. Jede andere zugunsten der Bevölkerung getroffene Schutzmaßnahme soll auch ihnen zugute kommen.

Die Gewahrsamsmächte sollen einander durch Vermittlung der Schutzmächte alle nützlichen Angaben über die geographische Lage der Kriegsgefangenenlager zugehen lassen.

Wenn immer die militärischen Erwägungen es erlauben, sollen die Kriegsgefangenenlager am Tag mit den beiden Buchstaben PG oder PW gekennzeichnet sein, so daß sie aus der Luft deutlich erkannt werden können; die betreffenden Mächte können sich jedoch über ein anderes Mittel der Kennzeichnung einigen. Auf diese Weise dürfen nur Kriegsgefangenenlager gekennzeichnet werden.

Artikel 24

Die ständigen Durchgangs- und Sonderungslager sind nach ähnlichen Gesichtspunkten einzurichten wie die in diesem Abschnitt vorgesehenen, und den Kriegsgefangenen soll darin die gleiche Behandlung wie in den anderen Lagern zukommen.

Kapitel II
Unterkunft, Verpflegung und Bekleidung der Kriegsgefangenen

Artikel 25

Die Unterkunftsbedingungen der Kriegsgefangenen sollen ebenso günstig sein wie diejenigen der im gleichen Gebiete untergebrachten Truppen der Gewahrsamsmacht. Diese Bedingungen haben den Sitten und Gebräuchen der Gefangenen Rechnung zu tragen und dürfen ihrer Gesundheit keinesfalls abträglich sein.

Die vorstehenden Bestimmungen beziehen sich namentlich auf die Schlafräume der Kriegsgefangenen, und zwar sowohl hinsichtlich des gesamten Belegraumes und des Mindestluftraumes als auch hinsichtlich der Einrichtung und des Bettzeuges mit Einschluß der Decken.

Die sowohl für die persönliche wie für die gemeinschaftliche Benützung durch die Kriegsgefangenen dienenden Räume sollen vollkommen vor Feuchtigkeit geschützt und, namentlich zwischen dem Einbruch der Dunkelheit und dem Beginn der Nachtruhe, genügend geheizt und beleuchtet sein. Gegen Feuersgefahr sind alle Vorsichtsmaßnahmen zu treffen.

In allen Lagern, in denen gleichzeitig weibliche und männliche Gefangene untergebracht sind, muß für getrennte Schlafräume gesorgt sein.

Artikel 26

Die tägliche Grundration von Nahrungsmitteln soll in Menge, Beschaffenheit und Abwechslung ausreichend sein, um einen guten Gesundheitszustand der Gefangenen zu gewährleisten und um Gewichtsverluste und Mangelerscheinungen zu verhindern. Den Ernährungsgewohnheiten der Gefangenen soll ebenfalls Rechnung getragen werden.

Die Gewahrsamsmacht hat den arbeitenden Kriegsgefangenen die zur Verrichtung der Arbeit, zu der sie verwendet werden, notwendige Zusatzration zu liefern.

Trinkwasser soll den Kriegsgefangenen in genügender Menge geliefert werden. Tabakgenuß soll gestattet sein.

Die Kriegsgefangenen sollen soviel wie möglich für die Zubereitung der Mahlzeiten herangezogen werden; sie können dazu in den Küchen verwendet werden. Überdies soll ihnen die Möglichkeit zur Zubereitung der zusätzlichen Nahrung gegeben werden, über die sie verfügen.

Als Eßräume und als Messen sind zweckmäßige Räumlichkeiten zur Verfügung zu stellen.

Sämtliche kollektiven Disziplinarmaßnahmen auf dem Gebiete der Ernährung sind verboten.

Artikel 27

Kleider, Wäsche und Schuhwerk sind den Kriegsgefangenen von der Gewahrsamsmacht in genügender Menge zu liefern, wobei dem Klima der Gegend, in der sich die Gefangenen befinden, Rechnung zu tragen ist. Die durch die Gewahrsamsmacht den feindlichen Armeen abgenommenen Uniformen sind, wenn sie den klimatischen Verhältnissen entsprechen, für die Bekleidung der Kriegsgefangenen zu verwenden.

Die Gewahrsamsmacht soll regelmäßig für den Ersatz und die Ausbesserung dieser Effekten sorgen. Ferner sollen arbeitende Kriegsgefangene einen geeigneten Arbeitsanzug erhalten, wenn immer die Art der Arbeit dies erfordert.

Artikel 28

In allen Lagern sind Kantinen einzurichten, bei denen sich die Kriegsgefangenen Lebensmittel, Gebrauchsgegenstände, Seife und Tabak zu Preisen, die keinesfalls jene des lokalen Handels übersteigen dürfen, beschaffen können.

Die Überschüsse dieser Kantinen sind zugunsten der Kriegsgefangenen zu verwenden; zu diesem Zwecke wird ein besonderer Fonds geschaffen. Dem Vertrauensmann steht das Recht zu, bei der Verwaltung der Kantine und des Fonds mitzuwirken.

Bei der Auflösung eines Lagers ist der Überschuß dieses besonderen Fonds einer internationalen humanitären Organisation zu übergeben, um zugunsten von Kriegsgefangenen verwendet zu werden, die die gleiche Staatsangehörigkeit besitzen wie die, welche den Fonds geschaffen haben. Im Falle allgemeiner Heimschaffung sind diese Überschüsse von der Gewahrsamsmacht aufzubewahren, falls keine gegenteiligen Abmachungen zwischen den beteiligten Mächten getroffen worden sind.

Kapitel III

Gesundheitspflege und ärztliche Hilfe

Artikel 29

Die Gewahrsamsmacht ist verpflichtet, alle nötigen hygienischen Maßnahmen zu treffen, um die Reinlichkeit und Zuträglichkeit der Lager zu gewährleisten und um Epidemien vorzubeugen.

Den Kriegsgefangenen sollen tags und nachts sanitäre Einrichtungen zur Verfügung stehen, die den Erfordernissen der Hygiene entsprechen und die dauernd sauber zu halten sind. In den Lagern, in denen sich auch weibliche Kriegsgefangene aufhalten, müssen diese über besondere sanitäre Einrichtungen verfügen.

Außerdem sollen die Kriegsgefangenen, unbeschadet der in den Lagern vorhandenen Bäder und Duschen, für ihre tägliche Körperpflege und die Reinigung ihrer Wäsche genügend Wasser und Seife erhalten; die hiefür nötigen Einrichtungen und Erleichterungen sowie die notwendige Zeit sind ihnen zu gewähren.

Artikel 30

Jedes Lager soll eine geeignete Krankenabteilung besitzen, wo die Kriegsgefangenen die erforderliche Pflege und die entsprechende Diät erhalten können. Für die von ansteckenden oder Geisteskrankheiten befallenen Kranken sollen gegebenenfalls Absonderungsräume bereitgestellt werden.

Kriegsgefangene, die von einer schweren Krankheit befallen sind oder deren Zustand eine besondere Behandlung, einen chirurgischen Eingriff oder Spitalspflege nötig macht, müssen in jeder für ihre Behandlung geeigneten militärischen oder zivilen Anstalt zugelassen werden, selbst wenn die Heimschaffung der Gefangenen für die nächste Zeit vorgesehen ist. Für die Behandlung der Invaliden, vor allem der Blinden, sowie für ihre Umschulung bis zum Zeitpunkt ihrer Heimschaffung sind besondere Erleichterungen zu gewähren.

Die Kriegsgefangenen sollen vorzugsweise durch ärztliches Personal der Macht, von der sie abhängen, wenn möglich durch eigene Landsleute, behandelt werden.

Die Kriegsgefangenen dürfen nicht daran gehindert werden, sich den ärztlichen Behörden zur Untersuchung zu stellen. Die Behörden der Gewahrsamsmacht haben jedem behandelten Gefangenen auf Verlangen eine amtliche Bescheinigung auszuhändigen, die die Art seiner Verletzung oder seiner Krankheit, die Dauer der Behandlung und die erhaltene Pflege angibt. Ein Doppel dieser Bescheinigung ist der Zentralstelle für Kriegsgefangene zu überweisen.

Die Kosten der Behandlung, inbegriffen die Kosten aller für die Aufrechterhaltung eines guten Gesundheitszustandes der Kriegsgefangenen benötigten Behelfe, namentlich künstlicher Zähne und anderer Prothesen sowie von Brillen, gehen zu Lasten der Gewahrsamsmacht.

Artikel 31

Mindestens einmal monatlich sollen die Kriegsgefangenen einer ärztlichen Untersuchung unterworfen werden, die die Kontrolle und die Aufzeichnung des Gewichtes jedes Kriegsgefangenen umfaßt. Ihr Zweck ist insbesondere, den allgemeinen Gesundheits- , Ernährungs- und Sauberkeitszustand zu überwachen sowie die ansteckenden Krankheiten, namentlich Tuberkulose, Malaria und Geschlechtskrankheiten, festzustellen. Dazu sollen die wirksamsten zur Verfügung stehenden Methoden zur Anwendung kommen, zum Beispiel die periodische Reihenröntgenaufnahme auf Mikrofilm zur frühzeitigen Erfassung von Tuberkulosefällen.

Artikel 32

Kriegsgefangene, die, ohne dem Sanitätsdienst ihrer Streitkräfte angehört zu haben, Ärzte, Zahnärzte, Pfleger oder Pflegerinnen sind, können von der Gewahrsamsmacht zur Ausübung ihrer sanitätsdienstlichen Funktionen, im Interesse ihrer der gleichen Macht angehörenden Mitgefangenen, herangezogen werden. Sie bleiben in diesem Falle weiterhin Kriegsgefangene, sind jedoch gleich zu behandeln wie die entsprechenden Angehörigen des von der Gewahrsamsmacht zurückgehaltenen Sanitätspersonals. Sie sind von jeder anderen Arbeit, die ihnen gemäß Artikel 49 übertragen werden könnte, befreit.

Kapitel IV

Zur Betreuung der Kriegsgefangenen zurückgehaltenes Sanitäts- und Seelsorgepersonal

Artikel 33

Die von der Gewahrsamsmacht zum Zwecke der Betreuung der Kriegsgefangenen zurückgehaltenen Angehörigen des Sanitäts- und Seelsorgepersonals sind nicht als Kriegsgefangene zu betrachten. Sie genießen jedoch mindestens alle durch das vorliegende Abkommen vorgesehenen Vergünstigungen und den Schutz desselben; auch werden ihnen alle nötigen Erleichterungen gewährt, um den Kriegsgefangenen ärztliche Pflege und geistlichen Beistand geben zu können.

Sie haben im Rahmen der militärischen Gesetze und Vorschriften der Gewahrsamsmacht und unter der Leitung ihrer zuständigen Dienststellen und in Übereinstimmung mit ihrem Berufsgewissen ihre ärztliche und seelsorgerische Tätigkeit zugunsten der Kriegsgefangenen, vor allem derjenigen ihrer eigenen bewaffneten Kräfte, fortzusetzen. Für die Ausübung ihrer ärztlichen oder seelsorgerischen Tätigkeit sollen ihnen ferner folgende Erleichterungen zustehen:

a) Sie sind berechtigt, periodisch die sich in Arbeitsgruppen oder in außerhalb des Lagers liegenden Lazaretten befinden, zu besuchen. Die Gewahrsamsbehörde hat ihnen zu diesem Zweck die nötigen Transportmittel zur Verfügung zu stellen.

b) In jedem Lager soll der rangälteste Militärarzt des höchsten Dienstgrades gegenüber den militärischen Behörden für die gesamte Tätigkeit des zurückgehaltenen Sanitätspersonals verantwortlich sein. Zu diesem Zweck haben sich die am Konflikt beteiligten Parteien schon bei Beginn der Feindseligkeiten über das Dienstgradverhältnis ihres Sanitätspersonals, einschließlich desjenigen der im Artikel 26 des Genfer Abkommens vom 12. August 1949 zur Verbesserung des Loses der Verwundeten und Kranken der bewaffneten Kräfte im Felde erwähnten Gesellschaften, zu verständigen. Für alle ihre Aufgaben betreffenden Fragen sollen sich dieser Arzt sowie die Feldgeistlichen direkt an die zuständigen Lagerbehörden wenden können. Diese haben ihnen alle Erleichterungen zu gewähren, die für die mit diesen

Fragen zusammenhängende Korrespondenz erforderlich sind.

c) Obwohl das zurückgehaltene Personal der betreffenden Lagerdisziplin unterstellt ist, kann es zu keiner mit seiner ärztlichen oder seelsorgerischen Tätigkeit nicht im Zusammenhang stehenden Arbeit gezwungen werden.

Im Verlaufe der Feindseligkeiten sollen sich die am Konflikte beteiligten Parteien über eine etwaige Ablösung des zurückgehaltenen Personals verständigen und die Art ihrer Durchführung festlegen.

Keine der vorhergehenden Bestimmungen enthebt die Gewahrsamsmacht der Pflichten, die ihr in gesundheitlicher und geistiger Hinsicht gegenüber den Kriegsgefangenen obliegen.

Kapitel V

Religion, geistige und körperliche Betätigung

Artikel 34

Den Kriegsgefangenen soll in der Ausübung ihres Glaubens, einschließlich der Teilnahme an Gottesdiensten, volle Freiheit gewährt werden, vorausgesetzt, daß sie die normalen Ordnungsvorschriften der Militärbehörde befolgen.

Für die Abhaltung der Gottesdienste sind geeignete Räume zur Verfügung zu stellen.

Artikel 35

Die in die Hände der feindlichen Macht gefallenen Feldgeistlichen, die zur Betreuung der Kriegsgefangenen zurückgeblieben sind oder zurückgehalten wurden, sind berechtigt, diesen ihren geistlichen Beistand zukommen zu lassen und ihr Amt unter ihren Glaubensgenossen im Einklang mit ihrem religiösen Gewissen frei auszuüben. Sie sollen auf die verschiedenen Lager und Arbeitsgruppen verteilt werden, in denen sich den gleichen bewaffneten Kräften angehörende Kriegsgefangene befinden, die die gleiche Sprache sprechen oder sich zum gleichen Glauben bekennen. Es sollen ihnen die nötigen Erleichterungen gewährt und insbesondere die in Artikel 33 vorgesehenen Transportmittel zur Verfügung gestellt werden, damit sie die außerhalb ihres Lagers befindlichen Kriegsgefangenen besuchen können. Sie sollen, unter Vorbehalt der Zensur, zur Ausübung ihres religiösen Amtes volle Freiheit in der Korrespondenz mit den kirchlichen Behörden der Gewahrsamsmacht und den internationalen religiösen Organisationen genießen. Die zu diesem Zwecke versandten Briefe und Karten stehen außerhalb des in Artikel 71 vorgesehenen Kontingentes.

Artikel 36

Diejenigen Kriegsgefangenen, die geistlichen Standes sind, ohne in der eigenen Armee Feldgeistliche gewesen zu sein, sollen, gleich welcher Religion sie angehören, ermächtigt werden, ihr geistliches Amt unter ihren Glaubensgenossen uneingeschränkt auszuüben. Sie sind zu diesem Zweck zu behandeln wie die durch die Gewahrsamsmacht zurückgehaltenen Feldgeistlichen. Sie dürfen zu keiner anderen Arbeit gezwungen werden.

Artikel 37

Wenn Kriegsgefangene über keinen Beistand eines zurückgehaltenen Feldgeistlichen oder eines kriegsgefangenen Geistlichen ihres Glaubens verfügen, so soll auf Verlangen der betreffenden Kriegsgefangenen entweder ein Geistlicher ihres oder eines ähnlichen Bekenntnisses oder, in Ermangelung eines solchen und wenn dies vom konfessionellen Standpunkt aus möglich ist, ein befähigter Laie zur Ausübung des geistlichen Amtes bestellt werden. Diese der Zustimmung der Gewahrsamsmacht unterliegende Ernennung soll im Einvernehmen mit der Gemeinschaft der betreffenden Kriegsgefangenen und, wo es nötig ist, mit der Zustimmung der lokalen geistlichen Behörden des gleichen Glaubens erfolgen. Die so ernannte Person hat alle von der Gewahrsamsmacht im Interesse der Disziplin und der militärischen Sicherheit erlassenen Vorschriften zu befolgen.

Artikel 38

Die Gewahrsamsmacht soll unter Achtung der persönlichen Vorliebe der einzelnen Gefangenen die geistige, erzieherische, sportliche und die der Erholung geltende Tätigkeit der Kriegsgefangenen fördern; sie soll die nötigen Maßnahmen ergreifen, um deren Ausübung zu gewährleisten, indem sie ihnen passende Räume sowie die nötige Ausrüstung zur Verfügung stellt.

Den Kriegsgefangenen soll die Möglichkeit zu körperlichen Übungen, inbegriffen Sport und Spiele, und zum Aufenthalt im Freien geboten werden. Zu diesem Zwecke sind in allen Lagern ausreichende offene Plätze zur Verfügung zu stellen.

Kapitel VI

Disziplin

Artikel 39

Jedes Kriegsgefangenenlager soll der direkten Befehlsgewalt eines den regulären bewaffneten Kräften der Gewahrsamsmacht angehörenden verantwortlichen Offiziers unterstellt werden.

Dieser Offizier soll das vorliegende Abkommen besitzen und darüber wachen, daß dessen Bestimmungen dem unter seinem Befehl stehenden Personal bekannt sind; er ist, unter der Kontrolle seiner Regierung, für dessen Anwendung verantwortlich.

Mit Ausnahme der Offiziere schulden die Kriegsgefangenen allen Offizieren der Gewahrsamsmacht den Gruß und die in den Vorschriften der eigenen Armee vorgesehenen Ehrenbezeugungen.

Die kriegsgefangenen Offiziere haben nur die Offiziere höheren Dienstgrades der Gewahrsamsmacht zu grüßen; auf jeden Fall schulden sie dem Lagerkommandanten, ohne Rücksicht auf desssen Dienstgrad, den Gruß.

Artikel 40

Das Tragen der Dienstgrad- und Hoheitszeichen sowie der Auszeichnungen ist gestattet.

Artikel 41

In jedem Lager soll der Text des vorliegenden Abkommens und seiner Anhänge sowie der Inhalt aller in Artikel 6 vorgesehenen besonderen Abkommen in der Sprache der Kriegsgefangenen an Stellen angeschlagen werden, wo sie von sämtlichen Gefangenen eingesehen werden können. Auf Verlangen sind sie denjenigen Gefangenen, die nicht in der Lage sind, vom angeschlagenen Text Kenntnis zu nehmen, bekanntzugeben.

Vorschriften, Befehle, Ankündigungen und Bekanntmachungen jeder Art, die sich auf das Verhalten der Kriegsgefangenen beziehen, sind diesen in einer für sie verständlichen Sprache bekanntzugeben; sie sind gemäß den oben vorgesehenen Bestimmungen anzuschlagen; dem Vertrauensmann sind weitere Exemplare davon auszuhändigen. Alle an einzelne Gefangene gerichteten Befehle und Anordnungen sind gleichfalls in einer ihnen verständlichen Sprache zu erteilen.

Artikel 42

Der Waffengebrauch gegen Kriegsgefangene, besonders gegen solche, die flüchten oder zu flüchten versuchen, soll nur ein äußerstes Mittel bilden, dem stets den Umständen entsprechende Warnungen vorangehen sollen.

Kapitel VII

Dienstgrade der Kriegsgefangenen

Artikel 43

Bei Eröffnung der Feindseligkeiten sollen sich die am Konflikt beteiligten Parteien gegenseitig die Titel und Dienstgrade aller in Artikel 4 des vorliegenden Abkommens aufgeführten Personen bekanntgeben, um die übereinstimmende Behandlung Gefangener gleichen Dienstgrades zu gewährleisten; werden Titel oder Dienstgrade erst nachträglich geschaffen, so sollen sie in gleicher Weise bekanntgegeben werden.

Die Gewahrsamsmacht hat die Beförderungen von Kriegsgefangenen im Dienstgrad anzuerkennen, wenn sie ihr von der Macht, von der diese Gefangenen abhängen, in aller Form bekanntgegeben werden.

Artikel 44

Die Kriegsgefangenen Offiziere und die ihnen Gleichgestellten sind mit der ihrem Dienstgrad und ihrem Alter zukommenden Rücksicht zu behandeln.

Zur Sicherstellung des Dienstbetriebes in den Offizierslagern sollen kriegsgefangene Soldaten der gleichen bewaffneten Kräfte, die möglichst die gleiche Sprache wie die Offiziere sprechen, in ausreichender, dem Dienstgrad der Offiziere und der ihnen Gleichgestellten entsprechender Zahl abkommandiert werden; sie dürfen zu keiner anderen Arbeit gezwungen werden.

Hinsichtlich der Verpflegung ist die Selbstverwaltung durch die Offiziere in jeder Weise zu fördern.

Artikel 45

Alle nicht zu den Offizieren und ihnen gleichgestellten zählenden Kriegsgefangenen sind mit der ihrem Dienstgrad und ihrem Alter zukommenden Rücksicht zu behandeln.

Hinsichtlich der Verpflegung ist die Selbstverwaltung durch die Kriegsgefangenen in jeder Weise zu fördern.

Kapitel VIII

Überführung der Kriegsgefangenen in ein anderes Lager

Artikel 46

Bei der Entscheidung über eine Überführung von Kriegsgefangenen soll die Gewahrsamsmacht die Interessen derselben berücksichtigen und namentlich ein Anwachsen der Schwierigkeiten für ihre Heimschaffung vermeiden.

Die Überführung der Kriegsgefangenen soll immer mit Menschlichkeit und unter nicht minder günstigen Bedingungen als die Verlegungen der Truppen der Gewahrsamsmacht durchgeführt werden. Auf die klimatischen Verhältnisse, an die die Kriegsgefangenen gewohnt sind, ist immer Rücksicht zu nehmen; die Bedingungen der Überführung sollen ihrer Gesundheit keinesfalls abträglich sein.

Die Gewahrsamsmacht soll die Kriegsgefangenen während der Überführung mit Trinkwasser und Nahrung in genügender Menge zur Erhaltung eines guten Gesundheitszustandes sowie mit Bekleidung, Unterkunft und der notwendigen ärztlichen Pflege versehen. Sie soll alle nützlichen Vorsichtsmaßnahmen treffen, namentlich für den Fall einer Meer- oder Luftreise, um ihre Sicherheit während der Überführung zu gewährleisten, und vor der Abreise eine vollständige Liste der übergeführten Gefangenen aufstellen.

Artikel 47

Kranke oder verwundete Kriegsgefangene sollen nicht überführt werden, wenn die Reise ihre Genesung beeinträchtigen könnte; es sei denn, ihre Sicherheit verlange es gebieterisch.

Nähert sich die Front einem Lager, so dürfen die Kriegsgefangenen dieses Lagers nur weggebracht werden, wenn dies unter ausreichenden Sicherheitsbedingungen erfolgen kann oder wenn die Kriegsgefangenen durch Verbleib an Ort und Stelle größeren Gefahren ausgesetzt sind als bei einer Überführung.

Artikel 48

Im Falle der Überführung sollen die Kriegsgefangenen offiziell von ihrer Abreise und ihrer neuen Postadresse in Kenntnis gesetzt werden. Diese Anzeige soll ihnen so frühzeitig gemacht werden, daß sie ihr Gepäck vorbereiten und ihre Familie benachrichtigen können.

Sie sind berechtigt, ihre persönlichen Effekten, ihre Briefschaften und die erhaltenen Pakete mitzunehmen; das Gewicht dieses Gepäcks kann, falls die Umstände der Überführung es erfordern, auf das beschränkt werden, was der Kriegsgefangene vernünftigerweise tragen kann, keinesfalls jedoch darf das erlaubte Gewicht 25 Kilogramm überschreiten.

Die Briefschaften und Pakete, die an ihren ehemaligen Internierungsort adressiert sind, sollen ihnen ohne Verzug nachgeschickt werden. Der Lagerkommandant hat gemeinsam mit dem Vertrauensmann die notwendigen Maßnahmen zu ergreifen, um die Überführung des Gemeinschaftseigentums der Internierten, des Gepäcks, das die Internierten infolge einer auf Grund von Absatz 2 dieses Artikels verordneten Beschränkung nicht mit sich nehmen dürfen, durchzuführen.

Die Kosten der Überführung gehen zu Lasten der Gewahrsamsmacht.

Abschnitt III

Arbeit der Kriegsgefangenen

Artikel 49

Die Gewahrsamsmacht kann die gesunden Kriegsgefangenen unter Berücksichtigung ihres Alters, ihres Geschlechtes, ihres Dienstgrades sowie ihrer körperlichen Fähigkeiten zu Arbeiten heranziehen, besonders um sie in gutem körperlichem und moralischem Gesundheitszustand zu erhalten.

Die kriegsgefangenen Unteroffiziere dürfen nur zu Aufsichtsdiensten herangezogen werden. Diejenigen, die nicht dazu benötigt werden, können um eine andere ihnen zusagende Arbeit nachsuchen, die ihnen nach Möglichkeit verschafft werden soll.

Falls Offiziere oder ihnen Gleichgestellte um ihnen zusagende Arbeit nachsuchen, soll sie ihnen nach Möglichkeit verschafft werden. Auf keinen Fall dürfen sie jedoch zur Arbeit gezwungen werden.

Artikel 50

Außer den Arbeiten, die mit der Verwaltung, der Einrichtung und dem Unterhalt ihres Lagers in Zusammenhang stehen, dürfen die Kriegsgefangenen nur zu Arbeiten angehalten werden, die unter eine der nachfolgend angeführten Kategorien fallen:

a) Landwirtschaft;

b) Industrien, die sich mit der Erzeugung von Rohstoffen befassen, mit Ausnahme der metallurgischen, der chemischen und der Maschinenindustrie; öffentliche Arbeiten und Bauarbeiten, sofern sie nicht militärischen Charakter oder eine militärische Bestimmung haben;

c) Transport und Güterverwaltung ohne militärischen Charakter oder militärische Bestimmung;

d) kommerzielle oder künstlerische Betätigung;

e) Haushaltsarbeiten;

f) öffentliche Dienste ohne militärischen Charakter oder militärische Bestimmung.

Im Falle einer Verletzung dieser vorgenannten Bestimmungen können die Kriegsgefangenen ihr Beschwerderecht gemäß Artikel 78 ausüben.

Artikel 51

Den Kriegsgefangenen sollen zufriedenstellende Arbeitsbedingungen geboten werden, insbesondere hinsichtlich Unterkunft, Verpflegung, Bekleidung und Material; diese Bedingungen dürfen nicht schlechter sein als diejenigen, die den Angehörigen der Gewahrsamsmacht für gleiche Arbeit zugestanden werden; dabei sind die klimatischen Verhältnisse ebenfalls zu berücksichtigen.

Die Gewahrsamsmacht, für die die Kriegsgefangenen Arbeit leisten, hat darüber zu wachen, daß in den Gebieten, wo diese Gefangenen arbeiten, die Landesgesetze über den Arbeitsschutz und insbesondere die Vorschriften über die Sicherheit der Arbeiter eingehalten werden.

Die Kriegsgefangenen sollen ausgebildet und mit Schutzmitteln versehen werden, die der ihnen zugewiesenen Arbeit angepaßt sind und den für die Angehörigen der Gewahrsamsmacht vorgesehenen entsprechen. Vorbehaltlich der Bestimmungen des Artikels 52 dürfen die Kriegsgefangenen den normalen Gefahren, die auch Zivilarbeiter auf sich nehmen müssen, ausgesetzt werden.

Auf keinen Fall dürfen die Arbeitsbedingungen durch Disziplinarmaßnahmen verschärft werden.

Artikel 52

Kein Kriegsgefangener darf für ungesunde oder gefährliche Arbeiten verwendet werden, außer er meldet sich freiwillig.

Kein Kriegsgefangener darf zu Arbeiten herangezogen werden, die für einen Angehörigen der bewaffneten Kräfte der Gewahrsamsmacht als erniedrigend angesehen würden.

Das Entfernen von Minen oder anderer ähnlicher Vorrichtungen ist als gefährliche Arbeit zu betrachten.

Artikel 53

Die tägliche Arbeitszeit der Kriegsgefangenen, inbegriffen Hin- und Rückweg, soll nicht übermäßig sein und auf keinen Fall die Arbeitszeit übersteigen, die für einen der Gewahrsamsmacht angehörenden und für die gleiche Arbeit verwendeten Zivilarbeiter in der Gegend vorgesehen ist.

Den Kriegsgefangenen muß nach halber Tagesarbeit eine Ruhepause von mindestens einer Stunde gewährt werden; ist die für die Arbeiter der Gewahrsamsmacht vorgesehene Ruhepause von längerer Dauer, so gilt dies auch für die Kriegsgefangenen. Außerdem ist ihnen wöchentlich eine ununterbrochene 24stündige Ruhezeit zu gewähren, und zwar vorzugsweise am Sonntag oder an dem in ihrem Heimatlande üblichen Ruhetag. Im weiteren soll jedem Kriegsgefangenen, der während eines ganzen Jahres gearbeitet hat, eine ununterbrochene achttägige Ruhezeit eingeräumt werden, für die ihm die Arbeitsentschädigung auszuzahlen ist.

Werden Arbeitsmethoden wie Akkordarbeit angewendet, so darf dadurch die Arbeitszeit nicht übermäßig ausgedehnt werden.

Artikel 54

Die den Kriegsgefangenen zustehende Arbeitsentschädigung wird gemäß den Bestimmungen von Artikel 62 des vorliegenden Abkommens festgesetzt.

Den Kriegsgefangenen, die einen Arbeitsunfall erlitten haben oder die während oder infolge ihrer Arbeit erkrankt sind, ist jegliche ihrem Zustande entsprechende Pflege zu gewähren. Außerdem hat ihnen die Gewahrsamsmacht ein ärztliches Zeugnis auszuhändigen, mit dem sie gegenüber der Macht, von der sie abhängen, ihre Rechte geltend machen können; ein Doppel dieses Zeugnisses ist durch die Gewahrsamsmacht der in Artikel 123 vorgesehenen Zentralstelle für Kriegsgefangene zu übermitteln.

Artikel 55

Die Arbeitsfähigkeit der Kriegsgefangenen ist periodisch, mindestens einmal im Monat, einer ärztlichen Kontrolle zu unterziehen. Bei dieser Kontrolle ist insbesondere die Art der Arbeiten, zu denen die Kriegsgefangenen herangezogen werden, zu berücksichtigen.

Glaubt ein Kriegsgefangener nicht arbeitsfähig zu sein, ist er berechtigt, sich den ärztlichen Instanzen seines Lagers zur Untersuchung zu stellen; die Ärzte können Kriegsgefangene, die ihrer Ansicht nach nicht arbeitsfähig sind, zur Arbeitsbefreiung empfehlen.

Artikel 56

Die Arbeitsgruppen sollen gleich organisiert und verwaltet werden wie die Kriegsgefangenenlager.

Jede Arbeitsgruppe verbleibt unter der Kontrolle eines Kriegsgefangenenlagers und hängt verwaltungsmäßig weiter von ihm ab. Die Militärbehörden und der Lagerkommandant sind unter der Kontrolle ihrer Regierung dafür verantwortlich, daß die Bestimmungen des vorliegenden Abkommens in den Arbeitsgruppen beachtet werden.

Der Lagerkommandant hat ein stets auf dem laufenden gehaltenes Verzeichnis der seinem Lager unterstellten Arbeitsgruppen zu führen und es den Delegierten der Schutzmacht, des Internationalen Komitees vom Roten Kreuz und anderer Kriegsgefangenen-Hilfsorganisationen, die das Lager besuchen, vorzuweisen.

Artikel 57

Die Behandlung der Kriegsgefangenen, die für Privatpersonen arbeiten, soll, selbst wenn diese letzteren für die Bewachung und den Schutz die Verantwortung tragen, mindestens der durch das vorliegende Abkommen vorgesehenen Behandlung entsprechen; die Gewahrsamsmacht, die militärischen Behörden und der Kommandant des Lagers, zu dem diese Gefangenen gehören, tragen die gesamte Verantwortung für den Unterhalt, die Pflege, die Behandlung und die Auszahlung der Arbeitsentschädigung dieser Kriegsgefangenen.

Diese Kriegsgefangenen haben das Recht, mit den Vertrauensleuten der Lager, denen sie unterstellt sind, in Verbindung zu bleiben.

Abschnitt IV

Geldmittel der Kriegsgefangenen

Artikel 58

Die Gewahrsamsmacht kann von Beginn der Feindseligkeiten an und in Erwartung einer entsprechenden Regelung mit der Schutzmacht, den Höchstbetrag an Bargeld oder ähnlichen Zahlungsmitteln, den die Kriegsgefangenen bei sich tragen dürfen, festlegen. Die rechtmäßig in ihrem Besitz befindlichen, ihnen abgenommenen oder zurückbehaltenen Mehrbeträge sowie die von ihnen hinterlegten Geldbeträge sind ihrem Konto gutzuschreiben und dürfen ohne ihre Einwilligung nicht in eine andere Währung umgewechselt werden.

Sind die Kriegsgefangenen ermächtigt, außerhalb des Lagers gegen Barzahlung Käufe zu tätigen oder Dienstleistungen entgegenzunehmen, so sind die Zahlungen hiefür durch die Kriegsgefangenen selbst vorzunehmen oder durch die Lagerverwaltung, die sie zu Lasten der Gefangenen verbucht. Die Gewahrsamsmacht erläßt die nötigen diesbezüglichen Bestimmungen.

Artikel 59

Die gemäß Artikel 18 den Kriegsgefangenen bei ihrer Gefangennahme abgenommenen Geldbeträge in der Währung der Gewahrsamsmacht sind entsprechend den Bestimmungen von Artikel 64 dieses Abschnittes den einzelnen Konten der Gefangenen gutzuschreiben.

Diesem Konto sind in gleicher Weise die den Kriegsgefangenen gleichzeitig abgenommen und in die Währung der Gewahrsamsmacht umgewechselten Beträge fremder Währungen gutzuschreiben.

Artikel 60

Die Gewahrsamsmacht hat den Kriegsgefangenen einen monatlichen Soldvorschuß auszuzahlen, dessen Höhe, in Geld der Gewahrsamsmacht umgewandelt, folgenden Beträgen entspricht:

Kategorie I: Kriegsgefangene unter dem Dienstgrad eines Wachtmeisters: acht Schweizer Franken;

Kategorie II: Wachtmeister und andere Unteroffiziere oder Kriegsgefangene mit entsprechendem Dienstgrad: zwölf Schweizer Franken;

Kategorie III: Offiziere bis zum Hauptmannsgrad oder Kriegsgefangene mit entsprechendem Dienstgrad: fünfzig Schweizer Franken;

Kategorie IV: Majore, Oberstleutnants, Obersten oder Kriegsgefangene mit entsprechendem Dienstgrad: sechzig Schweizer Franken;

Kategorie V: Offiziere im Generalsrang oder Kriegsgefangene mit entsprechendem Dienstgrad: fünfundsiebzig Schweizer Franken.

Den am Konflikt beteiligten Parteien ist jedoch freigestellt, die Höhe dieser den Kriegsgefangenen der oben angeführten Kategorien zustehenden Soldvorschüsse durch besondere Abkommen abzuändern.

Wenn die im ersten Absatz dieses Artikels vorgesehenen Beträge im Vergleich zu dem den Angehörigen der bewaffneten Kräfte der Gewahrsamsmacht ausbezahlten Sold zu hoch wären oder wenn sie aus irgendeinem anderen Grunde diesem Staat ernsthafte Schwierigkeiten bereiten sollten, so wird die Gewahrsamsmacht bis zum Abschluß eines besonderen Abkommens über die Abänderung dieser Beträge mit der Macht, von der die Kriegsgefangenen abhängen:

a) die im ersten Absatz vorgesehenen Beträge weiterhin den Konten der Kriegsgefangenen gutschreiben;

b) die Beträge, die sie aus den Soldvorschüssen den Kriegsgefangenen für ihre persönliche Verwendung zur Verfügung stellt, vorübergehend auf ein vernünftiges Maß beschränken können; diese Beträge dürfen jedoch für die Gefangenen der Kategorie I keinesfalls niedriger sein als die den Angehörigen der eigenen bewaffneten Kräfte der Gewahrsamsmacht zukommenden Beträge.

Die Gründe einer solchen Beschränkung sind der Schutzmacht ohne Verzug bekanntzugeben.

Artikel 61

Die Gewahrsamsmacht soll Geldsendungen, die die Macht, von der die Kriegsgefangenen abhängen, diesen als Soldzulage zukommen läßt, annehmen unter der Bedingung, daß diese Beträge für jeden Gefangenen derselben Kategorie gleich hoch sind, daß sie sämtlichen dieser Macht angehörenden Gefangenen dieser Kategorie ausbezahlt werden und daß sie so bald wie möglich gemäß den Bestimmungen von Artikel 64 den persönlichen Konten der Gefangenen gutgeschrieben werden. Diese Soldzulagen befreien die Gewahrsamsmacht von keiner der ihr durch das vorliegende Abkommen auferlegten Pflichten.

Artikel 62

Die Kriegsgefangenen erhalten unmittelbar durch die Behörden der Gewahrsamsmacht eine angemessene Arbeitsentschädigung, deren Höhe durch diese Behörden festgesetzt wird, jedoch keinesfalls niedriger sein darf als ein Viertel eines Schweizer Frankens für den ganzen Arbeitstag. Die Gewahrsamsmacht hat den Gefangenen und, durch Vermittlung der Schutzmacht, der Macht, von der sie abhängen, die von ihr festgesetzte Höhe der täglichen Arbeitsentschädigungen bekanntzugeben.

Die Behörden der Gewahrsamsmacht haben auch denjenigen Kriegsgefangenen, die im Zusammenhang mit der Verwaltung, der inneren Einrichtung oder dem Unterhalt des Lagers ständige Funktionen ausüben oder handwerkliche Arbeit leisten, eine Entschädigung auszuzahlen; dasselbe gilt für Kriegsgefangene, die zugunsten ihrer Kameraden geistliche oder ärztliche Funktionen ausüben.

Die Arbeitsentschädigung des Vertrauensmannes, seiner Gehilfen und allfälligen Berater wird dem aus den Überschüssen der Kantine gebildeten Fonds entnommen; die Höhe dieser Entschädigung wird vom Vertrauensmann festgesetzt und ist vom Lagerkommandanten zu genehmigen. Besteht kein derartiger Fonds, so haben die Behörden der Gewahrsamsmacht diesen Gefangenen eine angemessene Entschädigung auszuzahlen.

Artikel 63

Die Kriegsgefangenen sind berechtigt, Geldsendungen zu empfangen, die ihnen persönlich oder gemeinsam zugehen.

Jeder Kriegsgefangene kann über den Saldo seines im nachfolgenden Artikel vorgesehenen Kontos verfügen innerhalb der von der Gewahrsamsmacht, die die verlangten Zahlungen vornehmen wird, festgelegten Grenzen. Unter Vorbehalt der von der Gewahrsamsmacht als wesentlich erachteten Einschränkungen finanzieller oder währungstechnischer Art können die Kriegsgefangenen für das Ausland bestimmte Zahlungen vornehmen. In diesen Fällen soll die Gewahrsamsmacht vor allem solche Zahlungen begünstigen, die die Gefangenen an Personen anweisen, für deren Unterhalt sie aufzukommen haben.

Auf jeden Fall können die Kriegsgefangenen mit dem Einverständnis der Macht, von der sie abhängen, für ihr eigenes Land bestimmte Zahlungen nach folgendem Verfahren vornehmen lassen: die Gewahrsamsmacht läßt besagtem Staat durch Vermittlung der Schutzmacht eine Meldung zukommen, die alle nützlichen Angaben über den Anweiser und den Empfänger sowie über die Höhe des auszuzahlenden Betrages, in der Währung der Gewahrsamsmacht ausgedrückt, enthält; diese Meldung ist vom betreffenden Kriegsgefangenen zu unterzeichnen und vom Lagerkommandanten gegenzuzeichnen. Die Gewahrsamsmacht belastet das Konto des Gefangenen mit diesem Betrag; die so gebuchten Beträge hat sie der Macht, von der die Gefangenen abhängen, gutzuschreiben.

Für die Anwendung der vorangehenden Bestimmungen soll die Gewahrsamsmacht zweckmäßigerweise das in Anhang V des vorliegenden Abkommens enthaltene Muster-Reglement berücksichtigen.

Artikel 64

Die Gewahrsamsmacht hat für jeden Kriegsgefangenen ein Konto zu führen, das zum mindesten folgende Angaben enthalten soll:

1. die dem Gefangenen geschuldeten oder von ihm als Soldvorschuß, als Arbeitsentschädigung oder auf Grund einer anderen Forderung bezogenen Beträge; die dem Gefangenen abgenommenen Beträge in der Währung der Gewahrsamsmacht; die dem Gefangenen abgenommenen und auf sein Verlangen in die Währung der Gewahrsamsmacht umgewechselten Beträge;

2. die dem Gefangenen in Bargeld oder ähnlicher Form ausbezahlten Beträge; die auf seine Rechnung und Verlangen hin geleisteten Zahlungen; die gemäß Absatz 3 des vorangehenden Artikels transferierten Beträge.

Artikel 65

Alle auf dem Konto eines Kriegsgefangenen getätigten Buchungen sind durch ihn oder durch den in seinem Namen handelnden Vertrauensmann gegenzuzeichnen oder zu paraphieren.

Den Kriegsgefangenen sollen jederzeit angemessene Erleichterungen gewährt werden, um in ihr Konto Einsicht zu nehmen oder einen Auszug desselben zu erhalten; das Konto kann anläßlich von Lagerbesuchen auch durch die Vertreter der Schutzmacht geprüft werden.

Bei einer Überführung der Kriegsgefangenen in ein anderes Lager ist ihr persönliches Konto ebenfalls mitzuführen. Im Falle der Übergabe an eine andere Gewahrsamsmacht sind ihnen ihre nicht auf die Währung der Gewahrsamsmacht lautenden Beträge nachzusenden; für alle ihre übrigen Guthaben ist ihnen eine Bestätigung zu übergeben.

Die betreffenden am Konflikt beteiligten Parteien können vereinbaren, sich gegenseitig durch Vermittlung der Schutzmacht in bestimmten Zeitabständen die Kontenauszüge der Kriegsgefangenen mitzuteilen.

Artikel 66

Wird die Gefangenschaft durch Befreiung oder Heimschaffung des Kriegsgefangenen beendigt, so hat ihm die Gewahrsamsmacht eine durch einen zuständigen Offizier unterzeichnete Bescheinigung über das Saldoguthaben auszuhändigen, das ihm bei Beendigung der Gefangenschaft noch zusteht. Anderseits hat die Gewahrsamsmacht der Macht, von der die Kriegsgefangenen abhängen, durch Vermittlung der Schutzmacht Verzeichnisse zuzustellen, die alle Angaben über die Gefangenen enthalten, deren Gefangenschaft durch Heimschaffung, Befreiung, Flucht, Tod oder aus irgendeinem anderen Grund ihr Ende gefunden hat, und auf denen namentlich die ihnen zustehenden Saldoguthaben bescheinigt sind. Jedes einzelne Blatt dieser Verzeichnisse ist durch einen bevollmächtigten Vertreter der Gewahrsamsmacht zu beglaubigen.

Den beteiligten Mächten ist es freigestellt, die oben angeführten Bestimmungen durch besondere Abkommen ganz oder teilweise abzuändern.

Für die Auszahlung des dem Kriegsgefangenen nach Beendigung der Gefangenschaft von der Gewahrsamsmacht geschuldeten Saldoguthabens ist die Macht, von der er abhängt, verantwortlich.

Artikel 67

Die den Kriegsgefangenen gemäß Artikel 60 ausbezahlten Soldvorschüsse werden als von der Macht, von der sie abhängen, getätigt betrachtet; diese Soldvorschüsse sowie alle von dieser Macht auf Grund von Artikel 63, Absatz 3, und Artikel 68 ausgeführten Zahlungen bilden nach Beendigung der Feindseligkeiten Gegenstand von Abrechnungen zwischen den beteiligten Mächten.

Artikel 68

Jedes von einem Kriegsgefangenen wegen eines Arbeitsunfalles oder wegen einer durch Arbeit verursachten Invalidität gestellte Schadenersatzbegehren ist der Macht, von der er abhängt, durch Vermittlung der Schutzmacht bekanntzugeben. In allen diesen Fällen hat die Gewahrsamsmacht dem Kriegsgefangenen gemäß den Bestimmungen von Artikel 54 eine Erklärung zu übergeben, in der die Art der Verletzung oder der Invalidität, die Umstände, unter denen sich der Unfall ereignet hat, und die Angaben über die erhaltene ärztliche oder Spitalpflege bescheinigt sind. Diese Erklärung ist von einem verantwortlichen Offizier der Gewahrsamsmacht zu unterzeichnen; die ärztlichen Angaben sind von einem Arzte des Sanitätsdienstes als richtig zu beglaubigen.

Die Gewahrsamsmacht hat der Macht, von der die Kriegsgefangenen abhängen, ebenfalls jeden Schadenersatzanspruch zur Kenntnis zu bringen, der von einem Gefangenen hinsichtlich seiner persönlichen Effekten und der ihm gemäß Artikel 18 abgenommenen und anläßlich der Heimschaffung nicht zurückerstatteten Geldbeträge oder Wertsachen geltend gemacht wird; das gleiche gilt hinsichtlich eines Verlustes, den der Gefangene der Schuld der Gewahrsamsmacht oder eines ihrer Funktionäre beimißt. Dagegen hat die Gewahrsamsmacht alle vom Gefangenen während der Gefangenschaft zum Gebrauch benötigen persönlichen Effekten auf ihre Kosten zu ersetzen. Auf jeden Fall hat die Gewahrsamsmacht dem Gefangenen eine von einem verantwortlichen Offizier unterzeichnete Erklärung auszuhändigen, die alle nützlichen Angaben enthält über die Gründe, weshalb diese Effekten, Beträge oder Wertsachen ihm nicht zurückerstattet worden sind. Ein Doppel dieser Erklärung ist durch Vermittlung der in Artikel 123 vorgesehenen Zentralstelle für Kriegsgefangene der Macht zuzustellen, von der der Gefangene abhängt.

Abschnitt V

Beziehungen der Kriegsgefangenen zur Außenwelt

Artikel 69

Sobald die Gewahrsamsmacht Kriegsgefangene in ihrer Hand hat, soll sie ihnen sowie der Macht, von der sie abhängen, durch Vermittlung der Schutzmacht die zur Ausführung der Bestimmungen des vorliegenden Abschnittes vorgesehenen Maßnahmen zur Kenntnis bringen; in gleicher Weise soll sie von jeder Änderung dieser Maßnahmen Mitteilung machen.

Artikel 70

Jedem Kriegsgefangenen soll unmittelbar nach seiner Gefangennahme oder spätestens eine Woche nach seiner Ankunft in einem Lager die Gelegenheit eingeräumt werden, direkt an seine Familie und an die in Artikel 123 vorgesehene Zentralstelle für Kriegsgefangene eine Karte zu senden, die möglichst dem diesem Abkommen beigefügten Muster entspricht und die Empfänger von seiner Gefangenschaft, seiner Adresse und seinem Gesundheitszustand in Kenntnis setzt; dies gilt auch, wenn sich der Gefangene in einem Übergangslager befindet, sowie in allen Fällen von Krankheit oder Überführung in ein Lazarett oder ein anderes Lager. Die Beförderung dieser Karten soll so rasch als möglich erfolgen und darf in keiner Weise verzögert werden.

Artikel 71

Die Kriegsgefangenen sind ermächtigt, Karten und Briefe abzuschicken und zu empfangen. Erachtet es die Gewahrsamsmacht als nötig, diese Korrespondenz einzuschränken, muß sie doch mindestens das Absenden von monatlich zwei Briefen und vier Postkarten gestatten (ohne die in Artikel 70 vorgesehenen Karten mitzuzählen), die, wenn immer möglich, den diesem Abkommen beigefügten Mustern entsprechen sollen. Andere Beschränkungen dürfen nur auferlegt werden, wenn die Schutzmacht überzeugt ist, daß angesichts der Schwierigkeiten, die der Gewahrsamsmacht in der Beschaffung einer genügenden Anzahl qualifizierter Übersetzer zur Erledigung der Zensuraufgaben erwachsen, diese Beschränkungen im Interesse der Gefangenen selbst liegen. Muß die an die Gefangenen gerichtete Korrespondenz eingeschränkt werden, kann dies nur durch Entscheid der Macht, von der die Kriegsgefangenen abhängen, angeordnet werden, allenfalls auf

Verlangen der Gewahrsamsmacht. Diese Karten und Briefe sollen mit den schnellsten Mitteln, über die die Gewahrsamsmacht verfügt, befördert werden; sie dürfen aus disziplinarischen Gründen weder auf- noch zurückgehalten werden.

Den Kriegsgefangenen, die seit längerer Zeit ohne Nachrichten von ihrer Familie sind oder denen es nicht möglich ist, von ihr solche zu erhalten oder ihr auf normalem Wege zugehen zu lassen, sowie jenen, die durch beträchtliche Entfernungen von den Ihren getrennt sind, soll gestattet werden, Telegramme zu senden, deren Kosten ihrem Konto bei der Gewahrsamsmacht belastet oder mit dem ihnen zur Verfügung stehenden Geld beglichen werden. Diese Vergünstigung steht ihnen auch in dringenden Fällen zu.

In der Regel soll der Briefwechsel der Gefangenen in ihrer Muttersprache geführt werden. Die am Konflikt beteiligten Parteien können indessen Korrespondenzen auch in anderen Sprachen zulassen.

Die Säcke mit der Post der Gefangenen sollen sorgfältig versiegelt, mit einer Aufschrift, die ihren Inhalt klar ersichtlich macht, versehen und an die Bestimmungspoststellen adressiert sein.

Artikel 72

Die Kriegsgefangenen sind berechtigt, durch die Post oder auf jede andere Weise Einzel- und Sammelsendungen zu empfangen, die namentlich Lebensmittel, Kleider, Medikamente und Gegenstände enthalten, die zur Befriedigung ihrer religiösen und Studienbedürfnisse und der Freizeitbeschäftigung dienen, inbegriffen Bücher, religiöse Gegenstände, wissenschaftliches Material, Prüfungsformulare, Musikinstrumente, Sportgeräte und Sachen, die den Gefangenen die Fortsetzung ihrer Studien oder eine künstlerische Betätigung ermöglichen.

Diese Sendungen können die Gewahrsamsmacht in keiner Weise von den Verpflichtungen befreien, die ihr das vorliegende Abkommen überträgt.

Diese Sendungen dürfen nur denjenigen Einschränkungen unterliegen, die von der Schutzmacht im Interesse der Kriegsgefangenen selbst vorgeschlagen oder durch das Internationale Komitee vom Roten Kreuz oder andere Hilfsorganisationen für Kriegsgefangene in bezug auf ihre eigenen Sendungen wegen der außerordentlichen Beanspruchung der Transport- und Verbindungsmittel beantragt werden.

Wenn nötig, sollen die Modalitäten der Beförderung von Einzel- oder Sammelsendungen Gegenstand von besonderen Abmachungen zwischen den betreffenden Mächten sein, wodurch jedoch die Verteilung solcher Hilfssendungen an die Kriegsgefangenen auf keinen Fall verzögert werden darf. Lebensmittel- und Kleidersendungen sollen keine Bücher enthalten. Ärztliche Hilfslieferungen sollen in der Regel in Sammelpaketen versandt werden.

Artikel 73

Bei Fehlen besonderer Abmachungen zwischen den beteiligten Mächten über das beim Empfang und bei der Verteilung von Kollektivhilfssendungen zu befolgende Vorgehen soll das dem vorliegenden Abkommen beigefügte Reglement, betreffend kollektive Hilfssendungen, angewendet werden.

Die oben erwähnten besonderen Abmachungen dürfen auf keinen Fall das Recht der Vertrauensleute beschränken, die für die Kriegsgefangenen bestimmten kollektiven Hilfssendungen in Empfang zu nehmen, sie zu verteilen und darüber im Interesse der Gefangenen zu verfügen.

Ebensowenig dürfen diese Abmachungen das Recht der Vertreter der Schutzmacht, des Internationalen Komitees vom Roten Kreuz und jeder anderen mit der Weiterleitung dieser kollektiven Sendungen beauftragten Hilfsorganisation für Kriegsgefangene beschränken, ihre Verteilung an die Empfänger zu überwachen.

Artikel 74

Alle für die Kriegsgefangenen bestimmten Hilfssendungen sind von sämtlichen Einfuhr-Zoll- und anderen Gebühren befreit.

Die Korrespondenz, die Hilfssendungen und die bewilligten Geldsendungen, die an die Kriegsgefangenen gerichtet oder von ihnen auf dem Postweg entweder direkt oder durch Vermittlung der in Artikel 122 vorgesehenen Auskunftbüros oder der in Artikel 123 vorgesehenen Zentralstelle für Kriegsgefangene abgeschickt werden, sollen sowohl im Ursprungs- und Bestimmungs- als auch im Durchgangsland von allen Postgebühren befreit sein.

Die Transportkosten der für die Kriegsgefangenen bestimmten Hilfssendungen, die wegen ihres Gewichtes oder aus irgendeinem anderen Grunde nicht auf dem Postweg befördert werden können, fallen in allen im Herrschaftsbereich der Gewahrsamsmacht liegenden Gebieten zu deren Lasten. Die anderen am Abkommen beteiligten Mächte haben für die Transportkosten auf ihren Gebieten aufzukommen.

Bei Fehlen besonderer Abmachungen zwischen den beteiligten Mächten fallen die aus dem Transport dieser Sendungen erwachsenden Kosten, die durch die oben vorgesehenen Portofreiheiten nicht gedeckt sind, zu Lasten des Absenders.

Die Hohen Vertragschließenden Parteien sollen sich bemühen, die Gebühren für die von den Kriegsgefangenen aufgegebenen oder ihnen zugestellten Telegramme im Rahmen des Möglichen zu ermäßigen.

Artikel 75

Sollten militärische Operationen die betreffenden Mächte verhindern, die ihnen zufallenden Verpflichtungen für den Transport der in Artikel 70, 71, 72 und 77 vorgesehenen Sendungen zu erfüllen, so können die betreffenden Schutzmächte, das Internationale Komitee vom Roten Kreuz oder jede andere von der am Konflikt beteiligten Parteien anerkannte Organisation es übernehmen, den Transport dieser Sendungen mit passenden Mitteln (Eisenbahnen, Lastwagen, Schiffen oder Flugzeugen usw.) sicherzustellen. Zu diesem Zwecke sollen sich die Hohen Vertragschließenden Parteien bemühen, ihnen diese Transportmittel zu verschaffen und sie zum Verkehr zuzulassen, insbesondere durch Ausstellung der notwendigen Geleitbriefe.

Diese Transportmittel können ebenfalls verwendet werden zur Beförderung von:

a) Briefschaften, Listen und Berichten, die zwischen der im Artikel 123 vorgesehenen zentralen Auskunftsstelle und den in Artikel 122 vorgesehenen nationalen Büros ausgetauscht werden;

b) Briefschaften und Berichten betreffend die Kriegsgefangenen, die von den Schutzmächten, dem Internationalen Komitee vom Roten Kreuz und jeder anderen Hilfsorganisation für Kriegsgefangene entweder mit ihren eigenen Delegierten oder mit den am Konflikt beteiligten Parteien ausgetauscht werden.

Diese Bestimmungen beschränken keinesfalls das Recht jeder am Konflikt beteiligten Partei, wenn sie es vorzieht, andere Transporte zu organisieren und Geleitbriefe zu vereinbarten Bedingungen abzugeben.

Bei Fehlen besonderer Vereinbarungen sollen die aus der Verwendung dieser Transportmittel erwachsenden Kosten proportional von den am Konflikt beteiligten Parteien, deren Angehörigen diese Dienste zugute kommen, getragen werden.

Artikel 76

Die Zensur der an die Kriegsgefangenen gerichteten und von ihnen abgeschickten Briefschaften soll so rasch als möglich vorgenommen werden. Sie darf nur von den Absende- und den Empfangsstaaten durchgeführt werden, und zwar von jedem nur einmal.

Die Durchsicht der für die Kriegsgefangenen bestimmten Sendungen darf nicht unter Bedingungen erfolgen, welche die darin enthaltenen Lebensmittel dem Verderb aussetzen, und muß, außer wenn es sich um Schriftstücke oder Drucksachen handelt, in Gegenwart des Empfängers oder eines von ihm beauftragten Kameraden vorgenommen werden. Die Abgabe der Einzel- oder Sammelsendungen an die Kriegsgefangenen darf nicht unter dem Vorwand von Zensurschwierigkeiten verzögert werden.

Ein aus militärischen oder politischen Gründen von einer am Konflikt beteiligten Partei erlassenes Korrespondenzverbot darf nur vorübergehender Natur sein und soll so kurz als möglich befristet sein.

Artikel 77

Die Gewahrsamsmächte sollen jede Erleichterung gewähren für die Weiterleitung – sei es durch Vermittlung der Schutzmacht oder der in Artikel 123 vorgesehenen Zentralstelle für Kriegsgefangene – von Akten, Schriftstücken oder Urkunden, insbesondere von Vollmachten und Testamenten, die für die Kriegsgefangenen bestimmt sind oder von ihnen ausgehen.

In allen Fällen sollen die Gewahrsamsmächte den Kriegsgefangenen die Errichtung dieser Urkunden erleichtern; sie sollen ihnen namentlich die Befragung eines Rechtsfreundes gestatten und das Nötige veranlassen, um die Echtheit ihrer Unterschrift beglaubigen zu lassen.

Abschnitt VI

Beziehungen der Kriegsgefangenen zu den Behörden

Kapitel I

Beschwerden der Kriegsgefangenen über die Gefangenschaftsbedingungen

Artikel 78

Die Kriegsgefangenen haben das Recht, den militärischen Behörden, in deren Händen sie sich befinden, ihre Anliegen, betreffend das Gefangenschaftsregime, dem sie unterstellt sind, vorzubringen.

Sie haben ferner das unbeschränkte Recht, sich entweder durch Vermittlung eines Vertrauensmannes oder, wenn sie es für notwendig erachten, direkt an die Vertreter der Schutzmächte zu wenden, um ihnen die Punkte zur Kenntnis zu bringen, über welche sie Beschwerden hinsichtlich der Gefangenschaftsbedingungen vorzubringen haben.

Diese Anliegen und Beschwerden unterliegen keiner Beschränkung und sind dem in Artikel 71 genannten Korrespondenzkontingent nicht zuzuzählen. Sie sollen mit aller Beschleunigung weitergeleitet werden. Selbst wenn sie sich als unbegründet erweisen, dürfen sie nicht Anlaß zu irgendeiner Bestrafung geben.

Die Vertrauensleute können den Vertretern der Schutzmacht regelmäßige Berichte über die Lage in den Lagern und über die Bedürfnisse der Kriegsgefangenen übermitteln.

Kapitel II

Vertreter der Kriegsgefangenen

Artikel 79

An allen Orten, an denen sich Kriegsgefangene befinden, mit Ausnahme derjenigen, wo Offiziere sind, sollen die Gefangenen alle sechs Monate und gleicherweise bei Vakanzen in freier und geheimer Wahl Vertrauensleute wählen können, die beauftragt sind, sie bei den militärischen Behörden, den Schutzmächten, dem Internationalen Komitee vom Roten Kreuz und allen anderen Hilfsorganisationen für Kriegsgefangene zu vertreten. Diese Vertrauensleute sind wiederwählbar.

In den Lagern der Offiziere und der ihnen Gleichgestellten oder in den gemischten Lagern wird der rangälteste kriegsgefangene Offizier des höchsten Dienstgrades als Vertrauensmann anerkannt. In den Offizierslagern wird er durch einen oder mehrere von den Offizieren gewählte Berater unterstützt; in den gemischten Lagern werden diese Gehilfen den Kriegsgefangenen, die nicht Offiziere sind, entnommen und von diesen gewählt.

In die Arbeitslager für Kriegsgefangene sollen kriegsgefangene Offiziere der gleichen Staatsangehörigkeit versetzt werden, um die den Kriegsgefangenen obliegenden Verwaltungsaufgaben der Lager zu übernehmen. Im übrigen können diese Offiziere gemäß den Bestimmungen des ersten Absatzes dieses Artikels zu Vertrauensleuten gewählt werden. In diesem Falle müssen die Gehilfen des Vertrauensmannes den Kriegsgefangenen, die nicht Offiziere sind, entnommen werden.

Jeder Vertrauensmann muß, bevor er seine Funktion ausüben kann, von der Gewahrsamsmacht anerkannt werden. Lehnt die Gewahrsamsmacht die Anerkennung eines durch seine Kameraden gewählten Kriegsgefangenen ab, so hat sie der Schutzmacht die Gründe seiner Ablehnung bekanntzugeben.

Auf jeden Fall soll der Vertrauensmann die gleiche Staatsangehörigkeit besitzen, die gleiche Sprache sprechen und dieselben Gebräuche pflegen wie die Kriegsgefangenen, die er vertritt. Auf diese Weise sollen die nach Nationalität, Sprache und Gebräuchen auf die verschiedenen Abteilungen eines Lagers verteilten Kriegsgefangenen für jede Abteilung einen eigenen Vertrauensmann, gemäß den Bestimmungen der vorhergehenden Absätze, erhalten.

Artikel 80

Die Vertrauensleute sollen zum körperlichen, moralischen und geistigen Wohlergehen der Kriegsgefangenen beitragen.

Namentlich wenn die Kriegsgefangenen beschließen sollten, unter sich ein gegenseitiges Unterstützungssystem zu organisieren, soll diese Organisation zur Zuständigkeit der Vertrauensleute gehören, ungeachtet der besonderen Aufgaben, die ihnen durch andere Bestimmungen des vorliegenden Abkommens auferlegt sind.

Die Vertrauensleute können ihrer Aufgaben wegen nicht für die von den Kriegsgefangenen begangenen strafbaren Handlungen verantwortlich gemacht werden.

Artikel 81

Die Vertrauensleute sollen nicht zu einer anderen Arbeit gezwungen werden, wenn dies die Erfüllung ihrer Funktionen erschweren könnte.

Die Vertrauensleute können unter den Gefangenen die von ihnen benötigten Hilfskräfte bestimmen. Alle materiellen Erleichterungen, zumal eine gewisse für die Erfüllung ihrer Aufgaben (Besuche der Arbeitsgruppen, Inempfangnahme von Hilfssendungen usw.) notwendige Freizügigkeit, sollen ihnen gewährt werden.

Die Vertrauensleute sind ermächtigt, die Räume zu besichtigen, in denen die Kriegsgefangenen interniert sind, und diese wiederum haben das Recht, ihren Vertrauensmann frei zu Rate zu ziehen.

Für ihre postalische und telegraphische Korrespondenz mit den Gewahrsamsbehörden, den Schutzmächten, dem Internationalen Komitee vom Roten Kreuz und ihren Delegierten, den gemischten Ärztekommissionen sowie mit den Hilfsorganisationen für Kriegsgefangene soll den Vertrauensleuten gleicherweise jegliche Erleichterung gewährt werden. Die gleichen Erleichterungen sollen die Vertrauensleute der Arbeitsgruppen für ihre Korrespondenz mit dem Vertrauensmann des Hauptlagers genießen. Diese Korrespondenz soll weder beschränkt noch als Teil dies in Artikel 71 erwähnten Kontingentes betrachtet werden.

Kein Vertrauensmann darf versetzt werden, ohne daß ihm die vernünftigerweise notwendige Zeit eingeräumt wurde, um seinen Nachfolger mit den laufenden Geschäften vertraut zu machen.

Im Falle einer Absetzung sind die Gründe, die zu diesem Entscheid geführt haben, der Schutzmacht bekanntzugeben.

Kapitel III

Straf- und Disziplinarmaßnahmen

I.

Allgemeine Bestimmungen

Artikel 82

Die Kriegsgefangenen unterstehen den für die bewaffneten Kräfte der Gewahrsamsmacht geltenden Gesetzen, Vorschriften und allgemeinen Befehlen. Die Gewahrsamsmacht ist ermächtigt, gegen jeden Kriegsgefangenen, der sich einer Verletzung dieser Gesetze, Vorschriften und allgemeinen Dienstbefehle schuldig macht, gerichtliche oder disziplinäre Maßnahmen zu treffen. Hingegen ist keine Strafverfolgung oder Bestrafung, die den Bestimmungen dieses Kapitels entgegensteht, erlaubt.

Erklären Gesetze, Vorschriften oder allgemeine Befehle der Gewahrsamsmacht von einem Kriegsgefangenen begangene Handlungen als strafbar, obwohl die gleichen Handlungen nicht strafbar sind, sofern sie durch Angehörige der bewaffneten Kräfte der Gewahrsamsmacht begangen werden, so dürfen diese Handlungen lediglich eine disziplinäre Bestrafung nach sich ziehen.

Artikel 83

Handelt es sich darum, festzustellen, ob eine durch einen Kriegsgefangenen begangene strafbare Handlung disziplinär oder gerichtlich zu bestrafen ist, so hat die Gewahrsamsmacht darüber zu wachen, daß die zuständigen Behörden bei der Prüfung dieser Frage größte Nachsicht walten lassen und, wenn immer möglich, eher zu disziplinären Maßnahmen als zu gerichtlicher Verfolgung greifen.

Artikel 84

Ein Kriegsgefangener darf nur vor ein Militärgericht gestellt werden, es sei denn, daß die Gesetze der Gewahrsamsmacht ausdrücklich die Zivilgerichte zur Aburteilung eines Angehörigen der bewaffneten Kräfte der Gewahrsamsmacht als zuständig erklären, der wegen der gleichen strafbaren Handlung wie der von einem Kriegsgefangenen begangenen verfolgt wird.

Auf keinen Fall darf ein Kriegsgefangener vor ein Gericht gestellt werden, das nicht die allgemein anerkannten wesentlichen Garantien der Unabhängigkeit und der Unparteilichkeit bietet und dessen Verfahren ihm im besonderen nicht die in Artikel 105 vorgesehenen Rechte und Mittel der Verteidigung zusichert.

Artikel 85

Die Kriegsgefangenen, die auf Grund der Gesetze der Gewahrsamsmacht für Handlungen, die sie vor ihrer Gefangennahme begangen haben, verfolgt werden, bleiben, auch wenn sie verurteilt werden, im Genusse der Vergünstigungen des vorliegenden Abkommens.

Artikel 86

Ein Kriegsgefangener darf nicht mehr als einmal wegen derselben Handlung oder auf Grund desselben Anklagepunktes bestraft werden.

Artikel 87

Über die Kriegsgefangenen können von den Militärbehörden und den Gerichten der Gewahrsamsmacht nur solche Strafen verhängt werden, die bei den gleichen Tatbeständen für die Angehörigen der bewaffneten Kräfte dieses Staates vorgesehen sind.

Bei der Strafzumessung sollen die Gerichte oder Behörden der Gewahrsamsmacht soweit als möglich die Tatsache berücksichtigen, daß der Angeklagte, da er nicht Angehöriger der Gewahrsamsmacht ist, durch keinerlei Treuepflicht ihm gegenüber gebunden ist und wegen Umständen, die nicht von seinem eigenen Willen abhängen, sich in seiner Gewalt befindet. Diese Gerichte und Behörden können die Strafe, die für die dem Gefangenen vorgeworfene strafbare Handlung vorgesehen ist, nach freiem Ermessen herabsetzen; sie sind daher nicht an die vorgeschriebene Mindeststrafe gebunden.

Sämtliche Kollektivstrafen für strafbare Handlungen einzelner, sämtliche Körperstrafen, jedes Einsperren in Räume ohne Tageslicht und ganz allgemein jede Art von Folter und Grausamkeit sind verboten.

Im übrigen darf die Gewahrsamsmacht keinen Kriegsgefangenen seines Dienstgrades entheben oder am Tragen seiner Dienstgradabzeichen hindern.

Artikel 88

Kriegsgefangene Offiziere, Unteroffiziere und Soldaten, die eine disziplinäre oder gerichtliche Strafe zu verbüßen haben, dürfen keiner strengeren Behandlung unterworfen werden, als sie bei gleichem Dienstgrad und gleicher Strafe für die Angehörigen der bewaffneten Kräfte der Gewahrsamsmacht vorgesehen ist.

Die weiblichen Kriegsgefangenen sollen nicht strenger bestraft und während ihrer Strafverbüßung nicht strenger behandelt werden als die wegen der gleichen strafbaren Handlung bestraften, den bewaffneten Kräften der Gewahrsamsmacht angehörenden Frauen.

Auf keinen Fall dürfen die weiblichen Gefangenen strenger bestraft und während der Strafverbüßung strenger behandelt werden als ein wegen der gleichen strafbaren Handlung bestrafter, den bewaffneten Kräften der Gewahrsamsmacht angehörender Mann.

Kriegsgefangene, die eine disziplinäre oder gerichtliche Strafe verbüßt haben, sollen nicht anders behandelt werden als die übrigen Kriegsgefangenen.

II.
Disziplinarstrafen

Artikel 89

Den Kriegsgefangenen können folgende Disziplinarstrafen auferlegt werden:

1. Buße bis zu 50 % des Soldvorschusses und der Arbeitsentschädigung, wie sie in Artikel 60 und 62 vorgesehen sind, für die Dauer von höchstens dreißig Tagen;

2. Entzug von Vorteilen, welche über die im vorliegenden Abkommen vorgesehene Behandlung hinausgehend gewährt wurden;

3. befohlener Arbeitsdienst von höchstens zwei Stunden täglich;

4. Arrest.

Die unter Ziffer 3 vorgesehene Strafe darf jedoch nicht auf Offiziere angewendet werden.

Keinesfalls dürfen Disziplinarstrafen unmenschlich, brutal oder für die Gesundheit der Kriegsgefangenen gefährlich sein.

Artikel 90

Die Dauer einer einzigen Strafe darf dreißig Tage nicht überschreiten. In Disziplinarfällen ist die vor der Verhandlung oder der Verhängung der Strafe in Untersuchungshaft verbrachte Zeit von der ausgesprochenen Strafe abzuziehen.

Die oben erwähnte Höchstdauer der Strafe von dreißig Tagen darf auch dann nicht überschritten werden, wenn ein Kriegsgefangener im Zeitpunkt der Entscheidung über seinen Fall sich wegen verschiedener Disziplinarvergehen zu verantworten hätte, gleichgültig, ob diese Handlungen miteinander in Zusammenhang stehen oder nicht.

Zwischen der Disziplinarentscheidung und ihrem Vollzug darf nicht mehr als ein Monat verstreichen.

Wird über einen Kriegsgefangenen eine weitere Disziplinarstrafe verhängt, so soll zwischen dem Vollzug jeder der Strafen ein Zeitraum von mindestens drei Tagen liegen, sobald die Dauer der einen zehn Tage oder mehr beträgt.

Artikel 91

Die Flucht eines Kriegsgefangenen wird als gelungen betrachtet:

1. wenn er die bewaffneten Kräfte der Macht, von der er abhängt, oder einer verbündeten Macht erreicht hat;

2. wenn er das in der Gewalt der Gewahrsamsmacht oder einer mit ihr verbündeten Macht befindliche Gebiet verlassen hat;

3. wenn er ein der Macht, von der er abhängt, oder einer verbündeten Macht gehörendes, in den Territorialgewässern der Gewahrsamsmacht befindliches Schiff erreicht, vorausgesetzt, daß dieses Schiff nicht unter der Befehlsgewalt der Gewahrsamsmacht steht.

Kriegsgefangene, denen im Sinne dieses Artikels die Flucht gelungen ist, die aber neuerdings in Gefangenschaft geraten sind, dürfen wegen ihrer früheren Flucht nicht bestraft werden.

Artikel 92

Ein Kriegsgefangener, der einen Fluchtversuch unternimmt und wieder ergriffen wird, bevor seine Flucht im Sinne von Artikel 91 gelungen ist, darf wegen dieser Handlung, selbst im Wiederholungsfalle, lediglich disziplinär bestraft werden.

Der wieder ergriffene Gefangene ist so schnell wie möglich den zuständigen militärischen Behörden zu übergeben.

In Abweichung von Artikel 88 Absatz 4 können wegen eines mißlungenen Fluchtversuches bestrafte Kriegsgefangene einer besonderen Aufsicht unterstellt werden, jedoch nur unter der Bedingung, daß diese Überwachung ihren Gesundheitszustand nicht beeinträchtigt, in einem Kriegsgefangenenlager durchgeführt wird und keinen Entzug irgendeiner der ihnen durch das vorliegende Abkommen gewährten Vergünstigungen zur Folge hat.

Artikel 93

Flucht oder Fluchtversuch soll, selbst im Wiederholungsfall, nicht als erschwerender Umstand betrachtet werden, wenn der Kriegsgefangene wegen einer während seiner Flucht oder seines Fluchtversuches begangenen strafbaren Handlung vor Gericht gestellt wird.

Kriegsgefangene, die sich einzig und allein mit der Absicht, ihre Flucht zu erleichtern, einer strafbaren Handlung schuldig machen, ohne dabei gegen Personen Gewalt anzuwenden, wie etwa einer strafbaren Handlung gegen das öffentliche Eigentum, des Diebstahls ohne Bereicherungsabsicht, der Herstellung und Verwendung falscher Papiere, des Tragens von Zivilkleidern, dürfen, entsprechend dem in Artikel 83 aufgestellten Grundsatz, nur disziplinär bestraft werden.

Kriegsgefangene, die an einer Flucht oder an einem Fluchtversuch mitgewirkt haben, dürfen deswegen nur disziplinär bestraft werden.

Artikel 94

Wird ein geflüchteter Kriegsgefangener wieder ergriffen, so ist dies, vorausgesetzt, daß auch die Flucht gemeldet worden ist, in der in Artikel 122 vorgesehenen Weise der Macht, von der er abhängt, zu melden.

Artikel 95

Kriegsgefangene, die eines Verstoßes gegen die Disziplin beschuldigt werden, sollen bis zur Fällung des Entscheides nicht in Untersuchungshaft gehalten werden, es sei denn, daß diese Maßnahme auch für Angehörige der bewaffneten Kräfte der Gewahrsamsmacht, die sich der gleichen strafbaren Handlung schuldig gemacht haben, angewandt werde oder daß das höhere Interesse der Aufrechterhaltung von Ordnung und Disziplin im Lager dies verlange.

Für alle Kriegsgefangenen soll die Untersuchungshaft in Disziplinarfällen auf das absolute Mindestmaß beschränkt werden und vierzehn Tage nicht überschreiten.

Die Bestimmungen der Artikel 97 und 98 dieses Kapitels sollen auf Kriegsgefangene angewendet werden, die sich wegen eines Disziplinarvergehens in Untersuchungshaft befinden.

Artikel 96

Handlungen, die einen Verstoß gegen die Disziplin darstellen, sind unverzüglich zu untersuchen.

Unter Vorbehalt der Zuständigkeit der Gerichte und der höheren militärischen Behörden können Disziplinarstrafen nur von einem Offizier verhängt werden, der in seiner Eigenschaft als Lagerkommandant mit der Disziplinarstrafgewalt ausgestattet ist, oder von einem verantwortlichen Offizier, der ihn vertritt, oder dem er seine Disziplinarstrafgewalt übertragen hat.

Auf keinen Fall darf diese Disziplinarstrafgewalt einem Kriegsgefangenen übertragen oder durch einen Kriegsgefangenen ausgeübt werden.

Bevor eine Disziplinarstrafe verhängt wird, soll der angeklagte Kriegsgefangene genau über die Tatsachen ins Bild gesetzt werden, die ihm vorgeworfen werden. Er soll sein Verhalten erklären und sich rechtfertigen können. Er ist berechtigt, Zeugen einvernehmen zu lassen und, falls notwendig, die Hilfe eines befähigten Dolmetschers zu beanspruchen. Die Entscheidung soll dem Kriegsgefangenen und dem Vertrauensmann bekanntgegeben werden.

Der Lagerkommandant hat ein Disziplinarstrafregister zu führen, das von den Vertretern der Schutzmacht eingesehen werden kann.

Artikel 97

Auf keinen Fall dürfen Kriegsgefangene in Strafanstalten (Kerker, Zuchthäuser, Gefängnisse usw.) übergeführt werden, um dort Disziplinarstrafen zu verbüßen.

Alle Räume, in denen Disziplinarstrafen zu verbüßen sind, sollen den in Artikel 25 vorgesehenen hygienischen Anforderungen entsprechen. Den die Strafe verbüßenden Kriegsgefangenen muß gemäß den Bestimmungen von Artikel 29 ermöglicht werden, sich sauber zu halten.

Offiziere und ihnen Gleichgestellte sollen nicht in den gleichen Räumlichkeiten wie Unteroffiziere oder Soldaten angehalten werden.

Weibliche Kriegsgefangene, die eine Disziplinarstrafe verbüßen, sollen in von den Männerabteilungen getrennten Räumen festgehalten und unter die unmittelbare Überwachung von Frauen gestellt werden.

Artikel 98

Die ihre Disziplinarstrafe verbüßenden Kriegsgefangenen bleiben weiterhin im Genuß der Bestimmungen des vorliegenden Abkommens, soweit diese nicht durch die Tatsache der Haft selbst unanwendbar werden. In keinem Fall dürfen ihnen die Vergünstigungen der Artikel 78 und 126 entzogen werden.

Den disziplinär bestraften Kriegsgefangenen können die ihnen auf Grund ihres Dienstgrades zustehenden Vorrechte nicht entzogen werden.

Disziplinär bestrafte Kriegsgefangene sollen sich täglich während mindestens zwei Stunden in der frischen Luft bewegen und aufhalten können.

Sie sollen die Erlaubnis haben, sich auf Verlangen bei der täglichen Arztvisite zu melden; sie sollen die Pflege erhalten, die ihr Gesundheitszustand erfordert, und gegebenenfalls in die Krankenabteilung des Lagers oder in ein Spital verbracht werden.

Sie sollen die Erlaubnis haben, zu lesen und zu schreiben, Briefe abzusenden und zu erhalten. Pakete und Geldsendungen dagegen können ihnen bis nach Verbüßung der Strafe vorenthalten werden; in der Zwischenzeit sollen sie dem Vertrauensmann anvertraut werden, der die in den Paketen befindlichen verderblichen Lebensmittel der Krankenabteilung übergibt.

III.

Gerichtliche Verfolgung

Artikel 99

Kein Kriegsgefangener darf wegen einer Handlung verfolgt oder verurteilt werden, die durch die zur Zeit ihrer Begehung in Kraft stehenden Gesetze der Gewahrsamsmacht oder das Völkerrecht nicht ausdrücklich verboten war.

Es dürfen weder moralische noch physische Druckmittel angewandt werden, um einen Kriegsgefangenen dazu zu bringen, sich der Handlungen, deren er angeklagt ist, schuldig zu bekennen.

Kein Kriegsgefangener darf verurteilt werden, ohne die Möglichkeit zu seiner Verteidigung und den Beistand eines geeigneten Verteidigers gehabt zu haben.

Artikel 100

Den Kriegsgefangenen und den Schutzmächten ist so früh wie möglich mitzuteilen, für welche strafbaren Handlungen die Gesetze der Gewahrsamsmacht die Todesstrafe vorsehen.

Nachträglich kann ohne Einwilligung der Macht, von der die Gefangenen abhängen, keine strafbare Handlung mehr der Todesstrafe unterstellt werden.

Die Todesstrafe kann gegen einen Kriegsgefangenen nur ausgesprochen werden, wenn gemäß Artikel 87 Absatz 2 das Gericht ganz besonders auf die Tatsache aufmerksam gemacht wurde, daß der Angeklagte, da er nicht Angehöriger der Gewahrsamsmacht ist, durch keinerlei Treuepflicht ihr gegenüber gebunden ist und wegen Umständen, die nicht von seinem eigenen Willen abhängen, sich in ihrer Gewalt befindet.

Artikel 101

Ist gegen einen Kriegsgefangenen die Todesstrafe ausgesprochen worden, so darf das Urteil nicht vor Ablauf einer Frist von mindestens sechs Monaten, vom Zeitpunkt an gerechnet, in dem die Schutzmacht unter der angegebenen Adresse die im Artikel 107 vorgesehene ausführliche Mitteilung erhalten hat, vollstreckt werden.

Artikel 102

Ein Urteil gegen einen Kriegsgefangenen kann nur dann rechtsgültig gefällt werden, wenn es durch die gleichen Gerichte und nach dem gleichen Verfahren, wie sie für die Angehörigen der bewaffneten Kräfte der Gewahrsamsmacht vorgesehen sind, ausgesprochen worden ist, und im übrigen die Bestimmungen dieses Kapitels eingehalten wurden.

Artikel 103

Gerichtliche Untersuchungen gegen Kriegsgefangene sind so rasch durchzuführen, als die Umstände es gestatten, und zwar so, daß die Gerichtsverhandlung möglichst frühzeitig stattfinden kann. Ein Kriegsgefangener darf nur dann in Untersuchungshaft gehalten werden, wenn diese Maßnahme bei gleichen strafbaren Handlungen auch für die Angehörigen der bewaffneten Kräfte der Gewahrsamsmacht vorgesehen ist oder wenn es das Interesse der nationalen Sicherheit verlangt. Diese Untersuchungshaft darf auf keinen Fall länger als drei Monate dauern.

Die Dauer der Untersuchungshaft ist auf die über den Kriegsgefangenen verhängte Freiheitsstrafe anzurechnen; dies ist bereits bei der Festsetzung der Strafe zu berücksichtigen.

Die Bestimmungen der Artikel 97 und 98 bleiben für die Kriegsgefangenen auch während ihrer Untersuchungshaft in Geltung.

Artikel 104

In allen Fällen, in denen sich die Gewahrsamsmacht für die Einleitung der gerichtlichen Verfolgung eines Kriegsgefangenen entschieden hat, hat sie dies der Schutzmacht so schnell wie möglich, mindestens jedoch drei Wochen vor Verhandlungsbeginn, bekanntzugeben. Diese Frist von drei Wochen läuft erst vom Augenblick an, in dem die Schutzmacht unter der von ihr der Gewahrsamsmacht vorher bekanntgegebenen Adresse Mitteilung erhalten hat.

Diese Mitteilung soll folgende Angaben enthalten:

1. Name, Vornamen, Dienstgrad, Erkennungsnummer, Geburtsdatum und allfälliger Beruf des Kriegsgefangenen;

2. Ort der Internierung oder der Haft;

3. genaue Bezeichnung des oder der Anklagepunkte unter Erwähnung der anwendbaren gesetzlichen Bestimmungen;

4. das den Fall behandelnde Gericht sowie Datum und Ort der Eröffnung der Verhandlung.

Die gleiche Mitteilung hat die Gewahrsamsmacht dem Vertrauensmann des Kriegsgefangenen zu machen.

Kann bei der Eröffnung der Verhandlung der Beweis nicht erbracht werden, daß die Schutzmacht, der Kriegsgefangene selbst und sein Vertrauensmann die genannte Mitteilung mindestens drei Wochen vor Verhandlungsbeginn empfangen haben, so darf die Verhandlung nicht stattfinden und ist zu vertagen.

Artikel 105

Dem Kriegsgefangenen steht das Recht zu, einen seiner kriegsgefangenen Kameraden zur Unterstützung beizuziehen, sich durch einen geeigneten Verteidiger seiner Wahl verteidigen zu lassen, Zeugen vorladen zu lassen und, wenn er es für nötig erachtet, die Dienste eines befähigten Dolmetschers zu beanspruchen. Die Gewahrsamsmacht hat ihn rechtzeitig vor der Verhandlung von diesen Rechten in Kenntnis zu setzen.

Hat der Kriegsgefangene keinen Verteidiger gewählt, so hat die Schutzmacht ihm einen beizustellen; dafür steht ihr mindestens eine Woche Zeit zur Verfügung. Auf Verlangen der Schutzmacht hat ihr die Gewahrsamsmacht ein Verzeichnis der für die Übernahme der Verteidigung geeigneten Personen zukommen zu lassen. Für den Fall, daß weder der Kriegsgefangene noch die Schutzmacht einen Verteidiger gewählt haben, hat die Gewahrsamsmacht einen für die Verteidigung des Angeklagten geeigneten Rechtsanwalt zu bestellen.

Dem Verteidiger sind zur Vorbereitung der Verteidigung des Angeklagten mindestens zwei Wochen Zeit bis zur Eröffnung der Verhandlung einzuräumen und die dazu nötigen Erleichterungen zu gewähren; namentlich soll er den Angeklagten unbehindert besuchen und ohne Zeugen mit ihm sprechen können. Er soll mit allen Entlastungszeugen, einschließlich der Kriegsgefangenen, sprechen können. Diese Erleichterungen sind ihm bis zum Ablauf der Rechtsmittelfristen zu gewähren.

Dem angeklagten Kriegsgefangenen sind die Anklageschrift sowie diejenigen Dokumente, die im allgemeinen den Angeklagten gemäß den bei den bewaffneten Kräften der Gewahrsamsmacht geltenden Gesetzen bekanntgegeben werden, in einer ihm verständlichen Sprache und rechtzeitig vor Verhandlungseröffnung zuzustellen. Seinem Verteidiger sind dieselben Dokumente unter den gleichen Bedingungen zuzustellen.

Die Vertreter der Schutzmacht haben das Recht, den Verhandlungen beizuwohnen, sofern diese nicht ausnahmsweise im Interesse der Staatssicherheit unter Ausschluß der Öffentlichkeit stattfinden müssen; in diesem Falle hat die Gewahrsamsmacht die Schutzmacht davon zu verständigen.

Artikel 106

Jeder Kriegsgefangene hat das Recht, unter den gleichen Bedingungen, die auch für die Angehörigen der bewaffneten Kräfte der Gewahrsamsmacht gelten, gegen jedes gegen ihn ergangene Urteil Rechtsmittel zu ergreifen. Über die ihm diesbezüglich zustehenden Rechte sowie über die Rechtsmittelfrist ist er eingehend zu unterrichten.

Artikel 107

Jedes gegen einen Kriegsgefangenen ergangene Urteil ist der Schutzmacht unverzüglich in Form einer gedrängten Mitteilung bekanntzugeben, die auch angibt, ob dem Gefangenen ein Rechtsmittel zusteht. Diese Mitteilung ist auch dem betreffenden Vertrauensmann zuzustellen. Ist das Urteil in Abwesenheit des Angeklagten gefällt worden, hat diese Mitteilung auch an den Kriegsgefangenen selbst zu ergehen, und zwar in einer ihm verständlichen Sprache. Im übrigen hat die Gewahrsamsmacht der Schutzmacht unverzüglich mitzuteilen, ob der Kriegsgefangene von Rechtsmitteln Gebrauch machen will oder nicht.

Handelt es sich um ein endgültiges Urteil oder um ein durch die erste Instanz gefälltes Todesurteil, hat die Gewahrsamsmacht ferner an die Schutzmacht sobald wie möglich eine ausführliche Mitteilung zu richten, die folgende Angaben enthält:

1. den ganzen Wortlaut des Urteils;

2. einen zusammenfassenden Bericht über die Untersuchung und die Verhandlung, der besonders die Grundzüge der Anklage und der Verteidigung hervorhebt;

3. gegebenenfalls die Angabe der Anstalt, wo die Strafe zu verbüßen ist.

Die in den vorangehenden Absätzen genannten Mitteilungen sind von der Gewahrsamsmacht der Schutzmacht unter der ihr vorher bekanntgegebenen Adresse zuzustellen.

Artikel 108

Die auf Grund eines ordnungsgemäß vollstreckbar gewordenen Urteils über einen Kriegsgefangenen verhängten Strafen sind in den gleichen Anstalten und unter den gleichen Bedingungen zu verbüßen, wie dies bei Angehörigen der bewaffneten Kräfte der Gewahrsamsmacht der Fall ist. Diese Bedingungen sollen auf alle Fälle den Erfordernissen der Hygiene und der Menschlichkeit entsprechen.

Weibliche Kriegsgefangene, über die eine derartige Strafe verhängt wird, sind in gesonderten Räumen unterzubringen und unter die Überwachung von Frauen zu stellen.

Auf jeden Fall gelten die Bestimmungen der Artikel 78 und 126 weiterhin für die zu einer Freiheitsstrafe verurteilten Kriegsgefangenen. Es soll ihnen im übrigen gestattet sein, Briefschaften zu empfangen und zu versenden, monatlich mindestens ein Hilfspaket zu empfangen und sich regelmäßig in der frischen Luft zu bewegen; entsprechend ihrem Gesundheitszustand haben sie Anrecht auf die notwendige ärztliche Pflege; auf Wunsch soll ihnen auch geistlicher Beistand gewährt werden. Die ihnen auferlegten Strafen haben den Bestimmungen von Artikel 87 Absatz 3 zu entsprechen.

Teil IV

Beendigung der Gefangenschaft

Abschnitt I

Direkte Heimschaffung und Hospitalisierung in einem neutralen Lande

Artikel 109

Die am Konflikt beteiligten Parteien sind unter Vorbehalt der Bestimmungen im dritten Absatz dieses Artikels gehalten, die schwerkranken und schwerverwundeten Kriegsgefangenen, ohne Rücksicht auf Anzahl und Dienstgrad, nach Herbeiführung ihrer Transportfähigkeit, gemäß den Bestimmungen des ersten Absatzes des nachfolgenden Artikels, in ihre Heimat zurückzusenden.

Die am Konflikt beteiligten Parteien haben sich während der Dauer der Feindseligkeiten, in Zusammenarbeit mit den in Frage stehenden neutralen Mächten, zu bemühen, die Hospitalisierung der im zweiten Absatz des nachfolgenden Artikels erwähnten verwundeten oder kranken Kriegsgefangenen in neutralen Ländern in die Wege zu leiten; im übrigen können sie auch Vereinbarungen zur direkten Heimschaffung von gesunden, schon seit langer Zeit in Gefangenschaft befindlichen Kriegsgefangenen oder zu deren Internierung in einem neutralen Land treffen.

Während der Feindseligkeiten kann kein in Absatz 1 dieses Artikels für die Heimschaffung vorgesehener kranker oder verwundeter Kriegsgefangener gegen seinen Willen heimgeschafft werden.

Artikel 110

Es sind direkt heimzuschaffen:

1. die unheilbar Verwundeten und Kranken, deren geistige oder körperliche Fähigkeiten beträchtlich herabgemindert zu sein scheinen;

2. die Verwundeten und Kranken, die nach ärztlicher Meinung im Verlauf eines Jahres nicht geheilt werden können, wenn ihr Zustand eine Behandlung erfordert und ihre geistigen oder körperlichen Fähigkeiten beträchtlich herabgemindert zu sein scheinen;

3. die geheilten Verwundeten und Kranken, deren geistige oder körperliche Fähigkeiten dauernd und beträchtlich herabgemindert zu sein scheinen.

Es können in neutralem Lande hospitalisiert werden:

1. die Verwundeten und Kranken, deren Heilung innerhalb eines Jahres seit der Verletzung oder Erkrankung angenommen werden kann, wenn die Behandlung in einem neutralen Lande eine sicherere und schnellere Heilung voraussehen läßt;

2. die Kriegsgefangenen, deren geistige oder körperliche Gesundheit nach ärztlicher Ansicht durch die Fortsetzung der Gefangenschaft ernstlich bedroht ist, bei denen jedoch durch die Hospitalisierung in neutralem Lande diese Gefahr vermeiden würde.

Die Bedingungen, welche die in einem neutralen Lande hospitalisierten Kriegsgefangenen erfüllen müssen, um heimgeschafft zu werden, wie auch ihre Rechtsstellung sind durch Vereinbarung unter den beteiligten Mächten zu regeln. Im allgemeinen sind diejenigen in einem neutralen Lande hospitalisierten Kriegsgefangenen heimzuschaffen, die folgenden Kategorien angehören:

1. diejenigen, deren Gesundheitszustand sich derart verschlimmert hat, daß die für die direkte Heimschaffung vorgesehenen Bedingungen erfüllt sind;

2. diejenigen, deren geistige oder körperliche Fähigkeiten auch nach erfolgter Behandlung beträchtlich herabgemindert bleiben.

In Ermangelung von besonderen, zwischen den betreffenden am Konflikt beteiligten Parteien getroffenen Vereinbarungen über die Bestimmung der Invaliditäts- oder Krankheitsfälle, die die direkte Heimschaffung und die Hospitalisierung in neutralem Lande zur Folge haben, sind diese Fälle gemäß dem Musterabkommen über die direkte Heimschaffung und die Hospitalisierung in neutralem Lande und dem Reglement, betreffend die gemischten ärztlichen Kommissionen, zu bestimmen, die diesem Abkommen beiliegen.

Artikel 111

Die Gewahrsamsmacht, die Macht von der die Kriegsgefangenen abhängen, und eine von diesen beiden Mächten anerkannte neutrale Macht sollen sich um den Abschluß von Vereinbarungen bemühen, die die Internierung von Kriegsgefangenen auf dem Gebiete der genannten neutralen Macht bis zur Einstellung der Feindseligkeiten gestatten.

Artikel 112

Bei Beginn der Feindseligkeiten sind gemischte ärztliche Kommissionen zu bestellen, die die kranken und verletzten Gefangenen zu untersuchen und alle zweckmäßigen Entscheidungen über sie zu treffen haben. Für die Bestellung, die Pflichten und die Tätigkeit dieser Kommissionen sind die Bestimmungen des diesem Abkommen beiliegenden Reglements maßgebend.

Indessen können Gefangene, die nach Ansicht der ärztlichen Behörden der Gewahrsamsmacht offenkundig als Schwerverletzte oder Schwerkranke zu betrachten sind, ohne Untersuchung durch eine gemischte ärztliche Kommission heimgeschafft werden.

Artikel 113

Neben den durch die ärztlichen Behörden der Gewahrsamsmacht bezeichneten Kriegsgefangenen haben die verwundeten oder kranken Gefangenen, die einer der nachstehend aufgeführten Kategorien angehören, das Recht, sich von den im vorhergehenden Artikel genannten gemischten ärztlichen Kommissionen untersuchen zu lassen:

1. die Verwundeten und Kranken, die von einem im Lager tätigen Arzt vorgeschlagen werden, der ihr Landsmann oder Staatsangehöriger einer am Konflikt beteiligten Partei ist, die mit der Macht, von der sie abhängen, verbündet ist;

2. die von ihrem Vertrauensmann vorgeschlagenen Verwundeten und Kranken;

3. die von der Macht, von der sie abhängen oder von einer von dieser Macht anerkannten Hilfsorganisation für Kriegsgefangene vorgeschlagenen Verwundeten und Kranken.

Die Kriegsgefangenen, die keiner dieser drei Kategorien angehören, können sich diesen gemischten ärztlichen Kommissionen gleichwohl zur Untersuchung stellen, werden jedoch erst nach den Gefangenen der erwähnten Kategorien untersucht.

Dem Arzt, der ein Landsmann der von der gemischten ärztlichen Kommission untersuchten Kriegsgefangenen ist, sowie ihrem Vertrauensmann ist es erlaubt, dieser Untersuchung beizuwohnen.

Artikel 114

Kriegsgefangene, die einen Unfall erlitten haben, genießen, außer wenn es sich um eine Selbstverstümmelung handelt, die Vergünstigung der Bestimmungen des vorliegenden Abkommens, betreffend die Heimschaffung oder die allfällige Hospitalisierung in einem neutralen Lande.

Artikel 115

Kein disziplinär bestrafter Kriegsgefangener, der die für die Heimschaffung oder die Hospitalisierung in einem neutralen Lande vorgesehenen Bedingungen erfüllt, darf zurückgehalten werden, weil er seine Strafe noch nicht verbüßt hat.

Die gerichtlich verfolgten oder verurteilten Kriegsgefangenen, die für die Heimschaffung oder die Hospitalisierung in einem neutralen Lande vorgesehen sind, können vor Beendigung des Verfahrens oder der Verbüßung der Strafe in den Genuß dieser Maßnahmen gelangen, wenn die Gewahrsamsmacht ihre Einwilligung dazu gibt.

Die am Konflikt beteiligten Parteien haben sich gegenseitig die Namen derjenigen bekanntzugeben, die bis zur Beendigung des Verfahrens oder der Verbüßung der Strafe zurückbehalten werden.

Artikel 116

Die Kosten der Heimschaffung oder der Überführung von Kriegsgefangenen in ein neutrales Land gehen von der Grenze der Gewahrsamsmacht an zu Lasten derjenigen Macht, von der diese Kriegsgefangenen abhängen.

Artikel 117

Kein Heimgeschaffter darf zu aktivem Militärdienst verwendet werden.

Abschnitt II

Freilassung und Heimschaffung der Kriegsgefangenen nach Beendigung der Feindseligkeiten.

Artikel 118

Die Kriegsgefangenen sind nach Beendigung der aktiven Feindseligkeiten ohne Verzug freizulassen und heimzuschaffen.

Wenn das zwischen den am Konflikt beteiligten Parteien abgeschlossene Abkommen zur Beendigung der Feindseligkeiten keine diesbezüglichen Bestimmungen enthält oder kein solches Abkommen abgeschlossen wird, soll jede Gewahrsamsmacht gemäß dem im vorhergehenden Absatz aufgestellten Grundsatz ohne Verzug selbst einen Heimschaffungsplan aufstellen und ausführen.

In beiden Fällen sind die getroffenen Maßnahmen den Kriegsgefangenen zur Kenntnis zu bringen.

Die Kosten der Heimschaffung der Kriegsgefangenen sollen auf jeden Fall in billiger Weise zwischen der Gewahrsamsmacht und der Macht, von der die Kriegsgefangenen abhängen, geteilt werden. Für diese Verteilung sollen folgende Grundsätze beobachtet werden:

a) wenn es sich um Nachbarstaaten handelt, hat der Staat, von dem die Kriegsgefangenen abhängen, die Kosten der Heimschaffung von der Grenze der Gewahrsamsmacht an zu übernehmen;

b) wenn es sich nicht um Nachbarstaaten handelt, so hat die Gewahrsamsmacht die Kosten des Transportes der Kriegsgefangenen auf ihrem Gebiet zu übernehmen, und zwar bis zu ihrer Grenze oder bis zu ihrem Einschiffungshafen, der dem Staat, von dem die Gefangenen abhängen, am nächsten liegt. Was den Rest der Heimschaffungskosten betrifft, so sollen sich die beteiligten Mächte über eine gerechte Aufteilung einigen. Auf keinen Fall darf wegen des Abschlusses einer solchen Übereinkunft die Heimschaffung der Kriegsgefangenen auch nur im geringsten verzögert werden.

Artikel 119

Die Heimschaffung soll unter ähnlichen Bedingungen erfolgen, wie sie in den Artikeln 46 bis und mit 48 für die Verlegung von Kriegsgefangenen vorgesehen sind, und unter Berücksichtigung der Bestimmungen des Artikels 118 sowie der nachfolgenden Bestimmungen.

Bei der Heimschaffung sind den Kriegsgefangenen die ihnen gemäß Artikel 18 abgenommenen Wertgegenstände und die Geldbeträge, die nicht in die Währung der Gewahrsamsmacht umgewechselt wurden, zurückzuerstatten. Die Wertgegenstände und die Geldbeträge in ausländischer Währung, die aus irgendeinem Grund den Kriegsgefangenen bei ihrer Heimschaffung nicht zurückerstattet wurden, sollen dem in Artikel 122 vorgesehenen Auskunftsbüro übergeben werden.

Die Kriegsgefangenen sind berechtigt, ihre persönlichen Effekten, ihre Briefschaften und die erhaltenen Pakete mitzunehmen; das Gewicht dieses Gepäcks kann, falls die Umstände der Heimschaffung es erfordern, auf das beschränkt werden, was der Gefangene vernünftigerweise tragen kann; auf jeden Fall ist jeder Kriegsgefangene berechtigt, mindestens 25 Kilogramm mitzunehmen.

Die anderen persönlichen Effekten des heimgeschafften Kriegsgefangenen sind von der Gewahrsamsmacht aufzubewahren; diese hat sie dem Gefangenen zukommen zu lassen, sobald sie mit der Macht, von der er abhängt, ein Übereinkommen über die Art des Transportes und die Bezahlung der Transportkosten getroffen hat.

Die Kriegsgefangenen, gegen die wegen eines Verbrechens oder Vergehens eine Strafverfolgung anhängig ist, können bis zum Abschluß des Gerichtsverfahrens und gegebenenfalls bis zur Verbüßung der Strafe zurückgehalten werden. Das gleiche gilt für Kriegsgefangene, die wegen eines strafrechtlichen Verbrechens oder Vergehens verurteilt wurden.

Die am Konflikt beteiligten Parteien haben sich gegenseitig die Namen der Kriegsgefangenen bekanntzugeben, die bis zum Abschluß des Gerichtsverfahrens oder bis zur Verbüßung der Strafe zurückgehalten werden.

Die am Konflikt beteiligten Parteien sollen die Einsetzung von Kommissionen vereinbaren, um verstreute Kriegsgefangene zu suchen und ihre möglichst rasche Heimschaffung sicherzustellen.

Abschnitt III

Todesfälle von Kriegsgefangenen

Artikel 120

Die Erklärungen des letzten Willens der Kriegsgefangenen sollen so aufgesetzt sein, daß sie den von der Gesetzgebung ihres Heimatstaates aufgestellten Gültigkeitsvorschriften entsprechen; diese Vorschriften sollen vom Heimatstaat der Gewahrsamsmacht zur Kenntnis gebracht werden. Auf Verlangen des Kriegsgefangenen und auf jeden Fall nach seinem Tod ist die Erklärung des letzten Willens unverzüglich der Schutzmacht zu übergeben und eine beglaubigte Abschrift davon der Zentralstelle für Kriegsgefangene zuzustellen.

Die gemäß dem diesem Abkommen beiliegenden Muster errichteten Sterbeurkunden oder die von einem verantwortlichen Offizier beglaubigten Listen aller in der Gefangenschaft verstorbenen Kriegsgefangenen sind so rasch wie möglich dem in Artikel 122 vorgesehenen Auskunftsbüro für Kriegsgefangene zu übermitteln. Die in Absatz 3 von Artikel 17 aufgezählten Angaben über die Identität, den Ort und das Datum des Todes, die Todesursache, den Ort und das Datum der Beerdigung sowie alle zur Auffindung der Gräber notwendigen Angaben müssen in diesen Urkunden oder Listen enthalten sein.

Vor der Beerdigung oder Einäscherung muß eine ärztliche Untersuchung der Leiche stattfinden, die den Tod feststellen, die Abfassung eines Berichtes ermöglichen und, wenn nötig, die Identität des Verstorbenen feststellen soll.

Die Gewahrsamsbehörden haben dafür zu sorgen, daß in der Gefangenschaft verstorbene Kriegsgefangene mit allen Ehren, wenn möglich gemäß den Riten der Religion, der sie angehörten, bestattet und daß ihre Gräber geachtet, angemessen unterhalten und so gekennzeichnet werden, daß sie jederzeit wieder aufgefunden werden können. Wenn immer möglich, sollen die verstorbenen Kriegsgefangenen, die von der gleichen Macht abhingen, am gleichen Ort bestattet werden.

Die verstorbenen Kriegsgefangenen sollen einzeln begraben werden, sofern nicht die Beisetzung in einem Gemeinschaftsgrab infolge höherer Gewalt unumgänglich ist. Die Leichen dürfen nur aus zwingenden hygienischen Gründen oder weil es die Religion des Verstorbenen verlangt oder auf seinen eigenen Wunsch hin eingeäschert werden. Im Falle einer Einäscherung soll dies unter Angabe der Gründe auf der Todesurkunde des Verstorbenen vermerkt werden.

Damit die Gräber stets wieder aufgefunden werden können, sollen alle Auskünfte über die Bestattungen und die Gräber durch einen von der Gewahrsamsmacht geschaffenen Gräberdienst aufgezeichnet werden. Die Verzeichnisse der Gräber und die Auskünfte über die auf den Friedhöfen oder anderswo bestatteten Kriegsgefangenen sollen der Macht, von der diese Kriegsgefangenen abhingen, übermittelt werden. Wenn die Macht, in deren Gewalt ein Gebiet steht, diesem Abkommen beigetreten ist, hat sie für die Pflege der darin befindlichen Gräber und für die Eintragung jeder nachträglichen Überführung einer Leiche besorgt zu sein. Diese Bestimmungen beziehen sich ebenfalls auf die Asche, die vom Gräberdienst aufzubewahren ist, bis ihm der Heimatstaat des Verstorbenen seine endgültigen Verfügungen in dieser Hinsicht bekanntgibt.

Artikel 121

Nach jedem Todesfall oder jeder schweren Verletzung eines Kriegsgefangenen, die durch eine Wache, einen anderen Kriegsgefangenen oder irgendeine andere Person verursacht wurden oder verursacht sein könnten, sowie nach jedem Todesfall, dessen Ursache unbekannt ist, soll von der Gewahrsamsmacht unverzüglich eine offizielle Untersuchung eingeleitet werden.

Der Schutzmacht soll darüber sofort Anzeige gemacht werden. Die Aussagen der Zeugen, besonders der Kriegsgefangenen, sollen aufgenommen werden. Ein diese Aussagen enthaltender Bericht soll der genannten Macht übermittelt werden.

Erweist die Untersuchung die Schuld einer oder mehrerer Personen, so soll die Gewahrsamsmacht alle Maßnahmen zur gerichtlichen Verfolgung der verantwortlichen Person oder Personen ergreifen.

Teil V

Auskunftsstellen und Hilfsorganisationen für Kriegsgefangene

Artikel 122

Bei Ausbruch eines Konflikts und in allen Fällen einer Besetzung soll jede der am Konflikt beteiligten Parteien ein offizielles Auskunftsbüro für die in ihrer Gewalt befindlichen Kriegsgefangenen einrichten; das gleiche gilt für die neutralen oder nicht kriegführenden Mächte hinsichtlich jener Personen, die sie in ihr Gebiet aufgenommen haben und die einer der in Artikel 4 aufgeführten Gruppen angehören. Die betreffende Macht hat dafür Sorge zu tragen, daß das Auskunftsbüro über die Räumlichkeiten, das Material und das nötige Personal verfügt, die notwendig sind, damit es wirksam arbeiten kann. Es steht ihr frei, unter Beachtung des im Abschnitt des vorliegenden Abkommens über die Arbeit der Kriegsgefangenen festgelegten Bedingungen Kriegsgefangene hiefür zu verwenden.

Jede der am Konflikt beteiligten Parteien hat ihrem Auskunftsbüro in kürzestmöglicher Frist die im vierten, fünften und sechsten Abschnitt dieses Artikels erwähnten Auskünfte über jede feindliche, zu einer der in Artikel 4 aufgeführten Gruppen gehörende und in ihre Gewalt geratene Person zu erteilen. Das gleiche gilt für die neutralen oder nicht kriegführenden Mächte hinsichtlich jener Personen, die diesen Gruppen angehören und die sie in ihr Gebiet aufgenommen haben.

Das Auskunftsbüro hat diese Auskünfte durch Vermittlung der Schutzmächte einerseits und der in Artikel 123 vorgesehenen Zentralstelle anderseits unverzüglich auf raschestem Wege den interessierten Mächten zukommen zu lassen.

Diese Angaben sollen eine rasche Benachrichtigung der betreffenden Familien erlauben. Vorbehaltlich der Bestimmungen des Artikels 17 sollen diese Auskünfte, soweit sie die Auskunftsstelle besitzt, für jeden Kriegsgefangenen Name, Vornamen, Dienstgrad, Matrikelnummer, Ort und vollständiges Datum der Geburt, die Macht, von der er abhängt, Vorname des Vaters und Mädchenname der Mutter, Name und Adresse der zu benachrichtigenden Person sowie die Adresse, unter der dem Gefangenen Briefschaften zugestellt werden können, enthalten.

Das Auskunftsbüro soll von den verschiedenen zuständigen Dienststellen die Angaben über Veränderungen, Freilassung, Heimschaffung, Flucht, Hospitalisierung, Tod erhalten und sie auf die im dritten Absatz dieses Artikels vorgesehene Weise weiterleiten.

Ebenso sollen regelmäßig, und zwar wenn möglich wöchentlich, Auskünfte über den Gesundheitszustand schwerkranker oder schwerverletzter Kriegsgefangener weitergeleitet werden.

Das Auskunftsbüro ist ebenfalls mit der Beantwortung aller Anfragen über die Kriegsgefangenen, einschließlich der in der Gefangenschaft Verstorbenen, betraut; um sich die fehlenden Auskünfte zu beschaffen, hat es die nötigen Erhebungen vorzunehmen.

Alle schriftlichen Mitteilungen des Auskunftsbüros sind durch Unterschrift oder Siegel zu beglaubigen.

Das Auskunftsbüro ist ferner beauftragt, alle persönlichen Wertgegenstände, einschließlich der Geldbeträge in anderer Währung als der der Gewahrsamsmacht, sowie die für die nächsten Angehörigen wichtigen Dokumente zu sammeln, die die Kriegsgefangenen bei ihrer Heimschaffung, ihrer Freilassung, ihrer Flucht oder ihrem Tod zurückgelassen haben, und sie an die interessierten Mächte zu übermitteln. Diese Gegenstände sollen vom Auskunftsbüro in versiegelten Paketen versandt werden und von einer Erklärung, welche die Identität der Person, der die Gegenstände gehörten, genau feststellt, sowie von einem vollständigen Verzeichnis des Paketinhaltes begleitet sein. Die übrigen persönlichen Effekten der in Frage stehenden Kriegsgefangenen sind gemäß den zwischen den betreffenden am Konflikt beteiligten Parteien abgeschlossenen Vereinbarungen zurückzusenden.

Artikel 123

Eine zentrale Auskunftsstelle für Kriegsgefangene soll in einem neutralen Land geschaffen werden. Das Internationale Komitee vom Roten Kreuz soll den in Frage kommenden Mächten, sofern es ihm notwendig erscheint, die Organisation einer solchen Zentralstelle vorschlagen.

Diese Zentralstelle ist beauftragt, alle Auskünfte, betreffend Kriegsgefangene, die sie auf offiziellem oder privatem Wege beschaffen kann, zu sammeln. Sie soll sie so rasch wie möglich an das Herkunftsland der Kriegsgefangenen oder an die Macht, von der sie abhängen, weiterleiten. Von Seiten der am Konflikt beteiligten Parteien soll diese Zentralstelle alle angemessenen Erleichterungen zur Durchführung dieser Weiterleitungen erhalten.

Die Hohen Vertragschließenden Parteien und im besonderen jene, deren Angehörigen die Dienste der Zentralstelle zugute kommen, werden aufgefordert, ihr die finanzielle Hilfe angedeihen zu lassen, deren sie bedarf.

Diese Bestimmungen dürfen nicht als eine Beschränkung der humanitären Tätigkeit des Internationalen Komitees vom Roten Kreuz und der in Artikel 125 erwähnten Hilfsgesellschaften ausgelegt werden.

Artikel 124

Die nationalen Auskunftsbüros und die Zentralstelle sollen für alle Postsendungen Portofreiheit genießen; auch sollen ihnen alle in Artikel 74 vorgesehenen Befreiungen sowie im Rahmen des möglichen Gebührenfreiheit oder zumindest bedeutende Gebührenermäßigungen für telegraphische Mitteilungen zugute kommen.

Artikel 125

Unter Vorbehalt der Maßnahmen, die die Gewahrsamsmächte für unerläßlich halten, um ihre Sicherheit zu gewährleisten oder jedem anderen vernünftigen Erfordernis zu begegnen, sollen sie den religiösen Organisationen, Hilfsgesellschaften oder jeder anderen den Kriegsgefangenen Hilfe bringenden Körperschaft die beste Aufnahme gewähren. Sie sollen ihnen wie auch ihren gebührend akkreditierten Delegierten alle notwendigen Erleichterungen gewähren, damit sie die Kriegsgefangenen besuchen, Hilfssendungen und für Erziehungs- Erholungs- oder Religionszwecke dienende Gegenstände, welcher Herkunft immer, an sie verteilen oder ihnen bei der Gestaltung der Freizeit innerhalb der Lager helfen können. Die genannten Gesellschaften oder Organisationen können auf dem Gebiet der Gewahrsamsmacht oder in einem anderen Land gegründet werden oder aber internationalen Charakter haben.

Die Gewahrsamsmacht kann die Anzahl der Gesellschaften und Organisationen, deren Delegierte ermächtigt sind, ihre Tätigkeit auf ihrem Gebiet und unter ihrer Aufsicht auszuüben, begrenzen; durch eine solche Begrenzung darf jedoch die wirksame und ausreichende Hilfeleistung an alle Kriegsgefangenen nicht behindert werden.

Die besondere Stellung des Internationalen Komitees vom Roten Kreuz auf diesem Gebiete soll jederzeit anerkannt und respektiert werden.

Im Augenblick der Übergabe von Hilfssendungen oder von obgenannten Zwecken dienenden Gegenständen an die Kriegsgefangenen oder mindestens innerhalb kurzer Frist ist den Hilfsgesellschaften oder Organisationen für jede von ihnen abgeschickte Sendung eine vom Vertrauensmann unterzeichnete Empfangsbestätigung zuzustellen. Gleichzeitig sind von den Verwaltungsbehörden, die die Kriegsgefangenen überwachen, Empfangsbestätigungen für diese Sendungen auszustellen.

Teil VI

Vollzug des Abkommens

Abschnitt I

Allgemeine Bestimmungen

Artikel 126

Die Vertreter oder Delegierten der Schutzmächte sind ermächtigt, sich an alle Orte zu begeben, wo sich Kriegsgefangene befinden, namentlich an alle Internierungs- Gefangenhaltungs- und Arbeitsorte; sie sollen zu allen von Kriegsgefangenen benützten Räumlichkeiten Zutritt haben. Sie sind ebenfalls ermächtigt, sich an alle Abfahrts- Durchfahrts- und Ankunftsorte von versetzten Kriegsgefangenen zu begeben. Sie sollen sich ohne Zeugen mit den Gefangenen und besonders mit ihrem Vertrauensmann unterhalten können, wenn nötig durch Vermittlung eines Dolmetschers.

Den Vertretern und Delegierten der Schutzmächte ist, betreffend die Wahl der Orte, die sie zu besuchen wünschen, jede Freiheit zu lassen; Dauer und Zahl dieser Besuche dürfen nicht eingeschränkt werden. Diese Besuche dürfen nur aus zwingenden militärischen Gründen und bloß ausnahmsweise und vorübergehend untersagt werden.

Die Gewahrsamsmacht und die Macht, von der die Kriegsgefangenen abhängen, können gegebenenfalls übereinkommen, Landsleute dieser Kriegsgefangenen zur Teilnahme an solchen Besuchen zuzulassen.

Die Delegierten des Internationalen Komitees vom Roten Kreuz sollen die gleichen Vorrechte genießen. Die Bezeichnung dieser Delegierten bedarf der Genehmigung der Macht, in deren Gewalt sich die zu besuchenden Kriegsgefangenen befinden.

Artikel 127

Die Hohen Vertragschließenden Parteien verpflichten sich, in Friedens- und in Kriegszeiten den Wortlaut des vorliegenden Abkommens in ihren Ländern im weitestmöglichen Ausmaß zu verbreiten und insbesondere sein Studium in die militärischen und, wenn möglich, zivilen Ausbildungsprogramme aufzunehmen, damit die Gesamtheit ihrer bewaffneten Kräfte und der Bevölkerung seine Grundsätze kennenlernen kann.

Die militärischen oder anderen Behörden, die in Kriegszeiten eine Verantwortung in bezug auf Kriegsgefangene übernehmen, müssen den Wortlaut des Abkommens besitzen und über dessen Bestimmungen besonders unterrichtet werden.

Artikel 128

Die Hohen Vertragschließenden Parteien sollen sich gegenseitig durch Vermittlung des Schweizerischen Bundesrates und während der Feindseligkeiten durch Vermittlung der Schutzmächte die amtlichen Übersetzungen des vorliegenden Abkommens sowie die Gesetze und Verordnungen zustellen, die sie allenfalls zur Gewährleistung seiner Anwendung erlassen.

Artikel 129

Die Hohen Vertragschließenden Parteien verpflichten sich, alle notwendigen gesetzgeberischen Maßnahmen zur Festsetzung von angemessenen Strafbestimmungen gegen solche Personen zu treffen, die irgendeine der im folgenden Artikel umschriebenen schweren Verletzungen des vorliegenden Abkommens begehen oder zu einer solchen Verletzung den Befehl erteilen.

Jede Vertragspartei ist zur Ermittlung der Personen verpflichtet, die der Begehung oder der Erteilung eines Befehls zur Begehung der einen oder anderen dieser schweren Verletzungen beschuldigt wurde, und hat sie ohne Rücksicht auf ihre Staatsangehörigkeit vor ihre eigenen Gerichte zu ziehen. Wenn sie es vorzieht, kann sie sie auch gemäß den in ihrer eigenen Gesetzgebung vorgesehenen Bedingungen zur Aburteilung einer anderen an der Verfolgung interessierten Vertragspartei übergeben, sofern diese gegen die erwähnten Personen ausreichende Verdachtsgründe nachgewiesen hat.

Jede Vertragspartei soll die notwendigen Maßnahmen ergreifen, um auch solche Zuwiderhandlungen gegen die Bestimmungen des vorliegenden Abkommens zu unterbinden, die nicht zu den im folgenden Artikel umschriebenen schweren Verletzungen zählen.

Unter allen Umständen dürfen die Angeklagten mindestens ebensolche Sicherheiten in bezug auf Gerichtsverfahren und freie Verteidigung genießen als die in Artikel 105 und den folgenden des vorliegenden Abkommens vorgesehenen.

Artikel 130

Als schwere Verletzungen, wie sie im vorhergehenden Artikel erwähnt sind, gelten jene, die die eine oder andere der folgenden Handlungen umfassen, sofern sie gegen Personen oder Güter begangen werden, die durch das Abkommen geschützt sind: absichtliche Tötung, Folterung oder unmenschliche Behandlung, einschließlich biologischer Experimente, vorsätzliche Verursachung großer Leiden oder schwere Beeinträchtigung der körperlichen Integrität oder der Gesundheit, Nötigung eines Kriegsgefangenen zur Dienstleistung in den bewaffneten Kräften der feindlichen Macht oder Entzug ihres Anrechtes auf ein ordentliches und unparteiisches, den Vorschriften des vorliegenden Abkommens entsprechendes Gerichtsverfahren.

Artikel 131

Eine Hohe Vertragschließende Partei kann weder sich selbst noch eine andere Vertragspartei von der Verantwortlichkeit befreien, die ihr selbst oder einer anderen Vertragspartei auf Grund der im vorhergehenden Artikel erwähnten Verletzungen zufällt.

Artikel 132

Auf Begehren einer am Konflikt beteiligten Partei soll gemäß einem zwischen den beteiligten Parteien festzusetzenden Verfahren eine Untersuchung über jede behauptete Verletzung des Abkommens eingeleitet werden.

Kann über das Untersuchungsverfahren keine Übereinstimmung erzielt werden, so sollen sich die Parteien über die Wahl eines Schiedsrichters einigen, der über das zu befolgende Verfahren zu entscheiden hat.

Sobald die Verletzung festgestellt ist, sollen die am Konflikt beteiligten Parteien sie abstellen und so rasch als möglich ahnden.

Abschnitt II

Schlußbestimmungen

Artikel 133

Das vorliegende Abkommen ist in französischer und englischer Sprache abgefaßt. Beide Texte sind gleicherweise authentisch.

Der Schweizerische Bundesrat wird offizielle Übersetzungen des Abkommens in russischer und spanischer Sprache herstellen lassen.

Artikel 134

In den Beziehungen zwischen den Hohen Vertragschließenden Parteien ersetzt das vorliegende Abkommen das Abkommen vom 27. Juli 1929.

Artikel 135

In den Beziehungen zwischen Mächten, die durch das Haager Abkommen, betreffend die Gesetze und Gebräuche des Landkrieges, gebunden sind, handle es sich um das vom 29. Juli 1899 oder das vom 18. Oktober 1907, und die am vorliegenden Abkommen teilnehmen, ergänzt dieses das Kapitel II des den erwähnten Haager Abkommen beigefügten Reglements.

Artikel 136

Das vorliegende Abkommen, welches das Datum des heutigen Tages trägt, kann bis zum 12. Feber 1950 im Namen der Mächte unterzeichnet werden, die an der am 21. April 1949 in Genf eröffneten Konferenz vertreten waren, sowie im Namen der Mächte, die an dieser Konferenz nicht vertreten waren, aber am Abkommen vom 27. Juli 1929 beteiligt sind.

Artikel 137

Das vorliegende Abkommen soll so bald als möglich ratifiziert werden. Die Ratifikationsurkunden sollen in Bern hinterlegt werden.

Über die Hinterlegung jeder Ratifikationsurkunde soll ein Protokoll aufgenommen werden. Von diesem soll eine beglaubigte Abschrift durch den Schweizerischen Bundesrat allen Mächten zugestellt werden, in deren Namen das Abkommen unterzeichnet oder der Beitritt erklärt worden ist.

Artikel 138

Das vorliegende Abkommen tritt sechs Monate nach Hinterlegung von mindestens zwei Ratifikationsurkunden in Kraft.

Späterhin tritt es für jede Hohe Vertragschließende Partei sechs Monate nach Hinterlegung ihrer Ratifikationsurkunde in Kraft.

Artikel 139

Vom Zeitpunkt seines Inkrafttretens an steht das vorliegende Abkommen jeder Macht zum Beitritt offen, in deren Namen es nicht unterzeichnet worden ist.

Artikel 140

Der Beitritt soll dem Schweizerischen Bundesrat schriftlich mitgeteilt werden und wird sechs Monate nach dem Zeitpunkt, an dem ihm die Mitteilung zugegangen ist, wirksam.

Der Schweizerische Bundesrat soll die Beitritte allen Mächten zur Kenntnis bringen, in deren Namen das Abkommen unterzeichnet oder der Beitritt erklärt worden ist.

Artikel 141

Im Falle des Eintretens eines der in Artikel 2 und 3 vorgesehenen Fälle treten die vor oder nach Beginn der Feindseligkeiten oder der Besetzung hinterlegten Ratifikationsurkunden und abgegebenen Beitrittserklärungen von den am Konflikt beteiligten Parteien sofort in Wirksamkeit. Der Schweizerische Bundesrat soll die Ratifikationen oder Beitritte der am Konflikt beteiligten Parteien auf dem schnellsten Wege bekanntgeben.

Artikel 142

Jeder Hohen Vertragschließenden Partei steht es frei, das vorliegende Abkommen zu kündigen.

Die Kündigung ist dem Schweizerischen Bundesrat schriftlich anzuzeigen, der sie den Regierungen aller Hohen Vertragschließenden Parteien bekanntgibt.

Die Kündigung wird ein Jahr nach ihrer Anzeige an den Schweizerischen Bundesrat wirksam. Die angezeigte Kündigung bleibt jedoch, wenn die kündigende Macht in einen Konflikt verwickelt ist, so lange unwirksam, als der Friede nicht geschlossen wurde, jedenfalls aber so lange, als die Aktionen nicht abgeschlossen sind, die mit der Freilassung und Heimschaffung der durch das vorliegende Abkommen geschützten Personen in Zusammenhang stehen.

Die Kündigung gilt nur in bezug auf die kündigende Macht. Sie hat keinerlei Wirkung auf die Verpflichtungen, welche die am Konflikt beteiligten Parteien gemäß den Grundsätzen des Völkerrechts zu erfüllen verpflichtet sind, wie sie sich aus den unter zivilisierten Völkern feststehenden Gebräuchen, aus den Gesetzen der Menschlichkeit und aus den Forderungen des öffentlichen Gewissens ergeben.

Artikel 143

Der Schweizerische Bundesrat wird das vorliegende Abkommen beim Sekretariat der Vereinten Nationen ebenfalls von allen Ratifikationen, Beitritten und Kündigungen, die er in bezug auf das vorliegende Abkommen erhält, in Kenntnis setzen.

Zu Urkund dessen haben die Unterzeichneten nach Hinterlegung ihrer entsprechenden Vollmachten das vorliegende Abkommen unterzeichnet.

Gegeben in Genf am 12. August 1949 in französischer und englischer Sprache. Das Original ist im Archiv der Schweizerischen Eidgenossenschaft zu hinterlegen. Der Schweizerische Bundesrat soll jedem der unterzeichnenden und beitretenden Staaten eine beglaubigte Abschrift dieses Abkommens übermitteln.

8/5. 4. Genfer Konvention

BGBl 1953/155

Genfer Abkommen über den Schutz von Zivilpersonen in Kriegszeiten vom 12. August 1949

Teil I

Allgemeine Bestimmungen

Artikel 1

Die Hohen Vertragschließenden Parteien verpflichten sich, das vorliegende Abkommen unter allen Umständen einzuhalten und seine Einhaltung sicherzustellen.

Artikel 2

Neben den Bestimmungen, die bereits in Friedenszeiten zu handhaben sind, ist das vorliegende Abkommen in allen Fällen eines erklärten Krieges oder jedes anderen bewaffneten Konflikts anzuwenden, der zwischen zwei oder mehreren der Hohen Vertragschließenden Parteien entsteht, und zwar auch dann, wenn der Kriegszustand von einer dieser Parteien nicht anerkannt wird.

Das Abkommen ist auch in allen Fällen vollständiger oder teilweiser Besetzung des Gebietes einer Hohen Vertragschließenden Partei anzuwenden, selbst wenn diese Besetzung auf keinen bewaffneten Widerstand stößt.

Wenn eine der im Konflikt befindlichen Mächte am vorliegenden Abkommen nicht beteiligt ist, bleiben die daran beteiligten Mächte in ihren gegenseitigen Beziehungen gleichwohl durch das Abkommen gebunden. Sie sind aber durch das Abkommen auch gegenüber der besagten Macht gebunden, wenn diese dessen Bestimmungen annimmt und anwendet.

Artikel 3

Im Falle eines bewaffneten Konflikts, der keinen internationalen Charakter aufweist und der auf dem Gebiet einer der Hohen Vertragschließenden Parteien entsteht, ist jede der am Konflikt beteiligten Parteien gehalten, wenigstens die folgenden Bestimmungen anzuwenden:

1. Personen, die nicht unmittelbar an den Feindseligkeiten teilnehmen, einschließlich der Angehörigen der bewaffneten Streitkräfte, welche die Waffen gestreckt haben, und der Personen, die infolge Krankheit, Verwundung, Gefangennahme oder irgendeiner anderen Ursache außer Kampf gesetzt wurden, sollen unter allen Umständen mit Menschlichkeit behandelt werden, ohne jede Benachteiligung aus Gründen der Rasse, der Farbe, der Religion oder des Glaubens, des Geschlechts, der Geburt oder des Vermögens oder aus irgendeinem ähnlichen Grunde.

Zu diesen Zwecke sind und bleiben in bezug auf die oben erwähnten Personen jederzeit und überall verboten:

a) Angriffe auf Leib und Leben, namentlich Mord jeglicher Art, Verstümmelung, grausame Behandlung und Folterung;

b) das Nehmen von Geiseln;

c) Beeinträchtigung der persönlichen Würde, namentlich erniedrigende und entwürdige Behandlung;

d) Verurteilungen und Hinrichtungen ohne vorhergehendes Urteil eines ordnungsmäßig bestellten Gerichtes, das die von den zivilisierten Völkern als unerläßlich anerkannten Rechtsgarantien bietet.

2. Die Verwundeten und Kranken sollen geborgen und gepflegt werden.

Eine unparteiische humanitäre Organisation, wie das Internationale Komitee vom Roten Kreuz, kann den am Konflikt beteiligten Parteien ihre Dienste anbieten.

Die am Konflikt beteiligten Parteien werden sich weiters bemühen, durch Sondervereinbarungen auch die anderen Bestimmungen des vorliegenden Abkommens ganz oder teilweise in Kraft zu setzen.

Die Anwendung der vorstehenden Bestimmungen hat auf die Rechtsstellung der am Konflikt beteiligten Parteien keinen Einfluß.

Artikel 4

Durch das Abkommen werden die Personen geschützt, die sich im Falle eines Konflikts oder einer Besetzung zu irgendeinem Zeitpunkt und gleichgültig auf welche Weise in der Gewalt einer am Konflikt beteiligten Partei oder einer Besetzungsmacht befinden, deren Staatsangehörige sie nicht sind.

Die Angehörigen eines Staates, der durch das Abkommen nicht gebunden ist, werden durch das Abkommen nicht geschützt. Die Angehörigen eines neutralen Staates, die sich auf dem Gebiete eines kriegführenden Staates befinden, und die Angehörigen eines mitkriegführenden Staates werden so lange nicht als geschützte Personen betrachtet, als der Staat, dessen Angehörige sie sind, eine normale diplomatische Vertretung bei dem Staate unterhält, in dessen Machtbereich sie sich befinden.

Die Bestimmungen des Teils II haben hingegen einen ausgedehnteren, im Artikel 13 umschriebenen Anwendungsbereich.

Personen, die durch das Genfer Abkommen vom 12. August 1949 zur Verbesserung des Loses der Verwundeten und Kranken der bewaffneten Kräfte im Felde oder durch das Genfer Abkommen ovm 12. August 1949 zur Verbesserung des Loses der Verwundeten, Kranken und Schiffbrüchigen der bewaffneten Kräfte zur See oder durch das Genfer Abkommen vom 12. August 1949 über die Behandlung der Kriegsgefangenen geschützt sind, werden nicht als im Sinne des vorliegenden Abkommens geschützte Personen betrachtet.

Artikel 5

Wenn eine am Konflikt beteiligte Partei wichtige Gründe hat, anzunehmen, daß eine durch das vorliegende Abkommen geschützte Einzelperson unter dem gerechtfertigten Verdacht steht, auf ihrem Staatsgebiet eine der Sicherheit des Staates abträgliche Tätigkeit zu entfalten, oder wenn festgestellt ist, daß sie tatsächlich eine derartige Tätigkeit ausübt, kann sich die betreffende Person nicht auf die durch das vorliegende Abkommen eingeräumten Rechte und Privilegien berufen, die, würden sie zugunsten dieser Person angewendet, der Sicherheit des Staates abträglich sein könnten.

Wenn in einem besetzten Gebiet eine durch das Abkommen geschützte Einzelperson als Spion oder Saboteur oder unter dem gerechtfertigten Verdacht festgenommen wird, eine der Sicherheit der Besetzungsmacht abträgliche Tätigkeit zu entfalten, können ihr, falls dies aus Gründen militärischer Sicherheit unbedingt erforderlich ist, die in diesem Abkommen vorgesehenen Mitteilungsrechte entzogen werden.

In jedem dieser Fälle sollen solche Personen dennoch mit Menschlichkeit behandelt werden und im Falle einer gerichtlichen Verfolgung darf ihnen ihr Recht auf ein gerechtes und ordentliches Verfahren, wie es das vorliegende Abkommen vorsieht, nicht entzogen werden. Ebenso sollen ihnen die vollen Rechte und Privilegien einer gemäß dem vorliegenden Abkommen geschützten Person wieder gewährt werden, sobald dies die Sicherheit des Staates oder der Besetzungsmacht gestattet.

Artikel 6

Das vorliegende Abkommen findet mit Beginn jedes Konflikts oder jeder Besetzung, wie sie im Artikel 2 erwähnt sind, Anwendung.

Auf dem Gebiete der am Konflikt beteiligten Parteien hört die Anwendung des Abkommens mit der allgemeinen Einstellung der militärischen Operationen auf.

In besetztem Gebiete hört die Anwendung des vorliegenden Abkommens ein Jahr nach der allgemeinen Einstellung der militärischen Operationen auf. Die Besetzungsmacht ist jedoch – soweit sie die Funktionen einer Regierung in dem in Frage stehenden Gebiet ausübt – während der Dauer der Besetzung durch die Bestimmungen der folgenden Artikel des vorliegenden Abkommens gebunden: 1 bis 12, 27, 29 bis 34, 47, 49, 51, 52, 53, 59, 61 bis 77 und 143.

Geschützte Personen, deren Freilassung, Heimschaffung oder Niederlassung nach diesen Fristen stattfindet, bleiben in der Zwischenzeit im Genusse des vorliegenden Abkommens.

Artikel 7

Außer den in den Artikeln 11, 14, 15, 17, 36, 108, 109, 132, 133 und 149 ausdrücklich vorgesehenen Vereinbarungen können die Hohen Vertragschließenden Parteien andere Sondervereinbarungen über jede Frage treffen, deren besondere Regelung ihnen zweckmäßig erscheint. Keine besondere Vereinbarung darf die Lage der geschützten Personen, wie sie durch das vorliegende Abkommen geregelt ist, beeinträchtigen oder die Rechte beschränken, die ihnen das Abkommen einräumt.

Die geschützten Personen genießen die Vorteile dieser Vereinbarungen so lange, als das Abkommen auf sie anwendbar ist, vorbehaltlich ausdrücklicher gegenteiliger Bestimmungen, die in den oben genannten oder in späteren Vereinbarungen enthalten sind, und vorbehaltlich günstigerer Maßnahmen, die durch die eine oder die andere der am Konflikt beteiligten Parteien hinsichtlich dieser Personen ergriffen worden sind.

Artikel 8

Die geschützten Personen können in keinem Falle, weder teilweise noch vollständig, auf die Rechte verzichten, die ihnen das vorliegende Abkommen und gegebenenfalls die im vorhergehenden Artikel genannten besonderen Vereinbarungen einräumen.

Artikel 9

Das vorliegende Abkommen ist unter der Mitwirkung und Aufsicht der Schutzmächte anzuwenden, die mit der Wahrnehmung der Interessen der am Konflikt beteiligten Parteien betraut sind. Zu diesem Zwecke können die Schutzmächte neben ihren diplomatischen oder konsularischen Vertretern Delegierte unter ihren eigenen Staatsangehörigen oder unter den Staatsangehörigen anderer neutraler Mächte bezeichnen. Diese Delegierten bedürfen der Genehmigung der Macht, bei der sie ihre Mission auszuführen haben.

Die am Konflikt beteiligten Parteien sollen die Aufgabe der Vertreter oder Delegierten der

Schutzmächte in größtmöglichem Maße erleichtern.

Die Vertreter oder Delegierten der Schutzmächte dürfen keinesfalls die Grenzen ihrer Aufgabe, wie sie aus dem vorliegenden Abkommen hervorgeht, überschreiten; insbesondere haben sie die zwingenden Sicherheitsbedürfnisse des Staates, in dem sie ihre Aufgabe durchführen, zu berücksichtigen.

Artikel 10

Die Bestimmungen des vorliegenden Abkommens bilden kein Hindernis für die humanitäre Tätigkeit, die das Internationale Komitee vom Roten Kreuz oder irgendeine andere unparteiliche humanitäre Organisation mit Einwilligung der am Konflikt beteiligten Parteien ausübt, um die Zivilpersonen zu schützen und ihnen Hilfe zu bringen.

Artikel 11

Die Hohen Vertragschließenden Parteien können jderzeit vereinbaren, die durch das vorliegende Abkommen den Schutzmächten übertragenen Aufgaben einer Organisation anzuvertrauen, die alle Garantien für Unparteilichkeit und erfolgreiche Arbeit bietet.

Wenn geschützte Personen aus irgendeinem Grunde nicht oder nicht mehr von einer Schutzmacht oder einer in Absatz 1 vorgesehenen Organisation betreut werden, hat die Gewahrsamsmacht einen neutralen Staat oder eine solche Organisation zu ersuchen, die Funktionen zu übernehmen, die das vorliegende Abkommen den Schutzmächten überträgt, die von den am Konflikt beteiligten Parteien bezeichnet werden.

Sollte ein Schutz auf diese Weise nicht gewährleistet werden können, so hat die Gewahrsamsmacht entweder eine humanitäre Organisation, wie das Internationale Komitee vom Roten Kreuz, zu ersuchen, die durch das vorliegende Abkommen den Schutzmächten zufallenden humanitären Aufgaben zu übernehmen, oder aber unter Vorbehalt der Bestimmungen dieses Artikels die Dienste anzunehmen, die ihm eine solche Organisation anbietet.

Jede neutrale Macht oder jede Organisation, die von der betreffenden Macht eingeladen wird oder sich zu diesem Zweck zur Verfügung stellt, soll sich in ihrer Tätigkeit der Verantwortung gegenüber der am Konflikt beteiligten Partei, welcher die durch das vorliegende Abkommen geschützten Personen angehören, bewußt bleiben und ausreichende Garantien dafür bieten, daß sie in der Lage ist, die betreffenden Funktionen zu übernehmen und sie mit Unparteilichkeit zu erfüllen.

Von den vorstehenden Bestimmungen kann nicht durch eine besondere Vereinbarung zwischen Mächten abgewichen werden, von denen die eine, wenn auch nur vorübergehend, gegenüber der anderen oder deren Verbündeten infolge militärischer Ereignisse und besonders infolge einer Besetzung des gesamten oder eines wesentlichen Teils ihres Gebietes in ihrer Verhandlungsfreiheit beschränkt wäre.

Wo immer im vorliegenden Abkommen die Schutzmacht erwähnt wird, bezieht sich diese Erwähnung ebenfalls auf die Organisationen, die sie im Sinne dieses Artikels ersetzen.

Die Bestimmungen dieses Artikels sind auch auf Fälle von Angehörigen eines neutralen Staates, die sich in besetztem Gebiete oder im Gebiete eines kriegführenden Staates befinden, bei welchem der Staat, dessen Angehörige sie sind, keine normale diplomatische Vertretung unterhält, anzuwenden und ihnen anzupassen.

Artikel 12

In alle Fällen, in denen die Schutzmächte es im Interesse der geschützten Personen als angezeigt erachten, insbesondere in Fällen von Meinungsverschiedenheiten zwischen den am Konflikt beteiligten Parteien über die Anwendung oder Auslegung der Bestimmungen des vorliegenden Abkommens, sollen sie zur Beilegung des Streitfalles ihre guten Dienste leihen.

Zu diesem Zwecke kann jede der Schutzmächte, entweder auf Einladung einer Partei oder von sich aus, den am Konflikt beteiligten Parteien eine Zusammenkunft ihrer Vertreter und im besonderen der für das Schicksal der geschützten Personen verantwortlichen Behörden vorschlagen, gegebenenfalls auf einem passend gewählten neutralen Gebiet. Die am Konflikt beteiligten Parteien sind verpflichtet, den ihnen zu diesem Zwecke gemachten Vorschlägen Folge zu geben. Die Schutzmächte können, wenn nötig, den am Konflikt beteiligten Parteien eine einer neutralen Macht angehörende oder vom Internationalen Komitee vom Roten Kreuz delegierte Persönlichkeit zur Genehmigung vorschlagen, die zu ersuchen ist, an dieser Zusammenkunft teilzunehmen.

Teil II

Allgemeiner Schutz der Bevölkerung vor gewissen Kriegsfolgen

Artikel 13

Die Bestimmungen dieses Teiles beziehen sich auf die Gesamtheit der Bevölkerung der in einen Konflikt verwickelten Länder, ohne jede, besonders auf Rasse, Nationalität, Religion oder politische Meinung beruhende Benachteiligung, und zielen darauf ab, die durch den Krieg verursachten Leiden zu mildern.

Artikel 14

Schon in Friedenszeiten können die Hohen Vertragschließenden Parteien, und nach der Eröffnung der Feindseligkeiten die am Konflikt beteiligten Parteien in ihrem eigenen und, wenn nötig, in den besetzten Gebieten Sicherheits- und Sanitätszonen und -orte schaffen, die so organisiert sind, daß sie Verwundeten und Kranken, schwachen und betagten Personen, Kindern unter 15 Jahren, schwangeren Frauen und Müttern von Kindern unter 7 Jahren Schutz vor den Folgen des Krieges bieten.

Vom Ausbruch eines Konflikts an und während seiner Dauer können die beteiligten Parteien unter sich Vereinbarungen über die gegenseitige Anerkennung der von ihnen gegebenenfalls errichteten Zonen und Orte treffen. Sie können zu diesem Zwecke die Bestimmungen des dem vorliegenden Abkommen beigefügten Vereinbarungsentwurfes in Kraft setzen, und zwar mit den Abänderungen, die sie gegebenenfalls für notwendig erachten.

Die Schutzmächte und das Internationale Komitee vom Roten Kreuz werden eingeladen, ihre guten Dienste zu leihen, und die Errichtung und Anerkennung dieser Sicherheits- und Sanitätszonen und -orte zu erleichtern.

Artikel 15

Jede am Konflikt beteiligte Partei kann entweder direkt oder durch Vermittlung eines neutralen Staates oder einer humanitären Organisation der gegnerischen Partei vorschlagen, in den Kampfgebieten neutrale Zonen zu schaffen, die dazu bestimmt sind, die folgenden Personen ohne jeglichen Unterschied vor den Gefahren des Krieges zu schützen:

a) die verwundeten und kranken Kombattanten oder Nichtkombattanten;

b) die Zivilpersonen, die nicht an den Feindseligkeiten teilnehmen und die sich während ihres Aufenthaltes in diesen Zonen keiner Arbeit militärischer Art widmen.

Sobald sich die am Konflikt beteiligten Parteien über die geographische Lage, die Verwaltung, die Versorgung mit Nahrung und die Kontrolle der in Aussicht genommenen neutralen Zone verständigt haben, soll eine schriftliche Vereinbarung geschlossen und von den Vertretern der am Konflikt beteiligten Parteien unterzeichnet werden. Diese Vereinbarung soll den Anfang und die Dauer der Neuralisation der Zone festsetzen.

Artikel 16

Die Verwundeten und Kranken wie auch die Gebrechlichen und die schwangeren Frauen sollen Gegenstand eines besonderen Schutzes und besonderer Rücksichtnahme sein.

Soweit es die militärischen Erfordernisse erlauben, soll jede am Konflikt beteiligte Partei die Maßnahmen fördern, die ergriffen werden, um die Toten und Verwundeten aufzufinden, den Schiffbrüchigen sowie anderen einer ernsten Gefahr ausgesetzten Personen zu Hilfe zu eilen und sie vor Beraubung und Mißhandlungen zu schützen.

Artikel 17

Die am Konflikt beteiligten Parteien sollen sich bemühen, örtliche Abmachungen für die Evakuierung von Verwundeten, Kranken, Gebrechlichen, Greisen, Kindern und Wöchnerinnen aus einer belagerten oder eingekreisten Zone zu treffen, sowie für den Durchzug der Geistlichen aller Bekenntnisse sowie des Sanitätspersonals und -materials, die sich auf dem Wege nach dieser Zone befinden.

Artikel 18

Zivilspitäler, die zur Pflege von Verwundeten, Kranken, Gebrechlichen und Wöchnerinnen eingerichtet sind, dürfen unter keinen Umständen das Ziel von Angriffen bilden; sie sollen jederzeit von den am Konflikt beteiligten Parteien geschont und geschützt werden.

Die an einem Konflikt beteiligten Staaten haben allen Zivilspitälern eine Bestätigung auszustellen, die ihre Eigenschaft eines Zivilspitals bezeugt und feststellt, daß die von ihnen benützten Gebäude nicht zu Zwecken gebraucht werden, welche sie im Sinne von Artikel 19 des Schutzes berauben könnten.

Die Zivilspitäler sollen, sofern sie vom Staate dazu ermächtigt sind, mit dem Schutzzeichen, das in Artikel 38 des Genfer Abkommens vom 12. August 1949 zur Verbesserung des Loses der Verwundeten und Kranken der Heere im Felde vorgesehen ist, gekennzeichnet sein.

Die am Konflikt beteiligten Parteien sollen, soweit es die militärischen Erfordernisse gestatten, die notwendigen Maßnahmen ergreifen, um die die Zivilspitäler kennzeichnenden Schutzzeichen den feindlichen Land- , Luft- und Seestreitkräften deutlich sichtbar zu machen, damit auf diese Weise die Möglichkeit jeder Angriffshandlung ausgeschlossen wird.

Im Hinblick auf die Gefahren, denen Spitäler durch in der Nähe liegende militärische Ziele ausgesetzt sein könnten, ist es angezeigt, darüber zu wachen, daß sie soweit als möglich von solchen Zielen entfernt sind.

Artikel 19

Der den Zivilspitälern gebührende Schutz darf nur aufhören, wenn sie außerhalb ihrer humanitären Aufgaben zur Begehung von Handlungen verwendet werden, die den Feind schädigen. Immerhin darf ihnen der Schutz erst entzogen werden, nachdem eine Warnung, die in allen Fällen, soweit angängig, eine angemessene Frist setzt, unbeachtet geblieben ist.

Die Tatsache, daß verwundete oder kranke Militärpersonen in diesen Spitälern gepflegt werden, oder das Vorhandensein von Handwaffen und von Muniton, die diesen Personen abgenommen und der zuständigen Dienststelle noch nicht abgeliefert worden sind, gelten nicht als eine den Feind schädigende Handlung.

Artikel 20

Das ordentliche und ausschließlich für den Betrieb und die Verwaltung der Zivilspitäler bestimmte Personal, einschließlich des mit dem Aufsuchen, der Bergung, dem Transport und der Behandlung von verwundeten und kranken Zivilpersonen, von Gebrechlichen und Wöchnerinnen beschäftigten Personals, soll geschont und geschützt werden.

In den besetzten Gebieten und in den militärischen Operationszonen soll sich das Personal mittels einer Identitätskarte ausweisen, die die Eigenschaft des Inhabers bescheinigt und mit seiner Photographie und dem Trockenstempel der verantwortlichen Behörde versehen ist, sowie mittels einer während der Dauer der Dienstleistung am linken Arm zu tragenden gestempelten und feuchtigkeitsbeständigen Armbinde. Diese Armbinde soll vom Staat ausgegeben und mit dem in Artikel 38 des Genfer Abkommens vom 12. August 1949 zur Verbesserung des Loses der Verwundeten und Kranken der bewaffneten Kräfte im Felde vorgesehenen Schutzzeichen versehen sein.

Alles andere für den Betrieb oder die Verwaltung der Zivilspitäler bestimmte Personal soll geschont und geschützt werden und das Recht haben, unter den im vorliegenden Artikel umschriebenen Bedingungen während der Ausübung seines Dienstes die Armbinde zu tragen, wie sie oben vorgesehen ist. Seine Identitätskarte soll die Aufgaben angeben, die dem Inhaber übertragen sind.

Die Leitung jedes Zivilspitals hat jederzeit die auf den Tag geführte Liste ihres Personals zur Verfügung der zuständigen nationalen Behörden oder Besetzungsbehörden zu halten.

Artikel 21

Die Transporte von verwundeten und kranken Zivilpersonen, von Gebrechlichen und Wöchnerinnen, die zu Lande von im Geleite fahrenden Fahrzeugen und Lazarettzügen oder zu Wasser von zu diesem Zweck besonders ausgerüsteten Schiffen durchgeführt werden, sollen auf gleiche Weise geschont und geschützt werden, wie die im Artikel 18 erwähnten Spitäler, wenn sie mit Ermächtigung des Staates das in Artikel 38 des Genfer Abkommens vom 12. August 1949 zur Verbesserung des Loses der Verwundeten und Kranken der bewaffneten Kräfte im Felde vorgesehenen Schutzzeichen führen.

Artikel 22

Die ausschließlich für den Transport von verwundeten und kranken Zivilpersonen, von Gebrechlichen und Wöchnerinnen oder für den Transport von Sanitätspersonal und -material verwendeten Luftfahrzeuge dürfen nicht angegriffen, sondern sollen geschont werden, wenn sie in Höhen, zu Stunden und auf Routen fliegen, die durch eine Vereinbarung unter allen in Betracht fallenden am Konflikt beteiligten Parteien besonders festgelegt wurden.

Sie können mit dem in Artikel 38 des Genfer Abkommens vom 12. August 1949 zur Verbesserung des Loses der Verwundeten und Kranken der bewaffneten Kräfte im Felde vorgesehenen Schutzzeichen versehen sein.

Wenn keine andere Abmachung besteht, ist das Überfliegen feindlichen oder vom Feinde besetzten Gebietes verboten.

Diese Luftfahrzeuge haben jedem Landebefehl Folge zu leisten. Im Falle einer so befohlenen Landung können das Luftfahrzeug und seine Insassen, gegebenenfalls nach einer Untersuchung, den Flug fortsetzen.

Artikel 23

Jede Vertragschließende Partei soll allen Sendungen von Medikamenten und Sanitätsmaterial freie Durchfuhr gewähren, wie auch allen für den Gottesdienst notwendigen Gegenständen, die ausschließlich für die Zivilbevölkerung einer anderen Vertragschließenden Partei, selbst einer feindlichen, bestimmt sind. Auch allen Sendungen von unentbehrlichen Lebensmitteln, von Kleidern und von Stärkungsmitteln, die Kindern unter 15 Jahren, schwangeren Frauen und Wöchnerinnen vorbehalten sind, ist freie Durchfuhr zu gewähren.

Eine Vertragschließende Partei ist nur dann verpflichtet die im vorhergehenden Absatz erwähnten Sendungen ungehindert durchzulassen, wenn sie die Gewißheit besitzt, keinen triftigen Grund zur Befürchtung haben zu müssen:

a) die Sendungen könnten ihrer Bestimmung entfremdet werden oder

b) die Kontrolle könnte nicht wirksam sein oder

c) der Feind könnte daraus einen offensichtlichen Vorteil für seine militärischen Anstrengungen und seine Wirtschaft ziehen, indem er diese Sendungen an die Stelle von Waren treten läßt, die er auf andere Weise hätte beschaffen oder herstellen müssen, oder indem er Material, Erzeugnisse und Dienste freimacht, die andernfalls zur Produktion von solchen Gütern benötigt würden.

Die Macht, die die Durchfuhr der im ersten Absatz dieses Artikels erwähnten Güter gewährt, kann ihre Zustimmung von der Bedingung abhängig machen, daß die Verteilung an die Nutznießer an Ort und Stelle von den Schutzmächten überwacht werde.

Diese Sendungen müssen so rasch als möglich befördert werden, und der Staat, der ihre ungehinderte Durchfuhr erlaubt, besitzt das Recht, die technischen Bedingungen festzusetzen, unter welchen diese gewährt wird.

Artikel 24

Die am Konflikt beteiligten Parteien haben die notwendigen Maßnahmen zu ergreifen, damit die infolge des Krieges verwaisten oder von ihren Familien getrennten Kinder unter 15 Jahren nicht sich selbst überlassen bleiben und unter allen Umständen ihr Unterhalt, die Ausübung ihres Glaubensbekenntnisses und ihre Erziehung erleichtert werden. Letztere soll, wenn möglich, Personen der gleichen kulturellen Überlieferung anvertraut werden.

Die am Konflikt beteiligten Parteien sollen die Aufnahme dieser Kinder in neutralen Ländern während der Dauer des Konflikts und mit Zustimmung der allfälligen Schutzmacht sowie unter der Gewähr, daß die im ersten Absatz erwähnten Grundsätze berücksichtigt werden, begünstigen.

Außerdem sollen sie sich bemühen, die notwendigen Maßnahmen zu ergreifen, damit alle Kinder unter 12 Jahren durch das Tragen einer Erkennungsmarke oder auf irgendeine andere Weise identifiziert werden können.

Artikel 25

Jede auf dem Gebiete einer am Konflikt beteiligten Partei oder auf einem von ihr besetzten Gebiete befindliche Person soll den Familienmitgliedern, wo immer sie sich befinden, Nachrichten streng persönlicher Natur geben und von ihnen erhalten können. Diese Briefschaften sind rasch und ohne ungerechtfertigte Verzögerung zu befördern.

Ist der Austausch der Familienkorrespondenz mit der normalen Post infolge der Verhältnisse schwierig oder unmöglich geworden, sollen sich die betreffenden am Konflikt beteiligten Parteien an einen neutralen Vermittler, wie die in Artikel 140 vorgesehene Zentralstelle, wenden, um mit ihm die Mittel zu finden, die Erfüllung ihrer Verpflichtung unter den besten Bedingungen zu gewährleisten, namentlich unter Mitwirkung der nationalen Gesellschaften vom Roten Kreuz (vom Roten Halbmond, vom Roten Löwen mit roter Sonne).

Wenn die am Konflikt beteiligten Parteien es für nötig erachten, diese Familienkorrespondenz einzuschränken, können sie höchstens die Anwendung von einheitlichen Formularen vorschreiben, die 25 frei gewählte Wörter enthalten, und den Gebrauch dieser Formulare auf eine einmalige Sendung im Monat begrenzen.

Artikel 26

Jede am Konflikt beteiligte Partei soll die Nachforschungen erleichtern, die vom Kriege zerstreute Familien anstellen, um wieder Verbindung miteinander aufzunehmen und sich, wenn möglich, wieder zu vereinigen. Sie soll namentlich die Tätigkeit von Organisationen fördern, die sich dieser Aufgabe widmen, unter der Voraussetzung, daß sie von ihr anerkannt sind und sich den von ihr ergriffenen Sicherheitsmaßnahmen fügen.

Teil III

Status und Behandlung der geschützten Personen

Abschnitt I

Gemeinsame Bestimmungen für die Gebiete der am Konflikt beteiligten Parteien und die besetzten Gebiete

Artikel 27

Die geschützten Personen haben unter allen Umständen Anspruch auf Achtung ihrer Person, ihrer Ehre, ihrer Familienrechte, ihrer religiösen Überzeugungen und Gepflogenheiten, ihrer Gewohnheiten und Gebräuche. Sie sollen jederzeit mit Menschlichkeit behandelt und namentlich vor Gewalttätigkeit oder Einschüchterung, vor Beleidigungen und der öffentlichen Neugier geschützt werden.

Die Frauen sollen besonders vor jedem Angriff auf ihre Ehre und namentlich vor Vergewaltigung, Nötigung zur Prostitution und vor jeder Verletzung ihres Schamgefühls geschützt werden.

Abgesehen von den bezüglich des Gesundheitszustandes, des Alters und des Geschlechtes getroffenen Vorkehrungen sollen die geschützten Personen von der am Konflikt beteiligten Partei, in deren Händen sie sich befinden, mit der gleichen Rücksicht und ohne jede, besonders auf Rasse, Religion oder politischer Meinung beruhende Benachteiligung behandelt werden.

Immerhin können die am Konflikt beteiligten Parteien in bezug auf die geschützten Personen solche Kontroll- und Sicherheitsmaßnahmen ergreifen, die sich zufolge des Kriegszustandes als notwendig erweisen.

Artikel 28

Keine geschützte Person darf dazu benützt werden, um durch ihre Anwesenheit militärische Operationen von gewissen Punkten oder Gebieten fernzuhalten.

Artikel 29

Die am Konflikt beteiligte Partei, in deren Gewalt sich geschützte Personen befinden, ist verantwortlich für die Behandlung, die diese durch ihre Beauftragten erfahren, unbeschadet der gegebenenfalls entstehenden persönlichen Verantwortlichkeiten.

Artikel 30

Die geschützten Personen sollen jede Erleichterung genießen, um sich an die Schutzmächte, an das Internationale Komitee vom Roten Kreuz, an die nationalen Gesellschaften vom Roten Kreuz (vom Roten Halbmond, vom Roten Löwen mit roter Sonne) des Landes, in welchem sie sich befinden, zu wenden, wie auch an jede andere Organisation, die ihnen behilflich sein könnte.

Diesen verschiedenen Organisationen soll zu diesem Zwecke innerhalb der durch militärische Erfordernisse oder Sicherheitsgründe gezogenen Grenzen von den Behörden jede Erleichterung gewährt werden.

Außer den Besuchen der Delegierten der Schutzmächte und des Internationalen Komitees vom Roten Kreuz, wie sie in Artikel 143 vorgesehen sind, sollen die Gewahrsamsmächte oder Besetzungsmächte soweit als möglich die Besuche erleichtern, die Vertreter anderer Institutionen den geschützten Personen mit der Absicht zu machen wünschen, diesen Personen geistige oder materielle Hilfe zu bringen.

Artikel 31

Auf die geschützten Personen darf keinerlei physischer oder moralischer Zwang ausgeübt werden, namentlich nicht, um von ihnen oder dritten Personen Auskünfte zu erlangen.

Artikel 32

Die Hohen Vertragschließenden Parteien versagen sich ausdrücklich jede Maßnahme, die körperliche Leiden oder die Ausrottung der in ihrer Gewalt befindlichen geschützten Personen verursachen könnte. Dieses Verbot betrifft nicht nur Mord, Folterung, körperliche Strafen, Verstümmelungen und medizinische oder wissenschaftliche, nicht durch ärztliche Behandlung einer Person gerechtfertigte Experimente, sondern auch alle anderen Grausamkeiten, gleichgültig, ob sie durch zivile Beamte oder Militärpersonen begangen werden.

Artikel 33

Keine geschützte Person darf für eine Übertretung bestraft werden, die sie nicht persönlich begangen hat. Kollektivstrafen wie auch jede Maßnahme zur Einschüchterung oder Terrorisierung sind verboten.

Die Plünderung ist verboten.

Vergeltungsmaßnahmen gegen geschützte Personen und ihr Eigentum sind verboten.

Artikel 34

Das Nehmen von Geiseln ist verboten.

Abschnitt II

Ausländer auf dem Gebiet einer der am Konflikt beteiligten Parteien

Artikel 35

Jede geschützte Person, die zu Beginn oder im Verlaufe eines Konflikts das Gebiet zu verlassen wünscht, soll das Recht dazu haben, soweit ihre Ausreise den nationalen Interessen des Staates nicht zuwiderläuft. Über Ausreisegesuche solcher Personen soll in einem ordentlichen Verfahren entschieden und die Entscheidung so rasch als möglich getroffen werden. Zur Ausreise ermächtigte Personen dürfen sich mit dem notwendigen Reisegeld versehen und eine ausreichende Menge von Effekten und persönlichen Gebrauchsgegenständen mit sich nehmen.

Die Personen, welchen die Erlaubnis zum Verlassen des Gebietes verweigert wurde, haben Anspruch auf raschestmögliche Überprüfung dieser Verweigerung durch ein Gericht oder einen zu diesem Zwecke von der Gewahrsamsmacht geschaffenen zuständigen Verwaltungsausschuß.

Auf Ersuchen sollen den Vertretern der Schutzmacht, sofern keine Sicherheitsgründe entgegenstehen oder die Betroffenen Einwände erheben, die Gründe mitgeteilt werden, aus denen den Personen, die darum ersucht hatten, die Ermächtigung zum Verlassen des Gebietes verweigert wurde, und ebenso so rasch als möglich die Namen aller jener, die sich in einer solchen Lage befinden.

Artikel 36

Die gemäß dem vorhergehenden Artikel bewilligten Ausreisen sollen in bezug auf Sicherheit, Hygiene, sanitäre Vorschriften und Ernährung unter zufriedenstellenden Bedingungen vor sich gehen. Alle damit in Zusammenhang stehenden Kosten sollen vom Verlassen des Gebietes der Gewahrsamsmacht an zu Lasten des Bestimmungslandes oder, im Falle des Aufenthaltes in einem neutralen Land, zu Lasten der Macht fallen, deren Angehörige die Begünstigten sind. Die praktische Durchführung dieser Reisen soll, wenn nötig, durch besondere Vereinbarungen unter den beteiligten Mächten geregelt werden.

Vorbehalten sind die besonderen Vereinbarungen, die gegebenenfalls zwischen den am Konflikt beteiligten Parteien bezüglich Austausch und Heimschaffung ihrer in die Hände des Feindes gefallenen Staatsangehörigen getroffen werden.

Artikel 37

Die geschützten Personen, die sich in Untersuchungshaft befinden oder eine Freiheitsstrafe verbüßen, sollen während ihrer Haft mit Menschlichkeit behandelt werden.

Sie können nach ihrer Freilassung gemäß den vorhergehenden Artikeln um Verlassen des Gebietes nachsuchen.

Artikel 38

Mit Ausnahme der besonderen Maßnahmen, die auf Grund des vorliegenden Abkommens, vor allem der Artikel 27 und 41, getroffen werden können, sollen auf die Lage der geschützten Personen grundsätzlich die für die Behandlung von Ausländern in Friedenszeiten geltenden Bestimmungen Anwendung finden. Auf jeden Fall sollen ihnen folgende Rechte gewährt werden:

1. sie können die individuellen und kollektiven Unterstützungen empfangen, die ihnen zugehen;

2. wenn ihr Gesundheitszustand es erfordert, sollen sie ärztliche Behandlung und Spitalpflege im gleichen Ausmaß erhalten wie die Angehörigen des betreffenden Staates;

3. sie können ihre Religion ausüben und den geistigen Beistand der Geistlichen ihres Glaubensbekenntnisses erhalten;

4. wenn sie in einem den Kriegsgefahren besonders ausgesetzten Gebiet wohnen, sollen sie im gleichen Ausmaß wie die Angehörigen des betreffenden Staates ermächtigt sein, dieses Gebiet zu verlassen;

5. Kinder unter fünfzehn Jahren, schwangere Frauen und Mütter von Kindern unter sieben Jahren sollen im gleichen Ausmaß wie die Angehörigen des betreffenden Staates jede Vorzugsbehandlung genießen.

Artikel 39

Den geschützten Personen, die infolge des Konflikts ihren Broterwerb verloren haben, soll die Möglichkeit geboten werden, eine bezahlte Arbeit zu finden. Sie sollen zu diesem Zwecke, unter Vorbehalt der Sicherheitserwägungen und der Bestimmungen des Artikels 40, dieselben Vorteile genießen wie die Angehörigen der Macht, auf deren Gebiet sie sich befinden.

Wenn eine am Konflikt beteiligte Partei eine geschützte Person Kontrollmaßnahmen unterwirft, die es dieser unmöglich machen, ihren Unterhalt zu verdienen, besonders wenn diese Person aus Gründen der Sicherheit keine bezahlte Arbeit zu angemessenen Bedingungen finden kann, soll die erwähnte am Konflikt beteiligte Partei für ihren Unterhalt und denjenigen der von ihr abhängigen Personen aufkommen.

Die geschützten Personen sollen in allen Fällen Beiträge aus ihrem Heimatland, von der Schutzmacht oder den in Artikel 30 erwähnten Wohltätigkeitsgesellschaften empfangen können.

Artikel 40

Die geschützten Personen dürfen nur im gleichen Ausmaß wie die Angehörigen der am Konflikt beteiligten Partei, auf deren Gebiet sie sich befinden, zur Arbeit gezwungen werden.

Wenn die geschützten Personen feindlicher Staatsangehörigkeit sind, dürfen sie nur zu Arbeiten gezwungen werden, die normalerweise zur Sicherstellung der Ernährung, der Unterbringung, der Bekleidung, des Transports und der Gesundheit menschlicher Wesen nötig sind und die nicht in direkter Beziehung mit der Führung der militärischen Operationen stehen.

In allen in den vorhergehenden Absätzen erwähnten Fällen sollen die zur Arbeit gezwungenen geschützten Personen die gleichen Arbeitsbedingungen und dieselben Schutzmaßnahmen genießen wie die einheimischen Arbeiter, namentlich was die Entlohnung, die Arbeitsdauer, die Ausrüstung, die Vorbildung und die Entschädigung für Arbeitsunfälle und Berufskrankheiten betrifft.

Im Falle der Verletzung der oben erwähnten Vorschriften sind die geschützten Personen ermächtigt, gemäß Artikel 30 ihr Beschwerderecht auszuüben.

Artikel 41

Erachtet die Macht, in deren Händen die geschützten Personen sich befinden, die im vorliegenden Abkommen erwähnten Kontrollmaßnahmen als ungenügend, so bilden Zuweisung eines Zwangsaufenthaltes oder Internierung gemäß den Bestimmungen der Artikel 42 und 43 die strengsten Kontrollmaßnahmen, zu welchen sie greifen darf.

Bei der Anwendung der Bestimmungen des zweiten Absatzes des Artikels 39 auf Fälle von Personen, die zur Aufgabe ihres gewöhnlichen Wohnsitzes gezwungen sind, auf Grund einer Entscheidung, die sie zu einem Zwangsaufenthalt an einem anderen Ort nötigt, soll sich die Gewahrsamsmacht so peinlich als möglich an die Regeln für die Behandlung von Internierten (Teil III, Abschnitt IV, des vorliegenden Abkommens) halten.

Artikel 42

Die Internierung der geschützten Personen oder die Zuweisung eines Zwangsaufenthalts an diese darf nur angeordnet werden, wenn es die Sicherheit der Macht, in deren Händen sich diese Personen befinden, unbedingt erfordert.

Wenn eine Person durch Vermittlung der Vertreter der Schutzmacht ihre freiwillige Internierung verlangt und wenn ihre Lage dies erfordert, soll die Internierung durch die Macht vorgenommen werden, in deren Händen sie sich befindet.

Artikel 43

Jede geschützte Person, die interniert oder der ein Zwangsaufenthalt zugewiesen worden ist, hat ein Anrecht darauf, daß ein Gericht oder ein zuständiger, zu diesem Zwecke von der Gewahrsamsmacht geschaffener Verwaltungsausschuß innerhalb kürzester Frist die betreffende Entscheidung überprüft. Wird die Internierung oder die Zuweisung eines Zwangsaufenthalts aufrechterhalten, soll das Gericht oder der Verwaltungsausschuß periodisch, zumindest aber zweimal jährlich, den Fall dieser Person prüfen im Hinblick auf eine Änderung der ersten Entscheidung zu ihren Gunsten, falls es die Umstände erlauben.

Sofern sich die betreffenden geschützten Personen dem nicht widersetzen, soll die Gewahrsamsmacht die Namen der geschützten Personen, die interniert oder einem Zwangsaufenthalt unterworfen oder aus der Internierung oder dem Zwangsaufenhalt entlassen worden sind, so rasch als möglich zur Kenntnis der Schutzmacht bringen. Unter dem gleichen Vorbehalt sollen auch die Entscheidungen der in Absatz 1 des vorliegenden Artikels erwähnten Gerichte oder Verwaltungsausschüsse so rasch als möglich der Schutzmacht mitgeteilt werden.

Artikel 44

Bei der Anwendung der durch das vorliegende Abkommen vorgesehenen Kontrollmaßnahmen soll die Gewahrsamsmacht die Flüchtlinge, die in Wirklichkeit den Schutz keiner Regierung genießen, nicht ausschließlich auf Grund ihrer rechtlichen Zugehörigkeit zu einem feindlichen Staat als feindliche Ausländer behandeln.

Artikel 45

Die geschützten Personen dürfen nicht einer Macht übergeben werden, die nicht Vertragspartei des Abkommens ist.

Diese Bestimmung darf jedoch der Heimschaffung der geschützten Personen oder ihrer Rückkehr in den Staat, in dem sie ihren Wohnsitz haben, nach dem Ende der Feindseligkeiten nicht im Wege stehen.

Geschützte Personen dürfen von der Gewahrsamsmacht nur dann einer Macht übergeben werden, die Vertragspartei dieses Abkommens ist, wenn sie sich vergewissert hat, daß die fragliche Macht willens und in der Lage ist, das Abkommen anzuwenden. Wenn geschützte Personen unter diesen Umständen übergeben werden, übernimmt die sie aufnehmende Macht die Verantwortung für die Anwendung des Abkommens, solange sie ihr anvertraut sind. Sollte diese Macht indessen die Bestimmungen des Abkommens nicht in allen wichtigen Punkten einhalten, so hat die Macht, die die geschützten Personen übergeben hat, auf Anzeige der Schutzmacht hin wirksame Maßnahmen zu ergreifen, um Abhilfe zu schaffen, oder die Rückgabe der geschützten Personen zu verlangen. Einem solchen Verlangen muß stattgegeben werden.

Eine geschützte Person darf auf keinen Fall in ein Land überstellt werden, in dem sie Verfolgungen wegen ihrer politischen und religiösen Überzeugung befürchten muß.

Die Bestimmungen dieses Artikels bilden kein Hindernis für die Auslieferung von geschützten Personen, die eines Verbrechens des gemeinen Rechts angeklagt sind, auf Grund von Auslieferungsverträgen, die vor Ausbruch der Feindseligkeiten abgeschlossen wurden.

Artikel 46

Sofern einschränkende Maßnahmen in bezug auf geschützte Personen nicht bereits früher rückgängig gemacht worden sind, sollen sie nach Abschluß der Feindseligkeiten so rasch als möglich aufgehoben werden.

Einschränkende Maßnahmen in bezug auf ihr Eigentum sollen nach Abschluß der Feindseligkeiten gemäß der Gesetzgebung der Gewahrsamsmacht sobald als möglich aufgehoben werden.

Abschnitt III

Besetzte Gebiete

Artikel 47

Den geschützten Personen, die sich in besetztem Gebiet befinden, sollen in keinem Falle und auf keine Weise die Vorteile des vorliegenden Abkommens entzogen werden, weder wegen irgendeiner Veränderung, die sich als Folge der Besetzung in den Institutionen oder der Regierung des in Frage stehenden Gebietes ergeben könnte, noch auf Grund einer zwischen den Behörden des besetzten Gebietes und der Besetzungsmacht abgeschlossenen Vereinbarung, noch auf Grund der

Annexion des ganzen oder eines Teiles des besetzten Gebietes durch die Besetzungsmacht.

Artikel 48

Geschützte Personen, die nicht Staatsangehörige der Macht sind, deren Gebiet besetzt ist, können unter den in Artikel 35 vorgesehenen Bedingungen das Recht zum Verlassen des Gebietes in Anspruch nehmen. Die Entscheidungen sollen auf Grund der Verfahrensvorschriften getroffen werden, die die Besetzungsmacht in Übereinstimmung mit dem erwähnten Artikel aufzustellen hat.

Artikel 49

Zwangsweise Einzel- oder Massenumsiedlungen sowie Deportationen von geschützten Personen aus besetztem Gebiet nach dem Gebiet der Besetzungsmacht oder dem irgendeines anderen besetzten oder unbesetzten Staates sind ohne Rücksicht auf ihren Beweggrund verboten.

Nichtsdestoweniger kann die Besetzungsmacht eine vollständige oder teilweise Evakuierung eines bestimmten besetzten Gebietes durchführen, wenn die Sicherheit der Bevölkerung oder zwingende militärische Gründe dies erfordern. Solche Evakuierungen dürfen nicht die Umsiedlung von geschützten Personen in Gebiete außerhalb der Grenzen des besetzten Gebietes zur Folge haben, es sei denn, eine solche Umsiedlung ließe sich aus materiellen Gründen nicht vermeiden. Unmittelbar nach Beendigung der Feindseligkeiten in dem in Frage stehenden Gebiet soll die so evakuierte Bevölkerung in ihre Heimstätten zurückgeführt werden.

Die Besetzungsmacht hat bei der Durchführung derartiger Umsiedlungen oder Evakuierungen im Rahmen des Möglichen dafür zu sorgen, daß angemessene Unterkunft für die Aufnahme der geschützten Personen vorgesehen wird, daß die Umsiedlung in bezug auf sanitäre Vorschriften, Hygiene, Sicherheit und Verpflegung unter befriedigenden Bedingungen durchgeführt wird und Mitglieder derselben Familie nicht voneinander getrennt werden.

Die Schutzmacht soll von allen Umsiedlungen und Evakuierungen verständigt werden, sobald sie stattgefunden haben.

Die Besetzungsmacht darf geschützte Personen nicht in einer besonders den Kriegsgefahren ausgesetzten Gegend zurückhalten, sofern nicht die Sicherheit der Bevölkerung oder zwingende militärische Gründe dies erfordern.

Die Besetzungsmacht darf nicht Teile ihrer eigenen Zivilbevölkerung in das von ihr besetzte Gebiet deportieren oder umsiedeln.

Artikel 50

Die Besetzungsmacht soll in Zusammenarbeit mit den Landes- und Ortsbehörden den geordneten Betrieb der Einrichtungen erleichtern, die zur Pflege und Erziehung der Kinder dienen.

Sie soll alle notwendigen Maßnahmen ergreifen, um die Identifizierung der Kinder und die Eintragung ihrer Familienzugehörigkeit zu erleichtern. Keinesfalls darf sie ihren Personalstatus ändern noch sie in von ihr abhängige Formationen oder Organisationen einreihen.

Sollten die lokalen Einrichtungen unzulänglich sein, so hat die Besetzungsmacht Vorkehrungen zu treffen, um den Unterhalt und die Erziehung der Waisen und der infolge des Krieges von ihren Eltern getrennten Kinder sicherzustellen. Dies soll, wenn möglich, durch Personen ihrer Staatsangehörigkeit, Sprache und Religion erfolgen, sofern nicht ein naher Verwandter oder Freund für sie sorgen kann.

Eine besondere Abteilung des auf Grund der Bestimmungen von Artikel 136 geschaffenen Büros ist beauftragt, alle notwendigen Schritte zu unternehmen, um die Kinder zu identifizieren, deren Identität ungewiß ist. Angaben, die man über ihre Eltern oder andere nahe Verwandte gegebenenfalls besitzt, sollen immer aufgezeichnet werden.

Die Besetzungsmacht soll die Anwendung irgendwelcher Vorzugsmaßnahmen in bezug auf Ernährung, ärztliche Pflege und Schutz vor Kriegsfolgen nicht behindern, welche gegebenenfalls bereits vor der Besetzung zugunsten von Kindern unter 15 Jahren, schwangeren Frauen und Müttern von Kindern unter sieben Jahren durchgeführt wurden.

Artikel 51

Die Besetzungsmacht kann geschützte Personen nicht zwingen, in ihren bewaffneten Kräften oder Hilfskräften zu dienen. Jeder Druck oder jede Propaganda, die auf freiwillige Dienstverpflichtung abzielt, ist verboten.

Sie darf geschützte Personen nur dann zur Arbeit zwingen, wenn sie über 18 Jahre alt sind, und auch dann nur zu Arbeiten, die für die Bedürfnisse der Besetzungsarmee oder für die öffentlichen Dienste, für die Ernährung, Unterbringung, Bekleidung, für den Transport oder die Gesundheit der Bevölkerung des besetzten Landes notwendig sind. Die geschützten Personen dürfen nicht zu irgendeiner Arbeit gezwungen werden, die sie verpflichten würde, an militärischen Operationen teilzunehmen. Die Besetzungsmacht kann geschützte Personen nicht zwingen, Einrichtungen, in denen sie die ihnen auferlegte Arbeit verrichten, unter Anwendung von Gewalt zu schützen.

Die Arbeit darf nur innerhalb des besetzten Gebietes geleistet werden, in welchem die betreffenden Personen sich befinden. Jede solche Person soll soweit als möglich auf ihrem gewohnten Arbeitsplatz verwendet werden. Die Arbeit soll angemessen bezahlt und den körperlichen und geistigen Fähigkeiten der Arbeitenden angepaßt sein. Die im besetzten Lande in Kraft stehende Gesetzgebung, betreffend die Arbeitsbedingungen und Schutzmaßnahmen, insbesondere in bezug auf Löhne, Arbeitsdauer, Ausrüstung, Vorbildung und Entschädigungen für Arbeitsunfälle und Berufskrankheiten, ist auf die geschützten Personen anzuwenden, die zu Arbeiten herangezogen werden, von denen im vorliegenden Artikel die Rede ist.

In keinem Falle darf die Rekrutierung von Arbeitskräften zu einer Mobilisierung von Arbeitern in Organisationen militärischen oder halbmilitärischen Charakters führen.

Artikel 52

Kein Vertrag, kein Übereinkommen oder keine Vorschrift kann das Recht irgendeines freiwilligen oder unfreiwilligen Arbeiters beeinträchtigen, sich, wo immer er sich befindet, an die Vertreter der Schutzmacht zu wenden, um deren Intervention zu verlangen.

Alle Maßnahmen, die darauf abzielen, Arbeitslosigkeit zu schaffen oder die Arbeitsmöglichkeiten der Arbeiter eines besetzten Gebietes zu beschränken, um sie auf diese Weise zur Arbeit für die Besetzungsmacht zu gewinnen, sind verboten.

Artikel 53

Es ist der Besetzungsmacht verboten, bewegliche oder unbewegliche Güter zu zerstören, die persönliches oder gemeinschaftliches Eigentum von Privatpersonen, Eigentum des Staates oder öffentlicher Körperschaften, sozialer oder genossenschaftlicher Organisationen sind, außer in Fällen, wo solche Zerstörungen wegen militärischer Operationen unerläßlich werden sollten.

Artikel 54

Es ist der Besetzungsmacht verboten, den Status der öffentlichen Beamten oder Richter des besetzten Gebietes zu ändern oder gegen sie Sanktionen oder irgendwelche Zwangsmaßnahmen oder diskriminierende Maßnahmen zu ergreifen, weil sie sich aus Gewissensgründen enthalten, ihre Funktionen zu erfüllen.

Dieses Verbot verhindert nicht die Anwendung des zweiten Absatzes des Artikels 51. Es berührt nicht das Recht der Besetzungsmacht, Inhaber öffentlicher Ämter von ihren Posten zu entheben.

Artikel 55

Die Besetzungsmacht hat die Pflicht, die Versorgung der Bevölkerung mit Nahrungs- und Arzneimitteln mit allen ihr zur Verfügung stehenden Mitteln sicherzustellen; insbesondere hat sie Lebensmittel, medizinische Bedarfsartikel und alle anderen notwendigen Artikel einzuführen, falls die Hilfsquellen des besetzten Gebietes nicht ausreichen.

Die Besetzungsmacht darf keine im besetzten Gebiete befindlichen Lebensmittel, Waren oder medizinische Bedarfsartikel requirieren, ausgenommen für die Besetzungsstreitkräfte und -verwaltung, und auch dann nur unter Berücksichtigung der Bedürfnisse der Zivilbevölkerung. Unter Vorbehalt der Bestimmungen anderer internationaler Abkommen hat die Besetzungsmacht die notwendigen Vorkehrungen zu treffen, damit eine angemessene Entschädigung für die requirierten Güter gezahlt wird. Die Schutzmächte können jederzeit ohne weiteres den Stand der Versorgung mit Lebensmitteln und Medikamenten in den besetzten Gebieten untersuchen, unter Vorbehalt von zeitweiligen Beschränkungen, die aus zwingenden militärischen Erfordernissen auferlegt werden könnten.

Artikel 56

Die Besetzungsmacht ist verpflichtet, mit allen ihr zur Verfügung stehenden Mitteln in Zusammenarbeit mit den Landes- und Ortsbehörden die Einrichtungen und Dienste für ärztliche Behandlung und Spitalpflege sowie das öffentliche Gesundheitswesen im besetzten Gebiet zu sichern und aufrechtzuerhalten, insbesondere durch Einführung und Anwendung der notwendigen Vorbeugungs- und Vorsichtsmaßnahmen zur Bekämpfung der Ausbreitung von ansteckenden Krankheiten und Epidemien. Das ärztliche Personal aller Kategorien ist ermächtigt, seine Aufgaben zu erfüllen.

Wenn neue Spitäler im besetzten Gebiet geschaffen werden und wenn die zuständigen Organe des besetzten Staates dort ihre Funktionen nicht mehr ausüben, sollen die Besetzungsbehörden, falls es nötig sein sollte, die in Artikel 18 vorgesehene Anerkennung gewähren. Unter ähnlichen Umständen haben die Besetzungsbehörden ebenfalls dem Spitalpersonal und den Transportfahrzeugen gemäß den Bestimmungen der Artikel 20 und 21 die Anerkennung zu gewähren.

Bei der Ergreifung von Gesundheits- und Hygienemaßnahmen sowie bei ihrer Durchführung soll die Besetzungsmacht das moralische und ethische Empfinden der Bevölkerung des besetzten Gebietes berücksichtigen.

Artikel 57

Die Besetzungsmacht darf Zivilspitäler nur vorübergehend und nur im Falle dringender Notwendigkeit requirieren, um verwundete und kranke Militärpersonen zu pflegen, und dann nur unter der Bedingung, daß in angemessener Frist geeignete Maßnahmen getroffen werden, um die Pflege und Behandlung der hospitalisierten Personen sicherzustellen und die Bedürfnisse der Zivilbevölkerung zu befriedigen.

Das Material und die Vorräte der Zivilspitäler dürfen nicht requiriert werden, solange sie für die Bedürfnisse der Zivilbevölkerung notwendig sind.

Artikel 58

Die Besetzungsmacht soll den Geistlichen gestatten, den Mitgliedern ihrer religösen Gemeinschaften geistlichen Beistand zu leisten.

Die Besetzungsmacht soll ebenfalls die Sendungen von Büchern und Gegenständen, die zur Befriedigung religiöser Bedürfnisse notwendig sind, annehmen und ihre Verteilung im besetzten Gebiet erleichtern.

Artikel 59

Wenn die Bevölkerung eines besetzten Gebietes oder ein Teil derselben ungenügend versorgt wird, soll die Besetzungsmacht Hilfsaktionen zugunsten dieser Bevölkerung gestatten und sie mit allen ihr zur Verfügung stehenden Mitteln erleichtern.

Solche Aktionen, die entweder durch Staaten oder durch eine unparteiische humanitäre Organisation, wie das Internationale Komitee vom Roten Kreuz, unternommen werden können, sollen insbesondere aus Lebensmittel- Arznei- und Kleidungssendungen bestehen.

Alle Vertragschließenden Parteien haben die freie Durchfuhr dieser Sendungen zu gestatten und ihren Schutz zu gewährleisten.

Eine Macht, die die freie Durchfuhr von Sendungen gewährt, die für ein von einer feindlichen Partei besetztes Gebiet bestimmt sind, hat jedoch das Recht, die Sendungen zu prüfen, ihre Durchfuhr nach vorgeschriebenen Zeiten und Wegen zu regeln und von der Schutzmacht ausreichende Zusicherungen zu verlangen, daß diese Sendungen zur Hilfeleistung an die notleidende Bevölkerung bestimmt sind und nicht zum Vorteil der Besetzungsmacht verwendet werden.

Artikel 60

Die Hilfssendungen entbinden die Besetzungsmacht in keiner Weise von den ihr durch die Artikel 55, 56 und 59 auferlegten Verantwortlichkeiten. Sie darf die Hilfssendungen auf keine Weise für einen anderen als den vorbestimmten Zweck verwenden, ausgenommen in Fällen dringender Notwendigkeit, im Interesse der Bevölkerung des besetzten Gebietes und mit Zustimmung der Schutzmacht.

Artikel 61

Die Verteilung der in den vorhergehenden Artikeln erwähnten Hilfssendungen soll unter der Mitwirkung und Aufsicht der Schutzmacht durchgeführt werden. Diese Aufgabe kann durch ein Übereinkommen zwischen Besetzungs- und Schutzmacht auch einem neutralen Staat, dem Internationalen Komitee vom Roten Kreuz oder irgendeiner unparteiischen humanitären Organisation übertragen werden.

Solche Hilfssendungen sollen im besetzten Gebiete von allen Abgaben, Steuern oder Zöllen befreit sein, es sei denn, diese seien im Interesse der Wirtschaft des betreffenden Gebietes notwendig. Die Besetzungsmacht hat die rasche Verteilung dieser Sendungen zu erleichtern.

Alle Vertragschließenden Parteien sollen sich bemühen, die unentgeltliche Durchfuhr und Beförderung dieser für besetzte Gebiete bestimmten Hilfssendungen zu gestatten.

Artikel 62

Unter Vorbehalt von zwingenden Sicherheitsgründen können die in besetztem Gebiet befindlichen geschützten Personen an sie gerichtete private Hilfssendungen empfangen.

Artikel 63

Unter Vorbehalt von vorübergehenden von der Besetzungsmacht ausnahmsweise aus zwingenden Sicherheitsgründen auferlegten Maßnahmen:

a) können die anerkannten nationalen Gesellschaften vom Roten Kreuz (vom Roten Halbmond, vom Roten Löwen mit roter Sonne) ihre Tätigkeit gemäß den Grundsätzen des Roten Kreuzes fortsetzen, wie sie von den internationalen Rotkreuzkonferenzen festgelegt worden sind. Die anderen Hilfsgesellschaften sollen ihre humanitäre Tätigkeit unter ähnlichen Bedingungen fortsetzen können;

b) kann die Besetzungsmacht nicht Veränderungen im Personal oder in der Zusammensetzung dieser Gesellschaften verlangen, die der oben erwähnten Tätigkeit zum Nachteil gereichen könnten.

Die gleichen Grundsätze sollen auf die Tätigkeit und das Personal von Sonderorganisationen nicht militärischen Charakters angewendet werden, welche bereits bestehen oder noch geschaffen werden könnten, um die Lebensbedingungen der Zivilbevölkerung durch Aufrechterhaltung der lebenswichtigen öffentlichen Dienste, durch Verteilung von Hilfsmitteln und durch Organisierung von Rettungsaktionen zu sichern.

Artikel 64

Die Strafgesetze des besetzten Gebietes bleiben in Kraft, außer wenn sie durch die Besetzungsmacht endgültig oder vorübergehend außer Kraft gesetzt werden, weil sie eine Gefahr für die Sicherheit dieser Macht oder ein Hindernis bei der Anwendung des vorliegenden Abkommens darstellen. Unter Vorbehalt dieser letzteren Erwägung und der Notwendigkeit, eine wirksame Justizverwaltung zu gewährleisten, sollen die Gerichte des besetzten Gebietes fortfahren, alle durch die erwähnten Gesetze erfaßten Vergehen zu behandeln.

Die Besetzungsmacht kann jedoch die Bevölkerung des besetzten Gebietes Bestimmungen unterwerfen, die unerläßlich sind zur Erfüllung der ihr durch das vorliegende Abkommen auferlegten Verpflichtungen, zur Aufrechterhaltung einer ordentlichen Verwaltung des Gebietes und zur Gewährleistung der Sicherheit sowohl der Besetzungsmacht als auch der Mitglieder und des Eigentums der Besetzungsstreitkräfte oder -verwaltung sowie der durch sie benützten Anlagen und Verbindungslinien.

Artikel 65

Die durch die Besetzungsmacht erlassenen Strafbestimmungen treten erst dann in Kraft, wenn sie veröffentlicht und der Bevölkerung in ihrer Sprache zur Kenntnis gebracht worden sind. Sie können keine rückwirkende Kraft haben.

Artikel 66

Die Besetzungsmacht kann die Beschuldigten im Falle einer Verletzung der von ihr kraft des zweiten Absatzes des Artikels 64 erlassenen Strafbestimmungen vor ihre nichtpolitischen und ordnungsmäßig gebildeten Militärgerichte stellen, unter der Bedingung, daß diese im besetzten Gebiet tagen. Die Rechtsmittelgerichte sollen vorzugsweise im besetzten Gebiet tagen.

Artikel 67

Die Gerichte dürfen nur jene Gesetzesbestimmungen anwenden, die vor der Begehung der strafbaren Handlung gegolten haben und in Übereinstimmung mit den allgemeinen Rechtsgrundsätzen stehen, insbesondere mit dem Grundsatz, daß die Strafe der Schwere des Vergehens angemessen sein soll. Sie haben in Betracht zu ziehen, daß der Angeklagte kein Staatsangehöriger der Besetzungsmacht ist.

Artikel 68

Begeht eine geschützte Person eine strafbare Handlung, die ausschließlich den Zweck verfolgt, der Besetzungsmacht zu schaden, die aber keinen Angriff auf das Leben oder die körperliche Unversehrtheit der Angehörigen der Besetzungsstreitkräfte oder -verwaltung darstellt, noch eine ernste Gemeingefahr schafft, noch dem Eigentum der Besetzungsstreitkräfte oder -verwaltung, noch den durch sie benützten Einrichtungen wesentlichen Schaden zufügt, ist diese Person mit Internierung oder einfacher Haft zu bestrafen, wobei die Dauer dieser Internierung oder Haft der Schwere der begangenen strafbaren Handlung zu entsprechen hat. Weiters ist Internierung oder Haft für solche strafbare Handlungen die einzige freiheitsentziehende Maßnahme, die gegen geschützte Personen getroffen werden kann. Die in Artikel 66 des vorliegenden Abkommens vorgesehenen Gerichte können nach ihrem Ermessen die Haft in eine Internierung von gleicher Dauer umwandeln.

Die von der Besetzungsmacht gemäß den Artikeln 64 und 65 erlassenen Strafbestimmungen können die Todesstrafe für geschützte Personen nur dann vorsehen, wenn diese Personen der Spionage, schwerer Sabotageakte an militärischen Einrichtungen der Besetzungsmacht oder vorsätzlicher strafbarer Handlungen schuldig sind, die den Tod einer oder mehrerer Personen verursacht haben, vorausgesetzt, daß die Gesetze des besetzten Gebietes, die vor dem Beginn der Besetzung in Kraft standen, für solche Fälle die Todesstrafe vorsehen.

Die Todesstrafe kann gegen eine geschützte Person nur ausgesprochen werden, wenn das Gericht ganz besonders auf die Tatsache aufmerksam gemacht wurde, daß der Angeklagte, da er nicht Angehöriger der Besetzungsmacht ist, durch keinerlei Treuepflicht ihr gegenüber gebunden ist.

Keinesfalls kann die Todesstrafe gegen eine geschützte Person ausgesprochen werden, die zur Zeit der Begehung der strafbaren Handlung noch nicht 18 Jahre alt war.

Artikel 69

In allen Fällen ist die Dauer der Untersuchungshaft auf die über eine angeklagte geschützte Person verhängte Gefängnisstrafe anzurechnen.

Artikel 70

Geschützte Person dürfen von der Besetzungsmacht nicht verhaftet, verfolgt oder verurteilt werden wegen vor der Besetzung oder während einer vorübergehenden Unterbrechung derselben begangener Handlungen oder geäußerter Meinungen, mit Ausnahme von Verstößen gegen die Gesetze und Gebräuche des Krieges.

Angehörige der Besetzungsmacht, die vor Ausbruch des Konflikts im besetzten Gebiete Zuflucht gesucht haben, dürfen nicht verhaftet, verfolgt, verurteilt oder aus dem besetzten Gebiet deportiert werden, es sei denn wegen nach Ausbruch der Feindseligkeiten begangener strafbarer Handlungen oder vor Ausbruch der Feindseligkeiten begangener gemeinrechtlicher Vergehen, die nach dem Recht des besetzten Staates die Auslieferung auch in Friedenszeiten gerechtfertigt hätten.

Artikel 71

Die zuständigen Gerichte der Besetzungsmacht können ohne ein vorhergehendes ordentliches Verfahren niemanden verurteilen.

Jeder von der Besetzungsmacht gerichtlich verfolgte Beschuldigte soll ohne Verzug schriftlich, in einer ihm verständlichen Sprache, von den Einzelheiten der gegen ihn erhobenen Anschuldigungen in Kenntnis gesetzt und sein Fall soll so rasch als möglich zur Verhandlung gebracht werden. Die Schutzmacht soll von jedem durch die Besetzungsmacht gegen geschützte Personen eingeleiteten Verfahren in Kenntnis gesetzt werden, wenn die Anklage zu einem Todesurteil oder zur Verhängung einer Gefängnisstrafe von zwei oder mehr Jahren führen könnte; sie kann sich jederzeit über den Stand des Verfahrens unterrichten. Weiters hat die Schutzmacht das Recht, auf Verlangen alle Auskünfte über solche und alle anderen von der Besetzungsmacht gegen geschützte Personen eingeleiteten Verfahren zu erhalten.

Die Anzeige an die Schutzmacht, wie sie im zweiten Absatz dieses Artikels vorgesehen ist, soll unverzüglich erfolgen und in jedem Falle der Schutzmacht drei Wochen vor dem Zeitpunkt der ersten Verhandlung zukommen. Die Verhandlung darf nicht stattfinden, wenn nicht bei ihrer Eröffnung der Beweis erbracht wird, daß die Bestimmungen dieses Artikels restlos eingehalten wurden. Die Anzeige soll insbesondere folgende Punkte enthalten:

a) Angaben über die Person des Angeklagten;

b) Wohnort oder Gewahrsamsort;

c) genaue Bezeichnung des oder der Anklagepunkte (mit Erwähnung der Strafbestimmungen, auf die sie sich stützen);

d) Bezeichnung des Gerichtes, welches den Fall behandeln wird;

e) Ort und Zeitpunkt der ersten Verhandlung.

Artikel 72

Jeder Angeklagte hat das Recht, die zu seiner Verteidigung notwendigen Beweismittel geltend zu machen und kann insbesondere Zeugen vorladen lassen. Er hat das Recht auf Beistand durch einen geeigneten Verteidiger seiner Wahl, der ihn ungehindert besuchen kann und dem die zur Vorbereitung der Verteidigung notwendigen Erleichterungen zu gewähren sind.

Hat der Angeklagte keinen Verteidiger gewählt, so hat die Schutzmacht ihm einen beizustellen. Sollte der Angeklagte sich gegen eine schwere Anklage zu verantworten haben und einer Schutzmacht entbehren, hat ihm die Besetzungsmacht unter Vorbehalt seiner Zustimmung einen Verteidiger zu bestellen.

Jeder Angeklagte soll, sofern er nicht freiwillig darauf verzichtet, sowohl während der Untersuchung als auch bei der Gerichtsverhandlung von einem Dolmetscher unterstützt werden. Er kann den Dolmetscher jederzeit ablehnen und seine Ersetzung verlangen.

Artikel 73

Jeder Verurteilte hat das Recht, diejenigen Rechtsmittel zu ergreifen, die durch die vom Gericht angewendete Gesetzgebung vorgesehen sind. Er soll vollständig über die ihm zustehenden Rechtsmittel wie auch über die zu ihrer Einbringung gesetzten Fristen aufgeklärt werden.

Das in dem vorliegenden Abschnitt vorgesehene Strafverfahren soll, soweit anwendbar, auch bei Rechtsmitteln angewendet werden. Sehen die durch das Gericht angewendeten Gesetze keine Möglichkeit für Einlegung eines Rechtsmittels vor, so hat der Verurteilte das Recht, gegen den Schuldspruch und die Verurteilung bei der zuständigen Behörde der Besetzungsmacht Rechtsmittel einzulegen.

Artikel 74

Die Vertreter der Schutzmacht haben das Recht, der Verhandlung jedes Gerichtes beizuwohnen, das über eine geschützte Person befindet, sofern nicht die Verhandlungen ausnahmsweise im Interesse der Sicherheit der Besetzungsmacht unter Ausschluß der Öffentlichkeit stattfinden müssen, wovon die Besetzungsmacht die Schutzmacht zu verständigen hat. Ort und Zeitpunkt des Beginns der Verhandlungen sollen der Schutzmacht bekanntgegeben werden.

Alle Verurteilungen zum Tode oder zu einer Freiheitsstrafe von zwei oder mehr Jahren sollen unter Angabe der Gründe so rasch als möglich der Schutzmacht mitgeteilt werden. Die Bekanntgabe soll Bezug nehmen auf die gemäß Artikel 71 erfolgte Anzeige und im Falle der Verurteilung zu einer Freiheitsstrafe den Namen des Ortes enthalten, wo das Urteil vollzogen wird. Die übrigen Urteile sollen in den Gerichtsakten festgehalten und können durch Vertreter der Schutzmacht eingesehen werden. Im Falle einer Verurteilung zum Tode oder zu einer Freiheitsstrafe von zwei oder mehr Jahren beginnen die Rechtsmittelfristen erst in dem Augenblick zu laufen, in dem die Schutzmacht vom Urteil Kenntnis erhalten hat.

Artikel 75

In keinem Fall sollen zum Tode Verurteilte des Rechtes beraubt sein, ein Gnadengesuch einzureichen.

Kein Todesurteil soll vor Ablauf einer Frist von wenigstens sechs Monaten vollstreckt werden, vom Zeitpunkt an gerechnet, in dem die Schutzmacht die Mitteilung über das endgültige Urteil, das die Todesstrafe bestätigt, oder über die Entscheidung, die das Gnadengesuch ablehnt, erhalten hat.

Diese Frist von sechs Monaten kann in bestimmten Einzelfällen gekürzt werden, wenn infolge ernster und kritischer Umstände die Sicherheit der Besetzungsmacht oder ihrer bewaffneten Kräfte einer organisierten Bedrohung ausgesetzt ist; die Schutzmacht soll jedoch von einer solchen Fristverkürzung stets unterrichtet werden, und sie soll stets die Möglichkeit haben, innerhalb angemessener Zeit bei den zuständigen Besetzungsbehörden wegen dieser Todesurteile Vorstellungen zu erheben.

Artikel 76

Die einer strafbaren Handlung beschuldigten geschützten Personen sollen im besetzten Gebiet gefangengehalten werden und, falls sie verurteilt werden, dort ihre Strafe verbüßen. Sie sollen, wenn möglich, von den anderen Gefangenen getrennt werden; die Bedingungen der Ernährung und Hygiene, denen sie unterworfen sind, sollen genügen, um sie in einem guten Gesundheitszustand zu erhalten, und sollen wenigstens den Bedingungen der Strafanstalten des besetzten Landes gleichkommen.

Sie sollen die ärztliche Betreuung erhalten, die ihr Gesundheitszustand erfordert.

Sie sollen auch das Recht haben, den geistlichen Beistand zu empfangen, um den sie gegebenenfalls ersuchen.

Frauen sollen in gesonderten Räumlichkeiten untergebracht und unter die unmittelbare Überwachung von Frauen gestellt werden.

Gebührende Aufmerksamkeit soll der den Minderjährigen zukommenden besonderen Behandlung geschenkt werden.

Gefangengehaltene geschützte Personen haben das Recht, den Besuch von Delegierten der Schutzmacht und des Internationalen Komitees vom Roten Kreuz gemäß den Bestimmungen von Artikel 143 zu empfangen.

Ferner sind sie berechtigt, monatlich wenigstens ein Hilfspaket zu erhalten.

Artikel 77

Die vor Gerichten im besetzten Gebiet angeklagten oder von diesen verurteilten geschützten Personen sollen bei Beendigung der Besetzung den Behörden des befreiten Gebietes mit den sie betreffenden Akten übergeben werden.

Artikel 78

Wenn die Besetzungsmacht es aus zwingenden Sicherheitsgründen als notwendig erachtet, Sicherheitsmaßnahmen gegen geschützte Personen zu ergreifen, kann sie ihnen höchstens einen Zwangsaufenthalt auferlegen oder sie internieren.

Die Entscheidung über den Zwangsaufenthalt oder die Internierung sollen in einem ordentlichen Verfahren getroffen werden, das von der Besetzungsmacht entsprechend den Bestimmungen des vorliegenden Abkommens festzulegen ist. Dieses Verfahren hat für die betroffenen Personen das Recht auf Einlegung von Rechtsmitteln vorzusehen. Über Rechtsmittel soll so rasch als möglich entschieden werden. Werden die Entscheidungen aufrechterhalten, sollen sie einer periodischen, wenn möglich halbjährlichen Überprüfung durch eine zuständige, von der erwähnten Macht eingesetzte Behörde unterzogen werden.

Geschützte Personen, denen ein Zwangsaufenthalt zugewiesen wird und die infolgedessen zum Verlassen ihres Wohnsitzes gezwungen sind, sollen in den vollen Genuß der Bestimmungen des Artikels 39 des vorliegenden Abkommens gelangen.

ABSCHNITT IV

Vorschriften für die Behandlung von Internierten

Kapitel I

Allgemeine Bestimmungen

Artikel 79

Die am Konflikt beteiligten Parteien dürfen geschützte Personen nur gemäß den Bestimmungen der Artikel 41, 42, 43, 68 und 78 internieren.

Artikel 80

Die Internierten behalten ihre volle bürgerliche Rechtsfähigkeit und können die daraus erwachsenden Rechte geltend machen, soweit sie mit ihrem Status als Internierte vereinbar sind.

Artikel 81

Die am Konflikt beteiligten Parteien, die geschützte Personen internieren, sind gehalten, unentgeltlich für ihren Unterhalt aufzukommen und ihnen ebenfalls die ärztliche Pflege angedeihen zu lassen, die ihr Gesundheitszustand erfordert.

Von den Zulagen, Entlohnungen und Guthaben der Internierten darf zur Begleichung dieser Kosten keinerlei Abzug gemacht werden.

Die Gewahrsamsmacht soll für den Unterhalt der von den Internierten abhängigen Personen aufkommen, wenn diese ohne ausreichende Existenzmittel oder unfähig sind, ihr Leben selbst zu verdienen.

Artikel 82

Die Gewahrsamsmacht hat die Internierten soweit als möglich nach ihrer Nationalität, ihrer Sprache und ihren Gebräuchen gruppiert unterzubringen. Die Internierten, die Angehörige des gleichen Staates sind, dürfen nicht lediglich wegen der Verschiedenheit ihrer Sprache getrennt werden.

Während der ganzen Dauer ihrer Internierung sollen die Mitglieder derselben Familie und namentlich die Eltern und ihre Kinder am gleichen Internierungsort untergebracht werden, mit Ausnahme der Fälle, in denen die Erfordernisse der Arbeit, Gesundheitsgründe oder die Anwendung der in Kapitel IX dieses Abschnittes vorgesehenen Bestimmungen eine vorübergehende Trennung notwendig machen. Die Internierten können verlangen, daß ihre Kinder, die ohne elterliche Überwachung in Freiheit gelassen werden, mit ihnen interniert werden.

Wo immer möglich, sollen die internierten Mitglieder derselben Familie zusammen in den gleichen Räumen und von den anderen Internierten getrennt untergebracht werden; es sollen ihnen ebenfalls die notwendigen Erleichterungen zur Führung eines Familienlebens gewährt werden.

Kapitel II

Internierungsorte

Artikel 83

Die Gewahrsamsmacht darf die Internierungsorte nicht in Gebieten anlegen, die Kriegsgefahren besonders ausgesetzt sind.

Die Gewahrsamsmacht soll durch Vermittlung der Schutzmächte den feindlichen Mächten alle nützlichen Angaben über die geographische Lage der Internierungsorte zugehen lassen.

Wenn immer die militärischen Erwägungen es erlauben, sollen die Internierungslager so mit den Buchstaben IC gekennzeichnet sein, daß sie tagsüber aus der Luft deutlich erkannt werden können; die betreffenden Mächte können sich jedoch über ein anderes Mittel der Kennzeichnung einigen. Kein anderer Ort als ein Internierungslager darf auf diese Weise gekennzeichnet sein.

Artikel 84

Internierte sollen getrennt von den Kriegsgefangenen und den aus irgendeinem anderen Grund der Freiheit beraubten Personen untergebracht und betreut werden.

Artikel 85

Die Gewahrsamsmacht ist verpflichtet, alle notwendigen und möglichen Maßnahmen zu ergreifen, damit die geschützten Personen vom Beginn ihrer Internierung an in Gebäuden oder Quartieren untergebracht werden, die jegliche Gewähr in bezug auf Hygiene und Reinlichkeit sowie wirksamen Schutz vor den Unbilden der Witterung und den Folgen des Krieges bieten. Auf keinen Fall sollen ständige Internierungsorte in ungesunden Gegenden oder in Gebieten gelegen sein, deren Klima für die Internierten schädlich sein könnte. In allen Fällen, in denen sie vorübergehend in einer ungesunden Gegend oder in einem Gebiet interniert werden, dessen Klima ihrer Gesundheit schädlich ist, sollen die geschützten Personen so rasch, als es die Umstände erlauben, an einen zuträglicheren Internierungsort verbracht werden.

Die Räume sollen vollkommen vor Feuchtigkeit geschützt, genügend geheizt und beleuchtet sein, namentlich zwischen dem Einbruch der Dunkelheit und dem Beginn der Nachtruhe. Die Schlafräume sollen ausreichend groß und gut gelüftet sein. Die Internierten sollen über passendes Bettzeug und Decken in genügender Zahl verfügen, wobei dem Klima und dem Alter, dem Geschlecht und dem Gesundheitszustand der Internierten Rechnung zu tragen ist.

Den Internierten sollen tags und nachts sanitäre Einrichtungen zur Verfügung stehen, die den Erfordernissen der Hygiene entsprechen und dauernd sauber zu halten sind. Sie sollen genügend Wasser und Seife für ihre tägliche Körperpflege und die Reinigung ihrer Wäsche erhalten; die hiefür nötigen Einrichtungen und Erleichterungen sind ihnen zu gewähren. Außerdem sollen sie über Duschen und Badeeinrichtungen verfügen. Für ihre Körperpflege und die Reinigungsarbeiten ist ihnen die nötige Zeit einzuräumen.

Wenn immer es nötig wird, ausnahmsweise und vorübergehend internierte Frauen, die nicht einer Familiengruppe angehören, am gleichen Internierungsort wie Männer unterzubringen, müssen sie unbedingt über getrennte Schlafräume und sanitäre Einrichtung verfügen.

Artikel 86

Die Gewahrsamsmacht soll den Internierten jeglicher Konfession die passenden Räume zur Ausübung ihres Gottesdienstes zur Verfügung stellen.

Artikel 87

Sofern die Internierten nicht über ähnliche andere Erleichterungen verfügen, sollen an allen Internierungsorten Kantinen eingerichtet werden, damit sie in der Lage sind, sich zu Preisen, die keinesfalls jene des lokalen Handels übersteigen dürfen, Lebensmittel und Gebrauchsgegenstände, einschließlich Seife und Tabak, zu beschaffen, die dazu beitragen, ihr Wohlbefinden und ihren persönlichen Komfort zu steigern.

Die Überschüsse der Kantinen sollen einem besonderen Unterstützungsfonds gutgeschrieben werden, welcher in jedem Internierungsort geschaffen und zum Nutzen der Internierten des betreffenden Internierungsortes verwaltet werden soll. Der im Artikel 102 vorgesehene Interniertenausschuß hat das Recht, die Verwaltung der Kantine und dieses Fonds zu überprüfen.

Bei der Auflösung eines Internierungsortes ist der Überschuß des Unterstützungsfonds auf einen Unterstützungsfonds eines anderen Internierungsortes für Internierte der gleichen Staatsangehörigkeit oder, wenn ein solcher nicht besteht, auf einen zentralen Unterstützungsfonds zu übertragen, der zum Nutzen aller in der Gewalt der Gewahrsamsmacht verbleibenden Internierten verwaltet wird. Im Falle allgemeiner Freilassung sind diese Überschüsse von der Gewahrsamsmacht aufzubewahren, falls keine gegenteiligen Abmachungen zwischen den beteiligten Mächten getroffen worden sind.

Artikel 88

In allen Internierungsorten, die Luftangriffen und anderen Kriegsgefahren ausgesetzt sind, sollen geeignete Schutzräume in genügender Zahl errichtet werden, um den notwendigen Schutz zu gewährleisten. Im Falle eines Alarms sollen sich die Internierten so rasch als möglich dorthin begeben können, mit Ausnahme jener, die am Schutze ihrer Unterkunftsräume gegen diese Gefahren teilnehmen. Jede zugunsten der Bevölkerung ergriffene Schutzmaßnahme soll auch ihnen zugute kommen.

In den Internierungsorten sind ausreichende Vorsichtsmaßregeln gegen Feuersgefahr zu treffen.

Kapitel III

Ernährung und Bekleidung

Artikel 89

Die tägliche Lebensmittelration der Internierten soll in Menge, Beschaffenheit und Abwechslung ausreichend sein, um ihnen einen normalen Gesundheitszustand zu gewährleisten und um Mangelerscheinungen zu verhindern. Den Ernährungsgewohnheiten der Internierten soll ebenfalls Rechnung getragen werden.

Außerdem soll den Internierten die Möglichkeit zur Zubereitung der zusätzlichen Lebensmittel gegeben werden, über die sie unter Umständen verfügen.

Trinkwasser soll ihnen in genügender Menge geliefert werden. Tabakgenuß soll gestattet sein.

Arbeitende Internierte sollen eine der Natur ihrer Arbeit entsprechende Zusatzration erhalten.

Schwangere Frauen und Wöchnerinnen sowie Kinder unter 15 Kinder sollen eine ihren physiologischen Bedürfnissen entsprechende Zusatzration erhalten.

Artikel 90

Den Internierten sind bei ihrer Festnahme alle Erleichterungen zu gewähren, um sich mit Kleidung, Schuhen und Leibwäsche auszustatten und sich auch späterhin nach Bedarf damit einzudecken. Wenn die Internierten keine für das Klima ausreichenden Kleider besitzen und sich solche auch nicht beschaffen können, soll sie die Gewahrsamsmacht unentgeltlich ausstatten.

Die den Internierten von der Gewahrsamsmacht gelieferten Kleider und die darauf angebrachten äußeren Kennzeichen dürfen weder entehrenden Charakter haben noch zur Lächerlichkeit Anlaß geben.

Die Arbeiter sollen einen Arbeitsanzug erhalten, einschließlich geeigneter Schutzkleidung, wenn immer die Art ihrer Arbeit dies erfordert.

Kapitel IV

Hygiene und ärztliche Betreuung

Artikel 91

Jeder Internierungsort soll eine unter der Leitung eines qualifizierten Arztes stehende entsprechende Krankenabteilung besitzen, wo die Internierten die erforderliche Pflege und die entsprechende Diät erhalten können. Für die von ansteckenden oder Geisteskrankheiten befallenen Kranken sollen Absonderungsräume bereitgestellt werden.

Wöchnerinnen und Internierte, die von einer schweren Krankheit befallen sind oder deren Zustand eine besondere Behandlung, einen chirurgischen Eingriff oder Spitalpflege nötig macht, müssen in jedem für ihre Behandlung geeigneten Krankenhaus zugelassen werden. Sie sollen dort keine schlechtere Pflege erhalten als die für die gesamte Bevölkerung vorgesehene.

Die Internierten sollen vorzugsweise durch ärztliches Personal ihrer eigenen Staatsangehörigkeit behandelt werden.

Die Internierten dürfen nicht gehindert werden, sich den ärztlichen Behörden zur Untersuchung zu stellen. Die ärztlichen Behörden der Gewahrsamsmacht haben jedem behandelten Internierten auf Verlangen eine amtliche Bescheinigung auszustellen, die die Art seiner Krankheit oder seiner Verletzungen, die Dauer der Behandlung und die erhaltene Pflege angibt. Ein Doppel dieser Bescheinigung ist der in Artikel 140 vorgesehenen Zentralstelle zu übermitteln.

Die Behandlung wie auch die Beschaffung aller für die Aufrechterhaltung eines guten Gesundheitszustandes der Internierten benötigten Behelfe, namentlich künstlicher Zähne und anderer Prothesen sowie von Brillen, soll für die Internierten unentgeltlich erfolgen.

Artikel 92

Mindestens einmal monatlich sollen die Internierten einer ärztlichen Untersuchung unterworfen werden. Der Zweck ist insbesondere, den allgemeinen Gesundheits- Ernährungs- und Sauberkeitszustand zu überwachen sowie die ansteckenden Krankheiten, namentlich Tuberkulose, Geschlechtskrankheiten und Malaria, festzustellen. Sie soll namentlich auch die Kontrolle des Gewichts jedes Internierten und mindestens einmal jährlich eine Röntgendurchleuchtung umfassen.

Kapitel V

Religion, geistige und körperliche Betätigung

Artikel 93

Den Internierten soll in der Ausübung ihres Glaubens, einschließlich der Teilnahme an Gottesdiensten, volle Freiheit gewährt werden, vorausgesetzt, daß sie die normalen Ordnungsvorschriften der Gewahrsamsbehörden befolgen.

Den internierten Geistlichen ist es gestattet, ihr Amt unter ihren Glaubensgenossen uneingeschränkt auszuüben. Zu diesem Zwecke hat die Gewahrsamsmacht darauf zu achten, daß sie in gerechter Weise auf die verschiedenen Internierungsorte verteilt werden, in denen sich die gleiche Sprache sprechende und dem gleichen Glauben angehörende Internierte befinden. Sind nicht genügend Geistliche vorhanden, so soll sie ihnen die notwendigen Erleichterungen, unter anderem die Benützung von Transportmitteln, gewähren, um sich von einem Internierungsort zum anderen zu begeben; sie sollen ermächtigt sein, die in Spitälern befindlichen Internierten zu besuchen. Die Geistlichen sollen zur Ausübung ihres Amtes volle Freiheit in der Korrespondenz mit den religiösen Behörden der Gewahrsamsmacht und, soweit möglich, mit den internationalen religiösen Organisationen ihres Glaubens genießen. Diese Korrespondenz soll nicht als Teil des in Artikel 107 erwähnten Kontingentes gelten, jedoch den Bestimmungen des Artikels 112 unterstellt sein.

Wenn Internierte über keinen Beistand von Geistlichen ihres Glaubens verfügen oder deren Zahl nicht genügend ist, können die kirchlichen Ortsbehörden des gleichen Glaubens, im Einverständnis mit der Gewahrsamsmacht, einen Geistlichen des Bekenntnisses der betreffenden Internierten oder, wenn dies vom konfessionellen Gesichtspunkt aus möglich ist, einen Geistlichen eines ähnlichen Bekenntnisses oder einen befähigten Laien bezeichnen. Letzterer soll die Vorteile genießen, die mit dem übernommenen Amt verbunden sind. Die so ernannten Personen haben alle von der Gewahrsamsmacht im Interesse der Disziplin und der Sicherheit erlassenen Vorschriften zu befolgen.

Artikel 94

Die Gewahrsamsmacht wird die geistige, erzieherische, sportliche sowie die der Erholung geltende Betätigung der Internierten fördern, wobei ihnen volle Freiheit zu lassen ist, daran teilzunehmen oder nicht. Sie soll alle möglichen Maßnahmen ergreifen, um deren Ausübung zu gewährleisten und den Internierten namentlich passende Räume zur Verfügung stellen.

Alle möglichen Erleichterungen sollen den Internierten gewährt werden, um ihnen zu gestatten, ihre Studien fortzuführen oder neue zu beginnen. Der Unterricht für Kinder und Jugendliche soll gewährleistet sein; sie können Schulen entweder innerhalb oder außerhalb des Internierungsortes besuchen.

Den Internierten soll die Möglichkeit geboten werden, sich körperlichen Übungen, dem Sport und Spielen im Freien zu widmen. Zu diesem Zwecke sind in allen Internierungsorten ausreichende offene Plätze zur Verfügung zu stellen. Kindern und Jugendlichen sollen besondere Spielplätze vorbehalten sein.

Artikel 95

Die Gewahrsamsmacht darf Internierte nur auf ihren Wunsch hin als Arbeiter beschäftigen. Auf jeden Fall sind verboten: die Beschäftigung, welche, wenn sie einer nicht internierten geschützten Person auferlegt wird, eine Verletzung von Artikel 40 oder 51 des vorliegenden Abkommens bedeuten würde, sowie die Verwendung zu allen Arbeiten erniedrigender und entehrender Art. Nach einer Arbeitsperiode von sechs Wochen können die Internierten die Arbeit jederzeit unter Beachtung einer achttägigen Kündigungsfrist aufgeben.

Diese Bestimmungen beschränken nicht das Recht der Gewahrsamsmacht, die internierten Ärzte, Zahnärzte und anderen Mitglieder des Sanitätspersonals zur Ausübung ihres Berufes zum Wohle ihrer Mitinternierten anzuhalten, oder Internierte zu Verwaltungs- und Unterhaltsarbeiten für den Internierungsort heranzuziehen und diese Personen mit Küchen- und anderen Haushaltsarbeiten zu beauftragen; und schließlich sie zu Arbeiten heranzuziehen, die dazu bestimmt sind, die Internierten gegen Luftangriffe und andere aus dem Kriege erwachsende Gefahren zu schützen. Kein Internierter darf jedoch zur Ausübung von Arbeiten genötigt werden, für die ihn ein Arzt der Verwaltung körperlich untauglich erklärt hat.

Die Gewahrsamsmacht trägt die volle Verantwortung für alle Arbeitsbedingungen, für die ärztliche Pflege, für die Bezahlung der Löhne und für die Entschädigung für Arbeitsunfälle und Berufskrankheiten.

Die Arbeitsbedingungen wie auch die Entschädigung für Arbeitsunfälle und Berufskrankheiten sollen der nationalen Gesetzgebung und der bestehenden Praxis entsprechen; sie dürfen auf keinen Fall schlechter sein als jene, die für eine Arbeit der gleichen Art in derselben Gegend Anwendung finden. Die Löhne sollen in gerechter Weise durch Vereinbarung zwischen der Gewahrsamsmacht, den Internierten und gegebenenfalls den anderen Arbeitgebern als der Gewahrsamsmacht festgesetzt werden, wobei der Verpflichtung der Gewahrsamsmacht Rechnung zu tragen ist, unentgeltlich für den Unterhalt des Internierten zu sorgen und ihm gleichfalls die ärztliche Pflege, die sein Gesundheitszustand erfordert, angedeihen zu lassen. Die dauernd zu Arbeiten, wie sie im dritten Absatz umschrieben sind, herangezogenen Internierten sollen von der Gewahrsamsmacht eine gerechte Entlohnung erhalten; die Arbeitsbedingungen und die Entschädigungen für Arbeitsunfälle und Berufskrankheiten sollen nicht schlechter sein als jene, die für eine Arbeit der gleichen Art in derselben Gegend Anwendung finden.

Artikel 96

Jede Arbeitsgruppe soll einem Internierungsort unterstellt sein. Die zuständigen Behörden der Gewahrsamsmacht und der Kommandant dieses Internierungsortes sind dafür verantwortlich, daß die Bestimmungen des vorliegenden Abkommens in den Arbeitsgruppen beachtet werden. Der Kommandant hat ein stets auf dem laufenden gehaltenes Verzeichnis der ihm unterstehenden Arbeitsgruppen zu führen und es den Delegierten der Schutzmacht, des Internationalen Komitees vom Roten Kreuz oder anderer humanitärer Organisationen, welche die Internierungsorte besuchen, vorzuweisen.

Kapitel VI

Persönliches Eigentum und Geldmittel

Artikel 97

Die Internierten sollen ihre persönlichen Gebrauchsgegenstände und Effekten behalten können. Geldbeträge, Schecks, Wertpapiere usw. wie auch die Wertgegenstände die sie besitzen, können ihnen nur gemäß dem feststehenden Verfahren abgenommen werden. Es soll ihnen hiefür eine detaillierte Empfangsbestätigung ausgestellt werden.

Die Geldbeträge sollen dem Konto jedes Internierten, wie es in Artikel 98 vorgesehen ist, gutgeschrieben werden; sie dürfen nicht in eine andere Währung umgewechselt werden, außer wenn die Gesetzgebung des Gebietes, in dem der Eigentümer interniert ist, dies verlangt oder der Internierte seine Zustimmung gibt.

Gegenstände, die vor allem persönlichen oder gefühlsmäßigen Wert besitzen, dürfen ihnen nicht abgenommen werden.

Eine internierte Frau darf nur von einer Frau durchsucht werden.

Bei ihrer Freilassung oder ihrer Heimschaffung sollen die Internierten das Guthaben ihres gemäß Artikel 98 geführten Kontos in Geld sowie alle Gegenstände, Geldbeträge, Schecks, Wertpapiere usw., die ihnen während ihrer Internierung abgenommen wurden, zurückerhalten, mit Ausnahme jener Gegenstände oder Werte, die die Gewahrsamsmacht auf Grund ihrer in Kraft stehenden Gesetzgebung zurückbehält. Wenn das Eigentum eines Internierten auf Grund dieser Gesetzgebung zurückbehalten wird, soll der Betreffende eine detaillierte Bescheinigung erhalten.

Die im Besitz der Internierten befindlichen Familienurkunden und Identitätsausweise dürfen ihnen nur gegen Empfangsbestätigung abgenommen werden. Zu keinem Zeitpunkt dürfen die Internierten ohne Identitätsausweis belassen werden. Wenn sie keinen solchen besitzen, sollen sie besondere Ausweise erhalten, die von den Gewahrsamsbehörden auszustellen sind und ihnen bis zum Ende der Internierung die Identitätsausweise ersetzen.

Die Internierten sollen eine gewisse Summe Geld in bar oder in Form von Gutscheinen bei sich tragen dürfen, um Einkäufe besorgen zu können.

Artikel 98

Alle Internierten sollen regelmäßig Beträge ausbezahlt werden, damit sie Lebensmittel und Artikel, wie Tabakwaren, Toilettenartikel usw., kaufen können. Diese Auszahlungen können in Form von Krediten oder Einkaufsgutscheinen erfolgen.

Überdies können die Internierten Unterstützungen der Macht, deren Staatsangehörige sie sind, der Schutzmächte, der Organisationen, die ihnen gegebenenfalls Hilfe gewähren, oder ihre Familien wie auch, entsprechend der Gesetzgebung der Gewahrsamsmacht, die Einkünfte aus ihrem Eigentum entgegenzunehmen. Die Höhe der vom Heimatstaat ausgeworfenen Unterstützungen soll für jede Interniertenkategorie (Gebrechliche, Kranke, schwangere Frauen usw.) die gleiche sein. Für die Festsetzung dieser Beiträge durch den Heimatstaat und die Verteilung durch die Gewahrsamsmacht dürfen nicht die in Artikel 27 des vorliegenden Abkommens verbotenen Benachteiligungen die Grundlage bilden.

Für jeden Internierten hat die Gewahrsamsmacht ein ordentliches Konto zu unterhalten, welchem die in diesem Artikel erwähnten Beträge, die vom Internierten verdienten Löhne sowie die ihm gegebenenfalls zugehenden Geldsendungen gutgeschrieben werden. Auch die ihm abgenommenen Beträge, die auf Grund der in dem Gebiete, in dem er sich befindet, in Kraft stehenden Gesetzgebung verfügbar sein können, sollen seinem Konto gutgeschrieben werden. Dem Internierten soll jede Erleichterung gewährt werden, die mit der im betreffenden Gebiet in Kraft stehenden Gesetzgebung vereinbar ist, um seiner Familie und den von ihm wirtschaftlich abhängigen Personen Unterstützungsgelder zuzusenden. Er soll von diesem Konto die für seine persönlichen Ausgaben notwendigen Beträge innerhalb der von der Gewahrsamsmacht festgelegten Grenzen abheben können. Ferner sollen ihm jederzeit angemessene Erleichterungen gewährt werden, um in sein Konto Einsicht zu nehmen oder Auszüge davon zu erhalten. Dieses Konto ist der Schutzmacht auf Ersuchen mitzuteilen und folgt dem Internierten im Falle seiner Versetzung.

Kapitel VII

Verwaltung und Disziplin

Artikel 99

Jeder Internierungsort soll der Befehlsgewalt eines verantwortlichen Offiziers oder Beamten unterstellt werden, der aus den regulären Militärstreitkräften oder der regulären Zivilverwaltung der Gewahrsamsmacht ausgewählt wird. Der den Internierungsort befehligende Offizier oder Beamte soll den Text des vorliegenden Abkommens in der offiziellen oder einer der offiziellen Sprachen seines Landes besitzen und für dessen Anwendung verantwortlich sein. Das Überwachungspersonal soll über die Bestimmungen des vorliegenden Abkommens sowie über die zu seiner Anwendung erlassenen Vorschriften unterrichtet werden.

Der Text des vorliegenden Abkommens sowie die Texte der gemäß dem vorliegenden Abkommen getroffenen besonderen Abmachungen sollen innerhalb des Internierungsortes in einer Sprache, welche die Internierten verstehen, angeschlagen werden oder aber sich im Besitze des Interniertenausschusses befinden.

Vorschriften, Befehle, Ankündigungen und Bekanntmachungen jeder Art sollen den Internierten mitgeteilt und innerhalb der Internierungsorte in einer Sprache, die sie verstehen, angeschlagen werden.

Alle an einzelne Internierte gerichteten Befehle und Anordnungen sind gleichfalls in einer ihnen verständlichen Sprache zu erteilen.

Artikel 100

Die Disziplinarordnung in den Internierungsorten muß mit den Grundsätzen der Menschlichkeit vereinbar sein und darf auf keinen Fall Vorschriften enthalten, die den Internierten ihrer Gesundheit abträgliche körperliche Ermüdung oder Schikanen physischer oder moralischer Art auferlegen. Die Tätowierung oder Anbringung von Identifikationsmerkmalen oder -kennzeichen auf dem Körper ist verboten.

Insbesondere sind verboten andauerndes Stehenlassen oder verlängerte Appelle, körperliche Strafübungen, militärischer Drill und militärische Übungen sowie Nahrungseinschränkungen.

Artikel 101

Die Internierten haben das Recht, den Behörden, in deren Gewalt sie sich befinden, ihre Anliegen, betreffend das Regime, dem sie unterstellt sind, vorzubringen.

Sie haben ferner das unbeschränkte Recht, sich entweder durch Vermittlung des Interniertenausschusses oder, wenn sie es für notwendig erachten, direkt an die Vertreter der Schutzmacht zu wenden, um ihnen die Punkte zur Kenntnis zu bringen, über welche sie Beschwerden hinsichtlich der Internierungsbedingungen vorzubringen haben.

Diese Anliegen und Beschwerden sollen mit aller Beschleunigung unverändert weitergeleitet werden. Selbst wenn letztere sich als unbegründet erweisen, dürfen sie nicht Anlaß zu irgendeiner Bestrafung geben.

Die Interniertenausschüsse können den Vertretern der Schutzmacht regelmäßig Berichte über die Lage in den Internierungsorten und über die Bedürfnisse der Internierten zusenden.

Artikel 102

An jedem Internierungsort sollen die Internierten alle sechs Monate und in geheimer Wahl die Mitglieder eines Ausschusses frei wählen können, der beauftragt ist, sie bei den Behörden der Gewahrsamsmacht, bei den Schutzmächten, beim Internationalen Komitee vom Roten Kreuz und bei jeder anderen Organisation, die ihnen hilft, zu vertreten. Die Mitglieder dieses Ausschusses sind wiederwählbar.

Die gewählten Internierten sollen ihre Funktionen übernehmen, sobald ihre Wahl die Zustimmung der Gewahrsamsbehörden erhalten hat. Die Gründe für eine etwaige Weigerung oder Absetzung sollen den betreffenden Schutzmächten mitgeteilt werden.

Artikel 103

Die Interniertenausschüsse sollen zum körperlichen, moralischen und geistigen Wohlergehen der Internierten beitragen.

Namentlich wenn die Internierten beschließen sollten, unter sich ein gegenseitiges Unterstützungssystem zu organisieren, soll diese Organisation zur Zuständigkeit der Ausschüsse gehören, ungeachtet der besonderen Aufgaben, die ihnen durch andere Bestimmungen des vorliegenden Abkommens auferlegt sind.

Artikel 104

Die Mitglieder der Interniertenausschüsse sollen nicht zu einer anderen Arbeit gezwungen werden, wenn dies die Erfüllung ihrer Funktionen erschweren könnte.

Die Ausschußmitglieder können unter den Internierten die von ihnen benötigten Hilfskräfte bezeichnen. Alle materiellen Erleichterungen, vor allem eine gewisse für die Erfüllung ihrer Aufgaben (Besuche der Arbeitsgruppen, Inempfangnahme von Versorgungsgütern usw.) notwendige Freizügigkeit, sollen ihnen gewährt werden.

Für ihre postalische und telegraphische Korrespondenz mit den Gewahrsamsbehörden, den Schutzmächten, dem Internationalen Komitee vom Roten Kreuz und ihren Delegierten sowie mit den Hilfsorganisationen für Internierte soll den Ausschußmitgliedern gleicherweise jegliche Erleichterung gewährt werden. Die gleichen Erleichterungen sollen Ausschußmitglieder in Arbeitsgruppen für ihre Korrespondenz mit ihrem Ausschuß am Hauptinterniertenort genießen. Diese Korrespondenz soll weder beschränkt noch als Teil des in Artikel 107 erwähnten Kontingentes betrachtet werden.

Kein Ausschußmitglied darf versetzt werden, ohne daß ihm die vernünftigerweise notwendige Zeit eingeräumt wurde, um seinen Nachfolger mit den laufenden Geschäften vertraut zu machen.

Kapitel VIII

Beziehungen zur Außenwelt

Artikel 105

Unmittelbar nach der Internierung von geschützten Personen sollen die Gewahrsamsmacht der Macht, deren Staatsangehörige diese Personen sind, und ihrer Schutzmacht die zur Ausführung der Bestimmungen des vorliegenden Kapitels vorgesehenen Maßnahmen zur Kenntnis bringen; in gleicher Weise sollen sie von jeder Änderung dieser Maßnahmen Mitteilung machen.

Artikel 106

Unmittelbar nach seiner Internierung oder spätestens eine Woche nach seiner Ankunft am Internierungsort und ebenso in Fällen von Krankheit oder Überführung an einen anderen Internierungsort oder in ein Spital soll jedem Internierten die Gelegenheit eingeräumt werden, einerseits direkt an seine Familie und andererseits an die in Artikel 140 vorgesehene Zentralstelle eine Internierungskarte zu senden, die möglichst dem diesem Abkommen beigefügten Muster entspricht und die Empfänger von seiner Internierung, seiner Adresse und seinem Gesundheitszustand in Kenntnis setzt. Die Beförderung dieser Karten soll so rasch als möglich erfolgen und darf in keiner Weise verzögert werden.

Artikel 107

Die Internierten sind ermächtigt, Briefe und Karten abzuschicken und zu empfangen. Falls die Gewahrsamsmacht es für notwendig erachtet, die Zahl der von jedem Internierten abgesandten Briefe und Karten zu beschränken, darf diese Anzahl nicht geringer sein als monatlich zwei Briefe und vier Karten, die soweit als möglich den dem vorliegenden Abkommen beigefügten Mustern entsprechen sollen. Wenn die an Internierte gerichtete Korrespondenz beschränkt werden muß, darf eine solche Beschränkung nur vom Heimatstaat, allenfalls auf Verlangen der Gewahrsamsmacht, angeordnet werden. Diese Briefe und Karten sind in angemessener Frist zu befördern und dürfen aus disziplinären Gründen weder verzögert noch zurückgehalten werden.

Den Internierten, die seit längerer Zeit ohne Nachrichten von ihrer Familie sind oder denen es nicht möglich ist, von ihr solche zu erhalten oder ihr auf normalem Wege zugehen zu lassen, sowie jenen, die durch beträchtliche Entfernungen von den Ihren getrennt sind, soll gestattet werden, gegen Entrichtung der Telegrammgebühren in dem Geld, über das sie verfügen, Telegramme zu senden. Auch in Fällen anerkannter Dringlichkeit steht ihnen diese Vergünstigung zu.

In der Regel soll der Briefwechsel der Internierten in ihrer Muttersprache geführt werden. Die am Konflikt beteiligten Parteien können indessen Korrespondenzen auch in anderen Sprachen zulassen.

Artikel 108

Die Internierten sind berechtigt, durch die Post oder auf andere Weise Einzel- und Sammelsendungen zu empfangen, die namentlich Lebensmittel, Medikamente sowie Bücher und Gegenstände enthalten, die zur Befriedigung ihrer religiösen und Studienbedürfnisse und der Freizeitbeschäftigung dienen. Diese Sendungen können die Gewahrsamsmacht in keiner Weise von den Verpflichtungen befreien, die ihr das vorliegende Abkommen überträgt.

Sollten militärische Gründe eine Begrenzung der Anzahl dieser Sendungen erfordern, sind die Schutzmacht, das Internationale Komitee vom Roten Kreuz oder jede andere den Internierten Hilfe bringende Organisation, die mit der Weiterleitung dieser Sendungen beauftragt ist, gebührend davon zu verständigen.

Wenn nötig sollen die Modalitäten der Beförderung von Einzel- oder Sammelsendungen Gegenstand von besonderen Abmachungen zwischen den betreffenden Mächten sein, wodurch jedoch der Empfang solcher Hilfssendungen durch die Internierten auf keinen Fall verzögert werden darf. Lebensmittel- und Kleidersendungen sollen keine Bücher enthalten. Ärztliche Hilfslieferungen sollen in der Regel in Sammelpaketen versandt werden.

Artikel 109

Bei Fehlen besonderer Abmachungen zwischen den am Konflikt beteiligten Parteien über das beim Empfang und bei der Verteilung von Sammelhilfssendungen zu befolgende Vorgehen soll die dem vorliegenden Abkommen beigefügte Regelung, betreffend Sammelsendungen, angewendet werden.

Die oben erwähnten besonderen Abmachungen dürfen auf keinen Fall das Recht der Internierten-ausschüsse beschränken, die für die Internierten bestimmten Sammelhilfssendungen in Empfang zu nehmen, sie zu verteilen und darüber im Interesse der Empfänger zu verfügen.

Ebensowenig dürfen diese Abmachungen das Recht der Vertreter der Schutzmacht, des Internationalen Komitees vom Roten Kreuz oder jeder anderen mit der Weiterleitung dieser Sammelsendungen beauftragten Hilfsorganisation für Internierte beschränken, ihre Verteilung an die Empfänger zu überwachen.

Artikel 110

Alle für die Internierten bestimmten Hilfssendungen sind von sämtlichen Einfuhr- Zoll- und anderen Gebühren befreit.

Alle Sendungen, einschließlich der Hilfspostpakete und Geldsendungen aus anderen Ländern, die an die Internierten gerichtet oder von ihnen auf dem Postweg entweder direkt oder durch Vermittlung der in Artikel 136 vorgesehenen Auskunftsbüros oder der in Artikel 140 vorgesehenen zentralen Auskunftsstelle abgeschickt werden, sollen sowohl in den Ursprungs- und Bestimmungs- als auch in den Durchgangsländern von allen Postgebühren befreit sein. Zu diesem Zwecke sollen insbesondere die im Weltpostvertrag von 1947 und in den Vereinbarungen des Weltpostvereines zugunsten der in Lagern oder Zivilgefängnissen zurückgehaltenen Zivilpersonen feindlicher Staatsangehörigkeit vorgesehenen Befreiungen auf die anderen geschützten Personen ausgedehnt werden, die nach den Bestimmungen des vorliegenden Abkommens interniert wurden. Die Länder, die an diesen Vereinbarungen nicht teilnehmen, sind gehalten, die vorgesehenen Gebührenbefreiungen unter den gleichen Bedingungen zu gewähren.

Die Transportkosten der für die Internierten bestimmten Hilfssendungen, die wegen ihres Gewichtes oder aus irgendeinem anderen Grunde nicht auf den Postweg befördert werden können, fallen in allen im Herrschaftsbereich der Gewahrsamsmacht liegenden Gebieten zu deren Lasten. Die anderen am vorliegenden Abkommen beteiligten Mächte haben für die Transportkosten auf ihren Gebieten aufzukommen.

Die aus dem Transport dieser Sendungen erwachsenden Kosten, die nach den Bestimmungen der vorhergehenden Absätze nicht gedeckt sind, fallen zu Lasten des Absenders.

Die Hohen Vertragschließenden Parteien sollen sich bemühen, die Gebühren für die von den Internierten aufgegebenen oder ihnen zugestellten Telegramme im Rahmen des Möglichen zu ermäßigen.

Artikel 111

Sollten militärische Operationen die betreffenden Mächte verhindern, die ihnen zufallenden Verpflichtungen für den Transport der in Artikel 106, 107, 108 und 113 vorgesehenen Sendungen zu erfüllen, können die betreffenden Schutzmächte, das Internationale Komitee vom Roten Kreuz oder jede andere von den am Konflikt beteiligten Parteien anerkannte Organisation es übernehmen, den Transport dieser Sendungen mit passenden Mitteln (Eisenbahnen, Lastwagen, Schiffen oder Flugzeugen usw.) zu gewährleisten. Zu diesem Zwecke sollen sich die Hohen Vertragschließenden Parteien bemühen, ihnen diese Transportmittel zu verschaffen und sie zum Verkehr zuzulassen, insbesondere durch Ausstellung der notwendigen Geleitbriefe.

Diese Transportmittel können ebenfalls verwendet werden zur Beförderung von:

a) Briefschaften, Listen und Berichten, die zwischen der im Artikel 140 vorgesehenen zentralen Auskunftsstelle und den in Artikel 136 vorgesehenen nationalen Büros ausgetauscht werden;

b) Briefschaften und die Internierten betreffenden Berichten, die von den Schutzmächten, dem Internationalen Komitee vom Roten Kreuz und jeder anderen den Internierten Hilfe bringenden Organisation entweder mit ihren eigenen Delegierten oder mit den am Konflikt beteiligten Parteien ausgetauscht werden.

Diese Bestimmungen beschränken keinesfalls das Recht jeder am Konflikt beteiligten Partei, wenn sie es vorzieht, andere Transporte zu organisieren und Geleitbriefe zu vereinbarten Bedingungen abzugeben.

Die aus der Verwendung dieser Transportmittel erwachsenden Kosten sollen im Verhältnis zur Wichtigkeit der Sendungen von den am Konflikt beteiligten Parteien, deren Angehörigen diese Dienste zugute kommen, getragen werden.

Artikel 112

Die Zensur der an die Internierten gerichteten und von ihnen abgeschickten Briefschaften soll so rasch als möglich vorgenommen werden.

Die Durchsicht der für die Internierten bestimmten Sendungen darf nicht unter Bedingungen erfolgen, welche die darin enthaltenen Lebensmittel dem Verderb aussetzen, und muß in Gegenwart des Empfängers oder eines von ihm beauftragten Kameraden vorgenommen werden. Die Abgabe der Einzel- oder Sammelsendungen an die Internierten darf nicht unter dem Vorwand von Zensurschwierigkeiten verzögert werden.

Ein aus militärischen oder politischen Gründen von einer am Konflikt beteiligten Partei erlassenes Korrespondenzverbot darf nur vorübergehender Natur sein und soll so kurz als möglich befristet sein.

Artikel 113

Die Gewahrsamsmächte sollen jede angemessene Erleichterung gewähren für die Weiterleitung – sei es durch Vermittlung der Schutzmacht oder der in Artikel 140 vorgesehenen Zentralstelle oder durch andere erforderliche Mittel – von Erklärungen des letzten Willens, Vollmachten oder allen anderen für die Internierten bestimmten oder von ihnen ausgehenden Urkunden.

In allen Fällen sollen die Gewahrsamsmächte den Internierten die Errichtung und die Beglaubigung dieser Urkunden in der vorgeschriebenen gesetzlichen Form erleichtern; sie sollen ihnen namentlich die Befragung eines Rechtsfreundes gestattet.

Artikel 114

Die Gewahrsamsmacht soll den Internierten alle Erleichterungen für die Verwaltung ihres Eigentums gewähren, die mit den Internierungsbedingungen und der in Kraft befindlichen Gesetzgebung zu vereinbaren sind. Sie kann ihnen zu diesem Zwecke gestatten, in dringenden Fällen und wenn es die Umstände erlauben, den Internierungsort zu verlassen.

Artikel 115

In den Fällen, in denen ein Internierter Partei in einem Verfahren vor irgendeinem Gericht ist, soll die Gewahrsamsmacht auf Ersuchen des Betreffenden das Gericht von seiner Internierung in Kenntnis setzen und innerhalb der gesetzlichen Grenzen darüber wachen, daß alle notwendigen Maßnahmen ergriffen werden, damit er seiner Internierung wegen keinerlei Nachteile in bezug auf die Vorbereitung und die Durchführung seines Verfahrens oder die Vollziehung einer vom Gericht gefällten Entscheidung erleidet.

Artikel 116

Jeder Internierte ist ermächtigt, in regelmäßigen Abständen und so oft als möglich Besuche, vor allem seiner nahen Angehörigen, zu empfangen.

In dringlichen Fällen, besonders im Falle des Todes oder schwerer Krankheit eines Verwandten, soll dem Internierten soweit möglich gestattet werden, sich zu seiner Familie zu begeben.

Kapitel IX

Straf- und Disziplinarmaßnahmen

Artikel 117

Unter Vorbehalt der Bestimmungen dieses Kapitels gilt für Internierte, die während der Internierung eine strafbare Handlung begehen, die in dem Gebiet, in dem sie sich befinden, in Kraft stehende Gesetzgebung weiter.

Erklären Gesetze, Vorschriften oder allgemeine Befehle von Internierten begangene Handlungen als strafbar, obwohl die gleichen Handlungen nicht strafbar sind, sofern sie durch nicht internierte Personen begangen werden, dürfen diese Handlungen lediglich eine disziplinäre Bestrafung nach sich ziehen.

Ein Internierter darf nicht mehr als einmal wegen derselben Handlung oder auf Grund desselben Anklagepunktes bestraft werden.

Artikel 118

Bei der Strafzumessung sollen die Gerichte oder Behörden soweit als möglich die Tatsache berücksichtigen, daß der Angeklagte kein Angehöriger der Gewahrsamsmacht ist. Es steht ihnen frei, die Strafe, die für die dem Internierten vorgeworfene strafbare Handlung vorgesehen ist, herabzusetzen; sie sind daher nicht an die vorgeschriebene Mindeststrafe gebunden.

Jedes Einsperren in Räume ohne Tageslicht und ganz allgemein alle Arten von Grausamkeiten sind verboten.

Internierte, die eine disziplinäre oder gerichtliche Strafe verbüßt haben, sollen nicht anders als die übrigen Internierten behandelt werden.

Die Dauer der von einem Internierten erlittenen Untersuchungshaft ist auf jede Freiheitsstrafe anzurechnen, zu der er allenfalls disziplinär oder gerichtlich verurteilt wird.

Die Interniertenausschüsse sollen von allen gerichtlichen Verfahren, die gegen Internierte, die sie vertreten, eingeleitet werden, und von deren Ergebnis in Kenntnis gesetzt werden.

Artikel 119

Den Internierten können folgende Disziplinarstrafen auferlegt werden:

1. Buße bis zu 50 Prozent des in Artikel 95 vorgesehenen Lohnes, für die Dauer von höchstens 30 Tagen;
2. Entzug von Vorteilen, welche über die im vorliegenden Abkommen vorgesehene Behandlung hinausgehend gewährt wurden;
3. befohlener Arbeitsdienst von höchstens zwei Stunden täglich, der für den Unterhalt des Internierungsortes geleistet wird;
4. Arrest.

Keinesfalls dürfen Disziplinarstrafen unmenschlich, brutal oder für die Gesundheit der Internierten gefährlich sein; Alter, Geschlecht und Gesundheitszustand des Internierten sind zu berücksichtigen.

Die Dauer einer einzigen Strafe darf niemals das Höchstausmaß von 30 aufeinanderfolgenden Tagen übersteigen, auch dann nicht, wenn ein Internierter im Zeitpunkt der Entscheidung über seinen Fall sich wegen verschiedener Disziplinarvergehen zu verantworten hätte, gleichgültig, ob diese Handlungen miteinander in Zusammenhang stehen oder nicht.

Artikel 120

Die Internierten, die nach einer Flucht oder bei einem Fluchtversuch wieder ergriffen werden, dürfen wegen dieser Handlung, selbst im Wiederholungsfalle, lediglich disziplinär bestraft werden.

In Abweichung vom dritten Absatz des Artikels 118, können Internierte, die wegen Flucht oder Fluchtversuches bestraft wurden, einer besonderen Aufsicht unterstellt werden, jedoch nur unter der Bedingung, daß diese Überwachung ihren Gesundheitszustand nicht beeinträchtigt, an einem Internierungsort durchgeführt wird und keinen Entzug irgendeiner der ihnen durch das vorliegende Abkommen gewährten Vergünstigungen zur Folge hat.

Internierte, die an einer Flucht oder an einem Fluchtversuch mitgewirkt haben, dürfen deswegen nur disziplinär bestraft werden.

Artikel 121

Flucht oder Fluchtversuch soll, selbst im Wiederholungsfall, nicht als erschwerender Umstand betrachtet werden, wenn der Internierte wegen einer während seiner Flucht begangenen strafbaren Handlung vor Gericht gestellt wird.

Die am Konflikt beteiligten Parteien sollen dafür sorgen, daß die zuständigen Behörden bei der Prüfung der Frage, ob eine von einem Internierten begangene strafbare Handlung disziplinär oder gerichtlich zu bestrafen ist, Nachsicht üben, insbesondere in bezug auf die Handlungen, die mit einer Flucht oder einem Fluchtversuch im Zusammenhang stehen.

Artikel 122

Handlungen, die einen Verstoß gegen die Disziplin darstellen, sind unverzüglich zu untersuchen. Dies gilt insbesondere für die Flucht oder den Fluchtversuch. Wiederergriffene Internierte sollen so rasch als möglich den zuständigen Behörden übergeben werden.

Für alle Internierten soll die Untersuchungshaft in Disziplinarfällen auf das absolute Mindestmaß beschränkt werden und 14 Tage nicht überschreiten; in allen Fällen soll ihre Dauer auf eine allenfalls verhängte Freiheitsstrafe angerechnet werden.

Die Bestimmungen der Artikel 124 und 125 sollen auf Internierte angewendet werden, die sich wegen eines Disziplinarvergehens in Untersuchungshaft befinden.

Artikel 123

Unter Vorbehalt der Zuständigkeit der Gerichte und höheren Behörden können Disziplinarstrafen nur vom Kommandanten des Internierungsortes oder von einem verantwortlichen Offizier oder Beamten, dem er seine Disziplinarstrafgewalt übertragen hat, verhängt werden.

Bevor eine Disziplinarstrafe verhängt wird, soll der angeklagte Internierte genau über die Tatsachen ins Bild gesetzt werden, die ihm vorgeworfen werden. Es soll ihm gestattet werden, sein Verhalten zu rechtfertigen, sich zu verteidigen, Zeugen einvernehmen zu lassen und, falls notwendig, die Hilfe eines befähigten Dolmetschers zu beanspruchen. Die Entscheidung soll in Gegenwart des Angeklagten und eines Mitgliedes des Interniertenausschusses ausgesprochen werden.

Zwischen der Disziplinarentscheidung und ihrem Vollzug darf nicht mehr als ein Monat verstreichen.

Wird über einen Internierten eine weitere Disziplinarstrafe verhängt, so soll zwischen dem Vollzug jeder der Strafen ein Zeitraum von mindestens drei Tagen liegen, sobald die Dauer der einen zehn Tage oder mehr beträgt.

Der Kommandant des Internierungsortes hat ein Disziplinarstrafregister zu führen, das von den Vertretern der Schutzmacht eingesehen werden kann.

Artikel 124

Auf keinen Fall dürfen Internierte in Strafanstalten (Kerker, Zuchthäuser, Gefängnisse usw.) überführt werden, um dort Disziplinarstrafen zu verbüßen.

Die Räume, in welchen Disziplinarstrafen zu verbüßen sind, sollen den sanitären Anforderungen genügen und namentlich mit einer genügenden Lagerstatt ausgestattet sein; den bestraften Internierten soll ermöglicht werden, sich sauber zu halten.

Internierte Frauen, die eine Disziplinarstrafe verbüßen, sollen in von den Männerabteilungen getrennten Räumen festgehalten und unter die unmittelbare Überwachung von Frauen gestellt werden.

Artikel 125

Disziplinär bestrafte Internierte sollen sich täglich während mindestens zwei Stunden in der frischen Luft bewegen und aufhalten können.

Sie sollen die Erlaubnis haben, sich auf Verlangen bei der täglichen Arztvisite zu melden; sie sollen die Pflege erhalten, die ihr Gesundheitszustand erfordert, und gegebenenfalls in die Krankenabteilung des Internierungsortes oder in ein Spital verbracht werden.

Sie sollen die Erlaubnis haben, zu lesen und zu schreiben, Briefe abzusenden und zu erhalten. Pakete und Geldsendungen dagegen können ihnen bis nach Verbüßung der Strafe vorenthalten werden; in der Zwischenzeit sollen sie dem Interniertenausschuß anvertraut werden, der die in den Paketen befindlichen verderblichen Lebensmittel der Krankenabteilung übergibt.

Kein disziplinär bestrafter Internierter darf der Vorteile der Bestimmungen von Artikel 107 und 143 beraubt werden.

Artikel 126

Die Artikel 71 bis 76 einschließlich sollen in analoger Weise auf Verfahren Anwendung finden, welche gegen Internierte durchgeführt werden, die sich auf dem Staatsgebiete der Gewahrsamsmacht befinden.

Kapitel X

Überführung von Internierten

Artikel 127

Die Überführung von Internierten soll immer mit Menschlichkeit durchgeführt werden. Im allgemeinen soll sie mit der Eisenbahn oder anderen Transportmitteln und mindestens unter den gleichen Bedingungen erfolgen wie die Verlegung der Truppen der Gewahrsamsmacht. Müssen Überführungen ausnahmsweise zu Fuß durchgeführt werden, können sie erst stattfinden, wenn der Gesundheitszustand der Internierten es erlaubt; auf keinen Fall dürfen sie ihnen übermäßige Anstrengungen auferlegen.

Die Gewahrsamsmacht soll die Internierten während der Überführung mit Trinkwasser und Nahrung in genügender Menge, Güte und Abwechslung zur Erhaltung eines guten Gesundheitszustandes sowie mit Bekleidung, angemessenem Obdach und der notwendigen ärztlichen Pflege versehen. Sie soll alle nützlichen Vorsichtsmaßnahmen treffen, um die Sicherheit der Internierten während der Überführung zu gewährleisten, und vor der Abreise eine vollständige Liste der überführten Internierten aufstellen.

Kranke, verwundete oder gebrechliche Internierte sowie Wöchnerinnen sollen nicht überführt werden, wenn die Reise ihre Genesung beeinträchtigen könnte, es sei denn, ihre Sicherheit verlange es gebieterisch.

Nähert sich die Front einem Internierungsort, dürfen die dort befindlichen Internierten nur dann weggebracht werden, wenn dies unter ausreichenden Sicherheitsbedingungen geschehen kann oder wenn die Internierten durch den Verbleib an Ort und Stelle größeren Gefahren ausgesetzt sind als bei einer Überführung.

Bei der Entscheidung über eine Überführung von Internierten soll die Gewahrsamsmacht die Interessen derselben berücksichtigen und namentlich nichts unternehmen, was ihre Heimschaffung oder ihre Rückkehr in ihren Wohnort erschweren könnte.

Artikel 128

Im Falle der Überführung sollen die Internierten offiziell von ihrer Abreise und ihrer neuen Postadresse in Kenntnis gesetzt werden. Diese Anzeige soll ihnen so frühzeitig gemacht werden, daß sie ihr Gepäck vorbereiten und ihre Familien benachrichtigen können.

Sie sind berechtigt, ihre persönlichen Effekten, ihre Briefschaften und die erhaltenen Pakete mitzunehmen; das Gewicht dieses Gepäcks kann, falls die Umstände der Überführung es erfordern, beschränkt werden, doch keinesfalls auf weniger als 25 kg für jeden Internierten.

Die Briefschaften und Pakete, die an ihren ehemaligen Internierungsort adressiert sind, sollen ihnen ohne Verzug nachgeschickt werden.

Der Kommandant des Internierungsortes hat gemeinsam mit dem Interniertenausschuß die notwendigen Maßnahmen zu ergreifen, um die Überführung des Gemeinschaftseigentums der Internierten und des Gepäcks, das die Internierten infolge einer auf Grund des zweiten Absatzes dieses Artikels verordneten Beschränkung nicht mit sich nehmen dürfen, durchzuführen.

Kapitel XI
Todesfälle

Artikel 129

Die Internierten sollen ihre Erklärungen des letzten Willens den verantwortlichen Behörden zur sicheren Aufbewahrung übergeben können. Im Falle des Ablebens von Internierten sollen diese Erklärungen des letzten Willens ohne Verzug den durch die Internierten bezeichneten Personen übermittelt werden.

Der Tod jedes Internierten soll durch einen Arzt festgestellt werden, und es ist ein Totenschein auszufertigen, der die Todesursachen und die Umstände, unter welchen der Tod eintrat, angibt.

Gemäß den auf dem Staatsgebiet, in dem der betreffende Internierungsort liegt, geltenden Vorschriften soll eine ordnungsgemäß registrierte offizielle Sterbeurkunde ausgefertigt und eine beglaubigte Abschrift davon ohne Verzug der Schutzmacht sowie der in Artikel 140 vorgesehenen Zentralstelle übermittelt werden.

Artikel 130

Die Gewahrsamsbehörden sollen dafür sorgen, daß die in der Gefangenschaft verstorbenen Internierten mit allen Ehren, wenn möglich gemäß den Riten der Religion, der sie angehörten, bestattet und daß ihre Gräber geachtet, angemessen unterhalten und so gekennzeichnet werden, daß sie jederzeit wieder gefunden werden können.

Die verstorbenen Internierten sollen einzeln begraben werden, sofern nicht die Beisetzung in einem Gemeinschaftsgrab infolge höherer Gewalt nicht zu vermeiden ist. Die Leichen dürfen nur aus zwingenden hygienischen Gründen oder auf Grund der Religion des Verstorbenen oder auf seinen eigenen Wunsch hin eingeäschert werden. Im Falle einer Einäscherung soll dies unter Angabe der Gründe auf der Todesurkunde des Verstorbenen vermerkt werden. Die Asche soll von den Gewahrsamsbehörden sorgfältig aufbewahrt und den nahen Verwandten auf ihr Verlangen hin so rasch als möglich übergeben werden.

Sobald die Umstände es gestatten, spätestens aber bei der Beendigung der Feindseligkeiten, soll die Gewahrsamsmacht durch Vermittlung der in Artikel 136 vorgesehenen Auskunftsbüros den Mächten, denen die verstorbenen Internierten angehörten, Listen der früher verstorbenen Internierten übermitteln. Diese Listen sollen alle Einzelheiten enthalten, die zur Identifizierung der verstorbenen Internierten und zur genauen Lokalisierung ihrer Gräber notwendig sind.

Artikel 131

Nach jedem Todesfall oder jeder schweren Verletzung eines Internierten, die durch eine Wache, einen anderen Internierten oder irgendeine andere Person verursacht wurden oder verursacht sein könnten, sowie nach jedem Todesfall, dessen Ursache unbekannt ist, soll von der Gewahrsamsmacht unverzüglich eine offizielle Untersuchung eingeleitet werden.

Der Schutzmacht soll darüber sofort Anzeige gemacht werden. Die Aussagen aller Zeugen sollen aufgenommen werden. Ein diese Aussagen enthaltender Bericht soll abgefaßt und der genannten Macht übermittelt werden.

Erweist die Untersuchung die Schuld einer oder mehrerer Personen, soll die Gewahrsamsmacht alle Maßnahmen zur gerichtlichen Verfolgung der verantwortlichen Person oder Personen ergreifen.

Kapitel XII
Freilassung, Heimschaffung und Hospitalisierung in neutralen Ländern

Artikel 132

Jede internierte Person soll von der Gewahrsamsmacht freigelassen werden, sobald die Gründe, welche ihre Internierung verursacht haben, nicht mehr bestehen.

Außerdem sollen sich die am Konflikt beteiligten Parteien bemühen, während der Dauer der Feindseligkeiten Vereinbarungen über die Freilassung, die Heimschaffung, die Rückkehr an den Wohnort oder die Hospitalisierung gewisser Kategorien von Internierten in neutralen Ländern, insbesondere von Kindern, schwangeren Frauen und Müttern mit Säuglingen und kleinen Kindern, Verwundeten und Kranken oder seit langer Zeit festgehaltenen Internierten, zu treffen.

Artikel 133

Die Internierung soll nach Beendigung der Feindseligkeiten so rasch als möglich aufhören.

Die auf dem Gebiete einer am Konflikt beteiligten Partei befindlichen Internierten, gegen die eine Strafverfolgung wegen Rechtsverletzungen anhängig ist, die nicht ausschließlich disziplinärer Maßregelung unterliegen, können jedoch bis zum Abschluß des Verfahrens und gegebenenfalls bis zur Verbüßung der Strafe zurückgehalten werden. Das gleiche gilt für Internierte, die vorher zu einer Freiheitsstrafe verurteilt wurden.

Nach Beendigung der Feindseligkeiten oder der Besetzung eines Gebietes sollen durch Übereinkunft zwischen der Gewahrsamsmacht und den interessierten Mächten Kommissionen eingesetzt werden, um verstreute Internierte zu suchen.

Artikel 134

Die Hohen Vertragschließenden Parteien sollen sich bemühen, bei Beendigung der Feindseligkeiten oder der Besetzung die Rückkehr aller Internierten an ihren letzten Wohnsitz zu gewährleisten oder ihre Heimschaffung zu erleichtern.

Artikel 135

Die Gewahrsamsmacht soll die Kosten für die Rückkehr der freigelassenen Internierten an die Orte, wo sie im Augenblick ihrer Internierung wohnten, oder, falls sie sie im Verlaufe einer Reise oder auf hoher See festgehalten hat, für die Fortsetzung ihrer Reise oder für ihre Rückkehr an den Ausgangsort die Kosten übernehmen.

Wenn die Gewahrsamsmacht einem freigelassenen Internierten, der bereits vorher auf seinem Gebiet seinen ordentlichen Wohnsitz hatte, die Bewilligung verweigert, dort zu wohnen, so hat sie die Kosten für seine Heimschaffung zu übernehmen. Wenn hingegen der Internierte es vorzieht, in sein Land zurückzukehren, und zwar auf eigene Verantwortung oder um einer Weisung der Regierung, welcher er Gehorsam schuldet, Folge zu leisten, so ist die Gewahrsamsmacht nicht verpflichtet, diese Kosten außerhalb ihres Gebietes zu übernehmen. Sie ist auch nicht verpflichtet, die Kosten für die Heimschaffung eines Internierten, der auf eigenen Wunsch interniert wurde, zu zahlen.

Werden Internierte gemäß Artikel 45 überführt, so sollen sich die Macht, die sie übergibt, und jene, die sie übernimmt, über den Anteil der Kosten einigen, welche jede von ihnen zu tragen hat.

Diese Bestimmungen sollen besondere Abmachungen nicht beeinträchtigen, die zwischen den am Konflikt beteiligten Parteien in bezug auf den Austausch und die Heimschaffung ihrer in feindlicher Gewalt befindlichen Staatsangehörigen getroffen werden.

Abschnitt V

Auskunftsbüros und zentrale Auskunftsstelle

Artikel 136

Bei Ausbruch eines Konfliktes und in allen Fällen einer Besetzung soll jede der am Konflikt beteiligten Parteien ein offizielles Auskunftsbüro einrichten, das beauftragt ist, Auskünfte über die geschützten Personen, die sich in ihrer Gewalt befinden, zu empfangen und weiterzugeben.

Jede der am Konflikt beteiligten Parteien soll dem genannten Büro in der kürzestmöglichen Frist Mitteilungen über die Maßnahmen übermitteln, die sie gegen jede seit mehr als zwei Wochen festgenommene, einem Zwangsaufenthalt unterworfene oder internierte geschützte Person ergriffen hat.

Außerdem soll sie ihre verschiedenen zuständigen Dienststellen beauftragen, dem genannten Büro umgehend Mitteilung über die im Stande dieser Personen eingetretenen Änderungen, wie Überführungen, Freilassungen, Heimschaffungen, Entweichungen, Hospitalisierungen, Geburten und Todesfälle, zu machen.

Artikel 137

Das nationale Auskunftsbüros soll unverzüglich auf raschestem Wege und durch Vermittlung der Schutzmächte einerseits und der in Artikel 140 vorgesehenen Zentralstelle andererseits der Macht, welcher die oben erwähnten Personen angehören, oder der Macht, auf deren Gebiet sie ihren Wohnsitz hatten, Auskünfte über die geschützten Personen zugehen lassen. Die Büros sollen ebenfalls alle Anfragen beantworten, die in bezug auf geschützte Personen an sie gerichtet werden.

Die Auskunftsbüros sollen die eine geschützte Person betreffenden Auskünfte weiterleiten, außer wenn ihre Weiterleitung der betreffenden Person oder ihrer Familie nachteilig sein könnte. Der Zentralstelle dürfen selbst in einem solchen Falle die Auskünfte nicht verweigert werden; sie wird, von den Umständen verständigt, die in Artikel 140 bezeichneten notwendigen Vorsichtsmaßregeln treffen.

Alle schriftlichen Mitteilungen eines Büros sind durch Unterschrift oder Siegel zu beglaubigen.

Artikel 138

Die vom nationalen Auskunftsbüro erhaltenen und weitergegebenen Mitteilungen sollen so gehalten sein, daß sie die genaue Identifikation der geschützten Person und die umgehende Benachrichtigung ihrer Familie erlauben. Für jede Person sollen sie mindestens den Familiennamen, die Vornamen, den Geburtsort und das vollständige Geburtsdatum, die Staatsangehörigkeit, den letzten Wohnsitz, die besonderen Merkmale, den Vornamen des Vaters, den Mädchennamen der Mutter, Zeitpunkt und Art der in bezug auf die Person getroffenen Maßnahme, wie auch den Ort, wo diese durchgeführt wurden, die Adresse, unter welcher ihre Briefschaften zugestellt werden können, sowie den Namen und die Adresse der Person, welche benachrichtigt werden soll, enthalten.

Gleicherweise sollen regelmäßig und, wenn möglich, wöchentlich Auskünfte über den Gesundheitszustand der schwerkranken oder schwerverletzten Internierten weitergeleitet werden.

Artikel 139

Das nationale Auskunftsbüro ist ferner beauftragt, alle von den in Artikel 136 erwähnten geschützten Personen, besonders bei ihrer Heimschaffung, Freilassung, Entweichung oder ihrem Tod, zurückgelassenen persönlichen Wertgegenstände zu sammeln und sie den in Frage kommenden Personen unmittelbar oder, wenn nötig, durch Vermittlung der Zentralstelle zu übermitteln. Diese Gegenstände sollen vom Büro in versiegelten Paketen versandt werden und von einer Erklärung, welche die Identität der Person, der die Gegenstände gehörten, genau feststellt, sowie von einem vollständigen Verzeichnis des Paketinhaltes begleitet sein. Der Empfang und Versand aller Wertgegenstände dieser Art soll genau im Verzeichnisse eingetragen werden.

Artikel 140

Für geschützte Personen, insbesondere für Internierte, soll eine zentrale Auskunftsstelle in einem neutralen Land geschaffen werden. Das Internationale Komitee vom Roten Kreuz soll den in Frage kommenden Mächten, sofern es ihm notwendig erscheint, die Organisation dieser Zentralstelle vorschlagen, die dieselbe wie die in Artikel 123 des Genfer Abkommens vom 12. August 1949 über die Behandlung der Kriegsgefangenen vorgesehene Zentralstelle sein kann.

Diese Zentralstelle ist beauftragt, alle Auskünfte der in Artikel 136 vorgesehenen Art, die sie auf offiziellem oder privatem Wege beschaffen kann, zu sammeln. Sie soll sie so rasch wie möglich an das Herkunfts- oder Niederlassungsland der betreffenden Person weiterleiten, ausgenommen in Fällen, wo diese Weiterleitung den Personen, die diese Auskünfte betreffen, oder ihrer Familie schaden könnte. Von seiten der am Konflikt beteiligten Parteien soll diese Zentralstelle alle angemessenen Erleichterungen zur Durchführung dieser Weiterleitungen erhalten.

Die Hohen Vertragschließenden Parteien und im besonderen jene, deren Angehörigen die Dienste der Zentralstelle zugute kommen, werden aufgefordert, ihr die finanzielle Hilfe angedeihen zu lassen, deren sie bedarf.

Die vorstehenden Bestimmungen dürfen nicht als eine Beschränkung der humanitären Tätigkeit des Internationalen Komitees vom Roten Kreuz und der in Artikel 142 erwähnten Hilfsgesellschaften ausgelegt werden.

Artikel 141

Die nationalen Auskunftsbüros und die zentrale Auskunftsstelle sollen für alle Postsendungen Portofreiheit genießen; auch sollen ihnen die in Artikel 110 vorgesehenen Befreiungen sowie im Rahmen des Möglichen Gebührenfreiheit oder zumindest bedeutende Gebührenermäßigungen für telegraphische Mitteilungen zugute kommen.

Teil IV

Vollzug des Abkommens

Abschnitt I

Allgemeine Bestimmungen

Artikel 142

Unter Vorbehalt der Maßnahmen, die die Gewahrsamsmächte für unerläßlich erachten, um ihre Sicherheit zu gewährleisten oder jedem anderen vernünftigen Erfordernis zu begegnen, sollen sie den religiösen Organisationen, Hilfsgesellschaften oder jeder anderen, den geschützten Personen Hilfe bringenden Körperschaft die beste Aufnahme gewähren. Sie sollen ihnen wie auch ihren gebührend akkreditierten Delegierten alle notwendigen Erleichterung gewähren, damit sie die geschützten Personen besuchen, Hilfssendungen und für Erziehungs- Erholungs- oder Religionszwecke dienendes Material irgendwelcher Herkunft an sie verteilen oder ihnen bei der Gestaltung der Freizeit innerhalb der Internierungsorte helfen können. Die genannten Gesellschaften oder Organisationen können auf dem Gebiete der Gewahrsamsmacht oder in einem anderen Land gegründet werden oder aber internationalen Charakter haben.

Die Gewahrsamsmacht kann die Anzahl der Gesellschaften und Organisationen, deren Delegierte ermächtigt sind, ihre Tätigkeit auf ihrem Gebiet und unter ihrer Aufsicht auszuüben, begrenzen; durch eine solche Begrenzung darf jedoch die wirksame und ausreichende Hilfeleistung an alle geschützten Personen nicht behindert werden.

Die besondere Stellung des Internationalen Komitees vom Roten Kreuz auf diesem Gebiete soll jederzeit anerkannt und respektiert werden.

Artikel 143

Die Vertreter oder Delegierten der Schutzmächte sind ermächtigt, sich an alle Orte zu begeben, wo sich geschützte Personen befinden, namentlich an alle Internierungs- Gefangenhaltungs- und Arbeitsorte.

Sie sollen zu allen von geschützten Personen benützten Räumlichkeiten Zutritt haben und sich mit ihnen ohne Zeugen, wenn nötig durch Vermittlung eines Dolmetschers, unterhalten können.

Diese Besuche dürfen nur aus zwingenden militärischen Gründen und bloß ausnahmsweise und vorübergehend untersagt werden. Ihre Häufigkeit und Dauer dürfen nicht begrenzt werden.

Den Vertretern und Delegierten der Schutzmächte ist betreffend die Wahl der Orte, die sie zu besuchen wünschen, jede Freiheit zu lassen. Die Gewahrsams- oder Besetzungsmacht, die Schutzmacht und gegebenenfalls der Heimatstaat der zu besuchenden Personen können übereinkommen, Landsleute von Internierten zur Teilnahme an diesen Besuchen zuzulassen.

Die Delegierten des Internationalen Komitees vom Roten Kreuz sollen die gleichen Vorrechte genießen. Die Bestellung dieser Delegierten bedarf der Genehmigung der Macht, in deren Gewalt sich die Gebiete befinden, wo sie ihre Tätigkeit auszuüben haben.

Artikel 144

Die Hohen Vertragschließenden Parteien verpflichten sich, in Friedens- und in Kriegszeiten den Wortlaut des vorliegenden Abkommens in ihren Ländern im weitestmöglichen Ausmaß zu verbreiten und insbesondere sein Studium in die militärischen und, wenn möglich, zivilen Ausbildungsprogramme aufzunehmen, damit die Gesamtheit der Bevölkerung seine Grundsätze kennenlernen kann.

Die zivilen, militärischen, polizeilichen oder anderen Behörden, die in Kriegszeiten eine Verantwortung in bezug auf geschützte Personen übernehmen, müssen den Wortlaut des Abkommens besitzen und über dessen Bestimmungen besonders unterrichtet werden.

Artikel 145

Die Hohen Vertragschließenden Parteien sollen sich gegenseitig durch Vermittlung des Schweizerischen Bundesrates und während der Feindseligkeiten durch Vermittlung der Schutzmächte die amtlichen Übersetzungen des vorliegenden Abkommens sowie die Gesetze und Verordnungen zustellen, die sie zur Gewährleistung seiner Anwendung unter Umständen erlassen.

Artikel 146

Die Hohen Vertragschließenden Parteien verpflichten sich, alle notwendigen gesetzgeberischen Maßnahmen zur Festsetzung von angemessenen Strafbestimmungen gegen solche Personen zu treffen, die irgendeine der im folgenden Artikel umschriebenen schweren Verletzungen des vorliegenden Abkommens begehen oder zu einer solchen Verletzung den Befehl erteilen.

Jede Vertragschließende Partei ist zur Ermittlung der Personen verpflichtet, die der Begehung oder der Erteilung eines Befehles zur Begehung der einen oder anderen dieser schweren Verletzungen beschuldigt sind, und hat sie ohne Rücksicht auf ihre Staatsangehörigkeit vor ihre eigenen Gerichte zu ziehen. Wenn sie es vorzieht, kann sie sie auch gemäß den in ihrer eigenen Gesetzgebung vorgesehenen Bedingungen zur Aburteilung einer anderen an der Verfolgung interessierten Vertragschließenden Partei übergeben, sofern diese gegen die erwähnten Personen ausreichende Beschuldigungen nachgewiesen hat.

Jede Vertragschließende Partei soll die notwendigen Maßnahmen ergreifen, um auch diejenigen Zuwiderhandlungen gegen die Bestimmungen des vorliegenden Abkommens zu unterbinden, die nicht zu den im folgenden Artikel umschriebenen schweren Verletzungen zählen.

Unter allen Umständen müssen die Angeklagten nicht geringere Sicherheiten in bezug auf Gerichtsverfahren und freie Verteidigung genießen als die in Artikel 105 und den folgenden des Genfer Abkommens vom 12. August 1949 über die Behandlung der Kriegsgefangenen vorgesehenen.

Artikel 147

Als schwere Verletzungen, wie sie im vorhergehenden Artikel erwähnt sind, gelten jene, die die eine oder andere der folgenden Handlungen umfassen, sofern sie gegen Personen oder Güter begangen werden, die durch das vorliegende Abkommen geschützt sind:

absichtliche Tötung, Folterung oder unmenschliche Behandlung, einschließlich biologischer Experimente, vorsätzliche Verursachung großer Leiden oder schwere Beeinträchtigung der körperlichen Integrität oder Gesundheit, ungesetzliche Deportation oder Versetzung, ungesetzliche Gefangenhaltung, Nötigung einer geschützten Person zur Dienstleistung in den bewaffneten Kräften der feindlichen Macht oder Entzug ihres Anrechtes auf ein ordentliches und unparteiisches, den Vorschriften des vorliegenden Abkommens entsprechendes Gerichtsverfahren, das Nehmen von Geiseln sowie Zerstörung und Aneignung von Gut, die nicht durch militärische Erfordernisse gerechtfertigt sind und in großem Ausmaß auf unerlaubte und willkürliche Weise vorgenommen werden.

Artikel 148

Eine Hohe Vertragschließende Partei kann weder sich selbst noch eine andere Vertragschließende Partei von den Verantwortlichkeiten befreien, die ihr selbst oder einer anderen Vertragschließenden Partei auf Grund der im vorhergehenden Artikel erwähnten Verletzungen zufallen.

Artikel 149

Auf Begehren einer am Konflikt beteiligten Partei soll gemäß einem zwischen den beteiligten Parteien festzusetzenden Verfahren eine Untersuchung eingeleitet werden über jede behauptete Verletzung des Abkommens.

Kann über das Untersuchungsverfahren keine Übereinstimmung erzielt werden, so sollen sich die Parteien über die Wahl eines Schiedsrichters einigen, der über das zu befolgende Verfahren zu entscheiden hat.

Sobald die Verletzung festgestellt ist, sollen ihr die am Konflikt beteiligten Parteien ein Ende setzen und sie so rasch als möglich unterdrücken.

Abschnitt II

Schlußbestimmungen

Artikel 150

Das vorliegende Abkommen ist in französischer und englischer Sprache abgefaßt. Beide Texte sind gleicherweise authentisch.

Der Schweizerische Bundesrat wird offizielle Übersetzungen des Abkommens in russischer und spanischer Sprache herstellen lassen.

Artikel 151

Das vorliegende Abkommen, welches das Datum des heutigen Tages trägt, kann bis zum 12. Feber 1950 im Namen der Mächte unterzeichnet werden, die auf der am 21. April 1949 in Genf eröffneten Konferenz vertreten waren.

Artikel 152

Das vorliegende Abkommen soll sobald als möglich ratifiziert werden. Die Ratifikationsurkunden sollen in Bern hinterlegt werden.

Über die Hinterlegung jeder Ratifikationsurkunde soll ein Protokoll aufgenommen werden. Von diesem soll eine beglaubigte Abschrift durch den Schweizerischen Bundesrat allen Mächten zugestellt werden, in deren Namen das Abkommen unterzeichnet oder der Beitritt erklärt worden ist.

Artikel 153

Das vorliegende Abkommen tritt sechs Monate nach Hinterlegung von mindestens zwei Ratifikationsurkunden in Kraft.

Späterhin tritt es für jede Hohe Vertragschließende Partei sechs Monate nach Hinterlegung ihrer Ratifikationsurkunde in Kraft.

Artikel 154

In den Beziehungen zwischen Mächten, die durch das Haager Abkommen, betreffend die Gesetze und Gebräuche des Landkrieges, gebunden sind, handle es sich um das vom 29. Juli 1899 oder das vom 18. Oktober 1907, und die am vorliegenden Abkommen teilnehmen, ergänzt dieses die Abschnitte II und III des den erwähnten Haager Abkommen beigefügten Reglements.

Artikel 155

Vom Zeitpunkt seines Inkrafttretens an steht das vorliegende Abkommen auch jeder Macht zum Beitritt offen, in deren Namen es nicht unterzeichnet worden ist.

Artikel 156

Der Beitritt soll dem Schweizerischen Bundesrat schriftlich mitgeteilt werden und wird sechs Monate nach dem Zeitpunkt, an dem ihm die Mitteilung zugegangen ist, wirksam.

Der Schweizerische Bundesrat soll die Beitritte allen Mächten zur Kenntnis bringen, in deren Namen das Abkommen unterzeichnet oder der Beitritt erklärt worden ist.

Artikel 157

Die in Artikel 2 und 3 vorgesehenen Situationen verleihen den vor oder nach Beginn der Feindseligkeiten oder der Besetzung hinterlegten Ratifikationsurkunden und abgegebenen Beitrittserklärungen von den am Konflikt beteiligten Parteien sofortige Wirkung. Der Schweizerische Bundesrat soll Ratifikationen oder Beitritte der am Konflikt beteiligten Parteien auf dem schnellsten Wege bekanntgeben.

Artikel 158

Jeder Hohen Vertragschließenden Partei steht es frei, das vorliegende Abkommen zu kündigen.

Die Kündigung ist dem Schweizerischen Bundesrat schriftlich anzuzeigen, der sie den Regierungen aller Hohen Vertragschließenden Parteien bekanntgibt.

Die Kündigung wird ein Jahr nach ihrer Anzeige an den Schweizerischen Bundesrat wirksam. Die angezeigte Kündigung bleibt jedoch, wenn die kündigende Macht in einen Konflikt verwickelt ist, so lange unwirksam, als der Friede nicht geschlossen wurde, und auf alle Fälle so lange, als die Aktionen nicht abgeschlossen sind, die mit der Freilassung, Heimschaffung und Wiederansiedlung der durch das vorliegende Abkommen geschützten Personen in Zusammenhang stehen.

Die Kündigung gilt nur in bezug auf die kündigende Macht. Sie hat keinerlei Wirkung auf die Verpflichtungen, welche die am Konflikt beteiligten Parteien gemäß den Grundsätzen des Völkerrechtes zu erfüllen gehalten sind, wie sie sich aus den unter zivilisierten Völkern feststehenden Gebräuchen, aus den Gesetzen der Menschlichkeit und aus den Forderungen des öffentlichen Gewissens ergeben.

Artikel 159

Der Schweizerische Bundesrat wird das vorliegende Abkommen beim Sekretariat der Vereinten Nationen eintragen lassen. Er wird das Sekretariat der Vereinten Nationen ebenfalls von allen Ratifikationen, Beitritten und Kündigungen, die er in bezug auf das vorliegende Abkommen erhält, in Kenntnis setzen.

Zu Urkund dessen haben die Unterzeichneten nach Hinterlegung ihrer entsprechenden Vollmachten das vorliegende Abkommen unterzeichnet.

Gegeben in Genf am 12. August 1949 in französischer und englischer Sprache. Das Original ist im Archiv der Schweizerischen Eidgenossenschaft zu hinterlegen. Der Schweizerische Bundesrat soll jedem der unterzeichnenden und beitretenden Staaten eine beglaubigte Abschrift dieses Abkommens übermitteln.

8/6. Zusatzprotokoll zu den Genfer Abkommen vom 12. August 1949 über den Schutz der Opfer internationaler bewaffneter Konflikte (Protokoll I)

BGBl 1982/527

Zusatzprotokoll zu den Genfer Abkommen vom 12. August 1949 über den Schutz der Opfer internationaler bewaffneter Konflikte (Protokoll I)

VORBEHALT ZU ART. 57 ABS. 2 DES PROTOKOLLS I

Art. 57 Abs. 2 des Protokolls I wird mit der Maßgabe angewendet, daß für alle Entscheidungen militärischer Kommandanten der tatsächliche Informationsstand im Zeitpunkt der Entscheidung maßgeblich ist.

VORBEHALT ZU ART. 58 DES PROTOKOLLS I

In Anbetracht des in Artikel 58 des Protokolls I enthaltenen Ausdruckes „soweit dies praktisch irgend möglich ist" werden die Absätze a und b unter Vorbehalt der Erfordernisse der umfassenden Landesverteidigung angewendet.

VORBEHALT ZU ART. 75 DES PROTOKOLLS I

Der Artikel 75 des Protokolls I wird mit der Maßgabe angewendet, daß

a) der Absatz 4 lit. e gesetzlichen Regelungen nicht entgegensteht, die es gestatten, einen Angeklagten von der Teilnahme an der Verhandlung auszuschließen, der die Ordnung der Verhandlung stört oder dessen Anwesenheit die Vernehmung eines anderen Angeklagten, eines Zeugen oder Sachverständigen erschweren würde;

b) der Absatz 4 lit. h gesetzlichen Regelungen nicht entgegensteht, die die Wiederaufnahme eines Strafverfahrens gestatten, in dem jemand wegen einer strafbaren Handlung rechtskräftig verurteilt oder freigesprochen worden ist.

VORBEHALT ZU DEN ARTIKELN 85 UND 86 DES PROTOKOLLS I

Die Art. 85 und 86 des Protokolls I werden mit der Maßgabe angewendet, daß für die Beurteilung aller Entscheidungen militärischer Kommandanten die militärische Notwendigkeit, die Zumutbarkeit ihres Erkennens und der tatsächliche Informationsstand im Zeitpunkt der Entscheidung maßgeblich sind.

ERKLÄRUNG ZU ART. 90 ABS. 2 DES PROTOKOLLS I

Gemäß Artikel 90 Absatz 2 des Protokolls I erklärt die Republik Österreich, daß sie gegenüber jeder anderen Hohen Vertragspartei, welche dieselbe Verpflichtung übernimmt, von Rechts wegen und ohne besondere Übereinkunft die Zuständigkeit der Internationalen Ermittlungskommission anerkennt.

DIE HOHEN VERTRAGSPARTEIEN –

DEN ERNSTHAFTEN WUNSCH BEKUNDEND, daß unter den Völkern Friede herrschen möge,

EINGEDENK dessen, daß jeder Staat im Einklang mit der Satzung der Vereinten Nationen die Pflicht hat, in seinen internationalen Beziehungen jede gegen die Souveränität, die territoriale Unversehrtheit oder die politische Unabhängigkeit eines Staates gerichtete oder sonst mit den Zielen der Vereinten Nationen unvereinbare Androhung oder Anwendung von Gewalt zu unterlassen,

jedoch IM BEWUSSTSEIN der Notwendigkeit, die Bestimmungen zum Schutz der Opfer bewaffneter Konflikte neu zu bestätigen und weiterzuentwickeln und die Maßnahmen zu ergänzen, die ihre Anwendung stärken sollen,

ihrer Überzeugung AUSDRUCK VERLEIHEND, daß weder dieses Protokoll noch die Genfer Abkommen vom 12. August 1949[1)] so auszulegen sind, als rechtfertigten oder erlaubten sie eine Angriffshandlung oder sonstige mit der Satzung der Vereinten Nationen unvereinbare Anwendung von Gewalt,

und ERNEUT BEKRÄFTIGEND, daß die Bestimmungen der Genfer Abkommen vom 12. August 1949 und dieses Protokolls unter allen Umständen uneingeschränkt auf alle durch diese Übereinkünfte geschützten Personen anzuwenden sind, und zwar ohne jede nachteilige Unterscheidung, die auf Art oder Ursprung des bewaffneten Konflikts

[1)] *Kundgemacht in BGBl. Nr. 155/1953*

oder auf Beweggründen beruht, die von den am Konflikt beteiligten Parteien vertreten oder ihnen zugeschrieben werden –

SIND wie folgt ÜBEREINGEKOMMEN:

TEIL I
ALLGEMEINE BESTIMMUNGEN

Artikel 1
Allgemeine Grundsätze und Anwendungsbereich

(1) Die Hohen Vertragsparteien verpflichten sich, dieses Protokoll unter allen Umständen einzuhalten und seine Einhaltung sicherzustellen.

(2) In Fällen, die von diesem Protokoll oder anderen internationalen Übereinkünften nicht erfaßt sind, verbleiben Zivilpersonen und Kombattanten unter dem Schutz und der Herrschaft der Grundsätze des Völkerrechts, wie sie sich aus feststehenden Gebräuchen, aus den Grundsätzen der Menschlichkeit und aus den Forderungen des öffentlichen Gewissens ergeben.

(3) Dieses Protokoll, das die Genfer Abkommen vom 12. August 1949 zum Schutze der Opfer des Krieges ergänzt, findet in den Situationen Anwendung, die in dem diesen Abkommen gemeinsamen Artikel 2 bezeichnet sind.

(4) Zu den in Absatz 3 genannten Situationen gehören auch bewaffnete Konflikte, in denen Völker gegen Kolonialherrschaft und fremde Besetzung sowie gegen rassistische Regimes in Ausübung ihres Rechts auf Selbstbestimmung kämpfen, wie es in der Satzung der Vereinten Nationen und in der Erklärung über Grundsätze des Völkerrechts betreffend freundschaftliche Beziehungen und Zusammenarbeit zwischen den Staaten im Einklang mit der Satzung der Vereinten Nationen niedergelegt ist.

Artikel 2
Begriffsbestimmungen

Im Sinne dieses Protokolls

a) bedeutet „I. Abkommen", „II. Abkommen", „III. Abkommen" und „IV. Abkommen" jeweils das Genfer Abkommen vom 12. August 1949 zur Verbesserung des Loses der Verwundeten und Kranken der bewaffneten Kräfte im Felde, das Genfer Abkommen vom 12. August 1949 zur Verbesserung des Loses der Verwundeten, Kranken und Schiffbrüchigen der bewaffneten Kräfte zur See, das Genfer Abkommen vom 12. August 1949 über die Behandlung der Kriegsgefangenen und das Genfer Abkommen vom 12. August 1949 über den Schutz von Zivilpersonen in Kriegszeiten; „die Abkommen" bedeutet die vier Genfer Abkommen vom 12. August 1949 zum Schutze der Opfer des Krieges;

b) bedeutet „Regeln des in bewaffneten Konflikten anwendbaren Völkerrechts" die in bewaffneten Konflikten anwendbaren Regeln, die in internationalen Übereinkünften verankert sind, denen die am Konflikt beteiligten Parteien als Vertragsparteien angehören, sowie die allgemein anerkannten Grundsätze und Regeln des Völkerrechts, die auf bewaffnete Konflikte anwendbar sind;

c) bedeutet „Schutzmacht" einen neutralen oder anderen nicht am Konflikt beteiligten Staat, der von einer am Konflikt beteiligten Partei benannt, von der gegnerischen Partei anerkannt und bereit ist, die in den Abkommen und diesem Protokoll einer Schutzmacht übertragenen Aufgaben wahrzunehmen;

d) bedeutet „Ersatzschutzmacht" eine Organisation, die anstelle einer Schutzmacht nach Artikel 5 tätig wird.

Artikel 3
Beginn und Ende der Anwendung

Unbeschadet der Bestimmungen, die jederzeit anwendbar sind,

a) werden die Abkommen und dieses Protokoll angewendet, sobald eine in Artikel 1 dieses Protokolls genannte Situation eintritt;

b) endet die Anwendung der Abkommen und dieses Protokolls im Hoheitsgebiet der am Konflikt beteiligten Parteien mit der allgemeinen Beendigung der Kriegshandlungen und im Fall besetzter Gebiete mit der Beendigung der Besetzung; in beiden Fällen gilt dies jedoch nicht für Personen, deren endgültige Freilassung, deren Heimschaffung oder Niederlassung zu einem späteren Zeitpunkt erfolgt. Diese Personen genießen bis zu ihrer endgültigen Freilassung, ihrer Heimschaffung oder Niederlassung weiterhin den Schutz der einschlägigen Bestimmungen der Abkommen und dieses Protokolls.

Artikel 4
Rechtsstellung der am Konflikt beteiligten Parteien

Die Anwendung der Abkommen und dieses Protokolls sowie der Abschluß der darin vorgesehenen Übereinkünfte berühren nicht die Rechtsstellung der am Konflikt beteiligten Parteien. Die Besetzung eines Gebiets und die Anwendung der Abkommen und dieses Protokolls berühren nicht die Rechtsstellung des betreffenden Gebiets.

Artikel 5
Benennung von Schutzmächten und von Ersatzschutzmächten

(1) Die an einem Konflikt beteiligten Parteien sind verpflichtet, vom Beginn des Konflikts an

die Einhaltung der Abkommen und dieses Protokolls und deren Überwachung durch Anwendung des Schutzmächtesystems sicherzustellen; dazu gehören insbesondere die Benennung und Anerkennung dieser Mächte nach Maßgabe der folgenden Absätze. Die Schutzmächte haben die Aufgabe, die Interessen der am Konflikt beteiligten Parteien wahrzunehmen.

(2) Tritt eine in Artikel 1 genannte Situation ein, so benennt jede am Konflikt beteiligte Partei unverzüglich eine Schutzmacht zu dem Zweck, die Abkommen und dieses Protokoll anzuwenden; sie läßt ebenfalls unverzüglich und zu demselben Zweck die Tätigkeit einer Schutzmacht zu, die sie selbst nach Benennung durch die gegnerische Partei als solche anerkannt hat.

(3) Ist beim Eintritt einer Situation nach Artikel 1 keine Schutzmacht benannt oder anerkannt worden, so bietet das Internationale Komitee vom Roten Kreuz, unbeschadet des Rechts jeder anderen unparteiischen humanitären Organisation, das gleiche zu tun, den am Konflikt beteiligten Parteien seine guten Dienste mit dem Ziel an, unverzüglich eine Schutzmacht zu benennen, mit der die am Konflikt beteiligten Parteien einverstanden sind. Zu diesem Zweck kann das Komitee insbesondere jede Partei auffordern, ihm eine Liste von mindestens fünf Staaten vorzulegen, die sie für annehmbar hält, um für sie als Schutzmacht gegenüber einer gegnerischen Partei tätig zu werden, und jede gegnerische Partei auffordern, eine Liste von mindestens fünf Staaten vorzulegen, die sie als Schutzmacht der anderen Partei anerkennen würde; diese Listen sind dem Komitee binnen zwei Wochen nach Eingang der Aufforderung zu übermitteln; das Komitee vergleicht sie und ersucht einen auf beiden Listen aufgeführten Staat um Zustimmung.

(4) Ist trotz der vorstehenden Bestimmungen keine Schutzmacht vorhanden, so nehmen die am Konflikt beteiligten Parteien unverzüglich ein gegebenenfalls vom Internationalen Komitee vom Roten Kreuz oder von einer anderen alle Garantien für Unparteilichkeit und Wirksamkeit bietenden Organisation nach angemessener Konsultierung der betroffenen Parteien und unter Berücksichtigung der Konsultationsergebnisse unterbreitetes Angebot an, als Ersatzschutzmacht tätig zu werden. Zur Durchführung ihrer Aufgaben bedarf die Ersatzschutzmacht der Zustimmung der am Konflikt beteiligten Parteien; diese sind in jeder Weise bemüht, der Ersatzschutzmacht die Wahrnehmung ihrer Aufgaben im Rahmen der Abkommen und dieses Protokolls zu erleichtern.

(5) In Übereinstimmung mit Artikel 4 berühren die Benennung und die Anerkennung von Schutzmächten zum Zweck der Anwendung der Abkommen und dieses Protokolls nicht die Rechtsstellung der am Konflikt beteiligten Parteien oder irgendeines Hoheitsgebiets, einschließlich eines besetzten Gebiets.

(6) Die Aufrechterhaltung diplomatischer Beziehungen zwischen den am Konflikt beteiligten Parteien oder die Übertragung des Schutzes der Interessen einer Partei oder ihrer Staatsangehörigen auf einen dritten Staat im Einklang mit den Regeln des Völkerrechts über diplomatische Beziehungen steht der Benennung von Schutzmächten zum Zweck der Anwendung der Abkommen und dieses Protokolls nicht entgegen.

(7) Jede spätere Erwähnung einer Schutzmacht in diesem Protokoll bezieht sich auch auf eine Ersatzschutzmacht.

Artikel 6
Fachpersonal

(1) Die Hohen Vertragsparteien bemühen sich bereits in Friedenszeiten mit Unterstützung der nationalen Gesellschaften des Roten Kreuzes (Roten Halbmonds, Roten Löwen mit Roter Sonne), Fachpersonal auszubilden, um die Anwendung der Abkommen und dieses Protokolls und insbesondere die Tätigkeit der Schutzmächte zu erleichtern.

(2) Für die Einstellung und Ausbildung dieses Personals sind die einzelnen Staaten zuständig.

(3) Das Internationale Komitee vom Roten Kreuz hält für die Hohen Vertragsparteien Listen der so ausgebildeten Personen bereit, soweit sie von den Hohen Vertragsparteien aufgestellt und ihm zu diesem Zweck übermittelt worden sind.

(4) Die Bedingungen für den Einsatz dieses Personals außerhalb des eigenen Hoheitsgebiets sind in jedem Fall Gegenstand besonderer Vereinbarungen zwischen den betroffenen Parteien.

Artikel 7
Tagungen

Der Verwahrer dieses Protokolls beruft eine Tagung der Hohen Vertragsparteien zur Erörterung allgemeiner die Anwendung der Abkommen und des Protokolls betreffenden Fragen ein, wenn eine oder mehrere Hohe Vertragsparteien darum ersuchen und die Mehrheit dieser Parteien damit einverstanden ist.

TEIL II
VERWUNDETE, KRANKE UND SCHIFFBRÜCHIGE

ABSCHNITT I
ALLGEMEINER SCHUTZ

Artikel 8
Terminologie

Im Sinne dieses Protokolls

a) bedeutet „Verwundete" und „Kranke" Militär- oder Zivilpersonen, die wegen Verwundung, Erkrankung oder anderer körperlicher oder geistiger Störungen oder Gebrechen medizinischer Hilfe oder Pflege bedürfen und die jede feindselige Handlung unterlassen. Als solche gelten auch Wöchnerinnen, Neugeborene und andere Personen, die sofortiger medizinischer Hilfe oder Pflege bedürfen, wie beispielsweise Gebrechliche und Schwangere, und die jede feindselige Handlung unterlassen;

b) bedeutet „Schiffbrüchige" Militär- oder Zivilpersonen, die sich auf See oder in einem anderen Gewässer infolge eines Unglücks, das sie selbst oder das sie befördernde Wasser- oder Luftfahrzeug betroffen hat, in Gefahr befinden und die jede feindselige Handlung unterlassen. Diese Personen gelten während ihrer Rettung, falls sie auch weiterhin jede feindselige Handlung unterlassen, so lange als Schiffbrüchige, bis sie auf Grund der Abkommen oder dieses Protokolls einen anderen Status erlangen;

c) bedeutet „Sanitätspersonal" Personen, die von einer am Konflikt beteiligten Partei ausschließlich den unter Buchstabe e) genannten sanitätsdienstlichen Zwecken, der Verwaltung von Sanitätseinheiten oder dem Betrieb oder der Verwaltung von Sanitätstransportmitteln zugewiesen sind. Ihre Zuweisung kann ständig oder nichtständig sein. Der Begriff umfaßt

i) das militärische oder zivile Sanitätspersonal einer am Konflikt beteiligten Partei, darunter das im I. und II. Abkommen erwähnte sowie das den Zivilschutzorganisationen zugewiesene Sanitätspersonal;

ii) das Sanitätspersonal der nationalen Gesellschaften des Roten Kreuzes (Roten Halbmonds, Roten Löwen mit Roter Sonne) und anderer freiwilliger nationaler Hilfsgesellschaften, die von einer am Konflikt beteiligten Partei ordnungsgemäß anerkannt und ermächtigt sind;

iii) das Sanitätspersonal der in Artikel 9 Absatz 2 genannten Sanitätseinheiten oder Sanitätstransportmittel;

d) bedeutet „Seelsorgepersonal" Militär- oder Zivilpersonen, wie beispielsweise Feldgeistliche, die ausschließlich ihr geistliches Amt ausüben und

i) den Streitkräften einer am Konflikt beteiligten Partei,

ii) Sanitätseinheiten oder Sanitätstransportmitteln einer am Konflikt beteiligten Partei,

iii) Sanitätseinheiten oder Sanitätstransportmitteln nach Artikel 9 Absatz 2 oder

iv) Zivilschutzorganisationen einer am Konflikt beteiligten Partei zugeteilt sind.

Die Zuweisung des Seelsorgepersonals kann ständig oder nichtständig sein; die einschlägigen Bestimmungen des Buchstabens k) finden auf dieses Personal Anwendung;

e) bedeutet „Sanitätseinheiten" militärische oder zivile Einrichtungen und sonstige Einheiten, die zu sanitätsdienstlichen Zwecken gebildet worden sind, nämlich zum Aufsuchen, zur Bergung, Beförderung, Untersuchung oder Behandlung – einschließlich erster Hilfe – der Verwundeten, Kranken und Schiffbrüchigen sowie zur Verhütung von Krankheiten. Der Begriff umfaßt unter anderem Lazarette und ähnliche Einheiten, Blutspendedienste, medizinische Vorsorgezentren und -institute, medizinische Depots sowie medizinische und pharmazeutische Vorratslager dieser Einheiten. Die Sanitätseinheiten können ortsfest oder beweglich, ständig oder nichtständig sein;

f) bedeutet „Sanitätstransport" die Beförderung zu Land, zu Wasser oder in der Luft von Verwundeten, Kranken und Schiffbrüchigen, von Sanitäts- und Seelsorgepersonal sowie von Sanitätsmaterial, welche durch die Abkommen und dieses Protokoll geschützt sind;

g) bedeutet „Sanitätstransportmittel" jedes militärische oder zivile, ständige oder nichtständige Transportmittel, das ausschließlich dem Sanitätstransport zugewiesen ist und einer zuständigen Dienststelle einer am Konflikt beteiligten Partei untersteht;

h) bedeutet „Sanitätsfahrzeug" ein Sanitätstransportmittel zu Land;

i) bedeutet „Sanitätsschiffe und sonstige Sanitätswasserfahrzeuge" Sanitätstransportmittel zu Wasser;

j) bedeutet „Sanitätsluftfahrzeug" ein Sanitätstransportmittel in der Luft;

k) gelten Sanitätspersonal, Sanitätseinheiten und Sanitätstransportmittel als „ständig", wenn sie auf unbestimmte Zeit ausschließlich sanitätsdienstlichen Zwecken zugewiesen sind. Sanitätspersonal, Sanitätseinheiten und Sanitätstransportmittel gelten als „nichtständig", wenn sie für begrenzte Zeit während der gesamten Dauer derselben ausschließlich zu sanitätsdienstlichen Zwecken eingesetzt werden. Sofern nichts anderes bestimmt ist, umfassen die Begriffe „Sanitätspersonal", „Sanitätseinheiten" und „Sanitätstransportmittel" sowohl die ständigen als auch die nichtständigen;

l) bedeutet „Schutzzeichen" das Schutzzeichen des Roten Kreuzes, des Roten Halbmonds oder des Roten Löwen mit Roter Sonne auf weißem Grund, das zum Schutz von Sanitätseinheiten und transportmitteln oder von Sanitäts- und Seelsorgepersonal oder Sanitätsmaterial verwendet wird;

m) bedeutet „Erkennungssignal" jedes Mittel, das in Kapitel III des Anhangs I dieses Protokolls ausschließlich zur Kennzeichnung von Sanitätseinheiten oder -transportmitteln bestimmt ist.

Artikel 9

Anwendungsbereich

(1) Dieser Teil, dessen Bestimmungen das Los der Verwundeten, Kranken und Schiffbrüchigen verbessern sollen, findet auf alle von einer in Artikel 1 genannten Situation Betroffenen Anwendung, ohne jede auf Rasse, Hautfarbe, Geschlecht, Sprache, Religion oder Glauben, politischen oder sonstigen Anschauungen, nationaler oder sozialer Herkunft, Vermögen, Geburt oder sonstiger Stellung oder auf irgendeinem anderen ähnlichen Unterscheidungsmerkmal beruhende nachteilige Unterscheidung.

(2) Die einschlägigen Bestimmungen der Artikel 27 und 32 des I. Abkommens finden auf ständige Sanitätseinheiten und -transportmittel (ausgenommen Lazarettschiffe, für die Artikel 25 des II. Abkommens gilt) und ihr Personal Anwendung, die einer am Konflikt beteiligten Partei zu humanitären Zwecken

a) von einem neutralen oder einem anderen nicht am Konflikt beteiligten Staat, Konflikt beteiligten Staat,

b) von einer anerkannten und ermächtigten Hilfsgesellschaft eines solchen Staates,

c) von einer unparteiischen internationalen humanitären Organisation

zur Verfügung gestellt wurden.

Artikel 10

Schutz und Pflege

(1) Alle Verwundeten, Kranken und Schiffbrüchigen, gleichviel welcher Partei sie angehören, werden geschont und geschützt.

(2) Sie werden unter allen Umständen mit Menschlichkeit behandelt und erhalten so umfassend und so schnell wie möglich die für ihren Zustand erforderliche medizinische Pflege und Betreuung. Aus anderen als medizinischen Gründen darf kein Unterschied zwischen ihnen gemacht werden.

Artikel 11

Schutz von Personen

(1) Die körperliche oder geistige Gesundheit und Unversehrtheit von Personen, die sich in der Gewalt der gegnerischen Partei befinden, die infolge einer in Artikel 1 genannten Situation interniert oder in Haft gehalten sind oder denen anderweitig die Freiheit entzogen ist, dürfen nicht durch ungerechtfertigte Handlungen oder Unterlassungen gefährdet werden. Es ist daher verboten, die in diesem Artikel genannten Personen einem medizinischen Verfahren zu unterziehen, das nicht durch ihren Gesundheitszustand geboten ist und das nicht mit den allgemein anerkannten medizinischen Grundsätzen im Einklang steht, die unter entsprechenden medizinischen Umständen auf Staatsangehörige der das Verfahren durchführenden Partei angewandt würden, denen die Freiheit nicht entzogen ist.

(2) Es ist insbesondere verboten, an diesen Personen, selbst mit ihrer Zustimmung,

a) körperliche Verstümmelungen vorzunehmen,

b) medizinische oder wissenschaftliche Versuche vorzunehmen,

c) Gewebe oder Organe für Übertragungen zu entfernen, soweit diese Maßnahmen nicht gemäß den Voraussetzungen nach Absatz 1 gerechtfertigt sind.

(3) Ausnahmen von dem in Absatz 2 Buchstabe c) bezeichneten Verbot sind nur bei der Entnahme von Blut oder Haut für Übertragungen zulässig, sofern die Einwilligung freiwillig und ohne Zwang oder Überredung und der Eingriff nur zu therapeutischen Zwecken und unter Bedingungen erfolgt, die mit den allgemein anerkannten medizinischen Grundsätzen im Einklang stehen und Kontrollen unterliegen, die dem Wohl sowohl des Spenders als auch des Empfängers dienen.

(4) Eine vorsätzliche Handlung oder Unterlassung, welche die körperliche oder geistige Gesundheit oder Unversehrtheit einer Person erheblich gefährdet, die sich in der Gewalt einer anderen Partei als derjenigen befindet, zu der sie gehört, und die entweder gegen eines der Verbote der Absätze 1 und 2 verstößt oder nicht den Bedingungen des Absatzes 3 entspricht, stellt eine schwere Verletzung dieses Protokolls dar.

(5) Die in Absatz 1 bezeichneten Personen haben das Recht, jeden chirurgischen Eingriff abzulehnen. Im Fall einer Ablehnung hat sich das Sanitätspersonal um eine entsprechende schriftliche, vom Patienten unterzeichnete oder anerkannte Erklärung zu bemühen.

(6) Jede am Konflikt beteiligte Partei führt medizinische Unterlagen über die einzelnen Entnahmen von Blut und Haut für Übertragungen, die von den in Absatz 1 genannten Personen stammen, sofern die Entnahmen unter der Verantwortung dieser Partei erfolgen. Ferner ist jede am

Konflikt beteiligte Partei bemüht, Unterlagen über alle medizinischen Verfahren betreffend Personen zu führen, die infolge einer in Artikel 1 genannten Situation interniert oder in Haft gehalten sind oder denen anderweitig die Freiheit entzogen ist. Diese Unterlagen müssen der Schutzmacht jederzeit zur Einsicht zur Verfügung stehen.

Artikel 12
Schutz von Sanitätseinheiten

(1) Sanitätseinheiten werden jederzeit geschont und geschützt und dürfen nicht angegriffen werden.

(2) Absatz 1 findet auf zivile Sanitätseinheiten Anwendung, sofern sie

a) zu einer am Konflikt beteiligten Partei gehören,

b) von der zuständigen Behörde einer am Konflikt beteiligen Partei anerkannt und ermächtigt sind oder

c) nach Maßgabe des Artikels 9 Absatz 2 dieses Protokolls oder des Artikels 27 des I. Abkommens ermächtigt sind.

(3) Die am Konflikt beteiligten Parteien sind aufgefordert, einander mitzuteilen, wo sich ihre ortsfesten Sanitätseinheiten befinden. Unterbleibt eine solche Mitteilung, so enthebt dies keine der Parteien der Verpflichtung, die Bestimmungen des Absatzes 1 zu beachten.

(4) Sanitätseinheiten dürfen unter keinen Umständen für den Versuch benutzt werden, militärische Ziele vor Angriffen abzuschirmen. Die am Konflikt beteiligten Parteien sorgen, wann immer möglich, dafür, daß die Sanitätseinheiten so gelegt werden, daß sie durch Angriffe auf militärische Ziele nicht gefährdet werden können.

Artikel 13
Ende des Schutzes ziviler Sanitätseinheiten

(1) Der den zivilen Sanitätseinheiten gebührende Schutz darf nur dann enden, wenn diese außerhalb ihrer humanitären Bestimmung zu Handlungen verwendet werden, die den Feind schädigen. Jedoch endet der Schutz erst, nachdem eine Warnung, die möglichst eine angemessene Frist setzt, unbeachtet geblieben ist.

(2) Als Handlung, die den Feind schädigt, gilt nicht

a) die Tatsache, daß das Personal der Einheit zu seiner eigenen Verteidigung oder zur Verteidigung der ihm anvertrauten Verwundeten und Kranken mit leichten Handfeuerwaffen ausgerüstet ist;

b) die Tatsache, daß die Einheit von einer Wache, durch Posten oder von einem Geleittrupp geschützt wird;

c) die Tatsache, daß in der Einheit Handwaffen und Munition vorgefunden werden, die den Verwundeten und Kranken abgenommen, der zuständigen Dienststelle aber noch nicht abgeliefert worden sind;

d) die Tatsache, daß sich Mitglieder der Streitkräfte oder andere Kombattanten aus medizinischen Gründen bei der Einheit befinden.

Artikel 14
Beschränkung der Requisition ziviler Sanitätseinheiten

(1) Die Besatzungsmacht hat dafür zu sorgen, daß die medizinische Versorgung der Zivilbevölkerung in den besetzten Gebieten gesichert bleibt.

(2) Die Besatzungsmacht darf deshalb zivile Sanitätseinheiten, ihre Ausrüstung, ihr Material oder ihr Personal so lange nicht requirieren, wie diese Mittel zur angemessenen medizinischen Versorgung der Zivilbevölkerung und zur weiteren Pflege der bereits betreuten Verwundeten und Kranken benötigt werden.

(3) Sofern die allgemeine Vorschrift des Absatzes 2 weiterhin beachtet wird, kann die Besatzungsmacht die genannten Mittel unter den folgenden besonderen Bedingungen requirieren:

a) daß die Mittel zur sofortigen angemessenen medizinischen Behandlung der verwundeten und kranken Angehörigen der Streitkräfte der Besatzungsmacht oder von Kriegsgefangenen benötigt werden;

b) daß die Mittel nur so lange requiriert werden, wie dies notwendig ist;

c) daß sofortige Vorkehrungen getroffen werden, um die medizinische Versorgung der Zivilbevölkerung sowie der bereits betreuten Verwundeten und Kranken, die von der Requisition betroffen sind, weiterhin gesichert bleibt.

Artikel 15
Schutz des zivilen Sanitäts- und Seelsorgepersonals

(1) Das zivile Sanitätspersonal wird geschont und geschützt.

(2) Soweit erforderlich, wird dem zivilen Sanitätspersonal in einem Gebiet, in dem die zivilen Sanitätsdienste infolge der Kampftätigkeit erheblich eingeschränkt sind, jede mögliche Hilfe gewährt.

(3) Die Besatzungsmacht gewährt dem zivilen Sanitätspersonal in besetzten Gebieten jede Hilfe, um es ihm zu ermöglichen, seine humanitären Aufgaben nach besten Kräften wahrzunehmen. Die Besatzungsmacht darf nicht verlangen, daß das Personal in Wahrnehmung seiner Aufgaben bestimmte Personen bevorzugt behandelt, es sei denn aus medizinischen Gründen. Das Personal

darf nicht gezwungen werden, Aufgaben zu übernehmen, die mit seinem humanitären Auftrag unvereinbar sind.

(4) Das zivile Sanitätspersonal hat Zugang zu allen Orten, an denen seine Dienste unerläßlich sind, vorbehaltlich der Kontroll- und Sicherheitsmaßnahmen, welche die betreffende am Konflikt beteiligte Partei für notwendig hält.

(5) Das zivile Seelsorgepersonal wird geschont und geschützt. Die Bestimmungen der Abkommen und dieses Protokolls über den Schutz und die Kennzeichnung des Sanitätspersonals finden auch auf diese Personen Anwendung.

Artikel 16
Allgemeiner Schutz der ärztlichen Aufgabe

(1) Niemand darf bestraft werden, weil er eine ärztliche Tätigkeit ausgeübt hat, die mit dem ärztlichen Ehrenkodex im Einklang steht, gleichviel unter welchen Umständen und zu wessen Nutzen sie ausgeübt worden ist.

(2) Wer eine ärztliche Tätigkeit ausübt, darf nicht gezwungen werden, Handlungen vorzunehmen oder Arbeiten zu verrichten, die mit den Regeln des ärztlichen Ehrenkodexes, mit sonstigen dem Wohl der Verwundeten und Kranken dienenden medizinischen Regeln oder mit den Bestimmungen der Abkommen oder dieses Protokolls unvereinbar sind, oder Handlungen oder Arbeiten zu unterlassen, die auf Grund dieser Regeln und Bestimmungen geboten sind.

(3) Wer eine ärztliche Tätigkeit ausübt, darf nicht gezwungen werden, Angehörigen einer gegnerischen Partei oder der eigenen Partei – es sei denn in den nach dem Recht der letztgenannten Partei vorgesehenen Fällen – Auskünfte über die jetzt oder früher von ihm betreuten Verwundeten und Kranken zu erteilen, sofern diese Auskünfte nach seiner Auffassung den betreffenden Patienten oder ihren Familien schaden würden. Die Vorschriften über die Meldepflicht bei ansteckenden Krankheiten sind jedoch einzuhalten.

Artikel 17
Rolle der Zivilbevölkerung und der Hilfsgesellschaften

(1) Die Zivilbevölkerung hat die Verwundeten, Kranken und Schiffbrüchigen, auch wenn sie der gegnerischen Partei angehören, zu schonen und darf keine Gewalttaten gegen sie verüben. Der Zivilbevölkerung und den Hilfsgesellschaften, wie beispielsweise den nationalen Gesellschaften des Roten Kreuzes (Roten Halbmonds, Roten Löwen mit Roter Sonne) ist es gestattet, auch von sich aus und auch in Invasions- oder besetzten Gebieten die Verwundeten, Kranken und Schiffbrüchigen zu bergen und zu pflegen. Niemand darf wegen solcher humanitärer Handlungen behelligt, verfolgt, verurteilt oder bestraft werden.

(2) Die am Konflikt beteiligten Parteien können die Zivilbevölkerung und die in Absatz 1 bezeichneten Hilfsgesellschaften auffordern, die Verwundeten, Kranken und Schiffbrüchigen zu bergen und zu pflegen sowie nach Toten zu suchen und den Ort zu melden, an dem sie gefunden wurden; sie gewähren denjenigen, die diesem Aufruf Folge leisten, sowohl Schutz als auch die erforderlichen Erleichterungen. Bringt die gegnerische Partei das Gebiet erstmalig oder erneut unter ihre Kontrolle, so gewährt sie den gleichen Schutz und die gleichen Erleichterungen, solange dies erforderlich ist.

Artikel 18
Kennzeichnung

(1) Jede am Konflikt beteiligte Partei ist bemüht sicherzustellen, daß das Sanitäts- und Seelsorgepersonal sowie die Sanitätseinheiten und -transportmittel als solche erkennbar sind.

(2) Jede am Konflikt beteiligte Partei ist ferner bemüht, Methoden und Verfahren einzuführen und anzuwenden, die es ermöglichen, Sanitätseinheiten und -transportmittel zu erkennen, welche das Schutzzeichen führen und die Erkennungssignale verwenden.

(3) In besetzten Gebieten und in Gebieten, in denen tatsächlich oder voraussichtlich Kampfhandlungen stattfinden, sollen das zivile Sanitätspersonal und das zivile Seelsorgepersonal durch das Schutzzeichen und einen Ausweis, der ihren Status bescheinigt, erkennbar sein.

(4) Mit Zustimmung der zuständigen Dienststelle werden Sanitätseinheiten und -transportmittel mit dem Schutzzeichen gekennzeichnet. Die in Artikel 22 dieses Protokolls bezeichneten Schiffe und sonstigen Wasserfahrzeuge werden nach Maßgabe des II. Abkommens gekennzeichnet.

(5) Eine am Konflikt beteiligte Partei kann im Einklang mit Kapitel III des Anhangs I dieses Protokolls gestatten, daß neben dem Schutzzeichen auch Erkennungssignale zur Kennzeichnung von Sanitätseinheiten und -transportmitteln verwendet werden. In den in jenem Kapitel vorgesehenen besonderen Fällen können Sanitätstransportmittel ausnahmsweise Erkennungssignale verwenden, ohne das Schutzzeichen zu führen.

(6) Die Anwendung der Absätze 1 bis 5 wird durch die Kapitel I bis III des Anhangs I dieses Protokolls geregelt. Soweit in Kapitel III dieses Anhangs nichts anderes bestimmt ist, dürfen die dort zur ausschließlichen Verwendung durch Sanitätseinheiten und -transportmittel bestimmten Signale nur zur Kennzeichnung der in jenem Kapitel genannten Sanitätseinheiten und -transportmittel verwendet werden.

(7) Dieser Artikel ermächtigt nicht zu einer weiteren Verwendung des Schutzzeichens in Friedenszeiten als in Artikel 44 des I. Abkommens vorgesehen.

(8) Die Bestimmungen der Abkommen und dieses Protokolls betreffend die Überwachung der Verwendung des Schutzzeichens sowie die Verhinderung und Ahndung seines Mißbrauchs finden auch auf die Erkennungssignale Anwendung.

Artikel 19
Neutrale und andere nicht am Konflikt beteiligte Staaten

Neutrale und andere nicht am Konflikt beteiligte Staaten wenden die einschlägigen Bestimmungen dieses Protokolls auf die durch diesen Teil geschützten Personen an, die in ihr Hoheitsgebiet aufgenommen oder dort interniert werden, sowie auf die von ihnen geborgenen Toten der am Konflikt beteiligten Parteien.

Artikel 20
Verbot von Repressalien

Repressalien gegen die durch diesen Teil geschützten Personen und Objekte sind verboten.

ABSCHNITT II

SANITÄTSTRANSPORTE

Artikel 21
Sanitätsfahrzeuge

Sanitätsfahrzeuge werden in gleicher Weise wie bewegliche Sanitätseinheiten nach Maßgabe der Abkommen und dieses Protokolls geschont und geschützt.

Artikel 22
Lazarettschiffe und Küstenrettungsfahrzeuge

(1) Die Bestimmungen der Abkommen über

a) die in den Artikeln 22, 24, 25 und 27 des II. Abkommens beschriebenen Schiffe,

b) ihre Rettungsboote und kleinen Wasserfahrzeuge,

c) ihr Personal und ihre Besatzung sowie

d) die an Bord befindlichen Verwundeten, Kranken und Schiffbrüchigen

finden auch dann Anwendung, wenn diese Wasserfahrzeuge verwundete, kranke und schiffbrüchige Zivilpersonen befördern, die zu keiner der in Artikel 13 des II. Abkommens genannten Kategorien gehören. Diese Zivilpersonen dürfen jedoch nicht dem Gewahrsam einer anderen Partei als ihrer eigenen übergeben oder auf See gefangengenommen werden. Befinden sie sich in der Gewalt einer am Konflikt beteiligten Partei, die nicht ihre eigene ist, so finden das IV. Abkommen und dieses Protokoll auf sie Anwendung.

(2) Der Schutz, der den in Artikel 25 des II. Abkommens beschriebenen Schiffen gewährt wird, erstreckt sich auch auf Lazarettschiffe, die einer am Konflikt beteiligten Partei zu humanitären Zwecken

a) von einem neutralen oder einem anderen nicht am Konflikt beteiligten Staat oder

b) von einer unparteiischen internationalen humanitären Organisation

zur Verfügung gestellt werden, sofern in beiden Fällen die in jenem Artikel genannten Voraussetzungen erfüllt sind.

(3) Die in Artikel 27 des II. Abkommens beschriebenen kleinen Wasserfahrzeuge werden auch dann geschützt, wenn die in jenem Artikel vorgesehene Mitteilung nicht erfolgt ist. Die am Konflikt beteiligten Parteien sind jedoch aufgefordert, einander Einzelheiten über diese Fahrzeuge mitzuteilen, die deren Kennzeichnung und Erkennung erleichtern.

Artikel 23
Andere Sanitätsschiffe und sonstige Sanitätswasserfahrzeuge

(1) Andere als die in Artikel 22 dieses Protokolls und in Artikel 38 des II. Abkommens genannten Sanitätsschiffe und sonstigen Sanitätswasserfahrzeuge werden auf See oder in anderen Gewässern ebenso geschont und geschützt wie bewegliche Sanitätseinheiten nach den Abkommen und diesem Protokoll. Da dieser Schutz nur wirksam sein kann, wenn die Sanitätsschiffe oder sonstigen Sanitätswasserfahrzeuge als solche gekennzeichnet und erkennbar sind, sollen sie mit dem Schutzzeichen kenntlich gemacht werden und nach Möglichkeit die Bestimmungen des Artikels 43 Absatz 2 des II. Abkommens befolgen.

(2) Die in Absatz 1 bezeichneten Schiffe und sonstigen Wasserfahrzeuge unterliegen weiterhin dem Kriegsrecht. Ein über Wasser fahrendes Kriegsschiff, das in der Lage ist, seine Weisungen sofort durchzusetzen, kann sie anweisen, anzuhalten, abzudrehen oder einen bestimmten Kurs einzuhalten; einer solchen Weisung muß Folge geleistet werden. Im übrigen dürfen sie ihrem sanitätsdienstlichen Auftrag nicht entzogen werden, solange sie für die an Bord befindlichen Verwundeten, Kranken und Schiffbrüchigen benötigt werden.

(3) Der in Absatz 1 vorgesehene Schutz endet nur unter den in den Artikeln 34 und 35 des II. Abkommens genannten Voraussetzungen. Eine eindeutige Weigerung, einer Weisung nach Absatz 2 Folge zu leisten, stellt eine den Feind

schädigende Handlung im Sinne des Artikels 34 des II. Abkommens dar.

(4) Eine am Konflikt beteiligte Partei kann einer gegnerischen Partei so früh wie möglich vor dem Auslaufen den Namen, die Merkmale, die voraussichtliche Abfahrtszeit, den Kurs und die geschätzte Geschwindigkeit der Sanitätsschiffe oder sonstigen Sanitätswasserfahrzeuge mitteilen, insbesondere bei Schiffen mit einem Bruttoraumgehalt von mehr als 2000 Registertonnen; sie kann auch weitere Angaben machen, welche die Kennzeichnung und Erkennung erleichtern würden. Die gegnerische Partei bestätigt den Empfang dieser Angaben.

(5) Artikel 37 des II. Abkommens findet auf das Sanitäts- und Seelsorgepersonal an Bord solcher Schiffe und sonstigen Wasserfahrzeuge Anwendung.

(6) Das II. Abkommen findet auf die Verwundeten, Kranken und Schiffbrüchigen Anwendung, die zu den in Artikel 13 des II. Abkommens und in Artikel 44 dieses Protokolls genannten Kategorien gehören und sich an Bord solcher Sanitätsschiffe und sonstigen Sanitätswasserfahrzeuge befinden. Verwundete, kranke und schiffbrüchige Zivilpersonen, die nicht zu einer der in Artikel 13 des II. Abkommens genannten Kategorien gehören, dürfen auf See weder einer Partei, der sie nicht angehören, übergeben noch zum Verlassen des Schiffes oder sonstigen Wasserfahrzeugs gezwungen werden; befinden sie sich jedoch in der Gewalt einer anderen am Konflikt beteiligten Partei als ihrer eigenen, so finden das IV. Abkommen und dieses Protokoll auf sie Anwendung.

Artikel 24
Schutz von Sanitätsluftfahrzeugen

Sanitätsluftfahrzeuge werden nach Maßgabe dieses Teiles geschont und geschützt.

Artikel 25
Sanitätsluftfahrzeuge in Gebieten, die nicht von einer gegnerischen Partei beherrscht werden

In oder über Landgebieten, die von eigenen oder befreundeten Streitkräften tatsächlich beherrscht werden, oder in oder über Seegebieten, die nicht tatsächlich von einer gegnerischen Partei beherrscht werden, bedarf es zur Schonung und zum Schutz von Sanitätsluftfahrzeugen einer am Konflikt beteiligten Partei keiner Vereinbarung mit einer gegnerischen Partei. Eine am Konflikt beteiligte Partei, die ihre Sanitätsluftfahrzeuge in diesen Gebieten einsetzt, kann jedoch zwecks größerer Sicherheit der gegnerischen Partei entsprechend Artikel 29 Mitteilung machen, insbesondere, wenn diese Luftfahrzeuge Flüge durchführen, die sie in die Reichweite von Boden-Luft-Waffensystemen der gegnerischen Partei bringen.

Artikel 26
Sanitätsluftfahrzeuge in Kontakt- oder ähnlichen Zonen

(1) In oder über den tatsächlich von eigenen oder befreundeten Streitkräften beherrschten Teilen der Kontaktzone und in oder über Gebieten, bei denen nicht eindeutig feststeht, wer sie tatsächlich beherrscht, kann der Schutz der Sanitätsluftfahrzeuge nur dann voll wirksam sein, wenn vorher zwischen den zuständigen militärischen Dienststellen der am Konflikt beteiligten Parteien eine Vereinbarung entsprechend Artikel 29 getroffen worden ist. In Ermangelung einer solchen Vereinbarung operieren die Sanitätsluftfahrzeuge auf eigene Gefahr; sie werden aber dennoch geschont, sobald sie als solche erkannt worden sind.

(2) Der Ausdruck „Kontaktzone" bezeichnet jedes Landgebiet, in dem die vorderen Teile gegnerischer Kräfte miteinander in Berührung kommen; dies ist insbesondere dort der Fall, wo sie einem direkten Beschuß vom Boden aus ausgesetzt sind.

Artikel 27
Sanitätsluftfahrzeuge in Gebieten, die von einer gegnerischen Partei beherrscht werden

(1) Die Sanitätsluftfahrzeuge einer am Konflikt beteiligten Partei bleiben auch dann geschützt, wenn sie von einer gegnerischen Partei tatsächlich beherrschte Land- oder Seegebiete überfliegen, sofern die zuständige Dienststelle der gegnerischen Partei zuvor ihr Einverständnis zu diesen Flügen erteilt hat.

(2) Überfliegt ein Sanitätsluftfahrzeug infolge eines Navigationsfehlers oder infolge einer Notlage, welche die Sicherheit des Fluges beeinträchtigt, ohne das in Absatz 1 vorgesehene Einverständnis oder in Abweichung von den dabei festgelegten Bedingungen ein von einer gegnerischen Partei tatsächlich beherrschtes Gebiet, so unternimmt es alle Anstrengungen, um sich zu erkennen zu geben und die gegnerische Partei von den Umständen in Kenntnis zu setzen. Sobald die gegnerische Partei das Sanitätsluftfahrzeug erkannt hat, unternimmt sie alle zumutbaren Anstrengungen, um die Weisung zum Landen oder Wassern nach Artikel 30 Absatz 1 zu erteilen oder um andere Maßnahmen zur Wahrung ihrer eigenen Interessen zu treffen und um in beiden Fällen dem Luftfahrzeug Zeit zur Befolgung der Weisung zu lassen, bevor es angegriffen werden kann.

Artikel 28
Beschränkungen für den Einsatz von Sanitätsluftfahrzeugen

(1) Den am Konflikt beteiligten Parteien ist es verboten, ihre Sanitätsluftfahrzeuge zu dem Versuch zu benutzen, militärische Vorteile gegenüber der gegnerischen Partei zu erlangen. Die Anwesenheit von Sanitätsluftfahrzeugen darf nicht zu dem Versuch benutzt werden, Angriffe von militärischen Zielen fernzuhalten.

(2) Sanitätsluftfahrzeuge dürfen nicht zur Gewinnung oder Übermittlung nachrichtendienstlicher militärischer Erkenntnisse benutzt werden, und sie dürfen keine Ausrüstung mitführen, die solchen Zwecken dient. Es ist ihnen verboten, Personen oder Ladung zu befördern, die nicht unter die Begriffsbestimmung des Artikels 8 Buchstabe f) fallen. Das Mitführen persönlicher Habe der Insassen oder von Ausrüstung, die allein dazu dient, die Navigation, den Nachrichtenverkehr oder die Kennzeichnung zu erleichtern, gilt nicht als verboten.

(3) Sanitätsluftfahrzeuge dürfen keine Waffen befördern mit Ausnahme von Handwaffen und Munition, die den an Bord befindlichen Verwundeten, Kranken und Schiffbrüchigen abgenommen und der zuständigen Stelle noch nicht abgeliefert worden sind, sowie von leichten Handfeuerwaffen, die das an Bord befindliche Sanitätspersonal zur eigenen Verteidigung oder zur Verteidigung der ihm anvertrauten Verwundeten, Kranken und Schiffbrüchigen benötigt.

(4) Auf den in den Artikeln 26 und 27 bezeichneten Flügen dürfen Sanitätsluftfahrzeuge nur nach vorherigem Einverständnis der gegnerischen Partei zur Suche nach Verwundeten, Kranken und Schiffbrüchigen verwendet werden.

Artikel 29
Mitteilungen und Vereinbarungen betreffend Sanitätsluftfahrzeuge

(1) Mitteilungen nach Artikel 25 oder Ersuchen um vorheriges Einverständnis nach den Artikeln 26, 27, 28 Absatz 4 oder Artikel 31 müssen die voraussichtliche Anzahl der Sanitätsluftfahrzeuge, ihre Flugpläne und ihre Kennzeichnung angeben; sie sind dahin zu verstehen, daß jeder Flug im Einklang mit Artikel 28 durchgeführt wird.

(2) Die Partei, die eine Mitteilung nach Artikel 25 erhält, bestätigt sofort deren Eingang.

(3) Die Partei, die ein Ersuchen um vorheriges Einverständnis nach den Artikeln 26, 27, 28 Absatz 4 oder Artikel 31 erhält, wird der ersuchenden Partei so bald wie möglich

a) mitteilen, daß dem Ersuchen zugestimmt wird,

b) mitteilen, daß das Ersuchen abgelehnt wird, oder

c) angemessene Gegenvorschläge übermitteln. Sie kann auch vorschlagen, während der betreffenden Zeit andere Flüge in dem Gebiet zu verbieten oder einzuschränken. Nimmt die Partei, die das Ersuchen gestellt hat, die Gegenvorschläge an, so teilt sie dies der anderen Partei mit.

(4) Die Parteien treffen die notwendigen Maßnahmen, damit die Mitteilungen schnell erfolgen und die Vereinbarungen schnell getroffen werden können.

(5) Die Parteien treffen ferner die notwendigen Maßnahmen, damit der Inhalt der Mitteilungen und Vereinbarungen den betreffenden militärischen Einheiten schnell bekanntgegeben wird und damit diesen Einheiten schnell mitgeteilt wird, welche Mittel der Kenntlichmachung von den in Betracht kommenden Sanitätsluftfahrzeugen verwendet werden.

Artikel 30
Landung und Untersuchung von Sanitätsluftfahrzeugen

(1) Beim Überfliegen von Gebieten, die von der gegnerischen Partei tatsächlich beherrscht werden, oder von Gebieten, bei denen nicht eindeutig feststeht, wer sie tatsächlich beherrscht, können Sanitätsluftfahrzeuge angewiesen werden zu landen beziehungsweise zu wassern, damit sie nach Maßgabe der folgenden Absätze untersucht werden können. Die Sanitätsluftfahrzeuge haben eine solche Anweisung zu befolgen.

(2) Landet oder wassert ein solches Luftfahrzeug auf Grund einer derartigen Anweisung oder aus anderen Gründen, so darf es nur zur Klärung der in den Absätzen 3 und 4 aufgeführten Fragen untersucht werden. Die Untersuchung hat unverzüglich zu beginnen und ist zügig durchzuführen. Die untersuchende Partei darf nicht verlangen, daß die Verwundeten und Kranken von Bord gebracht werden, sofern dies nicht für die Untersuchung unerläßlich ist. Die Partei trägt auf jeden Fall dafür Sorge, daß sich der Zustand der Verwundeten und Kranken durch die Untersuchung oder dadurch, daß sie von Bord gebracht werden, nicht verschlechtert.

(3) Ergibt die Untersuchung, daß das Luftfahrzeug

a) ein Sanitätsluftfahrzeug im Sinne des Artikels 8 Buchstabe j) ist,

b) nicht gegen die in Artikel 28 vorgeschriebenen Bedingungen verstößt und

c) den Flug nicht ohne eine etwa erforderliche vorherige Vereinbarung oder unter Verletzung einer solchen Vereinbarung durchgeführt hat,

so wird dem Luftfahrzeug und denjenigen seiner Insassen, die einer gegnerischen Partei, einem neutralen oder einem anderen nicht am Konflikt beteiligten Staat angehören, gestattet, den Flug unverzüglich fortzusetzen.

(4) Ergibt die Untersuchung, daß das Luftfahrzeug

a) kein Sanitätsluftfahrzeug im Sinne des Artikels 8 Buchstabe j) ist,

b) gegen die in Artikel 28 vorgeschriebenen Bedingungen verstößt oder

c) den Flug ohne eine etwa erforderliche vorherige Vereinbarung oder unter Verletzung einer solchen Vereinbarung durchgeführt hat,

so kann das Luftfahrzeug beschlagnahmt werden. Seine Insassen werden nach den einschlägigen Bestimmungen der Abkommen und dieses Protokolls behandelt. Ein Luftfahrzeug, das zum ständigen Sanitätsluftfahrzeug bestimmt war, darf nach seiner Beschlagnahme nur als Sanitätsluftfahrzeug verwendet werden.

Artikel 31
Neutrale oder andere nicht am Konflikt beteiligte Staaten

(1) Sanitätsluftfahrzeuge dürfen das Hoheitsgebiet eines neutralen oder eines anderen nicht am Konflikt beteiligten Staates nur auf Grund einer vorherigen Vereinbarung überfliegen oder dort landen oder wassern. Besteht eine solche Vereinbarung, so werden sie während des gesamten Fluges sowie für die Dauer einer etwaigen Zwischenlandung oder -wasserung geschont. Sie haben indessen jeder Weisung, zu landen beziehungsweise zu wassern, Folge zu leisten.

(2) Überfliegt ein Sanitätsluftfahrzeug infolge eines Navigationsfehlers oder infolge einer Notlage, welche die Sicherheit des Fluges beeinträchtigt, ohne Einverständnis oder in Abweichung von den dabei festgelegten Bedingungen das Hoheitsgebiet eines neutralen oder eines anderen nicht am Konflikt beteiligten Staates, so unternimmt es alle Anstrengungen, um seinen Flug bekanntzugeben und um sich zu erkennen zu geben. Sobald dieser Staat das Sanitätsluftfahrzeug erkannt hat, unternimmt er alle zumutbaren Anstrengungen, um die Weisung zum Landen oder Wassern nach Artikel 30 Absatz 1 zu erteilen oder um andere Maßnahmen zur Wahrung seiner eigenen Interessen zu treffen und um in beiden Fällen dem Luftfahrzeug Zeit zur Befolgung der Weisung zu lassen, bevor es angegriffen werden kann.

(3) Landet oder wassert ein Sanitätsluftfahrzeug nach Vereinbarung oder unter den in Absatz 2 genannten Umständen auf Grund einer Weisung oder aus anderen Gründen im Hoheitsgebiet eines neutralen oder eines anderen nicht am Konflikt beteiligten Staates, so darf es untersucht werden, damit festgestellt wird, ob es sich tatsächlich um ein Sanitätsluftfahrzeug handelt. Die Untersuchung hat unverzüglich zu beginnen und ist zügig durchzuführen. Die untersuchende Partei darf nicht verlangen, daß die Verwundeten und Kranken der das Luftfahrzeug betreibenden Partei von Bord gebracht werden, sofern dies nicht für die Untersuchung unerläßlich ist. Die untersuchende Partei trägt auf jeden Fall dafür Sorge, daß sich der Zustand der Verwundeten und Kranken durch die Untersuchung oder dadurch, daß sie von Bord gebracht werden, nicht verschlechtert. Ergibt die Untersuchung, daß es sich tatsächlich um ein Sanitätsluftfahrzeug handelt, so wird dem Luftfahrzeug und seinen Insassen mit Ausnahme derjenigen, die nach den Regeln des in bewaffneten Konflikten anwendbaren Völkerrechts in Gewahrsam gehalten werden müssen, gestattet, seinen Flug fortzusetzen, wobei ihm angemessene Erleichterungen gewährt werden. Ergibt die Untersuchung, daß es sich nicht um ein Sanitätsluftfahrzeug handelt, so wird es beschlagnahmt, und seine Insassen werden entsprechend Absatz 4 behandelt.

(4) Die mit Zustimmung der örtlichen Behörden im Hoheitsgebiet eines neutralen oder eines anderen nicht am Konflikt beteiligten Staates nicht nur vorübergehend von einem Sanitätsluftfahrzeug abgesetzten Verwundeten, Kranken und Schiffbrüchigen werden in Ermangelung einer anders lautenden Abmachung zwischen diesem Staat und den am Konflikt beteiligten Parteien, wenn die Regeln des in bewaffneten Konflikten anwendbaren Völkerrechts es erfordern, so in Gewahrsam gehalten, daß sie nicht mehr an Feindseligkeiten teilnehmen können. Die Krankenhaus- und Internierungskosten gehen zu Lasten des Staates, dem diese Personen angehören.

(5) Neutrale oder andere nicht am Konflikt beteiligte Staaten wenden etwaige Bedingungen und Beschränkungen für das Überfliegen ihres Hoheitsgebiets durch Sanitätsluftfahrzeuge oder für deren Landung oder Wasserung in ihrem Hoheitsgebiet auf alle am Konflikt beteiligten Parteien in gleicher Weise an.

ABSCHNITT III

VERMISSTE UND TOTE

Artikel 32

Allgemeiner Grundsatz

Bei der Anwendung dieses Abschnitts wird die Tätigkeit der Hohen Vertragsparteien, der am Konflikt beteiligten Parteien und der in den Abkommen und in diesem Protokoll erwähnten internationalen humanitären Organisationen in erster Linie durch das Recht der Familien bestimmt, da s Schicksal ihrer Angehörigen zu erfahren.

Artikel 33
Vermißte

(1) Sobald die Umstände es zulassen, spätestens jedoch nach Beendigung der aktiven Feindseligkeiten, forscht jede am Konflikt beteiligte Partei nach dem Verbleib der Personen, die von einer gegnerischen Partei als vermißt gemeldet worden sind. Die gegnerische Partei erteilt alle zweckdienlichen Auskünfte über diese Personen, um die Suche zu erleichtern.

(2) Um die Beschaffung der Auskünfte nach Absatz 1 zu erleichtern, hat jede am Konflikt beteiligte Partei für Personen, die nicht auf Grund der Abkommen und dieses Protokolls eine günstigere Behandlung erfahren würden,

a) die in Artikel 138 des IV. Abkommens genannten Auskünfte über Personen zu registrieren, die infolge von Feindseligkeiten oder Besetzung festgenommen, in Haft gehalten oder anderweitig mehr als zwei Wochen gefangengehalten worden sind oder die während eines Freiheitsentzugs verstorben sind;

b) soweit irgend möglich die Beschaffung und Registrierung von Auskünften über solche Personen zu erleichtern und erforderlichenfalls selbst durchzuführen, wenn sie unter anderen Umständen infolge von Feindseligkeiten oder Besetzung verstorben sind.

(3) Auskünfte über die nach Absatz 1 als vermißt gemeldeten Personen sowie Ersuchen um Erteilung solcher Auskünfte werden entweder unmittelbar oder über die Schutzmacht oder den Zentralen Suchdienst des Internationalen Komitees vom Roten Kreuz oder die nationalen Gesellschaften des Roten Kreuzes (Roten Halbmonds, Roten Löwen mit Roter Sonne) geleitet. Werden die Auskünfte nicht über das Internationale Komitee vom Roten Kreuz und seinen Zentralen Suchdienst geleitet, so trägt jede am Konflikt beteiligte Partei dafür Sorge, daß die Auskünfte auch dem Zentralen Suchdienst übermittelt werden.

(4) Die am Konflikt beteiligten Parteien bemühen sich, Regelungen zu vereinbaren, die es Gruppen ermöglichen, im Kampfgebiet nach Toten zu suchen, sie zu identifizieren und zu bergen; diese Regelungen können vorsehen, daß diese Gruppen von Personal der gegnerischen Partei begleitet werden, wenn sie ihren Auftrag in den von dieser Partei kontrollierten Gebieten ausführen. Die Mitglieder dieser Gruppen werden geschont und geschützt, solange sie sich ausschließlich diesem Auftrag widmen.

Artikel 34
Sterbliche Überreste

(1) Sterbliche Überreste von Personen, die im Zusammenhang mit einer Besetzung oder während eines durch Besetzung oder Feindseligkeiten verursachten Freiheitsentzugs verstorben sind, und von Personen, die keine Angehörigen des Staates waren, in dem sie infolge von Feindseligkeiten verstorben sind, werden geachtet; auch die Grabstätten aller dieser Personen werden nach Artikel 130 des IV. Abkommens geachtet, instandgehalten und gekennzeichnet, soweit die Überreste oder Grabstätten nicht auf Grund der Abkommen und dieses Protokolls eine günstigere Behandlung erfahren würden.

(2) Sobald die Umstände und die Beziehungen zwischen den gegnerischen Parteien es gestatten, treffen die Hohen Vertragsparteien, in deren Hoheitsgebiet Gräber beziehungsweise andere Stätten gelegen sind, in denen sich die sterblichen Überreste der infolge von Feindseligkeiten oder während einer Besetzung oder eines Freiheitsentzugs Verstorbenen befinden, Vereinbarungen,

a) um den Hinterbliebenen und den Vertretern amtlicher Gräberregistrierungsdienste den Zugang zu den Grabstätten zu erleichtern und Vorschriften über die praktische Durchführung betreffend diesen Zugang zu erlassen;

b) um die dauernde Achtung und Instandhaltung der Grabstätten sicherzustellen;

c) um die Überführung der sterblichen Überreste und der persönlichen Habe des Verstorbenen in sein Heimatland auf dessen Antrag oder, sofern dieses Land keinen Einwand erhebt, auf Antrag der Hinterbliebenen zu erleichtern.

(3) Sind keine Vereinbarungen nach Absatz 2 Buchstabe b) oder c) getroffen und ist das Heimatland des Verstorbenen nicht bereit, auf eigene Kosten für die Instandhaltung der Grabstätten zu sorgen, so kann die Hohe Vertragspartei, in deren Hoheitsgebiet die Grabstätten gelegen sind, anbieten, die Überführung der sterblichen Überreste in das Heimatland zu erleichtern. Wird ein solches Angebot innerhalb von fünf Jahren nicht angenommen, so kann die Hohe Vertragspartei nach gebührender Unterrichtung des Heimatlands ihre eigenen Rechtsvorschriften betreffend Friedhöfe und Grabstätten anwenden.

(4) Die Hohe Vertragspartei, in deren Hoheitsgebiet die in diesem Artikel bezeichneten Grabstätten gelegen sind, ist zur Exhumierung der sterblichen Überreste nur berechtigt,

a) wenn die Exhumierung nach Maßgabe der Absätze 2 Buchstabe c) und 3 erfolgt oder

b) wenn die Exhumierung im zwingenden öffentlichen Interesse geboten ist, unter anderem aus Gründen der Gesundheitsvorsorge und zum Zweck der Nachforschung; in diesem Fall behandelt die Hohe Vertragspartei die Überreste jederzeit mit Achtung; sie setzt das Heimatland von der beabsichtigten Exhumierung in Kenntnis und teilt ihm Einzelheiten über den für die Wiederbestattung vorgesehenen Ort mit.

TEIL III
METHODEN UND MITTEL DER KRIEGFÜHRUNG KOMBATTANTEN- UND KRIEGSGEFANGENENSTATUS

ABSCHNITT I
METHODEN UND MITTEL DER KRIEGFÜHRUNG

Artikel 35
Grundregeln

(1) In einem bewaffneten Konflikt haben die am Konflikt beteiligten Parteien kein unbeschränktes Recht in der Wahl der Methoden und Mittel der Kriegführung.

(2) Es ist verboten, Waffen, Geschosse und Material sowie Methoden der Kriegführung zu verwenden, die geeignet sind, überflüssige Verletzungen oder unnötige Leiden zu verursachen.

(3) Es ist verboten, Methoden oder Mittel der Kriegführung zu verwenden, die dazu bestimmt sind oder von denen erwartet werden kann, daß sie ausgedehnte, langanhaltende und schwere Schäden der natürlichen Umwelt verursachen.

Artikel 36
Neue Waffen

Jede Hohe Vertragspartei ist verpflichtet, bei der Prüfung, Entwicklung, Beschaffung oder Einführung neuer Waffen oder neuer Mittel oder Methoden der Kriegführung festzustellen, ob ihre Verwendung stets oder unter bestimmten Umständen durch dieses Protokoll oder durch eine andere auf die Hohe Vertragspartei anwendbare Regel des Völkerrechts verboten wäre.

Artikel 37
Verbot der Heimtücke

(1) Es ist verboten, einen Gegner unter Anwendung von Heimtücke zu töten, zu verwunden oder gefangenzunehmen. Als Heimtücke gelten Handlungen, durch die ein Gegner in der Absicht, sein Vertrauen zu mißbrauchen, verleitet wird, darauf zu vertrauen, daß er nach den Regeln des in bewaffneten Konflikten anwendbaren Völkerrechts Anspruch auf Schutz hat oder verpflichtet ist, Schutz zu gewähren.

Folgende Handlungen sind Beispiele für Heimtücke:

a) das Vortäuschen der Absicht, unter einer Parlamentärflagge zu verhandeln oder sich zu ergeben;

b) das Vortäuschen von Kampfunfähigkeit infolge Verwundung oder Krankheit;

c) das Vortäuschen eines zivilen oder Nichtkombattantenstatus;

d) das Vortäuschen eines geschützten Status durch Benutzung von Abzeichen, Emblemen oder Uniformen der Vereinten Nationen oder neutraler oder anderer nicht am Konflikt beteiligter Staaten.

(2) Kriegslisten sind nicht verboten. Kriegslisten sind Handlungen die einen Gegner irreführen oder ihn zu unvorsichtigem Handeln veranlassen sollen, die aber keine Regel des in bewaffneten Konflikten anwendbaren Völkerrechts verletzen und nicht heimtückisch sind, weil sie den Gegner nicht verleiten sollen, auf den sich aus diesem Recht ergebenden Schutz zu vertrauen. Folgende Handlungen sind Beispiele für Kriegslisten: Tarnung, Scheinstellungen, Scheinoperationen und irreführende Informationen.

Artikel 38
Anerkannte Kennzeichen

(1) Es ist verboten, das Schutzzeichen des Roten Kreuzes, des Roten Halbmonds oder des Roten Löwen mit Roter Sonne oder andere in den Abkommen oder in diesem Protokoll vorgesehene Zeichen, Kennzeichen oder Signale zu mißbrauchen. Es ist ferner verboten, in einem bewaffneten Konflikt andere Schutz verleihende international anerkannte Kennzeichen, Abzeichen oder Signale, einschließlich der Parlamentärflagge und des Schutzzeichens für Kulturgut, absichtlich zu mißbrauchen.

(2) Es ist verboten, das Emblem der Vereinten Nationen zu verwenden, sofern die Organisation dies nicht gestattet hat.

Artikel 39
Nationalitätszeichen

(1) Es ist verboten, in einem bewaffneten Konflikt Flaggen oder militärische Kennzeichen, Abzeichen oder Uniformen neutraler oder anderer nicht am Konflikt beteiligter Staaten zu verwenden.

(2) Es ist verboten, Flaggen oder militärische Kennzeichen, Abzeichen oder Uniformen gegnerischer Parteien während eines Angriffs oder zu dem Zweck zu verwenden, Kriegshandlungen zu decken, zu erleichtern, zu schützen oder zu behindern.

(3) Dieser Artikel oder Artikel 37 Absatz 1 Buchstabe d) berührt nicht die bestehenden allgemein anerkannten Regeln des Völkerrechts, die auf Spionage oder auf den Gebrauch von Flaggen in der Seekriegsführung anzuwenden sind.

Artikel 40
Pardon

Es ist verboten, den Befehl zu erteilen, niemanden am Leben zu lassen, dies dem Gegner anzudrohen oder die Feindseligkeiten in diesem Sinne zu führen.

Artikel 41
Schutz eines außer Gefecht befindlichen Gegners

(1) Wer als außer Gefecht befindlich erkannt wird oder unter den gegebenen Umständen als solcher erkannt werden sollte, darf nicht angegriffen werden.

(2) Außer Gefecht befindlich ist

a) wer sich in der Gewalt einer gegnerischen Partei befindet,

b) wer unmißverständlich seine Absicht bekundet, sich zu ergeben, oder

c) wer bewußtlos oder anderweitig durch Verwundung oder Krankheit kampfunfähig und daher nicht in der Lage ist, sich zu verteidigen,

sofern er in allen diesen Fällen jede feindselige Handlung unterläßt und nicht zu entkommen versucht.

(3) Sind Personen, die Anspruch auf Schutz als Kriegsgefangene haben, unter ungewöhnlichen Kampfbedingungen, die ihre Wegschaffung nach Teil III Abschnitt I des III. Abkommens nicht zulassen, in die Gewalt einer gegnerischen Partei geraten, so werden sie freigelassen, und es werden alle praktisch möglichen Vorkehrungen für ihre Sicherheit getroffen.

Artikel 42
Insassen von Luftfahrzeugen

(1) Wer mit dem Fallschirm aus einem Luftfahrzeug abspringt, das sich in Not befindet, darf während des Absprungs nicht angegriffen werden.

(2) Wer mit dem Fallschirm aus einem Luftfahrzeug abgesprungen ist, das sich in Not befand, erhält, sobald er den Boden eines von einer gegnerischen Partei kontrollierten Gebiets berührt, Gelegenheit, sich zu ergeben, bevor er angegriffen wird, es sei denn, er begeht offensichtlich eine feindselige Handlung.

(3) Luftlandetruppen werden durch diesen Artikel nicht geschützt.

ABSCHNITT II
KOMBATTANTEN- UND KRIEGSGEFANGENENSTATUS

Artikel 43
Streitkräfte

(1) Die Streitkräfte einer am Konflikt beteiligten Partei bestehen aus der Gesamtheit der organisierten bewaffneten Verbände, Gruppen und Einheiten, die einer Führung unterstehen, welche dieser Partei für das Verhalten ihrer Untergebenen verantwortlich ist; dies gilt auch dann, wenn diese Partei durch eine Regierung oder ein Organ vertreten ist, die von einer gegnerischen Partei nicht anerkannt werden. Diese Streitkräfte unterliegen einem internen Disziplinarsystem, das unter anderem die Einhaltung der Regeln des in bewaffneten Konflikten anwendbaren Völkerrechts gewährleistet.

(2) Die Angehörigen der Streitkräfte einer am Konflikt beteiligten Partei (mit Ausnahme des in Artikel 33 des III. Abkommens bezeichneten Sanitäts- und Seelsorgepersonals) sind Kombattanten, das heißt, sie sind berechtigt, unmittelbar an Feindseligkeiten teilzunehmen.

(3) Nimmt eine am Konflikt beteiligte Partei paramilitärische oder bewaffnete Vollzugsorgane in ihre Streitkräfte auf, so teilt sie dies den anderen am Konflikt beteiligten Parteien mit.

Artikel 44
Kombattanten und Kriegsgefangene

(1) Ein Kombattant im Sinne des Artikels 43, der in die Gewalt einer gegnerischen Partei gerät, ist Kriegsgefangener.

(2) Obwohl alle Kombattanten verpflichtet sind, die Regeln des in bewaffneten Konflikten anwendbaren Völkerrechts einzuhalten, verwirkt ein Kombattant bei Verletzung dieser Regeln nicht das Recht, als Kombattant oder, wenn er in die Gewalt einer gegnerischen Partei gerät, als Kriegsgefangener zu gelten, ausgenommen in den in den Absätzen 3 und 4 bezeichneten Fällen.

(3) Um den Schutz der Zivilbevölkerung vor den Auswirkungen von Feindseligkeiten zu verstärken, sind die Kombattanten verpflichtet, sich von der Zivilbevölkerung zu unterscheiden, solange sie an einem Angriff oder an einer Kriegshandlung zur Vorbereitung eines Angriffs beteiligt sind. Da es jedoch in bewaffneten Konflikten Situationen gibt, in denen sich ein bewaffneter Kombattant wegen der Art der Feindseligkeiten nicht von der Zivilbevölkerung unterscheiden kann, behält er den Kombattantenstatus, vorausgesetzt, daß er in solchen Fällen

a) während jedes militärischen Einsatzes seine Waffen offen trägt und

b) während eines militärischen Aufmarsches vor Beginn eines Angriffs, an dem er teilnehmen soll, seine Waffen so lange offen trägt, wie er für den Gegner sichtbar ist.

Handlungen, die den in diesem Absatz genannten Voraussetzungen entsprechen, gelten nicht als heimtückisch im Sinne des Artikels 37 Absatz 1 Buchstabe c).

(4) Ein Kombattant, der in die Gewalt einer gegnerischen Partei gerät und die in Absatz 3 Satz 2 genannten Voraussetzungen nicht erfüllt, verwirkt sein Recht, als Kriegsgefangener zu

gelten; er genießt jedoch in jeder Hinsicht den Schutz, der dem den Kriegsgefangenen durch das III. Abkommen und dieses Protokoll gewährten Schutz entspricht. Hierzu gehört auch der Schutz, der dem den Kriegsgefangenen durch das III. Abkommen gewährten Schutz entspricht, wenn eine solche Person wegen einer von ihr begangenen Straftat vor Gericht gestellt und bestraft wird.

(5) Ein Kombattant, der in die Gewalt einer gegnerischen Partei gerät, während er nicht an einem Angriff oder an einer Kriegshandlung zur Vorbereitung eines Angriffs beteiligt ist, verwirkt wegen seiner früheren Tätigkeit nicht sein Recht, als Kombattant und Kriegsgefangener zu gelten.

(6) Dieser Artikel berührt nicht das Recht einer Person, nach Artikel 4 des III. Abkommens als Kriegsgefangener zu gelten.

(7) Dieser Artikel bezweckt nicht, die allgemein anerkannte Staatenpraxis in bezug auf das Tragen von Uniformen durch Kombattanten zu ändern, die den regulären, uniformierten bewaffneten Einheiten einer am Konflikt beteiligten Partei angehören.

(8) Außer den in Artikel 13 des I. und II. Abkommens genannten Kategorien von Personen haben alle in Artikel 43 dieses Protokolls bezeichneten Mitglieder der Streitkräfte einer am Konflikt beteiligten Partei Anspruch auf Schutz nach den genannten Abkommen, wenn sie verwundet oder krank oder – im Fall des II. Abkommens – auf See oder in anderen Gewässern schiffbrüchig sind.

Artikel 45
Schutz von Personen, die an Feindseligkeiten teilgenommen haben

(1) Es wird vermutet, daß derjenige, der an Feindseligkeiten teilnimmt und in die Gewalt einer gegnerischen Partei gerät, Kriegsgefangener und daher durch das III. Abkommen geschützt ist, wenn er den Kriegsgefangenenstatus beansprucht, wenn er Anspruch darauf zu haben scheint oder wenn die Partei, der er angehört, in einer Mitteilung an die Gewahrsamsmacht oder die Schutzmacht diesen Status für ihn beansprucht. Bestehen Zweifel, ob eine solche Person Anspruch auf den Kriegsgefangenenstatus hat, so genießt sie weiterhin so lange diesen Status und damit den Schutz des III. Abkommens und dieses Protokolls, bis ein zuständiges Gericht über ihren Status entschieden hat.

(2) Wer in die Gewalt einer gegnerischen Partei geraten ist, nicht als Kriegsgefangener in Gewahrsam gehalten wird und von dieser Partei wegen einer im Zusammenhang mit den Feindseligkeiten begangenen Straftat gerichtlich verfolgt werden soll, ist berechtigt, sich vor einem Gericht auf seinen Status als Kriegsgefangener zu berufen und eine diesbezügliche Entscheidung des Gerichts herbeizuführen. Sofern das anwendbare Verfahren es zuläßt, ist diese Entscheidung zu fällen, bevor über die Straftat verhandelt wird. Die Vertreter der Schutzmacht sind berechtigt, den Verhandlungen über die Entscheidung dieser Frage beizuwohnen, sofern nicht im Interesse der Staatssicherheit ausnahmsweise unter Ausschluß der Öffentlichkeit verhandelt wird. In diesem Fall hat die Gewahrsamsmacht die Schutzmacht entsprechend zu benachrichtigen.

(3) Wer an Feindseligkeiten teilgenommen hat, keinen Anspruch auf den Status eines Kriegsgefangenen hat und keine günstigere Behandlung nach dem IV. Abkommen genießt, hat jederzeit Anspruch auf den Schutz nach Artikel 75 dieses Protokolls. In besetztem Gebiet hat eine solche Person, sofern sie nicht als Spion in Gewahrsam gehalten wird, ungeachtet des Artikels 5 des IV. Abkommens außerdem die in dem Abkommen vorgesehenen Rechte auf Verbindung mit der Außenwelt.

Artikel 46
Spione

(1) Ungeachtet anderslautender Bestimmungen der Abkommen oder dieses Protokolls hat ein Angehöriger der Streitkräfte einer am Konflikt beteiligten Partei, der bei Ausübung von Spionage in die Gewalt einer gegnerischen Partei gerät, keinen Anspruch auf den Status eines Kriegsgefangenen und kann als Spion behandelt werden.

(2) Wenn sich ein Angehöriger der Streitkräfte einer am Konflikt beteiligten Partei für diese Partei in einem von einer gegnerischen Partei kontrollierten Gebiet Informationen beschafft oder zu beschaffen versucht, so gilt dies nicht als Spionage, wenn er dabei die Uniform seiner Streitkräfte trägt.

(3) Wenn sich ein Angehöriger der Streitkräfte einer am Konflikt beteiligten Partei, der in einem von einer gegnerischen Partei besetzten Gebiet ansässig ist und für die Partei, der er angehört, in diesem Gebiet Informationen von militärischem Wert beschafft oder zu beschaffen versucht, so gilt dies nicht als Spionage, sofern er nicht unter Vorspiegelung falscher Tatsachen oder bewußt heimlich tätig wird. Ferner verliert eine solche Person nur dann ihren Anspruch auf den Status eines Kriegsgefangenen und darf nur dann als Spion behandelt werden, wenn sie bei einer Spionagetätigkeit gefangengenommen wird.

(4) Ein Angehöriger der Streitkräfte einer am Konflikt beteiligten Partei, der in einem von einer gegnerischen Partei besetzten Gebiet nicht ansässig ist und dort Spionage betrieben hat, verliert nur dann seinen Anspruch auf den Status eines Kriegsgefangenen und darf nur dann als Spion behandelt werden, wenn er gefangengenommen

wird, bevor er zu den Streitkräften, zu denen er gehört, zurückgekehrt ist.

Artikel 47
Söldner

(1) Ein Söldner hat keinen Anspruch auf den Status eines Kombattanten oder eines Kriegsgefangenen.

(2) Als Söldner gilt,

a) wer im Inland oder Ausland zu dem besonderen Zweck angeworben ist, in einem bewaffneten Konflikt zu kämpfen,

b) wer tatsächlich unmittelbar an Feindseligkeiten teilnimmt,

c) wer an Feindseligkeiten vor allem aus Streben nach persönlichem Gewinn teilnimmt und wer von oder im Namen einer am Konflikt beteiligten Partei tatsächlich die Zusage einer materiellen Vergütung erhalten hat, die wesentlich höher ist als die den Kombattanten der Streitkräfte dieser Partei in vergleichbarem Rang und mit ähnlichen Aufgaben zugesagte oder gezahlte Vergütung,

d) wer weder Staatsangehöriger einer am Konflikt beteiligten Partei ist noch in einem von einer am Konflikt beteiligten Partei kontrollierten Gebiet ansässig ist,

e) wer nicht Angehöriger der Streitkräfte einer am Konflikt beteiligten Partei ist und

f) wer nicht von einem nicht am Konflikt beteiligten Staat in amtlichem Auftrag als Angehöriger seiner Streitkräfte entsandt worden ist.

TEIL IV

ZIVILBEVÖLKERUNG

ABSCHNITT I

ALLGEMEINER SCHUTZ VOR DEN AUSWIRKUNGEN VON FEINDSELIGKEITEN

KAPITEL I

GRUNDREGEL UND ANWENDUNGSBEREICH

Artikel 48
Grundregel

Um Schonung und Schutz der Zivilbevölkerung und ziviler Objekte zu gewährleisten, unterscheiden die am Konflikt beteiligten Parteien jederzeit zwischen der Zivilbevölkerung und Kombattanten sowie zwischen zivilen Objekten und militärischen Zielen; sie dürfen daher ihre Kriegshandlungen nur gegen militärische Ziele richten.

Artikel 49
Bestimmung des Begriffs „Angriffe" und Anwendungsbereich

(1) Der Begriff „Angriffe" bezeichnet sowohl eine offensive als auch eine defensive Gewaltanwendung gegen den Gegner.

(2) Die Bestimmungen dieses Protokolls, die Angriffe betreffen, finden auf jeden Angriff Anwendung, gleichviel in welchem Gebiet er stattfindet, einschließlich des Hoheitsgebiets einer am Konflikt beteiligten Partei, das der Kontrolle einer gegnerischen Partei unterliegt.

(3) Dieser Abschnitt findet auf jede Kriegführung zu Land, in der Luft oder auf See Anwendung, welche die Zivilbevölkerung, Zivilpersonen oder zivile Objekte auf dem Land in Mitleidenschaft ziehen kann. Er findet ferner auf jeden von See oder aus der Luft gegen Ziele auf dem Land geführten Angriff Anwendung, läßt aber im übrigen die Regeln des in bewaffneten Konflikten auf See oder in der Luft anwendbaren Völkerrechts unberührt.

(4) Dieser Abschnitt ergänzt die im IV. Abkommen, insbesondere in dessen Teil II, und in anderen die Hohen Vertragsparteien bindenden internationalen Übereinkünften enthaltenen Vorschriften über humanitären Schutz sowie sonstige Regeln des Völkerrechts, die den Schutz von Zivilpersonen und zivilen Objekten zu Land, auf See oder in der Luft vor den Auswirkungen von Feindseligkeiten betreffen.

KAPITEL II

ZIVILPERSONEN UND ZIVILBEVÖLKERUNG

Artikel 50
Bestimmung der Begriffe Zivilpersonen und Zivilbevölkerung

(1) Zivilperson ist jede Person, die keiner der in Artikel 4 Buchstabe A Absätze 1, 2, 3 und 6 des III. Abkommens und in Artikel 43 dieses Protokolls bezeichneten Kategorien angehört. Im Zweifelsfall gilt die betreffende Person als Zivilperson.

(2) Die Zivilbevölkerung umfaßt alle Zivilpersonen.

(3) Die Zivilbevölkerung bleibt auch dann Zivilbevölkerung, wenn sich unter ihr einzelne Personen befinden, die nicht Zivilpersonen im Sinne dieser Begriffsbestimmung sind.

Artikel 51
Schutz der Zivilbevölkerung

(1) Die Zivilbevölkerung und einzelne Zivilpersonen genießen allgemeinen Schutz vor den von Kriegshandlungen ausgehenden Gefahren. Um

diesem Schutz Wirksamkeit zu verleihen, sind neben den sonstigen Regeln des anwendbaren Völkerrechts folgende Vorschriften unter allen Umständen zu beachten.

(2) Weder die Zivilbevölkerung als solche noch einzelne Zivilpersonen dürfen das Ziel von Angriffen sein. Die Anwendung oder Androhung von Gewalt mit dem hauptsächlichen Ziel, Schrecken unter der Zivilbevölkerung zu verbreiten, ist verboten.

(3) Zivilpersonen genießen den durch diesen Abschnitt gewährten Schutz, sofern und solange sie nicht unmittelbar an Feindseligkeiten teilnehmen.

(4) Unterschiedslose Angriffe sind verboten. Unterschiedslose Angriffe sind

a) Angriffe, die nicht gegen ein bestimmtes militärisches Ziel gerichtet werden,

b) Angriffe, bei denen Kampfmethoden oder -mittel angewendet werden, die nicht gegen ein bestimmtes militärisches Ziel gerichtet werden können, oder

c) Angriffe, bei denen Kampfmethoden oder -mittel angewendet werden, deren Wirkungen nicht entsprechend den Vorschriften dieses Protokolls begrenzt werden können

und die daher in jedem dieser Fälle militärische Ziele und Zivilpersonen oder zivile Objekte unterschiedslos treffen können.

(5) Unter anderem sind folgende Angriffsarten als unterschiedslos anzusehen:

a) ein Angriff durch Bombardierung – gleichviel mit welchen Methoden oder Mitteln –, bei dem mehrere deutlich voneinander getrennte militärische Einzelziele in einer Stadt, einem Dorf oder einem sonstigen Gebiet, in dem Zivilpersonen oder zivile Objekte ähnlich stark konzentriert sind, wie ein einziges militärisches Ziel behandelt werden, und

b) ein Angriff, bei dem damit zu rechnen ist, daß er auch Verluste an Menschenleben unter der Zivilbevölkerung, die Verwundung von Zivilpersonen, die Beschädigung ziviler Objekte oder mehrere derartige Folgen zusammen verursacht, die in keinem Verhältnis zum erwarteten konkreten und unmittelbaren militärischen Vorteil stehen.

(6) Angriffe gegen die Zivilbevölkerung oder gegen Zivilpersonen als Repressalie sind verboten.

(7) Die Anwesenheit oder Bewegungen der Zivilbevölkerung oder einzelner Zivilpersonen dürfen nicht dazu benutzt werden, Kriegshandlungen von bestimmten Punkten oder Gebieten fernzuhalten, insbesondere durch Versuche, militärische Ziele vor Angriffen abzuschirmen oder Kriegshandlungen zu decken, zu begünstigen oder zu behindern. Die am Konflikt beteiligten Parteien dürfen Bewegungen der Zivilbevölkerung oder einzelner Zivilpersonen nicht zu dem Zweck lenken, militärische Ziele vor Angriffen abzuschirmen oder Kriegshandlungen zu decken.

(8) Eine Verletzung dieser Verbote enthebt die am Konflikt beteiligten Parteien nicht ihrer rechtlichen Verpflichtungen gegenüber der Zivilbevölkerung und Zivilpersonen, einschließlich der Verpflichtung, die in Artikel 57 vorgesehenen vorsorglichen Maßnahmen zu treffen.

KAPITEL III

ZIVILE OBJEKTE

Artikel 52

Allgemeiner Schutz ziviler Objekte

(1) Zivile Objekte dürfen weder angegriffen noch zum Gegenstand von Repressalien gemacht werden. Zivile Objekte sind alle Objekte, die nicht militärische Ziele im Sinne des Absatzes 2 sind.

(2) Angriffe sind streng auf militärische Ziele zu beschränken. Soweit es sich um Objekte handelt, gelten als militärische Ziele nur solche Objekte, die auf Grund ihrer Beschaffenheit, ihres Standorts, ihrer Zweckbestimmung oder ihrer Verwendung wirksam zu militärischen Handlungen beitragen und deren gänzliche oder teilweise Zerstörung, deren Inbesitznahme oder Neutralisierung unter den in dem betreffenden Zeitpunkt gegebenen Umständen einen eindeutigen militärischen Vorteil darstellt.

(3) Im Zweifelsfall wird vermutet, daß ein in der Regel für zivile Zwecke bestimmtes Objekt, wie beispielsweise eine Kultstätte, ein Haus, eine sonstige Wohnstätte oder eine Schule, nicht dazu verwendet wird, wirksam zu militärischen Handlungen beizutragen.

Artikel 53

Schutz von Kulturgut und Kultstätten

Unbeschadet der Bestimmungen der Haager Konvention vom 14. Mai 1954 zum Schutz von Kulturgut bei bewaffneten Konflikten und anderer einschlägiger internationaler Übereinkünfte ist es verboten,

a) feindselige Handlungen gegen geschichtliche Denkmäler, Kunstwerke oder Kultstätten zu begehen, die zum kulturellen oder geistigen Erbe der Völker gehören,

b) solche Objekte zur Unterstützung des militärischen Einsatzes zu verwenden oder

c) solche Objekte zum Gegenstand von Repressalien zu machen.

Artikel 54
Schutz der für die Zivilbevölkerung lebensnotwendigen Objekte

(1) Das Aushungern von Zivilpersonen als Mittel der Kriegsführung ist verboten.

(2) Es ist verboten, für die Zivilbevölkerung lebensnotwendige Objekte wie Nahrungsmittel, zur Erzeugung von Nahrungsmitteln genutzte landwirtschaftliche Gebiete, Ernte- und Viehbestände, Trinkwasserversorgungsanlagen und -vorräte sowie Bewässerungsanlagen anzugreifen, zu zerstören, zu entfernen oder unbrauchbar zu machen, um sie wegen ihrer Bedeutung für den Lebensunterhalt der Zivilbevölkerung oder der gegnerischen Partei vorzuenthalten, gleichviel ob Zivilpersonen ausgehungert oder zum Fortziehen veranlaßt werden sollen oder ob andere Gründe maßgebend sind.

(3) Die in Absatz 2 vorgesehenen Verbote finden keine Anwendung, wenn die aufgeführten Objekte von einer gegnerischen Partei

a) ausschließlich zur Versorgung der Angehörigen ihrer Streitkräfte benutzt werden,

b) zwar nicht zur Versorgung, aber zur unmittelbaren Unterstützung einer militärischen Handlung benutzt werden; jedoch darf gegen diese Objekte keinesfalls so vorgegangen werden, daß eine unzureichende Versorgung der Zivilbevölkerung mit Lebensmitteln oder Wasser zu erwarten wäre, durch die sie einer Hungersnot ausgesetzt oder zum Weggang gezwungen würde.

(4) Diese Objekte dürfen nicht zum Gegenstand von Repressalien gemacht werden.

(5) In Anbetracht der lebenswichtigen Erfordernisse jeder am Konflikt beteiligten Partei bei der Verteidigung ihres Hoheitsgebiets gegen eine Invasion sind einer am Konflikt beteiligten Partei in diesem Gebiet, soweit es ihrer Kontrolle unterliegt, Abweichungen von den Verboten des Absatzes 2 gestattet, wenn eine zwingende militärische Notwendigkeit dies erfordert.

Artikel 55
Schutz der natürlichen Umwelt

(1) Bei der Kriegführung ist darauf zu achten, daß die natürliche Umwelt vor ausgedehnten, lang anhaltenden und schweren Schäden geschützt wird. Dieser Schutz schließt das Verbot der Anwendung von Methoden oder Mitteln der Kriegführung ein, die dazu bestimmt sind oder von denen erwartet werden kann, daß sie derartige Schäden der natürlichen Umwelt verursachen und dadurch Gesundheit oder Überleben der Bevölkerung gefährden.

(2) Angriffe gegen die natürliche Umwelt als Repressalie sind verboten.

Artikel 56
Schutz von Anlagen und Einrichtungen, die gefährliche Kräfte enthalten

(1) Anlagen oder Einrichtungen, die gefährliche Kräfte enthalten, nämlich Staudämme, Deiche und Kernkraftwerke, dürfen auch dann nicht angegriffen werden, wenn sie militärische Ziele darstellen, sofern ein solcher Angriff gefährliche Kräfte freisetzen und dadurch schwere Verluste unter der Zivilbevölkerung verursachen kann. Andere militärische Ziele, die sich an diesen Anlagen oder Einrichtungen oder in deren Nähe befinden, dürfen nicht angegriffen werden, wenn ein solcher Angriff gefährliche Kräfte freisetzen und dadurch schwere Verluste unter der Zivilbevölkerung verursachen kann.

(2) Der in Absatz 1 vorgesehene besondere Schutz vor Angriffen endet

a) bei Staudämmen oder Deichen nur dann, wenn sie zu anderen als ihren gewöhnlichen Zwecken und zur regelmäßigen, bedeutenden und unmittelbaren Unterstützung von Kriegshandlungen benutzt werden und wenn ein solcher Angriff das einzige praktisch mögliche Mittel ist, um diese Unterstützung zu beenden;

b) bei Kernkraftwerken nur dann, wenn sie elektrischen Strom zur regelmäßigen, bedeutenden und unmittelbaren Unterstützung von Kriegshandlungen liefern und wenn ein solcher Angriff das einzige praktisch mögliche Mittel ist, um diese Unterstützung zu beenden;

c) bei anderen militärischen Zielen, die sich an Anlagen oder Einrichtungen oder in deren Nähe befinden, nur dann, wenn sie zur regelmäßigen, bedeutenden und unmittelbaren Unterstützung von Kriegshandlungen benutzt werden und wenn ein solcher Angriff das einzige praktisch mögliche Mittel ist, um diese Unterstützung zu beenden.

(3) In allen Fällen haben die Zivilbevölkerung und die einzelnen Zivilpersonen weiterhin Anspruch auf jeden ihnen durch das Völkerrecht gewährten Schutz, einschließlich der in Artikel 57 vorgesehenen vorsorglichen Maßnahmen. Endet der Schutz und werden Anlagen, Einrichtungen oder militärische Ziele der in Absatz 1 genannten Art angegriffen, so sind alle praktisch möglichen Vorsichtsmaßnahmen zu treffen, um das Freisetzen gefährlicher Kräfte zu verhindern.

(4) Es ist verboten, Anlagen, Einrichtungen oder militärische Ziele der in Absatz 1 genannten Art zum Gegenstand von Repressalien zu machen.

(5) Die am Konflikt beteiligten Parteien bemühen sich, in der Nähe der in Absatz 1 genannten Anlagen oder Einrichtungen keine militärischen Ziele anzulegen. Einrichtungen, die nur zu dem Zweck erstellt wurden, geschützte Anlagen oder Einrichtungen gegen Angriffe zu verteidigen, sind jedoch erlaubt und dürfen selbst nicht angegriffen werden, sofern sie bei Feindseligkeiten nur für

Verteidigungsmaßnahmen benutzt werden, die zur Erwiderung von Angriffen auf die geschützten Anlagen und Einrichtungen erforderlich sind, und sofern die Waffen, mit denen sie ausgerüstet sind, lediglich zur Abwehr einer feindlichen Handlung gegen die geschützten Anlagen oder Einrichtungen dienen können.

(6) Die Hohen Vertragsparteien und die am Konflikt beteiligten Parteien werden dringend aufgefordert, untereinander weitere Übereinkünfte für den zusätzlichen Schutz von Objekten zu schließen, die gefährliche Kräfte enthalten.

(7) Um das Erkennen der durch diesen Artikel geschützten Objekte zu erleichtern, können die am Konflikt beteiligten Parteien sie mit einem besonderen Kennzeichen versehen, das entsprechend Artikel 16 des Anhanges I dieses Protokolls aus einer Gruppe von drei in einer Linie angeordneten, leuchtend orangefarbenen Kreisen besteht. Das Fehlen einer solchen Kennzeichnung enthebt die am Konflikt beteiligten Parteien in keiner Weise ihrer Verpflichtungen aus dem vorliegenden Artikel.

KAPITEL IV
VORSORGLICHE MASSNAHMEN

Artikel 57
Vorsichtsmaßnahmen beim Angriff

(1) Bei Kriegshandlungen ist stets darauf zu achten, daß die Zivilbevölkerung, Zivilpersonen und zivile Objekte verschont bleiben.

(2) Im Zusammenhang mit Angriffen sind folgende Vorsichtsmaßnahmen zu treffen:

a) Wer einen Angriff plant oder beschließt,

i) hat alles praktisch Mögliche zu tun, um sicherzugehen, daß die Angriffsziele weder Zivilpersonen noch zivile Objekte sind und nicht unter besonderem Schutz stehen, sondern militärische Ziele im Sinne des Artikels 52 Absatz 2 sind und daß der Angriff nicht nach diesem Protokoll verboten ist;

ii) hat bei der Wahl der Angriffsmittel und -methoden alle praktisch möglichen Vorsichtsmaßnahmen zu treffen, um Verluste unter der Zivilbevölkerung, die Verwundung von Zivilpersonen und die Beschädigung ziviler Objekte, die dadurch mit verursacht werden könnten, zu vermeiden und in jedem Fall auf ein Mindestmaß zu beschränken;

iii) hat von jedem Angriff Abstand zu nehmen, bei dem damit zu rechnen ist, daß er auch Verluste unter der Zivilbevölkerung, die Verwundung von Zivilpersonen, die Beschädigung ziviler Objekte oder mehrere derartige Folgen zusammen verursacht, die in keinem Verhältnis zum erwarteten konkreten und unmittelbaren militärischen Vorteil stehen;

b) ein Angriff ist endgültig oder vorläufig einzustellen, wenn sich erweist, daß sein Ziel nicht militärischer Art ist, daß es unter besonderem Schutz steht oder daß damit zu rechnen ist, daß der Angriff auch Verluste unter der Zivilbevölkerung, die Verwundung von Zivilpersonen, die Beschädigung ziviler Objekte oder mehrere derartige Folgen zusammen verursacht, die in keinem Verhältnis zum erwarteten konkreten und unmittelbaren militärischen Vorteil stehen;

c) Angriffen, durch welche die Zivilbevölkerung in Mitleidenschaft gezogen werden kann, muß eine wirksame Warnung vorausgehen, es sei denn, die gegebenen Umstände erlaubten dies nicht.

(3) Ist eine Wahl zwischen mehreren militärischen Zielen möglich, um einen vergleichbaren militärischen Vorteil zu erringen, so ist dasjenige Ziel zu wählen, dessen Bekämpfung Zivilpersonen und zivile Objekte voraussichtlich am wenigsten gefährden wird.

(4) Bei Kriegshandlungen auf See oder in der Luft hat jede am Konflikt beteiligte Partei im Einklang mit den Rechten und Pflichten, die sich aus den Regeln des in bewaffneten Konflikten anwendbaren Völkerrechts für sie ergeben, alle angemessenen Vorsichtsmaßnahmen zu treffen, um Verluste unter der Zivilbevölkerung und die Beschädigung ziviler Objekte zu vermeiden.

(5) Die Bestimmungen dieses Artikels sind nicht so auszulegen, als erlaubten sie Angriffe auf die Zivilbevölkerung, Zivilpersonen oder zivile Objekte.

Artikel 58
Vorsichtsmaßnahmen gegen die Wirkungen von Angriffen

Soweit dies praktisch irgend möglich ist, werden die am Konflikt beteiligten Parteien

a) sich unbeschadet des Artikels 49 des IV. Abkommens bemühen, die Zivilbevölkerung, einzelne Zivilpersonen und zivile Objekte, die ihrer Herrschaft unterstehen, aus der Umgebung militärischer Ziele zu entfernen;

b) es vermeiden, innerhalb oder in der Nähe dicht bevölkerter Gebiete militärische Ziele anzulegen;

c) weitere notwendige Vorsichtsmaßnahmen treffen, um die Zivilbevölkerung, einzelne Zivilpersonen und zivile Objekte, die ihrer Herrschaft unterstehen, vor den mit Kriegshandlungen verbundenen Gefahren zu schützen.

KAPITEL V
ORTE UND ZONEN UNTER BESONDEREM SCHUTZ

Artikel 59
Unverteidigte Orte

(1) Unverteidigte Orte dürfen – gleichviel mit welchen Mitteln – von den am Konflikt beteiligten Parteien nicht angegriffen werden.

(2) Die zuständigen Behörden einer am Konflikt beteiligten Partei können jeden der gegnerischen Partei zur Besetzung offenstehenden bewohnten Ort in der Nähe oder innerhalb einer Zone, in der Streitkräfte miteinander in Berührung gekommen sind, zum unverteidigten Ort erklären. Ein solcher Ort muß folgende Voraussetzungen erfüllen:

a) Alle Kombattanten sowie die beweglichen Waffen und die bewegliche militärische Ausrüstung müssen verlegt worden sein,

b) ortsfeste militärische Anlagen oder Einrichtungen dürfen nicht zu feindseligen Handlungen benutzt werden,

c) Behörden und Bevölkerung dürfen keine feindseligen Handlungen begehen und

d) es darf nichts zur Unterstützung von Kriegshandlungen unternommen werden.

(3) Die Voraussetzungen des Absatzes 2 sind auch dann erfüllt, wenn sich an diesem Ort Personen befinden, die durch die Abkommen und dieses Protokoll besonders geschützt sind, oder wenn dort Kräfte der Sicherheitsexekutive zu dem alleinigen Zweck verblieben sind, die öffentliche Ordnung aufrechtzuerhalten.

(4) Die Erklärung nach Absatz 2 wird an die gegnerische Partei gerichtet; darin sind die Grenzen des unverteidigten Ortes so genau wie möglich festzulegen und zu beschreiben. Die am Konflikt beteiligte Partei, an welche die Erklärung gerichtet ist, bestätigt den Empfang und behandelt den Ort als unverteidigten Ort, es sei denn, daß die Voraussetzungen des Absatzes 2 nicht tatsächlich erfüllt sind; in diesem Fall hat sie die Partei, welche die Erklärung abgegeben hat, unverzüglich davon zu unterrichten. Selbst wenn die Voraussetzungen des Absatzes 2 nicht erfüllt sind, steht der Ort weiterhin unter dem Schutz der anderen Bestimmungen dieses Protokolls und der sonstigen Regeln des in bewaffneten Konflikten anwendbaren Völkerrechts.

(5) Die am Konflikt beteiligten Parteien können die Schaffung unverteidigter Orte vereinbaren, selbst wenn diese Orte nicht die Voraussetzungen des Absatzes 2 erfüllen. In der Vereinbarung sollen die Grenzen des unverteidigten Ortes so genau wie möglich festgelegt und beschrieben werden; falls erforderlich, können darin Überwachungsmethoden vorgesehen werden.

(6) Die Partei, in deren Gewalt sich ein von einer solchen Vereinbarung erfaßter Ort befindet, macht diesen nach Möglichkeit durch mit der anderen Partei zu vereinbarende Zeichen kenntlich; sie sind an Stellen anzubringen, wo sie deutlich sichtbar sind, insbesondere an den Ortsenden und Außengrenzen und an den Hauptstraßen.

(7) Ein Ort verliert seinen Status als unverteidigter Ort, wenn er die Voraussetzungen des Absatzes 2 oder der Vereinbarung nach Absatz 5 nicht mehr erfüllt. In einem solchen Fall steht der Ort weiterhin unter dem Schutz der anderen Bestimmungen dieses Protokolls und der sonstigen Regeln des in bewaffneten Konflikten anwendbaren Völkerrechts.

Artikel 60
Entmilitarisierte Zonen

(1) Den am Konflikt beteiligten Parteien ist es verboten, ihre Kriegshandlungen auf Zonen auszudehnen, denen sie durch eine Vereinbarung den Status einer entmilitarisierten Zone zuerkannt haben, wenn diese Ausdehnung den Bestimmungen der betreffenden Vereinbarung zuwiderläuft.

(2) Es bedarf einer ausdrücklichen Vereinbarung; sie kann mündlich oder schriftlich, unmittelbar oder durch Vermittlung einer Schutzmacht oder einer unparteiischen humanitären Organisation getroffen werden und aus gegenseitigen übereinstimmenden Erklärungen bestehen. Die Vereinbarung kann sowohl in Friedenszeiten als auch nach Beginn der Feindseligkeiten getroffen werden; darin sollen die Grenzen der entmilitarisierten Zone so genau wie möglich festgelegt und beschrieben werden; falls erforderlich, werden darin Überwachungsmethoden vorgesehen.

(3) Gegenstand einer solchen Vereinbarung ist in der Regel eine Zone, die folgende Voraussetzungen erfüllt:

a) Alle Kombattanten sowie die beweglichen Waffen und die bewegliche militärische Ausrüstung müssen verlegt worden sein,

b) ortsfeste militärische Anlagen oder Einrichtungen dürfen nicht zu feindseligen Handlungen benutzt werden,

c) Behörden und Bevölkerung dürfen keine feindseligen Handlungen begehen und

d) jede mit militärischen Anstrengungen im Zusammenhang stehende Tätigkeit muß eingestellt worden sein.

Die am Konflikt beteiligten Parteien verständigen sich darüber, wie Buchstabe d) auszulegen ist und welche Personen sich außer den in Absatz 4 genannten in der entmilitarisierten Zone aufhalten dürfen.

(4) Die Voraussetzungen des Absatzes 3 sind auch dann erfüllt, wenn sich in dieser Zone Perso-

nen befinden, die durch die Abkommen und dieses Protokoll besonders geschützt sind, oder wenn dort Kräfte der Sicherheitsexekutive zu dem alleinigen Zweck verblieben sind, die öffentliche Ordnung aufrechtzuerhalten.

(5) Die Partei, in deren Gewalt sich eine solche Zone befindet, macht diese nach Möglichkeit durch mit der anderen Partei zu vereinbarende Zeichen kenntlich; sie sind an Stellen anzubringen, wo sie deutlich sichtbar sind, insbesondere an den Ortsenden, den Grenzen der Zone und an den Hauptstraßen.

(6) Nähern sich die Kämpfe einer entmilitarisierten Zone und haben die am Konflikt beteiligten Parteien eine entsprechende Vereinbarung getroffen, so darf keine von ihnen diese Zone für Zwecke benutzen, die mit Kriegshandlungen im Zusammenhang stehen, oder den Status der Zone einseitig aufheben.

(7) Verletzt eine am Konflikt beteiligte Partei erheblich die Bestimmungen des Absatzes 3 oder 6, so ist die andere Partei ihrer Verpflichtungen aus der Vereinbarung enthoben, die der Zone den Status einer entmilitarisierten Zone zuerkennt. In einem solchen Fall verliert die Zone zwar ihren Status, steht aber weiterhin unter dem Schutz der anderen Bestimmungen dieses Protokolls und der sonstigen Regeln des in bewaffneten Konflikten anwendbaren Völkerrechts.

KAPITEL VI
ZIVILSCHUTZ

Artikel 61
Begriffsbestimmungen und Anwendungsbereich

Im Sinne dieses Protokolls

a) bedeutet „Zivilschutz" die Erfüllung aller oder einzelner der nachstehend genannten humanitären Aufgaben zum Schutz der Zivilbevölkerung vor den Gefahren und zur Überwindung der unmittelbaren Auswirkungen von Feindseligkeiten oder Katastrophen sowie zur Schaffung der für ihr Überleben notwendigen Voraussetzungen. Diese Aufgaben sind

i) Warndienst;

ii) Evakuierung;

iii) Bereitstellung und Verwaltung von Schutzräumen;

iv) Durchführung von Verdunkelungsmaßnahmen;

v) Bergung;

vi) medizinische Versorgung einschließlich erster Hilfe und geistlichen Beistands;

vii) Brandbekämpfung;

viii) Aufspüren und Kennzeichnung von Gefahrenzonen;

ix) Dekontaminierung und ähnliche Schutzmaßnahmen;

x) Bereitstellung von Notunterkünften und -verpflegungsgütern;

xi) Notdienst zur Wiederherstellung und Aufrechterhaltung der Ordnung in notleidenden Gebieten;

xii) Notinstandsetzung unentbehrlicher öffentlicher Versorgungseinrichtungen;

xiii) Bestattungsnotdienst;

xiv) Hilfsdienste bei der Erhaltung lebensnotwendiger Objekte;

xv) zur Wahrnehmung jeder dieser Aufgaben erforderliche zusätzliche Tätigkeiten, zu denen auch Planung und Organisation gehören;

b) bedeutet „Zivilschutzorganisationen" die von den zuständigen Behörden einer am Konflikt beteiligten Partei zur Wahrnehmung einer der unter Buchstabe a) genannten Aufgaben geschaffenen oder zugelassenen Einrichtungen und anderen Einheiten, die ausschließlich diesen Aufgaben zugewiesen und ausschließlich dafür eingesetzt werden;

c) bedeutet „Personal" der Zivilschutzorganisationen die Personen, die eine am Konflikt beteiligte Partei ausschließlich der Wahrnehmung der unter Buchstabe a) genannten Aufgaben zuweist, darunter das Personal, das von der zuständigen Behörde dieser Partei ausschließlich der Verwaltung dieser Organisationen zugewiesen wird;

d) bedeutet „Material" der Zivilschutzorganisationen die Ausrüstung, Vorräte und Transportmittel, welche diese Organisationen zur Wahrnehmung der unter Buchstabe a) genannten Aufgaben verwenden.

Artikel 62
Allgemeiner Schutz

(1) Die zivilen Zivilschutzorganisationen und ihr Personal werden nach Maßgabe der Bestimmungen dieses Protokolls und insbesondere dieses Abschnitts geschont und geschützt. Außer im Fall zwingender militärischer Notwendigkeit sind sie berechtigt, ihre Zivilschutzaufgaben wahrzunehmen.

(2) Absatz 1 findet auch auf Zivilpersonen Anwendung, die den zivilen Zivilschutzorganisationen nicht angehören, aber einem Aufruf der zuständigen Behörden Folge leisten und unter deren Leitung Zivilschutzaufgaben wahrnehmen.

(3) Gebäude und Material, die zu Zivilschutzzwecken benutzt werden, sowie Schutzbauten für die Zivilbevölkerung fallen unter Artikel 52. Zu Zivilschutzzwecken benutzte Objekte dürfen nur von der Partei, der sie gehören, zerstört oder zweckentfremdet werden.

Artikel 63
Zivilschutz in besetzten Gebieten

(1) In besetzten Gebieten werden den zivilen Zivilschutzorganisationen von den Behörden die zur Wahrnehmung ihrer Aufgaben erforderlichen Erleichterungen gewährt. Ihr Personal darf unter keinen Umständen zu Tätigkeiten gezwungen werden, welche die ordnungsgemäße Wahrnehmung dieser Aufgaben behindern würden. Die Besatzungsmacht darf die Struktur oder die personelle Besetzung dieser Organisationen nicht in einer Weise ändern, welche die wirksame Erfüllung ihres Auftrags beeinträchtigen könnte. Von diesen Organisationen darf nicht verlangt werden, den Staatsangehörigen oder Interessen dieser Macht Vorrang einzuräumen.

(2) Die Besatzungsmacht darf die zivilen Zivilschutzorganisationen nicht verpflichten, zwingen oder anhalten, ihre Aufgaben in irgendeiner für die Zivilbevölkerung abträglichen Weise wahrzunehmen.

(3) Die Besatzungsmacht kann aus Sicherheitsgründen das Zivilschutzpersonal entwaffnen.

(4) Die Besatzungsmacht darf Gebäude oder Material, die Zivilschutzorganisationen gehören oder von diesen benutzt werden, nicht zweckentfremden oder requirieren, wenn diese Zweckentfremdung oder Requisition der Zivilbevölkerung zum Nachteil gereicht.

(5) Sofern die allgemeine Vorschrift des Absatzes 4 weiterhin beachtet wird, kann die Besatzungsmacht diese Mittel unter folgenden besonderen Bedingungen requirieren oder zweckentfremden:

a) Die Gebäude oder das Material werden für andere Bedürfnisse der Zivilbevölkerung benötigt und

b) die Requisition oder Zweckentfremdung dauert nur so lange, wie diese Notwendigkeit besteht.

(6) Die Besatzungsmacht darf Schutzbauten, die der Zivilbevölkerung zur Verfügung stehen oder von ihr benötigt werden, nicht zweckentfremden oder requirieren.

Artikel 64
Zivile Zivilschutzorganisationen neutraler oder anderer nicht am Konflikt beteiligter Staaten und internationale Koordinierungsorganisationen

(1) Die Artikel 62, 63, 65 und 66 finden auch auf Personal und Material ziviler Zivilschutzorganisationen neutraler oder anderer nicht am Konflikt beteiligter Staaten Anwendung, die im Hoheitsgebiet einer am Konflikt beteiligten Partei mit Zustimmung und unter der Leitung dieser Partei Zivilschutzaufgaben nach Artikel 61 wahrnehmen. Einer betroffenen gegnerischen Partei wird so bald wie möglich von dieser Hilfe Mitteilung gemacht. Diese Tätigkeit darf unter keinen Umständen als Einmischung in den Konflikt angesehen werden. Sie soll jedoch unter gebührender Berücksichtigung der Sicherheitsinteressen der betroffenen am Konflikt beteiligten Parteien ausgeübt werden.

(2) Am Konflikt beteiligte Parteien, welche die in Absatz 1 genannte Hilfe erhalten, und die Hohen Vertragsparteien, die sie gewähren, sollen gegebenenfalls die internationale Koordinierung dieser Zivilschutzmaßnahmen erleichtern. In diesem Fall findet dieses Kapitel auf die zuständigen internationalen Organisationen Anwendung.

(3) In besetzten Gebieten darf die Besatzungsmacht die Tätigkeit ziviler Zivilschutzorganisationen neutraler oder anderer nicht am Konflikt beteiligter Staaten sowie internationaler Koordinierungsorganisationen nur dann ausschließen oder einschränken, wenn sie die angemessene Wahrnehmung der Zivilschutzaufgaben mit eigenen Mitteln oder den Mitteln des besetzten Gebiets sicherstellen kann.

Artikel 65
Ende des Schutzes

(1) Der Schutz, auf den zivile Zivilschutzorganisationen, ihr Personal, ihre Gebäude, ihre Schutzbauten und ihr Material Anspruch haben, darf nur dann enden, wenn sie außer ihren eigentlichen Aufgaben den Feind schädigende Handlungen begehen oder dazu verwendet werden. Jedoch endet der Schutz erst, nachdem eine Warnung, die möglichst eine angemessene Frist setzt, unbeachtet geblieben ist.

(2) Es gilt nicht als eine den Feind schädigende Handlung,

a) wenn Zivilschutzaufgaben unter der Weisung oder Aufsicht militärischer Dienststellen durchgeführt werden;

b) wenn ziviles Zivilschutzpersonal mit Militärpersonal bei der Wahrnehmung von Zivilschutzaufgaben zusammenarbeitet oder wenn einige Militärpersonen zivilen Zivilschutzorganisationen zugeteilt sind;

c) wenn die Wahrnehmung von Zivilschutzaufgaben auch militärischen Konfliktsopfern, insbesondere den außer Gefecht befindlichen, zugute kommt.

(3) Es gilt auch nicht als eine den Feind schädigende Handlung, wenn das zivile Zivilschutzpersonal leichte Handfeuerwaffen trägt, um die Ordnung aufrechtzuerhalten oder sich selbst zu verteidigen. In Gebieten, in denen Kämpfe zu Land stattfinden oder wahrscheinlich stattfinden werden, treffen die am Konflikt beteiligten Parteien jedoch geeignete Vorkehrungen, um diese Waffen auf Faustfeuerwaffen wie Pistolen oder Revolver zu beschränken, damit zwischen Zivil-

schutzpersonal und Kombattanten leichter unterschieden werden kann. Auch wenn das Zivilschutzpersonal in diesen Gebieten andere leichte Handfeuerwaffen trägt, wird es geschont und geschützt, sobald es als solches erkannt ist.

(4) Sind zivile Zivilschutzorganisationen in militärischer Weise organisiert oder ist ihr Personal dienstverpflichtet, so verlieren sie auch dadurch nicht den in diesem Kapitel gewährten Schutz.

Artikel 66
Kennzeichnung

(1) Jede am Konflikt beteiligte Partei ist bemüht, sicherzustellen, daß ihre Zivilschutzorganisationen, deren Personal, Gebäude und Material erkennbar sind, solange sie ausschließlich zur Wahrnehmung von Zivilschutzaufgaben eingesetzt sind. Schutzbauten, die der Zivilbevölkerung zur Verfügung stehen, sollen in ähnlicher Weise erkennbar sein.

(2) Jede am Konflikt beteiligte Partei ist ferner bemüht, Methoden und Verfahren einzuführen und anzuwenden, die das Erkennen ziviler Schutzbauten sowie des Personals, der Gebäude und des Materials des Zivilschutzes ermöglichen, welche das internationale Schutzzeichen des Zivilschutzes tragen.

(3) In besetzten Gebieten und in Gebieten, in denen tatsächlich oder voraussichtlich Kampfhandlungen stattfinden, soll das Zivilpersonal des Zivilschutzes durch das internationale Schutzzeichen des Zivilschutzes und durch einen Ausweis, der seinen Status bescheinigt, erkennbar sein.

(4) Das internationale Schutzzeichen des Zivilschutzes besteht aus einem gleichseitigen blauen Dreieck auf orangefarbenem Grund, das zum Schutz von Zivilschutzorganisationen, ihres Personals, ihrer Gebäude und ihres Materials oder zum Schutz ziviler Schutzbauten verwendet wird.

(5) Neben dem Schutzzeichen können die am Konflikt beteiligten Parteien Erkennungssignale zur Kennzeichnung der Zivilschutzdienste vereinbaren.

(6) Die Anwendung der Absätze 1 bis 4 wird in Kapitel V des Anhangs I dieses Protokolls geregelt

(7) In Friedenszeiten kann das in Absatz 4 beschriebene Zeichen mit Zustimmung der zuständigen nationalen Behörden zur Kennzeichnung der Zivilschutzdienste verwendet werden.

(8) Die Hohen Vertragsparteien und die am Konflikt beteiligten Parteien treffen die erforderlichen Maßnahmen, um die Verwendung des internationalen Schutzzeichens des Zivilschutzes zu überwachen und um seinen Mißbrauch zu verhüten und zu ahnden.

(9) Für die Kennzeichnung des Sanitäts- und Seelsorgepersonals sowie der Sanitätseinheiten und transportmittel des Zivilschutzes gilt Artikel 18 ebenfalls.

Artikel 67
Den Zivilschutzorganisationen zugeteilte Angehörige der Streitkräfte und militärische Einheiten

(1) Angehörige der Streitkräfte und militärische Einheiten, die den Zivilschutzorganisationen zugeteilt sind, werden geschont und geschützt,

a) wenn dieses Personal und diese Einheiten ständig für die Wahrnehmung einer der in Artikel 61 bezeichneten Aufgaben zugewiesen und ausschließlich dafür eingesetzt sind;

b) wenn das diesen Aufgaben zugewiesene Personal für die Dauer des Konflikts keine anderen militärischen Aufgaben wahrnimmt;

c) wenn dieses Personal sich deutlich von anderen Angehörigen der Streitkräfte durch auffälliges Tragen des ausreichend großen internationalen Schutzzeichens des Zivilschutzes unterscheidet und wenn es den in Kapitel V des Anhangs I dieses Protokolls bezeichneten Ausweis besitzt, der seinen Status bescheinigt;

d) wenn dieses Personal und diese Einheiten nur mit leichten Handfeuerwaffen ausgerüstet sind, um die Ordnung aufrechtzuerhalten oder sich selbst zu verteidigen. Artikel 65 Absatz 3 findet auch auf diesen Fall Anwendung;

e) wenn dieses Personal nicht unmittelbar an den Feindseligkeiten teilnimmt und neben seinen Zivilschutzaufgaben keine die gegnerische Partei schädigenden Handlungen begeht oder nicht für solche eingesetzt wird;

f) wenn dieses Personal und diese Einheiten ihre Zivilschutzaufgaben nur im Hoheitsgebiet ihrer Partei wahrnehmen.

Die Nichtbeachtung der Vorschriften des Buchstabens e) durch einen Angehörigen der Streitkräfte, der durch die Vorschriften der Buchstaben a) und b) gebunden ist, ist verboten.

(2) Angehörige des in Zivilschutzorganisationen Dienst tuenden Militärpersonals, die in die Gewalt einer gegnerischen Partei geraten, werden Kriegsgefangene. In besetztem Gebiet können sie, jedoch nur im Interesse der Zivilbevölkerung dieses Gebiets, zu Zivilschutzaufgaben herangezogen werden, soweit dies erforderlich ist; wenn diese Arbeit gefährlich ist, müssen sie sich jedoch freiwillig gemeldet haben.

(3) Die Gebäude und größeren Ausrüstungsgegenstände und Transportmittel der militärischen Einheiten, die Zivilschutzorganisationen zugeteilt sind, müssen deutlich mit dem internationalen Schutzzeichen des Zivilschutzes gekennzeichnet

sein. Dieses Zeichen muß eine angemessene Größe besitzen.

(4) Die Gebäude und das Material der militärischen Einheiten, die Zivilschutzorganisationen ständig zugeteilt sind und ausschließlich für die Wahrnehmung von Zivilschutzaufgaben eingesetzt werden, unterliegen, wenn sie in die Gewalt einer gegnerischen Partei geraten, weiterhin dem Kriegsrecht. Außer im Fall zwingender militärischer Notwendigkeit dürfen sie jedoch ihrer Bestimmung nicht entzogen werden, solange sie zur Wahrnehmung von Zivilschutzaufgaben benötigt werden, sofern nicht vorher Maßnahmen getroffen wurden, um den Bedürfnissen der Zivilbevölkerung in angemessener Weise zu genügen.

ABSCHNITT II
HILFSMASSNAHMEN ZUGUNSTEN DER ZIVILBEVÖLKERUNG

Artikel 68
Anwendungsbereich

Dieser Abschnitt findet auf die Zivilbevölkerung im Sinne dieses Protokolls Anwendung und ergänzt die Artikel 23, 55, 59, 60, 61 und 62 sowie die anderen einschlägigen Bestimmungen des IV. Abkommens.

Artikel 69
Wesentliche Bedürfnisse in besetzten Gebieten

(1) Über die in Artikel 55 des IV. Abkommens bezeichneten Verpflichtungen betreffend die Versorgung mit Lebens- und Arzneimitteln hinaus sorgt die Besatzungsmacht im Rahmen aller ihr zur Verfügung stehenden Mittel und ohne jede nachteilige Unterscheidung auch für die Bereitstellung von Kleidung, Material für die Übernachtung, Notunterkünften, anderen für das Überleben der Zivilbevölkerung des besetzten Gebiets wesentlichen Versorgungsgütern und Kultgegenständen.

(2) Hilfsaktionen zugunsten der Zivilbevölkerung besetzter Gebiete werden durch die Artikel 59, 60, 61, 62, 108, 109, 110 und 111 des IV. Abkommens sowie durch Artikel 71 dieses Protokolls geregelt; sie werden unverzüglich durchgeführt.

Artikel 70
Hilfsaktionen

(1) Ist die Zivilbevölkerung eines der Kontrolle einer am Konflikt beteiligten Partei unterliegenden Gebiets, das kein besetztes Gebiet ist, nicht ausreichend mit den in Artikel 69 genannten Versorgungsgütern versehen, so sind ohne jede nachteilige Unterscheidung unparteiische humanitäre Hilfsaktionen durchzuführen, sofern die davon betroffenen Parteien zustimmen. Hilfsangebote, welche die genannten Bedingungen erfüllen, gelten weder als Einmischung in den bewaffneten Konflikt noch als unfreundlicher Akt. Bei der Verteilung der Hilfssendungen werden zuerst Personen berücksichtigt, denen nach dem IV. Abkommen oder nach diesem Protokoll Vorzugsbehandlung oder besonderer Schutz zu gewähren ist, wie beispielsweise Kinder, schwangere Frauen, Wöchnerinnen und stillende Mütter.

(2) Die am Konflikt beteiligten Parteien und jede Hohe Vertragspartei genehmigen und erleichtern den schnellen und ungehinderten Durchlaß von Hilfssendungen, -ausrüstungen und -personal, die nach diesem Abschnitt bereitgestellt werden, auch wenn die Hilfe für die Zivilbevölkerung der gegnerischen Partei bestimmt ist.

(3) Die am Konflikt beteiligten Parteien und jede Hohe Vertragspartei, die den Durchlaß von Hilfssendungen, -ausrüstung und -personal nach Absatz 2 genehmigen,

a) haben das Recht, die technischen Einzelheiten für einen solchen Durchlaß, einschließlich einer Durchsuchung, festzulegen;

b) können ihre Genehmigung davon abhängig machen, daß die Verteilung der Hilfsgüter unter der örtlichen Aufsicht einer Schutzmacht erfolgt;

c) dürfen Hilfssendungen keiner anderen als ihrer ursprünglichen Bestimmung zuführen noch ihre Beförderung verzögern, ausgenommen in Fällen dringender Notwendigkeit im Interesse der betroffenen Zivilbevölkerung.

(4) Die am Konflikt beteiligten Parteien gewährleisten den Schutz der Hilfssendungen und erleichtern ihre schnelle Verteilung.

(5) Die am Konflikt beteiligten Parteien und jede betroffene Hohe Vertragspartei fördern und erleichtern eine wirksame internationale Koordinierung der in Absatz 1 genannten Hilfsaktionen.

Artikel 71
An Hilfsaktionen beteiligtes Personal

(1) Im Bedarfsfall kann die bei einer Hilfsaktion geleistete Hilfe auch Hilfspersonal umfassen, namentlich für die Beförderung und Verteilung von Hilfssendungen; die Beteiligung dieses Personals bedarf der Zustimmung der Partei, in deren Hoheitsgebiet es seine Tätigkeit ausüben soll.

(2) Dieses Personal wird geschont und geschützt.

(3) Jede Partei, die Hilfssendungen empfängt, unterstützt soweit irgend möglich das in Absatz 1 genannte Personal bei der Erfüllung seines Hilfsauftrags. Nur im Fall zwingender militärischer Notwendigkeit darf die Tätigkeit des Hilfspersonals begrenzt oder seine Bewegungsfreiheit vorübergehend eingeschränkt werden.

(4) Das Hilfspersonal darf seinen Auftrag im Sinne dieses Protokolls unter keinen Umständen überschreiten. Es hat insbesondere die Sicherheitsbedürfnisse der Partei zu berücksichtigen, in deren Hoheitsgebiet es seine Aufgaben durchführt. Der Auftrag jedes Mitglieds des Hilfspersonals, das diese Bedingungen nicht beachtet, kann beendet werden.

ABSCHNITT III

BEHANDLUNG VON PERSONEN, DIE SICH IN DER GEWALT EINER AM KONFLIKT BETEILIGTEN PARTEI BEFINDEN

KAPITEL I

ANWENDUNGSBEREICH UND SCHUTZ VON PERSONEN UND OBJEKTEN

Artikel 72
Anwendungsbereich

Die Bestimmungen dieses Abschnitts ergänzen die im IV. Abkommen, insbesondere in dessen Teilen I und III, enthaltenen Vorschriften über den humanitären Schutz von Zivilpersonen und zivilen Objekten, die sich in der Gewalt einer am Konflikt beteiligten Partei befinden, sowie die sonstigen anwendbaren Regeln des Völkerrechts über den Schutz grundlegender Menschenrechte in einem internationalen bewaffneten Konflikt.

Artikel 73
Flüchtlinge und Staatenlose

Personen, die vor Beginn der Feindseligkeiten als Staatenlose oder Flüchtlinge im Sinne der einschlägigen, von den beteiligten Parteien angenommenen internationalen Übereinkünfte oder der innerstaatlichen Rechtsvorschriften des Aufnahme- oder Aufenthaltsstaats angesehen werden, sind unter allen Umständen und ohne jede nachteilige Unterscheidung geschützte Personen im Sinne der Teile I und III des IV. Abkommens.

Artikel 74
Familienzusammenführung

Die Hohen Vertragsparteien und die am Konflikt beteiligten Parteien erleichtern in jeder möglichen Weise die Zusammenführung von Familien, die infolge bewaffneter Konflikte getrennt worden sind; sie fördern insbesondere im Einklang mit den Abkommen und diesem Protokoll und in Übereinstimmung mit ihren jeweiligen Sicherheitsbestimmungen die Tätigkeit humanitärer Organisationen, die sich dieser Aufgabe widmen.

Artikel 75
Grundlegende Garantien

(1) Soweit Personen von einer in Artikel 1 genannten Situation betroffen sind, werden sie, wenn sie sich in der Gewalt einer am Konflikt beteiligten Partei befinden und nicht auf Grund der Abkommen oder dieses Protokolls eine günstigere Behandlung genießen, unter allen Umständen mit Menschlichkeit behandelt und genießen zumindest den in diesem Artikel vorgesehenen Schutz, ohne jede nachteilige Unterscheidung auf Grund von Rasse, Hautfarbe, Geschlecht, Sprache, Religion oder Glauben, politischer oder sonstiger Anschauung, nationaler oder sozialer Herkunft, Vermögen, Geburt oder einer sonstigen Stellung oder anderer ähnlicher Unterscheidungsmerkmale. Jede Partei achtet die Person, die Ehre, die Überzeugungen und die religiösen Gepflogenheiten aller dieser Personen.

(2) Folgende Handlungen sind und bleiben jederzeit und überall verboten, gleichviel ob sie durch zivile Bedienstete oder durch Militärpersonen begangen werden:

a) Angriffe auf das Leben, die Gesundheit oder das körperliche oder geistige Wohlbefinden von Personen, insbesondere

i) vorsätzliche Tötung,

ii) Folter jeder Art, gleichviel ob körperlich oder seelisch,

iii) körperliche Züchtigung und

iv) Verstümmelung;

b) Beeinträchtigung der persönlichen Würde, insbesondere entwürdigende und erniedrigende Behandlung, Nötigung zur Prostitution und unzüchtige Handlungen jeder Art,

c) Geiselnahme,

d) Kollektivstrafen und

e) die Androhung einer dieser Handlungen.

(3) Jede wegen Handlungen im Zusammenhang mit dem bewaffneten Konflikt festgenommene, in Haft gehaltene oder internierte Person wird unverzüglich in einer ihr verständlichen Sprache über die Gründe dieser Maßnahmen unterrichtet. Außer bei Festnahme oder Haft wegen einer Straftat wird eine solche Person so schnell wie irgend möglich, auf jeden Fall aber dann freigelassen, sobald die Umstände, welche die Festnahme, Haft oder Internierung rechtfertigen, nicht mehr gegeben sind.

(4) Gegen eine Person, die für schuldig befunden wurde, im Zusammenhang mit dem bewaffneten Konflikt eine Straftat begangen zu haben, darf eine Verurteilung nur in einem Urteil ausgesprochen und nur auf Grund eines Urteils eine Strafe vollstreckt werden; dieses Urteil muß von einem unparteiischen, ordnungsgemäß zusammengesetzten Gericht gefällt werden, welches die allgemein anerkannten Grundsätze eines ordentli-

chen Gerichtsverfahrens beachtet; dazu gehören folgende Garantien:

a) Das Verfahren sieht vor, daß der Beschuldigte unverzüglich über die Einzelheiten der ihm zur Last gelegten Straftat unterrichtet werden muß, und gewährt ihm während der Hauptverhandlung und davor alle zu seiner Verteidigung erforderlichen Rechte und Mittel;

b) niemand darf wegen einer Straftat verurteilt werden, für die er nicht selbst strafrechtlich verantwortlich ist;

c) niemand darf wegen einer Handlung oder Unterlassung angeklagt oder verurteilt werden, die nach dem zur Zeit ihrer Begehung für ihn geltenden innerstaatlichen oder internationalen Recht nicht strafbar war; ebenso darf keine schwerere Strafe als die im Zeitpunkt der Begehung der Straftat angedrohte verhängt werden; wird nach Begehung der Straftat durch Gesetz eine mildere Strafe eingeführt, so kommt dies dem Täter zugute;

d) bis zum gesetzlichen Nachweis seiner Schuld wird vermutet, daß der wegen einer Straftat Angeklagte unschuldig ist;

e) jeder wegen einer Straftat Angeklagte hat das Recht, bei der Hauptverhandlung anwesend zu sein;

f) niemand darf gezwungen werden, gegen sich selbst als Zeuge auszusagen oder sich schuldig zu bekennen;

g) jeder wegen einer Straftat Angeklagte hat das Recht, Fragen an die Belastungszeugen zu stellen oder stellen zu lassen und das Erscheinen und die Vernehmung von Entlastungszeugen unter den für die Belastungszeugen geltenden Bedingungen zu erwirken;

h) niemand darf wegen einer Straftat, derentwegen er bereits nach demselben Recht und demselben Verfahren rechtskräftig freigesprochen oder verurteilt worden ist, erneut von derselben Partei verfolgt oder bestraft werden;

i) jeder wegen einer Straftat Angeklagte hat das Recht auf öffentliche Urteilsverkündung;

j) jeder Verurteilte wird bei seiner Verurteilung über sein Recht, gerichtliche und andere Rechtsmittel oder Rechtsbehelfe einzulegen sowie über die hierfür festgesetzten Fristen unterrichtet.

(5) Frauen, denen aus Gründen im Zusammenhang mit dem bewaffneten Konflikt die Freiheit entzogen ist, werden in Räumlichkeiten untergebracht, die von denen der Männer getrennt sind. Sie unterstehen der unmittelbaren Überwachung durch Frauen. Werden jedoch Familien festgenommen, in Haft gehalten oder interniert, so bleibt die Einheit der Familien bei ihrer Unterbringung nach Möglichkeit erhalten.

(6) Personen, die aus Gründen im Zusammenhang mit dem bewaffneten Konflikt festgenommen, in Haft gehalten oder interniert werden, wird auch nach Beendigung des Konflikts bis zu ihrer endgültigen Freilassung, ihrer Heimschaffung oder Niederlassung der in diesem Artikel vorgesehene Schutz gewährt.

(7) Zur Ausschaltung jedes Zweifels hinsichtlich der Verfolgung und des Gerichtsverfahrens in bezug auf Personen, die der Begehung von Kriegsverbrechen oder von Verbrechen gegen die Menschlichkeit beschuldigt werden sind folgende Grundsätze anzuwenden:

a) Personen, die solcher Verbrechen beschuldigt werden, sollen in Übereinstimmung mit den anwendbaren Regeln des Völkerrechts verfolgt und vor Gericht gestellt werden, und

b) allen Personen, die nicht auf Grund der Abkommen oder dieses Protokolls eine günstigere Behandlung genießen, wird die in diesem Artikel vorgesehene Behandlung zuteil, gleichviel ob die Verbrechen, deren sie beschuldigt werden, schwere Verletzungen der Abkommen oder dieses Protokolls darstellen oder nicht.

(8) Die Bestimmungen dieses Artikels sind nicht so auszulegen, als beschränkten oder beeinträchtigten sie eine andere günstigere Bestimmung, die auf Grund der Regeln des anwendbaren Völkerrechts den unter Absatz 1 fallenden Personen größeren Schutz gewährt.

KAPITEL II

MASSNAHMEN ZUGUNSTEN VON FRAUEN UND KINDERN

Artikel 76
Schutz von Frauen

(1) Frauen werden besonders geschont; sie werden namentlich vor Vergewaltigung, Nötigung zur Prostitution und jeder anderen unzüchtigen Handlung geschützt.

(2) Fälle von schwangeren Frauen und Müttern kleiner von ihnen abhängiger Kinder, die aus Gründen im Zusammenhang mit dem bewaffneten Konflikt festgenommen, in Haft gehalten oder interniert sind, werden vor allen anderen Fällen behandelt.

(3) Die am Konflikt beteiligten Parteien bemühen sich soweit irgend möglich, zu vermeiden, daß gegen schwangere Frauen oder Mütter kleiner von ihnen abhängiger Kinder für eine im Zusammenhang mit dem bewaffneten Konflikt begangene Straftat die Todesstrafe verhängt wird. Ein wegen einer solchen Straftat gegen diese Frauen verhängtes Todesurteil darf nicht vollstreckt werden.

Artikel 77
Schutz von Kindern

(1) Kinder werden besonders geschont; sie werden vor jeder unzüchtigen Handlung ge-

schützt. Die am Konflikt beteiligten Parteien lassen ihnen jede Pflege und Hilfe zuteil werden, deren sie wegen ihres Alters oder aus einem anderen Grund bedürfen.

(2) Die am Konflikt beteiligten Parteien treffen alle praktisch durchführbaren Maßnahmen, damit Kinder unter fünfzehn Jahren nicht unmittelbar an Feindseligkeiten teilnehmen; sie sehen insbesondere davon ab, sie in ihre Streitkräfte einzugliedern. Wenn die am Konflikt beteiligten Parteien Personen einziehen, die bereits das fünfzehnte, aber noch nicht das achtzehnte Lebensjahr vollendet haben, bemühen sie sich, zuerst die Ältesten heranzuziehen.

(3) Wenn in Ausnahmefällen trotz der Bestimmungen des Absatzes 2 Kinder, die noch nicht das fünfzehnte Lebensjahr vollendet haben, unmittelbar an Feindseligkeiten teilnehmen und in die Gewalt einer gegnerischen Partei geraten, wird ihnen weiterhin der besondere in diesem Artikel vorgesehene Schutz gewährt, gleichviel ob sie Kriegsgefangene sind oder nicht.

(4) Werden Kinder aus Gründen im Zusammenhang mit dem bewaffneten Konflikt festgenommen, in Haft gehalten oder interniert, so werden sie in Räumlichkeiten untergebracht, die von denen der Erwachsenen getrennt sind, ausgenommen Fälle, in denen nach Artikel 75 Absatz 5 Familien so untergebracht werden, daß ihre Einheit erhalten bleibt.

(5) Ein Todesurteil, das wegen einer im Zusammenhang mit dem bewaffneten Konflikt begangenen Straftat verhängt wurde, darf an Personen, die zum Zeitpunkt der Straftat noch nicht das achtzehnte Lebensjahr vollendet hatten, nicht vollstreckt werden.

Artikel 78
Evakuierung von Kindern

(1) Eine am Konflikt beteiligte Partei darf Kinder, die nicht ihre eigenen Staatsangehörigen sind, nicht in ein fremdes Land evakuieren, es sei denn, es handle sich um eine vorübergehende Evakuierung, die durch zwingende Gründe der Gesundheit, der medizinischen Behandlung oder – außer in besetztem Gebiet – der Sicherheit der Kinder erforderlich wird. Sind Eltern oder andere Sorgeberechtigte erreichbar, so ist deren schriftliches Einverständnis mit der Evakuierung erforderlich. Sind sie nicht erreichbar, so darf die Evakuierung nur mit schriftlicher Zustimmung der Personen vorgenommen werden, die nach Gesetz oder Brauch in erster Linie für die Kinder zu sorgen haben. Die Schutzmacht überwacht jede derartige Evakuierung im Einvernehmen mit den betreffenden Parteien, das heißt der die Evakuierung vornehmenden Partei, der die Kinder aufnehmenden Partei und jeder Partei, deren Staatsangehörige evakuiert werden. In jedem Fall treffen alle am Konflikt beteiligten Parteien alle praktisch durchführbaren Vorsichtsmaßnahmen, um eine Gefährdung der Evakuierung zu vermeiden.

(2) Wird eine Evakuierung nach Absatz 1 vorgenommen, so wird für die Erziehung jedes evakuierten Kindes, einschließlich seiner dem Wunsch der Eltern entsprechenden religiösen und sittlichen Erziehung unter Wahrung größtmöglicher Kontinuität gesorgt.

(3) Um die Rückkehr der nach diesem Artikel evakuierten Kinder zu ihren Familien und in ihr Land zu erleichtern, stellen die Behörden der Partei, welche die Evakuierung vornimmt, und gegebenenfalls die Behörden des Aufnahmelands für jedes Kind eine mit Lichtbildern versehene Karte aus und übermitteln sie dem Zentralen Suchdienst des Internationalen Komitees vom Roten Kreuz. Jede Karte enthält, soweit möglich und soweit dem Kind dadurch kein Schaden entstehen kann, folgende Angaben:

a) Name(n) des Kindes;

b) Vorname(n) des Kindes;

c) Geschlecht des Kindes;

d) Geburtsort und -datum (oder ungefähres Alter, wenn das Datum nicht bekannt ist);

e) Name und Vorname des Vaters;

f) Name, Vorname und gegebenenfalls Mädchenname der Mutter;

g) nächste Angehörige des Kindes;

h) Staatsangehörigkeit des Kindes;

i) Muttersprache des Kindes sowie alle weiteren Sprachen, die es spricht;

j) Anschrift der Familie des Kindes;

k) eine etwaige Kennummer des Kindes;

l) Gesundheitszustand des Kindes;

m) Blutgruppe des Kindes;

n) etwaige besondere Kennzeichen;

o) Datum und Ort der Auffindung des Kindes;

p) das Datum, an dem, und der Ort, von dem aus das Kind sein Land verlassen hat;

q) gegebenenfalls Religion des Kindes;

r) gegenwärtige Anschrift des Kindes im Aufnahmeland;

s) falls das Kind vor seiner Rückkehr stirbt, Datum, Ort und Umstände des Todes sowie Bestattungsort.

KAPITEL III
JOURNALISTEN

Artikel 79
Maßnahmen zum Schutz von Journalisten

(1) Journalisten, die in Gebieten eines bewaffneten Konflikts gefährliche berufliche Aufträge

ausführen, gelten als Zivilpersonen im Sinne des Artikels 50 Absatz 1.

(2) Sie sind als solche nach den Abkommen und diesem Protokoll geschützt, sofern sie nichts unternehmen, was ihren Status als Zivilpersonen beeinträchtigt; sind sie aber bei den Streitkräften als Kriegsberichterstatter akkreditiert, so bleibt der Anspruch auf den nach Artikel 4 Buchstabe A Absatz 4 des III. Abkommens vorgesehenen Status unberührt.

(3) Sie können einen dem Muster in Anhang II dieses Protokolls entsprechenden Ausweis erhalten. Dieser Ausweis, der von der Regierung des Staates ausgestellt wird, dessen Angehörige sie sind, in dem sie ansässig sind oder in dem sich das Nachrichtenorgan befindet, bei dem sie beschäftigt sind, bestätigt den Status des Inhabers als Journalist.

TEIL V
DURCHFÜHRUNG DER ABKOMMEN UND DIESES PROTOKOLLS

ABSCHNITT I
ALLGEMEINE BESTIMMUNGEN

Artikel 80
Durchführungsmaßnahmen

(1) Die Hohen Vertragsparteien und die am Konflikt beteiligten Parteien treffen unverzüglich alle notwendigen Maßnahmen, um ihre Verpflichtungen aus den Abkommen und diesem Protokoll zu erfüllen.

(2) Die Hohen Vertragsparteien und die am Konflikt beteiligten Parteien erteilen Weisungen und Anordnungen, um die Einhaltung der Abkommen und dieses Protokolls zu gewährleisten, und überwachen deren Durchführung.

Artikel 81
Tätigkeit des Roten Kreuzes und anderer humanitärer Organisationen

(1) Die am Konflikt beteiligten Parteien gewähren dem Internationalen Komitee vom Roten Kreuz alle ihnen zu Gebote stehenden Erleichterungen, damit es die humanitären Aufgaben wahrnehmen kann, die ihm durch die Abkommen und dieses Protokoll übertragen sind, um für den Schutz und die Unterstützung der Opfer von Konflikten zu sorgen; das Internationale Komitee vom Roten Kreuz kann auch vorbehaltlich der Zustimmung der betroffenen am Konflikt beteiligten Parteien alle anderen humanitären Tätigkeiten zugunsten dieser Opfer ausüben.

(2) Die am Konflikt beteiligten Parteien gewähren ihren jeweiligen Organisationen des Roten Kreuzes (Roten Halbmonds, Roten Löwen mit Roter Sonne) die Erleichterungen, die sie benötigen, um ihre humanitäre Tätigkeit zugunsten der Opfer des Konflikts im Einklang mit den Abkommen und diesem Protokoll und mit den von den Internationalen Rotkreuzkonferenzen formulierten Grundprinzipien des Roten Kreuzes auszuüben.

(3) Die Hohen Vertragsparteien und die am Konflikt beteiligten Parteien erleichtern in jeder möglichen Weise die Hilfe, die Organisationen des Roten Kreuzes (Roten Halbmonds, Roten Löwen mit Roter Sonne) und die Liga der Rotkreuzgesellschaften den Opfern von Konflikten im Einklang mit den Abkommen und diesem Protokoll und den von den Internationalen Rotkreuzkonferenzen formulierten Grundprinzipien des Roten Kreuzes zuteil werden lassen.

(4) Die Hohen Vertragsparteien und die am Konflikt beteiligten Parteien räumen soweit möglich ähnliche Erleichterungen wie die in den Absätzen 2 und 3 genannten auch den anderen in den Abkommen und diesem Protokoll bezeichneten humanitären Organisationen ein, die von den jeweiligen am Konflikt beteiligten Parteien ordnungsgemäß ermächtigt sind und ihre humanitäre Tätigkeit im Einklang mit den Abkommen und diesem Protokoll ausüben.

Artikel 82
Rechtsberater in den Streitkräften

Die Hohen Vertragsparteien werden jederzeit und die am Konflikt beteiligten Parteien werden in Zeiten eines bewaffneten Konflikts dafür Sorge tragen, daß Rechtsberater bei Bedarf verfügbar sind, um die militärischen Kommandanten der zuständigen Befehlsebenen hinsichtlich der Anwendung der Abkommen und dieses Protokolls sowie der geeigneten Unterweisungen zu beraten, die den Streitkräften auf diesem Gebiet zu erteilen sind.

Artikel 83
Verbreitung

(1) Die Hohen Vertragsparteien verpflichten sich, in Friedenszeiten wie in Zeiten eines bewaffneten Konflikts die Abkommen und dieses Protokoll in ihren Ländern so weit wie möglich zu verbreiten, insbesondere ihr Studium in die militärischen Ausbildungsprogramme aufzunehmen und die Zivilbevölkerung zu ihrem Studium anzuregen, so daß diese Übereinkünfte den Streitkräften und der Zivilbevölkerung bekannt werden.

(2) Die militärischen oder zivilen Dienststellen, die in Zeiten eines bewaffneten Konflikts Verantwortlichkeiten bei der Anwendung der Abkommen und dieses Protokolls zu übernehmen haben, müssen mit ihrem Wortlaut voll und ganz vertraut sein.

Artikel 84
Anwendungsvorschriften

Die Hohen Vertragsparteien übermitteln einander so bald wie möglich durch den Verwahrer und gegebenenfalls durch die Schutzmächte ihre amtlichen Übersetzungen dieses Protokolls sowie die Gesetze und sonstigen Vorschriften, die sie erlassen, um seine Anwendung zu gewährleisten.

ABSCHNITT II
AHNDUNG VON VERLETZUNGEN DER ABKOMMEN UND DIESES PROTOKOLLS

Artikel 85
Ahndung von Verletzungen dieses Protokolls

(1) Die Bestimmungen der Abkommen über die Ahndung von Verletzungen und schweren Verletzungen, ergänzt durch die Bestimmungen dieses Abschnitts, finden auch auf die Ahndung von Verletzungen und schweren Verletzungen dieses Protokolls Anwendung.

(2) Die in den Abkommen als schwere Verletzungen bezeichneten Handlungen stellen schwere Verletzungen dieses Protokolls dar, wenn sie gegen Personen, die sich in der Gewalt einer gegnerischen Partei befinden und durch die Artikel 44, 45, und 73 des Protokolls geschützt sind, oder gegen Verwundete, Kranke und Schiffbrüchige der gegnerischen Partei, die durch dieses Protokoll geschützt sind, oder gegen dasjenige Sanitäts- oder Seelsorgepersonal oder die Sanitätseinheiten oder Sanitätstransportmittel begangen werden, die der gegnerischen Partei unterstehen und durch dieses Protokoll geschützt sind.

(3) Als schwere Verletzungen dieses Protokolls gelten außer den in Artikel 11 bezeichneten schweren Verletzungen folgende Handlungen, wenn sie vorsätzlich unter Verletzung der einschlägigen Bestimmungen des Protokolls begangen werden und den Tod oder eine schwere Beeinträchtigung der körperlichen Unversehrtheit oder der Gesundheit zur Folge haben:

a) gegen die Zivilbevölkerung oder einzelne Zivilpersonen gerichtete Angriffe;

b) Führen eines unterschiedslos wirkenden, die Zivilbevölkerung oder zivile Objekte in Mitleidenschaft ziehenden Angriffs in Kenntnis davon, daß der Angriff Verluste an Menschenleben, die Verwundung von Zivilpersonen oder die Beschädigung ziviler Objekte zur Folge haben wird, die im Sinne des Artikels 57 Absatz 2 Buchstabe a) Ziffer iii) unverhältnismäßig sind;

c) Führen eines Angriffs gegen gefährliche Kräfte enthaltende Anlagen oder Einrichtungen in Kenntnis davon, daß der Angriff Verluste an Menschenleben, die Verwundung von Zivilpersonen oder die Beschädigung ziviler Objekte zur Folge haben wird, die im Sinne des Artikels 57 Absatz 2 Buchstabe a) Ziffer iii) unverhältmäßig sind;

d) gegen unverteidigte Orte und entmilitarisierte Zonen gerichtete Angriffe;

e) gegen eine Person gerichtete Angriffe in Kenntnis davon, daß die Person außer Gefecht befindlich

f) heimtückische gegen Artikel 37 verstoßende Benutzung des Schutzzeichens des Roten Kreuzes, des Roten Halbmonds oder des Roten Löwen mit Roter Sonne oder anderer durch die Abkommen oder dieses Protokoll anerkannter Schutzzeichen.

(4) Als schwere Verletzungen dieses Protokolls gelten außer den in den vorstehenden Absätzen und in den Abkommen bezeichneten schweren Verletzungen folgende Handlungen, wenn sie vorsätzlich und unter Verletzung der Abkommen oder des Protokolls begangen werden:

a) die von der Besatzungsmacht durchgeführte Überführung eines Teiles ihrer eigenen Zivilbevölkerung in das von ihr besetzte Gebiet oder die Verschleppung oder Überführung der Gesamtheit oder eines Teiles der Bevölkerung des besetzten Gebiets innerhalb desselben oder aus demselben unter Verletzung des Artikels 49 des IV. Abkommens;

b) ungerechtfertigte Verzögerung bei der Heimschaffung von Kriegsgefangenen oder Zivilpersonen;

c) Praktiken der Apartheid und andere auf Rassendiskriminierung beruhende unmenschliche und erniedrigende Praktiken, die eine grobe Verletzung der persönlichen Würde einschließen;

d) weitgehende Zerstörungen verursachende Angriffe, die gegen eindeutig erkannte geschichtliche Denkmäler, Kunstwerke oder Kultstätten gerichtet sind, welche zum kulturellen oder geistigen Erbe der Völker gehören und denen auf Grund einer besonderen Vereinbarung, zum Beispiel im Rahmen einer zuständigen internationalen Organisation, besonderer Schutz gewährt wurde, wenn keine Anzeichen dafür vorliegen, daß die gegnerische Partei Artikel 53 Buchstabe b) verletzt hat und wenn die betreffenden geschichtlichen Denkmäler, Kunstwerke und Kultstätten nicht in unmittelbarer Nähe militärischer Ziele gelegen sind;

e) Maßnahmen, durch die einer durch die Abkommen geschützten oder in Absatz 2 genannten Person ihr Recht auf ein unparteiisches ordentliches Gerichtsverfahren entzogen wird.

(5) Unbeschadet der Anwendung der Abkommen und dieses Protokolls gelten schwere Verletzungen dieser Übereinkünfte als Kriegsverbrechen.

Artikel 86
Unterlassungen

(1) Die Hohen Vertragsparteien und die am Konflikt beteiligten Parteien ahnden schwere Verletzungen und treffen die erforderlichen Maßnahmen, um alle sonstigen Verletzungen der Abkommen oder dieses Protokolls zu unterbinden, die sich aus einer Unterlassung ergeben, wenn eine Rechtspflicht zum Handeln besteht.

(2) Wurde eine Verletzung der Abkommen oder dieses Protokolls von einem Untergebenen begangen, so enthebt dies seine Vorgesetzten nicht ihrer strafrechtlichen beziehungsweise disziplinarrechtlichen Verantwortlichkeit, wenn sie wußten oder unter den gegebenen Umständen auf Grund der ihnen vorliegenden Informationen darauf schließen konnten, daß der Untergebene eine solche Verletzung beging oder begehen würde, und wenn sie nicht alle in ihrer Macht stehenden praktisch möglichen Maßnahmen getroffen haben, um die Verletzung zu verhindern oder zu ahnden.

Artikel 87
Pflichten der militärischen Kommandanten

(1) Die Hohen Vertragsparteien und die am Konflikt beteiligten Parteien verlangen von den militärischen Kommandanten im Hinblick auf die ihrem Befehl unterstellten Angehörigen der Streitkräfte und die übrigen Personen in ihrem Befehlsbereich, Verletzungen der Abkommen und dieses Protokolls zu verhindern, sie erforderlichenfalls zu unterbinden und den zuständigen Behörden anzuzeigen.

(2) Um Verletzungen zu verhindern und zu unterbinden, verlangen die Hohen Vertragsparteien und die am Konflikt beteiligten Parteien von den militärischen Kommandanten, in ihrem jeweiligen Verantwortungsbereich sicherzustellen, daß die ihrem Befehl unterstellten Angehörigen der Streitkräfte ihre Verpflichtungen aus den Abkommen und diesem Protokoll kennen.

(3) Die Hohen Vertragsparteien und die am Konflikt beteiligten Parteien verlangen von jedem militärischen Kommandanten, der erfahren hat, daß Untergebene oder andere ihm unterstellte Personen eine Verletzung der Abkommen oder dieses Protokolls begehen werden oder begangen haben, daß er die erforderlichen Maßnahmen zur Verhinderung derartiger Verletzungen anordnet und gegebenenfalls ein Disziplinar- oder Strafverfahren gegen die Täter einleitet.

Artikel 88
Rechtshilfe in Strafsachen

(1) Die Hohen Vertragsparteien gewähren einander die weitestgehende Hilfe im Zusammenhang mit Verfahren, die in bezug auf schwere Verletzungen der Abkommen oder dieses Protokolls eingeleitet werden.

(2) Vorbehaltlich der durch die Abkommen und durch Artikel 85 Absatz 1 dieses Protokolls festgelegten Rechte und Pflichten arbeiten die Hohen Vertragsparteien, sofern die Umstände dies erlauben, auf dem Gebiet der Auslieferung zusammen. Das Ersuchen des Staates, in dessen Hoheitsgebiet die behauptete Verletzung stattgefunden hat, wird von ihnen gebührend geprüft.

(3) In allen Fällen findet das Recht der ersuchten Hohen Vertragspartei Anwendung. Die vorstehenden Absätze berühren jedoch nicht die Verpflichtungen aus anderen zwei- oder mehrseitigen Verträgen, die das Gebiet der Rechtshilfe in Strafsachen ganz oder teilweise regeln oder regeln werden.

Artikel 89
Zusammenarbeit

Bei erheblichen Verstößen gegen die Abkommen oder dieses Protokoll verpflichten sich die Hohen Vertragsparteien, sowohl gemeinsam als auch einzeln in Zusammenarbeit mit den Vereinten Nationen und im Einklang mit der Satzung der Vereinten Nationen tätig zu werden.

Artikel 90
Internationale Ermittlungskommission

(1) a) Es wird eine internationale Ermittlungskommission (im folgenden als „Kommission" bezeichnet) gebildet; sie besteht aus fünfzehn Mitgliedern von hohem sittlichem Ansehen und anerkannter Unparteilichkeit.

b) Sind mindestens zwanzig Hohe Vertragsparteien übereingekommen, die Zuständigkeit der Kommission nach Absatz 2 anzuerkennen, so beruft der Verwahrer zu diesem Zeitpunkt und danach in Abständen von fünf Jahren eine Sitzung von Vertretern dieser Hohen Vertragsparteien ein, um die Mitglieder der Kommission zu wählen. Auf der Sitzung werden die Mitglieder der Kommission in geheimer Wahl aus einer Liste von Personen gewählt, für die jede Hohe Vertragspartei einen Namen vorschlagen kann.

c) Die Mitglieder der Kommission sind in persönlicher Eigenschaft tätig und üben ihr Amt bis zur Wahl der neuen Mitglieder auf der darauffolgenden Sitzung aus.

d) Bei der Wahl vergewissern sich die Hohen Vertragsparteien, daß jede der in die Kommission zu wählenden Personen die erforderliche Eignung besitzt, und tragen dafür Sorge, daß eine gerechte geographische Vertretung in der Kommission insgesamt sichergestellt ist.

e) Wird ein Sitz vorzeitig frei, so wird er von der Kommission unter gebührender Berücksichtigung der Buchstaben a) bis d) besetzt.

f) Der Verwahrer stellt der Kommission die zur Wahrnehmung ihrer Aufgaben erforderlichen Verwaltungsdienste zur Verfügung.

(2) a) Die Hohen Vertragsparteien können bei der Unterzeichnung oder der Ratifikation des Protokolls oder bei ihrem Beitritt oder jederzeit danach erklären, daß sie gegenüber jeder anderen Hohen Vertragspartei, welche dieselbe Verpflichtung übernimmt, die Zuständigkeit der Kommission zur Untersuchung der Behauptungen einer solchen anderen Partei, wie in diesem Artikel vorgesehen, von Rechts wegen und ohne besondere Übereinkunft anerkennen.

b) Die obengenannten Erklärungen werden beim Verwahrer hinterlegt; dieser leitet Abschriften an die Hohen Vertragsparteien weiter.

c) Die Kommission ist zuständig,

i) alle Tatsachen zu untersuchen, von denen behauptet wird, daß sie eine schwere Verletzung im Sinne der Abkommen und dieses Protokolls oder einen anderen erheblichen Verstoß gegen die Abkommen oder das Protokoll darstellen;

ii) dazu beizutragen, daß die Abkommen und dieses Protokoll wieder eingehalten werden, indem sie ihre guten Dienste zur Verfügung stellt.

d) In anderen Fällen nimmt die Kommission Ermittlungen auf Antrag einer am Konflikt beteiligten Partei nur mit Zustimmung der anderen beteiligten Partei oder Parteien auf.

e) Vorbehaltlich der obigen Bestimmungen werden Artikel 52 des I. Abkommens, Artikel 53 des II. Abkommens, Artikel 132 des III. Abkommens und Artikel 149 des IV. Abkommens weiterhin aufjeden behaupteten Verstoß gegen die Abkommen angewandt und finden auch auf jeden behaupteten Verstoß gegen dieses Protokoll Anwendung.

(3) a) Sofern die beteiligten Parteien nichts anderes vereinbaren, werden alle Ermittlungen von einer Kammer durchgeführt, die aus sieben wie folgt ernannten Mitgliedern besteht:

i) fünf Mitglieder der Kommission, die nicht Staatsangehörige einer am Konflikt beteiligten Partei sein dürfen, werden nach Konsultierung der am Konflikt beteiligten Parteien vom Vorsitzenden der Kommission auf der Grundlage einer gerechten Vertretung der geographischen Gebiete ernannt;

ii) zwei Ad-hoc-Mitglieder, die nicht Staatsangehörige einer am Konflikt beteiligten Partei sein dürfen, werden jeweils von einer von ihnen ernannt.

b) Bei Eingang eines Ermittlungsantrags setzt der Vorsitzende der Kommission eine angemessene Frist zur Bildung einer Kammer fest. Wird ein Ad-hoc-Mitglied nicht innerhalb der festgesetzten Frist ernannt, so nimmt der Vorsitzende alsbald jede weitere Ernennung vor, die zur Vervollständigung der Mitgliederzahl der Kammer erforderlich ist.

(4) a) Die nach Absatz 3 zur Durchführung von Ermittlungen gebildete Kammer fordert die am Konflikt beteiligten Parteien auf, sie zu unterstützen und Beweise vorzulegen. Sie kann auch andere Beweise einholen, die sie für zweckdienlich hält, und eine Untersuchung an Ort und Stelle durchführen.

b) Alle Beweismittel werden den beteiligten Parteien vollständig zur Kenntnis gebracht; diese sind berechtigt, sich gegenüber der Kommission dazu zu äußern.

c) Jede Partei ist berechtigt, diese Beweise in Zweifel zu ziehen.

(5) a) Die Kommission legt den Parteien einen Bericht über die Ergebnisse der Ermittlungen der Kammer mit den Empfehlungen vor, die sie für angebracht hält.

b) Ist es der Kammer nicht möglich, ausreichende Beweise für eine sachliche und unparteiische Tatsachenfeststellung zu beschaffen, so gibt die Kommission die Gründe für dieses Unvermögen bekannt.

c) Die Kommission teilt ihre Tatsachenfeststellung nicht öffentlich mit, es sei denn, alle am Konflikt beteiligten Parteien hätten sie dazu aufgefordert.

(6) Die Kommission gibt sich eine Geschäftsordnung einschließlich der Vorschriften über den Vorsitz der Kommission und der Kammer. Diese Geschäftsordnung sieht vor, daß das Amt des Vorsitzenden der Kommission jederzeit ausgeübt wird und daß es im Fall von Ermittlungen von einer Person ausgeübt wird, die nicht Staatsangehörige einer am Konflikt beteiligten Partei ist.

(7) Die Verwaltungsausgaben der Kommission werden durch Beiträge der Hohen Vertragsparteien, die Erklärungen nach Absatz 2 abgegeben haben, und durch freiwillige Beiträge gedeckt. Am Konflikt beteiligte Parteien, die Ermittlungen beantragen, strecken die nötigen Mittel zur Deckung der einer Kammer entstehenden Kosten vor und erhalten von der Partei oder den Parteien, gegen die sich die Behauptungen richten, einen Betrag in Höhe von 50 vH der Kosten der Kammer zurück. Werden der Kammer Gegendarstellungen vorgetragen, so streckt jede Partei 50 vH der erforderlichen Mittel vor.

Artikel 91
Haftung

Eine am Konflikt beteiligte Partei, welche die Abkommen oder dieses Protokoll verletzt, ist gegebenenfalls zum Schadenersatz verpflichtet. Sie ist für alle Handlungen verantwortlich, die von den zu ihren Streitkräften gehörenden Personen begangen werden.

TEIL VI
SCHLUSSBESTIMMUNGEN

Artikel 92
Unterzeichnung

Dieses Protokoll wird für die Vertragsparteien der Abkommen sechs Monate nach Unterzeichnung der Schlußakte zur Unterzeichnung aufgelegt; es liegt für einen Zeitabschnitt von zwölf Monaten zur Unterzeichnung auf.

Artikel 93
Ratifikation

Dieses Protokoll wird so bald wie möglich ratifiziert. Die Ratifikationsurkunden werden beim Schweizerischen Bundesrat, dem Verwahrer der Abkommen, hinterlegt.

Artikel 94
Beitritt

Dieses Protokoll steht für jede Vertragspartei der Abkommen, die es nicht unterzeichnet hat, zum Beitritt offen. Die Beitrittsurkunden werden beim Verwahrer hinterlegt.

Artikel 95
Inkrafttreten

(1) Dieses Protokoll tritt sechs Monate nach der Hinterlegung von zwei Ratifikations- oder Beitrittsurkunden in Kraft.

(2) Für jede Vertragspartei der Abkommen, die zu einem späteren Zeitpunkt dieses Protokoll ratifiziert oder ihm beitritt, tritt es sechs Monate nach Hinterlegung ihrer eigenen Ratifikations- oder Beitrittsurkunde in Kraft.

Artikel 96
Vertragsbeziehungen beim Inkrafttreten dieses Protokolls

(1) Sind die Vertragsparteien der Abkommen auch Vertragsparteien dieses Protokolls, so finden die Abkommen so Anwendung, wie sie durch das Protokoll ergänzt sind.

(2) Ist eine der am Konflikt beteiligten Parteien nicht durch dieses Protokoll gebunden, so bleiben dessen Vertragsparteien in ihren gegenseitigen Beziehungen durch das Protokoll gebunden. Sie sind durch das Protokoll auch gegenüber jeder nicht durch das Protokoll gebundenen Partei gebunden, wenn diese dessen Bestimmungen annimmt und anwendet.

(3) Das Organ, das ein Volk vertritt, welches in einen gegen eine Hohe Vertragspartei gerichteten bewaffneten Konflikt der in Artikel 1 Absatz 4 erwähnten Art verwickelt ist, kann sich verpflichten, die Abkommen und dieses Protokoll in bezug auf diesen Konflikt anzuwenden, indem es eine einseitige Erklärung an den Verwahrer richtet. Nach Eingang beim Verwahrer hat diese Erklärung im Zusammenhang mit dem Konflikt folgende Wirkungen:

a) Die Abkommen und dieses Protokoll werden für das genannte Organ in seiner Eigenschaft als am Konflikt beteiligte Partei unmittelbar wirksam,

b) das genannte Organ übernimmt die gleichen Rechte und Pflichten wie eine Hohe Vertragspartei der Abkommen und dieses Protokolls und

c) die Abkommen und dieses Protokoll binden alle am Konflikt beteiligten Parteien in gleicher Weise.

Artikel 97
Änderung

(1) Jede Hohe Vertragspartei kann Änderungen dieses Protokolls vorschlagen. Der Wortlaut jedes Änderungsvorschlags wird dem Verwahrer mitgeteilt; dieser beschließt nach Konsultierung aller Hohen Vertragsparteien und des Internationalen Komitees vom Roten Kreuz, ob eine Konferenz zur Prüfung des Änderungsvorschlags einberufen werden soll.

(2) Der Verwahrer lädt zu dieser Konferenz alle Hohen Vertragsparteien sowie die Vertragsparteien der Abkommen ein, gleichviel ob sie dieses Protokoll unterzeichnet haben oder nicht.

Artikel 98
Revision des Anhangs I

(1) Spätestens vier Jahre nach Inkrafttreten dieses Protokolls und danach in Abständen von mindestens vier Jahren konsultiert das Internationale Komitee vom Roten Kreuz die Hohen Vertragsparteien in bezug auf den Anhang I des Protokolls und kann, wenn es dies für erforderlich hält, eine Tagung von Sachverständigen zur Überprüfung des Anhangs I und zur Unterbreitung der wünschenswert erscheinenden Änderungen vorschlagen. Sofern nicht innerhalb von sechs Monaten nach Übermittlung eines diesbezüglichen Vorschlags an die Hohen Vertragsparteien ein Drittel derselben dagegen Einspruch erhebt, beruft das Internationale Komitee vom Roten Kreuz die Tagung ein, zu der es auch Beobachter der in Betracht kommenden internationalen Organisationen einlädt. Ein solche Tagung wird vom Internationalen Komitee vom Roten Kreuz auch jederzeit auf Antrag eines Drittels der Hohen Vertragsparteien einberufen.

(2) Der Verwahrer beruft eine Konferenz der Hohen Vertragsparteien und der Vertragsparteien der Abkommen ein, um die von der Tagung der Sachverständigen vorgeschlagenen Änderungen zu prüfen, sofern nach dieser Tagung das Interna-

tionale Komitee vom Roten Kreuz oder ein Drittel der Hohen Vertragsparteien darum ersucht.

(3) Änderungen des Anhangs I können von dieser Konferenz mit einer Mehrheit von zwei Dritteln der anwesenden und abstimmenden Hohen Vertragsparteien beschlossen werden.

(4) Der Verwahrer teilt den Hohen Vertragsparteien und den Vertragsparteien der Abkommen jede auf diese Weise beschlossene Änderung mit. Die Änderung gilt nach Ablauf eines Jahres nach dem Zeitpunkt der Mitteilung als angenommen, sofern nicht mindestens ein Drittel der Hohen Vertragsparteien dem Verwahrer innerhalb dieses Zeitabschnitts eine Erklärung über die Nichtannahme der Änderung übermittelt.

(5) Eine nach Absatz 4 als angenommen geltende Änderung tritt drei Monate nach ihrer Annahme für alle Hohen Vertragsparteien mit Ausnahme derjenigen in Kraft, die nach jenem Absatz eine Erklärung über die Nichtannahme abgegeben haben. Jede Vertragspartei, die eine solche Erklärung abgibt, kann sie jederzeit zurücknehmen; in diesem Fall tritt die Änderung für diese Vertragspartei drei Monate nach der Rücknahme in Kraft.

(6) Der Verwahrer notifiziert den Hohen Vertragsparteien und den Vertragsparteien der Abkommen das Inkrafttreten jeder Änderung sowie die durch die Änderung gebundenen Vertragsparteien, den Zeitpunkt ihres Inkrafttretens für jede Vertragspartei und die nach Absatz 4 abgegebenen Erklärungen über die Nichtannahme und die Rücknahme solcher Erklärungen.

Artikel 99
Kündigung

(1) Kündigt eine Hohe Vertragspartei dieses Protokoll, so wird die Kündigung erst ein Jahr nach Eingang der Kündigungsurkunde wirksam. Ist jedoch bei Ablauf dieses Jahres für die kündigende Partei eine in Artikel 1 genannte Situation eingetreten, so bleibt die Kündigung bis zum Ende des bewaffneten Konflikts oder der Besetzung, in jedem Fall aber so lange unwirksam, bis die mit der endgültigen Freilassung, der Heimschaffung oder der Niederlassung der durch die Abkommen oder dieses Protokoll geschützten Personen im Zusammenhang stehenden Maßnahmen abgeschlossen sind.

(2) Die Kündigung wird dem Verwahrer schriftlich notifiziert; dieser übermittelt sie allen Hohen Vertragsparteien.

(3) Die Kündigung wird nur in bezug auf die kündigende Vertragspartei wirksam.

(4) Eine Kündigung nach Absatz 1 berührt nicht die wegen des bewaffneten Konflikts von der kündigenden Vertragspartei nach diesem Protokoll bereits eingegangenen Verpflichtungen in bezug auf eine vor dem Wirksamwerden der Kündigung begangene Handlung.

Artikel 100
Notifikationen

Der Verwahrer unterrichtet die Hohen Vertragsparteien sowie die Vertragsparteien der Abkommen, gleichviel ob sie dieses Protokoll unterzeichnet haben oder nicht,

a) von den Unterzeichnungen dieses Protokolls und der Hinterlegung von Ratifikations- und Beitrittsurkunden nach den Artikeln 93 und 94,

b) vom Zeitpunkt des Inkrafttretens dieses Protokolls nach Artikel 95,

c) von den nach den Artikeln 84, 90 und 97 eingegangenen Mitteilungen und Erklärungen,

d) von den nach Artikel 96 Absatz 3 eingegangenen Erklärungen, die auf schnellstem Weg übermittelt werden, und

e) von den Kündigungen nach Artikel 99.

Artikel 101
Registrierung

(1) Nach seinem Inkrafttreten wird dieses Protokoll vom Verwahrer dem Sekretariat der Vereinten Nationen zur Registrierung und Veröffentlichung gemäß Artikel 102 der Satzung der Vereinten Nationen übermittelt.

(2) Der Verwahrer setzt das Sekretariat der Vereinten Nationen auch von allen Ratifikationen, Beitritten und Kündigungen in Kenntnis, die er in bezug auf dieses Protokoll erhält.

Artikel 102
Authentische Texte

Die Urschrift dieses Protokolls, dessen arabischer, chinesischer, englischer, französischer, russischer und spanischer Text gleichermaßen authentisch ist, wird beim Verwahrer hinterlegt; dieser übermittelt allen Vertragsparteien der Abkommen beglaubigte Abschriften.

8/7. Zusatzprotokoll zu den Genfer Abkommen vom 12. August 1949 über den Schutz der Opfer nicht internationaler bewaffneter Konflikte (Protokoll II)

BGBl 1982/527

Zusatzprotokoll zu den Genfer Abkommen vom 12. August 1949 über den Schutz der Opfer nicht internationaler bewaffneter Konflikte (Protokoll II)

VORBEHALT ZU ART. 57 ABS. 2 DES PROTOKOLLS I

Art. 57 Abs. 2 des Protokolls I wird mit der Maßgabe angewendet, daß für alle Entscheidungen militärischer Kommandanten der tatsächliche Informationsstand im Zeitpunkt der Entscheidung maßgeblich ist.

VORBEHALT ZU ART. 58 DES PROTOKOLLS I

In Anbetracht des in Artikel 58 des Protokolls I enthaltenen Ausdruckes „soweit dies praktisch irgend möglich ist" werden die Absätze a und b unter Vorbehalt der Erfordernisse der umfassenden Landesverteidigung angewendet.

VORBEHALT ZU ART. 75 DES PROTOKOLLS I

Der Artikel 75 des Protokolls I wird mit der Maßgabe angewendet, daß

a) der Absatz 4 lit. e gesetzlichen Regelungen nicht entgegensteht, die es gestatten, einen Angeklagten von der Teilnahme an der Verhandlung auszuschließen, der die Ordnung der Verhandlung stört oder dessen Anwesenheit die Vernehmung eines anderen Angeklagten, eines Zeugen oder Sachverständigen erschweren würde;

b) der Absatz 4 lit. h gesetzlichen Regelungen nicht entgegensteht, die die Wiederaufnahme eines Strafverfahrens gestatten, in dem jemand wegen einer strafbaren Handlung rechtskräftig verurteilt oder freigesprochen worden ist.

VORBEHALT ZU DEN ARTIKELN 85 UND 86 DES PROTOKOLLS I

Die Art. 85 und 86 des Protokolls I werden mit der Maßgabe angewendet, daß für die Beurteilung aller Entscheidungen militärischer Kommandanten die militärische Notwendigkeit, die Zumutbarkeit ihres Erkennens und der tatsächliche Informationsstand im Zeitpunkt der Entscheidung maßgeblich sind.

VORBEHALT ZU ART. 6 DES PROTOKOLLS II

Der Artikel 6 Absatz 2 lit. e des Protokolls II wird mit der Maßgabe angewendet, daß er gesetzlichen Regelungen nicht entgegensteht, die es gestatten, einen Angeklagten von der Teilnahme an der Verhandlung auszuschließen, der die Ordnung der Verhandlung stört oder dessen Anwesenheit die Vernehmung eines anderen Angeklagten, eines Zeugen oder Sachverständigen erschweren würde.

Die vom Bundespräsidenten unterzeichnete und vom Bundeskanzler gegengezeichnete Ratifikationsurkunde wurde am 13. August 1982 beim Schweizerischen Bundesrat hinterlegt; die Protokolle I und II treten gemäß ihrer Art. 95 Abs. 2 bzw. Art. 23 Abs. 2 für Österreich am 13. Feber 1983 in Kraft.

DIE HOHEN VERTRAGSPARTEIEN –

EINGEDENK DESSEN, daß die humanitären Grundsätze, die in dem den Genfer Abkommen vom 12. August 1949 gemeinsamen Artikel 3 niedergelegt sind, die Grundlage für die Achtung der menschlichen Person im Fall eines nicht internationalen bewaffneten Konflikts darstellen,

SOWIE EINGEDENK DESSEN, daß die internationalen Übereinkünfte über die Menschenrechte der menschlichen Person einen grundlegenden Schutz bieten,

unter BETONUNG der Notwendigkeit, den Opfern dieser bewaffneten Konflikte einen besseren Schutz zu sichern,

EINGEDENK DESSEN, daß die menschliche Person in den vom geltenden Recht nicht erfaßten Fällen unter dem Schutz der Grundsätze der Menschlichkeit und der Forderungen des öffentlichen Gewissens verbleibt –

SIND wie folgt ÜBEREINGEKOMMEN:

TEIL I
GELTUNGSBEREICH DIESES PROTOKOLLS

Artikel 1
Sachlicher Anwendungsbereich

(1) Dieses Protokoll, das den den Genfer Abkommen vom 12. August 1949 gemeinsamen Artikel 3 weiterentwickelt und ergänzt, ohne die bestehenden Voraussetzungen für seine Anwendung zu ändern, findet auf alle bewaffneten Konflikte Anwendung, die von Artikel 1 des Zusatzprotokolls zu den Genfer Abkommen vom 12. August 1949 über den Schutz der Opfer internationaler bewaffneter Konflikte (Protokoll I) nicht erfaßt sind und die im Hoheitsgebiet einer Hohen Vertragspartei zwischen deren Streitkräften und abtrünnigen Streitkräften oder anderen organisierten bewaffneten Gruppen stattfinden, die unter einer verantwortlichen Führung eine solche Kontrolle über einen Teil des Hoheitsgebiets der Hohen Vertragspartei ausüben, daß sie anhaltende, koordinierte Kampfhandlungen durchführen und dieses Protokoll anzuwenden vermögen.

(2) Dieses Protokoll findet nicht auf Fälle innerer Unruhen und Spannungen wie Tumulte, vereinzelt auftretende Gewalttaten und andere ähnliche Handlungen Anwendung, die nicht als bewaffnete Konflikte gelten.

Artikel 2
Persönlicher Anwendungsbereich

(1) Dieses Protokoll findet ohne jede auf Rasse, Hautfarbe, Geschlecht, Sprache, Religion oder Glauben, politischen oder sonstigen Anschauungen, nationaler oder sozialer Herkunft, Vermögen, Geburt oder sonstiger Stellung oder auf irgendeinem anderen ähnlichen Unterscheidungsmerkmal beruhende nachteilige Unterscheidung (im folgenden als "nachteilige Unterscheidung" bezeichnet) auf alle Personen Anwendung, die von einem bewaffneten Konflikt im Sinne des Artikels 1 betroffen sind.

(2) Mit Beendigung des bewaffneten Konflikts genießen alle Personen, die aus Gründen im Zusammenhang mit dem Konflikt einem Entzug oder einer Beschränkung ihrer Freiheit unterworfen waren, sowie alle Personen, die nach dem Konflikt aus den gleichen Gründen derartigen Maßnahmen unterworfen sind, bis zu deren Beendigung den Schutz nach den Artikeln 5 und 6.

Artikel 3
Nichteinmischung

(1) Dieses Protokoll darf nicht zur Beeinträchtigung der Souveränität eines Staates oder der Verantwortung der Regierung herangezogen werden, mit allen rechtmäßigen Mitteln die öffentliche Ordnung im Staat aufrechtzuerhalten oder wiederherzustellen oder die nationale Einheit und territoriale Unversehrtheit des Staates zu verteidigen.

(2) Dieses Protokoll darf nicht zur Rechtfertigung einer wie immer begründeten unmittelbaren oder mittelbaren Einmischung in den bewaffneten Konflikt oder in die inneren oder äußeren Angelegenheiten der Hohen Vertragspartei herangezogen werden, in deren Hoheitsgebiet dieser Konflikt stattfindet.

TEIL II
MENSCHLICHE BEHANDLUNG

Artikel 4
Grundlegende Garantien

(1) Alle Personen, die nicht unmittelbar oder nicht mehr an Feindseligkeiten teilnehmen, haben, gleichviel ob ihnen die Freiheit entzogen ist oder nicht, Anspruch auf Achtung ihrer Person, ihrer Ehre, ihrer Überzeugungen und ihrer religiösen Gepflogenheiten. Sie werden unter allen Umständen mit Menschlichkeit und ohne jede nachteilige Unterscheidung behandelt. Es ist verboten, den Befehl zu erteilen, niemanden am Leben zu lassen.

(2) Unbeschadet der allgemeinen Gültigkeit der vorstehenden Bestimmungen sind und bleiben in bezug auf die in Absatz 1 genannten Personen jederzeit und überall verboten

a) Angriffe auf das Leben, die Gesundheit und das körperliche oder geistige Wohlbefinden von Personen, insbesondere vorsätzliche Tötung und grausame Behandlung, wie Folter, Verstümmelung oder jede Art von körperlicher Züchtigung;

b) Kollektivstrafen;

c) Geiselnahme,

d) terroristische Handlungen;

e) Beeinträchtigung der persönlichen Würde, insbesondere entwürdigende und erniedrigende Behandlung Vergewaltigung, Nötigung zur Prostitution und unzüchtige Handlungen jeder Art;

f) Sklaverei und Sklavenhandel in allen ihren Formen;

g) Plünderung;

h) die Androhung einer dieser Handlungen.

(3) Kindern wird die Pflege und Hilfe zuteil, deren sie bedürfen, insbesondere

a) erhalten sie die Erziehung, einschließlich der religiösen und sittlichen Erziehung, die den Wünschen ihrer Eltern oder – bei deren Fehlen – der Personen entspricht, die für sie zu sorgen haben;

b) werden alle geeigneten Maßnahmen getroffen, um die Zusammenführung von vorübergehend getrennten Familien zu erleichtern;

c) dürfen Kinder unter fünfzehn Jahren weder in Streitkräfte oder bewaffnete Gruppen eingegliedert werden noch darf ihnen die Teilnahme an Feindseligkeiten erlaubt werden;

d) gilt der in diesem Artikel für Kinder unter fünfzehn Jahren vorgesehene besondere Schutz auch dann für sie, wenn sie trotz der Bestimmungen des Buchstabens c unmittelbar an Feindseligkeiten teilnehmen und gefangengenommen werden;

e) werden bei Bedarf Maßnahmen getroffen – nach Möglichkeit mit Zustimmung der Eltern oder der Personen, die nach Gesetz oder Brauch in erster Linie für die Kinder zu sorgen haben –, um diese vorübergehend aus dem Gebiet, in dem Feindseligkeiten stattfinden, in ein sichereres Gebiet des Landes zu evakuieren und ihnen die für ihre Sicherheit und ihr Wohlergehen verantwortlichen Personen mitzugeben.

Artikel 5
Personen, denen die Freiheit entzogen ist

(1) Außer den Bestimmungen des Artikels 4 werden mindestens folgende Bestimmungen in bezug auf Personen befolgt, denen aus Gründen im Zusammenhang mit dem bewaffneten Konflikt die Freiheit entzogen ist, gleichviel ob sie interniert oder in Haft gehalten sind:

a) Verwundete und Kranke werden nach Maßgabe des Artikels 7 behandelt;

b) die in diesem Absatz genannten Personen werden im gleichen Umfang wie die örtliche Zivilbevölkerung mit Lebensmitteln und Trinkwasser versorgt; ihnen werden Gesundheitsfürsorge und Hygiene sowie Schutz vor den Unbilden der Witterung und den Gefahren des bewaffneten Konflikts gewährleistet;

c) sie sind befugt, Einzel- oder Sammelhilfe zu erhalten;

d) sie dürfen ihre Religion ausüben und auf Wunsch und soweit angemessen geistlichen Beistand von Personen empfangen, die seelsorgerisch tätig sind, wie zum Beispiel von Feldgeistlichen;

e) falls sie zur Arbeit herangezogen werden, haben sie Anspruch auf vergleichbare Arbeitsbedingungen und Sicherheitsvorkehrungen wie die örtliche Zivilbevölkerung.

(2) Die für die Internierung oder Haft der in Absatz 1 genannten Personen Verantwortlichen befolgen im Rahmen ihrer Möglichkeiten nachstehende Bestimmungen in bezug auf diese Personen:

a) außer in Fällen, in denen Männer und Frauen derselben Familie zusammen untergebracht sind, werden Frauen in Räumlichkeiten untergebracht, die von denen der Männer getrennt sind, und unterstehen der unmittelbaren Überwachung durch Frauen;

b) sie sind befugt, Briefe und Postkarten abzuschicken und zu empfangen; deren Anzahl kann von der zuständigen Behörde beschränkt werden, wenn sie es für erforderlich hält;

c) die Orte der Internierung und Haft dürfen nicht in der Nähe der Kampfzone liegen. Werden sie den aus dem bewaffneten Konflikt erwachsenden Gefahren besonders stark ausgesetzt, so werden die in Absatz 1 genannten Personen evakuiert, sofern ihre Sicherheit dabei ausreichend gewährleistet werden kann;

d) es ist ihnen Gelegenheit zu geben, sich ärztlich untersuchen zu lassen;

e) ihre körperliche oder geistige Gesundheit und Unversehrtheit dürfen durch keine ungerechtfertigte Handlung oder Unterlassung gefährdet werden. Es ist daher verboten, die in diesem Artikel genannten Personen einem medizinischen Verfahren zu unterziehen, das nicht durch ihren Gesundheitszustand geboten ist und das nicht mit den allgemein anerkannten und unter entsprechenden medizinischen Umständen auf freie Personen angewandten medizinischen Grundsätzen im Einklang steht.

(3) Personen, die von Absatz 1 nicht erfaßt sind, deren Freiheit jedoch aus Gründen im Zusammenhang mit dem bewaffneten Konflikt in irgendeiner Weise eingeschränkt ist, werden nach Artikel 4 sowie nach Absatz 1 Buchstaben a, c und d und Absatz 2 Buchstabe b des vorliegenden Artikels mit Menschlichkeit behandelt.

(4) Wird beschlossen, Personen freizulassen, denen die Freiheit entzogen wurde, so treffen diejenigen, die den entsprechenden Beschluß fassen, die notwendigen Maßnahmen, um die Sicherheit dieser Personen zu gewährleisten.

Beachte für folgende Bestimmung

Vorbehalt Österreichs zu Art. 6: siehe Titeldokument,

BGBl. Nr. 527/1982.

Artikel 6
Strafverfolgung

(1) Dieser Artikel findet auf die Verfolgung und Bestrafung solcher Straftaten Anwendung, die mit dem bewaffneten Konflikt im Zusammenhang stehen.

(2) Gegen eine Person, die für schuldig befunden wurde, eine Straftat begangen zu haben, darf eine Verurteilung nur in einem Urteil ausgesprochen und nur auf Grund eines Urteils eine Strafe vollstreckt werden; dieses Urteil muß von einem Gericht gefällt werden, das die wesentlichen Ga-

rantien der Unabhängigkeit und Unparteilichkeit aufweist. Insbesondere gilt folgendes:

a) Das Verfahren sieht vor, daß der Beschuldigte unverzüglich über die Einzelheiten der ihm zur Last gelegten Straftat unterrichtet werden muß, und gewährt ihm während der Hauptverhandlung und davor alle zu seiner Verteidigung erforderlichen Rechte und Mittel;

b) niemand darf wegen einer Straftat verurteilt werden, für die er nicht selbst strafrechtlich verantwortlich ist;

c) niemand darf wegen einer Handlung oder Unterlassung verurteilt werden, die nach dem zur Zeit ihrer Begehung geltenden Recht nicht strafbar war; ebenso darf keine schwerere Strafe als die im Zeitpunkt der Begehung der Straftat angedrohte verhängt werden; wird nach Begehung der Straftat durch Gesetz eine mildere Strafe eingeführt, so kommt dies dem Täter zugute;

d) bis zum gesetzlichen Nachweis seiner Schuld wird vermutet, daß der wegen einer Straftat Angeklagte unschuldig ist;

e) jeder wegen einer Straftat Angeklagte hat das Recht, bei der Hauptverhandlung anwesend zu sein;

f) niemand darf gezwungen werden, gegen sich selbst als Zeuge auszusagen oder sich schuldig zu bekennen.

(3) Jeder Verurteilte wird bei seiner Verurteilung über sein Recht, gerichtliche und andere Rechtsmittel oder Rechtsbehelfe einzulegen, sowie über die hierfür festgesetzten Fristen unterrichtet.

(4) Die Todesstrafe darf nicht gegen Personen ausgesprochen werden, die bei Begehung der Straftat noch nicht achtzehn Jahre alt waren; sie darf nicht an schwangeren Frauen und Müttern kleiner Kinder vollstreckt werden.

(5) Bei Beendigung der Feindseligkeiten bemühen sich die an der Macht befindlichen Stellen, denjenigen Personen eine möglichst weitgehende Amnestie zu gewähren, die am bewaffneten Konflikt teilgenommen haben oder denen aus Gründen im Zusammenhang mit dem Konflikt die Freiheit entzogen wurde, gleichviel ob sie interniert oder in Haft gehalten sind.

TEIL III

VERWUNDETE, KRANKE UND SCHIFFBRÜCHIGE

Artikel 7
Schutz und Pflege

(1) Alle Verwundeten, Kranken und Schiffbrüchigen werden geschont und geschützt, gleichviel ob sie am bewaffneten Konflikt teilgenommen haben oder nicht.

(2) Sie werden unter allen Umständen mit Menschlichkeit behandelt und erhalten so umfassend und so schnell wie möglich die für ihren Zustand erforderliche medizinische Pflege und Betreuung. Aus anderen als medizinischen Gründen darf kein Unterschied zwischen ihnen gemacht werden.

Artikel 8
Suche

Sobald die Umstände es zulassen, insbesondere aber nach einem Gefecht, werden unverzüglich alle durchführbaren Maßnahmen getroffen, um die Verwundeten, Kranken und Schiffbrüchigen zu suchen und zu bergen, sie vor Plünderung und Mißhandlung zu schützen und für ihre angemessene Pflege zu sorgen sowie um die Toten zu suchen, ihre Beraubung zu verhindern und sie würdig zu bestatten.

Artikel 9
Schutz des Sanitäts- und Seelsorgepersonals

(1) Das Sanitäts- und Seelsorgepersonal wird geschont und geschützt und erhält alle verfügbare Hilfe zur Wahrnehmung seiner Aufgaben. Es darf nicht gezwungen werden, Aufgaben zu übernehmen, die mit seinem humanitären Auftrag unvereinbar sind.

(2) Vom Sanitätspersonal darf nicht verlangt werden, bei der Wahrnehmung seiner Aufgaben bestimmte Personen aus anderen als medizinischen Gründen zu bevorzugen.

Artikel 10
Allgemeiner Schutz der ärztlichen Aufgabe

(1) Niemand darf bestraft werden, weil er eine ärztliche Tätigkeit ausgeübt hat, die mit dem ärztlichen Ehrenkodex im Einklang steht, gleichviel unter welchen Umständen und zu wessen Nutzen sie ausgeübt worden ist.

(2) Wer eine ärztliche Tätigkeit ausübt, darf nicht gezwungen werden, Handlungen vorzunehmen oder Arbeiten zu verrichten, die mit den Regeln des ärztlichen Ehrenkodexes, mit sonstigen dem Wohl der Verwundeten und Kranken dienenden Regeln oder mit den Bestimmungen dieses Protokolls unvereinbar sind, oder Handlungen zu unterlassen, die auf Grund dieser Regeln oder Bestimmungen geboten sind.

(3) Die Standespflichten der ärztliche Tätigkeiten ausübenden Personen hinsichtlich der Auskünfte, die sie möglicherweise über von ihnen betreute Verwundete und Kranke erhalten, müssen vorbehaltlich des innerstaatlichen Rechts beachtet werden.

(4) Vorbehaltlich des innerstaatlichen Rechts darf niemand, der eine ärztliche Tätigkeit ausübt,

in irgendeiner Weise bestraft werden, weil er sich weigert oder es unterläßt, Auskunft über Verwundete und Kranke zu geben, die er betreut oder betreut hat.

Artikel 11
Schutz von Sanitätseinheiten und -transportmitteln

(1) Sanitätseinheiten und -transportmittel werden jederzeit geschont und geschützt und dürfen nicht angegriffen werden.

(2) Der Sanitätseinheiten und -transportmitteln gebührende Schutz darf nur dann enden, wenn diese außerhalb ihrer humanitären Bestimmung zu feindlichen Handlungen verwendet werden. Jedoch endet der Schutz erst, nachdem eine Warnung, die möglichst eine angemessene Frist setzt, unbeachtet geblieben ist.

Artikel 12
Schutzzeichen

Unter Aufsicht der betreffenden zuständigen Behörde führen Sanitäts- und Seelsorgepersonal sowie Sanitätseinheiten und -transportmittel das Schutzzeichen des Roten Kreuzes, des Roten Halbmonds oder des Roten Löwen mit Roter Sonne auf weißem Grund. Es ist unter allen Umständen zu achten. Es darf nicht mißbräuchlich verwendet werden.

TEIL IV
ZIVILBEVÖLKERUNG

Artikel 13
Schutz der Zivilbevölkerung

(1) Die Zivilbevölkerung und einzelne Zivilpersonen genießen allgemeinen Schutz vor den von Kampfhandlungen ausgehenden Gefahren. Um diesem Schutz Wirksamkeit zu verleihen, sind folgende Vorschriften unter allen Umständen zu beachten.

(2) Weder die Zivilbevölkerung als solche noch einzelne Zivilpersonen dürfen das Ziel von Angriffen sein. Die Anwendung oder Androhung von Gewalt mit dem hauptsächlichen Ziel, Schrecken unter der Zivilbevölkerung zu verbreiten, ist verboten.

(3) Zivilpersonen genießen den durch diesen Teil gewährten Schutz, sofern und solange sie nicht unmittelbar an Feindseligkeiten teilnehmen.

Artikel 14
Schutz der für die Zivilbevölkerung lebensnotwendigen Objekte

Das Aushungern von Zivilpersonen als Mittel der Kriegsführung ist verboten. Es ist daher verboten, für die Zivilbevölkerung lebensnotwendige Objekte, wie Nahrungsmittel, zur Erzeugung von Nahrungsmitteln genutzte landwirtschaftliche Gebiete, Ernte- und Viehbestände, Trinkwasserversorgungsanlagen und -vorräte sowie Bewässerungsanlagen zu diesem Zweck anzugreifen, zu zerstören, zu entfernen oder unbrauchbar zu machen.

Artikel 15
Schutz von Anlagen und Einrichtungen, die gefährliche Kräfte enthalten

Anlagen oder Einrichtungen, die gefährliche Kräfte enthalten, nämlich Staudämme, Deiche und Kernkraftwerke, dürfen auch dann nicht angegriffen werden, wenn sie militärische Ziele darstellen, sofern ein solcher Angriff gefährliche Kräfte freisetzen und dadurch schwere Verluste unter der Zivilbevölkerung verursachen kann.

Artikel 16
Schutz von Kulturgut und Kultstätten

Unbeschadet der Bestimmungen der Haager Konvention vom 14. Mai 1954 zum Schutz von Kulturgut bei bewaffneten Konflikten ist es verboten, feindselige Handlungen gegen geschichtliche Denkmäler, Kunstwerke oder Kultstätten zu begehen, die zum kulturellen oder geistigen Erbe der Völker gehören, und sie zur Unterstützung des militärischen Einsatzes zu verwenden.

Artikel 17
Verbot von Zwangsverlegungen

(1) Die Verlegung der Zivilbevölkerung darf nicht aus Gründen im Zusammenhang mit dem Konflikt angeordnet werden, sofern dies nicht im Hinblick auf die Sicherheit der betreffenden Zivilpersonen oder aus zwingenden militärischen Gründen geboten ist. Muß eine solche Verlegung vorgenommen werden, so sind alle durchführbaren Maßnahmen zu treffen, damit die Zivilbevölkerung am Aufnahmeort befriedigende Bedingungen in bezug auf Unterbringung, Hygiene, Gesundheit, Sicherheit und Ernährung vorfindet.

(2) Zivilpersonen dürfen nicht gezwungen werden, ihr eigenes Gebiet aus Gründen zu verlassen, die mit dem Konflikt im Zusammenhang stehen.

Artikel 18
Hilfsgesellschaften und Hilfsaktionen

(1) Die im Hoheitsgebiet der Hohen Vertragspartei gelegenen Hilfsgesellschaften, wie die Organisationen des Roten Kreuzes (Roten Halbmonds, Roten Löwen mit Roter Sonne) können ihre Dienste anbieten, um ihre herkömmlichen Aufgaben gegenüber den Opfern des bewaffneten

Konflikts zu erfüllen. Die Zivilbevölkerung kann auch von sich aus ihre Bereitschaft erklären, Verwundete, Kranke und Schiffbrüchige zu bergen und zu pflegen.

(2) Erleidet die Zivilbevölkerung übermäßige Entbehrungen infolge eines Mangels an lebensnotwendigen Versorgungsgütern, wie Lebensmitteln und Sanitätsmaterial, so sind mit Zustimmung der betroffenen Hohen Vertragspartei Hilfsaktionen rein humanitärer unparteiischer Art zugunsten der Zivilbevölkerung ohne jede nachteilige Unterscheidung durchzuführen.

TEIL V

SCHLUSSBESTIMMUNGEN

Artikel 19
Verbreitung

Dieses Protokoll wird so weit wie möglich verbreitet.

Artikel 20
Unterzeichnung

Dieses Protokoll wird für die Vertragsparteien der Abkommen sechs Monate nach Unterzeichnung der Schlußakte zur Unterzeichnung aufgelegt; es liegt für einen Zeitabschnitt von zwölf Monaten zur Unterzeichnung auf.

Artikel 21
Ratifikation

Dieses Protokoll wird so bald wie möglich ratifiziert. Die Ratifikationsurkunden werden beim Schweizerischen Bundesrat, dem Verwahrer der Abkommen, hinterlegt.

Artikel 22
Beitritt

Dieses Protokoll steht für jede Vertragspartei der Abkommen, die es nicht unterzeichnet hat, zum Beitritt offen. Die Beitrittsurkunden werden beim Verwahrer hinterlegt.

Artikel 23
Inkrafttreten

(1) Dieses Protokoll tritt sechs Monate nach der Hinterlegung von zwei Ratifikations- oder Beitrittsurkunden in Kraft.

(2) Für jede Vertragspartei der Abkommen, die zu einem späteren Zeitpunkt dieses Protokoll ratifiziert oder ihm beitritt, tritt es sechs Monate nach Hinterlegung ihrer eigenen Ratifikations- oder Beitrittsurkunde in Kraft.

Artikel 24
Änderung

(1) Jede Hohe Vertragspartei kann Änderungen dieses Protokolls vorschlagen. Der Wortlaut jedes Änderungsvorschlags wird dem Verwahrer mitgeteilt; dieser beschließt nach Konsultierung aller Hohen Vertragsparteien und des Internationalen Komitees vom Roten Kreuz, ob eine Konferenz zur Prüfung des Änderungsvorschlags einberufen werden soll.

(2) Der Verwahrer lädt zu dieser Konferenz alle Hohen Vertragsparteien sowie die Vertragsparteien der Abkommen ein, gleichviel ob sie dieses Protokoll unterzeichnet haben oder nicht.

Artikel 25
Kündigung

(1) Kündigt eine Hohe Vertragspartei dieses Protokoll, so wird die Kündigung erst sechs Monate nach Eingang der Kündigungsurkunde wirksam. Ist jedoch bei Ablauf der sechs Monate für die kündigende Partei die in Artikel 1 genannte Situation eingetreten, so wird die Kündigung erst bei Beendigung des bewaffneten Konflikts wirksam. Personen, die aus Gründen im Zusammenhang mit dem Konflikt einem Freiheitsentzug oder einer Freiheitsbeschränkung unterworfen waren, genießen jedoch bis zu ihrer endgültigen Freilassung weiterhin den Schutz dieses Protokolls.

(2) Die Kündigung wird dem Verwahrer schriftlich notifiziert; dieser übermittelt sie allen Hohen Vertragsparteien.

Artikel 26
Notifikationen

Der Verwahrer unterrichtet die Hohen Vertragsparteien sowie die Vertragsparteien der Abkommen, gleichviel ob sie dieses Protokoll unterzeichnet haben oder nicht,

a) von den Unterzeichnungen dieses Protokolls und der Hinterlegung von Ratifikations- und Beitrittsurkunden nach den Artikeln 21 und 22,

b) vom Zeitpunkt des Inkrafttretens dieses Protokolls nach Artikel 23 und

c) von den nach Artikel 24 eingegangenen Mitteilungen und Erklärungen.

Artikel 27
Registrierung

(1) Nach seinem Inkrafttreten wird dieses Protokoll vom Verwahrer dem Sekretariat der Vereinten Nationen zur Registrierung und Veröffentlichung gemäß Artikel 102 der Satzung der Vereinten Nationen übermittelt.

(2) Der Verwahrer setzt das Sekretariat der Vereinten Nationen auch von allen Ratifikationen und Beitritten in Kenntnis, die er in bezug auf dieses Protokoll erhält.

Artikel 28
Authentische Texte

Die Urschrift dieses Protokolls, dessen arabischer, chinesischer, englischer, französischer, russischer und spanischer Text gleichermaßen authentisch ist, wird beim Verwahrer hinterlegt; dieser übermittelt allen Vertragsparteien der Abkommen beglaubigte Abschriften.

8/8. Konvention zum Schutz von Kulturgut bei bewaffneten Konflikten

BGBl 1964/58

Konvention zum Schutz von Kulturgut bei bewaffneten Konflikten

Die Ratifikationsurkunde ist am 25. März 1964 beim Generaldirektor der Organisation für Erziehung, Wissenschaft und Kultur der Vereinten Nationen hinterlegt worden. Die vorliegende Konvention samt Ausführungsbestimmungen und das Protokoll treten daher gemäß Artikel 33 Absatz 2 der Konvention und Ziffer 10 Absatz b) des Protokolls für Österreich am 25. Juni 1964 in Kraft.

In der Erkenntnis, daß während der letzten bewaffneten Konflikte das Kulturgut ernsten Schaden gelitten hat und infolge der Entwicklung der Kriegstechnik in zunehmendem Maße der Vernichtungsgefahr ausgesetzt ist;

In der Überzeugung, daß jede Schädigung von Kulturgut, gleichgültig welchem Volke es gehört, eine Schädigung des kulturellen Erbes der ganzen Menschheit bedeutet, weil jedes Volk seinen Beitrag zur Kultur der Welt leistet;

In der Erwägung, daß die Erhaltung des kulturellen Erbes für alle Völker der Welt von großer Bedeutung ist und daß es wesentlich ist, dieses Erbe unter internationalen Schutz zu stellen;

Geleitet von den Grundsätzen für den Schutz des Kulturguts bei bewaffneten Konflikten, die in den Haager Abkommen von 1899 und 1907 und im Washingtoner Vertrag vom 15. April 1935 niedergelegt wurden;

In der Erwägung, daß dieser Schutz nur dann wirksam sein kann, wenn sowohl nationale als auch internationale Maßnahmen ergriffen werden, um ihn schon in Friedenszeiten zu organisieren;

Entschlossen, alle zum Schutz des Kulturguts möglichen Maßnahmen zu treffen sind die Hohen Vertragsparteien wie folgt übereingekommen:

KAPITEL I
ALLGEMEINE SCHUTZBESTIMMUNGEN

Artikel 1
BEGRIFFSBESTIMMUNG DES KULTURGUTS

Kulturgut im Sinne dieser Konvention sind, ohne Rücksicht auf Herkunft oder Eigentumsverhältnisse:

a) bewegliches oder unbewegliches Gut, das für das kulturelle Erbe aller Völker von großer Bedeutung ist, wie zum Beispiel Bau- , Kunst- oder geschichtliche Denkmale religiöser oder weltlicher Art, archäologische Stätten, Gebäudegruppen, die als Ganzes von historischem oder künstlerischem Interesse sind, Kunstwerke, Manuskripte, Bücher und andere Gegenstände von künstlerischem, historischem oder archäologischem Interesse sowie wissenschaftliche Sammlungen und bedeutende Sammlungen von Büchern, Archivalien oder Reproduktionen des oben bezeichneten Kulturguts;

b) Baulichkeiten, die in der Hauptsache und tatsächlich der Erhaltung oder Ausstellung des unter a) bezeichneten beweglichen Gutes dienen, wie zum Beispiel Museen, größere Bibliotheken, Archive sowie Bergungsorte, in denen im Falle bewaffneter Konflikte das unter a) bezeichnete bewegliche Kulturgut in Sicherheit gebracht werden soll;

c) Orte, die in beträchtlichem Umfange Kulturgut im Sinne der Unterabsätze a) und b) aufweisen und als „Denkmalsorte" bezeichnet sind.

Artikel 2
SCHUTZ DES KULTURGUTS

Der Schutz des Kulturguts im Sinne dieser Konvention umfaßt die Sicherung und Respektierung solchen Gutes.

Artikel 3
SICHERUNG DES KULTURGUTS

Die Hohen Vertragsparteien verpflichten sich, schon in Friedenszeiten die Sicherung des auf ihrem Gebiet befindlichen Kulturguts gegen die absehbaren Folgen eines bewaffneten Konfliktes vorzubereiten, indem sie alle Maßnahmen treffen, die sie für geeignet erachten.

Artikel 4
RESPEKTIERUNG DES KULTURGUTS

1. Die Hohen Vertragsparteien verpflichten sich, das auf ihrem eigenen Gebiet oder auf dem Gebiet anderer Hoher Vertragsparteien befindliche Kulturgut zu respektieren, indem sie es unterlassen, dieses Gut und seine unmittelbare Umgebung sowie die zu seinem Schutz bestimmten Einrichtungen für Zwecke zu benutzen, die es im Falle bewaffneter Konflikte der Vernichtung oder

Beschädigung aussetzen könnten, und indem sie von allen gegen dieses Gut gerichteten feindseligen Handlungen Abstand nehmen.

2. Die in Absatz 1 dieses Artikels erwähnten Verpflichtungen sind nur in denjenigen Fällen nicht bindend, in denen die militärische Notwendigkeit dies zwingend erfordert.

3. Die Hohen Vertragsparteien verpflichten sich ferner, jede Art von Diebstahl, Plünderung oder anderer widerrechtlicher Inbesitznahme von Kulturgut sowie jede sinnlose Zerstörung solchen Gutes zu verbieten, zu verhindern und nötigenfalls zu unterbinden. Sie nehmen davon Abstand, bewegliches Kulturgut, das sich auf dem Hoheitsgebiet einer anderen Hohen Vertragspartei befindet, zu beschlagnahmen.

4. Sie enthalten sich jeder Repressalie gegenüber Kulturgut.

5. Keine Hohe Vertragspartei kann sich den ihr nach diesem Artikel obliegenden Verpflichtungen gegenüber einer anderen Hohen Vertragspartei mit der Begründung entziehen, daß letztere die in Artikel 3 genannten Sicherungsmaßnahmen nicht getroffen hat.

Artikel 5
BESETZUNG

1. Jede Hohe Vertragspartei, die das Gebiet einer anderen Hohen Vertragspartei ganz oder zum Teil besetzt hält, hat, soweit wie möglich, die zuständigen nationalen Behörden des besetzten Landes bei der Sicherung und Erhaltung seines Kulturguts zu unterstützen.

2. Sollte es erforderlich sein, Maßnahmen zur Erhaltung von Kulturgut zu treffen, das sich im besetzten Gebiet befindet und durch militärische Handlungen beschädigt worden ist, und sollten die zuständige nationalen Behörden dazu nicht im Stande sein, so hat die Besatzungsmacht, soweit wie möglich, in enger Zusammenarbeit mit diesen Behörden die notwendigsten Erhaltungsmaßnahmen zu treffen.

3. Jede Hohe Vertragspartei, deren Regierung von den Angehörigen einer Widerstandsbewegung als ihre legitime Regierung angesehen wird, hat, wenn möglich, die Angehörigen der Widerstandsbewegung auf die Verpflichtung hinzuweisen, diejenigen Artikel des Abkommens, die die Respektierung von Kulturgut zum Gegenstand haben, zu beachten.

Artikel 6
KENNZEICHEN DES KULTURGUTS

Kulturgut kann nach den Bestimmungen des Artikels 16 mit einem Kennzeichen versehen werden, das seine Feststellung erleichtert.

Artikel 7
MILITÄRISCHE MASSNAHMEN

1. Die Hohen Vertragsparteien verpflichten sich, schon in Friedenszeiten in ihre militärischen Dienstvorschriften oder -anweisungen Bestimmungen aufzunehmen, um die Einhaltung dieser Konvention zu gewährleisten, und den Mitgliedern ihrer Streitkräfte Achtung vor der Kultur und dem Kulturgut aller Völker einzuflößen.

2. Die Hohen Vertragsparteien verpflichten sich, bereits in Friedenszeiten Dienststellen oder Fachpersonal bei ihren Streitkräften vorzusehen oder bereitzustellen, deren Aufgabe darin besteht, über die Respektierung des Kulturguts zu wachen und mit den für seine Sicherung verantwortlichen zivilen Behörden zusammenzuarbeiten.

KAPITEL II
SONDERSCHUTZ

Artikel 8
GEWÄHRUNG DES SONDERSCHUTZES

1. Eine begrenzte Anzahl von Bergungsorten zur Sicherung beweglichen Kulturguts bei bewaffneten Konflikten, von Denkmalsorten und anderen unbeweglichen Kulturgütern von sehr hoher Bedeutung kann unter Sonderschutz gestellt werden, vorausgesetzt,

a) daß diese sich in ausreichender Entfernung von einem großen Industriezentrum oder einem wichtigen militärischen Ziel, das einen gefährdeten Punkt darstellt, befinden, wie zum Beispiel ein Flugplatz, ein Rundfunksender, ein für die Landesverteidigung arbeitender Betrieb, ein verhältnismäßig bedeutender Hafen oder Bahnhof oder ein Hauptverkehrsweg;

b) daß sie nicht zu militärischen Zwecken benutzt werden.

2. Ein Bergungsort für bewegliches Kulturgut kann ohne Rücksicht auf seine Lage ebenfalls unter Sonderschutz gestellt werden, wenn er so gebaut ist, daß er aller Wahrscheinlichkeit nach bei Bombardierungen nicht beschädigt werden kann.

3. Ein Denkmalsort gilt als zu militärischen Zwecken benutzt, wenn er, sei es auch nur im Durchgangsverkehr, für die Beförderung von Militärpersonal oder Kriegsmaterial verwendet wird. Das gleiche gilt in allen Fällen, in denen innerhalb des Denkmalsortes unmittelbar mit den militärischen Operationen, der Stationierung von Militärpersonal oder der Herstellung von Kriegsmaterial zusammenhängende Handlungen durchgeführt werden.

4. Die Bewachung des in Absatz 1 dieses Artikels bezeichneten Kulturguts durch bewaffnetes Wachpersonal, das hiezu besonders befugt ist, oder die Anwesenheit von Polizeikräften, die

normalerweise für die Aufrechterhaltung der öffentlichen Ordnung verantwortlich sind, in der Umgebung solchen Kulturguts gilt nicht als Benutzung zu militärischen Zwecken.

5. Befindet sich in Absatz 1 dieses Artikels bezeichnetes Kulturgut in der Nähe eines wichtigen militärischen Zieles im Sinne desselben Absatzes, so kann es trotzdem unter Sonderschutz gestellt werden, wenn die diesen Schutz beantragende Hohe Vertragspartei sich verpflichtet, im Falle eines bewaffneten Konfliktes das Ziel nicht zu benutzen und insbesondere, falls es sich um einen Hafen, Bahnhof oder Flugplatz handelt, jeden Verkehr davon abzuleiten. In diesem Falle muß die Umleitung schon in Friedenszeiten vorbereitet werden.

6. Die Verleihung des Sonderschutzes erfolgt durch Eintragung in das „Internationale Register für Kulturgut unter Sonderschutz". Diese Eintragung darf nur in Übereinstimmung mit den Bestimmungen dieser Konvention und unter den in den Ausführungsbestimmungen vorgesehenen Bedingungen vorgenommen werden.

Artikel 9
UNVERLETZLICHKEIT DES KULTURGUTS UNTER SONDERSCHUTZ

Die Hohen Vertragsparteien verpflichten sich, die Unverletzlichkeit des unter Sonderschutz stehenden Kulturguts zu gewährleisten, indem sie vom Zeitpunkt der Eintragung in das Internationale Register an jede gegen solches Gut gerichtete feindselige Handlung und, außer in den in Absatz 5 des Artikels 8 vorgesehenen Fällen, jede Benutzung dieses Gutes oder seiner unmittelbaren Umgebung zu militärischen Zwecken unterlassen.

Artikel 10
KENNZEICHNUNG UND ÜBERWACHUNG

Während eines bewaffneten Konflikts ist das unter Sonderschutz stehende Kulturgut mit dem in Artikel 16 beschriebenen Kennzeichen zu versehen und einer internationalen Überwachung gemäß den Ausführungsbestimmungen zu diesem Abkommen zugänglich zu machen.

Artikel 11
AUFHEBUNG DER UNVERLETZLICHKEIT

1. Begeht eine der Hohen Vertragsparteien bezüglich eines unter Sonderschutz stehenden Kulturguts eine Verletzung der in Artikel 9 festgelegten Verpflichtungen, so ist die gegnerische Partei, solange die Verletzung fortbesteht, von ihrer Verpflichtung zur Gewährleistung der Unverletzlichkeit dieses Kulturguts befreit. Jedoch hat die gegnerische Partei, soweit wie möglich, zunächst dazu aufzufordern, die Verletzung innerhalb einer angemessenen Frist einzustellen.

2. Abgesehen von dem in Absatz 1 dieses Artikels vorgesehenen Falle, darf die Unverletzlichkeit von unter Sonderschutz stehendem Kulturgut nur in Ausnahmefällen unausweichlicher militärischer Notwendigkeit und nur solange diese Notwendigkeit fortbesteht, aufgehoben werden. Das Vorliegen einer solchen Notwendigkeit kann nur durch den Kommandeur einer militärischen Einheit festgestellt werden, die der Größe nach einer Division oder einer höheren Einheit entspricht. Sofern die Umstände es erlauben, ist die Entscheidung, die Unverletzlichkeit aufzuheben, eine angemessene Zeit vorher der gegnerischen Partei zu notifizieren.

3. Die Partei, die die Unverletzlichkeit aufhebt, hat dies, so bald wie möglich, dem in den Ausführungsbestimmungen zu dieser Konvention vorgesehenen Generalkommissär für Kulturgut unter Angabe der Gründe schriftlich mitzuteilen.

KAPITEL III
TRANSPORT VON KULTURGUT

Artikel 12
TRANSPORTE UNTER SONDERSCHUTZ

1. Transporte, die ausschließlich der Verlagerung von Kulturgut innerhalb eines Hoheitsgebietes oder in ein anderes Hoheitsgebiet dienen, können auf Antrag der betreffenden Hohen Vertragspartei unter den in den Ausführungsbestimmungen vorgesehenen Bedingungen unter Sonderschutz stattfinden.

2. Transporte unter Sonderschutz erfolgen unter der in den erwähnten Ausführungsbestimmungen vorgesehenen internationalen Aufsicht und führen das in Artikel 16 beschriebene Kennzeichen.

3. Die Hohen Vertragsparteien unterlassen jede feindselige Handlung gegen Transporte, die unter Sonderschutz stehen.

Artikel 13
TRANSPORTE IN DRINGENDEN FÄLLEN

1. Ist eine der Hohen Vertragsparteien der Auffassung, daß die Sicherheit bestimmter Kulturgüter deren Verlagerung erfordert und die Angelegenheit so dringlich ist, daß, insbesondere zu Beginn eines bewaffneten Konflikts, das in Artikel 12 vorgesehene Verfahren nicht eingehalten werden kann, so kann der Transport das in Artikel 16 beschriebene Kennzeichen führen, soferne nicht bereits ein Antrag auf Unverletzlichkeit gemäß Artikel 12 gestellt und abgelehnt wurde. Soweit wie möglich sollen die gegnerischen Parteien von der Verlagerung benachrichtigt werden. Ein Transport von Kulturgut nach dem Gebiet eines anderen Landes darf jedoch das Kennzei-

chen keinesfalls führen, sofern ihm nicht die Unverletzlichkeit ausdrücklich verliehen worden ist.

2. Die Hohen Vertragsparteien werden nach Möglichkeit die erforderlichen Vorkehrungen treffen, um feindselige Handlungen gegen Transporte im Sinne des Absatzes 1 dieses Artikels, die das Kennzeichen führen, zu vermeiden.

Artikel 14
UNVERLETZLICHKEIT IN BEZUG AUF BESCHLAGNAHME, WEGNAHME UND AUSÜBUNG DES PRISENRECHTS

1. Der Beschlagnahme, Wegnahme und der Ausübung des Prisenrechts unterliegen nicht:

a) Kulturgut, das unter dem in Artikel 12 oder Artikel 13 vorgesehenen Schutz steht;

b) Transportmittel, die ausschließlich der Verlagerung solchen Kulturguts dienen.

2. Die Bestimmungen dieses Artikels beschränken in keiner Weise das Recht zur Durchsuchung und Kontrolle.

KAPITEL IV
PERSONAL

Artikel 15
PERSONAL

Das mit dem Schutz von Kulturgut betraute Personal ist, soweit mit den Erfordernissen der Sicherheit vereinbar, im Interesse dieses Gutes zu respektieren; fällt es in die Hände der gegnerischen Partei, so darf es seine Tätigkeit weiter ausüben, sofern das von ihm betraute Kulturgut ebenfalls in die Hände der gegnerischen Partei gefallen ist.

KAPITEL V
DAS KENNZEICHEN

Artikel 16
DAS KENNZEICHEN

1. Das Kennzeichen der Konvention besteht aus einem mit einem schrägen Kreuz versehenen Schild in Blau und Weiß, dessen Spitze nach unten gerichtet ist; (der Schild wird aus einem ultramarinblauen Quadrat, dessen eine Ecke die Spitze des Schildes darstellt, und aus einem oberhalb des Quadrates befindlichen ultramarinblauen Dreieck gebildet, wobei der verbleibende Raum auf beiden Seiten von je einem weißen Dreieck ausgefüllt wird).

2. Unter den in Artikel 17 festgelegten Bedingungen wird das Kennzeichen entweder einzeln oder dreifach, in Dreieckanordnung wiederholt (ein Schild unten), angewandt.

Artikel 17
VERWENDUNG DES KENNZEICHENS

1. Das Kennzeichen in dreifacher Wiederholung darf nur verwendet werden zur Kennzeichnung:

a) von unbeweglichem Kulturgut unter Sonderschutz;

b) von Transporten von Kulturgut unter den in Artikel 12 und 13 vorgesehenen Bedingungen;

c) von improvisierten Bergungsorten unter den in Artikel 11 der Ausführungsbestimmungen vorgesehenen Bedingungen.

2. Das einfache Kennzeichen darf nur angewendet werden zur Kennzeichnung:

a) von nicht unter Sonderschutz stehendem Kulturgut;

b) der gemäß den Ausführungsbestimmungen zu diesem Abkommen mit Aufgaben der Überwachung beauftragten Personen;

c) von mit dem Schutz von Kulturgut betrautem Personal;

d) der in den Ausführungsbestimmungen vorgesehenen Ausweise.

3. Während eines bewaffneten Konflikts ist die Verwendung des Kennzeichens für andere als die in den vorangehenden Absätzen dieses Artikels vorgesehenen Fälle, sowie die Verwendung eines dem Kennzeichen ähnlichen Zeichens für irgend welche Zwecke verboten.

4. Das Kennzeichen darf nur dann zur Identifizierung von unbeweglichem Kulturgut verwendet werden, wenn zugleich eine von der zuständigen Behörde der Hohen Vertragspartei ausgestellte ordnungsgemäß datierte und unterzeichnete Genehmigung angebracht wird.

KAPITEL VI
ANWENDUNGSBEREICH DER KONVENTION

Artikel 18
ANWENDUNG DER KONVENTION

1. Abgesehen von den Bestimmungen, die schon in Friedenszeiten wirksam werden, findet diese Konvention Anwendung im Falle eines erklärten Krieges oder eines anderen bewaffneten Konfliktes, der zwischen zwei oder mehreren Hohen Vertragsparteien entsteht, selbst wenn der Kriegszustand von einer oder mehreren von ihnen nicht anerkannt wird.

2. Die Konvention findet auch in allen Fällen teilweiser oder vollständiger Besetzung des Gebietes einer der Hohen Vertragsparteien Anwendung, selbst wenn diese Besetzung auf keinen bewaffneten Widerstand stößt.

3. Ist eine der an dem Konflikt beteiligten Mächte nicht Vertragspartei dieser Konvention, so bleiben die Mächte, die Parteien der Konvention sind, trotzdem in ihren gegenseitigen Beziehungen durch diese Konvention gebunden. Sie sind ferner durch die Konvention auch gegenüber der erwähnten Macht gebunden, wenn diese erklärt hat, daß sie die Bestimmungen der Konvention annimmt, und solange sie selbst diese anwendet.

Artikel 19
KONFLIKTE NICHTINTERNATIONALEN CHARAKTERS

1. Im Falle eines bewaffneten Konfliktes, der keinen internationalen Charakter hat und innerhalb des Gebietes einer der Hohen Vertragsparteien entsteht, ist jede in den Konflikt verwickelte Partei verpflichtet, mindestens diejenigen Bestimmungen dieser Konvention anzuwenden, die die Respektierung von Kulturgut betreffen.

2. Die an diesem Konflikt beteiligten Parteien werden bestrebt sein, durch Sondervereinbarungen auch die anderen Bestimmungen dieser Konvention ganz oder teilweise in Kraft zu setzen.

3. Die Organisation für Erziehung, Wissenschaft und Kultur der Vereinten Nationen kann den an dem Konflikt beteiligten Parteien ihre Dienste anbieten.

4. Die Anwendung der vorstehenden Bestimmungen läßt die Rechtsstellung der in den Konflikt verwickelten Parteien unberührt.

KAPITEL VII
DURCHFÜHRUNG DER KONVENTION

Artikel 20
AUSFÜHRUNGSBESTIMMUNGEN

Das Verfahren zur Anwendung dieser Konvention wird in den Ausführungsbestimmungen festgelegt, die einen Bestandteil dieser Konvention bilden.

Artikel 21
SCHUTZMÄCHTE

Diese Konvention und ihre Ausführungsbestimmungen werden unter Mitwirkung der Schutzmächte angewandt, die mit der Wahrnehmung der Interessen der an dem Konflikt beteiligten Parteien betraut sind.

Artikel 22
SCHLICHTUNGSVERFAHREN

1. Die Schutzmächte stellen ihre guten Dienste in allen Fällen zur Verfügung, in denen sie dies im Interesse des Kulturguts für angezeigt erachten, insbesondere wenn zwischen den an dem Konflikt beteiligten Parteien über die Anwendung oder Auslegung der Bestimmungen dieser Konvention oder ihrer Ausführungsbestimmungen Meinungsverschiedenheiten bestehen.

2. Zu diesem Zweck kann jede der Schutzmächte entweder auf Einladung einer Partei oder des Generaldirektors der Organisation für Erziehung, Wissenschaft und Kultur der Vereinten Nationen oder von sich aus den am Konflikt beteiligten Parteien eine Zusammenkunft ihrer Vertreter und insbesondere der für den Schutz des Kulturguts verantwortlichen Behörden vorschlagen, gegebenenfalls auf einem passend gewählten neutralen Gebiet. Die am Konflikt beteiligten Parteien sind gehalten, den ihnen für die Zusammenkunft gemachten Vorschlägen Folge zu leisten. Die Schutzmächte schlagen den an dem Konflikt beteiligten Parteien eine einer neutralen Macht angehörende oder vom Generaldirektor der Organisation für Erziehung, Wissenschaft und Kultur der Vereinten Nationen benannte Persönlichkeit zur Genehmigung vor; diese wird aufgefordert, an dieser Zusammenkunft als Vorsitzender teilzunehmen.

Artikel 23
UNTERSTÜTZUNG DURCH DIE UNESCO

1. Die Hohen Vertragsparteien können um die technische Unterstützung der Organisation für Erziehung, Wissenschaft und Kultur der Vereinten Nationen bei der Organisierung des Schutzes ihres Kulturguts oder in Zusammenhang mit jeden anderen Problem, das sich aus der Anwendung dieser Konvention oder ihrer Ausführungsbestimmungen ergibt, ansuchen. Die Organisation gewährt diese Unterstützung im Rahmen ihrer Zielsetzung und ihrer Mittel.

2. Die Organisation kann in dieser Hinsicht den Hohen Vertragsparteien von sich aus Vorschläge unterbreiten.

Artikel 24
SONDERVEREINBARUNGEN

1. Die Hohen Vertragsparteien können Sondervereinbarungen über alle Fragen treffen, deren besondere Regelung ihnen zweckmäßig erscheint.

2. Sondervereinbarungen, die den Schutz verringern, den diese Konvention dem Kultur gut und dem mit seinem Schutz betrauten Personal gewährt, dürfen nicht getroffen werden.

Artikel 25
VERBREITUNG DER KONVENTION

Die Hohen Vertragsparteien verpflichten sich, in Frieden sowie in Zeiten eines bewaffneten Konfliktes dem Wortlaut dieser Konvention und ihrer Ausführungsbestimmungen in ihren Ländern die weitestmögliche Verbreitung zu verschaffen. Insbesondere verpflichten sie sich, ihre Behandlung in die militärischen und, wenn möglich, zivilen Ausbildungspläne aufzunehmen, so daß die Gesamtheit der Bevölkerung und insbesondere die Streitkräfte und das mit dem Schutz des Kulturguts betraute Personal mit ihren Grundsätzen vertraut gemacht werden.

Artikel 26
ÜBERSETZUNGEN UND BERICHTE

1. Die Hohen Vertragsparteien stellen sich gegenseitig durch Vermittlung des Generaldirektors der Organisation für Erziehung, Wissenschaft und Kultur der Vereinten Nationen die amtlichen Übersetzungen dieser Konvention und ihrer Ausführungsbestimmungen zu.

2. Außerdem übersenden sie dem Generaldirektor mindestens alle vier Jahre einen Bericht mit den ihnen geeignet erscheinenden Angaben über die von ihren Behörden zur Durchführung dieser Konvention und ihrer Ausführungsbestimmungen getroffenen, vorbereiteten oder in Aussicht genommenen Maßnahmen.

Artikel 27
TAGUNGEN

1. Der Generaldirektor der Organisation für Erziehung, Wissenschaft und Kultur der Vereinten Nationen kann mit Zustimmung des Exekutivrats Tagungen von Vertretern der Hohen Vertragsparteien einberufen. Er muß dies tun, wenn mindestens ein Fünftel der Hohen Vertragsparteien es wünscht.

2. Unbeschadet anderer ihr durch diese Konvention übertragener Aufgaben dient die Tagung dem Zweck, Fragen der Anwendung der Konvention und ihrer Ausführungsbestimmungen zu untersuchen und diesbezüglich Empfehlungen auszuarbeiten.

3. Die Tagung kann ferner, sofern die Mehrheit der Hohen Vertragsparteien vertreten ist, nach Maßgabe der Bestimmungen des Artikels 39 eine Abänderung der Konvention oder ihrer Ausführungsbestimmungen vornehmen.

Artikel 28
STRAFMASSNAHMEN

Die Hohen Vertragsparteien verpflichten sich, im Rahmen ihrer Strafgerichtsbarkeit alle erforderlichen Maßnahmen zu treffen, um Personen jeder Staatsangehörigkeit, die sich einer Verletzung dieser Konvention schuldig machen oder den Befehl zu einer solchen geben, zu verfolgen und strafrechtlich oder disziplinär zu bestrafen.

SCHLUSSBESTIMMUNGEN

Artikel 29
SPRACHEN

1. Diese Konvention ist in englischer, französischer, russischer und spanischer Sprache abgefaßt; alle vier Fassungen sind in gleicher Weise maßgeblich.

2. Die Organisation für Erziehung, Wissenschaft und Kultur der Vereinten Nationen läßt Übersetzungen der Konvention in die anderen Verhandlungssprachen ihrer Hauptversammlung anfertigen.

Artikel 30
UNTERZEICHNUNG

Diese Konvention trägt das Datum des 14. Mai 1954 und liegt bis zum 31. Dezember 1954 für alle zu der Haager Konferenz vom 21. April bis 14. Mai 1954 eingeladenen Staaten zur Unterzeichnung auf.

Artikel 31
RATIFIKATION

1. Diese Konvention bedarf der Ratifikation durch die Signatarstaaten nach Maßgabe ihrer eigenen verfassungsmäßigen Verfahren.

2. Die Ratifikationsurkunden sind beim Generaldirektor der Organisation für Erziehung, Wissenschaft und Kultur der Vereinten Nationen zu hinterlegen.

Artikel 32
BEITRITT

Vom Zeitpunkt ihres Inkrafttretens an steht diese Konvention allen Staaten zum Beitritt offen, die in Artikel 30 erwähnt sind und nicht unterzeichnet haben, sowie allen anderen Staaten, die vom Exekutivrat der Organisation für Erziehung, Wissenschaft und Kultur der Vereinten Nationen zum Beitritt eingeladen werden. Der Beitritt erfolgt durch Hinterlegung einer Beitrittsurkunde beim Generaldirektor der Organisation für Erziehung, Wissenschaft und Kultur der Vereinten Nationen.

Artikel 33
INKRAFTTRETEN

1. Diese Konvention tritt drei Monate nach Hinterlegung von fünf Ratifikationsurkunden in Kraft.

2. Späterhin tritt sie für jede Hohe Vertragspartei drei Monate nach Hinterlegung ihrer Ratifikations- oder Beitrittserklärung in Kraft.

3. Tritt die in Artikel 18 und 19 vorgesehene Lage ein, so treten die vor oder nach Beginn der Feindseligkeiten oder der Besetzung von den in den Konflikt verwickelten Parteien hinterlegten Ratifikations- und Beitrittserklärungen mit sofortiger Wirkung in Kraft. In diesen Fällen macht der Generaldirektor der Organisation für Erziehung, Wissenschaft und Kultur der Vereinten Nationen auf dem schnellsten Wege die in Artikel 38 vorgesehenen Mitteilungen.

Artikel 34
WIRKSAME DURCHFÜHRUNG

1. Jeder Staat, der bei Inkrafttreten dieser Konvention Vertragspartei ist, hat alle erforderlichen Maßnahmen zu treffen, um ihre wirksame Durchführung binnen sechs Monaten nach Inkrafttreten zu gewährleisten.

2. Für diejenigen Staaten, die ihre Ratifikations- oder Beitrittsurkunden nach dem Inkrafttreten der Konvention hinterlegen, beträgt die Frist sechs Monate vom Tag der Hinterlegung der Ratifikations- oder Beitrittsurkunde an gerechnet.

Artikel 35
AUSDEHNUNG DES GELTUNGSBEREICHES DER KONVENTION

Jede der Hohen Vertragsparteien kann bei der Ratifikation oder beim Beitritt oder zu jedem späteren Zeitpunkt durch Notifikation an den Generaldirektor der Organisation für Erziehung, Wissenschaft und Kultur der Vereinten Nationen erklären, daß diese Konvention sich auf alle oder einige der Gebiete erstreckt, deren internationale Beziehungen sie wahrnimmt. Diese Notifikation wird drei Monate nach dem Tage ihres Eingangs wirksam.

Artikel 36
ZUSAMMENHANG MIT FRÜHEREN ABKOMMEN

1. In den Beziehungen zwischen Mächten, die durch die Haager Abkommen betreffend die Gesetze und Gebräuche des Landkrieges (IV)[*1)] und betreffend die Beschießung durch Seestreitkräfte in Kriegszeiten (IX) – sei es vom 29. Juli 1899 oder vom 18. Oktober 1907 – gebunden und Vertragsparteien dieser Konvention sind, ergänzt diese Konvention das vorgenannte Abkommen (IX) und die den vorgenannten Abkommen (IV) als Anlage beigefügten Ordnungen; es wird durch das in Artikel 5 des vorgenannten Abkommens (IX) beschriebene Zeichen das in Artikel 16 der vorliegenden Konvention beschriebene Kennzeichen in den Fällen, in denen diese Konvention und ihre Ausführungsbestimmungen die Verwendung dieses Kennzeichens vorsehen, ersetzt.

2. In den Beziehungen zwischen Mächten, die durch den Vertrag von Washington vom 15. April 1935 über den Schutz künstlerischer und wissenschaftlicher Einrichtungen und geschichtlicher Denkmale (Roerich-Pakt) gebunden und Vertragsparteien dieser Konvention sind, ergänzt diese Konvention den Roerich-Pakt, und es wird dadurch die in Artikel III des Paktes beschriebene Flagge durch das Kennzeichen gemäß Artikel 16 dieser Konvention in allen Fällen, in denen diese Konvention und ihre Ausführungsbestimmungen die Verwendung dieses Kennzeichens vorsehen, ersetzt.

Artikel 37
KÜNDIGUNG

1. Jede der Hohen Vertragsparteien kann diese Konvention für sich selbst oder für Gebiete, deren internationale Beziehungen sie wahrnimmt, kündigen.

2. Die Kündigung erfolgt durch eine schriftliche Erklärung, die beim Generaldirektor der Organisation für Erziehung, Wissenschaft und Kultur der Vereinten Nationen zu hinterlegen ist.

3. Die Kündigung wird ein Jahr nach Eingang der Kündigungserklärung wirksam. Ist jedoch die kündigende Partei beim Ablauf dieser Frist in einen bewaffneten Konflikt verwickelt, so wird die Kündigung erst nach Einstellung der Feindseligkeiten oder nach Abschluß der Rückführung des Kulturguts wirksam, je nachdem welcher Zeitpunkt der spätere ist.

Artikel 38
NOTIFIKATION

Der Generaldirektor der Organisation für Erziehung, Wissenschaft und Kultur der Vereinten Nationen benachrichtigt die in Artikel 30 und 32 bezeichneten Staaten und die Vereinten Nationen von der Hinterlegung aller in Artikel 31, 32 und 39 vorgesehenen Ratifikations- und Beitrittsurkunden oder Annahmeerklärungen sowie von den in Artikel 35, 37 und 39 vorgesehenen Notifikationen und Kündigungen.

Artikel 39
ABÄNDERUNG DER KONVENTION UND IHRER AUSFÜHRUNGSBESTIMMUNGEN

1. Jede der Hohen Vertragsparteien kann Abänderungen dieser Konvention oder ihrer Ausführungsbestimmungen vorschlagen. Abänderungsvorschläge sind dem Generaldirektor der Organi-

Zu Artikel 36:

*[*1)] Die römischen Zahlen beziehen sich auf die Haager Abkommen vom 18. Oktober 1907.*

sation für Erziehung, Wissenschaft und Kultur der Vereinten Nationen mitzuteilen, der ihren Wortlaut allen Hohen Vertragsparteien mit der Bitte übermittelt, ihn innerhalb von vier Monaten wissen zu lassen,

a) ob sie wünschen, daß eine Konferenz einberufen wird, um die vorgeschlagene Änderung zu erörtern; oder

b) ob sie für die Annahme der vorgeschlagenen Abänderung ohne Abhaltung einer Konferenz eintreten; oder

c) ob sie für die Ablehnung der vorgeschlagenen Abänderung ohne Abhaltung einer Konferenz eintreten.

2. Der Generaldirektor übermittelt die gemäß Absatz 1 dieses Artikels bei ihm eingegangenen Antworten allen Hohen Vertragsparteien.

3. Haben sämtliche Hohen Vertragsparteien gemäß Absatz 1, Unterabsatz b, dieses Artikels dem Generaldirektor der Organisation für Erziehung, Wissenschaft und Kultur den Vereinten Nationen innerhalb der vorgeschriebenen Frist ihre Meinung mitgeteilt und ihn davon unterrichtet, daß sie für die Annahme des Abänderungsvorschlages ohne Abhaltung einer Konferenz eintreten, so wird diese Entscheidung durch den Generaldirektor gemäß Artikel 38 bekanntgemacht. Die Abänderung wird 90 Tage nach dem Tage dieser Notifikation gegenüber allen Hohen Vertragsparteien wirksam.

4. Der Generaldirektor hat eine Konferenz der Hohen Vertragsparteien zur Erörterung des Abänderungsvorschlages einzuberufen, wenn mehr als ein Drittel der Hohen Vertragsparteien dies verlangt.

5. Abänderungsvorschläge zu dieser Konvention oder zu ihren Ausführungsbestimmungen, die nach dem im vorangehenden Absatz festgelegten Verfahren behandelt werden, treten erst in Kraft, nachdem sie von den auf der Konferenz vertretenen Hohen Vertragsparteien einstimmig beschlossen und von allen Hohen Vertragsparteien angenommen worden sind.

6. Die Annahme von Abänderungsvorschlägen zu dieser Konvention oder zu ihren Ausführungsbestimmungen, die von der in Absatz 4 und 5 erwähnten Konferenz angenommen worden sind, durch die Hohen Vertragsparteien erfolgt durch Hinterlegung einer förmlichen Erklärung beim Generaldirektor der Organisation für Erziehung, Wissenschaft und Kultur der Vereinten Nationen.

7. Nach Inkrafttreten von Abänderungen dieser Konvention oder ihrer Ausführungsbestimmungen steht nur der so abgeänderte Text der Konvention oder ihrer Ausführungsbestimmungen zur Ratifikation und zum Beitritt offen.

Artikel 40
EINTRAGUNG

Gemäß Artikel 102 der Satzung der Vereinten Nationen wird diese Konvention auf Ersuchen des Generaldirektors der Organisation für Erziehung, Wissenschaft und Kultur der Vereinten Nationen beim Sekretariat der Vereinten Nationen eingetragen.

Zu Urkund dessen haben die gehörig bevollmächtigten Unterzeichneten dieses Abkommen unterschrieben.

Geschehen zu Den Haag, am 14. Mai 1954 in einem einzigen Exemplar, das in den Archiven der Organisation für Erziehung, Wissenschaft und Kultur der Vereinten Nationen hinterlegt wird und von dem beglaubigte Ausfertigungen allen in Artikel 30 und 32 bezeichneten Staaten sowie den Vereinten Nationen übermittelt werden.

9/1. Seerechtsübereinkommen der Vereinten Nationen

BGBl 1995/885

Seerechtsübereinkommen der Vereinten Nationen

Die vom Bundespräsidenten unterzeichnete und vom Bundeskanzler gegengezeichnete Ratifikationsurkunde wurde am 14. Juli 1995 beim Generalsekretär der Vereinten Nationen hinterlegt; das Seerechtsübereinkommen ist gemäß seinem Art. 308 Abs. 2 für Österreich mit 13. August 1995 in Kraft getreten; das Übereinkommen zur Durchführung wird nach Mitteilung des Generalsekretärs der Vereinten Nationen gemäß seinem Art. 7 Abs. 1 seit 16. November 1994 angewendet.

DIE VERTRAGSSTAATEN DIESES ÜBEREINKOMMENS –

VON DEM BESTREBEN GELEITET, alle das Seerecht betreffenden Fragen im Geiste gegenseitiger Verständigung und Zusammenarbeit zu regeln, und eingedenk der historischen Bedeutung dieses Übereinkommens als eines wichtigen Beitrags zur Erhaltung von Frieden, Gerechtigkeit und Fortschritt für alle Völker der Welt;

IM HINBLICK DARAUF, daß die Entwicklungen seit den 1958 und 1960 in Genf abgehaltenen Seerechtskonferenzen der Vereinten Nationen die Notwendigkeit eines neuen allgemein annehmbaren Seerechtsübereinkommens verstärkt haben;

IN DEM BEWUSSTSEIN, daß die Probleme des Meeresraums eng miteinander verbunden sind und als Ganzes betrachtet werden müssen;

IN DER ERKENNTNIS, daß es wünschenswert ist, durch dieses Übereinkommen unter gebührender Berücksichtigung der Souveränität aller Staaten eine Rechtsordnung für die Meere und Ozeane zu schaffen, die den internationalen Verkehr erleichtern sowie die Nutzung der Meere und Ozeane zu friedlichen Zwecken, die ausgewogene und wirkungsvolle Nutzung ihrer Ressourcen, die Erhaltung ihrer lebenden Ressourcen und die Untersuchung, den Schutz und die Bewahrung der Meeresumwelt fördern wird;

IN DEM BEWUSSTSEIN, daß die Erreichung dieser Ziele zur Verwirklichung einer gerechten und ausgewogenen internationalen Wirtschaftsordnung beitragen wird, welche die Interessen und Bedürfnisse der gesamten Menschheit und vor allem die besonderen Interessen und Bedürfnisse der Entwicklungsländer, ob Küsten- oder Binnenländer, berücksichtigt;

IN DEM WUNSCH, durch dieses Übereinkommen die in der Resolution 2749 (XXV) vom 17. Dezember 1970 enthaltenen Grundsätze weiterzuentwickeln, in der die Generalversammlung der Vereinten Nationen feierlich unter anderem erklärte, daß das Gebiet des Meeresbodens und des Meeresuntergrunds jenseits der Grenzen des Bereichs nationaler Hoheitsbefugnisse sowie seine Ressourcen gemeinsames Erbe der Menschheit sind, deren Erforschung und Ausbeutung zum Nutzen der gesamten Menschheit ungeachtet der geographischen Lage der Staaten durchgeführt werden;

ÜBERZEUGT, daß die in diesem Übereinkommen verwirklichte Kodifizierung und fortschreitende Entwicklung des Seerechts zur Festigung des Friedens, der Sicherheit, der Zusammenarbeit und der freundschaftlichen Beziehungen zwischen allen Nationen in Übereinstimmung mit den Grundsätzen der Gerechtigkeit und Gleichberechtigung beitragen und den wirtschaftlichen und sozialen Fortschritt aller Völker der Welt in Übereinstimmung mit den Zielen und Grundsätzen der Vereinten Nationen fördern werden, wie sie in deren Satzung verkündet sind;

IN BEKRÄFTIGUNG DES GRUNDSATZES, daß für Fragen, die in diesem Übereinkommen nicht geregelt sind, weiterhin die Regeln und Grundsätze des allgemeinen Völkerrechts gelten –

HABEN FOLGENDES VEREINBART:

TEIL I
EINLEITUNG

Artikel 1
Begriffsbestimmungen und Geltungsbereich

(1) Im Sinne dieses Übereinkommens

1. bedeutet „Gebiet" den Meeresboden und den Meeresuntergrund jenseits der Grenzen des Bereichs nationaler Hoheitsbefugnisse;

2. bedeutet „Behörde" die Internationale Meeresbodenbehörde;

3. bedeutet „Tätigkeiten im Gebiet" alle Tätigkeiten zur Erforschung und Ausbeutung der Ressourcen des Gebiets;

4. bedeutet „Verschmutzung der Meeresumwelt" die unmittelbare oder mittelbare Zuführung von Stoffen oder Energie durch den Menschen in die Meeresumwelt einschließlich der Flußmündungen, aus der sich abträgliche Wirkungen wie eine Schädigung der lebenden Ressourcen sowie der Tier- und Pflanzenwelt des Meeres, eine Gefährdung der menschlichen Gesundheit, eine Behinderung der maritimen Tätigkeiten einschließlich der Fischerei und der sonstigen rechtmäßigen Nutzung des Meeres, eine Beeinträchtigung des Gebrauchswerts des Meerwassers und eine Verringerung der Annehmlichkeiten der Umwelt ergeben oder ergeben können;

5. a) bedeutet „Einbringen" (dumping)

i) jede vorsätzliche Beseitigung von Abfällen oder sonstigen Stoffen von Schiffen, Luftfahrzeugen, Plattformen oder sonstigen auf See errichteten Bauwerken aus,

ii) jede vorsätzliche Beseitigung von Schiffen, Luftfahrzeugen, Plattformen oder sonstigen auf See errichteten Bauwerken;

b) umfaßt „Einbringen" nicht

i) die Beseitigung von Abfällen oder sonstigen Stoffen, die mit dem normalen Betrieb von Schiffen, Luftfahrzeugen, Plattformen oder sonstigen auf See errichteten Bauwerken sowie mit ihrer Ausrüstung zusammenhängen oder davon herrühren, mit Ausnahme von Abfällen oder sonstigen Stoffen, die durch zur Beseitigung dieser Stoffe betriebene Schiffe, Luftfahrzeuge, Plattformen oder sonstige auf See errichtete Bauwerke befördert oder auf sie verladen werden, sowie von Abfällen oder sonstigen Stoffen, die aus der Behandlung solcher Abfälle oder sonstigen Stoffe auf solchen Schiffen, Luftfahrzeugen, Plattformen oder Bauwerken herrühren,

ii) das Absetzen von Stoffen zu einem anderen Zweck als dem der bloßen Beseitigung, sofern es nicht den Zielen dieses Übereinkommens widerspricht.

(2) 1. „Vertragsstaaten" bedeutet Staaten, die zugestimmt haben, durch dieses Übereinkommen gebunden zu sein, und für die es in Kraft ist.

2. Dieses Übereinkommen gilt sinngemäß für die in Artikel 305 Absatz 1 Buchstaben b, c, d, e und f bezeichneten Rechtsträger, die zu den jeweils für sie geltenden Bedingungen Vertragsparteien des Übereinkommens werden, und insoweit bezieht sich der Begriff „Vertragsstaaten" auf diese Rechtsträger.

TEIL II
KÜSTENMEER UND ANSCHLUSSZONE

ABSCHNITT 1.
ALLGEMEINE BESTIMMUNGEN

Artikel 2
Rechtsstatus des Küstenmeers, des Luftraums über dem Küstenmeer und des Meeresbodens und Meeresuntergrunds des Küstenmeers

(1) Die Souveränität eines Küstenstaats erstreckt sich jenseits seines Landgebiets und seiner inneren Gewässer sowie im Fall eines Archipelstaats jenseits seiner Archipelgewässer auf einen angrenzenden Meeresstreifen, der als Küstenmeer bezeichnet wird.

(2) Diese Souveränität erstreckt sich sowohl auf den Luftraum über dem Küstenmeer als auch auf den Meeresboden und Meeresuntergrund des Küstenmeers.

(3) Die Souveränität über das Küstenmeer wird nach Maßgabe dieses Übereinkommens und der sonstigen Regeln des Völkerrechts ausgeübt.

ABSCHNITT 2.
GRENZEN DES KÜSTENMEERS

Artikel 3
Breite des Küstenmeers

Jeder Staat hat das Recht, die Breite seines Küstenmeers bis zu einer Grenze festzulegen, die höchstens zwölf Seemeilen von den in Übereinstimmung mit diesem Übereinkommen festgelegten Basislinien entfernt sein darf.

Artikel 4
Seewärtige Grenze des Küstenmeers

Die seewärtige Grenze des Küstenmeers ist die Linie, auf der jeder Punkt vom nächstgelegenen Punkt der Basislinie um die Breite des Küstenmeers entfernt ist.

Artikel 5
Normale Basislinie

Soweit in diesem Übereinkommen nichts anderes bestimmt wird, ist die normale Basislinie für die Messung der Breite des Küstenmeers die Niedrigwasserlinie entlang der Küste, wie sie in den vom Küstenstaat amtlich anerkannten Seekarten großen Maßstabs eingetragen ist.

Artikel 6
Riffe

Bei Inseln, die sich auf Atollen befinden oder von Riffen gesäumt sind, ist die Basislinie für die Messung der Breite des Küstenmeers die seewärtige Niedrigwasserlinie des Riffes, wie sie durch das entsprechende Symbol auf den vom Küstenstaat amtlich anerkannten Seekarten angegeben ist.

Artikel 7
Gerade Basislinien

(1) Wo die Küste tiefe Einbuchtungen und Einschnitte aufweist oder wo sich eine Inselkette entlang der Küste in ihrer unmittelbaren Nähe erstreckt, kann zur Festlegung der Basislinie, von der aus die Breite des Küstenmeers gemessen wird, die Methode der geraden Basislinien angewandt werden, die geeignete Punkte miteinander verbinden.

(2) Wo wegen eines Deltas oder anderer natürlicher Gegebenheiten die Küstenlinie sehr veränderlich ist, können die geeigneten Punkte auf der am weitesten seewärts verlaufenden Niedrigwasserlinie gewählt werden; diese geraden Basislinien bleiben ungeachtet eines späteren Rückgangs der Niedrigwasserlinie so lange gültig, bis sie vom Küstenstaat in Übereinstimmung mit diesem Übereinkommen geändert werden.

(3) Der Verlauf gerader Basislinien darf nicht erheblich von der allgemeinen Richtung der Küste abweichen; die innerhalb dieser Linien gelegenen Seegebiete müssen mit dem Landgebiet so eng verbunden sein, daß sie der Ordnung der inneren Gewässer unterstellt werden können.

(4) Gerade Basislinien dürfen nicht zu und von trockenfallenden Erhebungen gezogen werden, es sei denn, daß Leuchttürme oder ähnliche ständig über den Wasserspiegel hinausragende Anlagen auf ihnen errichtet sind oder daß die Ziehung der Basislinien zu und von solchen Erhebungen allgemeine internationale Anerkennung gefunden hat.

(5) Wo die Methode der geraden Basislinien nach Absatz 1 anwendbar ist, können bei der Festlegung bestimmter Basislinien die dem betreffenden Gebiet eigenen wirtschaftlichen Interessen, deren Vorhandensein und Bedeutung durch lange Übung eindeutig erwiesen sind, berücksichtigt werden.

(6) Ein Staat darf das System der geraden Basislinien nicht so anwenden, daß dadurch das Küstenmeer eines anderen Staates von der Hohen See oder einer ausschließlichen Wirtschaftszone abgeschnitten wird.

Artikel 8
Innere Gewässer

(1) Soweit in Teil IV nichts anderes bestimmt ist, gehören die landwärts der Basislinie des Küstenmeers gelegenen Gewässer zu den inneren Gewässern des Staates.

(2) Wo die Festlegung einer geraden Basislinie nach der in Artikel 7 bezeichneten Methode dazu führt, daß Gebiete, die vorher nicht als innere Gewässer galten, in diese einbezogen werden, besteht in solchen Gewässern das in diesem Übereinkommen vorgesehene Recht der friedlichen Durchfahrt.

Artikel 9
Flußmündungen

Mündet ein Fluß unmittelbar ins Meer, so ist die Basislinie eine Gerade, die quer über die Mündung des Flusses zwischen den Punkten gezogen wird, die auf der Niedrigwasserlinie seiner Ufer liegen.

Artikel 10
Buchten

(1) Dieser Artikel bezieht sich nur auf Buchten, deren Küsten zu einem einzigen Staat gehören.

(2) Eine Bucht im Sinne dieses Übereinkommens ist ein deutlich erkennbarer Einschnitt, dessen Länge in einem solchen Verhältnis zur Breite seiner Öffnung steht, daß er von Land umschlossene Gewässer enthält und mehr als eine bloße Krümmung der Küste bildet. Ein Einschnitt gilt jedoch nur dann als Bucht, wenn seine Fläche so groß oder größer ist als die eines Halbkreises, dessen Durchmesser eine quer über die Öffnung dieses Einschnitts gezogene Linie ist.

(3) Für Messungszwecke ist die Fläche eines Einschnitts jene Fläche, die innerhalb der Niedrigwasserlinie entlang der Küste des Einschnitts und einer die Niedrigwassermarken seiner natürlichen Öffnungspunkte verbindenden Linie liegt. Hat ein Einschnitt wegen vorhandener Inseln mehr als eine Öffnung, so hat der Durchmesser des Halbkreises eine Länge, die der Summe jener Strecken gleich ist, die über die verschiedenen Öffnungen führen. Inseln innerhalb eines Einschnitts werden seiner Wasserfläche zugerechnet.

(4) Ist die Entfernung zwischen den Niedrigwassermarken der natürlichen Öffnungspunkte einer Bucht nicht größer als 24 Seemeilen, so kann eine Abschlußlinie zwischen diesen beiden Niedrigwassermarken gezogen werden; die so eingeschlossenen Gewässer gelten als innere Gewässer.

(5) Ist die Entfernung zwischen den Niedrigwassermarken der natürlichen Öffnungspunkte einer Bucht größer als 24 Seemeilen, so wird eine

gerade Basislinie von 24 Seemeilen innerhalb der Bucht in der Weise gezogen, daß mit einer Linie dieser Länge die größtmögliche Wasserfläche eingeschlossen wird.

(6) Die vorstehenden Bestimmungen finden weder auf sogenannte „historische" Buchten noch auf Fälle Anwendung, in denen das in Artikel 7 vorgesehene System der geraden Basislinien angewandt wird.

Artikel 11
Häfen

Für die Abgrenzung des Küstenmeers gelten die äußersten ständigen Hafenanlagen, die Bestandteil des Hafensystems sind, als Teil der Küste. Anlagen vor der Küste und künstliche Inseln gelten nicht als ständige Hafenanlagen.

Artikel 12
Reeden

Reeden, die üblicherweise zum Laden, Entladen und Ankern von Schiffen dienen, werden in das Küstenmeer einbezogen, wenn sie ganz oder teilweise außerhalb der seewärtigen Grenze des Küstenmeers gelegen wären.

Artikel 13
Trockenfallende Erhebungen

(1) Eine trockenfallende Erhebung ist natürlich entstandenes Land, das bei Ebbe von Wasser umgeben ist und über den Wasserspiegel hinausragt, bei Flut jedoch unter Wasser liegt. Ist eine trockenfallende Erhebung ganz oder teilweise um nicht mehr als die Breite des Küstenmeers vom Festland oder einer Insel entfernt, so kann die Niedrigwasserlinie dieser Erhebung als Basislinie für die Messung der Breite des Küstenmeers verwendet werden.

(2) Ist die gesamte trockenfallende Erhebung um mehr als die Breite des Küstenmeers vom Festland oder einer Insel entfernt, so hat die Erhebung kein eigenes Küstenmeer.

Artikel 14
Kombination von Methoden zur Festlegung von Basislinien

Der Küstenstaat kann Basislinien nach einer oder mehreren der in den vorstehenden Artikeln vorgesehenen Methoden festlegen, um unterschiedlichen Gegebenheiten gerecht zu werden.

Artikel 15
Abgrenzung des Küstenmeers zwischen Staaten mit gegenüberliegenden oder aneinander angrenzenden Küsten

Liegen die Küsten zweier Staaten einander gegenüber oder grenzen sie aneinander an, so ist mangels einer gegenteiligen Vereinbarung zwischen diesen beiden Staaten keiner von ihnen berechtigt, sein Küstenmeer über die Mittellinie auszudehnen, auf der jeder Punkt gleich weit von den nächstgelegenen Punkten der Basislinien entfernt ist, von denen aus die Breite des Küstenmeers jedes der beiden Staaten gemessen wird. Diese Bestimmung findet jedoch keine Anwendung, wenn es auf Grund historischer Rechtstitel oder anderer besonderer Umstände erforderlich ist, die Küstenmeere der beiden Staaten abweichend davon gegeneinander abzugrenzen.

Artikel 16
Seekarten und Verzeichnisse geographischer Koordinaten

(1) Die in Übereinstimmung mit den Artikeln 7, 9 und 10 festgelegten Basislinien zur Messung der Breite des Küstenmeers oder die daraus abgeleiteten Grenzen sowie die in Übereinstimmung mit den Artikeln 12 und 15 gezogenen Abgrenzungslinien werden in Seekarten eingetragen, deren Maßstab oder Maßstäbe zur genauen Feststellung ihres Verlaufs ausreichen. Statt dessen kann auch ein Verzeichnis der geographischen Koordinaten von Punkten unter genauer Angabe der geodätischen Daten verwendet werden.

(2) Der Küstenstaat veröffentlicht diese Seekarten oder Verzeichnisse geographischer Koordinaten ordnungsgemäß und hinterlegt jeweils eine Ausfertigung davon beim Generalsekretär der Vereinten Nationen.

ABSCHNITT 3.
FRIEDLICHE DURCHFAHRT IM KÜSTENMEER

UNTERABSCHNITT A.
REGELN FÜR ALLE SCHIFFE

Artikel 17
Recht der friedlichen Durchfahrt

Vorbehaltlich dieses Übereinkommens genießen die Schiffe aller Staaten, ob Küsten- oder Binnenstaaten, das Recht der friedlichen Durchfahrt durch das Küstenmeer.

Artikel 18
Bedeutung der Durchfahrt

(1) „Durchfahrt" bedeutet die Fahrt durch das Küstenmeer zu dem Zweck,

a) es ohne Einlaufen in die inneren Gewässer oder Anlaufen einer Reede oder Hafenanlage außerhalb der inneren Gewässer zu durchqueren oder

b) in die inneren Gewässer einzulaufen oder sie zu verlassen oder eine solche Reede oder Hafenanlage anzulaufen oder zu verlassen.

(2) Die Durchfahrt muß ohne Unterbrechung und zügig erfolgen. Die Durchfahrt schließt jedoch das Anhalten und Ankern ein, aber nur insoweit, als dies zur normalen Schiffahrt gehört oder infolge höherer Gewalt oder eines Notfalls oder zur Hilfeleistung für Personen, Schiffe oder Luftfahrzeuge in Gefahr oder Not erforderlich wird.

Artikel 19
Bedeutung der friedlichen Durchfahrt

(1) Die Durchfahrt ist friedlich, solange sie nicht den Frieden, die Ordnung oder die Sicherheit des Küstenstaats beeinträchtigt. Die Durchfahrt hat in Übereinstimmung mit diesem Übereinkommen und den sonstigen Regeln des Völkerrechts zu erfolgen.

(2) Die Durchfahrt eines fremden Schiffes gilt als Beeinträchtigung des Friedens, der Ordnung oder der Sicherheit des Küstenstaats, wenn das Schiff im Küstenmeer eine der folgenden Tätigkeiten vornimmt:

a) Drohung mit Gewalt oder Gewaltanwendung, die gegen die Souveränität, die territoriale Unversehrtheit oder die politische Unabhängigkeit des Küstenstaats gerichtet ist oder sonst die in der Satzung der Vereinten Nationen niedergelegten Grundsätze des Völkerrechts verletzt;

b) eine Übung oder ein Manöver mit Waffen jeder Art;

c) eine Handlung, die auf das Sammeln von Informationen zum Schaden der Verteidigung oder Sicherheit des Küstenstaats gerichtet ist;

d) eine Propagandahandlung, die auf die Beeinträchtigung der Verteidigung oder Sicherheit des Küstenstaats gerichtet ist;

e) das Starten, Landen oder Anbordnehmen von Luftfahrzeugen;

f) das Aussetzen, Landen oder Anbordnehmen von militärischem Gerät;

g) das Laden oder Entladen von Waren, Zahlungsmitteln oder Personen entgegen den Zoll- und sonstigen Steuergesetzen, Einreise- oder Gesundheitsgesetzen und diesbezüglichen sonstigen Vorschriften des Küstenstaats;

h) eine vorsätzliche schwere Verschmutzung entgegen diesem Übereinkommen;

i) Fischereitätigkeiten;

j) Forschungs- oder Vermessungsarbeiten;

k) eine Handlung, die auf die Störung eines Nachrichtenübermittlungssystems oder anderer Einrichtungen oder Anlagen des Küstenstaats gerichtet ist;

l) eine andere Tätigkeit, die nicht unmittelbar mit der Durchfahrt zusammenhängt.

Artikel 20
Unterseeboote und andere Unterwasserfahrzeuge

Unterseeboote und andere Unterwasserfahrzeuge müssen im Küstenmeer über Wasser fahren und ihre Flagge zeigen.

Artikel 21
Gesetze und sonstige Vorschriften des Küstenstaats über die friedliche Durchfahrt

(1) Der Küstenstaat kann in Übereinstimmung mit diesem Übereinkommen und den sonstigen Regeln des Völkerrechts Gesetze und sonstige Vorschriften über die friedliche Durchfahrt durch das Küstenmeer in bezug auf alle oder einzelne der folgenden Bereiche erlassen:

a) Sicherheit der Schiffahrt und Regelung des Seeverkehrs;

b) Schutz der Seezeichen und Navigationseinrichtungen und anderer Einrichtungen oder Anlagen;

c) Schutz von Kabeln und Rohrleitungen;

d) Erhaltung der lebenden Ressourcen des Meeres;

e) Verhütung von Verstößen gegen die Fischereigesetze und diesbezüglichen sonstigen Vorschriften des Küstenstaats;

f) Schutz der Umwelt des Küstenstaats und Verhütung, Verringerung und Überwachung ihrer Verschmutzung;

g) wissenschaftliche Meeresforschung und hydrographische Vermessungen;

h) Verhütung von Verstößen gegen die Zoll- und sonstigen Steuergesetze, Einreise- oder Gesundheitsgesetze und diesbezüglichen sonstigen Vorschriften des Küstenstaats.

(2) Diese Gesetze und sonstigen Vorschriften dürfen sich nicht auf den Entwurf, den Bau, die Bemannung oder die Ausrüstung von fremden Schiffen erstrecken, sofern sie nicht allgemein anerkannten internationalen Regeln oder Normen Wirksamkeit verleihen.

(3) Der Küstenstaat veröffentlicht diese Gesetze und sonstigen Vorschriften ordnungsgemäß.

(4) Fremde Schiffe, die das Recht der friedlichen Durchfahrt durch das Küstenmeer ausüben, müssen diese Gesetze und sonstigen Vorschriften sowie alle allgemein anerkannten internationalen Vorschriften über die Verhütung von Zusammenstößen auf See einhalten.

Artikel 22
Schiffahrtswege und Verkehrstrennungsgebiete im Küstenmeer

(1) Der Küstenstaat kann, wo es die Sicherheit der Schiffahrt erfordert, von fremden Schiffen, die das Recht der friedlichen Durchfahrt durch sein Küstenmeer ausüben, verlangen, daß sie diejenigen Schiffahrtswege und Verkehrstrennungsgebiete benutzen, die er zur Regelung der Durchfahrt von Schiffen festlegen oder vorschreiben kann.

(2) Insbesondere kann von Tankschiffen, Schiffen mit Kernenergieantrieb und Schiffen, die nukleare oder sonstige ihrer Natur nach gefährliche oder schädliche Stoffe oder Materialien befördern, verlangt werden, bei der Durchfahrt nur diese Schiffahrtswege zu benutzen.

(3) Wenn der Küstenstaat auf Grund dieses Artikels Schiffahrtswege festlegt und Verkehrstrennungsgebiete vorschreibt, hat er folgendes zu berücksichtigen:

a) die Empfehlungen der zuständigen internationalen Organisation;

b) alle üblicherweise für die internationale Schiffahrt benutzten Fahrwasser;

c) die besonderen Merkmale bestimmter Schiffe und Fahrwasser und

d) die Verkehrsdichte.

(4) Der Küstenstaat trägt diese Schiffahrtswege und Verkehrstrennungsgebiete deutlich in Seekarten ein und veröffentlicht diese ordnungsgemäß.

Artikel 23
Fremde Schiffe mit Kernenergieantrieb und Schiffe, die nukleare oder sonstige ihrer Natur nach gefährliche oder schädliche Stoffe befördern

Fremde Schiffe mit Kernenergieantrieb und Schiffe, die nukleare oder sonstige ihrer Natur nach gefährliche oder schädliche Stoffe befördern, müssen bei der Ausübung des Rechts der friedlichen Durchfahrt durch das Küstenmeer die Dokumente mitführen und die besonderen Vorsichtsmaßnahmen beachten, die in internationalen Übereinkünften für solche Schiffe vorgeschrieben sind.

Artikel 24
Pflichten des Küstenstaats

(1) Der Küstenstaat darf, außer in den von diesem Übereinkommen vorgesehenen Fällen, die friedliche Durchfahrt fremder Schiffe durch das Küstenmeer nicht behindern. Insbesondere darf der Küstenstaat bei der Anwendung des Übereinkommens oder der in Übereinstimmung mit ihm erlassenen Gesetze oder sonstigen Vorschriften nicht

a) fremden Schiffen Auflagen machen, die im Ergebnis eine Verweigerung oder Beeinträchtigung der Ausübung des Rechts der friedlichen Durchfahrt bewirken, oder

b) die Schiffe eines bestimmten Staates oder Schiffe, die Ladung nach oder von einem bestimmten Staat oder in dessen Auftrag befördern, rechtlich oder tatsächlich diskriminieren.

(2) Der Küstenstaat macht alle in seinem Küstenmeer für die Schiffahrt bestehenden und ihm zur Kenntnis gelangten Gefahren in geeigneter Weise bekannt.

Artikel 25
Schutzrechte des Küstenstaats

(1) Der Küstenstaat kann in seinem Küstenmeer die erforderlichen Maßnahmen ergreifen, um eine nichtfriedliche Durchfahrt zu verhindern.

(2) Der Küstenstaat ist ferner berechtigt, in bezug auf Schiffe, die in seine inneren Gewässer einlaufen oder eine Hafenanlage außerhalb der inneren Gewässer anlaufen wollen, die erforderlichen Maßnahmen zu ergreifen, um jede Verletzung der Bedingungen zu verhindern, die für das Einlaufen solcher Schiffe in die inneren Gewässer oder für ihr Anlaufen solcher Anlagen bestehen.

(3) Der Küstenstaat kann, ohne fremde Schiffe untereinander rechtlich oder tatsächlich zu diskriminieren, in bestimmten Gebieten seines Küstenmeers die friedliche Durchfahrt fremder Schiffe vorübergehend aussetzen, sofern dies für den Schutz seiner Sicherheit, einschließlich Waffenübungen, unerläßlich ist. Eine solche Aussetzung wird erst nach ordnungsgemäßer Bekanntmachung wirksam.

Artikel 26
Gebühren, die von fremden Schiffen erhoben werden können

(1) Für die bloße Durchfahrt durch das Küstenmeer dürfen von fremden Schiffen keine Abgaben erhoben werden.

(2) Von einem das Küstenmeer durchfahrenden fremden Schiff dürfen Gebühren nur als Vergütung für bestimmte, dem Schiff geleistete Dienste erhoben werden. Diese Gebühren sind ohne Diskriminierung zu erheben.

UNTERABSCHNITT B.
REGELN FÜR HANDELSSCHIFFE UND FÜR STAATSSCHIFFE, DIE HANDELSZWECKEN DIENEN

Artikel 27
Strafgerichtsbarkeit an Bord eines fremden Schiffes

(1) Die Strafgerichtsbarkeit des Küstenstaats soll an Bord eines das Küstenmeer durchfahrenden fremden Schiffes nicht ausgeübt werden, um wegen einer während der Durchfahrt an Bord des Schiffes begangenen Straftat eine Person festzunehmen oder eine Untersuchung durchzuführen, außer in folgenden Fällen:

a) wenn sich die Folgen der Straftat auf den Küstenstaat erstrecken;

b) wenn die Straftat geeignet ist, den Frieden des Landes oder die Ordnung im Küstenmeer zu stören;

c) wenn die Hilfe der örtlichen Behörden vom Kapitän des Schiffes oder von einem Diplomaten oder Konsularbeamten des Flaggenstaats erbeten worden ist oder

d) wenn solche Maßnahmen zur Unterdrückung des unerlaubten Verkehrs mit Suchtstoffen oder psychotropen Stoffen erforderlich sind.

(2) Absatz 1 berührt nicht das Recht des Küstenstaats, alle nach seinen Gesetzen zulässigen Maßnahmen zur Festnahme oder Untersuchung an Bord eines fremden Schiffes zu ergreifen, das nach Verlassen der inneren Gewässer das Küstenmeer durchfährt.

(3) In den in den Absätzen 1 und 2 vorgesehenen Fällen hat der Küstenstaat, bevor er irgendwelche Maßnahmen ergreift, auf Ersuchen des Kapitäns einen Diplomaten oder Konsularbeamten des Flaggenstaats zu benachrichtigen und die Verbindung zwischen diesem Diplomaten oder Konsularbeamten und der Besatzung des Schiffes zu erleichtern. In dringenden Fällen kann diese Benachrichtigung erfolgen, während die Maßnahmen durchgeführt werden.

(4) Bei der Prüfung der Frage, ob oder auf welche Weise eine Festnahme erfolgen soll, tragen die örtlichen Behörden den Interessen der Schiffahrt gebührend Rechnung.

(5) Abgesehen von der Anwendung des Teiles XII oder von Fällen von Verstößen gegen die in Übereinstimmung mit Teil V erlassenen Gesetze und sonstigen Vorschriften darf der Küstenstaat an Bord eines sein Küstenmeer durchfahrenden fremden Schiffes keine Maßnahmen ergreifen, um wegen einer Straftat, die vor der Einfahrt des Schiffes in das Küstenmeer begangen wurde, eine Person festzunehmen oder eine Untersuchung durchzuführen, wenn dieses Schiff aus einem fremden Hafen kommt und das Küstenmeer nur durchfährt, ohne in die inneren Gewässer einzulaufen.

Artikel 28
Zivilgerichtsbarkeit in bezug auf fremde Schiffe

(1) Der Küstenstaat soll ein das Küstenmeer durchfahrendes fremdes Schiff weder anhalten noch umleiten, um seine Zivilgerichtsbarkeit gegenüber einer an Bord des Schiffes befindlichen Person auszuüben.

(2) Der Küstenstaat darf Vollstreckungs- oder Sicherungsmaßnahmen in Zivilsachen gegen das Schiff nur wegen Verbindlichkeiten oder der Haftung ergreifen, die für das Schiff selbst während oder wegen seiner Durchfahrt durch die Gewässer des Küstenstaats entstanden sind.

(3) Absatz 2 berührt nicht das Recht des Küstenstaats, in Übereinstimmung mit seinen Rechtsvorschriften Vollstreckungs- oder Sicherungsmaßnahmen in Zivilsachen gegen ein fremdes Schiff zu ergreifen, das in seinem Küstenmeer liegt oder dieses nach Verlassen der inneren Gewässer durchfährt.

UNTERABSCHNITT C.
REGELN FÜR KRIEGSSCHIFFE UND SONSTIGE STAATSSCHIFFE, DIE ANDEREN ALS HANDELSZWECKEN DIENEN

Artikel 29
Definition der Kriegsschiffe

Im Sinne dieses Übereinkommens bedeutet „Kriegsschiff" ein zu den Streitkräften eines Staates gehörendes Schiff, das die äußeren Kennzeichen eines solchen Schiffes seiner Staatszugehörigkeit trägt; es muß unter dem Befehl eines Offiziers stehen, der sich im Dienst des jeweiligen Staates befindet und dessen Name in der entsprechenden Rangliste der Streitkräfte oder in einer gleichwertigen Liste enthalten ist; die Besatzung muß den Regeln der militärischen Disziplin unterliegen.

Artikel 30
Nichteinhaltung der Gesetze und sonstigen Vorschriften des Küstenstaats durch Kriegsschiffe

Wenn ein Kriegsschiff die Gesetze und sonstigen Vorschriften des Küstenstaats über die Durchfahrt durch das Küstenmeer nicht einhält und eine ihm übermittelte Aufforderung, sie einzuhalten, mißachtet, kann der Küstenstaat von dem Kriegsschiff verlangen, das Küstenmeer sofort zu verlassen.

Artikel 31
Verantwortlichkeit des Flaggenstaats für Schäden, die ein Kriegsschiff oder ein sonstiges Staatsschiff, das anderen als Handelszwecken dient, verursacht

Der Flaggenstaat ist völkerrechtlich verantwortlich für jeden dem Küstenstaat zugefügten Verlust oder Schaden, der sich aus der Nichteinhaltung der Gesetze und sonstigen Vorschriften des Küstenstaats über die Durchfahrt durch das Küstenmeer oder der Bestimmungen dieses Übereinkommens oder der sonstigen Regeln des Völkerrechts durch ein Kriegsschiff oder ein sonstiges Staatsschiff, das anderen als Handelszwecken dient, ergibt.

Artikel 32
Immunitäten der Kriegsschiffe und der sonstigen Staatsschiffe, die anderen als Handelszwecken dienen

Vorbehaltlich der in Unterabschnitt A und in den Artikeln 30 und 31 vorgesehenen Ausnahmen berührt dieses Übereinkommen nicht die Immunitäten der Kriegsschiffe und der sonstigen Staatsschiffe, die anderen als Handelszwecken dienen.

ABSCHNITT 4. ANSCHLUSSZONE

Artikel 33
Anschlußzone

(1) In einer an sein Küstenmeer angrenzenden Zone, die als Anschlußzone bezeichnet wird, kann der Küstenstaat die erforderliche Kontrolle ausüben, um

a) Verstöße gegen seine Zoll- und sonstigen Steuergesetze, Einreise- oder Gesundheitsgesetze und diesbezüglichen sonstigen Vorschriften in seinem Hoheitsgebiet oder in seinem Küstenmeer zu verhindern;

b) Verstöße gegen diese Gesetze und sonstigen Vorschriften, die in seinem Hoheitsgebiet oder in seinem Küstenmeer begangen worden sind, zu ahnden.

(2) Die Anschlußzone darf sich nicht weiter als 24 Seemeilen über die Basislinien hinaus erstrecken, von denen aus die Breite des Küstenmeers gemessen wird.

TEIL III
MEERENGEN, DIE DER INTERNATIONALEN SCHIFFAHRT DIENEN

ABSCHNITT 1. ALLGEMEINE BESTIMMUNGEN

Artikel 34
Rechtsstatus der Gewässer von Meerengen, die der internationalen Schiffahrt dienen

(1) Die in diesem Teil festgelegte Durchfahrtsordnung für Meerengen, die der internationalen Schiffahrt dienen, berührt im übrigen nicht den Rechtsstatus der solche Meerengen bildenden Gewässer oder die Ausübung der Souveränität oder der Hoheitsbefugnisse über diese Gewässer und deren Luftraum, Meeresboden und Meeresuntergrund durch die Meerengenanliegerstaaten.

(2) Die Souveränität oder die Hoheitsbefugnisse der Meerengenanliegerstaaten werden nach Maßgabe dieses Teiles und der sonstigen Regeln des Völkerrechts ausgeübt.

Artikel 35
Geltungsbereich dieses Teiles

Dieser Teil berührt nicht

a) die Gebiete innerer Gewässer innerhalb einer Meerenge, es sei denn, die Festlegung einer geraden Basislinie nach der in Artikel 7 bezeichneten Methode führt dazu, daß Gebiete, die vorher nicht als innere Gewässer galten, in diese einbezogen werden;

b) den Rechtsstatus der Gewässer außerhalb der Küstenmeere der Meerengenanliegerstaaten als ausschließliche Wirtschaftszone oder als Hohe See oder

c) die Rechtsordnung in Meerengen, in denen die Durchfahrt ganz oder teilweise durch lange bestehende und in Kraft befindliche internationale Übereinkünfte geregelt ist, die sich im besonderen auf diese Meerengen beziehen.

Artikel 36
Durch Hohe See oder ausschließliche Wirtschaftszonen führende Seewege in Meerengen, die der internationalen Schiffahrt dienen

Dieser Teil gilt nicht für eine Meerenge, die der internationalen Schiffahrt dient, wenn ein in navigatorischer und hydrographischer Hinsicht gleichermaßen geeigneter, durch die Hohe See oder eine ausschließliche Wirtschaftszone führender Seeweg durch die Meerenge vorhanden ist; auf diesen Seewegen finden die anderen diesbezüglichen Teile dieses Übereinkommens einschließlich der Bestimmungen über die Freiheit der Schiffahrt und des Überflugs Anwendung.

ABSCHNITT 2. TRANSITDURCHFAHRT

Artikel 37
Geltungsbereich dieses Abschnitts

Dieser Abschnitt gilt für Meerengen, die der internationalen Schiffahrt zwischen einem Teil der Hohen See oder einer ausschließlichen Wirtschaftszone und einem anderen Teil der Hohen See oder einer ausschließlichen Wirtschaftszone dienen.

Artikel 38
Recht der Transitdurchfahrt

(1) In den in Artikel 37 bezeichneten Meerengen genießen alle Schiffe und Luftfahrzeuge das Recht der Transitdurchfahrt, die nicht behindert werden darf; jedoch gilt in einer Meerenge, die durch eine Insel eines Meerengenanliegerstaats und sein Festland gebildet wird, das Recht der Transitdurchfahrt nicht, wenn seewärts der Insel ein in navigatorischer und hydrographischer Hinsicht gleichermaßen geeigneter Seeweg durch die Hohe See oder eine ausschließliche Wirtschaftszone vorhanden ist.

(2) „Transitdurchfahrt" bedeutet die in Übereinstimmung mit diesem Teil erfolgende Ausübung der Freiheit der Schiffahrt und des Überflugs lediglich zum Zweck des ununterbrochenen und zügigen Transits durch die Meerenge zwischen einem Teil der Hohen See oder einer ausschließlichen Wirtschaftszone und einem anderen Teil der Hohen See oder einer ausschließlichen Wirtschaftszone. Jedoch schließt das Erfordernis des ununterbrochenen und zügigen Transits die Durchfahrt durch die Meerenge zu dem Zweck nicht aus, einen Meerengenanliegerstaat unter Beachtung seiner Einreisebedingungen aufzusuchen, zu verlassen oder von ihm zurückzukehren.

(3) Jede Tätigkeit, die keine Ausübung des Rechts der Transitdurchfahrt durch eine Meerenge ist, unterliegt den anderen anwendbaren Bestimmungen dieses Übereinkommens.

Artikel 39
Pflichten der Schiffe und Luftfahrzeuge während der Transitdurchfahrt

(1) Schiffe und Luftfahrzeuge müssen, wenn sie das Recht der Transitdurchfahrt ausüben,

a) die Meerenge unverzüglich durchfahren oder überfliegen;

b) sich jeder Drohung mit Gewealt (Anm.: richtig: Gewalt) oder Gewaltanwendung enthalten, die gegen die Souveränität, die territoriale Unversehrtheit oder die politische Unabhängigkeit eines Meerengenanliegerstaats gerichtet ist oder sonst die in der Satzung der Vereinten Nationen niedergelegten Grundsätze des Völkerrechts verletzt;

c) sich jeder Tätigkeit enthalten, die nicht mit ihrem normalen ununterbrochenen und zügigen Transit zusammenhängt, sofern sie nicht durch höhere Gewalt oder einen Notfall erforderlich wird;

d) die anderen einschlägigen Bestimmungen dieses Teiles befolgen.

(2) Schiffe in der Transitdurchfahrt müssen

a) die allgemein anerkannten internationalen Vorschriften, Verfahren und Gebräuche für die Sicherheit auf See einschließlich der Internationalen Regeln zur Verhütung von Zusammenstößen auf See befolgen;

b) die allgemein anerkannten internationalen Vorschriften, Verfahren und Gebräuche zur Verhütung, Verringerung und Überwachung der Verschmutzung durch Schiffe befolgen.

(3) Luftfahrzeuge in der Transitdurchfahrt müssen

a) die von der Internationalen Zivilluftfahrt-Organisation aufgestellten Regeln für die Luftfahrt einhalten, soweit sie auf zivile Luftfahrzeuge Anwendung finden; Staatsluftfahrzeuge halten sich in der Regel an solche Sicherheitsmaßnahmen und fliegen jederzeit mit der gebotenen Rücksicht auf die Sicherheit der Luftfahrt;

b) jederzeit die von der zuständigen international bestimmten Luftverkehrskontrollbehörde zugewiesene Funkfrequenz oder die entsprechende internationale Notfunkfrequenz abhören.

Artikel 40
Forschungs- und Vermessungsarbeiten

Während der Transitdurchfahrt dürfen fremde Schiffe, einschließlich solcher für wissenschaftliche Meeresforschung oder hydrographische Vermessung, ohne vorherige Genehmigung der Meerengenanliegerstaaten keine Forschungs- oder Vermessungsarbeiten durchführen.

Artikel 41
Schiffahrtswege und Verkehrstrennungsgebiete in Meerengen, die der internationalen Schiffahrt dienen

(1) In Übereinstimmung mit diesem Teil können Meerengenanliegerstaaten für die Schiffahrt in Meerengen Schiffahrtswege festlegen und Verkehrstrennungsgebiete vorschreiben, wo es die sichere Durchfahrt der Schiffe erfordert.

(2) Wenn es die Umstände erfordern, können diese Staaten nach ordnungsgemäßer Bekanntmachung vorher von ihnen festgelegte Schiffahrts-

wege oder vorgeschriebene Verkehrstrennungsgebiete durch andere Schiffahrtswege oder Verkehrstrennungsgebiete ersetzen.

(3) Diese Schiffahrtswege und Verkehrstrennungsgebiete haben den allgemein anerkannten internationalen Vorschriften zu entsprechen.

(4) Bevor die Meerengenanliegerstaaten Schiffahrtswege festlegen oder ersetzen oder Verkehrstrennungsgebiete vorschreiben oder ersetzen, unterbreiten sie der zuständigen internationalen Organisation Vorschläge zur Annahme. Die Organisation darf nur solche Schiffahrtswege und Verkehrstrennungsgebiete annehmen, die mit den Meerengenanliegerstaaten vereinbart werden konnten; danach können diese Staaten sie festlegen, vorschreiben oder ersetzen.

(5) Werden für eine Meerenge Schiffahrtswege oder Verkehrstrennungsgebiete durch die Gewässer von zwei oder mehr Meerengenanliegerstaaten vorgeschlagen, so arbeiten die betreffenden Staaten bei der Ausarbeitung der Vorschläge in Konsultation mit der zuständigen internationalen Organisation zusammen.

(6) Die Meerengenanliegerstaaten tragen alle von ihnen festgelegten Schiffahrtswege und vorgeschriebenen Verkehrstrennungsgebiete deutlich in Seekarten ein und veröffentlichen diese ordnungsgemäß.

(7) Schiffe in der Transitdurchfahrt müssen die in Übereinstimmung mit diesem Artikel festgelegten Schiffahrtswege und Verkehrstrennungsgebiete beachten.

Artikel 42
Gesetze und sonstige Vorschriften der Meerengenanliegerstaaten zur Transitdurchfahrt

(1) Vorbehaltlich dieses Abschnitts können die Meerengenanliegerstaaten Gesetze und sonstige Vorschriften zur Transitdurchfahrt durch Meerengen für folgende Bereiche erlassen:

a) Sicherheit der Schiffahrt und Regelung des Seeverkehrs nach Artikel 41;

b) Verhütung, Verringerung und Überwachung der Verschmutzung, indem sie den anwendbaren internationalen Vorschriften über das Einleiten von Öl, ölhaltigen Abfällen und anderen schädlichen Stoffen in der Meerenge Wirksamkeit verleihen;

c) für Fischereifahrzeuge ein Fischereiverbot einschließlich des Verstauens von Fischfanggerät;

d) das Laden oder Entladen von Waren, Zahlungsmitteln oder Personen entgegen den Zoll- und sonstigen Steuergesetzen, Einreise- oder Gesundheitsgesetzen und diesbezüglichen sonstigen Vorschriften der Meerengenanliegerstaaten.

(2) Diese Gesetze und sonstigen Vorschriften dürfen fremde Schiffe untereinander weder rechtlich noch tatsächlich diskriminieren, und ihre Anwendung darf im Ergebnis nicht eine Verweigerung, Behinderung oder Beeinträchtigung des Rechts der Transitdurchfahrt nach diesem Abschnitt bewirken.

(3) Die Meerengenanliegerstaaten veröffentlichen diese Gesetze und sonstigen Vorschriften ordnungsgemäß.

(4) Fremde Schiffe, die das Recht der Transitdurchfahrt ausüben, müssen diese Gesetze und sonstigen Vorschriften einhalten.

(5) Verletzt ein Staatenimmunität genießendes Schiff oder Luftfahrzeug diese Gesetze und sonstigen Vorschriften oder andere Bestimmungen dieses Teiles, so trägt der Flaggenstaat des Schiffes beziehungsweise der Eintragungsstaat des Luftfahrzeugs die völkerrechtliche Verantwortlichkeit für jeden den Meerengenanliegerstaaten zugefügten Verlust oder Schaden.

Artikel 43
Navigationshilfen, Sicherheitsanlagen und andere Einrichtungen sowie Verhütung, Verringerung und Überwachung der Verschmutzung

Benutzerstaaten und Meerengenanliegerstaaten sollen einvernehmlich zusammenarbeiten,

a) um in einer Meerenge die erforderlichen Navigationshilfen und Sicherheitsanlagen oder andere Einrichtungen zur Erleichterung der internationalen Schiffahrt einzurichten und zu unterhalten und

b) um Verschmutzung durch Schiffe zu verhüten, zu verringern und zu überwachen.

Artikel 44
Pflichten der Meerengenanliegerstaaten

Meerengenanliegerstaaten dürfen die Transitdurchfahrt nicht behindern und machen alle ihnen bekannten Gefahren für die Schiffahrt in der Meerenge oder den Überflug über der Meerenge in geeigneter Weise bekannt. Die Ausübung des Rechts der Transitdurchfahrt darf nicht ausgesetzt werden.

ABSCHNITT 3.
FRIEDLICHE DURCHFAHRT

Artikel 45
Friedliche Durchfahrt

(1) Die Ordnung der friedlichen Durchfahrt nach Teil II Abschnitt 3 gilt in den der internationalen Schiffahrt dienenden Meerengen,

a) die nach Artikel 38 Absatz 1 von der Anwendung der Ordnung der Transitdurchfahrt ausgeschlossen sind oder

b) die das Küstenmeer eines Staates mit einem Teil der Hohen See oder mit der ausschließlichen Wirtschaftszone eines anderen Staates verbinden.

(2) Die Ausübung des Rechts der friedlichen Durchfahrt durch solche Meerengen darf nicht ausgesetzt werden.

TEIL IV
ARCHIPELSTAATEN

Artikel 46
Begriffsbestimmungen

Im Sinne dieses Übereinkommens

a) bedeutet „Archipelstaat" einen Staat, der vollständig aus einem oder mehreren Archipelen und gegebenenfalls anderen Inseln besteht;

b) bedeutet „Archipel" eine Gruppe von Inseln einschließlich Teilen von Inseln, dazwischenliegende Gewässer und andere natürliche Gebilde, die so eng miteinander in Beziehung stehen, daß diese Inseln, Gewässer und anderen natürlichen Gebilde eine wirkliche geographische, wirtschaftliche und politische Einheit bilden, oder die von alters her als solche angesehen worden sind.

Artikel 47
Archipelbasislinien

(1) Ein Archipelstaat kann gerade Archipelbasislinien ziehen, welche die äußersten Punkte der äußersten Inseln und trockenfallenden Riffe des Archipels verbinden, sofern davon die Hauptinseln und ein Gebiet umschlossen sind, in dem das Verhältnis der Wasserfläche zur Landfläche einschließlich der Atolle zwischen 1 zu 1 und 9 zu 1 beträgt.

(2) Die Länge derartiger Basislinien darf 100 Seemeilen nicht überschreiten; jedoch dürfen bis zu 3 Prozent der Gesamtzahl der einen einzelnen Archipel umschließenden Basislinien diese Länge überschreiten, wobei die Länge nicht mehr als 125 Seemeilen betragen darf.

(3) Der Verlauf dieser Basislinien darf nicht erheblich vom allgemeinen Umriß des Archipels abweichen.

(4) Derartige Basislinien dürfen nicht zu und von trockenfallenden Erhebungen gezogen werden, es sei denn, daß Leuchttürme oder ähnliche ständig über den Wasserspiegel hinausragende Anlagen auf ihnen errichtet sind oder daß die trockenfallende Erhebung ganz oder teilweise um nicht mehr als die Breite des Küstenmeers von der nächstgelegenen Insel entfernt ist.

(5) Ein Archipelstaat darf das System derartiger Basislinien nicht so anwenden, daß dadurch das Küstenmeer eines anderen Staates von der Hohen See oder einer ausschließlichen Wirtschaftszone abgeschnitten wird.

(6) Liegt ein Teil der Archipelgewässer eines Archipelstaats zwischen zwei Teilen eines unmittelbar angrenzenden Nachbarstaats, so gelten die bestehenden Rechte und alle sonstigen berechtigten Interessen, die der letztgenannte Staat herkömmlicherweise in diesen Gewässern ausgeübt hat, sowie alle vertraglich zwischen beiden Staaten vereinbarten Rechte fort und sind zu beachten.

(7) Zum Zweck der Berechnung des Verhältnisses der Wasser- zur Landfläche nach Absatz 1 können zu Landflächen auch Gewässer gezählt werden, die innerhalb der Saumriffe von Inseln und Atollen liegen, einschließlich desjenigen Teiles eines steil abfallenden Ozeanplateaus, der von einer Kette am Rand des Plateaus liegender Kalksteininseln und trockenfallender Riffe ganz oder fast ganz umschlossen ist.

(8) Die nach diesem Artikel gezogenen Basislinien werden in Seekarten eingetragen, deren Maßstab oder Maßstäbe zur genauen Feststellung ihres Verlaufs ausreichen. Statt dessen können auch Verzeichnisse der geographischen Koordinaten von Punkten unter genauer Angabe der geodätischen Daten verwendet werden.

(9) Der Archipelstaat veröffentlicht diese Seekarten oder Verzeichnisse geographischer Koordinaten ordnungsgemäß und hinterlegt jeweils eine Ausfertigung davon beim Generalsekretär der Vereinten Nationen.

Artikel 48
Messung der Breite des Küstenmeers, der Anschlußzone, der ausschließlichen Wirtschaftszone und des Festlandsockels

Die Breite des Küstenmeers, der Anschlußzone, der ausschließlichen Wirtschaftszone und des Festlandsockels wird von den in Übereinstimmung mit Artikel 47 gezogenen Archipelbasislinien aus gemessen.

Artikel 49
Rechtsstatus der Archipelgewässer, des Luftraums über den Archipelgewässern sowie ihres Meeresbodens und Meeresuntergrunds

(1) Die Souveränität eines Archipelstaats erstreckt sich auf die Gewässer, die von den in Übereinstimmung mit Artikel 47 gezogenen Archipelbasislinien umschlossen sind; sie werden unabhängig von ihrer Tiefe oder ihrer Entfernung von der Küste als Archipelgewässer bezeichnet.

(2) Diese Souveränität erstreckt sich sowohl auf den Luftraum über den Archipelgewässern als auch auf deren Meeresboden und Meeresuntergrund und die darin enthaltenen Ressourcen.

(3) Diese Souveränität wird nach Maßgabe dieses Teiles ausgeübt.

(4) Die in diesem Teil festgelegte Ordnung der Durchfahrt auf Archipelschiffahrtswegen berührt im übrigen nicht den Rechtsstatus der Archipelgewässer einschließlich der Schiffahrtswege oder die Ausübung der Souveränität des Archipelstaats über diese Gewässer und deren Luftraum, Meeresboden und Meeresuntergrund sowie die darin enthaltenen Ressourcen.

Artikel 50
Abgrenzung der inneren Gewässer

Innerhalb seiner Archipelgewässer kann der Archipelstaat in Übereinstimmung mit den Artikeln 9, 10 und 11 Abschlußlinien zur Abgrenzung der inneren Gewässer ziehen.

Artikel 51
Bestehende Übereinkünfte, herkömmliche Fischereirechte und vorhandene unterseeische Kabel

(1) Unbeschadet des Artikels 49 beachtet ein Archipelstaat bestehende Übereinkünfte mit anderen Staaten und erkennt herkömmliche Fischereirechte sowie andere rechtmäßige Tätigkeiten der unmittelbar angrenzenden Nachbarstaaten in bestimmten Gebieten innerhalb der Archipelgewässer an. Die Bedingungen der Ausübung solcher Rechte und Tätigkeiten, einschließlich ihrer Natur, ihres Ausmaßes und ihres Anwendungsbereichs, werden auf Ersuchen eines der betroffenen Staaten durch zweiseitige Übereinkünfte zwischen ihnen geregelt. Solche Rechte dürfen dritten Staaten oder ihren Angehörigen nicht übertragen und nicht mit ihnen geteilt werden.

(2) Ein Archipelstaat nimmt Rücksicht auf die vorhandenen von anderen Staaten gelegten unterseeischen Kabel, die durch seine Gewässer führen, ohne das Ufer zu berühren. Ein Archipelstaat gestattet die Unterhaltung und den Ersatz dieser Kabel, nachdem ihm ihre Lage und die Absicht, sie zu reparieren oder zu ersetzen, ordnungsgemäß mitgeteilt worden sind.

Artikel 52
Recht der friedlichen Durchfahrt

(1) Vorbehaltlich des Artikels 53 und unbeschadet des Artikels 50 genießen die Schiffe aller Staaten das Recht der friedlichen Durchfahrt durch die Archipelgewässer, wie es in Teil II Abschnitt 3 geregelt ist.

(2) Der Archipelstaat kann, ohne fremde Schiffe untereinander rechtlich oder tatsächlich zu diskriminieren, in bestimmten Gebieten seiner Archipelgewässer die Ausübung des Rechts der friedlichen Durchfahrt fremder Schiffe vorübergehend aussetzen, sofern dies für den Schutz seiner Sicherheit unerläßlich ist. Eine solche Aussetzung wird erst nach ordnungsgemäßer Bekanntmachung wirksam.

Artikel 53
Recht der Durchfahrt auf Archipelschiffahrtswegen

(1) Ein Archipelstaat kann in seinen Archipelgewässern und seinem angrenzenden Küstenmeer Schiffahrtswege und darüberliegende Flugstrecken festlegen, die für die ununterbrochene und zügige Durchfahrt fremder Schiffe sowie den ununterbrochenen und zügigen Durchflug fremder Luftfahrzeuge geeignet sind.

(2) Alle Schiffe und Luftfahrzeuge genießen auf diesen Schiffahrtswegen und Flugstrecken das Recht der Durchfahrt auf Archipelschiffahrtswegen.

(3) „Durchfahrt auf Archipelschiffahrtswegen" bedeutet die in Übereinstimmung mit diesem Übereinkommen erfolgende Ausübung des Rechts auf Schiffahrt und Überflug in normaler Weise lediglich zum Zweck des ununterbrochenen, zügigen und unbehinderten Transits zwischen einem Teil der Hohen See oder einer ausschließlichen Wirtschaftszone und einem anderen Teil der Hohen See oder einer ausschließlichen Wirtschaftszone.

(4) Diese Schiffahrtswege und Flugstrecken müssen durch die Archipelgewässer und das angrenzende Küstenmeer führen und alle üblichen Durchfahrtswege einschließen, die der internationalen Schiffahrt oder dem internationalen Überflug durch beziehungsweise über die Archipelgewässer dienen; diese Schiffahrtswege müssen den Fahrwassern folgen, die von der Schiffahrt üblicherweise genutzt werden, wobei jedoch die Einrichtung mehrerer gleichermaßen geeigneter Wege zwischen denselben Eingangs- und Ausgangspunkten nicht erforderlich ist.

(5) Diese Schiffahrtswege und Flugstrecken werden durch eine Reihe fortlaufender Mittellinien bestimmt, die von den Eingangspunkten zu den Ausgangspunkten der Durchfahrtswege führen. Bei der Durchfahrt auf Archipelschiffahrtswegen dürfen Schiffe und Luftfahrzeuge nicht mehr als 25 Seemeilen nach jeder Seite von diesen Mittellinien abweichen; sie dürfen sich dabei aber den Küsten höchstens bis zu einer Entfernung nähern, die 10 Prozent der Gesamtentfernung zwischen den nächstgelegenen Punkten der Inseln beiderseits des Schiffahrtswegs beträgt.

(6) Ein Archipelstaat, der Schiffahrtswege auf Grund dieses Artikels festlegt, kann auch Verkehrstrennungsgebiete für die sichere Durchfahrt von Schiffen durch enge Fahrwasser innerhalb solcher Schiffahrtswege vorschreiben.

(7) Wenn es die Umstände erfordern, kann ein Archipelstaat nach ordnungsgemäßer Bekanntmachung die vorher von ihm festgelegten Schiffahrts-

wege oder vorgeschriebenen Verkehrstrennungsgebiete durch andere Schiffahrtswege oder Verkehrstrennungsgebiete ersetzen.

(8) Diese Schiffahrtswege und Verkehrstrennungsgebiete haben den allgemein anerkannten internationalen Vorschriften zu entsprechen.

(9) Wenn ein Archipelstaat Schiffahrtswege festlegt oder ersetzt oder Verkehrstrennungsgebiete vorschreibt oder ersetzt, unterbreitet er der zuständigen internationalen Organisation Vorschläge zur Annahme. Die Organisation darf nur solche Schiffahrtswege und Verkehrstrennungsgebiete annehmen, die mit dem Archipelstaat vereinbart werden konnten; danach kann er sie festlegen, vorschreiben oder ersetzen.

(10) Der Archipelstaat trägt die Mittellinien der von ihm festgelegten Schiffahrtswege und vorgeschriebenen Verkehrstrennungsgebiete deutlich in Seekarten ein und veröffentlicht diese ordnungsgemäß.

(11) Bei der Durchfahrt auf Archipelschiffahrtswegen müssen Schiffe die in Übereinstimmung mit diesem Artikel festgelegten Schiffahrtswege und Verkehrstrennungsgebiete beachten.

(12) Wenn ein Archipelstaat keine Schiffahrtswege oder Flugstrecken festgelegt hat, kann das Recht der Durchfahrt auf Archipelschiffahrtswegen auf den Wegen und Strecken ausgeübt werden, die üblicherweise der internationalen Schiffahrt und Luftfahrt dienen.

Artikel 54
Pflichten der Schiffe und Luftfahrzeuge während ihrer Durchfahrt, Forschungs- und Vermessungsarbeiten, Pflichten des Archipelstaats und Gesetze und sonstige Vorschriften des Archipelstaats zur Durchfahrt auf Archipelschiffahrtswegen

Die Artikel 39, 40, 42 und 44 gelten sinngemäß für die Durchfahrt auf Archipelschiffahrtswegen.

TEIL V
AUSSCHLIESSLICHE WIRTSCHAFTSZONE

Artikel 55
Besondere Rechtsordnung der ausschließlichen Wirtschaftszone

Die ausschließliche Wirtschaftszone ist ein jenseits des Küstenmeers gelegenes und an dieses angrenzendes Gebiet, das der in diesem Teil festgelegten besonderen Rechtsordnung unterliegt, nach der die Rechte und Hoheitsbefugnisse des Küstenstaats und die Rechte und Freiheiten anderer Staaten durch die diesbezüglichen Bestimmungen dieses Übereinkommens geregelt werden.

Artikel 56
Rechte, Hoheitsbefugnisse und Pflichten des Küstenstaats in der ausschließlichen Wirtschaftszone

(1) In der ausschließlichen Wirtschaftszone hat der Küstenstaat

a) souveräne Rechte zum Zweck der Erforschung und Ausbeutung, Erhaltung und Bewirtschaftung der lebenden und nichtlebenden natürlichen Ressourcen der Gewässer über dem Meeresboden, des Meeresbodens und seines Untergrunds sowie hinsichtlich anderer Tätigkeiten zur wirtschaftlichen Erforschung und Ausbeutung der Zone wie der Energieerzeugung aus Wasser, Strömung und Wind;

b) Hoheitsbefugnisse, wie in den diesbezüglichen Bestimmungen dieses Übereinkommens vorgesehen, in bezug auf

i) die Errichtung und Nutzung von künstlichen Inseln, von Anlagen und Bauwerken;

ii) die wissenschaftliche Meeresforschung;

iii) den Schutz und die Bewahrung der Meeresumwelt;

c) andere in diesem Übereinkommen vorgesehene Rechte und Pflichten.

(2) Der Küstenstaat berücksichtigt bei der Ausübung seiner Rechte und der Erfüllung seiner Pflichten aus diesem Übereinkommen in der ausschließlichen Wirtschaftszone gebührend die Rechte und Pflichten anderer Staaten und handelt in einer Weise, die mit dem Übereinkommen vereinbar ist.

(3) Die in diesem Artikel niedergelegten Rechte hinsichtlich des Meeresbodens und seines Untergrunds werden in Übereinstimmung mit Teil VI ausgeübt.

Artikel 57
Breite der ausschließlichen Wirtschaftszone

Die ausschließliche Wirtschaftszone darf sich nicht weiter als 200 Seemeilen von den Basislinien erstrecken, von denen aus die Breite des Küstenmeers gemessen wird.

Artikel 58
Rechte und Pflichten anderer Staaten in der ausschließlichen Wirtschaftszone

(1) Alle Staaten, ob Küsten- oder Binnenstaaten, genießen in der ausschließlichen Wirtschaftszone vorbehaltlich der diesbezüglichen Bestimmungen dieses Übereinkommens die in Artikel 87 genannten Freiheiten der Schiffahrt, des Überflugs und der Verlegung unterseeischer Kabel und Rohrleitungen sowie andere völkerrechtlich zulässige, mit diesen Freiheiten zusammenhängende Nutzungen des Meeres, insbesondere im Rahmen

des Einsatzes von Schiffen und Luftfahrzeugen sowie des Betriebs unterseeischer Kabel und Rohrleitungen, die mit den anderen Bestimmungen des Übereinkommens vereinbar sind.

(2) Die Artikel 88 bis 115 und sonstige diesbezügliche Regeln des Völkerrechts gelten für die ausschließliche Wirtschaftszone, soweit sie mit diesem Teil nicht unvereinbar sind.

(3) Die Staaten berücksichtigen bei der Ausübung ihrer Rechte und der Erfüllung ihrer Pflichten aus diesem Übereinkommen in der ausschließlichen Wirtschaftszone gebührend die Rechte und Pflichten des Küstenstaats und halten die von ihm in Übereinstimmung mit dem Übereinkommen und den sonstigen Regeln des Völkerrechts erlassenen Gesetze und sonstigen Vorschriften ein, soweit sie mit diesem Teil nicht unvereinbar sind.

Artikel 59
Grundlage für die Lösung von Konflikten über die Zuweisung von Rechten und Hoheitsbefugnissen in der ausschließlichen Wirtschaftszone

In Fällen, in denen dieses Übereinkommen weder dem Küstenstaat noch anderen Staaten Rechte oder Hoheitsbefugnisse innerhalb der ausschließlichen Wirtschaftszone zuweist und ein Konflikt zwischen den Interessen des Küstenstaats und denen eines oder mehrerer anderer Staaten entsteht, soll dieser Konflikt auf der Grundlage der Billigkeit und unter Berücksichtigung aller maßgeblichen Umstände gelöst werden, wobei der Bedeutung dieser Interessen für die einzelnen Parteien sowie für die internationale Gemeinschaft als Ganzes Rechnung zu tragen ist.

Artikel 60
Künstliche Inseln, Anlagen und Bauwerke in der ausschließlichen Wirtschaftszone

(1) In der ausschließlichen Wirtschaftszone hat der Küstenstaat das ausschließliche Recht zur Errichtung sowie zur Genehmigung und Regelung der Errichtung, des Betriebs und der Nutzung von

a) künstlichen Inseln;

b) Anlagen und Bauwerken für die in Artikel 56 vorgesehenen und für andere wirtschaftliche Zwecke;

c) Anlagen und Bauwerken, welche die Ausübung der Rechte des Küstenstaats in der Zone beeinträchtigen können.

(2) Der Küstenstaat hat über diese künstlichen Inseln, Anlagen und Bauwerke ausschließliche Hoheitsbefugnisse, einschließlich derjenigen in bezug auf Zoll- und sonstige Steuergesetze, Gesundheits- , Sicherheits- und Einreisegesetze und diesbezügliche sonstige Vorschriften.

(3) Die Errichtung solcher künstlichen Inseln, Anlagen oder Bauwerke ist ordnungsgemäß bekanntzumachen, und es sind ständige Warneinrichtungen zu unterhalten. Alle aufgegebenen oder nicht mehr benutzten Anlagen oder Bauwerke sind zu beseitigen, um die Sicherheit der Schiffahrt zu gewährleisten; dabei sind die allgemein anerkannten internationalen Normen zu berücksichtigen, die in dieser Hinsicht von der zuständigen internationalen Organisation festgelegt sind. Bei der Beseitigung ist auch auf die Fischerei, den Schutz der Meeresumwelt sowie auf die Rechte und Pflichten anderer Staaten gebührend Rücksicht zu nehmen. Tiefe, Lage und Ausdehnungen nicht vollständig beseitigter Anlagen oder Bauwerke sind in geeigneter Weise bekanntzumachen.

(4) Der Küstenstaat kann, wo es notwendig ist, um diese künstlichen Inseln, Anlagen und Bauwerke angemessene Sicherheitszonen einrichten, in denen er geeignete Maßnahmen ergreifen kann, um die Sicherheit der Schiffahrt sowie der künstlichen Inseln, Anlagen und Bauwerke zu gewährleisten.

(5) Die Breite der Sicherheitszonen wird vom Küstenstaat unter Berücksichtigung der geltenden internationalen Normen festgelegt. Diese Zonen sind so anzulegen, daß sie in sinnvoller Weise der Art und Aufgabe der künstlichen Inseln, Anlagen oder Bauwerke entsprechen; sie dürfen sich nicht über eine Entfernung von 500 Metern hinaus erstrecken, gemessen von jedem Punkt des äußeren Randes der künstlichen Inseln, Anlagen oder Bauwerke, sofern nicht allgemein anerkannte internationale Normen etwas anderes gestatten oder die zuständige internationale Organisation etwas anderes empfiehlt. Die Ausdehnung der Sicherheitszonen ist ordnungsgemäß bekanntzumachen.

(6) Alle Schiffe müssen diese Sicherheitszonen beachten und die allgemein anerkannten internationalen Normen über die Schiffahrt in der Nähe von künstlichen Inseln, Anlagen, Bauwerken und Sicherheitszonen einhalten.

(7) Künstliche Inseln, Anlagen und Bauwerke und die sie umgebenden Sicherheitszonen dürfen dort nicht errichtet werden, wo dies die Benutzung anerkannter und für die internationale Schiffahrt wichtiger Schiffahrtswege behindern kann.

(8) Künstliche Inseln, Anlagen und Bauwerke haben nicht den Status von Inseln. Sie haben kein eigenes Küstenmeer, und ihr Vorhandensein berührt nicht die Abgrenzung des Küstenmeers, der ausschließlichen Wirtschaftszone oder des Festlandsockels.

Artikel 61
Erhaltung der lebenden Ressourcen

(1) Der Küstenstaat legt die zulässige Fangmenge für die lebenden Ressourcen in seiner ausschließlichen Wirtschaftszone fest.

(2) Der Küstenstaat sorgt unter Berücksichtigung der besten ihm zur Verfügung stehenden wissenschaftlichen Angaben durch geeignete Erhaltungs- und Bewirtschaftungsmaßnahmen dafür, daß der Fortbestand der lebenden Ressourcen in der ausschließlichen Wirtschaftszone nicht durch übermäßige Ausbeutung gefährdet wird. Zur Erreichung dieses Zieles arbeiten der Küstenstaat und die zuständigen internationalen Organisationen, gleichviel ob subregionaler, regionaler oder weltweiter Art, soweit angemessen, zusammen.

(3) Diese Maßnahmen müssen auch darauf gerichtet sein, die Populationen befischter Arten auf einem Stand zu erhalten oder auf diesen zurückzuführen, der den größtmöglich erreichbaren Dauerertrag sichert, wie er sich im Hinblick auf die in Betracht kommenden Umwelt- und Wirtschaftsfaktoren, einschließlich der wirtschaftlichen Bedürfnisse der vom Fischfang lebenden Küstengemeinden und der besonderen Bedürfnisse der Entwicklungsstaaten, ergibt, wobei die Fischereistrukturen, die gegenseitige Abhängigkeit der Bestände sowie alle allgemein empfohlenen internationalen Mindestnormen, gleichviel ob subregionaler, regionaler oder weltweiter Art, zu berücksichtigen sind.

(4) Beim Ergreifen dieser Maßnahmen berücksichtigt der Küstenstaat die Wirkung auf jene Arten, die mit den befischten Arten vergesellschaftet oder von ihnen abhängig sind, um die Populationen dieser vergesellschafteten oder abhängigen Arten über einem Stand zu erhalten oder auf diesen zurückzuführen, auf dem ihre Fortpflanzung nicht ernstlich gefährdet wird.

(5) Die verfügbaren wissenschaftlichen Informationen, die statistischen Angaben über Fänge und Fischereiaufwand und andere für die Erhaltung der Fischbestände wesentliche Daten werden regelmäßig mitgeteilt und ausgetauscht, gegebenenfalls im Rahmen der zuständigen internationalen Organisationen, gleichviel ob subregionaler, regionaler oder weltweiter Art, sowie unter Beteiligung aller betroffenen Staaten einschließlich derjenigen, deren Angehörige in der ausschließlichen Wirtschaftszone fischen dürfen.

Artikel 62
Nutzung der lebenden Ressourcen

(1) Der Küstenstaat setzt sich zum Ziel, die optimale Nutzung der lebenden Ressourcen in der ausschließlichen Wirtschaftszone zu fördern; dies gilt unbeschadet des Artikels 61.

(2) Der Küstenstaat legt seine Kapazität zum Fang der lebenden Ressourcen in der ausschließlichen Wirtschaftszone fest. Hat der Küstenstaat nicht die Kapazität zum Fang der gesamten zulässigen Fangmenge, so gewährt er anderen Staaten durch Abkommen oder andere Vereinbarungen und entsprechend den in Absatz 4 vorgesehenen Bedingungen, Gesetzen und sonstigen Vorschriften Zugang zum Überschuß der zulässigen Fangmenge; dabei sind vor allem die Artikel 69 und 70 zu berücksichtigen, insbesondere in bezug auf die dort erwähnten Entwicklungsstaaten.

(3) Gewährt ein Küstenstaat anderen Staaten nach diesem Artikel Zugang zu seiner ausschließlichen Wirtschaftszone, so berücksichtigt er dabei alle in Betracht kommenden Faktoren, unter anderem die Bedeutung der lebenden Ressourcen des jeweiligen Gebiets für die Wirtschaft des betreffenden Küstenstaats und seine sonstigen nationalen Interessen, die Bestimmungen der Artikel 69 und 70, die Bedürfnisse der Entwicklungsstaaten der Subregion oder Region am Fang eines Teiles des Überschusses und die Notwendigkeit, wirtschaftliche Störungen in Staaten auf ein Mindestmaß zu beschränken, deren Angehörige gewohnheitsmäßig in dieser Zone gefischt haben oder die wesentliche Bemühungen zur Erforschung und Bestimmung der Bestände unternommen haben.

(4) Angehörige anderer Staaten, die in der ausschließlichen Wirtschaftszone fischen, haben die Erhaltungsmaßnahmen und die anderen Bedingungen einzuhalten, die in den Gesetzen und sonstigen Vorschriften des Küstenstaats festgelegt sind. Diese Gesetze und sonstigen Vorschriften müssen mit diesem Übereinkommen vereinbar sein; sie können sich insbesondere auf folgendes beziehen:

a) die Erteilung von Genehmigungen für Fischer, Fischereifahrzeuge und -ausrüstung, einschließlich der Zahlung von Gebühren und anderen Formen des Entgelts, die im Fall von Küstenstaaten, die Entwicklungsstaaten sind, aus einer angemessenen Gegenleistung im Bereich der Finanzierung, Ausrüstung und technischen Entwicklung der Fischereiwirtschaft bestehen können;

b) die Bestimmung der Arten, die gefangen werden dürfen, und die Festlegung von Fangquoten entweder in bezug auf einzelne Bestände oder Gruppen von Beständen oder in bezug auf den Fang durch jedes Schiff während eines bestimmten Zeitabschnitts oder in bezug auf den Fang durch Angehörige eines Staates während eines bestimmten Zeitabschnitts;

c) die Regelung der Fangzeiten und -gebiete, der Art, Größe und Anzahl von Fanggerät und der Art, Größe und Anzahl der Fischereifahrzeuge, die eingesetzt werden dürfen;

d) die Festlegung des Alters und der Größe von Fischen und anderen Arten, die gefangen werden dürfen;

e) die Bestimmung der Angaben, die von Fischereifahrzeugen zu machen sind, einschließlich statistischer Angaben über Fänge und Fischereiaufwand sowie Positionsmeldungen der Schiffe;

f) die Verpflichtung, bestimmte Fischereiforschungsprogramme mit Genehmigung und unter Kontrolle des Küstenstaats durchzuführen, und die Regelung der Durchführung dieser Forschungsaufgaben einschließlich der Probenentnahme aus den Fängen, der Verwendung der Proben sowie der Mitteilung damit verbundener wissenschaftlicher Daten;

g) die Entsendung von Beobachtern oder Praktikanten an Bord dieser Schiffe durch den Küstenstaat;

h) die Anlandung des gesamten oder eines Teiles des Fanges dieser Schiffe in den Häfen des Küstenstaats;

i) die Bedingungen für gemeinschaftliche Unternehmungen oder sonstige Formen der Zusammenarbeit;

j) die Erfordernisse für die Ausbildung von Personal und die Weitergabe von Fischereitechnologie einschließlich der Verbesserung der Fähigkeit des Küstenstaats, Fischereiforschung zu betreiben;

k) die Durchsetzungsverfahren.

(5) Die Küstenstaaten geben ihre Gesetze und sonstigen Vorschriften über Erhaltung und Bewirtschaftung ordnungsgemäß bekannt.

Artikel 63
Bestände, die innerhalb der ausschließlichen Wirtschaftszonen mehrerer Küstenstaaten oder sowohl innerhalb der ausschließlichen Wirtschaftszone als auch in einem seewärts an sie angrenzenden Gebiet vorkommen

(1) Kommen derselbe Bestand oder Bestände miteinander vergesellschafteter Arten innerhalb der ausschließlichen Wirtschaftszonen von zwei oder mehr Küstenstaaten vor, so bemühen sich diese Staaten entweder unmittelbar oder im Rahmen geeigneter subregionaler oder regionaler Organisationen, die erforderlichen Maßnahmen zu vereinbaren, um unbeschadet der anderen Bestimmungen dieses Teiles die Erhaltung und Entwicklung dieser Bestände zu koordinieren und zu gewährleisten.

(2) Kommen derselbe Bestand oder Bestände miteinander vergesellschafteter Arten sowohl innerhalb der ausschließlichen Wirtschaftszone als auch in einem seewärts an sie angrenzenden Gebiet vor, so bemühen sich der Küstenstaat und die Staaten, die diese Bestände in dem angrenzenden Gebiet befischen, entweder unmittelbar oder im Rahmen geeigneter subregionaler oder regionaler Organisationen, die zur Erhaltung dieser Bestände in dem angrenzenden Gebiet erforderlichen Maßnahmen zu vereinbaren.

Artikel 64
Weit wandernde Arten

(1) Der Küstenstaat und andere Staaten, deren Angehörige in der Region die in Anlage I aufgeführten weit wandernden Arten befischen, arbeiten unmittelbar oder im Rahmen geeigneter internationaler Organisationen zusammen, um die Erhaltung dieser Arten zu gewährleisten und ihre optimale Nutzung in der gesamten Region sowohl innerhalb als auch außerhalb der ausschließlichen Wirtschaftszone zu fördern. In Regionen, für die es keine geeignete internationale Organisation gibt, arbeiten der Küstenstaat und die anderen Staaten, deren Angehörige diese Arten in der Region befischen, bei der Errichtung einer solchen Organisation zusammen und beteiligen sich an ihrer Arbeit.

(2) Absatz 1 gilt zusätzlich zu den anderen Bestimmungen dieses Teiles.

Artikel 65
Meeressäugetiere

Dieser Teil schränkt nicht das Recht eines Küstenstaats oder gegebenenfalls die Zuständigkeit einer internationalen Organisation ein, die Ausbeutung von Meeressäugetieren stärker als in diesem Teil vorgesehen zu verbieten, zu begrenzen oder zu regeln. Die Staaten arbeiten zusammen, um die Meeressäugetiere zu erhalten; sie setzen sich im Rahmen der geeigneten internationalen Organisationen insbesondere für die Erhaltung, Bewirtschaftung und Erforschung der Wale ein.

Artikel 66
Anadrome Bestände

(1) Staaten, aus deren Flüssen anadrome Bestände stammen, haben das vorrangige Interesse an diesen Beständen und sind für sie in erster Linie verantwortlich.

(2) Der Ursprungsstaat anadromer Bestände gewährleistet ihre Erhaltung durch die Einführung geeigneter Maßnahmen zur Regelung der Fischerei in allen Gewässern landwärts der äußeren Grenzen seiner ausschließlichen Wirtschaftszone und der in Absatz 3 Buchstabe b genannten Fischerei. Der Ursprungsstaat kann nach Konsultationen mit den anderen in den Absätzen 3 und 4 bezeichneten Staaten, die diese Bestände befischen, die zulässigen Gesamtfangmengen für die aus seinen Flüssen stammenden Bestände festlegen.

(3) a) Die Fischerei nach anadromen Beständen darf nur in den Gewässern landwärts der äußeren Grenzen der ausschließlichen Wirtschaftszonen ausgeübt werden; ausgenommen sind Fälle, in denen diese Bestimmung zu wirtschaftlichen Störungen für einen anderen als den Ursprungsstaat führen würde. Hinsichtlich der Fischerei außerhalb der äußeren Grenzen der ausschließlichen Wirtschaftszonen konsultieren die beteiligten Staaten einander, um Einvernehmen über die Bedingungen dieser Fischerei unter gebührender Berücksichtigung der Erhaltungserfordernisse und der Bedürfnisse des Ursprungsstaats in bezug auf diese Bestände zu erzielen.

b) Der Ursprungsstaat trägt dazu bei, wirtschaftliche Störungen in anderen Staaten, die diese Bestände befischen, auf ein Mindestmaß zu beschränken, wobei er die übliche Fangmenge und die Fangmethoden dieser anderen Staaten sowie alle Gebiete berücksichtigt, in denen diese Fischerei ausgeübt wird.

c) Die unter Buchstabe b bezeichneten Staaten, die durch Vereinbarung mit dem Ursprungsstaat an Maßnahmen zur Erneuerung anadromer Bestände, insbesondere durch Aufwendungen für diesen Zweck, teilnehmen, werden vom Ursprungsstaat bei der Befischung der aus seinen Flüssen stammenden Bestände besonders berücksichtigt.

d) Die Durchsetzung der Vorschriften über anadrome Bestände außerhalb der ausschließlichen Wirtschaftszone erfolgt auf der Grundlage von Vereinbarungen zwischen dem Ursprungsstaat und den anderen beteiligten Staaten.

(4) In Fällen, in denen anadrome Bestände in die Gewässer landwärts der äußeren Grenzen der ausschließlichen Wirtschaftszone eines anderen als des Ursprungsstaats wandern oder durch diese Gewässer wandern, arbeitet dieser andere Staat mit dem Ursprungsstaat bei der Erhaltung und Bewirtschaftung dieser Bestände zusammen.

(5) Der Ursprungsstaat anadromer Bestände und die anderen Staaten, die diese Bestände befischen, schließen Vereinbarungen zur Durchführung dieses Artikels, gegebenenfalls im Rahmen regionaler Organisationen.

Artikel 67
Katadrome Arten

(1) Ein Küstenstaat, in dessen Gewässern katadrome Arten den größeren Teil ihres Lebenszyklus verbringen, ist für die Bewirtschaftung dieser Arten verantwortlich und gewährleistet den Ein- und Austritt der wandernden Fische.

(2) Die Fischerei auf katadrome Arten darf nur in Gewässern landwärts der äußeren Grenzen der ausschließlichen Wirtschaftszonen ausgeübt werden. Wird die Fischerei in ausschließlichen Wirtschaftszonen ausgeübt, so erfolgt sie nach Maßgabe dieses Artikels und der anderen Bestimmungen dieses Übereinkommens über die Fischerei in diesen Zonen.

(3) In Fällen, in denen katadrome Fische durch die ausschließliche Wirtschaftszone eines anderen Staates wandern, sei es als Jungfisch oder als heranreifender Fisch, wird die Bewirtschaftung einschließlich des Fanges dieser Fische durch Vereinbarung zwischen dem in Absatz 1 genannten Staat und dem anderen beteiligten Staat geregelt. Diese Vereinbarung muß die rationelle Bewirtschaftung der Arten gewährleisten und die Verantwortung des in Absatz 1 genannten Staates für den Fortbestand dieser Arten berücksichtigen.

Artikel 68
Seßhafte Arten

Dieser Teil findet keine Anwendung auf seßhafte Arten, wie sie in Artikel 77 Absatz 4 definiert sind.

Artikel 69
Recht der Binnenstaaten

(1) Binnenstaaten haben das Recht, auf der Grundlage der Billigkeit an der Ausbeutung eines angemessenen Teiles des Überschusses der lebenden Ressourcen der ausschließlichen Wirtschaftszonen von Küstenstaaten derselben Subregion oder Region teilzunehmen; dabei sind die in Betracht kommenden wirtschaftlichen und geographischen Gegebenheiten aller beteiligten Staaten zu berücksichtigen und die Bestimmungen dieses Artikels und der Artikel 61 und 62 zu beachten.

(2) Die Umstände und Einzelheiten für diese Teilnahme werden von den beteiligten Staaten durch zweiseitige, subregionale oder regionale Übereinkünfte festgelegt, wobei unter anderem folgendes zu berücksichtigen ist:

a) die Notwendigkeit, schädliche Auswirkungen auf Fischergemeinden oder auf die Fischereiwirtschaft des Küstenstaats zu vermeiden;

b) der Umfang, in dem der Binnenstaat in Übereinstimmung mit diesem Artikel auf Grund geltender zweiseitiger, subregionaler oder regionaler Übereinkünfte an der Ausbeutung der lebenden Ressourcen der ausschließlichen Wirtschaftszonen anderer Küstenstaaten teilnimmt oder teilzunehmen berechtigt ist;

c) der Umfang, in dem andere Binnenstaaten und geographisch benachteiligte Staaten an der Ausbeutung der lebenden Ressourcen der ausschließlichen Wirtschaftszone des Küstenstaats teilnehmen, und die daraus folgende Notwendigkeit, eine besondere Belastung für einen einzelnen Küstenstaat oder einen Teil davon zu vermeiden;

d) die Nahrungsmittelbedürfnisse der Bevölkerung der betreffenden Staaten.

(3) Nähert sich die Fangkapazität eines Küstenstaats einem Zustand, der ihn in die Lage versetzen würde, die gesamte zulässige Fangmenge der lebenden Ressourcen in seiner ausschließlichen Wirtschaftszone zu fischen, so arbeiten der Küstenstaat und die anderen beteiligten Staaten bei der Festlegung ausgewogener Vereinbarungen auf zweiseitiger, subregionaler oder regionaler Grundlage zusammen, um die Teilnahme von Binnenstaaten derselben Subregion oder Region, die Entwicklungsstaaten sind, an der Ausbeutung der lebenden Ressourcen der ausschließlichen Wirtschaftszonen von Küstenstaaten der Subregion oder Region zu ermöglichen, soweit dies unter den gegebenen Umständen angemessen ist, und zu Bedingungen, die für alle Parteien zufriedenstellend sind. Bei der Durchführung dieser Bestimmung sind die in Absatz 2 genannten Faktoren ebenfalls zu berücksichtigen.

(4) Entwickelte Binnenstaaten sind nach diesem Artikel berechtigt, an der Ausbeutung der lebenden Ressourcen nur in den ausschließlichen Wirtschaftszonen entwickelter Küstenstaaten derselben Subregion oder Region teilzunehmen, wobei zu berücksichtigen ist, in welchem Umfang der Küstenstaat, der anderen Staaten Zugang zu den lebenden Ressourcen seiner ausschließlichen Wirtschaftszone gewährt, der Notwendigkeit Rechnung getragen hat, schädliche Auswirkungen auf Fischergemeinden und wirtschaftliche Störungen in Staaten, deren Angehörige gewohnheitsmäßig in der Zone Fischfang betrieben haben, auf ein Mindestmaß zu beschränken.

(5) Die vorstehenden Bestimmungen berühren nicht die in Subregionen oder Regionen vereinbarten Regelungen, in denen die Küstenstaaten den Binnenstaaten derselben Subregion oder Region gleiche Rechte oder Vorzugsrechte für die Ausbeutung der lebenden Ressourcen in den ausschließlichen Wirtschaftszonen gewähren.

Artikel 70
Recht der geographisch benachteiligten Staaten

(1) Geographisch benachteiligte Staaten haben das Recht, auf der Grundlage der Billigkeit an der Ausbeutung eines angemessenen Teiles des Überschusses der lebenden Ressourcen der ausschließlichen Wirtschaftszonen von Küstenstaaten derselben Subregion oder Region teilzunehmen; dabei sind die in Betracht kommenden wirtschaftlichen und geographischen Gegebenheiten aller beteiligten Staaten zu berücksichtigen und die Bestimmungen dieses Artikels und der Artikel 61 und 62 zu beachten.

(2) Im Sinne dieses Teiles bedeutet „geographisch benachteiligte Staaten" diejenigen Küstenstaaten einschließlich Staaten, die an umschlossenen oder halbumschlossenen Meeren liegen –, deren geographische Lage sie von der Ausbeutung der lebenden Ressourcen der ausschließlichen Wirtschaftszonen anderer Staaten in der Subregion oder Region für die angemessene Versorgung mit Fisch zu Nahrungszwecken für ihre gesamte oder einen Teil ihrer Bevölkerung abhängig macht, sowie jene Küstenstaaten, die keine eigene ausschließliche Wirtschaftszone beanspruchen können.

(3) Die Umstände und Einzelheiten für diese Teilnahme werden von den beteiligten Staaten durch zweiseitige, subregionale oder regionale Übereinkünfte festgelegt, wobei unter anderem folgendes zu berücksichtigen ist:

a) die Notwendigkeit, schädliche Auswirkungen auf Fischergemeinden oder auf die Fischereiwirtschaft des Küstenstaats zu vermeiden;

b) der Umfang, in dem der geographisch benachteiligte Staat in Übereinstimmung mit diesem Artikel auf Grund geltender zweiseitiger, subregionaler oder regionaler Übereinkünfte an der Ausbeutung der lebenden Ressourcen der ausschließlichen Wirtschaftszonen anderer Küstenstaaten teilnimmt oder teilzunehmen berechtigt ist;

c) der Umfang, in dem andere geographisch benachteiligte Staaten und Binnenstaaten an der Ausbeutung der lebenden Ressourcen der ausschließlichen Wirtschaftszone des Küstenstaats teilnehmen, und die daraus folgende Notwendigkeit, eine besondere Belastung für einen einzelnen Küstenstaat oder einen Teil davon zu vermeiden;

d) die Nahrungsmittelbedürfnisse der Bevölkerung der betreffenden Staaten.

(4) Nähert sich die Fangkapazität eines Küstenstaats einem Zustand, der ihn in die Lage versetzen würde, die gesamte zulässige Fangmenge der lebenden Ressourcen in seiner ausschließlichen Wirtschaftszone zu fischen, so arbeiten der Küstenstaat und die anderen beteiligten Staaten bei der Festlegung ausgewogener Vereinbarungen auf zweiseitiger, subregionaler oder regionaler Grundlage zusammen, um die Teilnahme von geographisch benachteiligten Staaten derselben Subregion oder Region, die Entwicklungsstaaten sind, an der Ausbeutung der lebenden Ressourcen der ausschließlichen Wirtschaftszonen von Küstenstaaten der Subregion oder Region zu ermöglichen, soweit dies unter den gegebenen Umständen angemessen ist, und zu Bedingungen, die für alle Parteien zufriedenstellend sind. Bei der Durchführung dieser Bestimmung sind die in Absatz 3 genannten Faktoren ebenfalls zu berücksichtigen.

(5) Entwickelte geographisch benachteiligte Staaten sind nach diesem Artikel berechtigt, an der Ausbeutung der lebenden Ressourcen nur in den ausschließlichen Wirtschaftszonen entwickelter Küstenstaaten derselben Subregion oder Region teilzunehmen, wobei zu berücksichtigen ist,

in welchem Umfang der Küstenstaat, der anderen Staaten Zugang zu den lebenden Ressourcen seiner ausschließlichen Wirtschaftszone gewährt, der Notwendigkeit Rechnung getragen hat, schädliche Auswirkungen auf Fischergemeinden und wirtschaftliche Störungen in Staaten, deren Angehörige gewohnheitsmäßig in der Zone Fischfang betrieben haben, auf ein Mindestmaß zu beschränken.

(6) Die vorstehenden Bestimmungen berühren nicht die in Subregionen oder Regionen vereinbarten Regelungen, in denen die Küstenstaaten den geographisch benachteiligten Staaten derselben Subregion oder Region gleiche Rechte oder Vorzugsrechte für die Ausbeutung der lebenden Ressourcen in den ausschließlichen Wirtschaftszonen gewähren.

Artikel 71
Nichtanwendbarkeit der Artikel 69 und 70

Die Artikel 69 und 70 finden keine Anwendung auf einen Küstenstaat, dessen Wirtschaft weitestgehend von der Ausbeutung der lebenden Ressourcen seiner ausschließlichen Wirtschaftszone abhängig ist.

Artikel 72
Einschränkungen der Übertragung von Rechten

(1) Die in den Artikeln 69 und 70 vorgesehenen Rechte zur Ausbeutung von lebenden Ressourcen dürfen, sofern die beteiligten Staaten nichts anderes vereinbaren, nicht unmittelbar oder mittelbar durch Verpachtung oder Lizenzerteilung, durch Schaffung gemeinschaftlicher Unternehmungen oder auf andere eine solche Übertragung bewirkende Weise auf dritte Staaten oder ihre Angehörigen übertragen werden.

(2) Der vorstehende Absatz schließt nicht aus, daß die beteiligten Staaten von dritten Staaten oder internationalen Organisationen technische oder finanzielle Hilfe erhalten, die ihnen die Ausübung ihrer Rechte nach den Artikeln 69 und 70 erleichtern soll, sofern dies nicht die in jenem Absatz genannte Wirkung hat.

Artikel 73
Durchsetzung der Gesetze und sonstigen Vorschriften des Küstenstaats

(1) Der Küstenstaat kann bei der Ausübung seiner souveränen Rechte zur Erforschung, Ausbeutung, Erhaltung und Bewirtschaftung der lebenden Ressourcen in der ausschließlichen Wirtschaftszone die erforderlichen Maßnahmen einschließlich des Anhaltens, der Überprüfung, des Festhaltens und gerichtlicher Verfahren ergreifen, um die Einhaltung der von ihm in Übereinstimmung mit diesem Übereinkommen erlassenen Gesetze und sonstigen Vorschriften sicherzustellen.

(2) Festgehaltene Schiffe und ihre Besatzung werden nach Hinterlegung einer angemessenen Kaution oder anderen Sicherheit sofort freigegeben.

(3) Die vom Küstenstaat vorgesehenen Strafen für Verstöße gegen die Fischereigesetze und diesbezüglichen sonstigen Vorschriften in der ausschließlichen Wirtschaftszone dürfen Haft nicht einschließen, sofern die beteiligten Staaten nichts Gegenteiliges vereinbart haben, und auch keine sonstige Form der körperlichen Bestrafung.

(4) Wird ein fremdes Schiff festgehalten oder zurückgehalten, so setzt der Küstenstaat sofort den Flaggenstaat auf geeigneten Wegen von den ergriffenen Maßnahmen sowie von allen später verhängten Strafen in Kenntnis.

Artikel 74
Abgrenzung der ausschließlichen Wirtschaftszone zwischen Staaten mit gegenüberliegenden oder aneinander angrenzenden Küsten

(1) Die Abgrenzung der ausschließlichen Wirtschaftszone zwischen Staaten mit gegenüberliegenden oder aneinander angrenzenden Küsten erfolgt durch Übereinkunft auf der Grundlage des Völkerrechts im Sinne des Artikels 38 des Statuts des Internationalen Gerichtshofs, um eine der Billigkeit entsprechende Lösung zu erzielen.

(2) Kommt innerhalb einer angemessenen Frist keine Übereinkunft zustande, so nehmen die beteiligten Staaten die in Teil XV vorgesehenen Verfahren in Anspruch.

(3) Bis zum Abschluß der in Absatz 1 vorgesehenen Übereinkunft bemühen sich die beteiligten Staaten nach besten Kräften und im Geist der Verständigung und Zusammenarbeit, vorläufige Vereinbarungen praktischer Art zu treffen und während dieser Übergangszeit die Erzielung der endgültigen Übereinkunft nicht zu gefährden oder zu verhindern. Diese Vereinbarungen lassen die endgültige Abgrenzung unberührt.

(4) Ist zwischen den beteiligten Staaten eine Übereinkunft in Kraft, so werden Fragen der Abgrenzung der ausschließlichen Wirtschaftszone in Übereinstimmung mit dieser Übereinkunft geregelt.

Artikel 75
Seekarten und Verzeichnisse geographischer Koordinaten

(1) Vorbehaltlich dieses Teiles werden die seewärtigen Grenzlinien der ausschließlichen Wirtschaftszone und die in Übereinstimmung mit

Artikel 74 gezogenen Abgrenzungslinien in Seekarten eingetragen, deren Maßstab oder Maßstäbe zur genauen Feststellung ihres Verlaufs ausreichen. Gegebenenfalls können statt dieser seewärtigen Grenzlinien oder Abgrenzungslinien auch Verzeichnisse der geographischen Koordinaten von Punkten unter genauer Angabe der geodätischen Daten verwendet werden.

(2) Der Küstenstaat veröffentlicht diese Seekarten oder Verzeichnisse geographischer Koordinaten ordnungsgemäß und hinterlegt jeweils eine Ausfertigung davon beim Generalsekretär der Vereinten Nationen.

TEIL VI

FESTLANDSOCKEL

Artikel 76
Definition des Festlandsockels

(1) Der Festlandsockel eines Küstenstaats umfaßt den jenseits seines Küstenmeers gelegenen Meeresboden und Meeresuntergrund der Unterwassergebiete, die sich über die gesamte natürliche Verlängerung seines Landgebiets bis zur äußeren Kante des Festlandrands erstrecken oder bis zu einer Entfernung von 200 Seemeilen von den Basislinien, von denen aus die Breite des Küstenmeers gemessen wird, wo die äußere Kante des Festlandrands in einer geringeren Entfernung verläuft.

(2) Der Festlandsockel eines Küstenstaats erstreckt sich nicht über die in den Absätzen 4 bis 6 vorgesehenen Grenzen hinaus.

(3) Der Festlandrand umfaßt die unter Wasser gelegene Verlängerung der Landmasse des Küstenstaats und besteht aus dem Meeresboden und dem Meeresuntergrund des Sockels, des Abhangs und des Anstiegs. Er umfaßt weder den Tiefseeboden mit seinen unterseeischen Bergrücken noch dessen Untergrund.

(4) a) Wenn sich der Festlandrand über 200 Seemeilen von den Basislinien, von denen aus die Breite des Küstenmeers gemessen wird, hinaus erstreckt, legt der Küstenstaat die äußere Kante des Festlandrands für die Zwecke dieses Übereinkommens fest, und zwar entweder

i) durch eine Linie, die nach Absatz 7 über die äußersten Festpunkte gezogen wird, an denen die Dicke des Sedimentgesteins jeweils mindestens 1 Prozent der kürzesten Entfernung von diesem Punkt bis zum Fuß des Festlandabhangs beträgt, oder

ii) durch eine Linie, die nach Absatz 7 über Festpunkte gezogen wird, die nicht weiter als 60 Seemeilen vom Fuß des Festlandabhangs entfernt sind.

b) Solange das Gegenteil nicht bewiesen ist, wird der Fuß des Festlandabhangs als der Punkt des stärksten Gefällwechsels an seiner Basis festgelegt.

(5) Die Festpunkte auf der nach Absatz 4 Buchstabe a Ziffern i und ii gezogenen und auf dem Meeresboden verlaufenden Linie der äußeren Grenzen des Festlandsockels dürfen entweder nicht weiter als 350 Seemeilen von den Basislinien, von denen aus die Breite des Küstenmeers gemessen wird, oder nicht weiter als 100 Seemeilen von der 2 500-Meter-Wassertiefenlinie, einer die Tiefenpunkte von 2 500 Metern verbindenden Linie, entfernt sein.

(6) Ungeachtet des Absatzes 5 darf auf unterseeischen Bergrücken die äußere Grenze des Festlandsockels 350 Seemeilen von den Basislinien, von denen aus die Breite des Küstenmeers gemessen wird, nicht überschreiten. Dieser Absatz bezieht sich nicht auf unterseeische Erhebungen, die natürliche Bestandteile des Festlandrands sind, wie seine Plateaus, Anstiege, Gipfel, Bänke und Ausläufer.

(7) Wo sich der Festlandsockel über 200 Seemeilen von den Basislinien hinaus erstreckt, von denen aus die Breite des Küstenmeers gemessen wird, legt der Küstenstaat die äußeren Grenzen seines Festlandsockels durch gerade Linien fest, die nicht länger als 60 Seemeilen sind und die Festpunkte verbinden, welche durch Koordinaten der Breite und Länge angegeben werden.

(8) Der Küstenstaat übermittelt der Kommission zur Begrenzung des Festlandsockels, die nach Anlage II auf der Grundlage einer gerechten geographischen Vertretung gebildet wird, Angaben über die Grenzen seines Festlandsockels, sofern sich dieser über 200 Seemeilen von den Basislinien hinaus erstreckt, von denen aus die Breite des Küstenmeers gemessen wird. Die Kommission richtet an die Küstenstaaten Empfehlungen in Fragen, die sich auf die Festlegung der äußeren Grenzen ihrer Festlandsockel beziehen. Die von einem Küstenstaat auf der Grundlage dieser Empfehlungen festgelegten Grenzen des Festlandsockels sind endgültig und verbindlich.

(9) Der Küstenstaat hinterlegt beim Generalsekretär der Vereinten Nationen Seekarten und sachbezogene Unterlagen, einschließlich geodätischer Daten, welche die äußeren Grenzen seines Festlandsockels dauerhaft beschreiben. Der Generalsekretär veröffentlicht diese ordnungsgemäß.

(10) Dieser Artikel berührt nicht die Frage der Abgrenzung des Festlandsockels zwischen Staaten mit gegenüberliegenden oder aneinander angrenzenden Küsten.

Artikel 77
Rechte des Küstenstaats am Festlandsockel

(1) Der Küstenstaat übt über den Festlandsockel souveräne Rechte zum Zweck seiner Erfor-

schung und der Ausbeutung seiner natürlichen Ressourcen aus.

(2) Die in Absatz 1 genannten Rechte sind insoweit ausschließlich, als niemand ohne ausdrückliche Zustimmung des Küstenstaats den Festlandsockel erforschen oder seine natürlichen Ressourcen ausbeuten darf, selbst wenn der Küstenstaat diese Tätigkeiten unterläßt.

(3) Die Rechte des Küstenstaats am Festlandsockel sind weder von einer tatsächlichen oder nominellen Besitzergreifung noch von einer ausdrücklichen Erklärung abhängig.

(4) Die in diesem Teil genannten natürlichen Ressourcen umfassen die mineralischen und sonstigen nichtlebenden Ressourcen des Meeresbodens und seines Untergrunds sowie die zu den seßhaften Arten gehörenden Lebewesen, das heißt solche, die im nutzbaren Stadium entweder unbeweglich auf oder unter dem Meeresboden verbleiben oder sich nur in ständigem körperlichen Kontakt mit dem Meeresboden oder seinem Untergrund fortbewegen können.

Artikel 78
Rechtsstatus der Gewässer und des Luftraums über dem Festlandsockel sowie Rechte und Freiheiten anderer Staaten

(1) Die Rechte des Küstenstaats am Festlandsockel berühren weder den Rechtsstatus der darüber befindlichen Gewässer noch den des Luftraums über diesen Gewässern.

(2) Die Ausübung der Rechte des Küstenstaats über den Festlandsockel darf die Schiffahrt sowie sonstige Rechte und Freiheiten anderer Staaten nach diesem Übereinkommen weder beeinträchtigen noch in ungerechtfertigter Weise behindern.

Artikel 79
Unterseeische Kabel und Rohrleitungen auf dem Festlandsockel

(1) Alle Staaten haben das Recht, in Übereinstimmung mit diesem Artikel auf dem Festlandsockel unterseeische Kabel und Rohrleitungen zu legen.

(2) Der Küstenstaat darf das Legen oder die Unterhaltung dieser Kabel oder Rohrleitungen nicht behindern, vorbehaltlich seines Rechts, angemessene Maßnahmen zur Erforschung des Festlandsockels, zur Ausbeutung seiner natürlichen Ressourcen und zur Verhütung, Verringerung und Überwachung der Verschmutzung durch Rohrleitungen zu ergreifen.

(3) Die Festlegung der Trasse für das Legen solcher Rohrleitungen auf dem Festlandsockel bedarf der Zustimmung des Küstenstaats.

(4) Dieser Teil berührt nicht das Recht des Küstenstaats, Bedingungen für Kabel oder Rohrleitungen festzulegen, die in sein Hoheitsgebiet oder sein Küstenmeer führen, oder seine Hoheitsbefugnisse über Kabel und Rohrleitungen zu begründen, die im Zusammenhang mit der Erforschung seines Festlandsockels, der Ausbeutung seiner Ressourcen oder dem Betrieb von seinen Hoheitsbefugnissen unterliegenden künstlichen Inseln, Anlagen oder Bauwerken gebaut oder genutzt werden.

(5) Beim Legen unterseeischer Kabel oder Rohrleitungen nehmen die Staaten auf die bereits vorhandenen Kabel oder Rohrleitungen gebührend Rücksicht. Insbesondere dürfen die Möglichkeiten für die Reparatur vorhandener Kabel oder Rohrleitungen nicht beeinträchtigt werden.

Artikel 80
Künstliche Inseln, Anlagen und Bauwerke auf dem Festlandsockel

Artikel 60 gilt sinngemäß für künstliche Inseln, Anlagen und Bauwerke auf dem Festlandsockel.

Artikel 81
Bohrarbeiten auf dem Festlandsockel

Der Küstenstaat hat das ausschließliche Recht, Bohrarbeiten auf dem Festlandsockel für alle Zwecke zu genehmigen und zu regeln.

Artikel 82
Zahlungen und Leistungen aus der Ausbeutung des Festlandsockels jenseits von 200 Seemeilen

(1) Der Küstenstaat erbringt Zahlungen oder Sachleistungen im Zusammenhang mit der Ausbeutung der nichtlebenden Ressourcen des Festlandsockels jenseits von 200 Seemeilen von den Basislinien, von denen aus die Breite des Küstenmeers gemessen wird.

(2) Die Zahlungen und Leistungen erfolgen jährlich aus der gesamten Produktion einer Abbaustätte, nachdem die ersten fünf Jahre des Abbaus an dieser Stätte abgelaufen sind. Für das sechste Jahr beträgt der Satz der Zahlungen oder Leistungen 1 Prozent des Wertes oder des Umfangs der Produktion dieser Abbaustätte. Dieser Satz erhöht sich in jedem folgenden Jahr um 1 Prozent bis zum zwölften Jahr und verbleibt danach bei 7 Prozent. Ressourcen, die im Zusammenhang mit der Ausbeutung verwendet werden, gehören nicht zur Produktion.

(3) Ein Entwicklungsstaat, der Nettoimporteur einer von seinem Festlandsockel gewonnenen mineralischen Ressource ist, ist von solchen Zahlungen oder Leistungen in bezug auf diese mineralische Ressource befreit.

(4) Die Zahlungen oder Leistungen erfolgen über die Behörde; diese verteilt sie an die Vertrags-

staaten nach gerechten Verteilungsmaßstäben unter Berücksichtigung der Interessen und Bedürfnisse der Entwicklungsstaaten, insbesondere der am wenigsten entwickelten und der Binnenstaaten unter ihnen.

Artikel 83
Abgrenzung des Festlandsockels zwischen Staaten mit gegenüberliegenden oder aneinander angrenzenden Küsten

(1) Die Abgrenzung des Festlandsockels zwischen Staaten mit gegenüberliegenden oder aneinander angrenzenden Küsten erfolgt durch Übereinkunft auf der Grundlage des Völkerrechts im Sinne des Artikels 38 des Statuts des Internationalen Gerichtshofs, um eine der Billigkeit entsprechende Lösung zu erzielen.

(2) Kommt innerhalb einer angemessenen Frist keine Übereinkunft zustande, so nehmen die beteiligten Staaten die in Teil XV vorgesehenen Verfahren in Anspruch.

(3) Bis zum Abschluß der in Absatz 1 vorgesehenen Übereinkunft bemühen sich die beteiligten Staaten nach besten Kräften und im Geist der Verständigung und Zusammenarbeit, vorläufige Vereinbarungen praktischer Art zu treffen und während dieser Übergangszeit die Erzielung der endgültigen Übereinkunft nicht zu gefährden oder zu verhindern. Diese Vereinbarungen lassen die endgültige Abgrenzung unberührt.

(4) Ist zwischen den beteiligten Staaten eine Übereinkunft in Kraft, so werden Fragen der Abgrenzung des Festlandsockels in Übereinstimmung mit dieser Übereinkunft geregelt.

Artikel 84
Seekarten und Verzeichnisse geographischer Koordinaten

(1) Vorbehaltlich dieses Teiles werden die äußeren Grenzlinien des Festlandsockels und die in Übereinstimmung mit Artikel 83 gezogenen Abgrenzungslinien in Seekarten eingetragen, deren Maßstab oder Maßstäbe zur genauen Feststellung ihres Verlaufs ausreichen. Gegebenenfalls können statt dieser äußeren Grenzlinien oder Abgrenzungslinien auch Verzeichnisse der geographischen Koordinaten von Punkten unter genauer Angabe der geodätischen Daten verwendet werden.

(2) Der Küstenstaat veröffentlicht diese Seekarten oder Verzeichnisse geographischer Koordinaten ordnungsgemäß und hinterlegt jeweils eine Ausfertigung davon beim Generalsekretär der Vereinten Nationen und, sofern die äußeren Grenzlinien des Festlandsockels darauf eingetragen sind, beim Generalsekretär der Behörde.

Artikel 85
Anlage von Tunneln

Dieser Teil berührt nicht das Recht des Küstenstaats, den Meeresuntergrund unabhängig von der Tiefe des darüber befindlichen Wassers durch Anlage von Tunneln zu nutzen.

TEIL VII
HOHE SEE

ABSCHNITT 1.
ALLGEMEINE BESTIMMUNGEN

Artikel 86
Anwendung dieses Teiles

Dieser Teil gilt für alle Teile des Meeres, die nicht zur ausschließlichen Wirtschaftszone, zum Küstenmeer oder zu den inneren Gewässern eines Staates oder zu den Archipelgewässern eines Archipelstaats gehören. Dieser Artikel hat keinesfalls Beschränkungen der Freiheiten zur Folge, die alle Staaten in Übereinstimmung mit Artikel 58 in der ausschließlichen Wirtschaftszone genießen.

Artikel 87
Freiheit der Hohen See

(1) Die Hohe See steht allen Staaten, ob Küsten- oder Binnenstaaten, offen. Die Freiheit der Hohen See wird gemäß den Bedingungen dieses Übereinkommens und den sonstigen Regeln des Völkerrechts ausgeübt. Sie umfaßt für Küsten- und Binnenstaaten unter anderem

a) die Freiheit der Schiffahrt,

b) die Freiheit des Überflugs,

c) die Freiheit, vorbehaltlich des Teiles VI, unterseeische Kabel und Rohrleitungen zu legen,

d) die Freiheit, vorbehaltlich des Teiles VI, künstliche Inseln und andere nach dem Völkerrecht zulässige Anlagen zu errichten,

e) die Freiheit der Fischerei unter den Bedingungen des Abschnitts 2,

f) die Freiheit der wissenschaftlichen Forschung vorbehaltlich der Teile VI und XIII.

(2) Diese Freiheiten werden von jedem Staat unter gebührender Berücksichtigung der Interessen anderer Staaten an der Ausübung der Freiheit der Hohen See sowie der Rechte ausgeübt, die dieses Übereinkommen im Hinblick auf die Tätigkeiten im Gebiet vorsieht.

Artikel 88
Bestimmung der Hohen See für friedliche Zwecke

Die Hohe See ist friedlichen Zwecken vorbehalten.

Artikel 89
Ungültigkeit von Souveränitätsansprüchen über die Hohe See

Kein Staat darf den Anspruch erheben, irgendeinen Teil der Hohen See seiner Souveränität zu unterstellen.

Artikel 90
Recht der Schiffahrt

Jeder Staat, ob Küsten- oder Binnenstaat, hat das Recht, Schiffe, die seine Flagge führen, auf der Hohen See fahren zu lassen.

Artikel 91
Staatszugehörigkeit der Schiffe

(1) Jeder Staat legt die Bedingungen fest, zu denen er Schiffen seine Staatszugehörigkeit gewährt, sie in seinem Hoheitsgebiet in das Schiffsregister einträgt und ihnen das Recht einräumt, seine Flagge zu führen. Schiffe besitzen die Staatszugehörigkeit des Staates, dessen Flagge zu führen sie berechtigt sind. Zwischen dem Staat und dem Schiff muß eine echte Verbindung bestehen.

(2) Jeder Staat stellt den Schiffen, denen er das Recht einräumt, seine Flagge zu führen, entsprechende Dokumente aus.

Artikel 92
Rechtsstellung der Schiffe

(1) Schiffe fahren unter der Flagge eines einzigen Staates und unterstehen auf Hoher See seiner ausschließlichen Hoheitsgewalt, mit Ausnahme der besonderen Fälle, die ausdrücklich in internationalen Verträgen oder in diesem Übereinkommen vorgesehen sind. Ein Schiff darf seine Flagge während einer Fahrt oder in einem angelaufenen Hafen nicht wechseln, außer im Fall eines tatsächlichen Eigentumsübergangs oder eines Wechsels des Registers.

(2) Ein Schiff, das unter den Flaggen von zwei oder mehr Staaten fährt, von denen es nach Belieben Gebrauch macht, kann keine dieser Staatszugehörigkeiten gegenüber dritten Staaten geltend machen; es kann einem Schiff ohne Staatszugehörigkeit gleichgestellt werden.

Artikel 93
Schiffe, welche die Flagge der Vereinten Nationen, ihrer Spezialorganisationen oder der Internationalen Atomenergie-Organisation führen

Durch die vorstehenden Artikel wird die Frage der Schiffe, die im Dienst der Vereinten Nationen, ihrer Spezialorganisationen oder der Internationalen Atomenergie-Organisation stehen und deren Flagge führen, nicht berührt.

Artikel 94
Pflichten des Flaggenstaats

(1) Jeder Staat übt seine Hoheitsgewalt und Kontrolle in verwaltungsmäßigen, technischen und sozialen Angelegenheiten über die seine Flagge führenden Schiffe wirksam aus.

(2) Insbesondere hat jeder Staat

a) ein Schiffsregister zu führen, das die Namen und Einzelheiten der seine Flagge führenden Schiffe enthält, mit Ausnahme derjenigen Schiffe, die wegen ihrer geringen Größe nicht unter die allgemein anerkannten internationalen Vorschriften fallen;

b) die Hoheitsgewalt nach seinem innerstaatlichen Recht über jedes seine Flagge führende Schiff sowie dessen Kapitän, Offiziere und Besatzung in bezug auf die das Schiff betreffenden verwaltungsmäßigen, technischen und sozialen Angelegenheiten auszuüben.

(3) Jeder Staat ergreift für die seine Flagge führenden Schiffe die Maßnahmen, die zur Gewährleistung der Sicherheit auf See erforderlich sind, unter anderem in bezug auf

a) den Bau, die Ausrüstung und die Seetüchtigkeit der Schiffe;

b) die Bemannung der Schiffe, die Arbeitsbedingungen und die Ausbildung der Besatzungen, unter Berücksichtigung der anwendbaren internationalen Übereinkünfte;

c) die Verwendung von Signalen, die Aufrechterhaltung von Nachrichtenverbindungen und die Verhütung von Zusammenstößen.

(4) Diese Maßnahmen umfassen solche, die notwendig sind, um sicherzustellen,

a) daß jedes Schiff vor der Eintragung in das Schiffsregister und danach in angemessenen Abständen von einem befähigten Schiffsbesichtiger besichtigt wird und diejenigen Seekarten, nautischen Veröffentlichungen sowie Navigationsausrüstungen und -instrumente an Bord hat, die für die sichere Fahrt des Schiffes erforderlich sind;

b) daß jedes Schiff einem Kapitän und Offizieren mit geeigneter Befähigung, insbesondere im Hinblick auf Seemannschaft, Navigation, Nachrichtenwesen und Schiffsmaschinentechnik, unterstellt ist und daß die Besatzung nach Befähigung und Anzahl dem Typ, der Größe, der Maschinenanlage und der Ausrüstung des Schiffes entspricht;

c) daß der Kapitän, die Offiziere und, soweit erforderlich, die Besatzung mit den anwendbaren internationalen Vorschriften zum Schutz des menschlichen Lebens auf See, zur Verhütung von Zusammenstößen, zur Verhütung, Verringerung und Überwachung der Meeresverschmutzung sowie zur Unterhaltung von Funkverbindungen vollständig vertraut und verpflichtet sind, sie zu beachten.

(5) Wenn ein Staat Maßnahmen nach den Absätzen 3 und 4 ergreift, ist er verpflichtet, sich an die allgemein anerkannten internationalen Vorschriften, Verfahren und Gebräuche zu halten und alle erforderlichen Vorkehrungen zu treffen, um ihre Beachtung sicherzustellen.

(6) Ein Staat, der eindeutige Gründe zu der Annahme hat, daß keine ordnungsgemäße Hoheitsgewalt und Kontrolle über ein Schiff ausgeübt worden sind, kann dem Flaggenstaat die Tatsachen mitteilen. Nach Empfang einer solchen Mitteilung untersucht der Flaggenstaat die Angelegenheit und ergreift gegebenenfalls die notwendigen Abhilfemaßnahmen.

(7) Jeder Staat läßt über jeden Seeunfall oder jedes andere mit der Führung eines Schiffes zusammenhängende Ereignis auf Hoher See, an dem ein seine Flagge führendes Schiff beteiligt war und wodurch der Tod oder schwere Verletzungen von Angehörigen eines anderen Staates oder schwere Schäden an Schiffen oder Anlagen eines anderen Staates oder an der Meeresumwelt verursacht wurden, von oder vor einer entsprechend befähigten Person oder Personen eine Untersuchung durchführen. Der Flaggenstaat und der andere Staat arbeiten bei der Durchführung jeder vom letzteren vorgenommenen Untersuchung über einen solchen Seeunfall oder ein solches mit der Führung eines Schiffes zusammenhängende Ereignis zusammen.

Artikel 95
Immunität von Kriegsschiffen auf Hoher See

Kriegsschiffe genießen auf Hoher See vollständige Immunität von der Hoheitsgewalt jedes anderen als des Flaggenstaats.

Artikel 96
Immunität von Schiffen, die im Staatsdienst ausschließlich für andere als Handelszwecke genutzt werden

Einem Staat gehörende oder von ihm eingesetzte Schiffe, die im Staatsdienst ausschließlich für andere als Handelszwecke genutzt werden, genießen auf Hoher See vollständige Immunität von der Hoheitsgewalt jedes anderen als des Flaggenstaats.

Artikel 97
Strafgerichtsbarkeit in bezug auf Zusammenstöße oder andere mit der Führung eines Schiffes zusammenhängende Ereignisse

(1) Im Fall eines Zusammenstoßes oder eines anderen mit der Führung eines Schiffes zusammenhängenden Ereignisses auf Hoher See, welche die strafrechtliche oder disziplinarische Verantwortlichkeit des Kapitäns oder einer sonstigen im Dienst des Schiffes stehenden Person nach sich ziehen könnten, darf ein Straf- oder Disziplinarverfahren gegen diese Personen nur vor den Justiz- oder Verwaltungsbehörden des Flaggenstaats oder des Staates eingeleitet werden, dessen Staatsangehörigkeit die betreffende Person besitzt.

(2) In Disziplinarangelegenheiten ist nur der Staat, der ein Kapitänspatent, ein Befähigungszeugnis oder eine andere Erlaubnis erteilt hat, zuständig, die Entziehung dieser Urkunden nach dem vorgeschriebenen gesetzlichen Verfahren zu erklären, auch wenn der Inhaber nicht die Staatsangehörigkeit des ausstellenden Staates besitzt.

(3) Ein Festhalten oder ein Zurückhalten des Schiffes darf, selbst zu Untersuchungszwecken, nur von den Behörden des Flaggenstaats angeordnet werden.

Artikel 98
Pflicht zur Hilfeleistung

(1) Jeder Staat verpflichtet den Kapitän eines seine Flagge führenden Schiffes, soweit der Kapitän ohne ernste Gefährdung des Schiffes, der Besatzung oder der Fahrgäste dazu imstande ist,

a) jeder Person, die auf See in Lebensgefahr angetroffen wird, Hilfe zu leisten;

b) so schnell wie möglich Personen in Seenot zu Hilfe zu eilen, wenn er von ihrem Hilfsbedürfnis Kenntnis erhält, soweit diese Handlung vernünftigerweise von ihm erwartet werden kann;

c) nach einem Zusammenstoß dem anderen Schiff, dessen Besatzung und dessen Fahrgästen Hilfe zu leisten und diesem Schiff nach Möglichkeit den Namen seines eigenen Schiffes, den Registerhafen und den nächsten Anlaufhafen mitzuteilen.

(2) Alle Küstenstaaten fördern die Errichtung, den Einsatz und die Unterhaltung eines angemessenen und wirksamen Such- und Rettungsdienstes, um die Sicherheit auf und über der See zu gewährleisten; sie arbeiten erforderlichenfalls zu diesem Zweck mit den Nachbarstaaten mittels regionaler Übereinkünfte zusammen.

Artikel 99
Verbot der Beförderung von Sklaven

Jeder Staat ergreift wirksame Maßnahmen, um die Beförderung von Sklaven auf Schiffen, die seine Flagge zu führen berechtigt sind, zu verhindern und zu bestrafen sowie die unrechtmäßige Verwendung seiner Flagge zu diesem Zweck zu verhindern. Jeder Sklave, der auf einem Schiff gleich welcher Flagge Zuflucht nimmt, ist ipso facto frei.

Artikel 100
Pflicht zur Zusammenarbeit bei der Bekämpfung der Seeräuberei

Alle Staaten arbeiten in größtmöglichem Maße zusammen, um die Seeräuberei auf Hoher See oder an jedem anderen Ort zu bekämpfen, der keiner staatlichen Hoheitsgewalt untersteht.

Artikel 101
Definition der Seeräuberei

Seeräuberei ist jede der folgenden Handlungen:

a) jede rechtswidrige Gewalttat oder Freiheitsberaubung oder jede Plünderung, welche die Besatzung oder die Fahrgäste eines privaten Schiffes oder Luftfahrzeugs zu privaten Zwecken begehen und die gerichtet ist

i) auf Hoher See gegen ein anderes Schiff oder Luftfahrzeug oder gegen Personen oder Vermögenswerte an Bord dieses Schiffes oder Luftfahrzeugs;

ii) an einem Ort, der keiner staatlichen Hoheitsgewalt untersteht, gegen ein Schiff, ein Luftfahrzeug, Personen oder Vermögenswerte;

b) jede freiwillige Beteiligung am Einsatz eines Schiffes oder Luftfahrzeugs in Kenntnis von Tatsachen, aus denen sich ergibt, daß es ein Seeräuberschiff oder -luftfahrzeug ist;

c) jede Anstiftung zu einer unter Buchstabe a oder b bezeichneten Handlung oder jede absichtliche Erleichterung einer solchen Handlung.

Artikel 102
Seeräuberei durch ein Kriegsschiff, Staatsschiff oder staatliches Luftfahrzeug, dessen Besatzung gemeutert hat

Seeräuberische Handlungen, wie in Artikel 101 definiert, die von einem Kriegsschiff, Staatsschiff oder staatlichen Luftfahrzeug begangen werden, dessen Besatzung gemeutert und die Gewalt über das Schiff oder Luftfahrzeug erlangt hat, werden den von einem privaten Schiff oder Luftfahrzeug begangenen Handlungen gleichgestellt.

Artikel 103
Definition eines Seeräuberschiffs oder -luftfahrzeugs

Ein Schiff oder Luftfahrzeug gilt als Seeräuberschiff oder -luftfahrzeug, wenn es von den Personen, unter deren tatsächlicher Gewalt es steht, dazu bestimmt ist, zur Begehung einer Handlung nach Artikel 101 benutzt zu werden. Das gleiche gilt für ein Schiff oder Luftfahrzeug, das zur Begehung einer derartigen Handlung benutzt worden ist, solange es unter der Gewalt der Personen verbleibt, die sich dieser Handlung schuldig gemacht haben.

Artikel 104
Beibehaltung oder Verlust der Staatszugehörigkeit eines Seeräuberschiffs oder -luftfahrzeugs

Ein Schiff oder Luftfahrzeug kann seine Staatszugehörigkeit beibehalten, obwohl es zum Seeräuberschiff oder -luftfahrzeug geworden ist. Die Beibehaltung oder der Verlust der Staatszugehörigkeit bestimmt sich nach dem Recht des Staates, der sie gewährt hat.

Artikel 105
Aufbringen eines Seeräuberschiffs oder -luftfahrzeugs

Jeder Staat kann auf Hoher See oder an jedem anderen Ort, der keiner staatlichen Hoheitsgewalt untersteht, ein Seeräuberschiff oder -luftfahrzeug oder ein durch Seeräuberei erbeutetes und in der Gewalt von Seeräubern stehendes Schiff oder Luftfahrzeug aufbringen, die Personen an Bord des Schiffes oder Luftfahrzeugs festnehmen und die dort befindlichen Vermögenswerte beschlagnahmen. Die Gerichte des Staates, der das Schiff oder Luftfahrzeug aufgebracht hat, können über die zu verhängenden Strafen entscheiden sowie die Maßnahmen festlegen, die hinsichtlich des Schiffes, des Luftfahrzeugs oder der Vermögenswerte zu ergreifen sind, vorbehaltlich der Rechte gutgläubiger Dritter.

Artikel 106
Haftung für Aufbringen ohne hinreichenden Grund

Erfolgte das Aufbringen eines der Seeräuberei verdächtigen Schiffes oder Luftfahrzeugs ohne hinreichenden Grund, so haftet der aufbringende Staat dem Staat, dessen Zugehörigkeit das Schiff oder Luftfahrzeug besitzt, für jeden durch das Aufbringen verursachten Verlust oder Schaden.

Artikel 107
Schiffe und Luftfahrzeuge, die zum Aufbringen wegen Seeräuberei berechtigt sind

Ein Aufbringen wegen Seeräuberei darf nur von Kriegsschiffen oder Militärluftfahrzeugen oder von anderen Schiffen oder Luftfahrzeugen vorgenommen werden, die deutlich als im Staatsdienst stehend gekennzeichnet und als solche erkennbar sind und die hierzu befugt sind.

Artikel 108
Unerlaubter Verkehr mit Suchtstoffen oder psychotropen Stoffen

(1) Alle Staaten arbeiten bei der Bekämpfung des unerlaubten Verkehrs mit Suchtstoffen und psychotropen Stoffen zusammen, an dem Schiffe auf Hoher See unter Verletzung internationaler Übereinkünfte beteiligt sind.

(2) Jeder Staat, der begründeten Anlaß zu der Annahme hat, daß ein seine Flagge führendes Schiff am unerlaubten Verkehr mit Suchtstoffen oder psychotropen Stoffen beteiligt ist, kann andere Staaten um Zusammenarbeit zur Unterbindung dieses Verkehrs ersuchen.

Artikel 109
Nicht genehmigte Rundfunksendungen von Hoher See aus

(1) Alle Staaten arbeiten bei der Bekämpfung nicht genehmigter Rundfunksendungen von der Hohen See aus zusammen.

(2) Im Sinne dieses Übereinkommens bedeutet „nicht genehmigte Rundfunksendungen" die Übertragung von Hörfunk- oder Fernsehsendungen zum Empfang durch die Allgemeinheit von einem Schiff oder einer Anlage auf Hoher See aus unter Verletzung internationaler Vorschriften, jedoch ausschließlich der Übermittlung von Notrufen.

(3) Wer nicht genehmigte Rundfunksendungen verbreitet, kann gerichtlich verfolgt werden

a) vom Flaggenstaat des Schiffes;

b) vom Staat, in dem die Anlage eingetragen ist;

c) vom Staat, dessen Angehöriger die betreffende Person ist;

d) von jedem Staat, in dem die Sendungen empfangen werden können, oder

e) von jedem Staat, in dem genehmigte Funkverbindungen dadurch gestört werden.

(4) Auf Hoher See kann ein Staat, der nach Absatz 3 Gerichtsbarkeit hat, in Übereinstimmung mit Artikel 110 alle Personen festnehmen oder alle Schiffe festhalten, die nicht genehmigte Rundfunksendungen verbreiten, und das Sendegerät beschlagnahmen.

Artikel 110
Recht zum Betreten

(1) Abgesehen von den Fällen, in denen ein Eingreifen auf vertraglich begründeten Befugnissen beruht, darf ein Kriegsschiff, das auf Hoher See einem fremden Schiff begegnet, ausgenommen ein Schiff, das nach den Artikeln 95 und 96 vollständige Immunität genießt, dieses nur anhalten, wenn begründeter Anlaß für den Verdacht besteht, daß

a) das Schiff Seeräuberei betreibt;

b) das Schiff Sklavenhandel betreibt;

c) das Schiff nicht genehmigte Rundfunksendungen verbreitet und der Flaggenstaat des Kriegsschiffs nach Artikel 109 Gerichtsbarkeit hat;

d) das Schiff keine Staatszugehörigkeit besitzt oder

e) das Schiff, obwohl es eine fremde Flagge führt oder sich weigert, seine Flagge zu zeigen, in Wirklichkeit dieselbe Staatszugehörigkeit wie das Kriegsschiff besitzt.

(2) In den in Absatz 1 vorgesehenen Fällen kann das Kriegsschiff die Berechtigung des Schiffes zur Flaggenführung überprüfen. Zu diesem Zweck kann es ein Boot unter dem Kommando eines Offiziers zu dem verdächtigen Schiff entsenden. Bleibt der Verdacht nach Prüfung der Dokumente bestehen, so kann es eine weitere Untersuchung an Bord des Schiffes vornehmen, die so rücksichtsvoll wie möglich durchzuführen ist.

(3) Erweist sich der Verdacht als unbegründet und hat das angehaltene Schiff keine den Verdacht rechtfertigende Handlung begangen, so ist ihm jeder Verlust oder Schaden zu ersetzen.

(4) Diese Bestimmungen gelten sinngemäß für Militärluftfahrzeuge.

(5) Diese Bestimmungen gelten auch für jedes andere ordnungsgemäß befugte Schiff oder Luftfahrzeug, das deutlich als im Staatsdienst stehend gekennzeichnet und als solches erkennbar ist.

Artikel 111
Recht der Nacheile

(1) Die Nacheile nach einem fremden Schiff kann vorgenommen werden, wenn die zuständigen Behörden des Küstenstaats guten Grund zu der Annahme haben, daß das Schiff gegen die Gesetze und sonstigen Vorschriften dieses Staates verstoßen hat. Diese Nacheile muß beginnen, solange sich das fremde Schiff oder eines seiner Boote innerhalb der inneren Gewässer, der Archipelgewässer, des Küstenmeers oder der Anschlußzone des nacheilenden Staates befindet, und darf außerhalb des Küstenmeers oder der Anschlußzone nur dann fortgesetzt werden, wenn sie nicht

unterbrochen wurde. Ein Schiff, das ein innerhalb des Küstenmeers oder der Anschlußzone fahrendes fremdes Schiff zum Stoppen auffordert, muß sich zum Zeitpunkt, in dem das fremde Schiff diese Aufforderung erhält, nicht selbst innerhalb des Küstenmeers oder der Anschlußzone befinden. Befindet sich das fremde Schiff in einer Anschlußzone, wie sie in Artikel 33 bestimmt ist, so darf die Nacheile nur wegen einer Verletzung der Rechte vorgenommen werden, zu deren Schutz diese Zone errichtet wurde.

(2) Das Recht der Nacheile gilt sinngemäß für die in der ausschließlichen Wirtschaftszone oder auf dem Festlandsockel einschließlich der Sicherheitszonen um Anlagen auf dem Festlandsockel begangenen Verstöße gegen die Gesetze und sonstigen Vorschriften des Küstenstaats, die in Übereinstimmung mit diesem Übereinkommen auf die ausschließliche Wirtschaftszone oder den Festlandsockel einschließlich dieser Sicherheitszonen anwendbar sind.

(3) Das Recht der Nacheile endet, sobald das verfolgte Schiff das Küstenmeer seines eigenen oder eines dritten Staates erreicht.

(4) Die Nacheile gilt erst dann als begonnen, wenn sich das nacheilende Schiff durch die ihm zur Verfügung stehenden geeigneten Mittel davon überzeugt hat, daß das verfolgte Schiff, eines seiner Boote oder andere im Verband arbeitende Fahrzeuge, die das verfolgte Schiff als Mutterschiff benutzen, sich innerhalb der Grenzen des Küstenmeers oder gegebenenfalls innerhalb der Anschlußzone, der ausschließlichen Wirtschaftszone oder über dem Festlandsockel befinden. Die Nacheile darf erst begonnen werden, nachdem ein Sicht- oder Schallsignal zum Stoppen aus einer Entfernung gegeben wurde, in der es von dem fremden Schiff wahrgenommen werden kann.

(5) Das Recht der Nacheile darf nur von Kriegsschiffen oder Militärluftfahrzeugen oder von anderen Schiffen oder Luftfahrzeugen ausgeübt werden, die deutlich als im Staatsdienst stehend gekennzeichnet und als solche erkennbar sind und die hierzu befugt sind.

(6) Erfolgt die Nacheile durch ein Luftfahrzeug, so

a) finden die Absätze 1 bis 4 sinngemäß Anwendung;

b) muß das Luftfahrzeug, welches das Schiff zum Stoppen auffordert, dieses so lange selbst aktiv verfolgen, bis ein von ihm herbeigerufenes Schiff oder anderes Luftfahrzeug des Küstenstaats an Ort und Stelle eintrifft, um die Nacheile fortzusetzen, es sei denn, das Luftfahrzeug kann das Schiff selbst festhalten. Um das Festhalten eines Schiffes außerhalb des Küstenmeers zu rechtfertigen, genügt es nicht, daß dieses von dem Luftfahrzeug bei einer tatsächlichen oder vermuteten Rechtsverletzung lediglich gesichtet wurde, sondern es muß auch von dem Luftfahrzeug selbst oder anderen Luftfahrzeugen oder Schiffen, welche die Nacheile ohne Unterbrechung fortsetzen, zum Stoppen aufgefordert und verfolgt worden sein.

(7) Die Freigabe eines Schiffes, das im Hoheitsbereich eines Staates festgehalten und zur Untersuchung durch die zuständigen Behörden dieses Staates in einen seiner Häfen geleitet wurde, kann nicht allein aus dem Grund gefordert werden, daß das Schiff auf seiner Fahrt, weil die Umstände dies erforderlich machten, über einen Teil der ausschließlichen Wirtschaftszone oder der Hohen See geleitet wurde.

(8) Wurde ein Schiff außerhalb des Küstenmeers unter Umständen gestoppt oder festgehalten, welche die Ausübung des Rechts der Nacheile nicht rechtfertigen, so ist ihm jeder dadurch erlittene Verlust oder Schaden zu ersetzen.

Artikel 112
Recht zum Legen unterseeischer Kabel und Rohrleitungen

(1) Jeder Staat hat das Recht, auf dem Boden der Hohen See jenseits des Festlandsockels unterseeische Kabel und Rohrleitungen zu legen.

(2) Artikel 79 Absatz 5 findet auf diese Kabel und Rohrleitungen Anwendung.

Artikel 113
Unterbrechung oder Beschädigung eines unterseeischen Kabels oder einer unterseeischen Rohrleitung

Jeder Staat erläßt die erforderlichen Gesetze und sonstigen Vorschriften, die vorsehen, daß jede vorsätzliche oder fahrlässige Unterbrechung oder Beschädigung eines unterseeischen Kabels auf Hoher See durch ein seine Flagge führendes Schiff oder durch eine seiner Gerichtsbarkeit unterstehende Person, wenn dadurch die Telegrafen- oder Fernsprechverbindungen unterbrochen oder gestört werden könnten, sowie jede in gleicher Weise erfolgte Unterbrechung oder Beschädigung unterseeischer Rohrleitungen oder Hochspannungskabel eine strafbare Handlung ist. Diese Bestimmung gilt auch für ein Verhalten, das darauf gerichtet oder dazu geeignet ist, eine solche Unterbrechung oder Beschädigung herbeizuführen. Sie findet jedoch keine Anwendung, wenn die Unterbrechung oder Beschädigung durch Personen verursacht wurde, die lediglich das rechtmäßige Ziel verfolgten, ihr Leben oder ihr Schiff zu schützen, nachdem sie alle erforderlichen Vorkehrungen zur Vermeidung einer derartigen Unterbrechung oder Beschädigung getroffen hatten.

Artikel 114
Unterbrechung oder Beschädigung eines unterseeischen Kabels oder einer unterseeischen Rohrleitung durch Eigentümer eines anderen unterseeischen Kabels oder einer anderen unterseeischen Rohrleitung

Jeder Staat erläßt die erforderlichen Gesetze und sonstigen Vorschriften, die vorsehen, daß die seiner Gerichtsbarkeit unterstehenden Personen, die Eigentümer eines unterseeischen Kabels oder einer unterseeischen Rohrleitung auf Hoher See sind und beim Legen oder bei der Reparatur dieses Kabels oder dieser Rohrleitung die Unterbrechung oder Beschädigung eines anderen Kabels oder einer anderen Rohrleitung verursachen, die dadurch entstandenen Reparaturkosten tragen.

Artikel 115
Entschädigung für Verluste, die durch die Vermeidung der Beschädigung eines unterseeischen Kabels oder einer unterseeischen Rohrleitung entstanden sind

Jeder Staat erläßt die erforderlichen Gesetze und sonstigen Vorschriften, um sicherzustellen, daß Schiffseigentümer, die beweisen können, daß sie einen Anker, ein Netz oder ein anderes Fischfanggerät geopfert haben, um die Beschädigung eines unterseeischen Kabels oder einer unterseeischen Rohrleitung zu vermeiden, vom Eigentümer des Kabels oder der Rohrleitung entschädigt werden, sofern der Schiffseigentümer zuvor alle angemessenen Vorsichtsmaßnahmen ergriffen hat.

ABSCHNITT 2.
ERHALTUNG UND BEWIRTSCHAFTUNG DER LEBENDEN RESSOURCEN DER HOHEN SEE

Artikel 116
Recht zur Fischerei auf Hoher See

Jeder Staat hat das Recht, daß seine Angehörigen Fischerei auf Hoher See ausüben können, vorbehaltlich

a) seiner vertraglichen Verpflichtungen;

b) der Rechte und Pflichten sowie der Interessen der Küstenstaaten, wie sie unter anderem in Artikel 63 Absatz 2 und in den Artikeln 64 bis 67 vorgesehen sind, und

c) der Bestimmungen dieses Abschnitts.

Artikel 117
Pflicht der Staaten, in bezug auf ihre Angehörigen Maßnahmen zur Erhaltung der lebenden Ressourcen der Hohen See zu ergreifen

Jeder Staat ist verpflichtet, in bezug auf seine Angehörigen die erforderlichen Maßnahmen zur Erhaltung der lebenden Ressourcen der Hohen See zu ergreifen oder mit anderen Staaten zu diesem Zweck zusammenzuarbeiten.

Artikel 118
Zusammenarbeit der Staaten bei der Erhaltung und Bewirtschaftung der lebenden Ressourcen

Die Staaten arbeiten bei der Erhaltung und Bewirtschaftung der lebenden Ressourcen in den Gebieten der Hohen See zusammen. Staaten, deren Angehörige dieselben lebenden Ressourcen oder verschiedene lebende Ressourcen in demselben Gebiet ausbeuten, nehmen Verhandlungen auf, um die für die Erhaltung der betreffenden lebenden Ressourcen erforderlichen Maßnahmen zu ergreifen. Gegebenenfalls arbeiten sie bei der Errichtung subregionaler oder regionaler Fischereiorganisationen zu diesem Zweck zusammen.

Artikel 119
Erhaltung der lebenden Ressourcen der Hohen See

(1) Bei der Festlegung der zulässigen Fangmenge und anderer Maßnahmen für die Erhaltung der lebenden Ressourcen der Hohen See

a) ergreifen die Staaten Maßnahmen, die auf der Grundlage der besten den betreffenden Staaten zur Verfügung stehenden wissenschaftlichen Angaben darauf gerichtet sind, die Populationen befischter Arten auf einem Stand zu erhalten oder auf diesen zurückzuführen, der den größtmöglichen Dauerertrag sichert, wie er sich im Hinblick auf die in Betracht kommenden Umwelt- und Wirtschaftsfaktoren, einschließlich der besonderen Bedürfnisse der Entwicklungsstaaten, ergibt, wobei die Fischereistrukturen, die gegenseitige Abhängigkeit der Bestände sowie alle allgemein empfohlenen internationalen Mindestnormen, gleichviel ob subregionaler, regionaler oder weltweiter Art, zu berücksichtigen sind;

b) berücksichtigen die Staaten die Wirkung auf jene Arten, die mit den befischten Arten vergesellschaftet oder von ihnen abhängig sind, um die Populationen dieser vergesellschafteten oder abhängigen Arten über einem Stand zu erhalten oder auf diesen zurückzuführen, auf dem ihre Fortpflanzung nicht ernstlich gefährdet wird.

(2) Die verfügbaren wissenschaftlichen Informationen, die statistischen Angaben über Fänge

und Fischereiaufwand und andere für die Erhaltung der Fischbestände wesentliche Daten werden regelmäßig mitgeteilt und ausgetauscht, gegebenenfalls im Rahmen der zuständigen internationalen Organisationen, gleichviel ob subregionaler, regionaler oder weltweiter Art, sowie unter Beteiligung aller betroffenen Staaten.

(3) Die betroffenen Staaten stellen sicher, daß durch die Erhaltungsmaßnahmen und ihre Anwendung die Fischer irgendeines Staates weder rechtlich noch tatsächlich diskriminiert werden.

Artikel 120
Meeressäugetiere

Artikel 65 findet auch auf die Erhaltung und Bewirtschaftung der Meeressäugetiere der Hohen See Anwendung.

TEIL VIII
ORDNUNG DER INSELN

Artikel 121
Ordnung der Inseln

(1) Eine Insel ist eine natürlich entstandene Landfläche, die vom Wasser umgeben ist und bei Flut über den Wasserspiegel hinausragt.

(2) Sofern in Absatz 3 nichts anderes vorgesehen ist, bestimmen sich das Küstenmeer, die Anschlußzone, die ausschließliche Wirtschaftszone und der Festlandsockel einer Insel nach den für andere Landgebiete geltenden Bestimmungen dieses Übereinkommens.

(3) Felsen, die für die menschliche Besiedlung nicht geeignet sind oder ein wirtschaftliches Eigenleben nicht zulassen, haben keine ausschließliche Wirtschaftszone und keinen Festlandsockel.

TEIL IX
UMSCHLOSSENE ODER HALBUMSCHLOSSENE MEERE

Artikel 122
Definition

Im Sinne dieses Übereinkommens bedeutet „umschlossenes oder halbumschlossenes Meer" einen Meerbusen, ein Becken oder ein Meer, die von zwei oder mehr Staaten umgeben und mit einem anderen Meer oder dem Ozean durch einen engen Ausgang verbunden sind oder die ganz oder überwiegend aus den Küstenmeeren und den ausschließlichen Wirtschaftszonen von zwei oder mehr Küstenstaaten bestehen.

Artikel 123
Zusammenarbeit der Anliegerstaaten von umschlossenen oder halbumschlossenen Meeren

Die Anliegerstaaten eines umschlossenen oder halbumschlossenen Meeres sollen bei der Ausübung ihrer Rechte und der Erfüllung ihrer Pflichten aus diesem Übereinkommen zusammenarbeiten. Zu diesem Zweck bemühen sie sich unmittelbar oder im Rahmen einer geeigneten regionalen Organisation,

a) die Bewirtschaftung, Erhaltung, Erforschung und Ausbeutung der lebenden Ressourcen des Meeres zu koordinieren;

b) die Ausübung ihrer Rechte und die Erfüllung ihrer Pflichten hinsichtlich des Schutzes und der Bewahrung der Meeresumwelt zu koordinieren;

c) ihre wissenschaftliche Forschungspolitik zu koordinieren und gegebenenfalls gemeinsame wissenschaftliche Forschungsprogramme in diesem Gebiet durchzuführen;

d) andere interessierte Staaten oder internationale Organisationen gegebenenfalls aufzufordern, mit ihnen bei der Verwirklichung der Bestimmungen dieses Artikels zusammenzuarbeiten.

TEIL X
RECHT DER BINNENSTAATEN AUF ZUGANG ZUM UND VOM MEER UND TRANSITFREIHEIT

Artikel 124
Begriffsbestimmungen

(1) Im Sinne dieses Übereinkommens

a) bedeutet „Binnenstaat" einen Staat, der keine Meeresküste hat;

b) bedeutet „Transitstaat" einen Staat mit oder ohne Meeresküste, der zwischen einem Binnenstaat und dem Meer liegt und durch dessen Hoheitsgebiet Transitverkehr geführt wird;

c) bedeutet „Transitverkehr" den Transit von Personen, Gepäck, Gütern und Verkehrsmitteln durch das Hoheitsgebiet eines oder mehrerer Transitstaaten, wenn der Durchgang durch dieses Hoheitsgebiet mit oder ohne Umladen, Lagern, Löschen von Ladung oder Wechsel des Verkehrsmittels nur Teil eines gesamten Weges ist, der im Hoheitsgebiet des Binnenstaats beginnt oder endet;

d) bedeutet „Verkehrsmittel"

i) rollendes Eisenbahnmaterial, See- und Binnenschiffe und Straßenfahrzeuge;

ii) Träger und Lasttiere, wenn es die örtlichen Bedingungen erfordern.

(2) Binnenstaaten und Transitstaaten können durch Vereinbarung in die Verkehrsmittel Rohr-

leitungen und Gasleitungen sowie andere als die in Absatz 1 genannten einbeziehen.

Artikel 125
Recht auf Zugang zum und vom Meer und Transitfreiheit

(1) Die Binnenstaaten haben das Recht auf Zugang zum und vom Meer zur Ausübung der in diesem Übereinkommen vorgesehenen Rechte einschließlich der Rechte, die sich auf die Freiheit der Hohen See und das gemeinsame Erbe der Menschheit beziehen. Zu diesem Zweck genießen die Binnenstaaten die Freiheit des Transits durch das Hoheitsgebiet der Transitstaaten mit allen Verkehrsmitteln.

(2) Die Umstände und Einzelheiten für die Ausübung der Transitfreiheit werden zwischen den betreffenden Binnenstaaten und Transitstaaten durch zweiseitige, subregionale oder regionale Übereinkünfte vereinbart.

(3) Die Transitstaaten haben in Ausübung ihrer vollen Souveränität über ihr Hoheitsgebiet das Recht, alle erforderlichen Maßnahmen zu ergreifen, um sicherzustellen, daß die in diesem Teil für die Binnenstaaten vorgesehenen Rechte und Erleichterungen in keiner Weise ihre berechtigten Interessen beeinträchtigen.

Artikel 126
Ausschluß der Anwendung der Meistbegünstigungsklausel

Die Bestimmungen dieses Übereinkommens sowie besondere Übereinkünfte betreffend die Ausübung des Rechts auf Zugang zum und vom Meer, die Rechte und Erleichterungen auf Grund der besonderen geographischen Lage der Binnenstaaten vorsehen, sind von der Anwendung der Meistbegünstigungsklausel ausgeschlossen.

Artikel 127
Zölle, Steuern und sonstige Abgaben

(1) Der Transitverkehr unterliegt keinen Zöllen, Steuern oder sonstigen Abgaben mit Ausnahme der Gebühren, die für besondere Dienstleistungen im Zusammenhang mit diesem Verkehr erhoben werden.

(2) Die für die Binnenstaaten im Transit bereitgestellten und von ihnen benutzten Verkehrsmittel und anderen Einrichtungen unterliegen keinen höheren Steuern oder sonstigen Abgaben als denjenigen, die für die Benutzung von Verkehrsmitteln des Transitstaats erhoben werden.

Artikel 128
Freizonen und andere Zollerleichterungen

Zur Erleichterung des Transitverkehrs können in den Ein- und Ausgangshäfen der Transitstaaten durch Vereinbarung zwischen diesen und den Binnenstaaten Freizonen oder andere Zollerleichterungen vorgesehen werden.

Artikel 129
Zusammenarbeit beim Bau und bei der Verbesserung von Verkehrsmitteln

Sind in Transitstaaten keine Verkehrsmittel vorhanden, um die Transitfreiheit zu verwirklichen, oder sind die vorhandenen Mittel, einschließlich der Hafenanlagen und -ausrüstungen, in irgendeiner Hinsicht unzureichend, so können die betreffenden Transitstaaten und Binnenstaaten bei ihrem Bau oder ihrer Verbesserung zusammenarbeiten.

Artikel 130
Maßnahmen zur Vermeidung oder Beseitigung von Verzögerungen oder sonstigen Schwierigkeiten technischer Art im Transitverkehr

(1) Die Transitstaaten ergreifen alle geeigneten Maßnahmen, um Verzögerungen oder sonstige Schwierigkeiten technischer Art im Transitverkehr zu vermeiden.

(2) Falls solche Verzögerungen oder Schwierigkeiten auftreten, arbeiten die zuständigen Behörden der betreffenden Transitstaaten und Binnenstaaten zusammen, um sie zügig zu beheben.

Artikel 131
Gleichbehandlung in Seehäfen

Schiffe, welche die Flagge von Binnenstaaten führen, genießen in den Seehäfen dieselbe Behandlung wie andere fremde Schiffe.

Artikel 132
Gewährung größerer Transiterleichterungen

Dieses Übereinkommen bewirkt nicht die Aufhebung von Transiterleichterungen, die größer als die in dem Übereinkommen vorgesehenen sind und zwischen seinen Vertragsstaaten vereinbart sind oder von einem Vertragsstaat gewährt werden. Es schließt auch die Gewährung größerer Erleichterungen in Zukunft nicht aus.

TEIL XI
DAS GEBIET

ABSCHNITT 1.
ALLGEMEINE BESTIMMUNGEN

Artikel 133
Begriffsbestimmungen

Im Sinne dieses Teiles

a) bedeutet „Ressourcen" alle festen, flüssigen oder gasförmigen mineralischen Ressourcen in situ, die sich im Gebiet auf oder unter dem Meeresboden befinden, einschließlich polymetallischer Knollen;

b) werden Ressourcen, die aus dem Gebiet gewonnen worden sind, als „Mineralien" bezeichnet.

Artikel 134
Geltungsbereich dieses Teiles

(1) Dieser Teil gilt für das Gebiet.

(2) Die Tätigkeiten im Gebiet werden durch diesen Teil geregelt.

(3) Die Erfordernisse für die Hinterlegung und Veröffentlichung der Seekarten oder Verzeichnisse geographischer Koordinaten mit den in Artikel 1 Absatz 1 Nummer 1 genannten Grenzen sind in Teil VI wiedergegeben.

(4) Dieser Artikel berührt nicht die Festlegung der äußeren Grenzen des Festlandsockels nach Teil VI oder die Gültigkeit von Übereinkünften betreffend die Abgrenzung zwischen Staaten mit gegenüberliegenden oder aneinander angrenzenden Küsten.

Artikel 135
Rechtsstatus der Gewässer und des Luftraums über dem Gebiet

Weder dieser Teil noch die auf Grund seiner Bestimmungen gewährten oder ausgeübten Rechte berühren den Rechtsstatus der Gewässer über dem Gebiet oder des Luftraums über ihnen.

ABSCHNITT 2.
FÜR DAS GEBIET GELTENDE GRUNDSÄTZE

Artikel 136
Gemeinsames Erbe der Menschheit

Das Gebiet und seine Ressourcen sind das gemeinsame Erbe der Menschheit.

Artikel 137
Rechtsstatus des Gebiets und seiner Ressourcen

(1) Kein Staat darf über einen Teil des Gebiets oder seiner Ressourcen Souveränität oder souveräne Rechte beanspruchen oder ausüben; ebensowenig darf sich ein Staat oder eine natürliche oder juristische Person einen Teil des Gebiets oder seiner Ressourcen aneignen. Weder eine solche Beanspruchung oder Ausübung von Souveränität oder souveränen Rechten noch eine solche Aneignung wird anerkannt.

(2) Alle Rechte an den Ressourcen des Gebiets stehen der gesamten Menschheit zu, in deren Namen die Behörde handelt. Diese Ressourcen sind unveräußerlich. Die aus dem Gebiet gewonnenen Mineralien dürfen jedoch nur in Übereinstimmung mit diesem Teil und den Regeln, Vorschriften und Verfahren der Behörde veräußert werden.

(3) Ein Staat oder eine natürliche oder juristische Person kann Rechte in bezug auf die aus dem Gebiet gewonnenen Mineralien nur in Übereinstimmung mit diesem Teil beanspruchen, erwerben oder ausüben. Auf andere Weise beanspruchte, erworbene oder ausgeübte Rechte werden nicht anerkannt.

Artikel 138
Allgemeines Verhalten der Staaten in bezug auf das Gebiet

Das allgemeine Verhalten der Staaten in bezug auf das Gebiet muß im Interesse der Erhaltung von Frieden und Sicherheit sowie der Förderung der internationalen Zusammenarbeit und gegenseitigen Verständigung den Bestimmungen dieses Teiles, den in der Satzung der Vereinten Nationen niedergelegten Grundsätzen und den sonstigen Regeln des Völkerrechts entsprechen.

Artikel 139
Verantwortlichkeit für die Einhaltung des Übereinkommens und Haftung für Schäden

(1) Die Vertragsstaaten sind verpflichtet sicherzustellen, daß die im Gebiet ausgeübten Tätigkeiten in Übereinstimmung mit diesem Teil durchgeführt werden, gleichviel ob es sich um Tätigkeiten dieser Staaten selbst oder um die ihrer staatlichen Unternehmen oder natürlicher oder juristischer Personen handelt, welche die Staatsangehörigkeit von Vertragsstaaten besitzen oder tatsächlich der Kontrolle dieser Staaten oder ihrer Staatsangehörigen unterliegen. Internationale Organisationen, die Tätigkeiten im Gebiet ausüben, sind in gleicher Weise verantwortlich.

(2) Unbeschadet der Regeln des Völkerrechts und der Anlage III Artikel 22 haftet ein Vertrags-

staat oder eine internationale Organisation für einen Schaden, der auf das Versäumnis zurückzuführen ist, die ihnen aus diesem Teil erwachsenden Verantwortlichkeiten zu erfüllen; Vertragsstaaten oder internationale Organisationen, die gemeinsam handeln, haften gesamtschuldnerisch. Ein Vertragsstaat haftet jedoch nicht für einen Schaden, der durch Nichteinhaltung dieses Teiles durch eine von ihm nach Artikel 153 Absatz 2 Buchstabe b befürwortete Person verursacht wurde, sofern der Vertragsstaat alle notwendigen und angemessenen Maßnahmen ergriffen hat, um die wirksame Einhaltung nach Artikel 153 Absatz 4 und Anlage III Artikel 4 Absatz 4 zu gewährleisten.

(3) Vertragsstaaten, die Mitglied internationaler Organisationen sind, ergreifen angemessene Maßnahmen, um die Anwendung dieses Artikels in bezug auf diese Organisationen sicherzustellen.

Artikel 140
Nutzen für die Menschheit

(1) Die Tätigkeiten im Gebiet werden, wie in diesem Teil ausdrücklich vorgesehen, zum Nutzen der gesamten Menschheit ausgeübt, ungeachtet der geographischen Lage der Staaten als Küsten- oder Binnenstaaten und unter besonderer Berücksichtigung der Interessen und Bedürfnisse der Entwicklungsstaaten und der Völker, die noch nicht die volle Unabhängigkeit oder einen sonstigen von den Vereinten Nationen in Übereinstimmung mit der Resolution 1514 (XV) und anderen einschlägigen Resolutionen der Generalversammlung anerkannten Status der Selbstregierung erlangt haben.

(2) Die Behörde sorgt mit Hilfe geeigneter Mechanismen in Übereinstimmung mit Artikel 160 Absatz 2 Buchstabe f Ziffer i auf der Grundlage der Nichtdiskriminierung für die gerechte Verteilung der finanziellen und der sonstigen wirtschaftlichen Vorteile, die aus Tätigkeiten im Gebiet stammen.

Artikel 141
Nutzung des Gebiets für ausschließlich friedliche Zwecke

Das Gebiet steht allen Staaten, sowohl Küsten- als auch Binnenstaaten, ohne Diskriminierung und unbeschadet der sonstigen Bestimmungen dieses Teiles für eine ausschließlich friedlichen Zwecken dienende Nutzung offen.

Artikel 142
Rechte und berechtigte Interessen der Küstenstaaten

(1) Die Tätigkeiten im Gebiet in bezug auf dort befindliche Vorkommen von Ressourcen, die beiderseits der Grenzen des Bereichs nationaler Hoheitsbefugnisse liegen, werden unter gebührender Berücksichtigung der Rechte und berechtigten Interessen des Küstenstaats ausgeübt, in dessen Bereich sich diese Vorkommen befinden.

(2) Um eine Beeinträchtigung solcher Rechte und Interessen zu vermeiden, werden mit dem betreffenden Staat Konsultationen einschließlich vorheriger Benachrichtigungen durchgeführt. In Fällen, in denen Tätigkeiten im Gebiet zur Ausbeutung von Ressourcen führen können, die sich im Bereich nationaler Hoheitsbefugnisse befinden, ist die vorherige Zustimmung des betreffenden Küstenstaats erforderlich.

(3) Dieser Teil und die auf Grund desselben gewährten oder ausgeübten Rechte berühren nicht das Recht der Küstenstaaten, die gegebenenfalls notwendigen, mit Teil XII übereinstimmenden Maßnahmen zur Verhütung, Verringerung oder Beseitigung einer ernsten und unmittelbar bevorstehenden Gefahr zu ergreifen, die ihre Küste oder damit zusammenhängende Interessen bedroht und durch vorhandene oder drohende Verschmutzung oder durch sonstige gefährliche Vorfälle entsteht, die sich aus Tätigkeiten im Gebiet ergeben oder durch sie verursacht werden.

Artikel 143
Wissenschaftliche Meeresforschung

(1) Die wissenschaftliche Meeresforschung im Gebiet wird in Übereinstimmung mit Teil XIII für ausschließlich friedliche Zwecke und zum Nutzen der gesamten Menschheit durchgeführt.

(2) Die Behörde kann wissenschaftliche Meeresforschung in bezug auf das Gebiet und seine Ressourcen durchführen und zu diesem Zweck Verträge schließen. Die Behörde fördert und ermutigt die Durchführung wissenschaftlicher Meeresforschung im Gebiet; sie koordiniert und verbreitet die verfügbaren Ergebnisse dieser Forschungen und Analysen.

(3) Die Vertragsstaaten können wissenschaftliche Meeresforschung im Gebiet durchführen. Sie fördern die internationale Zusammenarbeit bei der wissenschaftlichen Meeresforschung im Gebiet,

a) indem sie sich an internationalen Programmen beteiligen und die Zusammenarbeit bei der wissenschaftlichen Meeresforschung durch Personal verschiedener Länder und der Behörde ermutigen;

b) indem sie dafür sorgen, daß durch die Behörde oder gegebenenfalls durch sonstige internationale Organisationen Programme zum Nutzen der Entwicklungsstaaten und der technisch weniger entwickelten Staaten ausgearbeitet werden, um

i) deren Forschungspotential zu stärken;

ii) deren Personal und das Personal der Behörde im Bereich der Technik und Anwendung der Forschung zu schulen;

iii) den Einsatz deren befähigten Personals bei der Forschung im Gebiet zu fördern;

c) indem sie die verfügbaren Ergebnisse der Forschungen und Analysen über die Behörde oder gegebenenfalls auf anderem internationalem Weg wirksam verbreiten.

Artikel 144
Weitergabe von Technologie

(1) Die Behörde ergreift Maßnahmen in Übereinstimmung mit diesem Übereinkommen, um

a) Technologie und wissenschaftliche Kenntnisse betreffend Tätigkeiten im Gebiet zu erwerben und

b) die Weitergabe dieser Technologie und wissenschaftlichen Kenntnisse an Entwicklungsstaaten zu fördern und zu ermutigen, damit alle Vertragsstaaten daraus Nutzen ziehen können.

(2) Zu diesem Zweck arbeiten die Behörde und die Vertragsstaaten bei der Förderung der Weitergabe von Technologie und wissenschaftlichen Kenntnissen betreffend Tätigkeiten im Gebiet zusammen, damit das Unternehmen und alle Vertragsstaaten daraus Nutzen ziehen können. Sie veranlassen und fördern insbesondere

a) Programme zur Weitergabe von Technologie an das Unternehmen und an Entwicklungsstaaten im Zusammenhang mit Tätigkeiten im Gebiet, einschließlich solcher, die dem Unternehmen und den Entwicklungsstaaten den Zugang zu der betreffenden Technologie unter angemessenen und annehmbaren Bedingungen erleichtern;

b) Maßnahmen, die auf die Weiterentwicklung der Technologie des Unternehmens und der einheimischen Technologie der Entwicklungsstaaten gerichtet sind und die insbesondere für Personal des Unternehmens und der Entwicklungsstaaten Möglichkeiten schaffen, sich in der Meereswissenschaft und -technologie auszubilden und an Tätigkeiten im Gebiet voll teilzunehmen.

Artikel 145
Schutz der Meeresumwelt

Hinsichtlich der Tätigkeiten im Gebiet werden in Übereinstimmung mit diesem Übereinkommen die notwendigen Maßnahmen ergriffen, um die Meeresumwelt vor schädlichen Auswirkungen, die sich aus diesen Tätigkeiten ergeben können, wirksam zu schützen. Zu diesem Zweck beschließt die Behörde geeignete Regeln, Vorschriften und Verfahren, um unter anderem

a) die Verschmutzung und sonstige Gefahren für die Meeresumwelt, einschließlich der Küste, sowie Störungen des ökologischen Gleichgewichts der Meeresumwelt zu verhüten, zu verringern und zu überwachen, wobei insbesondere auf die Notwendigkeit zu achten ist, die Meeresumwelt vor schädlichen Auswirkungen von Tätigkeiten wie Bohr- ,Dredsch- und Baggerarbeiten, Abfallbeseitigung, Errichtung, Betrieb oder Unterhaltung von Anlagen, Rohrleitungen und sonstigen mit diesen Tätigkeiten im Zusammenhang stehenden Geräten zu schützen;

b) die natürlichen Ressourcen des Gebiets zu schützen und zu erhalten sowie Schäden für die Tiere und Pflanzen der Meeresumwelt zu vermeiden.

Artikel 146
Schutz des menschlichen Lebens

Hinsichtlich der Tätigkeiten im Gebiet sind die notwendigen Maßnahmen zu ergreifen, um den wirksamen Schutz des menschlichen Lebens zu gewährleisten. Zu diesem Zweck beschließt die Behörde geeignete Regeln, Vorschriften und Verfahren, um das bestehende Völkerrecht, wie es in den einschlägigen Verträgen niedergelegt ist, zu ergänzen.

Artikel 147
Vereinbarkeit der Tätigkeiten im Gebiet mit anderen Tätigkeiten in der Meeresumwelt

(1) Bei Tätigkeiten im Gebiet ist auf andere Tätigkeiten in der Meeresumwelt in angemessener Weise Rücksicht zu nehmen.

(2) Die für Tätigkeiten im Gebiet benutzten Anlagen müssen folgenden Bedingungen genügen:

a) Die Anlagen werden nur in Übereinstimmung mit diesem Teil und vorbehaltlich der Regeln, Vorschriften und Verfahren der Behörde errichtet, aufgestellt und entfernt. Ihre Errichtung, Aufstellung und Entfernung sind ordnungsgemäß bekanntzumachen, und es sind fest angebrachte Warneinrichtungen zu unterhalten, die auf das Vorhandensein der Anlagen hinweisen;

b) die Anlagen dürfen weder dort errichtet werden, wo die Benutzung anerkannter und für die internationale Schiffahrt wichtiger Schiffahrtswege behindert werden kann, noch in Gebieten, in denen intensive Fischerei betrieben wird;

c) um die Anlagen werden Sicherheitszonen mit entsprechenden Markierungen eingerichtet, um die Sicherheit sowohl der Schiffahrt als auch der Anlagen zu gewährleisten. Form und Lage dieser Sicherheitszonen dürfen nicht so beschaffen sein, daß sie einen Gürtel bilden, der den rechtmäßigen Zugang der Schiffe zu besonderen Meereszonen oder die Schiffahrt auf internationalen Schiffahrtswegen behindert;

d) die Anlagen werden für ausschließlich friedliche Zwecke genutzt;

e) die Anlagen haben nicht den Status von Inseln. Sie haben kein eigenes Küstenmeer, und ihr Vorhandensein hat keinen Einfluß auf die Abgrenzung des Küstenmeers, der ausschließlichen Wirtschaftszone oder des Festlandsockels.

(3) Bei anderen Tätigkeiten in der Meeresumwelt ist auf die Tätigkeiten im Gebiet in angemessener Weise Rücksicht zu nehmen.

Artikel 148
Teilnahme von Entwicklungsstaaten an Tätigkeiten im Gebiet

Es wird eine wirksame Teilnahme der Entwicklungsstaaten an Tätigkeiten im Gebiet gefördert, wie in diesem Teil ausdrücklich vorgesehen, wobei deren besondere Interessen und Bedürfnisse und vor allem das besondere Bedürfnis der Binnenstaaten und geographisch benachteiligten Staaten unter ihnen zu berücksichtigen sind, die sich aus ihrer nachteiligen Lage ergebenden Hindernisse zu überwinden, insbesondere ihre Entlegenheit im Verhältnis zum Gebiet sowie die Schwierigkeit ihres Zugangs zum und vom Gebiet.

Artikel 149
Archäologische und historische Gegenstände

Alle im Gebiet gefundenen Gegenstände archäologischer oder historischer Art werden zum Nutzen der gesamten Menschheit bewahrt oder verwendet, wobei die Vorzugsrechte des Ursprungsstaats oder -lands, des Staates des kulturellen Ursprungs oder des Staates des historischen oder archäologischen Ursprungs besonders zu beachten sind.

ABSCHNITT 3.
ERSCHLIESSUNG DER RESSOURCEN IM GEBIET

Artikel 150
Leitsätze für die Tätigkeiten im Gebiet

Die Tätigkeiten im Gebiet werden, wie in diesem Teil ausdrücklich vorgesehen, so ausgeübt, daß sie die gesunde Entwicklung der Weltwirtschaft und das ausgewogene Wachstum des Welthandels begünstigen und die internationale Zusammenarbeit mit dem Ziel einer umfassenden Entwicklung aller Länder, insbesondere der Entwicklungsstaaten, fördern, und um folgendes sicherzustellen:

a) die Erschließung der Ressourcen des Gebiets;

b) die ordnungsgemäße, sichere und rationelle Bewirtschaftung der Ressourcen des Gebiets einschließlich der wirksamen Ausübung der Tätigkeiten im Gebiet, wobei in Übereinstimmung mit vernünftigen Grundsätzen der Erhaltung der Ressourcen eine unnötige Vergeudung zu vermeiden ist;

c) die Erweiterung von Möglichkeiten für eine Teilnahme an diesen Tätigkeiten, insbesondere im Einklang mit den Artikeln 144 und 148;

d) die Beteiligung der Behörde an den Einnahmen und die Weitergabe von Technologie an das Unternehmen und an Entwicklungsstaaten, wie in diesem Übereinkommen vorgesehen;

e) die zunehmende, bedarfsentsprechende Verfügbarkeit der aus dem Gebiet stammenden Mineralien zusammen mit den aus anderen Vorkommen stammenden Mineralien, um die Versorgung der Verbraucher dieser Mineralien sicherzustellen;

f) die Förderung gerechter und stabiler, für Erzeuger lohnender und für Verbraucher angemessener Preise sowohl für die aus dem Gebiet als auch aus anderen Vorkommen stammenden Mineralien und die Förderung eines langfristigen Gleichgewichts zwischen Angebot und Nachfrage;

g) die Erweiterung der Möglichkeiten für alle Vertragsstaaten ungeachtet ihres sozialen und wirtschaftlichen Systems oder ihrer geographischen Lage, an der Erschließung der Ressourcen des Gebiets teilzunehmen, und die Verhinderung einer Monopolisierung der Tätigkeiten im Gebiet;

h) den Schutz der Entwicklungsstaaten vor nachteiligen Auswirkungen auf ihre Wirtschaft oder ihre Ausfuhreinnahmen, die sich aus einem Rückgang des Preises des betroffenen Minerals oder der Ausfuhrmenge dieses Minerals ergeben, soweit ein solcher Rückgang auf Tätigkeiten im Gebiet zurückzuführen ist, wie in Artikel 151 vorgesehen;

i) die Entwicklung des gemeinsamen Erbes zum Nutzen der gesamten Menschheit;

j) Marktzugangsbedingungen für die Einfuhr der aus den Ressourcen des Gebiets erzeugten Mineralien sowie für die Einfuhr der aus diesen Mineralien erzeugten Rohstoffe, die nicht günstiger als die für Einfuhren aus anderen Vorkommen geltenden günstigsten Bedingungen sein dürfen.

Artikel 151
Leitsätze für die Produktion

(1) a) Unbeschadet der in Artikel 150 genannten Ziele und zur Durchführung des Artikels 150 Buchstabe h ergreift die Behörde im Rahmen bestehender Gremien oder gegebenenfalls erforderlicher neuer Vereinbarungen oder sonstiger Übereinkünfte, an denen alle interessierten Parteien, einschließlich Erzeuger und Verbraucher, beteiligt sind, die notwendigen Maßnahmen, um das Wachstum, die Leistungsfähigkeit und die Stabilität der Märkte für die aus den Mineralien

des Gebiets erzeugten Rohstoffe zu Preisen zu fördern, die für die Erzeuger lohnend und für die Verbraucher angemessen sind. Alle Vertragsstaaten arbeiten zu diesem Zweck zusammen.

b) Die Behörde hat das Recht, an jeder Rohstoffkonferenz teilzunehmen, die sich mit diesen Rohstoffen befaßt und an der alle interessierten Parteien, einschließlich Erzeuger und Verbraucher, teilnehmen. Die Behörde hat das Recht, Vertragspartei der auf diesen Konferenzen geschlossenen Vereinbarungen oder sonstigen Übereinkünfte zu werden. Die Beteiligung der Behörde an den auf Grund der Vereinbarungen oder sonstigen Übereinkünfte geschaffenen Organen bezieht sich auf die Produktion im Gebiet und erfolgt in Übereinstimmung mit den einschlägigen Regeln dieser Organe.

c) Die Behörde erfüllt ihre Verpflichtungen aus den in diesem Absatz genannten Vereinbarungen oder sonstigen Übereinkünften derart, daß in bezug auf die Gesamtproduktion der betreffenden Mineralien im Gebiet einheitlich und ohne Diskriminierung verfahren wird. Dabei handelt die Behörde in einer Weise, die mit den Bedingungen geltender Verträge und bestätigter Arbeitspläne des Unternehmens vereinbar ist.

(2) a) Während der in Absatz 3 bezeichneten Übergangszeit kann die kommerzielle Produktion nach einem bestätigten Arbeitsplan erst dann aufgenommen werden, wenn der Unternehmer bei der Behörde eine Produktionsgenehmigung beantragt und von ihr erhalten hat. Die Produktionsgenehmigungen dürfen höchstens fünf Jahre vor der nach dem Arbeitsplan beabsichtigten Aufnahme der kommerziellen Produktion beantragt oder erteilt werden, es sei denn, die Regeln, Vorschriften und Verfahren der Behörde schreiben unter Berücksichtigung der Art und des zeitlichen Ablaufs des Vorhabens eine andere Frist vor.

b) In dem Antrag auf Produktionsgenehmigung gibt der Unternehmer die jährliche Nickelmenge an, mit deren Gewinnung im Rahmen des bestätigten Arbeitsplans gerechnet wird. Der Antrag enthält eine Aufstellung der Kosten, die der Unternehmer nach Erhalt der Genehmigung aufwenden muß und die so hinreichend berechnet sind, daß er die kommerzielle Produktion zum beabsichtigten Zeitpunkt aufnehmen kann.

c) Für die Zwecke der Buchstaben a und b legt die Behörde in Übereinstimmung mit Anlage III Artikel 17 geeignete Leistungsanforderungen fest.

d) Die Behörde erteilt eine Produktionsgenehmigung für die beantragte Produktionsmenge, sofern nicht die Summe dieser Menge und der bereits genehmigten Mengen in irgendeinem Jahr der geplanten Produktion während der Übergangszeit die nach Absatz 4 berechnete Höchstgrenze der Nickelproduktion für das Jahr übersteigt, in dem die Genehmigung erteilt wird.

e) Die Produktionsgenehmigung und der genehmigte Antrag werden, sobald sie erteilt sind, Teil des bestätigten Arbeitsplans.

f) Wird der Antrag des Unternehmers auf Produktionsgenehmigung nach Buchstabe d abgelehnt, so kann der Unternehmer jederzeit bei der Behörde einen neuen Antrag stellen.

(3) Die Übergangszeit beginnt fünf Jahre vor dem 1. Januar des Jahres, in dem die erste kommerzielle Produktion im Rahmen eines bestätigten Arbeitsplans aufgenommen werden soll. Verzögert sich der Anlauf dieser kommerziellen Produktion über das ursprünglich vorgesehene Jahr hinaus, so werden der Beginn der Übergangszeit und die ursprünglich berechnete Produktionshöchstgrenze entsprechend angeglichen. Die Übergangszeit dauert 25 Jahre oder bis zum Ende der in Artikel 155 genannten Überprüfungskonferenz oder aber bis zu dem Tag, an dem die in Absatz 1 genannten neuen Vereinbarungen oder sonstigen Übereinkünfte in Kraft treten, je nachdem, welches der frühere Zeitpunkt ist. Die Behörde nimmt die in diesem Artikel vorgesehenen Befugnisse für den Rest der Übergangszeit wieder in Anspruch, wenn die genannten Vereinbarungen oder sonstigen Übereinkünfte aus irgendeinem Grund hinfällig oder unwirksam werden.

(4) a) Die Produktionshöchstgrenze für jedes Jahr der Übergangszeit ergibt sich aus der Summe

i) des Unterschieds zwischen den nach Buchstabe b berechneten Trendlinienwerten des Nickelverbrauchs des Jahres, das dem Anlauf der ersten kommerziellen Produktion unmittelbar vorausgeht, und des Jahres, das dem Beginn der Übergangszeit unmittelbar vorausgeht, und

ii) von sechzig Prozent des Unterschieds zwischen den nach Buchstabe b berechneten Trendlinienwerten des Nickelverbrauchs des Jahres, für das die Produktionsgenehmigung beantragt wird, und des Jahres, das dem Anlauf der ersten kommerziellen Produktion unmittelbar vorausgeht.

b) Im Sinne des Buchstabens a

i) sind die zur Berechnung der Höchstgrenze der Nickelproduktion verwendeten Trendlinienwerte die jährlichen Nickelverbrauchswerte auf einer Trendlinie, die während des Jahres errechnet wird, in dem die Produktionsgenehmigung erteilt wird. Die Trendlinie wird aus einer linearen Regression der Logarithmen des tatsächlichen jährlichen Nickelverbrauchs während der letzten 15 Jahre gewonnen, für die solche Angaben verfügbar sind, wobei die Zeit als unabhängige Variable angenommen wird. Diese Trendlinie wird als die ursprüngliche Trendlinie bezeichnet;

ii) liegt die jährliche Steigungsrate der ursprünglichen Trendlinie unter 3 Prozent, so verläuft die zur Festlegung der Mengen nach Buchstabe a verwendete Trendlinie statt dessen durch die ursprüngliche Trendlinie bei dem Wert für das erste Jahr des betreffenden Zeitabschnitts von 15 Jahren und steigt jährlich um 3 Prozent; allerdings darf die für irgendein Jahr der Übergangszeit festgelegte Produktionshöchstgrenze in keinem Fall den Unterschied zwischen dem ursprünglichen Trendlinienwert für das betreffende Jahr und dem ursprünglichen Trendlinienwert für das Jahr unmittelbar vor Beginn der Übergangszeit überschreiten.

(5) Die Behörde behält dem Unternehmen für dessen Anfangsproduktion eine Menge von 38 000 metrischen Tonnen Nickel aus der nach Absatz 4 errechneten verfügbaren Produktionshöchstgrenze vor.

(6) a) Ein Unternehmer kann in einem Jahr weniger oder bis zu 8 Prozent mehr als die in seiner Produktionsgenehmigung festgelegte Jahresproduktion von Mineralien aus polymetallischen Knollen erzeugen, sofern die Gesamtproduktion die in der Genehmigung festgelegte Menge nicht überschreitet. Jede Überschreitung über 8 Prozent hinaus bis zu 20 Prozent innerhalb eines Jahres oder jede Überschreitung im ersten und in daran anschließenden Jahren nach zwei aufeinanderfolgenden Jahren, in denen Überschreitungen vorkommen, muß mit der Behörde ausgehandelt werden; diese kann vom Unternehmer verlangen, eine ergänzende Produktionsgenehmigung für die überschüssige Produktion zu erwirken.

b) Anträge auf diese ergänzenden Produktionsgenehmigungen werden von der Behörde erst dann geprüft, wenn alle eingereichten Anträge von Unternehmern, die noch keine Produktionsgenehmigung erhalten haben, bearbeitet und sonstige mögliche Antragsteller gebührend berücksichtigt worden sind. Die Behörde läßt sich von dem Grundsatz leiten, die Gesamtproduktion, die im Rahmen der Produktionshöchstgrenze jedes beliebigen Jahres der Übergangszeit genehmigt worden ist, nicht zu überschreiten. Sie genehmigt in keinem Arbeitsplan eine Produktionsmenge von mehr als 46 500 metrischen Tonnen Nickel im Jahr.

(7) Die Produktionsmengen anderer Metalle wie Kupfer, Kobalt und Mangan, die aus den im Rahmen einer Produktionsgenehmigung gewonnenen polymetallischen Knollen stammen, sollen nicht größer sein als diejenigen, die erzeugt worden wären, wenn der Unternehmer aus diesen Knollen die nach diesem Artikel berechnete Höchstmenge an Nickel erzeugt hätte. Die Behörde beschließt zur Durchführung dieses Absatzes Regeln, Vorschriften und Verfahren nach Anlage III Artikel 17.

(8) Die Rechte und Pflichten in bezug auf unlautere Wirtschaftspraktiken, die sich aus einschlägigen mehrseitigen Handelsübereinkünften ergeben, finden auf die Erforschung und Ausbeutung der Mineralien aus dem Gebiet Anwendung. Zur Beilegung von Streitigkeiten, die hinsichtlich dieser Bestimmung entstehen, nehmen die Vertragsstaaten, die diesen mehrseitigen Handelsübereinkünften angehören, die Streitbeilegungsverfahren dieser Übereinkünfte in Anspruch.

(9) Die Behörde ist befugt, die Produktionsmenge der Mineralien aus dem Gebiet, die nicht aus polymetallischen Knollen stammen, zu geeigneten Bedingungen und nach geeigneten Methoden durch Vorschriften nach Artikel 161 Absatz 8 zu beschränken.

(10) Auf Empfehlung des Rates, die sich auf Gutachten der Kommission für wirtschaftliche Planung stützt, errichtet die Versammlung ein System für Ausgleichszahlungen oder ergreift sonstige die wirtschaftliche Anpassung erleichternde Hilfsmaßnahmen, einschließlich Zusammenarbeit mit Spezialorganisationen und anderen internationalen Organisationen, zur Unterstützung von Entwicklungsländern, die ernste nachteilige Auswirkungen auf ihre Ausfuhreinnahmen oder ihre Wirtschaft aus einem Rückgang des Preises für das betroffene Mineral oder der Ausfuhrmenge dieses Minerals erleiden, soweit ein solcher Rückgang auf Tätigkeiten im Gebiet zurückzuführen ist. Auf Antrag veranlaßt die Behörde Untersuchungen über die Probleme derjenigen Staaten, die wahrscheinlich am schwersten betroffen werden, um ihre Schwierigkeiten auf ein Mindestmaß zu beschränken und ihnen bei ihrer wirtschaftlichen Anpassung zu helfen.

Artikel 152
Wahrnehmung der Befugnisse und Aufgaben der Behörde

(1) Die Behörde vermeidet jede Diskriminierung bei der Wahrnehmung ihrer Befugnisse und Aufgaben, einschließlich der Gewährung von Möglichkeiten zur Ausübung von Tätigkeiten im Gebiet.

(2) Dessen ungeachtet ist die in diesem Teil ausdrücklich vorgesehene besondere Berücksichtigung der Entwicklungsstaaten, vor allem der Binnenstaaten und der geographisch benachteiligten Staaten unter ihnen, zulässig.

Artikel 153
System der Erforschung und Ausbeutung

(1) Die Tätigkeiten im Gebiet werden von der Behörde im Namen der gesamten Menschheit in Übereinstimmung mit diesem Artikel und mit den sonstigen einschlägigen Bestimmungen dieses Teiles und der einschlägigen Anlagen sowie mit den Regeln, Vorschriften und Verfahren der Behörde organisiert, ausgeübt und überwacht.

(2) Die Tätigkeiten im Gebiet werden nach Maßgabe des Absatzes 3 ausgeübt

a) vom Unternehmen und

b) unter Einbeziehung der Behörde von Vertragsstaaten, staatlichen Unternehmen sowie natürlichen oder juristischen Personen, welche die Staatsangehörigkeit eines Vertragsstaats besitzen oder von ihm oder seinen Staatsangehörigen tatsächlich kontrolliert werden, wenn sie von diesen Staaten befürwortet werden, oder von einer Gruppe der vorgenannten Kategorien, welche die in diesem Teil und in Anlage III genannten Voraussetzungen erfüllt.

(3) Die Tätigkeiten im Gebiet werden nach einem förmlichen schriftlichen Arbeitsplan ausgeübt, der in Übereinstimmung mit Anlage III aufgestellt und nach Prüfung durch die Rechts- und Fachkommission vom Rat bestätigt worden ist. Bei Tätigkeiten, die im Gebiet mit Genehmigung der Behörde von den in Absatz 2 Buchstabe b bezeichneten Rechtsträgern ausgeübt werden, erhält der Arbeitsplan in Übereinstimmung mit Anlage III Artikel 3 die Form eines Vertrags. Diese Verträge können gemeinschaftliche Vereinbarungen nach Anlage III Artikel 11 vorsehen.

(4) Die Behörde übt die erforderliche Kontrolle über die Tätigkeiten im Gebiet aus, um die Einhaltung der einschlägigen Bestimmungen dieses Teiles und der betreffenden Anlagen sowie der Regeln, Vorschriften und Verfahren der Behörde und der in Übereinstimmung mit Absatz 3 bestätigten Arbeitspläne zu gewährleisten. Die Vertragsstaaten unterstützen die Behörde, indem sie alle notwendigen Maßnahmen ergreifen, um diese Einhaltung entsprechend Artikel 139 zu gewährleisten.

(5) Die Behörde ist berechtigt, jederzeit alle nach diesem Teil vorgesehenen Maßnahmen zu ergreifen, um zu gewährleisten, daß seine Bestimmungen eingehalten und daß die ihr auf Grund dieses Teiles oder auf Grund eines Vertrags obliegenden Kontroll- und Regelungsaufgaben wahrgenommen werden. Die Behörde ist berechtigt, alle Anlagen im Gebiet zu überprüfen, die im Zusammenhang mit Tätigkeiten im Gebiet benutzt werden.

(6) Ein Vertrag nach Absatz 3 gewährleistet die Rechte des Vertragsnehmers. Er kann daher nur in Übereinstimmung mit Anlage III Artikel 18 und 19 geändert, ausgesetzt oder beendet werden.

Artikel 154
Regelmäßige Überprüfung

Alle fünf Jahre nach Inkrafttreten dieses Übereinkommens führt die Versammlung eine allgemeine und systematische Überprüfung darüber durch, wie sich die in dem Übereinkommen festgelegte internationale Ordnung des Gebiets in der Praxis bewährt hat. Die Versammlung kann angesichts dieser Überprüfung Maßnahmen nach den Bestimmungen und Verfahren dieses Teiles und der betreffenden Anlagen ergreifen oder empfehlen, daß andere Organe solche Maßnahmen ergreifen, die zur größeren Wirksamkeit dieser Ordnung führen.

Artikel 155
Die Überprüfungskonferenz

(1) Fünfzehn Jahre nach dem 1. Januar des Jahres, in dem die erste kommerzielle Produktion auf Grund eines bestätigten Arbeitsplans aufgenommen wurde, beruft die Versammlung eine Konferenz zur Überprüfung derjenigen Bestimmungen dieses Teiles und der betreffenden Anlagen ein, die das System der Erforschung und Ausbeutung der Ressourcen des Gebiets regeln. Die Überprüfungskonferenz prüft im einzelnen angesichts der während dieser Zeit gesammelten Erfahrungen,

a) ob die Bestimmungen dieses Teiles, die das System der Erforschung und Ausbeutung der Ressourcen des Gebiets regeln, ihren Zweck in jeder Hinsicht erfüllt haben, insbesondere, ob sie für die gesamte Menschheit von Nutzen waren;

b) ob die reservierten Felder im Vergleich zu den nichtreservierten Feldern während der 15 Jahre-Frist in wirksamer und ausgewogener Weise ausgebeutet worden sind;

c) ob die Erschließung und Nutzung des Gebiets und seiner Ressourcen so durchgeführt wurden, daß sie die gesunde Entwicklung der Weltwirtschaft und ein ausgewogenes Wachstum des Welthandels begünstigen;

d) ob eine Monopolisierung der Tätigkeiten im Gebiet verhindert wurde;

e) ob die Leitsätze der Artikel 150 und 151 befolgt wurden und

f) ob das System unter besonderer Berücksichtigung der Interessen und Bedürfnisse der Entwicklungsstaaten zu einer gerechten Verteilung der aus Tätigkeiten im Gebiet stammenden Vorteile geführt hat.

(2) Die Überprüfungskonferenz gewährleistet, daß der Grundsatz des gemeinsamen Erbes der Menschheit, die internationale Ordnung zur Sicherung einer gerechten Ausbeutung der Ressourcen des Gebiets zum Nutzen aller Länder, insbesondere der Entwicklungsstaaten, und eine Behörde, welche die Tätigkeiten im Gebiet organisiert, ausübt und kontrolliert, erhalten bleiben. Sie gewährleistet ferner die Aufrechterhaltung der in diesem Teil niedergelegten Grundsätze in bezug auf den Ausschluß einer Beanspruchung oder Ausübung von Souveränität über einen Teil des Gebiets, die Rechte der Staaten und ihr allgemeines Verhalten hinsichtlich des Gebiets, ihre Beteiligung an Tätigkeiten im Gebiet im Einklang mit diesem Übereinkommen, die Verhinderung einer Monopolisierung von Tätigkeiten im Gebiet, die Nutzung des Gebiets für ausschließlich friedliche Zwecke, die wirtschaftlichen Aspekte der Tätig-

keiten im Gebiet, die wissenschaftliche Meeresforschung, die Weitergabe von Technologie, den Schutz der Meeresumwelt, den Schutz des menschlichen Lebens, die Rechte der Küstenstaaten, den Rechtsstatus der Gewässer über dem Gebiet und des Luftraums über ihnen sowie die Vereinbarkeit der Tätigkeiten im Gebiet mit anderen Tätigkeiten in der Meeresumwelt.

(3) Auf der Überprüfungskonferenz wird das gleiche Verfahren zur Beschlußfassung angewendet wie auf der Dritten Seerechtskonferenz der Vereinten Nationen. Die Konferenz bemüht sich nach Kräften, Änderungen durch Konsens zu vereinbaren; es soll erst dann darüber abgestimmt werden, wenn alle Bemühungen, einen Konsens zu erreichen, erschöpft sind.

(4) Hat die Überprüfungskonferenz fünf Jahre nach ihrem Beginn keine Einigung über das System der Erforschung und Ausbeutung der Ressourcen des Gebiets erzielt, so kann sie während der folgenden 12 Monate mit Dreiviertelmehrheit der Vertragsstaaten beschließen, die von ihr für notwendig und zweckmäßig erachteten Änderungen zur Abwandlung oder Modifikation des Systems anzunehmen und den Vertragsstaaten zur Ratifikation oder zum Beitritt vorzulegen. Diese Änderungen treten für alle Vertragsstaaten 12 Monate nach Hinterlegung der Ratifikations- oder Beitrittsurkunden durch drei Viertel der Vertragsstaaten in Kraft.

(5) Änderungen, die von der Überprüfungskonferenz nach diesem Artikel angenommen werden, berühren nicht auf Grund bestehender Verträge erworbene Rechte.

ABSCHNITT 4.
DIE BEHÖRDE

UNTERABSCHNITT A.
ALLGEMEINE BESTIMMUNGEN

Artikel 156
Errichtung der Behörde

(1) Hiermit wird die Internationale Meeresbodenbehörde errichtet, die in Übereinstimmung mit diesem Teil tätig wird.

(2) Alle Vertragsstaaten sind ipso facto Mitglieder der Behörde.

(3) Beobachter auf der Dritten Seerechtskonferenz der Vereinten Nationen, welche die Schlußakte unterzeichnet haben, aber nicht in Artikel 305 Absatz 1 Buchstabe c, d, e oder f bezeichnet sind, haben das Recht, an den Arbeiten der Behörde in Übereinstimmung mit deren Regeln, Vorschriften und Verfahren als Beobachter teilzunehmen.

(4) Die Behörde hat ihren Sitz in Jamaika.

(5) Die Behörde kann regionale Zentren oder Büros errichten, die sie zur Wahrnehmung ihrer Aufgaben für notwendig hält.

Artikel 157
Charakter und wesentliche Grundsätze der Behörde

(1) Die Behörde ist die Organisation, durch welche die Vertragsstaaten in Übereinstimmung mit diesem Teil die Tätigkeiten im Gebiet organisieren und überwachen, insbesondere im Hinblick auf die Verwaltung der Ressourcen des Gebiets.

(2) Die Befugnisse und Aufgaben der Behörde sind diejenigen, die ihr durch dieses Übereinkommen ausdrücklich übertragen sind. Sie hat die mit dem Übereinkommen im Einklang stehenden Nebenbefugnisse, die mit der Wahrnehmung dieser Befugnisse und Aufgaben in bezug auf Tätigkeiten im Gebiet zusammenhängen und dafür erforderlich sind.

(3) Die Behörde stützt sich auf den Grundsatz der souveränen Gleichheit aller ihrer Mitglieder.

(4) Alle Mitglieder der Behörde erfüllen die von ihnen in Übereinstimmung mit diesem Teil übernommenen Verpflichtungen nach Treu und Glauben, damit jedem von ihnen die Rechte und Vorteile aus ihrer Mitgliedschaft gewährleistet werden.

Artikel 158
Organe der Behörde

(1) Als Hauptorgane der Behörde werden hiermit eine Versammlung, ein Rat und ein Sekretariat gebildet.

(2) Als Organ, durch das die Behörde die in Artikel 170 Absatz 1 genannten Aufgaben wahrnimmt, wird hiermit das Unternehmen gegründet.

(3) In Übereinstimmung mit diesem Teil können die für notwendig befundenen Nebenorgane gebildet werden.

(4) Jedes Hauptorgan der Behörde und das Unternehmen sind für die Wahrnehmung der ihnen übertragenen Befugnisse und Aufgaben verantwortlich. Bei der Wahrnehmung dieser Befugnisse und Aufgaben vermeidet jedes Organ Handlungen, welche die Wahrnehmung der besonderen Befugnisse und Aufgaben, die einem anderen Organ übertragen wurden, beeinträchtigen oder verhindern könnten.

UNTERABSCHNITT B. DIE VERSAMMLUNG

Artikel 159
Zusammensetzung, Verfahren und Abstimmung

(1) Die Versammlung besteht aus allen Mitgliedern der Behörde. Jedes Mitglied hat einen Vertreter in der Versammlung, den Stellvertreter und Berater begleiten können.

(2) Die Versammlung tritt zu ordentlichen Jahrestagungen sowie zu Sondertagungen zusammen, die von ihr beschlossen oder vom Generalsekretär auf Ersuchen des Rates oder der Mehrheit der Mitglieder der Behörde einberufen werden.

(3) Die Tagungen finden am Sitz der Behörde statt, sofern die Versammlung nichts anderes beschließt.

(4) Die Versammlung gibt sich eine Geschäftsordnung. Zu Beginn jeder ordentlichen Tagung wählt sie ihren Präsidenten und sonstige erforderliche Amtsträger. Sie bleiben so lange im Amt, bis auf der nächsten ordentlichen Tagung ein neuer Präsident und andere Amtsträger gewählt werden.

(5) Die Versammlung ist beschlußfähig, wenn die Mehrheit ihrer Mitglieder anwesend ist.

(6) Jedes Mitglied der Versammlung hat eine Stimme.

(7) Beschlüsse über Verfahrensfragen, einschließlich der Beschlüsse, Sondertagungen der Versammlung einzuberufen, bedürfen der Mehrheit der anwesenden und abstimmenden Mitglieder.

(8) Beschlüsse über Sachfragen bedürfen einer Zweidrittelmehrheit der anwesenden und abstimmenden Mitglieder, wobei diese Mehrheit eine Mehrheit der an der Tagung teilnehmenden Mitglieder einschließen muß. Ist strittig, ob es sich um eine Sachfrage handelt, so wird diese Frage als Sachfrage behandelt, sofern nicht die Versammlung mit der für Beschlüsse über Sachfragen erforderlichen Mehrheit etwas anderes beschließt.

(9) Wird eine Sachfrage erstmalig zur Abstimmung gestellt, so kann der Präsident den Beschluß darüber, ob über diese Frage abgestimmt werden soll, um höchstens fünf Kalendertage verschieben; er ist dazu verpflichtet, wenn mindestens ein Fünftel der Mitglieder der Versammlung darum ersucht. Diese Regel darf auf dieselbe Frage nur einmal angewendet werden; ihre Anwendung darf nicht dazu führen, daß die Frage über das Ende der Tagung hinaus verschoben wird.

(10) Liegt dem Präsidenten ein von mindestens einem Viertel der Mitglieder der Behörde unterstützter schriftlicher Antrag auf Einholung eines Gutachtens darüber vor, ob ein der Versammlung in einer Angelegenheit vorliegender Vorschlag mit diesem Übereinkommen vereinbar ist, so ersucht die Versammlung die Kammer für Meeresbodenstreitigkeiten des Internationalen Seegerichtshofs um ein Gutachten dazu und vertagt die Abstimmung über diesen Vorschlag, bis ein Gutachten der Kammer eingegangen ist. Geht das Gutachten nicht vor der letzten Woche der Tagung ein, auf der es angefordert wurde, so beschließt die Versammlung, wann sie zur Abstimmung über den vertagten Vorschlag zusammentreten wird.

Artikel 160
Befugnisse und Aufgaben

(1) Die Versammlung als einziges Organ der Behörde, das aus allen Mitgliedern besteht, gilt als oberstes Organ der Behörde, dem gegenüber die anderen Hauptorgane, wie in diesem Übereinkommen ausdrücklich vorgesehen, rechenschaftspflichtig sind. Die Versammlung ist befugt, im Einklang mit den diesbezüglichen Bestimmungen des Übereinkommens allgemeine Leitsätze zu allen Fragen oder Angelegenheiten aufzustellen, die in die Zuständigkeit der Behörde fallen.

(2) Die Versammlung hat außerdem folgende Befugnisse und Aufgaben:

a) Sie wählt die Mitglieder des Rates in Übereinstimmung mit Artikel 161;

b) sie wählt den Generalsekretär aus den vom Rat vorgeschlagenen Kandidaten;

c) sie wählt auf Empfehlung des Rates die Mitglieder des Verwaltungsrats des Unternehmens und den Generaldirektor des Unternehmens;

d) sie bildet die Nebenorgane, die sie zur Wahrnehmung ihrer Aufgaben in Übereinstimmung mit diesem Teil für notwendig hält. Bei der Zusammensetzung dieser Nebenorgane ist dem Grundsatz der gerechten geographischen Verteilung der Sitze, den besonderen Interessen und der Notwendigkeit gebührend Rechnung zu tragen, die Mitarbeit befähigter Mitglieder zu gewinnen, die auf den von diesen Organen bearbeiteten Fachgebieten sachkundig sind;

e) sie berechnet die Beiträge der Mitglieder zum Verwaltungshaushalt der Behörde entsprechend einem vereinbarten Berechnungsschlüssel, dem der für den ordentlichen Haushalt der Vereinten Nationen angewandte Schlüssel zugrunde liegt, bis die Behörde über ausreichende Einnahmen aus anderen Quellen zur Bestreitung ihrer Verwaltungskosten verfügt;

f) i) sie prüft und genehmigt auf Empfehlung des Rates die Regeln, Vorschriften und Verfahren für die gerechte Verteilung der finanziellen und der sonstigen wirtschaftlichen Vorteile, die aus Tätigkeiten im Gebiet stammen, sowie für die Zahlungen und Leistungen nach Artikel 82, wobei die Interessen und Bedürfnisse der Entwicklungsstaaten und der Völker, die noch nicht die volle

Unabhängigkeit oder einen sonstigen Status der Selbstregierung erlangt haben, besondere Berücksichtigung finden. Genehmigt die Versammlung die Empfehlungen des Rates nicht, so verweist sie diese an den Rat zurück, damit dieser sie im Lichte der von der Versammlung geäußerten Meinungen erneut prüft;

ii) sie prüft und genehmigt die vom Rat nach Artikel 162 Absatz 2 Buchstabe o Ziffer ii vorläufig angenommenen Regeln, Vorschriften und Verfahren der Behörde sowie diesbezügliche Änderungen. Diese Regeln, Vorschriften und Verfahren betreffen die Prospektion, Erforschung und Ausbeutung im Gebiet, die Verwaltung der Finanzen und die innere Verwaltung der Behörde sowie, auf Empfehlung des Verwaltungsrats des Unternehmens, die Weitergabe finanzieller Mittel vom Unternehmen an die Behörde;

g) sie entscheidet im Einklang mit diesem Übereinkommen und den Regeln, Vorschriften und Verfahren der Behörde über die gerechte Verteilung der finanziellen und der sonstigen wirtschaftlichen Vorteile, die aus Tätigkeiten im Gebiet stammen;

h) sie prüft und genehmigt den vom Rat vorgelegten Entwurf des jährlichen Haushalts der Behörde;

i) sie prüft die regelmäßigen Berichte des Rates und des Unternehmens sowie die vom Rat oder von jedem anderen Organ der Behörde angeforderten Sonderberichte;

j) sie leitet Untersuchungen ein und gibt Empfehlungen zur Förderung der internationalen Zusammenarbeit bei Tätigkeiten im Gebiet und fördert die fortschreitende Entwicklung und Kodifizierung des Völkerrechts in diesem Bereich;

k) sie prüft Probleme allgemeiner Art, die sich im Zusammenhang mit Tätigkeiten im Gebiet, insbesondere für Entwicklungsstaaten, ergeben, sowie solche Probleme, die sich für Staaten im Zusammenhang mit Tätigkeiten im Gebiet auf Grund ihrer geographischen Lage, insbesondere für Binnenstaaten und geographisch benachteiligte Staaten, ergeben;

l) sie errichtet auf Empfehlung des Rates, die sich auf Gutachten der Kommission für wirtschaftliche Planung stützt, ein System für Ausgleichszahlungen oder ergreift sonstige die wirtschaftliche Anpassung erleichternde Hilfsmaßnahmen, wie in Artikel 151 Absatz 10 vorgesehen;

m) sie suspendiert die Ausübung der Rechte und Vorrechte aus der Mitgliedschaft nach Artikel 185;

n) sie erörtert Fragen oder Angelegenheiten innerhalb des Zuständigkeitsbereichs der Behörde und entscheidet entsprechend der Befugnis- und Aufgabenverteilung unter den Organen der Behörde, welches dieser Organe sich mit Fragen oder Angelegenheiten befassen soll, die nicht ausdrücklich einem bestimmten Organ übertragen sind.

UNTERABSCHNITT C.
DER RAT

Artikel 161
Zusammensetzung, Verfahren und Abstimmung

(1) Der Rat besteht aus 36 Mitgliedern der Behörde, die von der Versammlung in folgender Reihenfolge gewählt werden:

a) vier Mitglieder aus den Vertragsstaaten, die während der letzten fünf Jahre, für die Statistiken vorliegen, entweder mehr als 2 Prozent des gesamten Weltverbrauchs der Rohstoffe, die aus den aus dem Gebiet gewinnbaren Mineraliengruppen erzeugt werden, verbraucht oder Nettoeinfuhren von mehr als 2 Prozent der gesamten Welteinfuhr dieser Rohstoffe vorgenommen haben;

darunter muß sich in jedem Fall ein Staat der osteuropäischen (sozialistischen) Region sowie der größte Verbraucher befinden;

b) vier Mitglieder aus den acht Vertragsstaaten, die unmittelbar oder durch ihre Staatsangehörigen die umfangreichsten Investitionen zur Vorbereitung und Durchführung von Tätigkeiten im Gebiet vorgenommen haben; darunter muß sich mindestens ein Staat der osteuropäischen (sozialistischen) Region befinden;

c) vier Mitglieder aus den Vertragsstaaten, die auf Grund der Produktion im Bereich ihrer Hoheitsbefugnisse die wichtigsten Nettoexporteure der aus dem Gebiet gewinnbaren Mineraliengruppen sind; darunter müssen sich mindestens zwei Entwicklungsstaaten befinden, deren Wirtschaft in hohem Maße von der Ausfuhr dieser Mineralien abhängig ist;

d) sechs Mitglieder aus Entwicklungsstaaten, die Vertragsstaaten sind und die besondere Interessen vertreten. Zu diesen zu vertretenden besonderen Interessen gehören die von Staaten mit großer Bevölkerung, von Binnenstaaten oder geographisch benachteiligten Staaten, von Staaten, die wichtigste Importeure der aus dem Gebiet gewinnbaren Mineraliengruppen sind, von Staaten, die mögliche Erzeuger dieser Mineralien sind, und von am wenigsten entwickelten Staaten;

e) achtzehn Mitglieder, die nach dem Grundsatz der gerechten geographischen Verteilung der Gesamtheit der Sitze im Rat gewählt werden; aus jeder geographischen Region muß mindestens ein Mitglied nach diesem Buchstaben gewählt werden. Zu diesem Zweck gelten als geographische Regionen die folgenden: Afrika, Asien, (sozialistisches) Osteuropa, Lateinamerika sowie Westeuropa und andere Staaten.

(2) Bei der Wahl der Mitglieder des Rates nach Absatz 1 gewährleistet die Versammlung,

a) daß die Binnenstaaten und geographisch benachteiligten Staaten in einem Umfang vertreten sind, der ihrer Vertretung in der Versammlung in angemessener Weise entspricht;

b) daß die Küstenstaaten, insbesondere Entwicklungsstaaten, die nicht unter Absatz 1 Buchstabe a, b, c oder d fallen, in einem Umfang vertreten sind, der ihrer Vertretung in der Versammlung in angemessener Weise entspricht;

c) daß jede Gruppe von Vertragsstaaten, die im Rat vertreten sein muß, durch die Mitglieder vertreten ist, die gegebenenfalls von dieser Gruppe benannt werden.

(3) Die Wahlen finden auf ordentlichen Tagungen der Versammlung statt. Jedes Mitglied des Rates wird für vier Jahre gewählt. Bei der ersten Wahl beträgt jedoch die Amtszeit für die Hälfte der Mitglieder jeder der in Absatz 1 genannten Gruppen zwei Jahre.

(4) Die Mitglieder des Rates können wiedergewählt werden; allerdings ist eine Rotation in der Mitgliedschaft erwünscht.

(5) Der Rat amtiert am Sitz der Behörde; er tritt so oft zusammen, wie die Geschäfte der Behörde es erfordern, mindestens jedoch dreimal jährlich.

(6) Der Rat ist beschlußfähig, wenn die Mehrheit seiner Mitglieder anwesend ist.

(7) Jedes Mitglied des Rates hat eine Stimme.

(8) a) Beschlüsse über Verfahrensfragen bedürfen der Mehrheit der anwesenden und abstimmenden Mitglieder.

b) Beschlüsse über Sachfragen hinsichtlich des Artikels 162 Absatz 2 Buchstaben f, g, h, i, n, p und v und des Artikels 191 bedürfen einer Zweidrittelmehrheit der anwesenden und abstimmenden Mitglieder, wobei diese Mehrheit eine Mehrheit der Mitglieder des Rates einschließen muß.

c) Beschlüsse über Sachfragen hinsichtlich der folgenden Bestimmungen bedürfen einer Dreiviertelmehrheit der anwesenden und abstimmenden Mitglieder, wobei diese Mehrheit eine Mehrheit der Mitglieder des Rates einschließen muß:

Artikel 162 Absatz 1; Artikel 162 Absatz 2 Buchstaben a, b, c, d, e, l, q, r, s und t; Buchstabe u im Fall der Nichteinhaltung durch einen Vertragsnehmer oder durch einen ihn befürwortenden Staat; Buchstabe w, vorausgesetzt, daß die hiernach erteilten Anordnungen nicht länger als 30 Tage verbindlich sind, sofern sie nicht durch einen Beschluß nach Buchstabe d bestätigt werden; Artikel 162 Absatz 2 Buchstaben x, y und z; Artikel 163 Absatz 2; Artikel 174 Absatz 3; Anlage IV Artikel 11.

d) Beschlüsse über Sachfragen hinsichtlich des Artikels 162 Absatz 2 Buchstaben m und o sowie die Annahme von Änderungen des Teiles XI werden durch Konsens gefaßt.

e) Im Sinne der Buchstaben d, f und g bedeutet „Konsens" das Fehlen jedes förmlichen Einspruchs. Innerhalb von 14 Tagen nach Unterbreitung eines Vorschlags beim Rat stellt der Präsident des Rates fest, ob gegen die Annahme des Vorschlags förmlicher Einspruch erhoben würde. Stellt der Präsident fest, daß ein solcher Einspruch erhoben würde, so setzt und beruft er innerhalb von drei Tagen, nachdem er die Feststellung getroffen hat, einen aus höchstens neun Mitgliedern des Rates bestehenden Vergleichsausschuß ein, dessen Vorsitz er selbst wahrnimmt, um die Meinungsverschiedenheiten zu beseitigen und einen Vorschlag auszuarbeiten, der durch Konsens angenommen werden kann. Der Ausschuß führt seine Arbeit zügig durch und erstattet dem Rat innerhalb von 14 Tagen nach seiner Einsetzung Bericht. Ist es dem Ausschuß nicht möglich, einen Vorschlag zu empfehlen, der durch Konsens angenommen werden kann, so legt er in seinem Bericht die Gründe für den Einspruch gegen den Vorschlag dar.

f) Beschlüsse über oben nicht aufgeführte Fragen, die der Rat auf Grund der Regeln, Vorschriften und Verfahren der Behörde oder auf andere Weise zu fassen berechtigt ist, werden entsprechend den Buchstaben dieses Absatzes gefaßt, die in den Regeln, Vorschriften und Verfahren genannt sind, oder, falls sie dort nicht genannt sind, entsprechend dem vom Rat nach Möglichkeit vorher durch Konsens bestimmten Buchstaben.

g) Ist strittig, ob eine Frage unter Buchstabe a, b, c oder d fällt, so wird sie nach dem Buchstaben behandelt, der die größere oder größte Mehrheit oder gegebenenfalls Konsens erfordert, sofern der Rat nicht mit der genannten Mehrheit oder durch Konsens etwas anderes beschließt.

(9) Der Rat legt ein Verfahren fest, wonach ein Mitglied der Behörde, das nicht im Rat vertreten ist, einen Vertreter zur Teilnahme an einer Sitzung des Rates entsenden kann, wenn dieses Mitglied darum ersucht oder wenn eine Angelegenheit erörtert wird, die das Mitglied besonders betrifft. Der Vertreter ist berechtigt, ohne Stimmrecht an den Beratungen teilzunehmen.

Artikel 162

Befugnisse und Aufgaben

(1) Der Rat ist das ausführende Organ der Behörde. Er ist befugt, im Einklang mit diesem Übereinkommen und den von der Versammlung aufgestellten allgemeinen Leitsätzen die von der Behörde zu befolgenden besonderen Leitsätze zu allen Fragen oder Angelegenheiten aufzustellen, die in die Zuständigkeit der Behörde fallen.

(2) Außerdem nimmt der Rat folgende Aufgaben wahr:

a) Er überwacht und koordiniert die Durchführung der Bestimmungen dieses Teiles in bezug auf alle Fragen und Angelegenheiten, die in die Zuständigkeit der Behörde fallen, und macht die Versammlung auf Fälle der Nichteinhaltung aufmerksam;

b) er schlägt der Versammlung eine Liste der Kandidaten für die Wahl des Generalsekretärs vor;

c) er empfiehlt der Versammlung Kandidaten für die Wahl der Mitglieder des Verwaltungsrats des Unternehmens und des Generaldirektors des Unternehmens;

d) er bildet gegebenenfalls und unter gebührender Beachtung von Wirtschaftlichkeit und Leistungsfähigkeit die Nebenorgane, die er zur Wahrnehmung seiner Aufgaben in Übereinstimmung mit diesem Teil für notwendig hält. Bei der Zusammensetzung der Nebenorgane ist vor allem auf die Notwendigkeit Gewicht zu legen, die Mitarbeit befähigter Mitglieder zu gewinnen, die auf den von diesen Organen bearbeiteten Fachgebieten sachkundig sind, wobei dem Grundsatz der gerechten geographischen Verteilung und den besonderen Interessen gebührend Rechnung zu tragen ist;

e) er gibt sich eine Geschäftsordnung, in der er auch das Verfahren für die Ernennung seines Präsidenten festlegt;

f) er schließt im Namen der Behörde im Rahmen seiner Zuständigkeit und vorbehaltlich der Genehmigung durch die Versammlung Übereinkünfte mit den Vereinten Nationen oder anderen internationalen Organisationen;

g) er prüft die Berichte des Unternehmens und legt sie mit seinen Empfehlungen der Versammlung vor;

h) er unterbreitet der Versammlung Jahresberichte und die von ihr gegebenenfalls angeforderten Sonderberichte;

i) er erläßt in Übereinstimmung mit Artikel 170 Richtlinien für das Unternehmen;

j) er bestätigt Arbeitspläne in Übereinstimmung mit Anlage III Artikel 6. Der Rat behandelt jeden Arbeitsplan innerhalb von 60 Tagen nach dessen Vorlage durch die Rechts- und Fachkommission auf einer Tagung des Rates nach folgenden Verfahren:

i) Empfiehlt die Kommission, einen Arbeitsplan zu bestätigen, so gilt er als vom Rat bestätigt, sofern kein Mitglied des Rates dem Präsidenten innerhalb von 14 Tagen schriftlich einen bestimmten Einspruch mit der Behauptung vorlegt, die Anforderungen der Anlage III Artikel 6 seien nicht erfüllt. Wird ein solcher Einspruch erhoben, so wird das in Artikel 161 Absatz 8 Buchstabe e vorgesehene Vergleichsverfahren angewendet. Wird nach Beendigung des Vergleichsverfahrens der Einspruch aufrechterhalten, so gilt der Arbeitsplan als vom Rat bestätigt, sofern dieser ihn nicht durch Konsens ablehnt, wobei der Staat oder die Staaten vom Konsens ausgenommen sind, die den Antrag gestellt oder den Antragsteller befürwortet haben;

ii) empfiehlt die Kommission, einen Arbeitsplan abzulehnen, oder gibt sie keine Empfehlung, so kann der Rat den Arbeitsplan mit Dreiviertelmehrheit der anwesenden und abstimmenden Mitglieder bestätigen, wobei diese Mehrheit eine Mehrheit der an der Tagung teilnehmenden Mitglieder einschließen muß;

k) er bestätigt die vom Unternehmen in Übereinstimmung mit Anlage IV Artikel 12 vorgelegten Arbeitspläne und wendet dabei die Verfahren nach Buchstabe j sinngemäß an;

l) er übt in Übereinstimmung mit Artikel 153 Absatz 4 und den Regeln, Vorschriften und Verfahren der Behörde die Kontrolle über die Tätigkeiten im Gebiet aus;

m) er ergreift auf Empfehlung der Kommission für wirtschaftliche Planung die notwendigen und geeigneten Maßnahmen nach Artikel 150 Buchstabe h zum Schutz vor den dort genannten nachteiligen wirtschaftlichen Auswirkungen;

n) er richtet auf der Grundlage eines Gutachtens der Kommission für wirtschaftliche Planung Empfehlungen an die Versammlung hinsichtlich eines Systems für Ausgleichszahlungen oder sonstiger die wirtschaftliche Anpassung erleichternder Hilfsmaßnahmen, wie in Artikel 151 Absatz 10 vorgesehen;

o) i) er empfiehlt der Versammlung Regeln, Vorschriften und Verfahren für eine gerechte Verteilung der finanziellen und der sonstigen wirtschaftlichen Vorteile, die aus Tätigkeiten im Gebiet stammen, sowie für die Zahlungen und Leistungen nach Artikel 82, wobei die Interessen und Bedürfnisse der Entwicklungsstaaten und der Völker, die noch nicht die volle Unabhängigkeit oder einen sonstigen Status der Selbstregierung erlangt haben, besondere Berücksichtigung finden;

ii) er beschließt unter Berücksichtigung der Empfehlungen der Rechts- und Fachkommission oder eines anderen betroffenen Unterorgans die Regeln, Vorschriften und Verfahren der Behörde mit etwaigen Änderungen und wendet sie bis zu ihrer Genehmigung durch die Versammlung vorläufig an. Diese Regeln, Vorschriften und Verfahren betreffen die Prospektion, Erforschung und Ausbeutung im Gebiet sowie die Verwaltung der Finanzen und die innere Verwaltung der Behörde. Die Verabschiedung von Regeln, Vorschriften und Verfahren für die Erforschung und Ausbeutung polymetallischer Knollen hat Vorrang. Die Regeln, Vorschriften und Verfahren für die Erforschung und Ausbeutung anderer Ressourcen als polymetallischer Knollen werden innerhalb von drei Jahren nach dem Tag verabschiedet, an dem die Behörde von einem ihrer Mitglieder ersucht wurde, Regeln, Vorschriften und Verfahren für diese Ressourcen zu verabschieden. Alle Regeln, Vorschriften und Verfahren bleiben vorläufig in Kraft, bis sie von der Versammlung genehmigt oder vom Rat im Lichte etwaiger von der Versammlung geäußerter Meinungen geändert worden sind;

p) er überprüft alle Zahlungen durch oder an die Behörde, die im Zusammenhang mit Arbeiten auf Grund dieses Teiles geleistet werden müssen;

q) er trifft nach Anlage III Artikel 7 eine Auswahl unter den Antragstellern um Produktionsgenehmigungen, soweit eine solche Auswahl nach jenem Artikel erforderlich ist;

r) er legt der Versammlung den Entwurf des jährlichen Haushalts der Behörde zur Genehmigung vor;

s) er richtet an die Versammlung Empfehlungen hinsichtlich der Leitsätze zu jeder Frage oder Angelegenheit, die in die Zuständigkeit der Behörde fällt;

t) er richtet an die Versammlung Empfehlungen über die Suspendierung der Ausübung der Rechte und Vorrechte aus der Mitgliedschaft nach Artikel 185;

u) er leitet im Namen der Behörde in Fällen der Nichteinhaltung Verfahren vor der Kammer für Meeresbodenstreitigkeiten ein;

v) er teilt der Versammlung die Entscheidung mit, die von der nach Buchstabe u angerufenen Kammer für Meeresbodenstreitigkeiten getroffen wurde, und gibt die von ihm für notwendig gehaltenen Empfehlungen über zu ergreifende Maßnahmen;

w) er erläßt Anordnungen für Notfälle, darunter gegebenenfalls Anordnungen zur Unterbrechung oder Änderung von Arbeiten, um schwere Schäden für die Meeresumwelt zu verhüten, die durch Tätigkeiten im Gebiet verursacht werden können;

x) er schließt bestimmte Felder von der Ausbeutung durch Vertragsnehmer oder das Unternehmen aus, wenn ernsthafte Gründe für die Annahme bestehen, daß daraus schwere Schäden für die Meeresumwelt entstehen könnten;

y) er bildet ein Nebenorgan zur Ausarbeitung eines Entwurfs von Finanzregeln, -vorschriften und -verfahren in bezug auf

i) die Verwaltung der Finanzen in Übereinstimmung mit den Artikeln 171 bis 175 und

ii) die finanziellen Regelungen in Übereinstimmung mit Anlage III Artikel 13 und Artikel 17 Absatz 1 Buchstabe c;

z) er schafft geeignete Einrichtungen zur Leitung und Kontrolle eines Stabes von Inspektoren, welche die Tätigkeiten im Gebiet überwachen, um festzustellen, ob dieser Teil, die Regeln, Vorschriften und Verfahren der Behörde sowie die Bedingungen der mit der Behörde geschlossenen Verträge eingehalten werden.

Artikel 163
Organe des Rates

(1) Hiermit werden folgende Organe des Rates gebildet:

a) eine Kommission für wirtschaftliche Planung;

b) eine Rechts- und Fachkommission.

(2) Jede Kommission setzt sich aus 15 Mitgliedern zusammen, die vom Rat aus den von den Vertragsstaaten vorgeschlagenen Kandidaten gewählt werden. Der Rat kann jedoch erforderlichenfalls beschließen, jede Kommission unter gebührender Beachtung von Wirtschaftlichkeit und Leistungsfähigkeit zu vergrößern.

(3) Die Mitglieder einer Kommission müssen geeignete Fähigkeiten auf den Gebieten besitzen, für welche die betreffende Kommission zuständig ist. Um die wirksame Wahrnehmung der Aufgaben der Kommissionen zu gewährleisten, benennen die Vertragsstaaten Kandidaten, die ein Höchstmaß an fachlicher Eignung und Ehrenhaftigkeit sowie Fähigkeiten auf den entsprechenden Gebieten besitzen.

(4) Bei der Wahl der Mitglieder der Kommissionen ist der Notwendigkeit einer gerechten geographischen Verteilung und der Vertretung besonderer Interessen gebührend Rechnung zu tragen.

(5) Jeder Vertragsstaat darf nur einen Kandidaten für dieselbe Kommission vorschlagen. Keine Person darf in mehr als eine Kommission gewählt werden.

(6) Die Mitglieder der Kommissionen werden für die Dauer von fünf Jahren gewählt. Sie können für eine weitere Amtszeit wiedergewählt werden.

(7) Wenn ein Mitglied einer Kommission vor Ablauf seiner Amtszeit stirbt, dienstunfähig wird oder zurücktritt, wählt der Rat ein Mitglied, das derselben geographischen Region oder derselben Interessengruppe angehört, für die verbleibende Amtszeit seines Vorgängers.

(8) Die Mitglieder der Kommissionen dürfen an einer Tätigkeit im Zusammenhang mit der Erforschung und Ausbeutung im Gebiet nicht finanziell beteiligt sein. Vorbehaltlich ihrer Verpflichtungen gegenüber den Kommissionen, in denen sie tätig sind, dürfen sie, selbst nach Beendigung ihrer Aufgaben, keine Wirtschaftsgeheimnisse, keine rechtlich geschützten Daten, die nach Anlage III Artikel 14 an die Behörde weitergegeben wurden, und keine sonstigen vertraulichen Informationen preisgeben, die auf Grund ihrer Aufgaben im Dienst der Behörde zu ihrer Kenntnis gelangt sind.

(9) Jede Kommission nimmt ihre Aufgaben in Übereinstimmung mit den vom Rat beschlossenen Grundsätzen und Richtlinien wahr.

(10) Jede Kommission erarbeitet die für die wirksame Wahrnehmung ihrer Aufgaben notwendigen Regeln und Vorschriften und legt sie dem Rat zur Genehmigung vor.

(11) Die Verfahren zur Beschlußfassung in den Kommissionen werden in den Regeln, Vorschriften und Verfahren der Behörde festgelegt. Den an den Rat gerichteten Empfehlungen wird erforderlichenfalls eine Zusammenfassung der in der Kommission aufgetretenen Meinungsverschiedenheiten beigefügt.

(12) Jede Kommission amtiert in der Regel am Sitz der Behörde und tritt so oft zusammen, wie es für die wirksame Wahrnehmung ihrer Aufgaben erforderlich ist.

(13) Bei der Wahrnehmung ihrer Aufgaben kann jede Kommission gegebenenfalls eine andere Kommission, ein zuständiges Organ der Vereinten Nationen oder ihrer Spezialorganisationen oder jede internationale Organisation, die für die betreffende Sachfrage zuständig ist, konsultieren.

Artikel 164
Die Kommission für wirtschaftliche Planung

(1) Die Mitglieder der Kommission für wirtschaftliche Planung müssen geeignete Fähigkeiten, namentlich auf dem Gebiet des Bergbaus, der leitenden Tätigkeit im Zusammenhang mit mineralischen Ressourcen, des Welthandels oder der Weltwirtschaft besitzen. Der Rat trägt nach Kräften dafür Sorge, daß unter den Mitgliedern der Kommission alle erforderlichen Fähigkeiten vertreten sind. Der Kommission müssen mindestens zwei Mitglieder aus Entwicklungsstaaten angehören, deren Wirtschaft in hohem Maße von der Ausfuhr der aus dem Gebiet gewinnbaren Mineraliengruppen abhängig ist.

(2) Die Kommission

a) schlägt auf Ersuchen des Rates Maßnahmen vor, um die nach diesem Übereinkommen gefaßten Beschlüsse über Tätigkeiten im Gebiet durchzuführen;

b) überprüft Entwicklungstendenzen und Faktoren, die Angebot, Nachfrage und Preise der Mineralien beeinflussen, die aus dem Gebiet gewonnen werden können, wobei auf die Interessen sowohl der Einfuhr- als auch der Ausfuhrländer, vor allem jedoch der Entwicklungsstaaten unter ihnen, Rücksicht zu nehmen ist;

c) prüft jede Situation, die zu den in Artikel 150 Buchstabe h erwähnten nachteiligen Auswirkungen führen könnte, auf die sie von einem oder mehreren betroffenen Vertragsstaaten aufmerksam gemacht wurde, und richtet geeignete Empfehlungen an den Rat;

d) schlägt dem Rat zur Vorlage an die Versammlung, wie in Artikel 151 Absatz 10 vorgesehen, ein System für Ausgleichszahlungen oder sonstige die wirtschaftliche Anpassung erleichternde Hilfsmaßnahmen zugunsten von Entwicklungsstaaten vor, die nachteilige Auswirkungen durch Tätigkeiten im Gebiet erleiden. Die Kommission richtet die erforderlichen Empfehlungen an den Rat, um das System oder die Maßnahmen, die von der Versammlung angenommen sind, in bestimmten Fällen anzuwenden.

Artikel 165
Die Rechts- und Fachkommission

(1) Die Mitglieder der Rechts- und Fachkommission müssen geeignete Fähigkeiten, namentlich auf dem Gebiet der Erforschung, Ausbeutung und Verarbeitung von mineralischen Ressourcen, der Ozeanologie, des Schutzes der Meeresumwelt oder der Wirtschafts- oder Rechtsfragen des Meeresbergbaus und auf anderen damit im Zusammenhang stehenden Fachgebieten besitzen. Der Rat trägt nach Kräften dafür Sorge, daß unter den Mitgliedern der Kommission alle erforderlichen Fähigkeiten vertreten sind.

(2) Die Kommission

a) gibt auf Ersuchen des Rates Empfehlungen hinsichtlich der Wahrnehmung der Aufgaben der Behörde;

b) überprüft förmliche schriftliche Arbeitspläne für Tätigkeiten im Gebiet in Übereinstimmung mit Artikel 153 Absatz 3 und richtet geeignete Empfehlungen an den Rat. Die Kommission stützt ihre Empfehlungen ausschließlich auf die Bestimmungen der Anlage III und erstattet dem Rat hierüber ausführlich Bericht;

c) überwacht auf Ersuchen des Rates die Tätigkeiten im Gebiet, gegebenenfalls in Konsultation und Zusammenarbeit mit jedem Rechtsträger, der diese Tätigkeiten ausübt, oder mit den betreffenden Staaten, und erstattet dem Rat Bericht;

d) arbeitet Einschätzungen der Auswirkungen von Tätigkeiten im Gebiet auf die Umwelt aus;

e) richtet an den Rat Empfehlungen zum Schutz der Meeresumwelt unter Berücksichtigung der Ansichten anerkannter Fachleute auf diesem Gebiet;

f) arbeitet die in Artikel 162 Absatz 2 Buchstabe o genannten Regeln, Vorschriften und Verfahren aus und legt sie dem Rat vor;

dabei berücksichtigt sie alle maßgeblichen Faktoren, einschließlich von Einschätzungen der Auswirkungen von Tätigkeiten im Gebiet auf die Umwelt;

g) überprüft laufend diese Regeln, Vorschriften und Verfahren und empfiehlt dem Rat von Zeit zu Zeit die von ihr für notwendig oder wünschenswert erachteten Änderungen;

h) richtet an den Rat Empfehlungen zur Einführung eines Überwachungsprogramms, um die Gefahren oder Auswirkungen einer Verschmutzung der Meeresumwelt infolge von Tätigkeiten im Gebiet durch anerkannte wissenschaftliche Methoden regelmäßig zu beobachten, zu messen, auszuwerten und zu analysieren; sie sorgt dafür, daß geltende Vorschriften angemessen sind und eingehalten werden, und koordiniert die Durchführung des vom Rat genehmigten Überwachungsprogramms;

i) empfiehlt dem Rat, im Namen der Behörde Verfahren vor der Kammer für Meeresbodenstreitigkeiten in Übereinstimmung mit diesem Teil und den entsprechenden Anlagen unter besonderer Berücksichtigung des Artikels 187 einzuleiten;

j) richtet nach einer Entscheidung der gemäß Buchstabe i angerufenen Kammer für Meeresbodenstreitigkeiten an den Rat Empfehlungen über die zu ergreifenden Maßnahmen;

k) richtet an den Rat Empfehlungen, Anordnungen für Notfälle zu erlassen, darunter gegebenenfalls Anordnungen zur Unterbrechung oder Änderung von Arbeiten, um schwere Schäden für die Meeresumwelt zu verhüten, die durch Tätigkeiten im Gebiet verursacht werden können; diese Empfehlungen werden vom Rat vorrangig behandelt;

l) richtet an den Rat Empfehlungen, bestimmte Felder von der Ausbeutung durch Vertragsnehmer oder das Unternehmen auszuschließen, wenn ernsthafte Gründe für die Annahme bestehen, daß daraus schwere Schäden für die Meeresumwelt entstehen könnten;

m) richtet an den Rat Empfehlungen in bezug auf die Leitung und Kontrolle eines Stabes von Inspektoren, welche die Tätigkeiten im Gebiet überwachen, um festzustellen, ob dieser Teil, die Regeln, Vorschriften und Verfahren der Behörde sowie die Bedingungen der mit der Behörde geschlossenen Verträge eingehalten werden;

n) berechnet die Produktionshöchstgrenze und erteilt Produktionsgenehmigungen im Namen der Behörde nach Artikel 151 Absätze 2 bis 7, nachdem der Rat die notwendige Auswahl unter den Antragstellern um Produktionsgenehmigungen in Übereinstimmung mit Anlage III Artikel 7 getroffen hat.

(3) Auf Ersuchen eines Vertragsstaats oder einer anderen betroffenen Partei werden die Mitglieder der Kommission bei der Durchführung ihrer Kontroll- und Überwachungsaufgaben von einem Vertreter dieses Vertragsstaats oder dieser anderen betroffenen Partei begleitet.

UNTERABSCHNITT D. DAS SEKRETARIAT

Artikel 166
Das Sekretariat

(1) Das Sekretariat der Behörde besteht aus einem Generalsekretär und dem von der Behörde benötigten Personal.

(2) Der Generalsekretär wird von der Versammlung aus den vom Rat vorgeschlagenen Kandidaten für die Dauer von vier Jahren gewählt; er kann wiedergewählt werden.

(3) Der Generalsekretär ist der höchste Verwaltungsbeamte der Behörde und ist in dieser Eigenschaft bei allen Sitzungen der Versammlung, des Rates sowie jedes Nebenorgans tätig; er nimmt alle sonstigen Verwaltungsaufgaben wahr, die ihm von diesen Organen übertragen werden.

(4) Der Generalsekretär erstattet der Versammlung einen Jahresbericht über die Arbeit der Behörde.

Artikel 167
Das Personal der Behörde

(1) Das Personal der Behörde besteht aus denjenigen befähigten wissenschaftlichen, technischen und sonstigen Mitarbeitern, die zur Erfüllung der Verwaltungsaufgaben der Behörde erforderlich sind.

(2) Bei der Auswahl und Einstellung des Personals und der Festsetzung der Dienstverhältnisse ist vorrangig der Notwendigkeit Rechnung zu tragen, ein Höchstmaß an Leistungsfähigkeit, fachlicher Eignung und Ehrenhaftigkeit zu gewährleisten. Unter Beachtung dieses Erfordernisses ist die Wichtigkeit der Auswahl des Personals auf möglichst breiter geographischer Grundlage gebührend zu berücksichtigen.

(3) Das Personal wird vom Generalsekretär ernannt. Die Bedingungen für die Ernennung, Vergütung und Entlassung des Personals unterliegen den Regeln, Vorschriften und Verfahren der Behörde.

Artikel 168
Internationaler Charakter des Sekretariats

(1) Der Generalsekretär und das Personal dürfen in Erfüllung ihrer Pflichten von einer Regierung oder von einer anderen Stelle außerhalb der Behörde Weisungen weder einholen noch entgegennehmen. Sie haben sich jeder Handlung zu enthalten, die ihrer Stellung als internationale, nur der Behörde verantwortliche Beamte abträglich sein könnte. Jeder Vertragsstaat verpflichtet sich, den ausschließlich internationalen Charakter der Aufgaben des Generalsekretärs und des Personals zu achten und nicht zu versuchen, sie bei

der Wahrnehmung ihrer Aufgaben zu beeinflussen. Jeder Verstoß eines Mitglieds des Personals gegen seine Pflichten wird nach den Regeln, Vorschriften und Verfahren der Behörde dem zuständigen Verwaltungsgericht unterbreitet.

(2) Der Generalsekretär und das Personal dürfen an einer Tätigkeit im Zusammenhang mit der Erforschung und Ausbeutung im Gebiet nicht finanziell beteiligt sein. Vorbehaltlich ihrer Verpflichtungen gegenüber der Behörde dürfen sie, selbst nach Beendigung ihrer Aufgaben, keine Wirtschaftsgeheimnisse, keine rechtlich geschützten Daten, die in Übereinstimmung mit Anlage III Artikel 14 an die Behörde weitergegeben wurden, und keine sonstigen vertraulichen Informationen preisgeben, die auf Grund ihrer Aufgaben im Dienst der Behörde zu ihrer Kenntnis gelangt sind.

(3) Verstöße eines Mitglieds des Personals der Behörde gegen die in Absatz 2 genannten Verpflichtungen werden auf Ersuchen eines von dem Verstoß betroffenen Vertragsstaats oder einer natürlichen oder juristischen Person, die von einem Vertragsstaat nach Artikel 153 Absatz 2 Buchstabe b befürwortet wird und von diesem Verstoß betroffen ist, von der Behörde gegen das betreffende Mitglied des Personals einem nach den Regeln, Vorschriften und Verfahren der Behörde bestimmten Gericht unterbreitet. Die betroffene Partei hat das Recht, an dem Verfahren teilzunehmen. Auf Empfehlung des Gerichts entläßt der Generalsekretär das betreffende Mitglied des Personals.

(4) Die Regeln, Vorschriften und Verfahren der Behörde müssen die zur Durchführung dieses Artikels erforderlichen Bestimmungen enthalten.

Artikel 169
Konsultation und Zusammenarbeit mit internationalen und nichtstaatlichen Organisationen

(1) Zu Angelegenheiten, die in die Zuständigkeit der Behörde fallen, schließt der Generalsekretär mit Genehmigung des Rates geeignete Vereinbarungen über Konsultation und Zusammenarbeit mit internationalen und nichtstaatlichen Organisationen, die vom Wirtschafts- und Sozialrat der Vereinten Nationen anerkannt sind.

(2) Jede Organisation, mit welcher der Generalsekretär eine Vereinbarung nach Absatz 1 geschlossen hat, kann Vertreter bestimmen, die als Beobachter an den Tagungen der Organe der Behörde in Übereinstimmung mit der Geschäftsordnung dieser Organe teilnehmen. Es werden Verfahren eingeführt, um in geeigneten Fällen die Ansichten dieser Organisationen einzuholen.

(3) Der Generalsekretär kann an die Vertragsstaaten schriftliche Berichte weiterleiten, welche die in Absatz 1 bezeichneten nichtstaatlichen Organisationen zu Themen unterbreiten, für die sie besonders zuständig sind und die mit der Arbeit der Behörde im Zusammenhang stehen.

UNTERABSCHNITT E.
DAS UNTERNEHMEN

Artikel 170
Das Unternehmen

(1) Das Unternehmen ist das Organ der Behörde, das nach Artikel 153 Absatz 2 Buchstabe a unmittelbar Tätigkeiten im Gebiet sowie die Beförderung, die Verarbeitung und den Absatz der aus dem Gebiet gewonnenen Mineralien durchführt.

(2) Das Unternehmen besitzt im Rahmen der Völkerrechtspersönlichkeit der Behörde die Rechts- und Geschäftsfähigkeit, die in der in Anlage IV enthaltenen Satzung vorgesehen ist. Das Unternehmen handelt in Übereinstimmung mit diesem Übereinkommen und den Regeln, Vorschriften und Verfahren der Behörde sowie den von der Versammlung aufgestellten allgemeinen Leitsätzen und unterliegt den Richtlinien und der Kontrolle des Rates.

(3) Das Unternehmen hat seine Hauptgeschäftsstelle am Sitz der Behörde.

(4) Das Unternehmen wird in Übereinstimmung mit Artikel 173 Absatz 2 und Anlage IV Artikel 11 mit den finanziellen Mitteln ausgestattet, die es zur Wahrnehmung seiner Aufgaben benötigt; es erhält Technologie, wie in Artikel 144 und anderen einschlägigen Bestimmungen dieses Übereinkommens vorgesehen.

UNTERABSCHNITT F.
FINANZIELLE REGELUNGEN DER BEHÖRDE

Artikel 171
Finanzielle Mittel der Behörde

Die finanziellen Mittel der Behörde umfassen

a) die in Übereinstimmung mit Artikel 160 Absatz 2 Buchstabe e berechneten Beiträge der Mitglieder der Behörde;

b) die von der Behörde nach Anlage III Artikel 13 im Zusammenhang mit Tätigkeiten im Gebiet vereinnahmten Mittel;

c) die vom Unternehmen in Übereinstimmung mit Anlage IV Artikel 10 überwiesenen Mittel;

d) die nach Artikel 174 aufgenommenen Kredite;

e) die freiwilligen Beiträge von Mitgliedern oder anderen Rechtsträgern und

f) die Einzahlungen in einen Fonds für Ausgleichszahlungen in Übereinstimmung mit Artikel 151 Absatz 10, deren Quellen von der Kommission für wirtschaftliche Planung empfohlen werden sollen.

Artikel 172
Jahreshaushalt der Behörde

Der Generalsekretär arbeitet den Entwurf des jährlichen Haushalts der Behörde aus und unterbreitet ihn dem Rat. Der Rat prüft den Entwurf und legt ihn mit seinen Empfehlungen der Versammlung vor. Die Versammlung prüft und genehmigt den Entwurf des jährlichen Haushalts in Übereinstimmung mit Artikel 160 Absatz 2 Buchstabe h.

Artikel 173
Ausgaben der Behörde

(1) Die Beiträge nach Artikel 171 Buchstabe a werden auf ein Sonderkonto eingezahlt und dienen zur Bestreitung der Verwaltungskosten der Behörde, bis diese über ausreichende finanzielle Mittel aus anderen Quellen zur Bestreitung dieser Kosten verfügt.

(2) Aus den finanziellen Mitteln der Behörde werden zuerst die Kosten für die Verwaltung der Behörde bestritten. Mit Ausnahme der Beiträge nach Artikel 171 Buchstabe a können die nach Zahlung der Verwaltungskosten verbleibenden Mittel unter anderem

a) in Übereinstimmung mit Artikel 140 und Artikel 160 Absatz 2 Buchstabe g verteilt werden;

b) zur Ausstattung des Unternehmens mit Mitteln in Übereinstimmung mit Artikel 170 Absatz 4 genutzt werden;

c) als Ausgleichszahlungen an Entwicklungsstaaten in Übereinstimmung mit Artikel 151 Absatz 10 und Artikel 160 Absatz 2 Buchstabe l genutzt werden.

Artikel 174
Befugnis der Behörde zur Kreditaufnahme

(1) Die Behörde ist befugt, Kredite aufzunehmen.

(2) Die Versammlung legt die Grenzen für die Befugnis der Behörde zur Kreditaufnahme in den nach Artikel 160 Absatz 2 Buchstabe f angenommenen Finanzvorschriften fest.

(3) Der Rat übt die Befugnis der Behörde zur Kreditaufnahme aus.

(4) Die Vertragsstaaten haften nicht für die Schulden der Behörde.

Artikel 175
Jährliche Rechnungsprüfung

Die Unterlagen, Bücher und Konten der Behörde, einschließlich ihrer Jahresabschlüsse, werden jedes Jahr von einem von der Versammlung bestellten unabhängigen Rechnungsprüfer geprüft.

UNTERABSCHNITT G.
RECHTSSTELLUNG, VORRECHTE UND IMMUNITÄTEN

Artikel 176
Rechtsstellung

Die Behörde besitzt Völkerrechtspersönlichkeit sowie die Rechts- und Geschäftsfähigkeit, die zur Wahrnehmung ihrer Aufgaben und zur Verwirklichung ihrer Ziele erforderlich ist.

Artikel 177
Vorrechte und Immunitäten

Um der Behörde die Wahrnehmung ihrer Aufgaben zu ermöglichen, werden ihr im Hoheitsgebiet jedes Vertragsstaats die in diesem Unterabschnitt vorgesehenen Vorrechte und Immunitäten gewährt. Die Vorrechte und Immunitäten, die sich auf das Unternehmen beziehen, sind in Anlage IV Artikel 13 vorgesehen.

Artikel 178
Immunität von der Gerichtsbarkeit

Die Behörde, ihr Vermögen und ihre Guthaben genießen Immunität von der Gerichtsbarkeit, sofern die Behörde nicht im Einzelfall ausdrücklich darauf verzichtet.

Artikel 179
Immunität von Durchsuchung und jeder sonstigen Form des Zugriffs

Das Vermögen und die Guthaben der Behörde, gleichviel wo und in wessen Besitz sie sich befinden, sind der Durchsuchung, Beschlagnahme, Einziehung, Enteignung und jeder sonstigen Form des Zugriffs durch vollziehende oder gesetzgeberische Maßnahmen entzogen.

Artikel 180
Befreiung von Beschränkungen, Vorschriften, Kontrollen und Moratorien

Das Vermögen und die Guthaben der Behörde sind von Beschränkungen, Vorschriften, Kontrollen und Moratorien jeder Art befreit.

Artikel 181
Archive und amtlicher Nachrichtenverkehr der Behörde

(1) Die Archive der Behörde sind unverletzlich, gleichviel wo sie sich befinden.

(2) Rechtlich geschützte Daten, Wirtschaftsgeheimnisse oder ähnliche Informationen sowie Personalakten dürfen nicht in Archiven aufbewahrt werden, die der Öffentlichkeit zugänglich sind.

(3) Jeder Vertragsstaat gewährt der Behörde für ihren amtlichen Nachrichtenverkehr keine weniger günstige Behandlung als diejenige, die er anderen internationalen Organisationen gewährt.

Artikel 182
Vorrechte und Immunitäten bestimmter im Rahmen der Behörde tätiger Personen

Die Vertreter der Vertragsstaaten, die an Sitzungen der Versammlung, des Rates oder der Organe der Versammlung oder des Rates teilnehmen, sowie der Generalsekretär und das Personal der Behörde genießen im Hoheitsgebiet jedes Vertragsstaats

a) Immunität von der Gerichtsbarkeit für die in Wahrnehmung ihrer Aufgaben vorgenommenen Handlungen, sofern nicht der Staat, den sie vertreten, oder gegebenenfalls die Behörde im Einzelfall ausdrücklich darauf verzichtet;

b) sofern sie nicht Angehörige des betreffenden Vertragsstaats sind, die gleiche Befreiung von Einreisebeschränkungen, von der Ausländermeldepflicht und von den Verpflichtungen zur nationalen Dienstleistung sowie die gleichen Erleichterungen in bezug auf Devisenbeschränkungen und die gleiche Behandlung im Hinblick auf Reiseerleichterungen, wie sie der betreffende Vertragsstaat den Vertretern, Beamten und Angestellten vergleichbaren Ranges anderer Vertragsstaaten gewährt.

Artikel 183
Befreiung von Steuern und Zöllen

(1) Im Rahmen ihrer amtlichen Tätigkeit sind die Behörde, ihre Guthaben, ihr Vermögen, ihre Einkünfte und ihre nach diesem Übereinkommen zugelassenen Operationen und Transaktionen von jeder direkten Steuer befreit; die für ihren amtlichen Gebrauch ein- oder ausgeführten Güter sind von allen Zöllen befreit. Die Behörde beansprucht keine Befreiung von Steuern, bei denen es sich lediglich um eine Vergütung für Dienstleistungen handelt.

(2) Werden von oder im Namen der Behörde Güter oder Dienstleistungen von beträchtlichem Wert erworben, die für die amtliche Tätigkeit der Behörde erforderlich sind, und schließt der Preis solcher Güter oder Dienstleistungen Steuern oder sonstige Abgaben ein, so ergreifen die Vertragsstaaten, soweit durchführbar, geeignete Maßnahmen, um eine Befreiung von diesen Steuern oder sonstigen Abgaben zu gewähren oder für ihre Erstattung zu sorgen. Güter, die im Rahmen einer in diesem Artikel vorgesehenen Befreiung eingeführt oder erworben werden, dürfen im Hoheitsgebiet des Vertragsstaats, der die Befreiung gewährt hat, weder verkauft noch anderweitig veräußert werden, es sei denn zu Bedingungen, die mit diesem Vertragsstaat vereinbart worden sind.

(3) Die Vertragsstaaten erheben keine Steuern, die sich auf Gehälter und andere Bezüge oder sonstige Zahlungen seitens der Behörde an den Generalsekretär und das Personal der Behörde sowie an Aufträge der Behörde ausführende Fachleute beziehen, sofern es sich nicht um ihre Staatsangehörigen handelt.

UNTERABSCHNITT H.
SUSPENDIERUNG DER AUSÜBUNG VON RECHTEN UND VORRECHTEN DER MITGLIEDER

Artikel 184
Suspendierung der Ausübung des Stimmrechts

Ein Vertragsstaat, der mit der Zahlung seiner finanziellen Beiträge an die Behörde im Rückstand ist, hat kein Stimmrecht, wenn seine Rückstände die Höhe seiner für die beiden vorangegangenen vollen Jahre fälligen Beiträge erreichen oder übersteigen. Die Versammlung kann jedoch einem solchen Mitglied die Teilnahme an Abstimmungen gestatten, wenn sie davon überzeugt ist, daß das Versäumnis auf Umstände zurückzuführen ist, auf die das Mitglied keinen Einfluß hat.

Artikel 185
Suspendierung der Ausübung von Rechten und Vorrechten aus der Mitgliedschaft

(1) Ein Vertragsstaat, der gegen die Bestimmungen dieses Teiles grob und beharrlich verstößt, kann auf Empfehlung des Rates durch die Versammlung von der Ausübung der Rechte und Vorrechte aus seiner Mitgliedschaft suspendiert werden.

(2) Maßnahmen nach Absatz 1 dürfen nicht ergriffen werden, solange die Kammer für Meeresbodenstreitigkeiten nicht festgestellt hat, daß ein Vertragsstaat gegen die Bestimmungen dieses Teiles grob und beharrlich verstoßen hat.

ABSCHNITT 5.
BEILEGUNG VON STREITIGKEITEN UND GUTACHTEN

Artikel 186
Kammer für Meeresbodenstreitigkeiten des Internationalen Seegerichtshofs

Die Bildung der Kammer für Meeresbodenstreitigkeiten und die Art der Wahrnehmung ihrer

Zuständigkeit sind in diesem Abschnitt, in Teil XV und in Anlage VI geregelt.

Artikel 187
Zuständigkeit der Kammer für Meeresbodenstreitigkeiten

Die Kammer für Meeresbodenstreitigkeiten ist nach diesem Teil und den sich darauf beziehenden Anlagen für folgende Kategorien von Streitigkeiten zuständig, die Tätigkeiten im Gebiet betreffen:

a) Streitigkeiten zwischen Vertragsstaaten über die Auslegung oder Anwendung dieses Teiles und der sich darauf beziehenden Anlagen;

b) Streitigkeiten zwischen einem Vertragsstaat und der Behörde über

i) Handlungen oder Unterlassungen der Behörde oder eines Vertragsstaats, von denen behauptet wird, daß sie einen Verstoß gegen diesen Teil, die sich darauf beziehenden Anlagen oder die in Übereinstimmung damit angenommenen Regeln, Vorschriften oder Verfahren der Behörde darstellen, oder

ii) Handlungen der Behörde, von denen behauptet wird, daß sie deren Zuständigkeit überschreiten oder einen Mißbrauch ihrer Befugnisse darstellen;

c) Streitigkeiten zwischen Parteien eines Vertrags, die Vertragsstaaten sind, der Behörde oder dem Unternehmen, staatlichen Unternehmen und natürlichen oder juristischen Personen nach Artikel 153 Absatz 2 Buchstabe b über

i) die Auslegung oder Anwendung eines entsprechenden Vertrags oder eines Arbeitsplans oder

ii) Handlungen oder Unterlassungen einer Partei des Vertrags, die sich auf Tätigkeiten im Gebiet beziehen und gegen die andere Partei gerichtet sind oder deren berechtigte Interessen unmittelbar berühren;

d) Streitigkeiten zwischen der Behörde und einem künftigen Vertragsnehmer, den ein Staat nach Artikel 153 Absatz 2 Buchstabe b befürwortet und der die Bedingungen der Anlage III Artikel 4 Absatz 6 und Artikel 13 Absatz 2 ordnungsgemäß erfüllt hat, über die Ablehnung eines Vertrags oder eine bei der Aushandlung des Vertrags auftretende Rechtsfrage;

e) Streitigkeiten zwischen der Behörde und einem Vertragsstaat, einem staatlichen Unternehmen oder einer natürlichen oder juristischen Person, die nach Artikel 153 Absatz 2 Buchstabe b von einem Vertragsstaat befürwortet wird, wenn behauptet wird, daß die Behörde nach Anlage III Artikel 22 haftet;

f) jede sonstige Streitigkeit, für die in diesem Übereinkommen die Zuständigkeit der Kammer ausdrücklich vorgesehen ist.

Artikel 188
Verweisung von Streitigkeiten an eine Sonderkammer des Internationalen Seegerichtshofs, eine Ad-hoc-Kammer der Kammer für Meeresbodenstreitigkeiten oder Unterwerfung unter ein bindendes Handelsschiedsverfahren

(1) Die in Artikel 187 Buchstabe a genannten Streitigkeiten zwischen Vertragsstaaten können unterbreitet werden

a) auf Antrag der Streitparteien einer in Übereinstimmung mit Anlage VI Artikel 15 und 17 zu bildenden Sonderkammer des Internationalen Seegerichtshofs oder

b) auf Antrag einer Streitpartei einer in Übereinstimmung mit Anlage VI Artikel 36 zu bildenden Ad-hoc-Kammer der Kammer für Meeresbodenstreitigkeiten.

(2) a) Die in Artikel 187 Buchstabe c Ziffer i genannten Streitigkeiten über die Auslegung oder Anwendung eines Vertrags werden auf Antrag einer Streitpartei einem bindenden Handelsschiedsverfahren unterworfen, sofern die Streitparteien nichts anderes vereinbaren. Ein Handelsschiedsgericht, dem eine solche Streitigkeit unterbreitet wird, ist für die Entscheidung über Fragen der Auslegung dieses Übereinkommens nicht zuständig. Ist mit dieser Streitigkeit auch eine Frage über die Auslegung des Teiles XI und der sich darauf beziehenden Anlagen verbunden, die Tätigkeiten im Gebiet betrifft, so wird diese Frage an die Kammer für Meeresbodenstreitigkeiten zur Entscheidung verwiesen.

b) Stellt das Schiedsgericht zu Beginn oder im Verlauf des Schiedsverfahrens entweder auf Antrag einer Streitpartei oder von Amts wegen fest, daß seine Entscheidung von einer Entscheidung der Kammer für Meeresbodenstreitigkeiten abhängt, so verweist das Schiedsgericht diese Frage zur Entscheidung an die Kammer für Meeresbodenstreitigkeiten. Das Schiedsgericht fällt dann seinen Spruch nach Maßgabe der Entscheidung der Kammer für Meeresbodenstreitigkeiten.

c) Enthält der Vertrag keine Bestimmung über das bei der Streitigkeit anzuwendende Schiedsverfahren, so wird, falls die Streitparteien nichts anderes vereinbaren, das Schiedsverfahren in Übereinstimmung mit der UNCITRAL-Schiedsordnung oder einer anderen Schiedsordnung durchgeführt, die in den Regeln, Vorschriften und Verfahren der Behörde vorgeschrieben sein kann.

Artikel 189
Begrenzung der Zuständigkeit hinsichtlich der Beschlüsse der Behörde

Die Kammer für Meeresbodenstreitigkeiten ist nicht zuständig in bezug auf die Ausübung der Ermessensbefugnisse durch die Behörde in

Übereinstimmung mit diesem Teil; sie darf keinesfalls das Ermessen der Behörde durch ihr eigenes ersetzen. Unbeschadet des Artikels 191 äußert sich die Kammer für Meeresbodenstreitigkeiten bei der Ausübung ihrer Zuständigkeit nach Artikel 187 nicht zu der Frage, ob Regeln, Vorschriften oder Verfahren der Behörde mit diesem Übereinkommen vereinbar sind, noch erklärt sie solche Regeln, Vorschriften oder Verfahren für ungültig. Ihre Zuständigkeit in dieser Hinsicht beschränkt sich auf die Entscheidung der Frage, ob die Anwendung von Regeln, Vorschriften oder Verfahren der Behörde im Einzelfall den vertraglichen Verpflichtungen der Streitparteien oder ihren Verpflichtungen aus diesem Übereinkommen widerspricht, der Frage eines Überschreitens der Zuständigkeit oder eines Mißbrauchs von Befugnissen sowie von Forderungen auf Schadenersatz oder sonstige Ersatzleistung, die der betroffenen Partei wegen Nichterfüllung der vertraglichen Verpflichtungen der anderen Partei oder deren Verpflichtungen aus diesem Übereinkommen zu gewähren ist.

Artikel 190
Teilnahme und Auftreten der befürwortenden Vertragsstaaten in Verfahren

(1) Ist eine natürliche oder juristische Person Partei einer in Artikel 187 genannten Streitigkeit, so wird der sie befürwortende Staat davon unterrichtet und ist berechtigt, an dem Verfahren durch Abgabe schriftlicher oder mündlicher Erklärungen teilzunehmen.

(2) Wird in einer in Artikel 187 Buchstabe c genannten Streitigkeit von einer natürlichen oder juristischen Person, die von einem Vertragsstaat befürwortet wird, gegen einen anderen Vertragsstaat Klage erhoben, so kann der beklagte Staat den diese Person befürwortenden Staat ersuchen, im Namen dieser Person im Verfahren aufzutreten. Tritt jener Staat nicht in dem Verfahren auf, so kann sich der beklagte Staat durch eine juristische Person seiner Staatszugehörigkeit vertreten lassen.

Artikel 191
Gutachten

Die Kammer für Meeresbodenstreitigkeiten gibt auf Antrag der Versammlung oder des Rates Gutachten zu Rechtsfragen ab, die sich aus dem Tätigkeitsbereich dieser Organe ergeben. Diese Gutachten werden so schnell wie möglich abgegeben.

TEIL XII
SCHUTZ UND BEWAHRUNG DER MEERESUMWELT

ABSCHNITT 1.
ALLGEMEINE BESTIMMUNGEN

Artikel 192
Allgemeine Verpflichtung

Die Staaten sind verpflichtet, die Meeresumwelt zu schützen und zu bewahren.

Artikel 193
Souveränes Recht der Staaten auf Ausbeutung ihrer natürlichen Ressourcen

Die Staaten haben das souveräne Recht, ihre natürlichen Ressourcen im Rahmen ihrer Umweltpolitik und in Übereinstimmung mit ihrer Pflicht zum Schutz und zur Bewahrung der Meeresumwelt auszubeuten.

Artikel 194
Maßnahmen zur Verhütung, Verringerung und Überwachung der Verschmutzung der Meeresumwelt

(1) Die Staaten ergreifen, je nach den Umständen einzeln oder gemeinsam, alle mit diesem Übereinkommen übereinstimmenden Maßnahmen, die notwendig sind, um die Verschmutzung der Meeresumwelt ungeachtet ihrer Ursache zu verhüten, zu verringern und zu überwachen; sie setzen zu diesem Zweck die geeignetsten ihnen zur Verfügung stehenden Mittel entsprechend ihren Möglichkeiten ein und bemühen sich, ihre diesbezügliche Politik aufeinander abzustimmen.

(2) Die Staaten ergreifen alle notwendigen Maßnahmen, damit die ihren Hoheitsbefugnissen oder ihrer Kontrolle unterstehenden Tätigkeiten so durchgeführt werden, daß anderen Staaten und ihrer Umwelt kein Schaden durch Verschmutzung zugefügt wird, und damit eine Verschmutzung als Folge von Ereignissen oder Tätigkeiten, die ihren Hoheitsbefugnissen oder ihrer Kontrolle unterstehen, sich nicht über die Gebiete hinaus ausbreitet, in denen sie in Übereinstimmung mit diesem Übereinkommen souveräne Rechte ausüben.

(3) Die nach diesem Teil ergriffenen Maßnahmen haben alle Ursachen der Verschmutzung der Meeresumwelt zu erfassen. Zu diesen Maßnahmen gehören unter anderem solche, die darauf gerichtet sind, soweit wie möglich auf ein Mindestmaß zu beschränken

a) das Freisetzen von giftigen oder schädlichen Stoffen oder von Schadstoffen, insbesondere von solchen, die beständig sind, vom Land aus, aus der Luft oder durch die Luft oder durch Einbringen;

b) die Verschmutzung durch Schiffe, insbesondere Maßnahmen, um Unfälle zu verhüten und Notfällen zu begegnen, die Sicherheit beim Einsatz auf See zu gewährleisten, absichtliches oder unabsichtliches Einleiten zu verhüten und den Entwurf, den Bau, die Ausrüstung, den Betrieb und die Bemannung von Schiffen zu regeln;

c) die Verschmutzung durch Anlagen und Geräte, die bei der Erforschung oder Ausbeutung der natürlichen Ressourcen des Meeresbodens und seines Untergrunds eingesetzt werden, insbesondere Maßnahmen, um Unfälle zu verhüten und Notfällen zu begegnen, die Sicherheit beim Einsatz auf See zu gewährleisten und den Entwurf, den Bau, die Ausrüstung, den Betrieb und die Besetzung solcher Anlagen oder Geräte zu regeln;

d) die Verschmutzung durch andere Anlagen und Geräte, die in der Meeresumwelt betrieben werden, insbesondere Maßnahmen, um Unfälle zu verhüten und Notfällen zu begegnen, die Sicherheit beim Einsatz auf See zu gewährleisten und den Entwurf, den Bau, die Ausrüstung, den Betrieb und die Besetzung solcher Anlagen oder Geräte zu regeln.

(4) Beim Ergreifen von Maßnahmen zur Verhütung, Verringerung oder Überwachung der Verschmutzung der Meeresumwelt enthalten sich die Staaten jedes ungerechtfertigten Eingriffs in Tätigkeiten, die andere Staaten in Ausübung ihrer Rechte und in Erfüllung ihrer Pflichten im Einklang mit diesem Übereinkommen durchführen.

(5) Zu den in Übereinstimmung mit diesem Teil ergriffenen Maßnahmen gehören die erforderlichen Maßnahmen zum Schutz und zur Bewahrung seltener oder empfindlicher Ökosysteme sowie des Lebensraums gefährdeter, bedrohter oder vom Aussterben bedrohter Arten und anderer Formen der Tier- und Pflanzenwelt des Meeres.

Artikel 195
Verpflichtung, keine Schäden oder Gefahren zu verlagern und keine Art der Verschmutzung in eine andere umzuwandeln

Beim Ergreifen von Maßnahmen zur Verhütung, Verringerung und Überwachung der Verschmutzung der Meeresumwelt handeln die Staaten so, daß sie Schäden oder Gefahren weder unmittelbar noch mittelbar von einem Gebiet in ein anderes verlagern oder eine Art der Verschmutzung in eine andere umwandeln.

Artikel 196
Anwendung von Technologien oder Zuführung fremder oder neuer Arten

(1) Die Staaten ergreifen alle notwendigen Maßnahmen zur Verhütung, Verringerung und Überwachung der Verschmutzung der Meeresumwelt, die sich aus der Anwendung von Technologien im Rahmen ihrer Hoheitsbefugnisse oder unter ihrer Kontrolle oder aus der absichtlichen oder zufälligen Zuführung fremder oder neuer Arten in einen bestimmten Teil der Meeresumwelt, die dort beträchtliche und schädliche Veränderungen hervorrufen können, ergibt.

(2) Dieser Artikel berührt nicht die Anwendung der Bestimmungen dieses Übereinkommens über die Verhütung, Verringerung und Überwachung der Verschmutzung der Meeresumwelt.

ABSCHNITT 2.
WELTWEITE UND REGIONALE ZUSAMMENARBEIT

Artikel 197
Zusammenarbeit auf weltweiter oder regionaler Ebene

Die Staaten arbeiten auf weltweiter und gegebenenfalls auf regionaler Ebene unmittelbar oder im Rahmen der zuständigen internationalen Organisationen bei der Abfassung und Ausarbeitung von mit diesem Übereinkommen übereinstimmenden internationalen Regeln, Normen und empfohlenen Gebräuchen und Verfahren zum Schutz und zur Bewahrung der Meeresumwelt zusammen, wobei sie charakteristische regionale Eigenheiten berücksichtigen.

Artikel 198
Benachrichtigung über unmittelbar bevorstehende oder tatsächliche Schäden

Erhält ein Staat von Fällen Kenntnis, in denen die Meeresumwelt von Verschmutzungsschäden unmittelbar bedroht ist oder solche Schäden erlitten hat, so benachrichtigt er sofort die anderen Staaten, die nach seinem Dafürhalten von diesen Schäden betroffen werden können, sowie die zuständigen internationalen Organisationen.

Artikel 199
Notfallpläne gegen Verschmutzung

In den in Artikel 198 bezeichneten Fällen arbeiten die Staaten des betroffenen Gebiets entsprechend ihren Möglichkeiten und die zuständigen internationalen Organisationen soweit wie möglich zusammen, um die Auswirkungen der Verschmutzung zu beseitigen und Schäden zu verhüten oder auf ein Mindestmaß zu beschränken. Zu diesem Zweck erarbeiten und fördern die Staaten gemeinsam Notfallpläne, um Verschmutzungsereignissen in der Meeresumwelt zu begegnen.

Artikel 200
Studien, Forschungsprogramme und Austausch von Informationen und Daten

Die Staaten arbeiten unmittelbar oder im Rahmen der zuständigen internationalen Organisationen zusammen, um Studien zu fördern, wissenschaftliche Forschungsprogramme durchzuführen und den Austausch der über die Verschmutzung der Meeresumwelt gewonnenen Informationen und Daten anzuregen. Sie bemühen sich, aktiv an regionalen und weltweiten Programmen teilzunehmen, um Kenntnisse zur Beurteilung von Art und Umfang der Verschmutzung, ihrer Angriffsstellen, Wege und Gefahren sowie von Möglichkeiten der Abhilfe zu gewinnen.

Artikel 201
Wissenschaftliche Kriterien für die Ausarbeitung von Vorschriften

Unter Berücksichtigung der nach Artikel 200 gewonnenen Informationen und Daten arbeiten die Staaten unmittelbar oder im Rahmen der zuständigen internationalen Organisationen bei der Festlegung geeigneter wissenschaftlicher Kriterien für die Abfassung und Ausarbeitung von Regeln, Normen und empfohlenen Gebräuchen und Verfahren zur Verhütung, Verringerung und Überwachung der Verschmutzung der Meeresumwelt zusammen.

ABSCHNITT 3.
TECHNISCHE HILFE

Artikel 202
Wissenschaftliche und technische Hilfe an Entwicklungsstaaten

Die Staaten werden unmittelbar oder im Rahmen der zuständigen internationalen Organisationen

a) Programme für Hilfe an die Entwicklungsstaaten im Bereich der Wissenschaft, des Bildungswesens, der Technik und in anderen Bereichen fördern, um die Meeresumwelt zu schützen und zu bewahren und die Meeresverschmutzung zu verhüten, zu verringern und zu überwachen. Diese Hilfe umfaßt unter anderem

i) die Ausbildung ihres wissenschaftlichen und technischen Personals;

ii) die Erleichterung ihrer Teilnahme an entsprechenden internationalen Programmen;

iii) ihre Belieferung mit den erforderlichen Ausrüstungen und Einrichtungen;

iv) die Verbesserung ihrer Fähigkeit zur Herstellung solcher Ausrüstungen;

v) die Beratung über Einrichtungen für Forschungs- Überwachungs- Bildungs- und andere Programme und die Entwicklung solcher Einrichtungen;

b) insbesondere Entwicklungsstaaten geeignete Hilfe leisten, um die Auswirkungen größerer Ereignisse, die eine starke Verschmutzung der Meeresumwelt hervorrufen können, auf ein Mindestmaß zu beschränken;

c) insbesondere Entwicklungsstaaten geeignete Hilfe bei der Ausarbeitung ökologischer Beurteilungen leisten.

Artikel 203
Vorrangige Behandlung der Entwicklungsstaaten

Die Entwicklungsstaaten erhalten für die Zwecke der Verhütung, Verringerung und Überwachung der Verschmutzung der Meeresumwelt oder der möglichst weitgehenden Einschränkung ihrer Auswirkungen eine vorrangige Behandlung durch internationale Organisationen

a) bei der Zuweisung entsprechender finanzieller Mittel und technischer Hilfe und

b) bei der Inanspruchnahme ihrer Sonderdienste.

ABSCHNITT 4.
STÄNDIGE ÜBERWACHUNG UND ÖKOLOGISCHE BEURTEILUNG

Artikel 204
Ständige Überwachung der Gefahren und der Auswirkungen der Verschmutzung

(1) Die Staaten bemühen sich, soweit möglich und im Einklang mit den Rechten anderer Staaten, unmittelbar oder im Rahmen der zuständigen internationalen Organisationen die Gefahren und Auswirkungen der Verschmutzung der Meeresumwelt mit anerkannten wissenschaftlichen Methoden zu beobachten, zu messen, zu beurteilen und zu analysieren.

(2) Insbesondere überwachen die Staaten ständig die Auswirkungen aller Tätigkeiten, die sie genehmigen oder selbst durchführen, um festzustellen, ob diese Tätigkeiten die Meeresumwelt verschmutzen können.

Artikel 205
Veröffentlichung von Berichten

Die Staaten veröffentlichen Berichte über die in Anwendung des Artikels 204 erzielten Ergebnisse oder stellen solche Berichte in angemessenen Zeitabständen den zuständigen internationalen

Organisationen zur Verfügung; diese sollen sie allen Staaten zugänglich machen.

Artikel 206
Beurteilung möglicher Auswirkungen von Tätigkeiten

Haben Staaten begründeten Anlaß zu der Annahme, daß geplante, ihren Hoheitsbefugnissen oder ihrer Kontrolle unterstehende Tätigkeiten eine wesentliche Verschmutzung oder beträchtliche und schädliche Veränderungen der Meeresumwelt zur Folge haben können, so beurteilen sie soweit durchführbar die möglichen Auswirkungen dieser Tätigkeiten auf die Meeresumwelt und berichten über die Ergebnisse dieser Beurteilungen in der in Artikel 205 vorgesehenen Weise.

ABSCHNITT 5.
INTERNATIONALE REGELN UND INNERSTAATLICHE RECHTSVORSCHRIFTEN ZUR VERUÜTUNG, VERRINGERUNG UND ÜBERWACHUNG DER VERSCHMUTZUNG DER MEERESUMWELT

Artikel 207
Verschmutzung vom Land aus

(1) Die Staaten erlassen Gesetze und sonstige Vorschriften zur Verhütung, Verringerung und Überwachung der Verschmutzung der Meeresumwelt vom Land aus, einschließlich der von Flüssen, Flußmündungen, Rohrleitungen und Ausflußanlagen ausgehenden Verschmutzung; dabei berücksichtigen sie international vereinbarte Regeln, Normen und empfohlene Gebräuche und Verfahren.

(2) Die Staaten ergreifen andere Maßnahmen, die zur Verhütung, Verringerung und Überwachung einer solchen Verschmutzung notwendig sein können.

(3) Die Staaten bemühen sich, ihre diesbezügliche Politik auf geeigneter regionaler Ebene aufeinander abzustimmen.

(4) Die Staaten bemühen sich, insbesondere im Rahmen der zuständigen internationalen Organisationen oder einer diplomatischen Konferenz, weltweite und regionale Regeln, Normen und empfohlene Gebräuche und Verfahren zur Verhütung, Verringerung und Überwachung der Verschmutzung der Meeresumwelt vom Land aus aufzustellen, wobei sie charakteristische regionale Eigenheiten, die Wirtschaftskraft der Entwicklungsstaaten und die Notwendigkeit ihrer wirtschaftlichen Entwicklung berücksichtigen. Diese Regeln, Normen und empfohlenen Gebräuche und Verfahren werden nach Bedarf von Zeit zu Zeit überprüft.

(5) Zu den in den Absätzen 1, 2 und 4 genannten Gesetzen, sonstigen Vorschriften, Maßnahmen, Regeln, Normen und empfohlenen Gebräuchen und Verfahren gehören diejenigen, die darauf gerichtet sind, das Freisetzen von giftigen oder schädlichen Stoffen oder von Schadstoffen, insbesondere von solchen, die beständig sind, in die Meeresumwelt soweit wie möglich auf ein Mindestmaß zu beschränken.

Artikel 208
Verschmutzung durch Tätigkeiten auf dem Meeresboden, die unter nationale Hoheitsbefugnisse fallen

(1) Die Küstenstaaten erlassen Gesetze und sonstige Vorschriften zur Verhütung, Verringerung und Überwachung der Verschmutzung der Meeresumwelt, die sich aus oder im Zusammenhang mit unter ihre Hoheitsbefugnisse fallenden Tätigkeiten auf dem Meeresboden ergibt oder von künstlichen Inseln, Anlagen und Bauwerken herrührt, die auf Grund der Artikel 60 und 80 unter ihre Hoheitsbefugnisse fallen.

(2) Die Staaten ergreifen andere Maßnahmen, die zur Verhütung, Verringerung und Überwachung einer solchen Verschmutzung notwendig sein können.

(3) Diese Gesetze, sonstigen Vorschriften und Maßnahmen dürfen nicht weniger wirkungsvoll sein als die internationalen Regeln, Normen und empfohlenen Gebräuche und Verfahren.

(4) Die Staaten bemühen sich, ihre diesbezügliche Politik auf geeigneter regionaler Ebene aufeinander abzustimmen.

(5) Die Staaten stellen, insbesondere im Rahmen der zuständigen internationalen Organisationen oder einer diplomatischen Konferenz, weltweite und regionale Regeln, Normen und empfohlene Gebräuche und Verfahren zur Verhütung, Verringerung und Überwachung der in Absatz 1 genannten Verschmutzung der Meeresumwelt auf. Diese Regeln, Normen und empfohlenen Gebräuche und Verfahren werden nach Bedarf von Zeit zu Zeit überprüft.

Artikel 209
Verschmutzung durch Tätigkeiten im Gebiet

(1) Zur Verhütung, Verringerung und Überwachung der Verschmutzung der Meeresumwelt durch Tätigkeiten im Gebiet werden in Übereinstimmung mit Teil XI internationale Regeln, Vorschriften und Verfahren aufgestellt. Diese Regeln, Vorschriften und Verfahren werden nach Bedarf von Zeit zu Zeit überprüft.

(2) Vorbehaltlich der einschlägigen Bestimmungen dieses Abschnitts erlassen die Staaten Gesetze und sonstige Vorschriften zur Verhütung, Verringerung und Überwachung der Verschmutzung

der Meeresumwelt durch Tätigkeiten im Gebiet, die von Schiffen oder mittels Anlagen, Bauwerken und anderen Geräten durchgeführt werden, die ihre Flagge führen, in ihr Register eingetragen sind oder mit ihrer Genehmigung betrieben werden. Diese Gesetze und sonstigen Vorschriften dürfen nicht weniger wirkungsvoll sein als die in Absatz 1 genannten internationalen Regeln, Vorschriften und Verfahren.

Artikel 210
Verschmutzung durch Einbringen

(1) Die Staaten erlassen Gesetze und sonstige Vorschriften zur Verhütung, Verringerung und Überwachung der Verschmutzung der Meeresumwelt durch Einbringen.

(2) Die Staaten ergreifen andere Maßnahmen, die zur Verhütung, Verringerung und Überwachung einer solchen Verschmutzung notwendig sein können.

(3) Diese Gesetze, sonstigen Vorschriften und Maßnahmen müssen sicherstellen, daß das Einbringen nicht ohne Erlaubnis der zuständigen Behörden der Staaten erfolgt.

(4) Die Staaten bemühen sich, insbesondere im Rahmen der zuständigen internationalen Organisationen oder einer diplomatischen Konferenz, weltweite und regionale Regeln, Normen und empfohlene Gebräuche und Verfahren zur Verhütung, Verringerung und Überwachung einer solchen Verschmutzung aufzustellen. Diese Regeln, Normen und empfohlenen Gebräuche und Verfahren werden nach Bedarf von Zeit zu Zeit überprüft.

(5) Das Einbringen innerhalb des Küstenmeers und der ausschließlichen Wirtschaftszone oder auf dem Festlandsockel darf nicht ohne ausdrückliche vorherige Genehmigung des Küstenstaats erfolgen; dieser ist berechtigt, ein solches Einbringen nach angemessener Erörterung mit anderen Staaten, die wegen ihrer geographischen Lage dadurch Nachteile erleiden könnten, zu erlauben, zu regeln und zu überwachen.

(6) Die innerstaatlichen Gesetze, sonstigen Vorschriften und Maßnahmen dürfen bei der Verhütung, Verringerung und Überwachung dieser Verschmutzung nicht weniger wirkungsvoll sein als die weltweiten Regeln und Normen.

Artikel 211
Verschmutzung durch Schiffe

(1) Die Staaten stellen im Rahmen der zuständigen internationalen Organisation oder einer allgemeinen diplomatischen Konferenz internationale Regeln und Normen zur Verhütung, Verringerung und Überwachung der Verschmutzung der Meeresumwelt durch Schiffe auf und fördern, wo es angebracht ist in derselben Weise, die Annahme von Systemen der Schiffswegeführung, um die Gefahr von Unfällen, die eine Verschmutzung der Meeresumwelt, einschließlich der Küste, und eine Schädigung damit zusammenhängender Interessen der Küstenstaaten durch Verschmutzung verursachen könnten, auf ein Mindestmaß zu beschränken. Diese Regeln und Normen werden in derselben Weise nach Bedarf von Zeit zu Zeit überprüft.

(2) Die Staaten erlassen Gesetze und sonstige Vorschriften zur Verhütung, Verringerung und Überwachung der Verschmutzung der Meeresumwelt durch Schiffe, die ihre Flagge führen oder in ihr Schiffsregister eingetragen sind. Diese Gesetze und sonstigen Vorschriften dürfen nicht weniger wirkungsvoll sein als die allgemein anerkannten internationalen Regeln und Normen, die im Rahmen der zuständigen internationalen Organisation oder einer allgemeinen diplomatischen Konferenz aufgestellt worden sind.

(3) Staaten, die fremden Schiffen für das Einlaufen in ihre Häfen oder inneren Gewässer oder für das Anlegen an ihren vor der Küste liegenden Umschlagplätzen besondere Bedingungen zur Verhütung, Verringerung und Überwachung der Verschmutzung der Meeresumwelt auferlegen, machen diese ordnungsgemäß bekannt und teilen sie der zuständigen internationalen Organisation mit. Werden solche Bedingungen in gleichlautender Form von zwei oder mehr Küstenstaaten in dem Bestreben festgesetzt, ihre Politik aufeinander abzustimmen, so wird in der Mitteilung angegeben, welche Staaten an einer solchen gemeinsamen Regelung beteiligt sind. Jeder Staat verlangt von dem Kapitän eines seine Flagge führenden oder in sein Schiffsregister eingetragenen Schiffes, wenn es sich im Küstenmeer eines an der gemeinsamen Regelung beteiligten Staates befindet, daß er auf Ersuchen dieses Staates darüber Auskunft gibt, ob er zu einem Staat derselben Region weiterfährt, der an der gemeinsamen Regelung beteiligt ist, und, sofern dies zutrifft, angibt, ob das Schiff die von diesem Staat für das Einlaufen in seine Häfen festgelegten Bedingungen erfüllt. Dieser Artikel berührt nicht die fortgesetzte Ausübung des Rechts eines Schiffes auf friedliche Durchfahrt oder die Anwendung des Artikels 25 Absatz 2.

(4) Die Küstenstaaten können in Ausübung ihrer Souveränität innerhalb ihres Küstenmeers Gesetze und sonstige Vorschriften zur Verhütung, Verringerung und Überwachung der Meeresverschmutzung durch fremde Schiffe, einschließlich der Schiffe, die das Recht der friedlichen Durchfahrt ausüben, erlassen. Diese Gesetze und sonstigen Vorschriften dürfen in Übereinstimmung mit Teil II Abschnitt 3 die friedliche Durchfahrt fremder Schiffe nicht behindern.

(5) Die Küstenstaaten können zum Zweck der Durchsetzung nach Abschnitt 6 für ihre ausschließ-

lichen Wirtschaftszonen Gesetze und sonstige Vorschriften zur Verhütung, Verringerung und Überwachung der Verschmutzung durch Schiffe erlassen, die den allgemein anerkannten internationalen, im Rahmen der zuständigen internationalen Organisation oder einer allgemeinen diplomatischen Konferenz aufgestellten Regeln und Normen entsprechen und diesen Wirksamkeit verleihen.

(6) a) Reichen die in Absatz 1 genannten internationalen Regeln und Normen nicht aus, um besonderen Umständen gerecht zu werden, und hat ein Küstenstaat begründeten Anlaß zu der Annahme, daß es in einem bestimmten, genau bezeichneten Gebiet seiner ausschließlichen Wirtschaftszone aus anerkannten technischen Gründen im Zusammenhang mit den ozeanographischen und ökologischen Verhältnissen dieses Gebiets, mit seiner Nutzung oder dem Schutz seiner Ressourcen und mit der besonderen Art des Verkehrs in diesem Gebiet erforderlich ist, besondere obligatorische Maßnahmen zur Verhütung der Verschmutzung durch Schiffe zu ergreifen, so kann der Küstenstaat, nachdem er jeden anderen betroffenen Staat im Rahmen der zuständigen internationalen Organisation angemessen konsultiert hat, an diese Organisation eine Mitteilung über das betreffende Gebiet richten, in der er wissenschaftliche und technische Begründungen sowie Informationen über die notwendigen Auffanganlagen vorlegt. Innerhalb von 12 Monaten nach Empfang dieser Mitteilung entscheidet die Organisation, ob die Verhältnisse in dem Gebiet den obengenannten Erfordernissen entsprechen. Entscheidet die Organisation in diesem Sinne, so kann der Küstenstaat für dieses Gebiet zur Verhütung, Verringerung und Überwachung der Verschmutzung durch Schiffe Gesetze und sonstige Vorschriften erlassen, die den von der Organisation für Sondergebiete zugelassenen internationalen Regeln und Normen oder Schiffahrtsgebräuchen Wirksamkeit verleihen. Diese Gesetze und sonstigen Vorschriften werden auf fremde Schiffe erst nach Ablauf von 15 Monaten nach Vorlage der Mitteilung an die Organisation anwendbar.

b) Der Küstenstaat veröffentlicht die Grenzen jedes solchen bestimmten, genau bezeichneten Gebiets.

c) Beabsichtigt der Küstenstaat, für dasselbe Gebiet zusätzliche Gesetze und sonstige Vorschriften zur Verhütung, Verringerung und Überwachung der Verschmutzung durch Schiffe zu erlassen, so setzt er die Organisation zugleich mit der obengenannten Mitteilung davon in Kenntnis. Diese zusätzlichen Gesetze und sonstigen Vorschriften können sich auf das Einleiten oder auf Schiffahrtsgebräuche beziehen, dürfen jedoch fremde Schiffe nicht verpflichten, andere Normen betreffend Entwurf, Bau, Bemannung oder Ausrüstung zu beachten als die allgemein anerkannten internationalen Regeln und Normen; sie werden auf fremde Schiffe nach Ablauf von 15 Monaten nach Vorlage der Mitteilung an die Organisation anwendbar, sofern die Organisation ihnen innerhalb von 12 Monaten nach Vorlage der Mitteilung zustimmt.

(7) Die in diesem Artikel genannten internationalen Regeln und Normen sollen unter anderem die Verpflichtung vorsehen, die Küstenstaaten umgehend zu benachrichtigen, deren Küsten oder damit zusammenhängende Interessen möglicherweise durch Ereignisse einschließlich Seeunfälle beeinträchtigt werden, bei denen es zu einem Einleiten kommt oder kommen könnte.

Artikel 212
Verschmutzung aus der Luft oder durch die Luft

(1) Die Staaten erlassen Gesetze und sonstige Vorschriften zur Verhütung, Verringerung und Überwachung der Verschmutzung der Meeresumwelt aus der Luft oder durch die Luft für den ihrer Souveränität unterstehenden Luftraum und für Schiffe, die ihre Flagge führen, oder für Schiffe oder Luftfahrzeuge, die in ihr Register eingetragen sind; dabei berücksichtigen sie international vereinbarte Regeln, Normen und empfohlene Gebräuche und Verfahren sowie die Sicherheit der Luftfahrt.

(2) Die Staaten ergreifen andere Maßnahmen, die zur Verhütung, Verringerung und Überwachung einer solchen Verschmutzung notwendig sein können.

(3) Die Staaten bemühen sich, insbesondere im Rahmen der zuständigen internationalen Organisationen oder einer diplomatischen Konferenz, weltweite und regionale Regeln, Normen und empfohlene Gebräuche und Verfahren zur Verhütung, Verringerung und Überwachung einer solchen Verschmutzung aufzustellen.

ABSCHNITT 6.
DURCHSETZUNG

Artikel 213
Durchsetzung in bezug auf Verschmutzung vom Land aus

Die Staaten setzen ihre in Übereinstimmung mit Artikel 207 erlassenen Gesetze und sonstigen Vorschriften durch; sie erlassen Gesetze und sonstige Vorschriften und ergreifen andere Maßnahmen, die zur Durchführung anwendbarer internationaler Regeln und Normen notwendig sind, welche im Rahmen der zuständigen internationalen Organisationen oder einer diplomatischen Konferenz zur Verhütung, Verringerung und Überwachung der Verschmutzung der Meeresumwelt vom Land aus aufgestellt worden sind.

Artikel 214
Durchsetzung in bezug auf Verschmutzung durch Tätigkeiten auf dem Meeresboden

Die Staaten setzen ihre in Übereinstimmung mit Artikel 208 erlassenen Gesetze und sonstigen Vorschriften durch; sie erlassen Gesetze und sonstige Vorschriften und ergreifen andere Maßnahmen, die zur Durchführung anwendbarer internationaler Regeln und Normen notwendig sind, die im Rahmen der zuständigen internationalen Organisationen oder einer diplomatischen Konferenz zur Verhütung, Verringerung und Überwachung der Verschmutzung der Meeresumwelt aufgestellt worden sind, welche sich aus oder im Zusammenhang mit unter ihre Hoheitsbefugnisse fallenden Tätigkeiten auf dem Meeresboden ergibt oder von künstlichen Inseln, Anlagen und Bauwerken herrührt, die auf Grund der Artikel 60 und 80 unter ihre Hoheitsbefugnisse fallen.

Artikel 215
Durchsetzung in bezug auf Verschmutzung durch Tätigkeiten im Gebiet

Die Durchsetzung der in Übereinstimmung mit Teil XI aufgestellten internationalen Regeln, Vorschriften und Verfahren zur Verhütung, Verringerung und Überwachung der Verschmutzung der Meeresumwelt durch Tätigkeiten im Gebiet ist in jenem Teil geregelt.

Artikel 216
Durchsetzung in bezug auf Verschmutzung durch Einbringen

(1) Die in Übereinstimmung mit diesem Übereinkommen erlassenen Gesetze und sonstigen Vorschriften und die im Rahmen der zuständigen internationalen Organisationen oder einer diplomatischen Konferenz aufgestellten anwendbaren internationalen Regeln und Normen zur Verhütung, Verringerung und Überwachung der Verschmutzung der Meeresumwelt durch Einbringen werden durchgesetzt

a) vom Küstenstaat im Hinblick auf das Einbringen in seinem Küstenmeer, in seiner ausschließlichen Wirtschaftszone oder auf seinem Festlandsockel;

b) vom Flaggenstaat im Hinblick auf Schiffe, die seine Flagge führen, oder Schiffe oder Luftfahrzeuge, die in sein Register eingetragen sind;

c) von jedem Staat im Hinblick auf das Laden von Abfällen oder sonstigen Stoffen in seinem Hoheitsgebiet oder auf seinen vor der Küste liegenden Umschlagplätzen.

(2) Kein Staat ist auf Grund dieses Artikels verpflichtet, ein Verfahren einzuleiten, wenn ein anderer Staat ein solches Verfahren in Übereinstimmung mit diesem Artikel bereits eingeleitet hat.

Artikel 217
Durchsetzung durch Flaggenstaaten

(1) Die Staaten stellen sicher, daß die ihre Flagge führenden oder in ihr Schiffsregister eingetragenen Schiffe die anwendbaren internationalen Regeln und Normen, die im Rahmen der zuständigen internationalen Organisation oder einer allgemeinen diplomatischen Konferenz aufgestellt worden sind, sowie die Gesetze und sonstigen Vorschriften einhalten, die sie in Übereinstimmung mit diesem Übereinkommen erlassen haben, um die Verschmutzung der Meeresumwelt durch Schiffe zu verhüten, zu verringern und zu überwachen; demgemäß erlassen die Staaten Gesetze und sonstige Vorschriften und ergreifen die erforderlichen sonstigen Maßnahmen zu ihrer Durchführung. Die Flaggenstaaten sorgen dafür, daß diese Regeln, Normen, Gesetze und sonstigen Vorschriften wirksam durchgesetzt werden, unabhängig davon, wo ein Verstoß erfolgt.

(2) Die Staaten ergreifen insbesondere geeignete Maßnahmen, um Schiffen, die ihre Flagge führen oder in ihr Schiffsregister eingetragen sind, das Auslaufen so lange zu verbieten, bis sie unter Einhaltung der in Absatz 1 genannten internationalen Regeln und Normen, einschließlich der Bestimmungen über Entwurf, Bau, Ausrüstung und Bemannung der Schiffe, in See gehen können.

(3) Die Staaten stellen sicher, daß die ihre Flagge führenden oder in ihr Schiffsregister eingetragenen Schiffe Zeugnisse an Bord mitführen, die nach den in Absatz 1 genannten internationalen Regeln und Normen erforderlich sind und demgemäß ausgestellt wurden. Die Staaten stellen sicher, daß die ihre Flagge führenden Schiffe regelmäßig überprüft werden, um festzustellen, ob die Zeugnisse mit dem tatsächlichen Zustand des Schiffes übereinstimmen. Diese Zeugnisse werden von anderen Staaten als Nachweis für den Zustand des Schiffes anerkannt; sie messen ihnen die gleiche Gültigkeit wie den von ihnen selbst ausgestellten Zeugnissen bei, sofern nicht eindeutige Gründe für die Annahme bestehen, daß der Zustand des Schiffes in wesentlichen Punkten den Angaben der Zeugnisse nicht entspricht.

(4) Verstößt ein Schiff gegen die im Rahmen der zuständigen internationalen Organisation oder einer allgemeinen diplomatischen Konferenz aufgestellten Regeln und Normen, so sorgt der Flaggenstaat unbeschadet der Artikel 218, 220 und 228 für eine sofortige Untersuchung; gegebenenfalls leitet er ein Verfahren betreffend den angeblichen Verstoß ein, unabhängig davon, wo dieser erfolgte oder wo die durch diesen Verstoß verursachte Verschmutzung eintrat oder festgestellt wurde.

(5) Die Flaggenstaaten können für die Untersuchung des Verstoßes jeden anderen Staat, dessen Mitarbeit bei der Klärung der Umstände des Falles nützlich sein könnte, um Hilfe ersuchen. Die Staaten bemühen sich, entsprechenden Ersuchen der Flaggenstaaten nachzukommen.

(6) Die Staaten untersuchen auf schriftliches Ersuchen eines jeden Staates jeden Verstoß, der angeblich von ihre Flagge führenden Schiffen begangen wurde. Sind die Flaggenstaaten überzeugt, daß genügend Beweise für die Einleitung eines Verfahrens wegen des angeblichen Verstoßes vorliegen, so leiten sie unverzüglich ein solches Verfahren in Übereinstimmung mit ihren Gesetzen ein.

(7) Die Flaggenstaaten unterrichten den ersuchenden Staat und die zuständige internationale Organisation umgehend über die ergriffenen Maßnahmen und deren Ergebnis. Diese Auskünfte stehen allen Staaten zur Verfügung.

(8) Die Strafen, die in den Gesetzen und sonstigen Vorschriften der Staaten für die ihre Flagge führenden Schiffe vorgesehen sind, müssen streng genug sein, um von Verstößen abzuschrecken, gleichviel wo diese erfolgen.

Artikel 218
Durchsetzung durch Hafenstaaten

(1) Befindet sich ein Schiff freiwillig in einem Hafen oder an einem vor der Küste liegenden Umschlagplatz eines Staates, so kann dieser Staat Untersuchungen durchführen und, wenn die Beweislage dies rechtfertigt, ein Verfahren wegen jedes Einleitens aus diesem Schiff außerhalb der inneren Gewässer, des Küstenmeers oder der ausschließlichen Wirtschaftszone dieses Staates eröffnen, wenn das Einleiten gegen die anwendbaren internationalen Regeln und Normen verstößt, die im Rahmen der zuständigen internationalen Organisation oder einer allgemeinen diplomatischen Konferenz aufgestellt worden sind.

(2) Ein Verfahren nach Absatz 1 darf nicht wegen eines Verstoßes durch Einleiten in den inneren Gewässern, dem Küstenmeer oder der ausschließlichen Wirtschaftszone eines anderen Staates eröffnet werden, sofern nicht dieser Staat, der Flaggenstaat oder ein durch einen Verstoß durch Einleiten geschädigter oder bedrohter Staat darum ersucht oder der Verstoß eine Verschmutzung in den inneren Gewässern, dem Küstenmeer oder der ausschließlichen Wirtschaftszone des das Verfahren eröffnenden Staates verursacht hat oder wahrscheinlich verursachen wird.

(3) Befindet sich ein Schiff freiwillig in einem Hafen oder an einem vor der Küste liegenden Umschlagplatz eines Staates, so entspricht dieser Staat nach Möglichkeit dem Ersuchen jedes anderen Staates, einen in Absatz 1 genannten Verstoß durch Einleiten zu untersuchen, von dem angenommen wird, daß er in den inneren Gewässern, dem Küstenmeer oder der ausschließlichen Wirtschaftszone des ersuchenden Staates erfolgt ist und diese Zonen schädigte oder zu schädigen drohte. Ebenso entspricht der Staat nach Möglichkeit dem Ersuchen des Flaggenstaats, einen solchen Verstoß unabhängig davon zu untersuchen, wo er erfolgte.

(4) Die Unterlagen über die von einem Hafenstaat nach diesem Artikel durchgeführte Untersuchung werden dem Flaggenstaat oder dem Küstenstaat auf Ersuchen übermittelt. Jedes Verfahren, das der Hafenstaat auf der Grundlage dieser Untersuchung einleitet, kann vorbehaltlich des Abschnitts 7 auf Ersuchen des Küstenstaats ausgesetzt werden, wenn der Verstoß in seinen inneren Gewässern, seinem Küstenmeer oder seiner ausschließlichen Wirtschaftszone erfolgt ist. Das Beweismaterial, die Unterlagen des Falles sowie jede Kaution oder andere finanzielle Sicherheit, die bei den Behörden des Hafenstaats hinterlegt worden ist, werden dann dem Küstenstaat übermittelt. Diese Übermittlung schließt die Fortsetzung des Verfahrens im Hafenstaat aus.

Artikel 219
Maßnahmen betreffend die Seetüchtigkeit von Schiffen zur Vermeidung von Verschmutzung

Vorbehaltlich des Abschnitts 7 ergreifen Staaten, die auf Ersuchen oder von sich aus festgestellt haben, daß ein Schiff in einem ihrer Häfen oder an einem ihrer vor der Küste liegenden Umschlagplätze gegen anwendbare internationale Regeln und Normen über die Seetüchtigkeit der Schiffe verstößt und dadurch die Meeresumwelt zu schädigen droht, nach Möglichkeit Verwaltungsmaßnahmen, um das Schiff am Auslaufen zu hindern. Diese Staaten können dem Schiff lediglich das Anlaufen der nächstgelegenen geeigneten Reparaturwerft erlauben; sobald die Ursachen des Verstoßes behoben sind, gestatten sie dem Schiff, seine Fahrt sogleich fortzusetzen.

Artikel 220
Durchsetzung durch Küstenstaaten

(1) Befindet sich ein Schiff freiwillig in einem Hafen oder an einem vor der Küste liegenden Umschlagplatz eines Staates, so kann dieser Staat vorbehaltlich des Abschnitts 7 ein Verfahren wegen jedes Verstoßes gegen seine in Übereinstimmung mit diesem Übereinkommen erlassenen Gesetze und sonstigen Vorschriften oder anwendbare internationale Regeln und Normen zur Verhütung, Verringerung und Überwachung der Verschmutzung durch Schiffe einleiten, wenn der Verstoß im Küstenmeer oder in der ausschließlichen Wirtschaftszone dieses Staates erfolgt ist.

(2) Bestehen eindeutige Gründe für die Annahme, daß ein im Küstenmeer eines Staates fahren-

des Schiff während seiner Durchfahrt durch das Küstenmeer gegen die in Übereinstimmung mit diesem Übereinkommen erlassenen Gesetze und sonstigen Vorschriften dieses Staates oder gegen anwendbare internationale Regeln und Normen zur Verhütung, Verringerung und Überwachung der Verschmutzung durch Schiffe verstoßen hat, so kann dieser Staat unbeschadet der Anwendung der diesbezüglichen Bestimmungen des Teiles II Abschnitt 3 im Zusammenhang mit dem Verstoß eine Überprüfung an Bord des Schiffes durchführen und, wenn die Beweislage dies rechtfertigt, in Übereinstimmung mit seinem innerstaatlichen Recht und vorbehaltlich des Abschnitts 7 ein Verfahren einleiten und insbesondere das Zurückhalten des Schiffes anordnen.

(3) Bestehen eindeutige Gründe für die Annahme, daß ein in der ausschließlichen Wirtschaftszone oder im Küstenmeer eines Staates fahrendes Schiff in der ausschließlichen Wirtschaftszone gegen anwendbare internationale Regeln und Normen zur Verhütung, Verringerung und Überwachung der Verschmutzung durch Schiffe oder gegen die solchen Regeln und Normen entsprechenden und ihnen Wirksamkeit verleihenden Gesetze und sonstigen Vorschriften dieses Staates verstoßen hat, so kann dieser Staat das Schiff auffordern, Angaben über seine Identität und seinen Registerhafen, seinen letzten und nächsten Anlaufhafen und andere sachdienliche Angaben zu machen, die erforderlich sind, um festzustellen, ob ein Verstoß erfolgt ist.

(4) Die Staaten erlassen Gesetze und sonstige Vorschriften und ergreifen andere Maßnahmen, damit ihre Flagge führende Schiffe den Ersuchen um Angaben nach Absatz 3 entsprechen.

(5) Bestehen eindeutige Gründe für die Annahme, daß ein in der ausschließlichen Wirtschaftszone oder im Küstenmeer eines Staates fahrendes Schiff in der ausschließlichen Wirtschaftszone einen in Absatz 3 genannten Verstoß begangen hat, der zu einem beträchtlichen Einleiten führt, das eine erhebliche Verschmutzung der Meeresumwelt verursacht oder zu verursachen droht, so kann dieser Staat, um festzustellen, ob ein Verstoß vorliegt, eine Überprüfung an Bord des Schiffes durchführen, wenn sich das Schiff geweigert hat, Angaben zu machen, oder wenn die seitens des Schiffes gemachten Angaben offensichtlich von der tatsächlichen Lage abweichen und die Umstände des Falles eine solche Überprüfung rechtfertigen.

(6) Gibt es einen eindeutigen objektiven Beweis dafür, daß ein in der ausschließlichen Wirtschaftszone oder im Küstenmeer eines Staates fahrendes Schiff in der ausschließlichen Wirtschaftszone einen in Absatz 3 genannten Verstoß begangen hat, der zu einem Einleiten führt, das schwere Schäden für die Küste oder damit zusammenhängende Interessen des Küstenstaats oder für Ressourcen seines Küstenmeers oder seiner ausschließlichen Wirtschaftszone verursacht oder zu verursachen droht, so kann dieser Staat, wenn die Beweislage dies rechtfertigt, in Übereinstimmung mit seinem innerstaatlichen Recht und vorbehaltlich des Abschnitts 7 ein Verfahren einleiten und insbesondere das Zurückhalten des Schiffes anordnen.

(7) Ungeachtet des Absatzes 6 gestattet der Küstenstaat dem Schiff die Weiterfahrt in allen Fällen, für die geeignete Verfahren durch die zuständige internationale Organisation festgelegt oder anderweitig vereinbart wurden, um die Erfüllung der Verpflichtungen betreffend die Hinterlegung einer Kaution oder eine andere geeignete finanzielle Sicherheit zu gewährleisten, wenn der Küstenstaat durch diese Verfahren gebunden ist.

(8) Die Absätze 3, 4, 5, 6 und 7 gelten auch für die nach Artikel 211 Absatz 6 erlassenen innerstaatlichen Gesetze und sonstigen Vorschriften.

Artikel 221
Maßnahmen zur Vermeidung von Verschmutzung durch Seeunfälle

(1) Dieser Teil berührt nicht das Recht der Staaten, nach Völkergewohnheitsrecht und auf Grund völkerrechtlicher Verträge außerhalb des Küstenmeers dem tatsächlichen oder drohenden Schaden angepaßte Maßnahmen zu ergreifen und durchzusetzen, um ihre Küste oder damit zusammenhängende Interessen, einschließlich der Fischerei, vor tatsächlicher oder drohender Verschmutzung infolge eines Seeunfalls oder damit zusammenhängender Handlungen zu schützen, welche erwartungsgemäß schädliche Folgen größeren Umfangs haben können.

(2) Im Sinne dieses Artikels bedeutet „Seeunfall” einen Schiffszusammenstoß, das Stranden, ein sonstiges mit der Führung eines Schiffes zusammenhängendes Ereignis oder einen anderen Vorfall an Bord oder außerhalb eines Schiffes, durch die Sachschaden an Schiff oder Ladung entsteht oder unmittelbar zu entstehen droht.

Artikel 222
Durchsetzung in bezug auf Verschmutzung aus der Luft oder durch die Luft

Die Staaten setzen in dem ihrer Souveränität unterstehenden Luftraum oder hinsichtlich der Schiffe, die ihre Flagge führen, oder der Schiffe oder Luftfahrzeuge, die in ihr Register eingetragen sind, ihre in Übereinstimmung mit Artikel 212 Absatz 1 und mit anderen Bestimmungen dieses Übereinkommens erlassenen Gesetze und sonstigen Vorschriften durch; sie erlassen Gesetze und sonstige Vorschriften und ergreifen andere Maßnahmen, um die im Rahmen der zuständigen internationalen Organisationen oder einer diplomatischen Konferenz aufgestellten anwendbaren internationalen Regeln und Normen zur Verhütung, Verringerung und Überwachung der Verschmutzung der Meeresumwelt aus der Luft oder durch die Luft im Einklang mit allen diesbezüglichen internationalen Regeln und Normen betreffend die Sicherheit der Luftfahrt durchzuführen.

ABSCHNITT 7. SCHUTZBESTIMMUNGEN

Artikel 223
Maßnahmen zur Erleichterung der Verfahren

Ist nach diesem Teil ein Verfahren eingeleitet worden, so ergreifen die Staaten Maßnahmen zur Erleichterung der Anhörung von Zeugen und der Zulassung des Beweismaterials, das von Behörden eines anderen Staates oder von der zuständigen internationalen Organisation vorgelegt wird, und erleichtern die Teilnahme amtlicher Vertreter der zuständigen internationalen Organisation, des Flaggenstaats und jedes Staates, der von einer Verschmutzung auf Grund eines Verstoßes betroffen ist, an diesem Verfahren. Die an einem solchen Verfahren teilnehmenden amtlichen Vertreter haben alle Rechte und Pflichten, die ihnen nach innerstaatlichem Recht oder Völkerrecht zustehen.

Artikel 224
Ausübung von Durchsetzungsbefugnissen

Die Durchsetzungsbefugnisse gegenüber fremden Schiffen auf Grund dieses Teiles dürfen nur von amtlich beauftragten Personen oder von Kriegsschiffen, Militärluftfahrzeugen oder anderen Schiffen oder Luftfahrzeugen ausgeübt werden, die deutlich als im Staatsdienst stehend gekennzeichnet und als solche erkennbar sind und die hierzu befugt sind.

Artikel 225
Pflicht zur Vermeidung nachteiliger Folgen bei der Ausübung von Durchsetzungsbefugnissen

Bei der Ausübung ihrer Durchsetzungsbefugnisse gegenüber fremden Schiffen auf Grund dieses Übereinkommens dürfen die Staaten die Sicherheit der Schiffahrt nicht gefährden und ein Schiff nicht auf andere Weise gefährden oder zu einem unsicheren Hafen oder Ankerplatz bringen oder die Meeresumwelt einer unverhältnismäßig großen Gefahr aussetzen.

Artikel 226
Untersuchung fremder Schiffe

(1) a) Die Staaten dürfen ein fremdes Schiff nicht länger aufhalten, als es für die Zwecke der in den Artikeln 216, 218 und 220 vorgesehenen Untersuchungen unerläßlich ist. Jede Überprüfung an Bord eines fremden Schiffes hat sich auf eine Prüfung der Zeugnisse, Aufzeichnungen und sonstigen Dokumente zu beschränken, die das Schiff nach allgemein anerkannten internationalen Regeln und Normen mitführen muß, oder auf die Prüfung ähnlicher mitgeführter Dokumente; eine weitergehende Überprüfung an Bord des Schiffes darf nur nach einer solchen Prüfung und nur dann vorgenommen werden, wenn

i) eindeutige Gründe für die Annahme bestehen, daß der Zustand des Schiffes oder seiner Ausrüstung in wesentlichen Punkten den Angaben dieser Dokumente nicht entspricht;

ii) der Inhalt dieser Dokumente nicht ausreicht, um einen mutmaßlichen Verstoß zu bestätigen oder nachzuweisen oder

iii) das Schiff keine gültigen Zeugnisse und Aufzeichnungen mitführt.

b) Ergibt die Untersuchung, daß ein Verstoß gegen die anwendbaren Gesetze und sonstigen Vorschriften oder internationale Regeln und Normen zum Schutz und zur Bewahrung der Meeresumwelt vorliegt, so wird das Schiff in Anwendung angemessener Verfahren, wie der Hinterlegung einer Kaution oder der Leistung einer anderen geeigneten finanziellen Sicherheit, sofort freigegeben.

c) Unbeschadet der anwendbaren internationalen Regeln und Normen über die Seetüchtigkeit von Schiffen kann die Freigabe eines Schiffes, wenn sie eine unverhältnismäßig große Gefahr einer Schädigung der Meeresumwelt darstellen würde, verweigert oder davon abhängig gemacht werden, daß das Schiff die nächstgelegene geeignete Reparaturwerft anläuft. Wird die Freigabe verweigert oder von Bedingungen abhängig gemacht, so muß der Flaggenstaat des Schiffes sofort benachrichtigt werden; er kann in Übereinstimmung mit Teil XV die Freigabe des Schiffes zu erreichen suchen.

(2) Die Staaten arbeiten bei der Entwicklung von Verfahren zur Vermeidung unnötiger Überprüfungen an Bord von Schiffen auf See zusammen.

Artikel 227
Nichtdiskriminierung in bezug auf fremde Schiffe

Bei der Ausübung ihrer Rechte und der Erfüllung ihrer Pflichten aus diesem Teil dürfen die Staaten die Schiffe eines anderen Staates rechtlich oder tatsächlich nicht diskriminieren.

Artikel 228
Aussetzung und Beschränkungen im Fall von Strafverfahren

(1) Ein Verfahren zur Ahndung eines Verstoßes gegen die anwendbaren Gesetze und sonstigen Vorschriften oder internationale Regeln und Normen zur Verhütung, Verringerung und Überwachung der Verschmutzung durch Schiffe, den ein fremdes Schiff außerhalb des Küstenmeers des das Verfahren einleitenden Staates begangen hat, wird ausgesetzt, wenn der Flaggenstaat innerhalb von sechs Monaten nach Einleitung des ersten Verfahrens selbst ein Verfahren zur Ahndung desselben Verstoßes einleitet, sofern sich das erste Verfahren nicht auf eine schwere Schädigung des Küstenstaats bezieht oder der betreffende Flaggenstaat wiederholt seine Verpflichtung mißachtet hat, die anwendbaren internationalen Regeln und Normen in bezug auf die von seinen Schiffen begangenen Verstöße wirksam durchzusetzen. Hat der Flaggenstaat die Aussetzung des Verfahrens in Übereinstimmung mit diesem Artikel verlangt, so stellt er dem Staat, der zuvor das Verfahren eingeleitet hat, zu gegebener Zeit die vollständigen Unterlagen des Falles und die Verhandlungsprotokolle zur Verfügung. Ist das vom Flaggenstaat eingeleitete Verfahren zum Abschluß gebracht worden, so wird das ausgesetzte Verfahren eingestellt. Nach Zahlung der Verfahrenskosten wird jede im Zusammenhang mit dem ausgesetzten Verfahren hinterlegte Kaution oder andere finanzielle Sicherheit vom Küstenstaat freigegeben.

(2) Ein Verfahren gegen ein fremdes Schiff zur Ahndung von Verstößen darf nicht mehr eingeleitet werden, wenn seit dem Tag, an dem der Verstoß begangen wurde, drei Jahre vergangen sind; ein Verfahren darf auch dann nicht von einem Staat eingeleitet werden, wenn ein anderer Staat unter Beachtung des Absatzes 1 ein Verfahren eingeleitet hat.

(3) Dieser Artikel berührt nicht das Recht des Flaggenstaats, ungeachtet früherer Verfahren seitens eines anderen Staates nach seinen eigenen Gesetzen Maßnahmen einschließlich eines Verfahrens zur Ahndung von Verstößen zu ergreifen.

Artikel 229
Einleitung zivilgerichtlicher Verfahren

Dieses Übereinkommen berührt nicht das Recht auf Einleitung eines zivilgerichtlichen Verfahrens wegen einer Forderung aus Verlusten oder Schäden, die durch Verschmutzung der Meeresumwelt entstanden sind.

Artikel 230
Geldstrafen und Wahrung der anerkannten Rechte des Angeklagten

(1) Bei Verstößen von fremden Schiffen außerhalb des Küstenmeers gegen innerstaatliche Gesetze und sonstige Vorschriften oder anwendbare internationale Regeln und Normen zur Verhütung, Verringerung und Überwachung der Verschmutzung der Meeresumwelt dürfen nur Geldstrafen verhängt werden.

(2) Bei Verstößen von fremden Schiffen im Küstenmeer gegen innerstaatliche Gesetze und sonstige Vorschriften oder anwendbare internationale Regeln und Normen zur Verhütung, Verringerung und Überwachung der Verschmutzung der Meeresumwelt dürfen nur Geldstrafen verhängt werden, ausgenommen im Fall einer vorsätzlichen schweren Verschmutzungshandlung im Küstenmeer.

(3) Bei der Durchführung eines Verfahrens wegen solcher von einem fremden Schiff begangener Verstöße, die zur Verhängung von Strafen führen können, sind die anerkannten Rechte des Angeklagten zu wahren.

Artikel 231
Benachrichtigung des Flaggenstaats und anderer betroffener Staaten

Die Staaten benachrichtigen den Flaggenstaat und jeden anderen betroffenen Staat umgehend von allen nach Abschnitt 6 gegen fremde Schiffe ergriffenen Maßnahmen und legen dem Flaggenstaat alle amtlichen Berichte über diese Maßnahmen vor. Bei Verstößen, die im Küstenmeer begangen wurden, ist der Küstenstaat an diese Verpflichtungen nur in bezug auf Maßnahmen gebunden, die im Verlauf eines Verfahrens ergriffen wurden. Die Diplomaten oder Konsularbeamten und, soweit möglich, die Schiffahrtsbehörde des Flaggenstaats werden sofort von allen nach Abschnitt 6 gegen ein fremdes Schiff ergriffenen Maßnahmen unterrichtet.

Artikel 232
Haftung der Staaten auf Grund von Durchsetzungsmaßnahmen

Die Staaten haften für ihnen zuzurechnende Schäden oder Verluste, die sich aus den nach Abschnitt 6 ergriffenen Maßnahmen ergeben, wenn diese Maßnahmen unrechtmäßig sind oder über die in Anbetracht der verfügbaren Informationen vernünftigerweise erforderlichen Maßnahmen hinausgehen. Die Staaten sehen den Rechtsweg zu ihren Gerichten für Klagen wegen solcher Schäden oder Verluste vor.

Artikel 233
Schutzbestimmungen in bezug auf Meerengen, die der internationalen Schiffahrt dienen

Die Abschnitte 5, 6 und 7 berühren nicht die Rechtsordnung von Meerengen, die der internationalen Schiffahrt dienen. Hat jedoch ein fremdes Schiff, das nicht in Abschnitt 10 genannt ist, einen Verstoß gegen die in Artikel 42 Absatz 1 Buchstaben a und b genannten Gesetze und sonstigen Vorschriften begangen, durch den ein schwerer Schaden für die Meeresumwelt der Meerengen entstanden ist oder zu entstehen droht, so können die Meerengenanliegerstaaten geeignete Durchsetzungsmaßnahmen ergreifen, wobei sie diesen Abschnitt sinngemäß beachten.

ABSCHNITT 8.
EISBEDECKTE GEBIETE

Artikel 234
Eisbedeckte Gebiete

Die Küstenstaaten haben das Recht, nichtdiskriminierende Gesetze und sonstige Vorschriften zur Verhütung, Verringerung und Überwachung der Meeresverschmutzung durch Schiffe in eisbedeckten Gebieten innerhalb der ausschließlichen Wirtschaftszone zu erlassen und durchzusetzen, wenn dort besonders strenge klimatische Bedingungen und das diese Gebiete während des größten Teiles des Jahres bedeckende Eis Hindernisse oder außergewöhnliche Gefahren für die Schiffahrt schaffen und die Verschmutzung der Meeresumwelt das ökologische Gleichgewicht ernstlich schädigen oder endgültig zerstören könnte. Diese Gesetze und sonstigen Vorschriften müssen die Schiffahrt sowie den Schutz und die Bewahrung der Meeresumwelt auf der Grundlage der besten verfügbaren wissenschaftlichen Angaben gebührend berücksichtigen.

ABSCHNITT 9.
VERANTWORTLICHKEIT UND HAFTUNG

Artikel 235
Verantwortlichkeit und Haftung

(1) Die Staaten sind für die Erfüllung ihrer internationalen Verpflichtungen betreffend den Schutz und die Bewahrung der Meeresumwelt verantwortlich. Sie haften in Übereinstimmung mit dem Völkerrecht.

(2) Die Staaten stellen sicher, daß in Übereinstimmung mit ihrem Rechtssystem der Rechtsweg für umgehende und angemessene Entschädigung oder sonstigen Ersatz für Schäden gegeben ist, die durch Verschmutzung der Meeresumwelt seitens ihrer Gerichtsbarkeit unterstehender natürlicher oder juristischer Personen verursacht wurden.

(3) Um eine umgehende und angemessene Entschädigung für alle durch Verschmutzung der Meeresumwelt verursachten Schäden zu gewährleisten, arbeiten die Staaten bei der Anwendung des geltenden Völkerrechts und der Weiterentwicklung des Völkerrechts betreffend die Verantwortlichkeit und Haftung bezüglich der Bewertung von Schäden, der Entschädigung und der Beilegung damit zusammenhängender Streitigkeiten sowie gegebenenfalls bei der Entwicklung von Kriterien und Verfahren für die Leistung einer angemessenen Entschädigung, wie etwa Pflichtversicherung oder Entschädigungsfonds, zusammen.

ABSCHNITT 10.
STAATENIMMUNITÄT

Artikel 236
Staatenimmunität

Die Bestimmungen dieses Übereinkommens über den Schutz und die Bewahrung der Meeresumwelt finden keine Anwendung auf Kriegsschiffe, Flottenhilfsschiffe oder sonstige Schiffe oder Luftfahrzeuge, die einem Staat gehören oder von ihm eingesetzt sind und die zum gegebenen Zeitpunkt im Staatsdienst ausschließlich für andere als Handelszwecke genutzt werden. Jedoch stellt jeder Staat durch geeignete Maßnahmen, die den Einsatz oder die Einsatzfähigkeit solcher ihm gehörender oder von ihm eingesetzter Schiffe oder Luftfahrzeuge nicht beeinträchtigen, sicher, daß diese, soweit zumutbar und durchführbar, in einer Weise betrieben werden, die mit dem Übereinkommen vereinbar ist.

ABSCHNITT 11.
VERPFLICHTUNGEN AUFGRUND ANDERER ÜBEREINKÜNFTE ÜBER DEN SCHUTZ UND DIE BEWAHRUNG DER MEERESUMWELT

Artikel 237
Verpflichtungen auf Grund anderer Übereinkünfte über den Schutz und die Bewahrung der Meeresumwelt

(1) Dieser Teil berührt weder die bestimmten Verpflichtungen, die Staaten auf Grund früher geschlossener besonderer Übereinkommen und Abkommen über den Schutz und die Bewahrung der Meeresumwelt übernommen haben, noch Übereinkünfte, die zur Ausgestaltung der in diesem Übereinkommen enthaltenen allgemeinen Grundsätze geschlossen werden können.

(2) Die von den Staaten auf Grund besonderer Übereinkünfte übernommenen bestimmten Verpflichtungen hinsichtlich des Schutzes und der Bewahrung der Meeresumwelt sollen in einer

Weise erfüllt werden, die mit den allgemeinen Grundsätzen und Zielen dieses Übereinkommens vereinbar ist.

TEIL XIII

WISSENSCHAFTLICHE MEERESFORSCHUNG

ABSCHNITT 1. ALLGEMEINE BESTIMMUNGEN

Artikel 238

Recht auf wissenschaftliche Meeresforschung

Alle Staaten – ungeachtet ihrer geographischen Lage – und die zuständigen internationalen Organisationen haben das Recht, wissenschaftliche Meeresforschung zu betreiben, vorbehaltlich der in diesem Übereinkommen festgelegten Rechte und Pflichten anderer Staaten.

Artikel 239

Förderung der wissenschaftlichen Meeresforschung

Die Staaten und die zuständigen internationalen Organisationen fördern und erleichtern die Entwicklung und Durchführung der wissenschaftlichen Meeresforschung in Übereinstimmung mit diesem Übereinkommen.

Artikel 240

Allgemeine Grundsätze für die Durchführung der wissenschaftlichen Meeresforschung

Für die Durchführung der wissenschaftlichen Meeresforschung gelten folgende Grundsätze:

a) Die wissenschaftliche Meeresforschung darf nur für friedliche Zwecke betrieben werden;

b) die wissenschaftliche Meeresforschung wird mit den geeigneten wissenschaftlichen Methoden und Mitteln betrieben, die mit diesem Übereinkommen vereinbar sind;

c) die wissenschaftliche Meeresforschung darf die sonstige rechtmäßige, mit diesem Übereinkommen zu vereinbarende Nutzung des Meeres nicht ungerechtfertigt beeinträchtigen; sie wird bei dieser Nutzung gebührend berücksichtigt;

d) die wissenschaftliche Meeresforschung wird in Übereinstimmung mit allen diesbezüglichen, im Einklang mit diesem Übereinkommen erlassenen Vorschriften, einschließlich derjenigen zum Schutz und zur Bewahrung der Meeresumwelt, betrieben.

Artikel 241

Nichtanerkennung von Tätigkeiten der wissenschaftlichen Meeresforschung als Rechtsgrundlage für Ansprüche

Tätigkeiten der wissenschaftlichen Meeresforschung bilden keine Rechtsgrundlage für einen Anspruch auf irgendeinen Teil der Meeresumwelt oder ihrer Ressourcen.

ABSCHNITT 2. INTERNATIONALE ZUSAMMENARBEIT

Artikel 242

Förderung der internationalen Zusammenarbeit

(1) Die Staaten und die zuständigen internationalen Organisationen fördern in Übereinstimmung mit dem Grundsatz der Achtung der Souveränität und der Hoheitsbefugnisse sowie auf der Grundlage des gegenseitigen Nutzens die internationale Zusammenarbeit bei der wissenschaftlichen Meeresforschung für friedliche Zwecke.

(2) In diesem Zusammenhang und unbeschadet der Rechte und Pflichten der Staaten aus diesem Übereinkommen gibt ein Staat bei der Anwendung dieses Teiles gegebenenfalls anderen Staaten ausreichend Gelegenheit, von ihm oder unter seiner Mitwirkung die notwendigen Informationen zu erhalten, um Schäden an der Gesundheit und Sicherheit der Menschen sowie an der Meeresumwelt zu verhüten und einzudämmen.

Artikel 243

Schaffung günstiger Bedingungen

Die Staaten und die zuständigen internationalen Organisationen arbeiten durch den Abschluß zweiseitiger und mehrseitiger Übereinkünfte zusammen, um günstige Bedingungen für die Durchführung der wissenschaftlichen Meeresforschung in der Meeresumwelt zu schaffen und um die Bemühungen der Wissenschaftler bei der Untersuchung des Wesens der in der Meeresumwelt vorkommenden Erscheinungen und Vorgänge und ihrer Wechselbeziehungen zu vereinen.

Artikel 244

Veröffentlichung und Verbreitung von Informationen und Kenntnissen

(1) Die Staaten und die zuständigen internationalen Organisationen stellen in Übereinstimmung mit diesem Übereinkommen durch Veröffentlichung und Verbreitung auf geeigneten Wegen Informationen über die geplanten größeren Programme und ihre Ziele sowie die aus der wissenschaftlichen Meeresforschung gewonnenen Kenntnisse zur Verfügung.

(2) Zu diesem Zweck fördern die Staaten sowohl einzeln als auch in Zusammenarbeit mit anderen Staaten und mit den zuständigen internationalen Organisationen aktiv den Fluß wissenschaftlicher Daten und Informationen, die Weitergabe der aus der wissenschaftlichen Meeresforschung gewonnenen Kenntnisse vor allem an Entwicklungsstaaten sowie die Stärkung der Fähigkeit dieser Staaten, selbständig wissenschaftliche Meeresforschung zu betreiben, unter anderem durch Programme zur angemessenen Ausbildung und Schulung ihres technischen und wissenschaftlichen Personals.

ABSCHNITT 3.

DURCHFÜHRUNG UND FÖRDERUNG DER WISSENSCHAFTLICHEN MEERESFORSCHUNG

Artikel 245
Wissenschaftliche Meeresforschung im Küstenmeer

Die Küstenstaaten haben in Ausübung ihrer Souveränität das ausschließliche Recht, die wissenschaftliche Meeresforschung in ihrem Küstenmeer zu regeln, zu genehmigen und zu betreiben. Die wissenschaftliche Meeresforschung darf dort nur mit ausdrücklicher Zustimmung des Küstenstaats und zu den von ihm festgelegten Bedingungen betrieben werden.

Artikel 246
Wissenschaftliche Meeresforschung in der ausschließlichen Wirtschaftszone und auf dem Festlandsockel

(1) Die Küstenstaaten haben in Ausübung ihrer Hoheitsbefugnisse das Recht, die wissenschaftliche Meeresforschung in ihrer ausschließlichen Wirtschaftszone und auf ihrem Festlandsockel in Übereinstimmung mit den diesbezüglichen Bestimmungen dieses Übereinkommens zu regeln, zu genehmigen und zu betreiben.

(2) Die wissenschaftliche Meeresforschung in der ausschließlichen Wirtschaftszone und auf dem Festlandsockel wird mit Zustimmung des Küstenstaats betrieben.

(3) Unter normalen Umständen erteilen die Küstenstaaten ihre Zustimmung zu Vorhaben der wissenschaftlichen Meeresforschung anderer Staaten oder zuständiger internationaler Organisationen in ihrer ausschließlichen Wirtschaftszone oder auf ihrem Festlandsockel, die in Übereinstimmung mit diesem Übereinkommen für ausschließlich friedliche Zwecke und zur Erweiterung der wissenschaftlichen Kenntnisse über die Meeresumwelt zum Nutzen der gesamten Menschheit durchzuführen sind. Zu diesem Zweck stellen die Küstenstaaten Regeln und Verfahren auf, durch die sichergestellt wird, daß diese Zustimmung nicht unangemessen verzögert oder mißbräuchlich verweigert wird.

(4) Für die Anwendung des Absatzes 3 können normale Umstände auch dann gegeben sein, wenn zwischen dem Küstenstaat und dem Forschungsstaat diplomatische Beziehungen fehlen.

(5) Die Küstenstaaten können jedoch nach eigenem Ermessen ihre Zustimmung zur Durchführung eines Vorhabens der wissenschaftlichen Meeresforschung durch einen anderen Staat oder eine zuständige internationale Organisation in ihrer ausschließlichen Wirtschaftszone oder auf ihrem Festlandsockel versagen, wenn das Vorhaben

a) von unmittelbarer Bedeutung für die Erforschung und Ausbeutung der lebenden oder nichtlebenden Ressourcen ist;

b) Bohrungen im Festlandsockel, die Verwendung von Sprengstoffen oder die Zuführung von Schadstoffen in die Meeresumwelt vorsieht;

c) die Errichtung, den Betrieb oder die Nutzung der in den Artikeln 60 und 80 genannten künstlichen Inseln, Anlagen und Bauwerke vorsieht;

d) nach Artikel 248 übermittelte Informationen über Art und Ziele des Vorhabens enthält, die unzutreffend sind, oder wenn der Staat oder die zuständige internationale Organisation, welche die Forschung betreiben, aus einem früheren Forschungsvorhaben herrührende Verpflichtungen gegenüber dem Küstenstaat nicht erfüllt hat.

(6) Ungeachtet des Absatzes 5 dürfen die Küstenstaaten ihr Ermessen nicht so ausüben, daß sie ihre Zustimmung nach Buchstabe a jenes Absatzes für Vorhaben der wissenschaftlichen Meeresforschung versagen, die in Übereinstimmung mit diesem Teil auf dem Festlandsockel jenseits von 200 Seemeilen von den Basislinien, von denen aus die Breite des Küstenmeers gemessen wird, außerhalb der bestimmten Gebiete durchgeführt werden sollen, welche die Küstenstaaten jederzeit öffentlich als Gebiete bezeichnen können, in denen auf diese Gebiete bezogene Ausbeutung oder eingehende Aufsuchungsarbeiten erfolgen oder innerhalb einer angemessenen Frist erfolgen werden. Die Küstenstaaten geben die von ihnen bezeichneten Gebiete und alle sich auf sie beziehenden Änderungen innerhalb einer angemessenen Frist bekannt; sie sind jedoch nicht verpflichtet, Einzelheiten der dort durchgeführten Arbeiten bekanntzugeben.

(7) Absatz 6 berührt nicht die Rechte der Küstenstaaten am Festlandsockel nach Artikel 77.

(8) Die in diesem Artikel genannten Tätigkeiten der wissenschaftlichen Meeresforschung dürfen die Tätigkeiten, die von den Küstenstaaten in Ausübung ihrer in diesem Übereinkommen vorgesehenen souveränen Rechte und Hoheitsbefug-

nisse durchgeführt werden, nicht ungerechtfertigt behindern.

Artikel 247
Vorhaben der wissenschaftlichen Meeresforschung, die von internationalen Organisationen oder unter ihrer Schirmherrschaft durchgeführt werden

Die Genehmigung eines Küstenstaats, der Mitglied einer internationalen Organisation ist oder eine zweiseitige Übereinkunft mit einer solchen Organisation geschlossen hat und in dessen ausschließlicher Wirtschaftszone oder auf dessen Festlandsockel diese Organisation beabsichtigt, ein Vorhaben der wissenschaftlichen Meeresforschung selbst durchzuführen oder unter ihrer Schirmherrschaft durchführen zu lassen, gilt bezüglich des Vorhabens als erteilt, das entsprechend den vereinbarten Einzelheiten durchgeführt werden soll, sofern der Küstenstaat das Vorhaben in allen Einzelheiten billigte, als die Organisation die Durchführung des Vorhabens beschloß, oder sofern er zur Teilnahme daran bereit ist und nicht binnen vier Monaten nach dem Zeitpunkt, zu dem die Organisation ihn von dem Vorhaben unterrichtet hat, dagegen Einspruch erhebt.

Artikel 248
Informationspflicht gegenüber dem Küstenstaat

Die Staaten und die zuständigen internationalen Organisationen, die wissenschaftliche Meeresforschung in der ausschließlichen Wirtschaftszone oder auf dem Festlandsockel eines Küstenstaats zu betreiben beabsichtigen, unterbreiten diesem Staat mindestens sechs Monate vor dem vorgesehenen Beginn des Vorhabens der wissenschaftlichen Meeresforschung vollständige Angaben über

a) die Art und die Ziele des Vorhabens;

b) die Methode und die Mittel, die angewendet werden sollen, einschließlich des Namens, des Raumgehalts, des Typs und der Klasse der Schiffe und eine Beschreibung der wissenschaftlichen Ausrüstung;

c) die genauen geographischen Gebiete, in denen das Vorhaben durchgeführt werden soll;

d) das vorgesehene Datum des ersten Eintreffens und der endgültigen Abfahrt der Forschungsschiffe beziehungsweise des Aufstellens und der Entfernung der Ausrüstung;

e) den Namen der das Vorhaben befürwortenden Institution, ihres Leiters und der für das Vorhaben verantwortlichen Person und

f) das Ausmaß, in dem sich der Küstenstaat voraussichtlich an dem Vorhaben beteiligen oder dabei vertreten lassen kann.

Artikel 249
Pflicht zur Erfüllung bestimmter Auflagen

(1) Die Staaten und die zuständigen internationalen Organisationen erfüllen bei der Durchführung der wissenschaftlichen Meeresforschung in der ausschließlichen Wirtschaftszone oder auf dem Festlandsockel eines Küstenstaats folgende Auflagen:

a) Sie stellen das Recht des Küstenstaats sicher, auf Wunsch an dem Vorhaben der wissenschaftlichen Meeresforschung teilzunehmen oder dabei vertreten zu sein, insbesondere, soweit dies möglich ist, an Bord von Forschungsschiffen und sonstigen Fahrzeugen oder auf wissenschaftlichen Forschungsanlagen, und zwar ohne Zahlung einer Vergütung an die Wissenschaftler des Küstenstaats und ohne Verpflichtung für diesen, sich an den Kosten des Vorhabens zu beteiligen;

b) sie stellen dem Küstenstaat auf dessen Ersuchen so bald wie möglich vorläufige Berichte und nach Abschluß der Forschungsarbeiten die endgültigen Ergebnisse und Schlußfolgerungen zur Verfügung;

c) sie verpflichten sich, dem Küstenstaat auf dessen Ersuchen Zugang zu allen aus dem Vorhaben der wissenschaftlichen Meeresforschung gewonnenen Daten und Proben zu gewähren sowie ihm Daten, die vervielfältigt werden können, und Proben, die ohne Beeinträchtigung ihres wissenschaftlichen Wertes geteilt werden können, zur Verfügung zu stellen;

d) sie stellen dem Küstenstaat auf dessen Ersuchen eine Beurteilung dieser Daten, Proben und Forschungsergebnisse zur Verfügung oder unterstützen ihn bei ihrer Beurteilung oder Auslegung;

e) sie stellen vorbehaltlich des Absatzes 2 sicher, daß die Forschungsergebnisse so bald wie möglich auf geeigneten nationalen oder internationalen Wegen international zugänglich gemacht werden;

f) sie teilen dem Küstenstaat sofort jede größere Änderung im Forschungsprogramm mit;

g) sie entfernen, wenn nichts anderes vereinbart ist, die Anlagen oder Ausrüstungen für die wissenschaftliche Forschung, sobald die Forschungsarbeiten abgeschlossen sind.

(2) Dieser Artikel berührt nicht die durch Gesetze und sonstige Vorschriften des Küstenstaats festgelegten Bedingungen für die Ausübung seines Ermessens, nach Artikel 246 Absatz 5 die Zustimmung zu erteilen oder zu versagen, einschließlich der Verpflichtung, sein vorheriges Einverständnis einzuholen, um die Forschungsergebnisse eines Vorhabens, das von unmittelbarer Bedeutung für die Erforschung und Ausbeutung von Ressourcen ist, international zugänglich zu machen.

Artikel 250
Mitteilungen über Vorhaben der wissenschaftlichen Meeresforschung

Mitteilungen über Vorhaben der wissenschaftlichen Meeresforschung erfolgen auf geeigneten amtlichen Wegen, sofern nichts anderes vereinbart ist.

Artikel 251
Allgemeine Kriterien und Richtlinien

Die Staaten bemühen sich, durch die zuständigen internationalen Organisationen die Aufstellung allgemeiner Kriterien und Richtlinien zu fördern, um den Staaten bei der Bestimmung der Art und der Folgen der wissenschaftlichen Meeresforschung zu helfen.

Artikel 252
Stillschweigende Zustimmung

Die Staaten oder die zuständigen internationalen Organisationen können mit einem Vorhaben der wissenschaftlichen Meeresforschung sechs Monate nach dem Tag beginnen, an dem die nach Artikel 248 erforderlichen Informationen dem Küstenstaat zur Verfügung gestellt wurden, sofern dieser Staat nicht innerhalb von vier Monaten nach Eingang der Informationen dem Staat oder der Organisation, welche die Forschung betreiben, mitgeteilt hat,

a) daß er seine Zustimmung nach Artikel 246 versagt;

b) daß die von dem betreffenden Staat oder der betreffenden zuständigen internationalen Organisation übermittelten Informationen über die Art oder die Ziele des Vorhabens nicht den offensichtlichen Tatsachen entsprechen;

c) daß er zusätzliche Informationen bezüglich der in den Artikeln 248 und 249 vorgesehenen Auflagen und Informationen benötigt oder

d) daß Verpflichtungen hinsichtlich der Auflagen des Artikels 249 in bezug auf ein von diesem Staat oder dieser Organisation durchgeführtes früheres Vorhaben der wissenschaftlichen Meeresforschung noch nicht erfüllt sind.

Artikel 253
Unterbrechung oder Einstellung von Tätigkeiten der wissenschaftlichen Meeresforschung

(1) Der Küstenstaat hat das Recht, die Unterbrechung jeder in seiner ausschließlichen Wirtschaftszone oder auf seinem Festlandsockel bereits aufgenommenen Tätigkeit der wissenschaftlichen Meeresforschung zu verlangen,

a) wenn die Forschungstätigkeit nicht in Übereinstimmung mit den nach Artikel 248 übermittelten Informationen durchgeführt wird, auf die sich die Zustimmung des Küstenstaats stützte, oder

b) wenn der Staat oder die zuständige internationale Organisation, welche die Forschungstätigkeit durchführen, die Bestimmungen des Artikels 249 über die Rechte des Küstenstaats in bezug auf das Vorhaben der wissenschaftlichen Meeresforschung nicht einhält.

(2) Der Küstenstaat hat das Recht, bei Nichteinhaltung der Bestimmungen des Artikels 248, die zu einer größeren Änderung des Forschungsvorhabens oder der Forschungstätigkeit führt, die Einstellung aller Tätigkeiten der wissenschaftlichen Meeresforschung zu verlangen.

(3) Der Küstenstaat kann auch die Einstellung von Tätigkeiten der wissenschaftlichen Meeresforschung verlangen, wenn einer der in Absatz 1 genannten Umstände nicht innerhalb einer angemessenen Frist behoben ist.

(4) Nach Eingang der Notifikation des Küstenstaats über seinen Beschluß, die Unterbrechung oder Einstellung von Tätigkeiten der wissenschaftlichen Meeresforschung anzuordnen, beenden die zur Durchführung dieser Tätigkeiten befugten Staaten oder zuständigen internationalen Organisationen die Forschungstätigkeiten, die Gegenstand dieser Notifikation sind.

(5) Eine Anordnung auf Unterbrechung nach Absatz 1 wird vom Küstenstaat aufgehoben, und die Tätigkeiten der wissenschaftlichen Meeresforschung dürfen fortgeführt werden, sobald der Staat oder die zuständige internationale Organisation, welche die Forschung betreiben, die Auflagen nach den Artikeln 248 und 249 erfüllt hat.

Artikel 254
Rechte benachbarter Binnenstaaten und geographisch benachteiligter Staaten

(1) Die Staaten und die zuständigen internationalen Organisationen, die einem Küstenstaat ein Vorhaben der wissenschaftlichen Meeresforschung nach Artikel 246 Absatz 3 unterbreitet haben, unterrichten die benachbarten Binnenstaaten und geographisch benachteiligten Staaten von dem geplanten Forschungsvorhaben und teilen dies dem Küstenstaat mit.

(2) Nachdem der betreffende Küstenstaat in Übereinstimmung mit Artikel 246 und anderen einschlägigen Bestimmungen dieses Übereinkommens die Zustimmung zu dem geplanten Vorhaben der wissenschaftlichen Meeresforschung erteilt hat, stellen die Staaten und die zuständigen internationalen Organisationen, die das Vorhaben durchführen, den benachbarten Binnenstaaten und geographisch benachteiligten Staaten auf deren Ersuchen gegebenenfalls sachdienliche Informationen nach Maßgabe des Artikels 248 und

des Artikels 249 Absatz 1 Buchstabe f zur Verfügung.

(3) Die obengenannten benachbarten Binnenstaaten und geographisch benachteiligten Staaten erhalten auf ihr Ersuchen Gelegenheit, soweit es durchführbar ist, durch von ihnen benannte und vom Küstenstaat nicht abgelehnte befähigte Fachleute an dem geplanten Vorhaben der wissenschaftlichen Meeresforschung in Übereinstimmung mit den Auflagen teilzunehmen, die zwischen dem betreffenden Küstenstaat und dem Staat oder den zuständigen internationalen Organisationen, welche die wissenschaftliche Meeresforschung betreiben, im Einklang mit diesem Übereinkommen für das Vorhaben vereinbart worden sind.

(4) Die in Absatz 1 bezeichneten Staaten und zuständigen internationalen Organisationen stellen den obengenannten Binnenstaaten und geographisch benachteiligten Staaten auf ihr Ersuchen die Informationen und die Unterstützung nach Artikel 249 Absatz 1 Buchstabe d vorbehaltlich des Artikels 249 Absatz 2 zur Verfügung.

Artikel 255
Maßnahmen zur Erleichterung der wissenschaftlichen Meeresforschung und zur Unterstützung von Forschungsschiffen

Die Staaten bemühen sich, geeignete Regeln, Vorschriften und Verfahren zu erlassen, um die in Übereinstimmung mit diesem Übereinkommen außerhalb ihres Küstenmeers betriebene wissenschaftliche Meeresforschung zu fördern und zu erleichtern und um gegebenenfalls, vorbehaltlich ihrer Gesetze und sonstigen Vorschriften, den der wissenschaftlichen Meeresforschung dienenden Schiffen, welche die einschlägigen Bestimmungen dieses Teiles einhalten, den Zugang zu ihren Häfen zu erleichtern und die Unterstützung dieser Schiffe zu fördern.

Artikel 256
Wissenschaftliche Meeresforschung im Gebiet

Alle Staaten – ungeachtet ihrer geographischen Lage – und die zuständigen internationalen Organisationen haben das Recht, im Einklang mit Teil XI wissenschaftliche Meeresforschung im Gebiet zu betreiben.

Artikel 257
Wissenschaftliche Meeresforschung in der Wassersäule jenseits der Grenzen der ausschließlichen Wirtschaftszone

Alle Staaten – ungeachtet ihrer geographischen Lage – und die zuständigen internationalen Organisationen haben das Recht, im Einklang mit diesem Übereinkommen wissenschaftliche Meeresforschung in der Wassersäule jenseits der Grenzen der ausschließlichen Wirtschaftszone zu betreiben.

ABSCHNITT 4.
ANLAGEN UND AUSRÜSTUNGEN FÜR DIE WISSENSCHAFTLICHE FORSCHUNG IN DER MEERESUMWELT

Artikel 258
Aufstellung und Nutzung

Die Aufstellung und Nutzung von Anlagen oder Ausrüstungen jeder Art für die wissenschaftliche Forschung in irgendeinem Gebiet der Meeresumwelt unterliegen denselben Auflagen, die in diesem Übereinkommen für die Durchführung wissenschaftlicher Meeresforschung in einem solchen Gebiet vorgeschrieben sind.

Artikel 259
Rechtsstatus

Die in diesem Abschnitt bezeichneten Anlagen oder Ausrüstungen haben nicht den Status von Inseln. Sie haben kein eigenes Küstenmeer, und ihr Vorhandensein berührt nicht die Abgrenzung des Küstenmeers, der ausschließlichen Wirtschaftszone oder des Festlandsockels.

Artikel 260
Sicherheitszonen

Um die wissenschaftlichen Forschungsanlagen herum können in Übereinstimmung mit den diesbezüglichen Bestimmungen dieses Übereinkommens Sicherheitszonen mit einer angemessenen Breite von höchstens 500 Metern festgelegt werden. Alle Staaten stellen sicher, daß ihre Schiffe diese Sicherheitszonen beachten.

Artikel 261
Nichtbehinderung auf Schiffahrtswegen

Die Aufstellung und Nutzung von Anlagen oder Ausrüstungen jeder Art für die wissenschaftliche Forschung dürfen die Schiffahrt auf den international genutzten Schiffahrtswegen nicht behindern.

Artikel 262
Kennzeichnungen und Warnsignale

Die in diesem Abschnitt genannten Anlagen oder Ausrüstungen müssen Kennzeichnungen tragen, die angeben, in welchem Staat sie registriert sind oder welcher internationalen Organisation sie gehören; sie müssen mit geeigneten international vereinbarten Warnsignalen versehen sein, um die Sicherheit auf See und die Sicherheit der

Luftfahrt zu gewährleisten, wobei die von den zuständigen internationalen Organisationen aufgestellten Regeln und Normen berücksichtigt werden.

ABSCHNITT 5.
VERANTWORTLICHKEIT UND HAFTUNG

Artikel 263
Verantwortlichkeit und Haftung

(1) Die Staaten und die zuständigen internationalen Organisationen sind verpflichtet sicherzustellen, daß die von ihnen oder in ihrem Namen betriebene wissenschaftliche Meeresforschung in Übereinstimmung mit diesem Übereinkommen durchgeführt wird.

(2) Die Staaten und die zuständigen internationalen Organisationen sind für Maßnahmen verantwortlich und haftbar, die sie unter Verletzung dieses Übereinkommens hinsichtlich der von anderen Staaten, ihren natürlichen oder juristischen Personen oder von zuständigen internationalen Organisationen betriebenen wissenschaftlichen Meeresforschung ergreifen, und leisten Schadenersatz für die sich aus diesen Maßnahmen ergebenden Schäden.

(3) Die Staaten und die zuständigen internationalen Organisationen sind nach Artikel 235 für Schäden verantwortlich und haftbar, die durch Verschmutzung der Meeresumwelt infolge der von ihnen oder in ihrem Namen durchgeführten wissenschaftlichen Meeresforschung verursacht wurden.

ABSCHNITT 6.
BEILEGUNG VON STREITIGKEITEN UND EINSTWEILIGE MASSNAHMEN

Artikel 264
Beilegung von Streitigkeiten

Streitigkeiten über die Auslegung oder Anwendung der Bestimmungen dieses Übereinkommens über die wissenschaftliche Meeresforschung werden in Übereinstimmung mit Teil XV Abschnitte 2 und 3 beigelegt.

Artikel 265
Einstweilige Maßnahmen

Solange eine Streitigkeit nicht in Übereinstimmung mit Teil XV Abschnitte 2 und 3 beigelegt ist, gestattet der Staat oder die zuständige internationale Organisation, die zur Durchführung eines Vorhabens der wissenschaftlichen Meeresforschung befugt sind, nicht, daß Forschungstätigkeiten ohne ausdrückliche Zustimmung des betreffenden Küstenstaats begonnen oder fortgeführt werden.

TEIL XIV
ENTWICKLUNG UND WEITERGABE VON MEERESTECHNOLOGIE

ABSCHNITT 1.
ALLGEMEINE BESTIMMUNGEN

Artikel 266
Förderung der Entwicklung und Weitergabe von Meerestechnologie

(1) Die Staaten arbeiten, soweit es ihnen möglich ist, unmittelbar oder im Rahmen der zuständigen internationalen Organisationen zusammen, um die Entwicklung und Weitergabe von meereswissenschaftlichen Kenntnissen und von Meerestechnologie zu angemessenen und annehmbaren Bedingungen aktiv zu fördern.

(2) Die Staaten fördern die Entwicklung der meereswissenschaftlichen und -technologischen Leistungsfähigkeit der Staaten, die technische Hilfe auf diesem Gebiet benötigen und um diese ersuchen, insbesondere der Entwicklungsstaaten einschließlich der Binnenstaaten und der geographisch benachteiligten Staaten, im Hinblick auf die Erforschung, Ausbeutung, Erhaltung und Bewirtschaftung der Meeresressourcen, den Schutz und die Bewahrung der Meeresumwelt, die wissenschaftliche Meeresforschung und sonstige Tätigkeiten in der Meeresumwelt, die mit diesem Übereinkommen vereinbar sind, um den sozialen und wirtschaftlichen Fortschritt der Entwicklungsstaaten zu beschleunigen.

(3) Die Staaten bemühen sich, günstige wirtschaftliche und rechtliche Bedingungen für die Weitergabe von Meerestechnologie zum Nutzen aller Beteiligten auf gerechter Grundlage zu fördern.

Artikel 267
Schutz berechtigter Interessen

Die Staaten nehmen bei der Förderung der Zusammenarbeit nach Artikel 266 gebührend Rücksicht auf alle berechtigten Interessen, insbesondere auf die Rechte und Pflichten der Inhaber, Lieferer und Empfänger von Meerestechnologie.

Artikel 268
Grundlegende Ziele

Die Staaten fördern unmittelbar oder im Rahmen der zuständigen internationalen Organisationen

a) den Erwerb, die Auswertung und die Verbreitung meerestechnologischer Kenntnisse und erleichtern den Zugang zu den entsprechenden Informationen und Daten;

b) die Entwicklung geeigneter Meerestechnologie;

c) die Entwicklung der notwendigen technologischen Infrastruktur zur Erleichterung der Weitergabe von Meerestechnologie;

d) die Erschließung des Arbeitskräftepotentials durch Schulung und Ausbildung von Angehörigen der Entwicklungsstaaten und -länder, insbesondere von Staatsangehörigen der am wenigsten entwickelten unter ihnen;

e) die internationale Zusammenarbeit auf allen Ebenen, insbesondere im regionalen, subregionalen und zweiseitigen Rahmen.

Artikel 269
Maßnahmen zur Erreichung der grundlegenden Ziele

Um die in Artikel 268 genannten Ziele zu erreichen, bemühen sich die Staaten unmittelbar oder im Rahmen der zuständigen internationalen Organisationen unter anderem,

a) Programme der technischen Zusammenarbeit bei der wirksamen Weitergabe aller Arten von Meerestechnologie an Staaten aufzustellen, die technische Hilfe auf diesem Gebiet benötigen und um diese ersuchen, insbesondere an Binnenstaaten und geographisch benachteiligte Staaten, die Entwicklungsstaaten sind, sowie an andere Entwicklungsstaaten, die nicht in der Lage waren, ihre eigene technologische Kapazität im Bereich der Meereswissenschaft und der Erforschung und Ausbeutung der Meeresressourcen entweder zu schaffen oder auszubauen oder die Infrastruktur für eine solche Technologie zu entwickeln;

b) günstige Bedingungen für den Abschluß von Übereinkünften, Verträgen und anderen ähnlichen Vereinbarungen zu gerechten und annehmbaren Bedingungen zu fördern;

c) Konferenzen, Seminare und Symposien über wissenschaftliche und technologische Themen abzuhalten, insbesondere über Leitsätze und Methoden zur Weitergabe von Meerestechnologie;

d) den Austausch von Wissenschaftlern, Technologen und anderen Fachleuten zu fördern;

e) Vorhaben durchzuführen sowie gemeinschaftliche Unternehmungen und andere Formen der zweiseitigen und mehrseitigen Zusammenarbeit zu fördern.

ABSCHNITT 2.
INTERNATIONALE ZUSAMMENARBEIT

Artikel 270
Formen der internationalen Zusammenarbeit

Die internationale Zusammenarbeit bei der Entwicklung und Weitergabe von Meerestechnologie wird, soweit durchführbar und angebracht, im Rahmen bestehender zweiseitiger, regionaler oder mehrseitiger und auch erweiterter und neuer Programme durchgeführt, um die wissenschaftliche Meeresforschung, die Weitergabe von Meerestechnologie insbesondere in neuen Bereichen sowie eine angemessene internationale Finanzierung der Erforschung und Erschließung der Meere zu erleichtern.

Artikel 271
Richtlinien, Kriterien und Normen

Die Staaten fördern unmittelbar oder im Rahmen der zuständigen internationalen Organisationen die Festlegung allgemein anerkannter Richtlinien, Kriterien und Normen für die Weitergabe von Meerestechnologie auf zweiseitiger Grundlage oder im Rahmen internationaler Organisationen und anderer Gremien, wobei insbesondere den Interessen und Bedürfnissen der Entwicklungsstaaten Rechnung getragen wird.

Artikel 272
Koordinierung internationaler Programme

Im Bereich der Weitergabe von Meerestechnologie bemühen sich die Staaten sicherzustellen, daß die zuständigen internationalen Organisationen ihre Tätigkeiten einschließlich regionaler oder weltweiter Programme koordinieren, wobei den Interessen und Bedürfnissen der Entwicklungsstaaten, insbesondere der Binnenstaaten und der geographisch benachteiligten Staaten, Rechnung getragen wird.

Artikel 273
Zusammenarbeit mit internationalen Organisationen und der Behörde

Die Staaten arbeiten mit den zuständigen internationalen Organisationen und der Behörde aktiv zusammen, um die Weitergabe der sich auf Tätigkeiten im Gebiet beziehenden Fertigkeiten und Meerestechnologie an Entwicklungsstaaten und ihre Angehörigen und an das Unternehmen zu fördern und zu erleichtern.

Artikel 274
Ziele der Behörde

Vorbehaltlich aller berechtigten Interessen, unter anderem der Rechte und Pflichten der Inhaber, Lieferer und Empfänger von Technologie, stellt die Behörde im Hinblick auf Tätigkeiten im Gebiet sicher,

a) daß Angehörige von Entwicklungsstaaten, ob Küsten- oder Binnenstaaten oder geographisch benachteiligte Staaten, nach dem Grundsatz einer gerechten geographischen Verteilung als Mitglieder des für ihre Unternehmungen eingestellten

Führungs- Forschungs- und Fachpersonals ausgebildet werden;

b) daß die Fachdokumentation über verwendete Ausrüstungen, Maschinen, Geräte und Verfahren allen Staaten, insbesondere Entwicklungsstaaten, die technische Hilfe in diesem Bereich benötigen und darum ersuchen, zur Verfügung gestellt wird;

c) daß sie angemessene Vorkehrungen trifft, um den Erwerb technischer Hilfe im Bereich der Meerestechnologie durch Staaten, die sie benötigen und darum ersuchen, insbesondere Entwicklungsstaaten, und den Erwerb der erforderlichen Fertigkeiten und Fachkenntnisse einschließlich einer Berufsausbildung durch ihre Angehörigen zu erleichtern;

d) daß den Staaten, die technische Hilfe in diesem Bereich benötigen und darum ersuchen, insbesondere Entwicklungsstaaten, im Rahmen der in diesem Übereinkommen vorgesehenen finanziellen Regelungen geholfen wird, die erforderlichen Ausrüstungen, Verfahren, Anlagen und technischen Fachkenntnisse zu erwerben.

ABSCHNITT 3.
NATIONALE UND REGIONALE ZENTREN FÜR MEERESWISSENSCHAFT UND -TECHNOLOGIE

Artikel 275
Errichtung nationaler Zentren

(1) Die Staaten fördern unmittelbar oder im Rahmen der zuständigen internationalen Organisationen und der Behörde die Errichtung nationaler meereswissenschaftlicher und -technologischer Forschungszentren und die Stärkung bestehender nationaler Zentren, insbesondere in Küstenstaaten, die Entwicklungsstaaten sind, um die Durchführung wissenschaftlicher Meeresforschung durch diese Staaten anzuregen und voranzutreiben und ihre nationalen Fähigkeiten zur Nutzung und Bewahrung ihrer Meeresressourcen zu ihrem wirtschaftlichen Nutzen zu erhöhen.

(2) Die Staaten leisten im Rahmen der zuständigen internationalen Organisationen und der Behörde angemessene Unterstützung, um die Errichtung und Stärkung dieser nationalen Zentren zu erleichtern, damit den Staaten, die solche Hilfe benötigen und darum ersuchen, die Möglichkeiten zur weiteren Ausbildung, die erforderlichen Ausrüstungen, Fertigkeiten und Fachkenntnisse sowie technische Fachleute zur Verfügung gestellt werden.

Artikel 276
Errichtung regionaler Zentren

(1) Die Staaten erleichtern in Koordination mit den zuständigen internationalen Organisationen, der Behörde und nationalen meereswissenschaftlichen und -technologischen Forschungseinrichtungen die Errichtung regionaler Forschungszentren für Meereswissenschaft und -technologie, insbesondere in Entwicklungsstaaten, um die Durchführung wissenschaftlicher Meeresforschung durch Entwicklungsstaaten anzuregen und voranzutreiben und die Weitergabe von Meerestechnologie zu fördern.

(2) Alle Staaten derselben Region arbeiten mit den regionalen Zentren zusammen, um eine möglichst wirksame Erfüllung ihrer Ziele sicherzustellen.

Artikel 277
Aufgaben der regionalen Zentren

Zu den Aufgaben solcher regionalen Zentren gehören unter anderem

a) Schulungs- und Ausbildungsprogramme auf allen Ebenen über verschiedene Aspekte der meereswissenschaftlichen und -technologischen Forschung, insbesondere der Meeresbiologie, einschließlich der Erhaltung und Bewirtschaftung der lebenden Ressourcen, der Ozeanographie, der Hydrographie, des Ingenieurwesens, der geologischen Erforschung des Meeresbodens, der Bergbau- und Entsalzungstechnologien;

b) Untersuchungen über die Bewirtschaftung;

c) Studienprogramme betreffend den Schutz und die Bewahrung der Meeresumwelt sowie die Verhütung, Verringerung und Überwachung der Verschmutzung;

d) Veranstaltung regionaler Konferenzen, Seminare und Symposien;

e) Sammlung und Verarbeitung meereswissenschaftlicher und -technologischer Daten und Informationen;

f) umgehende Verbreitung der Ergebnisse meereswissenschaftlicher und -technologischer Forschung in leicht zugänglichen Veröffentlichungen;

g) Verbreitung von Informationen über nationale Leitsätze hinsichtlich der Weitergabe von Meerestechnologie und systematische vergleichende Untersuchungen dieser Leitsätze;

h) Zusammenstellung und Systematisierung von Informationen über die Vermarktung von Technologie und über Verträge und sonstige Regelungen betreffend Patente;

i) technische Zusammenarbeit mit anderen Staaten der Region.

ABSCHNITT 4.
ZUSAMMENARBEIT ZWISCHEN INTERNATIONALEN ORGANISATIONEN

Artikel 278
Zusammenarbeit zwischen internationalen Organisationen

Die in diesem Teil und in Teil XIII genannten zuständigen internationalen Organisationen ergreifen alle geeigneten Maßnahmen, um entweder unmittelbar oder in enger Zusammenarbeit untereinander die wirksame Wahrnehmung ihrer Aufgaben und Verantwortlichkeiten nach diesem Teil sicherzustellen.

TEIL XV
BEILEGUNG VON STREITIGKEITEN

ABSCHNITT 1.
ALLGEMEINE BESTIMMUNGEN

Artikel 279
Verpflichtung zur Beilegung von Streitigkeiten durch friedliche Mittel

Die Vertragsstaaten legen alle zwischen ihnen entstehenden Streitigkeiten über die Auslegung oder Anwendung dieses Übereinkommens durch friedliche Mittel in Übereinstimmung mit
Artikel 2 Absatz 3 der Satzung der Vereinten Nationen bei und bemühen sich zu diesem Zweck um eine Lösung durch die in Artikel 33 Absatz 1 der Satzung genannten Mittel.

Artikel 280
Beilegung von Streitigkeiten durch die von den Parteien gewählten friedlichen Mittel

Dieser Teil beeinträchtigt nicht das Recht der Vertragsstaaten, jederzeit zu vereinbaren, eine zwischen ihnen entstehende Streitigkeit über die Auslegung oder Anwendung dieses Übereinkommens durch friedliche Mittel eigener Wahl beizulegen.

Artikel 281
Verfahren für den Fall, daß keine Beilegung durch die Parteien erzielt worden ist

(1) Haben Vertragsstaaten, die Parteien einer Streitigkeit über die Auslegung oder Anwendung dieses Übereinkommens sind, vereinbart, deren Beilegung durch ein friedliches Mittel eigener Wahl anzustreben, so finden die in diesem Teil vorgesehenen Verfahren nur Anwendung, wenn eine Beilegung durch dieses Mittel nicht erzielt worden ist und wenn die Vereinbarung zwischen den Parteien ein weiteres Verfahren nicht ausschließt.

(2) Haben die Parteien auch eine Frist vereinbart, so gilt Absatz 1 erst nach Ablauf dieser Frist.

Artikel 282
Verpflichtungen aus allgemeinen, regionalen oder zweiseitigen Übereinkünften

Haben Vertragsstaaten, die Parteien einer Streitigkeit über die Auslegung oder Anwendung dieses Übereinkommens sind, im Rahmen einer allgemeinen, regionalen oder zweiseitigen Übereinkunft oder auf andere Weise vereinbart, eine solche Streitigkeit auf Antrag einer der Streitparteien einem Verfahren zu unterwerfen, das zu einer bindenden Entscheidung führt, so findet dieses Verfahren anstelle der in diesem Teil vorgesehenen Verfahren Anwendung, sofern die Streitparteien nichts anderes vereinbaren.

Artikel 283
Verpflichtung zum Meinungsaustausch

(1) Entsteht zwischen Vertragsstaaten eine Streitigkeit über die Auslegung oder Anwendung dieses Übereinkommens, so nehmen die Streitparteien umgehend einen Meinungsaustausch über die Beilegung der Streitigkeit durch Verhandlung oder andere friedliche Mittel auf.

(2) Die Parteien nehmen auch dann umgehend einen Meinungsaustausch auf, wenn ein Verfahren zur Beilegung einer solchen Streitigkeit ohne Beilegung beendet worden ist oder wenn eine Beilegung zwar erzielt worden ist, aber die Umstände Konsultationen über die Art ihrer Durchführung erforderlich machen.

Artikel 284
Vergleich

(1) Jeder Vertragsstaat, der Partei einer Streitigkeit über die Auslegung oder Anwendung dieses Übereinkommens ist, kann die andere Partei oder die anderen Parteien auffordern, die Streitigkeit einem Vergleichsverfahren in Übereinstimmung mit Anlage V Abschnitt 1 oder einem anderen Vergleichsverfahren zu unterwerfen.

(2) Wird der Aufforderung entsprochen und einigen sich die Parteien über das anzuwendende Vergleichsverfahren, so kann jede Partei die Streitigkeit diesem Verfahren unterwerfen.

(3) Wird der Aufforderung nicht entsprochen oder einigen sich die Parteien nicht über das Verfahren, so gilt das Vergleichsverfahren als beendet.

(4) Ist eine Streitigkeit einem Vergleichsverfahren unterworfen worden, so kann dieses nur in Übereinstimmung mit dem vereinbarten Vergleichsverfahren beendet werden, sofern die Parteien nichts anderes vereinbaren.

Artikel 285
Anwendung dieses Abschnitts auf nach Teil XI unterbreitete Streitigkeiten

Dieser Abschnitt findet auf jede Streitigkeit Anwendung, die auf Grund des Teiles XI Abschnitt 5 in Übereinstimmung mit den im vorliegenden Teil vorgesehenen Verfahren beizulegen ist. Ist ein Rechtsträger, der nicht Vertragsstaat ist, Partei einer solchen Streitigkeit, so findet der vorliegende Abschnitt sinngemäß Anwendung.

ABSCHNITT 2.

OBLIGATORISCHE VERFAHREN, DIE ZU BINDENDEN ENTSCHEIDUNGEN FÜHREN

Artikel 286
Anwendung der Verfahren nach diesem Abschnitt

Vorbehaltlich des Abschnitts 3 wird jede Streitigkeit über die Auslegung oder Anwendung dieses Übereinkommens, die nicht in Anwendung des Abschnitts 1 beigelegt worden ist, auf Antrag einer Streitpartei dem auf Grund des vorliegenden Abschnitts zuständigen Gerichtshof oder Gericht unterbreitet.

Artikel 287
Wahl des Verfahrens

(1) Einem Staat steht es frei, wenn er dieses Übereinkommen unterzeichnet, ratifiziert oder ihm beitritt, oder zu jedem späteren Zeitpunkt, durch eine schriftliche Erklärung eines oder mehrere der folgenden Mittel zur Beilegung von Streitigkeiten über die Auslegung oder Anwendung des Übereinkommens zu wählen:

a) den in Übereinstimmung mit Anlage VI errichteten Internationalen Seegerichtshof;

b) den Internationalen Gerichtshof;

c) ein in Übereinstimmung mit Anlage VII gebildetes Schiedsgericht;

d) ein in Übereinstimmung mit Anlage VIII für eine oder mehrere der dort aufgeführten Arten von Streitigkeiten gebildetes besonderes Schiedsgericht.

(2) Eine nach Absatz 1 abgegebene Erklärung berührt nicht die Verpflichtung eines Vertragsstaats, die Zuständigkeit der Kammer für Meeresbodenstreitigkeiten des Internationalen Seegerichtshofs in dem Umfang und in der Art anzuerkennen, wie in Teil XI Abschnitt 5 vorgesehen, noch wird sie durch eine solche Verpflichtung berührt.

(3) Ist ein Vertragsstaat Partei einer nicht von einer gültigen Erklärung erfaßten Streitigkeit, so wird angenommen, daß er dem Schiedsverfahren in Übereinstimmung mit Anlage VII zugestimmt hat.

(4) Haben die Streitparteien demselben Verfahren zur Beilegung der Streitigkeit zugestimmt, so kann sie nur diesem Verfahren unterworfen werden, sofern die Parteien nichts anderes vereinbaren.

(5) Haben die Streitparteien nicht demselben Verfahren zur Beilegung der Streitigkeit zugestimmt, so kann sie nur einem Schiedsverfahren in Übereinstimmung mit Anlage VII unterworfen werden, sofern die Parteien nichts anderes vereinbaren.

(6) Eine nach Absatz 1 abgegebene Erklärung bleibt noch drei Monate in Kraft, nachdem eine Mitteilung des Widerrufs beim Generalsekretär der Vereinten Nationen hinterlegt worden ist.

(7) Eine neue Erklärung, eine Mitteilung des Widerrufs oder das Außerkrafttreten einer Erklärung berührt nicht das anhängige Verfahren vor einem Gerichtshof oder einem Gericht, die auf Grund dieses Artikels zuständig sind, sofern die Parteien nichts anderes vereinbaren.

(8) Die in diesem Artikel genannten Erklärungen und Mitteilungen werden beim Generalsekretär der Vereinten Nationen hinterlegt; dieser übermittelt den Vertragsstaaten Abschriften davon.

Artikel 288

Zuständigkeit

(1) Ein Gerichtshof oder Gericht nach Artikel 287 ist für jede Streitigkeit über die Auslegung oder Anwendung dieses Übereinkommens zuständig, die ihm in Übereinstimmung mit diesem Teil unterbreitet wird.

(2) Ein Gerichtshof oder Gericht nach Artikel 287 ist auch für jede Streitigkeit zuständig, welche die Auslegung oder Anwendung einer mit den Zielen dieses Übereinkommens zusammenhängenden internationalen Übereinkunft betrifft und ihm in Übereinstimmung mit der Übereinkunft unterbreitet wird.

(3) Die Kammer für Meeresbodenstreitigkeiten des in Übereinstimmung mit Anlage VI errichteten Internationalen Seegerichtshofs und jede andere Kammer oder jedes andere Schiedsgericht nach Teil XI Abschnitt 5 sind für jede Angelegenheit zuständig, die ihnen in Übereinstimmung damit unterbreitet wird.

(4) Wird die Zuständigkeit eines Gerichtshofs oder Gerichts bestritten, so entscheidet der Gerichtshof oder das Gericht darüber.

Artikel 289
Sachverständige

Bei einer Streitigkeit über wissenschaftliche oder technische Angelegenheiten kann ein Gerichtshof oder Gericht in Ausübung seiner Zuständigkeit nach diesem Abschnitt – auf Antrag einer Partei oder von Amts wegen – in Konsultation mit den Parteien mindestens zwei wissenschaftliche oder technische Sachverständige vorzugsweise aus der maßgeblichen in Übereinstimmung mit Anlage VIII Artikel 2 aufgestellten Liste auswählen, die an der Verhandlung vor dem Gerichtshof oder Gericht ohne Stimmrecht teilnehmen.

Artikel 290
Vorläufige Maßnahmen

(1) Ist ein Gerichtshof oder Gericht, dem eine Streitigkeit ordnungsgemäß unterbreitet worden ist, der Auffassung, auf Grund dieses Teiles oder des Teiles XI Abschnitt 5 prima facie (nach dem ersten Anschein) zuständig zu sein, so kann der Gerichtshof oder das Gericht die vorläufigen Maßnahmen anordnen, die sie unter den gegebenen Umständen für erforderlich halten, um bis zur endgültigen Entscheidung die Rechte jeder Streitpartei zu sichern oder schwere Schäden für die Meeresumwelt zu verhindern.

(2) Vorläufige Maßnahmen können geändert oder widerrufen werden, sobald die Umstände, die sie rechtfertigen, sich geändert haben oder nicht mehr bestehen.

(3) Vorläufige Maßnahmen können auf Grund dieses Artikels nur auf Antrag einer Streitpartei und nur, nachdem die Parteien Gelegenheit zur Anhörung erhalten haben, angeordnet, geändert oder widerrufen werden.

(4) Der Gerichtshof oder das Gericht teilt den Streitparteien und, wenn der Gerichtshof oder das Gericht dies für angebracht hält, anderen Vertragsstaaten umgehend die Anordnung, die Änderung oder den Widerruf vorläufiger Maßnahmen mit.

(5) Bis zur Bildung eines auf Grund dieses Abschnitts mit einer Streitigkeit befaßten Schiedsgerichts kann ein von den Parteien einvernehmlich bestimmter Gerichtshof oder ein so bestimmtes Gericht oder, falls ein solches Einvernehmen nicht binnen zwei Wochen nach dem Tag der Beantragung vorläufiger Maßnahmen zustande kommt, der Internationale Seegerichtshof oder – bei Tätigkeiten im Gebiet – die Kammer für Meeresbodenstreitigkeiten vorläufige Maßnahmen in Übereinstimmung mit diesem Artikel anordnen, ändern oder widerrufen, sofern sie der Auffassung sind, daß das zu bildende Gericht prima facie (nach dem ersten Anschein) zuständig wäre und die Dringlichkeit der Lage dies erfordert. Das Gericht, dem die Streitigkeit unterbreitet worden ist, kann nach seiner Bildung diese vorläufigen Maßnahmen im Einklang mit den Absätzen 1 bis 4 ändern, widerrufen oder bestätigen.

(6) Die Streitparteien befolgen umgehend die auf Grund dieses Artikels angeordneten vorläufigen Maßnahmen.

Artikel 291
Zugang

(1) Den Vertragsstaaten stehen alle in diesem Teil aufgeführten Verfahren zur Beilegung von Streitigkeiten offen.

(2) Die in diesem Teil aufgeführten Verfahren zur Beilegung von Streitigkeiten stehen Rechtsträgern, die nicht Vertragsstaaten sind, nur so weit offen, wie in diesem Übereinkommen ausdrücklich vorgesehen.

Artikel 292
Sofortige Freigabe von Schiffen und Besatzungen

(1) Haben die Behörden eines Vertragsstaats ein Schiff zurückgehalten, das die Flagge eines anderen Vertragsstaats führt, und wird behauptet, daß der zurückhaltende Staat die Bestimmungen dieses Übereinkommens über die sofortige Freigabe des Schiffes oder seiner Besatzung nach Hinterlegung einer angemessenen Kaution oder anderen finanziellen Sicherheit nicht eingehalten hat, so kann die Frage der Freigabe einem von den Parteien einvernehmlich bestimmten Gerichtshof oder Gericht unterbreitet werden; kommt binnen 10 Tagen nach dem Zeitpunkt des Zurückhaltens kein Einvernehmen zustande, so kann die Frage einem Gerichtshof oder einem Gericht, dem der zurückhaltende Staat nach Artikel 287 zugestimmt hat, oder dem Internationalen Seegerichtshof unterbreitet werden, sofern die Parteien nichts anderes vereinbaren.

(2) Der Antrag auf Freigabe kann nur vom Flaggenstaat des Schiffes oder im Namen dieses Staates gestellt werden.

(3) Der Antrag auf Freigabe wird von dem Gerichtshof oder Gericht unverzüglich behandelt, wobei nur die Frage der Freigabe behandelt wird; die Sache selbst, deren Gegenstand das Schiff, sein Eigentümer oder seine Besatzung ist, wird dadurch bezüglich des Verfahrens vor der zuständigen innerstaatlichen Instanz nicht berührt. Die Behörden des zurückhaltenden Staates bleiben befugt, das Schiff oder seine Besatzung jederzeit freizugeben.

(4) Nach Hinterlegung der von dem Gerichtshof oder Gericht bestimmten Kaution oder anderen finanziellen Sicherheit führen die Behörden des zurückhaltenden Staates sofort die Entscheidung des Gerichtshofs oder Gerichts über die Freigabe des Schiffes oder seiner Besatzung aus.

Artikel 293
Anwendbares Recht

(1) Ein nach diesem Abschnitt zuständiger Gerichtshof oder ein so zuständiges Gericht wendet dieses Übereinkommen und sonstige mit dem Übereinkommen nicht unvereinbare Regeln des Völkerrechts an.

(2) Absatz 1 berührt nicht die Befugnis des auf Grund dieses Abschnitts zuständigen Gerichtshofs oder Gerichts, einen Fall ex aequo et bono zu entscheiden, sofern die Parteien dies vereinbaren.

Artikel 294
Vorverfahren

(1) Ein Gerichtshof oder Gericht nach Artikel 287, bei dem wegen einer in Artikel 297 genannten Streitigkeit eine Klageschrift eingereicht wird, entscheidet auf Ersuchen einer Partei oder kann von Amts wegen entscheiden, ob das Begehren eine mißbräuchliche Inanspruchnahme des Rechtswegs darstellt oder ob es prima facie (nach dem ersten Anschein) begründet ist. Entscheidet der Gerichtshof oder das Gericht, daß das Begehren eine mißbräuchliche Inanspruchnahme des Rechtswegs darstellt oder prima facie (nach dem ersten Anschein) unbegründet ist, so wird der Fall von ihm nicht weiter behandelt.

(2) Nach Eingang der Klageschrift unterrichtet der Gerichtshof oder das Gericht die andere Partei oder die anderen Parteien sofort von der Klageschrift und setzt eine angemessene Frist, innerhalb deren sie den Gerichtshof oder das Gericht ersuchen können, eine Entscheidung in Übereinstimmung mit Absatz 1 zu treffen.

(3) Dieser Artikel berührt nicht das Recht einer Streitpartei, in Übereinstimmung mit den anwendbaren Verfahrensregeln prozeßhindernde Einreden geltend zu machen.

Artikel 295
Erschöpfung der innerstaatlichen Rechtsmittel

Eine Streitigkeit zwischen Vertragsstaaten über die Auslegung oder Anwendung dieses Übereinkommens kann den in diesem Abschnitt vorgesehenen Verfahren nur dann unterworfen werden, wenn die innerstaatlichen Rechtsmittel entsprechend den Erfordernissen des Völkerrechts erschöpft sind.

Artikel 296
Endgültigkeit und Verbindlichkeit der Entscheidungen

(1) Jede Entscheidung, die von einem nach diesem Abschnitt zuständigen Gerichtshof oder Gericht getroffen wird, ist endgültig und wird von allen Streitparteien befolgt.

(2) Die Entscheidung ist nur für die Parteien und nur in bezug auf die betreffende Streitigkeit bindend.

ABSCHNITT 3.
GRENZEN UND AUSNAHMEN DER ANWENDBARKEIT DES ABSCHNITTS 2

Artikel 297
Grenzen der Anwendbarkeit des Abschnitts 2

(1) Streitigkeiten über die Auslegung oder Anwendung dieses Übereinkommens hinsichtlich der Ausübung der in dem Übereinkommen vorgesehenen souveränen Rechte oder Hoheitsbefugnisse durch einen Küstenstaat werden in folgenden Fällen den in Abschnitt 2 vorgesehenen Verfahren unterworfen:

a) wenn behauptet wird, daß ein Küstenstaat gegen die Bestimmungen dieses Übereinkommens hinsichtlich der Freiheiten und der Rechte der Schiffahrt, des Überflugs oder der Verlegung unterseeischer Kabel und Rohrleitungen oder hinsichtlich anderer völkerrechtlich zulässiger Nutzungen des Meeres nach Artikel 58 verstoßen hat;

b) wenn behauptet wird, daß ein Staat in Ausübung der genannten Freiheiten, Rechte oder Nutzungen gegen dieses Übereinkommen oder gegen Gesetze oder sonstige Vorschriften des Küstenstaats verstoßen hat, die dieser im Einklang mit dem Übereinkommen und sonstigen mit dem Übereinkommen nicht unvereinbaren Regeln des Völkerrechts erlassen hat, oder

c) wenn behauptet wird, daß ein Küstenstaat gegen bestimmte auf ihn anwendbare internationale Regeln und Normen zum Schutz und zur Bewahrung der Meeresumwelt verstoßen hat, die durch dieses Übereinkommen oder durch eine zuständige internationale Organisation oder eine diplomatische Konferenz in Übereinstimmung mit dem Übereinkommen festgelegt worden sind.

(2) a) Streitigkeiten über die Auslegung oder Anwendung dieses Übereinkommens hinsichtlich der wissenschaftlichen Meeresforschung werden in Übereinstimmung mit Abschnitt 2 beigelegt; der Küstenstaat ist jedoch nicht verpflichtet, zuzustimmen, daß einer solchen Beilegung eine Streitigkeit unterworfen wird, die sich ergibt

i) aus der Ausübung eines Rechts oder des Ermessens in Übereinstimmung mit Artikel 246 durch den Küstenstaat oder

ii) aus einem Beschluß des Küstenstaats, die Unterbrechung oder Einstellung eines Forschungsvorhabens in Übereinstimmung mit Artikel 253 anzuordnen.

b) Eine Streitigkeit, die sich aus einer Behauptung des Forschungsstaats ergibt, daß der Küstenstaat bei einem bestimmten Vorhaben die ihm nach den Artikeln 246 und 253 zustehenden Rechte nicht in einer Weise ausübt, die mit diesem Übereinkommen vereinbar ist, wird auf Antrag einer Partei dem Vergleichsverfahren nach Anlage V Abschnitt 2 unterworfen; jedoch darf die Vergleichskommission die Ausübung des Ermessens des Küstenstaats, nach Artikel 246 Absatz 6 bestimmte Gebiete zu bezeichnen oder in Übereinstimmung mit Artikel 246 Absatz 5 die Zustimmung zu versagen, nicht in Frage stellen.

(3) a) Streitigkeiten über die Auslegung oder Anwendung dieses Übereinkommens hinsichtlich der Fischerei werden in Übereinstimmung mit Abschnitt 2 beigelegt; der Küstenstaat ist jedoch nicht verpflichtet, zuzustimmen, daß einer solchen Beilegung eine Streitigkeit unterworfen wird, die seine souveränen Rechte oder deren Ausübung in bezug auf die lebenden Ressourcen seiner ausschließlichen Wirtschaftszone betrifft, einschließlich seiner Ermessensbefugnis, die zulässige Fangmenge, seine Fangkapazität, die Zuweisung von Überschüssen an andere Staaten sowie die in seinen Gesetzen und sonstigen Vorschriften über Erhaltung und Bewirtschaftung festgelegten Bedingungen zu bestimmen.

b) Falls eine Beilegung auf Grund des Abschnitts 1 nicht erzielt worden ist, wird eine Streitigkeit auf Antrag einer Streitpartei dem in Anlage V Abschnitt 2 vorgesehenen Vergleichsverfahren unterworfen, wenn behauptet wird,

i) daß ein Küstenstaat seine Verpflichtungen in offenkundiger Weise nicht eingehalten hat, durch geeignete Erhaltungs- und Bewirtschaftungsmaßnahmen sicherzustellen, daß der Fortbestand der lebenden Ressourcen in der ausschließlichen Wirtschaftszone nicht ernsthaft gefährdet wird,

ii) daß es ein Küstenstaat willkürlich abgelehnt hat, auf Ersuchen eines anderen Staates die zulässige Fangmenge und seine Kapazität zum Fang lebender Ressourcen in bezug auf Bestände festzulegen, an deren Fang dieser andere Staat interessiert ist, oder

iii) daß es ein Küstenstaat willkürlich abgelehnt hat, nach den Artikeln 62, 69 und 70 und den von ihm im Einklang mit diesem Übereinkommen festgelegten Bedingungen einem anderen Staat den Überschuß, der nach seiner Erklärung vorhanden ist, ganz oder zum Teil zuzuweisen.

c) In keinem Fall ersetzt die Vergleichskommission das Ermessen des Küstenstaats durch ihr eigenes.

d) Der Bericht der Vergleichskommission wird den geeigneten internationalen Organisationen übermittelt.

e) Beim Aushandeln der in den Artikeln 69 und 70 vorgesehenen Übereinkünfte nehmen die Vertragsstaaten, sofern sie nichts anderes vereinbaren, eine Bestimmung über die von ihnen zu ergreifenden Maßnahmen auf, um die Möglichkeit von Meinungsverschiedenheiten über die Auslegung oder Anwendung der Übereinkunft auf ein Mindestmaß zu beschränken, sowie über das von ihnen einzuschlagende Verfahren, falls dennoch Meinungsverschiedenheiten entstehen.

Artikel 298
Fakultative Ausnahmen der Anwendbarkeit des Abschnitts 2

(1) Ein Staat kann unbeschadet der Verpflichtungen aus Abschnitt 1, wenn er dieses Übereinkommen unterzeichnet, ratifiziert oder ihm beitritt, oder zu jedem späteren Zeitpunkt schriftlich erklären, daß er einem oder mehreren der in Abschnitt 2 vorgesehenen Verfahren in bezug auf eine oder mehrere der folgenden Arten von Streitigkeiten nicht zustimmt:

a) i) Streitigkeiten über die Auslegung oder Anwendung der Artikel 15, 74 und 83 betreffend die Abgrenzung von Meeresgebieten oder über historische Buchten oder historische Rechtstitel; jedoch stimmt ein Staat, der die Erklärung abgegeben hat, beim Entstehen einer solchen Streitigkeit nach Inkrafttreten dieses Übereinkommens und wenn innerhalb einer angemessenen Frist in Verhandlungen zwischen den Parteien keine Einigung erzielt wird, auf Antrag einer Streitpartei der Unterwerfung der Angelegenheit unter ein Vergleichsverfahren nach Anlage V Abschnitt 2 zu; jede Streitigkeit, die notwendigerweise die gleichzeitige Prüfung einer nicht beigelegten Streitigkeit betreffend die Souveränität oder andere Rechte über ein Festland- oder Inselgebiet umfaßt, ist von dieser Unterwerfung ausgenommen;

ii) nachdem die Vergleichskommission ihren Bericht vorgelegt hat, der mit Gründen zu versehen ist, handeln die Parteien auf seiner Grundlage eine Übereinkunft aus; führen diese Verhandlungen nicht zu einer Übereinkunft, so unterwerfen die Parteien die Frage im gegenseitigen Einvernehmen einem der in Abschnitt 2 vorgesehenen Verfahren, sofern sie nichts anderes vereinbaren;

iii) der vorliegende Buchstabe bezieht sich nicht auf Streitigkeiten über die Abgrenzung von Meeresgebieten, die zwischen den Parteien durch eine Vereinbarung endgültig beigelegt worden sind, noch auf Streitigkeiten, die in Übereinstimmung mit einer zweiseitigen oder mehrseitigen, diese Parteien bindenden Übereinkunft beizulegen sind;

b) Streitigkeiten über militärische Handlungen, einschließlich militärischer Handlungen von Staatsschiffen und staatlichen Luftfahrzeugen, die anderen als Handelszwecken dienen, und Streitigkeiten über Vollstreckungshandlungen in Ausübung souveräner Rechte oder von Hoheitsbefugnissen, die nach Artikel 297 Absatz 2 oder 3 von der Gerichtsbarkeit eines Gerichtshofs oder Gerichts ausgenommen sind;

c) Streitigkeiten, bei denen der Sicherheitsrat der Vereinten Nationen die ihm durch die Satzung der Vereinten Nationen übertragenen Aufgaben wahrnimmt, sofern der Sicherheitsrat nicht beschließt, den Gegenstand von seiner Tagesordnung abzusetzen, oder die Parteien auffordert, die Streitigkeit mit den in diesem Übereinkommen vorgesehenen Mitteln beizulegen.

(2) Ein Vertragsstaat, der eine Erklärung nach Absatz 1 abgegeben hat, kann diese jederzeit zurücknehmen oder sich damit einverstanden erklären, eine durch die Erklärung ausgenommene Streitigkeit einem Verfahren nach diesem Übereinkommen zu unterwerfen.

(3) Ein Vertragsstaat, der eine Erklärung nach Absatz 1 abgegeben hat, ist nicht berechtigt, eine Streitigkeit, die zu der Art der ausgenommenen Streitigkeiten gehört, im Verhältnis zu einem anderen Vertragsstaat ohne dessen Zustimmung einem Verfahren nach diesem Übereinkommen zu unterwerfen.

(4) Hat ein Vertragsstaat eine Erklärung nach Absatz 1 Buchstabe a abgegeben, so kann ein anderer Vertragsstaat eine Streitigkeit, die zu einer der ausgenommenen Arten gehört, im Verhältnis zu dem Vertragsstaat, der die Erklärung abgegeben hat, dem in der Erklärung angegebenen Verfahren unterwerfen.

(5) Eine neue Erklärung oder die Rücknahme einer Erklärung berührt nicht das vor einem Gerichtshof oder Gericht in Übereinstimmung mit diesem Artikel anhängige Verfahren, sofern die Parteien nichts anderes vereinbaren.

(6) Die in diesem Artikel vorgesehenen Erklärungen und Mitteilungen ihrer Rücknahme werden beim Generalsekretär der Vereinten Nationen hinterlegt; dieser übermittelt den Vertragsstaaten Abschriften davon.

Artikel 299
Recht der Parteien auf Vereinbarung eines Verfahrens

(1) Eine Streitigkeit, die nach Artikel 297 oder durch eine Erklärung nach Artikel 298 von den in Abschnitt 2 vorgesehenen Verfahren zur Beilegung von Streitigkeiten ausgenommen ist, kann diesen Verfahren nur durch Vereinbarung der Streitparteien unterworfen werden.

(2) Dieser Abschnitt beeinträchtigt nicht das Recht der Streitparteien, ein anderes Verfahren zur Beilegung der Streitigkeit zu vereinbaren oder diese gütlich beizulegen.

TEIL XVI
ALLGEMEINE BESTIMMUNGEN

Artikel 300
Treu und Glauben und Rechtsmißbrauch

Die Vertragsstaaten erfüllen die auf Grund dieses Übereinkommens übernommenen Verpflichtungen nach Treu und Glauben und üben die in dem Übereinkommen anerkannten Rechte, Hoheitsbefugnisse und Freiheiten in einer Weise aus, die keinen Rechtsmißbrauch darstellt.

Artikel 301
Friedliche Nutzung der Meere

Bei der Ausübung ihrer Rechte und in Erfüllung ihrer Pflichten auf Grund dieses Übereinkommens enthalten sich die Vertragsstaaten jeder Drohung mit Gewalt oder Gewaltanwendung, die gegen die territoriale Unversehrtheit oder die politische Unabhängigkeit eines Staates gerichtet oder sonst mit den in der Satzung der Vereinten Nationen niedergelegten Grundsätzen des Völkerrechts unvereinbar ist.

Artikel 302
Preisgabe von Informationen

Unbeschadet des Rechts eines Vertragsstaats, die in diesem Übereinkommen vorgesehenen Verfahren zur Beilegung von Streitigkeiten anzuwenden, ist das Übereinkommen nicht so auszulegen, als habe ein Vertragsstaat in Erfüllung seiner Verpflichtungen aus dem Übereinkommen Informationen zu erteilen, deren Preisgabe seinen wesentlichen Sicherheitsinteressen entgegensteht.

Artikel 303
Im Meer gefundene archäologische und historische Gegenstände

(1) Die Staaten haben die Pflicht, im Meer gefundene Gegenstände archäologischer oder historischer Art zu schützen, und arbeiten zu diesem Zweck zusammen.

(2) Um den Verkehr mit diesen Gegenständen zu kontrollieren, kann der Küstenstaat in Anwendung des Artikels 33 davon ausgehen, daß ihre ohne seine Einwilligung erfolgende Entfernung vom Meeresboden innerhalb der in jenem Artikel bezeichneten Zone zu einem Verstoß gegen die in jenem Artikel genannten Gesetze und sonstigen Vorschriften in seinem Hoheitsgebiet oder in seinem Küstenmeer führen würde.

(3) Dieser Artikel berührt nicht die Rechte feststellbarer Eigentümer, das Bergungsrecht oder sonstige seerechtliche Vorschriften sowie Gesetze und Verhaltensweisen auf dem Gebiet des Kulturaustausches.

(4) Dieser Artikel berührt nicht andere internationale Übereinkünfte und Regeln des Völkerrechts über den Schutz von Gegenständen archäologischer oder historischer Art.

Artikel 304
Verantwortlichkeit und Haftung für Schäden

Die Bestimmungen dieses Übereinkommens über die Verantwortlichkeit und Haftung für Schäden berühren nicht die Anwendung geltender Regeln und die Entwicklung weiterer Regeln über die völkerrechtliche Verantwortlichkeit und Haftung.

TEIL XVII
SCHLUSSBESTIMMUNGEN

Artikel 305
Unterzeichnung

(1) Dieses Übereinkommen liegt zur Unterzeichnung auf

a) für alle Staaten;

b) für Namibia, vertreten durch den Rat der Vereinten Nationen für Namibia;

c) für alle assoziierten Staaten mit Selbstregierung, die diesen Status in einem von de n Vereinten Nationen entsprechend der Resolution 1514 (XV) der Generalversammlung überwachten und gebilligten Akt der Selbstbestimmung gewählt haben und für die in diesem Übereinkommen geregelten Angelegenheiten zuständig sind, einschließlich der Zuständigkeit, Verträge über diese Angelegenheiten zu schließen;

d) für alle assoziierten Staaten mit Selbstregierung, die entsprechend ihren jeweiligen Assoziierungsurkunden für die in diesem Übereinkommen geregelten Angelegenheiten zuständig sind, einschließlich der Zuständigkeit, Verträge über diese Angelegenheiten zu schließen;

e) für alle Gebiete mit voller innerer Selbstregierung, die als solche von den Vereinten Nationen anerkannt sind, jedoch noch nicht die volle Unabhängigkeit im Einklang mit der Resolution 1514 (XV) der Generalversammlung erlangt haben, und die für die in diesem Übereinkommen geregelten Angelegenheiten zuständig sind, einschließlich der Zuständigkeit, Verträge über diese Angelegenheiten zu schließen;

f) für internationale Organisationen in Übereinstimmung mit Anlage IX.

(2) Dieses Übereinkommen liegt bis zum 9. Dezember 1984 im Ministerium für Auswärtige Angelegenheiten von Jamaika sowie vom 1. Juli 1983 bis zum 9. Dezember 1984 am Sitz der Vereinten Nationen in New York zur Unterzeichnung auf.

Artikel 306
Ratifikation und förmliche Bestätigung

Dieses Übereinkommen bedarf der Ratifikation durch die Staaten und die anderen in Artikel 305 Absatz 1 Buchstaben b, c, d und e bezeichneten Rechtsträger und der förmlichen Bestätigung in Übereinstimmung mit Anlage IX durch die in Artikel 305 Absatz 1 Buchstabe f bezeichneten Rechtsträger. Die Ratifikationsurkunden und die Urkunden der förmlichen Bestätigung werden beim Generalsekretär der Vereinten Nationen hinterlegt.

Artikel 307
Beitritt

Dieses Übereinkommen steht den Staaten und den anderen in Artikel 305 bezeichneten Rechtsträgern zum Beitritt offen. Der Beitritt durch die in Artikel 305 Absatz 1 Buchstabe f bezeichneten Rechtsträger erfolgt in Übereinstimmung mit Anlage IX. Die Beitrittsurkunden werden beim Generalsekretär der Vereinten Nationen hinterlegt.

Artikel 308
Inkrafttreten

(1) Dieses Übereinkommen tritt zwölf Monate nach Hinterlegung der sechzigsten Ratifikations- oder Beitrittsurkunde in Kraft.

(2) Für jeden Staat, der dieses Übereinkommen nach Hinterlegung der sechzigsten Ratifikations- oder Beitrittsurkunde ratifiziert oder ihm beitritt, tritt das Übereinkommen vorbehaltlich des Absatzes 1 am dreißigsten Tag nach Hinterlegung seiner eigenen Ratifikations- oder Beitrittsurkunde in Kraft.

(3) Die Versammlung der Behörde tritt am Tag des Inkrafttretens dieses Übereinkommens zusammen und wählt den Rat der Behörde. Der erste Rat setzt sich in einer Weise zusammen, die dem Zweck des Artikels 161 entspricht, sofern jener Artikel nicht genau angewendet werden kann.

(4) Die von der Vorbereitungskommission ausgearbeiteten Regeln, Vorschriften und Verfahren werden bis zu ihrer förmlichen Annahme durch die Behörde in Übereinstimmung mit Teil XI vorläufig angewendet.

(5) Die Behörde und ihre Organe handeln in Übereinstimmung mit der Resolution II der Dritten Seerechtskonferenz der Vereinten Nationen in bezug auf vorbereitende Investitionen und mit den von der Vorbereitungskommission entsprechend dieser Resolution gefaßten Beschlüssen.

Artikel 309
Vorbehalte und Ausnahmen

Vorbehalte oder Ausnahmen zu diesem Übereinkommen sind nur zulässig, wenn sie ausdrücklich in anderen Artikeln des Übereinkommens vorgesehen sind.

Artikel 310
Erklärungen

Artikel 309 schließt nicht aus, daß ein Staat bei der Unterzeichnung oder der Ratifikation dieses Übereinkommens oder bei seinem Beitritt Erklärungen gleich welchen Wortlauts oder welcher Bezeichnung abgibt, um unter anderem seine Gesetze und sonstigen Vorschriften mit den Bestimmungen des Übereinkommens in Einklang zu bringen, vorausgesetzt, daß diese Erklärungen nicht darauf abzielen, die Rechtswirkung der Bestimmungen des Übereinkommens in ihrer Anwendung auf diesen Staat auszuschließen oder zu ändern.

Artikel 311
Verhältnis zu anderen Übereinkommen und internationalen Übereinkünften

(1) Dieses Übereinkommen hat zwischen den Vertragsstaaten Vorrang vor den Genfer Übereinkommen vom 29. April 1958 über das Seerecht.

(2) Dieses Übereinkommen ändert nicht die Rechte und Pflichten der Vertragsstaaten aus anderen Übereinkünften, die mit dem Übereinkommen vereinbar sind und andere Vertragsstaaten in dem Genuß ihrer Rechte oder in der Erfüllung ihrer Pflichten aus dem Übereinkommen nicht beeinträchtigen.

(3) Zwei oder mehr Vertragsstaaten können Übereinkünfte schließen, welche die Anwendung von Bestimmungen dieses Übereinkommens modifizieren oder suspendieren und nur auf die Beziehungen zwischen ihnen Anwendung finden; diese Übereinkünfte dürfen sich jedoch nicht auf eine Bestimmung beziehen, von der abzuweichen mit der Verwirklichung von Ziel und Zweck des Übereinkommens unvereinbar ist; die Übereinkünfte dürfen ferner die Anwendung der in dem Übereinkommen enthaltenen wesentlichen Grundsätze nicht beeinträchtigen; die Bestimmungen der Übereinkünfte dürfen die anderen Vertragsstaaten in dem Genuß ihrer Rechte oder in der Erfüllung ihrer Pflichten aus dem Übereinkommen nicht beeinträchtigen.

(4) Vertragsstaaten, die eine Übereinkunft nach Absatz 3 schließen wollen, notifizieren den anderen Vertragsstaaten über den Depositar dieses Übereinkommens ihre Absicht, die Übereinkunft zu schließen, sowie die darin vorgesehene Modifikation oder Suspendierung.

(5) Dieser Artikel berührt nicht internationale Übereinkünfte, die durch andere Artikel dieses Übereinkommens ausdrücklich zugelassen oder gewahrt sind.

(6) Die Vertragsstaaten kommen überein, daß der in Artikel 136 niedergelegte wesentliche Grundsatz über das gemeinsame Erbe der Menschheit nicht geändert werden darf und daß sie nicht Vertragspartei einer Übereinkunft werden, die von diesem Grundsatz abweicht.

Artikel 312
Änderung

(1) Nach Ablauf von zehn Jahren nach dem Tag, an dem dieses Übereinkommen in Kraft tritt, kann ein Vertragsstaat durch eine an den Generalsekretär der Vereinten Nationen gerichtete schriftliche Mitteilung bestimmte Änderungen des Übereinkommens vorschlagen, die sich nicht auf Tätigkeiten im Gebiet beziehen, und um die Einberufung einer Konferenz zur Prüfung der vorgeschlagenen Änderungen ersuchen. Der Generalsekretär leitet diese Mitteilung an alle Vertragsstaaten weiter. Befürwortet innerhalb von zwölf Monaten nach Weiterleitung der Mitteilung mindestens die Hälfte der Vertragsstaaten das Ersuchen, so beruft der Generalsekretär die Konferenz ein.

(2) Auf der Änderungskonferenz wird das gleiche Verfahren zur Beschlußfassung angewendet wie auf der Dritten Seerechtskonferenz der Vereinten Nationen, sofern die Konferenz nichts anderes beschließt. Die Konferenz soll sich nach Kräften bemühen, Änderungen durch Konsens zu vereinbaren; es soll so lange nicht über Änderungen abgestimmt werden, bis alle Bemühungen um einen Konsens erschöpft sind.

Artikel 313
Änderung durch vereinfachtes Verfahren

(1) Ein Vertragsstaat kann durch eine an den Generalsekretär der Vereinten Nationen gerichtete schriftliche Mitteilung eine Änderung dieses Übereinkommens vorschlagen, die sich nicht auf Tätigkeiten im Gebiet bezieht und ohne Einberufung einer Konferenz durch das in diesem Artikel festgelegte vereinfachte Verfahren angenommen werden soll. Der Generalsekretär leitet die Mitteilung an alle Vertragsstaaten weiter.

(2) Erhebt ein Vertragsstaat innerhalb von 12 Monaten nach dem Tag der Weiterleitung der Mitteilung Einspruch gegen die vorgeschlagene Änderung oder gegen den Vorschlag, sie durch vereinfachtes Verfahren anzunehmen, so gilt die Änderung als abgelehnt. Der Generalsekretär notifiziert dies umgehend allen Vertragsstaaten.

(3) Hat 12 Monate nach dem Tag der Weiterleitung der Mitteilung kein Vertragsstaat gegen

die vorgeschlagene Änderung oder gegen den Vorschlag, sie durch vereinfachtes Verfahren anzunehmen, Einspruch erhoben, so gilt die vorgeschlagene Änderung als angenommen. Der Generalsekretär notifiziert allen Vertragsstaaten, daß die vorgeschlagene Änderung angenommen worden ist.

Artikel 314
Änderungen der Bestimmungen dieses Übereinkommens, die sich ausschließlich auf Tätigkeiten im Gebiet beziehen

(1) Ein Vertragsstaat kann durch eine an den Generalsekretär der Behörde gerichtete schriftliche Mitteilung eine Änderung der Bestimmungen dieses Übereinkommens vorschlagen, die sich ausschließlich auf Tätigkeiten im Gebiet beziehen, darunter der Bestimmungen der Anlage VI Abschnitt 4. Der Generalsekretär leitet diese Mitteilung an alle Vertragsstaaten weiter. Ist die vorgeschlagene Änderung vom Rat genehmigt worden, so bedarf sie der Genehmigung durch die Versammlung. Die Vertreter der Vertragsstaaten in diesen Organen sind bevollmächtigt, die vorgeschlagene Änderung zu prüfen und zu genehmigen. Die vorgeschlagene Änderung gilt als angenommen, so wie sie von dem Rat und der Versammlung genehmigt wurde.

(2) Vor der Genehmigung einer Änderung nach Absatz 1 tragen der Rat und die Versammlung dafür Sorge, daß die Änderung das System der Erforschung und Ausbeutung der Ressourcen des Gebiets bis zur Überprüfungskonferenz in Übereinstimmung mit Artikel 155 nicht beeinträchtigt.

Artikel 315
Änderungen: Unterzeichnung, Ratifikation, Beitritt und verbindliche Wortlaute

(1) Die angenommenen Änderungen dieses Übereinkommens liegen für die Vertragsstaaten zwölf Monate nach der Annahme am Sitz der Vereinten Nationen in New York zur Unterzeichnung auf, sofern in der Änderung selbst nichts anderes vorgesehen ist.

(2) Die Artikel 306, 307 und 320 finden auf alle Änderungen dieses Übereinkommens Anwendung.

Artikel 316
Inkrafttreten von Änderungen

(1) Änderungen dieses Übereinkommens, mit Ausnahme der in Absatz 5 bezeichneten, treten für die Vertragsstaaten, die sie ratifizieren oder ihnen beitreten, am dreißigsten Tag nach Hinterlegung der Ratifikations- oder Beitrittsurkunden von zwei Dritteln der Vertragsstaaten oder von 60 Vertragsstaaten, je nachdem, welche Zahl größer ist, in Kraft. Solche Änderungen beeinträchtigen andere Vertragsstaaten nicht in dem Genuß ihrer Rechte oder in der Erfüllung ihrer Pflichten aus dem Übereinkommen.

(2) Eine Änderung kann für ihr Inkrafttreten eine größere als die nach diesem Artikel erforderliche Anzahl von Ratifikationen oder Beitritten vorsehen.

(3) Für jeden Vertragsstaat, der eine in Absatz 1 genannte Änderung nach Hinterlegung der erforderlichen Anzahl von Ratifikations- oder Beitrittsurkunden ratifiziert oder ihr beitritt, tritt die Änderung am dreißigsten Tag nach Hinterlegung seiner Ratifikations- oder Beitrittsurkunde in Kraft.

(4) Ein Staat, der nach dem Inkrafttreten einer Änderung in Übereinstimmung mit Absatz 1 Vertragspartei dieses Übereinkommens wird, gilt, sofern er keine abweichende Absicht äußert,

a) als Vertragspartei des so geänderten Übereinkommens und

b) als Vertragspartei des nicht geänderten Übereinkommens gegenüber jedem Vertragsstaat, der durch die Änderung nicht gebunden ist.

(5) Eine Änderung, die sich ausschließlich auf Tätigkeiten im Gebiet bezieht, sowie eine Änderung der Anlage VI tritt für alle Vertragsstaaten ein Jahr nach Hinterlegung der Ratifikations- oder Beitrittsurkunden von drei Vierteln der Vertragsstaaten in Kraft.

(6) Ein Staat, der nach dem Inkrafttreten von Änderungen in Übereinstimmung mit Absatz 5 Vertragspartei dieses Übereinkommens wird, gilt als Vertragspartei des so geänderten Übereinkommens.

Artikel 317
Kündigung

(1) Ein Vertragsstaat kann durch eine an den Generalsekretär der Vereinten Nationen gerichtete schriftliche Notifikation dieses Übereinkommen kündigen; er kann die Kündigung begründen. Das Fehlen einer Begründung berührt nicht die Gültigkeit der Kündigung. Die Kündigung wird ein Jahr nach Eingang der Notifikation wirksam, sofern in der Notifikation nicht ein späterer Zeitpunkt angegeben ist.

(2) Die Kündigung entbindet einen Staat nicht von den finanziellen und vertraglichen Verpflichtungen, die ihm als Vertragspartei dieses Übereinkommens erwachsen sind, noch berührt die Kündigung Rechte, Pflichten oder die Rechtslage, die sich für den betreffenden Staat aus der Durchführung des Übereinkommens ergeben, bevor es für ihn außer Kraft tritt.

(3) Die Kündigung berührt nicht die Pflicht eines Vertragsstaats, eine in diesem Übereinkommen enthaltene Verpflichtung zu erfüllen, der er

nach dem Völkerrecht unabhängig von dem Übereinkommen unterworfen ist.

Artikel 318
Status der Anlagen

Die Anlagen sind Bestandteil dieses Übereinkommens; sofern nicht ausdrücklich etwas anderes vorgesehen ist, schließt eine Bezugnahme auf das Übereinkommen oder auf einen seiner Teile auch eine Bezugnahme auf die betreffenden Anlagen ein.

Artikel 319
Depositar

(1) Der Generalsekretär der Vereinten Nationen ist Verwahrer dieses Übereinkommens und seiner Änderungen.

(2) Neben seinen Aufgaben als Depositar wird der Generalsekretär wie folgt tätig:

a) Er berichtet allen Vertragsstaaten, der Behörde und den zuständigen internationalen Organisationen über Fragen allgemeiner Art, die in bezug auf dieses Übereinkommen entstanden sind;

b) er notifiziert der Behörde die Ratifikationen, förmlichen Bestätigungen und Beitritte betreffend dieses Übereinkommen und seine Änderungen sowie die Kündigungen des Übereinkommens;

c) er notifiziert den Vertragsstaaten die in Übereinstimmung mit Artikel 311 Absatz 4 geschlossenen Übereinkünfte;

d) er leitet die in Übereinstimmung mit diesem Übereinkommen angenommenen Änderungen an die Vertragsstaaten zur Ratifikation oder zum Beitritt weiter;

e) er beruft die notwendigen Tagungen der Vertragsstaaten in Übereinstimmung mit diesem Übereinkommen ein.

(3) a) Der Generalsekretär übermittelt ferner den in Artikel 156 genannten Beobachtern

i) die in Absatz 2 Buchstabe a genannten Berichte;

ii) die in Absatz 2 Buchstaben b und c genannten Notifikationen und

iii) den Wortlaut der in Absatz 2 Buchstabe d genannten Änderungen zur Kenntnisnahme.

b) Der Generalsekretär lädt ferner diese Beobachter ein, an den in Absatz 2 Buchstabe e genannten Tagungen der Vertragsstaaten als Beobachter teilzunehmen.

Artikel 320
Verbindliche Wortlaute

Die Urschrift dieses Übereinkommens, dessen arabischer, chinesischer, englischer, französischer, russischer und spanischer Wortlaut gleichermaßen verbindlich ist, wird im Einklang mit Artikel 305 Absatz 2 beim Generalsekretär der Vereinten Nationen hinterlegt.

ZU URKUND DESSEN haben die unterzeichneten, hierzu gehörig befugten Bevollmächtigten dieses Übereinkommen unterschrieben.

GESCHEHEN ZU MONTEGO BAY am 10. Dezember 1982.

Anlage I.

ANLAGE I.
WEIT WANDERNDE ARTEN

1. Weißer Thunfisch: Thunnus alalunga
2. Roter Thunfisch: Thunnus thynnus
3. Großaugenthunfisch: Thunnus obesus
4. Echter Bonito: Katsuwonus pelamis
5. Gelbflossenthunfisch: Thunnus albacares
6. Schwarzflossenthunfisch: Thunnus atlanticus
7. Kleiner Thunfisch: Euthynnus alletteratus; Euthynnus affinis
8. Südlicher Roter Thunfisch: Thunnus maccoyii
9. Fregattmakrele: Auxis thazard; Auxis rochei
10. Brachsenmakrelen: Familie Bramidae
11. Speerfische: Tetrapturus angustirostris; Tetrapturus belone; Tetrapturus pfluegeri; Tetrapturus albidus; Tetrapturus audax; Tetrapturus georgei; Makaira mazara; Makaira indica; Makaira nigricans
12. Segelfische: Istiophorus platypterus; Istiophorus albicans
13. Schwertfisch: Xiphias gladius
14. Makrelenhechte: Scomberesox saurus; Cololabis saira; Cololabis adocetus; Scomberesox saurus scombroides
15. Goldmakrele: Coryphaena hippurus; Coryphaena equiselis
16. Meereshaie: Hexanchus griseus; Cetorhinus maximus; Familie Alopiidae; Rhincodon typus; Familie Carcharhinidae; Familie Sphyrnidae; Familie Isurida
17. Wale: Familie Physeteridae; Familie Balaenopteridae; Familie Balaenidae; Familie Eschrichtiidae; Familie Monodontidae; Familie Ziphiidae; Familie Delphinidae

Anlage II.

ANLAGE II.

KOMMISSION ZUR BEGRENZUNG DES FESTLANDSOCKELS

Artikel 1

In Übereinstimmung mit Artikel 76 wird im Einklang mit den folgenden Artikeln eine Kommission zur Begrenzung des Festlandsockels jenseits von 200 Seemeilen gebildet.

Artikel 2

(1) Die Kommission besteht aus 21 Mitgliedern, die Fachleute auf dem Gebiet der Geologie, Geophysik oder Hydrographie sind und unter gebührender Berücksichtigung der Notwendigkeit, eine gerechte geographische Vertretung zu gewährleisten, von den Vertragsstaaten dieses Übereinkommens unter ihren Staatsangehörigen ausgewählt werden; sie nehmen ihre Aufgaben in persönlicher Eigenschaft wahr.

(2) Die erste Wahl findet so bald wie möglich statt, in jedem Fall jedoch innerhalb von 18 Monaten nach Inkrafttreten dieses Übereinkommens. Spätestens drei Monate vor jeder Wahl richtet der Generalsekretär der Vereinten Nationen eine schriftliche Aufforderung an die Vertragsstaaten, nach entsprechenden regionalen Konsultationen innerhalb von drei Monaten Benennungen einzureichen. Der Generalsekretär stellt eine alphabetische Liste aller so benannten Personen auf, die er allen Vertragsstaaten unterbreitet.

(3) Die Wahl der Mitglieder der Kommission findet auf einer Tagung der Vertragsstaaten statt, die vom Generalsekretär am Sitz der Vereinten Nationen einberufen wird. Bei Teilnahme von zwei Dritteln der Vertragsstaaten ist die Tagung beschlußfähig; es sind diejenigen benannten Personen in die Kommission gewählt, die zwei Drittel der Stimmen der anwesenden und abstimmenden Vertreter der Vertragsstaaten erhalten. Aus jeder geographischen Region werden mindestens drei Mitglieder gewählt.

(4) Die Mitglieder der Kommission werden für die Dauer von fünf Jahren gewählt. Sie können wiedergewählt werden.

(5) Der Vertragsstaat, der ein Mitglied der Kommission benannt hat, trägt die Kosten, die diesem Mitglied während der Erfüllung seiner Pflichten im Rahmen der Kommission entstehen. Der betreffende Küstenstaat trägt die Kosten für die Gutachten nach Artikel 3 Absatz 1 Buchstabe b dieser Anlage. Das Sekretariat der Kommission wird vom Generalsekretär der Vereinten Nationen gestellt.

Artikel 3

(1) Die Kommission hat folgende Aufgaben:

a) die Daten und die sonstigen von Küstenstaaten vorgelegten Unterlagen über die äußeren Grenzen des Festlandsockels in Gebieten zu prüfen, in denen sich diese Grenzen jenseits von 200 Seemeilen erstrecken, und Empfehlungen in Übereinstimmung mit Artikel 76 und der von der Dritten Seerechtskonferenz der Vereinten Nationen am 29. August 1980 angenommenen Verständniserklärung abzugeben;

b) auf Ersuchen des betreffenden Küstenstaats während der Ausarbeitung der unter Buchstabe a bezeichneten Daten wissenschaftliche und technische Gutachten zu erstellen.

(2) Die Kommission kann in dem für notwendig und nützlich erachteten Umfang mit der Zwischenstaatlichen Ozeanographischen Kommission der UNESCO, der Internationalen Hydrographischen Organisation und anderen zuständigen internationalen Organisationen zusammenarbeiten, um wissenschaftliche und technische Informationen auszutauschen, die für die Erfüllung der Verantwortlichkeiten der Kommission hilfreich sein könnten.

Artikel 4

Beabsichtigt ein Küstenstaat, in Übereinstimmung mit Artikel 76 die äußeren Grenzen seines Festlandsockels jenseits von 200 Seemeilen festzulegen, so unterbreitet er der Kommission so bald wie möglich, in jedem Fall jedoch innerhalb von 10 Jahren nach dem Tag, an dem dieses Übereinkommen für diesen Staat in Kraft getreten ist, Einzelheiten über diese Grenzen mit erläuternden wissenschaftlichen und technischen Daten. Der Küstenstaat teilt gleichzeitig die Namen der Kommissionsmitglieder mit, die ihm wissenschaftliche und technische Gutachten erstellt haben.

Artikel 5

Sofern die Kommission nichts anderes beschließt, arbeitet sie mit Hilfe von Unterkommissionen, die aus je sieben Mitgliedern bestehen; diese werden in ausgewogener Weise und unter Berücksichtigung der besonderen Probleme jedes von einem Küstenstaat unterbreiteten Antrags ernannt. Kommissionsmitglieder, die Angehörige des Küstenstaats sind, der den Antrag unterbreitet hat, und Kommissionsmitglieder, die einen Küstenstaat durch wissenschaftliche und technische Gutachten über die Grenzziehung unterstützt haben, dürfen nicht Mitglieder der Unterkommission sein, die diesen Antrag behandelt; sie haben jedoch das Recht, als Mitglieder an dem Verfahren der Kommission über den betreffenden Antrag teilzunehmen. Der Küstenstaat, der den Antrag bei der Kommission eingebracht hat, kann seine Vertreter zur Teilnahme an dem betreffenden Verfahren ohne Stimmrecht entsenden.

Artikel 6

(1) Die Unterkommission legt ihre Empfehlungen der Kommission vor.

(2) Die Billigung der Empfehlungen der Unterkommission durch die Kommission erfolgt mit Zweidrittelmehrheit der anwesenden und abstimmenden Kommissionsmitglieder.

(3) Die Empfehlungen der Kommission werden dem Küstenstaat, der den Antrag unterbreitet hat, und dem Generalsekretär der Vereinten Nationen schriftlich übermittelt.

Artikel 7

Die Küstenstaaten legen die äußeren Grenzen des Festlandsockels im Einklang mit Artikel 76 Absatz 8 und in Übereinstimmung mit den diesbezüglichen innerstaatlichen Verfahren fest.

Artikel 8

Ist der Küstenstaat mit den Empfehlungen der Kommission nicht einverstanden, so bringt er innerhalb einer angemessenen Frist einen überarbeiteten oder einen neuen Antrag bei der Kommission ein.

Artikel 9

Die Handlungen der Kommission lassen Fragen der Festlegung der Grenzen zwischen Staaten mit gegenüberliegenden oder aneinander angrenzenden Küsten unberührt.

Anlage III.

ANLAGE III.
GRUNDBEDINGUNGEN FÜR DIE PROSPEKTION, ERFORSCHUNG UND AUSBEUTUNG

Artikel 1
Eigentumsrechte an Mineralien

Die Eigentumsrechte an den Mineralien gehen mit der Gewinnung der Mineralien in Übereinstimmung mit diesem Übereinkommen über.

Artikel 2
Prospektion

(1) a) Die Behörde fördert die Prospektion im Gebiet.

b) Die Prospektion darf erst erfolgen, wenn die Behörde vom künftigen Prospektor eine ausreichende schriftliche Verpflichtung erhalten hat, daß er dieses Übereinkommen sowie die einschlägigen Regeln, Vorschriften und Verfahren der Behörde über die Zusammenarbeit in Ausbildungsprogrammen nach den Artikeln 143 und 144 und über den Schutz der Meeresumwelt einhalten wird und einer Überprüfung dieser Einhaltung seitens der Behörde zustimmt. Der künftige Prospektor teilt der Behörde gleichzeitig die ungefähren Grenzen des Feldes oder der Felder mit, in denen die Prospektion durchgeführt werden soll.

c) Die Prospektion kann gleichzeitig von mehr als einem Prospektor in demselben Feld oder in denselben Feldern durchgeführt werden.

(2) Durch die Prospektion erhält der Prospektor keine Rechte an den Ressourcen. Ein Prospektor darf jedoch eine angemessene Menge an Mineralien zu Versuchszwecken gewinnen.

Artikel 3
Erforschung und Ausbeutung

(1) Das Unternehmen, die Vertragsstaaten und die anderen in Artikel 153 Absatz 2 Buchstabe b bezeichneten Rechtsträger können bei der Behörde die Bestätigung von Arbeitsplänen für Tätigkeiten im Gebiet beantragen.

(2) Das Unternehmen kann einen Antrag in bezug auf jeden Teil des Gebiets stellen; Anträge anderer Rechtsträger in bezug auf reservierte Felder unterliegen jedoch den zusätzlichen Anforderungen nach Artikel 9 dieser Anlage.

(3) Erforschung und Ausbeutung dürfen nur in den Feldern durchgeführt werden, die in den in Artikel 153 Absatz 3 bezeichneten und von der Behörde in Übereinstimmung mit diesem Übereinkommen und den einschlägigen Regeln, Vorschriften und Verfahren der Behörde bestätigten Arbeitsplänen festgelegt worden sind.

(4) Jeder bestätigte Arbeitsplan

a) muß mit diesem Übereinkommen und den Regeln, Vorschriften und Verfahren der Behörde im Einklang stehen;

b) muß die Kontrolle der Behörde über die Tätigkeiten im Gebiet in Übereinstimmung mit Artikel 153 Absatz 4 vorsehen;

c) muß dem Unternehmer in Übereinstimmung mit den Regeln, Vorschriften und Verfahren der Behörde das ausschließliche Recht zur Erforschung und Ausbeutung bestimmter Kategorien von Ressourcen in dem vom Arbeitsplan erfaßten Feld übertragen. Legt der Antragsteller jedoch einen Arbeitsplan zur Bestätigung vor, der sich nur auf das Erforschungsstadium oder nur auf das Ausbeutungsstadium erstreckt, so überträgt der bestätigte Arbeitsplan das ausschließliche Recht nur für das betreffende Stadium.

(5) Mit seiner Bestätigung durch die Behörde wird jeder Arbeitsplan, mit Ausnahme der vom Unternehmen eingereichten Arbeitspläne, zu einem zwischen der Behörde und dem Antragsteller oder den Antragstellern geschlossenen Vertrag.

Artikel 4
Vom Antragsteller zu erfüllende Voraussetzungen

(1) Die Antragsteller, mit Ausnahme des Unternehmens, erfüllen die Voraussetzungen, wenn sie in bezug auf Staatsangehörigkeit oder Kontrolle und Befürwortung den Vorschriften des Artikels 153 Absatz 2 Buchstabe b entsprechen, die Verfahren einhalten und den Eignungsanforderungen entsprechen, die in den Regeln, Vorschriften und Verfahren der Behörde festgelegt sind.

(2) Vorbehaltlich des Absatzes 6 beziehen sich die Eignungsanforderungen auf die finanzielle und technische Leistungsfähigkeit des Antragstellers und seine Leistung aus früheren Verträgen mit der Behörde.

(3) Jeder Antragsteller wird von dem Vertragsstaat, dessen Angehöriger er ist, befürwortet, sofern der Antragsteller nicht mehr als eine Staatsangehörigkeit besitzt; im Fall einer Partnerschaft oder eines Konsortiums von Rechtsträgern aus mehreren Staaten befürworten alle betroffenen Vertragsstaaten den Antrag; wird der Antragsteller durch einen anderen Vertragsstaat oder seine Angehörigen tatsächlich kontrolliert, so befürworten beide Vertragsstaaten den Antrag. Die Kriterien und Verfahren der Anwendung der Bedingungen für die Befürwortung werden in den Regeln, Vorschriften und Verfahren der Behörde festgelegt.

(4) Die befürwortenden Staaten sind nach Artikel 139 verpflichtet, im Rahmen ihrer Rechtssysteme dafür zu sorgen, daß ein von ihnen befürworteter Vertragsnehmer die Tätigkeiten im Gebiet im Einklang mit den Bedingungen seines Vertrags sowie seinen Verpflichtungen aus diesem Übereinkommen ausübt.

Ein befürwortender Staat haftet jedoch nicht für Schäden, die entstehen, wenn der von ihm befürwortete Vertragsnehmer seinen Verpflichtungen nicht nachkommt, sofern der betreffende Vertragsstaat Gesetze und sonstige Vorschriften erlassen und Verwaltungsmaßnahmen ergriffen hat, die im Rahmen seines Rechtssystems in angemessener Weise geeignet sind, die Einhaltung der Verpflichtungen von Personen unter seiner Hoheitsgewalt sicherzustellen.

(5) Bei den Verfahren zur Feststellung der Voraussetzungen von Vertragsstaaten, die Antragsteller sind, ist ihre Eigenschaft als Staat zu berücksichtigen.

(6) Die Eignungsanforderungen schreiben vor, daß sich jeder Antragsteller ohne Ausnahme in seinem Antrag verpflichtet,

a) die ihm aus Teil XI erwachsenden anwendbaren Verpflichtungen, die Regeln, Vorschriften und Verfahren der Behörde, die Beschlüsse der Organe der Behörde sowie die Bedingungen seiner Verträge mit der Behörde als durchsetzbar anzuerkennen und einzuhalten;

b) eine Kontrolle der Tätigkeiten im Gebiet durch die Behörde anzuerkennen, wie sie nach diesem Übereinkommen zulässig ist;

c) der Behörde die schriftliche Zusicherung zu geben, daß er seine Verpflichtungen aus dem Vertrag nach Treu und Glauben erfüllen wird;

d) die Bestimmungen des Artikels 5 dieser Anlage über die Weitergabe von Technologie einzuhalten.

Artikel 5
Weitergabe von Technologie

(1) Bei der Vorlage eines Arbeitsplans stellt jeder Antragsteller der Behörde eine allgemeine Beschreibung der bei der Durchführung der Tätigkeiten im Gebiet zu verwendenden Ausrüstung und Methoden sowie sonstige einschlägige, rechtlich nicht geschützte Informationen über die Merkmale der Technologie zur Verfügung und erteilt darüber Auskunft, wo diese Technologie erhältlich ist.

(2) Jeder Unternehmer teilt der Behörde Änderungen der nach Absatz 1 zur Verfügung gestellten Beschreibungen und Informationen mit, sobald eine wichtige technologische Änderung oder Neuerung eingeführt wird.

(3) Jeder Vertrag über die Durchführung von Tätigkeiten im Gebiet muß folgende Verpflichtungen des Vertragsnehmers enthalten:

a) Er stellt dem Unternehmen auf Ersuchen der Behörde zu angemessenen und annehmbaren kommerziellen Bedingungen die Technologie zur Verfügung, die er bei der Durchführung der Tätigkeiten im Gebiet im Rahmen des Vertrags anwendet und zu deren Weitergabe er rechtlich befugt ist. Diese Weitergabe erfolgt durch Lizenzverträge oder sonstige geeignete Vereinbarungen, die der Vertragsnehmer mit dem Unternehmen aushandelt und die in einer besonderen Zusatzvereinbarung zu dem Vertrag niedergelegt sind. Diese Verpflichtung darf nur in Anspruch genommen werden, wenn das Unternehmen feststellt, daß es dieselbe oder eine gleichermaßen wirksame und geeignete Technologie auf dem freien Markt zu angemessenen und annehmbaren kommerziellen Bedingungen nicht erhalten kann;

b) er erwirkt vom Eigentümer einer Technologie, die bei der Durchführung der Tätigkeiten im Gebiet im Rahmen des Vertrags angewendet wird, die im allgemeinen auf dem freien Markt nicht erhältlich ist und die nicht unter Buchstabe a fällt, die schriftliche Zusicherung, daß der Eigentümer auf Ersuchen der Behörde dem Unternehmen diese Technologie auf Grund von Lizenzverträgen oder sonstigen geeigneten Vereinbarungen zu angemessenen und annehmbaren kommerziellen Bedingungen in demselben Umfang wie dem Vertragsnehmer zur Verfügung stellen wird. Wird diese Zusicherung nicht erteilt, so darf die betreffende Technologie von dem Vertragsnehmer bei der Durchführung der Tätigkeiten im Gebiet nicht angewendet werden;

c) er erwirbt auf Ersuchen des Unternehmens und wenn es ohne erhebliche Kosten für ihn möglich ist, vom Eigentümer durch durchsetzbaren Vertrag das Recht, an das Unternehmen die vom Vertragsnehmer zur Durchführung der Tätigkeiten im Gebiet im Rahmen des Vertrags angewendete Technologie weiterzugeben, zu deren Weitergabe er anderenfalls rechtlich nicht befugt ist und die im allgemeinen auf dem freien Markt nicht erhältlich ist. Im Fall einer wesentlichen unternehmerischen Verbindung zwischen dem Vertragsnehmer und dem Eigentümer der Technologie sind die Enge dieser Verbindung und das Ausmaß der Kontrolle oder des Einflusses für die Feststellung ausschlaggebend, ob alle durchführbaren Maßnahmen ergriffen worden sind, um dieses Recht zu erwerben. Übt der Vertragsnehmer tatsächlich die Kontrolle über den Eigentümer aus, so wird die Unterlassung, das Recht vom Eigentümer zu erwerben, bei der Entscheidung darüber berücksichtigt, ob der Vertragsnehmer bei einem späteren Antrag auf Bestätigung eines Arbeitsplans die Voraussetzungen erfüllt;

d) er erleichtert auf Ersuchen des Unternehmens den Erwerb einer Technologie nach Buchstabe b durch das Unternehmen auf Grund von Lizenzverträgen oder sonstigen geeigneten Vereinbarungen zu angemessenen und annehmbaren kommerziellen Bedingungen, sofern das Unternehmen beschließt, unmittelbar mit dem Eigentümer der Technologie zu verhandeln;

e) er ergreift dieselben Maßnahmen, wie sie unter den Buchstaben a, b, c und d vorgeschrieben sind, zum Nutzen eines Entwicklungsstaats oder einer Gruppe von Entwicklungsstaaten, die einen Vertrag nach Artikel 9 dieser Anlage beantragt haben; diese Maßnahmen sind jedoch auf die Ausbeutung des von dem Vertragsnehmer vorgeschlagenen und nach Artikel 8 dieser Anlage reservierten Teiles des Feldes beschränkt, und die Tätigkeiten im Rahmen des von dem Entwicklungsstaat oder der Gruppe von Entwicklungsstaaten angestrebten Vertrags dürfen nicht die Weitergabe der Technologie an Drittstaaten oder Angehörige von Drittstaaten zur Folge haben. Die Verpflichtung aus dieser Bestimmung gilt nur für Vertragsnehmer, um deren Technologie noch nicht vom Unternehmen ersucht wurde oder deren Technologie noch nicht an dieses weitergegeben worden ist.

(4) Streitigkeiten über die Verpflichtungen nach Absatz 3 wie über andere Bestimmungen der Verträge unterliegen dem Verfahren der obligatorischen Beilegung von Streitigkeiten in Übereinstimmung mit Teil XI; bei Verstößen gegen diese Verpflichtungen können die Suspendierung oder Beendigung des Vertrags oder Geldstrafen in Übereinstimmung mit Artikel 18 dieser Anlage angeordnet werden. Streitigkeiten darüber, ob ein Angebot des Vertragsnehmers angemessene und annehmbare kommerzielle Bedingungen enthält, können von jeder Partei in Übereinstimmung mit der UNCITRAL-Schiedsordnung oder einer anderen in den Regeln, Vorschriften und Verfahren der Behörde möglicherweise vorgeschriebenen Schiedsordnung einem bindenden Handelsschiedsverfahren unterworfen werden. Wird in dem Schiedsverfahren festgestellt, daß das Angebot des Vertragsnehmers keine angemessenen und annehmbaren kommerziellen Bedingungen enthält, so wird dem Vertragsnehmer eine Frist von 45 Tagen eingeräumt, in der er sein Angebot überprüfen und mit den genannten Bedingungen in Einklang bringen kann, bevor die Behörde Maßnahmen in Übereinstimmung mit Artikel 18 dieser Anlage ergreift.

(5) Kann das Unternehmen die geeignete Technologie zu angemessenen und annehmbaren kommerziellen Bedingungen nicht erhalten, um rechtzeitig mit der Gewinnung und Verarbeitung von Mineralien aus dem Gebiet zu beginnen, so kann der Rat oder die Versammlung eine Gruppe von Vertragsstaaten einberufen, die sich aus den Staaten zusammensetzt, die Tätigkeiten im Gebiet durchführen, aus denjenigen, die Rechtsträger befürworten, die Tätigkeiten im Gebiet durchführen, sowie aus anderen Vertragsstaaten, die Zugang zu der betreffenden Technologie haben. Diese Gruppe berät miteinander und ergreift wirksame Maßnahmen um sicherzustellen, daß die Technologie dem Unternehmen zu angemessenen und annehmbaren kommerziellen Bedingungen zur Verfügung gestellt wird. Jeder dieser Vertragsstaaten ergreift zu diesem Zweck alle Maßnahmen, die im Rahmen seines Rechtssystems durchführbar sind.

(6) Im Fall gemeinschaftlicher Unternehmungen mit dem Unternehmen erfolgt die Weitergabe von Technologie in Übereinstimmung mit der Vereinbarung über die gemeinschaftliche Unternehmung.

(7) Die Verpflichtungen nach Absatz 3 werden bis zum Ablauf von zehn Jahren nach Beginn der kommerziellen Produktion durch das Unternehmen in jeden Vertrag über die Durchführung von Tätigkeiten im Gebiet aufgenommen und können während dieser Zeitspanne in Anspruch genommen werden.

(8) Im Sinne dieses Artikels bedeutet „Technologie” die besondere Ausrüstung und die technischen Fachkenntnisse, darunter Handbücher, Konstruktionsbeschreibungen, Betriebsanleitungen, Ausbildung sowie technische Beratung und Hilfe, die zur Errichtung, zur Unterhaltung und zum Einsatz eines funktionsfähigen Systems notwendig sind, sowie das Recht, all dies auf nicht ausschließlicher Grundlage für den genannten Zweck zu benutzen.

Artikel 6
Bestätigung der Arbeitspläne

(1) Sechs Monate nach Inkrafttreten dieses Übereinkommens und danach alle vier Monate beginnt die Behörde mit der Prüfung der vorgeschlagenen Arbeitspläne.

(2) Bei der Prüfung eines Antrags auf Bestätigung eines Arbeitsplans in Form eines Vertrags stellt die Behörde zunächst fest,

a) ob der Antragsteller die für die Antragstellung in Übereinstimmung mit Artikel 4 dieser Anlage festgelegten Verfahren eingehalten hat und gegenüber der Behörde die nach jenem Artikel erforderlichen Verpflichtungen eingegangen ist und die entsprechenden Zusicherungen abgegeben hat. Werden diese Verfahren nicht eingehalten oder fehlt eine dieser Verpflichtungen und Zusicherungen, so wird dem Antragsteller eine Frist von 45 Tagen eingeräumt, um dies nachzuholen;

b) ob der Antragsteller die erforderlichen Voraussetzungen nach Artikel 4 dieser Anlage erfüllt.

(3) Alle vorgeschlagenen Arbeitspläne werden in der Reihenfolge ihres Eingangs geprüft. Die vorgeschlagenen Arbeitspläne müssen den diesbezüglichen Bestimmungen dieses Übereinkommens sowie den Regeln, Vorschriften und Verfahren der Behörde entsprechen, die für sie maßgebend sind, darunter denjenigen über die betriebstechnischen Anforderungen, die finanziellen Beiträge und die Verpflichtungen über die Weitergabe von Technologie. Wenn die vorgeschlagenen Arbeitspläne diesen Anforderungen genügen, werden sie von der Behörde bestätigt, sofern sie den in den Regeln, Vorschriften und Verfahren der Behörde enthaltenen einheitlichen und nichtdiskriminierenden Anforderungen entsprechen, es sei denn,

a) das in dem vorgeschlagenen Arbeitsplan genannte Feld gehört zum Teil oder in seiner Gesamtheit zu einem bestätigten Arbeitsplan oder zu einem bereits eingereichten vorgeschlagenen Arbeitsplan, über den die Behörde noch nicht endgültig entschieden hat;

b) das in dem vorgeschlagenen Arbeitsplan genannte Feld ist von der Behörde zum Teil oder in seiner Gesamtheit nach Artikel 162 Absatz 2 Buchstabe x ausgeschlossen worden oder

c) der vorgeschlagene Arbeitsplan ist von einem Vertragsstaat eingereicht oder befürwortet worden, der bereits folgendes hat bestätigen lassen:

i) Arbeitspläne für die Erforschung und Ausbeutung polymetallischer Knollen in nichtreservierten Feldern, deren Größe zusammen mit irgendeinem Teil des in dem Antrag auf einen Arbeitsplan genannten Feldes 30 Prozent eines kreisförmigen Feldes von 400 000 Quadratkilometern um die Mitte eines Teiles des von dem vorgeschlagenen Arbeitsplan erfaßten Feldes übersteigen würde;

ii) Arbeitspläne für die Erforschung und Ausbeutung polymetallischer Knollen in nichtreservierten Feldern, deren Gesamtgröße 2 Prozent des gesamten Gebiets darstellt, soweit es nicht reserviert oder soweit seine Ausbeutung nach Artikel 162 Absatz 2 Buchstabe x nicht ausgeschlossen worden ist.

(4) Zur Anwendung der Vorschrift des Absatzes 3 Buchstabe c wird ein von einer Partnerschaft oder einem Konsortium eingereichter Arbeitsplan den in Übereinstimmung mit Artikel 4 Absatz 3 dieser Anlage befürwortenden Vertragsstaaten anteilmäßig zugerechnet. Die Behörde kann unter Absatz 3 Buchstabe c fallende Arbeitspläne bestätigen, wenn sie feststellt, daß diese Bestätigung nicht dazu führt, daß ein Vertragsstaat oder von ihm befürwortete Rechtsträger die Durchführung der Tätigkeiten im Gebiet monopolisieren oder andere Vertragsstaaten von Tätigkeiten im Gebiet ausschließen.

(5) Ungeachtet des Absatzes 3 Buchstabe a kann die Behörde nach Ablauf der in Artikel 151 Absatz 3 genannten Übergangszeit durch Regeln, Vorschriften und Verfahren andere mit dem Übereinkommen im Einklang stehende Verfahren und Kriterien für die Entscheidung darüber festsetzen, welchen Antragstellern die Bestätigung der Arbeitspläne in Fällen erteilt werden soll, in denen eine Auswahl zwischen mehreren Antragstellern für ein vorgeschlagenes Feld getroffen werden muß. Diese Verfahren und Kriterien müssen gewährleisten, daß die Arbeitspläne auf gerechter und nichtdiskriminierender Grundlage bestätigt werden.

Artikel 7
Auswahl zwischen Antragstellern auf Erteilung von Produktionsgenehmigungen

(1) Sechs Monate nach Inkrafttreten dieses Übereinkommens und danach alle vier Monate beginnt die Behörde mit der Prüfung der Anträge auf Erteilung von Produktionsgenehmigungen, die während der unmittelbar vorausgegangenen Periode eingereicht worden sind. Die Behörde erteilt die beantragten Genehmigungen, falls alle Anträge genehmigt werden können, ohne daß die

Produktionsgrenze überschritten wird oder die Behörde gegen ihre Verpflichtungen aus einem Rohstoffübereinkommen oder einer entsprechenden Vereinbarung verstößt, deren Vertragspartei sie nach Artikel 151 geworden ist.

(2) Muß wegen der in Artikel 151 Absätze 2 bis 7 vorgesehenen Produktionsgrenze oder wegen der Verpflichtungen der Behörde aus einem Rohstoffübereinkommen oder einer entsprechenden Vereinbarung, deren Vertragspartei sie nach Artikel 151 Absatz 1 geworden ist, eine Auswahl zwischen den Antragstellern auf Produktionsgenehmigungen getroffen werden, so trifft die Behörde die Auswahl auf der Grundlage der in ihren Regeln, Vorschriften und Verfahren festgelegten objektiven und nichtdiskriminierenden Maßstäbe.

(3) Bei Anwendung des Absatzes 2 räumt die Behörde den Antragstellern Vorrang ein,

a) die unter Berücksichtigung ihrer finanziellen und technischen Leistungsfähigkeit und gegebenenfalls der Art und Weise, wie sie früher bestätigte Arbeitspläne ausgeführt haben, die Gewähr für bessere Leistung bieten;

b) die unter Berücksichtigung des geplanten Beginns der Produktionsaufnahme der Behörde voraussichtlich zu einem früheren Zeitpunkt finanzielle Gewinne erwarten lassen;

c) die bereits die meisten Mittel und Anstrengungen in die Prospektion oder Erforschung investiert haben.

(4) Antragsteller, die in einer Periode nicht ausgewählt worden sind, genießen in späteren Perioden Vorrang, bis sie eine Produktionsgenehmigung erhalten.

(5) Die Auswahl erfolgt unter Berücksichtigung der Notwendigkeit, für alle Vertragsstaaten ungeachtet ihres sozialen und wirtschaftlichen Systems oder ihrer geographischen Lage ohne Diskriminierung eines Staates oder Systems die Möglichkeiten zu erweitern, an Tätigkeiten im Gebiet teilzunehmen und eine Monopolisierung dieser Tätigkeiten zu verhindern.

(6) Werden weniger reservierte als nichtreservierte Felder ausgebeutet, so erhalten Anträge auf Produktionsgenehmigungen für reservierte Felder Vorrang.

(7) Die in diesem Artikel genannten Entscheidungen werden so bald wie möglich nach Ablauf jeder Periode getroffen.

Artikel 8
Reservierung von Feldern

Mit Ausnahme der Anträge des Unternehmens oder anderer Rechtsträger auf reservierte Felder muß sich jeder Antrag auf ein Gesamtfeld beziehen, das nicht ein einziges zusammenhängendes Feld zu sein braucht, jedoch so groß und seinem geschätzten kommerziellen Wert nach so beschaffen sein muß, daß zwei Abbauvorgänge möglich sind. Der Antragsteller gibt die Koordinaten an, die das Feld in zwei Hälften von gleichem geschätztem kommerziellem Wert teilen, und legt alle von ihm für die beiden Teile gesammelten Daten vor. Unbeschadet der Befugnisse der Behörde nach Artikel 17 dieser Anlage müssen sich die vorzulegenden Daten über polymetallische Knollen auf die Kartierung, die Probenahme, die Häufigkeit der Knollen sowie auf ihre Metallgehalte beziehen. Innerhalb von 45 Tagen nach Eingang dieser Daten bestimmt die Behörde den Teil, der nur für Tätigkeiten zu reservieren ist, die sie selbst durch das Unternehmen oder unter Einbeziehung von Entwicklungsstaaten durchführt. Diese Bestimmung kann um weitere 45 Tage hinausgeschoben werden, falls die Behörde einen unabhängigen Sachverständigen um die Feststellung ersucht, ob ihr alle nach diesem Artikel erforderlichen Daten vorgelegt worden sind. Das bestimmte Feld wird zum reservierten Feld, sobald der Arbeitsplan für das nichtreservierte Feld bestätigt und der Vertrag unterzeichnet ist.

Artikel 9
Tätigkeiten in reservierten Feldern

(1) Das Unternehmen kann entscheiden, ob es selbst die Tätigkeiten in jedem reservierten Feld durchführen will. Diese Entscheidung kann jederzeit getroffen werden; erhält die Behörde eine Mitteilung nach Absatz 4, so trifft das Unternehmen seine Entscheidung innerhalb einer angemessenen Frist. Das Unternehmen kann beschließen, diese Felder in gemeinschaftlichen Unternehmungen mit dem interessierten Staat oder Rechtsträger auszubeuten.

(2) Das Unternehmen kann zur Durchführung eines Teiles seiner Tätigkeiten in Übereinstimmung mit Anlage IV Artikel 12 Verträge schließen. Es kann sich auch zur Durchführung dieser Tätigkeiten zu gemeinschaftlichen Unternehmungen mit Rechtsträgern zusammenschließen, die für die Durchführung von Tätigkeiten im Gebiet nach Artikel 153 Absatz 2 Buchstabe b in Betracht kommen. Bei der Erwägung solcher gemeinschaftlicher Unternehmungen bietet das Unternehmen Vertragsstaaten, die Entwicklungsstaaten sind, sowie deren Angehörigen Gelegenheit zu wirksamer Beteiligung.

(3) Die Behörde kann in ihren Regeln, Vorschriften und Verfahren materielle und verfahrensrechtliche Voraussetzungen und Bedingungen für diese Verträge und gemeinschaftlichen Unternehmungen vorschreiben.

(4) Jeder Vertragsstaat, der ein Entwicklungsstaat ist, oder jede natürliche oder juristische Person, die von ihm befürwortet und von ihm oder einem anderen Entwicklungsstaat, der ein geeigneter Antragsteller ist, tatsächlich kontrolliert wird, oder eine Gruppe von diesen kann der

Behörde den Wunsch mitteilen, nach Artikel 6 dieser Anlage für ein reserviertes Feld einen Arbeitsplan vorzulegen. Der Arbeitsplan wird geprüft, wenn das Unternehmen nach Absatz 1 beschließt, die Tätigkeiten in dem betreffenden Feld nicht selbst durchzuführen.

Artikel 10

Bevorzugung und Vorrang von Antragstellern

Hat ein Unternehmer nach Artikel 3 Absatz 4 Buchstabe c dieser Anlage einen bestätigten Arbeitsplan nur für die Erforschung, so genießt er gegenüber den Antragstellern für einen Arbeitsplan zur Ausbeutung desselben Feldes und derselben Ressourcen Bevorzugung und Vorrang. Die Bevorzugung oder der Vorrang kann dem Unternehmer jedoch entzogen werden, wenn er den Arbeitsplan nicht zufriedenstellend ausgeführt hat.

Artikel 11

Gemeinschaftliche Vereinbarungen

(1) Verträge können gemeinschaftliche Vereinbarungen zwischen dem Vertragsnehmer und der durch das Unternehmen handelnden Behörde in Form gemeinschaftlicher Unternehmungen oder der Produktionsteilung sowie andere Formen gemeinschaftlicher Vereinbarungen vorsehen, die gegen Änderung, Suspendierung oder Beendigung ebenso geschützt sind wie Verträge mit der Behörde.

(2) Vertragsnehmer, die mit dem Unternehmen gemeinschaftliche Vereinbarungen schließen, können einen finanziellen Anreiz erhalten, wie in Artikel 13 dieser Anlage vorgesehen.

(3) Partner des Unternehmens in einer gemeinschaftlichen Unternehmung sind verpflichtet, die in Artikel 13 dieser Anlage vorgeschriebenen Zahlungen entsprechend ihrem Anteil an der gemeinschaftlichen Unternehmung vorbehaltlich des finanziellen Anreizes nach jenem Artikel zu leisten.

Artikel 12

Vom Unternehmen durchgeführte Tätigkeiten

(1) Tätigkeiten im Gebiet, die vom Unternehmen nach Artikel 153 Absatz 2 Buchstabe a durchgeführt werden, sind durch Teil XI, die Regeln, Vorschriften und Verfahren der Behörde und deren diesbezügliche Beschlüsse geregelt.

(2) Jedem vom Unternehmen eingereichten Arbeitsplan muß der Nachweis über seine finanzielle und technische Leistungsfähigkeit beigefügt sein.

Artikel 13

Finanzielle Bestimmungen der Verträge

(1) Bei der Annahme von Regeln, Vorschriften und Verfahren betreffend die finanziellen Bestimmungen eines Vertrags zwischen der Behörde und den in Artikel 153 Absatz 2 Buchstabe b genannten Rechtsträgern und beim Aushandeln jener finanziellen Bestimmungen in Übereinstimmung mit Teil XI und jenen Regeln, Vorschriften und Verfahren läßt sich die Behörde von folgenden Zielen leiten:

a) der Behörde möglichst hohe Einnahmen aus den Erträgen der kommerziellen Produktion zu sichern;

b) Investitionen und Technologie zur Erforschung und Ausbeutung des Gebiets heranzuziehen;

c) für eine gleiche finanzielle Behandlung und für vergleichbare finanzielle Verpflichtungen der Vertragsnehmer zu sorgen;

d) für die Vertragsnehmer Anreize auf einheitlicher und nichtdiskriminierender Grundlage zu schaffen, mit dem Unternehmen und den Entwicklungsstaaten oder deren Angehörigen gemeinschaftliche Vereinbarungen zu treffen, die Weitergabe von Technologie an die Genannten anzuregen und das Personal der Behörde und der Entwicklungsstaaten auszubilden;

e) dem Unternehmen zu ermöglichen, zur gleichen Zeit wie die in Artikel 153 Absatz 2 Buchstabe b bezeichneten Rechtsträger tatsächlich Meeresbodenbergbau zu betreiben, und

f) dafür zu sorgen, daß die Vertragsnehmer infolge der ihnen nach Absatz 14 gewährten finanziellen Anreize, auf Grund der in Übereinstimmung mit Artikel 19 dieser Anlage überprüften Verträge oder nach den Bestimmungen des Artikels 11 dieser Anlage betreffend gemeinschaftliche Unternehmungen nicht in einer Weise subventioniert werden, daß sie gegenüber den auf dem Land Bergbau betreibenden Unternehmern einen künstlichen Wettbewerbsvorteil erhalten.

(2) Für die Verwaltungskosten, die bei der Bearbeitung eines Antrags auf Bestätigung eines Arbeitsplans in Form eines Vertrags entstehen, wird eine Gebühr in Höhe von 500 000 US-Dollar je Antrag festgesetzt. Die Höhe der Gebühr wird von Zeit zu Zeit vom Rat überprüft, um zu gewährleisten, daß die entstehenden Verwaltungskosten gedeckt sind. Belaufen sich die Kosten der Behörde für die Bearbeitung eines Antrags auf einen geringeren als den festgesetzten Betrag, so erstattet sie dem Antragsteller die Differenz.

(3) Mit Inkrafttreten des Vertrags zahlt der Vertragsnehmer eine feste Jahresgebühr von 1 Million US-Dollar. Wird der genehmigte Zeitpunkt für die Aufnahme der kommerziellen Produktion wegen einer verzögerten Erteilung der Produktionsgenehmigung in Übereinstimmung

mit Artikel 151 aufgeschoben, so wird die feste Jahresgebühr für die Dauer des Aufschubs erlassen. Nach dem Zeitpunkt der Aufnahme der kommerziellen Produktion zahlt der Vertragsnehmer entweder die Produktionsabgabe oder die feste Jahresgebühr, je nachdem welcher Betrag höher ist.

(4) Innerhalb eines Jahres nach dem Zeitpunkt der Aufnahme der kommerziellen Produktion im Einklang mit Absatz 3 wählt der Vertragsnehmer die Art der Zahlung seines finanziellen Beitrags an die Behörde, indem er

a) entweder nur eine Produktionsabgabe entrichtet

b) oder eine Produktionsabgabe in Verbindung mit einem Anteil des Nettoertrags entrichtet.

(5) a) Entscheidet sich ein Vertragsnehmer dafür, seinen finanziellen Beitrag an die Behörde nur in Form einer Produktionsabgabe zu entrichten, so wird diese nach einem Prozentsatz des Marktwerts der ausgebrachten Metalle festgesetzt, die aus den polymetallischen Knollen erzeugt werden, welche aus dem vom Vertrag erfaßten Feld gewonnen worden sind. Der Prozentsatz wird wie folgt festgesetzt:

i) vom 1. bis 10. Jahr der kommerziellen Produktion .... 5 Prozent

ii) vom 11. Jahr bis zum Ende der kommerziellen Produktion .... 12 Prozent.

b) Der genannte Marktwert ergibt sich durch Multiplikation der Menge der ausgebrachten Metalle, die aus den polymetallischen Knollen erzeugt werden, welche aus dem vom Vertrag erfaßten Feld gewonnen worden sind, mit dem Durchschnittspreis für diese Metalle während des betreffenden Rechnungsjahrs entsprechend den Absätzen 7 und 8.

(6) Entscheidet sich ein Vertragsnehmer dafür, seinen finanziellen Beitrag an die Behörde in Form einer Produktionsabgabe in Verbindung mit einem Anteil des Nettoertrags zu entrichten, so errechnen sich die Zahlungen wie folgt:

a) Die Produktionsabgabe wird nach einem Prozentsatz des in Übereinstimmung mit Buchstabe b errechneten Marktwerts der ausgebrachten Metalle festgesetzt, die aus den polymetallischen Knollen erzeugt werden, welche aus dem vom Vertrag erfaßten Feld gewonnen worden sind. Der Prozentsatz wird wie folgt festgesetzt:

i) für die erste Periode der kommerziellen Produktion .... 2 Prozent

ii) für die zweite Periode der kommerziellen Produktion .... 4 Prozent.

Beläuft sich in der unter Buchstabe d bestimmten zweiten Periode der kommerziellen Produktion die Investitionsrendite in einem Rechnungsjahr nach Buchstabe m auf weniger als 15 Prozent infolge der Entrichtung der Produktionsabgabe von 4 Prozent, so beträgt die Produktionsabgabe in dem betreffenden Rechnungsjahr 2 Prozent anstatt 4 Prozent.

b) Der genannte Marktwert ergibt sich durch Multiplikation der Menge der ausgebrachten Metalle, die aus den polymetallischen Knollen erzeugt werden, welche aus dem vom Vertrag erfaßten Feld gewonnen worden sind, mit dem Durchschnittspreis für diese Metalle während des betreffenden Rechnungsjahrs entsprechend den Absätzen 7 und 8.

c) i) Der Anteil der Behörde am Nettoertrag wird dem Teil des Nettoertrags des Vertragsnehmers entnommen, der dem Abbau der Ressourcen des vom Vertrag erfaßten Feldes zurechenbar ist; er wird im folgenden als zurechenbarer Nettoertrag bezeichnet.

ii) Der Anteil der Behörde am zurechenbaren Nettoertrag errechnet sich in Übereinstimmung mit folgender Progressionstabelle:

Zurechenbarer Nettoertrag	**Anteil der Behörde**	
	Erste Periode der kommerziellen Produktion	**Zweite Periode der kommerziellen Produktion**
Der Teil, der eine Investitionsrendite von mehr als 0 Prozent, aber weniger als 10 Prozent darstellt	35 Prozent	40 Prozent
Der Teil, der eine Investitionsrendite von mindestens 10 Prozent, aber weniger als 20 Prozent darstellt	42,5 Prozent	50 Prozent
Der Teil, der eine Investitionsrendite von 20 Prozent oder mehr darstellt	50 Prozent	70 Prozent

d) i) Die erste Periode der kommerziellen Produktion nach den Buchstaben a und c beginnt im ersten Rechnungsjahr dieser Produktion und endet in dem Rechnungsjahr, in dem die Entwicklungskosten des Vertragsnehmers zusammen mit den Zinsen auf den nicht amortisierten Teil durch seinen Barüberschuß wie folgt völlig amortisiert werden:

Im ersten Rechnungsjahr, in dem Entwicklungskosten entstehen, entsprechen die nicht amortisierten Entwicklungskosten den Entwicklungskosten abzüglich der Barüberschüsse in dem betreffenden Jahr. In jedem folgenden Rechnungsjahr entsprechen die nicht amortisierten Entwicklungskosten den nicht amortisierten Entwicklungskosten am Ende des vorangegangenen Rechnungsjahrs zuzüglich der darauf zu entrichtenden Zinsen in

Seerecht
UNCLOS

Höhe von 10 Prozent pro Jahr, zuzüglich der Entwicklungskosten im laufenden Rechnungsjahr und abzüglich der Barüberschüsse des Vertragsnehmers im laufenden Rechnungsjahr. Das Rechnungsjahr, in dem die nicht amortisierten Entwicklungskosten zum ersten Mal auf Null zurückgehen, ist das Rechnungsjahr, in dem die Entwicklungskosten des Vertragsnehmers zusammen mit den Zinsen auf den nicht amortisierten Teil durch seine Barüberschüsse völlig amortisiert werden. Die Barüberschüsse des Vertragsnehmers in einem Rechnungsjahr sind sein Bruttoertrag abzüglich seiner Betriebskosten und abzüglich seiner Zahlungen an die Behörde nach Buchstabe c.

ii) Die zweite Periode der kommerziellen Produktion beginnt in dem Rechnungsjahr, das dem Ablauf der ersten Periode der kommerziellen Produktion folgt, und dauert bis zum Ablauf des Vertrags.

e) „Zurechenbarer Nettoertrag" bedeutet das Produkt aus dem Nettoertrag des Vertragsnehmers und dem Verhältnis der Entwicklungskosten im Abbaubereich zu den Entwicklungskosten des Vertragsnehmers. Befaßt sich der Vertragsnehmer mit Abbau und Beförderung polymetallischer Knollen sowie mit der Produktion von hauptsächlich drei auszubringenden Metallen, nämlich Kobalt, Kupfer und Nickel, so muß die Höhe des zurechenbaren Nettoertrags mindestens 25 Prozent seines Nettoertrags betragen. Vorbehaltlich des Buchstabens n kann die Behörde in allen anderen Fällen einschließlich derjenigen, in denen der Vertragsnehmer sich mit Abbau und Beförderung polymetallischer Knollen sowie mit der Produktion von hauptsächlich vier auszubringenden Metallen befaßt, nämlich Kobalt, Kupfer, Mangan und Nickel, in ihren Regeln, Vorschriften und Verfahren angemessene Mindestsätze festsetzen, wobei in jedem Fall dieselbe Verhältnisformel wie beim Mindestsatz von 25 Prozent im Fall der drei Metalle Anwendung findet.

f) „Nettoertrag des Vertragsnehmers" bedeutet den Bruttoertrag des Vertragsnehmers abzüglich seiner Betriebskosten und abzüglich der Amortisation seiner Entwicklungskosten entsprechend Buchstabe j.

g) i) Befaßt sich der Vertragsnehmer mit Abbau und Beförderung polymetallischer Knollen sowie mit der Produktion auszubringender Metalle, so bedeutet „Bruttoertrag des Vertragsnehmers" die Bruttoeinnahmen aus dem Verkauf der ausgebrachten Metalle sowie sonstige Beträge, von denen sinnvollerweise angenommen wird, daß sie Arbeiten auf Grund des Vertrags in Übereinstimmung mit den Finanzregeln, -vorschriften und -verfahren der Behörde zuzurechnen sind.

ii) In allen anderen als den unter Buchstabe g Ziffer i und Buchstabe n Ziffer iii bezeichneten Fällen bedeutet „Bruttoertrag des Vertragsnehmers" die Bruttoeinnahmen aus dem Verkauf der vorangereicherten Metalle aus den polymetallischen Knollen, die aus dem vom Vertrag erfaßten Feld gewonnen worden sind, sowie sonstige Beträge, von denen sinnvollerweise angenommen wird, daß sie Arbeiten auf Grund des Vertrags in Übereinstimmung mit den Finanzregeln, -vorschriften und -verfahren der Behörde zuzurechnen sind.

h) „Entwicklungskosten des Vertragsnehmers" bedeutet

i) alle Ausgaben, die vor Aufnahme der kommerziellen Produktion entstehen und unmittelbar mit der Entwicklung der Produktionskapazität des vom Vertrag erfaßten Feldes und damit zusammenhängenden Tätigkeiten für Arbeiten auf Grund des Vertrags in allen mit Ausnahme der unter Buchstabe n bezeichneten Fällen im Einklang mit allgemein anerkannten Buchführungsgrundsätzen zusammenhängen, wie zB Kosten für Maschinen, Ausrüstung, Schiffe, Verarbeitungsanlagen, Bauarbeiten, Gebäude, Land, Straßen, Prospektion und Erforschung des vom Vertrag erfaßten Feldes, Forschung und Entwicklung, Zinsen, etwaige Pachtverträge, Lizenzen und Gebühren;

ii) ähnliche Ausgaben wie die unter Ziffer i aufgeführten, die nach Aufnahme der kommerziellen Produktion entstehen und für die Durchführung des Arbeitsplans notwendig sind, mit Ausnahme der den Betriebskosten zuzurechnenden Ausgaben.

i) Die Einnahmen aus der Veräußerung von Anlagevermögen und der Marktwert des Anlagevermögens, das für die Arbeiten auf Grund des Vertrags nicht mehr benötigt und nicht veräußert wird, werden in dem betreffenden Rechnungsjahr von den Entwicklungskosten des Vertragsnehmers abgezogen. Übersteigen diese Abzüge die Entwicklungskosten des Vertragsnehmers, so wird der Mehrbetrag seinen Bruttoerträgen hinzugerechnet.

j) Die vor der Aufnahme der kommerziellen Produktion entstehenden Entwicklungskosten des Vertragsnehmers nach Buchstabe h Ziffer i und Buchstabe n Ziffer iv werden in zehn gleichen Jahresraten von der Aufnahme der kommerziellen Produktion an amortisiert. Die nach Aufnahme der kommerziellen Produktion entstehenden Entwicklungskosten des Vertragsnehmers nach Buchstabe h Ziffer i und Buchstabe n Ziffer iv werden in zehn oder weniger gleichen Jahresraten amortisiert, damit sie bis zum Ablauf des Vertrags vollständig amortisiert sind.

k) „Betriebskosten des Vertragsnehmers" bedeutet alle Kosten, die nach Aufnahme der kommerziellen Produktion durch die Nutzung der Produktionskapazität des vom Vertrag erfaßten Feldes und damit zusammenhängenden Tätigkeiten für Arbeiten auf Grund des Vertrags im Einklang mit allgemein anerkannten Buchführungsgrundsätzen entstehen, wie zB die feste Jahresgebühr oder die Produktionsabgabe, je nachdem welcher Betrag höher ist, Ausgaben für Löhne, Gehälter und damit zusammenhängende Leistungen, Material, Dienstleistungen, Beförderung, Verarbeitung und Absatz, Zinsen, öffentliche Versorgung und Bewahrung der Meeresumwelt, Gemeinkosten und Verwaltungskosten, die unmittelbar mit Arbeiten auf Grund des Vertrags zusammenhängen, sowie Nettobetriebsverluste, die wie folgt vorgetragen oder rückübertragen werden. Nettobetriebsverluste können auf zwei aufeinanderfolgende Jahre vorgetragen werden, außer in den beiden letzten Jahren des Vertrags, in denen sie auf die beiden vorangegangenen Jahre rückübertragen werden können.

l) Befaßt sich der Vertragsnehmer mit Abbau und Beförderung polymetallischer Knollen sowie mit der Produktion von ausgebrachten und vorangereicherten Metallen, so bedeutet „Entwicklungskosten des Abbaubereichs" den Teil der Entwicklungskosten des Vertragsnehmers, der sich unmittelbar auf den Abbau der Ressourcen des vom Vertrag erfaßten Feldes im Einklang mit allgemein anerkannten Buchführungsgrundsätzen und den Finanzregeln, -vorschriften und -verfahren der Behörde bezieht, einschließlich Antragsgebühr, feste Jahresgebühr und gegebenenfalls die Kosten für Prospektion und Erforschung des vom Vertrag erfaßten Feldes und ein Teil der Forschungs- und Entwicklungskosten.

m) „Investitionsrendite" in einem Rechnungsjahr bedeutet das Verhältnis des zurechenbaren Nettoertrags in dem betreffenden Jahr zu den Entwicklungskosten des Abbaubereichs. Zur Errechnung dieses Verhältnisses umfassen die Entwicklungskosten des Abbaubereichs die Ausgaben für neue Ausrüstung oder den Ersatz von Ausrüstung im Abbaubereich abzüglich der ursprünglichen Kosten der ersetzten Ausrüstung.

n) Befaßt sich der Vertragsnehmer nur mit Abbau,

i) so bedeutet „zurechenbarer Nettoertrag" den gesamten Nettoertrag des Vertragsnehmers;

ii) so entspricht der Ausdruck „Nettoertrag des Vertragsnehmers" der Definition unter Buchstabe f;

iii) so bedeutet „Bruttoertrag des Vertragsnehmers" die Bruttoeinnahmen aus dem Verkauf der polymetallischen Knollen sowie sonstige Erträge, von denen sinnvollerweise angenommen wird, daß sie Arbeiten auf Grund des Vertrags in Übereinstimmung mit den Finanzregeln, -vorschriften und -verfahren der Behörde zuzurechnen sind;

iv) so bedeutet „Entwicklungskosten des Vertragsnehmers" alle Kosten, die vor Aufnahme der kommerziellen Produktion entsprechend Buchstabe h Ziffer i entstehen, sowie alle Kosten, die nach Aufnahme der kommerziellen Produktion entsprechend Buchstabe h Ziffer ii entstehen und unmittelbar mit dem Abbau der Ressourcen des vom Vertrag erfaßten Feldes im Einklang mit allgemein anerkannten Buchführungsgrundsätzen zusammenhängen;

v) so bedeutet „Betriebskosten des Vertragsnehmers" die Betriebskosten des Vertragsnehmers nach Buchstabe k, die unmittelbar mit dem Abbau der Ressourcen des vom Vertrag erfaßten Feldes im Einklang mit allgemein anerkannten Buchführungsgrundsätzen zusammenhängen;

vi) so bedeutet „Investitionsrendite" in einem Rechnungsjahr das Verhältnis des Nettoertrags des Vertragsnehmers in dem betreffenden Jahr zu seinen Entwicklungskosten. Zur Errechnung dieses Verhältnisses umfassen die Entwicklungskosten des Vertragsnehmers die Ausgaben für neue Ausrüstung oder den Ersatz von Ausrüstung abzüglich der ursprünglichen Kosten der ersetzten Ausrüstung.

o) Die unter den Buchstaben h, k, l und n genannten Kosten für vom Vertragsnehmer gezahlte Zinsen werden in dem Umfang berücksichtigt, in dem die Behörde unter allen Umständen nach Artikel 4 Absatz 1 dieser Anlage den Verschuldungsgrad und die Zinssätze im Hinblick auf die geltende Handelspraxis für angemessen hält.

p) Unter den in diesem Absatz genannten Kosten sind keine Zahlungen von Körperschaftsteuern oder ähnlichen Lasten zu verstehen, die von Staaten im Zusammenhang mit Arbeiten des Vertragsnehmers erhoben werden.

(7) a) Der in den Absätzen 5 und 6 verwendete Ausdruck „ausgebrachte Metalle" bezeichnet die Metalle in dem Reinheitsgrad, in dem sie gewöhnlich an den internationalen Terminmärkten gehandelt werden. Zu diesem Zweck nennt die Behörde in ihren Finanzregeln, -vorschriften und -verfahren die einschlägigen internationalen Terminmärkte. Bei Metallen, die an diesen Märkten nicht gehandelt werden, bezeichnet der Ausdruck „ausgebrachte Metalle" die Metalle in dem Reinheitsgrad, in dem sie gewöhnlich im Rahmen üblicher Handelsgeschäfte gehandelt werden, wie sie den Grundsätzen eines unabhängigen Unternehmens (arm's length transactions) entsprechen.

b) Kann die Behörde die in Absatz 5 Buchstabe b und Absatz 6 Buchstabe b genannte Menge der ausgebrachten Metalle, die aus den polymetallischen Knollen erzeugt werden, welche aus dem vom Vertrag erfaßten Feld gewonnen worden sind, nicht anders bestimmen, so wird die Menge auf der Grundlage des Metallgehalts der Knollen, des Ausbringungskoeffizienten und anderer einschlägiger Faktoren in Übereinstimmung mit den Regeln, Vorschriften und Verfahren der Behörde und im Einklang mit allgemein anerkannten Buchführungsgrundsätzen festgelegt.

(8) Verfügt ein internationaler Terminmarkt über einen repräsentativen Preismechanismus für ausgebrachte Metalle, polymetallische Knollen und vorangereicherte Metalle aus Knollen, so kommt der an diesem Markt notierte Durchschnittspreis zur Anwendung. In allen anderen Fällen setzt die Behörde nach Rücksprache mit dem Vertragsnehmer einen angemessenen Preis für die genannten Erzeugnisse in Übereinstimmung mit Absatz 9 fest.

(9) a) Alle in diesem Artikel genannten Kosten, Ausgaben, Erträge und Einnahmen sowie Preis- und Wertfestsetzungen ergeben sich aus Geschäften, die den Grundsätzen des freien Marktes oder des unabhängigen Unternehmens (arm's length transactions) entsprechen. Sie werden, falls solche Geschäfte fehlen, von der Behörde nach Rücksprache mit dem Vertragsnehmer so festgesetzt, als ergäben sie sich aus Geschäften, die den Grundsätzen des freien Marktes oder des unabhängigen Unternehmens (arm's length transactions) entsprechen, wobei einschlägige Geschäfte auf anderen Märkten berücksichtigt werden.

b) Um die Einhaltung und Durchsetzung dieses Absatzes zu gewährleisten, läßt sich die Behörde von den Grundsätzen und der Auslegung leiten, die für Geschäfte, die den Grundsätzen eines unabhängigen Unternehmens (arm's length transactions) entsprechen, von der Kommission der Vereinten Nationen für transnationale Unternehmen, der Sachverständigengruppe für Steuerabkommen zwischen entwickelten Ländern und Entwicklungsländern sowie anderen internationalen Organisationen angenommen worden sind; die Behörde nennt in ihren Regeln, Vorschriften und Verfahren die einheitlichen und international annehmbaren Buchführungsregeln und -verfahren sowie die Methoden zur Auswahl von beglaubigten unabhängigen Rechnungsprüfern durch den Vertragsnehmer, die zur Prüfung der Bilanz im Einklang mit diesen Regeln, Vorschriften und Verfahren für die Behörde annehmbar sind.

(10) Der Vertragsnehmer stellt den Rechnungsprüfern in Übereinstimmung mit den Finanzregeln, -vorschriften und -verfahren der Behörde die Finanzdaten zur Verfügung, die für die Feststellung notwendig sind, daß dieser Artikel eingehalten wird.

(11) Alle in diesem Artikel genannten Kosten, Ausgaben, Erträge und Einnahmen sowie Preise und Werte werden in Übereinstimmung mit allgemein anerkannten Buchführungsgrundsätzen sowie den Finanzregeln, -vorschriften und -verfahren der Behörde festgesetzt.

(12) Die Zahlungen an die Behörde nach den Absätzen 5 und 6 werden in frei verwendbaren Währungen oder in Währungen geleistet, die an den bedeutenden Devisenmärkten frei verfügbar und tatsächlich verwendbar sind, oder nach Wahl des Vertragsnehmers im Gegenwert der ausgebrachten Metalle zum Marktwert. Der Marktwert wird in Übereinstimmung mit Absatz 5 Buchstabe b festgesetzt. Die frei verwendbaren Währungen und die Währungen, die an den bedeutenden Devisenmärkten frei verfügbar und tatsächlich verwendbar sind, werden in den Regeln, Vorschriften und Verfahren der Behörde in Übereinstimmung mit der vorherrschenden internationalen Währungspraxis bestimmt.

(13) Alle finanziellen Verpflichtungen des Vertragsnehmers gegenüber der Behörde sowie alle seine in diesem Artikel genannten Abgaben, Kosten, Ausgaben, Erträge und Einnahmen werden angepaßt, indem sie als konstante Größen in bezug auf ein Vergleichsjahr ausgedrückt werden.

(14) Die Behörde kann unter Berücksichtigung von Empfehlungen der Kommission für wirtschaftliche Planung und der Rechts- und Fachkommission Regeln, Vorschriften und Verfahren erlassen, die auf einheitlicher und nichtdiskriminierender Grundlage Anreize für Vertragsnehmer vorsehen, um die in Absatz 1 genannten Ziele zu fördern.

(15) Bei einer Streitigkeit zwischen der Behörde und einem Vertragsnehmer über die Auslegung oder Anwendung der finanziellen Bestimmungen eines Vertrags kann jede Partei die Streitigkeit einem bindenden Handelsschiedsverfahren unterwerfen, sofern nicht beide Parteien vereinbaren, die Streitigkeit durch andere Verfahren in Übereinstimmung mit Artikel 188 Absatz 2 beizulegen.

Artikel 14
Weitergabe von Daten

(1) In Übereinstimmung mit den Regeln, Vorschriften und Verfahren der Behörde und den Bedingungen des Arbeitsplans übermittelt der Unternehmer der Behörde in den von ihr festgesetzten zeitlichen Abständen alle Daten, die zur wirksamen Wahrnehmung der Aufgaben und Befugnisse der Hauptorgane der Behörde in bezug auf das vom Arbeitsplan erfaßte Feld sowohl notwendig als auch maßgeblich sind.

(2) Die in bezug auf das vom Arbeitsplan erfaßte Feld übermittelten Daten, die als rechtlich geschützt gelten, dürfen nur zu den in diesem Artikel genannten Zwecken verwendet werden. Daten, die von der Behörde zur Abfassung der Regeln, Vorschriften und Verfahren zum Schutz der Meeresumwelt und zur Sicherheit benötigt werden, ausgenommen Gerätekonstruktionsdaten, gelten nicht als rechtlich geschützt.

(3) Daten, die der Behörde von Prospektoren, Antragstellern auf Verträge oder Vertragsnehmern übermittelt werden und die als rechtlich geschützt gelten, dürfen von der Behörde nicht dem Unternehmen oder irgend jemandem außerhalb der Behörde preisgegeben werden; Daten über reservierte Felder dürfen jedoch dem Unternehmen preisgegeben werden. Die von diesen Personen

dem Unternehmen übermittelten Daten dürfen von dem Unternehmen nicht der Behörde oder irgend jemandem außerhalb der Behörde preisgegeben werden.

Artikel 15
Ausbildungsprogramme

Der Vertragsnehmer erstellt praktische Ausbildungsprogramme für das Personal der Behörde und der Entwicklungsstaaten einschließlich einer Beteiligung dieses Personals an allen im Vertrag geregelten Tätigkeiten im Gebiet in Übereinstimmung mit Artikel 144 Absatz 2.

Artikel 16
Ausschließliches Recht zur Erforschung und Ausbeutung

Entsprechend Teil XI und ihren Regeln, Vorschriften und Verfahren gewährt die Behörde dem Unternehmer das ausschließliche Recht, das vom Arbeitsplan erfaßte Feld in bezug auf eine bestimmte Kategorie von Ressourcen zu erforschen und auszubeuten; sie trägt dafür Sorge, daß kein anderer Rechtsträger in demselben Feld hinsichtlich einer anderen Kategorie von Ressourcen in einer Weise tätig wird, welche die Arbeiten des Unternehmers behindern könnte. Die Rechte des Unternehmers bleiben in Übereinstimmung mit Artikel 153 Absatz 6 gewährleistet.

Artikel 17
Regeln, Vorschriften und Verfahren der Behörde

(1) In Übereinstimmung mit Artikel 160 Absatz 2 Buchstabe f Ziffer ii und Artikel 162 Absatz 2 Buchstabe o Ziffer ii erläßt die Behörde Regeln, Vorschriften und Verfahren zur Wahrnehmung ihrer Aufgaben nach Teil XI und wendet sie unter anderem in bezug auf folgende Angelegenheiten einheitlich an:

a) Verwaltungsverfahren hinsichtlich der Prospektion, Erforschung und Ausbeutung im Gebiet;

b) Arbeiten:

i) Größe der Felder;

ii) Dauer der Arbeiten;

iii) Leistungsanforderungen einschließlich der Zusicherungen nach Artikel 4 Absatz 6 Buchstabe c dieser Anlage;

iv) Kategorien von Ressourcen;

v) Verzicht auf Felder;

vi) Berichte über den Fortschritt der Arbeiten;

vii) Vorlage von Daten;

viii) Überprüfung und Überwachung der Arbeiten;

ix) Verhinderung einer Störung anderer Tätigkeiten in der Meeresumwelt;

x) Übertragung von Rechten und Pflichten durch einen Vertragsnehmer;

xi) Verfahren zur Weitergabe von Technologie an Entwicklungsstaaten in Übereinstimmung mit Artikel 144 sowie zu deren unmittelbarer Beteiligung;

xii) Abbaunormen und -praktiken einschließlich solcher, die sich auf die Betriebssicherheit, die Erhaltung der Ressourcen und den Schutz der Meeresumwelt beziehen;

xiii) Definition der kommerziellen Produktion;

xiv) Eignungsanforderungen für Antragsteller;

c) Finanzfragen:

i) Festlegung einheitlicher und nichtdiskriminierender Kostenberechnungs- und Buchführungsvorschriften sowie Methode zur Auswahl der Rechnungsprüfer;

ii) Aufteilung der Erträge aus den Arbeiten;

iii) Anreize nach Artikel 13 dieser Anlage;

d) Durchführung der nach Artikel 151 Absatz 10 und Artikel 164 Absatz 2 Buchstabe d gefaßten Beschlüsse.

(2) Die Regeln, Vorschriften und Verfahren über folgende Angelegenheiten müssen den nachfolgenden objektiven Kriterien voll entsprechen:

a) Größe der Felder:

Die Behörde legt eine angemessene Größe der Felder für die Erforschung bis zur doppelten Größe der Felder für die Ausbeutung fest, um eine intensive Erforschung zu ermöglichen. Die Größe eines Feldes für die Erforschung wird nach den Erfordernissen des Artikels 8 dieser Anlage über die Reservierung von Feldern sowie nach den vorgesehenen Produktionserfordernissen berechnet, die mit Artikel 151 und mit den Vertragsbestimmungen im Einklang stehen; dabei werden der Stand der dann für den Meeresbodenbergbau verfügbaren Technologie und die jeweiligen physischen Eigenschaften der Felder berücksichtigt. Die Felder dürfen weder kleiner noch größer sein, als zur Erreichung dieses Zieles notwendig ist.

b) Dauer der Arbeiten:

i) Die Dauer der Prospektion ist unbefristet;

ii) die Dauer der Erforschung soll ausreichend sein, um eine gründliche Untersuchung des bestimmten Feldes, Planung und Herstellung von Abbauausrüstungen für das Feld sowie Planung und Errichtung kleiner und mittlerer Verarbeitungsanlagen zur Erprobung von Abbau- und Verarbeitungssystemen zu ermöglichen;

iii) die Dauer der Ausbeutung soll der wirtschaftlichen Lebensdauer des Abbauvorhabens entsprechen, wobei Faktoren wie Erschöpfung der Erzvorkommen, Nutzungsdauer der Abbauausrüstungen und Verarbeitungseinrichtungen sowie kommerzielle Lebensfähigkeit zu berücksichtigen sind. Die Dauer der Ausbeutung soll ausreichend sein, um eine kommerzielle Gewinnung der Mineralien des Feldes zu ermöglichen, und soll eine angemessene Frist für die Errichtung von Abbau- und Verarbeitungssystemen im kommerziellen Umfang einschließen, während der eine kommerzielle Produktion nicht verlangt werden soll. Die Gesamtdauer der Ausbeutung soll jedoch auch kurz genug sein, um der Behörde Gelegenheit zu geben, die Bedingungen des Arbeitsplans in dem Zeitpunkt zu ändern, in dem sie eine Erneuerung des Planes in Übereinstimmung mit den nach seiner Bestätigung erlassenen Regeln, Vorschriften und Verfahren in Betracht zieht.

c) Leistungsanforderungen:
Die Behörde verlangt, daß der Unternehmer während des Erforschungsstadiums regelmäßige Ausgaben tätigt, die in angemessener Weise der Größe des vom Arbeitsplan erfaßten Feldes und jenen Ausgaben entsprechen, die von einem gutgläubigen Unternehmer erwartet werden können, der die Absicht hat, innerhalb der von der Behörde gesetzten Fristen eine kommerzielle Produktion in diesem Feld in Gang zu bringen. Die erforderlichen Ausgaben sollen jedoch nicht so hoch angesetzt werden, daß Unternehmer, die über weniger kostspielige Technologie als die allgemein angewendete verfügen, dadurch entmutigt werden. Die Behörde setzt einen maximalen Zeitabschnitt für die Aufnahme der kommerziellen Produktion fest, der nach dem Erforschungsstadium und nach den ersten Ausbeutungsarbeiten beginnt. Bei der Festlegung dieses Zeitabschnitts soll die Behörde berücksichtigen, daß die Errichtung von Abbau- und Verarbeitungssystemen größeren Umfangs erst nach Abschluß des Erforschungsstadiums und nach Beginn des Ausbeutungsstadiums eingeleitet werden kann. Demgemäß sollen bei dem Zeitabschnitt, der für die Aufnahme der kommerziellen Produktion in dem Feld bestimmt ist, die für die Errichtung notwendige Zeit nach Abschluß des Erforschungsstadiums sowie unvermeidliche Verzögerungen im Bauablaufplan berücksichtigt werden. Sobald die kommerzielle Produktion angelaufen ist, verlangt die Behörde vom Unternehmer in angemessenem Umfang und unter Berücksichtigung aller einschlägigen Faktoren, die kommerzielle Produktion während der gesamten Geltungsdauer des Arbeitsplans aufrechtzuhalten.

d) Kategorien von Ressourcen:
Bei der Festlegung der Kategorie von Ressourcen, für die ein Arbeitsplan bestätigt werden kann, stützt sich die Behörde unter anderem darauf,

i) daß verschiedene Ressourcen ähnliche Abbaumethoden erfordern und

ii) daß einige Ressourcen gleichzeitig erschlossen werden können, ohne daß Unternehmer, die unterschiedliche Ressourcen in demselben Feld erschließen, sich übermäßig behindern.

Dieser Buchstabe schließt nicht aus, daß die Behörde demselben Antragsteller einen Arbeitsplan für mehrere Kategorien von Ressourcen in demselben Feld bestätigt.

e) Verzicht auf Felder:
Der Unternehmer ist berechtigt, jederzeit seine Rechte an einem von einem Arbeitsplan erfaßten Feld ganz oder teilweise aufzugeben, ohne einer Strafe zu unterliegen.

f) Schutz der Meeresumwelt:
Es werden Regeln, Vorschriften und Verfahren erlassen, um einen wirksamen Schutz der Meeresumwelt vor schädlichen Auswirkungen zu gewährleisten, die sich unmittelbar aus Tätigkeiten im Gebiet oder aus der an Bord eines Schiffes unmittelbar über einer Abbaustätte stattfindenden Verarbeitung von aus der Abbaustätte stammenden Mineralien ergeben; dabei ist zu berücksichtigen, in welchem Ausmaß diese schädlichen Auswirkungen unmittelbar durch Bohr- und Dredscharbeiten, Kernbohrungen und Baggerarbeiten sowie durch Beseitigung, Einbringen und Einleiten von Sedimenten, Abfällen oder sonstigen Ausflüssen in die Meeresumwelt entstehen können.

g) Kommerzielle Produktion:
Eine kommerzielle Produktion gilt als begonnen, wenn ein Unternehmer ununterbrochene Gewinnungsarbeiten größeren Umfangs durchführt, durch die eine ausreichende Materialmenge erzeugt wird, die klar zu erkennen gibt, daß das Hauptziel eine Produktion größeren Umfangs und nicht eine Produktion ist, die auf die Sammlung von Informationen, auf Analysen oder auf die Erprobung von Ausrüstungen oder Anlagen gerichtet ist.

Artikel 18
Strafen

(1) Die Rechte eines Vertragsnehmers aus dem Vertrag können nur in folgenden Fällen suspendiert oder aufgehoben werden:

a) wenn der Vertragsnehmer trotz Warnung durch die Behörde seine Tätigkeiten derart durchgeführt hat, daß sie zu schweren, anhaltenden und vorsätzlichen Verstößen gegen grundlegende Bestimmungen des Vertrags, des Teiles XI und der Regeln, Vorschriften und Verfahren der Behörde führen, oder

b) wenn der Vertragsnehmer einer endgültigen, für ihn bindenden Entscheidung des Streitbeilegungsorgans nicht nachgekommen ist.

(2) Im Fall eines nicht unter Absatz 1 Buchstabe a fallenden Verstoßes gegen den Vertrag oder anstelle einer Suspendierung oder Aufhebung nach Absatz 1 Buchstabe a kann die Behörde dem

Vertragsnehmer Geldstrafen auferlegen, die der Schwere des Verstoßes entsprechen.

(3) Außer bei Anordnungen für Notfälle auf Grund des Artikels 162 Absatz 2 Buchstabe w darf die Behörde eine Entscheidung über Geldstrafen oder über eine Suspendierung oder Aufhebung erst dann durchführen, wenn dem Vertragsnehmer ausreichend Gelegenheit gegeben wurde, die ihm nach Teil XI Abschnitt 5 zustehenden Rechtsmittel auszuschöpfen.

Artikel 19
Vertragsänderung

(1) Haben oder könnten sich Umstände ergeben, die nach Auffassung einer der beiden Parteien den Vertrag unbillig werden lassen oder die eine Erreichung der im Vertrag oder in Teil XI gesetzten Ziele behindern oder unmöglich machen, so nehmen die Vertragsparteien Verhandlungen auf, um den Vertrag entsprechend zu ändern.

(2) Ein in Übereinstimmung mit Artikel 153 Absatz 3 geschlossener Vertrag kann nur mit Zustimmung der Parteien geändert werden.

Artikel 20
Übertragung von Rechten und Pflichten

Rechte und Pflichten aus einem Vertrag können nur mit Zustimmung der Behörde und in Übereinstimmung mit ihren Regeln, Vorschriften und Verfahren übertragen werden. Die Behörde versagt ihre Zustimmung zur Übertragung nicht ohne ausreichenden Grund, wenn der Erwerber in jeder Hinsicht als Antragsteller geeignet ist und auch alle Pflichten des Veräußerers übernimmt und wenn die Übertragung nicht dem Erwerber einen Arbeitsplan überträgt, dessen Bestätigung nach Artikel 6 Absatz 3 Buchstabe c dieser Anlage verboten wäre.

Artikel 21
Anwendbares Recht

(1) Für den Vertrag gelten die Vertragsbestimmungen, die Regeln, Vorschriften und Verfahren der Behörde, Teil XI sowie sonstige Regeln des Völkerrechts, die mit diesem Übereinkommen nicht unvereinbar sind.

(2) Jede endgültige Entscheidung eines auf Grund dieses Übereinkommens zuständigen Gerichts oder Gerichtshofs betreffend die Rechte und Pflichten der Behörde und des Vertragsnehmers ist im Hoheitsgebiet jedes Vertragsstaats vollstreckbar.

(3) Ein Vertragsstaat darf einem Vertragsnehmer keine Bedingungen auferlegen, die mit Teil XI unvereinbar sind. Jedoch gilt die Anwendung von Umwelt- oder anderen Gesetzen und sonstigen diesbezüglichen Vorschriften, die strenger als die in den von der Behörde nach Artikel 17 Absatz 2 Buchstabe f dieser Anlage erlassenen Regeln, Vorschriften und Verfahren sind, durch einen Vertragsstaat auf von ihm befürwortete Vertragsnehmer oder auf seine Flagge führende Schiffe nicht als mit Teil XI unvereinbar.

Artikel 22
Verantwortlichkeit

Der Vertragsnehmer ist für jeden Schaden verantwortlich oder haftbar, der durch rechtswidrige Handlungen im Verlauf seiner Arbeiten verursacht worden ist; dabei wird die Verantwortlichkeit oder Haftung berücksichtigt, die der Behörde durch ihre Handlungen oder Unterlassungen zuzurechnen ist. Desgleichen ist die Behörde für jeden Schaden verantwortlich oder haftbar, der durch rechtswidrige Handlungen bei der Wahrnehmung ihrer Befugnisse und Aufgaben verursacht wird, einschließlich der Verstöße nach Artikel 168 Absatz 2; dabei wird die Verantwortlichkeit oder Haftung berücksichtigt, die dem Vertragsnehmer durch seine Handlungen oder Unterlassungen zuzurechnen ist. Der Schadenersatz entspricht in jedem Fall dem tatsächlichen Schaden.

Anlage IV.

ANLAGE IV.
SATZUNG DES UNTERNEHMENS

Artikel 1
Ziele

(1) Das Unternehmen ist das Organ der Behörde, das Tätigkeiten im Gebiet nach Artikel 153 Absatz 2 Buchstabe a sowie die Beförderung, die Verarbeitung und den Absatz der aus dem Gebiet gewonnenen Mineralien unmittelbar durchführt.

(2) Bei der Verwirklichung seiner Ziele und der Wahrnehmung seiner Aufgaben handelt das Unternehmen in Übereinstimmung mit diesem Übereinkommen und den Regeln, Vorschriften und Verfahren der Behörde.

(3) Bei der Erschließung der Ressourcen des Gebiets nach Absatz 1 handelt das Unternehmen, vorbehaltlich dieses Übereinkommens, in Übereinstimmung mit vernünftigen kommerziellen Grundsätzen.

Artikel 2
Beziehungen zur Behörde

(1) Das Unternehmen handelt entsprechend Artikel 170 in Übereinstimmung mit den allgemeinen Leitsätzen der Versammlung und den Richtlinien des Rates.

(2) Vorbehaltlich des Absatzes 1 führt das Unternehmen seine Arbeiten selbständig durch.

(3) Aus diesem Übereinkommen kann keine Haftung des Unternehmens für Handlungen oder Verpflichtungen der Behörde beziehungsweise der Behörde für Handlungen oder Verpflichtungen des Unternehmens abgeleitet werden.

Artikel 3
Haftungsbeschränkung

Unbeschadet des Artikels 11 Absatz 3 dieser Anlage haftet ein Mitglied der Behörde allein auf Grund seiner Mitgliedschaft nicht für Handlungen oder Verpflichtungen des Unternehmens.

Artikel 4
Aufbau

Das Unternehmen hat einen Verwaltungsrat, einen Generaldirektor und das sonstige zur Wahrnehmung seiner Aufgaben notwendige Personal.

Artikel 5
Verwaltungsrat

(1) Der Verwaltungsrat besteht aus 15 von der Versammlung in Übereinstimmung mit Artikel 160 Absatz 2 Buchstabe c gewählten Mitgliedern. Bei der Wahl der Mitglieder des Verwaltungsrats wird der Grundsatz einer gerechten geographischen Verteilung gebührend berücksichtigt. Bei der Benennung von Kandidaten für die Wahl in den Verwaltungsrat tragen die Mitglieder der Behörde der Notwendigkeit Rechnung, Kandidaten mit einem Höchstmaß an fachlicher Eignung und mit Fähigkeiten auf den einschlägigen Gebieten zu benennen, um die Lebensfähigkeit und den Erfolg des Unternehmens zu gewährleisten.

(2) Die Mitglieder des Verwaltungsrats werden für vier Jahre gewählt; sie können wiedergewählt werden; der Grundsatz der Rotation ist gebührend zu berücksichtigen.

(3) Die Mitglieder des Verwaltungsrats bleiben so lange im Amt, bis ihre Nachfolger gewählt sind. Wird das Amt eines Mitglieds des Verwaltungsrats frei, so wählt die Versammlung in Übereinstimmung mit Artikel 160 Absatz 2 Buchstabe c für die restliche Amtszeit des Vorgängers ein neues Mitglied.

(4) Die Mitglieder des Verwaltungsrats handeln in persönlicher Eigenschaft. Sie dürfen in Erfüllung ihrer Pflichten von einer Regierung oder von einer anderen Stelle Weisungen weder einholen noch entgegennehmen. Jedes Mitglied der Behörde achtet die Unabhängigkeit der Mitglieder des Verwaltungsrats und unterläßt jeden Versuch, sie bei der Wahrnehmung ihrer Aufgaben zu beeinflussen.

(5) Jedes Mitglied des Verwaltungsrats erhält eine Vergütung aus den Mitteln des Unternehmens. Die Höhe der Vergütung wird auf Empfehlung des Rates von der Versammlung festgesetzt.

(6) Der Verwaltungsrat ist in der Regel am Hauptsitz des Unternehmens tätig und tritt so oft zusammen, wie es die Geschäfte des Unternehmens erfordern.

(7) Der Verwaltungsrat ist beschlußfähig, wenn zwei Drittel seiner Mitglieder anwesend sind.

(8) Jedes Mitglied des Verwaltungsrats hat eine Stimme. Beschlüsse über alle Angelegenheiten, mit denen sich der Verwaltungsrat befaßt, bedürfen der Mehrheit seiner Mitglieder. Gerät ein Mitglied bei einer Angelegenheit, mit der sich der Verwaltungsrat befaßt, in einen Interessenkonflikt, so nimmt es an der Abstimmung über diese Angelegenheit nicht teil.

(9) Jedes Mitglied der Behörde kann den Verwaltungsrat um Auskunft über Arbeiten ersuchen, die dieses Mitglied besonders betreffen. Der Verwaltungsrat bemüht sich um Erteilung dieser Auskunft.

Artikel 6
Befugnisse und Aufgaben des Verwaltungsrats

Der Verwaltungsrat leitet das Unternehmen. Vorbehaltlich dieses Übereinkommens nimmt der Verwaltungsrat die Befugnisse wahr, die zur Verwirklichung der Ziele des Unternehmens notwendig sind; dazu gehören folgende Befugnisse:

a) Er wählt unter seinen Mitgliedern einen Vorsitzenden;

b) er gibt sich eine Geschäftsordnung;

c) er stellt förmliche schriftliche Arbeitspläne auf und legt sie dem Rat in Übereinstimmung mit Artikel 153 Absatz 3 und Artikel 162 Absatz 2 Buchstabe j vor;

d) er arbeitet Arbeitspläne und Programme zur Durchführung der in Artikel 170 bezeichneten Tätigkeiten aus;

e) er bereitet Anträge auf Produktionsgenehmigungen vor und legt sie dem Rat in Übereinstimmung mit Artikel 151 Absätze 2 bis 7 vor;

f) er gestattet Verhandlungen über den Erwerb von Technologie, einschließlich derjenigen nach Anlage III Artikel 5 Absatz 3 Buchstaben a, c und d, und genehmigt die Ergebnisse dieser Verhandlungen;

g) er legt Bedingungen fest und gestattet Verhandlungen über gemeinschaftliche Unternehmungen und andere Formen gemeinschaftlicher Vereinbarungen nach Anlage III Artikel 9 und 11 und genehmigt die Ergebnisse dieser Verhandlungen;

h) er empfiehlt der Versammlung, welcher Teil der Nettoeinnahmen des Unternehmens in Übereinstimmung mit Artikel 160 Absatz 2 Buchstabe f und Artikel 10 dieser Anlage als seine Rücklage zurückbehalten werden soll;

i) er genehmigt den jährlichen Haushalt des Unternehmens;

j) er gestattet die Beschaffung von Gütern und Dienstleistungen in Übereinstimmung mit Artikel 12 Absatz 3 dieser Anlage;

k) er legt dem Rat in Übereinstimmung mit Artikel 9 dieser Anlage einen Jahresbericht vor;

l) er legt dem Rat zur Genehmigung durch die Versammlung den Entwurf von Regeln über den Einsatz, die Leitung, die Einstellung und die Entlassung des Personals des Unternehmens vor und erläßt Vorschriften, welche diesen Regeln Wirksamkeit verleihen;

m) er nimmt Kredite auf und leistet die von ihm in Übereinstimmung mit Artikel 11 Absatz 2 dieser Anlage bestimmten Garantien oder sonstigen Sicherheiten;

n) er tritt in gerichtliche Verfahren ein, schließt Vereinbarungen, tätigt Geschäfte und ergreift sonstige Maßnahmen in Übereinstimmung mit Artikel 13 dieser Anlage;

o) vorbehaltlich der Genehmigung durch den Rat überträgt er Befugnisse, die keine Ermessensbefugnisse sind, auf seine Ausschüsse oder auf den Generaldirektor.

Artikel 7
Generaldirektor und sonstiges Personal des Unternehmens

(1) Die Versammlung wählt auf Empfehlung des Rates und nach Benennung durch den Verwaltungsrat den Generaldirektor des Unternehmens, der kein Mitglied des Verwaltungsrats sein darf. Der Generaldirektor bleibt für eine bestimmte Zeit im Amt, die fünf Jahre nicht überschreiten darf; er kann für weitere Amtszeiten wiedergewählt werden.

(2) Der Generaldirektor ist der rechtliche Vertreter und der leitende Verwaltungsbeamte des Unternehmens; er ist dem Verwaltungsrat für die Geschäftsführung des Unternehmens unmittelbar verantwortlich. Er ist für den Einsatz, die Leitung, die Einstellung und die Entlassung des Personals des Unternehmens in Übereinstimmung mit den Regeln und Vorschriften nach Artikel 6 Buchstabe l dieser Anlage verantwortlich. Er nimmt ohne Stimmrecht an den Sitzungen des Verwaltungsrats teil und kann ohne Stimmrecht an den Sitzungen der Versammlung und des Rates teilnehmen, wenn diese Organe das Unternehmen betreffende Angelegenheiten behandeln.

(3) Bei der Auswahl und Einstellung des Personals und der Festsetzung der Dienstverhältnisse ist vorrangig der Notwendigkeit Rechnung zu tragen, ein Höchstmaß an Leistungsfähigkeit und fachlicher Eignung zu gewährleisten. Unter Beachtung dieses Erfordernisses ist die Wichtigkeit der Auswahl des Personals auf gerechter geographischer Grundlage gebührend zu berücksichtigen.

(4) Der Generaldirektor und das sonstige Personal des Unternehmens dürfen in Erfüllung ihrer Pflichten von einer Regierung oder von einer anderen Stelle außerhalb des Unternehmens Weisungen weder einholen noch entgegennehmen. Sie haben sich jeder Handlung zu enthalten, die ihrer Stellung als internationale, nur dem Unternehmen verantwortliche Beamte abträglich sein könnte. Jeder Vertragsstaat verpflichtet sich, den ausschließlich internationalen Charakter der Aufgaben des Generaldirektors und des sonstigen Personals des Unternehmens zu achten und nicht zu versuchen, sie bei der Wahrnehmung ihrer Aufgaben zu beeinflussen.

(5) Die in Artikel 168 Absatz 2 bezeichneten Verpflichtungen gelten gleichermaßen für das Personal des Unternehmens.

Artikel 8
Sitz

Das Unternehmen hat seinen Hauptsitz am Sitz der Behörde. Das Unternehmen kann weitere Büros und Einrichtungen im Hoheitsgebiet jedes Vertragsstaats mit dessen Zustimmung errichten.

Artikel 9
Berichte und Finanzabschlüsse

(1) Spätestens drei Monate nach Ablauf jedes Rechnungsjahrs legt das Unternehmen dem Rat einen Jahresbericht mit einem geprüften Jahresabschluß zur Prüfung vor und übermittelt dem Rat in geeigneten zeitlichen Abständen eine Übersicht über seine Finanzlage und eine Gewinn- und Verlustrechnung über die Ergebnisse seiner Arbeiten.

(2) Das Unternehmen veröffentlicht seinen Jahresbericht und weitere Berichte, die es für angebracht hält.

(3) Alle Berichte und Finanzabschlüsse nach diesem Artikel werden an die Mitglieder der Behörde verteilt.

Artikel 10
Zuweisung der Nettoeinnahmen

(1) Vorbehaltlich des Absatzes 3 leistet das Unternehmen an die Behörde Zahlungen nach Anlage III Artikel 13 oder deren Gegenwert.

(2) Die Versammlung bestimmt auf Empfehlung des Verwaltungsrats, welcher Teil der Nettoeinnahmen des Unternehmens als seine Rücklage

zurückbehalten wird. Der Rest wird der Behörde überwiesen.

(3) Während einer Anfangszeit, die für das Unternehmen erforderlich ist, um wirtschaftlich unabhängig zu werden, und die zehn Jahre nach Aufnahme seiner kommerziellen Produktion nicht überschreiten darf, befreit die Versammlung das Unternehmen von den Zahlungen nach Absatz 1 und beläßt alle Nettoeinnahmen des Unternehmens in seinen Rücklagen.

Artikel 11
Finanzen

(1) Die finanziellen Mittel des Unternehmens umfassen

a) die von der Behörde in Übereinstimmung mit Artikel 173 Absatz 2 Buchstabe b eingenommenen Beträge;

b) die von Vertragsstaaten zur Finanzierung der Tätigkeiten des Unternehmens geleisteten freiwilligen Beiträge;

c) die vom Unternehmen in Übereinstimmung mit den Absätzen 2 und 3 aufgenommenen Kredite;

d) die Einnahmen des Unternehmens aus seinen Arbeiten;

e) die sonstigen dem Unternehmen zur Verfügung gestellten finanziellen Mittel, die ihm den frühestmöglichen Beginn seiner Arbeiten und die Wahrnehmung seiner Aufgaben ermöglichen sollen.

(2) a) Das Unternehmen ist befugt, Kredite aufzunehmen und die von ihm bestimmten Garantien oder sonstigen Sicherheiten zu leisten. Bevor das Unternehmen seine Schuldverschreibungen auf dem Kapitalmarkt oder in der Währung eines Vertragsstaats öffentlich verkauft, muß es die Genehmigung dieses Staates einholen. Der Gesamtbetrag der Kredite muß vom Rat auf Empfehlung des Verwaltungsrats genehmigt werden.

b) Die Vertragsstaaten bemühen sich in jeder zumutbaren Weise, Anträge des Unternehmens zur Aufnahme von Anleihen auf den Kapitalmärkten und bei internationalen Finanzinstitutionen zu unterstützen.

(3) a) Das Unternehmen erhält die finanziellen Mittel, die zur Erforschung und Ausbeutung einer Abbaustätte, zur Beförderung, zur Verarbeitung und zum Absatz von daraus gewonnenen Mineralien und aus ihnen erhaltenem Nickel, Kupfer, Kobalt und Mangan sowie zur Deckung seiner anfänglichen Verwaltungskosten notwendig sind. Die Höhe dieser finanziellen Mittel sowie die Kriterien und Voraussetzungen für die erforderlichen Anpassungen werden von der Vorbereitungskommission in den Entwurf der Regeln, Vorschriften und Verfahren der Behörde aufgenommen.

b) Alle Vertragsstaaten stellen dem Unternehmen durch langfristige zinslose Kredite in Übereinstimmung mit dem für den ordentlichen Haushalt der Vereinten Nationen im Zeitpunkt der Berechnung geltenden Berechnungsschlüssel einen Betrag entsprechend der Hälfte der unter Buchstabe a bezeichneten finanziellen Mittel zur Verfügung, wobei Anpassungen vorgenommen werden, um Staaten zu berücksichtigen, die nicht Mitglieder der Vereinten Nationen sind. Für Schulden, die das Unternehmen zur Deckung der anderen Hälfte der finanziellen Mittel eingeht, garantieren alle Vertragsstaaten entsprechend diesem Schlüssel.

c) Ist die Summe der finanziellen Beiträge der Vertragsstaaten geringer als die finanziellen Mittel, die das Unternehmen nach Buchstabe a erhalten muß, so prüft die Versammlung auf ihrer ersten Tagung die Höhe dieses Fehlbetrags und beschließt durch Konsens Maßnahmen zum Ausgleich des Fehlbetrags, wobei sie die Verpflichtungen der Vertragsstaaten nach den Buchstaben a und b und etwaige Empfehlungen der Vorbereitungskommission berücksichtigt.

d) i) Jeder Vertragsstaat hinterlegt bei dem Unternehmen innerhalb von 60 Tagen nach Inkrafttreten dieses Übereinkommens oder innerhalb von 30 Tagen nach Hinterlegung seiner Ratifikations- oder Beitrittsurkunde, je nachdem welches der spätere Zeitpunkt ist, unwiderrufliche, nicht begebbare, unverzinsliche Eigenwechsel in Höhe des Anteils des betreffenden Vertragsstaats an den zinslosen Krediten nach Buchstabe b.

ii) Zu dem frühestmöglichen Zeitpunkt nach Inkrafttreten dieses Übereinkommens und danach in jährlichen oder anderen geeigneten zeitlichen Abständen erstellt der Verwaltungsrat einen Plan über die Höhe und den jeweiligen Zeitpunkt seines Bedarfs zur Deckung seiner Verwaltungskosten und zur Durchführung der Tätigkeiten des Unternehmens in Übereinstimmung mit Artikel 170 und mit Artikel 12 dieser Anlage.

iii) Den Vertragsstaaten wird danach vom Unternehmen über die Behörde ihr jeweiliger Anteil an den finanziellen Mitteln in Übereinstimmung mit Buchstabe b mitgeteilt, die für diese Kosten benötigt werden. Das Unternehmen löst diejenigen Beträge der Eigenwechsel ein, die zur Deckung der in dem Plan in bezug auf zinslose Kredite bezeichneten Ausgaben benötigt werden.

iv) Nach Empfang der Mitteilung stellen die Vertragsstaaten dem Unternehmen ihren jeweiligen Anteil an den Garantien für Schulden in Übereinstimmung mit Buchstabe b zur Verfügung.

e) i) Wenn das Unternehmen darum ersucht, können die Vertragsstaaten Garantien für Schulden zusätzlich zu denjenigen übernehmen, die in Übereinstimmung mit dem Schlüssel unter Buchstabe b übernommen worden sind.

ii) Anstelle der Garantien für Schulden kann ein Vertragsstaat dem Unternehmen einen freiwilligen Beitrag in der Höhe leisten, die dem Teil der Schulden entspricht, für den er sonst hätte garantieren müssen.

f) Die Rückzahlung der verzinslichen Kredite hat Vorrang vor der Rückzahlung der zinslosen Kredite. Die Rückzahlung der zinslosen Kredite erfolgt in Übereinstimmung mit einem von der Versammlung auf Empfehlung des Rates und auf Grund eines Gutachtens des Verwaltungsrats angenommenen Zeitplan. Bei der Wahrnehmung dieser Aufgabe läßt sich der Verwaltungsrat von den einschlägigen Regeln, Vorschriften und Verfahren der Behörde leiten, in denen vorrangig der Notwendigkeit Rechnung getragen wird, die wirksame Tätigkeit des Unternehmens und insbesondere seine finanzielle Unabhängigkeit sicherzustellen.

g) Die dem Unternehmen zur Verfügung gestellten finanziellen Mittel lauten auf frei verwendbare Währungen oder auf Währungen, die an den bedeutenden Devisenmärkten frei verfügbar und tatsächlich verwendbar sind. Diese Währungen werden in den Regeln, Vorschriften und Verfahren der Behörde in Übereinstimmung mit der vorherrschenden internationalen Währungspraxis bestimmt. Vorbehaltlich des Absatzes 2 darf kein Vertragsstaat dem Besitz, der Verwendung oder dem Austausch dieser finanziellen Mittel durch das Unternehmen Beschränkungen auferlegen.

h) Eine „Garantie für Schulden" bedeutet das Versprechen eines Vertragsstaats an die Gläubiger des Unternehmens, die von der Garantie erfaßten finanziellen Verpflichtungen des Unternehmens entsprechend dem betreffenden Schlüssel anteilig zu übernehmen, wenn die Gläubiger dem Vertragsstaat mitgeteilt haben, daß das Unternehmen seine Zahlungsverpflichtungen nicht erfüllt. Die Verfahren zur Einlösung dieser Verpflichtungen entsprechen den Regeln, Vorschriften und Verfahren der Behörde.

(4) Die finanziellen Mittel, Guthaben und Ausgaben des Unternehmens sind von denjenigen der Behörde getrennt zu halten. Dieser Artikel hindert das Unternehmen jedoch nicht daran, mit der Behörde Vereinbarungen über Einrichtungen, Personal und Dienstleistungen sowie Vereinbarungen über die Erstattung von Verwaltungskosten zu treffen, die einer für den anderen bestritten hat.

(5) Die Unterlagen, Bücher und Konten des Unternehmens, einschließlich seiner Jahresabschlüsse, werden jedes Jahr von einem vom Rat bestellten unabhängigen Rechnungsprüfer geprüft.

Artikel 12
Arbeiten

(1) Das Unternehmen schlägt dem Rat Vorhaben zur Durchführung von Tätigkeiten in Übereinstimmung mit Artikel 170 vor. Die Vorschläge müssen einen förmlichen schriftlichen Arbeitsplan für Tätigkeiten im Gebiet in Übereinstimmung mit Artikel 153 Absatz 3 enthalten sowie alle sonstigen Informationen und Daten, die von Zeit zu Zeit für seine Bewertung durch die Rechts- und Fachkommission und seine Bestätigung durch den Rat erforderlich sind.

(2) Nach Bestätigung durch den Rat führt das Unternehmen das Vorhaben auf der Grundlage des in Absatz 1 genannten förmlichen schriftlichen Arbeitsplans durch.

(3) a) Verfügt das Unternehmen nicht über die für seine Arbeiten erforderlichen Güter und Dienstleistungen, so kann es sich diese beschaffen. Zu diesem Zweck führt es Ausschreibungen durch und schließt Verträge mit Bewerbern, die im Hinblick auf Qualität, Preise und Lieferfristen das beste Gesamtangebot unterbreiten.

b) Entsprechen mehrere Angebote diesen Bedingungen, so erfolgt die Vertragsvergabe in Übereinstimmung mit

i) dem Grundsatz der Nichtdiskriminierung aus politischen oder anderen Erwägungen, die für die sorgfältige und wirksame Durchführung der Arbeiten unerheblich sind, und

ii) vom Rat angenommenen Richtlinien über eine Vorzugsbehandlung von Gütern und Dienstleistungen aus Entwicklungsstaaten, einschließlich der Binnenstaaten und geographisch benachteiligten Staaten.

c) Der Verwaltungsrat kann Regeln darüber annehmen, unter welchen besonderen Umständen im Interesse des Unternehmens auf das Erfordernis der Ausschreibung verzichtet werden kann.

(4) Das Unternehmen hat das Eigentumsrecht an allen von ihm erzeugten Mineralien und bearbeiteten Stoffen.

(5) Das Unternehmen verkauft seine Erzeugnisse auf der Grundlage der Nichtdiskriminierung. Es gewährt keine nichtkommerziellen Rabatte.

(6) Unbeschadet der dem Unternehmen durch andere Bestimmungen dieses Übereinkommens übertragenen allgemeinen oder besonderen Befugnisse übt das Unternehmen die Befugnisse aus, die mit seiner Geschäftstätigkeit zusammenhängen und dafür erforderlich sind.

(7) Das Unternehmen mischt sich nicht in die politischen Angelegenheiten eines Vertragsstaats ein; es läßt sich in seinen Entscheidungen nicht durch die politische Ausrichtung des betreffenden Vertragsstaats beeinflussen. Für seine Entscheidungen sind nur kommerzielle Erwägungen maßgebend, die unparteiisch abgewogen werden,

um die in Artikel 1 dieser Anlage bezeichneten Ziele zu verwirklichen.

Artikel 13
Rechtsstellung, Vorrechte und Immunitäten

(1) Um dem Unternehmen die Wahrnehmung seiner Aufgaben zu ermöglichen, werden ihm im Hoheitsgebiet der Vertragsstaaten die Rechtsstellung sowie die Vorrechte und Immunitäten gewährt, die in diesem Artikel vorgesehen sind. Zur Verwirklichung dieses Grundsatzes können das Unternehmen und die Vertragsstaaten erforderlichenfalls besondere Übereinkünfte schließen.

(2) Das Unternehmen besitzt die Rechts- und Geschäftsfähigkeit, die zur Wahrnehmung seiner Aufgaben und zur Verwirklichung seiner Ziele erforderlich ist, und insbesondere die Fähigkeit,

a) Verträge, gemeinschaftliche Vereinbarungen oder sonstige Vereinbarungen zu schließen, darunter Übereinkünfte mit Staaten und internationalen Organisationen;

b) unbewegliches und bewegliches Vermögen zu erwerben, zu mieten oder zu pachten, zu besitzen und zu veräußern;

c) Partei in einem Gerichtsverfahren zu sein.

(3) a) Klagen gegen das Unternehmen können nur vor einem zuständigen Gericht eines Vertragsstaats erhoben werden, in dessen Hoheitsgebiet es

i) ein Büro oder eine Einrichtung hat;

ii) einen Bevollmächtigten zur Entgegennahme von Klagezustellungen oder -mitteilungen ernannt hat;

iii) einen Vertrag für Güter oder Dienstleistungen geschlossen hat;

iv) Wertpapiere ausgegeben hat oder

v) in anderer Weise eine kommerzielle Tätigkeit ausübt.

b) Solange ein rechtskräftiges Urteil gegen das Unternehmen nicht ergangen ist, sind sein Vermögen und seine Guthaben, gleichviel wo und in wessen Besitz sie sich befinden, jeder Form des Zugriffs, der Pfändung oder der Vollstreckung entzogen.

(4) a) Das Vermögen und die Guthaben des Unternehmens, gleichviel wo und in wessen Besitz sie sich befinden, sind der Beschlagnahme, Einziehung, Enteignung und jeder sonstigen Form des Zugriffs durch vollziehende oder gesetzgeberische Maßnahmen entzogen.

b) Das Vermögen und die Guthaben des Unternehmens, gleichviel wo und in wessen Besitz sie sich befinden, sind von diskriminierenden Beschränkungen, Vorschriften, Kontrollen und Moratorien jeder Art befreit.

c) Das Unternehmen und seine Beschäftigten beachten die Gesetze und sonstigen Vorschriften jedes Staates oder Hoheitsgebiets, in dem das Unternehmen oder seine Beschäftigten Geschäfte betreiben oder in anderer Weise tätig sind.

d) Die Vertragsstaaten gewährleisten, daß das Unternehmen alle Rechte, Vorrechte und Immunitäten genießt, welche sie Rechtsträgern gewähren, die in ihren Hoheitsgebieten kommerzielle Tätigkeiten ausüben. Diese dem Unternehmen zu gewährenden Rechte, Vorrechte und Immunitäten dürfen nicht weniger günstig sein als diejenigen, die den in ähnlicher Weise kommerziell tätigen Rechtsträgern gewährt werden. Gewähren Vertragsstaaten Entwicklungsstaaten oder ihren kommerziellen Rechtsträgern besondere Vorrechte, so genießt das Unternehmen diese Vorrechte auf ähnlich bevorzugte Weise.

e) Die Vertragsstaaten können für das Unternehmen besondere Anreize, Rechte, Vorrechte und Immunitäten vorsehen, ohne verpflichtet zu sein, sie anderen kommerziellen Rechtsträgern zu gewähren.

(5) Das Unternehmen verhandelt mit den Gastländern, in denen sich seine Büros und Einrichtungen befinden, um die Befreiung von direkten und indirekten Steuern zu erwirken.

(6) Jeder Vertragsstaat ergreift die erforderlichen Maßnahmen, um in seinen eigenen Rechtsvorschriften den in dieser Anlage niedergelegten Grundsätzen Wirksamkeit zu verleihen; er setzt das Unternehmen über die einzelnen von ihm ergriffenen Maßnahmen in Kenntnis.

(7) Das Unternehmen kann auf Vorrechte und Immunitäten, die nach diesem Artikel oder in den in Absatz 1 genannten besonderen Übereinkünften gewährt werden, in dem Umfang und zu den Bedingungen verzichten, die es festlegt.

Anlage V.

ANLAGE V.
VERGLEICH

ABSCHNITT 1.
VERGLEICHSVERFAHREN NACH TEIL XV ABSCHNITT 1

Artikel 1
Einleitung des Verfahrens

Haben die Streitparteien in Übereinstimmung mit Artikel 284 vereinbart, die Streitigkeit dem in diesem Abschnitt vorgesehenen Vergleichsverfahren zu unterwerfen, so kann jede Streitpartei das Verfahren durch eine an die andere Streitpartei oder die anderen Streitparteien gerichtete schriftliche Notifikation einleiten.

Artikel 2
Liste der Schlichter

Der Generalsekretär der Vereinten Nationen erstellt und führt eine Liste der Schlichter. Jeder Vertragsstaat ist berechtigt, vier Schlichter zu ernennen, die wegen ihrer Unparteilichkeit, fachlichen Eignung und Ehrenhaftigkeit höchstes Ansehen genießen. Die Namen der so ernannten Personen bilden die Liste. Beträgt die Zahl der von einem Vertragsstaat ernannten Schlichter zu irgendeinem Zeitpunkt weniger als vier, so ist der Vertragsstaat berechtigt, die weiteren notwendigen Ernennungen vorzunehmen. Der Name eines Schlichters bleibt so lange auf der Liste, bis er von dem Vertragsstaat, der ihn ernannt hat, zurückgezogen wird; jedoch bleibt der Schlichter so lange in der Vergleichskommission tätig, in die er berufen worden ist, bis das Verfahren vor dieser Kommission beendet ist.

Artikel 3
Bildung der Vergleichskommission

Sofern die Parteien nichts anderes vereinbaren, wird die Vergleichskommission wie folgt gebildet:

a) Vorbehaltlich des Buchstabens g besteht die Vergleichskommission aus fünf Mitgliedern.

b) Die das Verfahren einleitende Partei bestellt zwei Schlichter, die vorzugsweise aus der in Artikel 2 dieser Anlage genannten Liste ausgewählt werden und von denen einer ihr eigener Staatsangehöriger sein kann, sofern die Parteien nichts anderes vereinbaren. Die Bestellungen werden in der in Artikel 1 dieser Anlage genannten Notifikation angegeben.

c) Die andere Streitpartei bestellt zwei Schlichter in der unter Buchstabe b festgelegten Weise innerhalb von 21 Tagen nach Eingang der in Artikel 1 dieser Anlage genannten Notifikation. Werden die Bestellungen nicht innerhalb dieser Frist vorgenommen, so kann die das Verfahren einleitende Partei binnen einer Woche nach Ablauf der Frist entweder durch eine an die andere Partei gerichtete Notifikation das Verfahren beenden oder den Generalsekretär der Vereinten Nationen ersuchen, die Bestellungen in Übereinstimmung mit Buchstabe e vorzunehmen.

d) Die vier Schlichter bestellen innerhalb von 30 Tagen, nachdem sie alle bestellt worden sind, einen fünften Schlichter zum Vorsitzenden, der aus der in Artikel 2 dieser Anlage genannten Liste auszuwählen ist. Erfolgt die Bestellung nicht innerhalb dieser Frist, so kann jede der beiden Parteien binnen einer Woche nach Ablauf der Frist den Generalsekretär der Vereinten Nationen ersuchen, die Bestellung in Übereinstimmung mit Buchstabe e vorzunehmen.

e) Innerhalb von 30 Tagen nach Eingang eines Ersuchens nach Buchstabe c oder d nimmt der Generalsekretär der Vereinten Nationen in Konsultation mit den Streitparteien die notwendigen Bestellungen anhand der in Artikel 2 dieser Anlage genannten Liste vor.

f) Freigewordene Sitze werden in der für die ursprüngliche Bestellung vorgeschriebenen Weise besetzt.

g) Beschließen zwei oder mehr Parteien einvernehmlich, eine Streitgenossenschaft zu bilden, so bestellen sie gemeinsam zwei Schlichter. Sind zwei oder mehr Parteien mit unterschiedlichen Interessen vorhanden oder besteht Unstimmigkeit darüber, ob sie eine Streitgenossenschaft bilden, so bestellen sie die Schlichter getrennt.

h) Bei Streitigkeiten zwischen mehr als zwei Parteien mit unterschiedlichen Interessen oder bei Unstimmigkeit darüber, ob sie eine Streitgenossenschaft bilden, wenden die Parteien die Buchstaben a bis f soweit wie möglich an.

Artikel 4
Verfahren

Die Vergleichskommission bestimmt ihr Verfahren, sofern die Parteien nichts anderes vereinbaren. Mit Zustimmung der Streitparteien kann die Kommission jeden Vertragsstaat einladen, ihr seine Ansichten mündlich oder schriftlich darzulegen. Entscheidungen der Kommission über Verfahrensfragen, ihr Bericht und ihre Empfehlungen werden mit Stimmenmehrheit ihrer Mitglieder angenommen.

Artikel 5
Gütliche Beilegung

Die Kommission kann den Parteien Maßnahmen aufzeigen, die eine gütliche Beilegung der Streitigkeit erleichtern könnten.

Artikel 6
Aufgaben der Kommission

Die Kommission hört die Parteien, prüft ihre Ansprüche und Einwendungen und macht den Parteien Vorschläge mit dem Ziel einer gütlichen Beilegung.

Artikel 7
Bericht

(1) Die Kommission erstattet innerhalb von zwölf Monaten nach ihrer Bildung Bericht. Ihr Bericht enthält alle erzielten Übereinkünfte und, falls keine Einigung erzielt wurde, ihre Schlußfolgerungen über die Tatsachen oder Rechtsfragen in bezug auf die Streitigkeit sowie Empfehlungen, welche die Kommission für eine gütliche Beile-

gung für angebracht hält. Der Bericht wird beim Generalsekretär der Vereinten Nationen hinterlegt und von diesem sofort an die Streitparteien weitergeleitet.

(2) Der Bericht der Kommission, einschließlich der darin enthaltenen Schlußfolgerungen oder Empfehlungen, bindet die Parteien nicht.

Artikel 8
Beendigung

Das Vergleichsverfahren ist beendet, wenn eine Beilegung erzielt worden ist, wenn die Parteien die Empfehlungen des Berichts durch eine an den Generalsekretär der Vereinten Nationen gerichtete schriftliche Notifikation angenommen haben oder eine Partei sie abgelehnt hat oder wenn eine Frist von drei Monaten nach Zustellung des Berichts an die Parteien verstrichen ist.

Artikel 9
Vergütungen und Kosten

Die Vergütungen für die Kommission und ihre Kosten werden von den Streitparteien getragen.

Artikel 10
Recht der Parteien auf Modifikation des Verfahrens

Die Streitparteien können durch eine nur für die einzelne Streitigkeit geltende Übereinkunft jede Bestimmung dieser Anlage modifizieren.

ABSCHNITT 2.
OBLIGATORISCHE UNTERWERFUNG UNTER EIN VERGLEICHSVERFAHREN NACH TEIL XV ABSCHNITT 3

Artikel 11
Einleitung des Verfahrens

(1) Jede Partei einer Streitigkeit, die in Übereinstimmung mit Teil XV Abschnitt 3 dem im vorliegenden Abschnitt vorgesehenen Vergleichsverfahren unterworfen werden kann, kann das Verfahren durch eine an die andere Streitpartei oder die anderen Streitparteien gerichtete schriftliche Notifikation einleiten.

(2) Jede Streitpartei, welche die in Absatz 1 vorgesehene Notifikation erhalten hat, ist verpflichtet, sich diesem Verfahren zu unterwerfen.

Artikel 12
Nichtbeantwortung oder Weigerung, sich dem Vergleichsverfahren zu unterwerfen

Die Nichtbeantwortung der Notifikation über die Einleitung des Verfahrens durch eine Streitpartei oder die Streitparteien oder ihre Weigerung, sich dem Verfahren zu unterwerfen, stellt kein Hindernis für das Verfahren dar.

Artikel 13
Zuständigkeit

Jede Unstimmigkeit über die Frage, ob eine nach diesem Abschnitt handelnde Vergleichskommission zuständig ist, wird von der Kommission entschieden.

Artikel 14
Anwendung des Abschnitts 1

Abschnitt 1 Artikel 2 bis 10 dieser Anlage wird vorbehaltlich des vorliegenden Abschnitts angewendet.

Anlage VI.

ANLAGE VI.
STATUT DES INTERNATIONALEN SEEGERICHTSHOFS

Artikel 1
Allgemeine Bestimmungen

(1) Der Internationale Seegerichtshof wird in Übereinstimmung mit diesem Übereinkommen und diesem Statut errichtet und nimmt seine Aufgaben nach deren Bestimmungen wahr.

(2) Der Gerichtshof hat seinen Sitz in der Freien und Hansestadt Hamburg in der Bundesrepublik Deutschland.

(3) Der Gerichtshof kann an einem anderen Ort tagen und seine Aufgaben wahrnehmen, wenn er es für wünschenswert hält.

(4) Wird eine Streitigkeit dem Gerichtshof unterbreitet, so gelten hierfür die Bestimmungen der Teile XI und XV.

ABSCHNITT 1.
ORGANISATION DES GERICHTSHOFS

Artikel 2
Zusammensetzung

(1) Der Gerichtshof besteht aus 21 unabhängigen Mitgliedern; sie werden unter Personen ausgewählt, die wegen ihrer Unparteilichkeit und Ehrenhaftigkeit höchstes Ansehen genießen und anerkannte fachliche Eignung auf dem Gebiet des Seerechts besitzen.

(2) Bei der Zusammensetzung des Gerichtshofs sind eine Vertretung der hauptsächlichen Rechtssysteme der Welt und eine gerechte geographische Verteilung zu gewährleisten.

Artikel 3
Mitglieder

(1) Nicht mehr als ein Mitglied des Gerichtshofs darf Angehöriger desselben Staates sein. Wer im Hinblick auf die Mitgliedschaft beim Gerichtshof als Angehöriger mehr als eines Staates angesehen werden kann, gilt als Angehöriger des Staates, in dem er gewöhnlich seine bürgerlichen und politischen Rechte ausübt.

(2) Jede von der Generalversammlung der Vereinten Nationen festgelegte geographische Gruppe muß durch mindestens drei Mitglieder vertreten sein.

Artikel 4
Benennungen und Wahlen

(1) Jeder Vertragsstaat darf höchstens zwei Personen benennen, welche die in Artikel 2 dieser Anlage vorgeschriebenen Voraussetzungen erfüllen. Die Mitglieder des Gerichtshofs werden aus der Liste der so benannten Personen gewählt.

(2) Mindestens drei Monate vor dem Tag der Wahl fordert im Fall der ersten Wahl der Generalsekretär der Vereinten Nationen und im Fall nachfolgender Wahlen der Kanzler des Gerichtshofs die Vertragsstaaten schriftlich auf, innerhalb von zwei Monaten die Kandidaten für den Gerichtshof zu benennen. Er stellt eine alphabetische Liste aller so benannten Personen unter Angabe der Vertragsstaaten auf, die sie benannt haben; er übermittelt die Liste den Vertragsstaaten vor dem siebenten Tag des letzten Monats vor dem Tag jeder Wahl.

(3) Die erste Wahl findet innerhalb von sechs Monaten nach dem Inkrafttreten dieses Übereinkommens statt.

(4) Die Mitglieder des Gerichtshofs werden in geheimer Abstimmung gewählt. Im Fall der ersten Wahl erfolgt die Wahl auf einer Sitzung der Vertragsstaaten, die vom Generalsekretär der Vereinten Nationen einberufen wird; im Fall nachfolgender Wahlen erfolgt sie nach einem von den Vertragsstaaten vereinbarten Verfahren. Auf der Sitzung ist Beschlußfähigkeit gegeben, wenn zwei Drittel der Vertragsstaaten vertreten sind. Es werden diejenigen Kandidaten zu Mitgliedern des Gerichtshofs gewählt, welche die meisten Stimmen und eine Zweidrittelmehrheit der anwesenden und abstimmenden Vertragsstaaten auf sich vereinen, wobei diese Mehrheit die Mehrheit der Vertragsstaaten einschließen muß.

Artikel 5
Amtszeit

(1) Die Mitglieder des Gerichtshofs werden für die Dauer von neun Jahren gewählt und sind wiederwählbar; jedoch endet für die bei der ersten Wahl gewählten Mitglieder die Amtszeit von sieben Mitgliedern nach drei Jahren und von weiteren sieben nach sechs Jahren.

(2) Die Mitglieder des Gerichtshofs, deren Amtszeit nach Ablauf der genannten Anfangszeit von drei und sechs Jahren endet, werden vom Generalsekretär der Vereinten Nationen unmittelbar nach der ersten Wahl durch das Los bestimmt.

(3) Die Mitglieder des Gerichtshofs bleiben im Amt, bis ihre Sitze neu besetzt sind. Auch nachdem sie ersetzt sind, erledigen sie alle Fälle, mit denen sie vorher befaßt waren.

(4) Bei Rücktritt eines Mitglieds des Gerichtshofs ist das Rücktrittsschreiben an den Präsidenten des Gerichtshofs zu richten. Mit Eingang des Rücktrittsschreibens wird der Sitz frei.

Artikel 6
Freigewordene Sitze

(1) Freigewordene Sitze werden nach dem für die erste Wahl vorgesehenen Verfahren besetzt, vorbehaltlich folgender Bestimmung:

Der Kanzler läßt binnen einem Monat nach Freiwerden des Sitzes die in Artikel 4 dieser Anlage vorgesehenen Aufforderungen ergehen, und der Zeitpunkt der Wahl wird vom Präsidenten des Gerichtshofs nach Konsultation mit den Vertragsstaaten festgesetzt.

(2) Ein Mitglied des Gerichtshofs, das an Stelle eines Mitglieds gewählt wird, dessen Amtszeit noch nicht abgelaufen ist, übt sein Amt für die restliche Amtszeit seines Vorgängers aus.

Artikel 7
Unvereinbare Tätigkeiten

(1) Ein Mitglied des Gerichtshofs darf weder ein politisches Amt noch ein Amt in der Verwaltung ausüben noch sich aktiv an den Arbeiten eines Unternehmens im Zusammenhang mit der Erforschung und Ausbeutung der Ressourcen des Meeres oder Meeresbodens oder einer sonstigen kommerziellen Nutzung des Meeres oder Meeresbodens beteiligen oder ein finanzielles Interesse daran haben.

(2) Ein Mitglied des Gerichtshofs darf nicht als Bevollmächtigter, Rechtsbeistand oder Anwalt in irgendeiner Sache tätig werden.

(3) Bestehen Zweifel in diesen Fragen, so entscheidet der Gerichtshof mit der Mehrheit der übrigen anwesenden Mitglieder.

Artikel 8
Voraussetzungen für die Teilnahme der Mitglieder an einer bestimmten Sache

(1) Ein Mitglied des Gerichtshofs darf nicht an der Entscheidung einer Sache teilnehmen, an der es vorher als Bevollmächtigter, Rechtsbeistand

oder Anwalt einer der Parteien, als Mitglied eines nationalen oder internationalen Gerichts oder Gerichtshofs oder in anderer Eigenschaft beteiligt war.

(2) Ist ein Mitglied des Gerichtshofs der Auffassung, aus einem besonderen Grund an der Entscheidung einer bestimmten Sache nicht teilnehmen zu sollen, so macht es dem Präsidenten des Gerichtshofs davon Mitteilung.

(3) Ist der Präsident der Auffassung, daß ein Mitglied des Gerichtshofs aus einem besonderen Grund an der Verhandlung einer bestimmten Sache nicht mitwirken sollte, so setzt er es davon in Kenntnis.

(4) Bestehen Zweifel in diesen Fragen, so entscheidet der Gerichtshof mit der Mehrheit der übrigen anwesenden Mitglieder.

Artikel 9
Folge des Wegfalls der erforderlichen Voraussetzungen

Erfüllt ein Mitglied nach einhelliger Meinung der übrigen Mitglieder des Gerichtshofs nicht mehr die erforderlichen Voraussetzungen, so erklärt der Präsident des Gerichtshofs den Sitz für frei.

Artikel 10
Vorrechte und Immunitäten

Die Mitglieder des Gerichtshofs genießen bei der Ausübung ihres Amtes diplomatische Vorrechte und Immunitäten.

Artikel 11
Feierliche Erklärung der Mitglieder

Jedes Mitglied des Gerichtshofs gibt vor Antritt seines Amtes in öffentlicher Sitzung die feierliche Erklärung ab, daß es seine Befugnisse unparteiisch und gewissenhaft ausüben wird.

Artikel 12
Präsident, Vizepräsident und Kanzler

(1) Der Gerichtshof wählt seinen Präsidenten und seinen Vizepräsidenten für die Dauer von drei Jahren; sie können wiedergewählt werden.

(2) Der Gerichtshof ernennt seinen Kanzler und kann für die Ernennung der erforderlichen sonstigen Beamten sorgen.

(3) Der Präsident und der Kanzler wohnen am Sitz des Gerichtshofs.

Artikel 13
Beschlußfähigkeit

(1) Alle verfügbaren Mitglieder des Gerichtshofs wirken an den Verhandlungen mit; der Gerichtshof ist beschlußfähig, wenn elf gewählte Mitglieder anwesend sind.

(2) Vorbehaltlich des Artikels 17 dieser Anlage bestimmt der Gerichtshof, welche Mitglieder für die Bildung des Gerichtshofs zur Prüfung einer bestimmten Streitigkeit verfügbar sind, wobei die reibungslose Tätigkeit der Kammern nach den Artikeln 14 und 15 dieser Anlage zu berücksichtigen ist.

(3) Alle dem Gerichtshof unterbreiteten Streitigkeiten und Anträge werden vom Gerichtshof behandelt und entschieden, sofern nicht Artikel 14 dieser Anlage Anwendung findet oder die Parteien beantragen, daß in Übereinstimmung mit Artikel 15 dieser Anlage zu verfahren ist.

Artikel 14
Kammer für Meeresbodenstreitigkeiten

In Übereinstimmung mit Abschnitt 4 dieser Anlage wird eine Kammer für Meeresbodenstreitigkeiten gebildet. Ihre Zuständigkeit, Befugnisse und Aufgaben sind in Teil XI Abschnitt 5 festgelegt.

Artikel 15
Sonderkammern

(1) Der Gerichtshof kann aus drei oder mehr seiner gewählten Mitglieder bestehende Kammern bilden, wenn er dies zur Behandlung bestimmter Arten von Streitigkeiten für erforderlich hält.

(2) Der Gerichtshof bildet eine Kammer zur Behandlung einer bestimmten ihm unterbreiteten Streitigkeit, wenn die Parteien dies beantragen. Die Zusammensetzung einer solchen Kammer wird vom Gerichtshof mit Zustimmung der Parteien festgelegt.

(3) Zur raschen Erledigung der Geschäfte bildet der Gerichtshof jährlich eine Kammer aus fünf seiner gewählten Mitglieder, die im abgekürzten Verfahren Streitigkeiten behandeln und entscheiden kann. Zwei weitere Mitglieder werden ausgewählt, um diejenigen Mitglieder zu ersetzen, die an einem bestimmten Verfahren nicht teilnehmen können.

(4) Die in diesem Artikel vorgesehenen Kammern behandeln und entscheiden Streitigkeiten, wenn die Parteien dies beantragen.

(5) Jedes Urteil einer der in diesem Artikel und in Artikel 14 dieser Anlage vorgesehenen Kammern gilt als Urteil des Gerichtshofs.

Artikel 16
Regeln des Gerichtshofs

Der Gerichtshof erläßt Regeln für die Wahrnehmung seiner Aufgaben. Er legt insbesondere seine Verfahrensordnung fest.

Artikel 17
Staatsangehörigkeit der Mitglieder

(1) Mitglieder des Gerichtshofs, die Staatsangehörige einer der Streitparteien sind, behalten das Recht auf Mitwirkung als Mitglieder des Gerichtshofs.

(2) Gehört dem Gerichtshof, der eine Streitigkeit behandelt, ein Mitglied an, das Staatsangehöriger einer der Parteien ist, so kann jede andere Partei eine Person ihrer Wahl bestimmen, die als Mitglied des Gerichtshofs mitwirkt.

(3) Gehört dem Gerichtshof, der eine Streitigkeit behandelt, kein Mitglied an, das Staatsangehöriger einer der Parteien ist, so kann jede der Parteien eine Person ihrer Wahl bestimmen, die als Mitglied des Gerichtshofs mitwirkt.

(4) Dieser Artikel findet auf die in den Artikeln 14 und 15 dieser Anlage bezeichneten Kammern Anwendung. In diesen Fällen ersucht der Präsident in Konsultation mit den Parteien so viele der die Kammer bildenden Mitglieder des Gerichtshofs wie nötig, ihren Platz an diejenigen Mitglieder des Gerichtshofs, die Staatsangehörige der beteiligten Parteien sind, oder, in Ermangelung oder bei Verhinderung solcher Mitglieder, an die von den Parteien besonders bestimmten Mitglieder abzutreten.

(5) Bilden mehrere Parteien eine Streitgenossenschaft, so gelten sie für die Zwecke der vorstehenden Bestimmungen als nur eine Partei. Im Zweifelsfall entscheidet der Gerichtshof.

(6) Die in Übereinstimmung mit den Absätzen 2, 3 und 4 bestimmten Mitglieder müssen die Voraussetzungen der Artikel 2, 8 und 11 dieser Anlage erfüllen. Sie wirken völlig gleichberechtigt mit ihren Kollegen an der Entscheidung mit.

Artikel 18
Vergütung der Mitglieder

(1) Jedes gewählte Mitglied des Gerichtshofs erhält ein Jahresgehalt und eine Sonderzulage für jeden Tag, an dem es seine Aufgaben wahrnimmt; jedoch darf die dem Mitglied als Sonderzulage ausgezahlte Gesamtsumme in einem Jahr nicht den Betrag des Jahresgehalts übersteigen.

(2) Der Präsident erhält eine besondere Jahreszulage.

(3) Der Vizepräsident erhält eine Sonderzulage für jeden Tag, an dem er das Amt des Präsidenten ausübt.

(4) Die nach Artikel 17 dieser Anlage bestimmten Mitglieder, die nicht gewählte Mitglieder des Gerichtshofs sind, erhalten eine Entschädigung für jeden Tag, an dem sie ihre Aufgaben wahrnehmen.

(5) Die Gehälter, Zulagen und Entschädigungen werden von Zeit zu Zeit auf Sitzungen der Vertragsstaaten unter Berücksichtigung des Arbeitsanfalls des Gerichtshofs festgesetzt. Sie dürfen während der Amtszeit nicht herabgesetzt werden.

(6) Das Gehalt des Kanzlers wird auf Vorschlag des Gerichtshofs auf Sitzungen der Vertragsstaaten festgesetzt.

(7) Auf Sitzungen der Vertragsstaaten beschlossene Regelungen bestimmen, unter welchen Voraussetzungen den Mitgliedern des Gerichtshofs und dem Kanzler ein Ruhegehalt gewährt wird und ihnen Reisekosten erstattet werden.

(8) Die Gehälter, Zulagen und Entschädigungen sind von jeder Steuer befreit.

Artikel 19
Kosten des Gerichtshofs

(1) Die Kosten des Gerichtshofs werden zu den auf Sitzungen der Vertragsstaaten festgelegten Bedingungen und in der dort bestimmten Weise von den Vertragsstaaten und von der Behörde getragen.

(2) Ist ein Rechtsträger, der weder ein Vertragsstaat noch die Behörde ist, Partei einer beim Gerichtshof anhängigen Sache, so setzt der Gerichtshof den Beitrag dieser Partei zu den Kosten des Gerichtshofs fest.

ABSCHNITT 2.
ZUSTÄNDIGKEIT

Artikel 20
Zugang zum Gerichtshof

(1) Der Gerichtshof steht den Vertragsstaaten offen.

(2) Der Gerichtshof steht Rechtsträgern, die nicht Vertragsstaaten sind, in allen Fällen offen, die in Teil XI ausdrücklich vorgesehen sind, oder für jede Streitigkeit, die auf Grund einer sonstigen Übereinkunft unterbreitet wird, die dem Gerichtshof die von allen Parteien dieser Streitigkeit angenommene Zuständigkeit überträgt.

Artikel 21
Zuständigkeit

Die Zuständigkeit des Gerichtshofs erstreckt sich auf alle ihm in Übereinstimmung mit diesem Übereinkommen unterbreiteten Streitigkeiten und Anträge sowie auf alle in einer sonstigen Übereinkunft

kunft, die dem Gerichtshof die Zuständigkeit überträgt, besonders vorgesehenen Angelegenheiten.

Artikel 22
Unterbreitung von Streitigkeiten auf Grund sonstiger Übereinkünfte

Mit Zustimmung aller Parteien eines Vertrags oder einer sonstigen Übereinkunft, die bereits in Kraft sind und von dem vorliegenden Übereinkommen erfaßte Gegenstände behandeln, können Streitigkeiten über die Auslegung oder Anwendung des Vertrags oder der sonstigen Übereinkunft in Übereinstimmung mit einer solchen Übereinkunft dem Gerichtshof unterbreitet werden.

Artikel 23
Anwendbares Recht

Der Gerichtshof entscheidet alle Streitigkeiten und Anträge in Übereinstimmung mit Artikel 293.

ABSCHNITT 3.
VERFAHREN

Artikel 24
Einleitung des Verfahrens

(1) Streitigkeiten werden dem Gerichtshof je nach Art des Falles entweder durch Notifikation einer besonderen Übereinkunft oder durch eine Klageschrift unterbreitet, die an den Kanzler zu richten sind. In beiden Fällen sind der Streitgegenstand und die Parteien anzugeben.

(2) Der Kanzler übermittelt die besondere Übereinkunft oder die Klageschrift umgehend allen Betroffenen.

(3) Der Kanzler unterrichtet auch alle Vertragsstaaten.

Artikel 25
Vorläufige Maßnahmen

(1) Der Gerichtshof und seine Kammer für Meeresbodenstreitigkeiten sind in Übereinstimmung mit Artikel 290 befugt, vorläufige Maßnahmen anzuordnen.

(2) Tagt der Gerichtshof nicht oder sind nicht genügend Mitglieder für die Beschlußfähigkeit verfügbar, so werden die vorläufigen Maßnahmen von der Kammer für abgekürzte Verfahren angeordnet, die nach Artikel 15 Absatz 3 dieser Anlage gebildet wird. Ungeachtet des Absatzes 4 jenes Artikels können solche vorläufigen Maßnahmen auf Antrag einer Streitpartei beschlossen werden. Sie können vom Gerichtshof überprüft und geändert werden.

Artikel 26
Verhandlungen

(1) Die Verhandlungen werden vom Präsidenten oder, wenn dieser verhindert ist, vom Vizepräsidenten geleitet. Sind beide verhindert, so übernimmt der dienstälteste anwesende Richter des Gerichtshofs den Vorsitz.

(2) Die mündliche Verhandlung ist öffentlich, sofern nicht der Gerichtshof etwas anderes beschließt oder die Parteien den Ausschluß der Öffentlichkeit beantragen.

Artikel 27
Prozeßführung

Der Gerichtshof erläßt Verfügungen für die Führung des Prozesses, bestimmt die Form und die Fristen für die Einbringung der Schlußanträge durch jede Partei und trifft alle Maßnahmen, die sich auf die Beweisaufnahme beziehen.

Artikel 28
Nichterscheinen

Erscheint eine der Parteien nicht vor dem Gerichtshof oder unterläßt sie es, sich zur Sache zu äußern, so kann die andere Partei den Gerichtshof ersuchen, das Verfahren fortzuführen und seine Entscheidung zu fällen. Abwesenheit oder Versäumnis einer Partei, sich zur Sache zu äußern, stellt kein Hindernis für das Verfahren dar. Bevor der Gerichtshof seine Entscheidung fällt, muß er sich nicht nur vergewissern, daß er für die Streitigkeit zuständig ist, sondern auch, daß das Begehren in tatsächlicher und rechtlicher Hinsicht begründet ist.

Artikel 29
Mehrheit für die Entscheidung

(1) Die Entscheidungen des Gerichtshofs werden mit Stimmenmehrheit seiner anwesenden Mitglieder gefaßt.

(2) Bei Stimmengleichheit gibt die Stimme des Präsidenten oder des ihn vertretenden Mitglieds des Gerichtshofs den Ausschlag.

Artikel 30
Urteil

(1) Das Urteil ist zu begründen.

(2) Es enthält die Namen der Mitglieder des Gerichtshofs, die an der Entscheidung teilgenommen haben.

(3) Bringt das Urteil im ganzen oder zum Teil nicht die übereinstimmende Meinung der Mitglieder des Gerichtshofs zum Ausdruck, so ist jedes Mitglied berechtigt, ihm eine Darlegung seiner

persönlichen oder abweichenden Meinung beizufügen.

(4) Das Urteil wird vom Präsidenten und vom Kanzler unterzeichnet. Nach ordnungsgemäßer Benachrichtigung der Streitparteien wird es in öffentlicher Sitzung verlesen.

Artikel 31
Antrag auf Intervention

(1) Ist ein Vertragsstaat der Auffassung, ein rechtliches Interesse zu haben, das durch die Entscheidung einer Streitigkeit berührt werden könnte, so kann er beim Gerichtshof einen Antrag auf Intervention zu dem Verfahren stellen.

(2) Der Gerichtshof entscheidet über diesen Antrag.

(3) Wird einem Antrag auf Intervention stattgegeben, so ist die Entscheidung des Gerichtshofs über die Streitigkeit für den intervenierenden Vertragsstaat nur in bezug auf die Sache bindend, derentwegen der Vertragsstaat interveniert hat.

Artikel 32
Recht auf Intervention in Fällen der Auslegung oder Anwendung

(1) Handelt es sich um die Auslegung oder Anwendung dieses Übereinkommens, so unterrichtet der Kanzler unverzüglich alle Vertragsstaaten.

(2) Handelt es sich nach Artikel 21 oder 22 dieser Anlage um die Auslegung oder Anwendung einer internationalen Übereinkunft, so unterrichtet der Kanzler alle Vertragsparteien der Übereinkunft.

(3) Jede der in den Absätzen 1 und 2 bezeichneten Vertragsparteien ist berechtigt, im Verfahren zu intervenieren; macht sie von diesem Recht Gebrauch, so ist die in dem Urteil enthaltene Auslegung auch für sie bindend.

Artikel 33
Endgültigkeit und Verbindlichkeit der Entscheidungen

(1) Die Entscheidung des Gerichtshofs ist endgültig und muß von allen Streitparteien befolgt werden.

(2) Die Entscheidung ist nur für die Parteien in bezug auf die Streitigkeit bindend, über die entschieden wurde.

(3) Bestehen Meinungsverschiedenheiten über Sinn oder Tragweite der Entscheidung, so obliegt es dem Gerichtshof, sie auf Antrag einer Partei auszulegen.

Artikel 34
Kosten

Sofern der Gerichtshof nicht anders entscheidet, trägt jede Partei ihre eigenen Kosten.

ABSCHNITT 4.
KAMMER FÜR MEERESBODENSTREITIGKEITEN

Artikel 35
Zusammensetzung

(1) Die in Artikel 14 dieser Anlage genannte Kammer für Meeresbodenstreitigkeiten besteht aus 11 Mitgliedern; sie werden von der Mehrheit der gewählten Mitglieder des Gerichtshofs aus deren Mitte ausgewählt.

(2) Bei der Auswahl der Mitglieder der Kammer sind eine Vertretung der hauptsächlichen Rechtssysteme der Welt und eine gerechte geographische Verteilung zu gewährleisten. Die Versammlung der Behörde kann Empfehlungen allgemeiner Art im Hinblick auf diese Vertretung und Verteilung annehmen.

(3) Die Mitglieder der Kammer werden alle drei Jahre ausgewählt; sie können für eine zweite Amtszeit ausgewählt werden.

(4) Die Kammer wählt aus ihren Mitgliedern ihren Präsidenten; er übt sein Amt für den Zeitraum aus, für den die Kammer ausgewählt wurde.

(5) Sind am Ende einer Dreijahrefrist, für welche die Kammer ausgewählt wurde, noch Verfahren anhängig, so bringt sie die Kammer in ihrer ursprünglichen Zusammensetzung zum Abschluß.

(6) Wird ein Sitz in der Kammer frei, so wählt der Gerichtshof aus seinen gewählten Mitgliedern einen Nachfolger aus, der sein Amt für die restliche Amtszeit seines Vorgängers ausübt.

(7) Die Kammer ist beschlußfähig, wenn sieben der vom Gerichtshof ausgewählten Mitglieder anwesend sind.

Artikel 36
Ad-hoc-Kammern

(1) Die Kammer für Meeresbodenstreitigkeiten bildet eine aus drei ihrer Mitglieder bestehende Ad-hoc-Kammer zur Behandlung einer bestimmten Streitigkeit, die ihr in Übereinstimmung mit Artikel 188 Absatz 1 Buchstabe b unterbreitet wurde. Die Zusammensetzung einer solchen Kammer wird von der Kammer für Meeresbodenstreitigkeiten mit Zustimmung der Parteien festgelegt.

(2) Stimmen die Parteien der Zusammensetzung einer Ad-hoc-Kammer nicht zu, so bestellt jede Streitpartei ein Mitglied, und das dritte Mitglied wird von den Parteien einvernehmlich be-

stellt. Können sich die Parteien nicht einigen oder unterläßt eine Partei die Bestellung, so nimmt der Präsident der Kammer für Meeresbodenstreitigkeiten nach Konsultation mit den Parteien unverzüglich die Bestellung oder Bestellungen unter den Mitgliedern dieser Kammer vor.

(3) Die Mitglieder der Ad-hoc-Kammer dürfen weder im Dienst einer Streitpartei stehen noch deren Staatsangehörige sein.

Artikel 37
Zugang zur Kammer

Die Kammer steht den Vertragsstaaten, der Behörde und den sonstigen in Teil XI Abschnitt 5 bezeichneten Rechtsträgern offen.

Artikel 38
Anwendbares Recht

Zusätzlich zu den Bestimmungen des Artikels 293 wendet die Kammer folgendes an:

a) die in Übereinstimmung mit diesem Übereinkommen angenommenen Regeln, Vorschriften und Verfahren der Behörde und

b) in den einen Vertrag betreffenden Fragen die Bestimmungen dieses Vertrags über Tätigkeiten im Gebiet.

Artikel 39
Vollstreckung der Entscheidungen der Kammer

Die Entscheidungen der Kammer sind in den Hoheitsgebieten der Vertragsstaaten ebenso vollstreckbar wie Urteile oder Verfügungen des höchsten Gerichts des Vertragsstaats, in dessen Hoheitsgebiet die Vollstreckung angestrebt wird.

Artikel 40
Anwendbarkeit anderer Abschnitte dieser Anlage

(1) Die anderen Abschnitte dieser Anlage, die mit diesem Abschnitt nicht unvereinbar sind, finden auf die Kammer Anwendung.

(2) Bei der Wahrnehmung ihrer Aufgaben im Zusammenhang mit Gutachten läßt sich die Kammer von den Bestimmungen dieser Anlage betreffend Verfahren vor dem Gerichtshof leiten, soweit sie deren Anwendbarkeit anerkennt.

ABSCHNITT 5.
ÄNDERUNGEN

Artikel 41
Änderungen

(1) Änderungen dieser Anlage mit Ausnahme von Änderungen des Abschnitts 4 dürfen nur in Übereinstimmung mit Artikel 313 oder durch Konsens auf einer in Übereinstimmung mit diesem Übereinkommen einberufenen Konferenz angenommen werden.

(2) Änderungen des Abschnitts 4 dürfen nur in Übereinstimmung mit Artikel 314 angenommen werden.

(3) Der Gerichtshof kann Änderungen dieses Statuts, die er für notwendig erachtet, durch schriftliche Mitteilung an die Vertragsstaaten zur Prüfung nach den Absätzen 1 und 2 vorschlagen.

Anlage VII.

ANLAGE VII.
SCHIEDSVERFAHREN

Artikel 1
Einleitung des Verfahrens

Vorbehaltlich des Teiles XV kann jede Streitpartei durch eine an die andere Streitpartei oder die anderen Streitparteien gerichtete schriftliche Notifikation die Streitigkeit dem in dieser Anlage vorgesehenen Schiedsverfahren unterwerfen. Der Notifikation sind das Klagebegehren sowie die Gründe beizufügen, auf die sich dieses stützt.

Artikel 2
Liste der Schiedsrichter

(1) Der Generalsekretär der Vereinten Nationen erstellt und führt eine Liste der Schiedsrichter. Jeder Vertragsstaat ist berechtigt, vier Schiedsrichter zu ernennen, die Erfahrung in Meeresfragen besitzen und wegen ihrer Unparteilichkeit, fachlichen Eignung und Ehrenhaftigkeit höchstes Ansehen genießen. Die Namen der so ernannten Personen bilden die Liste.

(2) Beträgt die Zahl der von einem Vertragsstaat ernannten Schiedsrichter zu irgendeinem Zeitpunkt weniger als vier, so ist der Vertragsstaat berechtigt, die weiteren notwendigen Ernennungen vorzunehmen.

(3) Der Name eines Schiedsrichters bleibt so lange auf der Liste, bis er von dem Vertragsstaat, der ihn ernannt hat, zurückgezogen wird; jedoch bleibt der Schiedsrichter so lange in dem Schiedsgericht tätig, in das er berufen worden ist, bis das Verfahren vor diesem Gericht beendet ist.

Artikel 3
Bildung des Schiedsgerichts

Sofern die Parteien nichts anderes vereinbaren, wird für die Zwecke des in dieser Anlage vorgesehenen Verfahrens das Schiedsgericht wie folgt gebildet:

a) Vorbehaltlich des Buchstabens g besteht das Schiedsgericht aus fünf Mitgliedern.

b) Die das Verfahren einleitende Partei bestellt ein Mitglied, das vorzugsweise aus der in Artikel 2 dieser Anlage genannten Liste ausgewählt wird und ihr eigener Staatsangehöriger sein kann. Die Bestellung wird in der in Artikel 1 dieser Anlage genannten Notifikation angegeben.

c) Die andere Streitpartei bestellt innerhalb von 30 Tagen nach Eingang der in Artikel 1 dieser Anlage genannten Notifikation ein Mitglied, das vorzugsweise aus der Liste ausgewählt wird und ihr eigener Staatsangehöriger sein kann. Wird die Bestellung nicht innerhalb dieser Frist vorgenommen, so kann die das Verfahren einleitende Partei binnen zwei Wochen nach Ablauf der Frist beantragen, daß die Bestellung in Übereinstimmung mit Buchstabe e vorgenommen wird.

d) Die drei anderen Mitglieder werden von den Parteien einvernehmlich bestellt. Sie werden vorzugsweise aus der Liste ausgewählt und müssen Angehörige dritter Staaten sein, sofern die Parteien nichts anderes vereinbaren. Die Streitparteien bestellen eines dieser drei Mitglieder zum Präsidenten des Schiedsgerichts. Können sich die Parteien innerhalb von 60 Tagen nach Eingang der in Artikel 1 dieser Anlage genannten Notifikation nicht über die Bestellung eines oder mehrerer der einvernehmlich zu bestellenden Mitglieder des Gerichts oder über die Bestellung des Präsidenten einigen, so werden diese Bestellungen auf Antrag einer Streitpartei in Übereinstimmung mit Buchstabe e vorgenommen. Dieser Antrag ist innerhalb von zwei Wochen nach Ablauf der genannten Frist von 60 Tagen zu stellen.

e) Sofern die Parteien nicht vereinbaren, daß eine Bestellung nach den Buchstaben c und d von einer Person oder einem dritten Staat vorzunehmen ist, die von den Parteien ausgewählt werden, nimmt der Präsident des Internationalen Seegerichtshofs die notwendigen Bestellungen vor. Ist der Präsident nicht imstande, nach diesem Buchstaben tätig zu werden, oder ist er Staatsangehöriger einer der Streitparteien, so wird die Bestellung vom dienstältesten verfügbaren Mitglied des Internationalen Seegerichtshofs vorgenommen, das nicht Staatsangehöriger einer Streitpartei ist. Die Bestellungen nach diesem Buchstaben werden innerhalb von 30 Tagen nach Eingang des Antrags und in Konsultation mit den Streitparteien aus der in Artikel 2 dieser Anlage genannten Liste vorgenommen. Die bestellten Mitglieder müssen unterschiedlicher Staatsangehörigkeit sein, dürfen nicht im Dienst einer Streitpartei stehen, nicht ihren gewöhnlichen Aufenthalt im Hoheitsgebiet einer Streitpartei haben und nicht Staatsangehörige einer der Streitparteien sein.

f) Freigewordene Sitze werden in der für die erste Bestellung vorgeschriebenen Weise besetzt.

g) Parteien, die eine Streitgenossenschaft bilden, bestellen gemeinsam und einvernehmlich ein Mitglied des Gerichts. Bestehen mehrere Parteien mit unterschiedlichen Interessen oder besteht Unstimmigkeit darüber, ob sie eine Streitgenossenschaft bilden, so bestellt jede von ihnen ein Mitglied des Gerichts. Die Anzahl der von den Parteien getrennt bestellten Mitglieder des Gerichts muß immer um eins niedriger sein als die Anzahl der Mitglieder des Gerichts, die von den Parteien gemeinsam zu bestellen sind.

h) Bei Streitigkeiten zwischen mehr als zwei Parteien finden die Buchstaben a bis f soweit wie möglich Anwendung.

Artikel 4
Aufgaben des Schiedsgerichts

Ein nach Artikel 3 dieser Anlage gebildetes Schiedsgericht nimmt seine Aufgaben in Übereinstimmung mit dieser Anlage und den anderen Bestimmungen dieses Übereinkommens wahr.

Artikel 5
Verfahren

Sofern die Streitparteien nichts anderes vereinbaren, bestimmt das Schiedsgericht sein Verfahren; dabei muß jeder Partei vollständige Gelegenheit gegeben werden, gehört zu werden und ihren Fall darzulegen.

Artikel 6
Pflichten der Streitparteien

Die Streitparteien erleichtern die Arbeit des Schiedsgerichts und werden insbesondere in Übereinstimmung mit ihren Rechtsvorschriften und mit allen ihnen zur Verfügung stehenden Mitteln

a) ihm alle sachdienlichen Schriftstücke vorlegen, Erleichterungen einräumen und Auskünfte erteilen und

b) ihm die Möglichkeit geben, soweit nötig Zeugen oder Sachverständige zu laden und ihre Aussagen einzuholen und die Örtlichkeiten zu besichtigen, auf die sich der Fall bezieht.

Artikel 7
Kosten

Sofern das Schiedsgericht nicht wegen der besonderen Umstände des Einzelfalls etwas anderes beschließt, werden die Kosten des Gerichts, einschließlich der Vergütung seiner Mitglieder, von den Streitparteien zu gleichen Teilen getragen.

Artikel 8
Erforderliche Mehrheit für die Entscheidungen

Das Schiedsgericht entscheidet mit der Mehrheit seiner Mitglieder. Die Abwesenheit oder Stimmenthaltung von weniger als der Hälfte der Mitglieder hindert das Gericht nicht, zu entscheiden. Bei Stimmengleichheit gibt die Stimme des Präsidenten den Ausschlag.

Artikel 9
Nichterscheinen

Erscheint eine der Streitparteien nicht vor dem Schiedsgericht oder unterläßt sie es, sich zur Sache zu äußern, so kann die andere Partei das Gericht ersuchen, das Verfahren fortzuführen und seinen Schiedsspruch zu fällen. Abwesenheit oder Versäumnis einer Partei, sich zur Sache zu äußern, stellt kein Hindernis für das Verfahren dar. Bevor das Schiedsgericht seinen Spruch fällt, muß es sich nicht nur vergewissern, daß es für die Streitigkeit zuständig ist, sondern auch, daß das Begehren in tatsächlicher und rechtlicher Hinsicht begründet ist.

Artikel 10
Schiedsspruch

Der Spruch des Schiedsgerichts hat sich auf den Streitgegenstand zu beschränken und ist zu begründen. Er enthält die Namen der Mitglieder, die teilgenommen haben, sowie das Datum des Schiedsspruchs. Jedes Mitglied des Gerichts kann dem Schiedsspruch eine Darlegung seiner persönlichen oder abweichenden Meinung beifügen.

Artikel 11
Endgültigkeit des Schiedsspruchs

Der Schiedsspruch ist endgültig und unterliegt keinem Rechtsmittel, sofern nicht die Streitparteien vorher ein Rechtsmittelverfahren vereinbart haben. Er muß von den Streitparteien befolgt werden.

Artikel 12
Auslegung oder Durchführung des Schiedsspruchs

(1) Meinungsverschiedenheiten zwischen den Streitparteien über die Auslegung oder die Art der Durchführung des Schiedsspruchs können von jeder Partei dem Schiedsgericht, das den Spruch gefällt hat, zur Entscheidung vorgelegt werden. Zu diesem Zweck werden freigewordene Sitze im Gericht in der für die ursprünglichen Bestellungen der Mitglieder des Gerichts vorgesehenen Weise besetzt.

(2) Eine solche Meinungsverschiedenheit kann einem anderen Gerichtshof oder Gericht nach Artikel 287 unterbreitet werden, wenn alle Streitparteien dies vereinbaren.

Artikel 13
Anwendung auf andere Rechtsträger als Vertragsstaaten

Diese Anlage findet sinngemäß auf jede Streitigkeit Anwendung, an der Rechtsträger beteiligt sind, die keine Vertragsstaaten sind.

Anlage VIII.

ANLAGE VIII.
BESONDERES SCHIEDSVERFAHREN

Artikel 1
Einleitung des Verfahrens

Vorbehaltlich des Teiles XV kann jede Streitpartei durch eine an die andere Streitpartei oder die anderen Streitparteien gerichtete schriftliche Notifikation eine Streitigkeit über die Auslegung oder Anwendung von Artikeln dieses Übereinkommens betreffend 1. Fischerei, 2. Schutz und Bewahrung der Meeresumwelt, 3. wissenschaftliche Meeresforschung oder 4. Schiffahrt, einschließlich der Verschmutzung durch Schiffe und durch Einbringen, dem in dieser Anlage vorgesehenen besonderen Schiedsverfahren unterwerfen. Der Notifikation sind das Klagebegehren sowie die Gründe beizufügen, auf die sich dieses stützt.

Artikel 2
Sachverständigenlisten

(1) Eine Sachverständigenliste wird für jeden der folgenden Bereiche aufgestellt und geführt: 1. Fischerei, 2. Schutz und Bewahrung der Meeresumwelt, 3. wissenschaftliche Meeresforschung und 4. Schiffahrt, einschließlich der Verschmutzung durch Schiffe und durch Einbringen.

(2) Die Sachverständigenlisten werden für die Fischerei von der Ernährungs- und Landwirtschaftsorganisation der Vereinten Nationen, für den Schutz und die Bewahrung der Meeresumwelt vom Umweltprogramm der Vereinten Nationen, für die wissenschaftliche Meeresforschung von der Zwischenstaatlichen Ozeanographischen Kommission und für die Schiffahrt, einschließlich der Verschmutzung durch Schiffe und durch Einbringen, von der Internationalen Seeschiffahrts-Organisation erstellt und geführt beziehungsweise von dem jeweils zuständigen Nebenorgan, dem die Organisation, das Programm oder die Kommission diese Aufgabe übertragen hat.

(3) Jeder Vertragsstaat ist berechtigt, zwei Sachverständige für jeden Bereich zu ernennen, deren rechtliche, wissenschaftliche oder technische Fachkenntnisse auf dem jeweiligen Gebiet feststehen und allgemein anerkannt sind und die wegen ihrer Unparteilichkeit und Ehrenhaftigkeit höchstes Ansehen genießen. Die Namen der für jeden Bereich so ernannten Personen bilden die entsprechende Liste.

(4) Beträgt die Zahl der von einem Vertragsstaat ernannten Sachverständigen in der Liste zu irgendeinem Zeitpunkt weniger als zwei, so ist der Vertragsstaat berechtigt, die weiteren notwendigen Ernennungen vorzunehmen.

(5) Der Name eines Sachverständigen bleibt so lange auf der Liste, bis er von dem Vertragsstaat, der ihn ernannt hat, zurückgezogen wird; jedoch bleibt der Sachverständige so lange in dem besonderen Schiedsgericht tätig, in das er berufen worden ist, bis das Verfahren vor diesem Gericht beendet ist.

Artikel 3
Bildung des besonderen Schiedsgerichts

Sofern die Parteien nichts anderes vereinbaren, wird für die Zwecke des in dieser Anlage vorgesehenen Verfahrens das besondere Schiedsgericht wie folgt gebildet:

a) Vorbehaltlich des Buchstabens g besteht das besondere Schiedsgericht aus fünf Mitgliedern.

b) Die das Verfahren einleitende Partei bestellt zwei Mitglieder, die vorzugsweise aus der oder den in Artikel 2 dieser Anlage genannten entsprechenden Listen, die sich auf den Streitgegenstand beziehen, ausgewählt werden und von denen eines ihr Staatsangehöriger sein kann. Die Bestellungen werden in der in Artikel 1 dieser Anlage genannten Notifikation angegeben.

c) Die andere Streitpartei bestellt innerhalb von 30 Tagen nach Eingang der in Artikel 1 dieser Anlage genannten Notifikation zwei Mitglieder, die vorzugsweise aus der oder den entsprechenden Listen, die sich auf den Streitgegenstand beziehen, ausgewählt werden und von denen eines ihr Staatsangehöriger sein kann. Werden die Bestellungen nicht innerhalb dieser Frist vorgenommen, so kann die das Verfahren einleitende Partei binnen zwei Wochen nach Ablauf der Frist beantragen, daß die Bestellungen in Übereinstimmung mit Buchstabe e vorgenommen werden.

d) Die Streitparteien bestellen einvernehmlich den Präsidenten des besonderen Schiedsgerichts, der vorzugsweise aus der entsprechenden Liste ausgewählt wird und Angehöriger eines dritten Staates sein muß, sofern die Parteien nichts anderes vereinbaren. Können sich die Parteien innerhalb von 30 Tagen nach Eingang der in Artikel 1 dieser Anlage genannten Notifikation nicht über die Bestellung des Präsidenten einigen, so wird die Bestellung auf Antrag einer Streitpartei in Übereinstimmung mit Buchstabe e vorgenommen. Dieser Antrag ist innerhalb von zwei Wochen nach Ablauf der genannten Frist von 30 Tagen zu stellen.

e) Sofern die Parteien nicht vereinbaren, daß die Bestellung von einer Person oder einem dritten Staat vorzunehmen ist, die von den Parteien ausgewählt werden, nimmt der Generalsekretär der Vereinten Nationen innerhalb von 30 Tagen nach Eingang eines Antrags gemäß den Buchstaben c und d die notwendigen Bestellungen vor. Die Bestellungen nach diesem Buchstaben werden aus der oder den in Artikel 2 dieser Anlage genannten entsprechenden Sachverständigenlisten in Konsultation mit den Streitparteien und der zuständigen internationalen Organisation vorgenommen. Die bestellten Mitglieder müssen unterschiedlicher Staatsangehörigkeit sein, dürfen nicht im Dienst einer Streitpartei stehen, nicht ihren gewöhnlichen Aufenthalt im Hoheitsgebiet einer Streitpartei haben und nicht Staatsangehörige einer der Streitparteien sein.

f) Freigewordene Sitze werden in der für die erste Bestellung vorgeschriebenen Weise besetzt.

g) Parteien, die eine Streitgenossenschaft bilden, bestellen gemeinsam und einvernehmlich zwei Mitglieder des Gerichts. Bestehen mehrere Parteien mit unterschiedlichen Interessen oder besteht Unstimmigkeit darüber, ob sie eine Streitgenossenschaft bilden, so bestellt jede von ihnen ein Mitglied des Gerichts.

h) Bei Streitigkeiten zwischen mehr als zwei Parteien finden die Buchstaben a bis f soweit wie möglich Anwendung.

Artikel 4
Allgemeine Bestimmungen

Die Artikel 4 bis 13 der Anlage VII finden sinngemäß Anwendung auf das besondere Schiedsverfahren in Übereinstimmung mit dieser Anlage.

Artikel 5
Feststellung des Sachverhalts

(1) Die Parteien einer Streitigkeit über die Auslegung oder Anwendung von Bestimmungen dieses Übereinkommens über 1. Fischerei, 2. Schutz und Bewahrung der Meeresumwelt, 3. wissenschaftliche Meeresforschung oder 4. Schiffahrt, einschließlich der Verschmutzung durch Schiffe und durch Einbringen, können jederzeit vereinbaren, ein in Übereinstimmung mit Artikel 3 dieser Anlage gebildetes besonderes Schiedsgericht zu ersuchen, eine Untersuchung durchzuführen und den Sachverhalt festzustellen, welcher der Streitigkeit zugrunde liegt.

(2) Sofern die Parteien nichts anderes vereinbaren, gilt die Feststellung des Sachverhalts durch das in Übereinstimmung mit Absatz 1 tätig werdende besondere Schiedsgericht für die Parteien als endgültig.

(3) Auf Antrag aller Streitparteien kann das besondere Schiedsgericht Empfehlungen ausarbeiten, die, ohne die Rechtskraft einer Entscheidung zu haben, nur die Grundlage für eine Überprüfung der Ursachen, die der Streitigkeit zugrunde liegen, durch die Parteien darstellen.

(4) Vorbehaltlich des Absatzes 2 wird das besondere Schiedsgericht in Übereinstimmung mit den Bestimmungen dieser Anlage tätig, sofern die Parteien nichts anderes vereinbaren.

Anlage IX.

ANLAGE IX.
TEILNAHME INTERNATIONALER ORGANISATIONEN

Artikel 1
Bestimmung des Begriffs „internationale Organisation"

Im Sinne des Artikels 305 und dieser Anlage bedeutet „internationale Organisation" eine zwischenstaatliche Organisation, die von Staaten gegründet ist und der die Mitgliedstaaten Zuständigkeit für die durch dieses Übereinkommen geregelten Angelegenheiten übertragen haben, einschließlich der Zuständigkeit, Verträge über diese Angelegenheiten zu schließen.

Artikel 2
Unterzeichnung

Eine internationale Organisation kann dieses Übereinkommen unterzeichnen, wenn die Mehrheit ihrer Mitgliedstaaten Unterzeichner des Übereinkommens ist. Bei der Unterzeichnung gibt eine internationale Organisation eine Erklärung ab, in der sie die durch das Übereinkommen geregelten Angelegenheiten, für die ihre Mitgliedstaaten, die Unterzeichner sind, ihr Zuständigkeit übertragen haben, sowie Art und Umfang der Zuständigkeit im einzelnen aufführt.

Artikel 3
Förmliche Bestätigung und Beitritt

(1) Eine internationale Organisation kann ihre Urkunde der förmlichen Bestätigung oder ihre Beitrittsurkunde hinterlegen, wenn die Mehrheit ihrer Mitgliedstaaten ihre Ratifikations- oder Beitrittsurkunden hinterlegt oder hinterlegt hat.

(2) Die von der internationalen Organisation hinterlegte Urkunde enthält die in den Artikeln 4 und 5 dieser Anlage vorgeschriebenen Verpflichtungen und Erklärungen.

Artikel 4
Umfang der Teilnahme sowie Rechte und Pflichten

(1) Die Urkunde der förmlichen Bestätigung oder die Beitrittsurkunde einer internationalen Organisation enthält die Verpflichtung, die Rechte und Pflichten der Staaten aus diesem Übereinkommen hinsichtlich der Angelegenheiten zu übernehmen, für die ihre Mitgliedstaaten, die Vertragsstaaten sind, ihr Zuständigkeit übertragen haben.

(2) Eine internationale Organisation ist in dem Umfang Vertragspartei dieses Übereinkommens, in dem sie in Übereinstimmung mit den in Artikel 5 dieser Anlage genannten Erklärungen, Mitteilungen oder Notifikationen zuständig ist.

(3) Eine solche internationale Organisation übt in Angelegenheiten, für die ihre Mitgliedstaaten ihr Zuständigkeit übertragen haben, die Rechte aus und erfüllt die Pflichten, die sonst ihren Mitgliedstaaten, die Vertragsstaaten sind, zukommen würden. Die Mitgliedstaaten dieser internationalen Organisation üben keine Zuständigkeit aus, die sie ihr übertragen haben.

(4) Die Teilnahme einer solchen internationalen Organisation bewirkt in keinem Fall eine Vergrößerung der Vertretung, zu der ihre Mitgliedstaaten, die Vertragsstaaten sind, sonst berechtigt wären, einschließlich der Rechte bei der Beschlußfassung.

(5) Die Teilnahme einer solchen internationalen Organisation verleiht ihren Mitgliedstaaten, die nicht Vertragsstaaten sind, keine Rechte aus diesem Übereinkommen.

(6) Im Fall eines Konflikts zwischen den Verpflichtungen einer internationalen Organisation aus diesem Übereinkommen und ihren Verpflichtungen aus der Übereinkunft, durch welche die Organisation errichtet wurde, oder aus sich darauf beziehenden Akten haben die Verpflichtungen aus dem Übereinkommen Vorrang.

Artikel 5
Erklärungen, Notifikationen und Mitteilungen

(1) Die Urkunde der förmlichen Bestätigung oder die Beitrittsurkunde einer internationalen Organisation muß eine Erklärung enthalten, in der die durch dieses Übereinkommen geregelten Angelegenheiten im einzelnen aufgeführt sind, für die der Organisation von ihren Mitgliedstaaten, die Vertragsstaaten sind, Zuständigkeit übertragen worden ist.

(2) Ein Mitgliedstaat einer internationalen Organisation gibt zu dem Zeitpunkt, in dem er dieses Übereinkommen ratifiziert oder ihm beitritt oder

in dem die Organisation ihre Urkunde der förmlichen Bestätigung oder ihre Beitrittsurkunde hinterlegt, je nachdem, welches der spätere Zeitpunkt ist, eine Erklärung ab, in der er die durch das Übereinkommen geregelten Angelegenheiten im einzelnen aufführt, für die er der Organisation Zuständigkeit übertragen hat.

(3) Von Vertragsstaaten, die Mitgliedstaaten einer internationalen Organisation sind, die Vertragspartei dieses Übereinkommens ist, wird angenommen, daß sie Zuständigkeit für alle durch das Übereinkommen geregelten Angelegenheiten besitzen, für die sie die Übertragung von Zuständigkeit auf die Organisation nach diesem Artikel nicht ausdrücklich erklärt, notifiziert oder mitgeteilt haben.

(4) Die internationale Organisation und ihre Mitgliedstaaten, die Vertragsparteien dieses Übereinkommens sind, notifizieren dem Deposiar des Übereinkommens umgehend alle Änderungen in der Verteilung der Zuständigkeit, die in den Erklärungen nach den Absätzen 1 und 2 im einzelnen aufgeführt ist, einschließlich neuer Übertragungen von Zuständigkeit.

(5) Jeder Vertragsstaat kann eine internationale Organisation und ihre Mitgliedstaaten, die Vertragsparteien dieses Übereinkommens sind, um Auskunft ersuchen, wer – die Organisation oder ihre Mitgliedstaaten – Zuständigkeit für eine bestimmte Frage besitzt, die aufgetreten ist. Die Organisation und die betreffenden Mitgliedstaaten erteilen die Auskunft innerhalb einer angemessenen Frist. Die internationale Organisation und die Mitgliedstaaten können diese Auskunft auch von sich aus erteilen.

(6) In den Erklärungen, Notifikationen und Mitteilungen nach diesem Artikel werden Art und Umfang der übertragenen Zuständigkeit im einzelnen aufgeführt.

Artikel 6
Verantwortlichkeit und Haftung

(1) Vertragsparteien, die nach Artikel 5 dieser Anlage Zuständigkeit besitzen, sind für die Nichterfüllung von Verpflichtungen und für alle sonstigen Verstöße gegen dieses Übereinkommen verantwortlich.

(2) Jeder Vertragsstaat kann eine internationale Organisation oder ihre Mitgliedstaaten, die Vertragsparteien dieses Übereinkommens sind, um Auskunft ersuchen, wem für eine bestimmte Angelegenheit die Verantwortlichkeit zukommt. Die Organisation und die betreffenden Mitgliedstaaten müssen diese Auskunft erteilen. Das Nichterteilen der Auskunft innerhalb einer angemessenen Frist oder das Erteilen widersprüchlicher Auskünfte hat gesamtschuldnerische Haftung zur Folge.

Artikel 7
Beilegung von Streitigkeiten

(1) Bei Hinterlegung ihrer Urkunde der förmlichen Bestätigung oder ihrer Beitrittsurkunde oder zu jedem späteren Zeitpunkt steht es einer internationalen Organisation frei, durch schriftliche Erklärung ein oder mehrere der in Artikel 287 Absatz 1 Buchstabe a, c oder d genannten Mittel zur Beilegung von Streitigkeiten über die Auslegung oder Anwendung dieses Übereinkommens zu wählen.

(2) Teil XV findet sinngemäß auf jede Streitigkeit zwischen Vertragsparteien dieses Übereinkommens Anwendung, von denen eine oder mehrere internationale Organisationen sind.

(3) Bilden eine internationale Organisation und einer oder mehrere ihrer Mitgliedstaaten eine gemeinsame Streitpartei oder eine Streitgenossenschaft, so wird angenommen, daß die Organisation denselben Verfahren zur Beilegung von Streitigkeiten wie die Mitgliedstaaten zugestimmt hat; hat ein Mitgliedstaat jedoch nur den Internationalen Gerichtshof nach Artikel 287 gewählt, so wird angenommen, daß die Organisation und der betreffende Mitgliedstaat dem Schiedsverfahren in Übereinstimmung mit Anlage VII zugestimmt haben, sofern die Streitparteien sich nicht auf ein anderes Mittel einigen.

Artikel 8
Anwendbarkeit des Teiles XVII

Teil XVII findet sinngemäß auf internationale Organisationen mit folgenden Ausnahmen Anwendung:

a) Die Urkunde der förmlichen Bestätigung oder die Beitrittsurkunde einer internationalen Organisation bleibt bei der Anwendung des Artikels 308 Absatz 1 außer Betracht;

b) i) eine internationale Organisation hat die ausschließliche Fähigkeit, in Anwendung der Artikel 312 bis 315 zu handeln, soweit sie nach Artikel 5 dieser Anlage für den gesamten Gegenstand der Änderung Zuständigkeit besitzt;

ii) die Urkunde der förmlichen Bestätigung oder die Beitrittsurkunde einer internationalen Organisation betreffend eine Änderung, für deren gesamten Gegenstand sie nach Artikel 5 dieser Anlage Zuständigkeit besitzt, gilt für die Anwendung des Artikels 316 Absätze 1, 2 und 3 als Ratifikations- oder Beitrittsurkunde jedes ihrer Mitgliedstaaten, die Vertragsstaaten sind;

iii) die Urkunde der förmlichen Bestätigung oder die Beitrittsurkunde einer internationalen Organisation bleibt bei der Anwendung des Artikels 316 Absätze 1 und 2 in bezug auf alle anderen Änderungen außer Betracht;

c) i) eine internationale Organisation darf dieses Übereinkommen nicht in Übereinstimmung mit Artikel 317 kündigen, wenn einer ihrer Mitgliedstaaten Vertragsstaat ist und sie weiterhin die in Artikel 1 dieser Anlage genannten Voraussetzungen erfüllt;

ii) eine internationale Organisation muß dieses Übereinkommen kündigen, wenn keiner ihrer Mitgliedstaaten Vertragsstaat ist oder wenn sie die in Artikel 1 dieser Anlage genannten Voraussetzungen nicht mehr erfüllt. Die Kündigung wird sofort wirksam.

(Übersetzung)

Erklärung

„In Ermangelung anderer friedlicher Mittel, die sie bevorzugen würde, wählt die Regierung der Republik Österreich hiemit eines der folgenden Mittel für die Beilegung von Streitigkeiten betreffend die Auslegung oder Anwendung einer der beiden Übereinkommen im Einklang mit Art. 287 des Seerechtsübereinkommens aus, und zwar in folgender Reihenfolge:

1. den in Übereinstimmung mit Anhang VI errichteten Internationalen Seegerichtshof;

2. ein in Übereinstimmung mit Anhang VIII eingerichtetes besonderes Schiedsgericht;

3. den Internationalen Gerichtshof.

Ebenfalls in Ermangelung anderer friedlicher Mittel erkennt die Regierung der Republik Österreich hiermit von heute an die Gültigkeit besonderer Schiedsverfahren betreffend die Auslegung oder Anwendung des Seerechtsübereinkommens in bezug auf die Fischerei, den Schutz und die Bewahrung der Meeresumwelt, die wissenschaftliche Meeresforschung und die Schiffahrt, einschließlich der Verschmutzung durch Schiffe und Dumping, an."

10/1. Antarktisvertrag

BGBl 1988/39

Antarktisvertrag

Die vom Bundespräsidenten unterzeichnete und vom Bundeskanzler gegengezeichnete Beitrittsurkunde wurde am 25. August 1987 bei der Regierung der Vereinigten Staaten hinterlegt; der Vertrag ist daher gemäß seinem Artikel XIII Abs. 5 für Österreich mit 25. August 1987 in Kraft getreten.

Artikel I

1. Die Antarktis wird nur für friedliche Zwecke genutzt. Es werden unter anderem alle Maßnahmen militärischer Art wie die Einrichtung militärischer Stützpunkte und Befestigungen, die Durchführung militärischer Manöver sowie die Erprobung von Waffen jeder Art verboten.

2. Dieser Vertrag steht dem Einsatz militärischen Personals oder Materials für die wissenschaftliche Forschung oder für sonstige friedliche Zwecke nicht entgegen.

Artikel II

Die Freiheit der wissenschaftlichen Forschung in der Antarktis und die Zusammenarbeit zu diesem Zweck, wie sie während des Internationalen Geophysikalischen Jahres gehandhabt wurden, bestehen nach Maßgabe dieses Vertrages fort.

Artikel III

1. Um die in Artikel II vorgesehene internationale Zusammenarbeit bei der wissenschaftlichen Forschung in der Antarktis zu fördern, vereinbaren die Vertragsparteien, daß, soweit möglich und durchführbar,

a) Informationen über Pläne für wissenschaftliche Programme in der Antarktis ausgetauscht werden, um ein Höchstmaß an Wirtschaftlichkeit und Leistungsfähigkeit der Unternehmungen zu ermöglichen;

b) wissenschaftliches Personal in der Antarktis zwischen Expeditionen und Stationen ausgetauscht wird;

c) wissenschaftliche Beobachtungen und Ergebnisse aus der Antarktis ausgetauscht und ungehindert zur Verfügung gestellt werden.

2. Bei der Durchführung dieses Artikels wird die Herstellung von Arbeitsbeziehungen auf der Grundlage der Zusammenarbeit mit denjenigen Sonderorganisationen der Vereinten Nationen und anderen internationalen Organisationen, die ein wissenschaftliches oder technisches Interesse an der Antarktis haben, auf jede Weise gefördert.

Artikel IV

1. Dieser Vertrag ist nicht so auszulegen:

a) als stelle er einen Verzicht einer Vertragspartei auf vorher geltend gemachte Rechte oder Ansprüche auf Gebietshoheit in der Antarktis dar;

b) als stelle er einen vollständigen oder teilweisen Verzicht einer Vertragspartei auf die Grundlage eines Anspruchs auf Gebietshoheit in der Antarktis dar, die sich aus ihrer Tätigkeit oder derjenigen ihrer Staatsangehörigen in der Antarktis oder auf andere Weise ergeben könnte;

c) als greife er der Haltung einer Vertragspartei hinsichtlich ihrer Anerkennung oder Nichtanerkennung des Rechts oder Anspruchs oder der Grundlage für den Anspruch eines anderen Staates auf Gebietshoheit in der Antarktis vor.

2. Handlungen oder Tätigkeiten, die während der Geltungsdauer dieses Vertrags vorgenommen werden, bilden keine Grundlage für die Geltendmachung, Unterstützung oder Ablehnung eines Anspruchs auf Gebietshoheit in der Antarktis und begründen dort keine Hoheitsrechte. Solange dieser Vertrag in Kraft ist, werden keine neuen Ansprüche oder Erweiterungen bestehender Ansprüche auf Gebietshoheit in der Antarktis geltend gemacht.

Artikel V

1. Kernexplosionen und die Beseitigung radioaktiven Abfalls sind in der Antarktis verboten.

2. Werden internationale Übereinkünfte über die Nutzung der Kernenergie einschließlich von Kernexplosionen und der Beseitigung radioaktiven Abfalls geschlossen, denen alle Vertragsparteien angehören, deren Vertreter zur Teilnahme an den in Artikel IX vorgesehenen Tagungen berechtigt sind, so finden die durch solche Übereinkünfte festgelegten Vorschriften in der Antarktis Anwendung.

Artikel VI

Dieser Vertrag gilt für das Gebiet südlich von 60 Grad südlicher Breite einschließlich aller Eisbänke; jedoch läßt dieser Vertrag die Rechte oder die Ausübung der Rechte eines Staates nach dem Völkerrecht in bezug auf die Hohe See in jenem Gebiet unberührt.

Artikel VII

1. Um die Ziele dieses Vertrags zu erreichen und die Einhaltung seiner Bestimmungen zu gewährleisten, hat jede Vertragspartei, deren Vertreter zur Teilnahme an den in Artikel IX vorgesehenen Tagungen berechtigt sind, das Recht, Beobachter zu benennen, welche die im vorliegenden Artikel erwähnten Inspektionen durchführen. Die Beobachter müssen Staatsangehörige der sie benennenden Vertragspartei sein. Die Namen der Beobachter werden jeder anderen Vertragspartei mitgeteilt, die das Recht hat, Beobachter zu benennen; ihre Abberufung wird ebenfalls mitgeteilt.

2. Jeder nach Absatz 1 benannte Beobachter hat jederzeit völlig freien Zugang zu allen Gebieten der Antarktis.

3. Alle Gebiete der Antarktis einschließlich aller Stationen, Einrichtungen und Ausrüstungen in jenen Gebieten sowie alle Schiffe und Luftfahrzeuge an Punkten zum Absetzen oder Aufnehmen von Ladung oder Personal in der Antarktis stehen jedem nach Absatz 1 benannten Beobachter jederzeit zur Inspektion offen.

4. Jede der Vertragsparteien, die ein Recht auf Benennung von Beobachtern haben, kann jederzeit Luftbeobachtungen über einzelnen oder allen Gebieten der Antarktis durchführen.

5. Jede Vertragspartei unterrichtet zu dem Zeitpunkt, zu dem dieser Vertrag für sie in Kraft tritt, und danach jeweils im voraus die anderen Vertragsparteien

a) über alle nach und innerhalb der Antarktis von ihren Schiffen oder Staatsangehörigen durchgeführten Expeditionen und alle in ihrem Hoheitsgebiet organisierten oder von dort aus durchgeführten Expeditionen nach der Antarktis;

b) über alle von ihren Staatsangehörigen besetzten Stationen in der Antarktis und

c) über alles militärische Personal oder Material, das sie unter den in Artikel I Absatz 2 vorgesehenen Bedingungen in die Antarktis verbringen will.

Artikel VIII

1. Um den nach Artikel VII Absatz 1 benannten Beobachtern und dem nach Artikel III Absatz 1 Buchstabe b ausgetauschten wissenschaftlichen Personal sowie den diese Personen begleitenden Mitarbeitern die Wahrnehmung ihrer Aufgaben nach diesem Vertrag zu erleichtern, unterstehen sie – unbeschadet der Haltung der Vertragsparteien bezüglich der Jurisdiktion über alle anderen Personen in der Antarktis – in bezug auf alle Handlungen oder Unterlassungen, die sie während ihres der Wahrnehmung ihrer Aufgaben dienenden Aufenthalts in der Antarktis begehen, nur der Jurisdiktion der Vertragspartei, deren Staatsangehörige sie sind.

2. Unbeschadet des Absatzes 1 werden bis zur Annahme von Maßnahmen nach Artikel IX Absatz 1 Buchstabe e die Vertragsparteien, die an einer Streitigkeit über die Ausübung der Jurisdiktion in der Antarktis beteiligt sind, einander umgehend konsultieren, um zu einer für alle Seiten annehmbaren Lösung zu gelangen.

Artikel IX

1. Vertreter der in der Präambel genannten Vertragsparteien halten binnen zwei Monaten nach Inkrafttreten dieses Vertrags in der Stadt Canberra und danach in angemessenen Abständen und an geeigneten Orten Tagungen ab, um Informationen auszutauschen, sich über Fragen von gemeinsamen Interesse im Zusammenhang mit der Antarktis zu konsultieren und Maßnahmen auszuarbeiten, zu erörtern und ihren Regierungen zu empfehlen, durch welche die Grundsätze und Ziele des Vertrags gefördert werden, darunter Maßnahmen

a) zur Nutzung der Antarktis für ausschließlich friedliche Zwecke;

b) zur Erleichterung der wissenschaftlichen Forschung in der Antarktis;

c) zur Erleichterung der internationalen wissenschaftlichen Zusammenarbeit in der Antarktis;

d) zur Erleichterung der Ausübung der Inspektionsrechte nach Artikel VII;

e) im Zusammenhang mit Fragen betreffend die Ausübung von Gerichtsbarkeit in der Antarktis;

f) zur Erhaltung und zum Schutz der lebenden Schätze in der Antarktis.

2. Jede Vertragspartei, die durch Beitritt nach Artikel XIII Vertragspartei geworden ist, ist zur Benennung von Vertretern berechtigt, die an den in Absatz 1 genannten Tagungen teilnehmen, solange die betreffende Vertragspartei durch die Ausführung erheblicher wissenschaftlicher Forschungsarbeiten in der Antarktis wie die Einrichtung einer wissenschaftlichen Station oder die Entsendung einer wissenschaftlichen Expedition ihr Interesse an der Antarktis bekundet.

3. Berichte der in Artikel VII genannten Beobachter werden den Vertretern der Vertragsparteien übermittelt, die an den in Absatz 1 genannten Tagungen teilnehmen.

4. Die in Absatz 1 genannten Maßnahmen werden wirksam, sobald sie von allen Vertragsparteien genehmigt worden sind, deren Vertreter zur Teilnahme an den zur Erörterung dieser Maßnahmen abgehaltenen Tagungen berechtigt waren.

5. Einzelne oder alle der in diesem Vertrag vorgesehenen Rechte können vom Tag des Inkraft-

tretens des Vertrags an ausgeübt werden, gleichviel ob Maßnahmen zur Erleichterung der Ausübung solcher Rechte nach diesem Artikel vorgeschlagen, erörtert oder genehmigt worden sind.

Artikel X

Jede Vertragspartei verpflichtet sich, geeignete, im Einklang mit der Charta der Vereinten Nationen stehende Anstrengungen zu unternehmen, um zu verhindern, daß in der Antarktis eine Tätigkeit entgegen den Grundsätzen oder Zielen dieses Vertrags aufgenommen wird.

Artikel XI

1. Entsteht zwischen zwei oder mehr Vertragsparteien eine Streitigkeit über die Auslegung oder Anwendung dieses Vertrags, so konsultieren die betreffenden Vertragsparteien einander, um die Streitigkeit durch Verhandlung, Untersuchung, Vermittlung, Vergleich, Schiedsverfahren, gerichtliche Beilegung oder sonstige friedliche Mittel ihrer Wahl beilegen zu lassen.

2. Jede derartige Streitigkeit, die nicht auf diese Weise beigelegt werden kann, wird – jeweils mit Zustimmung aller Streitparteien – dem Internationalen Gerichtshof zur Beilegung unterbreitet; wird keine Einigkeit über die Verweisung an den Internationalen Gerichtshof erzielt, so sind die Streitparteien nicht von der Verpflichtung befreit, sich weiterhin zu bemühen, die Streitigkeit durch eines der verschiedenen in Absatz 1 genannten friedlichen Mittel beizulegen.

Artikel XII

1. a) Dieser Vertrag kann jederzeit durch einhellige Übereinstimmung der Vertragsparteien, deren Vertreter zur Teilnahme an den in Artikel IX vorgesehenen Tagungen berechtigt sind, geändert oder ergänzt werden. Eine solche Änderung oder Ergänzung tritt in Kraft, wenn die Depositarregierung von allen diesen Vertragsparteien die Anzeige erhalten hat, daß sie sie ratifiziert haben.

b) Danach tritt eine solche Änderung oder Ergänzung für jede andere Vertragspartei in Kraft, wenn deren Ratifikationsanzeige bei der Depositarregierung eingegangen ist. Jede Vertragspartei, von der binnen zwei Jahren nach Inkrafttreten der Änderung oder Ergänzung nach Buchstabe a keine Ratifikationsanzeige eingegangen ist, gilt mit Ablauf dieser Frist als von dem Vertrag zurückgetreten.

2. a) Eine Konferenz aller Vertragsparteien wird so bald wie möglich abgehalten, um die Wirkungsweise dieses Vertrags zu überprüfen, wenn nach Ablauf von dreißig Jahren nach Inkrafttreten des Vertrags eine der Vertragsparteien, deren Vertreter zur Teilnahme an den in Artikel IX vorgesehenen Tagungen berechtigt sind, durch eine Mitteilung an die Depositarregierung darum ersucht.

b) Jede Änderung oder Ergänzung dieses Vertrags, die auf einer solchen Konferenz von der Mehrheit der dort vertretenen Vertragsparteien einschließlich einer Mehrheit derjenigen genehmigt worden ist, deren Vertreter zur Teilnahme an den in Artikel IX vorgesehenen Tagungen berechtigt sind, wird von der Depositarregierung allen Vertragsparteien sofort nach Abschluß der Konferenz mitgeteilt und tritt gemäß Absatz 1 in Kraft.

c) Ist eine solche Änderung oder Ergänzung nicht binnen zwei Jahren nach Mitteilung an alle Vertragsparteien gemäß Absatz 1 Buchstabe a in Kraft getreten, so kann jede Vertragspartei jederzeit nach Ablauf dieser Frist der Depositarregierung ihren Rücktritt von diesem Vertrag mitteilen; der Rücktritt wird zwei Jahre nach Eingang der Mitteilung bei der Depositarregierung wirksam.

Artikel XIII

1. Dieser Vertrag bedarf der Ratifikation durch die Unterzeichnerstaaten. Er liegt für jeden Staat zum Beitritt auf, der Mitglied der Vereinten Nationen ist, sowie für jeden anderen Staat, der mit Zustimmung aller Vertragsparteien, deren Vertreter zur Teilnahme an den in Artikel IX vorgesehenen Tagungen berechtigt sind, zum Beitritt eingeladen wird.

2. Die Ratifikation dieses Vertrags oder der Beitritt dazu wird durch jeden Staat nach Maßgabe seiner verfassungsrechtlichen Verfahren durchgeführt.

3. Ratifikationsurkunden und Beitrittsurkunden werden bei der Regierung der Vereinigten Staaten von Amerika hinterlegt, die hiermit zur Depositarregierung bestimmt wird.

4. Die Depositarregierung teilt allen Unterzeichnerstaaten und beitretenden Staaten den Tag der Hinterlegung jeder Ratifikations- oder Beitrittsurkunde sowie den Tag des Inkrafttretens des Vertrags und etwaiger Änderungen oder Ergänzungen desselben mit.

5. Nach Hinterlegung der Ratifikationsurkunden durch alle Unterzeichnerstaaten tritt dieser Vertrag für jene Staaten und für Staaten in Kraft, die Beitrittsurkunden hinterlegt haben. Danach tritt der Vertrag für jeden beitretenden Staat mit Hinterlegung seiner Beitrittsurkunde in Kraft.

6. Die Depositarregierung läßt diesen Vertrag nach Artikel 102 der Charta der Vereinten Nationen registrieren.

Artikel XIV

Dieser Vertrag, der in englischer, französicher, russischer und spanischer Sprache abgefaßt ist, wobei jede Fassung gleichermaßen authentisch ist, wird im Archiv der Regierung der Vereinigten Staaten von Amerika hinterlegt; diese übermittelt den Regierungen der Unterzeichnerstaaten und beitretenden Staaten gehörig beglaubigte Abschriften.

ZU URKUND DESSEN haben die unterzeichneten, gehörig befugten Bevollmächtigten diesen Vertrag unterschrieben.

GESCHEHEN zu Washington am 1. Dezember 1959.

11/1. Zivilluftfahrt-Abkommen

BGBl 1949/97 idF

1 BGBl 1949/263 (DFB)
2 BGBl 1957/106
3 BGBl 1958/169
4 BGBl 1962/286
5 BGBl 1971/138
6 BGBl 1973/533
7 BGBl 1976/176
8 BGBl 1976/177
9 BGBl 1980/194
10 BGBl 1983/325
11 BGBl III 1999/57
12 BGBl III 1999/104
13 BGBl III 2008/113
14 BGBl III 2008/114
15 BGBl III 2008/115

Abkommen über die Internationale Zivilluftfahrt

IN DER ERWÄGUNG, daß die künftige Entwicklung der internationalen Zivilluftfahrt in hohem Maße dazu beitragen kann, Freundschaft und Verständnis zwischen den Staaten und Völkern der Welt zu schaffen und zu erhalten, ihr Mißbrauch jedoch zu einer Bedrohung der allgemeinen Sicherheit werden kann; und IN DER ERWÄGUNG, daß es wünschenswert ist, zwischen den Staaten und Völkern Unstimmigkeiten zu vermeiden und die Zusammenarbeit zu fördern, von welcher der Frieden der Welt abhängt;

HABEN DAHER die unterzeichneten Regierungen, die sich auf gewisse Grundsätze und Vereinbarungen geeinigt haben, damit sich die internationale Zivilluftfahrt in sicherer und geordneter Weise entwickeln kann und damit die internationalen Luftverkehrslinien auf der Grundlage gleicher Möglichkeiten errichtet und gesund und wirtschaftlich betrieben werden können,

dieses Abkommen zu diesem Zweck abgeschlossen.

TEIL I
LUFTFAHRT

KAPITEL I
ALLGEMEINE GRUNDSÄTZE UND ANWENDUNG DES ABKOMMENS

Artikel 1
Lufthoheit

Die Vertragsstaaten anerkennen, daß jeder Staat im Luftraum über seinem Hoheitsgebiet volle und ausschließliche Souveränität besitzt.

Artikel 2
Hoheitsgebiet

Für die Zwecke dieses Abkommens gelten als Hoheitsgebiet eines Staates die Landgebiete und angrenzenden Hoheitsgewässer, die unter der Souveränität, der Suzeränität, dem Protektorat oder der Mandatsverwaltung dieses Staates stehen.

Artikel 3
Privat- und Staatsluftfahrzeuge

a) Dieses Abkommen findet nur auf Privatluftfahrzeuge Anwendung und ist auf Staatsluftfahrzeuge nicht anwendbar.

b) Luftfahrzeuge, die im Militär-, Zoll- und Polizeidienst verwendet werden, gelten als Staatsluftfahrzeuge.

c) Ein Staatsluftfahrzeug eines Vertragsstaates darf das Hoheitsgebiet eines anderen Staates nur überfliegen oder dort landen, wenn es eine Bewilligung durch besondere Vereinbarung oder auf andere Weise erhalten hat und nur gemäß den in dieser Bewilligung festgesetzten Bedingungen.

d) Die Vertragsstaaten verpflichten sich, beim Erlassen von Vorschriften für ihre Staatsluftfahrzeuge auf die Sicherheit des Verkehrs der Privatluftfahrzeuge gebührend Rücksicht zu nehmen.

Artikel 3bis

a) Die Vertragsstaaten anerkennen, daß sich jeder Staat der Anwendung von Waffen gegen im Flug befindliche Privatluftfahrzeuge enthalten muß und daß im Falle des Abfangens das Leben der Personen an Bord und die Sicherheit des Luftfahrzeuges nicht gefährdet werden dürfen. Diese Bestimmung ist nicht so auszulegen, als ändere sie in irgendeiner Weise die in der Satzung der Vereinten Nationen niedergelegten Rechte und Pflichten der Staaten.

b) Die Vertragsstaaten anerkennen, daß jeder Staat in Ausübung seiner Souveränität berechtigt ist, die Landung eines Privatluftfahrzeuges auf einem bezeichneten Flughafen zu verlangen, wenn dieses unbefugt sein Hoheitsgebiet überfliegt oder wenn ausreichende Gründe für die Schlußfolgerung vorliegen, daß es zu Zwecken benützt wird, die mit den Zielen dieses Abkommens unvereinbar sind; er kann einem solchen Luftfahrzeug auch alle sonstigen Anweisungen erteilen, um derartige Verletzungen zu beenden. Zu diesem Zweck können sich die Vertragsstaaten aller geeigneten Mittel bedienen, die im Einklang mit den einschlägigen Regeln des Völkerrechts stehen, einschließlich der einschlägigen Bestimmungen dieses Abkommens, insbesondere mit Absatz a dieses Artikels. Jeder Vertragsstaat erklärt sich einverstanden, seine geltenden Vorschriften über das Abfangen von Privatluftfahrzeugen zu veröffentlichen.

c) Jedes Privatluftfahrzeug hat eine in Übereinstimmung mit Absatz b dieses Artikels erteilte Anweisung zu befolgen. Zu diesem Zweck nimmt jeder Vertragsstaat alle erforderlichen Bestimmungen in seine nationalen Gesetze oder Vorschriften auf, um eine derartige Befolgung für alle Privatluftfahrzeuge verbindlich zu machen, die in diesem Staat eingetragen sind oder von einem Halter betrieben werden, der seinen Hauptgeschäftssitz oder seinen ständigen Aufenthalt in diesem Staat hat. Jeder Vertragsstaat unterwirft jegliche Verletzung dieser anzuwendenden Gesetze oder Vorschriften strengen Sanktionen und unterbreitet den Fall seinen zuständigen Behörden gemäß seinen Gesetzen oder Vorschriften.

d) Jeder Vertragsstaat trifft geeignete Maßnahmen im Hinblick auf ein Verbot der vorsätzlichen Verwendung eines Privatluftfahrzeuges, das in diesem Staat eingetragen ist oder von einem Halter betrieben wird, der seinen Hauptgeschäftssitz oder seinen ständigen Aufenthalt in diesem Staat hat, für Zwecke, die mit den Zielen dieses Abkommens unvereinbar sind. Diese Bestimmung läßt Absatz a unberührt und schränkt die Absätze b und c dieses Artikels nicht ein.

Artikel 4
Mißbrauch der Zivilluftfahrt

Jeder Vertragsstaat erklärt sich einverstanden, die Zivilluftfahrt nicht für Zwecke zu benützen, die mit den Zielen dieses Abkommens unvereinbar sind.

KAPITEL II

FLÜGE ÜBER DEM HOHEITSGEBIET DER VERTRAGSSTAATEN

Artikel 5
Recht auf nichtplanmäßige Flüge

Jeder Vertragsstaat erklärt sich einverstanden, daß alle nicht im internationalen Fluglinienverkehr eingesetzten Luftfahrzeuge der anderen Vertragsstaaten das Recht haben, in sein Hoheitsgebiet einzufliegen, es ohne Landung zu überfliegen und nichtgewerbliche Landungen durchzuführen, ohne vorher eine Genehmigung einholen zu müssen, vorausgesetzt, daß die Bestimmungen dieses Abkommens beachtet werden und vorbehaltlich des Rechts des überflogenen Staates, eine Landung zu verlangen. Jeder Vertragsstaat behält sich dennoch das Recht vor, aus Gründen der Flugsicherheit zu verlangen, daß Luftfahrzeuge, die unzugängliche Gebiete oder solche ohne ausreichende Luftfahrteinrichtungen überfliegen wollen, vorgeschriebene Strecken einhalten oder eine Sondergenehmigung für diese Flüge einholen.

Wenn diese Luftfahrzeuge außerhalb des internationalen Fluglinienverkehrs zur entgeltlichen Beförderung von Fluggästen, Fracht oder Post eingesetzt sind, haben sie vorbehaltlich der Bestimmungen des Artikels 7 auch das Vorrecht, Fluggäste, Fracht oder Post aufzunehmen oder abzusetzen, vorbehaltlich des Rechts eines jeden Staates, in dem die Aufnahme oder das Absetzen erfolgt, die ihm wünschenswert erscheinenden Vorschriften, Bedingungen oder Einschränkungen aufzuerlegen.

Artikel 6
Fluglinienverkehr

Eine internationale Fluglinie darf über oder in das Hoheitsgebiet eines Vertragsstaates nur mit der besonderen Genehmigung oder einer anderen Bewilligung dieses Staates und gemäß den Bedingungen dieser Genehmigung oder Bewilligung betrieben werden.

Artikel 7
Kabotage

Jeder Vertragsstaat hat das Recht, den Luftfahrzeugen anderer Vertragsstaaten die Genehmigung zu verweigern, in seinem Hoheitsgebiet Fluggäste, Post und Fracht, die für einen anderen Punkt innerhalb seines Hoheitsgebietes bestimmt sind, zur entgeltlichen Beförderung aufzunehmen. Jeder Vertragsstaat verpflichtet sich, keine Vereinbarungen zu treffen, die auf der Grundlage der Ausschließlichkeit ein solches Vorrecht ausdrücklich einem anderen Staat oder einem Fluglinienunternehmen eines anderen Staates gewähren und kein solches ausschließliches Vorrecht von einem anderen Staat zu erwerben.

Artikel 8
Luftfahrzeuge ohne Pilot

Ein Luftfahrzeug, das ohne Pilot geflogen werden kann, darf ohne Pilot das Hoheitsgebiet eines Vertragsstaates nur mit besonderer Bewilligung dieses Staates und gemäß den Bedingungen dieser Bewilligung überfliegen. Jeder Vertragsstaat verpflichtet sich, dafür zu sorgen, daß der Flug eines solchen Luftfahrzeuges ohne Pilot in Gebieten, die Privatluftfahrzeugen offenstehen, so überwacht wird, daß eine Gefährdung von Privatluftfahrzeugen vermieden wird.

Artikel 9
Luftsperrgebiete

a) Jeder Vertragsstaat kann aus Gründen der militärischen Notwendigkeit oder der öffentlichen Sicherheit das Überfliegen bestimmter Gebiete seines Hoheitsgebietes durch Luftfahrzeuge anderer Staaten einheitlich beschränken oder verbieten, vorausgesetzt, daß in dieser Hinsicht zwischen den im internationalen Fluglinienverkehr eingesetzten Luftfahrzeugen des Staates, dessen Hoheitsgebiet betroffen ist, und den in gleicher Weise eingesetzten Luftfahrzeugen der anderen Vertragsstaaten kein Unterschied gemacht wird. Diese Luftsperrgebiete müssen eine angemessene Ausdehnung und Lage haben, damit sie die Luftfahrt nicht unnötig behindern. Beschreibungen dieser Luftsperrgebiete im Hoheitsgebiet eines Vertragsstaates sowie alle späteren Änderungen sind den anderen Vertragsstaaten und der Internationalen Zivilluftfahrtorganisation sobald wie möglich mitzuteilen.

b) Jeder Vertragsstaat behält sich ferner das Recht vor, unter außergewöhnlichen Umständen oder während der Zeit eines Notstandes oder im Interesse der öffentlichen Sicherheit mit sofortiger Wirkung das Überfliegen seines gesamten Hoheitsgebietes oder eines Teiles davon vorübergehend zu beschränken oder zu verbieten unter der Bedingung, daß diese Beschränkung oder dieses Verbot ohne Unterschied der Staatszugehörigkeit auf die Luftfahrzeuge aller anderen Staaten angewendet wird.

c) Jeder Vertragsstaat kann auf Grund der von ihm festgelegten Vorschriften verlangen, daß jedes Luftfahrzeug, das in die in den Absätzen a) oder b) genannten Gebiete einfliegt, sobald wie möglich auf einem bezeichneten Flughafen innerhalb seines Hoheitsgebietes landet.

Artikel 10
Landung auf Zollflughäfen

Ausgenommen in dem Falle, daß es Luftfahrzeugen auf Grund der Bestimmungen dieses Abkommens oder einer Sonderbewilligung gestattet ist, das Hoheitsgebiet eines Vertragsstaates ohne Landung zu überfliegen, hat jedes Luftfahrzeug, das in das Hoheitsgebiet eines Vertragsstaates einfliegt, auf einem von diesem Staat für Zwecke der Zollbeschau und anderer Kontrollen bezeichneten Flughafen zu landen, sofern die Vorschriften dieses Staates es verlangen. Beim Ausflug aus dem Hoheitsgebiet eines Vertragsstaates haben diese Luftfahrzeuge von einem auf gleiche Weise bezeichneten Zollflughafen abzufliegen. Nähere Angaben über alle bezeichneten Zollflughäfen sind von dem Staat zu veröffentlichen und der auf Grund des Teils II dieses Abkommens gebildeten Internationalen Zivilluftfahrtorganisation zur Mitteilung an alle anderen Vertragsstaaten zu übermitteln.

Artikel 11
Anwendbarkeit von Luftfahrtvorschriften

Vorbehaltlich der Bestimmungen dieses Abkommens sind die Gesetze und Vorschriften eines Vertragsstaates über den Einflug oder Ausflug der in der internationalen Luftfahrt verwendeten Luftfahrzeuge in sein oder aus seinem Hoheitsgebiet oder über den Betrieb und den Verkehr dieser Luftfahrzeuge innerhalb seines Hoheitsgebietes auf die Luftfahrzeuge aller Vertragsstaaten ohne Unterschied der Staatszugehörigkeit anzuwenden und von diesen Luftfahrzeugen beim Einflug, Ausflug und innerhalb des Hoheitsgebietes dieses Staates zu befolgen.

Artikel 12
Luftverkehrsregeln

Jeder Vertragsstaat verpflichtet sich, Maßnahmen zu treffen, um zu gewährleisten, daß jedes Luftfahrzeug, das sein Hoheitsgebiet überfliegt oder innerhalb seines Hoheitsgebietes verkehrt, und jedes sein Staatszugehörigkeitszeichen tragendes Luftfahrzeug, wo immer es sich befindet, die dort geltenden Regeln und Vorschriften für den Flug und die Bewegung von Luftfahrzeugen befolgt. Jeder Vertragsstaat verpflichtet sich, seine eigenen diesbezüglichen Vorschriften so weit wie möglich denjenigen anzupassen, die jeweils auf Grund dieses Abkommens festgelegt werden. Über dem offenen Meer gelten die auf Grund dieses Abkommens festgelegten Regeln. Jeder Vertragsstaat verpflichtet sich, die Verfolgung aller Personen zu gewährleisten, die gegen die anzuwendenden Vorschriften verstoßen.

Artikel 13
Einflug- und Abfertigungsvorschriften

Die Gesetze und Vorschriften eines Vertragsstaates über den Einflug oder Ausflug von Fluggästen, Besatzung oder Fracht in Luftfahrzeugen in sein oder aus seinem Hoheitsgebiet, wie Einflug-, Abfertigungs-, Einreise-, Paß-, Zoll- und Quarantänevorschriften, sind von den Fluggästen oder der Besatzung oder in deren Namen und hinsichtlich der Fracht beim Einflug oder Ausflug sowie innerhalb des Hoheitsgebietes dieses Staates zu befolgen.

Artikel 14
Verhütung der Verbreitung von Krankheiten

Jeder Vertragsstaat erklärt sich einverstanden, wirksame Maßnahmen zu treffen, um durch die Luftfahrt die Verbreitung von Cholera, Typhus (epidemisch), Pocken, Gelbfieber, Pest und allen anderen ansteckenden Krankheiten, welche die Vertragsstaaten jeweils zu bezeichnen beschließen, zu verhüten; zu diesem Zweck werden die Vertragsstaaten enge Fühlung mit den Stellen nehmen, die mit internationalen Vorschriften für die auf Luftfahrzeuge anzuwendenden sanitären Maßnahmen befaßt sind. Durch diese Fühlungnahme wird die Anwendung eines auf diesem Gebiet bestehenden internationalen Abkommens, falls die Vertragsstaaten Partei sind, in keiner Weise beeinträchtigt.

Artikel 15
Flughafengebühren und ähnliche Gebühren

Jeder Flughafen in einem Vertragsstaat, der den inländischen Luftfahrzeugen zur öffentlichen Benutzung offen steht, hat vorbehaltlich der Bestimmungen des Artikels 68 auch den Luftfahrzeugen aller anderen Vertragsstaaten unter einheitlichen Bedingungen offen zu stehen. Die gleichen einheitlichen Bedingungen gelten auch für die Benutzung aller der Öffentlichkeit für die Sicherheit und rasche Abwicklung des Luftverkehrs zur Verfügung stehenden Luftfahrteinrichtungen, einschließlich des F unk- und Wetterdienstes, durch die Luftfahrzeuge jedes Vertragsstaates.

Die Gebühren, die von einem Vertragsstaat für die Benutzung dieser Flughäfen und Luftfahrteinrichtungen durch Luftfahrzeuge eines anderen Vertragsstaates auferlegt werden oder deren Auferlegung von einem Vertragsstaat genehmigt wird, dürfen

a) für Luftfahrzeuge, die nicht im internationalen Fluglinienverkehr eingesetzt sind, nicht höher sein als die Gebühren, die von inländischen in gleicher Weise verwendeten Luftfahrzeugen derselben Klasse bezahlt würden, und

b) für Luftfahrzeuge, die im internationalen Fluglinienverkehr eingesetzt sind, nicht höher sein als die Gebühren, die inländische in gleichartigem internationalen Fluglinienverkehr eingesetzte Luftfahrzeuge bezahlen würden.

Alle diese Gebühren sind zu veröffentlichen und der Internationalen Zivilluftfahrtorganisation mitzuteilen, wobei jedoch die für die Benutzung von Flughäfen und anderen Einrichtungen auferlegten Gebühren auf Vorstellung eines interessierten Vertragsstaates einer Überprüfung durch den Rat unterliegen, der darüber einen Bericht und Empfehlungen zur Prüfung durch den oder die betroffenen Staaten vorlegt. Ein Vertragsstaat darf lediglich für das Recht des Durchflugs über oder des Einflugs in sein Hoheitsgebiet oder des Ausflugs aus diesem durch Luftfahrzeuge eines Vertragsstaates oder der an Bord befindlichen Personen oder Güter keine Gebühren, Abgaben oder sonstiges Entgelt auferlegen.

Artikel 16
Untersuchung von Luftfahrzeugen

Die zuständigen Behörden jedes Vertragsstaates haben das Recht, die Luftfahrzeuge der anderen Vertragsstaaten bei der Landung oder beim Abflug ohne unangemessene Verzögerung zu untersuchen und die durch dieses Abkommen vorgeschriebenen Zeugnisse und andere Papiere zu prüfen.

KAPITEL III
STAATSZUGEHÖRIGKEIT DER LUFTFAHRZEUGE

Artikel 17
Staatszugehörigkeit der Luftfahrzeuge

Die Luftfahrzeuge haben die Staatszugehörigkeit des Staates, in dem sie eingetragen sind.

Artikel 18
Doppeleintragung

Ein Luftfahrzeug kann nicht in mehr als einem Staat gültig eingetragen sein; seine Eintragung kann jedoch von einem Staat auf einen anderen übertragen werden.

Artikel 19
Nationale Gesetze über die Eintragung

Die Eintragung oder die Übertragung der Eintragung von Luftfahrzeugen erfolgt in jedem Vertragsstaat gemäß seinen Gesetzen und Vorschriften.

Artikel 20
Führung von Kennzeichen

Jedes in der internationalen Luftfahrt verwendete Luftfahrzeug hat sein Staatszugehörigkeits- und Eintragungszeichen zu führen.

Artikel 21
Bekanntgabe von Eintragungen

Jeder Vertragsstaat verpflichtet sich, jedem anderen Vertragsstaat oder der Internationalen Zivilluftfahrtorganisation auf Verlangen Auskunft über die Eintragung und das Eigentum jedes in seinem Staat eingetragenen Luftfahrzeuges zu geben. Außerdem übermittelt jeder Vertragsstaat der Internationalen Zivilluftfahrtorganisation auf Grund von ihr allenfalls festgelegter Vorschriften Berichte, die alle verfügbaren zweckdienlichen Angaben über das Eigentum und die Verfügungsgewalt über die in seinem Staat eingetragenen und üblicherweise in der internationalen Luftfahrt verwendeten Luftfahrzeuge enthalten. Die Internationale Zivilluftfahrtorganisation hat die auf diese Weise erhaltenen Angaben den anderen Vertragsstaaten auf Ersuchen zur Verfügung zu stellen.

KAPITEL IV
MASSNAHMEN ZUR ERLEICHTERUNG DER LUFTFAHRT

Artikel 22
Erleichterung der Formalitäten

Jeder Vertragsstaat erklärt sich einverstanden, durch Erlassen besonderer Vorschriften oder auf andere Weise alle möglichen Maßnahmen zu treffen, um den Verkehr von Luftfahrzeugen zwischen den Hoheitsgebieten der Vertragsstaaten zu erleichtern und zu beschleunigen und unnötige Verspätungen für Luftfahrzeuge Besatzungen, Fluggäste und Fracht zu verhindern, besonders bei Anwendung der Gesetze über Einreise, Quarantäne, Zoll und Abfertigung.

Artikel 23
Zoll- und Einreiseverfahren

Jeder Vertragsstaat verpflichtet sich, soweit er es für durchführbar hält, Zoll- und Einreiseverfahren für die internationale Luftfahrt entsprechend den Verfahren festzulegen, die auf Grund dieses Abkommens jeweils festgelegt oder empfohlen werden. Keine Bestimmung dieses Abkommens ist so auszulegen, daß sie der Errichtung von Zollfreiflughäfen entgegensteht.

Artikel 24
Zölle

a) Luftfahrzeuge auf einem Flug nach, aus oder über dem Hoheitsgebiet eines anderen Vertragsstaates dürfen vorbehaltlich der Zollvorschriften dieses Staates vorübergehend zollfrei einfliegen. Kraft- und Schmierstoffe, Ersatzteile, die übliche Ausrüstung und Bordvorräte, die sich bei Ankunft im Hoheitsgebiet eines anderen Vertragsstaates an Bord eines Luftfahrzeuges eines Vertragsstaates befinden und beim Verlassen des Hoheitsgebietes des anderen Staates an Bord verbleiben, sind von Zöllen, Untersuchungsgebühren oder ähnlichen staatlichen oder örtlichen Abgaben und Gebühren befreit. Diese Befreiung gilt für ausgeladene Mengen oder Gegenstände nur gemäß den Zollvorschriften des Staates, die verlangen können, daß sie unter Zollaufsicht zu stellen sind.

b) Ersatzteile und Ausrüstung, die in das Hoheitsgebiet eines Vertragsstaates eingeführt werden, um in einem in der internationalen Luftfahrt verwendeten Luftfahrzeug eines anderen Vertragsstaates eingebaut oder verwendet zu werden, sind zollfrei zugelassen, vorbehaltlich der Befolgung der Vorschriften dieses Staates, die verlangen können, daß die Gegenstände unter Zollaufsicht und Zollüberwachung zu stellen sind.

Artikel 25
Luftfahrzeuge in Not

Jeder Vertragsstaat verpflichtet sich, für die in seinem Hoheitsgebiet in Not geratenen Luftfahrzeuge die ihm möglich erscheinenden Hilfsmaßnahmen zu treffen und den Eigentümern des Luftfahrzeuges oder den Behörden des Staates, in dem das Luftfahrzeug eingetragen ist, zu gestatten, vorbehaltlich der Überwachung durch seine eigenen Behörden die unter den Umständen erforderlichen Hilfsmaßnahmen zu treffen. Jeder Vertragsstaat wird bei der Suche nach vermißten Luftfahrzeugen an gemeinsamen Maßnahmen mitwirken, die auf Grund dieses Abkommens jeweils empfohlen werden.

Artikel 26
Untersuchung von Unfällen

Bei einem Unfall, der dem Luftfahrzeug eines Vertragsstaates im Hoheitsgebiet eines anderen Vertragsstaates zugestoßen ist und Tod oder schwere Verletzung zur Folge hat oder auf schwerwiegende technische Mängel am Luftfahrzeug oder an den Luftfahrteinrichtungen hinweist, hat der Staat, in dessen Hoheitsgebiet sich der Unfall ereignet hat, eine Untersuchung über die Umstände des Unfalles vorzunehmen, wobei er sich, soweit es seine Gesetze erlauben, an das von der Internationalen Zivilluftfahrtorganisation allenfalls empfohlene Verfahren zu halten hat. Dem Staat, in dem das Luftfahrzeug eingetragen ist, ist Gelegenheit zu geben, Beobachter zu ernennen, die der Untersuchung beiwohnen, und der die Untersuchung durchführende Staat hat dem anderen Staat den Bericht und das Untersuchungsergebnis in der Angelegenheit mitzuteilen.

Artikel 27
Befreiung von Beschlagnahme wegen Patentverletzung

a) Der bewilligte Einflug eines in der internationalen Luftfahrt verwendeten Luftfahrzeuges eines Vertragsstaates in das Hoheitsgebiet eines anderen Vertragsstaates oder der bewilligte Durchflug durch das Hoheitsgebiet dieses Staates, mit oder ohne Landung, darf weder eine Beschlagnahme oder Zurückhaltung des Luftfahrzeuges noch einen Anspruch gegen dessen Eigentümer oder Halter, noch irgendein anderes Einschreiten seitens oder im Namen dieses Staates oder einer dort befindlichen Person aus dem Grunde nach sich ziehen, daß Bauart, Mechanismus, Teile, Zubehör oder der Betrieb des Luftfahrzeuges ein in dem Staat, in dessen Hoheitsgebiet das Luftfahrzeug einfliegt, ordnungsgemäß erteiltes oder eingetragenes Patent, Muster oder Modell verletzen, wobei Einverständnis darüber besteht, daß in dem Staat, in den das Luftfahrzeug einfliegt, in keinem Falle die Hinterlegung einer Sicherheit in Zusammenhang mit der vorgenannten Befreiung von Beschlagnahme oder Zurückhaltung des Luftfahrzeuges verlangt werden darf.

b) Die Bestimmungen des Absatzes a) dieses Artikels finden auch auf die Lagerung von Ersatzteilen und Ersatzausrüstung für das Luftfahrzeug sowie auf das Recht Anwendung, diese bei Instandsetzung eines Luftfahrzeuges eines Vertragsstaates im Hoheitsgebiet eines anderen Vertragsstaates zu verwenden und einzubauen, vorausgesetzt, daß dieser gelagerte patentierte Teil oder Ausrüstungsgegenstand weder in dem Vertragsstaat, in den das Luftfahrzeug eingeflogen ist, verkauft oder abgegeben, noch aus diesem Staat zu gewerblichen Zwecken ausgeführt wird.

c) Die Vergünstigungen dieses Artikels gelten nur für die Vertragsstaaten dieses Abkommens, die entweder

1. Parteien des Internationalen Abkommens zum Schutze des gewerblichen Eigentums und dessen Änderungen sind, oder

2. Patentgesetze erlassen haben, welche die Erfindungen von Staatsangehörigen der anderen Vertragsstaaten dieses Abkommens anerkennen und ihnen angemessenen Schutz gewähren.

Artikel 28
Luftfahrteinrichtungen und vereinheitlichte Systeme

Jeder Vertragsstaat verpflichtet sich, soweit er es für durchführbar hält,

a) in seinem Hoheitsgebiet Flughäfen, Funk- und Wetterdienste und andere Luftfahrteinrichtungen zur Erleichterung der internationalen Luftfahrt gemäß den Normen und Verfahren bereitzustellen, die auf Grund dieses Abkommens jeweils empfohlen oder festgelegt werden;

b) die entsprechenden vereinheitlichten Systeme für Fernmeldeverfahren, Verschlüsselungen, Markierungen, Signale, Befeuerung und andere Betriebsverfahren und -regeln, die auf Grund dieses Abkommens jeweils empfohlen oder festgelegt werden, anzunehmen und einzuführen;

c) an internationalen Maßnahmen mitzuarbeiten, um die Veröffentlichung von Luftfahrtkarten gemäß den Normen zu gewährleisten, die auf Grund dieses Abkommens jeweils empfohlen oder festgelegt werden.

KAPITEL V
BEDINGUNGEN, DIE IN BEZUG AUF LUFTFAHRZEUGE ZU ERFÜLLEN SIND

Artikel 29
In Luftfahrzeugen mitzuführende Papiere

Jedes in der internationalen Luftfahrt verwendete Luftfahrzeug eines Vertragsstaates hat gemäß den in diesem Abkommen vorgeschriebenen Bedingungen folgende Papiere mitzuführen:

a) seinen Eintragungsschein;

b) sein Lufttüchtigkeitszeugnis;

c) die entsprechenden Ausweise für jedes Mitglied der Besatzung;

d) sein Bordbuch;

e) wenn es mit Funkgerät ausgerüstet ist, die Zulassung für die Luftfahrzeugfunkstelle;

f) wenn es Fluggäste befördert, eine Liste ihrer Namen und ihrer Einsteig- und Bestimmungsorte;

g) wenn es Fracht befördert, ein Verzeichnis und ausführliche Erklärungen der Fracht.

Artikel 30
Luftfahrzeugfunkausrüstung

a) Die Luftfahrzeuge jedes Vertragsstaates dürfen in oder über dem Hoheitsgebiet anderer Vertragsstaaten Funksendegeräte nur mitführen, wenn von den zuständigen Behörden des Staates, in dem das Luftfahrzeug eingetragen ist, eine Zulassung zum Einbau und Betrieb dieser Geräte ausgestellt worden ist. Die Funksendegeräte sind im Hoheitsgebiet des überflogenen Staates gemäß den von diesem Staat festgelegten Vorschriften zu benutzen.

b) Funksendegeräte dürfen nur von den Mitgliedern der Flugbesatzung benutzt werden, die für diesen Zweck einen besonderen Ausweis besitzen, der von den zuständigen Behörden des Staates, in dem das Luftfahrzeug eingetragen ist, ausgestellt ist.

Artikel 31
Lufttüchtigkeitszeugnisse

Jedes in der internationalen Luftfahrt verwendete Luftfahrzeug muß mit einem Lufttüchtigkeitszeugnis versehen sein, das von dem Staat, in dem das Luftfahrzeug eingetragen ist, ausgestellt oder als gültig erklärt wurde.

Artikel 32
Ausweise für Luftfahrtpersonal

a) Der Pilot und die anderen Mitglieder der Flugbesatzung jedes in der internationalen Luftfahrt verwendeten Luftfahrzeuges müssen Befähigungszeugnisse und Ausweise besitzen, die von dem Staat, in dem das Luftfahrzeug eingetragen ist, ausgestellt oder als gültig erklärt wurden.

b) Jeder Vertragsstaat behält sich das Recht vor, für das Fliegen über seinem eigenen Hoheitsgebiet die Anerkennung von Befähigungszeugnissen und Ausweisen, die einem seiner Staatsangehörigen von einem anderen Vertragsstaat ausgestellt wurden, zu verweigern.

Artikel 33
Anerkennung von Zeugnissen und Ausweisen

Lufttüchtigkeitszeugnisse sowie Befähigungszeugnisse und Ausweise, die von dem Vertragsstaat, in dem das Luftfahrzeug eingetragen ist, ausgestellt oder als gültig erklärt wurden, sind von den anderen Vertragsstaaten als gültig anzuerkennen, vorausgesetzt, daß die Anforderungen, nach denen diese Zeugnisse und Ausweise ausgestellt oder als gültig erklärt wurden, den Mindestnormen, die auf Grund dieses Abkommens jeweils festgelegt werden, entsprechen oder darüber hinausgehen.

Artikel 34
Bordbücher

Für jedes in der internationalen Luftfahrt verwendete Luftfahrzeug ist ein Bordbuch zu führen, in das nähere Angaben über das Luftfahrzeug, seine Besatzung und jede Flugreise in der auf Grund dieses Abkommens jeweils vorgeschriebenen Weise einzutragen sind.

Artikel 35
Frachtbeschränkungen

a) Kriegsmunition und Kriegsmaterial dürfen von den in der internationalen Luftfahrt verwendeten Luftfahrzeugen im oder über dem Hoheitsgebiet eines Staates nur mit Genehmigung dieses Staates befördert werden. Jeder Staat bestimmt durch Vorschriften, was im Sinne dieses Artikels als Kriegsmunition oder Kriegsmaterial gilt, wobei im Interesse der Einheitlichkeit auf die von der Internationalen Zivilluftfahrtorganisation jeweils verfaßten Empfehlungen gebührend Bedacht zu nehmen ist.

b) Jeder Vertragsstaat behält sich das Recht vor, aus Gründen der öffentlichen Ordnung und Sicherheit die Beförderung anderer als der in Absatz a) genannten Gegenstände in oder über seinem Hoheitsgebiet zu regeln oder zu verbieten, vorausgesetzt, daß in dieser Hinsicht zwischen seinen eigenen in der internationalen Luftfahrt verwendeten Luftfahrzeugen und den in gleicher Weise verwendeten Luftfahrzeugen der anderen Staaten kein Unterschied gemacht wird, und ferner, daß keine Beschränkung auferlegt wird, welche die Beförderung und Verwendung von Geräten in Luftfahrzeugen beeinträchtigen könnte, die für den Betrieb oder die Navigation des Luftfahrzeuges oder die Sicherheit des Personals oder der Fluggäste notwendig sind.

Artikel 36
Lichtbildgerät

Jeder Vertragsstaat kann die Verwendung von Lichtbildgerät in Luftfahrzeugen über seinem Hoheitsgebiet verbieten oder regeln.

KAPITEL VI
INTERNATIONALE NORMEN UND EMPFEHLUNGEN

Artikel 37
Annahme internationaler Normen und Verfahren

Jeder Vertragsstaat verpflichtet sich mitzuarbeiten, den höchstmöglichen Grad an Einheitlichkeit bei Vorschriften, Normen, Verfahren und Organisation betreffend Luftfahrzeuge, Personal, Luftstraßen und Hilfsdienste in allen Angelegenheiten zu erlangen, in denen eine solche Einheitlichkeit die Luftfahrt erleichtert und verbessert.

Zu diesem Zweck hat die Internationale Zivilluftfahrtorganisation jeweils, soweit erforderlich, internationale Normen, Empfehlungen und Verfahren anzunehmen und zu ändern, die sich beziehen auf:

a) Fernmeldesysteme und Flugnavigationshilfen einschließlich Bodenmarkierung;

b) Merkmale der Flughäfen und Landebereiche;

c) Luftverkehrsregeln und Verfahren für die Flugverkehrskontrolle;

d) Zulassung des Betriebs- und Wartungspersonals;

e) Lufttüchtigkeit der Luftfahrzeuge;

f) Eintragung und Kennzeichnung der Luftfahrzeuge;

g) Sammlung und Austausch von Wetterinformationen;

h) Bordbücher;

i) Luftfahrtkarten:

j) Zoll- und Einreiseverfahren;

k) Luftfahrzeuge in Not und Unfalluntersuchung

und, soweit dies jeweils angebracht erscheint, auf sonstige Angelegenheiten, welche die Sicherheit, Regelmäßigkeit und Leistungsfähigkeit der Luftfahrt betreffen.

Artikel 38
Abweichungen von internationalen Normen und Verfahren

Ein Staat, der es für undurchführbar hält, eine dieser internationalen Normen oder eines dieser internationalen Verfahren in jeder Hinsicht zu befolgen oder seine eigenen Vorschriften oder Praktiken mit einer internationalen Norm oder einem internationalen Verfahren nach deren Abänderung in volle Übereinstimmung zu bringen, oder der es für notwendig erachtet, Vorschriften und Praktiken anzunehmen, die in irgendeiner Hinsicht von denjenigen abweichen, die durch eine internationale Norm festgelegt sind, hat der Internationalen Zivilluftfahrtorganisation unverzüglich die Abweichungen seiner eigenen Praxis von dem durch die internationale Norm festgelegten bekanntzugeben. Bei Änderungen internationaler Normen hat ein Staat, der die entsprechenden Änderungen seiner eigenen Vorschriften und Praktiken nicht vornimmt, den Rat innerhalb von sechzig Tagen nach Annahme der Änderung der internationalen Norm davon zu benachrichtigen oder die Maßnahmen anzuzeigen, die er zu treffen beabsichtigt. In einem solchen Fall hat der Rat unverzüglich allen anderen Staaten die Abweichung bekanntzugeben, die zwischen einem oder mehreren Punkten einer internationalen Norm und der entsprechenden innerstaatlichen Praxis jenes Staates besteht.

Artikel 39
Vermerke in Zeugnissen und Ausweisen

a) Ein Luftfahrzeug oder Luftfahrzeugteil, für das eine internationale Lufttüchtigkeits- oder Leistungsnorm besteht und das zum Zeitpunkt seiner Zulassung in irgendeiner Hinsicht dieser Norm nicht entsprach, hat als Vermerk in seinem Lufttüchtigkeitszeugnis oder als dessen Anhang eine vollständige Aufzählung der Einzelheiten zu enthalten, in denen das Luftfahrzeug oder Luftfahrzeugteil dieser Norm nicht entsprach.

b) Der Inhaber eines Ausweises, der den Bedingungen, die in der internationalen Norm für die Art seines Ausweises oder Zeugnisses festgelegt sind, nicht voll entspricht, hat als Vermerk in seinem Ausweis oder als dessen Anhang eine vollständige Aufzählung der Einzelheiten zu enthalten, in denen er diesen Bedingungen nicht entspricht.

Artikel 40
Gültigkeit der Zeugnisse und Ausweise mit Vermerken

Ein Luftfahrzeug oder Mitglied des Personals, das Zeugnisse oder Ausweise mit solchen Vermerken besitzt, darf am internationalen Verkehr nur mit Genehmigung des Staates oder der Staaten, in deren Hoheitsgebiet eingeflogen wird, teilnehmen. Die Eintragung oder Verwendung eines solchen Luftfahrzeuges oder zugelassenen Luftfahrzeugteiles in einem anderen Staat als demjenigen, in dem die ursprüngliche Zulassung erfolgte, bleibt dem Ermessen des Staates überlassen, in den das Luftfahrzeug oder Luftfahrzeugteil eingeführt wird.

Artikel 41
Anerkennung bestehender Lufttüchtigkeitsnormen

Die Bestimmungen dieses Kapitels gelten nicht für Muster von Luftfahrzeugen und Luftfahrzeugausrüstungsteilen, deren Prototyp den zuständigen nationalen Behörden vor Ablauf von drei Jahren nach dem Zeitpunkt der Annahme einer internationalen Lufttüchtigkeitsnorm für dieses Gerät zur Zulassung vorgelegt wird.

Artikel 42
Anerkennung bestehender Normen für die Befähigung des Luftfahrtpersonals

Die Bestimmungen dieses Kapitels gelten nicht für Personen, deren Ausweise ursprünglich vor Ablauf eines Jahres nach der erstmaligen Annahme einer internationalen Norm für die Befähigung dieses Personals ausgestellt wurden; sie gelten jedoch auf jeden Fall für alle Personen, deren Ausweise fünf Jahre nach dem Zeitpunkt der Annahme dieser Norm noch gültig sind.

TEIL II

DIE INTERNATIONALE ZIVILLUFTFAHRTORGANISATION

KAPITEL VII

DIE ORGANISATION

Artikel 43
Name und Zusammensetzung

Durch dieses Abkommen wird eine Organisation gebildet, welche die Internationale Zivilluftfahrtorganisation genannt wird. Sie besteht aus einer Versammlung, einem Rat und anderen allenfalls notwendigen Organen.

Artikel 44
Ziele

Zweck und Ziel der Organisation ist die Ausarbeitung der Grundsätze und technischen Methoden für die internationale Luftfahrt sowie die Förderung der Planung und Entwicklung des internationalen Luftverkehrs, um

a) ein sicheres und geordnetes Wachsen der internationalen Zivilluftfahrt in der ganzen Welt zu gewährleisten;

b) die Konstruktion und den Betrieb von Luftfahrzeugen zu friedlichen Zwecken zu fördern;

c) die Errichtung von Luftstraßen, Flughäfen und Luftfahrteinrichtungen für die internationale Zivilluftfahrt zu fördern;

d) den Bedürfnissen der Völker der Welt nach einem sicheren, regelmäßigen, leistungsfähigen und wirtschaftlichen Luftverkehr zu entsprechen;

e) wirtschaftliche Vergeudung durch unangemessenen Wettbewerb zu verhindern;

f) zu gewährleisten, daß die Rechte der Vertragsstaaten voll geachtet werden und jeder Vertragsstaat eine gerechte Möglichkeit zum Betrieb internationaler Fluglinienunternehmen hat;

g) eine unterschiedliche Behandlung der Vertragsstaaten zu vermeiden;

h) die Flugsicherheit in der internationalen Luftfahrt zu fördern;

i) allgemein die Entwicklung der internationalen Zivilluftfahrt in jeder Hinsicht zu fördern.

Artikel 45
Ständiger Sitz

Die Organisation hat ihren ständigen Sitz an dem Ort, der auf der Schlußsitzung der Interimsversammlung der Vorläufigen Internationalen Zivilluftfahrtorganisation, die durch das in Chikago am 7. Dezember 1944 unterzeichnete Interimsabkommen über die Internationale Zivilluftfahrt gegründet wurde, bestimmt wird. Der Sitz kann durch Beschluß des Rates vorübergehend an einen anderen Ort verlegt werden, und falls es sich um keine bloß vorübergehende Verlegung handelt, durch Beschluß der Versammlung, welcher mit einer von der Versammlung zu bestimmenden Stimmenanzahl zu fassen ist. Die so bestimmte Stimmenanzahl muß mindestens drei Fünftel der Gesamtzahl der Vertragsstaaten betragen.

Artikel 46
Erste Tagung der Versammlung

Die erste Tagung der Versammlung ist vom Interimsrat der vorgenannten Vorläufigen Organisation einzuberufen, sobald das Abkommen in Kraft getreten ist, und findet zu einem Zeitpunkt und an einem Ort statt, die vom Interimsrat zu bestimmen sind.

Artikel 47
Rechtliche Stellung

Die Organisation genießt im Hoheitsgebiet jedes Vertragsstaates die zur Ausübung ihrer Tätigkeiten notwendige rechtliche Stellung. Wo immer es mit der Verfassung und den Gesetzen des betreffenden Staates vereinbar ist, wird ihr volle Rechtspersönlichkeit zuerkannt.

KAPITEL VIII
DIE VERSAMMLUNG

Artikel 48
Tagung der Versammlung und Abstimmung

a) Die Versammlung tritt mindestens einmal innerhalb von drei Jahren zusammen und ist vom Rat zu gegebener Zeit an einen geeigneten Ort einzuberufen. Eine außerordentliche Tagung der Versammlung kann jederzeit über Einberufung durch den Rat oder auf Grund eines von mindestens einem Fünftel der Gesamtzahl der Vertragsstaaten beim Generalsekretär eingebrachten Antrages abgehalten werden.

b) Alle Vertragsstaaten haben das gleiche Recht, bei den Tagungen der Versammlung vertreten zu sein und jedem Vertragsstaat steht eine Stimme zu. Die Vertreter der Vertragsstaaten können von technischen Beratern unterstützt werden, die an den Tagungen teilnehmen dürfen, aber kein Stimmrecht haben.

c) Die Mehrheit der Vertragsstaaten ist erforderlich, um bei Tagungen der Versammlung das Quorum zu bilden. Sofern dieses Abkommen nichts anderes bestimmt, sind die Beschlüsse der Versammlung mit der Mehrheit der abgegebenen Stimmen zu fassen.

Artikel 49
Befugnisse und Aufgaben der Versammlung

Die Befugnisse und Aufgaben der Versammlung sind:

a) Wahl ihres Präsidenten und der anderen Mitglieder des Präsidiums bei jeder Tagung;

b) Wahl der Vertragsstaaten, die im Rat vertreten sein werden, gemäß den Bestimmungen des Kapitels IX;

c) Prüfung der Berichte des Rates und Ergreifen der entsprechenden Maßnahmen sowie Entscheidung aller Angelegenheiten, die ihr vom Rat zugewiesen werden;

d) Bestimmung ihrer eigenen Geschäftsordnung und Bildung der Unterkommissionen, die ihr allenfalls notwendig oder wünschenswert erscheinen;

e) Abstimmung über die Jahresvoranschläge und Festlegung der Finanzgebarung der Organisation gemäß den Bestimmungen des Kapitels XII;

f) Überprüfung der Ausgaben und Genehmigung der Buchführung der Organisation;

g) Zuweisung von Angelegenheiten aus ihrem Aufgabenbereich an den Rat, an Unterkommissionen oder an andere Organe nach ihrem Ermessen;

h) Übertragung der Befugnisse und Vollmachten an den Rat, die zur Erfüllung der Aufgaben der Organisation notwendig oder wünschenswert sind, sowie jederzeitiger Widerruf oder Änderung der Vollmachtsübertragungen;

i) Durchführung der entsprechenden Bestimmungen des Kapitels XIII;

j) Prüfung von Vorschlägen zur Änderung oder Ergänzung der Bestimmungen dieses Abkommens und, falls sie diese genehmigt, deren Empfehlung an die Vertragsstaaten gemäß den Bestimmungen des Kapitels XXI;

k) Behandlung aller Angelegenheiten, die in den Aufgabenbereich der Organisation fallen und nicht ausdrücklich dem Rat zugewiesen sind.

KAPITEL IX

DER RAT

Artikel 50
Zusammensetzung und Wahl des Rates

a) Der Rat ist ein ständiges Organ, das der Versammlung verantwortlich ist. Er setzt sich aus dreiunddreißig von der Versammlung gewählten Vertragsstaaten zusammen. Eine Wahl findet bei der ersten Tagung der Versammlung statt und danach alle drei Jahre; die so gewählten Mitglieder des Rates bleiben bis zur nächsten Wahl im Amt.

b) Bei der Wahl der Mitglieder des Rates hat die Versammlung folgenden Staaten eine angemessene Vertretung einzuräumen:

1. den im Luftverkehr bedeutendsten Staaten;
2. den in keiner anderen Gruppe enthaltenen Staaten, die den größten Beitrag zur Bereitstellung von Einrichtungen für die internationale Zivilluftfahrt leisten und
3. den in keiner anderen Gruppe enthaltenen Staaten, deren Benennung gewährleistet, daß alle geographischen Hauptgebiete der Welt im Rat vertreten sind. Jede freie Stelle im Rat ist durch die Versammlung so bald wie möglich zu besetzen; jeder auf diese Weise in den Rat gewählte Vertragsstaat bleibt bis zum Ablauf der Amtszeit seines Vorgängers im Amt.

c) Ein Vertreter eines Vertragsstaates im Rat darf am Betrieb einer internationalen Fluglinie nicht aktiv beteiligt oder finanziell interessiert sein.

Artikel 51
Präsident des Rates

Der Rat wählt seinen Präsidenten für eine Amtsdauer von drei Jahren. Der Präsident kann wiedergewählt werden. Er hat kein Stimmrecht. Der Rat wählt aus seinen Mitgliedern einen oder mehrere Vizepräsidenten, die ihr Stimmrecht behalten, wenn sie das Amt des Präsidenten ausüben. Der Präsident muß nicht aus den Vertretern der Mitglieder des Rates gewählt werden; falls aber ein Vertreter gewählt wird, gilt sein Sitz als frei und ist von dem Staat, den er vertreten hat, zu besetzen. Die Aufgaben des Präsidenten sind:

a) die Sitzungen des Rates, des Luftverkehrsausschusses und der Luftfahrtkommission einzuberufen;

b) als Vertreter des Rates zu handeln;

c) im Namen des Rates die Tätigkeiten durchzuführen, die ihm der Rat zuweist.

Artikel 52
Abstimmung im Rat

Beschlüsse des Rates bedürfen der Zustimmung der Mehrheit seiner Mitglieder. Der Rat kann seine Vollmacht für jede bestimmte Angelegenheit einem aus Ratsmitgliedern bestehenden Ausschuß übertragen. Gegen die Beschlüsse eines Ausschusses des Rates kann jeder interessierte Vertragsstaat beim Rat Berufung einlegen.

Artikel 53
Teilnahme ohne Stimmrecht

Jeder Vertragsstaat kann ohne Stimmrecht an der durch den Rat, seine Ausschüsse und Kommissionen erfolgenden Prüfung aller Fragen, die seine Interessen besonders berühren, teilnehmen. Bei der Prüfung einer Meinungsverschiedenheit durch den Rat darf ein daran beteiligtes Mitglied des Rates nicht abstimmen.

Artikel 54
Pflichten des Rates

Der Rat hat

a) der Versammlung jährliche Berichte vorzulegen;

b) die Weisungen der Versammlung auszuführen und die ihm durch dieses Abkommen auferlegten Aufgaben und Obliegenheiten zu erfüllen;

c) seine Organisation und Geschäftsordnung zu bestimmen;

d) einen Luftverkehrsausschuß zu ernennen, der aus den Vertretern der Mitglieder des Rates gewählt wird und diesem verantwortlich ist, sowie seine Aufgaben zu bestimmen;

e) eine Luftfahrtkommission gemäß den Bestimmungen des Kapitels X zu bilden;

f) die Finanzen der Organisation gemäß den Bestimmungen der Kapitel XII und XV zu verwalten;

g) die Bezüge des Präsidenten des Rates zu bestimmen;

h) den obersten Exekutivbeamten zu ernennen, der den Titel Generalsekretär führt, und Vorsorge für die Ernennung des weiteren erforderlichen Personals gemäß den Bestimmungen des Kapitels XI zu treffen;

i) Informationen über den Fortschritt der Luftfahrt und den Betrieb von internationalen Fluglinien einschließlich von Informationen über die Betriebskosten und nähere Angaben über die den Fluglinienunternehmen aus öffentlichen Mitteln gewährte finanzielle Unterstützung einzuholen, zu sammeln, zu prüfen und zu veröffentlichen;

j) den Vertragsstaaten jede Verletzung dieses Abkommens sowie jede Nichtausführung von Empfehlungen oder Beschlüssen des Rates zu berichten;

k) der Versammlung jede Verletzung dieses Abkommens zu berichten, wenn es ein Vertragsstaat unterlassen hat, innerhalb einer angemessenen Zeit nach Bekanntwerden der Verletzung entsprechende Maßnahmen zu treffen;

l) gemäß den Bestimmungen des Kapitels VI dieses Abkommens internationale Normen und Empfehlungen anzunehmen, sie aus Zweckmäßigkeitsgründen als Anhänge zu diesem Abkommen zu bezeichnen und allen Vertragsstaaten die getroffenen Maßnahmen bekanntzugeben;

m) Empfehlungen der Luftfahrtkommission zur Änderung der Anhänge zu prüfen und gemäß den Bestimmungen des Kapitels XX Maßnahmen zu treffen;

n) alle das Abkommen betreffenden Angelegenheiten, die ihm von einem Vertragsstaat vorgelegt werden, zu prüfen.

Artikel 55
Freiwillige Tätigkeiten des Rates

Der Rat kann

a) sofern es angebracht und auf Grund der Erfahrungen wünschenswert ist, untergeordnete Luftverkehrskommissionen auf regionaler oder anderer Grundlage schaffen und Gruppen von Staaten oder Fluglinienunternehmen bestimmen, mit denen oder durch die er verhandeln kann, um die Verwirklichung der Ziele dieses Abkommens zu erleichtern;

b) der Luftfahrtkommission zusätzlich zu den im Abkommen festgelegten Aufgaben weitere übertragen und diese Vollmachtsübertragungen jederzeit widerrufen oder ändern;

c) Forschung auf allen Gebieten des Luftverkehrs und der Luftfahrt, die von internationaler Bedeutung sind, betreiben, die Ergebnisse seiner Forschung allen Vertragsstaaten mitteilen und den Austausch von Informationen über Angelegenheiten des Luftverkehrs und der Luftfahrt zwischen den Vertragsstaaten erleichtern;

d) alle Angelegenheiten studieren, welche die Organisation und den Betrieb des internationalen Luftverkehrs betreffen, einschließlich des internationalen Eigentums und des Betriebes von internationalen Fluglinien auf Hauptstrecken, und der Versammlung diesbezügliche Pläne vorlegen;

e) auf Ersuchen eines Vertragsstaates jede Sachlage untersuchen, die vermeidbare Hindernisse für die Entwicklung der internationalen Luftfahrt darzustellen scheint, und nach der Untersuchung die ihm wünschenswert erscheinenden Berichte herausgeben.

KAPITEL X
DIE LUFTFAHRTKOMMISSION

Artikel 56
Namhaftmachung und Ernennung der Kommissionsmitglieder

Die Luftfahrtkommission setzt sich aus fünfzehn Mitgliedern zusammen, die vom Rat aus den von Vertragsstaaten namhaft gemachten Personen ernannt werden. Diese Personen müssen über die entsprechende Befähigung und Erfahrung auf den wissenschaftlichen und praktischen Gebieten der Luftfahrt verfügen. Der Rat hat alle Vertragsstaaten zu ersuchen, Bewerber namhaft zu machen. Der Präsident der Luftfahrtkommission wird vom Rat ernannt.

Artikel 57
Aufgaben der Kommission

Die Luftfahrtkommission hat

a) Änderungen der Anhänge zu diesem Abkommen zu prüfen und dem Rat zur Annahme zu empfehlen;

b) technische Unterkommissionen zu bilden, in denen jeder Vertragsstaat auf Wunsch vertreten sein kann;

c) den Rat bei der Einholung aller Auskünfte, die sie zur Förderung der Luftfahrt für notwendig und zweckmäßig hält, sowie bei deren Übermittlung an die Vertragsstaaten zu beraten.

KAPITEL XI
PERSONAL

Artikel 58
Anstellung des Personals

Vorbehaltlich der von der Versammlung festgelegten Regeln und der Bestimmungen dieses Abkommens hat der Rat das Verfahren für die Anstellung und Kündigung, Ausbildung, Besoldung und Zulagen sowie die Arbeitsbedingungen des Generalsekretärs und des anderen Personals der Organisation zu bestimmen und kann Staatsangehörige jedes Vertragsstaates anstellen oder ihre Dienste in Anspruch nehmen.

Artikel 59
Internationaler Charakter des Personals

Der Präsident des Rates, der Generalsekretär und das andere Personal dürfen bei der Erledigung ihrer Aufgaben von einer Stelle außerhalb der Organisation keine Weisungen verlangen oder entgegennehmen. Jeder Vertragsstaat verpflichtet sich, den internationalen Charakter der Aufgaben des Personals voll zu achten und nicht zu versuchen, einen seiner Staatsangehörigen bei der Erledigung seiner Aufgaben zu beeinflussen.

Artikel 60
Immunitäten und Privilegien des Personals

Jeder Vertragsstaat verpflichtet sich, soweit es nach seinen verfassungsrechtlichen Bestimmungen möglich ist, dem Präsidenten des Rates, dem Generalsekretär und dem anderen Personal der Organisation die Immunitäten und Privilegien zu gewähren, die dem entsprechenden Personal anderer öffentlicher internationaler Organisationen eingeräumt werden. Wenn ein allgemeines internationales Übereinkommen über die Immunitäten und Privilegien internationaler Beamter zustande kommt, sind dem Präsidenten, dem Generalsekretär und dem anderen Personal der Organisation die auf Grund dieses allgemeinen internationalen Übereinkommens gewährten Immunitäten und Privilegien einzuräumen.

KAPITEL XII
FINANZEN

Artikel 61
Haushaltsplan und Aufteilung der Aufwendungen

Der Rat hat der Versammlung die Jahresvoranschläge, jährliche Rechnungsabschlüsse und Voranschläge für alle Einnahmen und Ausgaben vorzulegen. Die Versammlung hat über die Jahresvoranschläge mit den ihr zweckmäßig erscheinenden Änderungen abzustimmen und die Ausgaben der Organisation – mit Ausnahme der in Kapitel XV vorgesehenen Beiträge von Staaten, die damit einverstanden sind – in dem von ihr jeweils bestimmten Verhältnis auf die Vertragsstaaten aufzuteilen.

Artikel 62
Aufhebung des Stimmrechtes

Die Versammlung kann das Stimmrecht eines Vertragsstaates, der seinen finanziellen Verpflichtungen gegenüber der Organisation innerhalb eines angemessenen Zeitraumes nicht nachkommt, in der Versammlung und im Rat aufheben.

Artikel 63
Aufwendungen für Delegationen und andere Vertreter

Jeder Vertragsstaat hat für die Aufwendungen seiner Delegation bei der Versammlung und für das Entgelt, die Reisekosten und anderen Aufwendungen der von ihm in den Rat entsandten Personen und der von ihm vorgeschlagenen Beauftragten oder seiner Vertreter in Unterausschüssen oder Kommissionen der Organisation selbst aufzukommen.

KAPITEL XIII
ANDERE INTERNATIONALE VEREINBARUNGEN

Artikel 64
Sicherheitsvereinbarungen

Die Organisation kann in Luftfahrtangelegenheiten, die in ihre Zuständigkeit fallen und die Weltsicherheit unmittelbar berühren, durch Beschluß der Versammlung entsprechend Vereinbarungen mit jeder allgemeinen Organisation eingehen, die von den Nationen der Welt zur Erhaltung des Friedens gegründet wurde.

Artikel 65
Vereinbarungen mit anderen internationalen Körperschaften

Der Rat kann im Namen der Organisation mit anderen internationalen Körperschaften Abkommen über die Unterhaltung gemeinsamer Dienste und über gemeinsame Vereinbarungen betreffend das Personal abschließen und mit Zustimmung der Versammlung andere Vereinbarungen eingehen, welche die Arbeit der Organisation erleichtern.

Artikel 66
Tätigkeiten in bezug auf andere Abkommen

a) Die Organisation hat auch die ihr durch das Abkommen über den Durchflug im internationalen Fluglinienverkehr und das Abkommen über den internationalen Luftverkehr, die am 7. Dezember 1944 in Chikago abgefaßt wurden, übertragenen Tätigkeiten gemäß den darin festgelegten Bestimmungen und Bedingungen auszuüben.

b) Mitglieder der Versammlung und des Rates, die das Abkommen über den Durchflug im internationalen Fluglinienverkehr oder das Abkommen über den internationalen Luftverkehr, die am 7. Dezember 1944 in Chikago abgefaßt wurden, nicht angenommen haben, dürfen über Fragen, die der Versammlung oder dem Rat nach den Bestimmungen des betreffenden Abkommens vorgelegt werden, nicht abstimmen.

TEIL III
INTERNATIONALER LUFTVERKEHR

KAPITEL XIV
AUSKÜNFTE UND BERICHTE

Artikel 67
Übermittlung von Berichten an den Rat

Jeder Vertragsstaat verpflichtet sich, daß seine internationalen Fluglinienunternehmen dem Rat gemäß den von ihm festgelegten Anforderungen Verkehrsberichte, Kostenstatistiken und finanzielle Aufstellungen übermitteln, aus denen unter anderem alle Einnahmen und deren Herkunft ersichtlich sind.

KAPITEL XV
FLUGHÄFEN UND ANDERE LUFTFAHRTEINRICHTUNGEN

Artikel 68
Bezeichnung von Flugstrecken und Flughäfen

Jeder Vertragsstaat kann vorbehaltlich der Bestimmungen dieses Abkommens die Strecken, die innerhalb seines Hoheitsgebietes von den internationalen Fluglinien einzuhalten sind und die Flughäfen, die von diesen Fluglinien benutzt werden dürfen, bezeichnen.

Artikel 69
Verbesserung von Luftfahrteinrichtungen

Wenn der Rat der Ansicht ist, daß die Flughäfen oder andere Luftfahrteinrichtungen eines Vertragsstaates einschließlich des Funk- und Wetterdienstes nicht in angemessener Weise für den sicheren, regelmäßigen, leistungsfähigen und wirtschaftlichen Betrieb der bestehenden oder geplanten internationalen Fluglinien ausreichen, hat er sich mit dem unmittelbar betroffenen Staat und den anderen beteiligten Staaten zu beraten, um Wege zu finden, dem Zustand abzuhelfen und kann zu diesem Zweck Empfehlungen erteilen. Ein Vertragsstaat macht sich keiner Verletzung dieses Abkommens schuldig, wenn er es unterläßt, diese Empfehlungen durchzuführen.

Artikel 70
Finanzierung von Luftfahrteinrichtungen

Ein Vertragsstaat kann bei Vorliegen des in Artikel 69 vorgesehenen Sachverhaltes mit dem Rat eine Vereinbarung zur Durchführung solcher Empfehlungen abschließen. Der Staat kann sich entschließen, alle mit einer solchen Vereinbarung verbundenen Kosten zu tragen. Wenn sich der Staat hiezu nicht entschließt, kann sich der Rat auf Ersuchen des Staates einverstanden erklären, die Kosten ganz oder teilweise zu übernehmen.

Artikel 71
Bereitstellung und Instandhaltung von Einrichtungen durch den Rat

Auf Ersuchen eines Vertragsstaates kann sich der Rat einverstanden erklären, alle oder einen Teil der Flughäfen und andere Luftfahrteinrichtungen einschließlich des Funk- und Wetterdienstes, die in dessen Hoheitsgebiet für den sicheren, regelmäßigen, leistungsfähigen und wirtschaftlichen Betrieb des internationalen Fluglinienverkehrs der anderen Vertragsstaaten erforderlich sind, bereitzustellen, mit Personal zu besetzen, instandzuhalten und zu verwalten; er kann für die Benützung bereitgestellter Einrichtungen gerechte und angemessene Gebühren festsetzen.

Artikel 72
Erwerb oder Benützung von Grundstücken

Wenn für Einrichtungen, die der Rat auf Ersuchen eines Vertragsstaates ganz oder teilweise finanziert, Grundstücke benötigt werden, hat dieser Staat entweder die Grundstücke, falls er es wünscht unter Vorbehalt des Rechtstitels, selbst zur Verfügung zu stellen oder die Benützung der Grundstücke durch den Rat unter gerechten und angemessenen Bedingungen und gemäß seinen Gesetzen zu erleichtern.

Artikel 73
Ausgaben und Beiträge

Der Rat kann im Rahmen der ihm von der Versammlung nach Kapitel XII zur Verfügung gestellten Geldmittel laufende Ausgaben für die Zwecke dieses Kapitels aus dem allgemeinen Fonds der Organisation bestreiten. Der Rat hat Beiträge zu den für die Zwecke dieses Kapitels erforderlichen Geldmitteln nach einem im voraus vereinbarten Verhältnis über einen angemessenen Zeitraum den damit einverstandenen Vertragsstaaten aufzuerlegen, deren Fluglinienunternehmen die Einrichtungen benützen. Der Rat kann auch Beiträge zu erforderlichen Arbeitsfonds den damit einverstandenen Staaten auferlegen.

Artikel 74
Technischer Beistand und Verwendung der Einnahmen

Wenn der Rat auf Ersuchen eines Vertragsstaates Geldmittel vorstreckt oder Flughäfen oder andere Einrichtungen ganz oder teilweise bereitstellt, kann die Vereinbarung mit Zustimmung dieses Staates technischen Beistand bei der Aufsicht und beim Betrieb der Flughäfen und anderen Einrichtungen sowie die Bezahlung der Betriebskosten der Flughäfen und der anderen Einrichtungen, der Zins- und Tilgungsaufwände aus den durch den Betrieb der Flughäfen und der anderen Einrichtungen erzielten Einnahmen vorsehen.

Artikel 75
Übernahme vom Rat bereitgestellter Einrichtungen

Ein Vertragsstaat kann sich jederzeit von einer Verpflichtung, die er nach Artikel 70 eingegangen ist, befreien und Flughäfen und andere Einrichtungen, die der Rat in seinem Hoheitsgebiet auf Grund der Bestimmungen der Artikel 71 und 72 bereitgestellt hat, übernehmen, indem er an den Rat einen Betrag zahlt, der nach Ansicht des Rates den Umständen angemessen ist. Wenn der Staat den vom Rat festgesetzten Betrag für unangemessen hält, kann er bei der Versammlung gegen die Entscheidung des Rates Berufung einlegen, und die Versammlung kann die Entscheidung des Rates bestätigen oder ändern.

Artikel 76
Rückzahlung von Geldmitteln

Geldmittel, die der Rat durch Rückzahlung nach Artikel 75 und aus Zins- und Tilgungserträgen nach Artikel 74 erhält, sind, falls es sich um ursprünglich von Staaten nach Artikel 73 geleistete Vorschüsse handelt, im Verhältnis ihrer vom Rat bestimmten Beiträge den Staaten zurückzuerstatten, die ursprünglich einen Beitrag leisteten.

KAPITEL XVI
BETRIEBSGEMEINSCHAFTEN UND POOLVERKEHR

Artikel 77
Zulässige Betriebsgemeinschaften

Keine Bestimmung dieses Abkommens hindert zwei oder mehrere Vertragsstaaten, Luftverkehrsbetriebsgemeinschaften oder internationale Betriebsstellen zu bilden und ihre Fluglinien auf beliebigen Strecken oder in beliebigen Gebieten im Pool zu betreiben; diese Betriebsgemeinschaften oder Betriebsstellen und der Poolverkehr unterliegen jedoch allen Bestimmungen dieses Abkommens, einschließlich jener über die Registrierung von Abkommen beim Rat. Der Rat hat zu bestimmen, in welcher Weise die Bestimmungen dieses Abkommens über die Staatszugehörigkeit von Luftfahrzeugen auf Luftfahrzeuge anzuwenden sind, die von internationalen Betriebsstellen betrieben werden.

Artikel 78
Tätigkeit des Rates

Der Rat kann den in Betracht kommenden Vertragsstaaten nahelegen, Gemeinschaften für den Betrieb von Fluglinien auf beliebigen Strecken oder in beliebigen Gebieten zu bilden.

Artikel 79
Beteiligung an Betriebsorganisationen

Ein Staat kann sich an Betriebsgemeinschaften oder Poolvereinbarungen entweder durch seine Regierung oder durch eine oder mehrere von dieser Regierung namhaft gemachte Flugliniengesellschaften beteiligen. Die Gesellschaften können nach alleinigem Ermessen des betroffenen Staates ganz oder teilweise Staatseigentum oder Privateigentum sein.

TEIL IV
SCHLUSSBESTIMMUNGEN

KAPITEL XVII
ANDERE LUFTFAHRTABKOMMEN UND -VEREINBARUNGEN

Artikel 80
Abkommen von Paris und Havanna

Jeder Vertragsstaat verpflichtet sich, unmittelbar nach dem Inkrafttreten dieses Abkommens das in Paris am 13. Oktober 1919 unterzeichnete Abkommen über die Regelung des Luftverkehrs oder das in Havanna am 20. Februar 1928 unterzeichnete Abkommen über die gewerbliche Luftfahrt zu kündigen, falls er Partei eines dieser

Abkommen ist. Zwischen den Vertragsstaaten ersetzt dieses Abkommen die vorgenannten Abkommen von Paris und Havanna.

Artikel 81
Registrierung bestehender Abkommen

Alle Luftfahrtabkommen, die bei Inkrafttreten dieses Abkommens zwischen einem Vertragsstaat und einem anderen Vertragsstaat oder zwischen einem Fluglinienunternehmen eines Vertragsstaates und einem anderen Staat oder dem Fluglinienunternehmen eines anderen Staates bestehen, sind unverzüglich beim Rat zu registrieren.

Artikel 82
Aufhebung widersprechender Vereinbarungen

Die Vertragsstaaten anerkennen, daß dieses Abkommen alle zwischen ihnen bestehenden Verpflichtungen und Abmachungen, die mit dessen Bestimmungen unvereinbar sind, aufhebt und verpflichten sich, keine derartigen Verpflichtungen und Abmachungen einzugehen. Ein Vertragsstaat, der, bevor er Mitglied der Organisation wurde, gegenüber einem Nichtvertragsstaat oder einem Staatsangehörigen eines Vertragsstaates oder eines Nichtvertragsstaates Verpflichtungen übernommen hat, die mit den Bestimmungen dieses Abkommens unvereinbar sind, hat unverzüglich Schritte zu unternehmen, um sich von den Verpflichtungen zu befreien. Wenn ein Fluglinienunternehmen eines Vertragsstaates derartige unvereinbare Verpflichtungen eingegangen ist, hat der Staat, dessen Staatszugehörigkeit es besitzt, sein Bestes zu tun, um die sofortige Beendigung der Verpflichtungen zu erlangen und hat in jedem Fall deren Beendigung zu veranlassen, sobald es nach Inkrafttreten dieses Abkommens rechtlich möglich ist.

Artikel 83
Registrierung neuer Vereinbarungen

Vorbehaltlich der Bestimmungen des vorhergehenden Artikels kann jeder Vertragsstaat Vereinbarungen treffen, die nicht mit den Bestimmungen dieses Abkommens unvereinbar sind. Jede derartige Vereinbarung ist unverzüglich beim Rat zu registrieren, der sie so bald wie möglich zu veröffentlichen hat.

Artikel 83bis
Übertragung gewisser Aufgaben und Verpflichtungen)

a) Unbeschadet der Bestimmungen der Artikel 12, 30, 31 und 32a kann der Eintragungsstaat, wenn ein Luftfahrzeug, das in seinem Staat eingetragen ist, auf Grund einer Vereinbarung über Vermietung, Charterung oder Austausch des Luftfahrzeuges oder einer anderen ähnlichen Vereinbarung von einem Halter betrieben wird, der seinen Hauptgeschäftssitz oder, in Ermangelung eines solchen, seinen dauernden Wohnsitz in einem anderen Vertragsstaat hat, im Einvernehmen mit dem anderen Staat, diesem hinsichtlich des betreffenden Luftfahrzeuges die ihm als Eintragungsstaat durch die Artikel 12, 30, 31 und 32a auferlegten Aufgaben und Verpflichtungen zur Gänze oder teilweise übertragen. Der Eintragungsstaat wird der Verantwortung hinsichtlich der übertragenen Aufgaben und Verpflichtungen enthoben.

b) Die Übertragung wird in der Beziehung zu anderen Vertragsstaaten erst dann wirksam, wenn die Vereinbarung zwischen den Staaten, in der die Übertragung verankert ist, beim Rat registriert und gemäß Artikel 83 veröffentlicht wurde oder wenn das Bestehen und der Inhalt der Vereinbarung von einer der Vertragsparteien den Behörden eines anderen betroffenen Vertragsstaates oder anderer betroffener Vertragsstaaten direkt bekanntgegeben wurde.

c) Die Bestimmungen der Absätze a und b finden sinngemäß Anwendung auf die in Art. 77 umschriebenen Fälle.

KAPITEL XVIII
STREITIGKEITEN UND UNTERLASSUNGEN

Artikel 84
Beilegung von Streitigkeiten

Wenn eine Meinungsverschiedenheit zwischen zwei oder mehreren Vertragsstaaten über die Auslegung oder Anwendung dieses Abkommens und seiner Anhänge nicht auf dem Verhandlungswege beigelegt werden kann, ist sie auf Ersuchen eines an der Meinungsverschiedenheit beteiligten Staates vom Rat zu entscheiden. Bei Prüfung eines Streitfalles durch den Rat darf ein daran beteiligtes Mitglied des Rates nicht abstimmen. Jeder Vertragsstaat kann vorbehaltlich des Artikels 85 gegen die Entscheidung des Rates bei einem zu diesem Zweck gebildeten Schiedsgericht, auf das sich die Parteien des Streitfalles geeinigt haben, oder bei dem Ständigen Internationalen Gerichtshof Berufung einlegen. Eine derartige Berufung ist dem Rat innerhalb von sechzig Tagen nach Eingang der Mitteilung über die Entscheidung des Rates anzuzeigen.

Artikel 85
Schiedsgerichtsverfahren

Wenn ein Vertragsstaat, der an einem Streitfall beteiligt ist, in dem gegen die Entscheidung des Rates Berufung eingelegt wurde, die Satzungen des Ständigen Internationalen Gerichtshofes nicht angenommen hat und wenn die an dem Streitfall beteiligten Vertragsstaaten sich über die Wahl des Schiedsgerichtes nicht einigen können, hat jeder der an dem Streitfall beteiligten Vertragsstaaten einen Schiedsrichter namhaft zu machen, die ihrerseits einen Oberschiedsrichter benennen. Wenn es einer der an dem Streitfall beteiligten Vertragsstaaten unterläßt, innerhalb von drei Monaten nach dem Zeitpunkt der Berufung einen Schiedsrichter namhaft zu machen, ist ein Schiedsrichter im Namen dieses Staates vom Präsidenten des Rates aus einer vom Rat geführten Liste geeigneter und verfügbarer Personen zu benennen. Wenn sich die Schiedsrichter innerhalb von dreißig Tagen nicht auf einen Oberschiedsrichter einigen können, hat der Präsident des Rates aus der vorgenannten Liste einen Oberschiedsrichter zu bezeichnen. Die Schiedsrichter und der Oberschiedsrichter bilden dann zusammen ein Schiedsgericht. Ein nach diesem oder dem vorhergehenden Artikel gebildetes Schiedsgericht hat sein Verfahren selbst festzulegen und seine Entscheidungen mit Stimmenmehrheit zu treffen, wobei jedoch der Rat im Falle einer nach seiner Ansicht übermäßigen Verzögerung über Verfahrensfragen bestimmen kann.

Artikel 86
Berufungen

Sofern der Rat nicht anders entscheidet, bleibt eine Entscheidung des Rates, ob ein internationales Fluglinienunternehmen seinen Betrieb in Übereinstimmung mit den Bestimmungen dieses Abkommens durchführt, in Kraft, wenn sie nicht auf Grund einer Berufung aufgehoben wird. In jeder anderen Angelegenheit werden Entscheidungen des Rates, gegen die Berufung eingelegt wurde, solange aufgehoben, bis über die Berufung entschieden ist. Die Entscheidungen des Ständigen Internationalen Gerichtshofes und eines Schiedsgerichtes sind endgültig und bindend.

Artikel 87
Strafen bei Mißachtung durch ein Fluglinienunternehmen

Jeder Vertragsstaat verpflichtet sich, den Betrieb eines Fluglinienunternehmens eines Vertragsstaates im Luftraum über seinem Hoheitsgebiet nicht zu gestatten, wenn der Rat entschieden hat, daß das betreffende Fluglinienunternehmen eine gemäß dem vorhergehenden Artikel ergangene endgültige Entscheidung mißachtet.

Artikel 88
Strafen bei Mißachtung durch einen Staat

Die Versammlung hat das Stimmrecht eines Staates, der nachweislich die Bestimmungen dieses Kapitels nicht befolgt, in der Versammlung und im Rat aufzuheben.

KAPITEL XIX
KRIEG

Artikel 89
Krieg und Notstand

Im Kriegsfall beeinträchtigen die Bestimmungen dieses Abkommens nicht die Handlungsfreiheit eines der betroffenen Vertragsstaaten, ob als Kriegsführende oder Neutrale. Der gleiche Grundsatz gilt für den Fall, daß ein Vertragsstaat den nationalen Notstand ausruft und diese Tatsache dem Rat bekanntgibt.

KAPITEL XX
ANHÄNGE

Artikel 90
Annahme und Änderung von Anhängen

a) Die Annahme der in Artikel 54, Absatz 1 genannten Anhänge durch den Rat bedarf der Stimmen von zwei Dritteln des Rates bei einer zu diesem Zweck einberufenen Sitzung, und die Anhänge sind sodann vom Rat jedem Vertragsstaat vorzulegen. Jeder Anhang oder jede Änderung eines Anhanges tritt innerhalb von drei Monaten nach Übermittlung an die Vertragsstaaten oder nach Ablauf eines längeren vom Rat vorgeschriebenen Zeitraumes in Kraft, sofern nicht die Mehrheit der Vertragsstaaten in der Zwischenzeit dem Rat ihre Ablehnung mitgeteilt hat.

b) Der Rat hat das Inkrafttreten eines Anhanges oder einer Änderung hiezu unverzüglich allen Vertragsstaaten bekanntzugeben.

KAPITEL XXI
RATIFIKATIONEN, BEITRITTE, ÄNDERUNGEN UND KÜNDIGUNGEN

Artikel 91
Ratifikation des Abkommens

a) Dieses Abkommen bedarf der Ratifikation durch die Unterzeichnerstaaten. Die Ratifikationsurkunden sind im Archiv der Regierung der Vereinigten Staaten von Amerika zu hinterlegen, die jeden Unterzeichnerstaat und jeden beigetretenen Staat über den Zeitpunkt der Hinterlegung benachrichtigt.

b) Sobald sechsundzwanzig Staaten dieses Abkommen ratifiziert haben oder ihm beigetreten sind, tritt es zwischen ihnen am dreißigsten Tag nach Hinterlegung der sechsundzwanzigsten Urkunde in Kraft. Für jeden später ratifizierenden Staat tritt es am dreißigsten Tag nach Hinterlegung seiner Ratifikationsurkunde in Kraft.

c) Es obliegt der Regierung der Vereinigten Staaten von Amerika, der Regierung jedes Unterzeichnerstaates und beigetretenen Staates, den Zeitpunkt, an dem dieses Abkommen in Kraft tritt, bekanntzugeben.

Artikel 92
Beitritt zum Abkommen

a) Dieses Abkommen steht Mitgliedern der Vereinten Nationen und den mit ihnen verbundenen Staaten und den während des gegenwärtigen Weltkrieges neutral gebliebenen Staaten zum Beitritt offen.

b) Der Beitritt erfolgt durch eine an die Regierung der Vereinigten Staaten von Amerika gerichtete Mitteilung und tritt mit dem dreißigsten Tag nach Eingang der Mitteilung bei der Regierung der Vereinigten Staaten von Amerika in Kraft, die dies allen Vertragsstaaten bekanntgibt.

Artikel 93
Zulassung anderer Staaten

Andere als die in den Artikeln 91 und 92, a), vorgesehenen Staaten können, vorbehaltlich der Zustimmung durch eine von den Nationen der Welt zur Erhaltung des Friedens gegründete allgemeine internationale Organisation, mit Vierfünftelmehrheit der Stimmen der Versammlung und unter den von der Versammlung vorgeschriebenen Bedingungen zur Teilnahme an diesem Abkommen zugelassen werden, wobei jedoch in jedem Fall die Zustimmung aller Staaten erforderlich ist, die während des gegenwärtigen Krieges von dem um Zulassung ersuchenden Staat überfallen oder angegriffen wurden.

Artikel 93bis

a) Ungeachtet der Bestimmungen der obigen Artikel 91, 92 und 93

(1) hört ein Staat, dessen Regierung auf Grund einer Empfehlung der Vereinten Nationen die Mitgliedschaft bei internationalen von den Vereinten Nationen gegründeten oder mit ihnen in Verbindung gebrachten Organisationen verweigert wurde, automatisch auf, Mitglied der Internationalen Zivilluftfahrtorganisation zu sein;

(2) hört ein Staat, der von der Mitgliedschaft bei den Vereinten Nationen ausgeschlossen wurde, automatisch auf, Mitglied der Internationalen Zivilluftfahrtorganisation zu sein, sofern die Generalversammlung der Vereinten Nationen ihrem Ausschließungsbeschluß nicht eine gegenteilige Empfehlung beifügt.

b) Ein Staat, der auf Grund der Bestimmungen des obigen Absatzes

a) aufgehört hat, Mitglied der Internationalen Zivilluftfahrtorganisation zu sein, kann nach Zustimmung durch die Generalversammlung der Vereinten Nationen auf Antrag und mit Zustimmung der Mehrheit des Rates wieder in die Internationale Zivilluftfahrtorganisation aufgenommen werden.

c) Mitgliedern der Organisation, welchen die Ausübung ihrer Rechte und Privilegien als Mitglieder der Vereinten Nationen untersagt ist, sind auf Ersuchen der Vereinten Nationen die Rechte und Privilegien als Mitglieder dieser Organisation zu entziehen.

Artikel 94
Änderung des Abkommens

a) Jede vorgeschlagene Änderung zu diesem Abkommen muß mit Zweidrittelmehrheit der Stimmen der Versammlung genehmigt werden und tritt dann für die Staaten, die diese Änderung ratifiziert haben, in Kraft, sobald sie von der durch die Versammlung festgesetzten Anzahl von Vertragsstaaten ratifiziert wurde. Die so festgesetzte Anzahl darf nicht weniger als zwei Drittel der Gesamtzahl der Vertragsstaaten betragen.

b) Die Versammlung kann, wenn nach ihrer Ansicht die Art der Änderung eine solche Maßnahme rechtfertigt, in ihrer Entschließung, welche die Annahme empfiehlt, bestimmen, daß ein Staat, der innerhalb eines festgesetzten Zeitraumes nach Inkrafttreten der Änderung diese nicht ratifiziert hat, aufhört, Mitglied der Organisation und Partei dieses Abkommens zu sein.

Artikel 95
Kündigung des Abkommens

a) Jeder Vertragsstaat kann dieses Abkommen drei Jahre nach seinem Inkrafttreten durch eine an die Regierung der Vereinigten Staaten von Amerika gerichtete Mitteilung kündigen, die jeden Vertragsstaat unverzüglich davon in Kenntnis zu setzen hat.

b) Die Kündigung wird ein Jahr nach Eingang der Mitteilung wirksam und gilt nur für den Staat, der die Kündigung vorgenommen hat.

KAPITEL XXII
BEGRIFFSBESTIMMUNGEN

Artikel 96

Für die Zwecke dieses Abkommens bedeutet der Ausdruck:

a) „Fluglinie" jede planmäßige Luftverkehrsverbindung, die mit Luftfahrzeugen zur öffentlichen Beförderung von Fluggästen, Post oder Fracht durchgeführt wird.

b) „Internationale Fluglinie" eine Fluglinie, die durch den Luftraum über dem Hoheitsgebiet von mehr als einem Staat führt.

c) „Fluglinienunternehmen" jedes Luftverkehrsunternehmen, das eine internationale Fluglinie anbietet oder betreibt.

d) „Nichtgewerbliche Landung" eine Landung zu jedem anderen Zweck als zum Aufnehmen oder Absetzen von Fluggästen, Fracht oder Post.

UNTERZEICHNUNG DES ABKOMMENS

ZU URKUND DESSEN unterschreiben die unterzeichneten hiezu gehörig befugten Bevollmächtigten dieses Abkommen im Namen ihrer Regierungen an den neben ihren Unterschriften stehenden Daten.

GESCHEHEN zu Chikago am siebenten Dezember 1944 in englischer Sprache. Eine Fassung in englischer, französischer und spanischer Sprache, die in jeder Sprache gleichermaßen verbindlich ist, wird in Washington, D.C., zur Unterzeichnung aufgelegt. Beide Fassungen sind im Archiv der Regierung der Vereinigten Staaten von Amerika zu hinterlegen, und beglaubigte Ausfertigungen sind von dieser Regierung den Regierungen aller Staaten zu übermitteln, die dieses Abkommen unterzeichnen oder ihm beitreten werden.

12/1. Weltraumvertrag

BGBl 1968/103

Vertrag über die Grundsätze, welche die Tätigkeiten der Staaten bei der Erforschung und Nutzung des Weltraumes, Einschliesslich des Mondes und anderer Himmelskörper, regeln

Die österreichischen Ratifikationsurkunden sind am 26. Feber 1968 gemäß Artikel XIV Absatz 2 des vorliegenden Vertrages bei den Depositarregierungen hinterlegt worden; gemäß seinem Artikel XIV Absatz 4 ist der Vertrag für Österreich daher an diesem Tag in Kraft getreten.

Die Vertragsstaaten,

im Bewußtsein der großen Aussichten, die sich der Menschheit als ein Ergebnis des Eintritts des Menschen in den Weltraum eröffnen,

in der Erkenntnis des gemeinsamen Interesses der Menschheit am Fortschritt der Erforschung und Nutzung des Weltraumes für friedliche Zwecke,

im Glauben, daß die Erforschung und Nutzung des Weltraumes zum Wohle aller Völker ohne Rücksicht auf den Grad ihrer wirtschaftlichen oder wissenschaftlichen Entwicklung durchgeführt werden sollte,

vom Wunsche geleitet, zu einer umfassenden internationalen Zusammenarbeit in den wissenschaftlichen wie auch den rechtlichen Fragen der Erforschung und Nutzung des Weltraumes für friedliche Zwecke beizutragen,

im Glauben, daß eine solche Zusammenarbeit zur Entwicklung des gegenseitigen Verständnisses und zur Stärkung freundschaftlicher Beziehungen zwischen Staaten und Völkern beitragen wird,

unter Hinweis auf Resolution 1962 (XVIII), die unter dem Titel „Deklaration der Rechtsgrundsätze, welche die Aktivitäten der Staaten bei der Erforschung und Nutzung des Weltraumes regeln" von der Generalversammlung der Vereinten Nationen am 13. Dezember 1963 einstimmig angenommen wurde,

unter Hinweis auf Resolution 1884 (XVIII), welche die Staaten auffordert, keinerlei Objekte, die Kernwaffen oder irgendwelche andere Massenvernichtungswaffen tragen, in eine Umlaufbahn um die Erde zu bringen oder solche Waffen auf Himmelskörpern zu installieren, und welche von der Generalversammlung der Vereinten Nationen am 17. Oktober 1963 einstimmig angenommen wurde,

unter Berücksichtigung der Resolution 110 (II) der Generalversammlung der Vereinten Nationen vom 3. November 1947, welche Propaganda verurteilt, die dazu dient oder geeignet ist, eine Bedrohung des Friedens, einen Friedensbruch oder eine Angriffshandlung hervorzurufen oder zu unterstützen, und in der Erwägung, daß diese Resolution auf den Weltraum anwendbar ist,

in der Überzeugung, daß ein Vertrag über die Grundsätze, welche die Tätigkeiten der Staaten bei der Erforschung und Nutzung des Weltraumes, einschließlich des Mondes und anderer Himmelskörper, regeln, den Zielen und Grundsätzen der Satzung der Vereinten Nationen dienlich sein wird,

sind wie folgt übereingekommen:

Artikel I

Die Erforschung und Nutzung des Weltraumes, einschließlich des Mondes und anderer Himmelskörper, ist zum Wohle und im Interesse aller Länder ohne Rücksicht auf den Grad ihrer wirtschaftlichen oder wissenschaftlichen Entwicklung durchzuführen und ist Sache der ganzen Menschheit.

Der Weltraum, einschließlich des Mondes und anderer Himmelskörper, steht allen Staaten ohne irgendwelche Diskriminierung auf der Grundlage der Gleichheit und in Übereinstimmung mit dem Völkerrecht zur Erforschung und Nutzung offen. Alle Teile von Himmelskörpern sind frei zugänglich.

Im Weltraum, einschließlich des Mondes und anderer Himmelskörper, herrscht Freiheit der wissenschaftlichen Forschung. Die Staaten werden die internationale Zusammenarbeit bei dieser Forschung ermöglichen und unterstützen.

Artikel II

Der Weltraum, einschließlich des Mondes und anderer Himmelskörper, unterliegt nicht nationaler Aneignung auf Grund von Souveränitätsansprüchen, durch Benützung oder Besetzung oder irgendeinen anderen Titel.

Artikel III

Die Vertragsstaaten führen ihre Tätigkeit bei der Erforschung und Nutzung des Weltraumes, einschließlich des Mondes und anderer Himmelskörper, in Übereinstimmung mit dem Völkerrecht einschließlich der Satzung der Vereinten Nationen, im Interesse der Aufrechterhaltung des internationalen Friedens und der internationalen Sicherheit sowie der Förderung internationaler Zusammenarbeit und internationalen Verstehens durch.

Artikel IV

Die Vertragsstaaten verpflichten sich, Objekte, die Kernwaffen oder sonstige Massenvernichtungswaffen tragen, nicht in eine Umlaufbahn um die Erde zu bringen, derartige Waffen nicht auf Himmelskörpern zu installieren und solche Waffen nicht auf irgendeine andere Weise im Weltraum zu stationieren.

Der Mond und alle anderen Himmelskörper sind von allen Vertragsstaaten ausschließlich zu friedlichen Zwecken zu nutzen. Die Errichtung von militärischen Stützpunkten, Anlagen und Befestigungen, die Erprobung jeder Art von Waffen sowie die Abhaltung militärischer Manöver auf Himmelskörpern ist verboten. Die Verwendung von militärischem Personal für wissenschaftliche Forschung oder für irgendwelche andere friedliche Zwecke ist nicht untersagt. Die Verwendung jeglicher Ausrüstung oder Hilfsmittel, die für die friedliche Erforschung des Mondes und anderer Himmelskörper notwendig sind, ist ebenfalls gestattet.

Artikel V

Die Vertragsstaaten betrachten Astronauten als Abgesandte der Menschheit im Weltraum und gewähren ihnen jede mögliche Hilfe bei einem Unfall, einer Notlage oder einer Notlandung auf dem Hoheitsgebiet eines anderen Vertragsstaates oder auf hoher See. Wenn Astronauten eine derartige Landung vornehmen, sind sie sicher und unverzüglich dem Staat, in dem das Raumfahrzeug registriert ist, zu überstellen.

In Ausübung ihrer Tätigkeit im Weltraum und auf Himmelskörpern leisten die Astronauten eines Vertragsstaates den Astronauten anderer Vertragsstaaten jede mögliche Hilfe.

Die Vertragsstaaten machen den anderen Vertragsstaaten oder dem Generalsekretär der Vereinten Nationen unverzüglich Mitteilung über alle Erscheinungen, die sie im Weltraum, einschließlich des Mondes und anderer Himmelskörper, entdecken und die eine Gefahr für das Leben oder die Gesundheit von Astronauten darstellen könnten.

Artikel VI

Die Vertragsstaaten sind für nationale Tätigkeiten im Weltraum, einschließlich des Mondes und anderer Himmelskörper, international verantwortlich, gleichgültig, ob solche Tätigkeiten von Regierungsbehörden oder nichtstaatlichen Stellen gesetzt werden. Außerdem tragen die Vertragsstaaten die Verantwortung dafür, daß nationale Tätigkeiten in Übereinstimmung mit den Bestimmungen dieses Vertrages durchgeführt werden. Die Tätigkeiten nichtstaatlicher Stellen im Weltraum, einschließlich des Mondes und anderer Himmelskörper, bedürfen der Erlaubnis und fortgesetzten Überwachung durch den betreffenden Staat. Wenn Tätigkeiten im Weltraum, einschließlich des Mondes und anderer Himmelskörper, von einer internationalen Organisation durchgeführt werden, tragen sowohl die internationale Organisation als auch die Vertragsstaaten, die Mitglieder der betreffenden Organisation sind, die Verantwortung für die Befolgung dieses Vertrages.

Artikel VII

Jeder Vertragsstaat, welcher den Abschuß eines Objektes in den Weltraum, einschließlich des Mondes und anderer Himmelskörper, durchführt oder veranlaßt, und jeder Vertragsstaat, von dessen Hoheitsgebiet oder Einrichtungen ein derartiges Objekt abgeschossen wird, haftet international für den Schaden, welcher einem anderen Vertragsstaat oder dessen natürlichen oder juristischen Personen durch ein derartiges Objekt oder dessen Bestandteile auf der Erde, im Luftraum oder im Weltraum, einschließlich des Mondes und anderer Himmelskörper, verursacht wird.

Artikel VIII

Ein Vertragsstaat, in dem ein in den Weltraum geschossenes Objekt registriert ist, behält die Jurisdiktion und Kontrolle über ein derartiges Objekt und über sein gesamtes Personal während dessen Anwesenheit im Weltraum oder auf einem Himmelskörper. Das Eigentumsrecht an Objekten und ihren Bestandteilen, die in den Weltraum gebracht wurden, einschließlich jener, welche auf einem Himmelskörper gelandet sind oder dort konstruiert wurden, wird durch die Tatsache, daß sie sich im Weltraum oder auf einem Himmelskörper befinden oder auf die Erde zurückkehren, nicht berührt. Derartige Objekte oder ihre Bestandteile, welche außerhalb der Grenzen desjenigen Vertragsstaates, in dem sie registriert sind, gefunden werden, sind an diesen Staat zurückzustellen; dieser hat auf Verlangen vor der Rückgabe Angaben zur Identifizierung zur Verfügung zu stellen.

Artikel IX

Bei der Erforschung und Nutzung des Weltraumes, einschließlich des Mondes und anderer Himmelskörper, lassen sich die Vertragsstaaten von den Prinzipien der Zusammenarbeit und gegenseitigen Hilfe leiten und führen alle ihre Tätigkeiten im Weltraum, einschließlich des Mondes und anderer Himmelskörper, unter gehöriger Bedachtnahme auf die entsprechenden Interessen aller anderen Vertragsstaaten durch. Die Vertragsstaaten nehmen Studien über den Weltraum, einschließlich des Mondes und anderer Himmelskörper, sowie deren Erforschung so vor, daß sowohl deren schädliche Verseuchung als auch nachteilige Veränderungen in der Umgebung der Erde durch Einwirkungen außerweltlicher Stoffe vermieden wird; wo notwendig, werden die Vertragsstaaten geeignete Maßnahmen zu diesem Zweck ergreifen. Wenn ein Vertragsstaat Grund zur Annahme hat, daß eine Tätigkeit oder ein Experiment, das von ihm oder seinen Staatsangehörigen im Weltraum, einschließlich des Mondes und anderer Himmelskörper, geplant wird, möglicherweise einen schädlichen Einfluß auf die Tätigkeiten anderer Vertragsstaaten bei der friedlichen Erforschung des Weltraumes, einschließlich des Mondes und anderer Himmelskörper, ausüben könnte, wird dieser Staat in angemessene zwischenstaatliche Konsultationen eintreten, bevor er eine solche Tätigkeit oder ein solches Experiment ausführt. Ein Vertragsstaat, welcher Grund zu der Annahme hat, daß eine Tätigkeit oder ein Experiment, welches von einem anderen Vertragsstaat im Weltraum, einschließlich des Mondes und anderer Himmelskörper, geplant wird, einen möglicherweise schädlichen Einfluß auf die friedliche Erforschung des Weltraumes, einschließlich des Mondes und anderer Himmelskörper, ausüben könnte, kann Konsultationen über diese Tätigkeit oder das Experiment verlangen.

Artikel X

Um die internationale Zusammenarbeit bei der Erforschung und Nutzung des Weltraumes, einschließlich des Mondes und anderer Himmelskörper, im Einklang mit den Zielsetzungen dieses Vertrages zu fördern, werden die Vertragsstaaten Ersuchen anderer Vertragsstaaten, ihnen Gelegenheit zur Beobachtung der von ihnen abgeschossenen Weltraumobjekte zu bieten, nach dem Grundsatz der Gleichbehandlung prüfen.

Die näheren Umstände der Beobachtungsmöglichkeit und die Bedingungen, unter denen sie geboten werden kann, sind durch Abkommen zwischen den betreffenden Staaten festzulegen.

Artikel XI

Um die internationale Zusammenarbeit bei der friedlichen Erforschung und Nutzung des Weltraumes zu fördern, vereinbaren die Vertragsstaaten, die Tätigkeiten im Weltraum, einschließlich des Mondes und anderer Himmelskörper, durchführen, den Generalsekretär der Vereinten Nationen, die Öffentlichkeit und die internationale wissenschaftliche Welt im größtmöglichen Ausmaß über die Art, die Durchführung, den Ort und die Ergebnisse solcher Tätigkeiten zu unterrichten. Der Generalsekretär der Vereinten Nationen soll bereit sein, die erhaltenen Informationen unverzüglich und wirksam zu verbreiten.

Artikel XII

Alle Stationen, Anlagen, Einrichtungen und Weltraumfahrzeuge auf dem Mond und anderen Himmelskörpern sind den Vertretern anderer Vertragsstaaten auf der Basis der Gegenseitigkeit zugänglich. Solche Vertreter werden einen geplanten Besuch eine angemessene Zeit im voraus ankündigen, um zu ermöglichen, daß entsprechende Konsultationen geführt und im größtmöglichen Ausmaß Vorkehrungen getroffen werden, um die Sicherheit zu gewährleisten und eine Störung der normalen Operationen in dem zu besuchenden Objekt zu vermeiden.

Artikel XIII

Die Bestimmungen dieses Vertrages finden Anwendung auf die Tätigkeiten der Vertragsstaaten bei der Erforschung und Nutzung des Weltraumes, einschließlich des Mondes und anderer Himmelskörper, unabhängig davon, ob solche Tätigkeiten von einem Vertragsstaat allein oder im Zusammenwirken mit anderen Staaten durchgeführt werden, unter Einschluß der Fälle, in denen sie im Rahmen internationaler zwischenstaatlicher Organisationen vollzogen werden.

Alle praktischen Fragen, die sich im Zusammenhang mit Tätigkeiten internationaler zwischenstaatlicher Organisationen bei der Erforschung und Nutzung des Weltraumes, einschließlich des Mondes und anderer Himmelskörper, ergeben, sind von den Vertragsstaaten entweder mit der entsprechenden internationalen Organisation oder mit einem oder mehreren Mitgliedstaaten dieser Organisation, die Vertragsstaaten sind, zu lösen.

Artikel XIV

1. Dieser Vertrag steht allen Staaten zur Unterzeichnung offen. Staaten, die diesen Vertrag nicht vor seinem Inkrafttreten gemäß Absatz 3 dieses Artikels unterzeichnen, können ihm jederzeit beitreten.

2. Dieser Vertrag bedarf der Ratifikation durch die unterzeichneten Staaten. Die Ratifikations- und Beitrittsurkunden sind bei den Regierungen der Union der Sozialistischen Sowjetrepubliken, des Vereinigten Königreiches von Großbritannien und Nordirland und der Vereinigten Staaten von Amerika, die hiemit als Depositarregierungen bestimmt werden, zu hinterlegen.

3. Dieser Vertrag tritt mit Hinterlegung der Ratifikationsurkunden durch fünf Regierungen, einschließlich der in diesem Vertrag als Depositarregierungen bestimmten Regierungen, in Kraft.

4. Für Staaten, deren Ratifikations- oder Beitrittsurkunden nach dem Inkrafttreten dieses Vertrages hinterlegt werden, tritt er zum Zeitpunkt der Hinterlegung ihrer Ratifikations- oder Beitrittsurkunden in Kraft.

5. Die Depositarregierungen haben alle unterzeichnenden und beitretenden Staaten vom Zeitpunkt jeder Unterzeichnung, vom Zeitpunkt der Hinterlegung jeder Ratifikations- und Beitrittsurkunde zu diesem Vertrag, vom Zeitpunkt seines Inkrafttretens sowie von anderen Mitteilungen unverzüglich in Kenntnis zu setzen.

6. Dieser Vertrag wird von den Depositarregierungen gemäß Artikel 102 der Satzung der Vereinten Nationen registriert werden.

Artikel XV

Jeder Vertragsstaat kann Änderungsanträge zu diesem Vertrag einbringen. Änderungen treten für jeden Vertragsstaat, der sie annimmt, mit dem Zeitpunkt ihrer Annahme durch die Mehrheit der Vertragsstaaten und danach für jeden verbleibenden Vertragsstaat mit dem Zeitpunkt der Annahme durch ihn in Kraft.

Artikel XVI

Jeder Vertragsstaat kann seinen Rücktritt vom Vertrag durch schriftliche Notifizierung an die Depositarregierungen ein Jahr nach dem Inkrafttreten des Vertrages anzeigen. Ein solcher Rücktritt wird ein Jahr nach Erhalt dieser Notifizierung wirksam.

Artikel XVII

Dieser Vertrag, dessen chinesischer, englischer, französischer, russischer und spanischer Text in gleicher Weise authentisch ist, ist in den Archiven der Depositarregierungen zu hinterlegen. Gehörig beglaubigte Kopien dieses Vertrages sind von den Depositarregierungen den unterzeichnenden und den beitretenden Staaten zu übermitteln.

ZU URKUND DESSEN haben die unterzeichneten, hiezu gehörig befugten Bevollmächtigten diesen Vertrag mit ihren Unterschriften versehen.

GESCHEHEN in drei Urschriften in London, Moskau und Washington, am 27. Jänner 1967.

12/2. Rettungsvertrag

BGBl 1970/110

Übereinkommen über die Rettung und die Rückführung von Raumfahrern sowie die Rückgabe von in den Weltraum gestarteten Gegenständen

Da die Ratifikationsurkunden zum vorliegenden Übereinkommen am 19. Feber 1970 bei den Regierungen der Vereinigten Staaten von Amerika, des Vereinigten Königreichs von Großbritannien und Nordirland sowie der Union der Sozialistischen Sowjetrepubliken hinterlegt wurden, ist das Übereinkommen gemäß seinem Artikel 7 Absatz 4 für Österreich am gleichen Tag in Kraft getreten.

Die Vertragsparteien –

eingedenk der großen Bedeutung des Vertrags über die Grundsätze, welche die Tätigkeiten der Staaten bei der Erforschung und Nutzung des Weltraums, einschließlich des Mondes und anderer Himmelskörper, regeln, – eines Vertrags, der die Gewährung jeder möglichen Hilfe an Raumfahrer bei Unfall oder wenn in Not oder bei einer Notlandung, ihre sofortige und unbehelligte Rückführung sowie die Rückgabe von in den Weltraum gestarteten Gegenständen vorsieht,

gewillt, diese Verpflichtungen weiterzuentwickeln und auszugestalten,

in dem Wunsch, die internationale Zusammenarbeit bei der friedlichen Erforschung und Nutzung des Weltraums zu fördern,

bewegt von Gefühlen der Menschlichkeit

sind wie folgt übereingekommen:

Artikel 1

Erfährt oder entdeckt eine Vertragspartei, daß die Besatzung eines Raumfahrzeugs in einem ihrer Hoheitsgewalt unterstehenden Gebiet oder auf hoher See oder an einem anderen keiner staatlichen Hoheitsgewalt unterstehenden Ort einen Unfall erlitten hat oder in Not ist oder eine unbeabsichtigte oder Notlandung oder -wasserung vorgenommen hat, so unterrichtet sie sofort

a) die Startbehörde oder gibt, falls sie die Startbehörde nicht feststellen und nicht sofort mit ihr in Verbindung treten kann, diese Information sofort mit allen ihr zur Verfügung stehenden geeigneten Nachrichtenmitteln öffentlich bekannt;

b) den Generalsekretär der Vereinten Nationen, der diese Information unverzüglich mit allen ihm zur Verfügung stehenden geeigneten Nachrichtenmitteln verbreiten soll.

Artikel 2

Landet die Besatzung eines Raumfahrzeugs infolge eines Unfalls oder einer Notlage in einem der Hoheitsgewalt einer Vertragspartei unterstehenden Gebiet oder nimmt sie dort eine unbeabsichtigte oder Notlandung vor, so unternimmt diese Vertragspartei sofort alle ihr möglichen Schritte, um die Besatzung zu retten und ihr jede erforderliche Hilfe zu leisten. Die Vertragspartei unterrichtet die Startbehörde sowie den Generalsekretär der Vereinten Nationen von den Schritten, die sie unternimmt, und von deren Fortgang. Ist die Mithilfe der Startbehörde geeignet, eine schnelle Rettung herbeizuführen oder erheblich zur Wirksamkeit der Such- und Rettungsmaßnahmen beizutragen, so arbeitet die Startbehörde zwecks wirksamer Durchführung der Such- und Rettungsmaßnahmen mit der Vertragspartei zusammen. Die Maßnahmen werden unter der Leitung und Kontrolle der Vertragspartei durchgeführt; diese handelt in enger und ständiger Fühlungnahme mit der Startbehörde.

Artikel 3

Wird erfahren oder entdeckt, daß die Besatzung eines Raumfahrzeugs auf hoher See oder an einem anderen keiner staatlichen Hoheitsgewalt unterstehenden Ort niedergegangen ist, so leisten diejenigen Vertragsparteien, die dazu in der Lage sind, erforderlichenfalls Hilfe bei den Such- und Rettungsmaßnahmen für die Besatzung, um deren schnelle Rettung zu gewährleisten. Sie unterrichten die Startbehörde und den Generalsekretär der Vereinten Nationen von den Schritten, die sie unternehmen, sowie von deren Fortgang.

Artikel 4

Landet die Besatzung eines Raumfahrzeugs infolge eines Unfalls oder einer Notlage in einem der Hoheitsgewalt einer Vertragspartei unterstehenden Gebiet oder nimmt sie dort eine unbeabsichtigte oder Notlandung vor oder wird sie auf hoher See oder an einem anderen keiner staatlichen Hoheitsgewalt unterstehenden Ort aufgefunden, so wird sie rasch und unbehelligt zu Vertretern der Startbehörde zurückgeführt.

Artikel 5

(1) Erfährt oder entdeckt eine Vertragspartei, daß ein Weltraumgegenstand oder Bestandteile davon in einem ihrer Hoheitsgewalt unterstehenden Gebiet oder auf hoher See oder an einem anderen keiner staatlichen Hoheitsgewalt unterstehenden Ort zur Erde zurückgelangt sind, so unterrichtet sie die Startbehörde und den Generalsekretär der Vereinten Nationen.

(2) Werden in einem der Hoheitsgewalt einer Vertragspartei unterstehenden Gebiet ein Weltraumgegenstand oder Bestandteile davon entdeckt, so unternimmt die Vertragspartei auf Wunsch der Startbehörde und mit deren Hilfe, wenn dies verlangt wird, die von der Vertragspartei für durchführbar gehaltenen Schritte, um den Gegenstand oder die Bestandteile zu bergen.

(3) Werden in den Weltraum gestartete Gegenstände oder Bestandteile davon jenseits der für die Startbehörde maßgebenden Gebietsgrenzen aufgefunden, so werden sie auf Ersuchen der Startbehörde ihren Vertretern zurückgegeben oder zu deren Verfügung gehalten; die Startbehörde teilt auf Ersuchen vor der Rückgabe Erkennungsmerkmale mit.

(4) Hat eine Vertragspartei Grund zu der Annahme, daß ein Weltraumgegenstand oder Bestandteile davon, die in einem ihrer Hoheitsgewalt unterstehenden Gebiet entdeckt oder anderswo von ihr geborgen wurden, ihrer Art nach gefährlich oder schädlich sind, so kann sie die Startbehörde davon unterrichten; diese unternimmt ungeachtet der Absätze 2 und 3 dieses Artikels sofort unter der Leitung und Kontrolle der Vertragspartei wirksame Schritte, um die mögliche Gefahr eines Schadens abzuwenden.

(5) Kosten, die in Erfüllung von Verpflichtungen aus den Absätzen 2 und 3 dieses Artikels zur Bergung und Rückgabe eines Weltraumgegenstands oder von Bestandteilen davon entstehen, gehen zu Lasten der Startbehörde.

Artikel 6

Im Sinne dieses Übereinkommens bedeutet der Ausdruck „Startbehörde" den für den Start verantwortlichen Staat oder, falls eine internationale zwischenstaatliche Organisation für den Start verantwortlich ist, diese Organisation, sofern sie erklärt, daß sie die Rechte und Pflichten aus diesem Übereinkommen annimmt, und sofern die Mehrheit der Mitgliedstaaten dieser Organisation Vertragsparteien dieses Übereinkommens und des Vertrags über die Grundsätze, welche die Tätigkeiten der Staaten bei der Erforschung und Nutzung des Weltraums, einschließlich des Mondes und anderer Himmelskörper, regeln, sind.

Artikel 7

(1) Dieses Übereinkommen liegt für alle Staaten zur Unterzeichnung auf. Jeder Staat, der es vor seinem Inkrafttreten nach Absatz 3 dieses Artikels nicht unterzeichnet hat, kann ihm jederzeit beitreten.

(2) Dieses Übereinkommen bedarf der Ratifizierung durch die Unterzeichnerstaaten. Die Ratifikations- und die Beitrittsurkunden sind bei den Regierungen der Vereinigten Staaten von Amerika, des Vereinigten Königreichs von Großbritannien und Nordirland sowie der Union der Sozialistischen Sowjetrepubliken zu hinterlegen, die hiermit zu Depositarregierungen bestimmt werden.

(3) Dieses Übereinkommen tritt in Kraft, sobald fünf Regierungen einschließlich der darin zu Depositarregierungen bestimmten ihre Ratifikationsurkunden hinterlegt haben.

(4) Für Staaten, deren Ratifikations- oder Beitrittsurkunden nach dem Inkrafttreten dieses Übereinkommens hinterlegt werden, tritt es mit Hinterlegung ihrer Ratifikations- oder Beitrittsurkunde in Kraft.

(5) Die Depositarregierungen unterrichten alsbald alle Unterzeichnerstaaten und alle beitretenden Staaten über den Zeitpunkt jeder Unterzeichnung und jeder Hinterlegung einer Ratifikations- oder Beitrittsurkunde zu diesem Übereinkommen, den Zeitpunkt seines Inkrafttretens und über sonstige Mitteilungen.

(6) Dieses Übereinkommen wird von den Depositarregierungen nach Artikel 102 der Satzung der Vereinten Nationen registriert.

Artikel 8

Jeder Vertragsstaat kann Änderungen dieses Übereinkommens vorschlagen. Änderungen treten für jeden Vertragsstaat, der sie annimmt, in Kraft, sobald die Mehrheit der Vertragsstaaten sie angenommen hat; für jeden weiteren Vertragsstaat treten sie mit der Annahme durch diesen in Kraft.

Artikel 9

Jeder Vertragsstaat kann dieses Übereinkommen ein Jahr nach dessen Inkrafttreten durch eine schriftliche, an die Depositarregierungen gerichtete Notifikation für sich kündigen. Die Kündigung wird ein Jahr nach Eingang dieser Notifikation wirksam.

Artikel 10

Dieses Übereinkommen, dessen englischer, russischer, französischer, spanischer und chinesischer Wortlaut gleichermaßen verbindlich ist, wird in den Archiven der Depositarregierungen hinterlegt. Beglaubigte Abschriften dieses Übereinkommens werden den Regierungen der Staaten, die es unterzeichnen oder ihm beitreten, von den Depositarregierungen zugeleitet.

ZU URKUND DESSEN haben die Unterzeichneten, hierzu gehörig befugt, dieses Übereinkommen unterschrieben.

GESCHEHEN zu Washington, London und Moskau am 22. April 1968 in drei Urschriften.

12/3. Haftungsvertrag

BGBl 1980/162

Übereinkommen über die Völkerrechtliche Haftung für Schäden durch Weltraumgegenstände

Die vom Bundespräsidenten unterzeichneten und vom Bundeskanzler gegengezeichneten Ratifikationsurkunden wurden am 10. Jänner 1980 bei den Regierungen der Union der Sozialistischen Sowjetrepubliken, des Vereinigten Königreichs von Großbritannien und Nordirland und der Vereinigten Staaten von Amerika hinterlegt; das Übereinkommen ist gemäß seinem Art. XXIV Abs. 4 am selben Tag für Österreich in Kraft getreten.

Die Vertragsstaaten –

in Anerkennung des gemeinsamen Interesses der gesamten Menschheit an der Förderung der Erforschung und Nutzung des Weltraums zu friedlichen Zwecken;

eingedenk des Vertrages über die Grundsätze, welche die Tätigkeiten der Staaten bei der Erforschung und Nutzung des Weltraums, einschließlich des Mondes und anderer Himmelskörper[1]), regeln;

unter Berücksichtigung dessen, daß trotz der von den mit dem Start von Weltraumgegenständen befaßten Staaten und internationalen zwischenstaatlichen Organisationen zu treffenden Vorsichtsmaßnahmen gelegentlich Schäden durch derartige Gegenstände verursacht werden können;

in Erkenntnis der Notwendigkeit, wirksame völkerrechtliche Regeln und Verfahren hinsichtlich der Haftung für durch Weltraumgegenstände verursachte Schäden zu erarbeiten und insbesondere die rasche Leistung eines vollständigen und angemessenen Schadenersatzes nach diesem übereinkommen an die Geschädigten sicherzustellen;

in der Überzeugung, daß die Schaffung solcher Regeln und Verfahren zur Stärkung der internationalen Zusammenarbeit auf dem Gebiet der Erforschung und Nutzung des Weltraums zu friedlichen Zwecken beitragen wird –

sind wie folgt **übereingekommen**:

Artikel I

Im Sinne dieses Übereinkommens

a) bedeutet der Ausdruck „Schaden" Tod, Körperverletzung oder sonstige Gesundheitsbeeinträchtigung sowie Verlust oder Schädigung des Vermögens eines Staates oder einer natürlichen oder juristischen Person oder des Vermögens einer internationalen zwischenstaatlichen Organisation;

b) umfaßt der Ausdruck „Start" den Startversuch;

c) bedeutet der Ausdruck „Startstaat"

i) einen Staat, der einen Weltraumgegenstand startet oder dessen Start durchführen läßt,

ii) einen Staat, von dessen Hoheitsgebiet oder Anlagen ein Weltraumgegenstand gestartet wird;

d) umfaßt der Ausdruck „Weltraumgegenstand" die Bestandteile eines Weltraumgegenstandes sowie sein Trägerfahrzeug und dessen Teile.

Artikel II

Ein Startstaat haftet unbedingt für die Leistung von Schadensersatz wegen eines von seinem Weltraumgegenstand auf der Erdoberfläche oder an Luftfahrzeugen im Flug verursachten Schadens.

Artikel III

Verursacht ein Weltraumgegenstand eines Startstaates anderswo als auf der Erdoberfläche einen Schaden an einem Weltraumgegenstand eines anderen Startstaates oder einen Personen- oder Sachschaden an Bord eines solchen Weltraumgegenstandes, so haftet der erstgenannte Staat nur, wenn der Schaden von ihm oder von Personen verschuldet wurde, für die er verantwortlich ist.

Artikel IV

(1) Verursacht ein Weltraumgegenstand eines Startstaates anderswo als auf der Erdoberfläche einen Schaden an einem Weltraumgegenstand eines anderen Startstaates oder einen Personen- oder Sachschaden an Bord eines solchen Weltraumgegenstandes und entsteht dadurch einem dritten Staat oder dessen natürlichen oder juristischen Personen ein Schaden, so haften die beiden erstgenannten Staaten dem dritten Staat solidarisch in folgendem Umfang:

a) ist der Schaden dem dritten Staaten auf der Erdoberfläche oder an einem Luftfahrzeug im Flug entstanden, so haften sie dem dritten Staat unbedingt;

[1]) *Kundgemacht in BGBl. Nr. 103/1968*

b) ist der Schaden an einem Weltraumgegenstand des dritten Staates oder ist der Personen- oder Sachschaden an Bord eines solchen Weltraumgegenstandes anderswo als auf der Erdoberfläche entstanden, so haften sie dem dritten Staat bei Verschulden eines der beiden erstgenannten Staaten oder bei Verschulden von Personen, für die einer von ihren verantwortlich ist.

(2) In allen Fällen der solidarischen Haftung im Sinne des Absatzes 1 wird die Schadensersatzlast zwischen den beiden erstgenannten Staaten entsprechend dem Ausmaß ihres jeweiligen Verschuldens aufgeteilt; kann das Ausmaß des Verschuldens jedes dieser Staaten nicht festgestellt werden, so haften sie zu gleichen Teilen. Diese Aufteilung läßt das Recht des dritten Staates unberührt, den gesamten Schadensersatz nach diesem Übereinkommen von einzelnen oder allen der solidarisch haftenden Startstaaten zu fordern.

Artikel V

(1) Starten zwei oder mehr Staaten einen Weltraumgegenstand gemeinsam, so haften sie solidarisch für jeden daraus entstehenden Schaden.

(2) Ein Startstaat, der Schadensersatz geleistet hat, hat einen Ausgleichsanspruch gegen die anderen Teilnehmer an dem gemeinsamen Start. Die Teilnehmer an einem gemeinsamen Start können über die Aufteilung der finanziellen Verpflichtung, für die sie solidarisch haften, Übereinkünfte schließen. Solche Übereinkünfte lassen das Recht eines geschädigten Staates unberührt, den gesamten Schadensersatz nach diesem Übereinkommen von einzelnen oder allen der solidarisch haftenden Startstaaten zu fordern.

(3) Ein Staat, von dessen Hoheitsgebiet oder Anlagen ein Weltraumgegenstand gestartet wird, gilt als Teilnehmer an einem gemeinsamen Start.

Artikel VI

(1) Vorbehaltlich des Absatzes 2 ist ein Startstaat von der unbedingten Haftung in dem Ausmaß befreit, in dem er nachweist, daß der Schaden ganz oder teilweise durch grobe Fahrlässigkeit oder durch eine mit Schädigungsvorsatz begangene Handlung oder Unterlassung eines anspruchstellenden Staates oder der von diesem vertretenen natürlichen oder juristischen Personen entstanden ist.

(2) Jede Befreiung ist ausgeschlossen in Fällen, in denen der Schaden aus Tätigkeiten eines Startstaates entstanden ist, die unvereinbar sind mit dem Völkerrecht, insbesondere der Satzung der Vereinten Nationen und dem Vertrag über die Grundsätze, welche die Tätigkeiten der Staaten bei der Erforschung und Nutzung des Weltraums, einschließlich des Mondes und anderer Himmelskörper, regeln.

Artikel VII

Dieses Übereinkommen findet keine Anwendung auf Schäden, die durch einen Weltraumgegenstand eines Startstaates folgenden Personen zugefügt werden:

a) Angehörigen dieses Startstaates;

b) Ausländern, während sie am Betrieb des Weltraumgegenstandes zu irgendeiner Zeit zwischen seinem Start und seiner Landung beteiligt sind, oder während sie sich auf Grund einer Einladung des Startstaates in unmittelbarer Nähe eines vorgesehenen Start- oder Bergungsgebiets befinden.

Artikel VIII

(1) Ein Staat, der einen Schaden erleidet oder dessen natürliche oder juristische Personen einen Schaden erleiden, kann gegen den Startstaat einen Anspruch auf Ersatz dieses Schadens geltend machen.

(2) Hat der Heimatstaat keinen Anspruch geltend gemacht, so kann ein anderer Staat wegen Schäden, die natürliche oder juristische Personen in seinem Hoheitsgebiet erlitten haben, gegen den Startstaat einen Anspruch geltend machen.

(3) Hat weder der Heimatstaat noch der Staat, in dessen Hoheitsgebiet der Schaden eingetreten ist, einen Anspruch geltend gemacht oder seine Absicht notifiziert, einen Anspruch geltend zu machen, so kann ein anderer Staat wegen Schäden, die Personen mit ständigem Aufenthalt in diesem Staat erlitten haben, gegen den Startstaat einen Anspruch geltend machen.

Artikel IX

Schadensersatzansprüche gegen einen Startstaat sind auf diplomatischem Wege geltend zu machen. Unterhält ein Staat zu dem betreffenden Startstaat keine diplomatischen Beziehungen, so kann er einen anderen Staat ersuchen, seinen Anspruch gegen den betreffenden Startstaat geltend zu machen oder seine Interessen nach diesem Übereinkommen in sonstiger Weise zu vertreten. Er kann seinen Anspruch auch durch den Generalsekretär der Vereinten Nationen geltend machen, sofern sowohl der anspruchstellende Staat als auch der Startstaat Mitglied der Vereinten Nationen sind.

Artikel X

(1) Ein Schadensersatzanspruch kann nur innerhalb eines Jahres nach Eintritt des Schadens oder

nach Feststellung des haftpflichtigen Startstaates diesem gegenüber geltend gemacht werden.

(2) Ist einem Staat jedoch der Eintritt eines Schadens nicht bekannt oder war er nicht imstande, den haftpflichtigen Startstaat festzustellen, so kann er innerhalb eines Jahres, nachdem er von den genannten Tatsachen Kenntnis erlangt, einen Anspruch geltend machen; diese Frist darf jedoch ein Jahr seit dem Zeitpunkt, zu dem von dem Staat billigerweise erwartet werden konnte, daß er bei Anwendung der gebotenen Sorgfalt von den Tatsachen hätte Kenntnis erlangen können, nicht überschreiten.

(3) Die Fristen nach den Absätzen 1 und 2 gelten auch, wenn das volle Ausmaß des Schadens nicht bekannt ist. In diesem Fall ist jedoch der anspruchstellende Staat berechtigt, nach Ablauf der betreffenden Frist innerhalb eines Jahres nach Bekanntwerden des vollen Ausmaßes des Schadens seinen Anspruch zu ändern und zusätzliche Unterlagen vorzulegen.

Artikel XI

(1) Die Geltendmachung eines Schadensersatzanspruchs gegen einen Startstaat nach diesem Übereinkommen setzt nicht die Erschöpfung der innerstaatlichen Rechtsmittel voraus, die einem anspruchstellenden Staat oder den von ihm vertretenen natürlichen oder juristischen Personen zur Verfügung stehen.

(2) Dieses Übereinkommen hindert einen Staat oder eine von ihm vertretene natürliche oder juristische Person nicht daran, vor den Gerichten oder Verwaltungsbehörden eines Startstaates einen Anspruch zu verfolgen. Ein Staat ist jedoch nicht berechtigt, einen Anspruch nach diesem Übereinkommen wegen eines Schadens geltend zu machen, dessentwegen bereits vor den Gerichten oder Verwaltungsbehörden eines Staatstaates oder nach einer anderen, die betreffenden Staaten bindenden internationalen Übereinkunft ein Anspruch verfolgt wird.

Artikel XII

Die Höhe des Schadensersatzes, den der Startstaat nach diesem Übereinkommen zu leisten verpflichtet ist, wird in Übereinstimmung mit dem Völkerrecht und den Grundsätzen der Gerechtigkeit und Billigkeit so festgesetzt, daß durch die Ersatzleistung die natürliche oder juristische Person, der Staat oder die internationale Organisation, für die der Anspruch geltend gemacht wird, so gestellt wird, als sei der Schaden nicht eingetreten.

Artikel XIII

Sofern nicht der anspruchstellende Staat und der Staat, der nach diesem übereinkommen schadensersatzpflichtig ist, eine andere Art der Ersatzleistung vereinbaren, ist der Schadensersatz in der Währung des anspruchstellenden Staates oder auf dessen Verlangen in der Währung des schadensersatzpflichtigen Staates zu leisten.

Artikel XIV

Kommt innerhalb eines Jahres, nachdem der anspruchstellende Staat dem Startstaat notifiziert hat, daß er die Unterlagen für seinen Anspruch vorgelegt hat, eine Regelung des Anspruchs durch diplomatische Verhandlungen nach Artikel IX nicht zustande, so setzen die beteiligten Parteien auf Antrag einer der Parteien eine Schiedskommission ein.

Artikel XV

(1) Die Schiedskommission besteht aus drei Mitgliedern, und zwar aus einem von dem anspruchstellenden Staat bestellten Mitglied, einem von dem Startstaat bestellten Mitglied und dem von beiden Parteien gemeinsam bestimmten dritten Mitglied als Vorsitzenden. Jede Partei bestellt ihr Mitglied innerhalb von zwei Monaten nach dem Antrag auf Einsetzung der Schiedskommission.

(2) Kommt innerhalb von vier Monaten nach dem Antrag auf Einsetzung der Kommission eine Einigung über die Person, des Vorsitzenden nicht zustande, so kann jede Partei den Generalsekretär der Vereinten Nationen ersuchen, den Vorsitzenden innerhalb einer weiteren Frist von zwei Monaten zu bestellen.

WeltraumR

Artikel XVI

(1) Bestellt eine Partei ihr Mitglied nicht innerhalb der vorgeschriebenen Frist, so besteht auf Antrag der anderen Partei die Schiedskommission nur aus dem Vorsitzenden.

(2) Wird ein Sitz in der Kommission aus irgendeinem Grunde frei, so wird er nach dem für die ursprüngliche Bestellung angewendeten Verfahren neu besetzt.

(3) Die Kommission regelt ihr Verfahren selbst.

(4) Die Kommission bestimmt den oder die Orte, an denen sie zusammentritt, und ordnet alle sonstigen Verwaltungsangelegenheiten.

(5) Entscheidungen und Schiedssprüche der Kommission ergehen mit Stimmenmehrheit, es sei denn, daß die Kommission aus einem einzigen Mitglied besteht.

Artikel XVII

Die Zahl der Mitglieder der Schiedskommission erhöht sich nicht dadurch, daß zwei oder mehr anspruchstellende Staaten oder zwei oder mehr

Startstaaten an einem Verfahren vor der Kommission beteiligt sind. Die an einem solchen Verfahren beteiligten anspruchstellenden Staaten bestellen in derselben Weise und unter denselben Bedingungen, die für einen einzeln auftretenden anspruchstellenden Staat gelten, gemeinsam ein Kommissionsmitglied. Sind zwei oder mehr Startstaaten an einem solchen Verfahren beteiligt, so bestellen sie in derselben Weise gemeinsam ein Kommissionsmitglied. Bestellen die anspruchstellenden Staaten oder die Startstaaten ihr Mitglied nicht innerhalb der vorgeschriebenen Frist, so besteht die Kommission nur aus dem Vorsitzenden.

Artikel XVIII

Die Schiedskommission entscheidet über den Schadensersatzanspruch dem Grunde nach und setzt gegebenenfalls die Höhe des zu leistenden Schadensersatzes fest.

Artikel XIX

(1) Die Schiedskommission richtet sich bei ihrer Tätigkeit nach Artikel XII.

(2) Die Entscheidung der Kommission ist endgültig und bindend, falls die Parteien dies vereinbart haben; anderenfalls fällt die Kommission einen endgültigen Schiedsspruch empfehlenden Charakters, den die Parteien nach Treu und Glauben berücksichtigen. Die Kommission legt die Gründe für ihre Entscheidung oder ihren Schiedsspruch dar.

(3) Die Kommission fällt ihre Entscheidung oder ihren Schiedsspruch so rasch wie möglich, spätestens jedoch ein Jahr nach ihrer Einsetzung, sofern sie nicht eine Verlängerung dieser Frist für notwendig erachtet.

(4) Die Kommission veröffentlicht ihre Entscheidung oder ihren Schiedsspruch. Sie übermittelt jeder Partei und dem Generalsekretär der Vereinten Nationen eine beglaubigte Abschrift ihrer Entscheidung oder ihres Schiedsspruches.

Artikel XX

Die Kosten der Schiedskommission werden von den Parteien zu gleichen Teilen getragen, sofern die Kommission nicht etwas anderes beschließt.

Artikel XXI

Stellt der von einem Weltraumgegenstand verursachte Schaden eine Gefahr großen Ausmaßes für Menschenleben dar oder beeinträchtigt er ernsthaft die Lebensbedingungen der Bevölkerung oder das Funktionieren lebenswichtiger Zentren, so prüfen die Vertragsstaaten, insbesondere der Startstaat, die Möglichkeit, dem geschädigten Staat auf sein Ersuchen angemessene und rasche Hilfe zu leisten. Dieser Artikel berührt jedoch nicht die Rechte und Pflichten der Vertragsstaaten aus diesem Übereinkommen.

Artikel XXII

(1) In diesem Übereinkommen, mit Ausnahme der Artikel XXIV bis XXVII, gelten Bezugnahmen auf Staaten als Bezugnahmen auf jede internationale zwischenstaatliche Organisation, die Tätigkeiten im Weltraum ausübt, sofern sie erklärt, daß sie die Rechte und Pflichten aus diesem Übereinkommen annimmt, und sofern die Mehrheit der Mitgliedstaaten der Organisation Vertragsstaaten dieses Übereinkommens und des Vertrags über die Grundsätze, welche die Tätigkeiten der Staaten bei der Erforschung und Nutzung des Weltraums, einschließlich des Mondes und anderer Himmelskörper, regeln, sind.

(2) Mitgliedstaaten einer solchen Organisation, die Vertragsstaaten dieses Übereinkommens sind, unternehmen alle geeigneten Schritte, um sicherzustellen, daß die Organisation eine Erklärung nach Absatz 1 abgibt.

(3) Ist eine internationale zwischenstaatliche Organisation nach diesem Übereinkommen für einen Schaden haftbar, so haften die Organisation und diejenigen ihrer Mitglieder, die Vertragsstaaten dieses Übereinkommens sind, solidarisch, wobei jedoch

a) ein Anspruch auf Ersatz eines solchen Schadens zuerst gegen die Organisation geltend zu machen ist;

b) der anspruchstellende Staat diejenigen Mitglieder, die Vertragsstaaten dieses Übereinkommens sind, auf Zahlung dieses Betrages erst in Anspruch nehmen kann, wenn die Organisation innerhalb von sechs Monaten den als Schadensersatz vereinbarten oder festgesetzten Betrag nicht gezahlt hat.

(4) Schadensersatzansprüche nach diesem Übereinkommen wegen Schäden, die einer Organisation entstanden sind, die eine Erklärung nach Absatz 1 abgegeben hat, sind von einem Mitgliedstaat der Organisation geltend zu machen, der Vertragsstaat dieses Übereinkommens ist.

Artikel XXIII

(1) Dieses Übereinkommen läßt andere in Kraft befindliche internationale Übereinkünfte insoweit unberührt, als es sich um die Beziehungen zwischen den Vertragsstaaten dieser Übereinkünfte handelt.

(2) Dieses Übereinkommen hindert Staaten nicht daran, internationale übereinkünfte zu seiner Bestätigung, Ergänzung oder Erweiterung zu schließen.

Artikel XXIV

(1) Dieses Übereinkommen liegt für alle Staaten zur Unterzeichnung auf. Jeder Staat, der es vor seinem Inkrafttreten nach Absatz 3 nicht unterzeichnet hat, kann ihm jederzeit beitreten.

(2) Dieses Übereinkommen bedarf der Ratifikation durch die Unterzeichnerstaaten. Die Ratifikations- und die Beitrittsurkunden sind bei den Regierungen der Union der Sozialistischen Sowjetrepubliken, des Vereinigten Königreichs Großbritannien und Nordirland sowie der Vereinigten Staaten von Amerika zu hinterlegen, die hiermit zu Depositarregierungen bestimmt werden.

(3) Dieses übereinkommen tritt mit Hinterlegung der fünften Ratifikationsurkunde in Kraft.

(4) Für Staaten, deren Ratifikations- oder Beitrittsurkunden nach dem Inkrafttreten dieses Übereinkommens hinterlegt werden, tritt es mit Hinterlegung ihrer Ratifikations- oder Beitrittsurkunde in Kraft.

(5) Die Depositarregierungen unterrichten alsbald alle Unterzeichnerstaaten und alle beitretenden Staaten über den Zeitpunkt jeder Unterzeichnung und jeder Hinterlegung einer Ratifikations- oder Beitrittsurkunde zu diesem Übereinkommen, den Zeitpunkt seines Inkrafttretens und über sonstige Mitteilungen.

(6) Die Depostitarregierungen lassen dieses Übereinkommen nach Artikel 102 der Satzung der Vereinten Nationen registrieren.

Artikel XXV

Jeder Vertragsstaat kann Änderungen dieses Übereinkommens vorschlagen. Änderungen treten für jeden Vertragsstaat, der sie annimmt, in Kraft, sobald die Mehrheit der Vertragsstaaten sie angenommen hat; für jeden weiteren Vertragsstaat treten sie mit der Annahme durch diesen in Kraft.

Artikel XXVI

Zehn Jahre nach Inkrafttreten dieses Übereinkommens wird die Frage der Überprüfung des Übereinkommens auf die vorläufige Tagesordnung der Generalversammlung der Vereinten Nationen gesetzt, um angesichts der Anwendung des Übereinkommens bis zu diesem Zeitpunkt zu prüfen, ob es einer Revision bedarf. Nachdem das Übereinkommen fünf Jahre in Kraft gewesen ist, wird jedoch auf Antrag eines Drittels der Vertragsstaaten und mit Zustimmung der Mehrheit der Vertragsstaaten eine Konferenz der Vertragsstaaten zur Überprüfung dieses Übereinkommens einberufen.

Artikel XXVII

Jeder Vertragsstaat kann von diesem Übereinkommen ein Jahr nach dessen Inkrafttreten durch eine schriftliche, an die Depositarregierungen gerichtete Notifikation zurücktreten. Der Rücktritt wird ein Jahr nach Eingang dieser Notifikation wirksam.

Artikel XXVIII

Dieses Übereinkommen, dessen chinesischer, englischer, französischer, russischer und spanischer Wortlaut gleichermaßen authentisch ist, wird in den Archiven der Depositarregierungen hinterlegt. Beglaubigte Abschriften dieses Übereinkommens werden den Regierungen der Staaten, die es unterzeichnen oder ihm beitreten, von den Depositarregierungen zugeleitet.

ZU URKUND DESSEN haben die hierzu gehörig befugten Unterzeichneten dieses Übereinkommen unterschrieben.

GESCHEHEN zu London, Moskau und Washington am 29. März 1972 in drei Urschriften.

12/4. Registrierungsvertrag

BGBl 1980/163 idF

1 BGBl 1985/324
2 BGBl 1994/166
3 BGBl III 2006/117
4 BGBl III 2010/142
5 BGBl III 2012/67
6 BGBl III 2012/114
7 BGBl III 2013/97
8 BGBl III 2014/12
9 BGBl III 2014/97
10 BGBl III 2014/154

Übereinkommen über die Registrierung von in den Weltraum gestarteten Gegenständen

Die vom Bundespräsidenten unterzeichnete und vom Bundeskanzler gegengezeichnete Ratifikationsurkunde wurde am 6. März 1980 hinterlegt; das Übereinkommen ist gemäß seinem Artikel VIII Absatz 4 am selben Tag für Österreich in Kraft getreten.

DIE VERTRAGSSTAATEN – IN ANERKENNUNG des gemeinsamen Interesses der gesamten Menschheit an der Förderung der Erforschung und Nutzung des Weltraumes zu friedlichen Zwecken,

EINGEDENK DESSEN, daß der Vertrag vom 27. Jänner 1967 über die Grundsätze, welche die Tätigkeiten der Staaten bei der Erforschung und Nutzung des Weltraums, einschließlich des Mondes und anderer Himmelskörper[1], regeln, bestimmt, daß die Staaten für ihre nationalen Tätigkeiten im Weltraum völkerrechtlich verantwortlich sind, und auf den Staat Bezug nimmt, in dessen Register ein in den Weltraum gestarteter Gegenstand eingetragen ist,

EINGEDENK AUCH DESSEN, daß das Übereinkommen vom 22. April 1968 über die Rettung und die Rückführung von Raumfahrern sowie die Rückgabe von in den Weltraum gestarteten Gegenständen[2] vorsieht, daß eine Startbehörde auf Ersuchen vor der Rückgabe eines von ihr in den Weltraum gestarteten Gegenstandes der jenseits der für die Startbehörde maßgebenden Gebietsgrenzen aufgefunden wird, Erkennungsmerkmale mitzuteilen hat,

EINGEDENK FERNER DESSEN, daß das Übereinkommen vom 29. März 1972 über die völkerrechtliche Haftung für Schäden durch Weltraumgegenstände[3] völkerrechtliche Regeln und Verfahren hinsichtlich der Haftung der Startstaaten für durch ihre Weltraumgegenstände verursachte Schäden festlegt,

[1] *Kundgemacht in BGBl. Nr. 103/1968*
[2] *Kundgemacht in BGBl. Nr. 110/1970*
[3] *Kundgemacht in BGBl. Nr. 162/1980*

IN DEM WUNSCH, angesichts des Vertrags über die Grundsätze, welche die Tätigkeiten der Staaten bei der Erforschung und Nutzung des Weltraums, einschließlich des Mondes und anderer Himmelskörper, regeln, die nationale Registrierung von in den Weltraum gestarteten Gegenständen durch die Startstaaten vorzusehen,

IN DEM WUNSCH AUCH, auf obligatorischer Grundlage ein vom Generalsekretär der Vereinten Nationen zu führendes zentrales Register von in den Weltraum gestarteten Gegenständen einzurichten,

IN DEM WUNSCH FERNER, den Vertragsstaaten zusätzliche Mittel und Verfahren zur Verfügung zu stellen, um die Identifizierung von Weltraumgegenständen zu erleichtern,

IN DER ÜBERZEUGUNG, daß ein obligatorisches System der Registrierung von in den Weltraum gestarteten Gegenständen insbesondere ihre Identifizierung erleichtern sowie zur Anwendung und Entwicklung des Völkerrechts auf dem Gebiet der Erforschung und Nutzung des Weltraums beitragen würde –

SIND wie folgt ÜBEREINGEKOMMEN:

Artikel I

Im Sinne dieses Übereinkommens

a) bedeutet der Ausdruck „Startstaat"

i) einen Staat, der einen Weltraumgegenstand startet oder dessen Start durchführen läßt,

ii) einen Staat, von dessen Hoheitsgebiet oder Anlagen ein Weltraumgegenstand gestartet wird;

b) umfaßt der Ausdruck „Weltraumgegenstand" die Bestandteile eines Weltraumgegenstands sowie sein Trägerfahrzeug und dessen Teile;

c) bedeutet der Ausdruck „Registerstaat" einen Startstaat, in dessen Register ein Weltraumgegenstand in Übereinstimmung mit Artikel II eingetragen ist.

Artikel II

(1) Wird ein Weltraumgegenstand in eine Erdumlaufbahn oder darüber hinaus gestartet, so registriert der Startstaat den Weltraumgegenstand

durch eine Eintragung in ein entsprechendes von ihm zu führendes Register. Der Startstaat benachrichtigt den Generalsekretär der Vereinten Nationen von der Einrichtung dieses Registers.

(2) Gibt es in bezug auf einen solchen Weltraumgegenstand zwei oder mehr Startstaaten, so legen sie gemeinsam fest, welcher von ihnen den Gegenstand in Übereinstimmung mit Absatz 1 registriert, wobei Artikel VIII des Vertrages über die Grundsätze, welche die Tätigkeiten der Staaten bei der Erforschung und Nutzung des Weltraums, einschließlich des Mondes und anderer Himmelskörper, regeln, zu berücksichtigen ist; entsprechende Übereinkünfte, die zwischen den Startstaaten hinsichtlich Hoheitsgewalt und Kontrolle über den Weltraumgegenstand und dessen Besatzung geschlossen worden sind oder künftig geschlossen werden, bleiben unberührt.

(3) Der Inhalt des Registers und die Bedingungen, unter denen es geführt wird, werden vom jeweiligen Registerstaat bestimmt.

Artikel III

(1) Der Generalsekretär der Vereinten Nationen führt ein Register, in das die nach Artikel IV übermittelten Angaben eingetragen werden.

(2) Die Angaben in diesem Register sind in vollem Umfang und frei zugänglich.

Artikel IV

(1) Jeder Registerstaat übermittelt dem Generalsekretär der Vereinten Nationen, sobald dies praktisch möglich ist, die folgenden Angaben über jeden in sein Register eingetragenen Weltraumgegenstand:

a) Name des Startstaats oder der Startstaaten;

b) eine geeignete Bezeichnung des Weltraumgegenstands oder seine Registernummer;

c) Datum und Hoheitsgebiet oder Ort des Startes;

d) grundlegende Parameter der Umlaufbahn, einschließlich

i) Umlaufzeit,

ii) Bahnneigung,

iii) Apogäum,

iv) Perigäum;

e) allgemeine Funktion des Weltraumgegenstands.

(2) Jeder Registerstaat kann dem Generalsekretär der Vereinten Nationen von Zeit zu Zeit zusätzliche Angaben über einen in sein Register eingetragenen Weltraumgegenstand übermitteln.

(3) Jeder Registerstaat benachrichtigt den Generalsekretär der Vereinten Nationen in größtmöglichem Umfang und sobald dies praktisch möglich ist von Weltraumgegenständen, über die er früher Angaben übermittelt hat und die sich in einer Erdumlaufbahn befunden haben, aber nicht mehr befinden.

Artikel V

Ist ein in eine Erdumlaufbahn oder darüber hinaus gestarteter Weltraumgegenstand mit der Bezeichnung oder Registernummer nach Artikel IV Absatz 1 Buchstabe b oder mit beiden gekennzeichnet, so notifiziert der Registerstaat dies dem Generalsekretär der Vereinten Nationen, wenn er die Angaben über den Weltraumgegenstand nach Artikel IV übermittelt. In diesem Fall vermerkt der Generalsekretär der Vereinten Nationen die Notifikation im Register.

Artikel VI

Hat die Anwendung der Bestimmungen dieses Übereinkommens es einem Vertragsstaat nicht ermöglicht, einen Weltraumgegenstand zu identifizieren, der diesem Staat oder einer seiner natürlichen oder juristischen Personen Schaden zugefügt hat oder der seiner Art nach gefährlich oder schädlich sein könnte, so entsprechen die anderen Vertragsstaaten, darunter insbesondere Staaten, die über Überwachungs- und Bahnverfolgungsanlagen für Weltraumgegenstände verfügen, in größtmöglichem Umfang einem von diesem Vertragsstaat oder in seinem Namen vom Generalsekretär der Vereinten Nationen gestellten Ersuchen um Unterstützung zu angemessenen und vernünftigen Bedingungen bei der Identifizierung des Gegenstandes. Ein Vertragsstaat, der ein solches Ersuchen stellt, übermittelt in größtmöglichem Umfang Angaben über Zeitpunkt, Art und Umstände der Ereignisse, die Anlaß zu dem Ersuchen gegeben haben. Die Bedingungen, zu denen eine derartige Unterstützung gewährt wird, sind Gegenstand einer Übereinkunft zwischen den betroffenen Parteien.

Artikel VII

(1) In diesem Übereinkommen, mit Ausnahme der Artikel VIII bis XII, gelten Bezugnahmen auf Staaten als Bezugnahmen auf jede internationale zwischenstaatliche Organisation, die Tätigkeiten im Weltraum ausübt, sofern sie erklärt, daß sie die Rechte und Pflichten aus diesem Übereinkommen annimmt, und sofern die Mehrheit der Mitgliedstaaten der Organisation Vertragsstaaten dieses Übereinkommens und des Vertrages über die Grundsätze, welche die Tätigkeiten der Staaten bei der Erforschung und Nutzung des Weltraums, einschließlich des Mondes und anderer Himmelskörper, regeln, sind.

(2) Mitgliedstaaten einer solchen Organisation, die Vertragsstaaten dieses Übereinkommens sind, unternehmen alle geeigneten Schritte, um sicher-

zustellen, daß die Organisation eine Erklärung nach Absatz 1 abgibt.

Artikel VIII

(1) Dieses Übereinkommen liegt für alle Staaten am Sitz der Vereinten Nationen in New York zur Unterzeichnung auf. Jeder Staat, der es vor seinem Inkrafttreten nach Absatz 3 nicht unterzeichnet hat, kann ihm jederzeit beitreten.

(2) Dieses Übereinkommen bedarf der Ratifikation durch die Unterzeichnerstaaten. Die Ratifikations- und Beitrittsurkunden sind beim Generalsekretär der Vereinten Nationen zu hinterlegen.

(3) Dieses Übereinkommen tritt zwischen den Staaten, die Ratifikationsurkunden hinterlegt haben, mit Hinterlegung der fünften Ratifikationsurkunde beim Generalsekretär der Vereinten Nationen in Kraft.

(4) Für Staaten, deren Ratifikations- oder Beitrittsurkunden nach dem Inkrafttreten dieses Übereinkommens hinterlegt werden, tritt es mit Hinterlegung ihrer Ratifikations- oder Beitrittsurkunde in Kraft.

(5) Der Generalsekretär der Vereinten Nationen unterrichtet umgehend alle Unterzeichnerstaaten und alle beitretenden Staaten über den Zeitpunkt jeder Unterzeichnung und jeder Hinterlegung einer Ratifikations- oder Beitrittsurkunde zu diesem Übereinkommen, den Zeitpunkt seines Inkrafttretens und über sonstige Mitteilungen.

Artikel IX

Jeder Vertragsstaat kann Änderungen des Übereinkommens vorschlagen. Änderungen treten für jeden Vertragsstaat, der sie annimmt, in Kraft, sobald die Mehrheit der Vertragsstaaten sie angenommen hat; für jeden weiteren Vertragsstaat treten sie mit der Annahme durch diesen in Kraft.

Artikel X

Zehn Jahre nach Inkrafttreten dieses Übereinkommens wird die Frage der Überprüfung des Übereinkommens auf die vorläufige Tagesordnung der Generalversammlung der Vereinten Nationen gesetzt, um angesichts der Anwendung des Übereinkommens bis zu diesem Zeitpunkt zu prüfen, ob es einer Revision bedarf. Nachdem das Übereinkommen fünf Jahre in Kraft gewesen ist, wird jedoch auf Antrag eines Drittels der Vertragsstaaten und mit Zustimmung der Mehrheit der Vertragsstaaten eine Konferenz der Vertragsstaaten zur Überprüfung des Übereinkommens einberufen. Bei einer solchen Überprüfung sind insbesondere alle einschlägigen technischen Entwicklungen zu berücksichtigen, einschließlich derjenigen, die sich auf die Identifizierung von Weltraumgegenständen beziehen.

Artikel XI

Jeder Vertragsstaat kann von diesem Übereinkommen ein Jahr nach dessen Inkrafttreten durch eine schriftliche, an den Generalsekretär der Vereinten Nationen gerichtete Notifikation zurücktreten. Der Rücktritt wird ein Jahr nach Eingang dieser Notifikation wirksam.

Artikel XII

Die Urschrift dieses Übereinkommens, dessen arabischer, chinesischer, englischer, französischer, russischer und spanischer Wortlaut gleichermaßen authentisch ist, wird beim Generalsekretär der Vereinten Nationen hinterlegt, der allen Unterzeichnerstaaten und allen beitretenden Staaten beglaubigte Abschriften übermittelt.

ZU URKUND DESSEN haben die von ihren Regierungen hierzu gehörig befugten Unterzeichneten dieses Übereinkommen, das am 14. Jänner 1975 in New York zur Unterzeichnung aufgelegt wurde, unterschrieben.

Artikel XI

Artikel XII

Artikel IX

12/5. Mondvertrag

BGBl 1984/286 idF

1 BGBl III 2010/30
2 BGBl III 2012/115
3 BGBl III 2014/96

Übereinkommen zur Regelung der Tätigkeiten von Staaten auf dem Mond und anderen Himmelskörpern

Die vom Bundespräsidenten unterzeichnete und vom Bundeskanzler gegengezeichnete Ratifikationsurkunde wurde am 11. Juni 1984 beim Generalsekretär der Vereinten Nationen hinterlegt; das Übereinkommen tritt gemäß seinem Artikel 19 Absatz 3 am 11. Juli 1984 für Österreich in Kraft.

Die Vertragsstaaten –

in Anbetracht der Leistungen der Staaten bei der Erforschung und Nutzung des Mondes und anderer Himmelskörper,

in der Erkenntnis, daß der Mond als natürlicher Satellit der Erde bei der Erforschung des Weltraumes eine wichtige Rolle spielt,

entschlossen, die weitere Entwicklung der Zusammenarbeit zwischen den Staaten bei der Erforschung und Nutzung des Mondes und anderer Himmelskörper auf der Grundlage der Gleichberechtigung zu fördern,

in dem Wunsch zu verhindern, daß der Mond Schauplatz internationaler Konflikte wird,

eingedenk des Nutzens, der sich aus der Ausbeutung der Naturschätze des Mondes und anderer Himmelskörper ziehen läßt,

im Hinblick auf den Vertrag über die Grundsätze, welche die Tätigkeiten der Staaten bei der Erforschung und Nutzung des Weltraumes, einschließlich des Mondes und anderer Himmelskörper, regeln, das Übereinkommen über die Rettung und Rückführung von Raumfahrern sowie die Rückgabe von in den Weltraum gestarteten Gegenständen, das Übereinkommen über die völkerrechtliche Haftung für Schäden durch Weltraumgegenstände und das Übereinkommen über die Registrierung von in den Weltraum gestarteten Gegenständen,

in Anbetracht der Notwendigkeit, die Bestimmungen dieser internationalen Übereinkünfte in bezug auf den Mond und andere Himmelskörper im Hinblick auf künftige Fortschritte bei der Erforschung und Nutzung des Weltraumes näher zu bestimmen und weiterzuentwickeln

sind wie folgt übereingekommen:

Artikel 1

(1) Die Bestimmungen dieses Übereinkommens über den Mond finden auch auf andere Himmelskörper innerhalb des Sonnensystems mit Ausnahme der Erde Anwendung, sofern nicht in bezug auf einen dieser Himmelskörper besondere Rechtsnormen in Kraft treten.

(2) Im Sinne dieses Übereinkommens umfaßt jede Bezugnahme auf den Mond Umlaufbahnen um den Mond sowie andere Flugbahnen zum Mond oder um den Mond.

(3) Dieses Übereinkommen findet keine Anwendung auf außerirdische Stoffe, die auf natürliche Weise zur Erdoberfläche gelangen.

Artikel 2

Alle Tätigkeiten auf dem Mond einschließlich seiner Erforschung und Nutzung werden in Übereinstimmung mit dem Völkerrecht, insbesondere der Satzung der Vereinten Nationen, und unter Berücksichtigung der von der Generalversammlung am 24. Oktober 1970 angenommenen Erklärung über Grundsätze des Völkerrechtes betreffend freundschaftliche Beziehungen und Zusammenarbeit zwischen den Staaten im Einklang mit der Satzung der Vereinten Nationen im Interesse der Wahrung des Weltfriedens und der internationalen Sicherheit und der Förderung der internationalen Zusammenarbeit und der gegenseitigen Verständigung sowie unter gebührender Beachtung der entsprechenden Interessen aller anderen Vertragsstaaten ausgeübt.

Artikel 3

(1) Der Mond wird von allen Vertragsstaaten ausschließlich zu friedlichen Zwecken genutzt.

(2) Jede Androhung oder Anwendung von Gewalt oder jede andere feindselige Handlung oder Androhung einer feindseligen Handlung auf dem Mond ist verboten. Es ist ebenfalls verboten, den Mond zur Begehung einer solchen Handlung oder zur Vornahme einer solchen Bedrohung in bezug auf die Erde, den Mond, Raumfahrzeuge, die Besatzung von Raumfahrzeugen oder von Menschenhand geschaffene Weltraumgegenstände zu benutzen.

(3) Die Vertragsstaaten bringen keine Gegenstände, die Kernwaffen oder andere Massenvernichtungswaffen tragen, in eine Mondumlaufbahn oder in eine andere Flugbahn zum Mond oder um

den Mond; sie bringen solche Waffen auf der Mondoberfläche oder im Mondinnern nicht an und verwenden sie dort nicht.

(4) Die Errichtung militärischer Stützpunkte, Einrichtungen und Befestigungen, das Erproben von Waffen jeglicher Art und die Durchführung militärischer Übungen auf dem Mond sind verboten. Die Verwendung von Militärpersonal für die wissenschaftliche Forschung oder andere friedliche Zwecke ist nicht untersagt. Ebensowenig ist die Benutzung jeglicher für die friedliche Erforschung und Nutzung des Mondes notwendiger Ausrüstungen oder Anlagen untersagt.

Artikel 4

(1) Die Erforschung und Nutzung des Mondes ist Sache der gesamten Menschheit und wird zum Vorteil und im Interesse aller Länder ohne Ansehen ihres wirtschaftlichen und wissenschaftlichen Entwicklungsstandes durchgeführt. Den Interessen gegenwärtiger und künftiger Generationen sowie der Notwendigkeit, die Verbesserung des Lebensstandards und der Voraussetzungen für Fortschritt und Entwicklung auf wirtschaftlichem und sozialem Gebiet im Einklang mit der Satzung der Vereinten Nationen zu fördern, ist gebührend Rechnung zu tragen.

(2) Die Vertragsstaaten lassen sich bei ihrer gesamten Tätigkeit hinsichtlich der Erforschung und Nutzung des Mondes von dem Grundsatz der Zusammenarbeit und gegenseitigen Hilfe leiten. Die internationale Zusammenarbeit bei der Anwendung dieses Übereinkommens soll so umfassend wie möglich sein und kann multilateral, bilateral oder über internationale zwischenstaatliche Organisationen erfolgen.

Artikel 5

(1) Die Vertragsstaaten unterrichten den Generalsekretär der Vereinten Nationen sowie die Öffentlichkeit und die wissenschaftliche Welt in größtmöglichem Umfang, soweit irgend tunlich, über ihre Tätigkeiten im Zusammenhang mit der Erforschung und Nutzung des Mondes. So bald wie möglich nach Beginn jedes Mondfahrtunternehmens sind Angaben über dessen Zeitplan, Zwecke, Orte, Parameter der Umlaufbahn und Dauer zu machen, mit Abschluß jedes Unternehmens sind Angaben über seine Ergebnisse einschließlich der wissenschaftlichen Ergebnisse vorzulegen. Dauert ein Unternehmen länger als sechzig Tage, so sind in regelmäßigen Zeitabständen von dreißig Tagen Angaben über seinen Ablauf einschließlich etwaiger wissenschaftlicher Ergebnisse zu machen. Dauert ein Unternehmen länger als sechs Monate, so brauchen danach nur noch wichtige Ergänzungen zu diesen Angaben gemeldet zu werden.

(2) Erfährt ein Vertragsstaat, daß ein anderer Vertragsstaat beabsichtigt, sich zur gleichen Zeit in demselben Mondgebiet oder auf derselben Mondumlaufbahn oder auf derselben Flugbahn zum Mond oder um den Mond zu betätigen, so unterrichtet er den anderen Staat umgehend über den Zeitplan und die Pläne für seine eigenen Unternehmungen.

(3) Bei ihren Tätigkeiten im Rahmen dieses Übereinkommens unterrichten die Vertragsstaaten umgehend den Generalsekretär sowie die Öffentlichkeit und die wissenschaftliche Welt über alle von ihnen im Weltraum einschließlich des Mondes entdeckten Erscheinungen, die das Leben oder die Gesundheit des Menschen gefährden könnten, sowie über jedes Anzeichen organischen Lebens.

Artikel 6

(1) Auf dem Mond besteht für alle Vertragsstaaten ohne jegliche Diskriminierung auf der Grundlage der Gleichberechtigung und im Einklang mit dem Völkerrecht Freiheit der wissenschaftlichen Forschung.

(2) Bei ihren wissenschaftlichen Forschungsarbeiten und im Einklang mit den Bestimmungen dieses Übereinkommens haben die Vertragsstaaten das Recht, auf dem Mond Proben von Mineralien und anderen Stoffen zu sammeln und von dort fortzubringen. Diese Proben bleiben zur Verfügung der Vertragsstaaten, die ihre Entnahme veranlaßt haben, und können von ihnen für wissenschaftliche Zwecke benutzt werden. Die Vertragsstaaten berücksichtigen, daß es wünschenswert ist, einen Teil dieser Proben anderen interessierten Vertragsstaaten sowie der wissenschaftlichen Welt zu wissenschaftlicher Forschung zur Verfügung zu stellen. Die Vertragsstaaten können im Verlauf ihrer wissenschaftlichen Forschung auch Mineralien und andere Stoffe des Mondes in angemessener Menge für die Versorgung ihrer Mondfahrtunternehmen verwenden.

(3) Die Vertragsstaaten sind sich einig, daß es wünschenswert ist, bei Forschungsreisen zum Mond oder in Einrichtungen auf dem Mond in größtmöglichem Umfang, soweit irgend tunlich, wissenschaftliches und sonstiges Personal auszutauschen.

Artikel 7

(1) Bei der Erforschung und Nutzung des Mondes treffen die Vertragsstaaten Maßnahmen, um zu verhindern, daß das bestehende Umweltgleichgewicht durch das Herbeiführen nachteiliger Veränderungen dieser Umwelt, ihre gefährliche Verseuchung durch das Einbringen umweltfremder Stoffe oder auf andere Weise gestört wird. Die Vertragsstaaten treffen ferner Maßnahmen, um zu verhindern, daß die irdische Umwelt durch

das Einbringen außerirdischer Stoffe oder auf andere Weise geschädigt wird.

(2) Die Vertragsstaaten unterrichten den Generalsekretär der Vereinten Nationen über die von ihnen nach Absatz 1 getroffenen Maßnahmen und teilen ihm ferner, soweit dies irgend möglich ist, im voraus jede von ihnen beabsichtigte Lagerung radioaktiver Stoffe auf dem Mond sowie den Zweck dieser Lagerung mit.

(3) Die Vertragsstaaten unterrichten die anderen Vertragsstaaten und den Generalsekretär über Gebiete des Mondes von besonderem wissenschaftlichen Interesse, damit unbeschadet der Rechte anderer Vertragsstaaten geprüft werden kann, ob diese Gebiete als internationale wissenschaftliche Schutzgebiete bezeichnet werden können, für die in Konsultation mit den zuständigen Gremien der Vereinten Nationen besondere Schutzvorkehrungen zu vereinbaren sind.

Artikel 8

(1) Die Vertragsstaaten können vorbehaltlich dieses Übereinkommens ihre Tätigkeiten zur Erforschung und Nutzung des Mondes überall auf oder unter seiner Oberfläche ausüben.

(2) Zu diesem Zweck können die Vertragsstaaten insbesondere

a) ihre Weltraumgegenstände auf dem Mond landen und vom Mond starten;

b) ihre Besatzungen, Weltraumfahrzeuge, -geräte, -anlagen, -stationen und -einrichtungen überall auf oder unter die Oberfläche des Mondes verbringen.

Besatzungen, Weltraumfahrzeuge, -geräte, -anlagen, -stationen und -einrichtungen können auf oder unter der Oberfläche des Mondes sich frei bewegen oder frei bewegt werden.

(3) Die Tätigkeit der Vertragsstaaten nach den Absätzen 1 und 2 dürfen Tätigkeiten anderer Vertragsstaaten auf dem Mond nicht stören. Besteht die Gefahr einer Störung, so nehmen die betroffenen Vertragsstaaten nach Artikel 15 Absätze 2 und 3 Konsultationen auf.

Artikel 9

(1) Die Vertragsstaaten können auf dem Mond bemannte und unbemannte Stationen errichten. Ein Vertragsstaat, der eine Station errichtet, benutzt nur das für die Bedürfnisse der Station erforderliche Gebiet und unterrichtet den Generalsekretär der Vereinten Nationen sofort über Standort und Zweck der Station. Ferner teilt dieser Staat danach dem Generalsekretär jährlich mit, ob die Station weiterhin benutzt wird und ob sich ihr Zweck geändert hat.

(2) Die Stationen sind so zu errichten, daß sie den freien Zugang zu allen Gebieten des Mondes für Besatzungen, Fahrzeuge und Geräte anderer Vertragsstaaten, die im Einklang mit diesem Übereinkommen oder mit Artikel I des Vertrags über die Grundsätze, welche die Tätigkeiten der Staaten bei der Erforschung und Nutzung des Weltraumes, einschließlich des Mondes und anderer Himmelskörper, regeln, Tätigkeiten auf dem Mond ausüben, nicht behindern.

Artikel 10

(1) Die Vertragsstaaten treffen alle praktisch durchführbaren Maßnahmen, um Leben und Gesundheit der Menschen auf dem Mond zu sichern. Zu diesem Zweck betrachten sie jeden Menschen auf dem Mond als Raumfahrer im Sinne des Artikels V des Vertrags über die Grundsätze, welche die Tätigkeiten der Staaten bei der Erforschung und Nutzung des Weltraumes, einschließlich des Mondes und anderer Himmelskörper, regeln, sowie als Teil der Besatzung eines Raumfahrzeugs im Sinne des Übereinkommens über die Rettung und Rückführung von in den Weltraum gestarteten Gegenständen.

(2) Die Vertragsstaaten bieten Menschen, die sich auf dem Mond in Not befinden, in ihren Stationen, Einrichtungen, Fahrzeugen und anderen Anlagen Schutz.

Artikel 11

(1) Der Mond und seine Naturschätze sind das gemeinsame Erbe der Menschheit; dies findet in diesem Übereinkommen Ausdruck, insbesondere in Absatz 5 dieses Artikels.

(2) Der Mond unterliegt keiner nationalen Aneignung auf Grund von Souveränitätsansprüchen, durch Benutzung oder Besetzung oder durch andere Mittel.

(3) Weder die Mondoberfläche noch der Monduntergrund noch ein Teil davon oder dort befindliche Naturschätze werden Eigentum eines Staates, einer internationalen zwischenstaatlichen oder nichtstaatlichen Organisation, einer nationalen Organisation oder eines nichtstaatlichen Rechtsträgers oder einer natürlichen Personen. Die Verbringung von Besatzungen, Weltraumfahrzeugen, -geräten, -anlagen, -stationen und -einrichtungen auf oder unter die Oberfläche des Mondes, einschließlich der mit seiner Oberfläche oder seinem Untergrund verbundenen Bauwerke, begründet kein Eigentumsrecht an der Oberfläche oder dem Untergrund des Mondes oder einem Teil davon. Diese Bestimmungen lassen die in Absatz 5 genannte internationale Ordnung unberührt.

(4) Die Vertragsstaaten haben das Recht, den Mond ohne jegliche Diskriminierung, gleichberechtigt und im Einklang mit dem Völkerrecht

und diesem Übereinkommen zu erforschen und zu nutzen.

(5) Die Vertragsstaaten verpflichten sich hiermit, eine internationale Ordnung einschließlich geeigneter Verfahren zur Regelung der Ausbeutung der Naturschätze des Mondes zu schaffen, sobald sich die praktische Möglichkeit einer solchen Ausbeutung abzeichnet. Diese Bestimmung wird nach Artikel 18 durchgeführt.

(6) Um die Schaffung der in Absatz 5 genannten internationalen Ordnung zu erleichtern, unterrichten die Vertragsstaaten den Generalsekretär der Vereinten Nationen sowie die Öffentlichkeit und die wissenschaftliche Welt in größtmöglichem Umfang, soweit irgend tunlich, über alle Naturschätze, die sie auf dem Mond entdecken.

(7) Die Hauptzwecke der zu schaffenden internationalen Ordnung sind insbesondere

a) die geordnete und sichere Erschließung der Naturschätze des Mondes;

b) die rationelle Bewirtschaftung dieser Schätze;

c) die Ausweitung der Möglichkeiten bei der Nutzung dieser Schätze;

d) eine angemessene Aufteilung des aus diesen Schätzen gezogenen Nutzens auf alle Vertragsstaaten unter besonderer Berücksichtigung der Interessen und Bedürfnisse der Entwicklungsländer sowie der Anstrengungen derjenigen Länder, die entweder unmittelbar oder mittelbar zur Erforschung des Mondes beigetragen haben.

(8) Alle Tätigkeiten im Zusammenhang mit den Naturschätzen des Mondes werden in einer Weise ausgeübt, die mit den in Absatz 7 genannten Zwecken und mit Artikel 6 Absatz 2 vereinbar ist.

Artikel 12

(1) Die Vertragsstaaten behalten die Hoheitsgewalt und Kontrolle über ihre Besatzungen, Weltraumfahrzeuge, -geräte, -anlagen, -stationen und -einrichtungen auf dem Mond. Das Eigentum an diesen Fahrzeugen, Geräten, Anlagen, Stationen und Einrichtungen wird durch deren Anwesenheit auf dem Mond nicht berührt.

(2) Fahrzeuge, Einrichtungen und Geräte oder ihre Bestandteile, die an anderen als den für sie vorgesehenen Orten aufgefunden werden, werden nach Artikel 5 des Übereinkommens über die Rettung und Rückführung von Raumfahrern sowie die Rückgabe von in den Weltraum gestarteten Gegenständen behandelt.

(3) Im Fall einer mit einer Gefährdung von Menschenleben verbundenen Notlage können die Vertragsstaaten die Geräte, Fahrzeuge, Einrichtungen, Anlagen oder Versorgungsgüter anderer Vertragsstaaten auf dem Mond benutzen. Der Generalsekretär der Vereinten Nationen oder der betreffende Vertragsstaat wird davon umgehend unterrichtet.

Artikel 13

Erhält ein Vertragsstaat Kenntnis von der Bruchlandung, Notlandung oder sonstigen unbeabsichtigten Landung eines nicht von ihm gestarteten Weltraumgegenstands oder von dessen Bestandteilen auf dem Mond, so unterrichtet er umgehend den Vertragsstaat, der den Start durchgeführt hat, und den Generalsekretär der Vereinten Nationen.

Artikel 14

(1) Die Vertragsstaaten sind für nationale Tätigkeiten auf dem Mond völkerrechtlich verantwortlich, gleichviel ob diese durch staatliche Stellen oder nichtstaatliche Rechtsträger ausgeübt werden, und sorgen dafür, daß nationale Tätigkeiten nach Maßgabe dieses Übereinkommens durchgeführt werden. Die Vertragsstaaten stellen sicher, daß die ihrer Hoheitsgewalt unterstehenden nichtstaatlichen Rechtsträger nur mit Genehmigung und unter ständiger Aufsicht des betreffenden Vertragsstaats auf dem Mond tätig werden.

(2) Die Vertragsstaaten erkennen an, daß infolge einer Ausweitung der Tätigkeiten auf dem Mond zusätzlich zu dem Vertrag über die Grundsätze, welche die Tätigkeiten der Staaten bei der Erforschung und Nutzung des Weltraumes, einschließlich des Mondes und anderer Himmelskörper, regeln, und dem Übereinkommen über die völkerrechtliche Haftung für Schäden durch Weltraumgegenstände ausführliche Regelungen über die Haftung für auf dem Mond verursachte Schäden notwendig werden können. Derartige Regelungen werden nach dem in Artikel 18 vorgesehenen Verfahren ausgearbeitet.

Artikel 15

(1) Jeder Vertragsstaat kann sich vergewissern, daß die Tätigkeiten anderer Vertragsstaaten bei der Erforschung und Nutzung des Mondes mit diesem Übereinkommen vereinbar sind. Zu diesem Zweck sind alle Weltraumfahrzeuge, -geräte, -anlagen, -stationen und -einrichtungen auf dem Mond anderen Vertragsstaaten zugänglich. Die Vertragsstaaten melden einen geplanten Besuch so rechtzeitig an, daß geeignete Konsultationen stattfinden und größtmögliche Vorsichtsmaßnahmen getroffen werden können, um in der zu besuchenden Anlage die Sicherheit zu gewährleisten und eine Störung des normalen Betriebs zu vermeiden. Bei der Anwendung dieses Artikels kann ein Vertragsstaat für sich allein oder mit voller oder teilweiser Unterstützung eines anderen Vertragsstaats oder durch geeignete internationale

Verfahren im Rahmen der Vereinten Nationen und im Einklang mit der Satzung handeln.

(2) Hat ein Vertragsstaat Grund zu der Annahme, daß ein anderer Vertragsstaat die ihm auf Grund dieses Übereinkommens obliegenden Verpflichtungen nicht erfüllt oder die dem erstgenannten Staat nach diesem Übereinkommen zustehenden Rechte beeinträchtigt, so kann er Konsultationen mit diesem anderen Vertragsstaat verlangen. Ein Vertragsstaat, der ein solches Ersuchen erhält, nimmt unverzüglich derartige Konsultationen auf. Jeder andere Vertragsstaat hat auf Verlangen ein Recht auf Teilnahme an den Konsultationen. Jeder an den Konsultationen teilnehmende Vertragsstaat bemüht sich um eine für alle Beteiligten annehmbare Lösung der Streitfrage, wobei er die Rechte und Interessen aller Vertragsstaaten berücksichtigt. Der Generalsekretär der Vereinten Nationen wird über die Ergebnisse der Konsultationen unterrichtet; er übermittelt die Informationen allen betroffenen Vertragsstaaten.

(3) Führen die Konsultationen nicht zu einer für alle Beteiligten annehmbaren Regelung, welche die Rechte und Interessen aller Vertragsstaaten gebührend berücksichtigt, so treffen die betroffenen Parteien alle erforderlichen Maßnahmen zur Beilegung der Streitigkeit durch andere friedliche Mittel ihrer Wahl, die den Umständen und der Art der Streitigkeit angemessen sind. Treten im Zusammenhang mit der Aufnahme der Konsultationen Schwierigkeiten auf oder führen die Konsultationen nicht zu einer für alle Beteiligten annehmbaren Regelung, so kann jeder Vertragsstaat den Generalsekretär um Mitwirkung bei der Lösung der Streitfrage ersuchen. Unterhält ein Vertragsstaat keine diplomatischen Beziehungen zu einem anderen betroffenen Vertragsstaat, so nimmt er an diesen Konsultationen nach eigener Wahl entweder selbst oder durch einen anderen Vertragsstaat oder den Generalsekretär als Vermittler teil.

Artikel 16

In diesem Übereinkommen, mit Ausnahme der Artikel 17 bis 21, gelten Bezugnahmen auf Staaten als Bezugnahmen auf jede internationale zwischenstaatliche Organisation, die Tätigkeiten im Weltraum durchführt, sofern sie erklärt, daß sie die Rechte und Pflichten aus diesem Übereinkommen annimmt, und sofern die Mehrheit der Mitgliedstaaten der Organisation Vertragsstaaten dieses Übereinkommens und des Vertrages über die Grundsätze, welche die Tätigkeiten der Staaten bei der Erforschung und Nutzung des Weltraumes, einschließlich des Mondes und anderer Himmelskörper, regeln, sind. Mitgliedstaaten einer solchen Organisation, die Vertragsstaaten dieses Übereinkommens sind, unternehmen alle geeigneten Schritte, um sicherzustellen, daß die Organisation eine Erklärung nach diesem Artikel abgibt.

Artikel 17

Jeder Vertragsstaat kann Änderungen dieses Übereinkommens vorschlagen. Änderungen treten für jeden Vertragsstaat, der sie annimmt, in Kraft, sobald die Mehrheit der Vertragsstaaten sie angenommen hat; für jeden weiteren Vertragsstaat treten sie mit der Annahme durch diesen in Kraft.

Artikel 18

Zehn Jahre nach Inkrafttreten dieses Übereinkommens wird die Frage der Überprüfung des Übereinkommens auf die vorläufige Tagesordnung der Generalversammlung der Vereinten Nationen gesetzt, um angesichts der Anwendung des Übereinkommens bis zu diesem Zeitpunkt zu prüfen, ob es einer Revision bedarf. Jedoch beruft der Generalsekretär der Vereinten Nationen als Verwahrer, nachdem das Übereinkommen fünf Jahre in Kraft gewesen ist, auf Antrag eines Drittels der Vertragsstaaten und mit Zustimmung der Mehrheit der Vertragsstaaten eine Konferenz der Vertragsstaaten zur Überprüfung des Übereinkommens ein. Eine Überprüfungskonferenz prüft auch die Frage der Durchführung des Artikels 11 Absatz 5 auf der Grundlage des in Artikel 11 Absatz 1 genannten Grundsatzes und insbesondere unter Berücksichtigung aller einschlägigen technischen Entwicklungen.

Artikel 19

(1) Dieses Übereinkommen liegt für alle Staaten am Sitz der Vereinten Nationen in New York zur Unterzeichnung auf.

(2) Dieses Übereinkommen bedarf der Ratifikation durch die Unterzeichnerstaaten. Jeder Staat, der es vor seinem Inkrafttreten nach Absatz 3 nicht unterzeichnet hat, kann ihm jederzeit beitreten. Die Ratifikations- und Beitrittsurkunden werden beim Generalsekretär der Vereinten Nationen hinterlegt.

(3) Dieses Übereinkommen tritt am dreißigsten Tag nach Hinterlegung der fünften Ratifikationsurkunde in Kraft.

(4) Für jeden Staat, der seine Ratifikations- oder Beitrittsurkunde nach dem Inkrafttreten dieses Übereinkommens hinterlegt, tritt es am dreißigsten Tag nach Hinterlegung der Urkunde in Kraft.

(5) Der Generalsekretär unterrichtet umgehend alle Unterzeichnerstaaten und alle beitretenden Staaten über den Zeitpunkt jeder Unterzeichnung und jeder Hinterlegung einer Ratifikations- oder Beitrittsurkunde zu diesem Übereinkommen, den

Zeitpunkt seines Inkrafttretens und über sonstige Mitteilungen.

Artikel 20

Jeder Vertragsstaat kann von diesem Übereinkommen ein Jahr nach dessen Inkrafttreten durch eine schriftliche, an den Generalsekretär der Vereinten Nationen gerichtete Notifikation zurücktreten. Der Rücktritt wird ein Jahr nach Eingang dieser Notifikation wirksam.

Artikel 21

Die Urschrift dieses Übereinkommens, dessen arabischer, chinesischer, englischer, französischer, russischer und spanischer Wortlaut gleichermaßen authentisch ist, wird beim Generalsekretär der Vereinten Nationen hinterlegt, der allen beitretenden Staaten beglaubigte Abschriften übermittelt.

ZU URKUND DESSEN haben die von ihren Regierungen hierzu gehörig befugten Unterzeichneten dieses Übereinkommen, das am 18. Dezember 1979 in New York zur Unterzeichnung aufgelegt wurde, unterschrieben.

12/6. Weltraumgesetz

BGBl I 2011/132 idF

1 BGBl I 2018/37 (2. Materien-Datenschutz-Anpassungsgesetz 2018)

Bundesgesetz über die Genehmigung von Weltraumaktivitäten und die Einrichtung eines Weltraumregisters

Anwendungsbereich

§. 1. (1) Dieses Bundesgesetz ist auf Weltraumaktivitäten anzuwenden, die

1. auf österreichischem Staatsgebiet,

2. auf in Österreich registrierten Schiffen oder Flugzeugen oder

3. von einem Betreiber, der österreichischer Staatsbürger oder eine juristische Person mit Sitz im Inland ist,

durchgeführt werden.

(2) Auf privatrechtliche Ansprüche ist dieses Bundesgesetz nur anzuwenden, wenn nach den Regeln des internationalen Privatrechts österreichisches Recht maßgebend ist.

Begriffsbestimmungen

§. 2. Im Sinne dieses Bundesgesetzes bedeutet, sofern nicht anders bezeichnet

1. „Weltraumaktivität": Start, Betrieb oder Kontrolle eines Weltraumgegenstandes oder der Betrieb einer Anlage zum Start von Weltraumgegenständen;

2. „Weltraumgegenstand": Gegenstand, der in den Weltraum gestartet wurde oder gestartet werden soll, einschließlich seiner Bestandteile;

3. „Betreiber": natürliche oder juristische Person, die Weltraumaktivitäten durchführt oder durchführen lässt.

Genehmigungspflicht

§. 3. Weltraumaktivitäten bedürfen der Genehmigung der Bundesministerin/des Bundesministers für Verkehr, Innovation und Technologie. Genehmigungspflichten nach anderen Vorschriften als nach diesem Bundesgesetz bleiben davon unberührt.

Voraussetzungen für die Genehmigung

§. 4. (1) Die Genehmigung nach § 3 ist zu erteilen, wenn

1. der Betreiber die nötige Zuverlässigkeit, Leistungsfähigkeit und Fachkenntnis besitzt, um die Weltraumaktivität durchzuführen,

2. die Weltraumaktivität keine unmittelbare Gefahr für die öffentliche Ordnung, die Sicherheit von Personen und Sachen und für die Gesundheit darstellt,

3. die Weltraumaktivität der nationalen Sicherheit, völkerrechtlichen Verpflichtungen oder außenpolitischen Interessen Österreichs nicht zuwiderläuft,

4. entsprechende Vorkehrungen für die Vermeidung von Weltraummüll im Sinne des § 5 getroffen wurden,

5. die Weltraumaktivität keine schädliche Verunreinigung des Weltraums oder von Himmelskörpern und keine schädliche Veränderung der Umwelt hervorruft,

6. der Betreiber die Vorgaben über Orbitalposition und Frequenzzuteilung der Internationalen Fernmeldeunion (ITU) erfüllt,

7. der Betreiber eine Haftpflichtversicherung gemäß Abs. 4 abgeschlossen hat und

8. der Betreiber Vorsorge für die planmäßige Beendigung der Weltraumaktivität getroffen hat.

(2) Der Betreiber der Weltraumaktivität hat alle Unterlagen, die die Überprüfung des Vorliegens der Voraussetzungen nach Abs.1 ermöglichen, beizubringen.

(3) Die Genehmigung kann Bedingungen und Auflagen enthalten. Die Bundesministerin/Der Bundesminister für Verkehr, Innovation und Technologie entscheidet über den Antrag auf Genehmigung ohne unnötigen Aufschub, spätestens aber sechs Monate nach dessen Einlangen.

(4) Der Betreiber hat zur Deckung seiner Haftpflicht für Personen- oder Sachschaden eine Haftpflichtversicherung über eine Mindestversicherungssumme von 60 000 000 Euro für jeden Versicherungsfall, ohne Ausschluss oder zeitliche Begrenzung der Nachhaftung, abzuschließen. Die Bundesministerin/Der Bundesminister für Verkehr, Innovation und Technologie kann mit Bescheid aufgrund des öffentlichen Interesses an der Weltraumaktivität unter Berücksichtigung des von ihr ausgehenden Risikos und der Finanzkraft des Betreibers eine niedrigere Versicherungssumme für die vom Betreiber abzuschließende Haftpflichtversicherung festsetzen oder den Betreiber gänzlich von der Versicherungspflicht befreien. Im öffentlichen Interesse liegen Weltraumaktivitäten, die der Wissenschaft, Forschung oder Ausbildung dienen. Eine Versicherung ist

nicht abzuschließen, wenn der Bund selbst Betreiber der Weltraumaktivität ist.

Vermeidung von Weltraummüll

§. 5. Der Betreiber hat dem Stand der Technik entsprechend und unter Berücksichtigung der international anerkannten Richtlinien zur Vermeidung von Weltraummüll Vorkehrungen zur Vermeidung von Weltraummüll zu treffen. Insbesondere sind Vorkehrungen zur Vermeidung von Missionsrückständen zu treffen.

Änderung oder Beendigung der Weltraumaktivität

§. 6. (1) Der Betreiber ist verpflichtet, alle Ereignisse, welche die Durchführung der gemäß § 4 genehmigten Weltraumaktivität verzögern oder unmöglich machen oder eine Abänderung oder einen Widerruf der Genehmigung gemäß § 7 erfordern würde, unverzüglich anzuzeigen.

(2) Der Betreiber hat das geplante oder das auf Grund zwingender Umstände bevorstehende Ende der Weltraumaktivität der Bundesministerin/dem Bundesminister für Verkehr, Innovation und Technologie unverzüglich anzuzeigen. Die Bundesministerin/Der Bundesminister für Verkehr, Innovation und Technologie kann dem Betreiber Anordnungen im Hinblick auf eine sichere Beendigung der Weltraumaktivität erteilen.

Widerruf und Abänderung der Genehmigung

§. 7. (1) Die Genehmigung ist zu widerrufen, wenn die Voraussetzungen nach § 4 Abs. 1 nicht mehr vorliegen oder Bedingungen und Auflagen nach § 4 Abs. 3 nicht eingehalten werden.

(2) Die Genehmigung kann in den in Abs. 1 bezeichneten Fällen auch inhaltlich abgeändert werden.

(3) Im Falle des Widerrufs der Genehmigung können dem Betreiber Maßnahmen für die vorübergehende Weiterführung oder sichere Beendigung der Weltraumaktivität vorgeschrieben werden. Kommt der Betreiber diesen Anordnungen nicht nach, ist die Kontrolle der Weltraumaktivität durch Bescheid der Bundesministerin /des Bundesministers für Verkehr, Innovation und Technologie, an einen anderen Betreiber zu übertragen.

Übertragung

§. 8. Ein Wechsel des Betreibers bedarf der Genehmigung durch die Bundesministerin/den Bundesminister für Verkehr, Innovation und Technologie. Der Betreiberwechsel ist unter den Voraussetzungen des § 4 zu genehmigen.

Register

§. 9. (1) Die Bundesministerin/Der Bundesminister für Verkehr, Innovation und Technologie führt ein Register für Weltraumgegenstände.

(2) In dieses Register sind Weltraumgegenstände einzutragen, für die Österreich nach Art. I des Übereinkommens über die Registrierung von in den Weltraum gestarteten Gegenständen, BGBl. Nr. 163/1980, als Startstaat angesehen wird.

(3) Kommen auch andere Staaten neben Österreich als Startstaat in Betracht, ist für die Registrierung in Österreich die entsprechende Übereinkunft nach Art. II Abs. 2 des Übereinkommens über die Registrierung von in den Weltraum gestarteten Gegenständen ausschlaggebend.

(4) Ein in dieses Register einzutragender Weltraumgegenstand und sein gesamtes Personal unterliegen während seiner Anwesenheit im Weltraum oder auf einem Himmelskörper der Jurisdiktion und Kontrolle Österreichs.

Eintragung und Information

§. 10. (1) In das Register sind folgende Informationen einzutragen:

1. Name des Startstaates oder der Startstaaten;

2. eine geeignete Bezeichnung des Weltraumgegenstandes, seine Registernummer und seine ITU-Bezeichnung;

3. Datum und Hoheitsgebiet oder Ort des Startes;

4. grundlegende Parameter der Umlaufbahn, einschließlich

a) Umlaufzeit,

b) Bahnneigung,

c) maximale Erdferne (Apogäum),

d) minimale Erdferne (Perigäum);

5. allgemeine Funktion des Weltraumgegenstandes;

6. Hersteller des Weltraumgegenstandes;

7. Eigentümer und Betreiber des Weltraumgegenstandes;

8. weitere Informationen, die die Bundesministerin/der Bundesminister für Verkehr, Innovation und Technologie festlegen kann, soweit dies nach dem Stand der Technik, aufgrund völkerrechtlicher Verpflichtungen oder einschlägiger Beschlüsse internationaler Organisationen notwendig ist.

(2) Der Betreiber hat der Bundesministerin/dem Bundesminister für Verkehr, Innovation und Technologie die Informationen nach Abs. 1 unverzüglich nach dem Start des Weltraumgegenstandes zu übermitteln.

(3) Ebenso hat der Betreiber alle Änderungen in Bezug auf die Informationen nach Abs. 1 unverzüglich zu übermitteln.

(4) Die Informationen nach Abs. 1 Z 1 bis 5 sind von der Bundesministerin/dem Bundesminister für Verkehr, Innovation und Technologie im Wege der Bundesministerin/des Bundesministers für europäische und internationale Angelegenheiten dem Generalsekretär der Vereinten Nationen zu übermitteln. Dies gilt sinngemäß für Informationen nach Abs. 3.

Rückgriff

§. 11. (1) Hat die Republik Österreich auf Grund von völkerrechtlichen Vereinbarungen einem Geschädigten durch eine Weltraumaktivität verursachte Schäden ersetzt, so steht dem Bund ein Rückgriffsrecht gegen den Betreiber zu.

(2) Für Schäden die auf der Erdoberfläche oder in einem Luftfahrzeug im Flug oder an diesem eingetreten sind, besteht der Anspruch auf Rückersatz bis zur Höhe des versicherten Risikos, mindestens jedoch bis zu der in § 4 Abs. 4 genannten Mindestversicherungssumme.. Diese Beschränkung gilt nicht, wenn den Betreiber oder seine Leute ein Verschulden trifft oder der Betreiber gegen die Bestimmungen der § § 3 f. verstoßen hat.

Verordnungsermächtigung

§. 12. Durch Verordnung der Bundesministerin/des Bundesministers für Verkehr, Innovation und Technologie sind näher auszuführen:

1. Voraussetzungen für die Genehmigung gemäß § 4 Abs. 1;

2. die dem Antrag auf Genehmigung nach § 4 Abs. 2 beizubringenden Unterlagen und technischen Spezifikationen;

3. kostendeckende Gebühren, für das nach diesem Bundesgesetz durchzuführende Verfahren;

4. ein Pauschalbetrag als Ersatz für die Kosten des Bundes für die Überprüfung der Zuverlässigkeit des Betreibers gemäß § 4 Abs. 1 Z 1, die sich nach den durchschnittlichen Aufwendungen der Sicherheitsbehörden richten;

5. Informationen, die nach § 10 Abs. 1 und 3 für die Registrierung erforderlich sind.

Aufsicht und Behörden

§. 13. (1) Betreiber von Weltraumaktivitäten unterliegen in Angelegenheiten dieses Bundesgesetzes der Aufsicht der Bundesministerin/des Bundesministers für Verkehr, Innovation und Technologie.

(2) Der Betreiber verpflichtet sich, den Organen der Aufsichtsbehörde, soweit dies zur ordnungsgemäßen Ausübung der Aufsicht erforderlich ist, Zutritt zu allen Betriebsräumlichkeiten und – anlagen zu ermöglichen, Einsicht in Unterlagen zu gewähren und Auskunft zu erteilen.

(3) Die Sicherheitsbehörden haben bei der Zuverlässigkeitsüberprüfung des Betreibers gemäß § 4 Abs. 1 Z 1 mitzuwirken. Soweit es sich beim Betreiber um eine juristische Person handelt, hat sich die Zuverlässigkeitsüberprüfung auf deren bevollmächtigte Vertreter zu beziehen. Im Rahmen der Überprüfung der Zuverlässigkeit sind die Sicherheitsbehörden ermächtigt, personenbezogene Daten, die sie bei der Vollziehung von Bundes- oder Landesgesetzen über die Person ermittelt haben, zu verarbeiten, und das Ergebnis der Überprüfung der Bundesministerin/dem Bundesminister für Verkehr, Innovation und Technologie zu übermitteln. *(BGBl I 2018/37)*

(4) Befinden sich Betriebsräumlichkeiten und – anlagen oder Unterlagen für eine Weltraumaktivität auf einer militärischen Liegenschaft, ist im Falle des Abs. 2 der zuständige Kasernenkommandant vor dem Betreten der militärischen Liegenschaft in Kenntnis zu setzen. Dieser kann aus wichtigen militärischen Gründen den Zutritt verweigern oder die Zutrittsgenehmigung aus Gründen der militärischen Sicherheit unter Auflagen erteilen.

Strafbestimmungen

§. 14. Wer den Bestimmungen dieses Bundesgesetzes oder seinen Verordnungen zuwiderhandelt, begeht, sofern die Tat nicht den Tatbestand einer in die Zuständigkeit der Gerichte fallenden strafbaren Handlung bildet vorliegt, eine Verwaltungsübertretung und ist mit einer Geldstrafe von bis zu 100 000 Euro zu bestrafen. Wer jedoch eine Weltraumaktivität ohne Genehmigung nach § 3 oder § 7 durchführt, ist mit einer Geldstrafe von mindestens 20 000 Euro zu bestrafen.

Übergangsbestimmung

§. 15. Dieses Bundesgesetz gilt für Weltraumaktivitäten, die nach seinem Inkrafttreten durchgeführt werden.Für Weltraumaktivitäten, die vor dem Inkrafttreten des Gesetzes in Auftrag gegeben wurden, wird die Genehmigungspflicht der § § 3 bis 5 durch eine Anzeigepflicht des Betreibers ersetzt. Der Betreiber hat alle Unterlagen beizubringen, die die Überprüfung des Vorliegens der Voraussetzungen des § 4 Abs. 1 ermöglichen. § 11 findet auf Weltraumaktivitäten, die vor dem Inkrafttreten des Gesetzes in Auftrag gegeben wurden, keine Anwendung.

Sprachliche Gleichbehandlung

§. 16. Soweit sich die in diesem Bundesgesetz verwendeten Bezeichnungen auf natürliche Personen beziehen, gilt die gewählte Form für beide Geschlechter. Bei der Anwendung dieser Bezeichnungen auf bestimmte natürliche Personen ist die jeweils geschlechtsspezifische Form zu verwenden.

Vollziehung

§. 17. (1) Mit der Vollziehung dieses Bundesgesetzes ist die Bundesministerin/der Bundesminister für Verkehr, Innovation und Technologie betraut.

(2) Mit der Vollziehung des § 4 Abs. 1 Z 2 ist die Bundesministerin/der Bundesminister für Verkehr, Innovation und Technologie im Einvernehmen mit der Bundesministerin/dem Bundesminister für Inneres betraut.

(3) Mit der Vollziehung des § 4 Abs. 1 Z 3 ist die Bundesministerin/der Bundesminister für Verkehr, Innovation und Technologie im Einvernehmen mit der Bundesministerin/dem Bundesminister für europäische und internationale Angelegenheiten und der Bundesministerin/dem Bundesminister für Landesverteidigung und Sport betraut.

(4) Mit der Vollziehung des § 4 Abs. 4 ist die Bundesministerin/der Bundesminister für Verkehr, Innovation und Technologieim Einvernehmen mit der Bundesministerin/dem Bundesminister für Justiz betraut.

(5) Mit der Vollziehung des § 11 ist die Bundesministerin/der Bundesminister für Verkehr, Innovation und Technologie im Einvernehmen mit der Bundesministerin/dem Bundesminister für Finanzen und der Bundesministerin/dem Bundesminister für Justiz betraut.

(6) Mit der Vollziehung des § 12 Abs. 3 und 4 ist die Bundesministerin/der Bundesminister für Verkehr, Innovation und Technologie im Einvernehmen mit der Bundesministerin/dem Bundesminister für Finanzen betraut.

Inkrafttreten

§. 1. § 13 Abs. 3 in der Fassung des 2. Materien-Datenschutz-Anpassungsgesetzes, BGBl. I Nr. 37/2018, tritt mit 25. Mai 2018 in Kraft.

(BGBl I 2018/37)

13/1. WTO-Abkommen

1995/1 idF

1 BGBl 1995/379
2 BGBl III 1998/40
3 BGBl III 1998/42
4 BGBl III 1998/44
5 BGBl III 1999/61
6 BGBl I 2008/2 (1. BVRBG)

Die vom Bundespräsidenten unterzeichnete und vom Bundeskanzler gegengezeichnete Ratifikationsurkunde wurde am 6. Dezember 1994 beim Generaldirektor der VERTRAGSPARTEIEN des GATT hinterlegt; gemäß Punkt 3 der Schlußakte tritt aufgrund des Beschlusses der Implementierungskonferenz vom 8. Dezember 1994 das Abkommen mit 1. Jänner 1995 in Kraft.

(Übersetzung)

MULTILATERALE HANDELSVERHANDLUNGEN DER URUGUAY-RUNDE

Handelsverhandlungskomitee

ABKÜRZUNGSVERZEICHNIS

AMS	Aggregiertes Stützungsmaß (im Übereinkommen über die Landwirtschaft) (Aggregate Measurement of Support)
BISD	Grundsätzliche Rechtsakte und ausgewählte Dokumente (eine vom GATT ständig ergänzte Veröffentlichung) (Basic Instruments and Selected Documents)
CCC	Rat für die Zusammenarbeit auf dem Gebiete des Zollwesens (Customs Cooperation Council)
CCC Secretariat	Sekretariat des Rates für die Zusammenarbeit auf dem Gebiete des Zollwesens (Secretariat of the Customs Co-operation Council)
Dispute Settlement Understanding/DSU	Vereinbarung über Regeln und Verfahren zur Streitbeilegung (Understanding on Rules and Procedures Governing the Settlement of Disputes)
DSB	Streitbeilegungsorgan (Dispute Settlement Body)
FAO	UN-Organisation für Ernährung und Landwirtschaft (Food and Agriculture Organization of the United Nations)
GATS	Allgemeines Abkommen über den Handel mit Dienstleistungen (General Agreement on Trade in Services)
GATT 1994	Allgemeines Zoll- und Handelsabkommen 1994 (General Agreement on Tariffs and Trade 1994)
HS	Harmonisiertes System zur Bezeichnung und Codierung der Waren (HS) (Harmonized Commodity Description and Coding System)
IMF	Internationaler Währungsfonds (International Monetary Fund)
ISO	Internationale Normenorganisation (International Organization for Standardization)
ISO/IEC	ISO/Internationale elektrotechnische Kommission (ISO/International Electrotechnical Commission)
ITC	Internationales Handelszentrum (International Trade Center)
MFA	Abkommen über den Internationalen Handel mit Textilien (auch Multifaserabkommen genannt) (Arrangement Regarding International Trade in Textiles)
PCWTO	Vorbereitungskomitee für die Welthandelsorganisation (Preparatory Committee for the World Trade Organization)
PGE	Ständige Expertengruppe (im Übereinkommen über Subventionen und Ausgleichsmaßnahmen) (Permanent Group of Expertes)
SCM	Subventionen und Ausgleichsmaßnahmen (Subsidies and Countervailing Measures)
Secretariat	Sekretariat der Welthandelsorganisation (Secretariat of the World Trade Organisation)
SSG	Besondere Schutzklauseln (im Übereinkommen über die Landwirtschaft) (Special Safeguard)
ST	Besondere Behandlung (Anhang 5 des Übereinkommens über die Landwirtschaft) (Special Treatment)
TMB	Textilaufsichtsorgan (im Übereinkommen über Textilien und Bekleidung) (Textiles Monitoring Body)
TPRB	Handelspolitisches Prüfungsorgan (Trade Policy Review Body)
TPRM	Handelspolitischer Prüfungsmechanismus – Verfahren zur Überprüfung der Handelspolitik (Trade Policy Review Mechanism)

TRIMs	Handelsbezogene Investitionsmaßnahmen (Trade-Related Investment Measures)
TRIPS	Handelsbezogene Aspekte der Rechte des geistigen Eigentums (Trade-Related Aspects of Intellectual Property Rights)
TSB	Textilüberwachungsorgan (nach dem Multifaserabkommen) (Textiles Surveillance Body)
World Bank	Internationale Bank für Wiederaufbau und Entwicklung (Weltbank) (International Bank for Reconstruction and Development)
WTO	Welthandelsorganisation (World Trade Organization)
WTO Agreement	Abkommen zur Errichtung der Welthandelsorganisation (Agreement Establishing the World Trade Organization)

Abkommen zur Errichtung der Welthandelsorganisation

INHALTSVERZEICHNIS

Die Parteien dieses Abkommens,

in der Erkenntnis, daß ihre Handels- und Wirtschaftsbeziehungen auf die Erhöhung des Lebensstandards, auf die Verwirklichung der Vollbeschäftigung, auf ein hohes und ständig steigendes Niveau des Realeinkommens und der wirksamen Nachfrage sowie auf die Steigerung der Produktion und des Handels mit Waren und Dienstleistungen gerichtet sein sollen, gleichzeitig aber die optimale Nutzung der Hilfsquellen der Welt im Einklang mit dem Ziel einer dauerhaften Entwicklung gestatten sollen, die den Schutz und die Erhaltung der Umwelt und zu diesem Zweck den verstärkten Einsatz von Mitteln umfaßt, die mit den ihrem jeweiligen wirtschaftlichen Entwicklungsstand entsprechenden Bedürfnissen und Bestrebungen vereinbar sind;

in der Erkenntnis, daß es positiver Bemühungen bedarf, damit die Entwicklungsländer, insbesondere die am wenigsten entwickelten unter ihnen, einen Anteil am Wachstum des internationalen Handels erreichen, der den Erfordernissen ihrer wirtschaftlichen Entwicklung entspricht;

in dem Wunsch, zur Verwirklichung dieser Ziele durch den Abschluß von Vereinbarungen beizutragen, die auf der Grundlage der Gegenseitigkeit und zum gemeinsamen Nutzen auf einen wesentlichen Abbau der Zölle und anderer Handelsschranken sowie auf die Beseitigung der Diskriminierung in den internationalen Handelsbeziehungen abzielen;

entschlossen, ein integriertes, funktionsfähigeres und dauerhafteres multilaterales Handelssystem zu entwickeln, welches das Allgemeine Zoll- und Handelsabkommen, die Ergebnisse früherer Handelsliberalisierungsbemühungen und sämtliche Ergebnisse der Multilateralen Handelsverhandlungen der Uruguay-Runde umfaßt,

entschlossen, die fundamentalen Grundsätze dieses multilateralen Handelssystems zu wahren und die Verwirklichung seiner Ziele zu fördern,

kommen wie folgt überein:

Artikel I
Errichtung der Organisation

Die Welthandelsorganisation (im folgenden „WTO” genannt) wird hiermit errichtet.

Artikel II
Wirkungsbereich der WTO

1. Die WTO bildet den gemeinsamen institutionellen Rahmen für die Wahrnehmung der Handelsbeziehungen zwischen ihren Mitgliedern in Angelegenheiten im Zusammenhang mit den Abkommen und den dazugehörigen Rechtsinstrumenten, die in den Anhängen zum vorliegenden Abkommen enthalten sind.

2. Die Abkommen und die dazugehörigen Rechtsinstrumente, die in den Anhängen 1, 2 und 3 enthalten sind (im folgenden „Multilaterale Handelsabkommen” genannt), sind integrierende Bestandteile des vorliegenden Abkommens und für alle Mitglieder verbindlich.

3. Die Abkommen und die dazugehörigen Rechtsinstrumente, die im Anhang 4 enthalten sind (im folgenden „Plurilaterale Handelsübereinkommen” genannt), sind ebenfalls Bestandteil des vorliegenden Abkommens für diejenigen Mitglieder, die sie angenommen haben und für diese Mitglieder verbindlich. Die Plurilateralen Handelsübereinkommen begründen für die Mitglieder, die diese nicht angenommen haben, weder Pflichten noch Rechte.

4. Das im Anhang 1A enthaltene Allgemeine Zoll- und Handelsabkommen 1994 (im folgenden „GATT 1994” genannt) unterscheidet sich rechtlich vom Allgemeinen Zoll- und Handelsabkommen[1] vom 30. Oktober 1947, im Anhang zur Schlußakte der Zweiten Tagung des Vorbereitenden Komitees der Konferenz der Vereinten Nationen für Handel und Beschäftigung, in seiner später berichtigten, ergänzten oder geänderten Fassung (im folgenden „GATT 1947” genannt).

Artikel III
Aufgaben der WTO

1. Die WTO fördert die Durchführung, die Verwaltung und das Funktionieren des vorliegenden Abkommens und der Multilateralen Handelsabkommen sowie die Verwirklichung ihrer Ziele; sie bildet auch den Rahmen für die Durchführung, die Verwaltung und das Funktionieren der Plurilateralen Handelsübereinkommen.

2. Die WTO dient als Forum für Verhandlungen zwischen ihren Mitgliedern über deren multilaterale Handelsbeziehungen in den Bereichen der Abkommen, die in den Anhängen des vorliegenden Abkommens enthalten sind. Die WTO kann auch als Forum für weitere Verhandlungen zwischen den Mitgliedern über deren multilaterale Handelsbeziehungen sowie als Rahmen für die Durchführung der Ergebnisse solcher Verhandlungen dienen, wie sie von der Ministerkonferenz beschlossen werden können.

3. Die WTO verwaltet die im Anhang 2 des vorliegenden Abkommens enthaltene Vereinbarung über Regeln und Verfahren zur Streitbeilegung (im folgenden „Vereinbarung über Streitbeilegung” oder „DSU” genannt).

4. Die WTO verwaltet das im Anhang 3 des vorliegenden Abkommens enthaltene Verfahren zur Überprüfung der Handelspolitiken (handelspolitischer Prüfungsmechanismus, im folgenden „TPRM” genannt).

5. Im Interesse einer kohärenteren Gestaltung der Weltwirtschaftspolitik arbeitet die WTO gegebenenfalls mit dem Internationalen Währungsfonds und mit der Internationalen Bank für Wie-

Zu Artikel II:

[1] *Kundgemacht in BGBl. Nr. 254/1951 idF BGBl. Nr. 86/1958 und BGBl. Nr. 250/1966.*

deraufbau und Entwicklung und ihren angegliederten Institutionen zusammen.

Artikel IV
Struktur der WTO

1. Eine Ministerkonferenz, die sich aus Vertretern aller Mitglieder zusammensetzt, tritt mindestens einmal alle zwei Jahre zusammen. Die Ministerkonferenz nimmt die Aufgaben der WTO wahr und trifft die dafür erforderlichen Maßnahmen. Die Ministerkonferenz ist befugt, in allen unter die Multilateralen Handelsabkommen fallenden Angelegenheiten auf Ersuchen eines Mitgliedes in Übereinstimmung mit den besonderen Erfordernissen für die Beschlußfassung gemäß dem vorliegenden Abkommen und dem einschlägigen Multilateralen Handelsabkommen Beschlüsse zu fassen.

2. Ein Allgemeiner Rat, der sich aus den Vertretern aller Mitglieder zusammensetzt, tritt zusammen, wann immer dies zweckdienlich ist. Zwischen den Tagungen der Ministerkonferenz nimmt der Allgemeine Rat deren Aufgaben wahr. Der Allgemeine Rat nimmt auch jene Aufgaben wahr, die ihm durch das vorliegende Abkommen übertragen sind. Der Allgemeine Rat legt seine Verfahrensregeln fest und genehmigt die Verfahrensregeln der im Absatz 7 vorgesehenen Komitees.

3. Der Allgemeine Rat tritt gegebenenfalls zusammen, um die Aufgaben des in der Vereinbarung über Streitbeilegung vorgesehenen Streitbeilegungsorgans wahrzunehmen. Das Streitbeilegungsorgan kann seinen eigenen Vorsitzenden bestimmen und legt die Verfahrensregeln fest, die es zur Erfüllung seiner Aufgaben für notwendig erachtet.

4. Der Allgemeine Rat tritt gegebenenfalls zusammen, um die Aufgaben des im TPRM vorgesehenen Organs, wahrzunehmen. Das Handelspolitische Prüfungsorgan kann seinen eigenen Vorsitzenden bestimmen und legt die Verfahrensregeln fest, die es zur Erfüllung seiner Aufgaben für notwendig erachtet.

5. Ein Rat für den Handel mit Waren, ein Rat für den Handel mit Dienstleistungen und ein Rat für handelsbezogene Aspekte der Rechte des geistigen Eigentums (im folgenden „Rat für TRIPS" genannt) fungieren unter der allgemeinen Leitung des Allgemeinen Rates. Der Rat für den Handel mit Waren überwacht das Funktionieren der Multilateralen Handelsabkommen des Anhangs 1A. Der Rat für den Handel mit Dienstleistungen überwacht das Funktionieren des Allgemeinen Abkommens über den Handel mit Dienstleistungen (im folgenden „GATS" genannt). Der Rat für TRIPS überwacht das Funktionieren des Abkommens über handelsbezogene Aspekte der Rechte des geistigen Eigentums (im folgenden „Übereinkommen über TRIPS" genannt). Diese Räte erfüllen die ihnen von den betreffenden Abkommen und vom Allgemeinen Rat übertragenen Aufgaben. Sie legen ihre eigenen Verfahrensregeln vorbehaltlich der Genehmigung durch den Allgemeinen Rat fest. Die Mitgliedschaft in diesen Räten steht den Vertretern aller Mitglieder offen. Diese Räte treten zur Ausübung ihrer Funktionen je nach Notwendigkeit zusammen.

6. Der Rat für den Handel mit Waren, der Rat für den Handel mit Dienstleistungen und der Rat für TRIPS setzen nach Bedarf nachgeordnete Organe ein. Diese nachgeordneten Organe legen ihre eigenen Verfahrensregeln vorbehaltlich der Genehmigung ihrer jeweiligen Räte fest.

7. Die Ministerkonferenz errichtet ein Komitee für Handel und Entwicklung, ein Komitee für Zahlungsbilanzbeschränkungen sowie ein Komitee für Budget, Finanzen und Verwaltung, die die Aufgaben wahrnehmen, die ihnen vom vorliegenden Abkommen und von den Multilateralen Handelsabkommen übertragen sind, sowie alle zusätzlichen Aufgaben, die ihnen vom Allgemeinen Rat übertragen sind; sie kann zusätzliche Komitees für solche Aufgaben errichten, die sie für zweckdienlich erachtet. Im Rahmen seiner Aufgaben prüft das Komitee für Handel und Entwicklung in regelmäßigen Zeitabständen die besonderen Bestimmungen in den Multilateralen Handelsabkommen zugunsten der am wenigsten entwickelten Entwicklungsland-Mitglieder und erstattet dem Allgemeinen Rat Bericht, damit dieser die geeigneten Maßnahmen trifft. Die Mitgliedschaft in diesen Komitees steht den Vertretern aller Mitglieder offen.

8. Die nach den Plurilateralen Handelsübereinkommen vorgesehenen Organe nehmen die ihnen nach diesen Übereinkommen übertragenen Aufgaben wahr und wirken innerhalb des institutionellen Rahmens der WTO. Diese Organe informieren regelmäßig den Allgemeinen Rat über ihre Tätigkeit.

Artikel V
Beziehungen zu anderen Organisationen

1. Der Allgemeine Rat trifft geeignete Vorkehrungen zur wirksamen Zusammenarbeit mit anderen zwischenstaatlichen Organisationen, deren Aufgaben mit denen der WTO im Zusammenhang stehen.

2. Der Allgemeine Rat kann geeignete Vorkehrungen für Konsultationen und Zusammenarbeit mit nichtstaatlichen Organisationen über Angelegenheiten treffen, die mit denen der WTO im Zusammenhang stehen.

Artikel VI
Sekretariat

1. Ein Sekretariat der WTO (im folgenden „Sekretariat" genannt) steht unter der Leitung eines Generaldirektors.

2. Die Ministerkonferenz ernennt den Generaldirektor und legt Bestimmungen über die Befugnisse, Aufgaben, das Dienstverhältnis und die Amtsdauer des Generaldirektors fest.

3. Der Generaldirektor bestellt die Sekretariatsmitglieder und legt deren Aufgaben und Dienstverhältnisse in Übereinstimmung mit den von der Ministerkonferenz erlassenen Regelungen fest.

4. Die Funktionen des Generaldirektors und des Sekretariatspersonals haben ausschließlich internationalen Charakter. In der Wahrnehmung ihrer Pflichten dürfen der Generaldirektor und das Sekretariatspersonal Weisungen von irgendeiner Regierung oder anderen Stellen außerhalb der WTO weder einholen noch entgegennehmen. Sie haben sich jeglicher Tätigkeit zu enthalten, die sich auf ihre Stellung als internationale Beamte abträglich auswirken könnte. Die Mitglieder der WTO achten den internationalen Charakter der Funktionen des Generaldirektors und des Sekretariatspersonals und versuchen nicht, sie in der Ausübung ihrer Pflichten zu beeinflussen.

Artikel VII
Budget und Beiträge

1. Der Generaldirektor legt dem Komitee für Budget, Finanzen und Verwaltung den jährlichen Budgetvoranschlag und Rechnungsabschluß der WTO vor. Das Komitee für Budget, Finanzen und Verwaltung prüft den vom Generaldirektor vorgelegten jährlichen Budgetvoranschlag und Rechnungsabschluß und richtet Empfehlungen hierüber an den Allgemeinen Rat. Der jährliche Budgetvoranschlag bedarf der Genehmigung des Allgemeinen Rates.

2. Das Komitee für Budget, Finanzen und Verwaltung schlägt dem Allgemeinen Rat Finanzregelungen vor, die Bestimmungen über folgendes enthalten:

a) den Beitragsschlüssel, der die Ausgaben zwischen den Mitgliedern zur Deckung der Ausgaben der WTO aufteilt; und

b) die erforderlichen Maßnahmen gegenüber Mitgliedern bei Zahlungsrückständen.

Die Finanzregelungen sind tunlichst nach den Regelungen und Praktiken des GATT 1947 auszurichten.

3. Der Allgemeine Rat nimmt die Finanzregelungen und den jährlichen Budgetvoranschlag mit Zweidrittelmehrheit an, die mehr als die Hälfte der WTO-Mitglieder umfaßt.

4. Jedes Mitglied leistet entsprechend seinem Anteil an den Ausgaben der WTO seinen Beitrag ohne Verzug an die WTO gemäß den vom Allgemeinen Rat angenommenen Finanzregelungen.

Artikel VIII
Rechtsstellung der WTO

1. Die WTO besitzt Rechtspersönlichkeit; von jedem ihrer Mitglieder wird ihr eine solche Rechtsfähigkeit eingeräumt, wie sie zur Wahrnehmung ihrer Aufgaben erforderlich ist.

2. Der WTO werden von jedem ihrer Mitglieder solche Privilegien und Immunitäten eingeräumt, wie sie zur Wahrnehmung ihrer Aufgaben erforderlich sind.

3. Den Bediensteten der WTO und den Vertretern der Mitglieder werden in gleichartiger Weise von jedem ihrer Mitglieder solche Privilegien und Immunitäten eingeräumt, wie sie zur unabhängigen Wahrnehmung ihrer Aufgaben im Zusammenhang mit der WTO erforderlich sind.

4. Die von einem Mitglied der WTO, ihren Bediensteten und den Vertretern der Mitglieder eingeräumten Privilegien und Immunitäten entsprechen jenen Privilegien und Immunitäten, die im Übereinkommen über Privilegien und Immunitäten der Spezialorganisationen[1] vorgesehen und von der Generalversammlung der Vereinten Nationen am 21. November 1947 genehmigt worden sind.

5. Die WTO kann ein Amtssitzabkommen abschließen.

Artikel IX
Beschlußfassung

1. Die WTO setzt die nach dem GATT 1947[1] übliche Praxis der Beschlußfassung im Konsensweg fort. Falls ein Beschluß nicht durch Konsens gefaßt werden kann, wird über die strittige Angelegenheit abgestimmt, sofern nichts anderes vorgesehen ist. Bei den Tagungen der Ministerkonferenz und des Allgemeinen Rates verfügt jedes Mitglied der WTO über eine Stimme. Wenn die Europäischen Gemeinschaften ihr Stimmrecht ausüben, verfügen sie über die Anzahl der Stimmen, die der Anzahl ihrer Mitgliedstaaten[2], die

---

Zu Artikel VIII:

[1] Kundgemacht in BGBl. Nr. 248/1950.

Zu Artikel IX:

[1] Ein Beschluß des betreffenden Organs über eine zur Prüfung vorgelegte Angelegenheit gilt als mit Konsens gefaßt, wenn kein bei der beschlußfassenden Tagung anwesendes Mitglied gegen den vorgeschlagenen Beschluß formell Einspruch erhebt.

[2] Die Anzahl der Stimmen der Europäischen Gemeinschaften und ihrer Mitgliedstaaten darf in keinem Fall die Anzahl der Mitgliedstaaten der Europäischen Gemeinschaften übersteigen.

Mitglieder der WTO sind, entspricht. Beschlüsse der Ministerkonferenz und des Allgemeinen Rates werden mit der Mehrheit der abgegebenen Stimmen gefaßt, sofern im vorliegenden Abkommen oder in einschlägigen Multilateralen Handelsabkommen nichts anderes vorgesehen ist[3)].

2. Die Ministerkonferenz und der Allgemeine Rat verfügen über die alleinige Befugnis, das vorliegende Abkommen und die Multilateralen Handelsabkommen auszulegen. Im Falle einer Auslegung eines Multilateralen Handelsabkommens des Anhangs 1 üben sie ihre Befugnis auf der Grundlage einer Empfehlung jenes Rates aus, der das Funktionieren des betreffenden Abkommens überwacht. Der Beschluß zur Annahme einer Auslegung wird mit Dreiviertelmehrheit der Mitglieder gefaßt. Dieser Absatz wird nicht in einer Weise angewendet, durch die Änderungsbestimmungen des Artikels X unterlaufen würden.

3. Unter außergewöhnlichen Umständen kann die Ministerkonferenz beschließen, ein Mitglied von einer Verpflichtung aus dem vorliegenden Abkommen oder einem der Multilateralen Handelsabkommen zu entbinden, vorausgesetzt, daß ein derartiger Beschluß von drei Viertel[4)] der Mitglieder gefaßt wird, sofern in diesem Absatz nichts anderes vorgesehen ist.

a) Ein Antrag auf Ausnahmegenehmigung betreffend das vorliegende Abkommen wird der Ministerkonferenz zur Prüfung gemäß der Praxis der Beschlußfassung im Konsensweg vorgelegt. Die Ministerkonferenz setzt zur Prüfung des Antrags eine Frist von längstens 90 Tagen. Wird ein Konsens während dieser Frist nicht erzielt, wird ein Beschluß auf Gewährung einer Ausnahmegenehmigung von drei Vierteln der Mitglieder gefaßt.

b) Ein Antrag auf Ausnahmegenehmigung betreffend die Multilateralen Handelsabkommen der Anhänge 1A, 1B oder 1C und deren Anhänge wird zunächst dem Rat für den Handel mit Waren, dem Rat für den Handel mit Dienstleistungen oder dem Rat für TRIPS zur Prüfung innerhalb einer Frist von längstens 90 Tagen vorgelegt. Mit Ablauf dieser Frist legt der zuständige Rat der Ministerkonferenz einen Bericht vor.

4. Ein Beschluß der Ministerkonferenz auf Gewährung einer Ausnahmegenehmigung nennt die den Beschluß rechtfertigenden außergewöhnlichen Umstände, ferner die Modalitäten und Bedingungen zur Anwendung der Ausnahmegenehmigung sowie das Ablaufdatum der Ausnahmegenehmigung. Jede Ausnahmegenehmigung, die für einen längeren Zeitraum als ein Jahr gewährt wird, wird von der Ministerkonferenz spätestens ein Jahr nach deren Einräumung und in der Folge alljährlich bis zum Ablauf der Ausnahmegenehmigung überprüft. Bei jeder Überprüfung wird die Ministerkonferenz untersuchen, ob die die Ausnahmegenehmigung rechtfertigenden Umstände weiterhin bestehen, und ob die der Ausnahmegenehmigung vorgeschriebenen Modalitäten und Bedingungen eingehalten wurden. Auf der Grundlage der jährlichen Überprüfung kann die Ministerkonferenz die Ausnahmegenehmigung verlängern, abändern oder aufheben.

5. Für Beschlüsse nach einem Plurilateralen Handelsübereinkommen, einschließlich Beschlüsse über Auslegungen und Ausnahmegenehmigungen, sind die Bestimmungen des betreffenden Abkommens maßgebend.

Artikel X
Änderungen

1. Jedes Mitglied der WTO kann in der Ministerkonferenz Vorschläge zur Änderung der Bestimmungen des vorliegenden Abkommens oder der Multilateralen Handelsabkommen des Anhangs 1 einbringen. Die im Artikel IV Absatz 5 angeführten Räte können ebenfalls der Ministerkonferenz Vorschläge zur Änderung der Bestimmungen der einschlägigen Multilateralen Handelsabkommen des Anhangs 1 unterbreiten, deren Funktionieren sie überwachen. Innerhalb einer Frist von 90 Tagen nach formeller Einbringung bei der Ministerkonferenz – sofern die Ministerkonferenz nicht eine längere Frist beschließt – wird jeglicher Beschluß, die vorgeschlagene Änderung den Mitgliedern zur Annahme vorzulegen, von der Ministerkonferenz im Konsensweg gefaßt. Sofern nicht die Absätze 2, 5 oder 6 Anwendung finden, wird im Beschluß angegeben, ob die Bestimmungen der Absätze 3 oder 4 anzuwenden sind. Bei Vorliegen eines Konsens legt die Ministerkonferenz die vorgeschlagene Änderung unverzüglich den Mitgliedern zur Annahme vor. Wird ein Konsens innerhalb des festgelegten Zeitraums während einer Tagung der Ministerkonferenz nicht erzielt, beschließt die Ministerkonferenz mit Zweidrittelmehrheit der Mitglieder, ob die vorgeschlagene Änderung den Mitgliedern zur Annahme vorzulegen ist. Soweit nicht die Absätze 2, 5 und 6 Anwendung finden, werden die Bestimmungen des Absatzes 3 auf die vorgeschlagene Änderung angewendet, außer wenn die Ministerkonferenz mit Dreiviertelmehrheit der Mitglieder beschließt, die Bestimmungen des Absatzes 4 anzuwenden.

---

3) Wenn der Allgemeine Rat in seiner Eigenschaft als Streitbeilegungsorgan zusammentritt, werden seine Beschlüsse nur in Übereinstimmung mit den Bestimmungen des Artikels 2 Absatz 4 der Vereinbarung über Streitbeilegung gefaßt.

4) Ein Beschluß auf Gewährung einer Ausnahmegenehmigung hinsichtlich einer Verpflichtung, die einem Übergangszeitraum oder einem Zeitraum für eine stufenweise Durchführung unterliegt, die das antragstellende Mitglied zum Ende des maßgebenden Zeitraums nicht eingehalten hat, wird nur im Konsensweg gefaßt.

2. Änderungen der Bestimmungen dieses Artikels und der Bestimmungen der folgenden Artikel werden nur nach Annahme durch alle Mitglieder wirksam:
Artikel IX des vorliegenden Abkommens;
Artikel I und II des GATT 1994;
Artikel II Absatz 1 des GATS;
Artikel 4 des Abkommens über TRIPS.

3. Änderungen der Bestimmungen des vorliegenden Abkommens oder der Multilateralen Handelsabkommen der Anhänge 1A und 1C, ausgenommen die in den Absätzen 2 und 6 genannten, die die Rechte und Pflichten der Mitglieder ändern würden, werden für jene Mitglieder wirksam, die sie nach Annahme durch zwei Drittel der Mitglieder angenommen haben, und in der Folge für jedes andere Mitglied nach dessen Zustimmung. Die Ministerkonferenz kann mit Dreiviertelmehrheit der Mitglieder beschließen, daß jede gemäß diesem Absatz bewirkte Änderung von einer derartigen Beschaffenheit ist, daß es jedem Mitglied, das die Änderung innerhalb der von der Ministerkonferenz festgesetzten Frist nicht angenommen hat, in jedem Fall freisteht, aus der WTO auszutreten oder mit Zustimmung der Ministerkonferenz Mitglied zu bleiben.

4. Änderungen der Bestimmungen des vorliegenden Abkommens oder der Multilateralen Handelsabkommen der Anhänge 1A und 1C, ausgenommen die in den Absätzen 2 und 6 genannten, die ihrem Inhalt nach die Rechte und Pflichten der Mitglieder nicht ändern, werden nach Annahme durch zwei Drittel der Mitglieder für alle Mitglieder wirksam.

5. Soweit nicht Absatz 2 Anwendung findet, werden Änderungen der Teile I, II und III des GATS und der einschlägigen Anhänge für jene Mitglieder wirksam, die sie nach Annahme durch zwei Drittel der Mitglieder angenommen haben, und in der Folge für jedes andere Mitglied nach dessen Zustimmung. Die Ministerkonferenz kann mit Dreiviertelmehrheit der Mitglieder beschließen, daß jede nach der vorstehenden Bestimmung bewirkte Änderung von einer derartigen Beschaffenheit ist, daß es jedem Mitglied, das die Änderung innerhalb der von der Ministerkonferenz festgesetzten Frist nicht angenommen hat, in jedem Fall freisteht, aus der WTO auszutreten oder mit Zustimmung der Ministerkonferenz Mitglied zu bleiben. Änderungen der Teile IV, V und VI des GATS und der einschlägigen Anhänge werden nach Annahme durch zwei Drittel der Mitglieder für alle Mitglieder wirksam.

6. Unbeschadet der anderen Bestimmungen dieses Artikels können Änderungen des Übereinkommens über TRIPS, die die Erfordernisse des Artikels 71 Absatz 2 jenes Übereinkommens erfüllen, von der Ministerkonferenz ohne weiteres formelle Annahmeverfahren angenommen werden.

7. Jedes Mitglied, das eine Änderung des vorliegenden Abkommens oder eines Multilateralen Handelsabkommens des Anhangs 1 annimmt, hinterlegt innerhalb der von der Ministerkonferenz festgesetzten Annahmefrist eine Annahmeurkunde beim Generaldirektor der WTO.

8. Jedes Mitglied der WTO kann der Ministerkonferenz einen Vorschlag zur Änderung der Bestimmungen der Multilateralen Handelsabkommen der Anhänge 2 und 3 einbringen. Der Beschluß zur Genehmigung von Änderungen des Multilateralen Handelsabkommens des Anhangs 2 wird im Konsensweg gefaßt; diese Änderungen werden nach Genehmigung durch die Ministerkonferenz für alle Mitglieder wirksam. Beschlüsse zur Genehmigung von Änderungen des Multilateralen Handelsabkommens des Anhangs 3 werden nach Genehmigung durch die Ministerkonferenz für alle Mitglieder wirksam.

9. Die Ministerkonferenz kann auf Antrag der Mitglieder, die Vertragsparteien eines Handelsübereinkommens sind, ausschließlich durch Konsens beschließen, jenes Übereinkommen in den Anhang 4 aufzunehmen. Die Ministerkonferenz kann auf Antrag der Mitglieder, die Vertragsparteien eines Plurilateralen Handelsübereinkommens sind, beschließen, jenes Übereinkommen aus dem Anhang 4 zu streichen.

10. Für Änderungen eines Plurilateralen Handelsübereinkommens gelten die Bestimmungen jenes Übereinkommens.

Artikel XI
Originäre Mitgliedschaft

1. Die Vertragsparteien des GATT 1947 und die Europäischen Gemeinschaften, die das vorliegende Abkommen und die Multilateralen Handelsabkommen annehmen und für welche Listen von Zugeständnissen und Verpflichtungen dem GATT 1994 sowie Listen spezifischer Bindungen dem GATS angeschlossen sind, werden zum Zeitpunkt des Inkrafttretens des vorliegenden Abkommens Gründungsmitglieder der WTO.

2. Die am wenigsten entwickelten Länder, die von den Vereinten Nationen als solche anerkannt sind, brauchen Verpflichtungen und Zugeständnisse nur insoweit übernehmen, als diese mit ihren individuellen Entwicklungs-, Finanz- und Handelserfordernissen oder ihrer administrativen und institutionellen Leistungsfähigkeit vereinbar sind.

Artikel XII
Beitritt

1. Jeder Staat oder jedes gesonderte Zollgebiet, das (der) in der Wahrnehmung seiner Außenhandelsbeziehungen und hinsichtlich der übrigen im vorliegenden Abkommen und in den Multilateralen Handelsabkommen behandelten Angelegen-

heiten völlige Handlungsfreiheit besitzt, kann dem vorliegenden Abkommen unter Bedingungen beitreten, die zwischen ihm und der WTO vereinbart werden. Ein solcher Beitritt gilt für das vorliegende Abkommen und für die in den Anhängen hierzu enthaltenen Multilateralen Handelsabkommen.

2. Beitrittsbeschlüsse werden von der Ministerkonferenz gefaßt. Die Ministerkonferenz genehmigt die Beitrittsbedingungen mit Zweidrittelmehrheit der WTO-Mitglieder.

3. Auf den Beitritt zu einem Plurilateralen Handelsübereinkommen finden die Bestimmungen des betreffenden Übereinkommens Anwendung.

Artikel XIII

Nichtanwendung von Multilateralen Handelsabkommen zwischen bestimmten Mitgliedern

1. Das vorliegende Abkommen und die Multilateralen Handelsabkommen der Anhänge 1 und 2 finden zwischen zwei Mitgliedern keine Anwendung, wenn eines der beiden Mitglieder zu dem Zeitpunkt, zu dem eines von ihnen Mitglied wird, der Anwendung seine Zustimmung versagt.

2. Absatz 1 kann zwischen WTO-Gründungsmitgliedern, die Vertragsparteien des GATT 1947 waren, nur dann angerufen werden, wenn Artikel XXXV des genannten Abkommens früher angerufen worden war und zwischen diesen Vertragsparteien zum für sie wirksamen Zeitpunkt des Inkrafttretens des vorliegenden Abkommens wirksam war.

3. Absatz 1 findet zwischen einem Mitglied und einem anderen Mitglied, das gemäß Artikel XII beitritt, nur dann Anwendung, wenn das Mitglied, das der Anwendung nicht zustimmt, dies der Ministerkonferenz vor Genehmigung der Beitrittsbedingungen durch die Ministerkonferenz notifiziert hat.

4. Die Ministerkonferenz kann die Auswirkungen dieses Artikels in besonderen Fällen auf Antrag eines Mitglieds überprüfen und geeignete Empfehlungen aussprechen.

5. Die Nichtanwendung eines Plurilateralen Handelsübereinkommens zwischen Vertragsparteien des betreffenden Übereinkommens unterliegt den Bestimmungen des betreffenden Übereinkommens.

Artikel XIV
Annahme, Inkrafttreten und Hinterlegung

1. Das vorliegende Abkommen steht den Vertragsparteien des GATT 1947 und den Europäischen Gemeinschaften, die Gründungsmitglieder der WTO gemäß Artikel XI des vorliegenden Abkommens werden können, zur Annahme durch Unterzeichnung oder in anderer Form offen. Eine solche Annahme gilt für das vorliegende Abkommen und für die in den Anhängen enthaltenen Multilateralen Handelsabkommen. Das vorliegende Abkommen und die in den Anhängen enthaltenen Multilateralen Handelsabkommen treten zu dem von den Ministern gemäß Absatz 3 der Schlußakte über die Ergebnisse der Multilateralen Handelsverhandlungen im Rahmen der Uruguay-Runde festgesetzten Zeitpunkt in Kraft und stehen während eines Zeitraums von zwei Jahren ab diesem Zeitpunkt zur Annahme offen, sofern die Minister nichts anderes beschließen. Eine nach dem Inkrafttreten des vorliegenden Abkommens erfolgende Annahme tritt am dreißigsten Tag nach dem Zeitpunkt einer solchen Annahme in Kraft.

2. Ein Mitglied, das das vorliegende Abkommen nach seinem Inkrafttreten annimmt, erfüllt die Zugeständnisse und Verpflichtungen nach den Multilateralen Handelsabkommen, die im Verlauf eines Zeitraums, der mit dem Inkrafttreten des vorliegenden Abkommens beginnt, erfüllt werden müssen, so, als ob es das vorliegende Abkommen zum Zeitpunkt seines Inkrafttretens angenommen hätte.

3. Bis zum Inkrafttreten des vorliegenden Abkommens wird der Wortlaut dieses Abkommens und der Multilateralen Handelsabkommen beim Generaldirektor der VERTRAGSPARTEIEN des GATT 1947 hinterlegt. Der Generaldirektor übermittelt jeder Regierung und den Europäischen Gemeinschaften, die dieses Abkommen angenommen haben, unverzüglich eine beglaubigte Ausfertigung dieses Abkommens und der Multilateralen Handelsabkommen sowie eine Notifikation jeder diesbezüglichen Annahme. Das vorliegende Abkommen und die Multilateralen Handelsabkommen sowie jedwede Änderungen hierzu werden zum Zeitpunkt des Inkrafttretens dieses Abkommens beim Generaldirektor der WTO hinterlegt.

4. Die Annahme und das Inkrafttreten eines Plurilateralen Handelsübereinkommens unterliegen den Bestimmungen des betreffenden Übereinkommens. Derartige Übereinkommen werden beim Generaldirektor der VERTRAGSPARTEIEN des GATT 1947 hinterlegt. Zum Zeitpunkt des Inkrafttretens des vorliegenden Abkommens werden derartige Übereinkommen beim Generaldirektor der WTO hinterlegt.

Artikel XV
Rücktritt

1. Jedes Mitglied kann vom vorliegenden Abkommen zurücktreten. Der Rücktritt gilt sowohl für dieses Abkommen als auch für die Multilateralen Handelsabkommen und wird mit Ablauf von sechs Monaten nach Eingang der schriftlichen Rücktrittserklärung beim Generaldirektor der WTO wirksam.

2. Für den Rücktritt von einem Plurilateralen Übereinkommen gelten die Bestimmungen des betreffenden Übereinkommens.

Artikel XVI
Verschiedene Bestimmungen

1. Sofern im vorliegendem Abkommen oder in den Multilateralen Handelsabkommen nichts anderes vorgesehen ist, gelten als Leitlinien für die WTO die Beschlüsse, Verfahren und Gepflogenheiten der VERTRAGSPARTEIEN des GATT 1947 sowie jene der im Rahmen des GATT 1947 eingesetzten Organe.

2. Soweit praktisch möglich, wird das Sekretariat des GATT 1947 zum Sekretariat der WTO, und der Generaldirektor des GATT 1947 übernimmt bis zu dem Zeitpunkt, an dem die Ministerkonferenz einen Generaldirektor gemäß Artikel VI Absatz 2 des vorliegenden Abkommens ernannt hat, die Aufgaben des Generaldirektors der WTO.

3. Bei Vorliegen einer Normenkollision zwischen einer Bestimmung des vorliegenden Abkommens und einer Bestimmung eines der Multilateralen Abkommen hat die Bestimmung des vorliegenden Abkommens im Ausmaß der Normenkollision Vorrang.

4. Jedes Mitglied stellt sicher, daß seine Gesetze, Verordnungen und Verwaltungsvorschriften mit seinen Verpflichtungen auf Grund der beigefügten Abkommen übereinstimmen.

5. Vorbehalte gegen irgendeine Bestimmung des vorliegenden Abkommens dürfen nicht eingelegt werden. Vorbehalte gegen irgendeine Bestimmung der Multilateralen Handelsabkommen können nur eingelegt werden, soweit dies in den betreffenden Abkommen vorgesehenen ist. Vorbehalte gegen eine Bestimmung eines Plurilateralen Handelsübereinkommens unterliegen den Bestimmungen des betreffenden Übereinkommens.

6. Das vorliegende Abkommen wird nach Artikel 102 der Satzung der Vereinten Nationen registriert.

Geschehen zu Marrakesch am fünfzehnten April eintausendneunhundertvierundneunzig in einer Urschrift in englischer, französischer und spanischer Sprache, wobei jeder Wortlaut gleichermaßen verbindlich ist.

Erläuternde Bemerkungen:

Die Begriffe „Land" oder „Länder" im Sinne des vorliegenden Abkommens und der Multilateralen Handelsabkommen gelten auch für alle gesonderten Zollgebiete, die Mitglieder der WTO sind.

Wird im Falle eines gesonderten Zollgebietes, das Mitglied der WTO ist, ein Ausdruck im vorliegenden Abkommen und in den Multilateralen Handelsabkommen in Verbindung mit dem Wort „inländisch" verwendet, so ist dieser Ausdruck so zu verstehen, daß er sich auf das Zollgebiet bezieht, sofern nichts anderes vorgesehen ist.

Liste der Anhänge
Anhang 1:

Anhang 1A: Multilaterale Abkommen über den Handel mit Waren

Allgemeines Zoll- und Handelsabkommen 1994 Übereinkommen über die Landwirtschaft

Übereinkommen über die Anwendung sanitärer und phytosanitärer Maßnahmen

Übereinkommen über Textilien und Bekleidung Übereinkommen über technische Handelshemmnisse Übereinkommen über handelsbezogene Investitionsmaßnahmen Übereinkommen zur Durchführung des Artikels VI des Allgemeinen Zoll- und Handelsabkommens 1994 Übereinkommen zur Durchführung des Artikels VII des Allgemeinen Zoll- und Handelsabkommens 1994 Übereinkommen über Kontrolle vor dem Versand Übereinkommen über Ursprungsregeln

Übereinkommen über Einfuhrlizenzverfahren Übereinkommen über Subventionen und Ausgleichsmaßnahmen Übereinkommen über Schutzmaßnahmen

Anhang 1B: Allgemeines Abkommen über den Handel mit Dienstleistungen samt Anhängen

Anhang 1C: Abkommen über handelsbezogene Aspekte der Rechte des geistigen Eigentums

Anhang 2:

Vereinbarung über Regeln und Verfahren zur Streitbeilegung

Anhang 3:

Handelspolitischer Prüfungsmechanismus (Verfahren zur Überprüfung der Handelspolitik)

Anhang 4:

Plurilaterale Handelsübereinkommen

Übereinkommen über den Handel mit Zivilluftfahrzeugen Übereinkommen über das öffentliche Beschaffungswesen

Internationales Übereinkommen über Milcherzeugnisse

Internationales Übereinkommen über Rindfleisch

ANHANG 1

Anhang 1

Anhang 1A

MULTILATERALE ABKOMMEN ÜBER DEN HANDEL MIT WAREN

Allgemeine interpretative Anmerkung zum Anhang 1A:

Bei Vorliegen einer Normenkollision zwischen einer Bestimmung des Allgemeinen Zoll- und Handelsabkommens 1994 und einer Bestimmung eines anderen im Anhang 1A zum Abkommen über die Errichtung der Welthandelsorganisation (im folgenden „WTO-Abkommen" genannt) enthaltenen Abkommens hat die Bestimmung des anderen Abkommens im Ausmaß der Normenkollision Vorrang.

ALLGEMEINES ZOLL- UND HANDELSABKOMMEN 1994

(Anm.: wird als eigener Vertrag dokumentiert)

ÜBEREINKOMMEN ÜBER DIE LANDWIRTSCHAFT

(Anm.: wird als eigener Vertrag dokumentiert)

ÜBEREINKOMMEN ÜBER DIE ANWENDUNG SANITÄRER UND PHYTOSANITÄRER MASSNAHMEN

(Anm.: wird als eigener Vertrag dokumentiert)

ÜBEREINKOMMEN ÜBER TEXTILIEN UND BEKLEIDUNG

(Anm.: wird als eigener Vertrag dokumentiert)

ÜBEREINKOMMEN ÜBER TECHNISCHE HANDELSHEMMNISSE

(Anm.: wird als eigener Vertrag dokumentiert)

ÜBEREINKOMMEN ÜBER HANDELSBEZOGENE INVESTITIONSMASSNAHMEN

(Anm.: wird als eigener Vertrag dokumentiert)

ÜBEREINKOMMEN ZUR DURCHFÜHRUNG DES ARTIKELS VI DES ALLGEMEINEN ZOLL- UND HANDELSABKOMMENS 1994

(Anm.: wird als eigener Vertrag dokumentiert)

ÜBEREINKOMMEN ZUR DURCHFÜHRUNG DES ARTIKELS VII DES ALLGEMEINE ZOLL- UND HANDELSABKOMMENS 1994

(Anm.: wird als eigener Vertrag dokumentiert)

ÜBEREINKOMMEN ÜBER KONTROLLE VOR DEM VERSAND

(Anm.: wird als eigener Vertrag dokumentiert)

ÜBEREINKOMMEN ÜBER URSPRUNGSREGELN

(Anm.: wird als eigener Vertrag dokumentiert)

ÜBEREINKOMMEN ÜBER EINFUHRLIZENZVERFAHREN

(Anm.: wird als eigener Vertrag dokumentiert)

ÜBEREINKOMMEN ÜBER SUBVENTIONEN UND AUSGLEICHSMASSNAHMEN

(Anm.: wird als eigener Vertrag dokumentiert)

ÜBEREINKOMMEN ÜBER SCHUTZMASSNAHMEN

(Anm.: wird als eigener Vertrag dokumentiert)

ANHANG 1B

ALLGEMEINES ABKOMMEN ÜBER DEN HANDEL MIT DIENSTLEISTUNGEN

(Anm.: wird als eigener Vertrag dokumentiert)

Anhang 1C

ABKOMMEN ÜBER HANDELSBEZOGENE ASPEKTE DER RECHTE DES GEISTIGEN EIGENTUMS

(Anm.: wird als eigener Vertrag dokumentiert)

ANHANG 2

Anhang 2

VEREINBARUNG ÜBER REGELN UND VERFAHREN ZUR STREITBEILEGUNG

(Anm.: wird als eigener Vertrag dokumentiert)

ANHANG 3

Anhang 3

HANDELSPOLITISCHER PRÜFUNGSMECHANISMUS

(VERFAHREN ZUR ÜBERPRÜFUNG DER HANDELSPOLITIK)

(Anm.: wird als eigener Vertrag dokumentiert)

SCHLUSSAKTE ÜBER DIE ERGEBNISSE DER MULTILATERALEN HANDELSVERHANDLUNGEN DER URUGUAY-RUNDE

Marrakesch, 15. April 1994

SCHLUSSAKTE ÜBER DIE ERGEBNISSE DER MULTILATERALEN

HANDELSVERHANDLUNGEN DER URUGUAY-RUNDE

1. Die Vertreter der Regierungen und der Europäischen Gemeinschaften, Mitglieder des Handelsverhandlungskomitees, vereinbaren zum Abschluß der Multilateralen Handelsverhandlungen der Uruguay-Runde, daß das Abkommen zur Errichtung der Welthandelsorganisation (im folgenden „WTO-Abkommen" genannt), die als Anhänge beigefügten Erklärungen und Beschlüsse der Minister sowie die Vereinbarung über Verpflichtungen bei Finanzdienstleistungen, die Ergebnisse ihrer Verhandlungen enthalten und einen integrierenden Bestandteil der vorliegenden Schlußakte bilden.
2. Mit der Unterzeichnung der vorliegenden Schlußakte vereinbaren die Vertreter,
   a) das WTO-Abkommen gegebenenfalls ihren jeweils zuständigen Behörden zur Prüfung vorzulegen, um die Genehmigung dieses Abkommens in Übereinstimmung mit ihren einschlägigen Verfahren zu erlangen; und

b) die Erklärungen und Beschlüsse der Minister anzunehmen.

3. Die Vertreter halten es übereinstimmend für wünschenswert, daß das WTO-Abkommen von allen Teilnehmern an den Multilateralen Handelsverhandlungen der Uruguay-Runde (im folgenden „Teilnehmer" genannt) angenommen wird, damit es am 1. Jänner 1995 oder so früh wie möglich danach in Kraft tritt. Gemäß dem letzten Absatz der Ministererklärung von Punta del Este werden die Minister spätestens Ende 1994 zusammentreten, um über die internationale Durchführung der Ergebnisse, einschließlich des Zeitpunkts ihres Inkrafttretens, zu beschließen.
4. Die Vertreter kommen überein, daß das WTO-Abkommen in seiner Gesamtheit für alle Teilnehmer gemäß Artikel XIV zur Annahme durch Unterzeichnung oder in anderer Form offensteht. Für die Annahme und das Inkrafttreten eines im Anhang 4 des WTO-Abkommens enthaltenen Plurilateralen Handelsübereinkommens gelten die Bestimmungen des betreffenden Plurilateralen Handelsübereinkommens.
5. Teilnehmer, die nicht Vertragsparteien des Allgemeinen Zoll- und Handelsabkommens sind, müssen, bevor sie das WTO-Abkommen annehmen, zuerst ihre Beitrittsverhandlungen zum Allgemeinen Abkommen abgeschlossen haben und Vertragsparteien hierzu werden. Für Teilnehmer, die zum Datum der Schlußakte nicht Vertragsparteien des Allgemeinen Abkommens sind, sind die Listen der Zugeständnisse nicht endgültig, sondern werden in der Folge im Hinblick auf ihren Beitritt zum Allgemeinen Abkommen und die Annahme des WTO-Abkommens ergänzt.
6. Die vorliegende Schlußakte und die in den Anhängen enthaltenen Texte werden beim Generaldirektor der VERTRAGSPARTEIEN des Allgemeinen Zoll- und Handelsabkommens hinterlegt, der unverzüglich jedem Teilnehmer eine beglaubigte Ausfertigung hiervon übermittelt.

Geschehen zu Marrakesch am fünfzehnten April eintausendneunhundertvierundneunzig in einer Urschrift in englischer, französischer und spanischer Sprache, wobei jeder Wortlaut gleichermaßen verbindlich ist.

(Die Liste der Unterzeichnungen wird zur Unterzeichnung in die Vertragsausfertigung der Schlußakte aufgenommen.)

BESCHLUSS ÜBER VERHANDLUNGEN ÜBER DIE FREIZÜGIGKEIT NATÜRLICHER PERSONEN

Die Minister,

in Kenntnis der Verpflichtungen, die sich aus den Verhandlungen der Uruguay-Runde über die Freizügigkeit natürlicher Personen für die Erbringung von Dienstleistungen ergeben;

eingedenk der Zielsetzungen des Allgemeinen Abkommens über den Handel mit Dienstleistungen, einschließlich der stärkeren Beteiligung der Entwicklungsländer am Handel mit Dienstleistungen und der Steigerung ihrer Ausfuhren von Dienstleistungen;

in der Erkenntnis, daß es wichtig ist, weitergehende Bindungen in bezug auf die Freizügigkeit natürlicher Personen zu erreichen, um eine ausgewogene Aufteilung der Vorteile im Rahmen des Allgemeinen Abkommens über den Handel mit Dienstleistungen zu gewährleisten;

beschließen folgendes:

1. Auch nach Abschluß der Uruguay-Runde werden Verhandlungen über eine erweiterte Freizügigkeit natürlicher Personen für die Erbringung von Dienstleistungen geführt, um weitergehende Bindungen seitens der Beteiligten im Rahmen des Allgemeinen Abkommens über den Handel mit Dienstleistungen zu erreichen.
2. Es wird eine Verhandlungsgruppe für die Freizügigkeit natürlicher Personen eingesetzt, die die Verhandlungen führt. Die Gruppe legt ihre Verfahrensordnung fest und erstattet dem Rat für den Handel mit Dienstleistungen regelmäßig Bericht.
3. Die Verhandlungsgruppe hält ihre erste Verhandlungssitzung spätestens am 16. Mai 1994 ab. Sie schließt diese Verhandlungen spätestens sechs Monate nach Inkrafttreten des WTO-Abkommens ab und legt dann einen Schlußbericht vor.
4. Die sich aus diesen Verhandlungen ergebenden Verpflichtungen werden in die Listen der spezifischen Bindungen der Mitglieder aufgenommen.

BESCHLUSS ÜBER FINANZDIENSTLEISTUNGEN

Die Minister,

in Kenntnis, daß die Verpflichtungen, die die Teilnehmer in bezug auf Finanzdienstleistungen bei Abschluß der Uruguay-Runde in ihre Listen aufgenommen haben, auf Grundlage der Meistbegünstigung (MFN) zur gleichen Zeit wie das Abkommen zur Errichtung der WTO (im folgenden „WTO-Abkommen" genannt) in Kraft treten werden, beschließen folgendes:

1. Nach Ablauf eines Zeitraums, der spätestens sechs Monate nach Inkrafttreten des WTO-Abkommens endet, steht es den Mitgliedern unbeschadet des Artikels XXI des Allgemeinen Abkommens über den Handel mit Dienstleistungen frei, ihre Bindungen auf diesem Sektor ganz oder teilweise zu verbessern, abzuändern oder zurückzunehmen, ohne dafür einen Ausgleich anzubieten. Gleichzeitig treffen die Mitglieder eine abschließende Regelung für ihre Haltung hinsichtlich ihrer Ausnahmen von der Meistbegünstigung in diesem Sektor unbeschadet des Anhangs über Ausnahmen von Artikel II. Ab Inkrafttreten des WTO-Abkommens und bis zum Ablauf des oben genannten Zeitraums werden die Ausnahmen im Anhang zu Artikel II, die vom Umfang der von anderen Teilnehmern übernommenen Bindungen oder der Ausnahmen anderer Teilnehmer abhängen, nicht angewendet.
2. Das Komitee für den Handel mit Finanzdienstleistungen überwacht den Fortgang der Verhandlungen im Rahmen dieses Beschlusses und erstattet darüber dem Rat für den Handel mit Dienstleistungen spätestens vier Monate nach Inkrafttreten des WTO-Abkommens Bericht.

BESCHLUSS ÜBER VERHANDLUNGEN ÜBER SEEVERKEHRSDIENSTLEISTUNGEN

Die Minister,

in Kenntnis, daß die Bindungen, die die Teilnehmer in bezug auf Seeverkehrsdienstleistungen bei Abschluß der Uruguay-Runde in ihre Listen aufgenommen haben, auf der Grundlage der Meistbegünstigung (MFN) zur gleichen Zeit wie das Abkommen zur Errichtung der WTO (im folgenden „WTO-Abkommen" genannt) in Kraft treten werden, beschließen folgendes:

1. Auf dem Sektor der Seeverkehrsdienstleistungen werden Verhandlungen auf freiwilliger Basis im Rahmen des Allgemeinen Abkommens über den Handel mit Dienstleistungen aufgenommen. Die Verhandlungen sollen umfassend sein und auf Bindungen im Bereich des internationalen Seeverkehrs, der Hilfsdienste und des Zugangs zu Hafeneinrichtungen und deren Benutzung abzielen und zur Abschaffung von Beschränkungen innerhalb eines festen Zeitrahmens führen.
2. Es wird eine Verhandlungsgruppe für Seeverkehrsdienstleistungen (im folgenden „NGMTS" genannt) eingesetzt, die diese Aufgabe übernimmt. Die NGMTS erstattet über den Fortgang der Verhandlungen regelmäßig Bericht.
3. Die Verhandlungen im Rahmen der NGMTS stehen allen Regierungen, die ihre Absicht zur Teilnahme bekunden, und den Europäischen Gemeinschaften offen. Bisher haben die folgenden Regierungen ihre Absicht bekundet, an den Verhandlungen teilzunehmen: Argentinien, Europäische Gemeinschaften und ihre Mitgliedsstaaten, Finnland, Indonesien, Island, Kanada, Korea, Malaysia, Mexiko, Neuseeland, Norwegen, die Philippinen, Polen, Rumänien, Schweden, Singapur, Thailand, die Türkei, die Vereinigten Staaten.

Weitere Teilnahmeabsichten werden dem Depositar des WTO-Abkommens notifiziert.

4. Die NGMTS hält ihre erste Verhandlungssitzung spätestens am 16. Mai 1994 ab. Sie schließt die Verhandlungen spätestens im Juni 1996 ab und erstattet zu diesem Zeitpunkt einen Schlußbericht. Der Schlußbericht der NGMTS enthält ein Datum für die Durchführung der Ergebnisse dieser Verhandlungen.
5. Bis zum Abschluß der Verhandlungen wird die Anwendung des Artikels II und der Absätze 1 und 2 des Anhangs zum Artikel II – Ausnahmen auf diesem Sektor ausgesetzt; es erübrigt sich, MFN-Ausnahmen anzuführen. Bei Abschluß der Verhandlungen steht es den Mitgliedern unbeschadet der Bestimmungen des Artikels XXI des Abkommens frei, während der Uruguay-Runde auf diesem Sektor übernommene Verpflichtungen zu verbessern, abzuändern oder zurückzunehmen, ohne dafür einen Ausgleich anzubieten. Gleichzeitig treffen die Mitglieder eine abschließende Regelung für ihre Haltung hinsichtlich ihrer Ausnahmen von der Meistbegünstigung auf diesem Sektor unbeschadet der Ausnahmen im Anhang zu Artikel II. Führen die Verhandlungen

zu keinem Ergebnis, so beschließt der Rat für den Handel mit Dienstleistungen, ob die Verhandlungen im Rahmen dieses Mandats fortgeführt werden sollen.

6. Alle sich aus den Verhandlungen ergebenden Bindungen, einschließlich des Datums ihres Inkrafttretens, werden in die dem Allgemeinen Abkommen über den Handel mit Dienstleistungen als Anhänge beigefügten Listen aufgenommen und unterliegen allen Bestimmungen des Abkommens.
7. Ab sofort und bis zu dem nach Absatz 4 zu bestimmenden Datum der Durchführung wird davon ausgegangen, daß die Teilnehmer den Handel mit Seeverkehrsdienstleistungen berührende Maßnahmen nur als Antwort auf Maßnahmen anderer Länder und im Hinblick auf die Aufrechterhaltung oder Verbesserung der Freizügigkeit der Seeverkehrsdienstleistungen und nicht in der Weise anwenden, daß ihre Verhandlungsposition und Möglichkeit zur Einflußnahme verbessert werden.
8. Die Durchführung des Absatzes 7 unterliegt der Überwachung durch die NGMTS. Jeder Teilnehmer kann die NGMTS auf Handlungen oder Unterlassungen hinweisen, die nach seiner Auffassung für die Durchführung des Absatzes 7 von Bedeutung sind. Diese Notifikationen gelten als der NGMTS bei Eingang im Sekretariat vorgelegt.

BESCHLUSS ÜBER VERHANDLUNGEN ÜBER FERNMELDEGRUNDDIENSTE

Die Minister beschließen folgendes:

1. Auf freiwilliger Basis werden Verhandlungen im Hinblick auf eine fortschreitende Liberalisierung des Handels mit Fernmeldeverkehrsnetzen und -diensten (im folgenden „Fernmeldegrunddienste" genannt) im Rahmen des Allgemeinen Abkommens über den Handel mit Dienstleistungen aufgenommen.
2. Unbeschadet ihres Ergebnisses müssen die Verhandlungen umfassend sein, wobei kein Fernmeldegrunddienst von vornherein ausgeschlossen werden darf.
3. Es wird eine Verhandlungsgruppe für Fernmeldegrunddienste (im folgenden „NGBT" genannt) eingesetzt, die diese Aufgabe übernimmt. Die NGBT erstattet über den Fortgang dieser Verhandlungen regelmäßig Bericht.
4. Die Verhandlungen im Rahmen der NGBT stehen allen Regierungen, die ihre Absicht zur Teilnahme bekunden, und den Europäischen Gemeinschaften offen. Bisher haben folgende Länder ihre Absicht zur Teilnahme an den Verhandlungen bekundet: Australien, Chile, Europäische Gemeinschaften und ihre Mitgliedsstaaten, Finnland, Hongkong, Japan, Kanada, Korea, Neuseeland, Norwegen, Mexiko, Österreich, Schweden, Schweiz, die Slowakische Republik, die Türkei, die Vereinigten Staaten.

   Weitere Teilnahmeabsichten werden dem Depositar des WTO-Abkommens notifiziert.

5. Die NGBT hält ihre erste Verhandlungssitzung spätestens am 16. Mai 1994 ab. Sie schließt diese Verhandlungen spätestens am 30. April 1996 ab und erstattet zu diesem Zeitpunkt einen Schlußbericht. Der Schlußbericht der NGBT enthält ein Datum für die Durchführung der Ergebnisse dieser Verhandlungen.
6. Alle sich aus den Verhandlungen ergebenden Bindungen, einschließlich des Datums des Inkrafttretens, werden in die dem Allgemeinen Abkommen über den Handel mit Dienstleistungen als Anhänge beigefügten Listen aufgenommen und unterliegen allen Bestimmungen des Abkommens.
7. Ab sofort und bis zu dem nach Absatz 5 zu bestimmenden Datum der Durchführung wird davon ausgegangen, daß kein Beteiligter Maßnahmen, die den Handel mit Fernmeldegrunddiensten berühren, in der Weise anwendet, daß seine Verhandlungsposition und Möglichkeit zur Einflußnahme verbessert werden. Es wird davon ausgegangen, daß diese Bestimmung die Durchführung kommerzieller und staatlicher Maßnahmen bezüglich der Bereitstellung von Fernmeldegrunddiensten nicht verhindert.
8. Die Durchführung des Absatzes 7 unterliegt der Überwachung durch die NGBT. Jeder Teilnehmer kann die NGBT auf Handlungen oder Unterlassungen hinweisen, die nach seiner Auffassung für die Durchführung des Absatzes 7 von Bedeutung sind. Diese Mitteilungen gelten als der NGBT bei Eingang im Sekretariat vorgelegt.

ORGANISATORISCHE UND FINANZIELLE AUSWIRKUNGEN DER DURCHFÜHRUNG DES ABKOMMENS ZUR ERRICHTUNG DER WELTHANDELSORGANISATION

Beschluß vom 14. April 1994

Die Minister,

in Anerkennung der Bedeutung der Rolle und des Beitrags der Welthandelsorganisation (im folgenden „WTO" genannt) für den internationalen Handel;

in dem Wunsch, ein wirkungsvolles Funktionieren des WTO-Sekretariats sicherzustellen;

in der Erkenntnis, daß die Durchführung der Ergebnisse der Uruguay-Runde den Umfang und die Verflechtung der Aufgaben des Sekretariats ausweiten und die finanziellen Auswirkungen untersucht werden müssen;

in Erinnerung an die Feststellungen durch ehemalige Vorsitzende der GATT-VERTRAGSPARTEIEN und des GATT-Rates, die die Aufmerksamkeit auf die Notwendigkeit gelenkt haben, die Arbeitsbedingungen, einschließlich der Gehälter und Pensionen, für die Bediensteten des Sekretariats zu verbessern;

eingedenk der Notwendigkeit für die WTO in den Arbeitsbedingungen für ihre Bediensteten wettbewerbsfähig zu sein, um das erforderliche Fachwissen zu gewinnen;

in Kenntnis des Vorschlags des Generaldirektors, daß bei Festlegung der Arbeitsbedingungen für das WTO-Personal, einschließlich für Gehälter und Pensionen, die Arbeitsbedingungen des Internationalen Währungsfonds und der Weltbank gebührend berücksichtigt werden;

in Kenntnis des Artikels VI des Abkommens zur Errichtung der WTO, insbesondere des Absatzes 3, wodurch der Generaldirektor ermächtigt wird, das Sekretariatspersonal zu bestellen und seine Aufgaben und Arbeitsbedingungen in Übereinstimmung mit den von der Ministerkonferenz angenommenen Vorschriften festzulegen;

in Erinnerung, daß das Mandat des Vorbereitungskomitees verlangt, daß dieses die notwendigen Funktionen zur Sicherung einer wirksamen Tätigkeit der WTO unverzüglich mit deren Gründung sicherstellt, einschließlich der Vorbereitung von Empfehlungen für die Prüfung durch das zuständige Organ der WTO oder, soweit erforderlich, Beschlüsse zu fassen oder gegebenenfalls vorläufige Beschlüsse bezüglich administrativer, budgetärer und finanzieller Angelegenheiten mit Unterstützung des Sekretariats zu fassen; kommen überein, daß das Vorbereitungskomitee die organisatorischen Änderungen, finanziellen Erfordernisse und Arbeitsbedingungen des Personals, die im Zusammenhang mit der Errichtung der WTO und der Durchführung der Abkommen und Übereinkommen der Uruguay-Runde vorgeschlagen wurden, prüft und Empfehlungen vorbereitet und, soweit erforderlich, Beschlüsse für die notwendigen Anpassungen faßt.

BESCHLUß ÜBER DIE EINSETZUNG DES VORBEREITUNGSKOMITEES FÜR DIE WELTHANDELSORGANISATION

Beschluß vom 14. April 1994

Die Minister,

im Hinblick auf das Abkommen zur Errichtung der Welthandelsorganisation (im folgenden „WTO-Abkommen" und „WTO" genannt); und

eingedenk des Wunsches einen geordneten Übergang zur WTO und eine wirksame Tätigkeit der WTO vom Inkrafttreten an sicherzustellen;

kommen hiermit wie folgt überein:

1. Ein Vorbereitungskomitee für die WTO (im folgenden „Komitee" genannt) wird hiermit eingesetzt. Herr P.D. Sutherland wird in seiner persönlichen Eigenschaft zum Vorsitzenden des Komitees bestellt.

2. Die Mitgliedschaft beim Komitee steht allen Unterzeichnern der Schlußakte der Multilateralen Handelsverhandlungen der Uruguay-Runde und allen Vertragsparteien offen, die Gründungsmitglieder gemäß Artikel XI des WTO-Abkommens werden wollen.
3. Eine Untergruppe für Budget, Finanzen und Verwaltung unter Leitung des Vorsitzenden der GATT-VERTRAGSPARTEIEN und eine Untergruppe für Dienstleistungen für Vorbereitungsarbeiten von das GATS betreffenden Angelegenheiten werden ebenfalls eingesetzt. Das Komitee kann gegebenenfalls weitere Untergruppen einsetzen. Die Mitgliedschaft bei den Untergruppen steht allen Komiteemitgliedern offen. Das Komitee legt seine und die Verfahren seiner Untergruppen fest.
4. Das Komitee faßt seine Beschlüsse mit Konsens.
5. Nur jene Mitglieder des Komitees, die GATT-Vertragsparteien sind und Gründungsmitglieder der WTO gemäß Artikel XI und XIV werden wollen, können an der Beschlußfassung des Komitees teilnehmen.
6. Das Komitee und seine Untergruppen werden vom GATT-Sekretariat betreut.
7. Das Komitee beendet seine Tätigkeit mit dem Inkrafttreten des WTO-Abkommens und wird zu diesem Zeitpunkt seinen Bericht und Empfehlungen der WTO vorlegen.
8. Das Komitee nimmt unverzüglich mit seiner Einsetzung alle notwendigen Funktionen wahr, um eine wirksame Tätigkeit der WTO sicherzustellen, einschließlich der folgenden Funktionen:

a) Administrative, budgetäre und finanzielle Angelegenheiten:

Ausarbeitung von Empfehlungen zur Prüfung durch das zuständige Organ der WTO oder, soweit erforderlich, Fassung von Beschlüssen oder gegebenenfalls vorläufige Beschlüsse vor der Errichtung der WTO, im Hinblick auf Empfehlungen, die dem Komitee vom Vorsitzenden der Untergruppe für Budget, Finanzen und Verwaltung gemäß Absatz 3 in Zusammenarbeit mit dem Vorsitzenden des GATT-Komitees für Budget, Finanzen und Verwaltung und mit Unterstützung durch Vorschläge des Sekretariats unterbreitet werden, über:

(i) das im Artikel VIII Absatz 5 des WTO-Abkommens vorgesehene Amtssitzabkommen;
(ii) finanzielle Regelungen, einschließlich Richtlinien für die Festsetzung der Budgetbeiträge der WTO-Mitglieder in Übereinstimmung mit den im Artikel VII des WTO-Abkommens festgelegten Kriterien;
(iii) den Budgetvoranschlag für das erste Jahr der Tätigkeit der WTO;
(iv) die Übertragung des Vermögens, einschließlich der Aktiva, vom ICITO/GATT an die WTO;
(v) die Überleitungsbestimmungen und die Bedingungen für die Überleitung des GATT-Personals an das WTO-Sekretariat;
(vi) das Verhältnis zwischen dem Internationalen Handelszentrum (ITC) und der WTO;

b) Institutionelle, prozedurale und rechtliche Angelegenheiten:

(i) Durchführung der Prüfung und Genehmigung der ihm vorgelegten Listen gemäß dem „Beschluß über die Annahme des und den Beitritt zum Abkommen zur Errichtung der Welthandelsorganisation" und Vorschläge für Beitrittsbedingungen gemäß Absatz 2 dieses Beschlusses;
(ii) Erstattung von Vorschlägen für das Mandat der WTO-Organe, im besonderen jener nach Artikel IV des WTO-Abkommens eingesetzten Organe und Verfahrensregeln, die sie für sich selbst unter Berücksichtigung des Artikels XVI Absatz 1 festlegen;
(iii) Ausarbeitung von Empfehlungen an den Allgemeinen Rat der WTO über entsprechende Vorkehrungen betreffend die Beziehungen zu anderen im Artikel V des WTO-Abkommens angeführten Organisationen; und
(iv) Ausarbeitung und Vorlage seiner Tätigkeitsberichte an die WTO.

c) Angelegenheiten in bezug auf das Inkrafttreten des WTO-Abkommens und der Tätigkeiten der WTO im Rahmen ihres Geltungsbereichs und ihrer Funktionen:

(i) Einberufung und Vorbereitung der Implementierungskonferenz;
(ii) Ingangsetzung des Arbeitsprogramms, das aus den in der Schlußakte enthaltenen Ergebnissen der Uruguay-Runde folgt, wie Beaufsichtigung der Verhandlungen in spezifischen Dienstleistungssektoren in der im Absatz 3 angeführten Untergruppe für Dienstleistungen

sowie auch Durchführung von Arbeiten, die sich aus den Beschlüssen der Tagung von Marrakesch ergeben;

(iii) Erörterung von Vorschlägen für die Aufnahme von

zusätzlichen Punkten in das WTO-Arbeitsprogramm;

(iv) Erstattung von Vorschlägen für die Zusammensetzung des Textilaufsichtsorgans gemäß den im Artikel 8 des Übereinkommens über Textilien und Bekleidung angeführte Kriterien; und

(v) Einberufung der ersten Tagung der Ministerkonferenz oder

des Allgemeinen Rates der WTO, wer auch immer zuerst zusammentritt, und Ausarbeitung der vorläufigen Tagesordnung hiefür.

13/2. Allgemeines Zoll- und Handelsabkommen[1)]

[1)] Anmerkung: Vorliegende Fassung ist dem Schweizer Bundesrechtsportal entnommen. In Österreich wurde nur das Protokoll von Torquay zum Allgemeinen Zoll- und Handelsabkommen im BGBl. kundgemacht (BGBl. Nr. 254/1951).

Allgemeines Zoll- und Handelsabkommen

Teil I

Artikel I
Allgemeine Meistbegünstigungsbehandlung

1. Hinsichtlich von Zöllen und Gebühren aller Art, die anläßlich oder im Zusammenhang mit der Einfuhr oder Ausfuhr oder auf den internationalen Zahlungsverkehr für Ein- oder Ausfuhr auferlegt werden, hinsichtlich des Einhebungsverfahrens für solche Zölle und Belastungen und bezüglich aller Vorschriften und Formalitäten im Zusammenhang mit Ein- und Ausfuhr, sowie aller Angelegenheiten, auf die sich Absätze 2 und 4 des Artikels III beziehen, werden alle Vorteile, Begünstigungen, Vorrechte oder Immunitäten, die von einem Vertragsstaat für eine Ware, welche aus einem anderen Land stammt oder für dieses Land bestimmt ist, unverzüglich und bedingungslos für gleichartige Waren, die aus einem anderen Land stammen oder für dieses bestimmt sind, auch für das Gebiet aller anderen Vertragsstaaten gewährt.

2. Die Bestimmungen des Absatzes 1 dieses Artikels werden nicht die Beseitigung jeder Präferenz bezüglich von Einfuhrzöllen oder Gebühren erforderlich machen, die nicht die in Absatz 4 dieses Artikels vorgesehene Höhe überschreiten und sich in folgendem Rahmen halten:

a) ausschließlich zwischen zwei oder mehreren der im Anhang A angeführten Gebiete bestehenden Präferenzen, unter Berücksichtigung der darin festgesetzten Bedingungen;

b) Präferenzen, die ausschließlich zwischen zwei oder mehreren Staaten bestehen, die am 1. Juli 1939 durch gemeinsame Souveränität oder durch ein gemeinsames Schutz- oder Hoheitsverhältnis verbunden waren und welche im Anhang B, C und D angeführt sind, unter Berücksichtigung der in diesen Anhängen festgesetzten Bedingungen;

c) ausschließlich zwischen den Vereinigten Staaten von Amerika und der Republik Kuba bestehende Präferenzen;

d) Präferenzen, die ausschließlich zwischen den im Anhang E und F angeführten benachbarten Staaten bestehen.

3. Die Bestimmungen des Absatzes 1 beziehen sich nicht auf Länder, die früher ein Bestandteil des türkischen Reiches waren und am 24. Juli 1923 von ihm abgetrennt wurden, vorausgesetzt, daß solche Präferenzen gemäß Absatz 5 a des Artikels XXV gebilligt werden, der in dieser Hinsicht im Sinne des Absatzes 1 des Artikels XXIX anzuwenden ist.

4. Die Präferenzspanne für eine Ware, für die gemäß Absatz 2 dieses Artikels eine Präferenz eingeräumt wurde, welche aber jedoch in der diesem Abkommen angeschlossenen diesbezüglichen Liste nicht ausdrücklich als maximale Präferenzspanne festgesetzt ist, darf

a) bezüglich der Zölle oder anderer Belastungen auf eine in einer solchen Liste angeführte Ware die Differenz zwischen der Meistbegünstigung und der in dieser Liste vorgesehenen Präferenzrate nicht überschreiten; falls keine Präferenzrate vorgesehen ist, wird, im Sinne dieses Absatzes, die am 10. April 1947 in Geltung gestandene Präferenzrate angenommen werden und, falls auch keine Meistbegünstigungsrate vorgesehen ist, die Präferenzspanne die Differenz zwischen der Meistbegünstigung und der am 10. April 1947 bestandenen Präferenzrate nicht überschreiten;

b) bezüglich der Zölle oder Belastungen auf eine nicht in den diesbezüglichen Listen angeführte Ware die Differenz zwischen der Meistbegünstigung und der am 10. April 1947 bestehenden Präferenzrate nicht überschreiten.

Im Falle der im Anhang G angeführten Vertragsstaaten wird der unter a) und b) dieses Absatzes angeführte Stichtag des 10. April 1947 durch die in diesem Anhang festgesetzten Stichtage entsprechend ersetzt.

Artikel II
Begünstigungsverzeichnisse

1. a) Jeder Vertragsstaat räumt den anderen Vertragsstaaten im Handelsverkehr eine nicht weniger günstige Behandlung ein als jene, die in dem entsprechenden Teile der dem vorliegenden Abkommen angeschlossenen diesbezüglichen Liste vorgesehen ist.

b) Die im Teil I der Liste bezüglich jedes Vertragsstaates angeführten und aus dem Gebiete anderer Vertragsstaaten stammenden Waren sind bei der Einfuhr in ein Gebiet, auf das sich diese Liste erstreckt und unter Berücksichtigung der in dieser Liste festgelegten Bedingungen, Klauseln und näheren Bestimmungen, von allen jenen allgemeinen Zollgebühren ausgenommen, die die in dieser Liste vorgesehenen und festgelegten Gebühren übersteigen. Desgleichen sind solche Waren auch von allen anderen Zollgebühren oder

Belastungen jeder Art befreit, die bei der Einfuhr oder im Zusammenhang damit auferlegt werden und über die im Zeitpunkte dieses Abkommens eingehobenen Gebühren oder über jene hinausgehen, die unmittelbar und auf Grund der zu jenem Zeitpunkte im Einfuhrlande bestehenden Gesetzgebung auferlegt werden.

c) Die Waren, die im Teil II der auf alle Vertragsstaaten Bezug nehmenden Liste angeführt sind, nämlich Waren aus jenen Gebieten, die gemäß Artikel I Anspruch auf Vorzugsbehandlung bei der Einfuhr in jenes Gebiet haben, auf das sich die Liste bezieht, sind, vorbehaltlich der darin festgesetzten Bedingungen, Klauseln und näheren Bestimmungen, von jenen allgemeinen Zollgebühren befreit, die über die im Teil II dieser Liste vorgesehenen und festgesetzten Gebühren noch hinausgehen. Desgleichen sind solche Waren auch von allen anderen Zollgebühren oder Belastungen jeder Art befreit, die bei der Einfuhr oder im Zusammenhang damit auferlegt werden, die über die im Zeitpunkt dieses Abkommens eingehobenen Gebühren oder über jene hinausgehen, die unmittelbar und auf Grund der zu jenem Zeitpunkte im Einfuhrlande bestehenden Gesetzgebung auferlegt werden. Gemäß den Bestimmungen des vorliegenden Artikels ist kein Vertragsstaat daran gehindert, die im Zeitpunkte dieses Abkommens bestehenden Vorschriften, betreffend die Zulassungsbedingungen für Waren zur Einfuhr zu Vorzugszöllen, aufrechtzuerhalten.

2. Keine Bestimmung dieses Artikels hindert einen der Vertragsstaaten daran, auf die Einfuhr einer Ware

a) die einer inländischen Steuer entsprechende Belastung zu legen, die mit den Bestimmungen des Absatzes 2 des Artikels III vereinbar ist und bei gleichartigen heimischen Waren oder Erzeugnissen Anwendung findet, aus denen die eingeführte Ware zur Gänze oder zum Teil hergestellt oder erzeugt wurden;

b) mit den Bestimmungen des Artikels VI vereinbare Anti-Dumping- oder Ausgleichszölle zu legen;

c) Gebühren oder ähnliche Belastungen aufzuerlegen, die den Kosten von gebotenen Dienstleistungen entsprechen.

3. Kein Vertragsstaat ändert die Methoden zur Bestimmung des Zollwertes oder seiner Geldumrechnung derart, daß dadurch der Wert eines der Zugeständnisse, die in der entsprechenden, diesem Abkommen angeschlossenen Liste vorgesehen sind, beeinträchtigt würde.

4. Falls ein Vertragsstaat de jure oder de facto ein Einfuhrmonopol auf eine in der entsprechenden, diesem Abkommen angeschlossenen Liste angeführten Ware errichtet, unterhält oder gestattet, wird ein solches Monopol – ausgenommen es ist in dieser Liste vorgesehen oder in anderer Weise zwischen den Vertragsstaaten, die ursprünglich die Begünstigung vereinbart haben, bestimmt – nicht die Wirkung haben, einen Schutz zu gewährleisten, der über das in der Liste vorgesehene Maß hinausgeht. Die Bestimmungen dieses Absatzes beschränken die Vertragsstaaten nicht bei der Stützung heimischer Erzeuger, soweit eine solche durch andere Bestimmungen dieses Abkommens gestartet ist.

5. Falls ein Vertragsstaat der Ansicht ist, daß einer Ware seitens eines anderen Vertragsstaates nicht die Behandlung zuteil wird, die der erste Vertragsstaat auf Grund der Begünstigung, die in der entsprechenden, diesem Abkommen angeschlossenen Liste vorgesehen ist, als beabsichtigt betrachtet, bringt er die Angelegenheit unmittelbar dem anderen Vertragsstaat zur Kenntnis. Wenn letzterer anerkennt, daß die vom ersten Vertragsstaat geforderte Behandlung vorgesehen war, jedoch erklärt, daß eine derartige Behandlung nicht gewährt werden könne, weil eia Gericht oder eine andere zuständige Behörde dahingehend entschieden habe, daß die betreffende Ware nicht derart unter die Zollgesetze eines solchen Vertragsstaates subsumiert werden könne, welche die in diesem Abkommen vorgesehene Behandlung gewähren, werden die zwei Vertragsstaaten gemeinsam mit jedem anderen daran wesentlich interessierten Vertragsstaate unverzüglich in weitere Verhandlungen ein treten, um zu einer ausgleichenden Regelung der Angelegenheit zu gelangen.

6. a) Die in den Listen enthaltenen spezifischen Zolle und Belastungen bezüglich Vertragsstaaten, die Mitglieder des Internationalen Währungsfonds sind, und die Präferenzspannen, die hinsichtlich solcher spezifischen Zölle und Belastungen von diesen Vertragsstaaten aufrechterhalten werden, sind in der Parität der entsprechenden Währung ausgedrückt, die vom Fonds zum Zeitpunkte dieses Abkommens angenommen oder vorläufig anerkannt wurde. Falls diese Parität im Einklang mit dem Abkommen über den Internationalen Währungsfonds um mehr als 20 Prozent gesenkt wird, können demnach solche spezifische Zölle, Belastungen und Präferenzspannen dieser Senkung entsprechend angepaßt werden; vorausgesetzt, daß die Vertragsstaaten (d. h. diejenigen Vertragsstaaten, welche gemäß Artikel XXV gemeinsam vorgehen) Übereinkommen, daß solche Angleichungen nicht den Wert der Begünstigungen, die in der entsprechenden Liste oder an anderer Stelle in diesem Abkommen festgelegt sind, beeinträchtigen, wobei in angemessener Weise alle jene Faktoren zu berücksichtigen sind, die die Notwendigkeit oder Dringlichkeit dieser Angleichungen beeinflussen können.

b) Gleichartige Bestimmungen finden auf einen Vertragsstaat, der nicht Mitglied des Fonds ist, vom Zeitpunkte an Anwendung, ab welchem ein solcher Vertragsstaat Mitglied des Fonds wird oder gemäß Artikel XV ein besonderes Devisenabkommen schließt.

7. Die dem vorliegenden Abkommen angeschlossenen Listen bilden hiemit einen integrierenden Bestandteil des Teiles I dieses Abkommens.

Teil II

Artikel III
Binnensteuern und inländische Vorschriften – Gleichstellung ausländischer Waren mit heimischen Produkten

1. Die Vertragsstaaten anerkennen, daß Binnensteuern und andere Belastungen sowie Gesetze, Vorschriften und Erfordernisse, die den inländischen Verkauf, das Angebot, den Einkauf, den Transport, die Verteilung oder Verwendung von Waren betreffen, sowie inländische Mengenbestimmungen soweit sie für das Mischungsverhältnis, die Verarbeitung oder die Verwendung von Waren in festgelegten Mengen oder in einem bestimmten Verhältnis erforderlich sind, auf eingeführte oder heimische Waren nicht in einer Weise Anwendung finden, die die heimische Erzeugung schützt.

2. Waren, die aus dem Gebiete eines Vertragsstaates in das Gebiet eines anderen Vertragsstaates eingeführt werden, sind weder direkt noch indirekt solchen Binnensteuern oder anderen Belastungen unterworfen, die über jene hinausgehen, die direkt oder indirekt auf gleichartige heimische Waren Anwendung finden. Überdies wendet kein Vertragsstaat auf anderem Wege Binnensteuern oder andere Belastungen auf eingeführte oder heimische Waren in einer den Grundsätzen des Absatzes 1 zuwiderlaufenden Weise an.

3. Bezüglich einer bestehenden Binnensteuer, die mit den Bestimmungen des Absatzes 2 unvereinbar ist, die aber gemäß einem am 10. April 1947 bestehenden Handelsabkommen ausdrücklich gestattet ist und den Einfuhrzoll auf die besteuerte Ware konsolidiert, darf der die Steuer auferlegende Vertragsstaat die Anwendung der Bestimmungen des Absatzes 2 auf eine derartige Steuer bis zu jenem Zeitpunkte verschieben, in welchem er die Befreiung von den Verpflichtungen eines solchen Handelsabkommens erlangen kann, damit die Erhöhung dieses Zolles in einem Ausmaß erfolgen kann, die ihn für die Beseitigung des durch die Steuer gewährten Schutzes entschädigt.

4. Waren, die aus dem Gebiete eines Vertragsstaates in das Gebiet eines anderen Vertragsstaates eingeführt werden, genießen bezüglich aller Gesetze, Regelungen und Vorschriften, die den Verkauf, das Angebot, den Kauf, den Transport, die Verteilung oder Verwendung betreffen, keine ungünstigere Behandlung als gleichartige Waren heimischer Produktion. Die Bestimmungen dieses Absatzes verhindern nicht die Anwendung unterschiedlicher inländischer Transporttarifsätze, die ausschließlich durch den wirtschaftlichen Betrieb der Verkehrsmittel, nicht aber durch die Herkunft der Ware bestimmt sind.

5. Kein Vertragsstaat erläßt oder behält eine inländische Mengenvorschrift bei, die sich auf die Mischung, die Verarbeitung oder die Verwendung einer Ware in bestimmten Mengen oder Proportionen bezieht, die direkt oder indirekt bestimmt, daß eine festgesetzte Menge oder ein bestimmter Prozentsatz einer Gegenstand der Regelung bildenden Ware inländischer Herkunft sein müssen. Überdies wendet kein Vertragsstaat in anderer Weise inländische Mengenvorschriften in einer den Grundsätzen des Absatzes 1 zuwiderlaufenden Weise an.

6. Die Bestimmungen des Absatzes 5 finden keine Anwendung auf inländische Mengenvorschriften, die auf dem Gebiete eines Vertragsstaates je nach Bestimmung des betreffenden Vertragsstaates am 1. Juli 1939, am 10. April 1947 oder am 24. März 1948 in Kraft waren; vorausgesetzt, daß eine derartige Vorschrift, die den Bestimmungen des Absatzes 5 widerspricht, nicht zum Nachteil von Einfuhren geändert und bei Verhandlungen als Zollgebühr behandelt wird.

7. Keine inländische Mengenvorschrift, die sich auf die Mischung, Verarbeitung oder Verwendung von Waren bezieht, ist derart anzuwenden, daß dadurch eine bestimmte Menge oder ein bestimmter Prozentsatz ausländischer Herkunft festgesetzt wird.

8. a) Die Bestimmungen dieses Artikels finden keine Anwendung auf Gesetze, Vorschriften und Bedingungen, die die Beschaffung von Waren regeln, welche von staatlichen Stellen für staatliche Zwecke eingekauft werden, die jedoch weder zum kommerziellen Wiederverkauf noch zur Verwendung bei der Güterproduktion bestimmt sind.

b) Die Bestimmungen dieses Artikels unterbinden nicht die Gewährung von Subventionen ausschließlich an inländische Produzenten, einschließlich der Zuwendungen an inländische Produzenten aus Erträgnissen inländischer Steuern oder Gebühren, die in Übereinstimmung mit den Bestimmungen dieses Artikels eingehoben werden, sowie einer Subventionierung, die durch den staatlichen Ankauf inländischer Waren bewirkt wird.

9. Die Vertragsstaaten anerkennen, daß inländische Höchstpreiskontrollmaßnahmen, selbst bei Berücksichtigung der übrigen Bestimmungen dieses Artikels, die Interessen von Vertragsstaaten, die Einfuhr-Waren liefern, beeinträchtigen können. Demgemäß werden Vertragsstaaten, die solche Maßnahmen anwenden, die Interessen exportierender Vertragsstaaten berücksichtigen, indem sie weitestgehend solche schädigende Wirkungen zu vermeiden suchen.

10. Die Bestimmungen dieses Artikels hindern keinen Vertragsstaat an der Erlassung oder Beibe-

haltung inländischer Vorschriften bezüglich mengenmäßiger Einschränkungen hinsichtlich belichteter kinematographischer Filme, die den Bedingungen des Artikels IV entsprechen.

Artikel IV
Sonderbestimmungen für kinematographische Filme

Falls ein Vertragsstaat eine inländische mengenmäßige Regelung über die Vorführung kinematographischer Filme erläßt oder beibehält, werden solche Regelungen die Form von Aufführungskontingenten haben, die folgenden Erfordernissen entsprechen:

a) bei der kommerziellen Vorführung von Filmen beliebiger Herkunft können sich mindestens über ein Jahr erstreckende Vorführungskontingente erforderlich machen, daß Filme heimischen Ursprungs während eines bestimmten Mindestteiles der tatsächlichen Gesamtaufführungszeit vorgeführt werden; dieses Vorführungskontingent ist bei Berücksichtigung jedes Lichtspieltheaters jährlich oder unter Zugrundelegung dieser Berechnung festzusetzen;

b) mit Ausnahme von Vorführungszeiten, die auf Grund einer Kontingentierung heimischen Filmen Vorbehalten sind, einschließlich jener, die durch Verwaltungsmaßnahmen hiefür zur Verfügung Stehen, darf die Vorführungszeit heimischer Filme weder formell noch tatsächlich unter Lieferfirmen aufgeteilt werden;

c) unbeschadet der Bestimmungen unter lit. b) dieses Artikels kann jeder Vertragsstaat Aufführungskontingente, die den Voraussetzungen gem. lit. a) dieses Artikels entsprochen, beibehalten, die einen Mindestteil der Aufführungszeit Filmen bestimmter Herkunft Vorbehalten, jedoch nicht von jenem Vertragsstaat stammen, der solche Aufführungskontingente auferlegt hat; es wird jedoch vorausgesetzt, daß keine solche Mindestvorführungszeit über das am 10. April 1947 in Kraft stehende Ausmaß erhöht wird;

d) die Begrenzung, Liberalisierung oder Beseitigung von Aufführungskontingenten ist Verhandlungen vorbehalten.

Artikel V
Transitfreiheit

1. Waren (einschließlich Gepäck) als auch Schiffe und andere Transportmittel werden als im Transit durch das Gebiet eines Vertragsstaates angesehen, wenn die Durchfuhr durch dieses Gebiet mit oder ohne Umladung, Einlagerung, gebrochenem Transit oder einer Änderung der Beförderungsart nur einen Teil des Gesamtweges darstellt, dessen Anfang und Ende außerhalb der Grenzen jenes Vertragsstaates liegt, durch dessen Gebiet die Durchfuhr erfolgt. Der Verkehr dieser Art wird in diesem Artikel als „Transitverkehr" bezeichnet.

2. Für den Transitverkehr in das Gebiet oder aus dem Gebiet anderer Vertragsstaaten besteht auf den für den internationalen Transit am besten geeigneten Verkehrswegen Transitfreiheit durch das Gebiet jedes Vertragsstaates. Es darf keinerlei Unterscheidung auf Grund der Flagge von Schiffen, des Ortes, der Herkunft, der Abfahrt, des Eintritts, des Austritts oder des Bestimmungsortes oder auf Grund von Umständen erfolgen, die sich auf das Eigentum an Waren, Schiffen oder anderen Transportmitteln beziehen.

3. Jeder Vertragsstaat kann verlangen, daß der sein Gebiet durchlaufende Transitverkehr beim zuständigen Zollamt eintritt, wird aber – ausgenommen in Fällen der Außerachtlassung einschlägiger Zollgesetze und Vorschriften – diesen Verkehr aus dem Gebiet oder in das Gebiet anderer Vertragsstaaten nicht unnötigen Verzögerungen oder Beschränkungen aussetzen und von Zoll- und allen Transitgebühren oder anderen Belastungen befreien, ausgenommen Transportgebühren oder jene Spesen, die den aus dem Transit entstehenden Verwaltungsausgaben sowie den Kosten für gebotene Dienstleistung entsprechen.

4. Alle Belastungen und Vorschriften, die von Vertragsstaaten im Transitverkehr in das Gebiet oder aus dem Gebiet anderer Vertragsstaaten auferlegt werden, haben unter Berücksichtigung der Verkehrsverhältnisse angemessen zu sein.

5. Hinsichtlich aller Belastungen, Vorschriften und Formalitäten im Zusammenhang mit dem Transit, gewährt jeder Vertragsstaat jedem anderen Vertragsstaat eine nicht ungünstigere Behandlung als sie im Transitverkehr nach oder aus jedem dritten Land eingeräumt wird.

6. Jeder Vertragsstaat wird Waren, die im Transit durch das Gebiet eines anderen Vertragsstaates gegangen sind, eine nicht ungünstigere Behandlung zuteil werden lassen als jene, die für Waren gewährt wird, die auf dem Wege von ihrem Ursprungs- zu ihrem Bestimmungsort das Gebiet eines solchen anderen Vertragsstaates nicht berühren. Es wird jedoch jedem Vertragsstaat freistehen, seine im Zeitpunkte dieses Abkommens bestehenden Vorschriften über die direkte Beförderung bezüglich aller Waren beizubehalten, für welche die direkte Beförderung ein Erfordernis zur Zulassung der Wareneinfuhr mit Vorzugszöllen bildet oder zu den von diesem Vertragsstaat vorgeschriebenen Methoden der Zollwertbestimmung im Zusammenhang steht.

7. Die Bestimmungen dieses Artikels finden keine Anwendung auf den Transit im Luftverkehr, sie werden jedoch im Transitgüterluftverkehr (einschließlich Gepäck) angewendet.

Artikel VI
Antidumping- und Ausgleichszölle

1. Die Vertragsstaaten anerkennen, daß ein Dumping, durch das Waren eines Landes zu einem geringeren als dem normalen Warenwert in den Handel eines anderen Landes gebracht werden, zu verurteilen ist, wenn es eine materielle Schädigung der auf dem Gebiete eines Vertragsstaates bestehenden Industrie oder eine bedeutende Verzögerung der Errichtung einer heimischen Industrie verursacht oder zu verursachen droht. Im Sinne dieses Artikels ist eine Ware dann als zu einem geringeren als dem normalen Wert in den Handel eines einführenden Landes gebracht anzusehen, wenn der Preis einer von einem in ein anderes Land ausgeführten Ware

a) geringer ist als der entsprechende Preis für die gleichartige Ware im üblichen Handelsverkehr, wenn sie für den Verbrauch im Exportlande bestimmt ist; oder

b) bei Fehlen eines derartigen Inlandspreises geringer ist als

I. der höchste vergleichbare Preis für die Ausfuhr der gleichartigen Ware nach irgendeinem dritten Lande im üblichen Handelsverkehr oder

II. die Gestehungskosten dieser Ware im Ursprungslande, zuzüglich einer angemessenen Spanne für Verkaufsspesen und Gewinn.

In jedem Falle werden Unterschiede in den Bedingungen und Modalitäten des Verkaufs, Unterschiede in der Besteuerung sowie andere die Preisbildung berührende Unterschiedlichkeiten entsprechend berücksichtigt.

2. Als Gegenmaßnahme oder zur Verhinderung eines Dumpings kann ein Vertragsteil jede Dumping-Ware bis zur Höhe der Dumpingspanne einer solchen Ware mit einem Antidumpingzoll belegen. Im Sinne dieses Artikels ist Dumpingspanne der gemäß den Bestimmungen des Absatzes 1 festgestellte Preisunterschied.

3. Bei der Einfuhr einer Ware aus dem Gebiete eines Vertragsstaates in das eines anderen Vertragsstaates darf kein höherer als ein schätzungsweise jener Summe entsprechender Ausgleichszoll eingehoben werden, deren Gewährung als Prämie oder Subvention, direkt oder indirekt, bei der Fabrikation, der Herstellung oder der Ausfuhr einer solchen Ware einschließlich einer Sondersubvention für den Transport einer bestimmten Ware im Ursprungs- oder Exportland festgestellt worden ist. Der Ausdruck „Ausgleichszöll" ist als Sonderzoll zu verstehen, der zum Zwecke des Ausgleiches für eine direkt oder indirekt bei der Fabrikation, Herstellung oder Ausfuhr einer Ware gewährten Prämie oder Subvention eingehoben wird.

4. Keine Ware aus dem Gebiete eines Vertragsstaates wird bei der Einfuhr in das Gebiet eines anderen Vertragsstaates wegen der Befreiung dieser Ware von Zöllen oder Steuern, die auf eine gleichartige Ware Anwendung finden, wenn sie für den Verbrauch im Ursprungsland oder für die Ausfuhr bestimmt ist, oder wegen der Vergütung solcher Zölle und Steuern mit einem Antidumping- oder Ausgleichszoll belegt.

5. Keine Ware ist bei der Einfuhr aus dem Gebiete eines Vertragsstaates in das Gebiet eines anderen Vertragsstaates zugleich Antidumping- und Ausgleichszöllen zu unterwerfen, um der gleichen Erscheinung von Dumping oder Exportsubventionierung zu begegnen.

6. Kein Vertragsstaat hebt einen Antidumping- oder Ausgleichszoll bei der Einfuhr einer Ware aus dem Gebiete eines anderen Vertragsstaates ein, sofern er nicht feststellt, daß, je nach der Sachlage, die Wirkung des Dumpings oder der Subvention derart ist, daß sie eine materielle Schädigung bestehender inländischer Industrien verursacht oder zu verursachen droht, oder die Errichtung einer inländischen Industrie bedeutend verzögert. Die Vertragsstaaten können auf die Anwendung der Bestimmungen dieses Paragraphen verzichten und somit einem Vertragsstaat gestatten, bei der Einfuhr einer Ware einen Antidumping- oder Ausgleichszoll einzuheben, um das Dumping oder die Subvention auszugleichen, die eine materielle Schädigung einer Industrie auf dem Gebiete eines anderen Vertragsstaates, der die betreffende Ware in das Gebiet des einführenden Vertragsstaates ausführt, verursacht oder zu verursachen droht.

7. Ein System für die Stabilisierung des Inlandspreises oder des Gewinnes inländischer Produzenten für einen Rohstoff, unabhängig von den Bewegungen der Exportpreise, welches dazu führt, daß der Rohstoff zeitweise im Export billiger als auf dem Inlandsmarkt verkauft würde, wird nicht als zu einer wesentlichen Schädigung im Sinne des Absatzes 6 führend angesehen, wenn durch Konsultation der an diesem Rohstoff wesentlich interessierten Vertragsstaaten wird:

a) daß das System beim Verkauf des Rohstoffes im Export auch zu einem höheren Preis als dem vergleichbaren Inlandmarktpreis geführt hat und

b) daß das System infolge der wirksamen Produktionslenkung oder auf andere Weise derart gehandhabt wird, daß dadurch Exporte nicht übermäßig gefördert werden oder die Interessen anderer Vertragsstaaten anderweitig ernstlich geschädigt werden.

Artikel VII
Zollwertbemessung

1. Die Vertragsstaaten anerkennen die Gültigkeit der allgemeinen, in den folgenden Absätzen

dieses Artikels festgelegten Bemessungsgrundsätze und verpflichten sich, diese zum frühesten zulässigen Zeitpunkt bezüglich aller Waren anzuwenden, die bei der Ein- und Ausfuhr Zöllen, anderen Belastungen oder Beschränkungen unterliegen, die wertmäßig begründet oder geregelt sind. Überdies werden sie auf Ersuchen eines anderen Vertragsstaates die Handhabung eigener Gesetze und Regelungen betreffend den Zollwert im Sinne dieser Grundsätze überprüfen. Die Vertragsstaaten können von anderen Vertragsstaaten Berichte über die auf Grund der Bestimmungen dieses Artikels ergriffenen Maßnahmen anfordern.

2. a) Der Zollwert für eingeführte Waren soll gemäß dem wirklichen Wert der eingeführten Waren, die mit Zoll belegt werden, oder dem gleichartiger Waren, jedoch nicht gemäß dem Wert von Waren inländischer Herkunft oder auf Grund willkürlicher oder fiktiver Werte festgesetzt werden.

b) „Wirklicher Wert" sollte jener Preis sein, zu welchem an einem von der Gesetzgebung des Importlandes bestimmten Zeitpunkt oder Ort solche oder gleichartige Waren im üblichen Handelsverkehr unter vollständig freien Wettbewerbsbedingungen verkauft oder angeboren werden. Soweit der Preis einer solchen oder gleichartigen Ware bei einer bestimmten Transaktion durch die Menge bestimmt wird, wird der in Betracht zu ziehende Preis einheitlich entsprechen entweder I. vergleichbaren Mengen oder II. Mengen, die für den Importeur nicht ungünstiger sind als jene, in denen der überwiegende Teil des Handelsverkehrs mit dieser Ware zwischen den Aus- und Einfuhrländern abgewickelt wird.

c) Falls der wirkliche Wert nicht gemäß Buchstabe b) dieses Absatzes ermittelt werden kann, hätte der Zollbemessungswert auf dem genauest feststellbaren Annäherungswert zu beruhen.

3. Der Zollbemessungswert einer eingeführten Wart soll nicht den Betrag einer Binnensteuer, die innerhalb des Ursprungs- oder Exportlandes anwendbar ist, entschließen, von der die eingeführte Ware ausgenommen wurde oder von der sie durch die erfolgte oder nachträgliche Rückvergütung befreit wird.

4. a) Soweit in diesem Absatz nichts anderes vorgesehen und ein Vertragsstaat im Sinne des Absatzes 2 dieses Artikels genötigt ist, einen in der Währung eines anderen Landes ausgedrückten Preis in seine eigene Währung umzurechnen, ist hiebei jene Parität der betreffenden Währungen anzuwenden, die gemäß den Artikeln des Abkommens über den Internationalen Währungsfonds oder auf Grund besonderer, gemäß Artikel XV dieses Abkommens abgeschlossener Währungsabkommen, festgesetzt wurde.

b) Falls ein derartiger Paritätswert nicht festgesetzt wurde, ist als Umrechnungsschlüssel der bei Handelsgeschäften übliche Kurswert dieser Währung anzuwenden.

c) Die Vertragsstaaten stellen im Einvernehmit dem Internationalen Währungsfonds Regeln auf, die die Umrechnung einer ausländischen Währung durch Vertragsstaaten bestimmen, bezüglich der in Übereinstimmung mit den Artikeln des Abkommens über den Internationalen Währungsfonds mehrere Umrechnungskurse beibehalten werden. Jeder Vertragsstaat kann diese Regeln bezüglich solcher ausländischer Währung hinsichtlich des Absatzes 2 dieses Artikels an Stelle von Paritätswerten anwenden. Bis zur Annahme solcher Regeln durch die Vertragsstaaten kann jeder Vertragsstaat bezüglich einer solchen ausländischen Währung hinsichtlich Absatz 2 dieses Artikels einen Umrechnungsschlüssel anwenden, der geeignet ist, die Bewertung einer solchen ausländischen Währung bei Handelsgeschäften wiederzugeben.

d) Keine Bestimmung dieses Artikels ist dahingehend auszulegen, daß ein Vertragsstaat genötigt wäre, die Art der Währungsumrechnung für Zollzwecke zu ändern, die auf seinem Gebiet im Zeitpunkt dieses Abkommens anwendbar ist, wenn eine derartige Änderung eine allgemeine Steigerung der fälligen Zollgebühren bewirken würde.

5. Die Grundlagen und Methoden zur Bestimmung des Wertes von Waren, die Zöllen, anderen Belastungen oder Beschränkungen unterliegen, die wertmäßig begründet oder geregelt sind, sollten unverändert bleiben und hinlänglich kundgemacht werden, um Kaufleuten mit genügender Gewißheit die Schätzung des Zollwertes zu ermöglichen.

Artikel VIII
Ein- und Ausfuhr-Formalitäten

1. Die Vertragsstaaten anerkennen, daß Taxen und Gebühren außer Zöllen, die von Verwaltungsbehörden bei der Ein- oder Ausfuhr oder im Zusammenhang damit eingehoben werden, in ihrer Höhe ungefähr den Kosten der gebotenen Dienstleistungen entsprechen und nicht einen indirekten Schutz für inländische Waren oder eine Besteuerung fiskalischer Natur der Ein- oder Ausfuhr darstellen sollen. Die Vertragsstaaten anerkennen auch die Notwendigkeit, die Anzahl und Verschiedenheit derartiger Taxen und Gebühren zwecks Verringerung der Vielfalt und Umständlichkeit von Ein- und Ausfuhrformalitäten herabzusetzen sowie die erforderlichen Ein- und Ausfuhrdokumente zu vermindern und zu vereinfachen.

2. Die Vertragsstaaten werden sobald als möglich Maßnahmen im Sinne der Grundsätze und Ziele des Absatzes 1 dieses Artikels ergreifen. Außerdem werden sie auf Ersuchen eines anderen

Vertragsstaates die Handhabung eigener Gesetze und Vorschriften unter Berücksichtigung dieser Grundsätze überprüfen.

3. Kein Vertragsstaat verhängt strenge Sanktionen für geringfügige Übertretungen von Zollvorschriften oder Zollverfahrenserfordernissen. Insbesondere wird keine Sanktion hinsichtlich einer Unterlassung oder eines Irrtums bei der Zolldeklaration, die leicht richtiggestellt werden kann und ohne betrügerische Absicht oder grobe Fahrlässigkeit erfolgt ist, größer sein, als zur Erteilung einer Warnung nötig wäre.

4. Die Bestimmungen dieses Artikels umfassen Taxen, Gebühren, Formalitäten und Erfordernisse, die von Verwaltungsbehörden im Zusammenhang mit der Ein- und Ausfuhr auferlegt werden, einschließlich jener hinsichtlich von:

a) konsularische Amtshandlungen, wie konsularische Rechnungen und Zeugnisse;

b) mengenmäßige Beschränkungen;

c) Lizenzierung;

d) Devisenkontrolle;

e) statistische Dienste;

f) Dokumente, Dokumentation und Legalisation;

g) Analyse und Untersuchung; und

h) Quarantäne, Sanitätsinspektion und Desinfektion.

Artikel IX
Ursprunsgsmarken

1. Jeder Vertragsstaat gewährt für Waren aus den Gebieten anderer Vertragsstaaten hinsichtlich der Vorschriften über Markenbezeichnung die Meistbegünstigung wie für gleichartige Erzeugnisse eines dritten Staates.

2. Soweit dies verwaltungsmäßig durchführbar ist, sollen die Vertragsstaaten die Anbringung vorgeschriebener Ursprungsmarken anläßlich der Einfuhr gestatten.

3. Die Gesetze und Vorschriften von Vertragsstaaten gestatten die Anbringung von Ursprungsmarken ohne ernstliche Beschädigung, wesentliche Wertverminderung der Waren oder unverhältnismäßige Erhöhung der Kosten.

4. Im allgemeinen soll kein Vertragsstaat eine besondere Gebühr oder ein Pönale wegen einer vor der Einfuhr erfolgten Übertretung der Vorschriften über Markenbezeichnung einheben, außer bei ungebührlicher Verzögerung der richtigstellenden Bezeichnung, bei irreführender oder bei vorsätzlich unterlassener Anbringung der vorgeschriebenen Markenbezeichnung.

5. Die Vertragsstaaten arbeiten zusammen, um eine Verwendung von Markennamen zu verhüten, die geeignet wäre, die wirkliche Herkunft einer Ware zum Nachteil von bestimmten regionalen oder geographischen Warenbezeichnungen aus dem Gebiete eines Vertragsstaates, die durch seine Gesetzgebung geschützt sind, unrichtig zu bezeichnen. Jeder Vertragsstaat überprüft eingehend und wohlwollend die von einem anderen Vertragsstaat vorgebrachten Ersuchen und Vorstellungen betreffend die Anwendung des im vorhergehenden Satz festgelegten Verfahrens betreffend Warenbezeichnungen, die ihm von einem anderen Vertragsstaat mitgeteilt wurden.

Artikel X
Veröffentlichung und Anwendung von Handelsvorschriften

1. Gesetze, Vorschriften, gerichtliche Entscheidungen und Verwaltungsvorschriften allgemeiner Anwendung, die von einem Vertragsstaat in Kraft gesetzt werden und die Nomenklatur, Zollwertbemessung, Zollsätze, Abgaben oder andere Belastungen, Ein- oder Ausfuhrvorschriften, -beschränkungen oder -verbote oder die Zahlungsüberweisungen für den Warenverkehr betreffen oder sich auf den Verkauf, die Verteilung, Beförderung, Versicherung, Einlagerung, Überprüfung, Ausstellung, Verarbeitung Vermischung oder sonstige Verwendung beziehen, sind unverzüglich derart zu veröffentlichen, daß es Regierungen und Kaufleuten ermöglicht wird, sich mit ihnen vertraut zu machen. Abkommen, betreffend die internationale Handelspolitik, die zwischen der Regierung oder einer Behörde eines Vertragsstaates und der Regierung oder einer Behörde eines anderen Vertragsstaates bestehen, werden ebenfalls veröffentlicht. Die Bestimmungen dieses Absatzes nötigen keinen Vertragsstaat zur Bekanntgabe vertraulicher Informationen, deren Veröffentlichung die Anwendung der Gesetze behindern oder in anderer Weise dem öffentlichen Interesse zuwiderlaufen oder den berechtigten Wirtschaftsinteressen einzelner öffentlicher oder privater Unternehmungen Schaden zufügen würde.

2. Kein Vertragsstaat darf eine Maßnahme allgemeiner Art ergreifen, die auf Grund bestehender und einheitlicher Anwendung – eine Erhöhung der Zollsätze oder anderer Importbelastungen ergeben würde oder eine neue oder erschwerende Vorschrift, Beschränkung oder ein Verbot für die Einfuhr oder für die sich aus der Einfuhr ergebende Zahlungsüberweisung erlassen oder in Kraft setzen, bevor eine derartige Maßnahme offiziell veröffentlicht wurde.

3. a) Jeder Vertragsstaat wendet alle seine Gesetze, Vorschriften, Entscheidungen und Regelungen der im Absatz 1 dieses Artikels beschriebenen Art in einheitlicher, unparteiischer und sinngemäßer Weise an.

b) Jeder Vertragsstaat wird Gerichte, Schiedsgerichte oder Verwaltungsgerichte oder für diesen Zweck geeignete Verfahren beibehalten oder sobald als möglich einführen, denen es unter anderem obliegt, Verwaltungsentscheidungen in Zollangelegenheiten unverzüglich zu überprüfen und richtigzustellen. Solche Gerichte oder Verfahren sind von den Verwaltungsbehörden unabhängig und ihre Entscheidungen werden von diesen Behörden angewendet werden und deren Tätigkeit lenken, sofern nicht bei einem Gerichtshof oder Gerichte höherer Instanz innerhalb der für Importeure vorgeschriebenen Berufungsfrist eine Berufung eingebracht wurde; Voraussetzung ist hiefür, daß die Zentralstelle einer solchen Behörde die Möglichkeit hat, die Überprüfung der Angelegenheit in einem anderen Verfahren zu erreichen, wenn Grund zur Annahme besteht, daß die Entscheidung mit den bestehenden Rechtsgrundsätzen oder dem Sachverhalt in Widerspruch steht.

c) Die Bestimmungen unter lit. b) dieses Absatzes erfordern nicht die Beseitigung oder die Ersetzung von im Zeitpunkt dieses Abkommens auf dem Gebiete eines Vertragsstaates in Geltung stehenden Verfahren, die tatsächlich eine objektivere und unparteiische Überprüfung der Verwaltungstätigkeit gewährleisten, selbst wenn solche Verfahren nicht vollständig oder formell von den Verwaltungsbehörden unabhängig sind. Jeder Vertragsstaat, der solche Verfahren anwendet, wird den Vertragsstaaten auf Ersuchen ausführliche Informationen darüber erteilen, damit sie feststellen können, ob diese Verfahren den Erfordernissen dieses Absatzes entsprechen.

Artikel XI
Allgemeine Beseitigung von Mengenbeschränkungen

1. Außer Zöllen, Steuern und anderen Abgaben werden bei der Einfuhr einer Ware aus dem Gebiete eines Vertragsstaates oder bei der Ausfuhr beziehungsweise beim Verkauf zur Ausfuhr einer Ware, die für das Gebiet eines anderen Vertragsstaates bestimmt ist, keine Verbote oder Einschränkungen, sei es durch Kontingentierung, durch das Erfordernis von Ein- oder Ausfuhrlizenzen oder durch andere Maßnahmen erlassen oder beibehalten werden.

2. Die Bestimmungen des Absatzes 1 dieses Artikels erstrecken sich nicht auf folgende Fälle:

a) Ausfuhrverbote oder -beschränkungen, die zeitweise angewendet werden, um einen starken Mange! an Lebensmitteln oder anderen für den exportierenden Vertragsstaat wichtigen Waren zu verhüten oder zu beheben;

b) Ein- und Ausfuhrverbote oder -beschränkungen, die zur Anwendung von Normen oder Vorschriften bezüglich der Einteilung, der Qualitätskontrolle oder des Angebotes von Waren im internationalen Handel notwendig sind;

c) Einfuhrbeschränkungen auf in jeder Form importierte Produkte der Landwirtschaft oder Fischerei, die zur Durchführung von Regierungsmaßnahmen erforderlich sind und bewirken, daß:

I. die Mengen des gleichartigen inländischen Produktes, die verkauft oder hergestellt werden dürfen, oder, falls keine wesentliche Inlandsproduktion eines gleichartigen Produktes besteht, durch die das importierte Erzeugnis direkt ersetzt werden kann, beschränkt werden; oder

II. ein zeitweiliger Überschuß des gleichartigen inländischen Erzeugnisses beseitigt wird; oder falls keine wesentliche inländische Produktion eines gleichartigen Erzeugnisses besicht, die Beseitigung eines zeitweiligen Überschusses eines inländischen Produktes bewirkt, durch welches das importierte Erzeugnis direkt ersetzt werden kann, wobei dieser Überschuß gewissen Verbrauchergruppen kostenlos oder unter dem Marktpreis zur Verfügung gestellt wird; oder

III. eine Einschränkung der Menge, die aus einem tierischen Produkt hergestellt werden darf und deren Erzeugung unmittelbar, zur Gänze oder größtenteils von eingeführten Produkten abhängt, sofern die Inlandsproduktion verhältnismäßig geringfügig ist.

Jeder Vertragsstaat, der bei der Einfuhr eines Produktes Beschränkungen gemäß lit. c) dieses Absatzes anwendet, wird die Gesamtmenge oder den Gesamtwert des zur Einfuhr während einer bestimmten Zeitspanne künftig zugelassenen Produktes oder jede Änderung dieser Menge oder des Wertes öffentlich bekanntgeben. Überdies dürfen die gemäß Ziffer I) dieses Absatzes angewendeten Beschränkungen nicht eine Verminderung der Gesamteinfuhr im Verhältnis zur Gesamtmenge der Inlandsproduktion herbeiführen, verglichen mit dem Verhältnis, welches angenommen werden könnte, wenn zwischen beiden keine Beschränkungen bestanden hätten. Zur Bestimmung dieses Verhältnisses wird der Vertragsstaat jenes Verhältnis, das während einer früheren Vergleichsperiode bestand, und alle besonderen Faktoren, die auf den Handel mit dem betreffenden Produkt Einfluß gehabt haben oder haben könnten, entsprechend berücksichtigen.

3. Die Begriffe „Einfuhrbeschränkungen" oder „Ausfuhrbeschränkungen" in den Artikeln XI, XII, XIII und XIV umfassen auch Beschränkungen, die durch die Abwicklung staatlicher Handelsgeschäfte eintreten.

Artikel XII
Beschränkungen zum Schutze der Zahlungsbilanz

1. Ungeachtet der Bestimmungen des Absatzes 1 des Artikels XI kann jeder Vertragsstaat

zum Schutze seiner auswärtigen Finanzlage und seiner Zahlungsbilanz die Menge oder den Wert der zur Einfuhr zugelassenen Waren vorbehaltlich der Bestimmungen der folgenden Absätze dieses Artikels beschränken.

2. a) Gemäß diesem Artikel wird kein Vertragsstaat Einfuhrbeschränkungen erlassen, beibehalten oder verschärfen, außer soweit sie erforderlich sind,

I. um der drohenden Gefahr eines ernstlichen Sinkens seiner Wertreserven entgegenzutreten oder sie aufzuhalten oder

II. um, im Falle eines Vertragsstaates mit sehr geringen Geldreserven, ein entsprechendes Ansteigen seiner Reserven zu erreichen.

In beiden Fällen sind alle besonderen Umstände, die auf die Reserven oder das Bedürfnis an Reserven des Vertragsstaates Einfluß haben, gebührend zu berücksichtigen, einschließlich jener Fälle, in denen dem Vertragsstaat Auslandskredite oder andere Hilfsmöglichkeiten zur Verfügung stehen und die Notwendigkeit besteht, Vorkehrungen für die geeignete Verwendung solcher Kredite oder Hilfsmöglichkeiten zu treffen.

b) Vertragsstaaten, die gemäß lit. a) dieses Absatzes Beschränkungen anwenden, werden diese entsprechend der Verbesserung der Lage nach und nach abbauen und sie nur in dem Maße aufrechterhalten, als die in diesem Unterabsatz bezeichnete besondere Lage noch ihre Anwendung rechtfertigt. Sie werden die Beschränkungen beseitigen, wenn die Finanzlage deren Einführung oder Beibehaltung gemäß den Bestimmungen dieses Unterabsatzes nicht länger rechtfertigen würde.

3. a) Die Vertragsstaaten anerkennen, daß sie alle innerhalb der nächsten Jahre in verschiedenem Ausmaß Problemen der sich aus dem Krieg ergebenden wirtschaftlichen Anpassung gegenüberstehen werden. Wenn die Vertragsstaaten während dieses Zeitraumes gemäß diesem Artikel oder gemäß Artikel XIV Entscheidungen treffen müssen, werden sie die Schwierigkeiten der Nachkriegsanpassung und die Notwendigkeit, die für einen Vertragsstaat bestehen könnte, Einfuhrbeschränkungen zum Zwecke des Ausgleiches der Zahlungsbilanz auf einer gesunden und dauerhaften Grundlage zu erlassen, voll berücksichtigen.

b) Die Vertragsstaaten anerkennen, daß als Folge einer Innenpolitik, die auf eine Erreichung und Beibehaltung einer produktiven Vollbeschäftigung und eine ständig steigende Nachfrage oder auf den Wiederaufbau oder die Entwicklung industrieller oder anderer wirtschaftlicher Kräfte und die Hebung der Produktivität gerichtet ist, für einen solchen Vertragsstaat ein großer Einfuhrbedarf bestehen kann. Demgemäß

I. wird, ungeachtet der Bestimmungen des Absatzes 2 dieses Artikels, kein Vertragsstaat deswegen genötigt sein, Beschränkungen zu widerrufen oder abzuändern, weil die Änderung solcher Politik im oben angeführten Sinne die gemäß diesem Artikel angewendeten Beschränkungen überflüssig machen würde;

II. kann jeder Vertragsstaat, der Einfuhrbeschränkungen gemäß diesem Artikel anwendet, die Anwendbarkeit dieser Beschränkungen auf die Einfuhr verschiedener Waren oder Warengattungen derart bestimmen, daß dadurch der Einfuhr jener Waren, die im Hinblick auf eine solche Politik wichtiger erscheinen, eine Priorität eingeräumt wird.

c) Die Vertragsstaaten verpflichten sich, bei der Durchführung ihrer Innenpolitik

I. die Notwendigkeit der Wiederherstellung des Gleichgewichtes in ihren Zahlungsbilanzen auf einer gesunden und dauerhaften Grundlage sowie das Bestreben der Sicherstellung einer wirtschaftlichen Verwendung der produktiven Hilfsquellen gebührend zu berücksichtigen;

II. Beschränkungen nicht derart anzuwenden, daß dadurch unzulässigerweise die Einfuhr von Warengattungen in handelsmäßig geringen Mengen verhindert und eine Störung der üblichen Handelsbeziehungen bewirkt würde, oder Beschränkungen anwenden, die die Einfuhr von Warenmustern oder die Beobachtung von Patentrechten, Handelsmarken, Autorenrechten oder ähnlichen Rechten verhindern würden; und

III. gemäß diesem Artikel Beschränkungen derart anzuwenden, daß eine unnötige Schädigung der kommerziellen oder wirtschaftlichen Interessen eines anderen Vertragsstaates vermieden wird.

4. a) Jeder Vertragsstaat, der nicht gemäß diesem Artikel Beschränkungen anwendet, aber die Notwendigkeit ihrer Anwendung in Betracht zieht, wird sich vor Einführung solcher Beschränkungen (oder in Fällen, die eine vorherige Konsultation, undurchführbar erscheinen lassen, sogleich danach) mit den Vertragsstaaten über die Art seiner Zahlungsbilanzschwierigkeiten, über die Möglichkeit anderer Abhilfemaßnahmen und über die allfälligen Auswirkungen solcher Maßnahmen auf die Wirtschaft anderer Vertragsstaaten beraten. Kein Vertragsstaat ist verpflichtet, im Laufe der gemäß diesem Absatz stattfindenden Konsultationen im voraus anzugeben, welche konkrete Maßnahme er schließlich an wenden wird oder zu welchem Zeitpunkt sie in Kraft treten soll.

b) Die Vertragsstaaten können jederzeit jeden Vertragsstaat, der Einfuhrbeschränkungen gemäß diesem Artikel anwendet, einladen, miteinander in derartige Beratungen einzutreten und werden jeden Vertragsstaat, der solche Beschränkungen wesentlich verschärft, auffordern, innerhalb von 30 Tagen in Beratung einzutreten. Ein Vertragsstaat, der auf diese Weise eingeladen wurde, wird an solchen Besprechungen teil nehmen. Die Vertragsstaaten können auch jeden anderen Vertragsstaat einladen, an diesen Besprechungen teilzunehmen. Spätestens bis zum 1. Jänner 1951 werden die Vertragsstaaten alle zu jenem Zeitpunkte bestehenden und im Zeitpunkt der Überprüfung noch gemäß diesem Artikel angewendeten Beschränkungen überprüfen.

c) Jeder Vertragsstaat kann mit den Vertragsstaaten in Beratungen eintreten, um ihre vorhergehende Zustimmung zur Beibehaltung, Verschärfung oder Errichtung von Beschränkungen, die der Vertragsstaat gemäß diesem Artikel vorschlägt oder für die Beibehaltung, Verschärfung oder Errichtung von Beschränkungen, im Falle des zukünftigen Eintreffens bestimmter Voraussetzungen zu erlangen. Auf Grund solcher Beratungen können die Vertragsstaaten im voraus der Beibehaltung, Verschärfung oder Errichtung von Beschränkungen durch den betreffenden Vertragsstaat hinsichtlich des Anwendungsbereichs, der Wirkungsstärke und der Dauer der Beschränkungen zustimmen. Im Rahmen der erteilten Zustimmung werden die Erfordernisse unter lit. a) dieses Absatzes als erfüllt betrachtet und die von dem Vertragsstaat zur Durchführung der Beschränkungen ergriffenen Maßnahmen dürfen nicht nach lit. d) dieses Absatzes mit der Begründung angefochten werden, daß eine solche Maßnahme mit den Bestimmungen des Absatzes 2 dieses Artikels im Widerspruch stehe.

d) Ein Vertragsstaat, der der Meinung ist, daß ein anderer Vertragsstaat gemäß diesem Artikel Beschränkungen anwendet, die mit den Bestimmungen der Absätze 2 und 3 dieses Artikels oder mit denen der Artikel XIII (vorbehaltlich der Bestimmungen des Artikels XIV) unvereinbar sind, kann die Angelegenheit den Vertragsstaaten zur Erörterung unterbreiten; der diese Beschränkungen anwendende Vertragsstaat nimmt an der Erörterung teil. Falls die Vertragsstaaten nach der ersten Überprüfung wahrnehmen, daß der Handel jenes Vertragsstaates geschädigt erscheint, der das Verfahren eingeleitet hat, werden sie ihre Stellungnahme den Parteien zur Kenntnis bringen, um zu einer beide Teile und die Vertragsstaaten befriedigenden Regelung der Angelegenheit zu gelangen. Wenn keine Regelung erreicht wird und die Vertragsstaaten dahin entscheiden, daß die angewendeten Beschränkungen mit den Bestimmungen der Absätze 2 und 3 dieses Artikels oder mir denen des Artikels XIII (vorbehaltlich der Bestimmungen des Artikels XIV) unvereinbar sind, werden sie die Aufhebung oder Abänderung der Beschränkungen empfehlen. Wenn die Beschränkungen nicht gemäß der Empfehlung der Vertragsstaaten innerhalb von 60 Tagen aufgehoben oder abgeändert werden, können sie jeden Vertragsstaat von bestimmten Verpflichtungen aus diesem Abkommen gegenüber dem Vertragsstaat, der diese Beschränkungen anwendet, befreien.

e) Es wird anerkannt, daß die vorzeitige Bekanntgabe einer gemäß diesem Artikel beabsichtigten Anwendung, Zurückziehung oder Abänderung einer Beschränkung, spekulative Handels- und Finanzoperationen fördern könnte, die den Zwecken dieses Artikels zuwiderlaufen würden. Die Vertragsstaaten werden daher bei der Führung von Beratungen Vorsorge für die Wahrung äußerster Verschwiegenheit treffen.

5. Wenn gemäß diesem Artikel eine andauernde und weitverbreitete Anwendung von Einfuhrbeschränkungen besteht, die das Bestehen eines allgemeinen Gleichgewichtmangels anzeigt, welcher den internationalen Handel einschränkt, werden die Vertragsstaaten Beratungen einleiten, um zu erwägen, ob andere Maßnahmen entweder von jenen Vertragsstaaten ergriffen werden könnten, deren Zahlungsbilanz sich ungünstig entwickelt oder von jenen, deren Zahlungsbilanz sich außergewöhnlich günstig entwickelt, oder um durch zuständige Zwischenstaatliche Organisationen die dem Mißverhältnis zu Grunde liegenden Ursachen zu beseitigen. Auf Einladung der Vertragsstaaten werden Vertragsstaaten an solchen Beratungen teilnehmen.

Artikel XIII
Nicht-diskriminatorische Anwendung mengenmäßiger Beschränkungen

1. Ein Vertragsstaat wendet bei der Einfuhr einer Ware aus dem Gebiete eines anderen Vertragsstaates oder bei der Ausfuhr einer für das Gebiet eines anderen Vertragsstaates bestimmten Ware keine Verbote oder Beschränkungen an, es sei denn, daß die Einfuhr der gleichartigen Ware aus allen dritten Ländern oder die Ausfuhr der gleichartigen Ware nach allen dritten Ländern in ähnlicher Weise beschränkt oder verboten wäre.

2. Bei der Anwendung von Einfuhrbeschränkungen auf eine Ware streben die Vertragsstaaten eine solche Verteilung des Handels mit dieser Ware an, die tunlichst den Anteilen der verschiedenen Vertragsstaaten bei Fehlen solcher Beschränkungen entsprechen würde; hiefür werden sie zu diesem Zweck folgende Bestimmungen beobachten:

a) sofern dies durchführbar ist, sind in jedem Falle Kontingente festzulegen, die die Gesamtmenge der zugelassenen Einfuhr aufzeigen (entweder nach Lieferländern aufgeteilt oder nicht);

die ist gemäß Absatz 3 b) dieses Artikels bekanntzugeben;

b) falls die Anwendung von Kontingenten nicht durchführbar ist, können die Beschränkungen durch die Erteilung von Einfuhrlizenzen oder -bewilligungen ohne Kontingentierung gehandhabt werden;

c) außer zum Zwecke der Anwendung der gemäß lit. d) dieses Absatzes eingeräumten Kontingente werden Vertragsstaaten nicht die Verwendung von Einfuhrlizenzen oder -bewilligungen für die Einfuhr der betreffenden Ware aus einem bestimmten Land oder einer bestimmten Herkunftsquelle verlangen.

d) falls ein Kontingent unter Lieferländern aufgeteilt wird, kann der Vertragsstaat, der die Beschränkungen anwendet, ein Übereinkommen bezüglich der Zuteilung von Kontingentanteilen mit allen anderen Vertragsstaaten anstreben, die an der Lieferung der betreffenden Ware besonders interessiert sind. In jenen Fällen, in denen diese Methode nicht durchführbar erscheint, wird der betreffende Vertragsstaat jenen Vertragsstaaten, die an der Lieferung der Ware besonders interessiert sind, Anteile zuweisen, die etwa dem gehabten Anteil an der mengen- oder wertmäßigen Gesamteinfuhr dieser Ware einer vorhergehenden Vergleichsperiode entsprechen, und hiebei alle besonderen Umstände, die den Handel mit dieser Ware betroffen haben können oder noch betreffen, entsprechend berücksichtigen. Es dürfen keine Bedingungen oder Formalitäten auferlegt werden, die einen Vertragsstaat an der vollen Ausnutzung des Anteiles hindern, der ihm in einer solchen Gesamtmenge oder dem Gesamtwert zugewiesen wurde, sofern die Einfuhr innerhalb des vorgeschriebenen Zeitraumes erfolgt, auf den sich das Kontingent bezieht.

3. a) In Fällen, in denen Einfuhrlizenzen im Zusammenhang mit Einfuhrbeschränkungen erteilt werden, wird der die Beschränkungen anwendende Vertragsstaat auf Ersuchen eines Vertragsstaates, der an dem Handel mit der betreffenden Ware interessiert ist, alle einschlägigen Informationen über die Handhabung der Beschränkungen, die innerhalb eines kürzlich abgelaufenen Zeitraumes erteilten Exportlizenzen und die Verteilung solcher Lizenzen unter die Lieferstaaten erteilen, es bestehe hiebei jedoch keine Verpflichtung zur Erteilung von Informationen über die Namen der Einfuhr- oder Lieferfirmen.

b) Bei Einfuhrbeschränkungen, die die Festsetzung von Kontingenten bedingen, wird der Vertragsstaat, der die Beschränkungen anwendet, die Gesamtmenge oder den Gesamtwert der Ware oder der Waren, die innerhalb eines festgesetzten künftigen Zeitraumes eingeführt werden dürfen, und jede Änderung dieser Menge oder dieses Wertes öffentlich bekanntgeben. Lieferungen der betreffenden Ware, die im Zeitpunkt dieser Bekanntmachung unterwegs waren, dürfen von der Einfuhr nicht ausgeschlossen werden; dies unter der Voraussetzung, daß sie, soweit durchführbar, auf die in dem betreffenden Zeitraum zur Einfuhr zugelassene Menge und, soweit notwendig, auf jene Menge angerechnet werden, die in den darauffolgenden Perioden zur Einfuhr zugelassen werden. Falls ferner ein Vertragsstaat Waren von solchen Beschränkungen zu befreien pflegt, die zum Verbrauch eingeführt oder innerhalb eines Zeitraumes von 30 Tagen nach dem Tage einer solchen Bekanntmachung aus dem Lagerhaus zum Verbrauch entnommen werden, wird ein solches Vorgehen als voll im Einklang mit diesem Absatz gelten.

c) Bei Vorliegen von Kontingenten, die unter Lieferländern aufgeteilt sind, wird der Beschränkungen anwendende Vertragsstaat alle anderen Vertragsstaaten, die an der Lieferung der betreffenden Ware interessiert sind, von den den verschiedenen Lieferländern laufend mengen- oder wertmäßig eingeräumten Kontingentanteilen in Kenntnis setzen und diese öffentlich bekanntgeben.

4. Hinsichtlich der gemäß Absatz 2 d) dieses Artikels und Absatz 2 c) des Artikels XI angewendeten Beschränkungen ist die Bestimmung der Vergleichsperiode für eine Ware und die Beurteilung jener besonderen Umstände, die den Handel mit dieser Ware betreffen, jenem Vertragsstaat Vorbehalten, der die Beschränkung anwendet. Dieser Vertragsstaat wird jedoch auf Ersuchen eines anderen Vertragsstaates, der an der Lieferung dieser Ware besonders interessiert ist, oder auf Ersuchen der Vertragsstaaten unverzüglich mit dem anderen Vertragsstaat oder den Vertragsstaaten bezüglich der Notwendigkeit einer Abänderung des festgelegten Anteiles oder der bestimmten Vergleichsperiode, der Überprüfung der vorliegenden besonderen Umstände oder der Beseitigung von Bedingungen, Formalitäten oder anderen Bestimmungen, die bezüglich der Zuteilung eines angemessenen Kontingents oder dessen unbeschränkter Ausnützung einseitig festgesetzt wurden, in Beratungen eintreten.

5. Die Bestimmungen dieses Artikels finden auf jedes Zollkontingent, das von einem Vertragsstaat festgesetzt oder beibehalten wird, Anwendung und, soweit durchführbar, erstrecken sich die Grundsätze dieses Artikels auch auf Ausfuhrbeschränkungen.

Artikel XIV

Ausnahmen von der Regel der Nichtdiskriminierung

1. a) Die Vertragsstaaten anerkennen, daß in der Nachkriegszeit schwierige Probleme der wirtschaftlichen Anpassung entstanden sind, die eine sofortige Verwirklichung der nichtdiskrimi-

nierenden Anwendung von Mengenbeschränkungen nicht gestatten und daher die in diesem Absatz festgelegten Ausnahmemaßnahmen für eine Übergangszeit erforderlich machen.

b) Ein Vertragsstaat, der Beschränkungen gemäß Artikel XII anwendet, kann bei deren Anwendung von den Bestimmungen des Artikels XIII Abweichungen vornehmen, denen gleichartige Wirkung zukommt, wie jenen Zahlungs- und Transferbeschränkungen für laufende internationale Geschäfte, die dieser Vertragsstaat gegebenenfalls zu diesem Zeitpunkt gemäß Artikel XIV des Abkommens über den Internationalen Währungsfonds oder gemäß einer gleichartigen Bestimmung eines gemäß Artikel XV, Absatz 6, abgeschlossenen besonderen Devisenabkommens anwendet.

c) Ein Vertragsstaat, der Beschränkungen gemäß Artikel XII anwendet und per 1. März 1948 zum Schutze seiner Zahlungsbilanz Einfuhrbeschränkungen in einer Weise anwendete, die von den in Artikel XIII festgelegten Regeln der Nichtdiskriminierung abweichen, darf diese weiterhin anwenden, wenn sie zu diesem Zeitpunkt nicht ohnehin durch lit. b) erlaubt worden wären und darf diese Abweichungen geänderten Verhältnissen anpassen.

d) Jeder Vertragsstaat, der das am 30. Oktober 1947 in Genf vereinbarte Protokoll über die provisorische Anwendung vor dem 1. Juli 1948 unterzeichnet und durch diese Unterzeichnung die Grundsätze des Artikels 23, Absatz 1, des Charta-Entwurfes, der der Konferenz der Vereinten Nationen für Handel und Beschäftigung vorlag, provisorisch angenommen hat, kann sich durch schriftliche Mitteilung an die Vertragsstaaten vor dem 1. Jänner 1949 den Bestimmungen des Annex J dieses Abkommens, der solche Grundsätze enthält, an Stelle der Bestimmungen der lit. b) und c) dieses Absatzes, unterwerfen. Die Bestimmungen der lit. b) und c) finden keine Anwendung auf Vertragsstaaten, die sich auf diese Weise den Bestimmungen des Annex J unterworfen haben; demgemäß finden die Bestimmungen des Annex J keine Anwendung auf Vertragsstaaten, die sich ihm nicht unterworfen haben.

e) Die gemäß lit. b) und c) oder gemäß Annex J in der Nachkriegs-Übergangszeit angewendeten Maßnahmen zur Einfuhrbeschränkung bezwecken die maximale Entwicklung des multilateralen Handels während dieser Periode und eine Beschleunigung bei der Erreichung eines Ausgleiches der Zahlungsbilanz, so daß die Inanspruchnahme der Bestimmungen des Artikels XII oder von Devisen-Überbrückungsabkommen überflüssig wird.

f) Ein Vertragsstaat kann gemäß den Bestimmungen von lit. b) oder c) dieses Absatzes oder gemäß Annex J nur solange abweichen, als er für sich die gemäß Artikel XIV des Abkommens über den Internationalen Währungsfonds für die Nachkriegs-Übergangszeit getroffenen Vereinbarungen oder die einer gleichartigen Bestimmung eines gemäß Artikel XV, Absatz 6, abgeschlossenen besonderen Devisenabkommens für sich in Anspruch nehmen kann.

g) Spätestens am 1. März 1950 (drei Jahre nach Aufnahme der Tätigkeit des Internationalen Währungsfonds) und in jedem folgenden Jahr, werden die Vertragsstaaten über jede Maßnahme Bericht erstatten, die von Vertragsstaaten noch gegemäß lit. b) und c) dieses Absatzes oder gemäß Annex J ergriffen wird. Im März 1952 und in jedem folgenden Jahr wird jeder noch zur Durchführung von Maßnahmen gemäß den Bebestimmungen von lit. c) oder Annex J berechtigte Vertragsstaat sich hinsichtlich aller gemäß dieser Bestimmungen noch in Kraft befindlichen Abweichungen von Artikel XIII und hinsichtlich deren weiterer Anwendung mit den Vertragsstaaten beraten. Nach dem 1. März 1952 wird jede weitere gemäß Annex J durchgeführte Maßnahme, die über die Beibehaltung jener Abweichungen hinausgeht, hinsichtlich welcher Beratungen mit den Vertragsstaaten stattgefunden haben und von diesen nicht als ungerechtfertigt befunden wurden, sowie deren Anpassung an veränderte Verhältnisse, jenen Beschränkungen allgemeiner Art unterworfen sein, welche die Vertragsstaaten unter Berücksichtigung der veränderten Verhältnisse des Vertragsstaates auf erlegen können.

h) Falls die Vertragsstaaten unter besonderen Umständen einen derartigen Schritt als notwendig erachten, können sie gegenüber jedem Vertragsstaat, der berechtigt ist, Maßnahmen gemäß den Bestimmungen von lit. c) zu ergreifen, dahingehend Vorstellungen erheben, daß die Verhältnisse für die Beendigung einer bestimmten Abweichung von den Bestimmungen des Artikels XIII oder für den allgemeinen Verzicht auf Abweichungen gemäß diesem Unterabsatz günstig sind. Nach dem 1. März 1952 können die Vertragsstaaten unter besonderen Umständen gegenüber jedem Vertragsstaat, der zum Ergreifen von Maßnahmen gemäß Annex J berechtigt ist, solche Vorstellungen erheben. Dem Vertragsstaat ist zur Erwiderung auf solche Vorstellungen ein angemessener Zeitraum einzuräumen. Falls die Vertragsstaaten zur Ansicht gelangen, daß der Vertragsstaat weiterhin ungerechtfertigte Abweichungen von den Bestimmungen des Artikels XIII anwendet, wird der Vertragsstaat diese Abweichungen innerhalb 60 Tagen je nach Auftrag der Vertragsstaaten zeitlich begrenzen oder beenden.

2. Ein Vertragsstaat, der gemäß Artikel XII Einfuhrbeschränkungen anwendet, kann, ungeachtet dessen, ob seine Abkommen für eine Überbrückungszeit gemäß Absatz 1 f) abgelaufen sind oder nicht, mit Zustimmung der Vertragsstaaten zeitweise von den Bestimmungen des Artikels XIII hinsichtlich eines geringen Teiles seines

Außenhandels dann abweichen, wenn die Vorteile für den oder die betreffenden Vertragsstaaten, die daraus für andere Vertragsstaaten entstehenden Schädigungen von Handelsinteressen wesentlich überwiegen.

3. Die Bestimmungen des Artikels XIII verbieten nicht Beschränkungen, die mit den Bestimmungen des Artikels XII im Einklang stehen und entweder

a) von einer Gruppe von Gebieten, die beim Internationalen Währungsfonds einen gemeinsamen Quotenanteil haben, auf die Einfuhr aus anderen Ländern, aber nicht auf ihren Handel untereinander angewendet werden, unter der Bedingung, daß diese Beschränkungen in jeder anderen Hinsicht den Bestimmungen von Artikel XIII entsprechen, oder

b) die in der Zeit bis zum 31. Dezember 1951 und durch Maßnahmen, die zu keiner wesentlichen Ausnahme von den Bestimmungen des Artikels XIII führen, einem anderen Land Unterstützung gewähren, dessen Wirtschaft durch den Krieg zerstört wurde.

4. Ein Vertragsstaat, der gemäß Artikel XII Einfuhrbeschränkungen anwendet, wird durch die Artikel XI bis einschließlich XV dieses Abkommens nicht an der Anwendung von Maßnahmen zur Lenkung seiner Ausfuhr gehindert, um seine Deviseneinkünfte zu steigern, die er ohne Abweichung von den Bestimmungen des Artikels XIII verwenden kann.

5. Ein Vertragsstaat wird durch die Artikel XI bis einschließlich XV dieses Abkommens nicht an der Anwendung von Mengenbeschränkungen gehindert,

a) die gleiche Wirkung wie die gemäß Abschnitt 3 b) des Artikels VII der Statuten des Internationalen Währungsfonds besitzen oder

b) auf Grund von Präferenzabkommen, wie sie in Annex A dieses Abkommens vorgesehen sind, bis zur Einleitung der darin erwähnten Verhandlungen.

Artikel XV
Devisenabkommen

1. Die Vertragsstaaten werden bestrebt sein, mit dem Internationalen Währungsfonds zusammenzuarbeiten, um zu gewährleisten, daß hinsichtlich der der Kompetenz des Fonds unterstellten Fragen des Devisenverkehrs und der der Kompetenz der Vertragsstaaten unterstellten Fragen der Mengenbeschränkungen und anderer Handelsmaßnahmen eine einheitliche Politik verfolgt werde.

2. In allen Fällen, in denen die Vertragsstaaten berufen sind, sich mit Fragen der Währungsreserven, der Zahlungsbilanz und Devisenabkommen zu befassen, werden sie mit dem Fonds in eingehende Beratungen eintreten. Bei diesen Beratungen werden die Vertragsstaaten alle Feststellungen statistischer oder anderer Art entgegennehmen, die ihnen vom Internationalen Währungsfonds hinsichtlich des Devisenverkehrs, der Währungsreserven und hinsichtlich der Zahlungsbilanz mitgeteilt werden; sie werden ferner die Feststellungen des Fonds darüber entgegennehmen, ob die Maßnahmen, die ein Vertragsstaat hinsichtlich des Devisenverkehrs getroffen hat, mit den Statuten des Internationalen Währungsfonds oder mit den Bestimmungen eines besonderen zwischen diesem Vertragsstaat und den Vertragsstaaten geschlossenen Sonderabkommens über den Devisenverkehr im Einklang steht. Wenn die Vertragsstaaten in jenen Fällen, in denen die in Absatz 2 a) des Artikels XII genannten Merkmale vorliegen, eine endgültige Entscheidung zu treffen haben, werden sie die Feststellungen des Fonds darüber, ob die Währungsreserven des Vertragsstaates einem beträchtlichen Absinken unterliegen, ob ein sehr niedriger Stand vorliegt oder ob sie sich in einem angemessenen Ausmaß erhöht haben, als auch über die finanziellen Aspekte anderer Fragen entgegennehmen, die in einem solchen Fall Gegenstand der Beratungen bilden.

3. Die Vertragsstaaten werden bestrebt sein, mit dem Fonds über das Verfahren der in Absatz 2 dieses Artikels vorgesehenen Beratung ein Abkommen zu schließen.

4. Vertragsstaaten werden von Maßnahmen im Devisenverkehr Abstand nehmen, die die beabsichtigte Wirkung der Bestimmungen dieses Abkommens beeinträchtigen und keine Handelsmaßnahmen ergreifen, die den Absichten der Statuten des Internationalen Währungsfonds zuwiderlaufen.

5. Wenn die Vertragsstaaten zu irgend einem Zeitpunkt feststellen, daß ein Vertragsstaat Beschränkungen des Zahlungsverkehrs, die mit den Ausnahmebestimmungen über Mengenbeschränkungen im vorliegenden Abkommen unvereinbar sind, bei Zahlungen und Überweisungen für Einfuhren an wendet, werden sie dem Fonds darüber Bericht erstatten.

6. Jeder Vertragsstaat, der nicht Mitglied des Fonds ist, wird innerhalb einer Frist, die die Vertragsstaaten nach Beratung mit dem Fonds festsetzen werden, Mitglied des Fonds werden oder, andernfalls, mit den Vertragsstaaten ein besonderes Devisenabkommen schließen. Ein Vertragsstaat, der seine Mitgliedschaft im Fonds verliert, wird unverzüglich mit den Vertragsstaaten ein besonderes Devisenabkommen abschließen. Jedes besondere von einem Vertragsstaat auf Grund dieses Paragraphen abgeschlossene Devisenabkommen wird sodann einen Bestandteil seiner aus dem vorliegenden Abkommen bestehenden Verpflichtungen bilden.

7. a) Ein auf Grund des Absatzes 6 dieses Artikels zwischen einem Vertragsstaat und den Vertragsstaaten abgeschlossenes besonderes Devisenabkommen wird diejenigen Bestimmungen enthalten, die die Vertragsstaaten als notwendig erachten, damit die von diesem Vertragsstaat auf dem Gebiet des Devisenverkehrs getroffenen Maßnahmen nicht mit dem vorliegenden Abkommen in Widerspruch stehen.

b) Die Bestimmungen eines solchen Abkommens werden dem Vertragsstaat auf dem Gebiet des Zahlungsverkehrs keine in ihrer Gesamtheit einschränkenderen Verpflichtungen auferlegen, als diejenigen, die durch die Statuten des Internationalen Währungsfonds dessen Mitgliedern auferlegt wurden.

8. Ein Vertragsstaat der nicht Mitglied des Fonds ist, stellt den Vertragsstaaten jene Auskünfte zur Verfügung, die sie im allgemeinen Rahmen des Abschnittes 5 von Artikel VIII der Statuten des Internationalen Währungsfonds anfordern können, um die ihnen durch das Abkommen übertragenen Aufgaben zu erfüllen.

9. Keine Bestimmung des vorliegenden Abkommens untersagt:

a) die Anwendung von Devisenkontrollen oder -beschränkungen durch einen Vertragsstaat, die mit den Statuten des Internationalen Währungsfonds oder mit den Bestimmungen eines von diesem Vertragsstaate mit den Vertragsstaaten abgeschlossenen besonderen Devisenabkommens in Einklang stehen, oder

b) die Anwendung von Beschränkungen oder Kontrollen der Ein- oder Ausfuhr durch einen Vertragsstaat, deren einzige Wirkung es wäre, zusätzlich zu den gemäß Artikel XI, XII, XIII und XIV gestatteten Auswirkungen, derartige Devisenkontrollen oder -beschränkungen wirksam zu gestalten.

Artikel XVI
Subventionen

Wenn ein Vertragsstaat irgendeine Subvention, einschließlich jeder Form Schutzes von Gewinnen oder der Preisstützung gewährt oder aufrechterhält, die unmittelbar oder mittelbar die Wirkung hat, die Steigerung der Ausfuhr einer Ware aus seinem Gebiet oder die Einfuhr einer Ware in sein Gebiet herabzusetzen, wird dieser Vertragsstaat schriftlich den Vertragsstaaten das Ausmaß und die Art dieser Subvention, die Auswirkungen, die er von ihr hinsichtlich des Volumens der Einbeziehungsweise Ausfuhr der Ware oder der Waren erwartet, sowie die Umstände mitteilen, die die Subvention notwendig machen. In allen Fällen, in denen ein Vertragsstaat der Auffassung ist, daß eine solche Subvention eine ernsthafte Schädigung seiner Interessen herbeiführt oder herbeizuführen droht, wird der Vertragsstaat, der sie gewährt hat, auf Ersuchen mit dem interessierten Vertragsstaat oder mit anderen Vertragsstaaten oder mit den Vertragsstaaten die Möglichkeit der Beschränkung dieser Subvention prüfen.

Artikel XVII
Nichtdiskriminierende Behandlung durch staatliche Handelsunternehmen

1. a) Jeder Vertragsstaat, der an irgendeinem Orte ein staatliches Unternehmen gründet oder betreibt, oder einem Unternehmen rechtlich oder tatsächlich ausschließliche oder besondere Privilegien gewährt, verpflichtet sich, daß dieses Unternehmen bei seinen Käufen oder Verkäufen, die in Gestalt von Einfuhren oder Ausfuhren stattfinden, die allgemeinen Grundsätze der Nichtdiskrimmierung beachtet, die auf Grund des vorliegenden Abkommens für staatliche Maßnahmen, betreffend die Ein- oder Ausfuhr durch private Kaufleute, vorgeschrieben sind.

b) Die Bestimmungen unter lit. a) dieses Absatzes sind dahingehend auszulegen, daß sie die in Rede stehenden Unternehmungen unter gleichzeitiger Berücksichtigung der anderen Bestimmungen dieses Abkommens verpflichten, sich bei Käufen und Verkäufen ausschließlich von kommerziellen Erwägungen, wie Preis, Qualität, verfügbare Menge, Marktgängigkeit. Transportverhältnisse und andere Kaufs- und Verkaufsbedingungen, leiten zu lassen und daß sie diese Unternehmen verpflichten, den Unternehmen anderer Vertragsstaaten alle Möglichkeiten zur Teilnahme an diesen Käufen oder Verkäufen unter Bedingungen des freien Wettbewerbes und auf der Grundlage der üblichen Handelsusancen zu gewähren.

c) Kein Vertragsstaat wird ein seiner Rechtshoheit unterliegendes Unternehmen (ungeachtet dessen, ob es sich um eines der in lit. a) bezeichneten Unternehmen handelt oder nicht) daran hindern, gemäß den in den lit. a) und b) dieses Absatzes enthaltenen Grundsätzen vorzugehen.

2. Die Bestimmungen des Absatzes 1 dieses Artikels finden keine Anwendung auf die Einfuhr von Waren, die zum unmittelbaren oder letztlichen Verbrauch für öffentliche Zwecke bestimmt sind und nicht zum Wiederverkauf oder zur Verwendung bei der Erzeugung von Waren, die verkauft werden sollen, bestimmt sind. Hinsichtlich solcher Einfuhren wird jeder Vertragsstaat dem Handel der anderen Vertragsstaaten eine gerechte und angemessene Behandlung zuteil werden lassen.

Artikel XVIII
Staatliche Unterstützung der wirtschaftlichen Entwicklung und des Wiederaufbaues

1. Die Vertragsstaaten anerkennen, daß zur Förderung der Errichtung, Entwicklung oder des

Wiederaufbaues einzelner Industrien oder gewisser Zweige der Landwirtschaft eine besondere staatliche Unterstützung notwendig sein könnte und unter entsprechenden Umständen eine solche Unterstützung in Form protektionistischer Maßnahmen zulässig ist. Gleichzeitig anerkennen sie, daß eine unvernünftige Anwendung derartiger Maßnahmen ihrer eigenen Volkswirtschaft ungebührliche Belastungen und dem internationalen Handel unzulässige Beschränkungen auferlegt und somit unnötigerweise Anpassungsschwierigkeiten der Volkswirtschaft anderer Länder vergrößern würde.

2. Die Vertragsstaaten und die beteiligten Vertragsstaaten werden hinsichtlich der Fragen, die sich auf Grund dieses Artikels ergeben, das strengste Stillschweigen bewahren.

A.

3. Wenn ein Vertragsstaat im Interesse seiner wirtschaftlichen Entwicklung oder seines Wiederaufbaues oder zum Zwecke der Erhöhung eines Meistbegünstigungszollsatzes im Zusammenhang mit der Errichtung eines neuen, mit den Bestimmungen des Absatzes 3 von Artikel I vereinbaren Präferenzabkommens es für wünschenswert hält, eine nichtdiskriminierende Maßnahme betreffend die Einfuhr zu ergreifen, die mit einer Verpflichtung, welche der Vertragsstaat gemäß Artikel II dieses Abkommens eingegangen ist, im Widerspruch stünde, jedoch mit den anderen Bestimmungen dieses Abkommens vereinbar ist, wird er

a) in direkte Verhandlungen mit allen anderen Vertragsstaaten eintreten. Die entsprechenden Listen dieses Abkommens werden gemäß den Bestimmungen eines sich aus diesen Verhandlungen ergebenden Vertrages abgeändert werden; oder

b) sich zu Beginn an die Vertragsstaaten wenden oder kann dies erst dann tun, falls der Abschluß eines Vertrages gemäß lit. a) mißlingt. Die Vertragsstaaten werden feststellen, welche Vertragsstaaten durch die beabsichtigten Maßnahmen wesentlich betroffen werden und werden Verhandlungen zwischen einem solchen Vertragsstaat oder solchen Vertragsstaaten und dem darum ansuchenden Vertragsstaat zum rascheren Abschluß eines wirksamen Abkommens unterstützen. Die Vertragsstaaten werden für solche Verhandlungen einen Terminkalender aufstellen und den betreffenden Vertragsstaaten bekanntgeben, wobei sie, soweit als möglich, einen von dem ansuchenden Vertragsstaat vorgeschlagenen Terminkalender berücksichtigen werden. Die Vertragsstaaten werden solche Verhandlungen gemäß dem von den Vertragsstaaten ausgearbeiteten Terminkalender aufnehmen und sie weiterführen. Falls die Vertragsstaaten grundsätzlich mit der vorgeschlagenen Maßnahme einverstanden sind, können sie die Verhandlungen auf Ersuchen des Vertragsstaates unterstützen. Nach Festlegung eines entsprechenden Übereinkommens kann der ansuchende Vertragsstaat durch die Vertragsstaaten von der in diesem Unterabsatz angeführten Verpflichtung befreit werden, vorbehaltlich jener Beschränkungen, die allenfalls in den Verhandlungen zwischen den betreffenden Vertragsstaaten vereinbart wurden.

4. a) Wenn auf Grund einer gemäß Absatz 3 ergriffenen Maßnahme eine Importsteigerung einer bestimmten Ware, einschließlich solcher Waren, welche hiefür als Ersatz gelten, eintreten sollte, die bei fortschreitender Entwicklung so groß würde, daß sie die Errichtung, die Entwicklung oder den Wiederaufbau der Industrie oder des betreffenden Zweiges der Landwirtschaft gefährden würde, und wenn keine mit den Bestimmungen dieses Abkommens übereinstimmenden Vorbeugungsmaßnahmen gefunden werden können, die wirksam sein könnten, kann der ansuchende Vertragsstaat, nach Verständigung und, wenn möglich, nach Beratung mit den Vertragsstaaten, jene anderen Maßnahmen nach Maßgabe der Sachlage ergreifen, vorausgesetzt, daß solche Maßnahmen die Importe nicht mehr als notwendig einschränken, um die in lit. a) erwähnte Importsteigerung zu beseitigen; außergewöhnliche Umstände ausgenommen, sollen solche Maßnahmen die Einfuhren nicht unter jenes Niveau senken, welches sie in der letzten Vergleichsperiode vor dem Zeitpunkt erreicht hatten, zu welchem der Vertragsstaat Maßnahmen gemäß Absatz 3 ergriffen hat.

b) Die Vertragsstaaten werden sobald als möglich bestimmen, ob eine derartige Maßnahme aufrechtzuerhalten, aufzuheben oder abzuändern ist. Sie soll auf jeden Fall nicht mehr zur Anwendung gelangen, sobald die Vertragsstaaten feststellen, daß die Verhandlungen abgeschlossen oder unterbrochen sind.

c) Es wird anerkannt, daß die gemäß Artikel II dieses Abkommens bestehenden Bindungen zwischen den Vertragsstaaten wechselseitige Vorteile enthalten und daß daher ein Vertragsstaat, dessen Handel durch die Maßnahme wesentlich beeinträchtigt wird, die Anwendung von inhaltlich gleichwertigen, auf Grund dieses Abkommens eingeräumten Verpflichtungen und Zugeständnissen gegenüber dem Handel des ansuchenden Vertragsstaates widerrufen kann, vorausgesetzt, daß der betreffende Vertragsstaat die Vertragsstaaten vor Anwendung dieser Maßnahme befragt hat und die Vertragsstaaten dagegen keinen Einwand erhoben haben.

B.

5. Falls eine nicht diskriminierende, die Einfuhr einer Ware betreffende Maßnahme angewendet wird, hinsichtlich welcher der Vertragsstaat ge-

mäß Artikel II dieses Abkommens eine Verpflichtung übernommen hat, und diese Maßnahme mit einer anderen Bestimmung dieses Abkommens in Widerspruch stünde, werden die Bestimmungen von lit. b) des Absatzes 3 zur Anwendung gelangen; vorausgesetzt, daß die Vertragsstaaten vor Erteilung ihrer Zustimmung allen Vertragsstaaten, die sich hievon als wesentlich betroffen ansehen, eine angemessene Möglichkeit bieten, ihrer Stellungnahme Ausdruck zu verleihen. Die Bestimmungen des Absatzes 4 gelangen auch in diesem Falle zur Anwendung.

C.

6. Wenn ein Vertragsstaat im Interesse seiner Wirtschaftlichen Entwicklung oder seines Wiederaufbaues die Annahme einer nicht diskriminierenden, die Einfuhren betreffende Maßnahme für wünschenswert hält, die mit anderen Bestimmungen dieses Abkommens als mit denen des Artikels II im Widerspruch stünden, die aber auf eine Ware, hinsichtlich welcher der Vertragsstaat auf Grund des Artikels II eine Verpflichtung übernommen hat, keine Anwendung finden würden, wird dieser Vertragsstaat die Vertragsstaaten hievon in Kenntnis setzen und wird den Vertragsstaaten eine schriftliche Darstellung seiner Beweggründe zur Unterstützung der Annahme der vorgeschlagenen Maßnahme für einen bestimmten Zeitraum bekanntgeben.

7. a) Auf Ersuchen eines solchen Vertragsstaates werden die Vertragsstaaten die vorgeschlagene Maßnahme billigen und die für einen bestimmten Zeitraum notwendige Dispens erteilen, wenn unter besonderer Berücksichtigung der zwingenden Gründe des ansuchenden Vertragsstaates im Hinblick auf seine wirtschaftliche Entwicklung oder seinen Wiederaufbau festgestellt wurde, daß diese Maßnahme

I. dazu vorgesehen ist, eine bestimmte, zwischen dem 1. Jänner 1939 und 24. März 1948 errichtete Industrie zu schützen, die während dieses Zeitraumes ihrer Entwicklung durch außergewöhnliche, aus den Kriegsfolgen sich ergehenden Verhältnisse, geschützt wurde; oder

II. dazu vorgesehen ist, die Schaffung oder Entwicklung einer bestimmten Industrie für die Verarbeitung inländischer Rohstoffe zu fördern, wenn der Verkauf solcher Rohstoffe im Auslande infolge neuer oder verschärfter, durch das Ausland verhängter Beschränkungen, wesentlich herabgesetzt wurde; oder

III. angesichts der Möglichkeiten oder Hilfsquellen des ansuchenden Vertragsstaates zur Schaffung oder Entwicklung einer bestimmten Industrie für die Verarbeitung inländischer Rohstoffe oder für die Verarbeitung eines anderenfalls verlorenen Nebenproduktes einer solchen Industrie notwendig ist, um eine vollständigere und wirtschaftlichere Ausnützung der natürlichen Hilfsquellen und der Arbeitskräfte und so auf lange Sicht eine Hebung des Lebensstandards auf dem Staatsgebiete des ansuchenden Vertragsstaates zu erreichen und auf lange Sicht keine nachteilige Wirkung auf den internationalen Handel zu erwarten ist; oder

IV. für den internationalen Handel nicht einschränkender zu sein scheint als eine andere, nach den Bestimmungen dieses Abkommens gestattete, praktisch durchführbare und angemessene Maßnahme, die ohne besondere Schwierigkeiten ergriffen werden könnte und die unter Berücksichtigung der wirtschaftlichen Voraussetzungen des betreffenden industriellen oder landwirtschaftlichen Sektors und der zwingenden Gründe des ansuchenden Vertragsstaates für seine wirtschaftliche Entwicklung oder seinen Wiederaufbau als die geeignetste Maßnahme erachtet wird.

Die im vorstehenden lit. a) enthaltenen Bestimmungen gelten vorbehaltlich folgender Bedingungen:

1. Der Vorschlag des ansuchenden Vertragsstaates, eine solche Maßnahme anzuwenden, wird nach Ablauf des ursprünglich vorgesehenen Zeitraumes, mit oder ohne Abänderungen nicht den Bestimmungen dieses Absatzes unterliegen;
2. die Vertragsstaaten werden eine auf Grund der Bestimmungen obiger Ziffern I, II, oder III ergriffene Maßnahme nicht gestatten, die geeignet ist, den Export von Rohstoffen, von denen die Wirtschaft auf dem Gebiete eines anderen Vertragsstaates weitgehend abhängig ist, wesentlich zu beeinträchtigen.

b) Der ansuchende Vertragsstaat wird die gemäß lit. a) gestattete Maßnahme derart anwenden, daß eine unnötige Schädigung der kommerziellen oder wirtschaftlichen Interessen eines anderen Vertragsstaates vermieden wird.

8. Wenn die vorgeschlagene Maßnahme nicht in den Rahmen der Bestimmungen des Absatzes 7 fällt, kann sich der Vertragsstaat

a) unmittelbar mit dem Vertragsstaat oder mit den Vertragsstaaten beraten, die seines Erachtens durch die Maßnahme besonders betroffen wurden. Gleichzeitig wird der Vertragsstaat die Vertragsstaaten von diesen Beratungen in Kenntnis setzen, um ihnen die Möglichkeit zu geben, festzustellen, ob alle besonders betroffenen Vertragsstaaten in die Beratungen einbezogen sind. Sobald ein vollständiges oder in den wesentlichsten Punkten vorliegendes Abkommen erreicht ist, wird sich der an der Durchführung der Maßnahme interessierte Vertragsstaat an die Vertragsstaaten wenden. Die Vertragsstaaten werden sofort das Ersuchen prüfen, um festzustellen, ob die Interessen aller wesentlich betroffenen Vertragsstaaten entsprechend berücksichtigt worden sind. Wenn die Vertragsstaaten mit oder ohne weitere Beratungen mit den betreffenden Vertragsstaaten zu dieser Feststellung gelangen, werden sie den ansuchenden Vertragsstaat von seinen Verpflichtungen auf Grund der entsprechenden Bestimmung dieses Abkommens befreien, vorbehaltlich jener Beschränkungen, die von den Vertragsstaaten auferlegt werden können; oder

b) von allem Anfang an oder, falls der Abschluß eines gemäß lit. a) vollständig oder in seinen wesentlichen Punkten vorliegenden Abkommens mißlingt, an die Vertragsstaaten wenden. Die Vertragsstaaten werden sofort die ihnen gemäß Absatz 6 vorgelegte Darstellung dem Vertragsstaat oder den Vertragsstaaten übermitteln, die von den Vertragsstaaten als durch die vorgeschlagene Maßnahme besonders betroffen angesehen werden. Solche Vertragsstaaten werden die Vertragsstaaten innerhalb der von diesen bestimmten Zeitspanne davon in Kenntnis setzen, ob im Hinblick auf die voraussichtlichen Wirkungen der vorgeschlagenen Maßnahme auf die Wirtschaft auf dem Staatsgebiet des oder der Vertragsstaaten gegen die vorgeschlagene Maßnahme Einwände erhoben werden. Die Vertragsstaaten werden

I. den ansuchenden Vertragsstaat sofort von seinen Verpflichtungen gemäß der entsprechenden Bestimmung dieses Abkommens befreien, wenn von seiten des oder der Vertragsstaaten gegen die vorgeschlagene Maßnahme keine Einwände erhoben werden; oder

II. bei Vorliegen eines Einwandes unverzüglich die vorgeschlagene Maßnahme einer Prüfung unterziehen, wobei sie die Bestimmungen dieses Abkommens, die vom ansuchenden Vertragsstaat vorgebrachten Beweggründe und seine Bedürfnisse hinsichtlich der wirtschaftlichen Entwicklung oder seines Wiederaufbaues, die Ansichten der als besonders betroffen bezeichneten Vertragsstaaten, die Auswirkung, welche die vorgeschlagene Maßnahme, mit oder ohne Abänderung, sofort oder auf lange Sicht auf den internationalen Handel und auf lange Sicht auf den Lebensstandard innerhalb des Staatsgebietes des ansuchenden Vertragsstaates haben könnte, berücksichtigen werden. Wenn die Vertragsstaaten auf Grund dieser Prüfung der vorgeschlagenen Maßnahme mit oder ohne Abänderung zustimmen, werden sie den ansuchenden Vertragsstaat von seinen Verpflichtungen gemäß der entsprechenden Bestimmung dieses Abkommens befreien, vorbehaltlich jener Beschränkungen, die sie selbst auferlegen können.

9. Wenn bei Vorwegnahme der Zustimmung der Vertragsstaaten zur Annahme einer in Absatz 6 angeführten Maßnahme eine Importsteigerung einer bestimmten Ware, einschließlich solcher Waren, die hiefür unmittelbar als Ersatz gelten, ein treten sollte und die im Laufe der Entwicklung so groß würde, daß sie die Errichtung, die Entwicklung oder den Wiederaufbau der Industrie oder des betreffenden Zweiges der Landwirtschaft gefährden würde und wenn keine mit den Bestimmungen dieses Abkommens übereinstimmende Vorbeugungsmaßnahmen gefunden werden können, die sich als wirksam erweisen könnten, wird der artsuchende Vertragsstaat nach nachrichtigung und, wenn möglich, nach Beratung mit den Vertragsstaaten bis zu deren Entscheidung über das Ansuchen des Vertragsstaates nach Maßgabe der Sachlage solche andere Maßnahmen ergreifen können, vorausgesetzt, daß solche Maßnahmen die Einfuhren nicht unter jenes Niveau senken, welches sie in der fetzten Vergleichsperiode, gerechnet vom Zeitpunkte, in welchem gemäß Absatz 6 die Bekanntgabe erfolgte, erreicht haben.

10. Die Vertragsstaaten werden sobald als möglich, jedoch üblicherweise innerhalb von 15 Tagen nach Erhalt eines auf Grund der Bestimmungen des Absatzes 7 oder der lit. a) oder b) des Absatzes 8 erfolgten Ersuchens, den ansuchenden Vertragsstaat von dem Zeitpunkt benachrichtigen, in welchem bekanntgegeben wird, ob er von der entsprechenden Verpflichtung befreit wird oder nicht. Diese Verständigung soll so bald als möglich ergehen, jedoch nicht später als 90 Tage nach Erhalt des, Ersuchens; vorausgesetzt, daß diese Zeitspanne nach Beratungen mit dem ansuchenden Vertragsstaat erstreckt werden kann, sofern unvorhergesehene Schwierigkeiten vor diesem festgesetzten Zeitpunkte auftauchen. Wenn der ansuchende Vertragsstaat von dem festgesetzten Zeitpunkte nicht in dieser Weise benachrichtigt wurde, kann er die vorgeschlagene Maßnahme ergreifen, nachdem er die Vertragsstaaten hievon verständigt hat.

11. Ein Vertragsstaat kann eine nicht diskriminierende, die Einfuhren betreffende, am 1. September 1947 in Kraft gewesene Schutzmaßnahme, die im Hinblick auf die Errichtung, die Entwicklung oder den Wiederaufbau einer bestimmten Industrie oder eines Zweiges der Landwirtschaft getroffen wurde und die sonst nicht durch dieses Abkommen gestattet ist, beibehalten, vorausgesetzt, daß sie den anderen Vertragsstaaten spätestens am 10. Oktober 1947, einschließlich aller Waren, hinsichtlich welcher die Maßnahme bei-

behalten wird, sowie hinsichtlich ihrer Art und ihres Zweckes, bekanntgegeben wurde.

12. Jeder Vertragsstaat, der eine solche Maßnahme beibehält, wird innerhalb von 60 Tagen, gerechnet vom Beginn seiner Zugehörigkeit zum Abkommen, den Vertragsstaaten eine Darstellung seiner Beweggründe für die Beibehaltung der Maßnahme und die Zeitspanne, für welche er sie beizubehalten wünscht, vor legen. Die Vertragsstaaten werden sie, sobald als möglich, jedenfalls jedoch innerhalb von zwölf Monaten, gerechnet vom Beginn der Zugehörigkeit des Vertragsstaates zum Abkommen, einer Prüfung unterziehen und bezüglich dieser Maßnahme eine Entscheidung fällen, als wenn sie den Vertragsstaaten gemäß den Bestimmungen der Absätze 1 bis einschließlich 10 dieses Artikels zur Genehmigung vorgelegt worden wäre.

13. Die Bestimmungen der Absätze 11 und 12 dieses Artikels werden auf eine Maßnahme bezüglich einer Ware, hinsichtlich welcher der Vertragsstaat eine Verpflichtung gemäß Artikel II dieses Abkommens eingegangen ist, keine Anwendung finden.

14. In jenen Fällen, in denen die Vertragsstaaten entscheiden, daß eine Maßnahme abzuändern oder zu einem bestimmten Zeitpunkte aufzuheben sei, werden sie die etwaigen Bedürfnisse eines Vertragsstaates hinsichtlich der Zeitspanne, in der eine solche Abänderung oder Aufhebung durchzuführen ist, entsprechend berücksichtigen.

Artikel XIX
Notstandsmaßnahmen bei der Einfuhr bestimmter Waren

1. a) Wenn infolge unvorhergesehener Entwicklungen und der Auswirkungen der von einem Vertragsstaat auf Grund dieses Abkommens eingegangenen Verpflichtungen, einschließlich von Zollbegünstigungen, eine Ware in das Gebiet dieses Vertragsstaates in derart erhöhten Mengen und unter solchen Umständen eingeführt wird, daß dadurch den inländischen Erzeugern gleichartiger oder unmittelbar konkurrierender Waren in diesem Staate ein ernstlicher Schaden zugefügt wird oder zugefügt zu werden droht, ist es diesem Vertragsstaat gestattet, bezüglich einer solchen Ware und in dem erforderlichen Außmaße und für den Zeitraum einer solchen Schädigung vorzubeugen oder abzuhelfen, eine solche Verpflichtung zur Gänze oder teilweise aufzuheben oder die Begünstigung abzuändern oder zu widerrufen.

b) Wenn eine Ware, die Gegenstand einer Präferenz ist, in das Gebiet eines Vertragsstaates unter den in lit. a) dieses Absatzes angeführten Umständen eingeführt wird, so daß dadurch den inländischen Erzeugern gleichartiger oder unmittelbar konkurrierender Waren auf dem Gebiete eines Vertragsstaates, der eine solche Präferenz erhält oder erhalten hat, ein ernstlicher Schaden zugefügt wird oder zugefügt zu werden droht, ist es diesem Vertragsstaat gestattet, auf Ersuchen jenes anderen Vertragsstaates, sowie in dem erforderlichen Ausmaße und für den Zeitraum einer solchen Schädigung vorzubeugen oder abzuhelfen, eine solche Verpflichtung zur Gänze oder teilweise aufzuheben oder die Begünstigung bezüglich des Erzeugnisses abzuändern oder zu widerrufen.

2. Bevor ein Vertragsstaat eine Maßnahme auf Grund der Bestimmungen der Ziffer 1 dieses Artikels ergreift, wird er die Vertragsstaaten hievon so frühzeitig als möglich schriftlich in Kenntnis setzen und wird ihnen sowie jenen Vertragsstaaten, die als Exporteure der betreffenden Ware daran wesentlich interessiert sind, die Möglichkeit eröffnen, mit ihm die beabsichtigten Maßnahmen zu prüfen. Wenn eine solche Mitteilung bezüglich einer Begünstigung hinsichtlich einer Präferenz erfolgt, wird die Benachrichtigung die Nennung des Vertragsstaates, der um diese Maßnahme angesucht hat, beinhalten. In Fällen besonderer Dringlichkeit, in denen ein Aufschub schwer gutzumachenden Schaden verursachen würde, kann die gemäß Ziffer 1 dieses Artikels ergriffene Maßnahme unter der Bedingung, daß die Beratung unmittelbar nach Durchführung einer derartigen Maßnahme erfolge, provisorisch ohne vorhergehende Beratung durchgeführt werden.

3. a) Wenn die beteiligten Vertragsstaaten bezüglich dieser Maßnahme nicht zu einem Einvernehmen gelangen, kann der Vertragsstaat, der diese Maßnahmen zu treffen oder deren Anwendung fortzusetzen wünscht, dennoch in diesem Sinne verfahren. Falls eine solche Maßnahme ergriffen oder deren Anwendung fortgesetzt wird, steht es den hievon betroffenen Vertragsstaaten frei, innerhalb einer Frist von 90 Tagen nach deren Inkraftsetzung, beginnend nach Ablauf von 30 Tagen, gerechnet vom Zeitpunkt, zu welchem die Vertragsstaaten die schriftliche Verständigung von einer solchen Aufhebung erhielten, die Anwendung jener im wesentlichen gleichartigen Verpflichtungen oder Begünstigungen, die sich aus diesem Abkommen ergeben, im Bezug auf den Handel jenes eine solche Maßnahme anwendenden Vertragsstaates oder im Falle des Absatzes 1, lit b), dieses Artikels, hinsichtlich des Handels jenes Vertragsstaates, der die Anwendung dieser Maßnahme fordert, außer Kraft setzen, sofern die Vertragsstaaten hiezu ihre Zustimmung erteilen.

b) Wenn Maßnahmen gemäß Ziffer 2 dieses Artikels ohne vorhergehende Beratungen und ungeachtet der Bestimmungen von lit a) ergriffen werden, die die inländischen Produzenten der von einer solchen Maßnahme betroffenen Ware in einem Vertragsstaat ernstlich schädigen oder zu schädigen drohen, steht es dem Vertragsstaat frei, falls eine Verzögerung eine schwer zu behebende

Schädigung zur Folge hätte, gleichzeitig mit der Inkraftsetzung dieser Maßnahme und während der Dauer der Beratung, Verpflichtungen und Zugeständnisse soweit außer Kraft zu setzen, als dies zur Verhinderung oder Beseitigung der Schädigung erforderlich ist.

Artikel XX
Allgemeine Ausnahmen

Unter dem Vorbehalt, daß derartige Maßnahmen nicht in einer Weise angewendet werden, die sich als eine willkürliche und ungerechtfertigte Diskriminierung zwischen Ländern mit gleichartigen Verhältnissen oder eine verschleierte Beschränkung des internationalen Handels erweisen würde, soll keine Bestimmung dieses Abkommens so ausgelegt werden, als würde sie einen Vertragsstaat daran hindern, folgende Maßnahmen zu beschließen oder durchzuführen:

I. a) Maßnahmen zum Schutze der öffentlichen Sittlichkeit;

b) Maßnahmen zum Schutze des Lebens oder der Gesundheit von Menschen oder Tieren oder zum Pflanzenschutz;

c) Maßnahmen, betreffend die Ein- oder Ausfuhr von Gold oder Silber;

d) Maßnahmen, die zur Anwendung von Gesetzen oder Vorschriften erforderlich sind, welche nicht mit den Bestimmungen dieses Abkommens unvereinbar sind, einschließlich jener, die sich auf die Anwendung der Zollvorschriften sowie auf die Ausübung der gemäß Absatz 4 des Artikels II und Artikel XVII gehandhabten Monopole, den Schutz von Patenten, Handelsmarken und Urheberrechten sowie auf die Verhinderung irreführender Praktiken beziehen;

e) Maßnahmen, betreffend Produkte der Häftlingsarbeit;

f) Maßnahmen zum Schutze nationaler Schätze von künstlerischem, historischem oder archäologischem Wert (Denkmalschutz);

g) Maßnahmen zur Erhaltung erschöpflicher natürlicher Hilfsquellen, sofern solche Maßnahmen im Zusammenhang mit Beschränkungen der inländischen Produktion oder des inländischen Verbrauches Anwendung finden;

h) Maßnahmen, die auf Grund von Verpflichtungen aus internationalen Rohstoffabkommen, im Einklang mit den vom Wirtschafts- und Sozialrat der Vereinten Nationen in seiner Resolution vom 28. März 1947 gebilligten Grundsätzen, durch die ein interimistisches Koordinationskomitee für internationale Rohstoffabkommen errichtet wurde; oder

i) Beschränkungen für die Ausfuhr inländischer Rohstoffe, die benötigt werden, um der inländischen verarbeitenden Industrie für eine Zeitdauer, in der der Inlandpreis solcher Rohstoffe im Rahmen eines staatlichen Stabilisationsplanes unter dem Weltmarktpreis gehalten wird, die erforderlichen Mengen an solchen Rohstoffen zu sichern, vorausgesetzt, daß derartige Beschränkungen nicht eine Exportsteigerung dieser Inlandindustrie oder eine Erhöhung des ihr gewährten Schutzes bewirken und daß sie nicht den Bestimmungen dieses Abkommens über die Nichtdiskriminierung zuwiderlaufen;

II. a) Maßnahmen, die für den Erwerb oder die Verteilung von Waren wesentlich sind, an denen ein allgemeiner oder örtlicher Mangel besteht, vorausgesetzt, daß derartige Maßnahmen mit allen multilateralen Abkommen im Einklang stehen, die eine gerechte internationale Verteilung solcher Waren bezwecken, oder bei Fehlen derartiger Abkommen dem Grundsatz entsprechen, daß alle Vertragsstaaten auf einen angemessenen Anteil an der internationalen Versorgung mit derartigen Waren Anspruch haben;

b) Maßnahmen, die für die Preisüberwachung eines Vertragsstaates wesentlich sind, der als Folge des Krieges unter Mangelerscheinungen leidet; oder

c) Maßnahmen, die wesentlich sind für den ordnungsgemäßen Abbau zeitweiser Überschüsse an Warenbeständen im Eigentum oder unter Kontrolle der Regierung eines Vertragsstaates oder von Industrien, die auf dem Gebiete eines Vertragsstaates infolge kriegsbedingter Erfordernisse aufgebaut wurden, deren Weiterführung jedoch unter normalen Verhältnissen unwirtschaftlich wäre, vorausgesetzt, daß derartige Maßnahmen durch einen Vertragsstaat im Hinblick auf eine entsprechende internationale Maßnahme nur nach Beratung mit anderen interessierten Vertragsstaaten ergriffen wird.

Maßnahmen, die gemäß Teil II dieses Artikels ergriffen oder aufrechterhalten werden und mit anderen Bestimmungen dieses Abkommens im Widerspruch stehen, sind zu beseitigen, sobald die sie rechtfertigenden Verhältnisse zu bestehen aufgehört haben, jedenfalls jedoch spätestens bis 1. Jänner 1951; es besteht jedoch Einverständnis, daß diese Zeitdauer mit Zustimmung der Vertragsstaaten hinsichtlich der Anwendung einer bestimmten Maßnahme auf eine bestimmte Ware durch einen bestimmten Vertragsstaat für weitere Zeitabschnitte, die von den Vertragsstaaten festgesetzt werden, verlängert werden kann.

Artikel XXI
Ausnahmen zur Währung der Sicherheit

Keine Bestimmung dieses Abkommens ist dahin auszulegen,

a) daß ein Vertragsstaat dazu verpflichtet ist, Informationen zu geben, deren Bekanntgabe er als seinen wesentlichen Sicherheitsinteressen zuwiderlaufend ansieht; oder

b) daß ein Vertragsstaat daran gehindert wird, eine Maßnahme zu ergreifen, die er zum Schutze seiner wesentlichen Sicherheitsinteressen

I. hinsichtlich von spaltbaren Grundstoffen oder von Materialien, aus denen sie erzeugt werden;

II. betreffend den Handel mit Waffen, Munition und Kriegsmaterial sowie den Handel mit anderen Gütern und Materialien, die unmittelbar oder mittelbar zur Versorgung militärischer Streitkräfte bestimmt sind;

III. die in Kriegszeiten oder sonst bei ernsten Krisen, in den internationalen Beziehungen ergriffen werden, für notwendig erachtet; oder

c) daß ein Vertragsstaat daran gehindert wird, in Erfüllung seiner auf Grund der Charta der Vereinten Nationen übernommenen Verpflichtungen eine Maßnahme zur Erhaltung des internationalen Friedens und der Sicherheit zu ergreifen.

Artikel XXII
Beratung

Jeder Vertragsstaat wird die seitens eines anderen Vertragsstaates erhobenen Vorstellungen bezüglich der Anwendung von Zollvorschriften und -formalitäten, von Anti-Dumping- und Ausgleichszöllen, Mengenbestimmungen und Devisenvorschriften, Subventionen, staatlichen Handelsgeschäften, Sanitätsgesetzen und -vorschriften über den Schutz des Lebens und der Gesundheit von Menschen und Tieren oder über den Pflanzenschutz und allgemein bezüglich aller Angelegenheiten, die die Anwendung dieses Abkommens berühren, wohlwollend prüfen und für deren Erörterung geeignete Möglichkeiten eröffnen.

Artikel XXIII
Wahrung der Konzessionen und Begünstigungen

1. Sollte ein Vertragsstaat der Meinung sein, daß eine ihm auf Grund dieses Abkommens unmittelbar oder mittelbar zustehende Begünstigung aufgehoben oder beeinträchtigt wird oder daß die Erreichung eines der Ziele dieses Abkommens dadurch behindert wird,

a) daß ein anderer Vertragsstaat seine auf Grund dieses Abkommens eingegangenen Verpflichtungen nicht erfüllt, oder

b) daß von einem anderen Vertragsstaat eine Maßnahme getroffen wird, gleichgültig, ob sie mit den Bestimmungen dieses Abkommens im Widerspruch steht oder nicht, oder

c) daß irgendeine andere Sachlage gegeben erscheint, kann der Vertragsstaat zum Zwecke einer befriedigenden Regelung der Angelegenheit den anderen Vertragsstaaten, die er als in Frage kommend ansieht, schriftliche Vorstellungen oder Vorschläge machen. Jeder Vertragsstaat, an den in solcher Weise herangetreten wurde, soll die ihm gemachten Vorstellungen oder Vorschläge wohlwollend prüfen.

2. Falls zwischen den interessierten Vertragsstaaten innerhalb einer angemessenen Zeit keine befriedigende Regelung getroffen wird oder falls es sich um eine Schwierigkeit handelt, auf die in lit. c) des Absatzes 1 verwiesen ist, kann die Angelegenheit den Vertragsstaaten vorgelegt werden. Diese werden eine ihnen derart vorgelegte Angelegenheit unverzüglich untersuchen und den Vertragsstaaten, die sie als in Frage kommend ansehen, entsprechende Empfehlungen machen oder eine geeignete Verfügung treffen. Die Vertragsstaaten können mit den Vertragsstaaten, mit dem Wirtschafts- und Sozialrat der Vereinten Nationen und mit jeder zuständigen Zwischenstaatlichen Organisation in Beratung eintreten, sofern sie diese für notwendig erachten. Falls die Vertragsstaaten der Ansicht sind, daß die Sachlage ernst genug ist, um eine solche Maßnahme zu rechtfertigen, können sie einen oder mehrere Vertragsstaaten ermächtigen, die Anwendung jener Verpflichtungen und Begünstigungen dieses Abkommens, die sie unter diesen Umständen als geeignet erachten, bezüglich eines oder mehrerer Vertragsstaaten aufzuheben. Sollte die Anwendung einer Verpflichtung oder Begünstigung bezüglich eines Vertragsstaates tatsächlich aufgehoben sein, steht es diesem Vertragsstaat frei, innerhalb von 60 Tagen, nachdem eine solche Maßnahme ergriffen würde, dem Generalsekretär der Vereinten Nationen schriftlich von seiner Absicht, von diesem Abkommen zurückzutreten, Mittei-

lung zu machen. Dieser Austritt wird nach Ablauf von 60 Tagen, gerechnet vom Tage, an welchem der Generalsekretär die schriftliche Austrittserklärung erhielt, wirksam.

Teil III

Artikel XXIV
Territoriale Anwendung – Grenzverkehr – Zollunion und Freihandelszonen

1. Die Bestimmungen dieses Abkommens beziehen sich auf alle Zollgebiete des Mutterlandes der Vertragsstaaten und auf alle anderen Zollgebiete, hinsichtlich welcher dieses Abkommen gemäß Artikel XXVI oder gemäß Artikel XXXIII oder in Durchführung des Protokolls über die provisorische Anwendung angenommen wurde. Jedes dieser Zollgebiete wird zum ausschließlichen Zweck der territorialen Anwendung dieses Abkommens wie ein Vertragsstaat behandelt, vorausgesetzt, daß die Bestimmungen dieses Absatzes nicht so ausgelegt werden, daß dadurch zwischen zwei oder mehreren Zollgebieten, für welche dieses Abkommen durch einen einzelnen Vertragsstaat oder gemäß Artikel XXVI oder gemäß Artikel XXXIII oder in Durchführung des Protokolls über die provisorische Anwendung angenommen wurde, irgendwelche Rechte oder Verpflichtungen geschaffen werden.

2. Im Sinne dieses Abkommens wird unter Zollgebiet jenes Territorium verstanden, für welches besondere Zolltarife oder andere Handelsvorschriften für einen beträchtlichen Teil des Handels eines solchen Territoriums mit anderen Gebieten beibehalten werden.

3. Die Bestimmungen dieses Kapitels sind nicht dahingehend auszulegen, daß sie folgende Begünstigungen verhindern:

a) die von einem Vertragsstaat einem Nachbarlande zur Erleichterung des Grenzverkehrs gewähre werden;

b) die im Handel mit dem Freistaat Triest von benachbarten Ländern gewährt werden, vorausgesetzt, daß solche Begünstigungen nicht mit den aus dem zweiten Weltkrieg hervorgegangenen Friedensvertragen im Widerspruch stehen.

4. Die Vertragsstaaten anerkennen, daß es wünschenswert sei, durch freiwillige Abkommen die Freiheit des Handels durch die Entwicklung einer engeren Verschmelzung (integration) der Volkswirtschaften jener Länder, die an solchen Abkommen teilnehmen, zu steigern. Sie anerkennen auch, daß der Zweck einer Zollunion oder einer Freihandelszone darin bestehen soll, den Handel zwischen den einzelnen Partnern zu erleichtern und nicht den Handel anderer Vertragsstaaten mit solchen Partnern zu behindern.

5. Demgemäß verhindern die Bestimmungen dieses Abkommens nicht die Schaffung einer Zollunion oder Freihandelszone zwischen den Gebieten der Vertragsstaaten oder die Annahme eines interimistischen Abkommens, das zur Schaffung einer Zollunion oder einer Freihandelszone notwendig wäre; vorausgesetzt,

a) daß bei einer Zollunion oder bei einem interimistischen Abkommen, welches zur Bildung einer Zollunion führt, die bei der Schaffung einer derartigen Union oder eines interimistischen Abkommens vorgeschriebenen Zölle und anderen Handelsvorschriften bezüglich des Handels mit Vertragsstaaten, die nicht einer solchen Union oder einem derartigen Abkommen angehören, in ihrer Gesamtheit nicht höher und einschränkender sind als die allgemeine Wirkung der Zölle und Handelsvorschriften, die in den die Zollunion bildenden Gebieten vor Schaffung einer solchen Union oder, je nach Sachlage der Annahme eines derartigen interimistischen Abkommens, angewendet wurden;

b) daß bei einer Freihandelszone oder bei einem interimistischen Abkommen, welches zur Bildung einer Freihandelszone führt, die Zölle und anderen Handelsvorschriften, die in jedem der die Freihandelszone bildenden Gebiete bestehen und bei Schaffung einer derartigen Freihandelszone angewendet werden oder bei Annahme eines solchen interimistischen Abkommens mit Bezug auf den Handel von Vertragsstaaten, die in eine solche Zone nicht einbezogen sind oder einem solchen Abkommen nicht angehören, nicht höher und einschränkender sind als die entsprechenden Zölle und anderen Handelsvorschriften, die in diesen die Freihandelszone bildenden Gebieten vor der Schaffung der Freihandelszone oder je nach Sachlage vor der Annahme eines derartigen interimistischen Abkommens bestanden, und

c) daß jedes in lit. a) und b) angeführte interimistische Abkommen einen Plan und ein Programm für die Bildung einer solchen Zollunion oder einer derartigen Freihandelszone innerhalb eines angemessenen Zeitraumes beinhaltet.

6. Wenn in Durchführung der Erfordernisse des Absatzes 5, lit. a), ein Vertragsstaat eine mit den Bestimmungen des Artikels II im Widerspruch stehende Erhöhung eines Zolltarifs vorschlägt, gelangt das in Artikel XXVIII festgelegte Verfahren zur Anwendung. Bei der Bemessung einer Angleichung wird die schon durch die Herabsetzung auf die entsprechenden Zollsätze der anderen die Zollunion bildenden Gebiete gewährte Begünstigung entsprechend berücksichtigt.

7. a) Jeder Vertragsstaat, der den Beitritt zu einer Zollunion, einer Freihandelszone oder einem interimistischen Abkommen, welches zur Bildung einer solchen Union oder eines solchen Gebietes führt, beschließt, wird die Vertragsstaaten hievon sogleich in Kenntnis setzen und ihnen bezüglich der geplanten Union oder des Gebietes jene Infor-

mation zur Verfügung stellen, die es ihnen ermöglicht, den Vertragsstaaten allenfalls entsprechende Berichte zu übermitteln und Empfehlungen zu machen.

b) Wenn die Vertragsstaaten, nach Studium des gemäß Absatz 5 vorgesehenen Planes und Programms für ein interimistisches Abkommen, in Beratungen mit den Teilnehmern dieses Abkommens und unter entsprechender Berücksichtigung der ihnen gemäß lit. a) zur Verfügung gestellten Informationen zu dem Schluß gelangen, daß ein solches Abkommen nicht geeignet erscheint, innerhalb der von den Teilnehmern des Abkommens vorgesehenen Zeit zur Bildung einer Zollunion oder einer Freihandelszone zu führen oder daß der Zeitraum nicht ausreichend erscheint, werden die Vertragsstaaten den Teilnehmern dieses Abkommens Empfehlungen unterbreiten. Die Teilnehmer werden ein derartiges Abkommen weder aufrechterhalten noch in Kraft setzen, wenn sie nicht bereit sind, dieses gemäß den Empfehlungen abzuändern.

c) Jede wesentliche Änderung des im Absatz 5, lit. c), angeführten Planes oder Programms wird den Vertragsstaaten bekanntgegeben, welche die betreffenden Vertragsstaaten ersuchen können, mit ihnen in Beratungen einzutreten, sofern die Änderung geeignet erscheint, die Schaffung einer Zollunion oder einer Freihandelszone zu gefährden oder übermäßig zu verzögern.

8. Im Sinne dieses Abkommens:

a) bedeutet Zollunion die Ersetzung zweier oder mehrerer Zollgebiete durch ein einheitliches Zollgebiet, so daß

I. Zölle und andere handelsbeschränkende Vorschriften (ausgenommen, soweit notwendig, jene, die gemäß Artikel XI, XII, XIII, XIV, XV und XX gestattet sind) mit Bezug auf den Großteil des Handels zwischen den die Union bildenden Gebieten oder wenigstens mit Bezug auf den Großteil des Handels mit den aus diesen Gebieten stammenden Waren beseitigt werden, und

II. die Mitglieder der Zollunion im Handel mit Gebieten, die nicht zur Union gehören, vorbehaltlich der Bestimmungen des Absatzes 9, im wesentlichen dieselben Zölle und anderen Handelsvorschriften anwenden;

b) Freihandelszone bedeutet eine Gruppe von zwei oder mehreren Zollgebieten, in denen die Zolle und andere handelsbeschränkende Vorschriften (ausgenommen, soweit notwendig, jene, die gemäß Artikel XI, XII, XIII, XIV, XV und XX gestattet sind) im wesentlichen zwischen den die Freihandelszone bildenden Gebieten im Handel mit den aus diesen Gebieten stammenden Waren, beseitigt werden.

9. Die im Absatz 3 des Artikels I angeführten Präferenzen werden durch die Schaffung einer Zollunion oder einer Freihandelszone nicht berührt; sie können jedoch im Wege von Verhandlungen mit den hievon betroffenen Vertragsstaaten beseitigt oder der Lage angepaßt werden. Dieses Verhandlungsverfahren mit den betroffenen Vertragsstaaten soll insbesondere auf jene Präferenzen Anwendung finden, deren Beseitigung gemäß den Bestimmungen des Absatzes 8, lit. a), I, und Absatz 8, lit. b), erforderlich ist.

10. Die Vertragsstaaten können Vorschläge, die nicht vollständig mit den Bestimmungen der Absätze 5 bis einschließlich 9 im Einklang stehen, mit Zweidrittelmehrheit annehmen, vorausgesetzt, daß derartige Vorschläge zur Schaffung einer Zollunion oder einer Freihandelszone im Sinne dieses Artikels führen.

11. Unter Berücksichtigung der außergewöhnlichen Umstände, die sich aus der Errichtung von Indien und Pakistan als unabhängige Staaten ergeben und in Anerkennung der Tatsache, daß diese zwei Staaten während langer Zeit eine wirtschaftliche Einheit gebildet haben, kommen die Vertragsstaaten überein, daß die Bestimmungen dieses Abkommens diese beiden Länder nicht daran hindern, besondere Abkommen hinsichtlich ihres gegenseitigen Handels abzuschließen, bis ihre wechselseitigen Handelsbeziehungen endgültig geregelt werden.

12. Jeder Vertragsstaat wird in seinem Machtbereich alle geeigneten Maßnahmen ergreifen, um in seinem Hoheitsgebiet die Beobachtung der Bestimmungen des vorliegenden Abkommens durch die regionalen oder örtlichen Regierungs- und Verwaltungsbehörden zu gewährleisten.

Artikel XXV
Gemeinsames Vorgehen der Vertragsstaaten

1. Die Vertreter der Vertragsstaaten sollen periodisch zusammentreten, um die Durchführung jener Bestimmungen dieses Abkommens sicherzustellen, die ein kollektives Vorgehen vorsehen und um ganz allgemein die Anwendung dieses Abkommens zu erleichtern und die Erreichung seiner Ziele zu fördern. Wenn in diesem Abkommen ein gemeinsames Handeln der Vertragsstaaten vorgesehen ist, werden diese als die Vertragsstaaten bezeichnet.

2. Der Generalsekretär der Vereinten Nationen wird ersucht, die erste Tagung der Vertragsstaaten einzuberufen, die spätestens am 1. März 1948 stattfinden soll.

3. Jeder Vertragsstaat verfügt bei allen Tagungen der Vertragsstaaten über eine Stimme.

4. Beschlüsse der Vertragsstaaten werden durch die Mehrheit der abgegebenen Stimmen gefaßt, sofern in diesem Abkommen nichts anderes bestimmt ist.

5. a) Bei Vorliegen außergewöhnlicher Umstände, für die an anderer Stelle in diesem Abkommen keine Vorsorge getroffen ist, können die Vertragsstaaten einen Vertragsstaat von einer ihm durch dieses Abkommen auferlegten Verpflichtung entbinden; vorausgesetzt, daß ein solcher Beschluß mit Zweidrittelmehrheit der abgegebenen Stimmen gefaßt wird und diese Mehrheit mehr als die Hälfte der Vertragsstaaten umfaßt.

Die Vertragsstaaten können auch durch eine derartige Abstimmung

I. gewisse Kategorien von außergewöhnlichen Umständen festlegen, hinsichtlich welcher bei einer Verpflichtungsentbindung andere Abstimmungserfordernisse zur Anwendung gelangen und

II. die für die Anwendung dieses Absatzes notwendigen Merkmale vorschreiben.

b) Wenn ein Vertragsstaat es ohne ausreichende Rechtfertigung verabsäumt, mit einem anderen Vertragsstaat Verhandlungen der in Artikel 17, Absatz 1, der Havanna-Charta erwähnten Art zu führen, können die Vertragsstaaten bei Vorliegen einer Beschwerde und nach Untersuchung den beschwerdeführenden Vertragsstaat ermächtigen, dem anderen Vertragsstaat die in der entsprechenden Liste dieses Abkommens enthaltenen Begünstigungen zu verweigern. Bei Beurteilung, ob ein Vertragsstaat die Führung von Verhandlungen unterlassen hat, werden die Vertragsstaaten alle wesentlichen Umstände, einschließlich der Bedürfnisse der Entwicklung, des Wiederaufbaues, anderer Bedürfnisse und der allgemeinen Steuerstruktur der betreffenden Vertragsstaaten und der Bestimmungen der Havanna-Charta in ihrer Gesamtheit berücksichtigen. Wenn die betreffenden Begünstigungen tatsächlich verweigert werden, so daß im Handel mit dem anderen Vertragsstaat höhere Zölle zur Anwendung gelangen als andernfalls eingehoben würden, steht es einem solchen Vertragsstaat frei, innerhalb von 60 Tagen nach Inkrafttreten einer solchen Maßnahme, schriftlich dieses Abkommen zu kündigen. Dieser Rücktritt wird nach Ablauf von 60 Tagen nach Erhalt dieser Erklärung durch die Vertragsstaaten wirksam.

c) Die Bestimmungen unter lit. b) finden keine Anwendung auf zwei Vertragsstaaten, deren Listen solche Begünstigungen enthalten, die schon ursprünglich zwischen den beiden Vertragsstaaten vereinbart wurden.

d) Die Bestimmungen unter lit. b) und c) gelangen vor dem 1. Jänner 1949 nicht zur Anwendung.

Artikel XXVI
Beitritt, Inkrafttreten und Registrierung

1. Das vorliegende Abkommen wird das Datum der Unterzeichnung der bei Abschluß der zweiten Tagung des Vorbereitenden Komitees der Konferenz der Vereinten Nationen für Handel und Beschäftigung angenommenen Schlußakte tragen und jedem Signatarstaat der Schlußakte zum Beitritt offenstehen.

2. Dieses in einem englischen und einem französischen Original abgefaßte Abkommen, dessen beide Texte authentisch sind, wird beim Generalsekretär der Vereinten Nationen hinterlegt, der hievon allen beteiligten Regierungen beglaubigte Abschriften übermitteln wird.

3. Jede Regierung, die diesem Abkommen beitritt, wird eine Beitrittsurkunde beim Generalsekretär der Vereinten Nationen hinterlegen, der alle interessierten Regierungen vom Zeitpunkte der Hinterlegung jeder Beitrittsurkunde und von dem Tage, mit welchem dieses Abkommen gemäß Ziffer 5 dieses Artikels in Kraft tritt, in Kenntnis setzen wird.

4. a) Jede Regierung, die diesem Abkommen beitritt, tritt ihm hinsichtlich des Mutterlandes und hinsichtlich jener anderen Gebiete bei, für welche es die internationale Verantwortung trägt, mit Ausnahme jener gesonderten Zollgebiete, die sie dem Generalsekretär der Vereinten Nationen anläßlich des eigenen Beitritts bekanntgibt.

b) Eine Regierung, die dem Generalsekretär eine derartige Beitrittserklärung mit den in lit. a) dieses Absatzes vorgesehenen Ausnahmen abgegeben hat, kann dem Generalsekretär jederzeit mitteilen, daß ihr Beitritt auch für ein oder mehrere gesonderte Zollgebiete Wirksamkeit haben soll; eine derartige Mitteilung wird am dreißigsten Tag nach deren Erhalt durch den Generalsekretär Rechtswirksamkeit haben.

c) Falls eines der Zollgebiete, hinsichtlich welcher ein Vertragsstaat diesem Abkommen beigetreten ist, volle Selbständigkeit in der Führung seiner Außenhandelsbeziehungen und anderen in diesem Abkommen vorgesehenen Angelegenheiten besitzt oder erlangt hat, wird dieses Gebiet auf Grund einer diese Tatsache bestätigenden Erklärung des verantwortlichen Vertragsstaates als Vertragsstaat angesehen.

5. Dieses Abkommen wird zwischen den Regierungen, die ihm beigetreten sind, am dreißigsten Tage nach dem Zeitpunkt in Kraft treten, zu welchem die Beitrittsurkunden beim Generalsekretär der Vereinten Nationen durch die Signatarstaaten der Schlußakte hinterlegt wurden. Die Gebiete dieser Signatarstaaten müssen 85 v. H. des gesamten Außenhandels der Signatarstaaten, die die Schlußakte bei Abschluß der zweiten Tagung des Vorbereitenden Komitees der Konferenz der Vereinten Nationen für Handel und Beschäftigung unterzeichnet haben, umfassen. Dieser Prozentsatz wird gemäß dem in Annex H festgelegten Schlüssel bestimmt werden. Die Beitrittsurkunde jeder weiteren Signatarregierung der Schlußakte wird am dreißigsten Tage nach dem Zeitpunkt der Hinterlegung der Urkunde wirksam werden.

6. Die Vereinten Nationen sind ermächtigt, die Registrierung dieses Abkommens nach dessen Inkrafttreten vorzunehmen.

Artikel XXVII
Aussetzung oder Widerruf von Begünstigungen

Es steht einem Vertragsstaat jederzeit frei, eine Begünstigung, die in der zugehörigen, diesem Abkommen angeschlossenen Liste vorgesehen ist, zur Gänze oder teilweise auszusetzen oder zu widerrufen, falls er feststellt, daß diese ursprünglich mit der Regierung eines Staates vereinbart wurde, der nicht Vertragsstaat wurde oder aufhörte, es zu sein. Der Vertragsstaat, der eine solche Maßnahme ergreift, wird hievon alle anderen Vertragsstaaten in Kenntnis setzen und auf Ersuchen mit jenen Vertragsstaaten, die an der betreffenden Ware wesentlich interessiert sind, in Beratungen eintreten.

Artikel XXVIII
Änderung der Listen

1. Ab 1. Jänner 1951 kann jeder Vertragsstaat die Anwendung einer Zollbehandlung ändern oder einstellen, die er gemäß Artikel II für eine in der zugehörigen, diesem Abkommen angeschlossenen Liste genannten Ware zugestanden hat. Hiezu wird er zur Erzielung eines Übereinkommens mit jenem Vertragsstaat in Verhandlungen eintreten, mit denn diese Zugeständnisse ursprünglich vereinbart wurden und mit jenen Vertragsstaaten in Beratungen eintreten, die von den Vertragsstaaten als an dieser Zollbehandlung wesentlich interessiert anerkannt wurden. Bei diesen Verhandlungen und diesem Abkommen, die bezüglich anderer Waren eine Bestimmung über eine Ausgleichsregelung (compensatory adjustment) enthalten können, werden die betreffenden Vertragsstaaten bestrebt sein, die vereinbarten Begünstigungen auf der Grundlage der Reziprozität und des gegenseitigen Vorteiles auf einem Niveau beizubehalten, das für den Handel nicht ungünstiger als das in diesem Abkommen festgesetzte ist.

2. a) Wenn die daran hauptsächlich interessierten Vertragsstaaten nicht zu einem Abkommen gelangen können, wird es dem die Änderung oder die Einstellung einer solchen Behandlung vorschlagenden Vertragsstaat dennoch freistehen, diese durchzuführen. Falls eine solche Maßnahme ergriffen wird, steht es dem Vertragsstaat, mit dem eine derartige Zollbehandlung ursprünglich vereinbart wurde und den anderen Vertragsstaaten, die gemäß Absatz 1 dieses Artikels als wesentlich interessiert anerkannt wurden, frei, innerhalb einer Frist von sechs Monaten nach Durchführung einer solchen Maßnahme und 30 Tage nach Erhalt einer schriftlichen Verständigung über diesen Widerruf durch die Vertragsstaaten, im wesentlichen gleichwertige Begünstigungen, die ursprünglich mit dem diese Maßnahmen ergreifenden Vertragsstaat vereinbart wurden, zu widerrufen.

b) Wenn zwischen den hauptsächlich interessierten Vertragsstaaten ein Abkommen erzielt wurde, das jedoch einen anderen gemäß Absatz 1 dieses Artikels als wesentlich interessiert anerkannten Vertragsstaat nicht befriedigt, hat dieser das Recht, binnen einer Frist von sechs Monaten nach Durchführung einer solchen Maßnahme und 30 Tage nach Erhalt einer schriftlichen Verständigung über diesen Widerruf durch die Vertragsstaaten, im wesentlichen gleichwertige Begünstigungen zu widerrufen, die ursprünglich mit dem diese Maßnahme auf Grund eines solchen Abkommens ergreifenden Vertragsstaat vereinbart wurden.

Artikel XXIX
Der Zusammenhang dieses Abkommens mit der Havanna-Charta

1. Die Vertragsstaaten verpflichten sich, im vollsten Ausmaße ihrer Regierungsgewalt die allgemeinen Grundsätze der Kapitel I bis einschließlich VI und von Kapitel IX der Havanna-Charta bis zu ihrem Beitritt zur Charta nach Maßgabe ihrer Verfassungsbestimmungen zu beobachten.

2. Am Tage des Inkrafttretens der Havanna-Charta wird Teil II dieses Abkommens aufgehoben.

3. Falls die Havanna-Charta am 10. September 1949 noch nicht in Kraft getreten sein sollte, werden die Vertragsstaaten vor dem 31. Dezember 1949 zusammentreten, um sich darüber zu versündigen, ob dieses Abkommen geändert, ergänzt oder beibehalten werden soll.

4. Falls die Havanna-Charta zu irgendeinem Zeitpunkte außer Kraft treten sollte, werden die Vertragsstaaten hierauf so bald als möglich zusammentreten, um sich darüber zu verständigen, ob dieses Abkommen ergänzt, geändert oder beibehalten werden soll. Solange hierüber keine Verständigung erfolgt ist, wird Teil II dieses Abkommens wieder in Krafttreten, vorausgesetzt, daß die Bestimmungen des Teiles II mit Ausnahme des Artikels XXIII, unter entsprechender Änderung in jener Fassung ersetzt werden, in welcher sie zu diesem Zeitpunkt in der Havanna-Charta aufscheinen, sowie unter der weiteren Voraussetzung, daß kein Vertragsstaat an eine Verpflichtung gebunden sein wird, die ihn im Zeitpunkte des Außerkrafttretens der Havanna-Charta nicht verpflichtete.

5. Falls ein Vertragsstaat der Havanna-Charta im Zeitpunkte ihres Inkrafttretens noch nicht beigetreten ist, werden sich die Vertragsstaaten darüber beraten und Übereinkommen, ob und gegebenenfalls in welcher Weise dieses Abkom-

men ergänzt oder geändert werden soll, soweit es die Beziehungen zwischen einem solchen Vertragsstaat und anderen Vertragsstaaten betrifft. Solange keine solche Vereinbarung vorliegt, werden die Bestimmungen von Teil II dieses Abkommens, ungeachtet der Bestimmungen von Absatz 2 dieses Artikels, weiterhin zwischen einem solchen Vertragsstaat und anderen Vertragsstaaten zur Anwendung gelangen.

6. Vertragsstaaten, die Mitglieder der Internationalen Handelsorganisation sind, werden sich nicht auf die Bestimmungen des vorliegenden Abkommens stützen, um die Anwendung von Bestimmungen der Havanna-Charta zu verhindern. Die Anwendung des diesem Absatz zugrunde liegenden Grundsatzes auf einen Vertragsstaat, der nicht Mitglied der Internationalen Handelsorganisation ist, wird gemäß den Bestimmungen der Ziffer 5 dieses Artikels Gegenstand einer Vereinbarung sein.

Artikel XXX
Änderungen

1. Mit Ausnahme der Fälle, für die Bestimmungen über die Änderung dieses Abkommens vorgesehen sind, werden Änderungen der Bestimmungen von Teil 1 dieses Abkommens oder der Bestimmungen des Artikels XXIX oder des vorliegenden Artikels nach Annahme durch alle Vertragsstaaten in Kraft treten. Andere Änderungen dieses Abkommens werden hinsichtlich jener Vertragsstaaten, die sie annehmen, nach Annahme durch zwei Drittel der Vertragsstaaten wirksam und danach für jeden anderen Vertragsstaat nach dessen Annahme.

2. Jeder Vertragsstaat, der eine Änderung dieses Abkommens annimmt, wird innerhalb einer von den Vertragsstaaten festgesetzten Frist eine Urkunde über die Annahme beim Generalsekretär der Vereinten Nationen hinterlegen. Die Vertragsstaaten können bestimmen, daß eine auf Grund dieses Artikels in Kraft gesetzte Änderung derartig beschaffen ist, daß es einem Vertragsstaat, der sie nicht innerhalb einer von den Vertragsstaaten festgesetzten Frist angenommen hat, freisteht, von diesem Abkommen zurückzutreten oder mit Zustimmung der Vertragsstaaten ein Vertragsstaat zu bleiben.

Artikel XXXI
Rücktritt

Unbeschadet der Bestimmungen des Artikels XXIII oder jener des Absatzes 2, Artikel XXX, kann jeder Vertragsstaat am oder nach dem 1. Jänner 1951 von diesem Abkommen zurücktreten oder auch allein für eines der gesonderten Zollgebiete den Rücktritt vollziehen, für welches er die internationale Verantwortung trägt und das in diesem Zeitpunkte die volle Selbständigkeit in der Führung seiner Außenhandelsbeziehungen und anderer in diesem Abkommen vorgesehenen Angelegenheiten besitzt. Der Rücktritt wird am oder nach dem 1. Jänner 1951 wirksam, jedoch nach Ablauf von sechs Monaten nach Erhalt der schriftlichen Rücktrittserklärung durch den Generalsekretär der Vereinten Nationen.

Artikel XXXII
Vertragsstaaten

1. Als Vertragsstaaten dieses Abkommens gelten jene Regierungen, die die Bestimmungen dieses Abkommens gemäß Artikel XXVI oder XXXIII oder zufolge des „Protokolls über die Vorläufige Anwendung" anwenden.

2. Die Vertragsstaaten, die das vorliegende Abkommen gemäß Absatz 3 des Artikels XXVI angenommen haben, können nach dem gemäß Absatz 5 des Artikels XXVI erfolgten Inkrafttreten dieses Abkommens jederzeit entscheiden, daß ein Vertragsstaat, der es nicht in dieser Weise angenommen hat, aufhört, Vertragsstaat zu sein.

Artikel XXXIII
Beitritt

Eine Regierung, die diesem Abkommen nicht angehört, oder eine Regierung, die im Namen eines gesonderten Zollgebietes handelt, das in der Führung seiner Außenhandelsbeziehungen und der anderen in diesem Abkommen vorgesehenen Angelegenheiten volle Selbständigkeit besitzt, kann diesem Abkommen im eigenen Namen oder im Namen jenes Gebietes, unter den zwischen dieser Regierung und den Vertragsstaaten vereinbarten Bedingungen beitreten. Die auf Grund dieses Artikels gefaßten Beschlüsse der Vertragsstaaten bedürfen der Zweidrittelmehrheit.

Artikel XXXIV
Annexe

Die Annexe dieses Abkommens bilden einen integrierenden Bestandteil desselben.

Artikel XXXV

1. Unbeschadet der Bestimmungen des Absatzes 5, lit. b), von Artikel XXV oder der Verpflichtungen eines Vertragsstaates auf Grund des Artikels XXIX, Absatz 1, wird dieses Abkommen oder gegebenenfalls Artikel II dieses Abkommens zwischen zwei Vertragsstaaten nicht zur Anwendung gelangen,

a) sofern die beiden Vertragsstaaten nicht miteinander in Tarifverhandlungen eingetreten sind und

b) wenn einer der beiden Vertragsstaaten der Anwendung im Zeitpunkte, in dem einer der beiden Vertragsstaat wird, nicht zustimmt.

2. Auf Ersuchen eines Vertragsstaates können die Vertragsstaaten jederzeit vor Inkrafttreten der Havanna-Charta die Anwendung dieses Artikels in allen Einzelfällen überprüfen und geeignete Empfehlungen machen.

ANNEX A

Liste der in Absatz 2 a) des Artikel I erwähnten Gebiete

Vereinigtes Königreich von Großbritannien und Nordirland.

Vom Vereinigten Königreich von Großbritannien und Nordirland abhängige Gebiete.

Kanada.

Commonwealth von Australien.

Vom Commonwealth von Australien abhängige Gebiete.

Neuseeland.

Von Neuseeland abhängige Gebiete.

Südafrikanische Union einschließlich Südwestafrika.

Irland.

Indien

Pakistan

Südrhodesien.

Burma.

Ceylon.

In einzelnen der oben angeführten Gebiete sind für gewisse Waren zwei oder mehrere Vorzugstarife in Kraft. Diese Gebiete können durch ein Abkommen mit den anderen Vertragsstaaten, die im Genusse der Meistbegünstigung stehend Hauptlieferanten dieser Ware sind, diese Vorzugszölle durch einen einzigen Vorzugszoll ersetzen, der als Ganzes für die die Meistbegünstigung genießenden Lieferstaaten nicht ungünstiger sein soll als die Präferenzen, die vor diesem Austausch in Kraft waren.

Die Auferlegung einer gleichwertigen Präferenzzollspanne an Stelle der Präferenzspanne, die als Binnensteuer ausschließlich zwischen zwei oder mehreren der in diesem Annex genannten Gebiete am 10. April 1947 bestand oder an Stelle der in dem folgenden Absatz genannten mengenmäßigen Präferenzvereinbarungen, wird nicht als eine Erhöhung einer Präferenzzollspanne angesehen.

Die in Absatz, 5, lit. b), des Artikels XIV angeführten Präferenzvereinbarungen beziehen sich auf jene, die im Vereinigten Königreiche am 10. April 1947 auf Grund vertraglicher Abmachungen mit den Regierungen von Kanada, Australien und Neuseeland über gekühltes und gefrorenes Rind- und Kalbfleisch, gefrorenes Hammel- und Lammfleisch, gekühltes und gefrorenes Schweinefleisch und Speck bestanden. Unbeschadet einer etwa nach Artikel XX lit. h) ergriffenen Maßnahme ist beabsichtigt, diese Vereinbarungen aufzuheben oder durch Tarifpräferenzen zu ersetzen und zu diesem Zweck sobald als möglich Verhandlungen zwischen den wesentlich beteiligten oder betroffenen Staaten einzuleiten.

Die Filmverleihsteuer, die in Neuseeland am 10. April 1947 in Kraft war, wird hinsichtlich dieses Abkommens wie eine Zollgebühr im Sinne des Artikels I behandelt werden. Das Filmverleihkontingent, das in Neuseeland am 10. April 1947 in Kraft war, wird hinsichtlich dieses Abkommens als Vorrührungskontingent im Sinne des Artikels IV behandelt werden.

ANNEX B

Liste der in Absatz 2 b) des Artikels I erwähnten Gebiete der französischen Union

Frankreich.

Französisch-Äquatorialafrika (Kongo-Konventionsgebiet[1]) und andere Gebiete)

Französisch-Westafrika.

Kamerun unter französischem Mandat.[1]

Französische Somaliküste und zugehörige Gebiete.

Französische Niederlassungen in Ozeanien.

Französische Niederlassungen im Kondominium der neuen Hebriden.[1]

Indochina.

Madagaskar und zugehörige Gebiete.

Marokko (französische Zone).[1]

Neukaledonien und zugehörige Gebiete

Saint-Pierre und Miquelon.

Togo unter französischem Mandat.[1]

Tunesien.

---

[1] *Für Einfuhren in das französische Mutterland und Gebiete der französischen Union.*

ANNEX C

ANNEX C

Liste der in Absatz 2 b) des Artikels I erwähntes

Gebiete der Zollunion Belgiens,

Luxemburgs und der Niederlande

Belgisch-luxemburgische Wirtschaftsunion

Belgisch-Kongo

Ruanda-Urundi

Niederlande

Neuguinea

Surinam

Niederländische Antillen.

Republik Indonesien.

Für Einfuhren in die die Zollunion bildenden Mutterländer.

ANNEX D

ANNEX D

Liste der in Absatz 2 b) des Artikels I erwähnten Gebiete, die die Vereinigten Staaten von Amerika betreffen

Vereinigte Staaten von Amerika (Zollgebiet).

Von den Vereinigten Staaten von Amerika abhängige Gebiete.

Republik der Philippinen.

Die Schaffung einer gleichwertigen Präferenzzollspanne an Stelle einer Präferenzspanne, die als inländische Steuer, jedoch ausschließlich zwischen zwei oder mehreren der in diesem Annex angeführten Gebiete am 10. April 1947 bestand, wird nicht als eine Erhöhung einer Präferenzzollspanne angesehen.

ANNEX E

Liste der Gebiete, auf welche die in Artikel I Absatz 2 lit. d) erwähnten Präferenzabmachungen zwischen benachbarten Ländern angewendet werden

i) Chile einerseits und

1. Argentinien,
2. Bolivien,
3. Peru

anderseits.

ii) Uruguay und Paraguay.

ANNEX F

Stichtage für die Festsetzung der Präferenzhöchstspannen nach Artikel I Absatz 4 Australien, 15. Oktober 1946, Frankreich, 1. Jänner 1939,

Kanada, 1. Juli 1939,

Südafrikanische Union, 1. Juli 1938,

Südrhodesien, 1. Mai 1941.

ANNEX G

In Absatz 3 des Artikels I festgelegte Stichtage maximaler Präferenzspannen

Australien, 15. Oktober 1946.

Kanada, 1, Juli 1939.

Frankreich, 1. Jänner 1939.

Syrisch-libanesische Zollunion, 30. November 1939.

Südafrikanische Union, 1. Juli 1938.

Südrhodesien, 1. Mai 1941.

Prozentuale Anteile am Gesamtaußenhandel für die in Artikel XXVI vorgesehene Berechnung

(auf Grund der Durchschnittswerte der Jahre 1949—1953) Ist dieses Abkommen vor dem Beitritt Japans zum Allgemeinen Abkommen von Vertragsparteien angenommen worden, deren Außenhandel nach Spalte I den in Artikel XXVI Absatz 6 bezeichneten Hundertsatz erreicht, so wird für die Berechnung nach dem genannten Absatz die Spalte I angewendet. Ist das Abkommen nicht vor dem Beitritt Japans angenommen worden, so wird Spalte II angewendet.

ANNEX H

Anmerkungen und ergänzende Bestimmungen

Zu Artikel 1

Absatz 1

Die in Artikel I, Absatz 1, unter Hinweis auf Artikel III, Absatz 2 und 4, und die in Artikel II, Absatz 2 b), unter Hinweis auf Artikel VI enthaltenen Verpflichtungen werden für die Zwecke des Protokolls über die vorlaufige Anwendung als zu Teil II gehörig angesehen.

Absatz 4

Der Ausdruck „Präferenzspanne" bedeutet die absolute Differenz zwischen dem Meistbegünstigungszollsatz und dem Präferenzzollsatz für die gleiche Ware und nicht das Verhältnis zwischen diesen Zollsätzen; zum Beispiel:

1. Wenn der Meistbegünstigungszollsatz 36% vom Werte und der Präferenz- Zollsatz 24% vom Werte beträgt, so ergibt sich eine Präferenzspanne von 12% vom Werte und nicht von einem Drittel des Meistbegünstigungszollsatzes;
2. wenn der Meistbegünstigungszollsatz 36% vom Werte beträgt und der Präferenzzollsatz mit zwei Drittel des Meistbegünstigungszollsatzes angegeben wäre, so würde die Präferenzspanne 12% vom Werte betragen;
3. wenn der Meistbegünstigungszollsatz 2 Franken pro Kilogramm und der Präferenzzollsatz 1`50 Franken pro Kilogramm beträgt, so ergibt sich eine Präferenzspanne von 0`50 Franken pro Kilogramm.

Folgende Arten von Zollmaßnahmen, die gemäß einem einheitlich festgelegten Verfahren ergriffen werden, würden einer allgemeinen Bindung der Präferenzspannen nicht entgegenstehen:

I. die Wiederanwendung einer Tarifeinreihung oder eines Zollsatzes auf eine eingeführte Ware, die normalerweise auf eine derartige Ware Anwendung findet, in jenen Fällen, in denen die Anwendung dieser Einreihung oder dieses Zollsatzes auf eine solche Ware am 10. April 1947 zeitweise ausgesetzt oder außer Kraft war; oder

II. die Einreihung einer bestimmten Ware unter eine andere Tarifposition als jene, unter welche die Einfuhren dieser Ware am 10. April 1947 eingeteilt wurden, in jenen Fällen, in denen die Zollgesetzgebung eindeutig vorsieht, daß eine derartige Ware unter mehrere Zollpositionen eingeteilt werden kann.

Zu Artikel II

Absatz 2 a)

Der in Artikel II, Absatz 2 a), enthaltene Hinweis auf Artikel III, Absatz 2, wird erst zur Anwendung gelangen, sobald Artikel III durch das Inkrafttreten der durch das Protokoll über die Änderung von Teil II und Artikel XXVI des Allgemeinen Zoll- und Handelsabkommens vom 14. September 1948 vorgesehenen Novellierung abgeändert werden ist.

Absatz 2 b)

Siehe Anmerkung zu Artikel I, Absatz 1.

Absatz 4

Sofern zwischen den Vertragsstaaten, die über das Zugeständnis ursprünglich verhandelt hatten, nicht ausdrücklich anderes vereinbart wurde, werden die Bestimmungen dieses Absatzes im Sinne der Bestimmungen des Artikels 31 der Havanna-Charta Anwendung finden.

Zu Artikel III

Alle inneren Gebühren oder anderen inländischen Abgaben, jede Vorschrift, jedes Gesetz oder Erfordernis der in Absatz 1 erwähnten Art, die sowohl auf eine eingeführte als auf eine gleichartige inländische Ware Anwendung finden und hinsichtlich der eingeführten Ware im Zeitpunkt oder am

Orte der Einfuhr eingehoben oder angewendet werden, sind dennoch als eine innere Gebühr oder andere inländische Abgabe der in Absatz 1 erwähnten Art zu betrachten und demnach den Bestimmungen von Artikel III unterworfen.

Absatz 1

Die Anwendung des Absatzes 1 auf innere Gebühren, die von örtlichen Behörden und Dienststellen innerhalb des Gebietes eines Vertragsstaates auferlegt werden, unterliegt den Bestimmungen des Schlußabsatzes von Artikel XXIV. Der Ausdruck „geeignete Maßnahmen" im zuletzt erwähnten Absatz macht es beispielsweise nicht erforderlich, die bestehende Gesetzgebung zu widerrufen, durch welche örtliche Behörden zur Einhebung innerer Gebühren ermächtigt werden; dieser Widerruf ist auch dann nicht erforderlich, wenn diese Gebühr mit dem Buchstaben, aber nicht mit dem Geist des Artikels III unvereinbar ist, jedoch für die betreffende örtliche Behörde oder Dienststelle eine große finanzielle Benachteiligung zur Folge hatte. Bei Vorliegen einer durch örtliche Behörden oder Dienststellen auferlegten Gebühr, die sowohl mit dem Buchstaben als auch dem Geist des Artikels III unvereinbar ist, wird es der Ausdruck „geeignete Maßnahmen" einem Vertragsstaat gestatten, die unzulässige Gebühr schrittweise im Verlaufe einer Übergangszeit zu beseitigen, sofern eine plötzliche Aufhebung ernste Verwaltungs- und Finanzschwierigkeiten hervorrufen würde.

Absatz 2

Eine Gebühr, die den Erfordernissen des ersten Satzes von Absatz 2 entspricht, würde nur in jenen Fällen als mit den Bestimmungen des zweiten Satzes unvereinbar gelten, in denen die Vergebührung einer Ware gegenüber einer anderen unmittelbar konkurrenzfähigen und zum Ersatz geeigneten Ware unterschiedlich erfolgt.

Absatz 5

Vorschriften, die mit den Bestimmungen des ersten Satzes von Absatz 5 übereinstimmen, werden nicht als den Bestimmungen des zweiten Satzes entgegenstehend angesehen, wenn die diesen Vorschriften unterworfenen Waren im Inlande in bedeutenden Mengen erzeugt werden. Die Rechtfertigung für die Zulässigkeit einer Vorschrift im Sinne der Bestimmungen des zweiten Satzes darf nicht damit begründet werden, daß die für die der Vorschrift unterworfenen Waren festgesetzte Kontingentierung eine angemessene Proportion zwischen eingeführten und inländischen Waren darstellt.

Zu Artikel V

Absatz 5

Hinsichtlich der Beförderungskosten findet der in Absatz 5 aufgestellte Grundsatz auf gleichartige Waren Anwendung, die unter gleichartigen Bedingungen auf derselben Strecke befördere werden.

Zu Artikel VI

Absatz 1

Das von assoziierten Firmen geübte verschleierte Dumping (d. h. der Verkauf durch einen Importeur zu einem Preise, der niedriger ist als der von einem Exporteur, der mit dem Importeur assoziiert ist, in Rechnung gestellte Preis, der zugleich niedriger ist als der im Exportlande übliche Preis) stellt ein Preisdumping dar, hinsichtlich dessen die Dumpingspanne unter Zugrundelegung jenes Preises berechnet werden kann, zu welchem die Waren durch den Importeur weiterverkauft werden.

Absatz 2 und 3

Anmerkung 1

So wie in anderen Fällen, kann ein Vertragsstaat auch gegenüber der Zollverwaltung eine angemessene Sicherstellung (Garantie oder Barerlag) für die Zahlung eines Anti-Dumpings- oder Ausgleichszolls bis zur Klärung des Sachverhaltes in jedem Falle eines Verdachts von Dumping oder Subventionierung verlangen.

Anmerkung 2

Die Anwendung mehrerer Wechselkurse kann unter gewissen Umständen eine Exportsubvention bedeuten, der durch Ausgleichszölle gemäß Absatz 3 entgegengetreten werden kann oder kann dadurch ein Dumping sein, daß die teilweise Abwertung einer Landeswährung zur Auswirkung gelangt, der durch Maßnahmen gemäß Absatz 2 begegnet werden kann. „Anwendung mehrerer Wechselkurse" bedeutet Anwendung oder Genehmigung derselben durch Regierungen.

Zu Artikel VII

Absatz 1

Es wurde geprüft, ob es wünschenswert wäre, die Worte „sobald als möglich" durch ein bestimmtes Datum oder durch einen begrenzten Zeitabschnitt von bestimmter, später festzusetzender Dauer zu ersetzen. Das Ergebnis war, daß es nicht allen Vertragsstaaten möglich sein würde, diese Grundsätze zu einem bestimmten Datum praktisch werden zu lassen, aber es bestand Einverständnis, daß die Mehrzahl der Vertragsstaaten diese Grundsätze von dem Tage des Inkrafttretens dieses Abkommens ab anwenden wird.

Absatz 2

Es würde Artikel VII entsprechen, anzunehmen, daß der „wirkliche Wert" dargestellt wird durch den Fakturenwert, dem alle in dem Fakturenwert nicht enthaltenen Posten, die gerechtfertigte Kosten darstellen und zweifellos unter die Begriffsbestimmung „wirklicher Wert" fallen, ebenso wie jedes außergewöhnliche Skonto oder jede Ermäßigung des üblichen Wettbewerbpreises zuzufügen sind.

Absatz 2 b) des Artikels VII ermöglicht es einem Vertragsstaat, den Ausdruck „im normalen Handelsverkehr" in Verbindung mit der Fassung „unter den Bedingungen des freien Wettbewerbes" dahin auszulegen, daß hiedurch jedes Geschäft ausgeschlossen ist, bei dem Käufer und Verkäufer nicht voneinandere unabhängig sind und bei dem der Preis nicht das einzige zu berücksichtigende Element ist.

Die Vorschrift der „Bedingungen des freien Wettbewerbs" ermöglicht es den Vertragsstaaten, solche Verkaufspreise nicht zu berücksichtigen, die Sonderrabatte aufweisen, die lediglich Alleinvertretern gewährt werden.

Der Wortlaut der Absätze a) und b) ermöglicht es den Vertragsstaaten, die Zölle einheitlich zu berechnen, entweder 1. nach den von einem bestimmten Exporteur für die eingeführte Ware berechneten Preisen oder 2. nach dem allgemeinen Niveau der Preise einer gleichartigen Ware.

Zu Artikel VIII

Obgleich Artikel VIII nicht den Rückgriff auf mehrfache Wechselkurse als solche im Auge hat, verurteilen die Absätze 1 und 4 doch den Rückgriff auf Steuern und Gebühren, die auf Kursgeschäften liegen, als ein System, bei dem mehrfache Kurse angewendet werden; wenn jedoch ein Vertragsstaat Steuern auf mehrfache Kurse mit Genehmigung des Internationalen Währungsfonds und zum Schutze seiner Zahlungsbilanz einhebt, schützen die Bestimmungen des Absatzes 2 vollständig seine Haltung, weil dieser Absatz nur vorschreibt, daß derartige Steuern dann beseitigt werden sollen, wenn die Umstände es erlauben.

Zu Artikel XI

Absatz 2 c)

Der Ausdruck „in jeder Form importierte Produkte" ist dahin zu verstehen, daß er sich auf dieselben Produkte bezieht, die, wenn sie sich im Zustand einer wenig vorgeschrittenen Be- oder Verarbeitung befinden und noch verderblich sind, im unmittelbaren Wettbewerb mit den frischen Produkten stehen und die, wenn sie ungehindert eingeführt werden würden, die der Einfuhr der frischen Produkte auferlegten Beschränkungen unwirksam machen könnten.

Absatz 2, letzter Unterabsatz

Der Ausdruck „besondere Faktoren" umfaßt die Schwankungen in der relativen Produktionsfähigkeit der in- und ausländischen Produzenten, jedoch nicht jene Schwankungen, die künstlich durch solche hervorgerufen wurden, die das Abkommen nicht zuläßt.

Zu Artikel XII

Absatz 3 b) I.

Die Worte „ungeachtet der Bestimmungen des Absatzes 2 dieses Artikels" sind dem Text hinzugefügt worden, um eindeutig zum Ausdruck zu bringen, daß die von einem Vertragsstaat auferlegten Einfuhrbeschränkungen, die in anderer Hinsicht „notwendig" im Sinne des Absatzes 2 a) sind, nicht dann als überflüssig angesehen werden, wenn sich ergibt, daß ein Wechsel in der Innenpolitik, wie er im Text dieser Ziffer vorgesehen ist, zu einer Verbesserung des Standes der Währungsreserve dieses Vertragsstaates führen könnte. Diese Worte sind nicht dahin auszulegen, daß die Bestimmungen in Absatz 2 irgendeine Änderung erfahren hätten.

Es wurden die besonderen Probleme „berücksichtigt" weiche diejenigen Vertragsstaaten zu lösen haben könnten, die infolge ihres Programms der Vollbeschäftigung, der Aufrechterhaltung eines hohen und ständig steigenden Niveaus der Nachfrage und der Wirtschaftsentwicklung einer starken Einfuhrnachfrage gegenüberstehen und die demgemäß eine mengenmäßige Regelung ihres Außenhandels aufrechterhalten. Es wurde die Ansicht vertreten, daß die derzeitige Fassung von Artikel XII ebenso wie die Bestimmungen über Ausfuhrkontrollen, die in einigen Teilen des Abkommens, zum Beispiel in Artikel XX, Vorkommen, den Bedürfnissen dieser Volkswirtschaften vollkommen entsprechen.

Zu Artikel XIII

Absatz 2 d)

„Erwägungen handelsmäßiger Art" sind nicht als ein Merkmal für die Aufteilung der Kontingente angesehen worden, weil die Auffassung bestand, daß deren Anwendung durch Regierungsbehörden nicht immer möglich sein würde. Überdies könnte ein Vertragsstaat, falls eine solche Anwendung möglich ist, diese Erwägungen bei dem Versuch verwenden, ein Abkommen im Sinne der in Absatz, 2 einleitend aufgeführten allgemeinen Richtlinien zu erzielen.

Absatz 4

Siehe die Bemerkung über „besondere Faktoren" im letzten Absatz von Absatz 2 des Artikels XI.

Zu Artikel XIV

Ziffer 1 g)

Die Bestimmungen des Absatzes 1 g) gewähren den Vertragsstaaten nicht das Recht, die Einleitung eines Beratungsverfahrens für Einzelgeschäfte zu verlangen, außer wenn es sich hiebei um ein Geschäft von derart großem Ausmaß handelt, daß die Beratung in den Rahmen der allgemeinen Politik fällt. In diesem Falle werden die Vertragsstaaten auf Ersuchen des einschreitenden Vertragsstaates dieses Geschäft nicht isoliert, sondern in Verbindung mit der Politik des Vertragsstaates, betreffend die gesamte Einfuhr der in Frage stehenden Ware, behandeln.

Absatz 2

Einer der in Absatz 2 ins Auge gefaßten Umstände erscheint dann gegeben, wenn ein Vertragsstaat, der aus laufenden Geschäften Guthaben erworben hat, keine Möglichkeit findet, diese ohne Anwendung einer diskriminierenden Maßnahme zu verwenden.

Zu Artikel XV

Absatz 4

Das Wort „zuwiderlaufen" soll insbesondere bedeuten, daß im Widerspruch zum Wortlaut eines Artikels dieses Abkommens stehende Währungskontrollmaßnahmen nicht als eine Verletzung dieses Artikels angesehen werden, wenn sie nicht wesentlich von seinem Sinne abweichen. Daher würde ein Vertragsstaat, der auf Grund einer solchen in Übereinstimmung mit den Statuten des Internationalen Währungsfonds angewandten Währungskontrollmaßnahme fordern würde, daß die Bezahlung seiner Ausfuhr in seiner eigenen Währung oder in der Währung eines oder mehrerer Mitgliedstaaten des Internationalen Währungsfonds zu erfolgen hatte, nicht die Bestimmungen des Artikels XI oder des Artikels XIII verletzt haben. Als Beispiel könnte angeführt werden, daß ein Vertragsstaat auf einer Einfuhrlizenz genau ein Land bezeichnet, aus dem die Einfuhr genehmigt wird, und zwar nicht zum Zwecke der zusätzlichen Einführung eines Elementes der Diskriminierung in sein Einfuhrlizenzverfahren, sondern zur Durchsetzung zulässiger Wahrungskontrollmaßnahmen.

Zu Artikel XVII

Absatz 1

Die Geschäfte der von den Vertragsstaaten geschaffenen Handelsämter, die sich mit Ankauf oder Verkauf beschäftigen, unterliegen den Bestimmungen der lit. a) und b).

Die Tätigkeit der von den Vertragsstaaten geschaffenen Handelsämter, die sich nicht mit Ankäufen oder Verkäufen beschäftigen, sondern Regelungen treffen, die auf den Privathandel Anwendung finden, wird durch die einschlägigen Artikel dieses Abkommens geregelt.

Die Bestimmungen dieses Artikels hindern ein staatliches Unternehmen nicht daran, eine Ware auf verschiedenen Märkten zu verschiedenen Preisen zu verkaufen, vorausgesetzt, daß dies aus kommerziellen Gründen geschieht, um dem Angebot und der Nachfrage auf den Exportmärkten Rechnung zu tragen.

Absatz 1 a)

Regierungsmaßnahmen, die zur Durchsetzung bestimmter Richtlinien für die Qualität oder den Ertrag bei der Abwicklung des Außenhandels angewendet werden, oder Privilegien, die für die Ausbeutung einheimischer natürlicher Hilfsquellen gewährt werden, die aber die Regierungen nicht ermächtigen, die Handelsrätigkeit des in Rede stehenden Unternehmens zu lenken, stellen keine „ausschließlichen oder besonderen Privilegien" dar.

Absatz 1 b)

Ein Land, das im Genusse einer „zweckgebundenen Anleihe" steht, kann diese Anleihe als eine „Erwägung kommerzieller Art" ansehen, wenn es die Waren, deren es bedarf, im Auslande erwirbt.

Absatz 2

Das Wort „Waren" ist dem Sinne nach nur auf Erzeugnisse im handelsüblichen Sinne anzuwenden und ist daher nicht dahin auszulegen, als wäre es auf die entgeltliche Inanspruchnahme oder Leistung von Diensten anzuwenden.

Zu Artikel XVIII

Absatz 3

Die im Zusammenhang mit einem neuen Präferenzabkommen bezugnehmende Klausel über die Erhöhung eines Meistbegünstigungszollsatzes wird erst nach der Einfügung des neuen Absatzes 3 in Artikel I Anwendung finden, die durch das Inkrafttreten der im Protokoll über die Änderung von Teil I und Artikel XXIX des Allgemeinen Zoll- und Handelsabkommens vom 14. September 1948 vorgesehenen Novellierung erfolgen wird.

Absatz 7 a) II. und III.

Das Wort „Verarbeitung", das in diesen Absätzen Verwendung findet, bedeutet die Umwandlung eines Rohstoffes oder eines Nebenfabrikates einer solchen Umwandlung in halbfertige oder fertige Waren, aber bezieht sich nicht auf hochentwickelte Industrieverfahren.

Zu Artikel XXIV

Absatz 9

Es herrscht Einverständnis darüber, daß die Bestimmungen des Artikels I bedeuten, daß eine Ware, die unter Zugrundelegung eines Präferenzzollsatzes in das Gebiet eines Mitglieds einer Zollunion oder einer Freihandelszone eingeführt wurde und in das Gebiet eines anderen Mitglieds dieser Union oder Zone reexportiert wird, vom letztgenannten Mitglied mit einem Zoll belegt würde, welcher der Differenz zwischen dem bereits entrichteten und jenem allenfalls höheren Zoll entspricht, der bei der direkten Einfuhr der Ware ia sein Gebiet fällig wäre.

Absatz 11

Von Indien und Pakistan zum Zwecke der Anwendung definitiver Handelsvereinbarungen angenommene Maßnahmen dürfen nach vollzogenem Abschluß dieser Vereinbarungen von gewissen

Bestimmungen des vorliegenden Abkommens abweichen, wenngleich diese Maßnahmen im allgemeinen mit den Zielen des vorliegenden Abkommens vereinbar sein sollten.

Zu Artikel XXVI

Gebiete unter militärischer Besetzung gelten nicht als solche Gebiete, für welche die Vertragsstaaten völkerrechtliche Verantwortung tragen.

Zu Artikel XXIX

Absatz 1

Die Kapitel VII und VIII der Havanna-Charta wurden aus Absatz 1 deshalb weggelassen, da sie im allgemeinen die Organisation, Aufgaben und Verfahren der Internationalen Handelsorganisation behandeln.

Zu Artikel XXX

Änderungen auf Grund dieses Absatzes müssen in einer von den VERTRAGSPARTEIEN festzulegenden Form angenommen werden.

Zu Artikel XXVIII

Die VERTRAGSPARTEIEN und jede beteiligte Vertragspartei sollen dafür Sorge tragen, daß die Verhandlungen und Konsultationen so geheim wie irgend möglich geführt werden, um eine vorzeitige Preisgabe von Einzelheiten der voraussichtlichen Zolltarifänderungen zu vermeiden. Die VERTRAGSPARTEIEN sind unverzüglich von allen Änderungen in den Zolltarifen der einzelnen Vertragsparteien in Kenntnis zu setzen, die sich aus der Inanspruchnahme dieses Artikels ergeben.

Absatz 1

1. Setzen die VERTRAGSPARTEIEN einen anderen Zeitabschnitt als

   einen solchen von drei Jahren fest, so kann eine Vertragspartei am ersten Tag nach Ablauf dieses Zeitabschnittes gemäß Artikel XXVIII Absatz 1 oder Absatz 3 verfahren; die darauffolgenden Zeitabschnitte sind dann, soweit die VERTRAGSPARTEIEN nicht erneut etwas anderes festsetzen, Zeitabschnitte von drei Jahren.

2. Die Bestimmung, daß eine Vertragspartei am 1. Jänner 1958 oder

   an anderen nach Absatz 1 festgesetzten Stichtagen „ein Zugeständnis ändern oder zurücknehmen kann", bedeutet, daß sich an diesem Tag oder am ersten Tag nach Ablauf des jeweiligen Zeitabschnittes ihre rechtliche Verpflichtung aus Artikel II ändert; sie bedeutet nicht, daß die in ihrem Zolltarif vorgenommenen Änderungen auch an diesem Tag in Kraft gesetzt werden müssen. Wird eine Zolltarifänderung, die sich aus den nach diesem Artikel geführten Verhandlungen ergibt, verzögert, so kann die Inkraftsetzung etwaiger Ausgleichszugeständnisse entsprechend hinausgeschoben werden.

3. Eine Vertragspartei, die ein in ihrer Liste enthaltenes

   Zugeständnis ändern oder zurücknehmen will, hat dies den VERTRAGSPARTEIEN frühestens sechs, spätestens jedoch drei Monate vor dem 1. Jänner 1958 oder vor dem letzten Tag des jeweiligen späteren Zeitabschnittes zu notifizieren. Die VERTRAGSPARTEIEN werden dann die Vertragsparteien feststellen, mit denen Verhandlungen und Konsultationen nach Absatz 1 stattfinden müssen. Jede so bestimmte Vertragspartei wird an den Verhandlungen oder Konsultationen mit der antragstellenden Vertragspartei mit dem Ziel teilnehmen, vor Ende des genannten Zeitabschnittes zu einer Einigung zu gelangen. Jede Verlängerung der gesicherten Geltungsdauer der Listen bezieht sich auf die in den Verhandlungen nach Artikel XXVIII Absätze 1, 2 und 3 geänderten Listen. Veranlassen die VERTRAGSPARTEIEN, daß mehrseitige Zollverhandlungen innerhalb von sechs Monaten vor dem 1. Jänner 1958 oder vor einem nach Absatz 1 festgelegten Stichtag stattfinden, so werden sie dabei auch geeignete Verfahrensregeln für die in diesem Absatz genannten Verhandlungen festlegen.

4. Durch die Bestimmung, daß nicht nur die. Vertragspartei, mit

   der das Zugeständnis ursprünglich vereinbart worden ist, sondern auch die Vertragspartei, die Hauptlieferant ist, an den Verhandlungen teilnimmt, soll erreicht werden, daß einer Vertragspartei, die einen größeren Anteil an dem durch das Zugeständnis betroffenen Handel hat als eine Vertragspartei, mit der das Zugeständnis ursprünglich vereinbart worden ist, tatsächlich die Möglichkeit geboten wird, das ihr auf Grund dieses Abkommens zustehende vertragliche Recht zu schützen. Dagegen ist nicht beabsichtigt, den Rahmen der Verhandlungen so zu erweitern, daß Verhandlungen und Einigung gemäß Artikel XXVIII übermäßig erschwert werden oder daß für die künftige Anwendung dieses Artikels auf Zugeständnisse, die sich aus derartigen Verhandlungen ergeben, Komplikationen verursacht werden. Deshalb sollen die VERTRAGSPARTEIEN die Feststellung, daß eine Vertragspartei Hauptlieferant ist, nur dann treffen, wenn diese Vertragspartei während einer angemessenen Zeitspanne vor den Verhandlungen am Markt der antragstellenden Vertragspartei einen größeren Anteil als eine Vertragspartei, mit der das Zugeständnis ursprünglich vereinbart worden ist, gehabt hat oder nach Ansicht der VERTRAGSPARTEIEN ohne die von der antragstellenden Vertragspartei beibehaltenen diskriminierenden mengenmäßigen Beschränkungen gehabt hätte. Nicht angebracht wäre daher eine Feststellung der VERTRAGSPARTEIEN, daß mehr als eine Vertragspartei oder in den außergewöhnlichen Fällen, in denen die Anteile am Markt ungefähr gleich groß sind, mehr als zwei Vertragsparteien Hauptlieferant sind.

5. Abweichend von der Bestimmung des Begriffes Hauptlieferant in Anmerkung 4 zu Absatz 1 können die VERTRAGSPARTEIEN ausnahmsweise feststellen, daß eine Vertragspartei Hauptlieferant ist, wenn das betreffende Zugeständnis einen Handelszweig berührt, der einen überwiegenden Teil der Gesamtausfuhr dieser Vertragspartei stellt.
6. Die Bestimmung, daß jede Vertragspartei, die Hauptlieferant

   ist, an den Verhandlungen beteiligt werden muß und dass Konsultationen mit allen anderen Vertragsparteien stattfinden müssen, die ein wesentliches Interesse an dem Zugeständnis haben, welches die antragstellende Vertragspartei ändern oder zurücknehmen will, darf sich nicht dahin auswirken, dass diese Vertragspartei einen höheren Ausgleich gewähren oder schärfere Vergeltungsmaßnahmen hinnehmen muß, als der beabsichtigten Änderung oder Zurücknahme entspricht, wenn die zur Zeit der beabsichtigten Zurücknahme oder Änderung bestehenden Handelsbedingungen zugrunde gelegt und etwaige von der antragstellenden Vertragspartei beibehaltene diskriminierende mengenmäßige Beschränkungen berücksichtigt werden.
7. Der Begriff „wesentliches Interesse" läßt sich nicht genau

   bestimmen; dies könnte den VERTRAGSPARTEIEN Schwierigkeiten bereiten. Der Begriff soll jedoch nur für die Vertragsparteien gelten, die einen bedeutenden Anteil am Markt der Vertragspartei, die das Zugeständnis ändern oder zurücknehmen will, haben oder aller Voraussicht nach ohne die ihre Ausfuhren schädigenden diskriminierenden mengenmäßigen Beschränkungen haben würden.

Absatz 4

1. Einem Antrag auf Genehmigung von Verhandlungen sind alle in Betracht kommenden statistischen und sonstigen Unterlagen beizufügen. Der Beschluß über einen derartigen Antrag muß innerhalb von dreißig Tagen nach Einreichung getroffen werden.
2. Es wird anerkannt, dass einzelne Vertragsparteien, die

   weitgehend von einer verhältnismäßig geringen Anzahl von Grundstoffen abhängig sind und sich auf den Zolltarif als wichtiges Mittel zur Vermehrung ihrer Wirtschaftszweige oder als wichtige Steuerquelle stützen, falls ihnen Verhandlungen über Änderung oder Zurücknahme von Zugeständnissen in der Regel nur nach Artikel XXVIII Absatz 1 gestattet sind, sich bei dieser Gelegenheit veranlasst sehen könnten, Änderungen oder Zurücknahmen durchzuführen, die sich auf die Dauer als unnötig erweisen. Um dies zu vermeiden, werden die VERTRAGSPARTEIEN solchen Vertragsparteien im Rahmen des Absatzes 4 gestatten, in Verhandlungen einzutreten, sofern dies nach ihrer Auffassung nicht zu einer derartigen Erhöhung des Zollniveaus führen oder wesentlich beitragen würde, daß dadurch die Stabilität der Listen dieses Abkommens bedroht oder eine unbillige Störung des internationalen Handels hervorgerufen wird.
3. Es ist zu erwarten, dass nach Absatz 4 genehmigte Verhandlungen

   über die Änderung oder Zurücknahme einer einzelnen Position oder einer sehr kleinen Gruppe von Positionen normalerweise innerhalb von sechzig Tagen abgeschlossen sind. Es wird jedoch anerkannt, daß bei Verhandlungen über die Änderung oder Zurücknahme einer größeren Anzahl von Positionen eine Frist von sechzig Tagen nicht ausreicht; daher wäre es in solchen Fällen zweckmäßig, daß die VERTRAGSPARTEIEN eine längere Frist festsetzen.
4. Die VERTRAGSPARTEIEN werden die in Absatz 4 lit. d vorgesehene

Feststellung innerhalb von dreißig Tagen treffen, nachdem ihnen die Angelegenheit vorgelegt wurde, es sei denn, daß die antragstellende Vertragspartei mit einer längeren Frist einverstanden ist.

5. Es besteht Einverständnis, daß die VERTRAGSPARTEIEN bei der Feststellung nach Absatz 4. lit. d, ob eine antragstellende Vertragspartei es ohne stichhaltigen Grund unterlassen hat, einen angemessenen Ausgleich anzubieten, die besondere Lage einer Vertragspartei gebührend berücksichtigen werden, die einen großen Teil ihrer Zölle auf einem sehr niedrigen Niveau gebunden und deshalb einen geringeren Spielraum für ausgleichende Regelungen als andere Vertragsparteien hat.

Zu Artikel XXVIII a

Absatz 3

Es besteht Einverständnis, daß bei den Bedürfnissen auf steuerlichem Gebiet im Sinne des Absatzes 3 auch der fiskalische Aspekt der Zölle berücksichtigt wird, insbesondere derjenigen, die vorwiegend als Finanzzölle oder zur Verhinderung der Umgehung von Finanzzöllen für Waren erhoben werden, die mit Finanzzöllen belegte Waren ersetzen können.

Zu Artikel XXXIII

Eine Regierung, die im Namen eines besonderen Zollgebietes handelt, das in seinen Außenhandelsbeziehungen und den sonstigen in diesem Abkommen behandelten Angelegenheiten vollständige Handlungsfreiheit besitzt, kann für dieses Gebiet dem Abkommen zu Bedingungen beitreten, die auf dieses Gebiet anwendbar sind.

ZU TEIL IV

Die in Teil IV verwendeten Ausdrücke „entwickelte Vertragsparteien" und „weniger entwickelte Vertragsparteien" bezeichnen entwickelte und weniger entwickelte Staaten, die Vertragsparteien des Allgemeinen Zoll- und Handelsabkommens sind.

Zu Artikel XXXVI

Absatz 1

Dieser Artikel beruht auf den Zielen des Artikels I, wie er durch Absatz 1 Abschnitt A des Protokolls zur Änderung des Teiles I und der Artikel XXIX und XXX geändert wird, sobald jenes Protokoll in Kraft tritt.

Absatz 4

Der Ausdruck „Grundstoffe" umfaßt auch landwirtschaftliche Erzeugnisse; siehe Absatz 2 der Anmerkung zu Artikel XVI Abschnitt B.

Absatz 5

Ein Programm zur strukturellen Auffächerung würde im allgemeinen eine zunehmende Tätigkeit auf dem Gebiet der Bearbeitung von Grundstoffen sowie die Entwicklung von Fertigungsindustrien umfassen, wobei die Lage der betreffenden Vertragspartei und die Weltmarktaussichten für Erzeugung und Verbrauch der verschiedenen Waren zu berücksichtigen wären.

Absatz 8

Es besteht Einigkeit darüber, daß der Ausdruck „erwarten keine Gewährung der Gegenseitigkeit" in Obereinstimmung mit den Zielen dieses Artikels folgendes bedeutet: Bei Handelsverhandlungen sollen keine Leistungen der weniger entwickelten Vertragsparteien erwartet werden, die mit ihren eigenen Entwicklungs-, Finanz- und Handelsbedürfnissen unvereinbar sind; hiebei ist die Entwicklung des Handels in der Vergangenheit zu berücksichtigen.

Dieser Absatz würde gelten bei Maßnahmen nach Artikel XVIII Abschnitt A, nach Artikel XXVIII und Artikel XXVIII a (der Artikel XXIX wird, sobald die Änderung nach Absatz 1 Abschnitt A des

Protokolls zur Änderung des Teiles I und der Artikel XXIX und XXX in Kraft getreten ist), nach Artikel XXXIII oder nach jeder anderen Verfahrensregel dieses Abkommens.

Zu Artikel XXXVII

Absatz 1 lit. a)

Dieser Absatz würde gelten bei Verhandlungen zum Abbau oder zur Beseitigung von Zöllen oder sonstigen beschränkenden Handelsvorschriften nach Artikel XXVIII und Artikel XXVIII a (der Artikel XXIX wird, sobald die Änderung nach Absatz 1 Abschnitt A des Protokolls zur Änderung des Teiles I und der Artikel XXIX und XXX in Kraft getreten ist), nach Artikel XXXIII sowie im Zusammenhang mit sonstigen derartigen Abbau- oder Beseitigungsmaßnahmen, zu denen Vertragsparteien gegebenenfalls in der Lage sind.

Absatz 3 lit. b)

Die in diesem Absatz genannten sonstigen Maßnahmen können Schritte zur Förderung inländischer Strukturänderungen, zur Förderung des Verbrauchs bestimmter Waren oder zur Einführung von Handelsförderungsmaßnahmen umfassen.

Schlußakte, angenommen bei Beendigung der zweiten Tagung des vorbereitenden Komitees der Konferenz der Vereinten Nationen für Handel und Beschäftigung

Im Sinne der von der ersten Tagung des Vorbereitenden Komitees der Konferenz der Vereinten Nationen für Handel und Beschäftigung, die vom Wirtschafts- und Sozialrat der Vereinten Nationen am 18. Februar 1946 einberufen worden war, gefaßten Resolution haben

die Regierungen des COMMONWEALTH AUSTRALIEN, des KÖNIGREICHS BELGIEN, der VEREINIGTEN STAATEN VON BRASILIEN, von BURMA, KANADA, CEYLON, der REPUBLIK CHILE, der REPUBLIK CHINA, der REPUBLIK KUBA, der TSCHECHOSLOWAKISCHEN REPUBLIK, der FRANZÖSISCHEN REPUBLIK, von INDIEN, LIBANON, des GROSSHERZOGTUMS LUXEMBURG, des KÖNIGREICHS DER NIEDERLANDE, von NEUSEELAND, des KÖNIGREICHS NORWEGEN, von PAKISTAN, SÜDRHODESIEN, SYRIEN, der SÜDAFRIKANISCHEN UNION, des VEREINIGTEN KÖNIGREICHS VON GROSSBRITANNIEN UND NORDIRLAND und der VEREINIGTEN STAATEN VON AMERIKA

am 10. April 1947 in Genf durch ihre Vertreter Verhandlungen eingeleitet, die auf eine wesentliche Herabsetzung der Zölle und anderer Handelsschranken und auf die Beseitigung von Präferenzen auf einer gegenseitigen und beiderseits vorteilhaften Grundlage gerichtet waren. Diese Verhandlungen wurden heute abgeschlossen und haben zur Ausarbeitung eines Allgemeinen Zoll- und Handelsabkommens und eines Protokolls über die vorläufige Anwendung geführt, deren Texte angeschlossen sind. Diese, Texte werden hiemit beglaubigt.

Die Unterzeichnung dieser Schlußakte oder des Protokolls über die vorläufige Anwendung durch eine der oben genannten Regierungen präjudiziert in keiner Weise deren Handlungsfreiheit bei der Konferenz der Vereinten Nationen für Handel und Beschäftigung.

Diese Schlußakte, einschließlich der Texte des Allgemeinen Zoll- und Handelsabkommens und des Protokolls über die vorläufige Anwendung, werden durch das Generalsekretariat der Vereinten Nationen am 18. November 1947 zur Veröffentlichung freigegeben, vorausgesetzt, daß das Protokoll über die vorläufige Anwendung namens aller darin angeführter Staaten bis zum 15. November 1947 unterzeichnet worden ist.

Zu U r k u n d dessen haben die Vertreter der oben genannten Regierungen die vorliegenden Akte unterzeichnet.

G e s c h e h e n zu Genf, in einer Ausfertigung, in einem englischen und französischen, in beiden Sprachen authentischen Text, am dreißigsten Oktober eintausendneunhundertsiebenundvierzig.

Protokoll über die vorläufige Anwendung des Allgemeinen Zoll- und Handelsabkommens

1. Die Regierungen des COMMONWEALTH AUSTRALIEN, des KÖNIGREICHS BELGIEN (für ihr Mutterland), von KANADA, der FRANZÖSISCHEN REPUBLIK (für ihr Mutterland), des GROSSHERZOGTUMS LUXEMBURG, des KÖNIGREICHS DER NIEDERLANDE (für ihr Mutterland), des VEREINIGTEN KÖNIGREICHS VON GROSSBRITANNIEN UND NORDIRLAND (für ihr Mutterland) und der VEREINIGTEN STAATEN VON AMERIKA

verpflichten sich unter der Voraussetzung, dass das vorliegende Protokoll im Namen aller oben genannten Regierungen spätestens am 15. November 1947 unterzeichnet wird, ab 1. Jänner 1948

a) die Teile I und III des Allgemeinen Zoll- und Handelsabkommens und

b) Teil II des oben genannten Abkommens im weitesten Ausmaß, soweit dies mit ihrer bestehenden Gesetzgebung vereinbar ist, vorläufig anzuwenden.

2. Die oben genannten Regierungen werden das Allgemeine

Abkommen hinsichtlich aller ihrer anderen Gebiete als ihrer Mutterländer am oder nach dem 1. Jänner 1948 nach Ablauf einer Frist von dreißig Tagen vorläufig anwenden, wobei diese Frist vom Tage des Einlangens der Mitteilung des Anwendungsbeschlusses beim Generalsekretär der Vereinten Nationen berechnet wird.

3. Jeder weitere Signatarstaat des vorliegenden Protokolls

wird die vorläufige Anwendung des Allgemeinen Abkommens ab 1. Jänner 1948 oder, nach diesem Datum, nach einer Frist von dreißig Tagen, gerechnet vom Tage der Unterzeichnung des vorliegenden Protokolls, im Namen einer solchen Regierung in Kraft setzen.

4. Das vorliegende Protokoll wird zur Unterzeichnung am Sitz der Vereinten Nationen

a) bis zum 15. November 1947 für die in Ziffer 1 dieses Protokolls genannten Regierungen, die es am heutigen Tage nicht unterzeichnet haben, und

b) bis zum 30. Juni 1948 für jede andere Signatarregierung der bei Beendigung der zweiten Tagung des vorbereitenden Komitees der Konferenz der Vereinten Nationen für Handel und Beschäftigung angenommenen Schlussakte offenstehen, die es am heutigen Tage nicht unterzeichnet hat.

5. Jeder Regierung, die das vorliegende Protokoll anwendet,

wird es freistehen, diese Anwendung zu beenden; eine derartige Kündigung wird nach Ablauf einer Frist von sechzig Tagen, gerechnet vom Einlangen einer solchen schriftlichen Kündigungsmitteilung beim Generalsekretär der Vereinten Nationen, wirksam.

6. Das Original des vorliegenden Protokolls wird beim

Generalsekretär der Vereinten Nationen hinterlegt werden, der allen beteiligten Regierungen hievon beglaubigte Abschriften übermitteln wird.

Zu U r k u n d dessen haben die Vertreter der oben genannten Regierungen, nach Vorweisung ihrer in guter und gehöriger Form befundenen Vollmachten, das Protokoll unterzeichnet. G e s c h e h e n zu Genf, in einer Ausfertigung, in einem englischen und französischen, in beiden Sprachen authentischen Text, am dreißigsten Oktober eintausendneunhundertsiebenundvierzig.

Das Protokoll von Annecy über die Beitrittsbedingungen zum Allgemeinen Zoll- und Handelsabkommen

Die Regierungen des COMMONWEALTH AUSTRALIEN, des KÖNIGREICHS BELGIEN, der VEREINIGTEN STAATEN VON BRASILIEN, von BURMA, KANADA, CEYLON, der REPUBLIK CHILE, der REPUBLIK CHINA, der REPUBLIK KUBA, der TSCHECHOSLOWAKISCHEN REPUBLIK, der FRANZÖSISCHEN REPUBLIK, von INDIEN, LIBANON, des GROSSHERZOGTUMS LUXEMBURG, des KÖNIGREICHS DER NIEDERLANDE, von NEUSEELAND, des KÖNIGREICHS NORWEGEN, von PAKISTAN, SÜDRHODESIEN, SYRIEN, der SÜDAFRIKANISCHEN UNION, des VEREINIGTEN KÖNIGREICHS VON GROSSBRITANNIEN UND NORDIRLAND und der VEREINIGTEN STAATEN VON AMERIKA, die die derzeitigen Vertragsstaaten des Allgemeinen Zoll- und Handelsabkommens sind (in der Folge „die derzeitigen Vertragsstaaten” beziehungsweise „das Allgemeine Abkommen” genannt) und die Regierungen des KÖNIGREICHS DÄNEMARK, der DOMINIKANISCHEN REPUBLIK, der REPUBLIK FINNLAND, des KÖNIGREICHS GRIECHENLAND, der REPUBLIK HAITI, der REPUBLIK ITALIEN, der REPUBLIK LIBERIA, der REPUBLIK NICARAGUA, des KÖNIGREICHS SCHWEDEN und der REPUBLIK URUGUAY (in der Folge „die beitretenden Regierungen” genannt),

sind im H i n b l i c k auf die Ergebnisse der auf den Beitritt der beitretenden Regierungen zum Allgemeinen Abkommen gerichteten Verhandlungen,

im Einklang mit den Bestimmungen des Artikels XXXIII des Allgemeinen Abkommens, h i e m i t über die in diesem Protokoll enthaltenen Bedingungen ü b e r e i n g e k o m m e n, unter welchen die beitretenden Regierungen beitreten können.

Die derzeitigen Vertragsstaaten b e s c h l i e ß e n mit Zweidrittel-Mehrheit über den Beitritt der beitretenden Regierungen zum Allgemeinen Abkommen, wobei dieser Beschluß in der in Ziffer 11 des vorliegenden Protokolls vorgesehenen Weise erfolgt.

1. a) Vorbehaltlich der Bestimmungen dieses Protokolls und auf Grund desselben wird jede beitretende Regierung nach dem Inkrafttreten dieses Protokolls

I. die Teile I und III des Allgemeinen Abkommens und II. Teil II des Allgemeinen Abkommens im weitesten Ausmaß,

soweit dies mit ihrer im Zeitpunkt dieses Protokolls bestehenden Gesetzgebung vereinbar ist, vorläufig anwenden.

b) Die unter Hinweis auf Artikel III in Artikel I, Absatz 1, des Allgemeinen Abkommens und die unter Hinweis auf Artikel VI in Artikel II, Absatz 2 b), enthaltenen Verpflichtungen sind für die Zwecke der vorliegenden Ziffer als unter Teil II des Allgemeinen Abkommens fallend anzusehen.

c) Für die Zwecke des Allgemeinen Abkommens werden die im Annex B des vorliegenden Protokolls enthaltenen Listen als Listen zum Allgemeinen Abkommen angesehen, die sich auf beitretende Regierungen beziehen.

d) Ungeachtet der Bestimmungen des Artikels I, Absatz 1, des Allgemeinen Abkommens, erfordert die Unterzeichnung dieses Protokolls durch eine beitretende Regierung nicht die Beseitigung von Präferenzen, betreffend Einfuhrzölle oder – abgaben, die das in dem abgeänderten Absatz 4 des Artikels I des Allgemeinen Abkommens vorgesehene Maß nicht übersteigen und ausschließlich zwischen Uruguay und Paraguay in Kraft stehen.

2. Nach dem hinsichtlich jeder einzelnen beitretenden

Regierung erfolgten Inkrafttreten des vorliegenden Protokolls wird die betreffende Regierung im Sinne der in Artikel XXXII des Allgemeinen Abkommens enthaltenen Definition ein Vertragsstaat.

3. Ungeachtet der Bestimmungen der Ziffer 12 werden die in der

Notifikation vollzogen, oder eine beitretende Regierung, die das vorliegende Protokoll unterzeichnet hat, sind jederzeit berechtigt, zur Gänze oder teilweise eine Konzession auszusetzen oder aufzuheben, die in der einschlägigen im Annex A oder B zu diesem Protokoll enthaltenen Liste vorgesehen ist, wenn ein solcher Vertragsstaat oder diese Regierung feststellt, daß die Konzession ursprünglich mit einer beitretenden Regierung verhandelt wurde, die das vorliegende Protokoll nicht unterzeichnet, oder mit einem Vertragsstaat, der die erforderliche Notifikation nicht vollzogen hat; es wird hiebei jedoch vorausgesetzt, daß der derzeitige Vertragsstaat oder die beitretende Regierung, die eine solche Konzession zur Gänze oder teilweise aussetzt oder aufhebt, von dieser Maßnahme alle anderen derzeitigen Vertragsstaaten und beitretenden Regierungen innerhalb von dreißig Tagen nach dieser Aussetzung oder Aufhebung in Kenntnis setzt und auf Ersuchen mit jenen Vertragsstaaten in Beratungen eintritt, die an der betreffenden Ware ein besonderes Interesse haben. Es wird weiters vorausgesetzt, daß, unbeschadet der Bestimmungen des Artikels XXXV des Allgemeinen Abkommens, jede derart ausgesetzte oder aufgehobene Begünstigung vom dreißigsten Tage nach der Unterzeichnung dieses Protokolls oder des Vollzugs der in Ziffer 3 erwähnten Notifikation durch die beitretende Regierung oder den derzeitigen Vertragsstaat, mit welchem diese Begünstigung ursprünglich verhandelt wurde, zur Anwendung gelangt.

5.

a) In jedem Falle, in welchem in Artikel IT des Allgemeinen Abkommens auf das Datum des Abkommens Bezug genommen wird, ist das hinsichtlich der diesem Protokoll angeschlossenen Listen anzuwendende Datum das Datum des vorliegenden Protokolls.

b) In jedem Falle, in welchem in Absatz 6 des Artikels V, der Absatz 4 d) des Artikels VII und in Absatz 3 c) des Artikels X des Allgemeinen Abkommens auf das Datum des Abkommens Bezug genommen wird, ist das hinsichtlich jeder beitretenden Regierung anzuwendende Datum der 24. März 1948.

c) Im Falle der in Absatz 11 des Artikels XVIII des Allgemeinen Abkommens enthaltenen Hinweise auf den 1. September 1947 und den 10. Oktober 1947 ist das hinsichtlich jeder beitretenden Regierung anzuwendende Datum der 14. Mai 1949, beziehungsweise der 30. Juli 1949.

6. Die von einer beitretenden Regierung anzuwendenden

Bestimmungen des Allgemeinen Abkommens werden jene sein, die in dem Text, enthalten sind, der den Schlußakten der zweiten Tagung des vorbereitenden Komitees der Konferenz der Vereinten Nationen für Handel und Beschäftigung angeschlossen ist, unter Berücksichtigung der bis zu jenem Tage erfolgten Richtigstellungen, Änderungen und anderen Modifikationen, an welchem das vorliegende Protokoll durch eine solche beitretende Regierung unterzeichnet wird. Damit die Unterzeichnung des vorliegenden Protokolls durch eine beitretende Regierung rechtswirksam wird, muß gleichzeitig eine Annahme aller Berichtigungen, Änderungen oder anderen Modifikationen erfolgen, die durch die Vertragsstaaten zum Zwecke der Vorlage an die einzelnen Regierungen und zwecks Annahme ausgearbeitet wurden, aber in jenem Zeitpunkt, zu welchem die Unterzeichnung des vorliegenden Protokolls durch die betreffende beitretende Regierung erfolgt, noch nicht in Kraft getreten sind.

7. Es steht jeder beitretenden Regierung, die dieses Protokoll

unterzeichnet hat, frei, die vorläufige Anwendung des Allgemeinen Abkommens aufzuheben; diese Aufhebung wird am sechzigsten Tag nach Einlangen der diesbezüglichen schriftlichen Mitteilung beim Generalsekretär der Vereinten Nationen wirksam.

8. a) Eine beitretende Regierung, die das vorliegende Protokoll unterzeichnet und keine Aufhebungsmitteilung gemäß Ziffer 7 gemacht hat, kann gemäß Artikel XXVI des Allgemeinen Abkommens am oder nach dem Datum von dessen Inkrafttreten dem Abkommen unter den Bedingungen des vorliegenden Protokolls durch Hinterlegung einer Beitrittsurkunde beim Generalsekretär der Vereinten Nationen beitreten. Dieser Beitritt wird entweder an jenem Tage wirksam, an dem das Allgemeine Abkommen gemäß Artikel XXVI in Kraft tritt oder am dreißigsten Tage nach der erfolgten Hinterlegung der Beitrittsurkunde, je nachdem, welcher der spätere Zeitpunkt ist.

b) Ein Beitritt zum Allgemeinen Abkommen, der gemäß Ziffer 8

a) des vorliegenden Protokolls erfolgt, wird für die Zwecke

des Artikels XXXII, Absatz 2, dieses Abkommens, gemäß Artikel XXVI, Absatz 3, desselben als Annahme des Abkommens angesehen.

9 a) Eine beitretende Regierung, die das vorliegende Protokoll unterzeichnet oder gemäß Ziffer 8 a) eine Beitrittsurkunde hinterlegt, und jeder derzeitige Vertragsstaat, der die in Ziffer 3 erwähnte Notifikation vollzieht, handelt hiebei namens des Mutterlandes und der anderen Gebiete, für die sie, beziehungsweise er, die völkerrechtliche Verantwortung trägt, mit Ausnahme jener gesonderten Zollgebiete, die dem Generalsekretär der Vereinten Nationen im Zeitpunkt der Unterzeichnung, Hinterlegung oder der gemäß Ziffer 3 erfolgenden Notifikation namhaft gemacht werden.

b) Eine beitretende Regierung oder ein derzeitiger Vertragsstaat, die dem Generalsekretär eine Mitteilung hinsichtlich der Ausnahme gemäß lit. a) dieser Ziffer gemacht haben können den Generalsekretär jederzeit davon in Kenntnis setzen, daß die Unterzeichnung, der Beitritt oder die gemäß Ziffer 3 erfolgte Notifikation auch für ein oder mehrere bisher ausgenommene Zollgebiete wirksam sein soll; eine derartige Mitteilung wird am dreißigsten Tag nach Erhalt derselben durch den Generalsekretär rechtswirksam.

c) Falls eines der Zollgebiete, für welches eine beitretende Regierung das Allgemeine Abkommen wirksam gemacht hat, die volle Selbständigkeit in der Führung seiner Außenhandelsbeziehungen und der anderen im Allgemeinen Abkommen vorgesehenen Angelegenheiten besitzt oder erwirbt, wird ein solches Gebiet auf Grund einer verbindlichen, die vorerwähnte Tatsache feststellenden Erklärung durch die verantwortliche beitretende Regierung als Vertragsstaat angesehen.

10. a) Der Originaltext des vorliegenden Protokolls wird beim Generalsekretär der Vereinten Nationen hinterlegt und am Sitze der Vereinten Nationen zur Unterzeichnung durch die derzeitigen Vertragsstaaten vom 10. Oktober 1949 bis 30. November 1949 und durch die beitretenden Regierungen vom 10. Oktober 1949 bis 30. April 1950 offenstehen.

b) Der Generalsekretär der Vereinten Nationen wird unverzüglich eine beglaubigte Abschrift des vorliegenden Protokolls und eine Mitteilung über jede hiezu erfolgte Unterzeichnung, jede gemäß Ziffer 8 a) erfolgte Hinterlegung einer Beitrittsurkunde und jede auf Grund der Ziffern 3, 7, 9 a) oder 9 b) erfolgte Notifikation jedem Mitgliedstaat der Vereinten Nationen und jeder anderen Regierung übermitteln, die an der Konferenz der Vereinten Nationen für Handel und Beschäftigung teilgenommen hat.

c) Der Generalsekretär ist berechtigt, das vorliegende Protokoll gemäß Artikel 102 der Charta der Vereinten Nationen zu registrieren.

11. Die Unterzeichnung des vorliegenden Protokolls durch zwei

Drittel der derzeitigen Vertragsstaaten hinsichtlich einer beitretenden Regierung stellt einen gemäß Artikel XXXIII des Allgemeinen Abkommens gefaßten Beschluß dar, durch welchen dem Beitritt dieser Regierung zugestimmt wird.

12. Vorbehaltlich der Bestimmungen der Ziffer 3 wird dieses Protokoll für jede beitretende Regierung, hinsichtlich welcher es bis 30. November 1949 durch zwei Drittel der derzeitigen Vertragsstaaten unterzeichnet Würde, in Kraft treten:

a) Wenn es bis 30. November 1949 durch diese beitretende Regierung Unterzeichner wurde, am 1. Jänner 1950 oder,

b) wenn es durch diese beitretende Regierung nicht bis 30. November 1949 unterzeichnet wurde, am dreißigsten Tage nach erfolgter Unterzeichnung durch diese beitretende Regierung.

13. Als Datum des vorliegenden Protokolls gilt der 10. Oktober 1949.

Geschehen zu Annecy, in einer Ausfertigung, in einem englischen und französischen in beiden Sprachen authentischen Text, sofern nicht hinsichtlich der dem Protokoll angeschlossenen Listen anders bestimmt ist.

13/3. Allgemeines Abkommen über den Handel mit Dienstleistungen

BGBl 1995/1

Allgemeines Abkommen über den Handel mit Dienstleistungen

Die Mitglieder,

in Anerkennung der zunehmenden Bedeutung des Handels mit Dienstleistungen für das Wachstum und die Entwicklung der Weltwirtschaft;

in dem Wunsch, ein multilaterales Regelwerk für den Handel mit Dienstleistungen im Hinblick auf die Erweiterung dieses Handels unter der Voraussetzung der Transparenz und der fortschreitenden Liberalisierung und zur Förderung des Wirtschaftswachstums aller Handelspartner sowie der Weiterentwicklung der Entwicklungsländer zu schaffen;

in dem Wunsch, sobald wie möglich einen stetig wachsenden Grad an Liberalisierung des Handels mit Dienstleistungen durch aufeinanderfolgende Runden multilateraler Verhandlungen zu erreichen mit dem Ziel, die Interessen aller Beteiligten zu ihrer aller Vorteil zu fördern und ein insgesamt ausgeglichenes Verhältnis von Rechten und Pflichten unter angemessener Berücksichtigung der nationalen politischen Zielsetzungen zu gewährleisten;

in Anerkennung des Rechts der Mitglieder, neue Regelungen über die Erbringung von Dienstleistungen in ihrem Gebiet im Interesse der Durchsetzung ihrer nationalen politischen Ziele festzusetzen und einzuführen sowie in Anbetracht der in einzelnen Ländern hinsichtlich des Entwicklungsstands ihrer Regelungen im Dienstleistungsbereich bestehenden Unausgewogenheit, dem besonderen Bedürfnis der Entwicklungsländer auf Ausübung dieses Rechts zu entsprechen;

in dem Wunsch, eine stärkere Beteiligung der Entwicklungsländer am Handel mit Dienstleistungen und die Ausweitung ihrer Dienstleistungsausfuhren unter anderem durch die Stärkung ihrer Dienstleistungskapazität, ihrer Effizienz und Wettbewerbsfähigkeit zu erleichtern;

unter Berücksichtigung der schwerwiegenden Probleme der am wenigsten entwickelten Länder in Anbetracht ihrer besonderen wirtschaftlichen Lage und ihrer Bedürfnisse im Entwicklungs-, Handels- und Finanzbereich;

kommen hiemit wie folgt überein:

TEIL I

GELTUNGSBEREICH UND BEGRIFFSBESTIMMUNGEN

Artikel I
Geltungsbereich und Begriffsbestimmungen

1. Dieses Abkommen gilt für den Handel mit Dienstleistungen betreffende Maßnahmen der Mitglieder.

2. Für die Zwecke dieses Abkommens wird der Handel mit Dienstleistungen definiert als eine Dienstleistung, die

a) aus dem Gebiet eines Mitglieds stammt und im Gebiet eines anderen Mitglieds erbracht wird;

b) im Gebiet eines Mitglieds gegenüber dem Dienstleistungsempfänger eines anderen Mitglieds erbracht wird;

c) von einem Erbringer einer Dienstleistung eines Mitglieds im Wege geschäftlicher Anwesenheit im Gebiet eines anderen Mitglieds erbracht wird;

d) von einem Erbringer einer Dienstleistung eines Mitglieds durch die Anwesenheit einer natürlichen Person eines Mitglieds im Gebiet eines anderen Mitglieds erbracht wird.

3. Für die Zwecke dieses Abkommens:

a) bedeutet der Begriff „Maßnahmen der Mitglieder" Maßnahmen (i) zentraler, regionaler und lokaler Regierungen und Behörden, sowie
(ii) nichtstaatlicher Stellen in Ausübung der ihnen von
zentralen, regionalen oder lokalen Regierungen oder Behörden übertragenen Zuständigkeit.
In Erfüllung seiner Verpflichtungen und Bindungen im Rahmen des Abkommens trifft jedes Mitglied ihm zur Verfügung stehende angemessene Maßnahmen, um die Umsetzung dieser Verpflichtungen und Bindungen durch die regionalen und lokalen Regierungen und Behörden sowie die nichtstaatlichen Stellen in seinem Gebiet zu gewährleisten;

b) schließt der Begriff „Dienstleistungen" jede Art von Dienstleistungen in jedem Bereich mit Ausnahme solcher Dienstleistungen ein, die im Rahmen staatlicher Zuständigkeit erbracht werden;

c) bedeutet der Begriff „im Rahmen staatlicher Zuständigkeit erbrachte Dienstleistung" jede Art von Dienstleistung, die weder zu gewerblichen Zwecken noch im Wettbewerb eines oder mehrerer Erbringer von Dienstleistungen erbracht wird.

TEIL II

ALLGEMEINE VERPFLICHTUNG UND DISZIPLINEN

Artikel II
Meistbegünstigung

1. Bei Maßnahmen, die unter dieses Abkommen fallen, behandelt jedes Mitglied Dienstleistungen und Erbringer von Dienstleistungen eines anderen Mitglieds unverzüglich und bedingungslos nicht weniger günstig als Dienstleistungen oder Erbringer von Dienstleistungen eines anderen Landes.

2. Ein Mitglied kann eine mit Absatz 1 nicht zu vereinbarende Maßnahme unter der Voraussetzung aufrechterhalten, daß diese Maßnahme im Anhang über Ausnahmen vom Artikel II ange-

führt ist und die Bestimmungen dieses Anhangs erfüllt.

3. Die Bestimmungen dieses Abkommens dürfen nicht dahin gehend ausgelegt werden, daß einem Mitglied das Recht verwehrt wird, angrenzenden Ländern Vorteile zu gewähren oder einzuräumen, um den Austausch von lokal bereitgestellten, in Anspruch genommenen und auf unmittelbare Grenzgebiete beschränkten Dienstleistungen zu erleichtern.

Artikel III
Transparenz

1. Jedes Mitglied veröffentlicht unverzüglich und, von Ausnahmesituationen abgesehen, spätestens zum Zeitpunkt ihres Inkrafttretens alle allgemeingültigen Maßnahmen, die die Anwendung des Abkommens betreffen oder berühren. Internationale Vereinbarungen, die für den Handel mit Dienstleistungen gelten oder ihn betreffen und die ein Mitglied unterzeichnet hat, werden ebenfalls veröffentlicht.

2. Ist eine Veröffentlichung gemäß Absatz 1 nicht durchführbar, wird die Information auf andere Weise öffentlich zugänglich gemacht.

3. Jedes Mitglied unterrichtet den Rat für den Handel mit Dienstleistungen unverzüglich mindestens einmal jährlich über die Einführung neuer oder die Änderung bestehender Gesetze, Verordnungen oder Verwaltungsvorschriften, die den Handel mit Dienstleistungen, soweit er seinen spezifischen Bindungen im Rahmen dieses Abkommens unterliegt, wesentlich berühren.

4. Jedes Mitglied kommt der Anfrage eines anderen Mitglieds in bezug auf besondere Auskünfte zu allgemein geltenden Maßnahmen oder zu internationalen Vereinbarungen im Sinne von Absatz 1 unverzüglich nach. Ferner richtet jedes Mitglied eine oder mehrere Auskunftsstellen ein, die andere Mitglieder auf Anfrage über solche Maßnahmen und Vereinbarungen sowie die der Notifikationsverpflichtung nach Absatz 3 unterliegenden Angelegenheiten im einzelnen unterrichten. Diese Auskunftsstellen sind innerhalb von zwei Jahren nach Inkrafttreten des Abkommens zur Errichtung der WTO (in diesem Abkommen „WTO-Abkommen" genannt) einzurichten. Für einzelne Entwicklungsland-Mitglieder können hinsichtlich des zeitlichen Rahmens, innerhalb dessen die Auskunftsstellen einzurichten sind, entsprechend flexible Lösungen gefunden werden. Die Auskunftsstellen brauchen keine Hinterlegungsstellen für Gesetze und Verordnungen zu sein.

5. Jedes Mitglied kann den Rat für den Handel mit Dienstleistungen über jede Maßnahme eines anderen Mitglieds unterrichten, die nach seiner Auffassung die Wirkung dieses Abkommens berührt.

Artikel IIIbis
Offenlegung vertraulicher Informationen

Mitglieder können nicht auf Grund dieses Abkommens dazu veranlaßt werden, vertrauliche Informationen, deren Offenlegung die Durchsetzung von Gesetzen verhindern oder in anderer Weise das öffentliche Interesse beeinträchtigen würde oder den berechtigten kommerziellen Interessen bestimmter öffentlicher oder privater Unternehmen abträglich wäre, zur Verfügung zu stellen.

Artikel IV
Stärkere Beteiligung der Entwicklungsländer

1. Die stärkere Beteiligung von Entwicklungsland-Mitgliedern am Welthandel wird erleichtert durch ausgehandelte spezifische Bindungen der verschiedenen Mitglieder gemäß Teil III und IV dieses Abkommens; sie betreffen:

a) die Stärkung ihrer Dienstleistungskapazität im Inland sowie der Effizienz und Wettbewerbsfähigkeit unter anderem durch den Zugang zu Technologie auf gewerblicher Basis;

b) die Verbesserung des Zugangs zu Verteilungswegen und Informationsnetzen; und

c) die Liberalisierung des Marktzutritts in Sektoren und bei Lieferwegen, die von großem Ausfuhrinteresse für diese Länder sind.

2. Die entwickelten Mitgliedsländer und soweit wie möglich auch andere Mitglieder errichten innerhalb von zwei Jahren nach Inkrafttreten des WTO-Abkommens Auskunftsstellen, um den Erbringern von Dienstleistungen aus Entwicklungsland-Mitgliedern den Zugang zu Informationen über die jeweiligen Märkte zu erleichtern, und zwar über

a) gewerbliche und technische Aspekte der Erbringung von Dienstleistungen;

b) Registrierung, Anerkennung und Erwerb beruflicher Qualifikationen; und

c) Verfügbarkeit von Dienstleistungstechnologie.

3. Bei der Umsetzung der vorstehenden Absätze 1 und 2 wird den am wenigsten entwickelten Mitgliedsländern besondere Priorität eingeräumt. Die schwierige Lage der am wenigsten entwickelten Mitgliedsländer wird wegen ihrer besonderen wirtschaftlichen Situation und ihrer Entwicklungs-, Handels- und Finanzbedürfnisse in bezug auf die Annahme der ausgehandelten spezifischen Bindungen besonders berücksichtigt.

Artikel V
Wirtschaftliche Integration

1. Dieses Abkommen hindert die Mitglieder nicht daran, einer Vereinbarung, die den Handel mit Dienstleistungen unter den Parteien der Ver-

einbarung liberalisiert, unter der Voraussetzung anzugehören oder beizutreten, daß eine solche Vereinbarung:

a) einen umfassenden sektoralen Geltungsbereich[1] hat; und

b) vorsieht, daß im wesentlichen auf jede Art von Diskriminierung im Sinne des Artikels XVII unter den Parteien in den Sektoren, für die lit. a gilt, verzichtet wird oder jede Art von Diskriminierung beseitigt wird, durch:

i) Beseitigung bestehender diskriminierender Maßnahmen,

und/oder

ii) Verbot der Einführung neuer oder stärker diskriminierender Maßnahmen,

sei es bei Inkrafttreten der Vereinbarung oder auf der Grundlage eines angemessenen Zeitplans, mit Ausnahme von Maßnahmen, die nach Artikel XI, XII, XIV und XIVbis zulässig sind.

2. Bei der Feststellung, ob die unter Absatz 1 lit. b angeführten Bedingungen erfüllt sind, kann das Verhältnis berücksichtigt werden, in dem die Vereinbarung zu dem umfassenderen Prozeß der wirtschaftlichen Integration oder der Handelsliberalisierung unter den betroffenen Ländern steht.

3. a) Wenn Entwicklungsländer Parteien einer in Absatz 1 angeführten Vereinbarung sind, werden die in Absatz 1, insbesondere unter lit. b, genannten Bedingungen unter Berücksichtigung des allgemeinen Entwicklungsstandes wie auch der Entwicklung der betroffenen Länder in einzelnen Bereichen und Teilbereichen flexibel gehandhabt.

b) Unbeschadet der Bestimmungen des Absatzes 6 kann bei Vereinbarungen der in Absatz 1 genannten Art, sofern nur Entwicklungsländer beteiligt sind, juristischen Personen, die sich im Besitz oder unter der Kontrolle von natürlichen Personen der Parteien einer solchen Vereinbarung befinden, günstigere Behandlung zugestanden werden.

4. Eine Vereinbarung nach Absatz 1 wird so gestaltet, daß der Handel zwischen den Parteien erleichtert und für Mitglieder, die der Vereinbarung nicht angehören, das allgemeine Ausmaß der Handelshemmnisse für Dienstleistungen in den jeweiligen Bereichen oder Teilbereichen gegenüber dem vor Abschluß der Vereinbarung geltenden Ausmaß nicht erhöht wird.

5. Wenn ein Mitglied bei Abschluß, Erweiterung oder wesentlicher Änderung einer in Absatz 1 genannten Vereinbarung beabsichtigt, eine spezifische Bindung im Widerspruch zu den in seiner Liste festgelegten Bedingungen zu widerrufen oder zu ändern, wird dieser Widerruf oder die Änderung mindestens 90 Tage im voraus bekanntgegeben; es gilt das in Artikel XXI Absätze 2, 3 und 4 festgelegte Verfahren.

6. Einem Erbringer von Dienstleistungen eines anderen Mitglieds, der nach den gesetzlichen Bestimmungen einer Partei einer in Absatz 1 genannten Vereinbarung eine juristische Person ist, wird die in dieser Vereinbarung vorgesehene Behandlung gewährt, wenn er im Gebiet der Parteien dieser Vereinbarung in wesentlichem Umfang Geschäfte tätigt.

7. a) Mitglieder, die Parteien einer in Absatz 1 genannten Vereinbarung sind, unterrichten den Rat für den Handel mit Dienstleistungen unverzüglich über diese Vereinbarung sowie jede Erweiterung oder wesentliche Änderung dieser Vereinbarung. Sie stellen dem Rat ferner alle von ihm verlangten Informationen zur Verfügung. Der Rat kann eine Arbeitsgruppe einsetzen, die eine solche Vereinbarung oder die Erweiterung oder Änderung einer solchen Vereinbarung prüft und gegenüber dem Rat die Vereinbarkeit mit diesem Artikel bestätigt.

b) Mitglieder, die Parteien einer in Absatz 1 genannten Vereinbarung sind, die auf der Grundlage eines Zeitplans durchgeführt wird, berichten dem Rat für den Handel mit Dienstleistungen regelmäßig über die Durchführung. Der Rat kann zur Prüfung dieser Berichte eine Arbeitsgruppe einsetzen, wenn er eine solche Gruppe für notwendig erachtet.

c) Auf der Grundlage der Berichte der unter lit. a und b genannten Arbeitsgruppen kann der Rat gegebenenfalls Empfehlungen für die Parteien aussprechen.

8. Ein Mitglied, das Partei einer Vereinbarung nach Absatz 1 ist, hat keinen Anspruch auf Ausgleich von Handelsvorteilen, die einem anderen Mitglied aus dieser Vereinbarung zufallen.

Artikel Vbis
Vereinbarungen über die Integration der Arbeitsmärkte

Dieses Abkommen hindert keines seiner Mitglieder daran, Partei einer Vereinbarung zu werden, die die volle Integration[1] der Arbeitsmärkte unter den Parteien herbeiführt, unter der Voraussetzung, daß die Vereinbarung:

a) Staatsangehörige der Parteien von der Pflicht zur Beschaffung von Aufenthalts- und Arbeitsbewilligungen freistellt;

Zu Artikel V:

[1] Diese Bedingung betrifft Zahl der Sektoren, Handelsvolumen und Art der Erbringung. Um diese Bedingung zu erfüllen, sollte in den Vereinbarungen keine Art der Erbringung von vornherein ausgeschlossen werden.

Zu Artikel Vbis:

[1] Im Regelfall erhalten Staatsangehörige der Parteien durch die Integration das Recht auf freien Zugang zu den Arbeitsmärkten der Parteien; dies schließt Maßnahmen, die Verdienstbedingungen, andere Beschäftigungsbedingungen und Sozialleistungen betreffen, ein.

b) dem Rat für den Handel mit Dienstleistungen zur Kenntnis gebracht wird.

Artikel VI
Innerstaatliche Regelungen

1. In Bereichen, in denen spezifische Bindungen übernommen werden, stellen die Mitglieder sicher, daß alle allgemein geltenden Maßnahmen, die den Handel mit Dienstleistungen betreffen, angemessen, objektiv und unparteiisch angewendet werden.

2. a) Jedes Mitglied setzt, sobald es praktisch durchführbar ist, rechtsprechende, schiedsrichterliche oder administrative Instanzen ein oder führt entsprechende Verfahren ein, die auf Antrag eines betroffenen Erbringers von Dienstleistungen administrative Entscheidungen mit Auswirkungen auf den Handel mit Dienstleistungen unverzüglich überprüfen oder in begründeten Fällen geeignete Abhilfemaßnahmen treffen. Können solche Verfahren nicht unabhängig von der Behörde durchgeführt werden, die für die administrative Entscheidung zuständig ist, trägt das Mitglied Sorge dafür, daß die Verfahren eine objektive und unparteiische Überprüfung ermöglichen.

b) Die Bestimmungen in lit. a werden nicht so ausgelegt, daß ein Mitglied solche Instanzen oder Verfahren auch dann einsetzt, wenn dies gegen seine verfassungsmäßige Struktur oder die Art seines Rechtssystems verstößt.

3. Bedarf die Erbringung einer Dienstleistung, für die eine spezifische Bindung übernommen wurde, der Genehmigung, unterrichten die zuständigen Behörden eines Mitglieds innerhalb einer angemessenen Frist nach der Vorlage eines nach den gesetzlichen Bestimmungen des Landes als vollständig erachteten Antrags den Antragsteller von der Entscheidung über den Antrag. Die zuständigen Behörden des Mitglieds unterrichten den Antragsteller auf sein Ersuchen innerhalb angemessener Zeit über den Stand der Bearbeitung des Antrags.

4. Um zu gewährleisten, daß Maßnahmen, die Qualifikationsvoraussetzungen und -verfahren, technische Normen und Lizenzbedingungen betreffen, keine unnötigen Hemmnisse für den Handel mit Dienstleistungen darstellen, erarbeitet der Rat für den Handel mit Dienstleistungen mit Hilfe durch ihn gegebenenfalls eingesetzter geeigneter Organe alle notwendigen Disziplinen. Diese Disziplinen sind darauf gerichtet, daß die Voraussetzungen unter anderem:

a) auf objektiven und durchschaubaren Kriterien wie Kompetenz und Fähigkeit, die Dienstleistungen zu erbringen, beruhen;

b) nicht belastender sind als nötig, um die Qualität der Dienstleistung zu gewährleisten;

c) im Fall von Lizenzverfahren nicht an sich die Erbringung der Dienstleistung beschränken.

5. a) In Bereichen, in denen ein Mitglied spezifische Bindungen eingegangen ist, wendet das Mitglied bis zum Inkrafttreten der in diesen Bereichen gemäß Absatz 4 erarbeiteten Disziplinen keine Lizenz- und Qualifikationsvoraussetzungen oder technischen Normen an, die die spezifischen Bindungen in einer Weise zunichte machen oder schmälern, die:

i) unvereinbar ist mit den unter Absatz 4 lit. a, b oder c

beschriebenen Kriterien; und

ii) billigerweise zu dem Zeitpunkt, zu dem die spezifischen

Bindungen in diesen Bereichen übernommen wurden, nicht von dem Mitglied erwartet werden konnte.

b) Bei der Beurteilung, ob sich ein Mitglied an die Bindung nach Absatz 5 lit. a hält, werden die von dem Mitglied angewendeten internationalen Normen entsprechender internationaler Organisationen[1)] berücksichtigt.

6. In Bereichen, in denen spezifische Bindungen für Dienstleistungen freier Berufe übernommen werden, sieht jedes Mitglied angemessene Verfahren vor, um die Kompetenz der Angehörigen der freien Berufe der anderen Mitglieder festzustellen.

Artikel VII
Anerkennung

1. Zum Zweck der vollständigen oder teilweisen Erfüllung der Normen oder Kriterien für die Ermächtigung, Zulassung oder Beglaubigung von Erbringern von Dienstleistungen und vorbehaltlich der Voraussetzungen in Absatz 3 kann ein Mitglied die Ausbildung oder Berufserfahrung, Voraussetzungen, Lizenzen oder Zulassungen eines bestimmten Landes anerkennen. Diese Anerkennung, die im Wege der Harmonisierung oder auf andere Weise erreicht werden kann, kann auf einer Vereinbarung oder Absprache mit dem betreffenden Land beruhen oder autonom gewährt werden.

2. Ein Mitglied, das Partei einer bestehenden oder künftigen Vereinbarung oder Absprache nach Absatz 1 ist, gewährt anderen interessierten Mitgliedern in angemessener Weise die Möglichkeit, über den Beitritt zu einem solchen Abkommen oder einer solchen Vereinbarung zu verhandeln oder ähnliche auszuhandeln. In Fällen, in denen ein Mitglied die Anerkennung autonom ausspricht, gewährt es jedem anderen Mitglied in angemessener Weise die Möglichkeit nachzuwei-

Zu Artikel VI:

[1)] Der Begriff „entsprechende internationale Organisationen" bedeutet internationale Organe, denen die entsprechenden Organe zumindest aller Mitglieder der WTO angehören können.

sen, daß die Ausbildung, Berufserfahrung, Lizenz oder Zulassung oder die Voraussetzungen, die im Gebiet des anderen Mitglieds erfüllt worden sind, anerkannt werden.

3. Ein Mitglied gewährt die Anerkennung nicht in einer Weise, die bei der Anwendung der Normen oder Kriterien für die Ermächtigung, Zulassung oder Beglaubigung von Erbringern von Dienstleistungen zu Diskriminierungen unter den Ländern führen oder eine verschleierte Beschränkung des Handels mit Dienstleistungen darstellen könnte.

4. Jedes Mitglied:

a) unterrichtet den Rat für den Handel mit Dienstleistungen innerhalb von 12 Monaten nach Inkrafttreten des WTO-Abkommens für das Mitglied über bestehende Anerkennungsmaßnahmen und erklärt, ob diese Maßnahmen auf der Grundlage von Vereinbarungen über Absprachen nach Absatz 1 getroffen wurden;

b) unterrichtet den Rat für den Handel mit Dienstleistungen unverzüglich und so rechtzeitig wie möglich über die Aufnahme von Verhandlungen über eine Vereinbarung oder Absprache nach Absatz 1, damit anderen Mitgliedern ausreichend Gelegenheit gegeben wird, ihr Interesse an der Teilnahme an solchen Verhandlungen zu bekunden, bevor diese Verhandlungen in eine entscheidende Phase eintreten;

c) unterrichtet den Rat für den Handel mit Dienstleistungen unverzüglich, wenn es neue Anerkennungsmaßnahmen beschließt oder die bestehenden erheblich ändert, und erklärt, ob diese Maßnahmen auf der Grundlage von Vereinbarungen oder Absprachen nach Absatz 1 getroffen wurden.

5. Die Anerkennung sollte soweit wie möglich auf multilateral vereinbarten Kriterien beruhen. Die Mitglieder arbeiten in geeigneten Fällen mit entsprechenden zwischenstaatlichen und nichtstaatlichen Organisationen zusammen, um gemeinsame internationale Normen und Kriterien für die Anerkennung sowie gemeinsame internationale Normen für die Ausübung der entsprechenden gewerblichen Tätigkeiten und Berufe im Dienstleistungsbereich auszuarbeiten und anzunehmen.

Artikel VIII
Monopole und alleinige Erbringung von Dienstleistungen

1. Jedes Mitglied gewährleistet, daß ein Erbringer von Dienstleistungen, der im Gebiet des Mitglieds eine Monopolstellung hat, bei der Erbringung dieser Dienstleistungen auf dem entsprechenden Markt nicht in einer Weise handelt, die unvereinbar ist mit den Bindungen des Mitglieds nach Artikel II sowie seinen spezifischen Verpflichtungen.

2. Steht ein eine Monopolstellung besitzender Erbringer von Dienstleistungen eines Mitglieds entweder unmittelbar oder über ein angegliedertes Unternehmen bei der Erbringung der betreffenden Dienstleistung im Wettbewerb in einem Bereich, in dem er keine Monopolstellung hat, und unterliegt diese Dienstleistung den spezifischen Bindungen des Mitglieds, so gewährleistet das Mitglied, daß der Erbringer der Dienstleistung seine Monopolstellung nicht mißbraucht, indem er in seinem Gebiet in einer Weise handelt, die mit diesen Verpflichtungen unvereinbar ist.

3. Auf Antrag eines Mitglieds, das Grund zur Annahme hat, daß der eine Monopolstellung besitzende Erbringer von Dienstleistungen eines anderen Mitglieds im Widerspruch zu Absatz 1 und 2 handelt, kann der Rat für den Handel mit Dienstleistungen das für die Einsetzung, Unterstützung oder Ermächtigung des Erbringers verantwortliche Mitglied ersuchen, spezifische Informationen über die entsprechenden Tätigkeiten zu liefern.

4. Gewährt ein Mitglied nach Inkrafttreten des WTO-Abkommens Monopolrechte hinsichtlich der Erbringung einer Dienstleistung, die den spezifischen Bindungen unterliegt, so unterrichtet dieses Mitglied den Rat für den Handel mit Dienstleistungen hierüber spätestens drei Monate vor Gewährung der Monopolrechte; es gelten die Bestimmungen des Artikels XXI Absätze 2, 3 und 4.

5. Die Bestimmungen dieses Artikels gelten auch für alleinige Erbringer von Dienstleistungen in Fällen, in denen ein Mitglied formal oder der Auswirkung nach a) einige wenige Erbringer von Dienstleistungen einsetzt oder ermächtigt und b) den Wettbewerb unter diesen Erbringern in seinem Gebiet in umfassender Weise unterbindet.

Artikel IX
Geschäftspraktiken

1. Die Mitglieder anerkennen, daß gewisse Geschäftspraktiken der Erbringer von Dienstleistungen, soweit sie nicht unter die Bestimmungen des Artikels VIII fallen, den Wettbewerb und damit auch den Handel mit Dienstleistungen beschränken können.

2. Jedes Mitglied nimmt auf Antrag eines anderen Mitglieds Konsultationen mit dem Ziel auf, die in Absatz 1 angeführten Praktiken zu beseitigen. Die angesprochenen Mitglieder prüfen diesen Antrag vollständig und wohlwollend und kooperieren dadurch, daß sie öffentlich zugängliche, nicht vertrauliche Informationen im Zusammenhang mit der betreffenden Angelegenheit zur Verfügung stellen. Das angesprochene Mitglied liefert dem antragstellenden Mitglied ferner weitere Informationen im Rahmen seiner gesetzlichen Bestimmungen und vorbehaltlich des Abschlusses

einer befriedigenden Vereinbarung über die Wahrung der Vertraulichkeit von seiten des anfragenden Mitglieds.

Artikel X
Notstandsmaßnahmen

1. Auf der Grundlage des Prinzips der Nichtdiskriminierung finden multilaterale Verhandlungen über die Frage von Notstandsmaßnahmen statt. Die Ergebnisse dieser Verhandlungen werden spätestens drei Jahre nach Inkrafttreten des WTO-Abkommens wirksam.

2. Bevor die in Absatz 1 angeführten Verhandlungsergebnisse wirksam werden, kann jedes Mitglied unbeschadet der Bestimmungen des Artikels XXI Absatz 1 den Rat für den Handel mit Dienstleistungen von seiner Absicht in Kenntnis setzen, eine spezifische Bindung nach Ablauf eines Jahres nach Inkrafttreten der Bindung unter der Voraussetzung zu ändern oder zurückzunehmen, daß das Mitglied gegenüber dem Rat begründet, daß die Änderung oder die Zurücknahme nicht bis zum Ende der in Artikel XXI Absatz 1 festgelegten Dreijahresfrist aufgeschoben werden kann.

3. Die Bestimmungen in Absatz 2 verlieren drei Jahre nach Inkrafttreten des WTO-Abkommens ihre Gültigkeit.

Artikel XI
Zahlungen und Transfers

1. Mit Ausnahme der in Artikel XII vorgesehenen Fälle verzichten die Mitglieder auf eine Beschränkung internationaler Transfers und Zahlungen im Rahmen laufender Geschäfte, die in den Geltungsbereich seiner spezifischen Bindungen fallen.

2. Dieses Abkommen läßt die Rechte und Pflichten der Mitglieder des Internationalen Währungsfonds nach dem Abkommen über den Internationalen Währungsfonds einschließlich Devisengeschäfte nach den Bestimmungen des Abkommens unter der Voraussetzung unberührt, daß ein Mitglied keine Beschränkungen für Kapitalgeschäfte erläßt, die unvereinbar sind mit seinen spezifischen Bindungen im Rahmen solcher Transaktionen, sofern Artikel XII keine Anwendung findet oder der Fonds ein entsprechendes Ersuchen stellt.

Artikel XII
Beschränkungen zum Schutz der Zahlungsbilanz

1. Bei bestehenden oder drohenden schwerwiegenden Zahlungsbilanzschwierigkeiten oder außenwirtschaftlichen Finanzschwierigkeiten kann ein Mitglied Beschränkungen im Handel mit Dienstleistungen einführen oder beibehalten, die spezifischen Bindungen unterliegen; dies schließt auch Zahlungen und Transfers im Rahmen von Transaktionen im Zusammenhang mit diesen Bindungen ein. Es wird anerkannt, daß besonderer Druck auf die Zahlungsbilanz eines Mitglieds im Verlauf der wirtschaftlichen Entwicklung oder Umstrukturierung den Einsatz von Beschränkungen erforderlich machen kann, unter anderem das Bereithalten angemessener Finanzreserven, um das wirtschaftliche Entwicklungs- oder Umstrukturierungsprogramm durchführen zu können.

2. Die in Absatz 1 angeführten Beschränkungen:

a) dürfen nicht zu Diskriminierungen unter den Mitgliedern führen;

b) müssen mit dem Abkommen über den Internationalen Währungsfonds vereinbar sein;

c) dürfen nicht zu vermeidbaren Schädigungen der kommerziellen, wirtschaftlichen und finanziellen Interessen der anderen Mitglieder führen;

d) dürfen nicht über diejenigen hinausgehen, die für die in Absatz 1 festgelegten Fälle gelten;

e) gelten nur für einen begrenzten Zeitraum und werden schrittweise im Zuge der Verbesserung der in Absatz 1 beschriebenen Situation abgebaut.

3. Bei der Beurteilung der Auswirkungen solcher Beschränkungen können die Mitglieder der Erbringung solcher Dienstleistungen Vorrang gewähren, die in ihren Wirtschafts- und Entwicklungsprogrammen von größerer Bedeutung sind. Solche Beschränkungen werden jedoch nicht zum Schutz eines bestimmten Dienstleistungssektors eingeführt oder aufrechterhalten.

4. Alle nach Absatz 1 dieses Artikels eingeführten oder aufrechterhaltenen Beschränkungen oder Änderungen dieser Beschränkungen sind dem Allgemeinen Rat unverzüglich mitzuteilen.

5. a) Mitglieder, die die Bestimmungen dieses Artikels anwenden, konsultieren unverzüglich das Komitee für Zahlungsbilanzbeschränkungen über die nach diesem Artikel eingeführten Beschränkungen.

b) Die Ministerkonferenz erarbeitet Verfahren[1] für regelmäßige Konsultationen mit dem Ziel, den betreffenden Mitgliedern von ihr für geeignet erachtete Empfehlungen zu geben.

c) Im Rahmen dieser Konsultationen wird die Zahlungsbilanzlage des betreffenden Mitglieds zusammen mit den nach diesem Artikel eingeführten oder aufrechterhaltenen Beschränkungen be-

Zu Artikel XII:

[1] Es besteht Einverständnis, daß die in Absatz 5 genannten Verfahren die gleichen sind wie die Verfahren im Rahmen des GATT 1994.

urteilt, wobei unter anderem folgende Faktoren berücksichtigt werden:

i) Art und Ausmaß der Zahlungsbilanz- und außenwirtschaftlichen Finanzschwierigkeiten;

ii) die Außenwirtschafts- und Handelssituation des Mitglieds, dem die Konsultationen gelten; (iii) mögliche alternativ zur Verfügung stehende Abhilfemaßnahmen.

d) Die Konsultationen betreffen die Übereinstimmung von Beschränkungen mit Absatz 2 und insbesondere den schrittweisen Abbau von Beschränkungen nach Absatz 2 lit. e.

e) Bei den Konsultationen werden alle statistischen und sonstigen Feststellungen des Internationalen Währungsfonds bezüglich Devisen, Währungsreserven und Zahlungsbilanzlage akzeptiert; die Entscheidungen beruhen auf der Beurteilung der Zahlungsbilanz- und Außenwirtschaftssituation des Mitglieds, dem die Konsultationen gelten, durch den Fonds.

6. Wenn ein Nichtmitglied des Internationalen Währungsfonds die Bestimmungen dieses Artikels anwenden will, leitet die Ministerkonferenz ein Überprüfungsverfahren sowie alle weiteren notwendigen Verfahren ein.

Artikel XIII
Öffentliches Beschaffungswesen

1. Artikel II, XVI und XVII finden keine Anwendung auf Gesetze, Verordnungen oder Bedingungen in bezug auf staatlicherseits beschaffte Dienstleistungen, die für staatliche Zwecke unter Vertrag genommen werden und nicht für die kommerzielle Weiterverwendung oder für eine kommerzielle Nutzung bestimmt sind.

2. Innerhalb von zwei Jahren nach Inkrafttreten des WTO-Abkommens finden multilaterale Verhandlungen über die öffentliche Beschaffung von Dienstleistungen im Rahmen dieses Abkommens statt.

Artikel XIV
Allgemeine Ausnahmen

Unter der Voraussetzung, daß Maßnahmen nicht in einer Weise angewendet werden, die zu willkürlicher oder ungerechtfertigter Diskriminierung unter den Ländern, in denen gleiche Verhältnisse bestehen, oder zu einer verschleierten Beschränkung des Handels mit Dienstleistungen führen, wird eine Bestimmung dieses Abkommens nicht so ausgelegt, daß sie die Annahme oder Durchsetzung von Maßnahmen eines Mitglieds verhindert, die erforderlich sind:

a) um die öffentliche Sittlichkeit oder die öffentliche Ordnung aufrechtzuerhalten[1)];

b) um das Leben oder die Gesundheit von Menschen, Tieren und Pflanzen zu schützen;

c) um die Einhaltung von Gesetzen oder sonstigen Vorschriften zu gewährleisten, die nicht im Widerspruch zu den Bestimmungen dieses Abkommens stehen, einschließlich

i) der Verhinderung betrügerischer Geschäftspraktiken oder
Maßnahmen, die den Folgen der Nichterfüllung von Dienstleistungsverträgen Rechnung tragen;

ii) der Gewährleistung des Schutzes der Persönlichkeit bei der Verarbeitung und Weitergabe von personenbezogenen Daten und des Schutzes der Vertraulichkeit von persönlichen Aufzeichnungen und Geschäftsbüchern;

iii) der Gewährleistung der Sicherheit;

d) und die mit Artikel XVII unter der Voraussetzung unvereinbar sind, daß das Ziel der unterschiedlichen Behandlung darin besteht, eine gerechte und effektive[2)] Besteuerung oder die Einhebung von direkten Steuern in bezug auf Dienstleistungen oder die Erbringer von Dienstleistungen anderer Mitglieder zu gewährleisten;

e) und die nicht mit Artikel II übereinstimmen, vorausgesetzt, die unterschiedliche Behandlung beruht auf einer Vereinbarung zur Vermeidung

---

Zu Artikel XIV:

[1)] Die Ausnahmeregelung in bezug auf die öffentliche Ordnung kann nur in Anspruch genommen werden, wenn eine wirkliche, ausreichend schwerwiegende Bedrohung der Grundwerte der Gesellschaft vorliegt.

[2)] Zu Maßnahmen, die auf eine gerechte und effektive Besteuerung oder die Einhebung von direkten Steuern abzielen, gehören Maßnahmen eines Mitglieds im Rahmen seines Steuersystems, die (i) für gebietsfremde Erbringer von Dienstleistungen gelten in Anerkennung der Tatsache, daß sich die Steuerpflicht Gebietsfremder nach den steuerpflichtigen Einheiten richtet, die im Gebiet des Mitglieds ihren Ursprung haben oder gelegen sind; oder (ii) für Gebietsfremde gelten, um die Besteuerung oder die Einhebung von Steuern im Gebiet des Mitglieds zu gewährleisten; oder (iii) für Gebietsfremde oder Gebietsansässige gelten, um Steuerflucht oder Steuerhinterziehung zu verhindern, einschließlich Durchsetzungsmaßnahmen; oder (iv) für Empfänger von Dienstleistungen gelten, die im oder vom Gebiet eines anderen Mitglieds aus erbracht werden, um die Besteuerung der Empfänger oder die Einhebung von Steuern aus Quellen im Gebiet des Mitglieds zu gewährleisten; oder (v) erforderlich sind, um Erbringer von Dienstleistungen, die weltweit steuerpflichtig sind, von anderen Erbringern von Dienstleistungen zu unterscheiden und um damit den Unterschied in der Besteuerungsgrundlage zu berücksichtigen; oder (vi) die erforderlich sind, um Einkommen, Gewinn, Wertzuwachs, Verlust, Abzüge oder anrechenbare Beträge in bezug auf gebietsansässige Personen oder Niederlassungen oder mit diesen in einer Beziehung stehende Personen oder Niederlassungen zu ermitteln, auf sie aufzuteilen oder unter ihnen so zu verteilen, daß die Steuerbemessungsgrundlage des Mitglieds erhalten bleibt.

der Doppelbesteuerung oder auf in einem anderen internationalen Abkommen oder einer internationalen Vereinbarung enthaltenen Vorschriften zur Vermeidung der Doppelbesteuerung, durch die das Mitglied gebunden ist.

Die steuerlichen Bestimmungen oder Begriffe in Artikel XIV lit. d und in dieser Fußnote werden in Übereinstimmung mit steuerlichen Definitionen oder Begriffen oder gleichwertigen oder ähnlichen Definitionen oder Begriffen nach den nationalen gesetzlichen Bestimmungen des Mitglieds, das die Maßnahme trifft, festgelegt.

Artikel XIVbis
Ausnahmen aus Sicherheitsgründen

1. Dieses Abkommen wird nicht dahin gehend ausgelegt, daß

a) ein Mitglied Informationen zur Verfügung stellen muß, die seiner Auffassung nach wesentliche Sicherheitsinteressen berühren; oder

b) ein Mitglied daran gehindert wird, Maßnahmen zu treffen, die seiner Auffassung nach zum Schutz wesentlicher Sicherheitsinteressen notwendig sind:

i) soweit diese Maßnahmen die Erbringung von Dienstleistungen
betreffen, die unmittelbar oder mittelbar der Versorgung einer militärischen Einrichtung dienen;

ii) soweit diese Maßnahmen spaltbares oder schmelzbares
Material oder dessen Ausgangsstoffe betreffen;

iii) wenn diese Maßnahmen in Kriegszeiten oder bei sonstigen
Krisen in internationalen Beziehungen getroffen werden;

oder

c) wenn ein Mitglied daran gehindert wird, Maßnahmen in Erfüllung seiner Verpflichtungen im Rahmen der Charta der Vereinten Nationen zur Aufrechterhaltung von Frieden und Sicherheit in der Welt zu treffen.

2. Der Rat für den Handel mit Dienstleistungen wird über Maßnahmen nach Absatz 1 lit. b und c und deren Aufhebung so ausführlich wie möglich unterrichtet.

Artikel XV
Subventionen

1. Die Mitglieder anerkennen, daß Subventionen unter bestimmten Umständen zu Verzerrungen im Handel mit Dienstleistungen führen können. Die Mitglieder nehmen zur Vermeidung von handelsverzerrenden Auswirkungen Verhandlungen über die erforderlichen multilateralen Disziplinen auf[1]. Die Verhandlungen betreffen auch die Frage von Gegenmaßnahmen. In den Verhandlungen wird die Rolle von Subventionen in den Entwicklungsprogrammen von Entwicklungsländern ebenso berücksichtigt wie die für die Mitglieder, insbesondere Entwicklungsland-Mitglieder, notwendige Flexibilität in diesem Bereich. Für die Zwecke dieser Verhandlungen tauschen die Mitglieder Informationen über alle Subventionen im Handel mit Dienstleistungen aus, die sie inländischen Erbringern von Dienstleistungen gewähren.

2. Ein Mitglied, das sich durch eine Subvention eines anderen Mitglieds beeinträchtigt sieht, kann dieses Mitglied um Konsultationen über diese Frage ersuchen. Dieses Ersuchen wird wohlwollend geprüft.

TEIL III
SPEZIFISCHE BINDUNGEN

Artikel XVI
Marktzutritt

1. Hinsichtlich des Marktzutritts über die in Artikel I angeführten Arten der Erbringung gewährt jedes Mitglied den Dienstleistungen und den Erbringern von Dienstleistungen eines anderen Mitglieds eine Behandlung, die nicht weniger günstig ist als die, die durch die in seiner Liste[1] vereinbarten und festgelegten Bestimmungen, Beschränkungen und Bedingungen vorgesehen ist.

2. In Bereichen, in denen Marktzutrittsverpflichtungen übernommen werden, werden Maßnahmen, die ein Mitglied weder regional noch für sein gesamtes Gebiet aufrechterhält oder einführt, sofern sie nicht in seiner Liste anderweitig festgelegt sind, wie folgt definiert:

a) Beschränkung der Anzahl der Dienstleistungserbringer durch Festsetzung von in numerischen Einheiten ausgedrückten Quoten, Errichtung von Monopolen, Einräumung von Alleinerbringungsrechten oder Nachweis der wirtschaftlichen Notwendigkeit;

Zu Artikel XV:

[1] In einem künftigen Arbeitsprogramm wird festgelegt, wie und innerhalb welches Zeitrahmens Verhandlungen über die multilateralen Disziplinen geführt werden.

Zu Artikel XVI:

[1] Geht ein Mitglied eine Marktzutrittsverpflichtung in bezug auf die Erbringung einer Dienstleistung über einen in Artikel I Absatz 2 lit. a genannten Weg ein und stellt der grenzüberschreitende Kapitalverkehr einen wesentlichen Bestandteil der Dienstleistung dar, ist das Mitglied verpflichtet, diesen Kapitalverkehr zuzulassen. Geht ein Mitglied eine Marktzutrittsverpflichtung in bezug auf die Erbringung einer Dienstleistung über den in Artikel I Absatz 2 lit. c genannten Weg ein, ist das Mitglied verpflichtet, den entsprechenden Kapitaltransfer in sein Gebiet zuzulassen.

b) Beschränkung des Gesamtwertes der Dienstleistungsgeschäfte oder des Betriebsvermögens durch Festsetzung von in numerischen Einheiten ausgedrückten Quoten oder den Nachweis des wirtschaftlichen Bedarfes;

c) Beschränkung der Gesamtzahl der Dienstleistungserbringer oder des Gesamtvolumens an erbrachten Leistungen durch Festsetzung von in bestimmten numerischen Einheiten ausgedrückten Quoten oder den Nachweis des wirtschaftlichen Bedarfes[1];

d) Beschränkung der Gesamtzahl an natürlichen Personen, die in einem bestimmten Dienstleistungssektor beschäftigt werden dürfen oder deren Beschäftigung für einen Erbringer von Dienstleistungen für die Bereitstellung der betreffenden Dienstleistung erforderlich ist oder in einem unmittelbaren Zusammenhang damit steht, durch Festsetzung von in numerischen Einheiten ausgedrückten Quoten oder den Nachweis des wirtschaftlichen Bedarfes;

e) Maßnahmen, die bestimmte Formen von juristischen Personen oder Gemeinschaftsunternehmen beschränken oder vorschreiben, in denen der Erbringer einer Dienstleistung diese erbringen darf;
und

f) Beschränkung der Beteiligung ausländischen Kapitals durch Festsetzung von prozentualen Höchstgrenzen für die Auslandsbeteiligung oder des Gesamtwerts einer oder mehrerer ausländischer Investitionen.

Artikel XVII
Inländerbehandlung

1. In den in seiner Liste angeführten Bereichen gewährt jedes Mitglied unbeschadet der darin niedergelegten Bedingungen und Vorbehalte den Dienstleistungen und Erbringern von Dienstleistungen eines anderen Mitglieds hinsichtlich aller Maßnahmen, die die Erbringung von Dienstleistungen betreffen, eine Behandlung, die nicht weniger günstig ist als die seinen eigenen Dienstleistungen und Erbringern von Dienstleistungen eingeräumte Behandlung[1].

2. Ein Mitglied kann die Bedingungen des Absatzes 1 dadurch erfüllen, daß es Dienstleistungen und Erbringern von Dienstleistungen eines anderen Mitglieds eine Behandlung gewährt, die derjenigen, die es seinen eigenen vergleichbaren Dienstleistungen oder Erbringern von Dienstleistungen gewährt, formal entweder gleich ist oder sich von ihr unterscheidet.

3. Eine formal gleiche oder formal unterschiedliche Behandlung gilt dann als weniger günstig, wenn ein Mitglied die Wettbewerbsbedingungen zugunsten seiner eigenen Dienstleistungen oder Erbringer von Dienstleistungen gegenüber vergleichbaren Dienstleistungen oder Erbringern von Dienstleistungen eines anderen Mitglieds verändert.

Artikel XVIII
Zusätzliche Bindungen

Die Mitglieder können über Bindungen in bezug auf Maßnahmen, die den Handel mit Dienstleistungen betreffen und nicht nach Artikel XVI oder XVII in Listen angeführt sind, Verhandlungen führen, einschließlich Maßnahmen zu Qualifikations-, Normen- oder Lizenzangelegenheiten. Solche Bindungen werden in die Liste des betreffenden Mitglieds eingetragen.

TEIL IV
FORTSCHREITENDE LIBERALISIERUNG

Artikel XIX
Verhandlungen über spezifische Bindungen

1. Gemäß den Zielen dieses Abkommens treten die Mitglieder in aufeinanderfolgende Verhandlungsrunden ein, die spätestens fünf Jahre nach Inkrafttreten des WTO-Abkommens beginnen und danach regelmäßig einberufen werden sollen, um schrittweise einen höheren Stand der Liberalisierung zu erreichen. Solche Verhandlungen sollen dazu dienen, die nachteiligen Auswirkungen von Maßnahmen auf den Handel mit Dienstleistungen zu vermindern oder zu beseitigen, um einen wirksamen Marktzutritt zu erreichen. Dieser Prozeß soll die Interessen aller Beteiligten in einer für alle vorteilhaften Weise fördern und ein insgesamt ausgeglichenes Verhältnis von Rechten und Pflichten schaffen.

2. Der Liberalisierungsprozeß berücksichtigt die nationalen politischen Ziele und den Entwicklungsstand der einzelnen Mitglieder sowohl allgemein als auch in bestimmten Sektoren. Einzelnen Entwicklungsland-Mitgliedern werden flexible Regelungen zugestanden, indem ihnen die Möglichkeit eingeräumt wird, eine geringere Zahl von Sektoren zu öffnen, eine geringere Zahl von Arten von Transaktionen zu liberalisieren, schrittweise und in Abhängigkeit von ihrem Entwicklungsstand Marktzutritt zu gewähren und die Öffnung ihrer Märkte für ausländische Erbringer von Dienstleistungen an Bedingungen zu knüpfen, die darauf ausgerichtet sind, die in Artikel IV angeführten Ziele zu erreichen.

---

[1] Absatz 2 lit. c gilt nicht für Maßnahmen eines Mitglieds, die den für die Erbringung von Dienstleistungen erforderlichen Fremdbezug von Leistungen beschränken.

Zu Artikel XVII:

[1] Spezifische Bindungen nach diesem Artikel werden nicht so ausgelegt, daß ein Mitglied Ausgleich für etwaige Wettbewerbsnachteile gewähren muß, die sich daraus ergeben, daß die Dienstleistung oder der Erbringer der Dienstleistung aus einem anderen Land stammt.

3. Für jede Runde werden Verhandlungsrichtlinien und -verfahren ausgearbeitet. Zur Erarbeitung solcher Richtlinien nimmt der Rat für den Handel mit Dienstleistungen eine Bewertung des Handels mit Dienstleistungen allgemein und nach Sektoren im Hinblick auf die Erreichung der Ziele dieses Abkommens einschließlich der in Artikel IV Absatz 1 genannten Ziele vor. Die Verhandlungsrichtlinien enthalten Verfahrenshinweise für Liberalisierungsmaßnahmen, die Mitglieder seit den vorhergehenden Verhandlungsrunden autonom getroffen haben, wie auch für die besondere Behandlung der am wenigsten entwickelten Mitgliedsländer gemäß den Bestimmungen des Artikels IV Absatz 3.

4. Die schrittweise Liberalisierung ist in jeder Runde durch bilaterale, plurilaterale oder multilaterale Verhandlungen voranzubringen mit dem Ziel, die spezifischen Bindungen, die die Mitglieder nach diesem Abkommen eingegangen sind, zu erweitern.

Artikel XX
Listen spezifischer Bindungen

1. Jedes Mitglied legt in einer Liste die spezifischen Bindungen fest, die es nach Teil III dieses Abkommens eingeht. Jede Liste enthält für die Sektoren, für die diese Bindungen eingegangen werden, folgende Angaben:

a) Bestimmungen, Beschränkungen und Bedingungen für den Marktzutritt;

b) Bedingungen und Einschränkungen der Inländerbehandlung;

c) Zusagen hinsichtlich weiterer Bindungen;

d) gegebenenfalls den Zeitrahmen für die Umsetzung dieser Bindungen; und

e) den Zeitpunkt, zu dem diese Bindungen wirksam werden.

2. Maßnahmen, die nicht mit Artikel XVI oder XVII übereinstimmen, sind in die für Artikel XVI vorgesehene Spalte einzutragen. In diesem Fall gilt die Eintragung als Bedingung oder Einschränkung auch zu Artikel XVII.

3. Die Listen der spezifischen Bindungen werden diesem Abkommen als Anhänge beigefügt und gelten als Bestandteil des Abkommens.

Artikel XXI
Änderung der Listen

1. a) Ein Mitglied (in diesem Artikel „änderndes Mitglied" genannt) kann eine Bindung in seiner Liste gemäß den Bestimmungen dieses Artikels nach Ablauf von drei Jahren nach Inkrafttreten der Bindung jederzeit ändern oder zurücknehmen.

b) Ein änderndes Mitglied teilt dem Rat für den Handel mit Dienstleistungen seine Absicht, eine Bindung gemäß diesem Artikel zu ändern oder zurückzunehmen, spätestens drei Monate vor dem vorgesehenen Zeitpunkt mit, zu dem die Änderung oder die Zurücknahme wirksam werden soll.

2. a) Auf Ersuchen eines Mitglieds, dessen Begünstigung gemäß diesem Abkommen durch die nach Absatz 1 lit. b vorgesehene Änderung oder die Zurücknahme möglicherweise betroffen ist (in diesem Artikel „betroffenes Mitglied" genannt), nimmt das ändernde Mitglied Verhandlungen auf, um eine Einigung über notwendige Ausgleichsmaßnahmen zu erreichen. In den Verhandlungen und der daraus folgenden Einigung werden die beteiligten Mitglieder bemüht sein, allgemein ein Maß an für alle Seiten vorteilhaften Bindungen beizubehalten, das nicht weniger günstig für den Handel ist als das in den Listen spezifischer Bindungen vor Aufnahme der Verhandlungen vorgesehene Maß.

b) Ausgleichsmaßnahmen werden auf der Grundlage der Meistbegünstigung getroffen.

3. a) Erzielen das ändernde Mitglied und betroffene Mitglieder vor Ablauf der für Verhandlungen vorgesehenen Zeit keine Einigung, kann das betroffene Mitglied die Angelegenheit einem Schiedsverfahren unterwerfen. Jedes betroffene Mitglied, das ein möglicherweise bestehendes Recht auf Ausgleich durchsetzen will, muß an dem Schiedsverfahren teilnehmen.

b) Verlangt keines der betroffenen Mitglieder ein Schiedsverfahren, kann das ändernde Mitglied die vorgesehene Änderung oder die Zurücknahme durchführen.

4. a) Das ändernde Mitglied kann die Bindung nicht ändern oder zurücknehmen, bevor es einen Ausgleich gemäß dem Ergebnis des Schiedsverfahrens geleistet hat.

b) Setzt ein änderndes Mitglied die vorgesehene Änderung oder die Zurücknahme unter Mißachtung des Ergebnisses des Schiedsverfahrens um, kann ein betroffenes Mitglied, das an dem Schiedsverfahren beteiligt war, im wesentlichen gleichwertige Vorteile in Übereinstimmung mit dem Ergebnis ebenfalls ändern oder zurücknehmen. Unbeschadet Artikel II kann diese Änderung oder die Zurücknahme nur in bezug auf das ändernde Mitglied durchgeführt werden.

5. Der Rat für den Handel mit Dienstleistungen führt Verfahren zur Berichtigung oder Änderung von Listen für Bindungen ein. Ein Mitglied, das in seiner Liste angeführte Bindungen nach diesem Artikel geändert oder zurückgenommen hat, wird seine Liste nach diesem Verfahren angleichen.

TEIL V
INSTITUTIONELLE BESTIMMUNGEN

Artikel XXII
Konsultationen

1. Jedes Mitglied gewährt wohlwollende Prüfung und in ausreichendem Maße Gelegenheit für Konsultationen bei Vorstellungen, die ein anderes Mitglied in bezug auf eine die Wirkungsweise dieses Abkommens betreffende Angelegenheit vorbringt. Die Vereinbarung über Regeln und Verfahren zur Streitbeilegung gilt für solche Konsultationen.

2. Auf Antrag eines Mitglieds kann der Rat für den Handel mit Dienstleistungen oder das Streitbeilegungsorgan ein Mitglied oder mehrere Mitglieder in jeder Angelegenheit konsultieren, für die auf dem Konsultationsweg gemäß Absatz 1 keine zufriedenstellende Lösung gefunden werden konnte.

3. In bezug auf eine Maßnahme eines anderen Mitglieds, die Gegenstand eines mit einem anderen Mitglied geschlossenen internationalen Abkommens über die Vermeidung von Doppelbesteuerung ist, kann ein Mitglied weder nach diesem Artikel noch nach Artikel XXIII den Artikel XVII anrufen. Bei Meinungsverschiedenheiten zwischen zwei Mitgliedern darüber, ob eine Maßnahme Gegenstand eines zwischen ihnen geschlossenen Abkommens über die Vermeidung von Doppelbesteuerung ist, steht es jedem der beiden Mitglieder frei, die betreffende Angelegenheit vor den Rat für den Handel mit Dienstleistungen zu bringen[1]. Der Rat unterbreitet die Angelegenheit einem Schiedsgericht. Die Entscheidung des Schiedsrichters ist endgültig und für das Mitglied verbindlich.

Artikel XXIII
Streitbeilegung und Durchführung

1. Sollte ein Mitglied der Auffassung sein, daß ein anderes Mitglied seine Verpflichtungen oder seine spezifischen Bindungen im Rahmen dieses Abkommens nicht erfüllt, kann es sich mit dem Ziel, eine beide Seiten zufriedenstellende Lösung der Angelegenheit zu erreichen, auf die Vereinbarung über Regeln und Verfahren zur Streitbeilegung berufen.

2. Wenn das Streitbeilegungsorgan der Auffassung ist, daß die Umstände ernst genug sind, um einen solchen Schritt zu rechtfertigen, kann es ein Mitglied oder mehrere Mitglieder ermächtigen, die Anwendung dieser Verpflichtungen oder der spezifischen Bindung gegenüber einem anderen Mitglied oder gegenüber mehreren anderen Mitgliedern gemäß Artikel 22 der Vereinbarung über Streitbeilegung (DSU) aussetzen.

3. Wenn ein Mitglied der Auffassung ist, daß ihm die Handelsvorteile, die es billigerweise aus einer spezifischen Bindung eines anderen Mitglieds nach Teil III dieses Abkommens hätte erwarten können, als Ergebnis der Anwendung einer Maßnahme, die mit den Bestimmungen dieses Abkommens in keinem Widerspruch steht, zunichte gemacht oder geschmälert werden, kann es sich auf die Vereinbarung über Streitbeilegung (DSU) berufen. Wenn das Streitbeilegungsorgan feststellt, daß die Maßnahme dem Mitglied solche Handelsvorteile zunichte macht oder schmälert, hat das betroffene Mitglied Anrecht auf einen beide Seiten zufrieden stellenden Ausgleich auf der Grundlage des Artikels XXI Absatz 2, der die Änderung oder Zurücknahme der Maßnahme einschließen kann. Falls die betreffenden Mitglieder kein Einvernehmen erzielen können, gilt Artikel 22 der Vereinbarung über Streitbeilegung (DSU).

Artikel XXIV
Rat für den Handel mit Dienstleistungen

1. Der Rat für den Handel mit Dienstleistungen nimmt diejenigen Funktionen wahr, die ihm übertragen werden, um die Durchführung dieses Abkommens zu erleichtern und die Erreichung seiner Ziele zu fördern. Der Rat kann diejenigen Unterorgane einsetzen, die er für eine wirksame Wahrnehmung seiner Funktionen für geeignet erachtet.

2. Die Teilnahme am Rat und seinen Unterorganen steht den Vertretern aller Mitglieder frei, sofern der Rat keine anderen Beschlüsse faßt.

3. Der Vorsitzende des Rats wird von den Mitgliedern gewählt. Der Rat legt seine eigenen Verfahrensregeln fest.

Artikel XXV
Technische Zusammenarbeit

1. Erbringer von Dienstleistungen von Mitgliedern, die einer solchen Hilfe bedürfen, haben Zugang zu den in Artikel IV Absatz 2 genannten Dienstleistungen der Auskunftsstellen.

2. Auf multilateraler Ebene wird technische Hilfe für Entwicklungsländer vom Sekretariat geleistet und vom Rat für den Handel mit Dienstleistungen beschlossen.

Zu Artikel XXII:

[1] Bei Abkommen über die Vermeidung von Doppelbesteuerung, die bei Inkrafttreten des WTO-Abkommens bestehen, kann eine solche Angelegenheit lediglich mit Zustimmung der beiden Parteien eines solchen Abkommens vor den Rat für den Handel mit Dienstleistungen gebracht werden.

Artikel XXVI
Beziehungen zu anderen internationalen Organisationen

Der Allgemeine Rat trifft geeignete Vorkehrungen für Konsultationen und Zusammenarbeit mit den Vereinten Nationen und ihren Spezialorganisationen sowie mit sonstigen mit Dienstleistungen befaßten zwischenstaatlichen Organisationen.

TEIL VI

SCHLUSSBESTIMMUNGEN

Artikel XXVII
Zurücknahme von Handelsvorteilen

Ein Mitglied kann die nach diesem Abkommen vorgesehenen Handelsvorteile zurücknehmen:

a) wenn es im Falle der Erbringung einer Dienstleistung feststellt, daß die betreffende Dienstleistung aus einem Gebiet eines Nichtmitglieds stammt oder im Gebiet eines Nichtmitglieds oder von einem Mitglied erbracht wird, gegenüber welchem das WTO-Abkommen durch das die Handelsvorteile zurücknehmende Mitglied nicht angewendet wird;

b) wenn es bei der Erbringung einer Seeverkehrsdienstleistung feststellt, daß die Dienstleistung erbracht wird von:

i) einem Schiff, das nach den Gesetzen eines Nichtmitglieds
oder eines Mitglieds, auf welches das WTO-Abkommen durch das die Handelsvorteile zurücknehmende Mitglied nicht angewendet wird, registriert ist, und

ii) einem ein Schiff ganz oder teilweise nutzenden Betreiber,
der jedoch einem Nichtmitglied oder einem Mitglied angehört, gegenüber welchem das WTO-Abkommen durch das die Handelsvorteile zurücknehmende Mitglied nicht angewendet wird;

c) wenn es bei einer die Dienstleistung erbringenden juristischen Person feststellt, daß sie kein Erbringer von Dienstleistungen eines anderen Mitglieds ist oder daß sie ein Erbringer von Dienstleistungen eines Mitglieds ist, gegenüber welchem das WTO-Abkommen durch das die Handelsvorteile zurücknehmende Mitglied nicht angewendet wird.

Artikel XXVIII
Begriffsbestimmungen

Für die Zwecke dieses Abkommens:

a) bedeutet der Begriff „Maßnahme" jede von einem Mitglied getroffene Maßnahme unabhängig davon, ob sie in Form eines Gesetzes, einer Verordnung, einer Regelung, eines Verfahrens, einer Entscheidung, einer Verwaltungsbestimmung oder in einer sonstigen Form getroffen wird;

b) umfaßt der Begriff „Erbringung einer Dienstleistung" die Erzeugung, den Vertrieb, die Vermarktung, den Verkauf und die Bereitstellung einer Dienstleistung;

c) umfaßt der Begriff „den Handel mit Dienstleistungen betreffende Maßnahmen von Mitgliedern"
Maßnahmen, die

i) den Ankauf, die Bezahlung und die Nutzung einer Dienstleistung betreffen;

ii) im Zusammenhang mit der Erbringung einer Dienstleistung den Zugang zu und die Nutzung von Dienstleistungen betreffen, die auf Verlangen dieser Mitglieder der Öffentlichkeit allgemein angeboten werden müssen;

iii) die Anwesenheit natürlicher Personen eines Mitglieds,
einschließlich der geschäftlichen Anwesenheit zur Erbringung einer Dienstleistung im Gebiet eines anderen Mitglieds betreffen;

d) bedeutet der Begriff „geschäftliche Anwesenheit" jede Art von Niederlassung aus geschäftlichen oder beruflichen Gründen durch

i) Errichtung, Erwerb oder Fortführung einer juristischen
Person oder

ii) Errichtung oder Fortführung einer Zweigstelle oder einer Repräsentanz
im Gebiet eines Mitglieds zum Zweck der Erbringung einer Dienstleistung;

e) bedeutet der Begriff „Sektor" einer Dienstleistung (i) in bezug auf eine spezifische Bindung einen Teilsektor bzw. mehrere oder alle Teilsektoren der betreffenden Dienstleistung in der in der Liste eines Mitglieds im einzelnen angeführten Form;
(ii) in sonstiger Hinsicht die Gesamtheit des betreffenden
Dienstleistungssektors, einschließlich aller Teilsektoren;

f) bedeutet der Begriff „Dienstleistungen eines anderen Mitglieds" eine Dienstleistung, die

i) vom Gebiet des betreffenden anderen Mitglieds ausgeht oder
im Gebiet des betreffenden anderen Mitglieds erbracht wird, oder die bei Seeverkehrsdienstleistungen von einem nach den Gesetzen des betreffenden anderen Mitglieds registrierten Schiff oder von einer das Schiff betreibenden oder es ganz oder teilweise nutzenden Person des betreffenden anderen Mitglieds erbracht wird;

ii) von einem Erbringer von Dienstleistungen des betreffenden
anderen Mitglieds im Wege geschäftlicher Anwesenheit oder Anwesenheit natürlicher Personen erbrachte Dienstleistung;

g) bedeutet der Begriff „Erbringer einer Dienstleistung" jede eine Dienstleistung erbringende Person[1];

h) bedeutet der Begriff „Erbringer einer Dienstleistung mit Monopolstellung" eine staatliche oder private Stelle, die auf dem betreffenden Markt des Gebiets eines Mitglieds durch dieses Mitglied als alleiniger Erbringer der betreffenden Dienstleistung förmlich oder den Auswirkungen nach ermächtigt oder eingerichtet ist;

i) bedeutet der Begriff „Nutzer einer Dienstleistung" jede Person, die eine Dienstleistung empfängt oder nutzt;

j) bedeutet der Begriff „Person" entweder eine natürliche oder eine juristische Person;

k) bedeutet der Begriff „natürliche Person eines anderen Mitglieds" eine natürliche Person, die im Gebiet des betreffenden oder eines beliebigen anderen Mitglieds ansässig ist und die nach dem Gesetz des betreffenden anderen Mitglieds

i) Staatsangehöriger des betreffenden anderen Mitglieds ist
oder

ii) Daueraufenthaltsrecht des betreffenden anderen Mitglieds
genießt, sofern ein Mitglied,

1. keine Staatsangehörigen hat oder
2. seinen daueraufenthaltsberechtigten gebietsansässigen Personen bezüglich den Handel mit Dienstleistungen betreffender und in seiner Erklärung über die Annahme des WTO-Abkommens oder über seinen Beitritt zu diesem Abkommen im einzelnen angeführter Maßnahmen im wesentlichen dieselbe Behandlung wie seinen eigenen Staatsangehörigen zuteil werden läßt, sofern kein Mitglied verpflichtet ist, solchen daueraufenthaltsberechtigten gebietsansässigen Personen eine günstigere Behandlung zuteil werden zu lassen als denjenigen, die das betreffende andere Mitglied solchen daueraufenthaltsberechtigten gebietsansässigen Personen zuteil werden lassen würde. Eine solche Notifizierung umfaßt die Zusicherung, daß in bezug auf solche daueraufenthaltsberechtigte gebietsansässige Personen gemäß den geltenden Gesetzen und Verordnungen dieselbe Verantwortung übernommen wird, wie sie andere Mitglieder für ihre Staatsangehörigen übernehmen.

l) bedeutet der Begriff „juristische Person" jede ordnungsgemäß gegründete oder anderweitig nach geltendem Recht errichtete rechtsfähige Organisationseinheit unabhängig davon, ob sie der Gewinnerzielung oder sonstigen Zwecken dient und ob sie sich in privatem oder staatlichem Eigentum/Besitz befindet, einschließlich Kapitalgesellschaften, treuhänderisch tätiger Einrichtungen, Personengesellschaften, Gemeinschaftsunternehmen, Einzelkaufleute oder Verbände;

m) bedeutet der Begriff „juristische Person eines anderen Mitglieds" eine juristische Person, die

i) nach dem Recht des betreffenden Mitglieds gegründet oder
auf andere Weise errichtet wurde und die sich in einem beträchtlichen Ausmaß im Gebiet des betreffenden Mitglieds oder eines anderen Mitglieds mit geschäftlichen Tätigkeiten befaßt, oder

ii) für den Fall der Erbringung einer Dienstleistung im Wege
geschäftlicher Anwesenheit

1. im Eigentum/Besitz natürlicher Personen des betreffenden Mitglieds ist oder von ihnen kontrolliert wird, oder
2. im Eigentum/Besitz von juristischen Personen des betreffenden anderen Mitglieds gemäß der Definition der lit. i ist oder von ihnen kontrolliert wird;

n) bedeutet der Begriff „eine juristische Person" eine Einrichtung, die

i) „im Eigentum/Besitz" von Personen eines Mitglieds ist,
wenn mehr als 50 Prozent ihres Eigenkapitals wirtschaftliches Eigentum von Personen des betreffenden Mitglieds sind;

ii) von Personen eines Mitglieds „kontrolliert" wird, wenn
solche Personen berechtigt sind, die Mehrheit ihrer Direktoren zu bestellen oder ihre Rechtshandlungen auf andere Weise zu bestimmen;

iii) mit einer anderen Person „verbunden" ist, wenn diese Person die betreffende andere Person kontrolliert oder von ihr kontrolliert wird, oder wenn sie und die betreffende andere Person beide von derselben Person kontrolliert werden;

o) bedeutet der Begriff „direkte Steuern" für die Zwecke dieses Abkommens alle Steuern auf die Gesamteinkünfte, das Gesamtkapital oder auf einen Teil der Gesamteinkünfte und des Gesamtkapitals, einschließlich Steuern auf Gewinne aus der Veräußerung von Vermögen, auf Grundbesitz, Erbschaften und Schenkungen sowie Steuern auf die von Unternehmen gezahlte Gesamtlohn- und

Zu Artikel XXVIII:

[1] Wird eine Dienstleistung nicht unmittelbar von einer juristischen Person, sondern durch andere Formen geschäftlicher Anwesenheit wie zum Beispiel eine Zweigstelle oder eine Repräsentanz erbracht, wird dem Erbringer der Dienstleistung (dh. der juristischen Person) dennoch durch eine solche Repräsentanz die Behandlung zuteil, die den Erbringern von Dienstleistungen im Rahmen dieses Abkommens zuteil wird. Eine solche Behandlung wird der die Dienstleistung erbringenden Repräsentanz zuteil und braucht etwaigen, außerhalb des Gebiets ansässigen sonstigen Betriebsteilen des Erbringers der Dienstleistung nicht gewährt zu werden.

-gehaltssumme sowie Steuern auf den Kapitalzuwachs.

Artikel XXIX
Anhänge

Die Anhänge zu diesem Abkommen bilden einen integrierenden Bestandteil dieses Abkommens.

ANHANG ÜBER AUSNAHMEN VON ARTIKEL II

Geltungsbereich

1. Dieser Anhang enthält im einzelnen die Bedingungen, unter denen ein Mitglied bei Inkrafttreten dieses Abkommens gemäß Artikel II Absatz 1 von seinen Verpflichtungen befreit ist.

2. Alle weiteren nach dem Datum des Inkrafttretens des WTO-Abkommens beantragten Ausnahmen werden gemäß Artikel IX
Absatz 3 des WTO-Abkommens behandelt.

Überprüfung

3. Der Rat für den Handel mit Dienstleistungen überprüft alle Ausnahmen, die für einen Zeitraum von mehr als 5 Jahren gewährt werden. Die erste dieser Überprüfungen findet spätestens 5 Jahre nach dem Inkrafttreten des WTO-Abkommens statt.

4. Der Rat für den Handel mit Dienstleistungen:

a) untersucht im Rahmen einer solchen Überprüfung, ob die die Ausnahme rechtfertigenden Bedingungen weiterhin bestehen; und

b) bestimmt im Rahmen einer solchen Überprüfung den Zeitpunkt einer etwaigen weiteren Überprüfung.

Beendigung

5. Die einem Mitglied nach Artikel II Absatz 1 des Abkommens gewährte Ausnahme von seinen Verpflichtungen in bezug auf eine bestimmte Maßnahme endet zu dem in der Ausnahme vorgesehenen Zeitpunkt.

6. Grundsätzlich sollten solche Ausnahmen einen Zeitraum von 10 Jahren nicht überschreiten. In jedem Fall sind solche Ausnahmen Gegenstand von Verhandlungen im Rahmen weiterer Handelsliberalisierungsrunden.

7. Ein Mitglied unterrichtet den Rat für den Handel mit Dienstleistungen bei Ablauf des Zeitraums, für den die Ausnahme gewährt worden ist, darüber, daß die mit seinen Verpflichtungen nicht vereinbare Maßnahme mit Artikel II Absatz 1 des Abkommens in Einklang gebracht wurde.

Listen der Ausnahmen von Artikel II

(Die vereinbarten Listen der Ausnahmen von Artikel II Absatz 2 werden hier als Anhang in die Vertragsausfertigung des WTO-Abkommens aufgenommen.)

ANHANG ÜBER DIE FREIZÜGIGKEIT VON NATÜRLICHEN PERSONEN, DIE IM RAHMEN DIESES ABKOMMENS DIENSTLEISTUNGEN ERBRINGEN

1. Der Anhang gilt für Maßnahmen, die Dienstleistungen erbringende natürliche Personen eines Mitglieds sowie natürliche Personen betreffen, die von einem Erbringer von Dienstleistungen eines Mitglieds für die Erbringung einer Dienstleistung beschäftigt werden.

2. Das Abkommen gilt weder für Maßnahmen in bezug auf natürliche Personen, die sich um Zutritt zum Arbeitsmarkt eines Mitglieds bemühen, noch für Maßnahmen, die die Staatsangehörigkeit, Daueraufenthaltsbewilligung oder Dauerbeschäftigungsbewilligung betreffen.

3. Nach Teil III und IV des Abkommens können Mitglieder über spezifische Bindungen verhandeln, die die Freizügigkeit aller Gruppen von natürlichen Personen betreffen, welche Dienstleistungen nach diesem Abkommen erbringen. Natürliche Personen, für die eine spezifische Bindung gilt, können die Dienstleistung nach den Bedingungen dieser Bindung erbringen.

4. Das Abkommen hindert ein Mitglied nicht daran, Maßnahmen zur Regelung der Einreise oder des vorübergehenden Aufenthalts von natürlichen Personen in seinem Gebiet einschließlich solcher Maßnahmen zu treffen, die zum Schutz der Unversehrtheit und zur Sicherung der geordneten Freizügigkeit von natürlichen Personen über seine Grenzen hinweg erforderlich sind, sofern solche Maßnahmen nicht auf eine Weise angewendet werden, daß sie die einem Mitglied gemäß den Bedingungen einer spezifischen Bindung entstehenden Handelsvorteile zunichte machen oder schmälern[1].

ANHANG ÜBER LUFTVERKEHRSDIENSTLEISTUNGEN

1. Dieser Anhang gilt für Maßnahmen, die den Handel mit Luftverkehrsdienstleistungen betreffen, unabhängig davon, ob es sich um Dienstleistungen im Linien- oder Charterverkehr oder um Hilfsdienstleistungen handelt. Es wird bekräftigt, daß die nach diesem Abkommen eingegangenen Bindungen und Verpflichtungen jeder Art die Verpflichtungen eines Mitglieds im Rahmen der bilateralen oder multilateralen Vereinbarungen, die zum Zeitpunkt des Inkrafttretens des WTO-Abkommens bestehen, weder mindern noch beeinträchtigen.

Zu Artikel XXIX:

[1] Allein die Tatsache, daß für natürliche Personen gewisser Mitglieder im Gegensatz zu natürlichen Personen anderer Mitglieder ein Visum gefordert wird, darf nicht als eine die gemäß einer spezifischen Bindung entstehenden Handelsvorteile zunichte machende oder schmälernde Tatsache gewertet werden.

2. Das Abkommen, einschließlich der in ihm enthaltenen Streitbeilegungsverfahren, gilt nicht für Maßnahmen, welche:

a) bereits gewährte Verkehrsrechte; oder

b) Dienstleistungen, die mit der Ausübung von Verkehrsrechten in einem unmittelbaren Zusammenhang stehen,

berühren, sofern in Absatz 3 dieses Anhangs nichts anderes bestimmt wird.

3. Das Abkommen gilt für Maßnahmen, welche:

a) Flugzeugreparatur- und -wartungsdienstleistungen;

b) den Verkauf und die Vermarktung von Luftverkehrsdienstleistungen;

c) computergestützte Reservierungsdienstleistungen (CRS);

betreffen.

4. Eine Berufung auf die Streitbeilegungsverfahren des Abkommens ist nur dann möglich, wenn Verpflichtungen oder spezifische Bindungen von den betreffenden Mitgliedern eingegangen worden sind und wenn die in bilateralen und sonstigen multilateralen Abkommen oder Vereinbarungen enthaltenen Streitbeilegungsverfahren ausgeschöpft worden sind.

5. Der Rat für den Handel mit Dienstleistungen überprüft in regelmäßigen Abständen, jedoch spätestens alle 5 Jahre, die Entwicklungen, die im Luftverkehrssektor eingetreten sind, sowie die Wirkungsweise dieses Anhangs im Hinblick auf Prüfung einer möglichen weiteren Anwendung des Abkommens auf diesen Sektor.

6. Begriffsbestimmungen:

a) Der Begriff „Flugzeugreparatur- und -wartungsdienstleistungen" bezeichnet an aus dem Verkehr gezogenen Flugzeugen oder Teilen hievon ausgeführte Arbeiten und schließt die von den Luftverkehrsgesellschaften selbst durchgeführten Wartungsarbeiten aus.

b) Der Begriff „Verkauf und Vermarktung von Luftverkehrsdienstleistungen" bedeutet, daß die betreffende Luftverkehrsgesellschaft Möglichkeiten zum freien Verkauf und zur freien Vermarktung ihrer Luftverkehrsdienstleistungen erhält, welche alle vermarktungsbezogenen Aspekte wie Marktforschung, Werbung und Verteilung umfassen. Darunter fällt nicht die Festsetzung von Preisen für Luftverkehrsdienstleistungen und die dafür geltenden Bedingungen.

c) Der Begriff „computergestützte Reservierungsdienstleistungen (CRS)" bedeutet Dienstleistungen, die mit Hilfe computergestützter Systeme erbracht werden, welche Informationen über die Flugpläne von Luftverkehrsgesellschaften, die Verfügbarkeit von Beförderungskapazitäten, Flugpreise und Flugpreisregelungen enthalten und mit deren Hilfe Reservierungen vorgenommen oder Flugscheine ausgestellt werden können.

d) Der Begriff „Verkehrsrechte" bedeutet das Recht von Linien- und Bedarfsflugdiensten auf den Betrieb sowie die Beförderung von Fluggästen, Fracht und Post gegen Entgelt oder Chartergebühr aus dem oder in das Gebiet bzw. innerhalb oder unter Überflug des Gebiets eines Mitglieds sowie die zu bedienenden Punkte und Strecken, die anzubietenden Beförderungsarten, bereitzustellenden Kapazitäten, zu berechnenden Tarife einschließlich der für die Tarifgestaltung relevanten Bedingungen sowie Kriterien für die Benennung von Luftverkehrsgesellschaften, einschließlich solcher Kriterien wie Anzahl, Eigentum und Kontrolle.

ANHANG ÜBER FINANZDIENSTLEISTUNGEN

1. Geltungsbereich und Begriffsbestimmung

a) Dieser Anhang gilt für Maßnahmen, die die Erbringung von Finanzdienstleistungen betreffen. Bezugnahmen auf die Erbringung einer Finanzdienstleistung in diesem Anhang betreffen die Erbringung einer Finanzdienstleistung in der Begriffsbestimmung des Artikels I Absatz 2 des Abkommens.

b) Im Sinne des Artikels I Absatz 3 lit. b des Abkommens hat der Begriff „im Rahmen staatlicher Zuständigkeit erbrachte Dienstleistungen" folgende Bedeutung:

i) Aktivitäten einer Zentralbank oder einer Währungsbehörde

oder einer sonstigen öffentlichen Stelle in Ausübung von Geld- oder Wechselkurspolitik;

ii) Aktivitäten im Rahmen eines gesetzlichen Sozialversicherungssystems oder einer staatlichen Pensionsversicherung; und

iii) sonstige Aktivitäten, die von einer öffentlichen Stelle

auf Rechnung oder auf Grund einer Bürgschaft oder unter Einsatz von finanziellen Mitteln der Regierung ausgeübt werden.

c) Sofern ein Mitglied gestattet, daß eine der in lit. b, (i) oder (ii) dieses Absatzes erwähnten Aktivitäten von seinen Erbringern von Finanzdienstleistungen im Wettbewerb mit einer öffentlichen Stelle oder einem Erbringer von Finanzdienstleistungen ausgeübt wird, umfaßt der Begriff „Dienstleistungen" im Sinne des Artikels I Absatz 3 lit. b dieses Abkommens auch solche Aktivitäten.

d) Artikel I Absatz 3 lit. c des Abkommens gilt nicht für in den Geltungsbereich dieses Anhangs fallende Dienstleistungen.

2. Innerstaatliche Regelungen

a) Unbeschadet etwaiger sonstiger Bestimmungen des Abkommens wird ein Mitglied nicht daran gehindert, aus aufsichtsrechtlichen Gründen Maßnahmen, einschließlich Maßnahmen zum Schutz von Investoren, Einlegern, Versicherungsnehmern oder Personen, zu treffen, denen gegenüber ein Erbringer von Finanzdienstleistungen treuhänderische Verpflichtungen hat, oder die Unversehrtheit und Stabilität seines Finanzsystems zu sichern. In den Fällen, in denen solche Maßnahmen mit den Bestimmungen des Abkommens nicht vereinbar sind, werden sie nicht als Mittel zur Umgehung der spezifischen Bindungen oder Verpflichtungen des Mitglieds gemäß diesem Abkommen angewendet.

b) Keine der Bestimmungen dieses Abkommens wird als Verpflichtung eines Mitglieds zur Offenlegung von Angaben über die geschäftlichen Angelegenheiten und Konten einzelner Kunden oder von sonstigen vertraulichen oder schutzbedürftigen Informationen, in deren Besitz öffentliche Einrichtungen sind, ausgelegt.

3. Anerkennung

a) Bei der Festlegung, wie die Maßnahmen des Mitglieds in bezug auf Finanzdienstleistungen angewendet werden sollen, kann ein Mitglied Maßnahmen anerkennen, die ein anderes aus aufsichtsrechtlichen Gründen getroffen hat. Eine solche Anerkennung, die durch Harmonisierung oder auf sonstige Weise erreicht worden sein kann, kann auf einem Abkommen oder einer Übereinkunft mit dem betreffenden Land beruhen oder autonom gewährt werden.

b) Ein Mitglied, welches Partei eines solchen in lit. a erwähnten bestehenden oder künftigen Abkommens oder einer Übereinkunft ist, gewährt anderen interessierten Mitgliedern ausreichend Gelegenheit für Verhandlungen über einen Beitritt zu einem solchen Abkommen oder einer solchen Übereinkunft oder für Verhandlungen über ein vergleichbares Abkommen oder eine vergleichbare Übereinkunft mit diesem Mitglied unter Bedingungen, unter denen Gleichwertigkeit der Regelungen, Überwachung, Durchführung solcher Regelungen und gegebenenfalls Verfahren über die Weitergabe von Informationen unter den Parteien des Abkommens oder der Übereinkunft gegeben ist. Sofern ein Mitglied eine Anerkennung autonom ausspricht, gewährt es jedem anderen Mitglied ausreichend Gelegenheit, um Beweis über das Bestehen solcher Bedingungen führen zu können.

c) Sofern ein Mitglied erwägt, die aus aufsichtsrechtlichen Gründen getroffenen Maßnahmen eines anderen Landes anzuerkennen, hat Artikel VII Absatz 4 lit. b des Abkommens keine Gültigkeit.

4. Streitbeilegung

Untersuchungsausschüsse, die zur Beilegung von Streitfällen über Fragen der aufsichtsrechtlichen oder sonstigen Finanzangelegenheiten eingesetzt werden, müssen die erforderliche Sachkenntnis haben, die für die betreffende umstrittene Dienstleistung von Bedeutung ist.

5. Begriffsbestimmungen

Für die Zwecke dieses Anhangs gelten folgende Begriffsbestimmungen:

a) Eine Finanzdienstleistung ist jede Art von finanzieller Dienstleistung, die von einem Erbringer einer Finanzdienstleistung eines Mitglieds angeboten wird. Finanzdienstleistungen schließen alle Versicherungsleistungen und versicherungsbezogenen Leistungen sowie alle Bank- und sonstigen Finanzdienstleistungen (ausgenommen Versicherungsdienstleistungen) ein.

Finanzdienstleistungen schließen die folgenden Tätigkeiten ein:

Versicherungsleistungen und versicherungsbezogene Leistungen

i) Direktversicherung (einschließlich Mitversicherung):

A. Lebensversicherung

B. Sachversicherung

ii) Rückversicherung und Retrozession;

iii) Versicherungsvermittlung, wie Leistungen von
Versicherungsmaklern und -agenturen;

iv) versicherungsbezogene Zusatzdienste, wie Beratung,
Versicherungsmathematik, Risikobewertung und Schadensregulierung.

Bank- und sonstige Finanzdienstleistungen (ausgenommen Versicherungsdienstleistungen)

v) Annahme von Spar- und sonstigen rückzahlbaren Einlagen der Bevölkerung;

vi) Gewährung von Krediten aller Art, einschließlich
Verbraucherkredit, Hypothekarkredit, Darlehen, Factoring und Finanzierung von Handelsgeschäften;

vii) Finanzleasing;

viii) sämtliche Zahlungs- und Geldtransferleistungen,
einschließlich Kredit- und Belastungskarten, Reiseschecks
und Banktratten;

ix) Bürgschaften und Verpflichtungen;

x) Geschäfte für eigene und für Kundenrechnung an Börsen, im Freiverkehr (over-the-counter market) oder in sonstiger Form, und zwar insbesondere

A. Geldmarkttitel (einschließlich Schecks, Wechsel, Einlagenzertifikate);

B. Devisen;

C. derivative Instrumente, darunter auch Termingeschäfte und Optionen;

D. Wechselkurs- und Zinstitel, einschließlich Swaps, Kurssicherungsvereinbarungen;

E. begebbare Wertpapiere;

F. sonstige begebbare Titel und Finanzanlagen, einschließlich ungeprägten Goldes;

xi) Beteiligung an Emissionen von Wertpapieren jeder Art,
einschließlich Übernahme und Plazierung von Emissionen als (öffentlicher oder privater) Finanzmakler sowie Erbringung von Dienstleistungen im Zusammenhang mit Emissionen;

xii) Geldmaklergeschäfte;

xiii) Vermögensverwaltung wie Kassenhaltung und Bestandsverwaltung, alle Formen von kollektivem Anlagemanagement, Pensionsfondsverwaltung, Depotverwahrung, Auftrags- und treuhänderische Verwaltung;

xiv) Saldenausgleichs- und Verrechnungsdienstleistungen im Zusammenhang mit Finanzanlagen, einschließlich Wertpapiere, derivativer Instrumente und sonstiger begebbarer Instrumente;

xv) Bereitstellung, Übermittlung und Verarbeitung von
Finanzinformationen, einschließlich Verarbeitung von Finanzdaten auf Datenträgern von Erbringern anderer Finanzdienstleistungen;

xvi) Beratungs-, Vermittlungs- und sonstige finanzbezogene
Zusatzfinanzdienstleistungen in bezug auf sämtliche in den lit. v bis xv angeführte Tätigkeiten, einschließlich Kreditauskunft und Bonitätsprüfung, Investitions- und Vermögensanalyse und beratung, Beratung in bezug auf Strategien für Akquisition und Unternehmensrestrukturierung.

b) Ein Erbringer von Finanzdienstleistungen ist jede natürliche oder juristische Person eines Mitglieds, die Finanzdienstleistungen erbringt oder sie zu erbringen beabsichtigt, jedoch umfaßt der Begriff „Erbringer von Finanzdienstleistungen" keine öffentlichen Stellen.

c) „Öffentliche Stelle" bedeutet:

i) eine Regierung, Zentralbank oder Währungsbehörde eines Mitglieds oder eine im Eigentum/Besitz eines Mitglieds stehende oder von ihm kontrollierte Organisation, die hauptsächlich mit der Ausübung von Regierungsfunktionen oder von Tätigkeiten für Regierungszwecke befaßt ist, jedoch keine Einrichtung, die hauptsächlich mit der Bereitstellung von Finanzdienstleistungen unter kommerziellen Bedingungen befaßt ist; oder

ii) eine private Stelle, die, sofern sie solche Funktionen
ausübt, Funktionen wahrnimmt, die normalerweise von einer Zentralbank oder Währungsbehörde wahrgenommen werden.

ZWEITER ANHANG ÜBER FINANZDIENSTLEISTUNGEN

1. Unbeschadet der Bestimmungen des Artikels II des Abkommens und der Absätze 1 und 2 des Anhangs über Ausnahmen von Artikel II kann ein Mitglied während eines Zeitraums von 60 Tagen, der vier Monate nach dem Inkrafttreten des WTO-Abkommens beginnt, in dem Anhang Maßnahmen bezüglich Finanzdienstleistungen anführen, die mit Artikel II Absatz 1 des Abkommens nicht vereinbar sind.

2. Unbeschadet der Bestimmungen des Artikels XXI des Abkommens kann ein Mitglied während eines Zeitraums von 60 Tagen, der vier Monate nach dem Inkrafttreten des WTO-Abkommens beginnt, sämtliche oder einen Teil der in den Listen angeführten spezifischen Bindungen bei Finanzdienstleistungen verbessern, ändern oder zurücknehmen.

3. Der Rat für den Handel mit Dienstleistungen legt diejenigen Verfahren fest, die für die Anwendung der Absätze 1 und 2 erforderlich sind.

ANHANG ÜBER VERHANDLUNGEN ÜBER SEEVERKEHRSDIENSTLEISTUNGEN

1. Artikel II und der Anhang über Ausnahmen von Artikel II, einschließlich der Notwendigkeit, im Anhang die Maßnahmen anzuführen, die mit der von einem Mitglied beibehaltenen Meistbegünstigung nicht vereinbar sind, treten in bezug auf Seeverkehrsdienstleistungen, einschließlich Zugang zu Hafenanlagen und deren Nutzung erst in Kraft:

a) mit dem nach Absatz 4 des Ministerbeschlusses über Verhandlungen über Seeverkehrsdienstleistungen noch festzusetzenden Datum des Beginns der Umsetzung; oder

b) mit dem gemäß dem erwähnten Beschluß festzusetzenden Datum für die Vorlage des abschließenden Berichts der Verhandlungsgruppe über Seeverkehrsdienstleistungen, wenn die Verhandlungen scheitern.

2. Absatz 1 gilt nicht für eine in einer Liste des Mitglieds enthaltene spezifische Bindung bei Seeverkehrsdienstleistungen.

3. Nach Abschluß der im Absatz 1 erwähnten Verhandlungen kann ein Mitglied bis zum Datum der Umsetzung alle oder einen Teil seiner Bindungen in diesem Sektor ohne Ausgleichsangebot unbeschadet der Bestimmungen des Artikels XXI verbessern, ändern oder zurücknehmen.

ANHANG ÜBER FERNMELDEWESEN

1. Zielsetzung:
In Anerkennung der Besonderheiten des Fernmeldedienstleistungssektors und insbesondere seiner Doppelrolle als Wirtschaftssektor einerseits und als Transmissionsmedium für wirtschaftliche Tätigkeiten andererseits haben sich die Mitglieder auf den folgenden Anhang mit dem Ziel geeinigt, die Bestimmungen des Abkommens in bezug auf Maßnahmen zu spezifizieren, die den Zugang zu und die Benutzung von öffentlichen Fernmeldenetzen und diensten betreffen. Dementsprechend

enthält dieser Anhang Anmerkungen und das Abkommen ergänzende Bestimmungen.

2. Geltungsbereich:

a) Dieser Anhang gilt für alle Maßnahmen eines Mitglieds, die den Zugang zu und die Benutzung von Fernmeldenetzen und -diensten betreffen([1]).

b) Dieser Anhang gilt nicht für Maßnahmen, die die kabelgebundene oder drahtlose Übertragung von Rundfunk- und Fernsehprogrammen betreffen.

c) Die Bestimmungen dieses Anhangs werden nicht so ausgelegt, daß sie:

i) ein Mitglied verpflichten, einen Erbringer einer Dienstleistung eines anderen Mitglieds dazu zu ermächtigen, andere Fernmeldenetze oder -dienste als die in seiner Liste vorgesehenen zu errichten, zu schaffen, zu erwerben, anzumieten, zu betreiben oder bereitzuhalten;

ii) ein Mitglied verpflichten (oder ein Mitglied verpflichten, einen an seine Weisung gebundenen Erbringer von Dienstleistungen dazu zu verpflichten), öffentlich nicht allgemein zugängliche Fernmeldenetze oder -dienste zu errichten, zu schaffen, zu erwerben, anzumieten, zu betreiben oder bereitzuhalten.

3. Begriffsbestimmungen:

Für die Zwecke dieses Anhangs gilt folgendes:

a) Der Begriff „Fernmeldeverkehr" bedeutet Übertragung und Empfang von Signalen auf elektromagnetischem Wege.

b) Der Begriff „öffentliche Fernmeldedienste" bedeutet jede Art von Fernmeldedienst, der nach dem ausdrücklichen oder tatsächlichen Willen des Mitglieds der Öffentlichkeit allgemein angeboten werden muß. Solche Dienste können unter anderem den Telegramm-, Fernsprech- und Telexverkehr sowie die Datenübertragung umfassen, für die die Übertragung von vom Kunden stammenden Informationen auf Echtzeitbasis zwischen zwei oder mehreren Punkten charakteristisch ist, ohne daß auf dem Übertragungsweg inhaltliche oder förmliche Veränderungen der vom Kunden stammenden Informationen vorgenommen werden.

c) Der Begriff „öffentliche Fernmeldenetze" bedeutet die öffentliche Fernmeldeinfrastruktur, die den Fernmeldeverkehr zwischen zwei oder mehreren definierten Netzendstellen ermöglicht.

d) Der Begriff „unternehmensinterner Fernmeldeverkehr" bedeutet denjenigen Fernmeldeverkehr, durch den ein Unternehmen intern oder mit seinen Tochterunternehmen, Zweigstellen und, vorbehaltlich der jeweiligen Gesetze und Verordnungen des betreffenden Mitglieds, mit seinen Filialen kommuniziert. Zu diesem Zweck werden die Begriffe „Tochterunternehmen", „Zweigstellen" und gegebenenfalls „Filialen" von jedem einzelnen Mitglied selbst definiert. „Unternehmensinterner Fernmeldeverkehr" in der in diesem Anhang gebrauchten Begriffsbestimmung schließt solche kommerziellen oder nichtkommerziellen Dienste aus, die für Unternehmen erbracht werden, welche selber keine verbundenen Tochterunternehmen, Zweigstellen oder Filialen sind, oder welche Kunden oder potentiellen Abnehmern angeboten werden.

e) Etwaige Bezugnahmen auf einen Absatz oder auf eine lit. dieses Anhangs schließen alle Untergliederungen dieses Anhangs ein.

4. Transparenz:

Bei der Anwendung des Artikels III des Abkommens stellt jedes Mitglied sicher, daß einschlägige Informationen über Bedingungen, die den Zugang zu und die Benutzung von öffentlichen Fernmeldenetzen und -diensten betreffen, öffentlich verfügbar sind; dies schließt ein: Tarife und sonstige Bedingungen für die Nutzung des Dienstes, Spezifikationen von technischen Schnittstellen mit solchen Netzen und Diensten; Informationen über Organe, die für die Vorbereitung und Annahme von Normen zuständig sind, welche den Zugang zu und die Benutzung der Netze und Dienste betreffen; Bedingungen für den Anschluß von End- und anderem Gerät; und gegebenenfalls Notifizierungs-, Registrierungs- und Lizenzierungsbedingungen.

5. Zugang zu und Benutzung von öffentlichen Fernmeldenetzen und -diensten:

a) Jedes Mitglied stellt sicher, daß jedem Erbringer von Dienstleistungen eines anderen Mitglieds zu angemessenen und nichtdiskriminierenden Bedingungen das Recht auf Zugang zu und Benutzung von öffentlichen Fernmeldenetzen und -diensten für die Erbringung der in der Liste des betreffenden Mitglieds angeführten Dienstleistung eingeräumt wird. Diese Verpflichtung gilt unter anderem für die lit. b bis f[2].

b) Jedes Mitglied stellt sicher, daß Erbringern von Dienstleistungen eines anderen Mitglieds das Recht auf Zugang zu und auf die Benutzung von beliebigen öffentlichen Fernmeldenetzen oder -diensten, einschließlich privater Mietleitungen, eingeräumt wird, die innerhalb der Grenzen des

[1]) *Dieser Absatz ist so zu verstehen, daß jedes Mitglied durch geeignete Maßnahmen sicherstellt, daß die Verpflichtungen dieses Anhangs in bezug auf Bereitsteller von öffentlichen Fernmeldenetzen und -dienstleistungen angewendet werden.*

[2]) *Es gilt als vereinbart, daß sich der Begriff „nichtdiskriminierend" auf Meistbegünstigung und Inländerbehandlung in der im Abkommen enthaltenen Begriffsbestimmung bezieht und in der für diesen Sektor üblichen Auslegungsform verwendet wird als „Bedingungen, die nicht weniger günstig sind als diejenigen, die einem anderen Benutzer von vergleichbaren öffentlichen Fernmeldenetzen oder -diensten unter vergleichbaren Umständen eingeräumt werden".*

Mitglieds oder grenzüberschreitend angeboten werden, und stellt zu diesem Zweck vorbehaltlich der lit. e und f sicher, daß die Bereitsteller solcher Dienste Genehmigung erhalten für:

i) den Ankauf oder die Anmietung und für den Anschluß von

End- oder sonstigen Geräten, für die Schnittstellenverträglichkeit mit dem Netz gegeben ist und die der Erbringer der Dienstleistung zur Bereitstellung derselben benötigt;

ii) den Anschluß von privaten Mietleitungen oder von im Privateigentum/-besitz befindlichen Leitungen an öffentliche Fernmeldenetze und -dienste oder an Mietleitungen oder im Eigentum/Besitz eines anderen Erbringers von Dienstleistungen befindliche Leitungen; und

iii) die Verwendung von Betriebsprotokollen ihrer Wahl, die

sich von denjenigen unterscheiden, die zur Sicherung der Verfügbarkeit von öffentlich zugänglichen Fernmeldenetzen und -diensten erforderlich sind, wenn sie Dienstleistungen erbringen.

c) Jedes Mitglied stellt sicher, daß Erbringer von Dienstleistungen eines anderen Mitglieds die öffentlichen Fernmeldenetze und -dienste für die Übertragung von Informationen sowohl innerhalb der Grenzen als auch grenzüberschreitend unter anderem auch für unternehmensinterne Kommunikationszwecke solcher Erbringer von Dienstleistungen und für den Zugang zu in Datenbanken oder auf andere Weise in maschinenleserlicher Form gespeicherten Daten im Gebiet des betreffenden Mitglieds nutzen können. Jede neue oder geänderte Maßnahme eines Mitglieds, die eine wesentliche Nutzungsbeeinträchtigung bedeutet, unterliegt der Notifizierungs- und Konsultationspflicht gemäß den einschlägigen Bestimmungen des Abkommens.

d) Unbeschadet der Bestimmungen des obigen Absatzes kann ein Mitglied solche Maßnahmen treffen, die für die Gewährleistung der Sicherheit und Vertraulichkeit von Informationen unter der Bedingung erforderlich sind, daß solche Maßnahmen nicht auf eine Weise angewendet werden, die ein Mittel willkürlicher oder nicht zu rechtfertigender Diskriminierung oder eine verschleierte Beschränkung des Handels mit Dienstleistungen darstellt.

e) Jedes Mitglied stellt sicher, daß der Zugang zu und die Benutzung von öffentlichen Fernmeldenetzen und -diensten keinen Beschränkungen unterworfen wird, mit Ausnahme solcher Beschränkungen, die erforderlich sind, um:

i) die Verantwortung des öffentlichen Dienstes als

Bereitsteller öffentlicher Fernmeldenetze und -dienste und insbesondere dessen Fähigkeit zu bewahren, seine Netze und Dienste der Öffentlichkeit zur Verfügung zu stellen;

ii) die technische Unversehrtheit von öffentlichen

Fernmeldenetzen und -diensten zu gewährleisten; oder

iii) sicherzustellen, daß die Bereitsteller von

Dienstleistungen eines anderen Mitglieds keine Dienste erbringen, außer wenn diese Dienstleistungen nach den in der Liste des betreffenden Mitglieds angeführten Bindungen gestattet sind.

f) Unter der Voraussetzung, daß die Kriterien in lit. e erfüllt worden sind, können die Bedingungen für den Zugang zu und die Benutzung von öffentlichen Fernmeldenetzen Bestimmungen enthalten über:

i) Beschränkungen des Weiterverkaufs oder der Mitbenutzung

solcher Dienste;

ii) eine Verpflichtung, nach der die Verwendung spezifischer

technischer Schnittstellen, einschließlich Schnittstellenprotokolle, für die Verbindung solcher Netze und Dienste erforderlich ist;

iii) gegebenenfalls erforderliche Verpflichtungen über die

betriebliche Austauschbarkeit solcher Dienste und zur Erreichung der im Absatz 7 lit. a angeführten Ziele;

iv) die Genehmigung von Prototypen von End- und sonstigem

Gerät, bei welchem Schnittstellenverträglichkeit mit dem Netz gegeben ist, und über technische Bedingungen für den Anschluß solchen Geräts an solche Netze;

v) Beschränkungen der Verbindung von privaten Mietleitungen

oder von im Privateigentum/-besitz befindlichen Leitungen mit solchen Netzen oder Diensten oder mit Leitungen, die von einem anderen Erbringer von Diensten angemietet werden beziehungsweise in dessen Eigentum/Besitz stehen; oder

vi) über Notifizierung, Registrierung und Lizenzierung.

g) Unbeschadet der obigen Absätze dieses Artikels kann ein Entwicklungsland-Mitglied gemäß seinem Entwicklungsstand angemessene Bedingungen für den Zugang zu und die Benutzung von öffentlichen Fernmeldenetzen und -diensten festlegen, die erforderlich sind, um seine inländische Fernmeldeinfrastruktur und -kapazität zu stärken und seine Beteiligung am internationalen Handel mit Fernmeldedienstleistungen zu erweitern. Solche Bedingungen werden in der Liste des betreffenden Mitglieds einzeln angeführt.

6. Technische Zusammenarbeit:

a) Die Mitglieder anerkennen, daß eine leistungsfähige, fortschrittliche Fernmeldeinfrastruktur in den Ländern, insbesondere in den Entwicklungsländern, für die Ausweitung ihres Handels mit Dienstleistungen wesentlich ist. Zu diesem

Zweck unterstützen und fördern die Mitglieder eine größtmögliche Beteiligung von entwickelten und Entwicklungsländern sowie von deren Bereitstellern von öffentlichen Fernmeldenetzen und -diensten sowie sonstigen Einrichtungen an den Entwicklungsprogrammen internationaler und regionaler Organisationen, einschließlich der Internationalen Fernmeldeunion, des UN-Entwicklungsprogramms und der Internationalen Bank für Wiederaufbau und Entwicklung.

b) Die Mitglieder fördern und unterstützen die Fernmeldezusammenarbeit unter den Entwicklungsländern auf internationaler, regionaler und subregionaler Ebene.

c) In Zusammenarbeit mit den einschlägigen internationalen Organisationen stellen die Mitglieder für Entwicklungsländer, soweit dies machbar ist, Informationen über Fernmeldedienste und über Entwicklungen in der Fernmelde- und Informationsverarbeitungstechnologie zur Verfügung, um sich an der Stärkung des Fernmeldedienstsektors dieser Länder zu beteiligen.

d) Die Mitglieder prüfen insbesondere Möglichkeiten für die am wenigsten entwickelten Länder, um ausländische Erbringer von Fernmeldediensten zu ermutigen, sich am Technologietransfer, an der Ausbildung und an sonstigen Aktivitäten zu beteiligen, die die Entwicklung der Fernmeldeinfrastruktur und Erweiterung des Handels dieser Länder mit Fernmeldedienstleistungen fördern.

7. Beziehungen zu internationalen Organisationen und Abkommen:

a) Die Mitglieder anerkennen die Bedeutung internationaler Normen für die weltweite Verträglichkeit und Austauschbarkeit von Fernmeldenetzen und -diensten und verpflichten sich, solche Normen durch die Förderung der Tätigkeiten einschlägiger internationaler Organe, einschließlich der Internationalen Fernmeldeunion und den internationalen Normenorganisationen, zu unterstützen.

b) Die Mitglieder anerkennen die Rolle, die zwischenstaatliche Organisationen, insbesondere die Internationale Fernmeldeunion, und nichtstaatliche Organisationen und Abkommen für das Ziel spielen, einen leistungsfähigen Betrieb nationaler und weltweiter Fernmeldedienste zu gewährleisten. Die Mitglieder treffen gegebenenfalls geeignete Vorkehrungen für Konsultationen mit solchen Organisationen in Angelegenheiten, die sich aus der Durchführung dieses Anhangs ergeben.

ANHANG ÜBER VERHANDLUNGEN ÜBER FERNMELDEGRUNDDIENSTE

1. Artikel II und der Anhang über Ausnahmen von Artikel II – einschließlich des Erfordernisses, im Anhang alle mit der Meistbegünstigung unvereinbaren Maßnahmen anzuführen, die ein Mitglied aufrechterhält – treten in bezug auf Fernmeldegrunddienste erst in Kraft:

a) bei der Umsetzung des Ministerbeschlusses über Verhandlungen über Fernmeldegrunddienste; oder

b) im Falle eines Scheiterns der Verhandlungen mit dem Datum des Schlußberichts der im Beschluß vorgesehenen Verhandlungsgruppe für Fernmeldegrunddienste.

2. Absatz 1 gilt nicht für spezifische Bindungen bei Fernmeldegrunddiensten, die in der Liste eines Mitglieds enthalten sind.

13/4. Abkommen über handelsbezogene Aspekte der Rechte des geistigen Eigentums

BGBl 1995/1

Abkommen über handelsbezogene Aspekte der Rechte des geistigen Eigentums

Die Mitglieder,

in dem Wunsche, Verzerrungen und Behinderungen des internationalen Handels zu beseitigen und unter Berücksichtigung der Notwendigkeit, einen wirksamen und angemessenen Schutz der Rechte des geistigen Eigentums zu fördern und sicherzustellen, daß die Maßnahmen und Verfahren zur Durchsetzung der Rechte des geistigen Eigentums nicht selbst zu Schranken für den legitimen Handel werden;

in der Erkenntnis, daß es zu diesem Zweck neuer Regeln und Verpflichtungen bedarf, im Hinblick auf:

a) die Anwendbarkeit der Grundprinzipien des GATT 1994 und der einschlägigen internationalen Übereinkünfte und Übereinkommen über geistiges Eigentum;

b) die Aufstellung angemessener Normen und Grundsätze betreffend die Verfügbarkeit, den Umfang und die Nutzung von handelsbezogenen Rechten des geistigen Eigentums;

c) die Bereitstellung wirksamer und angemessener Mittel für die Durchsetzung von handelsbezogenen Rechten des geistigen Eigentums unter Berücksichtigung der Unterschiede in den Rechtssystemen der einzelnen Länder;

d) die Bereitstellung wirksamer und schneller Verfahren für die multilaterale Verhütung und Beilegung von Streitfällen zwischen Regierungen; und

e) Übergangsvereinbarungen, die auf die umfassendste Beteiligung an den Ergebnissen der Verhandlungen abzielen;

in der Erkenntnis der Notwendigkeit eines multilateralen Rahmens von Grundsätzen, Regeln und Verpflichtungen betreffend den internationalen Handel mit nachgeahmten Waren;

in der Erkenntnis, daß Rechte des geistigen Eigentums Privatrechte sind;

in der Erkenntnis der zugrundeliegenden ordnungspolitischen Zielsetzungen der Systeme der einzelnen Länder für den Schutz des geistigen Eigentums, einschließlich der entwicklungs- und technologiepolitischen Ziele;

in der Erkenntnis auch der besonderen Bedürfnisse der am wenigsten entwickelten Mitgliedsländer in bezug auf größtmögliche Flexibilität bei der Umsetzung von Gesetzen und Verordnungen im Inland, um es ihnen zu ermöglichen, eine gesunde und tragfähige technologische Grundlage zu schaffen;

unter Betonung der Bedeutung des Abbaus von Spannungen durch die verstärkte Verpflichtung, Streitfälle betreffend handelsbezogene Fragen des geistigen Eigentums durch multilaterale Verfahren zu lösen;

in dem Wunsche, eine der gegenseitigen Unterstützung dienende Beziehung zwischen der

Welthandelsorganisation und der Weltorganisation für geistiges Eigentum (in diesem Abkommen „WIPO" genannt) ebenso wie anderen wichtigen internationalen Organisationen aufzubauen;

sind hiermit wie folgt übereingekommen:

I. TEIL
ALLGEMEINE BESTIMMUNGEN UND GRUNDPRINZIPIEN

Artikel 1
Wesen und Umfang der Pflichten

1. Die Mitglieder wenden die Bestimmungen dieses Abkommens an. Die Mitglieder dürfen in ihr Recht einen umfassenderen Schutz als den durch dieses Abkommen geforderten aufnehmen, vorausgesetzt, dieser Schutz läuft diesem Abkommen nicht zuwider, sie sind dazu aber nicht verpflichtet. Es steht den Mitgliedern frei, die für die Umsetzung der Bestimmungen dieses Abkommens in ihr eigenes Rechtssystem und in ihre Rechtspraxis geeignete Methode festzulegen.

2. Der Begriff „geistiges Eigentum" im Sinne dieses Abkommens umfaßt alle Arten des geistigen Eigentums, die Gegenstand der Abschnitte 1 bis 7 des II. Teils sind.

3. Die Mitglieder gewähren die in diesem Abkommen festgelegte Behandlung den Staatsangehörigen aller anderen Mitglieder[1]. In bezug auf das in Frage stehende geistige Schutzrecht sind unter den Staatsangehörigen anderer Mitglieder diejenigen natürlichen oder juristischen Personen zu verstehen, die den Kriterien für die Schutzfähigkeit nach der Pariser Verbandsübereinkunft (1967), der Berner Übereinkunft (1971), des Rom-Abkommens und des Vertrags über den Schutz des geistigen Eigentums im Hinblick auf integrierte Schaltkreise entsprächen, wenn alle Mitglieder der Welthandelsorganisation Mitglieder dieser Übereinkünfte wären[2]. Ein Mitglied, das von den im Artikel 5 Absatz 3 oder im Artikel 6 Absatz 2 des Rom-Abkommens vorgesehenen Möglichkeiten Gebrauch macht, führt eine Notifizierung gemäß diesen Bestimmungen an den Rat für handelsbezogene Aspekte der Rechte des geistigen Eigentums („Rat für TRIPS") durch.

Artikel 2
Übereinkünfte über geistiges Eigentum

1. In bezug auf die Teile II, III und IV dieses Abkommens richten sich die Mitglieder nach den Artikeln 1 bis 12 sowie Artikel 19 der Pariser Verbandsübereinkunft (1967).

2. Keine der in den Teilen I bis IV dieses Abkommens enthaltenen Bestimmungen setzt die nach der Pariser Verbandsübereinkunft, der Berner Übereinkunft, dem Rom-Abkommen und dem Vertrag über den Schutz des geistigen Eigentums im Hinblick auf integrierte Schaltkreise bestehenden Verpflichtungen der Mitglieder untereinander außer Kraft.

Artikel 3
Inländerbehandlung

1. Die Mitglieder gewähren den Staatsangehörigen der anderen Mitglieder eine Behandlung, die nicht weniger günstig als diejenige ist, die sie ihren eigenen Staatsangehörigen in bezug auf den Schutz[1] des geistigen Eigentums gewähren, und zwar vorbehaltlich der bereits in der Pariser Verbandsübereinkunft (1967), der Berner Übereinkunft (1971), dem Rom-Abkommen oder dem Vertrag über den Schutz des geistigen Eigentums im Hinblick auf integrierte Schaltkreise vorgesehenen Ausnahmen. In bezug auf ausübende Künstler, Hersteller von Tonträgern und Sendeunternehmen gilt diese Verpflichtung nur in bezug auf die durch dieses Abkommen vorgesehenen Rechte. Ein Mitglied, das von den im Artikel 6 der Berner Übereinkunft (1971) oder im Artikel 16 Absatz 1 lit. b des RomAbkommens vorgesehenen Möglichkeiten Gebrauch macht, führt eine Notifizierung gemäß diesen Bestimmungen an den Rat für TRIPS durch.

2. Die Mitglieder dürfen in bezug auf Gerichts- und Verwaltungsverfahren, einschließlich der

Zu Artikel 1:

[1] „Staatsangehörige" im Sinne dieses Abkommens bedeutet im Falle eines eigenen Zollgebiets, das Mitglied der WTO ist, eine natürliche oder juristische Person mit Wohnsitz oder tatsächlicher oder nicht nur zum Schein bestehender industrieller Handelsniederlassung in diesem Zollgebiet.

[2] In diesem Abkommen bedeutet „Pariser Verbandsübereinkunft" die Pariser Verbandsübereinkunft zum Schutze des gewerblichen Eigentums; „Pariser Verbandsübereinkunft (1967)" bedeutet die Stockholmer Fassung dieser Übereinkunft vom 14. Juli 1967; „Berner Übereinkunft (1971)" bedeutet die Pariser Fassung dieser Übereinkunft vom 24. Juli 1971; „Rom-Abkommen" bedeutet das Internationale Abkommen für den Schutz der ausübenden Künstler, der Hersteller von Tonträgern und der Sendeunternehmen, angenommen in Rom am 26. Oktober 1961; „Vertrag über den Schutz des geistigen Eigentums im Hinblick auf integrierte Schalt kreise" (IPIC-Vertrag) bedeutet den am 26. Mai 1989 in Washington angenommenen Vertrag über den Schutz des geistigen Eigentums im Hinblick auf integrierte Schalt kreise; „Welthandelsabkommen" bedeutet das Abkommen zur Errichtung der Welthandelsorganisation.

Zu Artikel 3:

[1] Im Sinne der Artikel 3 und 4 schließt „Schutz" Angelegenheiten ein, die die Verfügbarkeit, den Erwerb, den Umfang, die Aufrechterhaltung und die Durchsetzung von Rechten des geistigen Eigentums betreffen und ebenso auch jene Angelegenheiten, die die Verwendung von Rechten des geistigen Eigentums betreffen, die in diesem Abkommen konkret behandelt werden.

Bestimmung einer Anschrift für die Zustellung oder der Bestellung eines Vertreters innerhalb des Zuständigkeitsbereichs eines Mitglieds von den im Absatz 1 vorgesehenen Ausnahmen nur Gebrauch machen, wenn diese Ausnahmen notwendig sind, um die Einhaltung von Gesetzen und Vorschriften sicherzustellen, die mit den Bestimmungen dieses Abkommens nicht unvereinbar sind, und wenn diese Praktiken nicht auf eine Art und Weise angewendet werden, die eine verschleierte Handelsbeschränkung bilden würde.

Artikel 4
Meistbegünstigung

In bezug auf den Schutz des geistigen Eigentums werden Vorteile, Begünstigungen, Vorrechte und Befreiungen, die von einem Mitglied den Staatsangehörigen eines anderen Landes gewährt werden, unmittelbar und unbedingt den Staatsangehörigen aller anderen Mitglieder gewährt. Von dieser Verpflichtung ausgenommen sind Vorteile, Begünstigungen, Vorrechte und Befreiungen, die von einem Mitglied gewährt werden, und die

a) sich aus internationalen Abkommen über Rechtshilfe oder Vollstreckung ableiten, die allgemeiner Art sind und sich nicht speziell auf den Schutz des geistigen Eigentums beschränken;

b) gemäß den Bestimmungen der Berner Übereinkunft (1971) oder des Rom-Abkommens gewährt werden, in denen die Befugnis dazu erteilt wird, daß die gewährte Behandlung nicht von der Inländerbehandlung sondern von der in einem anderen Land gewährten Behandlung abhängig ist;

c) sich beziehen auf die in diesem Abkommen nicht geregelten Rechte von ausübenden Künstlern, Herstellern von Tonträgern und Sendeunternehmen;

d) sich aus internationalen Abkommen betreffend den Schutz des geistigen Eigentums ableiten, die vor dem Inkrafttreten des WTO-Abkommens in Kraft getreten sind, vorausgesetzt, diese Abkommen werden dem Rat für TRIPS notifiziert und stellen keine willkürliche oder ungerechtfertigte Diskriminierung von Staatsangehörigen anderer Mitglieder dar.

Artikel 5
Multilaterale Vereinbarungen über den Erwerb oder die Aufrechterhaltung des Schutzes

Die in den Artikeln 3 und 4 angeführten Verpflichtungen finden keine Anwendung auf Verfahren, die in multilateralen, unter der Schirmherrschaft der WIPO geschlossenen Vereinbarungen betreffend den Erwerb oder die Aufrechterhaltung von Rechten an geistigen Eigentum enthalten sind.

Artikel 6
Erschöpfung

Zum Zwecke der Streitbeilegung aus diesem Abkommen darf vorbehaltlich der Bestimmungen der Artikel 3 und 4 nichts in diesem Abkommen dazu verwendet werden, um die Frage der Erschöpfung von Rechten des geistigen Eigentums zu behandeln.

Artikel 7
Zielsetzungen

Schutz und Durchsetzung von Rechten des geistigen Eigentums sollen zur Förderung der technischen Innovation sowie zum Transfer und zur Verbreitung von Technologie beitragen, zum gegenseitigen Vorteil für Erzeuger und Nutzer technischen Wissens und auf eine für das gesellschaftliche und wirtschaftliche Wohl zuträgliche Art und Weise und zum Ausgleich zwischen Rechten und Pflichten.

Artikel 8
Grundsätze

1. Die Mitglieder dürfen bei der Formulierung oder Änderung ihrer Gesetze und Verordnungen diejenigen Maßnahmen treffen, die zum Schutz der öffentlichen Gesundheit und Ernährung sowie zur Förderung des öffentlichen Interessens in den für ihre sozioökonomische und technische Entwicklung entscheidend wichtigen Sektoren notwendig sind, sofern diese Maßnahmen mit den Bestimmungen dieses Abkommens vereinbar sind.

2. Geeignete Maßnahmen, sofern sie mit den Bestimmungen dieses Abkommens vereinbar sind, können notwendig werden, um den Mißbrauch von Rechten des geistigen Eigentums durch die Rechtsinhaber oder den Rückgriff auf Praktiken, die in unbilliger Weise den Handel beschränken oder den internationalen Technologietransfer nachteilig beeinflussen, zu verhindern.

II. TEIL

NORMEN BETREFFEND DIE VERFÜGBARKEIT, DEN UMFANG UND DIE NUTZUNG VON RECHTEN AN GEISTIGEM EIGENTUM

1. ABSCHNITT:

URHEBERRECHT UND VERWANDTE RECHTE

Artikel 9
Verhältnis zur Berner Übereinkunft

1. Die Mitglieder befolgen die Artikel 1 bis 21 der Berner Übereinkunft (1971) und den Anhang

hiezu. Die Mitglieder haben jedoch diesem Abkommen zufolge keine Rechte und Pflichten in bezug auf die im Artikel 6bis der Übereinkunft gewährten oder die daraus abgeleiteten Rechte.

2. Der urheberrechtliche Schutz erstreckt sich auf Ausdrucksformen und nicht auf Ideen, Verfahren, Arbeitsweisen oder mathematische Konzepte als solche.

Artikel 10
Computerprogramme und Datensammlungen

1. Computerprogramme in Quellcode oder Maschinenprogrammcode werden nach der Berner Übereinkunft (1971) als Werke der Literatur geschützt.

2. Datensammlungen oder sonstiges Material in maschinenlesbarer oder anderer Form, die auf Grund der Auswahl oder Anordnung ihres Inhalts geistige Schöpfungen bilden, werden als solche geschützt. Dieser Schutz, der sich nicht auf die Daten oder das Material selbst erstreckt, gilt unbeschadet eines an den Daten oder dem Material selbst bestehenden urheberrechtlichen Schutzes.

Artikel 11
Vermietrechte

Zumindest in bezug auf Computerprogramme und Filmwerke gewähren die Mitglieder den Urhebern und ihren Rechtsnachfolgern das Recht, die gewerbliche Vermietung von Originalen oder Kopien ihrer urheberrechtlich geschützten Werke an die Öffentlichkeit zu gestatten oder zu verbieten. Ein Mitglied ist in bezug auf Filmwerke von dieser Pflicht befreit, es sei denn, deren Vermietung hat zu einem umfangreichen Kopieren dieser Werke geführt, welches das den Urhebern und ihren Rechtsnachfolgern in diesem Mitglied gewährte ausschließliche Recht auf Vervielfältigung erheblich beeinträchtigt. In bezug auf Computerprogramme findet diese Verpflichtung keine Anwendung auf Vermietungen, bei denen das Programm selbst kein wesentlicher Gegenstand der Vermietung ist.

Artikel 12
Schutzdauer

Wird die Dauer des Schutzes eines Werks, das kein photographisches Werk und kein Werk der angewandten Kunst ist, auf einer anderen Grundlage als jener der Lebensdauer einer natürlichen Person berechnet, darf die Schutzdauer nicht weniger als 50 Jahre ab dem Ende des Kalenderjahres der erlaubten Veröffentlichung betragen, oder, wenn es innerhalb von 50 Jahren ab der Herstellung des Werkes zu keiner erlaubten Veröffentlichung kommt, 50 Jahre ab dem Ende des Kalenderjahres der Herstellung.

Artikel 13
Beschränkungen und Ausnahmen

Die Mitglieder begrenzen Beschränkungen und Ausnahmen von ausschließlichen Rechten auf bestimmte Sonderfälle, die weder die normale Verwertung des Werkes beeinträchtigen noch die berechtigten Interessen des Urhebers unzumutbar verletzen.

Artikel 14
Schutz von ausübenden Künstlern, Herstellern und Tonträgern (Tonaufnahmen) und Sendeunternehmen

1. In bezug auf die Festlegung ihrer Leistung auf einem Tonträger haben ausübende Künstler die Möglichkeit, folgende Handlungen zu verhindern, wenn diese ohne ihre Erlaubnis vorgenommen werden:

die Festlegung ihrer nicht festgelegten Leistung und die Vervielfältigung einer solchen Festlegung. Ausübende Künstler haben auch die Möglichkeit, folgende Handlungen zu verhindern, wenn diese ohne ihre Erlaubnis vorgenommen werden: die Rundfunksendung auf drahtlosem Wege und die Übertragung ihrer Live-Aufführung an die Öffentlichkeit.

2. Die Hersteller von Tonträgern haben das Recht, die unmittelbare oder mittelbare Vervielfältigung ihrer Tonträger zu gestatten oder zu verbieten.

3. Sendeunternehmen haben das Recht, folgende Handlungen zu verbieten, wenn diese ohne ihre Erlaubnis vorgenommen werden:

die Festlegung, die Wiedergabe von Festlegungen und deren drahtlose Wiedergabe durch Rundfunksendungen ebenso wie die öffentliche Wiedergabe von Fernsehsendungen. Mitglieder, die den Sendeunternehmen solche Rechte nicht gewähren, müssen den Inhabern des Urheberrechts in der Frage von Rundfunksendungen die Möglichkeit bieten, unbeschadet der Bestimmungen der Berner Übereinkunft (1971) die genannten Handlungen zu verhindern.

4. Die Bestimmungen des Artikels 11 betreffend Computerprogramme gelten sinngemäß auch für Hersteller von Tonträgern und sonstige Inhaber der Rechte an Tonträgern gemäß den innerstaatlichen Rechtsvorschriften des Mitglieds. Wenn am 15. April 1994 in einem Mitglied ein System der angemessenen Vergütung für die Inhaber von Rechten in bezug auf die Vermietung von Tonträgern in Kraft ist, kann das Mitglied dieses System beibehalten, sofern die gewerbliche Vermietung von Tonträgern die ausschließlichen Rechte der Rechtsinhaber auf Vervielfältigung nicht erheblich beeinträchtigt.

5. Die gemäß diesem Abkommen ausübenden Künstlern und Herstellern von Tonträgern gewähr-

te Schutzdauer läuft mindestens bis zum Ende eines Zeitraums von 50 Jahren berechnet ab dem Ende des Kalenderjahres, in dem die Festlegung vorgenommen wurde oder die Aufführung stattfand. Die auf Grund von Absatz 3 gewährte Schutzdauer beläuft sich auf mindestens 20 Jahre ab dem Ende des Kalenderjahres, in dem die Rundfunksendung stattfand.

6. Die Mitglieder sind befugt, in bezug auf die gemäß den Absätzen 1, 2 und 3 gewährten Rechte in dem vom Rom-Abkommen gestatteten Umfang Bedingungen, Beschränkungen, Ausnahmen und Vorbehalte festzulegen. Die Bestimmungen des Artikels 18 der Berner Übereinkunft (1971) findet jedoch sinngemäß auf die Rechte der ausübenden Künstler und der Hersteller von Tonträgern an Tonträgern Anwendung.

2. ABSCHNITT:
MARKEN

Artikel 15
Gegenstand des Schutzes

1. Alle Zeichen und jede Kombination von Zeichen, die geeignet sind, die Waren oder Dienstleistungen eines Unternehmens von denen anderer Unternehmen zu unterscheiden, können eine Marke darstellen. Solche Zeichen, insbesondere Wörter einschließlich Personennamen, Buchstaben, Zahlen, Abbildungen und Farbkombinationen ebenso wie alle Kombinationen von solchen Zeichen, sind als Marken eintragungsfähig. Sind Zeichen nicht von sich aus geeignet, die betreffenden Waren und Dienstleistungen zu unterscheiden, können die Mitglieder ihre Eintragungsfähigkeit von ihrer durch Benutzung erworbenen Unterscheidungskraft abhängig machen. Die Mitglieder dürfen die visuelle Wahrnehmbarkeit als Eintragungsvoraussetzung festlegen.

2. Absatz 1 ist nicht so zu verstehen, daß er ein Mitglied daran hindert, die Eintragung einer Marke aus anderen Gründen zu verweigern, vorausgesetzt, daß diese nicht im Widerspruch zu den Bestimmungen der Pariser Verbandsübereinkunft (1967) stehen.

3. Die Mitglieder können die Eintragungsfähigkeit von der Benutzung abhängig machen. Die tatsächliche Benutzung einer Marke darf jedoch keine Voraussetzung für die Einreichung eines Antrags auf Eintragung sein. Ein Antrag darf nicht allein aus dem Grund abgelehnt werden, daß die beabsichtigte Benutzung nicht vor dem Ablauf einer Frist von drei Jahren, gerechnet vom Tag der Antragstellung an, stattgefunden hat.

4. Die Art der Waren oder Dienstleistungen, auf denen die Marke angebracht werden soll, darf keinesfalls ein Hindernis für die Eintragung der Marke bilden.

5. Die Mitglieder veröffentlichen alle Marken entweder vor ihrer Eintragung oder unverzüglich nach ihrer Eintragung und sehen eine angemessene Gelegenheit für Anträge auf Löschung der Eintragung vor. Darüber hinaus können die Mitglieder die Möglichkeit, gegen die Eintragung einer Marke Widerspruch einzulegen, vorsehen.

Artikel 16
Rechte aus der Marke

1. Dem Inhaber einer eingetragenen Marke steht das ausschließliche Recht zu, Dritten zu verbieten, ohne seine Zustimmung im geschäftlichen Verkehr gleiche oder ähnliche Zeichen für Waren oder Dienstleistungen, die gleiche oder ähnlich denen sind, für die die Marke eingetragen ist, zu benutzen, wenn diese Benutzung die Gefahr von Verwechslungen nach sich ziehen würde. Bei der Benutzung gleicher Zeichen für gleiche Waren oder Dienstleistungen wird die Verwechslungsgefahr vermutet. Die vorstehend beschriebenen Rechte verletzen bestehende ältere Rechte nicht, noch beeinträchtigen sie die Möglichkeit der Mitglieder, Rechte auf Grund der Benutzung vorzusehen.

2. Artikel 6bis der Pariser Verbandsübereinkunft (1967) findet sinngemäß auf Dienstleistungen Anwendung. Bei der Feststellung, ob eine Marke notorisch bekannt ist, berücksichtigen die Mitglieder die Bekanntheit der Marke im einschlägigen Teil der Öffentlichkeit, einschließlich der Bekanntheit der Marke im betreffenden Mitglied, die auf Grund der Werbung für die Marke erreicht wurde.

3. Artikel 6bis der Pariser Verbandsübereinkunft (1967) findet sinngemäß auf Waren oder Dienstleistungen Anwendung, die denen nicht ähnlich sind, für die die Marke eingetragen ist, wenn die Benutzung der betreffenden Marke im Zusammenhang mit diesen Waren oder Dienstleistungen auf eine Verbindung zwischen diesen Waren oder Dienstleistungen und dem Inhaber der eingetragenen Marke hinweisen würde und wenn den Interessen des Inhabers der eingetragenen Marke durch solche Benutzung wahrscheinlich Schaden zugefügt würde.

Artikel 17
Ausnahmen

Die Mitglieder können begrenzte Ausnahmen von den Rechten aus der Marke vorsehen, wie etwa einen fairen Gebrauch beschreibender Angaben, wenn mit diesen Ausnahmen die berechtigten Interessen des Inhabers der Marke und Dritter berücksichtigt werden.

Artikel 18
Schutzdauer

Die Laufzeit der ursprünglichen Eintragung und jeder Verlängerung der Eintragung einer Marke beträgt mindestens sieben Jahre. Die Eintragung einer Marke kann unbegrenzt verlängert werden.

Artikel 19
Erfordernis der Benutzung

1. Wenn die Benutzung für die Aufrechterhaltung einer Eintragung vorausgesetzt wird, darf die Eintragung erst nach einem ununterbrochenen Zeitraum der Nichtbenutzung von drei Jahren gelöscht werden, sofern der Inhaber der Marke nicht stichhaltige, auf das Vorhandensein von Hindernissen für eine solche Benutzung gestützte Gründe glaubhaft macht. Umstände, die unabhängig vom Willen des Inhabers der Marke eintreten und die ein Hindernis für die Benutzung der Marke bilden, wie zum Beispiel Einfuhrbeschränkungen oder sonstige staatliche Auflagen für durch die Marke geschützte Waren oder Dienstleistungen, werden als stichhaltige Gründe für die Nichtbenutzung anerkannt.

2. Wenn sie der Kontrolle durch ihren Inhaber unterliegt, wird die Benutzung der Marke durch einen Dritten als Benutzung der Marke zum Zwecke der Aufrechterhaltung der Eintragung anerkannt.

Artikel 20
Sonstige Erfordernisse

Die Benutzung einer Marke im geschäftlichen Verkehr darf nicht ungerechtfertigt durch besondere Erfordernisse belastet werden, zum Beispiel Benutzung mit einer anderen Marke, Benutzung in einer besonderen Form oder Benutzung auf eine Art und Weise, die ihrer Fähigkeit abträglich ist, die Waren oder Dienstleistungen eines Unternehmens von denen anderer Unternehmen zu unterscheiden. Dies schließt eine Verpflichtung nicht aus, die Marke, welche das die Waren oder Dienstleistungen herstellende Unternehmen kennzeichnet, gemeinsam aber ohne Verbindung mit der Marke zu benutzen, welche die konkreten Waren oder Dienstleistungen dieses Unternehmens unterscheidet.

Artikel 21
Lizenzen und rechtsgeschäftliche Übertragungen

Die Mitglieder sind befugt, die Bedingungen für die Vergabe von Lizenzen und für die Übertragung von Marken festzulegen, wobei davon ausgegangen wird, daß Zwangslizenzen auf Marken nicht zulässig sind und daß der Eigentümer einer eingetragenen Marke berechtigt ist, seine Marke mit oder ohne den Geschäftsbetrieb, zu dem die Marke gehört, zu übertragen.

3. ABSCHNITT:
GEOGRAPHISCHE ANGABEN

Artikel 22
Schutz geographischer Angaben

1. Geographische Angaben im Sinne dieses Abkommens sind Angaben, die eine Ware als aus dem Gebiet eines Mitglieds oder aus einer Region oder aus einem Ort in diesem Gebiet stammend kennzeichnen, wenn eine bestimmte Qualität, der Ruf oder eine sonstige Beschaffenheit der Ware im wesentlichen ihrem geographischen Ursprung zugeschrieben werden kann.

2. In bezug auf geographische Angaben bieten die Mitglieder den beteiligten Parteien die rechtlichen Mittel für ein Verbot:

a) der Verwendung irgendeines Hinweises in der Bezeichnung oder Aufmachung einer Ware, der auf eine die Öffentlichkeit hinsichtlich des geographischen Ursprungs der Ware irreführende Weise angibt oder nahelegt, daß die fragliche Ware ihren Ursprung in einem anderen geographischen Gebiet als dem wahren Ursprungsort hat;

b) jeder Verwendung, die eine unlautere Wettbewerbshandlung im Sinne des Artikels 10bis der Pariser Verbandsübereinkunft (1967) darstellt.

3. Ein Mitglied weist von Amts wegen, sofern seine innerstaatliche Rechtsordnung das erlaubt, oder auf Antrag einer beteiligten Partei, die Eintragung einer Marke, die eine geographische Angabe enthält oder aus ihr besteht, für Waren, die ihren Ursprung nicht in dem angegebenen Gebiet haben, zurück oder erklärt sie für ungültig, wenn die Verwendung der Angabe in der Marke für solche Waren im betreffenden Mitglied derart ist, daß die Öffentlichkeit hinsichtlich des wahren Ursprungsortes irregeführt wird.

4. Der Schutz gemäß den Absätzen 1, 2 und 3 ist auch gegen eine geographische Angabe anwendbar, die zwar in bezug auf das Gebiet, die Region oder den Ort, aus dem die Waren stammen, dem Buchstaben nach wahr ist, aber der Öffentlichkeit gegenüber fälschlich den Ursprung der Waren aus einem anderen Gebiet darstellt.

Artikel 23
Zusätzlicher Schutz für geographische Angaben für Weine und Spirituosen

1. Die Mitglieder bieten beteiligten Parteien die rechtlichen Mittel für ein Verbot der Verwendung geographischer Angaben zur Kennzeichnung von Weinen für Weine, die ihren Ursprung nicht in dem durch die fragliche geographische Angabe bezeichneten Ort haben, oder zur Kennzeichnung

von Spirituosen für Spirituosen, die ihren Ursprung nicht in dem durch die fragliche geographische Angabe bezeichneten Ort haben, selbst wenn der wahre Ursprung der Waren angegeben oder die geographische Angabe in Übersetzung verwendet wird oder von Ausdrücken wie „Art", „Typ", „Stil", „Imitation" oder ähnlichem begleitet wird[1)].

2. Die Eintragung einer Marke, die eine geographische Angabe enthält oder aus ihr besteht, durch die Weine gekennzeichnet werden, für Weine, oder die eine geographische Angabe enthält oder aus ihr besteht, durch die Spirituosen gekennzeichnet werden, für Spirituosen, wird in bezug auf solche Weine oder Spirituosen, die diesen Ursprung nicht haben, von Amts wegen, wenn die innerstaatliche Rechtsordnung eines Mitglieds dies erlaubt, oder auf Antrag einer beteiligten Partei zurückgewiesen oder für nichtig erklärt.

3. Im Falle gleichlautender geographischer Angaben für Weine wird unbeschadet des Artikels 22 Absatz 4 für jede Angabe Schutz gewährt. das einzelne Mitglied legt die praktischen Bedingungen fest, unter denen die fraglichen gleichlautenden Angaben voneinander unterschieden werden, wobei die Notwendigkeit berücksichtigt wird, sicherzustellen, daß die betroffenen Erzeuger angemessen behandelt und die Verbraucher nicht irregeführt werden.

4. Um den Schutz geographischer Angaben für Weine zu erleichtern, werden im Rat für TRIPS Verhandlungen über die Errichtung eines multilateralen Systems der Notifikation und Eintragung geographischer Angaben für Weine, die in den an dem System beteiligten Mitgliedern schutzfähig sind, geführt.

Artikel 24
Internationale Verhandlungen; Ausnahmen

1. Die Mitglieder vereinbaren, in Verhandlungen einzutreten, die darauf abzielen, den Schutz einzelner geographischer Angaben nach Artikel 23 zu stärken. Die Bestimmungen der nachstehenden Absätze 4 bis 8 dürfen von einem Mitglied nicht dazu verwendet werden, die Führung von Verhandlungen oder den Abschluß bilateraler oder multilateraler Vereinbarungen zu verweigern. Im Rahmen solcher Verhandlungen sind die Mitglieder bereit, die fortdauernde Anwendbarkeit dieser Bestimmungen auf einzelne geographische Angaben, deren Verwendung Gegenstand solcher Verhandlungen war, in Betracht zu ziehen.

2. Der Rat für TRIPS verfolgt die Anwendung der Bestimmungen in diesem Abschnitt genau; die erste Überprüfung findet innerhalb von zwei Jahren nach dem Inkrafttreten des WTO-Abkommens statt. Alle Angelegenheiten, die die Erfüllung der sich aus diesen Bestimmungen ergebenden Verpflichtungen betreffen, können dem Rat zur Kenntnis gebracht werden, der sich auf Ersuchen eines Mitglieds mit einem oder mehreren Mitgliedern in bezug auf eine solche Angelegenheit berät, hinsichtlich derer es nicht möglich war, durch bilaterale oder multilaterale Konsultationen zwischen den betroffenen Mitgliedern eine befriedigende Lösung zu finden. Der Rat trifft die vereinbarten Maßnahmen, um die Umsetzung dieses Abschnitts zu erleichtern und seine Ziele zu fördern.

3. Bei der Umsetzung dieses Abschnitts vermindert kein Mitglied den Schutz geographischer Angaben, der in dem jeweiligen Mitglied unmittelbar vor dem Tag des Inkrafttretens des WTO-Abkommens gegeben war.

4. Durch die Bestimmungen dieses Abschnitts kann ein Mitglied nicht gezwungen werden, die fortgesetzte und gleichartige Verwendung einer bestimmten geographischen Angabe eines anderen Mitglieds zu verbieten, durch die Weine oder Spirituosen im Zusammenhang mit Waren oder Dienstleistungen durch seine Angehörigen oder Personen, die in dem Land ihren Wohnsitz haben, gekennzeichnet werden, wenn sie diese geographische Angabe laufend im Hinblick auf dieselben oder verwandte Waren oder Dienstleistungen auf dem Gebiet dieses Mitglieds entweder a) mindestens 10 Jahre lang vor dem 15. April 1994 oder b) in gutem Glauben vor diesem Tag verwendet haben.

5. Wenn eine Marke gutgläubig angemeldet oder eingetragen wurde oder wenn Rechte an einer Marke entweder:

a) vor dem Tag der Anwendung dieser Bestimmungen in diesem Mitglied gemäß dem IV. Teil, oder

b) bevor die geographische Angabe in ihrem Ursprungsland geschützt wird,

durch Benutzung in gutem Glauben erworben wurden, beeinträchtigen zur Umsetzung dieses Abschnitts getroffene Maßnahmen nicht die Eintragungsfähigkeit oder die Gültigkeit der Eintragung einer Marke oder das Recht auf Benutzung einer Marke auf Grund der Tatsache, daß eine solche Marke mit einer geographischen Angabe gleich oder ihr ähnlich ist.

6. Durch die Bestimmungen dieses Abschnitts kann ein Mitglied nicht gezwungen werden, diese Bestimmungen in bezug auf eine geographische Angabe eines anderen Mitglieds auf Waren oder Dienstleistungen anzuwenden, für die die einschlägige Angabe mit dem Begriff übereinstimmt, der in der gängigen Sprache der übliche Name solcher

Zu Artikel 23:

[1)] Unbeschadet des ersten Satzes des Artikels 42 sind die Mitglieder befugt, in bezug auf diese Verpflichtungen statt dessen die Durchsetzung durch Verwaltungsmaßnahmen vorzusehen.

Waren und Dienstleistungen im Gebiet dieses Mitglieds ist. Durch diesen Abschnitt wird kein Mitglied verpflichtet, diese Bestimmungen betreffend eine geographische Angabe eines anderen Mitglieds in bezug auf Erzeugnisse des Weinbaus anzuwenden, hinsichtlich der die Angabe mit dem üblichen Namen einer Rebsorte übereinstimmt, die im Gebiet dieses Mitglieds zum Zeitpunkt des Inkrafttretens des WTO-Abkommens vorhanden ist.

7. Ein Mitglied kann vorsehen, daß ein gemäß diesem Abschnitt im Zusammenhang mit der Benutzung oder Eintragung einer Marke gestellter Antrag innerhalb von fünf Jahren nachdem die entgegenstehende Benutzung der geschützten Angabe in diesem Mitglied allgemein bekannt geworden ist oder nach dem Tag der Eintragung der Marke in diesem Mitglied, sofern die Marke zu diesem Zeitpunkt veröffentlich (Anm.: richtig: veröffentlicht) ist, wenn dieser Zeitpunkt vor dem Tag liegt, an dem die entgegenstehende Benutzung in diesem Mitglied allgemein bekannt geworden ist, eingereicht werden muß, sofern die geographische Angabe nicht schlechtgläubig benutzt oder eingetragen wird.

8. Die Bestimmungen dieses Abschnitts beeinträchtigen in keinerlei Weise das Recht einer Person, im geschäftlichen Verkehr ihren Namen oder den Namen ihres Geschäftsvorgängers zu verwenden, sofern dieser Name nicht in einer die Öffentlichkeit irreführenden Weise verwendet wird.

9. Diesem Abkommen zufolge besteht keine Verpflichtung, geographische Angaben zu schützen, die in ihrem Ursprungsland nicht oder nicht mehr geschützt sind oder die in diesem Land außer Gebrauch gekommen sind.

4. ABSCHNITT: GEWERBLICHE MUSTER

Artikel 25 Schutzvoraussetzungen

1. Die Mitglieder sehen den Schutz unabhängig geschaffener gewerblicher Muster vor, die neu sind oder Eigenart haben. Die Mitglieder können festlegen, daß Muster nicht neu sind oder keine Eigenart haben, wenn sie sich von bekannten Mustern oder Kombinationen bekannter Merkmale von Mustern nicht wesentlich unterscheiden. Die Mitglieder können festlegen, daß sich dieser Schutz nicht auf Muster erstreckt, die im wesentlichen auf Grund technischer oder funktioneller Überlegungen vorgegeben sind.

2. Alle Mitglieder stellen sicher, daß die Voraussetzungen für die Gewährung des Schutzes von Textilmustern, insbesondere hinsichtlich Kosten, Prüfung oder Bekanntmachung, die Möglichkeit, diesen Schutz zu begehren und zu erlangen, nicht unangemessen beeinträchtigen. Es steht den Mitgliedern frei, dieser Verpflichtung durch musterrechtliche oder urheberrechtliche Bestimmungen nachzukommen.

Artikel 26 Schutz

1. Der Inhaber eines geschützten gewerblichen Musters ist berechtigt, Dritten zu verbieten, ohne Zustimmung des Inhabers Gegenstände herzustellen, zu verkaufen oder einzuführen, die ein Muster tragen oder in die ein Muster aufgenommen wurde, das eine Nachahmung oder im wesentlichen eine Nachahmung des geschützten Musters ist, wenn diese Handlungen zu gewerblichen Zwecken vorgenommen werden.

2. Die Mitglieder können begrenzte Ausnahmen vom Schutz gewerblicher Muster vorsehen, sofern solche Ausnahmen nicht unangemessen im Widerspruch zur normalen Verwertung geschützter gewerblicher Muster stehen und die berechtigten Interessen des Inhabers des geschützten Musters nicht unangemessen beeinträchtigen, wobei auch die berechtigten Interessen Dritter zu berücksichtigen sind.

3. Die Schutzfrist beträgt mindestens 10 Jahre.

5. ABSCHNITT: PATENTE

Artikel 27 Patentierbare Gegenstände

1. Vorbehaltlich der Bestimmungen der Absätze 2 und 3 werden Patente für alle Erfindungen, ob sie Erzeugnisse oder Verfahren betreffen, auf allen Gebieten der Technik gewährt, vorausgesetzt sie sind neu, beruhen auf einer erfinderischen Tätigkeit und sind gewerblich anwendbar[1]).

Vorbehaltlich des Artikels 65 Absatz 4, des Artikels 70 Absatz 8, und des 3. Absatzes dieses Artikels werden Patente gewährt und können Patentrechte ohne Diskriminierung hinsichtlich des Ortes der Erfindung, des Gebiets der Technik oder hinsichtlich des Umstandes, ob Waren eingeführt oder im Lande hergestellt werden, ausgeübt werden.

2. Die Mitglieder können Erfindungen von der Patentierbarkeit ausschließen, wenn das Verbot ihrer gewerblichen Verwertung innerhalb ihres Gebiets zum Schutz der öffentlichen Ordnung oder der guten Sitten einschließlich des Schutzes des Lebens oder der Gesundheit von Menschen,

Zu Artikel 27:

[1]) Im Sinne dieses Artikels kann ein Mitglied die Begriffe „erfinderische Tätigkeit" und „gewerblich anwendbar" als Synonyme der Begriffe „nicht naheliegend" bzw. „nützlich" auffassen.

Tieren oder Pflanzen oder zur Vermeidung einer ernsten Beeinträchtigung der Umwelt notwendig ist, sofern ein solcher Ausschluß nicht nur deshalb vorgenommen wird, weil die Verwertung durch innerstaatliches Recht verboten ist.

3. Die Mitglieder können von der Patentierbarkeit auch ausschließen:

a) diagnostische, therapeutische oder chirurgische Verfahren für die Behandlung von Menschen oder Tieren;

b) Pflanzen und Tiere mit Ausnahme von Mikroorganismen, und im wesentlichen biologische Verfahren für die Erzeugung von Pflanzen oder Tieren, mit Ausnahme von nichtbiologischen und mikrobiologischen Verfahren. Die Mitglieder sehen jedoch den Schutz von Pflanzensorten entweder durch Patente oder durch ein wirksames System eigener Art oder durch eine Verbindung beider vor. Die Bestimmungen dieser lit. werden vier Jahre nach dem Inkrafttreten des WTO-Abkommens einer Überprüfung unterzogen.

Artikel 28
Rechte aus dem Patent

1. Ein Patent gewährt seinem Inhaber die folgenden ausschließlichen
Rechte:

a) wenn der Gegenstand des Patentes ein Erzeugnis ist, Dritten zu verbieten, ohne die Zustimmung des Inhabers folgende
Handlungen vorzunehmen: Herstellung, Benutzung, Anbieten zum Verkauf, Verkauf oder diesen Zwecken dienende Einfuhr[1] dieses Erzeugnisses;

b) wenn der Gegenstand des Patentes ein Verfahren ist, Dritten zu verbieten, ohne die Zustimmung des Inhabers das Verfahren zu benutzen und folgende Handlungen vorzunehmen: Benutzung, Anbieten zum Verkauf, Verkauf oder Einfuhr zu diesen Zwecken zumindest des unmittelbar mit diesem Verfahren gewonnenen Erzeugnisses.

2. Patentinhaber sind auch berechtigt, das Patent rechtsgeschäftlich oder im Wege der Rechtsnachfolge zu übertragen und Lizenzverträge abzuschließen.

Artikel 29
Bedingungen für Patentanmelder

1. Die Mitglieder machen dem Anmelder eines Patentes zur Auflage, die Erfindung so deutlich und vollständig zu offenbaren, daß sie ein Fachmann ausführen kann, und sie können dem Anmelder zur Auflage machen, die nach dem Wissen des Erfinders beste Art der Ausführung der Erfindung am Anmeldetag oder, wenn Priorität in Anspruch genommen wird, am Prioritätstag der Anmeldung anzugeben.

2. Die Mitglieder können dem Anmelder eines Patents zur Auflage machen, Angaben über die entsprechenden ausländischen Anmeldungen und Erteilungen vorzulegen.

Artikel 30
Ausnahmen von den Rechten aus dem Patent

Die Mitglieder können begrenzte Ausnahmen von den ausschließlichen Rechten aus einem Patent vorsehen, sofern solche Ausnahmen nicht unangemessen im Widerspruch zur normalen Verwertung des Patents stehen und die berechtigten Interessen des Inhabers des Patents nicht unangemessen beeinträchtigen, wobei auch die berechtigten Interessen Dritter zu berücksichtigen sind.

Artikel 31
Sonstige Benutzung ohne Zustimmung des Rechtsinhabers

Läßt das Recht eines Mitglieds die sonstige Benutzung[1] des Gegenstands eines Patents ohne die Zustimmung des Rechtsinhabers zu, einschließlich der Benutzung durch die Regierung oder von der Regierung ermächtigte Dritte, sind folgende Bestimmungen zu beachten:

a) die Gewährung zu einer solchen Benutzung wird auf Grund der Umstände des Einzelfalls geprüft;

b) eine solche Benutzung darf nur gestattet werden, wenn vor einer solchen Benutzung derjenige, der die Nutzung plant, sich darum bemüht hat, die Zustimmung des Rechtsinhabers zu angemessenen geschäftsüblichen Bedingungen zu erhalten, und wenn diese Bemühungen innerhalb einer angemessenen Frist erfolglos geblieben sind. Von diesem Erfordernis kann von einem Mitglied abgesehen werden, wenn ein nationaler Notstand vorliegt oder sonstige Umstände von äußerster Dringlichkeit obwalten oder wenn es sich um eine öffentliche, nicht gewerbliche Benutzung handelt. Bei Vorliegen eines nationalen Notstands oder sonstiger Umstände von äußerster Dringlichkeit ist der Inhaber des Rechts trotzdem so bald als zumutbar zu verständigen. Wenn im Fall öffentlicher, nicht gewerblicher Benutzung die Regierung oder der Unternehmer, ohne eine Patentrecherche vorgenommen zu haben, weiß oder hätte wissen

Zu Artikel 28:

[1] Dieses Recht ebenso wie alle sonstigen gemäß diesem Abkommen gewährten Rechte in bezug auf Benutzung, Verkauf, Einfuhr oder sonstigen Vertrieb des Erzeugnisses unterliegt den Bestimmungen des Artikels 6.

Zu Artikel 31:

[1] Mit „sonstiger Benutzung" ist eine andere als die nach Artikel 30 erlaubte Benutzung gemeint.

müssen, daß ein gültiges Patent von der oder für die Regierung benutzt wird oder werden wird, ist der Inhaber des Rechts unverzüglich in Kenntnis zu setzen;

c) Umfang und Dauer einer solchen Benutzung sind auf den Zweck zu begrenzen, für den sie gestattet wurde, und im Falle der Halbleitertechnik kann sie nur für den öffentlichen, nicht gewerblichen Gebrauch oder um eine in einem Gerichts- oder Verwaltungsverfahren festgestellte wettbewerbswidrige Praxis abzustellen, vorgenommen werden;

d) eine solche Benutzung ist nicht ausschließlich;

e) eine solche Benutzung kann nicht übertragen werden, es sei denn zusammen mit dem Teil des Unternehmens oder des Geschäftsbetriebs, dem diese Benutzung zusteht;

f) eine solche Benutzung wird vorwiegend für die Versorgung des Binnenmarktes des Mitglieds, das sie zuläßt, gestattet;

g) die Erlaubnis einer solchen Benutzung unterliegt vorbehaltlich eines angemessenen Schutzes der berechtigten Interessen der ermächtigten Personen der Kündigung, wenn und sofern die Umstände, die zu ihr geführt haben, zu bestehen aufhören und wahrscheinlich nicht wieder eintreten. Die zuständige Behörde ist befugt, auf begründeten Antrag, die Fortdauer dieser Umstände zu überprüfen;

h) dem Inhaber des Rechts wird eine nach den Umständen des Falls angemessene Vergütung geleistet, wobei der wirtschaftliche Wert der Erlaubnis in Betracht gezogen wird;

i) die Rechtsgültigkeit einer Entscheidung im Zusammenhang mit der Erlaubnis einer solchen Benutzung unterliegt der Nachprüfung durch ein Gericht oder einer sonstigen unabhängigen Nachprüfung durch eine gesonderte obere Behörde im betreffenden Mitglied;

j) jede Entscheidung betreffend die in bezug auf eine solche Benutzung vorgesehene Vergütung unterliegt der Nachprüfung durch ein Gericht oder einer sonstigen unabhängigen Nachprüfung durch eine eigene Oberbehörde im betreffenden Mitglied;

k) Die Mitglieder sind nicht gehalten, die in den lit. b und f festgelegten Bedingungen anzuwenden, wenn eine solche Benutzung gestattet ist, um eine in einem Gerichts- oder Verwaltungsverfahren festgestellte wettbewerbswidrige Praxis abzustellen. Die Notwendigkeit, eine wettbewerbswidrige Praxis abzustellen, kann in solchen Fällen bei der Festsetzung des Betrags der Vergütung berücksichtigt werden. Die zuständigen Behörden sind befugt, eine Aufhebung der Erlaubnis abzulehnen, wenn und sofern die Umstände, die zu der Erlaubnis geführt haben, wahrscheinlich wieder eintreten;

l) ist eine solche Benutzung gestattet, um die Verwertung eines Patents („zweites Patent") zu ermöglichen, das nicht verwertet werden kann, ohne ein anderes Patent („erstes Patent") zu verletzen, kommen die folgenden zusätzlichen Bedingungen zur Anwendung:

i) die im zweiten Patent beanspruchte Erfindung stellt

gegenüber der im ersten Patent beanspruchten Erfindung einen wichtigen technischen Fortschritt von erheblicher wirtschaftlicher Bedeutung dar;

ii) der Eigentümer des ersten Patents hat das Recht auf eine

gegenseitige Lizenz zu angemessenen Bedingungen für die Benutzung der im zweiten Patent beanspruchten Erfindung;

und

iii) die Benutzungserlaubnis in bezug auf das erste Patent ist

nicht übertragbar, es sei denn, zusammen mit der Übertragung des zweiten Patents.

Artikel 32
Widerruf/Verfall

Die Möglichkeit zur gerichtlichen Überprüfung einer Entscheidung, mit der ein Patent widerrufen oder für verfallen erklärt wird, wird vorgesehen.

Artikel 33
Schutzdauer

Die vorgesehene Schutzdauer endet nicht vor dem Ablauf einer Frist von zwanzig Jahren gerechnet vom Anmeldetag an[1)].

Artikel 34
Verfahrenspatente: Beweislast

1. Wenn der Gegenstand des Patentes ein Verfahren zur Gewinnung eines Erzeugnisses ist, dann sind in einem zivilrechtlichen Verfahren wegen einer Verletzung der im Artikel 28 Absatz 1 lit. b genannten Rechte des Inhabers die Justizbehörden befugt, dem Beklagten den Nachweis aufzuerlegen, daß sich das Verfahren für die Erlangung eines gleichen Erzeugnisses von dem patentierten Verfahren unterscheidet. Daher legen die Mitglieder, wenn zumindest einer der nachstehend angeführten Umstände gegeben ist, fest, daß ein gleiches Erzeugnis, das ohne die Zustimmung des Patentinhabers hergestellt wurde, mangels Beweises des Gegenteils als mittels des patentierten Verfahrens gewonnen gilt:

Zu Artikel 33:

[1)] Es besteht Einverständnis, daß Mitglieder, deren System keine eigenständige Erteilung vorsieht, festlegen können, daß die Schutzdauer von dem Anmeldetag im System der ursprünglichen Erteilung an gerechnet wird.

a) wenn das mittels des patentierten Verfahrens gewonnene Erzeugnis neu ist;

b) wenn mit erheblicher Wahrscheinlichkeit das gleiche Erzeugnis mittels des Verfahrens hergestellt wurde und es dem Inhaber des Patents bei Aufwendung angemessener Mühe nicht gelungen ist, das tatsächlich verwendete Verfahren festzustellen.

2. Die Mitglieder sind befugt, festzulegen, daß die im Absatz 1 angegebene Beweislast dem angeblichen Verletzer auferlegt wird, wenn nur die in lit. a genannte Bedingung erfüllt ist oder wenn nur die in lit. b genannte Bedingung erfüllt ist.

3. Bei der Beibringung des Beweises des Gegenteils werden die berechtigten Interessen der Beklagten am Schutz ihrer Betriebs- und Geschäftsgeheimnisse berücksichtigt.

6. ABSCHNITT:

LAYOUT-DESIGNS (TOPOGRAPHIEN) INTEGRIERTER SCHALTKREISE

Artikel 35
Verhältnis zum IPIC-Vertrag

Die Mitglieder stimmen darin überein, gemäß den Artikeln 2 bis 7 (außer Artikel 6 Absatz 3), Artikel 12 und Artikel 16 Absatz 3 des Vertrags über den Schutz des geistigen Eigentums im Hinblick auf integrierte Schaltkreise den Layout-Designs (Topographien) integrierter Schaltkreise (in diesem Abkommen „Layout-Designs" genannt) Schutz zu gewähren und darüber hinaus die nachstehenden Bestimmungen zu befolgen.

Artikel 36
Schutzumfang

Unbeschadet der Bestimmungen des Artikels 37 Absatz 1 erachten die Mitglieder folgende Handlungen, wenn sie ohne Erlaubnis des Rechtsinhabers[1] vorgenommen werden, für rechtswidrig:

Einfuhr, Verkauf oder sonstiger gewerblicher Vertrieb eines geschützten Layout-Designs, eines integrierten Schaltkreises, in den ein geschütztes Layout-Design aufgenommen ist, oder eines Gegenstandes, in den ein derartiger integrierter Schaltkreis aufgenommen ist nur insoweit, als es weiterhin ein rechtswidrig nachgebildetes Layout-Design enthält.

Zu Artikel 36:

[1] Der Begriff „Rechtsinhaber" in diesem Abschnitt ist als bedeutungsgleich mit dem im IPIC-Vertrag verwendeten Begriff „Inhaber des Rechts" zu verstehen.

Artikel 37
Handlungen, die keiner Zustimmung des Rechtsinhabers bedürfen

1. Unbeschadet des Artikels 36 betrachtet kein Mitglied die Ausübung einer der in jenem Artikel genannten Handlungen in bezug auf einen integrierten Schaltkreis, in den ein rechtswidrig nachgebildetes Layout-Design aufgenommen ist, oder einen Gegenstand, in den ein derartiger integrierter Schaltkreis aufgenommen ist, als rechtswidrig, wenn die Person, die diese Handlungen ausführte oder anordnete, beim Erwerb des integrierten Schaltkreises oder des Gegenstandes, in den ein derartiger integrierter Schaltkreis aufgenommen ist, nicht wußte und vernünftigerweise nicht wissen mußte, daß in ihn ein rechtswidrig nachgebildetes Layout-Design aufgenommen war. Die Mitglieder legen fest, daß diese Person nach dem Zeitpunkt, zu dem sie ausreichende Kenntnis davon erlangt hat, daß das Layout-Design rechtswidrig nachgebildet wurde, zwar alle genannten Handlungen in bezug auf die vorhandenen oder vor diesem Zeitpunkt bestellten Bestände durchführen darf, aber an den Rechtsinhaber eine Summe entrichten muß, die einer angemessenen Lizenzgebühr, wie sie gemäß einem frei ausgehandelten Lizenzvertrag über ein solches Layout-Design zahlbar wäre, entspricht.

2. Die im Artikel 31 lit. a bis k angeführten Bedingungen gelten sinngemäß hinsichtlich einer Zwangslizenz auf ein Layout-Design oder seiner Benutzung durch oder für die Regierung ohne Erlaubnis des Rechtsinhabers.

Artikel 38
Schutzdauer

1. In Mitgliedern, in denen die Eintragung als Voraussetzung des Schutzes erforderlich ist, endet die Schutzdauer für Layout-Designs nicht vor dem Ablauf eines Zeitraums von 10 Jahren, gerechnet vom Anmeldetag oder von der ersten gewerblichen Verwertung an, wo auch immer auf der Welt sie stattfindet.

2. In Mitgliedern, in denen die Eintragung als Voraussetzung des Schutzes nicht erforderlich ist, werden Layout-Designs während einer Frist von nicht weniger als 10 Jahren, gerechnet vom Tag der ersten gewerblichen Verwertung an, wo auch immer auf der Welt sie stattfindet, geschützt.

3. Unbeschadet der Absätze 1 und 2 kann ein Mitglied vorsehen, daß der Schutz 15 Jahre nach der Schaffung des Layout-Design erlischt.

7. ABSCHNITT: DER SCHUTZ NICHT OFFENGELEGTER INFORMATIONEN

Artikel 39

1. Bei der Sicherung eines wirksamen Schutzes gegen unlauteren Wettbewerb, so wie im Artikel 10bis der Pariser Verbandsübereinkunft (1967) vorgesehen, schützen die Mitglieder nicht offengelegte Informationen nach Maßgabe des Absatzes 2 und Regierungen oder Regierungsstellen vorgelegte Daten nach Maßgabe des Absatzes 3.

2. Natürliche und juristische Personen haben die Möglichkeit, zu verhindern, daß Informationen, die rechtmäßig unter ihrer Kontrolle stehen, ohne ihre Zustimmung auf eine Weise, die den anständigen Gepflogenheiten in Gewerbe und Handel zuwiderläuft[1)], Dritten offengelegt, von diesen erworben oder benutzt werden, sofern diese Informationen:

a) in dem Sinne geheim sind, daß sie entweder in ihrer Gesamtheit oder in der genauen Anordnung und Zusammenstellung ihrer Teile Personen in den Kreisen, die normalerweise mit den fraglichen Informationen zu tun haben, nicht allgemein bekannt oder leicht zugänglich sind;

b) wirtschaftlichen Wert haben, weil sie geheim sind; und

c) Gegenstand von unter den gegebenen Umständen angemessenen Geheimhaltungsmaßnahmen seitens der Person, unter deren Kontrolle sie rechtmäßig stehen, waren.

3. Mitglieder, in denen die Vorlage nicht offengelegter Test- oder sonstiger Daten, deren Erstellung beträchtliche Anstrengungen verursacht, Voraussetzung für die Marktzulassung von pharmazeutischen und agrochemischen Erzeugnissen ist, in denen neue chemische Stoffe verwendet werden, schützen diese Daten vor unlauterem gewerblichem Gebrauch. Darüber hinaus schützen die Mitglieder solche Daten vor Offenlegung, wenn diese nicht zum Schutze der Öffentlichkeit notwendig ist, oder wenn nicht Maßnahmen getroffen werden, um sicherzustellen, daß die Daten vor unlauterem gewerblichem Gebrauch geschützt werden.

Zu Artikel 39:

1) Im Sinne dieser Bestimmung bedeutet „eine Weise, die den anständigen Gepflogenheiten in Gewerbe und Handel zuwiderläuft" zumindest Gepflogenheiten wie etwa Vertragsbruch, Vertrauensbruch und Verleitung dazu und schließt den Erwerb nicht offengelegter Informationen durch Dritte ein, die wußten oder grob fahrlässig nicht wußten, daß solche Gepflogenheiten beim Erwerb eine Rolle spielten.

8. ABSCHNITT: BEKÄMPFUNG WETT BEWERBSWIDRIGER PRAKTIKEN IN VERTRAGLICHEN LIZENZEN

Artikel 40

1. Die Mitglieder sind sich darin einig, daß gewisse Praktiken oder Bedingungen bei der Vergabe von Lizenzen für Rechte des geistigen Eigentums, die den Wettbewerb beschränken, nachteilige Auswirkungen auf den Handel haben und den Transfer und die Verbreitung von Technologie behindern können.

2. Die Bestimmungen dieses Abkommens hindern die Mitglieder nicht daran, in ihren Rechtsvorschriften Lizenzierungspraktiken und -bedingungen anzuführen, die in besonderen Fällen einen Mißbrauch von Rechten des geistigen Eigentums bilden und eine nachteilige Auswirkung auf den Wettbewerb im einschlägigen Markt haben können. Wie im Vorstehenden ausgeführt, kann ein Mitglied im Einklang mit den sonstigen Bestimmungen dieses Abkommens geeignete Maßnahmen treffen, um unter Berücksichtigung seiner einschlägigen Gesetze und Verordnungen solche Praktiken, zu denen zum Beispiel Bedingungen für ausschließliche Rücklizenzen, Bedingungen, die die Anfechtung der Rechtsgültigkeit und Lizenzvergabe im Paket mit Zwangswirkung verhindern, gehören, zu verbieten oder zu bekämpfen.

3. Auf Ersuchen tritt ein Mitglied in Konsultationen mit einem anderen Mitglied ein, das Grund zur Annahme hat, daß der Eigentümer eines Rechts des geistigen Eigentums, der Angehöriger des Mitglieds ist, an das das Ersuchen um Konsultationen gerichtet wurde, oder der dort seinen Wohnsitz hat, Praktiken ausübt, mit denen die den Gegenstand dieses Abschnitts betreffenden Gesetze und Verordnungen des ersuchenden Mitglieds verletzt werden, und das die Einhaltung dieser Rechtsvorschriften unbeschadet eines rechtlich zulässigen Vorgehens und unbeschadet der vollständigen Freiheit der letztlichen Entscheidung durch das eine oder andere Mitglied wünscht. Das angesprochene Mitglied gewährt dem ersuchenden Mitglied eine umfassende und wohlwollende Prüfung und bietet angemessene Gelegenheit für solche Konsultationen; es arbeitet in der Weise zusammen, daß es öffentlich verfügbare, nichtvertrauliche Informationen, die für die fragliche Angelegenheit von Bedeutung sind, sowie andere, dem Mitglied zugängliche Informationen zur Verfügung stellt, vorbehaltlich innerstaatlicher Rechtsvorschriften und des Abschlusses beide Seiten zufrieden stellender Vereinbarungen über die Wahrung ihrer Vertraulichkeit durch das ersuchende Mitglied.

4. Einem Mitglied, dessen Angehörige oder auf seinem Gebiet ansässige Personen durch ein

Verfahren in einem anderen Mitglied wegen einer angeblichen Verletzung der Gesetze und Verordnungen dieses anderen Mitglieds in bezug auf den Gegenstand dieses Abschnitts betroffen sind, wird auf Ersuchen Gelegenheit zu Konsultationen durch das andere Mitglied unter den im Absatz 3 angeführten Bedingungen gegeben.

III. TEIL
DURCHSETZUNG DER RECHTE AN GEISTIGEM EIGENTUM

1. ABSCHNITT:
ALLGEMEINE PFLICHTEN

Artikel 41

1. Die Mitglieder stellen sicher, daß die in diesem Teil angeführten Verfahren zur Rechtsdurchsetzung in ihrem Recht vorgesehen werden, um ein wirksames Vorgehen gegen jedwede Verletzung von unter dieses Abkommen fallenden Rechten des geistigen Eigentums einschließlich rascher Abhilfemaßnahmen zur Verhinderung von Verletzungshandlungen und Abhilfemaßnahmen zur Abschreckung von weiteren Verletzungshandlungen zu ermöglichen. Diese Verfahren werden so angewendet, daß die Errichtung von Schranken für den rechtmäßigen Handel vermieden wird und die Gewähr gegen ihren Mißbrauch gegeben ist.

2. Die Verfahren zur Durchsetzung der Rechten des geistigen Eigentums müssen gerecht und objektiv sein. Sie dürfen nicht unnötig kompliziert oder kostenaufwendig sein oder unangemessene Fristen oder ungerechtfertigte Verzögerungen mit sich bringen.

3. Sachentscheidungen werden begründet und vorzugsweise schriftlich ausgefertigt. Sie werden zumindest den Verfahrensparteien unverzüglich zur Verfügung gestellt. Sachentscheidungen stützen sich nur auf Beweismaterial, zu welchem den Parteien Gelegenheit zur Stellungnahme gegeben wurde.

4. Die Verfahrensparteien erhalten Gelegenheit zur Nachprüfung von Endentscheidungen der Verwaltungsbehörden durch eine Justizbehörde und, unbeschadet der Zuständigkeitsbestimmungen im innerstaatlichen Recht des Mitglieds in bezug auf die Bedeutung eines Falles, zumindest auch der rechtlichen Aspekte erstinstanzlicher Sachentscheidungen der Gerichte. Es besteht jedoch keine Verpflichtung, eine Gelegenheit zur Nachprüfung von Freisprüchen in Strafverfahren vorzusehen.

5. Es besteht Einverständnis, daß mit diesem Teil keine Verpflichtung geschaffen wird, ein gerichtliches System für die Durchsetzung der Rechte des geistigen Eigentums getrennt von dem für die Durchsetzung des Rechts im allgemeinen zu errichten; auch hat er keinen Einfluß auf die Fähigkeit der Mitglieder, ihr Recht generell durchzusetzen. Durch die Bestimmungen dieses Teils entsteht keine Verpflichtung hinsichtlich der Aufteilung von Ressourcen zwischen der Durchsetzung von Rechten des geistigen Eigentums und der Durchsetzung des Rechts im allgemeinen.

2. ABSCHNITT:
ZIVIL- UND VERWALTUNGSRECHTLICHE VERFAHREN UND ABHILFEMASSNAHMEN

Artikel 42
Gerechte und objektive Verfahren

Die Mitglieder stellen den Rechtsinhabern[1)] zivilprozessuale Verfahren für die Durchsetzung aller unter dieses Abkommen fallenden Rechte des geistigen Eigentums zur Verfügung. Die Gegenpartei hat das Recht auf rechtzeitige schriftliche Benachrichtigung, die genügend Einzelheiten einschließlich der Anspruchsgrundlage enthält. Den Parteien wird gestattet, sich durch einen unabhängigen Rechtsanwalt vertreten zu lassen, und im Verfahren darf keine unzumutbare Belastung hinsichtlich der Notwendigkeit des persönlichen Erscheinens gefordert werden. Alle Parteien solcher Verfahren sind berechtigt, ihre Ansprüche zu begründen und alle einschlägigen Beweismittel vorzulegen. Das Verfahren sieht Mittel und Wege vor, um vertrauliche Informationen zu kennzeichnen und zu schützen, sofern dies nicht bestehenden verfassungsrechtlichen Erfordernissen zuwiderlaufen würde.

Artikel 43
Beweismittel

1. Hat eine Partei in angemessener Weise verfügbare Beweismittel zur Unterstützung ihrer Ansprüche vorgelegt und Beweismittel zur Begründung ihrer Ansprüche, die sich in der Verfügungsgewalt der gegnerischen Partei befinden, im einzelnen angegeben, sind die Justizbehörden befugt, anzuordnen, daß diese Beweismittel von der gegnerischen Partei vorgelegt werden, vorbehaltlich von Bedingungen, mit denen der Schutz vertraulicher Informationen gesichert wird.

2. Verweigert eine Verfahrenspartei absichtlich und ohne triftige Gründe den Zugang zu notwen-

Zu Artikel 42:

1) Im Sinne dieses Teils schließt der Begriff „Rechtsinhaber" auch Verbände und Vereine ein, die einen gesetzlichen Status haben, auf Grund dessen sie solche Rechte geltend machen können.

digen Informationen oder legt sie diese nicht innerhalb einer angemessenen Frist vor oder behindert sie ein Verfahren zur Durchsetzung eines Rechts wesentlich, kann ein Mitglied die Justizbehörden ermächtigen, bejahende oder verneinende vorläufige und endgültige Feststellungen zu treffen, vorbehaltlich der Einräumung einer Gelegenheit für die Parteien, sich zu dem Vorbringen oder den Beweismitteln auf der Grundlage der ihnen vorgelegten Informationen, einschließlich der Klageschrift oder des Vorbringens der durch die Verweigerung des Zugangs zu den Informationen beschwerten Partei, zu äußern.

Artikel 44
Gerichtliche Anordnungen

1. Die Justizbehörden sind befugt, eine Partei anzuweisen, von einer Verletzung Abstand zu nehmen, unter anderem um zu verhindern, daß eingeführte Waren, mit denen ein Recht des geistigen Eigentums verletzt wird, unmittelbar nach der Zollabfertigung dieser Waren in den Handel gelangen. Die Mitglieder sind nicht verpflichtet, diese Befugnisse auch in bezug auf einen geschützten Gegenstand zu gewähren, der von einer Person erworben oder bestellt wurde, bevor sie wußte oder vernünftigerweise hätte wissen müssen, daß der Handel mit diesem Gegenstand die Verletzung eines Rechts des geistigen Eigentums nach sich ziehen würde.

2. Unbeschadet der anderen Bestimmungen dieses Teils und unter der Voraussetzung, daß die Bestimmungen des II. Teils, in denen es im besonderen um die Benutzung durch Regierungen oder durch dazu ermächtigte Dritte ohne Zustimmung des Rechtsinhabers geht, eingehalten werden, sind die Mitglieder befugt, die gegen eine solche Benutzung zur Verfügung stehenden Abhilfemaßnahmen auf die Zahlung einer Vergütung gemäß Artikel 31 lit. h zu beschränken. In anderen Fällen finden die in diesem Teil festgelegten Abhilfemaßnahmen Anwendung, oder es sind dann, wenn diese Abhilfemaßnahmen nicht im Einklang mit dem Recht eines Mitglieds stehen, Feststellungsurteile und angemessene Entschädigung vorzusehen.

Artikel 45
Schadenersatz

1. Die Justizbehörden sind befugt, den Verletzer anzuweisen, dem Inhaber des Rechts als Ausgleich angemessenen Schadenersatz für den Schaden zu leisten, den der Rechtsinhaber auf Grund einer Verletzung seines Rechts des geistigen Eigentums durch einen Verletzer, der wußte oder vernünftigerweise hätte wissen müssen, daß er eine Verletzungshandlung begangen hat, erlitten hat.

2. Die Justizbehörden sind ferner befugt, den Verletzer anzuweisen, dem Inhaber des Rechts die Kosten zu erstatten, zu denen auch angemessene Anwaltsgebühren gehören können. Gegebenenfalls können die Mitglieder die Justizbehörden ermächtigen, die Erstattung der Gewinne bzw. den Ersatz des zuvor ermittelten Schadens selbst dann anzuordnen, wenn der Verletzer nicht wußte oder nicht vernünftigerweise hätte wissen müssen, daß er eine Verletzungshandlung begangen hat.

Artikel 46
Sonstige Abhilfemaßnahmen

Um wirksam von Verletzungen abzuschrecken, sind die Justizbehörden befugt, anzuordnen, über Waren, die nach ihren Feststellungen ein Recht verletzen, ohne Ersatz irgendwelcher Art außerhalb der Handelswege so zu verfügen, daß dem Rechtsinhaber kein Schaden entstehen kann, oder sie zu vernichten, sofern dies nicht bestehenden verfassungsrechtlichen Erfordernissen zuwiderlaufen würde. Die Justizbehörden sind ferner befugt, anzuordnen, über Materialien und Werkzeuge, die vorwiegend zur Schaffung der rechtsverletzenden Waren verwendet wurden, ohne Ersatz irgendwelcher Art außerhalb des Handels so zu verfügen, daß die Gefahr weiterer Verletzungen möglichst gering gehalten wird. Bei der Prüfung solcher Anträge sind die Notwendigkeit eines angemessenen Verhältnisses zwischen der Schwere der Verletzung und den angeordneten Abhilfemaßnahmen sowie die Interessen Dritter zu berücksichtigen. Bei gefälschten Markenerzeugnissen reicht die einfache Entfernung der rechtswidrig angebrachten Marke nur in Ausnahmefällen aus, um eine Freigabe der Waren in den Handel zu gestatten.

Artikel 47
Recht auf Auskunft

Die Mitglieder können vorsehen, daß die Justizbehörden befugt sind, den Verletzer anzuweisen, den Rechtsinhaber von der Identität Dritter, die an der Herstellung und am Vertrieb der verletzenden Waren oder Dienstleistungen beteiligt waren, und von ihren Vertriebswegen in Kenntnis zu setzen, sofern dies nicht unverhältnismäßig im Vergleich zur Schwere der Verletzung wäre.

Artikel 48

Entschädigung des Antragsgegners

1. Die Justizbehörden sind befugt, eine Partei, auf deren Antrag Maßnahmen getroffen wurden und die Verfahren zur Durchsetzung mißbräuchlich benutzt hat, anzuweisen, einer zu Unrecht mit einer Verfügung oder einem Verbot belegten Partei angemessenen Ersatz für den durch einen solchen Mißbrauch erlittenen Schaden zu leisten. Die Justizbehörden sind ferner befugt, den Antragsteller anzuweisen, dem Antragsgegner die Kosten zu erstatten, zu denen auch angemessene Anwaltsgebühren gehören können.

2. In bezug auf die Anwendung von Rechtsvorschriften über den Schutz oder die Durchsetzung der Rechte des geistigen Eigentums befreien die Mitglieder sowohl Behörden als auch Beamte nur dann von der Haftung, wenn ihre Handlungen bei der Anwendung dieser Rechtsvorschriften in gutem Glauben entweder vorgenommen wurden oder beabsichtigt waren.

Artikel 49

Verwaltungsrechtliche Verfahren

Soweit eine zivilrechtliche Abhilfemaßnahme als Ergebnis von verwaltungsrechtlichen Sachentscheidungen angeordnet werden kann, entsprechen diese Verfahren, im wesentlichen den in diesem Abschnitt dargelegten Grundsätzen.

3. ABSCHNITT: EINSTWEILIGE MASSNAHMEN

Artikel 50

1. 1. Die Justizbehörden sind befugt, unverzügliche und wirksame einstweilige Maßnahmen anzuordnen:

a) um die Verletzung eines Rechts des geistigen Eigentums zu verhindern, und insbesondere, um zu verhindern, daß Waren, einschließlich eingeführter Waren, unmittelbar nach der Zollabfertigung in die innerhalb ihres Zuständigkeitsbereichs liegenden Handelswege gelangen;

b) um einschlägige Beweise im Zusammenhang mit der behaupteten Verletzung zu sichern.

2. Die Justizbehörden sind befugt, falls erforderlich, einstweilige Maßnahmen ohne Anhörung der anderen Partei zu treffen, insbesondere dann, wenn durch eine Verzögerung dem Inhaber des Rechts wahrscheinlich ein nicht wiedergutzumachender Schaden entsteht oder wenn nachweislich die Gefahr besteht, daß Beweismaterial vernichtet wird.

3. Die Justizbehörden sind befugt, den Antragsteller aufzufordern, soweit zumutbar alle Beweismittel vorzulegen, um sich mit ausreichender Sicherheit davon überzeugen zu können, daß der Antragsteller der Inhaber des Rechts ist und daß das Recht des Antragstellers verletzt wird oder daß eine solche Verletzung droht, und den Antragsteller anzuweisen, eine Kaution zu stellen oder eine entsprechende Sicherheit zu leisten, die ausreicht, um den Antraggegner zu schützen und einem Mißbrauch vorzubeugen.

4. Wenn einstweilige Maßnahmen ohne Anhörung der anderen Partei getroffen wurden, sind die betroffenen Parteien spätestens unverzüglich nach der Durchführung der Maßnahmen davon in Kenntnis zu setzen. Auf Antrag des Antraggegners findet eine Prüfung, die das Recht zur Stellungnahme einschließt, mit dem Ziel statt, innerhalb einer angemessenen Frist nach der Mitteilung der Maßnahmen zu entscheiden, ob diese abgeändert, widerrufen oder bestätigt werden sollen.

5. Der Antragsteller kann aufgefordert werden, weitere Informationen vorzulegen, die für die Identifizierung der betreffenden Waren durch die Behörde, die die einstweiligen Maßnahmen durchführt, notwendig sind.

6. Unbeschadet des Absatzes 4 werden auf Grund der Absätze 1 und 2 getroffene einstweilige Maßnahmen auf Antrag des Antragsgegners widerrufen oder auf andere Weise außer Kraft gesetzt, wenn das Verfahren, das zu einer Sachentscheidung führt, nicht innerhalb einer angemessenen Frist eingeleitet wird, die entweder von der die Maßnahme anordnenden Justizbehörde festgelegt wird, sofern dies nach dem innerstaatlichen Recht des Mitglieds zulässig ist, oder, wenn es nicht zu einer solchen Festlegung kommt, 20 Arbeitstage oder 31 Kalendertage, wobei der längere der beiden Zeiträume gilt, nicht überschreitet.

7. Werden einstweilige Maßnahmen widerrufen oder werden sie auf Grund einer Handlung oder Unterlassung des Antragstellers hinfällig oder wird in der Folge festgestellt, daß keine Verletzung oder drohende Verletzung eines Rechts des geistigen Eigentums vorlag, so sind die Justizbehörden befugt, auf Antrag des Antragsgegners den Antragsteller anzuweisen, dem Antragsgegner angemessenen Ersatz für den durch diese Maßnahme entstandenen Schaden zu leisten.

8. Soweit einstweilige Maßnahmen auf Grund verwaltungsrechtlicher Verfahren angeordnet werden können, entsprechen diese Verfahren im wesentlichen den in diesem Abschnitt dargelegten Grundsätzen.

4. ABSCHNITT: BESONDERE ERFORDERNISSE IM HINBLICK AUF MASSNAHMEN AN DEN GRENZEN[12)]

Artikel 51
Aussetzung der Freigabe durch die Zollbehörden

Die Mitglieder sehen gemäß den nachstehenden Bestimmungen Verfahren[1)] vor, mit denen ein Rechtsinhaber, der triftige Gründe für den Verdacht hat, daß es zu der Einfuhr von nachgeahmten Markenerzeugnissen oder nachgeahmten urheberrechtlich geschützten Waren[2)] kommen kann, in die Lage versetzt wird, bei den zuständigen Gerichts- oder Verwaltungsbehörden schriftlich zu beantragen, daß die Zollbehörden die Abfertigung dieser Erzeugnisse in den freien Verkehr aussetzen. Die Mitglieder können vorsehen, daß ein solcher Antrag auch in bezug auf Waren gestellt werden kann, bei denen es um andere Verletzungen der Rechte des geistigen Eigentums geht, sofern die Erfordernisse dieses Abschnitts beachtet werden. Die Mitglieder können ferner entsprechende Verfahren betreffend die Aussetzung der Freigabe von für die Ausfuhr aus ihren Gebieten bestimmten Waren durch die Zollbehörden vorsehen.

Artikel 52
Antrag

Einem Rechtsinhaber, der die im Artikel 51 angeführten Verfahren in Gang bringt, wird zur Auflage gemacht, angemessene Beweise vorzulegen, um die zuständigen Behörden davon zu überzeugen, daß nach Maßgabe des Rechts des Einfuhrlandes auf den ersten Blick eine Verletzung des Rechts des geistigen Eigentums des Rechtsinhabers vorliegt, sowie eine hinlänglich ins einzelne gehende Beschreibung der Waren, um sie für die Zollbehörden leicht erkennbar zu machen. Die zuständigen Behörden setzen innerhalb einer angemessenen Frist den Antragsteller davon in Kenntnis, ob sie den Antrag angenommen haben, und davon, innerhalb welchen Zeitraums die Zollbehörden Maßnahmen treffen werden, sofern dieser von den zuständigen Behörden festgelegt worden ist.

Artikel 53
Kaution oder entsprechende Sicherheitsleistung

1. Die zuständigen Behörden sind befugt, den Antragsteller aufzufordern, eine Kaution oder eine entsprechende Sicherheit zu leisten, die ausreicht, um den Antragsgegner und die zuständigen Behörden zu schützen und einem Mißbrauch vorzubeugen. Eine solche Kaution oder entsprechende Sicherheitsleistung darf nicht in unangemessener Weise davon abschrecken, auf diese Verfahren zurückzugreifen.

2. Wenn in Anwendung der Bestimmungen dieses Abschnitts von den Zollbehörden auf der Grundlage einer nicht von einer Justizbehörde oder sonstigen unabhängigen Behörde getroffenen Entscheidung die Abfertigung von Waren, in denen gewerbliche Muster, Patente, Layout-Designs oder nicht offengelegte Informationen verwendet sind, in den freien Verkehr ausgesetzt wurde, und wenn die im Artikel 55 festgelegte Frist verstrichen ist, ohne daß von der ordnungsgemäß bevollmächtigten Behörde eine einstweilige Anordnung erlassen wurde, und sofern alle anderen Einfuhrvoraussetzungen erfüllt sind, haben Eigentümer, Importeur oder Empfänger solcher Waren das Recht auf deren Freigabe nach Leistung einer Sicherheit in Höhe eines Betrags, der zum Schutze des Rechtsinhabers vor einer Verletzung ausreicht. Die Leistung einer solchen Sicherheit beeinträchtigt nicht den Rückgriff auf andere Abhilfemaßnahmen durch den Rechtsinhaber, wobei davon ausgegangen wird, daß die Sicherheit freigegeben wird, wenn der Rechtsinhaber nicht innerhalb angemessener Frist seinen Anspruch weiter verfolgt.

[12)] Hat ein Mitglied im wesentlichen alle Kontrollen über den Verkehr von Waren über seine Grenze mit einem anderen Mitglied, mit dem es Teil einer Zollunion bildet, abgebaut, so braucht es die Bestimmungen dieses Abschnitts an der betreffenden Grenze nicht anzuwenden.

Zu Artikel 51:

[1)] Es besteht Einverständnis, daß keine Verpflichtung besteht, solche Verfahren auf die Einfuhr von Waren anzuwenden, die in einem anderen Land vom Rechtsinhaber oder mit seiner Zustimmung in den Verkehr gebracht wurden, und auch nicht auf Transitwaren.

[2)] Im Sinne dieses Abkommens bedeutet: a) „nachgeahmte Markenerzeugnisse" Waren einschließlich ihrer Verpackung, die unbefugt eine Marke tragen, die mit einer rechtsgültig für solche Waren eingetragenen Marke identisch ist oder die sich nicht in ihren wesentlichen Merkmalen von einer solchen Marke unterscheiden läßt, und die dadurch nach Maßgabe des Rechts des Einfuhrlandes die Rechte des Inhabers der betreffenden Marke verletzen; b) „nachgeahmte urheberrechtlich geschützte Waren" Waren, die ohne Zustimmung des Rechtsinhabers oder der vom Rechtsinhaber im Lande der Erzeugung ordnungsgemäß bevollmächtigten Person hergestellte Nachahmungen sind und die unmittelbar oder mittelbar von einem Gegenstand gemacht wurden, dessen Nachahmung die Verletzung eines Urheberrechts oder eines verwandten Rechts nach Maßgabe des Rechts des Einfuhrlandes dargestellt hätte.

Artikel 54
Mitteilung der Aussetzung

Der Importeur und der Antragsteller werden umgehend von der Aussetzung der Feigabe[1] von Waren gemäß Artikel 51 in Kenntnis gesetzt.

Artikel 55
Dauer der Aussetzung

Wenn innerhalb einer Frist von nicht mehr als 10 Arbeitstagen nach der Mitteilung der Aussetzung an den Antragsteller die Zollbehörden nicht davon in Kenntnis gesetzt worden sind, daß ein zu einer Sachentscheidung führendes Verfahren von einer anderen Partei als dem Antragsgegner in Gang gesetzt worden ist oder daß die ordnungsgemäß bevollmächtigte Behörde einstweilige Maßnahmen getroffen hat, um die Aussetzung der Freigabe der Waren zu verlängern, sind die Waren freizugeben, sofern alle anderen Voraussetzungen für die Einfuhr oder Ausfuhr erfüllt sind; gegebenenfalls kann diese Frist um weitere 10 Arbeitstage verlängert werden. Wenn ein zu einer Sachentscheidung führendes Verfahren eingeleitet worden ist, findet auf Antrag des Antragsgegners eine Prüfung, die das Recht zur Stellungnahme einschließt, mit dem Ziel statt, innerhalb einer angemessenen Frist zu entscheiden, ob diese Maßnahmen geändert, widerrufen oder bestätigt werden sollen. Unbeschadet der vorstehenden Bestimmungen findet Artikel 50 Absatz 6 Anwendung, wenn die Aussetzung der Freigabe von Waren nach Maßgabe einer einstweiligen gerichtlichen Maßnahme durchgeführt oder fortgeführt wird.

Artikel 56
Entschädigung des Importeurs und des Eigentümers der Waren

Die zuständigen Behörden sind befugt, dem Antragsteller aufzuerlegen, dem Importeur, dem Empfänger und dem Eigentümer der Waren angemessenen Ersatz für alle Schäden zu leisten, die sie auf Grund der unrechtmäßigen Zurückhaltung von Waren oder auf Grund der Zurückhaltung von gemäß Artikel 55 freigegebenen Waren erlitten haben.

Artikel 57
Recht auf Besichtigung und Auskunft

Unbeschadet des Schutzes vertraulicher Auskünfte ermächtigen die Mitglieder die zuständigen Behörden, dem Rechtsinhaber ausreichend Gelegenheit zu bieten, die von den Zollbehörden zurückgehaltenen Waren besichtigen zu lassen, um seine Ansprüche begründen zu können. Die zuständigen Behörden haben ferner die Befugnis, dem Importeur entsprechend Gelegenheit zu bieten, solche Waren besichtigen zu lassen. Ist eine positive Sachentscheidung ergangen, können die Mitglieder die zuständigen Behörden ermächtigen, dem Rechtsinhaber Namen und Anschriften des Versenders, des Importeurs und des Empfängers und die Menge der fraglichen Waren mitzuteilen.

Artikel 58
Vorgehen von Amts wegen

Wenn Mitglieder die zuständigen Behörden anweisen, aus eigener Initiative tätig zu werden und die Freigabe von Waren auszusetzen, wobei ihnen ein prima-facie-Beweis für eine Verletzung eines Rechts des geistigen Eigentums vorliegt:

a) dürfen die zuständigen Behörden jederzeit vom Rechtsinhaber Informationen einholen, die ihnen bei der Ausübung ihrer Befugnisse helfen können;

b) werden Importeur und Rechtsinhaber unverzüglich von der Aussetzung in Kenntnis gesetzt. Hat der Importeur bei den zuständigen Behörden ein Rechtsmittel gegen die Aussetzung eingelegt, unterliegt die Aussetzung sinngemäß den im Artikel 55 festgelegten Bedingungen;

c) befreien die Mitglieder sowohl Behörden als auch Beamte nur dann von der Haftung, wenn ihre Handlungen im guten Glauben entweder vorgenommen wurden oder beabsichtigt waren.

Artikel 59
Abhilfemaßnahmen

Unbeschadet anderer Klagerechte des Rechtsinhabers und vorbehaltlich des Rechts des Antragsgegners, die Überprüfung durch eine Justizbehörde zu beantragen, sind die zuständigen Behörden befugt, die Vernichtung oder Beseitigung der verletzenden Waren gemäß den im Artikel 46 angeführten Grundsätzen anzuordnen. In bezug auf gefälschte Markenerzeugnisse gestatten die Behörden die Wiederausfuhr der verletzenden Waren in unverändertem Zustand nicht und unterwerfen sie nur unter besonderen Umständen einem anderen Zollverfahren.

Artikel 60
Einfuhren von geringen Mengen

Die Mitglieder sind befugt, kleine nicht für den Handel bestimmte Mengen von Waren, die sich im persönlichen Gepäck von Reisenden oder in Kleinsendungen befinden, von der Anwendung der vorstehenden Bestimmungen auszunehmen.

Zu Artikel 54:
[1] *Redaktionsversehen: richtig Freigabe*

5. ABSCHNITT: STRAFVERFAHREN

Artikel 61

Die Mitglieder sehen Strafverfahren und Strafen vor, die zumindest bei gewerbsmäßig vorsätzlicher Fälschung von Markenerzeugnissen oder gewerbsmäßig vorsätzlicher Nachahmung urheberrechtlich geschützter Waren Anwendung finden. Die vorgesehenen Abhilfemaßnahmen umfassen Haft und/oder Geldstrafen, die ausreichen, um abschreckend zu wirken, und dem Strafmaß entsprechen, das auf entsprechend schwere Straftaten anwendbar ist. Gegebenenfalls umfassen die vorzusehenden Abhilfemaßnahmen auch die Beschlagnahme, den Verfall und die Vernichtung der verletzenden Waren und aller Materialien und Werkzeuge, die vorwiegend dazu verwendet wurden, die Straftat zu begehen. Die Mitglieder können Strafverfahren und Strafen für andere Fälle der Verletzung der Rechte des geistigen Eigentums vorsehen, insbesondere wenn die Handlungen vorsätzlich und gewerbsmäßig begangen werden.

IV. TEIL

ERWERB UND AUFRECHTERHALTUNG DER RECHTE DES GEISTIGEN EIGENTUMS UND DAMIT IM ZUSAMMENHANG STEHENDE PARTEIENVERFAHREN

Artikel 62

1. Die Mitglieder sind befugt, als Voraussetzung für den Erwerb oder die Aufrechterhaltung der in den Abschnitten 2 bis 6 des II. Teils vorgesehenen Rechte des geistigen Eigentums die Beachtung angemessener Verfahren und Formalitäten vorzuschreiben. Solche Verfahren und Formalitäten müssen mit den Bestimmungen dieses Abkommens im Einklang stehen.

2. Wenn der Erwerb eines Rechts des geistigen Eigentums die Erteilung oder Eintragung des Rechts voraussetzt, stellen die Mitglieder sicher, daß vorbehaltlich der Erfüllung der materiellrechtlichen Bedingungen für den Erwerb des Rechts die Verfahren für die Erteilung oder Eintragung die Erteilung oder Eintragung innerhalb einer angemessenen Frist möglich machen, um eine ungerechtfertigte Verkürzung der Schutzfrist zu vermeiden.

3. Artikel 4 der Pariser Verbandsübereinkunft findet sinngemäß auf Dienstleistungsmarken Anwendung.

4. Die Verfahren betreffend den Erwerb oder die Aufrechterhaltung der Rechte des geistigen Eigentums und, sofern im innerstaatlichen Recht eines Mitglieds solche Verfahren vorgesehen sind, der Widerruf im Verwaltungswege und Parteienverfahren wie zum Beispiel Einspruch, Widerruf und Löschung, unterliegen den im Artikel 41 Absätze 2 und 3 dargelegten allgemeinen Grundsätzen.

5. Im Verwaltungswege erlassene Endentscheidungen in einem der im Absatz 4 angeführten Verfahren unterliegen der Nachprüfung durch ein Justiz- oder eine justizähnliche Behörde. Es besteht jedoch keine Verpflichtung, die Gelegenheit zu einer solchen Überprüfung von Entscheidungen in Fällen eines erfolglosen Einspruchs oder eines erfolglosen Widerrufs im Verwaltungswege vorzusehen, sofern die Gründe für solche Verfahren Gegenstand von Nichtigkeitsverfahren sein können.

V. TEIL

STREITVERHÜTUNG UND STREITBEILEGUNG

Artikel 63
Transparenz

1. Die Gesetze und Verordnungen sowie die allgemein anwendbaren gerichtlichen Endentscheidungen und Verwaltungsverfügungen, die in einem Mitglied in bezug auf den Gegenstand dieses Abkommens (die Verfügbarkeit, den Umfang, den Erwerb und die Durchsetzung der Rechte des geistigen Eigentums sowie die Verhütung ihres Mißbrauchs) rechtswirksam geworden sind, werden in einer Landessprache veröffentlicht oder, wenn eine solche Veröffentlichung nicht durchführbar ist, auf eine Art und Weise öffentlich zugänglich gemacht, die es Regierungen und Rechtsinhabern ermöglicht, sich damit vertraut zu machen. Zwischen der Regierung oder einer Regierungsbehörde eines Mitglieds und der Regierung oder einer Regierungsbehörde eines anderen Mitglieds in Kraft befindliche Abkommen über den Gegenstand dieses Abkommens werden gleichfalls veröffentlicht.

2. Die Mitglieder notifizieren dem Rat für TRIPS die im Absatz 1 genannten Gesetze und Verordnungen, um den Rat bei seiner Überprüfung der Durchführung dieses Abkommens zu unterstützen. Der Rat versucht, die im Zusammenhang mit der Erfüllung dieser Pflicht entstehende Belastung der Mitglieder möglichst gering zu halten und kann beschließen, auf die Verpflichtung zur Notifizierung dieser Gesetze und Verordnungen unmittelbar an den Rat zu verzichten, wenn Konsultationen mit der WIPO über die Einrichtung eines gemeinsamen Registers dieser Gesetze und Verordnungen erfolgreich sind. In diesem Zusammenhang berücksichtigt der Rat auch die im Hinblick auf die Notifizierung erforderlichen Maßnahmen, die sich in Erfüllung der aus diesem Abkommen erwachsenden Verpflich-

tungen aus den Bestimmungen des Artikels 6ter der Pariser Verbandsübereinkunft (1967) ergeben.

3. Jedes Mitglied ist bereit, in Beantwortung eines schriftlichen Ersuchens eines anderen Mitglieds die im Absatz 1 angeführten Informationen zur Verfügung zu stellen. Ein Mitglied, das Grund zur Annahme hat, daß eine konkrete gerichtliche Entscheidung oder Verwaltungsverfügung oder bilaterale Vereinbarung auf dem Gebiet der Rechte des geistigen Eigentums seine Rechte gemäß diesem Abkommen berührt, kann auch schriftlich darum ersuchen, Zugang zu solchen Entscheidungen oder Verwaltungsverfügungen oder bilateralen Vereinbarungen zu bekommen oder davon im einzelnen hinlänglich in Kenntnis gesetzt zu werden.

4. Durch die Bestimmungen der Absätze 1, 2 und 3 werden die Mitglieder nicht verpflichtet, vertrauliche Informationen offenzulegen, wenn dies die Durchsetzung der Gesetze behindern oder dem öffentlichen Interesse in sonstiger Weise zuwiderlaufen oder den legitimen kommerziellen Interessen bestimmter öffentlicher oder privater Unternehmen schaden würde.

Artikel 64
Streitbeilegung

1. Die Bestimmungen der Artikel XXII und XXIII des GATT 1994, ergänzt durch die Vereinbarung über Streitbeilegung, finden auf Konsultationen und die Streitbeilegung nach Maßgabe dieses Abkommens Anwendung, sofern hierin nicht bestimmte Ausnahmen vorgesehen sind.

2. Der Absatz 1 lit. b und c des Artikels XXIII des GATT 1994 findet während eines Zeitraums von fünf Jahren gerechnet vom Tag des Inkrafttretens des WTO-Abkommens an keine Anwendung auf die Streitbeilegung nach Maßgabe dieses Abkommens.

3. Während des im Absatz 2 genannten Zeitraums untersucht der Rat für TRIPS den Umfang und die Modalitäten für Beschwerden der im Absatz 1 lit. b und c des Artikels XXIII des GATT 1994 vorgesehenen Art, die nach Maßgabe dieses Abkommens erhoben werden, und legt seine Empfehlungen der Ministerkonferenz zur Genehmigung vor. Beschlüsse der Ministerkonferenz, diese Empfehlungen zu genehmigen oder den im Absatz 2 genannten Zeitraum zu verlängern, können nur im Konsens verfahren getroffen werden, und die genehmigten Empfehlungen werden für alle Mitglieder ohne weiteres formelles Annahmeverfahren rechtswirksam.

VI. TEIL
ÜBERGANGSVEREINBARUNGEN

Artikel 65
Übergangsvereinbarungen

1. Vorbehaltlich der Bestimmungen der Absätze 2, 3 und 4 ist kein Mitglied verpflichtet, die Bestimmungen dieses Abkommens vor Ablauf einer allgemeinen Frist von einem Jahr nach dem Tag des Inkrafttretens des WTO-Abkommens anzuwenden.

2. Ein Entwicklungsland-Mitglied ist berechtigt, die Anwendung der Bestimmungen dieses Abkommens, mit Ausnahme der Artikel 3, 4 und 5, um eine weitere Frist von vier Jahren ab dem im Absatz 1 festgelegten Tag aufzuschieben.

3. Andere Mitglieder, die sich im Übergang von einer zentralen Planwirtschaft zu einer freien Marktwirtschaft befinden und die im Begriffe sind, eine Strukturreform ihres Systems des geistigen Eigentums durchzuführen und bei der Erarbeitung und Umsetzung von Gesetzen und Verordnungen über das geistige Eigentum mit besonderen Problemen konfrontiert sind, dürfen ebenfalls einen Aufschub um die im Absatz 2 vorgesehene Frist nutzen.

4. Soweit ein Entwicklungsland-Mitglied durch dieses Abkommen verpflichtet wird, den Patentschutz für Gegenstände auf technologische Bereiche auszudehnen, die in seinem Gebiet am Tag der allgemeinen Anwendung dieses Abkommens auf dieses Mitglied nach Maßgabe des Absatzes 2 nicht patentierbar waren, darf es die Anwendung der Bestimmungen über Erzeugnispatente des 5. Abschnitts des II. Teils auf solche technologische Bereiche um eine weitere Frist von fünf Jahren aufschieben.

5. Ein Mitglied, das eine Übergangsfrist nach Maßgabe der Absätze 1, 2, 3 oder 4 nutzt, stellt sicher, daß während dieser Frist vorgenommene Änderungen seiner Gesetze, Verordnungen und Praxis nicht zu einem geringeren Grad der Vereinbarkeit mit den Bestimmungen dieses Abkommens führen.

Artikel 66
Am wenigsten entwickelte Mitgliedsländer

1. In Anbetracht der besonderen Bedürfnisse und Erfordernisse der am wenigsten entwickelten Mitgliedsländer, sowie ihrer wirtschaftlichen, finanziellen und administrativen Zwangslagen und ihres Bedürfnisses nach Flexibilität bei der Schaffung einer tragfähigen technologischen Grundlage sind solche Mitglieder während einer Frist von 10 Jahren ab dem Tag der Anwendung nach Maßgabe des Artikels 65 Absatz 1 nicht gehalten, die Bestimmungen dieses Abkommens, mit Ausnahme der Artikel 3, 4 und 5, anzuwen-

den. Der Rat für TRIPS gewährt auf ordnungsgemäß begründeten Antrag eines am wenigsten entwickelten Mitgliedslandes Verlängerungen dieser Frist.

2. Entwickelte Mitgliedsländer sehen für Unternehmen und Institutionen in ihrem Gebiet Anreize vor, um den Technologietransfer in die am wenigsten entwickelten Mitgliedsländer zu fördern und zu unterstützen, damit diese in die Lage versetzt werden, eine tragfähige technologische Grundlage zu schaffen.

Artikel 67
Technische Zusammenarbeit

Um die Umsetzung dieses Abkommens zu erleichtern, sehen die entwickelten Mitgliedsländer auf Antrag und zu gegenseitig vereinbarten Bedingungen technische und finanzielle Zusammenarbeit zugunsten von Entwicklungsland-Mitgliedern oder am wenigsten entwickelten Mitgliedsländern vor. Diese Zusammenarbeit umfaßt die Unterstützung bei der Erarbeitung von Gesetzen und Verordnungen zum Schutz und zur Durchsetzung der Rechte des geistigen Eigentums ebenso wie zur Verhinderung ihres Mißbrauchs und umfaßt auch die Unterstützung bei der Errichtung und Stärkung der für diese Angelegenheit wichtigen nationalen Ämter und Dienststellen, einschließlich der Ausbildung der Mitarbeiter.

VII. TEIL
INSTITUTIONELLE REGELUNGEN; SCHLUSSBESTIMMUNGEN

Artikel 68
Rat für handelsbezogene Aspekte der Rechte des geistigen Eigentums

Der Rat für TRIPS überwacht die Wirksamkeit dieses Abkommens und insbesondere die Erfüllung der hieraus erwachsenden Verpflichtungen durch die Mitglieder und bietet den Mitgliedern die Gelegenheit zu Konsultationen über Angelegenheiten im Zusammenhang mit den handelsbezogenen Aspekten der Rechte des geistigen Eigentums. Er erledigt die sonstigen Aufgaben, die ihm von den Mitgliedern übertragen werden, und bietet insbesondere jede von ihnen angeforderte Unterstützung im Rahmen der Streitbeilegung. Der Rat für TRIPS ist befugt, bei der Ausübung seiner Funktionen jede Quelle, die er für geeignet hält, zu konsultieren und von dort Informationen einzuholen. In Konsultationen mit der WIPO ist der Rat bestrebt, innerhalb eines Jahres nach seinem ersten Zusammentreten geeignete Vereinbarungen über eine Zusammenarbeit mit Organen dieser Organisation zu treffen.

Artikel 69
Internationale Zusammenarbeit

Die Mitglieder sind sich darin einig, mit dem Ziel zusammenzuarbeiten, den internationalen Handel mit Waren, die Rechte des geistigen Eigentums verletzen, zu verhindern. Zu diesem Zweck errichten sie Kontaktstellen in ihren Verwaltungen, die sie einander notifizieren, und sind zum Austausch von Informationen über den Handel mit rechtsverletzenden Waren bereit. Insbesondere fördern sie den Informationsaustausch und die Zusammenarbeit zwischen den Zollbehörden in bezug auf den Handel mit gefälschten Markenerzeugnissen und nachgeahmten urheberrechtlich geschützten Waren.

Artikel 70
Schutz bestehender Gegenstände

1. Aus diesem Abkommen ergeben sich keine Verpflichtungen in bezug auf Handlungen, die vor dem Tag der Anwendung dieses Abkommens auf das betreffende Mitglied vorgenommen wurden.

2. Sofern in diesem Abkommen nichts Gegenteiliges vorgesehen ist, ergeben sich aus diesem Abkommen Verpflichtungen in bezug auf sämtliche Gegenstände, die am Tag der Anwendung dieses Abkommens auf das betreffende Mitglied vorhanden und an diesem Tag in diesem Mitglied geschützt sind, oder die die Schutzvoraussetzungen nach Maßgabe dieses Abkommens erfüllen oder in der Folge erfüllen werden. In bezug auf diesen Absatz und die Absätze 3 und 4 bestimmen sich urheberrechtliche Verpflichtungen in bezug auf vorhandene Werke ausschließlich nach Artikel 18 der Berner Übereinkunft (1971) und Verpflichtungen in bezug auf die Rechte der Hersteller von Tonträgern und der ausübenden Künstler an vorhandenen Tonträgern bestimmen sich ausschließlich nach Artikel 18 der Berner Übereinkunft (1971), wie er durch Artikel 14 Absatz 6 dieses Abkommens für anwendbar erklärt wurde.

3. Es besteht keine Verpflichtung, den Schutz eines Gegenstandes wiederherzustellen, der am Tag der Anwendung dieses Abkommens auf das betreffende Mitglied gemeinfrei ist.

4. In bezug auf Handlungen hinsichtlich bestimmter Objekte, in denen ein geschützter Gegenstand verwendet wird, die nach Maßgabe der diesem Abkommen entsprechenden Rechtsvorschriften rechtsverletzend werden und die vor dem Tag der Annahme des WTO-Abkommens durch dieses Mitglied begonnen waren oder in bezug auf die eine bedeutende Investition vorgenommen worden war, kann jedes Mitglied eine Begrenzung der dem Rechtsinhaber zustehenden Abhilfemaßnahmen hinsichtlich der weiteren Vornahme solcher Handlungen nach dem Tag der Anwendung dieses Abkommens auf das betreffen-

de Mitglied vorsehen. In solchen Fällen sehen jedoch die Mitglieder zumindest die Zahlung einer angemessenen Vergütung vor.

5. Kein Mitglied ist verpflichtet, die Bestimmungen des Artikels 11 und des Artikels 14 Absatz 4 in bezug auf Originale oder Kopien anzuwenden, die vor dem Tag der Anwendung dieses Abkommens auf das betreffende Mitglied gekauft wurden.

6. Kein Mitglied ist gehalten, Artikel 31 oder das Erfordernis des Artikels 27 Absatz 1, wonach Patentrechte ohne Diskriminierung auf Grund des Gebiets der Technik ausgeübt werden können, auf eine Verwendung ohne die Erlaubnis des Rechtsinhabers anzuwenden, wenn die Ermächtigung zu einer solchen Verwendung von der Regierung vor dem Tag, an dem dieses Abkommen bekannt wurde, erteilt wurde.

7. Bei Rechten des geistigen Eigentums, deren Schutz von der Eintragung abhängig ist, dürfen Anträge auf Schutz, die am Tag der Anwendung dieses Abkommens auf das betreffende Mitglied anhängig sind, so abgeändert werden, daß ein nach Maßgabe dieses Abkommens vorgesehener verstärkter Schutz beansprucht wird. Solche Änderungen dürfen keine neuen Gegenstände einschließen.

8. Wenn ein Mitglied am Tag des Inkrafttretens des WTO-Abkommens keinen seinen Verpflichtungen gemäß Artikel 27 entsprechenden Patentschutz für pharmazeutische und agrochemische Waren vorsieht, wird dieses Mitglied:

a) unbeschadet der Bestimmungen des IV. Teils ab dem Tag des Inkrafttretens des WTO-Abkommens eine Möglichkeit für die Einreichung von Anmeldungen von Patenten für solche Erfindungen vorsehen;

b) auf diese Anmeldungen vom Tag der Anwendung dieses Abkommens an die in diesem Abkommen festgelegten Voraussetzungen für die Patentfähigkeit so anwenden, als würden diese Voraussetzungen am Tag der Anmeldung in diesem Mitglied oder, sofern Priorität zur Verfügung steht und in Anspruch genommen wird, am Prioritätstag der Anmeldung angewendet; und

c) Patentschutz nach Maßgabe dieses Abkommens ab der Erteilung des Patents und für die verbleibende Schutzdauer des Patents, gemäß Artikel 33 dieses Abkommens gerechnet vom Anmeldetag an, für diejenigen Anmeldungen vorsehen, die den in lit. b genannten Schutzvoraussetzungen entsprechen.

9. Wenn eine Ware Gegenstand einer Patentanmeldung in einem Mitglied gemäß Absatz 8 lit. a ist, werden unbeschadet der Bestimmungen des VI. Teils Vermarktungsrechte für eine Frist von fünf Jahren nach der Erlangung der Marktzulassung in diesem Mitglied oder bis zur Erteilung oder Zurückweisung eines Erzeugnispatents in diesem Mitglied gewährt, wobei die jeweils kürzere Frist gilt, vorausgesetzt, daß nach dem Inkrafttreten des WTO-Abkommens in einem anderen Mitglied eine Patentanmeldung eingereicht und die Marktzulassung in diesem anderen Mitglied erlangt wurde.

Artikel 71
Überprüfung und Änderungen

1. Der Rat für TRIPS überprüft die Umsetzung dieses Abkommens nach Ablauf der im Artikel 65 Absatz 2 genannten Übergangsfrist. Der Rat überprüft es unter Berücksichtigung der bei seiner Umsetzung gesammelten Erfahrungen zwei Jahre nach diesem Tag und danach in gleichen zeitlichen Abständen. Der Rat kann auch gegebenenfalls in Anbetracht einschlägiger neuer Entwicklungen, die eine Änderung dieses Abkommens oder einen Zusatz dazu rechtfertigen könnten, eine Überprüfung vornehmen.

2. Änderungen, die lediglich einer Anpassung an ein höheres Niveau des Schutzes der Rechte des geistigen Eigentums dienen, die in anderen Vereinbarungen erreicht wurden und in Kraft sind und die nach Maßgabe dieser Vereinbarungen von allen Mitgliedern des WTO-Abkommens angenommen wurden, können nach Maßgabe des Artikels X Absatz 6 des WTO-Abkommens auf der Grundlage eines im Wege des Konsenses vom Rat für TRIPS vorgelegten Vorschlags an die Ministerkonferenz überwiesen werden, damit sie die geeigneten Maßnahmen trifft.

Artikel 72
Vorbehalte

In bezug auf sämtliche Bestimmungen dieses Abkommens können Vorbehalte nicht ohne die Zustimmung der anderen Mitglieder eingelegt werden.

Artikel 73
Ausnahmen aus Sicherheitsgründen

Keine der Bestimmungen dieses Abkommens wird so ausgelegt, daß:

a) von einem Mitglied verlangt wird, Informationen vorzulegen, von denen es der Auffassung ist, daß ihre Preisgabe seinen wesentlichen Sicherheitsinteressen zuwiderläuft; oder

b) ein Mitglied daran gehindert wird, Maßnahmen zu treffen, die es für notwendig zum Schutz seiner wesentlichen Sicherheitsinteressen erachtet;

i) in bezug auf spaltbares Material oder das Material, aus dem
dieses gewonnen wird;

ii) in bezug auf den Handel mit Waffen, Munition und Kriegsgerät und auf den Handel mit anderen Waren, der unmittelbar oder mittelbar der

Belieferung einer militärischen Anlage oder Einrichtung dient;

iii) in Zeiten eines Kriegs oder einer anderen Notsituation in den internationalen Beziehungen; oder

c) ein Mitglied daran gehindert wird, Maßnahmen entsprechend seinen Verpflichtungen zur Aufrechterhaltung des internationalen Friedens und der Sicherheit nach Maßgabe der Charta der Vereinten Nationen zu treffen.

13/5. Vereinbarung über Regeln und Verfahren zur Streitbeilegung

BGBl 1995/1

Vereinbarung über Regeln und Verfahren zur Streitbeilegung

Artikel 1
Sachlicher Anwendungsbereich

1. Die Regeln und Verfahren dieser Vereinbarung finden auf Streitigkeiten, die nach den Konsultations- und Streitbeilegungsbestimmungen der in der Anlage 1 zu dieser Vereinbarung angeführten Abkommen und Übereinkommen anhängig gemacht worden sind (im folgenden „erfaßte Abkommen" genannt), Anwendung. Die Regeln und Verfahren dieser Vereinbarung finden auch Anwendung auf Konsultationen und Streitbeilegung zwischen Mitgliedern bezüglich ihrer Rechte und Pflichten nach den Bestimmungen des Abkommens zur Errichtung der Welthandelsorganisation (in dieser Vereinbarung „WTO-Abkommen" genannt) und dieser Vereinbarung, die getrennt oder in Verbindung mit anderen erfaßten Abkommen abgehalten werden.

2. Die Regeln und Verfahren dieser Vereinbarung finden vorbehaltlich solcher besonderer oder zusätzlicher Regeln und Verfahren über Streitbeilegung, die in den erfaßten Abkommen, wie in der Anlage 2 angeführt, enthalten sind, Anwendung. Besteht ein Unterschied zwischen den Regeln und Verfahren dieser Vereinbarung und den besonderen oder zusätzlichen Regeln und Verfahren der Anlage 2, ist den besonderen oder zusätzlichen Regeln und Verfahren der Vorrang einzuräumen. In Streitfällen, bei denen Regeln und Verfahren von mehr als einem erfaßten Abkommen berührt sind, falls sich eine Normenkollision zwischen besonderen oder zusätzlichen Regeln und Verfahren solcher Abkommen in Überprüfung befindet, die Streitparteien sich jedoch nicht über Regeln und Verfahren innerhalb von 20 Tagen nach Einsetzung des Untersuchungsausschusses einigen können, wird der Vorsitzende des im Artikel 2 Absatz 1 vorgesehenen Streitbeilegungsorgans (in dieser Vereinbarung „DSB" genannt) in Konsultationen mit den Streitparteien die zu befolgenden Regeln und Verfahren innerhalb von 10 Tagen nach Antragstellung eines der beiden Mitglieder festlegen. Der Vorsitzende läßt sich vom Grundsatz leiten, daß möglichst von besonderen oder zusätzlichen Regeln und Verfahren Gebrauch gemacht werden soll; auch sollen die in dieser Vereinbarung dargelegten Regeln und Verfahren bis zu dem notwendigen Umfang angewendet werden, um Normenkollisionen zu vermeiden.

Artikel 2
Vollziehung

1. Das Streitbeilegungsorgan wird zwecks Vollziehung dieser Regeln und Verfahren hiermit errichtet und wird, soweit nichts anderes in einem erfaßten Abkommen bestimmt ist, die Konsultations- und Streitbeilegungsbestimmungen der erfaßten Abkommen vollziehen. Demnach hat das DSB die Befugnis, Untersuchungsausschüsse einzusetzen, Berichte von Untersuchungsausschüssen und Berufungsorganen anzunehmen, Überwachung der Durchführung von Entschließungen und Empfehlungen wahrzunehmen sowie die Aussetzung von Zugeständnissen und anderen Verpflichtungen nach den erfaßten Abkommen zu genehmigen. Bezüglich Streitigkeiten, die sich aus einem erfaßten Plurilateralen Handelsabkommen ergeben, bezieht sich der darin verwendete Begriff „Mitglied" nur auf jene, die Mitglieder eines einschlägigen Plurilateralen Handelsabkommens sind. In Fällen, in denen das DSB die Streitbeilegungsbestimmungen eines Plurilateralen Handelsabkommens vollzieht, können nur jene Mitglieder, die Parteien jenes Abkommens sind, an Entscheidungen oder Aktionen teilnehmen, die vom DSB in bezug auf die gegenständliche Streitigkeit getroffen wurden.

2. Das DSB informiert die betreffenden WTO-Räte und Komitees von allen Entwicklungen in Streitfällen, die sich auf die Bestimmungen der in Frage kommenden erfaßten Abkommen beziehen.

3. Das DSB tagt so oft wie erforderlich, um seine Aufgaben innerhalb des in dieser Vereinbarung vorgesehenen Zeitrahmens zu erfüllen.

4. In Fällen, in denen die Regeln und Verfahren dieser Vereinbarung eine Entscheidung des DSB vorsehen, trifft es diese durch Konsens[1].

Zu Artikel 2:

[1] Eine Entscheidung des DSB in einer zur Prüfung vorgelegten Angelegenheit gilt als Konsens, wenn kein bei der Tagung des DSB, bei der die Entscheidung getroffen wird, anwesendes Mitglied formell gegen den Entscheidungsvorschlag Einspruch erhebt.

Artikel 3
Allgemeine Bestimmungen

1. Die Mitglieder bestätigen ihr Festhalten an den Grundsätzen für die Handhabung von Streitigkeiten, die bisher nach den Artikeln XXII und XXIII des GATT 1947 sowie die Regeln und Verfahren, wie sie hiezu weiter ausgearbeitet und geändert wurden.

2. Das Streitbeilegungssystem der WTO ist ein zentrales Element zur Gewährleistung von Sicherheit und Vorhersagbarkeit für das multilaterale Handelssystem. Die Mitglieder anerkennen, daß dies zur Erhaltung der Rechte und Pflichten der Mitglieder nach den erfaßten Abkommen und zur Klärung der bestehenden Bestimmungen jener Abkommen in Übereinstimmung mit den üblichen Auslegungsregeln des öffentlichen internationalen Rechts dient. Empfehlungen und Entschließungen des DSB können die in den erfaßten Abkommen vorgesehenen Rechte und Pflichten weder erweitern noch verringern.

3. Die sofortige Bereinigung von Situationen, in denen ein Mitglied vermeint, daß ihm Vorteile, die ihm unmittelbar oder mittelbar aus den erfaßten Abkommen erwachsen, durch Maßnahmen eines anderen Mitglieds beeinträchtigt werden, ist zum wirksamen Funktionieren der WTO und der Aufrechterhaltung eines richtigen Gleichgewichts zwischen den Rechten und Pflichten von Mitgliedern wesentlich.

4. Die vom DSB ausgesprochenen Empfehlungen und Entschließungen haben zum Ziele, eine zufriedenstellende Bereinigung der Angelegenheit in Übereinstimmung mit den Rechten und Pflichten gemäß dieser Vereinbarung und nach den erfaßten Abkommen herbeizuführen.

5. Alle Lösungen von Angelegenheiten, die formell nach den Bestimmungen für Konsultationen und Streitbeilegung der erfaßten Abkommen, einschließlich Schiedssprüche, geltend gemacht wurden, sind mit jenen Abkommen vereinbar und dürfen Vorteile, die einem Mitglied nach jenen Abkommen erwachsen, weder zunichtemachen noch beeinträchtigen, noch die Erreichung eines Zieles jener Abkommen behindern.

6. Einvernehmlich erzielte Lösungen in Angelegenheiten, die formell nach den Bestimmungen über Konsultationen und Streitbeilegung der erfaßten Abkommen geltend gemacht wurden, werden dem DSB und den betreffenden Räten und Komitees, wo jedes Mitglied jede sich darauf beziehende Angelegenheit vorbringen kann, notifiziert.

7. Vor Einbringung eines Falles hat das Mitglied selbst zu beurteilen, ob eine Aktion nach diesen Verfahren erfolgversprechend ist. Das Ziel der Streitbeilegungseinrichtung besteht darin, eine positive Lösung in einem Streitfall sicherzustellen. Eine für die Streitparteien beiderseits annehmbare Lösung, die auch mit den erfaßten Abkommen vereinbar ist, wird klarerweise vorgezogen. In Ermangelung einer beiderseits vereinbarten Lösung ist das erste Ziel der Streitbeilegungseinrichtung dahin gerichtet, üblicherweise die Zurücknahme der betreffenden Maßnahmen zu gewährleisten, wenn diese mit den Bestimmungen eines der erfaßten Abkommen als unvereinbar befunden wurden. Auf die Bestimmungen für einen Ausgleich soll nur dann Zuflucht genommen werden, wenn die unmittelbare Zurücknahme der Maßnahme untunlich ist und sich als vorübergehende Maßnahme bis zur Zurücknahme der Maßnahme, die mit einem erfaßten Abkommen unvereinbar ist, darstellt. Die letzte Zuflucht, die diese Vereinbarung Mitgliedern einräumt, die das Streitbeilegungsverfahren anrufen, besteht in der Möglichkeit der Aussetzung der Anwendung von Zugeständnissen oder anderer Verpflichtungen nach den erfaßten Abkommen auf diskriminierender Grundlage gegenüber dem anderen Mitglied, vorbehaltlich der Genehmigung solcher Maßnahmen durch das DSB.

8. In Fällen, in denen eine Verletzung von Verpflichtungen nach einem erfaßten Abkommen angenommen wird, wird diese Vorgangsweise zunächst als ein Fall von Zunichtemachung oder Beeinträchtigung angesehen. Das bedeutet, daß üblicherweise die Vermutung besteht, wonach eine Verletzung von Regeln eine schädliche Auswirkung auf andere Mitglieder jenes erfaßten Abkommens hat; in solchen Fällen obliegt es dem Mitglied, gegen das die Beschwerde erhoben wurde, die Beschuldigung zu entkräften.

9. Die Bestimmungen dieser Vereinbarung gelten unbeschadet der Rechte der Mitglieder, eine Auslegung von Bestimmungen eines erfaßten Abkommens durch Beschlußfassung nach dem WTO-Abkommen oder eines erfaßten Plurilateralen Handelsabkommens zu suchen.

10. Ersuchen um Streitschlichtung und die Inanspruchnahme des Streitbeilegungsverfahrens sollen nicht als streitbare Handlungen bestimmt sein oder angesehen werden; wenn sich Meinungsverschiedenheiten ergeben, werden sich alle Mitglieder im guten Glauben und mit dem Willen, die Meinungsverschiedenheiten zu bereinigen, mit diesen Verfahren beschäftigen. Es wird auch davon ausgegangen, daß Beschwerden und Gegenbeschwerden in verschiedenen Angelegenheiten nicht miteinander verknüpft werden sollen.

11. Diese Vereinbarung wird nur auf neue Ersuchen um Konsultationen nach den Konsultationsbestimmungen der erfaßten Abkommen angewendet, die ab dem Zeitpunkt des Inkrafttretens des WTO-Abkommens gestellt werden. Auf Meinungsverschiedenheiten, für die das Ersuchen um Konsultationen gemäß dem GATT 1947 oder nach einem anderen Vorgängerabkommen zu den erfaßten Abkommen vor dem Inkraftsetzungszeit-

punkt des WTO-Abkommens gestellt wurde, finden die einschlägigen Streitbeilegungsregeln und Streitbeilegungsverfahren weiter Anwendung[2)], die unmittelbar vor dem Zeitpunkt des Inkrafttretens dieser Vereinbarung wirksam gewesen sind.

12. Wenn eine auf eines der erfaßten Abkommen dieser Vereinbarung gestützte Beschwerde eines Entwicklungsland-Mitglieds gegen ein entwickeltes Mitgliedsland erhoben wird, hat die beschwerdeführende Partei unbeschadet des obigen Absatzes 11 das Recht, wahlweise die in den Artikeln 4, 5, 6 und 12 dieser Vereinbarung enthaltenen Bestimmungen, die entsprechenden Bestimmungen des Beschlusses der VERTRAGSPARTEIEN des GATT 1947 vom 5. April 1966 (BISD 14S/18) anzurufen, ausgenommen wenn der Untersuchungsausschuß erwägt, daß der im Absatz 7 vorgesehene Zeitrahmen dieses Beschlusses unzureichend ist, um seinen Bericht zu erstatten und im Einvernehmen mit der beschwerdeführenden Partei, den Zeitrahmen zu verlängern. Soweit ein Unterschied zwischen den Regeln und Verfahren der Artikel 4, 5, 6 und 12 und den entsprechenden Regeln und Verfahren des Beschlusses besteht, ist dem letzteren der Vorrang zu geben.

Artikel 4
Konsultationen

1. Die Mitglieder bekräftigen ihren Entschluß, die Wirksamkeit der von den Mitgliedern in Anspruch genommenen Konsultationsverfahren zu stärken.

2. Jedes Mitglied verpflichtet sich, wohlwollende Prüfung und ausreichende Gelegenheit für Konsultationen für von anderen Mitgliedern erhobene Vorstellungen bezüglich Maßnahmen zu gewähren, die die Durchführung der erfaßten Abkommen beeinträchtigen und die innerhalb des Gebietes des Vorgenannten[1)] getroffen wurden.

3. Wenn ein Konsultationsersuchen gemäß einem erfaßten Abkommen gestellt wurde, wird das Mitglied, an das das Ersuchen gerichtet wurde, sofern nichts anderes beiderseits vereinbart wird, dem Ersuchen binnen 10 Tagen nach dessen Erhalt antworten und wird in gutem Glauben innerhalb von nicht mehr als 30 Tagen ab dem Datum des Ersuchens in Konsultationen mit dem Ziel eintreten, eine beiderseits zufriedenstellende Lösung zu erreichen. Wenn das Mitglied nicht binnen 10 Tagen nach Erhalt des Ersuchens antwortet, oder innerhalb von nicht mehr als 30 Tagen oder innerhalb einer sonst beiderseits vereinbarten Frist vom Zeitpunkt des Ersuchens nicht in Konsultationen eintritt, dann kann das Mitglied, welches um die Abhaltung von Konsultationen ersucht hat, unmittelbar die Einsetzung eines Untersuchungsausschusses verlangen.

4. Alle derartigen Konsultationsersuchen sind dem DSB, den einschlägigen Räten und Komitees durch das Mitglied, das die Konsultationsersuchen gestellt hat, zu notifizieren. Jedes Konsultationsersuchen ist schriftlich vorzulegen und wird die Gründe für das Ersuchen enthalten, einschließlich der genauen Bezeichnung der strittigen Maßnahmen und der Angabe der Rechtsgrundlage für die Beschwerde.

5. Im Verlauf der Konsultationen gemäß den Bestimmungen eines erfaßten Abkommens sollen die Mitglieder versuchen, eine zufriedenstellende Regelung der Angelegenheit zu erreichen, bevor sie zu weiteren Aktionen nach dieser Vereinbarung Zuflucht nehmen.

6. Die Konsultationen sind vertraulich und erfolgen unbeschadet der Rechte der Mitglieder im weiteren Verfahren.

7. Wenn die Konsultationen innerhalb von 60 Tagen nach Erhalt des Konsultationsersuchens fehlschlagen, kann die beschwerdeführende Partei die Einsetzung eines Untersuchungsausschusses beantragen. Die beschwerdeführende Partei kann einen Untersuchungsausschuß während der 60-Tage-Frist verlangen, wenn die konsultierenden Parteien gemeinsam befinden, daß die Konsultationen zur Streitbeilegung fehlgeschlagen haben.

8. In dringenden Fällen, einschließlich verderbliche Waren betreffend, werden die Mitglieder innerhalb einer Frist von nicht mehr als 10 Tagen in Konsultationen eintreten, gerechnet ab dem Datum des Ersuchens. Wenn die Konsultationen zur Streitbeilegung innerhalb einer Frist von 20 Tagen nach Erhalt des Ersuchens fehlgeschlagen sind, kann die beschwerdeführende Partei die Einsetzung eines Untersuchungsausschusses verlangen.

9. In dringenden Fällen, einschließlich verderbliche Waren betreffend, werden die Streitparteien, Untersuchungsausschüsse und das Berufungsorgan alle Anstrengungen unternehmen, das Verfahren möglichst zu beschleunigen.

10. Während der Konsultationen sollen die Mitglieder besondere Aufmerksamkeit den besonderen Problemen und Interessen der Entwicklungsland-Mitglieder widmen.

11. Wenn immer ein Mitglied, ausgenommen das konsultierende Mitglied, erwägt, daß es an

---

Zu Artikel 3:

[2)] Dieser Absatz findet auch Anwendung auf Streitigkeiten, bei denen Berichte von Untersuchungsausschüssen nicht angenommen oder nicht zur Gänze durchgeführt wurden.

Zu Artikel 4:

[1)] In Fällen, in denen die Bestimmungen eines anderen erfaßten Abkommens, die Maßnahmen betreffen, die von regionalen oder lokalen Behörden innerhalb des Gebietes eines Mitglieds getroffen wurden, abweichende Regelungen von den Bestimmungen dieses Absatzes enthalten, haben die Bestimmungen eines solchen anderen erfaßten Abkommens Vorrang.

Konsultationen nach Artikel XXII Absatz 1 des GATT 1994, Artikel XXII Absatz 1 des GATS oder den betreffenden Bestimmungen in anderen erfaßten Abkommen[2)] ein wesentliches Interesse hat, kann ein solches Mitglied den konsultierenden Mitgliedern und dem DSB innerhalb von 10 Tagen nach Verteilung des Konsultationsersuchens gemäß dem besagten Artikel seinen Wunsch notifizieren, in die Konsultationen eingebunden zu werden. Ein solches Mitglied wird in die Konsultationen eingebunden, vorausgesetzt, daß das Mitglied, an welches das Konsultationsersuchen gerichtet wurde, zustimmt, daß der Anspruch eines wesentlichen Interesses wohl begründet ist. In diesem Fall informieren sie dementsprechend das DSB. Wenn das Ersuchen um Einbindung in die Konsultationen nicht angenommen wird, steht es dem ersuchenden Mitglied frei, Konsultationen nach Artikel XXII Absatz 1 oder XXIII Absatz 1 des GATT 1994, Artikel XXII Absatz 1 oder XXIII Absatz 1 des GATS oder die betreffenden Bestimmungen in anderen erfaßten Abkommen zu beantragen.

Artikel 5
Gute Dienste, Streitschlichtung und Vermittlung

1. Gute Dienste, Streitschlichtung und Vermittlung sind Verfahren, die freiwillig besorgt werden, wenn die Streitparteien zustimmen.

2. Verfahren, die auf gute Dienste, Streitschlichtung und Vermittlung abzielen, und im besonderen die von den Streitparteien während des Verfahrens eingenommenen Standpunkte sind vertraulich und unbeschadet der Rechte jeder der Parteien in der weiteren Vorgangsweise nach diesen Verfahren.

3. Gute Dienste, Streitschlichtung oder Vermittlung können jederzeit von jeder Streitpartei beantragt werden. Sie können jederzeit beginnen und jederzeit beendet werden. Sobald die Verfahren der guten Dienste, Streitschlichtung oder Vermittlung beendet sind, kann eine beschwerdeführende Partei mit einem Ersuchen um Einsetzung eines Untersuchungsausschusses das Verfahren fortsetzen.

4. Sobald gute Dienste, Streitschlichtung oder Vermittlung innerhalb von 60 Tagen nach Erhalt eines Konsultationsersuchens eingeleitet sind, muß die beschwerdeführende Partei eine Frist von 60 Tagen nach Erhalt des Konsultationsersuchens verstreichen lassen, bevor sie die Einsetzung eines Untersuchungsausschusses verlangen kann. Die beschwerdeführende Partei kann die Einsetzung eines Untersuchungsausschusses während der 60-Tage-Frist verlangen, wenn die Streitparteien gemeinsam befinden, daß die guten Dienste, Streitschlichtungs- oder Vermittlungsverfahren nicht dazu geführt haben, die Meinungsverschiedenheit zu bereinigen.

5. Wenn die Streitparteien einig sind, können die Verfahren über gute Dienste, Streitschlichtung oder Vermittlung während des Untersuchungsausschußverfahrens fortgesetzt werden.

6. Der Generaldirektor kann von Amts wegen gute Dienste, Streitschlichtung oder Vermittlung mit dem Ziel der Unterstützung der Mitglieder zur Streitbeilegung anbieten.

Artikel 6
Einsetzung von Untersuchungsausschüssen

1. Wenn die beschwerdeführende Partei darum ersucht, wird ein Untersuchungsausschuß spätestens bei der Tagung des DSB, die jener folgt, bei der das Ersuchen erstmalig als Tagesordnungspunkt des DSB aufscheint, eingesetzt, es sei denn, daß jene Tagung des DSB mit Konsens beschließt, keinen Untersuchungsausschuß einzusetzen[1)].

2. Das Ersuchen um Einsetzung eines Untersuchungsausschusses ist schriftlich zu stellen. Es gibt an, ob Konsultationen abgehalten wurden, bezeichnet genau die bestimmten strittigen Maßnahmen und stellt eine kurze Zusammenfassung der Rechtsgrundlage der Beschwerde ausreichend dar, um das Problem eindeutig aufzuzeigen. Falls der Antragsteller die Einsetzung eines Untersuchungsausschusses mit einem anderen als dem normalen Mandat beantragt, wird das schriftliche Ersuchen einen Textvorschlag für das besondere Mandat enthalten.

[2)] Die betreffenden Konsultationsbestimmungen in den erfaßten Abkommen sind folgende: Übereinkommen über die Landwirtschaft, Artikel 19; Übereinkommen über die Anwendung sanitärer und phytosanitärer Maßnahmen, Artikel 11 Absatz 1; Übereinkommen über Textilien und Bekleidung, Artikel 8 Absatz 4; Übereinkommen über technische Handelshemmnisse, Artikel 14 Absatz 1; Übereinkommen über handelsbezogene Investitionsmaßnahmen, Artikel 8; Übereinkommen zur Durchführung des Artikels VI des GATT 1994, Artikel 17 Absatz 2; Übereinkommen zur Durchführung des Artikels VI des GATT 1994, Artikel 19 Absatz 2; Übereinkommen über die Kontrolle vor dem Versand, Artikel 7; Übereinkommen über Ursprungsregeln, Artikel 7; Übereinkommen über Einfuhrlizenzverfahren, Artikel 6; Übereinkommen über Subventionen und Ausgleichsmaßnahmen, Artikel 30; Übereinkommen über Schutzmaßnahmen, Artikel 13; Übereinkommen über handelsbezogene Aspekte der Rechte an geistigem Eigentum, Artikel 64 Absatz 1; und alle entsprechenden Konsultationsbestimmungen in Plurilateralen Handelsabkommen, wie sie von den zuständigen Organen dieser Abkommen festgelegt und dem DSB notifiziert wurden.

Zu Artikel 6:

[1)] Wenn die beschwerdeführende Partei darum ersucht, wird eine Tagung des DSB zu diesem Zweck binnen 15 Tagen nach dem Ersuchen einberufen, vorausgesetzt, daß mindestens 10 Tage vorher eine Ankündigung dieser Tagung erfolgt.

Artikel 7
Mandat von Untersuchungsausschüssen

1. Untersuchungsausschüsse haben das folgende Mandat, außer die Streitparteien einigen sich binnen 20 Tagen ab Einsetzung des Untersuchungsausschusses in anderer Weise: „Prüfung im Lichte der einschlägigen Bestimmungen in (Name der/s betroffenen Abkommen/s, angegeben von den Streitparteien), der dem DSB im Dokument DS/... zugewiesenen Angelegenheit und Ausarbeitung solcher Feststellungen, die es dem DSB erlauben, Empfehlungen auszusprechen oder Regelungen zu treffen, die in jenem/jenen Abkommen vorgesehen sind."

2. Die Untersuchungsausschüsse werden sich mit den von den Streitparteien bezogenen einschlägigen Bestimmungen der erfaßten Abkommen befassen.

3. Bei der Einsetzung eines Untersuchungsausschusses kann das DSB seinen Vorsitzenden ermächtigen, das Mandat des Untersuchungsausschusses im Einvernehmen mit den Streitparteien, vorbehaltlich der Bestimmungen des Absatzes 1, auszuarbeiten. Das fertiggestellte Mandat wird an alle Mitglieder verteilt. Falls ein anderes als das Standardmandat vereinbart ist, kann jedes Mitglied jeglichen darauf bezughabenden Gegenstand im DSB zur Sprache bringen.

Artikel 8
Zusammensetzung von Untersuchungsausschüssen

1. Untersuchungsausschüsse bestehen aus gut qualifizierten Regierungsbeamten oder privaten Persönlichkeiten, einschließlich Personen, die bereits bei einem Untersuchungsausschuß beschäftigt waren oder einen Fall vor einen Untersuchungsausschuß gebracht haben, ferner die als Vertreter eines Mitglieds oder einer Vertragspartei des GATT 1947 oder Vertreter eines Rates oder Komitees eines erfaßten Abkommens oder seines Vorgängerabkommens, oder im Sekretariat, als Lehrer oder Autor des internationalen Handelsrechts oder -politik, oder als höherer Beamter für Handelspolitik eines Mitglieds tätig waren.

2. Ausschußmitglieder sollen im Hinblick auf ihre Unabhängigkeit, ihren ausreichend vielfältigen Werdegang und ihre weitreichende Erfahrung ausgewählt werden.

3. Staatsbürger von Mitgliedern, deren Regierungen[1)] Streitparteien oder Nebenbeteiligte im Sinne des Artikels 10 Absatz 2 sind, dürfen nicht bei einem Untersuchungsausschuß, der mit jenem Streitgegenstand befaßt ist, beschäftigt sein, außer wenn die Streitparteien etwas anderes vereinbaren.

4. Zur Unterstützung der Auswahl von Ausschußmitgliedern erstellt das Sekretariat eine indikative Liste von Regierungsbeamten und privaten Persönlichkeiten, die über die im Absatz 1 aufgezeigten Qualitäten verfügen, woraus im Bedarfsfall Ausschußmitglieder ausgewählt werden können.

Diese Liste enthält eine Aufstellung von privaten Ausschußmitgliedern, die am 30. November 1984 (BISD 31S/9) erstellt wurde, sowie andere Aufstellungen und indikative Listen, die nach einem der erfaßten Abkommen ausgearbeitet wurden und die die Namen der Personen in diesen Aufstellungen und indikativen Listen zum Zeitpunkt des Inkrafttretens des WTO-Abkommens beibehalten. Die Mitglieder können regelmäßig Namen von Regierungsbeamten und privaten Persönlichkeiten zur Aufnahme in die indikative Liste vorschlagen, wobei bedeutsame Informationen über ihre Kenntnis des internationalen Handels und der Abschnitte oder Verhandlungsgegenstände der erfaßten Abkommen zu beschaffen sind, wobei diese Namen nach Genehmigung durch das DSB der Liste hinzugefügt werden. Für jede Persönlichkeit auf der Liste wird die Liste die bestimmten Erfahrungsbereiche oder Fachwissen der Persönlichkeiten über die Abschnitte oder Verhandlungsgegenstände der erfaßten Abkommen benennen.

5. Untersuchungsausschüsse bestehen aus drei Ausschußmitgliedern, sofern nicht die Streitparteien innerhalb von 10 Tagen ab Einsetzung des Untersuchungsausschusses einvernehmlich die Zusammensetzung des Untersuchungsausschusses mit fünf Ausschußmitgliedern festlegen. Die Mitglieder werden unverzüglich über die Zusammensetzung des Untersuchungsausschusses informiert.

6. Das Sekretariat schlägt den Streitparteien Nominierungen für den Untersuchungsausschuß vor. Die Streitparteien werden keine Einwendungen gegen Nominierungen vorbringen, ausgenommen aus zwingenden Gründen.

7. Falls keine Einigung über die Ausschußmitglieder innerhalb von 20 Tagen ab Einsetzung des Untersuchungsausschusses erzielt wird, wird über Ersuchen eines der Streitparteien der Generaldirektor im Einvernehmen mit dem Vorsitzenden des DSB und dem Vorsitzenden des einschlägigen Rates oder Komitees den Untersuchungsausschuß durch Bestellung der Ausschußmitglieder einsetzen, die hiefür am geeignetsten gemäß den einschlägigen besonderen oder zusätzlichen Verfahren des erfaßten Abkommens nach Konsultierung der Streitparteien angesehen werden. Der Vorsitzende des DSB informiert die Mitglieder

Zu Artikel 8:

1) In Fällen, in denen Zollunionen oder Gemeinsame Märkte Streitparteien sind, findet diese Bestimmung auf Staatsbürger aller Mitgliedsländer der Zollunion oder Gemeinsamen Märkte Anwendung.

über die Zusammensetzung des auf diese Weise eingesetzten Untersuchungsausschusses spätestens 10 Tage nach Erhalt eines solchen Ersuchens.

8. Die Mitglieder verpflichten sich grundsätzlich, ihren Beamten zu gestatten, als Ausschußmitglieder zu fungieren.

9. Die Ausschußmitglieder üben ihren Dienst in ihrer persönlichen Eigenschaft und nicht als Regierungsvertreter oder Vertreter irgend einer Organisation aus. Die Regierungen erteilen ihnen daher keine Weisungen und versuchen auch nicht, sie als Einzelpersönlichkeiten in Angelegenheiten, die beim Untersuchungsausschuß anhängig sind, zu beeinflussen.

10. Wenn ein Streitfall zwischen einem Entwicklungsland-Mitglied und einem entwickelten Mitgliedsland besteht, umfaßt der Untersuchungsausschuß mindestens ein Ausschußmitglied aus einem Entwicklungsland-Mitglied, falls das Entwicklungsland-Mitglied darum ersucht.

11. Aufwendungen von Ausschußmitgliedern, einschließlich Reise- und Aufenthaltskosten, werden aus dem WTO-Budget getragen und zwar gemäß den vom Allgemeinen Rat angenommenen Kriterien, die sich auf Empfehlungen des Komitees für Budget, Finanzen und Verwaltung stützen.

Artikel 9
Verfahren für Mehrfachbeschwerdeführer

1. Wenn mehr als ein Mitglied um die Einsetzung eines Untersuchungsausschusses zur Behandlung derselben Angelegenheit ersucht, kann ein einziger Untersuchungsausschuß zur Prüfung dieser Beschwerden eingesetzt werden, wobei auf die Rechte aller betroffenen Mitglieder Bedacht genommen wird. Wenn immer möglich, soll nur ein Untersuchungsausschuß zur Prüfung solcher Beschwerden eingesetzt werden.

2. Der einzige Untersuchungsausschuß wird seine Prüfung organisieren und seine Ergebnisse dem DSB so vorlegen, daß die Rechte, welche die Streitparteien ausgeübt hätten, wenn gesonderte Untersuchungsausschüsse die Beschwerden geprüft hätten, in keiner Weise geschmälert werden. Wenn eine der Streitparteien darum ersucht, wird der Untersuchungsausschuß gesonderte Berichte über den in Rede stehenden Streitfall vorlegen. Die schriftlichen Vorlagen von jedem Beschwerdeführer werden den anderen Beschwerdeführern zur Verfügung gestellt; jeder Beschwerdeführer hat das Recht auf Anwesenheit, wenn einer der anderen Beschwerdeführer seine Ansichten beim Untersuchungsausschuß vorbringt.

3. Wenn mehr als ein Untersuchungsausschuß zur Prüfung der Beschwerden über dieselbe Angelegenheit eingesetzt ist, werden möglichst dieselben Personen als Ausschußmitglieder bei jedem der gesonderten Untersuchungsausschüsse fungieren; der Zeitplan für das Verfahren in den Untersuchungsausschüssen bei solchen Streitfällen wird abgestimmt.

Artikel 10
Nebenbeteiligte

1. Die Interessen der Streitparteien und jene anderer Mitglieder eines erfaßten Abkommens werden während des Untersuchungsverfahrens voll in Betracht gezogen.

2. Jedes Mitglied mit einem wesentlichen Interesse an einer dem Untersuchungsausschuß unterbreiteten Angelegenheit, das sein Interesse dem DSB (im folgenden „Nebenbeteiligter" genannt) mitgeteilt hat, hat die Möglichkeit, vom Untersuchungsausschuß gehört zu werden und schriftliche Stellungnahmen dem Untersuchungsausschuß vorzulegen. Diese Stellungnahmen werden auch den Streitparteien überreicht und finden im Bericht des Untersuchungsausschusses ihren Niederschlag.

3. Nebenbeteiligte erhalten die Stellungnahmen der Streitparteien für die erste Tagung des Untersuchungsausschusses.

4. Wenn ein Nebenbeteiligter vermeint, daß eine Maßnahme, die bereits Gegenstand eines Untersuchungsausschusses ist, Vorteile, die sich aus einem erfaßten Abkommen für ihn ergeben, zunichte macht oder schmälert, kann das Mitglied die üblichen Streitbeilegungsverfahren nach dieser Vereinbarung in Anspruch nehmen. Ein solcher Streitfall wird – wenn immer möglich – dem ursprünglichen Untersuchungsausschuß zugewiesen.

Artikel 11
Funktion von Untersuchungsausschüssen

Die Funktion von Untersuchungsausschüssen besteht darin, das DSB bei der Erfüllung seiner Aufgaben nach dieser Vereinbarung und den erfaßten Abkommen zu unterstützen. Demnach soll ein Untersuchungsausschuß eine objektive Würdigung der ihm vorgelegten Angelegenheit vornehmen, einschließlich einer objektiven Tatsachenfeststellung des Streitfalls sowie der Anwendbarkeit der und Vereinbarkeit mit den einschlägigen erfaßten Abkommen, und solche sonstige Feststellungen treffen, um das DSB bei der Ausarbeitung von Empfehlungen oder bei der Fassung von Entschließungen zu unterstützen, wie dies in den erfaßten Abkommen vorgesehen ist. Untersuchungsausschüsse sollen regelmäßig mit den Streitparteien konsultieren und ihnen ausreichende Gelegenheit zur Entwicklung einer beiderseits zufriedenstellenden Lösung einräumen.

Artikel 12
Verfahren des Untersuchungsausschusses

1. Untersuchungsausschüsse übernehmen die Arbeitsverfahren nach Anlage 3, außer der Untersuchungsausschuß entscheidet anders nach Konsultierung der Streitparteien.

2. Die Verfahren des Untersuchungsausschusses sollen genügend Spielraum aufweisen, um hochqualifizierte Ausschußberichte zu gewährleisten, wobei das Ausschußverfahren nicht ungebührlich verzögert werden soll.

3. Nach Konsultierung der Streitparteien legen die Ausschußmitglieder, so bald wie ausführbar und wann immer möglich, innerhalb einer Woche nach Zusammensetzung des Untersuchungsausschusses und Annahme seines Mandats den Zeitplan für das Verfahren im Untersuchungsausschuß fest, wobei zutreffendenfalls auf die Bestimmungen des Artikels 4 Absatz 9 Bedacht genommen wird.

4. Bei der Festlegung des Zeitplans für das Verfahren im Untersuchungsausschuß wird der Untersuchungsausschuß den Streitparteien genügend Zeit zur Ausarbeitung ihrer Stellungnahmen einräumen.

5. Die Untersuchungsausschüsse sollen genaue Termine für schriftliche Stellungnahmen durch die Parteien setzen und die Parteien sollen diese Termine beachten.

6. Jede Streitpartei hinterlegt ihre schriftlichen Stellungnahmen beim Sekretariat zur unverzüglichen Weiterleitung an den Untersuchungsausschuß und an die andere Streitpartei oder Streitparteien. Die beschwerdeführende Partei unterbreitet ihre erste Stellungnahme im Voraus vor der ersten Vorlage der beklagten Partei, außer wenn der Untersuchungsausschuß bei der Festlegung des Zeitplanes nach Absatz 3 und nach Konsultationen mit den Streitparteien beschließt, daß die Parteien ihre ersten Stellungnahmen gleichzeitig vorlegen sollen. Wenn Folgevereinbarungen für die Hinterlegung der ersten Stellungnahmen getroffen wurden, legt der Untersuchungsausschuß einen festen Zeitplan für den Erhalt der Stellungnahme der beklagten Partei fest. Alle folgenden schriftlichen Stellungnahmen werden gleichzeitig vorgelegt.

7. Wenn die Streitparteien an der Ausarbeitung einer beiderseits zufriedenstellenden Lösung gescheitert sind, legt der Untersuchungsausschuß seine Feststellungen in Form eines schriftlichen Berichts dem DSB vor. In solchen Fällen enthält der Ausschußbericht die Tatsachenfeststellungen, die Anwendbarkeit der einschlägigen Bestimmungen und die Würdigung der Feststellungen sowie die Empfehlungen. Wenn eine Bereinigung der Angelegenheit zwischen den Streitparteien erreicht worden ist, beschränkt sich der Bericht des Untersuchungsausschusses auf eine Kurzdarstellung des Falles mit der Berichterstattung, daß eine Lösung erzielt worden ist.

8. Um das Verfahren wirkungsvoller zu gestalten, darf die Frist, innerhalb der der Untersuchungsausschuß seine Prüfung durchführt, ab dem Zeitpunkt, zu dem die Zusammensetzung und das Mandat des Untersuchungsausschusses vereinbart worden sind, bis zum Zeitpunkt, zu dem der Schlußbericht an die Streitparteien verabschiedet wurde, im allgemeinen sechs Monate nicht überschreiten. In dringenden Fällen, einschließlich jener bezüglich verderblicher Waren, wird der Untersuchungsausschuß bestrebt sein, seinen Bericht an die Streitparteien innerhalb von drei Monaten zu verabschieden.

9. Wenn der Untersuchungsausschuß erwägt, daß er seinen Bericht innerhalb von sechs Monaten oder innerhalb von drei Monaten in dringenden Fällen nicht verabschieden kann, teilt er dem DSB die Gründe für die Verzögerung zusammen mit dem voraussichtlichen Zeitraum für die Fertigstellung des Berichts schriftlich mit. Keinesfalls soll der Zeitraum ab Einsetzung des Untersuchungsausschusses bis zur Verteilung des Berichts an die Mitglieder neun Monate überschreiten.

10. Im Zusammenhang mit Konsultationen über eine von einem Entwicklungsland-Mitglied getroffene Maßnahme können die Parteien die im Artikel 4 Absätze 7 und 8 festgesetzten Fristen erstrecken. Wenn nach Ablauf der betreffenden Frist die konsultierenden Parteien nicht übereinstimmen, daß die Konsultationen abgeschlossen sind, entscheidet der Vorsitzende des DSB nach Konsultationen mit den Parteien, ob und gegebenenfalls wie lang die betreffende Frist erstreckt wird. Darüber hinaus wird der Untersuchungsausschuß bei der Prüfung einer Beschwerde gegen ein Entwicklungsland-Mitglied diesem ausreichend Zeit zur Vorbereitung und Darlegung seiner Beweisführung einräumen. Die Bestimmungen des Artikels 20 Absatz 1 und des Artikels 21 Absatz 4 werden durch ein Vorgehen gemäß diesem Absatz nicht berührt.

11. Wenn eine oder mehrere Parteien Entwicklungsland-Mitglieder sind, gibt der Bericht des Untersuchungsausschusses ausdrücklich an, in welcher Form die einschlägigen Bestimmungen über differenzierte und günstigere Behandlung der Entwicklungsland-Mitglieder in Betracht gezogen worden sind, die Teil von erfaßten Abkommen sind, und die im Laufe der Streitregelungsverfahren durch das Entwicklungsland-Mitglied vorgebracht worden sind.

12. Der Untersuchungsausschuß kann auf Antrag der beschwerdeführenden Partei seine Arbeit jederzeit für einen zwölf Monate nicht überschreitenden Zeitraum aussetzen. In diesem Falle werden die in den Absätzen 8 und 9 dieses Artikels, im Artikel 20 Absatz 1 und im Artikel 21 Absatz 4 festgelegten Zeitrahmen im Ausmaß der

Zeit der Aussetzung erstreckt. Wenn die Tätigkeit des Untersuchungsausschusses für mehr als zwölf Monate ausgesetzt wurde, ist die Berechtigung zur Einsetzung des Untersuchungsausschusses beendet.

Artikel 13
Recht auf Auskünfte

1. Jeder Untersuchungsausschuß hat das Recht, Auskünfte und technischen Rat von jeder ihm geeignet erscheinenden Person oder Stelle einzuholen. Bevor ein Untersuchungsausschuß jedoch Auskünfte oder Rat von Personen oder Stellen innerhalb der Hoheitsgewalt eines Mitglieds einholt, wird er die Behörden dieses Mitglieds davon in Kenntnis setzen. Ein Mitglied soll jedem Antrag eines Untersuchungsausschusses auf Information, die dieser als notwendig und angemessen erachtet, unverzüglich und voll entsprechen. Zur Verfügung gestellte vertrauliche Angaben werden ohne formelle Zustimmung der betreffenden Person, Stellen oder Behörden des Mitglieds, die die Angaben zur Verfügung gestellt haben, nicht preisgegeben.

2. Untersuchungsausschüsse können von jeder einschlägigen Quelle Auskünfte einholen und Sachverständige konsultieren, um deren Meinung zu bestimmten Aspekten der Angelegenheit zu hören. Hinsichtlich eines Tatsachenstreits über eine von einer Streitpartei vorgebrachten wissenschaftlichen oder technischen Frage kann der Untersuchungsausschuß ein schriftliches Gutachten von einer Sachverständigenprüfgruppe anfordern. Die Regeln für die Einsetzung einer solchen Gruppe und ihre Verfahren sind in der Anlage 4 enthalten.

Artikel 14
Vertraulichkeit

1. Die Beratungen der Untersuchungsausschüsse sind vertraulich.

2. Die Berichte der Untersuchungsausschüsse werden ohne Beisein der Streitparteien im Lichte der zur Verfügung gestellten Auskünfte und Erklärungen verfaßt.

3. Die im Bericht des Untersuchungsausschusses von einzelnen seiner Mitglieder vorgetragenen Meinungen sind anonym.

Artikel 15
Stadium der Zwischenprüfung

1. Nach der Prüfung der Gegendarstellung und mündlichen Vorbringen verfaßt der Untersuchungsausschuß die beschriebenen (Sachverhalt und Beweisführung) Abschnitte seines Berichtsentwurfs an die Streitparteien. Innerhalb der vom Untersuchungsausschuß festgesetzten Frist nehmen die Parteien schriftlich Stellung.

2. Nach Ablauf der für die Stellungnahmen der Streitparteien gesetzten Frist verfaßt der Untersuchungsausschuß einen Zwischenbericht an die Parteien, der sowohl die beschreibenden Abschnitte wie auch die Tatsachenfeststellungen und Schlußfolgerungen des Untersuchungsausschusses enthält. Innerhalb einer vom Untersuchungsausschuß festgesetzten Frist kann eine Partei einen schriftlichen Antrag an den Untersuchungsausschuß um Überprüfung bestimmter Aspekte des Zwischenberichts vor Verteilung des endgültigen Berichts an die Mitglieder stellen. Auf Antrag einer Partei hält der Untersuchungsausschuß eine weitere Sitzung mit den Parteien über die in den schriftlichen Stellungnahmen festgestellten strittigen Punkte ab. Wenn innerhalb der Frist für Stellungnahmen von den Streitparteien keine Stellungnahmen einlangen, gilt der Zwischenbericht als endgültiger Bericht des Untersuchungsausschusses und wird unverzüglich an die Mitglieder verteilt.

3. Die Tatsachenfeststellungen des endgültigen Berichts des Untersuchungsausschusses enthalten die im Stadium der Zwischenprüfung durchgeführten Erörterungen der Beweise. Das Stadium der Zwischenprüfung wird in dem im Artikel 12 Absatz 8 festgelegten Zeitraum abgewickelt.

Artikel 16
Annahme der Berichte der Untersuchungsausschüsse

1. Um den Mitgliedern ausreichend Zeit zur Prüfung der Berichte der Untersuchungsausschüsse zu geben, gelten diese Berichte als vom DSB erst 20 Tage nach dem Datum ihrer Verteilung an die Mitglieder angenommen.

2. Mitglieder, die Einwände gegen den Bericht eines Untersuchungsausschusses haben, werden die Gründe für ihre Einwände schriftlich mindestens 10 Tage vor der Tagung des DSB, bei welcher der Bericht des Untersuchungsausschusses beraten wird, verteilen.

3. Die Streitparteien haben das Recht, an den Beratungen des Berichts des Untersuchungsausschusses durch das DSB voll teilzunehmen; ihre Meinungen werden voll zu Protokoll genommen.

4. Innerhalb von 60 Tagen nach Verteilung des Berichts eines Untersuchungsausschusses an die Mitglieder wird der Bericht bei einer Tagung des DSB[1] angenommen, sofern nicht eine Streitpartei

---

Zu Artikel 16:

[1] Falls eine Tagung des DSB innerhalb dieses Zeitraums nicht geplant ist, und zwar zu einer Zeit, die die Erfordernisse nach Artikel 16 Absatz 4 für eine Tagung ermöglicht, wird eine Tagung des DSB zu diesem Zweck abgehalten.

dem DSB schriftlich seine Entscheidung, Berufung einzulegen, mitteilt oder das DSB durch Konsens entscheidet, den Bericht nicht anzunehmen. Wenn eine Partei ihre Entscheidung, Berufung einzulegen, mitgeteilt hat, gilt der Bericht des Untersuchungsausschusses bis nach Abschluß des Berufungsverfahrens nicht als vom DSB angenommen. Wenn eine Partei ihre Entscheidung, Berufung einzulegen, notifiziert hat, gilt der Bericht des Untersuchungsausschusses bis zum Abschluß des Berufungsverfahrens nicht als vom DSB angenommen. Dieses Annahmeverfahren beeinträchtigt nicht das Recht der Mitglieder, ihre Meinungen zum Bericht des Untersuchungsausschusses kundzutun.

Artikel 17
Berufungsverfahren

Ständiges Berufungsorgan

1. Ein Ständiges Berufungsorgan wird vom DSB errichtet. Das Berufungsorgan verhandelt Berufungen von Fällen des Untersuchungsausschusses. Es besteht aus sieben Personen, drei von ihnen sind mit jedem Fall beschäftigt. Die im Berufungsorgan tätigen Personen sind abwechselnd tätig. Ein derartiger Stellenwechsel wird in den Arbeitsregelungen des Berufungsorgans festgelegt.

2. Das DSB bestellt Personen, die im Berufungsorgan für eine Vierjahresdauer tätig sind; jede Person kann einmal wiederbestellt werden. Jedoch laufen die Amtszeiten von – durch das Los bestimmten – drei der sieben Personen, die unmittelbar nach dem Inkrafttreten des WTO-Abkommens bestellt worden sind, nach zwei Jahren ab. Sobald freie Stellen entstehen, werden sie besetzt. Wenn eine Person als Ersatz für eine andere Person bestellt wurde, deren Amtszeit noch nicht abgelaufen ist, bekleidet sie das Amt als Anwärter für die Zeit des Vorgängers.

3. Das Berufungsorgan umfaßt Personen mit anerkanntem Ansehen, rechtskundigem Fachwissen, Fachwissen auf dem Gebiet des internationalen Handels und in Angelegenheiten der erfaßten Abkommen im allgemeinen. Sie dürfen von keiner Regierung abhängig sein. Die Mitgliedschaft im Berufungsorgan entspricht weitgehend der Mitgliedschaft in der WTO. Alle Personen, die im Berufungsorgan tätig sind, werden jederzeit und kurzfristig verfügbar sein und stehen nebeneinander Streitbeilegungstätigkeiten und anderen einschlägigen Tätigkeiten der WTO zur Verfügung. Sie nehmen an keiner Prüfung bei Meinungsverschiedenheiten teil, die unmittelbar oder mittelbar einen Interessenskonflikt auslösen würden.

4. Nur Streitparteien, nicht aber Nebenbeteiligte, können gegen einen Bericht des Untersuchungsausschusses Berufung einlegen. Nebenbeteiligte, die ein wesentliches Interesse dem DSB in Angelegenheiten nach Artikel 10 Absatz 2 notifiziert haben, können schriftliche Stellungnahmen beim Berufungsorgan einbringen, wobei Gelegenheit für eine Anhörung geboten wird.

5. Im allgemeinen darf das Verfahren 60 Tage ab dem Zeitpunkt, zu dem eine Streitpartei formell seine Entscheidung notifiziert, Berufung einzulegen, bis zum Zeitpunkt zu dem das Berufungsorgan seinen Bericht verteilt, nicht überschreiten. Bei der Festlegung des Zeitplans zieht das Berufungsorgan gegebenenfalls die Bestimmungen des Artikels 4 Absatz 9 in Betracht. Wenn das Berufungsorgan vermeint, daß es seinen Bericht innerhalb von 60 Tagen nicht fertigstellen kann, wird es dem DSB schriftlich die Gründe der Verzögerung und die voraussichtliche Frist innerhalb der es den Bericht vorlegen wird bekanntgeben. Keinesfalls darf das Verfahren 90 Tage überschreiten.

6. Eine Berufung wird sich auf die vom Bericht des Untersuchungsausschusses erfaßten strittigen Rechtsfragen und die vom Untersuchungsausschuß entwickelten Rechtsauslegungen beschränken.

7. Das Berufungsorgan wird im erforderlichen Ausmaß mit angemessener verwaltungsmäßiger und rechtlicher Unterstützung ausgestattet.

8. Aufwendungen von Personen, die im Berufungsorgan tätig sind, einschließlich Reise- und Aufenthaltskosten, werden aus dem WTO-Budget getragen und zwar gemäß den vom Allgemeinen Rat angenommenen Kriterien, die sich auf Empfehlungen des Komitees für Budget, Finanzen und Verwaltung stützen.

Berufungsverfahren

9. Arbeitsverfahren werden vom Berufungsorgan im Einvernehmen mit dem Vorsitzenden des DSB und dem Generaldirektor ausgearbeitet und den Mitgliedern zu ihrer Information mitgeteilt.

10. Das Verfahren des Berufungsorgans ist vertraulich. Die Berichte des Berufungsorgans werden in Abwesenheit der Streitparteien und im Lichte der vorgelegten Informationen und abgegebenen Stellungnahmen ausgearbeitet.

11. Im Bericht des Berufungsorgans ausgedrückte Meinungen von Personen, die im Berufungsorgan tätig sind, sind anonym.

12. Das Berufungsorgan wird jeden gemäß Absatz 6 während des Berufungsverfahrens vorgebrachten Streitpunkt behandeln.

13. Das Berufungsorgan kann die rechtlichen Feststellungen und Schlußfolgerungen des Untersuchungsausschusses aufrechterhalten, ändern oder aufheben.

Annahme des Berichts des Berufungsorgans

14. Ein Bericht des Berufungsorgans wird vom DSB angenommen und von den Streitparteien bedingungslos angenommen, außer das DSB

entscheidet durch Konsens, den Bericht des Berufungsorgans innerhalb von 30 Tagen nach dessen Verteilung an die Mitglieder nicht anzunehmen[1]. Dieses Annahmeverfahren beeinträchtigt nicht das Recht der Mitglieder ihre Meinungen zum Bericht des Berufungsorgans kundzutun.

Artikel 18
Verbindungen zum Untersuchungsausschuß oder Berufungsorgan

1. Es bestehen keine Querverbindungen zum Untersuchungsausschuß oder Berufungsorgan über Angelegenheiten, die beim Untersuchungsausschuß oder beim Berufungsorgan in Prüfung sind.

2. Schriftliche Stellungnahmen an den Untersuchungsausschuß oder an das Berufungsorgan sind vertraulich zu behandeln, jedoch den Streitparteien zur Verfügung zu stellen. Nichts in dieser Vereinbarung hindert eine Streitpartei daran, Erklärungen seiner eigenen Lage der Öffentlichkeit bekanntzugeben. Die Mitglieder behandeln die von einem anderen Mitglied dem Untersuchungsausschuß oder dem Berufungsorgan vorgelegten Informationen vertraulich, die dieses Mitglied als vertraulich bezeichnet hat. Eine Streitpartei wird jedoch auf Ersuchen eines Mitglieds eine nichtvertrauliche Zusammenfassung der in den schriftlichen Vorlagen enthaltenen Angaben ausarbeiten, die der Öffentlichkeit bekanntgegeben werden könnte.

Artikel 19
Empfehlungen des Untersuchungsausschusses und des Berufungsorgans

1. Wenn ein Untersuchungsausschuß oder das Berufungsorgan beschließt, daß eine Maßnahme mit einem erfaßten Abkommen unvereinbar ist, wird er (es) empfehlen, daß das betreffende Mitglied[1] die Maßnahmen mit dem Übereinkommen vereinbar macht[2]. Zusätzlich zu diesen Empfehlungen kann der Untersuchungsausschuß oder das Berufungsorgan Wege vorschlagen, wie das betreffende Mitglied die Empfehlungen erfüllen kann.

2. In Übereinstimmung mit Artikel 3 Absatz 2 können der Unterausschuß und das Berufungsorgan in ihren Feststellungen und Empfehlungen die in den erfaßten Abkommen vorhandenen Rechte und Pflichten nicht erweitern oder einschränken.

Artikel 20
Zeitrahmen für die Entscheidungen des DSB

Sofern die Streitparteien nichts anderes vereinbaren, wird die Frist von der Einsetzung des Untersuchungsausschusses durch das DSB bis zur Beratung des Berichts des Untersuchungsausschusses oder Annahme des Berufungsberichts im allgemeinen neun Monate nicht überschreiten, wenn gegen den Bericht des Untersuchungsausschusses nicht berufen wird, oder zwölf Monate, wenn dagegen berufen wird. Wenn entweder der Untersuchungsausschuß oder das Berufungsorgan gemäß Artikel 12 Absatz 9 oder Artikel 17 Absatz 5 die Frist für die Ausarbeitung des Berichts erstreckt, wird die zusätzliche Zeitspanne den vorhin erwähnten Fristen hinzugefügt.

Artikel 21
Überwachung der Durchführung der Empfehlungen und Entschließungen

1. Unverzügliche Erfüllung der Empfehlungen und Entschließungen des DSB ist wesentlich, um eine wirksame Lösung von Streitigkeiten zum Vorteil aller Mitglieder sicherzustellen.

2. Besondere Aufmerksamkeit wird Fragen, die die Interessen der Entwicklungsland-Mitglieder berühren, im Hinblick auf der der Streitbeilegung unterworfenen Maßnahmen gewidmet.

3. Bei einer innerhalb von 30 Tagen[1] nach Annahme des Berichts des Untersuchungsausschusses oder des Berufungsorgans stattfindenden Tagung des DSB teilt das betreffende Mitglied dem DSB seine Absichten in bezug auf die Durchführung der Empfehlungen und Entschließung des DSB mit. Wenn es unmöglich ist, die Empfehlungen und Entschließungen unverzüglich zu erfüllen, erhält das betreffende Mitglied einen angemessenen Zeitraum hierfür. Der angemessene Zeitraum wird sein:

a) der vom betroffenen Mitglied vorgeschlagene Zeitraum, vorausgesetzt, daß dieser vom DSB gebilligt wird oder in Ermangelung einer solchen Billigung

b) ein von den Streitparteien innerhalb von 45 Tagen nach Annahme der Empfehlungen oder Entschließungen gemeinsam vereinbarter Zeitraum;

Zu Artikel 17:

[1] Falls eine Tagung des DSB während dieses Zeitraums nicht vorgesehen ist, wird eine Tagung des DSB für diesen Zweck abgehalten.

Zu Artikel 19:

[1] Das „betreffende Mitglied" ist die Streitpartei, an welche das Berufungsorgan Empfehlungen richtet.

[2] Hinsichtlich der Empfehlungen in Fällen, die keine Verletzung des GATT 1994 oder eines anderen erfaßten Abkommens nach sich ziehen, siehe Artikel 26.

Zu Artikel 21:

[1] Wenn innerhalb dieser Frist keine Tagung des DSB vorgesehen ist, wird eine solche Tagung zu diesem Zweck abgehalten.

oder in Ermangelung einer solchen Vereinbarung

c) ein durch bindenden Schiedsspruch innerhalb von 90 Tagen nach Annahme der Empfehlungen oder Entschließungen bestimmter Zeitraum[2]. In einem solchen Schiedsverfahren soll als Richtlinie für den Schiedsrichter[3] gelten, daß der angemessene Zeitraum für die Durchführung der Empfehlungen des Untersuchungsausschusses oder des Berufungsorgans 15 Monate nach Annahme des Berichts des Untersuchungsausschusses oder des Berufungsorgans nicht überschritten werden soll. Dieser Zeitraum kann jedoch den Umständen entsprechend kürzer oder länger sein.

4. Sofern nicht der Untersuchungsausschuß oder das Berufungsorgan gemäß Artikel 12 Absatz 9 oder Artikel 17 Absatz 5 die Frist für die Vorlage des Berichts verlängert hat, wird die Frist von der Einsetzung des Untersuchungsausschusses durch das DSB bis zur Festsetzung des angemessenen Zeitraums 15 Monate nicht überschreiten, es sei denn, die Streitparteien einigen sich anders. Wenn entweder der Untersuchungsausschuß oder das Berufungsorgan die Frist für die Vorlage des Berichts erstreckt hat, wird die verfügbare Zeit der Frist von 15 Monaten hinzugefügt; der gesamte Zeitraum wird 18 Monate nicht überschreiten, es sei denn, die Streitparteien einigen sich, daß außerordentliche Umstände vorliegen.

5. Wenn eine Meinungsverschiedenheit über das Vorliegen oder die Übereinstimmung von Maßnahmen besteht, die zu treffen sind, um die Empfehlungen und Entschließungen zu erfüllen, wird ein solcher Streit durch Heranziehung dieser Streitbeilegungsverfahren entschieden, einschließlich des Rückgriffs auf den ursprünglichen Untersuchungsausschuß, wenn immer möglich. Der Untersuchungsausschuß wird seinen Bericht innerhalb von 90 Tagen, nachdem ihm die Angelegenheit übertragen wurde, verteilen. Wenn der Untersuchungsausschuß der Meinung ist, diese Frist nicht einhalten zu können, wird er dem DSB die Gründe für die Verzögerung und die voraussichtliche Frist, in der er den Bericht vorlegen wird, schriftlich mitteilen.

6. Das DSB überwacht die Durchführung der angenommenen Empfehlungen oder Entschließungen. Die Frage der Durchführung der Empfehlungen oder Entschließungen kann nach Annahme durch jedes Mitglied zu jeder Zeit im DSB aufgeworfen werden. Die Frage der Durchführung der Empfehlungen oder Entschließungen wird, sofern das DSB nicht anders entscheidet, auf die Tagesordnung der Tagung des DSB sechs Monate nach der Festsetzung des angemessenen Zeitraums gemäß Absatz 3 gesetzt und bleibt bis zur Lösung der Angelegenheit auf der Tagesordnung des DSB. Mindestens 10 Tage vor jeder derartigen Tagung des DSB stellen die betreffenden Mitglieder dem DSB einen schriftlichen Fortschrittsbericht betreffend die Durchführung der Empfehlungen oder Entschließungen zur Verfügung.

7. Wenn eine Angelegenheit von einem Entwicklungsland-Mitglied aufgeworfen worden ist, prüft das DSB, welche weiteren den Umständen entsprechenden Tätigkeiten es durchführen kann.

8. Wenn eine Angelegenheit von einem Entwicklungsland-Mitglied vorgebracht worden ist, zieht das DSB bei Prüfung, welche entsprechenden Tätigkeiten durchgeführt werden können, nicht nur den Handelsumfang der beanstandeten Maßnahmen, sondern auch ihren Einfluß auf die Wirtschaft des betreffenden Entwicklungsland-Mitglieds in Betracht.

Artikel 22
Ausgleich und Aussetzung von Zugeständnissen

1. Ausgleich und Aussetzung von Zugeständnissen und anderen Verpflichtungen sind zeitlich befristete Maßnahmen für den Fall, daß die Empfehlungen und Entschließungen nicht innerhalb eines angemessenen Zeitraums erfüllt werden. Weder Ausgleich noch Aussetzung von Zugeständnissen oder anderen Verpflichtungen wird jedoch der vollen Erfüllung einer Empfehlung vorgezogen, um eine Maßnahme mit den erfaßten Abkommen in Übereinstimmung zu bringen. Ausgleich ist freiwillig und muß, wenn er gewährt wird, mit den erfaßten Abkommen übereinstimmen.

2. Wenn das betreffende Mitglied verabsäumt, die mit einem erfaßten Abkommen als unvereinbar befundene Maßnahme mit diesem in Einklang zu bringen oder in anderer Weise den Empfehlungen und Entschließungen innerhalb des gemäß Artikel 21 Absatz 3 festgesetzten angemessenen Zeitraums zu entsprechen, wird dieses Mitglied auf Ersuchen und nicht später als am Ende des angemessenen Zeitraums mit jeder Partei, die Streitbeilegungsverfahren angestrengt hat, in Verhandlungen eintreten, um einen beiderseits annehmbaren Ausgleich zu erzielen. Wenn innerhalb von 20 Tagen nach Ablauf des angemessenen Zeitraums kein zufrieden stellender Ausgleich erzielt worden ist, kann jede Partei, die das Streitbeilegungsverfahren angestrengt hat, vom DSB die Ermächtigung verlangen, gegenüber dem betreffenden Mitglied die Anwendung von Zugeständnissen oder anderen Verpflichtungen aus erfaßten Abkommen auszusetzen.

[2] *Wenn sich die Parteien innerhalb von 10 Tagen nach Übertragung der Angelegenheit an ein Schiedsverfahren nicht auf einen Schiedsrichter einigen können, wird der Schiedsrichter nach Konsultationen mit den Parteien innerhalb von 10 Tagen vom Generaldirektor bestellt.*

[3] *Der Ausdruck „Schiedsrichter" bedeutet den Hinweis auf eine Einzelperson oder Personengruppe.*

3. Bei der Prüfung der Aussetzung von Zugeständnissen oder anderen Verpflichtungen wendet die beschwerdeführende Partei die folgenden Grundsätze und Verfahren an:

a) als allgemeiner Grundsatz gilt, daß die beschwerdeführende Partei zuerst Zugeständnisse oder andere Verpflichtungen auf demselben (denselben) Gebiet(en), auf denen der Untersuchungsausschuß oder das Berufungsorgan eine Verletzung, Aufhebung oder Schädigung festgestellt hat, aussetzt;

b) wenn die Partei die Aussetzung von Zugeständnissen oder anderen Verpflichtungen auf demselben (denselben) Gebiet(en) für nicht durchführbar oder nicht wirksam erachtet, kann sie die Aussetzung von Zugeständnissen oder anderen Verpflichtungen auf anderen Gebieten desselben Abkommens suchen;

c) wenn die Partei die Aussetzung von Zugeständnissen oder anderen Verpflichtungen auf demselben (denselben) Gebiet(en) desselben Abkommens für nicht durchführbar oder nicht wirksam erachtet, und die Umstände ernst genug sind, kann sie die Aussetzung von Zugeständnissen oder anderen Verpflichtungen aus einem anderen erfaßten Abkommen suchen;

d) bei Anwendung dieser Grundsätze zieht die Partei in Betracht:

i) den Handel auf dem Gebiet oder nach dem Abkommen, gemäß
welchem der Untersuchungsausschuß oder das Berufungsorgan eine Verletzung, Zunichtemachung oder Schädigung festgestellt hat, und die Bedeutung dieses Handels für die Partei;

ii) die breiteren wirtschaftlichen Grundlagen in bezug auf
die Zunichtemachung oder Schädigung und die breiteren wirtschaftlichen Folgen der Aussetzung von Zugeständnissen oder anderen Pflichten;

e) wenn die Partei beschließt, die Ermächtigung zur Aussetzung von Zugeständnissen oder anderen Verpflichtungen gemäß lit. b oder c zu beantragen, erläutert sie in ihrem Antrag die Gründe hiefür. Der Antrag wird gleichzeitig dem DSB und den einschlägigen Räten – und im Fall eines Antrags gemäß lit. b auch den einschlägigen sachlichen Organen – übermittelt;

f) für die Zwecke dieses Absatzes bedeutet „Gebiet":

i) hinsichtlich Waren, alle Waren;

ii) hinsichtlich Dienstleistungen, einen Hauptzweig im
gegenwärtigen „Verzeichnis der Dienstleistungszweige", das solche Zweige ausweist;[14)]

iii) hinsichtlich der handelsbezogenen Aspekte der Rechte an
geistigem Eigentum, jede der im Teil II Abschnitte 1, 2, 3, 4, 5, 6 und 7 enthaltene Gruppe der Rechte an geistigem Eigentum, oder die Verpflichtungen gemäß Teil III oder IV des Übereinkommens über TRIPS;

g) für die Zwecke dieses Absatzes bedeutet „Abkommen":

i) hinsichtlich Waren, die im Anhang 1A des WTO-Abkommens
enthalten sind, insgesamt, auch die Plurilateralen Handelsabkommen, sofern die betreffenden Streitparteien Parteien zu diesen Abkommen sind;

ii) hinsichtlich Dienstleistungen, das GATS;

iii) hinsichtlich Rechte an geistigem Eigentum, das Übereinkommen über TRIPS.

4. Das Ausmaß der vom DSB genehmigten Aussetzung von Zugeständnissen und anderen Verpflichtungen soll dem Ausmaß der Zunichtemachung oder Schmälerung angemessen sein.

5. Das DSB genehmigt keine Aussetzung von Zugeständnissen oder anderen Verpflichtungen, wenn ein erfaßtes Abkommen dies verbietet.

6. Bei Vorliegen der im Absatz 2 beschriebenen Situation genehmigt das DSB auf Antrag die Aussetzung von Zugeständnissen und anderen Verpflichtungen innerhalb von 30 Tagen nach Ablauf des angemessenen Zeitraums, es sei denn, das DSB entscheidet mit Konsens, den Antrag zurückzuweisen. Wenn jedoch das betreffende Mitglied das Ausmaß der vorgeschlagenen Aussetzung beeinsprucht oder behauptet, daß – falls eine beschwerdeführende Partei die Ermächtigung zur Aussetzung von Zugeständnissen und anderen Verpflichtungen gemäß Absatz 3 lit. b oder c beantragt hat – die im Absatz 3 festgelegten Grundsätze und Verfahren nicht eingehalten worden sind, wird die Angelegenheit dem Schiedsverfahren übertragen. Dieses Schiedsverfahren wird durch den ursprünglichen Untersuchungsausschuß, sofern die Mitglieder vorhanden sind, oder von einem vom Generaldirektor bestimmten Schiedsrichter[1)] durchgeführt und innerhalb von 60 Tagen nach Ablauf der angemessenen Frist beendet. Zugeständnisse oder andere Verpflichtungen werden während des Schiedsverfahrens nicht ausgesetzt.

7. Wenn der Schiedsrichter[2)] gemäß Absatz 6 handelt, prüft er nicht die Natur der auszusetzenden Zugeständnisse oder anderen Verpflichtungen, sondern stellt fest, ob der Umfang der Aussetzung dem Umfang der Zunichtemachung oder

Zu Artikel 22:

[14)] Das Verzeichnis im Dokument MTN.GNS/W/120 weist 11 Zweige aus.

[1)] Der Ausdruck „Schiedsrichter" bezieht sich sowohl auf eine Person als auch auf eine Gruppe.

[2)] Der Ausdruck „Schiedsrichter" bezieht sich entweder auf eine Person, eine Gruppe oder die Mitglieder des ursprünglichen Untersuchungsausschusses, wenn sie in der Eigenschaft als Schiedsrichter handeln.

Schmälerung angemessen ist. Der Schiedsrichter kann auch feststellen, ob die vorgeschlagene Aussetzung von Zugeständnissen oder anderen Verpflichtungen nach dem erfaßten Abkommen erlaubt ist. Wenn die dem Schiedsverfahren übertragene Angelegenheit jedoch die Behauptung enthält, daß die im Absatz 3 festgelegten Grundsätze und Verfahren nicht befolgt worden sind, wird der Schiedsrichter diese Behauptung prüfen. Wenn der Schiedsrichter feststellt, daß diese Grundsätze und Verfahren nicht eingehalten worden sind, wird sie die beschwerdeführende Partei in Übereinstimmung mit Absatz 3 anwenden. Die Streitparteien nehmen die Entscheidung des Schiedsrichters als endgültig an und werden kein zweites Schiedsverfahren anstreben. Das DSB wird von der Entscheidung des Schiedsrichters unverzüglich in Kenntnis gesetzt und auf Antrag die Ermächtigung erteilen, Zugeständnisse oder andere Verpflichtungen auszusetzen, wenn der Antrag mit der Entscheidung des Schiedsrichters vereinbar ist, außer das DSB entscheidet mit Konsens, den Antrag zurückzuweisen.

8. Die Aussetzung von Zugeständnissen oder anderen Verpflichtungen ist zeitlich begrenzt und wird nur so lange angewandt, bis die mit einem erfaßten Abkommen unvereinbar befundene Maßnahme beseitigt worden ist, oder das Mitglied, das die Empfehlungen oder Entschließungen durchführen muß, eine Lösung für die Zunichtemachung oder Schmälerung von Vorteilen bietet, oder eine beiderseits zufriedenstellende Lösung erzielt ist. In Übereinstimmung mit Artikel 21 Absatz 6 wird das DSB die Durchführung der angenommenen Empfehlungen oder Entschließungen weiter überwachen, einschließlich jenen, die einen Ausgleich vorgesehen oder Zugeständnisse oder andere Verpflichtungen ausgesetzt haben, sowie die Empfehlungen, eine Maßnahme mit dem erfaßten Abkommen vereinbar zu machen, nicht durchgeführt wurden.

9. Die Streitbeilegungsbestimmungen der erfaßten Abkommen können in bezug auf von regionalen oder lokalen Regierungsstellen oder Stellen im Gebiet eines Mitglieds getroffenen Maßnahmen, die die Einhaltung dieser Bestimmungen beeinträchtigen, angerufen werden. Wenn das DSB entschieden hat, daß eine Bestimmung eines erfaßten Abkommens nicht eingehalten worden ist, wird das betreffende Mitglied die geeigneten, ihm verfügbaren Maßnahmen treffen, um die Einhaltung sicherzustellen. Die Bestimmungen der erfaßten Abkommen und dieser Vereinbarung betreffend Entschädigung und Aussetzung von Zugeständnissen oder anderen Verpflichtungen finden Anwendung, wenn es nicht möglich war, die Einhaltung sicherzustellen[3)].

Artikel 23
Stärkung des Multilateralen Systems

1. Wenn Mitglieder bei Verletzung von Verpflichtungen oder Zunichtemachung oder Schmälerung von Vorteilen aus den erfaßten Abkommen oder bei Behinderung der Erreichung irgendeiner Zielsetzung der erfaßten Abkommen Abhilfe suchen, nehmen sie Zuflucht zu und bleiben an die Verfahrensregeln dieser Vereinbarung gebunden.

2. In diesen Fällen werden die Mitglieder:

a) keine Entscheidung treffen, daß eine Verletzung eingetreten ist, Vorteile zunichte gemacht oder geschmälert wurden oder die Erreichung einer Zielsetzung der erfaßten Abkommen behindert wurde, außer durch Rückgriff auf die Streitbeilegung in Übereinstimmung mit den Regeln und Verfahren dieser Vereinbarung; sie wenden jede Entscheidung in Übereinstimmung mit den im Bericht enthaltenen Erkenntnissen an, die der Untersuchungsausschuß oder das Berufungsorgan angenommen oder ein Schiedsspruch nach dieser Vereinbarung zuerkannt hat;

b) den im Artikel 21 enthaltenen Verfahren zwecks Festsetzung des angemessenen Zeitraums für das betroffene Mitglied für die Erfüllung der Empfehlungen und Entscheidungen folgen; und

c) den im Artikel 22 festgelegten Verfahren zwecks Feststellung des Ausmaßes der Aussetzung von Zugeständnissen oder anderen Verpflichtungen und Erlangung der Genehmigung des DSB gemäß diesen Verfahren folgen, bevor Zugeständnisse oder andere Verpflichtungen aus den erfaßten Abkommen als Antwort auf das Versäumnis des betreffenden Mitglieds die Empfehlungen und Entschließungen innerhalb eines angemessenen Zeitraums zu erfüllen, ausgesetzt werden.

Artikel 24
Besondere Verfahren betreffend die am wenigsten entwickelten Entwicklungsland-Mitglieder

1. In allen Stufen der Feststellung der Ursachen eines Streits und der Streitbeilegungsverfahren, die ein am wenigsten entwickeltes Entwicklungsland-Mitglied betreffen, wird die besondere Lage des am wenigsten entwickelten Entwicklungsland-Mitglieds besonders in Betracht gezogen. In dieser Hinsicht üben die Mitglieder entsprechende Rücksicht, wenn sie eine ein am wenigsten entwickeltes Entwicklungsland-Mitglied betreffende Angelegenheit gemäß diesen Verfahren aufwerfen. Wenn Zunichtemachung oder Schmälerung infolge einer von einem am wenigsten entwickelten Entwicklungsland-Mitglied getroffenen

---

[3)] *Wenn die Bestimmungen eines erfaßten Abkommens von regionalen oder lokalen Regierungsstellen oder Stellen im Gebiet eines Mitglieds von den Bestimmungen dieses Absatzes verschiedene Bestimmungen enthalten, haben die Bestimmungen des erfaßten Abkommens Vorrang.*

Maßnahme festgestellt wird, werden die beschwerdeführenden Parteien entsprechende Zurückhaltung beim Verlangen nach Entschädigung oder nach Genehmigung, die Anwendung von Zugeständnissen oder anderen Verpflichtungen nach diesem Verfahren auszusetzen, üben.

2. Wenn in Streitbeilegungsfällen, die sich auf ein am wenigsten entwickeltes Entwicklungsland-Mitglied beziehen, eine zufriedenstellende Lösung im Laufe von Konsultationen nicht gefunden wurde, bietet der Generaldirektor oder der Vorsitzende des DSB auf Ersuchen eines am wenigsten entwickelten Entwicklungsland-Mitglieds seine guten Dienste, Schlichtung oder Vermittlung an, um den Parteien bei der Streitbeilegung zu helfen, bevor ein Antrag auf Einsetzung eines Untersuchungsausschusses gestellt wird. Der Generaldirektor oder der Vositzende (Anm.: richtig: Vorsitzende) des DSB kann zwecks Beistandsleistung mit jeder ihm geeignet erscheinenden Seite Konsultationen führen.

Artikel 25
Schiedsverfahren

1. Ein rasches Schiedsverfahren innerhalb der WTO als fakultatives Mittel der Streitbeilegung kann die Lösung gewisser Streitfälle, die von beiden Streitparteien klar umschrieben sind, erleichtern.

2. Wenn in dieser Vereinbarung nichts anderes vorgesehen ist, unterliegt die Anrufung des Schiedsverfahrens dem Einvernehmen der Streitparteien, die sich über die anzuwendenden Verfahren einigen. Das Einvernehmen, das Schiedsverfahren in Anspruch zu nehmen, wird allen Mitgliedern zeitgerecht vor dem tatsächlichen Beginn des Schiedsverfahrens notifiziert.

3. Andere Mitglieder können bei einem Schiedsverfahren nur im Einvernehmen der Streitparteien, die das Schiedsverfahren angerufen haben, Partei werden. Die Parteien im Verfahren kommen überein, den Schiedsspruch anzunehmen. Schiedssprüche werden dem DSB und dem betreffenden Rat oder Komitee des einschlägigen Abkommens, zu dem ein Mitglied jeden relevanten Punkt aufwerfen kann, notifiziert.

4. Die Artikel 21 und 22 finden sinngemäß auf die Schiedssprüche Anwendung.

Artikel 26

1. „Nichtverletzungsbeschwerden" der im Artikel XXIII Absatz 1 lit. b des GATT beschriebenen Art Sofern die Bestimmungen des Artikels XXIII Absatz 1 lit. b des GATT 1994 auf ein erfaßtes Abkommen anwendbar sind, kann ein Untersuchungsausschuß oder das Berufungsorgan nur Entschließungen und Empfehlungen aussprechen, wenn eine Streitpartei der Meinung ist, daß ein für sie mittelbar oder unmittelbar aus dem einschlägigen Abkommen erwachsender Vorteil zunichte gemacht oder geschmälert oder die Erreichung irgend einer Zielsetzung dieses Abkommens infolge der Anwendung einer Maßnahme durch ein Mitglied behindert wurde, unabhängig davon, ob sie mit den Bestimmungen jenes Abkommens in Widerspruch steht oder nicht. Sofern und inwieweit eine Partei der Meinung ist, und ein Untersuchungsausschuß oder das Berufungsorgan feststellt, daß ein eine Maßnahme betreffender Fall mit den Bestimmungen eines erfaßten Abkommens, auf welches die Bestimmungen des Artikels XXIII Absatz 1 lit. b des GATT 1994 Anwendung findet, nicht in Widerspruch steht, werden die Verfahren dieser Vereinbarung wie folgt angewendet:

a) die beschwerdeführende Partei legt eine genaue Rechtfertigung zur Stützung jeder Beschwerde bezüglich einer Maßnahme, die nicht in Widerspruch mit den einschlägigen erfaßten Abkommen steht, vor;

b) wenn festgestellt wurde, daß eine Maßnahme Vorteile zunichte macht oder schmälert oder die Erreichung von Zielsetzungen des einschlägigen erfaßten Abkommens ohne dieses zu verletzen behindert, besteht keine Verpflichtung, die Maßnahme zurückzunehmen. In solchen Fällen empfiehlt jedoch der Untersuchungsausschuß oder das Berufungsorgan dem betroffenen Mitglied eine beiderseits zufriedenstellende Anpassung vorzunehmen;

c) ungeachtet der Bestimmungen des Artikels 21 kann das im Artikel 21 Absatz 3 vorgesehene Schiedsverfahren auf Antrag jeder Partei eine Feststellung des Ausmaßes der zunichtegemachten oder geschmälerten Vorteile treffen, und kann auch Mittel und Wege zur Erreichung einer beiderseits zufriedenstellenden Anpassung anregen; solche Anregungen sind für die Streitparteien nicht bindend;

d) ungeachtet der Bestimmungen des Artikels 22 Absatz 1 kann ein Ausgleich Teil einer beiderseits zufriedenstellenden Anpassung als endgültige Regelung des Streits sein.

2. Beschwerden der im Artikel XXIII Absatz 1 lit. c des GATT 1994 beschriebenen Art Wenn die Bestimmungen des Artikels XXIII Absatz 1 lit. c des GATT 1994 auf ein erfaßtes Abkommen anwendbar sind, kann ein Untersuchungsausschuß lediglich Entschließungen und Empfehlungen aussprechen, falls eine Partei der Meinung ist, daß ein ihr unmittelbar oder mittelbar aus dem einschlägigen erfaßten Abkommen entstehender Vorteil zunichtegemacht oder geschmälert oder die Erreichung irgendeiner Zielsetzung dieses Abkommens infolge des Bestehens einer anderen Lage als jener, auf die die Bestimmungen des Artikels XXIII Absatz 1 lit. a und b des GATT 1994 anwendbar sind, behindert wurde. Sofern

und inwieweit eine solche Partei der Meinung ist, und ein Untersuchungsausschuß feststellt, daß die Angelegenheit von diesem Absatz erfaßt ist, finden die Verfahren dieser Vereinbarung nur bis einschließlich des Zeitpunkts im Verfahren, wo der Bericht des Untersuchungsausschusses an die Mitglieder verteilt wird, Anwendung. Die Regeln und Verfahren zur Streitbeilegung gemäß der Entscheidung vom 12. April 1989 (BISD 36S/61-67) finden auf die Annahme, Überwachung und Erfüllung der Empfehlungen und Entschließungen Anwendung. Folgendes wird ebenfalls angewendet:

a) die beschwerdeführende Partei legt eine genaue Rechtfertigung zur Stützung ihrer Beweisführung bezüglich der von diesem Absatz erfaßten Bestimmungen vor;

b) wenn ein Untersuchungsausschuß in Angelegenheiten dieses Absatzes befindet, daß Fälle auch andere als durch diesen Absatz erfaßte Angelegenheiten der Streitbeilegung betreffen, übermittelt der Untersuchungsausschuß dem DSB einen Bericht, der derartige Angelegenheiten behandelt, und einen gesonderten Bericht über von diesem Absatz erfaßte Angelegenheiten.

Artikel 27
Verantwortlichkeit des Sekretariats

1. Das Sekretariat ist für die Unterstützung des Untersuchungsausschusses verantwortlich, insbesondere hinsichtlich der rechtlichen, historischen und prozeduralen Aspekte der in Behandlung stehenden Angelegenheiten, und wird Sekretariatsdienste und technische Unterstützung leisten.

2. Während das Sekretariat den Mitgliedern in bezug auf die Streitbeilegung beisteht, wird es Entwicklungsland-Mitgliedern auf Ersuchen erforderlichenfalls zusätzliche rechtliche Beratung und Beistand hinsichtlich der Streitbeilegung gewähren. Zu diesem Zweck stellt das Sekretariat eine erfahrene rechtskundige Fachkraft aus den WTO-Diensten für technische Zusammenarbeit jedem Entwicklungsland-Mitglied auf dessen Ersuchen zur Verfügung. Diese Fachkraft unterstützt das Entwicklungsland-Mitglied in einer die kontinuierliche Unparteilichkeit des Sekretariats sichernde Art und Weise.

3. Das Sekretariat führt Spezialkurse für interessierte Mitglieder über Verfahren und Praktiken der Streitbeilegung durch, um den Fachkräften der Mitglieder eine bessere Information in dieser Hinsicht zu ermöglichen.

Anlage 1

Anlage 1

Von der Vereinbarung erfaßte Abkommen und Übereinkommen

A	Abkommen zur Errichtung der Welthandelsorganisation	
B	Multilaterale Handelsabkommen	
	Anhang 1A:	Multilaterale Abkommen über den Handel mit Waren
	Anhang 1B:	Allgemeines Abkommen über den Handel mit Dienstleistungen
	Anhang 1C:	Übereinkommen über handelsbezogene Aspekte der Rechte des geistigen Eigentums
	Anhang 2:	Vereinbarung über Regeln und Verfahren zur Streitbeilegung
C	Plurilaterale Handelsübereinkommen	
	Anhang 4:	Übereinkommen über den Handel mit Zivilluftfahrzeugen

Übereinkommen über das öffentliche Beschaffungswesen

Internationales Übereinkommen über Milcherzeugnisse

Internationales Übereinkommen über Rindfleisch

Die Anwendbarkeit dieser Vereinbarung auf die Plurilateralen Handelsübereinkommen unterliegt der Entscheidung über die Annahme seitens der Parteien bezüglich jedes Übereinkommens und mit den Anwendungsbedingungen für die Vereinbarung bezüglich des einzelnen Übereinkommens, einschließlich besonderer oder zusätzlicher Regeln oder Verfahren, die in die Anlage 2 aufgenommen werden, wie dies dem DSB notifiziert wird.

Anlage 2

Anlage 2

In den erfaßten Abkommen und Übereinkommen enthaltene besondere Regeln und Verfahren

Übereinkommen	Regeln und Verfahren
Übereinkommen über die Anwendung sanitärer	Artikel 11 Absatz 2
und phytosanitärer Maßnahmen Übereinkommen	Artikel 2 Absätze 14 und 21, Artikel 4 Absatz 4,
über Textilien und Bekleidung	Artikel 5 Absätze 2, 4 und 6, Artikel 6 Absätze
Übereinkommen über technische Handelshemm-	9, 10 und 11,
nisse Übereinkommen zur Durchführung des Ar-	Artikel 8 Absätze 1 bis 12 Artikel 14 Absätze 2
tikels VI des Allgemeinen Zoll- und Handelsab-	bis 4, Anhang 2
kommens 1994 Übereinkommen zur Durchfüh-	Artikel 17 Absätze 4 bis 7
rung des Artikels VII des Allgemeinen Zoll- und	Artikel 19 Absätze 3 bis 5, Anhang II Absatz 2
Handelsabkommen 1994 Übereinkommen über	lit. f und Absätze 3, 9 und 21
Subventionen und Ausgleichsmaßnahmen	Artikel 4 Absätze 2 bis 12,
Allgemeines Abkommen über den Handel mit	Artikel 6 Absatz 6, Artikel 7 Absätze 2 bis 10,
Dienstleistungen	Artikel 8 Absatz 5, Fußnote 35,
– Anhang über Finanzdienstleistungen	Artikel 24 Absatz 4,
– Anhang über	Artikel 27 Absatz 8, Anhang V
Lufttransportdienstleistungen Beschluß über be-	Artikel XXII Absatz 3,
stimmte Streitbeilegungsverfahren für das GATS	Artikel XXIII Absatz 3
	Artikel 4 Absatz 1
	Artikel 4
	Artikel 1 bis 5

Die Liste der Regeln und Verfahren dieser Anlage umfaßt auch Bestimmungen, wo nur ein Teil der Bestimmung in diesem Zusammenhang von Bedeutung sein kann.

Jegliche besonderen und zusätzlichen Regeln oder Verfahren in den Plurilateralen Handelsübereinkommen werden von den zuständigen Organen jedes Übereinkommens festgelegt und dem DSB notifiziert.

Anlage 3

Arbeitsverfahren

1. Der Untersuchungsausschuß wird in seiner Verfahrensweise den einschlägigen Bestimmungen dieser Vereinbarung folgen. Zusätzlich finden folgende Arbeitsverfahren Anwendung.
2. Der Untersuchungsausschuß tagt nichtöffentlich. Die Streitparteien und interessierte Parteien sind bei den Tagungen nur über Einladung des Untersuchungsausschusses zugelassen.
3. Die Beratungen des Untersuchungsausschusses und die vorgelegten Dokumente werden vertraulich behandelt. Nichts in dieser Vereinbarung hindert eine Streitpartei daran, Erklärungen seiner eigenen Lage der Öffentlichkeit bekanntzugeben. Die Mitglieder behandeln die dem Untersuchungsausschuß von einem anderen Mitglied vorgelegten Informationen, die dieses Mitglied als vertraulich bezeichnet hat, als vertraulich. Wenn eine Streitpartei eine vertrauliche Fassung seiner schriftlichen Vorlage dem Untersuchungsausschuß unterbreitet, wird es auch über Ersuchen eines Mitglieds eine nichtvertrauliche Zusammenfassung der in der Vorlage enthaltenen Angaben ausarbeiten, die der Öffentlichkeit bekanntgegeben werden könnte.
4. Vor der ersten materiellen Tagung des Untersuchungsausschusses mit den Streitparteien übermitteln die Streitparteien dem Untersuchungsausschuß schriftliche Vorlagen, in denen sie die Tatsachen des Falles und ihre Beweise darlegen.
5. Bei der ersten materiellen Tagung mit den Streitparteien fordert der Untersuchungsausschuß die Partei auf, die die Beschwerden eingebracht hat, ihren Fall vorzutragen. Anschließend, und noch immer bei derselben Tagung, wird die Partei, gegen die die Beschwerde eingebracht wurde, aufgefordert, ihren Standpunkt darzulegen.
6. Alle Nebenbeteiligten, die ihr Interesse an der Streitigkeit dem DSB notifiziert haben, werden schriftlich eingeladen, während einer für diesen Zweck anberaumten Sitzung anläßlich der ersten materiellen Tagung des Untersuchungsausschusses ihre Ansichten bekanntzugeben. Alle solche Nebenbeteiligten können während der ganzen Sitzungsdauer anwesend sein.
7. Formelle Gegendarstellungen werden bei der zweiten materiellen Tagung des Untersuchungsausschusses vorgebracht. Die Partei, gegen die Beschwerde geführt wird, hat das Recht, zuerst das Wort zu ergreifen, gefolgt von der beschwerdeführenden Partei. Die Parteien legen vor dieser Tagung dem Untersuchungsausschuß schriftliche Gegendarstellungen vor.
8. Der Untersuchungsausschuß kann jederzeit Fragen an die Parteien richten und sie um Erläuterungen entweder im Verlauf einer Tagung mit den Parteien oder schriftlich ersuchen.
9. Die Streitparteien und jeder gemäß Artikel 10 zur Äußerung eingeladene Nebenbeteiligte werden dem Untersuchungsausschuß eine schriftliche Fassung ihrer mündlichen Ausführungen zur Verfügung stellen.
10. Im Interesse der vollen Transparenz werden die in den Absätzen 5 bis 9 angeführten Vorstellungen, Gegendarstellungen und Ausführungen in Anwesenheit der Streitparteien vorgebracht. Überdies werden die schriftlichen Vorlagen jeder Streitpartei, einschließlich Stellungnahmen zum beschreibenden Teil des Berichts und Antworten auf die vom Untersuchungsausschuß gestellten Fragen, der anderen Streitpartei oder Streitparteien zur Verfügung gestellt.
11. Alle zusätzlichen Verfahren, die für den Untersuchungsausschuß spezifisch sind.
12. Vorgeschlagener Terminkalender für die Arbeiten des Untersuchungsausschusses:

a)	Erhalt der ersten schriftlichen Vorlage der Parteien:	
	1. beschwerdeführende Partei	3 – 6 Wochen
	2. Partei, gegen die Beschwerde geführt wird	2 – 3 Wochen
b)	Datum, Uhrzeit und Ort der ersten materiellen Tagung mit den Parteien; Sitzung für Nebenbeteiligte	1 – 2 Wochen
c)	Erhalt der schriftlichen Gegendarstellung der Parteien	2 – 3 Wochen

d)	Datum, Uhrzeit und Ort der zweiten materiellen Tagung mit den Parteien	1 – 2 Wochen
e)	Herausgabe des beschreibenden Teils des Berichts an die Parteien	2 – 4 Wochen
f)	Erhalt von Stellungnahmen der Parteien zum beschreibenden Teil des Berichts	2 Wochen
g)	Herausgabe des Zwischenberichts, einschließlich der Ergebnisse und Schlußfolgerungen, an die Parteien	2 – 4 Wochen
h)	Termin für Parteien für Ersuchen um einen Teil oder Teile des Berichts zu überprüfen	1 Woche
i)	Überprüfungszeitraum durch den Untersuchungsausschuß, einschließlich allfälliger zusätzlicher Tagung mit den Parteien	2 Wochen
j)	Herausgabe des Schlußberichts an die Streitparteien	3 Wochen
k)	Verteilung des Schlußberichts an die Mitglieder	3 Wochen

Der vorstehende Terminkalender kann im Lichte unvorhergesehener Entwicklungen geändert werden. Zusätzliche Tagungen mit den Parteien sind erforderlichenfalls einzuplanen.

Anlage 4

Anlage 4
Sachverständigenprüfgruppen

Die nachstehenden Regeln und Verfahren finden auf die im Einklang mit den Bestimmungen des Artikels 13 Absatz 2 eingesetzten Sachverständigenprüfgruppen Anwendung.

1. Sachverständigenprüfgruppen stehen unter der Aufsicht des Untersuchungsausschusses. Ihr Mandat und Arbeitsverfahren werden vom Untersuchungsausschuß beschlossen; sie berichten an den Untersuchungsausschuß.
2. Teilnahme in Sachverständigenprüfgruppen ist auf Personen mit fachlichem Rang und Erfahrung auf dem in Rede stehenden Gebiet beschränkt.
3. Staatsbürger von Streitparteien dürfen nicht in Sachverständigenprüfgruppen ohne die einvernehmliche Zustimmung der Streitparteien tätig sein, ausgenommen in außergewöhnlichen Umständen, wenn der Untersuchungsausschuß erwägt, daß der Bedarf an einem fachwissenschaftlichen Gutachten ansonsten nicht gedeckt werden kann. Regierungsbeamte von Streitparteien dürfen nicht in einer Sachverständigenprüfgruppe tätig sein. Die Mitglieder der Sachverständigenprüfgruppe sind in ihrer persönlichen Eigenschaft und nicht als Regierungsvertreter noch als Vertreter irgend einer Organisation tätig. Regierungen oder Organisationen erteilen ihnen daher keine Weisungen in Angelegenheiten, die in Sachverständigenprüfgruppen anhängig sind.
4. Sachverständigenprüfgruppen können konsultieren und Informationen sowie technischen Rat von den ihnen geeignet erscheinenden Quellen einholen. Bevor eine Sachverständigenprüfgruppe solche Informationen oder Rat von einer Quelle innerhalb der Hoheitsgewalt eines Mitglieds einholt, unterrichtet sie die Regierung dieses Mitglieds. Jedes Mitglied beantwortet unverzüglich und vollständig jedes Ersuchen einer Sachverständigenprüfgruppe für eine solche Information, wie sie die Sachverständigenprüfgruppe für erforderlich und angemessen erachtet.
5. Die Streitparteien haben Zugang zu allen einschlägigen Informationen, die für eine Sachverständigenprüfgruppe bestimmt sind, außer wenn sie vertraulicher Natur sind. Die für die Sachverständigenprüfgruppe bestimmten vertraulichen Informationen dürfen ohne formelle Ermächtigung der Regierung, Organisation oder Person, die die Information zur Verfügung stellt, nicht preisgegeben werden. Wenn solche Informationen von der Sachverständigenprüfgruppe angefordert werden, die Preisgabe durch die Sachverständigenprüfgruppe jedoch nicht genehmigt ist, wird eine nichtvertrauliche Zusammenfassung der Information durch die Regierung, Organisation oder Person, welche die Information zur Verfügung gestellt hat, erfolgen.
6. Die Sachverständigenprüfgruppe übermittelt einen Berichtsentwurf an die Streitparteien, um deren Stellungnahme zu erhalten, die gegebenenfalls im Schlußbericht berücksichtigt wird, der auch den Streitparteien anläßlich der Vorlage an den Untersuchungsausschuß zugestellt wird. Der Schlußbericht der Sachverständigenprüfgruppe hat nur beratenden Charakter.

13/6. Umfassendes Wirtschafts- und Handelsabkommen zwischen Kanada und der Europäischen Union

UMFASSENDES WIRTSCHAFTS- UND HANDELSABKOMMEN (CETA) ZWISCHEN KANADA EINERSEITS UND DER EUROPÄISCHEN UNION UND IHREN MITGLIEDSTAATEN,

DEM KÖNIGREICH BELGIEN,

DER REPUBLIK BULGARIEN,

DER TSCHECHISCHEN REPUBLIK,

DEM KÖNIGREICH DÄNEMARK,

DER BUNDESREPUBLIK DEUTSCHLAND,

DER REPUBLIK ESTLAND,

IRLAND,

DER HELLENISCHEN REPUBLIK,

DEM KÖNIGREICH SPANIEN,

DER FRANZÖSISCHEN REPUBLIK,

DER REPUBLIK KROATIEN,

DER ITALIENISCHEN REPUBLIK,

DER REPUBLIK ZYPERN,

DER REPUBLIK LETTLAND,

DER REPUBLIK LITAUEN,

DEM GROßHERZOGTUM LUXEMBURG,

UNGARN,

DER REPUBLIK MALTA,

DEM KÖNIGREICH DER NIEDERLANDE,

DER REPUBLIK ÖSTERREICH,

DER REPUBLIK POLEN,

DER PORTUGIESISCHEN REPUBLIK,

RUMÄNIEN,

DER REPUBLIK SLOWENIEN,

DER SLOWAKISCHEN REPUBLIK,

DER REPUBLIK FINNLAND,

DEM KÖNIGREICH SCHWEDEN,

DEM VEREINIGTEN KÖNIGREICH GROßBRITANNIEN UND NORDIRLAND,

ANDERERSEITS,

im Folgenden zusammen „Vertragsparteien".

Die Vertragsparteien beschließen Folgendes:

WEITERE Stärkung ihrer engen Wirtschaftsbeziehungen und Aufbau auf ihren jeweiligen Rechten und Pflichten aus dem *Übereinkommen von Marrakesch zur Errichtung der Welthandelsorganisation* vom 15. April 1994 und aus anderen multilateralen und bilateralen Instrumenten der Zusammenarbeit,

SCHAFFUNG eines erweiterten und sicheren Marktes für ihre Waren und Dienstleistungen durch den Abbau oder die Beseitigung von Handels- und Investitionshemmnissen,

AUFSTELLUNG klarer, transparenter, berechenbarer und beiderseits vorteilhafter Regeln für Handel und Investitionen,

UND

IN BEKRÄFTIGUNG ihrer starken Verbundenheit mit der Demokratie und mit den Grundrechten, wie sie in der am 10. Dezember 1948 in Paris unterzeichneten *Allgemeinen Erklärung der Menschenrechte* niedergelegt sind, und in der gemeinsamen Überzeugung, dass die Verbreitung von Massenvernichtungswaffen eine große Gefahr für die internationale Sicherheit darstellt,

IN ANERKENNUNG der Bedeutung der internationalen Sicherheit, der Demokratie, der Menschenrechte und der Rechtsstaatlichkeit für die Entwicklung des Welthandels und der Wirtschaftszusammenarbeit,

IN DER ERKENNTNIS, dass die Bestimmungen dieses Abkommens den Vertragsparteien das Recht zugestehen, in ihren Hoheitsgebieten regelnd tätig zu werden, und dass sie die Flexibilität der Vertragsparteien wahren, berechtigte Gemeinwohlziele wie öffentliche Gesundheit, Sicherheit, Umweltschutz, öffentliche Sittlichkeit sowie Förderung und Schutz der kulturellen Vielfalt zu verfolgen,

IN BEKRÄFTIGUNG ihrer Verpflichtungen als Vertragsparteien des am 20. Oktober 2005 in Paris unterzeichneten UNESCO-*Übereinkommens zum Schutz und zur Förderung der Vielfalt kultureller Ausdrucksformen* und in der Anerkenntnis, dass die Staaten das Recht haben, ihre Kulturpolitik beizubehalten, zu entwickeln und umzusetzen, ihre Kulturwirtschaft zwecks Stärkung der Vielfalt kultureller Ausdrucksformen zu fördern und ihre kulturelle Identität zu wahren, unter anderem durch Regulierungsmaßnahmen und finanzielle Unterstützung,

IN DER ERKENNTNIS, dass die Bestimmungen dieses Abkommens Investitionen sowie Investoren in Bezug auf ihre Investitionen schützen und eine beiderseitig vorteilhafte Wirtschaftstätigkeit fördern sollen, ohne das Recht der Vertragsparteien zu untergraben, im öffentlichen Interesse innerhalb ihrer Hoheitsgebiete regelnd tätig zu werden,

IN BEKRÄFTIGUNG ihres Bekenntnisses zur Förderung einer nachhaltigen Entwicklung und der Entwicklung des Welthandels in einer Form, die zu mehr Nachhaltigkeit in wirtschaftlicher, sozialer und ökologischer Hinsicht beiträgt,

IN ERMUTIGUNG von Unternehmen, die in ihrem Gebiet tätig sind oder ihrer Gerichtsbarkeit unterliegen, international anerkannte Leitlinien und Grundsätze der sozialen Verantwortung von Unternehmen, darunter die Leitlinien der OECD für multinationale Unternehmen, zu beachten und bewährte Verfahren im Bereich des verantwortungsvollen unternehmerischen Handelns anzuwenden,

UNTER UMSETZUNG dieses Abkommens in einer Weise, die mit der Durchsetzung ihres jeweiligen Arbeits- und Umweltrechts in Einklang steht und ihr Arbeits- und Umweltschutzniveau fördert, sowie aufbauend auf ihren internationalen Verpflichtungen in Beschäftigungs- und Umweltbelangen,

IN ANERKENNUNG des engen Zusammenhangs zwischen Innovation und Handel und der Bedeutung von Innovation für künftiges Wirtschaftswachstum sowie in Bekräftigung ihres Engagements für verstärkte Zusammenarbeit im Bereich Innovation und den damit verbundenen Bereichen Forschung und Entwicklung wie auch Wissenschaft und Technik und ihres Engagements für verstärkte Beteiligung einschlägiger Einrichtungen des öffentlichen und des privaten Sektors,

SIND SIE WIE FOLGT ÜBEREINGEKOMMEN:

Anhang des Vorschlags für einen Beschluss des Rates über die Unterzeichnung – im Namen der Europäischen Union – des umfassenden Wirtschafts- und Handelsabkommens zwischen Kanada einerseits und der Europäischen Union und ihren Mitgliedstaaten andererseits

KAPITEL EINS
ALLGEMEINE BEGRIFFSBESTIMMUNGEN UND EINLEITENDE BESTIMMUNGEN

ABSCHNITT A
Allgemeine Begriffsbestimmungen

Artikel 1.1
Allgemein geltende Begriffsbestimmungen

Sofern nichts anderes bestimmt ist, bezeichnet – für die Zwecke dieses Abkommens – der Ausdruck

Verwaltungsentscheidung mit allgemeiner Geltung eine Verwaltungsentscheidung oder Auslegung, die für alle allgemein in ihren Anwendungsbereich fallenden Personen und Sachverhalte gilt und die eine Verhaltensnorm aufstellt, nicht aber

a) eine Feststellung oder Entscheidung in einem Verwaltungs- oder gerichtsähnlichen Verfahren, die im Einzelfall für eine bestimmte Person, Ware oder Dienstleistung der anderen Vertragspartei gilt, oder

b) eine Entscheidung in Bezug auf eine bestimmte Handlung oder Praxis,

Übereinkommen über die Landwirtschaft das *Übereinkommen über die Landwirtschaft* in Anhang 1A des WTO-Übereinkommens,

landwirtschaftliches Erzeugnis ein Erzeugnis im Sinne des Anhangs 1 des Übereinkommens über die Landwirtschaft,

Antidumping-Übereinkommen das *Übereinkommen zur Durchführung des Artikels VI des Allgemeinen Zoll- und Handelsabkommens 1994* in Anhang 1A des WTO-Übereinkommens,

CETA-Kontaktstellen die nach Artikel 26.5 (CETA-Kontaktstellen) eingerichteten Anlaufstellen,

Gemischter CETA-Ausschuss den nach Artikel 26.1 (Gemischter CETA-Ausschuss) eingesetzten Ausschuss,

CPC (Central Product Classification) die vorläufige Zentrale Gütersystematik der Vereinten Nationen in der vom Statistischen Amt der Vereinten Nationen, Statistical Papers, Series M, N° 77, *CPC prov*, 1991, veröffentlichten Fassung,

Kulturwirtschaft Personen, die in folgenden Bereichen tätig sind:

a) Veröffentlichung, Vertrieb oder Verkauf von Büchern, Magazinen, Zeitschriften oder Zeitungen in gedruckter oder maschinenlesbarer Form, außer wenn die Tätigkeit ausschließlich im Drucken oder Schriftsetzen der vorstehend genannten Waren besteht,

b) Herstellung, Vertrieb, Verkauf oder Vorführung von Film- oder Videoaufzeichnungen,

c) Herstellung, Vertrieb, Verkauf oder Vorführung von Audio- oder Videoaufzeichnungen von Musik,

d) Veröffentlichung, Vertrieb oder Verkauf von Musik in gedruckter oder maschinenlesbarer Form oder

e) Funkkommunikation zum Direktempfang durch die breite Öffentlichkeit, ferner alle Hörfunk-, Fernseh- und Kabelübertragungsunternehmungen sowie alle Satellitenprogramm- und -übertragungsnetzdienste,

Zoll einen Zoll oder eine Abgabe jeglicher Art – auch in Form einer Ergänzungsabgabe oder eines Zuschlags –, der beziehungsweise die bei oder im Zusammenhang mit der Einfuhr einer Ware erhoben wird, ausgenommen jedoch

a) eine einer inländischen Steuer gleichwertige Abgabe, die im Einklang mit Artikel 2.3 (Inländerbehandlung) erhoben wird,

b) eine Maßnahme, die im Einklang mit den Artikeln VI und XIX GATT 1994, mit dem Antidumping-Übereinkommen, dem Subventionsübereinkommen, dem Schutzmaßnahmen-Übereinkommen oder mit Artikel 22 DSU angewendet wird, oder

c) eine Gebühr oder sonstige Abgabe, die im Einklang mit Artikel VIII GATT 1994 erhoben wird,

Zollwert-Übereinkommen das *Übereinkommen zur Durchführung des Artikels VII des Allgemeinen Zoll- und Handelsabkommens 1994* in Anhang 1A des WTO-Übereinkommens,

Tage Kalendertage einschließlich der Wochenenden und Feiertage,

DSU (Dispute Settlement Understanding) die Vereinbarung über Regeln und Verfahren zur Beilegung von Streitigkeiten in Anhang 2 des WTO-Übereinkommens,

Unternehmen eine nach anwendbarem Recht gegründete oder organisierte Einheit unabhängig davon, ob sie der Gewinnerzielung dient und ob sie sich in privatem oder staatlichem Eigentum oder unter privater oder staatlicher Kontrolle befindet; dabei kann es sich unter anderem um eine Kapitalgesellschaft, eine treuhänderisch tätige Einrichtung, eine Personengesellschaft, ein Einzelunternehmen, ein Joint Venture oder eine sonstige Vereinigung handeln,

bestehend am Tag des Inkrafttretens dieses Abkommens bereits wirksam,

GATS (General Agreement on Trade in Services) das *Allgemeine Übereinkommen über den Handel mit Dienstleistungen* in Anhang 1B des WTO-Übereinkommens,

GATT 1994 (General Agreement on Tariffs and Trade 1994) das *Allgemeine Zoll- und Handelsabkommen 1994* in Anhang 1A des WTO-Übereinkommens,

Waren einer Vertragspartei inländische Waren im Sinne des GATT 1994 oder Waren, auf die sich die Vertragsparteien verständigt haben; dies schließt Ursprungswaren der betreffenden Vertragspartei ein,

Harmonisiertes System (HS) das *Harmonisierte System zur Bezeichnung und Codierung der Waren*, einschließlich seiner allgemeinen Auslegungsvorschriften und seiner Anmerkungen zu den Abschnitten, Kapiteln und Unterpositionen,

Position eine vierstellige Zahl oder die ersten vier Ziffern einer Zahl, die in der Nomenklatur des Harmonisierten Systems verwendet wird,

Maßnahme ein Gesetz, eine sonstige Vorschrift, eine Regel, ein Verfahren, einen Beschluss, einen Verwaltungsakt, eine Auflage, eine Praxis oder jede andere Form von Maßnahme einer Vertragspartei,

Staatsangehöriger eine natürliche Person, die Bürger im Sinne des Artikels 1.2 oder ein dauerhaft Gebietsansässiger einer Vertragspartei ist,

mit Ursprung in (auch Ursprungs...), dass die Ursprungskriterien nach Maßgabe des Protokolls über Ursprungsregeln und Ursprungsbestimmungen erfüllt sind,

Vertragsparteien die Europäische Union oder ihre Mitgliedstaaten oder die Europäische Union und ihre Mitgliedstaaten im Rahmen ihrer sich aus dem Vertrag über die Europäische Union und dem Vertrag über die Arbeitsweise der Europäischen Union ergebenden Zuständigkeiten (im Folgenden „EU-Vertragspartei") einerseits und Kanada andererseits,

Person eine natürliche Person oder ein Unternehmen,

Person einer Vertragspartei einen Staatsangehörigen oder ein Unternehmen einer Vertragspartei,

Zollpräferenzbehandlung, dass der nach diesem Abkommen geltende Zollsatz entsprechend dem Stufenplan für den Zollabbau auf eine Ursprungsware angewandt wird,

Schutzmaßnahmen-Übereinkommen das *Übereinkommen über Schutzmaßnahmen* in Anhang 1A des WTO-Übereinkommens,

gesundheitspolizeiliche oder pflanzenschutzrechtliche Maßnahme eine Maßnahme nach Anhang A Nummer 1 des SPS-Übereinkommens,

Subventionsübereinkommen das *Übereinkommen über Subventionen und Ausgleichsmaßnahmen* in Anhang 1A des WTO-Übereinkommens,

Dienstleister eine Person, die eine Dienstleistung erbringt oder zu erbringen beabsichtigt,

SPS-Übereinkommen (Agreement on the Application of Sanitary and Phytosanitary Measures) das *Übereinkommen über die Anwendung gesundheitspolizeilicher und pflanzenschutzrechtlicher Maßnahmen* in Anhang 1A des WTO-Übereinkommens,

Staatsunternehmen ein Unternehmen, das im Eigentum oder unter der Kontrolle einer Vertragspartei steht,

Unterposition eine sechsstellige Zahl oder die ersten sechs Ziffern einer Zahl, die in der Nomenklatur des Harmonisierten Systems verwendet wird,

Zolltarifeinreihung die Einreihung einer Ware oder eines Vormaterials unter ein bestimmtes Kapitel, eine bestimmte Position oder eine bestimmte Unterposition des Harmonisierten Systems,

Stufenplan für den Zollabbau den Anhang 2-A (Zollabbau),

TBT-Übereinkommen (Agreement on Technical Barriers to Trade) das *Übereinkommen über technische Handelshemmnisse* in Anhang 1A des WTO-Übereinkommens,

Gebiet das Gebiet, in dem dieses Abkommen nach Artikel 1.3 Anwendung findet,

Drittland ein Land oder Gebiet außerhalb des räumlichen Geltungsbereichs dieses Abkommens,

TRIPS-Übereinkommen (Agreement on Trade-Related Aspects of Intellectual Property Rights) das *Übereinkommen über handelsbezogene Aspekte der Rechte des geistigen Eigentums* in Anhang 1C des WTO-Übereinkommens,

Wiener Vertragsrechtsübereinkommen das *Wiener Übereinkommen über das Recht der Verträge* vom 23. Mai 1969,

WTO (World Trade Organization) die Welthandelsorganisation und

WTO-Übereinkommen das *Übereinkommen von Marrakesch* vom 15. April 1994 *zur Errichtung der Welthandelsorganisation.*

Artikel 1.2
Vertragsparteispezifische Begriffsbestimmungen

Sofern nichts anderes bestimmt ist, bezeichnet – für die Zwecke dieses Abkommens – der Ausdruck

Bürger

a) im Falle Kanadas eine natürliche Person, die nach kanadischem Recht Staatsbürger Kanadas ist,

b) im Falle der EU-Vertragspartei eine natürliche Person, welche die Staatsangehörigkeit eines Mitgliedstaats besitzt, und

Zentralregierung

a) im Falle Kanadas die Regierung von Kanada und

b) im Falle der EU-Vertragspartei die Europäische Union oder die Regierungen ihrer Mitgliedstaaten.

Artikel 1.3
Räumlicher Geltungsbereich

Sofern nichts anderes bestimmt ist, gilt dieses Abkommen

a) im Falle Kanadas

i) für das Landgebiet, den Luftraum, die inneren Gewässer und das Küstenmeer Kanadas,

ii) für die ausschließliche Wirtschaftszone Kanadas nach kanadischem Recht im Einklang mit Teil V des *Seerechtsübereinkommens der Vereinten Nationen* von Montego Bay vom 10. Dezember 1982 (im Folgenden „SRÜ"), und

iii) für den Festlandsockel Kanadas nach kanadischem Recht im Einklang mit Teil VI SRÜ,

b) im Falle der Europäischen Union für die Gebiete, in denen der Vertrag über die Europäische Union und der Vertrag über die Arbeitsweise der Europäischen Union unter den in diesen Verträgen festgelegten Bedingungen angewendet werden. Was die Bestimmungen über die Zollbehandlung von Waren anbelangt, so gilt dieses Abkommen auch für die nicht von Satz 1 dieses Buchstabens erfassten Teile des Zollgebiets der Europäischen Union.

ABSCHNITT B
Einleitende Bestimmungen

Artikel 1.4
Errichtung einer Freihandelszone

Die Vertragsparteien errichten eine Freihandelszone im Einklang mit Artikel XXIV GATT 1994 und Artikel V GATS.

Artikel 1.5
Verhältnis zum WTO-Übereinkommen und zu anderen Übereinkünften

Die Vertragsparteien bekräftigen ihre gegenseitigen Rechte und Pflichten aus dem WTO-Übereinkommen und anderen Übereinkünften, deren Vertragsparteien sie sind.

Artikel 1.6
Bezugnahme auf andere Übereinkünfte

Nimmt dieses Abkommen Bezug auf andere Übereinkünfte oder Rechtsinstrumente oder werden diese mittels Bezugnahme ganz oder teilweise in dieses Abkommen übernommen, so erstrecken sich diese Bezugnahmen auch auf

a) zugehörige Anhänge, Protokolle, Fußnoten, Auslegungsvermerke und Erläuterungen und

b) Folgeübereinkünfte, denen die Vertragsparteien beigetreten sind, oder Änderungen, die für die Vertragsparteien verbindlich sind, ausgenommen Fälle, in denen bestehende Rechte durch die Bezugnahme bekräftigt werden.

Artikel 1.7
Bezugnahme auf Rechtsvorschriften

Nimmt dieses Abkommen Bezug auf Rechtsvorschriften, entweder ganz allgemein oder durch Verweis auf ein bestimmtes Gesetz, eine bestimme Verordnung oder eine bestimmte Richtlinie, so ist die Bezugnahme, sofern nicht anders angegeben, als Bezugnahme auf die Rechtsvorschriften in ihrer gegebenenfalls geänderten Form zu verstehen.

Artikel 1.8
Umfang der Pflichten

1. Jede Vertragspartei ist voll verantwortlich für die Einhaltung aller Bestimmungen dieses Abkommens.

2. Jede Vertragspartei stellt sicher, dass alle Maßnahmen ergriffen werden, die zum Wirksamwerden der Bestimmungen dieses Abkommens erforderlich sind, und dass sie auf allen Zuständigkeitsebenen beachtet werden.

Artikel 1.9
Rechte und Pflichten in Bezug auf Wasser

1. Die Vertragsparteien erkennen an, dass Wasser in seinem natürlichen Vorkommen, einschließlich des Wassers von Seen, Flüssen und Stauseen, Grundwasserleitern und Wassereinzugsgebieten, weder eine Ware noch ein Erzeugnis ist. Daher sind lediglich die Kapitel zweiundzwanzig (Handel und nachhaltige Entwicklung) und vierundzwanzig (Handel und Umwelt) auf derartiges Wasser anwendbar.

2. Jede Vertragspartei hat das Recht, ihre natürlichen Wasserressourcen zu schützen und zu erhalten. Dieses Abkommen verpflichtet eine Vertragspartei nicht, die kommerzielle Nutzung von Wasser gleich zu welchem Zweck, einschließlich Entnahme, Förderung oder Ableitung zum Zwecke der Ausfuhr in nicht abgefülltem Zustand, zu erlauben.

3. Erlaubt eine Vertragspartei die kommerzielle Nutzung eines bestimmten Wasservorkommens, so verfährt sie dabei in einer mit diesem Abkommen vereinbaren Weise.

Artikel 1.10
Personen, die ihnen übertragene hoheitliche Befugnisse ausüben

Soweit in diesem Abkommen nichts anderes bestimmt ist, stellt jede Vertragspartei sicher, dass eine Person, der von einer Vertragspartei auf einer beliebigen Zuständigkeitsebene Regelungs-, Verwaltungs- oder sonstige hoheitliche Befugnisse übertragen wurden, diese Befugnisse im Einklang mit den Pflichten der Vertragspartei aus diesem Abkommen ausübt.

KAPITEL ZWEI
INLÄNDERBEHANDLUNG UND MARKTZUGANG FÜR WAREN

Artikel 2.1
Ziel

Die Vertragsparteien liberalisieren während eines Übergangszeitraums, der mit Inkrafttreten dieses Abkommens beginnt, schrittweise den Warenhandel nach den Bestimmungen dieses Abkommens.

Artikel 2.2
Geltungsbereich

Dieses Kapitel gilt für den Handel mit Waren einer Vertragspartei im Sinne des Kapitels 1 (Allgemeine Begriffsbestimmungen und einleitende Bestimmungen), sofern dieses Abkommen nichts anderes vorsieht.

Artikel 2.3
Inländerbehandlung

1. Jede Vertragspartei gewährt den Waren der anderen Vertragspartei Inländerbehandlung nach Artikel III GATT 1994. Zu diesem Zweck wird Artikel III GATT 1994 als Bestandteil in dieses Abkommen übernommen.

2. Inländerbehandlung nach Absatz 1 bedeutet in Bezug auf eine Regierung unterhalb der Bundesebene in Kanada oder in Bezug auf die Regierung eines oder innerhalb eines Mitgliedstaats der Europäischen Union eine Behandlung, die nicht weniger günstig ist als die Behandlung, welche die betreffende Regierung gleichartigen, unmittelbar konkurrierenden oder zum gleichen Zweck geeigneten Waren Kanadas beziehungsweise des Mitgliedstaats gewährt.

3. Dieser Artikel gilt nicht für Maßnahmen, einschließlich der Fortführung, umgehenden Verlängerung oder Änderung von Maßnahmen, in Bezug auf die kanadischen Verbrauchsteuern auf reinen Alkohol, wie unter Zolltarifposition 2207.10.90 in Kanadas Liste der Zugeständnisse (Liste V) im Anhang des *Protokolls von Marra-*

kesch zum Allgemeinen Zoll- und Handelsabkommen 1994 vom 15. April 1994 („Protokoll von Marrakesch") aufgeführt, der im Einklang mit den Bestimmungen des Verbrauchsteuergesetzes (*Excise Act, 2001*, S.C. 2002, c. 22) bei der Herstellung verwendet wird.

Artikel 2.4
Abbau und Beseitigung von Einfuhrzöllen

1. Jede Vertragspartei senkt oder beseitigt Zölle auf Ursprungswaren der anderen Vertragspartei nach Maßgabe der Stufenpläne für den Zollabbau in Anhang 2-A. Für die Zwecke dieses Kapitels bezeichnet der Ausdruck „Waren mit Ursprung in" oder „Ursprungswaren" Waren einer Vertragspartei, bei denen die Ursprungskriterien nach Maßgabe des Protokolls über Ursprungsregeln und Ursprungsbestimmungen erfüllt sind.

2. Für jede Ware gilt als Basiszollsatz, von dem aus der stufenweise Zollabbau nach Absatz 1 zu erfolgen hat, der in Anhang 2-A genannte Satz.

3. Bei Waren, für die Zollpräferenzen nach Maßgabe des in Anhang 2-A enthaltenen Stufenplans einer Vertragspartei für den Zollabbau gelten, wenden die Vertragsparteien auf Ursprungswaren der anderen Vertragspartei den Zollsatz, der sich aus der Berechnung nach dem Stufenplan der betreffenden Vertragspartei ergibt, oder ihren Meistbegünstigungszollsatz an – je nachdem, welcher Zollsatz der niedrigere ist.

4. Auf Ersuchen einer Vertragspartei können die Vertragsparteien Konsultationen führen, um eine Beschleunigung und einen erweiterten Umfang des Abbaus der Zölle auf die Einfuhren zwischen den Vertragsparteien zu prüfen. Ein Beschluss des Gemischten CETA-Ausschusses über einen beschleunigten Abbau oder die Beseitigung eines Warenzolls ersetzt den Zollsatz oder die Abbaustufe, der beziehungsweise die nach dem Stufenplan der betreffenden Vertragspartei in Anhang 2-A für die entsprechende Ware festgelegt wurde, sofern beide Vertragsparteien dem im Einklang mit ihren geltenden Rechtsverfahren zugestimmt haben.

Artikel 2.5
Beschränkungen in Bezug auf Zollrückerstattungs-, Zollstundungs- und Zollaussetzungsregelungen

1. Vorbehaltlich der Absätze 2 und 3 darf eine Vertragspartei einen entrichteten oder zu entrichtenden Zoll auf eine Ware ohne Ursprungseigenschaft nicht erstatten, stunden oder aussetzen, wenn die betreffende Ware unter der ausdrücklichen Bedingung in ihr Gebiet eingeführt wurde, dass sie oder eine identische, gleichwertige oder ähnliche Ersatzware als Vormaterial für die Herstellung einer anderen Ware verwendet wird, die anschließend unter Inanspruchnahme einer Zollpräferenzbehandlung nach diesem Abkommen in das Gebiet der anderen Vertragspartei ausgeführt wird.

2. Absatz 1 gilt nicht für Regelungen einer Vertragspartei, welche die – dauerhafte oder vorübergehende – Senkung, Aussetzung oder Aufhebung eines Zolls vorsehen, sofern die Senkung, Aussetzung oder Aufhebung nicht ausdrücklich an die Bedingung der Ausfuhr einer Ware geknüpft wird.

3. Absatz 1 findet erst drei Jahre nach Inkrafttreten dieses Abkommens Anwendung.

Artikel 2.6
Bei der Ausfuhr anfallende Zölle, Steuern, Gebühren oder sonstige Abgaben

Die Vertragsparteien dürfen keine Zölle, Steuern, Gebühren oder sonstigen Abgaben bei oder im Zusammenhang mit der Ausfuhr von Waren in das Gebiet der anderen Vertragspartei oder interne Steuern, Gebühren oder Abgaben auf in das Gebiet der anderen Vertragspartei ausgeführte Waren einführen oder aufrechterhalten, die über diejenigen Zölle, Steuern, Gebühren oder Abgaben hinausgehen, welche auf die betreffenden Waren erhoben würden, wenn sie für den internen Verkauf bestimmt wären.

Artikel 2.7
Stillhalteregelung

1. Mit Inkrafttreten dieses Abkommens dürfen die Vertragsparteien weder die zum Zeitpunkt des Inkrafttretens des Abkommens bereits bestehenden Zölle auf Ursprungswaren der Vertragsparteien erhöhen noch dürfen sie neue Zölle auf solche Waren einführen.

2. Ungeachtet des Absatzes 1 kann eine Vertragspartei

a) einen nicht unter dieses Abkommen fallenden Zoll auf eine Ware, für die keine Zollpräferenz nach diesem Abkommen geltend gemacht wird, abändern,

b) einen Zoll nach einem einseitigen Abbau wieder auf die in ihrem Stufenplan in Anhang 2-A vorgesehene Höhe anheben oder

c) einen nach diesem Abkommen oder einer sonstigen Vereinbarung im Rahmen des WTO-Übereinkommens zulässigen Zoll aufrechterhalten oder erhöhen.

3. Ungeachtet der Absätze 1 und 2 darf nur Kanada eine besondere Schutzklausel nach Artikel 5 WTO-Übereinkommen über die Landwirtschaft anwenden. Eine besondere Schutzklausel darf nur in Bezug auf Waren angewendet werden, die in Kanadas Stufenplan in Anhang 2-A in Positionen mit der Kennzeichnung „SSG" eingereiht

sind. Der Rückgriff auf diese besondere Schutzklausel ist auf Einfuhren beschränkt, für die keine Zollpräferenz gilt, und im Falle von Einfuhren, die einem Zollkontingent unterliegen, auf die über die Marktzugangsverpflichtung hinausgehenden Einfuhren.

Artikel 2.8
Vorübergehende Aussetzung der Zollpräferenzbehandlung

1. Im Einklang mit den Absätzen 2 bis 5 darf eine Vertragspartei die nach diesem Abkommen gewährte Zollpräferenzbehandlung, die eine von einer Person der anderen Vertragspartei ausgeführte oder hergestellte Ware betrifft, vorübergehend aussetzen, sofern die erstgenannte Vertragspartei

a) als Ergebnis einer Untersuchung auf der Grundlage objektiver, zuverlässiger und nachprüfbarer Informationen feststellt, dass die betreffende Person der anderen Vertragspartei systematisch gegen das Zollrecht verstößt, um eine Zollpräferenzbehandlung nach diesem Abkommen zu erhalten, oder

b) feststellt, dass die andere Vertragspartei systematisch und ungerechtfertigterweise die Zusammenarbeit bei einer Untersuchung von Zuwiderhandlungen gegen das Zollrecht nach Artikel 6.13 (Zusammenarbeit) Absatz 4 verweigert, und die Vertragspartei, die auf der Grundlage objektiver, zuverlässiger und nachprüfbarer Informationen um Zusammenarbeit ersucht, hinreichende Gründe zu der Annahme hat, dass die Person der anderen Vertragspartei systematisch gegen das Zollrecht verstößt, um eine Zollpräferenzbehandlung nach diesem Abkommen zu erhalten.

2. Eine Vertragspartei, die eine Feststellung im Sinne des Absatzes 1 getroffen hat,

a) notifiziert dies der Zollbehörde der anderen Vertragspartei unter Vorlage der Informationen und Nachweise, auf die sich die Feststellung gründet,

b) nimmt mit den Behörden der anderen Vertragspartei Konsultationen auf, um zu einer für beide Seiten annehmbaren Lösung der Probleme zu gelangen, die Gegenstand der Feststellung sind, und

c) übermittelt der betreffenden Person der anderen Vertragspartei eine schriftliche Mitteilung, welche die der Feststellung zugrunde liegenden Informationen enthält.

3. Gelangen die Behörden nicht binnen 30 Tagen zu einer für beide Seiten annehmbaren Lösung, befasst die Vertragspartei, welche die Feststellung getroffen hat, den Gemischten Ausschuss für die Zusammenarbeit im Zollbereich mit der Angelegenheit.

4. Findet der Gemischte Ausschuss für die Zusammenarbeit im Zollbereich binnen 60 Tagen keine Lösung, darf die Vertragspartei, welche die Feststellung getroffen hat, die nach diesem Abkommen gewährte Zollpräferenzbehandlung für die in Rede stehende Ware der betreffenden Person der anderen Vertragspartei vorübergehend aussetzen. Die vorübergehende Aussetzung gilt nicht für Waren, die sich am Tag des Inkrafttretens der vorübergehenden Aussetzung bereits im Transit zwischen den Vertragsparteien befinden.

5. Die Vertragspartei, welche von der vorübergehenden Aussetzung nach Absatz 1 Gebrauch macht, wendet sie nur während eines Zeitraums an, der den Auswirkungen der nach Absatz 1 festgestellten Situation auf die finanziellen Interessen dieser Vertragspartei angemessen ist, höchstens jedoch während 90 Tagen. Hat die betreffende Vertragspartei – auf der Grundlage objektiver, zuverlässiger und nachprüfbarer Informationen – berechtigten Grund zu der Annahme, dass sich die Umstände, die zu der Aussetzung geführt hatten, nach Ablauf des Zeitraums von 90 Tagen nicht geändert haben, kann die betreffende Vertragspartei die Aussetzung um einen weiteren Zeitraum von höchstens 90 Tagen verlängern. Die ursprüngliche Aussetzung und etwaige Verlängerungen sind Gegenstand regelmäßiger Konsultationen im Rahmen des Gemischten Ausschusses für die Zusammenarbeit im Zollbereich.

Artikel 2.9
Gebühren und sonstige Abgaben

1. Im Einklang mit Artikel VIII GATT 1994 darf eine Vertragspartei keine Gebühren oder Abgaben im Zusammenhang mit der Einfuhr oder Ausfuhr einer Ware einer Vertragspartei einführen oder aufrechterhalten, die nicht in einem angemessenen Verhältnis zu den Kosten der erbrachten Dienstleistungen stehen oder die einen mittelbaren Schutz für heimische Waren oder eine Besteuerung der Einfuhr oder Ausfuhr zur Erzielung von Einnahmen darstellen.

2. Zur Klarstellung: Absatz 1 hindert eine Vertragspartei nicht daran, einen Zoll oder eine Abgabe im Sinne der Begriffsbestimmung in Artikel 1.1 (Allgemein geltende Begriffsbestimmungen) Buchstaben a bis c zu erheben.

Artikel 2.10
Nach einer Ausbesserung oder Änderung wiedereingeführte Waren

1. Für die Zwecke dieses Artikels bezeichnet „Ausbesserung oder Änderung” jeden Vorgang der Bearbeitung von Waren, durch den Funktionsmängel oder Materialschäden behoben werden und die ursprüngliche Funktion der Waren wiederhergestellt wird oder durch den die Einhaltung der für ihre Verwendung geltenden technischen Anforderungen gewährleistet wird und ohne den

die Waren nicht mehr ihrem üblichen bestimmungsgemäßen Gebrauch zugeführt werden könnten. „Ausbesserung oder Änderung" umfasst auch eine Instandsetzung oder Wartung, nicht aber einen Vorgang oder Prozess, durch den

a) die wesentlichen Merkmale einer Ware verloren gehen oder eine neue oder unter kommerziellen Gesichtspunkten andersartige Ware entsteht,

b) ein unfertiges Erzeugnis zu einem Fertigerzeugnis verarbeitet wird oder

c) die Funktion einer Ware wesentlich verändert wird.

2. Außer in den in Fußnote 1 genannten Fällen darf eine Vertragspartei keine Zölle auf Waren – ungeachtet ihres Ursprungs – erheben, die in ihr Gebiet wiedereingeführt werden, nachdem sie zum Zwecke der Ausbesserung oder Änderung vorübergehend aus ihrem Gebiet ausgeführt und in das Gebiet der anderen Vertragspartei eingeführt wurden, unabhängig davon, ob eine solche Ausbesserung oder Änderung im Gebiet der Vertragspartei, aus dem die Waren zum Zwecke der Ausbesserung oder Änderung ausgeführt wurden, vorgenommen werden könnte.[1],[2]

3. Absatz 2 gilt nicht für Waren, die unter Zollverschluss oder mit ähnlichem Status in Freihandelszonen eingeführt, anschließend zur Ausbesserung ausgeführt und nicht unter Zollverschluss oder mit ähnlichem Status wieder in Freihandelszonen eingeführt werden.[3]

4. Eine Vertragspartei erhebt keinen Zoll auf Waren – ungeachtet ihres Ursprungs –, die zum Zwecke der Ausbesserung oder Änderung vorübergehend aus dem Gebiet der anderen Vertragspartei eingeführt werden.

Zu Artikel 2.10:

[1] *Für folgende Waren des HS-Kapitels 89, die aus dem Gebiet der Europäischen Union in das Gebiet Kanadas wiedereingeführt werden und im Canada Shipping Act, 2001, erfasst sind, kann Kanada – ungeachtet ihres Ursprungs – auf den Wert der Ausbesserung oder Änderung solcher Waren den in seinem Stufenplan in Anhang 2-A (Zollabbau) für solche Waren vorgesehenen Zollsatz anwenden: 8901.10.10, 8901.10.90, 8901.30.00, 8901.90.10, 8901.90.91, 8901.90.99, 8904.00.00, 8905.20.19, 8905.20.20, 8905.90.19, 8905.90.90, 8906.90.19, 8906.90.91, 8906.90.99.*

[2] *Die Europäische Union wird diesen Absatz im Rahmen des Verfahrens der passiven Veredelung gemäß der Verordnung (EU) Nr. 952/2013 in einer mit diesem Absatz vereinbaren Weise umsetzen.*

[3] *Die Europäische Union wird diesen Absatz im Rahmen des Verfahrens der aktiven Veredelung gemäß der Verordnung (EU) Nr. 952/2013 in einer mit diesem Absatz vereinbaren Weise umsetzen.*

Artikel 2.11
Einfuhr- und Ausfuhrbeschränkungen

1. Sofern dieses Abkommen nichts anderes vorsieht, darf eine Vertragspartei bei der Einfuhr einer Ware der anderen Vertragspartei oder bei der Ausfuhr einer Ware oder ihrem Verkauf zwecks Ausfuhr in das Gebiet der anderen Vertragspartei keine Verbote oder Beschränkungen einführen oder aufrechterhalten, es sei denn, solche Verbote oder Beschränkungen stehen im Einklang mit Artikel XI GATT 1994. Zu diesem Zweck wird Artikel XI GATT 1994 als Bestandteil in dieses Abkommen übernommen.

2. Wenn eine Vertragspartei Verbote oder Beschränkungen hinsichtlich der Einfuhr einer Ware aus einem Drittland oder der Ausfuhr einer Ware in ein Drittland einführt oder aufrechterhält, kann die betreffende Vertragspartei

a) die Einfuhr einer Ware des betreffenden Drittlands aus dem Gebiet der anderen Vertragspartei beschränken oder verbieten oder

b) die Ausfuhr einer Ware in das betreffende Drittland durch das Gebiet der anderen Vertragspartei beschränken oder verbieten.

3. Wenn eine Vertragspartei Verbote oder Beschränkungen hinsichtlich der Einfuhr einer Ware aus einem Drittland einführt oder aufrechterhält, können die Vertragsparteien auf Ersuchen der anderen Vertragspartei Gespräche miteinander aufnehmen mit dem Ziel, ungerechtfertigte Eingriffe in oder Verzerrungen bei Preisbildungs-, Vermarktungs- oder Vertriebsmechanismen der anderen Vertragspartei zu vermeiden.

4. Dieser Artikel gilt nicht für Maßnahmen, einschließlich der Fortführung, umgehenden Verlängerung oder Änderung von Maßnahmen, in Bezug auf

a) die Ausfuhr von Holz jedweder Art. Verzichtet eine Vertragspartei darauf, weiterhin Ausfuhrgenehmigungen für Holz zu verlangen, das für ein Drittland bestimmt ist, verzichtet die betreffende Partei damit dauerhaft darauf, Ausfuhrgenehmigungen für Holz zu verlangen, das für die andere Vertragspartei bestimmt ist,

b) die Ausfuhr von unverarbeitetem Fisch nach den geltenden Rechtsvorschriften Neufundlands und Labradors, und zwar für einen Zeitraum von drei Jahren ab Inkrafttreten dieses Abkommens,

c) die kanadischen Verbrauchsteuern auf reinen Alkohol, wie unter Zolltarifposition 2207.10.90 in Kanadas Liste der Zugeständnisse (Liste V) im Anhang des Protokolls von Marrakesch aufgeführt, der im Einklang mit den Bestimmungen des Verbrauchsteuergesetzes (Excise Act, 2001, S.C. 2002, c. 22) bei der Herstellung verwendet wird, und

d) die Einfuhr von Gebrauchtfahrzeugen nach Kanada, die nicht den kanadischen Sicherheits- und Umweltanforderungen genügen.

Artikel 2.12
Sonstige Bestimmungen im Bereich des Warenhandels

Jede Vertragspartei ist bestrebt, sicherzustellen, dass eine Ware der anderen Vertragspartei, das in das Gebiet der einführenden Vertragspartei eingeführt und dort an einem beliebigen Ort rechtmäßig verkauft oder zum Verkauf angeboten wird, im gesamten Gebiet der einführenden Vertragspartei verkauft oder zum Verkauf angeboten werden kann.

Artikel 2.13
Ausschuss für Warenhandel

1. Der nach Artikel 26.2 (Sonderausschüsse) Absatz 1 Buchstabe a eingesetzte Ausschuss für Warenhandel hat unter anderem folgende Aufgaben:

a) er fördert den Warenhandel zwischen den Vertragsparteien, unter anderem durch Konsultationen über die Beschleunigung des Zollabbaus im Rahmen dieses Übereinkommens sowie gegebenenfalls über andere Fragen,

b) er empfiehlt dem Gemischten CETA-Ausschuss Änderungen oder Ergänzungen von Bestimmungen dieses Abkommens, die das Harmonisierte System betreffen, und

c) er befasst sich unverzüglich mit Fragen, welche die Beförderung von Waren durch die Eingangshäfen der Vertragsparteien betreffen.

2. Der Ausschuss für Warenhandel kann dem Gemischten CETA-Ausschuss Beschlussentwürfe zum beschleunigten Abbau oder zur Beseitigung des auf eine Ware erhobenen Zolls vorlegen.

3. Der nach Artikel 26.2 (Sonderausschüsse) Absatz 1 Buchstabe a eingesetzte Landwirtschaftsausschuss

a) kommt auf Ersuchen einer Vertragspartei binnen 90 Tagen zusammen,

b) dient den Vertragsparteien als Forum für die Erörterung von Fragen im Zusammenhang mit landwirtschaftlichen Erzeugnissen, die von diesem Abkommen erfasst werden, und

c) befasst den Ausschuss für Warenhandel mit unter Buchstabe b genannten Fragen, für die keine Lösung gefunden wurde.

4. Die Vertragsparteien nehmen zur Kenntnis, dass eine Zusammenarbeit und ein Informationsaustausch in Landwirtschaftsfragen im Rahmen des jährlichen Landwirtschaftsdialogs zwischen Kanada und der Europäischen Union stattfinden, der mit dem Briefwechsel vom 14. Juli 2008 ins Leben gerufen wurde. Der Landwirtschaftsdialog kann gegebenenfalls für die Zwecke des Absatzes 3 genutzt werden.

KAPITEL DREI
HANDELSPOLITISCHE SCHUTZMAẞNAHMEN

ABSCHNITT A
Antidumping- und Ausgleichsmaßnahmen

Artikel 3.1
Allgemeine Bestimmungen über Antidumping- und Ausgleichsmaßnahmen

1. Die Vertragsparteien bekräftigen ihre Rechte und Pflichten aus Artikel VI GATT 1994 sowie aus dem Antidumping-Übereinkommen und dem Subventionsübereinkommen.

2. Das Protokoll über die Ursprungsregeln und Ursprungsverfahren gilt nicht für Antidumping- und Ausgleichsmaßnahmen.

Artikel 3.2
Transparenz

1. Jede Vertragspartei wendet Antidumping- und Ausgleichsmaßnahmen unter Einhaltung der einschlägigen WTO-Vorschriften und nach einem fairen und transparenten Verfahren an.

2. Die Vertragsparteien sorgen nach einer Einführung vorläufiger Maßnahmen und auf jeden Fall vor einer endgültigen Feststellung dafür, dass alle wesentlichen Fakten, auf deren Grundlage der Beschluss über die Anwendung endgültiger Maßnahmen gefasst wird, vollständig und aussagekräftig bekanntgegeben werden. Dies gilt unbeschadet des Artikels 6.5 Antidumping-Übereinkommen und des Artikels 12.4 Subventionsübereinkommen.

3. Sofern es die Durchführung der Untersuchung nicht unnötig verzögert, wird jeder interessierten Partei bei einer Antidumping- oder Ausgleichsuntersuchung[4)] in vollem Umfang Gelegenheit gegeben, ihre Interessen zu verteidigen.

Artikel 3.3
Berücksichtigung des öffentlichen Interesses und Regel des niedrigeren Zolls

1. Die Behörden jeder Vertragspartei prüfen anhand von Informationen, die nach dem Recht der betreffenden Vertragspartei bereitgestellt wurden, ob die Einführung eines Antidumping- oder Ausgleichszolls dem öffentlichen Interesse zuwiderlaufen würde.

Zu Artikel 3.2:

4) Für die Zwecke dieses Artikels gilt die Bestimmung des Begriffs ***interessierte Parteien*** *aus Artikel 6.11 Antidumping-Übereinkommen und Artikel 12.9 Subventionsübereinkommen.*

2. Nach Würdigung der in Absatz 1 erwähnten Informationen können die Behörden der Vertragspartei nach dem Recht der betreffenden Vertragspartei prüfen, ob der einzuführende Antidumping- oder Ausgleichszoll in voller Dumping- oder Subventionshöhe oder niedriger festgesetzt wird.

ABSCHNITT B

Generelle Schutzmaßnahmen

Artikel 3.4

Allgemeine Bestimmungen über generelle Schutzmaßnahmen

1. Die Vertragsparteien bekräftigen ihre Rechte und Pflichten bezüglich genereller Schutzmaßnahmen aus Artikel XIX GATT 1994 und aus dem Schutzmaßnahmen-Übereinkommen.

2. Das Protokoll über Ursprungsregeln und Ursprungsbestimmungen gilt nicht für generelle Schutzmaßnahmen.

Artikel 35

Transparenz

1. Auf Ersuchen der Ausfuhrvertragspartei legt die Vertragspartei, die eine Schutzmaßnahmenuntersuchung einleitet oder vorläufige oder endgültige generelle Schutzmaßnahmen zu ergreifen beabsichtigt, unverzüglich Folgendes vor:

a) die in Artikel 12.2 Schutzmaßnahmen-Übereinkommen genannten Informationen in dem vom WTO-Ausschuss für Schutzmaßnahmen vorgeschriebenen Format,

b) soweit relevant die für die Öffentlichkeit bestimmte Fassung des Antrags des heimischen Wirtschaftszweigs und

c) einen öffentlichen Bericht mit den Feststellungen und den mit Gründen versehenen Schlussfolgerungen zu allen relevanten Sach- und Rechtsfragen, denen bei der Schutzmaßnahmenuntersuchung Rechnung getragen wurde. Der öffentliche Bericht hat eine Analyse zu enthalten, aus der sich ergibt, dass die Schädigung auf die ursächlichen Faktoren zurückzuführen ist, ferner ist darzulegen, welcher Methodik gefolgt wurde, um die generellen Schutzmaßnahmen festzulegen.

2. Werden Informationen nach diesem Artikel vorgelegt, so bietet die Einfuhrvertragspartei der Ausfuhrvertragspartei Konsultationen an, die der Prüfung der bereitgestellten Informationen dienen.

Artikel 3.6

Einführung endgültiger Maßnahmen

1. Eine Vertragspartei, die generelle Schutzmaßnahmen ergreift, ist bestrebt, diese so zu gestalten, dass sie den bilateralen Handel möglichst wenig beeinträchtigen.

2. Die Einfuhrvertragspartei bietet der Ausfuhrvertragspartei Konsultationen an, die der Prüfung der Angelegenheit nach Absatz 1 dienen. Die Einfuhrvertragspartei ergreift die Maßnahmen frühestens 30 Tage nach ihrem Konsultationsangebot.

ABSCHNITT C

Allgemeine Bestimmungen

Artikel 3.7

Ausschluss von der Streitbeilegung

Dieses Kapitel unterliegt nicht dem Kapitel neunundzwanzig (Streitbeilegung).

KAPITEL VIER

TECHNISCHE HANDELSHEMMNISSE

Artikel 4.1

Geltungsbereich und Begriffsbestimmungen

1. Dieses Kapitel gilt für die Ausarbeitung, Annahme und Anwendung von technischen Vorschriften, Normen und Konformitätsbewertungsverfahren, die sich auf den Warenhandel zwischen den Vertragsparteien auswirken können.

2. Dieses Kapitel gilt nicht

a) für Einkaufsspezifikationen, die von einer staatlichen Stelle für die Produktion oder den Verbrauch durch staatliche Stellen erstellt werden, oder

b) für die gesundheitspolizeilichen und pflanzenschutzrechtlichen Maßnahmen nach Anhang A des SPS-Übereinkommens.

3. Mit Ausnahme der Stellen, an denen dieses Abkommen, einschließlich der nach Artikel 4.2 übernommenen Bestimmungen des TBT-Übereinkommens, eine Definition oder Begriffsbestimmung enthält, haben die allgemeinen Begriffe für die Normungs- und Konformitätsbewertungsverfahren in der Regel die Bedeutung, die sie nach dem System der Vereinten Nationen sowie von internationalen Normungsorganisationen erhalten haben, unter Berücksichtigung ihres Kontextes und im Lichte von Ziel und Zweck dieses Kapitels.

4. Bezugnahmen auf technische Regelungen, Normen und Konformitätsbewertungsverfahren umfassen auch Änderungen daran sowie Ergänzungen der jeweiligen Vorschriften oder des jeweiligen Geltungsbereichs, mit Ausnahme von unerheblichen Änderungen und Ergänzungen.

5. Artikel 1.8. (Umfang der Pflichten) Absatz 2 gilt nicht für die Artikel 3, 4, 7, 8 und 9 des TBT-Übereinkommens in der in dieses Abkommen übernommenen Form.

Artikel 4.2
Übernahme des TBT-Übereinkommens

1. Folgende Bestimmungen des TBT-Übereinkommens werden Bestandteil dieses Abkommens:

a) Artikel 2 (Ausarbeitung, Annahme und Anwendung technischer Vorschriften durch Stellen der Zentralregierung),

b) Artikel 3 (Ausarbeitung, Annahme und Anwendung technischer Vorschriften durch lokale Regierungsstellen und nichtstaatliche Stellen),

c) Artikel 4 (Ausarbeitung, Annahme und Anwendung von Normen),

d) Artikel 5 (Verfahren zur Konformitätsbewertung durch Stellen der Zentralregierung),

e) Artikel 6 (Anerkennung der Konformitätsbewertung durch Stellen der Zentralregierung) ohne Beschränkung der Rechte oder Pflichten einer Vertragspartei nach dem Protokoll über die gegenseitige Annahme der Ergebnisse von Konformitätsbewertungen und nach dem Protokoll über die gegenseitige Anerkennung des Programms für die Befolgung und Durchsetzung der Guten Herstellungspraxis für pharmazeutische Erzeugnisse,

f) Artikel 7 (Verfahren zur Konformitätsbewertung durch lokale Regierungsstellen),

g) Artikel 8 (Verfahren zur Feststellung der Übereinstimmung durch nichtstaatliche Stellen),

h) Artikel 9 (Internationale und regionale Systeme),

i) Anhang 1 (Begriffsbestimmungen für die Zwecke dieses Übereinkommens) und

j) Anhang 3 (Kodex des guten Verhaltens für die Ausarbeitung, Annahme und Anwendung von Normen).

2. Der Begriff „Mitglieder" in den übernommenen Vorschriften hat in diesem Abkommen dieselbe Bedeutung wie im TBT-Übereinkommen.

3. Im Hinblick auf Artikel 3, 4, 7, 8 und 9 des TBT-Übereinkommens kann in Fällen, in denen eine Vertragspartei der Auffassung ist, dass die andere Vertragspartei keine zufriedenstellenden Ergebnisse in Bezug auf die genannten Artikel erzielt hat und ihre Handelsinteressen erheblich betroffen sind, Kapitel Neunundzwanzig (Streitbeilegung) in Anspruch genommen werden. In dieser Hinsicht sind diese Ergebnisse den betreffenden Ergebnissen gleichwertig, so als wäre die betreffende Stelle eine Vertragspartei.

Artikel 4.3
Zusammenarbeit

Die Vertragsparteien intensivieren ihre Zusammenarbeit im Bereich technische Vorschriften, Normen, Messwesen, Konformitätsbewertungsverfahren, Marktüberwachung oder -beobachtung und Durchsetzungsmaßnahmen, um den Handel zwischen den Vertragsparteien nach Kapitel Einundzwanzig (Zusammenarbeit in Regulierungsfragen) zu erleichtern. Dies kann auch die Förderung oder Anregung einer Zusammenarbeit zwischen den jeweiligen öffentlichen oder privaten vertragsparteilichen Stellen umfassen, die für Messwesen, Normung, Prüfung, Zertifizierung und Akkreditierung, Marktüberwachung oder -beobachtung und Durchsetzungsmaßnahmen zuständig sind, insbesondere jedoch die Ermunterung ihrer Akkreditierungs- und Konformitätsbewertungsstellen, sich an Kooperationsvereinbarungen zur Förderung der Annahme von Konformitätsbewertungsergebnissen zu beteiligen.

Artikel 4.4
Technische Vorschriften

1. Die Vertragsparteien verpflichten sich, so weit wie möglich zusammenzuarbeiten, um sicherzustellen, dass ihre technischen Vorschriften miteinander vereinbar sind. Äußert eine Vertragspartei Interesse an der Erarbeitung einer technischen Vorschrift, deren Erfassungsbereich gleich oder ähnlich dem einer bestehenden oder bei der anderen Vertragspartei gerade in Entwicklung begriffenen Vorschrift ist, so legt diese andere Vertragspartei zu diesem Zweck der ersten Vertragspartei – soweit praktisch möglich – auf Ersuchen die einschlägigen Informationen, Studien und Daten vor, auf die sie sich bei der Erarbeitung ihrer technischen Vorschrift gestützt hat, unabhängig davon, ob die technische Vorschrift bereits angenommen wurde oder sich noch im Entwicklungsstadium befindet. Die Vertragsparteien erkennen an, dass es erforderlich sein kann, den Erstreckungsbereich eines bestimmten Ersuchens zu klären und sich darüber zu einigen, und dass vertrauliche Informationen zurückgehalten werden dürfen.

2. Eine Vertragspartei, die eine technische Vorschrift ausgearbeitet hat, die sie für gleichwertig mit einer – vergleichbare Ziele und einen vergleichbaren Produktbezug aufweisenden – technischen Vorschrift der anderen Vertragspartei hält, kann darum ersuchen, dass die andere Vertragspartei die technische Vorschrift als gleichwertig anerkennt. Die Vertragspartei legt das Ersuchen schriftlich vor und begründet im Einzelnen, auch in Bezug auf den Produktbezug, weshalb die technische Vorschrift als gleichwertig angesehen werden sollte. Die Vertragspartei, die nicht der Auffassung ist, dass die technische Vorschrift gleichwertig ist, nennt der anderen Vertragspartei auf Verlangen die Gründe für ihre Entscheidung.

Artikel 4.5
Konformitätsbewertung

Die Vertragsparteien halten sich an das Protokoll über die gegenseitige Annahme der Ergebnisse von Konformitätsbewertungen und an das

Protokoll über die gegenseitige Anerkennung des Programms für die Befolgung und Durchsetzung der Guten Herstellungspraxis für pharmazeutische Erzeugnisse.

Artikel 4.6
Transparenz

1. Jede Vertragspartei stellt sicher, dass Transparenzverfahren im Zusammenhang mit der Entwicklung technischer Vorschriften und Konformitätsbewertungsverfahren betroffene Personen der Vertragsparteien in die Lage versetzen, sich zu einem geeigneten, frühen Zeitpunkt einzubringen, zu dem noch Änderungen eingeführt und Stellungnahmen berücksichtigt werden können, sofern keine dringenden Probleme der Sicherheit, der Gesundheit, des Umweltschutzes oder der nationalen Sicherheit auftreten oder aufzutreten drohen. Findet ein öffentliches Konsultationsverfahren zur Entwicklung von technischen Vorschriften oder Konformitätsbewertungsverfahren statt, so gestattet jede Vertragspartei Personen der anderen Vertragspartei die Teilnahme unter Bedingungen, die nicht weniger günstig sind als die Bedingungen, die ihren eigenen Personen gewährt werden.

2. Die Vertragsparteien fördern die engere Zusammenarbeit zwischen den Normungsgremien in ihrem jeweiligen Gebiet, um unter anderem den Austausch von Informationen über ihre jeweiligen Tätigkeiten und die Harmonisierung von Normen auf der Grundlage des beiderseitigen Interesses und der Gegenseitigkeit zu erleichtern, entsprechend den Modalitäten, die von den betroffenen Normungsgremien festzulegen sind.

3. Jede Vertragspartei bemüht sich, der anderen Vertragspartei eine Frist von mindestens 60 Tagen ab der Notifizierung geplanter technischer Vorschriften und Konformitätsbewertungsverfahren beim zentralen Notifikationsregister der WTO einzuräumen, damit diese schriftlich Stellung nehmen kann, sofern keine dringenden Probleme der Sicherheit, der Gesundheit, des Umweltschutzes oder der nationalen Sicherheit auftreten oder aufzutreten drohen. Eine Vertragspartei zieht zumutbare Ersuchen um Verlängerung der Stellungnahmefrist wohlwollend in Betracht.

4. Erhält eine Vertragspartei Stellungnahmen zu ihren geplanten technischen Vorschriften oder Konformitätsbewertungsverfahren von der anderen Vertragspartei, so beantwortet sie diese Stellungnahmen schriftlich, bevor die technische Vorschrift oder das Konformitätsbewertungsverfahren verabschiedet wird.

5. Jede Vertragspartei veröffentlicht ihre Antworten oder eine Zusammenfassung ihrer Antworten auf wichtige Stellungnahmen in gedruckter oder elektronischer Form spätestens zum Zeitpunkt der Veröffentlichung der verabschiedeten technischen Vorschrift oder des verabschiedeten Konformitätsbewertungsverfahrens.

6. Jede Vertragspartei stellt auf Ersuchen der anderen Vertragspartei Informationen über die Ziele, die Rechtsgrundlage und die Begründung einer technische Vorschrift oder eines Konformitätsbewertungsverfahrens zur Verfügung, welche beziehungsweise welches sie verabschiedet hat oder einzuführen gedenkt.

7. Eine Vertragspartei prüft wohlwollend zumutbare Ersuchen der anderen Vertragspartei um Festsetzung oder Verlängerung der Frist zwischen Verabschiedung und Inkrafttreten der technischen Vorschrift, die sie nach der Übermittlung einer geplanten technischen Vorschrift und vor Ende der Stellungnahmefrist erhalten hat, es sei denn, die Verlängerung würde das Erreichen der angestrebten legitimen Ziele beeinträchtigen.

8. Jede Vertragspartei stellt sicher, dass die von ihr verabschiedeten technischen Vorschriften und Konformitätsbewertungsverfahren auf offiziellen Websites öffentlich zugänglich sind.

9. Hält eine Vertragspartei aufgrund der Nichteinhaltung einer technischen Vorschrift Waren mit Ursprung im Gebiet einer anderen Vertragspartei in einem Eingangshafen zurück, so unterrichtet die Vertragspartei, welche die Waren zurückhält, den Einführer unverzüglich über die Gründe für das Zurückhalten.

Artikel 4.7
Verwaltung des Kapitels

1. Die Vertragsparteien kooperieren in Fragen, die unter dieses Kapitel fallen. Die Vertragsparteien kommen überein, dass der nach Artikel 26.2 Absatz 1 Buchstabe a eingesetzte Ausschuss für Warenhandel

a) die Durchführung dieses Kapitels verwaltet,

b) sich unverzüglich mit einer Frage befasst, welche die andere Vertragspartei im Zusammenhang mit der Ausarbeitung, Verabschiedung, Anwendung oder Durchsetzung von Normen, technischen Vorschriften oder Konformitätsbewertungsverfahren vorbringt,

c) auf Ersuchen einer Vertragspartei die Erörterung der von der anderen Vertragspartei durchgeführten Risiko- oder Gefahrenbewertung erleichtert,

d) die Zusammenarbeit zwischen den Normungsgremien und Konformitätsbewertungsstellen der Vertragsparteien fördert,

e) Informationen über Normen, technische Vorschriften oder Konformitätsbewertungsverfahren, auch denen von Dritten oder internationalen Einrichtungen, weitergibt, wenn ein beiderseitiges Interesse daran besteht,

f) dieses Kapitel im Lichte von Entwicklungen im Rahmen des WTO-Ausschusses für technische

Handelshemmnisse oder des TBT-Übereinkommens überarbeitet und erforderlichenfalls Empfehlungen für Änderungen an diesem Kapitel erarbeitet, die vom Gemischten CETA-Ausschuss geprüft werden,

g) andere Schritte ergreift, die nach Ansicht der Vertragsparteien hilfreich sind, um diese bei der Umsetzung dieses Kapitels und des TBT-Übereinkommens zu unterstützen und den Handel zwischen den Vertragsparteien zu erleichtern, und

h) dem Gemischten CETA-Ausschuss soweit angezeigt Bericht über die Durchführung dieses Kapitels erstattet.

2. Sind die Vertragsparteien nicht in der Lage, eine unter dieses Kapitel fallende Angelegenheit durch den Ausschuss für Warenhandel zu lösen, so kann der Gemischte CETA-Ausschuss auf Ersuchen einer Vertragspartei eine Ad-hoc-Facharbeitsgruppe einsetzen, die Lösungen zur Erleichterung des Handels finden soll. Stimmt eine Vertragspartei dem Ersuchen der anderen Vertragspartei um Einsetzung einer Facharbeitsgruppe nicht zu, so muss sie auf Ersuchen die Gründe für ihre Entscheidung angeben. Die Vertragsparteien leiten die Facharbeitsgruppe.

3. Hat eine Vertragspartei um Informationen ersucht, so stellt die andere Vertragspartei die Informationen entsprechend den Vorschriften dieses Kapitels in gedruckter oder elektronischer Form innerhalb einer angemessenen Frist zur Verfügung. Die Vertragspartei bemüht sich, jedes Informationsersuchen innerhalb von 60 Tagen zu beantworten.

KAPITEL FÜNF

GESUNDHEITSPOLIZEILICHE UND PFLANZENSCHUTZRECHTLICHE MAßNAHMEN

Artikel 5.1
Begriffsbestimmungen

1. Für die Zwecke dieses Kapitels gelten folgende Begriffsbestimmungen:

a) die Begriffsbestimmungen in Anhang A des SPS-Übereinkommens,

b) die unter der Schirmherrschaft der Codex-Alimentarius-Kommission (im Folgenden „Codex") angenommenen Begriffsbestimmungen,

c) die unter der Schirmherrschaft der Weltorganisation für Tiergesundheit (Office international des épizooties, im Folgenden „OIE") angenommenen Begriffsbestimmungen,

d) die unter der Schirmherrschaft des *Internationalen Pflanzenschutzübereinkommens* (International Plant Protection Convention, im Folgenden „IPPC") angenommenen Begriffsbestimmungen,

e) Schutzgebiet hinsichtlich eines regulierten Schadorganismus bezeichnet ein offiziell ausgewiesenes geografisches Gebiet der Europäischen Union, in dem dieser Schadorganismus, der in anderen Teilen der Europäischen Union auftritt, trotz günstiger Ansiedlungs- und Lebensbedingungen nicht angesiedelt ist, und

f) zuständige Behörde einer Vertragspartei bezeichnet eine in Anhang 5-A aufgelistete Behörde.

2. Über Absatz 1 hinausgehend sind bei Widersprüchen zwischen den vom Codex, von der OIE und vom IPPC angenommenen Begriffsbestimmungen und denen des SPS-Übereinkommens die Begriffsbestimmungen des SPS-Übereinkommens maßgebend.

Artikel 5.2
Ziele

Die Ziele dieses Kapitels bestehen darin,

a) das Leben oder die Gesundheit von Menschen, Tieren und Pflanzen zu schützen und gleichzeitig den Handel zu erleichtern,

b) sicherzustellen, dass die gesundheitspolizeilichen und pflanzenschutzrechtlichen (sanitary and phytosanitary, im Folgenden „SPS") Maßnahmen der Vertragsparteien keine ungerechtfertigten Handelshemmnisse schaffen, und

c) die Durchführung des SPS-Übereinkommens zu fördern.

Artikel 5.3
Geltungsbereich

Dieses Kapitel gilt für alle SPS-Maßnahmen, die sich mittelbar oder unmittelbar auf den Handel zwischen den Vertragsparteien auswirken können.

Artikel 5.4
Rechte und Pflichten

Die Vertragsparteien bekräftigen ihre Rechte und Pflichten aus dem SPS-Übereinkommen.

Artikel 5.5
Anpassung an regionale Bedingungen

1. In Bezug auf Tiere, tierische Erzeugnisse und tierische Nebenprodukte gilt Folgendes:

a) die Vertragsparteien erkennen das Konzept der Zonenabgrenzung an und haben beschlossen, dieses Konzept auf die in Anhang 5-B aufgeführten Seuchen anzuwenden,

b) beschließen die Vertragsparteien Grundsätze und Leitlinien zum Zwecke der Anerkennung regionaler Bedingungen, so nehmen sie sie in Anhang 5-C auf,

c) für die Zwecke des Buchstabens a stützt die Einfuhrvertragspartei ihre gesundheitspolizeiliche Maßnahme, die für die Ausfuhrvertragspartei gilt, deren Hoheitsgebiet von einer in Anhang 5-B aufgeführten Seuche betroffen ist, auf den Zonenabgrenzungsbeschluss der Ausfuhrvertragspartei, sofern die Einfuhrvertragspartei davon überzeugt ist, dass der Zonenabgrenzungsbeschluss der Ausfuhrvertragspartei im Einklang mit den Grundsätzen und Leitlinien steht, welche die Vertragsparteien in Anhang 5-C dargelegt haben, und auf einschlägigen internationalen Standards, Leitlinien und Empfehlungen beruht. Die Einfuhrvertragspartei kann zur Erreichung ihres angemessenen gesundheitspolizeilichen Schutzniveaus zusätzliche Maßnahmen anwenden,

d) beansprucht eine Vertragspartei in Bezug auf eine bestimmte Seuche, die nicht in Anhang 5-B aufgeführt ist, einen besonderen Status, so kann sie um Anerkennung dieses Status ersuchen. Die Einfuhrvertragspartei kann für die Einfuhr lebender Tiere, tierischer Erzeugnisse und tierischer Nebenprodukte zusätzliche Garantien verlangen, die in Bezug auf den vereinbarten und von der Einfuhrvertragspartei anerkannten Status zweckdienlich sind, dazu zählen auch die in Anhang 5-E aufgeführten besonderen Bestimmungen, und

e) die Vertragsparteien erkennen das Konzept der Kompartimentierung an und kommen überein, in dieser Angelegenheit zusammenzuarbeiten.

2. In Bezug auf Pflanzen und Pflanzenerzeugnisse gilt Folgendes:

a) ergreift die Einfuhrvertragspartei eine pflanzenschutzrechtlichen Maßnahme oder behält sie eine solche bei, so berücksichtigt sie unter anderem den von der Ausfuhrvertragspartei festgelegten Seuchenstatus eines Gebietes, z. B. schadorganismusfreies Gebiet, schadorganismusfreier Erzeugungsort, schadorganismusfreier Betriebsteil, Gebiet mit geringem Auftreten von Schädlingen und Schutzgebiet, und

b) beschließen die Vertragsparteien Grundsätze und Leitlinien zum Zwecke der Anerkennung regionaler Bedingungen, so nehmen sie sie in Anhang 5-C auf.

Artikel 5.6
Gleichwertigkeit

1. Die Einfuhrvertragspartei erkennt die SPS-Maßnahme der Ausfuhrvertragspartei als gleichwertig an, wenn die Ausfuhrvertragspartei objektiv nachweist, dass mit ihrer Maßnahme das angemessene SPS-Schutzniveau der Einfuhrvertragspartei erreicht wird.

2. Anhang 5-D enthält die Grundsätze und Leitlinien zur Feststellung, Anerkennung und Wahrung der Gleichwertigkeit.

3. In Anhang 5-E ist Folgendes aufgeführt:

a) das Gebiet, dem die Einfuhrvertragspartei zugesteht, dass eine SPS-Maßnahme der Ausfuhrvertragspartei und ihre eigene gleichwertig sind, und

b) das Gebiet, dem die Einfuhrvertragspartei zugesteht, dass mit der Erfüllung der spezifizierten Sonderbedingung in Kombination mit der SPS-Maßnahme der Ausfuhrvertragspartei das angemessene SPS-Schutzniveau der Einfuhrvertragspartei erreicht wird.

4. Für die Zwecke dieses Kapitels gilt Artikel 1.7 (Bezugnahme auf Rechtsvorschriften) vorbehaltlich der Bestimmungen dieses Artikels, des Anhangs 5-D sowie der Allgemeinen Anmerkungen in Anhang 5-E.

Artikel 5.7
Handelsbedingungen

1. Die Einfuhrvertragspartei stellt ihre allgemeinen SPS-Einfuhrbestimmungen für alle Waren bereit. Stufen die Vertragsparteien eine Ware gemeinsam als Priorität ein, so stellt die Einfuhrvertragspartei spezifische SPS-Einfuhrbestimmungen für diese Ware auf, sofern die Vertragsparteien nichts anderes beschließen. Bei der Feststellung, welche Waren vorrangig sind, arbeiten die Vertragsparteien zusammen, um eine effiziente Verwaltung ihrer verfügbaren Ressourcen zu gewährleisten. Die spezifischen Einfuhrbestimmungen sollten für das gesamte Gebiet der Ausfuhrvertragspartei gelten.

2. Nach Absatz 1 leitet die Einfuhrvertragspartei unverzüglich das Verfahren ein, das zur Aufstellung spezifischer SPS-Einfuhrbestimmungen für die als vorrangig eingestufte Ware erforderlich ist. Nach Aufstellung dieser spezifischen Einfuhrbestimmungen ergreift die Einfuhrvertragspartei unverzüglich die erforderlichen Schritte, damit der Handel auf der Grundlage dieser Einfuhrbestimmungen möglichen wird.

3. Zwecks Aufstellung der spezifischen SPS-Einfuhrbestimmungen verpflichtet sich die Ausfuhrvertragspartei, auf Ersuchen der Einfuhrvertragspartei

a) alle von der Einfuhrvertragspartei geforderten einschlägigen Informationen bereitzustellen und

b) der Einfuhrvertragspartei einen angemessenen zu gewähren, damit sie sonstige einschlägige Verfahren einsehen, testen, prüfen und durchführen kann.

4. Führt die Einfuhrvertragspartei eine Liste der zur Einfuhr einer Ware autorisierten Betriebe oder Einrichtungen, so erkennt sie einen Betrieb oder eine Einrichtung im Gebiet der Ausfuhrvertragspartei ohne vorherige Kontrolle dieses Betriebs oder dieser Einrichtung an,

a) sofern die Ausfuhrvertragspartei die Genehmigung des Betriebs oder der Einrichtung beantragt und dem Antrag zweckdienliche Garantien beigefügt hat und

b) sofern die in Anhang 5-F aufgeführten Bedingungen und Verfahren erfüllt beziehungsweise abgeschlossen sind.

5. Über Absatz 4 hinausgehend macht die Einfuhrvertragspartei ihre Liste autorisierten Betriebe oder Einrichtungen öffentlich bekannt.

6. In der Regel akzeptiert eine Vertragspartei die Sendung einer regulierten Ware, ohne dass eine vorgezogene Warenabfertigung der einzelnen Sendungen stattfindet, sofern die Vertragsparteien nichts anderes beschließen.

7. Die Einfuhrvertragspartei kann verlangen, dass die jeweils zuständige Behörde der Ausfuhrvertragspartei den objektiven Nachweis zur Zufriedenheit der Einfuhrvertragspartei erbringt, dass die Einfuhrbestimmungen erfüllt sind oder erfüllt werden können.

8. Die Vertragsparteien sollten das in Anhang 5-G dargelegte Verfahren bezüglich der spezifischen Einfuhrbestimmungen für Pflanzengesundheit einhalten.

Artikel 5.8
Audit und Überprüfung

1. Zur Wahrung des Vertrauens in die Umsetzung dieses Kapitels kann eine Vertragspartei das Kontrollprogramm der zuständigen Behörde der anderen Vertragspartei ganz oder teilweise einem Audit oder einer Überprüfung oder beidem unterziehen. Die Vertragspartei trägt die mit dem Audit oder der Überprüfung verbundenen Kosten selbst.

2. Beschließen die Vertragsparteien Grundsätze und Leitlinien für die Durchführung eines Audits oder einer Überprüfung, so nehmen sie diese in Anhang 5-H auf. Führt eine Vertragspartei ein Audit oder eine Überprüfung durch, so tut sie dies nach den Grundsätzen und Leitlinien in Anhang 5-H.

Artikel 5.9
Ausfuhrbescheinigung

1. Ist für die Einfuhr einer Sendung lebender Tiere oder tierischer Erzeugnisse eine amtliche Gesundheitsbescheinigung erforderlich und hat die einführende Vertragspartei anerkannt, dass die SPS-Maßnahme der ausführenden Vertragspartei und ihre eigene in Bezug auf diese Tiere oder tierischen Erzeugnisse gleichwertig sind, so verwenden die Vertragsparteien für diese Bescheinigung die vorgeschriebene Mustergesundheitsbescheinigung nach Anhang 5-I, sofern sie nichts anderes beschließen. Die Vertragsparteien können auch für andere Erzeugnisse eine Musterbescheinigung verwenden, falls sie dies beschließen.

2. Anhang 5-I enthält Grundsätze und Leitlinien für Ausfuhrbescheinigungen, die sich auch auf Fragen erstrecken wie elektronische Zertifizierung, Rücknahme oder Ersetzung von Bescheinigungen, Sprachregelungen und Musterbescheinigungen.

Artikel 5.10
Einfuhrkontrollen und Gebühren

1. Anhang 5-J enthält Grundsätze und Leitlinien für Einfuhrkontrollen und Gebühren, die sich auch auf Fragen wie die Häufigkeit von Einfuhrkontrollen erstrecken.

2. Belegen die Einfuhrkontrollen, dass die einschlägigen Einfuhrvorschriften nicht eingehalten wurden, so muss sich die von der Einfuhrvertragspartei ergriffene Maßnahme auf eine Risikobeurteilung stützen, außerdem darf sie den Handel nur in dem Maße beschränken, wie es zur Erreichung des angemessenen gesundheitspolizeilichen oder pflanzenschutzrechtlichen Schutzniveaus der Vertragspartei erforderlich ist.

3. Soweit möglich, teilt die Einfuhrvertragspartei dem Einführer einer unvorschriftsmäßigen Sendung beziehungsweise seinem Vertreter den Grund für die Unvorschriftsmäßigkeit mit und räumt ihm die Möglichkeit einer Überprüfung der Entscheidung ein. Die Einfuhrvertragspartei prüft sämtliche einschlägige Informationen, die für die Zwecke der Überprüfung übermittelt werden.

4. Eine Vertragspartei kann für den Aufwand bei der Durchführung von Grenzkontrollen Gebühren erheben; diese sollten nicht höher sein, als es zur Deckung der Kosten erforderlich ist.

Artikel 5.11
Benachrichtigungen und Informationsaustausch

1. Eine Vertragspartei teilt der anderen Vertragspartei unverzüglich Folgendes mit:

a) eine wesentliche Änderung des Seuchen- oder Krankheitsstatus, zum Beispiel das Auftreten und die Entwicklung einer in Anhang 5-B aufgeführten Seuche,

b) eine epidemiologisch relevante Feststellung in Bezug auf eine nicht in Anhang 5-B aufgeführte Tierseuche oder eine neue Seuche und

c) eine wichtige Frage der Lebensmittelsicherheit im Zusammenhang mit einem zwischen den Vertragsparteien gehandelten Erzeugnis.

2. Die Vertragsparteien sind bestrebt, auch Informationen über andere sachdienliche Themen auszutauschen, zum Beispiel:

a) über eine Änderung der SPS-Maßnahme einer Vertragspartei,

b) über eine wesentliche Änderung des Aufbaus oder der Organisation der zuständigen Behörde einer Vertragspartei,

c) über die Ergebnisse der amtlichen Kontrolle einer Vertragspartei und über einen Bericht, der die Ergebnisse der durchgeführten Kontrolle betrifft (auf Anfrage),

d) über die Ergebnisse einer Einfuhrkontrolle nach Artikel 5.10 im Falle einer abgelehnten oder unvorschriftsmäßigen Sendung und

e) über eine Risikoanalyse oder ein wissenschaftliches Gutachten, die beziehungsweise das von einer Vertragspartei vorgelegte wurde und für dieses Kapital relevant ist (auf Anfrage).

3. Sofern der Gemischte Verwaltungsausschuss nichts anderes beschließt, gilt Folgendes: Wurden die Informationen nach Absatz 1 oder 2 an die zentrale Notifikationsregistratur der WTO oder an das zuständige internationale Normungsgremium nach dessen einschlägigen Vorschriften übermittelt, so wurden die für diese Informationen geltenden Anforderungen der Absätze 1 und 2 erfüllt.

Artikel 5.12
Technische Konsultationen

Hat eine Vertragspartei erhebliche Bedenken in Bezug auf die Lebensmittelsicherheit, die Pflanzengesundheit, die Tiergesundheit oder eine von der anderen Vertragspartei vorgeschlagene oder durchgeführte SPS-Maßnahme, so kann sie um technische Konsultationen mit der anderen Vertragspartei ersuchen. Die Vertragspartei, an die sich das Ersuchen richtet, sollte unverzüglich darauf reagieren. Jede Vertragspartei ist bestrebt, die zur Vermeidung einer Handelsunterbrechung notwendigen Informationen zu beschaffen und gegebenenfalls eine für beide Seiten annehmbare Lösung zu finden.

Artikel 5.13
SPS-Notmaßnahmen

1. Eine Vertragspartei teilt der anderen Vertragspartei eine SPS-Notmaßnahme binnen 24 Stunden nach ihrem Beschluss zur Durchführung der Maßnahme mit. Beantragt eine Vertragspartei technische Konsultationen über die SPS-Notmaßnahme, so müssen diese innerhalb von 10 Tagen nach Bekanntgabe der SPS-Notmaßnahme geführt werden. Die Vertragsparteien prüfen alle im Rahmen der technischen Konsultationen übermittelten Informationen.

2. Die Einfuhrvertragspartei würdigt die von der Ausfuhrvertragspartei zeitnah übermittelten Informationen, wenn sie einen Beschluss über eine Sendung fasst, die sich bei Annahme der SPS-Notmaßnahme bereits auf dem Weg zwischen den Vertragsparteien befindet.

Artikel 5.14
Gemischter Verwaltungsausschuss für gesundheitspolizeiliche und pflanzenschutzrechtliche Maßnahmen

1. Der nach Artikel 26.2 Absatz 1 Buchstabe d eingesetzte Gemischte Verwaltungsausschuss für gesundheitspolizeiliche und pflanzenschutzrechtliche Maßnahmen (im Folgenden „Gemischter Verwaltungsausschuss") umfasst Vertreter der Regulierungs- und der Handelsseite jeder Vertragspartei mit Zuständigkeit für SPS-Maßnahmen.

2. Der Gemischte Verwaltungsausschuss hat unter anderem die Aufgabe,

a) die Durchführung dieses Kapitels zu überwachen und sich mit allen Fragen zu befassen, die mit diesem Kapitel zusammenhängen und sich aus seiner Durchführung ergeben,

b) Orientierung bei der Ermittlung, Priorisierung, Behandlung und Lösung von Fragen zu geben,

c) sich mit dem Ersuchen einer Vertragspartei um Änderung einer Einfuhrkontrolle zu befassen,

d) mindestens einmal jährlich die Anhänge dieses Kapitels zu überprüfen, insbesondere unter Berücksichtigung der Fortschritte, die in den nach diesem Abkommen vorgesehenen Konsultationen erzielt wurden. Nach der Überprüfung kann der Gemischte Verwaltungsausschuss beschließen, die Anhänge dieses Kapitels zu ändern. Die Vertragsparteien können den Beschluss des Gemischten Verwaltungsausschusses genehmigen, und zwar im Einklang mit ihren jeweiligen für das Inkrafttreten der Änderung erforderlichen Verfahren. Der Beschluss tritt an dem von den Vertragsparteien vereinbarten Tag in Kraft,

e) die Umsetzung eines Beschlusses nach Buchstabe d und den Vollzug von Maßnahmen nach Buchstabe d zu überwachen,

f) eine ständige Plattform anzubieten, auf der Informationen über das Regulierungssystem jeder Vertragspartei ausgetauscht werden können, unter Einschluss der Wissenschafts- und Risikobewertungsgrundlage für eine SPS-Maßnahme, und

g) eine Unterlage zu erstellen und auf dem neusten Stand zu halten, in welcher der genaue Stand der Erörterungen zwischen den Vertragsparteien über ihre Arbeiten zur Anerkennung der Gleichwertigkeit bestimmter SPS-Maßnahmen festgehalten ist.

3. Der Gemischte Verwaltungsausschuss kann unter anderem

a) Möglichkeiten für eine stärkere bilaterale Zusammenarbeit und engere Beziehungen ergründen, wozu auch ein Beamtenaustausch zählen kann,

b) frühzeitig eine Änderung oder einen Vorschlag zur Änderung einer in Erwägung befindlichen SPS-Maßnahme erörtern,

c) das gegenseitige Verständnis der Vertragsparteien für die Durchführung des SPS-Übereinkommens erleichtern und verbessern und soweit angebracht die Zusammenarbeit der Vertragsparteien in SPS-Fragen fördern, die in multilateralen Foren wie dem WTO-Ausschuss für gesundheitspolizeiliche und pflanzenschutzrechtliche Maßnahmen und internationalen Normungsgremien erörtert werden, oder

d) frühzeitig Vorhaben ermitteln und erörtern, die eine SPS-Komponente aufweisen und bei denen eine Zusammenarbeit von Vorteil wäre.

4. Der Gemischte Verwaltungsausschuss kann Arbeitsgruppen aus Sachverständigen der Vertragsparteien einsetzen, die sich mit bestimmten SPS-Fragen befassen.

5. Eine Vertragspartei kann den Gemischten Verwaltungsausschuss mit einer Frage befassen. Der Gemischte Verwaltungsausschuss sollte die Frage so zügig wie möglich behandeln.

6. Kann der Gemischte Verwaltungsausschuss eine Frage nicht zügig behandeln, so erstattet er dem Gemischten CETA-Ausschuss auf Ersuchen einer Vertragspartei umgehend Bericht.

7. Sofern die Vertragsparteien nichts anderes beschließen, tritt der Gemischte Verwaltungsausschuss spätestens 180 Tage nach Inkrafttreten dieses Abkommens zusammen und legt sein Arbeitsprogramm fest; seine Geschäftsordnung gibt er sich spätestens ein Jahr nach Inkrafttreten dieses Abkommens.

8. Nach seiner Eröffnungssitzung tritt der Gemischte Verwaltungsausschuss nach Bedarf zusammen, in der Regel jährlich. Der Gemischte Verwaltungsausschuss kann beschließen, Sitzungen per Videokonferenz oder Telekonferenz abzuhalten; ferner kann er Fragen außerhalb der Sitzungen auch im schriftlichen Verfahren behandeln.

9. Der Gemischte Verwaltungsausschuss erstattet dem Gemischten CETA-Ausschuss jährlich Bericht über seine Tätigkeit und sein Arbeitsprogramm.

10. Bei Inkrafttreten dieses Übereinkommens gibt jede Vertragspartei der anderen Vertragspartei schriftlich eine Anlaufstelle bekannt, welche die Aufgabe hat, die Agenda des Gemischten Verwaltungsausschusses zu koordinieren und die Kommunikation in SPS-Angelegenheiten zu erleichtern.

KAPITEL SECHS

ZOLL UND HANDELSERLEICHTERUNGEN

Artikel 6.1

Ziele und Grundsätze

1. Die Vertragsparteien erkennen an, dass Zollangelegenheiten und Handelserleichterungsfragen in dem sich weiterentwickelnden Welthandelskontext von großer Bedeutung sind.

2. Soweit möglich arbeiten die Vertragsparteien zusammen und tauschen Informationen aus, unter anderem Informationen über bewährte Verfahren, um die Anwendung und Einhaltung der Maßnahmen zur Handelserleichterung dieses Abkommens zu fördern.

3. Maßnahmen zur Handelserleichterung dürfen keine Mechanismen behindern, die dem Schutz einer Person mittels wirksamer Durchsetzung und Einhaltung des Rechtes einer Vertragspartei dienen.

4. Vorschriften und Verfahren zur Ein-, Aus- und Durchfuhr dürfen verwaltungstechnisch nicht belastender oder handelsbeschränkender sein als zur Erreichung eines legitimen Zieles erforderlich.

5. Geltende internationale Handels- und Zollübereinkünfte und -normen bilden die Grundlage für Ein-, Aus- und Durchfuhrvorschriften und -verfahren, es sei denn, sie wären zur Erreichung der angestrebten legitimen Ziele ungeeignet oder ineffizient.

Artikel 6.2

Transparenz

1. Jede Vertragspartei veröffentlicht ihre Rechtsvorschriften, sonstigen Vorschriften, Gerichtsentscheidungen und Verwaltungsakte bezüglich der Voraussetzungen für die Ein- oder Ausfuhr von Waren oder macht sie der Öffentlichkeit auf andere Weise, gegebenenfalls auch in elektronischer Form, zugänglich.

2. Jede Vertragspartei ist bestrebt, Entwürfe von Vorschriften und Verwaltungsakten im Zusammenhang mit Zollfragen zu veröffentlichen, gegebenenfalls auch im Internet, und räumt betroffenen Personen die Möglichkeit ein, zu der betreffenden Maßnahme vor deren Annahme Stellung zu nehmen.

3. Jede Vertragspartei richtet mindestens eine Kontaktstelle ein oder behält sie bei, an die sich betroffene Personen mit Anfragen im Zollbereich wenden können, ferner stellt sie im Internet Informationen bereit, wie solche Anfragen zu stellen sind.

Artikel 6.3
Überlassung der Waren

1. Jede Vertragspartei führt vereinfachte Zollverfahren für die effiziente Überlassung der Waren ein oder behält sie bei, um den Handel zwischen den Vertragsparteien zu erleichtern sowie die Kosten für die Ein- und Ausführer zu senken.

2. Jede Vertragspartei gewährleistet, dass diese vereinfachten Verfahren

a) die Überlassung von Waren innerhalb einer Frist ermöglichen, die nicht länger ist als zur Einhaltung ihrer Gesetze erforderlich,

b) die Überlassung von Waren am ersten Ankunftsort ermöglichen; dies gilt nach Möglichkeit auch für Waren, die einer Kontrolle oder Regulierung unterliegen,

c) von dem Bestreben geprägt sind, Waren zügig zu überlassen, die mit hoher Dringlichkeit abgefertigt werden müssen,

d) einem Einführer oder seinem Agenten ermöglichen, Waren vor der endgültigen Festsetzung der Zölle, Steuern und Gebühren und ihrer Entrichtung aus der Zollkontrolle zu entnehmen. Vor der Überlassung von Waren darf eine Vertragspartei verlangen, dass ein Einführer ausreichende Sicherheiten in Form einer Bürgschaft, einer Kaution oder eines anderen geeigneten Mittels stellt, und

e) im Einklang mit ihren Gesetzen vereinfachte Nachweisanforderungen für die Einfuhr von Waren mit geringem Wert, wie sie von jeder Vertragspartei definiert sind, vorsehen.

3. Jede Vertragspartei darf im Rahmen ihrer vereinfachten Verfahren verlangen, dass bei der nachträglichen Prüfung von Geschäftsunterlagen und sonstigen Überprüfungen soweit angezeigt ausführlicherer Informationen vorgelegt werden.

4. Jede Vertragspartei ermöglicht die beschleunigte Überlassung von Waren; soweit angezeigt und möglich sorgt sie außerdem dafür,

a) dass, sofern keine Gefahr festgestellt wurde oder keine stichprobenartigen Kontrollen durchgeführt werden müssen, die vorgezogene elektronische Anmeldung und Datenverarbeitung bereits vor der physischen Ankunft der Waren erfolgen kann, damit die Waren bei ihrer Ankunft bereits überlassen werden können, und

b) dass zur Abfertigung bestimmter Waren möglichst wenig Unterlagen erforderlich sind.

5. Jede Vertragspartei stellt soweit möglich sicher, dass ihre an Grenz- oder sonstigen Ein- und Ausfuhrkontrollen beteiligten Behörden und Stellen zwecks Erleichterung des Handels kooperieren und ihre Tätigkeiten koordinieren, indem sie unter anderem ihre Anforderungen hinsichtlich der Ein- und Ausfuhrdaten und der Unterlagen einander angleichen und eine einzige Anlaufstelle schaffen, bei der die Sendungen selbst und die zugehörigen Unterlagen einmalig geprüft werden.

6. Jede Vertragspartei stellt soweit möglich sicher, dass ihre Warenein- und -ausfuhranforderungen zwecks Erleichterung des Handels koordiniert werden, unabhängig davon, ob diese Anforderungen von einer Stelle oder im Namen dieser Stelle von der Zollverwaltung verwaltet werden.

Artikel 6.4
Zollwertermittlung

1. Die im beiderseitigen Handel zwischen den Vertragsparteien geltende Zollwertermittlung unterliegt dem Zollwertübereinkommen.

2. Die Vertragsparteien arbeiten zusammen, um zu einer gemeinsamen Herangehensweise in Fragen der Zollwertermittlung zu gelangen.

Artikel 6.5
Einreihung von Waren

Für die Einreihung von Waren im Handel zwischen den Vertragsparteien nach diesem Abkommen gilt die im Einklang mit dem Harmonisierten System festgelegte Tarifnomenklatur der jeweiligen Vertragspartei.

Artikel 6.6
Gebühren und Abgaben

Jede Vertragspartei veröffentlicht Angaben über Gebühren und Abgaben, die von einer Zollverwaltung dieser Vertragspartei erhoben werden, oder sie stellt sie in anderer Weise zur Verfügung, beispielsweise in elektronischer Form. Diese Angaben enthalten die anfallenden Gebühren und Abgaben, die besonderen Gründe für die Gebühr oder Abgabe, die zuständige Behörde sowie den Zahlungszeitpunkt und die Zahlungsart. Eine Vertragspartei darf Gebühren und Abgaben erst einführen oder ändern, wenn sie die Angaben veröffentlicht oder in anderer Weise zugänglich gemacht hat.

Artikel 6.7
Risikomanagement

1. Jede Vertragspartei stützt ihre Prüfungs- und Überlassungsverfahren sowie ihre Verfahren zur nachträglichen Überprüfung auf Grundsätze der Risikoanalyse, anstatt zu verlangen, dass jede zur Einfuhr gestellte Warensendung eingehend auf die Einhaltung aller Einfuhrvorschriften hin geprüft wird.

2. Jede Vertragspartei stützt sich bei der Ein- und Durchführung von Vorschriften und Verfahren zur Ein-, Aus- und Durchfuhr von Waren Risikomanagementgrundsätze und konzentriert

Vollzugsmaßnahmen auf Geschäftsvorgänge, die entsprechende Aufmerksamkeit verdienen.

3. Die Absätze 1 und 2 schließen nicht aus, dass eine Vertragspartei Qualitätskontrollen und Vollzugsprüfungen durchführt, die weitergehende Untersuchungen erfordern können.

Artikel 6.8
Automatisierung

1. Jede Vertragspartei setzt Informationstechnik ein, um die Verfahren zur Überlassung von Waren zwecks Erleichterung des Handels, auch zwischen den Vertragsparteien, zu beschleunigen.

2. Jede Vertragspartei

a) ist bestrebt, Zollformulare, die für die Ein- oder Ausfuhr von Waren erforderlich sind, in elektronischer Form zur Verfügung zu stellen,

b) ermöglicht, soweit es ihre Gesetze erlauben, diese Zollformulare in elektronischer Form vorzulegen und

c) schafft, sofern dies möglich ist, über ihre Zollverwaltung die Voraussetzungen für den elektronischen Informationsaustausch mit ihren Handelsbeteiligten.

3. Jede Vertragspartei ist bestrebt,

a) voll vernetzte One-Stop-Anlaufstellen (Single Window Systems) zu entwickeln oder beizubehalten, welche die einmalige elektronische Übermittlung der nach den Zollvorschriften und anderen Rechtsvorschriften für den grenzüberschreitenden Warenverkehr erforderlichen Informationen erleichtern, und

b) einen Satz von Datenelementen und -prozessen nach dem Zolldatenmodell der Weltzollorganisation (im Folgenden „WZO") und damit zusammenhängenden WZO-Empfehlungen und -Leitlinien zu entwickeln.

4. Die Vertragsparteien sind bestrebt, bei der Entwicklung von voll kompatiblen elektronischen Systemen zur Erleichterung des Handels zwischen den Vertragsparteien zusammenzuarbeiten und dabei auch die Arbeit der WZO zu berücksichtigen.

Artikel 6.9
Verbindliche Vorabauskünfte

1. Jede Vertragspartei erteilt auf schriftliches Ersuchen nach ihrem Recht verbindliche Vorabauskünfte zur Zolltarifeinreihung.

2. Vorbehaltlich der Vertraulichkeitsanforderungen veröffentlicht jede Vertragspartei Informationen über verbindliche Vorabauskünfte zur Zolltarifeinreihung, beispielsweise im Internet, die zum Verständnis und zur Anwendung der Zolltarifeinreihungsregeln von Bedeutung sind.

3. Zur Erleichterung des Handels unterrichten die Vertragsparteien einander im bilateralen Dialog regelmäßig über die Änderungen ihrer jeweiligen Gesetze und Durchführungsmaßnahmen im Zusammenhang mit den Absätzen 1 und 2.

Artikel 6.10
Überprüfung und Berufung

1. Jede Vertragspartei stellt sicher, dass eine Verwaltungsmaßnahme oder amtliche Entscheidung in Bezug auf die Einfuhr von Waren unverzüglich von gerichtlichen, schiedsrichterlichen oder administrativen Instanzen oder in Verwaltungsverfahren überprüft werden kann.

2. Die Instanz oder der Beamte, die / der nach diesen Verwaltungsverfahren tätig ist, muss unabhängig von dem Beamten oder der Stelle sein, welcher / welche die Entscheidung erlassen hat, und befugt sein, die Entscheidung nach den Gesetzen der Vertragspartei aufrechtzuerhalten, zu ändern oder aufzuheben.

3. Jede Vertragspartei sorgt dafür, dass eine Person die Möglichkeit auf Berufung oder Überprüfung auf einer Verwaltungsebene hat, die unabhängig ist von dem Beamten oder der Stelle, welcher / welche die ursprüngliche Maßnahme oder Entscheidungen erlassen hat, bevor von dieser Person verlangt wird, Abhilfe auf einer offizielleren oder gerichtlichen Ebene zu erwirken.

4. Jede Vertragspartei gewährt einer Person, der von ihrer Zollverwaltung eine verbindliche Vorabauskunft nach Artikel 6.9 erteilt wurde, im Wesentlichen dieselben Überprüfungs- und Berufungsrechte gegenüber den Feststellungen in derartigen Vorabauskünften wie den Einführern in ihrem Gebiet.

Artikel 6.11
Sanktionen

Jede Vertragspartei stellt sicher, dass ihr Zollrecht vorsieht, dass Sanktionen für Verstöße angemessen und diskriminierungsfrei sind und dass die Anwendung dieser Sanktionen nicht zu ungerechtfertigten Verzögerungen führt.

Artikel 6.12
Vertraulichkeit

1. Jede Vertragspartei behandelt im Einklang mit ihrem Recht alle nach diesem Kapitel erlangten Informationen, die ihrer Natur nach vertraulich sind oder die auf vertraulicher Basis übermittelt wurden, streng vertraulich und schützt diese Informationen vor einer Offenlegung, welche die Wettbewerbsposition der übermittelnden Person beeinträchtigen könnte.

2. Ist die Vertragspartei, welche Informationen nach Absatz 1 erhält oder erlangt, nach ihrem Recht verpflichtet, die Informationen offenzule-

gen, so benachrichtigt diese Vertragspartei die Vertragspartei oder Person, welche die Informationen übermittelt hat.

3. Jede Vertragspartei gewährleistet, dass die nach diesem Kapitel eingeholten vertraulichen Informationen nur für die Zwecke der Verwaltung und Durchsetzung der Zollangelegenheiten verwendet werden, es sei denn die Vertragspartei oder Person, welche die vertraulichen Informationen vorgelegt hat, erteilt die Erlaubnis dazu.

4. Eine Vertragspartei darf die Erlaubnis erteilen, nach diesem Kapitel eingeholte Informationen in Verfahren vor administrativen, gerichtlichen oder gerichtsähnlichen Instanzen zu verwenden, die wegen Nichtbeachtung zollbezogener Gesetze zur Umsetzung dieses Kapitel angestrengt werden. Eine Vertragspartei setzt die Vertragspartei oder Person, welche die Informationen vorgelegt hat, im Voraus von dieser Verwendung in Kenntnis.

Artikel 6.13
Zusammenarbeit

1. Die Vertragsparteien arbeiten weiterhin in internationalen Gremien wie der WZO zusammen, um beiderseits anerkannte Ziele zu verwirklichen; dazu zählen auch die Ziele des Normenrahmens der WZO zur Sicherung und Erleichterung des Welthandels.

2. Die Vertragsparteien überprüfen regelmäßig einschlägige internationale Vorhaben zur Handelserleichterung, darunter das gemeinsam von der Handels- und Entwicklungskonferenz der Vereinten Nationen und der Wirtschaftskommission der Vereinten Nationen für Europa erarbeitete Kompendium von Empfehlungen für die Erleichterung des Handels (Compendium of Trade Facilitation Recommendations), um Bereiche ausfindig zu machen, in denen weitere gemeinsame Maßnahmen den Handel zwischen den Vertragsparteien erleichtern und gemeinsame multilaterale Ziele fördern würden.

3. Die Vertragsparteien arbeiten nach dem am 4. Dezember 1997 in Ottawa unterzeichneten *Abkommen zwischen der Europäischen Gemeinschaft und Kanada über Zusammenarbeit und gegenseitige Amtshilfe im Zollbereich* (im Folgenden „Kanada-EU-Zollkooperationsabkommen") zusammen.

4. Die Vertragsparteien leisten einander Amtshilfe im Zollbereich nach dem Kanada-EU-Zollkooperationsabkommen, auch in Fällen einer mutmaßlichen wie in diesem Abkommen definierten Verletzung der Zollvorschriften einer Vertragspartei und in Fragen der Durchführung dieses Abkommens.

Artikel 6.14
Gemischter Ausschuss für Zusammenarbeit im Zollbereich

1. Der Gemischte Ausschuss für Zusammenarbeit im Zollbereich, der als Sonderausschuss nach Artikel 26.2 (Sonderausschüsse) Absatz 1 Buchstabe c ermächtigt ist, unter Aufsicht des Gemischten CETA-Ausschusses tätig zu werden, stellt das ordnungsgemäße Funktionieren dieses Kapitels, des Protokolls über Ursprungsregeln und Ursprungsbestimmungen sowie des Artikels 20.43 (Geltungsbereich der Grenzmaßnahmen) und des Artikels 2.8 (Vorübergehende Aussetzung der Zollpräferenzbehandlung) sicher. Der Gemischte Ausschuss für Zusammenarbeit im Zollbereich geht allen Fragen nach, die sich aus ihrer Anwendung im Einklang mit den Zielen dieses Abkommens ergeben.

2. Für von diesem Abkommen erfasste Angelegenheiten setzt sich der Gemischte Ausschuss für Zusammenarbeit im Zollbereich nach dem Ermessen jeder Vertragspartei aus Vertretern von Zoll-, Handels- oder anderen zuständigen Behörden zusammen.

3. Jede Vertragspartei gewährleistet, dass ihre Vertreter im Gemischten Ausschuss für Zusammenarbeit im Zollbereich über die Sachkenntnisse verfügen, die für die jeweiligen Tagesordnungspunkte erforderlich sind. Der Gemischte Ausschuss für Zusammenarbeit im Zollbereich darf zur Behandlung von Fragen der Ursprungsregeln oder der Ursprungsbestimmungen in einer Sonderkonfiguration zusammentreten, und zwar entweder als Gemischter Ausschuss für Zusammenarbeit im Zollbereich (Ursprungsregeln) oder als Gemischter Ausschuss für Zusammenarbeit im Zollbereich (Ursprungsbestimmungen).

4. Der Gemischte Ausschuss für Zusammenarbeit im Zollbereich darf Entschließungen verabschieden, Empfehlungen aussprechen und Stellungnahmen abgeben sowie dem Gemischten CETA-Ausschuss Beschlussentwürfe vorlegen, die ihm zum Erreichen der gemeinsamen Ziele und zum reibungslosen Funktionieren der mit diesem Kapitel, dem Protokoll über Ursprungsregeln und Ursprungsbestimmungen sowie Artikel 20.43 (Geltungsbereich der Grenzmaßnahmen) und Artikel 2.8 (Vorübergehende Aussetzung der Zollpräferenzbehandlung) notwendig erscheinen.

KAPITEL SIEBEN
SUBVENTIONEN

Artikel 7.1
Begriffsbestimmung

1. Für die Zwecke dieses Abkommens bezeichnet der Ausdruck **Subvention** eine Maßnahme

im Zusammenhang mit dem Warenhandel, bei der die Bedingungen des Artikels 1.1 des Subventionsübereinkommens erfüllt sind.

2. Subventionen unterliegen diesem Kapitel nur, wenn sie spezifisch im Sinne des Artikels 2 des Subventionsübereinkommens sind.

Artikel 7.2
Transparenz

1. Jede Vertragspartei legt der anderen Vertragspartei alle zwei Jahre folgende Angaben zu allen in ihrem Gebiet gewährten oder aufrechterhaltenen Subventionen vor:

a) Rechtsgrundlage der Subvention,

b) Form der Subvention und

c) Höhe der Subvention beziehungsweise Betrag, der für die Subvention veranschlagt ist.

2. Mit einer Notifikation an die WTO nach Artikel 25.1 des Subventionsübereinkommens gilt die Anforderung des Absatzes 1 als erfüllt.

3. Eine Vertragspartei erteilt auf Ersuchen der anderen Vertragspartei umgehend Auskunft über konkrete Fälle einer öffentlichen Unterstützung, die den Handel mit in ihrem Gebiet erbrachten Dienstleistungen betrifft, und beantwortet diesbezügliche Fragen.

Artikel 7.3
Konsultationen über Subventionen und öffentliche Unterstützung in anderen Sektoren als der Landwirtschaft und der Fischerei

1. Ist eine Vertragspartei der Auffassung, dass eine von der anderen Vertragspartei gewährte Subvention oder eine konkrete von der anderen Vertragspartei gewährte den Dienstleistungshandel betreffende öffentliche Unterstützung ihre Interessen beeinträchtigt oder beeinträchtigen könnte, kann sie der anderen Vertragspartei ihre Bedenken mitteilen und um diesbezügliche Konsultationen ersuchen. Das Ersuchen wird von der ersuchten Vertragspartei umfassend und wohlwollend geprüft.

2. Im Laufe der Konsultationen kann eine Vertragspartei zusätzliche Auskünfte über eine von der anderen Vertragspartei gewährte Subvention oder eine konkrete von der anderen Vertragspartei gewährte den Dienstleistungshandel betreffende öffentliche Unterstützung anfordern, insbesondere Angaben zum damit angestrebten politischen Ziel, zur Höhe der Subvention beziehungsweise Unterstützung und zu etwaigen Maßnahmen, mit denen potenzielle Handelsverzerrungen begrenzt werden sollen.

3. Auf der Grundlage der Konsultationen bemüht sich die ersuchte Partei, etwaige nachteilige Auswirkungen, welche die Subvention oder die den Dienstleistungshandel betreffende öffentliche Unterstützung auf die Interessen der ersuchenden Partei haben könnte, zu beseitigen oder auf ein Minimum zu reduzieren.

4. Dieser Artikel gilt nicht für Subventionen im Zusammenhang mit landwirtschaftlichen Erzeugnissen und Fischereierzeugnissen und lässt die Artikel 7.4 und 7.5 unberührt.

Artikel 7.4
Konsultationen über Subventionen im Zusammenhang mit landwirtschaftlichen Erzeugnissen und Fischereierzeugnissen

1. Die Vertragsparteien verfolgen das gemeinsame Ziel, im Wege der Zusammenarbeit zu einer Einigung zu gelangen im Hinblick auf

a) eine weitere Verbesserung multilateraler Disziplinen und Regeln für den Handel mit landwirtschaftlichen Erzeugnissen im Rahmen der WTO und

b) die Förderung der Entwicklung einer globalen, multilateralen Lösung im Bereich der Fischereisubventionen.

2. Ist eine Vertragspartei der Auffassung, dass eine von der anderen Vertragspartei gewährte Subvention oder öffentliche Unterstützung ihre Interessen in Bezug auf landwirtschaftliche Erzeugnisse oder Fischereierzeugnisse beeinträchtigt oder beeinträchtigen könnte, kann sie der anderen Vertragspartei ihre Bedenken mitteilen und um diesbezügliche Konsultationen ersuchen.

3. Die ersuchte Vertragspartei prüft das Ersuchen umfassend und wohlwollend und bemüht sich nach besten Kräften, die nachteiligen Auswirkungen, welche die Subvention oder öffentliche Unterstützung auf die Interessen der ersuchenden Vertragspartei in Bezug auf landwirtschaftliche Erzeugnisse oder Fischereierzeugnisse hat, zu beseitigen oder auf ein Minimum zu reduzieren.

Artikel 7.5
Ausfuhrsubventionen für landwirtschaftliche Erzeugnisse

1. Für die Zwecke dieses Artikels bezeichnet der Ausdruck

a) **Ausfuhrsubvention** eine Ausfuhrsubvention im Sinne des Artikels 1 Buchstabe e des Übereinkommens über die Landwirtschaft und

b) **vollständige Beseitigung** eines Zolls im Falle des Bestehens von Zollkontingenten die Aufhebung des Kontingentzollsatzes oder des Zollsatzes für über das Kontingent hinausgehende Mengen.

2. Eine Vertragspartei kann keine Ausfuhrsubventionen für landwirtschaftliche Erzeugnisse, die in das Gebiet der anderen Vertragspartei ausgeführt werden oder bei der Herstellung eines dorthin auszuführenden Erzeugnisses verwendet

werden, einführen oder aufrechterhalten, nachdem die andere Vertragspartei den Zoll auf das betreffende landwirtschaftliche Erzeugnis – unverzüglich oder nach Ablauf des Übergangszeitraums – im Einklang mit Anhang 2-A (Zollabbau) und den darin enthaltenen Stufenplänen vollständig beseitigt hat.

Artikel 7.6
Vertraulichkeit

Bei der Erteilung von Auskünften nach diesem Kapitel ist eine Vertragspartei nicht zur Offenlegung vertraulicher Informationen verpflichtet.

Artikel 7.7
Ausschluss von Subventionen und öffentlichen Unterstützungen für audiovisuelle Dienstleistungen und für die Kulturwirtschaft

Die Bestimmungen dieses Abkommens gelten nicht für Subventionen oder öffentliche Unterstützungen, die im Falle der Europäischen Union audiovisuelle Dienstleistungen und im Falle Kanadas die Kulturwirtschaft betreffen.

Artikel 7.8
Verhältnis zum WTO-Übereinkommen

Die Vertragsparteien bekräftigen ihre Rechte und Pflichten aus Artikel VI GATT 1994, aus dem Subventionsübereinkommen und aus dem Übereinkommen über die Landwirtschaft.

Artikel 7.9
Streitbeilegung

Die Artikel 7.3 und 7.4 dieses Kapitels unterliegen nicht den Streitbeilegungsbestimmungen dieses Abkommens.

KAPITEL ACHT
INVESTITIONEN

ABSCHNITT A
Begriffsbestimmungen und Geltungsbereich

Artikel 8.1
Begriffsbestimmungen

Für die Zwecke dieses Kapitels bezeichnet der Ausdruck

in Ausübung hoheitlicher Gewalt durchgeführte Tätigkeiten Tätigkeiten, die weder zu kommerziellen Zwecken noch im Wettbewerb mit einem oder mehreren Wirtschaftsbeteiligten durchgeführt werden,

Luftfahrzeugreparatur- und -wartungsdienstleistungen Arbeiten an einem aus dem Verkehr genommenen Luftfahrzeug oder Luftfahrzeugteil, mit Ausnahme der Stationswartungsdienste („Line-Maintenance"),

Flughafenbetriebsleistungen den Betrieb oder die Verwaltung – im Auftrag Dritter – der Flughafeninfrastruktur, einschließlich Terminals, Start- und Landebahnen, Rollbahnen und Vorfeldern, Parkplätzen und flughafeninternen Transportsystemen. Zur Klarstellung: Flughafenbetriebsleistungen schließen weder das Eigentum an Flughäfen oder Flughafengeländen oder Investitionen in Flughäfen oder Flughafengelände noch die Wahrnehmung der Aufgaben von Leitungs- und Kontrollorganen ein. Flughafenbetriebsleistungen schließen keine Flugsicherungsdienste ein,

Sicherungsbeschlagnahme die Beschlagnahme von Vermögenswerten einer Streitpartei zur Sicherstellung oder Gewährleistung der Erfüllung eines Urteilsspruchs,

Dienstleistungen computergesteuerter Buchungssysteme die Erbringung von Dienstleistungen mit Hilfe computergestützter Systeme, die Informationen über die Flugpläne von Luftfahrtunternehmen, die Verfügbarkeit von Beförderungskapazitäten, Flugpreise und Flugpreisregelungen enthalten und die Vornahme von Buchungen oder die Ausstellung von Flugscheinen ermöglichen,

vertrauliche oder geschützte Informationen

a) vertrauliche Geschäftsinformationen oder

b) Informationen, die vor einer Offenlegung gegenüber der Öffentlichkeit geschützt sind, und zwar

i) im Falle von Informationen des Beklagten: nach dem Recht des Beklagten,

ii) im Falle sonstiger Informationen: nach den Rechtsvorschriften oder Regeln, die vom Gericht für die Offenlegung dieser Informationen als anwendbar bestimmt werden,

erfasste Investition in Bezug auf eine Vertragspartei eine Investition

a) in ihrem Gebiet,

b) die nach dem zum Zeitpunkt der Tätigung der Investition anwendbaren Recht getätigt wird,

c) direkt oder indirekt im Eigentum oder unter der Kontrolle eines Investors der anderen Vertragspartei steht und

d) zum Zeitpunkt des Inkrafttretens dieses Abkommens bereits besteht oder danach getätigt oder erworben wird,

Streitpartei den Investor, der ein Verfahren nach Abschnitt F anstrengt oder den Beklagten. Für die Zwecke des Abschnitts F und unbeschadet des Artikels 8.14 fällt eine Vertragspartei nicht unter den Begriff des Investors,

Streitparteien sowohl den Investor als auch den Beklagten,

untersagen einen Beschluss zum Verbot oder zur Beschränkung einer Maßnahme,

Unternehmen ein Unternehmen im Sinne des Artikels 1.1 (Allgemein geltende Begriffsbestimmungen) sowie eine Zweigniederlassung oder Repräsentanz eines Unternehmens,

Bodenabfertigungsdienste die Erbringung von Dienstleistungen im Auftrag Dritter in folgenden Bereichen: administrative Abfertigung am Boden und Überwachung, einschließlich Kontrolle der Verladung und Kommunikation, Fluggastabfertigung, Gepäckabfertigung, Fracht- und Postabfertigung, Vorfelddienste sowie Reinigungsdienste und Luftfahrzeugservice, Betankungsdienste, Stationswartungsdienste sowie Flugbetriebs- und Besatzungsdienste, Transportdienste am Boden, Bordverpflegungsdienste (Catering). Bodenabfertigungsdienste umfassen keine Sicherheitsdienste oder den Betrieb oder die Verwaltung der zentralisierten Infrastrukturen von Flughäfen, beispielsweise von Gepäckbeförderungssystemen, Enteisungsanlagen, Treibstoffversorgungssystemen oder flughafeninternen Transportsystemen,

ICSID das Internationale Zentrum zur Beilegung von Investitionsstreitigkeiten,

ICSID-Regeln über die Zusatzeinrichtung die *Regeln über die Zusatzeinrichtung für die Abwicklung von Klagen durch das Sekretariat des Internationalen Zentrums zur Beilegung von Investitionsstreitigkeiten*,

ICSID-Übereinkommen das am 18. März 1965 in Washington beschlossene *Übereinkommen zur Beilegung von Investitionsstreitigkeiten zwischen Staaten und Angehörigen anderer Staaten*,

Rechte des geistigen Eigentums Urheberrechte und verwandte Schutzrechte, Markenrechte, Rechte an geografischen Angaben, Rechte an gewerblichen Mustern, Patentrechte, Rechte am Layout-Design integrierter Schaltkreise, Rechte in Bezug auf den Schutz nicht offengelegter Informationen, Sortenschutzrechte und, sofern solche Rechte nach dem Recht einer Vertragspartei vorgesehen sind, Gebrauchsmusterrechte. Der Gemischte CETA-Ausschuss kann durch einen Beschluss weitere Kategorien von geistigem Eigentum in diese Begriffsbestimmung aufnehmen,

Investition Vermögenswerte jeder Art, die direkt oder indirekt im Eigentum oder unter der Kontrolle eines Investors stehen und die Merkmale einer Investition aufweisen; hierzu gehören eine gewisse Dauer und andere Merkmale wie die Bindung von Kapital oder anderen Ressourcen, die Erwartung von Wertzuwachs oder Gewinn oder die Übernahme von Risiken. Zu den Formen, die eine Investition annehmen kann, zählen:

a) ein Unternehmen,

b) Anteile, Aktien und sonstige Formen der Kapitalbeteiligung an einem Unternehmen,

c) besicherte und unbesicherte Schuldverschreibungen sowie sonstige Schuldtitel eines Unternehmens,

d) ein Darlehen an ein Unternehmen,

e) jede andere Art der Beteiligung an einem Unternehmen,

f) ein Interesse, das sich ergibt aus

i) einer nach dem Recht einer Vertragspartei oder im Rahmen eines Vertrags erteilten Konzession, beispielsweise für die Aufsuchung, Bewirtschaftung, Gewinnung oder Nutzung natürlicher Ressourcen,

ii) Verträgen über schlüsselfertige Erstellungen, Bau-, Produktions- oder Einnahmeaufteilungsverträgen oder

iii) sonstigen ähnlichen Verträgen,

g) Rechte des geistigen Eigentums,

h) sonstige bewegliche Vermögensgegenstände materieller oder immaterieller Art oder unbewegliche Vermögensgegenstände und damit verbundene Rechte,

i) Ansprüche auf Geld oder auf Leistungen aus einem Vertrag.

Es wird klargestellt, dass Folgendes nicht zu **Ansprüchen auf Geld** zählt:

i) Ansprüche auf Geld, die sich lediglich aus kommerziellen Verträgen über den Verkauf von Waren oder Dienstleistungen durch eine natürliche Person oder ein Unternehmen im Gebiet der einen Vertragspartei an eine natürliche Person oder ein Unternehmen im Gebiet der anderen Vertragspartei ergeben,

ii) die heimische Finanzierung solcher Verträge oder

iii) Beschlüsse, Urteile oder Schiedssprüche in Bezug auf die Ziffern i oder ii.

Erträge, die investiert werden, werden als Investitionen behandelt. Eine Änderung der Form, in der Vermögenswerte investiert oder reinvestiert werden, lässt ihre Einstufung als Investition unberührt,

Investor eine Vertragspartei, eine natürliche Person oder ein Unternehmen einer Vertragspartei – ausgenommen Zweigniederlassungen oder Repräsentanzen –, die oder das eine Investition im Gebiet der anderen Vertragspartei tätigen möchte, tätigt oder getätigt hat,

Für die Zwecke dieser Begriffsbestimmung bezeichnet der Ausdruck **Unternehmen einer Vertragspartei**

a) ein nach dem Recht dieser Vertragspartei gegründetes oder organisiertes Unternehmen, das im Gebiet dieser Vertragspartei wesentliche Geschäftstätigkeiten unterhält, oder

b) ein nach dem Recht dieser Vertragspartei gegründetes oder organisiertes Unternehmen, das direkt oder indirekt im Eigentum oder unter der Kontrolle einer natürlichen Person dieser Vertragspartei oder eines Unternehmens nach Buchstabe a steht,

gebietsansässiges Unternehmen eine nach dem Recht des Beklagten gegründete oder organisierte juristische Person, die direkt oder indirekt im Eigentum oder unter der Kontrolle eines Investors der anderen Vertragspartei steht,

natürliche Person

a) im Falle Kanadas eine natürliche Person, bei der es sich um einen Bürger oder einen dauerhaft Gebietsansässigen (Permanent resident) Kanadas handelt, und

b) im Falle der EU-Vertragspartei eine natürliche Person, welche die Staatsangehörigkeit eines Mitgliedstaats der Europäischen Union nach dessen jeweiligen Gesetzen besitzt und im Falle Lettlands auch eine dauerhaft in der Republik Lettland gebietsansässige natürliche Person, die kein Bürger der Republik Lettland oder eines anderen Staates ist, aber nach den Gesetzen und sonstigen Vorschriften der Republik Lettland Anspruch auf einen Nichtbürgerpass hat.

Eine natürliche Person, bei der es sich um einen Bürger Kanadas handelt, der gleichzeitig die Staatsangehörigkeit eines Mitgliedstaats der Europäischen Union besitzt, gilt als natürliche Person ausschließlich derjenigen Vertragspartei, deren Staatsangehörigkeit ihre vorherrschende und effektive Staatsangehörigkeit ist.

Eine natürliche Person, welche die Staatsangehörigkeit eines Mitgliedstaats der Europäischen Union besitzt oder ein Bürger Kanadas ist und bei der es sich darüber hinaus um einen dauerhaft Gebietsansässigen der anderen Vertragspartei handelt, gilt als natürliche Person ausschließlich derjenigen Vertragspartei, deren Staatsangehörigkeit beziehungsweise Staatsbürgerschaft sie besitzt,

New Yorker Übereinkommen das am 10. Juni 1958 in New York beschlossene *Übereinkommen der Vereinten Nationen über die Anerkennung und Vollstreckung ausländischer Schiedssprüche* (United Nations Convention on the Recognition and Enforcement of Foreign Arbitral Awards),

nicht an der Streitigkeit beteiligte Vertragspartei entweder Kanada, falls die Europäische Union oder ein Mitgliedstaat der Europäischen Union der Beklagte ist, oder die Europäische Union, falls Kanada der Beklagte ist,

Beklagter Kanada oder im Falle der Europäischen Union in Anwendung des Artikels 8.21 entweder den betreffenden Mitgliedstaat der Europäischen Union oder die Europäische Union,

Erträge sämtliche Beträge, die von einer Investition oder Reinvestition abgeworfen werden, beispielsweise Gewinne, Lizenzgebühren und Zinsen sowie sonstige Entgelte und Sachleistungen,

Verkauf und Vermarktung von Luftverkehrsdienstleistungen Möglichkeiten des betreffenden Luftfahrtunternehmens zum freien Verkauf und zur freien Vermarktung seiner Luftverkehrsdienstleistungen, einschließlich aller Aspekte der Vermarktung wie Marktforschung, Werbung und Vertrieb, jedoch unter Ausschluss der Festsetzung von Preisen für Luftverkehrsdienstleistungen und der dafür geltenden Bedingungen,

Finanzierung durch Dritte die Bereitstellung von Finanzmitteln durch eine natürliche oder juristische Person, die keine Streitpartei ist, aber mit einer Streitpartei eine Vereinbarung über die Finanzierung eines Teils oder der Gesamtheit der Verfahrenskosten trifft, wobei die Finanzierung durch eine Zuwendung oder die Gewährung einer finanziellen Unterstützung oder gegen ein vom Ausgang des Rechtsstreits abhängiges Entgelt erfolgen kann,

Gericht das nach Artikel 8.27 errichtete Gericht,

UNCITRAL-Schiedsgerichtsordnung die Schiedsgerichtsordnung der Kommission der Vereinten Nationen für internationales Handelsrecht (United Nations Commission on International Trade Law – UNCITRAL) und

UNCITRAL-Transparenzregeln die UNCITRAL-Regeln zur Transparenz in Investor-Staat-Schiedsverfahren auf der Grundlage eines Staatsvertrages (*UNCITRAL Rules on Transparency in Treaty-based Investor-State Arbitration*).

Artikel 8.2
Geltungsbereich

1. Dieses Kapitel gilt für von einer Vertragspartei in ihrem Gebiet[1)] eingeführte oder aufrechterhaltene Maßnahmen

a) in Bezug auf einen Investor der anderen Vertragspartei,

b) in Bezug auf eine erfasste Investition und,

c) was Artikel 8.5 anbetrifft, in Bezug auf sämtliche Investitionen in ihrem Gebiet.

2. Was die Niederlassung oder den Erwerb einer erfassten Investition anbelangt[2)], so gelten die

---

Zu Artikel 8.2:

[1)] Zur Klarstellung: Die in diesem Kapitel festgelegten Pflichten gelten auch für die ausschließlichen Wirtschaftszonen und die Festlandsockel im Sinne des Seerechtsübereinkommens der Vereinten Nationen von Montego Bay vom 10. Dezember 1982, und zwar für

a) die ausschließliche Wirtschaftszone und den Festlandsockel Kanadas nach Maßgabe des Artikels 1.3 (Räumlicher Geltungsbereich) Buchstabe a und

b) die ausschließlichen Wirtschaftszonen und die Festlandsockel, auf die der Vertrag über die Europäische Union und der Vertrag über die Arbeitsweise der Europäischen Union

angewendet werden, wie in Artikel 1.3 (Räumlicher Geltungsbereich) Buchstabe b vorgesehen.

[2)] Zur Klarstellung: Eine Vertragspartei kann Maßnahmen in Bezug auf die Niederlassung oder den Erwerb einer erfassten Investition aufrechterhalten und diese Maßnahmen nach der Niederlassung oder dem Erwerb der erfassten Investition weiter auf diese anwenden.

Abschnitte B und C nicht für Maßnahmen in Bezug auf

a) Flugdienste oder verwandte Dienstleistungen zur Unterstützung von Flugdiensten sowie sonstige mit Hilfe von Luftfahrzeugen erbrachte Dienstleistungen[3], mit Ausnahme folgender Dienstleistungen:

i) Luftfahrzeugreparatur- und -wartungsdienstleistungen,

ii) Verkauf und Vermarktung von Luftverkehrsdienstleistungen,

iii) Dienstleistungen computergesteuerter Buchungssysteme (Computer Reservation Systems – CRS),

iv) Bodenabfertigungsdienste,

v) Flughafenbetriebsleistungen oder

b) in Ausübung hoheitlicher Gewalt durchgeführte Tätigkeiten.

3. Im Falle der EU-Vertragspartei gelten die Abschnitte B und C nicht für Maßnahmen in Bezug auf audiovisuelle Dienstleistungen. Im Falle Kanadas gelten die Abschnitte B und C nicht für Maßnahmen in Bezug auf die Kulturwirtschaft.

4. Klagen können im Rahmen dieses Kapitels von einem Investor nur im Einklang mit Artikel 8.18 und gemäß den Verfahren des Abschnitts F eingereicht werden. Klagen, die sich auf Verpflichtungen nach Abschnitt B beziehen, sind vom Geltungsbereich des Abschnitts F ausgenommen. Klagen im Rahmen des Abschnitts C in Bezug auf die Niederlassung oder den Erwerb einer erfassten Investition sind vom Geltungsbereich des Abschnitts F ausgenommen. Abschnitt D gilt nur für erfasste Investitionen und für Investoren in Bezug auf ihre erfassten Investitionen.

5. Dieses Kapitel berührt nicht die Rechte und Pflichten der Vertragsparteien im Rahmen des *Luftverkehrsabkommens zwischen Kanada und der Europäischen Gemeinschaft und ihren Mitgliedstaaten*, das am 17. Dezember 2009 in Brüssel und am 18. Dezember 2009 in Ottawa unterzeichnet wurde.

Artikel 8.3
Verhältnis zu anderen Kapiteln

1. Dieses Kapitel gilt nicht für von einer Vertragspartei eingeführte oder aufrechterhaltene Maßnahmen, soweit diese Maßnahmen für von Kapitel dreizehn (Finanzdienstleistungen) erfasste Investoren oder ihre von jenem Kapitel erfassten Investitionen gelten.

2. Verlangt eine Vertragspartei, dass ein Dienstleister der anderen Vertragspartei als Voraussetzung für die Erbringung einer Dienstleistung in ihrem Gebiet eine Bürgschaft oder andere finanzielle Sicherheit hinterlegt, so findet dieses Kapitel nicht allein deshalb auf von der Vertragspartei eingeführte oder aufrechterhaltene Maßnahmen im Zusammenhang mit der Erbringung dieser grenzüberschreitenden Dienstleistung Anwendung. Dieses Kapitel gilt für von der Vertragspartei eingeführte oder aufrechterhaltene Maßnahmen in Bezug auf die hinterlegte Bürgschaft oder finanzielle Sicherheit, soweit es sich bei dieser Bürgschaft oder finanziellen Sicherheit um eine erfasste Investition handelt.

ABSCHNITT B
Niederlassung von Investitionen

Artikel 8.4
Marktzugang

1. Die Vertragsparteien führen in Bezug auf den Marktzugang mittels Niederlassung durch einen Investor der anderen Vertragspartei keine Maßnahmen ein und erhalten diesbezüglich keine Maßnahmen aufrecht, die für ihr gesamtes Gebiet oder für ein in die Zuständigkeit einer Regierung auf nationaler Ebene, auf Provinz-, Territoriums- oder Regionsebene oder auf lokaler Ebene fallendes Gebiet gelten und

a) folgende Arten von Beschränkungen vorsehen:

i) Beschränkung der Anzahl der Unternehmen, die eine bestimmte Wirtschaftstätigkeit ausüben dürfen, in Form von zahlenmäßigen Quoten, Monopolen, Anbietern mit ausschließlichen Rechten oder des Erfordernisses einer wirtschaftlichen Bedürfnisprüfung,

ii) Beschränkung des Gesamtwerts der Geschäfte oder des Betriebsvermögens in Form zahlenmäßiger Quoten oder des Erfordernisses einer wirtschaftlichen Bedürfnisprüfung,

iii) Beschränkung der Gesamtzahl der Geschäftsvorgänge oder des Gesamtvolumens der Produktion durch Festlegung bestimmter zahlenmäßiger Einheiten in Form von Quoten oder des Erfordernisses einer wirtschaftlichen Bedürfnisprüfung,[1]

iv) Beschränkung der Beteiligung ausländischen Kapitals durch Festsetzung einer prozentua-

[3] *Zu diesen Dienstleistungen zählen Dienstleistungen, bei denen ein Luftfahrzeug für spezialisierte Aktivitäten, etwa in den Bereichen Landwirtschaft, Bautätigkeiten, Luftaufnahmen, Vermessung, Kartierung, Forstwirtschaft, Beobachtung und Überwachung oder Werbung eingesetzt wird, sofern die spezialisierten Aktivitäten von der für den Betrieb des Luftfahrzeugs verantwortlichen Person ausgeführt werden.*

Zu Artikel 8.4:

[1] *Die Ziffern i, ii und iii gelten nicht für Maßnahmen, mit denen die Produktion eines landwirtschaftlichen Erzeugnisses beschränkt werden soll.*

len Höchstgrenze für ausländische Beteiligungen oder für den Gesamtwert einzelner oder zusammengefasster ausländischer Investitionen oder

v) Beschränkung der Gesamtzahl natürlicher Personen, die in einem bestimmten Sektor beschäftigt werden dürfen oder die ein Unternehmen beschäftigen darf und die zur Ausübung einer Wirtschaftstätigkeit erforderlich und direkt darin eingebunden sind, in Form zahlenmäßiger Quoten oder des Erfordernisses einer wirtschaftlichen Bedürfnisprüfung; oder

b) die Ausübung einer Wirtschaftstätigkeit durch ein Unternehmen auf bestimmte Formen rechtlicher Einheiten oder von Joint Ventures beschränken oder diese dafür vorschreiben.

2. Es wird klargestellt, dass Folgendes mit Absatz 1 vereinbar ist:

a) Maßnahmen in Bezug auf Bebauungs- und Planungsvorschriften, die sich auf die Flächenerschließung oder die Bodennutzung auswirken, oder ähnliche Maßnahmen,

b) Maßnahmen, die zur Gewährleistung eines fairen Wettbewerbs die Trennung des Eigentums an der Infrastruktur vom Eigentum an den mit Hilfe dieser Infrastruktur bereitgestellten Waren oder Dienstleistungen vorschreiben, beispielsweise in den Bereichen Energie, Verkehr und Telekommunikation,

c) zur Gewährleistung eines fairen Wettbewerbs getroffene Maßnahmen zur Beschränkung der Eigentumskonzentration,

d) Maßnahmen, mit denen die Erhaltung und der Schutz der natürlichen Ressourcen und der Umwelt sichergestellt werden sollen, darunter Beschränkungen der Verfügbarkeit, der Zahl und des Umfangs erteilter Konzessionen und die Verhängung von Moratorien oder Verboten,

e) Maßnahmen zur Begrenzung der Zahl der erteilten Genehmigungen aufgrund technischer oder physischer Sachzwänge wie Spektrum und Frequenzen im Bereich Telekommunikation oder

f) Maßnahmen, die vorsehen, dass ein bestimmter Prozentsatz der Anteilseigner, Eigentümer, Gesellschafter oder Personen mit Leitungs- beziehungsweise Kontrollfunktionen (Directors) eines Unternehmens eine bestimmte Qualifikation aufweisen oder einen bestimmten Beruf wie den des Rechtsanwalts oder des Wirtschaftsprüfers ausüben muss.

Artikel 8.5
Leistungsanforderungen

1. Im Zusammenhang mit der Niederlassung, dem Erwerb, der Ausweitung, der Leitung, dem Betrieb und der Verwaltung von Investitionen im Gebiet einer Vertragspartei sieht diese Vertragspartei davon ab, die im Folgenden genannten Anforderungen aufzuerlegen oder durchzusetzen oder die Einhaltung diesbezüglicher Verpflichtungen oder Zusagen durchzusetzen:

a) Ausfuhr einer bestimmten Menge oder eines bestimmten Prozentsatzes einer Ware oder Dienstleistung,

b) Erreichen eines bestimmten Maßes oder Prozentsatzes heimischer Wertschöpfung,

c) Erwerb, Verwendung oder Bevorzugung einer in ihrem Gebiet hergestellten Ware oder erbrachten Dienstleistung oder Erwerb einer Ware oder Dienstleistung von natürlichen Personen oder Unternehmen in ihrem Gebiet,

d) Kopplung der Menge oder des Wertes der Einfuhren an die Menge oder den Wert der Ausfuhren oder die Höhe der mit der betreffenden Investition verbundenen Devisenzuflüsse,

e) Beschränkung der Verkäufe von durch die Investition hergestellten Waren oder erbrachten Dienstleistungen in ihrem Gebiet, indem diese Verkäufe an die Menge oder den Wert der Ausfuhren oder Deviseneinnahmen der Investition gekoppelt werden,

f) Transfer von Technologie, Produktionsverfahren oder anderem geschützten Wissen an eine natürliche Person oder ein Unternehmen in ihrem Gebiet oder

g) Beschränkung, wonach ein bestimmter regionaler Markt oder der Weltmarkt nur vom Gebiet der Vertragspartei aus mit einer durch die Investition hergestellten Ware oder erbrachten Dienstleistung versorgt werden darf.

2. Eine Vertragspartei macht im Zusammenhang mit der Niederlassung, dem Erwerb, der Ausweitung, der Verwaltung, der Leitung oder dem Betrieb von Investitionen in ihrem Gebiet die Gewährung oder Weitergewährung eines Vorteils nicht davon abhängig, dass eine der folgenden Anforderungen erfüllt wird:

a) Erreichen eines bestimmten Maßes oder Prozentsatzes heimischer Wertschöpfung,

b) Erwerb, Verwendung oder Bevorzugung einer in ihrem Gebiet hergestellten Ware oder Erwerb einer Ware von einem Hersteller in ihrem Gebiet,

c) Kopplung der Menge oder des Wertes der Einfuhren an die Menge oder den Wert der Ausfuhren oder die Höhe der mit der betreffenden Investition verbundenen Devisenzuflüsse oder

d) Beschränkung der Verkäufe von durch die Investition hergestellten Waren oder erbrachten Dienstleistungen in ihrem Gebiet, indem diese Verkäufe an die Menge oder den Wert der Ausfuhren oder Deviseneinnahmen der Investition gekoppelt werden.

3. Absatz 2 hindert eine Vertragspartei nicht daran, im Zusammenhang mit einer Investition in ihrem Gebiet die Gewährung oder Weitergewährung eines Vorteils an die Auflage zu knüp-

fen, in ihrem Gebiet eine Produktion anzusiedeln, eine Dienstleistung zu erbringen, Arbeitskräfte auszubilden oder zu beschäftigen, bestimmte Einrichtungen zu bauen oder auszubauen oder Forschung und Entwicklung zu betreiben.

4. Absatz 1 Buchstabe f gilt nicht, wenn ein Gericht, ein Verwaltungsgericht oder eine Wettbewerbsbehörde die Anforderung auferlegt oder die Einhaltung der Verpflichtung oder der Zusage durchsetzt, um eine Verletzung des Wettbewerbsrechts zu beheben.

5. Die Bestimmungen

a) des Absatzes 1 Buchstaben a, b und c sowie des Absatzes 2 Buchstaben a und b gelten nicht für Anforderungen, die eine Ware oder eine Dienstleistung erfüllen muss, damit sie für Exportförderungs- und Auslandshilfeprogramme in Frage kommt,

b) dieses Artikels gelten nicht für Beschaffungen von Waren oder Dienstleistungen durch eine Vertragspartei, sofern die Waren und Dienstleistungen für öffentliche Zwecke beschafft werden und nicht zur gewerblichen Weiterveräußerung oder zur Nutzung bei der Lieferung von Waren oder der Erbringung von Dienstleistungen zur gewerblichen Veräußerung bestimmt sind, unabhängig davon, ob es sich um „erfasste Beschaffungen" im Sinne des Artikels 19.2 (Geltungsbereich) handelt oder nicht.

6. Zur Klarstellung: Absatz 2 Buchstaben a und b gilt nicht für Anforderungen, die eine Einfuhrvertragspartei in Bezug auf die Bestandteile auferlegt, die eine Ware aufweisen muss, damit sie für Präferenzzölle oder präferenzielle Zollkontingente in Frage kommt.

7. Dieser Artikel lässt die von einer Vertragspartei im Rahmen der Welthandelsorganisation eingegangenen Verpflichtungen unberührt.

ABSCHNITT C

Diskriminierungsfreie Behandlung

Artikel 8.6

Inländerbehandlung

1. Jede Vertragspartei gewährt einem Investor der anderen Vertragspartei und einer erfassten Investition eine Behandlung, die nicht weniger günstig ist als die Behandlung, die sie ihren eigenen Investoren und deren Investitionen in gleichen Situationen in Bezug auf die Niederlassung, den Erwerb, die Ausweitung, die Leitung, den Betrieb, die Verwaltung, die Aufrechterhaltung, die Verwendung, die Nutzung und den Verkauf ihrer Investitionen oder die Verfügung darüber in ihrem Gebiet gewährt.

2. Die von einer Vertragspartei nach Absatz 1 gewährte Behandlung ist in Bezug auf eine Regierung unterhalb der Bundesebene in Kanada oder in Bezug auf die Regierung eines oder innerhalb eines Mitgliedstaats der Europäischen Union eine Behandlung, die nicht weniger günstig ist als die günstigste Behandlung, welche die betreffende Regierung in gleichen Situationen den Investoren dieser Vertragspartei in ihrem Gebiet sowie den Investitionen dieser Investoren gewährt.

Artikel 8.7

Meistbegünstigung

1. Jede Vertragspartei gewährt einem Investor der anderen Vertragspartei und einer erfassten Investition eine Behandlung, die nicht weniger günstig ist als die Behandlung, die sie Investoren eines Drittlands und deren Investitionen in gleichen Situationen in Bezug auf die Niederlassung, den Erwerb, die Ausweitung, die Leitung, den Betrieb, die Verwaltung, die Aufrechterhaltung, die Verwendung, die Nutzung und den Verkauf ihrer Investitionen oder die Verfügung darüber in ihrem Gebiet gewährt.

2. Zur Klarstellung: Die von einer Vertragspartei nach Absatz 1 gewährte Behandlung ist in Bezug auf eine Regierung unterhalb der Bundesebene in Kanada oder in Bezug auf die Regierung eines oder innerhalb eines Mitgliedstaats der Europäischen Union die Behandlung, welche die betreffende Regierung in gleichen Situationen den Investoren eines Drittlands in ihrem Gebiet sowie deren Investitionen gewährt.

3. Absatz 1 gilt nicht für eine von einer Vertragspartei gewährte Behandlung, die eine Anerkennung vorsieht, unter anderem im Wege von Vereinbarungen oder Übereinkünften mit Drittländern, durch welche die Akkreditierung von Prüf- und Analysedienstleistungen und entsprechenden Dienstleistern, die Akkreditierung von Reparatur- und Wartungsdienstleistungen und entsprechenden Dienstleistern sowie die Zertifizierung der Qualifikationen der betreffenden akkreditierten Dienstleister, der von ihnen geleisteten Arbeit oder der mit den akkreditierten Dienstleistungen erzielten Ergebnisse anerkannt werden.

4. Zur Klarstellung: Der Ausdruck „Behandlung" im Sinne der Absätze 1 und 2 umfasst keine in anderen internationalen Investitionsabkommen und anderen Handelsabkommen vorgesehene Verfahren zur Beilegung von Investitionsstreitigkeiten zwischen Investoren und Staaten. Materiellrechtliche Verpflichtungen aus anderen internationalen Investitionsabkommen und anderen Handelsabkommen stellen für sich allein genommen keine „Behandlung" dar und können daher keinen Verstoß gegen diesen Artikel begründen, sofern eine Vertragspartei keine Maßnahmen aufgrund dieser Verpflichtungen eingeführt oder aufrechterhalten hat.

Artikel 8.8
Höheres Management und Leitungs- und Kontrollorgane

Eine Vertragspartei darf nicht verlangen, dass ein Unternehmen dieser Vertragspartei, bei dem es sich gleichzeitig um eine erfasste Investition handelt, Positionen im höheren Management oder im Leitungs- beziehungsweise Kontrollorgan mit natürlichen Personen einer bestimmten Staatsangehörigkeit besetzt.

ABSCHNITT D
Investitionsschutz

Artikel 8.9
Investitionen und Regulierungsmaßnahmen

1. Für die Zwecke dieses Kapitels bekräftigen die Vertragsparteien ihr Recht, zur Erreichung legitimer politischer Ziele wie des Schutzes der öffentlichen Gesundheit und Sicherheit, des Schutzes der Umwelt oder der öffentlichen Sittlichkeit, des Sozial- oder Verbraucherschutzes oder der Förderung und des Schutzes der kulturellen Vielfalt in ihrem jeweiligen Gebiet regelnd tätig zu werden.

2. Zur Klarstellung: Die bloße Tatsache, dass eine Vertragspartei – auch durch Änderung ihrer Gesetze – Regelungen in einer Art und Weise trifft, die sich auf eine Investition negativ auswirkt oder die Erwartungen eines Investors, einschließlich seiner Gewinnerwartungen, beeinträchtigt, stellt keinen Verstoß gegen eine Verpflichtung aus diesem Abschnitt dar.

3. Zur Klarstellung: Der Beschluss einer Vertragspartei, eine Subvention nicht zu gewähren, zu verlängern oder aufrechtzuerhalten, stellt,

a) sofern keine spezifische gesetzliche oder vertragliche Verpflichtung zur Gewährung, Verlängerung oder Aufrechterhaltung dieser Subvention besteht oder

b) sofern dies im Einklang mit etwaigen für die Gewährung, Verlängerung oder Aufrechterhaltung der Subvention zu erfüllenden Bedingungen erfolgt,

keinen Verstoß gegen die Bestimmungen dieses Abschnitts dar.

4. Zur Klarstellung: Dieser Abschnitt ist weder dahin gehend auszulegen, dass er eine Vertragspartei daran hindert, eine Subvention[1] zu streichen oder ihre Rückerstattung zu fordern, wenn eine solche Maßnahme erforderlich ist, um internationalen Verpflichtungen zwischen den Vertragsparteien nachzukommen, oder von einem zuständigen Gericht, Verwaltungsgericht oder einer anderen zuständigen Behörde[2] angeordnet wurde, noch dahin gehend, dass die betreffende Vertragspartei den Investor dafür entschädigen muss.

Artikel 8.10
Behandlung von Investoren und erfassten Investitionen

1. Nach Maßgabe der Absätze 2 bis 7 gewährt jede Vertragspartei in ihrem Gebiet den erfassten Investitionen der anderen Vertragspartei sowie Investoren in Bezug auf ihre erfassten Investitionen eine gerechte und billige Behandlung sowie vollen Schutz und volle Sicherheit.

2. Eine Vertragspartei verstößt gegen die Verpflichtung zu der in Absatz 1 genannten gerechten und billigen Behandlung, wenn eine Maßnahme oder Reihe von Maßnahmen Folgendes darstellt:

a) eine Rechtsverweigerung in straf-, zivil- oder verwaltungsrechtlichen Verfahren,

b) eine grundlegende Verletzung rechtsstaatlicher Grundsätze, einschließlich einer grundlegenden Verletzung der Pflicht zur Transparenz, in Gerichts- und Verwaltungsverfahren,

c) offensichtliche Willkür,

d) gezielte Diskriminierung aus offenkundig ungerechtfertigten Gründen wie Geschlecht, Rasse oder religiöser Überzeugung,

e) missbräuchliche Behandlung von Investoren wie Nötigung, Zwang und Schikane oder

f) einen Verstoß gegen etwaige weitere von den Vertragsparteien nach Absatz 3 festgelegte Bestandteile der Verpflichtung zur gerechten und billigen Behandlung.

3. Die Vertragsparteien überprüfen regelmäßig oder auf Ersuchen einer Vertragspartei den Inhalt der Verpflichtung zur gerechten und billigen Behandlung. Der nach Artikel 26.2 (Sonderausschüsse) Absatz 1 Buchstabe b eingesetzte Ausschuss für Dienstleistungen und Investitionen kann diesbezügliche Empfehlungen erarbeiten und sie dem Gemischten CETA-Ausschuss zur Beschlussfassung vorlegen.

4. Im Zusammenhang mit der oben dargelegten Verpflichtung zur gerechten und billigen Behandlung kann das Gericht berücksichtigen, ob eine Vertragspartei gegenüber einem Investor, um ihn zur Vornahme einer erfassten Investition zu bewegen, eine spezifische Erklärung abgegeben hat, die ein berechtigtes Vertrauen begründet und auf die sich der Investor bei der Entscheidung, die

---

Zu Artikel 8.9:

[1] Im Falle der Europäischen Union schließt der Ausdruck „Subvention" „staatliche Beihilfen" im Sinne des EU-Rechts ein.

[2] Im Falle der Europäischen Union ist die „zuständige Behörde" nach Artikel 108 des Vertrags über die Arbeitsweise der Europäischen Union die Europäische Kommission.

erfasste Investition zu tätigen oder aufrechtzuerhalten, verlassen hat, an die sich die Vertragspartei im Nachhinein aber nicht gehalten hat.

5. Zur Klarstellung: Der Ausdruck „voller Schutz und volle Sicherheit" bezieht sich auf die Pflichten der Vertragspartei in Bezug auf die physische Sicherheit der Investoren und erfassten Investitionen.

6. Zur Klarstellung: Ein Verstoß gegen eine andere Bestimmung dieses Abkommens oder einer gesonderten internationalen Übereinkunft bedeutet nicht, dass ein Verstoß gegen diesen Artikel vorliegt.

7. Zur Klarstellung: Die Tatsache, dass eine Maßnahme gegen internes Recht verstößt, bedeutet nicht per se einen Verstoß gegen diesen Artikel. Um festzustellen, ob die Maßnahme gegen diesen Artikel verstößt, muss das Gericht prüfen, ob eine Vertragspartei gegen die in Absatz 1 festgelegten Pflichten verstoßen hat.

Artikel 8.11
Entschädigung für Verluste

Ungeachtet des Artikels 8.15 Absatz 5 Buchstabe b gewährt jede Vertragspartei den Investoren der anderen Vertragspartei, bei deren erfassten Investitionen aufgrund von bewaffneten Konflikten, Unruhen, einem Notstandsfall oder einer Naturkatastrophe in ihrem Gebiet Verluste entstehen, hinsichtlich der Rückerstattung, Abfindung, Entschädigung oder einer sonstigen Regelung eine Behandlung, die nicht weniger günstig ist als die Behandlung, die sie ihren eigenen Investoren oder den Investoren eines Drittlandes gewährt, je nachdem, welche für den betroffenen Investor günstiger ist.

Artikel 8.12
Enteignung

1. Eine Vertragspartei darf eine erfasste Investition weder direkt verstaatlichen oder enteignen noch indirekt durch Maßnahmen gleicher Wirkung wie Verstaatlichung oder Enteignung (im Folgenden „Enteignung"), es sei denn, dies geschieht

a) zu einem öffentlichen Zweck,

b) nach einem rechtsstaatlichen Verfahren,

c) diskriminierungsfrei und

d) gegen Zahlung einer prompten, adäquaten und effektiven Entschädigung.

Es wird klargestellt, dass dieser Absatz im Einklang mit Anhang 8-A auszulegen ist.

2. Die Höhe der Entschädigung nach Absatz 1 muss dem Marktwert entsprechen, den die Investition unmittelbar vor dem Bekanntwerden der Enteignung oder bevorstehenden Enteignung hatte, je nachdem, welches der frühere Zeitpunkt ist. Zu den Bewertungskriterien gehören der Fortführungswert, der Wert der Vermögensgegenstände, einschließlich des ausgewiesenen Steuerwerts der materiellen Vermögensgegenstände, sowie andere zur Bestimmung des Marktwerts geeignete Kriterien.

3. Die Entschädigung hat darüber hinaus Zinsen zu einem marktüblichen Zinssatz für die Zeit vom Tag der Enteignung bis zum Tag der Zahlung zu beinhalten und muss, damit sie für den Investor tatsächlich verwertbar ist, unverzüglich in der Währung des Landes, dessen Staatsangehöriger der Investor ist, oder in einer vom Investor akzeptierten frei konvertierbaren Währung gezahlt werden und in das vom Investor bestimmte Land transferierbar sein.

4. Der betroffene Investor muss nach dem Recht der enteignenden Vertragspartei dazu berechtigt sein, seinen Anspruch und die Bewertung seiner Investition nach den Grundsätzen dieses Artikels von einem Organ der Rechtspflege oder einer anderen unabhängigen Behörde der betreffenden Vertragspartei unverzüglich überprüfen zu lassen.

5. Dieser Artikel gilt nicht für die Erteilung von Zwangslizenzen im Zusammenhang mit Rechten des geistigen Eigentums, soweit eine solche Erteilung mit dem TRIPS-Übereinkommen vereinbar ist.

6. Zur Klarstellung: Der Widerruf, die Einschränkung oder die Schaffung von Rechtstiteln für geistiges Eigentum stellt keine Enteignung dar, sofern die betreffenden Maßnahmen im Einklang mit dem TRIPS-Übereinkommen und mit Kapitel zwanzig (Geistiges Eigentum) stehen. Im Übrigen lässt sich aus einer Feststellung, dass diese Maßnahmen unvereinbar mit dem TRIPS-Übereinkommen oder Kapitel zwanzig (Geistiges Eigentum) sind, nicht auf eine Enteignung schließen.

Artikel 8.13
Transfers

1. Die Vertragsparteien gestatten, dass sämtliche Transfers im Zusammenhang mit einer erfassten Investition ohne Beschränkung oder Verzögerung in einer frei konvertierbaren Währung zu dem am Tag des Transfers am Markt geltenden Wechselkurs erfolgen. Zu solchen Transfers zählen:

a) die Einbringung von Kapital wie der Hauptsumme und zusätzlicher Mittel zur Aufrechterhaltung, Entwicklung oder Ausweitung der Investition,

b) Gewinne, Dividenden, Zinsen, Veräußerungsgewinne, Lizenzgebühren, Managemententgelte, Entgelt für technische Hilfe oder sonstige Entgelte oder andere Arten von Erträgen oder Geldern, die von der erfassten Investition herrühren,

c) der Erlös aus der teilweisen oder vollständigen Veräußerung oder Liquidation der erfassten Investition,

d) Zahlungen, die im Rahmen eines vom Investor oder von der erfassten Investition abgeschlossenen Vertrags geleistet werden, einschließlich aufgrund eines Darlehensvertrags geleisteter Zahlungen,

e) aufgrund der Artikel 8.11 und 8.12 geleistete Zahlungen,

f) der Verdienst und sonstige Vergütungen von ausländischem Personal, das im Zusammenhang mit einer Investition tätig ist und

g) Zahlungen von Schadensersatz aufgrund eines nach Abschnitt F ergangenen Urteilsspruchs.

2. Eine Vertragspartei darf weder verlangen, dass ihre Investoren die Einnahmen, Einkünfte, Gewinne oder sonstigen Gelder, die von Investitionen im Gebiet der anderen Vertragspartei herrühren oder diesen zuzurechnen sind, transferieren, noch sie dafür bestrafen, wenn sie dies nicht tun.

3. Dieser Artikel ist nicht dahin gehend auszulegen, dass er eine Vertragspartei daran hindert, in billiger und diskriminierungsfreier Art und Weise und nicht so, dass dies eine verschleierte Transferbeschränkung darstellen würde, ihre für folgende Bereiche geltenden Gesetze anzuwenden:

a) Konkurs, Insolvenz oder Schutz der Gläubigerrechte,

b) Emission von oder Handel mit Wertpapieren,

c) strafbare Handlungen,

d) finanzielle Berichterstattung oder Aufzeichnung von Transfers, falls dies erforderlich ist, um Vollstreckungs- oder Finanzregulierungsbehörden zu unterstützen, und

e) Erfüllung von Urteilen, die im Rahmen von Gerichtsverfahren ergangen sind.

Artikel 8.14
Subrogation

Leistet eine Vertragspartei oder eine Stelle einer Vertragspartei aufgrund einer von ihr übernommenen Abfindungsverpflichtung oder Garantie oder eines von ihr eingegangenen Versicherungsvertrags in Bezug auf eine Investition, die durch einen ihrer Investoren im Gebiet der anderen Vertragspartei getätigt wurde, eine Zahlung, so erkennt die andere Vertragspartei an, dass der Vertragspartei oder ihrer Stelle bezüglich der Investition in allen Fällen dieselben Rechte zustehen wie dem Investor. Diese Rechte können von der Vertragspartei oder einer Stelle der Vertragspartei oder, wenn die Vertragspartei oder die betreffende Stelle der Vertragspartei dies gestattet, von dem Investor ausgeübt werden.

ABSCHNITT E
Vorbehalte und Ausnahmen

Artikel 8.15
Vorbehalte und Ausnahmen

1. Die Artikel 8.4 bis 8.8 gelten nicht für

a) bestehende nichtkonforme Maßnahmen, die von einer Vertragspartei aufrechterhalten werden, und zwar

i) auf Ebene der Europäischen Union gemäß ihrer dem Anhang I beigefügten Liste,

ii) auf Ebene einer nationalen Regierung gemäß der dem Anhang I beigefügten Liste der betreffenden Vertragspartei,

iii) auf Provinz-, Territoriums- oder Regionsebene gemäß der dem Anhang I beigefügten Liste der betreffenden Vertragspartei oder

iv) auf lokaler Ebene,

b) die Fortführung oder umgehende Verlängerung einer nichtkonformen Maßnahme nach Buchstabe a oder

c) die Änderung einer nichtkonformen Maßnahme nach Buchstabe a, soweit die Änderung die Vereinbarkeit der Maßnahme mit den Artikeln 8.4 bis 8.8, wie sie unmittelbar vor der Änderung bestand, nicht beeinträchtigt.

2. Die Artikel 8.4 bis 8.8 gelten nicht für von einer Vertragspartei eingeführte oder aufrechterhaltene Maßnahmen in Bezug auf einen Sektor, einen Teilsektor oder eine Tätigkeit gemäß ihrer dem Anhang II beigefügten Liste.

3. Unbeschadet der Artikel 8.10 und 8.12 führt eine Vertragspartei nach Inkrafttreten dieses Abkommens keine Maßnahme oder Reihe von Maßnahmen ein, die von ihrer dem Anhang II beigefügten Liste erfasst ist und nach der ein Investor der anderen Vertragspartei aus Gründen der Staatsangehörigkeit unmittelbar oder mittelbar dazu verpflichtet ist, eine zum Zeitpunkt des Wirksamwerdens der Maßnahme oder Reihe von Maßnahmen bereits bestehende Investition zu verkaufen oder anderweitig darüber zu verfügen.

4. Was die Rechte des geistigen Eigentums anbelangt, so können die Vertragsparteien von Artikel 8.5 Absatz 1 Buchstabe f sowie von den Artikeln 8.6 und 8.7 abweichen, sofern dies nach dem TRIPS-Übereinkommen einschließlich seiner etwaigen für beide Vertragsparteien geltenden Änderungen oder aufgrund von gemäß Artikel IX des WTO-Übereinkommens gewährten Ausnahmegenehmigungen in Bezug auf das TRIPS-Übereinkommen zulässig ist.

5. Die Artikel 8.4, 8.6, 8.7 und 8.8 gelten nicht für

a) Beschaffungen von Waren oder Dienstleistungen durch eine Vertragspartei, sofern die Waren und Dienstleistungen für öffentliche Zwecke beschafft werden und nicht zur gewerblichen

Weiterveräußerung oder zur Nutzung bei der Lieferung von Waren oder der Erbringung von Dienstleistungen zur gewerblichen Veräußerung bestimmt sind, unabhängig davon, ob es sich um „erfasste Beschaffungen" im Sinne des Artikels 19.2 (Geltungsbereich) handelt oder nicht, oder

b) von einer Vertragspartei gewährte Subventionen oder öffentliche Unterstützung im Zusammenhang mit dem Dienstleistungshandel.

Artikel 8.16
Verweigerung von Handelsvorteilen

Eine Vertragspartei kann die in diesem Kapitel vorgesehenen Vorteile einem Investor der anderen Vertragspartei, bei dem es sich um ein Unternehmen dieser Vertragspartei handelt, und seinen Investitionen verweigern, wenn

a) das Unternehmen im Eigentum oder unter der Kontrolle eines Investors eines Drittlands steht und

b) die verweigernde Vertragspartei eine Maßnahme in Bezug auf das Drittland einführt oder aufrechterhält,

i) die der Wahrung von Frieden und Sicherheit in der Welt dient und

ii) die Geschäfte mit dem Unternehmen verbietet oder die verletzt oder umgangen würde, wenn die in diesem Kapitel vorgesehenen Vorteile dem Unternehmen oder seinen Investitionen gewährt würden.

Artikel 8.17
Formale Anforderungen

Ungeachtet der Artikel 8.6 und 8.7 kann eine Vertragspartei von einem Investor der anderen Vertragspartei oder seiner erfassten Investition verlangen, ausschließlich zu Informations- oder statistischen Zwecken Routineinformationen über die betreffende Investition bereitzustellen, vorausgesetzt, diese Auskunftsersuchen sind angemessen und stellen keine unzumutbare Belastung dar. Die Vertragspartei schützt vertrauliche oder geschützte Informationen vor jeder Offenlegung, welche die Wettbewerbsposition des Investors oder der erfassten Investition beeinträchtigen würde. Dieser Absatz hindert eine Vertragspartei nicht daran, im Rahmen der billigen und nach Treu und Glauben erfolgenden Anwendung ihrer Rechtsvorschriften auf sonstige Art und Weise Informationen einzuholen oder offenzulegen.

ABSCHNITT F

Beilegung von Investitionsstreitigkeiten zwischen Investoren und Staaten

Artikel 8.18
Geltungsbereich

1. Unbeschadet der Rechte und Pflichten der Vertragsparteien aus Kapitel neunundzwanzig (Streitbeilegung) kann ein Investor einer Vertragspartei bei dem nach diesem Abschnitt eingesetzten Gericht Klage gegen die andere Vertragspartei einreichen wegen Verletzung einer Pflicht

a) nach Abschnitt C: in Bezug auf die Ausweitung, die Leitung, den Betrieb, die Verwaltung, die Aufrechterhaltung, die Verwendung, die Nutzung und den Verkauf seiner erfassten Investition oder die Verfügung darüber oder

b) nach Abschnitt D: wenn der Investor geltend macht, infolge des angeblichen Verstoßes einen Verlust oder Schaden erlitten zu haben.

2. Klagen nach Absatz 1 Buchstabe a in Bezug auf die Ausweitung einer erfassten Investition können nur insoweit eingereicht werden, als die in Rede stehende Maßnahme den bestehenden Geschäftsbetrieb einer erfassten Investition betrifft und der Investor infolge der Maßnahme einen Verlust oder Schaden hinsichtlich der erfassten Investition erlitten hat.

3. Zur Klarstellung: Ein Investor kann keine Klage nach diesem Abschnitt einreichen, wenn die Investition mit einer arglistigen Täuschung, mit dem Verschweigen von Tatsachen, mit Korruption oder mit einem Verhalten, das einen Verfahrensmissbrauch darstellt, einhergeht.

4. Eine Klage, welche die Restrukturierung der von einer Vertragspartei begebenen Schuldtitel betrifft, kann nach diesem Abschnitt nur im Einklang mit Anhang 8-B eingereicht werden.

5. Das nach diesem Abschnitt eingesetzte Gericht entscheidet nicht im Falle von Klagen, die außerhalb des Geltungsbereichs dieses Artikels liegen.

Artikel 8.19
Konsultationen

1. Streitigkeiten sollten so weit wie möglich gütlich beigelegt werden. Eine gütliche Beilegung kann jederzeit vereinbart werden, auch nach Einreichung einer Klage nach Artikel 8.23. Sofern die Streitparteien keine längere Frist vereinbaren, finden Konsultationen innerhalb von 60 Tagen nach Übermittlung des Ersuchens um Konsultationen nach Absatz 4 statt.

2. Ort der Konsultationen ist, sofern die Streitparteien nichts anderes vereinbaren,

a) Ottawa, wenn es sich bei den angefochtenen Maßnahmen um Maßnahmen Kanadas handelt,

b) Brüssel, wenn die angefochtenen Maßnahmen eine Maßnahme der Europäischen Union beinhalten, oder

c) die Hauptstadt des betreffenden Mitgliedstaats der Europäischen Union, wenn es sich bei den angefochtenen Maßnahmen ausschließlich um Maßnahmen dieses Mitgliedstaats handelt.

3. Die Streitparteien können die Konsultationen gegebenenfalls per Videokonferenz oder in anderer Form führen, wenn es sich beispielsweise bei dem Investor um ein kleines oder mittleres Unternehmen handelt.

4. Der Investor übermittelt der anderen Vertragspartei ein Ersuchen um Konsultationen, das folgende Angaben enthält:

a) Name und Anschrift des Investors, sowie, falls das Ersuchen im Namen eines gebietsansässigen Unternehmens gestellt wird, Name, Anschrift und Gründungssitz des gebietsansässigen Unternehmens,

b) falls es sich um mehr als einen Investor handelt, Name und Anschrift der jeweiligen Investoren und, falls es sich um mehr als ein gebietsansässiges Unternehmen handelt, Name, Anschrift und Gründungssitz der jeweiligen gebietsansässigen Unternehmen,

c) die Bestimmungen dieses Abkommens, gegen die angeblich verstoßen wurde,

d) Angaben zur rechtlichen und tatsächlichen Grundlage der Klage, insbesondere zu den in Rede stehenden Maßnahmen, und

e) das Klagebegehren sowie die geschätzte Höhe des geforderten Schadenersatzes.

Das Konsultationsersuchen muss Nachweise enthalten, aus denen hervorgeht, dass es sich bei dem Investor um einen Investor der anderen Vertragspartei handelt und dass die Investition in seinem Eigentum oder unter seiner Kontrolle steht, gegebenenfalls auch, dass das gebietsansässige Unternehmen, in dessen Namen das Ersuchen übermittelt wird, in seinem Eigentum oder unter seiner Kontrolle steht.

5. Die in Absatz 4 genannten Anforderungen an das Konsultationsersuchen sind mit hinreichender Genauigkeit zu erfüllen, damit es dem Beklagten möglich ist, tatsächlich Konsultationen aufzunehmen und seine Verteidigung vorzubereiten.

6. Ersuchen um Konsultationen sind innerhalb folgender Fristen zu übermitteln:

a) innerhalb von drei Jahren ab dem Tag, an dem der Investor oder gegebenenfalls das gebietsansässige Unternehmen erstmals Kenntnis von dem angeblichen Verstoß und davon erlangt hat oder erlangt haben müsste, dass der Investor oder gegebenenfalls das gebietsansässige Unternehmen dadurch einen Verlust oder Schaden erlitten hat, oder

b) innerhalb von zwei Jahren, nachdem der Investor oder gegebenenfalls das gebietsansässige Unternehmen seine Bemühungen, nach dem Recht einer Vertragspartei auf dem Gerichtsweg Ansprüche geltend zu machen oder ein Verfahren anzustrengen, eingestellt hat oder wenn ein solches Verfahren auf andere Weise beendet wird, spätestens jedoch 10 Jahre nach dem Zeitpunkt, zu dem der Investor oder gegebenenfalls das gebietsansässige Unternehmen erstmals Kenntnis von dem angeblichen Verstoß und davon erlangt hat oder erlangt haben müsste, dass der Investor dadurch einen Verlust oder Schaden erlitten hat.

7. Ein Konsultationsersuchen, das einen angeblichen Verstoß seitens der Europäischen Union oder eines Mitgliedstaats der Europäischen Union betrifft, ist an die Europäische Union zu richten.

8. Hat der Investor innerhalb von 18 Monaten nach Übermittlung des Konsultationsersuchens keine Klage nach Artikel 8.23 eingereicht, so wird davon ausgegangen, dass er sein Konsultationsersuchen und gegebenenfalls sein Ersuchen um Feststellung des Beklagten zurückgezogen hat, was bedeutet, dass er in Bezug auf dieselben Maßnahmen keine Klage nach diesem Abschnitt einreichen kann. Diese Frist kann von den Streitparteien einvernehmlich verlängert werden.

Artikel 8.20
Mediation

1. Die Streitparteien können jederzeit vereinbaren, eine Mediation in Anspruch zu nehmen.

2. Die Inanspruchnahme einer Mediation berührt nicht die rechtliche Stellung oder die Rechte der Streitparteien nach diesem Kapitel und erfolgt nach den von den Streitparteien vereinbarten Regeln, einschließlich, sofern vorhanden, der vom Ausschuss für Dienstleistungen und Investitionen nach Artikel 8.44 Absatz 3 Buchstabe c festgelegten Mediationsregeln.

3. Der Mediator wird einvernehmlich von den Streitparteien bestellt. Die Streitparteien können auch darum ersuchen, dass der Generalsekretär des ICSID den Mediator ernennt.

4. Die Streitparteien bemühen sich, innerhalb von 60 Tagen nach Bestellung des Mediators zu einer Lösung zu gelangen.

5. Einigen sich die Streitparteien darauf, eine Mediation in Anspruch zu nehmen, so findet Artikel 8.19 Absätze 6 und 8 keine Anwendung ab dem Zeitpunkt, zu dem die Streitparteien die Inanspruchnahme einer Mediation vereinbart haben, bis zu dem Zeitpunkt, zu dem eine der Streitparteien beschließt, die Mediation zu beenden. Vom Beschluss einer Streitpartei, die Mediation zu beenden, werden der Mediator und die andere Streitpartei durch ein entsprechendes Schreiben in Kenntnis gesetzt.

Artikel 8.21
Feststellung des Beklagten bei Streitigkeiten mit der Europäischen Union oder ihren Mitgliedstaaten

1. Wenn die Streitigkeit nicht innerhalb von 90 Tagen nach Übermittlung des Ersuchens um Konsultationen beigelegt werden kann, das Ersuchen einen angeblichen Verstoß gegen dieses Abkommen seitens der Europäischen Union oder eines Mitgliedstaats der Europäischen Union betrifft und der Investor beabsichtigt, ein Klage nach Artikel 8.23 einzureichen, so übermittelt der Investor der Europäischen Union ein Ersuchen um Feststellung des Beklagten.

2. In dem Ersuchen nach Absatz 1 sind die Maßnahmen anzugeben, in Bezug auf die der Investor eine Klage anzustrengen beabsichtigt.

3. Die Europäische Union stellt den Beklagten fest und teilt dem Investor mit, ob es sich bei dem Beklagten um die Europäische Union oder um einen Mitgliedstaat der Europäischen Union handelt.

4. Wird dem Investor nicht innerhalb von 50 Tagen nach seinem Ersuchen um Feststellung des Beklagten mitgeteilt, wer als Beklagter ermittelt wurde, gilt Folgendes:

a) Handelt es sich bei den im Ersuchen genannten Maßnahmen ausschließlich um Maßnahmen eines Mitgliedstaats der Europäischen Union, so ist dieser Mitgliedstaat der Beklagte,

b) umfassen die in dem Ersuchen genannten Maßnahmen auch Maßnahmen der Europäischen Union, so ist die Europäische Union der Beklagte.

5. Der Investor kann auf der Grundlage der Feststellung des Beklagten nach Absatz 3 oder, falls er keine Mitteilung über die Feststellung des Beklagten erhalten hat, in Anwendung des Absatzes 4 eine Klage nach Artikel 8.23 einreichen.

6. Handelt es sich bei dem nach Absatz 3 festgestellten beziehungsweise nach Artikel 4 bestimmten Beklagten um die Europäische Union oder einen Mitgliedstaat der Europäischen Union, so kann weder die Europäische Union noch der betreffende Mitgliedstaat der Europäischen Union – unter Berufung darauf, dass der Beklagte nicht ordnungsgemäß nach Absatz 3 festgestellt oder in Anwendung des Absatzes 4 bestimmt worden sei – die Unzulässigkeit einer Klage oder die Unzuständigkeit des Gerichts geltend machen oder eine sonstige Einwendung gegen die Klage oder den Urteilsspruch erheben.

7. Das Gericht ist an die Feststellung nach Absatz 3 und, sofern eine solche Feststellung dem Investor nicht mitgeteilt wurde, an die Anwendung des Absatzes 4 gebunden.

Artikel 8.22
Verfahrens- und sonstige Vorschriften für die Einreichung einer Klage beim Gericht

1. Ein Investor kann nur dann eine Klage nach Artikel 8.23 einreichen, wenn er

a) dem Beklagten mit der Einreichung der Klage seine Zustimmung dazu erteilt, die Streitigkeit nach den in diesem Abschnitt beschriebenen Verfahren durch das Gericht beilegen zu lassen,

b) eine Frist von mindestens 180 Tagen ab Übermittlung des Ersuchens um Konsultationen und mindestens 90 Tagen ab der etwaigen Übermittlung eines Ersuchens um Feststellung des Beklagten einräumt,

c) die Anforderungen im Zusammenhang mit dem Ersuchen um Feststellung des Beklagten erfüllt,

d) die Anforderungen im Zusammenhang mit dem Konsultationsersuchen erfüllt,

e) in seiner Klage keine Maßnahme anführt, die nicht im Konsultationsersuchen angeführt wurde,

f) etwaige bereits nach internem oder internationalem Recht angestrengte Klagen oder Gerichtsverfahren in Bezug auf eine Maßnahme, die angeblich einen Verstoß gegen das Abkommen darstellt und die in seiner Klage angeführt wird, zurücknimmt beziehungsweise einstellt, und

g) auf sein Recht verzichtet, in Bezug auf eine Maßnahme, die angeblich einen Verstoß gegen das Abkommen darstellt und die in seiner Klage angeführt wird, eine Klage oder ein Gerichtsverfahren nach internem oder internationalem Recht anzustrengen.

2. Betrifft die nach Artikel 8.23 eingereichte Klage einen Verlust oder Schaden, der einem gebietsansässigen Unternehmen oder in Bezug auf eine Beteiligung an einem gebietsansässigen Unternehmen entstanden ist, das direkt oder indirekt im Eigentum oder unter der Kontrolle des Investors steht, gelten die Anforderungen des Absatzes 1 Buchstaben f und g sowohl für den Investor als auch für das gebietsansässige Unternehmen.

3. Die in Absatz 1 Buchstaben f und g und Absatz 2 genannten Anforderungen gelten in Bezug auf ein gebietsansässiges Unternehmen nicht, wenn der Beklagte oder der Gaststaat des Investors dem Investor die Kontrolle über das gebietsansässige Unternehmen entzogen hat oder das gebietsansässige Unternehmen auf andere Weise daran gehindert hat, die betreffenden Anforderungen zu erfüllen.

4. Auf Ersuchen des Beklagten erklärt sich das Gericht für unzuständig, wenn der Investor oder gegebenenfalls das gebietsansässige Unternehmen eine der Anforderungen der Absätze 1 und 2 nicht erfüllt.

5. Ein Rechtsverzicht nach Absatz 1 Buchstabe g beziehungsweise Absatz 2 wird unwirksam,

a) wenn das Gericht die Klage mit der Begründung, dass die Anforderungen des Absatzes 1 beziehungsweise des Absatzes 2 nicht erfüllt sind, oder aus sonstigen verfahrenstechnischen Gründen oder Gründen der Zuständigkeit zurückweist,

b) wenn das Gericht die Klage nach Artikel 8.32 oder Artikel 8.33 abweist oder

c) wenn der Investor seine Klage im Einklang mit den im jeweiligen Fall anwendbaren Regeln gemäß Artikel 8.23 Absatz 2 innerhalb von 12 Monaten nach Bildung der Kammer des Gerichts zurückzieht.

Artikel 8.23
Einreichung einer Klage beim Gericht

1. Wurde eine Streitigkeit nicht im Wege von Konsultationen beigelegt, kann nach diesem Abschnitt Klage eingereicht werden von

a) einem Investor einer Vertragspartei in eigenem Namen oder

b) einem Investor einer Vertragspartei im Namen eines gebietsansässigen Unternehmens, das direkt oder indirekt in seinem Eigentum oder unter seiner Kontrolle steht.

2. Eine Klage kann eingereicht werden auf der Grundlage folgender Regeln:

a) des ICSID-Übereinkommens und der ICSID-Schiedsordnung,

b) der ICSID-Regeln über die Zusatzeinrichtung, sofern die Voraussetzungen für Verfahren nach Buchstabe a nicht erfüllt sind,

c) der UNCITRAL-Schiedsgerichtsordnung oder

d) etwaiger sonstiger von den Streitparteien einvernehmlich festgelegter Regeln.

3. Schlägt der Investor Regeln nach Absatz 2 Buchstabe d vor, übermittelt der Beklagte seine Antwort auf den Vorschlag des Investors innerhalb von 20 Tagen nach dessen Erhalt. Erzielen die Streitparteien nicht innerhalb von 30 Tagen nach Eingang der entsprechenden Mitteilung eine Einigung, kann der Investor eine Klage nach den in Absatz 2 Buchstaben a, b oder c vorgesehenen Regeln einreichen.

4. Zur Klarstellung: Eine Klage nach Absatz 1 Buchstabe b genügt den Anforderungen des Artikels 25 Absatz 1 des ICSID-Übereinkommens.

5. Der Investor kann bei Einreichung seiner Klage vorschlagen, dass nur ein einziges Mitglied des Gerichts mit dem Fall befasst wird. Der Beklagte prüft einen solchen Vorschlag wohlwollend, insbesondere wenn es sich bei dem Investor um ein kleines oder mittleres Unternehmen handelt oder wenn die geltend gemachten Entschädigungs- oder Schadensersatzansprüche vergleichsweise gering sind.

6. Bei den nach Absatz 2 anwendbaren Regeln handelt es sich um diejenigen Regeln, die jeweils zu dem Zeitpunkt in Kraft waren, als die Klage beziehungsweise die Klagen nach diesem Abschnitt beim Gericht eingereicht wurden, vorbehaltlich der in diesem Abschnitt festgelegten spezifischen Regeln und ergänzt durch nach Artikel 8.44 Absatz 3 Buchstabe b festgelegte Regeln.

7. Eine Klage zum Zwecke der Streitbeilegung nach diesem Abschnitt gilt als eingereicht, wenn

a) das Begehren nach Artikel 36 Absatz 1 des ICSID-Übereinkommens beim Generalsekretär des ICSID eingeht,

b) das Begehren nach Schedule C Artikel 2 der ICSID-Regeln über die Zusatzeinrichtung beim ICSID-Sekretariat eingeht,

c) die Benachrichtigung nach Artikel 3 der UNCITRAL-Schiedsgerichtsordnung beim Beklagten eingeht oder

d) der Antrag auf Einleitung des Verfahrens gemäß den nach Absatz 2 Buchstabe d vereinbarten Regeln beim Beklagten eingeht.

8. Jede Vertragspartei notifiziert der anderen Vertragspartei den Ort der Zustellung der von den Investoren nach diesem Abschnitt übermittelten Mitteilungen und sonstigen Dokumente. Jede Vertragspartei trägt dafür Sorge, dass diese Informationen öffentlich zugänglich gemacht werden.

Artikel 8.24
Verfahren im Rahmen anderer internationaler Übereinkünfte

Wird eine Klage nach diesem Abschnitt und nach einer anderen internationalen Übereinkunft eingereicht und

a) besteht die Gefahr sich überschneidender Entschädigungen oder

b) könnte die andere internationale Klage erhebliche Auswirkungen auf den Ausgang der nach diesem Abschnitt angestrengten Klage haben,

so setzt das Gericht so bald wie möglich nach Anhörung der Streitparteien das Verfahren aus oder gewährleistet auf andere Weise, dass dem aufgrund einer anderen internationalen Übereinkunft eingeleiteten Verfahren in seiner Entscheidung, seinem Beschluss oder seinem Urteilsspruch Rechnung getragen wird.

Artikel 8.25
Zustimmung zur Streitbeilegung durch das Gericht

1. Der Beklagte stimmt einer Beilegung der Streitigkeit durch das Gericht nach dem in diesem Abschnitt beschriebenen Verfahren zu.

2. Die Zustimmung nach Absatz 1 und die Einreichung einer Klage beim Gericht nach diesem Abschnitt erfüllen die Anforderungen

a) des Artikels 25 des ICSID-Übereinkommens und von Schedule C Kapitel II der ICSID-Regeln über die Zusatzeinrichtung hinsichtlich der schriftlichen Zustimmung der Streitparteien und

b) des Artikels II des New Yorker Übereinkommens hinsichtlich einer schriftlichen Vereinbarung.

Artikel 8.26
Finanzierung durch Dritte

1. Im Falle einer Finanzierung durch Dritte legt die Streitpartei, die in den Genuss dieser Finanzierung kommt, der anderen Streitpartei und dem Gericht den Namen und die Anschrift des die Finanzierung übernehmenden Dritten offen.

2. Die Offenlegung muss zum Zeitpunkt der Einreichung einer Klage stattfinden oder, wenn die Unterzeichnung der Finanzierungsvereinbarung, die Zuwendung oder die Gewährung einer finanziellen Unterstützung nach der Klageeinreichung erfolgt, unverzüglich nach Abschluss der Vereinbarung beziehungsweise nach der Zuwendung oder der Gewährung der finanziellen Unterstützung.

Artikel 8.27
Einsetzung des Gerichts

1. Das nach diesem Abschnitt errichtete Gericht entscheidet im Falle von Klagen, die nach Artikel 8.23 eingereicht werden.

2. Bei Inkrafttreten dieses Abkommens ernennt der Gemischte CETA-Ausschuss fünfzehn Gerichtsmitglieder. Fünf Mitglieder des Gerichts müssen Staatsangehörige eines Mitgliedstaats der Europäischen Union sein, fünf Mitglieder Staatsangehörige Kanadas[1] und fünf Mitglieder Staatsangehörige von Drittstaaten.

3. Der Gemischte CETA-Ausschuss kann beschließen, die Anzahl der Gerichtsmitglieder um eine durch drei teilbare Zahl zu erhöhen oder zu verringern. Zusätzliche Ernennungen erfolgen auf derselben Grundlage wie die Ernennungen nach Absatz 2.

4. Die Mitglieder des Gerichts müssen die in ihren jeweiligen Ländern zur Ausübung des Richteramts erforderlichen Qualifikationen besitzen oder Juristen von anerkannt hervorragender Befähigung sein. Sie müssen nachweislich über Fachwissen auf dem Gebiet des Völkerrechts verfügen. Insbesondere sollten sie über Fachwissen auf den Gebieten internationales Investitionsrecht, internationales Handelsrecht und Streitbeilegung im Rahmen internationaler Investitions- oder Handelsabkommen verfügen.

5. Die nach diesem Abschnitt ernannten Mitglieder des Gerichts werden für eine Amtszeit von fünf Jahren ernannt, die einmal verlängert werden kann. Die Amtszeit von sieben der unmittelbar nach Inkrafttreten dieses Abkommens ernannten 15 Personen wird jedoch auf sechs Jahre festgesetzt; die betreffenden Personen werden im Losverfahren bestimmt. Vakanzen werden unverzüglich neu besetzt. Eine Person, die ernannt wird, um ein Mitglied des Gerichts zu ersetzen, dessen Amtszeit noch nicht abgelaufen ist, nimmt die Aufgabe für den Rest der Amtszeit ihres Vorgängers wahr. Grundsätzlich kann ein Mitglied des Gerichts, das einer Gerichtskammer angehört, bei Ablauf seiner Amtszeit seine Funktion innerhalb der Kammer so lange weiter ausüben, bis ein endgültiger Urteilsspruch ergangen ist.

6. Zur Verhandlung der Fälle werden innerhalb des Gerichts Kammern gebildet, denen jeweils drei Mitglieder des Gerichts angehören, und zwar ein Staatsangehöriger eines Mitgliedstaats der Europäischen Union, ein Staatsangehöriger Kanadas und ein Staatsangehöriger eines Drittlands. Den Vorsitz einer Kammer führt dasjenige Mitglied des Gerichts, das Staatsangehöriger eines Drittlands ist.

7. Innerhalb von 90 Tagen nach Einreichung einer Klage nach Artikel 8.23 ernennt der Präsident des Gerichts die Mitglieder des Gerichts, die der mit dem Fall zu befassenden Kammer angehören werden; dabei wird ein Rotationsverfahren zugrunde gelegt und sichergestellt, dass die Zusammensetzung der Kammern nach dem Zufallsprinzip erfolgt und nicht vorhersehbar ist und dass für alle Mitglieder des Gerichts dieselbe Wahrscheinlichkeit besteht, in eine Kammer berufen zu werden.

8. Der Präsident und der Vizepräsident des Gerichts sind für organisatorische Fragen zuständig; sie werden für einen Zweijahreszeitraum ernannt und im Losverfahren aus dem Kreis der Mitglieder des Gerichts ausgewählt, die Staatsangehörige von Drittländern sind. Sie üben ihr Amt unter Zugrundelegung eines Rotationsverfahrens aus und werden per Losentscheid durch den Vorsitz des Gemischten CETA-Ausschusses bestimmt. Der Vizepräsident vertritt den Präsidenten, wenn dieser verhindert ist.

9. Ungeachtet des Absatzes 6 können die Streitparteien vereinbaren, dass mit einem Fall nur ein einziges Mitglied des Gerichts befasst wird, das nach dem Zufallsprinzip aus dem Kreis der Drittstaatsangehörigen ernannt wird. Das Er-

Zu Artikel 8.27:

[1] *Jede Vertragspartei kann stattdessen vorschlagen, bis zu fünf Gerichtsmitglieder beliebiger Staatsangehörigkeit zu ernennen. In diesem Fall werden die betreffenden Gerichtsmitglieder als Staatsangehörige der Vertragspartei betrachtet, die ihre Ernennung für die Zwecke dieses Artikels vorgeschlagen hat.*

suchen eines Klägers um Befassung eines einzigen Mitglieds des Gerichts wird vom Beklagten wohlwollend geprüft, insbesondere dann, wenn es sich beim Kläger um ein kleines oder mittleres Unternehmen handelt oder wenn die geltend gemachten Entschädigungs- oder Schadensersatzansprüche vergleichsweise gering sind. Ein solches Ersuchen muss vor der Bildung der Gerichtskammer eingereicht werden.

10. Das Gericht kann seine Arbeitsverfahren selbst festlegen.

11. Die Mitglieder des Gerichts müssen dafür Sorge tragen, dass sie verfügbar und in der Lage sind, die in diesem Abschnitt genannten Aufgaben wahrzunehmen.

12. Zur Gewährleistung ihrer Verfügbarkeit wird den Mitgliedern des Gerichts eine monatliche Grundvergütung gezahlt, deren Höhe vom Gemischten CETA-Ausschuss festgesetzt wird.

13. Die Grundvergütung nach Absatz 12 wird von beiden Vertragsparteien zu gleichen Teilen über Einzahlungen auf ein vom ICSID-Sekretariat verwaltetes Konto finanziert. Für den Fall, dass eine Vertragspartei es versäumt, die Zahlung zur Finanzierung der Grundvergütung zu leisten, kann die andere Vertragspartei die Zahlung übernehmen. Entsprechende Zahlungsrückstände einer Vertragspartei bleiben zu begleichen, zuzüglich Verzugszinsen in angemessener Höhe.

14. Sofern der Gemischte CETA-Ausschuss keinen Beschluss nach Absatz 15 fasst, fallen – über die in Absatz 12 genannten Kosten hinaus – für Vergütungen und Auslagen der Gerichtsmitglieder, die in eine mit einem Fall zu befassende Kammer berufen werden, Kosten in einer Höhe an, die nach Vorschrift 14 Absatz 1 der Verwaltungs- und Finanzordnung des ICSID-Übereinkommens in der zum Zeitpunkt der Klageeinreichung geltenden Fassung festgesetzt und vom Gericht im Einklang mit Artikel 8.39 Absatz 5 unter den Streitparteien aufgeteilt werden.

15. Der Gemischte CETA-Ausschuss kann im Wege eines Beschlusses die Grundvergütung und sonstige Vergütungen und Auslagen in ein reguläres Gehalt umwandeln und die jeweiligen Modalitäten und Bedingungen festlegen.

16. Das ICSID-Sekretariat nimmt die Aufgaben des Sekretariats für das Gericht wahr und leistet die erforderliche Unterstützung.

17. Sind innerhalb von 90 Tagen nach Einreichung einer Klage zum Zwecke der Streitbeilegung keine Ernennungen nach Absatz 2 durch den Gemischten CETA-Ausschuss erfolgt, beruft der ICSID-Generalsekretär auf Ersuchen einer der Streitparteien eine aus drei Mitgliedern des Gerichts bestehende Kammer, es sei denn, die Streitparteien haben vereinbart, dass nur ein einziges Mitglied des Gerichts mit dem Fall befasst werden soll. Der ICSID-Generalsekretär nimmt die Ernennungen aufgrund einer Zufallsauswahl aus den vorliegenden Nominierungen vor. Als Vorsitzenden darf der ICSID-Generalsekretär keinen Staatsangehörigen Kanadas oder eines Mitgliedstaats der Europäischen Union ernennen, es sei denn, die Streitparteien vereinbaren etwas anderes.

Artikel 8.28
Berufungsgericht

1. Es wird ein Berufungsgericht errichtet, dem die Überprüfung von nach diesem Abschnitt ergangenen Urteilssprüchen obliegt.

2. Das Berufungsgericht kann einen Urteilsspruch des Gerichts bestätigen oder ihn abändern oder aufheben

a) aufgrund von Fehlern bei der Anwendung oder Auslegung des anwendbaren Rechts,

b) aufgrund von offensichtlichen Fehlern bei der Würdigung des Sachverhalts, unter anderem bei der Beurteilung relevanter Vorschriften des internen Rechts,

c) aus den in Artikel 52 Absatz 1 Buchstaben a bis e des ICSID-Übereinkommens genannten Gründen, soweit diese nicht von den Buchstaben a und b erfasst sind.

3. Die Mitglieder des Berufungsgerichts werden im Wege eines Beschlusses des Gemischten CETA-Ausschusses ernannt, der gleichzeitig mit dem Beschluss nach Absatz 7 ergeht.

4. Die Mitglieder des Berufungsgerichts müssen die Anforderungen des Artikels 8.27 Absatz 4 und des Artikels 8.30 erfüllen.

5. Die für eine Berufungssache gebildete Kammer des Berufungsgerichts besteht aus drei nach dem Zufallsprinzip ernannten Mitgliedern des Berufungsgerichts.

6. Die Artikel 8.36 und 8.38 finden auf das Verfahren vor dem Berufungsgericht Anwendung.

7. Der Gemischte CETA-Ausschuss fasst umgehend einen Beschluss, in dem folgende administrative und organisatorische Aspekte der Arbeitsweise des Berufungsgerichts geregelt werden:

a) administrative Unterstützung,

b) Verfahren für die Einleitung und Durchführung von Berufungsverfahren sowie Verfahren für etwaige Zurückverweisungen an das Gericht zwecks Anpassung des Urteilsspruchs,

c) Verfahren zur Besetzung von Vakanzen im Berufungsgericht und in einer für einen Fall gebildeten Kammer des Berufungsgerichts,

d) Vergütung der Mitglieder des Berufungsgerichts,

e) Bestimmungen zu den Kosten von Berufungsverfahren,

f) Anzahl der Mitglieder des Berufungsgerichts und

g) sonstige Aspekte, die er für das wirksame Funktionieren des Berufungsgerichts für erforderlich erachtet.

8. Der Ausschuss für Dienstleistungen und Investitionen überprüft in regelmäßigen Abständen die Arbeitsweise des Berufungsgerichts und kann einschlägige Empfehlungen an den Gemischten CETA-Ausschuss richten. Der Gemischte CETA-Ausschuss kann den nach Absatz 7 gefassten Beschluss erforderlichenfalls abändern.

9. Mit Annahme des Beschlusses nach Absatz 7 gilt Folgendes:

a) Eine Streitpartei kann gegen einen nach diesem Abschnitt ergangenen Urteilsspruch innerhalb von 90 Tagen nach dessen Verkündung einen Rechtsbehelf beim Berufungsgericht einlegen,

b) eine Streitpartei darf im Zusammenhang mit einem Urteilsspruch nach diesem Abschnitt nicht die Überprüfung, Aufhebung, Nichtigerklärung, Änderung oder Einleitung eines ähnlichen Verfahrens anstreben,

c) ein nach Artikel 8.39 ergangener Urteilsspruch ist nicht als endgültig zu betrachten und die Vollstreckung eines Urteilsspruchs darf nicht betrieben werden, bevor

i) 90 Tage nach der Verkündung des Urteilsspruchs durch das Gericht verstrichen sind, ohne dass ein Rechtsbehelf beim Berufungsgericht eingelegt wurde,

ii) ein beim Berufungsgericht eingelegter Rechtsbehelf zurückgewiesen oder zurückgenommen wurde oder

iii) 90 Tage nach einem Urteilsspruch des Berufungsgerichts verstrichen sind, ohne dass das Berufungsgericht die Angelegenheit an das Gericht zurückverwiesen hat,

d) ein endgültiger Urteilsspruch des Berufungsgerichts ist als endgültiger Urteilsspruch für die Zwecke des Artikels 8.41 zu betrachten, und

e) Artikel 8.41 Absatz 3 findet keine Anwendung.

Artikel 8.29
Errichtung eines multilateralen Investitionsgerichtshofs mit Berufungsinstanz

Die Vertragsparteien streben für die Beilegung von Investitionsstreitigkeiten gemeinsam mit anderen Handelspartnern die Errichtung eines multilateralen Investitionsgerichtshofs mit Berufungsinstanz an. Bei Errichtung eines solchen multilateralen Mechanismus erlässt der Gemischte CETA-Ausschuss einen Beschluss, dem zufolge Entscheidungen in von diesem Abschnitt erfassten Investitionsstreitigkeiten in Anwendung des multilateralen Mechanismus getroffen werden, und legt geeignete Übergangsregelungen fest.

Artikel 8.30
Ethikregeln

1. Die Mitglieder des Gerichts müssen unabhängig sein. Sie dürfen keiner Regierung nahestehen.[1] Sie dürfen keine Weisungen einer Organisation oder Regierung entgegennehmen, die Angelegenheiten im Zusammenhang mit der Streitigkeit betreffen. Sie dürfen sich nicht an der Prüfung von Streitigkeiten beteiligen, wenn dies einen direkten oder indirekten Interessenkonflikt zur Folge hätte. Sie müssen sich nach den Leitlinien des internationalen Anwaltsverbands „International Bar Association" zu Interessenkonflikten in der internationalen Schiedsgerichtsbarkeit oder etwaigen nach Artikel 8.44 Absatz 2 angenommenen ergänzenden Vorschriften richten. Außerdem dürfen sie ab dem Zeitpunkt ihrer Ernennung weder als Rechtsberater noch als von einer Partei benannter Sachverständiger oder Zeuge bei anhängigen oder neuen Investitionsstreitigkeiten im Rahmen dieses Abkommens oder anderer internationaler Übereinkünfte tätig werden.

2. Ist eine Streitpartei der Auffassung, dass sich ein Mitglied des Gerichts in einem Interessenkonflikt befindet, so kann sie den Präsidenten des Internationalen Gerichtshofs ersuchen, eine Entscheidung über die Ablehnung der Ernennung des betreffenden Mitglieds zu treffen. Etwaige Mitteilungen über die Ablehnung einer Ernennung sind dem Präsidenten des Internationalen Gerichtshofs schriftlich innerhalb von 15 Tagen ab dem Zeitpunkt, zu dem die Streitpartei über die Zusammensetzung der Gerichtskammer unterrichtet wurde, zu übermitteln oder innerhalb von 15 Tagen ab dem Zeitpunkt, zu dem die Streitpartei Kenntnis von den relevanten Tatsachen erlangt hat, sofern ihr diese nach vernünftigem Ermessen zum Zeitpunkt der Zusammensetzung der Kammer noch nicht bekannt sein konnten. In der Ablehnungsmitteilung sind die Gründe für die Ablehnung anzugeben.

3. Hat sich das abgelehnte Mitglied des Gerichts innerhalb von 15 Tagen nach der Ablehnungsmitteilung entschieden, sich nicht aus der Kammer zurückzuziehen, so kann der Präsident des Internationalen Gerichtshofs, nachdem ihm entsprechende Mitteilungen der Streitparteien zugegangen sind und nachdem das betreffende Gerichtsmitglied die Möglichkeit zur Stellungnahme erhalten hat, eine Entscheidung über die Ablehnung treffen. Der Präsident des Internationalen Gerichtshofs bemüht sich, die Entscheidung innerhalb von 45 Tagen nach Eingang der Ablehnungsmitteilung zu treffen und den Streitparteien sowie

Zu Artikel 8.30:

[1] Zur Klarstellung: Die Tatsache, dass eine Person eine Vergütung von einer staatlichen Stelle erhält, reicht allein nicht aus, um nicht als Mitglied des Gerichts in Betracht zu kommen.

den übrigen Mitgliedern der Kammer mitzuteilen. Eine infolge des Ausschlusses oder des Rücktritts eines Mitglieds des Gerichts frei gewordene Stelle wird umgehend neu besetzt.

4. Auf begründete Empfehlung des Präsidenten des Gerichts oder auf ihre gemeinsame Initiative hin können die Vertragsparteien im Wege eines Beschlusses des Gemischten CETA-Ausschusses ein Mitglied vom Gericht ausschließen, wenn dessen Verhalten nicht den in Absatz 1 genannten Anforderungen entspricht und mit einer weiteren Zugehörigkeit zum Gericht unvereinbar ist.

Artikel 8.31
Anwendbares Recht und Auslegung

1. Das nach diesem Abschnitt errichtete Gericht wendet bei seinen Entscheidungen dieses Abkommen nach den Auslegungsregeln des Wiener Übereinkommens über das Recht der Verträge und anderen zwischen den Vertragsparteien geltenden völkerrechtlichen Regeln und Grundsätzen an.

2. Es fällt nicht in die Zuständigkeit des Gerichts, die Rechtmäßigkeit einer Maßnahme, die angeblich einen Verstoß gegen dieses Abkommen darstellt, nach dem internen Recht einer Vertragspartei zu beurteilen. Zur Klarstellung: Bei seiner Beurteilung, ob eine Maßnahme im Einklang mit diesem Abkommen steht, kann das Gericht das interne Recht einer Vertragspartei, soweit angezeigt, als Tatsache heranziehen. Dabei folgt das Gericht der herrschenden Auslegung des internen Rechts durch die Gerichte und Behörden der betreffenden Vertragspartei, wobei eine etwaige vom Gericht vorgenommene Deutung internen Rechts für die Gerichte und Behörden dieser Vertragspartei nicht bindend ist.

3. Bei ernsthaften Bedenken in Bezug auf Auslegungsfragen, die sich auf Investitionen auswirken können, kann der Ausschuss für Dienstleistungen und Investitionen dem Gemischten CETA-Ausschuss nach Artikel 8.44 Absatz 3 Buchstabe a die Annahme von Auslegungen dieses Abkommens empfehlen. Eine vom Gemischten CETA-Ausschuss angenommene Auslegung ist für das nach diesem Abschnitt errichtete Gericht bindend. Der Gemischte CETA-Ausschuss kann beschließen, dass eine Auslegung ab einem bestimmten Zeitpunkt bindende Wirkung hat.

Artikel 8.32
Offenkundig ohne Rechtsgrund angestrengte Klagen

1. Der Beklagte kann spätestens 30 Tage nach der Bildung der Kammer des Gerichts, in jedem Fall aber vor der ersten Sitzung der Kammer einwenden, eine Klage sei offenkundig ohne Rechtsgrund angestrengt worden.

2. Eine Einwendung nach Absatz 1 ist nicht möglich, wenn der Beklagte eine Einwendung nach Artikel 8.33 erhoben hat.

3. Der Beklagte muss die Einwendung so genau wie möglich begründen.

4. Wird eine Einwendung nach diesem Artikel erhoben, so setzt das Gericht die Prüfung der Rechtsbegründetheit aus und stellt einen Zeitplan für die Prüfung der Einwendung auf, der mit dem von ihm bereits aufgestellten Zeitplan für die Prüfung anderer Vorfragen im Einklang steht.

5. Das Gericht gibt den Streitparteien Gelegenheit zur Stellungnahme und erlässt sodann in seiner ersten Sitzung oder umgehend danach eine begründete Entscheidung oder einen begründeten Urteilsspruch. Dabei geht das Gericht davon aus, dass der behauptete Sachverhalt zutrifft.

6. Dieser Artikel lässt die Befugnis des Gerichts unberührt, andere Einwendungen als Vorfragen zu behandeln, ebenso wie das Recht des Beklagten, im Laufe des Verfahrens die Einwendung zu erheben, dass eine Klage jeglichen Rechtsgrunds entbehre.

Artikel 8.33
Aus Rechtsgründen unbegründete Klagen

1. Unbeschadet der Befugnis des Gerichts, andere Einwendungen als Vorfragen zu behandeln, oder des Rechts eines Beklagten, zu gegebener Zeit solche Einwendungen zu erheben, behandelt und entscheidet das Gericht als Vorfragen jegliche Einwendungen des Beklagten, dass aus Rechtsgründen eine nach Artikel 8.23 angestrengte Klage in ihrer Gesamtheit oder in Teilen so geartet sei, dass sie nicht zu einem Urteilsspruch zugunsten des Klägers nach diesem Abschnitt führen könne, selbst wenn der behauptete Sachverhalt zutreffen sollte.

2. Eine Einwendung nach Absatz 1 ist dem Gericht spätestens bei Ablauf der Frist zu übermitteln, die das Gericht dem Beklagten für die Vorlage seiner Klageerwiderung setzt.

3. Wurde eine Einwendung nach Artikel 8.32 erhoben, kann es das Gericht unter Berücksichtigung der Umstände dieser Einwendung ablehnen, nach den in diesem Artikel beschriebenen Verfahren eine Einwendung nach Absatz 1 zu behandeln.

4. Wird eine Einwendung nach Absatz 1 erhoben, so setzt das Gericht, gegebenenfalls nach einer Entscheidung nach Absatz 3, die Prüfung der Rechtsbegründetheit aus, stellt einen Zeitplan für die Prüfung der Einwendung auf, der mit einem etwaigen von ihm bereits aufgestellten Zeitplan für die Prüfung anderer Vorfragen im Einklang steht, und erlässt eine begründete Entscheidung oder einen begründeten Urteilsspruch.

Artikel 8.34
Vorläufige Schutzmaßnahmen

Das Gericht kann vorläufige Schutzmaßnahmen beschließen mit dem Ziel, die Rechte einer Streitpartei zu wahren oder der Zuständigkeit des Gerichts in vollem Umfang Geltung zu verschaffen; so kann es einen Beschluss über die Sicherung von Beweisen, die sich im Besitz oder unter der Kontrolle einer Streitpartei befinden, oder einen Beschluss über Maßnahmen zur Sicherung der Zuständigkeit des Gerichts fassen. Das Gericht darf weder eine Sicherungsbeschlagnahme anordnen noch die Anwendung der Maßnahme untersagen, die angeblich einen Verstoß im Sinne des Artikels 8.23 darstellt. Für die Zwecke dieses Artikels schließt der Begriff „Beschluss" auch Empfehlungen ein.

Artikel 8.35
Klagerücknahme

Sollte der Investor nach Einreichung einer Klage nach diesem Abschnitt innerhalb von 180 aufeinanderfolgenden Tagen oder während eines zwischen den Streitparteien vereinbarten Zeitraums keine Verfahrensschritte eingeleitet haben, wird davon ausgegangen, dass er seine Klage zurückgezogen hat und dass das Verfahren eingestellt wird. Auf Antrag des Beklagten erlässt das Gericht nach entsprechender Benachrichtigung der Streitparteien einen Beschluss, in dem es die Einstellung des Verfahrens feststellt. Mit diesem Beschluss erlischt die Zuständigkeit des Gerichts.

Artikel 8.36
Transparenz der Verfahren

1. Im Zusammenhang mit Verfahren nach diesem Abschnitt gelten die UNCITRAL-Transparenzregeln mit den in diesem Kapitel vorgesehenen Änderungen.

2. Das Ersuchen um Konsultationen, das Ersuchen um Feststellung des Beklagten, die Mitteilung über die Feststellung des Beklagten, die Mediationsvereinbarung, die Mitteilung über die beabsichtigte Ablehnung eines Mitglieds des Gerichts, die Entscheidung über die Ablehnung eines Mitglieds des Gerichts und der Antrag auf Verbindung mehrerer Verfahren werden in die Liste der Schriftstücke aufgenommen, die nach Artikel 3 Absatz 1 der UNCITRAL-Transparenzregeln der Öffentlichkeit zugänglich zu machen sind.

3. Anlagen werden in die Liste der Schriftstücke aufgenommen, die nach Artikel 3 Absatz 2 der UNCITRAL-Transparenzregeln der Öffentlichkeit zugänglich zu machen sind.

4. Ungeachtet des Artikels 2 der UNCITRAL-Transparenzregeln machen Kanada beziehungsweise die Europäische Union vor der Einsetzung des Gerichts relevante Schriftstücke, wie sie in Absatz 2 aufgeführt sind, zeitnah der Öffentlichkeit zugänglich, wobei vertrauliche oder geschützte Informationen zu schwärzen sind. Entsprechende Schriftstücke können durch Übermittlung an den Verwahrer öffentlich zugänglich gemacht werden.

5. Mündliche Verhandlungen sind öffentlich. Das Gericht trifft im Benehmen mit den Streitparteien geeignete logistische Vorkehrungen, um den öffentlichen Zugang zu diesen Verhandlungen zu erleichtern. Stellt das Gericht fest, dass es vertrauliche oder geschützte Informationen zu schützen gilt, so trifft es geeignete Vorkehrungen, um sicherzustellen, dass die Teile der Verhandlungen, bei denen ein entsprechender Schutz erforderlich ist, nichtöffentlich geführt werden.

6. Mit diesem Kapitel wird ein Beklagter nicht dazu verpflichtet, gegenüber der Öffentlichkeit Informationen zurückzuhalten, zu deren Offenlegung er aufgrund der für ihn geltenden Gesetze verpflichtet ist. Der Beklagte sollte bei der Anwendung entsprechender Gesetze dafür Sorge tragen, dass als vertraulich oder geschützt eingestufte Informationen nicht veröffentlicht werden.

Artikel 8.37
Informationsaustausch

1. Eine Streitpartei kann im Zusammenhang mit dem Verfahren anderen Personen, insbesondere Zeugen und Sachverständigen, entsprechende Schriftstücke ungeschwärzt offenlegen, soweit sie dies im Zuge eines Verfahrens nach diesem Abschnitt für erforderlich erachtet. Die betreffende Streitpartei muss jedoch sicherstellen, dass die betreffenden Personen die in den Schriftstücken enthaltenen vertraulichen oder geschützten Informationen vertraulich behandeln.

2. Dieses Abkommen hindert einen Beklagten nicht daran, Beamten der Europäischen Union, der Mitgliedstaaten der Europäischen Union beziehungsweise von Regierungen auf subnationaler Ebene entsprechende Schriftstücke in ungeschwärzter Form offenzulegen, soweit er dies im Zuge eines Verfahrens nach diesem Abschnitt für erforderlich erachtet. Der Beklagte muss jedoch sicherstellen, dass die betreffenden Beamten die in den Schriftstücken enthaltenen vertraulichen oder geschützten Informationen vertraulich behandeln.

Artikel 8.38
Die nicht an der Streitigkeit beteiligte Vertragspartei

1. Der Beklagte legt der nicht an der Streitigkeit beteiligten Vertragspartei folgende Schriftstücke innerhalb von 30 Tagen nach ihrem Erhalt oder unmittelbar nach Beilegung einer Streitigkeit

im Zusammenhang mit vertraulichen oder geschützten Informationen vor:

a) ein Ersuchen um Konsultationen, ein Ersuchen um Feststellung des Beklagten, eine Mitteilung über die Feststellung des Beklagten, eine nach Artikel 8.23 eingereichte Klage, einen Antrag auf Verbindung mehrerer Verfahren sowie etwaige weitere Schriftstücke, die solchen Schriftstücken beigefügt sind,

b) auf Anfrage:

i) Schriftsätze, Sachvorträge, Informationen, Anträge und sonstige Schriftstücke, die dem Gericht von einer Streitpartei übermittelt wurden,

ii) schriftliche Stellungnahmen, die beim Gericht nach Artikel 4 der UNCITRAL-Transparenzregeln eingereicht wurden,

iii) Protokolle oder Niederschriften der mündlichen Verhandlungen des Gerichts, soweit verfügbar, und

iv) Beschlüsse, Urteilssprüche und Entscheidungen des Gerichts und

c) auf Antrag und auf Kosten der nicht an der Streitigkeit beteiligten Vertragspartei alle oder einen Teil der dem Gericht vorgelegten Beweise, sofern die verlangten Beweise nicht öffentlich zugänglich sind.

2. Das Gericht nimmt mündliche oder schriftliche Stellungnahmen der nicht an der Streitigkeit beteiligten Vertragspartei zu Fragen der Auslegung dieses Abkommens entgegen oder kann diese Vertragspartei nach Konsultation der Streitparteien zur Stellungnahme auffordern. Die nicht an der Streitigkeit beteiligte Vertragspartei kann an nach diesem Abschnitt stattfindenden mündlichen Verhandlungen teilnehmen.

3. Das Gericht zieht keinerlei Schlussfolgerungen aus dem Ausbleiben von Stellungnahmen nach Absatz 2.

4. Das Gericht stellt sicher, dass die Streitparteien ausreichend Gelegenheit erhalten, sich zu Stellungnahmen der nicht an der Streitigkeit beteiligten Vertragspartei dieses Abkommens zu äußern.

Artikel 8.39
Endgültiger Urteilsspruch

1. Erlässt das Gericht einen endgültigen Urteilsspruch gegen den Beklagten, so kann es nur Folgendes – einzeln oder zusammen – zusprechen:

a) Schadensersatz in Geld, gegebenenfalls zuzüglich aufgelaufener Zinsen,

b) Rückerstattung von Vermögenswerten, wobei der Urteilsspruch vorsehen muss, dass der Beklagte anstelle der Rückgabe Schadensersatz in Geld leisten kann, und zwar in einer Höhe, die dem im Einklang mit Artikel 8.12 bestimmten Marktwert der Vermögenswerte unmittelbar vor Bekanntwerden der Enteignung oder bevorstehenden Enteignung – je nachdem, welches der frühere Zeitpunkt ist – entspricht, gegebenenfalls zuzüglich aufgelaufener Zinsen.

2. Wird eine Klage nach Artikel 8.23 Absatz 1 Buchstabe b eingereicht, so gilt vorbehaltlich der Absätze 1 und 5 Folgendes:

a) bei Zuerkennung von Schadensersatz in Geld, gegebenenfalls zuzüglich aufgelaufener Zinsen, sieht der Urteilsspruch vor, dass der Betrag an das gebietsansässige Unternehmen gezahlt wird,

b) bei Zuerkennung einer Rückerstattung von Vermögenswerten sieht der Urteilsspruch vor, dass die Rückerstattung an das gebietsansässige Unternehmen erfolgt,

c) bei einem Kostenentscheid zugunsten des Investors sieht der Urteilsspruch vor, dass die Erstattung der Kosten an den Investor erfolgt, und

d) der Urteilsspruch sieht vor, dass er etwaige Rechte, die andere Personen als diejenigen, die einen Rechtsverzicht nach Artikel 8.22 erklärt haben, nach dem Recht einer Vertragspartei in Bezug auf die Zuerkennung von Schadensersatz in Geld oder die Rückerstattung von Vermögenswerten haben könnten, unberührt lässt.

3. Der in Geld bemessene Schadensersatz darf den vom Investor oder gegebenenfalls vom gebietsansässigen Unternehmen erlittenen Verlust, abzüglich bereits geleisteter Schadensersatz- oder Entschädigungszahlungen, nicht übersteigen. Bei der Berechnung des in Geld bemessenen Schadensersatzes nimmt das Gericht ferner Kürzungen vor, um einer etwaigen Rückerstattung von Vermögenswerten oder einer Aufhebung oder Änderung der Maßnahme Rechnung zu tragen.

4. Das Gericht erkennt nicht auf Strafschadensersatz.

5. Das Gericht ordnet an, dass die Kosten des Verfahrens von der unterliegenden Streitpartei zu tragen sind. In Ausnahmefällen kann das Gericht die Kosten zwischen den Streitparteien aufteilen, wenn es dies nach der Sachlage des Falls für angemessen erachtet. Andere vertretbare Kosten, einschließlich der Kosten für Rechtsvertretung und Rechtsbeistand, sind von der unterliegenden Streitpartei zu tragen, es sei denn, das Gericht erachtet eine solche Kostenaufteilung nach der Sachlage des Falls für nicht angemessen. Wurde den Klagen nur in Teilen stattgegeben, so werden die Kosten proportional nach Zahl oder Umfang der erfolgreichen Teile der Klagen festgesetzt.

6. Der Gemischte CETA-Ausschuss prüft die Einführung ergänzender Vorschriften zur Verringerung der finanziellen Belastung für Kläger, bei denen es sich um natürliche Personen oder um kleine und mittlere Unternehmen handelt. Mit entsprechenden ergänzenden Vorschriften kann

insbesondere den finanziellen Ressourcen solcher Kläger und der Höhe des geforderten Schadensersatzes Rechnung getragen werden.

7. Das Gericht und die Streitparteien unternehmen alle Anstrengungen, um eine zeitnahe Durchführung des Streitbeilegungsverfahrens zu gewährleisten. Das Gericht verkündet seinen endgültigen Urteilsspruch innerhalb von 24 Monaten nach dem Tag der Klageeinreichung nach Artikel 8.23. Benötigt das Gericht mehr Zeit, um seinen endgültigen Urteilsspruch zu verkünden, teilt es den Streitparteien die Gründe für die Verzögerung mit.

Artikel 8.40
Abfindung oder sonstige Entschädigung

Ein Beklagter darf nicht als Einwand, als Gegenforderung, als Ausgleichsforderung oder als ähnliches Vorbringen geltend machen, dass ein Investor oder gegebenenfalls ein gebietsansässiges Unternehmen aufgrund eines Versicherungs- oder Garantievertrags für einen Teil des Schadens oder den Gesamtschaden, für den in einer nach diesem Abschnitt eingeleiteten Streitsache eine Entschädigung beansprucht wird, eine Abfindung oder eine sonstige Entschädigung erhalten habe oder erhalten werde; das Gericht gibt einem solchen Vorbringen nicht statt.

Artikel 8.41
Vollstreckung von Urteilssprüchen

1. Ein nach diesem Abschnitt verkündeter Urteilsspruch ist für die Streitparteien und für den betreffenden Fall bindend.

2. Vorbehaltlich des Absatzes 3 erkennen die Streitparteien den Urteilsspruch an und kommen ihm unverzüglich nach.

3. Eine Streitpartei kann die Vollstreckung eines endgültigen Urteilsspruchs erst dann betreiben, wenn

a) im Falle eines nach dem ICSID-Übereinkommen verkündeten endgültigen Urteilsspruchs

i) seit dem Tag, an dem der Urteilsspruch ergangen ist, 120 Tage verstrichen sind, ohne dass eine Streitpartei ein Wiederaufnahmeverfahren oder die Aufhebung des Urteilsspruchs beantragt hat, oder

ii) die Vollstreckung des Urteilsspruchs ausgesetzt wurde und ein Wiederaufnahme- oder Aufhebungsverfahren abgeschlossen ist,

b) im Falle eines nach den ICSID-Regeln über die Zusatzeinrichtung, nach der UNCITRAL-Schiedsgerichtsordnung oder nach sonstigen aufgrund von Artikel 8.23 Absatz 2 Buchstabe anwendbaren Regeln verkündeten endgültigen Urteilsspruchs

i) seit dem Tag, an dem der Urteilsspruch ergangen ist, 90 Tage verstrichen sind, ohne dass eine Streitpartei ein Wiederaufnahme-, Nichtigerklärungs- oder Aufhebungsverfahren eingeleitet hat, oder

ii) die Vollstreckung des Urteilsspruchs ausgesetzt wurde und ein Gericht einen Wiederaufnahme-, Nichtigkeits- oder Aufhebungsantrag abgewiesen oder zugelassen hat und keine weitere Einlegung von Rechtsbehelfen möglich ist.

4. Die Vollstreckung des Urteilsspruchs unterliegt den am Vollstreckungsort geltenden Rechtsvorschriften für die Vollstreckung von Urteilen oder Schiedssprüchen.

5. Ein nach diesem Abschnitt ergangener endgültiger Urteilsspruch gilt als Schiedsspruch zur Regelung von aus einer Handelssache oder Transaktion im Sinne des Artikels 1 des New Yorker Übereinkommens entstandenen Ansprüchen.

6. Zur Klarstellung: Wurde eine Klage nach Artikel 8.23 Absatz 2 Buchstabe a eingereicht, gilt ein nach diesem Abschnitt ergangener endgültiger Urteilsspruch als Schiedsspruch im Sinne des Abschnitts 6 des ICSID-Übereinkommens.

Artikel 8.42
Rolle der Vertragsparteien

1. Eine Vertragspartei darf in Bezug auf eine nach Artikel 8.23 eingereichte Klage keinen völkerrechtlichen Anspruch geltend machen, es sei denn, dass die andere Vertragspartei den in der Streitsache ergangenen Urteilsspruch nicht befolgt.

2. Absatz 1 schließt bei einer Maßnahme mit allgemeiner Geltung nicht die Möglichkeit einer Streitbeilegung nach Kapitel neunundzwanzig (Streitbeilegung) aus, auch wenn die betreffende Maßnahme angeblich im Hinblick auf eine bestimmte Investition, in Bezug auf die eine Klage nach Artikel 8.23 eingereicht wurde, einen Verstoß gegen dieses Abkommen darstellt, und gilt unbeschadet des Artikels 8.38.

3. Absatz 1 steht einem informellen Austausch, der dem alleinigen Zweck dient, eine Streitbeilegung zu erleichtern, nicht entgegen.

Artikel 8.43
Verbindung mehrerer Verfahren

1. Haben zwei oder mehrere getrennt eingereichte Klagen nach Artikel 8.23 eine Rechts- oder Sachfrage gemein und ergeben sie sich aus denselben Ereignissen oder Umständen, so können die Streitparteien – allein oder gemeinsam – nach diesem Artikel um Bildung einer separaten Kammer beim Gericht ersuchen und beantragen, dass diese Kammer die Verbindung der Verfahren anordnet (im Folgenden „Verbindungsantrag").

2. Bevor eine Streitpartei einen Verbindungsbeschluss beantragen kann, muss sie zunächst den anderen Streitparteien, die von dem Beschluss betroffen sein sollen, eine Mitteilung zusenden.

3. Sind die nach Absatz 2 benachrichtigten Streitparteien zu einer Einigung über den Verbindungsantrag gelangt, können sie einen gemeinsamen Antrag auf Bildung einer separaten Gerichtskammer und auf einen Verbindungsbeschluss nach diesem Artikel stellen. Sind die nach Absatz 2 benachrichtigten Streitparteien nicht innerhalb von 30 Tagen nach der Mitteilung zu einer Einigung über den Verbindungsantrag gelangt, so kann auch eine Streitpartei allein einen Antrag auf Bildung einer separaten Kammer des Gerichts und auf einen Verbindungsbeschluss nach diesem Artikel stellen.

4. Der Antrag ist dem Präsidenten des Gerichts und allen Streitparteien, die von dem Beschluss betroffen sein sollen, schriftlich zu übermitteln und hat Folgendes zu enthalten:

a) Name und Anschrift der Streitparteien, die von dem Beschluss betroffen sein sollen,

b) die Klagen oder Klageteile, die in den Beschluss einbezogen werden sollen, und

c) die Gründe für den Verbindungsantrag.

5. Ein Verbindungsantrag, der mehr als einen Beklagten betrifft, erfordert die Zustimmung aller betroffenen Beklagten.

6. Die für Verfahren nach diesem Artikel geltenden Vorschriften werden wie folgt bestimmt:

a) Wurden alle Klagen, für die ein Verbindungsbeschluss beantragt wird, nach denselben in Artikel 8.23 genannten Regeln eingereicht, gelten diese Regeln;

b) wurden die Klagen, für die ein Verbindungsbeschluss beantragt wird, nicht nach denselben Regeln eingereicht,

i) können die Investoren gemeinsam vereinbaren, welche der in Artikel 8.23 Absatz 2 genannten Regeln zugrunde gelegt werden sollen, oder

ii) findet, wenn die Investoren sich nicht innerhalb von 30 Tagen nach Eingang des Verbindungsantrags beim Präsidenten des Gerichts über die anzuwendenden Regeln einigen können, die UNCITRAL-Schiedsgerichtsordnung Anwendung.

7. Nach Eingang eines Verbindungsantrags bildet der Präsident des Gerichts im Einklang mit den Bestimmungen des Artikels 8.27 Absatz 7 innerhalb des Gerichts eine neue Kammer (im Folgenden „Verbindungskammer"), die für einige oder alle Klagen, die Gegenstand des gemeinsamen Verbindungsantrags sind, in Teilen oder in Gänze zuständig sein wird.

8. Befindet die Verbindungskammer nach Anhörung der Streitparteien, dass die nach Artikel 8.23 eingereichten Klagen eine Rechts- oder Sachfrage gemein haben und sich aus denselben Ereignissen oder Umständen ergeben und dass eine Verbindung der Klagen im Interesse einer gerechten und effizienten Beilegung der Streitsachen wäre, insbesondere im Interesse der Konsistenz der Urteilssprüche, kann sich die Verbindungskammer des Gerichts im Wege eines Beschlusses für einige oder alle Klagen in Teilen oder in Gänze für zuständig erklären.

9. Hat sich eine Verbindungskammer des Gerichts nach Absatz 8 für zuständig erklärt, kann ein Investor, der eine Klage nach Artikel 8.23 eingereicht hat und dessen Klage nicht Gegenstand des Verbindungsbeschlusses war, beim Gericht schriftlich beantragen, in den Beschluss einbezogen zu werden, sofern der Antrag den Anforderungen des Absatzes 4 genügt. Die Verbindungskammer des Gerichts kann einen entsprechenden Beschluss fassen, nachdem sie sich davon überzeugt hat, dass die Anforderungen des Absatzes 8 erfüllt sind und dass dadurch, dass sie einem solchen Antrag stattgibt, keine der Streitparteien über Gebühr belastet oder in unangemessener Weise benachteiligt wird und dass das Verfahren nicht übermäßig lange unterbrochen wird. Bevor die Verbindungskammer des Gerichts einen entsprechenden Beschluss erlässt, führt sie Konsultationen mit den Streitparteien.

10. Auf Antrag einer Streitpartei kann eine nach diesem Artikel gebildete Verbindungskammer des Gerichts, solange sie ihre Entscheidung nach Absatz 8 noch nicht getroffen hat, beschließen, dass das Verfahren der nach Artikel 8.27 Absatz 7 eingesetzten Kammer des Gerichts ausgesetzt wird, es sei denn, das betreffende Gericht hat das Verfahren bereits vertagt.

11. Die nach Artikel 8.27 Absatz 7 eingesetzte Kammer des Gerichts tritt die Zuständigkeit für Klagen oder Teile von Klagen, für die sich eine nach diesem Artikel gebildete Verbindungskammer des Gerichts für zuständig erklärt hat, ab.

12. Der Urteilsspruch, den eine nach diesem Artikel gebildete Verbindungskammer des Gerichts zu Klagen oder Teilen von Klagen erlässt, für die sie sich für zuständig erklärt hat, ist, was diese Klagen oder Teile von Klagen betrifft, für die nach Artikel 8.27 Absatz 7 eingesetzte Kammer des Gerichts bindend.

13. Ein Investor kann eine nach diesem Abschnitt eingereichte und in einem verbundenen Verfahren behandelte Klage zurückziehen; die Klage darf nicht erneut nach Artikel 8.23 eingereicht werden. Tut er dies spätestens 15 Tage nach Eingang der Mitteilung über die Verbindung der Verfahren, hindert seine vorherige Klageeinreichung ihn nicht daran, einen anderen Streitbeilegungsmechanismus als den in diesem Abschnitt vorgesehenen in Anspruch zu nehmen.

14. Auf Ersuchen eines Investors kann eine Verbindungskammer des Gerichts alles ihr nötig Erscheinende tun, damit diesen Investor betreffen-

de vertrauliche oder geschützte Informationen gegenüber anderen Investoren geschützt werden. Unter anderem kann sie vorsehen, dass den anderen Investoren geschwärzte Fassungen von Unterlagen mit vertraulichen oder geschützten Informationen vorgelegt werden oder dass Teile der mündlichen Verhandlungen nichtöffentlich geführt werden.

Artikel 8.44
Ausschuss für Dienstleistungen und Investitionen

1. Der Ausschuss für Dienstleistungen und Investitionen dient den Vertragsparteien als Forum für die Erörterung von Fragen im Zusammenhang mit diesem Kapitel, unter anderem

a) von etwaigen Schwierigkeiten, die sich bei der Durchführung dieses Kapitels ergeben,

b) von möglichen Verbesserungen dieses Kapitels, insbesondere im Lichte der Erfahrungen und Entwicklungen in anderen internationalen Foren und im Rahmen anderer von den Vertragsparteien getroffener Übereinkünfte.

2. Der Ausschuss für Dienstleistungen und Investitionen legt im Einvernehmen mit den Vertragsparteien, nachdem diese ihre jeweiligen internen Vorschriften erfüllt und ihre jeweiligen internen Verfahren abgeschlossen haben, einen Verhaltenskodex für die Mitglieder des Gerichts fest, der bei Streitigkeiten im Zusammenhang mit diesem Kapitel Anwendung findet, die geltenden Vorschriften ersetzen oder ergänzen kann und unter anderem folgende Aspekte betreffen kann:

a) Offenlegungspflichten,

b) Unabhängigkeit und Unparteilichkeit der Mitglieder des Gerichts und

c) Vertraulichkeit.

Die Vertragsparteien bemühen sich nach besten Kräften um eine Festlegung des Verhaltenskodexes bis spätestens zum ersten Tag der vorläufigen Anwendung beziehungsweise des Inkrafttretens dieses Abkommens, in jedem Fall aber bis spätestens zwei Jahre nach diesem Zeitpunkt.

3. Der Ausschuss für Dienstleistungen und Investitionen kann im Einvernehmen mit den Vertragsparteien, nachdem diese ihre jeweiligen internen Vorschriften erfüllt und die internen Verfahren abgeschlossen haben,

a) dem Gemischten CETA-Ausschuss nach Artikel 8.31 Absatz 3 die Annahme von Auslegungen dieses Abkommens empfehlen,

b) Regeln zur Ergänzung der geltenden Streitbeilegungsregeln annehmen und ändern und die geltenden Transparenzregeln ändern. Diese Regeln und Änderungen sind für das nach diesem Abschnitt errichtete Gericht bindend,

c) Mediationsregeln festlegen, die von den Streitparteien gemäß Artikel 8.20 anzuwenden sind,

d) dem Gemischten CETA-Ausschuss nach Artikel 8.10 Absatz 3 die Festlegung etwaiger weiterer Bestandteile der Verpflichtung zur Gewährung einer gerechten und billigen Behandlung empfehlen und

e) nach Artikel 8.28 Absatz 8 Empfehlungen zur Arbeitsweise des Berufungsgerichts an den Gemischten CETA-Ausschuss richten.

Artikel 8.45
Ausschluss

Die Streitbeilegungsbestimmungen dieses Abschnitts und des Kapitels neunundzwanzig (Streitbeilegung) gelten nicht für die in Anhang 8-C genannten Angelegenheiten.

KAPITEL NEUN
GRENZÜBERSCHREITENDER DIENSTLEISTUNGSHANDEL

Artikel 9.1
Begriffsbestimmungen

Für die Zwecke dieses Kapitels bezeichnet der Ausdruck

Luftfahrzeugreparatur- und -wartungsdienstleistungen Arbeiten an einem aus dem Verkehr genommenen Luftfahrzeug oder Luftfahrzeugteil, mit Ausnahme der Stationswartungsdienste („Line-Maintenance"),

Flughafenbetriebsleistungen den Betrieb oder die Verwaltung – im Auftrag Dritter – der Flughafeninfrastruktur, einschließlich Terminals, Start- und Landebahnen, Rollbahnen und Vorfeldern, Parkplätzen und flughafeninternen Transportsystemen. Zur Klarstellung: Flughafenbetriebsleistungen schließen weder das Eigentum an Flughäfen oder Flughafengeländen oder Investitionen in Flughäfen oder Flughafengelände noch die Wahrnehmung der Aufgaben von Leitungs- und Kontrollorganen ein. Flughafenbetriebsleistungen schließen keine Flugsicherungsdienste ein,

Dienstleistungen computergesteuerter Buchungssysteme die Erbringung von Dienstleistungen mit Hilfe computergestützter Systeme, die Informationen über die Flugpläne von Luftfahrtunternehmen, die Verfügbarkeit von Beförderungskapazitäten, Flugpreise und Flugpreisregelungen enthalten und die Vornahme von Buchungen oder die Ausstellung von Flugscheinen ermöglichen,

grenzüberschreitender Dienstleistungshandel oder **grenzüberschreitende Erbringung von Dienstleistungen** die Erbringung von Dienstleistungen

a) vom Gebiet der einen Vertragspartei aus im Gebiet der anderen Vertragspartei oder

b) im Gebiet der einen Vertragspartei für einen Dienstleistungsnutzer der anderen Vertragspartei,

wobei jedoch die Erbringung von Dienstleistungen im Gebiet einer Vertragspartei durch eine Person der anderen Vertragspartei nicht eingeschlossen ist,

Bodenabfertigungsdienste die Erbringung von Dienstleistungen im Auftrag Dritter in folgenden Bereichen: administrative Abfertigung am Boden und Überwachung, einschließlich Kontrolle der Verladung und Kommunikation, Fluggastabfertigung, Gepäckabfertigung, Fracht- und Postabfertigung, Vorfelddienste sowie Reinigungsdienste und Luftfahrzeugservice, Betankungsdienste, Stationswartungsdienste sowie Flugbetriebs- und Besatzungsdienste, Transportdienste am Boden, Bordverpflegungsdienste (Catering). Bodenabfertigungsdienste umfassen keine Sicherheitsdienste oder den Betrieb oder die Verwaltung der zentralisierten Infrastrukturen von Flughäfen, beispielsweise von Gepäckbeförderungssystemen, Enteisungsanlagen, Treibstoffversorgungssystemen oder flughafeninternen Transportsystemen,

Verkauf und Vermarktung von Luftverkehrsdienstleistungen Möglichkeiten des betreffenden Luftfahrtunternehmens zum freien Verkauf und zur freien Vermarktung seiner Luftverkehrsdienstleistungen, einschließlich aller Aspekte der Vermarktung wie Marktforschung, Werbung und Vertrieb, jedoch unter Ausschluss der Festsetzung von Preisen für Luftverkehrsdienstleistungen und der dafür geltenden Bedingungen, und

in Ausübung hoheitlicher Gewalt erbrachte Dienstleistungen jede Art von Dienstleistung, die nicht zu kommerziellen Zwecken oder im Wettbewerb mit einem oder mehreren Dienstleistern erbracht wird.

Artikel 9.2
Geltungsbereich

1. Dieses Kapitel gilt für von einer Vertragspartei eingeführte oder aufrechterhaltene Maßnahmen, die sich auf den grenzüberschreitenden Dienstleistungshandel eines Dienstleisters der anderen Vertragspartei auswirken, einschließlich Maßnahmen, die Folgendes betreffen:

a) die Produktion, den Vertrieb, die Vermarktung, den Verkauf und die Bereitstellung einer Dienstleistung,

b) den Erwerb, die Nutzung oder die Bezahlung einer Dienstleistung und

c) im Zusammenhang mit der Erbringung einer Dienstleistung den Zugang zu und die Nutzung von Dienstleistungen, die der Öffentlichkeit allgemein angeboten werden müssen.

2. Dieses Kapitel gilt nicht für Maßnahmen, die Folgendes betreffen:

a) in Ausübung hoheitlicher Gewalt erbrachte Dienstleistungen,

b) in der Europäischen Union: audiovisuelle Dienstleistungen,

c) in Kanada: Kulturwirtschaft,

d) Finanzdienstleistungen im Sinne des Artikels 13.1 (Begriffsbestimmungen),

e) Flugdienste, verwandte Dienstleistungen zur Unterstützung von Flugdiensten sowie sonstige mit Hilfe von Luftfahrzeugen erbrachte Dienstleistungen[1)], mit Ausnahme folgender Dienstleistungen:

i) Luftfahrzeugreparatur- und -wartungsdienstleistungen,

ii) Verkauf und Vermarktung von Luftverkehrsdienstleistungen,

iii) Dienstleistungen computergesteuerter Buchungssysteme (Computer Reservation Systems – CRS),

iv) Bodenabfertigungsdienste,

v) Flughafenbetriebsleistungen,

f) Beschaffungen von Waren oder Dienstleistungen durch eine Vertragspartei, sofern die Waren und Dienstleistungen für öffentliche Zwecke beschafft werden und nicht zur gewerblichen Weiterveräußerung oder zur Nutzung bei der Lieferung von Waren oder der Erbringung von Dienstleistungen zur gewerblichen Veräußerung bestimmt sind, unabhängig davon, ob es sich um „erfasste Beschaffungen" im Sinne des Artikels 19.2 (Geltungsbereich) Absatz 2 handelt oder nicht,

g) von einer Vertragspartei gewährte Subventionen oder sonstige öffentliche Unterstützung im Zusammenhang mit grenzüberschreitendem Dienstleistungshandel.

3. Dieses Kapitel berührt nicht die Rechte und Pflichten der Vertragsparteien im Rahmen des *Luftverkehrsabkommens zwischen Kanada und der Europäischen Gemeinschaft und ihren Mitgliedstaaten*, das am 17. Dezember 2009 in Brüssel und am 18. Dezember 2009 in Ottawa unterzeichnet wurde.

4. Dieses Kapitel erlegt den Vertragsparteien keinerlei Pflichten in Bezug auf Gebietsangehörige der jeweils anderen Vertragspartei auf, die den Zugang zu ihrem Arbeitsmarkt oder eine dauerhafte Beschäftigung in ihrem Gebiet anstreben, und erkennt den betreffenden Personen keinerlei

Zu Artikel 9.2:

[1)] Zu diesen Dienstleistungen zählen Dienstleistungen, bei denen ein Luftfahrzeug für spezialisierte Aktivitäten, etwa in den Bereichen Landwirtschaft, Bautätigkeiten, Luftaufnahmen, Vermessung, Kartierung, Forstwirtschaft, Beobachtung und Überwachung oder Werbung eingesetzt wird, sofern die spezialisierten Aktivitäten von der für den Betrieb des Luftfahrzeugs verantwortlichen Person ausgeführt werden.

Rechte in Bezug auf einen solchen Zugang oder eine solche Beschäftigung zu.

Artikel 9.3
Inländerbehandlung

1. Jede Vertragspartei gewährt den Dienstleistern und Dienstleistungen der anderen Vertragspartei eine Behandlung, die nicht weniger günstig ist als die Behandlung, die sie in gleichen Situationen ihren eigenen Dienstleistern und Dienstleistungen gewährt.

2. Zur Klarstellung: Die von einer Vertragspartei nach Absatz 1 gewährte Behandlung ist in Bezug auf eine Regierung unterhalb der Bundesebene in Kanada oder in Bezug auf die Regierung eines oder innerhalb eines Mitgliedstaats der Europäischen Union eine Behandlung, die nicht weniger günstig ist als die günstigste Behandlung, welche die betreffende Regierung in gleichen Situationen den eigenen Dienstleistern und Dienstleistungen gewährt.

Artikel 9.4
Formale Anforderungen

Artikel 9.3 hindert die Vertragsparteien nicht daran, Maßnahmen zur Festlegung formaler Anforderungen im Zusammenhang mit der Erbringung von Dienstleistungen einzuführen oder aufrechtzuerhalten, sofern die Art und Weise der Anwendung solcher Anforderungen keine willkürliche oder ungerechtfertigte Diskriminierung beinhaltet. Entsprechende Maßnahmen können folgende Anforderungen vorsehen:

a) Zulassung, Registrierung, Zertifizierung oder Genehmigung als Voraussetzung für die Erbringung einer Dienstleistung oder für die Zugehörigkeit zu einem bestimmten Berufsstand, zum Beispiel Verpflichtung zur Mitgliedschaft in einer Berufsorganisation oder zur Beteiligung an einem kollektiven Ausgleichsfonds für Mitglieder einer Berufsorganisation,

b) Verpflichtung für Dienstleister, über einen für Dienstleistungen bereitstehenden Vertreter vor Ort oder über eine Anschrift vor Ort zu verfügen,

c) Beherrschung einer Landessprache oder Besitz eines Führerscheins oder

d) Verpflichtung des Dienstleisters

i) zur Hinterlegung einer Bürgschaft oder anderen finanziellen Sicherheit,

ii) zur Einrichtung eines Treuhandkontos oder Leistung einer Zahlung auf ein Treuhandkonto,

iii) zum Abschluss einer bestimmten Art von Versicherung über eine bestimmte Versicherungssumme,

iv) zur Bereitstellung anderer, vergleichbarer Garantien oder

v) zur Gewährleistung des Zugangs zu Aufzeichnungen.

Artikel 9.5
Meistbegünstigung

1. Jede Vertragspartei gewährt den Dienstleistern und Dienstleistungen der anderen Vertragspartei eine Behandlung, die nicht weniger günstig ist als die Behandlung, die sie in gleichen Situationen den Dienstleistern und Dienstleistungen eines Drittlands gewährt.

2. Zur Klarstellung: Die von einer Vertragspartei nach Absatz 1 gewährte Behandlung ist in Bezug auf eine Regierung unterhalb der Bundesebene in Kanada oder in Bezug auf die Regierung eines oder innerhalb eines Mitgliedstaats der Europäischen Union die Behandlung, welche die betreffende Regierung in ihrem Gebiet in gleichen Situationen den Dienstleistungen oder Dienstleistern eines Drittlands gewährt.

3. Absatz 1 gilt nicht für eine von einer Vertragspartei im Rahmen einer bestehenden oder künftigen Maßnahme gewährte Behandlung, die eine Anerkennung vorsieht, unter anderem im Wege von Vereinbarungen oder Übereinkünften mit Drittländern, durch welche die Akkreditierung von Prüf- und Analysedienstleistungen und entsprechenden Dienstleistern, die Akkreditierung von Reparatur- und Wartungsdienstleistungen und entsprechenden Dienstleistern sowie die Zertifizierung der Qualifikationen der betreffenden akkreditierten Dienstleister, der von ihnen geleisteten Arbeit oder der mit den akkreditierten Dienstleistungen erzielten Ergebnisse anerkannt werden.

Artikel 9.6
Marktzugang

Die Vertragsparteien führen keine Maßnahmen ein und erhalten keine Maßnahmen aufrecht, die für ihr gesamtes Gebiet oder für ein in die Zuständigkeit einer Regierung auf nationaler Ebene, auf Provinz-, Territoriums- oder Regionsebene oder auf lokaler Ebene fallendes Gebiet gelten und folgende Arten von Beschränkungen vorsehen:

a) Beschränkung der Anzahl der Dienstleister in Form von zahlenmäßigen Quoten, Monopolen, Dienstleistern mit ausschließlichen Rechten oder des Erfordernisses einer wirtschaftlichen Bedürfnisprüfung,

b) Beschränkung des Gesamtwerts der Dienstleistungsgeschäfte oder des Betriebsvermögens in Form zahlenmäßiger Quoten oder des Erfordernisses einer wirtschaftlichen Bedürfnisprüfung oder

c) Beschränkung der Gesamtzahl der Dienstleistungen oder des Gesamtvolumens erbrachter Dienstleistungen durch Festlegung bestimmter zahlenmäßiger Einheiten in Form von Quoten oder des Erfordernisses einer wirtschaftlichen Bedürfnisprüfung.

Artikel 9.7
Vorbehalte

1. Die Artikel 9.3, 9.5 und 9.6 gelten nicht für

a) bestehende nichtkonforme Maßnahmen, die von einer Vertragspartei aufrechterhalten werden, und zwar

i) auf Ebene der Europäischen Union gemäß ihrer dem Anhang I beigefügten Liste,

ii) auf Ebene einer nationalen Regierung gemäß der dem Anhang I beigefügten Liste der betreffenden Vertragspartei,

iii) auf Provinz-, Territoriums- oder Regionsebene gemäß der dem Anhang I beigefügten Liste der betreffenden Vertragspartei oder

iv) auf lokaler Ebene,

b) die Fortführung oder umgehende Verlängerung einer nichtkonformen Maßnahme nach Buchstabe a oder

c) die Änderung einer nichtkonformen Maßnahme nach Buchstabe a, soweit die Änderung die Vereinbarkeit der Maßnahme mit den Artikeln 9.3, 9.5 und 9.6, wie sie unmittelbar vor der Änderung bestand, nicht beeinträchtigt.

2. Die Artikel 9.3, 9.5 und 9.6 gelten nicht für Maßnahmen, die eine Vertragspartei für Sektoren, Teilsektoren oder Tätigkeiten einführt oder aufrechterhält, wie sie in ihrer dem Anhang II beigefügten Liste aufgeführt sind.

Artikel 9.8
Verweigerung von Handelsvorteilen

Eine Vertragspartei kann die in diesem Kapitel vorgesehenen Vorteile einem Dienstleister der anderen Vertragspartei, bei dem es sich um ein Unternehmen dieser Vertragspartei handelt, und den von diesem Dienstleister erbrachten Dienstleistungen verweigern, wenn

a) das Unternehmen im Eigentum oder unter der Kontrolle eines Dienstleisters eines Drittlands steht und

b) die verweigernde Vertragspartei eine Maßnahme in Bezug auf das Drittland einführt oder aufrechterhält,

i) die der Wahrung von Frieden und Sicherheit in der Welt dient und

ii) die Geschäfte mit dem Unternehmen verbietet oder die verletzt oder umgangen würde, wenn die in diesem Kapitel vorgesehenen Vorteile dem Unternehmen gewährt würden.

KAPITEL ZEHN
VORÜBERGEHENDE EINREISE UND VORÜBERGEHENDER AUFENTHALT VON GESCHÄFTSZWECKE VERFOLGENDEN NATÜRLICHEN PERSONEN

Artikel 10.1
Begriffsbestimmungen

Für die Zwecke dieses Kapitels bezeichnet der Ausdruck

Vertragsdienstleister natürliche Personen, die bei einem Unternehmen einer Vertragspartei beschäftigt sind, das im Gebiet der anderen Vertragspartei keine Niederlassung hat und mit einem Verbraucher dieser anderen Vertragspartei (und nicht über eine Agentur im Sinne des CPC-Codes 872) einen Bona-fide-Vertrag über die Erbringung einer Dienstleistung geschlossen hat, zu dessen Erfüllung die vorübergehende Präsenz seiner Beschäftigten im Gebiet dieser anderen Vertragspartei erforderlich ist,

Unternehmen ein „Unternehmen" im Sinne des Artikels 8.1 (Begriffsbestimmungen),

Freiberufler natürliche Personen, die eine Dienstleistung erbringen und im Gebiet einer Vertragspartei als Selbständige niedergelassen sind, im Gebiet der anderen Vertragspartei keine Niederlassung haben und mit einem Verbraucher dieser anderen Vertragspartei (und nicht über eine Agentur im Sinne des CPC-Codes 872) einen Bona-fide-Vertrag über die Erbringung einer Dienstleistung geschlossen haben, zu dessen Erfüllung die vorübergehende Präsenz der natürlichen Person im Gebiet dieser anderen Vertragspartei erforderlich ist,

Personal in Schlüsselpositionen Investitionszwecke verfolgende Geschäftsreisende, Investoren oder unternehmensintern transferierte Personen:

a) Der Ausdruck **Investitionszwecke verfolgende Geschäftsreisende** bezeichnet natürliche Personen, die in einer Managementposition oder als Spezialist tätig und für die Errichtung eines Unternehmens zuständig sind, jedoch keine Direktgeschäfte mit Angehörigen der breiten Öffentlichkeit tätigen und keine Vergütung aus einer Quelle im Gebiet der aufgesuchten Vertragspartei erhalten,

b) der Ausdruck **Investoren** bezeichnet natürliche Personen, die in Ausübung einer Aufsichts- oder Leitungsfunktion eine Investition niederlassen, ausbauen oder ihren Betrieb verwalten, wobei diese Personen oder das Unternehmen, das diese Personen beschäftigt, im Rahmen dieser Investition einen beträchtlichen Kapitalbetrag binden oder gebunden haben, und

c) der Ausdruck **unternehmensintern transferierte Personen** bezeichnet natürliche Personen, die seit mindestens einem Jahr bei einem Unternehmen einer Vertragspartei beschäftigt oder an ihm beteiligt sind und vorübergehend in ein Unternehmen (sei es eine Tochtergesellschaft, eine Zweigniederlassung oder die Muttergesellschaft oder eine andere Konzerngesellschaft des Unternehmens der Vertragspartei) im Gebiet der anderen Vertragspartei transferiert werden. Die betreffende natürliche Person muss einer der folgenden Kategorien angehören:

i) **Führungspersonal**, wobei dieser Ausdruck natürliche Personen in Führungspositionen in einem Unternehmen bezeichnet, die

A) in erster Linie für das Management des Unternehmens oder für die Leitung des Unternehmens oder einer seiner Abteilungen oder Unterabteilungen verantwortlich sind und

B) bei der Entscheidungsfindung über einen weiten Ermessensspielraum verfügen, wozu auch die Befugnis gehören kann, persönlich Einstellungen oder Entlassungen vorzunehmen oder sonstige Personalentscheidungen (beispielsweise über Beförderungen oder die Genehmigung von Urlaubsanträgen) zu treffen, und

I) nur der allgemeinen Aufsicht oder allgemeinen Weisungen hauptsächlich von höherrangigen Executives, dem Leitungs- beziehungsweise Kontrollorgan oder von den Anteilseignern oder entsprechenden Instanzen unterliegen oder

II) die Tätigkeit anderer Aufsichts-, Fach- und Verwaltungskräfte überwachen und kontrollieren und im Tagesgeschäft über einen Ermessensspielraum verfügen, oder

ii) **Spezialisten**, wobei dieser Ausdruck in einem Unternehmen tätige natürliche Personen bezeichnet, die über Folgendes verfügen:

A) außergewöhnliche Kenntnisse über die Waren oder Dienstleistungen des Unternehmens und ihren Einsatz auf internationalen Märkten oder

B) ein hohes Maß an Fachwissen oder Kenntnissen über die Prozesse und Verfahren des Unternehmens wie seine Produktion, Forschungsausrüstung, Techniken oder Verwaltung.

Bei der Bewertung dieses Fachwissens oder dieser Kenntnisse berücksichtigen die Vertragsparteien Fähigkeiten, die außergewöhnlich sind, sich von den im Allgemeinen in einer bestimmten Branche anzutreffenden Fähigkeiten unterscheiden und sich kurzfristig nicht ohne Weiteres an eine andere natürliche Person weitergeben lassen. Solche Fähigkeiten werden durch spezifische akademische Qualifikationen oder umfassende Erfahrungen im Rahmen des Unternehmens erworben; oder

iii) **Trainees mit Abschluss**, wobei dieser Ausdruck natürliche Personen bezeichnet, die

A) über einen Hochschulabschluss verfügen und

B) für Zwecke des beruflichen Fortkommens oder zur Schulung in Geschäftstechniken oder -methoden vorübergehend in ein Unternehmen im Gebiet der anderen Vertragspartei transferiert werden; und

der Ausdruck **Geschäftszwecke verfolgende natürliche Personen** bezeichnet Personal in Schlüsselpositionen, Vertragsdienstleister, Freiberufler oder für kurze Zeit einreisende Geschäftsreisende, die Bürger einer Vertragspartei sind.

Artikel 10.2
Ziele und Geltungsbereich

1. Dieses Kapitel trägt den präferenziellen Handelsbeziehungen zwischen den Vertragsparteien sowie dem gemeinsamen Ziel Rechnung, den Dienstleistungshandel und die Investitionstätigkeit zu erleichtern, indem Geschäftszwecke verfolgenden natürlichen Personen die vorübergehende Einreise und der vorübergehende Aufenthalt gestattet und transparente Verfahren gewährleistet werden.

2. Dieses Kapitel gilt für von einer Vertragspartei eingeführte oder aufrechterhaltene Maßnahmen in Bezug auf die vorübergehende Einreise von Personal in Schlüsselpositionen, Vertragsdienstleistern, Freiberuflern und für kurze Zeit einreisenden Geschäftsreisenden in ihr Gebiet und den vorübergehenden Aufenthalt dieser Personen in diesem Gebiet. Dieses Kapitel gilt weder für Maßnahmen, die natürliche Personen betreffen, welche sich um Zugang zum Beschäftigungsmarkt einer Vertragspartei bemühen, noch für Maßnahmen, die die Staatsangehörigkeit, den Daueraufenthalt oder die Dauerbeschäftigung betreffen.

3. Dieses Kapitel hindert eine Vertragspartei nicht daran, Maßnahmen zur Regelung der Einreise natürlicher Personen in ihr Gebiet oder des vorübergehenden Aufenthalts natürlicher Personen in ihrem Gebiet zu treffen, einschließlich Maßnahmen, die zum Schutz der Unversehrtheit ihrer Grenzen und zur Gewährleistung des ordnungsgemäßen grenzüberschreitenden Verkehrs natürlicher Personen erforderlich sind, vorausgesetzt, diese Maßnahmen werden nicht so angewendet, dass sie die Vorteile, die einer Vertragspartei aus diesem Kapitel erwachsen, zunichtemachen oder schmälern. Die bloße Tatsache, dass für natürliche Personen eines bestimmten Landes ein Visum verlangt wird, für natürliche Personen anderer Länder hingegen nicht, gilt nicht als Zunich-

temachung oder Schmälerung von Vorteilen aus diesem Kapitel.

4. Soweit in diesem Kapitel keine Verpflichtungen eingegangen werden, bewahren alle anderen Anforderungen, die sich aus den Gesetzen der Vertragsparteien für die Einreise und den Aufenthalt ergeben, einschließlich der die Aufenthaltsdauer betreffenden Bestimmungen, ihre Gültigkeit.

5. Ungeachtet der Bestimmungen dieses Kapitels bewahren alle in den Gesetzen der Vertragsparteien vorgesehenen Anforderungen bezüglich Beschäftigung und Maßnahmen der sozialen Sicherheit, einschließlich der Vorschriften über Mindestlöhne und Tarifverträge, ihre Gültigkeit.

6. Dieses Kapitel gilt nicht für Fälle, in denen durch die vorübergehende Einreise und den vorübergehenden Aufenthalt ein Eingreifen in oder eine anderweitige Einflussnahme auf arbeitsrechtliche beziehungsweise betriebliche Auseinandersetzungen oder Verhandlungen oder die Beschäftigung von an solchen Auseinandersetzungen oder Verhandlungen beteiligten natürlichen Personen bezweckt oder bewirkt wird.

Artikel 10.3
Allgemeine Pflichten

1. Jede Vertragspartei gestattet die vorübergehende Einreise Geschäftszwecke verfolgender natürlicher Personen der anderen Vertragspartei, die ansonsten die Anforderungen der für die vorübergehende Einreise geltenden einwanderungspolitischen Maßnahmen der Vertragspartei erfüllen, nach Maßgabe dieses Kapitels.

2. Jede Vertragspartei wendet ihre Maßnahmen im Zusammenhang mit den Bestimmungen dieses Kapitels im Einklang mit Artikel 10.2 Absatz 1 an; insbesondere wendet sie sie so an, dass dabei der Handel mit Waren oder Dienstleistungen oder die Durchführung von Investitionen im Rahmen dieses Abkommens nicht über Gebühr beeinträchtigt oder verzögert wird.

3. Jede Vertragspartei stellt sicher, dass die Gebühren für die Bearbeitung von Anträgen auf vorübergehende Einreise angemessen sind und den tatsächlich anfallenden Kosten entsprechen.

Artikel 10.4
Bereitstellung von Informationen

1. Ergänzend zu Kapitel siebenundzwanzig (Transparenz) und in Anerkennung der Bedeutung, welche die Transparenz von Informationen über die vorübergehende Einreise für die Vertragsparteien hat, stellt jede Vertragspartei der anderen Vertragspartei spätestens 180 Tage nach Inkrafttreten dieses Abkommens Erläuterungen zu den Voraussetzungen für die vorübergehende Einreise nach diesem Kapitel zur Verfügung, die es Geschäftsleuten der anderen Vertragspartei ermöglichen, sich mit diesen Voraussetzungen vertraut zu machen.

2. Wenn eine Vertragspartei nach Kategorien von Geschäftsleuten aufgeschlüsselte Daten über die vorübergehende Einreise nach diesem Kapitel erhebt und vorhält, so stellt sie diese Daten im Einklang mit ihren Rechtsvorschriften über den Schutz der Privatsphäre und den Datenschutz auf Anfrage der anderen Vertragspartei zur Verfügung.

Artikel 10.5
Kontaktstellen

1. Die Vertragsparteien legen folgende Kontaktstellen fest:

a) im Falle Kanadas:
Director
Temporary Resident Policy
Immigration Branch
Citizenship and Immigration Canada

b) im Falle der Europäischen Union:
Generaldirektor
Generaldirektion Handel
Europäische Kommission

c) im Falle der Mitgliedstaaten der Europäischen Union die in Anhang 10-A aufgeführten Kontaktstellen oder deren jeweilige Nachfolgestellen.

2. Die Kontaktstellen für Kanada und die Europäische Union sowie gegebenenfalls die Kontaktstellen für die Mitgliedstaaten der Europäischen Union tauschen Informationen nach Artikel 10.4 aus und kommen nach Bedarf zusammen, um Angelegenheiten im Zusammenhang mit diesem Kapitel zu erörtern, die beispielsweise Folgendes betreffen:

a) die Durchführung und Verwaltung dieses Kapitels, insbesondere auch die Praxis der Vertragsparteien in Bezug auf die Gestattung der vorübergehenden Einreise,

b) die Ausarbeitung und Annahme gemeinsamer Kriterien und Auslegungen für die Durchführung dieses Kapitels,

c) die Entwicklung von Maßnahmen zur weiteren Erleichterung der vorübergehenden Einreise von Geschäftsleuten und

d) an den Gemischten CETA-Ausschuss gerichtete Empfehlungen zu diesem Kapitel.

Artikel 10.6
In anderen Kapiteln festgelegte Pflichten

1. Soweit in diesem Kapitel und in Kapitel siebenundzwanzig (Transparenz) nicht ausdrücklich etwas anderes bestimmt ist, werden den Vertragsparteien mit diesem Abkommen keine

Pflichten in Bezug auf ihre einwanderungspolitischen Maßnahmen auferlegt.

2. Unbeschadet jedweder Entscheidung über die Erlaubnis der vorübergehenden Einreise für natürliche Personen der anderen Vertragspartei nach den Bestimmungen dieses Kapitels, einschließlich der nach dieser Erlaubnis zulässigen Aufenthaltsdauer, gilt Folgendes:

a) Die Artikel 9.3 (Inländerbehandlung) und 9.6 (Marktzugang) werden vorbehaltlich der Artikel 9.4 (Formale Anforderungen) und 9.2 (Geltungsbereich), jedoch nicht des Artikels 9.2 Absatz 2 Buchstabe d, als Bestandteil in dieses Kapitel übernommen und gelten für die Behandlung Geschäftszwecke verfolgender natürlicher Personen, die sich im Gebiet der anderen Vertragspartei aufhalten und unter folgende Kategorien fallen:

i) Personal in Schlüsselpositionen und

ii) Vertragsdienstleister und Freiberufler, und zwar für alle in Anhang 10-E aufgeführten Sektoren, und

b) Artikel 9.5 (Meistbegünstigung) wird vorbehaltlich der Artikel 9.4 (Formale Anforderungen) und 9.2 (Geltungsbereich), jedoch nicht des Artikels 9.2 Absatz 2 Buchstabe d, als Bestandteil in dieses Kapitel übernommen und gilt für die Behandlung Geschäftszwecke verfolgender natürlicher Personen, die sich im Gebiet der anderen Vertragspartei aufhalten und unter folgende Kategorien fallen:

i) Personal in Schlüsselpositionen, Vertragsdienstleister und Freiberufler und

ii) für kurze Zeit einreisende Geschäftsreisende gemäß Artikel 10.9.

3. Zur Klarstellung: Absatz 2 gilt für die Behandlung Geschäftszwecke verfolgender natürlicher Personen, die sich im Gebiet der anderen Vertragspartei aufhalten, unter die betreffenden Kategorien fallen und Finanzdienstleistungen im Sinne des Kapitels dreizehn (Finanzdienstleistungen) Artikel 13.1 (Begriffsbestimmungen) erbringen. Absatz 2 gilt nicht für Maßnahmen im Zusammenhang mit der Gewährung der vorübergehenden Einreise natürlicher Personen einer Vertragspartei oder eines Drittlands.

4. Hat eine Vertragspartei in ihrer dem Anhang I, II oder III beigefügten Liste einen Vorbehalt angebracht, so stellt dieser Vorbehalt auch einen Vorbehalt in Bezug auf Absatz 2 dar, soweit die in dem Vorbehalt aufgeführte oder aufgrund des Vorbehalts zulässige Maßnahme sich auf die Behandlung Geschäftszwecke verfolgender natürlicher Personen auswirkt, die sich im Gebiet der anderen Vertragspartei aufhalten.

Artikel 10.7
Personal in Schlüsselpositionen

1. Unter den Vorbehalten und abgesehen von den Ausnahmen, die in Anhang 10-B aufgeführt sind, gestattet jede Vertragspartei die vorübergehende Einreise und den vorübergehenden Aufenthalt von Personal in Schlüsselpositionen der anderen Vertragspartei.

2. Die Vertragsparteien führen für Personal in Schlüsselpositionen der jeweils anderen Vertragspartei keine Beschränkungen der Gesamtzahl der Personen, die vorübergehend einreisen dürfen, in Form einer zahlenmäßigen Beschränkung oder einer wirtschaftlichen Bedürfnisprüfung ein und erhalten auch keine solchen Beschränkungen aufrecht.

3. Die Vertragsparteien gestatten die vorübergehende Einreise von Investitionszwecke verfolgenden Geschäftsreisenden, ohne eine Arbeitserlaubnis zu verlangen oder ein anderes, ähnlichen Zwecken dienendes Vorabgenehmigungsverfahren vorzuschreiben.

4. Jede Vertragspartei gestattet die vorübergehende Beschäftigung von unternehmensintern transferierten Personen und Investoren der anderen Vertragspartei in ihrem Gebiet.

5. Die zulässige Aufenthaltsdauer von Personal in Schlüsselpositionen beträgt

a) bei unternehmensintern transferierten Personen, bei denen es sich um Spezialisten oder Führungspersonal handelt: drei Jahre oder die Dauer der Vertragslaufzeit, je nachdem, welcher Zeitraum kürzer ist, wobei nach dem Ermessen der Vertragspartei, welche die vorübergehende Einreise und den vorübergehenden Aufenthalt gewährt, eine Verlängerung um bis zu 18 Monate möglich ist,[1)]

b) bei unternehmensintern transferierten Personen, bei denen es sich um Trainees mit Abschluss handelt: ein Jahr oder die Dauer der Vertragslaufzeit, je nachdem, welcher Zeitraum kürzer ist,

c) bei Investoren: ein Jahr, wobei nach dem Ermessen der Vertragspartei, welche die vorübergehende Einreise und den vorübergehenden Aufenthalt gewährt, Verlängerungen möglich sind,

d) bei Investitionszwecke verfolgenden Geschäftsreisenden: 90 Tage je Sechsmonatszeitraum.[2)]

Zu Artikel 10.7:

[1)] Die nach diesem Kapitel zulässige Aufenthaltsdauer kann im Rahmen eines in einem Mitgliedstaat der Europäischen Union gestellten Antrags auf Erwerb der Staatsangehörigkeit nicht berücksichtigt werden.

[2)] Dies lässt die Rechte, die Kanada im Rahmen bilateraler Visumbefreiungen von Mitgliedstaaten der Europäischen Union gewährt werden, unberührt.

Artikel 10.8
Vertragsdienstleister und Freiberufler

1. Unter folgenden Bedingungen gestattet jede Vertragspartei im Einklang mit Anhang 10-E die vorübergehende Einreise und den vorübergehenden Aufenthalt von Vertragsdienstleistern der anderen Vertragspartei:

a) Die betreffenden natürlichen Personen müssen als Beschäftigte eines Unternehmens, das einen Dienstleistungsvertrag mit einer Laufzeit von höchstens 12 Monaten abgeschlossen hat, vorübergehend eine Dienstleistung erbringen. Ist die Laufzeit des Dienstleistungsvertrags länger als 12 Monate, so gelten die in diesem Kapitel festgelegten Verpflichtungen nur für die ersten 12 Monate der Vertragslaufzeit,

b) die in das Gebiet der anderen Vertragspartei einreisenden natürlichen Personen müssen die betreffenden Dienstleistungen seit mindestens einem Jahr, gerechnet ab Beantragung der Einreise in das Gebiet der anderen Vertragspartei, als Beschäftigte des die Dienstleistungen erbringenden Unternehmens anbieten und müssen zum Zeitpunkt der Antragstellung über mindestens drei Jahre Berufserfahrung[1] in dem Tätigkeitsbereich verfügen, auf den sich der Vertrag erstreckt,

c) die in das Gebiet der anderen Vertragspartei einreisenden natürlichen Personen müssen über Folgendes verfügen:

i) einen Hochschulabschluss oder eine gleichwertige Qualifikation[2] und

ii) eine Berufsqualifikation, sofern dies nach den Gesetzen oder sonstigen Vorschriften der Vertragspartei, in der die Dienstleistung erbracht wird, für die Ausübung einer bestimmten Tätigkeit erforderlich ist,

d) die natürlichen Personen dürfen während ihres Aufenthalts im Gebiet der anderen Vertragspartei für die Dienstleistungserbringung keine andere Vergütung erhalten als die Vergütung durch das Unternehmen, das die Vertragsdienstleister beschäftigt,

e) die vorübergehende Einreise und der vorübergehende Aufenthalt, die nach diesem Artikel gewährt werden, beziehen sich ausschließlich auf die Erbringung einer Dienstleistung, die Gegenstand des Vertrags ist. Das Recht, die Berufsbezeichnung der Vertragspartei zu verwenden, in der die Dienstleistung erbracht wird, kann erforderlichenfalls von der zuständigen Behörde im Sinne des Artikels 11.1 (Begriffsbestimmungen) unter Rückgriff auf ein Abkommen über gegenseitige Anerkennung (Mutual Recognition Agreement – MRA) oder auf andere Weise gewährt werden; und

f) der Dienstleistungsvertrag muss den Gesetzen und sonstigen Rechtsvorschriften der Vertragspartei genügen, in der er ausgeführt wird.[3]

2. Unter folgenden Bedingungen gestattet jede Vertragspartei im Einklang mit Anhang 10-E die vorübergehende Einreise und den vorübergehenden Aufenthalt von Freiberuflern der anderen Vertragspartei:

a) Die betreffenden natürlichen Personen müssen als in der anderen Vertragspartei niedergelassene Selbständige vorübergehend eine Dienstleistung erbringen und einen Dienstleistungsvertrag mit einer Laufzeit von höchstens 12 Monaten geschlossen haben. Ist die Laufzeit des Dienstleistungsvertrags länger als 12 Monate, so gelten die in diesem Kapitel festgelegten Verpflichtungen nur für die ersten 12 Monate der Vertragslaufzeit,

b) die in das Gebiet der anderen Vertragspartei einreisenden natürlichen Personen müssen bei Beantragung der Einreise in die andere Vertragspartei in dem Tätigkeitsbereich, auf den sich der Vertrag erstreckt, über mindestens sechs Jahre Berufserfahrung verfügen,

c) die in das Gebiet der anderen Vertragspartei einreisenden natürlichen Personen müssen über Folgendes verfügen:

i) einen Hochschulabschluss oder eine gleichwertige Qualifikation[4] und

ii) eine Berufsqualifikation, sofern dies nach den Gesetzen oder sonstigen Vorschriften der Vertragspartei, in der die Dienstleistung erbracht wird, für die Ausübung einer bestimmten Tätigkeit erforderlich ist,

d) die vorübergehende Einreise und der vorübergehende Aufenthalt, die nach diesem Artikel gewährt werden, beziehen sich ausschließlich auf die Erbringung einer Dienstleistung, die Gegenstand des Vertrags ist. Das Recht, die Berufsbe-

Zu Artikel 10.8:

[1] Die Berufserfahrung muss nach Erreichen der Volljährigkeit erworben worden sein.

[2] Wurde der Abschluss oder die Qualifikation nicht in der Vertragspartei erworben, in der die Dienstleistung erbracht wird, kann diese Vertragspartei prüfen, ob er beziehungsweise sie dem in ihrem Gebiet erforderlichen Hochschulabschluss gleichwertig ist. Zur Bewertung der Gleichwertigkeit wenden die Vertragsparteien unter den in Anhang 10-E aufgeführten Vorbehalten Anhang 10-C an.

[3] Zur Klarstellung: Die natürliche Person muss von dem Unternehmen für die Erfüllung des Dienstleistungsvertrags beschäftigt werden, aufgrund dessen die vorübergehende Einreise begehrt wird.

[4] Wurde der Abschluss oder die Qualifikation nicht in der Vertragspartei erworben, in der die Dienstleistung erbracht wird, kann diese Vertragspartei prüfen, ob er beziehungsweise sie dem in ihrem Gebiet erforderlichen Hochschulabschluss gleichwertig ist. Zur Bewertung der Gleichwertigkeit wenden die Vertragsparteien unter den in Anhang 10-E aufgeführten Vorbehalten Anhang 10-C an.

zeichnung der Vertragspartei zu verwenden, in der die Dienstleistung erbracht wird, kann erforderlichenfalls von der zuständigen Behörde im Sinne des Artikels 11.1 (Begriffsbestimmungen) unter Rückgriff auf ein Abkommen über gegenseitige Anerkennung oder auf andere Weise gewährt werden und

e) der Dienstleistungsvertrag muss den Gesetzen und sonstigen Rechtsvorschriften der Vertragspartei genügen, in der er ausgeführt wird.

3. Sofern in Anhang 10-E nichts anderes bestimmt ist, darf eine Vertragspartei für Vertragsdienstleister und Freiberufler der anderen Vertragspartei keine Beschränkung der Gesamtzahl der Personen, die vorübergehend einreisen dürfen, in Form zahlenmäßiger Beschränkungen oder einer wirtschaftlichen Bedürfnisprüfung einführen oder aufrechterhalten.

4. Die Aufenthaltsdauer für Vertragsdienstleister oder Freiberufler ist auf insgesamt höchstens 12 Monate je 24-Monatszeitraum begrenzt – wobei nach dem Ermessen der Vertragspartei Verlängerungen möglich sind – beziehungsweise auf die Laufzeit des Vertrags, je nachdem, welcher Zeitraum kürzer ist.

Artikel 10.9

Für kurze Zeit einreisende Geschäftsreisende

1. Im Einklang mit Anhang 10-B gestattet eine Vertragspartei die vorübergehende Einreise und den vorübergehenden Aufenthalt von für kurze Zeit einreisenden Geschäftsreisenden der anderen Vertragspartei für die Zwecke der Durchführung der in Anhang 10-D aufgeführten Tätigkeiten, vorausgesetzt, die für kurze Zeit einreisenden Geschäftsreisenden

a) verkaufen keine Waren oder Dienstleistungen an eine breite Öffentlichkeit,

b) erhalten in eigenem Namen keine Vergütung aus einer Quelle innerhalb der Vertragspartei, in der sich die für kurze Zeit einreisenden Geschäftsreisenden vorübergehend aufhalten, und

c) erbringen keine Dienstleistung im Rahmen eines Vertrags zwischen einem Unternehmen, das im Gebiet der Vertragspartei, in der sich die für kurze Zeit einreisenden Geschäftsreisenden vorübergehend aufhalten, über keine kommerzielle Präsenz verfügt, und einem Verbraucher in diesem Gebiet, es sei denn, in Anhang 10-D ist etwas anderes vorgesehen.

2. Die Vertragsparteien gestatten die vorübergehende Einreise von für kurze Zeit einreisenden Geschäftsreisenden, ohne eine Arbeitserlaubnis zu verlangen oder andere, ähnlichen Zwecken dienende Vorabgenehmigungsverfahren vorzuschreiben.

3. Die Aufenthaltsdauer ist bei für kurze Zeit einreisenden Geschäftsreisenden auf höchstens 90 Tage je Sechsmonatszeitraum begrenzt.[1)]

Artikel 10.10

Überprüfung der Verpflichtungen

Binnen fünf Jahren nach Inkrafttreten dieses Abkommens prüfen die Vertragsparteien, ob ihre jeweiligen Verpflichtungen aus den Artikeln 10.7 bis 10.9 aktualisiert werden sollten.

KAPITEL ELF

GEGENSEITIGE ANERKENNUNG VON BERUFSQUALIFIKATIONEN

Artikel 11.1

Begriffsbestimmungen

Für die Zwecke dieses Kapitels bezeichnet der Ausdruck

Zuständigkeitsgebiet das Gebiet Kanadas und jeder seiner Provinzen sowie jedes seiner Territorien, oder das Gebiet der einzelnen Mitgliedstaaten der Europäischen Union, soweit dieses Abkommen in diesen Gebieten nach Artikel 1.3 (Räumlicher Geltungsbereich) gilt,

Verhandlungsinstanz eine Person oder eine Stelle einer Vertragspartei, die dazu berechtigt oder ermächtigt ist, ein Abkommen über die gegenseitige Anerkennung von Berufsqualifikationen (agreement on the mutual recognition of professional qualifications, im Folgenden „Abkommen über gegenseitige Anerkennung" oder „MRA") auszuhandeln,

Berufserfahrung die tatsächliche und rechtmäßige Erbringung einer Dienstleistung,

Berufsqualifikationen die Qualifikationen, die durch einen Ausbildungsnachweis und/oder Berufserfahrung nachgewiesen werden,

zuständige Behörde eine Behörde oder Stelle, die nach den Rechts- oder Verwaltungsvorschriften für die Anerkennung von Qualifikationen und die Genehmigung der Ausübung eines Berufs in einem Zuständigkeitsgebiet benannt wurde, und

reglementierter Beruf eine Dienstleistung, deren Erbringung, einschließlich der Verwendung eines Titels oder einer Bezeichnung, durch Rechts- oder Verwaltungsvorschriften an den Besitz bestimmter Qualifikationen gebunden ist.

Zu Artikel 10.9:

1) Dies lässt die im Rahmen bilateraler Visumbefreiungen von Mitgliedstaaten der Europäischen Union gewährten Rechte unberührt.

Artikel 11.2
Ziele und Geltungsbereich

1. In diesem Kapitel werden ein Rahmen zur Erleichterung einer gerechten, übersichtlichen und einheitlichen Regelung für die gegenseitige Anerkennung von Berufsqualifikationen seitens der Vertragsparteien geschaffen und die allgemeinen Bedingungen für die Aushandlung von Abkommen über gegenseitige Anerkennung festgelegt.

2. Dieses Kapitel findet Anwendung auf Berufe, die in jeder Vertragspartei, darunter in allen oder einigen Mitgliedstaaten der Europäischen Union und in allen oder einigen Provinzen und Territorien Kanadas, reglementiert sind.

3. Eine Vertragspartei darf die Anerkennung nicht in einer Weise gewähren, die bei der Anwendung ihrer Kriterien für die Erteilung einer Genehmigung für einen Dienstleister oder für seine Zulassung oder Zertifizierung zu Diskriminierung führen würde oder die eine verschleierte Beschränkung des Handels mit Dienstleistungen darstellen würde.

4. Ein Abkommen über gegenseitige Anerkennung nach diesem Kapitel gilt für sämtliche Gebiete der Europäischen Union und Kanadas.

Artikel 11.3
Aushandlung eines Abkommens über gegenseitige Anerkennung

1. Die Vertragsparteien halten ihre zuständigen Behörden beziehungsweise Berufsorganisationen dazu an, gemeinsame Empfehlungen zu vorgeschlagenen Abkommen über gegenseitige Anerkennung auszuarbeiten und dem nach Artikel 26.2 Absatz 1 Buchstabe b eingesetzten Gemischten Ausschuss für die gegenseitige Anerkennung von Berufsqualifikationen (im Folgenden „MRA-Ausschuss") zu unterbreiten.

2. Eine Empfehlung enthält eine Bewertung des potenziellen Nutzens eines Abkommens über gegenseitige Anerkennung, und zwar auf der Grundlage von Kriterien wie dem bestehenden Grad der Marktöffnung, dem Bedarf des Wirtschaftszweigs und den Geschäftsmöglichkeiten – beispielsweise der Zahl der Angehörigen eines Berufs, die von dem Abkommen profitieren dürften –, dem Bestehen weiterer Abkommen über gegenseitige Anerkennung im betreffenden Sektor und den erwarteten Vorteilen für die Wirtschafts- und Unternehmensentwicklung. Sie enthält zudem eine Bewertung der Vereinbarkeit der Zulassungs- und Qualifikationsregelungen der Vertragsparteien und des geplanten Ansatzes für die Aushandlung eines Abkommens über gegenseitige Anerkennung.

3. Innerhalb einer angemessenen Frist prüft der MRA-Ausschuss die Empfehlung, um sicherzustellen, dass sie mit den Anforderungen dieses Kapitels vereinbar ist. Sind diese Anforderungen erfüllt, legt der MRA-Ausschuss die Schritte fest, die für die Aufnahme von Verhandlungen erforderlich sind, und jede Vertragspartei unterrichtet ihre jeweils zuständigen Behörden über diese Schritte.

4. Im Anschluss führen die Verhandlungsinstanzen die Verhandlungen und legen dem MRA-Ausschuss einen Entwurf für das Abkommen über gegenseitige Anerkennung vor.

5. Der MRA-Ausschuss prüft daraufhin den MRA-Entwurf, um seine Vereinbarkeit mit diesem Abkommen zu gewährleisten.

6. Ist nach Auffassung des MRA-Ausschusses das Abkommen über gegenseitige Anerkennung mit diesem Abkommen vereinbar, so nimmt der MRA-Ausschuss das Abkommen über gegenseitige Anerkennung durch einen Beschluss an, der an die Bedingung geknüpft ist, dass jede Vertragspartei dem MRA-Ausschuss anschließend die Erfüllung ihrer jeweiligen internen Anforderungen meldet. Mit der Meldung jeder Vertragspartei an den MRA-Ausschuss wird der Beschluss für die Vertragsparteien verbindlich.

Artikel 11.4
Anerkennung

1. Die Anerkennung von Berufsqualifikationen im Rahmen eines Abkommens über gegenseitige Anerkennung ermöglicht dem Dienstleister die Ausübung beruflicher Tätigkeiten im Zuständigkeitsgebiet der Leistungsinanspruchnahme nach den in dem Abkommen (MRA) festgelegten Bedingungen.

2. Werden die Berufsqualifikationen eines Dienstleisters einer Vertragspartei von der anderen Vertragspartei aufgrund eines Abkommens über gegenseitige Anerkennung anerkannt, so gewähren die zuständigen Behörden des Zuständigkeitsgebiets der Leistungsinanspruchnahme diesem Dienstleister eine Behandlung, die nicht weniger günstig ist als die Behandlung, die in gleichen Situationen einem gleichen Dienstleister gewährt wird, dessen Berufsqualifikationen im jeweiligen eigenen Zuständigkeitsgebiet der Vertragspartei zertifiziert oder bescheinigt wurden.

3. Die Anerkennung im Rahmen eines Abkommens über gegenseitige Anerkennung kann nicht davon abhängig gemacht werden

a) dass ein Dienstleister Anforderungen hinsichtlich der Staatsangehörigkeit oder der Ansässigkeit gleich welcher Art erfüllt oder

b) dass ein Dienstleister seine allgemeine Bildung, Berufserfahrung oder berufliche Bildung im jeweiligen eigenen Zuständigkeitsgebiet der Vertragspartei erworben hat.

Artikel 11.5
Gemischter Ausschuss für die gegenseitige Anerkennung von Berufsqualifikationen

Der für die Durchführung des Artikels 11.3 zuständige MRA-Ausschuss

a) setzt sich zusammen aus Vertretern Kanadas und der Europäischen Union und wird im gemeinsamen Vorsitz von ihnen geführt; bei den Vertretern darf es sich nicht um die zuständigen Behörden oder Berufsorganisationen nach Artikel 11.3 Absatz 1 handeln. Eine Liste dieser Vertreter wird per Briefwechsel bestätigt,

b) tritt innerhalb eines Jahres nach Inkrafttreten dieses Abkommens und danach nach Bedarf oder wie beschlossen zusammen,

c) gibt sich selbst eine Geschäftsordnung,

d) erleichtert den Austausch von Informationen über Gesetze, sonstige Vorschriften, politische Maßnahmen und das Vorgehen in Bezug auf Normen oder Kriterien für die Genehmigung, Zulassung oder Zertifizierung reglementierter Berufe,

e) macht Informationen über die Aushandlung und Umsetzung von Abkommen über gegenseitige Anerkennung öffentlich zugänglich,

f) erstattet dem Gemischten CETA-Ausschuss Bericht über die Fortschritte bei der Aushandlung und der Umsetzung von Abkommen über gegenseitige Anerkennung und

g) stellt Informationen bereit und ergänzt die Leitlinien in Anhang 11-A, soweit dies angezeigt ist.

Artikel 11.6
Leitlinien für die Aushandlung und den Abschluss von Abkommen über gegenseitige Anerkennung

Als Teil des Rahmens zur Erzielung einer gegenseitigen Anerkennung der Qualifikationen legen die Vertragsparteien in Anhang 11-A unverbindliche Leitlinien für die Aushandlung und den Abschluss von Abkommen über gegenseitige Anerkennung fest.

Artikel 11.7
Kontaktstellen

Jede Vertragspartei richtet eine oder mehrere Kontaktstellen für die Verwaltung dieses Kapitels ein.

KAPITEL ZWÖLF

Interne Regulierung

Artikel 12.1
Begriffsbestimmungen

Für die Zwecke dieses Kapitels bezeichnet der Ausdruck

Genehmigung die einer Person erteilte Erlaubnis zur Erbringung einer Dienstleistung oder zur Ausübung einer sonstigen wirtschaftlichen Tätigkeit,

zuständige Behörde eine Regierungsstelle einer Vertragspartei oder eine nichtstaatliche Stelle in Ausübung der ihr von einer Regierungsstelle einer Vertragspartei übertragenen Befugnisse, die eine Genehmigung erteilt,

Zulassungsverfahren Verwaltungs- oder Verfahrensregeln, auch für die Änderung oder Verlängerung einer Zulassung, die für den Nachweis, dass die Zulassungserfordernisse erfüllt sind, eingehalten werden müssen,

Zulassungserfordernisse andere materiellrechtliche Anforderungen als Qualifikationserfordernisse, die für den Erhalt, die Änderung oder die Verlängerung einer Genehmigung erfüllt sein müssen,

Qualifikationsverfahren Verwaltungs- oder Verfahrensregeln, die für den Nachweis, dass die Qualifikationserfordernisse erfüllt sind, eingehalten werden müssen, und

Qualifikationserfordernisse materiellrechtliche Kompetenzanforderungen, die für den Erhalt, die Änderung oder die Verlängerung einer Genehmigung erfüllt sein müssen.

Artikel 12.2
Geltungsbereich

1. Dieses Kapitel gilt für von einer Vertragspartei eingeführte oder aufrechterhaltene Maßnahmen im Zusammenhang mit Zulassungserfordernissen oder -verfahren oder Qualifikationserfordernissen oder -verfahren, die sich auswirken auf

a) die grenzüberschreitende Erbringung von Dienstleistungen im Sinne des Artikels 9.1 (Begriffsbestimmungen),

b) die Erbringung einer Dienstleistung oder die Ausübung einer sonstigen wirtschaftlichen Tätigkeit über eine kommerzielle Präsenz im Gebiet der anderen Vertragspartei, einschließlich der Errichtung einer solchen kommerziellen Präsenz, und

c) die Erbringung einer Dienstleistung im Gebiet einer Vertragspartei mittels Präsenz einer natürlichen Person der anderen Vertragspartei im Einklang mit Artikel 10.6 (In anderen Kapiteln festgelegte Pflichten) Absatz 2.

2. Dieses Kapitel gilt nicht für Zulassungserfordernisse und -verfahren oder Qualifikationserfordernisse und -verfahren

a) aufgrund einer bestehenden nichtkonformen Maßnahme, die von einer Vertragspartei gemäß ihrer dem Anhang I beigefügten Liste aufrechterhalten wird, oder

b) in Bezug auf einen der folgenden Sektoren oder eine der folgenden Tätigkeiten:

i) im Falle Kanadas die Kulturwirtschaft und – nach Maßgabe der dem Anhang II beigefügten Liste Kanadas – Sozialdienstleistungen, Aboriginal affairs (indigene Angelegenheiten), Minority affairs (Minderheiten betreffende Angelegenheiten), Dienstleistungen des Spiel-, Wett- und Lotteriewesens sowie die Gewinnung, Reinigung und Verteilung von Wasser und

ii) im Falle der EU-Vertragspartei audiovisuelle Dienstleistungen und – nach Maßgabe der dem Anhang II beigefügten Liste der EU-Vertragspartei – Dienstleistungen in den Bereichen Gesundheit, Bildung und Soziales, Dienstleistungen des Spiel-, Wett- und Lotteriewesens[1] sowie die Gewinnung, Reinigung und Verteilung von Wasser.

Artikel 12.3
Zulassungs- und Qualifikationserfordernisse und -verfahren

1. Jede Vertragspartei stellt sicher, dass die Zulassungs- und Qualifikationserfordernisse sowie die Zulassungs- und Qualifikationsverfahren, die sie einführt oder aufrechterhält, auf Kriterien beruhen, die eine willkürliche Ausübung des Ermessens der zuständigen Behörden verhindern.

2. Die in Absatz 1 genannten Kriterien müssen

a) klar und transparent sein,

b) objektiv sein und

c) im Voraus festgelegt und öffentlich zugänglich gemacht werden.

3. Die Vertragsparteien erkennen an, dass die Ausübung des einem Minister gesetzlich eingeräumten Ermessens in Bezug auf eine Entscheidung über die Erteilung einer Genehmigung im öffentlichen Interesse nicht im Widerspruch zu Absatz 2 Buchstabe c steht, sofern es im Einklang mit dem Ziel des anwendbaren Gesetzes und nicht willkürlich ausgeübt wird und seine Ausübung auch sonst nicht im Widerspruch zu diesem Abkommen steht.

4. Absatz 3 gilt nicht für Zulassungs- oder Qualifikationserfordernisse in Bezug auf freiberufliche Dienstleistungen.

5. Jede Vertragspartei stellt sicher, dass eine Genehmigung erteilt wird, sobald die zuständige Behörde festgestellt hat, dass die Voraussetzungen für die Genehmigung erfüllt sind, und dass die Genehmigung, sobald sie erteilt ist, nach Maßgabe der darin festgelegten Bedingungen ohne ungebührliche Verzögerung wirksam wird.

6. Von jeder Vertragspartei werden gerichtliche, schiedsrichterliche oder administrative Instanzen oder Verfahren unterhalten oder eingerichtet, die auf Antrag eines betroffenen Investors im Sinne des Artikels 8.1 (Begriffsbestimmungen) oder Dienstleisters im Sinne des Artikels 1.1 (Allgemein geltende Begriffsbestimmungen) eine umgehende Überprüfung von die Erbringung einer Dienstleistung oder die Ausübung einer sonstigen wirtschaftlichen Tätigkeit betreffenden Verwaltungsentscheidungen sicherstellen und in begründeten Fällen geeignete Abhilfemaßnahmen gewährleisten. Können solche Verfahren nicht unabhängig von der Stelle durchgeführt werden, die für die Verwaltungsentscheidung zuständig ist, trägt jede Vertragspartei Sorge dafür, dass die Verfahren so angewandt werden, dass eine objektive und unparteiische Überprüfung gewährleistet ist.

7. Jede Vertragspartei stellt sicher, dass die von ihr eingeführten oder aufrechterhaltenen Zulassungs- oder Qualifikationsverfahren so einfach wie möglich sind und die Dienstleistungserbringung beziehungsweise die Ausübung einer sonstigen wirtschaftlichen Tätigkeit nicht in unangemessener Weise erschweren oder verzögern.

8. Etwaige vom Antragsteller im Zusammenhang mit seinem Genehmigungsantrag zu entrichtende Genehmigungsgebühren müssen angemessen sein und den entstandenen Kosten entsprechen und dürfen nicht an sich die Erbringung der Dienstleistung oder die Ausübung der sonstigen wirtschaftlichen Tätigkeit beschränken.

9. Nicht als Genehmigungsgebühren gelten Zahlungen bei Auktionen, Zahlungen für die Nutzung natürlicher Ressourcen, Förderabgaben, Zahlungen bei Ausschreibungen oder anderen diskriminierungsfreien Verfahren der Vergabe von Konzessionen sowie Pflichtbeiträge zur Finanzierung von Universaldiensten.

10. Jede Vertragspartei stellt sicher, dass die Zulassungs- oder Qualifikationsverfahren der zuständigen Behörde und die von der zuständigen Behörde im Genehmigungsverfahren getroffenen Entscheidungen allen Antragstellern gegenüber unparteiisch sind. Die zuständige Behörde sollte ihre Entscheidungen unabhängig treffen und insbesondere gegenüber Personen, die eine Dienstleistung erbringen oder eine sonstige wirtschaftliche Tätigkeit ausüben, für welche die Genehmigung erforderlich ist, nicht rechenschaftspflichtig sein.

11. Sind bestimmte Fristen für die Genehmigung der Anträge vorgesehen, ist dem Antragsteller ein angemessener Zeitraum für die Einrei-

Zu Artikel 12.2:

[1] Ausgenommen in Malta.

chung des Antrags einzuräumen. Die zuständige Behörde leitet die Bearbeitung des Antrags ohne ungebührliche Verzögerung ein. Nach Möglichkeit sollten elektronisch eingereichte Anträge nach Maßgabe ähnlicher Echtheitskriterien akzeptiert werden wie Anträge in Papierform.

12. Gegebenenfalls sollten an Stelle der Originaldokumente beglaubigte Kopien akzeptiert werden.

13. Jede Vertragspartei stellt sicher, dass die Bearbeitung eines Genehmigungsantrags und die endgültige Entscheidung über den Antrag innerhalb einer angemessenen Frist nach Einreichung des vollständigen Antrags erfolgen. Jede Vertragspartei sollte den normalen Zeitrahmen für die Antragsbearbeitung festlegen.

14. Die zuständige Behörde einer Vertragspartei erteilt dem Antragsteller auf Anfrage ohne ungebührliche Verzögerung Auskunft über den Stand der Bearbeitung seines Antrags.

15. Wird ein Antrag als unvollständig erachtet, so unterrichtet die zuständige Behörde einer Vertragspartei innerhalb einer angemessenen Frist den Antragsteller, teilt ihm mit, welche zusätzlichen Informationen zur Vervollständigung des Antrags erforderlich sind, und gibt ihm Gelegenheit, die Mängel zu beheben.

16. Lehnt die zuständige Behörde einer Vertragspartei einen Antrag ab, so teilt sie dies dem Antragsteller ohne ungebührliche Verzögerung schriftlich mit. Auf Anfrage des Antragstellers unterrichtet die zuständige Behörde der Vertragspartei den Antragsteller auch über die Gründe für die Ablehnung des Antrags sowie über die Frist zur Einlegung eines Widerspruchs oder zur Beantragung einer Überprüfung der Entscheidung. Ein Antragsteller sollte im Rahmen angemessener Fristen erneut einen Antrag stellen dürfen.

KAPITEL DREIZEHN
FINANZDIENSTLEISTUNGEN

Artikel 13.1
Begriffsbestimmungen

Für die Zwecke dieses Kapitels bezeichnet der Ausdruck

grenzüberschreitend tätiger Finanzdienstleister einer Vertragspartei eine Person einer Vertragspartei, die im Gebiet dieser Vertragspartei im Bereich der Erbringung von Finanzdienstleistungen tätig ist und eine Finanzdienstleistung durch grenzüberschreitende Erbringung dieser Dienstleistung erbringt oder erbringen möchte,

grenzüberschreitende Erbringung von Finanzdienstleistungen oder **grenzüberschreitender Handel mit Finanzdienstleistungen** die Erbringung einer Finanzdienstleistung

a) von dem Gebiet der einen Vertragspartei aus im Gebiet der anderen Vertragspartei oder

b) im Gebiet der einen Vertragspartei durch eine Person dieser Vertragspartei für eine Person der anderen Vertragspartei,

wobei jedoch die Erbringung von Dienstleistungen im Gebiet einer Vertragspartei durch eine Investition in diesem Gebiet nicht eingeschlossen ist,

Finanzinstitut einen Anbieter, der eine oder mehrere der in diesem Artikel als Finanzdienstleistungen definierten Geschäftsaktivitäten ausübt, sofern der Anbieter der Regulierung oder Aufsicht unterliegt, die nach dem Recht der Vertragspartei, in deren Gebiet er angesiedelt ist, für die Erbringung dieser Dienstleistungen als Finanzinstitut vorgesehen ist; der Ausdruck umfasst auch Zweigniederlassungen im Gebiet der Vertragspartei dieses Finanzdienstleisters, deren Hauptsitz im Gebiet der anderen Vertragspartei liegt,

Finanzinstitut der anderen Vertragspartei ein Finanzinstitut, einschließlich einer Zweigniederlassung, im Gebiet einer Vertragspartei, das von einer Person der anderen Vertragspartei kontrolliert wird,

Finanzdienstleistung eine Dienstleistung finanzieller Art, einschließlich Versicherungsdienstleistungen und versicherungsbezogener Dienstleistungen, Bank- und sonstiger Finanzdienstleistungen (ausgenommen Versicherungsdienstleistungen) und Neben- oder Hilfsleistungen für eine Dienstleistung finanzieller Art. Zu den Finanzdienstleistungen gehören folgende Tätigkeiten:

a) Versicherungsdienstleistungen und versicherungsbezogene Dienstleistungen:

i) Direktversicherung (einschließlich Mitversicherung):

A) Lebensversicherung oder

B) Sachversicherung,

ii) Rückversicherung und Retrozession,

iii) Versicherungsvermittlung wie Leistungen von Versicherungsmaklern und -agenturen oder

iv) versicherungsbezogene Hilfsdienstleistungen wie Beratung, Versicherungsmathematik, Risikobewertung und Schadensregulierung und

b) Bank- und sonstige Finanzdienstleistungen (ausgenommen Versicherungsdienstleistungen):

i) Annahme von Spareinlagen und sonstigen rückzahlbaren Einlagen von Kunden,

ii) Ausreichung von Krediten jeder Art einschließlich Verbraucherkredit, Hypothekenkredit, Factoring und Finanzierung von Handelsgeschäften,

iii) Finanzleasing,

iv) sämtliche Zahlungs- und Überweisungsdienstleistungen einschließlich Kredit-, Charge- und Debitkarten, Reiseschecks und Bankwechseln,

v) Bürgschaften und Verpflichtungen,

vi) Geschäfte für eigene und für Kundenrechnung an Börsen, im OTC-Handel oder in sonstiger Form mit

A) Geldmarkttiteln (einschließlich Schecks, Wechseln oder Einlagenzertifikaten),

B) Devisen,

C) derivativen Instrumenten, darunter Futures und Optionen,

D) Wechselkurs- und Zinstiteln, einschließlich Swaps und Kurssicherungsvereinbarungen,

E) begebbaren Wertpapieren oder

F) sonstigen begebbaren Instrumenten und Finanzanlagen einschließlich ungeprägten Goldes,

vii) Beteiligung an Emissionen von Wertpapieren jeder Art einschließlich Übernahme und Platzierung von Emissionen als (öffentlicher oder privater) Finanzmakler sowie Erbringung von Dienstleistungen im Zusammenhang mit derartigen Emissionen,

viii) Geldmaklergeschäfte,

ix) Vermögensverwaltung wie Kassenhaltung und Bestandsverwaltung, alle Formen von kollektivem Anlagemanagement, Pensionsfondsverwaltung, Verwahr-, Depot- und Treuhanddienstleistungen,

x) Saldenausgleichs- und Verrechnungsdienstleistungen im Zusammenhang mit Finanzanlagen einschließlich Wertpapieren, derivativen Instrumenten und sonstigen begebbaren Instrumenten,

xi) Bereitstellung und Übermittlung von Finanzinformationen und Software für die Verarbeitung von Finanzdaten sowie sonstiger einschlägiger Software oder

xii) Beratungs-, Vermittlungs- und sonstige Zusatzfinanzdienstleistungen in Bezug auf sämtliche unter den Ziffern i bis xi aufgeführte Tätigkeiten, einschließlich Kreditauskunft und Bonitätsprüfung, Anlage- und Vermögensbestandsanalyse und -beratung sowie Beratung über Akquisition, Unternehmensumstrukturierung und -strategien,

Finanzdienstleister eine Person einer Vertragspartei, die im Gebiet dieser Vertragspartei im Bereich der Erbringung von Finanzdienstleistungen tätig ist, wobei jedoch öffentliche Stellen nicht eingeschlossen sind,

Investition eine „Investition" im Sinne des Artikels 8.1 (Begriffsbestimmungen), wobei für die Zwecke dieses Kapitels in Bezug auf die in jenem Artikel genannten „Darlehen" und „Schuldtitel" Folgendes gilt:

a) Ein Darlehen an ein Finanzinstitut oder ein von einem Finanzinstitut begebener Schuldtitel ist nur dann eine Investition in dieses Finanzinstitut, wenn das Darlehen oder der Schuldtitel von der Vertragspartei, in deren Gebiet sich das Finanzinstitut befindet, als aufsichtsrechtliche Eigenmittel behandelt wird, und

b) ein von einem Finanzinstitut gewährtes Darlehen oder ein Schuldtitel im Eigentum eines Finanzinstituts, bei dem es sich nicht um ein Darlehen an ein Finanzinstitut oder einen Schuldtitel eines Finanzinstituts im Sinne des Buchstaben a handelt, gilt nicht als Investition;

zur Klarstellung:

c) Soweit ein Darlehen oder ein Schuldtitel nicht von diesem Kapitel erfasst ist, gilt Kapitel acht (Investitionen) für dieses Darlehen oder diesen Schuldtitel, und

d) ein von einem grenzüberschreitend tätigen Finanzdienstleister gewährtes Darlehen oder ein in dessen Eigentum stehender Schuldtitel, bei dem es sich nicht um ein Darlehen an ein Finanzinstitut oder einen von einem Finanzinstitut begebenen Schuldtitel handelt, ist für die Zwecke des Kapitels acht (Investitionen) eine Investition, wenn das betreffende Darlehen oder der betreffende Schuldtitel die Kriterien für Investitionen nach Artikel 8.1 (Begriffsbestimmungen) erfüllt,

Investor einen „Investor" im Sinne des Artikels 8.1 (Begriffsbestimmungen),

neue Finanzdienstleistung eine Finanzdienstleistung, die im Gebiet der einen Vertragspartei nicht erbracht wird, die jedoch im Gebiet der anderen Vertragspartei erbracht wird, einschließlich jeder neuen Form der Erbringung einer Finanzdienstleistung oder des Verkaufs eines Finanzprodukts, das im Gebiet der einen Vertragspartei nicht verkauft wird,

Person einer Vertragspartei eine „Person einer Vertragspartei" im Sinne des Artikels 1.1 (Allgemein geltende Begriffsbestimmungen); es wird klargestellt, dass Zweigniederlassungen von Unternehmen eines Drittlands nicht eingeschlossen sind,

öffentliche Stelle

a) eine Regierung, eine Zentralbank oder eine Währungsbehörde einer Vertragspartei oder eine im Eigentum einer Vertragspartei stehende oder von ihr kontrollierte Stelle, die hauptsächlich mit der Ausübung hoheitlicher Aufgaben oder von Tätigkeiten für hoheitliche Zwecke befasst ist, nicht jedoch eine Stelle, die hauptsächlich mit der Erbringung von Finanzdienstleistungen zu kommerziellen Bedingungen befasst ist, oder

b) eine private Stelle, die Aufgaben wahrnimmt, die üblicherweise von einer Zentralbank oder Währungsbehörde wahrgenommen werden, solange sie solche Aufgaben ausübt, und

Selbstregulierungsorganisation eine nichtstaatliche Stelle einschließlich Wertpapier- oder Terminbörsen oder -märkten, Verrechnungsstellen, anderen Organisationen oder Vereinigungen, die gegenüber Finanzdienstleistern oder Finanzinstituten eigene oder ihr übertragene Regulierungs- oder Aufsichtsbefugnisse ausübt.

Artikel 13.2
Geltungsbereich

1. Dieses Kapitel gilt für von einer Vertragspartei eingeführte oder aufrechterhaltene Maßnahmen in Bezug auf

a) Finanzinstitute der anderen Vertragspartei,

b) in Finanzinstitute im Gebiet der Vertragspartei investierende Investoren der anderen Vertragspartei und die von ihnen getätigten Investitionen in die besagten Finanzinstitute und

c) den grenzüberschreitenden Handel mit Finanzdienstleistungen.

2. Zur Klarstellung: Die Bestimmungen des Kapitels acht (Investitionen) finden Anwendung auf

a) Maßnahmen, die Investoren einer Vertragspartei betreffen, welche in Finanzdienstleister investieren, bei denen es sich nicht um Finanzinstitute handelt, sowie Maßnahmen in Bezug auf die Investitionen dieser Investoren in die besagten Finanzdienstleister und

b) nicht die Erbringung von Finanzdienstleistungen betreffende Maßnahmen in Bezug auf in Finanzinstitute investierende Investoren einer Vertragspartei oder die Investitionen dieser Investoren in Finanzinstitute.

3. Die Artikel 8.10 (Behandlung von Investoren und erfassten Investitionen), 8.11 (Entschädigung für Verluste), 8.12 (Enteignung), 8.13 (Transfers), 8.14 (Subrogation), 8.16 (Verweigerung von Handelsvorteilen) und 8.17 (Formale Anforderungen) werden als Bestandteil in dieses Kapitel übernommen.

4. Kapitel acht Abschnitt F (Beilegung von Investitionsstreitigkeiten zwischen Investoren und Staaten) wird als Bestandteil in dieses Kapitel übernommen, allerdings ausschließlich für Klagen wegen eines Verstoßes einer Vertragspartei gegen Artikel 13.3 oder 13.4 in Bezug auf die Ausweitung, die Leitung, den Betrieb, die Verwaltung, die Aufrechterhaltung, die Verwendung, die Nutzung und den Verkauf eines Finanzinstituts oder einer Investition in ein Finanzinstitut oder die Verfügung darüber oder gegen Artikel 8.10 (Behandlung von Investoren und erfassten Investitionen), 8.11 (Entschädigung für Verluste), 8.12 (Enteignung), 8.13 (Transfers) oder 8.16 (Verweigerung von Handelsvorteilen).

5. Dieses Kapitel gilt nicht für von einer Vertragspartei eingeführte oder aufrechterhaltene Maßnahmen in Bezug auf

a) Tätigkeiten oder Dienstleistungen im Rahmen einer staatlichen Alterssicherung oder eines gesetzlichen Systems der sozialen Sicherheit oder

b) Tätigkeiten oder Dienstleistungen, die für Rechnung der betreffenden Vertragspartei oder mit Garantie oder unter Verwendung finanzieller Mittel der Vertragspartei einschließlich ihrer öffentlichen Stellen ausgeübt beziehungsweise erbracht werden;

hingegen findet dieses Kapitel Anwendung, soweit eine Vertragspartei gestattet, dass die unter Buchstabe a oder b genannten Tätigkeiten oder Dienstleistungen von ihren Finanzinstituten im Wettbewerb mit einer öffentlichen Stelle oder einem Finanzinstitut ausgeübt beziehungsweise erbracht werden.

6. Das Kapitel zwölf (Interne Regulierung) wird als Bestandteil in dieses Kapitel übernommen. Es wird klargestellt, dass Artikel 12.3 (Zulassungs- und Qualifikationserfordernisse und -verfahren) auf die Ausübung des gesetzlich eingeräumten Ermessens durch die Finanzregulierungsbehörden der Vertragsparteien Anwendung findet.

7. Die nach Absatz 6 in dieses Kapitel übernommenen Bestimmungen des Kapitels zwölf (Interne Regulierung) gelten nicht für Zulassungserfordernisse oder -verfahren oder Qualifikationserfordernisse oder -verfahren

a) aufgrund einer nichtkonformen Maßnahme, die von Kanada gemäß seiner dem Anhang III-A beigefügten Liste aufrechterhalten wird,

b) aufgrund einer nichtkonformen Maßnahme, die von der Europäischen Union gemäß ihrer dem Anhang I beigefügten Liste aufrechterhalten wird, soweit sich diese Maßnahme auf Finanzdienstleistungen bezieht, und

c) nach Artikel 12.2 (Geltungsbereich) Absatz 2 Buchstabe b, soweit die betreffende Maßnahme sich auf Finanzdienstleistungen bezieht.

Artikel 13.3
Inländerbehandlung

1. Artikel 8.6 (Inländerbehandlung) wird als Bestandteil in dieses Kapitel übernommen und gilt für die Behandlung von Finanzinstituten und in Finanzinstitute investierenden Investoren der anderen Vertragspartei und deren Investitionen in Finanzinstitute.

2. Unter der Behandlung, die eine Vertragspartei ihren eigenen Investoren und den Investitionen ihrer eigenen Investoren nach Artikel 8.6 (Inländerbehandlung) Absätze 1 und 2 gewährt, ist im Rahmen dieses Kapitels die Behandlung zu verstehen, die sie ihren eigenen Finanzinstituten und den Investitionen ihrer eigenen Investoren in Finanzinstitute gewährt.

Artikel 13.4
Meistbegünstigung

1. Artikel 8.7 (Meistbegünstigung) wird als Bestandteil in dieses Kapitel übernommen und gilt für die Behandlung von Finanzinstituten und in Finanzinstitute investierenden Investoren der anderen Vertragspartei und deren Investitionen in Finanzinstitute.

2. Unter der Behandlung, die eine Vertragspartei den Investoren eines Drittlands und den Investitionen von Investoren eines Drittlands nach Artikel 8.7 (Meistbegünstigung) Absätze 1 und 2 gewährt, ist im Rahmen dieses Kapitels die Behandlung zu verstehen, die sie Finanzinstituten eines Drittlands und in Finanzinstitute getätigten Investitionen von Investoren eines Drittlands gewährt.

Artikel 13.5
Anerkennung aufsichtsrechtlicher Maßnahmen

1. Eine Vertragspartei kann bei der Anwendung einer von diesem Kapitel erfassten Maßnahme aufsichtsrechtliche Maßnahmen eines Drittlands anerkennen. Diese Anerkennung kann

a) einseitig gewährt werden,

b) durch Harmonisierung oder auf andere Weise erreicht werden oder

c) auf einer Übereinkunft oder Vereinbarung mit dem Drittland beruhen.

2. Eine Vertragspartei, die eine aufsichtsrechtliche Maßnahme anerkennt, bietet der anderen Vertragspartei in geeigneter Form Gelegenheit, nachzuweisen, dass Bedingungen herrschen, unter denen eine gleichwertige Regulierung, eine gleichwertige Überwachung und Umsetzung der Regulierung und gegebenenfalls gleichwertige Verfahren für den Informationsaustausch zwischen den Vertragsparteien gegeben sind oder sein werden.

3. Erkennt eine Vertragspartei eine aufsichtsrechtliche Maßnahme nach Absatz 1 Buchstabe c an und herrschen die in Absatz 2 beschriebenen Bedingungen, so bietet die Vertragspartei der anderen Vertragspartei in geeigneter Form Gelegenheit, über den Beitritt zu der Übereinkunft oder Vereinbarung oder den Abschluss einer vergleichbaren Übereinkunft oder Vereinbarung zu verhandeln.

Artikel 13.6
Marktzugang

1. Die Vertragsparteien führen in Bezug auf ein Finanzinstitut der anderen Vertragspartei oder den Marktzugang durch Niederlassung eines Finanzinstituts seitens eines Investors der anderen Vertragspartei keine Maßnahmen ein und erhalten diesbezüglich keine Maßnahmen aufrecht, die für ihr gesamtes Gebiet oder für ein in die Zuständigkeit einer Regierung auf nationaler Ebene, auf Provinz-, Territoriums- oder Regionsebene oder auf lokaler Ebene fallendes Gebiet gelten und

a) folgende Arten von Beschränkungen vorsehen:

i) Beschränkung der Anzahl der Finanzinstitute in Form von zahlenmäßigen Quoten, Monopolen, Dienstleistern mit ausschließlichen Rechten oder des Erfordernisses einer wirtschaftlichen Bedürfnisprüfung,

ii) Beschränkung des Gesamtwerts der Finanzdienstleistungsgeschäfte oder des Betriebsvermögens in Form zahlenmäßiger Quoten oder des Erfordernisses einer wirtschaftlichen Bedürfnisprüfung,

iii) Beschränkung der Gesamtzahl der Finanzdienstleistungen oder des Gesamtvolumens erbrachter Finanzdienstleistungen durch Festlegung bestimmter zahlenmäßiger Einheiten in Form von Quoten oder des Erfordernisses einer wirtschaftlichen Bedürfnisprüfung,

iv) Beschränkung der Beteiligung ausländischen Kapitals durch Festsetzung einer prozentualen Höchstgrenze für ausländische Beteiligungen an Finanzinstituten oder für den Gesamtwert einzelner oder zusammengefasster ausländischer Investitionen in Finanzinstitute oder

v) Beschränkung der Gesamtzahl natürlicher Personen, die in einem bestimmten Finanzdienstleistungssektor beschäftigt werden dürfen oder die ein Finanzinstitut beschäftigen darf und die zur Erbringung einer bestimmten Finanzdienstleistung erforderlich und direkt darin eingebunden sind, in Form zahlenmäßiger Quoten oder des Erfordernisses einer wirtschaftlichen Bedürfnisprüfung oder

b) die Ausübung einer Wirtschaftstätigkeit durch ein Finanzinstitut auf bestimmte Formen rechtlicher Einheiten oder von Joint Ventures beschränken oder diese dafür vorschreiben.

2. Artikel 8.4 (Marktzugang) Absatz 2 wird als Bestandteil in diesen Artikel übernommen.

3. Zur Klarstellung:

a) Eine Vertragspartei kann Bedingungen und Verfahren für die Genehmigung der Errichtung und des Ausbaus einer kommerziellen Präsenz festlegen, sofern dadurch nicht die Verpflichtung der Vertragspartei aus Absatz 1 umgangen wird und die Bedingungen und Verfahren mit den anderen Bestimmungen dieses Kapitels vereinbar sind und

b) dieser Artikel hindert eine Vertragspartei nicht daran vorzuschreiben, dass ein Finanzinstitut bestimmte Finanzdienstleistungen durch getrennte rechtliche Einheiten erbringen muss, sofern nach dem Recht der Vertragspartei das Angebot an Finanzdienstleistungen, die das Finanzinstitut erbringt, nicht in seiner Gesamtheit von einer einzelnen Einheit erbracht werden darf.

Artikel 13.7
Grenzüberschreitende Erbringung von Finanzdienstleistungen

1. Die Artikel 9.3 (Inländerbehandlung), 9.4 (Formale Anforderungen) und 9.6 (Marktzugang) werden als Bestandteil in dieses Kapitel übernom-

men und gelten für die Behandlung von grenzüberschreitend tätigen Finanzdienstleistern, welche die in Anhang 13-A aufgeführten Finanzdienstleistungen erbringen.

2. Unter der Behandlung, die eine Vertragspartei nach Artikel 9.3 (Inländerbehandlung) Absatz 2 ihren eigenen Dienstleistern und Dienstleistungen gewährt, ist im Rahmen dieses Kapitels die Behandlung zu verstehen, die sie ihren eigenen Finanzdienstleistern und Finanzdienstleistungen gewährt.

3. Unter den Maßnahmen, die eine Vertragspartei nach Artikel 9.6 (Marktzugang) in Bezug auf Dienstleister und Dienstleistungen der anderen Vertragspartei nicht einführen oder aufrechterhalten darf, sind im Rahmen dieses Kapitels Maßnahmen zu verstehen, die sich auf grenzüberschreitend tätige Finanzdienstleister der anderen Vertragspartei beziehen, die Finanzdienstleistungen erbringen.

4. Artikel 9.5 (Meistbegünstigung) wird als Bestandteil in dieses Kapitel übernommen und gilt für die Behandlung von grenzüberschreitend tätigen Finanzdienstleistern der anderen Vertragspartei.

5. Unter der Behandlung, die eine Vertragspartei nach Artikel 9.5 (Meistbegünstigung) den Dienstleistern und Dienstleistungen eines Drittlands gewährt, ist im Rahmen dieses Kapitels die Behandlung zu verstehen, die sie Finanzdienstleistern eines Drittlands und Finanzdienstleistungen eines Drittlands gewährt.

6. Jede Vertragspartei gestattet es Personen, die sich in ihrem Gebiet befinden, und eigenen Staatsangehörigen – unabhängig davon, wo diese sich befinden –, Finanzdienstleistungen von einem sich im Gebiet der anderen Vertragspartei befindlichen grenzüberschreitend tätigen Finanzdienstleister der anderen Vertragspartei zu erwerben. Aus dieser Verpflichtung ergibt sich jedoch nicht, dass eine Vertragspartei es solchen Anbietern erlauben muss, in ihrem Gebiet tätig zu werden oder Kundenakquise zu betreiben. Jede Vertragspartei kann die Begriffe „tätig werden" und „Kundenakquise" für die Zwecke dieses Artikels im Einklang mit Absatz 1 definieren.

7. Was die in Anhang 13-A aufgeführten Finanzdienstleistungen anbelangt, so gestattet jede Vertragspartei einem grenzüberschreitend tätigen Finanzdienstleister der anderen Vertragspartei gegebenenfalls auf Antrag oder nach Meldung an die zuständige Regulierungsstelle, eine Finanzdienstleistung in jeder neuen Erbringungsform zu erbringen oder ein Finanzprodukt, das im Gebiet der erstgenannten Vertragspartei nicht verkauft wird, zu verkaufen, sofern die erstgenannte Vertragspartei es ihren eigenen Finanzdienstleistern nach ihrem Recht in gleichen Situationen gestattet, eine solche Dienstleistung zu erbringen oder ein solches Produkt zu verkaufen.

Artikel 13.8
Höheres Management und Leitungs- und Kontrollorgane

Eine Vertragspartei darf nicht verlangen, dass ein Finanzinstitut der anderen Vertragspartei Positionen im höheren Management oder im Leitungs- beziehungsweise Kontrollorgan mit natürlichen Personen einer bestimmten Staatsangehörigkeit besetzt.

Artikel 13.9
Leistungsanforderungen

1. Die Vertragsparteien handeln für Investitionen in Finanzinstitute Disziplinen für Leistungsanforderungen wie die in Artikel 8.5 (Leistungsanforderungen) enthaltenen aus.

2. Sofern die Vertragsparteien drei Jahre nach Inkrafttreten dieses Abkommens noch keine solchen Disziplinen vereinbart haben, wird Artikel 8.5 (Leistungsanforderungen) auf Antrag einer Vertragspartei mit Geltung für Investitionen in Finanzinstitute als Bestandteil in dieses Kapitel übernommen. Zu diesem Zweck bezeichnet der Ausdruck „Investitionen" in Artikel 8.5 (Leistungsanforderungen) „Investitionen in ein Finanzinstitut in ihrem Gebiet".

3. Binnen 180 Tagen, nachdem die Vertragsparteien die Verhandlungen über die Leistungsanforderungsdisziplinen nach Absatz 1 erfolgreich abgeschlossen haben beziehungsweise nachdem eine Vertragspartei nach Absatz 2 einen Antrag auf Übernahme des Artikels 8.5 (Leistungsanforderungen) in dieses Kapitel gestellt hat, kann jede Vertragspartei ihre Liste bei Bedarf ändern. Etwaige Änderungen müssen sich auf die Aufführung der Vorbehalte für bestehende Maßnahmen, die mit der Verpflichtung in Bezug auf Leistungsanforderungen nach diesem Kapitel nicht im Einklang stehen, beschränken, und zwar im Falle Kanadas auf die Aufführung dieser Vorbehalte in Abschnitt A seiner dem Anhang III beigefügten Liste und im Falle der Europäischen Union auf die Aufführung dieser Vorbehalte in ihrer dem Anhang I beigefügten Liste. Artikel 13.10 Absatz 1 gilt für diese Maßnahmen in Bezug auf die nach Absatz 1 ausgehandelten Leistungsanforderungsdisziplinen beziehungsweise in Bezug auf Artikel 8.5 (Leistungsanforderungen), wie er gegebenenfalls nach Absatz 2 in dieses Kapitel übernommen wurde.

Artikel 13.10
Vorbehalte und Ausnahmen

1. Die Artikel 13.3, 13.4, 13.6 und 13.8 gelten nicht für

a) bestehende nichtkonforme Maßnahmen, die von einer Vertragspartei aufrechterhalten werden, und zwar

i) auf Ebene der Europäischen Union gemäß ihrer dem Anhang I beigefügten Liste,

ii) auf Ebene einer nationalen Regierung gemäß Abschnitt A der dem Anhang III beigefügten Liste Kanadas beziehungsweise gemäß der dem Anhang I beigefügten Liste der Europäischen Union,

iii) auf Provinz-, Territoriums- oder Regionsebene gemäß Abschnitt A der dem Anhang III beigefügten Liste Kanadas beziehungsweise gemäß der dem Anhang I beigefügten Liste der Europäischen Union oder

iv) auf lokaler Ebene,

b) die Fortführung oder umgehende Verlängerung einer nichtkonformen Maßnahme nach Buchstabe a oder

c) die Änderung einer nichtkonformen Maßnahme nach Buchstabe a, soweit die Änderung die Vereinbarkeit der Maßnahme mit den Artikeln 13.3, 13.4, 13.6 oder 13.8, wie sie unmittelbar vor der Änderung bestand, nicht beeinträchtigt.

2. Artikel 13.7 gilt nicht für

a) bestehende nichtkonforme Maßnahmen, die von einer Vertragspartei aufrechterhalten werden, und zwar

i) auf Ebene der Europäischen Union gemäß ihrer dem Anhang I beigefügten Liste,

ii) auf Ebene einer nationalen Regierung gemäß Abschnitt A der dem Anhang III beigefügten Liste Kanadas beziehungsweise gemäß der dem Anhang I beigefügten Liste der Europäischen Union,

iii) auf Provinz-, Territoriums- oder Regionsebene gemäß Abschnitt A der dem Anhang III beigefügten Liste Kanadas beziehungsweise gemäß der dem Anhang I beigefügten Liste der Europäischen Union oder

iv) auf lokaler Ebene,

b) die Fortführung oder umgehende Verlängerung einer nichtkonformen Maßnahme nach Buchstabe a oder

c) die Änderung einer nichtkonformen Maßnahme nach Buchstabe a, soweit die Änderung die Vereinbarkeit der Maßnahme mit Artikel 13.7, wie sie bei Inkrafttreten dieses Abkommens bestand, nicht beeinträchtigt.

3. Die Artikel 13.3, 13.4, 13.6, 13.7 und 13.8 gelten nicht für von Kanada eingeführte oder aufrechterhaltene Maßnahmen in Bezug auf Finanzdienstleistungen gemäß Abschnitt B der dem Anhang III beigefügten Liste Kanadas oder für von der Europäischen Union eingeführte oder aufrechterhaltene Maßnahmen in Bezug auf Finanzdienstleistungen gemäß der dem Anhang II beigefügten Liste der Europäischen Union.

4. Hat eine Vertragspartei in ihrer dem Anhang I oder II beigefügten Liste einen Vorbehalt in Bezug auf die Artikel 8.4 (Marktzugang), 8.5 (Leistungsanforderungen), 8.6 (Inländerbehandlung), 8.7 (Meistbegünstigung), 8.8 (Höheres Management und Leitungs- und Kontrollorgane), 9.3 (Inländerbehandlung), 9.5 (Meistbegünstigung) oder 9.6 (Marktzugang) aufgeführt, so stellt der Vorbehalt auch einen Vorbehalt in Bezug auf die Artikel 13.3, 13.4, 13.6, 13.7 oder 13.8 oder in Bezug auf jede Disziplin für Leistungsanforderungen, die aufgrund von Artikel 13.9 Absatz 1 ausgehandelt beziehungsweise aufgrund von Artikel 13.9 Absatz 2 in dieses Kapitel übernommen wurde, dar, soweit die Maßnahme, der Sektor, Teilsektor oder die Tätigkeit, die beziehungsweise der in dem Vorbehalt aufgeführt ist, von diesem Kapitel erfasst ist.

5. Eine Vertragspartei führt nach Inkrafttreten dieses Abkommens keine Maßnahme oder Reihe von Maßnahmen ein, die von Abschnitt B der dem Anhang III beigefügten Liste Kanadas oder von der dem Anhang II beigefügten Liste der Europäischen Union erfasst ist und nach der ein Investor der anderen Vertragspartei aus Gründen der Staatsangehörigkeit unmittelbar oder mittelbar dazu verpflichtet ist, eine zum Zeitpunkt des Wirksamwerdens der Maßnahme oder Reihe von Maßnahmen bereits bestehende Investition zu verkaufen oder anderweitig darüber zu verfügen.

6. Was die Rechte des geistigen Eigentums anbelangt, so kann eine Vertragspartei sowohl von den Artikeln 13.3 und 13.4 abweichen als auch von jeder aufgrund von Artikel 13.9 Absatz 1 ausgehandelten beziehungsweise aufgrund von Artikel 13.9 Absatz 2 in dieses Kapitel übernommenen Disziplin für den Technologietransfer im Zusammenhang mit Leistungsanforderungen, sofern die Abweichung nach dem TRIPS-Übereinkommen einschließlich gemäß Artikel IX des WTO-Übereinkommens gewährter Ausnahmegenehmigungen in Bezug auf das TRIPS-Übereinkommen zulässig ist.

7. Die Artikel 13.3, 13.4, 13.6, 13.7, 13.8 und 13.9 gelten nicht für

a) Beschaffungen von Waren oder Dienstleistungen durch eine Vertragspartei, sofern die Waren und Dienstleistungen für öffentliche Zwecke beschafft werden und nicht zur gewerblichen Weiterveräußerung oder zur Nutzung bei der Lieferung von Waren oder der Erbringung von Dienstleistungen zur gewerblichen Veräußerung bestimmt sind, unabhängig davon, ob es sich um „erfasste Beschaffungen" im Sinne des Artikels 19.2 (Geltungsbereich) handelt oder nicht, oder

b) von einer Vertragspartei gewährte Subventionen oder öffentliche Unterstützung im Zusammenhang mit dem Dienstleistungshandel.

Artikel 13.11
Wirksame und transparente Regulierung

1. Jede Vertragspartei stellt sicher, dass alle Maßnahmen mit allgemeiner Geltung, für die dieses Kapitel gilt, in angemessener, objektiver und unparteiischer Weise angewendet werden.

2. Jede Vertragspartei stellt sicher, dass ihre Gesetze, sonstigen Vorschriften, Verfahren und Verwaltungsentscheidungen mit allgemeiner Geltung, soweit sie von diesem Kapitel erfasste Angelegenheiten betreffen, umgehend veröffentlicht oder so zugänglich gemacht werden, dass Personen, die ein diesbezügliches Interesse haben, und die andere Vertragspartei sich damit vertraut machen können. Im Rahmen des Möglichen gewährleistet jede Vertragspartei Folgendes:

a) Sie veröffentlicht einschlägige Maßnahmen, die sie zu ergreifen gedenkt, im Voraus,

b) sie räumt Personen, die ein diesbezügliches Interesse haben, sowie der anderen Vertragspartei eine angemessene Möglichkeit ein, zu den betreffenden Maßnahmen Stellung zu nehmen und

c) sie sieht eine angemessene Zeitspanne vor zwischen der endgültigen Veröffentlichung der Maßnahmen und dem Zeitpunkt, zu dem sie wirksam werden.

Für die Zwecke dieses Kapitels ersetzen diese Anforderungen die des Artikels 27.1 (Veröffentlichung).

3. Jede Vertragspartei behält geeignete Mechanismen bei oder richtet solche Mechanismen ein, um Anfragen interessierter Personen zu von diesem Kapitel erfassten Maßnahmen mit allgemeiner Geltung innerhalb eines angemessenen Zeitraums beantworten zu können.

4. Eine Regulierungsbehörde erlässt eine Verwaltungsentscheidung über einen vollständigen Antrag eines in ein Finanzinstitut investierenden Investors, eines grenzüberschreitend tätigen Finanzdienstleisters oder eines Finanzinstituts der anderen Vertragspartei im Zusammenhang mit der Erbringung einer Finanzdienstleistung innerhalb einer angemessenen Frist, die durch die Komplexität des Antrags und die normale, für die Antragsbearbeitung festgelegte Frist gerechtfertigt ist. Im Falle Kanadas beträgt eine solche angemessene Frist 120 Tage. Die Regulierungsbehörde unterrichtet den Antragsteller umgehend über die Entscheidung. Ist es aus praktischen Gründen nicht möglich, innerhalb einer angemessenen Frist eine Entscheidung zu treffen, so teilt die Regulierungsbehörde dies dem Antragsteller umgehend mit und bemüht sich, so bald wie möglich zu einer Entscheidung zu gelangen. Zur Klarstellung: Ein Antrag gilt erst dann als vollständig, wenn alle einschlägigen Anhörungen stattgefunden haben und alle erforderlichen Informationen bei der Regulierungsbehörde eingegangen sind.

Artikel 13.12
Selbstregulierungsorganisationen

Verlangt eine Vertragspartei als Voraussetzung für die Erbringung von Finanzdienstleistungen in ihrem Gebiet oder für ihr Gebiet, dass ein Finanzinstitut oder ein grenzüberschreitend tätiger Finanzdienstleister der anderen Vertragspartei Mitglied einer Selbstregulierungsorganisation ist oder daran beteiligt ist oder Zugang dazu hat, oder gewährt sie Vorrechte oder Vorteile, wenn eine Finanzdienstleistung über eine Selbstregulierungsorganisation erbracht wird, so stellt die Vertragspartei, die dies verlangt, sicher, dass die Selbstregulierungsorganisation den in diesem Kapitel festgelegten Pflichten nachkommt.

Artikel 13.13
Zahlungs- und Verrechnungssysteme

Unter Bedingungen, mit denen Inländerbehandlung gewährt wird, gewährt jede Vertragspartei einem Finanzdienstleister der anderen Vertragspartei, der in ihrem Gebiet niedergelassen ist, Zugang zu den Zahlungs- und Verrechnungssystemen, die von einer Vertragspartei oder von einer Stelle betrieben werden, welche die ihr von einer Vertragspartei übertragene hoheitliche Gewalt ausübt, sowie Zugang zu offiziellen Finanzierungs- und Refinanzierungsmöglichkeiten, die für die normale Ausübung der üblichen Geschäftstätigkeit zur Verfügung stehen. Dieser Artikel eröffnet keinen Zugang zu den für Notfälle vorgesehenen letzten Finanzierungsmöglichkeiten einer Vertragspartei.

Artikel 13.14
Neue Finanzdienstleistungen

1. Jede Vertragspartei gestattet einem Finanzinstitut der anderen Vertragspartei – gegebenenfalls auf Antrag oder nach Meldung an die zuständige Regulierungsstelle –, die Erbringung neuer Finanzdienstleistungen, deren Erbringung die erstgenannte Vertragspartei ihren eigenen Finanzinstituten in gleichen Situationen nach ihrem Recht gestatten würde.

2. Eine Vertragspartei kann bestimmen, in welcher institutionellen und rechtlichen Form die neue Finanzdienstleistung erbracht werden kann, und eine Genehmigung für die Erbringung der Dienstleistung verlangen. Wird eine Genehmigung verlangt, so wird über ihre Erteilung innerhalb einer angemessenen Frist entschieden; die Genehmigung darf nur aus aufsichtsrechtlichen Gründen verweigert werden.

3. Dieser Artikel hindert ein Finanzinstitut einer Vertragspartei nicht daran, bei der anderen Vertragspartei zu beantragen, dass sie die Genehmigung der Erbringung einer Finanzdienstleistung in Betracht zieht, die weder im Gebiet der einen

noch im Gebiet der anderen Vertragspartei erbracht wird. Dieser Antrag unterliegt dem Recht der Vertragspartei, bei der der Antrag eingeht, und unterliegt nicht den Verpflichtungen dieses Artikels.

Artikel 13.15
Übermittlung und Verarbeitung von Informationen

1. Jede Vertragspartei gestattet es Finanzinstituten oder grenzüberschreitend tätigen Finanzdienstleistern der anderen Vertragspartei, Informationen in elektronischer oder sonstiger Form für die Zwecke der Datenverarbeitung in ihr Gebiet und aus ihrem Gebiet zu übermitteln, sofern die Verarbeitung für den gewöhnlichen Geschäftsbetrieb des Finanzinstituts oder des grenzüberschreitend tätigen Finanzdienstleisters erforderlich ist.

2. Jede Vertragspartei erhält angemessene Maßnahmen aufrecht, um die Privatsphäre zu schützen, insbesondere bei der Übermittlung personenbezogener Informationen. Wenn die Übermittlung von Finanzinformationen auch personenbezogene Informationen umfasst, müssen solche Übermittlungen mit den Rechtsvorschriften zum Schutz personenbezogener Informationen des Gebiets der Vertragspartei im Einklang stehen, aus dem die Informationen übermittelt werden.

Artikel 13.16
Aufsichtsrechtliche Ausnahmeregelung

1. Dieses Abkommen hindert eine Vertragspartei nicht daran, aus aufsichtsrechtlichen Gründen angemessene Maßnahmen einzuführen oder aufrechtzuerhalten, einschließlich

a) Maßnahmen zum Schutz von Investoren, Einlegern, Versicherungsnehmern oder Personen, denen gegenüber ein Finanzinstitut, ein grenzüberschreitend tätiger Finanzdienstleister oder ein anderer Finanzdienstleister treuhänderische Pflichten hat,

b) Maßnahmen zur Wahrung der Sicherheit, Solidität, Integrität oder finanziellen Verantwortlichkeit eines Finanzinstituts, grenzüberschreitend tätigen Finanzdienstleisters oder eines anderen Finanzdienstleisters oder

c) Maßnahmen zur Gewährleistung der Integrität und Stabilität des Finanzsystems einer Vertragspartei.

2. Unbeschadet anderer Formen aufsichtlicher Regulierung bezüglich des grenzüberschreitenden Handels mit Finanzdienstleistungen kann eine Vertragspartei die Eintragung von grenzüberschreitend tätigen Finanzdienstleistern der anderen Vertragspartei sowie von Finanzinstrumenten vorschreiben.

3. Vorbehaltlich der Artikel 13.3 und 13.4 kann eine Vertragspartei aus aufsichtsrechtlichen Gründen eine bestimmte Finanzdienstleistung oder -tätigkeit verbieten. Ein solches Verbot darf nicht für sämtliche Finanzdienstleistungen oder für einen ganzen Finanzdienstleistungs-Teilsektor wie das Bankwesen gelten.

Artikel 13.17
Besondere Ausnahmen

1. Dieses Abkommen gilt nicht für Maßnahmen einer öffentlichen Stelle im Rahmen der Geld- oder Währungspolitik. Dieser Absatz lässt die Pflichten einer Vertragspartei aus den Artikeln 8.5 (Leistungsanforderungen), 8.13 (Transfers) oder 13.9 unberührt.

2. Dieses Abkommen verpflichtet eine Vertragspartei nicht dazu, Informationen über die Geschäfte und Konten einzelner Verbraucher, grenzüberschreitend tätiger Finanzdienstleister oder von Finanzinstituten zu übermitteln oder zugänglich zu machen, ebenso wenig vertrauliche Informationen, deren Offenlegung bei spezifischen Fragen der Regulierung, der Aufsicht oder der Rechtsdurchsetzung zu Problemen führen würde oder in sonstiger Weise dem öffentlichen Interesse zuwiderlaufen oder die legitimen Geschäftsinteressen einzelner Unternehmen schädigen würde.

Artikel 13.18
Ausschuss für Finanzdienstleistungen

1. Dem nach Artikel 26.2 (Sonderausschüsse) Absatz 1 Buchstabe f eingesetzten Ausschuss für Finanzdienstleistungen gehören Vertreter der für Finanzdienstleistungspolitik zuständigen Behörden mit Fachkenntnissen auf dem von diesem Kapitel erfassten Gebiet an. Im Falle Kanadas ist der Ausschussvertreter ein Beamter des Department of Finance Canada beziehungsweise von dessen Rechtsnachfolger.

2. Der Ausschuss für Finanzdienstleistungen entscheidet einvernehmlich.

3. Der Ausschuss für Finanzdienstleistungen tritt einmal jährlich oder gemäß anderslautender, von ihm getroffener Vereinbarung zusammen und

a) überwacht die Durchführung dieses Kapitels,

b) führt einen Dialog über die Regulierung des Finanzdienstleistungssektors, um die gegenseitige Kenntnis der jeweiligen Regulierungssysteme der Vertragsparteien zu verbessern und bei der Entwicklung internationaler Standards zusammenzuarbeiten, wie dies in der Vereinbarung über den Dialog über die Regelung des Sektors Finanzdienstleistungen in Anhang 13-C zum Ausdruck kommt, und

c) führt Artikel 13.21 durch.

Artikel 13.19
Konsultationen

1. Eine Vertragspartei kann die andere Vertragspartei um Konsultationen zu allen Finanzdienstleistungen betreffenden Fragen ersuchen, die sich aus diesem Abkommen ergeben. Die andere Vertragspartei prüft das Ersuchen wohlwollend.

2. Jede Vertragspartei stellt sicher, dass ihrer Delegation bei Konsultationen nach Absatz 1 Beamte mit einschlägiger Fachkompetenz in dem von diesem Kapitel erfassten Bereich angehören. Im Falle Kanadas sind damit Beamte des Department of Finance Canada beziehungsweise dessen Rechtsnachfolgers gemeint.

Artikel 13.20
Streitbeilegung

1. Für die Beilegung von Streitigkeiten, die sich aus diesem Kapitel ergeben, gilt Kapitel neunundzwanzig (Streitbeilegung) in der durch diesen Artikel geänderten Form.

2. Können die Vertragsparteien keine Einigung über die Zusammensetzung des Schiedspanels erzielen, das für die Zwecke einer sich aus diesem Kapitel ergebenden Streitigkeit eingesetzt wird, so findet Artikel 29.7 (Zusammensetzung des Schiedspanels) Anwendung. Sämtliche Bezugnahmen auf die Liste der Schiedsrichter nach Artikel 29.8 (Liste der Schiedsrichter) sind jedoch als Bezugnahmen auf die nach diesem Artikel erstellte Liste der Schiedsrichter zu verstehen.

3. Der Gemischte CETA-Ausschuss kann eine Liste mit mindestens 15 Personen erstellen, die aufgrund ihrer Objektivität, Zuverlässigkeit und ihres guten Urteilsvermögens ausgewählt wurden und die willens und in der Lage sind, als Schiedsrichter zu fungieren. Diese Liste setzt sich aus drei Teillisten zusammen: aus je einer Teilliste für jede Vertragspartei sowie einer Teilliste mit Personen, die keine Staatsangehörigen einer der Vertragsparteien sind und den Vorsitz übernehmen können. Auf jeder Teilliste sind mindestens fünf Personen aufzuführen. Der Gemischte CETA-Ausschuss kann die Liste jederzeit überarbeiten und stellt sicher, dass sie diesem Artikel entspricht.

4. Die Schiedsrichter auf der Liste müssen über Fachwissen oder Erfahrung in den Bereichen Finanzdienstleistungsrecht oder Finanzdienstleistungsregulierung oder in deren Anwendung in der Praxis verfügen, wozu die Regulierung von Finanzdienstleistern gehören kann. Die vorsitzführenden Schiedsrichter müssen zusätzlich über Erfahrung als Anwalt, Panelmitglied oder Schiedsrichter bei Streitbeilegungsverfahren verfügen. Die Schiedsrichter müssen unabhängig sein, in persönlicher Eigenschaft handeln und dürfen keine Weisungen einer Organisation oder Regierung entgegennehmen. Sie sind an den Verhaltenskodex in Anhang 29-B (Verhaltenskodex) gebunden.

5. Stellt ein Schiedspanel fest, dass eine Maßnahme nicht mit diesem Abkommen vereinbar ist und dass sich die Maßnahme

a) auf den Finanzdienstleistungssektor und einen anderen Sektor auswirkt, so kann die beschwerdeführende Vertragspartei Vorteile im Finanzdienstleistungssektor aussetzen, die von gleicher Wirkung sind wie die Maßnahme im Finanzdienstleistungssektor der Vertragspartei, oder

b) nur auf einen anderen als den Finanzdienstleistungssektor auswirkt, so darf die Beschwerdeführerin keine Vorteile im Finanzdienstleistungssektor aussetzen.

Artikel 13.21
Investitionsstreitigkeiten im Bereich Finanzdienstleistungen

1. Für folgende Investitionsstreitigkeiten gilt Kapitel acht Abschnitt F (Beilegung von Investitionsstreitigkeiten zwischen Investoren und Staaten) in der durch diesen Artikel und Anhang 13-B geänderten Form:

a) Investitionsstreitigkeiten, die sich auf Maßnahmen beziehen, auf die dieses Kapitel Anwendung findet und bei denen ein Investor vorbringt, dass eine Vertragspartei gegen Artikel 8.10 (Behandlung von Investoren und erfassten Investitionen), 8.11 (Entschädigung für Verluste), 8.12 (Enteignung), 8.13 (Transfers), 8.16 (Verweigerung von Handelsvorteilen), 13.3 oder 13.4 verstoßen hat, oder

b) nach Kapitel acht Abschnitt F (Beilegung von Investitionsstreitigkeiten zwischen Investoren und Staaten) eingeleitete Investitionsstreitigkeiten, bei denen Artikel 13.16 Absatz 1 geltend gemacht wurde.

2. Handelt es sich um eine Investitionsstreitigkeit nach Absatz 1 Buchstabe a oder beruft sich der Beklagte binnen 60 Tagen nach einer gemäß Artikel 8.23 (Einreichung einer Klage beim Gericht) erfolgten Einreichung einer Klage beim Gericht auf Artikel 13.16 Absatz 1, so wird im Einklang mit Artikel 8.27 (Einsetzung des Gerichts) Absatz 7 eine Kammer des Gerichts gebildet, die sich aus Personen von der nach Artikel 13.20 Absatz 3 erstellten Liste zusammensetzt. Beruft sich der Beklagte bei einer anderen Investitionsstreitigkeit als einer Streitigkeit nach Absatz 1 Buchstabe a binnen 60 Tagen nach Einreichung einer Klage auf Artikel 13.16 Absatz 1, so beginnt die nach Artikel 8.27 (Einsetzung des Gerichts) Absatz 7 geltende Frist für die Zusammensetzung einer Kammer des Gerichts an dem Tag, an dem sich der Beklagte auf Artikel 13.16 Absatz 1 beruft. Hat der Gemischte CETA-Ausschuss die Ernennungen nach Artikel 8.27 (Einsetzung des Gerichts) Absatz 2 innerhalb der in

Artikel 8.27 (Einsetzung des Gerichts) Absatz 17 vorgesehenen Frist nicht vorgenommen, so kann jede Streitpartei den Generalsekretär des Internationalen Zentrums zur Beilegung von Investitionsstreitigkeiten (International Centre for Settlement of Investment Disputes – ICSID) darum ersuchen, die Mitglieder des Gerichts aus der nach Artikel 13.20 erstellten Liste auszuwählen. Ist die Liste nach Artikel 13.20 zum Zeitpunkt der Klageeinreichung nach Artikel 8.23 (Einreichung einer Klage beim Gericht) noch nicht erstellt, so wählt der Generalsekretär des ICSID die Mitglieder des Gerichts aus dem Kreis der Personen aus, die von einer oder von beiden Vertragsparteien im Einklang mit Artikel 13.20 vorgeschlagen werden.

3. Der Beklagte kann den Ausschuss für Finanzdienstleistungen schriftlich mit der Angelegenheit befassen und ihn um eine Entscheidung darüber ersuchen, ob und gegebenenfalls inwieweit die Ausnahmeregelung nach Artikel 13.16 Absatz 1 einen stichhaltigen Einwand gegen die Klage darstellt. Die Befassung des Ausschusses ist nur bis zu dem Tag möglich, den das Gericht für die Übermittlung der Klageerwiderung des Beklagten festgesetzt hat. Befasst der Beklagte nach diesem Absatz den Ausschuss für Finanzdienstleistungen mit der Angelegenheit, so werden die Fristen oder Verfahren nach Kapitel acht Abschnitt F (Beilegung von Investitionsstreitigkeiten zwischen Investoren und Staaten) ausgesetzt.

4. Bei einer Befassung nach Absatz 3 kann der Ausschuss für Finanzdienstleistungen beziehungsweise der Gemischte CETA-Ausschuss eine gemeinsame Feststellung zu der Frage treffen, ob und inwieweit sich aus Artikel 13.16 Absatz 1 ein stichhaltiger Einwand gegen die Klage ergibt. Der Ausschuss für Finanzdienstleistungen beziehungsweise der Gemischte CETA-Ausschuss übermittelt eine Kopie der gemeinsamen Feststellung an den Investor und das Gericht, sofern es bereits eingesetzt ist. Lautet das Ergebnis der gemeinsamen Feststellung, dass sich aus Artikel 13.16 Absatz 1 ein stichhaltiger Einwand gegen alle Teile der Klage in ihrer Gesamtheit ergibt, so gilt die Klage des Investors als zurückgezogen und das Verfahren wird nach Artikel 8.35 (Klagerücknahme) eingestellt. Kommt die gemeinsame Feststellung zu dem Schluss, dass sich aus Artikel 13.16 Absatz 1 nur für Teile der Klage ein stichhaltiger Einwand ergibt, so ist die gemeinsame Feststellung für das Gericht für diese Teile der Klage bindend. Die Aussetzung der Fristen oder Verfahren nach Absatz 3 findet dann keine Anwendung mehr, und der Investor kann die Klage in den übrigen Teilen weiterverfolgen.

5. Hat der Gemischte CETA-Ausschuss binnen drei Monaten, nachdem er vom Ausschuss für Finanzdienstleistungen mit der Angelegenheit befasst wurde, noch keine gemeinsame Feststellung getroffen, so findet die Aussetzung der Fristen oder Verfahren nach Absatz 3 keine Anwendung mehr und der Investor kann seine Klage weiterverfolgen.

6. Auf Antrag des Beklagten entscheidet das Gericht vorab, ob und inwieweit sich aus Artikel 13.16 Absatz 1 ein stichhaltiger Einwand gegen die Klage ergibt. Stellt der Beklagte keinen solchen Antrag, so lässt dies das Recht des Beklagten, Artikel 13.16 Absatz 1 in einer späteren Phase des Verfahrens als Einwand geltend zu machen, unberührt. Das Gericht zieht keine nachteiligen Rückschlüsse aus der Tatsache, dass der Ausschuss für Finanzdienstleistungen oder der Gemischte CETA-Ausschuss sich nicht auf eine gemeinsame Feststellung nach Anhang 13-B verständigt hat.

KAPITEL VIERZEHN

DIENSTLEISTUNGEN IM INTERNATIONALEN SEEVERKEHR

Artikel 14.1

Begriffsbestimmungen

Für die Zwecke dieses Kapitels bezeichnet der Ausdruck

Dienstleistungen im Zusammenhang mit der Zollabfertigung oder **Dienstleistungen von Zollagenten** die Erfüllung der Zollförmlichkeiten für die Einfuhr, Ausfuhr oder Durchfuhr von Fracht im Auftrag Dritter, unabhängig davon, ob dies die Haupt- oder Nebentätigkeit des Dienstleisters ist,

Bereitstellung von Containerstellplätzen und Zwischenlagerung von Containern die Lagerung, Be- oder Entladung oder Reparatur von Containern sowie ihre Bereitstellung für die Versendung, im Hafengebiet oder im Binnenland,

Beförderungsvorgang im Haus-Haus- oder im multimodalen Verkehr die Beförderung von Fracht mit einem einzigen Beförderungspapier unter Nutzung von mehr als einem Verkehrsträger, wobei ein Teil der Strecke im internationalen Seeverkehr zurückgelegt wird,

Feeder-Dienstleistungen den auf dem Seeweg erfolgenden Vor- und Weitertransport von internationalem Frachtgut, was Containerfracht, Stückgut und festes oder flüssiges Massengut einschließt, zwischen Häfen, die im Gebiet einer Vertragspartei gelegen sind. Zur Klarstellung: Feeder-Dienstleistungen können im Falle Kanadas den Transport zwischen Meeres- und Binnengewässern einschließen, wobei als Binnengewässer die Binnengewässer (inland waters) im Sinne des *Customs Act*, R.S.C. 1985, c.1 (2nd Supp.) zu verstehen sind,

internationales Frachtgut Fracht, die mit Seefahrzeugen von einem Hafen einer Vertragspartei in einen Hafen der anderen Vertragspartei oder eines Drittlands oder von einem Hafen eines Mitgliedstaats der Europäischen Union in einen

Hafen eines anderen Mitgliedstaats der Europäischen Union befördert wird,

Dienstleistungen im internationalen Seeverkehr die mit einem Seefahrzeug erfolgende Beförderung von Personen oder Fracht von einem Hafen einer Vertragspartei in einen Hafen der anderen Vertragspartei oder eines Drittlands oder von einem Hafen eines Mitgliedstaats der Europäischen Union in einen Hafen eines anderen Mitgliedstaats der Europäischen Union sowie den Abschluss von Direktverträgen mit Erbringern sonstiger Verkehrsdienstleistungen zur Gewährleistung von Beförderungsvorgängen im Haus-Haus- oder im multimodalen Verkehr, jedoch nicht die Erbringung dieser sonstigen Verkehrsdienstleistungen,

im internationalen Seeverkehr tätiger Dienstleister

a) ein Unternehmen einer Vertragspartei im Sinne des Artikels 1.1 (Allgemein geltende Begriffsbestimmungen) und Zweigniederlassungen eines solchen Unternehmens oder

b) ein Unternehmen – im Sinne des Artikels 1.1 (Allgemein geltende Begriffsbestimmungen) – eines Drittlands, das im Eigentum oder unter der Kontrolle von Staatsangehörigen einer Vertragspartei steht, sofern seine Wasserfahrzeuge nach den Rechtsvorschriften dieser Vertragspartei registriert sind und unter der Flagge dieser Vertragspartei fahren, oder

c) eine Zweigniederlassung eines Unternehmens eines Drittlands, die im Gebiet einer Vertragspartei in erheblichem Umfang Geschäfte tätigt und Dienstleistungen im internationalen Seeverkehr erbringt. Es wird klargestellt, dass Kapitel acht (Investitionen) auf eine solche Zweigniederlassung keine Anwendung findet,

Schiffsagenturdienste die von einem Agenten wahrgenommene Vertretung der Geschäftsinteressen einer oder mehrerer Schifffahrtslinien oder Reedereien in einem bestimmten geografischen Gebiet zu folgenden Zwecken:

a) Vermarktung und Verkauf von Seeverkehrsdiensten und damit verbundenen Leistungen, von Preisangebot bis Rechnungsstellung, Ausstellung von Konnossementen im Namen der Unternehmen, Erwerb und Weiterverkauf erforderlicher verbundener Leistungen, Ausfertigung von Dokumenten und Erteilung von geschäftlichen Auskünften und

b) organisatorische Tätigkeiten im Namen der Unternehmen im Hinblick auf den Hafenaufenthalt des Wasserfahrzeugs oder die Übernahme von Frachtgut, wenn erforderlich,

Hilfsdienstleistungen für den Seeverkehr Seefrachtumschlag, Dienstleistungen im Zusammenhang mit der Zollabfertigung, Bereitstellung von Containerstellplätzen und Zwischenlagerung von Containern, Schiffsagenturdienste, Seeverkehrsspedition und Lagerdienstleistungen,

Seefrachtumschlag die Durchführung, Organisation und Überwachung

a) des Ladens oder Löschens von Wasserfahrzeugen,

b) des Laschens oder Entlaschens von Frachtgut und

c) der Entgegennahme oder Auslieferung und der sicheren Verwahrung von Frachtgut vor der Versendung oder nach dem Löschen

durch Stauereien oder Terminalbetreiber, jedoch nicht die Tätigkeit von Hafenarbeitern, wenn diese von den Stauereien oder Terminalbetreibern organisatorisch unabhängig sind,

Seeverkehrsspedition die Organisation und Überwachung von Beförderungen im Namen des Versenders durch Erbringung von Dienstleistungen wie Vereinbarung von Verkehrsdienstleistungen und damit verbundenen Leistungen, Konsolidierung und Verpackung von Frachtgut, Ausfertigung von Dokumenten und Erteilung von geschäftlichen Auskünften,

Lagerdienstleistungen die Lagerung von gekühlten oder tiefgekühlten Erzeugnissen, die Lagerhaltung von Flüssigkeiten und Gasen und sonstige Lagerdienstleistungen.

Artikel 14.2
Geltungsbereich

1. Dieses Kapitel gilt für von einer Vertragspartei eingeführte oder aufrechterhaltene Maßnahmen im Zusammenhang mit der Erbringung von Dienstleistungen im internationalen Seeverkehr.[1] Es wird klargestellt, dass solche Maßnahmen auch Kapitel acht (Investitionen) beziehungsweise neun (Grenzüberschreitender Dienstleistungshandel) unterliegen.

2. Es wird klargestellt, dass eine Vertragspartei nach den Artikeln 8.6 (Inländerbehandlung), 8.7 (Meistbegünstigung), 9.3 (Inländerbehandlung) und 9.5 (Meistbegünstigung) keine Maßnahmen in Bezug auf

a) ein Dienstleistungen im internationalen Seeverkehr erbringendes Wasserfahrzeug unter der Flagge der anderen Vertragspartei[1] oder

b) einen im internationalen Seeverkehr tätigen Dienstleister der anderen Vertragspartei

einführen oder aufrechterhalten darf, mit denen eine Behandlung gewährt wird, die weniger günstig ist als die Behandlung, die diese Vertragspartei in gleichen Situationen ihren eigenen

Zu Artikel 14.2:

[1] Dieses Kapitel gilt nicht für Fischereifahrzeuge im Sinne des Rechts einer Vertragspartei.

[1] Für die Zwecke dieses Kapitels bedeutet „unter der Flagge einer Vertragspartei" für die Europäische Union „unter der Flagge eines Mitgliedstaats der Europäischen Union".

Wasserfahrzeugen oder im internationalen Seeverkehr tätigen Dienstleistern oder Wasserfahrzeugen oder im internationalen Seeverkehr tätigen Dienstleistern eines Drittlands in Bezug auf Folgendes gewährt:

a) den Zugang zu den Häfen,

b) die Benutzung der Hafeninfrastruktur und die Inanspruchnahme von Hafendiensten wie Schlepp- und Lotsendiensten,

c) die Inanspruchnahme von Hilfsdienstleistungen für den Seeverkehr sowie die Erhebung damit verbundener Gebühren und Abgaben,

d) den Zugang zu Zolleinrichtungen oder

e) die Zuweisung von Liegeplätzen sowie von Lade- und Löscheinrichtungen.[2)]

Artikel 14.3
Pflichten

1. Jede Vertragspartei gestattet den im internationalen Seeverkehr tätigen Dienstleistern der anderen Vertragspartei, eigene oder geleaste leere Container, die ohne Erzielung von Einnahmen befördert werden, zwischen den Häfen dieser Vertragspartei zu repositionieren.

2. Eine Vertragspartei gestattet den im internationalen Seeverkehr tätigen Dienstleistern der anderen Vertragspartei, Feeder-Dienstleistungen zwischen den Häfen dieser Vertragspartei zu erbringen.

3. Die Vertragsparteien führen in Bezug auf Dienstleistungen im internationalen Seeverkehr einschließlich des Verkehrs mit trockenen und flüssigen Massengütern und des Linienverkehrs weder Ladungsanteilvereinbarungen mit einem Drittland ein noch halten sie solche Vereinbarungen aufrecht.

4. Eine Vertragspartei führt keine Maßnahmen ein und erhält keine Maßnahmen aufrecht, nach denen die Gesamtheit oder ein Teil des internationalen Frachtguts ausschließlich von Wasserfahrzeugen befördert werden darf, die in dieser Vertragspartei registriert sind oder im Eigentum oder unter der Kontrolle von Staatsangehörigen dieser Vertragspartei stehen.

5. Eine Vertragspartei führt keine Maßnahmen ein und erhält keine Maßnahmen aufrecht, die im internationalen Seeverkehr tätige Dienstleister der anderen Vertragspartei daran hindern, Direktverträge mit anderen Verkehrsdienstleistern in Bezug auf Beförderungsvorgänge im Haus-Haus- oder im multimodalen Verkehr abzuschließen.

[2)] *Dieser Absatz gilt nicht für Wasserfahrzeuge oder im internationalen Seeverkehr tätige Dienstleister, die dem Übereinkommen über Hafenstaatmaßnahmen zur Verhinderung, Bekämpfung und Unterbindung der illegalen, ungemeldeten und unregulierten Fischerei von Rom vom 22. November 2009 unterliegen.*

Artikel 14.4
Vorbehalte

1. Artikel 14.3 gilt nicht für

a) bestehende nichtkonforme Maßnahmen, die von einer Vertragspartei aufrechterhalten werden, und zwar

i) auf Ebene der Europäischen Union gemäß ihrer dem Anhang I beigefügten Liste,

ii) auf Ebene einer nationalen Regierung gemäß der dem Anhang I beigefügten Liste der betreffenden Vertragspartei,

iii) auf Provinz-, Territoriums- oder Regionsebene gemäß der dem Anhang I beigefügten Liste der betreffenden Vertragspartei oder

iv) auf lokaler Ebene,

b) die Fortführung oder umgehende Verlängerung einer nichtkonformen Maßnahme nach Buchstabe a oder

c) die Änderung einer nichtkonformen Maßnahme nach Buchstabe a, soweit die Änderung die Vereinbarkeit der Maßnahme mit Artikel 14.3, wie sie unmittelbar vor der Änderung bestand, nicht beeinträchtigt.

2. Artikel 14.3 gilt nicht für Maßnahmen, die eine Vertragspartei für Sektoren, Teilsektoren oder Tätigkeiten einführt oder aufrechterhält, wie sie in ihrer dem Anhang II beigefügten Liste aufgeführt sind.

KAPITEL FÜNFZEHN
TELEKOMMUNIKATION

Artikel 15.1
Begriffsbestimmungen

Für die Zwecke dieses Kapitels bezeichnet der Ausdruck

Zuführungsleitung eine Verbindung für die Übertragung von Ton- oder Fernsehrundfunksignalen an ein Programmproduktionszentrum,

kostenorientiert auf den Kosten beruhend, wobei dies bei unterschiedlichen Einrichtungen oder Diensten mit unterschiedlichen Kostenrechnungsmethoden einhergehen kann,

Unternehmen ein „Unternehmen" im Sinne des Artikels 8.1 (Begriffsbestimmungen),

wesentliche Einrichtungen Einrichtungen eines öffentlichen Telekommunikationsnetzes oder -dienstes,

a) die ausschließlich oder überwiegend von einem einzigen Anbieter oder einer begrenzten Anzahl von Anbietern bereitgestellt werden und

b) die bei der Erbringung einer Dienstleistung wirtschaftlich oder technisch praktisch nicht ersetzt werden können,

Zusammenschaltung die Herstellung einer Verbindung zwischen Anbietern öffentlicher Telekommunikationsnetze oder -dienste, damit die

Nutzer des einen Anbieters mit den Nutzern eines anderen Anbieters kommunizieren können und Zugang zu den von dem anderen angebotenen Diensten erhalten,

unternehmensinterner Telekommunikationsverkehr denjenigen Telekommunikationsverkehr, durch den ein Unternehmen intern oder mit seinen Tochtergesellschaften, Zweigniederlassungen und, je nach dem Recht der betreffenden Vertragspartei, seinen verbundenen Gesellschaften kommuniziert und durch den diese miteinander kommunizieren, wobei jedoch kommerzielle oder nichtkommerzielle Dienste, die für Unternehmen erbracht werden, welche selbst keine Tochtergesellschaften, Zweigniederlassungen oder verbundene Gesellschaften des betreffenden Unternehmens sind, oder die Kunden oder potentiellen Kunden angeboten werden, nicht eingeschlossen sind. Für die Zwecke dieser Begriffsbestimmung werden die Begriffe „Tochtergesellschaften", „Zweigniederlassungen" und gegebenenfalls „verbundene Gesellschaften" von jeder einzelnen Vertragspartei selbst definiert.

Mietleitungen Telekommunikationseinrichtungen zwischen zwei oder mehr benannten Punkten, die für die ausschließliche Nutzung durch oder Verfügbarkeit für einen bestimmten Kunden oder vom Kunden gewählte andere Nutzer vorgehalten werden,

Hauptanbieter einen Anbieter, der die Bedingungen für die Teilnahme an dem relevanten Markt für öffentliche Telekommunikationsnetze oder -dienste hinsichtlich Preis und Erbringung erheblich beeinflussen kann, und zwar aufgrund

a) seiner Verfügung über wesentliche Einrichtungen oder

b) seiner Stellung auf dem Markt,

Netzabschlusspunkt den physischen Punkt, über den ein Nutzer Zugang zu einem öffentlichen Telekommunikationsnetz erhält,

Nummernübertragbarkeit die Möglichkeit für Endnutzer öffentlicher Telekommunikationsdienste, ohne Beeinträchtigung von Qualität, Zuverlässigkeit oder Komfort bei einem Wechsel zwischen Anbietern gleicher öffentlicher Telekommunikationsdienste am selben Standort dieselben Rufnummern zu behalten,

öffentliches Telekommunikationsnetz die öffentliche Telekommunikationsinfrastruktur, welche die Telekommunikation zwischen definierten Netzabschlusspunkten ermöglicht,

öffentlicher Telekommunikationsdienst einen Telekommunikationsdienst, der nach dem ausdrücklichen oder tatsächlichen Willen einer Vertragspartei der Öffentlichkeit allgemein angeboten werden muss und der die Übertragung von vom Kunden stammenden Informationen in Echtzeit zwischen zwei oder mehr Punkten beinhaltet, ohne dass auf dem Übertragungsweg inhaltliche oder formale Veränderungen an den vom Kunden stammenden Informationen vorgenommen werden. Dazu können unter anderem Telefondienste, paketvermittelte Datenübermittlungsdienste, leitungsvermittelte Datenübermittlungsdienste, Telexdienste, Telegrammdienste, Telefaxdienste, Mietleitungsdienste und mobile und persönliche Kommunikationsdienste und -systeme gehören,

Regulierungsbehörde die für die Regulierung der Telekommunikation zuständige Stelle,

Telekommunikationsdienste alle Dienste, welche die Übertragung und den Empfang von Signalen mit elektromagnetischen Mitteln zum Inhalt haben, wobei jedoch die Wirtschaftstätigkeit, die in der mittels Telekommunikation erfolgenden Bereitstellung von Inhalten besteht, nicht eingeschlossen ist, und

Nutzer ein Unternehmen oder eine natürliche Person, die einen öffentlich zugänglichen Telekommunikationsdienst nutzt oder dessen Nutzung beantragt.

Artikel 15.2
Geltungsbereich

1. Dieses Kapitel gilt für von einer Vertragspartei eingeführte oder aufrechterhaltene Maßnahmen im Zusammenhang mit Telekommunikationsnetzen oder -diensten, vorbehaltlich des Rechts einer Vertragspartei, die Erbringung einer Dienstleistung gemäß ihren Vorbehalten in ihrer dem Anhang I oder II beigefügten Liste zu beschränken.

2. Dieses Kapitel gilt nicht für Maßnahmen einer Vertragspartei, welche die Übertragung von zum Empfang durch die Allgemeinheit bestimmten Hörfunk- und Fernsehprogrammen mit beliebigen Mitteln der Telekommunikation einschließlich der drahtlosen und der kabelgebundenen Übertragung betreffen. Zur Klarstellung: Dieses Kapitel gilt für Zuführungsleitungen.

3. Dieses Kapitel

a) verpflichtet eine Vertragspartei nicht dazu, einen Dienstleister der anderen Vertragspartei zu ermächtigen, Telekommunikationsnetze oder -dienste zu errichten, zu bauen, zu erwerben, anzumieten, zu betreiben oder bereitzuhalten, sofern dies in diesem Abkommen nicht ausdrücklich vorgesehen ist, und es

b) verpflichtet eine Vertragspartei auch nicht dazu, der Öffentlichkeit allgemein nicht zugängliche Telekommunikationsnetze oder -dienste zu errichten, zu bauen, zu erwerben, anzumieten, zu betreiben oder bereitzuhalten oder einen Dienstleister dazu zu verpflichten.

Artikel 15.3
Zugang zu öffentlichen Telekommunikationsnetzen und -diensten und deren Nutzung

1. Eine Vertragspartei stellt sicher, dass Unternehmen der anderen Vertragspartei zu angemessenen und diskriminierungsfreien Bedingungen, auch in Bezug auf Qualität, technische Normen und technische Spezifikationen, das Recht auf Zugang zu öffentlichen Telekommunikationsnetzen oder -diensten und auf deren Nutzung eingeräumt wird.[1] Die Vertragsparteien kommen dieser Verpflichtung unter anderem wie in den Absätzen 2 bis 6 dargelegt nach.

2. Jede Vertragspartei stellt sicher, dass Unternehmen der anderen Vertragspartei das Recht auf Zugang zu allen innerhalb ihrer Grenzen oder grenzüberschreitend angebotenen öffentlichen Telekommunikationsnetzen oder -diensten einschließlich privater Mietleitungen und auf deren Nutzung eingeräumt wird, und stellt zu diesem Zweck vorbehaltlich der Absätze 5 und 6 sicher, dass den betreffenden Unternehmen Folgendes gestattet wird:

a) Ankauf oder Anmietung und Anschluss von Endgeräten oder sonstigen Geräten, die zum Anschluss an das öffentliche Telekommunikationsnetz geeignet sind,

b) Anschluss privater Mietleitungen oder von Privatleitungen an öffentliche Telekommunikationsnetze und -dienste der betreffenden Vertragspartei oder an Leitungen eines anderen Unternehmens oder von ihm gemietete Leitungen

c) Verwendung von Betriebsprotokollen ihrer Wahl und

d) Ausübung von Vermittlungs-, Signalisierungs- und Verarbeitungsfunktionen.

3. Jede Vertragspartei stellt sicher, dass Unternehmen der anderen Vertragspartei die öffentlichen Telekommunikationsnetze und -dienste für die Übertragung von Informationen sowohl innerhalb ihres Gebiets als auch grenzüberschreitend, auch für die interne Kommunikation dieser Unternehmen, sowie für den Zugang zu Informationen, die im Gebiet einer der beiden Vertragsparteien in Datenbanken oder auf andere Weise in maschinenlesbarer Form gespeichert sind, nutzen können.

4. Ergänzend zu Artikel 28.3 (Allgemeine Ausnahmen) und ungeachtet des Absatzes 3 ergreift eine Vertragspartei geeignete Maßnahmen zum Schutz

a) der Sicherheit und Vertraulichkeit öffentlicher Telekommunikationsdienste und

b) der Privatsphäre der Nutzer öffentlicher Telekommunikationsdienste,

und zwar unter dem Vorbehalt, dass diese Maßnahmen nicht so angewandt werden, dass sie zu einer willkürlichen oder ungerechtfertigten Diskriminierung oder zu einer verschleierten Beschränkung des Handels führen.

5. Jede Vertragspartei stellt sicher, dass der Zugang zu öffentlichen Telekommunikationsnetzen oder -diensten und deren Nutzung nur solchen Bedingungen unterworfen wird, die notwendig sind, um

a) die Gemeinwohlverpflichtung der Anbieter öffentlicher Telekommunikationsnetze oder -dienste und insbesondere deren Fähigkeit zu sichern, ihre Netze und Dienste der Öffentlichkeit allgemein zur Verfügung zu stellen,

b) die technische Unversehrtheit öffentlicher Telekommunikationsnetze oder -dienste zu schützen oder

c) sicherzustellen, dass die Dienstleister der anderen Vertragspartei keine Dienstleistungen erbringen, die aufgrund der Vorbehalte der Vertragspartei in ihrer dem Anhang I oder Anhang II beigefügten Liste Beschränkungen unterliegen.

6. Sofern die Kriterien in Absatz 5 erfüllt sind, können die Bedingungen für den Zugang zu öffentlichen Telekommunikationsnetzen oder -diensten und deren Nutzung Bestimmungen enthalten über

a) Beschränkungen des Wiederverkaufs oder der gemeinsamen Nutzung dieser Dienste,

b) eine Verpflichtung zur Verwendung spezifizierter technischer Schnittstellen, einschließlich Schnittstellenprotokolle, für die Verbindung mit solchen Netzen oder Diensten,

c) Anforderungen in Bezug auf die Interoperabilität dieser Dienste, falls dies erforderlich ist,

d) die Typzulassung von Endgeräten und sonstigen Geräten, die an das Netz angeschlossen werden, und technische Bedingungen für den Anschluss dieser Geräte an die Netze,

e) Beschränkungen der Verbindung von privaten Mietleitungen oder von Privatleitungen mit diesen Netzen oder Diensten oder mit Leitungen eines anderen Unternehmens oder von ihm gemieteten Leitungen und

f) Notifizierung, Registrierung und Lizenzierung.

Artikel 15.4
Wettbewerbssichernde Vorkehrungen gegenüber Hauptanbietern

1. Die Vertragsparteien erhalten geeignete Maßnahmen aufrecht, um zu verhindern, dass

Zu Artikel 15.3:

*[1] **Diskriminierungsfrei** ist eine Behandlung, wenn sie nicht weniger günstig ist als die Behandlung, die einem anderen Unternehmen in gleichen Situationen bei der Nutzung gleicher öffentlicher Telekommunikationsnetze oder -dienste eingeräumt wird.*

Anbieter, die allein oder gemeinsam einen Hauptanbieter darstellen, wettbewerbswidrige Praktiken aufnehmen oder weiterverfolgen.

2. Zu den in Absatz 1 genannten wettbewerbswidrigen Praktiken gehören

a) die wettbewerbswidrige Quersubventionierung,

b) die Nutzung der von anderen Wettbewerbern erlangten Informationen in einer Art und Weise, die zu wettbewerbswidrigen Ergebnissen führt, und

c) die nicht rechtzeitige Bereitstellung technischer Informationen über wesentliche Einrichtungen sowie geschäftlich relevanter Informationen, die andere Dienstleister zur Erbringung von Dienstleistungen benötigen.

Artikel 15.5
Zugang zu wesentlichen Einrichtungen

1. Jede Vertragspartei stellt sicher, dass ein Hauptanbieter in ihrem Gebiet seine wesentlichen Einrichtungen, wozu unter anderem Netzelemente, Systeme für die Betriebsunterstützung oder Infrastrukturen gehören können, den Anbietern von Telekommunikationsdiensten der anderen Vertragspartei zu angemessenen und diskriminierungsfreien Bedingungen und zu kostenorientierten Tarifen zur Verfügung stellt.

2. Jede Vertragspartei kann im Einklang mit ihren Gesetzen festlegen, welche wesentlichen Einrichtungen in ihrem Gebiet zur Verfügung gestellt werden müssen.

Artikel 15.6
Zusammenschaltung

1. Jede Vertragspartei stellt sicher, dass ein Hauptanbieter in ihrem Gebiet die Zusammenschaltung ermöglicht, und zwar

a) an jedem Punkt im Netz, an dem dies technisch machbar ist,

b) unter diskriminierungsfreien Bedingungen – einschließlich der technischen Normen und Spezifikationen – und zu diskriminierungsfreien Tarifen,

c) in einer Qualität, die nicht schlechter ist als die Qualität, die er für seine eigenen gleichen Dienste oder für gleiche Dienste nichtverbundener Dienstleister, seiner Tochtergesellschaften oder sonstiger verbundener Gesellschaften bietet,

e) rechtzeitig, zu Bedingungen (einschließlich der technischen Normen und Spezifikationen) und kostenorientierten Tarifen, die transparent, angemessen, wirtschaftlich gerechtfertigt und hinreichend entbündelt sind, so dass ein Anbieter nicht für Netzkomponenten oder Einrichtungen zahlen muss, die er für die zu erbringenden Dienste nicht benötigt, und

f) auf Anfrage außer an den Netzabschlusspunkten, die der Mehrheit der Nutzer angeboten werden, auch an zusätzlichen Punkten zu Tarifen, die den Kosten für den Bau der erforderlichen zusätzlichen Einrichtungen Rechnung tragen.

2. Ein Anbieter, der zur Erbringung von Telekommunikationsdiensten befugt ist, hat das Recht, eine neue Zusammenschaltungsvereinbarung mit anderen Anbietern öffentlicher Telekommunikationsnetze und -dienste auszuhandeln. Jede Vertragspartei stellt sicher, dass Hauptanbieter ein Standardzusammenschaltungsangebot erstellen oder Zusammenschaltungsvereinbarungen mit anderen Anbietern von Telekommunikationsnetzen und -diensten aushandeln müssen.

3. Jede Vertragspartei stellt sicher, dass Anbieter öffentlicher Telekommunikationsdienste, die bei den Verhandlungen über Zusammenschaltungsvereinbarungen Informationen von einem anderen solchen Anbieter erhalten, diese nur für den Zweck nutzen, für den sie übermittelt wurden, und stets die Vertraulichkeit der übermittelten oder gespeicherten Informationen wahren.

4. Jede Vertragspartei stellt sicher, dass die Verfahren für die Zusammenschaltung mit einem Hauptanbieter der Öffentlichkeit zugänglich gemacht werden.

5. Jede Vertragspartei stellt sicher, dass ein Hauptanbieter entweder seine Zusammenschaltungsvereinbarungen oder sein Standardzusammenschaltungsangebot der Öffentlichkeit zugänglich macht, sofern dies angemessen ist.

Artikel 15.7
Genehmigung zur Bereitstellung von Telekommunikationsdiensten

Jede Vertragspartei sollte sicherstellen, dass die Genehmigung zur Bereitstellung von Telekommunikationsdiensten nach Möglichkeit auf einem einfachen Meldeverfahren beruht.

Artikel 15.8
Universaldienst

1. Jede Vertragspartei kann die Universaldienstverpflichtungen festlegen, die sie aufrechtzuerhalten wünscht.

2. Jede Vertragspartei stellt sicher, dass jede von ihr eingeführte oder aufrechterhaltene Maßnahme im Bereich des Universaldienstes auf transparente, objektive, nichtdiskriminierende und wettbewerbsneutrale Weise gehandhabt wird. Außerdem stellt jede Vertragspartei sicher, dass eine von ihr auferlegte Universaldienstverpflichtung keine größere Belastung darstellt, als für die von der Vertragspartei festgelegte Art des Universaldienstes erforderlich ist.

3. Für die Sicherstellung des Universaldienstes sollten alle Anbieter in Frage kommen. Soll ein

Anbieter als Universaldienstleister benannt werden, so gewährleisten die Vertragsparteien, dass die Auswahl im Rahmen eines effizienten, transparenten und diskriminierungsfreien Mechanismus erfolgt.

Artikel 15.9
Knappe Ressourcen

1. Jede Vertragspartei führt ihre Verfahren für die Zuweisung und Nutzung knapper Ressourcen einschließlich Frequenzen, Nummern und Wegerechten objektiv, rechtzeitig, transparent und diskriminierungsfrei durch.

2. Ungeachtet der Artikel 8.4 (Marktzugang) und 9.6 (Marktzugang) kann eine Vertragspartei Maßnahmen einführen oder aufrechterhalten, mit denen Funkfrequenzbereiche zugewiesen und zugeteilt und die Funkfrequenzen verwaltet werden. Dementsprechend behält jede Vertragspartei das Recht, ihre die Spektrums- und Frequenzverwaltung betreffenden politischen Maßnahmen, welche die Zahl der Anbieter öffentlicher Telekommunikationsdienste beschränken können, festzulegen und anzuwenden. Jede Vertragspartei behält ferner das Recht, unter Berücksichtigung des derzeitigen und des künftigen Bedarfs Frequenzbänder zuzuweisen.

3. Jede Vertragspartei macht den aktuellen Stand zugewiesener Frequenzbänder öffentlich zugänglich, ist jedoch nicht verpflichtet, die für bestimmte staatliche Nutzungen zugewiesenen Frequenzen genau auszuweisen.

Artikel 15.10
Nummernübertragbarkeit

Jede Vertragspartei stellt sicher, dass die Anbieter öffentlicher Telekommunikationsdienste in ihrem Gebiet zu angemessenen Bedingungen Nummernübertragbarkeit anbieten.

Artikel 15.11
Regulierungsbehörde

1. Jede Vertragspartei stellt sicher, dass ihre Regulierungsbehörde von allen Anbietern von Telekommunikationsnetzen, -diensten oder -ausrüstungen rechtlich und organisatorisch unabhängig ist; dies gilt auch für den Fall, dass ein Anbieter von Telekommunikationsnetzen oder -diensten weiterhin im Eigentum oder unter der Kontrolle einer Vertragspartei bleibt.

2. Jede Vertragspartei stellt sicher, dass die Entscheidungen und die Verfahren ihrer Regulierungsbehörde allen Marktteilnehmern gegenüber unparteiisch sind und transparent sowie rechtzeitig angewendet werden.

3. Jede Vertragspartei stellt sicher, dass ihre Regulierungsbehörde mit ausreichenden Befugnissen zur Regulierung des Sektors ausgestattet ist, indem insbesondere gewährleistet wird, dass sie dazu befugt ist,

a) von den Anbietern von Telekommunikationsnetzen oder -diensten die Übermittlung sämtlicher Informationen zu verlangen, welche die Regulierungsbehörde zur Ausübung ihrer Aufgaben für notwendig erachtet, und

b) ihre Entscheidungen im Zusammenhang mit den in den Artikeln 15.3 bis 15.6 festgelegten Pflichten durch geeignete Sanktionen durchzusetzen, die finanzielle Sanktionen, Anordnungen von Abhilfemaßnahmen oder die Aussetzung oder den Widerruf von Lizenzen umfassen können.

Artikel 15.12
Streitbeilegung im Telekommunikationsbereich

Anrufung der Regulierungsbehörden

1. Ergänzend zu den Artikeln 27.3 (Verwaltungsverfahren) und 27.4 (Überprüfung und Rechtsbehelf) stellt jede Vertragspartei sicher,

a) dass Unternehmen zwecks Beilegung von Streitigkeiten mit Betreibern öffentlicher Telekommunikationsnetze oder -dienste in Bezug auf die in den Artikeln 15.3 bis 15.6 erfassten Angelegenheiten, die nach dem Recht der Vertragspartei in den Zuständigkeitsbereich der Regulierungsbehörde fallen, rechtzeitig ihre Regulierungsbehörde anrufen können. Die Regulierungsbehörde erlässt gegebenenfalls eine verbindliche Entscheidung, damit die Streitigkeit innerhalb einer angemessenen Frist beigelegt werden kann; und

b) dass Betreiber von Telekommunikationsnetzen oder -diensten der anderen Vertragspartei, die Zugang zu wesentlichen Einrichtungen oder die Zusammenschaltung mit einem Hauptanbieter im Gebiet der Vertragspartei beantragen, innerhalb einer angemessenen und öffentlich bekanntgemachten Frist eine Regulierungsbehörde anrufen können, um Streitigkeiten mit diesem Hauptanbieter über angemessene Voraussetzungen, Bedingungen und Tarife für die Zusammenschaltung oder für den Zugang beizulegen.

Rechtsbehelfe und Überprüfung von Entscheidungen der Regulierungsbehörde

2. Jede Vertragspartei stellt sicher, dass ein Unternehmen, dessen Interessen durch eine Entscheidung einer Regulierungsbehörde beeinträchtigt werden, die Entscheidung nach dem Recht der Vertragspartei durch ein unparteiisches und unabhängiges Gericht oder eine unparteiische und unabhängige gerichtsähnliche Einrichtung oder Verwaltungsbehörde überprüfen lassen kann. Das Gericht, die gerichtsähnliche Einrichtung oder die Verwaltungsbehörde teilt dem Unternehmen schriftlich die Gründe für ihre Entscheidung mit. Jede Vertragspartei stellt sicher, dass diese Entscheidungen vorbehaltlich eines Rechtsbehelfs

oder einer weiteren Überprüfung von der Regulierungsbehörde umgesetzt werden.

3. Ein Antrag auf rechtliche Überprüfung berechtigt nicht zur Nichtbefolgung der Entscheidung der Regulierungsbehörde, es sei denn, die betreffende Entscheidung wird vom zuständigen Gericht ausgesetzt.

Artikel 15.13
Transparenz

1. Ergänzend zu den Artikeln 27.1 (Veröffentlichung) und 27.2 (Erteilung von Auskünften) und zusätzlich zu den sonstigen Bestimmungen dieses Kapitels über die Veröffentlichung von Informationen macht jede Vertragspartei Folgendes öffentlich zugänglich:

a) die Aufgaben einer Regulierungsbehörde; Informationen hierzu müssen in klarer Form leicht zugänglich sein, insbesondere dann, wenn die Aufgaben mehr als einer Stelle übertragen sind,

b) ihre Maßnahmen in Bezug auf öffentliche Telekommunikationsnetze oder -dienste, darunter insbesondere:

i) die Vorschriften ihrer Regulierungsbehörde zusammen mit der Grundlage für diese Vorschriften,

ii) Tarife und sonstige Bedingungen für die Nutzung der Dienste,

iii) Spezifikationen technischer Schnittstellen,

iv) die Bedingungen für den Anschluss von Endgeräten und anderen Geräten an das öffentliche Telekommunikationsnetz,

v) etwaige Notifizierungs-, Genehmigungs-, Registrierungs- und Lizenzierungserfordernisse und

c) Informationen über Stellen, die für die Ausarbeitung, Änderung und Annahme normenbezogener Maßnahmen zuständig sind.

Artikel 15.14
Absehen von der Anwendung von Vorschriften

Die Vertragsparteien erkennen an, dass zur Erreichung berechtigter Gemeinwohlziele im Bereich der Telekommunikationsdienste das Bestehen eines Wettbewerbsmarkts von Bedeutung ist. Im Hinblick darauf kann jede Vertragspartei, soweit dies in ihrem Recht vorgesehen ist, davon absehen, eine Vorschrift auf einen Telekommunikationsdienst anzuwenden, wenn nach einer Marktanalyse festgestellt wird, dass der Wettbewerb tatsächlich funktioniert.

Artikel 15.15
Verhältnis zu anderen Kapiteln

Im Falle eines Widerspruchs zwischen diesem Kapitel und einem anderen Kapitel ist das vorliegende Kapitel maßgebend, soweit es den Widerspruch betrifft.

KAPITEL SECHZEHN
ELEKTRONISCHER GESCHÄFTSVERKEHR

Artikel 16.1
Begriffsbestimmungen

Für die Zwecke dieses Kapitels bezeichnet der Ausdruck

Lieferung Computerprogramme, Texte, Videos, Bilder, Tonaufnahmen oder sonstige Lieferungen, die digital kodiert sind, und

elektronischer Geschäftsverkehr Handel, der entweder ausschließlich über Telekommunikation erfolgt oder über Telekommunikation in Verbindung mit anderen Informations- und Kommunikationstechnologien.

Artikel 16.2
Ziel und Geltungsbereich

1. Die Vertragsparteien erkennen an, dass der elektronische Geschäftsverkehr das Wirtschaftswachstum ankurbelt und in vielen Sektoren neue Geschäftsmöglichkeiten erschließt; sie bestätigen ferner die Anwendbarkeit der WTO-Regeln auf den elektronischen Geschäftsverkehr. Sie kommen überein, die Entwicklung des elektronischen Geschäftsverkehrs zwischen den Vertragsparteien zu fördern, insbesondere durch Zusammenarbeit in den Fragen, die der elektronische Geschäftsverkehr im Rahmen dieses Kapitels aufwirft.

2. Dieses Kapitel verpflichtet eine Vertragspartei nicht dazu, die elektronische Übermittlung einer Lieferung zuzulassen, es sei denn, es besteht aufgrund einer anderen Bestimmung dieses Abkommens eine diesbezügliche Verpflichtung.

Artikel 16.3
Zölle auf elektronische Lieferungen

1. Die Vertragsparteien erheben keine Zölle, Gebühren oder Abgaben auf elektronisch übermittelte Lieferungen.

2. Es wird klargestellt, dass Absatz 1 eine Vertragspartei nicht daran hindert, inländische Steuern oder sonstige interne Abgaben auf elektronisch übermittelte Lieferungen zu erheben, sofern die Steuer oder Abgabe in einer Weise erhoben wird, die mit diesem Abkommen im Einklang steht.

Artikel 16.4
Vertrauen in den elektronischen Geschäftsverkehr

Jede Vertragspartei sollte Gesetze, sonstige Vorschriften oder Verwaltungsmaßnahmen zum Schutz der personenbezogenen Daten von Nutzern des elektronischen Geschäftsverkehrs einführen oder aufrechterhalten, wobei den internationalen Datenschutznormen einschlägiger internationaler Organisationen, bei denen beide Vertragsparteien Mitglied sind, gebührend Rechnung zu tragen ist.

Artikel 16.5
Allgemeine Bestimmungen

Angesichts des Potenzials, den der elektronische Geschäftsverkehr als Instrument für die soziale und wirtschaftliche Entwicklung hat, erkennen die Vertragsparteien die Bedeutung folgender Aspekte an:

a) Klarheit, Transparenz und Berechenbarkeit ihres internen Regulierungsrahmens, und zwar in Bezug auf das Ziel, die Entwicklung des elektronischen Geschäftsverkehrs im größtmöglichen Umfang zu erleichtern,

b) Interoperabilität, Innovation und Wettbewerb zwecks Erleichterung des elektronischen Geschäftsverkehrs und

c) leichtere Nutzung des elektronischen Geschäftsverkehrs durch kleine und mittlere Unternehmen.

Artikel 16.6
Dialog über den elektronischen Geschäftsverkehr

1. In Anerkennung des globalen Charakters des elektronischen Geschäftsverkehrs kommen die Vertragsparteien überein, Fragen des elektronischen Geschäftsverkehrs im Rahmen eines Dialogs zu erörtern, der sich unter anderem mit folgenden Themen befassen wird:

a) Anerkennung von Zertifikaten für elektronische Signaturen, die für die Öffentlichkeit ausgestellt werden, und Erleichterung grenzüberschreitender Zertifizierungsdienste,

b) Haftung der Anbieter von Vermittlungsdiensten in Bezug auf die Übermittlung oder Speicherung von Informationen,

c) Behandlung nicht angeforderter elektronischer kommerzieller Kommunikation und

d) Schutz personenbezogener Daten und Schutz von Verbrauchern und Unternehmen vor betrügerischen und irreführenden Handelspraktiken im Bereich des elektronischen Geschäftsverkehrs.

2. Der Dialog nach Absatz 1 kann in Form eines Austauschs von Informationen über die jeweiligen Gesetze und sonstigen Vorschriften oder Maßnahmen der Vertragsparteien zu dieser Thematik erfolgen und in Form eines Austauschs von Erfahrungen mit der Anwendung dieser Gesetze und sonstigen Vorschriften oder Maßnahmen.

3. In Anerkennung des globalen Charakters des elektronischen Geschäftsverkehrs bekräftigen die Vertragsparteien die Bedeutung der aktiven Beteiligung an multilateralen Foren zwecks Förderung der Entwicklung des elektronischen Geschäftsverkehrs.

Artikel 16.7
Verhältnis zu anderen Kapiteln

Im Falle eines Widerspruchs zwischen diesem Kapitel und einem anderen Kapitel dieses Abkommens ist das andere Kapitel maßgebend, soweit es den widersprüchlichen Aspekt betrifft.

KAPITEL SIEBZEHN

WETTBEWERBSPOLITIK

Artikel 17.1
Begriffsbestimmungen

Für die Zwecke dieses Kapitels bezeichnet der Ausdruck

wettbewerbsfeindliches Geschäftsgebaren wettbewerbswidrige Vereinbarungen, abgestimmte Verhaltensweisen oder Abmachungen von Wettbewerbern, wettbewerbswidrige Praktiken marktbeherrschender Unternehmen sowie Zusammenschlüsse mit erheblichen wettbewerbsschädlichen Auswirkungen und

Dienstleistung von allgemeinem wirtschaftlichem Interesse für die Europäische Union eine Dienstleistung, die von unter normalen Marktbedingungen handelnden Unternehmen nicht zufriedenstellend und nicht unter Bedingungen erbracht werden kann, die – zum Beispiel im Hinblick auf den Preis, die objektiven Qualitätsmerkmale, die Kontinuität und den Dienstleistungszugang – mit dem öffentlichen Interesse vereinbar sind. Die Erbringung von Dienstleistungen von allgemeinem wirtschaftlichem Interesse muss vom Staat einem oder mehreren Unternehmen im Wege eines öffentlichen Auftrags übertragen werden, in dem die jeweiligen Verpflichtungen der betreffenden Unternehmen und des Staates festgehalten sind.

Artikel 17.2
Wettbewerbspolitik

1. Die Vertragsparteien erkennen die Bedeutung eines freien und unverfälschten Wettbewerbs im Rahmen ihrer Handelsbeziehungen an. Die Vertragsparteien räumen ein, dass wettbewerbsfeindliches Geschäftsgebaren das reibungslose Funktionieren der Märkte stören und die Vorteile der Handelsliberalisierung zunichtemachen kann.

2. Die Vertragsparteien treffen geeignete Maßnahmen zum Verbot wettbewerbsfeindlichen Geschäftsgebarens und erkennen an, dass solche Maßnahmen der Verwirklichung der Ziele dieses Abkommens förderlich sind.

3. Die Vertragsparteien arbeiten in Fragen, die das Verbot wettbewerbsfeindlichen Geschäftsgebarens in der Freihandelszone betreffen, im Einklang mit dem am 17. Juni 1999 in Bonn unterzeichneten *Abkommen zwischen den Europäischen Gemeinschaften und der Regierung von Kanada über die Anwendung ihres Wettbewerbsrechts* zusammen.

4. Die Maßnahmen nach Absatz 2 entsprechen den Grundsätzen der Transparenz, Nichtdiskriminierung und Verfahrensgerechtigkeit. Ausnahmen von der Anwendung des Wettbewerbsrechts müssen transparent sein. Die Vertragsparteien stellen einander öffentlich zugängliche Informationen über solche Ausnahmen zur Verfügung, die nach ihrem jeweiligen Wettbewerbsrecht bestehen.

Artikel 17.3
Anwendung der Wettbewerbspolitik auf Unternehmen

1. Jede Vertragspartei stellt sicher, dass Maßnahmen nach Artikel 17.2 Absatz 2 in dem nach ihrem Recht erforderlichen Umfang für die Vertragsparteien gelten.

2. Zur Klarstellung:

a) In Kanada ist das *Competition Act*, R.S.C. 1985, c. C-34, bindend für juristische Personen, die Bevollmächtigte Ihrer Majestät in Vertretung Kanadas oder einer seiner Provinzen sind, und findet in Bezug auf gewerbliche Tätigkeiten, die diese juristischen Personen tatsächlich oder potenziell im Wettbewerb mit anderen Personen ausüben, insoweit Anwendung, als es auch Anwendung finden würde, wenn es sich nicht um Bevollmächtigte Ihrer Majestät handeln würde. Solche Bevollmächtigte können Staatsunternehmen, Monopolinhaber und Unternehmen mit besonderen oder ausschließlichen Rechten oder Vorrechten sein.

b) In der Europäischen Union unterliegen Staatsunternehmen, Monopolinhaber und Unternehmen mit besonderen Rechten oder Vorrechten den Wettbewerbsregeln der Europäischen Union. Unternehmen, die mit Dienstleistungen von allgemeinem wirtschaftlichem Interesse betraut sind oder den Charakter eines Finanzmonopols haben, unterliegen diesen Regeln insoweit, als deren Anwendung die Erfüllung der ihnen übertragenen besonderen Aufgaben weder rechtlich noch tatsächlich behindert.

Artikel 17.4
Streitbeilegung

Dieses Kapitel unterliegt keiner der in diesem Abkommen vorgesehenen Streitbeilegungsregelungen.

KAPITEL ACHTZEHN
STAATSUNTERNEHMEN, MONOPOLINHABER UND UNTERNEHMEN MIT BESONDEREN RECHTEN ODER VORRECHTEN

Artikel 18.1
Begriffsbestimmungen

Für die Zwecke dieses Kapitels bezeichnet der Ausdruck

erfasstes Rechtssubjekt

a) einen Monopolinhaber,

b) einen Anbieter von Waren oder Dienstleistungen, sofern er zu einem kleinen Kreis von Waren- oder Dienstleistungsanbietern zählt, die rechtlich oder tatsächlich von einer Vertragspartei ermächtigt oder eingesetzt wurden, und sofern die betreffende Vertragspartei den Wettbewerb unter diesen Anbietern in ihrem Gebiet in erheblichem Maß unterbindet,

c) jedes Rechtssubjekt, dem von einer Vertragspartei rechtlich oder tatsächlich besondere Rechte oder Vorrechte hinsichtlich der Lieferung einer Ware oder der Erbringung einer Dienstleistung gewährt wurden, wodurch die Möglichkeiten anderer Unternehmen, die gleichen Waren oder Dienstleistungen im selben geografischen Gebiet unter im Wesentlichen gleichen Bedingungen anzubieten, erheblich beeinträchtigt werden und es dem betreffenden Rechtssubjekt ermöglicht wird, sich ganz oder teilweise dem Wettbewerbsdruck oder Marktzwängen zu entziehen[1], oder

d) ein Staatsunternehmen,

benennen einen Monopolinhaber einsetzen oder ermächtigen oder ein Monopol auf andere Waren oder Dienstleistungen ausweiten,

aus kommerziellen Erwägungen heraus im Einklang mit den üblichen Geschäftspraktiken eines privat geführten Unternehmens im betreffenden Wirtschaftszweig und

diskriminierungsfreie Behandlung Inländerbehandlung oder Meistbegünstigung im Sinne dieses Abkommens, je nachdem welche Behandlung die günstigere ist.

Zu Artikel 18.1:

[1] Zur Klarstellung: Die Vergabe einer Lizenz bei der Zuweisung knapper Ressourcen an eine begrenzte Anzahl von Unternehmen nach objektiven, verhältnismäßigen und nichtdiskriminierenden Kriterien stellt an sich kein besonderes Recht dar.

Artikel 18.2
Geltungsbereich

1. Die Vertragsparteien bekräftigen ihre Rechte und Pflichten aus den Artikeln XVII:1 bis XVII:3 GATT 1994, der *Vereinbarung zur Auslegung des Artikels XVII des Allgemeinen Zoll- und Handelsabkommens 1994* und den Artikeln VIII:1 und VIII:2 GATS, die allesamt als Bestandteil in dieses Abkommen übernommen werden.

2. Dieses Kapitel gilt nicht für die Beschaffung von Waren oder Dienstleistungen durch eine Vertragspartei, sofern die Waren und Dienstleistungen für öffentliche Zwecke beschafft werden und nicht zur gewerblichen Weiterveräußerung oder zur Nutzung bei der Lieferung von Waren oder der Erbringung von Dienstleistungen zur gewerblichen Veräußerung bestimmt sind, unabhängig davon, ob es sich bei der betreffenden Beschaffung um eine „erfasste Beschaffung" im Sinne des Artikels 19.2 (Geltungsbereich) handelt oder nicht.

3. Die Artikel 18.4 und 18.5 gelten nicht für die in Artikel 8.2 (Geltungsbereich) und Artikel 9.2 (Geltungsbereich) genannten Sektoren.

4. Die Artikel 18.4 und 18.5 gelten nicht für Maßnahmen eines erfassten Rechtssubjekts, bei denen ein Vorbehalt einer Vertragspartei gegenüber einer Inländerbehandlungs- oder Meistbegünstigungsverpflichtung nach der den Anhängen I, II oder III beigefügten Liste dieser Vertragspartei Anwendung finden würde, wenn dieselben Maßnahmen von der betreffenden Vertragspartei eingeführt oder aufrechterhalten worden wären.

Artikel 18.3
Staatsunternehmen, Monopolinhaber und Unternehmen mit besonderen Rechten oder Vorrechten

1. Unbeschadet der Rechte und Pflichten der Vertragsparteien aus diesem Abkommen hindert dieses Kapitel die Vertragsparteien nicht daran, Staatsunternehmen oder Monopole zu benennen oder beizubehalten oder Unternehmen besondere Rechte oder Vorrechte zu gewähren.

2. Eine Vertragspartei sieht davon ab, von einem erfassten Rechtssubjekt zu verlangen oder es dazu zu ermutigen, in einer mit diesem Abkommen unvereinbaren Weise zu handeln.

Artikel 18.4
Diskriminierungsfreie Behandlung

1. Jede Vertragspartei stellt sicher, dass die erfassten Rechtssubjekte in ihrem Gebiet einer erfassten Investition, einer Ware der anderen Vertragspartei oder einem Dienstleister der anderen Vertragspartei beim Kauf oder Verkauf von Waren oder Dienstleistungen eine diskriminierungsfreie Behandlung gewähren.

2. Handelt ein erfasstes Rechtssubjekt im Sinne der Begriffsbestimmung des Artikels 18.1 Buchstaben b bis d im Einklang mit Artikel 18.5 Absatz 1, so gelten die aus Absatz 1 erwachsenden Verpflichtungen der Vertragspartei, in deren Gebiet sich das erfasste Rechtssubjekt befindet, in Bezug auf dieses Rechtssubjekt als erfüllt.

Artikel 18.5
Kommerzielle Erwägungen

1. Jede Vertragspartei stellt sicher, dass erfasste Rechtssubjekte in ihrem Gebiet beim Kauf oder Verkauf von Waren sowie beim Kauf oder bei der Erbringung von Dienstleistungen aus kommerziellen Erwägungen heraus handeln, unter anderem im Hinblick auf Preise, Qualität, Verfügbarkeit, Marktgängigkeit, Beförderung und sonstige Kauf- oder Verkaufsbedingungen, und zwar auch dann, wenn solche Waren oder Dienstleistungen für eine Investition eines Investors der anderen Vertragspartei geliefert werden oder wenn sie aus einer Investition eines Investors der anderen Vertragspartei hervorgehen.

2. Handelt ein erfasstes Rechtssubjekt im Einklang mit Artikel 18.4 und Kapitel siebzehn (Wettbewerbspolitik), so entfällt die Verpflichtung nach Absatz 1

a) im Falle eines Monopols bezüglich der Erfüllung des Zwecks, zu dem das Monopol geschaffen wurde oder besondere Rechte oder Vorrechte gewährt wurden, wie etwa der Erfüllung einer gemeinwirtschaftlichen Verpflichtung oder der Förderung der Regionalentwicklung, oder

b) im Falle eines Staatsunternehmens bezüglich der Erfüllung seines öffentlichen Auftrags.

KAPITEL NEUNZEHN
ÖFFENTLICHE BESCHAFFUNGEN

Artikel 19.1
Begriffsbestimmungen

Für die Zwecke dieses Kapitels bezeichnet der Ausdruck

gewerbliche Waren oder Dienstleistungen Waren oder Dienstleistungen, die im Allgemeinen auf dem gewerblichen Markt an nichtstaatliche Käufer verkauft oder diesen zum Kauf angeboten und gewöhnlich von nichtstaatlichen Käufern zu nichthoheitlichen Zwecken erworben werden,

Bauleistung eine Dienstleistung, welche die Ausführung von Hoch- oder Tiefbauarbeiten jeder Art im Sinne von Abteilung 51 der vorläufigen zentralen Gütersystematik der Vereinten Nationen (Central Product Classification – CPC) bezweckt,

elektronische Auktion ein iteratives Verfahren, bei dem die Anbieter mittels elektronischer

Verfahren neue Preise oder neue Werte für quantifizierbare, nichtpreisliche, auf die Bewertungskriterien abstellende Komponenten des Angebots vorlegen und das zu einer Reihung oder Neureihung der Angebote führt,

schriftlich jede aus Wörtern oder Ziffern bestehende Darstellung, die gelesen, reproduziert und zu einem späteren Zeitpunkt mitgeteilt werden kann. Dies kann auch elektronisch übermittelte und gespeicherte Informationen einschließen,

freihändige Vergabe eine Vergabemethode, bei der sich die Beschaffungsstelle mit einem oder mehreren Anbietern ihrer Wahl in Verbindung setzt,

Maßnahmen alle Gesetze, sonstigen Vorschriften, Verfahren, Verwaltungsleitlinien oder -methoden sowie alle Handlungen einer Beschaffungsstelle im Zusammenhang mit einer erfassten Beschaffung,

mehrfach verwendbare Liste eine Liste von Anbietern, die nach Feststellung einer Beschaffungsstelle die Voraussetzungen zur Aufnahme in die Liste erfüllen, welche die Beschaffungsstelle mehr als einmal zu verwenden beabsichtigt,

Ausschreibungsbekanntmachung eine Bekanntmachung, mit der eine Beschaffungsstelle interessierte Anbieter einlädt, einen Teilnahmeantrag, ein Angebot oder beides einzureichen,

Kompensationsgeschäfte alle Bedingungen oder Zusagen, welche die lokale Entwicklung fördern oder die Zahlungsbilanz einer Vertragspartei verbessern, beispielsweise Bestimmungen über heimische Anteile, die Lizenzierung von Technologie, Investitionen, Kompensationshandel und ähnliche Regelungen oder Auflagen,

offene Ausschreibung eine Vergabemethode, bei der alle interessierten Anbieter ein Angebot abgeben können,

Person eine „Person" im Sinne des Artikels 1.1 (Allgemein geltende Begriffsbestimmungen),

Beschaffungsstelle eine in den Anhängen 19-1, 19-2 oder 19-3 der Marktzugangsliste einer Vertragspartei für dieses Kapitel erfasste Stelle,

qualifizierter Anbieter einen Anbieter, den eine Beschaffungsstelle als Anbieter anerkennt, welcher die Teilnahmebedingungen erfüllt,

beschränkte Ausschreibung eine Vergabemethode, bei der die Beschaffungsstelle nur qualifizierte Anbieter zur Abgabe eines Angebots auffordert,

Dienstleistungen auch Bauleistungen, sofern nichts anderes bestimmt ist,

Standard ein von einer anerkannten Stelle genehmigtes Dokument, das für den allgemeinen und wiederholten Gebrauch Regeln, Leitlinien oder Merkmale für Waren oder Dienstleistungen oder diesbezügliche Verfahren oder Produktionsmethoden vorgibt, deren Einhaltung nicht zwingend vorgeschrieben ist. Es kann auch oder ausschließlich Festlegungen enthalten über Terminologie, Symbole, Verpackung, Kennzeichnungs- oder Etikettierungserfordernisse, die für eine Ware, eine Dienstleistung, ein Verfahren oder eine Herstellungsmethode gelten,

Anbieter eine Person oder Personengruppe, die Waren oder Dienstleistungen liefert beziehungsweise liefern könnte, und

technische Spezifikationen Vergabeanforderungen,

a) welche die Merkmale einer zu beschaffenden Ware oder Dienstleistung, wie Qualität, Gebrauchstauglichkeit, Sicherheit und Abmessungen, oder die Verfahren und Methoden zu ihrer Herstellung beziehungsweise Bereitstellung festlegen, oder

b) die auf Terminologie, Symbole, Verpackung, Kennzeichnung oder Etikettierung abstellen, soweit diese für eine Ware oder eine Dienstleistung gelten.

Artikel 19.2
Geltungsbereich

Anwendung dieses Kapitels

1. Dieses Kapitel erstreckt sich auf alle Maßnahmen im Zusammenhang mit erfassten Beschaffungen, und zwar unabhängig davon, ob sie ganz oder teilweise elektronisch erfolgen.

2. Für die Zwecke dieses Kapitels bezeichnet der Ausdruck „erfasste Beschaffungen" Beschaffungen für öffentliche Zwecke

a) von Waren, Dienstleistungen oder Kombinationen aus Waren und Dienstleistungen,

i) die in den Anhängen der jeweiligen Vertragspartei zu ihrer Marktzugangsliste für dieses Kapitel spezifiziert sind und

ii) die nicht zur gewerblichen Veräußerung beziehungsweise Weiterveräußerung oder zur Nutzung bei der Lieferung von Waren oder der Erbringung von Dienstleistungen zur gewerblichen Veräußerung beziehungsweise Weiterveräußerung beschafft werden,

b) auf vertraglichem Wege jedweder Art, einschließlich Kauf, Leasing und Miete oder Mietkauf mit oder ohne Kaufoption,

c) deren nach den Absätzen 6 bis 8 geschätzter Wert zum Zeitpunkt der Veröffentlichung einer Bekanntmachung nach Artikel 19.6 den in den Anhängen einer Vertragspartei zu ihrer Marktzugangsliste für dieses Kapitel aufgeführten maßgeblichen Schwellenwert erreicht oder überschreitet,

d) die von einer Beschaffungsstelle vorgenommen werden und

e) die nicht nach Absatz 3 oder nach den Anhängen einer Vertragspartei zu ihrer Marktzugangsliste für dieses Kapitel vom Geltungsbereich ausgenommen sind.

3. Sofern die Anhänge einer Vertragspartei zu ihrer Marktzugangsliste für dieses Kapitel nichts

anderes bestimmen, erstreckt sich dieses Kapitel nicht auf

a) den Erwerb oder die Miete von Grundstücken, vorhandenen Gebäuden oder sonstigen Immobilien oder daran bestehenden Rechten,

b) nichtvertragliche Vereinbarungen oder jegliche Hilfen, die eine Vertragspartei gewährt, einschließlich Kooperationsvereinbarungen, Zuschüssen, Darlehen, Kapitalzuführungen, Garantien und steuerlicher Anreize,

c) die Beschaffung oder den Erwerb von Zahlstellen- oder Wertpapierverwahrdienstleistungen, Liquidations- und Verwaltungsdienstleistungen für regulierte Finanzinstitute sowie Verkaufs-, Tilgungs- und Vertriebsdienstleistungen für öffentliche Schuldtitel, einschließlich Darlehen und Staatsanleihen, Schuldverschreibungen und anderer Wertpapiere,

d) Arbeitsverträge im öffentlichen Sektor,

e) Beschaffungen,

i) die dem Zweck dienen, internationale Hilfe, einschließlich Entwicklungshilfe, zu leisten,

ii) die den besonderen Verfahren oder Bedingungen einer internationalen Übereinkunft über die Stationierung von Streitkräften oder über die gemeinsame Durchführung eines Projekts durch die Unterzeichnerstaaten unterliegen oder

iii) die den besonderen Verfahren oder Bedingungen einer internationalen Organisation unterliegen oder über internationale Zuschüsse, Darlehen oder sonstige internationale Hilfsmaßnahmen finanziert werden, sofern das anwendbare Verfahren oder die anwendbaren Bedingungen nicht mit diesem Kapitel vereinbar wären.

4. Unter dieses Kapitel fallen alle Beschaffungen, die von den Marktzugangslisten Kanadas und der Europäischen Union erfasst werden, in welchen die Zusagen der jeweiligen Vertragspartei wie folgt festgehalten sind:

a) Anhang 19-1: Stellen der Zentralregierung, deren Beschaffungen von diesem Kapitel erfasst werden,

b) Anhang 19-2: Stellen unterhalb der Zentralregierung, deren Beschaffungen von diesem Kapitel erfasst werden,

c) Anhang 19-3: alle sonstigen Stellen, deren Beschaffungen von diesem Kapitel erfasst werden,

d) Anhang 19-4: Waren, die von diesem Kapitel erfasst werden,

e) Anhang 19-5: Dienstleistungen (ausgenommen Bauleistungen), die von diesem Kapitel erfasst werden,

f) Anhang 19-6: Bauleistungen, die von diesem Kapitel erfasst werden,

g) Anhang 19-7: allgemeine Anmerkungen und

h) Anhang 19-8: für die Zwecke dieses Kapitels genutzte Veröffentlichungsmedien.

5. Verlangen Beschaffungsstellen bei erfassten Beschaffungen, dass Personen, die nicht in den Anhängen einer Vertragspartei zu ihrer Marktzugangsliste für dieses Kapitel aufgeführt sind, Beschaffungen nach besonderen Anforderungskriterien durchführen, so findet Artikel 19.4 sinngemäß auf diese Anforderungen Anwendung.

Bewertung

6. Schätzt eine Beschaffungsstelle den Wert einer Beschaffung, um herauszufinden, ob es sich um eine erfasste Beschaffung handelt,

a) darf sie die Beschaffung weder in mehrere Beschaffungen aufteilen noch eine bestimmte Bewertungsmethode für die Veranschlagung des Beschaffungswerts wählen oder anwenden in der Absicht, die Anwendung dieses Kapitels ganz oder teilweise zu umgehen, und

b) muss sie den maximalen Gesamtwert der Beschaffung über die gesamte Laufzeit des Auftrags veranschlagen – unabhängig davon, ob ein oder mehrere Anbieter den Zuschlag erhalten – und dabei alle Formen der Vergütung berücksichtigen, einschließlich

i) Prämien, Gebühren, Kommissionen und Zinsen und,

ii) sofern bei der Beschaffung Optionen vorgesehen sind, des Gesamtwerts dieser Optionen.

7. Werden zur Deckung eines bestimmten Bedarfs mehrere Aufträge oder Teilaufträge (im Folgenden „wiederkehrende Aufträge") vergeben, so ist die Grundlage für die Berechnung des geschätzten maximalen Gesamtwerts

a) der Wert der wiederkehrenden Aufträge, die zur Beschaffung gleichartiger Waren oder Dienstleistungen in den vorangegangenen 12 Monaten oder im vorangegangenen Rechnungsjahr der Beschaffungsstelle vergeben wurden, wobei dieser Wert nach Möglichkeit im Hinblick auf zu erwartende Änderungen der Menge oder des Werts der in den folgenden 12 Monaten zu beschaffenden Waren oder Dienstleistungen anzupassen ist, oder

b) der geschätzte Wert der wiederkehrenden Aufträge, die in den 12 Monaten nach Vergabe des Erstauftrags oder innerhalb des Rechnungsjahres der Beschaffungsstelle zur Beschaffung gleichartiger Waren oder Dienstleistungen vergeben werden sollen.

8. Bei Beschaffungen von Waren oder Dienstleistungen in Form von Leasing, Miete oder Mietkauf oder bei Beschaffungen ohne Angabe eines Gesamtpreises gilt als Grundlage für die Bestimmung des Auftragswerts

a) bei befristeten Verträgen

i) mit einer Laufzeit von höchstens 12 Monaten der geschätzte maximale Gesamtwert für die Laufzeit oder

ii) mit einer Laufzeit von mehr als 12 Monaten der geschätzte maximale Gesamtwert, einschließlich des geschätzten Restwerts,

b) bei Aufträgen von unbeschränkter Dauer die geschätzte monatliche Rate, multipliziert mit 48, und

c) bei Unklarheit darüber, ob der Auftrag befristet sein soll, die Regelung des Buchstabens b.

Artikel 19.3
Sicherheit und allgemeine Ausnahmen

1. Dieses Kapitel ist nicht dahingehend auszulegen, dass es eine Vertragspartei daran hindert, im Zusammenhang mit folgenden Beschaffungen Maßnahmen zu treffen oder Auskünfte zu verweigern, die sie zum Schutz ihrer wesentlichen Sicherheitsinteressen als notwendig erachtet:

a) Waffen, Munition[1)] oder Kriegsmaterial,

b) für die nationale Sicherheit unerlässliche Beschaffungen oder

c) für die Landesverteidigung unerlässliche Beschaffungen.

2. Unter dem Vorbehalt, dass die folgenden Maßnahmen nicht so angewendet werden dürfen, dass sie bei Vorliegen gleicher Voraussetzungen zu einer willkürlichen oder ungerechtfertigten Diskriminierung zwischen Vertragsparteien oder zu einer verschleierten Beschränkung des internationalen Handels führen, ist dieses Kapitel nicht dahingehend auszulegen, dass es eine Vertragspartei daran hindert, Maßnahmen anzuordnen oder durchzusetzen,

a) die zum Schutz der öffentlichen Sittlichkeit, Ordnung und Sicherheit erforderlich sind,

b) die zum Schutz des Lebens und der Gesundheit von Menschen, Tieren und Pflanzen erforderlich sind,

c) die zum Schutz geistigen Eigentums erforderlich sind oder

d) die Waren oder Dienstleistungen von Personen mit Behinderungen, von Wohltätigkeitseinrichtungen oder von Strafgefangenen betreffen.

Artikel 19.4
Allgemeine Grundsätze

Diskriminierungsverbot

1. Bei etwaigen Maßnahmen bezüglich der erfassten Beschaffungen behandelt eine Vertragspartei, einschließlich ihrer Beschaffungsstellen, die Waren und Dienstleistungen der anderen Vertragspartei wie auch die Anbieter der anderen Vertragspartei, die entsprechende Waren und Dienstleistungen vertreiben, nicht weniger günstig als ihre eigenen Waren, Dienstleistungen und Anbieter, und zwar unverzüglich und bedingungslos. Zur Klarstellung:

a) innerhalb Kanadas bedeutet dies eine Behandlung, die nicht weniger günstig ist als die Behandlung, die eine Provinz oder ein Territorium, einschließlich der jeweiligen Beschaffungsstellen, den Waren und Dienstleistungen aus der betreffenden Provinz beziehungsweise aus dem betreffenden Territorium und den Anbietern in der betreffenden Provinz beziehungsweise in dem betreffenden Territorium gewährt, und

b) innerhalb der Europäischen Union bedeutet dies eine Behandlung, die nicht weniger günstig ist als die Behandlung, die ein Mitgliedstaat oder eine subzentrale Ebene eines Mitgliedstaats, einschließlich ihrer jeweiligen Beschaffungsstellen, den Waren und Dienstleistungen aus dem betreffenden Mitgliedstaat beziehungsweise aus dem Gebiet der betreffenden subzentralen Ebene und den Anbietern im betreffenden Mitgliedstaat beziehungsweise auf der betreffenden subzentralen Ebene gewährt.

2. Bei allen Maßnahmen bezüglich der erfassten Beschaffungen sehen eine Vertragspartei und ihre Beschaffungsstellen, davon ab,

a) einen gebietsansässigen Anbieter je nach Grad der ausländischen Kontrolle oder Beteiligung weniger günstig zu behandeln als einen anderen gebietsansässigen Anbieter oder

b) einen gebietsansässigen Anbieter deshalb zu diskriminieren, weil die Waren oder Dienstleistungen, die dieser Anbieter für eine bestimmte Beschaffung anbietet, Waren oder Dienstleistungen der anderen Vertragspartei sind.

Einsatz elektronischer Mittel

3. Werden erfasste Beschaffungen elektronisch abgewickelt, so trägt die betreffende Beschaffungsstelle dafür Sorge,

a) dass die bei der Beschaffung und damit auch die zur Authentifizierung und Verschlüsselung von Informationen eingesetzten IT-Systeme und Softwarelösungen allgemein zugänglich und mit anderen allgemein zugänglichen IT-Systemen und Softwarelösungen interoperabel sind, und

b) dass Mechanismen bestehen, welche die Integrität der Teilnahmeanträge und Angebote gewährleisten; dies umfasst auch die Feststellung des Eingangszeitpunkts und die Verhinderung unbefugter Zugriffe.

Durchführung von Beschaffungen

4. Die Beschaffungsstellen führen die erfassten Beschaffungen in einer transparenten und unparteiischen Weise durch,

a) die mit diesem Kapitel vereinbar ist, indem sie auf Methoden wie die offene Ausschreibung,

Zu Artikel 19.3:

[1)] Der Ausdruck „Munition" in diesem Artikel gilt als gleichbedeutend mit den Ausdrücken „ammunition" und „munitions".

die beschränkte Ausschreibung und die freihändige Vergabe zurückgreifen,

b) die keine Interessenskonflikte entstehen lässt und

c) die Korruptionspraktiken verhindert.

Ursprungsregeln

5. Bei erfassten Beschaffungen darf eine Vertragspartei auf Waren oder Dienstleistungen, die aus dem Gebiet der anderen Vertragspartei eingeführt oder geliefert werden, keine Ursprungsregeln anwenden, die sich von denen unterscheiden, die sie parallel dazu im normalen Handelsverkehr auf Einfuhren oder Lieferungen gleicher Waren oder Dienstleistungen aus dem Gebiet derselben Vertragspartei anwendet.

Kompensationsgeschäfte

6. Bei erfassten Beschaffungen darf eine Vertragspartei, einschließlich ihrer Beschaffungsstellen, keine Kompensationsgeschäfte anstreben, berücksichtigen, vorschreiben oder erzwingen.

Nicht beschaffungsspezifische Maßnahmen

7. Die Absätze 1 und 2 gelten weder für Zölle und Abgaben aller Art, die bei oder im Zusammenhang mit der Einfuhr erhoben werden, noch für das Verfahren zur Erhebung solcher Zölle und Abgaben, noch für sonstige Einfuhrbestimmungen oder -förmlichkeiten noch für Maßnahmen mit Auswirkungen auf den Dienstleistungshandel, es sei denn, die Maßnahmen regeln die erfassten Beschaffungen.

Artikel 19.5
Informationen über das Beschaffungswesen

1. Jede Vertragspartei

a) veröffentlicht umgehend alle Gesetze, sonstigen Vorschriften, Gerichtsentscheidungen, Verwaltungsentscheidungen mit allgemeiner Geltung, Standardvertragsbestimmungen, die durch Gesetz oder sonstige Vorschrift vorgeschrieben sind und auf die in Bekanntmachungen oder Ausschreibungsunterlagen Bezug genommen wird, ferner alle Verfahren, welche die erfassten Beschaffungen betreffen, und alle diesbezüglichen Änderungen in einem amtlicherseits festgelegten Print- oder E-Medium, das weit verbreitet und der Öffentlichkeit stets problemlos zugänglich ist, und

b) gibt der anderen Vertragspartei auf deren Ersuchen diesbezügliche Erläuterungen.

2. Jede Vertragspartei führt in Anhang 19-8 ihrer Marktzugangsliste Folgendes auf:

a) das Print- oder E-Medium, in dem die Vertragspartei die in Absatz 1 genannten Informationen veröffentlicht,

b) das Print- oder E-Medium, in dem die Vertragspartei die nach Artikel 19.6, Artikel 19.8 Absatz 7 und Artikel 19.15 Absatz 2 erforderlichen Bekanntmachungen veröffentlicht, und

c) die Adresse der Websites, auf denen die Vertragspartei Folgendes veröffentlicht:

i) ihre Beschaffungsstatistiken nach Artikel 19.15 Absatz 5 oder

ii) ihre Bekanntmachungen betreffend Vergaben nach Artikel 19.15 Absatz 6.

3. Jede Vertragspartei teilt dem Ausschuss für das öffentliche Beschaffungswesen unverzüglich jedwede Änderung der in Anhang 19-8 enthaltenen Angaben mit.

Artikel 19.6
Bekanntmachungen

Ausschreibungsbekanntmachung

1. Außer in den in Artikel 19.12 genannten Fällen veröffentlicht die Beschaffungsstelle für jede erfasste Beschaffung eine Ausschreibungsbekanntmachung.

Alle Ausschreibungsbekanntmachungen müssen – vorbehaltlich des Absatzes 2 – über einen einzigen Zugangspunkt direkt und kostenlos elektronisch zugänglich sein. Die Bekanntmachungen können auch in einem geeigneten, weit verbreiteten Printmedium veröffentlicht werden und müssen für die Öffentlichkeit mindestens bis zum Ablauf der darin genannten Frist problemlos zugänglich bleiben.

Jede Vertragspartei führt das geeignete Print- oder E-Medium in Anhang 19-8 auf.

2. Eine Vertragspartei kann den in den Anhängen 19-2 und 19-3 erfassten Stellen, die noch nicht in der Lage sind, sich an einem einzigen Zugangspunkt im Sinne des Absatzes 1 zu beteiligen, einen Übergangszeitraum von bis zu fünf Jahren ab dem Zeitpunkt des Inkrafttretens dieses Abkommens gewähren. Die betreffenden Stellen machen während eines solchen Übergangszeitraums ihre Ausschreibungsbekanntmachungen, soweit ein elektronischer Zugriff besteht, über Links in einem kostenlos zugänglichen – in Anhang 19-8 aufgeführten – Internetportal verfügbar.

3. Vorbehaltlich anderslautender Bestimmungen in diesem Kapitel hat jede Ausschreibungsbekanntmachung Folgendes zu enthalten:

a) Name und Anschrift der Beschaffungsstelle sowie alle weiteren Angaben, die erforderlich sind, um mit ihr Kontakt aufzunehmen und alle Ausschreibungsunterlagen und gegebenenfalls zugehörige Kostenangaben und Zahlungsbedingungen anzufordern,

b) Beschreibung des Ausschreibungsgegenstands, einschließlich Art und Menge beziehungsweise, wenn die Menge unbekannt ist, geschätzte Menge der zu beschaffenden Waren oder Dienstleistungen,

c) bei wiederkehrenden Aufträgen nach Möglichkeit den voraussichtlichen Zeitplan für die nachfolgenden Ausschreibungsbekanntmachungen,

d) Beschreibung etwaiger Optionen,

e) Zeitrahmen für die Lieferung der Waren oder Dienstleistungen oder Laufzeit des Auftrags,

f) geplante Vergabemethode und Angabe, ob Verhandlungen oder eine elektronische Auktion vorgesehen sind,

g) gegebenenfalls Anschrift und etwaige Frist für die Einreichung von Teilnahmeanträgen,

h) Anschrift und Frist für die Einreichung von Angeboten,

i) Sprachen, in denen die Angebote oder Teilnahmeanträge eingereicht werden können, sofern sie in einer anderen Sprache eingereicht werden können als der Amtssprache der Vertragspartei, zu der die Beschaffungsstelle gehört,

j) Liste und Kurzbeschreibung der Teilnahmebedingungen für Anbieter, einschließlich der von ihnen diesbezüglich vorzulegenden besonderen Unterlagen oder Bescheinigungen, sofern die betreffenden Anforderungen nicht den Ausschreibungsunterlagen zu entnehmen sind, die allen interessierten Anbietern bei der Ausschreibungsbekanntmachung zur Verfügung gestellt werden,

k) die Auswahlkriterien, die angewandt werden, wenn eine Beschaffungsstelle nach Artikel 19.8 eine begrenzte Zahl qualifizierter Anbieter zur Abgabe eines Angebots auffordern will, und gegebenenfalls die Höchstzahl der Anbieter, denen die Teilnahme gestattet wird, und

l) Hinweis, dass die Beschaffung von diesem Kapitel erfasst wird.

Zusammenfassung der Bekanntmachung

4. Bei jeder beabsichtigten Beschaffung veröffentlicht die Beschaffungsstelle parallel zur Ausschreibungsbekanntmachung eine problemlos zugängliche Zusammenfassung in englischer oder französischer Sprache. Die Zusammenfassung enthält mindestens folgende Angaben:

a) Gegenstand der Beschaffung,

b) Frist für das Einreichen der Angebote oder gegebenenfalls Frist für die Stellung von Teilnahmeanträgen oder Anträgen auf Aufnahme in eine mehrfach verwendbare Liste und

c) Anschrift der Stelle, bei der die Ausschreibungsunterlagen angefordert werden können.

Bekanntmachung von Beschaffungsvorhaben

5. Die Beschaffungsstellen werden angehalten, ihre künftigen Beschaffungsvorhaben im jeweiligen Rechnungsjahr möglichst frühzeitig in dem in Anhang 19-8 aufgeführten E-Medium und – soweit zutreffend – Printmedium öffentlich bekanntzugeben (im Folgenden „Bekanntmachung eines Beschaffungsvorhabens"). Die Bekanntmachung von Beschaffungsvorhaben wird – vorbehaltlich des Absatzes 2 – auch auf der in Anhang 19-8 aufgeführten Website des einheitlichen Zugangspunkts veröffentlicht. Die Bekanntmachung eines Beschaffungsvorhabens sollte den Beschaffungsgegenstand und das Datum enthalten, an dem die Veröffentlichung der Ausschreibungsbekanntmachung geplant ist.

6. Die in Anhang 19-2 oder Anhang 19-3 erfassten Beschaffungsstellen können die Bekanntmachung eines Beschaffungsvorhabens als Ausschreibungsbekanntmachung verwenden, sofern die Bekanntmachung des Beschaffungsvorhabens alle in Absatz 3 genannten Angaben, soweit für die Beschaffungsstelle verfügbar, sowie den Hinweis enthält, dass interessierte Anbieter ihr Interesse an dem Beschaffungsvorhaben gegenüber der jeweiligen Beschaffungsstelle bekunden sollten.

Artikel 19.7
Teilnahmebedingungen

1. Die Beschaffungsstelle beschränkt die Bedingungen für die Teilnahme an einer Ausschreibung auf die wesentlichen Bedingungen, die sicherstellen, dass ein Anbieter die rechtlichen Voraussetzungen erfüllt und über die Finanzkraft und die kaufmännische und technische Leistungsfähigkeit verfügt, um die betreffende Beschaffung übernehmen zu können.

2. Bei der Festlegung der Teilnahmebedingungen

a) darf die Beschaffungsstelle die Teilnahme eines Anbieters an dem Beschaffungsverfahren nicht an die Bedingung knüpfen, dass der Anbieter bereits einen oder mehrere Aufträge von einer Beschaffungsstelle einer Vertragspartei erhalten hat, und

b) darf die Beschaffungsstelle verlangen, dass der Anbieter bereits über einschlägige Erfahrung verfügt, wenn dies für die Erfüllung der Ausschreibungsanforderungen unerlässlich ist, und

c) darf die Beschaffungsstelle die Teilnahme nicht an die Bedingung knüpfen, dass der Anbieter über einschlägige Erfahrung im Gebiet der Vertragspartei verfügt.

3. Bei der Beurteilung, ob ein Anbieter die Teilnahmebedingungen erfüllt,

a) bewertet die Beschaffungsstelle die Finanzkraft sowie die kaufmännische und technische Leistungsfähigkeit eines Anbieters anhand seiner Geschäftstätigkeit innerhalb und außerhalb des Gebiets der Vertragspartei der Beschaffungsstelle und

b) stützt die Beschaffungsstelle ihre Bewertung auf die Bedingungen, die sie zuvor in Bekanntmachungen oder Ausschreibungsunterlagen aufgestellt hatte.

4. Sofern entsprechende Beweise vorliegen, können eine Vertragspartei und ihre Beschaffungsstellen einen Anbieter beispielsweise aus folgenden Gründen ausschließen:

a) Konkurs,

b) unwahre Aussagen,

c) erhebliche oder anhaltende Mängel bei der Erfüllung einer wesentlichen Anforderung oder Verpflichtung im Rahmen früherer Aufträge,

d) rechtskräftige Verurteilung wegen schwerer Verbrechen oder sonstiger schwerer Straftaten,

e) berufliches Fehlverhalten oder Handlungen oder Unterlassungen, welche die kaufmännische Integrität des Anbieters in Frage stellen, oder

f) Nichtbezahlung von Steuern.

Artikel 19.8
Qualifikation der Anbieter

Registrierungssysteme und Qualifikationsverfahren

1. Eine Vertragspartei und ihre Beschaffungsstellen können ein System zur Registrierung der Anbieter unterhalten, in das sich interessierte Anbieter unter Bereitstellung bestimmter Angaben eintragen müssen.

2. Jede Vertragspartei stellt sicher, dass ihre Beschaffungsstellen

a) Anstrengungen unternehmen, um die Unterschiedlichkeit ihrer Qualifikationsverfahren auf ein Minimum zu reduzieren, und

b) Anstrengungen unternehmen, um die Unterschiedlichkeit ihrer Registrierungssysteme, sofern sie solche unterhalten, auf ein Minimum zu reduzieren.

3. Eine Vertragspartei und ihre Beschaffungsstellen dürfen kein Registrierungssystem oder Qualifikationsverfahren in der Absicht oder mit der Wirkung einführen oder unterhalten, Anbietern der anderen Vertragspartei die Teilnahme an ihren Ausschreibungen unnötig zu erschweren.

Beschränkte Ausschreibungen

4. Plant eine Beschaffungsstelle ein beschränktes Ausschreibungsverfahren, so

a) macht sie in der Ausschreibungsbekanntmachung mindestens die in Artikel 19.6 Absatz 3 Buchstaben a, b, f, g, j, k und l genannten Angaben und lädt Anbieter zur Stellung eines Teilnahmeantrags ein und

b) übermittelt sie den von ihr nach Artikel 19.10 Absatz 3 Buchstabe b benachrichtigten qualifizierten Anbietern bis zum Beginn der Frist für die Einreichung von Angeboten mindestens die in Artikel 19.6 Absatz 3 Buchstaben c, d, e, h und i genannten Angaben.

5. Die Beschaffungsstelle erlaubt allen qualifizierten Anbietern die Teilnahme an einer bestimmten Ausschreibung, es sei denn, sie gibt in ihrer Ausschreibungsbekanntmachung an, dass sie die Zahl der zur Angebotsabgabe zugelassenen Anbieter begrenzt, und nennt die Kriterien für die Auswahl dieser begrenzten Zahl von Anbietern.

6. Werden die Ausschreibungsunterlagen nicht ab dem Tag der Bekanntmachung nach Absatz 4 der Öffentlichkeit zugänglich gemacht, so stellt die Beschaffungsstelle sicher, dass diese Unterlagen allen nach Absatz 5 ausgewählten qualifizierten Anbietern zur selben Zeit zur Verfügung gestellt werden.

Mehrfach verwendbare Listen

7. Eine Beschaffungsstelle kann eine mehrfach verwendbare Liste von Anbietern führen, vorausgesetzt, eine Bekanntmachung, in der interessierte Anbieter eingeladen werden, die Aufnahme in diese Liste zu beantragen, wird

a) jährlich veröffentlicht und

b) im Fall ihrer elektronischen Veröffentlichung ständig verfügbar gehalten,

und zwar in dem in Anhang 19-8 aufgeführten geeigneten Medium.

8. Die Bekanntmachung nach Absatz 7 hat Folgendes zu umfassen:

a) eine Beschreibung der Waren oder Dienstleistungen beziehungsweise der Kategorien von Waren oder Dienstleistungen, für welche die Liste verwendet werden kann,

b) die von den Anbietern zwecks Aufnahme in die Liste zu erfüllenden Teilnahmebedingungen und die Verfahren, nach denen die Beschaffungsstelle prüft, ob ein Anbieter die Bedingungen erfüllt,

c) den Namen und die Anschrift der Beschaffungsstelle sowie sonstige Angaben, die erforderlich sind, um die Beschaffungsstelle zu kontaktieren und alle die Liste betreffenden relevanten Unterlagen zu erhalten,

d) die Gültigkeitsdauer der Liste und die Möglichkeiten für die Verlängerung oder Beendigung ihrer Nutzung oder, wenn keine Gültigkeitsdauer angegeben wird, die Angabe des Verfahrens, nach dem die Beendigung ihrer Nutzung bekanntgegeben wird, und

e) den Hinweis, dass die Liste für von diesem Kapitel erfasste Beschaffungen verwendet werden kann.

9. Ungeachtet des Absatzes 7 hat die Beschaffungsstelle die Möglichkeit, die Bekanntmachung nach Absatz 7 nur ein einziges Mal, und zwar zu Beginn der Gültigkeitsdauer der mehrfach verwendbaren Liste, zu veröffentlichen, wenn diese Dauer nicht mehr als drei Jahre beträgt, sofern die Bekanntmachung

a) die Gültigkeitsdauer enthält und einen Hinweis darauf, dass keine weiteren Bekanntmachungen veröffentlicht werden, und

b) elektronisch veröffentlicht wird und während der gesamten Gültigkeitsdauer verfügbar bleibt.

10. Die Beschaffungsstelle erlaubt den Anbietern, jederzeit die Aufnahme in eine mehrfach verwendbare Liste zu beantragen, und nimmt alle qualifizierten Anbieter innerhalb einer angemessen kurzen Frist in die Liste auf.

11. Stellt ein Anbieter, der nicht in einer mehrfach verwendbaren Liste aufgeführt ist, einen Antrag auf Teilnahme an einer Ausschreibung, die sich auf eine mehrfach verwendbare Liste stützt, und legt er sämtliche erforderlichen Unterlagen innerhalb der in Artikel 19.10 Absatz 2 genannten Frist vor, prüft die Beschaffungsstelle den Antrag. Die Beschaffungsstelle darf einen Anbieter nicht mit der Begründung von der ausschreibungsbezogenen Prüfung ausschließen, dass die Zeit zur Prüfung des Antrags nicht ausreicht, es sei denn, die Beschaffungsstelle ist bei einer besonders komplexen Beschaffung ausnahmsweise nicht imstande, die Prüfung des Antrags innerhalb der für die Angebotseinreichung eingeräumten Frist abzuschließen.

Beschaffungsstellen nach den Anhängen 19-2 und 19-3

12. Eine in Anhang 19-2 oder Anhang 19-3 erfasste Beschaffungsstelle kann eine Bekanntmachung, in der Anbieter eingeladen werden, die Aufnahme in eine mehrfach verwendbare Liste zu beantragen, als Ausschreibungsbekanntmachung verwenden, sofern

a) die Bekanntmachung im Einklang mit Absatz 7 veröffentlicht wird und neben den in Absatz 8 geforderten Angaben alle in Artikel 19.6 Absatz 3 geforderten Angaben, soweit verfügbar, sowie eine Erklärung enthält, dass es sich um eine Ausschreibungsbekanntmachung handelt oder dass nur die Anbieter auf der mehrfach verwendbaren Liste weitere Bekanntmachungen von auf der Grundlage dieser Liste durchgeführten Ausschreibungen erhalten werden, und

b) die Beschaffungsstelle den Anbietern, die ihr gegenüber Interesse an einer bestimmten Ausschreibung bekundet haben, umgehend ausreichende Informationen – einschließlich der sonstigen nach Artikel 19.6 Absatz 3 erforderlichen Angaben, soweit verfügbar – übermittelt, damit die Anbieter beurteilen können, ob die Ausschreibung für sie von Interesse ist.

13. Eine in Anhang 19-2 oder Anhang 19-3 erfasste Beschaffungsstelle kann einem Anbieter, der nach Absatz 10 die Aufnahme in eine mehrfach verwendbare Liste beantragt hat, gestatten, bei einer bestimmten Ausschreibung ein Angebot abzugeben, wenn der Beschaffungsstelle genügend Zeit bleibt, um zu prüfen, ob der Anbieter die Teilnahmebedingungen erfüllt.

Mitteilungen über die Entscheidungen von Beschaffungsstellen

14. Die Beschaffungsstelle teilt einem Anbieter, der einen Antrag auf Teilnahme an einem Beschaffungsverfahren oder auf Aufnahme in eine mehrfach verwendbare Liste gestellt hat, unverzüglich ihre Entscheidung über den Antrag mit.

15. Lehnt die Beschaffungsstelle den Antrag eines Anbieters auf Teilnahme an einem Beschaffungsverfahren oder auf Aufnahme in eine mehrfach verwendbare Liste ab oder erkennt sie einen Anbieter nicht länger als qualifiziert an oder streicht sie einen Anbieter von der mehrfach verwendbaren Liste, so teilt sie dies dem Anbieter unverzüglich mit und übermittelt ihm auf Antrag umgehend eine schriftliche Begründung ihrer Entscheidung.

Artikel 19.9
Technische Spezifikationen und Ausschreibungsunterlagen

Technische Spezifikationen

1. Die Beschaffungsstelle darf weder technische Spezifikationen ausarbeiten, festlegen oder anwenden noch Konformitätsbewertungsverfahren vorschreiben, die darauf abzielen oder bewirken, dass der internationale Handel unnötig erschwert wird.

2. Bei der Festlegung der technischen Spezifikationen für die zu beschaffenden Waren oder Dienstleistungen verfährt die Beschaffungsstelle gegebenenfalls wie folgt:

a) Sie legt den technischen Spezifikationen eher leistungs- und funktionsbezogene Anforderungen als konzeptionsbezogene oder beschreibende Merkmale zugrunde, und

b) sie stützt die technischen Spezifikationen auf internationale Normen, sofern vorhanden, ansonsten auf interne technische Vorschriften, anerkannte interne Normen oder Bauvorschriften.

3. Werden bei den technischen Spezifikationen konzeptionsbezogene oder beschreibende Merkmale herangezogen, so sollte die Beschaffungsstelle in den Ausschreibungsunterlagen gegebenenfalls durch Formulierungen wie „oder gleichwertig" darauf hinweisen, dass sie auch Angebote gleichwertiger Waren oder Dienstleistungen, die nachweislich die Ausschreibungsanforderungen erfüllen, berücksichtigt.

4. Eine bestimmte Marke oder ein bestimmter Handelsname, ein Patent, ein Urheberrecht, ein Muster oder Modell, ein Typ oder ein bestimmter Ursprung, Hersteller oder Anbieter darf nur dann Gegenstand einer Anforderung oder Verweisung in den technischen Spezifikationen der Beschaffungsstelle sein, wenn die Ausschreibungsanforderungen anders nicht hinreichend genau und verständlich beschrieben werden können und die Ausschreibungsunterlagen einen Zusatz wie „oder gleichwertig" enthalten.

5. Die Beschaffungsstelle darf von keiner Person, die ein wirtschaftliches Interesse an einer Beschaffung haben könnte, in wettbewerbswidriger Weise Ratschläge einholen oder entgegennehmen, die zur Ausarbeitung oder Festlegung der technischen Spezifikationen für eine bestimmte Ausschreibung herangezogen werden könnten.

6. Es wird klargestellt, dass eine Vertragspartei und ihre Beschaffungsstellen befugt sind, im Einklang mit diesem Artikel technische Spezifikationen auszuarbeiten, festzulegen oder anzuwenden, die der Erhaltung natürlicher Ressourcen oder dem Schutz der Umwelt dienen.

Ausschreibungsunterlagen

7. Die Beschaffungsstelle stellt den Anbietern Ausschreibungsunterlagen zur Verfügung, die alle nötigen Angaben für die Ausarbeitung und Abgabe eines anforderungsgerechten Angebots enthalten. Sofern die nötigen Angaben nicht bereits mit der Ausschreibungsbekanntmachung erfolgten, enthalten diese Unterlagen eine vollständige Beschreibung folgender Punkte:

a) Gegenstand der Beschaffung, einschließlich der Art und Menge beziehungsweise, wenn die Menge unbekannt ist, der geschätzten Menge der zu beschaffenden Waren oder Dienstleistungen sowie aller zu erfüllenden Anforderungen, einschließlich technischer Spezifikationen, Konformitätsbescheinigungen, Plänen, Zeichnungen oder Anleitungen,

b) Bedingungen für die Teilnahme der Anbieter, einschließlich einer Liste der Angaben und Unterlagen, die von den Anbietern im Zusammenhang mit den Teilnahmebedingungen einzureichen sind,

c) sämtliche Bewertungskriterien, welche die Beschaffungsstelle bei der Zuschlagserteilung anwendet, und, sofern der Preis nicht das einzige Kriterium ist, die relative Bedeutung dieser Kriterien,

d) bei elektronischer Abwicklung der Beschaffung durch die Beschaffungsstelle alle Authentifizierungs- und Verschlüsselungsanforderungen und sonstigen Anforderungen im Zusammenhang mit der elektronischen Übermittlung von Informationen,

e) im Falle einer elektronischen Auktion die Regeln, nach denen die Auktion durchgeführt wird, einschließlich Nennung der Ausschreibungsbestandteile, die sich auf die Bewertungskriterien beziehen,

f) im Falle einer öffentlichen Angebotsöffnung Tag, Uhrzeit und Ort der Öffnung und soweit angezeigt Personen, die dabei anwesend sein dürfen,

g) alle sonstigen Bedingungen, einschließlich der Zahlungsbedingungen und etwaiger Beschränkungen der Form, in der Angebote eingereicht werden dürfen, beispielsweise auf Papier oder elektronisch, und

h) etwaige Termine für die Lieferung der Waren oder die Erbringung der Dienstleistungen.

8. Bei der Festsetzung der Termine für die Lieferung der zu beschaffenden Waren oder Dienstleistungen berücksichtigt die Beschaffungsstelle Faktoren wie die Komplexität der Beschaffung, den voraussichtlichen Umfang der Unterauftragsvergabe sowie den realistischen Zeitbedarf für die Herstellung der Waren, ihre Lagerentnahme und ihren Transport ab Abgabeort beziehungsweise für die Erbringung der Dienstleistungen.

9. Die in der Ausschreibungsbekanntmachung oder den Ausschreibungsunterlagen festgelegten Bewertungskriterien können unter anderem den Preis und andere Kostenfaktoren, die Qualität, den technischen Wert, Umwelteigenschaften und Lieferbedingungen umfassen.

10. Die Beschaffungsstelle

a) stellt die Ausschreibungsunterlagen unverzüglich bereit, so dass interessierten Anbietern genügend Zeit bleibt, um anforderungsgerechte Angebote einzureichen,

b) übermittelt allen interessierten Anbietern auf Antrag unverzüglich die Ausschreibungsunterlagen und

c) entspricht unverzüglich allen zumutbaren Ersuchen interessierter oder teilnehmender Anbieter um sachdienliche Informationen, sofern den betreffenden Anbietern daraus kein Vorteil gegenüber anderen Anbietern erwächst.

Änderungen

11. Ändert die Beschaffungsstelle vor der Zuschlagserteilung die Kriterien oder Anforderungen, die in der Ausschreibungsbekanntmachung oder in den Ausschreibungsunterlagen, welche den teilnehmenden Anbietern übermittelt wurden, festgelegt waren, oder ändert sie die Ausschreibungsbekanntmachung oder die Ausschreibungsunterlagen beziehungsweise veröffentlicht sie diese erneut, so übermittelt sie sämtliche Änderungen beziehungsweise geänderten oder neu veröffentlichten Bekanntmachungen oder Ausschreibungsunterlagen schriftlich

a) an alle Anbieter, die zum Zeitpunkt der Änderung oder erneuten Veröffentlichung teilnehmen und ihr bekannt sind, während sie in allen anderen Fällen in derselben Weise wie bei der Übermittlung der ursprünglichen Informationen vorgeht, und

b) innerhalb einer angemessenen Frist, damit die Anbieter soweit erforderlich ihr Angebot ändern und erneut einreichen können.

Artikel 19.10
Fristen

Allgemeines

1. Die Beschaffungsstelle bemisst die Fristen

im Einklang mit ihren eigenen angemessenen Bedürfnissen so, dass den Anbietern genügend Zeit bleibt, Teilnahmeanträge zu stellen und anforderungsgerechte Angebote abzugeben; dabei trägt sie unter anderem folgenden Faktoren Rechnung:

a) Art und Komplexität der Beschaffung,

b) voraussichtlicher Umfang der Unterauftragsvergabe und

c) erforderliche Zeit für die nichtelektronische Übermittlung von Angeboten aus dem In- und Ausland, falls keine elektronischen Mittel eingesetzt werden.

Diese Fristen und etwaige Fristverlängerungen gelten unterschiedslos für alle interessierten oder teilnehmenden Anbieter.

Fristen

2. Im Falle einer beschränkten Ausschreibung setzt die Beschaffungsstelle den Stichtag für die Einreichung von Teilnahmeanträgen so fest, dass ab dem Tag der Veröffentlichung der Ausschreibungsbekanntmachung grundsätzlich eine Frist von mindestens 25 Tagen verbleibt. Ist die Einhaltung dieser Frist bei einer von der Beschaffungsstelle hinreichend begründeten Dringlichkeit unmöglich, so darf die Frist auf nicht weniger als 10 Tage verkürzt werden.

3. Mit Ausnahme der in den Absätzen 4, 5, 7 und 8 genannten Fälle setzt die Beschaffungsstelle eine Frist für die Angebotseinreichung von mindestens 40 Tagen fest, und zwar

a) bei offenen Ausschreibungen gerechnet ab dem Tag der Veröffentlichung der Ausschreibungsbekanntmachung und

b) bei beschränkten Ausschreibungen gerechnet ab dem Tag, an dem die Beschaffungsstelle den Anbietern mitteilt, dass sie zur Angebotsabgabe aufgefordert werden, unabhängig davon, ob sie auf eine mehrfach verwendbare Liste zurückgreift oder nicht.

4. Die Beschaffungsstelle kann die in Absatz 3 genannte Einreichungsfrist auf nicht weniger als 10 Tage verkürzen,

a) falls die Beschaffungsstelle mindestens 40 Tage und höchstens 12 Monate vor der Veröffentlichung der Ausschreibungsbekanntmachung eine Bekanntmachung eines Beschaffungsvorhabens nach Artikel 19.6 Absatz 5 veröffentlicht hat und diese die folgenden Angaben enthielt:

i) eine Beschreibung des Beschaffungsvorhabens,

ii) die ungefähren Stichtage für die Einreichung der Angebote oder der Teilnahmeanträge,

iii) die Aufforderung an interessierte Anbieter, ihr Interesse an der Ausschreibung gegenüber der Beschaffungsstelle zu bekunden,

iv) die Anschrift der Stelle, bei der die Ausschreibungsunterlagen angefordert werden können, und

v) alle nach Artikel 19.6 Absatz 3 für die Ausschreibungsbekanntmachung vorgeschriebenen Informationen, soweit verfügbar,

b) falls die Beschaffungsstelle bei wiederkehrenden Beschaffungen in der ersten Ausschreibungsbekanntmachung ankündigt, dass die Angebotsfristen bei den Folgebekanntmachungen nach Maßgabe dieses Absatzes gesetzt werden, oder

c) falls bei einer von der Beschaffungsstelle hinreichend begründeten Dringlichkeit eine Fristsetzung nach Absatz 3 unmöglich ist.

5. Die Beschaffungsstelle kann die nach Absatz 3 festgesetzte Frist zur Angebotsabgabe in jedem der folgenden Fälle um fünf Tage kürzen:

a) die Ausschreibungsbekanntmachung wird elektronisch veröffentlicht,

b) alle Ausschreibungsunterlagen werden ab dem Tag der Veröffentlichung der Bekanntmachung elektronisch zur Verfügung gestellt, oder

c) die Beschaffungsstelle ist bereit, Angebote auf elektronischem Wege entgegenzunehmen.

6. Die Anwendung des Absatzes 5 in Verbindung mit Absatz 4 darf keinesfalls zur Verkürzung der nach Absatz 3 festgesetzten Einreichungsfrist auf weniger als 10 Tage ab dem Tag der Veröffentlichung der Ausschreibungsbekanntmachung führen.

7. Ungeachtet der anderen Bestimmungen dieses Artikels darf eine Beschaffungsstelle bei der Beschaffung von gewerblichen Waren oder Dienstleistungen – oder einer Kombination daraus – die nach Absatz 3 festgesetzte Einreichungsfrist auf nicht weniger als 13 Tage verkürzen, sofern sie die Ausschreibungsbekanntmachung gleichzeitig mit den Ausschreibungsunterlagen elektronisch veröffentlicht. Akzeptiert die Beschaffungsstelle außerdem die elektronische Einreichung von Angeboten für gewerbliche Waren oder Dienstleistungen, kann sie die nach Absatz 3 festgesetzte Frist auf nicht weniger als 10 Tage verkürzen.

8. Hat eine in Anhang 19-2 oder Anhang 19-3 erfasste Beschaffungsstelle alle oder eine begrenzte Zahl qualifizierter Anbieter ausgewählt, kann die Frist für die Einreichung der Angebote von der Beschaffungsstelle und den ausgewählten Anbietern einvernehmlich festgesetzt werden. Kommt keine Einigung zustande, so beträgt die Frist mindestens 10 Tage.

Artikel 19.11
Verhandlungen

1. Eine Vertragspartei kann ihren Beschaffungsstellen die Möglichkeit einräumen, Verhandlungen mit den Anbietern zu führen,

a) falls die betreffende Beschaffungsstelle in der Ausschreibungsbekanntmachung nach Artikel 19.6 Absatz 3 ihre Absicht bekundet hat, Verhandlungen zu führen, oder

b) falls die Bewertung ergibt, dass nach den in der Ausschreibungsbekanntmachung oder in den Ausschreibungsunterlagen festgelegten spezifischen Bewertungskriterien kein Angebot das eindeutig günstigste ist.

2. Die Beschaffungsstelle

a) stellt sicher, dass ein Ausschluss von an Verhandlungen beteiligten Anbietern im Einklang mit den in der Ausschreibungsbekanntmachung oder in den Ausschreibungsunterlagen festgelegten Bewertungskriterien erfolgt, und

b) sorgt dafür, dass allen verbleibenden teilnehmenden Anbietern nach Abschluss der Verhandlungen eine gemeinsame Frist gesetzt wird, innerhalb deren sie neue oder überarbeitete Angebote einreichen können.

Artikel 19.12
Freihändige Vergabe

1. Sofern die Beschaffungsstelle diese Bestimmung nicht mit der Absicht anwendet, den Wettbewerb unter den Anbietern zu verhindern, oder sie so anwendet, dass Anbieter der anderen Vertragspartei diskriminiert oder heimische Anbieter geschützt werden, kann sie auf die freihändige Vergabe zurückgreifen, wobei sie auf die Anwendung der Artikel 19.6 bis 19.8, des Artikels 19.9 Absätze 7 bis 11 sowie der Artikel 19.10, 19.11, 19.13 und 19.14 verzichten darf,

a) wenn

i) keine Angebote abgegeben wurden beziehungsweise kein Anbieter einen Teilnahmeantrag gestellt hat,

ii) keine Angebote abgegeben wurden, die den wesentlichen Anforderungen der Ausschreibungsunterlagen entsprechen,

iii) kein Anbieter die Teilnahmebedingungen erfüllt oder

iv) die abgegebenen Angebote auf einer Absprache beruhen,

wobei die Voraussetzung gilt, dass die in den Ausschreibungsunterlagen gestellten Anforderungen nicht wesentlich geändert werden,

b) wenn die Waren oder Dienstleistungen nur von einem bestimmten Anbieter geliefert werden können und es aus einem der folgenden Gründe keine vernünftige Alternative oder keine Ersatzware oder Ersatzdienstleistung gibt:

i) Beschaffung eines Kunstwerks,

ii) Schutz von Patent-, Urheber- oder sonstigen Ausschließlichkeitsrechten oder

iii) fehlender Wettbewerb aus technischen Gründen,

c) wenn es sich um im ursprünglichen Auftrag nicht enthaltene Ergänzungslieferungen des ursprünglichen Anbieters handelt, sofern ein Wechsel des Anbieters bei solchen zusätzlichen Waren und Dienstleistungen

i) aus wirtschaftlichen oder technischen Gründen wie etwa der nötigen Austauschbarkeit oder Kompatibilität mit im Rahmen des ursprünglichen Auftrags beschafften Ausrüstungsgegenständen, Softwarelösungen, Dienstleistungen oder Anlagen nicht möglich ist und

ii) mit erheblichen Schwierigkeiten oder Zusatzkosten für die Beschaffungsstelle verbunden wäre,

d) wenn es unbedingt erforderlich ist, weil die Waren oder Dienstleistungen wegen äußerster Dringlichkeit aufgrund von für die Beschaffungsstelle nicht vorhersehbaren Ereignissen im Wege einer offenen oder beschränkten Ausschreibung nicht rechtzeitig beschafft werden könnten,

e) wenn es sich um Waren handelt, die an einer Rohstoffbörse erworben werden,

f) wenn die Beschaffungsstelle einen Prototyp oder eine Erstanfertigung oder Erstdienstleistung beschafft, der beziehungsweise die in ihrem Auftrag im Rahmen eines bestimmten Forschungs-, Versuchs-, Studien- oder Neuentwicklungsvorhabens entwickelt wird und für dieses bestimmt ist. Die Neuentwicklung einer Erstanfertigung oder -dienstleistung kann eine begrenzte Produktion oder Lieferung einschließen, die den Zweck verfolgt, die Ergebnisse der Felderprobung einfließen zu lassen und zu zeigen, dass sich die Ware oder Dienstleistung für die Produktion oder Lieferung in größeren Mengen bei annehmbaren Qualitätsstandards eignet, wobei eine Serienfertigung oder -lieferung zum Nachweis der Marktfähigkeit des Erzeugnisses oder zur Deckung der Forschungs- und Entwicklungskosten nicht eingeschlossen ist,

g) wenn Einkäufe zu außerordentlich günstigen Konditionen getätigt werden, die nur ganz kurzfristig im Rahmen von Sonderverkäufen beispielsweise aufgrund einer Liquidation, Zwangsverwaltung oder Insolvenz gelten, nicht jedoch im Falle von Routineeinkäufen bei regulären Anbietern, oder

h) wenn ein Auftrag an den Gewinner eines Wettbewerbs vergeben wird,

i) sofern der Wettbewerb im Einklang mit den Grundsätzen dieses Kapitels veranstaltet wurde, insbesondere in Bezug auf die Veröffentlichung einer Ausschreibungsbekanntmachung, und

ii) sofern die Teilnehmer von einer unabhängigen Jury mit Blick auf die Tatsache begutachtet werden, dass einem Gewinner ein Entwurfsauftrag erteilt wird.

2. Die Beschaffungsstelle fertigt über jede Auftragsvergabe nach Absatz 1 einen schriftlichen

Bericht an. Dieser Bericht enthält den Namen der Beschaffungsstelle, den Wert und die Art der beschafften Waren oder Dienstleistungen sowie eine Erklärung, welche der in Absatz 1 aufgeführten Umstände und Bedingungen die freihändige Vergabe rechtfertigten.

Artikel 19.13
Elektronische Auktionen

Beabsichtigt die Beschaffungsstelle, eine erfasste Beschaffung als elektronische Auktion durchzuführen, so übermittelt sie jedem Teilnehmer vor Beginn der elektronischen Auktion folgende Angaben:

a) Angaben zur Methode der automatischen Bewertung, einschließlich der mathematischen Formel, die sich auf die in den Ausschreibungsunterlagen angegebenen Bewertungskriterien stützt und im Verlauf der Auktion zur automatischen Reihung oder Neureihung der Angebote eingesetzt wird,

b) die Ergebnisse einer etwaigen ersten Bewertung der Bestandteile seines Angebots, sofern der Zuschlag auf das wirtschaftlich günstigste Angebot erteilt werden soll, und

c) alle sonstigen sachdienlichen Angaben zur Durchführung der Auktion.

Artikel 19.14
Behandlung der Angebote und Zuschlagserteilung

Behandlung der Angebote

1. Die Entgegennahme, Öffnung und Behandlung aller Angebote durch die Beschaffungsstelle erfolgt nach Verfahren, welche die Fairness und Unparteilichkeit des Beschaffungsverfahrens und die vertrauliche Behandlung der Angebote gewährleisten.

2. Ein Anbieter, dessen Angebot nach Ablauf der Annahmefrist eingeht, darf von der Beschaffungsstelle nicht benachteiligt werden, wenn die Verzögerung ausschließlich der Beschaffungsstelle anzulasten ist.

3. Gibt die Beschaffungsstelle einem Anbieter zwischen Angebotsöffnung und Zuschlagserteilung Gelegenheit, unbeabsichtigte Formfehler zu berichtigen, so muss sie diese Gelegenheit allen teilnehmenden Anbietern einräumen.

Zuschlagserteilung

4. Um für den Zuschlag in Betracht zu kommen, muss das Angebot schriftlich abgegeben werden und zum Zeitpunkt der Angebotsöffnung den wesentlichen Anforderungen der Bekanntmachungen und der Ausschreibungsunterlagen entsprechen; zudem muss es von einem Anbieter stammen, der die Teilnahmebedingungen erfüllt.

5. Sofern die Beschaffungsstelle nicht feststellt, dass die Auftragsvergabe dem öffentlichen Interesse zuwiderläuft, erteilt sie demjenigen Anbieter den Zuschlag, der nach ihren Feststellungen in der Lage ist, den Auftrag zu erfüllen, und der bei ausschließlicher Berücksichtigung der in den Bekanntmachungen und Ausschreibungsunterlagen aufgeführten Bewertungskriterien

a) das günstigste Angebot abgegeben hat oder,

b) wenn der Preis das einzige Kriterium ist, das Angebot mit dem niedrigsten Preis abgegeben hat.

6. Erhält eine Beschaffungsstelle ein Angebot mit einem im Vergleich zu anderen Angeboten ungewöhnlich niedrigen Preis, so kann sie bei dem betreffenden Anbieter nachprüfen, ob er die Teilnahmebedingungen erfüllt und in der Lage ist, den Auftrag zu erfüllen.

7. Die Beschaffungsstellen nutzen keine Optionen, annullieren keine Vergabeverfahren und ändern keine vergebenen Aufträge, um dadurch ihre Verpflichtungen aus diesem Kapitel zu umgehen.

Artikel 19.15
Transparenz der Beschaffungsinformationen

Benachrichtigung der Anbieter

1. Die Beschaffungsstelle unterrichtet die teilnehmenden Anbieter unverzüglich und auf deren Antrag schriftlich über ihre Vergabeentscheidungen. Vorbehaltlich des Artikels 19.6 Absätze 2 und 3 teilt die Beschaffungsstelle einem erfolglosen Anbieter auf Antrag die Gründe für die Nichtauswahl seines Angebots mit und nennt die relativen Vorteile des Angebots des erfolgreichen Anbieters.

Veröffentlichung von Informationen zur Zuschlagserteilung

2. Spätestens 72 Tage nach der Vergabe eines von diesem Kapitel erfassten Auftrags veröffentlicht die Beschaffungsstelle eine Bekanntmachung in dem jeweiligen in Anhang 19-8 aufgeführten Print- oder E-Medium. Veröffentlicht die Beschaffungsstelle die Bekanntmachung nur elektronisch, so muss die Information während eines angemessenen Zeitraums problemlos zugänglich bleiben. Die Bekanntmachung hat mindestens folgende Angaben zu enthalten:

a) Beschreibung der beschafften Waren oder Dienstleistungen,

b) Name und Anschrift der Beschaffungsstelle,

c) Name und Anschrift des Anbieters, der den Zuschlag erhalten hat,

d) Wert des Angebots, das den Zuschlag erhalten hat, oder des höchsten Angebots und des niedrigsten Angebots, die bei der Auftragsvergabe in Betracht gezogen wurden,

e) Tag der Zuschlagserteilung und

f) Art des angewandten Vergabeverfahrens und, sofern auf die freihändige Vergabe nach Artikel 19.12 zurückgegriffen wurde, Darlegung der Umstände, welche die freihändige Vergabe rechtfertigten.

Aufbewahrung der Unterlagen, Berichte und elektronische Rückverfolgbarkeit

3. Die Beschaffungsstelle bewahrt Folgendes mindestens drei Jahre ab Zuschlagserteilung auf:

a) Unterlagen und Berichte über das Ausschreibungsverfahren und die Zuschlagserteilung in Bezug auf erfasste Beschaffungen, einschließlich der Berichte nach Artikel 19.12, und

b) Daten, welche die angemessene Rückverfolgbarkeit der elektronischen Abwicklung der erfassten Beschaffungen gewährleisten.

Erhebung und Weitergabe statistischer Daten

4. Jede Vertragspartei erstellt Statistiken über ihre erfassten Beschaffungen und legt dem Ausschuss für das öffentliche Beschaffungswesen einen entsprechenden Bericht vor. Die Berichte decken jeweils ein Jahr ab, sind innerhalb von zwei Jahren nach Ablauf des Berichtszeitraums einzureichen und müssen Folgendes enthalten:

a) für Beschaffungsstellen nach Anhang 19-1:

i) Anzahl und Gesamtwert aller von diesem Kapitel erfassten Aufträge für alle entsprechenden Beschaffungsstellen,

ii) Anzahl und Gesamtwert aller von diesem Kapitel erfassten Aufträge, die von den einzelnen Beschaffungsstellen vergeben wurden, aufgeschlüsselt nach Waren- und Dienstleistungskategorien auf der Grundlage eines international anerkannten, einheitlichen Klassifikationssystems und

iii) Anzahl und Gesamtwert aller von diesem Kapitel erfassten Aufträge, die von den einzelnen Beschaffungsstellen freihändig vergeben wurden,

b) für Beschaffungsstellen nach Anhang 19-2 und Anhang 19-3: Anzahl und Gesamtwert der von diesem Kapitel erfassten Aufträge, die von allen entsprechenden Beschaffungsstellen vergeben wurden, aufgeschlüsselt nach den jeweiligen Anhängen, und

c) Schätzwerte für die nach den Buchstaben a und b vorzulegenden Daten mit Erläuterungen zur angewandten Schätzungsmethode, falls es nicht möglich ist, die betreffenden Daten selbst vorzulegen.

5. Veröffentlicht eine Vertragspartei ihre Statistiken auf einer offiziellen Website in einer Form, die den Anforderungen des Absatzes 4 entspricht, so kann sie anstelle der Berichterstattung an den Ausschuss für das öffentliche Beschaffungswesen einen Link zu der Website angeben, gegebenenfalls mit den Erläuterungen, die zum Zugriff auf die Statistiken und zu ihrer Nutzung erforderlich sind.

6. Schreibt eine Vertragspartei die elektronische Veröffentlichung von Bekanntmachungen über vergebene Aufträge nach Absatz 2 vor und sind diese Bekanntmachungen über eine einzige Datenbank öffentlich zugänglich in einer Form, die eine Analyse der erfassten Aufträge ermöglicht, so kann die betreffende Vertragspartei anstelle der Berichterstattung an den Ausschuss für das öffentliche Beschaffungswesen einen Link zu der Website angeben, gegebenenfalls mit den Erläuterungen, die zum Zugriff auf die Daten und zu ihrer Nutzung erforderlich sind.

Artikel 19.16

Offenlegung von Informationen

Bereitstellung von Informationen für die Vertragsparteien

1. Auf Antrag einer Vertragspartei stellt die andere Vertragspartei unverzüglich alle Informationen bereit, welche die Feststellung ermöglichen, ob eine Beschaffung fair, unparteiisch und im Einklang mit diesem Kapitel abgewickelt wurde; dabei gibt sie auch Auskunft über die Merkmale und relativen Vorteile des Angebots, das den Zuschlag erhalten hat. Würde die Weitergabe dieser Informationen den Wettbewerb bei künftigen Ausschreibungen beeinträchtigen, so darf die Vertragspartei, welche die Informationen empfangen hat, diese Informationen anderen Anbietern gegenüber nicht preisgeben, es sei denn, sie hat zuvor die Vertragspartei konsultiert, die die Informationen bereitgestellt hat, und die betreffende Vertragspartei hat ihr Einverständnis erklärt.

Nichtoffenlegung von Informationen

2. Ungeachtet anderer Bestimmungen dieses Kapitels darf keine Vertragspartei und keine ihrer Beschaffungsstellen einem bestimmten Anbieter Informationen zur Verfügung stellen, die den fairen Anbieterwettbewerb beeinträchtigen könnten.

3. Dieses Kapitel ist nicht so auszulegen, dass von einer Vertragspartei oder ihren Beschaffungsstellen, Behörden oder Nachprüfungsorganen die Offenlegung vertraulicher Informationen verlangt werden darf, wenn dies

a) den Rechtsvollzug behindern würde,

b) den fairen Anbieterwettbewerb beeinträchtigen könnte,

c) den berechtigten Wirtschaftsinteressen einzelner Personen, wozu auch der Schutz ihres geistigen Eigentums zählt, schaden würde oder

d) dem öffentlichen Interesse zuwiderlaufen würde.

Artikel 19.17
Interne Nachprüfungsverfahren

1. Jede Vertragspartei richtet ein zügiges, wirksames, transparentes und diskriminierungsfreies Verfahren zur verwaltungsseitigen oder gerichtlichen Nachprüfung ein, damit ein Anbieter Beschwerde einlegen kann,

a) wenn gegen dieses Kapitel verstoßen wurde oder

b) wenn Maßnahmen einer Vertragspartei zur Umsetzung dieses Kapitels nicht beachtet wurden und ein Anbieter nach dem internen Recht einer Vertragspartei nicht das Recht hat, direkt gegen einen Verstoß gegen dieses Kapitel Beschwerde einzulegen,

unter der Voraussetzung, dass die Rechtsverletzung eine erfasste Beschaffung betrifft, an welcher der Anbieter ein Interesse hat oder hatte. Die für alle Beschwerden geltenden Verfahrensregeln sind schriftlich festzuhalten und allgemein zugänglich zu machen.

2. Macht ein Anbieter im Zusammenhang mit einer erfassten Beschaffung, an welcher er ein Interesse hat oder hatte, geltend, dass ein Verstoß oder eine Nichtbeachtung im Sinne des Absatzes 1 vorliegt, so hält die Vertragspartei der Beschaffungsstelle, welche die Beschaffung durchführt, diese Beschaffungsstelle und den Anbieter an, sich auf dem Konsultationswege um eine Lösung zu bemühen. Die Beschaffungsstelle prüft solche Beschwerden unparteiisch und zeitnah, und zwar in einer Weise, dass weder die Teilnahme des Anbieters an laufenden oder zukünftigen Beschaffungsverfahren beeinträchtigt wird noch sein Recht, im Rahmen des verwaltungsseitigen oder gerichtlichen Nachprüfungsverfahrens Abhilfemaßnahmen zu erwirken.

3. Jedem Anbieter wird für die Vorbereitung und Einreichung einer Beschwerde eine ausreichende Frist von mindestens 10 Tagen ab dem Zeitpunkt eingeräumt, zu dem er von dem Sachverhalt, der Anlass der Beschwerde ist, Kenntnis erhalten hat oder hätte erhalten müssen.

4. Von jeder Vertragspartei wird mindestens eine unparteiische, von ihren Beschaffungsstellen unabhängige Verwaltungs- oder Justizbehörde eingerichtet oder benannt, die Beschwerden von Anbietern im Zusammenhang mit einer erfassten Beschaffung entgegennimmt und prüft.

5. Wird die Beschwerde zunächst von einer anderen als der in Absatz 4 genannten Behörde geprüft, so gewährleistet die betreffende Vertragspartei, dass der Anbieter einen Rechtbehelf gegen die erste Entscheidung bei einer von der Beschaffungsstelle, deren Beschaffung Gegenstand der Beschwerde ist, unabhängigen, unparteiischen Verwaltungs- oder Justizbehörde einlegen kann.

6. Jede Vertragspartei gewährleistet, dass eine Nachprüfungsstelle, bei der es sich nicht um ein Gericht handelt, ihre Entscheidung gerichtlich überprüfen lässt oder über Verfahren verfügt, die vorsehen,

a) dass die Beschaffungsstelle sich schriftlich zu der Beschwerde äußert und der Nachprüfungsstelle alle sachdienlichen Unterlagen offenlegt,

b) dass die Verfahrensbeteiligten (im Folgenden „Beteiligte") das Recht haben, vor einer Entscheidung der Nachprüfungsstelle über die Beschwerde gehört zu werden,

c) dass die Beteiligten das Recht haben, sich vertreten und begleiten zu lassen,

d) dass die Beteiligten Zugang zu allen Verfahrensunterlagen haben,

e) dass die Beteiligten verlangen dürfen, dass die Verfahren öffentlich geführt werden und dass Zeugen geladen werden können, und

f) dass die Nachprüfungsstelle ihre Entscheidungen oder Empfehlungen zeitnah und schriftlich bekanntgibt unter Angabe der Grundlage, auf die sich die jeweilige Entscheidung oder Empfehlung stützt.

7. Jede Vertragspartei führt Verfahren ein oder erhält Verfahren aufrecht, die sicherstellen,

a) dass zügig vorläufige Maßnahmen getroffen werden, damit dem Anbieter die Möglichkeit erhalten bleibt, am Beschaffungsverfahren teilzunehmen. Diese vorläufigen Maßnahmen können zu einer Aussetzung des Beschaffungsverfahrens führen. In den Verfahren kann vorgesehen sein, dass bei der Entscheidung, ob solche Maßnahmen angewandt werden sollen, überwiegenden negativen Auswirkungen auf die betroffenen Interessen einschließlich des öffentlichen Interesses, Rechnung getragen werden kann. Triftige Gründe für ein Nichttätigwerden sind schriftlich darzulegen, und

b) dass die Nachprüfungsstelle Abhilfemaßnahmen ergreifen oder Ersatz für erlittene Verluste oder Schäden zusprechen kann, wenn sie feststellt, dass ein Verstoß oder eine Nichtbeachtung im Sinne des Absatzes 1 vorliegt, wobei der Ersatz für erlittene Verluste und Schäden sich auf die Kosten für die Erstellung des Angebots und/oder die Kosten im Zusammenhang mit der Beschwerde beschränken kann.

8. Spätestens zehn Jahre nach Inkrafttreten dieses Abkommens nehmen die Vertragsparteien Verhandlungen auf mit dem Ziel, die Qualität des Rechtsschutzes weiter zu verbessern und unter anderem eine mögliche Verpflichtung zur Einführung beziehungsweise Aufrechterhaltung vorvertraglicher Rechtsbehelfe zu prüfen.

Artikel 19.18
Änderungen und Berichtigungen des Geltungsbereichs

1. Eine Vertragspartei kann die Anhänge zu diesem Kapitel ändern oder berichtigen.

Änderungen

2. Ändert eine Vertragspartei einen Anhang zu diesem Kapitel, so

a) notifiziert sie dies der anderen Vertragspartei schriftlich und

b) schlägt der anderen Vertragspartei in der Notifikation angemessene Ausgleichsmaßnahmen vor, um den Geltungsbereich auf einem vergleichbaren Niveau wie vor der Änderung zu halten.

3. Unbeschadet des Absatzes 2 Buchstabe b muss eine Vertragspartei keinen Ausgleich vorsehen, wenn

a) die in Rede stehende Änderung in ihrer Wirkung unerheblich ist oder

b) die Änderung eine Beschaffungsstelle betrifft, die faktisch nicht mehr der Kontrolle oder dem Einfluss der Vertragspartei unterliegt.

4. Bestreitet die andere Vertragspartei,

a) dass eine nach Absatz 2 Buchstabe b vorgeschlagene Ausgleichsmaßnahme ausreicht, um den einvernehmlich vereinbarten Geltungsbereich auf einem vergleichbaren Niveau zu halten,

b) dass die Änderung in ihrer Wirkung unerheblich ist oder

c) dass die Änderung eine Beschaffungsstelle betrifft, die im Sinne des Absatzes 3 Buchstabe b faktisch nicht mehr der Kontrolle oder dem Einfluss der Vertragspartei unterliegt,

so muss sie binnen 45 Tagen nach Erhalt der Notifikation nach Absatz 2 Buchstabe a schriftlich Einspruch erheben; andernfalls wird – auch für die Zwecke des Kapitels neunundzwanzig (Streitbeilegung) – davon ausgegangen, dass sie mit der Ausgleichsmaßnahme beziehungsweise der Änderung einverstanden ist.

Berichtigungen

5. Folgende Änderungen der Anhänge einer Vertragspartei gelten als Berichtigung, sofern sie sich nicht auf den in diesem Abkommen vorgesehenen, einvernehmlich vereinbarten Geltungsbereich auswirken:

a) Änderung der Bezeichnung einer Stelle,

b) Verschmelzung zweier oder mehrerer der in einem Anhang aufgeführten Stellen und

c) Aufspaltung einer in einem Anhang aufgeführten Stelle in zwei oder mehrere Stellen, die alle in die Liste der im betreffenden Anhang aufgeführten Stellen aufgenommen werden.

6. Beabsichtigte Berichtigungen der Anhänge notifiziert eine Vertragspartei der anderen Vertragspartei nach Inkrafttreten dieses Abkommens alle zwei Jahre – im Einklang mit dem im Übereinkommen über das öffentliche Beschaffungswesen in Anhang 4 des WTO-Übereinkommens vorgesehenen Notifikationszyklus.

7. Eine Vertragspartei kann der anderen Vertragspartei innerhalb von 45 Tagen nach Erhalt der Notifikation mitteilen, dass sie Einwände gegen die beabsichtigte Berichtigung erhebt. Erhebt eine Vertragspartei Einwände, so legt sie dar, aus welchen Gründen die beabsichtigte Berichtigung ihrer Auffassung nach keine Änderung im Sinne des Absatzes 5 ist und wie sich die beabsichtigte Berichtigung auf den in diesem Abkommen vorgesehenen einvernehmlich vereinbarten Geltungsbereich auswirkt. Werden innerhalb von 45 Tagen nach Eingang der Notifikation keine schriftlichen Einwände erhoben, wird dies als Zustimmung der betreffenden Vertragspartei zu der beabsichtigten Berichtigung gewertet.

Artikel 19.19
Ausschuss für das öffentliche Beschaffungswesen

1. Der nach Artikel 26.2 Absatz 1 Buchstabe e eingesetzte Ausschuss für das öffentliche Beschaffungswesen, der sich aus Vertretern der Vertragsparteien zusammensetzt, tritt bei Bedarf zusammen, um den Vertragsparteien die Möglichkeit zu bieten, über Fragen im Zusammenhang mit dem Funktionieren dieses Kapitels oder der Förderung der Ziele dieses Kapitels zu beraten und sonstige Aufgaben wahrzunehmen, die ihm gegebenenfalls von den Vertragsparteien übertragen werden.

2. Der Ausschuss für das öffentliche Beschaffungswesen tritt auf Ersuchen einer Vertragspartei zusammen und hat folgende Befugnisse:

a) Befassung mit Fragen der öffentlichen Beschaffung, die ihm von einer Vertragspartei vorgelegt werden,

b) Informationsaustausch über Beschaffungsmöglichkeiten in beiden Vertragsparteien,

c) Erörterung sonstiger Fragen im Zusammenhang mit dem Funktionieren dieses Kapitels und

d) Prüfung von Möglichkeiten zur Förderung koordinierter Aktivitäten mit dem Ziel, Anbietern den Zugang zu Beschaffungsverfahren im Gebiet der jeweils anderen Vertragspartei zu erleichtern. In Betracht kommen unter anderem Aktivitäten wie Informationsveranstaltungen, insbesondere mit Blick auf eine Verbesserung des elektronischen Zugangs zu öffentlich verfügbaren Informationen über die jeweiligen Beschaffungssysteme der Vertragsparteien, und Initiativen zur Erleichterung des Zugangs für kleine und mittlere Unternehmen.

3. Jede Vertragspartei legt dem Ausschuss für das öffentliche Beschaffungswesen jährlich im

Einklang mit Artikel 19.15 statistische Daten zu von diesem Kapitel erfassten Beschaffungen vor.

KAPITEL ZWANZIG
GEISTIGES EIGENTUM

ABSCHNITT A
Allgemeine Bestimmungen

Artikel 20.1
Ziele

Die Ziele dieses Kapitels bestehen darin,

a) die Produktion und Vermarktung innovativer und kreativer Erzeugnisse sowie die Erbringung von Dienstleistungen zwischen den Vertragsparteien zu erleichtern und

b) ein angemessenes und wirksames Schutz- und Durchsetzungsniveau für Rechte des geistigen Eigentums (Immaterialgüterrechte) zu erreichen.

Artikel 20.2
Art und Umfang der Pflichten

1. Die Bestimmungen dieses Kapitels ergänzen die Rechte und Pflichten der Vertragsparteien aus dem TRIPS-Übereinkommen.

2. Es steht jeder Vertragspartei frei, die für die Anwendung dieses Abkommens in ihrem eigenen Rechtssystem und in ihrer Rechtspraxis geeignete Methode festzulegen.

3. Dieses Abkommen schafft keine Verpflichtungen hinsichtlich der Aufteilung von Ressourcen für die Durchsetzung von Rechten des geistigen Eigentums und für die Durchsetzung des Rechts im Allgemeinen.

Artikel 20.3
Belange der öffentlichen Gesundheit

1. Die Vertragsparteien anerkennen die Bedeutung der am 14. November 2001 von der Ministerkonferenz der Welthandelsorganisation (WTO) verabschiedeten *Erklärung von Doha zum TRIPS-Übereinkommen und zur öffentlichen Gesundheit* (im Folgenden „Doha-Erklärung"). Bei der Auslegung und Wahrnehmung der Rechte und Pflichten aus diesem Kapitel gewährleisten die Vertragsparteien die Vereinbarkeit mit dieser Erklärung.

2. Die Vertragsparteien tragen zur Umsetzung und Beachtung der *Entscheidung des Allgemeinen Rates der WTO vom 30. August 2003* zu Absatz 6 der Doha-Erklärung sowie des am 6. Dezember 2005 in Genf unterzeichneten *Protokolls zur Änderung des TRIPS-Übereinkommens* bei.

Artikel 20.4
Erschöpfung

Dieses Kapitel lässt die Freiheit der Vertragsparteien unberührt, zu bestimmen, ob und unter welchen Bedingungen die Erschöpfung der Rechte des geistigen Eigentums gilt.

Artikel 20.5
Offenbarung von Informationen

Dieses Kapitel verpflichtet eine Vertragspartei weder zu einer Offenbarung von Informationen, die ihrem Recht in sonstiger Weise zuwiderlaufen würden, noch zu einer Offenbarung von Informationen, die aufgrund ihrer Vorschriften über den Zugang zu Informationen und den Schutz der Privatsphäre von der Offenbarung ausgenommen sind.

ABSCHNITT B
Immaterialgüterrechtsnormen

Artikel 20.6
Begriffsbestimmung

Für die Zwecke dieses Abschnitts bezeichnet der Ausdruck

pharmazeutisches Erzeugnis ein Erzeugnis, einschließlich eines chemischen oder biologischen Arzneimittels, eines Impfstoffs oder eines Radiopharmakons, das hergestellt, verkauft oder als Mittel ausgelobt wird

a) zur Stellung einer ärztlichen Diagnose, zur Behandlung, Milderung oder Verhütung einer Krankheit, einer Störung oder eines ungewöhnlichen physiologischen Zustandes oder ihrer Symptome oder

b) zur Wiederherstellung, Besserung oder Veränderung der physiologischen Funktionen.

Unterabschnitt A
Urheberrecht und verwandte Schutzrechte

Artikel 20.7
Gewährter Schutz

1. Die Vertragsparteien unterwerfen sich den folgenden internationalen Übereinkünften:

a) Artikel 2 bis 20 der am 24. Juli 1971 in Paris unterzeichneten *Berner Übereinkunft zum Schutz von Werken der Literatur und Kunst*,

b) Artikel 1 bis 14 des am 20. Dezember 1996 in Genf angenommenen *WIPO-Urheberrechtsvertrags*,

c) Artikel 1 bis 23 des am 20. Dezember 1996 in Genf unterzeichneten *WIPO-Vertrags über Darbietungen und Tonträger* und

d) Artikel 1 bis 22 des am 26. Oktober 1961 in Rom unterzeichneten *Internationalen Abkommens über den Schutz der ausübenden Künstler, der Hersteller von Tonträgern und der Sendeunternehmen.*

2. Soweit es die in Absatz 1 genannten Übereinkünfte zulassen, beschränkt dieses Kapitel keine Vertragspartei in ihrer Möglichkeit, den von ihr gewährten Schutz des geistigen Eigentums von Darbietungen auf die auf Tonträgern festgehaltenen Darbietungen zu beschränken.

Artikel 20.8
Öffentliche Sendung und Wiedergabe

1. Jede Vertragspartei gewährt ausübenden Künstlern das ausschließliche Recht, die drahtlose Sendung und die öffentliche Wiedergabe ihrer Darbietungen zu erlauben oder zu verbieten, es sei denn, die Darbietung ist selbst bereits eine gesendete Darbietung oder beruht auf einer Aufzeichnung.

2. Jede Vertragspartei gewährleistet, dass bei Nutzung eines zu gewerblichen Zwecken veröffentlichten Tonträgers oder eines Vervielfältigungsstücks eines solchen Tonträgers zum Zwecke der drahtlosen Sendung oder der öffentlichen Wiedergabe der Nutzer eine einmalige angemessene Vergütung entrichtet und dass diese Vergütung auf die betreffenden ausübenden Künstler und Tonträgerhersteller aufgeteilt wird. Besteht zwischen den ausübenden Künstlern und den Tonträgerherstellern keine Vereinbarung, so kann jede Vertragspartei die Bedingungen, nach denen die Vergütung unter ihnen aufzuteilen ist, festlegen.

Artikel 20.9
Schutz technischer Vorkehrungen

1. Für die Zwecke dieses Artikels bezeichnet der Ausdruck **technische Vorkehrungen** alle Technologien, Vorrichtungen oder Komponenten, die im normalen Betrieb dazu bestimmt sind, auf Werke, Darbietungen und Tonträger gerichtete Handlungen zu verhindern oder einzuschränken, die von den Autoren, ausübenden Künstlern oder Herstellern von Tonträgern nicht genehmigt worden sind, so wie dies in den internen Rechtsvorschriften einer Vertragspartei festgelegt ist. Unbeschadet des Geltungsbereichs des Urheberrechts oder verwandter Schutzrechte in den internen Rechtsvorschriften einer Vertragspartei sind technische Vorkehrungen als wirksam anzusehen, wenn die Nutzung der geschützten Werke, Darbietungen oder Tonträger von den Autoren, ausübenden Künstlern oder Herstellern von Tonträgern durch eine diesbezügliche Zugangskontrolle oder ein Schutzverfahren wie Verschlüsselung oder Verzerrung oder einen Mechanismus zur Kontrolle der Vervielfältigung, welche die Erreichung des Schutzziels sicherstellen, kontrolliert wird.

2. Jede Vertragspartei sieht einen hinreichenden Rechtsschutz und wirksame Rechtsbehelfe gegen die Umgehung jeglicher wirksamer technischer Vorkehrungen vor, welche die Autoren, ausübenden Künstler oder Hersteller von Tonträgern einsetzen, um ihre Rechte an ihren Werken, Darbietungen und Tonträgern auszuüben, und welche auf diese Werke, Darbietungen und Tonträger gerichtete Handlungen einschränken, die von den betroffenen Autoren, ausübenden Künstlern oder Herstellern von Tonträgern nicht genehmigt wurden oder die nach geltendem Recht nicht zulässig sind.

3. Um den hinreichenden Rechtsschutz und die wirksamen Rechtsbehelfe nach Absatz 2 zu gewährleisten, erlässt jede Vertragspartei Schutzbestimmungen zumindest gegen folgende Handlungen:

a) nach Maßgabe ihrer internen Rechtsvorschriften

i) das unerlaubte Umgehen einer wirksamen technischen Vorkehrung durch einen Verletzer, dem bekannt ist oder den Umständen nach bekannt sein muss, dass er eine Verletzungshandlung vornimmt, und

ii) das öffentliche Feilbieten einer Vorrichtung oder eines Erzeugnisses, einschließlich Computersoftware, oder einer Dienstleistung als Mittel zur Umgehung einer wirksamen technischen Vorkehrung und

b) die Herstellung, die Einfuhr oder den Vertrieb einer Vorrichtung oder eines Erzeugnisses, einschließlich Computersoftware, oder die Erbringung von Dienstleistungen,

i) die vornehmlich dazu bestimmt sind oder zu dem Zweck hergestellt werden, eine wirksame technische Vorkehrung zu umgehen, oder

ii) die keinen anderen wirtschaftlich nennenswerten Zweck erfüllen als die Umgehung einer wirksamen technischen Vorkehrung.

4. Der Ausdruck „nach Maßgabe ihrer internen Rechtsvorschriften" in Absatz 3 bedeutet, dass jede Vertragspartei bei der Durchführung des Buchstabens a Ziffern i und ii über einen Spielraum verfügt.

5. In Bezug auf die Durchführung der Absätze 2 und 3 muss eine Vertragspartei nicht vorschreiben, dass bei der Konzipierung von Teilen und Komponenten für Erzeugnisse der Verbraucherelektronik, der Telekommunikation oder der Datenverarbeitungstechnik oder bei der Konzipierung und Auswahl von Teilen und Komponenten für solche Erzeugnisse einer bestimmten technischen Vorkehrung Rechnung zu tragen ist, solange das Erzeugnis nicht in anderer Hinsicht gegen ihre Maßnahmen zur Durchführung der genannten Absätze verstößt. Diese Bestimmung bezweckt,

dass dieses Abkommen keine Vertragspartei verpflichtet, die Interoperabilität in ihren Rechtsvorschriften vorzuschreiben; somit ist die Informations- und Kommunikationstechnologiewirtschaft nicht verpflichtet, Vorrichtungen, Erzeugnisse, Komponenten oder Dienstleistungen so zu konzipieren, dass sie bestimmten technischen Vorkehrungen entsprechen.

6. Bei der Gewährleistung eines hinreichenden Rechtsschutzes und wirksamer Rechtsbehelfe nach Absatz 2 kann eine Vertragspartei angemessene Beschränkungen oder Ausnahmen in Bezug auf Maßnahmen zur Durchführung der Absätze 2 und 3 einführen oder beibehalten. Die Verpflichtungen aus den Absätzen 2 und 3 lassen die nach internem Recht einer Vertragspartei geltenden Rechte, Beschränkungen, Ausnahmen oder Verteidigungsmittel im Zusammenhang mit der Verletzung des Urheberrechts oder verwandter Schutzrechte unberührt.

Artikel 20.10
Schutz von Rechteverwaltungsinformationen

1. Für die Zwecke dieses Artikels bezeichnet der Ausdruck **Rechteverwaltungsinformationen**

a) Informationen, die das Werk, die Darbietung oder den Tonträger identifizieren, den Urheber des Werks, den ausübenden Künstler der Aufführung oder den Hersteller des Tonträgers oder den Inhaber eines Rechts am Werk, an der Darbietung oder am Tonträger,

b) Informationen über die Nutzungsbedingungen eines Werkes, einer Darbietung oder eines Tonträgers oder

c) Zahlen oder Codes, welche die in den Buchstaben a und b genannten Informationen darstellen,

sofern irgendeine dieser Informationen an einem Vervielfältigungsstück eines Werkes, einer Darbietung oder eines Tonträgers angebracht ist oder im Zusammenhang mit der öffentlichen Wiedergabe oder Zugänglichmachung eines Werkes, einer Darbietung oder eines Tonträger erscheint.

2. Zum Schutz elektronischer Rechteverwaltungsinformationen sorgt jede Vertragspartei für einen hinreichenden Rechtsschutz und wirksame Rechtsbehelfe gegen Personen, die wissentlich und unbefugt eine der nachstehenden Handlungen vornehmen, obwohl ihnen bekannt ist oder den Umständen nach bekannt sein muss, dass diese Handlung die Verletzung eines Urheberrechts oder eines verwandten Schutzrechts herbeiführen, ermöglichen, erleichtern oder verbergen wird:

a) die Entfernung oder Veränderung elektronischer Rechteverwaltungsinformationen oder

b) die Verbreitung, Einfuhr zur Verbreitung, Sendung, öffentliche Wiedergabe oder Zugänglichmachung von Vervielfältigungsstücken von Werken, Darbietungen oder Tonträgern in dem Wissen, dass elektronische Rechteverwaltungsinformationen unbefugt entfernt oder geändert wurden.

3. Bei der Gewährleistung eines hinreichenden Rechtsschutzes und wirksamer Rechtsbehelfe nach Absatz 2 kann eine Vertragspartei in Bezug auf Maßnahmen zur Durchführung des Absatzes 2 angemessene Beschränkungen oder Ausnahmen einführen oder beibehalten. Die Verpflichtungen aus Absatz 2 lassen die nach internem Recht einer Vertragspartei geltenden Rechte, Beschränkungen, Ausnahmen oder Verteidigungsmittel im Zusammenhang mit der Verletzung des Urheberrechts oder verwandter Schutzrechte unberührt.

Artikel 20.11
Haftung der Anbieter von Vermittlungsdiensten

1. Vorbehaltlich der anderen Absätze dieses Artikels legt jede Vertragspartei in ihrem internen Recht Beschränkungen oder Ausnahmen in Bezug auf die Haftung als Vermittler auftretender Diensteanbieter für den Fall fest, dass es im Zusammenhang mit der Erbringung oder Nutzung ihrer Dienste in Kommunikationsnetzen oder über solche Netze zu Verletzungen des Urheberrechts oder verwandter Schutzrechte kommt.

2. Die Beschränkungen oder Ausnahmen nach Absatz 1

a) erstrecken sich zumindest auf die nachfolgenden Funktionen:

i) Hosting der Informationen auf Verlangen eines Nutzers des Hosting-Dienstes,

ii) Zwischenspeicherung (Caching) mittels eines automatisiertes Verfahrens, bei der der Diensteanbieter

A) die Informationen außer aus technischen Gründen nicht verändert,

B) gewährleistet, dass etwaige, mit der Zwischenspeicherung der Informationen zusammenhängende Anweisungen, die in einer in diesem Industriezweig weithin anerkannten und gebräuchlichen Weise formuliert sind, befolgt werden, und

C) den Einsatz rechtmäßiger Technologie nicht beeinträchtigt, die in diesem Industriezweig weithin anerkannt und gebräuchlich ist, um Daten über die Informationsnutzung zu gewinnen, und

iii) bloße Durchleitung im Sinne der Bereitstellung der Mittel zur Übertragung der von einem Nutzer zur Verfügung gestellten Informationen oder zum Zugang zu einem Kommunikationsnetz, und

b) können sich auch auf andere Funktionen, darunter die Bereitstellung eines Informationslokalisierungstools, erstrecken, bei denen urheberrechtlich geschütztes Material automatisch vervielfältigt und die Vervielfältigungen wiedergegeben werden.

3. Der Anspruch auf Beschränkungen oder Ausnahmen im Sinne dieses Artikels darf nicht an die Bedingung geknüpft sein, dass der Diensteanbieter seinen Dienst überwacht oder dass er aktiv nach Tatsachen forscht, die auf eine Verletzungstätigkeit hindeuten.

4. Jede Vertragspartei kann in ihrem internen Recht Voraussetzungen aufstellen, unter denen Diensteanbieter die Beschränkungen und Ausnahmen nach diesem Artikel in Anspruch nehmen können. Unbeschadet des Vorstehenden kann jede Vertragspartei geeignete Verfahren zur wirksamen Meldung angeblicher Verstöße einführen sowie zur wirksamen Rückmeldung seitens derjenigen, deren Material aufgrund eines Fehlers oder einer Fehlidentifizierung entfernt oder abgeschaltet wurde.

5. Unbeschadet dieses Artikels können im Recht einer Vertragspartei andere Verteidigungsmittel, Beschränkungen und Ausnahmen bezüglich der Verletzung des Urheberrechts oder verwandter Schutzrechte vorgesehen sein. Dieser Artikel lässt die Möglichkeit unberührt, dass eine Gerichts- oder Verwaltungsbehörde nach dem Recht einer Vertragspartei vom Diensteanbieter verlangt, eine Rechtsverletzung abzustellen oder zu verhindern.

Artikel 20.12
Camcording

Jede Vertragspartei kann Strafverfahren und -sanktionen nach ihren Gesetzen und sonstigen Vorschriften für den Fall vorsehen, dass eine Person ohne Genehmigung des Leiters der Filmwiedergabeeinrichtung oder des Inhabers des Urheberrechts an einem Filmwerk während der Darbietung des Werkes in einer öffentlich zugänglichen Wiedergabeeinrichtung eine Kopie des Werks oder eines Teiles davon anfertigt.

Unterabschnitt B

Marken

Artikel 20.13
Internationale Übereinkünfte

Jede Vertragspartei unternimmt alle zumutbaren Anstrengungen, um den Artikeln 1 bis 22 des am 27. März 2006 in Singapur unterzeichneten *Vertrags von Singapur zum Markenrecht* nachzukommen und dem am 27. Juni 1989 in Madrid unterzeichneten *Protokoll zum Madrider Abkommen über die internationale Registrierung von Marken* beizutreten.

Artikel 20.14
Eintragungsverfahren

Jede Vertragspartei sieht ein System zur Eintragung von Marken vor, bei dem die Begründung für die Ablehnung einer Markeneintragung dem Antragsteller schriftlich mitgeteilt wird, wobei der Antragsteller die Möglichkeit hat, gegen die Ablehnung Beschwerde einzulegen und eine endgültige Ablehnung vor einem Organ der Rechtspflege anzufechten. Jede Vertragspartei schafft die Möglichkeit, Widerspruch entweder gegen Markenanmeldungen oder gegen Markeneintragungen einzulegen. Jede Vertragspartei richtet eine öffentlich zugängliche elektronische Datenbank für Markenanmeldungen und Markeneintragungen ein.

Artikel 20.15
Ausnahmen von den Rechten aus einer Marke

Jede Vertragspartei sorgt für die lautere Nutzung beschreibender Angaben, auch im Zusammenhang mit geografischen Angaben, als begrenzte Ausnahme von den Rechten aus einer Marke vor. Bei der Abklärung der Frage, was eine lautere Benutzung darstellt, wird den berechtigten Interessen des Markeninhabers und Dritter Rechnung getragen. Jede Vertragspartei kann sonstige begrenzte Ausnahmen vorsehen, sofern diese Ausnahmen den berechtigten Interessen des Markeninhabers und Dritter Rechnung tragen.

Unterabschnitt C

Geografische Angaben

Artikel 20.16
Begriffsbestimmungen

Für die Zwecke dieses Unterabschnitts bezeichnet der Ausdruck

geografische Angabe eine Angabe, die ein landwirtschaftliches Erzeugnis oder Lebensmittel als Ware mit Ursprung im Gebiet einer Vertragspartei oder in einer Gegend oder einem Ort in diesem Gebiet ausweist, wobei eine bestimmte Qualität oder der Ruf oder eine sonstige Eigenschaft des Erzeugnisses im Wesentlichen auf seiner geografischen Herkunft beruht, und

Produktklasse eine in Anhang 20-C aufgelistete Erzeugniskategorie.

Artikel 20.17
Geltungsbereich

Dieser Unterabschnitt gilt für geografische Angaben bei Erzeugnissen, die einer der Produktklassen in Anhang 20-C zuzuordnen sind.

Artikel 20.18
Aufgelistete geografische Angaben

Für die Zwecke dieses Unterabschnitts gilt Folgendes:

a) Die in Anhang 20-A Teil A aufgelisteten Angaben sind geografische Angaben, die ein Erzeugnis als aus dem Gebiet der Europäischen Union oder aus einer Gegend oder aus einem Ort in diesem Gebiet kennzeichnen, und

b) die in Anhang 20-A Teil B aufgelisteten Angaben sind geografische Angaben, die ein Erzeugnis als aus dem Gebiet Kanadas oder aus einer Gegend oder aus einem Ort in diesem Gebiet kennzeichnen.

Artikel 20.19
Schutz der in Anhang 20-A aufgelisteten geografischen Angaben

1. Hat eine Vertragspartei die geografischen Angaben der anderen Vertragspartei überprüft, so gewährt sie ihnen das in diesem Unterabschnitt festgelegte Schutzniveau.

2. Jede Vertragspartei stattet die betroffenen Parteien mit den rechtlichen Mitteln aus, um Folgendes zu verhindern:

a) die Verwendung einer in Anhang 20-A aufgelisteten geografischen Angabe der anderen Vertragspartei für ein Erzeugnis, das der Produktklasse in Anhang 20-A für diese geografische Angabe zugeordnet ist und das entweder

i) seinen Ursprung nicht in dem in Anhang 20-A angegebenen Herkunftsort dieser geografischen Angabe hat oder

ii) seinen Ursprung zwar in dem in Anhang 20-A angegebenen Herkunftsort dieser geografischen Angabe hat, aber nicht im Einklang mit den Gesetzen und sonstigen Vorschriften der anderen Vertragspartei erzeugt oder hergestellt wurde, die gelten würden, wenn das Produkt zum Verbrauch im Gebiet der anderen Vertragspartei bestimmt wäre,

b) die Nutzung irgendeines Mittels in der Bezeichnung oder Aufmachung einer Ware, das in einer die Öffentlichkeit hinsichtlich der geografischen Herkunft der Ware irreführenden Weise angibt oder nahelegt, dass die fragliche Ware ihren Ursprung in einem anderen geografischen Gebiet als dem tatsächlichen Ursprungsort hat, und

c) jede sonstige Nutzung, die eine unlautere Wettbewerbshandlung im Sinne des Artikels 10bis der am 14. Juli 1967 in Stockholm revidierten *Pariser Verbandsübereinkunft zum Schutz des gewerblichen Eigentums* (1967) darstellt.

3. Der Schutz nach Absatz 2 Buchstabe a gilt auch dann, wenn der wahre Ursprung des Erzeugnisses in Form einer Übersetzung angegeben oder die geografische Angabe in Form einer Übersetzung verwendet oder mit Zusätzen wie „Art", „Typ", „Fasson", „Nachahmung" oder dergleichen versehen wird.

4. Jede Vertragspartei sorgt im Rahmen der Möglichkeiten ihrer Rechtsordnung für die Durchsetzung von Verwaltungsmaßnahmen, mit denen einer Person untersagt wird, einen Nahrungsmittelgrundstoff in einer Weise herzustellen, zuzubereiten, abzupacken, zu kennzeichnen, zu verkaufen oder einzuführen oder zu bewerben, die unwahr, irreführend oder täuschend ist oder einen falschen Eindruck hinsichtlich seines Ursprungs erweckt.

5. Im Einklang mit Absatz 4 sieht jede Vertragspartei Verwaltungsmaßnahmen im Falle von Beschwerden vor, die darauf abstellen, dass Erzeugnisse in einer Weise gekennzeichnet beziehungsweise präsentiert werden, die unwahr, irreführend oder täuschend ist oder einen falschen Eindruck hinsichtlich ihres Ursprungs erweckt.

6. Die Eintragung einer Marke, die eine in Anhang 20-A aufgelistete geografische Angabe der anderen Vertragspartei enthält oder darstellt, wird entsprechend den rechtlichen Möglichkeiten einer Vertragspartei von Amts wegen oder auf Ersuchen einer betroffenen Partei abgelehnt beziehungsweise gelöscht, falls das betreffende Erzeugnis zwar unter die in Anhang 20-A für diese geografische Angabe angegebene Produktklasse fällt, seinen Ursprung aber nicht an dem in Anhang 20-A für diese geografische Angabe festgelegten Ursprungsort hat.

7. Dieser Unterabschnitt begründet keine Verpflichtung, geografische Angaben zu schützen, die an ihrem Ursprungsort nicht oder nicht mehr geschützt oder nicht mehr gebräuchlich sind. Ist eine in Anhang 20-A aufgelistete geografische Angabe einer Vertragspartei an ihrem Ursprungsort nicht länger geschützt oder wird sie dort ungebräuchlich, so unterrichtet diese Vertragspartei die andere Vertragspartei darüber und ersucht um ihre Löschung.

Artikel 20.20
Gleichlautende geografische Angaben

1. Existieren in den Vertragsparteien gleichlautende geografische Angaben bei Erzeugnissen derselben Produktklasse, so legt jede Vertragspartei die Bedingungen fest, unter denen die betreffenden gleichlautenden Angaben in der Praxis voneinander unterschieden werden, wobei sie darauf achten, dass die betroffenen Erzeuger gleichbehandelt und die Verbraucher nicht irregeführt werden.

2. Schlägt eine Vertragspartei bei Verhandlungen mit einem Drittland vor, eine geografische Angabe zu schützen, die ein Ursprungserzeugnis des Drittlandes kennzeichnet, und ist diese geo-

grafische Angabe mit einer in Anhang 20-A aufgelisteten geografischen Angabe der anderen Vertragspartei gleichlautend und fällt das betreffende Erzeugnis unter die in Anhang 20-A für die gleichlautende geografische Angabe der anderen Vertragspartei angegebene Produktklasse, so wird dies der anderen Vertragspartei zur Kenntnis gebracht und ihr die Möglichkeit zur Stellungnahme eingeräumt, bevor die geografische Angabe geschützt wird.

Artikel 20.21
Ausnahmen

1. Ungeachtet des Artikels 20.19 Absätze 2 und 3 ist Kanada nicht verpflichtet, die betroffenen Parteien mit den rechtlichen Mittel zur Verhinderung der Verwendung der in Anhang 20-A Teil A aufgelisteten und mit einem Sternchen versehenen Bezeichnungen[1] auszustatten, wenn diese Bezeichnungen zusammen mit Ausdrücken wie „Art", „Typ", „Fasson", „Nachahmung" oder dergleichen verwendet werden und mit einer lesbaren und sichtbaren Angabe des geografischen Ursprungs des betreffenden Erzeugnisses versehen sind.

2. Ungeachtet des Artikels 20.19 Absätze 2 und 3 verhindert der Schutz der in Anhang 20-A Teil A aufgelisteten und mit einem Sternchen versehenen geografischen Angaben[2] nicht die Verwendung dieser Angaben im Gebiet Kanadas durch Personen, einschließlich ihrer Erben oder Rechtsnachfolger, die diese Angaben bei Erzeugnissen der Klasse „Käse" vor dem 18. Oktober 2013 gewerblich genutzt haben.

3. Ungeachtet des Artikel 20.19 Absätze 2 und 3 verhindert der Schutz der in Anhang 20-A Teil A aufgelisteten und mit zwei Sternchen versehenen geografischen Angaben nicht die Verwendung dieser Angaben durch Personen, einschließlich ihrer Erben oder Rechtsnachfolger, die diese Angaben bei Erzeugnissen der Klasse „Fleisch, frisch, gefroren oder verarbeitet" vor dem 18. Oktober 2013 mindestens fünf Jahre lang gewerblich genutzt haben. Für alle anderen Personen, einschließlich ihrer Erben und Rechtsnachfolger, welche die obigen Angaben bei Erzeugnissen der Klasse „Fleisch, frisch, gefroren oder verarbeitet" vor dem 18. Oktober 2013 weniger als fünf Jahre lang gewerblich genutzt haben, gilt ein Übergangszeitraum von fünf Jahren ab Inkrafttreten dieses Artikels, in dem die Verwendung der obigen Angabe nicht unterbunden wird.

4. Ungeachtet des Artikel 20.19 Absätze 2 und 3 verhindert der Schutz der in Anhang 20-A Teil A aufgelisteten und mit drei Sternchen versehenen geografischen Angaben nicht die Verwendung dieser Angaben durch Personen, einschließlich ihrer Erben oder Rechtsnachfolger, die diese Angaben bei Erzeugnissen der Klasse „Fleisch, trockengepökelt" beziehungsweise der Klasse „Käse" vor dem 18. Oktober 2013 mindestens zehn Jahre lang gewerblich verwendet haben. Für alle anderen Personen, einschließlich ihrer Erben und Rechtsnachfolger, welche die obigen Angaben bei Erzeugnissen der Klasse „Fleisch, trockengepökelt" beziehungsweise der Klasse „Käse" vor dem 18. Oktober 2013 weniger als zehn Jahre lang gewerblich genutzt haben, gilt ein Übergangszeitraum von fünf Jahren ab Inkrafttreten dieses Artikels, in dem die Verwendung der obigen Angaben nicht unterbunden wird.

5. Wurde vor dem maßgeblichen Zeitpunkt nach Absatz 6 eine Marke in einer Vertragspartei treugläubig angemeldet oder eingetragen oder wurden dort Rechte an einer Marke durch treugläubige Nutzung erworben, so berühren die Maßnahmen zur Umsetzung dieses Unterabschnitts in dieser Vertragspartei nicht die Eintragungsfähigkeit oder die Gültigkeit der Eintragung einer Marke oder das Recht auf Benutzung einer Marke aufgrund der Tatsache, dass eine solche Marke mit einer geografischen Angabe identisch oder ihr ähnlich ist.

6. Für die Zwecke des Absatzes 5 ist folgender Zeitpunkt maßgeblich:

a) bei einer zum Zeitpunkt der Unterzeichnung dieses Abkommens in Anhang 20-A aufgelisteten geografischen Angabe der Zeitpunkt des Inkrafttretens dieses Unterabschnitts oder

b) bei einer nach dem Zeitpunkt der Unterzeichnung dieses Abkommens nach Maßgabe des Artikels 20.22 in Anhang 20-A eingefügten geografischen Angabe der Zeitpunkt ihrer Einfügung.

7. Ist eine Übersetzung einer geografischen Angabe identisch mit einer Bezeichnung oder enthält sie eine Bezeichnung, die im Gebiet einer Vertragspartei gemeinsprachlich der übliche Name für ein Erzeugnis ist, oder ist eine geografische Angabe zwar nicht identisch mit einer derartigen Bezeichnung, enthält aber eine solche, so bleibt das Recht einer Person, diese Bezeichnung im Gebiet jener Vertragspartei in Verbindung mit dem betreffenden Erzeugnis zu verwenden, von den Bestimmungen dieses Unterabschnitts unberührt.

8. Nichts spricht dagegen, dass im Gebiet einer Vertragspartei im Zusammenhang mit einem Erzeugnis ein Name verwendet wird, der für eine bei Inkrafttreten dieses Unterabschnitts dort existierende Pflanzensorte oder Tierrasse gebräuchlich ist.

Zu Artikel 20.21:

[1] Es wird klargestellt, dass dieser Absatz auch für die Bezeichnung „Feta" gilt.

[2] Es wird klargestellt, dass dieser Absatz auch für die Bezeichnung „Feta" gilt.

9. Eine Vertragspartei kann vorsehen, dass ein nach diesem Unterabschnitt im Zusammenhang mit der Benutzung oder Eintragung einer Marke zu stellendes Ersuchen innerhalb von fünf Jahren nach dem allgemeinen Bekanntwerden der entgegenstehenden Verwendung der geschützten Angabe in dieser Vertragspartei oder der Eintragung der Marke in dieser Vertragspartei zu stellen ist, vorausgesetzt, dass die Marke bis zu diesem Zeitpunkt bereits veröffentlicht wurde und dieser Zeitpunkt jenem Zeitpunkt vorausgeht, an dem die entgegenstehende Benutzung in dieser Vertragspartei allgemein bekannt wurde, es sei denn, die geografische Angabe wurde bösgläubig verwendet oder eingetragen.

10. Dieser Unterabschnitt berührt nicht das Recht einer Person, im geschäftlichen Verkehr ihren Namen oder den Namen ihres Geschäftsvorgängers zu benutzen, sofern dieser Name nicht in einer die Öffentlichkeit irreführenden Weise benutzt wird.

11. a) Dieser Unterabschnitt berührt nicht das Recht einer Person, eine Marke in Kanada zu verwenden oder eintragen zu lassen, die eine in Anhang 20-B Teil A aufgelistete Bezeichnung enthält oder daraus besteht, und

b) Buchstabe a gilt nicht für die Bezeichnungen in Anhang 20-B Teil A, wenn sie so verwendet werden, dass die Öffentlichkeit hinsichtlich des Ursprungsorts der Waren irregeführt würde.

12. Die Verwendung der Bezeichnungen in Anhang 20-B Teil B in Kanada unterliegt nicht den Bestimmungen dieses Unterabschnitts.

13. Mit einer Übertragung von Rechten nach den Absätzen 2 bis 4 geht keine Übertragung des Rechts zur eigenständigen Verwendung einer geografischen Angabe einher.

Artikel 20.22
Änderungen des Anhangs 20-A

1. Der nach Artikel 26.1 (Gemischter CETA-Ausschuss) eingesetzte Gemischte CETA-Ausschuss kann auf Empfehlung des CETA-Ausschusses für geografische Angaben einvernehmlich beschließen, Anhang 20-A zu ändern, indem er geografische Angaben einfügt oder geografische Angaben streicht, die an ihrem Ursprungsort nicht mehr geschützt oder nicht mehr gebräuchlich sind.

2. Eine geografische Angabe wird grundsätzlich nicht in Anhang 20-A Teil A eingefügt, wenn es sich um einen Namen handelt, der zum Zeitpunkt der Unterzeichnung dieses Abkommens im einschlägigen Register der Europäischen Union für einen Mitgliedstaat der Europäischen Union mit dem Status „eingetragen" geführt wird.

3. Eine geografische Angabe, die ein Erzeugnis als Ursprungserzeugnis einer bestimmten Vertragspartei ausweist, wird nicht in Anhang 20-A eingefügt,

a) wenn sie mit einer Marke identisch ist, die in der anderen Vertragspartei für die gleichen oder ähnliche Erzeugnisse eingetragen wurde, oder mit einer Marke, für die im Gebiet der anderen Vertragspartei durch treugläubige Benutzung bereits Rechte erworben und ein Antrag für die gleichen oder ähnliche Erzeugnisse gestellt wurde,

b) wenn sie mit dem gebräuchlichen Namen einer in der anderen Vertragspartei existierenden Pflanzensorte oder Tierrasse identisch ist oder

c) wenn sie mit einer Bezeichnung identisch ist, die im Gebiet einer Vertragspartei gemeinsprachlich der übliche Name für dieses Erzeugnis ist.

Artikel 20.23
Sonstige Schutzmaßnahmen

Die Bestimmungen dieses Unterabschnitts lassen das Recht unberührt, die Anerkennung und den Schutz einer geografischen Angabe nach den einschlägigen Rechtsvorschriften einer Vertragspartei zu beantragen.

Unterabschnitt D

Muster

Artikel 20.24
Internationale Übereinkünfte

Jede Vertragspartei unternimmt alle zumutbaren Anstrengungen, um der in Genf am 2. Juli 1999 angenommenen *Genfer Akte des Haager Abkommens über die internationale Hinterlegung gewerblicher Muster und Modelle* beizutreten.

Artikel 20.25
Verhältnis zum Urheberrecht

Der Gegenstand eines Musterrechts kann nach dem Urheberrecht geschützt werden, wenn die Voraussetzungen für den Schutz erfüllt sind. In welchem Umfang und unter welchen Bedingungen ein solcher Schutz gewährt wird und auch welcher Grad der Originalität erforderlich ist, wird von jeder Vertragspartei festgelegt.

Unterabschnitt E

Patente

Artikel 20.26
Internationale Übereinkünfte

Jede Vertragspartei unternimmt alle zumutbaren Anstrengungen zur Einhaltung der Artikel 1 bis 14 und des Artikels 22 des in Genf am 1. Juni 2000 verabschiedeten *Vertrags über das Patentrecht.*

Artikel 20.27
Sui-generis-Schutz für Pharmazeutika

1. Für die Zwecke dieses Artikels bezeichnet der Ausdruck

Grundpatent ein Patent, das ein Erzeugnis als solches, ein Verfahren zur Herstellung eines Erzeugnisses oder eine Verwendung eines Erzeugnisses schützt, und das vom Inhaber eines Patents, welches als Grundpatent dienen kann, als Grundpatent zum Zwecke der Gewährung des Sui-generis-Schutzes bestimmt wurde, und

Erzeugnis den Wirkstoff oder die Wirkstoffzusammensetzung eines pharmazeutischen Erzeugnisses.

2. Auf Ersuchen des Patentinhabers oder seines Rechtsnachfolgers legt jede Vertragspartei einen Sui-generis-Schutzzeitraum für ein Erzeugnis fest, das durch ein geltendes Grundpatent geschützt ist, sofern folgende Bedingungen erfüllt sind:

a) Es wurde eine Genehmigung zum Inverkehrbringen des Erzeugnisses als pharmazeutisches Erzeugnis auf dem Markt dieser Vertragspartei erteilt (in diesem Artikel „Zulassung"),

b) für das Erzeugnis galt nicht bereits ein Sui-generis-Schutzzeitraum und

c) bei der Zulassung nach Buchstabe a handelt es sich um die erste Zulassung des Erzeugnisses als pharmazeutisches Erzeugnis auf dem Markt dieser Vertragspartei.

3. Jede Vertragspartei kann

a) einen Sui-generis-Schutzzeitraum nur dann festlegen, wenn der erste Zulassungsantrag innerhalb einer angemessenen, von dieser Vertragspartei vorgeschriebenen Frist gestellt wird, und

b) eine Ausschlussfrist für das Ersuchen um Gewährung eines Sui-generis-Schutzzeitraums von zumindest 60 Tagen ab dem Zeitpunkt der Erstzulassung vorschreiben. Wird die Erstzulassung bereits vor Erteilung des Patents erteilt, so legt jede Vertragspartei eine Frist von mindestens 60 Tagen ab Patenterteilung fest, in der das Ersuchen um Gewährung einer Schutzfrist nach diesem Artikel gestellt werden kann.

4. Ist ein Erzeugnis durch ein einziges Grundpatent geschützt, so beginnt der Sui-generis-Schutzzeitraum nach Ablauf der gesetzlichen Laufzeit dieses Patents.

Ist ein Erzeugnis durch mehrere Patente geschützt, die als Grundpatent dienen können, so kann eine Vertragspartei nur einen einzigen Sui-generis-Schutzzeitraum festlegen, der mit dem Ablauf der gesetzlichen Laufzeit des Grundpatents beginnt, und zwar nach folgendem Schema:

a) ist dieselbe Person Inhaber alle Patente, die als Grundpatent dienen können, so erfolgt die Festlegung durch die Person, die um den Sui-generis-Schutzzeitraum ersucht, und

b) ist nicht dieselbe Person Inhaber aller Patente, die als Grundpatent dienen können, und gibt dies Anlass zu konkurrierenden Ersuchen um Sui-generis-Schutz, so erfolgt die Festlegung im Einvernehmen der Patentinhaber.

5. Jede Vertragspartei sorgt dafür, dass der Sui-generis-Schutzzeitraum der Zeitspanne entspricht, die zwischen der Anmeldung des Grundpatents und der Erstzulassung verstrichen ist, abzüglich fünf Jahre.

6. Ungeachtet des Absatzes 5 und unbeschadet einer etwaigen Verlängerung des Sui-generis-Schutzzeitraums durch eine Partei als Anreiz zu oder Honorierung von Forschungsarbeiten innerhalb bestimmter Zielgruppen, beispielsweise Kinder, darf die Dauer des Sui-generis-Schutzes einen von jeder Vertragspartei festzulegenden Zeitraum von zwei bis fünf Jahren nicht überschreiten.

7. Jede Vertragspartei kann vorsehen, dass der Sui-generis-Schutzzeitraum ausläuft,

a) wenn der Schutzberechtigte auf den Sui-generis-Schutz verzichtet oder

b) wenn vorgeschriebene Verwaltungsgebühren nicht entrichtet werden.

Jede Vertragspartei kann den Sui-generis-Schutzzeitraum im Verhältnis zu etwaigen ungerechtfertigten Verzögerungen, die auf die Untätigkeit des Antragstellers nach Stellung des Zulassungsantrags zurückzuführen sind, verkürzen, sofern der betreffende Antrag vom Grundpatentinhaber oder einer mit ihm verbundenen Einrichtung gestellt wurde.

8. In den Grenzen des durch das Grundpatent gewährten Schutzes erstreckt sich der Sui-Generis-Schutz nur auf das zugelassene pharmazeutische Erzeugnis und auf seine etwaigen Verwendungen als pharmazeutisches Erzeugnis, die vor Ablauf des Sui-generis-Schutzes zugelassen wurden. Vorbehaltlich des vorausgehenden Satzes verleiht der Sui-generis-Schutz dieselben Rechte wie das Patent und unterliegt denselben Beschränkungen und Verpflichtungen.

9. Ungeachtet der Absätze 1 bis 8 kann jede Vertragspartei ferner die Reichweite des Schutzes begrenzen, indem sie Ausnahmen für das Herstellen, Verwenden, Feilbieten, Verkaufen oder Einführen von Erzeugnissen zum Zwecke der Ausfuhr im Schutzzeitraum vorsieht.

10. Jede Vertragspartei kann das Sui-generis-Schutzrecht aus Gründen der Nichtigkeit des Grundpatents widerrufen, insbesondere wenn dieses Patent vor Ablauf seiner gesetzlichen Laufzeit erloschen ist oder insoweit widerrufen oder beschränkt wurde, als das Erzeugnis, dem der Schutz gewährt wurde, nicht mehr durch die Grundpatentsansprüche geschützt ist, oder aus Gründen des Entzugs der Zulassung(en) für den jeweiligen Markt oder aus Gründen der Schutzge-

währung entgegen den Bestimmungen des Absatzes 2.

Artikel 20.28
Patentverknüpfungsmechanismen bei pharmazeutischen Erzeugnissen

Greift eine Vertragspartei auf Mechanismen der Patentverknüpfung (patent linkage) zurück, wobei die Erteilung der Zulassung (oder die Konformitätsmitteilung (notice of compliance) oder vergleichbare Konzepte) bei generischen pharmazeutischen Erzeugnissen davon abhängig ist, ob noch Patentschutz besteht, so stellt sie sicher, dass allen Streitparteien gleichwertige, wirksame Rechtsbehelfe zur Verfügung stehen.

Unterabschnitt F
Datenschutz

Artikel 20.29
Schutz nicht offenbarter Daten zu pharmazeutischen Erzeugnissen

1. Schreibt eine Vertragspartei als Voraussetzung für die Zulassung pharmazeutischer Erzeugnisse mit neuen chemischen Entitäten (NCE)[1] (in diesem Artikel „Zulassung") die Vorlage nicht offenbarter Test- oder sonstiger Daten vor, die erforderlich sind, um festzustellen, ob die Verwendung dieser Erzeugnisse sicher und wirksam ist, so schützt die Vertragspartei diese Daten vor Offenbarung, wenn für die Gewinnung dieser Daten ein beträchtlicher Aufwand erforderlich ist, es sei denn, die Offenbarung ist zum Schutz der Öffentlichkeit notwendig, oder es werden Maßnahmen zur Gewährleistung des Schutzes der Daten vor unlauterem gewerblichen Gebrauch ergriffen.

2. Jede Vertragspartei sorgt dafür, dass Daten im Sinne des Absatzes 1, die der Vertragspartei nach Inkrafttreten dieses Abkommens vorgelegt werden, wie folgt behandelt werden:

a) Außer der Person, welche die Daten vorlegte, darf keine andere Person diese Daten innerhalb eines Zeitraums von mindestens sechs Jahren – gerechnet ab dem Tag, an dem die Vertragspartei der diese Daten zwecks Zulassung beibringenden Person die Zulassung erteilte – ohne Zustimmung der Letztgenannten dazu verwenden, eine Zulassung zu beantragen, und

b) eine Vertragspartei darf keiner Person eine Zulassung erteilen, die diese Daten innerhalb von mindestens acht Jahren – gerechnet ab dem Tag, an dem die Vertragspartei der diese Daten zwecks Zulassungserteilung beibringenden Person die Zulassung erteilte – verwendet, ohne dass die datenbeibringende Person dem zustimmt.

Vorbehaltlich dieses Absatzes wird keine Vertragspartei daran gehindert, verkürzte Zulassungsverfahren für derartige Erzeugnisse auf der Grundlage von Bioäquivalenz- und Bioverfügbarkeitsstudien einzuführen.

Artikel 20.30
Schutz von Daten zu Pflanzenschutzmitteln

1. Jede Vertragspartei legt Sicherheits- und Wirksamkeitsanforderungen fest, bevor sie das Inverkehrbringen eines Pflanzenschutzmittels (in diesem Artikel „Zulassung") genehmigt.

2. Jede Vertragspartei legt einen begrenzten Datenschutzzeitraum für Versuchs- oder Studienberichte fest, die erstmalig zwecks Erhalt einer Zulassung vorgelegt werden. Jede Vertragspartei legt fest, dass der Versuchs- oder Studienbericht in diesem Zeitraum nicht zum Vorteil anderer Personen verwendet wird, welche die Zulassung eines Pflanzenschutzmittels anstreben, es sei denn, es wird die ausdrückliche Zustimmung des Erstzulassungseigentümers nachgewiesen.

3. Der Versuchs- oder Studienbericht sollte zur Zulassung oder zur Änderung einer Zulassung im Hinblick auf die Verwendung bei anderen Kulturpflanzen erforderlich sein.

4. In jeder Vertragspartei beträgt der Datenschutzzeitraum mindestens zehn Jahre ab der Erstzulassung in dieser Vertragspartei für den Versuchs- oder Studienbericht zur Erlangung der Zulassung eines neuen Wirkstoffs und für die Daten, auf die sich die gleichzeitige Eintragung des den Wirkstoff enthaltenden Enderzeugnisses stützt. Die Schutzdauer kann verlängert werden, um die Zulassung von Pflanzenschutzmitteln mit geringem Risiko und geringfügigen Verwendungen zu fördern.

5. Jede Vertragspartei kann ferner Datenschutz- oder Vergütungsanforderungen im Zusammenhang mit Versuchs- oder Studienberichten aufstellen, die zur Änderung oder Erneuerung einer Zulassung vorgelegt werden.

6. Jede Vertragspartei stellt Regeln zur Vermeidung von Wiederholungsversuchen an Wirbeltieren auf. Beabsichtigt ein Antragsteller, Versuche und Studien mit Wirbeltieren durchzuführen, so sollte er dazu angehalten werden, mit allen erforderlichen Mitteln zu überprüfen, ob diese Versuche und Studien nicht bereits durchgeführt oder eingeleitet wurden.

7. Jede Vertragspartei sollte jeden neuen Antragsteller und jeden Inhaber der einschlägigen Zulassungen dazu anhalten, nach Kräften sicherzustellen, dass sie Versuche und Studien mit

Zu Artikel 20.29:

[1] Es wird im Hinblick auf den Datenschutz klargestellt, dass die Bezeichnung „chemische Entität" in Kanada auch ein Bio- oder Radiopharmakon einschließt, das als neues Arzneimittel den lebens- und arzneimittelrechtlichen Vorschriften Kanadas (Food and Drug Regulations of Canada) unterliegt.

Wirbeltieren gemeinsam nutzen. Die Kosten für die gemeinsame Nutzung diesbezüglicher Versuchs- und Studienberichte werden gerecht, transparent und diskriminierungsfrei festgelegt. Ein Antragsteller muss sich lediglich an den Kosten für Informationen beteiligen, die er zum Zwecke der Zulassung vorlegen muss.

8. Der oder die Inhaber der einschlägigen Zulassung haben für die Kosten, die ihnen mit dem für die Zulassung erforderlichen Versuchs- oder Studienbericht entstanden sind, Anspruch auf eine angemessene Kostenbeteiligung seitens eines Antragstellers, der sich bei seinem Zulassungsantrag für ein neues Pflanzenschutzmittel auf derartige Versuchs- und Studienberichte stützt. Jede Vertragspartei kann anordnen, dass die beteiligten Parteien etwaige Streitfragen im Wege eines verbindlichen Schiedsverfahrens nach ihrem Recht klären.

Unterabschnitt G

Pflanzensorten

Artikel 20.31
Pflanzensorten

Jede Vertragspartei leistet ihren Beitrag zur Förderung und Verbesserung des Schutzes von Pflanzensorten auf der Grundlage der Akte von 1991 zum in Paris am 2. Dezember 1961 angenommenen *Internationalen Übereinkommen zum Schutz von Pflanzenzüchtungen.*

ABSCHNITT C

Durchsetzung der Rechte des geistigen Eigentums

Artikel 20.32
Allgemeine Verpflichtungen

1. Jede Vertragspartei trägt dafür Sorge, dass Verfahren zur Durchsetzung der Rechte des geistigen Eigentums gerecht und billig sind, nicht unnötig kompliziert oder kostspielig sind und keine unzumutbaren Fristen oder ungerechtfertigten Verzögerungen mit sich bringen. Diese Verfahren sind so anzuwenden, dass die Errichtung von Schranken für den rechtmäßigen Handel vermieden wird und Vorkehrungen gegen ihren Missbrauch getroffen werden.

2. Bei der Durchführung der Bestimmungen dieses Abschnitts berücksichtigt jede Vertragspartei, dass ein angemessenes Verhältnis zwischen der Schwere der Rechtsverletzung, den Interessen Dritter und den anzuwendenden Maßnahmen, Rechtsbehelfen und Sanktionen bestehen muss.

3. Die Artikel 20.33 bis 20.42 betreffen die zivilrechtliche Durchsetzung.

4. Für die Zwecke der Artikel 20.33 bis 20.42 bezeichnet der Ausdruck **Immaterialgüterrechte**, soweit nichts anderes bestimmt ist, alle Kategorien geistigen Eigentums, die Gegenstand von Teil II Abschnitte 1 bis 7 des TRIPS-Übereinkommens sind.

Artikel 20.33
Antragsberechtigte

Jede Vertragspartei räumt den folgenden Personen das Recht ein, die in den Artikeln 20.34 bis 20.42 vorgesehenen Verfahren und Rechtsbehelfe in Anspruch zu nehmen:

a) den Inhabern der Immaterialgüterrechte im Einklang mit dem Recht dieser Vertragspartei,

b) alle anderen Personen, die zur Nutzung dieser Rechte befugt sind, sofern diese Personen berechtigt sind, Ansprüche nach dem Recht dieser Vertragspartei geltend zu machen,

c) Verwertungsgesellschaften mit ordnungsgemäß anerkannter Befugnis zur Vertretung von Immaterialgüterrechtsinhabern, soweit diese Gesellschaften berechtigt sind, Ansprüche nach dem Recht dieser Vertragspartei geltend zu machen, und

d) Berufsorganisationen mit ordnungsgemäß anerkannter Befugnis zur Vertretung von Immaterialgüterrechtsinhabern, soweit diese Organisationen berechtigt sind, Ansprüche nach dem Recht dieser Vertragspartei geltend zu machen.

Artikel 20.34
Beweise

Jede Vertragspartei gewährleistet bei einer behaupteten Immaterialgüterrechtsverletzung in gewerblichem Ausmaß, dass die Organe der Rechtspflege befugt sind, soweit dies angebracht ist und ein entsprechender Antrag gestellt wird, nach Maßgabe ihres internen Rechts die Vorlage einschlägiger, in der Verfügungsgewalt der antragsgegnerischen Partei befindlicher Informationen, einschließlich Bank-, Finanz- oder Handelsunterlagen, vorbehaltlich des Schutzes vertraulicher Informationen, anzuordnen.

Artikel 20.35
Maßnahmen zur Beweissicherung

1. Jede Vertragspartei gewährleistet, dass die zuständigen Organe der Rechtspflege bereits vor Einleitung eines Verfahrens in der Hauptsache – auf Antrag einer Einrichtung, welche zur Begründung ihrer Ansprüche die ihr mit zumutbarem Aufwand zugänglichen Beweise vorgelegt hat, wonach ihre Immaterialgüterrechte verletzt wurden oder verletzt zu werden drohen – schnelle und wirksame einstweilige Maßnahmen zur Sicherung rechtserheblicher Beweise für die behauptete Verletzung, vorbehaltlich des Schutzes vertraulicher Informationen, anordnen können.

2. Jede Vertragspartei kann vorsehen, dass die Maßnahmen nach Absatz 1 auch die ausführliche Beschreibung mit oder ohne Einbehaltung von Mustern umfassen oder die dingliche Beschlagnahme der behauptetermaßen rechtsverletzenden Waren und, soweit angezeigt, der für die Herstellung oder den Vertrieb dieser Waren notwendigen Werkstoffe und Geräte samt zugehöriger Unterlagen. Die Organe der Rechtspflege sind befugt, diese Maßnahmen zu ergreifen, nötigenfalls auch ohne Anhörung der anderen Partei, insbesondere dann, wenn durch eine Verzögerung dem Rechtsinhaber wahrscheinlich ein nicht wiedergutzumachender Schaden entstünde oder wenn nachweislich die Gefahr besteht, dass Beweise vernichtet werden.

Artikel 20.36
Auskunftsrecht

Unbeschadet der Rechtsvorschriften der jeweiligen Vertragspartei über Sonderrechte, den Schutz der Vertraulichkeit von Informationsquellen oder die Verarbeitung personenbezogener Daten sorgt jede Vertragspartei dafür, dass ihre Organe der Rechtspflege in zivilrechtlichen Verfahren zur Durchsetzung von Immaterialgüterrechten auf begründetes Ersuchen des Rechtsinhabers anordnen dürfen, dass der Verletzer oder behauptete Verletzer dem Rechtsinhaber oder den Organen der Rechtspflege – zumindest für die Zwecke der Beweissammlung – nach Maßgabe der geltenden Gesetze und sonstigen Vorschriften der betreffenden Vertragspartei sachdienliche Informationen vorlegt, in deren Besitz der Verletzer oder behauptete Verletzer ist oder über die er Kontrolle hat. Diese Informationen können Auskünfte über Personen einschließen, die in irgendeiner Weise an der Verletzung oder behaupteten Verletzung beteiligt sind, desgleichen Auskünfte über die Produktionsmittel oder die Vertriebswege der rechtsverletzenden oder mutmaßlich rechtsverletzenden Waren oder Dienstleistungen, einschließlich der Preisgabe der Identität von Dritten, die behauptetermaßen an der Herstellung und am Vertrieb der betreffenden Waren oder Dienstleistungen beteiligt waren, und ihrer Vertriebswege.

Artikel 20.37
Einstweilige Maßnahmen und Sicherungsmaßnahmen

1. Jede Vertragspartei sorgt dafür, dass ihre Organe der Rechtspflege befugt sind, schnelle und wirksame einstweilige Maßnahmen und Sicherungsmaßnahmen, einschließlich einstweiliger Verfügungen, gegen eine Partei oder, falls angezeigt, gegen einen Dritten, welcher der Zuständigkeit des betreffenden Organs der Rechtspflege untersteht, zu ergreifen, um zu verhindern, dass ein Immaterialgüterrecht verletzt wird, und insbesondere, um zu verhindern, dass rechtsverletzende Waren in die Vertriebswege gelangen.

2. Jede Vertragspartei sorgt dafür, dass ihre Organe der Rechtspflege befugt sind, die Beschlagnahme oder sonstige Verwahrnahme von Waren anzuordnen, bei denen der Verdacht auf Verletzung eines Immaterialgüterrechts besteht, um deren Inverkehrbringen oder deren Umlauf innerhalb der Vertriebswege zu verhindern.

3. Jede Vertragspartei sorgt dafür, dass die Organe der Rechtspflege bei einer behaupteten Immaterialgüterrechtsverletzung in gewerblichem Ausmaß im Einklang mit den Rechtsvorschriften der betreffenden Vertragspartei anordnen dürfen, dass Eigentum des behaupteten Verletzers vorsorglich beschlagnahmt wird, was auch die Sperrung seiner Bankkonten und Blockierung sonstiger Vermögenswerte umfasst. Zu diesem Zweck können die Organe der Rechtspflege, soweit angezeigt, die Übermittlung einschlägiger Bank-, Finanz- oder Handelsunterlagen oder die Gewährung des Zugangs zu anderen einschlägigen Unterlagen anordnen.

Artikel 20.38
Sonstige Abhilfemaßnahmen

1. Jede Vertragspartei stellt sicher, dass auf Ersuchen des Antragstellers die Organe der Rechtspflege anordnen können, dass Waren, die nach ihren Feststellungen ein Immaterialgüterrecht verletzen, unbeschadet etwaiger durch die Verletzung begründeter Schadensersatzansprüche des Rechtsinhabers sowie ohne jedwede Entschädigung endgültig aus den Vertriebswegen entfernt oder vernichtet werden. Jede Vertragspartei stellt sicher, dass die Organe der Rechtspflege, soweit angezeigt, die Vernichtung von Materialien und Geräten anordnen können, die vorwiegend zur Schaffung oder Herstellung dieser Waren verwendet wurden. Bei der Prüfung eines Ersuchens um derartige Abhilfemaßnahmen ist auf ein angemessenes Verhältnis zwischen der Schwere der Verletzung und den angeordneten Abhilfemaßnahmen zu achten sowie den Interessen Dritter Rechnung zu tragen.

2. Jede Vertragspartei stellt sicher, dass die Organe der Rechtspflege befugt sind, die Durchführung von Abhilfemaßnahmen nach Absatz 1 auf Kosten des Verletzers anzuordnen, sofern keine dagegensprechenden Gründe geltend gemacht werden.

Artikel 20.39
Gerichtliche Anordnungen

1. Jede Vertragspartei sorgt dafür, dass ihre Organe der Rechtspflege in zivilrechtlichen Verfahren zur Durchsetzung von Immaterialgüterrechten befugt sind, gegenüber einer Partei die Unter-

lassung einer Rechtsverletzung anzuordnen, und unter anderem gegen diese Partei oder, soweit angezeigt, gegen einen Dritten, welcher der Zuständigkeit des betreffenden Organs der Rechtspflege untersteht, eine Verfügung zu erlassen, um zu verhindern, dass rechtsverletzende Waren in die Vertriebswege gelangen.

2. Ungeachtet der anderen Bestimmungen dieses Abschnitts kann eine Vertragspartei die Abhilfemaßnahmen gegen die Nutzung ohne Zustimmung des Rechtsinhabers durch die Regierung oder durch von dieser ermächtigte Dritte auf die Zahlung einer Vergütung beschränken, sofern die Vertragspartei die Bestimmungen des Teils II des TRIPS-Übereinkommens einhält, der speziell auf eine solche Nutzung abstellt. In anderen Fällen finden entweder die in diesem Abschnitt festgelegten Abhilfemaßnahmen Anwendung, oder es sind, falls diese Abhilfemaßnahmen nicht im Einklang mit dem Recht einer Vertragspartei stehen, Feststellungsurteile und angemessene Entschädigungen vorzusehen.

Artikel 20.40
Schadensersatz

1. Jede Vertragspartei sieht Folgendes vor:

a) In zivilrechtlichen Verfahren sind ihre Organe der Rechtspflege befugt anzuordnen, dass ein Verletzer, dem bekannt ist oder den Umständen nach bekannt sein muss, dass er Immaterialgüterrechte verletzt, Folgendes an den Rechtsinhaber zahlt:

i) einen angemessenen Schadensersatz als Ausgleich für den aus der Verletzung erlittenen Schaden oder

ii) die der Verletzung zurechenbaren Verletzergewinne, bei denen davon ausgegangen werden kann, dass sie dem Schadensersatz nach Ziffer i entsprechen, und

b) bei der Festlegung der Höhe des Schadensersatzes für eine Verletzung von Immaterialgüterrechten dürfen die Organe der Rechtspflege unter anderem jeden rechtmäßigen Wertmesser berücksichtigen, den der Rechtsinhaber gegebenenfalls unterbreitet, darunter auch den entgangenen Gewinn.

2. Alternativ zu Absatz 1 kann nach dem Recht einer Vertragspartei auch festgelegt werden, dass eine Vergütung, zum Beispiel in Form einer Lizenz- oder sonstigen Gebühr, zu zahlen ist, um einen Rechtsinhaber für die nicht genehmigte Nutzung seines geistigen Eigentums zu entschädigen.

Artikel 20.41
Rechtskosten

Jede Vertragspartei sorgt dafür, dass ihre Organe der Rechtspflege, soweit angezeigt, beim Abschluss von Gerichtsverfahren in Zivilsachen zur Durchsetzung von Immaterialgüterrechten nach dem Recht dieser Vertragspartei dazu befugt sind anzuordnen, dass die unterlegene Partei der obsiegenden Partei die Rechtskosten und sonstigen Auslagen ersetzt.

Artikel 20.42
Urheber- oder Inhabervermutung

1. Für die Zwecke von Zivilverfahren im Zusammenhang mit dem Urheberrecht oder verwandten Schutzrechten genügt es, dass der Name des Urheber eines literarischen oder künstlerischen Werkes in der üblichen Weise auf dem Werk erscheint, damit dieser als Urheber gilt und infolgedessen berechtigt ist, Verletzungsverfahren anzustrengen, sofern nichts Gegenteiliges bewiesen wird. Das Gegenteil kann unter anderem mit der Eintragung bewiesen werden.

2. Absatz 1 gilt sinngemäß für die Inhaber verwandter Schutzrechte in Bezug auf den Gegenstand dieser Schutzrechte.

ABSCHNITT D
Grenzmaßnahmen

Artikel 20.43
Geltungsbereich der Grenzmaßnahmen

1. Für die Zwecke dieses Abschnitts bezeichnet der Ausdruck

Waren mit nachgeahmter geografischer Angabe alle Waren nach Artikel 20.17, die unter eine in Anhang 20-C aufgelistete Produktklasse fallen, einschließlich ihrer Verpackungen, auf denen unerlaubt eine geografische Angabe angebracht ist, welche mit der geografischen Angabe identisch ist, die für die betreffenden Waren rechtsgültig eingetragen oder auf andere Weise geschützt ist, und welche die Rechte des Eigentümers oder Rechtsinhaber der betreffenden geografischen Angabe nach dem Recht der Vertragspartei verletzt, in der die Grenzmaßnahmenverfahren angewendet werden,

nachgeahmte Markenwaren Waren, einschließlich ihrer Verpackungen, auf denen unerlaubt eine Marke angebracht ist, die mit einer für die betreffenden Waren rechtsgültig eingetragenen Marke identisch ist oder die sich in ihren wesentlichen Merkmalen nicht von einer solchen Marke unterscheiden lässt und welche die Rechte des Inhabers der betreffenden Marke nach dem Recht der Vertragspartei verletzt, in der die Grenzmaßnahmenverfahren angewendet werden,

Ausfuhrversendungen Versendungen von Waren, die aus dem Gebiet einer Vertragspartei an einen Ort außerhalb dieses Gebiets verbracht werden sollen, ausgenommen Versendungen im Zollgutversand und Umladung,

Einfuhrversendungen Versendungen von Waren, die von einem Ort außerhalb des Gebiets einer Vertragspartei in deren Gebiet verbracht werden, solange diese Waren unter zollamtlicher Überwachung bleiben; darin eingeschlossen sind Waren, die in dem betreffenden Gebiet in eine Freizone oder ein Zolllager verbracht werden, ausgeklammert sind hingegen Versendungen im Zollgutversand und Umladung,

unerlaubt hergestellte urheberrechtlich geschützte Waren die Kopien von Waren, die ohne Zustimmung des Rechtsinhabers oder einer vom Rechtsinhaber im Herstellungsland ordnungsgemäß ermächtigten Person hergestellt wurden und die unmittelbar oder mittelbar ausgehend von einem Gegenstand gefertigt wurden, dessen Vervielfältigung nach dem Recht der Vertragspartei, in der die Grenzmaßnahmenverfahren angewendet werden, die Verletzung eines Urheberrechts oder eines verwandten Schutzrechts dargestellt hätte,

Versendungen im Zollgutversand Versendungen von Waren, die von einem Ort außerhalb des Gebiets einer Vertragspartei in deren Gebiet gelangen und mit zollamtlicher Genehmigung unter ständiger zollamtlicher Überwachung von einer Eingangszollstelle zu einer Ausgangszollstelle mit dem Zweck befördert werden dürfen, das Gebiet von dort aus zu verlassen. Versendungen im Zollgutversand, die nach entsprechender Genehmigung aus der zollamtlichen Überwachung entlassen werden, ohne das Gebiet zu verlassen, gelten als Einfuhrversendungen, und

Umladungen Versendungen von Waren, die im Bereich einer einzigen Zollstelle, die gleichzeitig Einfuhr- und Ausfuhrzollstelle ist, unter zollamtlicher Überwachung von dem für die Einfuhr verwendeten Beförderungsmittel auf das für die Ausfuhr verwendete Beförderungsmittel verladen werden.

2. Die Bezugnahmen auf die Verletzung von Rechten des geistigen Eigentums in diesem Abschnitt sind als Bezugnahmen auf Fälle von nachgeahmten Markenwaren, unerlaubt hergestellten urheberrechtlich geschützten Waren oder Waren mit nachgeahmter geografischer Angabe zu verstehen.

3. Die Vertragsparteien sind sich darin einig, dass keine Verpflichtung besteht, die in diesem Abschnitt aufgeführten Verfahren auf Waren anzuwenden, die in einem anderen Land vom Rechtsinhaber selbst oder mit dessen Zustimmung in den Verkehr gebracht wurden.

4. Jede Vertragspartei führt Verfahren in Bezug auf Ein- und Ausfuhrversendungen ein oder behält solche Verfahren bei, die es dem Rechtsinhaber ermöglichen, die für ihn zuständigen Behörden darum zu ersuchen, die Überlassung von Waren auszusetzen, bei denen der Verdacht auf Verletzung eines Rechts des geistigen Eigentums besteht, beziehungsweise die betreffenden Waren zurückzuhalten.

5. Jede Vertragspartei führt Verfahren in Bezug auf Ein- und Ausfuhrversendungen ein oder behält solche Verfahren bei, die es den zuständigen Behörden ermöglichen, aus freien Stücken die Überlassung von Waren vorübergehend auszusetzen, bei denen der Verdacht auf Verletzung eines Rechts des geistigen Eigentums besteht, beziehungsweise die betreffenden Waren vorübergehend zurückzuhalten, damit die Rechtsinhaber die Möglichkeit erhalten, förmlich um Unterstützung nach Absatz 4 zu ersuchen.

6. Jede Vertragspartei kann mit einem oder mehreren Drittstaaten eine Vereinbarung zur Einführung gemeinsamer Sicherheitszollabfertigungsverfahren treffen. Bei nach den derart vereinbarten gemeinsamen Zollabfertigungsverfahren abgefertigten Waren wird davon ausgegangen, dass sie mit den Absätzen 4 und 5 im Einklang stehen, sofern die betreffende Vertragspartei über die Rechtsbefugnis verfügt, diesen Absätzen nachzukommen.

7. Jede Vertragspartei kann für Umladungen und Versendungen im Zollgutversand die Verfahren nach den Absätzen 4 und 5 einführen oder beibehalten.

8. Jede Vertragspartei kann geringfügige Mengen von Waren ohne gewerblichen Charakter, die sich im persönlichen Gepäck von Reisenden befinden oder in Kleinsendungen enthalten sind, von der Anwendung dieses Artikels ausnehmen.

Artikel 20.44
Antrag des Rechtsinhabers

1. Jede Vertragspartei sorgt dafür, dass ihre zuständigen Behörden von einem Rechtsinhaber, der um die in Artikel 20.43 dargelegten Verfahren ersucht, die Vorlage von Beweisen verlangen, welche die zuständigen Behörden davon überzeugen können, dass nach den Rechtsvorschriften der diese Verfahren bereitstellenden Vertragspartei dem Anschein nach Rechte des geistigen Eigentums des Rechtsinhabers verletzt wurden, und dass sie darüber hinaus verlangen, dass hinreichende Informationen vorgelegt werden, von denen bei vernünftiger Betrachtung davon ausgegangen werden kann, dass der Rechtsinhaber davon Kenntnis hat, und anhand derer die verdächtigen Waren nach vernünftigem Ermessen für die zuständigen Behörden identifizierbar werden. Die Auflage, hinreichende Informationen bereitzustellen, darf nicht über Gebühr von der Inanspruchnahme der in Artikel 20.43 dargelegten Verfahren abschrecken.

2. Jede Vertragspartei ermöglicht die Stellung von Anträgen auf Aussetzung der Überlassung oder um Zurückhaltung von Waren, die in ihrem Gebiet zollamtlich überwacht werden und im Verdacht stehen, ein in Artikel 20.43 aufgeführtes Recht des geistigen Eigentums zu verletzen. Die

Auflage, die Stellung solcher Anträge zu ermöglichen, unterliegt den Verpflichtung nach Artikel 20.43 Absätze 4 und 5. Die zuständigen Behörden können vorsehen, dass solche Anträge auch für Mehrfachversendungen gestellt werden können. Jede Vertragspartei kann vorsehen, dass sich der Antrag auf Aussetzung der Überlassung oder um Zurückhaltung verdächtiger Waren auf Ersuchen des Rechtsinhabers auf ausgewählte Eingangs- und Ausgangszollstellen unter zollamtlicher Überwachung erstreckt.

3. Jede Vertragspartei stellt sicher, dass ihre zuständigen Behörden den Antragsteller innerhalb einer angemessenen Frist davon in Kenntnis setzen, ob sie dem Antrag stattgegeben haben. Haben die zuständigen Behörden dem Antrag stattgegeben, so informieren sie den Antragsteller auch über die Geltungsdauer des Antrags.

4. Jede Vertragspartei kann dafür sorgen, dass ihre zuständigen Behörden in Fällen, in denen der Antragsteller die Verfahren nach Artikel 20.43 missbraucht hat, oder bei Vorliegen rechtfertigender Gründe befugt sind, einen Antrag abzulehnen, auszusetzen oder für ungültig zu erklären.

Artikel 20.45
Auskunftserteilung durch den Rechtsinhaber

Jede Vertragspartei gestattet ihren zuständigen Behörden, einen Rechtsinhaber zur Bereitstellung sachdienlicher Informationen aufzufordern, von denen man bei vernünftiger Betrachtung erwarten kann, dass der Rechtsinhaber davon Kenntnis hat, und die es den zuständigen Behörden erleichtern, die Grenzmaßnahmen nach diesem Abschnitt zu ergreifen. Jede Vertragspartei kann einem Rechtsinhaber des Weiteren gestatten, ihren zuständigen Behörden sachdienliche Informationen vorzulegen.

Artikel 20.46
Kaution oder gleichwertige Sicherheitsleistung

1. Jede Vertragspartei sorgt dafür, dass ihre zuständigen Behörden befugt sind, von einem Rechtsinhaber, der um die Verfahren nach Artikel 20.43 ersucht, zu verlangen, dass er eine angemessene Kaution oder eine gleichwertige Sicherheitsleistung stellt, um den Angeschuldigten und die zuständigen Behörden zu schützen und Missbrauch zu verhindern. Jede Vertragspartei sorgt dafür, dass diese Kaution oder gleichwertige Sicherheitsleistung nicht über Gebühr von der Inanspruchnahme dieser Verfahren abschreckt.

2. Jede Vertragspartei kann vorsehen, dass eine derartige Sicherheit in Form einer Verbürgung (bond) geleistet wird, die der Bedingung unterliegt, dass der Angeschuldigte gegenüber jeglichem Verlust oder Schaden schadlos gehalten wird, der ihm durch die Aussetzung der Überlassung oder die Zurückhaltung der Waren entstanden ist, sollten die zuständigen Behörden feststellen, dass die Waren nicht rechtsverletzend sind. Eine Vertragspartei kann dem Angeschuldigten nur bei Vorliegen außergewöhnlicher Umstände oder auf gerichtliche Anordnung gestatten, sich durch Verbürgung oder Stellung einer sonstigen Sicherheit in den Besitz verdächtiger Waren zu bringen.

Artikel 20.47
Feststellung einer Rechtsverletzung

Jede Vertragspartei führt Verfahren ein oder behält Verfahren bei, nach denen ihre zuständigen Behörden innerhalb einer angemessenen Frist ab Einleitung der Verfahren nach Artikel 20.43 feststellen können, ob die verdächtigen Waren ein Recht des geistigen Eigentums verletzen.

Artikel 20.48
Abhilfemaßnahmen

1. Jede Vertragspartei sorgt dafür, dass ihre zuständigen Behörden befugt sind, im Anschluss an eine Feststellung nach Artikel 20.47, der zufolge die Waren rechtsverletzend sind, deren Vernichtung anzuordnen. Unterbleibt die Vernichtung dieser Waren, so stellt jede Vertragspartei sicher, dass außer bei Vorliegen außergewöhnlicher Umstände über derartige Waren außerhalb der Vertriebswege in einer Weise verfügt wird, dass dem Rechtsinhaber kein Schaden entsteht.

2. Bei nachgeahmten Markenwaren reicht das einfache Entfernen der rechtswidrig angebrachten Marke nur in Ausnahmefällen aus, um die Überführung der Waren in die Vertriebswege zu gestatten.

3. Jede Vertragspartei kann dafür sorgen, dass ihre zuständigen Behörden befugt sind, im Anschluss an eine Feststellung nach Artikel 20.47, der zufolge die Waren rechtsverletzend sind, Verwaltungssanktionen aufzuerlegen.

Artikel 20.49
Besondere Zusammenarbeit im Bereich der Grenzmaßnahmen

1. Jede Vertragspartei erklärt sich zu einer Zusammenarbeit mit der anderen Vertragspartei bereit, die darauf abzielt, den internationalen Handel mit Waren zu unterbinden, die Rechte des geistigen Eigentums verletzen. Zu diesem Zweck richtet jede Vertragspartei Kontaktstellen in ihrer Verwaltung ein und ist bereit, Informationen über den Handel mit rechtsverletzenden Waren auszutauschen. Was den Handel mit Waren, die Rechte des geistigen Eigentums verletzen, betrifft, so fördert jede Vertragspartei insbesondere den Informationsaustausch und die Zusammenarbeit

zwischen ihren eigenen Zollbehörden und denen der anderen Vertragspartei.

2. Die Zusammenarbeit im Sinne des Absatzes 1 kann den Austausch von Informationen über Mechanismen zum Entgegennehmen von Informationen der Rechtsinhaber, über bewährte Verfahren und über Erfahrungen mit Risikomanagementstrategien beinhalten, ferner den Austausch von Informationen, welche die Identifizierung von Warensendungen erleichtern, bei denen der Verdacht besteht, dass sie rechtsverletzende Waren enthalten.

3. Die Zusammenarbeit nach diesem Abschnitt erfolgt im Einklang mit einschlägigen internationalen Übereinkünften, die für beide Parteien bindend sind. Der Gemischte Ausschuss für die Zusammenarbeit im Zollbereich nach Artikel 6.14 (Gemischter Ausschuss für die Zusammenarbeit im Zollbereich) wird die Prioritäten setzen und geeignete Verfahren zur Zusammenarbeit der zuständigen vertragsparteilichen Behörden nach Maßgabe dieses Abschnitts einführen.

ABSCHNITT E
Zusammenarbeit

Artikel 20.50
Zusammenarbeit

1. Jede Vertragspartei erklärt sich zur Zusammenarbeit mit der anderen Vertragspartei bereit, die darauf abzielt, die Erfüllung der Zusagen und Verpflichtungen aus diesem Kapitel zu unterstützen. Zu den Feldern der Zusammenarbeit zählt auch der Informations- und Erfahrungsaustausch über die folgenden Bereiche:

a) Schutz und Durchsetzung der Rechte des geistigen Eigentums, auch bei geografischen Angaben, und

b) Abschluss von Vereinbarungen zwischen ihren jeweiligen Verwertungsgesellschaften.

2. Im Sinne des Absatzes 1 erklärt sich jede Vertragspartei dazu bereit, einen fruchtbaren Dialog über die Rechte des geistigen Eigentums einzuleiten und zu pflegen, in dessen Rahmen Fragen des Schutzes und der Durchsetzung der unter dieses Kapitel fallenden Immaterialgüterrechte sowie andere einschlägige Themen behandelt werden.

KAPITEL EINUNDZWANZIG
REGULIERUNGSZUSAMMENARBEIT

Artikel 21.1
Geltungsbereich

Diese Kapitel gilt für die Entwicklung, die Überprüfung und die methodischen Aspekte der von den vertragsparteilichen Regulierungsbehörden ergriffenen Regelungsmaßnahmen, die unter anderem erfasst werden vom TBT-Übereinkommen, dem SPS-Übereinkommen, dem GATT 1994, dem GATS sowie den Kapiteln vier (Technische Handelshemmnisse), fünf (Gesundheitspolizeiliche und pflanzenschutzrechtliche Maßnahmen), neun (Grenzüberschreitender Dienstleistungshandel), zweiundzwanzig (Handel und nachhaltige Entwicklung), dreiundzwanzig (Handel und Arbeit) und vierundzwanzig (Handel und Umwelt).

Artikel 21.2
Grundsätze

1. Die Vertragsparteien bekräftigen ihre regulierungsbezogenen Rechte und Pflichten im Zusammenhang mit dem TBT-Übereinkommen, dem SPS-Übereinkommen, dem GATT 1994 und dem GATS.

2. Die Vertragsparteien verpflichten sich, dafür zu sorgen, dass das Leben und die Gesundheit von Menschen, Tieren und Pflanzen sowie die Umwelt auf hohem Niveau und im Einklang mit dem TBT-Übereinkommen, dem SPS-Übereinkommen, dem GATT 1994, dem GATS und diesem Abkommen geschützt werden.

3. Die Vertragsparteien sind sich des Wertes sowohl der bilateralen als auch die multilateralen Regulierungszusammenarbeit mit ihren maßgeblichen Handelspartnern bewusst. Die Vertragsparteien werden die Regulierungszusammenarbeit, wann immer dies möglich und für beide Seiten vorteilhaft ist, so gestalten, dass sich auch andere internationale Handelspartner daran beteiligen können.

4. Ohne Beschränkung der Möglichkeiten jeder Vertragspartei, ihre Regelungs-, Gesetzgebungs- und Politikgestaltungsaufgaben zu erfüllen, verpflichten sich die Vertragsparteien, die Regulierungszusammenarbeit im Licht ihres gemeinsamen Interesses weiterzuentwickeln,

a) um unnötige Handels- und Investitionshemmnisse zu vermeiden oder zu beseitigen,

b) um das Wettbewerbs- und Innovationsklima zu verbessern, auch durch Hinarbeit auf kompatible Regulierung, auf Anerkennung der Gleichwertigkeit und auf Konvergenz, und

c) um transparente, effiziente und effektive Regelungsprozesse zu fördern, die den Gemeinwohlzielen und dem Auftrag der Regelungsinstanzen gerecht werden, u. a. durch die Förderung des Informationsaustausches und die verstärkte Nutzung bewährter Verfahren.

5. Dieses Kapitel ersetzt die Rahmenvereinbarung über Zusammenarbeit in Regelungsfragen und Transparenz, auf die sich die Regierung Kanadas und die Europäischen Kommission am 21. Dezember 2004 in Brüssel verständigt hatten; es regelt die Tätigkeiten, die bisher unter dieser Rahmenvereinbarung durchgeführt wurden.

6. Die Vertragsparteien können Aufgaben der Regulierungszusammenarbeit auf freiwilliger Basis in Angriff nehmen. Es wird klargestellt, dass eine Vertragspartei nicht verpflichtet ist, sich an einer bestimmten Tätigkeit auf dem Gebiet der Regulierungszusammenarbeit zu beteiligen, ferner hat sie das Recht, eine Zusammenarbeit zu verweigern oder zu beenden. Weigert sich eine Vertragspartei, die Regulierungszusammenarbeit aufzunehmen oder beendet sie diese, so sollte sie indessen bereit sein, der anderen Vertragspartei die Gründe für ihre Entscheidung darzulegen.

Artikel 21.3
Ziele der Regulierungszusammenarbeit

Die Regulierungszusammenarbeit soll

a) zum Schutz des Lebens, der Gesundheit und der Sicherheit des Menschen, zum Schutz des Lebens und der Gesundheit von Tieren und Pflanzen und zum Schutz der Umwelt beitragen, und zwar

i) durch die Mobilisierung internationaler Ressourcen in Bereichen wie Forschung, Überprüfung im Vorfeld der Markteinführung und Risikoanalyse mit dem Ziel, wichtige Regelungsfragen von lokaler, nationaler und internationaler Bedeutung in Angriff zu nehmen, und

ii) durch Mitwirkung an der Verbesserung der Informationsgrundlagen, die von Regulierungsstellen zur Identifizierung, Bewertung und Bewältigung von Risiken herangezogen werden,

b) Vertrauen schaffen, das gegenseitige Verständnis der Regulierungspolitik vertiefen und dazu beitragen, dass ein gegenseitiger Nutzen aus den Erfahrungen und Perspektiven gezogen wird,

i) um die Planung und Ausarbeitung von Regelungsvorschlägen zu verbessern,

ii) um die Transparenz und Vorhersehbarkeit bei der Ausarbeitung und Einführung von Regelungen zu fördern,

iii) um die Wirkung von Regelungen zu verbessern,

iv) um alternative Instrumente zu finden,

v) um die regulierungsbedingten Auswirkungen zu erkennen,

vi) um unnötige Regelungsunterschiede zu vermeiden und

vii) um die Durchführung und Einhaltung von Regelungen zu verbessern,

c) die bilaterale Handels- und Investitionstätigkeit erleichtern, und zwar so,

i) dass auf bestehenden Formen der Zusammenarbeit aufgebaut wird,

ii) dass unnötige Regulierungsunterschiede vermieden werden und

iii) dass neue Möglichkeiten der Zusammenarbeit in bestimmten Bereichen entdeckt werden,

d) zur Verbesserung der Wettbewerbsfähigkeit und Effizienz der gewerblichen Wirtschaft beitragen, und zwar so,

i) dass Verwaltungskosten minimiert werden, wann immer dies möglich ist,

ii) dass sich überschneidende Regelungsanforderungen und die damit verbundenen Befolgungskosten verringern, wo immer dies möglich ist, und

iii) dass kompatible Regelungsansätze verfolgt werden, soweit dies möglich und angebracht ist, und zwar

A) durch Verfolgung technologieneutraler Regelungsansätze und

B) durch Anerkennung der Gleichwertigkeit oder Förderung der Konvergenz.

Artikel 21.4
Tätigkeiten im Rahmen der Regulierungszusammenarbeit

Die Vertragsparteien sind bestrebt, die Ziele des Artikels 21.3 zu erreichen, indem sie im Rahmen der Regulierungszusammenarbeit Tätigkeiten verfolgen, die folgende Aspekte einschließen können:

a) die Verpflichtung zu laufenden bilateralen Gesprächen über die Regelungspolitik mit der Bereitschaft,

i) die Reform der Regelungstätigkeit und deren Auswirkungen auf die Beziehungen zwischen den Vertragsparteien zu erörtern,

ii) Lehren zu ziehen,

iii) alternative Regelungsansätze zu sondieren, falls dies angezeigt ist, und

iv) Erfahrungen mit Regelungswerkzeugen und -instrumenten auszutauschen, einschließlich Regulierungsfolgenabschätzung, Risikobewertung und Befolgungs- und Durchsetzungsstrategien,

b) gegenseitige Konsultationen, soweit dies angezeigt ist, sowie Austausch von Informationen über den gesamten Entwicklungsprozess eines Regelungsvorhabens hinweg. Diese Konsultationen und der Informationsaustausch sollten in einem möglichst frühen Prozessstadium einsetzen,

c) die geteilte Nutzung nichtöffentlicher Informationen unter der Voraussetzung, dass die geltenden Vorschriften der informierenden Vertragspartei es erlauben, diese Informationen an ausländische Regierungen weiterzugeben,

d) der möglichst frühzeitige Austausch geplanter technischen oder gesundheitspolizeilicher und pflanzenschutzrechtlicher Regelungen, die sich auf den Handel mit der anderen Vertragspartei auswirken können, damit Stellungnahmen und Änderungsvorschlägen Rechnung getragen werden kann,

e) Bereitstellung – vorbehaltlich geltender Datenschutzbestimmungen – einer Kopie der geplanten Regelung auf Ersuchen der anderen Vertragspartei und Einplanung eines hinreichend großen Zeitfensters, damit interessierte Kreise schriftlich Stellung beziehen können,

f) frühestmöglicher Austausch von Informationen über geplante Regelungsschritte, erwogene Maßnahmen oder Änderungen,

i) damit die Regulierungsbeweggründe einer Vertragspartei, einschließlich des gewählten Instruments, nachvollziehbar werden und die Möglichkeit einer stärkeren Konvergenz der Vertragsparteien in der Frage geprüft werden kann, wie die Regelungsziele darzulegen und deren Geltungsbereich zu definieren ist. Die Parteien sollten sich in diesem Zusammenhang auch mit der Schnittstelle zwischen Regelungen, Normen und der Konformitätsbewertung befassen, und

ii) damit es möglich ist, Methoden und Annahmen zu vergleichen, die zur Analyse der Regelungsvorschläge herangezogen werden; dies umfasst, soweit angezeigt, auch eine Analyse der technischen oder wirtschaftlichen Durchführbarkeit und der auf das verfolgte Ziel bezogenen Vorteile wichtiger alternativ erwogener Regelungsanforderungen oder -ansätze. Dieser Informationsaustausch kann sich auch auf Befolgungsstrategien und Folgenabschätzungen erstrecken, einschließlich eines Vergleichs der potenziellen Kostenwirksamkeit des Regelungsvorschlags mit der Kostenwirksamkeit wichtiger alternativ erwogener Regelungsanforderungen oder -ansätze,

g) Prüfung der Möglichkeiten zur Minimierung unnötiger Regelungsunterschiede durch Maßnahmen wie

i) eine gleichzeitig oder gemeinsam durchgeführte Risikobewertung und eine Regulierungsfolgenabschätzung, soweit dies praktikabel und von beiderseitigem Nutzen ist,

ii) Erzielung einer abgestimmten, gleichwertigen oder kompatiblen Lösung oder

iii) Inbetrachtziehen einer gegenseitige Anerkennung in bestimmten Fällen,

h) Zusammenarbeit in Fragen der Ausarbeitung, Annahme, Durchführung und Beibehaltung internationaler Normen, Leitlinien und Empfehlungen,

i) Überprüfung der Zweckmäßigkeit und Möglichkeit der Erhebung gleicher oder vergleichbarer Daten über Art, Umfang und Häufigkeit von Schwierigkeiten, die Anlass zu Regelungsschritten geben könnten, insofern als dies die statistisch relevante Beurteilung dieser Schwierigkeiten beschleunigen würde,

j) Vergleich der Datenerhebungspraxis in regelmäßigen Abständen,

k) Prüfung der Zweckmäßigkeit und Möglichkeit, auf die gleichen oder ähnliche Annahmen und Methoden zurückzugreifen wie sie die andere Vertragspartei einsetzt, um Daten auszuwerten und die zugrundeliegenden, durch Regelung auszuräumenden Schwierigkeiten zu bewerten, in dem Bestreben

i) Unterschiede bei der Identifizierung von Schwierigkeiten zu reduzieren und

ii) die Vergleichbarkeit von Ergebnissen zu fördern,

l) Vergleich der Analyseannahmen und -methoden in regelmäßigen Abständen,

m) Austausch von Informationen über die Verwaltung, Durchführung und Durchsetzung von Regelungen und über die Mittel zur Gewährleistung und Messung der Befolgung,

n) Konzertierung ihrer Forschungsplanung,

i) um Doppelforschung zu reduzieren,

ii) um mehr Informationen zu geringeren Kosten zu generieren,

iii) um die besten Daten zu gewinnen,

iv) um eine gemeinsame Wissenschaftsgrundlage zu schaffen, soweit dies angezeigt ist,

v) um die dringendsten Regelungsprobleme in einer stärker auf Vereinbarkeit und Wirksamkeit ausgerichteten Weise anzugehen und

vi) um vermeidbare Unterschiede bei neuen Regelungsvorschlägen zu minimieren und gleichzeitig die Gesundheit, die Sicherheit und den Umweltschutz wirksamer zu verbessern,

o) Überprüfung von Regelungen oder Politikvorhaben im Nachfeld ihrer Einführung,

p) Vergleich der Methoden und Annahmen, auf die bei der Nachfeldüberprüfung zurückgegriffen wird,

q) gegenseitige Zurverfügungstellung von Ergebniszusammenfassungen derartiger Nachfeldüberprüfungen, sofern dies zutreffend ist,

r) Ermittlung des geeigneten Ansatzes zur Verringerung der negativen Auswirkungen bestehender Regelungsunterschiede auf die bilaterale Handels- und Investitionstätigkeit in von den Vertragsparteien identifizierten Wirtschaftszweigen; dazu zählen auch, falls angezeigt, das Anstreben einer stärkeren Konvergenz, die gegenseitiger Anerkennung, die Minimierung des Einsatzes handels- und investitionsverzerrender Regelungsinstrumente sowie der Rückgriff auf internationale Normen, darunter auch Normen und Leitlinien zur Konformitätsbewertung, oder

s) Austausch von Informationen, Fachwissen und Erfahrungen auf dem Gebiet des Tierschutzes zwecks Förderung der Zusammenarbeit zwischen den Vertragsparteien auf diesem Gebiet.

Artikel 21.5
Kompatibilität der Regelungsmaßnahmen

Zwecks stärkerer Annäherung und größerer Kompatibilität der Regelungsmaßnahmen der Vertragsparteien schenkt jede Vertragspartei den Regelungsmaßnahmen oder -vorhaben der anderen Vertragspartei zu den gleichen oder verwandten Themen Beachtung, wann immer dies angebracht ist. Es steht einer Vertragspartei frei, abweichende Regelungsmaßnahmen zu ergreifen oder andere Vorhaben zu verfolgen, wenn Gründe dafür sprechen, beispielsweise abweichende institutionelle oder legislative Ansätze, Voraussetzungen, Werte oder Prioritäten, die eine Besonderheit dieser Vertragspartei darstellen.

Artikel 21.6
Forum für die Zusammenarbeit in Regulierungsfragen

1. Es wird nach Artikel 26.2 (Sonderausschüsse) Absatz 1 Buchstabe h ein Forum für die Zusammenarbeit in Regulierungsfragen (im Folgenden „Forum") eingesetzt, das zur Aufgabe hat, die Regulierungszusammenarbeit zwischen den Vertragsparteien im Einklang mit diesem Kapitel zu erleichtern und zu fördern.

2. Das Forum hat folgende Funktionen:

a) es soll eine Plattform bieten, auf der die Vertragsparteien regelungspolitische Fragen von beiderseitigem Interesse erörtern können, auf welche die Vertragsparteien unter anderem bei Konsultationen nach Artikel 21.8 gestoßen sind,

b) es soll die einzelnen Regulierungsstellen darin unterstützen, potenzielle Partner für Kooperationstätigkeiten zu finden und ihnen diesbezüglich geeignete Instrumente an die Hand geben, zum Beispiel Muster für Vertraulichkeitsvereinbarungen,

c) es soll laufende oder zu erwartende Regelungsvorhaben prüfen, aus denen sich nach Auffassung einer Vertragspartei Zusammenarbeitsmöglichkeiten ergeben können. Die Prüfungstätigkeit, die im Benehmen mit Regulierungsstellen und -instanzen erfolgen wird, sollte die Durchführung dieses Kapitels fördern, und

d) es soll den Ausbau bilateraler Kooperationstätigkeiten im Sinne des Artikels 21.4 fördern und – gestützt auf Informationsmaterial der Regulierungsstellen und -instanzen – die Fortschritte, Errungenschaften und bewährten Verfahren überprüfen, die sich aus Vorhaben zur Regulierungszusammenarbeit in bestimmten Wirtschaftszweigen ergeben.

3. Der Vorsitz im Forum wird von einem hochrangigen Vertreter der Regierung Kanadas im Range eines „Deputy Minister" (gleichwertig oder designiert) sowie einem hochrangigen Vertreter der Europäischen Kommission im Range eines Generaldirektors (gleichwertig oder designiert) gemeinsam geführt; das Forum selbst setzt sich aus maßgeblichen Beamten beider Vertragsparteien zusammen. In gegenseitigem Einvernehmen können die Vertragsparteien andere interessierte Kreise zu den Sitzungen des Forums hinzuziehen.

4. Das Forum hat folgende Aufgaben:

a) es legt auf seiner ersten Sitzung nach Inkrafttreten dieses Abkommens sein Mandat, seine Verfahren und seinen Arbeitsplan fest,

b) es tritt binnen eines Jahres nach Inkrafttreten dieses Abkommens zusammen und danach mindestens einmal im Jahr, sofern die Vertragsparteien nichts anderes beschließen, und

c) es unterrichtet den Gemischten CETA-Ausschuss soweit angebracht über die Durchführung dieses Kapitels.

Artikel 21.7
Weitere Zusammenarbeit zwischen den Vertragsparteien

1. Nach Artikel 21.6 Absatz 2 Buchstabe c tauschen die Vertragsparteien regelmäßig Informationen über laufende oder geplante Regelungsvorhaben in ihren Zuständigkeitsbereichen aus, damit anstehende Regelungsvorhaben geprüft und Möglichkeiten zur Regulierungszusammenarbeit erschlossen werden können. Diese Informationen sollten sich soweit angebracht auch auf neue technische Vorschriften und Änderungen bestehender technischer Vorschriften erstrecken, die voraussichtlich vorgeschlagen oder erlassen werden.

2. Die Vertragsparteien können die Regulierungszusammenarbeit durch den Austausch von Beamten nach einer besonderen Absprache erleichtern.

3. Die Vertragsparteien sind bestrebt, auf dem Gebiet der Sicherheit von Nichtlebensmittelerzeugnissen zusammenzuarbeiten und Informationen freiwillig miteinander zu teilen. Diese Zusammenarbeit und dieser Informationsaustausch können sich insbesondere auf Folgendes erstrecken:

a) Wissenschafts-, Technik- und Regelungsfragen zwecks Verbesserung der Sicherheit von Nichtlebensmittelerzeugnissen,

b) aufkommende Fragen von erheblicher Gesundheits- und Sicherheitsrelevanz, die in den Zuständigkeitsbereich einer Vertragspartei fallen,

c) normungsbezogene Tätigkeiten,

d) Marktüberwachungs- und Durchsetzungstätigkeiten,

e) Risikobeurteilungsmethoden und Produktprüfung und

f) koordinierte Produktrückrufe oder andere vergleichbare Schritte.

4. Die Vertragsparteien können einen gegenseitigen Informationsaustausch über die Sicherheit von Konsumgütern und über getroffene Präventions-, Restriktions- und Korrekturmaßnahmen einführen. Insbesondere kann Kanada im Zusammenhang mit Konsumgütern nach der Richtlinie 2001/95/EG des Europäischen Parlaments und des Rates vom 3. Dezember 2001 über die allgemeine Produktsicherheit der Zugriff auf ausgewählte Informationen des RAPEX-Schnellwarnsystems der Europäischen Union oder dessen Nachfolger eingeräumt werden. Die Europäische Union kann im Zusammenhang mit Konsumgütern im Sinne des *Canada Consumer Product Safety Act*, S.C. 2010, c. 21, und im Zusammenhang mit Kosmetika im Sinne des *Food and Drugs Act*, R.S.C. 1985, c. F-27, Frühwarninformationen über Restriktionsmaßnahmen und Rückrufe aus dem kanadischen Meldesystem für Konsumgüterzwischenfälle RADAR oder dessen Nachfolger erhalten. Dieser gegenseitige Informationsaustausch erfolgt auf der Grundlage einer Vereinbarung, in der die in Absatz 5 erwähnten Maßnahmen festgehalten sind.

5. Vor dem ersten Informationsaustausch der Vertragsparteien nach Absatz 4, tragen sie dafür Sorge, dass der Ausschuss für Warenhandel die Maßnahmen zur Durchführung dieses Austauschs billigt. Die Vertragsparteien stellen sicher, dass in diesen Maßnahmen die Art der auszutauschenden Informationen und die Austauschmodalitäten spezifiziert werden, ferner die Geltung des Vertraulichkeitsgrundsatzes und der Regeln zum Schutz personenbezogener Daten.

6. Der Ausschuss für Warenhandel billigt die Maßnahmen nach Absatz 5 innerhalb eines Jahres nach Inkrafttreten dieses Abkommens, es sei denn, die Vertragsparteien beschließen eine Verlängerung dieser Frist.

7. Die Vertragsparteien können die in Absatz 5 erwähnten Maßnahmen ändern. Der Ausschuss für Warenhandel billigt etwaige Änderungen der Maßnahmen.

Artikel 21.8
Konsultationen mit privaten Einrichtungen

Um herauszufinden, wie nichtstaatliche Akteure zu Fragen bezüglich der Durchführung dieses Kapitels stehen, kann jede Vertragspartei oder können beide Vertragsparteien, soweit es zweckdienlich erscheint, Konsultationen mit Interessenträgern und interessierten Kreisen führen; dazu zählen auch Vertreter der Wissenschaftsgemeinde, Think-Tanks, Nichtregierungsorganisationen, Unternehmen, Verbraucher und andere Organisationen. Diese Konsultationen können auf jede Art geführt werden, die der Vertragspartei oder den Vertragsparteien zweckmäßig erscheint.

Artikel 21.9
Kontaktstellen

1. Folgende Kontaktstellen gewährleisten die Kommunikation zwischen den Vertragsparteien über Fragen, die sich aus diesem Kapitel ergeben:

a) im Falle Kanadas die Technical Barriers and Regulations Division des Department of Foreign Affairs, Trade and Development oder dessen Rechtsnachfolger und

b) im Fall der Europäischen Union das Referat „Internationale Angelegenheiten" der Generaldirektion Binnenmarkt, Industrie, Unternehmertum und KMU der Europäischen Kommission oder dessen Rechtsnachfolger.

2. Soweit zweckdienlich ist jede Kontaktstelle verantwortlich für die Konsultation und Koordinierung mit ihren jeweiligen Regulierungsdienststellen und -einrichtungen über Fragen, die sich aus diesem Kapitel ergeben.

KAPITEL ZWEIUNDZWANZIG
HANDEL UND NACHHALTIGE ENTWICKLUNG

Artikel 22.1
Hintergrund und Ziele

1. Die Vertragsparteien erinnern an die Rio-Erklärung über Umwelt und Entwicklung von 1992, die Agenda 21 für Umwelt und Entwicklung von 1992, die Erklärung von Johannesburg über nachhaltige Entwicklung von 2002 und den Durchführungsplan des Weltgipfels für nachhaltige Entwicklung von 2002, die Ministererklärung des Wirtschafts- und Sozialrates der Vereinten Nationen von 2006 zur Schaffung eines zu produktiver Vollbeschäftigung und menschenwürdiger Arbeit für alle führenden Umfelds auf nationaler und internationaler Ebene und zu den Auswirkungen auf die nachhaltige Entwicklung sowie die Erklärung der IAO über soziale Gerechtigkeit für eine faire Globalisierung von 2008. Die Vertragsparteien erkennen an, dass wirtschaftliche Entwicklung, soziale Entwicklung und Umweltschutz sich gegenseitig beeinflussende und verstärkende Komponenten einer nachhaltigen Entwicklung sind, und bekräftigen ihre Entschlossenheit, die Entwicklung des internationalen Handels in einer Weise zu fördern, die dem Ziel einer nachhaltigen Entwicklung zum Wohle der heutigen und künftigen Generationen gerecht wird.

2. Die Vertragsparteien betonen, dass die Berücksichtigung handelsbezogener Arbeits- und Umweltfragen als Bestandteil eines Gesamtkonzepts für die Bereiche Handel und nachhaltige Entwicklung von Vorteil ist. Dementsprechend

stimmen die Vertragsparteien darin überein, dass die Rechte und Pflichten aus Kapitel dreiundzwanzig (Handel und Arbeit) und Kapitel vierundzwanzig (Handel und Umwelt) im Rahmen dieses Abkommens zu berücksichtigen sind.

3. In diesem Kontext streben die Vertragsparteien mit der Durchführung des Kapitels dreiundzwanzig (Handel und Arbeit) und des Kapitels vierundzwanzig (Handel und Umwelt) Folgendes an:

a) Förderung einer nachhaltigen Entwicklung durch eine verbesserte Koordinierung und Integration ihrer jeweiligen arbeits-, umwelt- und handelspolitischen Strategien und Maßnahmen,

b) Förderung des Dialogs und der Zusammenarbeit zwischen den Vertragsparteien im Hinblick auf die Entwicklung ihrer Handels- und Wirtschaftsbeziehungen in einer Art und Weise, die ihre jeweiligen Arbeitsschutz- und Umweltschutzmaßnahmen und -normen untermauert, sowie im Hinblick auf die Aufrechterhaltung ihrer Umweltschutz- und Arbeitsschutzziele im Kontext freier, offener und transparenter Handelsbeziehungen,

c) Verbesserung der Durchsetzung ihres jeweiligen Arbeits- und Umweltrechts und der Einhaltung internationaler Übereinkünfte in den Bereichen Arbeit und Umwelt,

d) Förderung der vollen Nutzung von Instrumenten wie Folgenabschätzungen und Konsultationen der Interessenträger bei der Regelung von Handels-, Arbeits- und Umweltfragen und Ermutigung von Unternehmen, Organisationen der Zivilgesellschaft sowie Bürgerinnen und Bürgern zur Entwicklung und Einführung praktischer Vorgehensweisen, die zur Verwirklichung der Ziele einer nachhaltigen Entwicklung beitragen, und

e) Förderung öffentlicher Konsultationen und einer Beteiligung der Öffentlichkeit an der Debatte über die sich im Rahmen dieses Abkommens stellenden Fragen der nachhaltigen Entwicklung und an der Ausarbeitung einschlägiger Rechtsvorschriften und Politiken.

Artikel 22.2
Transparenz

Die Vertragsparteien unterstreichen die Bedeutung, die der Gewährleistung von Transparenz – als notwendiger Voraussetzung für die Förderung der Beteiligung der Öffentlichkeit – und der Veröffentlichung von Informationen im Rahmen dieses Kapitels und im Einklang mit den Bestimmungen dieses Kapitels und des Kapitels siebenundzwanzig (Transparenz) sowie der Artikel 23.6 (Information und Sensibilisierung der Öffentlichkeit) und 24.7 (Information und Sensibilisierung der Öffentlichkeit) zukommt.

Artikel 22.3
Zusammenarbeit und Förderung des Handels zur Unterstützung einer nachhaltigen Entwicklung

1. Die Vertragsparteien erkennen an, dass eine internationale Zusammenarbeit zwecks Verwirklichung des Ziels einer nachhaltigen Entwicklung und zwecks Integration von Initiativen, Aktionen und Maßnahmen zur Förderung der Entwicklung und des Schutzes in den Bereichen Wirtschaft, Soziales und Umwelt von großer Bedeutung sind. Daher kommen die Vertragsparteien überein, einen Dialog und gegenseitige Konsultationen über handelsbezogene Fragen der nachhaltigen Entwicklung zu führen, die von beiderseitigem Interesse sind.

2. Die Vertragsparteien bekräftigen, dass der Handel eine nachhaltige Entwicklung fördern sollte. Dementsprechend sind die Vertragsparteien bestrebt, Handels- und Wirtschaftsströme sowie Handels- und Wirtschaftspraktiken zu fördern, die zur Verwirklichung des Ziels menschenwürdiger Arbeit und zum Umweltschutz beitragen; zu diesem Zweck fördern die Vertragsparteien insbesondere

a) die Entwicklung und Anwendung von freiwilligen Systemen zur Förderung einer nachhaltigen Waren- und Dienstleistungsproduktion, wie etwa Öko-Kennzeichnung oder Programmen für fairen Handel,

b) die Entwicklung und freiwillige Anwendung vorbildlicher Verfahren im Zusammenhang mit der sozialen Verantwortung von Unternehmen, wie sie beispielsweise in den OECD-Leitlinien für multinationale Unternehmen empfohlen werden, im Interesse einer größeren Kohärenz der wirtschaftlichen, sozialen und ökologischen Ziele,

c) die Einbeziehung von Nachhaltigkeitserwägungen bei Kaufentscheidungen privater und öffentlicher Verbraucher und

d) die Entwicklung, Festlegung, Aufrechterhaltung oder Verbesserung von Umweltleistungszielen und -standards.

3. Die Vertragsparteien erkennen an, wie wichtig es ist, spezifische Fragen der nachhaltigen Entwicklung anzugehen, indem sie die potenziellen wirtschaftlichen, sozialen und ökologischen Auswirkungen möglicher Maßnahmen unter Berücksichtigung der Standpunkte der Interessenträger bewerten. Jede Vertragspartei verpflichtet sich daher, zu überprüfen, zu überwachen und zu bewerten, wie sich die Durchführung dieses Abkommens auf die nachhaltige Entwicklung in ihrem Gebiet auswirkt, um einen sich gegebenenfalls aus diesem Abkommen ergebenden weiteren Handlungsbedarf zu ermitteln. Die Vertragsparteien können gemeinsame Bewertungen vornehmen. Diese Bewertungen werden in einer Weise durchgeführt, die den Gepflogenheiten und Bedin-

gungen der Vertragsparteien Rechnung trägt, und zwar im Wege der jeweiligen partizipativen Verfahren der Vertragspartien und der mit diesem Abkommen geschaffenen Verfahren.

Artikel 22.4
Institutionelle Mechanismen

1. Der nach Artikel 26.2 (Sonderausschüsse) Absatz 1 Buchstabe g eingesetzte Ausschuss für Handel und nachhaltige Entwicklung setzt sich aus hochrangigen Vertretern der Vertragsparteien zusammen, die für von diesem Kapitel und den Kapiteln dreiundzwanzig (Handel und Arbeit) und vierundzwanzig (Handel und Umwelt) erfasste Fragen zuständig sind. Der Ausschuss für Handel und nachhaltige Entwicklung überwacht die Durchführung der genannten Kapitel, einschließlich der Kooperationstätigkeiten und der Überprüfung der Auswirkungen dieses Abkommens auf die nachhaltige Entwicklung, und befasst sich – nach einem integrierten Ansatz – mit Fragen, die in Bezug auf die Schnittstelle zwischen wirtschaftlicher Entwicklung, sozialer Entwicklung und Umweltschutz für die Vertragsparteien von beiderseitigem Interesse sind. Zu den Kapiteln dreiundzwanzig (Handel und Arbeit) und vierundzwanzig (Handel und Umwelt) kann der Ausschuss für Handel und nachhaltige Entwicklung in Wahrnehmung seiner Aufgaben auch Fachsitzungen einberufen, zu denen Personen hinzugezogen werden, die für Fragen im Zusammenhang mit dem jeweiligen Kapitel zuständig sind.

2. Der Ausschuss für Handel und nachhaltige Entwicklung tritt im ersten Jahr nach Inkrafttreten dieses Abkommens zusammen und tagt anschließend so oft, wie es die Vertragsparteien für nötig erachten. Die in den Artikeln 23.8 (Institutionelle Mechanismen) und 24.13 (Institutionelle Mechanismen) genannten Kontaktstellen sind für die Kommunikation zwischen den Vertragsparteien über Terminplanung und Organisation der Sitzungen – auch der Fachsitzungen – zuständig.

3. Sofern die Vertragsparteien nichts anderes beschließen, umfasst jede ordentliche Sitzung und jede Fachsitzung des Ausschusses für Handel und nachhaltige Entwicklung einen öffentlichen Teil, in dessen Rahmen Fragen erörtert werden, welche die Durchführung der jeweiligen Kapitel betreffen.

4. Der Ausschuss für Handel und nachhaltige Entwicklung setzt sich für Transparenz und die Einbeziehung der Öffentlichkeit ein. Deshalb gilt Folgendes:

a) Alle Entscheidungen und Berichte des Ausschusses für Handel und nachhaltige Entwicklung werden der Öffentlichkeit zugänglich gemacht, es sei denn, der Ausschuss beschließt etwas anderes.

b) Der Ausschuss für Handel und nachhaltige Entwicklung hält das Zivilgesellschaftliche Forum nach Artikel 22.5 über alle Fragen zu diesem Kapitel auf dem Laufenden, insbesondere über Fragen der Durchführung dieses Kapitels. Standpunkte oder Stellungnahmen des Zivilgesellschaftlichen Forums werden den Vertragsparteien direkt oder über die in Artikel 23.8 (Institutionelle Mechanismen) Absatz 3 und Artikel 24.13 (Institutionelle Mechanismen) genannten Konsultationsmechanismen übermittelt. Der Ausschuss für Handel und nachhaltige Entwicklung erstattet jährlich Bericht über die Folgemaßnahmen zu diesen Mitteilungen.

c) Der Ausschuss für Handel und nachhaltige Entwicklung erstattet jährlich über alle Angelegenheiten Bericht, mit denen er sich nach Artikel 24.7 (Information und Sensibilisierung der Öffentlichkeit) Absatz 3 oder Artikel 23.8 (Institutionelle Mechanismen) Absatz 4 befasst.

Artikel 22.5
Zivilgesellschaftliches Forum

1. Die Vertragsparteien fördern ein gemeinsames Zivilgesellschaftliches Forum, dem Vertreter zivilgesellschaftlicher Organisationen aus ihrem Gebiet angehören, wozu auch Teilnehmer der Konsultationsmechanismen nach Artikel 23.8 (Institutionelle Mechanismen) Absatz 3 und Artikel 24.13 (Institutionelle Mechanismen) zählen; in diesem Forum geht es darum, einen Dialog über die in diesem Abkommen behandelten Aspekte der nachhaltigen Entwicklung zu führen.

2. Sofern die Vertragsparteien nichts anderes vereinbaren, wird das Zivilgesellschaftliche Forum einmal jährlich einberufen. Die Vertragsparteien sorgen dafür, dass die jeweiligen Interessenträger, darunter unabhängige, repräsentative Arbeitgeber, Gewerkschaften, Arbeitnehmervereinigungen, Unternehmensverbände, Umweltverbände sowie gegebenenfalls andere Organisationen der Zivilgesellschaft, in einem ausgewogenen Verhältnis vertreten sind. Die Vertragsparteien können auch eine virtuelle Teilnahme ermöglichen.

KAPITEL DREIUNDZWANZIG
HANDEL UND ARBEIT

Artikel 23.1
Hintergrund und Ziele

1. Die Vertragsparteien erkennen an, dass eine internationale Zusammenarbeit und internationale Übereinkünfte in Arbeitsbelangen als Antwort der internationalen Gemeinschaft auf wirtschaftliche, beschäftigungsspezifische und soziale Herausforderungen und Chancen der Globalisierung von großem Wert sind. Sie erkennen an, welchen Beitrag der internationale Handel zur

Förderung produktiver Vollbeschäftigung und menschenwürdiger Arbeit für alle leisten könnte, und verpflichten sich, soweit angebracht, in handelsbezogenen Arbeits- und Beschäftigungsfragen von beiderseitigem Interesse einander zu konsultieren und zusammenzuarbeiten.

2. Die Vertragsparteien bekräftigen, wie wichtig kohärenter gestaltete Bemühungen um menschenwürdige Arbeit, vor allem auch im Hinblick auf Kernarbeitsnormen, und ein hohes Arbeitsschutzniveau sowie eine damit einhergehende wirksame Durchsetzung sind, und erkennen an, dass sich diese Faktoren positiv auf die wirtschaftliche Effizienz, Innovation und Produktivität, auch auf die Exportleistung, auswirken können. In diesem Zusammenhang erkennen sie auch die Bedeutung des zwischen Arbeitnehmern und Arbeitgebern, ihren jeweiligen Organisationen und den zuständigen staatlichen Stellen geführten sozialen Dialogs über Arbeitsfragen an und setzen sich für die Förderung eines solchen Dialogs ein.

Artikel 23.2
Regelungsrecht und Schutzniveaus

In Anerkennung des Rechts jeder Vertragspartei, im Bereich Arbeit ihre eigenen Prioritäten zu setzen, das Niveau des Arbeitsschutzes selbst zu bestimmen und ihre Rechtsvorschriften und Strategien – im Einklang mit ihren einschlägigen internationalen Verpflichtungen, einschließlich der sich aus diesem Kapitel ergebenden Verpflichtungen – entsprechend festzulegen oder zu ändern, ist jede Vertragspartei bestrebt, mit ihren Rechtsvorschriften und Strategien ein hohes Arbeitsschutzniveau zu gewährleisten und zu fördern und diese Rechtsvorschriften und Strategien im Interesse eines hohen Arbeitsschutzniveaus weiter zu verbessern.

Artikel 23.3
Multilaterale Arbeitsnormen und -übereinkünfte

1. Jede Vertragspartei stellt sicher, dass in ihrem Arbeitsrecht und ihrer arbeitsrechtlichen Praxis die Wahrung der nachstehend aufgeführten grundlegenden Prinzipien und Rechte bei der Arbeit verankert und gewährleistet wird. Die Vertragsparteien bekräftigen ihre Verpflichtung zur Achtung, Förderung und Verwirklichung dieser Prinzipien und Rechte im Einklang mit den Verpflichtungen der Mitglieder der Internationalen Arbeitsorganisation (im Folgenden „IAO") und den Verpflichtungen im Rahmen der von der Internationalen Arbeitskonferenz auf ihrer 86. Tagung im Jahr 1998 angenommenen Erklärung der IAO über grundlegende Prinzipien und Rechte bei der Arbeit und ihre Folgemaßnahmen:

a) Vereinigungsfreiheit und effektive Anerkennung des Rechts auf Kollektivverhandlungen,

b) Beseitigung aller Formen von Zwangs- oder Pflichtarbeit,

c) effektive Abschaffung der Kinderarbeit und

d) Beseitigung von Diskriminierungen in Beschäftigung und Beruf.

2. Im Einklang mit der Erklärung der IAO über soziale Gerechtigkeit für eine faire Globalisierung von 2008, die von der Internationalen Arbeitskonferenz auf ihrer 97. Tagung angenommen wurde, sowie mit anderen internationalen Verpflichtungen, stellt jede Vertragspartei sicher, dass ihr Arbeitsrecht und ihre arbeitsrechtliche Praxis die Verwirklichung folgender in der IAO-Agenda für menschenwürdige Arbeit niedergelegter Ziele fördern:

a) Gesundheitsschutz und Sicherheit am Arbeitsplatz, einschließlich Prävention von Arbeitsunfällen und Berufskrankheiten und Entschädigung bei Arbeitsunfällen und Berufskrankheiten,

b) Festlegung akzeptabler Mindestbeschäftigungsstandards für Lohn- und Gehaltsempfänger, einschließlich solcher, die nicht unter einen Kollektivvertrag fallen, und

c) Diskriminierungsverbot in Bezug auf die Arbeitsbedingungen, auch für zugewanderte Arbeitskräfte.

3. Gemäß Absatz 2 Buchstabe a stellt jede Vertragspartei sicher, dass in ihrem Arbeitsrecht und ihrer arbeitsrechtlichen Praxis der Schutz von Arbeitsbedingungen verankert und gewährleistet wird, mit denen die Gesundheit und die Sicherheit der Arbeitnehmer gewahrt werden, indem unter anderem Strategien konzipiert werden, die auf grundlegenden Prinzipien basieren, welche auf die Prävention von Unfällen und Verletzungen bei der Arbeit und auf die Entwicklung einer präventiven Sicherheits- und Gesundheitskultur abzielen, in der dem Präventionsprinzip höchste Priorität eingeräumt wird. Bei der Ausarbeitung und Durchführung von Maßnahmen zum Schutz der Gesundheit und Sicherheit am Arbeitsplatz berücksichtigt jede Vertragspartei die verfügbaren einschlägigen wissenschaftlichen und technischen Informationen sowie diesbezügliche internationale Standards, Leitlinien oder Empfehlungen, wenn sich die Maßnahmen auf den Handel oder auf Investitionen zwischen den Vertragsparteien auswirken können. Die Vertragsparteien erkennen an, dass im Falle bestehender oder potenzieller Gefahren oder Bedingungen, die nach vernünftigem Ermessen zu Verletzungen oder Erkrankungen natürlicher Personen führen könnten, eine Vertragspartei den Aufschub kosteneffizienter Schutzmaßnahmen nicht mit dem Fehlen einer vollständigen wissenschaftlichen Absicherung begründen darf.

4. Jede Vertragspartei bekräftigt ihre Verpflichtung, dafür Sorge zu tragen, dass die von Kanada beziehungsweise den Mitgliedstaaten der Europäischen Union ratifizierten grundlegenden IAO-

Übereinkommen in ihrem gesamten Gebiet effektiv in Recht und Praxis umgesetzt werden. Die Vertragsparteien bemühen sich unablässig und nachhaltig um die Ratifizierung der grundlegenden IAO-Übereinkommen, sofern sie diese noch nicht ratifiziert haben. Sie tauschen Informationen über den Sachstand und die Fortschritte hinsichtlich der Ratifizierung der grundlegenden IAO-Übereinkommen, der IAO-Kernübereinkommen sowie anderer von der IAO als aktuell eingestufter IAO-Übereinkommen aus.

Artikel 23.4
Aufrechterhaltung des Schutzniveaus

1. Die Vertragsparteien erkennen an, dass es unangemessen ist, Handel oder Investitionen dadurch zu fördern, dass das in ihrem Arbeitsrecht und ihren Arbeitsnormen garantierte Schutzniveau aufgeweicht oder abgesenkt wird.

2. Die Vertragsparteien verzichten nicht auf die Anwendung ihres Arbeitsrechts und ihrer Arbeitsnormen, weichen nicht davon ab und bieten dies auch nicht an in der Absicht, den Handel oder die Niederlassung, den Erwerb, die Ausweitung oder die Aufrechterhaltung von Investitionen in ihrem jeweiligen Gebiet zu fördern.

3. Die Vertragsparteien verzichten darauf, durch anhaltende oder wiederkehrende Maßnahmen oder durch Untätigkeit die effektive Durchsetzung ihres Arbeitsrechts und ihrer Arbeitsnormen zu unterlaufen, um so Handel oder Investitionen zu fördern.

Artikel 23.5
Durchsetzungsverfahren, Verwaltungsverfahren und Überprüfung von Verwaltungsmaßnahmen

1. Gemäß Artikel 23.4 fördert jede Vertragspartei die Einhaltung und effektive Durchsetzung ihres Arbeitsrechts, indem sie

a) im Einklang mit ihren internationalen Verpflichtungen ein System der Arbeitsaufsicht aufrechterhält, das auf die Durchsetzung von Rechtsvorschriften zu Arbeitsbedingungen und Arbeitsschutz durch Arbeitsaufsichtsbeamte abzielt, und

b) gewährleistet, dass Personen mit einem rechtlich anerkannten Interesse an einer bestimmten Angelegenheit, die der Auffassung sind, dass nach dem für sie geltenden Recht eine Rechtsverletzung vorliegt, Verwaltungs- und Gerichtsverfahren zur Verfügung stehen, die ein wirksames Vorgehen gegen Verstöße gegen geltendes Arbeitsrecht ermöglichen und bei entsprechenden Rechtsverstößen geeignete Rechtsbehelfe vorsehen.

2. Jede Vertragspartei trägt nach Maßgabe ihres Rechts dafür Sorge, dass die Verfahren nach Absatz 1 Buchstabe b nicht unnötig kompliziert oder übermäßig kostspielig sind, keine unangemessenen Fristen oder ungerechtfertigten Verzögerungen bedingen, gegebenenfalls die Möglichkeit einer Unterlassungsklage vorsehen und fair und gerecht sind, indem

a) die Beklagten – unter Angabe der Art des Verfahrens und der Grundlage der Klage – angemessen über die Einleitung eines Verfahrens unterrichtet werden,

b) die Verfahrensparteien vor einer endgültigen Entscheidung eine angemessene Möglichkeit erhalten, ihre jeweiligen Standpunkte zu untermauern oder zu verteidigen und unter anderem Informationen oder Beweise beizubringen,

c) vorgesehen wird, dass endgültige Entscheidungen schriftlich mitgeteilt werden, gegebenenfalls unter Angabe von Gründen und auf der Grundlage von Informationen oder Beweisen, wobei die Verfahrensparteien zuvor Gelegenheit erhalten, diesbezüglich angehört zu werden, und

d) den Parteien eines Verwaltungsverfahrens die Möglichkeit eingeräumt wird, endgültige Verwaltungsentscheidungen innerhalb einer angemessenen Frist durch ein Gericht, das per Gesetz errichtet wurde und eine ausreichende Gewähr für Unabhängigkeit und Unparteilichkeit bietet, überprüfen und, soweit gerechtfertigt, korrigieren zu lassen.

Artikel 23.6
Information und Sensibilisierung der Öffentlichkeit

1. Zusätzlich zu ihren Verpflichtungen aus Artikel 27.1 (Veröffentlichung) fördert jede Vertragspartei die öffentliche Debatte mit und unter nichtstaatlichen Akteuren im Hinblick auf die Entwicklung und Festlegung von Strategien, die zum Erlass arbeitsrechtlicher Vorschriften und Normen durch ihre Behörden führen können.

2. Jede Vertragspartei fördert das Bewusstsein der Öffentlichkeit für ihr jeweiliges Arbeitsrecht und ihre Arbeitsnormen sowie für die Durchsetzungs- und Einhaltungsverfahren, indem sie unter anderem für ein einschlägiges Informationsangebot sorgt und Maßnahmen zur Aufklärung und Sensibilisierung von Arbeitgebern, Arbeitnehmern und deren Vertretern trifft.

Artikel 23.7
Kooperationsmaßnahmen

1. Die Vertragsparteien verpflichten sich zur Verwirklichung der Ziele dieses Kapitels auf eine Kooperation in Form

a) eines Austauschs von Informationen über vorbildliche Verfahren bei Fragen von gemeinsamem Interesse sowie über einschlägige Veranstaltungen, Tätigkeiten und Initiativen,

b) einer Kooperation in internationalen Foren, die sich mit für die Bereiche Handel und Arbeit relevanten Fragen, insbesondere im Rahmen der WTO und der IAO, befassen.

c) einer internationalen Förderung und wirksamen Anwendung grundlegender Prinzipien und Rechte bei der Arbeit im Einklang mit dem Artikel 23.3 Absatz 1 und der IAO-Agenda für menschenwürdige Arbeit,

d) eines Dialogs und Informationsaustauschs über arbeitsrechtliche Bestimmungen im Rahmen ihrer jeweiligen Handelsabkommen sowie über ihre Umsetzung,

e) einer Auslotung der Möglichkeiten einer Zusammenarbeit im Rahmen von Initiativen, die Drittparteien betreffen, und

f) jeder anderen für geeignet erachteten Form der Kooperation.

2. Bei der Ermittlung der für eine Zusammenarbeit in Betracht kommenden Bereiche und bei der Durchführung von Kooperationsmaßnahmen werden die Vertragsparteien alle Stellungnahmen berücksichtigen, die von Vertretern der Arbeitnehmer, der Arbeitgeber und von Organisationen der Zivilgesellschaft übermittelt werden.

3. Die Vertragsparteien können Kooperationsvereinbarungen mit der IAO und anderen zuständigen internationalen oder regionalen Organisationen schließen, um mit Blick auf die Verwirklichung der Ziele dieses Kapitels Fachkompetenz und Ressourcen dieser Organisationen nutzen zu können.

Artikel 23.8
Institutionelle Mechanismen

1. Jede Vertragspartei bestimmt eine Stelle, die bei der Durchführung dieses Kapitels als Kontaktstelle für die andere Vertragspartei dient, insbesondere in Bezug auf

a) Kooperationsprogramme und -maßnahmen im Einklang mit Artikel 23.7,

b) den Eingang von Stellungnahmen und Mitteilungen nach Artikel 23.9 und

c) Informationen, die für die andere Vertragspartei, die Sachverständigengruppen und die Öffentlichkeit bestimmt sind.

2. Jede Vertragspartei setzt die andere Vertragspartei schriftlich davon in Kenntnis, welche ihre Kontaktstelle nach Absatz 1 ist.

3. Der nach Artikel 26.2 (Sonderausschüsse) Absatz 1 Buchstabe g eingesetzte Ausschuss für Handel und nachhaltige Entwicklung nimmt im Rahmen seiner ordentlichen Sitzungen oder von Fachsitzungen, zu denen Personen hinzugezogen werden, die für Fragen im Zusammenhang mit diesem Kapitel zuständig sind, folgende Aufgaben wahr:

a) Überwachung der Durchführung dieses Kapitels und Prüfung der dabei erzielten Fortschritte, unter anderem in Bezug auf seine Funktionsweise und Wirksamkeit, und

b) Erörterung sonstiger im Rahmen dieses Kapitels zu behandelnder Fragen.

4. Jede Vertragspartei setzt eine neue Beratungsgruppe für Arbeit und nachhaltige Entwicklung ein oder konsultiert ihre bereits bestehenden einschlägigen Beratungsgruppen, um Meinungen zu Fragen im Zusammenhang mit diesem Kapitel einzuholen und sich diesbezüglich fachlich beraten zu lassen. Den Beratungsgruppen sollen unabhängige repräsentative Organisationen der Zivilgesellschaft angehören, wobei Arbeitgeber, Gewerkschaften, Arbeitnehmervereinigungen, Unternehmensverbände sowie gegebenenfalls andere relevante Interessenträger in einem ausgewogenen Verhältnis vertreten sein sollen. Die Beratungsgruppen können auf eigene Initiative Stellungnahmen und Empfehlungen zu allen Fragen im Zusammenhang mit diesem Kapitel abgeben.

5. Die Vertragsparteien sind offen für Beiträge der Öffentlichkeit zu Fragen im Zusammenhang mit diesem Kapitel, wie beispielsweise Mitteilungen zu Durchführungsproblemen, und tragen solchen Beiträgen gebührend Rechnung. Die Vertragsparteien unterrichten ihre jeweiligen internen Beratungsgruppen für Arbeit und nachhaltige Entwicklung über derartige Mitteilungen.

6. Die Vertragsparteien tragen den Tätigkeiten der IAO Rechnung, um die Zusammenarbeit zu intensivieren und die einschlägigen Arbeiten der Vertragsparteien besser mit denen der IAO abzustimmen.

Artikel 23.9
Konsultationen

1. Eine Vertragspartei kann die andere Vertragspartei über deren Kontaktstelle schriftlich um Konsultationen zu allen sich aus diesem Kapitel ergebenden Fragen ersuchen. Die Vertragspartei legt in ihrem Ersuchen eine klare Sachverhaltsdarstellung vor, benennt die strittigen Fragen und fasst im Rahmen dieses Kapitels zu behandelnde Anliegen kurz zusammen. Die Konsultationen müssen unmittelbar nach Übermittlung des Konsultationsersuchens einer Vertragspartei aufgenommen werden.

2. Während der Konsultationen stellt jede Vertragspartei der jeweils anderen Vertragspartei – vorbehaltlich ihrer Rechtsvorschriften zu vertraulichen personenbezogenen und geschäftlichen Informationen – ausreichende in ihrem Besitz befindliche Informationen zur Verfügung, die eine vollumfängliche Prüfung der aufgeworfenen Fragen ermöglichen.

3. Gegebenenfalls holen die Vertragsparteien, sofern beide Vertragsparteien zustimmen, Infor-

mationen oder Stellungnahmen von Personen, Organisationen oder Gremien, einschließlich der IAO, ein, die einen Beitrag zur Prüfung der sich stellenden Fragen leisten können.

4. Ist eine Vertragspartei der Auffassung, dass eine Frage der weiteren Erörterung bedarf, so kann sie bei der Kontaktstelle der anderen Vertragspartei schriftlich darum ersuchen, dass der Ausschuss für Handel und nachhaltige Entwicklung einberufen wird, um diese Frage zu prüfen. Der Ausschuss für Handel und nachhaltige Entwicklung tritt umgehend zusammen und bemüht sich um eine Lösung. Gegebenenfalls konsultiert er im Rahmen der Konsultationsmechanismen nach Artikel 23.8 die von den Vertragsparteien eingesetzten internen Beratungsgruppen für Arbeit und nachhaltige Entwicklung.

5. Jede Vertragspartei veröffentlicht etwaige Lösungen oder Entscheidungen betreffend eine nach diesem Artikel erörterte Frage.

Artikel 23.10
Sachverständigengruppe

1. Wird eine Angelegenheit im Rahmen der Konsultationen nach Artikel 23.9 nicht zufriedenstellend erledigt, so kann eine Vertragspartei innerhalb von 90 Tagen nach Eingang eines Konsultationsersuchens nach Artikel 23.9 Absatz 1 bei der Kontaktstelle der anderen Vertragspartei schriftlich darum ersuchen, dass eine Sachverständigengruppe eingesetzt und mit der Prüfung der betreffenden Angelegenheit betraut wird.

2. Vorbehaltlich der Bestimmungen dieses Kapitels wenden die Vertragsparteien die Schiedsordnung in Anhang 29-A und den Verhaltenskodex in Anhang 29-B an, sofern die Vertragsparteien nichts anderes beschließen.

3. Eine Sachverständigengruppe setzt sich aus drei Mitgliedern zusammen.

4. Die Vertragsparteien nehmen Konsultationen auf, um sich innerhalb von 10 Arbeitstagen ab Eingang des Ersuchens um Einsetzung einer Sachverständigengruppe bei der ersuchten Vertragspartei über die Zusammensetzung der Sachverständigengruppe zu verständigen. Dabei gilt es sicherzustellen, dass die vorgeschlagenen Mitglieder der Sachverständigengruppe die Anforderungen des Absatzes 7 erfüllen und über die erforderliche einschlägige Fachkompetenz verfügen.

5. Sollten sich die Vertragsparteien nicht innerhalb der in Absatz 4 genannten Frist über die Zusammensetzung der Sachverständigengruppe verständigen können, so findet das Auswahlverfahren nach Artikel 29.7 (Zusammensetzung des Schiedspanels) Absätze 3 bis 7 auf der Grundlage der nach Absatz 6 erstellten Liste Anwendung.

6. Der Ausschuss für Handel und nachhaltige Entwicklung erstellt bei seiner ersten Sitzung nach Inkrafttreten dieses Abkommens eine Liste mit mindestens neun Personen, die aufgrund ihrer Objektivität, ihrer Zuverlässigkeit und ihres ausgezeichneten Urteilsvermögens ausgewählt wurden und willens und in der Lage sind, als Mitglieder der Sachverständigengruppe zu fungieren. Jede Vertragspartei benennt mindestens drei Personen, die in die Liste der in Betracht kommenden Sachverständigen aufgenommen werden. Die Vertragsparteien benennen darüber hinaus mindestens drei Personen, die nicht die Staatsangehörigkeit einer Vertragspartei besitzen und die willens und in der Lage sind, den Vorsitz der Sachverständigengruppe zu führen. Der Ausschuss für Handel und nachhaltige Entwicklung gewährleistet, dass die Liste stets auf diesem Stand gehalten wird.

7. Die vorgeschlagenen Sachverständigen müssen über spezialisierte Kenntnisse oder besondere Fachkompetenz auf dem Gebiet des Arbeitsrechts, in Bezug auf andere in diesem Kapitel behandelte Fragen oder im Bereich der Beilegung von Streitigkeiten, die sich aus internationalen Übereinkünften ergeben, verfügen. Sie müssen unabhängig sein, in persönlicher Eigenschaft handeln und dürfen im Zusammenhang mit der betreffenden Angelegenheit keine Weisungen einer Organisation oder Regierung entgegennehmen. Sie dürfen nicht der Regierung einer der Vertragsparteien nahestehen und sind an den in Absatz 2 genannten Verhaltenskodex gebunden.

8. Sofern die Vertragsparteien nicht innerhalb von fünf Arbeitstagen nach Auswahl der Mitglieder der Sachverständigengruppe etwas anderes beschließen, gilt für die Sachverständigengruppe folgendes Mandat:

„Prüfung der im Ersuchen um Einsetzung der Sachverständigengruppe vorgelegten Frage im Lichte der einschlägigen Bestimmungen des Kapitels dreiundzwanzig (Handel und Arbeit) und Vorlage eines Berichts nach Kapitel dreiundzwanzig (Handel und Arbeit) Artikel 23.10 (Sachverständigengruppe) mit Lösungsempfehlungen".

9. Bei Fragen im Zusammenhang mit multilateralen Übereinkünften gemäß Artikel 23.3 sollte die Sachverständigengruppe Informationen von der IAO einholen, insbesondere zu relevanten Auslegungskriterien, Erkenntnissen oder Beschlüssen der IAO.[1)]

10. Die Sachverständigengruppe kann um schriftliche Stellungnahmen oder sonstige Informationen von Personen ersuchen, die über einschlägige Informationen oder einschlägige Kenntnisse verfügen.

Zu Artikel 23.10:

[1)] Die Vertragsparteien wenden diese Bestimmung im Einklang mit der Regel 42 der Schiedsordnung in Anhang 29-A an.

11. Die Sachverständigengruppe legt den Vertragsparteien einen Zwischenbericht und einen Abschlussbericht vor, in denen sie eine Sachverhaltsdarstellung abgibt, ihre Schlussfolgerungen in der betreffenden Angelegenheit darlegt – unter anderem zu der Frage, ob die ersuchte Vertragspartei ihren Verpflichtungen aus diesem Kapitel nachgekommen ist – und ihre Ergebnisse, Feststellungen und Empfehlungen begründet. Die Sachverständigengruppe legt den Vertragsparteien den Zwischenbericht innerhalb von 120 Tagen nach Auswahl des letzten Mitglieds der Sachverständigengruppe vor, sofern die Vertragsparteien nichts anderes beschließen. Die Vertragsparteien können der Sachverständigengruppe innerhalb von 45 Tagen nach Vorlage des Zwischenberichts Stellungnahmen dazu übermitteln. Nach Prüfung dieser Stellungnahmen kann die Sachverständigengruppe ihren Bericht überprüfen oder weitere ihr zweckmäßig erscheinende Prüfungen vornehmen. Den Abschlussbericht unterbreitet die Sachverständigengruppe den Vertragsparteien innerhalb von 60 Tagen nach Vorlage des Zwischenberichts. Jede Vertragspartei macht den Abschlussbericht innerhalb von 30 Tagen nach seiner Vorlage öffentlich zugänglich.

12. Gelangt die Sachverständigengruppe in ihrem Abschlussbericht zu dem Schluss, dass eine Vertragspartei ihren Verpflichtungen aus diesem Kapitel nicht nachgekommen ist, nehmen die Vertragsparteien Gespräche auf und bemühen sich, innerhalb von drei Monaten nach Vorlage des Abschlussberichts geeignete Maßnahmen zu erarbeiten oder gegebenenfalls einen für beide Seiten zufriedenstellenden Aktionsplan zu beschließen. Bei ihren Erörterungen berücksichtigen die Vertragsparteien den Abschlussbericht. Die ersuchte Vertragspartei teilt ihren Beratungsgruppen für Arbeit und nachhaltige Entwicklung sowie der ersuchenden Vertragspartei rechtzeitig mit, zu welchen Vorgehensweisen oder Maßnahmen sie sich entschlossen hat. Die ersuchende Vertragspartei unterrichtet ihre Beratungsgruppen für Arbeit und nachhaltige Entwicklung sowie die ersuchte Vertragspartei rechtzeitig über etwaige andere Vorgehensweisen oder Maßnahmen, die sie möglicherweise als Folgemaßnahmen zum Abschlussbericht zu beschließen beabsichtigt, um zu einer Lösung zu gelangen, die mit diesem Abkommen vereinbar ist. Der Ausschuss für Handel und nachhaltige Entwicklung überwacht die Folgemaßnahmen zum Abschlussbericht und zu den Empfehlungen der Sachverständigengruppe. Die von den Vertragsparteien eingesetzten Beratungsgruppen für Arbeit und nachhaltige Entwicklung und das Zivilgesellschaftliche Forum können dem Ausschuss für Handel und nachhaltige Entwicklung diesbezügliche Stellungnahmen übermitteln.

13. Wenn die Vertragsparteien nach Einsetzung einer Sachverständigengruppe zu einer einvernehmlichen Lösung gelangen, teilen sie diese dem Ausschuss für Handel und nachhaltige Entwicklung und der Sachverständigengruppe mit. Mit dieser Mitteilung ist das Sachverständigenverfahren abgeschlossen.

Artikel 23.11
Streitbeilegung

1. Im Falle von Streitigkeiten, die sich im Zusammenhang mit diesem Kapitel ergeben, nehmen die Vertragsparteien nur die in diesem Kapitel vorgesehenen Vorschriften und Verfahren in Anspruch.

2. Die Vertragsparteien bemühen sich nach Kräften, eine für beide Seiten zufriedenstellende Lösung zu finden. Die Vertragsparteien können zur Streitbeilegung jederzeit auf gute Dienste, einen Vergleich oder Mediation zurückgreifen.

3. Die Vertragsparteien kommen überein, dass die Verpflichtungen aus diesem Kapitel bindend und im Wege der Streitbeilegungsverfahren nach Artikel 23.10 durchsetzbar sind. In diesem Zusammenhang erörtern die Vertragsparteien im Rahmen der Sitzungen des Ausschusses für Handel und nachhaltige Entwicklung die Wirksamkeit der Durchführung dieses Kapitels, die politischen Entwicklungen auf Seiten der Vertragsparteien, die Entwicklungen bei internationalen Übereinkünften und die von den Interessenträgern dargelegten Standpunkte sowie eine etwaige Überprüfung der in Artikel 23.10 vorgesehenen Streitbeilegungsverfahren.

4. Im Falle von Meinungsverschiedenheiten bezüglich des Absatzes 3 kann eine Vertragspartei nach den in Artikel 23.9 festgelegten Verfahren um Konsultationen zwecks Überprüfung der in Artikel 23.10 vorgesehenen Streitbeilegungsbestimmungen ersuchen.

5. Der Ausschuss für Handel und nachhaltige Entwicklung kann dem Gemischten CETA-Ausschuss Änderungen der einschlägigen Bestimmungen dieses Kapitels nach den in Artikel 30.2 (Änderungen) festgelegten Verfahren empfehlen.

KAPITEL VIERUNDZWANZIG
HANDEL UND UMWELT

Artikel 24.1
Begriffsbestimmung

Für die Zwecke dieses Kapitels bezeichnet der Ausdruck

Umweltrecht ein Gesetz, auch eine Rechts- oder Verwaltungsvorschrift, oder eine andere rechtsverbindliche Maßnahme einer Vertragspartei, deren Zweck es ist, die Umwelt zu schützen und insbesondere den von Umweltauswirkungen ausgehenden Gefahren für das Leben oder die

Gesundheit der Menschen zu begegnen, zum Beispiel durch

a) die Verhütung, Verringerung oder Überwachung der Freisetzung, Ableitung oder sonstigen Emission von Schadstoffen oder Umweltkontaminanten,

b) Chemikalien- und Abfallmanagement und die Verbreitung diesbezüglicher Informationen oder

c) die Erhaltung und den Schutz wild lebender Tier- und Pflanzenarten, einschließlich gefährdeter Arten und ihrer Lebensräume, sowie von Schutzgebieten,

jedoch unter Ausschluss von Maßnahmen einer Vertragspartei, die lediglich die Gesundheit und Sicherheit von Arbeitnehmern betreffen und Gegenstand von Kapitel dreiundzwanzig (Handel und Arbeit) sind, sowie von Maßnahmen einer Vertragspartei, die auf den Erhalt oder die einheimische Gewinnung natürlicher Ressourcen abstellen.

Artikel 24.2
Hintergrund und Ziele

Die Vertragsparteien erkennen an, dass die Umwelt ein Fundament für eine nachhaltige Entwicklung darstellt, und sie erkennen den Beitrag an, den der Handel zu einer nachhaltigen Entwicklung leisten könnte. Die Vertragsparteien betonen, dass eine stärkere Zusammenarbeit zum Schutz und Erhalt der Umwelt insoweit von Vorteil ist, als sie

a) eine nachhaltige Entwicklung fördert,

b) die Umweltpolitik der Vertragsparteien stärkt,

c) auf internationalen Umweltübereinkünften aufbaut, denen sie beigetreten sind, und

d) die Ziele dieses Abkommens ergänzt.

Artikel 24.3
Regelungsrecht und Schutzniveaus

Die Vertragsparteien erkennen das Recht jeder Vertragspartei an, im Umweltbereich ihre eigenen Prioritäten zu setzen, das Niveau des Umweltschutzes selbst zu bestimmen und ihre Rechtsvorschriften und Strategien – im Einklang mit den multilateralen Umweltübereinkünften, denen sie beigetreten sind, sowie mit diesem Abkommen – entsprechend festzulegen oder zu ändern. Jede Vertragspartei ist bestrebt, mit ihren Rechtsvorschriften und Strategien ein hohes Umweltschutzniveau zu gewährleisten und zu fördern und diese Rechtsvorschriften und Strategien und das damit verbundene Schutzniveau weiter zu verbessern.

Artikel 24.4
Multilaterale Umweltübereinkünfte

1. Die Vertragsparteien erkennen an, dass eine verantwortungsvolle internationale Umweltpolitik und internationale Umweltübereinkünfte als Antwort der internationalen Gemeinschaft auf globale oder regionale Umweltprobleme von großem Wert sind, und unterstreichen, dass Strategien, Vorschriften und Maßnahmen in den Bereichen Handel und Umwelt stärker auf eine wechselseitige Unterstützung ausgerichtet werden müssen.

2. Jede Vertragspartei bekräftigt ihre Verpflichtung, die multilateralen Umweltübereinkünfte, denen sie beigetreten ist, in ihrem gesamten Gebiet effektiv in Recht und Praxis umzusetzen.

3. Die Vertragsparteien verpflichten sich, in Umweltfragen von beiderseitigem Interesse, die multilaterale Umweltübereinkünfte betreffen, insbesondere in handelsbezogenen Fragen, soweit angebracht, einander zu konsultieren und gegebenenfalls zusammenzuarbeiten. Diese Verpflichtung umfasst den Austausch von Informationen über

a) die Umsetzung multilateraler Umweltübereinkünfte, denen eine der Vertragsparteien beigetreten ist,

b) laufende Verhandlungen über neue multilaterale Umweltübereinkünfte und

c) die jeweiligen Standpunkte hinsichtlich des Beitritts zu weiteren multilateralen Umweltübereinkünften.

4. Die Vertragsparteien erkennen ihr jeweiliges Recht an, in Bezug auf Umweltmaßnahmen – einschließlich derjenigen Maßnahmen, die aufgrund multilateraler Umweltübereinkünfte, denen sie beigetreten sind, getroffen werden – Artikel 28.3 (Allgemeine Ausnahmen) in Anspruch zu nehmen.

Artikel 24.5
Aufrechterhaltung des Schutzniveaus

1. Die Vertragsparteien erkennen an, dass es unangemessen ist, Handel oder Investitionen dadurch zu fördern, dass das in ihrem Umweltrecht garantierte Schutzniveau aufgeweicht oder abgesenkt wird.

2. Die Vertragsparteien verzichten nicht auf die Anwendung ihres Umweltrechts, weichen nicht davon ab und bieten dies auch nicht an in der Absicht, den Handel oder die Niederlassung, den Erwerb, die Ausweitung oder die Aufrechterhaltung von Investitionen in ihrem jeweiligen Gebiet zu fördern.

3. Die Vertragsparteien verzichten darauf, durch anhaltende oder wiederkehrende Maßnahmen oder durch Untätigkeit die effektive Durch-

setzung ihres Umweltrechts zu unterlaufen, um so Handel oder Investitionen zu fördern.

Artikel 24.6
Zugang zu Rechtsbehelfen und Verfahrensgarantien

1. Gemäß den in Artikel 24.5 festgelegten Verpflichtungen

a) gewährleistet jede Vertragspartei im Einklang mit ihren jeweiligen Rechtsvorschriften, dass ihre für die Durchsetzung des Umweltrechts zuständigen Behörden mutmaßlichen Verstößen gegen das Umweltrecht, die ihnen durch betroffene Personen mit Wohnsitz oder Niederlassung in ihrem Gebiet zur Kenntnis gebracht werden, in gebührender Form nachgehen, und

b) gewährleistet jede Vertragspartei, dass Personen, die ein rechtlich anerkanntes Interesse an einer bestimmten Angelegenheit haben oder der Auffassung sind, dass nach dem für sie geltenden Recht eine Rechtsverletzung vorliegt, Verwaltungs- oder Gerichtsverfahren zur Verfügung stehen, die ein wirksames Vorgehen gegen Verstöße gegen geltendes Umweltrecht ermöglichen und bei entsprechenden Rechtsverstößen geeignete Rechtsbehelfe vorsehen.

2. Jede Vertragspartei trägt nach Maßgabe ihres internen Rechts dafür Sorge, dass die Verfahren nach Absatz 1 Buchstabe b nicht unnötig kompliziert oder übermäßig kostspielig sind, keine unangemessenen Fristen oder ungerechtfertigten Verzögerungen bedingen, gegebenenfalls die Möglichkeit einer Unterlassungsklage vorsehen und fair, gerecht und transparent sind, indem

a) die Beklagten – unter Angabe der Art des Verfahrens und der Grundlage der Klage – angemessen über die Einleitung eines Verfahrens unterrichtet werden,

b) die Verfahrensparteien vor einer endgültigen Entscheidung eine angemessene Möglichkeit erhalten, ihre jeweiligen Standpunkte zu untermauern oder zu verteidigen und unter anderem Informationen oder Beweise beizubringen,

c) vorgesehen wird, dass endgültige Entscheidungen schriftlich mitgeteilt werden, gegebenenfalls unter Angabe von Gründen und auf der Grundlage von Informationen oder Beweisen, wobei die Verfahrensparteien zuvor Gelegenheit erhalten, diesbezüglich angehört zu werden, und

d) den Parteien eines Verwaltungsverfahrens die Möglichkeit eingeräumt wird, endgültige Verwaltungsentscheidungen innerhalb einer angemessenen Frist durch ein Gericht, das per Gesetz errichtet wurde und eine ausreichende Gewähr für Unabhängigkeit und Unparteilichkeit bietet, überprüfen und, soweit gerechtfertigt, korrigieren zu lassen.

Artikel 24.7
Information und Sensibilisierung der Öffentlichkeit

1. Über die Bestimmungen des Artikels 27.1 (Veröffentlichung) hinaus fördert jede Vertragspartei die öffentliche Debatte mit und unter nichtstaatlichen Akteuren im Hinblick auf die Entwicklung und Festlegung von Strategien, die zum Erlass von Umweltgesetzen durch ihre Behörden führen können.

2. Jede Vertragspartei fördert das Bewusstsein der Öffentlichkeit für ihr jeweiliges Umweltrecht sowie für die Durchsetzungs- und Einhaltungsverfahren, indem sie für ein einschlägiges Informationsangebot für die Interessenträger sorgt.

3. Die Vertragsparteien sind offen für Beiträge der Öffentlichkeit zu Fragen im Zusammenhang mit diesem Kapitel, wie beispielsweise Mitteilungen zu Durchführungsproblemen, und tragen solchen Beiträgen gebührend Rechnung. Die Vertragsparteien unterrichten ihre jeweiligen zivilgesellschaftlichen Organisationen – über die in Artikel 24.13 Absatz 5 genannten Konsultationsmechanismen – über derartige Mitteilungen.

Artikel 24.8
Wissenschaftliche und technische Informationen

1. Bei der Ausarbeitung und Durchführung von Umweltschutzmaßnahmen, die sich auf den Handel oder auf Investitionen zwischen den Vertragsparteien auswirken können, tragen die Vertragsparteien einschlägigen wissenschaftlichen und technischen Informationen sowie diesbezüglichen internationalen Standards, Leitlinien oder Empfehlungen Rechnung.

2. Die Vertragsparteien erkennen an, dass in Fällen, in denen gravierende oder irreversible Schäden drohen, ein Aufschub kosteneffizienter Maßnahmen zur Verhinderung von Umweltschäden nicht mit dem Fehlen einer vollständigen wissenschaftlichen Absicherung begründet werden darf.

Artikel 24.9
Handel zur Förderung des Umweltschutzes

1. Die Vertragsparteien sind entschlossen, Anstrengungen zu unternehmen, um den Handel mit Umweltgütern und -dienstleistungen sowie Investitionen in Umweltgüter und -dienstleistungen zu erleichtern und zu fördern, unter anderem durch den Abbau der in Bezug auf diese Waren und Dienstleistungen bestehenden nichttarifären Handelshemmnisse.

2. Die Vertragsparteien richten – im Einklang mit ihren internationalen Verpflichtungen – ihre besondere Aufmerksamkeit darauf, die Beseiti-

gung von Handels- oder Investitionshemmnissen bei solchen Waren und Dienstleistungen zu erleichtern, denen besondere Bedeutung mit Blick auf den Klimaschutz zukommt, insbesondere von Handels- und Investitionshemmnissen bei Waren im Bereich erneuerbare Energien und bei damit verbundenen Dienstleistungen.

Artikel 24.10
Handel mit forstwirtschaftlichen Erzeugnissen

1. Die Vertragsparteien erkennen an, welche Bedeutung zum einen der Erhaltung und nachhaltigen Bewirtschaftung der Wälder für die Gewährleistung der Umweltfunktionen und für die Schaffung wirtschaftlicher und sozialer Chancen für heutige und künftige Generationen und zum anderen dem Marktzugang für im Einklang mit den Rechtsvorschriften des Erntelands produzierte forstwirtschaftliche Erzeugnisse aus nachhaltig bewirtschafteten Wäldern zukommt.

2. Zu diesem Zweck verpflichten sich die Vertragsparteien – im Einklang mit ihren internationalen Verpflichtungen – zu Folgendem:

a) Förderung des Handels mit forstwirtschaftlichen Erzeugnissen aus nachhaltig bewirtschafteten Wäldern, in denen der Holzeinschlag im Einklang mit den Rechtsvorschriften des Erntelands erfolgt,

b) Informationsaustausch und gegebenenfalls Zusammenarbeit bei Initiativen zur Förderung einer nachhaltigen Waldbewirtschaftung, einschließlich Initiativen zur Bekämpfung des illegalen Holzeinschlags und des damit verbundenen Handels,

c) Förderung der wirksamen Anwendung des am 3. März 1973 beschlossenen *Übereinkommens über den internationalen Handel mit gefährdeten Arten freilebender Tiere und Pflanzen* im Hinblick auf Holzarten, die als bedroht eingestuft sind, und

d) gegebenenfalls Zusammenarbeit im Rahmen internationaler Gremien, die sich mit der Erhaltung und nachhaltigen Bewirtschaftung der Wälder befassen.

3. Die Vertragsparteien erörtern die in Absatz 2 genannten Themen je nach Zuständigkeit im Ausschuss für Handel und nachhaltige Entwicklung oder im Rahmen des nach Kapitel fünfundzwanzig (Bilateraler Dialog und Zusammenarbeit) eingerichteten Bilateralen Dialogs über forstwirtschaftliche Erzeugnisse.

Artikel 24.11
Handel mit Erzeugnissen der Fischerei und Aquakultur

1. Die Vertragsparteien erkennen an, welche Bedeutung der Erhaltung von Fischerei und Aquakultur sowie einem nachhaltigen und verantwortungsvollen Fischerei- und Aquakulturmanagement zukommt und wie dies heutigen und künftigen Generationen ökologische, wirtschaftliche und soziale Chancen eröffnen kann.

2. Zu diesem Zweck verpflichten sich die Vertragsparteien – im Einklang mit ihren internationalen Verpflichtungen – zu Folgendem:

a) Einführung oder Aufrechterhaltung von wirksamen Überwachungs- und Kontrollmaßnahmen wie Beobachterprogrammen, Überwachungssystemen für Fischereifahrzeuge, Systemen zur Überwachung von Umschlagplätzen, Inspektionen auf See, Hafenstaatkontrollen und damit verbundenen Sanktionen mit dem Ziel der Erhaltung der Fischbestände und der Vermeidung einer Überfischung,

b) Einführung oder Aufrechterhaltung von Maßnahmen zur Bekämpfung der illegalen, nicht gemeldeten und unregulierten Fischerei („illegal, unreported and unregulated fishing" – „IUU-Fischerei") und Zusammenarbeit in diesem Bereich, gegebenenfalls Austausch von Informationen über IUU-Fischerei in ihren Gewässern und über die Durchführung von Strategien und Maßnahmen, mit denen verhindert wird, dass IUU-Erzeugnisse in die Handelsströme und in die Fischzucht gelangen,

c) Zusammenarbeit mit regionalen Fischereiorganisationen, gegebenenfalls auch innerhalb von regionalen Fischereiorganisationen, denen die Vertragsparteien als Mitglieder, Beobachter oder kooperierende Nichtvertragsparteien angehören, wobei das Ziel darin besteht, ein verantwortungsvolles Handeln zu gewährleisten, unter anderem dadurch, dass man sich auf wissenschaftlich fundierte Entscheidungen stützt und auf die Befolgung dieser Entscheidungen in den betreffenden Organisationen drängt, und

d) Förderung der Entwicklung einer umweltverträglichen und wettbewerbsfähigen Aquakulturindustrie.

Artikel 24.12
Zusammenarbeit in Umweltfragen

1. Die Vertragsparteien erkennen an, dass es gilt, verstärkt zusammenzuarbeiten, um die Verwirklichung der Ziele dieses Kapitels voranzutreiben, und sie verpflichten sich, in handelsbezogenen Umweltfragen von gemeinsamem Interesse zusammenzuarbeiten, wie etwa in Bezug auf folgende Aspekte:

a) potenzielle Auswirkungen dieses Abkommens auf die Umwelt und Möglichkeiten der Verstärkung, Verhinderung oder Abschwächung solcher Auswirkungen unter Berücksichtigung etwaiger von den Vertragsparteien vorgenommener Folgenabschätzungen,

b) Tätigkeiten im Rahmen internationaler Foren, die sich mit Fragen befassen, welche gleichermaßen für den Handel wie für die Umweltpolitik von Relevanz sind, insbesondere im Rahmen der WTO, der OECD, des Umweltprogramms der Vereinten Nationen und multilateraler Umweltübereinkünfte,

c) Umweltdimension der sozialen Verantwortung und Rechenschaftspflicht von Unternehmen, einschließlich Umsetzung und Follow-up international anerkannter Leitlinien,

d) Auswirkungen von Umweltvorschriften und -standards auf den Handel und Auswirkungen von Handels- und Investitionsvorschriften auf die Umwelt, unter anderem auf die Ausarbeitung von Umweltvorschriften und -strategien,

e) handelsbezogene Aspekte der gegenwärtigen und der künftigen internationalen Strategie zur Bekämpfung des Klimawandels sowie interner Klimaschutzstrategien und -programme, unter anderem Fragen im Zusammenhang mit den Kohlenstoffmärkten, Möglichkeiten, den nachteiligen Auswirkungen des Handels auf das Klima zu begegnen, sowie Mittel zur Förderung der Energieeffizienz und der Entwicklung und Einführung kohlenstoffarmer und anderer klimafreundlicher Technologien,

f) Handel mit Umweltgütern und -dienstleistungen sowie Investitionen in Umweltgüter und -dienstleistungen, beispielsweise in den Bereichen umweltfreundliche und grüne Technologien und Verfahren, erneuerbare Energien, Energieeffizienz, Wassernutzung, Gewässerschutz und Wasseraufbereitung,

g) Zusammenarbeit bei handelsbezogenen Aspekten des Erhalts und der nachhaltigen Nutzung der Biodiversität,

h) Förderung des Lebenszyklus-Managements von Gütern, einschließlich CO_2-Bilanzierung und End-of-life-Management, erweiterter Herstellerverantwortung, Abfallrecycling und -reduzierung sowie anderer vorbildlicher Verfahren,

i) Verbesserung des Verständnisses der Auswirkungen von wirtschaftlichen Tätigkeiten und Marktkräften auf die Umwelt und

j) Meinungsaustausch über den Zusammenhang zwischen multilateralen Umweltübereinkünften und internationalen Handelsregeln.

2. Die Zusammenarbeit nach Absatz 1 findet im Rahmen von Maßnahmen und Instrumenten statt, die unter anderem einen technischen Austausch, den Austausch von Informationen und vorbildlichen Verfahren, Forschungsprojekte, Studien, Berichte, Konferenzen und Workshops umfassen können.

3. Die Vertragsparteien prüfen mit Blick auf die Planung und Durchführung ihrer Kooperationsmaßnahmen Standpunkte und Beiträge der Öffentlichkeit und der Interessenträger und können Letztere gegebenenfalls stärker in diese Maßnahmen einbinden.

Artikel 24.13

Institutionelle Mechanismen

1. Jede Vertragspartei bestimmt eine Stelle, die bei der Durchführung dieses Kapitels als Kontaktstelle für die andere Vertragspartei dient, insbesondere in Bezug auf

a) Kooperationsprogramme und -maßnahmen im Einklang mit Artikel 24.12,

b) den Eingang von Stellungnahmen und Mitteilungen nach Artikel 24.7 Absatz 3 und

c) Informationen, die für die andere Vertragspartei, die Sachverständigengruppe und die Öffentlichkeit bestimmt sind.

2. Jede Vertragspartei setzt die andere Vertragspartei schriftlich davon in Kenntnis, welche ihre Kontaktstelle nach Absatz 1 ist.

3. Der nach Artikel 26.2 (Sonderausschüsse) Absatz 1 Buchstabe g eingesetzte Ausschuss für Handel und nachhaltige Entwicklung nimmt im Rahmen seiner ordentlichen Sitzungen oder seiner Fachsitzungen, zu denen Personen hinzugezogen werden, die für Fragen im Zusammenhang mit diesem Kapitel zuständig sind, folgende Aufgaben wahr:

a) Überwachung der Durchführung dieses Kapitels und Prüfung der dabei erzielten Fortschritte,

b) Erörterung von Fragen von gemeinsamem Interesse und

c) Erörterung sonstiger im Rahmen dieses Kapitels zu behandelnder Fragen auf gemeinsamen Beschluss der Vertragsparteien.

4. Die Vertragsparteien tragen den Tätigkeiten relevanter multilateraler Umweltorganisationen oder -einrichtungen Rechnung, um die Zusammenarbeit zu intensivieren und die einschlägigen Arbeiten der Vertragsparteien besser mit denen dieser Organisationen oder Einrichtungen abzustimmen.

5. Jede Vertragspartei nutzt bereits bestehende Konsultationsmechanismen oder richtet neue Konsultationsmechanismen, wie etwa interne Beratungsgruppen, ein, um Meinungen zu Fragen im Zusammenhang mit diesem Kapitel einzuholen und sich diesbezüglich fachlich beraten zu lassen. Den Konsultationsmechanismen sollen unabhängige repräsentative Organisationen der Zivilgesellschaft angehören, wobei Umweltverbände, Unternehmensverbände sowie gegebenenfalls andere relevante Interessenträger in einem ausgewogenen Verhältnis vertreten sein sollen. Über solche Konsultationsmechanismen können Interessenträger auf eigene Initiative Stellungnahmen und Empfehlungen zu allen Fragen im Zusammenhang mit diesem Kapitel abgeben.

Artikel 24.14
Konsultationen

1. Eine Vertragspartei kann die andere Vertragspartei über deren Kontaktstelle schriftlich um Konsultationen zu allen sich aus diesem Kapitel ergebenden Fragen ersuchen. Die Vertragspartei legt in ihrem Ersuchen eine klare Sachverhaltsdarstellung vor, benennt die strittigen Fragen und fasst im Rahmen dieses Kapitels zu behandelnde Anliegen kurz zusammen. Die Konsultationen müssen unmittelbar nach Übermittlung des Konsultationsersuchens einer Vertragspartei aufgenommen werden.

2. Während der Konsultationen stellt jede Vertragspartei der jeweils anderen Vertragspartei – vorbehaltlich ihrer Rechtsvorschriften zum Schutz vertraulicher oder proprietärer Informationen – ausreichende in ihrem Besitz befindliche Informationen zur Verfügung, die eine vollumfängliche Prüfung der aufgeworfenen Fragen ermöglichen.

3. Gegebenenfalls holen die Vertragsparteien, sofern beide Vertragsparteien zustimmen, Informationen oder Stellungnahmen von Personen, Organisationen oder Gremien, einschließlich der einschlägigen internationalen Organisationen oder Gremien, ein, die einen Beitrag zur Prüfung der sich stellenden Fragen leisten können.

4. Ist eine Vertragspartei der Auffassung, dass eine Frage der weiteren Erörterung bedarf, so kann sie bei der Kontaktstelle der anderen Vertragspartei schriftlich darum ersuchen, dass der Ausschuss für Handel und nachhaltige Entwicklung einberufen wird, um diese Frage zu prüfen. Der Ausschuss für Handel und nachhaltige Entwicklung tritt umgehend zusammen und bemüht sich um eine Lösung. Gegebenenfalls konsultiert er im Rahmen der Konsultationsmechanismen nach Artikel 24.13 Absatz 5 die zivilgesellschaftlichen Organisationen der Vertragsparteien.

5. Jede Vertragspartei veröffentlicht etwaige Lösungen oder Entscheidungen betreffend eine nach diesem Artikel erörterte Frage.

Artikel 24.15
Sachverständigengruppe

1. Wird eine Angelegenheit im Rahmen der Konsultationen nach Artikel 24.14 nicht zufriedenstellend erledigt, so kann eine Vertragspartei innerhalb von 90 Tagen nach Eingang eines Konsultationsersuchens nach Artikel 24.14 Absatz 1 bei der Kontaktstelle der anderen Vertragspartei schriftlich darum ersuchen, dass eine Sachverständigengruppe eingesetzt und mit der Prüfung der betreffenden Angelegenheit betraut wird.

2. Vorbehaltlich der Bestimmungen dieses Kapitels wenden die Vertragsparteien die Schiedsordnung in Anhang 29-A und den Verhaltenskodex in Anhang 29-B an, sofern die Vertragsparteien nichts anderes beschließen.

3. Eine Sachverständigengruppe setzt sich aus drei Mitgliedern zusammen.

4. Die Vertragsparteien nehmen Konsultationen auf, um sich innerhalb von 10 Arbeitstagen ab Eingang eines Ersuchens um Einsetzung einer Sachverständigengruppe bei der ersuchten Vertragspartei über die Zusammensetzung der Sachverständigengruppe zu verständigen. Dabei gilt es sicherzustellen, dass die vorgeschlagenen Mitglieder der Sachverständigengruppe die Anforderungen des Absatzes 7 erfüllen und über die erforderliche einschlägige Fachkompetenz verfügen.

5. Sollten sich die Vertragsparteien nicht innerhalb der in Absatz 4 genannten Frist über die Zusammensetzung der Sachverständigengruppe verständigen können, so findet das Auswahlverfahren nach Artikel 29.7 (Zusammensetzung des Schiedspanels) Absätze 3 bis 7 auf der Grundlage der nach Absatz 6 erstellten Liste Anwendung.

6. Der Ausschuss für Handel und nachhaltige Entwicklung erstellt bei seiner ersten Sitzung nach Inkrafttreten dieses Abkommens eine Liste mit mindestens neun Personen, die aufgrund ihrer Objektivität, ihrer Zuverlässigkeit und ihres ausgezeichneten Urteilsvermögens ausgewählt wurden und willens und in der Lage sind, als Mitglieder der Sachverständigengruppe zu fungieren. Jede Vertragspartei benennt mindestens drei Personen, die in die Liste der in Betracht kommenden Sachverständigen aufgenommen werden. Die Vertragsparteien benennen darüber hinaus mindestens drei Personen, die nicht die Staatsangehörigkeit einer Vertragspartei besitzen und die willens und in der Lage sind, den Vorsitz der Sachverständigengruppe zu führen. Der Ausschuss für Handel und nachhaltige Entwicklung gewährleistet, dass die Liste stets auf diesem Stand gehalten wird.

7. Die vorgeschlagenen Sachverständigen müssen über spezialisierte Kenntnisse oder besondere Fachkompetenz auf dem Gebiet des Umweltrechts, in Bezug auf die in diesem Kapitel behandelten Fragen oder im Bereich der Beilegung von Streitigkeiten, die sich aus internationalen Übereinkünften ergeben, verfügen. Sie müssen unabhängig sein, in persönlicher Eigenschaft handeln und dürfen im Zusammenhang mit der betreffenden Angelegenheit keine Weisungen einer Organisation oder Regierung entgegennehmen. Sie dürfen nicht der Regierung einer der Vertragsparteien nahestehen und sind an den in Absatz 2 genannten Verhaltenskodex gebunden.

8. Sofern die Vertragsparteien nicht innerhalb von fünf Arbeitstagen nach Auswahl der Mitglieder der Sachverständigengruppe etwas anderes

beschließen, gilt für die Sachverständigengruppe folgendes Mandat:

„Prüfung der im Ersuchen um Einsetzung der Sachverständigengruppe vorgelegten Frage im Lichte der einschlägigen Bestimmungen des Kapitels vierundzwanzig (Handel und Umwelt) und Vorlage eines Berichts nach Kapitel vierundzwanzig (Handel und Umwelt) Artikel 24.15 (Sachverständigengruppe) mit Lösungsempfehlungen".

9. Bei Fragen im Zusammenhang mit multilateralen Umweltübereinkünften gemäß Artikel 24.4 sollte die Sachverständigengruppe Stellungnahmen und Informationen von im Rahmen dieser Übereinkünfte eingerichteten einschlägigen Gremien einholen, insbesondere zu relevanten Auslegungskriterien, Erkenntnissen oder Beschlüssen dieser Gremien.[1)]

10. Die Sachverständigengruppe legt den Vertragsparteien einen Zwischenbericht und einen Abschlussbericht vor, in denen sie eine Sachverhaltsdarstellung abgibt, ihre Schlussfolgerungen in der betreffenden Angelegenheit darlegt – unter anderem zu der Frage, ob die ersuchte Vertragspartei ihren Verpflichtungen aus diesem Kapitel nachgekommen ist – und ihre Ergebnisse, Feststellungen und Empfehlungen begründet. Die Sachverständigengruppe legt den Vertragsparteien den Zwischenbericht innerhalb von 120 Tagen nach Auswahl des letzten Mitglieds der Sachverständigengruppe vor, sofern die Vertragsparteien nichts anderes beschließen. Die Vertragsparteien können der Sachverständigengruppe innerhalb von 45 Tagen nach Vorlage des Zwischenberichts Stellungnahmen dazu übermitteln. Nach Prüfung dieser Stellungnahmen kann die Sachverständigengruppe ihren Bericht überprüfen oder weitere ihr zweckmäßig erscheinende Prüfungen vornehmen. Den Abschlussbericht unterbreitet die Sachverständigengruppe den Vertragsparteien innerhalb von 60 Tagen nach Vorlage des Zwischenberichts. Jede Vertragspartei macht den Abschlussbericht innerhalb von 30 Tagen nach seiner Vorlage öffentlich zugänglich.

11. Gelangt die Sachverständigengruppe in ihrem Abschlussbericht zu dem Schluss, dass eine Vertragspartei ihren Verpflichtungen aus diesem Kapitel nicht nachgekommen ist, nehmen die Vertragsparteien Gespräche auf und bemühen sich, innerhalb von drei Monaten nach Vorlage des Abschlussberichts eine geeignete Maßnahme zu erarbeiten oder gegebenenfalls einen für beide Seiten zufriedenstellenden Aktionsplan zu beschließen. Bei ihren Erörterungen berücksichtigen die Vertragsparteien den Abschlussbericht. Die ersuchte Vertragspartei teilt ihren zivilgesellschaftlichen Organisationen – über die in Artikel 24.13 Absatz 5 genannten Konsultationsmechanismen – sowie der ersuchenden Vertragspartei rechtzeitig mit, zu welcher Vorgehensweise oder Maßnahme sie sich entschlossen hat. Der Ausschuss für Handel und nachhaltige Entwicklung überwacht die Folgemaßnahmen zum Abschlussbericht und zu den Empfehlungen der Sachverständigengruppe. Die Organisationen der Zivilgesellschaft und das Zivilgesellschaftliche Forum können dem Ausschuss für Handel und nachhaltige Entwicklung diesbezügliche Stellungnahmen übermitteln, wobei Erstere dies über die in Artikel 24.13 Absatz 5 genannten Konsultationsmechanismen tun.

12. Wenn die Vertragsparteien nach Einsetzung einer Sachverständigengruppe zu einer einvernehmlichen Lösung gelangen, teilen sie diese dem Ausschuss für Handel und nachhaltige Entwicklung und der Sachverständigengruppe mit. Mit dieser Mitteilung ist das Sachverständigenverfahren abgeschlossen.

Artikel 24.16
Streitbeilegung

1. Im Falle von Streitigkeiten, die sich im Zusammenhang mit diesem Kapitel ergeben, nehmen die Vertragsparteien nur die in diesem Kapitel vorgesehenen Vorschriften und Verfahren in Anspruch.

2. Die Vertragsparteien bemühen sich nach Kräften, eine für beide Seiten zufriedenstellende Lösung zu finden. Die Vertragsparteien können zur Streitbeilegung jederzeit auf gute Dienste, einen Vergleich oder Mediation zurückgreifen.

KAPITEL 25

BILATERALER DIALOG UND ZUSAMMENARBEIT

Artikel 25.1
Ziele und Grundsätze

1. Aufbauend auf ihrer gefestigten Partnerschaft und ihren gemeinsamen Werten kommen die Vertragsparteien überein, die Zusammenarbeit in Fragen von gemeinsamem Interesse auszubauen, indem sie insbesondere

a) im Rahmen des Dialogs über Fragen des Zugangs zum Biotechnologiemarkt die bilaterale Zusammenarbeit im Bereich Biotechnologie stärken,

b) im Rahmen des Bilateralen Dialogs über forstwirtschaftliche Erzeugnisse den bilateralen Dialog und Informationsaustausch über Fragen des Handels mit forstwirtschaftlichen Erzeugnissen erleichtern und fördern,

c) im Rahmen des Bilateralen Dialogs über Rohstoffe den Aufbau und die Pflege einer wirk-

---

Zu Artikel 24.15:

1) Die Vertragsparteien wenden diese Bestimmung im Einklang mit der Regel 42 der Schiedsordnung in Anhang 29-A an.

samen Zusammenarbeit im Bereich Rohstoffe anstreben und

d) auf eine verstärkte Zusammenarbeit in den Bereichen Wissenschaft, Technik, Forschung und Innovation hinwirken.

2. Sofern in diesem Abkommen nichts anderes bestimmt ist, werden bilaterale Dialoge ohne ungebührliche Verzögerung auf Ersuchen einer Vertragspartei oder des Gemischten CETA-Ausschusses eingeleitet. Der Vorsitz bei den Dialogen wird von Vertretern Kanadas und der Europäischen Union gemeinsam geführt. Sitzungskalender und Tagesordnungen werden von den Kovorsitzenden einvernehmlich festgelegt.

3. Die Kovorsitzenden eines bilateralen Dialogs teilen dem Gemischten CETA-Ausschuss rechtzeitig vor den Sitzungen die Termine und die jeweilige Tagesordnung mit. Die Kovorsitzenden eines bilateralen Dialogs erstatten dem Gemischten CETA-Ausschuss soweit angezeigt beziehungsweise auf dessen Ersuchen Bericht über die Ergebnisse und Schlussfolgerungen eines Dialogs. Die Aufnahme oder das Bestehen eines Dialogs hindert die Vertragsparteien nicht daran, den Gemischten CETA-Ausschuss unmittelbar mit einer Angelegenheit zu befassen.

4. Der Gemischte CETA-Ausschuss kann beschließen, die einem Dialogforum übertragene Aufgabe abzuändern oder selbst zu übernehmen oder ein Dialogforum aufzulösen.

5. Mit Zustimmung des Gemischten CETA-Ausschusses können die Vertragsparteien auch in anderen von diesem Abkommen erfassten Bereichen eine bilaterale Zusammenarbeit eingehen.

Artikel 25.2
Dialog über Fragen des Zugangs zum Biotechnologiemarkt

1. Die Vertragsparteien stimmen darin überein, dass eine Zusammenarbeit und ein Informationsaustausch bei Fragen zu Biotechnologieerzeugnissen von beiderseitigem Interesse sind. Eine solche Zusammenarbeit und ein solcher Informationsaustausch finden im Rahmen des bilateralen Dialogs über Fragen von beiderseitigem Interesse bezüglich des Zugangs zum Markt für landwirtschaftliche Biotechnologie statt, der nach der WTO-Streitsache *Europäische Gemeinschaften – Maßnahmen betreffend die Zulassung und Vermarktung von Biotechnologieerzeugnissen* (WT/DS292) aus der einvernehmlichen Lösung vom 15. Juli 2009 zwischen Kanada und der Europäischen Union hervorgegangen ist. Der bilaterale Dialog erstreckt sich auf alle relevanten Aspekte, die für die Vertragsparteien von beiderseitigem Interesse sind, unter anderem folgende:

a) Zulassung von Biotechnologieerzeugnissen im Gebiet der Vertragsparteien, soweit angezeigt auch künftige Anträge auf Produktzulassungen, die für die eine oder andere Seite von kommerziellem Interesse sind,

b) kommerzielle und wirtschaftliche Perspektiven für künftige Zulassungen von Biotechnologieerzeugnissen,

c) Handelsauswirkungen asynchroner Zulassungen von Biotechnologieerzeugnissen oder einer unbeabsichtigten Freisetzung nicht zugelassener Erzeugnisse und geeignete diesbezügliche Maßnahmen,

d) biotechnologiebezogene Maßnahmen, die sich auf den Handel zwischen den Vertragsparteien auswirken können, einschließlich Maßnahmen von Mitgliedstaaten der Europäischen Union,

e) neue Rechtsvorschriften im Bereich Biotechnologie und

f) vorbildliche Verfahren zur Umsetzung von Rechtsvorschriften im Bereich Biotechnologie.

2. Die Vertragsparteien erkennen des Weiteren die Bedeutung folgender gemeinsamer Ziele bei der Zusammenarbeit im Bereich Biotechnologie an:

a) Austausch von Informationen über Politik-, Regelungs- und Technikfragen von gemeinsamem Interesse im Zusammenhang mit Biotechnologieerzeugnissen, insbesondere Austausch von Informationen über ihre jeweiligen Systeme und Verfahren zur Risikobewertung, die für Entscheidungen über die Nutzung genetisch veränderter Organismen erforderlich ist,

b) Förderung effizienter, wissenschaftsbasierter Zulassungsverfahren für Biotechnologieerzeugnisse,

c) internationale Zusammenarbeit in Fragen der Biotechnologie, etwa in der Frage des Vorhandenseins geringer Spuren genetisch veränderter Organismen, und

d) Zusammenarbeit in Regulierungsfragen zur Reduzierung der nachteiligen Handelsauswirkungen der Regelungspraxis im Bereich Biotechnologieerzeugnisse.

Artikel 25.3
Bilateraler Dialog über forstwirtschaftliche Erzeugnisse

1. Die Vertragsparteien stimmen darin überein, dass Dialog, Zusammenarbeit sowie Informations- und Meinungsaustausch auf bilateraler Ebene über einschlägige Gesetze, Regelungen, Strategien und Fragen, die für Produktion, Handel und Verbrauch von forstwirtschaftlichen Erzeugnissen von Bedeutung sind, im beiderseitigen Interesse liegen. Die Vertragsparteien kommen überein, dass Dialog, Zusammenarbeit und Austausch im Rahmen des Bilateralen Dialogs über forstwirtschaftliche Erzeugnisse stattfinden und unter anderem folgende Aspekte betreffen sollen:

a) Ausarbeitung, Annahme und Durchführung einschlägiger Gesetze, Regelungen, Strategien, Standards sowie Prüf-, Zertifizierungs- und Akkreditierungsanforderungen und deren mögliche Auswirkungen auf den Handel mit forstwirtschaftlichen Erzeugnissen zwischen den Vertragsparteien,

b) Initiativen der Vertragsparteien im Zusammenhang mit der nachhaltigen Bewirtschaftung der Wälder und einer nachhaltigen Forstwirtschaft,

c) Mechanismen zur Gewährleistung der legalen beziehungsweise nachhaltigen Herkunft forstwirtschaftlicher Erzeugnisse,

d) Zugang forstwirtschaftlicher Erzeugnisse zu den Märkten der Vertragsparteien oder anderen Märkten,

e) Perspektiven im Hinblick auf plurilaterale und multilaterale Organisationen und Prozesse, an denen sie beteiligt sind und die auf die Förderung einer nachhaltigen Waldbewirtschaftung und die Bekämpfung illegalen Holzeinschlags abzielen,

f) die in Artikel 24.10 (Handel mit forstwirtschaftlichen Erzeugnissen) genannten Belange und

g) je nach Vereinbarung zwischen den Vertragsparteien etwaige andere Fragen im Zusammenhang mit forstwirtschaftlichen Erzeugnissen.

2. Der Bilaterale Dialog über fortwirtschaftliche Erzeugnisse findet erstmals innerhalb des ersten Jahres nach Inkrafttreten dieses Abkommens und anschließend wie in Artikel 25.1 Absatz 2 vorgesehen statt.

3. Die Vertragsparteien kommen überein, dass die im Rahmen des Bilateralen Dialogs über forstwirtschaftliche Erzeugnisse geführten Gespräche die Grundlage für Erörterungen des Ausschusses für Handel und nachhaltige Entwicklung bilden können.

Artikel 25.4

Bilateraler Dialog über Rohstoffe

1. In Anerkennung der Bedeutung eines offenen, diskriminierungsfreien und transparenten Handelsumfelds, das auf Regeln und wissenschaftlichen Erkenntnissen basiert, streben die Vertragsparteien den Aufbau und die Pflege einer wirksamen Zusammenarbeit im Bereich Rohstoffe an. Zu den Rohstoffen zählen für die Zwecke dieser Zusammenarbeit unter anderem, aber nicht ausschließlich, Mineralien, Metalle und landwirtschaftliche Erzeugnisse für die industrielle Nutzung.

2. Der Bilaterale Dialog über Rohstoffe erstreckt sich auf alle relevanten Fragen von beiderseitigem Interesse, unter anderem folgende:

a) Schaffung eines Forums für Gespräche über die Zusammenarbeit im Bereich Rohstoffe zwischen den Vertragsparteien, Verbesserung des Marktzugangs für Waren im Bereich Rohstoffe und damit verbundene Dienstleistungen und Investitionen sowie Vermeidung nichttarifärer Handelshemmnisse im Bereich Rohstoffe,

b) Förderung des gegenseitigen Verständnisses im Bereich Rohstoffe mit dem Ziel des Austauschs von Informationen über vorbildliche Verfahren und die Regulierungspolitik der Vertragsparteien in diesem Bereich,

c) Anregung von Aktivitäten zur Förderung der sozialen Verantwortung der Unternehmen im Einklang mit international anerkannten Standards wie den OECD-Leitlinien für multinationale Unternehmen und den OECD-Leitsätzen für die Erfüllung der Sorgfaltspflicht zur Förderung verantwortungsvoller Lieferketten für Minerale aus Konflikt- und Hochrisikogebieten und

d) soweit angezeigt Förderung von Konsultationen über die Standpunkte der Vertragsparteien in multilateralen oder plurilateralen Foren, in denen Rohstofffragen zur Sprache gebracht und erörtert werden können.

Artikel 25.5

Verstärkte Zusammenarbeit in den Bereichen Wissenschaft, Technik, Forschung und Innovation

1. Die Vertragsparteien erkennen die Interdependenzen zwischen Wissenschaft, Technik, Forschung und Innovation sowie internationalem Handel und Investitionen zur Steigerung der industriellen Wettbewerbsfähigkeit und des sozialen und wirtschaftlichen Wohlstands an.

2. Ausgehend von diesem gemeinsamen Verständnis kommen die Vertragsparteien überein, ihre Zusammenarbeit in den Bereichen Wissenschaft, Technik, Forschung und Innovation zu verstärken.

3. Die Vertragsparteien bemühen sich, Kooperationstätigkeiten auf Gegenseitigkeitsbasis zur Unterstützung oder Ergänzung des am 17. Juni 1995 in Halifax unterzeichneten *Abkommens über wissenschaftliche und technologische Zusammenarbeit zwischen der Europäischen Gemeinschaft und Kanada*, anzustoßen, zu entwickeln und zu fördern. Die Vertragsparteien kommen überein, ihre diesbezüglichen Tätigkeiten an folgenden Grundsätzen auszurichten:

a) die Tätigkeiten sind für die Vertragsparteien von beiderseitigem Nutzen,

b) die Vertragsparteien verständigen sich über Umfang und Parameter der Tätigkeiten, und

c) die Tätigkeiten sollten der wichtigen Rolle des Privatsektors und von Forschungseinrichtungen bei der Entwicklung von Wissenschaft,

Technik, Forschung und Innovation sowie der Vermarktung entsprechender Waren und Dienstleistungen Rechnung tragen.

4. Die Vertragsparteien erkennen ferner die Bedeutung einer verstärkten Zusammenarbeit in den Bereichen Wissenschaft, Technik, Forschung und Innovation an, etwa in Form von Maßnahmen, wie sie von verschiedenen Interessenträgern, unter anderem von der kanadischen Bundesregierung, den Provinzen und Territorien Kanadas, der Europäischen Union und ihren Mitgliedstaaten, initiiert, konzipiert und durchgeführt werden.

5. Jede Vertragspartei fördert – im Einklang mit ihren Rechtsvorschriften – die Mitwirkung des Privatsektors, der Forschungseinrichtungen und der Zivilgesellschaft in ihrem jeweiligen Gebiet an Maßnahmen zur Verbesserung der Zusammenarbeit.

KAPITEL SECHSUNDZWANZIG

VERWALTUNGS- UND INSTITUTIONELLE BESTIMMUNGEN

Artikel 26.1
Gemischter CETA-Ausschuss

1. Die Vertragsparteien setzen den Gemischten CETA-Ausschuss ein, der sich aus Vertretern der Europäischen Union und Vertretern Kanadas zusammensetzt. Der Vorsitz im Gemischten CETA-Ausschuss wird gemeinsam vom kanadischen Minister for International Trade und von dem für Handel zuständigen Mitglied der Europäischen Kommission oder ihren jeweiligen Vertretern geführt.

2. Der Gemischte CETA-Ausschuss tritt einmal jährlich oder auf Ersuchen einer Vertragspartei zusammen. Der Gemischte CETA-Ausschuss legt seinen Sitzungskalender und die Tagesordnungen der Sitzungen fest.

3. Der Gemischte CETA-Ausschuss ist für alle Fragen zuständig, welche die Handels- und Investitionstätigkeit zwischen den Vertragsparteien und die Umsetzung und Anwendung dieses Abkommens betreffen. Die Vertragsparteien können den Gemischten CETA-Ausschuss mit allen Fragen der Durchführung und Auslegung dieses Abkommens und allen sonstigen Fragen befassen, welche die Handels- und Investitionstätigkeit zwischen den Vertragsparteien betreffen.

4. Der Gemischte CETA-Ausschuss

a) überwacht und unterstützt die Umsetzung und Anwendung dieses Abkommens und die Verwirklichung seiner allgemeinen Ziele,

b) überwacht die Arbeit aller Sonderausschüsse und anderen im Rahmen dieses Abkommens eingesetzten Gremien,

c) sucht – unbeschadet der Kapitel acht (Investitionen), zweiundzwanzig (Handel und nachhaltige Entwicklung), dreiundzwanzig (Handel und Arbeit), vierundzwanzig (Handel und Umwelt) und neunundzwanzig (Streitbeilegung) – nach geeigneten Wegen und Methoden, um Probleme zu vermeiden, die sich in den von diesem Abkommen erfassten Bereichen ergeben könnten, oder um Streitigkeiten zu schlichten, die bei der Auslegung oder Anwendung dieses Abkommens auftreten könnten,

d) gibt sich eine Geschäftsordnung,

e) fasst Beschlüsse nach Artikel 26.3 und

f) prüft alle Fragen, die für die von diesem Abkommen erfassten Bereiche von Interesse sind.

5. Der Gemischte CETA-Ausschuss kann

a) Zuständigkeiten an die nach Artikel 26.2 eingesetzten Sonderausschüsse delegieren,

b) mit allen interessierten Parteien kommunizieren, auch mit Organisationen des Privatsektors und der Zivilgesellschaft,

c) soweit in diesem Abkommen vorgesehen, Änderungen prüfen oder beschließen,

d) die Entwicklung des Handels zwischen den Vertragsparteien untersuchen und erwägen, wie die Handelsbeziehungen zwischen den Vertragsparteien intensiviert werden können,

e) Auslegungen der Bestimmungen dieses Abkommens vornehmen, die für die nach Kapitel acht Abschnitt F (Beilegung von Investitionsstreitigkeiten zwischen Investoren und Staaten) und nach Kapitel neunundzwanzig (Streitbeilegung) errichteten Gerichte bindend sind,

f) Empfehlungen zur Förderung von Handel und Investitionen nach Maßgabe dieses Abkommens formulieren,

g) die Aufgaben, die den nach Artikel 26.2 eingesetzten Sonderausschüssen übertragen wurden, abändern oder selbst übernehmen oder Sonderausschüsse auflösen,

h) Sonderausschüsse und bilaterale Dialogforen einrichten, die ihn bei der Wahrnehmung seiner Aufgaben unterstützen, und

i) in Wahrnehmung seiner Aufgaben andere von den Vertragsparteien beschlossene Maßnahmen ergreifen.

Artikel 26.2
Sonderausschüsse

1. Folgende Sonderausschüsse werden eingesetzt beziehungsweise – im Falle des unter Buchstabe c genannten Gemischten Ausschusses für die Zusammenarbeit im Zollbereich – ermächtigt, unter Aufsicht des Gemischten CETA-Ausschusses tätig zu werden:

a) der Ausschuss für Warenhandel, der sich mit Fragen befasst, die den Warenhandel, Zolltarife, technische Handelshemmnisse, das Protokoll über die gegenseitige Annahme der Ergebnisse von Konformitätsbewertungen und Rechte des geistigen Eigentums im Zusammenhang mit Waren betreffen. Auf Ersuchen einer Vertragspartei oder aufgrund einer Vorlage des zuständigen Sonderausschusses oder zur Vorbereitung der Erörterungen im Gemischten CETA-Ausschuss kann sich der Ausschuss für Warenhandel auch mit Fragen beschäftigen, die sich in den Bereichen Ursprungsregeln, Ursprungsverfahren, Zoll und Handelserleichterungen und Grenzmaßnahmen, gesundheitspolizeiliche und pflanzenschutzrechtliche Maßnahmen, öffentliche Beschaffungen oder Zusammenarbeit in Regulierungsfragen stellen, sofern es dadurch leichter wird, Lösungen in Fällen zu finden, die der zuständige Sonderausschuss selbst nicht lösen kann. Unter dem Ausschuss für Warenhandel werden außerdem der Landwirtschaftsausschuss, der Ausschuss für Wein und Spirituosen sowie die Gemischte Sektorgruppe für Arzneimittel eingerichtet, die alle dem Ausschuss für Warenhandel unterstehen,

b) der Ausschuss für Dienstleistungen und Investitionen, der sich mit Fragen befasst, die den grenzüberschreitenden Dienstleistungshandel, Investitionen, die vorübergehende Einreise, den elektronischen Geschäftsverkehr und Rechte des geistigen Eigentums im Zusammenhang mit Dienstleistungen betreffen. Auf Ersuchen einer Vertragspartei oder aufgrund einer Vorlage des zuständigen Sonderausschusses oder zur Vorbereitung der Erörterungen im Gemischten CETA-Ausschuss kann sich der Ausschuss für Dienstleistungen und Investitionen auch mit Fragen beschäftigen, die sich in den Bereichen Finanzdienstleistungen oder öffentliche Beschaffung stellen, sofern es dadurch leichter wird, Lösungen in Fällen zu finden, die der zuständige Sonderausschuss selbst nicht lösen kann. Unter dem Ausschuss wird ein Gemischter Ausschuss für die gegenseitige Anerkennung von Berufsqualifikationen eingesetzt, der dem Ausschuss für Dienstleistungen und Investitionen untersteht,

c) der Gemischte Ausschuss für die Zusammenarbeit im Zollbereich (Joint Customs Cooperation Committee – JCCC), der gemäß dem am 4. Dezember 1997 in Ottawa unterzeichneten *Abkommen zwischen der Europäischen Gemeinschaft und Kanada über Zusammenarbeit und gegenseitige Amtshilfe im Zollbereich* von 1998 eingesetzt wurde und sich mit Fragen des vorliegenden Abkommens befasst, die Ursprungsregeln, Ursprungsverfahren, Zoll und Handelserleichterungen, Grenzmaßnahmen und die vorübergehende Aussetzung einer Zollpräferenzbehandlung betreffen,

d) der Gemischte Verwaltungsausschuss für gesundheitspolizeiliche und pflanzenschutzrechtliche Maßnahmen, der sich mit Fragen befasst, die gesundheitspolizeiliche und pflanzenschutzrechtliche Maßnahmen betreffen,

e) der Ausschuss für das öffentliche Beschaffungswesen, der sich mit Fragen der öffentlichen Beschaffung befasst,

f) der Ausschuss für Finanzdienstleistungen, der sich mit Fragen zum Thema Finanzdienstleistungen befasst,

g) der Ausschuss für Handel und nachhaltige Entwicklung, der sich mit Fragen der nachhaltigen Entwicklung befasst,

h) das Forum für die Zusammenarbeit in Regulierungsfragen, das sich mit Fragen der Regulierungszusammenarbeit befasst, und

i) der CETA-Ausschuss für geografische Angaben, der sich mit Fragen zu geografischen Angaben befasst.

2. Die nach Absatz 1 eingesetzten Sonderausschüsse werden nach Maßgabe der Absätze 3 bis 5 tätig.

3. Zuständigkeiten und Aufgaben der nach Absatz 1 eingesetzten Sonderausschüsse werden in den einschlägigen Kapiteln und Protokollen dieses Abkommens genauer festgelegt.

4. Sofern in diesem Abkommen nichts anderes bestimmt ist und die Kovorsitzenden nichts anderes beschließen, kommen die Sonderausschüsse einmal jährlich zusammen. Auf Ersuchen einer Vertragspartei oder des Gemischten CETA-Ausschusses können zusätzliche Sitzungen abgehalten werden. Der Vorsitz wird von Vertretern Kanadas und der Europäischen Union gemeinsam geführt. Die Sonderausschüsse legen ihren Sitzungskalender und ihre Tagesordnungen in gegenseitigem Einvernehmen fest. Sie geben sich eine Geschäftsordnung und ändern sie, sofern sie dies für angezeigt halten. Die Sonderausschüsse können dem Gemischten CETA-Ausschuss Beschlussentwürfe zur Annahme vorlegen, oder sie können selbst Beschlüsse fassen, sofern es in diesem Abkommen vorgesehen ist.

5. Die Vertragsparteien tragen dafür Sorge, dass bei den Sitzungen der Sonderausschüsse alle für die jeweils anstehenden Themen zuständigen Behörden so vertreten sind, wie es den Vertragsparteien zweckdienlich erscheint, und dass jedes Thema auf angemessenem fachlichen Niveau erörtert werden kann.

6. Die Sonderausschüsse geben dem Gemischten CETA-Ausschuss rechtzeitig vor ihren Sitzungen den Sitzungskalender und die jeweilige Tagesordnung bekannt und berichten dem Gemischten CETA-Ausschuss über die Ergebnisse und Schlussfolgerungen der Sitzungen. Die Einsetzung beziehungsweise Existenz eines Sonderausschusses hindert die Vertragsparteien nicht daran, den Gemischten CETA-Ausschuss unmittelbar mit einer Angelegenheit zu befassen.

Artikel 26.3
Beschlussfassung

1. Zur Verwirklichung der Ziele dieses Abkommens ist der Gemischte CETA-Ausschuss befugt, in allen Angelegenheiten Beschlüsse zu fassen, sofern es in diesem Abkommen vorgesehen ist.

2. Die Beschlüsse des Gemischten CETA-Ausschusses sind für die Vertragsparteien – vorbehaltlich der Erfüllung etwaiger interner Anforderungen und des Abschlusses etwaiger interner Verfahren – bindend und von ihnen umzusetzen. Der Gemischte CETA-Ausschuss kann auch geeignete Empfehlungen aussprechen.

3. Der Gemischte CETA-Ausschuss trifft seine Beschlüsse und formuliert seine Empfehlungen einvernehmlich.

Artikel 26.4
Informationsaustausch

Legt eine Vertragspartei dem Gemischten CETA-Ausschuss oder einem nach diesem Abkommen eingesetzten Sonderausschuss Informationen vor, die nach den für die betreffende Vertragspartei geltenden Rechtsvorschriften als vertraulich gelten beziehungsweise vor einer Offenlegung zu schützen sind, behandelt die andere Vertragspartei diese Informationen vertraulich.

Artikel 26.5
CETA-Kontaktstellen

1. Jede Vertragspartei benennt unverzüglich eine CETA-Kontaktstelle und notifiziert diese der anderen Vertragspartei innerhalb von 60 Tagen nach Inkrafttreten dieses Abkommens.

2. Die CETA-Kontaktstellen

a) verfolgen die Arbeit aller im Rahmen dieses Abkommens eingesetzten institutionellen Gremien, insbesondere auch Benachrichtigungen über Nachfolgegremien,

b) koordinieren die Vorarbeiten für die Ausschusssitzungen,

c) verfolgen die Beschlüsse des Gemischten CETA-Ausschusses nach,

d) erhalten, sofern in diesem Abkommen nichts anderes bestimmt ist, alle Notifikationen, Mitteilungen und Informationen im Zusammenhang mit diesem Abkommen, und fördern, soweit erforderlich, die Kommunikation zwischen den Vertragsparteien über die von diesem Abkommen erfassten Angelegenheiten,

e) beantworten Auskunftsersuchen nach Artikel 27.2 (Erteilung von Auskünften) und

f) erörtern im Auftrag des Gemischten CETA-Ausschusses alle sonstigen Aspekte, die sich auf das Funktionieren dieses Abkommens auswirken können.

3. Die CETA-Kontaktstellen kommunizieren untereinander, soweit dies erforderlich ist.

Artikel 26.6
Sitzungen

1. Die nach diesem Kapitel anberaumten Sitzungen sollten als Präsenzsitzungen stattfinden. Die Vertragsparteien können auch vereinbaren, Sitzungen per Video- oder Telekonferenz abzuhalten.

2. Die Vertragsparteien bemühen sich, innerhalb von 30 Tagen nach Eingang eines von der anderen Vertragspartei übermittelten Ersuchens eine Sitzung abzuhalten.

KAPITEL SIEBENUNDZWANZIG
TRANSPARENZ

Artikel 27.1
Veröffentlichung

1. Jede Vertragspartei stellt sicher, dass ihre Gesetze, sonstigen Vorschriften, Verfahren und Verwaltungsentscheidung mit allgemeiner Geltung, soweit sie von diesem Abkommen erfasste Angelegenheiten betreffen, unverzüglich veröffentlicht oder so zugänglich gemacht werden, dass Personen, die ein diesbezügliches Interesse haben, und die andere Vertragspartei sich damit vertraut machen können.

2. Im Rahmen des Möglichen gewährleistet jede Vertragspartei Folgendes:

a) Sie veröffentlicht Maßnahmen, die sie zu ergreifen gedenkt, im Voraus, und

b) sie räumt Personen, die ein diesbezügliches Interesse haben, und der anderen Vertragspartei eine angemessene Möglichkeit ein, zu den betreffenden Maßnahmen Stellung zu nehmen.

Artikel 27.2
Erteilung von Auskünften

1. Auf Ersuchen einer Vertragspartei gibt die andere Vertragspartei, soweit möglich, umgehend Auskunft und beantwortet Fragen zu geltenden oder geplanten Maßnahmen, die sich wesentlich auf die Durchführung dieses Abkommens auswirken.

2. Werden Auskünfte nach diesem Artikel erteilt, so bleibt die Frage davon unberührt, ob die Maßnahme mit diesem Abkommen im Einklang steht.

Artikel 27.3
Verwaltungsverfahren

Damit eine Maßnahme mit allgemeiner Geltung, die Angelegenheiten in von diesem Abkommen erfassten Bereichen berührt, kohärent, unparteiisch und angemessen verwaltet wird, stellt jede Vertragspartei sicher, dass ihre Verwaltungsverfahren zur Anwendung von Maßnahmen nach Artikel 27.1 auf eine bestimmte Person, Ware oder Dienstleistung der anderen Vertragspartei im konkreten Fall folgende Kriterien erfüllen:

a) Soweit möglich wird eine Person der anderen Vertragspartei, die von einem Verfahren unmittelbar betroffen ist, im Einklang mit den internen Verfahren angemessen über die Einleitung des Verfahrens unterrichtet; dazu gehört auch eine Beschreibung der Verfahrensart, die Angabe der Rechtsgrundlage, auf die sich das Verfahren stützt, sowie eine allgemeine Darstellung der strittigen Fragen,

b) die unter Buchstabe a genannte Person erhält eine angemessene Möglichkeit, vor einem endgültigen Verwaltungsakt Fakten und Bemerkungen zur Stützung ihres Standpunkts zu vorzubringen, sofern dies mit den Fristen, der Art des Verfahrens und dem öffentlichen Interesse vereinbar ist, und

c) ihre Verwaltungsverfahren sind mit ihrem internen Recht vereinbar.

Artikel 27.4
Überprüfung und Rechtsbehelf

1. Jede Vertragspartei schafft gerichtliche, gerichtsähnliche oder administrative Instanzen oder Verfahren beziehungsweise behält diese bei, die es ermöglichen, abschließende Verwaltungsakte in von diesem Abkommen erfassten Angelegenheiten umgehend zu überprüfen und in begründeten Fällen zu korrigieren. Jede Vertragspartei stellt sicher, dass ihre Instanzen unparteiisch sind, dass sie von der für die Anwendung der Verwaltungsvorschriften zuständigen Dienststelle oder Behörde unabhängig sind und dass sie kein substanzielles Interesse am Ausgang der Angelegenheit haben.

2. Jede Vertragspartei stellt sicher, dass den Betroffenen gegenüber den Instanzen oder Verfahren nach Absatz 1 folgende Rechte zustehen:

a) eine angemessene Möglichkeit, ihre jeweiligen Standpunkte zu stützen oder zu verteidigen, und

b) Anspruch auf eine Entscheidung, die sich auf aktenkundige Beweise und Einwendungen oder, sofern die internen Rechtsvorschriften dies vorsehen, auf das Dossier der betreffenden Verwaltungsbehörde stützt.

3. Jede Vertragspartei stellt – vorbehaltlich eines nach dem Recht der jeweiligen Vertragspartei vorgesehenen Rechtsbehelfs oder einer rechtlich vorgesehenen weiteren Überprüfung – sicher, dass die Entscheidungen in dem jeweiligen Verwaltungsakt von den Dienststellen oder Behörden umgesetzt werden und dass sie deren Verwaltungspraxis bestimmen.

Artikel 27.5
Zusammenarbeit zwecks Förderung größerer Transparenz

Die Vertragsparteien kommen überein, in bilateralen, regionalen und multilateralen Foren gemeinsam auf Möglichkeiten hinzuarbeiten, die Transparenz des internationalen Handels- und Investitionsgeschehens zu fördern.

KAPITEL ACHTUNDZWANZIG
AUSNAHMEN

Artikel 28.1
Begriffsbestimmungen

Für die Zwecke dieses Kapitels bezeichnet der Ausdruck

Ansässigkeit den Steuersitz,

Steuerübereinkunft eine Übereinkunft zur Vermeidung der Doppelbesteuerung oder eine andere internationale Steuerübereinkunft oder -vereinbarung und

Steuer und **Steuermaßnahme** auch eine Verbrauchsabgabe, nicht jedoch

a) einen Zoll im Sinne des Artikels 1.1 (Allgemein geltende Begriffsbestimmungen),

b) eine Ausnahme nach den Buchstaben b oder c der Begriffsbestimmung für „Zoll" in Artikel 1.1 (Allgemein geltende Begriffsbestimmungen).

Artikel 28.2
Vertragsparteispezifische Begriffsbestimmungen

Für die Zwecke dieses Kapitels bezeichnet der Ausdruck

Wettbewerbsbehörde

a) im Falle Kanadas, den Commissioner of Competition oder seinen Rechtsnachfolger, welcher der anderen Vertragspartei über die CETA-Kontaktstellen mitgeteilt wurde, und

b) im Falle der Europäischen Union, die Europäische Kommission im Rahmen ihrer Befugnisse nach dem Wettbewerbsrecht der Europäischen Union,

Wettbewerbsrecht

a) im Falle Kanadas das *Competition Act*, R.S.C. 1985, c. C-34, und

b) im Falle der Europäischen Union die Artikel 101, 102 und 106 des *Vertrags über die Arbeitsweise der Europäischen Union* vom 13. Dezember 2007 sowie die Verordnung (EG) Nr. 139/2004 des Rates vom 20. Januar 2004 über die Kontrolle von Unternehmenszusammenschlüssen, samt deren Durchführungsverordnungen und Änderungen, und

wettbewerbsrechtlich geschützte Informationen

a) im Falle Kanadas Informationen im Sinne von Section 29 des *Competition Act*, R.S.C. 1985, c. C-34, und

b) im Falle der Europäischen Union, Informationen im Sinne des Artikels 28 der Verordnung (EG) Nr. 1/2003 des Rates vom 16. Dezember 2002 zur Durchführung der in den Artikeln 81 und 82 des Vertrags niedergelegten Wettbewerbsregeln oder im Sinne des Artikels 17 der Verordnung (EG) Nr. 139/2004 des Rates vom 20. Januar 2004 über die Kontrolle von Unternehmenszusammenschlüssen.

Artikel 28.3
Allgemeine Ausnahmen

1. Für die Zwecke des Artikels 30.8 (Aufhebung, Aussetzung oder Eingliederung anderer bestehender Vereinbarungen) Absatz 5, ferner der Kapitel zwei (Inländerbehandlung und Marktzugang für Waren), fünf (Gesundheitspolizeiliche und pflanzenschutzrechtliche Maßnahmen) und sechs (Zoll und Handelserleichterungen) sowie des Protokolls über Ursprungsregeln und Ursprungsbestimmungen und des Kapitels acht (Investitionen) Abschnitte B (Niederlassung von Investitionen) und C (Diskriminierungsfreie Behandlung) wird Artikel XX GATT 1994 Bestandteil dieses Abkommens. Die Vertragsparteien kommen überein, dass die in Artikel XX Buchstabe b GATT 1994 aufgeführten Maßnahmen auch Umweltmaßnahmen einschließen, die zum Schutz des Lebens und der Gesundheit von Menschen, Tieren und Pflanzen erforderlich sind. Die Vertragsparteien kommen überein, dass Artikel XX Buchstabe g GATT 1994 auch für Maßnahmen zur Erhaltung lebender und nichtlebender erschöpflicher Naturschätze gilt.

2. Für die Zwecke der Kapitel neun (Grenzüberschreitender Dienstleistungshandel), zehn (Vorübergehende Einreise und vorübergehender Aufenthalt von Geschäftszwecke verfolgenden natürlichen Personen), zwölf (Interne Regulierung), dreizehn (Finanzdienstleistungen), vierzehn (Dienstleistungen im internationalen Seeverkehr), fünfzehn (Telekommunikation), sechzehn (Elektronischer Geschäftsverkehr) sowie des Kapitels acht (Investitionen) Abschnitte B (Niederlassung von Investitionen) und C (Diskriminierungsfreie Behandlung) und unter der Voraussetzung, dass diesbezügliche Maßnahmen nicht so angewandt werden, dass sie zu einer willkürlichen oder ungerechtfertigten Diskriminierung zwischen den Vertragsparteien bei gleichen Voraussetzungen oder zu einer verschleierten Beschränkung des Handels mit Dienstleistungen führen, ist dieses Abkommen nicht dahingehend auszulegen, dass es die Annahme oder Durchsetzung von Maßnahmen einer Vertragspartei verhindert, die zu folgenden Zwecken erforderlich sind:

a) zum Schutz der öffentlichen Sicherheit oder Moral oder zur Aufrechterhaltung der öffentlichen Ordnung[1],

b) zum Schutz des Lebens und der Gesundheit von Menschen, Tieren und Pflanzen[2] oder

c) zur Gewährleistung der Einhaltung von nicht im Widerspruch zu diesem Übereinkommen stehenden Gesetzen oder sonstigen Vorschriften, die unter anderem folgenden Zwecken dienen:

i) der Verhinderung irreführender und betrügerischer Geschäftspraktiken oder dem Umgang mit den Folgen einer Nichterfüllung von Verträgen,

ii) dem Schutz des Persönlichkeitsrechts des Einzelnen bei der Verarbeitung und Weitergabe personenbezogener Daten und dem Schutz der Vertraulichkeit persönlicher Aufzeichnungen und Konten oder

iii) der Sicherheit.

Artikel 28.4
Vorübergehende Schutzmaßnahmen in Bezug auf Kapitalverkehr und Zahlungen

1. Beeinträchtigen der Kapitalverkehr und Zahlungen, einschließlich Transfers, in Ausnahmefällen schwerwiegend die Funktionsweise der Wirtschafts- und Währungsunion der Europäischen Union oder drohen sie diese schwerwiegend zu beeinträchtigen, so kann die Europäische Union für höchstens 180 Tage Schutzmaßnahmen ergreifen, soweit diese zwingend erforderlich sind, um die Beeinträchtigungen zu beseitigen.

2. Die von der Europäischen Union nach Absatz 1 ergriffenen Maßnahmen dürfen nicht dazu dienen, Kanada oder seine Investoren im Vergleich zu einem Drittland oder dessen Investoren willkürlich oder auf nicht zu rechtfertigende Weise zu diskriminieren. Die Europäische Union benachrichtigt Kanada unverzüglich und legt so bald wie möglich einen Zeitplan für die Aufhebung dieser Maßnahmen vor.

Artikel 28.5
Beschränkungen im Falle ernsthafter Zahlungsbilanz- und Außenfinanzierungsschwierigkeiten

1. Wird Kanada oder ein Mitgliedstaat der Europäischen Union, welcher der Europäischen

Zu Artikel 28.3:

[1] Die Ausnahmeregelungen in Bezug auf die öffentliche Sicherheit und die öffentliche Ordnung können nur in Anspruch genommen werden, wenn eine tatsächliche, hinreichend schwere Bedrohung eines Grundwerts der Gesellschaft vorliegt.

[2] Die Vertragsparteien kommen überein, dass die Maßnahmen nach Buchstabe b auch Umweltmaßnahmen einschließen, die zum Schutz des Lebens und der Gesundheit von Menschen, Tieren und Pflanzen erforderlich sind.

Währungsunion nicht angehört, mit schwerwiegenden Zahlungsbilanz- und Außenfinanzierungsschwierigkeiten konfrontiert oder drohen solche Schwierigkeiten, so kann das betreffende Land Maßnahmen zur Beschränkung des Kapitalverkehrs und von Zahlungen, einschließlich Transfers, einführen oder beibehalten.

2. Die Maßnahmen nach Absatz 1 müssen folgende Merkmale aufweisen:

a) sie dürfen eine Vertragspartei nicht weniger günstig behandeln als einen Drittstaat in vergleichbarer Lage,

b) sie müssen gegebenenfalls mit den Bestimmungen des am 22. Juli 1944 in Bretton Woods unterzeichneten *Übereinkommens über den Internationalen Währungsfonds* vereinbar sein,

c) sie dürfen die Handels-, Wirtschafts- und Finanzinteressen einer Vertragspartei nicht unnötig schädigen,

d) sie müssen vorübergehender Art sein und schrittweise abgebaut werden, wenn sich die in Absatz 1 bezeichnete Lage verbessert, außerdem dürfen sie nicht länger als 180 Tage angewandt werden. Beabsichtigt eine Vertragspartei unter ganz außergewöhnlichen Umständen, die betreffenden Maßnahmen über die Frist von 180 Tagen hinaus zu verlängern, so konsultiert sie die andere Vertragspartei zuvor über die geplante Verlängerung.

3. Beim Warenhandel kann eine Vertragspartei Beschränkungen zum Schutz ihrer Zahlungsbilanz- oder Außenfinanzierungsposition einführen. Diesbezügliche Maßnahmen müssen im Einklang mit dem GATT 1994 und der *Vereinbarung über Zahlungsbilanzbestimmungen des Allgemeinen Zoll- und Handelsabkommens 1994* in Anhang 1A des WTO-Übereinkommens stehen.

4. Beim Dienstleistungshandel kann eine Vertragspartei Beschränkungen zum Schutz ihrer Zahlungsbilanz- oder Außenfinanzierungsposition einführen. Diesbezügliche Maßnahmen müssen im Einklang mit dem GATS stehen.

5. Führt eine Vertragspartei eine Maßnahme nach Absatz 1 ein oder behält diese bei, so unterrichtet sie die andere Vertragspartei unverzüglich und legt ihr so bald wie möglich einen Zeitplan für die Aufhebung der Maßnahme vor.

6. Werden Beschränkungen nach diesem Artikel eingeführt oder beibehalten, so konsultieren die Vertragsparteien einander unverzüglich im Gemischten CETA-Ausschuss, sofern die entsprechenden Konsultationen nicht in einem Rahmen außerhalb dieses Abkommens geführt werden. Bei den Konsultationen nach diesem Absatz werden die Zahlungsbilanz- oder Außenfinanzierungsschwierigkeiten bewertet, die zur Ergreifung der betreffenden Maßnahmen geführt haben, wobei unter anderem folgenden Faktoren Rechnung getragen wird:

a) der Art und dem Ausmaß der Schwierigkeiten,

b) der Außenwirtschafts- und -handelslage oder

c) der Verfügbarkeit alternativer Korrekturmaßnahmen.

7. Bei den Konsultationen nach Absatz 6 wird geprüft, ob die Beschränkungen den Bedingungen der Absätze 1 bis 4 gerecht werden. Die Vertragsparteien akzeptieren alle statistischen und sonstigen Feststellungen des Internationalen Währungsfonds (IWF) in Bezug auf Devisen, Währungsreserven und Zahlungsbilanzen, ferner stützen sie ihre Schlussfolgerungen auf die Beurteilung der Zahlungsbilanz- oder Außenfinanzierungssituation der betroffenen Vertragspartei durch den IWF.

Artikel 28.6
Nationale Sicherheit

Dieses Abkommen ist nicht dahin gehend auszulegen,

a) dass es eine Vertragspartei verpflichtet, Informationen zu übermitteln oder zugänglich zu machen, wenn sie befindet, dass deren Offenlegung ihren wesentlichen Sicherheitsinteressen zuwiderlaufen würde, oder

b) dass es eine Vertragspartei daran hindert, zum Schutz ihrer wesentlichen Sicherheitsinteressen erforderlich erscheinende Schritte zu unternehmen,

i) die im Zusammenhang stehen mit der Herstellung von oder dem Verkehr mit Waffen, Munition und Kriegsmaterial oder mit dem Verkehr und Geschäften mit sonstigen Waren und Materialien, Dienstleistungen und Technologien sowie mit Wirtschaftstätigkeiten, die direkt oder indirekt der Versorgung einer militärischen oder sonstigen Sicherheitseinrichtung dienen,[1)]

ii) die in Kriegszeiten oder bei sonstigen ernsten Krisen in den internationalen Beziehungen unternommen werden oder

iii) die sich auf spaltbare oder fusionsfähige Stoffe beziehen oder auf die Stoffe, aus denen diese gewonnen werden, oder

c) dass es eine Vertragspartei daran hindert, Maßnahmen zur Erfüllung ihrer internationalen Verpflichtungen zur Wahrung von Frieden und Sicherheit in der Welt zu treffen.

Zu Artikel 28.6:

[1)] *In diesem Artikel ist der Ausdruck „Verkehr mit Waffen, Munition und Kriegsmaterial" gleichbedeutend mit dem Ausdruck „Handel mit Waffen, Munition und Kriegsmaterial".*

Artikel 28.7
Besteuerung

1. Dieses Abkommen ist nicht dahingehend auszulegen, dass es eine Vertragspartei daran hindert, Steuermaßnahmen einzuführen oder beizubehalten, bei denen zwischen Personen unterschieden wird, die sich nicht in derselben Situation befinden, insbesondere was den Ort ihrer Ansässigkeit betrifft oder den Ort, an dem ihr Kapital investiert ist.

2. Dieses Abkommen ist nicht dahingehend auszulegen, dass es eine Vertragspartei daran hindert, eine Steuermaßnahme einzuführen oder beizubehalten, mit denen die Steuervermeidung oder -umgehung nach ihren Steuerrechtsvorschriften und Steuerübereinkünften verhindert werden soll.

3. Dieses Abkommen lässt die Rechte und Pflichten einer Vertragspartei aus einer Steuerübereinkunft unberührt. Im Falle eines Widerspruchs zwischen diesem Abkommen und einer Steuerübereinkunft ist die Übereinkunft maßgebend, soweit es den widersprüchlichen Aspekt betrifft.

4. Dieses Abkommen und die nach diesem Abkommen getroffenen Vereinbarungen lassen die folgenden Steuermaßnahmen unberührt:

a) Steuermaßnahmen einer Vertragspartei, die eine Kapitalgesellschaft oder einen Gesellschafter einer Kapitalgesellschaft aufgrund der Tatsache steuerlich günstiger stellen, dass die Kapitalgesellschaft ganz oder teilweise, direkt oder indirekt im Eigentum oder unter der Kontrolle eines oder mehrerer Investoren steht, die Gebietsansässige dieser Vertragspartei sind,

b) Steuermaßnahmen einer Vertragspartei, die einen Vorteil gewähren in Bezug auf die Beiträge zu oder Einkünfte aus einer Regelung über den Aufschub oder die Befreiung von Steuern auf Ruhegehälter, Renten, Sparleistungen, auf Bildungs- oder Gesundheitsaufwendungen, auf Invaliditätsleistungen oder auf Ausgaben für vergleichbaren Zwecke, unter der Bedingung, dass diese Vertragspartei die ständige Rechtsprechung über diese Regelung beibehält,

c) Steuermaßnahmen einer Vertragspartei, die einen Vorteil in Bezug auf den Erwerb oder die Inanspruchnahme einer bestimmten Dienstleistung gewähren unter der Bedingung, dass die Dienstleistung im Gebiet dieser Vertragspartei erbracht wird,

d) Steuermaßnahmen einer Vertragspartei, die eine gerechte oder wirksame Besteuerung oder Erhebung von Steuern gewährleisten sollen, einschließlich Maßnahmen, die von einer Vertragspartei ergriffen werden, um die Beachtung des Steuersystems der Vertragspartei sicherzustellen,

e) Steuermaßnahmen die einer Regierung, einem Regierungsteil oder einer Person, die direkt oder indirekt im Eigentum oder unter der Kontrolle einer Regierung steht oder von dieser gegründet wurde, einen Vorteil verschaffen,

f) bestehende nichtkonforme Steuermaßnahmen, die von den Absätzen 1 und 2 und von Absatz 4 Buchstaben a bis e nicht anderweitig erfasst werden, wie auch die Fortsetzung oder unverzügliche Erneuerung derartiger Maßnahmen oder die Änderung derartiger Maßnahmen unter der Voraussetzung, dass sich der Grad ihrer Konformität mit den Bestimmungen dieses Abkommens gegenüber der Situation unmittelbar vor der Änderung nicht verringert.

5. Folgendes wird klargestellt: Die Tatsache, dass eine Steuermaßnahme eine wesentliche Änderung einer bestehenden Steuermaßnahme darstellt, dass sie mit ihrer Bekanntgabe unmittelbare Wirkung entfaltet, dass sie die beabsichtigte Anwendung einer bestehenden Steuermaßnahme verdeutlicht oder dass sie unerwartete Folgen für einen Investor oder eine erfasste Investition hat, stellt per se keinen Verstoß gegen Artikel 8.10 (Behandlung von Investoren und erfassten Investitionen) dar.

6. Die Artikel 8.7 (Meistbegünstigung), 9.5 (Meistbegünstigung) und 13.4 (Meistbegünstigung) sind nicht anwendbar auf einen Vorteil, den eine Vertragspartei aufgrund einer Steuerübereinkunft gewährt.

7. a) Ersucht ein Investor um Konsultationen nach Artikel 8.19 (Konsultationen) mit der Begründung, dass eine Steuermaßnahme gegen eine Verpflichtung aus Kapitel acht (Investitionen) Abschnitte C (Diskriminierungsfreie Behandlung) oder D (Investitionsschutz) verstößt, so kann der Beklagte die Vertragsparteien mit der Angelegenheit befassen, damit diese Konsultationen führen und gemeinsam feststellen,

i) ob es sich bei der Maßnahme um eine Steuermaßnahme handelt,

ii) ob die Maßnahme, falls sie als Steuermaßnahme eingestuft wird, gegen eine Verpflichtung aus Kapitel acht (Investitionen) Abschnitte C (Diskriminierungsfreie Behandlung) oder D (Investitionsschutz) verstößt oder

iii) ob eine Unvereinbarkeit vorliegt zwischen den Verpflichtungen aus diesem Abkommen, gegen die vorgeblich verstoßen wurde, und den Verpflichtungen aus einer Steuerübereinkunft.

b) Eine Befassung nach Buchstabe a ist nur bis zu dem Tag möglich, den das Gericht für die Übermittlung der Klageerwiderung des Beklagten festgesetzt hat. Entscheidet sich der Beklagte für die Befassung, so ruhen die Fristen oder Verfahren des Kapitels acht (Investitionen) Abschnitt F (Beilegung von Investitionsstreitigkeiten zwischen Investoren und Staaten). Falls sich die Vertragsparteien binnen 180 Tagen nach ihrer Befassung nicht darauf verständigen, die Angelegenheit zu prüfen, oder falls sie nicht zu einer gemeinsamen Feststellung gelangen, so leben die Fristen und Verfahren wieder auf, und der Investor kann seine Klage weiterverfolgen.

c) Eine gemeinsame Feststellung der Vertragsparteien nach Buchstabe a ist für das Gericht bindend.

d) Jede Vertragspartei stellt sicher, dass ihrer Delegation, welche die Konsultationen nach Buchstabe a führen soll, auch Personen mit einschlägige Fachkompetenz in den von diesem Artikel erfassten Bereichen angehören; dies schließt Vertreter der zuständigen Steuerbehörden jeder Vertragspartei ein. Im Falle Kanadas sind damit Beamte des Department of Finance Canada gemeint.

8. Zur Klarstellung gilt Folgendes:

a) Der Ausdruck **Steuermaßnahme einer Vertragspartei** bezeichnet jede Steuermaßnahme, unabhängig davon auf welche Zuständigkeitsebene sie erlassen wurde, und

b) bei Maßnahmen auf subnationaler Ebene bezeichnet der Ausdruck **Gebietsansässiger einer Vertragspartei** entweder einen Gebietsansässigen (Resident), welcher der betreffenden subnationalen Gerichtsbarkeit untersteht, oder einen Gebietsansässigen (Resident) der Vertragspartei, der sie zugehört.

Artikel 28.8
Offenbarung von Informationen

1. Dieses Abkommen verpflichtet die Vertragsparteien nicht dazu, Informationen zu übermitteln oder zugänglich zu machen, deren Offenbarung den Rechtsvollzug behindern würde oder die nach ihrem Recht verboten oder beschränkt ist.

2. Im Verlauf eines Streitbeilegungsverfahrens nach diesem Abkommen,

a) ist eine Vertragspartei nicht verpflichtet, Informationen zu übermitteln oder zugänglich zu machen, die nach ihrem Wettbewerbsrecht geschützt sind, und

b) ist eine Wettbewerbsbehörde einer Vertragspartei nicht verpflichtet, Informationen zu übermitteln oder zugänglich zu machen, die privilegiert oder auf andere Weise vor Offenbarung geschützt sind.

Artikel 28.9
Ausnahmeregelungen für Kultur

Die Vertragsparteien erinnern an die Ausnahmeregelungen für Kultur nach den einschlägigen Bestimmungen der Kapitel sieben (Subventionen), acht (Investitionen), neun (Grenzüberschreitender Dienstleistungshandel), zwölf (Interne Regulierung) und neunzehn (Öffentliche Beschaffungen).

Artikel 28.10
WTO-Ausnahmegenehmigungen

Für den Fall, dass ein Recht oder eine Pflicht aus diesem Abkommen ein Recht oder eine Pflicht aus dem WTO-Übereinkommen doppelt, kommen die Vertragsparteien überein, dass eine Maßnahme, die mit einer Ausnahmegenehmigung der WTO nach Artikel IX des WTO-Übereinkommens vereinbar ist, auch als mit der gedoppelten Bestimmung dieses Abkommens vereinbar gilt.

KAPITEL NEUNUNDZWANZIG
STREITBEILEGUNG

ABSCHNITT A
Einleitende Bestimmungen

Artikel 29.1
Zusammenarbeit

Die Vertragsparteien bemühen sich stets um eine einvernehmliche Auslegung und Anwendung dieses Abkommens und unternehmen alle Anstrengungen im Wege der Zusammenarbeit und Konsultation, um eine für beide Seiten zufriedenstellende Lösung aller Fragen zu erreichen, die seine Durchführung beeinträchtigen könnten.

Artikel 29.2
Geltungsbereich

Sofern dieses Abkommen nichts anderes bestimmt, gilt dieses Kapitel für alle Streitigkeiten über die Auslegung oder Anwendung dieses Abkommens.

Artikel 29.3
Wahl des Schlichtungsforums

1. Die Inanspruchnahme der Streitbeilegungsbestimmungen dieses Kapitels lässt ein Vorgehen nach dem WTO-Übereinkommen oder nach anderen Übereinkünften, denen die Vertragsparteien beigetreten sind, unberührt.

2. Ungeachtet des Absatzes 1 gilt Folgendes: Sind Verpflichtungen aus diesem Abkommen und aus dem WTO-Übereinkommen oder aus einer anderen Übereinkunft, der die Vertragspartei beigetreten sind, inhaltlich gleichwertig, so darf eine Vertragspartei nicht in beiden Foren gegen die Verletzung der betreffenden Verpflichtung vorgehen. In einem solchen Fall darf die Vertragspartei nach Einleitung eines Streitbeilegungsverfahrens nach der einen Übereinkunft nur dann gegen die Verletzung einer inhaltlich gleichwertigen Verpflichtung nach der anderen Übereinkunft vorgehen, wenn das zunächst befasste Forum aus Verfahrens- oder Rechtsgründen, ausgenommen bei der Einstellung des Verfahrens nach An-

hang 29-A Absatz 20, nicht über das ursprüngliche Klagebegehren befinden kann.

3. Für die Zwecke des Absatzes 2 gilt Folgendes:

a) Streitbeilegungsverfahren nach dem WTO-Übereinkommen gelten als eingeleitet, sobald eine Vertragspartei einen Antrag auf Einsetzung eines Panels nach Artikel 6 DSU gestellt hat,

b) Streitbeilegungsverfahren nach diesem Kapitel gelten als eingeleitet, sobald eine Vertragspartei ein Ersuchen um Einsetzung eines Schiedspanels nach Artikel 29.6 gestellt hat, und

c) Streitbeilegungsverfahren nach einer anderen Übereinkunft gelten als eingeleitet, sobald eine Vertragspartei einen Antrag auf Einsetzung eines Streitbeilegungspanels oder eines Gerichts nach der betreffenden Übereinkunft gestellt hat.

4. Dieses Abkommen hindert eine Vertragspartei nicht daran, eine vom WTO-Streitbeilegungsgremium genehmigte Aussetzung von Verpflichtungen vorzunehmen. Eine Partei darf sich nicht auf das WTO-Übereinkommen berufen, um die andere Vertragspartei daran zu hindern, Verpflichtungen aus diesem Kapitel auszusetzen.

ABSCHNITT B

Konsultationen und Mediation

Artikel 29.4

Konsultationen

1. Eine Vertragspartei kann die andere schriftlich um Konsultationen über alle Fragen im Zusammenhang mit Artikel 29.2 ersuchen.

2. Die ersuchende Vertragspartei übermittelt das Ersuchen an die ersuchte Vertragspartei und erläutert die Gründe für das Ersuchen; dabei benennt sie auch die strittige Maßnahme und gibt an, auf welche Rechtsgrundlage sie ihre Beschwerde stützt.

3. Vorbehaltlich des Absatzes 4 nehmen die Vertragsparteien innerhalb von 30 Tagen nach Eingang des Ersuchens bei der ersuchten Vertragspartei Konsultationen auf.

4. In dringenden Fällen, unter anderem bei leicht verderblichen oder saisonabhängigen Waren oder Dienstleistungen, die rasch ihren Verkehrswert verlieren, müssen die Konsultationen innerhalb von 15 Tagen nach Eingang des Ersuchens bei der ersuchten Vertragspartei beginnen.

5. Die Vertragsparteien sind stets bemüht, im Wege von Konsultationen eine für beide Seiten zufriedenstellende Lösung zu finden. Zu diesem Zweck leistet jede Vertragspartei die folgende Unterstützung:

a) sie stellt hinreichende Informationen zur Verfügung, damit eine umfassende Prüfung der in Rede stehenden Angelegenheit möglich ist,

b) sie schützt die bei Konsultationen ausgetauschten vertraulichen oder proprietären Informationen so, wie es die Vertragspartei, welche die Informationen bereitstellt, verlangt, und

c) sie stellt das Personal seiner staatlichen oder sonstigen Regulierungsstellen zur Verfügung, das über Fachkompetenzen in der Angelegenheit verfügt, die Gegenstand der Konsultationen ist.

6. Die Konsultationen sind vertraulich und lassen die Rechte der Vertragsparteien in den Verfahren nach diesem Kapitel unberührt.

7. Konsultationen finden im Gebiet der ersuchten Vertragspartei statt, sofern die Vertragsparteien nichts anderes vereinbaren. Konsultationen können in direktem persönlichem Kontakt geführt werden oder mittels beliebiger Kommunikationsmittel, auf die sich die Vertragsparteien verständigen.

8. Eine geplante Maßnahme einer Vertragspartei darf Gegenstand von Konsultationen nach diesem Artikel sein, nicht jedoch Gegenstand der Mediation nach Artikel 29.5 oder der Streitbeilegungsverfahren des Abschnitts C.

Artikel 29.5

Mediation

Die Vertragsparteien können in Bezug auf eine Maßnahme die Mediation in Anspruch nehmen, wenn die Maßnahme den Handel und die Investitionstätigkeit zwischen den Vertragsparteien beeinträchtigt. Die Mediationsverfahren sind in Anhang 29-C dargelegt.

ABSCHNITT C

Streitbeilegungsverfahren und Vollzug

Unterabschnitt A

Streitbeilegungsverfahren

Artikel 29.6

Ersuchen um Einsetzung eines Schiedspanels

1. Sofern die Vertragsparteien nichts anderes vereinbaren, gelten für die Lösung einer Angelegenheit nach Artikel 29.4 folgende Fristen:

a) 45 Tage ab Eingang des Konsultationsersuchens oder

b) 25 Tage ab Eingang des Konsultationsersuchens in einer Angelegenheit nach Artikel 29.4 Absatz 4;

nach Ablauf der betreffenden Frist kann die ersuchende Vertragspartei ein Schiedspanel mit dieser Angelegenheit befassen; zu diesem Zweck unterbreitet sie der ersuchten Vertragspartei ein schriftliches Ersuchen um Einsetzung eines Schiedspanels.

2. Die ersuchende Vertragspartei benennt in ihrem schriftlichen Ersuchen die strittige Maßnahme und gibt die Rechtsgrundlage an, auf die sie ihre Beschwerde stützt; ferner legt sie dar, warum die strittige Maßnahme gegen die Bestimmungen nach Artikel 29.2 verstößt.

Artikel 29.7
Zusammensetzung des Schiedspanels

1. Das Schiedspanel setzt sich aus drei Schiedsrichtern zusammen.

2. Die Vertragsparteien nehmen Konsultationen auf, um sich innerhalb von 10 Arbeitstagen ab Eingang des Ersuchens um Einsetzung eines Schiedspanels bei der ersuchten Vertragspartei auf die Zusammensetzung des Schiedspanels zu verständigen.

3. Sollten die Vertragsparteien sich innerhalb der Frist nach Absatz 2 nicht auf die Zusammensetzung des Schiedspanels verständigen können, so kann jede Vertragspartei den Vorsitz des Gemischten CETA-Ausschusses oder dessen Stellvertretung ersuchen, die Schiedsrichter per Losentscheid anhand der nach Artikel 29.8 erstellten Liste zu bestimmen. Ein Schiedsrichter wird aus der Teilliste der ersuchenden Vertragspartei ausgewählt, einer aus der Teilliste der ersuchten Vertragspartei und einer aus der Teilliste für Vorsitzende. Haben sich die Vertragsparteien auf einen oder mehrere Schiedsrichter verständigt, so werden die verbleibenden Schiedsrichter nach demselben Verfahren aus der jeweiligen Schiedsrichter-Teilliste ausgewählt. Haben sich die Vertragsparteien auf einen Schiedsrichter, ausgenommen den Vorsitzenden, verständigt, der kein Staatsangehöriger einer der beiden Vertragsparteien ist, so werden sowohl der Vorsitzende als auch der verbleibende Schiedsrichter aus der Teilliste für Vorsitzende ausgewählt.

4. Der Vorsitz des Gemischten CETA-Ausschusses oder dessen Stellvertretung bestimmt die Schiedsrichter schnellstmöglich, auf jeden Fall aber innerhalb von fünf Arbeitstagen, nachdem eine Vertragspartei das Ersuchen nach Absatz 3 gestellt hat. Der Vorsitz oder seine Stellvertretung gibt Vertretern aller Vertragsparteien ausreichend Gelegenheit, bei der Auslosung anwesend zu sein. Eine der Vorsitzpersonen kann die Auswahl per Losentscheid alleine tätigen, sofern der anderen Tag, Uhrzeit und Ort der Auslosung mitgeteilt wurden und diese ihre Teilnahme nicht innerhalb von fünf Arbeitstagen nach Stellung des Ersuchens nach Absatz 3 zugesagt hat.

5. Als Tag der Einsetzung des Schiedspanels gilt der Tag, an dem der letzte der drei Schiedsrichter ausgewählt wird.

6. Ist die Liste des Artikels 29.8 bei Stellung des Ersuchens nach Absatz 3 noch nicht aufgestellt oder enthält sie nicht genügend Namen, so werden die drei Schiedsrichter per Losentscheid aus dem Kreis der Schiedsrichter bestimmt, die von einer oder beiden Vertragsparteien nach Artikel 29.8 Absatz 1 vorgeschlagen wurden.

7. Ein Schiedsrichter kann nur aus den in Anhang 29-A Absätze 21 bis 25 aufgeführten Gründen und nach dem dort festgelegten Verfahren ersetzt werden.

Artikel 29.8
Liste der Schiedsrichter

1. Der Gemischte CETA-Ausschuss erstellt auf seiner ersten Sitzung nach Inkrafttreten dieses Abkommens eine Liste mit mindestens 15 Personen, die aufgrund ihrer Objektivität, Zuverlässigkeit und ihres guten Urteilsvermögens ausgewählt wurden und die willens und in der Lage sind, als Schiedsrichter zu fungieren. Diese Liste setzt sich aus drei Teillisten zusammen: aus je einer Teilliste für jede Vertragspartei sowie einer Teilliste mit Personen, die keine Staatsangehörigen einer der Vertragsparteien sind und den Vorsitz übernehmen sollen. Auf jeder Teilliste sind mindestens fünf Personen aufzuführen. Der Gemischte CETA-Ausschuss kann die Liste jederzeit überarbeiten und stellt sicher, dass sie diesem Artikel entspricht.

2. Die Schiedsrichter müssen über Fachwissen im Bereich des internationalen Handelsrechts verfügen. Die vorsitzführenden Schiedsrichter müssen zusätzlich über Erfahrung als Anwalt oder Panelmitglied bei Streitbeilegungsverfahren in Angelegenheiten verfügen, die in den Geltungsbereich dieses Abkommens fallen. Die Schiedsrichter sind unabhängig, handeln in persönlicher Eigenschaft und nehmen weder Weisungen einer Organisation oder Regierung entgegen noch stehen sie der Regierung einer Vertragspartei nahe; darüber hinaus sind sie an den Verhaltenskodex in Anhang 29-B gebunden.

Artikel 29.9
Zwischenbericht des Schiedspanels

1. Das Schiedspanel legt den Vertragsparteien innerhalb von 150 Tagen nach seiner Einsetzung einen Zwischenbericht vor. Der Bericht muss Folgendes enthalten:

a) Tatsachenfeststellungen und

b) Feststellungen darüber, ob die ersuchte Vertragspartei ihren Verpflichtungen aus diesem Abkommen nachgekommen ist.

2. Jede Vertragspartei kann dem Schiedspanel innerhalb der vom Schiedspanel gesetzten Fristen schriftliche Stellungnahmen zum Zwischenbericht vorlegen. Nach Prüfung dieser Stellungnahmen kann das Schiedspanel

a) seinen Bericht nochmals prüfen oder

b) sonstige Untersuchungen durchführen, die es für angebracht hält.

3. Der Zwischenbericht des Schiedspanels ist vertraulich.

Artikel 29.10
Schlussbericht des Schiedspanels

1. Sofern die Vertragsparteien nichts anderes vereinbaren, legt das Schiedspanel einen Bericht im Einklang mit diesem Kapitel vor. Im Schlussbericht werden die Tatsachenfeststellungen, die Anwendbarkeit der einschlägigen Bestimmungen dieses Abkommens und die wesentlichen Beweggründe für die Feststellungen und Schlussfolgerungen dargelegt. Der Spruch des Schiedspanels im Schlussbericht ist für die Vertragsparteien bindend.

2. Das Schiedspanel legt den Vertragsparteien und dem Gemischten CETA-Ausschuss innerhalb von 30 Tagen nach dem Zwischenbericht einen Schlussbericht vor.

3. Vorbehaltlich des Anhangs 29-A Absatz 39 macht jede Vertragspartei den Schlussbericht des Panels der Öffentlichkeit zugänglich.

Artikel 29.11
Eilverfahren

In dringenden Fällen, unter anderem bei leicht verderblichen oder saisonabhängigen Waren oder Dienstleistungen, die rasch ihren Verkehrswert verlieren, unternehmen das Panel und die Vertragsparteien alle Anstrengungen, um die Verfahren bestmöglich zu beschleunigen. Das Schiedspanel bemüht sich, den Vertragsparteien innerhalb von 75 Tagen nach Einsetzung des Schiedspanels einen Zwischenbericht und innerhalb von 15 Tagen nach dem Zwischenbericht einen Schlussbericht vorzulegen. Auf Ersuchen einer Vertragspartei fällt das Schiedspanel innerhalb von 10 Tagen nach Stellung des Ersuchens eine Vorentscheidung über die Dringlichkeit des Falles.

Unterabschnitt B
Vollzug

Artikel 29.12
Vollzug des Panelschlussberichts

Die ersuchte Vertragspartei ergreift alle Maßnahmen, die zum Vollzug des Panelschlussberichts erforderlich sind. Spätestens 20 Tage nach Eingang des Panelschlussberichts bei den Vertragsparteien benachrichtigt die ersuchte Vertragspartei die andere Vertragspartei und den Gemischten CETA-Ausschuss über ihre Vollzugsabsichten.

Artikel 29.13
Angemessene Frist für den Vollzug

1. Ist der unverzügliche Vollzug nicht möglich, so teilt die ersuchte Vertragspartei der ersuchenden Vertragspartei und dem Gemischten CETA-Ausschuss spätestens 20 Tage nach Eingang des Schlussberichts bei den Vertragsparteien mit, welche Frist sie zum Vollzug benötigt.

2. Bei Meinungsverschiedenheiten zwischen den Vertragsparteien über die angemessene Frist für den Vollzug des Panelschlussberichts wendet sich die ersuchende Vertragspartei innerhalb von 20 Tagen nach Erhalt der von der ersuchten Vertragspartei nach Absatz 1 vorgelegten Mitteilung schriftlich an das Schiedspanel und ersucht dieses, die angemessene Frist festzulegen. Dieses Ersuchen ist der anderen Vertragspartei und dem Gemischten CETA-Ausschuss zeitgleich zuzustellen. Innerhalb von 30 Tagen nach Stellung des Ersuchens gibt das Schiedspanel den Vertragsparteien und dem Gemischten CETA-Ausschuss seinen Spruch bekannt.

3. Die angemessene Frist kann von den Vertragsparteien einvernehmlich verlängert werden.

4. Ist die Hälfte der angemessenen Frist verstrichen, so stellt sich die ersuchte Vertragspartei auf Ersuchen der ersuchenden Vertragspartei zwecks Erörterung der Schritte zur Verfügung, die sie zum Vollzug des Panelschlussberichts unternimmt.

5. Vor Ablauf der angemessenen Frist unterrichtet die ersuchte Vertragspartei die andere Vertragspartei und den Gemischten CETA-Ausschuss über die Maßnahmen, die sie zum Vollzug des Panelschlussberichts ergriffen hat.

Artikel 29.14
Einstweilige Abhilfemaßnahmen bei Nichtvollzug

1. Tritt einer der folgenden Fälle ein:

a) die ersuchte Vertragspartei versäumt es, den von ihr beabsichtigten Vollzug des Panelschlussberichts nach Artikel 29.12 anzuzeigen oder nach Artikel 29.13 Absatz 1 die Frist mitzuteilen, die sie zum Vollzug benötigt,

b) die ersuchte Vertragspartei meldet bei Ablauf der angemessenen Frist keine Maßnahmen zum Vollzug des Panelabschlussberichts, oder

c) das für die Vollzugsfrage zuständige Schiedspanel nach Absatz 6 befindet, dass eine Vollzugsmaßnahme nicht mit den Verpflichtungen der betreffenden Vertragspartei aus Artikel 29.2 vereinbar ist,

dann ist die ersuchende Vertragspartei berechtigt, Verpflichtungen auszusetzen, oder hat Anspruch auf Entschädigung. Der Wert der zunichtegemachten oder geschmälerten Vorteile wird ab dem Tag berechnet, an dem der Panelschlussbericht den Vertragsparteien zugestellt wurde.

2. Bevor die ersuchende Vertragspartei Verpflichtungen aussetzt, teilt sie der ersuchten Vertragspartei und dem Gemischten CETA-Ausschuss ihre diesbezügliche Absicht mit und gibt an, in welcher Höhe sie Verpflichtungen auszusetzen gedenkt.

3. Sofern dieses Abkommen nichts anderes bestimmt, kann sich die Aussetzung von Verpflichtungen auf jede Bestimmung nach Artikel 29.2 beziehen und ist auf den Wert der durch den Verstoß zunichtegemachten oder geschmälerten Vorteile begrenzt.

4. Die ersuchende Vertragspartei darf die Aussetzung 10 Arbeitstage nach Eingang der Mitteilung nach Absatz 2 bei der ersuchten Vertragspartei vornehmen, es sei denn, eine Vertragspartei hat um eine schiedsrichterliche Entscheidung nach den Absätzen 6 und 7 ersucht.

5. Herrscht Uneinigkeit zwischen den Vertragsparteien über die Vornahme einer Vollzugsmaßnahme oder über deren Vereinbarkeit mit den Bestimmungen nach Artikel 29.2 (im Folgenden „Vollzugsdissens") oder darüber, ob der Wert der Aussetzung den durch den Verstoß zunichtegemachten oder geschmälerten Vorteilen entspricht (im Folgenden „Gleichwertigkeitsdissens"), wird das Schiedspanel mit der Frage befasst.

6. Eine Vertragspartei kann das Schiedspanel erneut einberufen, indem sie ein schriftliches Ersuchen an das Schiedspanel, die andere Vertragspartei und den Gemischten CETA-Ausschuss richtet. Bei einem Vollzugsdissens ist die erneute Einberufung des Schiedspanels von der ersuchenden Vertragspartei zu veranlassen. Bei einem Gleichwertigkeitsdissens ist die erneute Einberufung des Schiedspanels von der ersuchten Vertragspartei zu veranlassen. Betrifft die Meinungsverschiedenheit sowohl den Vollzug als auch die Gleichwertigkeit, so befindet das Schiedspanel zunächst über den Vollzugsdissens und dann erst über den Gleichwertigkeitsdissens.

7. Das Schiedspanel stellt den Vertragsparteien und dem Gemischten CETA-Ausschuss seinen Spruch innerhalb der nachstehenden Fristen zu:

a) bei einem Vollzugsdissens innerhalb von 90 Tagen nach dem Ersuchen um erneute Einberufung des Schiedspanels,

b) bei einem Gleichwertigkeitsdissens innerhalb von 30 Tagen nach dem Ersuchen um erneute Einberufung des Schiedspanels,

c) bei einem Vollzugs- und Gleichwertigkeitsdissens innerhalb von 120 Tagen nach dem ersten Ersuchen um erneute Einberufung des Schiedspanels.

8. Die ersuchende Vertragspartei setzt keine Verpflichtungen aus, bevor das nach den Absätzen 6 und 7 erneut einberufene Schiedspanel seinen Spruch gefällt hat. Jegliche Aussetzung muss mit dem Spruch des Schiedspanels vereinbar sein.

9. Die Aussetzung von Verpflichtungen ist einstweilig; sie wird nur so lange aufrechterhalten, bis die als mit Artikel 29.2 unvereinbar befundene Maßnahme aufgehoben wurde oder nach Maßgabe des Artikels 29.15 so geändert wurde, dass sie mit den betreffenden Bestimmungen vereinbar ist, oder bis die Vertragsparteien die Streitigkeit beigelegt haben.

10. Die ersuchende Vertragspartei kann die ersuchte Vertragspartei jederzeit ersuchen, einen einstweiligen Ausgleich anzubieten; die ersuchte Vertragspartei legt daraufhin ein entsprechendes Angebot vor.

Artikel 29.15
Überprüfung der Vollzugsmaßnahmen nach Aussetzung von Verpflichtungen

1. Ergreift die ersuchte Vertragspartei, nachdem die ersuchende Vertragspartei Verpflichtungen ausgesetzt hat, Maßnahmen zum Vollzug des Panelschlussberichts, so meldet die ersuchte Vertragspartei dies der anderen Partei und dem Gemischten CETA-Ausschuss und fordert die ersuchende Vertragspartei auf, die Aussetzung der Verpflichtungen zu beenden.

2. Erzielen die Vertragsparteien innerhalb von 60 Tagen nach Eingang der Meldung keine Einigung über die Vereinbarkeit der gemeldeten Maßnahme mit Artikel 29.2, so ersucht die ersuchende Vertragspartei das Schiedspanel schriftlich, über diese Frage zu befinden. Dieses Ersuchen ist der anderen Vertragspartei und dem Gemischten CETA-Ausschuss zeitgleich zuzustellen. Der Panelschlussbericht wird den Vertragsparteien und dem Gemischten CETA-Ausschuss innerhalb von 90 Tagen nach Stellung des Ersuchens zugestellt. Befindet das Schiedspanel, dass eine Vollzugsmaßnahme mit Artikel 29.2 vereinbar ist, so wird die Aussetzung der Verpflichtungen beendet.

ABSCHNITT D
Allgemeine Bestimmungen

Artikel 29.16
Schiedsordnung

Sofern die Vertragsparteien nichts anderes vereinbaren, unterliegen Streitbeilegungsverfahren nach diesem Kapitel der Schiedsordnung in Anhang 29-A.

Artikel 29.17
Allgemeine Auslegungsregel

Dieses Abkommen wird vom Schiedspanel nach den Auslegungsregeln des Völkerrechts einschließlich des *Wiener Vertragsrechtsübereinkommens* ausgelegt. Das Schiedspanel berücksichtigt auch einschlägige Auslegungen in vom WTO-Streitbeilegungsgremium verabschiedeten Panelberichten und Berichten des Berufungsgremiums.

Artikel 29.18
Sprüche des Schiedspanels

Durch die Sprüche des Schiedspanels können die Rechte und Pflichten aus diesem Abkommen weder ergänzt noch eingeschränkt werden.

Artikel 29.19
Einvernehmliche Lösungen

Die Vertragsparteien können sich jederzeit einvernehmlich auf die Lösung einer unter dieses Kapitel fallenden Streitigkeit verständigen. Diese Lösung melden Sie dem Gemischten CETA-Ausschuss und dem Schiedspanel. Wird eine einvernehmliche Lösung gemeldet, so beendet das Schiedspanel seine Arbeit, und das Verfahren wird eingestellt.

KAPITEL DREIßIG

SCHLUSSBESTIMMUNGEN

Artikel 30.1
Bestandteile dieses Abkommens

Die Protokolle, Anhänge, Erklärungen, Gemeinsamen Erklärungen, Vereinbarungen und Fußnoten dieses Abkommens sind Bestandteile desselben.

Artikel 30.2
Änderungen

1. Die Vertragsparteien können schriftlich vereinbaren, dieses Abkommen zu ändern. Eine Änderung tritt in Kraft, sobald die Vertragsparteien Noten ausgetauscht haben, in denen sie bestätigen, dass ihren jeweiligen, für das Inkrafttreten der Änderung erforderlichen internen Anforderungen und Verfahren Genüge getan ist, oder aber an dem von den Vertragsparteien hierfür vereinbarten Tag.

2. Ungeachtet des Absatzes 1 kann der Gemischte CETA-Ausschuss beschließen, die Protokolle und Anhänge dieses Abkommen zu ändern. Die Vertragsparteien können den Beschluss des Gemischten CETA-Ausschusses im Einklang mit ihren zum Inkrafttreten der Änderung erforderlichen internen Anforderungen und Verfahren billigen. Der Beschluss tritt an dem von den Vertragsparteien vereinbarten Tag in Kraft. Dieses Verfahren gilt nicht für Änderungen der Anhänge I, II und III und für Änderungen der Anhänge der Kapitel acht (Investitionen), neun (Grenzüberschreitender Dienstleistungshandel), zehn (Vorübergehende Einreise und vorübergehender Aufenthalt von Geschäftszwecke verfolgenden natürlichen Personen) und dreizehn (Finanzdienstleistungen), ausgenommen Anhang 10-A (Liste der Kontaktstellen der Mitgliedstaaten der Europäischen Union).

Artikel 30.3
Präferenznutzung

Für einen Zeitraum von 10 Jahren nach Inkrafttreten dieses Abkommens tauschen die Vertragsparteien vierteljährliche Zahlen auf der Tariflinienebene der HS-Zolltarifkapitel 1 bis 97 über die Wareneinfuhren aus der anderen Vertragspartei aus, für die ein Meistbegünstigungszollsatz und Zollpräferenzen nach diesem Abkommen gelten. Sofern die Vertragsparteien nichts anderes beschließen, verlängert sich dieser Zeitraum um fünf Jahre und kann anschließend von ihnen ausgeweitet werden.

Artikel 30.4
Leistungsbilanz

Die Vertragsparteien genehmigen Leistungsbilanzzahlungen und -transfers zwischen den Vertragsparteien in frei konvertierbarer Währung nach Artikel VIII des am 22. Juli 1944 in Bretton Woods unterzeichneten *Übereinkommens über den Internationalen Währungsfonds*.

Artikel 30.5
Kapitalverkehr

Die Vertragsparteien konsultieren einander mit dem Ziel, den Kapitalverkehr zwischen ihnen dadurch zu erleichtern, dass sie an ihre Politik der Liberalisierung der Vermögensübertragungs- und Kapitalbilanz festhalten und sich für einen stabilen und sicheren Rahmen für Langfrist-Investitionen einsetzen.

Artikel 30.6
Privatrechte

1. Dieses Abkommen ist nicht dahingehend auszulegen, dass es andere Rechte oder Pflichten für Personen begründet als die zwischen den Vertragsparteien nach dem Völkerrecht geschaffenen Rechte oder Pflichten, noch dass es in den internen Rechtsordnungen der Vertragsparteien unmittelbar geltend gemacht werden kann.

2. Eine Vertragspartei darf in ihrem internen Recht kein Klagerecht gegen die andere Partei vorsehen, das sich darauf gründet, dass eine Maßnahme der anderen Vertragspartei mit diesem Abkommen nicht vereinbar ist.

Artikel 30.7
Inkrafttreten und vorläufige Anwendung

1. Die Vertragsparteien genehmigen dieses Abkommen nach ihren jeweiligen internen Anforderungen und Verfahren.

2. Dieses Abkommen tritt am ersten Tag des zweiten Monats nach dem Tag in Kraft, an dem die Vertragsparteien Noten ausgetauscht haben, in denen sie einander bestätigen, dass ihren jeweiligen internen Anforderungen und Verfahren Genüge getan ist, oder zu einem anderen von den Vertragsparteien zu vereinbarenden Zeitpunkt.

3. a) Die Vertragsparteien können dieses Abkommen vorläufig anwenden, und zwar ab dem ersten Tag des Monats nach dem Tag, an dem die Vertragsparteien einander notifiziert haben, dass ihren jeweiligen internen Anforderungen und Verfahren Genüge getan ist, die zur vorläufigen Anwendung dieses Abkommens erforderlich sind, oder zu einem anderen von den Vertragsparteien zu vereinbarenden Zeitpunkt.

b) Beabsichtigt eine Partei, eine Bestimmung dieses Abkommens von der vorläufigen Anwendung auszunehmen, so notifiziert sie der anderen Vertragspartei zunächst, welche Bestimmungen sie nicht vorläufig anwenden wird, und bietet unverzügliche Konsultationen an. Innerhalb von 30 Tagen nach der Notifikation kann die andere Vertragspartei entweder widersprechen, was dazu führt, dass dieses Abkommen nicht vorläufig angewendet wird, oder sie kann ihrerseits notifizieren, welche gleichwertigen Bestimmungen dieses Abkommens sie gegebenenfalls nicht vorläufig anzuwenden gedenkt. Widerspricht die andere Vertragspartei innerhalb von 30 Tagen nach der zweiten Notifikation, so wird dieses Abkommens nicht vorläufig angewendet.

Die Bestimmungen, die nicht Gegenstand einer Notifikation sind, werden von dieser Vertragspartei ab dem ersten Tag des Monats vorläufig angewendet, der auf die spätere Notifikation folgt, oder ab dem Tag, auf den sich die Vertragsparteien verständigt haben, vorausgesetzt, dass die Vertragsparteien Noten nach Buchstabe a ausgetauscht haben.

c) Eine Vertragspartei kann die vorläufige Anwendung durch schriftliche Notifikation der anderen Vertragspartei beenden. Die Beendigung wird am ersten Tag des zweiten Monats nach dieser Notifikation wirksam.

d) Wird dieses Abkommen oder werden einige Bestimmungen daraus vorläufig angewendet, so sind sich die Vertragsparteien darin einig, dass mit dem Ausdruck „Inkrafttreten dieses Abkommens” der Tag zu verstehen ist, an dem die vorläufige Anwendung beginnt. Der Gemischte CETA-Ausschuss und andere mit diesem Abkommen eingesetzte Gremien können während der vorläufigen Anwendung dieses Abkommens ihre Aufgaben wahrnehmen. Alle in Wahrnehmung ihrer Aufgaben angenommenen Beschlüsse werden unwirksam, wenn die vorläufige Anwendung dieses Abkommens nach Buchstabe c beendet wird.

4. Kanada übermittelt die Noten und Notifikationen nach diesem Artikel an das Generalsekretariat des Rates der Europäischen Union beziehungsweise dessen Rechtsnachfolger. Die Europäische Union übermittelt die Noten und Notifikationen nach diesem Artikel an das Department of Foreign Affairs, Trade and Development of Canada oder dessen Rechtsnachfolger.

Artikel 30.8
Beendigung, Aussetzung oder Einbeziehung anderer bestehender Übereinkünfte

1. Die in Anhang 30-A aufgeführten Übereinkünfte werden unwirksam und durch dieses Abkommen ersetzt und abgelöst. Die Beendigung der in Anhang 30-A aufgeführten Übereinkünfte wird mit dem Tag des Inkrafttretens dieses Abkommens wirksam.

2. Wird Kapitel acht (Investitionen) nach Artikel 30.7 Absatz 3 Buchstabe a vorläufig angewendet, so werden die in Anhang 30-A aufgeführten Übereinkünfte und die sich daraus ergebenden Rechte und Pflichten mit Beginn der vorläufigen Anwendung ausgesetzt. Wird die vorläufige Anwendung beendet, so endet auch die Aussetzung der in Anhang 30-A aufgeführten Übereinkünfte.

3. Ungeachtet der Absätze 1 und 2 darf unter den folgenden Voraussetzungen eine Klage auf der Grundlage eines der in Anhang 30-A aufgeführten Übereinkünfte im Einklang mit den Regeln und Verfahren der betreffenden Übereinkunft erhoben werden:

a) die Behandlung, die Gegenstand der Klage ist, wurde zu einem Zeitpunkt gewährt, zu dem das Abkommen weder ausgesetzt noch beendet war, und

b) seit der Aussetzung oder Beendigung des Abkommens sind höchstens drei Jahre verstrichen.

4. Wird die vorläufige Anwendung dieses Abkommens beendet, ohne dass dieses Abkommen in Kraft tritt, so darf, ungeachtet der Absätze 1 und 2, binnen höchstens drei Jahren ab Beendigung der vorläufigen Anwendung eine Klage nach Kapitel acht (Investitionen) Abschnitt F im Einklang mit den Regeln und Verfahren dieses Abkommens erhoben werden, sofern die Klage eine Angelegenheit betrifft, die sich während der vorläufigen Anwendung dieses Abkommens ergeben hat.

5. Das am 28. Februar 1989 in Brüssel unterzeichnete *Abkommen zwischen der Europäischen Wirtschaftsgemeinschaft und Kanada über den Handel mit alkoholischen Getränken* in der geän-

derten Fassung (im Folgenden „Abkommen aus dem Jahr 1989 über den Handel mit alkoholischen Getränken") und das am 16. September 2003 in Niagara-on-the-Lake unterzeichnete *Abkommen zwischen der Europäischen Gemeinschaft und Kanada über den Handel mit Wein und Spirituosen* (im Folgenden „Abkommen aus dem Jahr 2003 über den Handel mit Wein und Spirituosen") werden mit den Änderungen nach Anhang 30-B als Bestandteil in dieses Abkommen überführt.

6. Die Bestimmungen des Abkommens aus dem Jahr 1989 über den Handel mit alkoholischen Getränken und des Abkommens aus dem Jahr 2003 über den Handel mit Wein und Spirituosen in der geänderten und in dieses Abkommen überführten Fassung sind im Falle von Widersprüchen zwischen jenen Abkommen und den anderen Bestimmungen dieses Abkommens maßgebend.

7. Das am 14. Mai 1998 in London unterzeichnete *Abkommen über die gegenseitige Anerkennung zwischen der Europäischen Gemeinschaft und Kanada* (im Folgenden „Abkommen über die gegenseitige Anerkennung") tritt mit dem Inkrafttreten dieses Abkommens außer Kraft. Wird Kapitel vier (Technische Handelshemmnisse) nach Artikel 30.7 Absatz 3 Buchstabe a vorläufig angewendet, so werden das Abkommen über die gegenseitige Anerkennung und die sich daraus ergebenden Rechte und Pflichten mit Beginn der vorläufigen Anwendung ausgesetzt. Wird die vorläufige Anwendung beendet, so endet auch die Aussetzung des Abkommens über die gegenseitige Anerkennung.

8. Die Vertragsparteien erkennen die Errungenschaften des am 17. Dezember 1998 in Ottawa unterzeichneten *Abkommens zwischen der Europäischen Gemeinschaft und der Regierung Kanadas über gesundheitspolizeiliche Maßnahmen zum Schutz der Gesundheit von Mensch und Tier im Handel mit lebenden Tieren und Tierprodukten* (im Folgenden „*Veterinärabkommen*") an und bekräftigen ihre Absicht, die diesbezügliche Arbeit im Rahmen des CETA fortzusetzen. Das Veterinärabkommen tritt mit dem Inkrafttreten dieses Abkommens außer Kraft. Wird Kapitel fünf (Gesundheitspolizeiliche und pflanzenschutzrechtliche Maßnahmen) nach Artikel 30.7 Absatz 3 Buchstabe a vorläufig angewendet, so werden das Veterinärabkommen und die sich daraus ergebenden Rechte und Pflichten mit Beginn der vorläufigen Anwendung ausgesetzt. Wird die vorläufige Anwendung beendet, so endet auch die Aussetzung des Veterinärabkommens.

9. Die Bestimmung des Ausdrucks „Inkrafttreten dieses Abkommens" in Artikel 30.7 Absatz 3 Buchstabe d gilt nicht für diesen Artikel.

Artikel 30.9
Beendigung

1. Eine Vertragspartei kann dieses Abkommen kündigen, indem sie dem Generalsekretariat des Rates der Europäischen Union und dem Department of Foreign Affairs, Trade and Development of Canada beziehungsweise deren Rechtsnachfolgern eine entsprechende Note zustellt. 180 Tage nach dieser Notifikation tritt dieses Abkommen außer Kraft. Die kündigende Vertragspartei stellt außerdem dem Gemischten CETA-Ausschuss eine Kopie der Note zu.

2. Wird dieses Abkommen beendet, so behalten die Bestimmungen des Kapitels acht (Investitionen), ungeachtet des Absatzes 1, über den Tag der Beendigung dieses Abkommens hinaus noch 20 Jahre Gültigkeit für Investitionen, die vor diesem Tag getätigt wurden. Dieser Absatz gilt nicht im Falle der vorläufigen Anwendung dieses Abkommens.

Artikel 30.10
Beitritt neuer Mitgliedstaaten zur Europäischen Union

1. Die Europäische Union notifiziert Kanada, wenn ein Land einen Antrag auf Beitritt zur Europäischen Union stellt.

2. Bei den Verhandlungen zwischen der Europäischen Union und dem Bewerberland, verfährt die Europäische Union wie folgt:

a) sie stellt auf Ersuchen Kanadas möglichst alle Informationen zu den von diesem Abkommen erfassten Angelegenheiten bereit, und

b) sie trägt den von Kanada vorgebrachten Bedenken Rechnung.

3. Die Europäische Union notifiziert Kanada, wenn ein Beitritt zur Europäischen Union wirksam wird.

4. Rechtzeitig vor dem Beitritt eines Landes zur Europäischen Union prüft der Gemischte CETA-Ausschuss alle etwaigen Auswirkungen des Beitritts auf dieses Abkommen und entscheidet über notwendige Anpassungs- oder Übergangsmaßnahmen.

5. Jeder neue Mitgliedstaat der Europäischen Union tritt mittels einer entsprechenden Klausel in der Akte über den Beitritt zur Europäischen Union ab dem Tag seines Beitritts zur Europäischen Union auch diesem Abkommen bei. Ist der automatische Beitritt des neuen Mitgliedstaates der Europäischen Union zu diesem Abkommen in der Akte über den Beitritt zur Europäischen Union nicht vorgesehen, so tritt der betreffende Mitgliedstaat der Europäischen Union diesem Abkommen durch Hinterlegung einer Urkunde über den Beitritt zu diesem Abkommen beim Generalsekretariat des Rates der Europäischen Union und beim Department of Foreign Affairs,

Trade and Development of Canada beziehungsweise deren Rechtsnachfolgern bei.

Artikel 30.11
Verbindlicher Wortlaut

Dieses Abkommen ist in zwei Urschriften in bulgarischer, dänischer, deutscher, englischer, estnischer, finnischer, französischer, griechischer, italienischer, kroatischer, lettischer, litauischer, maltesischer, niederländischer, polnischer, portugiesischer, rumänischer, schwedischer, slowakischer, slowenischer, spanischer, tschechischer und ungarischer Sprache abgefasst; alle Fassungen sind gleichermaßen verbindlich.

13/6a. Gemeinsames Auslegungsinstrument zum umfassenden Wirtschafts- und Handelsabkommen (CETA) zwischen Kanada und der Europäischen Union und ihren Mitgliedstaaten

ABl L 11 vom 14. 1. 2017, S 3

Gemeinsames Auslegungsinstrument zum umfassenden Wirtschafts- und Handelsabkommen (CETA) zwischen Kanada und der Europäischen Union und ihren Mitgliedstaaten

1. Präambel

a) Die Europäische Union und ihre Mitgliedstaaten und Kanada legen zum Zeitpunkt der Unterzeichnung des Umfassenden Wirtschafts- und Handelsabkommens (CETA) das nachstehende Gemeinsame Auslegungsinstrument fest.

b) Das CETA verkörpert das gemeinsame Engagement Kanadas und der Europäischen Union und ihrer Mitgliedstaaten für freien und fairen Handel in einer dynamischen und auf die Zukunft ausgerichteten Gesellschaft. Es ist ein modernes und fortschrittliches Handelsabkommen, das dazu beitragen wird, dem Handel und der Wirtschaftstätigkeit neue Impulse zu verleihen, und zugleich unsere gemeinsamen Werte und Standpunkte hinsichtlich der Rolle der Regierung in der Gesellschaft fördern und schützen wird.

c) Das CETA schafft neue Handels- und Investitionsmöglichkeiten für Europäer und Kanadier; das mit ihm erzielte Ergebnis spiegelt die Stärke und Tiefe der Beziehung zwischen der EU und Kanada sowie die beiden Seiten so wichtigen Grundwerte wider. Wir möchten insbesondere darauf hinweisen, dass

- die Einbindung in die Weltwirtschaft eine Quelle des Wohlstands für unsere Bürgerinnen und Bürger ist;
- wir uns nachdrücklich für freien und fairen Handel engagieren, dessen Nutzen möglichst breiten Gesellschaftsschichten zugute kommen muss;
- der Hauptzweck des Handels in der Steigerung des Wohlergehens der Bürgerinnen und Bürger durch die Förderung von Arbeitsplätzen und die Schaffung eines nachhaltigen Wirtschaftswachstums besteht;
- Kanada und die Europäische Union und ihre Mitgliedstaaten die Bedeutung des Rechts, im öffentlichen Interesse regelnd tätig zu werden, anerkennen und dies im Abkommen zum Ausdruck gebracht haben;
- die Wirtschaftstätigkeit im Rahmen einer von den staatlichen Stellen festgelegten klaren und transparenten Regulierung ausgeübt werden muss.

d) Die Europäische Union und ihre Mitgliedstaaten und Kanada werden deshalb die Fähigkeit behalten, die von ihren demokratischen Institutionen vorgegebenen berechtigten politischen Ziele wie öffentliche Gesundheit, Sozialdienstleistungen, öffentliches Bildungswesen, Sicherheit, Umweltschutz, öffentliche Sittlichkeit, Schutz von Privatsphäre und Datenschutz sowie Förderung und Schutz der kulturellen Vielfalt zu verfolgen. Das CETA wird auch unsere jeweiligen Standards und Vorschriften im Zusammenhang mit Lebensmittelsicherheit, Produktsicherheit, Verbraucherschutz, Gesundheit, Umweltschutz und Arbeitsschutz nicht absenken. Eingeführte Waren, Dienstleistungserbringer und Investoren müssen weiterhin den innerstaatlichen Anforderungen einschließlich der Vorschriften und Regelungen genügen. Die Europäische Union und ihre Mitgliedstaaten und Kanada bekräftigen ihre Verpflichtungen im Hinblick auf die Vorsorge, die sie im Rahmen internationaler Übereinkommen eingegangen sind.

e) Mit diesem Auslegungsinstrument wird im Sinne von Artikel 31 des Wiener Vertragsrechtsübereinkommens klar und eindeutig zum Ausdruck gebracht, worauf sich Kanada und die Europäische Union und ihre Mitgliedstaaten mit einigen Bestimmungen des CETA, die Gegenstand öffentlicher Debatten und Bedenken waren, geeinigt haben und wie sie diese Bestimmungen einvernehmlich auslegen. Hierzu gehören insbesondere die Auswirkungen des CETA auf die Fähigkeit der Regierungen, im öffentlichen Interesse regelnd tätig zu werden, sowie die Bestimmungen über Investitionsschutz und

Streitbeilegung sowie über nachhaltige Entwicklung, Arbeitnehmerrechte und Umweltschutz.

2. **Regelungsrecht**

Das CETA wahrt die Fähigkeit der Europäischen Union und ihrer Mitgliedstaaten und Kanadas, ihre eigenen Gesetze und Vorschriften, die im öffentlichen Interesse die Wirtschaftstätigkeit regulieren, zur Erreichung legitimer politischer Ziele in Bereichen wie etwa Schutz und Förderung der öffentlichen Gesundheit, Sozialdienstleistungen, öffentliches Bildungswesen, Sicherheit, Umweltschutz, öffentliche Sittlichkeit, Sozialschutz oder Verbraucherschutz, Schutz von Privatsphäre und Datenschutz sowie Förderung und Schutz der kulturellen Vielfalt zu erlassen und anzuwenden.

3. **Regulierungszusammenarbeit**

Das CETA bietet Kanada und der Europäischen Union und ihren Mitgliedstaaten eine Plattform zur Erleichterung der Zusammenarbeit zwischen ihren Regulierungsbehörden mit dem Ziel, eine bessere Qualität der Regulierung und eine effizientere Nutzung der administrativen Ressourcen zu erreichen. Diese Zusammenarbeit wird freiwillig sein: Die Regulierungsbehörden können freiwillig zusammenarbeiten, sie sind aber nicht dazu verpflichtet, und sie sind auch nicht dazu verpflichtet, die Ergebnisse ihrer Zusammenarbeit umzusetzen.

4. **Öffentliche Dienstleistungen**

a) Die Europäische Union und ihre Mitgliedstaaten und Kanada bekräftigen und anerkennen das Recht der Regierungen — auf allen Ebenen — auf Erbringung und Unterstützung der Erbringung von Dienstleistungen, die sie als öffentliche Dienstleistungen betrachten, auch in Bereichen wie öffentliche Gesundheit und öffentliches Bildungswesen, Sozialdienstleistungen und Wohnungswesen sowie Gewinnung, Reinigung und Verteilung von Wasser.

b) Das CETA hindert die Regierungen nicht daran, die Erbringung dieser Dienstleistungen im öffentlichen Interesse zu definieren und zu regulieren. Das CETA wird die Regierungen nicht dazu zwingen, dass sie Dienstleistungen privatisieren, noch hindert es sie daran, die Bandbreite der von ihnen für die Öffentlichkeit erbrachten Dienstleistungen zu erweitern.

c) Das CETA wird die Regierungen nicht daran hindern, öffentliche Dienstleistungen zu erbringen, die zuvor von privaten Dienstleistern erbracht wurden, oder Dienstleistungen, zu deren Privatisierung die Regierungen sich entschlossen hatten, wieder unter öffentliche Kontrolle zu bringen. Das CETA bedeutet nicht, dass die Vergabe einer öffentlichen Dienstleistung an private Erbringer diese Dienstleistung unwiderruflich zu einem Teil des gewerblichen Sektors macht.

5. **Soziale Sicherheit oder Sozialversicherung**

Kanada und die Europäische Union und ihre Mitgliedstaaten können die Erbringung öffentlicher Dienstleistungen wie der sozialen Sicherheit und der Sozialversicherung im öffentlichen Interesse regulieren. Die Europäische Union und ihre Mitgliedstaaten und Kanada bestätigen, dass verpflichtende Systeme der sozialen Sicherheit und Sozialversicherung gemäß Artikel 13.2 Absatz 5 von dem Abkommen ausgenommen sind oder auf der Grundlage der Vorbehalte, die die Europäische Union und ihre Mitgliedstaaten und Kanada im Bereich der Sozial- und Gesundheitsdienste eingelegt haben, von den Liberalisierungsverpflichtungen des Abkommens ausgenommen sind.

6. **Investitionsschutz**

a) Das CETA enthält moderne Investitionsvorschriften, nach denen die Regierungen weiterhin das Recht haben, im öffentlichen Interesse regelnd tätig zu werden, auch wenn sich diese Regelungen auf eine ausländische Investition auswirken, wobei es gleichzeitig ein hohes Maß an Schutz für Investitionen und eine faire und transparente Streitbeilegung garantiert. Das CETA wird nicht dazu führen, dass ausländische gegenüber einheimischen Investoren begünstigt werden. Das CETA privilegiert nicht die Anrufung der mit dem Abkommen eingerichteten Investitionsgerichtsbarkeit. Die Investoren können sich stattdessen dafür entscheiden, die verfügbaren Rechtsbehelfe vor inländischen Gerichten einzulegen.

b) Im CETA wird klargestellt, dass die Regierungen ihre Gesetze ändern dürfen, und zwar auch, wenn sich dies negativ auf eine Investition oder die Gewinnerwartungen eines Investors auswirkt. Überdies wird darin klargestellt, dass eine etwaige Entschädigung, die einem Investor zu zahlen ist, vom Gericht nach objektiven Kriterien festgelegt wird und den vom Investor erlittenen Verlust nicht übersteigen darf.

c) Das CETA enthält klare Investitionsschutzstandards, wozu auch eine gerechte und billige Behandlung und Enteignung zählt, sowie eindeutige Vorgaben für die

Schiedsgerichte, wie diese Standards anzuwenden sind.

d) Das CETA schreibt vor, dass eine echte Verbindung zur Wirtschaft Kanadas oder zur Wirtschaft der Europäischen Union bestehen muss, damit ein Unternehmen von dem Abkommen profitieren kann, um zu verhindern, dass von Investoren aus Drittstaaten in Kanada oder der Europäischen Union eingerichtete Briefkastenfirmen Ansprüche gegen Kanada oder die Europäische Union und ihre Mitgliedstaaten geltend machen können. Die Europäische Union und Kanada sind gehalten, den Inhalt der Verpflichtung zur gerechten und billigen Behandlung regelmäßig zu überprüfen, um sich zu vergewissern, dass sie ihren Absichten (auch denen, die in dieser Erklärung dargelegt sind) entspricht und nicht weiter ausgelegt werden kann, als von ihnen beabsichtigt.

e) Um zu gewährleisten, dass die Gerichte die Absicht der Vertragsparteien, wie sie im Abkommen festgelegt ist, unter allen Umständen achten, enthält das CETA Bestimmungen, wonach die Vertragsparteien bindende Auslegungen festlegen können. Kanada und die Europäische Union und ihre Mitgliedstaaten verpflichten sich, von diesen Bestimmungen Gebrauch zu machen, um eine etwaige Fehlinterpretation des CETA durch die Gerichte zu verhindern oder zu korrigieren.

f) Das CETA weicht entschieden vom traditionellen Konzept der Beilegung von Investitionsstreitigkeiten ab und sieht die Errichtung unabhängiger, unparteilicher und ständiger Investitionsgerichte vor, geleitet von den Grundsätzen öffentlicher Rechtssysteme in der Europäischen Union und ihren Mitgliedstaaten und in Kanada sowie von den Grundsätzen internationaler Gerichte wie dem Internationalen Gerichtshof und dem Europäischen Gerichtshof für Menschenrechte. Dementsprechend wird es sich bei den Mitgliedern dieser Gerichte um Personen handeln, die in ihren jeweiligen Ländern die zur Ausübung des Richteramts erforderlichen Qualifikationen besitzen und von der Europäischen Union und Kanada für eine bestimmte Amtszeit ernannt werden. Mit den Rechtssachen werden jeweils drei nach dem Zufallsprinzip ernannte Mitglieder befasst. Für diese Personen wurden strikte Ethikregeln festgelegt, um sicherzustellen, dass sie unabhängig und unparteilich sind, und Interessenkonflikte, Befangenheit oder den Anschein der Befangenheit auszuschließen. Die Europäische Union und ihre Mitgliedstaaten und Kanada haben vereinbart, unverzüglich die weiteren Arbeiten an einem Verhaltenskodex, der die Unparteilichkeit der Mitglieder der Gerichte zusätzlich sicherstellen soll, an der Art und Höhe ihrer Vergütung und an dem Verfahren für ihre Auswahl aufzunehmen. Das gemeinsame Ziel ist es, die betreffenden Arbeiten bis zum Inkrafttreten des CETA abzuschließen.

g) Das CETA ist das erste Abkommen, das ein Rechtsmittelverfahren vorsieht, sodass Fehler berichtigt werden können und eine einheitliche Rechtsprechung durch die erstinstanzlichen Gerichte gewährleistet ist.

h) Kanada und die Europäische Union und ihre Mitgliedstaaten verpflichten sich, die konkrete Anwendung all dieser Investitionsvorschriften laufend zu überwachen, etwaige Defizite gegebenenfalls unverzüglich zu beheben und nach Möglichkeiten zu suchen, um die Anwendung der Vorschriften im Laufe der Zeit kontinuierlich zu verbessern.

i) Somit bedeutet das CETA einen wichtigen, radikalen Wandel der Investitionsvorschriften und Streitbeilegung. Es bildet die Grundlage für multilaterale Bemühungen um eine Weiterentwicklung dieses neuen Konzepts für die Beilegung von Investitionsstreitigkeiten zu einem multilateralen Investitionsgerichtshof. Die EU und Kanada werden zügig auf die Errichtung des multilateralen Investitionsgerichtshofs hinarbeiten. Er sollte errichtet werden, sobald eine kritische Mindestmasse an Teilnehmern erreicht ist, und unverzüglich bilaterale Systeme wie das im CETA ersetzen; er sollte jedem Land, das sich zu den dem Gericht zugrunde liegenden Grundsätzen bekennt, uneingeschränkt zum Beitritt offenstehen.

7. Handel und nachhaltige Entwicklung

a) Das CETA bekräftigt das langfristige Engagement Kanadas und der Europäischen Union und ihrer Mitgliedstaaten für nachhaltige Entwicklung und soll den Beitrag des Handels zu dieser Zielsetzung fördern.

b) Dementsprechend umfasst das CETA unter anderem auch bindende Zusagen für den Schutz der Arbeitnehmerrechte und der Umwelt. Die Europäische Union und ihre Mitgliedstaaten und Kanada legen größten Wert darauf, zu gewährleisten, dass das CETA in diesen Bereichen konkrete Ergebnisse liefert, um einen optimalen Nutzen des Abkommens für die Arbeitnehmer und die Umwelt zu bewirken.

8. Arbeitsschutz

a) Das CETA verpflichtet Kanada und die Europäische Union und ihre Mitgliedstaaten, ihre Rechtsvorschriften und Strategien zu verbessern, um ein hohes Arbeitsschutzniveau zu gewährleisten. Das CETA sieht vor, dass sie ihr Arbeitsrecht nicht lockern können, um dem Handel Impulse zu verleihen oder Investitionen anzuziehen, und die Regierungen können im Falle eines Verstoßes gegen diese Verpflichtung Abhilfe schaffen, ungeachtet der Frage, ob dadurch die Erwartungen oder die Gewinne der Investoren negativ beeinflusst werden. Das CETA ändert nicht die Rechte der Arbeitnehmer auf Aushandlung, Abschluss und Durchsetzung von Kollektivverträgen und auf Durchführung kollektiver Maßnahmen.

b) Das CETA verpflichtet die Europäische Union und ihre Mitgliedstaaten und Kanada zur Ratifizierung und wirksamen Umsetzung der grundlegenden Übereinkommen der Internationalen Arbeitsorganisation (ILO). Kanada hat sieben der grundlegenden Übereinkommen ratifiziert und hat das Verfahren zur Ratifizierung des verbleibenden Übereinkommens (Übereinkommen über das Vereinigungsrecht und das Recht auf Kollektivverhandlungen, 1949 (Nr. 98)) eingeleitet.

c) Das CETA schafft auch einen Rahmen für Kanada und die Europäische Union und ihre Mitgliedstaaten zur Zusammenarbeit in handelsbezogenen arbeitsrechtlichen Fragen von gemeinsamem Interesse, auch unter Einbeziehung der ILO und durch einen kontinuierlichen Dialog mit der Zivilgesellschaft, um zu gewährleisten, dass das CETA den Handel in einer Weise voranbringt, die den Arbeitnehmern zugute kommt und Maßnahmen des Arbeitsschutzes unterstützt.

9. Umweltschutz

a) Das CETA verpflichtet die Europäische Union und ihre Mitgliedstaaten und Kanada, mit ihren Rechtsvorschriften und Strategien ein hohes Umweltschutzniveau zu gewährleisten und zu fördern und diese Rechtsvorschriften und Strategien und das damit verbundene Schutzniveau weiter zu verbessern.

b) Das CETA erkennt ausdrücklich das Recht Kanadas und der Europäischen Union und ihrer Mitgliedstaaten an, im Umweltbereich ihre eigenen Prioritäten zu setzen, das Niveau des Umweltschutzes selbst zu bestimmen und ihre Rechtsvorschriften und Strategien entsprechend festzulegen oder zu ändern, unter Berücksichtigung ihrer internationalen Verpflichtungen, einschließlich jener aus multilateralen Umweltübereinkünften. Gleichzeitig sind die Europäische Union und ihre Mitgliedstaaten und Kanada im CETA übereingekommen, das Niveau beim Umweltschutz nicht zu verringern, um Anreize für Handel oder Investitionen zu schaffen, und die Regierungen können im Falle eines Verstoßes gegen diese Verpflichtung Abhilfe schaffen, ungeachtet der Frage, ob dadurch die Erwartungen oder die Gewinne der Investoren negativ beeinflusst werden.

c) Das CETA enthält Verpflichtungen in Bezug auf die nachhaltige Bewirtschaftung der Wälder und ein nachhaltiges Fischerei- und Aquakulturmanagement. Es umfasst ferner Verpflichtungen zur Zusammenarbeit bei handelsbezogenen Umweltfragen von gemeinsamem Interesse wie Klimawandel, wo die Umsetzung des Übereinkommens von Paris eine wichtige gemeinsame Verantwortung für die Europäische Union und ihre Mitgliedstaaten und Kanada darstellen wird.

10. Überprüfung und Konsultationen der Interessenträger

a) Die Verpflichtungen im Zusammenhang mit Handel und nachhaltiger Entwicklung, Handel und Arbeit sowie Handel und Umwelt unterliegen speziellen und bindenden Bewertungs- und Überprüfungsmechanismen. Kanada und die Europäische Union und ihre Mitgliedstaaten sind fest entschlossen, diese Mechanismen während der gesamten Geltungsdauer des Abkommens effektiv zu nutzen. Ferner sind sie entschlossen, eine frühzeitige Überprüfung der betreffenden Bestimmungen einzuleiten, auch im Hinblick auf die effektive Durchsetzbarkeit der im CETA enthaltenen Bestimmungen über Handel und Arbeit sowie Handel und Umwelt.

b) Die Interessenträger, darunter Arbeitgeber, Gewerkschaften, Arbeitnehmervereinigungen und Unternehmensverbände sowie Umweltverbände spielen eine wichtige Rolle bei der Unterstützung der effektiven Umsetzung des CETA. Die Europäische Union und ihre Mitgliedstaaten und Kanada verpflichten sich, regelmäßig die Empfehlungen der Interessenträger einzuholen, um die Umsetzung des CETA zu bewerten. Sie setzen sich für deren aktive Einbindung ein, auch durch die Einrichtung eines Zivilgesellschaftlichen Forums im Rahmen des CETA.

11. Wasser

Das CETA verpflichtet weder Kanada noch die Europäische Union und ihre Mitgliedstaaten, die kommerzielle Nutzung von Wasser zu erlauben, wenn sie dies nicht wünschen. Das CETA wahrt vollständig ihre Fähigkeit, über die Art der Nutzung und des Schutzes der Wasserressourcen zu entscheiden. Ferner wird das CETA nicht verhindern, dass eine Entscheidung, die kommerzielle Nutzung von Wasser zu erlauben, rückgängig gemacht wird.

12. Öffentliches Beschaffungswesen

Das CETA wahrt die Fähigkeit der Beschaffungsstellen innerhalb der Europäischen Union und ihrer Mitgliedstaaten und Kanadas, im Einklang mit ihren jeweiligen Rechtsvorschriften bei Ausschreibungsverfahren umwelt-, sozial- und arbeitsrechtliche Kriterien wie etwa die Pflicht zur Einhaltung und Übernahme von Kollektivverträgen anzuwenden. Kanada und die Europäische Union und ihre Mitgliedstaaten werden in der Lage sein, bei der Beschaffung diese Kriterien so anzuwenden, dass sie nicht diskriminierend wirken und kein unnötiges Hemmnis für den internationalen Handel darstellen. Sie werden auch im Rahmen des CETA weiter so verfahren können.

13. Vorteile für kleine und mittlere Unternehmen

Das CETA bringt außerdem Vorteile für kleine und mittlere Unternehmen (KMU), für die es eine kontinuierliche Herausforderung ist, den Kostenanforderungen der Verbraucher gerecht zu werden. Das CETA löst diese Frage durch Folgendes: nahezu alle Fertigungsgüter können zollfrei ausgeführt werden; die Abfertigungszeiten an der Grenze werden kürzer und Warenbewegungen werden billiger, schneller, vorhersehbarer und effizienter; die Regelungshürden werden verringert, insbesondere mit der Möglichkeit, Erzeugnisse innerhalb der EU testen und nach kanadischen Standards und auch umgekehrt zertifizieren zu lassen; die Bewegungen von Dienstleistungsanbietern wie Erbringern vertraglicher Dienstleistungen, Freiberuflern und für kurze Zeit einreisenden Geschäftsreisenden werden erleichtert, sodass KMU leichter mit ihren Kunden zusammentreffen und Kundendienst anbieten können; der Zugang für KMU zu öffentlichen Aufträgen wird auf zentraler, subzentraler und lokaler Regierungsebene erheblich ausgeweitet. Kleine Landwirtschaftsbetriebe werden ebenfalls von einem leichteren Zugang zu Märkten und besseren Absatzmöglichkeiten einschließlich für besondere Qualitätserzeugnisse profitieren.

14. Vorzugsbehandlung für die indigenen Völker Kanadas

Kanada hat Ausnahme- und Sonderregelungen ins CETA aufgenommen, um seine Fähigkeit sicherzustellen, Maßnahmen zur Wahrung der Rechte und Vorzugsregelungen für die indigenen Völker zu erlassen. Kanada bekennt sich zu einem aktiven Dialog mit den indigenen Partnern, mit dem sichergestellt werden soll, dass bei der laufenden Umsetzung des CETA weiterhin ihren Interessen Rechnung getragen wird.

Entsprechungstabelle — Gemeinsames Auslegungsinstrument im Vergleich zum CETA-Text

Mit dieser Tabelle soll die Auslegung des CETA erleichtert werden, indem die Absichtserklärung der Parteien in diesem Text in Bezug zu den entsprechenden CETA-Vorschriften gesetzt wird. Das nachstehende Verzeichnis der Entsprechungen soll möglichst vollständig sein, ist jedoch nicht erschöpfend.

Gliederungspunkt im Gemeinsamen Auslegungsinstrument	Bezug im CETA-Text
1.c) und d)	CETA-Präambel, Art. 5.4, Art. 6.1.5, Art. 21.2.1, Art. 21.2.2, Art. 22.1, Art 23.3, Art. 23.4, Art. 24.3, Art. 24.4, Art. 24.5 und Art. 28.3
2. Regelungsrecht	CETA-Präambel, Art. 5.4, Art. 6.1.5, Art. 8.9, Anhang 8-A, Art. 21.2.1, Art. 21.2.2, Art. 22.1, Art. 23.3, Art. 23.4, Art. 24.3, Art. 24.4, Art. 24.5 und Art. 28.3
3.Regulierungszusammenarbeit	Art. 21.2.6
4. Öffentliche Dienstleistungen	Art. 8.2.2 (b), Art. 8.9, Art. 8.15, Art. 9.2.2 (a) (b)(f) und (g), Art. 9.7, Art. 13.2.5, Art. 13.10, Art.13.16, Art. 13.17, Art. 28.3, Anhang I Vorbehalte und Anhang II Vorbehalte
5. Soziale Sicherheit oder Sozialversicherung	Art. 13.2.5, Art. 13.10, Art. 28.3 Anhang I Vorbehalte und Anhang II Vorbehalte
6. Investitionsschutz	
6. a)	Präambel, Art. 8.2.2 (b), Art. 8.36, Art. 8.6, Art. 8.9, Anhang 8-A, Art. 8.22.1 (f, g) und Art. 28.3
6. b)	Art. 8.9.1, 8.12, Anhang 8- A und Art. 8.39.3
6. c)	Art. 8.9, Art. 8.10, Art. 8.11, Art. 8.12 und Anhang 8- A
6. d)	Art. 8.1 und Art. 8.18.3,
6. e)	Art 8.31.3
6. f)	Art. 8.27, Art. 8.28, Art. 8.30 und Art. 8.44
6. g)	Art. 8.28
6. h)	Art. 8.31.3 und Art.8.44.3
6. i)	Art. 8.29
7. b) Handel und nachhaltige Entwicklung	Art. 22.1, Kapitel 23 und 24
8. Arbeitsschutz	
8. a)	Art. 23.2, Art. 23.3.1, Art. 23.4.2, Art. 23.4.3
8. b)	Art. 23.3.4
8. c)	Art. 23.7 und Art. 23.8
9. Umweltschutz	
9. a)	Art. 24.3
9. b)	Art. 24.3 und Art. 24.5
9. c)	Art. 24.10, Art. 24.11 und Art. 24.12
10. Überprüfung und Konsultationen der Interessenträger	
10. a)	Art. 22.3.3, Art. 22.4, Art. 23.8, Art. 23.9, Art. 23.10 und Art. 23.11
10. b)	Art. 22.1.3, Art. 22.4.3, Art. 22.4.4, Art. 23.6, Art. 23.8.4, Art. 24.13, Art. 24.14, Art. 24.15, Art. 24.16 und Art. 24.7,

11. Wasser	Art. 1.9
12. Öffentliches Beschaffungswesen	Art. 19.9.6 und Art. 19.3.2
13. Vorteile für KMU	Anhang 2- A, Kapitel 4, Kapitel 6, Kapitel 19, Kapitel 20-Unterabschnitt C
14. Vorzugsbehandlung für die indigenen Völker Kanadas	Art. 12.2.2 und einschlägige kanadische Vorbehalte

13/6b. Mitteilung über die vorläufige Anwendung des umfassenden Wirtschafts- und Handelsabkommens (CETA) zwischen Kanada einerseits und der Europäischen Union und ihren Mitgliedstaaten andererseits

ABl L 238 vom 16. 9. 2017, S 9

Mitteilung über die vorläufige Anwendung des umfassenden Wirtschafts- und Handelsabkommens (CETA) zwischen Kanada einerseits und der Europäischen Union und ihren Mitgliedstaaten andererseits

Das in Brüssel am 30. Oktober 2016 unterzeichnete umfassende Wirtschafts- und Handelsabkommen (CETA) zwischen Kanada einerseits und der Europäischen Union und ihren Mitgliedstaaten andererseits (1) wird nach dessen Artikel 30.7 Absatz 3 ab dem 21. September 2017 von der Union vorläufig angewendet. Nach Artikel 1 Absatz 1 des Beschlusses des Rates vom 28. Oktober 2016 über die vorläufige Anwendung des Abkommens wendet die EU das Abkommen vorläufig an, bis die für seinen Abschluss erforderlichen Verfahren abgeschlossen sind, und vorbehaltlich folgender Punkte:

a) Nur die folgenden Bestimmungen des Kapitels Acht des Abkommens (Investitionen) werden vorläufig angewendet, und nur soweit ausländische Direktinvestitionen betroffen sind:

- Artikel 8.1 bis 8.8,
- Artikel 8.13,
- Artikel 8.15 mit Ausnahme von dessen Absatz 3 und
- Artikel 8.16;

b) die folgenden Bestimmungen des Kapitels Dreizehn des Abkommens (Finanzdienstleistungen) werden nicht vorläufig angewendet, soweit sie Portfolio-Investitionen, den Investitionsschutz oder die Beilegung von Investitionsstreitigkeiten zwischen Investoren und Staaten betreffen:

- Artikel 13.2 Absätze 3 und 4,
- Artikel 13.3 und Artikel 13.4,
- Artikel 13.9 und
- Artikel 13.21;

c) die folgenden Bestimmungen des Abkommens werden nicht vorläufig angewendet:

- Artikel 20.12,
- Artikel 27.3 und Artikel 27.4, soweit diese Artikel für Verwaltungsverfahren, Überprüfung und Rechtsbehelf auf Ebene der Mitgliedstaaten gelten,
- Artikel 28.7 Absatz 7;

d) die vorläufige Anwendung der Kapitel 22, 23 und 24 des Abkommens beachtet die Aufteilung der Zuständigkeiten zwischen der Union und den Mitgliedstaaten.

13/7. Vertag über die Energiecharta

VERTRAG ÜBER DIE ENERGIECHARTA

ANLAGEN ZUM VERTRAG ÜBER DIE ENERGIECHARTA

ANLAGEN ZUM VERTRAG ÜBER DIE ENERGIECHARTA

INHALTSÜBERSICHT

TEIL I
BEGRIFFSBESTIMMUNGEN UND ZWECK

Artikel 1
Begriffsbestimmungen

Im Sinne dieses Vertrags

1. bedeutet „Charta" die im Abschlußdokument der Haager Konferenz über die Europäische Energiecharta angenommene Europäische Energiecharta, das am 17. Dezember 1991 in Den Haag unterzeichnet wurde; die Unterzeichnung des Abschlußdokuments gilt als Unterzeichnung der Charta;

2. bedeutet „Vertragspartei" einen Staat oder eine Organisation der regionalen Wirtschaftsintegration, die zugestimmt haben, durch diesen Vertrag gebunden zu sein und für die der Vertrag in Kraft ist;

3. bedeutet „Organisation der regionalen Wirtschaftsintegration" eine Organisation, die von Staaten gebildet wird, welche ihr die Zuständigkeit für eine Reihe bestimmter unter diesen Vertrag fallender Angelegenheiten übertragen haben, einschließlich der Befugnis, in diesen Angelegenheiten für sie bindende Entscheidungen zu treffen;

4. bedeutet „Primärenergieträger und Energieerzeugnisse" auf der Grundlage des Harmonisierten Systems des Rates für die Zusammenarbeit auf dem Gebiet des Zollwesens und der Kombinierten Nomenklatur der Europäischen Gemeinschaften in die Anlage EM aufgenommene Positionen;

5. bedeutet „Wirtschaftstätigkeit im Energiebereich" eine Wirtschaftstätigkeit betreffend die Aufsuchung, Gewinnung, Veredelung, Produktion, Lagerung, Beförderung über Land, Übertragung, Verteilung sowie den Handel und die Vermarktung oder den Verkauf von Primärenergieträgern und Energieerzeugnissen mit Ausnahme derjenigen, die in Anlage NI enthalten sind, oder betreffend die Verteilung von Wärme auf mehrere Abnahmestellen;

6. bedeutet „Investition" jede Art von Vermögenswert, der einem Investor unmittelbar oder mittelbar gehört oder von ihm kontrolliert wird und folgendes einschließt:

a) materielle und immaterielle Vermögensgegenstände, bewegliche und unbewegliche Sachen sowie Eigentumsrechte jeder Art wie Pachtverträge, Hypotheken und Pfandrechte;

b) eine Gesellschaft oder ein gewerbliches Unternehmen oder Anteilsrechte, Aktien oder sonstige Formen der Kapitalbeteiligung an einer Gesellschaft oder einem gewerblichen Unternehmen, Schuldverschreibungen und sonstige Verbindlichkeiten einer Gesellschaft oder eines gewerblichen Unternehmens;

c) Geldforderungen und Ansprüche auf vertraglich begründete Leistungen, die einen wirtschaftlichen Wert haben und mit einer Investition zusammenhängen;

d) geistiges Eigentum;

e) Erträge;

f) jedes kraft Gesetzes oder Vertrags verliehene Recht oder jede kraft Gesetzes erteilte Lizenz und Genehmigung zur Ausübung von Wirtschaftstätigkeiten im Energiebereich.

Eine Änderung der Form, in der Vermögenswerte angelegt werden, ändert nichts an ihrem Wesen als Investition; der Begriff „Investition" schließt alle Investitionen ein, die bis zu dem Tag, an oder nach dem späteren der Tage vorgenommen sind oder werden, an denen der Vertrag für die Vertragspartei des Investors, der die Investition vornimmt, oder für die Vertragspartei, in deren Gebiet die Investition vorgenommen wird, in Kraft tritt (im folgenden als „Tag des Inkrafttretens" bezeichnet); der Vertrag gilt jedoch nur für Angelegenheiten, die sich auf solche Investitionen nach dem Tag des Inkrafttretens auswirken.

„Investition" bezieht sich auf jede Investition im Zusammenhang mit einer Wirtschaftstätigkeit im Energiebereich und auf Investitionen oder Klassen von Investitionen, die von einer Vertragspartei in ihrem Gebiet als „Charta-Effizienzvorhaben" bezeichnet und als solche dem Sekretariat notifiziert werden;

7. bedeutet „Investor"

a) in bezug auf eine Vertragspartei

i) eine natürliche Person, welche die Staatsangehörigkeit oder Staatsbürgerschaft nach den Rechtsvorschriften dieser Vertragspartei besitzt oder dort ihren ständigen Aufenthalt hat;

ii) eine Gesellschaft oder eine andere Organisation, die in Übereinstimmung mit dem in dieser Vertragspartei geltenden Rechtsvorschriften gegründet ist;

b) in bezug auf einen „dritten Staat" eine natürliche Person, eine Gesellschaft oder eine andere Organisation, welche die unter Buchstabe a für eine Vertragspartei angegebenen Voraussetzungen sinngemäß erfüllt;

8. bedeutet „Investitionen vornehmen" oder „Vornahme von Investitionen" das Tätigen neuer Investitionen, den vollständigen oder teilweisen Erwerb vorhandener Investitionen oder die Verlagerung in andere Bereiche der Investitionstätigkeit;

9. bedeutet „Erträge" die aus einer Investition herrührenden oder mit ihr zusammenhängenden Beträge, unabhängig von der Form, in der sie gezahlt werden, einschließlich Gewinne, Dividenden, Zinsen, Kapitalzuwächse, Lizenzentgelte, Entgelt für die Betriebsleitung, technische Hilfe oder sonstige Entgelte und Sachleistungen;

10. bedeutet „Gebiet" in bezug auf einen Staat, der Vertragspartei ist,

a) das Hoheitsgebiet unter seiner Souveränität, wobei davon ausgegangen wird, daß das Hoheitsgebiet das Land, die inneren Gewässer und das Küstenmeer umfaßt, und

b) vorbehaltlich des internationalen Seerechts und im Einklang mit diesem das Meer, den Meeresboden und seinen Untergrund, über welche die Vertragspartei souveräne Rechte und Hoheitsbefugnisse ausübt.

In bezug auf eine Organisation der regionalen Wirtschaftsintegration, die Vertragspartei ist, bedeutet „Gebiet" die einzelnen Gebiete der Mitgliedstaaten dieser Organisation entsprechend den in dem Übereinkommen zur Gründung der Organisation enthaltenen Bestimmungen;

11. a) bedeutet „GATT" entweder „GATT 1947" oder „GATT 1994" oder beide, sofern beide anwendbar sind;

b) „GATT 1947" bedeutet das Allgemeine Zoll- und Handelsabkommen vom 30. Oktober 1947, das der Schlußakte beigefügt war, die auf der Zweiten Tagung des Vorbereitenden Ausschusses der Konferenz der Vereinten Nationen für Handel und Beschäftigung angenommen wurde, in seiner später berichtigten, ergänzten oder geänderten Fassung;

c) „GATT 1994" bedeutet das Allgemeine Zoll- und Handelsübereinkommen, das in Anlage 1 A des Übereinkommens zur Errichtung der Welthandelsorganisation enthalten ist, in seiner später berichtigten, ergänzten oder geänderten Fassung.

Eine Vertragspartei des Übereinkommens zur Errichtung der Welthandelsorganisation gilt als Vertragspartei des GATT 1994;

d) bedeutet „dazugehörige Rechtsinstrumente" je nach Zusammenhang

i) unter der Schirmherrschaft des GATT 1947 geschlossene Übereinkommen, Vereinbarungen oder sonstige Rechtsinstrumente einschließlich Beschlüsse, Erklärungen und Vereinbarungen in ihren später berichtigten, geänderten oder ergänzten Fassungen oder

ii) das Übereinkommen zur Errichtung der Welthandelsorganisation, einschließlich seiner Anlage 1 (außer GATT 1994), seiner Anlagen 2, 3 und 4 und der dazugehörigen Beschlüsse, Erklärungen und Vereinbarungen in ihren später berichtigten, geänderten oder ergänzten Fassungen;

12. schließt „geistiges Eigentum" Urheberrechte und verwandte Rechte, Marken, geographische Angaben, gewerbliche Muster, Patente, Layout-Designs integrierter Schaltkreise und den Schutz nicht offengelegter Informationen ein;

13. a) bedeutet „Energiechartaprotokoll" oder „Protokoll" einen Vertrag, dessen Aushandlung die Chartakonferenz genehmigt und dessen Wortlaut sie angenommen hat und den zwei oder mehr Vertragsparteien geschlossen haben, um die Bestimmungen dieses Vertrags in bezug auf jeden Tätigkeitsbereich oder jede Tätigkeitsart, die unter diesen Vertrag fallen, oder die unter Titel III der Charta genannten Bereiche der Zusammenarbeit zu vervollständigen, zu ergänzen, auszudehnen oder zu erweitern;

b) bedeutet „Energiechartaerklärung" oder „Erklärung" ein nicht bindendes Rechtsinstrument, dessen Aushandlung die Chartakonferenz genehmigt und dessen Wortlaut sie gebilligt hat und das von zwei oder mehr Vertragsparteien zur Ergänzung oder Vervollständigung dieses Vertrags geschlossen wurde;

14. bedeutet „frei konvertierbare Währung" eine Währung, die in erheblichem Umfang an den internationalen Devisenmärkten gehandelt und in erheblichem Umfang bei internationalen Transaktionen verwendet wird.

Artikel 2
Zweck des Vertrages

Dieser Vertrag schafft den rechtlichen Rahmen für die Förderung langfristiger Zusammenarbeit im Energiebereich auf der Grundlage der gegenseitigen Ergänzung und des gegenseitigen Nutzens im Einklang mit den Zielen und Grundsätzen der Charta.

TEIL II
HANDEL

Artikel 3
Internationale Märkte

Die Vertragsparteien wirken darauf hin, für Primärenergieträger und Energieerzeugnisse den Zugang zu den internationalen Märkten unter marktüblichen Bedingungen zu erleichtern und ganz allgemein einen offenen und wettbewerblichen Markt zu entwickeln.

Artikel 4
Nichtbeeinträchtigung des GATT und der dazugehörigen Rechtsinstrumente

Dieser Vertrag beeinträchtigt nicht zwischen einzelnen Vertragsparteien, die Vertragsparteien des GATT sind, die Bestimmungen des GATT und der dazugehörigen Rechtsinstrumente, wie sie zwischen diesen Vertragsparteien Anwendung finden.

Artikel 5
Handelsbezogene Investitionsmaßnahmen

(1) Eine Vertragspartei wendet handelsbezogene Investitionsmaßnahmen nicht an, die mit Arti-

kel III oder XI des GATT unvereinbar sind; dieses gilt unbeschadet der Rechte und Pflichten der Vertragspartei aus dem GATT und den dazugehörigen Rechtsinstrumenten sowie Artikel 29.

(2) Solche Maßnahmen schließen jede Investitionsmaßnahme ein, die auf Grund inländischer Rechtsvorschriften oder auf Grund von Verwaltungsentscheidungen zwingend vorgeschrieben oder durchsetzbar oder deren Einhaltung zur Erlangung eines Vorteils notwendig ist und derzufolge

a) ein Unternehmen Waren inländischen Ursprungs oder inländischer Herkunft kaufen oder verwenden muß, wobei bestimmte Waren, eine Warenmenge oder ein Warenwert oder ein Anteil an der Menge oder dem Wert seiner einheimischen Produktion vorgeschrieben sein können, oder

b) der Kauf oder die Verwendung eingeführter Waren durch ein Unternehmen auf einen Umfang beschränkt wird, der sich nach der Menge oder dem Wert einheimischer Waren, die es ausführt, richtet

oder die

c) die Einfuhr von Waren durch ein Unternehmen, die bei dessen einheimischer Produktion verwendet werden oder diese Produktion betreffen, sei es generell oder auf einen Umfang beschränkt, der sich nach der Menge oder dem Wert der von dem Unternehmen ausgeführten einheimischen Produktion richtet;

d) die Einfuhr von Waren durch ein Unternehmen, die bei dessen einheimischer Produktion verwendet werden oder diese Produktion betreffen, durch Beschränkung des Zugangs zu Devisen auf einen Betrag beschränkt, der sich nach den dem Unternehmen anzurechnenden Devisenzuflüssen richtet, oder

e) die Ausfuhr oder den Verkauf zur Ausfuhr von Waren durch ein Unternehmen beschränkt, wobei bestimmte Waren, eine Warenmenge oder ein Warenwert oder ein Anteil an der Menge oder dem Wert seiner einheimischen Produktion vorgeschrieben sein können.

(3) Absatz 1 ist nicht so auszulegen, als werde eine Vertragspartei daran gehindert, die in Absatz 2 Buchstaben a und c beschriebenen handelsbezogenen Investitionsmaßnahmen als Voraussetzung für die Berechtigung zu Ausfuhrförderung, Auslandshilfe, öffentlicher Beschaffung oder Präferenzprogramme für Zölle oder Kontingente anzuwenden.

(4) Ungeachtet des Absatzes 1 kann eine Vertragspartei handelsbezogene Investitionsmaßnahmen, die mehr als 180 Tage in Kraft waren, bevor die Vertragspartei diesen Vertrag unterzeichnet hat, vorbehaltlich der Bestimmungen über Notifikationen und Übergangsbestimmungen in Anlage TRM, vorläufig beibehalten.

Artikel 6
Wettbewerb

(1) Jede Vertragspartei wirkt darauf hin, Marktverzerrungen und Wettbewerbsbeschränkungen bei einer Wirtschaftstätigkeit im Energiebereich zu verringern.

(2) Jede Vertragspartei sorgt dafür, daß innerhalb ihrer Zuständigkeit Gesetze vorhanden sind und durchgesetzt werden, die erforderlich und geeignet sind, gegen einseitiges und abgestimmtes wettbewerbswidriges Verhalten bei einer Wirtschaftstätigkeit im Energiebereich vorzugehen.

(3) Vertragsparteien, die in der Anwendung von Wettbewerbsregeln bereits Erfahrung haben, prüfen umfassend, gegenüber anderen Vertragsparteien auf Ersuchen und im Rahmen verfügbarer Mittel technische Hilfe bei der Entwicklung und Umsetzung von Wettbewerbsregeln zu leisten.

(4) Die Vertragsparteien können bei der Durchsetzung ihrer Wettbewerbsregeln durch Konsultationen und Informationsaustausch zusammenarbeiten.

(5) Ist eine Vertragspartei der Auffassung, daß ein bestimmtes wettbewerbswidriges Verhalten im Gebiet einer anderen Vertragspartei sich auf wichtige Interessen nachteilig auswirkt, die für die Zwecke dieses Artikels von Bedeutung sind, so kann die Vertragspartei dies der anderen Vertragspartei mitteilen und diese darum ersuchen, daß ihre Wettbewerbsbehörden geeignete Durchsetzungsmaßnahmen ergreifen. Die notifizierende Vertragspartei macht in ihrer Notifikation ausreichende Angaben, damit die andere Vertragspartei das in der Notifikation angesprochene wettbewerbswidrige Verhalten feststellen kann; die notifizierende Vertragspartei bietet weitere Informationen und ihre Zusammenarbeit an, soweit sie dazu in der Lage ist. Die Vertragspartei, welche die Notifikation erhalten hat, beziehungsweise ihre zuständigen Wettbewerbsbehörden können die Wettbewerbsbehörden der notifizierenden Vertragspartei konsultieren und prüfen umfassend das Ersuchen der notifizierenden Vertragspartei, wenn sie darüber entscheiden, ob sie Durchsetzungsmaßnahmen gegen das in der Notifikation behauptete wettbewerbswidrige Verhalten einleiten. Die Vertragspartei, welche die Notifikation erhalten hat, teilt der notifizierenden Vertragspartei ihre Entscheidung beziehungsweise die Entscheidung ihrer zuständigen Wettbewerbsbehörden mit; sie kann, falls sie es wünscht, der notifizierenden Vertragspartei die Gründe für ihre Entscheidung angeben. Werden Durchsetzungsmaßnahmen eingeleitet, so teilt die Vertragspartei, welche die Notifikation erhalten hat, der notifizierenden Vertragspartei das Ergebnis und, soweit möglich, wesentliche zwischenzeitliche Entwicklungen mit.

(6) Dieser Artikel verlangt von einer Vertragspartei nicht die Erteilung von Informationen, die ihren Gesetzen über die Preisgabe von Informationen, die Vertraulichkeit oder das Geschäftsgeheimnis entgegenstehen.

(7) Die Verfahren nach Absatz 5 und Artikel 27 Absatz 1 sind im Rahmen dieses Vertrags das einzige Mittel zur Beilegung von Streitigkeiten, die bei der Durchführung oder Auslegung dieses Artikels entstehen können.

Artikel 7
Transit

(1) Jede Vertragspartei trifft die erforderlichen Maßnahmen, um den Transit von Primärenergieträgern und Energieerzeugnissen zu erleichtern, im Einklang mit dem Grundsatz der Transitfreiheit und ohne Unterscheidung hinsichtlich des Ursprungs, der Bestimmung oder des Eigentums der Primärenergieträger und Energieerzeugnisse oder Diskriminierung bei der Preisfestsetzung auf der Grundlage dieser Unterscheidungen, ohne unangemessene Verzögerungen, Beschränkungen oder Abgaben aufzuerlegen.

(2) Die Vertragsparteien ermutigen die zuständigen Stellen zur Zusammenarbeit in folgenden Bereichen:

a) Modernisierung der Energiebeförderungseinrichtungen, die zum Transit von Primärenergieträgern und Energieerzeugnissen erforderlich sind;

b) Entwicklung und Betrieb von Energiebeförderungseinrichtungen, mit denen das Gebiet von mehr als einer Vertragspartei versorgt wird;

c) Maßnahmen zur Milderung der Auswirkungen von Ausfällen bei der Versorgung mit Primärenergieträgern und Energieerzeugnissen;

d) Erleichterung des Verbunds von Energiebeförderungseinrichtungen.

(3) Jede Vertragspartei verpflichtet sich, dafür zu sorgen, daß in ihren Vorschriften über die Beförderung von Primärenergieträgern und Energieerzeugnissen und die Nutzung von Energiebeförderungseinrichtungen Primärenergieträger und Energieerzeugnisse im Transit nicht weniger günstig behandelt werden als Primärenergieträger und Energieerzeugnisse, deren Ursprung oder Bestimmung in ihrem eigenen Gebiet liegt, sofern eine geltende internationale Übereinkunft nichts anderes bestimmt.

(4) Kann der Transit von Primärenergieträgern und Energieerzeugnissen nicht zu marktüblichen Bedingungen mit Hilfe von Energiebeförderungseinrichtungen erreicht werden, so legen die Vertragsparteien der Schaffung neuer Kapazitäten keine Hindernisse in den Weg, sofern anwendbare Rechtsvorschriften, die mit Absatz 1 vereinbar sind, nichts anderes bestimmen.

(5) Eine Vertragspartei, durch deren Gebiet Primärenergieträger und Energieerzeugnisse im Transit geleitet werden können, ist nicht verpflichtet,

a) den Bau oder die Änderung von Energiebeförderungseinrichtungen zu gestatten oder

b) einen neuen oder zusätzlichen Transit durch bestehende Energiebeförderungseinrichtungen zu gestatten,

wenn sie den anderen beteiligten Vertragsparteien nachweist, daß dies die Sicherheit oder Effizienz ihrer Energienetze einschließlich der Versorgungssicherheit gefährden würde.

Vorbehaltlich der Absätze 6 und 7 sichern die Vertragsparteien den seit langem bestehenden Fluß von Primärenergieträgern und Energieerzeugnissen zu, von und zwischen den Gebieten anderer Vertragsparteien.

(6) Eine Vertragspartei, durch deren Gebiet der Transit von Primärenergieträgern und Energieerzeugnissen verläuft, darf im Fall einer Streitigkeit über eine Frage im Zusammenhang mit diesem Transit den Transit weder unterbrechen noch verringern, und sie darf nicht einer ihrer Aufsicht unterstehenden Stelle gestatten oder eine ihrer Gerichtsbarkeit unterstehende Stelle auffordern, den vorhandenen Fluß der Primärenergieträger und Energieerzeugnisse zu unterbrechen oder zu verringern, bevor das in Absatz 7 vorgesehene Streitbeilegungsverfahren abgeschlossen ist, es sei denn, dies ist in einem privatrechtlichen Vertrag oder einer anderen Vereinbarung über den Transit ausdrücklich vorgesehen oder nach Maßgabe der Entscheidung des Schlichters erlaubt.

(7) Folgende Bestimmungen finden auf eine in Absatz 6 beschriebene Streitigkeit Anwendung, jedoch erst, nachdem alle einschlägigen vertraglichen oder sonstigen Mittel der Streitbeilegung erschöpft sind, die zuvor zwischen den Vertragsparteien, die Streitparteien sind, oder zwischen einem in Absatz 6 genannten Rechtsträger und einem Rechtsträger einer anderen Vertragspartei, die Streitparteien sind, vereinbart wurden.

a) Eine Vertragspartei, die Streitpartei ist, kann die Streitigkeit an den Generalsekretär in einer Notifikation verweisen, in der die strittigen Fragen zusammengefaßt sind. Der Generalsekretär unterrichtet alle Vertragsparteien von der Notifikation.

b) Binnen 30 Tagen nach Eingang dieser Notifikation bestellt der Generalsekretär in Konsultation mit den Streitparteien und den anderen betroffenen Vertragsparteien einen Schlichter. Dieser muß über Erfahrung in den strittigen Angelegenheiten verfügen und darf weder Staatsangehöriger oder Bürger einer Streitpartei oder einer der anderen betroffenen Vertragsparteien sein noch in einer von ihnen seinen ständigen Aufenthalt haben.

c) Der Schlichter bemüht sich um die Zustimmung der Streitparteien zu einer Streitbeilegung oder zu einem Verfahren, durch das die Streitbeilegung herbeigeführt wird. Ist es dem Schlichter innerhalb von 90 Tagen nach seiner Bestellung nicht gelungen, eine solche Zustimmung herbeizuführen, so empfiehlt er eine Beilegung der Streitigkeit oder ein Verfahren zur Beilegung der Streitigkeit und entscheidet über einstweilige Tarife und sonstige Bedingungen für den Transit, die von einem von ihm zu bestimmenden Zeitpunkt an einzuhalten sind, bis die Streitigkeit beigelegt ist.

d) Die Vertragsparteien verpflichten sich zur Einhaltung und sorgen für die Einhaltung jeder einstweiligen Entscheidung nach Buchstabe c über Tarife und Bedingungen durch die ihrer Aufsicht oder Gerichtsbarkeit unterstehenden Stellen in den zwölf Monaten nach der Entscheidung des Schlichters oder bis zur Beilegung der Streitigkeit, falls dieser Zeitpunkt früher ist.

e) Ungeachtet des Buchstabens b kann sich der Generalsekretär entschließen, keinen Schlichter zu bestellen, wenn er der Auffassung ist, daß die Streitigkeit einen Transit betrifft, der bereits Gegenstand des unter den Buchstaben a bis d vorgesehenen Streitbeilegungsverfahrens ist oder war, das nicht zu einer Beilegung der Streitigkeit geführt hat.

f) Die Chartakonferenz beschließt Standardbestimmungen über den Verlauf des Vergleichsverfahrens und die Vergütung der Schlichter.

(8) Die Rechte und Pflichten einer Vertragspartei auf Grund des Völkerrechts, einschließlich des Völkergewohnheitsrechts, aus bestehenden zweiseitigen oder mehrseitigen Übereinkünften einschließlich der Regeln über unterseeische Kabel und Rohrleitungen bleiben durch diesen Artikel unberührt.

(9) Dieser Artikel ist nicht so auszulegen, als verpflichte er eine Vertragspartei, die nicht über eine bestimmte Art von Energiebeförderungseinrichtungen für den Transit verfügt, auf Grund dieses Artikels Maßnahmen in bezug auf diese Art der Einrichtung zu treffen. Diese Vertragspartei ist jedoch verpflichtet, Absatz 4 einzuhalten.

(10) Im Sinne dieses Artikels

a) bedeutet „Transit"

i) die Beförderung durch das Gebiet einer Vertragspartei oder zu oder aus Hafenanlagen in ihrem Gebiet zum Be- und Entladen von Primärenergieträgern und Energieerzeugnissen, die ihren Ursprung im Gebiet eines anderen Staates und ihre Bestimmung im Gebiet eines dritten Staates haben, solange entweder der andere Staat oder der dritte Staat Vertragspartei ist,

ii) die Beförderung durch das Gebiet einer Vertragspartei von Primärenergieträgern und Energieerzeugnissen, die ihren Ursprung im Gebiet einer anderen Vertragspartei und ihre Bestimmung im Gebiet dieser anderen Vertragspartei haben, sofern die beiden beteiligten Vertragsparteien nichts anderes beschließen und ihren Beschluß gemeinsam in die Anlage N eintragen. Die beiden Vertragsparteien können ihre Eintragung in Anlage N löschen, indem sie diese Absicht dem Sekretariat in einer gemeinsamen schriftlichen Notifikation mitteilen; dieses leitet die Notifikation an alle übrigen Vertragsparteien weiter. Die Löschung wird vier Wochen nach der ersten Notifikation wirksam;

b) bestehen „Energiebeförderungseinrichtungen" aus Gas-Hochdruckrohrleitungen, Hochspannungsnetzen und -leitungen, Rohölfernleitungen, Schlammkohle-Rohrleitungen, Rohrleitungen für Mineralölprodukte und anderen ortsfesten Einrichtungen speziell für den Umgang mit Primärenergieträgern und Energieerzeugnissen.

Artikel 8
Weitergabe von Technologie

(1) Die Vertragsparteien kommen überein, den Zugang zu Energietechnologie und die Weitergabe dieser Technologie auf marktüblicher und nichtdiskriminierender Grundlage zu fördern, um den wirksamen Handel mit Primärenergieträgern und Energieerzeugnissen und Investitionen zu begünstigen und die Ziele der Charta nach Maßgabe ihrer Gesetze und sonstigen Rechtsvorschriften und des Schutzes des geistigen Eigentums zu verwirklichen.

(2) Demgemäß, soweit es zur Durchführung des Absatzes 1 erforderlich ist, beseitigen die Vertragsparteien bestehende Hemmnisse und schaffen keine neuen Hemmnisse für die Weitergabe von Technologie auf dem Gebiet der Primärenergieträger und Energieerzeugnisse und verwandter Ausrüstungen und Dienstleistungen, vorbehaltlich der Verpflichtungen wegen der Nichtverbreitung und sonstiger internationaler Verpflichtungen.

Artikel 9
Zugang zu Kapital

(1) Die Vertragsparteien erkennen die Bedeutung offener Kapitalmärkte für die Förderung des Kapitalflusses zur Finanzierung des Handels mit Primärenergieträgern und Energieerzeugnissen und zur Vornahme und Unterstützung von Investitionen in eine Wirtschaftstätigkeit im Energiebereich in den Gebieten anderer Vertragsparteien an, insbesondere derjenigen, deren Wirtschaft sich im Übergang befindet. Jede Vertragspartei ist daher bestrebt, die Bedingungen für den Zugang von Gesellschaften und Staatsangehörigen anderer Vertragsparteien zu ihrem Kapitalmarkt zum Zweck der Finanzierung des Handels mit Primärenergieträgern und Energieerzeugnissen und zum Zweck der Investition in eine Wirtschaftstätigkeit im Energiebereich in den Gebieten jener

anderen Vertragsparteien auf einer Grundlage zu fördern, die nicht weniger günstig ist als diejenige, die sie unter vergleichbaren Umständen ihren eigenen Gesellschaften und Staatsangehörigen oder Gesellschaften und Staatsangehörigen einer anderen Vertragspartei oder eines dritten Staates einräumt, je nachdem, welche die günstigste ist.

(2) Eine Vertragspartei kann Programme für den Zugang zu öffentlichen Darlehen, Zuschüssen, Garantien oder Versicherungen zur Erleichterung des Außenhandels oder der Auslandsinvestitionen verabschieden und beibehalten. Sie stellt diese Einrichtungen im Einklang mit den Zielen, Beschränkungen und Kriterien dieser Programme (einschließlich Ziele, Beschränkungen oder Kriterien in bezug auf den Ort der Geschäftstätigkeit eines Antragstellers für die Inanspruchnahme einer solchen Einrichtung oder den Ort der Lieferung von Waren oder Dienstleistungen, die mit Hilfe einer solchen Einrichtung bereitgestellt werden) für Investitionen in die Wirtschaftstätigkeit im Energiebereich anderer Vertragsparteien oder für die Finanzierung des Handels mit Primärenergieträgern und Energieerzeugnissen mit anderen Vertragsparteien zur Verfügung.

(3) Die Vertragsparteien bemühen sich, bei der Durchführung von Programmen für die Wirtschaftstätigkeit im Energiebereich, die darauf abzielen, die wirtschaftliche Stabilität und das Investitionsklima in den Vertragsparteien zu verbessern, gegebenenfalls die Tätigkeit maßgeblicher internationaler Finanzinstitutionen anzuregen und deren Sachkenntnis zu nutzen.

(4) Dieser Artikel hindert nicht daran,

a) daß Finanzinstitutionen nach marktwirtschaftlichen Grundsätzen und unter Berücksichtigung der Aufsichtsvorschriften ihre eigenen Kredit- oder Emissionspraktiken anwenden oder

b) daß eine Vertragspartei

i) aufsichtsrechtlich begründete Maßnahmen trifft, einschließlich solcher zum Schutz von Investoren, Verbrauchern, Einlegern, Versicherungsnehmern oder Personen, denen ein Finanzdienstleister eine Treuepflicht schuldet, oder

ii) Maßnahmen trifft, die die Integrität und Stabilität ihres Finanzsystems und ihrer Kapitalmärkte sicherstellen.

TEIL III
FÖRDERUNG UND SCHUTZ VON INVESTITIONEN

Artikel 10
Förderung, Schutz und Behandlung von Investitionen

(1) Jede Vertragspartei fördert und schafft im Einklang mit diesem Vertrag stabile, gerechte, günstige und transparente Bedingungen für Investoren anderer Vertragsparteien, in ihrem Gebiet Investitionen vorzunehmen. Diese Bedingungen umfassen die Verpflichtung, den Investitionen von Investoren anderer Vertragsparteien stets eine faire und gerechte Behandlung zu gewähren. Diese Investitionen genießen auch auf Dauer Schutz und Sicherheit, und keine Vertragspartei darf deren Verwaltung, Aufrechterhaltung, Verwendung, Nutzung oder Veräußerung in irgendeiner Weise durch unangemessene oder diskriminierende Maßnahmen behindern. Diese Investitionen dürfen keinesfalls weniger günstig behandelt werden, als dies nach dem Völkerrecht, einschließlich vertraglicher Verpflichtungen, vorgeschrieben ist. Jede Vertragspartei erfüllt alle Verpflichtungen, die sie gegenüber einem Investor oder einer Investition eines Investors einer anderen Vertragspartei eingegangen ist.

(2) Jede Vertragspartei ist bestrebt, Investoren anderer Vertragsparteien hinsichtlich der Vornahme von Investitionen in ihrem Gebiet die in Absatz 3 beschriebene Behandlung zu gewähren.

(3) Im Sinne dieses Artikels bedeutet „Behandlung" die von einer Vertragspartei gewährte Behandlung, die nicht weniger günstig ist als die, welche sie ihren eigenen Investoren oder den Investoren einer anderen Vertragspartei oder eines dritten Staates gewährt, je nachdem, welche die günstigste ist.

(4) Ein Zusatzvertrag verpflichtet vorbehaltlich der darin festzulegenden Bedingungen jede seiner Vertragsparteien, Investoren anderer Vertragsparteien hinsichtlich der Vornahme von Investitionen in ihrem Gebiet die in Absatz 3 beschriebene Behandlung zu gewähren. Dieser Zusatzvertrag liegt für die Staaten und Organisationen der regionalen Wirtschaftsintegration, die den vorliegenden Vertrag unterzeichnet haben oder ihm beigetreten sind, zur Unterzeichnung auf. Die Verhandlungen über den Zusatzvertrag beginnen spätestens am 1. Jänner 1995 mit dem Ziel, ihn bis zum 1. Jänner 1998 abzuschließen.

(5) Jede Vertragspartei ist in bezug auf die Vornahme von Investitionen in ihrem Gebiet bestrebt,

a) die Ausnahmen von der in Absatz 3 beschriebenen Behandlung auf ein Mindestmaß zu beschränken;

b) die bestehenden Beschränkungen für Investoren anderer Vertragsparteien fortschreitend abzubauen.

(6) a) Eine Vertragspartei kann in bezug auf die Vornahme von Investitionen in ihrem Gebiet jederzeit freiwillig gegenüber der Chartakonferenz über das Sekretariat ihre Absicht erklären, keine neuen Ausnahmen von der in Absatz 3 beschriebenen Behandlung einzuführen.

b) Eine Vertragspartei kann sich ferner jederzeit freiwillig dazu verpflichten, Investoren anderer Vertragsparteien in bezug auf die Vornahme von Investitionen in einigen oder allen Wirtschaftstätigkeiten im Energiebereich in ihrem Gebiet die in Absatz 3 beschriebene Behandlung zu gewähren. Derartige Verpflichtungen werden dem Sekretariat notifiziert und in Anlage VC genannt; sie sind auf Grund dieses Vertrags bindend.

(7) Jede Vertragspartei gewährt in ihrem Gebiet den Investitionen von Investoren anderer Vertragsparteien und deren damit zusammenhängenden Tätigkeiten einschließlich Verwaltung, Aufrechterhaltung, Verwendung, Nutzung oder Veräußerung keine weniger günstige Behandlung, als sie Investitionen ihrer eigenen Investoren oder von Investoren einer anderen Vertragspartei oder eines dritten Staates und deren damit zusammenhängenden Tätigkeiten einschließlich Verwaltung, Aufrechterhaltung, Verwendung, Nutzung oder Veräußerung gewährt, je nachdem, welche die günstigste ist.

(8) Die Modalitäten der Anwendung des Absatzes 7 im Zusammenhang mit Programmen, in deren Rahmen eine Vertragspartei Zuschüsse oder sonstige Finanzierungshilfen für die Forschung und Entwicklung auf dem Gebiet der Energietechnologie gewährt oder Verträge schließt, bleiben dem in Absatz 4 beschriebenen Zusatzvertrag vorbehalten. Jede Vertragspartei hält die Chartakonferenz über das Sekretariat über die Modalitäten, die sie auf die in diesem Absatz beschriebenen Programme anwendet, auf dem laufenden.

(9) Jeder Staat oder jede Organisation der regionalen Wirtschaftsintegration, die diesen Vertrag unterzeichnen oder ihm beitreten, übermitteln dem Sekretariat an dem Tag, an dem sie den Vertrag unterzeichnen oder ihre Beitrittsurkunde hinterlegen, einen Bericht, in dem alle Gesetze, sonstigen Rechtsvorschriften oder anderen Maßnahmen zusammengefaßt sind, die sich auf folgendes beziehen:

a) die Ausnahmen zu Absatz 2 oder

b) die in Absatz 8 bezeichneten Programme.

Eine Vertragspartei hält ihren Bericht auf aktuellem Stand, indem sie dem Sekretariat umgehend Änderungen mitteilt. Die Chartakonferenz überprüft diese Berichte in regelmäßigen Abständen. Hinsichtlich des Buchstabens a kann der Bericht Teile des Energiebereichs bezeichnen, in denen eine Vertragspartei den Investoren anderer Vertragsparteien die in Absatz 3 beschriebene Behandlung gewährt.

Hinsichtlich des Buchstabens b kann die Überprüfung durch die Chartakonferenz auch den Auswirkungen dieser Programme auf Wettbewerb und Investitionen gelten.

(10) Ungeachtet aller anderen Bestimmungen dieses Artikels findet die in den Absätzen 3 und 7 beschriebene Behandlung auf den Schutz des geistigen Eigentums keine Anwendung; statt dessen wird die Behandlung angewandt, die in den entsprechenden Bestimmungen der anwendbaren internationalen Übereinkünfte zum Schutz der Rechte des geistigen Eigentums vorgeschrieben ist, deren Vertragsparteien die betreffenden Vertragsparteien des vorliegenden Vertrags sind.

(11) Für die Zwecke des Artikels 26 gilt die Anwendung einer in Artikel 5 Absätze 1 und 2 beschriebenen handelsbezogenen Investitionsmaßnahme durch eine Vertragspartei auf die Investition eines Investors einer anderen Vertragspartei, die zum Zeitpunkt einer solchen Anwendung besteht, vorbehaltlich des Artikels 5 Absätze 3 und 4 als Verletzung einer Verpflichtung der erstgenannten Vertragspartei aus diesem Teil.

(12) Jede Vertragspartei stellt sicher, daß ihr innerstaatliches Recht wirksame Mittel zur Geltendmachung von Ansprüchen und zur Durchsetzung von Rechten in bezug auf Investitionen, Investitionsvereinbarungen und Investitionsgenehmigungen vorsieht.

Artikel 11
Personal in Schlüsselpositionen

(1) Eine Vertragspartei prüft vorbehaltlich ihrer Gesetze und sonstigen Vorschriften über die Einreise, den Aufenthalt und die Beschäftigung natürlicher Personen nach Treu und Glauben die Anträge von Investoren einer anderen Vertragspartei und von Personal in Schlüsselpositionen, das von solchen Investoren oder für Investitionen solcher Investoren beschäftigt wird und in ihr Gebiet einreisen und sich dort vorübergehend aufhalten will, um Tätigkeiten im Zusammenhang mit der Vornahme oder der Entwicklung, Verwaltung, Aufrechterhaltung, Verwendung, Nutzung oder Veräußerung der betreffenden Investitionen auszuüben, einschließlich der Erbringung von Beratungsdiensten oder maßgeblichen technischen Diensten.

(2) Eine Vertragspartei erlaubt Investoren einer anderen Vertragspartei, die in ihrem Gebiet Investitionen getätigt haben, und Investitionen dieser Investoren, eine Person in Schlüsselposition nach Wahl des Investors oder der Investition ungeachtet ihrer Staatsangehörigkeit und Staatsbürgerschaft zu beschäftigen, sofern dieser Person bewilligt worden ist, in das Gebiet der ersteren Vertragspartei einzureisen, sich dort aufzuhalten und dort zu arbeiten und die betreffende Beschäftigung den in der Bewilligung für diese Person genannten Bedingungen, Auflagen und Fristen entspricht.

Artikel 12
Entschädigung für Verluste

(1) Sofern nicht Artikel 13 Anwendung findet, wird einem Investor einer Vertragspartei, der in bezug auf eine Investition im Gebiet einer anderen Vertragspartei infolge von Krieg oder einer ande-

ren bewaffneten Auseinandersetzung, nationalem Notstand, Unruhen oder einem ähnlichen Ereignis im Gebiet dieser anderen Vertragspartei Verluste erleidet, von dieser Vertragspartei bei der Rückerstattung, Abfindung, Entschädigung oder sonstigen Regelung die günstigste Behandlung gewährt, die diese Vertragspartei jedem anderen Investor, sei es ihrem eigenen Investor oder dem Investor einer anderen Vertragspartei oder sei es dem Investor eines dritten Staates zuteil werden läßt.

(2) Unbeschadet des Absatzes 1 erhält der Investor einer Vertragspartei, der in einem in Absatz 1 genannten Fall im Gebiet einer anderen Vertragspartei wegen

a) vollständiger oder teilweiser Beschlagnahme seiner Investition durch die Streitkräfte oder Behörden dieser Vertragspartei oder

b) vollständiger oder teilweiser Zerstörung seiner Investition durch die Streitkräfte oder Behörden dieser Vertragspartei, welche unter den gegebenen Umständen nicht erforderlich war,

Verluste erleidet, eine Rückerstattung oder Entschädigung, die in jedem Fall umgehend, wertentsprechend und tatsächlich verwertbar sein muß.

Artikel 13
Enteignung

(1) Investitionen von Investoren einer Vertragspartei im Gebiet einer anderen Vertragspartei dürfen nicht verstaatlicht, enteignet oder einer Maßnahme gleicher Wirkung wie Verstaatlichung oder Enteignung (im folgenden als „Enteignung" bezeichnet) unterworfen werden; davon ausgenommen sind Enteignungen, die

a) im öffentlichen Interesse liegen,

b) nicht diskriminierend sind,

c) nach den rechtsstaatlichen Grundsätzen erfolgen und

d) mit einer umgehenden, wertentsprechenden und tatsächlich verwertbaren Entschädigung einhergehen.

Die Höhe der Entschädigung muß dem angemessenen Marktwert der enteigneten Investition entsprechen, den sie unmittelbar vor dem sich auf den Wert der Investition auswirkenden Bekanntwerden der Enteignung oder bevorstehenden Enteignung hatte (im folgenden als „Bewertungszeitpunkt" bezeichnet).

Dieser angemessene Marktwert wird auf Antrag des Investors in einer frei konvertierbaren Währung auf der Grundlage des zum Bewertungszeitpunkt am Markt geltenden Wechselkurses der betreffenden Währung angegeben. Die Entschädigung umfaßt auch Zinsen zu einem marktgerechten, handelsüblichen Zinssatz für die Zeit vom Tag der Enteignung bis zum Tag der Zahlung.

(2) Der betroffene Investor hat das Recht, nach den Gesetzen der die Enteignung vornehmenden Vertragspartei, seinen Fall, die Bewertung seiner Investition und die Entschädigungszahlung von einem Gericht oder einer anderen zuständigen und unabhängigen Behörde dieser Vertragspartei im Einklang mit den in Absatz 1 aufgestellten Grundsätzen umgehend überprüfen zu lassen.

(3) Enteignung umfaßt auch den Sachverhalt, in dem eine Vertragspartei die Vermögenswerte einer Gesellschaft oder eines Unternehmens in ihrem Gebiet enteignet, an denen ein Investor einer anderen Vertragspartei in Form einer Investition beteiligt ist, einschließlich durch Anteilsrechte.

Artikel 14
Transfers im Zusammenhang mit Investitionen

(1) Jede Vertragspartei gewährleistet in bezug auf Investitionen in ihrem Gebiet von Investoren einer anderen Vertragspartei die Freiheit des Transfers in ihr Gebiet und aus ihrem Gebiet einschließlich des Transfers

a) des Gründungskapitals und jedes weiteren Kapitals zur Aufrechterhaltung und Entwicklung einer Investition;

b) der Erträge;

c) der Zahlungen im Rahmen eines Vertrags, einschließlich der Tilgung von Kapital und aufgelaufenen Zinsen auf Grund eines Darlehensvertrags;

d) der nicht ausgegebenen Einkünfte und sonstigen Vergütungen des Personals, das im Zusammenhang mit der Investition aus dem Ausland angeworben wurde;

e) der Erlöse aus dem Verkauf oder der Liquidation einer Investition oder eines Teiles derselben;

f) der Zahlungen infolge der Beilegung einer Streitigkeit und

g) der Entschädigungszahlungen nach den Artikeln 12 und 13.

(2) Transfers nach Absatz 1 erfolgen unverzüglich und (außer im Fall eines Ertrags in Naturalien) in einer frei konvertierbaren Währung.

(3) Transfers werden zu dem am Tag des Transfers am Markt geltenden Wechselkurs für Spotgeschäfte in der zu transferierenden Währung vorgenommen. In Ermangelung eines Devisenmarkts, ist – je nachdem, was für den Investor günstiger ist – der letztgültige Kurs für in das Gastland gerichtete Direktinvestitionen oder der letztgültige Kurs für die Umrechnung von Devisen in Sonderziehungsrechte heranzuziehen.

(4) Ungeachtet der Absätze 1 bis 3 kann eine Vertragspartei die Rechte von Gläubigern schützen oder die Einhaltung der Gesetze über die Ausgabe, den Handel und den Verkehr mit

Wertpapieren oder die Vollstreckung von Urteilen zivil-, verwaltungs- und strafrechtlicher Verfahren gewährleisten, indem sie ihre Gesetze und sonstigen Rechtsvorschriften in gerechter und nichtdiskriminierender Weise nach Treu und Glauben anwendet.

(5) Ungeachtet des Absatzes 2 können Vertragsparteien, die Staaten sind, welche die ehemalige Union der Sozialistischen Sowjetrepubliken bildeten, untereinander Übereinkünfte schließen, wonach Transfers von Zahlungen in ihren Währungen erfolgen, sofern diese Übereinkünfte Investitionen in ihren Gebieten von Investoren anderer Vertragsparteien nicht weniger günstig behandeln als entweder Investitionen von Investoren der Vertragsparteien, die diese Übereinkünfte geschlossen haben, oder Investitionen von Investoren eines dritten Staates.

(6) Ungeachtet des Absatzes 1 Buchstabe b kann eine Vertragspartei den Transfer eines Ertrags in Naturalien einschränken, falls es der Vertragspartei nach Artikel 29 Absatz 2 Buchstabe a oder nach dem GATT und den dazugehörigen Rechtsinstrumenten unter Umständen erlaubt ist, die Ausfuhr oder den Exportverkauf des Erzeugnisses, das den Ertrag in Naturalien darstellt, zu beschränken; dies gilt jedoch mit der Maßgabe, daß eine Vertragspartei Transfers von Erträgen in Naturalien gestattet, die in einer Investitionsvereinbarung, Investitionsgenehmigung oder sonstigen schriftlichen Vereinbarung zwischen der Vertragspartei und einem Investor einer anderen Vertragspartei beziehungsweise deren Investition genehmigt oder festgelegt sind.

Artikel 15
Übertragung von Rechten

(1) Leistet eine Vertragspartei oder die von ihr bestimmte Stelle (im folgenden als „entschädigende Partei" bezeichnet) eine Zahlung auf Grund einer Entschädigungsverpflichtung oder Garantie für eine Investition eines Investors (im folgenden als „entschädigte Partei" bezeichnet) im Gebiet einer anderen Vertragspartei (im folgenden als „gastgebende Partei" bezeichnet), so erkennt die gastgebende Partei folgendes an:

a) die Abtretung aller Rechte und Ansprüche an die entschädigende Partei in bezug auf eine solche Investition und

b) das Recht der entschädigenden Partei, alle diese Rechte auszuüben und diese Ansprüche auf Grund der Übertragung durchzusetzen.

(2) Die entschädigende Partei hat unter allen Umständen Anspruch auf

a) dieselbe Behandlung in bezug auf die Rechte und Ansprüche, die sie auf Grund der Abtretung nach Absatz 1 erworben hat, und

b) dieselben Zahlungen auf Grund solcher Rechte und Ansprüche, welche die entschädigte Partei auf Grund dieses Vertrags in bezug auf die betreffende Investition zu erhalten berechtigt war.

(3) In einem Verfahren nach Artikel 26 darf eine Vertragspartei nicht als Einwand, als Gegenforderung, als Ausgleichsforderung oder mit irgendeiner anderen Begründung geltend machen, daß eine Abfindung oder eine sonstige Entschädigung für den gesamten behaupteten Schaden oder einen Teil davon im Zuge eines Versicherungs- oder Garantievertrags geleistet wurde oder geleistet werden wird.

Artikel 16
Beziehung zu anderen Übereinkünften

Haben zwei oder mehr Vertragsparteien früher eine internationale Übereinkunft geschlossen oder schließen sie später eine solche Übereinkunft, deren Bestimmungen die in Teil III oder V dieses Vertrags behandelten Angelegenheiten betreffen,

1. so darf Teil III oder V dieses Vertrags nicht so ausgelegt werden, als weiche er von Bestimmungen der anderen Übereinkunft oder von dem Recht auf diesbezügliche Streitbeilegung auf Grund der Übereinkunft ab, und

2. so darf keine Bestimmung der anderen Übereinkunft so ausgelegt werden, als weiche sie von einer Bestimmung in Teil III oder V dieses Vertrags oder von dem Recht auf diesbezügliche Streitbeilegung auf Grund dieses Vertrags ab,

soweit eine derartige Bestimmung für den Investor oder die Investition günstiger ist.

Artikel 17
Nichtanwendung des Teiles II unter bestimmten Umständen

Jede Vertragspartei behält sich das Recht vor, die Vorteile aus diesem Teil gegenüber folgenden zu verweigern:

1. einer juristischen Person, wenn Staatsbürger oder Staatsangehörige eines dritten Staates Eigentümer dieser juristischen Person sind oder diese kontrollieren und wenn diese juristische Person keine nennenswerte Geschäftstätigkeit im Gebiet der Vertragspartei ausübt, in der sie gegründet wurde;

2. einer Investition, wenn die verweigernde Vertragspartei feststellt, daß es sich um die Investition eines Investors eines dritten Staates handelt, mit dem oder hinsichtlich dessen die verweigernde Vertragspartei

a) keine diplomatischen Beziehungen unterhält oder

b) Maßnahmen beschließt oder beibehält,

i) die Transaktionen mit Investoren jenes Staates verbieten oder

ii) die verletzt oder umgangen würden, falls die Vorteile aus diesem Teil den Investoren jenes Staates oder ihren Investitionen gewährt würden.

TEIL IV

ANDERE BESTIMMUNGEN

Artikel 18
Souveränität über Energievorkommen

(1) Die Vertragsparteien erkennen die Souveränität des Staates und seine souveränen Rechte über die Energievorkommen an. Sie bekräftigen, daß diese in Übereinstimmung mit den Regeln des Völkerrechts und nach Maßgabe dieser Regeln ausgeübt werden müssen.

(2) Ungeachtet der Zielsetzung, den Zugang zu Energievorkommen und deren Aufsuchung und Erschließung auf kommerzieller Grundlage zu fördern, läßt der Vertrag die in den Vertragsparteien für Energievorkommen geltende Eigentumsordnung unberührt.

(3) Jeder Staat behält insbesondere weiterhin das Recht, über die geographischen Bereiche innerhalb seines Gebiets zu entscheiden, die für die Aufsuchung und Erschließung seiner Energievorkommen sowie die Optimierung ihrer Rückgewinnung zur Verfügung gestellt werden, und wie und in welchem Tempo sie abgebaut oder auf andere Weise erschlossen werden, und er hat das Recht, Steuern, Lizenzentgelte oder sonstige finanzielle Leistungen für die Aufsuchung und Ausbeutung festzusetzen und zu erheben, Vorschriften über Umwelt- und Sicherheitsaspekte für die Aufsuchung, Erschließung und Nutzbarmachung in seinem Gebiet zu erlassen und sich an der Aufsuchung und Ausbeutung unter anderem durch unmittelbare Mitwirkung der Regierung oder über Staatsunternehmen zu beteiligen.

(4) Die Vertragsparteien verpflichten sich, den Zugang zu Energievorkommen unter anderem dadurch zu erleichtern, daß sie in nichtdiskriminierender Weise auf der Grundlage veröffentlichter Kriterien Genehmigungen, Lizenzen, Konzessionen und privatrechtliche Verträge zur Aufsuchung und Erforschung sowie zur Ausbeutung oder Förderung von Energievorkommen erteilen.

Artikel 19
Umweltaspekte

(1) Jede Vertragspartei ist in dem Bemühen um eine nachhaltige Entwicklung und unter Berücksichtigung ihrer Verpflichtungen aus internationalen Übereinkünften betreffend die Umwelt, deren Vertragspartei sie ist, bestrebt, schädliche Umweltauswirkungen, die innerhalb oder außerhalb ihres Gebiets durch alle Vorgänge innerhalb des Energiekreislaufs in ihrem Gebiet entstehen, auf wirtschaftlich effiziente Weise auf ein Mindestmaß zu beschränken und dabei die Sicherheit angemessen zu berücksichtigen. Dabei handeln die Vertragsparteien kostengünstig. In ihren politischen Ausrichtungen und ihren Handlungen ist jede Vertragspartei bestrebt, eine Schädigung der Umwelt durch Vorsorgemaßnahmen zu verhüten oder auf ein Mindestmaß zu beschränken. Die Vertragsparteien kommen überein, daß grundsätzlich der Verursacher die Kosten der Verschmutzung, einschließlich der grenzüberschreitenden Verschmutzung, zu tragen hat, wobei das öffentliche Interesse gebührend berücksichtigt wird und Investitionen in den Energiekreislauf oder der internationale Handel nicht verzerrt werden dürfen. Die Vertragsparteien werden daher

a) bei der Ausarbeitung und Umsetzung ihrer Energiepolitik Umweltüberlegungen berücksichtigen;

b) eine marktorientierte Preisbildung und eine umfassendere Einbeziehung von Umweltkosten und -nutzen im gesamten Energiekreislauf fördern;

c) unter Berücksichtigung des Artikels 34 Absatz 4 die Zusammenarbeit bei der Verwirklichung der Umweltziele der Charta und die Zusammenarbeit auf dem Gebiet der internationalen Umweltnormen für den Energiekreislauf ermutigen und dabei die Unterschiede bei den nachteiligen Auswirkungen und den Kosten der Bekämpfung von Umweltbelastungen zwischen den Vertragsparteien in Betracht ziehen;

d) insbesondere die Energieeffizienz verbessern, Quellen für erneuerbare Energien erschließen und nutzen, die Verwendung sauberer Brennstoffe fördern und Technologien und technologische Mittel einsetzen, welche die Verschmutzung verringern;

e) die Zusammenstellung und den Austausch von Informationen zwischen den Vertragsparteien über eine umweltverträgliche und wirtschaftlich effiziente Energiepolitik und kostengünstige Methoden und Technologien fördern;

f) das Bewußtsein der Öffentlichkeit für die Umweltauswirkungen von Energiesystemen, die Möglichkeiten zur Verhütung oder Bekämpfung ihrer nachteiligen Umweltauswirkungen und die Kosten wecken, die mit den verschiedenen Maßnahmen zur Verhütung oder Bekämpfung solcher Auswirkungen einhergehen;

g) die Erforschung, Entwicklung und Anwendung energieeffizienter und umweltverträglicher Technologien, Methoden und Verfahren fördern, die schädliche Umweltauswirkungen in allen Aspekten des Energiekreislaufs auf wirtschaftlich wirksame Weise auf ein Mindestmaß beschränken, und dabei zusammenarbeiten;

h) günstige Rahmenbedingungen für die Weitergabe und die Verbreitung solcher Technologien im Einklang mit einem angemessenen und wirksamen Schutz der Rechte des geistigen Eigentums anregen;

i) frühzeitig vor einer Entscheidung eine transparente Bewertung der Umweltauswirkungen ökologisch bedeutsamer Investitionsvorhaben im Energiebereich und eine spätere Überwachung fördern;

j) das internationale Bewußtsein und den Austausch von Informationen über die einschlägigen Umweltprogramme und normen der Vertragsparteien sowie über die Umsetzung dieser Programme und Normen fördern;

k) auf Ersuchen und im Rahmen ihrer verfügbaren Mittel an der Entwicklung und Durchführung geeigneter Umweltprogramme in den Vertragsparteien teilnehmen.

(2) Auf Ersuchen einer oder mehrerer Vertragsparteien werden Streitigkeiten über die Anwendung oder Auslegung von Bestimmungen dieses Artikels, sofern es für die Prüfung solcher Streitigkeiten keine anderen geeigneten internationalen Foren gibt, von der Chartakonferenz überprüft, die sich um eine Lösung bemüht.

(3) Im Sinne dieses Artikels

a) bedeutet „Energiekreislauf" die gesamte Energiekette, einschließlich der Tätigkeiten im Zusammenhang mit der Erkundung, Aufsuchung, Produktion, Umwandlung, Lagerung, Beförderung, Verteilung und des Verbrauchs der verschiedenen Energieformen, der Abfallbehandlung und -entsorgung sowie der Außerbetriebnahme, Stillegung oder Beendigung dieser Tätigkeiten bei gleichzeitiger Beschränkung der schädlichen Umweltauswirkungen auf ein Mindestmaß;

b) bedeutet „Umweltauswirkung" eine von einer gegebenen Tätigkeit ausgehende Wirkung auf die Umwelt, einschließlich der menschlichen Gesundheit und Sicherheit, der Pflanzen- und Tierwelt, des Bodens, der Luft, des Wassers, des Klimas, der Landschaft und der historischen Denkmäler oder sonstiger Bauten oder die Wechselwirkungen zwischen diesen Faktoren; der Begriff umfaßt auch Wirkungen auf das Kulturerbe oder auf wirtschaftlich-soziale Verhältnisse, die sich aus Veränderungen dieser Faktoren ergeben;

c) bedeutet „Energieeffizienz verbessern" darauf hinwirken, den unveränderten mengenmäßigen Ertrag (einer Ware oder einer Dienstleistung) ohne Qualitäts- oder Leistungseinbuße zu erhalten bei gleichzeitiger Verringerung der zur Produktion dieses Ertrags eingesetzten Energiemenge;

d) bedeutet „kostengünstig" das Erreichen eines gesetzten Zieles bei geringsten Kosten oder das Erreichen des größten Nutzens bei gegebenen Kosten.

Artikel 20
Transparenz

(1) Gesetze, sonstige Rechtsvorschriften, gerichtliche Entscheidungen und Verwaltungsverfügungen allgemeiner Anwendung, die sich auf den Handel mit Primärenergieträgern und Energieerzeugnissen beziehen, gehören in Übereinstimmung mit Artikel 29 Absatz 2 Buchstabe a zu den Maßnahmen, die den Transparenzregeln des GATT und den in Frage kommenden dazugehörigen Rechtsinstrumenten unterliegen.

(2) Gesetze, sonstige Rechtsvorschriften, gerichtliche Entscheidungen und Verwaltungsverfügungen allgemeiner Anwendung, die in einer Vertragspartei rechtswirksam geworden sind, und in Kraft befindliche Übereinkünfte zwischen Vertragsparteien, die sich auf andere unter diesen Vertrag fallende Angelegenheiten beziehen, werden ebenfalls umgehend veröffentlicht, so daß die Vertragsparteien und Investoren sich damit vertraut machen können. Dieser Absatz verlangt nicht von einer Vertragspartei, vertrauliche Informationen offenzulegen, welche die Durchsetzung ihrer Gesetze behindern, sonst gegen das öffentliche Interesse verstoßen oder die berechtigten kommerziellen Interessen eines Investors beeinträchtigen würden.

(3) Jede Vertragspartei bestimmt eine oder mehrere Auskunftsstellen, an die Anfragen über die genannten Gesetze, sonstigen Rechtsvorschriften, gerichtlichen Entscheidungen und Verwaltungsverfügungen zu richten sind, und teilt diese Stellen umgehend dem Sekretariat mit, das auf Anfrage hierüber Auskunft erteilt.

Artikel 21
Besteuerung

(1) Sofern in diesem Artikel nichts anderes vorgesehen ist, begründet dieser Vertrag keine Rechte oder Verpflichtungen in bezug auf steuerliche Maßnahmen der Vertragsparteien. Bei Widersprüchlichkeit zwischen diesem Artikel und einer anderen Bestimmung des Vertrags ist dieser Artikel insoweit maßgebend.

(2) Artikel 7 Absatz 3 findet auf steuerliche Maßnahmen mit Ausnahme der Steuern vom Einkommen oder vom Vermögen Anwendung; diese Bestimmung gilt jedoch nicht für

a) eine Vergünstigung, die von einer Vertragspartei auf Grund der steuerlichen Bestimmungen eines Übereinkommens, eines Abkommens oder einer Vereinbarung nach Absatz 7 Buchstabe a Ziffer ii gewährt wird, oder

b) eine steuerliche Maßnahme, die eine wirksame Steuererhebung sicherstellen soll, es sei denn, die Maßnahme einer Vertragspartei diskriminiert willkürlich Primärenergieträger und Energieerzeugnisse mit Ursprung in einem Gebiet einer anderen Vertragspartei oder Bestimmung für ein solches Gebiet oder schränkt die auf Grund des Artikels 7 Absatz 3 gewährten Vorteile willkürlich ein.

(3) Artikel 10 Absätze 2 und 7 finden auf steuerliche Maßnahmen der Vertragsparteien Anwendung, mit Ausnahme der Steuern vom Einkommen oder vom Vermögen; diese Bestimmungen gelten jedoch nicht für

a) die Auferlegung von Verpflichtungen zur Meistbegünstigung in bezug auf Vergünstigungen, die von einer Vertragspartei auf Grund der Steuerbestimmungen in einem in Absatz 7 Buchstabe a Ziffer ii beschriebenen Übereinkommen, Abkommen oder einer dort genannten Vereinbarung gewährt werden oder sich aus der Mitgliedschaft in einer Organisation der regionalen Wirtschaftsintegration ergeben, oder

b) eine steuerliche Maßnahme zur Sicherstellung der wirksamen Erhebung von Steuern, es sei denn, die Maßnahme diskriminiert willkürlich einen Investor einer anderen Vertragspartei oder schränkt die auf Grund der Investitionsbestimmungen dieses Vertrags gewährten Vergünstigungen willkürlich ein.

(4) Artikel 29 Absätze 2 bis 6 gilt für steuerliche Maßnahmen, die nicht das Einkommen oder das Vermögen betreffen.

(5) a) Artikel 13 findet auf Steuern Anwendung.

b) Ergibt sich auf Grund des Artikels 13 die Frage, ob eine Steuer eine Enteignung darstellt oder ob eine Steuer, die angeblich eine Enteignung darstellt, diskriminierend ist, so finden folgende Bestimmungen Anwendung:

i) Der Investor oder die Vertragspartei, welche die Enteignung behauptet, legt die Frage, ob die Maßnahme eine Enteignung darstellt oder die Steuer diskriminierend ist, der zuständigen Steuerbehörde vor. Unterläßt es der Investor oder die Vertragspartei, die Frage vorzulegen, so legen die Gremien, die nach Artikel 26 Absatz 2 Buchstabe c oder Artikel 27 Absatz 2 zur Beilegung von Streitigkeiten angerufen werden, die Frage den zuständigen Steuerbehörden vor.

ii) Die zuständigen Steuerbehörden bemühen sich, die ihnen vorgelegten Fragen innerhalb von sechs Monaten zu klären. Handelt es sich um Fragen der Gleichbehandlung, so wenden die zuständigen Steuerbehörden die Gleichbehandlungsbestimmungen der einschlägigen Steuerübereinkunft an oder, falls diese Übereinkunft keine auf die steuerliche Maßnahme anwendbare Gleichbehandlungsbestimmung enthält oder zwischen den betreffenden Vertragsparteien keine derartige Steuerübereinkunft in Kraft ist, so wenden sie die Gleichbehandlungsgrundsätze des Musterabkommens auf dem Gebiete der Steuern vom Einkommen und vom Vermögen der Organisation für Wirtschaftliche Zusammenarbeit und Entwicklung an.

iii) Die zur Beilegung von Streitigkeiten nach Artikel 26 Absatz 2 Buchstabe c oder Artikel 27 Absatz 2 angerufenen Gremien können alle Schlußfolgerungen der zuständigen Steuerbehörden zu der Frage berücksichtigen, ob die Steuer eine Enteignung darstellt. Diese Gremien müssen alle Schlußfolgerungen berücksichtigen, zu denen die zuständigen Steuerbehörden innerhalb der unter Ziffer ii vorgeschriebenen sechs Monate zu der Frage gelangt sind, ob die Steuer diskriminierend ist. Die Gremien können auch Schlußfolgerungen in Betracht ziehen, zu denen die zuständigen Steuerbehörden nach Ablauf der sechs Monate gelangt sind.

iv) Die Beteiligung der zuständigen Steuerbehörden über das Ende der unter Ziffer ii genannten sechs Monate hinaus darf unter keinen Umständen zu einer Verzögerung der Verfahren nach den Artikeln 26 und 27 führen.

(6) Artikel 14 schränkt das Recht einer Vertragspartei, eine Steuer durch Abzug an der Quelle oder auf andere Weise aufzuerlegen oder einzuziehen, nicht ein.

(7) Im Sinne dieses Artikels

a) umfaßt der Begriff „steuerliche Maßnahme" folgendes:

i) jede Steuerbestimmung nach dem innerstaatlichen Recht der Vertragspartei, eines ihrer politischen Teilgebiete oder einer ihrer örtlichen Behörden und

ii) jede Steuerbestimmung eines Abkommens zur Vermeidung der Doppelbesteuerung und einer internationalen Übereinkunft oder sonstigen Vereinbarung, durch welche die Vertragspartei gebunden ist.

b) Als Steuern vom Einkommen oder vom Vermögen gelten alle Steuern, die vom Gesamteinkommen, vom Gesamtvermögen oder von Teilen des Einkommens oder des Vermögens erhoben werden, einschließlich der Steuern vom Gewinn aus der Veräußerung von Vermögen, der Steuern von Nachlässen, Erbschaften und Schenkungen oder im wesentlichen ähnlichen Steuern, der Lohnsummensteuern sowie der Steuern vom Vermögenszuwachs.

c) Eine „zuständige Steuerbehörde" bedeutet die zuständige Behörde auf Grund eines zwischen den Vertragsparteien in Kraft befindlichen Doppelbesteuerungsabkommens oder wenn ein solches Abkommen nicht in Kraft ist, den für Steuern zuständigen Minister oder das betreffende Ministerium oder deren bevollmächtigte Vertreter.

d) Die Begriffe „Steuerbestimmungen" und „Steuern" beziehen Zölle nicht ein.

Artikel 22
Staatliche Unternehmen und Unternehmen mit Vorzugsrechten

(1) Jede Vertragspartei sorgt dafür, daß ein von ihr geführtes oder gegründetes staatliches Unternehmen seine Tätigkeiten im Zusammenhang mit dem Verkauf oder der Beschaffung von Waren oder Dienstleistungen in ihrem Gebiet in einer Weise ausübt, die mit den Verpflichtungen der Vertragspartei aus Teil III dieses Vertrags im Einklang steht.

(2) Eine Vertragspartei darf ein staatliches Unternehmen nicht ermutigen oder von ihm verlangen, seine Tätigkeiten in ihrem Gebiet in einer Weise auszuüben, die mit den Verpflichtungen der Vertragspartei aus anderen Bestimmungen dieses Vertrags nicht im Einklang steht.

(3) Jede Vertragspartei sorgt dafür, daß ein Rechtsträger, den sie gründet oder führt und dem sie ordnungsrechtliche, verwaltungsrechtliche oder sonstige staatliche Befugnisse überträgt, diese in einer Weise ausübt, die mit den Verpflichtungen der Vertragspartei aus diesem Vertrag im Einklang steht.

(4) Eine Vertragspartei darf einen Rechtsträger, dem sie ausschließliche oder besondere Vorrechte gewährt, nicht ermutigen oder von ihm verlangen, seine Tätigkeiten in ihrem Gebiet in einer Weise auszuüben, die mit den Verpflichtungen der Vertragspartei aus diesem Vertrag nicht im Einklang steht.

(5) Im Sinne dieses Artikels umfaßt „Rechtsträger" jedes Unternehmen, jede Agentur oder jede andere Organisation oder Einzelperson.

Artikel 23
Einhaltung durch regionale und örtliche Regierungs- und Verwaltungsstellen

(1) Jede Vertragspartei trägt im Rahmen dieses Vertrags die volle Verantwortung für die Einhaltung sämtlicher Bestimmungen des Vertrags und trifft die ihr zur Verfügung stehenden angemessenen Maßnahmen, um die Einhaltung dieser Bestimmungen durch die regionalen und örtlichen Regierungsund Verwaltungsstellen in ihrem Gebiet sicherzustellen.

(2) Die Bestimmungen über die Streitbeilegung in den Teilen II, IV und V dieses Vertrags können für Maßnahmen in Anspruch genommen werden, welche die Einhaltung des Vertrags durch eine Vertragspartei betreffen und von den regionalen oder örtlichen Regierungs- und Verwaltungsstellen im Gebiet der Vertragspartei getroffen werden.

Artikel 24
Ausnahmen

(1) Dieser Artikel findet keine Anwendung auf die Artikel 12, 13 und 29.

(2) Die Bestimmungen dieses Vertrags mit Ausnahme

a) derjenigen in Absatz 1 und

b) in bezug auf Ziffer i, derjenigen in Teil III dieses Vertrags hindern eine Vertragspartei nicht daran, eine Maßnahme zu beschließen oder durchzusetzen,

i) die zum Schutz des Lebens und der Gesundheit von Menschen, Tieren oder Pflanzen notwendig ist,

ii) die für den Erwerb oder die Verteilung von Primärenergieträgern und Energieerzeugnissen bei knapper Versorgung aus Gründen wesentlich ist, auf welche die betreffende Vertragspartei keinen Einfluß hat, sofern diese Maßnahme den Grundsätzen entspricht,

A) daß alle anderen Vertragsparteien Anspruch auf einen gerechten Anteil an der internationalen Versorgung mit solchen Primärenergieträgern und Energieerzeugnissen haben und

B) daß jede derartige Maßnahme, die mit diesem Vertrag nicht im Einklang steht, eingestellt wird, sobald die Voraussetzungen, die sie veranlaßt haben, nicht mehr vorhanden sind, oder

iii) die Investoren, die Ureinwohner oder sozial oder wirtschaftlich benachteiligte Einzelpersonen oder Gruppen sind, oder deren Investitionen begünstigen soll und dem Sekretariat als solche notifiziert wurden, wenn diese Maßnahme

A) keine erhebliche Auswirkung auf die Wirtschaft der betreffenden Vertragspartei hat und

B) keine Diskriminierung zwischen den Investoren einer anderen Vertragspartei und den Investoren der betreffenden Vertragspartei darstellt, die nicht zu den Personen zählen, für welche die Maßnahme beabsichtigt ist;

allerdings darf eine solche Maßnahme nicht eine verschleierte Beschränkung der Wirtschaftstätigkeit im Energiebereich oder eine willkürliche oder ungerechtfertigte Diskriminierung zwischen Vertragsparteien oder zwischen Investoren oder anderen Beteiligten von Vertragsparteien darstellen. Die Maßnahmen müssen ordnungsgemäß begründet sein und dürfen die Vergünstigungen, die von einer oder mehreren anderen Vertragsparteien zu Recht aus diesem Vertrag erwartet werden dürfen, nicht zunichte machen oder in größerem Maße beeinträchtigen, als zur Erfüllung des angegebenen Zwecks unbedingt notwendig ist.

(3) Die Bestimmungen dieses Vertrags mit Ausnahme derjenigen in Absatz 1 dürfen nicht so ausgelegt werden, als hinderten sie eine Vertragspartei daran, Maßnahmen zu treffen, die sie für notwendig hält

a) zum Schutz ihrer wesentlichen Sicherheitsinteressen einschließlich derjenigen,

i) welche die Versorgung einer militärischen Einrichtung mit Primärenergieträgern und Energieerzeugnissen betreffen oder

ii) welche in Zeiten eines Krieges, eines bewaffneten Konflikts oder einer anderen Notlage in den internationalen Beziehungen getroffen werden;

b) im Zusammenhang mit der Durchführung der innerstaatlichen Politik der Beachtung der Nichtverbreitung von Kernwaffen oder anderen Kernsprengstoffen, oder die nötig sind, um ihre Verpflichtungen aus dem Vertrag über die Nichtverbreitung von Kernwaffen, den Richtlinien der Gruppe der Nuklearlieferländer und sonstige internationale Nichtverbreitungsverpflichtungen oder -absprachen im Nuklearbereich zu erfüllen oder

c) zur Aufrechterhaltung der öffentlichen Ordnung.

Diese Maßnahme darf keine verschleierte Einschränkung des Transits sein.

(4) Die Bestimmungen dieses Vertrags über die Gewährung der Meistbegünstigung dürfen eine Vertragspartei nicht dazu verpflichten, auf die Investoren einer anderen Vertragspartei eine Vorzugsbehandlung zu erstrecken,

a) die aus der Mitgliedschaft der Vertragspartei in einer Freihandelszone oder einer Zollunion herrührt;

b) die auf Grund einer zweiseitigen oder mehrseitigen Übereinkunft über die wirtschaftliche Zusammenarbeit zwischen Staaten gewährt wird, welche die ehemalige Union der Sozialistischen Sowjetrepubliken bildeten, solange deren wechselseitigen Wirtschaftsbeziehungen nicht auf eine endgültige Grundlage gestellt sind.

Artikel 25
Übereinkünfte über die Wirtschaftsintegration

(1) Dieser Vertrag ist nicht so auszulegen, als verpflichte er eine Vertragspartei, die Vertragspartei einer Übereinkunft über die Wirtschaftsintegration (im folgenden als „EIA" bezeichnet) ist, einer anderen Vertragspartei, die nicht Vertragspartei dieser EIA ist, im Wege der Meistbegünstigungsbehandlung eine Vorzugsbehandlung einzuräumen, die zwischen den Vertragsparteien der EIA gilt, weil sie Vertragsparteien dieser EIA sind.

(2) Im Sinne des Absatzes 1 bedeutet „EIA" eine Übereinkunft, die unter anderem den Handel und die Investitionen erheblich liberalisiert, indem im wesentlichen jede Diskriminierung zwischen oder unter den Vertragsparteien durch die Beseitigung vorhandener diskriminierender Maßnahmen und/oder durch das Verbot neuer oder weiterer diskriminierender Maßnahmen entweder bei Inkrafttreten der Übereinkunft oder innerhalb einer angemessenen Frist abgeschafft oder beseitigt sein muß.

(3) Die Anwendung des GATT und der dazugehörigen Rechtsinstrumente nach Artikel 29 wird durch diesen Artikel nicht berührt.

TEIL V
STREITBEILEGUNG

Artikel 26
Beilegung von Streitigkeiten zwischen einem Investor und einer Vertragspartei

(1) Streitigkeiten zwischen einer Vertragspartei und einem Investor einer anderen Vertragspartei über eine Investition des letzteren im Gebiet der ersteren, die sich auf einen behaupteten Verstoß der ersteren Vertragspartei gegen eine Verpflichtung aus Teil III beziehen, sind nach Möglichkeit gütlich beizulegen.

(2) Können solche Streitigkeiten nicht innerhalb von drei Monaten nach dem Zeitpunkt, zu dem eine der Streitparteien um eine gütliche Beilegung ersucht hat, nach Absatz 1 beigelegt werden, so kann der Investor als Streitpartei die Streitigkeit auf folgende Weise beilegen lassen:

a) durch die Zivil- oder Verwaltungsgerichte der an der Streitigkeit beteiligten Vertragspartei;

b) im Einklang mit einem anwendbaren, zuvor vereinbarten Streitbeilegungsverfahren oder

b) (Anm.: richtig: c)) im Einklang mit den folgenden Absätzen.

(3) a) Vorbehaltlich nur der Buchstaben b und c erteilt jede Vertragspartei hiermit ihre uneingeschränkte Zustimmung, eine Streitigkeit einem internationalen Schieds- oder Vergleichsverfahren in Übereinstimmung mit diesem Artikel zu unterwerfen.

b) i) Die in Anlage ID aufgeführten Vertragsparteien erteilen ihre uneingeschränkte Zustimmung nicht, wenn der Investor die Streitigkeit zuvor bereits nach Absatz 2 Buchstabe a oder b vorgelegt hat.

ii) Im Interesse der Transparenz teilt jede in Anlage ID aufgeführte Vertragspartei spätestens bei Hinterlegung ihrer Ratifikations-, Annahme- oder Genehmigungsurkunde nach Artikel 39 oder Hinterlegung ihrer Beitrittsurkunde nach Artikel 41 dem Sekretariat ihre diesbezüglichen politischen Ausrichtungen, ihre diesbezüglichen Gepflogenheiten und Bedingungen schriftlich mit.

c) Eine in Anlage IA aufgeführte Vertragspartei erteilt ihre uneingeschränkte Zustimmung nicht bei einer Streitigkeit, die über Artikel 10 Absatz 1 letzter Satz entsteht.

(4) Beabsichtigt ein Investor, die Streitigkeit einer Beilegung nach Absatz 2 Buchstabe c zu unterwerfen, so hat er ferner schriftlich seine Zustimmung zu erteilen, damit die Streitigkeit folgenden Stellen vorgelegt werden kann:

a) i) dem Internationalen Zentrum zur Beilegung von Investitionsstreitigkeiten, das im Rahmen des am 18. März 1965 in Washington zur Unterzeichnung aufgelegten Übereinkommens zur Beilegung von Investitionsstreitigkeiten zwischen Staaten und Angehörigen anderer Staaten (im folgenden als „ICSID-Übereinkommen" bezeichnet) errichtet wurde, falls sowohl die Vertragspartei des Investors als auch die an der Streitigkeit beteiligte Vertragspartei Vertragsparteien des ICSID-Übereinkommens sind, oder

ii) dem Internationalen Zentrum zur Beilegung von Investitionsstreitigkeiten, das im Rahmen des unter Buchstabe a Ziffer i genannten Übereinkommens nach den Regeln über die Zusatzeinrichtung für die Abwicklung von Klagen durch das Sekretariat des Zentrums (im folgenden als „Regeln für die Zusatzeinrichtung" bezeichnet) errichtet wurde, falls die Vertragspartei des Investors oder die an der Streitigkeit beteiligte Vertragspartei, aber nicht beide, Vertragspartei des ICSID-Übereinkommens ist,

b) einem Einzelschiedsrichter oder einem Ad-hoc-Schiedsgericht, das nach der Schiedsordnung der Kommission der Vereinten Nationen für internationales Handelsrecht (im folgenden als „UNCITRAL" bezeichnet) gebildet wird, oder

c) einem Schiedsverfahren im Rahmen des Instituts für Schiedsverfahren der Stockholmer Handelskammer.

(5) a) Die Zustimmung nach Absatz 3 zusammen mit der schriftlichen Zustimmung des Investors nach Absatz 4 wird so angesehen, als erfülle sie das Erfordernis

i) der schriftlichen Zustimmung der Streitparteien im Sinne des Kapitels II des ICSID-Übereinkommens und im Sinne der Regeln für die Zusatzeinrichtung,

ii) einer „schriftlichen Vereinbarung" im Sinne des Artikels II des am 10. Juni 1958 in New York beschlossenen Übereinkommens der Vereinten Nationen über die Anerkennung und Vollstreckung ausländischer Schiedssprüche (im folgenden als „New Yorker Übereinkommen" bezeichnet) und

iii) einer „schriftlichen Einverständniserklärung der Vertragsparteien" im Sinne des Artikels 1 der UNCITRAL-Schiedsordnung.

b) Ein Schiedsverfahren nach diesem Artikel findet auf Ersuchen einer der Streitparteien in einem Staat statt, der Vertragspartei des New Yorker Übereinkommens ist. Ansprüche, die Gegenstand eines Schiedsverfahrens nach diesem Artikel sind, gelten als aus einer Handelssache oder Transaktion im Sinne des Artikels I jenes Übereinkommens entstanden.

(6) Ein nach Absatz 4 gebildetes Schiedsgericht entscheidet über die strittigen Fragen in Übereinstimmung mit diesem Vertrag und den geltenden Regeln und Grundsätzen des Völkerrechts.

(7) Ein Investor, der keine natürliche Person ist und die Staatsangehörigkeit einer zum Zeitpunkt der in Absatz 4 bezeichneten schriftlichen Zustimmung am Streit beteiligten Vertragspartei besitzt und der vor dem Entstehen einer Streitigkeit zwischen ihm und der betreffenden Vertragspartei von Investoren einer anderen Vertragspartei kontrolliert wird, wird im Sinne des Artikels 25 Absatz 2 Buchstabe b des ICSID-Übereinkommens als „Staatsangehöriger einer anderen Vertragspartei" und im Sinne des Artikels 1 Absatz 6 der Regeln für die Zusatzeinrichtung als „Staatsangehöriger eines anderen Staates" behandelt.

(8) Schiedssprüche, die auch die Zuerkennung von Zinsen umfassen können, sind für die Streitparteien endgültig und bindend. Ein Schiedsspruch betreffend eine Maßnahme einer regionalen oder örtlichen Regierungs- oder Verwaltungsstelle der streitenden Vertragspartei hat vorzusehen, daß die Vertragspartei eine Entschädigung in Geld anstelle eines anderen Schadenersatzes leisten kann. Jede Vertragspartei führt einen derartigen Schiedsspruch unverzüglich aus und veranlaßt die wirksame Vollstreckung der Schiedssprüche in ihrem Gebiet.

Artikel 27
Beilegung von Streitigkeiten zwischen Vertragsparteien

(1) Die Vertragsparteien bemühen sich, Streitigkeiten über die Anwendung oder Auslegung dieses Vertrags auf diplomatischem Weg beizulegen.

(2) Ist eine Streitigkeit nicht nach Absatz 1 innerhalb einer angemessenen Frist beigelegt worden, so kann jede der beteiligten Parteien, sofern in diesem Vertrag nichts anderes bestimmt oder von den Vertragsparteien schriftlich vereinbart ist und sofern nicht die Anwendung oder Auslegung des Artikels 6, des Artikels 19 oder – für die in Anlage IA aufgeführten Vertragsparteien – des Artikels 10 Absatz 1 letzter Satz betroffen ist, nach schriftlicher Mitteilung an die andere Streitpartei die Angelegenheit einem auf Grund dieses Artikels gebildeten Ad-hoc-Schiedsgericht vorlegen.

(3) Ein solches Ad-hoc-Schiedsgericht wird wie folgt gebildet:

a) Die das Verfahren einleitende Vertragspartei bestellt ein Mitglied des Gerichts und unterrichtet die andere an der Streitigkeit beteiligte Vertragspartei von dieser Bestellung innerhalb von 30 Tagen nach Eingang der in Absatz 2 genannten Mitteilung der anderen Vertragspartei.

b) Innerhalb von 60 Tagen nach Eingang der in Absatz 2 genannten schriftlichen Mitteilung bestellt die andere an der Streitigkeit beteiligte Vertragspartei ein Mitglied. Erfolgt die Bestellung nicht innerhalb der vorgeschriebenen Frist, so kann die Vertragspartei, die das Verfahren eingeleitet hat, innerhalb von 90 Tagen nach Eingang der in Absatz 2 genannten schriftlichen Mitteilung darum ersuchen, daß die Bestellung in Übereinstimmung mit Buchstabe d erfolgt.

c) Ein drittes Mitglied, das nicht Staatsangehöriger oder Bürger einer an der Streitigkeit beteiligten Vertragspartei sein darf, wird von den an der Streitigkeit beteiligten Vertragsparteien bestellt. Dieses Mitglied ist der Präsident des Schiedsgerichts. Sind die Vertragsparteien innerhalb von 150 Tagen nach Eingang der in Absatz 2 genannten Mitteilung nicht in der Lage, sich auf die Bestellung eines dritten Mitglieds zu einigen, so erfolgt diese Bestellung nach Buchstabe d auf Ersuchen einer der Vertragsparteien innerhalb von 180 Tagen nach Eingang jener Mitteilung.

d) Bestellungen, die im Einklang mit diesem Absatz erfolgen, werden vom Generalsekretär des Ständigen Schiedsgerichtshofs innerhalb von 30 Tagen nach Eingang eines dahin gehenden Ersuchens vorgenommen. Ist der Generalsekretär verhindert, diese Aufgabe wahrzunehmen, so werden die Bestellungen vom Ersten Sekretär des Präsidiums vorgenommen. Ist auch dieser verhindert, diese Aufgabe wahrzunehmen, so werden die Bestellungen vom ranghöchsten Stellvertreter vorgenommen.

e) Die Bestellungen nach den Buchstaben a bis d erfolgen unter Berücksichtigung der Fähigkeiten und Erfahrungen der zu bestellenden Mitglieder, insbesondere in den unter diesen Vertrag fallenden Angelegenheiten.

f) Haben die Vertragsparteien keine anderslautende Vereinbarung getroffen, so gilt die Schiedsordnung der UNCITRAL, soweit die an der Streitigkeit beteiligten Vertragsparteien oder die Schiedsrichter nicht davon abweichen. Das Schiedsgericht entscheidet mit der Mehrheit seiner Mitglieder.

g) Das Schiedsgericht entscheidet die Streitigkeit im Einklang mit diesem Vertrag und den anwendbaren Regeln und Grundsätzen des Völkerrechts.

h) Der Schiedsspruch ist endgültig und für die an der Streitigkeit beteiligten Vertragsparteien bindend.

i) Stellt ein Schiedsgericht in seinem Spruch fest, daß eine Maßnahme einer regionalen oder örtlichen Regierungs- oder Verwaltungsstelle im Gebiet einer in Teil I der Anlage P aufgeführten Vertragspartei mit diesem Vertrag nicht im Einklang steht, so kann sich jede Streitpartei auf Teil II der Anlage P berufen.

j) Die Kosten des Schiedsgerichts, einschließlich der Vergütung seiner Mitglieder, werden von den an der Streitigkeit beteiligten Vertragsparteien zu gleichen Teilen getragen. Das Gericht kann jedoch nach eigenem Ermessen anordnen, daß eine der an der Streitigkeit beteiligten Vertragsparteien einen höheren Anteil an den Kosten zu tragen hat.

k) Sofern die an der Streitigkeit beteiligten Vertragsparteien nichts anderes vereinbaren, tritt das Gericht in Den Haag zusammen und benutzt die Gebäude und Einrichtungen des Ständigen Schiedsgerichtshofs.

l) Eine Ausfertigung des Schiedsspruchs wird im Sekretariat hinterlegt, das den Spruch allgemein zugänglich macht.

Artikel 28
Nichtanwendung des Artikels 27 auf bestimmte Streitigkeiten

Eine Streitigkeit zwischen Vertragsparteien über die Anwendung oder Auslegung des Artikels 5 oder 29 wird nicht nach Artikel 27 beigelegt, es sei denn, die an der Streitigkeit beteiligten Vertragsparteien vereinbaren dies.

TEIL VI
ÜBERGANGSBESTIMMUNGEN

Artikel 29
Einstweilige Bestimmungen über Handelsbezogene Angelegenheiten

(1) Dieser Artikel findet auf den Handel mit Primärenergieträgern und Energieerzeugnissen Anwendung, solange eine Vertragspartei nicht Vertragspartei des GATT und der dazugehörigen Rechtsinstrumente ist.

(2) a) Der Handel mit Primärenergieträgern und Energieerzeugnissen zwischen Vertragsparteien, von denen wenigstens eine nicht Vertragspartei des GATT oder eines in Frage kommenden dazugehörigen Rechtsinstruments ist, wird vorbehaltlich der Buchstaben b und c und der in Anlage G vorgesehenen Ausnahmen und Regeln durch die Bestimmungen des GATT 1947 und der dazugehörigen Rechtsinstrumente geregelt, wie sie am 1. März 1994 angewandt wurden und in bezug auf die Primärenergieträger und Energieerzeugnisse von den Vertragsparteien des GATT 1947 untereinander praktiziert werden, als seien alle Vertragsparteien zugleich Vertragsparteien des GATT 1947 und der dazugehörigen Rechtsinstrumente.

b) Dieser Handel einer Vertragspartei, die zu den Staaten gehört, welche die ehemalige Union der Sozialistischen Sowjetrepubliken bildeten, kann statt dessen vorbehaltlich der Anlage TFU durch eine Übereinkunft zwischen zwei oder mehr dieser Staaten bis zum 1. Dezember 1999 oder bis zur Zulassung der betreffenden Vertragspartei zum GATT geregelt werden, je nachdem, welcher Zeitpunkt früher liegt.

c) Für den Handel zwischen zwei Vertragsparteien des GATT findet Buchstabe a keine Anwendung, wenn eine der Vertragsparteien nicht Vertragspartei des GATT 1947 ist.

(3) Jeder Unterzeichner dieses Vertrags und jeder Staat oder jede Organisation der regionalen Wirtschaftsintegration, die diesem Vertrag beitreten, überlassen dem Sekretariat bei der Unterzeichnung oder bei Hinterlegung ihrer Beitrittsurkunde eine Liste sämtlicher Zollsätze und sonstiger Abgaben, die bei der Einfuhr oder Ausfuhr auf Primärenergieträger und Energieerzeugnisse erhoben werden, und teilen die Höhe dieser Zollsätze und Abgaben mit, wie sie an dem Tag der Unterzeichnung oder der Hinterlegung gültig ist. Änderungen dieser Zollsätze oder sonstigen Abgaben werden dem Sekretariat notifiziert, das die Vertragsparteien davon unterrichtet.

(4) Jede Vertragspartei bemüht sich Zollsätze oder sonstige Abgaben, die bei der Einfuhr oder Ausfuhr erhoben werden, nicht zu erhöhen

a) bei der Einfuhr von Primärenergieträgern und Energieerzeugnissen, die in Teil I oder in der in Artikel II des GATT bezeichneten Liste für die Vertragspartei beschrieben sind, über die in der Liste festgelegte Höhe hinaus, falls die Vertragspartei Vertragspartei des GATT ist;

b) bei der Ausfuhr von Primärenergieträgern und Energieerzeugnissen und ihrer Einfuhr, falls die Vertragspartei nicht Vertragspartei des GATT ist, über die dem Sekretariat zuletzt notifizierte Höhe hinaus, sofern es nicht durch die in Absatz 2 Buchstabe b zur Anwendung gebrachten Bestimmungen erlaubt ist.

(5) Eine Vertragspartei darf die Zollsätze und sonstigen Abgaben über die in Absatz 4 angegebene Höhe hinaus nur erhöhen,

a) falls bei einem bei der Einfuhr erhobenen Zoll oder einer entsprechenden sonstigen Abgabe eine derartige Maßnahme nicht gegen die anwendbaren Bestimmungen des GATT mit Ausnahme der in Anlage G aufgeführten Bestimmungen des GATT 1947 und der dazugehörigen Rechtsinstrumente und der entsprechenden Bestimmungen des GATT 1994 und der dazugehörigen Rechtsinstrumente verstößt oder

b) falls sie so weitgehend wie auf Grund ihrer gesetzgebenden Verfahren praktisch möglich dem Sekretariat ihren Vorschlag für eine derartige Erhöhung notifiziert hat, anderen interessierten Vertragsparteien hinreichende Gelegenheit zur Konsultation über ihren Vorschlag gegeben und Darstellungen dieser Vertragsparteien in Betracht gezogen hat.

(6) Die Unterzeichner verpflichten sich spätestens am 1. Jänner 1995 Verhandlungen aufzunehmen mit dem Ziel, angesichts der Entwicklungen im System des Welthandels bis zum 1. Jänner 1998 einen Text zur Änderung dieses Vertrags zum Abschluß zu bringen, der nach Maßgabe der darin festgelegten Bedingungen jede Vertragspartei verpflichtet, die Zölle oder Abgaben nicht über die in der Änderung vorgeschriebene Höhe hinaus zu erhöhen.

(7) Anlage D gilt für Streitigkeiten über die Einhaltung von Bestimmungen, die nach diesem Artikel auf den Handel anwendbar sind, und – sofern nicht beide Vertragsparteien etwas anderes vereinbaren – für Streitigkeiten über die Einhaltung des Artikels 5 zwischen Vertragsparteien, von denen mindestens eine nicht Vertragspartei des GATT ist; Anlage D findet jedoch keine Anwendung auf eine Streitigkeit zwischen Vertragsparteien, die im wesentlichen im Rahmen einer Übereinkunft entsteht,

a) welche in Übereinstimmung mit Absatz 2 Buchstabe b und Anlage TFU notifiziert worden ist und deren sonstige Erfordernisse erfüllt oder

b) welche eine Freihandelszone oder eine Zollunion entsprechend der Beschreibung in Artikel XXIV des GATT errichtet.

Artikel 30
Entwicklungen in den internationalen Handelsvereinbarungen

Die Vertragsparteien verpflichten sich, im Licht der Ergebnisse der Uruguay-Runde über die multilateralen Handelsverhandlungen, die hauptsächlich in der am 15. April 1994 in Marrakesch beschlossenen Schlußakte enthalten sind, spätestens am 1. Juli 1995 oder bei Inkrafttreten dieses Vertrags, falls dieser Zeitpunkt später liegt, Überlegungen über angemessene Änderungen dieses Vertrags anzustellen mit dem Ziel, etwaige Änderungen durch die Chartakonferenz beschließen zu lassen.

Artikel 31
Energiebezogene Ausrüstung

Die vorläufige Chartakonferenz beginnt auf ihrer ersten Sitzung mit der Prüfung der Frage, ob energiebezogene Ausrüstung in die Handelsbestimmungen dieses Vertrags einzubeziehen ist.

Artikel 32
Übergangsvereinbarungen

(1) In der Erkenntnis, daß für die Anpassung an die Anforderungen einer Marktwirtschaft Zeit erforderlich ist, kann eine in Anlage T aufgeführte Vertragspartei die vollständige Erfüllung ihrer Verpflichtungen aus einer oder mehreren der fol-

genden Bestimmungen dieses Vertrags nach Maßgabe der Bedingungen in den Absätzen 3 bis 6 zeitweilig aussetzen:

Artikel 6 Absätze 2 und 5,
Artikel 7 Absatz 4,
Artikel 9 Absatz 1,
Artikel 10 Absatz 7 – besondere Maßnahmen,
Artikel 14 Absatz 1 Buchstabe d – nur bezogen auf den Transfer nicht ausgegebener Einnahmen,
Artikel 20 Absatz 3,
Artikel 22 Absätze 1 und 3.

(2) Die anderen Vertragsparteien helfen einer Vertragspartei, welche die vollständige Erfüllung ihrer Verpflichtungen nach Absatz 1 zeitweilig ausgesetzt hat, die Bedingungen zu schaffen, auf Grund deren die Aussetzung beendet werden kann. Diese Hilfe kann in der Form geleistet werden, welche die Vertragsparteien im Hinblick auf die in Absatz 4 Buchstabe c notifizierten Bedürfnisse für die wirksamste halten, gegebenenfalls auch durch zweiseitige und mehrseitige Vereinbarungen.

(3) Die anwendbaren Bestimmungen, die Etappen bis zur vollständigen Durchführung jeder von ihnen, die zu treffenden Maßnahmen und der Zeitpunkt oder ausnahmsweise der Umstand, bis zu dem jede Etappe abzuschließen und jede Maßnahme zu treffen ist, werden für jede Vertragspartei, die Übergangsvereinbarungen geltend macht, in Anlage T aufgeführt. Jede dieser Vertragsparteien ergreift die angegebene Maßnahme zu dem Zeitpunkt, der für die jeweilige Bestimmung und Etappe in Anlage T festgelegt ist. Vertragsparteien, die nach Absatz 1 die vollständige Erfüllung ihrer Verpflichtungen zeitweilig ausgesetzt haben, verpflichten sich, die entsprechenden Verpflichtungen bis zum 1. Juli 2001 vollständig zu erfüllen. Hält eine Vertragspartei es auf Grund außergewöhnlicher Umstände für notwendig, eine Verlängerung dieser zeitweiligen Aussetzung oder die Aufnahme einer weiteren bis dahin in Anlage T nicht aufgeführten zeitweiligen Aussetzung zu beantragen, so wird der Beschluß über diesen Antrag auf Änderung der Anlage T von der Chartakonferenz gefaßt.

(4) Eine Vertragspartei, die Übergangsvereinbarungen geltend gemacht hat, notifiziert dem Sekretariat mindestens einmal in zwölf Monaten

a) die Durchführung einer in Anlage T aufgeführten Maßnahme und ihre allgemeinen Fortschritte im Hinblick auf die vollständige Erfüllung ihrer Verpflichtungen;

b) die von ihr innerhalb der nächsten zwölf Monate erwarteten Fortschritte im Hinblick auf die vollständige Erfüllung ihrer Verpflichtungen, jedes von ihr vorausgesehene Problem und ihre Vorschläge zu dessen Überwindung;

c) das Bedürfnis einer technischen Hilfe, um den Abschluß der Etappen nach Anlage T, die für die vollständige Durchführung dieses Vertrags erforderlich sind, zu erleichtern, oder das unter Buchstabe b festgestellte Problem zu überwinden sowie andere notwendige marktorientierte Reformen und die Modernisierung ihres Energiebereichs zu fördern;

d) jedes mögliche Bedürfnis, einen Antrag von der in Absatz 3 genannten Art zu stellen.

(5) Das Sekretariat

a) leitet die Notifikationen nach Absatz 4 an alle Vertragsparteien weiter;

b) leitet Bedürfnisse und Angebote betreffend technische Hilfe nach Absatz 2 und Absatz 4 Buchstabe c weiter und fördert tatkräftig die Abstimmung zwischen den Bedürfnissen und Angeboten, wobei es sich, soweit zweckmäßig, auf vorhandene Regelungen in anderen internationalen Organisationen stützt;

c) leitet allen Vertragsparteien nach jeweils sechs Monaten eine Zusammenfassung der Notifikationen nach Absatz 4 Buchstabe a oder d zu.

(6) Die Chartakonferenz überprüft jährlich die Fortschritte der Vertragsparteien bei der Durchführung der Bestimmungen dieses Artikels und die Abstimmung zwischen den Bedürfnissen und Angeboten betreffend technische Hilfe nach Absatz 2 und Absatz 4 Buchstabe c. Im Verlauf dieser Überprüfung kann die Konferenz angemessene Maßnahmen beschließen.

TEIL VII

STRUKTURELLE UND INSTITUTIONELLE BESTIMMUNGEN

Artikel 33

Energiechartaprotokolle und -erklärungen

(1) Die Chartakonferenz kann die Aushandlung einer Reihe von Energiechartaprotokollen und -erklärungen genehmigen, um die Ziele und Grundsätze der Charta zu verfolgen.

(2) Jeder Unterzeichner der Charta kann an den Verhandlungen teilnehmen.

(3) Ein Staat oder eine Organisation der regionalen Wirtschaftsintegration kann nur dann Vertragspartei eines Protokolls oder einer Erklärung werden, wenn sie gleichzeitig Unterzeichner der Charta und Vertragspartei dieses Vertrags werden.

(4) Vorbehaltlich des Absatzes 3 und des Absatzes 6 Buchstabe a werden die für ein Protokoll geltenden Schlußbestimmungen in dem betreffenden Protokoll festgelegt.

(5) Ein Protokoll gilt nur für die Vertragsparteien, die zustimmen, durch das Protokoll gebunden zu sein; es läßt die Rechte und Pflichten der Vertragsparteien, die nicht Vertragsparteien des Protokolls sind, unberührt.

(6) a) Ein Protokoll kann der Chartakonferenz und dem Sekretariat Aufgaben zuweisen; die Zu-

weisung darf jedoch nicht durch eine Änderung eines Protokolls erfolgen, sofern die Änderung nicht durch die Chartakonferenz gebilligt wurde; die Billigung durch die Chartakonferenz unterliegt nicht einer nach Buchstabe b genehmigten Bestimmung des Protokolls.

b) Ein Protokoll, das von der Chartakonferenz zu fassende Beschlüsse vorsieht, kann vorbehaltlich des Buchstabens a in bezug auf diese Beschlüsse folgendes vorsehen:

i) andere als in Artikel 36 enthaltene Abstimmungsvorschriften;

ii) nur Vertragsparteien des Protokolls gelten als Vertragsparteien im Sinne des Artikels 36 oder sind auf Grund der im Protokoll vorgesehenen Regeln stimmberechtigt.

Artikel 34
Energiechartakonferenz

(1) Die Vertragsparteien kommen regelmäßig in einer Energiechartakonferenz zusammen (in diesem Vertrag als „Chartakonferenz" bezeichnet), zu der jede Vertragspartei einen Vertreter entsenden kann. Ordentliche Sitzungen werden in den von der Chartakonferenz festgelegten Abständen einberufen.

(2) Außerordentliche Sitzungen der Chartakonferenz können zu den von der Chartakonferenz bestimmten Zeiten oder auf schriftliches Ersuchen einer Vertragspartei einberufen werden; allerdings muß das Ersuchen innerhalb von sechs Wochen, nachdem es vom Sekretariat den Vertragsparteien mitgeteilt worden ist, von mindestens einem Drittel der Vertragsparteien unterstützt werden.

(3) Die Chartakonferenz hat folgende Aufgaben:

a) Sie nimmt die ihr durch diesen Vertrag und durch Protokolle übertragenen Aufgaben wahr;

b) sie überwacht und erleichtert die Durchführung der Grundsätze der Charta sowie der Bestimmungen dieses Vertrags und der Protokolle;

c) sie erleichtert im Einklang mit diesem Vertrag und den Protokollen die Koordinierung geeigneter allgemeiner Maßnahmen zur Durchführung der Grundsätze der Charta;

d) sie prüft und beschließt die vom Sekretariat auszuführenden Arbeitsprogramme;

e) sie prüft und genehmigt den Jahresabschluß und den jährlichen Haushalt des Sekretariats;

f) sie prüft und genehmigt oder beschließt die Bedingungen eines Sitzabkommens oder einer sonstigen Übereinkunft einschließlich der Vorrechte und Immunitäten, die sie für die Chartakonferenz und das Sekretariat für erforderlich hält;

g) sie ermutigt gemeinsame Anstrengungen zur Erleichterung und Förderung marktorientierter Reformen und der Modernisierung des Energiebereichs in denjenigen Ländern Mittel- und Osteuropas und der ehemaligen Union der Sozialistischen Sowjetrepubliken, deren Wirtschaft sich im Übergang befindet;

h) sie genehmigt und billigt das Mandat für das Aushandeln von Protokollen und prüft und beschließt deren Wortlaut und Änderungen;

i) sie genehmigt die Aushandlung von Erklärungen und billigt ihre Veröffentlichung;

j) sie entscheidet über Beitritte zu diesem Vertrag;

k) sie genehmigt die Aushandlung von Assoziierungsabkommen und prüft und genehmigt oder beschließt solche Abkommen;

l) sie prüft und beschließt den Wortlaut von Änderungen dieses Vertrags;

m) sie prüft und billigt Modifikationen und technische Änderungen der Anlagen dieses Vertrags;

n) sie ernennt den Generalsekretär und faßt alle Beschlüsse über die Einsetzung und die Arbeitsweise des Sekretariats einschließlich seines Aufbaus, seiner personellen Besetzung und seines Personalstatuts für die Amtsträger und Bediensteten.

(4) In Wahrnehmung ihrer Aufgaben arbeitet die Chartakonferenz über das Sekretariat mit anderen Institutionen und Organisationen zusammen und greift aus Gründen der Kostenersparnis und Leistungsfähigkeit so umfassend wie möglich auf deren Dienste und Programme zurück, da sie über langjährige Erfahrungen in den mit den Zielen dieses Vertrags zusammenhängenden Bereichen verfügen.

(5) Die Chartakonferenz kann die von ihr zur Wahrnehmung ihrer Aufgaben als zweckmäßig erachteten Nebenorgane einsetzen.

(6) Die Chartakonferenz prüft und beschließt ihre Geschäftsordnung und Finanzregeln.

(7) 1999 und danach in Abständen (von höchstens fünf Jahren), die von der Chartakonferenz festzulegen sind, überprüft die Chartakonferenz eingehend die in diesem Vertrag vorgesehenen Aufgaben daraufhin, inwieweit die Bestimmungen des Vertrags und der Protokolle durchgeführt worden sind. Bei Abschluß jeder Überprüfung kann die Chartakonferenz die in Absatz 3 aufgezählten Aufgaben ändern oder streichen und das Sekretariat entlasten.

Artikel 35
Sekretariat

(1) Zur Wahrnehmung ihrer Aufgaben steht der Chartakonferenz ein Sekretariat zur Verfügung, das sich aus einem Generalsekretär und gerade so vielen Mitarbeitern zusammensetzt, wie für eine wirksame Arbeit erforderlich sind.

(2) Der Generalsekretär wird von der Chartakonferenz ernannt. Die erste Ernennung erfolgt für höchstens fünf Jahre.

(3) Das Sekretariat ist bei der Wahrnehmung seiner Aufgaben der Chartakonferenz gegenüber verantwortlich und erstattet ihr Bericht.

(4) Das Sekretariat gewährt der Chartakonferenz alle erforderliche Unterstützung bei der Erfüllung ihrer Pflichten und führt die Aufgaben aus, die ihm in diesem Vertrag oder den Protokollen beziehungsweise von der Chartakonferenz zugewiesen werden.

(5) Das Sekretariat kann die Verwaltungs- und Vertragsvereinbarungen treffen, die für eine reibungslose Erledigung seiner Aufgaben erforderlich sind.

Artikel 36
Abstimmung

(1) Für Beschlüsse der Chartakonferenz ist Einstimmigkeit der auf der Sitzung der Chartakonferenz anwesenden und abstimmenden Vertragsparteien in folgenden Angelegenheiten erforderlich:

a) Annahme von Änderungen dieses Vertrags, ausgenommen Änderungen der Artikel 34 und 35 sowie der Anlage T;

b) Genehmigung des Beitritts zu diesem Vertrag nach Artikel 41 von Staaten oder Organisationen der regionalen Wirtschaftsintegration, die bis zum 16. Juni 1995 die Charta nicht unterzeichnet hatten;

c) Genehmigung der Aushandlung von Assoziierungsabkommen sowie Billigung oder Annahme von deren Wortlaut;

d) Billigung von Modifikationen der Anlagen EM, NI, G und B;

e) Billigung von technischen Änderungen der Anlagen dieses Vertrags und

f) Billigung der Benennung von Mitgliedern des Panels durch den Generalsekretär nach Anlage D Absatz 7.

Die Vertragsparteien bemühen sich nach Kräften um eine Einigung durch Konsens in allen sonstigen Angelegenheiten, über die sie im Rahmen dieses Vertrags beschließen müssen. Kann eine Einigung durch Konsens nicht erzielt werden, so finden die Absätze 2 bis 5 Anwendung.

(2) Beschlüsse über Haushaltsfragen nach Artikel 34 Absatz 3 Buchstabe e werden mit der qualifizierten Mehrheit der Vertragsparteien gefaßt, deren berechnete Beiträge nach Anlage B zusammen mindestens drei Viertel der gesamten berechneten Beiträge ausmachen.

(3) Beschlüsse über Angelegenheiten nach Artikel 34 Absatz 7 werden mit Dreiviertelmehrheit der Vertragsparteien gefaßt.

(4) Außer in den in Absatz 1 Buchstaben a bis f sowie in den Absätzen 2 und 3 genannten Fällen und vorbehaltlich des Absatzes 6, werden die in diesem Vertrag vorgesehenen Beschlüsse mit Dreiviertelmehrheit der auf der Sitzung der Chartakonferenz, auf der die Angelegenheit zur Abstimmung kommt, anwesenden und abstimmenden Vertragsparteien gefaßt.

(5) Im Sinne dieses Artikels bedeutet „anwesende und abstimmende Vertragsparteien" die anwesenden und mit Ja oder Nein stimmenden Vertragsparteien; die Chartakonferenz kann allerdings eine Geschäftsordnung beschließen, wonach die Vertragsparteien solche Beschlüsse auch auf dem Korrespondenzweg fassen können.

(6) Außer in dem in Absatz 2 vorgesehenen Fall ist ein Beschluß im Sinne dieses Artikels nur gültig, wenn er von der einfachen Mehrheit der Vertragsparteien getragen wird.

(7) Eine Organisation der regionalen Wirtschaftsintegration hat bei Abstimmungen eine Stimmenzahl entsprechend der Anzahl ihrer Mitgliedstaaten, die Vertragsparteien dieses Vertrags sind; eine solche Organisation übt ihr Stimmrecht nicht aus, wenn ihre Mitgliedstaaten ihr Stimmrecht ausüben, und umgekehrt.

(8) Befindet sich eine Vertragspartei beständig im Rückstand mit ihren finanziellen Verpflichtungen aus diesem Vertrag, so kann die Chartakonferenz das Stimmrecht dieser Vertragspartei ganz oder teilweise aussetzen.

Artikel 37
Finanzierungsgrundsätze

(1) Jede Vertragspartei trägt die Kosten ihrer eigenen Vertretung auf den Sitzungen der Chartakonferenz und der Nebenorgane.

(2) Die Kosten für die Sitzungen der Chartakonferenz und Nebenorgane gelten als Kosten des Sekretariats.

(3) Die Kosten des Sekretariats werden von den Vertragsparteien entsprechend ihrer Zahlungsfähigkeit durch Beiträge gedeckt, die nach den in Anlage B berechneten Anteilen zu entrichten sind; die Anlage kann nach Artikel 36 Absatz 1 Buchstabe d modifiziert werden.

(4) Ein Protokoll sieht vor, daß die sich aus dem Protokoll ergebenden Kosten des Sekretariats von den Vertragsparteien des Protokolls getragen werden.

(5) Die Chartakonferenz kann außerdem freiwillige Beiträge von einer oder mehreren Vertragsparteien oder aus anderen Quellen annehmen. Kosten, die aus solchen Beiträgen gedeckt werden, gelten nicht als Kosten des Sekretariats im Sinne des Absatzes 3.

TEIL VIII
SCHLUSSBESTIMMUNGEN

Artikel 38
Unterzeichnung

Dieser Vertrag liegt für Staaten und für Organisationen der regionalen Wirtschaftsintegration, welche die Charta unterzeichnet haben, vom 17. Dezember 1994 bis zum 16. Juni 1995 in Lissabon zur Unterzeichnung auf.

Artikel 39
Ratifikation, Annahme oder Genehmigung

Dieser Vertrag bedarf der Ratifikation, Annahme oder Genehmigung durch die Unterzeichner. Die Ratifikations-, Annahme- oder Genehmigungsurkunden werden beim Verwahrer hinterlegt.

Artikel 40
Anwendung auf Gebiete

(1) Ein Staat oder eine Organisation der regionalen Wirtschaftsintegration kann bei der Unterzeichnung, der Ratifikation, der Annahme, der Genehmigung oder dem Beitritt beim Verwahrer die Erklärung hinterlegen, daß der Vertrag für ihn beziehungsweise für sie in bezug auf alle Gebiete oder auf eines oder mehrere von ihnen verbindlich ist, für deren internationale Beziehungen der Staat beziehungsweise die Organisation verantwortlich ist. Die Erklärung wird zu dem Zeitpunkt wirksam, zu dem der Vertrag für die betreffende Vertragspartei in Kraft tritt.

(2) Jede Vertragspartei kann sich zu einem späteren Zeitpunkt durch eine beim Verwahrer hinterlegte Erklärung im Rahmen dieses Vertrags in bezug auf weitere in der Erklärung genannte Gebiete binden. Der Vertrag tritt für ein solches Gebiet am neunzigsten Tag nach Eingang der Erklärung beim Verwahrer in Kraft.

(3) Eine nach den Absätzen 1 und 2 abgegebene Erklärung in bezug auf ein in der Erklärung genanntes Gebiet kann durch eine Notifikation an den Verwahrer zurückgenommen werden. Die Rücknahme wird vorbehaltlich der Anwendbarkeit des Artikels 47 Absatz 3 nach Ablauf eines Jahres nach Eingang der Notifikation beim Verwahrer wirksam.

(4) Der Begriff „Gebiet" in Artikel 1 Nummer 10 ist so auszulegen, daß er auch in bezug auf jede nach diesem Artikel hinterlegte Erklärung gilt.

Artikel 41
Beitritt

Dieser Vertrag steht für Staaten und für Organisationen der regionalen Wirtschaftsintegration, welche die Charta unterzeichnet haben, von dem Tag an, an dem die Unterzeichnung des Vertrags beendet ist, unter den von der Chartakonferenz zu genehmigenden Bedingungen zum Beitritt offen. Die Beitrittsurkunden werden beim Verwahrer hinterlegt.

Artikel 42
Änderungen

(1) Jede Vertragspartei kann Änderungen dieses Vertrags vorschlagen.

(2) Der Wortlaut jeder vorgeschlagenen Änderung dieses Vertrags wird den Vertragsparteien vom Sekretariat mindestens drei Monate vor dem Tag übermittelt, an dem sie zur Annahme durch die Chartakonferenz vorgeschlagen wird.

(3) Änderungen dieses Vertrags, deren Wortlaut von der Chartakonferenz angenommen worden ist, werden vom Sekretariat dem Verwahrer übermittelt; dieser legt sie allen Vertragsparteien zur Ratifikation, Annahme oder Genehmigung vor.

(4) Die Ratifikations-, Annahme- oder Genehmigungsurkunden von Änderungen dieses Vertrags werden beim Verwahrer hinterlegt. Die Änderungen treten zwischen den Vertragsparteien, die sie ratifiziert, angenommen oder genehmigt haben, am neunzigsten Tag nach dem Tag in Kraft, an dem die Ratifikations-, Annahme- oder Genehmigungsurkunden von mindestens drei Vierteln der Vertragsparteien beim Verwahrer hinterlegt worden sind. Danach treten die Änderungen für jede weitere Vertragspartei am neunzigsten Tag nach Hinterlegung ihrer Urkunde der Ratifikation, Annahme oder Genehmigung der Änderungen in Kraft.

Artikel 43
Assoziierungsabkommen

(1) Die Chartakonferenz kann die Aushandlung von Assoziierungsabkommen mit Staaten oder Organisationen der regionalen Wirtschaftsintegration oder mit internationalen Organisationen genehmigen, um die Ziele und Grundsätze der Charta und die Bestimmungen dieses Vertrags oder eines oder mehrerer Protokolle zu verfolgen.

(2) Die Beziehungen zu einem assoziierenden Staat, einer assoziierenden Organisation der regionalen Wirtschaftsintegration oder einer assoziierenden internationalen Organisation und die Rechte und Pflichten dieser Staaten und Organisationen haben den besonderen Umständen der Assoziierung zu entsprechen und sind in jedem Fall in dem Assoziierungsabkommen festzulegen.

Artikel 44
Inkrafttreten

(1) Dieser Vertrag tritt am neunzigsten Tag nach Hinterlegung der dreißigsten Ratifikations-, Annahme-, Genehmigungs- oder Beitrittsurkunde eines Staates oder einer Organisation der regionalen Wirtschaftsintegration, welche die Charta bis zum 16. Juni 1995 unterzeichnet haben, in Kraft.

(2) Für jeden Staat oder jede Organisation der regionalen Wirtschaftsintegration, die diesen Vertrag nach Hinterlegung der dreißigsten Ratifikations-, Annahme- oder Genehmigungsurkunde ratifizieren, annehmen oder genehmigen, tritt der Vertrag am neunzigsten Tag nach Hinterlegung der Ratifikations-, Annahme-, Genehmigungs- oder Beitrittsurkunde des Staates beziehungsweise der Organisationen der regionalen Wirtschaftsintegration in Kraft.

(3) Im Sinne des Absatzes 1 zählt jede Urkunde, die von einer Organisation der regionalen Wirtschaftsintegration hinterlegt wird, nicht zusätzlich zu den von ihren Mitgliedstaaten hinterlegten Urkunden.

Artikel 45
Vorläufige Anwendung

(1) Jeder Unterzeichner ist damit einverstanden, diesen Vertrag bis zum Inkrafttreten für den Unterzeichner nach Artikel 44 in dem Maße vorläufig anzuwenden, in dem die vorläufige Anwendung nicht mit seiner Verfassung und seinen Gesetzen und sonstigen Rechtsvorschriften unvereinbar ist.

(2) a) Ungeachtet des Absatzes 1 kann jeder Unterzeichner bei der Unterzeichnung gegenüber dem Verwahrer die Erklärung abgeben, daß er nicht in der Lage ist, der vorläufigen Anwendung zuzustimmen. Die in Absatz 1 enthaltene Verpflichtung gilt nicht für den Unterzeichner, der eine solche Erklärung abgibt. Er kann die Erklärung jederzeit durch schriftliche Notifikation an den Verwahrer zurücknehmen.

b) Weder ein Unterzeichner, der eine Erklärung nach Buchstabe a abgibt, noch die Investoren des Unterzeichners können die Vergünstigungen der vorläufigen Anwendung nach Absatz 1 in Anspruch nehmen.

c) Ungeachtet des Buchstabens a wendet ein Unterzeichner, der eine Erklärung nach Buchstabe a abgibt, bis zum Inkrafttreten des Vertrags für diesen Unterzeichner nach Artikel 44 den Teil VII vorläufig an, soweit die vorläufige Anwendung seinen Gesetzen und sonstigen Vorschriften nicht entgegensteht.

(3) a) Jeder Unterzeichner kann die vorläufige Anwendung dieses Vertrags durch eine schriftliche Notifikation an den Verwahrer beenden, in der er seine Absicht bekundet, nicht Vertragspartei des Vertrags zu werden. Die Beendigung der vorläufigen Anwendung wird für den betreffenden Unterzeichner nach Ablauf von 60 Tagen nach Eingang seiner schriftlichen Notifikation beim Verwahrer wirksam.

b) Beendet ein Unterzeichner die vorläufige Anwendung nach Buchstabe a, so bleibt seine Verpflichtung aus Absatz 1, die Teile III und V in bezug auf Investitionen, die Investoren anderer Unterzeichner in seinem Gebiet während der vorläufigen Anwendung des Vertrags vorgenommen haben, dennoch bestehen, und zwar für die Dauer von zwanzig Jahren nach dem Tag des Wirksamwerdens der Beendigung, sofern in Buchstabe c nichts anderes vorgesehen ist.

c) Buchstabe b findet keine Anwendung auf einen Unterzeichner, der in Anlage PA aufgeführt ist. Ein Unterzeichner kann aus der Liste der Anlage PA gestrichen werden; die Streichung wird mit der Übergabe seines entsprechenden Antrags an den Verwahrer wirksam.

(4) Bis zum Inkrafttreten dieses Vertrags kommen die Unterzeichner regelmäßig in der vorläufigen Chartakonferenz zusammen, deren erste Sitzung von dem in Absatz 5 genannten vorläufigen Sekretariat spätestens 180 Tage nach dem Tag einberufen wird, an dem der Vertrag, wie in Artikel 38 vorgesehen, zur Unterzeichnung aufgelegt wird.

(5) Die Aufgaben des Sekretariats werden einstweilig bis zum Inkrafttreten dieses Vertrags nach Artikel 44 und bis zur Schaffung eines Sekretariats von einem vorläufigen Sekretariat wahrgenommen.

(6) Die Unterzeichner tragen nach Maßgabe und vorbehaltlich des Absatzes 1 oder des Absatzes 2 Buchstabe c zu den Kosten des vorläufigen Sekretariats derart bei, als seien sie Vertragsparteien nach Artikel 37 Absatz 3. Alle Modifikationen der Anlage B durch die Unterzeichner enden mit dem Inkrafttreten dieses Vertrags.

(7) Ein Staat oder eine Organisation der regionalen Wirtschaftsintegration, die diesen Vertrag nach Artikel 41 beitreten, bevor er in Kraft getreten ist, genießen bis zum Inkrafttreten des Vertrags die Rechte eines Unterzeichners und übernehmen auch die Verpflichtungen eines Unterzeichners auf Grund dieses Artikels.

Artikel 46
Vorbehalte

Vorbehalte zu diesem Vertrag sind nicht zulässig.

Artikel 47
Rücktritt

(1) Eine Vertragspartei kann jederzeit nach Ablauf von fünf Jahren, nachdem dieser Vertrag

für sie in Kraft getreten ist, dem Verwahrer schriftlich notifizieren, daß sie von dem Vertrag zurücktritt.

(2) Der Rücktritt wird ein Jahr nach Eingang der Notifikation beim Verwahrer oder zu einem späteren Zeitpunkt wirksam, der in der Notifikation des Rücktritts genannt ist.

(3) Die Bestimmungen dieses Vertrags gelten für Investitionen, die im Gebiet einer Vertragspartei von Investoren anderer Vertragsparteien oder im Gebiet anderer Vertragsparteien von Investoren der betreffenden Vertragspartei vorgenommen wurden, von dem Tag, an dem der Rücktritt der Vertragspartei von dem Vertrag wirksam wird, 20 Jahre lang weiter.

(4) Alle Protokolle, deren Vertragspartei eine Vertragspartei dieses Vertrags ist, treten für die betreffende Vertragspartei an dem Tag außer Kraft, an dem ihr Rücktritt von dem Vertrag wirksam wird.

Artikel 48
Status der Anlagen und Beschlüsse

Die Anlagen dieses Vertrags und die Beschlüsse in Anlage 2 der am 17. Dezember 1994 in Lissabon unterzeichneten Schlußakte der Europäischen Energiechartakonferenz beigefügt sind, sind fester Bestandteil des Vertrags.

Artikel 49
Verwahrer

Die Regierung der Portugiesischen Republik ist Verwahrer dieses Vertrags.

Artikel 50
Verbindliche Wortlaute

Zu Urkund dessen haben die hierzu gehörig befugten Unterzeichneten diesen Vertrag in deutscher, englischer, französischer, italienischer, russischer und spanischer Sprache, wobei jeder Wortlaut gleichermaßen verbindlich ist, in einer Urschrift unterschrieben, die bei der Regierung der Portugiesischen Republik hinterlegt wird.

Geschehen zu Lissabon am 17. Dezember 1994.

1. ANLAGE EM
PRIMÄRENERGIETRÄGER UND ENERGIEERZEUGNISSE

(nach Artikel 1 Nummer 4)

Kernenergie	26.12	Uran- oder Thoriumerze und deren Konzentrate:
		26.12.10 Uranerze und ihre Konzentrate
		26.12.20 Thoriumerze und ihre Konzentrate
	28.44	Radioaktive chemische Elemente und radioaktive Isotope (einschließlich der spaltbaren und brütbaren chemischen Elemente oder Isotope) und ihre Verbindungen; Mischungen und Rückstände, die diese Erzeugnisse enthalten:
		28.44.10 natürliches Uran und seine Verbindungen
		28.44.20 an U235 angereichertes Uran und seine Verbindungen; Plutonium und seine Verbindungen
		28.44.30 an U235 angereichertes Uran und seine Verbindungen; Thorium und seine Verbindungen
		28.44.40 andere radioaktive Elemente, Isotope und Verbindungen als die der Unterposition 28.44.10, 28.44.20 oder 28.44.30
		28.44.50 verbrauchte (bestrahlte) Brennstoffelemente (Kartuschen) von Kernreaktoren
		28.45.10 schweres Wasser (Deuteriumoxid)
Kohle, Erdgas, Erdöl	27.01	Steinkohle, Steinkohlebriketts und ähnliche aus Steinkohle gewonnene feste Brennstoffe
und Erdölerzeugnisse,	27.02	Braunkohle, auch agglomeriert, ausgenommen Gagat (Jett)
elektrischer Strom	27.03	Torf (einschließlich Torfstreu), auch agglomeriert

	27.04	Koks und Schwelkoks, aus Steinkohle, Braunkohle oder Torf, auch agglomeriert; Retortenkohle
	27.05	Steinkohlengas, Wassergas, Generatorgas, Schwachgas und ähnliche Gase, ausgenommen Erdgas und andere gasförmige Kohlenwasserstoffe
	27.06	Teer aus Steinkohle, aus Braunkohle oder aus Torf und andere Mineralteere, auch entwässert oder teilweise destilliert, einschließlich rekonstituierte Teere
	27.07	Öle und andere Erzeugnisse der Destillation des Hochtemperatur-Steinkohlenteers; ähnliche Erzeugnisse, in denen das Gewicht der aromatischen Bestandteile größer ist als das Gewicht der nichtaromatischen Bestandteile (zB Benzol, Toluol, Xylol, Naphtalin, andere Mischungen aromatischer Kohlenwasserstoffe, Phenole, Kreosotöle und andere)
	27.08	Pech und Pechkoks aus Steinkohlenteer oder anderen Mineralteeren
	27.09	Erdöl und Öl aus bituminösen Mineralien, roh
	27.10	Erdöl und Öl aus bituminösen Mineralien, ausgenommen rohe Öle
	27.11	Erdgas und andere gasförmige Kohlenwasserstoffe, verflüssigt: – Erdgas – Propan – Butane – Ethylen, Propylen, Butylen und Butadien – (27.11.14) – andere in gasförmigem Zustand: – Erdgas – andere
	27.13	Petrolkoks, Bitumen aus Erdöl und andere Rückstände aus Erdöl oder Öl aus bituminösen Mineralien
	27.14	Naturbitumen und Naturasphalt; bituminöse oder ölhaltige Schiefer und Sande; Aspahltite und Asphaltgestein
	27.15	Bituminöse Mischungen auf der Grundlage von Naturasphalt oder Naturbitumen, Bitumen aus Erdöl, Mineralteer oder Mineralteerpech (zB Asphaltmatrix, Verschnittbitumen)
	27.16	Elektrischer Strom
Andere Energien		
	44.01.10	Brennholz in Form von Rundlingen, Scheiten, Zweigen, Reisigbündeln und ähnlichen Formen
	44.02	Holzkohle (einschließlich Kohle aus Schalen oder Nüssen), auch zusammengepreßt

2. ANLAGE NI

2. ANLAGE NI

PRIMÄRENERGIETRÄGER UND ENERGIEERZEUGNISSE, DIE NICHT UNTER DEN BEGRIFF „WIRTSCHAFTSTÄTIGKEIT IM ENERGIEBEREICH" FALLEN

(nach Artikel 1 Nummer 5)

27.07 Öle und andere Erzeugnisse der Destillation des Hochtemperatur-Steinkohlenteers; ähnliche Erzeugnisse, in denen das Gewicht der aromatischen Bestandteile größer ist als das Gewicht der nichtaromatischen Bestandteile (zB Benzol, Toluol, Xylol, Naphtalin, andere Mischungen aromatischer Kohlenwasserstoffe, Phenole, Kreosotöle und andere)

44.01.10 Brennholz in Form von Rundlingen, Scheiten, Zweigen, Reisigbündeln und ähnlichen Formen

44.02 Holzkohle (einschließlich Kohle aus Schalen oder Nüssen), auch zusammengepreßt

3. ANLAGE TRM
NOTIFIKATION UND ÜBERGANGSBESTIMMUNGEN (TRIMs)

(nach Artikel 5 Absatz 4)

(1) Jede Vertragspartei notifiziert dem Sekretariat alle handelsbezogenen Investitionsmaßnahmen, die sie anwendet und die mit den Bestimmungen des Artikels 5 nicht in Einklang stehen, binnen

a) 90 Tagen nach Inkrafttreten dieses Vertrags, wenn die Vertragspartei eine Vertragspartei des GATT ist, oder

b) 12 Monaten nach Inkrafttreten dieses Vertrags, wenn die Vertragspartei keine Vertragspartei des GATT ist.

Handelsbezogene Investitionsmaßnahmen mit allgemeinem oder besonderem Anwendungsbereich sind zusammen mit ihren Hauptmerkmalen zu notifizieren.

(2) Im Falle von handelsbezogenen Investititionsmaßnahmen, die nach Ermessen angewandt werden, ist jede besondere Anwendung zu notifizieren. Informationen, die berechtigte wirtschaftliche Interessen einzelner Unternehmen berühren, brauchen nicht offengelegt zu werden.

(3) Jede Vertragspartei hebt alle nach Absatz 1 notifizierten handelsbezogenen Investitionsmaßnahmen auf, und zwar binnen

a) 2 Jahren nach Inkrafttreten dieses Vertrags, wenn die Vertragspartei eine Vertragspartei des GATT ist, oder

b) 3 Jahren nach Inkrafttreten dieses Vertrags, wenn die Vertragspartei keine Vertragspartei des GATT ist.

(4) Während des in Absatz 3 genannten Zeitraums ändert eine Vertragspartei die Bedingungen für von ihr nach Absatz 1 notifizierte handelsbezogene Investitionsmaßnahmen gegenüber den zum Zeitpunkt des Inkrafttretens dieses Vertrags geltenden Bedingungen nicht dergestalt, daß der Grad der Unvereinbarkeit mit Artikel 5 dieses Vertrags erhöht wird.

(5) Ungeachtet des Absatzes 4 kann eine Vertragspartei, um bestehende Unternehmen, für die eine nach Absatz 1 notifizierte handelsbezogene Investitionsmaßnahme gilt, nicht zu benachteiligen, während der Übergangszeit die gleiche handelsbezogene Investitionsmaßnahme auf eine neue Investition anwenden,

a) wenn es sich bei den Waren der betreffenden Investition und denen der bestehenden Unternehmen um gleichartige Waren handelt und

b) wenn eine solche Anwendung notwendig ist, um eine Verzerrung der Wettbewerbsbedingungen zwischen der neuen Investition und den bestehenden Unternehmen zu vermeiden.

Alle solchen für neue Investitionen geltenden handelsbezogenen Investitionsmaßnahmen werden dem Sekretariat notifiziert. Die Bedingungen für solche handelsbezogenen Investitionsmaßnahmen müssen in ihren Auswirkungen auf die Wettbewerbsfähigkeit den für die bestehenden Unternehmen geltenden Bedingungen entsprechen und zur gleichen Zeit auslaufen.

(6) Tritt ein Staat oder eine Organisation der regionalen Wirtschaftsintegration diesem Vertrag nach dessen Inkrafttreten bei,

a) so ist die in den Absätzen 1 und 2 genannte Notifikation zu dem späteren der nach Absatz 1 anwendbaren Zeitpunkte oder zum Zeitpunkt der Hinterlegung der Beitrittsurkunde vorzunehmen und

b) so gilt als Ende der Auslaufphase der spätere der nach Absatz 3 geltenden Zeitpunkte oder der Zeitpunkt, zu dem der Vertrag für den Staat oder die Organisation der regionalen Wirtschaftsintegration in Kraft tritt.

4. ANLAGE N

4. ANLAGE N

LISTE DER VERTRAGSPARTEIEN, DIE BEI EINEM TRANSIT DIE EINBEZIEHUNG VON MINDESTENS 3 VERSCHIEDENEN GEBIETEN FORDERN

(nach Artikel 7 Absatz 10 Buchstabe a)

1. Kanada und die Vereinigten Staaten von Amerika

5. ANLAGE VC

5. ANLAGE VC

LISTE DER VERTRAGSPARTEIEN, DIE FREIWILLIG BINDENDE VERPFLICHTUNGEN BEZÜGLICH ARTIKEL 10 ABSATZ 3 EINGEGANGEN SIND

(nach Artikel 10 Absatz 6)

6. ANLAGE ID

6. ANLAGE ID

LISTE DER VERTRAGSPARTEIEN, DIE EINEM INVESTOR NICHT ERLAUBEN, DIESELBE STREITIGKEIT SPÄTER NACH ARTIKEL 26 ERNEUT EINEM INTERNATIONALEN SCHIEDSGERICHT VORZULEGEN

(nach Artikel 26 Absatz 3 Buchstabe b Ziffer i)

1. Australien
2. Aserbeidschan
3. Bulgarien
4. Kanada
5. Kroatien
6. Zypern
7. Tschechische Republik
8. Europäische Gemeinschaften
9. Finnland
10. Griechenland
11. Ungarn
12. Irland
13. Italien
14. Japan
15. Kasachstan
16. Norwegen
17. Polen
18. Portugal
19. Rumänien
20. Russische Föderation
21. Slovenien
22. Spanien
23. Schweden
24. Vereinigte Staaten von Amerika

7. ANLAGE IA
LISTE DER VERTRAGSPARTEIEN, DIE EINEM INVESTOR ODER EINER VERTRAGSPARTEI NICHT ERLAUBEN, EINE STREITIGKEIT ÜBER DEN LETZTEN SATZ DES ARTIKELS 10 ABSATZ 1 EINEM INTERNATIONALEN SCHIEDSGERICHT VORZULEGEN

(nach Artikel 26 Absatz 3 Buchstabe c und Artikel 27 Absatz 2)

1. Australien
2. Kanada
3. Ungarn
4. Norwegen

8. ANLAGE P
BESONDERES VERFAHREN DER STREITBEILEGUNG FÜR REGIONALE UND ÖRTLICHE REGIERUNGS- UND VERWALTUNGSSTELLEN

(nach Artikel 27 Absatz 3 Buchstabe i)

TEIL I

1. Kanada
2. Australien

TEIL II

(1) Falls das Gericht in einem Schiedsspruch feststellt, daß eine Maßnahme einer regionalen oder örtlichen Regierungs- oder Verwaltungsstelle einer Vertragspartei (im folgenden als „verantwortliche Partei" bezeichnet) einer Bestimmung dieses Vertrags zuwiderläuft, trifft die zuständige Partei geeignete ihr zur Verfügung stehende Abhilfemaßnahmen, um die Einhaltung des Vertrags bezüglich der Maßnahme zu gewährleisten.

(2) Die verantwortliche Partei notifiziert dem Sekretariat binnen 30 Tagen, nachdem der Schiedsspruch ergangen ist, in schriftlicher Form die von ihr beabsichtigten Schritte zur Einhaltung des Vertrags hinsichtlich der Maßnahme. Das Sekretariat legt die Notifikation zum frühestmöglichen Zeitpunkt der Chartakonferenz vor, und zwar spätestens auf der Tagung der Konferenz, die dem Eingang der Notifikation folgt. Ist es praktisch unmöglich, die Einhaltung des Vertrags sogleich zu gewährleisten, so wird der verantwortlichen Partei hierfür eine angemessene Frist eingeräumt. Die Frist wird von beiden Streitparteien vereinbart. Kommt eine solche Vereinbarung nicht zustande, so schlägt die verantwortliche Partei der Chartakonferenz eine geeignete Frist zur Genehmigung vor.

(3) Kommt die verantwortliche Partei innerhalb der angemessenen Frist der Einhaltung des Vertrags hinsichtlich der Maßnahme nicht nach, so bemüht sie sich auf Antrag der anderen an der Streitigkeit beteiligten Vertragspartei (im folgenden als „geschädigte Partei" bezeichnet) um eine Verständigung mit der geschädigten Partei über eine angemessene Entschädigung, um die Streitigkeit damit zur beiderseitigen Zufriedenheit beizulegen.

(4) Ist binnen 20 Tagen nach Antragstellung seitens der geschädigten Partei eine angemessene Entschädigung nicht vereinbart worden, so kann die geschädigte Partei mit Genehmigung der Chartakonferenz gegenüber der verantwortlichen Partei den Teil ihrer Pflichten aus diesem Vertrag aussetzen, den sie mit den durch die in Frage stehende Maßnahme versagten Pflichten für gleichwertig hält, und zwar so lange, bis die Vertragsparteien sich über eine Lösung ihrer Streitigkeit geeinigt

haben oder bis die dem Vertrag zuwiderlaufende Maßnahme mit dem Vertrag in Einklang gebracht worden ist.

(5) Bei der Überlegung, welche Pflichten ausgesetzt werden sollen, richtet sich die geschädigte Partei nach folgenden Grundsätzen und Verfahren:

a) Die geschädigte Partei versucht zunächst, Pflichten aus dem Teil des Vertrags auszusetzen, in dem das Schiedsgericht eine Verletzung der Vertragsbestimmungen festgestellt hat.

b) Ist die geschädigte Partei der Auffassung, daß die Aussetzung von Pflichten aus dem gleichen Teil des Vertrags nicht durchführbar oder wirksam ist, so kann sie Pflichten aus anderen Teilen des Vertrags auszusetzen suchen. Beschließt die geschädigte Partei, die Genehmigung zur Aussetzung von Pflichten nach diesem Buchstaben zu beantragen, so gibt sie der Chartakonferenz in ihrem Antrag auf Genehmigung eine entsprechende Begründung.

(6) Auf schriftlichen Antrag der verantwortlichen Partei, der an die geschädigte Partei und an den Vorsitzenden des Schiedsgerichts, das den Schiedsspruch gefällt hat, gerichtet ist, entscheidet das Gericht darüber, ob das Maß der von der geschädigten Partei ausgesetzten Pflichten überhöht ist und wenn ja, um wieviel. Kann das Gericht nicht erneut zusammengesetzt werden, so wird die Entscheidung von einem oder mehreren vom Generalsekretär benannten Schiedsrichtern getroffen. Entscheidungen nach diesem Absatz sind innerhalb von 60 Tagen nach Antragstellung an das Schiedsgericht oder nach Benennung durch den Generalsekretär abschließend zu treffen. Bis zum Ergehen einer Entscheidung dürfen Pflichten nicht ausgesetzt werden; die Entscheidung ist endgültig und bindend.

(7) Mit der Aussetzung der Erfüllung von Pflichten gegenüber einer verantwortlichen Partei bemüht sich die geschädigte Partei nach Kräften, die Rechte einer anderen Vertragspartei aus diesem Vertrag nicht zu beeinträchtigen.

9. ANLAGE G

9. ANLAGE G

AUSNAHMEN UND REGELN ÜBER DIE ANWENDUNG DER BESTIMMUNGEN DES GATT UND DER DAZUGEHÖRIGEN RECHTSINSTRUMENTE

(nach Artikel 29 Absatz 2 Buchstabe a)

(1) Folgende Bestimmungen des GATT 1947 und der dazugehörigen Rechtsinstrumente finden keine Anwendung nach Artikel 29 Absatz 2 Buchstabe a:

a) Allgemeines Zoll- und Handelsabkommen

II	Listen der Zugeständnisse (und Listen zum Allgemeinen Zoll- und Handelsabkommen)
IV	Besondere Bestimmungen über Kinofilme
XV	Bestimmungen über den Zahlungsverkehr
XVIII	Staatliche Unterstützung der wirtschaftlichen Entwicklung
XXII	Konsultationen
XXIII	Schutz der Zugeständnisse und sonstigen Vorteile
XXV	Gemeinsames Vorgehen der Vertragsparteien
XXVI	Annahme, Inkrafttreten und Registrierung
XXVII	Aussetzung oder Zurücknahme von Zugeständnissen
XXVIII	Änderung der Listen XXVIIIa Zollverhandlungen
XXIX	Beziehung dieses Abkommens zur Havanna-Charta
XXX	Änderungen
XXXI	Rücktritt
XXXII	Vertragsparteien
XXXIII	Beitritt
XXXV	Nichtanwendung des Abkommens zwischen bestimmten Vertragsparteien
XXXVI	Grundsätze und Ziele

XXXVII Verpflichtungen
XXXVIII Gemeinsames Vorgehen
Anlage H zu Artikel XXVI
Anlage I Anmerkungen und ergänzende Bestimmungen (zu obigen GATT-Artikeln)

Schutzmaßnahmen für Entwicklungszwecke
Vereinbarung über Notifikation, Konsultation, Streitbeilegung und Überwachung

b) Dazugehörige Rechtsinstrumente

i) Übereinkommen über technische Handelshemmnisse (Normenkodex)
Präambel (Absätze eins, acht und neun)

1.3	Allgemeine Bestimmungen
2. 6.4	Ausarbeitung, Annahme und Anwendung von technischen Vorschriften und Normen durch Stellen der Zentralregierung
10.6	Informationen über technische Vorschriften, Normen und Kennzeichnungssysteme
11.	Technische Unterstützung anderer Vertragsparteien
12.	Besondere und differenzierte Behandlung der Entwicklungsländer
13.	Ausschuß „Technische Handelshemmnisse"
14.	Konsultation und Streitbeilegung
15.	Schlußbestimmungen (mit Ausnahme von 15.5 und 15.13)
Anlage 2	Technische Sachverständigengruppen
Anlage 3	Panels

ii) Übereinkommen über das öffentliche Beschaffungswesen

iii) Übereinkommen zur Auslegung und Anwendung der Artikel VI, XVI und XXIII (Subventionen und Ausgleichsmaßnahmen)

10.	Ausfuhrsubventionen für bestimmte Grundstoffe
12.	Konsultationen
13.	Schlichtung, Streitbeilegung und genehmigte Gegenmaßnahmen
14.	Entwicklungsländer
16.	Ausschuß für Subventionen und Ausgleichsmaßnahmen
17.	Schlichtung
18.	Streitbeilegung
19.2	Annahme und Beitritt
19.4	Inkrafttreten
19.5 a)	Einzelstaatliche Rechtsvorschriften
19.6	Überprüfung
19.7	Änderungen
19.8	Rücktritt
19.9	Nichtanwendung dieses Übereinkommens zwischen bestimmten Unterzeichnern
19.11	Sekretariat
19.12	Hinterlegung
19.13	Registrierung

iv) Übereinkommen zur Durchführung des Artikels VII (Zollwert)

1.2 b) iv)	Transaktionswert
11.1	Feststellung des Zollwerts
14.	Anwendung der Anhänge (zweiter Satz)
18.	Institutionen (Ausschuß für den Zollwert)
19.	Konsultationen
20.	Streitbeilegung
21.	Besondere und differenzierte Behandlung der Entwicklungsländer
22.	Annahme und Beitritt
24.	Inkrafttreten
25.1	Einzelstaatliche Rechtsvorschriften
26.	Überprüfung
27.	Änderungen
28.	Rücktritt
29.	Sekretariat
30.	Hinterlegung
31.	Registrierung
Anlage II	Technischer Ausschuß für den Zollwert
Anlage III	Ad-hoc-Panels
	Protokoll zum Übereinkommen zur Durchführung des Artikels VII (ausgenommen I.7 und I.8; spätere terminologische Abstimmung)

v) Übereinkommen über Einfuhrlizenzverfahren

1.4	Allgemeine Bestimmungen (letzter Satz)
2.2	Automatische Einfuhrlizenz (Fußnote 2)
4.	Institutionen, Konsultationen und Streitbeilegung
5.	Schlußbestimmungen (ausgenommen Absatz 2)

vi) Übereinkommen zur Durchführung des Artikels VI (Antidumping-Kodex)

13.	Entwicklungsländer
14.	Ausschuß für Antidumping-Praktiken
15.	Konsultationen, Schlichtung und Streitbeilegung
16.	Schlußbestimmungen (ausgenommen Absätze 1 und 3)

vii) Übereinkunft über Rindfleisch

viii) Internationale Übereinkunft über Milcherzeugnisse

ix) Übereinkommen über den Handel mit Zivilluftfahrzeugen

x) Erklärung zu Handelsmaßnahmen aus Zahlungsbilanzgründen

c) Alle übrigen Bestimmungen des GATT oder der dazugehörigen Rechtsinstrumente über

i) die staatliche Unterstützung der wirtschaftlichen Entwicklung und die Behandlung von Entwicklungsländern, ausgenommen die Absätze 1 bis 4 des Beschlusses vom 28. November 1979 (L/4903) zur differenzierten und günstigeren Behandlung, Gegenseitigkeit und verstärkten Teilnahme der Entwicklungsländer;

ii) die Festlegung der Arbeitsweise von Fachausschüssen und anderen nachgeordneten Gremien;

iii) Unterzeichnung, Beitritt, Inkrafttreten, Kündigung, Hinterlegung und Registrierung.

d) Sämtliche Übereinkünfte, Abmachungen, Beschlüsse, Vereinbarungen oder andere gemeinsame Maßnahmen auf Grund der Bestimmungen der Buchstaben a bis c.

(2) Die Vertragsparteien wenden die Bestimmungen der „Erklärung über Handelsmaßnahmen aus Zahlungsbilanzgründen" auf Maßnahmen an, die von den Vertragsparteien ergriffen werden, die nicht Vertragsparteien des GATT sind, soweit dies im Zusammenhang mit den anderen Bestimmungen dieses Vertrags praktisch durchführbar ist.

(3) Bezüglich der Notifikation, die durch die Bestimmungen gefordert wird, welche nach Artikel 29 Absatz 2 Buchstabe a anwendbar werden, gilt folgendes:

a) Vertragsparteien, die nicht Vertragsparteien des GATT oder eines dazugehörigen Rechtsinstruments sind, richten ihre Notifikationen an das Sekretariat. Das Sekretariat übermittelt allen Vertragsparteien Kopien der Notifikationen. Die an das Sekretariat gerichteten Notifikationen erfolgen in einer der verbindlichen Sprachen dieses Vertrags. Die Begleitdokumente brauchen nur in der Sprache der Vertragspartei vorgelegt zu werden;

b) diese Erfordernisse gelten nicht für Vertragsparteien dieses Vertrags, die auch Vertragsparteien des GATT und der dazugehörigen Rechtsinstrumente sind, welche ihre eigenen Notifikationserfordernisse enthalten.

(4) Der Handel mit Kernmaterial kann durch Übereinkünfte geregelt werden, auf die in den Erklärungen zu diesem Absatz Bezug genommen wird, welche in der Schlußakte der Europäischen Energiechartakonferenz enthalten sind.

10. ANLAGE TFU

10. ANLAGE TFU
BESTIMMUNGEN ÜBER HANDELSÜBEREINKÜNFTE ZWISCHEN STAATEN DER FRÜHEREN UNION DER SOZIALISTISCHEN SOWJETREPUBLIKEN

(nach Artikel 29 Absatz 2 Buchstabe b)

(1) Jede in Artikel 29 Absatz 2 Buchstabe b genannte Übereinkunft wird in schriftlicher Form dem Sekretariat notifiziert, und zwar von allen oder im Namen aller Vertragsparteien einer solchen Übereinkunft, die den vorliegenden Vertrag unterzeichnen oder ihm beitreten:

a) für eine Übereinkunft, die drei Monate nach dem Tag in Kraft ist, an dem die erste jener Vertragsparteien einer solchen Übereinkunft den vorliegenden Vertrag unterzeichnet oder ihre Beitrittsurkunde dazu hinterlegt hat, spätestens sechs Monate nach dem Zeitpunkt dieser Unterzeichnung oder Hinterlegung, und

b) für eine Übereinkunft, die nach dem unter Buchstabe a genannten Zeitpunkt in Kraft tritt, rechtzeitig vor ihrem Inkrafttreten für andere Staaten oder Organisationen der regionalen Wirtschaftsintegration, die den Vertrag unterzeichnet haben oder ihm beigetreten sind (im folgenden als „interessierte Parteien" bezeichnet), damit diese ausreichend Gelegenheit haben, die Übereinkunft zu prüfen und gegenüber den Vertragsparteien einer solchen Übereinkunft und der Chartakonferenz Stellungnahmen abzugeben, bevor sie in Kraft tritt.

(2) Die Notifikation umfaßt

a) Kopien des ursprünglichen Wortlauts der Übereinkunft in allen Sprachen, in denen sie unterzeichnet worden ist;

b) unter Bezugnahme auf die Positionen in Anlage EM eine Beschreibung der speziellen Primärenergieträger und Energieerzeugnisse, auf die sie Anwendung findet;

c) eine Erläuterung (getrennt für jede einschlägige Bestimmung des GATT und der dazugehörigen Rechtsinstrumente, die durch Artikel 29 Absatz 2 Buchstabe a anwendbar werden) der Umstände, die es den Vertragsparteien einer solchen Übereinkunft unmöglich oder undurchführbar machen, der betreffenden Bestimmung in vollem Umfang zu entsprechen;

d) die speziellen Maßnahmen, die von jeder Vertragspartei einer solchen Übereinkunft zu beschließen sind, um den unter Buchstabe c genannten Umständen zu begegnen, und

e) eine Beschreibung der Programme der Vertragsparteien einer solchen Übereinkunft zur fortschreitenden Verringerung und schließlichen Beseitigung der nichtkonformen Bestimmungen der Übereinkunft.

(3) Die Vertragsparteien einer nach Absatz 1 notifizierten Übereinkunft geben den interessierten Parteien hinreichend Gelegenheit zu Konsultationen mit ihnen über die betreffende Übereinkunft, und sie ziehen deren Stellungnahmen in Betracht. Auf Ersuchen einer der interessierten Parteien wird die Übereinkunft von der Chartakonferenz geprüft; diese kann Empfehlungen dazu beschließen.

(4) Die Chartakonferenz überprüft in regelmäßigen Zeitabständen die Durchführung der nach Absatz 1 notifizierten Übereinkünfte und die Fortschritte, die im Hinblick auf die Beseitigung der darin enthaltenen Bestimmungen gemacht worden sind, welche mit den durch Artikel 29 Absatz 2 Buchstabe a anwendbar gemachten Bestimmungen des GATT und der dazugehörigen Rechtsinstrumente nicht übereinstimmen. Auf Ersuchen einer der interessierten Parteien kann die Chartakonferenz Empfehlungen zu einer solchen Übereinkunft beschließen.

(5) Eine in Artikel 29 Absatz 2 Buchstabe b beschriebene Übereinkunft kann im Fall außerordentlicher Dringlichkeit ohne die in Absatz 1 Buchstabe b und in den Absätzen 2 und 3 vorgesehene Notifikation und Konsultation in Kraft gesetzt werden, vorausgesetzt, die Notifikation wird nachgeholt und die Gelegenheit zur Konsultation wird umgehend gegeben. In einem solchen Fall notifizieren die Vertragsparteien einer solchen Übereinkunft jedoch nach Absatz 2 Buchstabe a deren Wortlaut unmittelbar nach ihrem Inkrafttreten.

(6) Vertragsparteien, die Vertragsparteien einer in Artikel 29 Absatz 2 Buchstabe b beschriebenen Übereinkunft sind oder werden, verpflichten sich, deren Nichtübereinstimmung mit den durch Artikel 29 Absatz 2 Buchstabe a anwendbar gemachten Bestimmungen des GATT und der dazugehörigen Rechtsinstrumente so weit zu begrenzen, wie notwendig ist, um den besonderen Umständen gerecht zu werden und die betreffende Übereinkunft so umzusetzen, daß von den Bestimmungen so wenig wie möglich abgewichen wird. Sie unternehmen alle Anstrengungen, im Licht der Stellungnahmen seitens der interessierten Parteien und der Empfehlungen der Chartakonferenz Abhilfe zu schaffen.

11. ANLAGE D

11. ANLAGE D

EINSTWEILIGE BESTIMMUNGEN ÜBER DIE BEILEGUNG VON HANDELSSTREITIGKEITEN

(nach Artikel 29 Absatz 7)

(1)

a) In ihren Beziehungen untereinander bemühen sich die Vertragsparteien nach Kräften, durch Zusammenarbeit und Konsultationen zu einer allseits zufriedenstellenden Lösung von Streitigkeiten über bestehende Maßnahmen zu gelangen, welche die Einhaltung der Bestimmungen über den Handel nach Artikel 5 oder 29 erheblich beeinträchtigen könnten.

b) Eine Vertragspartei kann jede andere Vertragspartei schriftlich um Konsultationen über jede bestehende Maßnahme der anderen Vertragspartei ersuchen, die ihrer Ansicht nach die Einhaltung der Bestimmungen über den Handel nach Artikel 5 oder 29 erheblich beeinträchtigen könnte. Eine Vertragspartei, die um Konsultationen ersucht, bezeichnet die beanstandete Maßnahme so ausführlich wie möglich und nennt die ihrer Ansicht nach maßgeblichen Bestimmungen des Artikels 5 oder 29 und des GATT und der dazugehörigen Rechtsinstrumente. Das Konsultationsersuchen auf Grund dieses Absatzes ist dem Sekretariat zu notifizieren, das die Vertragsparteien regelmäßig von den notifizierten Konsultationsersuchen unterrichtet.

c) Eine Vertragspartei behandelt vertrauliche oder gesetzlich geschützte Informationen, die als solche gekennzeichnet und in einem schriftlichen Ersuchen enthalten sind oder in Beantwortung eines schriftlichen Ersuchens eingehen oder die ihr im Verlauf von Konsultationen zur Kenntnis gelangen, in der gleichen Weise, wie sie von der Vertragspartei, welche die Informationen liefert, behandelt werden.

d) Bei der Suche nach der Lösung von Angelegenheiten, die sich nach Ansicht einer Vertragspartei auf die Einhaltung der auf den Handel anwendbaren Bestimmungen des Artikels 5 oder 29 zwischen ihr und einer anderen Vertragspartei auswirken, bemühen sich die an Konsultationen oder an einer anderen Streitbeilegung beteiligten Vertragsparteien nach Kräften, eine Lösung zu vermeiden, die den Handel einer anderen Vertragspartei beeinträchtigt.

(2)

a) Haben die Vertragsparteien binnen 60 Tagen nach Eingang des Konsultationsersuchens nach Absatz 1 Buchstabe b ihren Streit nicht beigelegt oder vereinbart, ihn durch Schlichtungs-, Vermittlungs- oder Schiedsverfahren oder ein anderes Verfahren beizulegen, so kann jede Vertragspartei beim Sekretariat schriftlich um die Einsetzung eines Panels nach den Buchstaben b bis f ersuchen. In ihrem Ersuchen nennt die ersuchende Vertragspartei den Gegenstand des Streites und gibt an, welche Bestimmungen des Artikels 5 oder 29 sowie des GATT und der dazugehörigen Rechtsinstrumente als maßgeblich betrachtet werden. Das Sekretariat übermittelt allen Vertragsparteien umgehend eine Ausfertigung des Ersuchens.

b) Bei der Streitbeilegung ist den Interessen anderer Vertragsparteien Rechnung zu tragen. Jede andere Vertragspartei mit einem wesentlichen Interesse an einer Angelegenheit hat das Recht, vom Panel gehört zu werden und ihm schriftliche Stellungnahmen vorzulegen, sofern die an der Streitigkeit beteiligten Vertragsparteien und das Sekretariat vor Einsetzung des Panels nach Buchstabe c schriftlich von diesen Interessen in Kenntnis gesetzt worden sind.

c) Ein Panel gilt 45 Tage nach Eingang des unter Buchstabe a genannten schriftlichen Ersuchens einer Vertragspartei beim Sekretariat als eingesetzt.

d) Ein Panel besteht aus drei Mitgliedern, die vom Generalsekretär aus der Liste nach Absatz 7 ausgewählt werden. Sofern die an der Streitigkeit beteiligten Vertragsparteien nichts anderes vereinbaren, dürfen die Panelmitglieder weder Bürger von Vertragsparteien, die Streitparteien sind oder ihr Interesse nach Buchstabe b notifiziert haben, noch Bürger von Mitgliedstaaten einer Organisation der regionalen Wirtschaftsintegration sein, die an der Streitigkeit beteiligt ist oder ihr Interesse nach Buchstabe b notifiziert hat.

e) Die an der Streitigkeit beteiligten Vertragsparteien äußern sich innerhalb von zehn Arbeitstagen zu der Benennung der Panelmitglieder und lehnen Benennungen nur aus zwingenden Gründen ab.

f) Die Panelmitglieder sind in persönlicher Eigenschaft tätig; sie dürfen Weisungen einer Regierung oder einer anderen Stelle weder erbitten noch entgegennehmen. Jede Vertragspartei verpflichtet sich, diese Grundsätze zu beachten und die Panelmitglieder bei der Erledigung ihrer Aufgaben nicht zu beeinflussen. Bei der Auswahl der Panelmitglieder ist darauf zu achten, daß deren Unabhängigkeit gewährleistet ist und daß im Panel ein ausreichend vielseitiger Hintergrund und ein breites Erfahrungsspektrum zum Ausdruck kommen.

g) Das Sekretariat unterrichtet alle Vertragsparteien umgehend von der Bildung eines Panels.

(3)

a) Die Chartakonferenz beschließt die Geschäftsordnung für das Panelverfahren im Einklang mit dieser Anlage. Die Geschäftsordnung lehnt sich so eng wie möglich an diejenige des GATT und der dazugehörigen Rechtsinstrumente an. Ein Panel hat auch das Recht, zusätzliche Geschäftsordnungsbestimmungen zu beschließen, soweit diese mit der von der Chartakonferenz beschlossenen Geschäftsordnung und mit dieser Anlage in Einklang stehen. In einem Verfahren vor einem Panel haben die an der Streitigkeit beteiligten Vertragsparteien und jede andere Vertragspartei, die ihr Interesse nach Absatz 2 Buchstabe b notifiziert hat, das Recht auf wenigstens eine Anhörung vor dem Panel und auf Vorlage einer schriftlichen Stellungnahme. An der Streitigkeit beteiligte Vertragsparteien haben auch das Recht, eine schriftliche Gegendarstellung vorzubringen. Ein Panel kann einem Ersuchen einer anderen Vertragspartei, die ihr Interesse nach Absatz 2 Buchstabe b notifiziert hat, auf Zugang zu den schriftlichen Stellungnahmen, die dem Panel vorgelegt worden sind, mit Zustimmung der Vertragspartei, die sie vorgelegt hat, stattgeben.

Die Verfahren vor einem Panel sind vertraulich. Ein Panel nimmt eine objektive Bewertung der vorliegenden Angelegenheiten vor, einschließlich des Sachverhalts der Streitigkeit und der Vereinbarkeit von Maßnahmen mit den nach Artikel 5 oder 29 auf den Handel anwendbaren Bestimmungen. Bei der Wahrnehmung seiner Aufgaben konsultiert ein Panel die an der Streitigkeit beteiligten Vertragsparteien und gibt ihnen ausreichende Gelegenheit, eine allseits zufriedenstellende Lösung herbeizuführen. Sofern von den an der Streitigkeit beteiligten Vertragsparteien nicht etwas anderes vereinbart wurde, stützt sich ein Panel in seiner Entscheidung auf die Argumente und Stellungnahmen der an der Streitigkeit beteiligten Vertragsparteien. Panels lassen sich von den Auslegungen des GATT und der dazugehörigen Rechtsinstrumente im Rahmen des GATT leiten und stellen die Vereinbarkeit von Praktiken mit Artikel 5 oder 29 nicht in Frage, die von einer Vertragspartei, die Vertragspartei des GATT ist, gegenüber anderen Vertragsparteien des GATT angewendet werden und die von diesen anderen Vertragsparteien des GATT nicht einer Streitbeilegung im Rahmen des GATT unterworfen wurden.

Sofern von den an der Streitigkeit beteiligten Vertragsparteien nicht etwas anderes vereinbart wird, sollen alle Verfahren, an denen ein Panel beteiligt ist, einschließlich der Vorlage des Schlußberichts innerhalb von 180 Tagen nach der Einsetzung des Panels abgeschlossen werden; können jedoch nicht sämtliche Verfahren innerhalb dieses Zeitraums abgeschlossen werden, so wirkt sich dies nicht auf die Gültigkeit des Schlußberichts aus.

b) Ein Panel stellt seine Zuständigkeit fest; seine Feststellung ist endgültig und bindend. Ein Einwand einer an der Streitigkeit beteiligten Vertragspartei, die Streitigkeit falle nicht unter die Zuständigkeit des Panels, wird vom Panel geprüft, das darüber befindet, ob es den Einwand als Vorfrage behandelt oder ob der Einwand Teil der Streitigkeit ist.

c) Gehen zwei oder mehr Ersuchen um Einsetzung eines Panels für Streitigkeiten ein, die inhaltlich ähnlich sind, so kann der Generalsekretär mit Zustimmung aller an der Streitigkeit beteiligten Vertragsparteien ein einziges Panel benennen.

(4)

a) Nach Prüfung der Gegenargumente unterbreitet das Panel den an der Streitigkeit beteiligten Vertragsparteien die beschreibenden Teile seines schriftlichen Berichtsentwurfs einschließlich des Sachverhalts und einer Zusammenfassung der Argumente der an der Streitigkeit beteiligten Vertragsparteien. Den an der Streitigkeit beteiligten Vertragsparteien wird Gelegenheit gegeben, sich zu den beschreibenden Teilen des Berichts innerhalb einer vom Panel festgesetzten Frist schriftlich zu äußern.

Nach Ablauf der Frist für den Eingang der Äußerungen der Vertragsparteien händigt das Panel den an der Streitigkeit beteiligten Vertragsparteien einen schriftlichen Zwischenbericht aus, in dem sowohl die beschreibenden Teile als auch die vorgeschlagenen Feststellungen und Schlußfolgerungen des Panels enthalten sind. Innerhalb eines vom Panel festgelegten Zeitraums kann eine an der Streitigkeit beteiligte Vertragspartei das Panel schriftlich ersuchen, einzelne Punkte des Zwischenberichts zu überprüfen, bevor es einen Schlußbericht vorlegt. Vor der Vorlage eines Schlußberichts kann das Panel nach eigenem Ermessen mit den an der Streitigkeit beteiligten Vertragsparteien zusammenkommen, um die Fragen zu besprechen, die in dem Ersuchen aufgeworfen wurden.

Der Schlußbericht umfaßt die beschreibenden Teile (einschließlich einer Feststellung des Sachverhalts und einer Zusammenfassung der Argumente der an der Streitigkeit beteiligten Vertragsparteien), die Feststellungen und Schlußfolgerungen des Panels und eine Erörterung der Argumente, die zu bestimmten Fragen des Zwischenberichts zum Zeitpunkt von dessen Überprüfung vorgebracht wurden. Der Schlußbericht behandelt jede wesentliche Frage, die dem Panel vorgelegt wurde und zur Streitbeilegung notwendig ist, und führt die Gründe für die Schlußfolgerungen des Panels an.

Das Panel leitet seinen Schlußbericht umgehend an das Sekretariat und die an der Streitigkeit beteiligten Vertragsparteien weiter. Zum frühestmöglichen Zeitpunkt verteilt das Sekretariat den Schlußbericht zusammen mit etwaigen schriftlichen Anmerkungen, die eine an der Streitigkeit beteiligte Vertragspartei ihm beizufügen wünscht, an alle Vertragsparteien.

b) Gelangt ein Panel zu dem Schluß, daß eine Maßnahme, die eine Vertragspartei einführt oder beibehält, einer Bestimmung des Artikels 5 oder 29 oder einer Bestimmung des GATT oder eines dazugehörigen Rechtsinstruments, die im Rahmen des Artikels 29 anwendbar ist, nicht entspricht, so kann das Panel in seinem Schlußbericht empfehlen, daß die Vertragspartei die Maßnahme oder Verhaltensweise ändert oder aufgibt und so der betreffenden Bestimmung entspricht.

c) Panelberichte werden von der Chartakonferenz angenommen. Um der Chartakonferenz genügend Zeit zur Prüfung der Panelberichte zu geben, wird ein Bericht frühestens 30 Tage, nachdem das Sekretariat ihn allen Vertragsparteien übermittelt hat, durch die Chartakonferenz angenommen. Vertragsparteien, die Einwände gegen einen Bericht eines Panels haben, übermitteln ihre schriftliche Begründung mindestens 10 Tage vor dem Zeitpunkt, zu dem der Bericht zur Annahme durch die Chartakonferenz vorgesehen ist, an das Sekretariat, das sie umgehend an alle Vertragsparteien weiterleitet. Die an der Streitigkeit beteiligten Vertragsparteien sowie Vertragsparteien, die ihr Interesse nach Absatz 2 Buchstabe b notifiziert haben, haben das Recht, in vollem Umfang an der Prüfung des Berichts des Panels über die Streitigkeit durch die Chartakonferenz teilzunehmen und ihre Auffassungen in vollem Umfang zu Protokoll zu geben.

d) Für eine rechtswirksame Streitbeilegung im Interesse aller Vertragsparteien ist es wichtig, daß den Entscheidungen und Empfehlungen eines von der Chartakonferenz angenommenen Schlußberichts umgehend entsprochen wird. Eine Vertragspartei, an die sich eine Entscheidung oder Empfehlung eines von der Chartakonferenz angenommenen Schlußberichts richtet, teilt der

Chartakonferenz mit, wie sie dieser Entscheidung oder Empfehlung zu entsprechen gedenkt. Ist es der betreffenden Vertragspartei praktisch unmöglich, dem sofort nachzukommen, so erklärt sie der Chartakonferenz, weshalb sie dem nicht entsprechen kann, und erhält im Licht dieser Erklärung eine angemessene Frist, um dem zu entsprechen. Das Ziel der Streitbeilegung ist die Änderung oder Beseitigung unvereinbarer Maßnahmen.

(5)

a) Versäumt es eine Vertragspartei, der Entscheidung oder Empfehlung eines von der Chartakonferenz angenommenen Schlußberichts des Panels innerhalb einer angemessenen Frist zu entsprechen, so kann eine durch dieses Versäumnis geschädigte und an der Streitigkeit beteiligte Vertragspartei die säumige Vertragspartei schriftlich ersuchen, Verhandlungen aufzunehmen, um eine allseits zufriedenstellende Entschädigung zu vereinbaren. Auf ein solches Ersuchen hin nimmt die säumige Vertragspartei umgehend solche Verhandlungen auf.

b) Lehnt die säumige Vertragspartei Verhandlungen ab oder haben sich die Vertragsparteien binnen 30 Tagen nach Eingang des Verhandlungsersuchens noch nicht geeinigt, so kann die geschädigte Vertragspartei die Chartakonferenz schriftlich um Ermächtigung ersuchen, die Erfüllung von Verpflichtungen gegenüber der säumigen Vertragspartei nach Artikel 5 oder 29 auszusetzen.

c) Die Chartakonferenz kann die geschädigte Vertragspartei ermächtigen, gegenüber der säumigen Vertragspartei die Erfüllung derjenigen Verpflichtungen aus den Bestimmungen des Artikels 5 oder 29 oder aus den auf Grund des Artikels 29 anwendbaren Bestimmungen des GATT oder der dazugehörigen Rechtsinstrumtente auszusetzen, welche die geschädigte Vertragspartei unter den gegebenen Umständen für gleichwertig erachtet.

d) Die Aussetzung der Erfüllung von Verpflichtungen ist zu befristen und nur so lange anzuwenden, bis die mit Artikel 5 oder 29 unvereinbare Maßnahme aufgehoben wird oder bis eine allseits zufriedenstellende Lösung gefunden worden ist.

(6)

a) Bevor sie die Erfüllung solcher Verpflichtungen aussetzt, unterrichtet die geschädigte Vertragspartei die säumige Vertragspartei von Art und Umfang der beabsichtigten Aussetzung. Erhebt die säumige Vertragspartei beim Generalsekretär schriftlich Einwand gegen den Umfang der von der geschädigten Vertragspartei beabsichtigten Aussetzung der Erfüllung der Verpflichtungen, so wird das nachstehend vorgesehene Schiedsverfahren eingeleitet. Die beabsichtigte Aussetzung der Erfüllung von Verpflichtungen wird zurückgestellt, bis das Schiedsverfahren abgeschlossen und die Entscheidung des Schiedspanels nach Buchstabe e endgültig und bindend geworden ist.

b) Der Generalsekretär setzt nach Absatz 2 Buchstaben d bis f ein Schiedspanel ein, das, wenn praktisch möglich, dasselbe Panel ist, das die in Absatz 4 Buchstabe d genannte Entscheidung oder Empfehlung abgegeben hat, und prüft, in welchem Umfang die geschädigte Vertragspartei die Aussetzung der Erfüllung von Verpflichtungen beabsichtigt. Sofern die Chartakonferenz nicht etwas anderes beschließt, wird die Verfahrensordnung für das Panel-Verfahren nach Absatz 3 Buchstabe a beschlossen.

c) Das Schiedspanel stellt fest, ob und gegebenenfalls inwieweit der Umfang der von der geschädigten Vertragspartei beabsichtigten Aussetzung der Erfüllung von Verpflichtungen in einem unangemessenen Verhältnis zu dem erlittenen Schaden steht. Das Panel überprüft die Art der ausgesetzten Verpflichtungen nicht, es sei denn, daß diese mit der Feststellung des Umfangs der ausgesetzten Verpflichtungen untrennbar verbunden ist.

d) Das Schiedspanel übermittelt der geschädigten und der säumigen Vertragspartei und dem Sekretariat seine schriftliche Feststellung binnen 60 Tagen nach seiner Einsetzung beziehungsweise innerhalb der von der geschädigten und der säumigen Vertragspartei vereinbarten sonstigen Frist. Das Sekretariat legt die Feststellung der Chartakonferenz bei der frühestmöglichen Gelegenheit, spätestens aber auf der nächsten dem Eingang der Feststellung folgenden Sitzung der Chartakonferenz vor.

e) Die Feststellung des Schiedspanels wird 30 Tage, nachdem sie der Chartakonferenz vorgelegt worden ist, endgültig und bindend, und jeder darin zugestandene Umfang einer Aussetzung von Vergünstigungen kann daraufhin von der geschädigten Vertragspartei in einer Weise in Kraft gesetzt werden, wie es die Vertragspartei unter den gegebenen Umständen für gleichwertig erachtet, es sei denn, daß die Chartakonferenz vor Ablauf der Frist von 30 Tagen etwas anderes beschließt.

f) Mit der Aussetzung der Erfüllung von Verpflichtungen gegenüber einer säumigen Vertragspartei bemüht sich die geschädigte Vertragspartei nach Kräften, den Handel anderer Vertragsparteien nicht zu beeinträchtigen.

(7) Jede Vertragspartei kann zwei Personen bestimmen, die im Fall von Vertragsparteien, welche auch Vertragspartei des GATT sind, üblicherweise als Panelmitglieder für die Streitbeilegung im Rahmen des GATT benannt werden, sofern sie gewillt und fähig sind, als Panelmitglieder im Sinne dieser Anlage tätig zu sein. Der Generalsekretär kann ferner mit Zustimmung der Chartakonferenz höchstens zehn Personen benennen, die gewillt und fähig sind, als Panelmitglieder bei der Streitbeilegung nach den Absätzen 2 bis 4 tätig zu sein. Die Chartakonferenz kann darüber hinaus beschließen, für dieselben Zwecke bis zu zwanzig Personen zu benennen, die auf Streitbeilegungslisten anderer internationaler Gremien stehen und gewillt und fähig sind, als Panelmitglieder tätig zu sein. Die Namen aller so benannten Personen ergeben die Streitbeilegungsliste. Die Personen werden allein auf der Grundlage der Objektivität, Zuverlässigkeit und des gesunden Urteilsvermögens benannt; sie sollen in Fragen des internationalen Handels und der Energiewirtschaft, insbesondere in den nach Artikel 29 anzuwendenden Bestimmungen möglichst umfassende Sachkenntnis haben. Bei der Wahrnehmung von Aufgaben im Rahmen dieser Anlage dürfen die zu benennenden Personen keiner Vertragspartei angehören oder von ihr Weisungen entgegennehmen. Die zu benennenden Personen sind für eine erneuerbare Amtszeit von fünf Jahren und bis ihre Nachfolger benannt sind tätig. Eine benannte Person, deren Amtszeit abläuft, führt eine Aufgabe, für die sie im Rahmen dieser Anlage gewählt wurde, zu Ende. Im Falle des Todes, des Rücktritts oder der Unfähigkeit einer benannten Person hat je nachdem, wer die betreffende Person benannt hat, die Vertragspartei oder der Generalsekretär das Recht, für den Rest der Amtszeit eine andere Person zu benennen, wobei die Benennung durch den Generalsekretär der Genehmigung durch die Chartakonferenz bedarf.

(8) Ungeachtet der in dieser Anlage enthaltenen Bestimmungen sind die Vertragsparteien aufgefordert, einander während des gesamten Streitbeilegungsverfahrens zu konsultieren, um ihren Streit beizulegen.

(9) Die Chartakonferenz kann für die Erledigung der in dieser Anlage dem Sekretariat und dem Generalsekretär übertragenen Aufgaben andere Gremien oder Foren bestimmen oder benennen.

12. ANLAGE B

12. ANLAGE B

VERTEILUNGSSCHLÜSSEL FÜR DIE CHARTAKOSTEN

(nach Artikel 37 Absatz 3)

(1) Die von den Vertragsparteien zu zahlenden Beiträge werden alljährlich vom Sekretariat festgestellt; dabei wird von ihren prozentualen Beiträgen ausgegangen, die nach dem letzten verfügbaren Schlüssel der Vereinten Nationen für die Beiträge zum ordentlichen Haushalt fällig sind. (Ergänzend werden Daten über theoretische Beiträge für Vertragsparteien, die nicht VN-Mitglieder sind, zugrunde gelegt).

(2) Die Beiträge werden nach Bedarf so angepaßt, daß sichergestellt ist, daß die Gesamtsumme aller Beiträge der Vertragsparteien 100% beträgt.

13. ANLAGE PA

13. ANLAGE PA

LISTE DER UNTERZEICHNER, WELCHE DIE VERPFLICHTUNGEN ZUR VORLÄUFIGEN ANWENDUNG AUS ARTIKEL 45 ABSATZ 3 BUCHSTABE b NICHT ANNEHMEN

(nach Artikel 45 Absatz 3 Buchstabe b)

1. Tschechische Republik

2. Deutschland
3. Ungarn
4. Litauen
5. Polen
6. Slowakische Republik

14. ANLAGE T
ÜBERGANGSMASSNAHMEN DER VERTRAGSPARTEIEN

(nach Artikel 32 Absatz 1)

Liste der Vertragsparteien, die zu Übergangsregelungen berechtigt sind

Albanien	Lettland
Armenien	Litauen
Aserbaidschan	Moldau
Belarus	Polen
Bulgarien	Rumänien
Kroatien	Russische Föderation
Tschechische Republik	Slowakische Republik
Estland	Slowenien
Georgien	Tadschikistan
Ungarn	Turkmenistan
Kasachstan	Ukraine
Kirgisistan	Usbekistan

Liste der Bestimmungen, für die Übergangsregelungen gelten

Bestimmung	Bestimmung
Artikel 6 Absatz 2	Artikel 10 Absatz 7
Artikel 6 Absatz 5	Artikel 14 Absatz 1 Buchstabe d
Artikel 7 Absatz 4	Artikel 20 Absatz 3
Artikel 9 Absatz 1	Artikel 22 Absatz 3

ARTIKEL 6 ABSATZ 2

„Jede Vertragspartei sorgt dafür, daß innerhalb ihrer Zuständigkeit Gesetze vorhanden sind und durchgesetzt werden, die erforderlich und geeignet sind, gegen einseitiges und abgestimmtes wettbewerbswidriges Verhalten bei einer Wirtschaftstätigkeit im Energiebereich vorzugehen."

LAND: ALBANIEN

SEKTOR

Alle Energiesektoren.

REGIERUNGSEBENE

National.

BESCHREIBUNG

Es gibt in Albanien kein Gesetz zum Schutz des Wettbewerbs. Gesetz Nr. 7746 vom 28. Juli 1993 über Kohlenwasserstoffe und Gesetz Nr. 7796 vom 17. Februar 1994 über Mineralien enthalten keine derartigen Bestimmungen. Ein Elektrizitätsgesetz ist in Vorbereitung; es soll dem Parlament bis Ende 1996 vorgelegt werden. Albanien beabsichtigt, in diese Gesetze Bestimmungen gegen wettbewerbswidriges Verhalten aufzunehmen.

AUSLAUFEN

1. Jänner 1998.

LAND: ARMENIEN

SEKTOR

Alle Energiesektoren.

REGIERUNGSEBENE

National.

BESCHREIBUNG

Gegenwärtig besteht in den meisten Energiesektoren in Armenien ein staatliches Monopol. Es gibt kein Gesetz zum Schutz des Wettbewerbs; die Wettbewerbsregeln werden somit noch nicht eingeführt. Es gibt noch keine Energiegesetze. Die Entwürfe sollen dem Parlament 1994 vorgelegt werden. Sie werden voraussichtlich mit dem EG-Wettbewerbsrecht abgestimmte Bestimmungen über wettbewerbsschädigendes Verhalten enthalten.

AUSLAUFEN

31. Dezember 1997.

LAND: ASERBAIDSCHAN

SEKTOR

Alle Energiesektoren.

REGIERUNGSEBENE

National.

BESCHREIBUNG

Die Gesetzgebung zum Abbau der Monopole wird derzeit erarbeitet.

AUSLAUFEN

1. Jänner 2000.

LAND: BELARUS

SEKTOR

Alle Energiesektoren.

REGIERUNGSEBENE

National.

BESCHREIBUNG

Gesetze über den Monopolabbau werden vorbereitet.

AUSLAUFEN

1. Jänner 2000.

LAND: GEORGIEN

SEKTOR

Alle Energiesektoren.

REGIERUNGSEBENE

National.

BESCHREIBUNG

Gesetzesvorhaben zum Monopolabbau befinden sich in Georgien im Stadium der Ausarbeitung; derweil besteht praktisch für alle Energiequellen und Energieträger das staatliche Monopol fort. Dadurch kommt ein Wettbewerb im energiewirtschaftlichen Bereich nur beschränkt zum Zuge.

AUSLAUFEN

1. Jänner 1999.

LAND: KASACHSTAN

SEKTOR

Alle Energiesektoren.

REGIERUNGSEBENE

National.

BESCHREIBUNG

Das Gesetz Nr. 656 vom 11. Juni 1991 über die Entwicklung des Wettbewerbs und eine Beschränkung der monopolistischen Tätigkeiten ist in Kraft, ist aber sehr allgemein gehalten. Weitere Gesetze oder die Verabschiedung entsprechender Änderungen sind erforderlich.

AUSLAUFEN

1. Jänner 1998.

LAND: KIRGISISTAN

SEKTOR

Alle Energiesektoren.

REGIERUNGSEBENE

National.

BESCHREIBUNG

Das Gesetz über den Monopolabbau ist bereits verabschiedet. Die Übergangsfrist ist erforderlich, um die Bestimmungen dieses Gesetzes an den zur Zeit noch strikt vom Staat reglementierten Energiesektor anzupassen.

AUSLAUFEN

1. Juli 2001.

LAND: MOLDAU

SEKTOR

Alle Energiesektoren.

REGIERUNGSEBENE

National.

BESCHREIBUNG

Das Gesetz über die Beschränkung monopolistischer Tätigkeiten und die Förderung des Wettbewerbs vom 29. Jänner 1992 liefert die organisatorische und rechtliche Grundlage für die Einführung des Wettbewerbs und für die Maßnahmen zur Verhinderung und Beschränkung der monopolistischen Betätigung; es ist auf die Einführung marktwirtschaftlicher Bedingungen ausgerichtet. Dieses Gesetz liefert allerdings keine konkrete Handhabe gegen wettbewerbswidriges Verhalten im Energiesektor, noch deckt es völlig die Forderungen von Artikel 6 ab.

Im Jahre 1995 werden dem Parlament Entwürfe zu einem Gesetz über Wettbewerb und staatlichen Monopolabbau vorgelegt werden. Der Entwurf des Energiegesetzes, der dem Parlament ebenfalls 1995 vorgelegt werden soll, regelt Fragen des Monopolabbaus und des Wettbewerbs in der Energiewirtschaft.

AUSLAUFEN

1. Jänner 1998.

LAND: RUMÄNIEN

SEKTOR

Alle Energiesektoren.

REGIERUNGSEBENE

National.

BESCHREIBUNG

In Rumänien sind die Wettbewerbsregeln noch nicht umgesetzt. Das Gesetzesvorhaben zum Schutz des Wettbewerbs ist dem Parlament vorgelegt worden, mit seiner Verabschiedung wird im Laufe des Jahres 1994 gerechnet.

Der Entwurf enthält Vorschriften über wettbewerbsschädigendes Verhalten, die mit den EG-Wettbewerbsregeln abgestimmt sind.

AUSLAUFEN

31. Dezember 1996.

LAND: RUSSISCHE FÖDERATION

SEKTOR

Alle Energiesektoren.

REGIERUNGSEBENE

Die Föderation.

BESCHREIBUNG

Ein umfassendes Rahmenwerk von Gesetzen zum Monopolabbau wurde in der russischen Föderation erarbeitet, aber weitere rechtliche und organisatorische Maßnahmen zur Verhinderung, Begrenzung oder Beseitigung monopolistischer Betätigung und unfairen Wettbewerbs werden – insbesondere im Energiebereich – verabschiedet werden müssen.

AUSLAUFEN

1. Juli 2001.

LAND: SLOWENIEN

SEKTOR

Alle Energiesektoren.

REGIERUNGSEBENE

National.

BESCHREIBUNG

Das 1993 verabschiedete und im Amtsblatt Nr. 18/93 veröffentlichte Gesetz zum Schutz des Wettbewerbs behandelt wettbewerbswidriges Verhalten allgemein. Das vorhandene Gesetz schafft die Voraussetzungen für die Einrichtung von Wettbewerbsbehörden. Die wichtigste Wettbewerbsbehörde ist zur Zeit das Amt für Wettbewerbsschutz beim Ministerium für wirtschaftliche Beziehungen und Entwicklung. Wegen der Bedeutung des Energiesektors ist ein eigenes Gesetz in Aussicht genommen. Bis zur vollen Erfüllung ist somit mehr Zeit erforderlich.

AUSLAUFEN

1. Jänner 1998.

LAND: TADSCHIKISTAN

SEKTOR

Alle Energiesektoren.

REGIERUNGSEBENE

National.

BESCHREIBUNG

1993 wurde in Tadschikistan das Gesetz über Monopolabbau und Wettbewerb erlassen. Auf Grund der schwierigen Wirtschaftslage in Tadschikistan ist das Gesetz jedoch vorläufig ausgesetzt worden.

AUSLAUFEN

31. Dezember 1997.

LAND: TURKMENISTAN

SEKTOR

Alle Energiesektoren.

REGIERUNGSEBENE

National.

BESCHREIBUNG

Nach dem Erlaß des Präsidenten von Turkmenistan Nr. 1532 vom 21. Oktober 1993 wurde der Ausschuß zur Beschränkung monopolistischer Tätigkeiten geschaffen, der seine Tätigkeit aufgenommen hat; seine Aufgabe sind der Schutz von Unternehmen und anderen Organisationen gegen monopolistische Verhaltensweisen und Praktiken und die Förderung der Durchsetzung marktwirtschaftlicher Grundsätze auf der Grundlage von Wettbewerb und Unternehmertum.

Eine weitere Entwicklung der Gesetzgebung und Verwaltungsvorschriften ist noch erforderlich, um das anti-monopolistische Verhalten der Unternehmen bei ihrer Wirtschaftstätigkeit im Energiebereich zu regeln.

AUSLAUFEN

1. Juli 2001.

LAND: USBEKISTAN

SEKTOR

Alle Energiesektoren.

REGIERUNGSEBENE

National.

BESCHREIBUNG

Das Gesetz zur Beschränkung der Monopoltätigkeiten wurde verabschiedet und ist seit Juli 1992 in Usbekistan in Kraft. Wie in Artikel 1 Absatz 3 vorgesehen, gilt das Gesetz allerdings nicht für unternehmerische Tätigkeiten im Energiesektor.

AUSLAUFEN

1. Juli 2001.

ARTIKEL 6 ABSATZ 5

„Ist eine Vertragspartei der Auffassung, daß ein bestimmtes wettbewerbswidriges Verhalten im Gebiet einer anderen Vertragspartei sich auf wichtige Interessen nachteilig auswirkt, die für die Zwecke dieses Artikels von Bedeutung sind, so kann die Vertragspartei dies der anderen Vertragspartei mitteilen und diese darum ersuchen, daß ihre Wettbewerbsbehörden geeignete Durchsetzungsmaßnahmen ergreifen. Die notifizierende Vertragspartei macht in ihrer Notifikation ausreichende Angaben, damit die andere Vertragspartei das in der Notifikation angesprochene wettbewerbswidrige Verhalten feststellen kann; die notifizierende Vertragspartei bietet weitere Informationen und ihre Zusammenarbeit an, soweit sie dazu in der Lage ist. Die Vertragspartei, welche die Notifikation erhalten hat, beziehungsweise ihre zuständigen Wettbewerbsbehörden können die Wettbewerbsbehörden der notifizierenden Vertragspartei konsultieren und prüfen umgehend das Ersuchen der notifizierenden Vertragspartei, wenn sie darüber entscheiden, ob sie Durchsetzungsmaßnahmen gegen das in der Notifikation behauptete wettbewerbswidrige Verhalten einleiten. Die Vertragspartei, welche die Notifikation erhalten hat, teilt der notifizierenden Vertragspartei ihre Entscheidung beziehungsweise die Entscheidung der zuständigen Wettbewerbsbehörden mit; sie kann, falls sie es wünscht, der notifizierenden Vertragspartei die Gründe für ihre Entscheidung angeben. Werden Durchsetzungsmaßnahmen eingeleitet, so teilt die Vertragspartei, welche die Notifikation erhalten hat, der notifizierenden Vertragspartei das Ergebnis und, soweit möglich, wesentliche zwischenzeitliche Entwicklungen mit."

LAND: ALBANIEN

SEKTOR

Alle Energiesektoren.

REGIERUNGSEBENE

National.

BESCHREIBUNG

In Albanien gibt es keine Institution, die die Einhaltung von Wettbewerbsregeln durchsetzt. Derartige Stellen werden in dem Gesetz zum Schutz des Wettbewerbs vorgesehen sein, das 1996 fertiggestellt werden soll.

AUSLAUFEN

1. Jänner 1999.

LAND: ARMENIEN

SEKTOR

Alle Energiesektoren.

REGIERUNGSEBENE

National.

BESCHREIBUNG

In Armenien gibt es noch keine Institutionen zur Umsetzung dieses Absatzes.

Es ist beabsichtigt, daß die Gesetze über Energie und Wettbewerbsschutz Bestimmungen über die Schaffung solcher Institutionen enthalten werden.

AUSLAUFEN

31. Dezember 1997.

LAND: ASERBAIDSCHAN

SEKTOR

Alle Energiesektoren.

REGIERUNGSEBENE

National.

BESCHREIBUNG

Nach Verabschiedung der Gesetze zum Monopolabbau werden entsprechende Behörden geschaffen.

AUSLAUFEN

1. Jänner 2000.

LAND: BELARUS

SEKTOR

Alle Energiesektoren.

REGIERUNGSEBENE

National.

BESCHREIBUNG

Nach Verabschiedung der Gesetze über den Monopolabbau werden entsprechende Behörden geschaffen.

AUSLAUFEN

1. Jänner 2000.

LAND: GEORGIEN

SEKTOR

Alle Energiesektoren.

REGIERUNGSEBENE

National.

BESCHREIBUNG

Gesetze zum Monopolabbau befinden sich in Georgien derzeit im Stadium der Ausarbeitung; deshalb sind noch keine Wettbewerbsbehörden eingerichtet.

AUSLAUFEN

1. Jänner 1999.

LAND: KASACHSTAN

SEKTOR

Alle Energiesektoren.

REGIERUNGSEBENE

National.

BESCHREIBUNG

In Kasachstan wurde ein Antimonopol-Ausschuß eingerichtet, dessen Tätigkeit aber noch der gesetzgeberischen und organisatorischen Verbesserung bedarf, damit ein wirksamer Mechanismus zur Behandlung von Klagen wegen wettbewerbswidrigen Verhaltens entsteht.

AUSLAUFEN

1. Jänner 1998.

LAND: KIRGISISTAN

SEKTOR

Alle Energiesektoren.

REGIERUNGSEBENE

National.

BESCHREIBUNG

In Kirgisistan gibt es keinen Mechanismus zur Überwachung wettbewerbswidrigen Verhaltens und der entsprechenden Gesetzgebung. Die entsprechenden Wettbewerbsbehörden müssen noch aufgebaut werden.

AUSLAUFEN

1. Juli 2001.

LAND: MOLDAU

SEKTOR

Alle Energiesektoren.

REGIERUNGSEBENE

National.

BESCHREIBUNG

Die Überwachung des wettbewerblichen Verhaltens in Moldau fällt in die Zuständigkeit des Wirtschaftsministeriums. Das Gesetz über Verstöße gegen Verwaltungsvorschriften ist entsprechend geändert worden und sieht einige Strafen für Monopolunternehmen vor, die sich nicht an die Wettbewerbsregeln halten.

Der Entwurf eines Gesetzes über Wettbewerb, das die Wettbewerbsregeln durchsetzen soll, ist in Vorbereitung.

AUSLAUFEN

1. Jänner 1998.

LAND: RUMÄNIEN

SEKTOR

Alle Energiesektoren.

REGIERUNGSEBENE

National.

BESCHREIBUNG

Der erforderliche institutionelle Rahmen zur Durchsetzung dieses Absatzes ist in Rumänien noch nicht geschaffen worden.

Institutionen zur Durchsetzung der Wettbewerbsregeln sind in dem Entwurf eines Gesetzes über den Wettbewerbsschutz vorgesehen, das 1994 verabschiedet werden soll.

Der Entwurf sieht ferner eine Frist von neun Monaten zur Durchsetzung vor, gerechnet ab dem Tag seiner Veröffentlichung.

In dem Europa-Abkommen zur Gründung einer Assoziation zwischen Rumänien und den Europäischen Gemeinschaften wurde Rumänien eine Fünfjahresfrist zur Umsetzung der Wettbewerbsregeln eingeräumt.

AUSLAUFEN

1. Jänner 1998.

LAND: TADSCHIKISTAN

SEKTOR

Alle Energiesektoren.

REGIERUNGSEBENE

National.

BESCHREIBUNG

Tadschikistan hat Gesetze über Monopolabbau und Wettbewerb erlassen; Institutionen zur Durchsetzung der Wettbewerbsregeln sind im Aufbau.

AUSLAUFEN

31. Dezember 1997.

LAND: USBEKISTAN

SEKTOR

Alle Energiesektoren.

REGIERUNGSEBENE

National.

BESCHREIBUNG

Das Gesetz zur Beschränkung der Monopoltätigkeiten wurde verabschiedet und ist seit Juli 1992 in Usbekistan in Kraft. Wie in Artikel 1 Absatz 3 vorgesehen, gilt das Gesetz allerdings nicht für unternehmerische Tätigkeiten im Energiesektor.

AUSLAUFEN

1. Juli 2001.

ARTIKEL 7 ABSATZ 4

„Kann der Transit von Primärenergieträgern und Energieerzeugnissen nicht zu marktüblichen Bedingungen mit Hilfe von Energiebeförderungseinrichtungen erreicht werden, so legen die Vertragsparteien der Schaffung neuer Kapazitäten keine Hindernisse in den Weg, sofern anwendbare Rechtsvorschriften, die mit Absatz 1 vereinbar sind, nichts anderes bestimmen."

LAND: ASERBAIDSCHAN

SEKTOR

Alle Energiesektoren.

REGIERUNGSEBENE

National.

BESCHREIBUNG

Eine Reihe von Gesetzen über Energie ist erforderlich, einschließlich Genehmigungsverfahren zur Regelung des Transits. Während einer Übergangszeit ist geplant, Energiefernleitungen und Kraftwerkskapazitäten auszubauen und zu modernisieren, um sie technisch den weltweit herrschenden Anforderungen und den Bedingungen einer Marktwirtschaft anzupassen.

AUSLAUFEN

31. Dezember 1999.

LAND: BELARUS

SEKTOR

Alle Energiesektoren.

REGIERUNGSEBENE

National.

BESCHREIBUNG

Gesetze über Energie, Land usw. sind in Arbeit; bis zu ihrer Verabschiedung bleiben Unsicherheiten über die Bedingungen für die Schaffung neuer Transportkapazitäten für Energieträger im Hoheitsgebiet von Belarus bestehen.

AUSLAUFEN

31. Dezember 1998.

LAND: BULGARIEN

SEKTOR

Alle Energiesektoren.

REGIERUNGSEBENE

National.

BESCHREIBUNG

In Bulgarien gibt es keine Gesetze zur Regelung des Transits von Primärenergieträgern und Energieerzeugnissen. Die Energiewirtschaft wird von Grund auf neu strukturiert, einschließlich der Entwicklung des institutionellen Rahmens sowie der Gesetzgebung und der Verwaltungsvorschriften.

AUSLAUFEN

Der Übergangszeitraum von 7 Jahren wird benötigt, um die Gesetzgebung über den Transit von Primärenergieträgern und Energieerzeugnissen mit dieser Vorschrift voll in Einklang zu bringen.

1. Juli 2001.

LAND: GEORGIEN

SEKTOR

Alle Energiesektoren.

REGIERUNGSEBENE

National.

BESCHREIBUNG

Es ist erforderlich, eine Reihe von diesbezüglichen Gesetzen auszuarbeiten. Gegenwärtig bestehen ganz unterschiedliche Bedingungen für die Beförderung und den Transit der einzelnen Energieträger (Elektrizität, Erdgas, Mineralölerzeugnisse, Kohle) in Georgien.

AUSLAUFEN

1. Jänner 1999.

LAND: UNGARN

SEKTOR

Elektrizitätswirtschaft.

REGIERUNGSEBENE

National.

BESCHREIBUNG

Nach geltendem Recht unterliegen Errichtung und Betrieb von Hochspannungsleitungen einem staatlichen Monopol.

Neue Gesetz- und Verwaltungsvorschriften über Errichtung, Betrieb und Eigentum von Hochspannungsleitungen werden zur Zeit erarbeitet.

Das vom Ministerium für Industrie und Handel initiierte neue Elektrizitätsgesetz wird sich auch auf das Zivilrecht und Konzessionsrecht auswirken. Mit Inkrafttreten des neuen Elektrizitätsgesetzes und den entsprechenden Verordnungen und Erlässen wird Übereinstimmung geschaffen.

AUSLAUFEN

31. Dezember 1996.

LAND: POLEN

SEKTOR

Alle Energiesektoren.

REGIERUNGSEBENE

National.

BESCHREIBUNG

Das polnische Energiegesetz, das kurz vor seiner Fertigstellung steht, sieht die Schaffung neuer Rechtsvorschriften vor, die den in marktwirtschaftlich organisierten Ländern geltenden ähnlich sind (Lizenzen für Erzeugung, Übertragung, Verteilung und für den Handel mit Energieträgern). Bis zur Verabschiedung durch das Parlament ist eine vorübergehende Aussetzung der Verpflichtungen aus diesem Absatz notwendig.

AUSLAUFEN

31. Dezember 1995.

ARTIKEL 9 ABSATZ 1

„Die Vertragsparteien erkennen die Bedeutung offener Kapitalmärkte für die Förderung des Kapitalflusses zur Finanzierung des Handels mit Primärenergieträgern und Energieerzeugnissen und zur Vornahme und Unterstützung von Investitionen in eine Wirtschaftstätigkeit im Energiebereich in den Gebieten anderer Vertragsparteien an, insbesondere derjenigen, deren Wirtschaft sich im Übergang befindet. Jede Vertragspartei ist daher bestrebt, die Bedingungen für den Zugang von Gesellschaften und Staatsangehörigen anderer Vertragsparteien zu ihrem Kapitalmarkt zum Zweck der Finanzierung des Handels mit Primärenergieträgern und Energieerzeugnissen und zum Zweck der Investition in eine Wirtschaftstätigkeit im Energiebereich in den Gebieten jener anderen Vertragsparteien auf einer Grundlage zu fördern, die nicht weniger günstig ist als diejenige, die sie unter vergleichbaren Umständen ihren eigenen Gesellschaften oder Staatsangehörigen oder Gesellschaften und Staatsangehörigen einer anderen Vertragspartei oder eines dritten Staates einräumt, je nachdem, welche die günstigste ist."

LAND: ASERBAIDSCHAN

SEKTOR

Alle Energiesektoren.

REGIERUNGSEBENE

National.

BESCHREIBUNG

Entsprechende Gesetze sind in Vorbereitung.

AUSLAUFEN

1. Jänner 2000.

LAND: BELARUS

SEKTOR

Alle Energiesektoren.

REGIERUNGSEBENE

National.

BESCHREIBUNG

Entsprechende Gesetze sind in Vorbereitung.

AUSLAUFEN

1. Jänner 2000.

LAND: GEORGIEN

SEKTOR

Alle Energiesektoren.

REGIERUNGSEBENE

National.

BESCHREIBUNG

Entsprechende Gesetze sind in Vorbereitung.

AUSLAUFEN

1. Jänner 1997.

LAND: KASACHSTAN

SEKTOR

Alle Energiesektoren.

REGIERUNGSEBENE

National.

BESCHREIBUNG

Der Gesetzentwurf über Auslandsinvestitionen befindet sich im Genehmigungsverfahren und soll im Herbst 1994 noch vom Parlament verabschiedet werden.

AUSLAUFEN

1. Juli 2001.

LAND: KIRGISISTAN

SEKTOR

Alle Energiesektoren.

REGIERUNGSEBENE

National.

BESCHREIBUNG

Entsprechende Gesetze sind derzeit in Vorbereitung.

AUSLAUFEN

1. Juli 2001.

ARTIKEL 10 ABSATZ 7 – BESONDERE MASSNAHMEN

„Jede Vertragspartei gewährt in ihrem Gebiet den Investitionen von Investoren anderer Vertragsparteien und deren damit zusammenhängenden Tätigkeiten einschließlich Verwaltung, Aufrechterhaltung, Verwendung, Nutzung oder Veräußerung eine nicht weniger günstige Behandlung, als sie Investitionen ihrer eigenen Investoren oder von Investoren einer anderen Vertragspartei oder eines dritten Staates und deren damit zusammenhängenden Tätigkeiten einschließlich Verwaltung, Aufrechterhaltung, Verwendung, Nutzung oder Veräußerung gewährt, je nachdem, welche die günstigste ist."

LAND: BULGARIEN

SEKTOR

Alle Energiesektoren.

REGIERUNGSEBENE

National.

BESCHREIBUNG

Ausländische Personen dürfen Eigentumsrechte an Grund und Boden nicht erwerben. Eine Gesellschaft, die zu mehr als 50% in ausländischer Hand ist, darf landwirtschaftliche Fläche nicht als Eigentum erwerben.

Ausländer und ausländische juristische Personen dürfen Eigentum an Land nicht erwerben, außer durch Erbschaft nach dem Gesetz. In diesem Fall müssen sie es abtreten.

Eine ausländische Person darf Eigentum an Gebäuden erwerben, nicht aber an Grundstücken.

Ausländische Personen oder von ausländischem Kapital beherrschte Gesellschaften müssen eine Genehmigung einholen, bevor sie folgenden Tätigkeiten nachgehen können:

- Aufsuchung, Erschließung und Gewinnung natürlicher Ressourcen aus dem Küstenmeer, vom Festlandsockel oder aus der ausschließlichen Wirtschaftszone,
- Erwerb von Grundeigentum in geographischen Gebieten, die vom Ministerrat bezeichnet sind,
- die Genehmigungen werden vom Ministerrat oder einem von diesem bevollmächtigten Gremium erteilt.

AUSLAUFEN

1. Juli 2001.

ARTIKEL 14 ABSATZ 1 BUCHSTABE d

„Jede Vertragspartei gewährleistet in bezug auf Investitionen in ihrem Gebiet von Investoren einer anderen Vertragspartei die Freiheit des Transfers in ihr Gebiet und aus ihrem Gebiet, einschließlich des Transfers.

der nicht ausgegebenen Einkünfte und sonstigen Vergütungen des Personals, das im Zusammenhang mit der Investition aus dem Ausland angeworben wurde;"

LAND: BULGARIEN

SEKTOR

Alle Energiesektoren.

REGIERUNGSEBENE

National.

BESCHREIBUNG

Ausländische Staatsangehörige, die beschäftigt werden von Gesellschaften mit mehr als 50% ausländischer Kapitalbeteiligung oder von einer ausländischen Person, welche als Exklusivhändler, als Zweigstelle oder als Vertretung einer ausländischen Gesellschaft in Bulgarien registriert ist, und die in Bulgarischen Leva entlohnt werden, können Devisen im Wert bis zu 70% ihrer Vergütung, einschließlich Sozialversicherungszahlungen, erwerben.

AUSLAUFEN

1. Juli 2001.

LAND: UNGARN

SEKTOR

Alle Energiesektoren.

REGIERUNGSEBENE

National.

BESCHREIBUNG

Nach Artikel 33 des Gesetzes über Investitionen von Ausländern in Ungarn können ausländische Spitzenmanager, Führungskräfte, Mitglieder des Aufsichtsgremiums und ausländische Angestellte bis zu 50% ihres versteuerten Einkommens, das von ihrem Arbeitgeber ausbezahlt wird, durch die Bank ihrer Gesellschaft transferieren.

AUSLAUFEN

Wann diese spezielle Beschränkung ausläuft, hängt davon ab, welche Fortschritte Ungarn bei der Umsetzung des Programms zur Liberalisierung des Devisenverkehrs machen kann; das Endziel ist die volle Konvertierbarkeit des Forint. Diese Beschränkung behindert ausländische Investoren nicht. Das Auslaufen stützt sich auf die Vorschriften des Artikels 32.

1. Juli 2001.

ARTIKEL 20 ABSATZ 3

„Jede Vertragspartei bestimmt eine oder mehrere Auskunftsstellen, an die Anfragen über die genannten Gesetze, sonstigen Rechtsvorschriften, gerichtlichen Entscheidungen und Verwaltungsverfügungen zu richten sind, und teilt diese Stellen umgehend dem Sekretariat mit, das auf Anfrage hierüber Auskunft erteilt."

LAND: ARMENIEN

SEKTOR

Alle Energiesektoren.

REGIERUNGSEBENE

National.

BESCHREIBUNG

In Armenien sind offizielle Auskunftsstellen, die über einschlägige Gesetze und sonstige Vorschriften informieren, noch nicht eingerichtet. Es gibt auch keine Informationszentrale. Es ist geplant, eine solche Zentrale 1994–1995 einzurichten. Dazu wird technische Hilfestellung erforderlich sein.

AUSLAUFEN

31. Dezember 1996.

LAND: ASERBAIDSCHAN

SEKTOR

Alle Energiesektoren.

REGIERUNGSEBENE

National.

BESCHREIBUNG

Amtliche Auskunftsstellen, an die Anfragen über einschlägige Gesetze und sonstige Rechtsvorschriften gerichtet werden können, bestehen in Aserbaidschan noch nicht. Derartige Informationen sind derzeit bei verschiedenen Organisationen gesammelt.

AUSLAUFEN

31. Dezember 1997.

LAND: BELARUS

SEKTOR

Alle Energiesektoren.

REGIERUNGSEBENE

National.

BESCHREIBUNG

In Belarus existieren noch keine amtlichen Auskunftsstellen, die Auskünfte über Gesetze, sonstige Rechtsvorschriften, gerichtliche Entscheidungen und Verwaltungsverfügungen geben könnten. Gerichtliche Entscheidungen und Verwaltungsverfügungen werden in der Regel nicht veröffentlicht.

AUSLAUFEN

31. Dezember 1998.

LAND: KASACHSTAN

SEKTOR

Alle Energiesektoren.

REGIERUNGSEBENE

National.

BESCHREIBUNG

Mit der Einrichtung von Auskunftsstellen wurde begonnen. Gerichtliche Entscheidungen und Verwaltungsverfügungen werden in Kasachstan nicht veröffentlicht (von einigen Entscheidungen des obersten Gerichtshofs abgesehen), weil sie nicht als Rechtsquellen angesehen werden. Für eine Veränderung der bestehenden Praxis ist ein längerer Übergangszeitraum erforderlich.

AUSLAUFEN

1. Juli 2001.

LAND: MOLDAU

SEKTOR

Alle Energiesektoren.

REGIERUNGSEBENE

National.

BESCHREIBUNG

Die Auskunftsstellen müssen noch geschaffen werden.

AUSLAUFEN

31. Dezember 1995.

LAND: RUSSISCHE FÖDERATION

SEKTOR

Alle Energiesektoren.

REGIERUNGSEBENE

Die Föderation und die sie konstituierenden Republiken.

BESCHREIBUNG

In der Russischen Föderation gibt es noch keine amtlichen Auskunftsstellen, an die Anfragen über einschlägige Gesetze und sonstige Rechtsvorschriften gerichtet werden könnten. Gerichtliche Entscheidungen und Verwaltungsverfügungen gelten nicht als Rechtsquellen.

AUSLAUFEN

31. Dezember 2000.

LAND: SLOWENIEN

SEKTOR

Alle Energiesektoren.

REGIERUNGSEBENE

National.

BESCHREIBUNG

In Slowenien gibt es noch keine amtlichen Auskunftsstellen, an die Anfragen über einschlägige Gesetze und sonstige Rechtsvorschriften gerichtet werden könnten. Derzeit stehen derartige Informationen bei verschiedenen Ministerien zur Verfügung. Das in Vorbereitung befindliche Gesetz über ausländische Investitionen sieht die Einrichtung einer solchen Auskunftsstelle vor.

AUSLAUFEN

1. Jänner 1998.

LAND: TADSCHIKISTAN

SEKTOR

Alle Energiesektoren.

REGIERUNGSEBENE

National.

BESCHREIBUNG

In Tadschikistan gibt es bis jetzt keine Auskunftsstellen, an die Anfragen über einschlägige Gesetze und sonstige Rechtsvorschriften gerichtet werden können. Es ist nur eine Frage der Verfügbarkeit der Mittel.

AUSLAUFEN

31. Dezember 1997.

LAND: UKRAINE

SEKTOR

Alle Energiesektoren.

REGIERUNGSEBENE

National.

BESCHREIBUNG

Es ist erforderlich, die Transparenz der Gesetze auf den Standard der internationalen Praxis anzuheben. Die Ukraine muß Auskunftsstellen schaffen, die über Gesetze, sonstige Rechtsvorschriften, gerichtliche Entscheidungen und Verwaltungsverfügungen und die allgemein anwendbaren Normen Auskunft geben können.

AUSLAUFEN

1. Jänner 1998.

ARTIKEL 22 ABSATZ 3

„Jede Vertragspartei sorgt dafür, daß ein Rechtsträger, den sie gründet oder führt und dem sie ordnungsrechtliche, verwaltungsrechtliche oder sonstige staatliche Befugnisse überträgt, diese in einer Weise ausübt, die mit den Verpflichtungen der Vertragspartei aus diesem Vertrag im Einklang steht."

LAND: TSCHECHISCHE REPUBLIK

SEKTOR

Uran- und Nuklearindustrie.

REGIERUNGSEBENE

National.

BESCHREIBUNG

Um die von der Verwaltung der staatlichen Materialreserven gelagerten Vorräte an Uranerz abzubauen, werden Einfuhren von Uranerz und -konzentraten einschließlich Uranbrennelemente, die Uran nichttschechischen Ursprungs enthalten, nicht zugelassen.

AUSLAUFEN

1. Juli 2001.

BESCHLÜSSE ZUM VERTRAG ÜBER DIE ENERGIECHARTA

Die Europäische Energiechartakonferenz hat folgende Beschlüsse gefaßt:

1. Zum Vertrag als Ganzes

Im Fall eines Konflikts zwischen dem Vertrag vom 9. Februar 1920 über Spitzbergen (Svalbard-Vertrag) und dem Vertrag über die Energiecharta geht der Vertrag über Spitzbergen - unbeschadet der Haltungen der Vertragsparteien hinsichtlich des Svalbard-Vertrags - im Umfang des Konflikts vor. Im Fall eines derartigen Konflikts oder einer Streitigkeit über das Vorliegen eines Konflikts oder über seinen Umfang finden Artikel 16 und Teil V des Vertrags über die Energiecharta keine Anwendung.

2. Zu Artikel 10 Absatz 7

Die Russische Föderation kann verlangen, daß Gesellschaften mit Auslandsbeteiligung für das Pachten föderationseigenen Vermögens die gesetzliche Genehmigung einholen; die Russische Föderation muß jedoch ohne Ausnahme sicherstellen, daß dieses Verfahren nicht derart angewandt wird, daß bei den Investitionen von Investoren anderer Vertragsparteien eine Diskriminierung entsteht.

3. Zu Artikel 14

(1) Der Ausdruck „Freiheit des Transfers" in Artikel 14 Absatz 1 hindert eine Vertragspartei (im folgenden als „einschränkende Partei" bezeichnet) nicht daran, Einschränkungen des Kapitalverkehrs ihrer eigenen Investoren zu verhängen; allerdings

a) dürfen derartige Einschränkungen nicht die nach Artikel 14 Absatz 1 den Investoren anderer Vertragsparteien gewährten Rechte bezüglich ihrer Investitionen beeinträchtigen;

b) dürfen derartige Einschränkungen nicht die laufenden Transaktionen beeinträchtigen und

c) muß die Vertragspartei dafür sorgen, daß Investitionen in ihrem Gebiet, die von Investoren aller anderen Vertragsparteien vorgenommen werden, im Hinblick auf Transfers eine nicht weniger günstige Behandlung erfahren als Investitionen von Investoren einer anderen Vertragspartei oder eines dritten Staates, je nachdem, welche Behandlung die günstigste ist.

(2) Dieser Beschluß bedarf fünf Jahre nach Inkrafttreten des Vertrags, spätestens jedoch zu dem in Artikel 32 Absatz 3 vorgesehenen Zeitpunkt, der Überprüfung durch die Chartakonferenz.

(3) Keine Vertragspartei ist berechtigt, derartige Einschränkungen zu verhängen, es sei denn, die Vertragspartei ist ein Staat, der zu der ehemaligen Union der Sozialistischen Sowjetrepubliken gehörte, und sie hat spätestens bis zum 1. Juli 1995 dem vorläufigen Sekretariat schriftlich notifiziert, daß sie berechtigt zu werden wünscht, Einschränkungen im Sinne dieses Beschlusses zu verhängen.

(4) Dieser Beschluß schmälert hinsichtlich des Artikels 16 nicht die hierin festgelegten Rechte einer Vertragspartei, ihrer Investoren oder ihrer Investitionen oder die Pflichten einer Vertragspartei.

(5) Im Sinne dieses Beschlusses sind „laufende Transaktionen" laufende Zahlungen im Zusammenhang mit der Verbringung von Gütern, Dienstleistungen oder Personen, wie sie üblicher internationaler Gepflogenheit entsprechen; ausgenommen sind Abmachungen, die faktisch eine Kombination aus einer laufenden Zahlung und einer Kapitaltransaktion darstellen, wie etwa Zahlungsaufschübe und Vorschußzahlungen, mit denen die einschlägigen Rechtsvorschriften der einschränkenden Partei umgangen werden sollen.

4. Zu Artikel 14 Absatz 2

Ungeachtet der Forderungen in Artikel 14 und seiner sonstigen internationalen Verpflichtungen bemüht sich Rumänien während des Übergangs seiner nationalen Währung zu voller Konvertierbarkeit um geeignete Maßnahmen, um die Wirksamkeit seiner Verfahren zum Transfer von Investitionserträgen zu verbessern und in jedem Fall derartige Transfers in einer frei konvertierbaren Währung ohne Einschränkung oder mehr als sechsmonatige Verzögerung zu gewährleisten. Rumänien stellt sicher, daß Investitionen in seinem Gebiet von Investoren aller anderen Vertragsparteien hinsichtlich Transfers eine Behandlung erfahren, die nicht weniger günstig ist als diejenige, die es Investitionen von Investoren einer anderen Vertragspartei oder eines dritten Staates gewährt, je nachdem, welche Behandlung die günstigste ist.

5. Zu Artikel 24 Absatz 4 Buchstabe a und Artikel 25

14. ANLAGE T

Eine Investition eines Investors nach Artikel 1 Nummer 7 Buchstabe a Ziffer ii einer Vertragspartei, die nicht Vertragspartei einer EIA oder Mitglied einer Freihandelszone oder Zollunion ist, hat Anrecht auf die im Rahmen der EIA, Freihandelszone oder Zollunion gewährte Behandlung, sofern die Investition

a) ihren eingetragenen Geschäftssitz, ihre Zentralverwaltung oder ihren Hauptgeschäftssitz im Gebiet einer Vertragspartei der betreffenden EIA oder eines Mitglieds der betreffenden Freihandelszone oder Zollunion hat oder,

b) falls sie nur ihren eingetragenen Geschäftssitz in dem betreffenden Gebiet hat, eine tatsächliche und dauerhafte Verbindung zu der Wirtschaft einer der Vertragsparteien der betreffenden EIA oder dem Mitglied der betreffenden Freihandelszone oder Zollunion hat.

13/8. New Yorker Übereinkommen

BGBl 1961/200 idF

1 BGBl 1963/42
2 BGBl 1965/266
3 BGBl 1966/187
4 BGBl 1967/357
5 BGBl 1968/463
6 BGBl 1969/188
7 BGBl 1970/166
8 BGBl 1970/166
9 BGBl 1970/359
10 BGBl 1971/51
11 BGBl 1971/277
12 BGBl 1972/109
13 BGBl 1972/127
14 BGBl 1973/212
15 BGBl 1974/390
16 BGBl 1974/390
17 BGBl 1975/463
18 BGBl 1975/608
19 BGBl 1976/99
20 BGBl 1976/401
21 BGBl 1977/223
22 BGBl 1977/351
23 BGBl 1978/356
24 BGBl 1979/177
25 BGBl 1979/303
26 BGBl 1979/446
27 BGBl 1980/52
28 BGBl 1981/38
29 BGBl 1981/167
30 BGBl 1981/361
31 BGBl 1982/216
32 BGBl 1982/456
33 BGBl 1982/601
34 BGBl 1982/601
35 BGBl 1983/228
36 BGBl 1983/275
37 BGBl 1983/427
38 BGBl 1983/513
39 BGBl 1984/26
40 BGBl 1984/277
41 BGBl 1984/460
42 BGBl 1985/305
43 BGBl 1986/89
44 BGBl 1986/651
45 BGBl 1987/405
46 BGBl 1988/94
47 BGBl 1988/161
48 BGBl 1988/614
49 BGBl 1989/154
50 BGBl 1989/347
51 BGBl 1989/481
52 BGBl 1990/151
53 BGBl 1991/281
54 BGBl 1992/487
55 BGBl 1992/781
56 BGBl 1993/290
57 BGBl 1993/429
58 BGBl 1993/600
59 BGBl 1993/785
60 BGBl 1994/162
61 BGBl 1994/162
62 BGBl 1994/591
63 BGBl 1994/673
64 BGBl 1994/805
65 BGBl 1995/378
66 BGBl 1995/417
67 BGBl 1995/483
68 BGBl 1996/16
69 BGBl 1996/106
70 BGBl 1996/224
71 BGBl 1996/521
72 BGBl 1996/603
73 BGBl III 1997/50
74 BGBl III 1997/159
75 BGBl III 1998/21
76 BGBl III 1998/47
77 BGBl III 1998/89
78 BGBl III 1998/147
79 BGBl III 1998/172
80 BGBl III 1999/5
81 BGBl III 1999/160
82 BGBl III 2000/40
83 BGBl III 2000/163
84 BGBl III 2000/192
85 BGBl III 2000/209
86 BGBl III 2001/126
87 BGBl III 2001/210
88 BGBl III 2002/3
89 BGBl III 2002/53
90 BGBl III 2002/104
91 BGBl III 2002/144
92 BGBl III 2002/145
93 BGBl III 2005/165
94 BGBl III 2007/25
95 BGBl III 2012/150
96 BGBl III 2014/119
97 BGBl III 2014/190
98 BGBl III 2014/213
99 BGBl III 2015/58
100 BGBl III 2015/86

Übereinkommen über die Anerkennung und Vollstreckung ausländischer Schiedssprüche

Dieses Übereinkommen ist gemäß seinem Artikel XII am 31. Juli 1961 für Österreich in Kraft getreten.

Artikel I.

(1) Dieses Übereinkommen ist auf die Anerkennung und Vollstreckung von Schiedssprüchen anzuwenden, die in Rechtsstreitigkeiten zwischen natürlichen oder juristischen Personen in dem Hoheitsgebiet eines anderen Staates als desjenigen ergangen sind, in dem die Anerkennung und Vollstreckung nachgesucht wird. Es ist auch auf solche Schiedssprüche anzuwenden, die in dem Staat, in dem ihre Anerkennung und Vollstreckung nachgesucht wird, nicht als inländische anzusehen sind.

(2) Unter „Schiedssprüchen" sind nicht nur Schiedssprüche von Schiedsrichtern, die für eine bestimmte Sache bestellt worden sind, sondern auch solche eines ständigen Schiedsgerichtes, dem sich die Parteien unterworfen haben, zu verstehen.

(3) Jeder Staat, der dieses Übereinkommen unterzeichnet oder ratifiziert, ihm beitritt oder dessen Ausdehnung gemäß Artikel X notifiziert, kann gleichzeitig auf der Grundlage der Gegenseitigkeit erklären, daß er das Übereinkommen nur auf die Anerkennung und Vollstreckung solcher Schiedssprüche anwenden werde, die in dem Hoheitsgebiet eines anderen Vertragsstaates ergangen sind. Er kann auch erklären, daß er das Übereinkommen nur auf Streitigkeiten aus solchen Rechtsverhältnissen, sei es vertraglicher oder nichtvertraglicher Art, anwenden werde, die nach seinem innerstaatlichen Recht als Handelssachen angesehen werden.

Artikel II.

(1) Jeder Vertragsstaat erkennt eine schriftliche Vereinbarung an, durch die sich die Parteien verpflichten, alle oder einzelne Streitigkeiten, die zwischen ihnen aus einem bestimmten Rechtsverhältnis, sei es vertraglicher oder nichtvertraglicher Art, bereits entstanden sind oder etwa künftig entstehen, einem schiedsrichterlichen Verfahren zu unterwerfen, sofern der Gegenstand des Streites auf schiedsrichterlichem Wege geregelt werden kann.

(2) Unter einer „schriftlichen Vereinbarung" ist eine Schiedsklausel in einem Vertrag oder eine Schiedsabrede zu verstehen, sofern der Vertrag oder die Schiedsabrede von den Parteien unterzeichnet oder in Briefen oder Telegrammen enthalten ist, die sie gewechselt haben.

(3) Wird ein Gericht eines Vertragsstaates wegen eines Streitgegenstandes angerufen, hinsichtlich dessen die Parteien eine Vereinbarung im Sinne dieses Artikels getroffen haben, so hat das Gericht auf Antrag einer der Parteien sie auf das schiedsrichterliche Verfahren zu verweisen, sofern es nicht feststellt, daß die Vereinbarung hinfällig, unwirksam oder nicht erfüllbar ist.

Artikel III.

Jeder Vertragsstaat erkennt Schiedssprüche als wirksam an und läßt sie nach den Verfahrensvorschriften des Hoheitsgebietes, in dem der Schiedsspruch geltend gemacht wird, zur Vollstreckung zu, sofern die in den folgenden Artikeln festgelegten Voraussetzungen gegeben sind. Die Anerkennung oder Vollstreckung von Schiedssprüchen, auf die dieses Übereinkommen anzuwenden ist, darf weder wesentlich strengeren Verfahrensvorschriften noch wesentlich höheren Kosten unterliegen als die Anerkennung oder Vollstreckung inländischer Schiedssprüche.

Artikel IV.

(1) Zur Anerkennung und Vollstreckung, die im vorangehenden Artikel erwähnt wird, ist erforderlich, daß die Partei, welche die Anerkennung und Vollstreckung nachsucht, zugleich mit ihrem Antrag vorlegt:

a) die gehörig beglaubigte (legalisierte) Urschrift des Schiedsspruches oder eine Abschrift, deren Übereinstimmung mit einer solchen Urschrift ordnungsgemäß beglaubigt ist,

b) die Urschrift der Vereinbarung im Sinne des Artikels II oder eine Abschrift, deren Übereinstimmung mit einer solchen Urschrift ordnungsgemäß beglaubigt ist.

(2) Ist der Schiedsspruch oder die Vereinbarung nicht in einer amtlichen Sprache des Landes abgefaßt, in dem der Schiedsspruch geltend gemacht wird, so hat die Partei, die seine Anerkennung und Vollstreckung nachsucht, eine Übersetzung der erwähnten Urkunden in dieser Sprache beizubringen. Die Übersetzung muß von einem amtlichen oder beeidigten Übersetzer oder von einem diplomatischen oder konsularischen Vertreter beglaubigt sein.

Artikel V.

(1) Die Anerkennung und Vollstreckung des Schiedsspruches darf auf Antrag der Partei, gegen die er geltend gemacht wird, nur versagt werden, wenn diese Partei der zuständigen Behörde des Landes, in dem die Anerkennung und Vollstreckung nachgesucht wird, den Beweis erbringt,

a) daß die Parteien, die eine Vereinbarung im Sinne des Artikels II geschlossen haben, nach dem Recht, das für sie persönlich maßgebend ist, in irgendeiner Hinsicht hiezu nicht fähig waren oder daß die Vereinbarung nach dem Recht, dem die Parteien sie unterstellt haben, oder, falls die Parteien hierüber nichts bestimmt haben, nach dem Recht des Landes, in dem der Schiedsspruch ergangen ist, ungültig ist, oder

b) daß die Partei, gegen die der Schiedsspruch geltend gemacht wird, von der Bestellung des Schiedsrichters oder von dem schiedsrichterlichen Verfahren nicht gehörig in Kenntnis gesetzt worden ist oder daß sie aus einem anderen Grund ihre Angriffs- oder Verteidigungsmittel nicht hat geltend machen können, oder

c) daß der Schiedsspruch eine Streitigkeit betrifft, die in der Schiedsabrede nicht erwähnt ist oder nicht unter die Bestimmungen der Schiedsklausel fällt, oder daß er Entscheidungen enthält, welche die Grenzen der Schiedsabrede oder der Schiedsklausel überschreiten; kann jedoch der Teil des Schiedsspruches, der sich auf Streitpunkte bezieht, die dem schiedsrichterlichen Verfahren unterworfen waren, getrennt werden, so kann der erstgenannte Teil des Schiedsspruches anerkannt und vollstreckt werden, oder

d) daß die Bildung des Schiedsgerichtes oder das schiedsrichterliche Verfahren der Vereinbarung der Parteien oder, mangels einer solchen Vereinbarung, dem Recht des Landes, in dem das schiedsrichterliche Verfahren stattfand, nicht entsprochen hat, oder

e) daß der Schiedsspruch für die Parteien noch nicht verbindlich geworden ist oder daß er von einer zuständigen Behörde des Landes, in dem oder nach dessen Recht er ergangen ist, aufgehoben oder in seinen Wirkungen einstweilen gehemmt worden ist.

(2) Die Anerkennung und Vollstreckung eines Schiedsspruches darf auch versagt werden, wenn die zuständige Behörde des Landes, in dem die Anerkennung und Vollstreckung nachgesucht wird, feststellt,

a) daß der Gegenstand des Streites nach dem Recht dieses Landes nicht auf schiedsrichterlichem Wege geregelt werden kann, oder

b) daß die Anerkennung und Vollstreckung des Schiedsspruches der öffentlichen Ordnung dieses Landes widersprechen würde.

Artikel VI.

Ist bei der Behörde, die im Sinne des Artikels V Absatz 1 Buchstabe e zuständig ist, ein Antrag gestellt worden, den Schiedsspruch aufzuheben oder ihn in seinen Wirkungen einstweilen zu hemmen, so kann die Behörde, vor welcher der Schiedsspruch geltend gemacht wird, sofern sie es für angebracht hält, die Entscheidung über den Antrag, die Vollstreckung zuzulassen, aussetzen; sie kann aber auch auf Antrag der Partei, welche die Vollstreckung des Schiedsspruches begehrt, der anderen Partei auferlegen, angemessene Sicherheit zu leisten.

Artikel VII.

(1) Die Bestimmungen dieses Übereinkommens lassen die Gültigkeit mehrseitiger oder zweiseitiger Verträge, welche die Vertragsstaaten über die Anerkennung und Vollstreckung von Schiedssprüchen geschlossen haben, unberührt und nehmen keiner beteiligten Partei das Recht, sich auf einen Schiedsspruch nach Maßgabe des innerstaatlichen Rechtes oder der Verträge des Landes, in dem er geltend gemacht wird, zu berufen.

(2) Das Genfer Protokoll über die Schiedsklauseln von 1923 und das Genfer Abkommen zur Vollstreckung ausländischer Schiedssprüche von 1927 treten zwischen den Vertragsstaaten in dem Zeitpunkt und in dem Ausmaß außer Kraft, in dem dieses Übereinkommen für sie verbindlich wird.

Artikel VIII.

(1) Dieses Übereinkommen liegt bis zum 31. Dezember 1958 zur Unterzeichnung durch jeden Mitgliedstaat der Vereinten Nationen sowie durch jeden anderen Staat auf, der Mitglied einer Spezialorganisation der Vereinten Nationen oder Vertragspartei des Statutes des Internationalen Gerichtshofes ist oder später wird oder an den eine Einladung der Generalversammlung der Vereinten Nationen ergangen ist.

(2) Dieses Übereinkommen bedarf der Ratifizierung; die Ratifikationsurkunde ist bei dem Generalsekretär der Vereinten Nationen zu hinterlegen.

Artikel IX.

(1) Alle im Artikel VIII bezeichneten Staaten können diesem Übereinkommen beitreten.

(2) Der Beitritt erfolgt durch Hinterlegung einer Beitrittsurkunde bei dem Generalsekretär der Vereinten Nationen.

Artikel X.

(1) Jeder Staat kann bei der Unterzeichnung, bei der Ratifizierung oder beim Beitritt erklären, daß dieses Übereinkommen auf alle oder auf einzelne der Gebiete ausgedehnt werde, deren internationale Beziehungen er wahrnimmt. Eine solche Erklärung wird wirksam, sobald das Übereinkommen für den Staat, der sie abgegeben hat, in Kraft tritt.

(2) Später kann dieses Übereinkommen auf solche Gebiete durch eine an den Generalsekretär der Vereinten Nationen gerichtete Notifikation

ausgedehnt werden; die Ausdehnung wird am neunzigsten Tage, nachdem die Notifikation dem Generalsekretär der Vereinten Nationen zugegangen ist, oder, sofern dieses Übereinkommen für den in Betracht kommenden Staat später in Kraft tritt, erst in diesem Zeitpunkt wirksam.

(3) Hinsichtlich der Gebiete, auf welche dieses Übereinkommen bei der Unterzeichnung, bei der Ratifizierung oder beim Beitritt nicht ausgedehnt worden ist, wird jeder in Betracht kommende Staat die Möglichkeit erwägen, die erforderlichen Maßnahmen zu treffen, um das Übereinkommen auf sie auszudehnen, und zwar mit Zustimmung der Regierungen dieser Gebiete, falls eine solche aus verfassungsrechtlichen Gründen notwendig sein sollte.

Artikel XI.

Für einen Bundesstaat oder einen Staat, der kein Einheitsstaat ist, gelten die folgenden Bestimmungen:

a) hinsichtlich der Artikel dieses Übereinkommens, die sich auf Gegenstände der Gesetzgebungsbefugnis des Bundes beziehen, sind die Verpflichtungen der Bundesregierung die gleichen wie diejenigen der Vertragsstaaten, die keine Bundesstaaten sind;

b) hinsichtlich solcher Artikel dieses Übereinkommens, die sich auf Gegenstände der Gesetzgebungsbefugnis der Gliedstaaten oder Provinzen beziehen, die nach der verfassungsrechtlichen Ordnung des Bundes nicht gehalten sind, Maßnahmen im Wege der Gesetzgebung zu treffen, ist die Bundesregierung verpflichtet, die in Betracht kommenden Artikel den zuständigen Behörden der Gliedstaaten oder Provinzen so bald wie möglich befürwortend zur Kenntnis zu bringen;

c) ein Bundesstaat, der Vertragspartei dieses Übereinkommens ist, übermittelt auf das ihm von dem Generalsekretär der Vereinten Nationen zugeleitete Ersuchen eines anderen Vertragsstaates eine Darstellung des geltenden Rechtes und der Übung innerhalb des Bundes und seiner Gliedstaaten oder Provinzen hinsichtlich einzelner Bestimmungen dieses Übereinkommens, aus der insbesondere hervorgeht, inwieweit diese Bestimmungen durch Maßnahmen im Wege der Gesetzgebung oder andere Maßnahmen wirksam geworden sind.

Artikel XII.

(1) Dieses Übereinkommen tritt am neunzigsten Tage nach der Hinterlegung der dritten Ratifikations- oder Beitrittsurkunde in Kraft.

(2) Für jeden Staat, der dieses Übereinkommen nach Hinterlegung der dritten Ratifikations- oder Beitrittsurkunde ratifiziert oder ihm beitritt, tritt es am neunzigsten Tage nach der Hinterlegung seiner Ratifikations- oder Beitrittsurkunde in Kraft.

Artikel XIII.

(1) Jeder Vertragsstaat kann dieses Übereinkommen durch eine an den Generalsekretär der Vereinten Nationen gerichtete schriftliche Notifikation kündigen. Die Kündigung wird ein Jahr, nachdem die Notifikation dem Generalsekretär zugegangen ist, wirksam.

(2) Jeder Staat, der gemäß Artikel X eine Erklärung abgegeben oder eine Notifikation vorgenommen hat, kann später jederzeit dem Generalsekretär der Vereinten Nationen notifizieren, daß die Ausdehnung des Übereinkommens auf das in Betracht kommende Gebiet ein Jahr, nachdem die Notifikation dem Generalsekretär zugegangen ist, ihre Wirkung verlieren soll.

(3) Dieses Übereinkommen bleibt auf Schiedssprüche anwendbar, hinsichtlich derer ein Verfahren zum Zwecke der Anerkennung oder Vollstreckung eingeleitet worden ist, bevor die Kündigung wirksam wird.

Artikel XIV.

Ein Vertragsstaat darf sich gegenüber einem anderen Vertragsstaat nur insoweit auf dieses Übereinkommen berufen, als er selbst verpflichtet ist, es anzuwenden.

Artikel XV.

Der Generalsekretär der Vereinten Nationen notifiziert allen in Artikel VIII bezeichneten Staaten:

a) die Unterzeichnungen und Ratifikationen gemäß Artikel VIII;

b) die Beitrittserklärungen gemäß Artikel IX;

c) die Erklärungen und Notifikationen gemäß den Artikeln I, X und XI;

d) den Tag, an dem dieses Übereinkommen gemäß Artikel XII in Kraft tritt;

e) die Kündigungen und Notifikationen gemäß Artikel XIII.

Artikel XVI.

(1) Dieses Übereinkommen, dessen chinesischer, englischer, französischer, russischer und spanischer Wortlaut in gleicher Weise maßgebend ist, wird in dem Archiv der Vereinten Nationen hinterlegt.

(2) Der Generalsekretär der Vereinten Nationen übermittelt den in Artikel VIII bezeichneten Staaten eine beglaubigte Abschrift dieses Übereinkommens.

13/9. ICSID-Übereinkommen

BGBl 1971/357 idF

1 BGBl I 2008/2

Übereinkommen zur Beilegung von Investitionsstreitigkeiten zwischen Staaten und Angehörigen anderer Staaten

Die österreichische Ratifikationsurkunde zum vorstehenden Übereinkommen wurde am 25. Mai 1971 gemäß Art. 73 des Übereinkommens bei der Bank hinterlegt; somit ist das Übereinkommen gemäß seinem Art. 68 Abs. 2 am 24. Juni 1971 für Österreich in Kraft getreten.

PRÄAMBEL

Die Vertragsstaaten,

eingedenk der Notwendigkeit, zugunsten der wirtschaftlichen Entwicklung international zusammenzuarbeiten, und eingedenk der Bedeutung, welche internationalen privaten Investitionen auf diesem Gebiet zukommt;

im Hinblick darauf, daß im Zusammenhang mit derartigen Investitionen Streitigkeiten zwischen Vertragsstaaten und Angehörigen anderer Vertragsstaaten jederzeit entstehen können;

in der Erkenntnis, daß solche Streitigkeiten zwar für gewöhnlich Gegenstand innerstaatlicher Verfahren sind, in bestimmten Fällen jedoch ein internationales Verfahren zu ihrer Beilegung angebracht sein kann;

in Anbetracht der besonderen Bedeutung, die sie der Schaffung internationaler Vergleichs- und Schiedseinrichtungen beimessen, denen Vertragsstaaten und Angehörige anderer Vertragsstaaten auf Wunsch solche Streitigkeiten unterbreiten können;

in dem Wunsch, derartige Einrichtungen unter den Auspizien der Internationalen Bank für Wiederaufbau und Entwicklung zu schaffen;

in der Erkenntnis, daß die gegenseitige Einwilligung der Parteien, solche Streitigkeiten unter Inanspruchnahme der genannten Einrichtungen einem Vergleichs- oder Schiedsverfahren zu unterwerfen, eine rechtsverbindliche Vereinbarung darstellt, die insbesondere erfordert, daß jede Empfehlung der Vermittler gebührend berücksichtigt und jedem Schiedsspruch nachgekommen wird; und

mit der Erklärung, daß allein die Ratifizierung, Annahme oder Genehmigung dieses Übereinkommens durch einen Vertragsstaat nicht dessen Verpflichtung bedeutet, eine bestimmte Streitigkeit ohne seine Zustimmung einem Vergleichs- oder Schiedsverfahren zu unterwerfen,

sind wie folgt übereingekommen:

KAPITEL I

DAS INTERNATIONALE ZENTRUM ZUR BEILEGUNG VON INVESTITIONSSTREITIGKEITEN

ABSCHNITT 1

Gründung und Organisation

Artikel 1

(1) Hiermit wird ein Internationales Zentrum zur Beilegung von Investitionsstreitigkeiten (im folgenden als Zentrum bezeichnet) errichtet.

(2) Zweck des Zentrums ist es, nach Maßgabe dieses Übereinkommens Vergleichs- und Schiedseinrichtungen zur Beilegung von Investitionsstreitigkeiten zwischen Vertragsstaaten und Angehörigen anderer Vertragsstaaten zur Verfügung zu stellen.

Artikel 2

Sitz des Zentrums ist der Sitz der Internationalen Bank für Wiederaufbau und Entwicklung (im folgenden als Bank bezeichnet). Der Sitz kann durch einen vom Verwaltungsrat mit Zweidrittelmehrheit seiner Mitglieder gefaßten Beschluß an einen anderen Ort verlegt werden.

Artikel 3

Das Zentrum besteht aus einem Verwaltungsrat und einem Sekretariat. Es führt je ein Verzeichnis von Vermittlern und von Schiedsrichtern.

ABSCHNITT 2

Der Verwaltungsrat

Artikel 4

(1) Der Verwaltungsrat besteht aus einem Vertreter jedes Vertragsstaates. Nimmt ein Vertreter an einer Sitzung nicht teil oder ist er verhindert, so kann ein Stellvertreter für ihn tätig werden.

(2) Erfolgt keine andere Ernennung, so sind der von einem Vertragsstaat ernannte Gouverneur

der Bank und dessen Stellvertreter von Amts wegen Vertreter und Stellvertreter.

Artikel 5

Der Präsident der Bank ist von Amts wegen Vorsitzender des Verwaltungsrats (im folgenden als Vorsitzender bezeichnet), hat jedoch kein Stimmrecht. Ist er abwesend oder verhindert oder ist die Stelle des Präsidenten der Bank nicht besetzt, so handelt der amtierende Präsident als Vorsitzender des Verwaltungsrats.

Artikel 6

(1) Unbeschadet der ihm in anderen Bestimmungen dieses Übereinkommens zugewiesenen Befugnisse und Aufgaben hat der Verwaltungsrat folgende Aufgaben:

a) er beschließt die Verwaltungs- und die Finanzordnung für das Zentrum;

b) er beschließt die Verfahrensordnung für die Einleitung von Vergleichs- und von Schiedsverfahren;

c) er beschließt die Verfahrensordnungen für das Vergleichs- und das Schiedsverfahren (im folgenden als Vergleichsordnung und Schiedsordnung bezeichnet);

d) er genehmigt die Vereinbarungen mit der Bank über die Benutzung ihrer Verwaltungseinrichtungen und Verwaltungsdienste;

e) er bestimmt die Anstellungsbedingungen für den Generalsekretär und die Stellvertretenden Generalsekretäre;

f) er beschließt den jährlichen Haushaltsplan der Einnahmen und Ausgaben des Zentrums;

g)

er genehmigt den jährlichen Tätigkeitsbericht des Zentrums.

Beschlüsse nach den Buchstaben a, b, c und f bedürfen einer Zweidrittelmehrheit der Mitglieder des Verwaltungsrats.

(2) Der Verwaltungsrat kann die Ausschüsse einsetzen, die er für erforderlich hält.

(3) Ferner übt der Verwaltungsrat alle sonstigen Befugnisse aus und nimmt alle sonstigen Aufgaben wahr, die er zur Durchführung dieses Übereinkommens für erforderlich hält.

Artikel 7

(1) Der Verwaltungsrat hält eine Jahrestagung sowie zusätzliche Tagungen ab, soweit letztere vom Rat beschlossen oder vom Vorsitzenden oder auf Wunsch von mindestens fünf Ratsmitgliedern vom Generalsekretär anberaumt werden.

(2) Jedes Mitglied des Verwaltungsrats hat eine Stimme; soweit in diesem Übereinkommen nichts anderes vorgesehen ist, werden alle dem Rat vorgelegten Fragen mit der Mehrheit der abgegebenen Stimmen entschieden.

(3) Bei allen Tagungen ist der Verwaltungsrat verhandlungs- und beschlußfähig, wenn mehr als die Hälfte seiner Mitglieder anwesend ist.

(4) Der Verwaltungsrat kann mit Zweidrittelmehrheit seiner Mitglieder eine Verfahrensregelung annehmen, wonach der Vorsitzende den Rat schriftlich abstimmen lassen kann, ohne ihn einzuberufen. Eine solche Abstimmung ist nur dann gültig, wenn die Mehrheit der Ratsmitglieder innerhalb der in der Verfahrensregelung festgesetzten Frist daran teilgenommen hat.

Artikel 8

Für die Wahrnehmung ihrer Aufgaben erhalten die Mitglieder und der Vorsitzende des Verwaltungsrats vom Zentrum keine Vergütung.

ABSCHNITT 3

Das Sekretariat

Artikel 9

Das Sekretariat besteht aus einem Generalsekretär, einem oder mehreren Stellvertretenden Generalsekretären und dem Personal.

Artikel 10

(1) Der Generalsekretär und die Stellvertretenden Generalsekretäre werden auf Vorschlag des Vorsitzenden vom Verwaltungsrat mit Zweidrittelmehrheit seiner Mitglieder auf höchstens sechs Jahre gewählt; ihre Wiederwahl ist zulässig. Nach Konsultierung der Mitglieder des Verwaltungsrats schlägt der Vorsitzende einen oder mehrere Kandidaten für jedes Amt vor.

(2) Das Amt des Generalsekretärs und des Stellvertretenden Generalsekretärs ist unvereinbar mit der Ausübung eines politischen Amtes. Sofern nicht der Verwaltungsrat eine Ausnahme zuläßt, dürfen der Generalsekretär und die Stellvertretenden Generalsekretäre weder eine abhängige noch eine sonstige berufliche Tätigkeit ausüben.

(3) Ist der Generalsekretär abwesend oder verhindert oder ist sein Amt nicht besetzt, so nimmt der Stellvertretende Generalsekretär die Aufgaben des Generalsekretärs wahr. Sind mehrere Stellvertretende Generalsekretäre vorhanden, so bestimmt der Verwaltungsrat im voraus, in welcher Reihenfolge sie diese Aufgaben wahrnehmen sollen.

Artikel 11

Der Generalsekretär ist der gesetzliche Vertreter des Zentrums, leitet es und ist für dessen Verwaltung, einschließlich der Anstellung des Personals, nach Maßgabe dieses Übereinkommens und der vom Verwaltungsrat beschlossenen Regelungen verantwortlich. Er amtiert als Kanzler und ist befugt, die auf Grund dieses Übereinkommens erlassenen Schiedssprüche zu beurkunden und Abschriften davon zu beglaubigen.

ABSCHNITT 4

Verzeichnisse

Artikel 12

Das Schlichterverzeichnis und das Schiedsrichterverzeichnis enthalten die Namen geeigneter Personen, die nach den folgenden Bestimmungen benannt worden sind und der Aufnahme in das Verzeichnis zugestimmt haben.

Artikel 13

(1) Jeder Vertragsstaat kann für jedes Verzeichnis vier Personen benennen, die nicht seine Staatsangehörigen zu sein brauchen.

(2) Der Vorsitzende kann für jedes Verzeichnis zehn Personen benennen. Die vom Vorsitzenden für ein Verzeichnis benannten Personen müssen alle verschiedener Staatsangehörigkeit sein.

Artikel 14

(1) Die für die Verzeichnisse benannten Personen müssen ein hohes sittliches Ansehen sowie eine anerkannte Befähigung auf den Gebieten des Rechts, des Handels, der Industrie oder des Finanzwesens besitzen und jede Gewähr dafür bieten, daß sie ihr Amt unabhängig ausüben werden. Bei den für das Schiedsrichterverzeichnis benannten Personen ist die Befähigung auf dem Gebiet des Rechts besonders wichtig.

(2) Der Vorsitzende hat bei seinen Benennungen ferner zu berücksichtigen, daß in diesen Verzeichnissen die hauptsächlichen Rechtssysteme der Welt und die Hauptformen wirtschaftlicher Betätigung vertreten sein sollen.

Artikel 15

(1) Die Benennungen gelten für sechs Jahre und können erneuert werden.

(2) Im Falle des Todes oder Rücktritts einer Person, die in einem der beiden Verzeichnisse geführt ist, kann die Stelle, die sie benannt hat, für die verbleibende Amtszeit einen Nachfolger benennen.

(3) Die in die Verzeichnisse aufgenommenen Personen werden darin bis zur Benennung ihrer Nachfolger geführt.

Artikel 16

(1) Eine Person kann in beiden Verzeichnissen geführt werden.

(2) Wird eine Person von mehreren Vertragsstaaten oder von mindestens einem Vertragsstaat und dem Vorsitzenden für dasselbe Verzeichnis benannt, so gilt sie als von der Stelle benannt, die sie zuerst benannt hat; ist jedoch die Person auch von dem Staat benannt worden, dessen Staatsangehörigkeit sie besitzt, so gilt sie als von diesem Staat benannt.

(3) Alle Benennungen werden dem Generalsekretär notifiziert und werden mit Eingang der Notifikation wirksam.

ABSCHNITT 5

Finanzierung des Zentrums

Artikel 17

Können die Ausgaben des Zentrums nicht aus den für die Inanspruchnahme seiner Dienste gezahlten Gebühren oder aus anderen Einkünften bestritten werden, so wird der Fehlbetrag von den Vertragsstaaten, die Mitglieder der Bank sind, im Verhältnis ihrer Zeichnungen auf das Stammkapital der B ank und von den Staaten, die nicht Mitglieder der Bank sind, nach Maßgabe der vom Verwaltungsrat beschlossenen Regelungen gedeckt.

ABSCHNITT 6

Rechtsstellung, Immunitäten und Vorrechte

Artikel 18

Das Zentrum besitzt volle internationale Rechtspersönlichkeit. Es besitzt unter anderem die Fähigkeit

a) Verträge zu schließen,

b) bewegliches und unbewegliches Vermögen zu erwerben und darüber zu verfügen,

c) vor Gericht zu klagen und beklagt zu werden.

Artikel 19

Das Zentrum genießt, um seine Aufgaben wahrnehmen zu können, im Hoheitsgebiet jedes Vertragsstaates die in diesem Abschnitt vorgesehenen Immunitäten und Vorrechte.

Artikel 20

Das Zentrum, sein Eigentum und seine sonstigen Vermögenswerte genießen Immunität von jedem Gerichtsverfahren, sofern es nicht darauf verzichtet.

Artikel 21

Der Vorsitzende, die Mitglieder des Verwaltungsrats, die als Schlichter, Schiedsrichter oder Mitglieder eines in Artikel 52 Absatz 3 vorgesehenen Ausschusses tätigen Personen sowie die Bediensteten des Sekretariats

a) sind wegen der von ihnen in Ausübung ihrer amtlichen Tätigkeit vorgenommenen Handlungen von der Gerichtsbarkeit befreit, falls nicht das Zentrum diese Immunität aufhebt;

b) genießen, falls sie nicht Angehörige des Staates sind, in dem sie ihre amtliche Tätigkeit ausüben, dieselben Befreiungen auf dem Gebiet der Einwanderung, der Ausländermeldepflicht, der Wehrpflicht und der Pflicht zu ähnlichen Leistungen sowie dieselben Erleichterungen im Devisen- und Reiseverkehrs, wie sie von den Vertragsstaaten den in vergleichbarem Rang stehenden Vertretern und Bediensteten anderer Vertragsstaaten gewährt werden.

Artikel 22

Artikel 21 findet auf die Personen Anwendung, die als Parteien, Bevollmächtigte, Rechtsbeistände, Anwälte, Zeugen oder Sachverständige an Verfahren nach diesem Übereinkommen beteiligt sind; jedoch findet Buchstabe b nur auf ihre Reisen nach und von dem Ort, an dem das Verfahren stattfindet, und auf ihren Aufenthalt dort Anwendung.

Artikel 23

(1) Die Archive des Zentrums sind unverletzlich, wo immer sie sich befinden.

(2) Jeder Vertragsstaat gewährt dem Zentrum für dessen amtliche Mitteilungen eine ebenso günstige Behandlung wie anderen internationalen Organisationen.

Artikel 24

(1) Das Zentrum, sein Eigentum, seine sonstigen Vermögenswerte und seine Einkünfte sowie seine nach diesem Übereinkommen gestatteten Tätigkeiten sind von allen Steuern und Zöllen befreit. Das Zentrum ist ferner von jeder Haftung für die Einziehung oder Zahlung von Steuern oder Zöllen befreit.

(2) Aufwandsentschädigungen, die das Zentrum dem Vorsitzenden oder den Mitgliedern des Verwaltungsrats zahlt, sowie Bezüge, Aufwandsentschädigungen oder andere Vergütungen, die das Zentrum den Bediensteten des Sekretariats zahlt, sind von jeder Steuer befreit, sofern nicht der Empfänger Angehöriger des Staates ist, in dem er seine amtliche Tätigkeit ausübt.

(3) Honorare oder Aufwandsentschädigungen, die Personen für ihre Tätigkeit als Schlichter oder Schiedsrichter oder Mitglieder eines in Artikel 52 Absatz 3 vorgesehenen Ausschusses in Verfahren nach diesem Übereinkommen erhalten, sind von Steuern befreit, wenn die einzige Rechtsgrundlage für eine solche Steuer der Sitz des Zentrums oder der Ort ist, an dem ein solches Verfahren stattfindet oder an dem solche Honorare oder Aufwandsentschädigungen gezahlt werden.

KAPITEL II

DIE ZUSTÄNDIGKEIT DES ZENTRUMS

Artikel 25

(1) Die Zuständigkeit des Zentrums erstreckt sich auf alle unmittelbar mit einer Investition zusammenhängenden Rechtsstreitigkeiten zwischen einem Vertragsstaat (oder einer von diesem dem Zentrum benannten Gebietskörperschaft oder staatlichen Stelle) einerseits und einem Angehörigen eines anderen Vertragsstaats andererseits, wenn die Parteien schriftlich eingewilligt haben, die Streitigkeiten dem Zentrum zu unterbreiten. Haben die Parteien ihre Zustimmung erteilt, so kann keine von ihnen sie einseitig zurücknehmen.

(2) Der Ausdruck „Angehöriger eines anderen Vertragsstaats" bedeutet:

a) jede natürliche Person, die im Zeitpunkt zu dem die Parteien der Unterwerfung der Streitigkeit unter ein Vergleichs- oder Schiedsverfahren zugestimmt haben, sowie im Zeitpunkt, zu dem der Antrag nach Artikel 28 Absatz 3 oder nach Artikel 36 Absatz 3 registriert worden ist, die Staatsangehörigkeit eines anderen Vertragsstaats besessen hat, als des Staates, der Streitpartei ist; ausgenommen sind Personen, die in einem dieser Zeitpunkte auch die Staatsangehörigkeit des Vertragsstaats besessen haben, der Streitpartei ist;

b) jede juristische Person, die im Zeitpunkt, zu dem die Parteien der Unterwerfung der Streitigkeit unter ein Vergleichs- oder Schiedsverfahren zugestimmt haben, die Staatsangehörigkeit eines anderen Vertragsstaats besessen hat als des Staates, der Streitpartei ist, sowie jede juristische Person, die im gleichen Zeitpunkt die Staatsangehörigkeit des Vertragsstaats besessen hat, der Streitpartei ist, wenn die Parteien übereingekommen sind, diese juristische Person wegen ausländischer Kontrolle als Angehörigen eines anderen Vertragsstaats im Sinne dieses Übereinkommens zu betrachten.

(3) Die Zustimmung einer Gebietskörperschaft oder einer staatlichen Stelle eines Vertragsstaats bedarf der Genehmigung dieses Staates, sofern er nicht dem Zentrum mitteilt, daß die Genehmigung nicht erforderlich ist.

(4) Jeder Vertragsstaat kann bei der Ratifikation, der Annahme oder der Genehmigung des Übereinkommens oder zu jedem späteren Zeitpunkt dem Zentrum notifizieren, welche Arten von Streitigkeiten er der Zuständigkeit des Zentrums zu unterwerfen beabsichtigt und welche nicht. Der Generalsekretär übermittelt die Notifikation sofort allen Vertragsstaaten. Diese Notifikation stellt nicht die nach Absatz 1 erforderliche Zustimmung dar.

Artikel 26

Die Zustimmung der Parteien zum Schiedsverfahren im Rahmen dieses Übereinkommens gilt, sofern nicht etwas anderes erklärt wird, zugleich als Verzicht auf jeden anderen Rechtsbehelf. Als Bedingung für seine Zustimmung zum Schiedsverfahren nach diesem Übereinkommen kann ein Vertragsstaat die Erschöpfung der innerstaatlichen Verwaltungs- oder Gerichtsverfahren verlangen.

Artikel 27

(1) Kein Vertragsstaat wird hinsichtlich einer Streitigkeit, die einer seiner Angehörigen und ein anderer Vertragsstaat im gegenseitigen Einvernehmen dem Schiedsverfahren nach diesem Übereinkommen unterwerfen wollen oder bereits unterworfen haben, diplomatischen Schutz gewähren oder einen völkerrechtlichen Anspruch geltend machen, es sei denn, daß der andere Vertragsstaat den in der Streitsache erlassenen Schiedsspruch nicht befolgt.

(2) Informelle diplomatische Schritte, die lediglich darauf gerichtet sind, die Beilegung der Streitigkeit zu erleichtern, fallen nicht unter den Begriff des diplomatischen Schutzes im Sinne von Absatz 1.

KAPITEL III
DAS VERGLEICHSVERFAHREN

ABSCHNITT 1
Antrag auf Einleitung des Vergleichsverfahrens

Artikel 28

(1) Wünscht ein Vertragsstaat oder ein Angehöriger eines Vertragsstaats ein Vergleichsverfahren einzuleiten, so richtet er einen diesbezüglichen schriftlichen Antrag an den Generalsekretär, der ihn der anderen Partei in Abschrift zuleitet.

(2) Der Antrag hat Angaben über den Streitgegenstand, die Identität der Parteien und ihre Zustimmung zum Vergleichsverfahren nach Maßgabe der Verfahrensordnung für die Einleitung von Vergleichs- und von Schiedsverfahren zu enthalten.

(3) Der Generalsekretär registriert den Antrag, sofern er nicht auf Grund der darin enthaltenen Angaben feststellt, daß die Streitigkeit offensichtlich nicht in die Zuständigkeit des Zentrums fällt. Er notifiziert den Parteien unverzüglich die Registrierung oder deren Ablehnung.

ABSCHNITT 2
Bildung der Vergleichskommission

Artikel 29

(1) Die Vergleichskommission (im folgenden als Kommission bezeichnet) wird so bald wie möglich nach der gemäß Artikel 28 erfolgten Registrierung des Antrages gebildet.

(2) a) Die Kommission besteht aus einem Einzelschlichter oder einer ungeraden Anzahl von Schlichtern, die entsprechend der Vereinbarung der Parteien ernannt werden.

b) Können die Parteien sich nicht über die Anzahl der Schlichter und die Art ihrer Ernennung einigen, so besteht die Kommission aus drei Schlichtern, wobei jede Partei einen Schlichter ernennt und der dritte, der den Vorsitz in der Kommission führt, in gegenseitigem Einvernehmen von den Parteien ernannt wird.

Artikel 30

Ist die Kommission nicht binnen 90 Tagen nach der gemäß Artikel 28 Absatz 3 vorgenommenen Absendung der Notifikation der Registrierung des Antrags durch den Generalsekretär oder binnen einer anderen von den Parteien vereinbarten Frist gebildet worden, so ernennt der Vorsitzende auf Antrag einer der Parteien und, soweit möglich, nach Konsultierung beider Parteien den oder die noch nicht ernannten Schlichter.

Artikel 31

(1) Zu Schlichtern können, außer bei Ernennung durch den Vorsitzenden nach Artikel 30, Personen ernannt werden, die nicht im Schlichterverzeichnis geführt sind.

(2) Zu Schlichtern ernannte Personen, die nicht im Schlichterverzeichnis geführt sind, müssen die in Artikel 14 Absatz 1 vorgesehenen Eigenschaften besitzen.

ABSCHNITT 3
Das Verfahren vor der Kommission

Artikel 32

(1) Die Kommission entscheidet selbst über ihre Zuständigkeit.

(2) Jede Einrede, die eine Partei mit der Begründung erhebt, daß die Streitigkeit nicht in die Zu-

ständigkeit des Zentrums oder aus anderem Grund nicht in die Zuständigkeit der Kommission fällt, wird von der Kommission geprüft, die darüber entscheidet, ob diese Einrede als Vorfrage zu behandeln oder mit der Hauptsache zu verbinden ist.

Artikel 33

Jedes Vergleichsverfahren wird gemäß diesem Abschnitt und, sofern die Parteien nichts anderes vereinbaren, gemäß der Vergleichsordnung geführt, die im Zeitpunkt der Zustimmung der Parteien zum Vergleichsverfahren gilt. Ergibt sich eine Verfahrensfrage, die weder in diesem Abschnitt noch in der Vergleichsordnung noch in einer anderen von den Parteien angenommenen Regelung behandelt ist, so wird sie von der Kommission entschieden.

Artikel 34

(1) Die Kommission hat die Aufgabe, die zwischen den Parteien bestehenden Streitfragen zu klären und sich zu bemühen, eine für beide Seiten annehmbare Lösung herbeizuführen. Zu diesem Zweck kann die Kommission in jedem Stadium des Verfahrens und wiederholt Empfehlungen für die Beilegung an die Parteien richten. Die Parteien haben nach Treu und Glauben mit der Kommission zusammenzuarbeiten, um ihr die Erfüllung ihrer Aufgaben zu ermöglichen, und haben ihren Empfehlungen größte Beachtung zu schenken.

(2) Gelangen die Parteien zu einer Einigung, so fertigt die Kommission einen Bericht an, in dem die Streitfragen aufgezählt werden und die Einigung zwischen den Parteien festgestellt wird. Kommt die Kommission in irgendeinem Stadium des Verfahrens zu der Auffassung, daß keine Möglichkeit einer Einigung zwischen den Parteien besteht, so schließt sie das Verfahren und fertigt einen Bericht an, in dem festgestellt wird, daß die Streitigkeit Gegenstand eines Vergleichsverfahrens war und die Parteien keine Einigung erzielt haben. Erscheint eine Partei nicht vor der Kommission oder nimmt sie nicht am Verfahren teil, so schließt die Kommission das Verfahren und fertigt einen Bericht an, in dem festgestellt wird, daß die Partei nicht erschienen ist oder nicht an dem Verfahren teilgenommen hat.

Artikel 35

Sofern die Parteien nichts anderes vereinbaren, kann sich keine von ihnen anläßlich eines anderen Verfahrens vor einem Schiedsgericht, einem Gericht oder einer sonstigen Stelle auf die von der anderen Partei während des Vergleichsverfahrens abgegebenen Meinungsäußerungen, Erklärungen, Zugeständnisse oder Beilegungsangebote, auf den Bericht oder die Empfehlungen der Kommission berufen.

KAPITEL IV
DAS SCHIEDSVERFAHREN

ABSCHNITT 1
Antrag auf Einleitung des Schiedsverfahrens

Artikel 36

(1) Wünscht ein Vertragsstaat oder ein Angehöriger eines Vertragsstaats ein Schiedsverfahren einzuleiten, so richtet er einen diesbezüglichen schriftlichen Antrag an den Generalsekretär, der ihn der anderen Partei in Abschrift zuleitet.

(2) Der Antrag hat Angaben über den Streitgegenstand, die Identität der Parteien und ihre Zustimmung zum Schiedsverfahren nach Maßgabe der Verfahrensordnung für die Einleitung von Vergleichs- und von Schiedsverfahren zu enthalten.

(3) Der Generalsekretär registriert den Antrag, sofern er nicht auf Grund der darin enthaltenen Angaben feststellt, daß die Streitigkeit offensichtlich nicht in die Zuständigkeit des Zentrums fällt. Er notifiziert den Parteien unverzüglich die Registrierung oder deren Ablehnung.

ABSCHNITT 2
Bildung des Gerichts

Artikel 37

(1) Das Schiedsgericht (im folgenden als Gericht bezeichnet) wird so bald wie möglich nach der gemäß Artikel 36 erfolgten Registrierung des Antrags gebildet.

(2) a) Das Gericht besteht aus einem Einzelschiedsrichter oder einer ungeraden Anzahl von Schiedsrichtern, die entsprechend der Vereinbarung der Parteien ernannt werden.

b) Können die Parteien sich nicht über die Anzahl der Schiedsrichter und die Art ihrer Ernennung einigen, so besteht das Gericht aus drei Schiedsrichtern, wobei jede Partei einen Schiedsrichter ernennt und der dritte, der den Vorsitz im Gericht führt, im gegenseitigen Einvernehmen von den Parteien ernannt wird.

Artikel 38

Ist das Gericht nicht binnen 90 Tagen nach Absendung der gemäß Artikel 36 Absatz 3 vorgenommenen Absendung der Notifikation der Registrierung des Antrags durch den Generalsekretär oder binnen einer anderen von den Parteien vereinbarten Frist gebildet worden, so ernennt der Vorsitzende auf Antrag einer der Parteien und, soweit möglich, nach Konsultierung beider Parteien den oder die noch nicht ernannten Schiedsrichter. Die vom Vorsitzenden nach diesem Artikel ernannten Schiedsrichter dürfen weder dem Vertragsstaat, der Streitpartei ist, angehören noch demjenigen, dessen Angehöriger Streitpartei ist.

Artikel 39

Die Mehrheit der Schiedsrichter muß anderen Staaten als demjenigen, der Streitpartei ist, und als demjenigen, dessen Angehöriger Streitpartei ist, angehören; diese Bestimmung findet jedoch keine Anwendung, wenn die Parteien im gegenseitigen Einvernehmen den Einzelschiedsrichter oder alle Mitglieder des Gerichts ernennen.

Artikel 40

(1) Zu Schiedsrichtern können, außer bei Ernennung durch den Vorsitzenden nach Artikel 38, Personen ernannt werden, die nicht im Schiedsrichterverzeichnis geführt sind.

(2) Zu Schiedsrichtern ernannte Personen, die nicht im Schiedsrichterverzeichnis geführt sind, müssen die in Artikel 14 Absatz 1 vorgesehenen Eigenschaften besitzen.

ABSCHNITT 3

Befugnisse und Aufgaben des Gerichts

Artikel 41

(1) Das Gericht entscheidet selbst über seine Zuständigkeit.

(2) Jede Einrede, die eine Partei mit der Begründung erhebt, daß die Streitigkeit nicht in die Zuständigkeit des Zentrums oder aus anderem Grund nicht in die Zuständigkeit des Gerichts fällt, wird vom Gericht geprüft, das darüber entscheidet, ob diese Einrede als Vorfrage zu behandeln oder mit der Hauptsache zu verbinden ist.

Artikel 42

(1) Das Gericht entscheidet die Streitigkeit gemäß den von den Parteien vereinbarten Rechtsvorschriften. Liegt eine solche Vereinbarung nicht vor, so wendet das Gericht das Recht des Vertragsstaats, der Streitpartei ist – einschließlich seines internationalen Privatrechts -, sowie die einschlägigen Regeln des Völkerrechts an.

(2) Das Gericht kann eine Entscheidung nicht mit der Begründung ablehnen, daß das Recht zu dem streitigen Punkt schweigt oder unklar ist.

(3) Die Absätze 1 und 2 lassen die Befugnis des Gerichts unberührt, bei Einwilligung der Parteien ex aequo et bono zu entscheiden.

Artikel 43

Sofern die Parteien nichts anderes vereinbaren, kann das Gericht, wenn es dies für nötig hält, jederzeit während des Verfahrens

a) die Parteien auffordern, alle Urkunden oder sonstigen Beweismittel vorzulegen,

b) sich an Ort und Stelle begeben und dort alle Untersuchungen vornehmen, die es für erforderlich erachtet.

Artikel 44

Jedes Schiedsverfahren wird gemäß diesem Abschnitt und, sofern die Parteien nichts anderes vereinbaren, gemäß der Schiedsordnung geführt, die im Zeitpunkt der Zustimmung der Parteien zum Schiedsverfahren gilt. Ergibt sich eine Verfahrensfrage, die weder in diesem Abschnitt noch in der Schiedsordnung noch in einer anderen von den Parteien angenommenen Regelung behandelt ist, so wird sie vom Gericht entschieden.

Artikel 45

(1) Erscheint eine Partei nicht vor dem Gericht oder vertritt sie ihre Sache nicht, so bedeutet das nicht, daß sie dem Vorbringen der anderen Partei zustimmt.

(2) Wenn eine Partei in irgendeinem Stadium des Verfahrens nicht vor dem Gericht erscheint oder ihre Sache nicht vertritt, kann die andere Partei das Gericht ersuchen, die ihm vorgelegten Fragen zu behandeln und einen Schiedsspruch zu erlassen. Das Gericht benachrichtigt die säumige Partei von dem Ersuchen und hat ihr, bevor es seinen Spruch erläßt, eine Frist zu gewähren, sofern es nicht überzeugt ist, daß diese Partei nicht die Absicht hat, vor dem Gericht zu erscheinen oder ihre Sache zu vertreten.

Artikel 46

Sofern die Parteien nichts anderes vereinbaren, entscheidet das Gericht auf Antrag einer Partei über alle unmittelbar mit dem Streitgegenstand zusammenhängenden Zwischenanträge, Zusatzanträge oder Anträge nach Art der Widerklage, wenn sich die Zustimmung der Parteien auf diese Anträge erstreckt und sie außerdem in die Zuständigkeit des Zentrums fallen.

Artikel 47

Sofern die Parteien nichts anderes vereinbaren, kann das Gericht, wenn die Umstände dies nach seiner Ansicht erfordern, vorläufige Maßnahmen zur Sicherung der Rechte beider Parteien empfehlen.

ABSCHNITT 4

Der Schiedsspruch

Artikel 48

(1) Das Gericht entscheidet alle Fragen mit Stimmenmehrheit aller seiner Mitglieder.

(2) Der Schiedsspruch ist schriftlich zu erlassen und von den Mitgliedern des Gerichts zu unterzeichnen, die für ihn gestimmt haben.

(3) Der Schiedsspruch hat alle dem Gericht vorgelegten Fragen zu behandeln und ist zu begründen.

(4) Jedes Mitglied des Gerichts kann dem Schiedsspruch seine – der Auffassung der Mehrheit zustimmende oder davon abweichende – eigene Meinung oder nur die Feststellung seiner abweichenden Meinung beifügen.

(5) Das Zentrum veröffentlicht den Schiedsspruch nur mit Zustimmung der Parteien.

Artikel 49

(1) Der Generalsekretär übermittelt den Parteien unverzüglich beglaubigte Abschriften des Schiedsspruchs. Der Schiedsspruch gilt als an dem Tag der Absendung dieser Abschriften erlassen.

(2) Auf einen binnen 45 Tagen nach Erlassung des Schiedsspruchs einzureichenden Antrag einer Partei kann das Gericht nach Benachrichtigung der anderen Partei über jede Frage entscheiden, die es in dem Schiedsspruch zu behandeln unterlassen hat, und jeden in dem Schiedsspruch enthaltenen Schreib-, Rechen- oder ähnlichen Fehler berichtigen. Seine Entscheidung ist Bestandteil des Schiedsspruchs und wird den Parteien in derselben Form wie der Schiedsspruch bekanntgegeben. Die in Artikel 51 Absatz 2 und Artikel 52 Absatz 2 vorgesehenen Fristen beginnen mit dem Tag der Erlassung der Entscheidung zu laufen.

ABSCHNITT 5

Auslegung des Schiedsspruchs, Wiederaufnahmeverfahrens und Aufhebung des Schiedsspruchs

Artikel 50

(1) Entstehen Streitigkeiten zwischen den Parteien über Sinn oder Tragweite des Schiedsspruchs, so kann jede Partei einen schriftlichen Antrag auf Auslegung des Schiedsspruchs an den Generalsekretär richten.

(2) Der Antrag ist nach Möglichkeit dem Gericht vorzulegen, das den Schiedsspruch erlassen hat. Ist dies nicht möglich, so wird ein neues Gericht nach Abschnitt 2 dieses Kapitels gebildet. Das Gericht kann beschließen, die Vollstreckung des Schiedsspruchs bis zur Entscheidung über den Auslegungsantrag auszusetzen, wenn dies die Umstände nach seiner Auffassung erfordern.

Artikel 51

(1) Wird einer Partei eine Tatsache bekannt, die geeignet ist, den Schiedsspruch entscheidend zu beeinflussen, so kann sie beim Generalsekretär schriftlich ein Wiederaufnahmeverfahren beantragen, sofern die Tatsache dem Gericht und der antragstellenden Partei vor Erlassung des Schiedsspruches unbekannt war und die Unkenntnis der antragstellenden Partei nicht auf Fahrlässigkeit beruhte.

(2) Der Antrag ist binnen 90 Tagen nach Bekanntwerden einer solchen Tatsache und in jedem Fall binnen drei Jahren nach Erlassung des Schiedsspruchs zu stellen.

(3) Der Antrag ist nach Möglichkeit dem Gericht vorzulegen, das den Schiedsspruch erlassen hat. Ist dies nicht möglich, so wird ein neues Gericht nach Abschnitt 2 dieses Kapitels gebildet.

(4) Das Gericht kann beschließen, die Vollstreckung des Schiedsspruchs bis zur Entscheidung über den Wiederaufnahmeantrag auszusetzen, wenn dies die Umstände nach seiner Auffassung erfordern. Ersucht die antragstellende Partei um einen Aufschub der Vollstreckung des Schiedsspruchs, so wird die Vollstreckung vorläufig ausgesetzt, bis das Gericht über dieses Ersuchen entschieden hat.

Artikel 52

(1) Jede Partei kann beim Generalsekretär schriftlich die Aufhebung eines Schiedsspruchs aus einem oder mehreren der folgenden Gründe beantragen:

a) nicht ordnungsgemäße Bildung des Gerichts,

b) offensichtliche Überschreitung der Befugnisse des Gerichts,

c) Bestechung eines Mitglieds des Gerichts,

d) schwerwiegende Abweichung von einer grundlegenden Verfahrensvorschrift,

e) Fehlen der Begründung des Schiedsspruchs.

(2) Der Antrag ist binnen 120 Tagen nach Erlassung des Schiedsspruchs zu stellen, sofern nicht die Aufhebung wegen Bestechung verlangt wird; in diesem Fall ist der Antrag binnen 120 Tagen nach Entdecken der Bestechung, jedenfalls aber binnen drei Jahren nach Erlassung des Schiedsspruchs zu stellen.

(3) Nach Eingang des Antrags ernennt der Vorsitzende unverzüglich aus dem Kreis der im Schiedsrichterverzeichnis geführten Personen einen aus drei Mitgliedern bestehenden Ad-hoc-Ausschuß. Die Mitglieder dieses Ausschusses dürfen weder Mitglied des Gerichts gewesen sein,

das den Schiedsspruch erlassen hat, noch die gleiche Staatsangehörigkeit besitzen wie ein Mitglied des Gerichts noch die Staatsangehörigkeit des Staates, der Streitpartei ist, oder des Staates, dessen Angehöriger Streitpartei ist, besitzen, noch von einem dieser Staaten für das Schiedsrichterverzeichnis benannt worden sein noch das Amt eines Schlichters in der gleichen Sache ausgeübt haben. Der Ausschuß ist befugt, den Schiedsspruch aus einem der in Absatz 1 aufgeführten Gründe ganz oder teilweise aufzuheben.

(4) Die Artikel 41 bis 45, 48, 49, 53 und 54 sowie die Kapitel VI und VII sind auf das Verfahren vor dem Ausschuß sinngemäß anzuwenden.

(5) Der Ausschuß kann beschließen, die Vollstreckung des Schiedsspruchs bis zur Entscheidung über den Aufhebungsantrag auszusetzen, wenn dies die Umstände nach seiner Auffassung erfordern. Ersucht die antragstellende Partei um einen Aufschub der Vollstreckung des Schiedsspruchs, so wird die Vollstreckung vorläufig ausgesetzt, bis der Ausschuß über dieses Ersuchen entschieden hat.

(6) Wird der Schiedsspruch aufgehoben, so ist die Streitigkeit auf Antrag einer der Parteien einem neuen nach Abschnitt 2 dieses Kapitels gebildeten Gericht zu unterbreiten.

ABSCHNITT 6

Anerkennung und Vollstreckung des Schiedsspruchs

Artikel 53

(1) Der Schiedsspruch ist für die Parteien bindend und unterliegt keiner Berufung und auch keinen anderen Rechtsmitteln als denen, die in diesem Übereinkommen vorgesehen sind. Jede Partei hat den Schiedsspruch genau zu befolgen, soweit nicht die Vollstreckung auf Grund dieses Übereinkommens ausgesetzt ist.

(2) Im Sinne dieses Abschnitts umfaßt der Ausdruck „Schiedsspruch" jede Entscheidung über die Auslegung, die Wiederaufnahme oder die Aufhebung nach den Artikeln 50, 51 oder 52.

Artikel 54

(1) Jeder Vertragsstaat erkennt jeden im Rahmen dieses Übereinkommens erlassenen Schiedsspruch als bindend an und sorgt für die Vollstreckung der darin auferlegten finanziellen Verpflichtungen in seinem Hoheitsgebiet, als handle es sich um ein rechtskräftiges Urteil eines seiner innerstaatlichen Gerichte. Ein Vertragsstaat mit bundesstaatlicher Verfassung kann für die Vollstreckung des Schiedsspruchs durch seine Bundesgerichte sorgen und bestimmen, daß diese einen derartigen Schiedsspruch als rechtskräftiges Urteil der Gerichte eines Gliedstaates behandeln.

(2) Eine Partei, die Anerkennung und Vollstreckung eines Schiedsspruchs im Hoheitsgebiet eines Vertragsstaats begehrt, hat dem zuständigen innerstaatlichen Gericht oder einer anderen von diesem Staat dafür bestimmten amtlichen Stelle eine vom Generalsekretär beglaubigte Abschrift des Schiedsspruchs vorzulegen. Jeder Vertragsstaat teilt dem Generalsekretär mit, welches Gericht zuständig oder welche amtliche Stelle bestimmt ist, und unterrichtet ihn über etwaige Änderungen.

(3) Auf die Vollstreckung des Schiedsspruchs sind die Rechtsvorschriften für die Vollstreckung von Urteilen anzuwenden, die in dem Staat gelten, in dessen Hoheitsgebiet die Vollstreckung begehrt wird.

Artikel 55

Artikel 54 darf nicht so ausgelegt werden, als schaffe er eine Ausnahme von dem in einem Vertragsstaat geltenden Recht über die Immunität dieses Staates oder eines fremden Staates von der Vollstreckung.

KAPITEL V

ERSETZUNG UND ABLEHNUNG VON SCHLICHTERN UND SCHIEDSRICHTERN

Artikel 56

(1) Ist eine Kommission oder ein Gericht gebildet und hat das Verfahren begonnen, so kann die Zusammensetzung nicht mehr geändert werden. Jedoch werden die durch Tod, eingetretene Unfähigkeit zur Ausübung des Amtes oder Rücktritt eines Schlichters oder Schiedsrichters freigewordenen Stellen nach Kapitel III Abschnitt 2 oder Kapitel IV Abschnitt 2 besetzt.

(2) Jedes Mitglied einer Kommission oder eines Gerichts übt dieses Amt weiterhin aus, auch wenn sein Name nicht mehr in dem Verzeichnis steht.

(3) Tritt ein von einer Partei ernannter Schlichter oder Schiedsrichter ohne Zustimmung der Kommission, der er angehört, oder des Gerichts, dem er angehört, zurück, so besetzt der Vorsitzende die freie Stelle, indem er eine Person aus dem entsprechenden Verzeichnis auswählt.

Artikel 57

Eine Partei kann der Kommission oder dem Gericht gegenüber ein Mitglied mit der Begründung ablehnen, daß dieses offensichtlich nicht die in Artikel 14 Absatz 2 geforderten Eigenschaften besitzt. Eine Partei in einem Schiedsverfahren kann ferner einen Schiedsrichter mit der Begründung ablehnen, daß dieser die in Kapitel IV Abschnitt 2 festgesetzten Bedingungen für die Ernennung zum Schiedsrichter nicht erfüllt hat.

Artikel 58

Die Entscheidung über einen Antrag auf Ablehnung eines Schlichters oder Schiedsrichters wird von den übrigen Mitgliedern der Kommission oder des Gerichts getroffen. Bei Stimmengleichheit oder bei einem Antrag auf Ablehnung eines Einzelschlichters oder -schiedsrichters oder einer Mehrheit der Kommission oder des Gerichts wird die Entscheidung vom Vorsitzenden des Verwaltungsrats getroffen. Wird der Antrag als begründet anerkannt, so wird der betreffende Schlichter oder Schiedsrichter nach Kapitel III Abschnitt 2 oder Kapitel IV Abschnitt 2 ersetzt.

KAPITEL VI
KOSTEN DES VERFAHRENS

Artikel 59

Die von den Parteien für die Inanspruchnahme der Einrichtungen des Zentrums zu entrichtenden Gebühren werden vom Generalsekretär nach den vom Verwaltungsrat angenommenen Regelungen festgesetzt.

Artikel 60

(1) Die Kommissionen und Gerichte setzen innerhalb der vom Verwaltungsrat gesetzten Grenzen und nach Konsultierung des Generalsekretärs die Honorare und die zu erstattenden Kosten ihrer Mitglieder fest.

(2) Ungeachtet des Absatzes 1 können die Parteien im Einvernehmen mit der Kommission oder dem Gericht die Honorare und die zu erstattenden Kosten der Mitglieder im voraus festsetzen.

Artikel 61

(1) Im Vergleichsverfahren werden die Honorare und die zu erstattenden Kosten der Kommissionsmitglieder sowie die Gebühren für die Inanspruchnahme der Einrichtungen des Zentrums zu gleichen Teilen von den Parteien getragen. Jede Partei trägt alle anderen Kosten, die ihr im Zusammenhang mit dem Verfahren entstehen.

(2) Im Schiedsverfahren setzt das Gericht, soweit die Parteien nichts anderes vereinbaren, die ihnen im Zusammenhang mit dem Verfahren entstandenen Kosten fest und entscheidet über die Aufteilung und die Art der Zahlung dieser Kosten, der Honorare und Kosten der Gerichtsmitglieder sowie der Gebühren für die Inanspruchnahme der Einrichtungen des Zentrums. Diese Entscheidung ist Bestandteil des Schiedsspruchs.

KAPITEL VII
ORT DES VERFAHRENS

Artikel 62

Die Vergleichs- und Schiedsverfahren finden vorbehaltlich der folgenden Bestimmungen am Sitz des Zentrums statt.

Artikel 63

Wenn die Parteien dies beschließen, können Vergleichs- und Schiedsverfahren stattfinden:

a) am Sitz des Ständigen Schiedshofs oder einer anderen geeigneten öffentlichen oder privaten Institution, mit der das Zentrum entsprechende Abmachungen getroffen hat,

b) an jedem anderen von der Kommission oder dem Gericht nach Konsultierung des Generalsekretärs gebilligten Ort.

KAPITEL VIII
STREITIGKEITEN ZWISCHEN VERTRAGSSTAATEN

Artikel 64

Jede zwischen Vertragsstaaten entstehende Streitigkeit über die Auslegung oder Anwendung dieses Übereinkommens, die nicht auf gütlichem Wege beigelegt wird, ist auf Antrag einer Streitpartei dem Internationalen Gerichtshof zu unterbreiten, sofern sich die beteiligten Staaten nicht auf eine andere Art der Beilegung einigen.

KAPITEL IX
ÄNDERUNGEN

Artikel 65

Jeder Vertragsstaat kann Änderungen dieses Übereinkommens vorschlagen. Ein Änderungsvorschlag ist dem Generalsekretär spätestens 90 Tage vor der Tagung des Verwaltungsrats, auf welcher der Vorschlag geprüft werden soll, mitzuteilen und ist von ihm unverzüglich allen Mitgliedern des Verwaltungsrats zu übermitteln.

Artikel 66

(1) Wenn der Verwaltungsrat dies mit Zweidrittelmehrheit seiner Mitglieder beschließt, wird der Änderungsvorschlag zum Zwecke der Ratifizierung, Annahme oder Genehmigung allen Vertragsstaaten zugeleitet. Jede Änderung tritt 30 Tage nach dem Tag in Kraft, an dem der Depositar dieses Übereinkommens an die Vertragsstaaten die schriftliche Mitteilung abgesendet hat, daß alle Vertragsstaaten die Änderung ratifiziert, angenommen oder genehmigt haben.

(2) Keine Änderung berührt die auf diesem Übereinkommen beruhenden Rechte und Pflichten eines Vertragsstaates, einer Gebietskörperschaft, einer staatlichen Stelle oder eines Angehörigen dieses Staates, die sich aus einer vor Inkrafttreten der Änderung erteilten Zustimmung zur Zuständigkeit des Zentrums ergeben.

KAPITEL X
SCHLUSSBESTIMMUNGEN

Artikel 67

Dieses Übereinkommen liegt für die Mitgliedstaaten der Bank zur Unterzeichnung auf. Es liegt ferner für jeden anderen Staat zur Unterzeichnung auf, der Vertragspartei des Statuts des Internationalen Gerichtshofs ist und den der Verwaltungsrat mit Zweidrittelmehrheit seiner Mitglieder zur Unterzeichnung des Übereinkommens eingeladen hat.

Artikel 68

(1) Dieses Übereinkommen bedarf der Ratifikation, der Annahme oder der Genehmigung durch die unterzeichnenden Staaten gemäß ihren verfassungsmäßigen Verfahren.

(2) Dieses Übereinkommen tritt 30 Tage nach Hinterlegung der zwanzigsten Ratifikations-, Annahme- oder Genehmigungsurkunde in Kraft. Für jeden Staat, der seine Ratifikations-, Annahme- oder Genehmigungsurkunde später hinterlegt, tritt es 30 Tage nach dieser Hinterlegung in Kraft.

Artikel 69

Jeder Vertragsstaat trifft alle gesetzgeberischen oder sonstigen Maßnahmen, die erforderlich sind, um diesem Übereinkommen in seinem Hoheitsgebiet Wirksamkeit zu verleihen.

Artikel 70

Dieses Übereinkommen findet auf alle Hoheitsgebiete Anwendung, die ein Vertragsstaat völkerrechtlich vertritt, mit Ausnahme derjenigen, die der betreffende Staat bei der Ratifikation, der Annahme oder der Genehmigung oder später durch eine an die Verwahrstelle dieses Übereinkommens gerichtete Notifikation ausnimmt.

Artikel Ö: Artikel 70

Dieses Übereinkommen findet auf alle Hoheitsgebiete, für deren internationale Beziehungen ein Vertragsstaat verantwortlich ist, Anwendung mit Ausnahme jener, die von einem solchen Staat durch schriftliche Verständigung des Depositars dieses Übereinkommens entweder im Zeitpunkt der Ratifikation, der Annahme oder der Genehmigung oder zu einem späteren Zeitpunkt ausgenommen werden.

Artikel 71

Jeder Vertragsstaat kann dieses Übereinkommen durch eine an dessen Depositar gerichtete Notifikation kündigen. Die Kündigung wird sechs Monate nach Eingang dieser Notifikation wirksam.

Artikel 72

Eine Notifikation eines Vertragsstaats nach den Artikeln 70 oder 71 berührt nicht die auf diesem Übereinkommen beruhenden Rechte und Pflichten des betreffenden Staates, einer Gebietskörperschaft, einer staatlichen Stelle oder eines Angehörigen dieses Staates, die sich aus einer vor Eingang dieser Notifikation bei dem Depositar erteilten Zustimmung zur Zuständigkeit des Zentrums ergeben.

Artikel 73

Die Ratifikations-, Annahme- oder Genehmigungsurkunden zu diesem Übereinkommen und allen etwaigen Änderungen werden bei der Bank hinterlegt, die als Depositar dieses Übereinkommens handelt. Der Depositar übermittelt den Mitgliedstaaten der Bank und allen anderen zur Unterzeichnung dieses Übereinkommens eingeladenen Staaten beglaubigte Abschriften dieses Übereinkommens.

Artikel 74

Der Depositar läßt dieses Übereinkommen nach Artikel 102 der Satzung der Vereinten Nationen und nach den Regelungen, die auf Grund dieser Bestimmung von der Generalversammlung angenommen worden sind, beim Sekretariat der Vereinten Nationen registrieren.

Artikel 75

Der Depositar notifiziert allen unterzeichneten Staaten

a) die Unterzeichnungen nach Artikel 67,

b) die Hinterlegung von Ratifikations-, Annahme- oder Genehmigungsurkunden nach Artikel 73,

c) den Tag des Inkrafttretens dieses Übereinkommens nach Artikel 68,

d) die Ausnahmen von der räumlichen Anwendung nach Artikel 70,

e) den Tag des Inkrafttretens jeder Änderung dieses Übereinkommens nach Artikel 66,

f) die Kündigungen nach Artikel 71.

Artikel 75

GESCHEHEN zu Washington in englischer, französischer und spanischer Sprache, wobei jeder Wortlaut gleichermaßen verbindlich ist, in einer Urschrift, die im Archiv der Internationalen Bank für Wiederaufbau und Entwicklung hinterlegt bleibt, welche durch ihre nachstehende Unterschrift angezeigt hat, daß sie die ihr in diesem Übereinkommen zugewiesenen Aufgaben annimmt.

14/1. Rio-Erklärung über Umwelt und Entwicklung

Rio-Erklärung über Umwelt und Entwicklung

Die Konferenz der Vereinten Nationen über Umwelt und Entwicklung,

zum Abschluss ihrer Tagung vom 3. bis 14. Juni 1992 in Rio de Janeiro,

in Bekräftigung der am 16. Juni 1972 in Stockholm verabschiedeten Erklärung der Konferenz der Vereinten Nationen über die Umwelt des Menschen[1] sowie in dem Bemühen, darauf aufzubauen,

mit dem Ziel, durch die Schaffung von neuen Ebenen der Zusammenarbeit zwischen den Staaten, wichtigen Teilen der Gesellschaft und den Menschen eine neue und gerechte weltweite Partnerschaft aufzubauen,

bemüht um internationale Übereinkünfte, die die Interessen aller achten und die Unversehrtheit des globalen Umwelt- und Entwicklungssystems schützen,

anerkennend, dass die Erde, unsere Heimat, ein Ganzes darstellt, dessen Teile miteinander in Wechselbeziehung stehen,

erklärt folgendes:

Grundsatz 1

Die Menschen stehen im Mittelpunkt der Bemühungen um eine nachhaltige Entwicklung. Sie haben das Recht auf ein gesundes und produktives Leben im Einklang mit der Natur.

Grundsatz 2

Die Staaten haben im Einklang mit der Charta der Vereinten Nationen und den Grundsätzen des Völkerrechts das souveräne Recht, ihre eigenen Ressourcen entsprechend ihrer eigenen Umwelt- und Entwic klungspolitik auszubeuten, und haben die Verantwortung, dafür Sorge zu tragen, dass Tätigkeiten unter ihrer Hoheitsgewalt oder Kontrolle der Umwelt anderer Staaten oder Gebiete jenseits der Grenzen des Bereichs nationaler Hoheitsbefugnisse keinen Schaden zufügen.

Grundsatz 3

Das Recht auf Entwicklung muss so verwirklicht werden, dass den Entwicklungs- und Umweltbedürfnissen der heutigen und der kommenden Generationen in gerechter Weise entsprochen wird.

Grundsatz 4

Damit eine nachhaltige Entwicklung zustande kommt, muss der Umweltschutz Bestandteil des Entwic klungspr ozesses sein und darf nicht von diesem getrennt betrachtet werden.

Grundsatz 5

Alle Staaten und alle Menschen müssen bei der grundlegenden Aufgabe, als unverzichtbare Voraussetzung für die nachhaltige Entwicklung die Armut zu beseitigen, zusammenarbeiten, um Ungleichheiten im Lebensstandard zu verringern und den Bedürfnissen der Mehrheit der Menschen in der Welt besser gerecht zu werden.

Grundsatz 6

Erhöhter Vorrang gebührt der besonderen Situation und den besonderen Bedürfnissen der Entwicklungsländer, vor allem der am wenigsten entwickelten Länder und der Länder, die im Hinblick auf die Umwelt am meisten gefährdet sind. Internationale Maßnahmen im Bereich Umwelt und Entwicklung sollten außerdem auf die Interessen und Bedürfnisse aller Länder gerichtet sein.

Grundsatz 7

Die Staaten werden in einem Geist der weltweiten Partnerschaft zusammenarbeiten, um die Gesundheit und die Unversehrtheit des Ökosystems der Erde zu erhalten, zu schützen und wiederherzustellen. Angesichts der unterschiedlichen Beiträge zur globalen Umweltverschlechterung tragen die Staaten gemeinsame, wenngleich unterschiedliche Verantwortlichkeiten. Die entwickelten Staaten erkennen die Verantwortung an, die sie in Anbetracht des Drucks, den ihre Gesellschaften auf die globale Umwelt ausüben, sowie in Anbetracht der ihnen zur Verfügung stehenden Technologien und Finanzmittel bei dem weltweiten Streben nach nachhaltiger Entwicklung tragen.

Grundsatz 8

Um nachhaltige Entwicklung und eine höhere Lebensqualität für alle Menschen herbeizuführen, sollten die Staaten nicht nachhaltige Produktionsweisen und Konsumgewohnheiten abbauen und

[1] *Report of the United Nations Conference on the Human Environment, Stockholm, 5-16 June 1972 (Veröffentlichung der Vereinten Nationen, Best.-Nr. E.73.II.A.14 und Corrigendum), Kapitel I.*

beseitigen und eine geeignete Bevölkerungspolitik fördern.

Grundsatz 9

Die Staaten sollten zusammenarbeiten, um den Ausbau der eigenen Kapazitäten für eine nachhaltige Entwicklung zu stärken, indem sie das wissenschaftliche Verständnis durch den Austausch wissenschaftlicher und technologischer Kenntnisse vertiefen und die Entwicklung, Anpassung, Verbreitung und Weitergabe von Technologien fördern.

Grundsatz 10

Umweltfragen sind am besten auf entsprechender Ebene unter Beteiligung aller betroffenen Bürger zu behandeln. Auf nationaler Ebene erhält jeder Einzelne angemessenen Zugang zu den im Besitz öffentlicher Stellen befindlichen Informationen über die Umwelt, einschließlich Informationen über Gefahrstoffe und gefährliche Tätigkeiten in ihren Gemeinden, sowie die Gelegenheit zur Teilhabe an Entscheidungsprozessen. Die Staaten erleichtern und fördern die öffentliche Bewusstseinsbildung und die Beteiligung der Öffentlichkeit, indem sie Informationen in großem Umfang verfügbar machen. Wirksamer Zugang zu Gerichts- und Verwaltungsverfahren, so auch zu Abhilfe und Wiedergutmachung, wird gewährt.

Grundsatz 11

Die Staaten werden wirksame Umweltgesetze verabschieden. Umweltnormen sowie Bewirtschaftungsziele und -prioritäten sollten dem Umwelt- und Entwicklungskontext entsprechen, für den sie gelten. Normen, die in einigen Ländern Anwendung finden, können in anderen Ländern, insbesondere in Entwicklungsländern, unangemessen sein und zu nicht vertretbaren wirtschaftlichen und sozialen Kosten führen.

Grundsatz 12

Die Staaten sollten gemeinsam daran arbeiten, ein stützendes und offenes Weltwirtschaftssystem zu fördern, das in allen Ländern zu Wirtschaftswachstum und nachhaltiger Entwicklung führt und es gestattet, besser gegen die Probleme der Umweltverschlechterung vorzugehen. Umweltbezogene handelspolitische Maßnahmen sollten weder ein Mittel willkürlicher oder ungerechtfertigter Diskriminierung noch eine verdeckte Beschränkung des internationalen Handels darstellen. Einseitige Maßnahmen zur Bewältigung von Umweltproblemen außerhalb des Hoheitsbereichs des Einfuhrlands sollten vermieden werden. Maßnahmen zur Bewältigung grenzüberschreitender oder weltweiter Umweltprobleme sollten soweit möglich auf internationalem Konsens beruhen.

Grundsatz 13

Die Staaten werden innerstaatliche Rechtsvorschriften betreffend die Haftung für Umweltverschmutzungen und andere Umweltschäden und betreffend die Entschädigung der Opfer schaffen. Außerdem werden die Staaten zügig und entschlossener zusammenarbeiten, um das Völkerrecht im Bereich der Haftung und Entschädigung für nachteilige Auswirkungen von Umweltschäden, die durch Tätigkeiten unter ihrer Hoheitsgewalt oder Kontrolle in Gebieten außerhalb ihrer Hoheitsbefugnisse ve rursacht werden, weiterzuentwickeln.

Grundsatz 14

Die Staaten sollten tatkräftig zusammenarbeiten, um die Verlegung und den Transfer in andere Länder von Tätigkeiten und Stoffen, die zu einer starken Beeinträchtigung der Umwelt führen oder sich für die Gesundheit des Menschen als schädlich erweisen, zu erschweren oder zu verhindern.

Grundsatz 15

Zum Schutz der Umwelt wenden die Staaten im Rahmen ihrer Möglichkeiten allgemein den Vorsorgegrundsatz an. Drohen schwerwiegende oder bleibende Schäden, so darf ein Mangel an vollständiger wissenschaftlicher Gewissheit kein Grund dafür sein, kostenwirksame Maßnahmen zur Vermeidung von Umweltverschlechterungen aufzuschieben.

Grundsatz 16

Die nationalen Behörden sollten bestrebt sein, die Internalisierung von Umweltkosten und den Einsatz wirtschaftlicher Instrumente zu fördern, wobei sie unter gebührender Berücksichtigung des öffentlichen Interesses und unter Vermeidung von Verzerrungen im Welthandel und bei den internationalen Investitionen den Ansatz verfolgen sollten, dass grundsätzlich der Verursacher die Kosten der Verschmutzung zu tragen hat.

Grundsatz 17

Als nationales Instrument sind bei Vorhaben, die geeignet sind, erhebliche nachteilige Auswirkungen auf die Umwelt zu haben und der Entscheidung durch eine zuständige nationale Behörde bedürfen, Umweltverträglichkeitsprüfungen durchzuführen.

Grundsatz 18

Die Staaten haben andere Staaten sofort über

Naturkatastrophen oder andere Notfälle zu unterrichten, die geeignet sind, zu plötzlichen schädlichen Auswirkungen auf deren Umwelt zu führen. Die Völkergemeinschaft macht alle Anstrengungen, um den so betroffenen Staaten zu helfen.

Grundsatz 19

Die Staaten haben möglicherweise betroffene Staaten über Tätigkeiten, die schwerwiegende nachteilige grenzüberschreitende Auswirkungen auf die Umwelt haben können, im voraus und rechtzeitig zu unterrichten, ihnen sachdienliche Informationen zur Verfügung zu stellen und sie frühzeitig und in redlicher Absicht zu konsultieren.

Grundsatz 20

Frauen kommt bei der Bewirtschaftung der Umwelt und der Entwicklung eine grundlegende Rolle zu. Ihre volle Einbeziehung ist daher eine wesentliche Voraussetzung für die Herbeiführung nachhaltiger Entwicklung.

Grundsatz 21

Die Kreativität, die Ideale und der Mut der Jugend der Welt sollten mobilisiert werden, um eine weltweite Partnerschaft zu schaffen und so eine nachhaltige Entwicklung herbeizuführen und eine bessere Zukunft für alle zu s ichern.

Grundsatz 22

Indigenen Bevölkerungsgruppen und ihren Gemeinschaften sowie anderen ortsansässigen Gemeinschaften kommt wegen ihres Wissens und ihrer überlieferten Bräuche eine grundlegende Rolle bei der Bewirtschaftung der Umwelt und der Entwicklung zu. Die Staaten sollten die Identität, die Kultur und die Interessen dieser Gruppen und Gemeinschaften anerkennen und gebührend unterstützen und ihre wirksame Teilhabe an der Herbeiführung einer nachhaltigen Entwicklung ermöglichen.

Grundsatz 23

Die Umwelt und die natürlichen Ressourcen der Völker, die in Unterdrückung, unter Fremdherrschaft und unter Besatzung leben, sind zu schützen.

Grundsatz 24

Kriegshandlungen haben ihrer Natur nach zerstörerische Auswirkungen auf die nachhaltige Entwic klung. Aus diesem Grund haben die Staaten die völkerrechtlichen Bestimmungen über den Schutz der Umwelt in Zeiten bewaffneter Auseinandersetzungen zu achten und soweit erforderlich zusammen weiterzuentwickeln.

Grundsatz 25

Frieden, Entwicklung und Umweltschutz bedingen einander und sind unteilbar.

Grundsatz 26

Die Staaten werden alle ihre Streitigkeiten im Umweltbereich friedlich und mit geeigneten Mitteln im Einklang mit der Charta der Vereinten Nationen beilegen.

Grundsatz 27

Die Staaten und Völker müssen in gutem Glauben und im Geist der Partnerschaft bei der Erfüllung der in dieser Erklärung enthaltenen Grundsätze sowie bei der Weiterentwicklung des Völkerrechts auf dem Gebiet der nachhaltigen Entwicklung zusammenarbeiten.

14/2. Pariser Übereinkommen

BGBl III 2016/197

Rahmenübereinkommen der Vereinten Nationen über Klimaänderungen

(Übersetzung)
Übereinkommen von Paris

Die Vertragsparteien dieses Übereinkommens –

als Vertragsparteien des Rahmenübereinkommens der Vereinten Nationen über Klimaänderungen, im Folgenden als „Rahmenübereinkommen" bezeichnet,

gestützt auf die durch Beschluss 1/CP.17 der Konferenz der Vertragsparteien des Rahmenübereinkommens auf ihrer siebzehnten Tagung eingerichteten Durban-Plattform für verstärktes Handeln,

in Verfolgung des Zieles des Rahmenübereinkommens und geleitet von seinen Grundsätzen einschließlich des Grundsatzes der Gerechtigkeit und der gemeinsamen, aber unterschiedlichen Verantwortlichkeiten und jeweiligen Fähigkeiten angesichts der unterschiedlichen nationalen Gegebenheiten,

in Anerkennung der Notwendigkeit einer wirksamen und fortschreitenden Reaktion auf die akute Bedrohung durch Klimaänderungen auf der Grundlage der besten verfügbaren wissenschaftlichen Erkenntnisse,

zudem in Anerkennung der speziellen Bedürfnisse und besonderen Gegebenheiten der Vertragsparteien, die Entwicklungsländer sind, vor allem derjenigen, die besonders anfällig für die nachteiligen Auswirkungen der Klimaänderungen sind, wie im Rahmenübereinkommen vorgesehen,

unter voller Berücksichtigung der speziellen Bedürfnisse und der besonderen Lage der am wenigsten entwickelten Länder hinsichtlich der Finanzierung und der Weitergabe von Technologie,

in Anerkennung dessen, dass die Vertragsparteien nicht nur von den Klimaänderungen, sondern auch von den Auswirkungen der zu ihrer Bewältigung ergriffenen Maßnahmen betroffen sein können,

unter Betonung dessen, dass zwischen dem Vorgehen gegen und der Bewältigung von Klimaänderungen und ihren Auswirkungen sowie dem gerechten Zugang zu nachhaltiger Entwicklung und der Beseitigung der Armut ein innerer Zusammenhang besteht,

in Anerkennung dessen, dass die Gewährleistung der Ernährungssicherheit und die Beendigung des Hungers grundsätzlich Vorrang haben und dass die Systeme der Nahrungsmittelerzeugung gegenüber den nachteiligen Auswirkungen der Klimaänderungen besonders anfällig sind,

unter Berücksichtigung der zwingenden Notwendigkeit eines gerechten Strukturwandels für die arbeitende Bevölkerung und der Schaffung menschenwürdiger Arbeit und hochwertiger Arbeitsplätze im Einklang mit den national festgelegten Entwicklungsprioritäten,

in der Erkenntnis, dass die Klimaänderungen die ganze Menschheit mit Sorge erfüllen, sollen die Vertragsparteien beim Vorgehen gegen Klimaänderungen ihre jeweiligen Verpflichtungen im Hinblick auf die Menschenrechte, das Recht auf Gesundheit, die Rechte von indigenen Völkern, lokalen Gemeinschaften, Migranten, Kindern, Menschen mit Behinderungen und besonders schutzbedürftigen Menschen und das Recht auf Entwicklung sowie die Gleichstellung der Geschlechter, die Stärkung der Rolle der Frau und die Gerechtigkeit zwischen den Generationen achten, fördern und berücksichtigen,

in Anerkennung der Bedeutung der Erhaltung und gegebenenfalls Erweiterung von Senken und Speichern der im Rahmenübereinkommen genannten Treibhausgase,

in Anbetracht dessen, wie wichtig es ist, die Integrität aller Ökosysteme einschließlich der Meere und den Schutz der biologischen Vielfalt, in manchen Kulturen als Mutter Erde gewürdigt, zu gewährleisten, und in Anbetracht der großen Bedeutung, die der Begriff „Klimagerechtigkeit" für manche im Zusammenhang mit dem Vorgehen gegen Klimaänderungen hat,

in Bekräftigung der Bedeutung von Bildung, Ausbildung und öffentlichem Bewusstsein, der Beteiligung der Öffentlichkeit, des öffentlichen Zugangs zu Informationen und der Zusammenarbeit auf allen Ebenen in den von diesem Übereinkommen erfassten Angelegenheiten,

in Anerkennung dessen, wie wichtig es ist, dass sich alle staatlichen Ebenen und verschiedene Akteure bei der Bewältigung der Klimaänderungen in Übereinstimmung mit den jeweiligen innerstaatlichen Rechtsvorschriften der Vertragsparteien einbringen,

zudem in der Erkenntnis, dass nachhaltige Lebensweisen und nachhaltige Konsum- und Produktionsmuster, hinsichtlich derer die Vertragsparteien, die entwickelte Länder sind, die Führung übernehmen, eine wichtige Rolle bei der Bewältigung der Klimaänderungen spielen –

sind wie folgt übereingekommen:

Artikel 1

Für die Zwecke dieses Übereinkommens finden die in Artikel 1 des Rahmenübereinkommens enthaltenen Begriffsbestimmungen Anwendung. Darüber hinaus

a) bedeutet „Rahmenübereinkommen" das am 9. Mai 1992 in New York angenommene Rahmenübereinkommen der Vereinten Nationen über Klimaänderungen;

b) bedeutet „Konferenz der Vertragsparteien" die Konferenz der Vertragsparteien des Rahmenübereinkommens;

c) bedeutet „Vertragspartei" eine Vertragspartei dieses Übereinkommens.

Artikel 2

(1) Dieses Übereinkommen zielt darauf ab, durch Verbesserung der Durchführung des Rahmenübereinkommens einschließlich seines Zieles die weltweite Reaktion auf die Bedrohung durch Klimaänderungen im Zusammenhang mit nachhaltiger Entwicklung und den Bemühungen zur Beseitigung der Armut zu verstärken, indem unter anderem

a) der Anstieg der durchschnittlichen Erdtemperatur deutlich unter 2 °C über dem vorindustriellen Niveau gehalten wird und Anstrengungen unternommen werden, um den Temperaturanstieg auf 1,5 °C über dem vorindustriellen Niveau zu begrenzen, da erkannt wurde, dass dies die Risiken und Auswirkungen der Klimaänderungen erheblich verringern würde;

b) die Fähigkeit zur Anpassung an die nachteiligen Auswirkungen der Klimaänderungen erhöht und die Widerstandsfähigkeit gegenüber Klimaänderungen sowie eine hinsichtlich der Treibhausgase emissionsarme Entwicklung so gefördert wird, dass die Nahrungsmittelerzeugung nicht bedroht wird;

c) die Finanzmittelflüsse in Einklang gebracht werden mit einem Weg hin zu einer hinsichtlich der Treibhausgase emissionsarmen und gegenüber Klimaänderungen widerstandsfähigen Entwicklung.

(2) Dieses Übereinkommen wird als Ausdruck der Gerechtigkeit und des Grundsatzes der gemeinsamen, aber unterschiedlichen Verantwortlichkeiten und jeweiligen Fähigkeiten angesichts der unterschiedlichen nationalen Gegebenheiten durchgeführt.

Artikel 3

Zur Verwirklichung des in Artikel 2 genannten Zieles dieses Übereinkommens sind von allen Vertragsparteien als national festgelegte Beiträge zu der weltweiten Reaktion auf Klimaänderungen ehrgeizige Anstrengungen im Sinne der Artikel 4, 7, 9, 10, 11 und 13 zu unternehmen und zu übermitteln. Die Anstrengungen aller Vertragsparteien werden im Laufe der Zeit eine Steigerung darstellen, wobei die Notwendigkeit anerkannt wird, die Vertragsparteien, die Entwicklungsländer sind, bei der wirksamen Durchführung dieses Übereinkommens zu unterstützen.

Artikel 4

(1) Zum Erreichen des in Artikel 2 genannten langfristigen Temperaturziels sind die Vertragsparteien bestrebt, so bald wie möglich den weltweiten Scheitelpunkt der Emissionen von Treibhausgasen zu erreichen, wobei anerkannt wird, dass der zeitliche Rahmen für das Erreichen des Scheitelpunkts bei den Vertragsparteien, die Entwicklungsländer sind, größer sein wird, und danach rasche Reduktionen im Einklang mit den besten verfügbaren wissenschaftlichen Erkenntnissen herbeizuführen, um in der zweiten Hälfte dieses Jahrhunderts ein Gleichgewicht zwischen den anthropogenen Emissionen von Treibhausgasen aus Quellen und dem Abbau solcher Gase durch Senken auf der Grundlage der Gerechtigkeit und im Rahmen der nachhaltigen Entwicklung und der Bemühungen zur Beseitigung der Armut herzustellen.

(2) Jede Vertragspartei erarbeitet, übermittelt und behält aufeinanderfolgende national festgelegte Beiträge bei, die sie zu erreichen beabsichtigt. Die Vertragsparteien ergreifen innerstaatliche Minderungsmaßnahmen, um die Ziele dieser Beiträge zu verwirklichen.

(3) Jeder nachfolgende national festgelegte Beitrag einer Vertragspartei wird eine Steigerung gegenüber ihrem zum fraglichen Zeitpunkt geltenden national festgelegten Beitrag darstellen und ihre größtmögliche Ambition unter Berücksichtigung ihrer gemeinsamen, aber unterschiedlichen Verantwortlichkeiten und ihrer jeweiligen Fähigkeiten angesichts der unterschiedlichen nationalen Gegebenheiten ausdrücken.

(4) Die Vertragsparteien, die entwickelte Länder sind, sollen weiterhin die Führung übernehmen, indem sie sich zu absoluten gesamtwirtschaftlichen Emissionsreduktionszielen verpflichten. Die Vertragsparteien, die Entwicklungsländer sind, sollen ihre Minderungsanstrengungen weiter verstärken; sie werden ermutigt, mit der Zeit angesichts der unterschiedlichen nationalen Gegebenheiten auf gesamtwirtschaftliche Emissionsreduktions- oder -begrenzungsziele überzugehen.

(5) Den Vertragsparteien, die Entwicklungsländer sind, wird Unterstützung bei der Durchführung dieses Artikels in Übereinstimmung mit den Artikeln 9, 10 und 11 gewährt, wobei anerkannt wird, dass eine verstärkte Unterstützung ihnen die Möglichkeit eröffnen wird, sich für ihre Maßnahmen höhere Ambitionen zu setzen.

(6) Die am wenigsten entwickelten Länder und die kleinen Inselstaaten unter den Entwicklungsländern können Strategien, Pläne und Maßnahmen für eine hinsichtlich der Treibhausgase emissionsarme Entwicklung erarbeiten und übermitteln, die ihre besonderen Gegebenheiten widerspiegeln.

(7) Der Zusatznutzen für die Minderung, der sich aus den Anpassungsmaßnahmen und/oder Plänen zur wirtschaftlichen Diversifizierung der Vertragsparteien ergibt, kann zu den Minderungsergebnissen aufgrund dieses Artikels beitragen.

(8) Bei der Übermittlung ihrer national festgelegten Beiträge stellen alle Vertragsparteien die erforderlichen Informationen zur Gewährleistung der Eindeutigkeit, Transparenz und Verständlichkeit in Übereinstimmung mit Beschluss 1/CP.21 und allen einschlägigen Beschlüssen der als Tagung der Vertragsparteien dieses Übereinkommens dienenden Konferenz der Vertragsparteien zur Verfügung.

(9) Jede Vertragspartei übermittelt alle fünf Jahre einen national festgelegten Beitrag in Übereinstimmung mit Beschluss 1/CP.21 und allen einschlägigen Beschlüssen der als Tagung der Vertragsparteien dieses Übereinkommens dienenden Konferenz der Vertragsparteien; sie wird von den Ergebnissen der in Artikel 14 genannten weltweiten Bestandsaufnahme unterrichtet.

(10) Die als Tagung der Vertragsparteien dieses Übereinkommens dienende Konferenz der Vertragsparteien prüft auf ihrer ersten Tagung gemeinsame Zeitrahmen für die national festgelegten Beiträge.

(11) Eine Vertragspartei kann ihren bestehenden national festgelegten Beitrag jederzeit in Übereinstimmung mit den Leitlinien, die von der als Tagung der Vertragsparteien dieses Übereinkommens dienenden Konferenz der Vertragsparteien beschlossen werden, anpassen, um ihr Ambitionsniveau anzuheben.

(12) Die von den Vertragsparteien übermittelten national festgelegten Beiträge werden in ein vom Sekretariat geführtes öffentliches Register eingetragen.

(13) Die Vertragsparteien rechnen über ihre national festgelegten Beiträge ab. Bei der Abrechnung über die anthropogenen Emissionen und den Abbau entsprechend ihren national festgelegten Beiträgen fördern die Vertragsparteien die Umweltintegrität, Transparenz, Genauigkeit, Vollständigkeit, Vergleichbarkeit sowie Konsistenz und gewährleisten die Vermeidung von Doppelzählungen im Einklang mit den Leitlinien, die von der als Tagung der Vertragsparteien dieses Übereinkommens dienenden Konferenz der Vertragsparteien beschlossen werden.

(14) Im Zusammenhang mit ihren national festgelegten Beiträgen sollen die Vertragsparteien bei der Anerkennung und Umsetzung von Minderungsmaßnahmen im Hinblick auf die anthropogenen Emissionen und den Abbau, soweit angemessen, die aufgrund des Rahmenübereinkommens bestehenden Methoden und Leitlinien im Lichte des Absatzes 13 berücksichtigen.

(15) Bei der Durchführung dieses Übereinkommens berücksichtigen die Vertragsparteien die Sorgen derjenigen Vertragsparteien, deren Wirtschaft von den Auswirkungen der Gegenmaßnahmen am stärksten betroffen ist, insbesondere der Vertragsparteien, die Entwicklungsländer sind.

(16) Die Vertragsparteien einschließlich der Organisationen der regionalen Wirtschaftsintegration und ihrer Mitgliedstaaten, die eine Vereinbarung getroffen haben, bei der Anwendung des Absatzes 2 gemeinsam zu handeln, notifizieren dem Sekretariat zum Zeitpunkt der Übermittlung ihrer national festgelegten Beiträge die Bedingungen dieser Vereinbarung einschließlich des jeder Vertragspartei innerhalb der betreffenden Zeitraums zugeteilten Emissionsniveaus. Das Sekretariat unterrichtet seinerseits die Vertragsparteien und die Unterzeichner des Rahmenübereinkommens über die Bedingungen der Vereinbarung.

(17) Jede Partei einer solchen Vereinbarung ist in Übereinstimmung mit den Absätzen 13 und 14 dieses Artikels und mit den Artikeln 13 und 15 für ihr Emissionsniveau, das in der in Absatz 16 dieses Artikels bezeichneten Vereinbarung angegeben ist, verantwortlich.

(18) Wenn gemeinsam handelnde Vertragsparteien im Rahmen und zusammen mit einer Organisation der regionalen Wirtschaftsintegration handeln, die selbst Vertragspartei dieses Übereinkommens ist, ist jeder Mitgliedstaat dieser Organisation der regionalen Wirtschaftsintegration einzeln sowie zusammen mit der Organisation der regionalen Wirtschaftsintegration in Übereinstimmung mit den Absätzen 13 und 14 dieses Artikels und mit den Artikeln 13 und 15 für sein Emissionsniveau, das in der nach Absatz 16 dieses Artikels notifizierten Vereinbarung angegeben ist, verantwortlich.

(19) Eingedenk des Artikels 2 und unter Berücksichtigung ihrer gemeinsamen, aber unterschiedlichen Verantwortlichkeiten und jeweiligen Fähigkeiten angesichts der unterschiedlichen nationalen Gegebenheiten sollen sich alle Vertragsparteien um die Ausarbeitung und Übermittlung langfristiger Strategien für eine hinsichtlich der Treibhausgase emissionsarme Entwicklung bemühen.

Artikel 5

(1) Die Vertragsparteien sollen Maßnahmen zur Erhaltung und gegebenenfalls Verbesserung von Senken und Speichern von Treibhausgasen, darunter Wälder, nach Artikel 4 Absatz 1 Buchstabe d des Rahmenübereinkommens ergreifen.

(2) Die Vertragsparteien werden ermutigt, unter anderem durch ergebnisbasierte Zahlungen Maßnahmen zur Umsetzung und Unterstützung des vorhandenen Rahmens zu ergreifen, der durch die aufgrund des Rahmenübereinkommens bereits vereinbarten diesbezüglichen Leitlinien und Beschlüsse geschaffen wurde, und zwar im Hinblick auf Politikansätze und positive Anreize für Tätigkeiten im Zusammenhang mit der Reduktion der Emissionen aufgrund der Entwaldung und der Verschlechterung des Zustands der Wälder und die Rolle der Erhaltung und nachhaltigen Bewirtschaftung der Wälder und die Erhöhung der in ihnen gespeicherten Kohlenstoffvorräte in den Entwicklungsländern sowie im Hinblick auf alternative Politikansätze wie etwa gemeinsame Minderungs- und Anpassungsansätze für die integrierte und nachhaltige Bewirtschaftung der Wälder, wobei erneut bekräftigt wird, wie wichtig gegebenenfalls die Förderung des mit diesen Ansätzen verbundenen Nutzens des Waldes über seine Funktion als Kohlenstoffspeicher hinaus durch bestimmte Anreize ist.

Artikel 6

(1) Die Vertragsparteien erkennen an, dass sich manche von ihnen für eine freiwillige Zusammenarbeit bei der Umsetzung ihrer national festgelegten Beiträge entscheiden, um sich für ihre Minderungs- und Anpassungsmaßnahmen höhere Ambitionen setzen zu können und um die nachhaltige Entwicklung und die Umweltintegrität zu fördern.

(2) Beteiligen sich Vertragsparteien auf freiwilliger Grundlage an kooperativen Ansätzen, die die Verwendung international übertragener Minderungsergebnisse zum Erreichen der national festgelegten Beiträge beinhalten, so fördern sie die nachhaltige Entwicklung und gewährleisten die Umweltintegrität und die Transparenz, auch beim Verwaltungshandeln; sie wenden im Einklang mit den Leitlinien, die von der als Tagung der Vertragsparteien dieses Übereinkommens dienenden Konferenz der Vertragsparteien beschlossen wurden, ein verlässliches Abrechnungsverfahren an, um unter anderem die Vermeidung von Doppelzählungen zu gewährleisten.

(3) Die Verwendung international übertragener Minderungsergebnisse zum Erreichen der national festgelegten Beiträge nach diesem Übereinkommen ist freiwillig und bedarf der Genehmigung durch die teilnehmenden Vertragsparteien.

(4) Hiermit wird ein Mechanismus zur Minderung der Emissionen von Treibhausgasen und zur Unterstützung der nachhaltigen Entwicklung unter der Weisungsbefugnis und Leitung der als Tagung der Vertragsparteien dieses Übereinkommens dienenden Konferenz der Vertragsparteien eingesetzt, der von den Vertragsparteien auf freiwilliger Grundlage genutzt werden kann. Er wird von einem Gremium beaufsichtigt, das von der als Tagung der Vertragsparteien dieses Übereinkommens dienenden Konferenz der Vertragsparteien bestimmt wird, und ist darauf gerichtet,

a) die Minderung der Emissionen von Treibhausgasen zu fördern und gleichzeitig die nachhaltige Entwicklung zu unterstützen;

b) die Beteiligung der durch eine Vertragspartei ermächtigten öffentlichen und privaten Rechtsträger an der Minderung der Emissionen von Treibhausgasen durch bestimmte Anreize zu fördern und zu erleichtern;

c) zur Absenkung des Emissionsniveaus bei der als Gastland dienenden Vertragspartei beizutragen, die Nutzen aus den Minderungstätigkeiten ziehen wird, aus denen sich Emissionsreduktionen ergeben, die auch von einer anderen Vertragspartei zur Erfüllung ihres national festgelegten Beitrags verwendet werden können;

d) eine allgemeine Minderung der weltweiten Emissionen zu erreichen.

(5) Die Emissionsreduktionen, die sich aus dem in Absatz 4 genannten Mechanismus ergeben, dürfen nicht zum Nachweis des Erreichens des national festgelegten Beitrags der als Gastland dienenden Vertragspartei verwendet werden, wenn sie von einer anderen Vertragspartei zum Nachweis des Erreichens ihres national festgelegten Beitrags verwendet werden.

(6) Die als Tagung der Vertragsparteien dieses Übereinkommens dienende Konferenz der Vertragsparteien stellt sicher, dass ein Teil der Erlöse aus Tätigkeiten im Rahmen des in Absatz 4 genannten Mechanismus dazu verwendet wird, die Verwaltungskosten zu decken sowie die für die nachteiligen Auswirkungen der Klimaänderungen besonders anfälligen Vertragsparteien, die Entwicklungsländer sind, dabei zu unterstützen, die Anpassungskosten zu tragen.

(7) Die als Tagung der Vertragsparteien dieses Übereinkommens dienende Konferenz der Vertragsparteien beschließt auf ihrer ersten Tagung Regeln, Modalitäten und Verfahren für den in Absatz 4 genannten Mechanismus.

(8) Die Vertragsparteien erkennen an, wie wichtig es ist, dass ihnen integrierte, ganzheitliche und ausgewogene nicht marktbasierte Ansätze zur Verfügung stehen, die sie bei der Umsetzung ihrer national festgelegten Beiträge im Zusammenhang mit nachhaltiger Entwicklung und der Beseitigung der Armut in abgestimmter und wirksamer Weise, unter anderem durch Minderung, Anpassung, Finanzierung, Weitergabe von Technologie

und Aufbau von Kapazitäten, soweit angemessen, unterstützen. Diese Ansätze sind darauf gerichtet,

a) die Ambition auf dem Gebiet der Minderung und Anpassung zu fördern;

b) die Beteiligung des öffentlichen und des privaten Sektors an der Umsetzung der national festgelegten Beiträge zu verbessern;

c) Gelegenheiten für eine Koordinierung zwischen den Instrumenten und den einschlägigen institutionellen Regelungen zu ermöglichen.

(9) Hiermit wird ein Rahmen für nicht marktbasierte Ansätze für eine nachhaltige Entwicklung festgelegt, um die in Absatz 8 genannten nicht marktbasierten Ansätze zu fördern.

Artikel 7

(1) Hiermit legen die Vertragsparteien das globale Ziel für die Anpassung durch die Verbesserung der Anpassungsfähigkeit, die Stärkung der Widerstandsfähigkeit und die Verringerung der Anfälligkeit gegenüber Klimaänderungen fest, um einen Beitrag zu einer nachhaltigen Entwicklung zu leisten und eine angemessene Reaktion auf dem Gebiet der Anpassung im Zusammenhang mit dem in Artikel 2 genannten Temperaturziel zu gewährleisten.

(2) Die Vertragsparteien erkennen an, dass die Anpassung für alle eine weltweite Herausforderung mit lokalen, subnationalen, nationalen, regionalen und internationalen Dimensionen ist und dass sie als Schlüsselfaktor einen Beitrag zu der langfristigen weltweiten Reaktion auf die Klimaänderungen zum Schutz der Menschen, der Existenzgrundlagen und der Ökosysteme leistet, wobei die vordringlichen und unmittelbaren Bedürfnisse der für die nachteiligen Auswirkungen der Klimaänderungen besonders anfälligen Vertragsparteien, die Entwicklungsländer sind, berücksichtigt werden.

(3) Die Anpassungsbemühungen der Vertragsparteien, die Entwicklungsländer sind, werden im Einklang mit den Modalitäten anerkannt, die von der als Tagung der Vertragsparteien dieses Übereinkommens dienenden Konferenz der Vertragsparteien auf ihrer ersten Tagung zu beschließen sind.

(4) Die Vertragsparteien erkennen an, dass der derzeitige Anpassungsbedarf erheblich ist, dass sich durch ein höheres Minderungsniveau die Notwendigkeit zusätzlicher Anpassungsbemühungen verringern kann und dass ein höherer Anpassungsbedarf höhere Anpassungskosten mit sich bringen kann.

(5) Die Vertragsparteien bestätigen, dass mit den Anpassungsmaßnahmen ein von den Ländern ausgehender, geschlechtergerechter, partizipatorischer und vollständig transparenter Ansatz unter Berücksichtigung von besonders schutzbedürftigen Gruppen, Gemeinschaften und Ökosystemen verfolgt werden soll und dass die Anpassungsmaßnahmen auf die besten verfügbaren wissenschaftlichen Erkenntnisse und gegebenenfalls traditionelles Wissen, das Wissen indigener Völker und lokale Wissenssysteme gegründet und ausgerichtet sein sollen, um zu erreichen, dass die Anpassung, soweit angemessen, in die einschlägigen sozioökonomischen und umweltrelevanten Politiken und Maßnahmen einbezogen wird.

(6) Die Vertragsparteien erkennen an, wie wichtig Unterstützung und internationale Zusammenarbeit bei Anpassungsbemühungen sind, und wie wichtig es ist, die Bedürfnisse der Vertragsparteien, die Entwicklungsländer sind, vor allem derjenigen, die besonders anfällig für die nachteiligen Auswirkungen der Klimaänderungen sind, zu berücksichtigen.

(7) Die Vertragsparteien sollen ihre Zusammenarbeit bei der Verstärkung der Anpassungsbemühungen unter Berücksichtigung des Anpassungsrahmens von Cancún intensivieren, auch im Hinblick auf

a) den Austausch von Informationen, bewährten Verfahren, Erfahrungen und Erkenntnissen, gegebenenfalls auch solcher, die sich auf die Wissenschaft, die Planung, die Politik und die Umsetzung im Zusammenhang mit Anpassungsmaßnahmen beziehen;

b) die Stärkung der institutionellen Regelungen einschließlich derjenigen aufgrund des Rahmenübereinkommens, die diesem Übereinkommen dienen, um die Zusammenführung der einschlägigen Informationen und Kenntnisse und die Gewährung technischer Unterstützung und Beratung an die Vertragsparteien zu erleichtern;

c) die Verbesserung der klimawissenschaftlichen Erkenntnisse unter Einbeziehung der Forschung, der systematischen Beobachtung des Klimasystems und der Frühwarnsysteme in einer den Klimadiensten als Grundlage dienenden und die Entscheidungsfindung unterstützenden Weise;

d) die Unterstützung der Vertragsparteien, die Entwicklungsländer sind, bei der Bestimmung wirksamer Anpassungsverfahren, des Anpassungsbedarfs, der Prioritäten, der gewährten und erhaltenen Unterstützung für Anpassungsmaßnahmen und –bemühungen sowie der Probleme und Lücken in einer mit der Förderung bewährter Verfahren im Einklang stehenden Weise;

e) die Verbesserung der Wirksamkeit und Dauerhaftigkeit der Anpassungsmaßnahmen.

(8) Die Sonderorganisationen und die anderen Organisationen der Vereinten Nationen werden ermutigt, die Bemühungen der Vertragsparteien zur Durchführung der in Absatz 7 genannten Maßnahmen unter Berücksichtigung des Absatzes 5 zu unterstützen.

(9) Jede Vertragspartei befasst sich gegebenenfalls mit Prozessen zur Planung der Anpassung

und der Durchführung von Maßnahmen einschließlich der Ausarbeitung oder Verbesserung einschlägiger Pläne, Politiken und/oder Beiträge, wozu Folgendes gehören kann:

a) die Durchführung von Anpassungsmaßnahmen, -projekten und/oder -bemühungen;

b) der Prozess der Erstellung und Umsetzung nationaler Anpassungspläne;

c) die Abschätzung der Auswirkungen der Klimaänderungen und der Anfälligkeit gegenüber den Klimaänderungen, um die national festgelegten Vorrangmaßnahmen unter Berücksichtigung der besonders gefährdeten Menschen, Orte und Ökosysteme festzulegen;

d) die Überwachung und Bewertung der Anpassungspläne, -politiken, -programme und -maßnahmen und der damit verbundene Erkenntnisgewinn;

e) die Stärkung der Widerstandsfähigkeit der sozioökonomischen und ökologischen Systeme, unter anderem durch wirtschaftliche Diversifizierung und nachhaltige Bewirtschaftung der natürlichen Ressourcen.

(10) Jede Vertragspartei soll gegebenenfalls regelmäßig eine Anpassungsmitteilung, die ihre Prioritäten, ihren Durchführungs- und Unterstützungsbedarf, ihre Pläne und Maßnahmen enthalten kann, vorlegen und auf den neuesten Stand bringen, wobei für die Vertragsparteien, die Entwicklungsländer sind, keine zusätzliche Belastung entstehen soll.

(11) Die in Absatz 10 genannte Anpassungsmitteilung wird gegebenenfalls als Bestandteil von oder in Verbindung mit anderen Mitteilungen oder Dokumenten, darunter auch einem nationalen Anpassungsplan, einem national festgelegten Beitrag im Sinne des Artikels 4 Absatz 2 und/oder einer nationalen Mitteilung, vorgelegt und regelmäßig auf den neuesten Stand gebracht.

(12) Die in Absatz 10 genannten Anpassungsmitteilungen werden in ein vom Sekretariat geführtes öffentliches Register eingetragen.

(13) Den Vertragsparteien, die Entwicklungsländer sind, wird in Übereinstimmung mit den Artikeln 9, 10 und 11 fortlaufende und verstärkte internationale Unterstützung für die Durchführung der Absätze 7, 9, 10 und 11 gewährt.

(14) Durch die in Artikel 14 genannte weltweite Bestandsaufnahme werden unter anderem

a) die Anpassungsbemühungen der Vertragsparteien, die Entwicklungsländer sind, anerkannt;

b) die Durchführung der Anpassungsmaßnahmen unter Berücksichtigung der in Absatz 10 genannten Anpassungsmitteilungen verbessert;

c) die Angemessenheit und Wirksamkeit der Anpassung und der dafür gewährten Unterstützung überprüft;

d) die insgesamt erzielten Fortschritte beim Erreichen des in Absatz 1 genannten globalen Anpassungsziels überprüft.

Artikel 8

(1) Die Vertragsparteien erkennen an, wie wichtig es ist, Verluste und Schäden, die mit den nachteiligen Auswirkungen der Klimaänderungen einschließlich extremer Wetterereignisse und sich langsam anbahnender Ereignisse verbunden sind, zu vermeiden, auf ein Mindestmaß zu verringern und zu bewältigen, und welche Rolle die nachhaltige Entwicklung bei der Verringerung der Gefahr von Verlusten und Schäden spielt.

(2) Der Internationale Mechanismus von Warschau für Verluste und Schäden, die mit Klimaänderungen verbunden sind, unterliegt der Weisungsbefugnis und Leitung der als Tagung der Vertragsparteien dieses Übereinkommens dienenden Konferenz der Vertragsparteien und kann nach Maßgabe der als Tagung der Vertragsparteien dieses Übereinkommens dienenden Konferenz der Vertragsparteien verbessert und verstärkt werden.

(3) Die Vertragsparteien sollen das Verständnis, die Maßnahmen und die Unterstützung, gegebenenfalls auch im Rahmen des Internationalen Mechanismus von Warschau, in kooperativer und vermittelnder Weise im Hinblick auf die mit den nachteiligen Auswirkungen der Klimaänderungen verbundenen Verluste und Schäden verbessern.

(4) Folglich können zu den Bereichen der Kooperation und Vermittlung mit dem Ziel der Stärkung des Verständnisses, der Maßnahmen und der Unterstützung folgende gehören:

a) Frühwarnsysteme;

b) Notfallvorsorge;

c) sich langsam anbahnende Ereignisse;

d) möglicherweise zu unumkehrbaren und dauerhaften Verlusten und Schäden führende Ereignisse;

e) umfassende Risikobewertung und umfassendes Risikomanagement;

f) Risikoversicherungsfazilitäten, Bündelung von Klimarisiken und andere Versicherungslösungen;

g) nichtwirtschaftliche Verluste;

h) Widerstandsfähigkeit von Gemeinschaften, Existenzgrundlagen und Ökosystemen.

(5) Der Internationale Mechanismus von Warschau arbeitet mit den aufgrund des Übereinkommens bestehenden Gremien und Sachverständigengruppen sowie mit einschlägigen Organisationen und Sachverständigengremien außerhalb des Übereinkommens zusammen.

Artikel 9

(1) Die Vertragsparteien, die entwickelte Länder sind, stellen finanzielle Mittel bereit, um in Fortführung ihrer bestehenden Verpflichtungen aus dem Rahmenübereinkommen die Vertragsparteien, die Entwicklungsländer sind, sowohl bei der Minderung als auch bei der Anpassung zu unterstützen.

(2) Die anderen Vertragsparteien werden ermutigt, diese Unterstützung auf freiwilliger Grundlage zu gewähren oder fortzusetzen.

(3) Im Rahmen eines weltweiten Bemühens sollen die Vertragsparteien, die entwickelte Länder sind, weiterhin die Führung dabei übernehmen, Mittel der Klimafinanzierung aus ganz verschiedenen Quellen, mittels ganz verschiedener Instrumente und über ganz verschiedene Wege unter Beachtung der bedeutenden Rolle öffentlicher Mittel durch verschiedene Maßnahmen einschließlich der Unterstützung der von den Ländern ausgehenden Strategien zu mobilisieren, wobei sie die Bedürfnisse und Prioritäten der Vertragsparteien berücksichtigen, die Entwicklungsländer sind. Diese Mobilisierung von Mitteln der Klimafinanzierung soll eine Steigerung gegenüber den bisherigen Bemühungen darstellen.

(4) Durch die Bereitstellung zusätzlicher finanzieller Mittel soll ein Gleichgewicht zwischen Anpassung und Minderung angestrebt werden, und zwar unter Berücksichtigung der von den Ländern ausgehenden Strategien sowie der Prioritäten und Bedürfnisse der Vertragsparteien, die Entwicklungsländer sind, vor allem derjenigen, die besonders anfällig für die nachteiligen Auswirkungen der Klimaänderungen sind und erhebliche Kapazitätsengpässe haben, wie etwa die am wenigsten entwickelten Länder und die kleinen Inselstaaten unter den Entwicklungsländern, sowie unter Berücksichtigung der Notwendigkeit öffentlicher Mittel und aus Zuschüssen bestehender Mittel für die Anpassung.

(5) Die Vertragsparteien, die entwickelte Länder sind, übermitteln alle zwei Jahre als Anhaltspunkt dienende quantitative und qualitative Informationen im Zusammenhang mit den Absätzen 1 und 3, soweit zutreffend, einschließlich, soweit verfügbar, Informationen über die voraussichtliche Höhe der öffentlichen Finanzmittel, die den Vertragsparteien, die Entwicklungsländer sind, zur Verfügung gestellt werden sollen. Die anderen Vertragsparteien, die Mittel zur Verfügung stellen, werden ermutigt, diese Informationen alle zwei Jahre auf freiwilliger Grundlage zu übermitteln.

(6) Die in Artikel 14 genannte weltweite Bestandsaufnahme berücksichtigt die von den Vertragsparteien, die entwickelte Länder sind, und/oder den Organen dieses Übereinkommens zur Verfügung gestellten einschlägigen Informationen über die Bemühungen im Zusammenhang mit der Klimafinanzierung.

(7) Die Vertragsparteien, die entwickelte Länder sind, übermitteln alle zwei Jahre im Einklang mit den Modalitäten, Verfahren und Leitlinien, die von der als Tagung der Vertragsparteien dieses Übereinkommens dienenden Konferenz der Vertragsparteien auf ihrer ersten Tagung nach Artikel 13 Absatz 13 zu beschließen sind, transparente und konsistente Informationen über die geleistete und die durch öffentliches Handeln mobilisierte Unterstützung für die Vertragsparteien, die Entwicklungsländer sind. Die anderen Vertragsparteien werden ermutigt, dasselbe zu tun.

(8) Der Finanzierungsmechanismus des Rahmenübereinkommens einschließlich seiner Aufgaben erfüllenden Einrichtungen dient als Finanzierungsmechanismus dieses Übereinkommens.

(9) Die Institutionen, die diesem Übereinkommen dienen, einschließlich der Aufgaben erfüllenden Einrichtungen des Finanzierungsmechanismus des Rahmenübereinkommens bemühen sich um die Gewährleistung eines effizienten Zugangs zu finanziellen Mitteln durch vereinfachte Genehmigungsverfahren und verstärkte Unterstützung im Bereich der Leistungsbereitschaft für die Vertragsparteien, die Entwicklungsländer sind, insbesondere für die am wenigsten entwickelten Länder und die kleinen Inselstaaten unter den Entwicklungsländern, im Rahmen ihrer nationalen Klimaschutzstrategien und –pläne.

Artikel 10

(1) Die Vertragsparteien haben eine gemeinsame langfristige Vision von der Bedeutung einer uneingeschränkten Verwirklichung der Entwicklung und Weitergabe von Technologie für die Verbesserung der Widerstandsfähigkeit gegenüber Klimaänderungen und die Verringerung der Emissionen von Treibhausgasen.

(2) In Kenntnis der Bedeutung von Technologien für die Durchführung von Minderungs- und Anpassungsmaßnahmen im Rahmen dieses Übereinkommens und in Anerkennung der bisherigen Bemühungen um ihre Anwendung und Verbreitung verstärken die Vertragsparteien die gemeinsamen Maßnahmen im Bereich der Entwicklung und Weitergabe von Technologie.

(3) Der aufgrund des Rahmenübereinkommens geschaffene Technologiemechanismus dient diesem Übereinkommen.

(4) Hiermit wird ein Technologierahmen geschaffen, der übergeordnete Leitlinien für die Arbeit des Technologiemechanismus in Verbindung mit der Förderung und Erleichterung verstärkter Anstrengungen bei der Entwicklung und Weitergabe von Technologie vorgibt, um die Durchführung dieses Übereinkommens in Verfol-

gung der in Absatz 1 genannten langfristigen Vision zu unterstützen.

(5) Die Beschleunigung, Förderung und Ermöglichung von Innovationen ist von entscheidender Bedeutung für eine wirksame und langfristige weltweite Reaktion auf die Klimaänderungen und für die Förderung des Wirtschaftswachstums und der nachhaltigen Entwicklung. Diese Bemühungen werden gegebenenfalls, auch durch den Technologiemechanismus und mit finanziellen Mitteln auch durch den Finanzierungsmechanismus des Rahmenübereinkommens, unterstützt, um partnerschaftliche Ansätze im Bereich der Forschung und Entwicklung zu fördern und den Vertragsparteien, die Entwicklungsländer sind, den Zugang zu Technologien, insbesondere in den Frühphasen des Technologiezyklus, zu erleichtern.

(6) Den Vertragsparteien, die Entwicklungsländer sind, wird Unterstützung einschließlich finanzieller Unterstützung bei der Durchführung dieses Artikels einschließlich der Verstärkung der gemeinsamen Maßnahmen im Bereich der Entwicklung und Weitergabe von Technologie in den verschiedenen Phasen des Technologiezyklus gewährt, um ein Gleichgewicht zwischen der Unterstützung bei der Minderung und der Unterstützung bei der Anpassung herzustellen. Die in Artikel 14 genannte weltweite Bestandsaufnahme berücksichtigt die verfügbaren Informationen über die Bemühungen im Zusammenhang mit der Unterstützung im Bereich der Entwicklung und Weitergabe von Technologie zugunsten der Vertragsparteien, die Entwicklungsländer sind.

Artikel 11

(1) Durch den Kapazitätsaufbau im Rahmen dieses Übereinkommens sollen die Kapazität und die Fähigkeit der Vertragsparteien, die Entwicklungsländer sind, insbesondere der Länder mit den geringsten Kapazitäten wie etwa der am wenigsten entwickelten Länder, und der für die nachteiligen Auswirkungen der Klimaänderungen besonders anfälligen Länder wie etwa der kleinen Inselstaaten unter den Entwicklungsländern, wirksame Schritte zur Bewältigung der Klimaänderungen unter anderem durch die Durchführung von Minderungs- und Anpassungsmaßnahmen zu ergreifen, gestärkt und die Entwicklung, Verbreitung und Anwendung von Technologie, der Zugang zu Klimafinanzierung, einschlägige Aspekte der Bildung, der Ausbildung und des öffentlichen Bewusstseins und die transparente, rechtzeitige und genaue Weiterleitung von Informationen erleichtert werden.

(2) Der Kapazitätsaufbau soll von den Ländern ausgehen, auf den nationalen Bedürfnissen beruhen und darauf eingehen und die Eigenverantwortung der Vertragsparteien, insbesondere der Vertragsparteien, die Entwicklungsländer sind, auch auf nationaler, subnationaler und lokaler Ebene fördern. Er soll sich auf die Erkenntnisse unter anderem aus den Tätigkeiten zum Kapazitätsaufbau aufgrund des Rahmenübereinkommens stützen und ein wirksamer, schrittweiser Prozess sein, der partizipatorisch, übergreifend und geschlechtergerecht ist.

(3) Alle Vertragsparteien sollen zusammenarbeiten, um die Kapazitäten der Vertragsparteien, die Entwicklungsländer sind, zur Durchführung dieses Übereinkommens zu stärken. Die Vertragsparteien, die entwickelte Länder sind, sollen die Unterstützung für Maßnahmen zum Kapazitätsaufbau in den Vertragsparteien, die Entwicklungsländer sind, verstärken.

(4) Alle Vertragsparteien, die die Kapazität der Vertragsparteien, die Entwicklungsländer sind, zur Durchführung dieses Übereinkommens unter anderem durch regionale, bilaterale und multilaterale Ansätze stärken, berichten regelmäßig über diese Tätigkeiten oder Maßnahmen zum Kapazitätsaufbau. Die Vertragsparteien, die Entwicklungsländer sind, sollen regelmäßig über die Fortschritte bei der Umsetzung der Pläne, Politiken, Tätigkeiten oder Maßnahmen zum Aufbau von Kapazitäten zur Durchführung dieses Übereinkommens berichten.

(5) Die Tätigkeiten zum Aufbau von Kapazitäten werden durch geeignete institutionelle Regelungen zur Unterstützung der Durchführung dieses Übereinkommens verstärkt, darunter auch die aufgrund des Rahmenübereinkommens geschaffenen institutionellen Regelungen, die diesem Übereinkommen dienen. Die als Tagung der Vertragsparteien dieses Übereinkommens dienende Konferenz der Vertragsparteien prüft und fasst auf ihrer ersten Tagung einen Beschluss über die anfänglichen institutionellen Regelungen für den Kapazitätsaufbau.

Artikel 12

Soweit angebracht, arbeiten die Vertragsparteien dabei zusammen, Maßnahmen zur Verbesserung der Bildung, der Ausbildung, des öffentlichen Bewusstseins, der Beteiligung der Öffentlichkeit und des öffentlichen Zugangs zu Informationen auf dem Gebiet der Klimaänderungen zu ergreifen, wobei sie die Bedeutung dieser Schritte für die Verstärkung der Maßnahmen aufgrund dieses Übereinkommens anerkennen.

Artikel 13

(1) Hiermit wird zur Stärkung des gegenseitigen Vertrauens und zur Förderung einer wirksamen Umsetzung ein erweiterter Transparenzrahmen für Maßnahmen und Unterstützung geschaffen, der durch eine inhärente Flexibilität die unterschiedlichen Kapazitäten der Vertragsparteien

berücksichtigt und auf gemeinsamen Erfahrungen aufbaut.

(2) Der Transparenzrahmen bietet denjenigen Vertragsparteien, die Entwicklungsländer und in Anbetracht ihrer Kapazitäten darauf angewiesen sind, Flexibilität bei der Durchführung dieses Artikels. Die in Absatz 13 genannten Modalitäten, Verfahren und Leitlinien tragen dieser Flexibilität Rechnung.

(3) Der Transparenzrahmen stützt sich auf die Transparenzregelungen aufgrund des Rahmenübereinkommens und verstärkt sie, wobei die besonderen Gegebenheiten der am wenigsten entwickelten Länder und der kleinen Inselstaaten unter den Entwicklungsländern berücksichtigt werden; er wird in einer vermittelnden, zurückhaltenden und nicht auf Strafen ausgerichteten Weise unter Achtung der nationalen Souveränität angewendet und vermeidet es, die Vertragsparteien unangemessenen zu belasten.

(4) Die Transparenzregelungen aufgrund des Rahmenübereinkommens einschließlich der nationalen Mitteilungen, der Zweijahresberichte und der aktualisierten Zweijahresberichte, der internationalen Bewertung und Überprüfung und der internationalen Konsultation und Analyse sind Bestandteil der Erfahrungen, auf die bei der Erarbeitung der Modalitäten, Verfahren und Leitlinien nach Absatz 13 zurückgegriffen wird.

(5) Zweck des Rahmens für die Transparenz der Maßnahmen ist es, als Beitrag zu der weltweiten Bestandsaufnahme nach Artikel 14 ein klares Verständnis zu vermitteln über die Maßnahmen zur Bewältigung der Klimaänderungen im Lichte des Zieles des Rahmenübereinkommens nach dessen Artikel 2, unter anderem durch Verdeutlichung und Verfolgung der Fortschritte beim Erreichen der jeweiligen national festgelegten Beiträge der Vertragsparteien nach Artikel 4, und über die Anpassungsmaßnahmen der Vertragsparteien nach Artikel 7, unter Einbeziehung der bewährten Verfahren, Prioritäten, Bedürfnisse und Lücken.

(6) Zweck des Rahmens für die Transparenz der Unterstützung ist es, als Beitrag zu der weltweiten Bestandsaufnahme nach Artikel 14 klare Angaben über die von den einzelnen Vertragsparteien jeweils gewährte beziehungsweise erhaltene Unterstützung im Rahmen der Maßnahmen zur Bewältigung der Klimaänderungen nach den Artikeln 4, 7, 9, 10 und 11 zu erlangen und, soweit möglich, einen vollständigen Überblick über die insgesamt gewährte finanzielle Unterstützung zu bieten.

(7) Jede Vertragspartei übermittelt regelmäßig folgende Informationen:

a) einen nationalen Bericht mit einem Verzeichnis der anthropogenen Emissionen von Treibhausgasen aus Quellen und des Abbaus solcher Gase durch Senken, der anhand der von der Zwischenstaatlichen Sachverständigengruppe für Klimaänderungen anerkannten und von der als Tagung der Vertragsparteien dieses Übereinkommens dienenden Konferenz der Vertragsparteien vereinbarten Methoden der guten Praxis erstellt wird;

b) die erforderlichen Informationen zur Verfolgung der Fortschritte bei der Umsetzung und dem Erreichen ihres national festgelegten Beitrags nach Artikel 4.

(8) Jede Vertragspartei soll, soweit angebracht, auch Informationen über die Auswirkungen der Klimaänderungen und die Anpassung daran nach Artikel 7 übermitteln.

(9) Die Vertragsparteien, die entwickelte Länder sind, müssen – und die anderen Vertragsparteien, die Unterstützung gewähren, sollen – Informationen über die Unterstützung übermitteln, die sie den Vertragsparteien, die Entwicklungsländer sind, in Form von finanziellen Mitteln, Weitergabe von Technologie und Kapazitätsaufbau nach den Artikeln 9, 10 und 11 gewährt haben.

(10) Die Vertragsparteien, die Entwicklungsländer sind, sollen Informationen über die Unterstützung übermitteln, die sie in Form von finanziellen Mitteln, Weitergabe von Technologie und Kapazitätsaufbau nach den Artikeln 9, 10 und 11 benötigt und erhalten haben.

(11) Die von jeder Vertragspartei übermittelten Informationen nach den Absätzen 7 und 9 unterliegen einer technischen Überprüfung durch Sachverständige im Einklang mit Beschluss 1/CP.21. Bei den Vertragsparteien, die Entwicklungsländer und in Anbetracht ihrer Kapazitäten darauf angewiesen sind, umfasst der Überprüfungsprozess auch Hilfe bei der Bestimmung des Bedarfs im Bereich des Kapazitätsaufbaus. Außerdem beteiligt sich jede Vertragspartei an einer vermittelnden multilateralen Erörterung der Fortschritte im Hinblick auf die Bemühungen nach Artikel 9 und auf die jeweilige Umsetzung und das Erreichen ihres national festgelegten Beitrags.

(12) Die technische Überprüfung durch Sachverständige nach diesem Absatz besteht, soweit zutreffend, aus einer Prüfung der gewährten Unterstützung der Vertragspartei und ihrer Umsetzung und ihrem Erreichen ihres national festgelegten Beitrags. Die Überprüfung gibt außerdem Aufschluss über verbesserungswürdige Bereiche bei der Vertragspartei und umfasst auch eine Prüfung, ob die Informationen mit den in Absatz 13 genannten Modalitäten, Verfahren und Leitlinien unter Berücksichtigung der dieser Vertragspartei nach Absatz 2 eingeräumten Flexibilität entsprechen. Besondere Aufmerksamkeit gebührt bei der Überprüfung den jeweiligen nationalen Fähigkeiten und Gegebenheiten der Vertragsparteien, die Entwicklungsländer sind.

(13) Die als Tagung der Vertragsparteien dieses Übereinkommens dienende Konferenz der Ver-

tragsparteien beschließt auf ihrer ersten Tagung auf der Grundlage der Erfahrungen aus den transparenzbezogenen Regelungen aufgrund des Rahmenübereinkommens und in Ausführung dieses Artikels gemeinsame Modalitäten, Verfahren beziehungsweise Leitlinien für die Transparenz der Maßnahmen und der Unterstützung.

(14) Den Vertragsparteien, die Entwicklungsländer sind, wird Unterstützung bei der Durchführung dieses Artikels gewährt.

(15) Ferner wird den Vertragsparteien, die Entwicklungsländer sind, fortlaufend Unterstützung beim Aufbau transparenzbezogener Kapazitäten gewährt.

Artikel 14

(1) Die als Tagung der Vertragsparteien dieses Übereinkommens dienende Konferenz der Vertragsparteien führt in regelmäßigen Abständen eine Bestandsaufnahme der Durchführung dieses Übereinkommens durch, um die gemeinsamen Fortschritte bei der Verwirklichung des Zwecks dieses Übereinkommens und seiner langfristigen Ziele zu bewerten (als „weltweite Bestandsaufnahme“ bezeichnet). Sie handelt dabei in umfassender und vermittelnder Weise unter Berücksichtigung von Minderung, Anpassung und Mitteln zur Durchführung und Unterstützung sowie im Lichte der Gerechtigkeit und der besten verfügbaren wissenschaftlichen Erkenntnisse.

(2) Die als Tagung der Vertragsparteien dieses Übereinkommens dienende Konferenz der Vertragsparteien führt ihre erste weltweite Bestandaufnahme im Jahr 2023 und danach alle fünf Jahre durch, sofern sie nicht etwas anderes beschließt.

(3) Das Ergebnis der weltweiten Bestandsaufnahme dient zur Unterrichtung der Vertragsparteien für die auf nationaler Ebene zu entscheidende Aktualisierung und Verstärkung ihrer Maßnahmen und ihrer Unterstützung im Einklang mit den einschlägigen Bestimmungen dieses Übereinkommens sowie für die Verstärkung der internationalen Zusammenarbeit bei Klimaschutzmaßnahmen.

Artikel 15

(1) Hiermit wird ein Mechanismus zur Erleichterung der Durchführung und zur Förderung der Einhaltung der Bestimmungen dieses Übereinkommens eingerichtet.

(2) Der in Absatz 1 genannte Mechanismus besteht aus einem Ausschuss, der sich aus Sachverständigen zusammensetzt, einen vermittelnden Charakter hat und in einer transparenten, als nicht streitig angelegten und nicht auf Strafen ausgerichteten Weise handelt. Der Ausschuss berücksichtigt besonders die jeweiligen nationalen Fähigkeiten und Gegebenheiten der Vertragsparteien.

(3) Der Ausschuss nimmt seine Aufgaben nach den Modalitäten und Verfahren wahr, die von der als Tagung der Vertragsparteien dieses Übereinkommens dienenden Konferenz der Vertragsparteien auf ihrer ersten Tagung beschlossen werden, und erstattet dieser jährlich Bericht.

Artikel 16

(1) Die Konferenz der Vertragsparteien als oberstes Gremium des Rahmenübereinkommens dient als Tagung der Vertragsparteien dieses Übereinkommens.

(2) Vertragsparteien des Rahmenübereinkommens, die nicht Vertragsparteien dieses Übereinkommens sind, können an den Beratungen jeder Tagung der als Tagung der Vertragsparteien dieses Übereinkommens dienenden Konferenz der Vertragsparteien als Beobachter teilnehmen. Dient die Konferenz der Vertragsparteien als Tagung der Vertragsparteien dieses Übereinkommens, so werden Beschlüsse aufgrund dieses Übereinkommens nur von den Vertragsparteien dieses Übereinkommens gefasst.

(3) Dient die Konferenz der Vertragsparteien als Tagung der Vertragsparteien dieses Übereinkommens, so wird jedes Mitglied des Präsidiums der Konferenz der Vertragsparteien, das eine Vertragspartei des Rahmenübereinkommens, aber zu dem Zeitpunkt keine Vertragspartei dieses Übereinkommens vertritt, durch ein zusätzliches Mitglied ersetzt, das von den Vertragsparteien dieses Übereinkommens aus den eigenen Reihen zu wählen ist.

(4) Die als Tagung der Vertragsparteien dieses Übereinkommens dienende Konferenz der Vertragsparteien überprüft in regelmäßigen Abständen die Durchführung dieses Übereinkommens und fasst im Rahmen ihres Auftrags die notwendigen Beschlüsse, um seine wirksame Durchführung zu fördern. Sie erfüllt die ihr aufgrund dieses Übereinkommens zugewiesenen Aufgaben und

a) setzt die zur Durchführung dieses Übereinkommens für notwendig erachteten Nebenorgane ein;

b) erfüllt die zur Durchführung dieses Übereinkommens notwendigen sonstigen Aufgaben.

(5) Die Geschäftsordnung der Konferenz der Vertragsparteien und die aufgrund des Rahmenübereinkommens angewendete Finanzordnung finden sinngemäß im Rahmen dieses Übereinkommens Anwendung, sofern nicht die als Tagung der Vertragsparteien dieses Übereinkommens dienende Konferenz der Vertragsparteien durch Konsens etwas anderes beschließt.

(6) Die erste Tagung der als Tagung der Vertragsparteien dieses Übereinkommens dienenden Konferenz der Vertragsparteien wird vom Sekre-

tariat in Verbindung mit der ersten Tagung der Konferenz der Vertragsparteien einberufen, die nach Inkrafttreten dieses Übereinkommens anberaumt wird. Nachfolgende ordentliche Tagungen der als Tagung der Vertragsparteien dieses Übereinkommens dienenden Konferenz der Vertragsparteien finden in Verbindung mit ordentlichen Tagungen der Konferenz der Vertragsparteien statt, sofern nicht die als Tagung der Vertragsparteien dieses Übereinkommens dienende Konferenz der Vertragsparteien etwas anderes beschließt.

(7) Außerordentliche Tagungen der als Tagung der Vertragsparteien dieses Übereinkommens dienenden Konferenz der Vertragsparteien finden statt, wenn es die als Tagung der Vertragsparteien dieses Übereinkommens dienende Konferenz der Vertragsparteien für notwendig erachtet oder eine Vertragspartei schriftlich beantragt, sofern dieser Antrag innerhalb von sechs Monaten nach seiner Übermittlung durch das Sekretariat von mindestens einem Drittel der Vertragsparteien unterstützt wird.

(8) Die Vereinten Nationen, ihre Sonderorganisationen und die Internationale Atomenergie-Organisation sowie jeder Mitgliedstaat einer solchen Organisation oder jeder Beobachter bei einer solchen Organisation, der nicht Vertragspartei des Rahmenübereinkommens ist, können auf den Tagungen der als Tagung der Vertragsparteien dieses Übereinkommens dienenden Konferenz der Vertragsparteien als Beobachter vertreten sein. Jede Stelle, national oder international, staatlich oder nichtstaatlich, die in von diesem Übereinkommen erfassten Angelegenheiten fachlich befähigt ist und dem Sekretariat ihren Wunsch mitgeteilt hat, auf einer Tagung der als Tagung der Vertragsparteien dieses Übereinkommens dienenden Konferenz der Vertragsparteien als Beobachter vertreten zu sein, kann als solcher zugelassen werden, sofern nicht mindestens ein Drittel der anwesenden Vertragsparteien widerspricht. Die Zulassung und Teilnahme von Beobachtern unterliegen der in Absatz 5 bezeichneten Geschäftsordnung.

Artikel 17

(1) Das nach Artikel 8 des Rahmenübereinkommens eingesetzte Sekretariat dient als Sekretariat dieses Übereinkommens.

(2) Artikel 8 Absatz 2 des Rahmenübereinkommens über die Aufgaben des Sekretariats und Artikel 8 Absatz 3 des Rahmenübereinkommens über die für sein ordnungsgemäßes Arbeiten zu treffenden Vorkehrungen finden sinngemäß auf dieses Übereinkommen Anwendung. Das Sekretariat erfüllt darüber hinaus die ihm aufgrund dieses Übereinkommens und von der als Tagung der Vertragsparteien dieses Übereinkommens dienenden Konferenz der Vertragsparteien zugewiesenen Aufgaben.

Artikel 18

(1) Das Nebenorgan für wissenschaftliche und technologische Beratung und das Nebenorgan für die Durchführung, die nach Artikel 9 beziehungsweise 10 des Rahmenübereinkommens eingesetzt sind, dienen als Nebenorgan für wissenschaftliche und technologische Beratung beziehungsweise Nebenorgan für die Durchführung dieses Übereinkommens. Die Bestimmungen des Rahmenübereinkommens über die Arbeit dieser beiden Organe finden sinngemäß auf dieses Übereinkommen Anwendung. Tagungen des Nebenorgans für wissenschaftliche und technologische Beratung und des Nebenorgans für die Durchführung dieses Übereinkommens werden in Verbindung mit den Tagungen des Nebenorgans für wissenschaftliche und technologische Beratung beziehungsweise des Nebenorgans für die Durchführung des Rahmenübereinkommens abgehalten.

(2) Vertragsparteien des Rahmenübereinkommens, die nicht Vertragsparteien dieses Übereinkommens sind, können an den Beratungen jeder Tagung der Nebenorgane als Beobachter teilnehmen. Dienen die Nebenorgane als Nebenorgane dieses Übereinkommens, so werden Beschlüsse aufgrund dieses Übereinkommens nur von den Vertragsparteien dieses Übereinkommens gefasst.

(3) Erfüllen die aufgrund der Artikel 9 und 10 des Rahmenübereinkommens eingesetzten Nebenorgane ihre Aufgaben im Zusammenhang mit Angelegenheiten, die dieses Übereinkommen betreffen, so wird jedes Mitglied der Präsidien dieser Nebenorgane, das eine Vertragspartei des Rahmenübereinkommens, aber zu dem Zeitpunkt keine Vertragspartei dieses Übereinkommens vertritt, durch ein zusätzliches Mitglied ersetzt, das von den Vertragsparteien dieses Übereinkommens aus den eigenen Reihen zu wählen ist.

Artikel 19

(1) Die durch das Rahmenübereinkommen oder in seinem Rahmen eingesetzten Nebenorgane oder anderen institutionellen Regelungen, die nicht in diesem Übereinkommen genannt sind, dienen diesem Übereinkommen auf Beschluss der als Tagung der Vertragsparteien dieses Übereinkommens dienenden Konferenz der Vertragsparteien. Die als Tagung der Vertragsparteien dieses Übereinkommens dienende Konferenz der Vertragsparteien legt die von diesen Nebenorganen oder Regelungen zu erfüllenden Aufgaben fest.

(2) Die als Tagung der Vertragsparteien dieses Übereinkommens dienende Konferenz der Vertragsparteien kann diesen Nebenorganen und in-

stitutionellen Regelungen weitere Maßgaben erteilen.

Artikel 20

(1) Dieses Übereinkommen liegt für die Staaten und Organisationen der regionalen Wirtschaftsintegration, die Vertragsparteien des Rahmenübereinkommens sind, zur Unterzeichnung auf; es bedarf der Ratifikation, der Annahme oder der Genehmigung durch sie. Es liegt vom 22. April 2016 bis 21. April 2017 am Sitz der Vereinten Nationen in New York zur Unterzeichnung auf. Danach steht dieses Übereinkommen von dem Tag an, an dem es nicht mehr zur Unterzeichnung aufliegt, zum Beitritt offen. Die Ratifikations-, Annahme-, Genehmigungs- und Beitrittsurkunden werden beim Verwahrer hinterlegt.

(2) Jede Organisation der regionalen Wirtschaftsintegration, die Vertragspartei dieses Übereinkommens wird, ohne dass einer ihrer Mitgliedstaaten Vertragspartei ist, ist durch alle Verpflichtungen aus diesem Übereinkommen gebunden. Sind ein oder mehrere Mitgliedstaaten einer Organisation der regionalen Wirtschaftsintegration Vertragspartei dieses Übereinkommens, so entscheiden die Organisation und ihre Mitgliedstaaten über ihre jeweiligen Verantwortlichkeiten hinsichtlich der Erfüllung ihrer Verpflichtungen aus diesem Übereinkommen. In diesen Fällen sind die Organisation und die Mitgliedstaaten nicht berechtigt, die Rechte aufgrund dieses Übereinkommens gleichzeitig auszuüben.

(3) In ihren Ratifikations-, Annahme-, Genehmigungs- oder Beitrittsurkunden erklären die Organisationen der regionalen Wirtschaftsintegration den Umfang ihrer Zuständigkeiten in Bezug auf die durch dieses Übereinkommen erfassten Angelegenheiten. Diese Organisationen teilen auch jede wesentliche Änderung des Umfangs ihrer Zuständigkeiten dem Verwahrer mit, der seinerseits die Vertragsparteien unterrichtet.

Artikel 21

(1) Dieses Übereinkommen tritt am dreißigsten Tag nach dem Zeitpunkt in Kraft, zu dem mindestens 55 Vertragsparteien des Rahmenübereinkommens, auf die insgesamt ein geschätzter Anteil von mindestens 55 v. H. der gesamten weltweiten Emissionen von Treibhausgasen entfällt, ihre Ratifikations-, Annahme-, Genehmigungs- oder Beitrittsurkunden hinterlegt haben.

(2) Einzig und allein für den Zweck des Absatzes 1 bedeutet „die gesamten weltweiten Emissionen von Treibhausgasen" die aktuellste Menge, die von den Vertragsparteien des Rahmenübereinkommens an oder vor dem Tag der Annahme dieses Übereinkommens übermittelt wurde.

(3) Für jeden Staat oder für jede Organisation der regionalen Wirtschaftsintegration, der beziehungsweise die nach Erfüllung der in Absatz 1 vorgesehenen Bedingungen für das Inkrafttreten dieses Übereinkommen ratifiziert, annimmt, genehmigt oder ihm beitritt, tritt dieses Übereinkommen am dreißigsten Tag nach dem Zeitpunkt der Hinterlegung der Ratifikations-, Annahme-, Genehmigungs- oder Beitrittsurkunde durch den betreffenden Staat oder die betreffende Organisation der regionalen Wirtschaftsintegration in Kraft.

(4) Für die Zwecke des Absatzes 1 zählt eine von einer Organisation der regionalen Wirtschaftsintegration hinterlegte Urkunde nicht als zusätzliche Urkunde zu den von ihren Mitgliedstaaten hinterlegten Urkunden.

Artikel 22

Die Bestimmungen des Artikels 15 des Rahmenübereinkommens über die Beschlussfassung über Änderungen des Rahmenübereinkommens finden sinngemäß auf dieses Übereinkommen Anwendung.

Artikel 23

(1) Die Bestimmungen des Artikels 16 des Rahmenübereinkommens über die Beschlussfassung über Anlagen und Änderung von Anlagen des Rahmenübereinkommens finden sinngemäß auf dieses Übereinkommen Anwendung.

(2) Die Anlagen dieses Übereinkommens sind Bestandteil dieses Übereinkommens; sofern nicht ausdrücklich etwas anderes vorgesehen ist, stellt eine Bezugnahme auf dieses Übereinkommen gleichzeitig eine Bezugnahme auf die Anlagen dar. Solche Anlagen sind auf Listen, Formblätter und andere erläuternde Materialien wissenschaftlicher, technischer, verfahrensmäßiger oder verwaltungstechnischer Art beschränkt.

Artikel 24

Die Bestimmungen des Artikels 14 des Rahmenübereinkommens über die Beilegung von Streitigkeiten finden sinngemäß auf dieses Übereinkommen Anwendung.

Artikel 25

(1) Jede Vertragspartei hat eine Stimme, sofern nicht in Absatz 2 etwas anderes bestimmt ist.

(2) Organisationen der regionalen Wirtschaftsintegration üben in Angelegenheiten ihrer Zuständigkeit ihr Stimmrecht mit der Anzahl von Stimmen aus, die der Anzahl ihrer Mitgliedstaaten entspricht, die Vertragsparteien dieses Übereinkommens sind. Eine solche Organisation übt ihr

Stimmrecht nicht aus, wenn einer ihrer Mitgliedstaaten sein Stimmrecht ausübt, und umgekehrt.

Artikel 26

Der Generalsekretär der Vereinten Nationen ist Verwahrer dieses Übereinkommens.

Artikel 27

Vorbehalte zu diesem Übereinkommen sind nicht zulässig.

Artikel 28

(1) Eine Vertragspartei kann jederzeit nach Ablauf von drei Jahren nach dem Zeitpunkt, zu dem dieses Übereinkommen für sie in Kraft getreten ist, durch eine an den Verwahrer gerichtete schriftliche Notifikation von diesem Übereinkommen zurücktreten.

(2) Der Rücktritt wird nach Ablauf eines Jahres nach dem Eingang der Rücktrittsnotifikation beim Verwahrer oder zu einem gegebenenfalls in der Rücktrittsnotifikation genannten späteren Zeitpunkt wirksam.

(3) Eine Vertragspartei, die vom Rahmenübereinkommen zurücktritt, gilt auch als von diesem Übereinkommen zurückgetreten.

Artikel 29

Die Urschrift dieses Übereinkommens, dessen arabischer, chinesischer, englischer, französischer, russischer und spanischer Wortlaut gleichermaßen verbindlich ist, wird beim Generalsekretär der Vereinten Nationen hinterlegt.

Geschehen zu Paris am 12. Dezember 2015.

Zu Urkund dessen haben die hierzu gehörig befugten Unterzeichneten dieses Übereinkommen unterschrieben.

15/1. Allgemeine Erklärung der Menschenrechte

A/RES/217 A (III)

Allgemeine Erklärung der Menschenrechte

PRÄAMBEL

Da die Anerkennung der angeborenen Würde und der gleichen und unveräußerlichen Rechte aller Mitglieder der Gemeinschaft der Menschen die Grundlage von Freiheit, Gerechtigkeit und Frieden in der Welt bildet,

da die Nichtanerkennung und Verachtung der Menschenrechte zu Akten der Barbarei geführt haben, die das Gewissen der Menschheit mit Empörung erfüllen, und da verkündet worden ist, daß einer Welt, in der die Menschen Rede- und Glaubensfreiheit und Freiheit von Furcht und Not genießen, das höchste Streben des Menschen gilt,

da es notwendig ist, die Menschenrechte durch die Herrschaft des Rechtes zu schützen, damit der Mensch nicht gezwungen wird, als letztes Mittel zum Aufstand gegen Tyrannei und Unterdrückung zu greifen,

da es notwendig ist, die Entwicklung freundschaftlicher Beziehungen zwischen den Nationen zu fördern,

da die Völker der Vereinten Nationen in der Charta ihren Glauben an die grundlegenden Menschenrechte, an die Würde und den Wert der menschlichen Person und an die Gleichberechtigung von Mann und Frau erneut bekräftigt und beschlossen haben, den sozialen Fortschritt und bessere Lebensbedingungen in größerer Freiheit zu fördern,

da die Mitgliedstaaten sich verpflichtet haben, in Zusammenarbeit mit den Vereinten Nationen auf die allgemeine Achtung und Einhaltung der Menschenrechte und Grundfreiheiten hinzuwirken,

da ein gemeinsames Verständnis dieser Rechte und Freiheiten von größter Wichtigkeit für die volle Erfüllung dieser Verpflichtung ist,

verkündet die Generalversammlung

diese Allgemeine Erklärung der Menschenrechte als das von allen Völkern und Nationen zu erreichende gemeinsame Ideal, damit jeder einzelne und alle Organe der Gesellschaft sich diese Erklärung stets gegenwärtig halten und sich bemühen, durch Unterricht und Erziehung die Achtung vor diesen Rechten und Freiheiten zu fördern und durch fortschreitende nationale und internationale Maßnahmen ihre allgemeine und tatsächliche Anerkennung und Einhaltung durch die Bevölkerung der Mitgliedstaaten selbst wie auch durch die Bevölkerung der ihrer Hoheitsgewalt unterstehenden Gebiete zu gewährleisten.

Artikel 1

Alle Menschen sind frei und gleich an Würde und Rechten geboren. Sie sind mit Vernunft und Gewissen begabt und sollen einander im Geiste der Brüderlichkeit begegnen.

Artikel 2

Jeder hat Anspruch auf alle in dieser Erklärung verkündeten Rechte und Freiheiten, ohne irgendeinen Unterschied, etwa nach Rasse, Hautfarbe, Geschlecht, Sprache, Religion, politischer oder sonstiger Anschauung, nationaler oder sozialer Herkunft, Vermögen, Geburt oder sonstigem Stand.

Des weiteren darf kein Unterschied gemacht werden auf Grund der politischen, rechtlichen oder internationalen Stellung des Landes oder Gebietes, dem eine Person angehört, gleichgültig ob dieses unabhängig ist, unter Treuhandschaft steht, keine Selbstregierung besitzt oder sonst in seiner Souveränität eingeschränkt ist.

Artikel 3

Jeder hat das Recht auf Leben, Freiheit und Sicherheit der Person.

Artikel 4

Niemand darf in Sklaverei oder Leibeigenschaft gehalten werden; Sklaverei und Sklavenhandel in allen ihren Formen sind verboten.

Artikel 5

Niemand darf der Folter oder grausamer, unmenschlicher oder erniedrigender Behandlung oder Strafe unterworfen werden.

Artikel 6

Jeder hat das Recht, überall als rechtsfähig anerkannt zu werden.

Artikel 7

Alle Menschen sind vor dem Gesetz gleich und haben ohne Unterschied Anspruch auf gleichen Schutz durch das Gesetz. Alle haben Anspruch auf gleichen Schutz gegen jede Diskriminierung, die gegen diese Erklärung verstößt, und gegen jede Aufhetzung zu einer derartigen Diskriminierung.

Artikel 8

Jeder hat Anspruch auf einen wirksamen Rechtsbehelf bei den zuständigen innerstaatlichen Gerichten gegen Handlungen, durch die seine ihm nach der Verfassung oder nach dem Gesetz zustehenden Grundrechte verletzt werden.

Artikel 9

Niemand darf willkürlich festgenommen, in Haft gehalten oder des Landes verwiesen werden.

Artikel 10

Jeder hat bei der Feststellung seiner Rechte und Pflichten sowie bei einer gegen ihn erhobenen strafrechtlichen Beschuldigung in voller Gleichheit Anspruch auf ein gerechtes und öffentliches Verfahren vor einem unabhängigen und unparteiischen Gericht.

Artikel 11

1. Jeder, der einer strafbaren Handlung beschuldigt wird, hat das Recht, als unschuldig zu gelten, solange seine Schuld nicht in einem öffentlichen Verfahren, in dem er alle für seine Verteidigung notwendigen Garantien gehabt hat, gemäß dem Gesetz nachgewiesen ist.

2. Niemand darf wegen einer Handlung oder Unterlassung verurteilt werden, die zur Zeit ihrer Begehung nach innerstaatlichem oder internationalem Recht nicht strafbar war. Ebenso darf keine schwerere Strafe als die zum Zeitpunkt der Begehung der strafbaren Handlung angedrohte Strafe verhängt werden.

Artikel 12

Niemand darf willkürlichen Eingriffen in sein Privatleben, seine Familie, seine Wohnung und seinen Schriftverkehr oder Beeinträchtigungen seiner Ehre und seines Rufes ausgesetzt werden. Jeder hat Anspruch auf rechtlichen Schutz gegen solche Eingriffe oder Beeinträchtigungen.

Artikel 13

1. Jeder hat das Recht, sich innerhalb eines Staates frei zu bewegen und seinen Aufenthaltsort frei zu wählen.

2. Jeder hat das Recht, jedes Land, einschließlich seines eigenen, zu verlassen und in sein Land zurückzukehren.

Artikel 14

1. Jeder hat das Recht, in anderen Ländern vor Verfolgung Asyl zu suchen und zu genießen.

2. Dieses Recht kann nicht in Anspruch genommen werden im Falle einer Strafverfolgung, die tatsächlich auf Grund von Verbrechen nichtpolitischer Art oder auf Grund von Handlungen erfolgt, die gegen die Ziele und Grundsätze der Vereinten Nationen verstoßen.

Artikel 15

1. Jeder hat das Recht auf eine Staatsangehörigkeit.

2. Niemandem darf seine Staatsangehörigkeit willkürlich entzogen noch das Recht versagt werden, seine Staatsangehörigkeit zu wechseln.

Artikel 16

1. Heiratsfähige Männer und Frauen haben ohne jede Beschränkung auf Grund der Rasse, der Staatsangehörigkeit oder der Religion das Recht, zu heiraten und eine Familie zu gründen. Sie haben bei der Eheschließung, während der Ehe und bei deren Auflösung gleiche Rechte.

2. Eine Ehe darf nur bei freier und uneingeschränkter Willenseinigung der künftigen Ehegatten geschlossen werden.

3. Die Familie ist die natürliche Grundeinheit der Gesellschaft und hat Anspruch auf Schutz durch Gesellschaft und Staat.

Artikel 17

1. Jeder hat das Recht, sowohl allein als auch in Gemeinschaft mit anderen Eigentum innezuhaben.

2. Niemand darf willkürlich seines Eigentums beraubt werden.

Artikel 18

Jeder hat das Recht auf Gedanken- , Gewissens- und Religionsfreiheit; dieses Recht schließt die Freiheit ein, seine Religion oder seine Weltanschauung zu wechseln, sowie die Freiheit, seine Religion oder seine Weltanschauung allein oder in Gemeinschaft mit anderen, öffentlich oder privat durch Lehre, Ausübung, Gottesdienst und Kulthandlungen zu bekennen.

Artikel 19

Jeder hat das Recht auf Meinungsfreiheit und freie Meinungsäußerung; dieses Recht schließt die Freiheit ein, Meinungen ungehindert anzuhängen sowie über Medien jeder Art und ohne Rücksicht auf Grenzen Informationen und Gedankengut zu suchen, zu empfangen und zu verbreiten.

Artikel 20

1. Alle Menschen haben das Recht, sich friedlich zu versammeln und zu Vereinigungen zusammenzuschließen.

2. Niemand darf gezwungen werden, einer Vereinigung anzugehören.

Artikel 21

1. Jeder hat das Recht, an der Gestaltung der öffentlichen Angelegenheiten seines Landes unmittelbar oder durch frei gewählte Vertreter mitzuwirken.

2. Jeder hat das Recht auf gleichen Zugang zu öffentlichen Ämtern in seinem Lande.

3. Der Wille des Volkes bildet die Grundlage für die Autorität der öffentlichen Gewalt; dieser Wille muß durch regelmäßige, unverfälschte, allgemeine und gleiche Wahlen mit geheimer Stimmabgabe oder einem gleichwertigen freien Wahlverfahren zum Ausdruck kommen.

Artikel 22

Jeder hat als Mitglied der Gesellschaft das Recht auf soziale Sicherheit und Anspruch darauf, durch innerstaatliche Maßnahmen und internationale Zusammenarbeit sowie unter Berücksichtigung der Organisation und der Mittel jedes Staates in den Genuß der wirtschaftlichen, sozialen und kulturellen Rechte zu gelangen, die für seine Würde und die freie Entwicklung seiner Persönlichkeit unentbehrlich sind.

Artikel 23

1. Jeder hat das Recht auf Arbeit, auf freie Berufswahl, auf gerechte und befriedigende Arbeitsbedingungen sowie auf Schutz vor Arbeitslosigkeit.

2. Jeder, ohne Unterschied, hat das Recht auf gleichen Lohn für gleiche Arbeit.

3. Jeder, der arbeitet, hat das Recht auf gerechte und befriedigende Entlohnung, die ihm und seiner Familie eine der menschlichen Würde entsprechende Existenz sichert, gegebenenfalls ergänzt durch andere soziale Schutzmaßnahmen.

4. Jeder hat das Recht, zum Schutze seiner Interessen Gewerkschaften zu bilden und solchen beizutreten.

Artikel 24

Jeder hat das Recht auf Erholung und Freizeit und insbesondere auf eine vernünftige Begrenzung der Arbeitszeit und regelmäßigen bezahlten Urlaub.

Artikel 25

1. Jeder hat das Recht auf einen Lebensstandard, der seine und seiner Familie Gesundheit und Wohl gewährleistet, einschließlich Nahrung, Kleidung, Wohnung, ärztliche Versorgung und notwendige soziale Leistungen, sowie das Recht auf Sicherheit im Falle von Arbeitslosigkeit, Krankheit, Invalidität oder Verwitwung, im Alter sowie bei anderweitigem Verlust seiner Unterhaltsmittel durch unverschuldete Umstände.

2. Mütter und Kinder haben Anspruch auf besondere Fürsorge und Unterstützung. Alle Kinder, eheliche wie außereheliche, genießen den gleichen sozialen Schutz.

Artikel 26

1. Jeder hat das Recht auf Bildung. Die Bildung ist unentgeltlich, zum mindesten der Grundschulunterricht und die grundlegende Bildung. Der Grundschulunterricht ist obligatorisch. Fach- und Berufsschulunterricht müssen allgemein verfügbar gemacht werden, und der Hochschulunterricht muß allen gleichermaßen entsprechend ihren Fähigkeiten offenstehen.

2. Die Bildung muß auf die volle Entfaltung der menschlichen Persönlichkeit und auf die Stärkung der Achtung vor den Menschenrechten und Grundfreiheiten gerichtet sein. Sie muß zu Verständnis, Toleranz und Freundschaft zwischen allen Nationen und allen rassischen oder religiösen Gruppen beitragen und der Tätigkeit der Vereinten Nationen für die Wahrung des Friedens förderlich sein.

3. Die Eltern haben ein vorrangiges Recht, die Art der Bildung zu wählen, die ihren Kindern zuteil werden soll.

Artikel 27

1. Jeder hat das Recht, am kulturellen Leben der Gemeinschaft frei teilzunehmen, sich an den Künsten zu erfreuen und am wissenschaftlichen Fortschritt und dessen Errungenschaften teilzuhaben.

2. Jeder hat das Recht auf Schutz der geistigen und materiellen Interessen, die ihm als Urheber von Werken der Wissenschaft, Literatur oder Kunst erwachsen.

Artikel 28

Jeder hat Anspruch auf eine soziale und internationale Ordnung, in der die in dieser Erklärung verkündeten Rechte und Freiheiten voll verwirklicht werden können.

Artikel 29

1. Jeder hat Pflichten gegenüber der Gemeinschaft, in der allein die freie und volle Entfaltung seiner Persönlichkeit möglich ist.

2. Jeder ist bei der Ausübung seiner Rechte und Freiheiten nur den Beschränkungen unterworfen, die das Gesetz ausschließlich zu dem Zweck vorsieht, die Anerkennung und Achtung der Rechte und Freiheiten anderer zu sichern und den gerechten Anforderungen der Moral, der öffentlichen Ordnung und des allgemeinen Wohles in einer demokratischen Gesellschaft zu genügen.

3. Diese Rechte und Freiheiten dürfen in keinem Fall im Widerspruch zu den Zielen und Grundsätzen der Vereinten Nationen ausgeübt werden.

Artikel 30

Keine Bestimmung dieser Erklärung darf dahin ausgelegt werden, daß sie für einen Staat, eine Gruppe oder eine Person irgendein Recht begründet, eine Tätigkeit auszuüben oder eine Handlung zu begehen, welche die Beseitigung der in dieser Erklärung verkündeten Rechte und Freiheiten zum Ziel hat.

183. Plenarsitzung
10. Dezember 1948

15/2. Internationaler Pakt über bürgerliche und politische Rechte

BGBl 1978/591 idF

1 BGBl 1985/424
2 BGBl 1987/333
3 BGBl 1991/213
4 BGBl 1991/230
5 BGBl 1994/252
6 BGBl 1994/253
7 BGBl 1994/254
8 BGBl 1995/292
9 BGBl 1995/293
10 BGBl 1995/294
11 BGBl III 2005/189
12 BGBl III 2005/212
13 BGBl III 2005/213
14 BGBl III 2008/47
15 BGBl III 2008/48
16 2008/49
17 BGBl III 2011/61
18 BGBl III 2012/175
19 BGBl III 2013/203
20 BGBl III 2014/28
21 BGBl III 2014/103

Internationaler Pakt über bürgerliche und politische Rechte

Österreichische Vorbehalte zum Internationalen Pakt über bürgerliche und politische Rechte

1. Der Art. 12 Abs. 4 des Paktes wird mit der Maßgabe angewendet daß dadurch das Gesetz vom 3. April 1919, StGBl. Nr. 209, betreffend die Landesverweisung und die Übernahme des Vermögens des Hauses Habsburg-Lothringen in der Fassung des Gesetzes vom 30. Oktober 1919, StGBl. Nr. 501, des Bundesverfassungsgesetzes vom 30. Juli 1925, BGBl. Nr. 292, und des Bundesverfassungsgesetzes vom 26. Jänner 1928, BGBl. Nr. 30, sowie unter Bedachtnahme auf das Bundesverfassungsgesetz vom 4. Juli 1963, BGBl. Nr. 172, nicht berührt wird.
2. Die Art. 9 und 14 des Paktes werden mit der Maßgabe angewendet, daß gesetzliche Regelungen über das Verfahren und freiheitsentziehende Maßnahmen, wie sie in den Verwaltungsverfahrensgesetzen und im Finanzstrafgesetz vorgesehen sind, unter der in der österreichischen Bundesverfassung vorgesehenen nachprüfenden Kontrolle durch den Verwaltungsgerichtshof oder den Verfassungsgerichtshof weiterhin zulässig sind.
3. Der Art. 10 Abs. 3 des Paktes wird mit der Maßgabe angewendet, daß gesetzliche Regelungen, die die gemeinsame Unterbringung von jugendlichen Strafgefangenen mit Erwachsenen unter 25 Jahren, von denen kein schädlicher Einfluß auf die jugendlichen Strafgefangenen zu besorgen ist, gestatten, weiterhin zulässig sind.
4. Der Art. 14 des Paktes wird mit der Maßgabe angewendet, daß die im Art. 90 des Bundes-Verfassungsgesetzes in der Fassung von 1929 festgelegten Grundsätze über die Öffentlichkeit im gerichtlichen Verfahren in keiner Weise beeinträchtigt werden und daß
   a) der Abs. 3 lit. d gesetzlichen Regelungen nicht entgegensteht, die es gestatten, einen Angeklagten von der Teilnahme an der Verhandlung auszuschließen, der die Ordnung der Verhandlung stört oder dessen Anwesenheit die Vernehmung eines anderen Angeklagten, eines Zeugen oder Sachverständigen erschweren würde;
   b) der Abs. 5 gesetzlichen Regelungen nicht entgegensteht, die nach einem Freispruch oder einer milderen Verurteilung durch ein Gericht erster Instanz die Verurteilung oder strengere Verurteilung wegen derselben strafbaren Handlung durch ein Gericht höherer Instanz gestatten, ohne daß der Verurteilte das Recht hat, diese Verurteilung oder strengere Verurteilung durch ein Gericht noch höherer Instanz nachprüfen zu lassen;
   c) der Abs. 7 gesetzlichen Regelungen nicht entgegensteht, die die Wiederaufnahme eines Strafverfahrens gestatten, in dem jemand wegen einer strafbaren Handlung rechtskräftig verurteilt oder freigesprochen worden ist.
5. Die Art. 19, 21 und 22 in Verbindung mit Art. 2 Abs. 1 des Paktes werden mit der Maßgabe angewendet, daß sie gesetzlichen Beschränkungen im Sinne des Art. 16 der Europäischen Konvention zum Schutze der Menschenrechte und Grundfreiheiten vom 4. November 1950 nicht entgegenstehen.
6. Der Art. 26 des Paktes wird so verstanden, daß er eine unterschiedliche Behandlung von Inländern und Ausländern, wie sie auch nach Art. 1 Abs. 2 des Internationalen Übereinkommens über die Beseitigung aller Formen rassischer Diskriminierung zulässig ist, nicht ausschließt.

Die vom Bundespräsidenten unterzeichnete und vom Vizekanzler gegengezeichnete Ratifikationsurkunde wurde am 10. September 1978 hinterlegt; dieser Staatsvertrag tritt gemäß seinem Artikel 49 Absatz 2 für Österreich am 10. Dezember 1978 in Kraft. Anläßlich der Hinterlegung der Ratifikationsurkunde wurde folgende Erklärung gemäß Artikel 41 des Paktes abgegeben:

Im Namen der Republik Österreich gebe ich im Sinne des Artikels 41 des Paktes über bürgerliche und politische Rechte die Erklärung ab, daß Österreich die Zuständigkeit des Ausschusses für Menschenrechte zur Entgegennahme und Prüfung von Mitteilungen anerkennt, in denen ein Vertragsstaat geltend macht, ein anderer Vertragsstaat komme seinen Verpflichtungen aus dem Internationalen Pakt über bürgerliche und politische Rechte nicht nach.

DIE VERTRAGSSTAATEN DIESES PAKTES –

IN DER ERWÄGUNG, daß nach den in der Satzung der Vereinten Nationen verkündeten Grundsätzen die Anerkennung der allen Mitgliedern der menschlichen Gesellschaft innewohnenden Würde und der Gleichheit und Unveräußerlichkeit ihrer Rechte die Grundlage von Freiheit, Gerechtigkeit und Frieden in der Welt bildet,

IN DER ERKENNTNIS, daß sich diese Rechte aus der dem Menschen innewohnenden Würde herleiten,

IN DER ERKENNTNIS, daß nach der Allgemeinen Erklärung der Menschenrechte das Ideal vom freien Menschen, der bürgerliche und politische Freiheit genießt und frei von Furcht und Not lebt, nur verwirklicht werden kann, wenn Verhältnisse geschaffen werden, in denen jeder seine bürgerlichen und politischen Rechte ebenso wie seine wirtschaftlichen, sozialen und kulturellen Rechte genießen kann,

IN DER ERWÄGUNG, daß die Satzung der Vereinten Nationen die Staaten verpflichtet, die allgemeine und wirksame Achtung der Rechte und Freiheiten des Menschen zu fördern,

IM HINBLICK DARAUF, daß der Einzelne gegenüber seinen Mitmenschen und der Gemeinschaft, der er angehört Pflichten hat und gehalten ist, für die Förderung und Achtung der in diesem Pakt anerkannten Rechte einzutreten –

VEREINBAREN folgende Artikel:

TEIL I

Artikel 1

(1) Alle Völker haben das Recht auf Selbstbestimmung. Kraft dieses Rechts entscheiden sie frei über ihren politischen Status und gestalten in Freiheit ihre wirtschaftliche, soziale und kulturelle Entwicklung.

(2) Alle Völker können für ihre eigenen Zwecke frei über ihre natürlichen Reichtümer und Mittel verfügen, unbeschadet aller Verpflichtungen, die aus der internationalen wirtschaftlichen Zusammenarbeit auf der Grundlage des gegenseitigen Wohles sowie aus dem Völkerrecht erwachsen. In keinem Fall darf ein Volk seiner eigenen Existenzmittel beraubt werden.

(3) Die Vertragsstaaten, einschließlich der Staaten, die für die Verwaltung von Gebieten ohne Selbstregierung und von Treuhandgebieten verantwortlich sind, haben entsprechend den Bestimmungen der Satzung der Vereinten Nationen die Verwirklichung des Rechts auf Selbstbestimmung zu fördern und dieses Recht zu achten.

TEIL II

Artikel 2

(1) Jeder Vertragsstaat verpflichtet sich, die in diesem Pakt anerkannten Rechte zu achten und sie allen in seinem Gebiet befindlichen und seiner Jurisdiktion unterstehenden Personen ohne Unterschied, wie insbesondere der Rasse, der Hautfarbe, des Geschlechts, der Sprache, der Religion, der politischen oder sonstigen Anschauung, der nationalen oder sozialen Herkunft, des Vermögens, der Geburt oder des sonstigen Status zu gewährleisten.

(2) Jeder Vertragsstaat verpflichtet sich, im Einklang mit seinem verfassungsmäßigen Verfahren und mit den Bestimmungen dieses Paktes die erforderlichen Schritte zu unternehmen, um die gesetzgeberischen oder sonstigen Vorkehrungen zu treffen, die notwendig sind, um den in diesem Pakt anerkannten Rechten Wirksamkeit zu verleihen, soweit solche Vorkehrungen nicht bereits getroffen worden sind.

(3) Jeder Vertragsstaat verpflichtet sich,

a) dafür Sorge zu tragen, daß jeder, der in seinen durch diesen Pakt anerkannten Rechten oder Freiheiten verletzt worden ist, das Recht hat, eine wirksame Beschwerde einzulegen, selbst wenn die Verletzung von Personen begangen worden ist, die in amtlicher Eigenschaft gehandelt haben;

b) dafür Sorge zu tragen, daß jeder, der eine solche Beschwerde erhebt, sein Recht durch das zuständige Gerichts- , Verwaltungs- oder Gesetzgebungsorgan oder durch eine andere, nach den Rechtsvorschriften des Staates zuständige Stelle feststellen lassen kann, und den gerichtlichen Rechtsschutz auszubauen;

c) dafür Sorge zu tragen, daß die zuständigen Stellen Beschwerden, denen stattgegeben wurde, Geltung verschaffen.

Artikel 3

Die Vertragsstaaten verpflichten sich, die Gleichberechtigung von Mann und Frau bei der Ausübung aller in diesem Pakt festgelegten bürgerlichen und politischen Rechte sicherzustellen.

Artikel 4

(1) Im Falle eines öffentlichen Notstandes, der das Leben der Nation bedroht und der amtlich verkündet ist, können die Vertragsstaaten Maßnahmen ergreifen, die ihre Verpflichtungen aus diesem Pakt in dem Umfang, den die Lage unbedingt erfordert, außer Kraft setzen, vorausgesetzt, daß diese Maßnahmen ihren sonstigen völkerrechtlichen Verpflichtungen nicht zuwiderlaufen und keine Diskriminierung allein wegen der Rasse, der Hautfarbe, des Geschlechts, der Sprache, der Religion oder der sozialen Herkunft enthalten.

(2) Auf Grund der vorstehenden Bestimmung dürfen die Artikel 6, 7, 8 (Absätze 1 und 2), 11, 15, 16 und 18 nicht außer Kraft gesetzt werden.

(3) Jeder Vertragsstaat, der das Recht, Verpflichtungen außer Kraft zu setzen, ausübt, hat den übrigen Vertragsstaaten durch Vermittlung des Generalsekretärs der Vereinten Nationen unverzüglich mitzuteilen, welche Bestimmungen er außer Kraft gesetzt hat und welche Gründe ihn dazu veranlaßt haben. Auf demselben Wege ist durch eine weitere Mitteilung der Zeitpunkt anzugeben, in dem eine solche Maßnahme endet.

Artikel 5

(1) Keine Bestimmung dieses Paktes darf dahin ausgelegt werden, daß sie für einen Staat, eine Gruppe oder eine Person das Recht begründet, eine Tätigkeit auszuüben oder eine Handlung zu begehen, die auf die Abschaffung der in diesem Pakt anerkannten Rechte und Freiheiten oder auf weitergehende Beschränkungen dieser Rechte und Freiheiten, als im Pakt vorgesehen, hinzielt.

(2) Die in einem Vertragsstaat durch Gesetze, Übereinkommen, Verordnungen oder durch Gewohnheitsrecht anerkannten oder bestehenden grundlegenden Menschenrechte dürfen nicht unter dem Vorwand beschränkt oder außer Kraft gesetzt werden, daß dieser Pakt derartige Rechte nicht oder nur in einem geringeren Ausmaße anerkenne.

TEIL III

Artikel 6

(1) Jeder Mensch hat ein angeborenes Recht auf Leben. Dieses Recht ist gesetzlich zu schützen. Niemand darf willkürlich seines Lebens beraubt werden.

(2) In Staaten, in denen die Todesstrafe nicht abgeschafft worden ist, darf ein Todesurteil nur für schwerste Verbrechen auf Grund von Gesetzen verhängt werden, die zur Zeit der Begehung der Tat in Kraft waren und die den Bestimmungen dieses Pakts und der Konvention über die Verhütung und Bestrafung des Völkermordes nicht widersprechen. Diese Strafe darf nur auf Grund eines von einem zuständigen Gericht erlassenen rechtskräftigen Urteils vollstreckt werden.

(3) Erfüllt die Tötung den Tatbestand des Völkermordes, so ermächtigt dieser Artikel die Vertragsstaaten nicht, sich in irgendeiner Weise einer Verpflichtung zu entziehen, die sie nach den Bestimmungen der Konvention über die Verhütung und Bestrafung des Völkermordes übernommen haben.

(4) Jeder zum Tode Verurteilte hat das Recht, um Begnadigung oder Umwandlung der Strafe zu bitten. Amnestie, Begnadigung oder Umwandlung der Todesstrafe kann in allen Fällen gewährt werden.

(5) Die Todesstrafe darf für strafbare Handlungen, die von Jugendlichen unter 18 Jahren begangen worden sind, nicht verhängt und an schwangeren Frauen nicht vollstreckt werden.

(6) Keine Bestimmung dieses Artikels darf herangezogen werden, um die Abschaffung der Todesstrafe durch einen Vertragsstaat zu verzögern oder zu verhindern.

Artikel 7

Niemand darf der Folter oder grausamer, unmenschlicher oder erniedrigender Behandlung oder Strafe unterworfen werden. Insbesondere darf niemand ohne seine freiwillige Zustimmung medizinischen oder wissenschaftlichen Versuchen unterworfen werden.

Artikel 8

(1) Niemand darf in Sklaverei gehalten werden; Sklaverei und Sklavenhandel in allen ihren Formen sind verboten.

(2) Niemand darf in Leibeigenschaft gehalten werden.

(3) a) Niemand darf gezwungen werden, Zwangs- oder Pflichtarbeit zu verrichten;

b) Buchstabe a ist nicht so auszulegen, daß er in Staaten, in denen bestimmte Straftaten mit einem mit Zwangsarbeit verbundenen Freiheitsentzug geahndet werden können, die Leistung von Zwangsarbeit auf Grund einer Verurteilung durch ein zuständiges Gericht ausschließt;

c) als „Zwangs- oder Pflichtarbeit" im Sinne dieses Absatzes gilt nicht:

i) jede nicht unter Buchstabe b genannte Arbeit oder Dienstleistung, die normalerweise von einer Person verlangt wird, der auf Grund einer rechtmäßigen Gerichtsentscheidung die Freiheit entzogen oder die aus einem solchen Freiheitsentzug bedingt entlassen worden ist;

ii) jede Dienstleistung militärischer Art sowie in Staaten, in denen die Wehrdienstverweigerung aus Gewissensgründen anerkannt wird, jede für Wehrdienstverweigerer gesetzlich vorgeschriebene nationale Dienstleistung;

iii) jede Dienstleistung im Falle von Notständen oder Katastrophen, die das Leben oder das Wohl der Gemeinschaft bedrohen;

iv) jede Arbeit oder Dienstleistung, die zu den normalen Bürgerpflichten gehört.

Artikel 9

(1) Jedermann hat ein Recht auf persönliche Freiheit und Sicherheit. Niemand darf willkürlich festgenommen oder in Haft gehalten werden. Niemand darf seine Freiheit entzogen werden, es sei denn aus gesetzlich bestimmten Gründen und unter Beachtung des im Gesetz vorgeschriebenen Verfahrens.

(2) Jeder Festgenommene ist bei seiner Festnahme über die Gründe der Festnahme zu unterrichten, und die gegen ihn erhobenen Beschuldigungen sind ihm unverzüglich mitzuteilen.

(3) Jeder, der unter dem Vorwurf einer strafbaren Handlung festgenommen worden ist oder in Haft gehalten wird, muß unverzüglich einem Richter oder einer anderen gesetzlich zur Ausübung richterlicher Funktionen ermächtigten Amtsperson vorgeführt werden und hat Anspruch auf ein Gerichtsverfahren innerhalb angemessener Frist oder auf Entlassung aus der Haft. Es darf nicht allgemeine Regel sein, daß Personen, die eine gerichtliche Aburteilung erwarten, in Haft gehalten werden; doch kann die Freilassung davon abhängig gemacht werden, daß für das Erscheinen zur Hauptverhandlung oder zu jedem Abschnitt des gerichtlichen Verfahrens und gegebenenfalls zur Vollstreckung des Urteils Sicherheit geleistet wird.

(4) Jeder, dem seine Freiheit durch Festnahme oder Haft entzogen ist, hat das Recht, ein Verfahren vor einem Gericht zu beantragen, damit dieses unverzüglich über die Rechtmäßigkeit der Freiheitsentziehung entscheiden und seine Entlassung anordnen kann, falls die Freiheitsentziehung nicht rechtmäßig ist.

(5) Jeder, der unrechtmäßig festgenommen oder in Haft gehalten worden ist, hat einen Anspruch auf Entschädigung.

Artikel 10

(1) Jeder, dem seine Freiheit entzogen ist, muß menschlich und mit Achtung vor der dem Menschen innewohnenden Würde behandelt werden.

(2) a) Beschuldigte sind, abgesehen von außergewöhnlichen Umständen, von Verurteilten getrennt unterzubringen und so zu behandeln, wie es ihrer Stellung als Nichtverurteilte entspricht;

b) jugendliche Beschuldigte sind von Erwachsenen zu trennen, und es hat so schnell wie möglich ein Urteil zu ergehen.

(3) Der Strafvollzug schließt eine Behandlung der Gefangenen ein, die vornehmlich auf ihre Besserung und gesellschaftliche Wiedereingliederung hinzielt. Jugendliche Straffällige sind von Erwachsenen zu trennen und ihrem Alter und ihrer Rechtsstellung entsprechend zu behandeln.

Artikel 11

Niemand darf nur deswegen in Haft genommen werden, weil er nicht in der Lage ist, eine vertragliche Verpflichtung zu erfüllen.

Artikel 12

(1) Jedermann, der sich rechtmäßig im Hoheitsgebiet eines Staates aufhält, hat das Recht, sich dort frei zu bewegen und seinen Wohnsitz frei zu wählen.

(2) Jedermann steht es frei, jedes Land, einschließlich seines eigenen, zu verlassen.

(3) Die oben erwähnten Rechte dürfen nur eingeschränkt werden, wenn dies gesetzlich vorgesehen und zum Schutz der nationalen Sicherheit, der öffentlichen Ordnung (ordre public), der Volksgesundheit, der öffentlichen Sittlichkeit oder der Rechte und Freiheiten anderer notwendig ist und die Einschränkungen mit den übrigen in diesem Pakt anerkannten Rechten vereinbar sind.

(4) Niemand darf willkürlich das Recht entzogen werden, in sein eigenes Land einzureisen.

Artikel 13

Ein Ausländer, der sich rechtmäßig im Hoheitsgebiet eines Vertragsstaates aufhält, kann aus diesem nur auf Grund einer rechtmäßig ergangenen Entscheidung ausgewiesen werden; und es ist ihm, sofern nicht zwingende Gründe der nationalen Sicherheit entgegenstehen, Gelegenheit zu geben, die gegen seine Ausweisung sprechenden Gründe vorzubringen und diese Entscheidung durch die zuständige Behörde oder durch eine oder mehrere von dieser Behörde besonders bestimmte Personen nachprüfen und sich dabei vertreten zu lassen.

Artikel 14

(1) Alle Menschen sind vor Gericht gleich. Jedermann hat Anspruch darauf, daß über eine gegen ihn erhobene strafrechtliche Anklage oder seine zivilrechtlichen Ansprüche und Verpflich-

tungen durch ein zuständiges, unabhängiges, unparteiisches und auf Gesetz beruhendes Gericht und in billiger Weise öffentlich verhandelt wird. Aus Gründen der Sittlichkeit, der öffentlichen Ordnung (ordre public) oder der nationalen Sicherheit in einer demokratischen Gesellschaft oder wenn es im Interesse des Privatlebens der Parteien erforderlich ist oder – soweit dies nach Auffassung des Gerichts unbedingt notwendig ist – unter besonderen Umständen, in denen die Öffentlichkeit des Verfahrens die Interessen der Rechtspflege beeinträchtigen würde, können Presse und Öffentlichkeit während der ganzen oder eines Teils der Verhandlung ausgeschlossen werden; jedes Urteil in einer Straf- oder Zivilsache ist jedoch öffentlich zu verkünden, sofern nicht die Interessen Jugendlicher dem entgegenstehen oder das Verfahren Ehestreitigkeiten oder die Vormundschaft über Kinder betrifft.

(2) Jeder wegen einer strafbaren Handlung Angeklagte hat Anspruch darauf, bis zu dem im gesetzlichen Verfahren erbrachten Nachweis seiner Schuld als unschuldig zu gelten.

(3) Jeder wegen einer strafbaren Handlung Angeklagte hat in gleicher Weise im Verfahren Anspruch auf folgende Mindestgarantien:

a) er ist unverzüglich und im einzelnen in einer ihm verständlichen Sprache über Art und Gr und der gegen ihn erhobenen Anklage zu unterrichten;

b) er muß hinreichend Zeit und Gelegenheit zur Vorbereitung seiner Verteidigung und zum Verkehr mit einem Verteidiger seiner Wahl haben;

c) es muß ohne unangemessene Verzögerung ein Urteil gegen ihn ergehen;

d) er hat das Recht, bei der Verhandlung anwesend zu sein und sich selbst zu verteidigen oder durch einen Verteidiger seiner Wahl verteidigen zu lassen; falls er keinen Verteidiger hat, ist er über das Recht, einen Verteidiger in Anspruch zu nehmen, zu unterrichten; fehlen ihm die Mittel zur Bezahlung eines Verteidigers, so ist ihm ein Verteidiger unentgeltlich zu bestellen, wenn dies im Interesse der Rechtspflege erforderlich ist;

e) er darf Fragen an die Belastungszeugen stellen oder stellen lassen und das Erscheinen und die Vernehmung der Entlastungszeugen unter den für die Belastungszeugen geltenden Bedingungen erwirken;

f) er kann die unentgeltliche Beiziehung eines Dolmetschers verlangen, wenn er die Verhandlungssprache des Gerichts nicht versteht oder spricht;

g) er darf nicht gezwungen werden, gegen sich selbst als Zeuge auszusagen oder sich schuldig zu bekennen.

(4) Gegen Jugendliche ist das Verfahren in einer Weise zu führen, die ihrem Alter entspricht und ihre Wiedereingliederung in die Gesellschaft fördert.

(5) Jeder, der wegen einer strafbaren Handlung verurteilt worden ist, hat das Recht, das Urteil entsprechend dem Gesetz durch ein Gericht höherer Instanz nachprüfen zu lassen.

(6) Ist jemand wegen einer strafbaren Handlung rechtskräftig verurteilt und ist das Urteil später aufgehoben oder der Verurteilte begnadigt worden, weil eine neue oder eine neu bekannt gewordene Tatsache schlüssig beweist, daß ein Fehlurteil vorlag, so ist derjenige, der auf Grund eines solchen Urteils eine Strafe verbüßt hat, entsprechend dem Gesetz zu entschädigen, sofern nicht nachgewiesen wird, daß das nicht rechtzeitige Bekanntwerden der betreffenden Tatsache ganz oder teilweise ihm zuzuschreiben ist.

(7) Niemand darf wegen einer strafbaren Handlung, wegen der er bereits nach dem Gesetz und dem Strafverfahrensrecht jedes Landes rechtskräftig verurteilt oder freigesprochen worden ist, erneut verfolgt oder bestraft werden.

Artikel 15

(1) Niemand darf wegen einer Handlung oder Unterlassung verurteilt werden, die zur Zeit ihrer Begehung nach inländischem oder nach internationalem Recht nicht strafbar war. Ebenso darf keine schwerere Strafe als die im Zeitpunkt der Begehung der strafbaren Handlung angedrohte Strafe verhängt werden. Wird nach Begehung einer strafbaren Handlung durch Gesetz eine mildere Strafe eingeführt, so ist das mildere Gesetz anzuwenden.

(2) Dieser Artikel schließt die Verurteilung oder Bestrafung einer Person wegen einer Handlung oder Unterlassung nicht aus, die im Zeitpunkt ihrer Begehung nach den von der Völkergemeinschaft anerkannten allgemeinen Rechtsgrundsätzen strafbar war.

Artikel 16

Jedermann hat das Recht, überall als rechtsfähig anerkannt zu werden.

Artikel 17

(1) Niemand darf willkürlichen oder rechtswidrigen Eingriffen in sein Privatleben, seine Familie, seine Wohnung und seinen Schriftverkehr oder rechtswidrigen Beeinträchtigungen seiner Ehre und seines Rufes ausgesetzt werden.

(2) Jedermann hat Anspruch auf rechtlichen Schutz gegen solche Eingriffe oder Beeinträchtigungen.

Artikel 18

(1) Jedermann hat das Recht auf Gedanken-, Gewissens- und Religionsfreiheit. Dieses Recht umfaßt die Freiheit, eine Religion oder eine Weltanschauung eigener Wahl zu haben oder anzunehmen, und die Freiheit, seine Religion oder Weltanschauung allein oder in Gemeinschaft mit anderen öffentlich oder privat durch Gottesdienst, Beachtung religiöser Bräuche, Ausübung und Unterricht zu bekunden.

(2) Niemand darf einem Zwang ausgesetzt werden, der seine Freiheit, eine Religion oder eine Weltanschauung seiner Wahl zu haben oder anzunehmen, beeinträchtigen würde.

(3) Die Freiheit, seine Religion und Weltanschauung zu bekunden, darf nur den gesetzlich vorgesehenen Einschränkungen unterworfen werden, die zum Schutz der öffentlichen Sicherheit, Ordnung, Gesundheit, Sittlichkeit oder der Grundrechte und -freiheiten anderer erforderlich sind.

(4) Die Vertragsstaaten verpflichten sich, die Freiheit der Eltern und gegebenenfalls Vormunds oder sonstigen Sachwalters zu achten, die religiöse und sittliche Erziehung ihrer Kinder in Übereinstimmung mit ihren eigenen Überzeugungen sicherzustellen.

Artikel 19

(1) Jedermann hat das Recht auf unbehinderte Meinungsfreiheit.

(2) Jedermann hat das Recht auf freie Meinungsäußerung; dieses Recht schließt die Freiheit ein, ohne Rücksicht auf Staatsgrenzen Informationen und Gedankengut jeder Art in Wort, Schrift oder Druck, durch Kunstwerke oder andere Mittel eigener Wahl sich zu beschaffen, zu empfangen und weiterzugeben.

(3) Die Ausübung der in Absatz 2 vorgesehenen Rechte ist mit besonderen Pflichten und einer besonderen Verantwortung verbunden. Sie kann daher bestimmten, gesetzlich vorgesehenen Einschränkungen unterworfen werden, die erforderlich sind

a) für die Achtung der Rechte oder des Rufs anderer;

b) für den Schutz der nationalen Sicherheit, der öffentlichen Ordnung (ordre public), der Volksgesundheit oder der öffentlichen Sittlichkeit.

Artikel 20

(1) Jede Kriegspropaganda wird durch Gesetz verboten.

(2) Jedes Eintreten für nationalen, rassischen oder religiösen Haß, durch das zu Diskriminierung, Feindseligkeit oder Gewalt aufgestachelt wird, wird durch Gesetz verboten.

Artikel 21

Das Recht, sich friedlich zu versammeln, wird anerkannt. Die Ausübung dieses Rechts darf keinen anderen als den gesetzlich vorgesehenen Einschränkungen unterworfen werden, die in einer demokratischen Gesellschaft im Interesse der nationalen oder der öffentlichen Sicherheit, der öffentlichen Ordnung (ordre public), zum Schutz der Volksgesundheit, der öffentlichen Sittlichkeit oder zum Schutz der Rechte und Freiheiten anderer notwendig sind.

Artikel 22

(1) Jedermann hat das Recht, sich frei mit anderen zusammenzuschließen; sowie zum Schutz seiner Interessen Gewerkschaften zu bilden und ihnen beizutreten.

(2) Die Ausübung dieses Rechts darf keinen anderen als den gesetzlich vorgesehenen Einschränkungen unterworfen werden, die in einer demokratischen Gesellschaft im Interesse der nationalen oder der öffentlichen Sicherheit, der öffentlichen Ordnung (ordre public), zum Schutz der Volksgesundheit, der öffentlichen Sittlichkeit oder zum Schutz der Rechte und Freiheiten anderer notwendig sind. Dieser Artikel steht gesetzlichen Einschränkungen der Ausübung dieses Rechts für Angehörige der Streitkräfte oder der Polizei nicht entgegen.

(3) Keine Bestimmung dieses Artikels ermächtigt die Vertragsstaaten des Übereinkommens der Internationalen Arbeitsorganisation von 1948 über die Vereinigungsfreiheit und den Schutz des Vereinigungsrechts, gesetzgeberische Maßnahmen zu treffen oder Gesetze so anzuwenden, daß die Garantien des oben genannten Übereinkommens beeinträchtigt werden.

Artikel 23

(1) Die Familie ist die natürliche Kernzelle der Gesellschaft und hat Anspruch auf Schutz durch Gesellschaft und Staat.

(2) Das Recht von Mann und Frau, im heiratsfähigen Alter eine Ehe einzugehen und eine Familie zu gründen, wird anerkannt.

(3) Eine Ehe darf nur im freien und vollen Einverständnis der künftigen Ehegatten geschlossen werden.

(4) Die Vertragsstaaten werden durch geeignete Maßnahmen sicherstellen, daß die Ehegatten gleiche Rechte und Pflichten bei der Eheschließung, während der Ehe und bei Auflösung der Ehe haben. Für den nötigen Schutz der Kinder im Fall einer Auflösung der Ehe ist Sorge zu tragen.

Artikel 24

(1) Jedes Kind hat ohne Diskriminierung hinsichtlich der Rasse, der Hautfarbe, des Geschlechts, der Sprache, der Religion, der nationalen oder sozialen Herkunft, des Vermögens oder der Geburt das Recht auf diejenigen Schutzmaßnahmen durch seine Familie, die Gesellschaft und den Staat, die seine Rechtsstellung als Minderjähriger erfordert.

(2) Jedes Kind muß unverzüglich nach seiner Geburt in ein Register eingetragen werden und einen Namen erhalten.

(3) Jedes Kind hat das Recht, eine Staatsangehörigkeit zu erwerben.

Artikel 25

Jeder Staatsbürger hat das Recht und die Möglichkeit, ohne Unterschied nach den im Artikel 2 genannten Merkmalen und ohne unangemessene Einschränkungen

a) an der Gestaltung der öffentlichen Angelegenheiten unmittelbar oder durch frei gewählte Vertreter teilzunehmen;

b) bei echten, wiederkehrenden, allgemeinen, gleichen und geheimen Wahlen, bei denen die freie Äußerung des Wählerwillens gewährleistet ist, zu wählen und gewählt zu werden;

c) unter allgemeinen Gesichtspunkten der Gleichheit zu öffentlichen Ämtern seines Landes zugelassen zu werden.

Artikel 26

Alle Menschen sind vor dem Gesetz gleich und haben ohne Diskriminierung Anspruch auf gleichen Schutz durch das Gesetz. In dieser Hinsicht hat das Gesetz jede Diskriminierung zu verbieten und allen Menschen gegen jede Diskriminierung, wie insbesondere wegen der Rasse der Hautfarbe, des Geschlechts, der Sprache, der Religion, der politischen oder sonstigen Anschauung, der nationalen oder sozialen Herkunft, des Vermögens, der Geburt oder des sonstigen Status, gleichen und wirksamen Schutz zu gewährleisten.

Artikel 27

In Staaten mit ethnischen, religiösen oder sprachlichen Minderheiten darf Angehörigen solcher Minderheiten nicht das Recht vorenthalten werden, gemeinsam mit anderen Angehörigen ihrer Gruppe ihr eigenes kulturelles Leben zu pflegen, ihre eigene Religion zu bekennen und auszuüben oder sich ihrer eigenen Sprache zu bedienen.

TEIL IV

Artikel 28

(1) Es wird ein Ausschuß für Menschenrechte (im folgenden als „Ausschuß" bezeichnet) errichtet.

Er besteht aus 18 Mitgliedern und nimmt die nachstehend festgelegten Aufgaben wahr.

(2) Der Ausschuß setzt sich aus Staatsangehörigen der Vertragsstaaten zusammen, die Persönlichkeiten von hohem sittlichem Ansehen und anerkannter Sachkenntnis auf dem Gebiet der Menschenrechte sind, wobei die Zweckmäßigkeit der Beteiligung von Personen mit juristischer Erfahrung zu berücksichtigen ist.

(3) Die Mitglieder des Ausschusses werden in ihrer persönlichen Eigenschaft gewählt und sind in dieser Eigenschaft tätig.

Artikel 29

(1) Die Mitglieder des Ausschusses werden in geheimer Wahl aus einer Liste von Personen gewählt, die die im Artikel 28 vorgeschriebenen Anforderungen erfüllen und von den Vertragsstaaten dafür vorgeschlagen worden sind.

(2) Jeder Vertragsstaat darf höchstens zwei Personen vorschlagen. Diese müssen Staatsangehörige des sie vorschlagenden Staates sein.

(3) Eine Person kann wieder vorgeschlagen werden.

Artikel 30

(1) Die erste Wahl findet spätestens sechs Monate nach Inkrafttreten dieses Paktes statt.

(2) Spätestens vier Monate vor jeder Wahl zum Ausschuß – außer bei einer Wahl zur Besetzung eines gemäß Artikel 34 für frei geworden erklärten Sitzes – fordert der Generalsekretär der Vereinten Nationen die Vertragsstaaten schriftlich auf, ihre Kandidaten für den Ausschuß innerhalb von drei Monaten vorzuschlagen.

(3) Der Generalsekretär der Vereinten Nationen fertigt eine alphabetische Liste aller auf diese Weise vorgeschlagenen Personen unter Angabe der Vertragsstaaten, die sie vorgeschlagen haben, an und übermittelt sie den Vertragsstaaten spätestens einen Monat vor jeder Wahl.

(4) Die Wahl der Ausschußmitglieder findet in einer vom Generalsekretär der Vereinten Nationen am Sitz dieser Organisation einberufenen Versammlung der Vertragsstaaten statt. In dieser Versammlung, die beschlußfähig ist, wenn zwei Drittel der Vertragsstaaten vertreten sind, gelten diejenigen Kandidaten als in den Ausschuß gewählt, die die höchste Stimmenzahl und die absolute Stimmenmehrheit der anwesenden und ab-

stimmenden Vertreter der Vertragsstaaten auf sich vereinigen.

Artikel 31

(1) Dem Ausschuß darf nicht mehr als ein Angehöriger jedes Staates angehören.

(2) Bei den Wahlen zum Ausschuß ist auf eine gerechte geographische Verteilung der Sitze und auf die Vertretung der verschiedenen Zivilisationsformen sowie der wesentlichen Rechtssysteme zu achten.

Artikel 32

(1) Die Ausschußmitglieder werden für vier Jahre gewählt. Auf erneuten Vorschlag können sie wiedergewählt werden. Die Amtszeit von neun der bei der ersten Wahl gewählten Mitglieder läuft jedoch nach zwei Jahren ab; unmittelbar nach der ersten Wahl werden die Namen dieser neun Mitglieder vom Vorsitzenden der in Artikel 30 Absatz 4 genannten Versammlung durch das Los bestimmt.

(2) Für Wahlen nach Ablauf einer Amtszeit gelten die Bestimmungen der vorstehenden Artikel dieses Teils des Paktes.

Artikel 33

(1) Nimmt ein Ausschußmitglied nach einstimmiger Feststellung der anderen Mitglieder seine Aufgaben aus einem anderen Grund als wegen vorübergehender Abwesenheit nicht mehr wahr, so teilt der Vorsitzende des Ausschusses dies dem Generalsekretär der Vereinten Nationen mit, der daraufhin den Sitz des betreffenden Mitgliedes für frei geworden erklärt.

(2) Der Vorsitzende teilt den Tod oder Rücktritt eines Ausschußmitgliedes unverzüglich dem Generalsekretär der Vereinten Nationen mit, der den Sitz vom Tag des Todes oder vom Wirksamwerden des Rücktritts an für freigeworden erklärt.

Artikel 34

(1) Wird ein Sitz nach Artikel 33 für frei geworden erklärt und läuft die Amtszeit des zu ersetzenden Mitglieds nicht innerhalb von sechs Monaten nach dieser Erklärung ab, so teilt der Generalsekretär der Vereinten Nationen dies allen Vertragsstaaten mit, die innerhalb von zwei Monaten nach Maßgabe des Artikels 29 Kandidaten zur Besetzung des frei gewordenen Sitzes vorschlagen können.

(2) Der Generalsekretär der Vereinten Nationen fertigt eine alphabetische Liste der auf diese Weise vorgeschlagenen Personen an und übermittelt sie den Vertragsstaaten. Sodann findet die Wahl zur Besetzung des frei gewordenen Sitzes entsprechend den einschlägigen Bestimmungen dieses Teils des Paktes statt.

(3) Die Amtszeit eines Ausschußmitgliedes, das auf einen nach Artikel 33 für frei geworden erklärten Sitz gewählt worden ist, dauert bis zum Ende der Amtszeit des Mitglieds, dessen Sitz im Ausschuß nach Maßgabe des genannten Artikels frei geworden ist.

Artikel 35

Die Ausschußmitglieder erhalten mit Zustimmung der Generalversammlung der Vereinten Nationen Bezüge aus Mitteln der Vereinten Nationen; die näheren Einzelheiten werden von der Generalversammlung unter Berücksichtigung der Bedeutung, die den Aufgaben des Ausschusses zukommt, festgesetzt.

Artikel 36

Der Generalsekretär der Vereinten Nationen stellt dem Ausschuß das Personal und die Einrichtungen zur Verfügung, die dieser zur wirksamen Durchführung der ihm nach diesem Pakt obliegenden Aufgaben benötigt.

Artikel 37

(1) Der Generalsekretär der Vereinten Nationen beruft die erste Sitzung des Ausschusses am Sitz der Vereinten Nationen ein.

(2) Nach seiner ersten Sitzung tritt der Ausschuß zu den in seiner Geschäftsordnung vorgesehenen Zeiten zusammen.

(3) Die Sitzungen des Ausschusses finden in der Regel am Sitz der Vereinten Nationen oder beim Büro der Vereinten Nationen in Genf statt.

Artikel 38

Jedes Ausschußmitglied hat vor Aufnahme seiner Amtstätigkeit in öffentlicher Sitzung des Ausschusses feierlich zu erklären, daß es sein Amt unparteiisch und gewissenhaft ausüben werde.

Artikel 39

(1) Der Ausschuß wählt seinen Vorstand für zwei Jahre. Eine Wiederwahl der Mitglieder des Vorstands ist zulässig.

(2) Der Ausschuß gibt sich eine Geschäftsordnung, die unter anderem folgende Bestimmungen enthalten muß:

a) Der Ausschuß ist bei Anwesenheit von zwölf Mitgliedern beschlußfähig;

b) der Ausschuß faßt seine Beschlüsse mit der Mehrheit der anwesenden Mitglieder.

Artikel 40

(1) Die Vertragsstaaten verpflichten sich, über die Maßnahmen, die sie zur Verwirklichung der in diesem Pakt anerkannten Rechte getroffen haben, und über die dabei erzielten Fortschritte Berichte vorzulegen, und zwar

a) innerhalb eines Jahres nach Inkrafttreten dieses Paktes für den betreffenden Vertragsstaat,

b) danach jeweils auf Anforderung des Ausschusses.

(2) Alle Berichte sind dem Generalsekretär der Vereinten Nationen zu übermitteln, der sie dem Ausschuß zur Prüfung weiterleitet. In den Berichten ist auf etwa bestehende Umstände und Schwierigkeiten hinzuweisen, die die Durchführung dieses Paktes behindern.

(3) Der Generalsekretär der Vereinten Nationen kann nach Beratung mit dem Ausschuß den Sonderorganisationen Abschriften der in ihren Zuständigkeitsbereich fallenden Teile der Berichte zuleiten.

(4) Der Ausschuß prüft die von den Vertragsstaaten eingereichten Berichte. Er übersendet den Vertragsstaaten seine eigenen Berichte sowie ihm geeignet erscheinende allgemeine Bemerkungen. Der Ausschuß kann diese Bemerkungen zusammen mit Abschriften der von den Vertragsstaaten empfangenen Berichte auch dem Wirtschafts- und Sozialrat zuleiten.

(5) Die Vertragsstaaten können dem Ausschuß Stellungnahmen zu den nach Absatz 4 abgegebenen Bemerkungen übermitteln.

Artikel 41

(1) Ein Vertragsstaat kann auf Grund dieses Artikels jederzeit erklären, daß er die Zuständigkeit des Ausschusses zur Entgegennahme und Prüfung von Mitteilungen anerkennt, in denen ein Vertragsstaat geltend macht, ein anderer Vertragsstaat komme seinen Verpflichtungen aus diesem Pakt nicht nach. Mitteilungen auf Grund dieses Artikels können nur entgegengenommen und geprüft werden, wenn sie von einem Vertragsstaat eingereicht werden, der für sich selbst die Zuständigkeit des Ausschusses durch eine Erklärung anerkannt hat. Der Ausschuß darf keine Mitteilung entgegennehmen, die einen Vertragsstaat betrifft, der keine derartige Erklärung abgegeben hat. Auf Mitteilungen, die auf Grund dieses Artikels eingehen, ist folgendes Verfahren anzuwenden:

a) Ist ein Vertragsstaat der Auffassung, daß ein anderer Vertragsstaat die Bestimmungen dieses Paktes nicht durchführt, so kann er den anderen Staat durch eine schriftliche Mitteilung darauf hinweisen. Innerhalb von drei Monaten nach Zugang der Mitteilung hat der Empfangsstaat dem Staat, der die Mitteilung übersandt hat, in bezug auf die Sache eine schriftliche Erklärung oder sonstige Stellungnahme zukommen zu lassen, die, soweit es möglich und angebracht ist, einen Hinweis auf die in der Sache durchgeführten, anhängigen oder zur Verfügung stehenden innerstaatlichen Verfahren und Rechtsmittel, Rechtsbehelfe enthalten soll.

b) Wird die Sache nicht innerhalb von sechs Monaten nach Eingang der einleitenden Mitteilung bei dem Empfangsstaat zur Zufriedenheit der beiden beteiligten Vertragsstaaten geregelt, so hat jeder der beiden Staaten das Recht, die Sache dem Ausschuß zu unterbreiten, indem er diesem und den anderen Staat eine entsprechende Mitteilung macht.

c) Der Ausschuß befaßt sich mit einer ihm unterbreiteten Sache erst dann, wenn er sich Gewißheit verschafft hat, daß die in der Sache zur Verfügung stehenden innerstaatlichen Rechtsbehelfe in Übereinstimmung mit den allgemein anerkannten Grundsätzen des Völkerrechts eingelegt und erschöpft worden sind. Dies gilt nicht, wenn das Rechtsmittelverfahren/Verfahren bei der Anwendung des Rechtsbehelfs unangemessen lange gedauert hat.

d) Der Ausschuß berät über Mitteilungen auf Grund dieses Artikels in nichtöffentlicher Sitzung.

e) Sofern die Voraussetzungen des Buchstaben c erfüllt sind, stellt der Ausschuß den beteiligten Vertragsstaaten seine guten Dienste zur Verfügung, um eine gütliche Regelung der Sache auf der Grundlage der Achtung der in diesem Pakt anerkannten Menschenrechte und Grundfreiheiten herbeizuführen.

f) Der Ausschuß kann in jeder ihm unterbreiteten Sache die unter Buchstabe b genannten beteiligten Vertragsstaaten auffordern, alle erheblichen Angaben beizubringen.

g) Die unter Buchstabe b genannten beteiligten Vertragsstaaten haben das Recht, sich vertreten zu lassen sowie mündlich und/oder schriftlich Stellung zu nehmen, wenn die Sache vom Ausschuß verhandelt wird.

h) Der Ausschuß legt innerhalb von zwölf Monaten nach Eingang der unter Buchstabe b vorgesehenen Mitteilung einen Bericht vor:

i) Wenn eine Regelung im Sinne von Buchstabe e zustandegekommen ist, beschränkt der Ausschuß seinen Bericht auf eine kurze Darstellung des Sachverhalts und der erzielten Regelung;

ii) wenn eine Regelung im Sinne von Buchstabe e nicht zustandegekommen ist, beschränkt der Ausschuß seinen Bericht auf eine kurze Darstellung des Sachverhalts; die schriftlichen Stellungnahmen und das Protokoll über die mündlichen Stellungnahmen der beteiligten Vertragsparteien sind dem Bericht beizufügen.

In jedem Fall wird der Bericht den beteiligten Vertragsstaaten übermittelt.

(2) Die Bestimmungen dieses Artikels treten in Kraft, wenn zehn Vertragsstaaten Erklärungen nach Absatz 1 abgegeben haben. Diese Erklärungen werden von den Vertragsstaaten beim Generalsekretär der Vereinten Nationen hinterlegt, der den anderen Vertragsstaaten Abschriften davon übermittelt. Eine Erklärung kann jederzeit durch eine an den Generalsekretär gerichtete Notifikation zurückgenommen werden. Eine solche Zurücknahme berührt nicht die Prüfung einer Sache, die Gegenstand einer auf Grund dieses Artikels bereits vorgenommenen Mitteilung ist; nach Eingang der Notifikation über die Zurücknahme der Erklärung beim Generalsekretär wird keine weitere Mitteilung eines Vertragsstaates entgegengenommen, es sei denn, daß der betroffene Vertragsstaat eine neue Erklärung abgegeben hat.

Artikel 42

(1) a) Wird eine nach Artikel 41 an den Ausschuß unterbreitete Sache nicht zur Zufriedenheit der beteiligten Vertragsstaaten geregelt, so kann der Ausschuß mit vorheriger Zustimmung der beteiligten Vertragsstaaten eine (im folgenden als „Kommission" bezeichnete) Ad-hoc-Vergleichskommission einsetzen. Die Kommission stellt den beteiligten Vertragsstaaten ihre guten Dienste zur Verfügung, um auf der Grundlage der Achtung dieses Paktes eine gütliche Regelung der Sache herbeizuführen.

b) Die Kommission besteht aus fünf mit Einverständnis der beteiligten Vertragsstaaten ernannten Personen. Können sich die beteiligten Vertragsstaaten nicht innerhalb von drei Monaten über die vollständige oder teilweise Zusammensetzung, der Kommission einigen, so wählt der Ausschuß aus seiner Mitte die Kommissionsmitglieder, über die keine Einigung erzielt worden ist, in geheimer Abstimmung mit einer Mehrheit von zwei Dritteln seiner Mitglieder.

(2) Die Mitglieder der Kommission sind in ihrer persönlichen Eigenschaft tätig. Sie dürfen nicht Staatsangehörige der beteiligten Vertragsstaaten, eines Nichtvertragsstaates oder eines Vertragsstaates sein, der die Erklärung gemäß Artikel 41 nicht abgegeben hat.

(3) Die Kommission wählt ihren Vorsitzenden und gibt sich eine Geschäftsordnung.

(4) Die Sitzungen der Kommission finden in der Regel am Sitz der Vereinten Nationen oder beim Büro der Vereinten Nationen in Genf statt. Sie können jedoch auch an jedem anderen geeigneten Ort stattfinden, den die Kommission im Benehmen mit dem Generalsekretär der Vereinten Nationen und den beteiligten Vertragsstaaten bestimmt.

(5) Das im Artikel 36 vorgesehene Sekretariat steht auch den auf Grund dieses Artikels eingesetzten Kommissionen zur Verfügung.

(6) Die dem Ausschuß zugegangenen und von ihm zusammengestellten Angaben sind der Kommission zugänglich zu machen, und die Kommission kann die beteiligten Vertragsstaaten um weitere erhebliche Angaben ersuchen.

(7) Die Kommission legt, sobald sie die Sache vollständig geprüft hat, keinesfalls jedoch später als zwölf Monate, nachdem sie damit befaßt worden ist, dem Vorsitzenden des Ausschusses einen Bericht zur Übermittlung an die beteiligten Vertragsstaaten vor:

a) Wenn die Kommission die Prüfung der Sache nicht innerhalb von zwölf Monaten abschließen kann, beschränkt sie ihren Bericht auf eine kurze Darstellung des Standes ihrer Prüfung;

b) wenn die Sache auf der Grundlage der Achtung der in diesem Pakt anerkannten Menschenrechte gütlich geregelt worden ist, beschränkt die Kommission ihren Bericht auf eine kurze Darstellung des Sachverhalts und der erzielten Regelung;

c) wenn eine Regelung im Sinne von Buchstabe b nicht erzielt worden ist, nimmt die Kommission in ihren Bericht ihre Feststellungen zu allen für den Streit zwischen den beteiligten Vertragsstaaten erheblichen Sachfragen sowie ihre Ansichten über Möglichkeiten einer gütlichen Regelung auf. Der Bericht enthält auch die schriftlichen Stellungnahmen der beteiligten Vertragsstaaten und ein Protokoll über ihre mündlichen Stellungnahmen;

d) wenn der Bericht der Kommission gemäß Buchstabe c vorgelegt wird, teilen die beteiligten Vertragsstaaten dem Vorsitzenden des Ausschusses innerhalb von drei Monaten nach Erhalt des Berichts mit, ob sie mit dem Inhalt des Kommissionsberichts einverstanden sind.

(8) Die Bestimmungen dieses Artikels lassen die in Artikel 41 vorgesehenen Aufgaben des Ausschusses unberührt.

(9) Die beteiligten Vertragsstaaten tragen gleichermaßen alle Ausgaben der Kommissionsmitglieder auf der Grundlage von Voranschlägen die der Generalsekretär der Vereinten Nationen erstellt.

(10) Der Generalsekretär der Vereinten Nationen ist befugt, erforderlichenfalls die Ausgaben der Kommissionsmitglieder zu bestreiten, bevor die beteiligten Vertragsstaaten sie nach Absatz 9 erstattet haben.

Artikel 43

Die Mitglieder des Ausschusses und der Ad-hoc-Vergleichskommissionen, die nach Artikel 42 bestimmt werden können, haben Anspruch auf die Erleichterungen, Vorrechte und Immunitäten, die in den einschlägigen Abschnitten des Übereinkommens über die Vorrechte und Immunitäten der Vereinten Nationen für die im Auftrag der

Vereinten Nationen tätigen Sachverständigen vorgesehen sind.

Artikel 44

Die Bestimmungen über die Durchführung dieses Paktes sind unbeschadet der Verfahren anzuwenden, die auf dem Gebiet der Menschenrechte durch oder auf Grund der Satzungen und Übereinkommen der Vereinten Nationen und der Sonderorganisationen vorgeschrieben sind, und hindern die Vertragsstaaten nicht, in Übereinstimmung mit den zwischen ihnen in Kraft befindlichen allgemeinen oder besonderen internationalen Übereinkünften, andere Verfahren zur Beilegung von Streitigkeiten anzuwenden.

Artikel 45

Der Ausschuß legt der Generalversammlung der Vereinten Nationen auf dem Wege über den Wirtschafts- und Sozialrat einen Jahresbericht über seine Tätigkeit vor.

TEIL V

Artikel 46

Keine Bestimmung dieses Paktes ist so auszulegen, daß sie die Bestimmungen der Satzung der Vereinten Nationen und der Satzungen der Sonderorganisationen beschränkt, in denen die jeweiligen Aufgaben der verschiedenen Organe der Vereinten Nationen und der Sonderorganisationen hinsichtlich der in diesem Pakt behandelten Fragen geregelt sind.

Artikel 47

Keine Bestimmung dieses Paktes ist so auszulegen, daß sie das allen Völkern innewohnende Recht auf den Genuß und die volle und freie Nutzung ihrer natürlichen Reichtümer und Mittel beeinträchtigt.

TEIL VI

Artikel 48

(1) Dieser Pakt liegt für alle Mitgliedstaaten der Vereinten Nationen, für alle Mitglieder einer ihrer Sonderorganisationen, für alle Vertragsstaaten der Satzung des Internationalen Gerichtshofs und für jeden anderen Staat, den die Generalversammlung der Vereinten Nationen einlädt, Vertragspartei dieses Paktes zu werden, zur Unterzeichnung auf.

(2) Dieser Pakt bedarf der Ratifikation. Die Ratifikationsurkunden sind beim Generalsekretär der Vereinten Nationen zu hinterlegen.

(3) Dieser Pakt liegt für jeden in Absatz 1 bezeichneten Staat zum Beitritt auf.

(4) Der Beitritt erfolgt durch Hinterlegung einer Beitrittsurkunde beim Generalsekretär der Vereinten Nationen.

(5) Der Generalsekretär der Vereinten Nationen unterrichtet alle Staaten, die diesen Pakt unterzeichnet haben oder ihm beigetreten sind, von der Hinterlegung jeder Ratifikations- oder Beitrittsurkunde.

Artikel 49

(1) Dieser Pakt tritt drei Monate nach Hinterlegung der fünfunddreißigsten Ratifikations- oder Beitrittsurkunde beim Generalsekretär der Vereinten Nationen in Kraft.

(2) Für jeden Staat, der nach Hinterlegung der fünfunddreißigsten Ratifikations- oder Beitrittsurkunde diesen Pakt ratifiziert oder ihm beitritt, tritt er drei Monate nach Hinterlegung seiner eigenen Ratifikations- oder Beitrittsurkunde in Kraft.

Artikel 50

Die Bestimmungen dieses Paktes gelten ohne Einschränkung oder Ausnahme für alle Teile eines Bundesstaates.

Artikel 51

(1) Jeder Vertragsstaat kann eine Änderung des Paktes vorschlagen und ihren Wortlaut beim Generalsekretär der Vereinten Nationen einreichen. Der Generalsekretär übermittelt sodann alle Änderungsvorschläge den Vertragsstaaten mit der Aufforderung, ihm mitzuteilen, ob sie eine Konferenz der Vertragsstaaten zur Beratung und Abstimmung über die Vorschläge befürworten. Befürwortet wenigstens ein Drittel der Vertragsstaaten eine solche Konferenz, so beruft der Generalsekretär die Konferenz unter der Schirmherrschaft der Vereinten Nationen ein. Jede Änderung, die von der Mehrheit der auf der Konferenz anwesenden und abstimmenden Vertragsstaaten angenommen wird, ist der Generalversammlung der Vereinten Nationen zur Genehmigung vorzulegen.

(2) Die Änderungen treten in Kraft, wenn sie von der Generalversammlung der Vereinten Nationen genehmigt und von einer Zweidrittelmehrheit der Vertragsstaaten nach Maßgabe der in ihrer Verfassung vorgesehenen Verfahren angenommen worden sind.

(3) Treten die Änderungen in Kraft, so sind sie für die Vertragsstaaten, die sie angenommen haben, verbindlich, während für die anderen Vertragsstaaten weiterhin die Bestimmungen dieses Paktes und alle früher von ihnen angenommenen Änderungen gelten.

Artikel 52

Unabhängig von den Notifikationen nach Artikel 48 Absatz 5 unterrichtet der Generalsekretär der Vereinten Nationen alle in Absatz 1 jenes Artikels bezeichneten Staaten von

a) den Unterzeichnungen, Ratifikationen und Beitritten nach Artikel 48;

b) dem Datum des Inkrafttretens dieses Paktes nach Artikel 49 und dem Datum des Inkrafttretens von Änderungen nach Artikel 51.

Artikel 53

(1) Dieser Pakt, dessen chinesischer, englischer, französischer, russischer und spanischer Wortlaut gleichermaßen verbindlich ist, wird im Archiv der Vereinten Nationen hinterlegt.

(2) Der Generalsekretär der Vereinten Nationen übermittelt allen im Artikel 48 bezeichneten Staaten beglaubigte Abschriften dieses Paktes.

ZU URKUND DESSEN haben die von ihren Regierungen hiezu gehörig befugten Unterzeichneten diesen Pakt, der am 19. Dezember 1966 in New York zur Unterzeichnung aufgelegt worden ist, unterschrieben.

15/3. Fakultativprotokoll ICCPR

BGBl 1988/105

Fakultativprotokoll zum Internationalen Pakt über bürgerliche und politische Rechte

Die vom Bundespräsidenten unterzeichnete und vom Bundeskanzler gegengezeichnete Ratifikationsurkunde wurde am 10. Dezember 1987 beim Generalsekretär der Vereinten Nationen hinterlegt; das Protokoll tritt gemäß seinem Art. 9 Abs. 2 für Österreich mit 10. März 1988 in Kraft.

Vorbehalt Österreich

Die Republik Österreich ratifiziert das Fakultativprotokoll zum Internationalen Pakt über bürgerliche und politische Rechte mit der Maßgabe, daß – über die Bestimmungen des Artikels 5 Absatz 2 dieses Protokolls hinaus – der mit Artikel 28 des Paktes eingerichtete Ausschuß für Menschenrechte eine Mitteilung einer Person nur dann behandelt, wenn klargestellt ist, daß dieselbe Angelegenheit nicht bereits von der durch die europäische Konvention zum Schutze der Menschenrechte und Grundfreiheiten eingerichteten Europäischen Kommission für Menschenrechte geprüft worden ist.

DIE VERTRAGSSTAATEN DIESES PROTOKOLLS,

IN DER ERWÄGUNG, daß es zur weiteren Verwirklichung der Ziele des Paktes über bürgerliche und politische Rechte[1] (im folgenden als „Pakt” bezeichnet) und zur Durchführung seiner Bestimmungen angebracht wäre, den nach Teil IV des Paktes errichteten Ausschuß für Menschenrechte (im folgenden als „Ausschuß” bezeichnet) zu ermächtigen, nach Maßgabe dieses Protokolls Mitteilungen von Personen, die behaupten, Opfer einer Verletzung der in diesem Pakt anerkannten Rechte zu sein, entgegenzunehmen und zu prüfen,

haben folgendes vereinbart:

Artikel 1

Jeder Vertragsstaat des Paktes, der Vertragspartei dieses Protokolls wird, anerkennt die Zuständigkeit des Ausschusses zur Entgegennahme und Prüfung von Mitteilungen seiner Jurisdiktion unterstehender Personen, die behaupten, Opfer einer Verletzung der in diesem Pakt anerkannten Rechte durch diesen Vertragsstaat zu sein. Der Ausschuß darf keine Mitteilung entgegennehmen, die einen Vertragsstaat des Paktes betrifft, der nicht Vertragspartei dieses Protokolls ist.

[1] *Kundgemacht in BGBl. Nr. 591/1978*

Artikel 2

Vorbehaltlich des Artikels 1 können Personen, die behaupten, in einem ihrer im Pakt anerkannten Rechte verletzt zu sein, und die alle zur Verfügung stehenden innerstaatlichen Rechtsmittel erschöpft haben, dem Ausschuß eine schriftliche Mitteilung zur Prüfung einreichen.

Artikel 3

Der Ausschuß erklärt jede nach diesem Protokoll eingereichte Mitteilung für unzulässig, die anonym ist oder die er für einen Mißbrauch des Rechts auf Einreichung solcher Mitteilungen oder für unvereinbar mit den Bestimmungen des Paktes hält.

Artikel 4

(1) Vorbehaltlich des Artikels 3 bringt der Ausschuß jede ihm nach diesem Protokoll eingereichte Mitteilung dem Vertragsstaat dieses Protokolls, dem vorgeworfen wird, eine Bestimmung des Paktes verletzt zu haben, zur Kenntnis.

(2) Der betroffene Staat hat dem Ausschuß innerhalb von sechs Monaten in Bezug auf die Sache eine schriftliche Erklärung oder Stellungnahme zu übermitteln und die gegebenenfalls von ihm getroffenen Abhilfemaßnahmen mitzuteilen.

Artikel 5

(1) Der Ausschuß prüft die ihm nach diesem Protokoll zugegangenen Mitteilungen unter Berücksichtigung aller ihm von der Person und dem betroffenen Vertragsstaat unterbreiteten schriftlichen Angaben.

(2) Der Ausschuß prüft die Mitteilung einer Person nur, wenn er sich vergewissert hat, daß

a) dieselbe Sache nicht bereits vor einer anderen internationalen Untersuchungs- oder Ausgleichsinstanz geprüft wird;

b) die Person alle zur Verfügung stehenden innerstaatlichen Rechtsmittel erschöpft hat. Dies gilt jedoch nicht, wenn das Rechtsmittelverfahren unangemessen lange gedauert hat.

(3) Der Ausschuß berät über Mitteilungen auf Grund dieses Protokolls in nichtöffentlicher Sitzung.

(4) Der Ausschuß teilt seine Auffassungen dem betroffenen Vertragsstaat und der Person mit.

Artikel 6

Der Ausschuß nimmt in seinen Jahresbericht nach Artikel 45 des Paktes eine Übersicht über seine Tätigkeit auf Grund dieses Protokolls auf.

Artikel 7

Bis zur Verwirklichung der Ziele der Entschließung 1514 (XV) der Generalversammlung der Vereinten Nationen vom 14. Dezember 1960 betreffend die Erklärung über die Gewährung der Unabhängigkeit an Kolonialgebiete und Kolonialvölker wird das diesen Völkern durch die Satzung der Vereinten Nationen und andere internationale Übereinkommen und Vereinbarungen im Rahmen der Vereinten Nationen und ihrer Sonderorganisationen gewährte Petitionsrecht durch dieses Protokoll in keiner Weise eingeschränkt.

Artikel 8

(1) Dieses Protokoll liegt für jeden Staat, der den Pakt unterzeichnet hat, zur Unterzeichnung auf.

(2) Dieses Protokoll bedarf der Ratifikation, die von allen Staaten vorgenommen werden kann, die den Pakt ratifiziert haben oder ihm beigetreten sind. Die Ratifikationsurkunden sind beim Generalsekretär der Vereinten Nationen zu hinterlegen.

(3) Dieses Protokoll liegt für jeden Staat, der den Pakt ratifiziert hat oder ihm beigetreten ist, zum Beitritt auf.

(4) Der Beitritt erfolgt durch Hinterlegung einer Beitrittsurkunde beim Generalsekretär der Vereinten Nationen.

(5) Der Generalsekretär der Vereinten Nationen unterrichtet alle Staaten, die dieses Protokoll unterzeichnet haben oder ihm beigetreten sind, von der Hinterlegung jeder Ratifikations- oder Beitrittsurkunde.

Artikel 9

(1) Vorbehaltlich des Inkrafttretens des Paktes tritt dieses Protokoll drei Monate nach Hinterlegung der zehnten Ratifikations- oder Beitrittsurkunde beim Generalsekretär der Vereinten Nationen in Kraft.

(2) Für jeden Staat, der nach Hinterlegung der zehnten Ratifikations- oder Beitrittsurkunde dieses Protokoll ratifiziert oder ihm beitritt, tritt es drei Monate nach Hinterlegung seiner eigenen Ratifikations- oder Beitrittsurkunde in Kraft.

Artikel 10

Die Bestimmungen dieses Protokolls gelten ohne Einschränkung oder Ausnahme für alle T eile eines Bundesstaates.

Artikel 11

(1) Jeder Vertragsstaat dieses Protokolls kann eine Änderung des Protokolls vorschlagen und ihren Wortlaut beim Generalsekretär der Vereinten Nationen einreichen. Der Generalsekretär übermittelt sodann alle Änderungsvorschläge den Vertragsstaaten dieses Protokolls mit der Aufforderung, ihm mitzuteilen, ob sie eine Konferenz der Vertragsstaaten zur Beratung und Abstimmung über die Vorschläge befürworten. Befürwortet wenigstens ein Drittel der Vertragsstaaten eine solche Konferenz, so beruft der Generalsekretär die Konferenz unter der Schirmherrschaft der Vereinten Nationen ein. Jede Änderung, die von der Mehrheit der auf der Konferenz anwesenden und abstimmenden Vertragsstaaten angenommen wird, ist der Generalversammlung der Vereinten Nationen zur Billigung vorzulegen.

(2) Die Änderungen treten in Kraft, wenn sie von der Generalversammlung der Vereinten Nationen gebilligt und von einer Zweidrittelmehrheit der Vertragsstaaten dieses Protokolls nach Maßgabe der in ihrer Verfassung vorgesehenen Verfahren angenommen worden sind.

(3) Treten die Änderungen in Kraft, so sind sie für die Vertragsstaaten, die sie angenommen haben, verbindlich, während für die anderen Vertragsstaaten weiterhin die Bestimmungen dieses Protokolls und alle früher von ihnen angenommenen Änderungen gelten.

Artikel 12

(1) Jeder Vertragsstaat kann dieses Protokoll jederzeit durch schriftliche Notifikation an den Generalsekretär der Vereinten Nationen kündigen. Die Kündigung wird drei Monate nach Eingang der Notifikation beim Generalsekretär wirksam.

(2) Die Kündigung berührt nicht die weitere Anwendung dieses Protokolls auf Mitteilungen nach Artikel 2, die vor dem Wirksamwerden der Kündigung eingereicht worden sind.

Artikel 13

Unabhängig von den Notifikationen nach Artikel 8 Abs. 5 dieses Protokolls unterrichtet der Generalsekretär der Vereinten Nationen alle in Artikel 48 Abs. 1 des Paktes bezeichneten Staaten von

a) den Unterzeichnungen, Ratifikationen und Beitritten nach Artikel 8;

b) dem Datum des Inkrafttretens dieses Protokolls nach Artikel 9 und dem Datum des Inkrafttretens von Änderungen nach Artikel 11;

c) Kündigungen nach Artikel 12.

Artikel 14

(1) Dieses Protokoll, dessen chinesischer, englischer, französischer, russischer und spanischer Wortlaut gleichermaßen authentisch ist, wird im Archiv der Vereinten Nationen hinterlegt.

(2) Der Generalsekretär der Vereinten Nationen übermittelt allen in Artikel 48 des Paktes bezeichneten Staaten beglaubigte Abschriften dieses Protokolls.

ZU URKUND DESSEN haben die von ihren Regierungen hiezu gehörig befugten Unterzeichneten dieses Protokoll, welches am 19. Dezember 1966 in New York zur Unterzeichnung aufgelegt worden ist, unterschrieben.

15/4. 2. Fakultativprotokoll ICCPR

BGBl 1993/333

Zweites Fakultativprotokoll zu dem Internationalen Pakt über bürgerliche und politische Rechte zur Abschaffung der Todesstrafe

Die vom Bundespräsidenten unterzeichnete und vom Bundeskanzler gegengezeichnete Ratifikationsurkunde wurde am 2. März 1993 beim Generalsekretär der Vereinten Nationen hinterlegt; das Fakultativprotokoll tritt gemäß seinem Art. 8 Abs. 2 für Österreich mit 2. Juni 1993 in Kraft.

DIE VERTRAGSSTAATEN DIESES PROTOKOLLS –

IM VERTRAUEN DARAUF, daß die Abschaffung der Todesstrafe zur Förderung der Menschenwürde und zur fortschreitenden Entwicklung der Menschenrechte beitragt,

UNTER HINWEIS AUF Artikel 3 der am 10. Dezember 1948 angenommenen Allgemeinen Erklärung der Menschenrechte und auf Artikel 6 des am 16. Dezember 1966 angenommenen Internationalen Paktes über bürgerliche und politische Rechte[1)],

IN ANBETRACHT DESSEN, daß Artikel 6 des Internationalen Paktes über bürgerliche und politische Rechte auf die Abschaffung der Todesstrafe in einer Weise Bezug nimmt, die eindeutig zu verstehen gibt, daß die Abschaffung wünschenswert ist,

ÜBERZEUGT, daß alle Maßnahmen zur Abschaffung der Todesstrafe im Hinblick auf die Wahrung des Rechtes auf Leben einen Fortschritt bedeuten,

IN DEM WUNSCH, hiermit eine internationale Verpflichtung zur Abschaffung der Todesstrafe einzugehen –

HABEN folgendes VEREINBART:

Artikel 1

(1) Niemand, der der Jurisdiktion eines Vertragsstaates dieses Fakultativprotokolls untersteht, darf hingerichtet werden.

(2) Jeder Vertragsstaat ergreift alle erforderlichen Maßnahmen, um die Todesstrafe in seinem Hoheitsbereich abzuschaffen.

[1)] Kundgemacht in BGBl. Nr. 591/1978

Artikel 2

(1) Vorbehalte zu diesem Protokoll sind nicht zulässig, ausgenommen ein im Zeitpunkt der Ratifikation oder des Beitritts angebrachter Vorbehalt, der die Anwendung der Todesstrafe in Kriegszeiten wegen eines in Kriegszeiten begangenen besonders schweren Verbrechens militärischer Art vorsieht.

(2) Ein Vertragsstaat, der einen solchen Vorbehalt anbringt, wird dem Generalsekretär der Vereinten Nationen im Zeitpunkt der Ratifikation oder des Beitritts die in Kriegszeiten anzuwendenden einschlägigen Bestimmungen seiner innerstaatlichen Rechtsvorschriften mitteilen.

(3) Ein Vertragsstaat, der einen solchen Vorbehalt angebracht hat, wird dem Generalsekretär der Vereinten Nationen Beginn und Ende eines für sein Hoheitsgebiet geltenden Kriegszustandes notifizieren.

Artikel 3

Die Vertragsstaaten dieses Protokolls nehmen in die Berichte, die sie nach Artikel 40 des Paktes dem Ausschuß für Menschenrechte vorlegen, Angaben über die von ihnen zur Verwirklichung dieses Protokolls getroffenen Maßnahmen auf.

Artikel 4

Für die Vertragsstaaten des Paktes, die eine Erklärung nach Artikel 41 abgegeben haben, erstreckt sich die Zuständigkeit des Ausschusses für Menschenrechte zur Entgegennahme und Prüfung von Mitteilungen, in denen ein Vertragsstaat geltend macht, ein anderer Vertragsstaat komme seinen Verpflichtungen nicht nach, auf dieses Protokoll, sofern nicht der betreffende Vertragsstaat im Zeitpunkt der Ratifikation oder des Beitritts eine gegenteilige Erklärung abgegeben hat.

Artikel 5

Für die Vertragsstaaten des am 16. Dezember 1966 angenommenen (Ersten) Fakultativprotokolls zu dem Internationalen Pakt über bürgerliche und politische Rechte[1)] erstreckt sich die Zuständigkeit des Ausschusses für Menschenrechte zur

Zu Artikel 5:

[1)] Kundgemacht in BGBl. Nr. 105/1988

Entgegennahme und Prüfung von Mitteilungen ihrer Jurisdiktion unterstehender Personen auf dieses Protokoll, sofern nicht der betreffende Vertragsstaat im Zeitpunkt der Ratifikation oder des Beitritts eine gegenteilige Erklärung abgegeben hat.

Artikel 6

(1) Die Bestimmungen dieses Protokolls werden als Zusatzbestimmungen zu dem Pakt angewendet.

(2) Unbeschadet der Möglichkeit eines Vorbehaltes nach Artikel 2 dieses Protokolls darf das in Artikel 1 Absatz 1 des Protokolls gewährleistete Recht nicht nach Artikel 4 des Paktes außer Kraft gesetzt werden.

Artikel 7

(1) Dieses Protokoll liegt für jeden Staat, der den Pakt unterzeichnet hat, zur Unterzeichnung auf.

(2) Dieses Protokoll bedarf der Ratifikation, die von allen Staaten vorgenommen werden kann, die den Pakt ratifiziert haben oder ihm beigetreten sind. Die Ratifikationsurkunden werden beim Generalsekretär der Vereinten Nationen hinterlegt.

(3) Dieses Protokoll steht jedem Staat, der den Pakt ratifiziert hat oder ihm beigetreten ist, zum Beitritt offen.

(4) Der Beitritt erfolgt durch Hinterlegung einer Beitrittsurkunde beim Generalsekretär der Vereinten Nationen.

(5) Der Generalsekretär der Vereinten Nationen unterrichtet alle Staaten, die dieses Protokoll unterzeichnet haben oder ihm beigetreten sind, von der Hinterlegung jeder Ratifikations- oder Beitrittsurkunde.

Artikel 8

(1) Dieses Protokoll tritt drei Monate nach Hinterlegung der zehnten Ratifikations- oder Beitrittsurkunde beim Generalsekretär der Vereinten Nationen in Kraft.

(2) Für jeden Staat, der nach Hinterlegung der zehnten Ratifikations- oder Beitrittsurkunde dieses Protokoll ratifiziert oder ihm beitritt, tritt es drei Monate nach Hinterlegung seiner eigenen Ratifikations- oder Beitrittsurkunde in Kraft.

Artikel 9

Die Bestimmungen dieses Protokolls gelten ohne Einschränkung oder Ausnahme für alle Teile eines Bundesstaats.

Artikel 10

Der Generalsekretär der Vereinten Nationen unterrichtet alle in Artikel 48 Absatz 1 des Paktes bezeichneten Staaten

a) von Vorbehalten, Mitteilungen und Notifikationen nach Artikel 2 dieses Protokolls;

b) von Erklärungen nach Artikel 4 oder 5 dieses Protokolls;

c) von Unterzeichnungen, Ratifikationen und Beitritten nach Artikel 7 dieses Protokolls;

d) vom Zeitpunkt des Inkrafttretens dieses Protokolls nach seinem Artikel 8.

Artikel 11

(1) Dieses Protokoll, dessen arabischer, chinesischer, englischer, französischer, russischer und spanischer Wortlaut gleichermaßen authentisch ist, wird im Archiv der Vereinten Nationen hinterlegt.

(2) Der Generalsekretär der Vereinten Nationen übermittelt allen in Artikel 48 des Paktes bezeichneten Staaten beglaubigte Abschriften dieses Protokolls.

15/5. Internationaler Pakt über wirtschaftliche, soziale und kulturelle Rechte

BGBl 1978/590

Internationaler Pakt über wirtschaftliche, soziale und kulturelle Rechte

Die vom Bundespräsidenten unterzeichnete und vom Vizekanzler gegengezeichnete Ratifikationsurkunde wurde am 10. September 1978 hinterlegt; dieser Staatsvertrag tritt gemäß seinem Art. 27 Abs. 2 für Österreich am 10. Dezember 1978 in Kraft.

DIE VERTRAGSSTAATEN DIESES PAKTES

IN DER ERWÄGUNG, daß nach den in der Satzung der Vereinten Nationen verkündeten Grundsätzen die Anerkennung der allen Mitgliedern der menschlichen Gesellschaft innewohnenden Würde und der Gleichheit und Unveräußerlichkeit ihrer Rechte die Grundlage von Freiheit, Gerechtigkeit und Frieden in der Welt bildet,

IN DER ERKENNTNIS, daß sich diese Rechte aus der dem Menschen innewohnenden Würde herleiten,

IN DER ERKENNTNIS, daß nach der Allgemeinen Erklärung der Menschenrechte das Ideal vom freien Menschen, der frei von Furcht und Not lebt, nur verwirklicht werden kann, wenn Verhältnisse geschaffen werden, in denen jeder seine wirtschaftlichen, sozialen und kulturellen Rechte ebenso wie seine bürgerlichen und politischen Rechte genießen kann,

IN DER ERWÄGUNG, daß die Satzung der Vereinten Nationen die Staaten verpflichtet, die allgemeine und wirksame Achtung der Rechte und Freiheiten des Menschen zu fördern,

IM HINBLICK DARAUF, daß der einzelne gegenüber seinen Mitmenschen und der Gemeinschaft, der er angehört, Pflichten hat und gehalten ist, für die Förderung und Achtung der in diesem Pakt anerkannten Rechte einzutreten,

VEREINBAREN folgende Artikel:

TEIL I

Artikel 1

(1) Alle Völker haben das Recht auf Selbstbestimmung. Kraft dieses Rechts entscheiden sie frei über ihren politischen Status und gestalten in Freiheit ihre wirtschaftliche, soziale und kulturelle Entwicklung.

(2) Alle Völker können für ihre eigenen Zwecke frei über ihre natürlichen Reichtümer und Mittel verfügen, unbeschadet aller Verpflichtungen, die aus der internationalen wirtschaftlichen Zusammenarbeit auf der Grundlage des gegenseitigen Wohles sowie aus dem Völkerrecht erwachsen. In keinem Fall darf ein Volk seiner eigenen Existenzmittel beraubt werden.

(3) Die Vertragsstaaten, einschließlich der Staaten, die für die Verwaltung von Gebieten ohne Selbstregierung und von Treuhandgebieten verantwortlich sind, haben entsprechend der Satzung der Vereinten Nationen die Verwirklichung des Rechtes auf Selbstbestimmung zu fördern und dieses Recht zu achten.

TEIL II

Artikel 2

(1) Jeder Vertragsstaat verpflichtet sich, einzeln und durch internationale Hilfe und Zusammenarbeit, insbesondere wirtschaftlicher und technischer Art, unter Ausschöpfung aller seiner Möglichkeiten Maßnahmen zu treffen, um nach und nach mit allen geeigneten Mitteln, vor allem durch gesetzgeberische Maßnahmen, die volle Verwirklichung der in diesem Pakt anerkannten Rechte zu erreichen.

(2) Die Vertragsstaaten verpflichten sich zu gewährleisten, daß die in diesem Pakt verkündeten Rechte ohne Diskriminierung hinsichtlich der Rasse, der Hautfarbe, des Geschlechts, der Sprache, der Religion, der politischen oder sonstigen Anschauung, der nationalen oder sozialen Herkunft, des Vermögens, der Geburt oder des sonstigen Status ausgeübt werden.

(3) Entwicklungsländer können unter gebührender Berücksichtigung der Menschenrechte und der Erfordernisse ihrer Volkswirtschaft entscheiden, inwieweit sie Personen, die nicht ihre Staatsangehörigkeit besitzen, die in diesem Pakt anerkannten wirtschaftlichen Rechte gewährleisten wollen.

Artikel 3

Die Vertragsstaaten verpflichten sich, die Gleichberechtigung von Mann und Frau bei der Ausübung aller in diesem Pakt festgelegten wirtschaftlichen, sozialen und kulturellen Rechte sicherzustellen.

Artikel 4

Die Vertragsstaaten anerkennen, daß ein Staat die Ausübung der von ihm gemäß diesem Pakt gewährleisteten Rechte nur solchen Einschränkungen unterwerfen darf, die gesetzlich vorgesehen und mit der Natur dieser Rechte vereinbar sind und deren ausschließlicher Zweck es ist, das allgemeine Wohl in einer demokratischen Gesellschaft zu fördern.

Artikel 5

(1) Keine Bestimmung dieses Paktes darf dahin ausgelegt werden, daß sie für einen Staat, eine Gruppe oder eine Person das Recht begründet, eine Tätigkeit auszuüben oder eine Handlung zu begehen, die auf die Abschaffung der in diesem Pakt anerkannten Rechte und Freiheiten oder auf weitergehende Beschränkungen dieser Rechte und Freiheiten, als in dem Pakt vorgesehen, hinzielt.

(2) Die in einem Land durch Gesetze, Übereinkommen, Verordnungen oder durch Gewohnheitsrecht anerkannten oder bestehenden grundlegenden Menschenrechte dürfen nicht unter dem Vorwand beschränkt oder außer Kraft gesetzt werden, daß dieser Pakt derartige Rechte nicht oder nur in einem geringeren Ausmaße anerkenne.

TEIL III

Artikel 6

(1) Die Vertragsstaaten anerkennen das Recht auf Arbeit, welches das Recht jedes Einzelnen auf die Möglichkeit, seinen Lebensunterhalt durch frei gewählte oder angenommene Arbeit zu verdienen, umfaßt, und unternehmen geeignete Schritte zum Schutze dieses Rechts.

(2) Die von einem Vertragsstaat zur vollen Verwirklichung dieses Rechts zu unternehmenden Schritte umfassen fachliche und berufliche Beratung und Ausbildungsprogramme sowie die Festlegung von Grundsätzen, Maßnahmen und Verfahren zur Erzielung einer stetigen wirtschaftlichen, sozialen und kulturellen Entwicklung und einer produktiven Vollbeschäftigung unter Bedingungen, welche die politischen und wirtschaftlichen Grundfreiheiten des Einzelnen schützen.

Artikel 7

Die Vertragsstaaten anerkennen das Recht eines jeden auf gerechte und günstige Arbeitsbedingungen, durch die insbesondere gewährleistet wird

a) ein Arbeitsentgelt, das allen Arbeitnehmern mindestens sichert

i) angemessenen Lohn und gleiches Entgelt für gleichwertige Arbeit ohne Unterschied; insbesondere wird gewährleistet, daß Frauen keine ungünstigeren Arbeitsbedingungen als Männer haben und daß sie für gleiche Arbeit gleiches Entgelt erhalten,

ii) einen angemessenen Lebensunterhalt für sie und ihre Familien in Übereinstimmung mit diesem Pakt;

b) sichere und gesunde Arbeitsbedingungen;

c) gleiche Möglichkeiten für jedermann, in seiner beruflichen Tätigkeit entsprechend aufzusteigen, wobei keine anderen Gesichtspunkte als Beschäftigungsdauer und Beschäftigung ausschlaggebend sein dürfen;

d) Arbeitspausen, Freizeit, eine angemessene Begrenzung der Arbeitszeit, regelmäßiger bezahlter Urlaub sowie Vergütung gesetzlicher Feiertage.

Artikel 8

(1) Die Vertragsstaaten verpflichten sich, folgende Rechte zu gewährleisten:

a) das Recht eines jeden, zur Förderung und zum Schutz seiner wirtschaflichen und sozialen Interessen Gewerkschaften zu bilden oder einer Gewerkschaft eigener Wahl allein nach Maßgabe ihrer Vorschriften beizutreten. Die Ausübung dieses Rechts darf nur solchen Einschränkungen unterworfen werden, die gesetzlich vorgesehen und in einer demokratischen Gesellschaft im Interesse der nationalen Sicherheit oder der öffentlichen Ordnung oder zum Schutz der Rechte und Freiheiten anderer erforderlich sind;

b) das Recht der Gewerkschaften, nationale Vereinigungen oder Verbände zu gründen, sowie deren Recht, internationale Gewerkschaftsorganisationen zu bilden oder solchen beizutreten;

c) das Recht der Gewerkschaften, sich frei zu betätigen, wobei nur solche Einschränkungen zulässig sind, die gesetzlich vorgesehen und in einer demokratischen Gesellschaft im Interesse der nationalen Sicherheit oder der öffentlichen Ordnung oder zum Schutz der Rechte und Freiheiten anderer erforderlich sind;

d) das Streikrecht, soweit es in Übereinstimmung mit der innerstaatlichen Rechtsordnung ausgeübt wird.

(2) Dieser Artikel schließt nicht aus, daß die Ausübung dieser Rechte durch Angehörige der Streitkräfte, der Polizei oder der öffentlichen Verwaltung rechtlichen Einschränkungen unterworfen wird.

(3) Keine Bestimmung dieses Artikels ermächtigt die Vertragsstaaten des Übereinkommens der Internationalen Arbeitsorganisation von 1948 über die Vereinigungsfreiheit und den Schutz des Vereinigungsrechts, gesetzgeberische Maßnahmen zu treffen oder Gesetze so anzuwenden, daß

die Garantien des oben genannten Übereinkommens beeinträchtigt werden.

Artikel 9

Die Vertragsstaaten anerkennen das Recht eines jeden auf soziale Sicherheit; dieses schließt die Sozialversicherung ein.

Artikel 10

Die Vertragsstaaten anerkennen,

1. daß die Familie als die natürliche Kernzelle der Gesellschaft größtmöglichen Schutz und Beistand genießen soll, insbesondere im Hinblick auf ihre Gründung und solange sie für die Betreuung und Erziehung unterhaltsberechtigter Kinder verantwortlich ist. Eine Ehe darf nur im freien Einverständnis der zukünftigen Ehegatten geschlossen werden;

2. daß Mütter während einer angemessenen Zeit vor und nach der Niederkunft besonderen Schutz genießen sollen. Während dieser Zeit sollen berufstätige Mütter bezahlten Urlaub oder Urlaub mit angemessenen Leistungen aus der sozialen Sicherheit erhalten;

3. daß Sondermaßnahmen zum Schutz und Beistand für alle Kinder und Jugendlichen ohne Diskriminierung aufgrund der Abstammung oder aus sonstigen Gründen getroffen werden sollen. Kinder und Jugendliche sollen vor wirtschaftlicher und sozialer Ausbeutung geschützt werden. Ihre Beschäftigung mit Arbeiten, die ihrer Moral oder Gesundheit schaden, ihr Leben gefährden oder voraussichtlich ihre normale Entwicklung behindern, soll gesetzlich strafbar sein. Die Staaten sollen ferner Altersgrenzen festsetzen, unterhalb derer die entgeltliche Beschäftigung von Kindern gesetzlich verboten und strafbar ist.

Artikel 11

(1) Die Vertragsstaaten anerkennen das Recht eines jeden auf einen angemessenen Lebensstandard für sich und seine Familie einschließlich ausreichender Ernährung, Bekleidung und Unterbringung sowie auf eine stetige Verbesserung der Lebensbedingungen. Die Vertragsstaaten unternehmen geeignete Schritte, um die Verwirklichung dieses Rechts zu gewährleisten, und anerkennen zu diesem Zweck die entscheidende Bedeutung einer internationalen, auf freier Zustimmung beruhenden Zusammenarbeit.

(2) In Anerkennung des grundlegenden Rechts eines jeden, vor Hunger geschützt zu sein, werden die Vertragsstaaten einzeln und im Wege internationaler Zusammenarbeit die erforderlichen Maßnahmen, einschließlich besonderer Programme, durchführen

a) zur Verbesserung der Methoden der Erzeugung, Haltbarmachung und Verteilung von Nahrungsmitteln durch volle Nutzung der technischen und wissenschaftlichen Erkenntnisse, durch Verbreitung der ernährungswissenschaftlichen Grundsätze sowie durch die Entwicklung oder Reform landwirtschaftlicher Systeme mit dem Ziel einer möglichst wirksamen Erschließung und Nutzung der natürlichen Hilfsquellen;

b) zur Sicherung einer dem Bedarf entsprechenden gerechten Verteilung der Nahrungsmittelvorräte der Welt unter Berücksichtigung der Probleme der Nahrungsmittel einführenden und ausführenden Länder

Artikel 12

(1) Die Vertragsstaaten anerkennen das Recht eines jeden auf das für ihn erreichbare Höchstmaß an körperlicher und geistiger Gesundheit.

(2) Die von den Vertragsstaaten zu unternehmenden Schritte zur vollen Verwirklichung dieses Rechtes umfassen die erforderlichen Maßnahmen

a) zur Senkung der Zahl der Totgeburten und der Kindersterblichkeit sowie zur gesunden Entwicklung des Kindes;

b) zur Verbesserung aller Aspekte der Umwelt- und der Arbeitshygiene;

c) zur Vorbeugung, Behandlung und Bekämpfung epidemischer, endemischer, Berufs- und sonstiger Krankheiten;

d) zur Schaffung der Voraussetzungen, die für jedermann im Krankheitsfall den Genuß medizinischer Einrichtungen und ärztlicher Betreuung sicherstellen.

Artikel 13

(1) Die Vertragsstaaten anerkennen das Recht eines jeden auf Bildung. Sie stimmen überein, daß die Bildung auf die volle Entfaltung der menschlichen Persönlichkeit und des Bewußtseins ihrer Würde gerichtet sein und die Achtung vor den Menschenrechten und Grundfreiheiten stärken muß. Sie stimmen ferner überein, daß die Bildung es jedermann ermöglichen muß, eine nützliche Rolle in einer freien Gesellschaft zu spielen, daß sie Verständnis, Toleranz und Freundschaft unter allen Völkern und allen rassischen, ethnischen und religiösen Gruppen fördern sowie die Tätigkeit der Vereinten Nationen zur Erhaltung des Friedens unterstützen muß.

(2) Die Vertragsstaaten anerkennen, daß im Hinblick auf die volle Verwirklichung dieses Rechtes

a) der Grundschulunterricht für jedermann Pflicht und allen unentgeltlich zugänglich sein muß;

b) die verschiedenen Formen des höheren Schulwesens einschließlich des höheren Fach- und Berufsschulwesens auf jede geeignete Weise, insbesondere durch allmähliche Einführung der Unentgeltlichkeit, allgemein verfügbar und jedermann zugänglich gemacht werden müssen;

c) der Hochschulunterricht auf jede geeignete Weise, insbesondere durch allmähliche Einführung der Unentgeltlichkeit, jedermann gleichermaßen entsprechend seinen Fähigkeiten zugänglich gemacht werden muß;

d) eine grundlegende Bildung für Personen, die eine Grundschule nicht besucht oder nicht beendet haben, soweit wie möglich zu fördern oder zu vertiefen ist;

e) die Entwicklung eines Schulsystems auf allen Stufen aktiv voranzutreiben, ein angemessenes Stipendiensystem einzurichten und die wirtschaftliche Lage der Lehrerschaft fortlaufend zu verbessern ist.

(3) Die Vertragsstaaten verpflichten sich, die Freiheit der Eltern und gegebenenfalls des gesetzlichen Vormundes zu achten, für ihre Kinder andere als öffentliche Schulen zu wählen, die den vom Staat gegebenenfalls festgesetzten oder gebilligten bildungspolitischen Mindestnormen entsprechen, sowie die religiöse und sittliche Erziehung ihrer Kinder in Übereinstimmung mit ihren eigenen Überzeugungen sicherzustellen.

(4) Keine Bestimmung dieses Artikels darf dahin ausgelegt werden, daß sie die Freiheit natürlicher oder juristischer Personen beeinträchtigt, Bildungseinrichtungen zu schaffen und zu leiten, sofern die im Absatz 1 niedergelegten Grundsätze beachtet werden und die in solchen Einrichtungen vermittelte Bildung den vom Staat gegebenenfalls festgesetzten Mindestnormen entspricht.

Artikel 14

Jeder Vertragsstaat, der zu dem Zeitpunkt, da er Vertragspartei wird, im Mutterland oder in sonstigen seiner Hoheitsgewalt unterstehenden Gebieten noch nicht die Grundschulpflicht auf der Grundlage der Unentgeltlichkeit einführen konnte, verpflichtet sich, binnen zwei Jahren einen ausführlichen Aktionsplan auszuarbeiten und anzunehmen, der die schrittweise Verwirklichung des Grundsatzes der unentgeltlichen allgemeinen Schulpflicht innerhalb einer angemessenen, in dem Plan festzulegenden Zahl von Jahren vorsieht.

Artikel 15

(1) Die Vertragsstaaten anerkennen das Recht eines jeden,

a) am kulturellen Leben teilzunehmen;

b) an den Errungenschaften des wissenschaftlichen Fortschritts und seiner Anwendung teilzuhaben;

c) den Schutz der geistigen und materiellen Interessen zu genießen, die ihm als Urheber von Werken der Wissenschaft, Literatur oder Kunst erwachsen.

(2) Die von den Vertragsstaaten zu unternehmenden Schritte zur vollen Verwirklichung dieses Rechts umfassen die zur Erhaltung, Entwicklung und Verbreitung von Wissenschaft und Kultur erforderlichen Maßnahmen.

(3) Die Vertragsstaaten verpflichten sich, die zu wissenschaftlicher Forschung und schöpferischer Tätigkeit unerläßliche Freiheit zu achten.

(4) Die Vertragsstaaten anerkennen die Vorteile, die sich aus der Förderung und Entwicklung internationaler Kontakte und Zusammenarbeit auf wissenschaftlichem und kulturellem Gebiet ergeben.

TEIL IV

Artikel 16

(1) Die Vertragsstaaten verpflichten sich, nach Maßgabe dieses Teiles Berichte über die von ihnen getroffenen Maßnahmen und über die Fortschritte vorzulegen, die hinsichtlich der Beachtung der in dem Pakt anerkannten Rechte erzielt wurden.

(2) a) Alle Berichte werden dem Generalsekretär der Vereinten Nationen vorgelegt, der sie abschriftlich dem Wirtschafts- und Sozialrat übermittelt, damit dieser sie nach Maßgabe dieses Paktes prüft;

b) Sind Vertragsstaaten gleichzeitig Mitglieder von Sonderorganisationen, so übermittelt der Generalsekretär der Vereinten Nationen ihre Berichte oder einschlägige Teile solcher Berichte abschriftlich auch den Sonderorganisationen, soweit diese Berichte oder Teile sich auf Angelegenheiten beziehen, die nach den Satzungen dieser Organisationen in deren Aufgabenbereich fallen.

Artikel 17

(1) Die Vertragsstaaten legen ihre Berichte abschnittsweise nach Maßgabe eines Programms vor, das vom Wirtschafts- und Sozialrat binnen eines Jahres nach Inkrafttreten dieses Paktes nach Konsultation der Vertragsstaaten und der betroffenen Sonderorganisationen aufzustellen ist.

(2) Die Berichte können Hinweise auf Umstände und Schwierigkeiten enthalten, die das Ausmaß der Erfüllung der Verpflichtungen aus diesem Pakt beeinflussen.

(3) Hat ein Vertragsstaat den Vereinten Nationen oder einer Sonderorganisation bereits sachdienliche Angaben gemacht, so brauchen diese

nicht wiederholt zu werden, vielmehr genügt eine genaue Bezugnahme auf diese Angabe.

Artikel 18

Im Rahmen des ihm durch die Satzung der Vereinten Nationen auf dem Gebiet der Menschenrechte und Grundfreiheiten zugewiesenen Aufgabenbereichs kann der Wirtschafts- und Sozialrat mit den Sonderorganisationen Vereinbarungen bezüglich ihrer Berichterstattung über die Fortschritte treffen, die bei der Beachtung der in ihren Tätigkeitsbereich fallenden Bestimmungen dieses Paktes erzielt wurden. Diese Berichte können Einzelheiten der von ihren zuständigen Organen angenommenen Beschlüsse und Empfehlungen über Maßnahmen zur Erfüllung dieser Bestimmungen enthalten.

Artikel 19

Der Wirtschafts- und Sozialrat kann die von Staaten nach den Artikeln 16 und 17 und die von Sonderorganisationen nach Artikel 18 vorgelegten Berichte über Menschenrechte der Menschenrechtskommission zur Prüfung und allgemeinen Empfehlung oder gegebenenfalls zur Unterrichtung zuleiten.

Artikel 20

Die Vertragsstaaten und die betroffenen Sonderorganisationen können dem Wirtschafts- und Sozialrat Bemerkungen zu jeder allgemeinen Empfehlung nach Artikel 19 oder jede Bezugnahme auf eine solche Empfehlung vorlegen, die in einem Bericht der Menschenrechtskommission oder einem darin erwähnten Schriftstück enthalten ist.

Artikel 21

Der Wirtschafts- und Sozialrat kann der Generalversammlung von Zeit zu Zeit Berichte mit Empfehlungen allgemeiner Art und einer Zusammenfassung der Angaben vorlegen, die er von den Vertragsstaaten und den Sonderorganisationen über Maßnahmen und Fortschritte hinsichtlich der allgemeinen Beachtung der in diesem Pakt anerkannten Rechte erhalten hat.

Artikel 22

Der Wirtschafts- und Sozialrat kann anderen Organen der Vereinten Nationen, ihren Unterorganen und denjenigen Sonderorganisationen, die sich mit technischer Hilfe befassen, alles aus den in diesem Teil erwähnten Berichten mitteilen, was diesen Stellen helfen kann, in ihrem jeweiligen Zuständigkeitsbereich über die Zweckmäßigkeit internationaler Maßnahmen zur wirksamen schrittweisen Durchführung dieses Paktes zu entscheiden.

Artikel 23

Die Vertragsstaaten stimmen überein, daß internationale Maßnahmen zur Verwirklichung der in diesem Pakt anerkannten Rechte u. a. folgendes einschließen: den Abschluß von Übereinkommen, die Annahme von Empfehlungen, die Gewährung technischer Hilfe sowie die Abhaltung von regionalen und Fachtagungen zu Konsultations- und Studienzwecken in Verbindung mit den betreffenden Regierungen.

Artikel 24

Keine Bestimmung dieses Paktes ist so auszulegen, daß sie die Bestimmungen der Satzung der Vereinten Nationen und der Satzungen der Sonderorganisationen beschränkt, in denen die jeweiligen Aufgaben der verschiedenen Organe der Vereinten Nationen und der Sonderorganisationen hinsichtlich der in diesem Pakt behandelten Fragen geregelt sind.

Artikel 25

Keine Bestimmung dieses Paktes ist so auszulegen, daß sie das allen Völkern innewohnende Recht auf den Genuß und die volle und freie Nutzung ihrer natürlichen Reichtümer und Mittel beeinträchtigt.

TEIL V

Artikel 26

(1) Dieser Pakt liegt für alle Mitgliedstaaten der Vereinten Nationen, für alle Mitglieder einer ihrer Sonderorganisationen, für alle Vertragsstaaten der Satzung des Internationalen Gerichtshofs und für jeden anderen Staat, den die Generalversammlung der Vereinten Nationen einlädt, Vertragspartei dieses Paktes zu werden, zur Unterzeichnung auf.

(2) Dieser Pakt bedarf der Ratifikation. Die Ratifikationsurkunden sind beim Generalsekretär der Vereinten Nationen zu hinterlegen.

(3) Dieser Pakt liegt für jeden im Absatz 1 bezeichneten Staat zum Beitritt auf.

(4) Der Beitritt erfolgt durch Hinterlegung einer Beitrittsurkunde beim Generalsekretär der Vereinten Nationen.

(5) Der Generalsekretär der Vereinten Nationen unterrichtet alle Staaten, die diesen Pakt unterzeichnet haben oder ihm beigetreten sind, von der Hinterlegung jeder Ratifikations- oder Beitrittsurkunde.

Artikel 27

(1) Dieser Pakt tritt drei Monate nach Hinterlegung der fünfunddreißigsten Ratifikations- oder Beitrittsurkunde beim Generalsekretär der Vereinten Nationen in Kraft.

(2) Für jeden Staat, der nach Hinterlegung der fünfunddreißigsten Ratifikations- oder Beitrittsurkunde diesen Pakt ratifiziert oder ihm beitritt, tritt er drei Monate nach Hinterlegung seiner eigenen Ratifikations- oder Beitrittsurkunde in Kraft.

Artikel 28

Die Bestimmungen dieses Paktes gelten ohne Einschränkung oder Ausnahme für alle Teile eines Bundesstaates.

Artikel 29

(1) Jeder Vertragsstaat kann eine Änderung des Paktes vorschlagen und ihren Wortlaut beim Generalsekretär der Vereinten Nationen einreichen. Der Generalsekretär übermittelt sodann alle Änderungsvorschläge den Vertragsstaaten mit der Aufforderung, ihm mitzuteilen, ob sie eine Konferenz der Vertragsstaaten zur Beratung und Abstimmung über die Vorschläge befürworten. Befürwortet wenigstens ein Drittel der Vertragsstaaten eine solche Konferenz, so beruft der Generalsekretär die Konferenz unter der Schirmherrschaft der Vereinten Nationen ein. Jede Änderung, die von der Mehrheit der auf der Konferenz anwesenden und abstimmenden Vertragsstaaten angenommen wird, ist der Generalversammlung der Vereinten Nationen zur Genehmigung vorzulegen.

(2) Die Änderungen treten in Kraft, wenn sie von der Generalversammlung der Vereinten Nationen genehmigt und von einer Zweidrittelmehrheit der Vertragsstaaten nach Maßgabe der in ihrer Verfassung vorgesehenen Verfahren angenommen worden sind.

(3) Treten die Änderungen in Kraft, so sind sie für die Vertragsstaaten, die sie angenommen haben, verbindlich, während für die anderen Vertragsstaaten weiterhin die Bestimmungen dieses Paktes und alle früher von ihnen angenommenen Änderungen gelten.

Artikel 30

Unabhängig von den Notifikationen nach Artikel 26 unterrichtet der Generalsekretär der Vereinten Nationen alle in Absatz 1 jenes Artikels bezeichneten Staaten

a) von den Unterzeichnungen, Ratifikationen und Beitritten nach Artikel 26;

b) vom Zeitpunkt des Inkrafttretens dieses Paktes nach Artikel 27 und vom Zeitpunkt des Inkrafttretens von Änderungen nach Artikel 29.

Artikel 31

(1) Dieser Pakt, dessen chinesischer, englischer, französischer, russischer und spanischer Wortlaut gleichermaßen verbindlich ist, wird im Archiv der Vereinten Nationen hinterlegt.

(2) Der Generalsekretär der Vereinten Nationen übermittelt allen in Artikel 26 bezeichneten Staaten beglaubigte Abschriften dieses Paktes.

ZU URKUND DESSEN haben die von ihren Regierungen hiezu gehörig befugten Unterzeichneten diesen Pakt, der am 19. Dezember 1966 in New York zur Unterzeichnung aufgelegt worden ist, unterschrieben.

15/6. Übereinkommen gegen Folter und andere grausame, unmenschliche oder erniedrigende Behandlung oder Strafe

BGBl 1987/492

Übereinkommen gegen Folter und andere grausame, unmenschliche oder erniedrigende Behandlung oder Strafe

(Übersetzung)

ERKLÄRUNGEN

Die Republik Österreich erklärt anläßlich des Beitrittes zum Übereinkommen gegen Folter und andere grausame, unmenschliche oder erniedrigende Behandlung oder Strafe (im folgenden „Übereinkommen" genannt):

1. Österreich wird die Gerichtsbarkeit gemäß Art. 5 des Übereinkommens unabhängig von den Gesetzen des Tatortes in Anspruch nehmen, im Fall des Abs. 1 lit. c jedoch nur dann, wenn eine Strafverfolgung durch einen nach Abs. 1 lit. a und b zur Gerichtsbarkeit berufenen Staat nicht zu erwarten ist.
2. Österreich betrachtet Art. 15 als gesetzliche Grundlage für die darin vorgesehene Unzulässigkeit der Verwendung von Aussagen, die nachweislich durch Folter herbeigeführt worden sind.
3. Österreich anerkennt im Sinne des Art. 21 des Übereinkommens die Zuständigkeit des Ausschusses gegen Folter zur Entgegennahme und Prüfung von Mitteilungen, in denen ein Vertragsstaat geltend macht, ein anderer Vertragsstaat komme seinen Verpflichtungen aus diesem Übereinkommen nicht nach.
4. Österreich anerkennt im Sinne des Art. 22 Abs. 1 die Zuständigkeit des Ausschusses gegen Folter zur Entgegennahme und Prüfung von Mitteilungen einzelner Personen oder im Namen einzelner Personen, die der österreichischen Hoheitsgewalt unterstehen und die geltend machen, Opfer einer Verletzung dieses Übereinkommens zu sein.

Die vom Bundespräsidenten unterzeichnete und vom Bundeskanzler gegengezeichnete Ratifikationsurkunde wurde am 29. Juli 1987 beim Generalsekretär der Vereinten Nationen hinterlegt; das Übereinkommen ist gemäß seinem Art. 27 Abs. 2 für Österreich mit 28. August 1987 in Kraft getreten.

Nach Mitteilungen des Generalsekretärs der Vereinten Nationen haben folgende weitere Staaten ihre Ratifikations- bzw. Beitrittsurkunden hinterlegt:

Afghanistan, Ägypten, Argentinien, Belize, Bulgarien, Dänemark, Frankreich, Kamerun, Mexiko, Norwegen, Philippinen, Schweden, Schweiz, Senegal, Sowjetunion, Uganda, Ukraine, Ungarn, Uruguay und Weißrußland.

DIE VERTRAGSSTAATEN DIESES ÜBEREINKOMMENS

IN DER ERWÄGUNG, daß nach den in der Satzung der Vereinten Nationen[1] verkündeten Grundsätzen die Anerkennung der Gleichheit und Unveräußerlichkeit der Rechte aller Mitglieder der menschlichen Gesellschaft die Grundlage von Freiheit, Gerechtigkeit und Frieden in der Welt bildet,

IN DER ERKENNTNIS, daß sich diese Rechte aus der dem Menschen innewohnenden Würde herleiten,

IN DER ERWÄGUNG, daß die Satzung, insbesondere Artikel 55, die Staaten verpflichtet, die allgemeine Achtung und Verwirklichung der Menschenrechte und Grundfreiheiten zu fördern,

IM HINBLICK auf Artikel 5 der Allgemeinen Erklärung der Menschenrechte und Artikel 7 des Internationalen Paktes über bürgerliche und politische Rechte[2], die beide vorsehen, daß niemand der Folter oder grausamer, unmenschlicher oder erniedrigender Behandlung oder Strafe unterworfen werden darf,

SOWIE IM HINBLICK auf die von der Generalversammlung am 9. Dezember 1975 angenommene Erklärung über den Schutz aller Personen vor Folter und anderer grausamer, unmenschlicher oder erniedrigender Behandlung oder Strafe,

IN DEM WUNSCH, dem Kampf gegen Folter und andere grausame, unmenschliche oder erniedrigende Behandlung oder Strafe in der ganzen Welt größere Wirksamkeit zu verleihen,

SIND WIE FOLGT ÜBEREINGEKOMMEN:

[1] Kundgemacht in BGBl. Nr. 120/1966 in der Fassung BGBl. Nr. 294/1965, 258/1968 und 633/1973

[2] Kundgemacht in BGBl. Nr. 591/1978

TEIL I

Artikel 1

(1) Im Sinne dieses Übereinkommens bezeichnet der Ausdruck „Folter" jede Handlung, durch die einer Person vorsätzlich große körperliche oder seelische Schmerzen oder Leiden zugefügt werden, zum Beispiel um von ihr oder einem Dritten eine Aussage oder ein Geständnis zu erlangen, um sie für eine tatsächlich oder mutmaßlich von ihr oder einem Dritten begangene Tat zu bestrafen oder um sie oder einen Dritten einzuschüchtern oder zu nötigen, oder aus einem anderen, auf irgendeiner Art von Diskriminierung beruhenden Grund, wenn diese Schmerzen oder Leiden von einem Angehörigen des öffentlichen Dienstes oder einer anderen in amtlicher Eigenschaft handelnden Person, auf deren Veranlassung oder mit deren ausdrücklichem oder stillschweigendem Einverständnis verursacht werden. Der Ausdruck umfaßt nicht Schmerzen oder Leiden, die sich lediglich aus gesetzlich zulässigen Sanktionen ergeben, dazu gehören oder damit verbunden sind.

(2) Dieser Artikel läßt alle internationalen Übereinkünfte oder innerstaatlichen Rechtsvorschriften unberührt, die weitergehende Bestimmungen enthalten.

Artikel 2

(1) Jeder Vertragsstaat trifft wirksame gesetzgeberische, verwaltungsmäßige, gerichtliche oder sonstige Maßnahmen, um Folterungen in allen seiner Hoheitsgewalt unterstehenden Gebieten zu verhindern.

(2) Außergewöhnliche Umstände gleich welcher Art, sei es Krieg oder Kriegsgefahr, innenpolitische Instabilität oder ein sonstiger öffentlicher Notstand, dürfen nicht als Rechtfertigung für Folter geltend gemacht werden.

(3) Eine von einem Vorgesetzten oder einem Träger öffentlicher Gewalt erteilte Weisung darf nicht als Rechtfertigung für Folter geltend gemacht werden.

Artikel 3

(1) Ein Vertragsstaat darf eine Person nicht in einen anderen Staat ausweisen, abschieben oder an diesen ausliefern, wenn stichhaltige Gründe für die Annahme bestehen, daß sie dort Gefahr liefe, gefoltert zu werden.

(2) Bei der Feststellung, ob solche Gründe vorliegen, berücksichtigen die zuständigen Behörden alle maßgeblichen Erwägungen einschließlich des Umstands, daß in dem betreffenden Staat eine ständige Praxis grober, offenkundiger oder massenhafter Verletzungen der Menschenrechte herrscht.

Artikel 4

(1) Jeder Vertragsstaat trägt dafür Sorge, daß nach seinem Strafrecht alle Folterhandlungen als Straftaten gelten. Das gleiche gilt für versuchte Folterung und für von irgendeiner Person begangene Handlungen, die eine Mittäterschaft oder Teilnahme an einer Folterung darstellen.

(2) Jeder Vertragsstaat bedroht diese Straftaten mit angemessenen Strafen, welche die Schwere der Tat berücksichtigen.

Artikel 5

(1) Jeder Vertragsstaat trifft die notwendigen Maßnahmen, um seine Gerichtsbarkeit über die in Artikel 4 genannten Straftaten in folgenden Fällen zu begründen:

a) wenn die Straftat in einem der Hoheitsgewalt des betreffenden Staates unterstehenden Gebiet oder an Bord eines in diesem Staat eingetragenen Schiffes oder Luftfahrzeuges begangen wird;

b) wenn der Verdächtige Angehöriger des betreffenden Staates ist;

c) wenn das Opfer Angehöriger des betreffenden Staates ist, sofern dieser Staat es für angebracht hält.

(2) Ebenso trifft jeder Vertragsstaat die notwendigen Maßnahmen, um seine Gerichtsbarkeit über diese Straftaten für den Fall zu begründen, daß der Verdächtige sich in einem der Hoheitsgewalt des betreffenden Staates unterstehenden Gebiet befindet und er ihn nicht nach Artikel 8 an einen der in Absatz 1 des vorliegenden Artikels bezeichneten Staaten ausliefert.

(3) Dieses Übereinkommen schließt eine Strafgerichtsbarkeit, die nach innerstaatlichem Recht ausgeübt wird, nicht aus.

Artikel 6

(1) Hält ein Vertragsstaat, in dessen Hoheitsgebiet sich ein der Begehung einer in Artikel 4 genannten Straftat Verdächtiger befindet, es nach Prüfung der ihm vorliegenden Informationen in Anbetracht der Umstände für gerechtfertigt, so nimmt er ihn in Haft oder trifft andere rechtliche Maßnahmen, um seine Anwesenheit sicherzustellen. Die Haft und die anderen rechtlichen Maßnahmen müssen mit dem Recht dieses Staates übereinstimmen; sie dürfen nur so lange aufrechterhalten werden, wie es notwendig ist, um die Einleitung eines Straf- oder Auslieferungsverfahrens zu ermöglichen.

(2) Dieser Staat führt unverzüglich eine vorläufige Untersuchung zur Feststellung des Sachverhalts durch.

(3) Einer auf Grund des Absatzes 1 in Haft befindlichen Person wird jede Erleichterung gewährt, damit sie mit dem nächsten zuständigen

Vertreter des Staates, dessen Staatsangehörigkeit sie besitzt, oder, wenn sie staatenlos ist, mit dem Vertreter des Staates, in dem sie sich gewöhnlich aufhält, unmittelbar verkehren kann.

(4) Hat ein Staat eine Person auf Grund dieses Artikels in Haft genommen, so zeigt er unverzüglich den in Artikel 5 Absatz 1 genannten Staaten die Tatsache, daß diese Person in Haft ist, sowie die Umstände an, welche die Haft rechtfertigen. Der Staat, der die vorläufige Untersuchung nach Absatz 2 durchführt, unterrichtet die genannten Staaten unverzüglich über das Ergebnis der Untersuchung und teilt ihnen mit, ob er seine Gerichtsbarkeit auszuüben beabsichtigt.

Artikel 7

(1) Der Vertragsstaat, der die Hoheitsgewalt über das Gebiet ausübt, in dem der einer in Artikel 4 genannten Straftat Verdächtige aufgefunden wird, unterbreitet den Fall, wenn er den Betreffenden nicht ausliefert, in den in Artikel 5 genannten Fällen seinen zuständigen Behörden zum Zweck der Strafverfolgung.

(2) Diese Behörden treffen ihre Entscheidung in der gleichen Weise wie im Fall einer gemeinrechtlichen Straftat schwerer Art nach dem Recht dieses Staates. In den in Artikel 5 Absatz 2 genannten Fällen dürfen für die Strafverfolgung und Verurteilung keine weniger strengen Maßstäbe bei der Beweisführung angelegt werden als in den in Artikel 5 Absatz 1 genannten Fällen.

(3) Jedem, gegen den ein Verfahren wegen einer der in Artikel 4 genannten Straftaten durchgeführt wird, ist während des gesamten Verfahrens eine gerechte Behandlung zu gewährleisten.

Artikel 8

(1) Die in Artikel 4 genannten Straftaten gelten als in jeden zwischen Vertragsstaaten bestehenden Auslieferungsvertrag einbezogene, der Auslieferung unterliegende Straftaten. Die Vertragsstaaten verpflichten sich, diese Straftaten als der Auslieferung unterliegende Straftaten in jeden zwischen ihnen zu schließenden Auslieferungsvertrag aufzunehmen.

(2) Erhält ein Vertragsstaat, der die Auslieferung vom Bestehen eines Vertrags abhängig macht, ein Auslieferungsersuchen von einem anderen Vertragsstaat, mit dem er keinen Auslieferungsvertrag hat, so kann er dieses Übereinkommen als Rechtsgrundlage für die Auslieferung in bezug auf solche Straftaten ansehen. Die Auslieferung unterliegt im übrigen den im Recht des ersuchten Staates vorgesehenen Bedingungen.

(3) Vertragsstaaten, welche die Auslieferung nicht vom Bestehen eines Vertrags abhängig machen, erkennen unter sich solche Straftaten als der Auslieferung unterliegende Straftaten vorbehaltlich der im Recht des ersuchten Staates vorgesehenen Bedingungen an.

(4) Solche Straftaten werden für die Zwecke der Auslieferung zwischen Vertragsstaaten so behandelt, als seien sie nicht nur an dem Ort, an dem sie sich ereignet haben, sondern auch in den Hoheitsgebieten der Staaten begangen worden, die verpflichtet sind, ihre Gerichtsbarkeit nach Artikel 5 Absatz 1 zu begründen.

Artikel 9

(1) Die Vertragsstaaten gewähren einander die weitestgehende Hilfe im Zusammenhang mit Strafverfahren, die in bezug auf eine der in Artikel 4 genannten Straftaten eingeleitet werden, einschließlich der Überlassung aller ihnen zur Verfügung stehenden und für das Verfahren erforderlichen Beweismittel.

(2) Die Vertragsstaaten kommen ihren Verpflichtungen aus Absatz 1 im Einklang mit allen möglicherweise zwischen ihnen bestehenden Verträgen über gegenseitige Rechtshilfe nach.

Artikel 10

(1) Jeder Vertragsstaat trägt dafür Sorge, daß die Erteilung von Unterricht und die Aufklärung über das Verbot der Folter als vollgültiger Bestandteil in die Ausbildung des mit dem Gesetzesvollzug betrauten zivilen und militärischen Personals, des medizinischen Personals, der Angehörigen des öffentlichen Dienstes und anderer Personen aufgenommen wird, die mit dem Gewahrsam, der Vernehmung oder der Behandlung einer Person befaßt werden können, die der Festnahme, der Haft, dem Strafvollzug oder irgendeiner anderen Form der Freiheitsentziehung unterworfen ist.

(2) Jeder Vertragsstaat nimmt dieses Verbot in die Vorschriften oder Anweisungen über die Pflichten und Aufgaben aller dieser Personen auf.

Artikel 11

Jeder Vertragsstaat unterzieht die für Vernehmungen geltenden Vorschriften, Anweisungen, Methoden und Praktiken sowie die Vorkehrungen für den Gewahrsam und die Behandlung von Personen, die der Festnahme, der Haft, dem Strafvollzug oder irgendeiner anderen Form der Freiheitsentziehung unterworfen sind, in allen seiner Hoheitsgewalt unterstehenden Gebieten einer regelmäßigen systematischen Überprüfung, um jeden Fall von Folter zu verhüten.

Artikel 12

Jeder Vertragsstaat trägt dafür Sorge, daß seine zuständigen Behörden umgehend eine unparteiische Untersuchung durchführen, sobald ein hinreichender Grund für die Annahme besteht, daß in einem seiner Hoheitsgewalt unterstehenden Gebiet eine Folterhandlung begangen wurde.

Artikel 13

Jeder Vertragsstaat trägt dafür Sorge, daß jeder, der behauptet, er sei in einem der Hoheitsgewalt des betreffenden Staates unterstehenden Gebiet gefoltert worden, das Recht auf Anrufung der zuständigen Behörden und auf umgehende unparteiische Prüfung seines Falles durch diese Behörden hat. Es sind Vorkehrungen zu treffen, um sicherzustellen, daß der Beschwerdeführer und die Zeugen vor jeder Mißhandlung oder Einschüchterung wegen ihrer Beschwerde oder ihrer Aussagen geschützt sind.

Artikel 14

(1) Jeder Vertragsstaat stellt in seiner Rechtsordnung sicher, daß das Opfer einer Folterhandlung Wiedergutmachung erhält und ein einklagbares Recht auf gerechte und angemessene Entschädigung einschließlich der Mittel für eine möglichst vollständige Rehabilitation hat. Stirbt das Opfer infolge der Folterhandlung, so haben seine Hinterbliebenen Anspruch auf Entschädigung.

(2) Dieser Artikel berührt nicht einen nach innerstaatlichem Recht bestehenden Anspruch des Opfers oder anderer Personen auf Entschädigung.

Artikel 15

Jeder Vertragsstaat trägt dafür Sorge, daß Aussagen, die nachweislich durch Folter herbeigeführt worden sind, nicht als Beweis in einem Verfahren verwendet werden, es sei denn gegen eine der Folter angeklagte Person als Beweis dafür, daß die Aussage gemacht wurde.

Artikel 16

(1) Jeder Vertragsstaat verpflichtet sich, in jedem seiner Hoheitsgewalt unterstehenden Gebiet andere Handlungen zu verhindern, die eine grausame, unmenschliche oder erniedrigende Behandlung oder Strafe darstellen, ohne der Folter im Sinne des Artikels 1 gleichzukommen, wenn diese Handlungen von einem Angehörigen des öffentlichen Dienstes oder einer anderen in amtlicher Eigenschaft handelnden Person, auf deren Veranlassung oder mit deren ausdrücklichem oder stillschweigendem Einverständnis begangen werden. Die in den Artikeln 10, 11, 12 und 13 aufgeführten Verpflichtungen bezüglich der Folter gelten auch entsprechend für andere Formen grausamer, unmenschlicher oder erniedrigender Behandlung oder Strafe.

(2) Dieses Übereinkommen berührt nicht die Bestimmungen anderer internationaler Übereinkünfte oder innerstaatlicher Rechtsvorschriften, die grausame, unmenschliche oder erniedrigende Behandlung oder Strafe verbieten oder die sich auf die Auslieferung oder Ausweisung beziehen.

TEIL II

Artikel 17

(1) Es wird ein Ausschuß gegen Folter (im folgenden als „Ausschuß" bezeichnet) errichtet, der die nachstehend festgelegten Aufgaben wahrnimmt. Der Ausschuß besteht aus zehn Sachverständigen von hohem sittlichen Ansehen und anerkannter Sachkenntnis auf dem Gebiet der Menschenrechte, die in ihrer persönlichen Eigenschaft tätig sind. Die Sachverständigen werden von den Vertragsstaaten gewählt, wobei eine ausgewogene geographische Verteilung und die Zweckmäßigkeit der Beteiligung von Personen mit juristischer Erfahrung zu berücksichtigen sind.

(2) Die Mitglieder des Ausschusses werden in geheimer Wahl aus einer Liste von Personen gewählt, die von den Vertragsstaaten vorgeschlagen worden sind. Jeder Vertragsstaat darf einen seiner Staatsangehörigen vorschlagen. Die Vertragsstaaten berücksichtigen dabei, daß es zweckmäßig ist, Personen vorzuschlagen, die auch Mitglieder des auf Grund des Internationalen Paktes über bürgerliche und politische Rechte eingesetzten Ausschusses für Menschenrechte sind und die bereit sind, dem Ausschuß gegen Folter anzugehören.

(3) Die Wahl der Ausschußmitglieder findet alle zwei Jahre in vom Generalsekretär der Vereinten Nationen einberufenen Versammlungen der Vertragsstaaten statt. In diesen Versammlungen, die beschlußfähig sind, wenn zwei Drittel der Vertragsstaaten vertreten sind, gelten diejenigen Kandidaten als in den Ausschuß gewählt, welche die höchste Stimmenzahl und die absolute Stimmenmehrheit der anwesenden und abstimmenden Vertreter der Vertragsstaaten auf sich vereinigen.

(4) Die erste Wahl findet spätestens sechs Monate nach Inkrafttreten dieses Übereinkommens statt. Spätestens vier Monate vor jeder Wahl fordert der Generalsekretär der Vereinten Nationen die Vertragsstaaten schriftlich auf, innerhalb von drei Monaten ihre Kandidaten vorzuschlagen. Der Generalsekretär fertigt eine alphabetische Liste aller auf diese Weise vorgeschlagenen Personen unter Angabe der Vertragsstaaten an, die sie vorgeschlagen haben, und übermittelt sie den Vertragsstaaten.

(5) Die Ausschußmitglieder werden für vier Jahre gewählt. Auf erneuten Vorschlag können sie wiedergewählt werden. Die Amtszeit von fünf

der bei der ersten Wahl gewählten Mitglieder läuft jedoch nach zwei Jahren ab; unmittelbar nach der ersten Wahl werden die Namen dieser fünf Mitglieder vom Vorsitzenden der in Absatz 3 genannten Versammlung durch das Los bestimmt.

(6) Stirbt ein Ausschußmitglied, tritt es zurück oder kann es aus irgendeinem anderen Grund seine Aufgaben im Ausschuß nicht mehr wahrnehmen, so ernennt der Vertragsstaat, der es vorgeschlagen hat, vorbehaltlich der Zustimmung der Mehrheit der Vertragsstaaten einen anderen Sachverständigen seiner Staatsangehörigkeit, der dem Ausschuß während der restlichen Amtszeit angehört. Die Zustimmung gilt als erteilt, sofern sich nicht mindestens die Hälfte der Vertragsstaaten binnen sechs Wochen, nachdem sie vom Generalsekretär der Vereinten Nationen von der vorgeschlagenen Ernennung unterrichtet wurde, dagegen ausspricht.

(7) Die Vertragsstaaten kommen für die Ausgaben auf, die den Ausschußmitgliedern bei der Wahrnehmung von Aufgaben des Ausschusses entstehen.

Artikel 18

(1) Der Ausschuß wählt seinen Vorstand für zwei Jahre. Eine Wiederwahl der Mitglieder des Vorstandes ist zulässig.

(2) Der Ausschuß gibt sich eine Geschäftsordnung, die unter anderem folgende Bestimmungen enthalten muß:

a) Der Ausschuß ist bei Anwesenheit von sechs Mitgliedern beschlußfähig;

b) der Ausschuß faßt seine Beschlüsse mit der Mehrheit der anwesenden Mitglieder.

(3) Der Generalsekretär der Vereinten Nationen stellt dem Ausschuß das Personal und die Einrichtungen zur Verfügung, die dieser zur wirksamen Durchführung der ihm nach diesem Übereinkommen obliegenden Aufgaben benötigt.

(4) Der Generalsekretär der Vereinten Nationen beruft die erste Sitzung des Ausschusses ein. Nach seiner ersten Sitzung tritt der Ausschuß zu den in seiner Geschäftsordnung vorgesehenen Zeiten zusammen.

(5) Die Vertragsstaaten kommen für die Ausgaben auf, die im Zusammenhang mit der Abhaltung von Versammlungen der Vertragsstaaten und Sitzungen des Ausschusses entstehen; dazu gehört auch die Erstattung aller Ausgaben, wie beispielsweise der Kosten für Personal und Einrichtungen, die den Vereinten Nationen nach Absatz 3 entstanden sind.

Artikel 19

(1) Die Vertragsstaaten legen dem Ausschuß über den Generalsekretär der Vereinten Nationen innerhalb eines Jahres nach Inkrafttreten dieses Übereinkommens für den betreffenden Vertragsstaat Berichte über die Maßnahmen vor, die sie zur Erfüllung ihrer Verpflichtungen aus dem Übereinkommen getroffen haben. Danach legen die Vertragsstaaten alle vier Jahre ergänzende Berichte über alle weiteren Maßnahmen sowie alle sonstigen Berichte vor, die der Ausschuß anfordert.

(2) Der Generalsekretär der Vereinten Nationen leitet die Berichte allen Vertragsstaaten zu.

(3) Der Ausschuß prüft jeden Bericht; er kann ihn mit den ihm geeignet erscheinenden allgemeinen Bemerkungen versehen und leitet diese dem betreffenden Vertragsstaat zu. Dieser kann dem Ausschuß hierzu jede Stellungnahme übermitteln, die er abzugeben wünscht.

(4) Der Ausschuß kann nach eigenem Ermessen beschließen, seine Bemerkungen nach Absatz 3 zusammen mit den hierauf eingegangenen Stellungnahmen des betreffenden Vertragsstaats in seinen gemäß Artikel 24 erstellten Jahresbericht aufzunehmen. Auf Ersuchen des betreffenden Vertragsstaats kann der Ausschuß auch eine Abschrift des nach Absatz 1 vorgelegten Berichts beifügen.

Artikel 20

(1) Erhält der Ausschuß zuverlässige Informationen, die nach seiner Meinung wohlbegründete Hinweise darauf enthalten, daß im Hoheitsgebiet eines Vertragsstaats systematisch Folterungen stattfinden, so fordert der Ausschuß diesen Vertragsstaat auf, bei der Prüfung der Informationen mitzuwirken und zu diesem Zweck Stellungnahmen zu den Informationen abzugeben.

(2) Wenn es der Ausschuß unter Berücksichtigung der von dem betreffenden Vertragsstaat abgegebenen Stellungnahmen sowie aller sonstigen ihm zur Verfügung stehenden einschlägigen Informationen für gerechtfertigt hält, kann er eines oder mehrere seiner Mitglieder beauftragen, eine vertrauliche Untersuchung durchzuführen und ihm sofort zu berichten.

(3) Wird eine Untersuchung nach Absatz 2 durchgeführt, so bemüht sich der Ausschuß um die Mitwirkung des betreffenden Vertragsstaats. Im Einvernehmen mit diesem Vertragsstaat kann eine solche Untersuchung einen Besuch in dessen Hoheitsgebiet einschließen.

(4) Nachdem der Ausschuß die von seinem Mitglied oder seinen Mitgliedern nach Absatz 2 vorgelegten Untersuchungsergebnisse geprüft hat, übermittelt er sie zusammen mit allen angesichts der Situation geeignet erscheinenden Bemerkungen oder Vorschlägen dem betreffenden Vertragsstaat.

(5) Das gesamte in den Absätzen 1 bis 4 bezeichnete Verfahren des Ausschusses ist vertrau-

lich; in jedem Stadium des Verfahrens wird die Mitwirkung des betreffenden Vertragsstaats angestrebt. Nachdem das mit einer Untersuchung gemäß Absatz 2 zusammenhängende Verfahren abgeschlossen ist, kann der Ausschuß nach Konsultation des betreffenden Vertragsstaats beschließen, eine Zusammenfassung der Ergebnisse des Verfahrens in seinen nach Artikel 24 erstellten Jahresbericht aufzunehmen.

Artikel 21

(1) Ein Vertragsstaat kann auf Grund dieses Artikels jederzeit erklären, daß er die Zuständigkeit des Ausschusses zur Entgegennahme und Prüfung von Mitteilungen anerkennt, in denen ein Vertragsstaat geltend macht, ein anderer Vertragsstaat komme seinen Verpflichtungen aus diesem Übereinkommen nicht nach. Diese Mitteilungen können nur dann nach den in diesem Artikel festgelegten Verfahren entgegengenommen und geprüft werden, wenn sie von einem Vertragsstaat eingereicht werden, der für sich selbst die Zuständigkeit des Ausschusses durch eine Erklärung anerkannt hat. Der Ausschuß darf keine Mitteilung auf Grund dieses Artikels behandeln, die einen Vertragsstaat betrifft, der keine derartige Erklärung abgegeben hat. Auf Mitteilungen, die auf Grund dieses Artikels eingehen, ist folgendes Verfahren anzuwenden:

a) Ist ein Vertragsstaat der Auffassung, daß ein anderer Vertragsstaat die Bestimmungen dieses Übereinkommens nicht durchführt, so kann er den anderen Staat durch eine schriftliche Mitteilung darauf hinweisen. Innerhalb von drei Monaten nach Zugang der Mitteilung hat der Empfangsstaat dem Staat, der die Mitteilung übersandt hat, in bezug auf die Sache eine schriftliche Erklärung oder sonstige Stellungnahme zukommen zu lassen, die, soweit es möglich und angebracht ist, einen Hinweis auf die in der Sache durchgeführten, anhängigen oder zur Verfügung stehenden innerstaatlichen Verfahren und Rechtsbehelfe enthalten soll;

b) wird die Sache nicht innerhalb von sechs Monaten nach Eingang der einleitenden Mitteilung bei dem Empfangsstaat zur Zufriedenheit der beiden beteiligten Vertragsstaaten geregelt, so hat jeder der beiden Staaten das Recht, die Sache dem Ausschuß zu unterbreiten, indem er diesem und dem anderen Staat eine entsprechende Mitteilung macht;

c) der Ausschuß befaßt sich mit einer ihm auf Grund dieses Artikels unterbreiteten Sache erst dann, wenn er sich Gewißheit verschafft hat, daß in der Sache alle innerstaatlichen Rechtsbehelfe in Übereinstimmung mit den allgemein anerkannten Grundsätzen des Völkerrechts eingelegt und erschöpft worden sind. Dies gilt nicht, wenn das Verfahren bei der Anwendung der Rechtsbehelfe unangemessen lange gedauert hat oder für die Person, die das Opfer einer Verletzung dieses Übereinkommens geworden ist, keine wirksame Abhilfe erwarten läßt;

d) der Ausschuß berät über Mitteilungen auf Grund dieses Artikels in nichtöffentlicher Sitzung;

e) sofern die Voraussetzungen des Buchstabens c erfüllt sind, stellt der Ausschuß den beteiligten Vertragsstaaten seine guten Dienste zur Verfügung, um eine gütliche Regelung der Sache auf der Grundlage der Einhaltung der in diesem Übereinkommen vorgesehenen Verpflichtungen herbeizuführen. Zu diesem Zweck kann der Ausschuß gegebenenfalls eine Ad-hoc-Vergleichskommission einsetzen;

f) der Ausschuß kann in jeder ihm auf Grund dieses Artikels unterbreiteten Sache die unter Buchstabe b genannten beteiligten Vertragsstaaten auffordern, alle erheblichen Angaben beizubringen;

g) die unter Buchstabe b genannten beteiligten Vertragsstaaten haben das Recht, sich vertreten zu lassen sowie mündlich und/oder schriftlich Stellung zu nehmen, wenn die Sache vom Ausschuß verhandelt wird;

h) der Ausschuß legt innerhalb von zwölf Monaten nach Eingang der unter Buchstabe b vorgesehenen Mitteilung einen Bericht vor:

i) Wenn eine Regelung im Sinne des Buchstabens e zustandegekommen ist, beschränkt der Ausschuß seinen Bericht auf eine kurze Darstellung des Sachverhalts und der erzielten Regelung;

ii) wenn eine Regelung im Sinne des Buchstabens e nicht zustande gekommen ist, beschränkt der Ausschuß seinen Bericht auf eine kurze Darstellung des Sachverhalts; die schriftlichen Stellungnahmen und das Protokoll über die mündlichen Stellungnahmen der beteiligten Vertragsstaaten sind dem Bericht beizufügen.

In jedem Fall wird der Bericht den beteiligten Vertragsstaaten übermittelt.

(2) Die Bestimmungen dieses Artikels treten in Kraft, wenn fünf Vertragsstaaten Erklärungen nach Absatz 1 abgegeben haben. Diese Erklärungen werden von den Vertragsstaaten beim Generalsekretär der Vereinten Nationen hinterlegt, der den anderen Vertragsstaaten Abschriften davon übermittelt. Eine Erklärung kann jederzeit durch eine an den Generalsekretär gerichtete Notifikation zurückgenommen werden. Eine solche Zurücknahme berührt nicht die Prüfung einer Sache, die Gegenstand einer auf Grund dieses Artikels bereits vorgenommenen Mitteilung ist; nach Eingang der Notifikation über die Zurücknahme der Erklärung beim Generalsekretär wird keine weitere Mitteilung eines Vertragsstaates auf Grund dieses Artikels entgegengenommen, es sei denn, daß der betroffene Vertragsstaat eine neue Erklärung abgegeben hat.

Artikel 22

(1) Ein Vertragsstaat kann auf Grund dieses Artikels jederzeit erklären, daß er die Zuständigkeit des Ausschusses zur Entgegennahme und Prüfung von Mitteilungen einzelner Personen oder im Namen einzelner Personen anerkennt, die der Hoheitsgewalt des betreffenden Staates unterstehen und die geltend machen, Opfer einer Verletzung dieses Übereinkommens durch einen Vertragsstaat zu sein. Der Ausschuß darf keine Mitteilung entgegennehmen, die einen Vertragsstaat betrifft, der keine derartige Erklärung abgegeben hat.

(2) Der Ausschuß erklärt jede nach diesem Artikel eingereichte Mitteilung für unzulässig, die anonym ist oder die er für einen Mißbrauch des Rechts auf Einreichung solcher Mitteilungen oder für unvereinbar mit den Bestimmungen dieses Übereinkommens hält.

(3) Vorbehaltlich des Absatzes 2 bringt der Ausschuß jede ihm nach diesem Artikel eingereichte Mitteilung dem Vertragsstaat zur Kenntnis, der eine Erklärung nach Absatz 1 abgegeben hat und dem vorgeworfen wird, eine Bestimmung dieses Übereinkommens verletzt zu haben. Der Empfangsstaat hat dem Ausschuß innerhalb von sechs Monaten schriftliche Erläuterungen oder Stellungnahmen zur Klärung der Sache zu übermitteln und die gegebenenfalls von ihm getroffenen Abhilfemaßnahmen mitzuteilen.

(4) Der Ausschuß prüft die ihm nach diesem Artikel zugegangenen Mitteilungen unter Berücksichtigung aller ihm von der Einzelperson oder in deren Namen und von dem betroffenen Vertragsstaat unterbreiteten Informationen.

(5) Der Ausschuß prüft Mitteilungen einer Einzelperson auf Grund dieses Artikels erst dann, wenn er sich Gewißheit verschafft hat,

a) daß dieselbe Sache nicht bereits in einem anderen internationalen Untersuchungs- oder Streitregelungsverfahren geprüft wurde oder wird;

b) daß die Einzelperson alle zur Verfügung stehenden innerstaatlichen Rechtsbehelfe erschöpft hat; dies gilt nicht, wenn das Verfahren bei der Anwendung der Rechtsbehelfe unangemessen lange gedauert hat oder für die Person, die das Opfer einer Verletzung dieses Übereinkommens geworden ist, keine wirksame Abhilfe erwarten läßt.

(6) Der Ausschuß berät über Mitteilungen auf Grund dieses Artikels in nichtöffentlicher Sitzung.

(7) Der Ausschuß teilt seine Auffassungen dem betroffenen Vertragsstaat und der Einzelperson mit.

(8) Die Bestimmungen dieses Artikels treten in Kraft, wenn fünf Vertragsstaaten Erklärungen nach Absatz 1 abgegeben haben. Diese Erklärungen werden von den Vertragsstaaten beim Generalsekretär der Vereinten Nationen hinterlegt, der den anderen Vertragsstaaten Abschriften davon übermittelt. Eine Erklärung kann jederzeit durch eine an den Generalsekretär gerichtete Notifikation zurückgenommen werden. Eine solche Zurücknahme berührt nicht die Prüfung einer Sache, die Gegenstand einer auf Grund dieses Artikels bereits vorgenommenen Mitteilung ist; nach Eingang der Notifikation über die Zurücknahme der Erklärung beim Generalsekretär wird keine weitere von einer Einzelperson oder in deren Namen gemachte Mitteilung auf Grund dieses Artikels entgegengenommen, es sei denn, daß der betroffene Vertragsstaat eine neue Erklärung abgegeben hat.

Artikel 23

Die Mitglieder des Ausschusses und der Ad-hoc-Vergleichskommissionen, die nach Artikel 21 Absatz 1 Buchstabe e bestimmt werden können, haben Anspruch auf die Erleichterungen, Vorrechte und Immunitäten, die in den einschlägigen Abschnitten des Übereinkommens über die Vorrechte und Immunitäten der Vereinten Nationen für die im Auftrag der Vereinten Nationen tätigen Sachverständigen vorgesehen sind.

Artikel 24

Der Ausschuß legt den Vertragsstaaten und der Generalversammlung der Vereinten Nationen einen Jahresbericht über seine Tätigkeit auf Grund dieses Übereinkommens vor.

TEIL III

Artikel 25

(1) Dieses Übereinkommen liegt für alle Staaten zur Unterzeichnung auf.

(2) Dieses Übereinkommen bedarf der Ratifikation. Die Ratifikationsurkunden werden beim Generalsekretär der Vereinten Nationen hinterlegt.

Artikel 26

Dieses Übereinkommen steht allen Staaten zum Beitritt offen. Der Beitritt erfolgt durch Hinterlegung einer Beitrittsurkunde beim Generalsekretär der Vereinten Nationen.

Artikel 27

(1) Dieses Übereinkommen tritt am dreißigsten Tag nach Hinterlegung der zwanzigsten Ratifikations- oder Beitrittsurkunde beim Generalsekretär der Vereinten Nationen in Kraft.

(2) Für jeden Staat, der nach Hinterlegung der zwanzigsten Ratifikations- oder Beitrittsurkunde dieses Übereinkommen ratifiziert oder ihm bei-

tritt, tritt es am dreißigsten Tag nach Hinterlegung seiner eigenen Ratifikations- oder Beitrittsurkunde in Kraft.

Artikel 28

(1) Jeder Staat kann bei der Unterzeichnung oder der Ratifikation dieses Übereinkommens oder dem Beitritt zu diesem erklären, daß er die Zuständigkeit des in Artikel 20 vorgesehenen Ausschusses nicht anerkennt.

(2) Jeder Vertragsstaat, der einen Vorbehalt nach Absatz 1 gemacht hat, kann diesen Vorbehalt jederzeit durch eine an den Generalsekretär der Vereinten Nationen gerichtete Notifikation zurücknehmen.

Artikel 29

(1) Jeder Vertragsstaat kann eine Änderung dieses Übereinkommens vorschlagen und seinen Vorschlag beim Generalsekretär der Vereinten Nationen einreichen. Der Generalsekretär übermittelt sodann den Änderungsvorschlag den Vertragsstaaten mit der Aufforderung, ihm mitzuteilen, ob sie eine Konferenz der Vertragsstaaten zur Beratung und Abstimmung über den Vorschlag befürworten. Befürwortet innerhalb von vier Monaten nach dem Datum der Übermittlung wenigstens ein Drittel der Vertragsstaaten eine solche Konferenz, so beruft der Generalsekretär die Konferenz unter der Schirmherrschaft der Vereinten Nationen ein. Jede Änderung, die von der Mehrheit der auf der Konferenz anwesenden und abstimmenden Vertragsstaaten beschlossen wird, wird vom Generalsekretär allen Vertragsstaaten zur Annahme vorgelegt.

(2) Eine nach Absatz 1 beschlossene Änderung tritt in Kraft, wenn zwei Drittel der Vertragsstaaten dem Generalsekretär der Vereinten Nationen notifiziert haben, daß sie die Änderung nach Maßgabe der in ihrer Verfassung vorgesehenen Verfahren angenommen haben.

(3) Treten die Änderungen in Kraft, so sind sie für die Vertragsstaaten, die sie angenommen haben, verbindlich, während für die anderen Vertragsstaaten weiterhin die Bestimmungen dieses Übereinkommens und alle früher von ihnen angenommenen Änderungen gelten.

Artikel 30

(1) Jede Streitigkeit zwischen zwei oder mehr Vertragsstaaten über die Auslegung oder Anwendung dieses Übereinkommens, die nicht durch Verhandlungen beigelegt werden kann, ist auf Verlangen eines dieser Staaten einem Schiedsverfahren zu unterwerfen. Können sich die Parteien binnen sechs Monaten nach dem Zeitpunkt, zu dem das Schiedsverfahren verlangt worden ist, über seine Ausgestaltung nicht einigen, so kann jede dieser Parteien die Streitigkeit dem Internationalen Gerichtshof unterbreiten, indem sie einen seinem Statut entsprechenden Antrag stellt.

(2) Jeder Staat kann bei der Unterzeichnung oder der Ratifikation dieses Übereinkommens oder dem Beitritt zu diesem erklären, daß er sich durch Absatz 1 nicht als gebunden betrachtet. Die anderen Vertragsstaaten sind gegenüber einem Vertragsstaat, der einen solchen Vorbehalt gemacht hat, durch Absatz 1 nicht gebunden.

(3) Ein Vertragsstaat, der einen Vorbehalt nach Absatz 2 gemacht hat, kann diesen Vorbehalt jederzeit durch eine an den Generalsekretär der Vereinten Nationen gerichtete Notifikation zurücknehmen.

Artikel 31

(1) Ein Vertragsstaat kann dieses Übereinkommen durch eine an den Generalsekretär der Vereinten Nationen gerichtete schriftliche Notifikation kündigen. Die Kündigung wird ein Jahr nach Eingang der Notifikation beim Generalsekretär wirksam.

(2) Eine solche Kündigung enthebt den Vertragsstaat nicht der Verpflichtungen, die er auf Grund dieses Übereinkommens in bezug auf vor dem Wirksamwerden der Kündigung begangene Handlungen oder Unterlassungen hat; die Kündigung berührt auch nicht die weitere Prüfung einer Sache, mit welcher der Ausschuß bereits vor dem Wirksamwerden der Kündigung befaßt war.

(3) Nach dem Tag, an dem die Kündigung eines Vertragsstaats wirksam wird, darf der Ausschuß nicht mit der Prüfung einer neuen diesen Staat betreffenden Sache beginnen.

Artikel 32

Der Generalsekretär der Vereinten Nationen unterrichtet alle Mitgliedstaaten der Vereinten Nationen und alle Staaten, die dieses Übereinkommen unterzeichnet haben oder ihm beigetreten sind,

a) von den Unterzeichnungen, Ratifikationen und Beitritten nach den Artikeln 25 und 26;

b) vom Zeitpunkt des Inkrafttretens dieses Übereinkommens nach Artikel 27 und vom Zeitpunkt des Inkrafttretens von Änderungen nach Artikel 29;

c) von den Kündigungen nach Artikel 31.

Artikel 33

(1) Dieses Übereinkommen, dessen arabischer, chinesischer, englischer, französischer, russischer und spanischer Wortlaut gleichermaßen verbindlich ist, wird beim Generalsekretär der Vereinten Nationen hinterlegt.

(2) Der Generalsekretär der Vereinten Nationen übermittelt allen Staaten beglaubigte Abschriften dieses Übereinkommens.

15/7. Europäische Menschenrechtskonvention mit Zusatzprotokollen

BGBl 1958/210 idF

1 BGBl 1964/59
2 BGBl 1970/330
3 BGBl 1972/84
4 BGBl 1990/64
5 BGBl 1990/558 (DFB)
6 BGBl 1994/593
7 BGBl III 1998/30
8 BGBl III 2002/179 (DFB)
9 BGBl III 2010/47

Konvention zum Schutze der Menschenrechte und Grundfreiheiten

In Erwägung der Allgemeinen Erklärung der Menschenrechte, die von der Generalversammlung der Vereinten Nationen am 10. Dezember 1948 verkündet wurde;

in der Erwägung, daß diese Erklärung bezweckt, die allgemeine und wirksame Anerkennung und Einhaltung der darin erklärten Rechte zu gewährleisten;

in der Erwägung, daß das Ziel des Europarates die Herbeiführung einer größeren Einigkeit unter seinen Mitgliedern ist und daß eines der Mittel zur Erreichung dieses Zieles in der Wahrung und in der Entwicklung der Menschenrechte und Grundfreiheiten besteht;

unter erneuter Bekräftigung ihres tiefen Glaubens an diese Grundfreiheiten, welche die Grundlage der Gerechtigkeit und des Friedens in der Welt bilden, und deren Aufrechterhaltung wesentlich auf einem wahrhaft demokratischen politischen Regime einerseits und auf einer gemeinsamen Auffassung und Achtung der Menschenrechte andererseits beruht, von denen sie sich herleiten;

entschlossen, als Regierungen europäischer Staaten, die vom gleichen Geiste beseelt sind und ein gemeinsames Erbe an geistigen Gütern, politischen Überlieferungen, Achtung der Freiheit und Vorherrschaft des Gesetzes besitzen, die ersten Schritte auf dem Wege zu einer kollektiven Garantie gewisser in der Allgemeinen Erklärung verkündeter Rechte zu unternehmen;

vereinbaren die unterzeichneten Regierungen, die Mitglieder des Europarates sind, folgendes:

Artikel 1
Verpflichtung zur Achtung der Menschenrechte

Die Hohen Vertragschließenden Teile sichern allen ihrer Jurisdiktion unterstehenden Personen die in Abschnitt I dieser Konvention niedergelegten Rechte und Freiheiten zu.

ABSCHNITT I
RECHTE UND FREIHEITEN

Artikel 2
Recht auf Leben

(1) Das Recht jedes Menschen auf das Leben wird gesetzlich geschützt. Abgesehen von der Vollstreckung eines Todesurteils, das von einem Gericht im Falle eines durch Gesetz mit der Todesstrafe bedrohten Verbrechens ausgesprochen worden ist, darf eine absichtliche Tötung nicht vorgenommen werden.

(2) Die Tötung wird nicht als Verletzung dieses Artikels betrachtet, wenn sie sich aus einer unbedingt erforderlichen Gewaltanwendung ergibt:

a) um die Verteidigung eines Menschen gegenüber rechtswidriger Gewaltanwendung sicherzustellen;

b) um eine ordnungsgemäße Festnahme durchzuführen oder das Entkommen einer ordnungsgemäß festgehaltenen Person zu verhindern;

c) um im Rahmen der Gesetze einen Aufruhr oder einen Aufstand zu unterdrücken.

Artikel 3
Verbot der Folter

Niemand darf der Folter oder unmenschlicher oder erniedrigender Strafe oder Behandlung unterworfen werden.

Artikel 4
Verbot der Sklaverei und der Zwangsarbeit

(1) Niemand darf in Sklaverei oder Leibeigenschaft gehalten werden.

(2) Niemand darf gezwungen werden, Zwangs- oder Pflichtarbeit zu verrichten.

(3) Als „Zwangs- oder Pflichtarbeit" im Sinne dieses Artikels gilt nicht:

a) jede Arbeit, die normalerweise von einer Person verlangt wird, die unter den von Artikel 5 der vorliegenden Konvention vorgesehenen Bedingungen in Haft gehalten oder bedingt freigelassen worden ist;

b) jede Dienstleistung militärischen Charakters, oder im Falle der Verweigerung aus Gewissensgründen in Ländern, wo diese als berechtigt anerkannt ist, eine sonstige an Stelle der militärischen Dienstpflicht tretende Dienstleistung;

c) jede Dienstleistung im Falle von Notständen und Katastrophen, die das Leben oder das Wohl der Gemeinschaft bedrohen;

d) jede Arbeit oder Dienstleistung, die zu den normalen Bürgerpflichten gehört.

Artikel 5
Recht auf Freiheit und Sicherheit

(1) Jedermann hat ein Recht auf Freiheit und Sicherheit. Die Freiheit darf einem Menschen nur in den folgenden Fällen und nur auf die gesetzlich vorgeschriebene Weise entzogen werden:

a) wenn er rechtmäßig nach Verurteilung durch ein zuständiges Gericht in Haft gehalten wird;

b) wenn er rechtmäßig festgenommen worden ist oder in Haft gehalten wird wegen Nichtbefolgung eines rechtmäßigen Gerichtsbeschlusses oder zur Erzwingung der Erfüllung einer durch das Gesetz vorgeschriebenen Verpflichtung;

c) wenn er rechtmäßig festgenommen worden ist oder in Haft gehalten wird zum Zwecke seiner Vorführung vor die zuständige Gerichtsbehörde, sofern hinreichender Verdacht dafür besteht, daß der Betreffende eine strafbare Handlung begangen hat, oder begründeter Anlaß zu der Annahme besteht, daß es notwendig ist, den Betreffenden an der Begehung einer strafbaren Handlung oder an der Flucht nach Begehung einer solchen zu hindern;

d) wenn es sich um die rechtmäßige Haft eines Minderjährigen handelt, die zum Zwecke überwachter Erziehung angeordnet ist, oder um die rechtmäßige Haft eines solchen, die zum Zwecke seiner Vorführung vor die zuständige Behörde verhängt ist;

e) wenn er sich in rechtmäßiger Haft befindet, weil er eine Gefahrenquelle für die Ausbreitung ansteckender Krankheiten bildet, oder weil er geisteskrank, Alkoholiker, rauschgiftsüchtig oder Landstreicher ist;

f) wenn er rechtmäßig festgenommen worden ist oder in Haft gehalten wird, um ihn daran zu hindern, unberechtigt in das Staatsgebiet einzudringen oder weil er von einem gegen ihn schwebenden Ausweisungs- oder Auslieferungsverfahren betroffen ist.

(2) Jeder Festgenommene muß in möglichst kurzer Frist und in einer ihm verständlichen Sprache über die Gründe seiner Festnahme und über die gegen ihn erhobenen Beschuldigungen unterrichtet werden.

(3) Jede nach der Vorschrift des Abs. 1 c dieses Artikels festgenommene oder in Haft gehaltene Person muß unverzüglich einem Richter oder einem anderen, gesetzlich zur Ausübung richterlicher Funktionen ermächtigten Beamten vorgeführt werden. Er hat Anspruch auf Aburteilung innerhalb einer angemessenen Frist oder auf Haftentlassung während des Verfahrens. Die Freilassung kann von der Leistung einer Sicherheit für das Erscheinen vor Gericht abhängig gemacht werden.

(4) Jedermann, dem seine Freiheit durch Festnahme oder Haft entzogen wird, hat das Recht, ein Verfahren zu beantragen, in dem von einem Gericht ehetunlich über die Rechtmäßigkeit der Haft entschieden wird und im Falle der Widerrechtlichkeit seine Entlassung angeordnet wird.

(5) Jeder, der entgegen den Bestimmungen dieses Artikels von Festnahme oder Haft betroffen worden ist, hat Anspruch auf Schadenersatz.

Artikel 6
Recht auf ein faires Verfahren

(1) Jedermann hat Anspruch darauf, daß seine Sache in billiger Weise öffentlich und innerhalb einer angemessenen Frist gehört wird, und zwar von einem unabhängigen und unparteiischen, auf Gesetz beruhenden Gericht, das über zivilrechtliche Ansprüche und Verpflichtungen oder über die Stichhaltigkeit der gegen ihn erhobenen strafrechtlichen Anklage zu entscheiden hat. Das Urteil muß öffentlich verkündet werden, jedoch kann die Presse und die Öffentlichkeit während der gesamten Verhandlung oder eines Teiles derselben im Interesse der Sittlichkeit, der öffentlichen Ordnung oder der nationalen Sicherheit in einem demokratischen Staat ausgeschlossen werden, oder wenn die Interessen von Jugendlichen oder der Schutz des Privatlebens der Prozeßparteien es verlangen, oder, und zwar unter besonderen Umständen, wenn die öffentliche Verhandlung die Interessen der Rechtspflege beeinträchtigen würde, in diesem Fall jedoch nur in dem nach Auffassung des Gerichts erforderlichen Umfang.

(2) Bis zum gesetzlichen Nachweis seiner Schuld wird vermutet, daß der wegen einer strafbaren Handlung Angeklagte unschuldig ist.

(3) Jeder Angeklagte hat mindestens (englischer Text) insbesondere (französischer Text) die folgenden Rechte:

a) in möglichst kurzer Frist in einer für ihn verständlichen Sprache in allen Einzelheiten über die Art und den Grund der gegen ihn erhobenen Beschuldigung in Kenntnis gesetzt zu werden;

b) über ausreichende Zeit und Gelegenheit zur Vorbereitung seiner Verteidigung zu verfügen;

c) sich selbst zu verteidigen oder den Beistand eines Verteidigers seiner Wahl zu erhalten und, falls er nicht über die Mittel zur Bezahlung eines Verteidigers verfügt, unentgeltlich den Beistand eines Pflichtverteidigers zu erhalten, wenn dies im Interesse der Rechtspflege erforderlich ist;

d) Fragen an die Belastungszeugen zu stellen oder stellen zu lassen und die Ladung und Vernehmung der Entlastungszeugen unter denselben Bedingungen wie die der Belastungszeugen zu erwirken;

e) die unentgeltliche Beiziehung eines Dolmetschers zu verlangen, wenn der Angeklagte die Verhandlungssprache des Gerichts nicht versteht oder sich nicht darin ausdrücken kann.

Artikel 7
Keine Strafe ohne Gesetz

(1) Niemand kann wegen einer Handlung oder Unterlassung verurteilt werden, die zur Zeit ihrer Begehung nach inländischem oder internationalem Recht nicht strafbar war. Ebenso darf keine höhere Strafe als die im Zeitpunkt der Begehung der strafbaren Handlung angedrohte Strafe verhängt werden.

(2) Durch diesen Artikel darf die Verurteilung oder Bestrafung einer Person nicht ausgeschlossen werden, die sich einer Handlung oder Unterlassung schuldig gemacht hat, welche im Zeitpunkt ihrer Begehung nach den von den zivilisierten Völkern allgemein anerkannten Rechtsgrundsätzen strafbar war.

Artikel 8
Recht auf Achtung des Privat- und Familienlebens

(1) Jedermann hat Anspruch auf Achtung seines Privat- und Familienlebens, seiner Wohnung und seines Briefverkehrs.

(2) Der Eingriff einer öffentlichen Behörde in die Ausübung dieses Rechts ist nur statthaft, insoweit dieser Eingriff gesetzlich vorgesehen ist und eine Maßnahme darstellt, die in einer demokratischen Gesellschaft für die nationale Sicherheit, die öffentliche Ruhe und Ordnung, das wirtschaftliche Wohl des Landes, die Verteidigung der Ordnung und zur Verhinderung von strafbaren Handlungen, zum Schutz der Gesundheit und der Moral oder zum Schutz der Rechte und Freiheiten anderer notwendig ist.

Artikel 9
Gedanken-, Gewissens- und Religionsfreiheit

(1) Jedermann hat Anspruch auf Gedanken-, Gewissens- und Religionsfreiheit; dieses Recht umfaßt die Freiheit des einzelnen zum Wechsel der Religion oder der Weltanschauung sowie die Freiheit, seine Religion oder Weltanschauung einzeln oder in Gemeinschaft mit anderen öffentlich oder privat, durch Gottesdienst, Unterricht, Andachten und Beachtung religiöser Gebräuche auszuüben.

(2) Die Religions- und Bekenntnisfreiheit darf nicht Gegenstand anderer als vom Gesetz vorgesehener Beschränkungen sein, die in einer demokratischen Gesellschaft notwendige Maßnahmen im Interesse der öffentlichen Sicherheit, der öffentlichen Ordnung, Gesundheit und Moral oder für den Schutz der Rechte und Freiheiten anderer sind.

Artikel 10
Freiheit der Meinungsäußerung

(1) Jedermann hat Anspruch auf freie Meinungsäußerung. Dieses Recht schließt die Freiheit der Meinung und die Freiheit zum Empfang und zur Mitteilung von Nachrichten oder Ideen ohne Eingriffe öffentlicher Behörden und ohne Rücksicht auf Landesgrenzen ein. Dieser Artikel schließt nicht aus, daß die Staaten Rundfunk-, Lichtspiel- oder Fernsehunternehmen einem Genehmigungsverfahren unterwerfen.

(2) Da die Ausübung dieser Freiheiten Pflichten und Verantwortung mit sich bringt, kann sie bestimmten, vom Gesetz vorgesehenen Formvorschriften, Bedingungen, Einschränkungen oder Strafdrohungen unterworfen werden, wie sie in einer demokratischen Gesellschaft im Interesse der nationalen Sicherheit, der territorialen Unversehrtheit oder der öffentlichen Sicherheit, der Aufrechterhaltung der Ordnung und der Verbrechensverhütung, des Schutzes der Gesundheit und der Moral, des Schutzes des guten Rufes oder der Rechte anderer unentbehrlich sind, um die Verbreitung von vertraulichen Nachrichten zu verhindern oder das Ansehen und die Unparteilichkeit der Rechtsprechung zu gewährleisten.

Artikel 11
Versammlungs- und Vereinigungsfreiheit

(1) Alle Menschen haben das Recht, sich friedlich zu versammeln und sich frei mit anderen zusammenzuschließen, einschließlich des Rechts, zum Schutze ihrer Interessen Gewerkschaften zu bilden und diesen beizutreten.

(2) Die Ausübung dieser Rechte darf keinen anderen Einschränkungen unterworfen werden als den vom Gesetz vorgesehenen, die in einer demokratischen Gesellschaft im Interesse der nationalen und öffentlichen Sicherheit, der Aufrechterhaltung der Ordnung und der Verbrechensverhütung, des Schutzes der Gesundheit und der Moral oder des Schutzes der Rechte und Freiheiten anderer notwendig sind. Dieser Artikel verbietet nicht, daß die Ausübung dieser Rechte durch Mitglieder der Streitkräfte, der Polizei oder der Staatsverwaltung gesetzlichen Einschränkungen unterworfen wird.

Artikel 12
Recht auf Eheschließung

Mit Erreichung des heiratsfähigen Alters haben Männer und Frauen gemäß den einschlägigen nationalen Gesetzen das Recht, eine Ehe einzugehen und eine Familie zu gründen.

Artikel 13
Recht auf wirksame Beschwerde

Sind die in der vorliegenden Konvention festgelegten Rechte und Freiheiten verletzt worden, so hat der Verletzte das Recht, eine wirksame Beschwerde bei einer nationalen Instanz einzulegen, selbst wenn die Verletzung von Personen begangen worden ist, die in amtlicher Eigenschaft gehandelt haben.

Artikel 14
Verbot der Benachteiligung

Der Genuß der in der vorliegenden Konvention festgelegten Rechte und Freiheiten ist ohne Benachteiligung zu gewährleisten, die insbesondere im Geschlecht, in der Rasse, Hautfarbe, Sprache, Religion, in den politischen oder sonstigen Anschauungen, in nationaler oder sozialer Herkunft, in der Zugehörigkeit zu einer nationalen Minderheit, im Vermögen, in der Geburt oder im sonstigen Status begründet ist.

Artikel 15
Außerkraftsetzen im Notstandsfall

(1) Im Falle eines Krieges oder eines anderen öffentlichen Notstandes, der das Leben der Nation bedroht, kann jeder der Hohen Vertragschließenden Teile Maßnahmen ergreifen, welche die in dieser Konvention vorgesehenen Verpflichtungen in dem Umfang, den die Lage unbedingt erfordert, und unter der Bedingung außer Kraft setzen, daß diese Maßnahmen nicht in Widerspruch zu den sonstigen völkerrechtlichen Verpflichtungen stehen.

(2) Die vorstehende Bestimmung gestattet kein Außerkraftsetzen des Artikels 2 außer bei Todesfällen, die auf rechtmäßige Kriegshandlungen zurückzuführen sind, oder der Artikel 3, 4, Abs. 1, und 7.

(3) Jeder Hohe Vertragschließende Teil, der dieses Recht der Außerkraftsetzung ausübt, hat den Generalsekretär des Europarats eingehend über die getroffenen Maßnahmen und deren Gründe zu unterrichten. Er muß den Generalsekretär des Europarats auch über den Zeitpunkt in Kenntnis setzen, in dem diese Maßnahmen außer Kraft getreten sind und die Vorschriften der Konvention wieder volle Anwendung finden.

Artikel 16
Beschränkungen der politischen Tätigkeit von Ausländern

Keine der Bestimmungen der Artikel 10, 11 und 14 darf so ausgelegt werden, daß sie den Hohen Vertragschließenden Parteien verbietet, die politische Tätigkeit von Ausländern Beschränkungen zu unterwerfen.

Artikel 17
Verbot des Mißbrauchs der Rechte

Keine Bestimmung dieser Konvention darf dahin ausgelegt werden, daß sie für einen Staat, eine Gruppe oder eine Person das Recht begründet, eine Tätigkeit auszuüben oder eine Handlung zu begehen, die auf die Abschaffung der in der vorliegenden Konvention festgelegten Rechte und Freiheiten oder auf weitergehende Beschränkungen dieser Rechte und Freiheiten, als in der Konvention vorgesehen, hinzielt.

Artikel 18
Begrenzung der Rechtseinschränkungen

Die nach der vorliegenden Konvention gestatteten Einschränkungen dieser Rechte und Freiheiten dürfen nicht für andere Zwecke als die vorgesehenen angewendet werden.

ABSCHNITT II

EUROPÄISCHER GERICHTSHOF FÜR MENSCHENRECHTE

Artikel 19
Errichtung des Gerichtshofs

Um die Einhaltung der Verpflichtungen sicherzustellen, welche die Hohen Vertragschließenden Teile in dieser Konvention und den Protokollen dazu übernommen haben, wird ein Europäischer Gerichtshof für Menschenrechte, im folgenden als „Gerichtshof" bezeichnet, errichtet. Er nimmt seine Aufgaben als ständiger Gerichtshof wahr.

(BGBl III 1998/30)

Artikel 20
Zahl der Richter

Die Zahl der Richter des Gerichtshofs entspricht derjenigen der Hohen Vertragschließenden Teile.

(BGBl III 1998/30)

Artikel 21
Voraussetzungen für das Amt

(1) Die Richter müssen hohes sittliches Ansehen genießen und entweder die für die Ausübung

hoher richterlicher Ämter erforderlichen Voraussetzungen erfüllen oder Rechtsgelehrte von anerkanntem Ruf sein.

(2) Die Richter gehören dem Gerichtshof in ihrer persönlichen Eigenschaft an.

(3) Während ihrer Amtszeit dürfen die Richter keine Tätigkeit ausüben, die mit ihrer Unabhängigkeit, ihrer Unparteilichkeit oder mit den Erfordernissen der Vollzeitbeschäftigung in diesem Amt unvereinbar ist; alle Fragen, die sich aus der Anwendung dieses Absatzes ergeben, werden vom Gerichtshof entschieden.

(BGBl III 1998/30)

Artikel 22
Wahl der Richter

(1) Die Richter werden von der Parlamentarischen Versammlung für jeden Hohen Vertragschließenden Teil mit Stimmenmehrheit aus einer Liste von drei Kandidaten gewählt, die von dem Hohen Vertragschließenden Teil vorgeschlagen werden.

(2) *(aufgehoben, BGBl III 2010/47)*

(BGBl III 1998/30)

Artikel 23
Amtszeit und Entlassung

(1) Die Richter werden für neun Jahre gewählt. Ihre Wiederwahl ist nicht zulässig.

(2) Die Amtszeit der Richter endet mit Vollendung des 70. Lebensjahrs.

(3) Die Richter bleiben bis zum Amtsantritt ihrer Nachfolger im Amt. Sie bleiben jedoch in den Rechtssachen tätig, mit denen sie bereits befasst sind.

(4) Ein Richter kann nur entlassen werden, wenn die anderen Richter mit Zweidrittelmehrheit entscheiden, dass er die erforderlichen Voraussetzungen nicht mehr erfüllt.

(BGBl III 2010/47)

Artikel 24
Kanzlei und Berichterstatter

(1) Der Gerichtshof hat eine Kanzlei, deren Aufgaben und Organisation in der Verfahrensordnung des Gerichtshofs festgelegt werden.

(2) Wenn der Gerichtshof in Einzelrichterbesetzung tagt, wird er von Berichterstattern unterstützt, die ihre Aufgaben unter der Aufsicht des Präsidenten des Gerichtshofs ausüben. Sie gehören der Kanzlei des Gerichtshofs an.

(BGBl III 2010/47)

Artikel 25
Plenum des Gerichtshofs

Das Plenum des Gerichtshofs

a) wählt seinen Präsidenten und einen oder zwei Vizepräsidenten für drei Jahre; ihre Wiederwahl ist zulässig;

b) bildet Kammern für einen bestimmten Zeitraum;

c) wählt die Präsidenten der Kammern des Gerichtshofs; ihre Wiederwahl ist zulässig;

d) beschließt die Verfahrensordnung des Gerichtshofs; *(BGBl III 2010/47)*

e) wählt den Kanzler und einen oder mehrere stellvertretende Kanzler; *(BGBl III 2010/47)*

f) stellt Anträge nach Artikel 26 Absatz 2. *(BGBl III 2010/47)*

(BGBl III 1998/30; BGBl III 2010/47)

Artikel 26
Einzelrichterbesetzung, Ausschüsse, Kammern und Grosse Kammer

(1) Zur Prüfung der Rechtssachen, die bei ihm anhängig gemacht werden, tagt der Gerichtshof in Einzelrichterbesetzung, in Ausschüssen mit drei Richtern, in Kammern mit sieben Richtern und in einer Grossen Kammer mit siebzehn Richtern. Die Kammern des Gerichtshofs bilden die Ausschüsse für einen bestimmten Zeitraum.

(2) Auf Antrag des Plenums des Gerichtshofs kann die Anzahl Richter je Kammer für einen bestimmten Zeitraum durch einstimmigen Beschluss des Ministerkomitees auf fünf herabgesetzt werden.

(3) Ein Richter, der als Einzelrichter tagt, prüft keine Beschwerde gegen die Hohe Vertragspartei, für die er gewählt worden ist.

(4) Der Kammer und der Grossen Kammer gehört von Amts wegen der für eine als Partei beteiligte Hohe Vertragspartei gewählte Richter an. Wenn ein solcher nicht vorhanden ist oder er an den Sitzungen nicht teilnehmen kann, nimmt eine Person in der Eigenschaft eines Richters an den Sitzungen teil, die der Präsident des Gerichtshofs aus einer Liste auswählt, welche ihm die betreffende Vertragspartei vorab unterbreitet hat.

(5) Der Grossen Kammer gehören ferner der Präsident des Gerichtshofs, die Vizepräsidenten, die Präsidenten der Kammern und andere nach der Verfahrensordnung des Gerichtshofs ausgewählte Richter an. Wird eine Rechtssache nach Artikel 43 an die Grosse Kammer verwiesen, so dürfen Richter der Kammer, die das Urteil gefällt hat, der Grossen Kammer nicht angehören; das gilt nicht für den Präsidenten der Kammer und den Richter, welcher in der Kammer für die als

Partei beteiligte Hohe Vertragspartei mitgewirkt hat.

(BGBl III 2010/47)

Artikel 27
Befugnisse des Einzelrichters

(1) Ein Einzelrichter kann eine nach Artikel 34 erhobene Beschwerde für unzulässig erklären oder im Register streichen, wenn eine solche Entscheidung ohne weitere Prüfung getroffen werden kann.

(2) Die Entscheidung ist endgültig.

(3) Erklärt der Einzelrichter eine Beschwerde nicht für unzulässig und streicht er sie auch nicht im Register des Gerichtshofs, so übermittelt er sie zur weiteren Prüfung an einen Ausschuss oder eine Kammer.

(BGBl III 2010/47)

Artikel 28
Befugnisse der Ausschüsse

(1) Ein Ausschuss, der mit einer nach Artikel 34 erhobenen Beschwerde befasst wird, kann diese durch einstimmigen Beschluss

a) für unzulässig erklären oder im Register streichen, wenn eine solche Entscheidung ohne weitere Prüfung getroffen werden kann, oder

b) für zulässig erklären und zugleich ein Urteil über die Begründetheit fällen, sofern die der Rechtssache zugrunde liegende Frage der Auslegung oder Anwendung dieser Konvention oder der Protokolle dazu Gegenstand einer gefestigten Rechtsprechung des Gerichtshofs ist.

(2) Die Entscheidungen und Urteile nach Absatz 1 sind endgültig.

(3) Ist der für die als Partei beteiligte Hohe Vertragspartei gewählte Richter nicht Mitglied des Ausschusses, so kann er von Letzterem jederzeit während des Verfahrens eingeladen werden, den Sitz eines Mitglieds im Ausschuss einzunehmen; der Ausschuss hat dabei alle erheblichen Umstände einschliesslich der Frage, ob diese Vertragspartei der Anwendung des Verfahrens nach Absatz 1 Buchstabe b entgegengetreten ist, zu berücksichtigen.

(BGBl III 2010/47)

Artikel 29
Entscheidungen der Kammern über die Zulässigkeit und Begründetheit

(1) Ergeht weder eine Entscheidung nach Artikel 27 oder 28 noch ein Urteil nach Artikel 28, so entscheidet eine Kammer über die Zulässigkeit und Begründetheit der nach Artikel 34 erhobenen Beschwerden. Die Entscheidung über die Zulässigkeit kann gesondert ergehen. *(BGBl III 2010/47)*

(2) Eine Kammer entscheidet über die Zulässigkeit und Begründetheit der nach Artikel 33 erhobenen Staatenbeschwerden. Die Entscheidung über die Zulässigkeit ergeht gesondert, sofern der Gerichtshof in Ausnahmefällen nicht anders entscheidet. *(BGBl III 2010/47)*

(3) *(aufgehoben, BGBl III 2010/47)*

(BGBl III 1998/30)

Artikel 30
Abgabe der Rechtssache an die Große Kammer

Wirft eine bei einer Kammer anhängige Rechtssache eine schwerwiegende Frage der Auslegung dieser Konvention oder der Protokolle dazu auf oder kann die Entscheidung einer ihr vorliegenden Frage zu einer Abweichung von einem früheren Urteil des Gerichtshofs führen, so kann die Kammer diese Sache jederzeit, bevor sie ihr Urteil gefällt hat, an die Große Kammer abgeben, sofern nicht eine Partei widerspricht.

(BGBl III 1998/30)

Artikel 31
Befugnisse der Großen Kammer

Die Große Kammer

a) entscheidet über nach Artikel 33 oder Artikel 34 erhobene Beschwerden, wenn eine Kammer die Rechtssache nach Artikel 30 an sie abgegeben hat oder wenn die Sache nach Artikel 43 an sie verwiesen worden ist, *(BGBl III 2010/47)*

b) entscheidet über Fragen, mit denen der Gerichtshof durch das Ministerkomitee nach Artikel 46 Absatz 4 befasst wird, und *(BGBl III 2010/47)*

c) behandelt Anträge nach Artikel 47 auf Erstattung von Gutachten. *(BGBl III 2010/47)*

(BGBl III 1998/30)

Artikel 32
Zuständigkeit des Gerichtshofs

(1) Die Zuständigkeit des Gerichtshofs umfaßt alle die Auslegung und Anwendung dieser Konvention und der Protokolle dazu betreffenden Angelegenheiten, mit denen er nach den Artikeln 33, 34, 46 und 47 befaßt wird. *(BGBl III 2010/47)*

(2) Besteht Streit über die Zuständigkeit des Gerichtshofs, so entscheidet der Gerichtshof.

(BGBl III 1998/30)

Artikel 33
Staatenbeschwerden

Jeder Hohe Vertragschließende Teil kann den Gerichtshof wegen jeder behaupteten Verletzung dieser Konvention und der Protokolle dazu durch einen anderen Hohen Vertragschließenden Teil anrufen.

(BGBl III 1998/30)

Artikel 34
Individualbeschwerden

Der Gerichtshof kann von jeder natürlichen Person, nichtstaatlichen Organisation oder Personengruppe, die behauptet, durch einen der Hohen Vertragschließenden Teile in einem der in dieser Konvention oder den Protokollen dazu anerkannten Rechte verletzt zu sein, mit einer Beschwerde befaßt werden. Die Hohen Vertragschließenden Teile verpflichten sich, die wirksame Ausübung dieses Rechts nicht zu behindern.

(BGBl III 1998/30)

Artikel 35
Zulässigkeitsvoraussetzungen

(1) Der Gerichtshof kann sich mit einer Angelegenheit erst nach Erschöpfung aller innerstaatlichen Rechtsbehelfe in Übereinstimmung mit den allgemein anerkannten Grundsätzen des Völkerrechts und nur innerhalb einer Frist von sechs Monaten nach der endgültigen innerstaatlichen Entscheidung befassen.

(2) Der Gerichtshof befaßt sich nicht mit einer nach Artikel 34 erhobenen Individualbeschwerde, die

a) anonym ist oder

b) im wesentlichen mit einer schon vorher vom Gerichtshof geprüften Beschwerde übereinstimmt oder schon einer anderen internationalen Untersuchungs- oder Vergleichsinstanz unterbreitet worden ist und keine neuen Tatsachen enthält.

(3) Der Gerichtshof erklärt eine nach Artikel 34 erhobene Individualbeschwerde für unzulässig,

a) wenn er sie für unvereinbar mit dieser Konvention oder den Protokollen dazu, für offensichtlich unbegründet oder für missbräuchlich hält oder

b) wenn er der Ansicht ist, dass dem Beschwerdeführer kein erheblicher Nachteil entstanden ist, es sei denn, die Achtung der Menschenrechte, wie sie in dieser Konvention und den Protokollen dazu anerkannt sind, erfordert eine Prüfung der Begründetheit der Beschwerde, und vorausgesetzt, es wird aus diesem Grund nicht eine Rechtssache zurückgewiesen, die noch von keinem innerstaatlichen Gericht gebührend geprüft worden ist.

(BGBl III 2010/47)

(4) Der Gerichtshof weist eine Beschwerde zurück, die er nach diesem Artikel für unzulässig hält. Er kann dies in jedem Stadium des Verfahrens tun.

(BGBl III 1998/30)

Artikel 36
Beteiligung Dritter

(1) In allen bei einer Kammer oder der Großen Kammer anhängigen Rechtssachen ist der Hohe Vertragschließende Teil, dessen Staatsangehörigkeit der Beschwerdeführer besitzt, berechtigt, schriftliche Stellungnahmen abzugeben und an den mündlichen Verhandlungen teilzunehmen.

(2) Im Interesse der Rechtspflege kann der Präsident des Gerichtshofs jedem Hohen Vertragschließenden Teil, der in dem Verfahren nicht Partei ist, oder jeder betroffenen Person, die nicht Beschwerdeführer ist, Gelegenheit geben, schriftlich Stellung zu nehmen oder an den mündlichen Verhandlungen teilzunehmen.

(3) In allen bei einer Kammer oder der Grossen Kammer anhängigen Rechtssachen kann der Kommissar für Menschenrechte des Europarats schriftliche Stellungnahmen abgeben und an den mündlichen Verhandlungen teilnehmen.

(BGBl III 1998/30)

Artikel 37
Streichung von Beschwerden

(1) Der Gerichtshof kann jederzeit während des Verfahrens entscheiden, eine Beschwerde in seinem Register zu streichen, wenn die Umstände Grund zur Annahme geben, daß

a) der Beschwerdeführer seine Beschwerde nicht weiterzuverfolgen beabsichtigt,

b) die Streitigkeit einer Lösung zugeführt worden ist oder

c) eine weitere Prüfung der Beschwerde aus anderen vom Gerichtshof festgestellten Gründen nicht gerechtfertigt ist.

Der Gerichtshof setzt jedoch die Prüfung der Beschwerde fort, wenn die Achtung der Menschenrechte, wie sie in dieser Konvention und den Protokollen dazu anerkannt sind, dies erfordert.

(2) Der Gerichtshof kann die Wiedereintragung einer Beschwerde in sein Register anordnen, wenn er dies den Umständen nach für gerechtfertigt hält.

(BGBl III 1998/30)

Artikel 38
Prüfung der Rechtssache

Der Gerichtshof prüft die Rechtssache mit den Vertretern der Parteien und nimmt, falls erforderlich, Ermittlungen vor; die betreffenden Hohen Vertragsparteien haben alle zur wirksamen Durchführung der Ermittlungen erforderlichen Erleichterungen zu gewähren.

(BGBl III 2010/47)

Artikel 39
Gütliche Einigung

(1) Der Gerichtshof kann sich jederzeit während des Verfahrens zur Verfügung der Parteien halten mit dem Ziel, eine gütliche Einigung auf der Grundlage der Achtung der Menschenrechte, wie sie in dieser Konvention und den Protokollen dazu anerkannt sind, zu erreichen.

(2) Das Verfahren nach Absatz 1 ist vertraulich.

(3) Im Fall einer gütlichen Einigung streicht der Gerichtshof durch eine Entscheidung, die sich auf eine kurze Angabe des Sachverhalts und der erzielten Lösung beschränkt, die Rechtssache in seinem Register.

(4) Diese Entscheidung ist dem Ministerkomitee zuzuleiten; dieses überwacht die Durchführung der gütlichen Einigung, wie sie in der Entscheidung festgehalten wird.

(BGBl III 2010/47)

Artikel 40
Öffentliche Verhandlung und Akteneinsicht

(1) Die Verhandlung ist öffentlich, soweit nicht der Gerichtshof auf Grund besonderer Umstände anders entscheidet.

(2) Die beim Kanzler verwahrten Schriftstücke sind der Öffentlichkeit zugänglich, soweit nicht der Präsident des Gerichtshofs anders entscheidet.

(BGBl III 1998/30)

Artikel 41
Gerechte Entschädigung

Stellt der Gerichtshof fest, daß diese Konvention oder die Protokolle dazu verletzt worden sind, und gestattet das innerstaatliche Recht des beteiligten Hohen Vertragschließenden Teiles nur eine unvollkommene Wiedergutmachung für die Folgen dieser Verletzung, so spricht der Gerichtshof der verletzten Partei eine gerechte Entschädigung zu, wenn dies notwendig ist.

(BGBl III 1998/30)

Artikel 42
Urteile der Kammern

Urteile der Kammern werden nach Maßgabe des Artikels 44 Absatz 2 endgültig.

(BGBl III 1998/30)

Artikel 43
Verweisung an die Große Kammer

(1) Innerhalb von drei Monaten nach dem Datum des Urteils der Kammer kann jede Partei in Ausnahmefällen die Verweisung der Rechtssache an die Große Kammer beantragen.

(2) Ein Ausschuß von fünf Richtern der Großen Kammer nimmt den Antrag an, wenn die Rechtssache eine schwerwiegende Frage der Auslegung oder Anwendung dieser Konvention oder der Protokolle dazu oder eine schwerwiegende Frage von allgemeiner Bedeutung aufwirft.

(3) Nimmt der Ausschuß den Antrag an, so entscheidet die Große Kammer die Sache durch Urteil.

(BGBl III 1998/30)

Artikel 44
Endgültige Urteile

(1) Das Urteil der Großen Kammer ist endgültig.

(2) Das Urteil einer Kammer wird endgültig,

a) wenn die Parteien erklären, daß sie die Verweisung der Rechtssache an die Große Kammer nicht beantragen werden,

b) drei Monate nach dem Datum des Urteils, wenn nicht die Verweisung der Rechtssache an die Große Kammer beantragt worden ist, oder

c) wenn der Ausschuß der Großen Kammer den Antrag auf Verweisung nach Artikel 43 abgelehnt hat.

(3) Das endgültige Urteil wird veröffentlicht.

(BGBl III 1998/30)

Artikel 45
Begründung der Urteile und Entscheidungen

(1) Urteile sowie Entscheidungen, mit denen Beschwerden für zulässig oder für unzulässig erklärt werden, werden begründet.

(2) Bringt ein Urteil ganz oder teilweise nicht die übereinstimmende Meinung der Richter zum Ausdruck, so ist jeder Richter berechtigt, seine abweichende Meinung darzulegen.

(BGBl III 1998/30)

Artikel 46
Verbindlichkeit und Durchführung der Urteile

(1) Die Hohen Vertragsparteien verpflichten sich, in allen Rechtssachen, in denen sie Partei sind, das endgültige Urteil des Gerichtshofs zu befolgen.

(2) Das endgültige Urteil des Gerichtshofs ist dem Ministerkomitee zuzuleiten; dieses überwacht seine Durchführung.

(3) Wird die Überwachung der Durchführung eines endgültigen Urteils nach Auffassung des Ministerkomitees durch eine Frage betreffend die Auslegung dieses Urteils behindert, so kann das Ministerkomitee den Gerichtshof anrufen, damit er über diese Auslegungsfrage entscheidet. Der Beschluss des Ministerkomitees, den Gerichtshof anzurufen, bedarf der Zweidrittelmehrheit der Stimmen der zur Teilnahme an den Sitzungen des Komitees berechtigten Mitglieder.

(4) Weigert sich eine Hohe Vertragspartei nach Auffassung des Ministerkomitees, in einer Rechtssache, in der sie Partei ist, ein endgültiges Urteil des Gerichtshofs zu befolgen, so kann das Ministerkomitee, nachdem es die betreffende Partei gemahnt hat, durch einen mit Zweidrittelmehrheit der Stimmen der zur Teilnahme an den Sitzungen des Komitees berechtigten Mitglieder gefassten Beschluss den Gerichtshof mit der Frage befassen, ob diese Partei ihrer Verpflichtung nach Absatz 1 nachgekommen ist.

(5) Stellt der Gerichtshof eine Verletzung des Absatzes 1 fest, so weist er die Rechtssache zur Prüfung der zu treffenden Massnahmen an das Ministerkomitee zurück. Stellt der Gerichtshof fest, dass keine Verletzung des Absatzes 1 vorliegt, so weist er die Rechtssache an das Ministerkomitee zurück; dieses beschliesst die Einstellung seiner Prüfung.

(BGBl III 2010/47)

Artikel 47
Gutachten

(1) Der Gerichtshof kann auf Antrag des Ministerkomitees Gutachten über Rechtsfragen erstatten, welche die Auslegung dieser Konvention und der Protokolle dazu betreffen.

(2) Diese Gutachten dürfen keine Fragen zum Gegenstand haben, die sich auf den Inhalt oder das Ausmaß der in Abschnitt I dieser Konvention und in den Protokollen dazu anerkannten Rechte und Freiheiten beziehen, noch andere Fragen, über die der Gerichtshof oder das Ministerkomitee auf Grund eines nach dieser Konvention eingeleiteten Verfahrens zu entscheiden haben könnte.

(3) Der Beschluß des Ministerkomitees, ein Gutachten beim Gerichtshof zu beantragen, bedarf der Stimmenmehrheit der zur Teilnahme an den Sitzungen des Komitees berechtigten Mitglieder.

(BGBl III 1998/30)

Artikel 48
Gutachterliche Zuständigkeit des Gerichtshofs

Der Gerichtshof entscheidet, ob ein vom Ministerkomitee gestellter Antrag auf Erstattung eines Gutachtens in seine Zuständigkeit nach Artikel 47 fällt.

(BGBl III 1998/30)

Artikel 49
Begründung der Gutachten

(1) Die Gutachten des Gerichtshofs werden begründet.

(2) Bringt das Gutachten ganz oder teilweise nicht die übereinstimmende Meinung der Richter zum Ausdruck, so ist jeder Richter berechtigt, seine abweichende Meinung darzulegen.

(3) Die Gutachten des Gerichtshofs werden dem Ministerkomitee übermittelt.

(BGBl III 1998/30)

Artikel 50
Kosten des Gerichtshofs

Die Kosten des Gerichtshofs werden vom Europarat getragen.

(BGBl III 1998/30)

Artikel 51
Privilegien und Immunitäten der Richter

Die Richter genießen bei der Ausübung ihres Amtes die Vorrechte und Immunitäten, die in Artikel 40 der Satzung des Europarats und den auf Grund jenes Artikels geschlossenen Übereinkünften vorgesehen sind. *(BGBl III 2002/179 (DFB))*

(BGBl III 1998/30)

ABSCHNITT III
VERSCHIEDENE BESTIMMUNGEN

Artikel 52
Anfragen des Generalsekretärs

Nach Empfang einer entsprechenden Aufforderung durch den Generalsekretär des Europarats hat jeder Hohe Vertragschließende Teil die erforderlichen Erklärungen abzugeben, in welcher Weise sein internes Recht die wirksame Anwendung aller Bestimmungen dieser Konvention gewährleistet.

Artikel 53
Wahrung anerkannter Menschenrechte

Keine Bestimmung dieser Konvention darf als Beschränkung oder Minderung eines der Menschenrechte und Grundfreiheiten ausgelegt werden, die in den Gesetzen eines Hohen Vertragschließenden Teils oder einer anderen Vereinbarung, an der er beteiligt ist, festgelegt sind.

Artikel 54
Befugnisse des Ministerkomitees

Keine Bestimmung dieser Konvention beschränkt die durch die Satzung des Europarats dem Ministerkomitee übertragenen Vollmachten.

Artikel 55
Ausschluß anderer Verfahren zur Streitbeilegung

Die Hohen Vertragschließenden Teile kommen überein, daß sie, es sei denn auf Grund besonderer Vereinbarungen, keinen Gebrauch von zwischen ihnen geltenden Verträgen, Übereinkommen oder Erklärungen machen werden, um von sich aus einen Streit um die Auslegung oder Anwendung dieser Konvention einem anderen Verfahren zu unterwerfen als in der Konvention vorgesehen ist.

Artikel 56
Räumlicher Geltungsbereich

(1) Jeder Staat kann im Zeitpunkt der Ratifizierung oder in der Folge zu jedem anderen Zeitpunkt durch eine an den Generalsekretär des Europarats gerichtete Mitteilung erklären, daß diese Konvention vorbehaltlich des Absatzes 4 auf alle oder einzelne Gebiete Anwendung findet, für deren internationale Beziehungen er verantwortlich ist. *(BGBl III 1998/30)*

(2) Die Konvention findet auf das oder die in der Erklärung bezeichneten Gebiete vom dreißigsten Tage an Anwendung, gerechnet vom Eingang der Erklärung beim Generalsekretär des Europarates.

(3) In den genannten Gebieten werden die Bestimmungen dieser Konvention unter Berücksichtigung der örtlichen Notwendigkeiten angewendet.

(4) Jeder Staat, der eine Erklärung gemäß Absatz 1 dieses Artikels abgegeben hat, kann zu jedem späteren Zeitpunkt für ein oder mehrere der in einer solchen Erklärung bezeichneten Gebiete erklären, daß er die Zuständigkeit des Gerichtshofs für die Entgegennahme von Beschwerden von natürlichen Personen, nichtstaatlichen Organisationen oder Personengruppen gemäß Artikel 34 annimmt. *(BGBl III 1998/30)*

Artikel 57
Vorbehalte

(1) Jeder Staat kann bei Unterzeichnung dieser Konvention oder bei Hinterlegung seiner Ratifikationsurkunde bezüglich bestimmter Vorschriften der Konvention einen Vorbehalt machen, soweit ein zu dieser Zeit in seinem Gebiet geltendes Gesetz nicht mit der betreffenden Vorschrift übereinstimmt. Vorbehalte allgemeiner Art sind nach diesem Artikel nicht zulässig.

(2) Jeder nach diesem Artikel gemachte Vorbehalt muß mit einer kurzen Inhaltsangabe des betreffenden Gesetzes verbunden sein.

Artikel 58
Kündigung

(1) Ein Hoher Vertragschließender Teil kann diese Konvention nicht vor Ablauf von fünf Jahren nach dem Tage, an dem die Konvention für ihn wirksam wird, und nur nach einer sechs Monate vorher an den Generalsekretär des Europarats gerichteten Mitteilung kündigen; der Generalsekretär hat den anderen Hohen Vertragschließenden Teilen von der Kündigung Kenntnis zu geben.

(2) Eine derartige Kündigung bewirkt nicht, daß der betreffende Hohe Vertragschließende Teil in bezug auf irgendeine Handlung, welche eine Verletzung dieser Verpflichtungen darstellen könnte, und von dem Hohen Vertragschließenden Teil vor dem Datum seines rechtswirksamen Ausscheidens vorgenommen wurde, von seinen Verpflichtungen nach dieser Konvention befreit wird.

(3) Unter dem gleichen Vorbehalt scheidet ein Vertragschließender Teil aus dieser Konvention aus, der aus dem Europarat ausscheidet.

(4) Entsprechend den Bestimmungen der vorstehenden Absätze kann die Konvention auch für ein Gebiet gekündigt werden, auf das sie nach Artikel 56 ausgedehnt worden ist. *(BGBl III 1998/30)*

Artikel 59
Unterzeichnung und Ratifikation

(1) Diese Konvention steht den Mitgliedern des Europarats zur Unterzeichnung offen; sie bedarf der Ratifikation. Die Ratifikationsurkunden sind beim Generalsekretär des Europarats zu hinterlegen.

(2) Die Europäische Union kann dieser Konvention beitreten. *(BGBl III 2010/47)*

(3) Diese Konvention tritt nach der Hinterlegung von zehn Ratifikationsurkunden in Kraft. *(BGBl III 2010/47)*

(4) Für jeden Unterzeichnerstaat, dessen Ratifikation später erfolgt, tritt die Konvention am Tage der Hinterlegung seiner Ratifikationsurkunde in Kraft. *(Für Österreich in Kraft getreten am 3. September 1958.) (BGBl III 2010/47)*

(5) Der Generalsekretär des Europarats hat allen Mitgliedern des Europarats das Inkrafttreten der Konvention, die Namen der Hohen Vertragschließenden Teile, die sie ratifiziert haben, sowie die Hinterlegung jeder später eingehenden Ratifikationsurkunde mitzuteilen. *(BGBl III 2010/47)*

GESCHEHEN zu Rom, am 4. November 1950, in englischer und französischer Sprache, wobei die beiden Texte in gleicher Weise authentisch sind, in einer einzigen Ausfertigung, die in den Archiven des Europarats hinterlegt wird. Der Generalsekretär wird allen Signatarstaaten beglaubigte Abschriften übermitteln.

15/7. (1.) Zusatzprotokoll zur EMRK

BGBl 1958/210 idF

1 BGBl 1964/59 **2** BGBl III 1998/30

Zusatzprotokoll zur Konvention zum Schutze der Menschenrechte und Grundfreiheiten

Inhaltsverzeichnis

(nichtamtlich)

[Übersetzung]

Entschlossen, Maßnahmen zur kollektiven Sicherung gewisser Rechte und Freiheiten außer denjenigen zu treffen, die bereits im Abschnitt I der am 4. November 1950 in Rom unterzeichneten Konvention zum Schutze der Menschenrechte und Grundfreiheiten (nachstehend als „Konvention“ bezeichnet) berücksichtigt sind,

vereinbaren die unterzeichneten Regierungen, die Mitglieder des Europarates sind, folgendes:

Artikel 1
Schutz des Eigentums

(1) Jede natürliche oder juristische Person hat ein Recht auf Achtung ihres Eigentums. Niemandem darf sein Eigentum entzogen werden, es sei denn, daß das öffentliche Interesse es verlangt, und nur unter den durch Gesetz und durch die allgemeinen Grundsätze des Völkerrechts vorgesehenen Bedingungen.

(2) Die vorstehenden Bestimmungen beeinträchtigen jedoch in keiner Weise das Recht des Staates, diejenigen Gesetze anzuwenden, die er für die Regelung der Benutzung des Eigentums in Übereinstimmung mit dem Allgemeininteresse oder zur Sicherung der Zahlung der Steuern, sonstiger Abgaben oder von Geldstrafen für erforderlich hält.

Artikel 2
Recht auf Bildung

Das Recht auf Bildung darf niemandem verwehrt werden. Der Staat hat bei Ausübung der von ihm auf dem Gebiete der Erziehung und des Unterrichts übernommenen Aufgaben das Recht der Eltern zu achten, die Erziehung und den Unterricht entsprechend ihren eigenen religiösen und weltanschaulichen Überzeugungen sicherzustellen.

Artikel 3
Recht auf freie Wahlen

Die Hohen Vertragschließenden Teile verpflichten sich, in angemessenen Zeitabständen freie und geheime Wahlen unter Bedingungen abzuhalten, die die freie Äußerung der Meinung des Volkes bei der Wahl der gesetzgebenden Organe gewährleisten.

Artikel 4
Räumlicher Geltungsbereich

(1) Jeder der Hohen Vertragschließenden Teile kann im Zeitpunkt der Unterzeichnung oder Ratifikation oder in der Folge zu jedem anderen Zeitpunkt an den Generalsekretär des Europarates eine Erklärung darüber richten, in welchem Umfang er sich zur Anwendung der Bestimmungen dieses Protokolls auf die in dieser Erklärung angegebenen Gebiete, für deren internationale Beziehungen er verantwortlich ist, verpflichtet.

(2) Jeder der Hohen Vertragschließenden Teile, der eine Erklärung gemäß dem vorstehenden Absatz abgegeben hat, kann von Zeit zu Zeit eine weitere Erklärung abgeben, die den Inhalt einer früheren Erklärung ändert oder die Anwendung der Bestimmungen dieses Protokolls auf irgend einem Gebiet beendet.

(3) Eine im Einklang mit diesem Artikel abgegebene Erklärung gilt als eine „gemäß Artikel 56“ Abs. 1 der Konvention abgegebene Erklärung. *(BGBl III 1998/30)*

Artikel 5
Verhältnis zur Konvention

Die Hohen Vertragschließenden Teile betrachten die Bestimmungen der Artikel 1, 2, 3 und 4 dieses Protokolls als Zusatzartikel zur Konvention; alle Vorschriften der Konvention sind dementsprechend anzuwenden.

Artikel 6
Unterzeichnung und Ratifikation

(1) Dieses Protokoll steht den Mitgliedern des Europarates, die die Konvention unterzeichnet

haben, zur Unterzeichnung offen; es wird gleichzeitig mit der Konvention oder zu einem späteren Zeitpunkt ratifiziert. Es tritt nach der Hinterlegung von zehn Ratifikationsurkunden in Kraft. Für jeden Unterzeichnerstaat, dessen Ratifikation später erfolgt, tritt das Protokoll am Tage der Hinterlegung seiner Ratifikationsurkunde in Kraft.

(2) Die Ratifikationsurkunden werden beim Generalsekretär des Europarates hinterlegt, der allen Mitgliedern die Namen der Staaten, die das Protokoll ratifiziert haben, mitteilt.

GESCHEHEN zu Paris am 20. März 1952 in englischer und französischer Sprache, wobei die beiden Texte in gleicher Weise authentisch sind, in einer einzigen Ausfertigung, die in den Archiven des Europarates hinterlegt wird. Der Generalsekretär wird allen Signatarstaaten beglaubigte Abschriften übermitteln.

15/7. 4. Zusatzprotokoll zur EMRK

BGBl 1969/434 idF

1 BGBl III 1998/30

Protokoll Nr. 4 zur Konvention zum Schutze der Menschenrechte und Grundfreiheiten, durch das gewisse Rechte und Freiheiten gewährleistet werden, die nicht bereits in der Konvention oder im ersten Zusatzprotokoll enthalten sind

[Übersetzung]

Die unterzeichneten Regierungen, die Mitglieder des Europarats sind –

entschlossen, Maßnahmen zur kollektiven Gewährleistung gewisser Rechte und Freiheiten zu treffen, die in Abschnitt I der am 4. November 1950 in Rom unterzeichneten Konvention zum Schutze der Menschenrechte und Grundfreiheiten (im folgenden als „Konvention" bezeichnet) und in den Artikeln 1 bis 3 des am 20. März 1952 in Paris unterzeichneten ersten Zusatzprotokolls zur Konvention noch nicht enthalten sind –

haben folgendes vereinbart:

Artikel 1
Verbot der Freiheitsentziehung wegen Schulden

Niemandem darf die Freiheit allein deshalb entzogen werden, weil er nicht in der Lage ist, eine vertragliche Verpflichtung zu erfüllen.

Artikel 2
Freizügigkeit

(1) Jedermann, der sich rechtmäßig im Hoheitsgebiet eines Staates aufhält, hat das Recht, sich dort frei zu bewegen und seinen Wohnsitz frei zu wählen.

(2) Jedermann steht es frei, jedes Land einschließlich seines eigenen zu verlassen.

(3) Die Ausübung dieser Rechte darf keinen anderen Einschränkungen unterworfen werden als denen, die gesetzlich vorgesehen und in einer demokratischen Gesellschaft im Interesse der nationalen oder der öffentlichen Sicherheit, der Aufrechterhaltung des „ordre public", der Verhütung von Straftaten, des Schutzes der Gesundheit oder der Moral oder des Schutzes der Rechte und Freiheiten anderer notwendig sind.

(4) Die in Absatz 1 anerkannten Rechte können ferner für den Bereich bestimmter Gebiete Einschränkungen unterworfen werden, die gesetzlich vorgesehen und in einer demokratischen Gesellschaft durch das öffentliche Interesse gerechtfertigt sind.

Artikel 3
Verbot der Ausweisung eigener Staatsangehöriger

(1) Niemand darf aus dem Hoheitsgebiet des Staates, dessen Staatsangehöriger er ist, durch eine Einzel- oder eine Kollektivmaßnahme ausgewiesen werden.

(2) Niemandem darf das Recht entzogen werden, in das Hoheitsgebiet des Staates einzureisen, dessen Staatsangehöriger er ist.

Artikel 4
Verbot der Kollektivausweisung von Ausländern

Kollektivausweisungen von Fremden sind nicht zulässig.

Artikel 5
Räumlicher Geltungsbereich

(1) Jede Hohe Vertragschließende Partei kann im Zeitpunkt der Unterzeichnung oder Ratifikation dieses Protokolls oder zu jedem späteren Zeitpunkt an den Generalsekretär des Europarates eine Erklärung darüber richten, in welchem Umfang sie sich zur Anwendung der Bestimmungen dieses Protokolls auf die in der Erklärung angegebenen Hoheitsgebiete, für deren internationale Beziehungen sie verantwortlich ist, verpflichtet.

(2) Jede Hohe Vertragschließende Partei, die eine Erklärung gemäß Absatz 1 abgegeben hat, kann jederzeit eine weitere Erklärung abgeben, die den Inhalt einer früheren Erklärung ändert oder die Anwendung der Bestimmungen dieses Protokolls auf irgendein Hoheitsgebiet beendet.

(3) Eine gemäß diesem Artikel abgegebene Erklärung gilt als eine Erklärung im Sinne des Artikels 56 Absatz 1 der Konvention. *(BGBl III 1998/30)*

(4) Das Hoheitsgebiet eines Staates, auf das dieses Protokoll auf Grund der Ratifikation oder Annahme durch diesen Staat Anwendung findet, und jedes Hoheitsgebiet, auf das das Protokoll auf Grund einer von diesem Staat nach diesem Artikel abgegebenen Erklärung Anwendung findet, werden als getrennte Hoheitsgebiete betrachtet, soweit die Artikel 2 und 3 auf das Hoheitsgebiet eines Staates Bezug nehmen.

(5) Jeder Staat, der eine Erklärung nach Absatz 1 oder 2 abgegeben hat, kann jederzeit danach für eines oder mehrere der in der Erklärung bezeichneten Hoheitsgebiete erklären, daß er die Zuständigkeit des Gerichtshofs, Beschwerden von natürlichen Personen, nichtstaatlichen Organisationen oder Personengruppen nach Artikel 34 der Konvention entgegenzunehmen, für die Artikel 1 bis 4 dieses Protokolls insgesamt oder für einzelne dieser Artikel annimmt. *(BGBl III 1998/30)*

Artikel 6
Verhältnis zur Konvention

Die Hohen Vertragschließenden Parteien betrachten die Artikel 1 bis 5 dieses Protokolls als Zusatzartikel zur Konvention; alle Bestimmungen der Konvention sind dementsprechend anzuwenden. *(BGBl III 1998/30)*

Artikel 7
Unterzeichnung und Ratifikation

(1) Dieses Protokoll steht den Mitgliedern des Europarates, die Unterzeichner der Konvention sind, zur Unterzeichnung offen; es wird gleichzeitig mit der Konvention oder nach deren Ratifizierung ratifiziert. Es tritt nach der Hinterlegung von fünf Ratifikationsurkunden in Kraft. Für jeden Unterzeichner, der nachträglich ratifiziert, tritt das Protokoll zum Zeitpunkt der Hinterlegung der Ratifikationsurkunde in Kraft.

(2) Die Ratifikationsurkunden werden beim Generalsekretär des Europarates hinterlegt, der allen Mitgliedern die Namen jener mitteilen wird, die ratifiziert haben.

ZU URKUND DESSEN haben die hierzu gehörig befugten Unterzeichneten dieses Protokoll unterzeichnet.

GESCHEHEN zu Straßburg am 16. September 1963 in englischer und französischer Sprache, wobei jeder Wortlaut gleichermaßen verbindlich ist, in einer Urschrift, die im Archiv des Europarates hinterlegt wird. Der Generalsekretär übermittelt allen Unterzeichnerstaaten beglaubigte Abschriften.

15/7. 6. Zusatzprotokoll zur EMRK

BGBl 1985/138 idF

1 BGBl III 1998/30

Protokoll Nr. 6 zur Konvention zum Schutze der Menschenrechte und Grundfreiheiten über die Abschaffung der Todesstrafe

[Übersetzung]

Die Mitgliedstaaten des Europarates, die dieses Protokoll zu der in Rom am 4. November 1950 unterzeichneten Konvention zum Schutze der Menschenrechte und Grundfreiheiten (im folgenden als „Konvention" bezeichnet) unterzeichnen in der Erwägung, daß die in verschiedenen Mitgliedstaaten des Europarates eingetretene Entwicklung eine allgemeine Tendenz zu Gunsten der Abschaffung der Todesstrafe zum Ausdruck bringt, haben folgendes vereinbart:

Artikel 1
Abschaffung der Todesstrafe

Die Todesstrafe ist abgeschafft. Niemand darf zu dieser Strafe verurteilt oder hingerichtet werden.

Artikel 2
Todesstrafe in Kriegszeiten

Ein Staat kann durch Gesetz die Todesstrafe für Taten vorsehen, welche in Kriegszeiten oder bei unmittelbarer Kriegsgefahr begangen werden; diese Strafe darf nur in den Fällen, die im Gesetz vorgesehen sind und in Übereinstimmung mit dessen Bestimmungen angewendet werden. Der Staat übermittelt dem Generalsekretär des Europarates die einschlägigen Rechtsvorschriften.

Artikel 3
Verbot des Außerkraftsetzens

Die Bestimmungen dieses Protokolls dürfen nicht nach Art. 15 der Konvention außer Kraft gesetzt werden.

Artikel 4
Verbot von Vorbehalten

Vorbehalte nach Artikel 57 der Konvention zu Bestimmungen dieses Protokolls sind nicht zulässig. *(BGBl III 1998/30)*

Artikel 5
Räumlicher Geltungsbereich

1. Jeder Staat kann bei der Unterzeichnung oder bei der Hinterlegung der Ratifikations-, Annahme- oder Genehmigungsurkunde einzelne oder mehrere Hoheitsgebiete bezeichnen, auf die dieses Protokoll Anwendung findet.

2. Jeder Staat kann jederzeit danach durch eine an den Generalsekretär des Europarates gerichtete Erklärung dieses Protokoll auf jedes weitere in der Erklärung bezeichnete Hoheitsgebiet erstrecken. Das Protokoll tritt für dieses Hoheitsgebiet am ersten Tag des Monats in Kraft, der dem Eingang der Erklärung durch den Generalsekretär folgt.

3. Jede gemäß den zwei vorangegangenen Absätzen abgegebene Erklärung kann durch eine Notifikation an den Generalsekretär hinsichtlich jenes Hoheitsgebietes, das in einer solchen Erklärung bezeichnet ist, zurückgenommen werden. Die Zurücknahme wird mit dem ersten Tag des dem Eingang einer solchen Notifikation beim Generalsekretär folgenden Monates wirksam.

Artikel 6
Verhältnis zur Konvention

Die Vertragsstaaten betrachten die Art. 1 bis 5 dieses Protokolles als Zusatzartikel zur Konvention; alle Bestimmungen der Konvention sind dementsprechend anzuwenden.

Artikel 7
Unterzeichnung und Ratifikation

Dieses Protokoll liegt für die Mitgliedstaaten des Europarates, die die Konvention unterzeichnet haben, zur Unterzeichnung auf. Es bedarf der Ratifikation, Annahme oder Genehmigung. Ein Mitgliedstaat des Europarates kann dieses Protokoll nur ratifizieren, annehmen oder genehmigen, wenn gleichzeitig oder früher die Konvention ratifiziert wurde. Die Ratifikations-, Annahme- oder Genehmigungsurkunden werden beim Generalsekretär des Europarates hinterlegt.

Artikel 8
Inkrafttreten

1. Dieses Protokoll tritt am ersten Tag des Monats in Kraft, der auf den Tag folgt, an dem fünf Mitgliedstaaten des Europarates nach Art. 7

ihre Zustimmung ausgedrückt haben, durch das Protokoll gebunden zu sein.

2. Jedem Mitgliedstaat, der später seine Zustimmung ausdrückt, durch das Protokoll gebunden zu sein, tritt es am ersten Tag des Monats in Kraft, der auf die Hinterlegung der Ratifikations-, Annahme- oder Genehmigungsurkunde folgt.

Artikel 9
Aufgaben des Verwahrers

Der Generalsekretär des Europarates notifiziert den Mitgliedstaaten des Europarates

a) jede Unterzeichnung;

b) jede Hinterlegung einer Ratifikations-, Annahme- oder Genehmigungsurkunde;

c) jeden Zeitpunkt des Inkrafttretens dieses Protokolls nach Art. 5 und 8;

d) jeden anderen Rechtsakt, jede Notifikation oder Mitteilung, die sich auf dieses Protokoll bezieht.

ZU URKUND DESSEN haben die hiezu gehörig befugten Unterzeichneten dieses Protokoll unterschrieben.

GESCHEHEN zu Straßburg am 28. April 1983 in englischer und französischer Sprache, wobei jeder Wortlaut gleichermaßen authentisch ist, in einer Urschrift, die in den Archiven des Europarates hinterlegt wird. Der Generalsekretär des Europarates übermittelt allen Mitgliedstaaten des Europarates beglaubigte Abschriften.

Menschenrechte
UDHR
ICCPR + Fak.prot.
ICESCR
CAT
EMRK
Minderh. Übk
Rassendiskr. Übk
EU-Charta
GFK, NY Erkl.
Migrationspakt
Flüchtlingspakt

15/7. 7. Zusatzprotokoll zur EMRK

BGBl 1988/628 idF

1 BGBl 1992/662 (DFB)
2 BGBl III 1998/30
3 BGBl III 2002/179 (DFB)

Protokoll Nr. 7 zur Konvention zum Schutze der Menschenrechte und Grundfreiheiten

[Übersetzung]

Die Mitgliedstaaten des Europarates, die dieses Protokoll unterzeichnen,

entschlossen, weitere Maßnahmen zur kollektiven Gewährleistung gewisser Rechte und Freiheiten durch die am 4. November 1950 in Rom unterzeichnete Konvention zum Schutze der Menschenrechte und Grundfreiheiten (im folgenden als „Konvention" bezeichnet) zu treffen,

haben folgendes vereinbart:

Artikel 1
Verfahrensrechtliche Schutzvorschriften in bezug auf die Ausweisung von Ausländern

1. Ein Ausländer, der seinen rechtmäßigen Aufenthalt im Hoheitsgebiet eines Staates hat, darf aus diesem nur auf Grund einer rechtmäßig ergangenen Entscheidung ausgewiesen werden; ihm muß gestattet werden,

a) Gründe vorzubringen, die gegen seine Ausweisung sprechen,

b) seinen Fall prüfen zu lassen und

c) sich zu diesem Zweck vor der zuständigen Behörde oder vor einer oder mehreren von dieser Behörde bestimmten Personen vertreten zu lassen.

2. Ein Ausländer kann vor Ausübung der im Abs. 1 lit. a, b und c genannten Rechte ausgewiesen werden, wenn die Ausweisung im Interesse der öffentlichen Ordnung erforderlich ist oder aus Gründen der nationalen Sicherheit erfolgt.

Artikel 2
Rechtsmittel in Strafsachen

1. Wer von einem Gericht wegen einer strafbaren Handlung verurteilt worden ist, hat das Recht, das Urteil von einem übergeordneten Gericht nachprüfen zu lassen. Die Ausübung dieses Rechts, einschließlich der Gründe, aus denen es ausgeübt werden kann, richtet sich nach dem Gesetz.

2. Ausnahmen von diesem Recht sind für strafbare Handlungen geringfügiger Art, wie sie durch Gesetz näher bestimmt sind, oder in Fällen möglich, in denen das Verfahren gegen eine Person in erster Instanz vor dem obersten Gericht stattgefunden hat oder in denen sie nach einem gegen ihren Freispruch eingelegten Rechtsmittel verurteilt worden ist.

Artikel 3
Recht auf Entschädigung bei Fehlurteilen

Ist jemand wegen einer strafbaren Handlung rechtskräftig verurteilt und ist das Urteil später aufgehoben oder der Verurteilte begnadigt worden, weil eine neue oder eine neu bekannt gewordene Tatsache schlüssig beweist, daß ein Fehlurteil vorlag, so ist derjenige, der auf Grund eines solchen Urteils eine Strafe verbüßt hat, entsprechend dem Gesetz oder der Übung des betreffenden Staates zu entschädigen, sofern nicht nachgewiesen wird, daß das nicht rechtzeitige Bekanntwerden der betreffenden Tatsache ganz oder teilweise ihm zuzuschreiben ist.

Artikel 4
Recht, wegen derselben Sache nicht zweimal vor Gericht gestellt oder bestraft zu werden

1. Niemand darf wegen einer strafbaren Handlung, wegen der er bereits nach dem Gesetz und dem Strafverfahrensrecht eines Staates rechtskräftig verurteilt oder freigesprochen worden ist, in einem Strafverfahren desselben Staates erneut vor Gericht gestellt oder bestraft werden.

2. Abs. 1 schließt die Wiederaufnahme des Verfahrens nach dem Gesetz und dem Strafverfahrensrecht des betreffenden Staates nicht aus, falls neue oder neu bekannt gewordene Tatsachen vorliegen oder das vorausgegangene Verfahren schwere, den Ausgang des Verfahrens berührende Mängel aufweist.

3. Dieser Artikel darf nicht nach Art. 15 der Konvention außer Kraft gesetzt werden.

Artikel 5
Gleichberechtigung der Ehegatten

Ehegatten haben untereinander und in ihren Beziehungen zu ihren Kindern gleiche Rechte und Pflichten privatrechtlicher Art hinsichtlich der Eheschließung, während der Ehe und bei Auflösung der Ehe. Dieser Artikel verwehrt es den Staaten nicht, die im Interesse der Kinder notwendigen Maßnahmen zu treffen.

Artikel 6
Räumlicher Geltungsbereich

1. Jeder Staat kann bei der Unterzeichnung oder bei der Hinterlegung seiner Ratifikations-, Annahme- oder Genehmigungsurkunde einzelne oder mehrere Hoheitsgebiete bezeichnen, auf die dieses Protokoll Anwendung findet, und erklären, in welchem Umfang er sich zur Anwendung dieses Protokolls auf diese Hoheitsgebiete verpflichtet.

2. Jeder Staat kann jederzeit danach durch eine an den Generalsekretär des Europarates gerichtete Erklärung die Anwendung dieses Protokolls auf jedes weitere in der Erklärung bezeichnete Hoheitsgebiet erstrecken. Das Protokoll tritt für dieses Hoheitsgebiet am ersten Tag des Monates in Kraft, der auf einen Zeitabschnitt von zwei Monaten nach Eingang der Erklärung beim Generalsekretär folgt.

3. Jede nach den Abs. 1 und 2 abgegebene Erklärung kann in bezug auf jedes darin bezeichnete Hoheitsgebiet durch eine an den Generalsekretär gerichtete Notifikation zurückgenommen oder geändert werden. Die Rücknahme oder Änderung wird am ersten Tag des Monates wirksam, der auf einen Zeitabschnitt von zwei Monaten nach Eingang der Notifikation beim Generalsekretär folgt.

4. Eine nach diesem Artikel abgegebene Erklärung gilt als eine Erklärung im Sinne des Artikels 56 Abs. 1 der Konvention. *(BGBl III 1998/30)*

5. Das Hoheitsgebiet eines Staates, auf das dieses Protokoll auf Grund der Ratifikation, Annahme oder Genehmigung durch diesen Staat Anwendung findet, und jedes Hoheitsgebiet, auf welches das Protokoll auf Grund einer von diesem Staat nach diesem Artikel abgegebenen Erklärung Anwendung findet, können als getrennte Hoheitsgebiete betrachtet werden, soweit Art. 1 auf das Hoheitsgebiet eines Staates Bezug nimmt. *(BGBl III 2002/179 (DFB))*

6. Jeder Staat, der eine Erklärung nach Absatz 1 oder 2 abgegeben hat, kann jederzeit danach für eines oder mehrere der in der Erklärung bezeichneten Hoheitsgebiete erklären, daß er die Zuständigkeit des Gerichtshofs, Beschwerden von natürlichen Personen, nichtstaatlichen Organisationen oder Personengruppen nach Artikel 34 der Konvention entgegenzunehmen, für die Artikel 1 bis 5 dieses Protokolls annimmt. *(BGBl III 1998/30)*

Artikel 7
Verhältnis zur Konvention

Die Vertragsstaaten betrachten die Art. 1 bis 6 dieses Protokolls als Zusatzartikel zur Konvention; alle Bestimmungen der Konvention sind dementsprechend anzuwenden. *(BGBl III 1998/30)*

(2) *(entfällt, BGBl III 1998/30)*

Artikel 8
Unterzeichnung und Ratifikation

Dieses Protokoll liegt für die Mitgliedstaaten des Europarates, welche die Konvention unterzeichnet haben, zur Unterzeichnung auf. Es bedarf der Ratifikation, Annahme oder Genehmigung. Ein Mitgliedstaat des Europarates kann dieses Protokoll nicht ratifizieren, annehmen oder genehmigen, ohne die Konvention früher ratifiziert zu haben oder sie gleichzeitig zu ratifizieren. Die Ratifikations-, Annahme- oder Genehmigungsurkunden werden beim Generalsekretär des Europarates hinterlegt.

Artikel 9
Inkrafttreten

1. Dieses Protokoll tritt am ersten Tag des Monates in Kraft, der auf einen Zeitabschnitt von zwei Monaten nach dem Tag folgt, an dem sieben Mitgliedstaaten des Europarates nach Art. 8 ihre Zustimmung ausgedrückt haben, durch das Protokoll gebunden zu sein.

2. Für jeden Mitgliedstaat, der später seine Zustimmung ausdrückt, durch das Protokoll gebunden zu sein, tritt es am ersten Tag des Monates in Kraft, der auf einen Zeitabschnitt von zwei Monaten nach Hinterlegung der Ratifikations-, Annahme- oder Genehmigungsurkunde folgt.

Artikel 10
Aufgaben des Verwahrers

Der Generalsekretär des Europarates notifiziert allen Mitgliedstaaten des Europarates

a) jede Unterzeichnung;

b) jede Hinterlegung einer Ratifikations-, Annahme- oder Genehmigungsurkunde;

c) jeden Zeitpunkt des Inkrafttretens dieses Protokolls nach den Art. 6 und 9;

d) jede andere Handlung, Notifikation oder Erklärung im Zusammenhang mit diesem Protokoll.

ZU URKUND DESSEN haben die hiezu gehörig befugten Unterzeichneten dieses Protokoll unterschrieben.

GESCHEHEN zu Straßburg am 22. November 1984 in englischer und französischer Sprache, wobei jeder Wortlaut gleichermaßen verbindlich ist, in einer Urschrift, die im Archiv des Europarates hinterlegt wird. Der Generalsekretär des Europarates übermittelt allen Mitgliedstaaten des Europarates beglaubigte Abschriften.

[illegible]

Artikel 9

Inkrafttreten

[illegible]

[illegible]

Artikel 1[illegible]

[illegible]

15/7. 12. Zusatzprotokoll zur EMRK

BGBl 1958/210

12. Zusatzprotokoll zur Konvention zum Schutz der Menschenrechte und Grundfreiheiten über das Diskriminierungsverbot

Die Mitgliedstaaten des Europarats, die dieses Protokoll unterzeichen –

eingedenk des grundlegenden Prinzips, nach dem alle Menschen vor dem Gesetz gleich sind und Anspruch auf gleichen Schutz durch das Gesetz haben;

entschlossen, weitere Maßnahmen zu treffen, um die Gleichberechtigung aller Menschen durch die kollektive Durchsetzung eines allgemeinen Diskriminierungsverbots durch die am 4. November 1950 in Rom unterzeichnete Konvention zum Schutz der Menschenrechte und Grundfreiheiten (im Folgenden als „Konvention" bezeichnet) zu fördern;

in Bekräftigung der Tatsache, dass der Grundsatz der Nichtdiskriminierung die Vertragsstaaten nicht daran hindert, Maßnahmen zur Förderung der vollständigen und wirksamen Gleichberechtigung zu treffen, sofern es eine sachliche und angemessene Rechtfertigung für diese Maßnahmen gibt -

haben Folgendes vereinbart:

ARTIKEL 1

Allgemeines Diskriminierungsverbot

1. Der Genuss eines jeden gesetzlich niedergelegten Rechtes ist ohne Diskriminierung insbesondere wegen des Geschlechts, der Rasse, der Hautfarbe, der Sprache, der Religion, der politischen oder sonstigen Anschauung, der nationalen oder sozialen Herkunft, der Zugehörigkeit zu einer nationalen Minderheit, des Vermögens, der Geburt oder eines sonstigen Status zu gewährleisten.

2. Niemand darf von einer Behörde diskriminiert werden, insbesondere nicht aus einem der in Absatz 1 genannten Gründe.

ARTIKEL 2

Räumlicher Geltungsbereich

1. Jeder Staat kann bei der Unterzeichnung oder bei der Hinterlegung seiner Ratifikations-, Annahme- oder Genehmigungsurkunde einzelne oder mehrere Hoheitsgebiete bezeichnen, auf die dieses Protokoll Anwendung findet.

2. Jeder Staat kann jederzeit danach durch eine an den Generalsekretär des Europarats gerichtete Erklärung die Anwendung dieses Protokolls auf jedes weitere in der Erklärung bezeichnete Hoheitsgebiet erstrecken. Das Protokoll tritt für dieses Hoheitsgebiet am ersten Tag des Monats in Kraft, der auf einen Zeitabschnitt von drei Monaten nach Eingang der Erklärung beim Generalsekretär folgt.

3. Jede nach den Absätzen 1 und 2 abgegebene Erklärung kann in Bezug auf jedes darin bezeichnete Hoheitsgebiet durch eine an den Generalsekretär gerichtete Notifikation zurückgenommen oder geändert werden. Die Rücknahme oder Änderung wird am ersten Tag des Monats wirksam, der auf einen Zeitabschnitt von drei Monaten nach Eingang der Notifikation beim Generalsekretär folgt.

4. Eine nach diesem Artikel abgegebene Erklärung gilt als Erklärung im Sinne des Artikels 56 Absatz 1 der Konvention.

5. Jeder Staat, der eine Erklärung nach Absatz 1 oder 2 abgegeben hat, kann jederzeit danach für eines oder mehrere der in der Erklärung bezeichneten Hoheitsgebiete erklären, dass er die Zuständigkeit des Gerichtshofs, Beschwerden von natürlichen Personen, nichtstaatlichen Organisationen oder Personengruppen nach Artikel 34 der Konvention entgegenzunehmen, für Artikel 1 dieses Protokolls annimmt.

ARTIKEL 3

Verhältnis zur Konvention

Die Vertragsstaaten betrachten die Artikel 1 und 2 dieses Protokolls als Zusatzartikel zur Konvention; alle Bestimmungen der Konvention sind dementsprechend anzuwenden.

ARTIKEL 4

Unterzeichnung und Ratifikation

Dieses Protokoll liegt für die Mitgliedstaaten des Europarats, welche die Konvention unterzeichnet haben, zur Unterzeichnung auf. Es bedarf der Ratifikation, Annahme oder Genehmigung. Ein Mitgliedstaat des Europarats kann dieses Protokoll nur ratifizieren, annehmen oder genehmigen, wenn er die Konvention gleichzeitig ratifiziert oder bereits zu einem früheren Zeitpunkt ratifiziert hat. Die Ratifikations-, Annahme- oder Genehmigungsurkunden werden beim Generalsekretär des Europarats hinterlegt.

ARTIKEL 5

Inkrafttreten

1. Dieses Protokoll tritt am ersten Tag des Monats in Kraft, der auf einen Zeitabschnitt von drei Monaten nach dem Tag folgt, an dem zehn Mitgliedstaaten des Europarats nach Artikel 4 ihre Zustimmung ausgedrückt haben, durch das Protokoll gebunden zu sein.

2. Für jeden Mitgliedstaat, der später seine Zustimmung ausdrückt, durch dieses Protokoll gebunden zu sein, tritt es am ersten Tag des Monats in Kraft, der auf einen Zeitabschnitt von drei Monaten nach der Hinterlegung der Ratifikations-, Annahme- oder Genehmigungsurkunde folgt.

ARTIKEL 6

Aufgaben des Verwahrers

Der Generalsekretär des Europarats notifiziert allen Mitgliedstaaten des Europarats

a) jede Unterzeichnung;

b) jede Hinterlegung einer Ratifikations-, Annahme- oder Genehmigungsurkunde;

c) jeden Zeitpunkt des Inkrafttretens dieses Protokolls nach den Artikeln 2 und 5;

d) jede andere Handlung, Notifikation oder Mitteilung im Zusammenhang mit diesem Protokoll.

Zu Urkund dessen haben die hierzu gehörig befugten Unterzeichneten dieses Protokoll unterschrieben.

Geschehen zu Rom am 4. November 2000 in englischer und französischer Sprache, wobei jeder Wortlaut gleichermaßen verbindlich ist, in einer Urschrift, die im Archiv des Europarats hinterlegt wird. Der Generalsekretär des Europarats übermittelt allen Mitgliedstaaten des Europarats beglaubigte Abschriften.

15/7. 13. Zusatzprotokoll zur EMRK

BGBl III 2005/22

Protokoll Nr. 13 zur Konvention zum Schutz der Menschenrechte und Grundfreiheiten über die vollständige Abschaffung der Todesstrafe

[Übersetzung]

Die Mitgliedstaaten des Europarats, die dieses Protokoll unterzeichnen,

in der Überzeugung, dass in einer demokratischen Gesellschaft das Recht jedes Menschen auf Leben einen Grundwert darstellt und die Abschaffung der Todesstrafe für den Schutz dieses Rechts und für die volle Anerkennung der allen Menschen innewohnenden Würde von wesentlicher Bedeutung ist;

in dem Wunsch, den Schutz des Rechts auf Leben, der durch die am 4. November 1950 in Rom unterzeichnete Konvention zum Schutz der Menschenrecht und Grundfreiheiten (im Folgenden als „Konvention" bezeichnet) gewährleistet wird, zu stärken;

in Anbetracht dessen, dass das Protokoll Nr. 6 zur Konvention über die der Todesstrafe, das am 28. April 1983 in Straßburg unterzeichnet wurde, die Todesstrafe nicht für Taten ausschließt, die in Kriegszeiten oder bei unmittelbarer Kriegsgefahr begangen werden;

entschlossen, den letzten Schritt zu tun, um die Todesstrafe vollständig abzuschaffen,

haben Folgendes vereinbart:

Artikel 1
Abschaffung der Todesstrafe

Die Todesstrafe ist abgeschafft. Niemand darf zu dieser Strafe verurteilt oder hingerichtet werden.

Artikel 2
Verbot des Abweichens

Von diesem Protokoll darf nicht nach Artikel 15 der Konvention abgewichen werden.

Artikel 3
Verbot von Vorbehalten

Vorbehalte nach Artikel 57 der Konvention zu diesem Protokoll sind nicht zulässig.

Artikel 4
Räumlicher Geltungsbereich

(1) Jeder Staat kann bei der Unterzeichnung oder bei der Hinterlegung der Ratifikations-, Annahme- oder Genehmigungsurkunde einzelne oder mehrere Hoheitsgebiete bezeichnen, auf die dieses Protokoll Anwendung findet.

(2) Jeder Staat kann jederzeit danach durch eine an den Generalsekretär des Europarates gerichtete Erklärung die Anwendung dieses Protokolls auf jedes weitere in der Erklärung bezeichnete Hoheitsgebiet erstrecken. Das Protokoll tritt für dieses Hoheitsgebiet am ersten Tag des Monats in Kraft, der auf einen Zeitabschnitt von drei Monaten nach Eingang der Erklärung beim Generalsekretär folgt.

(3) Jede nach den Absätzen 1 und 2 abgegebene Erklärung kann in Bezug auf jedes darin bezeichnete Hoheitsgebiet durch eine an den Generalsekretär gerichtete Notifikation zurückgenommen oder geändert werden. Die Rücknahme oder Änderung wird am ersten Tag des Monats wirksam, der auf einen Zeitabschnitt von drei Monaten nach Eingang der Notifikation beim Generalsekretär folgt.

Artikel 5
Verhältnis zur Konvention

Die Vertragsstaaten betrachten die Artikel 1 bis 4 dieses Protokolls als Zusatzartikel zur Konvention; alle Bestimmungen der Konvention sind dementsprechend anzuwenden.

Artikel 6
Unterzeichnung und Ratifikation

Dieses Protokoll liegt für die Mitgliedstaaten des Europarats, welche die Konvention unterzeichnet haben, zur Unterzeichnung auf. Es bedarf der Ratifikation, Annahme oder Genehmigung. dieses Protokoll nur ratifizieren, annehmen oder genehmigen, wenn er die Konvention gleichzeitig ratifiziert oder bereits zu einem früheren Zeitpunkt ratifiziert hat. Die werden beim Generalsekretär des Europarates hinterlegt.

Artikel 8
Aufgaben des Verwahrers

Der Generalsekretär notifiziert allen Mitgliedstaaten des Europarats

a) jede Unterzeichnung

b) jede Hinterlegung einer;

c) jeden Zeitpunkt des Inkrafttretens dieses Protokolls nach Artikel 4 und 7;

d) jede andere Handlung, Notifikation oder Mitteilung im Zusammenhang mit diesem Protokoll.

Zu Urkund dessen haben die hierzu gehörig befugten Unterzeichneten unterschrieben.

Geschehen zu Wilna am 3. Mai 2002 in englischer und französischer Sprache, wobei jeder Wortlaut gleichermaßen authentisch ist, in einer Urschrift, die im Archiv des Europarats hinterlegt wird. Der Generalsekretär des Europarats übermittelt allen Mitgliedstaaten des Europarats beglaubigte Abschriften.

15/8. Rahmenübereinkommen zum Schutz nationaler Minderheiten

BGBl III 1998/120

Europäisches Rahmenübereinkommen zum Schutz nationaler Minderheiten

(Übersetzung)
Erklärung

Die Republik Österreich erklärt, daß für sie unter dem Begriff „nationale Minderheiten" im Sinne des Rahmenübereinkommens zum Schutz nationaler Minderheiten die in Teilen des Bundesgebietes wohnhaften und beheimateten, vom Anwendungsbereich des Volksgruppengesetzes, BGBl. Nr. 396/1976, erfaßten Gruppen österreichischer Staatsbürger mit nichtdeutscher Muttersprache und eigenem Volkstum zu verstehen sind.

Die vom Bundespräsidenten unterzeichnete und von Bundeskanzler gegengezeichnete Ratifikationsurkunde wurde am 31. März 1998 beim Generalsekretär des Europarats hinterlegt; das Rahmenübereinkommen tritt gemäß seinem Art. 28 Abs. 2 für Österreich mit 1. Juli 1998 in Kraft.

Nach Mitteilungen des Generalsekretärs haben folgende weitere Staaten das Rahmenübereinkommen ratifiziert: Dänemark, Deutschland, Estland, Finnland, Italien, Kroatien, Liechtenstein, Malta, die ehemalige jugoslawische Republik Mazedonien, Moldova, Rumänien, San Marino, Slowakei, Slowenien, Spanien, Tschechische Republik, Ukraine, Ungarn, Vereinigtes Königreich und Zypern.

Präambel/Promulgationsklausel

Die Mitgliedstaaten des Europarates und die anderen Staaten, die dieses Rahmenübereinkommen unterzeichnen –

in der Erwägung, daß es das Ziel des Europarates ist, eine engere Verbindung zwischen seinen Mitgliedern herbeizuführen, um die Ideale und Grundsätze, die ihr gemeinsames Erbe bilden, zu wahren und zu fördern;

in der Erwägung, daß eines der Mittel zur Erreichung dieses Zieles in der Wahrung und in der Entwicklung der Menschenrechte und Grundfreiheiten besteht;

in dem Wunsch, die Wiener Erklärung der Staats- und Regierungschefs der Mitgliedstaaten des Europarates vom 9. Oktober 1993 in die Tat umzusetzen;

entschlossen, in ihrem jeweiligen Hoheitsgebiet das Bestehen nationaler Minderheiten zu schützen;

in der Erwägung, daß die geschichtlichen Umwälzungen in Europa gezeigt haben, daß der Schutz nationaler Minderheiten für Stabilität, demokratische Sicherheit und Frieden auf diesem Kontinent wesentlich ist;

in der Erwägung, daß eine pluralistische und wahrhaft demokratische Gesellschaft nicht die ethnische, kulturelle, sprachliche und religiöse Identität aller Angehörigen einer nationalen Minderheit achten, sondern auch geeignete Bedingungen schaffen sollte, die es ihnen ermöglichen, diese Identität zum Ausdruck zu bringen, zu bewahren und zu entwickeln;

in der Erwägung, daß es notwendig ist, ein Klima der Toleranz und des Dialogs zu schaffen, damit sich die kulturelle Vielfalt für jede Gesellschaft als Quelle und Faktor nicht der Teilung, sondern der Bereicherung erweisen kann;

in der Erwägung, daß die Entwicklung eines toleranten und blühenden Europas nicht allein von der Zusammenarbeit zwischen den Staaten abhängt, sondern auch der grenzüberschreitenden Zusammenarbeit zwischen lokalen und regionalen Gebietskörperschaften unter Achtung der Verfassung und der territorialen Unversehrtheit eines jeden Staates bedarf;

im Hinblick auf die Konvention zum Schutze der Menschenrechte und Grundfreiheiten und der Protokolle dazu;

im Hinblick auf die den Schutz nationaler Minderheiten betreffenden Verpflichtungen, die in Übereinkommen und Erklärungen der Vereinten Nationen und in den Dokumenten der Konferenz über Sicherheit und Zusammenarbeit in Europa, insbesondere dem Kopenhagener Dokument vom 29. Juni 1990, enthalten sind;

entschlossen, die zu achtenden Grundsätze und die sich aus ihnen ergebenden Verpflichtungen festzulegen, um in den Mitgliedstaaten und in den anderen Staaten, die Vertragsparteien dieser Übereinkunft werden, den wirksamen Schutz nationaler Minderheiten sowie der Rechte und Freiheiten der Angehörigen dieser Minderheiten unter Achtung der Rechtsstaatlichkeit, der territorialen Unversehrtheit und der nationalen Souveränität der Staaten zu gewährleisten;

gewillt, die in diesem Rahmenübereinkommen niedergelegten Grundsätze mittels innerstaatlicher Rechtsvorschriften und geeigneter Regierungspolitik zu verwirklichen –

sind wie folgt übereingekommen:

Text

Abschnitt I

Artikel 1

Der Schutz nationaler Minderheiten und der Rechte und Freiheiten von Angehörigen dieser Minderheiten ist Bestandteil des internationalen Schutzes der Menschenrechte und stellt als solcher einen Bereich internationaler Zusammenarbeit dar.

Artikel 2

Dieses Rahmenübereinkommen ist nach Treu und Glauben, im Geist der Verständigung und Toleranz und in Übereinstimmung mit den Grundsätzen guter Nachbarschaft, freundschaftlicher Beziehungen und der Zusammenarbeit zwischen den Staaten anzuwenden.

Artikel 3

(1) Jede Person, die einer nationalen Minderheit angehört, hat das Recht, frei zu entscheiden, ob sie als solche behandelt werden möchte oder nicht; aus dieser Entscheidung oder der Ausübung der mit dieser Entscheidung verbundenen Rechte dürfen ihr keine Nachteile erwachsen.

(2) Angehörige nationaler Minderheiten können die Rechte und Freiheiten, die sich aus den in diesem Rahmenübereinkommen niedergelegten Grundsätzen ergeben, einzeln sowie in Gemeinschaft mit anderen ausüben und genießen.

Abschnitt II

Artikel 4

(1) Die Vertragsparteien verpflichten sich, jeder Person, die einer nationalen Minderheit angehört, das Recht auf Gleichheit vor dem Gesetz und auf gleichen Schutz durch das Gesetz zu gewährleisten. In dieser Hinsicht ist jede Diskriminierung aus Gründen der Zugehörigkeit zu einer nationalen Minderheit verboten.

(2) Die Vertragsparteien verpflichten sich, erforderlichenfalls angemessene Maßnahmen zu ergreifen, um in allen Bereichen des wirtschaftlichen, sozialen, politischen und kulturellen Lebens die vollständige und tatsächliche Gleichheit zwischen den Angehörigen einer nationalen Minderheit und den Angehörigen der Mehrheit zu fördern. In dieser Hinsicht berücksichtigen sie in gebührender Weise die besonderen Bedingungen der Angehörigen nationaler Minderheiten.

(3) Die in Übereinstimmung mit Absatz 2 ergriffenen Maßnahmen werden nicht als Diskriminierung angesehen.

Artikel 5

(1) Die Vertragsparteien verpflichten sich, die Bedingungen zu fördern, die es Angehörigen nationaler Minderheiten ermöglichen, ihre Kultur zu pflegen und weiterzuentwickeln und die wesentlichen Bestandteile ihrer Identität, nämlich ihre Religion, ihre Sprache, ihre Traditionen und ihr kulturelles Erbe, zu bewahren.

(2) Unbeschadet der Maßnahmen, die im Rahmen ihrer allgemeinen Integrationspolitik getroffen werden, sehen die Vertragsparteien von Zielsetzungen oder Praktiken ab, die auf die Assimilierung von Angehörigen nationaler Minderheiten gegen deren Willen gerichtet sind, und schützen diese Personen vor jeder auf eine solche Assimilierung gerichteten Maßnahme.

Artikel 6

(1) Die Vertragsparteien fördern den Geist der Toleranz und des interkulturellen Dialogs und treffen wirksame Maßnahmen zur Förderung der gegenseitigen Achtung und des gegenseitigen Verständnisses sowie der Zusammenarbeit zwischen allen in ihrem Hoheitsgebiet lebenden Menschen unabhängig von deren ethnischer, kultureller, sprachlicher oder religiöser Identität, und zwar insbesondere in den Bereichen Bildung, Kultur und Medien.

(2) Die Vertragsparteien verpflichten sich, geeignete Maßnahmen zu treffen, um Menschen zu schützen, die wegen ihrer ethnischen, kulturellen, sprachlichen oder religiösen Identität diskriminierenden, feindseligen oder gewalttätigen Handlungen oder der Androhung solcher Handlungen ausgesetzt sein können.

Artikel 7

Die Vertragsparteien stellen sicher, daß das Recht aller Angehörigen einer nationalen Minderheit, sich friedlich zu versammeln und sich frei zusammenzuschließen, sowie ihr Anspruch auf freie Meinungsäußerung und auf Gedanken-, Gewissens- und Religionsfreiheit geachtet werden.

Artikel 8

Die Vertragsparteien verpflichten sich anzuerkennen, daß jede Person, die einer nationalen Minderheit angehört, das Recht hat, ihre Religion oder Weltanschauung zu bekunden sowie religiöse Einrichtungen, Organisationen und Vereinigungen zu gründen.

Artikel 9

(1) Die Vertragsparteien verpflichten sich anzuerkennen, daß das Recht jeder Person, die einer nationalen Minderheit angehört, auf freie Meinungsäußerung, die Freiheit der Meinung und die Freiheit zum Empfang und zur Mitteilung von Nachrichten oder Ideen in der Minderheitensprache ohne Eigriffe öffentlicher Stellen und ohne Rücksicht auf Landesgrenzen einschließt. Die Vertragsparteien stellen im Rahmen ihrer Rechtsordnung sicher, daß Angehörige einer nationalen Minderheit in bezug auf ihren Zugang zu den Medien nicht diskriminiert werden.

(2) Absatz 1 schließt nicht aus, daß die Vertragsparteien Hörfunk-, Fernseh- oder Lichtspielunternehmen einem Genehmigungsverfahren ohne Diskriminierung und auf der Grundlage objektiver Kriterien unterwerfen.

(3) Die Vertragsparteien hindern Angehörige nationaler Minderheiten nicht daran, Printmedien zu schaffen und zu nutzen. Innerhalb des gesetzlichen Rahmen für Hörfunk und Fernsehen stellen sie soweit wie möglich und unter Berücksichtigung des Absatzes 1 sicher, daß Angehörigen nationaler Minderheiten die Möglichkeit gewährt wird, eigene Medien zu schaffen und zu nutzen.

(4) Die Vertragsparteien ergreifen im Rahmen ihrer Rechtsordnung angemessene Maßnahmen, um Angehörigen nationaler Minderheiten den Zugang zu den Medien zu erleichtern sowie Toleranz zu fördern und kulturellen Pluralismus zu ermöglichen.

Artikel 10

(1) Die Vertragsparteien verpflichten sich anzuerkennen, daß jede Person, die einer nationalen Minderheit angehört, das Recht hat, ihre Minderheitensprache privat und in der Öffentlichkeit mündlich und schriftlich frei und ungehindert zu gebrauchen.

(2) In Gebieten, die von Angehörigen nationaler Minderheiten traditionell oder in beträchtlicher Zahl bewohnt werden, bemühen sich die Vertragsparteien, sofern die Angehörigen dieser Minderheiten dies verlangen und dieses Anliegen einem tatsächlichen Bedarf entspricht, soweit wie möglich die Voraussetzungen dafür sicherzustellen, daß im Verkehr zwischen den Angehörigen dieser Minderheiten und den Verwaltungsbehörden die Minderheitensprache gebraucht werden kann.

(3) Die Vertragsparteien verpflichten sich, das Recht jeder Person, die einer nationalen Minderheit angehört, zu gewährleisten, in möglichst kurzer Frist in einer ihr verständlichen Sprache über die Gründe ihrer Festnahme und über die Art und den Grund der gegen sie erhobenen Beschuldigung in Kenntnis gesetzt zu werden sowie sich in dieser Sprache, erforderlichenfalls unter unentgeltlicher Beiziehung eines Dolmetschers, zu verteidigen.

Artikel 11

(1) Die Vertragsparteien verpflichten sich anzuerkennen, daß jede Person, die einer nationalen Minderheit angehört, das Recht hat, ihren Familiennamen (Vaternamen) und ihre Vornamen in der Minderheitensprache zu führen, sowie das Recht auf amtliche Anerkennung dieser Namen, wie dies nach der Rechtsordnung der jeweiligen Vertragspartei vorgesehen ist.

(2) Die Vertragsparteien verpflichten sich anzuerkennen, daß jede Person, die einer nationalen Minderheit angehört, das Recht hat, für die Öffentlichkeit sichtbar Schilder, Aufschriften und Inschriften sowie andere Mitteilungen privater Art in ihrer Minderheitensprache anzubringen.

(3) In Gebieten, die traditionell von einer beträchtlichen Zahl von Angehörigen einer nationalen Minderheit bewohnt werden, bemühen sich die Vertragsparteien im Rahmen ihrer Rechtsordnung, einschließlich eventueller Übereinkünfte mit anderen Staaten, und unter Berücksichtigung ihrer besonderen Gegebenheiten, traditionelle Ortsnamen, Straßennamen und andere für die Öffentlichkeit bestimmte topographische Hinweise auch in der Minderheitensprache anzubringen, wenn dafür ausreichende Nachfrage besteht.

Artikel 12

(1) Die Vertragsparteien treffen erforderlichenfalls Maßnahmen auf dem Gebiet der Bildung und der Forschung, um die Kenntnis der Kultur, Geschichte, Sprache und Religion ihrer nationalen Minderheiten wie auch der Mehrheit zu fördern.

(2) In diesem Zusammenhang stellen die Vertragsparteien unter anderem angemessene Möglichkeiten für die Lehrerausbildung und den Zugang zu Lehrbüchern bereit und erleichtern Kontakte unter Schülern und Lehrern aus unterschiedlichen Bevölkerungsgruppen.

(3) Die Vertragsparteien verpflichten sich, die Chancengleichheit von Angehörigen nationaler Minderheiten beim Zugang zu allen Bildungsstufen zu fördern.

Artikel 13

(1) Im Rahmen ihres jeweiligen Bildungssystems erkennen die Vertragsparteien an, daß Angehörige einer nationalen Minderheit das Recht haben, eigene private Bildungs- und Ausbildungseinrichtungen zu gründen und zu betreiben.

(2) Die Ausübung dieses Rechts bringt für die Vertragsparteien keine finanziellen Verpflichtungen mit sich.

Artikel 14

(1) Die Vertragsparteien verpflichten sich anzuerkennen, daß jede Person, die einer nationalen Minderheit angehört, das Recht hat, ihre Minderheitensprache zu erlernen.

(2) In Gebieten, die von Angehörigen nationaler Minderheiten traditionell oder in beträchtlicher Zahl bewohnt werden, bemühen sich die Vertragsparteien, wenn ausreichende Nachfrage besteht, soweit wie möglich und im Rahmen ihres Bildungssystems sicherzustellen, daß Angehörige dieser Minderheiten angemessene Möglichkeiten haben, die Minderheitensprache zu erlernen oder in dieser Sprache unterrichtet zu werden.

(3) Absatz 2 wird angewendet, ohne daß dadurch das Erlernen der Staatssprache oder der Unterricht in dieser Sprache berührt wird.

Artikel 15

Die Vertragsparteien schaffen die notwendigen Voraussetzungen für die wirksame Teilnahme von Angehörigen nationaler Minderheiten am kulturellen, sozialen und wirtschaftlichen Leben und an öffentlichen Angelegenheiten, insbesondere denjenigen, die sie betreffen.

Artikel 16

Die Vertragsparteien sehen von Maßnahmen ab, die das Bevölkerungsverhältnis in von Angehörigen nationaler Minderheiten bewohnten Gebieten verändern und darauf gerichtet sind, die Rechte und Freiheiten einzuschränken, die sich aus den in diesem Rahmenübereinkommen niedergelegten Grundsätzen ergeben.

Artikel 17

(1) Die Vertragsparteien verpflichten sich, nicht in das Recht von Angehörigen nationaler Minderheiten einzugreifen, ungehindert und friedlich Kontakte über Grenzen hinweg zu Personen herzustellen und zu pflegen, die sich rechtmäßig in anderen Staaten aufhalten, insbesondere zu Personen mit derselben ethnischen, kulturellen, sprachlichen oder religiösen Identität oder mit demselben kulturellen Erbe.

(2) Die Vertragsparteien verpflichten sich, nicht in das Recht von Angehörigen nationaler Minderheiten auf Teilnahme an der Tätigkeit nichtstaatlicher Organisationen sowohl auf nationaler als auch auf internationaler Ebene einzugreifen.

Artikel 18

(1) Die Vertragsparteien bemühen sich, erforderlichenfalls zwei- und mehrseitige Übereinkünfte mit anderen Staaten, insbesondere Nachbarstaaten, zu schließen, um den Schutz von Angehörigen der betroffenen nationalen Minderheiten sicherzustellen.

(2) Gegebenenfalls treffen die Vertragsparteien Maßnahmen zur Förderung der grenzüberschreitenden Zusammenarbeit.

Artikel 19

Die Vertragsparteien verpflichten sich, die in diesem Rahmenübereinkommen niedergelegten Grundsätze zu achten und zu verwirklichen und dabei Beschränkungen, Einschränkungen oder Abweichungen, soweit solche erforderlich sind, nur insoweit vorzunehmen, als sie in völkerrechtlichen Übereinkünften, insbesondere der Konvention zum Schutze der Menschenrechte und Grundfreiheiten und den Protokollen dazu, vorgesehen und für die sich aus den genannten Grundsätzen ergebenden Rechte und Freiheiten von Belang sind.

Abschnitt III

Artikel 20

Bei der Ausübung der Rechte und Freiheiten, die sich aus den in diesem Rahmenübereinkommen niedergelegten Grundsätzen ergeben, haben Angehörige einer nationalen Minderheit die innerstaatlichen Rechtsvorschriften und die Rechte anderer, insbesondere diejenigen von Angehörigen der Mehrheit oder anderer nationaler Minderheiten, zu achten.

Artikel 21

Die Bestimmungen dieses Rahmenübereinkommens sind nicht so auszulegen, als gewährten sie das Recht, irgendeine Tätigkeit auszuüben oder irgendeine Handlung vorzunehmen, die den wesentlichen Grundsätzen des Völkerrechts, insbesondere der souveränen Gleichheit, der territorialen Unversehrtheit und der politischen Unabhängigkeit der Staaten, zuwiderläuft.

Artikel 22

Die Bestimmungen dieses Rahmenübereinkommens sind nicht als Beschränkung oder Minderung der Menschenrechte und Grundfreiheiten auszulegen, die nach den Gesetzen einer Vertragspartei oder nach einer anderen Übereinkunft, deren Vertragspartei sie ist, gewährleistet sind.

Artikel 23

Die Rechte und Freiheiten, die sich aus den in diesem Rahmenübereinkommen niedergelegten Grundsätzen ergeben, sind, soweit sie Gegenstand einer entsprechenden Bestimmung in der Konvention zum Schutze der Menschenrechte und Grundfreiheiten oder den Protokollen dazu sind, in Übereinstimmung mit diesen zu verstehen.

Abschnitt IV

Artikel 24

(1) Das Ministerkomitee des Europarats überwacht die Durchführung dieses Rahmenübereinkommens durch die Vertragsparteien.

(2) Vertragsparteien, die nicht Mitglieder des Europarats sind, nehmen am Durchführungsmechanismus in einer noch zu bestimmenden Art und Weise teil.

Artikel 25

(1) Innerhalb eines Jahres nach Inkrafttreten dieses Rahmenübereinkommens für eine Vertragspartei übermittelt diese dem Generalsekretär des Europarats vollständige Informationen über die Gesetzgebungsmaßnahmen und andere Maßnahmen, die sie zur Verwirklichung der in diesem Rahmenübereinkommen niedergelegten Grundsätze getroffen hat.

(2) Danach übermittelt jede Vertragspartei dem Generalsekretär regelmäßig und sooft das Ministerkomitee dies verlangt jede weitere Information, die für die Durchführung dieses Rahmenübereinkommens von Belang ist.

(3) Der Generalsekretär leitet die nach diesem Artikel übermittelten Informationen an das Ministerkomitee weiter.

Artikel 26

(1) Bei der Beurteilung der Angemessenheit der Maßnahmen, die von den Vertragsparteien zur Verwirklichung der in diesem Rahmenübereinkommen niedergelegten Grundsätze getroffen wurden, wird das Ministerkomitee von einem beratenden Ausschuß unterstützt, dessen Mitglieder anerkanntes Fachwissen auf dem Gebiet des Schutzes nationaler Minderheiten besitzen.

(2) Die Zusammensetzung dieses beratenden Ausschusses und sein Verfahren werden vom Ministerkomitee innerhalb eines Jahres nach Inkrafttreten dieses Rahmenübereinkommens festgelegt.

Abschnitt V

Artikel 27

Dieses Rahmenübereinkommen liegt für die Mitgliedstaaten des Europarats zur Unterzeichnung auf. Bis zum Tag des Inkrafttretens liegt das Übereinkommen auch für jeden anderen vom Ministerkomitee dazu eingeladenen Staat zur Unterzeichnung auf. Es bedarf der Ratifikation, Annahme oder Genehmigung. Die Ratifikations-, Annahme- oder Genehmigungsurkunden werden beim Generalsekretär des Europarates hinterlegt.

Artikel 28

(1) Dieses Rahmenübereinkommen tritt am ersten Tag des Monats in Kraft, der auf einen Zeitabschnitt von drei Monaten nach dem Tag folgt, an dem zwölf Mitgliedstaaten des Europarats nach Artikel 27 ihre Zustimmung ausgedrückt haben, durch das Übereinkommen gebunden zu sein.

(2) Für jeden Mitgliedstaat, der später seine Zustimmung ausdrückt, durch das Rahmenübereinkommen gebunden zu sein, tritt es am ersten Tag des Monats in Kraft, der auf einen Zeitabschnitt von drei Monaten nach Hinterlegung der Ratifikations-, Annahme- oder Genehmigungsurkunde folgt.

Artikel 29

(1) Nach Inkrafttreten dieses Rahmenübereinkommens und nach Konsultation der Vertragsstaaten kann das Ministerkomitee des Europarats durch einen mit der in Artikel 20 Buchstabe d der Satzung des Europarats vorgesehenen Mehrheit gefaßten Beschluß jeden Nichtmitgliedstaat des Europarats, der nach Artikel 27 eingeladen wurde, zu unterzeichnen, dies aber noch nicht getan hat, und jeden anderen Nichtmitgliedstaat einladen, dem Übereinkommen beizutreten.

(2) Für jeden beitretenden Staat tritt das Rahmenübereinkommen am ersten Tag des Monats in Kraft, der auf einen Zeitabschnitt von drei Monaten nach Hinterlegung der Beitrittsurkunde beim Generalsekretär des Europarats folgt.

Artikel 30

(1) Jeder Staat kann bei der Unterzeichnung oder bei der Hinterlegung seiner Ratifikations-, Annahme-, Genehmigungs- oder Beitrittsurkunde einzelne oder mehrere Hoheitsgebiete, deren internationale Beziehungen er wahrnimmt, bezeichnen, auf die dieses Rahmenübereinkommen Anwendung findet.

(2) Jeder Staat kann jederzeit danach durch eine an den Generalsekretär des Europarats gerichtete Erklärung die Anwendung dieses Rahmenübereinkommens

kommens auf jedes weitere in der Erklärung bezeichnete Hoheitsgebiet erstrecken. Das Rahmenübereinkommen tritt für dieses Hoheitsgebiet am ersten Tag des Monats in Kraft, der auf einen Zeitabschnitt von drei Monaten nach Eingang der Erklärung beim Generalsekretär folgt.

(3) Jede nach den Absätzen 1 und 2 abgegebene Erklärung kann in bezug auf jedes darin bezeichnete Hoheitsgebiet durch eine an den Generalsekretär gerichtete Notifikation zurückgenommen werden. Die Rücknahme wird am ersten Tag des Monats wirksam, der auf einen Zeitabschnitt von drei Monaten nach Eingang der Notifikation beim Generalsekretär folgt.

Artikel 31

(1) Jede Vertragspartei kann dieses Rahmenübereinkommen jederzeit durch eine an den Generalsekretär des Europarats gerichtete Notifikation kündigen.

(2) Die Kündigung wird am ersten Tag des Monats wirksam, der auf einen Zeitabschnitt von sechs Monaten nach Eingang der Notifikation beim Generalsekretär folgt.

Artikel 32

Der Generalsekretär des Europarats notifiziert den Mitgliedstaaten des Rates, anderen Unterzeichnerstaaten und jedem Staat, der diesem Rahmenübereinkommen beigetreten ist,

a) jede Unterzeichnung;

b) jede Hinterlegung einer Ratifikations-, Annahme-, Genehmigungs- oder Beitrittsurkunde;

c) jeden Zeitpunkt des Inkrafttretens dieses Rahmenübereinkommens nach den Artikeln 28, 29 und 30;

d) jede andere Handlung, Notifikation oder Mitteilung im Zusammenhang mit diesem Rahmenübereinkommen.

ZU URKUND dessen haben die hierzu gehörig befugten Unterzeichneten dieses Rahmenübereinkommen unterschrieben.

GESCHEHEN zu Straßburg am 1. Februar 1995 in englischer und französischer Sprache, wobei jeder Wortlaut gleichermaßen verbindlich ist, in einer Urschrift, die im Archiv des Europarats hinterlegt wird. Der Generalsekretär des Europarats übermittelt allen Mitgliedstaaten des Europarats und allen zur Unterzeichnung dieses Rahmenübereinkommens oder zum Beitritt dazu eingeladenen Staaten beglaubigte Abschriften.

15/9. Internationales Übereinkommen über die Beseitigung aller Formen rassischer Diskriminierung

BGBl 1972/377

Internationales Übereinkommen über die Beseitigung aller Formen rassischer Diskriminierung

Der Nationalrat hat in seiner Sitzung vom 15. März 1972 beschlossen, daß dieses Übereinkommen samt Erklärung der Republik Österreich im Sinne des Artikels 50 Absatz 2 des Bundes-Verfassungsgesetzes durch Erlassung von Gesetzen zu erfüllen ist.

Nach der am 9. Mai 1972 erfolgten Hinterlegung der österreichischen Ratifikationsurkunde ist das vorliegende Übereinkommen gemäß seinem Artikel 19 Absatz 2 für Österreich am 8. Juni 1972 in Kraft getreten.

Nach den bis 12. September 1972 eingelangten Mitteilungen des Generalsekretärs der Vereinten Nationen sind außer Österreich folgende Staaten Vertragsstaaten des Übereinkommens geworden:

Ägypten, Albanien, Argentinien, Bolivien, Brasilien, Bulgarien, Chile, China, Costa Rica, Dänemark, Bundesrepublik Deutschland, Ecuador, Finnland, Frankreich, Ghana, Griechenland, Heiliger Stuhl, Indien, Irak, Iran, Island, Jamaika, Jugoslawien, Kamerun, Kanada, Kuba, Kuwait, Lesotho, Libanon, Libyen, Madagaskar, Malta, Marokko, Mauritius, Mongolei, Nepal, Niederlande, Niger, Nigeria, Norwegen, Pakistan, Panama, Peru, Philippinen, Polen, Rumänien, Sambia, Schweden, Senegal, Sierra Leone, Sowjetunion, Spanien, Swaziland, Syrien, Tschechoslowakei, Tunesien, Ukraine, Ungarn, Uruguay, Venezuela, Vereinigtes Königreich von Großbritannien und Nordirland, Weißrußland, Zentralafrikanische Republik und Zypern.

Anläßlich der Unterzeichnung beziehungsweise der Ratifikation oder anläßlich des Beitrittes haben folgende Staaten nachstehende **Vorbehalte** erklärt oder nachstehende **Erklärung** abgegeben:

Vorbehalte und Erklärungen zu diesem Übereinkommen – mit Ausnahme derer Österreichs und territorialer Anwendungen – werden im Teil III des Bundesgesetzblattes nicht mehr veröffentlicht. Sie sind in englischer und französischer Sprache auf der Webseite der Vereinten Nationen unter http://treaties.un.org/ abrufbar [CHAPTER IV.2] :

Grenada, Moldau

Nachstehende Staaten haben Erklärungen gemäß Art. 14 des Übereinkommens abgegeben:

Algerien, Andorra, Argentinien, Aserbaidschan, Australien, Belgien, Bolivien, Brasilien, Bulgarien, Chile, Dänemark, Deutschland, Finnland, Frankreich, Georgien, Irland, Island, Republik Korea, Liechtenstein, Luxemburg, Malta, Marokko, Mazedonien, Mexiko, Monaco, Montenegro, Peru, Polen, Portugal, Rumänien, Russische Föderation, San Marino, Schweiz, Senegal, Serbien-Montenegro, Slowakei, Slowenien, Südafrika, Spanien, Tschechische Republik, Ukraine, Ungarn, Venezuela, Zypern

ÖSTERREICH

Erklärung der Republik Österreich zu Artikel 4 des Internationalen Übereinkommens über die Beseitigung aller Formen rassischer Diskriminierung

Artikel 4 des Internationalen Übereinkommens über die Beseitigung aller Formen rassischer Diskriminierung bestimmt, daß die in seinen lit. a, b und c näher umschriebenen Maßnahmen unter gebührender Berücksichtigung der in der Allgemeinen Erklärung der Menschenrechte niedergelegten Grundsätze und der ausdrücklich in Artikel 5 des Übereinkommens genannten Rechte durchzuführen sind. Die Republik Österreich vertritt daher die Auffassung, daß durch die genannten Maßnahmen das Recht auf Meinungsfreiheit und freie Meinungsäußerung sowie das Recht auf Versammlungs- und Vereinigungsfreiheit zu friedlichen Zwecken nicht gefährdet werden dürfen. Diese Rechte sind in den Artikeln 19 und 20 der Allgemeinen Erklärung der Menschenrechte niedergelegt; sie wurden durch die Generalversammlung der Vereinten Nationen mit der Annahme der Artikel 19 und 21 des Internationalen Paktes über staatsbürgerliche und politische Rechte bestätigt und werden auch in Artikel 5 lit. d viii und ix des vorliegenden Übereinkommens genannt.

Erklärung der Republik Österreich gemäß Artikel 14 des Internationalen Übereinkommens über die Beseitigung aller Formen rassischer Diskriminierung

Die Republik Österreich anerkennt die Zuständigkeit des Komitees für die Beseitigung der rassischen Diskriminierung zur Entgegennahme und Prüfung von Mitteilungen von Personen oder Personengruppen, die der Hoheitsgewalt Österreichs unterstehen und die behaupten, Opfer einer Verletzung irgendeines in dem Übereinkommen vorgesehenen Rechtes durch Österreich zu sein, mit dem Vorbehalt, dass das Komitee eine Mitteilung von einer Person oder Personengruppe nur dann prüft, wenn es festgestellt hat, dass derselbe Sachverhalt nicht im Rahmen eines anderen internationalen Untersuchungs- oder Regelungsverfahrens geprüft wird oder geprüft worden ist. Das Recht der Benennung einer innerstaatlichen Einrichtung gemäß Artikel 14 Absatz 2 wird vorbehalten.

DIE VERTRAGSSTAATEN DIESES ÜBEREINKOMMENS

IN DER ERWÄGUNG, daß die Satzung der Vereinten Nationen auf die Grundsätze der allen Menschen angeborenen Würde und Gleichheit gegründet ist und daß alle Mitgliedstaaten gelobt haben, gemeinsam und einzeln im Zusammenwirken mit der Organisation Maßnahmen zu treffen, um eines der Ziele der Vereinten Nationen zu verwirklichen, das darin besteht, die allgemeine Achtung und Beachtung der Menschenrechte und Grundfreiheiten für alle ohne Unterschied der Rasse, des Geschlechts, der Sprache oder der Religion zu fördern und zu bestärken;

IN DER ERWÄGUNG, daß die Allgemeine Erklärung der Menschenrechte feierlich feststellt, daß alle Menschen frei und an Würde und Rechten gleich geboren sind und daß jeder ohne Unterschied jeglicher Art, insbesondere der Rasse, der Hautfarbe oder der nationalen Abstammung, auf alle in ihr niedergelegten Rechte und Freiheiten Anspruch hat;

IN DER ERWÄGUNG, daß alle Menschen vor dem Gesetz gleich sind und Anspruch auf gleichen Schutz des Gesetzes gegen jede Diskriminierung und gegen jede Aufreizung zur Diskriminierung haben;

IN DER ERWÄGUNG, daß die Vereinten Nationen den Kolonialismus und alle damit verbundenen Praktiken der Segregation und der Diskriminierung, in welcher Form und wo immer sie auch bestehen, verurteilt haben und daß die Erklärung über die Gewährung der Unabhängigkeit an Kolonialländer und -völker vom 14. Dezember 1960 (Resolution 1514 (XV) der Generalversammlung) die Notwendigkeit ihrer raschen und bedingungslosen Beendigung bekräftigt und feierlich verkündet hat;

IN DER ERWÄGUNG, daß die Erklärung der Vereinten Nationen über die Beseitigung aller Formen rassischer Diskriminierung vom 20. November 1963 (Resolution 1904 (XVIII) der Generalversammlung) feierlich die Notwendigkeit bekräftigt, rassische Diskriminierung in allen ihren Erscheinungsformen überall in der Welt rasch zu beseitigen sowie Verständnis und Achtung für die Würde der menschlichen Person zu sichern;

IN DER ÜBERZEUGUNG, daß jede Lehre von einer auf Rassenunterschiede gegründeten Überlegenheit wissenschaftlich falsch, moralisch verwerflich, sozial ungerecht und gefährlich ist und daß eine Berechtigung für rassische Diskriminierung in Theorie oder Praxis nirgends gegeben ist;

UNTER NEUERLICHER BEKRÄFTIGUNG, daß die Diskriminierung zwischen Menschen auf Grund von Rasse, Hautfarbe oder ethnischer Herkunft ein Hemmnis für freundschaftliche und friedliche Beziehungen zwischen den Völkern ist und den Frieden und die Sicherheit zwischen den Völkern sowie das harmonische Zusammenleben der Menschen, sogar innerhalb ein und desselben Staates, stören kann;

IN DER ÜBERZEUGUNG, daß das Bestehen von rassischen Schranken mit den Idealen jeder menschlichen Gesellschaft unvereinbar ist;

BEUNRUHIGT durch die Anzeichen rassischer Diskriminierung, die in einigen Gebieten der Welt immer noch bestehen, und über die Politik von Regierungen, die sich auf rassische Überlegenheit oder Rassenhaß gründet, wie die Politik der Apartheid, der Segregation oder der Rassentrennung;

ENTSCHLOSSEN, alle notwendigen Maßnahmen zu treffen, um rassische Diskriminierung in allen ihren Formen und Anzeichen rasch zu beseitigen, sowie rassenpolitische Lehren und Praktiken zu verhindern und zu bekämpfen, um das Verständnis zwischen den Rassen zu fördern und eine internationale Gemeinschaft aufzubauen, die frei von allen Formen rassischer Segregation und Diskriminierung ist;

EINGEDENK des Übereinkommens über Diskriminierung in Beschäftigung und Beruf, das 1958 von der Internationalen Arbeitsorganisation angenommen worden ist, und des Übereinkommens zur Bekämpfung der Diskriminierung auf dem Gebiet des Unterrichts, das 1960 von der Organisation der Vereinten Nationen für Erziehung, Wissenschaft und Kultur angenommen worden ist;

VON DEM WUNSCHE GELEITET, die in der Erklärung der Vereinten Nationen über die Beseitigung aller Formen rassischer Diskriminierung enthaltenen Prinzipien zu verwirklichen und die möglichst rasche Annahme praktischer Maßnahmen zu diesem Zwecke sicherzustellen;

Sind wie folgt ÜBEREINGEKOMMEN:

Verfassungsbestimmung

TEIL I

Artikel 1

(1) In diesem Übereinkommen bedeutet der Ausdruck „rassische Diskriminierung" jede sich auf Rasse, Hautfarbe, Abstammung oder nationale oder ethnische Herkunft gründende Unterscheidung, Ausschließung, Beschränkung oder Bevorzugung, die zum Ziel oder zur Folge hat, die Anerkennung, den Genuß oder die Ausübung der Menschenrechte und Grundfreiheiten in gleichberechtigter Weise im politischen, wirtschaftlichen, sozialen, kulturellen oder jedem sonstigen Bereich des öffentlichen Lebens zu vereiteln oder zu beeinträchtigen.

(2) Dieses Übereinkommen findet keine Anwendung auf Unterscheidungen, Ausschließungen, Beschränkungen oder Bevorzugungen, die ein Vertragsstaat zwischen Bürgern und Nichtbürgern macht.

(3) Keine Bestimmung dieses Übereinkommens ist so auszulegen, als berühre sie auf irgendeine Weise die Rechtsvorschriften der Vertragsstaaten über Staatsangehörigkeit, Staatsbürgerschaft oder Einbürgerung, sofern solche Vorschriften nicht Angehörige eines bestimmten Staates diskriminieren.

(4) Besondere Maßnahmen, die einzig zum Zweck einer angemessenen Entwicklung gewisser schutzbedürftiger rassischer oder ethnischer Gruppen oder Einzelpersonen getroffen werden, um ihnen den gleichen Genuß oder die gleiche Ausübung der Menschenrechte und Grundfreiheiten zu sichern, gelten nicht als rassische Diskriminierung, sofern solche Maßnahmen nicht die Aufrechterhaltung getrennter Rechte für verschiedene rassische Gruppen zur Folge haben und sofern sie nicht aufrechterhalten werden, nachdem die Ziele, derentwegen sie getroffen wurden, erreicht worden sind.

Verfassungsbestimmung

Artikel 2

(1) Die Vertragsstaaten verurteilen die rassische Diskriminierung und verpflichten sich, mit allen geeigneten Mitteln und unverzüglich eine Politik der Beseitigung der rassischen Diskriminierung in allen ihren Formen und Förderung des Verständnisses unter allen Rassen zu verfolgen; zu diesem Zweck

a) verpflichtet sich jeder Vertragsstaat, keine Handlung und keine Praktik rassischer Diskriminierung gegen Personen, Personengruppen oder Einrichtungen zu unternehmen und sicherzustellen, daß alle öffentlichen Behörden und öffentlichen Einrichtungen, gesamtstaatlicher und lokaler Art, im Einklang mit dieser Verpflichtung handeln;

b) verpflichtet sich jeder Vertragsstaat, rassische Diskriminierung durch Personen oder Organisationen weder zu befürworten noch zu schützen oder zu unterstützen;

c) ergreift jeder Vertragsstaat wirksame Maßnahmen, um das Vorgehen seiner staatlichen und örtlichen Behörden zu überprüfen und alle Gesetze und sonstigen Vorschriften zu ändern, aufzuheben oder für ungültig zu erklären, die zur Folge haben, rassische Diskriminierung zu schaffen oder, wo immer sie auch besteht, fortzusetzen;

d) verbietet und beendigt jeder Vertragsstaat mit allen geeigneten Mitteln, einschließlich der durch die Umstände erforderlichen Gesetzgebung, rassische Diskriminierung durch Personen, Gruppen oder Organisationen;

e) verpflichtet sich jeder Vertragsstaat, die Rassenintegrierung anstrebenden Organisationen und Bewegungen, die mehrere Rassen umfassen, sowie andere Mittel zur Beseitigung der Rassenschranken, wo dies zweckmäßig ist, zu unterstützen und allem entgegenzuwirken, was die Trennung der Rassen vertiefen könnte.

(2) Wenn die Umstände es erfordern, ergreifen die Vertragsstaaten auf sozialem, wirtschaftlichem, kulturellem und sonstigem Gebiet besondere und konkrete Maßnahmen, um die angemessene Entwicklung und angemessenen Schutz gewisser rassischer Gruppen oder ihnen angehörender Einzelpersonen sicherzustellen, damit ihnen der volle und gleiche Genuß der Menschenrechte gewährleistet ist. Diese Maßnahmen dürfen in keinem Falle die Aufrechterhaltung ungleicher oder getrennter Rechte für verschiedene rassische Gruppen zur Folge haben, nachdem die Ziele, derentwegen sie getroffen wurden, erreicht worden sind.

Artikel 3

Die Vertragsstaaten verurteilen insbesondere die rassische Segregation und die Apartheid und verpflichten sich, alle derartigen Praktiken in ihren Hoheitsgebieten zu verhindern, zu verbieten und zu beseitigen.

Artikel 4

Die Vertragsstaaten verurteilen jegliche Propaganda und alle Organisationen, die auf Ideen oder Theorien von der Überlegenheit einer Rasse oder Personengruppe einer Hautfarbe oder ethnischen Herkunft beruhen oder die versuchen, irgendeine Form von Rassenhaß und Diskriminierung zu rechtfertigen oder zu fördern; sie verpflichten sich, sofortige und positive Maßnahmen zu treffen, um jedes Aufreizen zu einer solchen Diskriminierung oder Handlungen dieser Art zu beseitigen; zu diesem Zwecke verpflichten sich die Vertragsstaaten unter gebührender Beachtung der in der Allgemeinen Erklärung der Menschenrechte enthaltenen Grundsätze und der in Artikel 5 dieses Übereinkommens ausdrücklich niedergelegten Rechte unter anderem,

a) jede Verbreitung von Ideen,die sich auf die Überlegenheit einer Rasse oder den Rassenhaß gründen, jedes Aufreizen zur rassischen Diskriminierung sowie alle Gewaltakte oder jegliche Aufreizung dazu gegen irgendeine Rasse oder Gruppe von Personen anderer Hautfarbe oder ethnischer Herkunft sowie jegliche Unterstützung rassistischer Betätigung, einschließlich ihrer Finanzierung, zu einer nach dem Gesetz strafbaren Handlung zu erklären;

b) Organisationen und auch organisierte oder sonstige Propagandatätigkeit, die die rassische Diskriminierung fördern und dazu aufreizen, für ungesetzlich zu erklären und zu verbieten und die Beteiligung an solchen Organisationen oder Tätigkeiten als eine nach dem Gesetz strafbare Handlung anzuerkennen,

c) nicht zuzulassen, daß öffentliche Behörden oder Einrichtungen gesamtstaatlicher oder lokaler Art die rassische Diskriminierung fördern oder dazu aufreizen.

Artikel 5

In Übereinstimmung mit den in Artikel 2 dieses Übereinkommens niedergelegten grundlegenden Verpflichtungen werden die Vertragsstaaten rassische Diskriminierung in allen ihren Formen verbieten und beseitigen und jedermann ohne Unterschied der Rasse, der Hautfarbe, des nationalen Ursprungs oder der ethnischen Herkunft das Recht auf Gleichheit vor dem Gesetz, insbesondere hinsichtlich des Genusses folgender Rechte, gewährleisten:

a) das Recht auf Gleichbehandlung vor den Gerichten und allen anderen Organen der Rechtspflege;

b) das Recht auf Sicherheit der Person und auf staatlichen Schutz gegen Gewalttätigkeit oder Körperverletzung, gleich ob sie von öffentlichen Bediensteten oder von irgendeiner Einzelperson, Gruppe oder Einrichtung verübt werden;

c) die politischen Rechte, insbesondere das aktive und passive Wahlrecht auf der Grundlage allgemeiner und gleicher Wahlen, das Recht auf Beteiligung an der Regierung und an der Führung öffentlicher Angelegenheiten auf jeder Ebene sowie das Recht auf gleichberechtigten Zutritt zum öffentlichen Dienst;

d) andere bürgerliche Rechte, insbesondere

i) das Recht auf Freizügigkeit und freie Wahl des Aufenthaltsortes innerhalb der Staatsgrenzen,

ii) das Recht, jedes Land einschließlich des eigenen zu Verlassen und in sein Land zurückzukehren;

iii) das Recht auf Staatsangehörigkeit;

iv) das Recht, zu heiraten und seinen Ehepartner zu wählen;

v) das Recht auf Eigentum, allein oder in Gemeinschaft mit anderen;

vi) das Recht zu erben;

vii) das Recht auf Gedanken-, Gewissens- und Religionsfreiheit;

viii) das Recht auf Meinungsfreiheit und freie Meinungsäußerung;

ix) das Recht, sich friedlich zu versammeln und friedliche Vereinigungen zu bilden;

e) wirtschaftliche, soziale und kulturelle Rechte, insbesondere

i) das Recht auf Arbeit, auf freie Berufswahl, auf gerechte und befriedigende Arbeitsbedingungen, Schutz gegen Arbeitslosigkeit, auf gleichen Lohn für gleiche Arbeit, auf gerechte und befriedigende Entlohnung;

ii) das Recht, Gewerkschaften zu bilden und ihnen beizutreten;

iii) das Recht auf Wohnung;

iv) das Recht auf öffentlichen Gesundheitsschutz, auf ärztliche Betreuung, soziale Sicherheit und Sozialleistung;

v) das Recht auf Erziehung und Ausbildung;

vi) das Recht auf gleichberechtigte Teilnahme an kulturellen Tätigkeiten;

f) das Recht, jeden Ort zu betreten oder jede Dienstleistung in Anspruch zu nehmen, die für den allgemeinen öffentlichen Gebrauch bestimmt sind, wie Verkehrsmittel, Hotels, Gaststätten, Kaffeehäuser, Theater und Parks.

Artikel 6

Die Vertragsstaaten sichern jedermann in ihrem Hoheitsbereich wirksamen Schutz und wirksame Rechtsbehelfe durch die zuständigen nationalen Gerichte und sonstigen staatlichen Einrichtungen gegen alle Handlungen der rassischen Diskriminierung zu, welche seine Menschenrechte und Grundfreiheiten im Widerspruch zu diesem Übereinkommen verletzen, sowie das Recht, vor diesen Gerichten gerechte und angemessene Entschädigung oder Genugtuung für jeden als Folge einer solchen Diskriminierung erlittenen Schaden zu begehren.

Artikel 7

Die Vertragsstaaten verpflichten sich, sofortige und wirksame Maßnahmen, insbesondere auf dem Gebiet des Unterrichts, der Erziehung, der Kultur und der Information, zu treffen, um Vorurteile zu bekämpfen, die zu rassischer Diskriminierung führen, um Verständnis, Toleranz und Freundschaft zwischen den Völkern und rassischen oder ethnischen Gruppen zu fördern, sowie um die Grundsätze der Satzung der Vereinten Nationen, der Allgemeinen Erklärung der Menschenrechte, der Erklärung der Vereinten Nationen über die Beseitigung aller Formen rassischer Diskriminierung und dieses Übereinkommens zu verbreiten.

TEIL II

Artikel 8

(1) Es wird ein Komitee für die Beseitigung der rassischen Diskriminierung (im folgenden „Komitee" genannt) errichtet, das aus achtzehn Experten von hohem sittlichem Ansehen und anerkannter Unparteilichkeit besteht, die von den Vertragsstaaten unter ihren Staatsangehörigen ausgewählt und im Komitee in persönlicher Eigenschaft tätig werden, wobei auf eine gerechte geographische Verteilung und die Vertretung der verschiedenen Formen der Zivilisation sowie der hauptsächlichen Rechtssysteme Bedacht genommen wird.

(2) Die Mitglieder des Komitees werden in geheimer Wahl aus einer Liste von Personen gewählt, die von den Vertragsstaaten benannt worden sind. Jeder Vertragsstaat kann einen seiner eigenen Staatsangehörigen benennen.

(3) Die erste Wahl wird sechs Monate nach Inkrafttreten dieses Übereinkommens abgehalten. Spätestens drei Monate vor jeder Wahl richtet der Generalsekretär der Vereinten Nationen ein Schreiben an die Vertragsstaaten, in dem er sie einlädt, ihre Benennungen innerhalb zweier Monate vorzulegen. Der Generalsekretär stellt eine Liste auf, die in alphabetischer Reihenfolge alle so benannten Personen und die sie benennenden Vertragsstaaten enthält, und unterbreitet diese Liste den Vertragsstaaten.

(4) Die Wahlen der Mitglieder des Komitees werden auf einer Tagung der Vertragsstaaten abgehalten, die vom Generalsekretär am Sitz der Vereinten Nationen anberaumt wird. Auf dieser Tagung, auf welcher zwei Drittel der Vertragsstaaten ein Quorum bilden, gelten jene Kandidaten als in das Komitee gewählt, die die höchste Zahl an Stimmen und die absolute Stimmenmehrheit der anwesenden und abstimmenden Vertreter der Vertragsstaaten erlangen.

(5) a) Die Mitglieder des Komitees werden für vier Jahre gewählt. Jedoch läuft die Amtszeit von neun bei der ersten Wahl gewählten Mitgliedern nach zwei Jahren ab; unmittelbar nach der ersten Wahl werden die Namen dieser neun Mitglieder vom Vorsitzenden des Komitees durch das Los bestimmt.

b) Um unerwartete Vakanzen auszufüllen, ernennt der Vertragsstaat, dessen Experte aufgehört hat, Mitglied des Komitees zu sein, vorbehaltlich der Zustimmung des Komitees einen anderen Experten aus dem Kreis seiner Staatsangehörigen.

(6) Die Vertragsstaaten kommen für die Ausgaben der Mitglieder des Komitees auf, solange sie Komiteeaufgaben wahrnehmen.

Artikel 9

(1) Die Vertragsstaaten verpflichten sich, dem Generalsekretär der Vereinten Nationen zur Beratung durch das Komitee einen Bericht über die zur Durchführung dieses Übereinkommens getroffenen Gesetzgebungs-, Gerichts-, Verwaltungs- oder sonstigen Maßnahmen vorzulegen, und zwar

a) innerhalb eines Jahres nach Inkrafttreten des Übereinkommens für den betreffenden Staat und

b) danach alle zwei Jahre und wann immer es das Komitee verlangt. Das Komitee kann von den Vertragsstaaten weitere Auskünfte verlangen.

(2) Das Komitee berichtet der Generalversammlung der Vereinten Nationen jährlich durch den Generalsekretär über seine Tätigkeiten und kann auf Grund der Prüfung der von den Vertragsstaaten erhaltenen Berichte und Auskünfte Vorschläge und allgemeine Empfehlungen erstatten. Solche Vorschläge und allgemeine Empfehlungen werden der Generalversammlung zusammen mit allfälligen Stellungnahmen der Vertragsstaaten zur Kenntnis gebracht.

Artikel 10

(1) Das Komitee gibt sich seine Geschäftsordnung.

(2) Das Komitee wählt seine Funktionäre für einen Zeitraum von zwei Jahren.

(3) Das Sekretariat des Komitees wird vom Generalsekretär der Vereinten Nationen gestellt.

(4) Die Sitzungen des Komitees werden gewöhnlich am Sitz der Vereinten Nationen abgehalten.

Artikel 11

(1) Ist ein Vertragsstaat der Ansicht, daß ein anderer Vertragsstaat die Bestimmungen dieses Übereinkommens nicht durchführt, kann er die Angelegenheit dem Komitee zur Kenntnis bringen. Das Komitee leitet dann dem betreffenden Vertragsstaat die Mitteilung zu. Innerhalb von drei Monaten unterbreitet der Empfängerstaat dem Komitee schriftliche Erläuterungen oder Stellungnahmen, welche die Angelegenheit aufklären und Aufschluß über allenfalls von diesem Staat geschaffene Abhilfen geben.

(2) Wird die Angelegenheit nicht innerhalb von sechs Monaten nach dem Empfang der ersten Mitteilung durch den Empfängerstaat durch zweiseitige Verhandlungen oder irgendein anderes ihnen offenstehendes Verfahren zur Zufriedenheit beider Parteien beigelegt, hat jeder der beiden Staaten das Recht, die Angelegenheit erneut vor das Komitee zu bringen, indem er diesem und dem anderen Staat eine Notifikation zugehen läßt.

(3) Das Komitee wird sich mit einer ihm gemäß Absatz 2 dieses Artikels unterbreiteten Angelegenheit befassen, nachdem es sich vergewissert hat, daß in der Sache alle verfügbaren innerstaatlichen Rechtsmittel in Übereinstimmung mit den allgemein anerkannten Grundsätzen des Völkerrechts ergriffen wurden und erschöpft sind. Diese Regel gilt nicht, wenn die Rechtsmittelverfahren unangemessen lang hinausgezögert werden.

(4) In jeder dem Komitee unterbreiteten Angelegenheit kann dieses von den beteiligten Vertragsstaaten die Beibringung jeder sonstigen erheblichen Auskünfte verlangen.

(5) Wird irgendeine Sache auf Grund dieses Artikels vom Komitee geprüft, so sind die beteiligten Vertragsstaaten berechtigt, einen Vertreter zu entsenden, der während der Beratung dieser Sache ohne Stimmrecht am Verfahren vor dem Komitee teilnimmt.

Artikel 12

(1) a) Nachdem das Komitee alle Informationen, die es für notwendig erachtet, erhalten und geprüft hat, ernennt der Vorsitzende eine ad-hoc-Vergleichskommission (im folgenden „Kommission“ genannt), die aus fünf Personen besteht, welche Mitglieder des Komitees sein können, jedoch nicht sein müssen. Die Mitglieder der Kommission werden mit einhelliger Zustimmung der Streitparteien ernannt, und ihre guten Dienste werden den beteiligten Staaten zur Verfügung gestellt, um die Sache einer gütlichen Lösung auf der Grundlage der Achtung dieses Übereinkommens zuzuführen.

b) Gelangen die an dem Streit beteiligten Staaten innerhalb von drei Monaten zu keiner Einigung über die vollständige oder teilweise Zusammensetzung der Kommission, so werden die Mitglieder der Kommission, über die sich die an dem Streit beteiligten Staaten nicht einigen konnten, vom Komitee in geheimer Wahl mit Zweidrittelmehrheit aus seinen eigenen Mitgliedern gewählt.

(2) Die Mitglieder der Kommission sind in persönlicher Eigenschaft tätig. Sie dürfen nicht Staatsangehörige der am Streit beteiligten Staaten oder eines Nichtvertragsstaates sein.

(3) Die Kommission wählt ihren Vorsitzenden und gibt sich ihre Geschäftsordnung.

(4) Die Sitzungen der Kommission werden gewöhnlich am Sitz der Vereinten Nationen oder an jedem anderen geeigneten Ort abgehalten, der von der Kommission bestimmt wird.

(5) Das gemäß Artikel 10 Absatz 3 vorgesehene Sekretariat steht auch der Kommission zur Verfügung, sobald ein Streit zwischen den Vertragsstaaten die Kommission entstehen läßt.

(6) Die an dem Streit beteiligten Staaten tragen gemäß den vom Generalsekretär der Vereinten Nationen zu erstattenden Voranschlägen zu gleichen Teilen alle Ausgaben der Mitglieder der Kommission.

(7) Der Generalsekretär ist befugt, die Ausgaben der Mitglieder der Kommission erforderlichenfalls vor der Erstattung der Beträge durch die am Streit beteiligten Staaten gemäß Absatz 6 dieses Artikels zu bezahlen.

(8) Die vom Komitee eingeholten und geprüften Angaben werden der Kommission zur Verfügung gestellt, die die beteiligten Staaten zur Beibringung jeder anderen erheblichen Angaben auffordern kann.

Artikel 13

(1) Wenn die Kommission die Angelegenheit zur Gänze geprüft hat, verfaßt sie einen Bericht, der ihre Feststellungen über alle für den Streit zwischen den Parteien erheblichen Tatfragen und solche Empfehlungen enthält, die sie zur gütlichen Lösung des Streites für geeignet erachtet, und unterbreitet diesen Bericht dem Vorsitzenden des Komitees.

(2) Der Vorsitzende des Komitees bringt den Bericht der Kommission jedem am Streit beteiligten Staat zur Kenntnis. Diese Staaten teilen dem Vorsitzenden des Komitees innerhalb von drei Monaten mit, ob sie die in dem Bericht der Kommission enthaltenen Empfehlungen annehmen oder nicht.

(3) Nach Ablauf der in Absatz 2 dieses Artikels vorgesehenen Frist bringt der Vorsitzende des Komitees den Bericht der Kommission sowie die Erklärungen der beteiligten Vertragsstaaten den anderen Vertragsstaaten zur Kenntnis.

Artikel 14

(1) Ein Vertragsstaat kann jederzeit erklären, daß er die Zuständigkeit des Komitees zur Entgegennahme und Prüfung von Mitteilungen von Personen oder Personengruppen, die seiner Hoheitsgewalt unterstehen, anerkennt, die behaupten, Opfer einer Verletzung irgendeines in diesem Übereinkommen vorgesehenen Rechtes durch diesen Vertragsstaat zu sein. Das Komitee nimmt keine Mitteilung entgegen, die einen Vertragsstaat betrifft, der keine derartige Erklärung abgegeben hat.

(2) Jeder Vertragsstaat, der eine Erklärung gemäß Absatz 1 dieses Artikels abgibt, kann innerhalb seiner nationalen Rechtsordnung eine Einrichtung schaffen oder bezeichnen, die zur Entgegennahme und Prüfung von Petitionen von Personen oder Personengruppen, die seiner Hoheitsgewalt unterstehen, zuständig ist, die behaupten, Opfer einer Verletzung irgendeines in diesem Übereinkommen vorgesehenen Rechtes zu sein, und die die ihnen verfügbaren örtlichen Rechtsmittel erschöpft haben.

(3) Eine gemäß Absatz 1 dieses Artikels abgegebene Erklärung und die Bezeichnung der gemäß Absatz 2 dieses Artikels geschaffenen oder bezeichneten Einrichtung werden von dem betreffenden Vertragsstaat beim Generalsekretär der Vereinten Nationen hinterlegt; dieser übermittelt den anderen Vertragsstaaten Abschriften derselben. Eine Erklärung kann jederzeit durch eine Notifikation an den Generalsekretär zurückgezogen werden, jedoch werden von einer solchen Zurückziehung dem Komitee bereits vorliegende Mitteilungen nicht berührt.

(4) Die gemäß Absatz 2 dieses Artikels geschaffene oder bezeichnete Einrichtung führt ein Petitionsregister; beglaubigte Abschriften des Registers werden jährlich auf geeignetem Weg beim Generalsekretär hinterlegt, wobei vorausgesetzt ist, daß der Inhalt nicht öffentlich bekanntgemacht wird.

(5) Gelingt es dem Gesuchsteller nicht, von der gemäß Absatz 2 dieses Artikels geschaffenen oder bezeichneten Einrichtung Genugtuung zu erlangen, hat er das Recht, die Sache innerhalb von sechs Monaten dem Komitee mitzuteilen.

(6) a) Das Komitee bringt jede ihm zugegangene Mitteilung dem Vertragsstaat vertraulich zur Kenntnis, der der Verletzung irgendeiner Bestimmung dieses Übereinkommens beschuldigt wird, jedoch wird die Identität der betroffenen Person oder Personengruppe ohne dessen bzw. deren ausdrückliche Zustimmung nicht enthüllt. Das Komitee nimmt keine anonymen Mitteilungen entgegen.

b) Innerhalb von drei Monaten unterbreitet der Empfängerstaat dem Komitee schriftliche Erläuterungen oder Stellungnahmen, die die Angelegenheit aufklären und Aufschluß über allenfalls von diesem Staat geschaffene Abhilfe geben.

(7) a) Das Komitee prüft die Mitteilungen unter Berücksichtigung aller ihm vom betreffenden Vertragsstaat und vom Gesuchsteller zur Verfügung gestellten Angaben. Das Komitee prüft keine Mitteilung eines Gesuchstellers, ohne sich vergewissert zu haben, daß er alle zur Verfügung stehenden innerstaatlichen Rechtsmittel erschöpft hat. Diese Regel gilt nicht, wenn die Rechtsmittelverfahren unangemessen lang hinausgezögert werden.

b) Das Komitee leitet seine allfälligen Vorschläge und Empfehlungen dem betreffenden Vertragsstaat und dem Gesuchsteller zu.

(8) Das Komitee nimmt in seinen jährlichen Bericht eine Kurzdarstellung derartiger Mitteilungen und gegebenenfalls der Erläuterungen und Stellungnahmen der betroffenen Vertragsstaaten sowie seiner eigenen Vorschläge und Empfehlungen auf.

(9) Das Komitee ist nur dann zur Wahrnehmung der in diesem Artikel vorgesehenen Aufgaben befugt, wenn sich mindestens zehn Mitgliedstaaten dieses Übereinkommens durch eine Erklärung gemäß Absatz 1 dieses Artikels gebunden haben.

Artikel 15

(1) Bis zur Verwirklichung der in der Resolution 1514 (XV) der Generalversammlung vom 14. Dezember 1960 dargelegten Ziele der Erklärung über die Gewährung der Unabhängigkeit an Kolonialländer und -völker beschränkt dieses Übereinkommen in keiner Weise das diesen Völkern auf Grund anderer internationaler Instrumente oder durch die Vereinten Nationen und ihre Spezialorganisationen eingeräumte Petitionsrecht.

(2) a) Das gemäß Artikel 8 Absatz 1 errichtete Komitee erhält von den Organen der Vereinten Nationen, die sich bei der Prüfung von Petitionen der Bewohner von Treuhandgebieten, Gebieten ohne Selbstregierung und von allen anderen Gebieten, auf welche die Resolution 1514 (XV) der Generalversammlung Anwendung findet, mit Fragen befassen, die mit den Grundsätzen und Zielen dieses Übereinkommens in direktem Zusammenhang stehen, Abschriften der Petitionen, die sich auf durch das vorliegende Übereinkommen erfaßte und ihnen unterbreitete Angelegenheiten beziehen, und übermittelt den genannten Organen hinsichtlich der Petitionen Meinungsäußerungen und Empfehlungen.

b) Das Komitee erhält von den zuständigen Organen der Vereinten Nationen Abschriften der Berichte über die Gesetzgebungs-, Gerichts-, Verwaltungs- oder sonstigen Maßnahmen, die mit den Grundsätzen und Zielen dieses Übereinkommens in direktem Zusammenhang stehen und von den verwaltenden Mächten in den in lit. a dieses Absatzes genannten Gebieten getroffen wurden, und richtet Meinungsäußerungen und Empfehlungen an diese Organe.

(3) Das Komitee schließt in seinen Bericht an die Generalversammlung eine Zusammenfassung der Petitionen und Berichte, die es von den Organen der Vereinten Nationen erhalten hat, sowie der Meinungsäußerungen und Empfehlungen des Komitees ein, die sich auf die genannten Petitionen und Berichte beziehen.

(4) Das Komitee verlangt vom Generalsekretär der Vereinten Nationen alle mit dem Ziele dieses Übereinkommens zusammenhängenden und dem Generalsekretär zugänglichen Angaben über die in Absatz 2 lit. a dieses Artikels genannten Gebiete.

Artikel 16

Die Bestimmungen dieses Übereinkommens über die Regelung von Streitigkeiten oder Beschwerden werden unbeschadet anderer Verfahren zur Regelung von Streitigkeiten oder Beschwerden auf dem Gebiete der Diskriminierung, die in den Gründungsverträgen oder Übereinkommen der Vereinten Nationen und ihrer Spezialorganisationen vorgesehen sind, angewendet und hindern die Vertragsstaaten nicht, entsprechend den allgemeinen oder besonderen zwischen ihnen in Kraft stehenden internationalen Übereinkommen andere Verfahren für die Regelung einer Streitigkeit anzuwenden.

TEIL III

Artikel 17

(1) Dieses Übereinkommen liegt für alle Mitgliedstaaten der Vereinten Nationen oder alle Mitglieder einer ihrer Spezialorganisationen, für alle Vertragsstaaten des Statuts des Internationalen Gerichtshofes und für jeden anderen Staat, den die Generalversammlung der Vereinten Nationen einlädt, Vertragspartei des Übereinkommens zu werden, zur Unterzeichnung auf.

(2) Dieses Übereinkommen bedarf der Ratifizierung. Die Ratifikationsurkunden werden beim Generalsekretär der Vereinten Nationen hinterlegt.

Artikel 18

(1) Dieses Übereinkommen steht jedem in Artikel 17 Absatz 1 bezeichneten Staat zum Beitritt offen.

(2) Der Beitritt erfolgt durch Hinterlegung einer Beitrittsurkunde beim Generalsekretär der Vereinten Nationen.

Artikel 19

(1) Dieses Übereinkommen tritt am dreißigsten Tag nach Hinterlegung der siebenundzwanzigsten Ratifikations- oder Beitrittsurkunde beim Generalsekretär der Vereinten Nationen in Kraft.

(2) Für jeden Staat, der nach Hinterlegung der siebenundzwanzigsten Ratifikations- oder Beitrittsurkunde dieses Übereinkommen ratifiziert oder ihm beitritt, tritt es am dreißigsten Tag nach Hinterlegung seiner eigenen Ratifikations- oder Beitrittsurkunde in Kraft.

Artikel 20

(1) Der Generalsekretär der Vereinten Nationen nimmt Vorbehalte, die bei der Ratifikation oder beim Beitritt gemacht werden, entgegen und leitet sie allen Staaten zu, die Vertragsparteien dieses Übereinkommens sind oder werden können. Jeder Staat, der Einspruch gegen den Vorbehalt erhebt, notifiziert innerhalb eines Zeitraumes von neunzig Tagen, gerechnet vom Zeitpunkt der erwähnten Mitteilung, dem Generalsekretär, daß er den Vorbehalt nicht annimmt.

(2) Ein Vorbehalt, der mit Ziel und Zweck dieses Übereinkommens unvereinbar ist, ist nicht zulässig; dasselbe gilt für einen Vorbehalt, der die Behinderung der Tätigkeit einer der auf Grund dieses Übereinkommens geschaffenen Einrichtungen bewirken würde. Ein Vorbehalt gilt als unvereinbar oder behindernd, wenn mindestens zwei Drittel der Vertragsstaaten Einspruch gegen ihn erheben.

(3) Vorbehalte können jederzeit durch eine an den Generalsekretär gerichtete Notifikation zurückgezogen werden. Eine derartige Notifikation wird mit dem Tag des Empfanges wirksam.

Artikel 21

Ein Vertragsstaat kann dieses Übereinkommen durch eine schriftliche Notifikation an den Generalsekretär der Vereinten Nationen kündigen. Die Kündigung wird ein Jahr nach Empfang der Notifikation durch den Generalsekretär wirksam.

Artikel 22

Jede Streitigkeit zwischen zwei oder mehr Vertragsstaaten über die Auslegung oder Anwendung dieses Übereinkommens, die nicht durch Verhandlungen oder durch die in diesem Übereinkommen ausdrücklich vorgesehenen Verfahren geregelt wird, wird auf Antrag einer der Streitparteien dem Internationalen Gerichtshof zur Entscheidung vorgelegt, sofern die Streitparteien nicht eine andere Art der Regelung vereinbaren.

Artikel 23

(1) Ein Antrag auf Änderung dieses Übereinkommens kann jederzeit durch einen Vertragsstaat mittels einer schriftlichen Notifikation an den Generalsekretär der Vereinten Nationen gestellt werden.

(2) Die Generalversammlung der Vereinten Nationen beschließt über allfällige, hinsichtlich eines solchen Antrages zu unternehmende Schritte.

Artikel 24

Der Generalsekretär der Vereinten Nationen unterrichtet alle in Artikel 17 Absatz 1 erwähnten Staaten von:

a) den Unterzeichnungen, Ratifikationen und Beitritten gemäß Artikeln 17 und 18;

b) dem Datum des Inkrafttretens dieses Übereinkommens gemäß Artikel 19;

c) den gemäß Artikeln 14, 20 und 23 empfangenen Mitteilungen und Erklärungen;

d) den Kündigungen gemäß Artikel 21.

Artikel 25

(1) Dieses Übereinkommen, dessen chinesischer, englischer, französischer, russischer und spanischer Wortlaut in gleicher Weise authentisch ist, wird in den Archiven der Vereinten Nationen hinterlegt.

(2) Der Generalsekretär der Vereinten Nationen übermittelt allen Staaten, die einer der in Artikel 17 Absatz 1 erwähnten Kategorien angehören, beglaubigte Abschriften dieses Übereinkommens.

ZU URKUND DESSEN haben die von ihren Regierungen hiezu gehörig bevollmächtigten Unterzeichneten dieses Übereinkommen unterschrieben, das in New York am siebenten März neunzehnhundertsechsundsechzig zur Unterzeichnung aufgelegt worden ist.

15/10. Charta der Grundrechte der Europäischen Union

ABl C 202, 389

Charta der Grundrechte der Europäischen Union (Konsolidierte Fassung)

Inhaltsverzeichnis

Das Europäische Parlament, der Rat und die Kommission proklamieren feierlich den nachstehenden Text als Charta der Grundrechte der Europäischen Union.

CHARTA DER GRUNDRECHTE DER EUROPÄISCHEN UNION

Präambel

Die Völker Europas sind entschlossen, auf der Grundlage gemeinsamer Werte eine friedliche Zukunft zu teilen, indem sie sich zu einer immer engeren Union verbinden.

In dem Bewusstsein ihres geistig-religiösen und sittlichen Erbes gründet sich die Union auf die unteilbaren und universellen Werte der Würde des Menschen, der Freiheit, der Gleichheit und der Solidarität. Sie beruht auf den Grundsätzen der Demokratie und der Rechtsstaatlichkeit. Sie stellt den Menschen in den Mittelpunkt ihres Handelns, indem sie die Unionsbürgerschaft und einen Raum der Freiheit, der Sicherheit und des Rechts begründet.

Die Union trägt zur Erhaltung und zur Entwicklung dieser gemeinsamen Werte unter Achtung der Vielfalt der Kulturen und Traditionen der Völker Europas sowie der nationalen Identität der Mitgliedstaaten und der Organisation ihrer staatlichen Gewalt auf nationaler, regionaler und lokaler Ebene bei. Sie ist bestrebt, eine ausgewogene und nachhaltige Entwicklung zu fördern und stellt den freien Personen-, Dienstleistungs-, Waren- und Kapitalverkehr sowie die Niederlassungsfreiheit sicher.

Zu diesem Zweck ist es notwendig, angesichts der Weiterentwicklung der Gesellschaft, des sozialen Fortschritts und der wissenschaftlichen und technologischen Entwicklungen den Schutz der Grundrechte zu stärken, indem sie in einer Charta sichtbarer gemacht werden.

Diese Charta bekräftigt unter Achtung der Zuständigkeiten und Aufgaben der Union und des Subsidiaritätsprinzips die Rechte, die sich vor allem aus den gemeinsamen Verfassungstraditionen und den gemeinsamen internationalen Verpflichtungen der Mitgliedstaaten, aus der Europäischen Konvention zum Schutz der Menschenrechte und Grundfreiheiten, aus den von der Union und dem Europarat beschlossenen Sozialchartas sowie aus der Rechtsprechung des Gerichtshofs der Europäischen Union und des Europäischen Gerichtshofs für Menschenrechte ergeben. In diesem Zusammenhang erfolgt die Auslegung der Charta durch die Gerichte der Union und der Mitgliedstaaten unter gebührender Berücksichtigung der Erläuterungen[1)], die unter der Leitung des Präsidiums des Konvents zur Ausarbeitung der Charta formuliert und unter der Verantwortung des Präsidiums des Europäischen Konvents aktualisiert wurden.

Die Ausübung dieser Rechte ist mit Verantwortung und mit Pflichten sowohl gegenüber den Mitmenschen als auch gegenüber der menschlichen Gemeinschaft und den künftigen Generationen verbunden.

Daher erkennt die Union die nachstehend aufgeführten Rechte, Freiheiten und Grundsätze an.

TITEL I
WÜRDE DES MENSCHEN

Artikel 1
Würde des Menschen

Die Würde des Menschen ist unantastbar. Sie ist zu achten und zu schützen.

Artikel 2
Recht auf Leben

(1) Jeder Mensch hat das Recht auf Leben.

(2) Niemand darf zur Todesstrafe verurteilt oder hingerichtet werden.

Artikel 3
Recht auf Unversehrtheit

(1) Jeder Mensch hat das Recht auf körperliche und geistige Unversehrtheit.

(2) Im Rahmen der Medizin und der Biologie muss insbesondere Folgendes beachtet werden:

Zur Präambel

1) ABl 2007 C 303, 17.

a) die freie Einwilligung des Betroffenen nach vorheriger Aufklärung entsprechend den gesetzlich festgelegten Einzelheiten,

b) das Verbot eugenischer Praktiken, insbesondere derjenigen, welche die Selektion von Menschen zum Ziel haben,

c) das Verbot, den menschlichen Körper und Teile davon als solche zur Erzielung von Gewinnen zu nutzen,

d) das Verbot des reproduktiven Klonens von Menschen.

Artikel 4
Verbot der Folter und unmenschlicher oder erniedrigender Strafe oder Behandlung

Niemand darf der Folter oder unmenschlicher oder erniedrigender Strafe oder Behandlung unterworfen werden.

Artikel 5
Verbot der Sklaverei und der Zwangsarbeit

(1) Niemand darf in Sklaverei oder Leibeigenschaft gehalten werden.

(2) Niemand darf gezwungen werden, Zwangs- oder Pflichtarbeit zu verrichten.

(3) Menschenhandel ist verboten.

TITEL II
FREIHEITEN

Artikel 6
Recht auf Freiheit und Sicherheit

Jeder Mensch hat das Recht auf Freiheit und Sicherheit.

Artikel 7
Achtung des Privat- und Familienlebens

Jede Person hat das Recht auf Achtung ihres Privat- und Familienlebens, ihrer Wohnung sowie ihrer Kommunikation.

Artikel 8
Schutz personenbezogener Daten

(1) Jede Person hat das Recht auf Schutz der sie betreffenden personenbezogenen Daten.

(2) Diese Daten dürfen nur nach Treu und Glauben für festgelegte Zwecke und mit Einwilligung der betroffenen Person oder auf einer sonstigen gesetzlich geregelten legitimen Grundlage verarbeitet werden. Jede Person hat das Recht, Auskunft über die sie betreffenden erhobenen Daten zu erhalten und die Berichtigung der Daten zu erwirken.

(3) Die Einhaltung dieser Vorschriften wird von einer unabhängigen Stelle überwacht.

Artikel 9
Recht, eine Ehe einzugehen und eine Familie zu gründen

Das Recht, eine Ehe einzugehen, und das Recht, eine Familie zu gründen, werden nach den einzelstaatlichen Gesetzen gewährleistet, welche die Ausübung dieser Rechte regeln.

Artikel 10
Gedanken-, Gewissens- und Religionsfreiheit

(1) Jede Person hat das Recht auf Gedanken-, Gewissens- und Religionsfreiheit. Dieses Recht umfasst die Freiheit, die Religion oder Weltanschauung zu wechseln, und die Freiheit, seine Religion oder Weltanschauung einzeln oder gemeinsam mit anderen öffentlich oder privat durch Gottesdienst, Unterricht, Bräuche und Riten zu bekennen.

(2) Das Recht auf Wehrdienstverweigerung aus Gewissensgründen wird nach den einzelstaatlichen Gesetzen anerkannt, welche die Ausübung dieses Rechts regeln.

Artikel 11
Freiheit der Meinungsäußerung und Informationsfreiheit

(1) Jede Person hat das Recht auf freie Meinungsäußerung. Dieses Recht schließt die Meinungsfreiheit und die Freiheit ein, Informationen und Ideen ohne behördliche Eingriffe und ohne Rücksicht auf Staatsgrenzen zu empfangen und weiterzugeben.

(2) Die Freiheit der Medien und ihre Pluralität werden geachtet.

Artikel 12
Versammlungs- und Vereinigungsfreiheit

(1) Jede Person hat das Recht, sich insbesondere im politischen, gewerkschaftlichen und zivilgesellschaftlichen Bereich auf allen Ebenen frei und friedlich mit anderen zu versammeln und frei mit anderen zusammenzuschließen, was das Recht jeder Person umfasst, zum Schutz ihrer Interessen Gewerkschaften zu gründen und Gewerkschaften beizutreten.

(2) Politische Parteien auf der Ebene der Union tragen dazu bei, den politischen Willen der Unionsbürgerinnen und Unionsbürger zum Ausdruck zu bringen.

Artikel 13
Freiheit der Kunst und der Wissenschaft

Kunst und Forschung sind frei. Die akademische Freiheit wird geachtet.

Artikel 14
Recht auf Bildung

(1) Jede Person hat das Recht auf Bildung sowie auf Zugang zur beruflichen Ausbildung und Weiterbildung.

(2) Dieses Recht umfasst die Möglichkeit, unentgeltlich am Pflichtschulunterricht teilzunehmen.

(3) Die Freiheit zur Gründung von Lehranstalten unter Achtung der demokratischen Grundsätze sowie das Recht der Eltern, die Erziehung und den Unterricht ihrer Kinder entsprechend ihren eigenen religiösen, weltanschaulichen und erzieherischen Überzeugungen sicherzustellen, werden nach den einzelstaatlichen Gesetzen geachtet, welche ihre Ausübung regeln.

Artikel 15
Berufsfreiheit und Recht zu arbeiten

(1) Jede Person hat das Recht, zu arbeiten und einen frei gewählten oder angenommenen Beruf auszuüben.

(2) Alle Unionsbürgerinnen und Unionsbürger haben die Freiheit, in jedem Mitgliedstaat Arbeit zu suchen, zu arbeiten, sich niederzulassen oder Dienstleistungen zu erbringen.

(3) Die Staatsangehörigen dritter Länder, die im Hoheitsgebiet der Mitgliedstaaten arbeiten dürfen, haben Anspruch auf Arbeitsbedingungen, die denen der Unionsbürgerinnen und Unionsbürger entsprechen.

Artikel 16
Unternehmerische Freiheit

Die unternehmerische Freiheit wird nach dem Unionsrecht und den einzelstaatlichen Rechtsvorschriften und Gepflogenheiten anerkannt.

Artikel 17
Eigentumsrecht

(1) Jede Person hat das Recht, ihr rechtmäßig erworbenes Eigentum zu besitzen, zu nutzen, darüber zu verfügen und es zu vererben. Niemandem darf sein Eigentum entzogen werden, es sei denn aus Gründen des öffentlichen Interesses in den Fällen und unter den Bedingungen, die in einem Gesetz vorgesehen sind, sowie gegen eine rechtzeitige angemessene Entschädigung für den Verlust des Eigentums. Die Nutzung des Eigentums kann gesetzlich geregelt werden, soweit dies für das Wohl der Allgemeinheit erforderlich ist.

(2) Geistiges Eigentum wird geschützt.

Artikel 18
Asylrecht

Das Recht auf Asyl wird nach Maßgabe des Genfer Abkommens vom 28. Juli 1951 und des Protokolls vom 31. Januar 1967 über die Rechtsstellung der Flüchtlinge sowie nach Maßgabe des Vertrags über die Europäische Union und des Vertrags über die Arbeitsweise der Europäischen Union (im Folgenden „die Verträge") gewährleistet.

Artikel 19
Schutz bei Abschiebung, Ausweisung und Auslieferung

(1) Kollektivausweisungen sind nicht zulässig.

(2) Niemand darf in einen Staat abgeschoben oder ausgewiesen oder an einen Staat ausgeliefert werden, in dem für sie oder ihn das ernsthafte Risiko der Todesstrafe, der Folter oder einer anderen unmenschlichen oder erniedrigenden Strafe oder Behandlung besteht.

TITEL III

GLEICHHEIT

Artikel 20
Gleichheit vor dem Gesetz

Alle Personen sind vor dem Gesetz gleich.

Artikel 21
Nichtdiskriminierung

(1) Diskriminierungen insbesondere wegen des Geschlechts, der Rasse, der Hautfarbe, der ethnischen oder sozialen Herkunft, der genetischen Merkmale, der Sprache, der Religion oder der Weltanschauung, der politischen oder sonstigen Anschauung, der Zugehörigkeit zu einer nationalen Minderheit, des Vermögens, der Geburt, einer Behinderung, des Alters oder der sexuellen Ausrichtung sind verboten.

(2) Unbeschadet besonderer Bestimmungen der Verträge ist in ihrem Anwendungsbereich jede Diskriminierung aus Gründen der Staatsangehörigkeit verboten.

Artikel 22
Vielfalt der Kulturen, Religionen und Sprachen

Die Union achtet die Vielfalt der Kulturen, Religionen und Sprachen.

Artikel 23
Gleichheit von Frauen und Männern

Die Gleichheit von Frauen und Männern ist in allen Bereichen, einschließlich der Beschäftigung, der Arbeit und des Arbeitsentgelts, sicherzustellen.

Der Grundsatz der Gleichheit steht der Beibehaltung oder der Einführung spezifischer Vergünstigungen für das unterrepräsentierte Geschlecht nicht entgegen.

Artikel 24
Rechte des Kindes

(1) Kinder haben Anspruch auf den Schutz und die Fürsorge, die für ihr Wohlergehen notwendig sind. Sie können ihre Meinung frei äußern. Ihre Meinung wird in den Angelegenheiten, die sie betreffen, in einer ihrem Alter und ihrem Reifegrad entsprechenden Weise berücksichtigt.

(2) Bei allen Kinder betreffenden Maßnahmen öffentlicher Stellen oder privater Einrichtungen muss das Wohl des Kindes eine vorrangige Erwägung sein.

(3) Jedes Kind hat Anspruch auf regelmäßige persönliche Beziehungen und direkte Kontakte zu beiden Elternteilen, es sei denn, dies steht seinem Wohl entgegen.

Artikel 25
Rechte älterer Menschen

Die Union anerkennt und achtet das Recht älterer Menschen auf ein würdiges und unabhängiges Leben und auf Teilnahme am sozialen und kulturellen Leben.

Artikel 26
Integration von Menschen mit Behinderung

Die Union anerkennt und achtet den Anspruch von Menschen mit Behinderung auf Maßnahmen zur Gewährleistung ihrer Eigenständigkeit, ihrer sozialen und beruflichen Eingliederung und ihrer Teilnahme am Leben der Gemeinschaft.

TITEL IV
SOLIDARITÄT

Artikel 27
Recht auf Unterrichtung und Anhörung der Arbeitnehmerinnen und Arbeitnehmer im Unternehmen

Für die Arbeitnehmerinnen und Arbeitnehmer oder ihre Vertreter muss auf den geeigneten Ebenen eine rechtzeitige Unterrichtung und Anhörung in den Fällen und unter den Voraussetzungen gewährleistet sein, die nach dem Unionsrecht und den einzelstaatlichen Rechtsvorschriften und Gepflogenheiten vorgesehen sind.

Artikel 28
Recht auf Kollektivverhandlungen und Kollektivmaßnahmen

Die Arbeitnehmerinnen und Arbeitnehmer sowie die Arbeitgeberinnen und Arbeitgeber oder ihre jeweiligen Organisationen haben nach dem Unionsrecht und den einzelstaatlichen Rechtsvorschriften und Gepflogenheiten das Recht, Tarifverträge auf den geeigneten Ebenen auszuhandeln und zu schließen sowie bei Interessenkonflikten kollektive Maßnahmen zur Verteidigung ihrer Interessen, einschließlich Streiks, zu ergreifen.

Artikel 29
Recht auf Zugang zu einem Arbeitsvermittlungsdienst

Jeder Mensch hat das Recht auf Zugang zu einem unentgeltlichen Arbeitsvermittlungsdienst.

Artikel 30
Schutz bei ungerechtfertigter Entlassung

Jede Arbeitnehmerin und jeder Arbeitnehmer hat nach dem Unionsrecht und den einzelstaatlichen Rechtsvorschriften und Gepflogenheiten Anspruch auf Schutz vor ungerechtfertigter Entlassung.

Artikel 31
Gerechte und angemessene Arbeitsbedingungen

(1) Jede Arbeitnehmerin und jeder Arbeitnehmer hat das Recht auf gesunde, sichere und würdige Arbeitsbedingungen.

(2) Jede Arbeitnehmerin und jeder Arbeitnehmer hat das Recht auf eine Begrenzung der Höchstarbeitszeit, auf tägliche und wöchentliche Ruhezeiten sowie auf bezahlten Jahresurlaub.

Artikel 32
Verbot der Kinderarbeit und Schutz der Jugendlichen am Arbeitsplatz

Kinderarbeit ist verboten. Unbeschadet günstigerer Vorschriften für Jugendliche und abgesehen von begrenzten Ausnahmen darf das Mindestalter für den Eintritt in das Arbeitsleben das Alter, in dem die Schulpflicht endet, nicht unterschreiten.

Zur Arbeit zugelassene Jugendliche müssen ihrem Alter angepasste Arbeitsbedingungen erhalten und vor wirtschaftlicher Ausbeutung und vor jeder Arbeit geschützt werden, die ihre Sicherheit, ihre Gesundheit, ihre körperliche, geistige, sittliche oder soziale Entwicklung beeinträchtigen oder ihre Erziehung gefährden könnte.

Artikel 33
Familien- und Berufsleben

(1) Der rechtliche, wirtschaftliche und soziale Schutz der Familie wird gewährleistet.

(2) Um Familien- und Berufsleben miteinander in Einklang bringen zu können, hat jeder Mensch das Recht auf Schutz vor Entlassung aus einem mit der Mutterschaft zusammenhängenden Grund sowie den Anspruch auf einen bezahlten Mutterschaftsurlaub und auf einen Elternurlaub nach der Geburt oder Adoption eines Kindes.

Artikel 34
Soziale Sicherheit und soziale Unterstützung

(1) Die Union anerkennt und achtet das Recht auf Zugang zu den Leistungen der sozialen Sicherheit und zu den sozialen Diensten, die in Fällen wie Mutterschaft, Krankheit, Arbeitsunfall, Pflegebedürftigkeit oder im Alter sowie bei Verlust des Arbeitsplatzes Schutz gewährleisten, nach Maßgabe des Unionsrechts und der einzelstaatlichen Rechtsvorschriften und Gepflogenheiten.

(2) Jeder Mensch, der in der Union seinen rechtmäßigen Wohnsitz hat und seinen Aufenthalt rechtmäßig wechselt, hat Anspruch auf die Leistungen der sozialen Sicherheit und die sozialen Vergünstigungen nach dem Unionsrecht und den einzelstaatlichen Rechtsvorschriften und Gepflogenheiten.

(3) Um die soziale Ausgrenzung und die Armut zu bekämpfen, anerkennt und achtet die Union das Recht auf eine soziale Unterstützung und eine Unterstützung für die Wohnung, die allen, die nicht über ausreichende Mittel verfügen, ein menschenwürdiges Dasein sicherstellen sollen, nach Maßgabe des Unionsrechts und der einzelstaatlichen Rechtsvorschriften und Gepflogenheiten.

Artikel 35
Gesundheitsschutz

Jeder Mensch hat das Recht auf Zugang zur Gesundheitsvorsorge und auf ärztliche Versorgung nach Maßgabe der einzelstaatlichen Rechtsvorschriften und Gepflogenheiten. Bei der Festlegung und Durchführung der Politik und Maßnahmen der Union in allen Bereichen wird ein hohes Gesundheitsschutzniveau sichergestellt.

Artikel 36
Zugang zu Dienstleistungen von allgemeinem wirtschaftlichen Interesse

Die Union anerkennt und achtet den Zugang zu Dienstleistungen von allgemeinem wirtschaftlichen Interesse, wie er durch die einzelstaatlichen Rechtsvorschriften und Gepflogenheiten im Einklang mit den Verträgen geregelt ist, um den sozialen und territorialen Zusammenhalt der Union zu fördern.

Artikel 37
Umweltschutz

Ein hohes Umweltschutzniveau und die Verbesserung der Umweltqualität müssen in die Politik der Union einbezogen und nach dem Grundsatz der nachhaltigen Entwicklung sichergestellt werden.

Artikel 38
Verbraucherschutz

Die Politik der Union stellt ein hohes Verbraucherschutzniveau sicher.

TITEL V

BÜRGERRECHTE

Artikel 39
Aktives und passives Wahlrecht bei den Wahlen zum Europäischen Parlament

(1) Die Unionsbürgerinnen und Unionsbürger besitzen in dem Mitgliedstaat, in dem sie ihren Wohnsitz haben, das aktive und passive Wahlrecht bei den Wahlen zum Europäischen Parlament unter denselben Bedingungen wie die Angehörigen des betreffenden Mitgliedstaats.

(2) Die Mitglieder des Europäischen Parlaments werden in allgemeiner, unmittelbarer, freier und geheimer Wahl gewählt.

Artikel 40
Aktives und passives Wahlrecht bei den Kommunalwahlen

Die Unionsbürgerinnen und Unionsbürger besitzen in dem Mitgliedstaat, in dem sie ihren Wohnsitz haben, das aktive und passive Wahlrecht bei Kommunalwahlen unter denselben Bedingungen wie die Angehörigen des betreffenden Mitgliedstaats.

Artikel 41
Recht auf eine gute Verwaltung

(1) Jede Person hat ein Recht darauf, dass ihre Angelegenheiten von den Organen, Einrichtungen

und sonstigen Stellen der Union unparteiisch, gerecht und innerhalb einer angemessenen Frist behandelt werden.

(2) Dieses Recht umfasst insbesondere

a) das Recht jeder Person, gehört zu werden, bevor ihr gegenüber eine für sie nachteilige individuelle Maßnahme getroffen wird,

b) das Recht jeder Person auf Zugang zu den sie betreffenden Akten unter Wahrung des berechtigten Interesses der Vertraulichkeit sowie des Berufs- und Geschäftsgeheimnisses,

c) die Verpflichtung der Verwaltung, ihre Entscheidungen zu begründen.

(3) Jede Person hat Anspruch darauf, dass die Union den durch ihre Organe oder Bediensteten in Ausübung ihrer Amtstätigkeit verursachten Schaden nach den allgemeinen Rechtsgrundsätzen ersetzt, die den Rechtsordnungen der Mitgliedstaaten gemeinsam sind.

(4) Jede Person kann sich in einer der Sprachen der Verträge an die Organe der Union wenden und muss eine Antwort in derselben Sprache erhalten.

Artikel 42

Recht auf Zugang zu Dokumenten

Die Unionsbürgerinnen und Unionsbürger sowie jede natürliche oder juristische Person mit Wohnsitz oder satzungsmäßigem Sitz in einem Mitgliedstaat haben das Recht auf Zugang zu den Dokumenten der Organe, Einrichtungen und sonstigen Stellen der Union, unabhängig von der Form der für diese Dokumente verwendeten Träger.

Artikel 43

Der Europäische Bürgerbeauftragte

Die Unionsbürgerinnen und Unionsbürger sowie jede natürliche oder juristische Person mit Wohnsitz oder satzungsmäßigem Sitz in einem Mitgliedstaat haben das Recht, den Europäischen Bürgerbeauftragten im Falle von Missständen bei der Tätigkeit der Organe, Einrichtungen und sonstigen Stellen der Union, mit Ausnahme des Gerichtshofs der Europäischen Union in Ausübung seiner Rechtsprechungsbefugnisse, zu befassen.

Artikel 44

Petitionsrecht

Die Unionsbürgerinnen und Unionsbürger sowie jede natürliche oder juristische Person mit Wohnsitz oder satzungsmäßigem Sitz in einem Mitgliedstaat haben das Recht, eine Petition an das Europäische Parlament zu richten.

Artikel 45

Freizügigkeit und Aufenthaltsfreiheit

(1) Die Unionsbürgerinnen und Unionsbürger haben das Recht, sich im Hoheitsgebiet der Mitgliedstaaten frei zu bewegen und aufzuhalten.

(2) Staatsangehörigen von Drittländern, die sich rechtmäßig im Hoheitsgebiet eines Mitgliedstaats aufhalten, kann nach Maßgabe der Verträge Freizügigkeit und Aufenthaltsfreiheit gewährt werden.

Artikel 46

Diplomatischer und konsularischer Schutz

Die Unionsbürgerinnen und Unionsbürger genießen im Hoheitsgebiet eines Drittlands, in dem der Mitgliedstaat, dessen Staatsangehörigkeit sie besitzen, nicht vertreten ist, den Schutz durch die diplomatischen und konsularischen Behörden eines jeden Mitgliedstaats unter denselben Bedingungen wie Staatsangehörige dieses Staates.

TITEL VI

JUSTIZIELLE RECHTE

Artikel 47

Recht auf einen wirksamen Rechtsbehelf und ein unparteiisches Gericht

Jede Person, deren durch das Recht der Union garantierte Rechte oder Freiheiten verletzt worden sind, hat das Recht, nach Maßgabe der in diesem Artikel vorgesehenen Bedingungen bei einem Gericht einen wirksamen Rechtsbehelf einzulegen.

Jede Person hat ein Recht darauf, dass ihre Sache von einem unabhängigen, unparteiischen und zuvor durch Gesetz errichteten Gericht in einem fairen Verfahren, öffentlich und innerhalb angemessener Frist verhandelt wird. Jede Person kann sich beraten, verteidigen und vertreten lassen.

Personen, die nicht über ausreichende Mittel verfügen, wird Prozesskostenhilfe bewilligt, soweit diese Hilfe erforderlich ist, um den Zugang zu den Gerichten wirksam zu gewährleisten.

Artikel 48

Unschuldsvermutung und Verteidigungsrechte

(1) Jeder Angeklagte gilt bis zum rechtsförmlich erbrachten Beweis seiner Schuld als unschuldig.

(2) Jedem Angeklagten wird die Achtung der Verteidigungsrechte gewährleistet.

Artikel 49
Grundsätze der Gesetzmäßigkeit und der Verhältnismäßigkeit im Zusammenhang mit Straftaten und Strafen

(1) Niemand darf wegen einer Handlung oder Unterlassung verurteilt werden, die zur Zeit ihrer Begehung nach innerstaatlichem oder internationalem Recht nicht strafbar war. Es darf auch keine schwerere Strafe als die zur Zeit der Begehung angedrohte Strafe verhängt werden. Wird nach Begehung einer Straftat durch Gesetz eine mildere Strafe eingeführt, so ist diese zu verhängen.

(2) Dieser Artikel schließt nicht aus, dass eine Person wegen einer Handlung oder Unterlassung verurteilt oder bestraft wird, die zur Zeit ihrer Begehung nach den allgemeinen, von der Gesamtheit der Nationen anerkannten Grundsätzen strafbar war.

(3) Das Strafmaß darf zur Straftat nicht unverhältnismäßig sein.

Artikel 50
Recht, wegen derselben Straftat nicht zweimal strafrechtlich verfolgt oder bestraft zu werden

Niemand darf wegen einer Straftat, derentwegen er bereits in der Union nach dem Gesetz rechtskräftig verurteilt oder freigesprochen worden ist, in einem Strafverfahren erneut verfolgt oder bestraft werden.

TITEL VII

ALLGEMEINE BESTIMMUNGEN ÜBER DIE AUSLEGUNG UND ANWENDUNG DER CHARTA

Artikel 51
Anwendungsbereich

(1) Diese Charta gilt für die Organe, Einrichtungen und sonstigen Stellen der Union unter Wahrung des Subsidiaritätsprinzips und für die Mitgliedstaaten ausschließlich bei der Durchführung des Rechts der Union. Dementsprechend achten sie die Rechte, halten sie sich an die Grundsätze und fördern sie deren Anwendung entsprechend ihren jeweiligen Zuständigkeiten und unter Achtung der Grenzen der Zuständigkeiten, die der Union in den Verträgen übertragen werden.

(2) Diese Charta dehnt den Geltungsbereich des Unionsrechts nicht über die Zuständigkeiten der Union hinaus aus und begründet weder neue Zuständigkeiten noch neue Aufgaben für die Union, noch ändert sie die in den Verträgen festgelegten Zuständigkeiten und Aufgaben.

Artikel 52
Tragweite und Auslegung der Rechte und Grundsätze

(1) Jede Einschränkung der Ausübung der in dieser Charta anerkannten Rechte und Freiheiten muss gesetzlich vorgesehen sein und den Wesensgehalt dieser Rechte und Freiheiten achten. Unter Wahrung des Grundsatzes der Verhältnismäßigkeit dürfen Einschränkungen nur vorgenommen werden, wenn sie erforderlich sind und den von der Union anerkannten dem Gemeinwohl dienenden Zielsetzungen oder den Erfordernissen des Schutzes der Rechte und Freiheiten anderer tatsächlich entsprechen.

(2) Die Ausübung der durch diese Charta anerkannten Rechte, die in den Verträgen geregelt sind, erfolgt im Rahmen der in den Verträgen festgelegten Bedingungen und Grenzen.

(3) Soweit diese Charta Rechte enthält, die den durch die Europäische Konvention zum Schutz der Menschenrechte und Grundfreiheiten garantierten Rechten entsprechen, haben sie die gleiche Bedeutung und Tragweite, wie sie ihnen in der genannten Konvention verliehen wird. Diese Bestimmung steht dem nicht entgegen, dass das Recht der Union einen weiter gehenden Schutz gewährt.

(4) Soweit in dieser Charta Grundrechte anerkannt werden, wie sie sich aus den gemeinsamen Verfassungsüberlieferungen der Mitgliedstaaten ergeben, werden sie im Einklang mit diesen Überlieferungen ausgelegt.

(5) Die Bestimmungen dieser Charta, in denen Grundsätze festgelegt sind, können durch Akte der Gesetzgebung und der Ausführung der Organe, Einrichtungen und sonstigen Stellen der Union sowie durch Akte der Mitgliedstaaten zur Durchführung des Rechts der Union in Ausübung ihrer jeweiligen Zuständigkeiten umgesetzt werden. Sie können vor Gericht nur bei der Auslegung dieser Akte und bei Entscheidungen über deren Rechtmäßigkeit herangezogen werden.

(6) Den einzelstaatlichen Rechtsvorschriften und Gepflogenheiten ist, wie es in dieser Charta bestimmt ist, in vollem Umfang Rechnung zu tragen.

(7) Die Erläuterungen, die als Anleitung für die Auslegung dieser Charta verfasst wurden, sind von den Gerichten der Union und der Mitgliedstaaten gebührend zu berücksichtigen.

Artikel 53
Schutzniveau

Keine Bestimmung dieser Charta ist als eine Einschränkung oder Verletzung der Menschenrechte und Grundfreiheiten auszulegen, die in dem jeweiligen Anwendungsbereich durch das Recht der Union und das Völkerrecht sowie durch die internationalen Übereinkünfte, bei denen die Union oder alle Mitgliedstaaten Vertragsparteien sind, darunter insbesondere die Europäische Konvention zum Schutz der Menschenrechte und Grundfreiheiten, sowie durch die Verfassungen der Mitgliedstaaten anerkannt werden.

Artikel 54
Verbot des Missbrauchs der Rechte

Keine Bestimmung dieser Charta ist so auszulegen, als begründe sie das Recht, eine Tätigkeit auszuüben oder eine Handlung vorzunehmen, die darauf abzielt, die in der Charta anerkannten Rechte und Freiheiten abzuschaffen oder sie stärker einzuschränken, als dies in der Charta vorgesehen ist.

*

* *

Der vorstehende Wortlaut übernimmt mit Anpassungen die am 7. Dezember 2000 proklamierte Charta und ersetzt sie ab dem Zeitpunkt des Inkrafttretens des Vertrags von Lissabon.

15/11. Konvention über die Rechtsstellung der Flüchtlinge

BGBl 1955/55

Konvention über die Rechtsstellung der Flüchtlinge

Die verfassungsmäßige Genehmigung des Nationalrates mit der Maßgabe erhalten hat, daß die bei der Unterzeichnung der Konvention in Genf gemachten Vorbehalte und Erklärungen bei der Ratifizierung der Konvention durch folgende Vorbehalte und Erklärungen ersetzt werden, und zwar:

„Die Ratifizierung erfolgt

a) unter dem Vorbehalt, daß die Republik Österreich die in den Art. 17, Z 1 und 2, lit. a (hier jedoch mit Ausnahme des Satzes: „die bereits am Tage des Inkrafttretens ...

bis ... davon ausgenommen waren, oder”),

enthaltenen Bestimmungen für sich nicht als bindende Verpflichtung, sondern nur als Empfehlung anerkennt; weiters

b) mit der Maßgabe, daß die im Art. 22, Z 1, angeführten Bestimmungen nicht auf die Gründung und Führung privater Pflichtschulen bezogen werden können, daß weiters unter den im Art. 23 angeführten „Öffentlichen Unterstützungen und Hilfeleistungen” nur Zuwendungen aus der Öffentlichen Fürsorge (Armenversorgung) und schließlich unter den im Art. 25, Z 2 und 3, angeführten „Dokumenten oder Bescheinigungen” nur Identitätsausweise zu verstehen sind, die im Flüchtlingsabkommen vom 30. Juni 1928 erwähnt werden; endlich

c) mit der Erklärung, daß sich die Republik Österreich hinsichtlich ihrer Verpflichtungen aus diesem Abkommen an die Alternative b) der Ziffer 1 des Abschnittes B des Artikels 1 dieses Abkommens für gebunden erachtet.”

erklärt der Bundespräsident diese Konvention für ratifiziert und verspricht im Namen der Republik Österreich die gewissenhafte Erfüllung der in dieser Konvention enthaltenen Bestimmungen.

Zu Urkund dessen ist die vorliegende Ratifikationsurkunde vom Bundespräsidenten unterzeichnet und von den Mitgliedern der Bundesregierung gegengezeichnet und mit dem Staatssiegel der Republik Österreich versehen worden.

Geschehen zu Wien, den 26. August 1954.

Da die Ratifikationsurkunde am 1. November 1954 beim Generalsekretär der Vereinten Nationen hinterlegt worden ist, ist die Konvention gemäß ihrem Artikel 43 Ziffer 2 für Osterreich am 30. Jänner 1955 in Kraft getreten.

Präambel

DIE HOHEN VERTRAGSCHLIESSENDEN PARTEIEN,

in der Erwägung, daß die Charta der Vereinten Nationen und die allgemeine Deklaration der Menschenrechte, genehmigt am 10. Dezember 1948 von der Generalversammlung, den Grundsatz enthält, daß die Menschen grundlegende Rechte und Freiheiten ohne Unterschied besitzen sollen,

in der Erwägung, daß die Vereinten Nationen bei verschiedenen Gelegenheiten ihre größte Anteilnahme an den Flüchtlingen bekanntgaben und sich bestrebten, den Flüchtlingen die größtmögliche Ausübung jener grundlegenden Rechte und Freiheiten zu sichern,

in der Erwägung, daß es wünschenswert wäre, frühere internationale Abkommen über die Rechtsstellung der Flüchtlinge zu verbessern und zu festigen, die Reichweite und den Schutz, die durch solche Abkommen gewährt werden, durch ein neues Abkommen auszuweiten,

in der Erwägung, daß die Ausübung des Asylrechtes überaus schwere Bürden manchen Ländern auferlegen und eine zufriedenstellende Lösung des Problems, dessen internationale Reichweite und Art die Vereinten Nationen anerkannt haben, nicht ohne internationale Zusammenarbeit erreicht werden kann,

in der Hoffnung, daß alle Staaten die soziale und menschenfreundliche Seite des Flüchtlingsproblemes anerkennen und alles, was in ihrer Macht steht, daransetzen, um zu verhindern, daß dieses Problem Grund einer Spannung zwischen den Staaten wird, endlich

in Kenntnis, daß der Hochkommissär der Vereinten Nationen für Flüchtlinge mit der Überwachung der internationalen Abkommen für den Schutz der Flüchtlinge betraut ist, und in Anerkennung dessen, daß die wirksame Durchführung der Maßnahmen, die dieses Problem behandeln, von der Zusammenarbeit der Staaten mit dem Hochkommissär abhängig sind,

sind über folgende Bestimmungen übereingekommen:

Kapitel I
Allgemeine Bestimmungen

Artikel 1
Definition des Ausdruckes „Flüchtling"

A. Als Flüchtling im Sinne dieses Abkommens ist anzusehen, wer:

1. gemäß den Vereinbarungen vom 12. Mai 1926 und 30. Juni 1928, den Abkommen vom 28. Oktober 1933 und 10. Februar 1938, dem Protokoll vom 14. September 1939 oder der Verfassung der Internationalen Flüchtlingsorganisation als Flüchtling angesehen worden ist.

Entscheidungen, die von der Internationalen Flüchtlingsorganisation während der Zeit ihrer Tätigkeit über die Anerkennung als Flüchtling getroffen worden sind, werden nicht hindern, daß Personen, die die Bedingungen der Ziffer 2 dieses Abschnittes erfüllen, die Rechtsstellung von Flüchtlingen erhalten;

2. sich infolge von vor dem 1. Jänner 1951 eingetretenen Ereignissen*) aus wohlbegründeter Furcht, aus Gründen der Rasse, Religion, Nationalität, Zugehörigkeit zu einer bestimmten sozialen Gruppe oder der politischen Gesinnung verfolgt zu werden, außerhalb seines Heimatlandes befindet und nicht in der Lage oder im Hinblick auf diese Furcht nicht gewillt ist, sich des Schutzes dieses Landes zu bedienen; oder wer staatenlos ist, sich infolge obiger Umstände außerhalb des Landes seines gewöhnlichen Aufenthaltes befindet und nicht in der Lage oder im Hinblick auf diese Furcht nicht gewillt ist, in dieses Land zurückzukehren.

Falls jemand mehr als eine Staatsangehörigkeit hat, ist unter dem Heimatland jedes Land zu verstehen, dessen Staatsangehöriger er ist; wenn jemand ohne triftige, auf wohlbegründeter Furcht beruhende Ursache sich des Schutzes eines der Staaten, dessen Staatsangehöriger er ist, nicht bedient, soll er nicht als eine Person angesehen werden, der der Schutz des Heimatlandes versagt worden ist.

B.

1. Unter den im Artikel 1, Abschnitt A, angeführten „vor dem 1. Jänner 1951 eingetretenen Ereignissen" können im Sinne dieses Abkommens verstanden werden

a) Ereignisse, die vor dem 1. Jänner 1951 in Europa oder

b) Ereignisse, die vor dem 1. Jänner 1951 in Europa oder anderswo eingetreten sind;

Jeder vertragschließende Staat wird im Zeitpunkte der Unterzeichnung, der Ratifikation oder des Beitrittes eine Erklärung abgeben, an welche der beiden Alternativen er sich hinsichtlich der Verpflichtungen, die er mit diesem Abkommen auf sich nimmt, für gebunden erachtet.

2. Jeder vertragschließende Staat, der die Alternative a) angenommen hat, kann jederzeit seine Verpflichtungen durch Annahme der Alternative b) erweitern, indem er hievon dem Generalsekretär der Vereinten Nationen Mitteilung macht.

C. Dieses Abkommen wird auf eine Person, die unter die Bestimmungen des Abschnittes A fällt, nicht mehr angewendet werden, wenn sie

1. sich freiwillig wieder unter den Schutz ihres Heimatlandes gestellt hat; oder

2. die verlorene Staatsangehörigkeit freiwillig wieder erworben hat; oder

3. eine andere Staatsangehörigkeit erworben hat und den Schutz ihres neuen Heimatlandes genießt; oder

4. sich freiwillig in dem Staat, den sie aus Furcht vor Verfolgung verlassen oder nicht betreten hat, niedergelassen hat; oder

5. wenn die Umstände, auf Grund deren sie als Flüchtling anerkannt worden ist, nicht mehr bestehen und sie es daher nicht weiterhin ablehnen kann, sich unter den Schutz ihres Heimatlandes zu stellen.

Die Bestimmungen der Ziffer 5 sind nicht auf die in Ziffer 1 des Abschnittes A dieses Artikels genannten Flüchtlinge anzuwenden, wenn sie die Inanspruchnahme des Schutzes durch ihr Heimatland aus triftigen Gründen, die auf frühere Verfolgungen zurückgehen, ablehnen;

6. staatenlos ist und die Umstände, auf Grund deren sie als Flüchtling anerkannt worden ist, nicht mehr bestehen, sie daher in der Lage ist, in ihr früheres Aufenthaltsland zurückzukehren.

Die Bestimmungen der Ziffer 6 sind jedoch auf die in Ziffer 1 des Abschnittes A dieses Artikels genannten Personen nicht anzuwenden, wenn sie die Inanspruchnahme des Schutzes durch ihr früheres Aufenthaltsland aus triftigen Gründen, die auf frühere Verfolgungen zurückgehen, ablehnen.

D. Dieses Abkommen wird auf Personen keine Anwendung finden, die derzeit von anderen Organen oder Organisationen der Vereinten Nationen als dem Hochkommissär der Vereinten Nationen für Flüchtlinge Schutz oder Hilfe erhalten.

Wenn dieser Schutz oder diese Hilfe aus irgendeinem Grunde wegfällt, ohne daß die Stellung dieser Personen gemäß den bezüglichen Beschlüssen der Generalversammlung der Vereinten Nationen endgültig geregelt ist, so werden diese Personen ipso facto der Vorteile dieses Abkommens teilhaftig.

E. Dieses Abkommen wird auf Personen keine Anwendung finden, die von den zuständigen Be-

---

Zu Artikel 1:

*) *Durch das Zusatzprotokoll von 1967 sind die zeitliche Befristung und die geographische Beschränkung bei der Flüchtlingsdefinition entfallen.*

hörden des Landes, in dem sie Aufenthalt genommen haben, als im Besitze aller Rechte und Pflichten angesehen werden, die mit dem Besitze der Staatsangehörigkeit dieses Landes verbunden sind.

F. Die Bestimmungen dieses Abkommens sind auf Personen nicht anwendbar, hinsichtlich derer ernsthafte Gründe für den Verdacht bestehen, daß sie

a) ein Verbrechen gegen den Frieden, ein Kriegsverbrechen oder ein Verbrechen gegen die Menschlichkeit begangen haben, und zwar im Sinne jener internationalen Einrichtungen, die ausgearbeitet wurden, um Bestimmungen gegen solche Verbrechen zu schaffen;

b) bevor sie als Flüchtlinge in das Gastland zugelassen wurden, ein schweres, nicht politisches Verbrechen begangen haben;

c) sich Handlungen schuldig gemacht haben, die sich gegen die Ziele und Prinzipien der Vereinten Nationen richten.

Artikel 2
Allgemeine Verpflichtungen

Jeder Flüchtling hat gegenüber dem Lande, wo er sich aufhält, Pflichten, die insbesondere darin bestehen, daß er sich dessen Gesetzen und Verordnungen sowie den Maßnahmen, die zur Erhaltung der öffentlichen Ordnung getroffen wurden, unterwirft.

Artikel 3
Nicht-Diskriminierung

Die vertragschließenden Staaten sollen die Bestimmungen des vorliegenden Abkommens auf die Flüchtlinge anwenden, ohne bei ihnen einen Unterschied wegen ihrer Rasse, ihrer Religion oder ihres Herkunftslandes zu machen.

Artikel 4
Religion

Die vertragschließenden Staaten sollen den auf ihrem Gebiete befindlichen Flüchtlingen bezüglich der Freiheit der Religionsausübung und der Freiheit des Religionsunterrichtes ihrer Kinder zumindest keine ungünstigere Behandlung als den eigenen Staatsangehörigen zuteil werden lassen.

Artikel 5
Rechte außerhalb des Abkommens

Dieses Abkommen soll keinerlei Rechte oder Vorteile, die von einem vertragschließenden Staat vor oder neben diesem Abkommen gewährt wurden, beeinträchtigen.

Artikel 6
Ausdruck „unter den gleichen Umständen"

Im Sinne dieses Abkommens besagen die Worte „unter den gleichen Umständen", daß alle Bedingungen (einschließlich der Dauer und der Bedingungen des vorübergehenden oder gewöhnlichen Aufenthaltes) erfüllt werden müssen, wie sie von der in Frage stehenden. Person zur Ausübung des betreffenden Rechtes zu erfüllen wären, wenn sie nicht ein Flüchtling wäre. Ausgenommen hievon sind nur jene Bedingungen, die ihrer Natur nach von einem Flüchtling nicht erfüllt werden können.

Artikel 7
Ausnahmen von der Reziprozität

1. Wo dieses Abkommen keine günstigere Bestimmung enthält, muß ein vertragschließender Staat den Flüchtlingen die gleiche Behandlung zuteil werden lassen, wie sie gewöhnlich Ausländer erhalten.

2. Nach einem Aufenthalt von drei Jahren im Gebiete eines der vertragschließenden Staaten sollen auf Flüchtlinge die Bestimmungen über die gesetzliche Reziprozität nicht angewendet werden.

3. Die Rechte und Vorteile, die gewissen Flüchtlingen ohne Rücksicht auf Reziprozität schon am Tage des Inkrafttretens des vorliegenden Abkommens zukamen, sollen ihnen von den vertragschließenden Staaten auch weiterhin gewährt werden.

4. Die vertragschließenden Staaten sollen die Möglichkeit wohlwollend ins Auge fassen, den Flüchtlingen gewisse Rechte und Vorteile zu gewähren, die über die Rechte und Vorteile hinausgehen, auf die sie gemäß Ziffern 2 und 3 Anspruch erheben können; weiters sollen sie die Möglichkeit wohlwollend ins Auge fassen, solche Flüchtlinge, die die in Ziffern 2 und 3 vorgeschriebenen Bedingungen nicht erfüllen, vom Erfordernis der Reziprozität zu dispensieren.

5. Die Bestimmungen der Ziffern 2 und 3 finden auch auf die Rechte und Vorteile Anwendung, die in den Artikeln 13, 18, 19, 21 und 22 dieses Abkommens behandelt sind, sowie auch auf andere als in diesem Abkommen angeführte Rechte und Vorteile.

Artikel 8
Ausnahmen von Sondermaßnahmen

Die vertragschließenden Staaten werden Sondermaßnahmen, die gegen die Person, das Eigentum oder die Interessen von Staatsbürgern eines fremden Staates ergriffen werden können, nicht auf einen Flüchtling anwenden, der formell Staatsbürger des betreffenden Landes ist, nur weil er eine solche Staatsangehörigkeit besitzt. Die vertragschließenden Staaten, die nach ihrer Gesetzgebung den vorstehenden Grundsatz nicht anwenden können, werden in geeigneten Fällen Ausnahmen von der Anwendung der Sondermaßnahmen zugunsten der Flüchtlinge gewähren.

Artikel 9
Provisorische Maßnahmen

Nichts in diesem Abkommen soll einen vertragschließenden Staat in Kriegs- oder nationalen Notstandszeiten hindern, gegen jede Person provisorisch die für die Staatssicherheit erforderlichen Maßnahmen zu ergreifen, bis es geklärt ist, ob die betreffende Person tatsächlich ein Flüchtling ist und ob solche Maßnahmen in diesem Falle noch immer im Interesse der Staatssicherheit notwendig sind.

Artikel 10
Ununterbrochene Aufenthaltsdauer

1. Wo ein Flüchtling zwangsweise während des zweiten Weltkrieges verschleppt und in das Gebiet eines vertragschließenden Staates gebracht wurde und dort wohnhaft ist, wird der Zeitraum eines solchen erzwungenen Aufenthaltes als gesetzmäßiger Wohnort innerhalb dieses Gebietes angesehen werden.

2. Wo ein Flüchtling zwangsweise während des zweiten Weltkrieges vom Gebiet eines vertragschließenden Staates verschleppt wurde, aber noch vor Inkrafttreten des gegenwärtigen Abkommens dorthin zurückkehrte, soll der Zeitraum vor und nach einer solchen zwangsweisen Verschleppung als nicht unterbrochener Zeitraum für alle Zwecke, wo ein ununterbrochener Aufenthalt notwendig ist, angesehen werden.

Artikel 11
Geflüchtete Seeleute

Bei Flüchtlingen, die ordnungsmäßig als Mitglieder der Besatzung eines Schiffes verwendet werden, das die Flagge eines der vertragschließenden Staaten führt, werden die betreffenden Staaten mit Wohlwollen die Möglichkeit untersuchen, die Flüchtlinge zu ermächtigen, sich auf ihrem Gebiet niederzulassen und ihnen Reisedokumente auszufolgen, oder sie provisorisch auf ihrem Gebiete zulassen, um insbesondere ihre Seßhaftmachung in einem anderen Lande zu erleichtern.

Kapitel II
Rechtsstellung

Artikel 12
Personenrechtliche Stellung

1. Die personenrechtliche Stellung eines Flüchtlings wird vom Gesetz seines Wohnsitzlandes oder, wenn er keinen Wohnsitz hat, vom Gesetz seines Aufenthaltslandes bestimmt.

2. Rechte, die von einem Flüchtling vorher erworben wurden und die auf der personenrechtlichen Stellung beruhen, insbesondere solche Rechte, die sich aus einer Verehelichung ergeben, sollen von den vertragschließenden Staaten anerkannt werden, vorausgesetzt, daß die nach der Gesetzgebung des betreffenden Staates allfällig vorgesehenen Formalitäten erfüllt worden sind. Voraussetzung ist weiters, daß es sich bei diesen Rechten um solche handelt, die von der Gesetzgebung des betreffenden Staates auch anerkannt werden würden, wenn die in Frage stehende Person nicht Flüchtling wäre.

Artikel 13
Bewegliches und unbewegliches Eigentum

Die vertragschließenden Staaten werden den Flüchtlingen beim Erwerb von beweglichem und unbeweglichem Eigentum und anderen dazugehörigen Rechten und bei der Abschließung von Miet- und anderen Verträgen über bewegliches und unbewegliches Eigentum eine möglichst günstige Behandlung zuteil werden lassen und auf alle Fälle keine schlechtere, als sie gewöhnlich Ausländern unter den gleichen Umständen gewährt wird.

Artikel 14
Geistiges und gewerbliches Eigentum

Bezüglich des Schutzes von gewerblichem Eigentum, wie Erfindungen, technischen Plänen oder Modellen, Schutzmarken und Handelsnamen und des Schutzes von literarischen, künstlerischen und wissenschaftlichen Arbeiten wird dem Flüchtling in dem Lande, in dem er seinen gewöhnlichen Aufenthalt hat, der gleiche Schutz gewährt werden wie den eigenen Staatsangehörigen des betreffenden Landes. Im Gebiete jedes anderen vertragschließenden Staates wird dem Flüchtling der gleiche Schutz gewährt werden, der dort Staatsangehörigen des Landes gewährt wird, in dem er seinen gewöhnlichen Aufenthalt hat.

Artikel 15
Vereinsrecht

Die vertragschließenden Staaten werden den Flüchtlingen, die sich erlaubterweise auf ihrem

Gebiete aufhalten, die vorteilhafteste Behandlung bezüglich der unpolitischen und nicht auf Gewinn berechneten Vereine und Gewerkschaften gewähren, die unter den gleichen Umständen den Staatsangehörigen eines fremden Landes gewährt wird.

Artikel 16
Zulassung zur Gerichtsbarkeit

1. Ein Flüchtling wird zu den Gerichten auf dem Gebiete der vertragschließenden Staaten zugelassen.

2. Ein Flüchtling wird in einem vertragschließenden Staat, in dessen Gebiet er seinen gewöhnlichen Aufenthalt hat, in bezug auf Zulassung zu den Gerichten einschließlich Armenrecht und Befreiung von der cautio judicacum solvi die gleiche Behandlung wie ein eigener Staatsangehöriger genießen.

3. Im Gebiete vertragschließender Staaten, in denen der Flüchtling nicht seinen gewöhnlichen Aufenthalt hat, wird er bei den in Ziffer 2 angeführten Angelegenheiten die gleiche Behandlung wie ein Staatsangehöriger des Landes genießen, in dem der Flüchtling seinen gewöhnlichen Aufenthalt hat.

Kapitel III
Entgeltliche Verwendungen

Artikel 17
Anstellung

1. Die vertragschließenden Staaten werden den Flüchtlingen, die sich erlaubterweise auf ihrem Gebiete aufhalten, die günstigste Behandlung im Hinblick auf das Recht der Annahme einer Anstellung gewähren, die unter den gleichen Umständen Staatsangehörigen eines fremden Landes gewährt wird.

2. Auf jeden Fall sollen einschränkende Maßnahmen gegen Ausländer oder gegen die Anstellung von Ausländern zum Schutze des heimischen Arbeitsmarktes nicht auf Flüchtlinge angewendet werden, die bereits am Tage des Inkrafttretens dieses Abkommens für den betreffenden vertragschließenden Staat davon ausgenommen waren, oder die

a) sich bereits volle drei Jahre im Lande aufgehalten haben; oder

b) mit Staatsangehörigen ihres Aufenthaltslandes verheiratet sind (Flüchtlinge, die den Ehegatten verlassen haben, können sich auf diese Bestimmung nicht berufen); oder

c) eines oder mehrere Kinder besitzen, die die Staatsangehörigkeit des Aufenthaltslandes besitzen.

3. Die vertragschließenden Staaten werden die rechtliche

Gleichstellung aller Flüchtlinge mit den eigenen Staatsangehörigen in bezug auf die Ausübung eines bezahlten Berufes wohlwollend in Erwägung ziehen, insbesondere bei Flüchtlingen, die auf Grund von Arbeitsanwerbung oder Einwanderungsplänen in ihr Gebiet einwandern.

Artikel 18
Selbständige Arbeit

Die vertragschließenden Staaten werden den Flüchtlingen, die sich erlaubterweise auf ihrem Gebiete aufhalten, im Hinblick auf das Recht, sich in der Landwirtschaft, Industrie, Gewerbe und Handel niederzulassen und Handels- und Industriegesellschaften zu gründen, die günstigste Behandlung zusichern, auf jeden Fall aber keine schlechtere, als sie im allgemeinen Ausländern unter den gleichen Umständen zuteil wird.

Artikel 19
Freie Berufe

1. Jeder vertragschließende Staat wird Flüchtlingen, die sich erlaubterweise auf seinem Gebiet aufhalten, Diplome besitzen, welche von den zuständigen Behörden des betreffenden Staates anerkannt wurden, und einen freien Beruf ausüben wollen, die günstigste Behandlung angedeihen lassen, auf keinen Fall aber eine schlechtere als die, die im allgemeinen Ausländern unter den gleichen Umständen gewährt wird.

2. Die vertragschließenden Staaten werden im Rahmen ihrer Gesetze und Verfassungen alle Anstrengungen machen, um die Ansiedlung solcher Flüchtlinge in den Gebieten außerhalb des Mutterlandes zu sichern, für deren internationale Beziehungen sie die Verantwortung tragen.

Kapitel IV
Lebensführung

Artikel 20
Bewirtschaftung

Wo ein Bewirtschaftungssystem besteht, das auf die breite Bevölkerung Anwendung findet und die allgemeine Verteilung von Mangelwaren regelt, sollen die Flüchtlinge wie eigene Staatsangehörige behandelt werden.

Artikel 21
Unterkunft

Bezüglich der Unterkunft sollen die vertragschließenden Staaten, soweit dies durch Gesetze und Verordnungen geregelt oder Gegenstand der Kontrolle von öffentlichen Behörden ist, den

Flüchtlingen, die sich erlaubterweise auf ihrem Gebiete aufhalten, die günstigste Behandlung gewähren, auf keinen Fall aber eine schlechtere, als sie gewöhnlich Ausländer unter den gleichen Umständen erhalten.

Artikel 22
Öffentlicher Unterricht

1. Die vertragschließenden Staaten werden den Flüchtlingen die gleiche Behandlung zuteil werden lassen, die eigene Staatsangehörige bezüglich der Pflichtschulen erhalten.

2. Die vertragschließenden Staaten werden Flüchtlingen eine ebenso günstige und jedenfalls keine ungünstigere Behandlung zuteil werden lassen, wie sie Ausländer im allgemeinen unter den gleichen Umständen hinsichtlich aller anderen Schulen als der Pflichtschulen genießen, insbesondere was die Zulassung zum Studium, die Anerkennung von ausländischen Studienzeugnissen, Diplomen und Universitätsgraden sowie den Gebührenerlaß und die Erteilung von Stipendien betrifft.

Artikel 23
Öffentliche Unterstützungen

Die vertragschließenden Staaten sollen den Flüchtlingen, die sich erlaubterweise auf ihrem Gebiete aufhalten, die gleiche Behandlung in der öffentlichen Unterstützung und Hilfeleistung gewähren, wie sie ihren eigenen Staatsbürgern zuteil wird.

Artikel 24
Arbeitsgesetzgebung und Sozialversicherung

1. Die vertragschließenden Staaten werden den Flüchtlingen, die
sich erlaubterweise in ihrem Gebiete aufhalten, die gleiche Behandlung zuteil werden lassen, wie sie den eigenen
Staatsangehörigen in folgenden Punkten gewährt wird:

a) soweit solche Angelegenheiten durch Gesetze und Verordnungen geregelt werden oder Gegenstand der Kontrolle von
Verwaltungsbehörden sind: Remunerationen einschließlich Familienbeihilfen, wo diese einen Teil der Remunerationen darstellen, Arbeitsstunden, Überstundenvereinbarungen, bezahlter Urlaub, Beschränkungen, bezüglich Heimarbeit, Mindestalter für Arbeitnehmer, Lehrzeit und Ausbildung, Frauenarbeit und Arbeit von Jugendlichen und Genuß der Vorteile des Kollektivvertrages.

b) Sozialversicherung (gesetzliche Bestimmungen über Arbeitsunfälle, Berufskrankheiten, Entbindungen, Krankheit, Arbeitsunfähigkeit, Alter, Todesfall, Arbeitslosigkeit, Familienverpflichtungen und sonstige Verpflichtungen, die nach den heimischen Gesetzen oder Verordnungen unter das Sozialversicherungswesen fallen) mit folgenden Einschränkungen:

aa) entsprechende Regelungen, betreffend die Erhaltung bereits erworbener beziehungsweise geltend gemachter Rechte, sind möglich;

bb) heimische Gesetze oder Verordnungen des Aufenthaltslandes können Sonderregelungen über ganz aus öffentlichen Geldern zahlbare Zuweisungen oder Teilzuweisungen vorschreiben sowie über Beihilfen an Personen, welche die für die Gewährung einer normalen Rente vorgeschriebenen Beitragsbedingungen nicht erfüllt haben.

2. Das Recht auf Vergütung beim Tode eines Flüchtlings durch Arbeitsunfall oder Berufskrankheit soll nicht dadurch beeinträchtigt werden, daß der Wohnort der Person, die auf die Vergütung Anspruch hat, sich außerhalb des Gebietes des vertragschließenden Staates befindet.

3. Die vertragschließenden Staaten sollen die Vorteile der von ihnen abgeschlossenen oder noch abzuschließenden Abkommen, betreffend die Aufrechterhaltung erworbener Rechte auf dem Gebiete der sozialen Sicherheit oder den Genuß solcher Rechte, die sie zu erwerben im Begriffe sind, auf die Flüchtlinge ausdehnen, soweit sie die von den Signatarstaaten der betreffenden Abkommen für ihre Staatsangehörigen vorgesehenen Bedingungen erfüllen.

4. Die vertragschließenden Staaten mögen trachten, soweit als möglich die Begünstigungen ähnlicher Abkommen, die zu irgendeinem Zeitpunkt zwischen ihnen und nichtvertragschließenden Staaten in Kraft stehen könnten, auf Flüchtlinge auszudehnen.

Kapitel V
Administrative Maßnahmen

Artikel 25
Verwaltungshilfe

1. Wenn die Ausübung eines Rechtes durch einen Flüchtling normalerweise die Hilfe fremder Behörden notwendig macht, an die er sich nicht wenden kann, so sollen die vertragschließenden Staaten, auf deren Gebiet er sich aufhält, Verfügungen treffen, daß diese Hilfe ihm, sei es von ihren eigenen Behörden oder von einer internationalen Behörde, gewährt wird.

2. Die in Ziffer 1 genannten Behörden sollen den Flüchtlingen Dokumente oder Bescheinigungen ausstellen oder unter ihrer Aufsicht ausstellen lassen, die normalerweise Ausländern von ihren eigenen staatlichen Behörden oder durch deren Vermittlung ausgestellt werden.

3. So ausgefolgte Dokumente oder Bescheinigungen werden die offiziellen Papiere, die Aus-

ländern sonst von ihren nationalen Behörden oder durch deren Vermittlung ausgestellt werden, ersetzen und bis zum Gegenbeweis Glaubwürdigkeit besitzen.

4. Abgesehen von bedürftigen Flüchtlingen, denen eine Ausnahmebehandlung gewährt wird, können für die hier erwähnten Amtshandlungen Abgaben eingehoben werden; jedoch müssen diese gering und jenen Abgaben angemessen sein, die für ähnliche Dienste von eigenen Staatsbürgern eingehoben werden.

5. Die Bestimmungen dieses Artikels sollen die Artikel 27 und 28 nicht beeinflussen.

Artikel 26

Bewegungsfreiheit

Die vertragschließenden Staaten sollen den Flüchtlingen, die sich erlaubterweise auf ihrem Gebiete aufhalten, das Recht gewähren, ihren Wohnort zu wählen und frei innerhalb ihres Gebietes herumzureisen, genau so, wie dies auch Ausländern unter den gleichen Umständen freisteht.

Artikel 27

Identitätspapiere

Die vertragschließenden Staaten werden jedem Flüchtling in ihrem Gebiete, der kein gültiges Reisedokument besitzt, Identitätspapiere ausstellen.

Artikel 28

Reisedokumente

1. Die vertragschließenden Staaten werden an Flüchtlinge, die sich erhaubterweise auf ihrem Gebiet aufhalten, Reisedokumente ausstellen, um ihnen Reisen außerhalb der Landesgrenzen zu ermöglichen, vorausgesetzt, daß keine zwingenden Gründe der nationalen Sicherheit oder der öffentlichen Ordnung dagegensprechen; die Bestimmungen des Anhanges zu diesem Abkommen sind auf solche Dokumente anzuwenden. Die vertragschließenden Staaten können ein solches Reisedokument jedem anderen Flüchtling, der sich auf ihrem Gebiet befindet, ausstellen; sie sollen wohlwollend jene Flüchtlinge in ihrem Gebiet berücksichtigen, denen es nicht möglich ist, ein Reisedokument vom Lande ihres gewöhnlichen Aufenthaltes zu erhalten.

2. Reisedokumente, die auf Grund früherer internationaler Abkommen von dessen Parteien Flüchtlingen ausgestellt wurden, sollen anerkannt und von den vertragschließenden Staaten genau so behandelt werden, wie wenn sie gemäß dem vorliegenden Artikel ausgestellt worden wären.

Artikel 29

Steuern und Abgaben

1. Die vertragschließenden Staaten sollen Flüchtlingen in ihrem Gebiet keine Gebühren, Abgaben oder Steuern irgendwelcher Art auferlegen, die anders oder höher als jene sind, die von ihren eigenen Staatsangehörigen in einer ähnlichen Situation verlangt werden.

2. Ziffer 1 steht in keiner Weise der Anwendung von Gesetzen und Verordnungen auf Flüchtlinge, betreffend die Gebühren für die Ausstellung von Verwaltungsdokumenten einschließlich der Identitätspapiere an Ausländer, entgegen.

Artikel 30

Vermögenstransfer

1. Ein vertragschließender Staat wird im Rahmen seiner Gesetze und Verordnungen einem Flüchtling den Transfer seines Vermögens, das er in das Gebiet mitgebracht hat, in ein anderes Land gestatten, wenn er die Erlaubnis erhielt, sich dort niederzulassen.

2. Ein vertragschließender Staat wird das Gesuch eines Flüchtlings um Erlaubnis zum Transfer seines Vermögens, das für die Niederlassung in einem anderen Lande, in dem er sich ansiedeln darf, notwendig ist, wo immer es auch sein mag, wohlwollend in Erwägung ziehen.

Artikel 31

Flüchtlinge ohne gesetzliche Einreise

1. Die vertragschließenden Staaten sollen keine Strafen wegen illegaler Einreise oder Anwesenheit über Flüchtlinge verhängen, die, direkt aus einem Gebiet kommend, wo ihr Leben oder ihre Freiheit im Sinne des Artikels 1 bedroht war, ohne Erlaubnis einreisen oder sich ohne Erlaubnis auf ihrem Gebiet befinden, vorausgesetzt, daß sie sich unverzüglich bei den Behörden melden und gute Gründe für ihre illegale Einreise oder Anwesenheit vorbringen.

2. Die vertragschließenden Staaten sollen solchen Flüchtlingen keine Bewegungsbeschränkungen auferlegen, außer denen, die notwendig sind; solche Beschränkungen sollen nur so lange bestehen, bis der Stand des Flüchtlings geordnet ist oder bis er die Erlaubnis erhält, in ein anderes Land einzureisen. Die vertragschließenden Staaten sollen solchen Flüchtlingen einen angemessenen Zeitraum zubilligen und alle nötigen Erleichterungen gewähren, damit sie die Einreisebewilligung in ein anderes Land erhalten.

Artikel 32
Ausweisung

1. Die vertragschließenden Staaten sollen keinen Flüchtling, der sich erlaubterweise auf ihrem Gebiet aufhält, ausweisen, es sei denn aus Gründen der Staatssicherheit oder der öffentlichen Ordnung.

2. Die Ausweisung eines solchen Flüchtlings soll nur in Ausführung einer Entscheidung erfolgen, die gemäß den gesetzlichen Verfahren erflossen ist. Dem Flüchtling soll, wenn keine zwingenden Gründe der nationalen Sicherheit dagegenstehen, erlaubt werden, Entlastungsbeweise zu liefern, gegen die Ausweisung zu berufen und sich zu diesem Zwecke vor der zuständigen Behörde oder vor einer oder mehreren Personen, die von den zuständigen Behörden besonders dafür bestimmt sind, vertreten zu lassen.

3. Die vertragschließenden Staaten sollen solchen Flüchtlingen einen angemessenen Zeitraum gewähren, während dessen sie sich um die Einreise in ein anderes Land bewerben können. Die vertragschließenden Staaten behalten sich das Recht vor, während dieses Zeitraumes die notwendigen internen Maßnahmen zu treffen.

Artikel 33
Verbot der Ausweisung oder der Zurückweisung

1. Kein vertragschließender Staat darf einen Flüchtling in irgendeiner Form in ein Gebiet ausweisen oder zurückweisen, wo sein Leben oder seine Freiheit aus Gründen seiner Rasse, seiner Religion, seiner Nationalität, seiner Zugehörigkeit zu einer bestimmten sozialen Gruppe oder seiner politischen Ansichten bedroht wäre.

2. Der Vorteil dieser Bestimmung kann jedoch von einem Flüchtling nicht in Anspruch genommen werden, der aus gewichtigen Gründen eine Gefahr für die Sicherheit seines Aufenthaltslandes darstellt oder der, wegen eines besonders schweren Verbrechens rechtskräftig verurteilt, eine Gefahr für die Gemeinschaft des betreffenden Landes bedeutet.

Artikel 34
Naturalisierung

Die vertragschließenden Staaten sollen soweit als möglich die Gleichstellung und Einbürgerung von Flüchtlingen erleichtern. Sie sollen insbesondere alles tun, um das Einbürgerungsverfahren zu beschleunigen und soweit als möglich die Kosten eines solchen Verfahrens zu reduzieren.

Kapitel VI
Durchführungs- und Übergangsbestimmungen

Artikel 35
Zusammenarbeit der nationalen Behörden mit den Vereinten Nationen

1. Die vertragschließenden Staaten verpflichten sich, das Büro des Hochkommissärs der Vereinten Nationen für Flüchtlinge oder jeder anderen Institution der Vereinten Nationen, die ihm nachfolgen könnte, in seiner Arbeit zu unterstützen und insbesondere dessen Aufsichtspflichten bei der Anwendung der Bestimmungen dieses Abkommens zu erleichtern.

2. Die vertragschließenden Staaten verpflichten sich, dem Büro des Hochkommissärs oder jeder anderen Institution der Vereinten Nationen, die ihm nachfolgen könnte, die in entsprechender Form verlangten Auskünfte und statistischen Daten zur Verfügung zu stellen, um die Abfassung von Berichten für die zuständigen Organe der Vereinten Nationen zu ermöglichen, und zwar betreffend

a) die Rechtsstellung der Flüchtlinge,

b) die Durchführung dieses Abkommens und

c) Gesetze, Verordnungen und Dekrete, die für Flüchtlinge in Kraft stehen oder erlassen werden.

Artikel 36
Mitteilungen über die nationale Gesetzgebung

Die vertragschließenden Staaten sollen die Gesetze und sonstige Bestimmungen, die sie veröffentlichen, um die Anwendung des vorliegenden Abkommens zu sichern, dem Generalsekretär der Vereinten Nationen mitteilen.

Artikel 37
Bezugnahme auf frühere Abkommen

Unbeschadet des Artikels 28, Ziffer 2, dieses Abkommens ersetzt dieses Abkommen in den Beziehungen zwischen den Vertragspartnern die Vereinbarungen vom 5. Juli 1922, 31. Mai 1924, 12. Mai 1926, 30. Juni 1928 und 30. Juli 1935, dann die Abkommen vom 28. Oktober 1933, 10. Februar 1938, endlich das Protokoll vom 14. September 1939 und die Vereinbarung vom 15. Oktober 1946.

Kapitel VII
Schlußbestimmungen

Artikel 38
Schlichtung von Streitfragen

Wenn sich in der Auslegung oder Anwendung dieses Abkommens Streitfragen zwischen den vertragschließenden Staaten ergeben sollten, die nicht auf andere Weise beigelegt werden können, soll eine solche Streitfrage auf Antrag eines der Streitteile dem Internationalen Gerichtshof vorgelegt werden.

Artikel 39
Unterzeichnung, Ratifizierung und Beitritt

1. Dieses Abkommen wird zur Unterzeichnung in Genf am 28. Juli 1951 offenstehen und sodann beim Generalsekretär der Vereinten Nationen hinterlegt werden. Es wird vom 28. Juli bis zum 31. August 1951 beim Europäischen Amt der Vereinten Nationen und später neuerlich am Sitze der Organisation der Vereinten Nationen vom 17. September 1951 bis 31. Dezember 1951 zur Unterzeichnung offen sein.

2. Dieses Abkommen wird allen Mitgliedstaaten der Organisation der Vereinten Nationen zur Unterzeichnung offenstehen, ebenso jedem Nicht-Mitgliedstaat, der zur bevollmächtigten Konferenz über das Statut der Flüchtlinge und Staatenlosen eingeladen wurde, sowie jedem Staate, der von der Generalversammlung die Einladung zur Unterzeichnung erhält. Es soll ratifiziert werden; die Ratifikationsurkunden sollen beim Generalsekretär der Vereinten Nationen hinterlegt werden.

3. Die in Ziffer 2 dieses Artikels genannten Staaten können dem Abkommen vom 28. Juli 1951 an beitreten. Der Beitritt erfolgt durch Hinterlegung einer Beitrittserklärung beim Generalsekretär der Vereinten Nationen.

Artikel 40
Örtlicher Geltungsbereich

1. Jeder Staat kann im Zeitpunkt der Unterzeichnung, der Ratifizierung oder des Beitritts erklären, daß die Gültigkeit des vorliegenden Abkommens auf alle oder einige Gebiete oder auch auf ein einziges der Gebiete, für die er international verantwortlich ist, ausgedehnt wird. Eine solche Erklärung wird in dem Augenblick wirksam, in dem das Abkommen für den betreffenden Staat in Kraft tritt.

2. In jedem späteren Zeitpunkt wird eine solche Ausdehnung des Geltungsbereiches durch Mitteilung an den Generalsekretär der Vereinten Nationen bewirkt; sie wird vom 90. Tage nach dem Erhalt dieser Mitteilung an den Generalsekretär der Vereinten Nationen oder allenfalls zu jenem späteren Zeitpunkte wirksam, in dem das Abkommen für den betreffenden Staat in Kraft tritt.

3. Jeder in Betracht kommende Staat wird die Möglichkeit untersuchen, für die Gebiete, auf die sich die Gültigkeit des vorliegenden Abkommens im Zeitpunkte der Unterzeichnung, der Ratifizierung oder des Beitrittes nicht erstreckt, sobald als möglich alle Schritte zu unternehmen, um dort, wo dies aus Verfassungsgründen notwendig ist, die Zustimmung der Regierungen solcher Gebiete zur Anwendung des vorliegenden Abkommens zu erlangen.

Artikel 41
Bundesstaatklausel

Bei Bundesstaaten oder Staaten, die nicht Einheitsstaaten sind, werden folgende Bestimmungen angewendet werden:

a) Bezüglich jener Artikel dieses Abkommens, deren Durchführung in die Zuständigkeit der Gesetzgebung des Bundes fällt, werden die Verpflichtungen des Bundes die gleichen sein, wie die solcher Vertragspartner, die nicht Bundesstaaten sind.

b) Bezüglich jener Artikel dieses Abkommens, deren Anwendung in die Zuständigkeit der Gesetzgebung der Gliedstaaten, Provinzen oder Kantone fällt, die nach der Bundesverfassung nicht verpflichtet sind, gesetzliche Maßnahmen zu ergreifen, soll der Bund sobald als möglich und mit einer befürwortenden Einbegleitung die genannten Artikel den zuständigen Behörden der Gliedstaaten, Provinzen oder Kantone zur Kenntnis bringen.

c) Ein Bundesstaat, der Vertragspartner dieses Abkommens ist, soll jedem anderen vertragschließenden Staat auf dessen Ersuchen, das ihm vom Generalsekretär der Vereinten Nationen übermittelt wurde, eine Zusammenstellung der Gesetze und praktischen Durchführungsmaßnahmen des Bundes oder der Gliedstaaten, betreffend die eine oder die andere Bestimmung des Abkommens, zusenden, in der dargestellt wird, inwieweit die betreffende Bestimmung durch einen Akt der Gesetzgebung oder auf andere Weise in die Tat umgesetzt wurde.

Artikel 42
Vorbehalte

1. Im Zeitpunkte der Unterzeichnung, Ratifizierung oder des Beitrittes kann jeder Staat Vorbehalte zu den Artikeln dieses Abkommens machen, außer zu den Artikeln 1, 3, 4, 16 Ziffer 1, 33, 36 bis 46.

2. Ein vertragschließender Staat, der Vorbehalte gemäß Ziffer 1 dieses Artikels macht, kann diese jederzeit durch eine Mitteilung an den Generalsekretär der Vereinten Nationen zurückziehen.

Artikel 43
Inkrafttreten

1. Dieses Abkommen tritt am 90. Tage nach dem Tage der Hinterlegung der 6. Ratifikations- oder Beitrittsurkunde in Kraft.

2. Für jeden Staat, der das Abkommen nach Hinterlegung der

6. Ratifikations- oder Beitrittsurkunde ratifiziert oder ihm beitritt, tritt das Abkommen am 90. Tage nach dem Tage der Hinterlegung der Ratifikations- oder Beitrittsurkunde durch diesen Staat in Kraft.

Artikel 44
Kündigung

1. Jeder vertragschließende Staat kann dieses Abkommen jederzeit durch eine schriftliche Notifikation an den Generalsekretär der Vereinten Nationen kündigen.

2. Die Kündigung wird für den betreffenden vertragschließenden Staat ein Jahr nach dem Datum des Einlangens dieser Notifikation beim Generalsekretär der Vereinten Nationen wirksam.

3. Jeder Staat, der eine Erklärung gemäß Artikel 40 abgab, kann jederzeit nachher dem Generalsekretär der Vereinten Nationen mitteilen, daß die Wirksamkeit des Abkommens für ein Gebiet, das in jener Notifikation bezeichnet wird, rückgängig gemacht wird. Diese Rückgängigmachung tritt ein Jahr nach dem Einlangen dieser Notifikation beim Generalsekretär in Kraft.

Artikel 45
Revision

1. Jeder vertragschließende Staat kann jederzeit durch eine schriftliche Notifikation an den Generalsekretär der Vereinten Nationen eine Revision dieses Abkommens beantragen.

2. Die Generalversammlung der Vereinten Nationen empfiehlt gegebenenfalls, welche Schritte auf einen solchen Antrag hin zu unternehmen sind.

Artikel 46
Verständigungen durch den Generalsekretär der Vereinten Nationen

Der Generalsekretär der Vereinten Nationen soll alle Mitgliedstaaten und alle Nicht-Mitgliedstaaten der Vereinten Nationen, die im Artikel 39 genannt sind, verständigen von

a) Erklärungen und Notifizierungen, die im Artikel 1, Abschnitt B, genannt sind;

b) Unterschriften, Ratifikations- und Beitrittsurkunden gemäß Artikel 39;

c) Erklärungen und Notifizierungen, die im Artikel 40 genannt sind;

d) Vorbehalte, die gemäß Artikel 42 formuliert oder zurückgezogen wurden;

e) dem Datum des Inkrafttretens des Abkommens gemäß Artikel 43;

f) Kündigungen und Notifizierungen gemäß Artikel 44;

g)
Revisionsanträgen gemäß Artikel 45.

Zu Urkund dessen haben die unterzeichneten Bevollmächtigten, die über die dazu erforderlichen Vollmachten verfügen, das vorliegende Abkommen im Namen ihrer Regierungen unterzeichnet.

Gegeben in Genf, am 28. Juli 1951, in einem einzigen Exemplar, dessen englischer und französischer Text je authentisch sind, das in den Archiven der Organisation der Vereinten Nationen hinterlegt werden wird und von dem legalisierte Kopien allen Mitgliedstaaten der Vereinten Nationen und den im Artikel 39 bezeichneten Nicht-Mitgliedstaaten übermittelt werden.

Österreich:
Dr. Karl Fritzer

Die Unterzeichnung erfolgt unter den ausdrücklichen Vorbehalten, daß die Republik Österreich a) die in den Artikeln 6, 7 Ziffer 2, 8, 17 Ziffern 1 und 2, 23 und 25 enthaltenen Bestimmungen für sich nicht als bindende Verpflichtung, sondern nur als Empfehlung anerkennt; b) die im Artikel 22, Ziffern 1 und 2, enthaltenen Bestimmungen nur hinsichtlich des öffentlichen Unterrichtes anerkennt; c) die im Artikel 31, Ziffer 1, enthaltenen Bestimmungen nur hinsichtlich solcher Flüchtlinge anerkennt, gegen die durch österreichische Gerichts- oder Verwaltungsbehörden ein Aufenthaltsverbot oder eine Ausweisung (Abschaffung) nicht schon früher verfügt wurde; d) die im Artikel 32 enthaltenen Bestimmungen nur hinsichtlich solcher Flüchtlinge anerkennt, die nicht aus Gründen der Staatssicherheit, der öffentlichen Ordnung, der Strafrechtspflege oder sonstiger öffentlicher Belange ausgewiesen werden.

Die Unterzeichnung erfolgt weiters mit der Erklärung, daß sich die Republik Österreich hinsichtlich ihrer Verpflichtungen aus diesem Abkommen an die Alternative b) der Ziffer 1 des Abschnittes B des Artikels 1 dieses Abkommens für gebunden erachtet.

15/12. New Yorker Erklärung für Flüchtlinge und Migranten

A/RES/71/1

New Yorker Erklärung für Flüchtlinge und Migranten

Die Generalversammlung,

verabschiedet das folgende Ergebnisdokument der Plenartagung auf hoher Ebene über die Bewältigung großer Flüchtlings- und Migrantenströme:

New Yorker Erklärung für Flüchtlinge und Migranten

Wir, die Staats- und Regierungschefs und Hohen Vertreter, zusammengekommen am 19. September 2016 am Amtssitz der Vereinten Nationen in New York, um die Frage großer Flüchtlings- und Migrantenströme zu behandeln, haben die nachstehende politische Erklärung verabschiedet.

I. Einleitung

1. Seit frühester Zeit machen sich Menschen auf den Weg, die einen auf der Suche nach neuen wirtschaftlichen Chancen und Horizonten, die anderen, um bewaffneten Konflikten, Armut, Ernährungsunsicherheit, Verfolgung, Terrorismus oder Menschenrechtsverletzungen und -übergriffen zu entkommen. Bei wieder anderen sind die nachteiligen Auswirkungen von Klimaänderungen, Naturkatastrophen (die teilweise mit Klimaänderungen in Verbindung stehen können) oder anderen Umweltfaktoren Grund des Aufbruchs. In vielen Fällen werden Menschen durch mehrere dieser Gründe zugleich zum Aufbruch bewegt.

2. Wir haben uns heute mit der Frage befasst, wie die internationale Gemeinschaft am besten mit dem wachsenden globalen Phänomen großer Flüchtlings- und Migrationsströme umgehen soll.

3. Wir erleben gegenwärtig ein beispielloses Ausmaß an menschlicher Mobilität. Mehr Menschen als je zuvor leben in einem Land, in dem sie nicht geboren sind. Migranten gibt es in allen Ländern der Welt. Die meisten von ihnen migrieren ohne Zwischenfälle. Im Jahr 2015 gab es mehr als 244 Millionen Migranten, und ihre Zahl wächst schneller als die Weltbevölkerung. Doch gibt es auch etwa 65 Millionen Vertriebene, davon mehr als 21 Millionen Flüchtlinge, 3 Millionen Asylsuchende und über 40 Millionen Binnenvertriebene.

4. Als wir vor einem Jahr die Agenda 2030 für nachhaltige Entwicklung[1)] verabschiedeten, anerkannten wir ausdrücklich den positiven Beitrag, den Migranten zu inklusivem Wachstum und nachhaltiger Entwicklung leisten. Dieser Beitrag verändert die Welt zum Besseren. Aus sicherer, geordneter und regulärer Migration erwachsen erhebliche Vorteile und Chancen, die oft unterschätzt werden. Auf der anderen Seite stellen große Vertreibungs- und irreguläre Migrationsbewegungen oft komplexe Herausforderungen dar.

5. Wir bekräftigen die Ziele und Grundsätze der Charta der Vereinten Nationen. Wir bekräftigen außerdem die Allgemeine Erklärung der Menschenrechte[2)] und erinnern an die grundlegenden internationalen Menschenrechtsverträge. Wir bekräftigen die Menschenrechte aller Flüchtlinge und Migranten ungeachtet ihrer Rechtsstellung und werden diese Rechte in vollem Umfang schützen; alle Flüchtlinge und Migranten sind Träger von Rechten. In unserem Handeln wird die volle Achtung des Völkerrechts, der internationalen Menschenrechtsnormen und, soweit anwendbar, des Flüchtlingsvölkerrechts und des humanitären Völkerrechts zum Ausdruck kommen.

6. Auch wenn ihre Behandlung separaten Rechtsrahmen unterliegt, haben Flüchtlinge und Migranten dieselben allgemeinen Menschenrechte und Grundfreiheiten. Zudem sehen sie sich vielen gemeinsamen Problemen gegenüber und sind ähnlichen Risiken ausgesetzt, auch im Rahmen großer Menschenströme. Der Begriff „große Ströme" lässt sich an einer Reihe von Kriterien festmachen, darunter die Zahl der ankommenden Menschen, der wirtschaftliche, soziale und geografische Kontext, die Reaktionskapazität des Empfangsstaats und die Auswirkungen eines plötzlichen oder anhaltenden Menschenstroms. Unter den Begriff fallen beispielsweise nicht die regulären Migrantenströme von einem Land in ein anderes. „Große Ströme" können gemischte Ströme aus Flüchtlingen und Migranten umfassen,

Zu Z. 4:

1) Resolution 70/1.

Zu Z. 5:

2) Resolution 217 A (III). In Deutsch verfügbar unter http://www.un.org/Depts/german/menschenrechte/aemr.pdf.

die aus unterschiedlichen Gründen, aber möglicherweise auf ähnlichen Routen unterwegs sind.

7. Große Flüchtlings- und Migrantenströme haben politische, wirtschaftliche, soziale, entwicklungsbezogene, humanitäre und menschenrechtliche Auswirkungen, die alle Grenzen überschreiten. Es handelt sich um globale Phänomene, die globale Herangehensweisen und globale Lösungen erfordern. Kein Staat kann derartige Ströme im Alleingang bewältigen. Nachbar- oder Transitländer, zumeist Entwicklungsländer, sind unverhältnismäßig stark betroffen. Ihre Kapazitäten werden in vielen Fällen bis aufs Äußerste beansprucht, was sich auf ihre eigene soziale und wirtschaftliche Kohäsion und Entwicklung auswirkt. Hinzu kommt, dass Langzeitflüchtlingskrisen heute an der Tagesordnung sind, mit den entsprechenden Langzeitfolgen für die Beteiligten und ihre Aufnahmeländer und -gemeinschaften. Es bedarf größerer internationaler Zusammenarbeit zur Unterstützung der Aufnahmeländer und -gemeinschaften.

8. Wir bekunden den Millionen Menschen in verschiedenen Teilen der Welt, die aus Gründen, die sich ihrer Kontrolle entziehen, mit ihren Familien ihre Heimat verlassen müssen, unsere tiefempfundene Solidarität und Unterstützung.

9. Flüchtlinge und Migranten, die sich in großen Strömen auf den Weg machen, stehen oft vor einem harten Leidensweg. Viele von ihnen gehen große Risiken ein und nehmen eine gefährliche Reise auf sich, die sie möglicherweise nicht überleben. Manche sehen sich gezwungen, die Dienste krimineller Gruppen, insbesondere Schleppern, in Anspruch zu nehmen, und andere fallen solchen Gruppen oder dem Menschenhandel zum Opfer. Selbst wenn sie ihren Zielort erreichen, erwarten sie ein ungewisser Empfang und eine unsichere Zukunft.

10. Wir sind entschlossen, Menschenleben zu retten. Die Herausforderung, der wir uns gegenübersehen, ist vor allem moralischer und humanitärer Natur. Desgleichen sind wir entschlossen, langfristige und dauerhafte Lösungen zu finden. Wir werden die Missbräuche und die Ausbeutung, die zahllose Flüchtlinge und Migranten in prekären Situationen erleiden, mit allen uns zu Gebote stehenden Mitteln bekämpfen.

11. Wir erkennen unsere gemeinsame Verantwortung an, mit Menschlichkeit, Sensibilität und Einfühlsamkeit mit großen Flüchtlings- und Migrantenströmen umzugehen und den Bedürfnissen jedes Einzelnen Rechnung zu tragen. Wir werden dieser Verantwortung durch internationale Zusammenarbeit nachkommen, sind uns aber auch dessen bewusst, dass die Kapazitäten und Ressourcen zur Bewältigung dieser Ströme variieren. Die internationale Zusammenarbeit, insbesondere zwischen den Herkunftsländern oder Ländern der Staatsangehörigkeit und den Transit- und Zielländern, ist wichtiger als je zuvor; eine allseits gewinnbringende Zusammenarbeit in diesem Bereich ist für die Menschheit von größtem Nutzen. Große Flüchtlings- und Migrantenströme müssen von umfassender politischer Unterstützung, Hilfe und Schutz im Einklang mit den völkerrechtlichen Verpflichtungen der Staaten begleitet werden. Wir erinnern außerdem an unsere Verpflichtung, die Menschenrechte und Grundfreiheiten dieser Menschen uneingeschränkt zu achten, und unterstreichen, dass sie ihr Leben in Sicherheit und Würde führen können müssen. Wir sagen den heute Betroffenen wie denen, die in Zukunft Teil großer Flüchtlings- und Migrantenströme sind, unsere Unterstützung zu.

12. Wir sind entschlossen, die tieferen Ursachen großer Flüchtlings- und Migrantenströme anzugehen, so auch durch verstärkte Anstrengungen zur frühzeitigen Verhinderung von Krisensituationen auf der Grundlage der vorbeugenden Diplomatie. Wir werden diesen Ursachen auch durch die Verhütung und friedliche Beilegung von Konflikten, eine stärkere Koordinierung von Maßnahmen im Bereich der humanitären Hilfe, der Entwicklung und der Friedenskonsolidierung, die Förderung der Rechtsstaatlichkeit auf nationaler und internationaler Ebene und den Schutz der Menschenrechte begegnen. Ebenso werden wir uns mit den Flucht- und Migrationsbewegungen befassen, die durch Armut, Instabilität, Marginalisierung und Ausgrenzung sowie einen Mangel an Entwicklung und wirtschaftlichen Chancen bedingt sind, unter besonderer Berücksichtigung der schwächsten Bevölkerungsgruppen. Wir werden mit den Herkunftsländern zusammenarbeiten, um ihre Kapazitäten zu stärken.

13. Alle Menschen sind frei und gleich an Würde und Rechten geboren und haben das Recht, überall als rechtsfähig anerkannt zu werden. Wir erinnern daran, dass unsere völkerrechtlichen Verpflichtungen jede Diskriminierung aufgrund der Rasse, der Hautfarbe, des Geschlechts, der Sprache, der Religion, der politischen oder sonstigen Anschauung, der nationalen oder sozialen Herkunft, des Vermögens, der Geburt oder des sonstigen Status verbieten. Dennoch müssen wir mit großer Besorgnis mitansehen, wie Flüchtlingen und Migranten in vielen Teilen der Welt zunehmend mit Fremdenfeindlichkeit und Rassismus begegnet wird.

14. Wir verurteilen nachdrücklich gegen Flüchtlinge und Migranten gerichtete Akte und Bekundungen von Rassismus, Rassendiskriminie-

rung, Fremdenfeindlichkeit und damit zusammenhängender Intoleranz sowie die häufig auf sie angewandten Stereotype, insbesondere aufgrund der Religion oder Weltanschauung. Vielfalt bereichert jede Gesellschaft und trägt zum sozialen Zusammenhalt bei. Flüchtlinge oder Migranten zu verteufeln rüttelt an den Grundfesten der Würde und Gleichheit aller Menschen – Werte, denen wir uns verschrieben haben. Wir, die wir uns heute bei den Vereinten Nationen, der Wiege und Hüterin dieser universellen Werte, versammelt haben, missbilligen zutiefst alle Erscheinungsformen von Fremdenfeindlichkeit, Rassendiskriminierung und Intoleranz. Wir werden eine Reihe von Schritten unternehmen, um derartigen Einstellungen und Verhaltensweisen entgegenzuwirken, insbesondere gegenüber Hasskriminalität, Verhetzung und rassistischer Gewalt. Wir begrüßen die vom Generalsekretär vorgeschlagene weltweite Kampagne gegen Fremdenfeindlichkeit und werden sie in Zusammenarbeit mit den Vereinten Nationen und allen maßgeblichen Interessenträgern im Einklang mit dem Völkerrecht durchführen. Die Kampagne wird unter anderem den direkten persönlichen Kontakt zwischen Aufnahmegemeinschaften und Flüchtlingen und Migranten sowie deren positive Beiträge und unsere gemeinsame Humanität hervorheben.

15. Wir bitten den Privatsektor und die Zivilgesellschaft, einschließlich Flüchtlings- und Migrantenorganisationen, sich an Multi-Akteur-Bündnissen zu beteiligen, um die Maßnahmen zur Umsetzung der von uns heute eingegangenen Verpflichtungen zu unterstützen.

16. In der Agenda 2030 für nachhaltige Entwicklung sind wir das Versprechen eingegangen, niemanden zurückzulassen. Wir haben erklärt, dass es unser Wunsch ist, dass die Ziele für nachhaltige Entwicklung und ihre Zielvorgaben für alle Nationen und Völker und für alle Teile der Gesellschaft erfüllt werden. Wir haben außerdem gesagt, dass wir uns bemühen werden, diejenigen zuerst zu erreichen, die am weitesten zurückliegen. Wir bekräftigen heute unsere Verpflichtungen in Bezug auf die besonderen Bedürfnisse von Migranten oder Flüchtlingen. Die Agenda 2030 macht unter anderem klar, dass wir eine geordnete, sichere, reguläre und verantwortungsvolle Migration und Mobilität von Menschen erleichtern werden, unter anderem durch die Anwendung einer planvollen und gut gesteuerten Migrationspolitik. Die Bedürfnisse der Flüchtlinge, Binnenvertriebenen und Migranten werden ausdrücklich anerkannt.

17. Durch die Umsetzung aller einschlägigen Bestimmungen der Agenda 2030 lässt sich der positive Beitrag, den Migranten zur nachhaltigen Entwicklung leisten, verstärken. Gleichzeitig werden dadurch viele der tieferen Ursachen von Vertreibung angegangen, was zur Schaffung günstigerer Bedingungen in den Herkunftsländern beiträgt. Auf unserem heutigen Treffen, ein Jahr nach unserer Verabschiedung der Agenda 2030, bekunden wir unsere Entschlossenheit, das Potenzial dieser Agenda im Interesse der Flüchtlinge und Migranten vollständig auszuschöpfen.

18. Wir erinnern an den Sendai-Rahmen für Katastrophenvorsorge 2015-2030[3)] und die darin enthaltenen Empfehlungen bezüglich Maßnahmen zur Minderung der mit Katastrophen verbundenen Risiken. Die Staaten, die das Übereinkommen von Paris über Klimaänderungen[4)] unterzeichnet und ratifiziert haben, begrüßen dieses Übereinkommen und sind zu seiner Durchführung entschlossen. Wir bekräftigen die Aktionsagenda von Addis Abeba der dritten Internationalen Konferenz über Entwicklungsfinanzierung[5)], einschließlich ihrer auf Flüchtlinge und Migranten anwendbaren Bestimmungen.

19. Wir nehmen Kenntnis von dem Bericht des Generalsekretärs „In Sicherheit und Würde: Bewältigung großer Flüchtlings- und Migrantenströme“[6)], der gemäß Beschluss 70/539 der Generalversammlung vom 22. Dezember 2015 in Vorbereitung auf diese Tagung auf hoher Ebene erstellt wurde. In dem Bewusstsein, dass die nachstehenden Konferenzen entweder kein zwischenstaatlich vereinbartes Ergebnis hatten oder regional angelegt waren, nehmen wir Kenntnis von dem am 23. und 24. Mai 2016 in Istanbul (Türkei) abgehaltenen Humanitären Weltgipfel, dem vom Amt des Hohen Flüchtlingskommissars der Vereinten Nationen am 30. März 2016 veranstalteten Treffen auf hoher Ebene über die weltweite Teilung der Verantwortung durch Wege zur Aufnahme syrischer Flüchtlinge, der am 4. Februar 2016 in London abgehaltenen Konferenz „Unterstützung Syriens und der Region“ und der am 21. Oktober 2015 in Brüssel abgehaltenen Beitragsankündigungskonferenz für somalische Flüchtlinge. Im Bewusstsein des regionalen Charakters der nachstehenden Initiativen und ihrer ausschließlichen Anwendbarkeit auf die daran teilnehmenden Länder nehmen wir Kenntnis von regionalen Initiativen wie dem Bali-Prozess betreffend Menschenschmuggel, Menschenhandel und damit zusammenhängende grenzüberschreitende Kriminalität, der Migrationsrouten-Initiative Europäi-

Zu Z. 18:

3) Resolution 69/283, Anlage II.

4) Siehe FCCC/CP/2015/10/Add.1, Beschluss 1/CP.21, Anlage.

5) Resolution 69/313, Anlage.

Zu Z. 19:

6) A/70/59.

sche Union-Horn von Afrika und der Initiative Afrikanische Union-Horn von Afrika gegen Menschenhandel und die Schleusung von Migranten (Khartoum-Prozess), dem Prozess von Rabat, dem Aktionsplan von Valletta und der Erklärung und dem Aktionsplan von Brasilien.

20. Wir sind uns der sehr hohen Zahl der innerhalb nationaler Grenzen Vertriebenen und der Möglichkeit bewusst, dass diese Menschen als Flüchtlinge oder Migranten in anderen Ländern Schutz und Hilfe suchen. Wir verweisen auf die Notwendigkeit, über wirksame Strategien zur Gewährleistung ausreichenden Schutzes und Beistands für Binnenvertriebene und zur Verhütung und Reduzierung dieser Form der Vertreibung nachzudenken.

Verpflichtungen

21. Wir haben heute ein Paket von Verpflichtungen, die sowohl auf Flüchtlinge als auch auf Migranten anwendbar sind, sowie jeweils ein auf Flüchtlinge und ein auf Migranten anwendbares Paket von Verpflichtungen angenommen. Wir haben dies unter Berücksichtigung der unterschiedlichen Realitäten, Kapazitäten und Entwicklungsstufen der einzelnen Länder und unter Beachtung der nationalen Politiken und Prioritäten getan. Wir bekräftigen unser Bekenntnis zum Völkerrecht und betonen, dass diese Erklärung und ihre Anhänge in einer Weise umgesetzt werden müssen, die mit den Rechten und Pflichten der Staaten nach dem Völkerrecht im Einklang steht. Manche Verpflichtungen sind hauptsächlich auf eine Gruppe anwendbar, können jedoch auch auf die andere Gruppe anwendbar sein. Hinzu kommt, dass alle Verpflichtungen zwar im Kontext der großen Ströme stehen, die wir heute behandeln, viele von ihnen aber auch auf die reguläre Migration anwendbar sein können. Anhang I enthält einen umfassenden Rahmenplan für Flüchtlingshilfemaßnahmen und benennt Maßnahmen zur Erreichung eines globalen Paktes für Flüchtlinge im Jahr 2018, während in Anhang II Maßnahmen zur Erreichung eines globalen Paktes für eine sichere, geordnete und reguläre Migration im Jahr 2018 dargelegt sind.

II. Verpflichtungen, die sowohl auf Flüchtlinge als auch auf Migranten anwendbar sind

22. Unterstreichend, wie wichtig ein umfassender Ansatz für die mit diesem Thema verbundenen Fragen ist, werden wir einen am Menschen ausgerichteten, sensiblen, humanen, würdigen, geschlechtergerechten und umgehenden Empfang für alle Menschen, die in unseren Ländern ankommen, sicherstellen, und insbesondere für diejenigen, die im Rahmen großer Flüchtlings- oder Migrantenströme ankommen. Ebenso werden wir sicherstellen, dass ihre Menschenrechte und Grundfreiheiten uneingeschränkt geachtet und geschützt werden.

23. Wir sind uns der besonderen Bedürfnisse aller Menschen in prekärer Lage bewusst, die in großen Flüchtlings- und Migrantenströmen unterwegs sind, darunter gefährdete Frauen, Kinder, insbesondere unbegleitete oder von ihren Familien getrennte Kinder, Angehörige ethnischer und religiöser Minderheiten, Gewaltopfer, ältere Menschen, Menschen mit Behinderungen, Menschen, die aus irgendeinem Grund diskriminiert werden, Angehörige indigener Völker, Opfer von Menschenhandel und Opfer von Ausbeutung und Missbrauch im Zusammenhang mit der Schleusung von Migranten, und wir werden ihren Bedürfnissen entsprechend unseren völkerrechtlichen Verpflichtungen gerecht werden.

24. In Anerkennung dessen, dass die Staaten Rechte und Pflichten im Zusammenhang mit dem Management und der Kontrolle ihrer Grenzen haben, werden wir Grenzkontrollverfahren umsetzen, die mit den anwendbaren Verpflichtungen nach dem Völkerrecht, einschließlich der internationalen Menschenrechtsnormen und des Flüchtlingsvölkerrechts, im Einklang stehen. Wir werden die internationale Zusammenarbeit auf dem Gebiet der Grenzkontrolle und des Grenzmanagements als wichtiges Sicherheitselement für die Staaten fördern, insbesondere auch im Hinblick auf Fragen im Zusammenhang mit der Bekämpfung der grenzüberschreitenden organisierten Kriminalität, des Terrorismus und des unerlaubten Handels. Wir werden sicherstellen, dass in Grenzgebieten tätige Amtsträger und Polizeibeamte darin geschult werden, die Menschenrechte aller Menschen zu wahren, die internationale Grenzen überschreiten oder zu überschreiten versuchen. Wir werden die internationale Zusammenarbeit beim Grenzmanagement stärken, insbesondere auch im Bereich der Ausbildung und beim Austausch bewährter Verfahren. Wir werden die Unterstützung in diesem Bereich verstärken und nach Bedarf zum Aufbau von Kapazitäten beitragen. Wir erklären erneut, dass Menschen gemäß dem Grundsatz der Nichtzurückweisung an Grenzen nicht zurückgewiesen werden dürfen. Wir erkennen außerdem an, dass die Staaten, solange sie diese Pflichten und Grundsätze achten, berechtigt sind, Maßnahmen zur Verhinderung irregulärer Grenzübertritte zu ergreifen.

25. Wir werden Anstrengungen unternehmen, um genaue Informationen über große Flüchtlings- und Migrantenströme zu sammeln. Wir werden außerdem Maßnahmen ergreifen, um die Staatsangehörigkeit der Betreffenden und die Gründe für ihre Flucht oder Migration korrekt zu ermitteln. Wir werden Maßnahmen ergreifen, um die-

jenigen zu ermitteln, die um internationalen Schutz als Flüchtlinge ersuchen.

26. Wir werden auch künftig die Menschenrechte und Grundfreiheiten aller Menschen auf ihrem Weg und nach ihrer Ankunft schützen. Wir betonen, wie wichtig es ist, dass den unmittelbaren Bedürfnissen von Menschen, die auf ihrem Weg körperlichem oder psychologischem Missbrauch ausgesetzt waren, bei ihrer Ankunft Rechnung getragen wird, ohne Diskriminierung und ungeachtet ihres Rechts- oder Migrationsstatus oder des verwendeten Beförderungsmittels. Zu diesem Zweck werden wir geeignete Unterstützungsmaßnahmen prüfen, um die Kapazitäten der Länder, die große Flüchtlings- und Migrantenströme aufnehmen, auf ihr Ersuchen hin zu stärken.

27. Wir sind entschlossen, Flüchtlings- und Migrantenströmen entgegenzuwirken, die unter unsicheren Bedingungen erfolgen, insbesondere irreguläre Flüchtlings- und Migrantenströme. Dabei wird das Recht, Asyl zu suchen, unbeschadet bleiben. Wir werden die Ausbeutung, den Missbrauch und die Diskriminierung bekämpfen, die viele Flüchtlinge und Migranten erleiden.

28. Wir bekunden unsere tiefe Besorgnis angesichts der großen Zahl von Menschen, die auf ihrem Weg ums Leben gekommen sind. Wir würdigen die Anstrengungen, die bereits unternommen wurden, um Menschen aus Seenot zu retten. Wir verpflichten uns, die internationale Zusammenarbeit zur Stärkung von Such- und Rettungsmechanismen zu intensivieren. Wir werden außerdem darauf hinarbeiten, die Verfügbarkeit genauer Daten über den Verbleib auf dem Meer treibender Menschen und Schiffe zu verbessern. Zusätzlich werden wir die Unterstützung für Rettungsbemühungen an Land entlang gefährlichen oder abgelegenen Routen verstärken. Wir werden auf die Risiken aufmerksam machen, die bereits mit der Wahl dieser Routen einhergehen.

29. Wir sind uns der besonderen Gefahren für Frauen und Kinder auf ihrem Weg von ihrem Herkunfts- in ihr Ankunftsland bewusst und werden Schritte unternehmen, um diese Gefahren, darunter mögliche Diskriminierung und Ausbeutung, sexueller, körperlicher und psychologischer Missbrauch, Gewalt, Menschenhandel und moderne Formen der Sklaverei, zu bekämpfen.

30. Wir legen den Staaten nahe, der Gefährdung durch HIV und den besonderen Bedürfnissen im Bereich der Gesundheitsversorgung von Migranten und mobilen Bevölkerungsgruppen sowie von Flüchtlingen und von Krisen betroffenen Bevölkerungsgruppen Rechnung zu tragen und Maßnahmen zum Abbau von Stigmatisierung, Diskriminierung und Gewalt zu ergreifen sowie im Hinblick auf die Aufhebung von Einreisebeschränkungen und der Zurückweisung von Menschen aufgrund ihres HIV-Status die entsprechenden Regelungen zu überprüfen und den Zugang dieser Bevölkerungsgruppen zu HIV-Prävention und einer entsprechenden Behandlung, Betreuung und Unterstützung zu fördern.

31. Wir werden dafür sorgen, dass im Rahmen unserer Maßnahmen zur Bewältigung großer Flüchtlings- und Migrantenströme der Geschlechterperspektive systematisch Rechnung getragen wird, die Gleichstellung der Geschlechter und die Selbstbestimmung aller Frauen und Mädchen gefördert werden und die Menschenrechte von Frauen und Mädchen uneingeschränkt geachtet und geschützt werden. Wir werden die sexuelle und geschlechtsspezifische Gewalt so umfassend, wie es nur irgend geht, bekämpfen. Wir werden den Zugang zu Diensten im Bereich der sexuellen und reproduktiven Gesundheit gewährleisten. Wir werden gegen die mehrfachen und sich überschneidenden Formen der Diskriminierung von Frauen und Mädchen, die Flüchtlinge oder Migrantinnen sind, vorgehen. Zugleich werden wir in Anerkennung des bedeutenden Beitrags und der führenden Rolle von Frauen in Flüchtlings- und Migrantengemeinschaften auf ihre volle, gleichberechtigte und wirksame Mitwirkung an der Ausarbeitung lokaler Lösungen und Chancen hinarbeiten. Wir werden den unterschiedlichen Bedürfnissen, Gefährdungen und Fähigkeiten von Frauen, Mädchen, Jungen und Männern Rechnung tragen.

32. Wir werden die Menschenrechte und Grundfreiheiten aller Kinder unter den Flüchtlingen und Migranten schützen, ungeachtet ihres Status und jederzeit unter vorrangiger Berücksichtigung des Kindeswohls. Dies wird insbesondere für unbegleitete und von ihren Familien getrennte Kinder gelten; wir werden die zuständigen nationalen Kinderschutzbehörden und anderen zuständigen Behörden mit ihrer Betreuung betrauen. Wir werden unsere Verpflichtungen nach dem Übereinkommen über die Rechte des Kindes[7] einhalten. Wir werden für eine Grundversorgung im Bereich der Gesundheit, der Bildung und der psychosozialen Entwicklung und die Registrierung aller Geburten in unseren Hoheitsgebieten sorgen. Wir sind entschlossen, dafür zu sorgen, dass alle Kinder binnen weniger Monate nach ihrer Ankunft in die Schule gehen, und werden für diesen Zweck vorrangig Haushaltsmittel ver-

Zu Z. 32:

[7] *United Nations, Treaty Series, Vol. 1577, Nr. 27531. Amtliche deutschsprachige Fassungen: dBGBl. 1992 II S. 121; LGBl. 1996 Nr. 163; öBGBl. Nr. 7/1993; AS 1998 2055.*

anschlagen, erforderlichenfalls auch zur Unterstützung der Aufnahmeländer. Wir werden bestrebt sein, den Kindern unter den Flüchtlingen und Migranten ein förderliches Umfeld für die volle Verwirklichung ihrer Rechte und Fähigkeiten zu verschaffen.

33. In Bekräftigung dessen, dass alle Personen, die internationale Grenzen überschritten haben oder zu überschreiten versuchen, das Recht auf ein ordnungsgemäßes Verfahren zur Bewertung ihres Rechtsstatus und der Bedingungen ihrer Einreise und ihres Aufenthalts haben, werden wir die Prüfung von Regelungen erwägen, die grenzüberschreitende Bewegungen unter Strafe stellen. Außerdem werden wir Alternativen zur Freiheitsentziehung suchen, solange diese Bewertungen noch nicht abgeschlossen sind. Da wir uns dessen bewusst sind, dass Freiheitsentziehung zum Zweck der Feststellung des Migrationsstatus selten oder nie dem Kindeswohl dient, werden wir zudem nur als letztes Mittel, auf möglichst wenig restriktive Weise, für möglichst kurze Zeit, unter Bedingungen, in denen die Menschenrechte der Kinder geachtet werden, und auf eine vorrangig dem Kindeswohl Rechnung tragende Weise von dieser Möglichkeit Gebrauch machen und auf eine Beendigung dieser Praxis hinwirken.

34. In Bekräftigung der Bedeutung des Übereinkommens der Vereinten Nationen gegen die grenzüberschreitende organisierte Kriminalität und der zwei anwendbaren dazugehörigen Protokolle[8)] befürworten wir die Ratifikation der maßgeblichen internationalen Übereinkünfte zur Verhütung und Bekämpfung des Menschenhandels und der Schleusung von Migranten, den Beitritt zu diesen Übereinkünften und ihre Durchführung.

35. Wir sind uns dessen bewusst, dass Menschen in großen Flüchtlings- und Migrantenströmen stärker dem Risiko ausgesetzt sind, Opfer von Menschenhandel und Zwangsarbeit zu werden. Wir werden unter voller Achtung unserer völkerrechtlichen Verpflichtungen entschlossen den Menschenhandel und die Schleusung von Migranten bekämpfen, um diesen Praktiken ein Ende zu setzen, insbesondere auch durch gezielte Maßnahmen zur Ermittlung der Opfer von Menschenhandel oder der Menschen, die dieser Gefahr ausgesetzt sind. Wir werden den Opfern von Menschenhandel Unterstützung bereitstellen. Wir werden zu verhindern suchen, dass von Vertreibung betroffene Menschen Opfer von Menschenhandel werden.

36. Mit dem Ziel, die beteiligten kriminellen Netzwerke aufzubrechen und zu beseitigen, werden wir unsere nationalen Rechtsvorschriften im Hinblick auf ihre Übereinstimmung mit unseren völkerrechtlichen Verpflichtungen betreffend die Schleusung von Migranten, den Menschenhandel und die Sicherheit der Schifffahrt überprüfen. Wir werden den Weltaktionsplan der Vereinten Nationen zur Bekämpfung des Menschenhandels[9)] umsetzen. Wir werden nationale und regionale Strategien gegen den Menschenhandel festlegen oder gegebenenfalls ausbauen. Wir nehmen Kenntnis von regionalen Initiativen wie der Initiative Afrikanische Union-Horn von Afrika gegen Menschenhandel und die Schleusung von Migranten, dem Aktionsplan des Verbands Südostasiatischer Nationen gegen den Menschenhandel, insbesondere den Frauen- und Kinderhandel, der Strategie der Europäischen Union zur Beseitigung des Menschenhandels 2012-2016 und den Arbeitsplänen zur Bekämpfung des Menschenhandels in der westlichen Hemisphäre. Wir begrüßen die verstärkte technische Zusammenarbeit auf regionaler und bilateraler Ebene zwischen Herkunfts-, Transit- und Zielländern bei der Verhütung des Menschenhandels und der Schleusung von Migranten und bei der strafrechtlichen Verfolgung von Menschenhändlern und Schleusern.

37. Wir befürworten einen Ansatz zur Bekämpfung der Triebkräfte und tieferen Ursachen großer Flüchtlings- und Migrantenströme, darunter Vertreibung und Langzeitkrisen, der es unter anderem ermöglichen würde, Gefährdungen zu verringern, Armut zu bekämpfen, Eigenständigkeit und Widerstandsfähigkeit zu verbessern, eine stärkere Verknüpfung zwischen humanitären Maßnahmen und Entwicklung herzustellen und die Abstimmung mit Friedenskonsolidierungsmaßnahmen zu verbessern. Dies wird abgestimmte priorisierte Hilfemaßnahmen auf der Grundlage gemeinsamer und unparteiischer Bedarfsermittlungen und die Erleichterung der Zusammenarbeit über institutionelle Mandate hinweg beinhalten.

38. Wir werden Maßnahmen ergreifen, um auf der Grundlage der bilateralen, regionalen und internationalen Zusammenarbeit eine ausreichende, flexible, verlässliche und beständige Finanzierung humanitärer Maßnahmen bereitzustellen und so die Aufnahmeländer und -gemeinschaften in die

Zu Z. 34:

8) Ebd., Vol. 2225, 2237 und 2241, Nr. 39574. Amtliche deutschsprachige Fassungen: dBGBl. 2005 II S. 954, 956; LGBl. 2008 Nr. 72; öBGBl. III Nr. 84/2005; AS 2006 5861 (Übereinkommen); dBGBl. 2005 II S. 954, 995; LGBl. 2008 Nr. 74; öBGBl. III Nr. 220/2005; AS 2006 5917 (Protokoll gegen den Menschenhandel); dBGBl. 2005 II S. 954, 1007; LGBl. 2008 Nr. 73; öBGBl. III Nr. 11/2008; AS 2006 5899 (Protokoll gegen die Schleusung von Migranten).

Zu Z. 36:

9) Resolution 64/293.

Lage zu versetzen, sowohl die unmittelbaren humanitären Bedürfnisse als auch ihre längerfristigen Entwicklungsbedürfnisse zu decken. Bei der Finanzierung humanitärer Maßnahmen gibt es Defizite, die behoben werden müssen, gegebenenfalls unter Einsatz zusätzlicher Mittel. Wir sehen mit Interesse einer engen diesbezüglichen Zusammenarbeit zwischen den Mitgliedstaaten, den Institutionen der Vereinten Nationen und anderen Akteuren und, soweit angezeigt, zwischen den Vereinten Nationen und den internationalen Finanzinstitutionen wie der Weltbank entgegen. Wir sehen innovative Finanzierungsmaßnahmen, Risikofinanzierungen für betroffene Gemeinschaften und die Verwirklichung anderer Effizienzgewinne vor, wie etwa die Senkung von Verwaltungskosten, die Verbesserung der Transparenz, den verstärkten Einsatz nationaler Kontakt- und Anlaufstellen, eine vermehrte Unterstützung mit Bargeldleistungen, den Abbau von Doppelarbeit, ein verstärktes Zusammenwirken mit Leistungsempfängern, die Verringerung zweckgebundener Finanzierungen und die Harmonisierung der Berichterstattung, um einen wirksameren Einsatz der vorhandenen Mittel zu gewährleisten.

39. Wir verpflichten uns, in unseren Gesellschaften Fremdenfeindlichkeit, Rassismus und Diskriminierung, die sich gegen Flüchtlinge und Migranten richten, zu bekämpfen. Wir werden Maßnahmen ergreifen, um ihre Integration und Inklusion zu verbessern, je nach Bedarf und insbesondere im Hinblick auf den Zugang zu Bildung, Gesundheitsversorgung, Justiz und Sprachunterricht. Wir sind der Auffassung, dass diese Maßnahmen die Gefahr von Marginalisierung und Radikalisierung verringern werden. Es wird gegebenenfalls gemeinsam mit den maßgeblichen Organisationen der Zivilgesellschaft, einschließlich religiöser Organisationen, dem Privatsektor, Arbeitgeber- und Arbeitnehmerorganisationen und anderen Interessenträgern eine nationale Integrations- und Inklusionspolitik entwickelt. Wir verweisen außerdem darauf, dass Flüchtlinge und Migranten verpflichtet sind, die Gesetze und sonstigen Rechtsvorschriften ihrer Aufnahmeländer zu befolgen.

40. Wir sind uns dessen bewusst, wie wichtig eine verbesserte Datenerhebung ist, insbesondere durch die nationalen Behörden, und werden die internationale Zusammenarbeit zu diesem Zweck verbessern, unter anderem durch Kapazitätsaufbau, finanzielle Unterstützung und technische Hilfe. Diese Daten sollen nach Geschlecht und Alter aufgeschlüsselt sein und Informationen über reguläre und irreguläre Migrations- und Flüchtlingsströme und deren wirtschaftliche Auswirkungen, Menschenhandel, die Bedürfnisse von Flüchtlingen, Migranten und Aufnahmegesellschaften und andere Fragen enthalten. Dabei werden wir im Einklang mit unseren innerstaatlichen Rechtsvorschriften zum Datenschutz, soweit anwendbar, sowie mit unseren anwendbaren internationalen Verpflichtungen im Zusammenhang mit dem Recht auf Privatheit vorgehen.

III. Verpflichtungen zugunsten von Migranten

41. Wir sind entschlossen, die Sicherheit, die Würde, die Menschenrechte und die Grundfreiheiten aller Migranten ungeachtet ihres Migrationsstatus jederzeit zu schützen. Wir werden eng zusammenarbeiten, um eine sichere, geordnete und reguläre Migration, einschließlich Rückkehr und Rückübernahme, zu erleichtern und zu gewährleisten, unter Berücksichtigung der innerstaatlichen Rechtsvorschriften.

42. Wir verpflichten uns darauf, die Rechte unserer Migrantengemeinschaften im Ausland zu sichern, ihre Interessen zu schützen und sie zu unterstützen, insbesondere durch konsularischen Schutz sowie konsularische Hilfe und Zusammenarbeit, im Einklang mit den einschlägigen Bestimmungen des Völkerrechts. Wir bekräftigen, dass jede Person das Recht hat, jedes Land, einschließlich ihres eigenen, zu verlassen und in ihr Land zurückzukehren. Gleichzeitig erinnern wir daran, dass jeder Staat vorbehaltlich seiner internationalen Verpflichtungen das souveräne Recht hat, zu entscheiden, wen er in sein Hoheitsgebiet einreisen lässt. Wir erinnern außerdem daran, dass ein Staat seine zurückkehrenden Staatsangehörigen übernehmen und sicherstellen muss, dass sie ordnungsgemäß und ohne ungebührliche Verzögerung aufgenommen werden, sobald ihre Staatsangehörigkeit im Einklang mit den innerstaatlichen Rechtsvorschriften bestätigt ist. Wir werden Maßnahmen ergreifen, um Migranten über die verschiedenen Verfahren im Zusammenhang mit ihrer Ankunft und ihrem Aufenthalt in Transit-, Ziel- und Rückkehrländern zu informieren.

43. Wir verpflichten uns, gegen die Triebkräfte vorzugehen, die große Migrationsströme auslösen oder verstärken. Wir werden die Faktoren, die große Migrationsströme verursachen oder dazu beitragen, einschließlich in den Herkunftsländern, analysieren und angehen. Wir werden zusammenarbeiten, um Bedingungen zu schaffen, die es Gemeinschaften und Einzelnen ermöglichen, in ihren Heimatländern in Frieden und Wohlstand zu leben. Migration soll eine freie Entscheidung und keine Notwendigkeit sein. Wir werden unter anderem Maßnahmen ergreifen, um die Agenda 2030 für nachhaltige Entwicklung umzusetzen, zu deren Zielen es gehört, extreme Armut und Ungleichheit zu beseitigen, die Globale Partnerschaft für nachhaltige Entwicklung mit neuem Leben zu erfüllen, friedliche und inklusive, auf

den internationalen Menschenrechtsnormen und auf Rechtsstaatlichkeit gründende Gesellschaften zu fördern, die Voraussetzungen für ein ausgewogenes, nachhaltiges und inklusives Wirtschaftswachstum und eine ebensolche Beschäftigung zu schaffen, Umweltzerstörung zu bekämpfen und für wirksame Antwortmaßnahmen auf Naturkatastrophen und die nachteiligen Auswirkungen des Klimawandels zu sorgen.

44. In dem Bewusstsein, dass ein Mangel an Bildungschancen oft migrationsfördernde Wirkung hat, insbesondere auf junge Menschen, verpflichten wir uns auf die Stärkung von Kapazitäten in den Herkunftsländern, insbesondere in Bildungseinrichtungen. Wir verpflichten uns außerdem darauf, die Beschäftigungschancen in den Herkunftsländern zu verbessern, insbesondere für junge Menschen. Wir sind uns außerdem der Auswirkungen der Migration auf das Humankapital in den Herkunftsländern bewusst.

45. Wir werden eine Überprüfung unserer Migrationspolitik in Betracht ziehen, um festzustellen, ob sie unbeabsichtigte negative Folgen haben könnten.

46. Wir sind uns außerdem dessen bewusst, dass die internationale Migration eine mehrdimensionale Realität darstellt, die für die Entwicklung der Herkunfts-, Transit- und Zielländer von großer Bedeutung ist und kohärente und umfassende Antworten erfordert. Migranten können auf positive und tiefgreifende Weise zur wirtschaftlichen und sozialen Entwicklung ihrer Aufnahmegesellschaften und zur Schaffung von globalem Wohlstand beitragen. Sie können in ihren Aufnahmegesellschaften demografischen Trends, Arbeitskräftemangel und anderen Herausforderungen begegnen helfen und bereichern die Volkswirtschaften dieser Länder durch neue Kompetenzen und Dynamik. Wir sind uns des Nutzens der Migration für die Entwicklung der Herkunftsländer bewusst, unter anderem durch den aktiven Beitrag der Diaspora zur wirtschaftlichen Entwicklung und zum Wiederaufbau. Wir sind entschlossen, die Kosten der Arbeitsmigration zu senken und ethische Einstellungsregelungen und -verfahren im entsendenden wie im empfangenden Land zu fördern. Wir werden dafür eintreten, dass Migranten im Herkunfts- wie im Empfangsland schnellere, günstigere und sicherere Überweisungen tätigen können, unter anderem indem wir die Transaktionskosten senken und die Pflege der Beziehungen zwischen Diaspora und Herkunftsland erleichtern. Wir möchten, dass diese Beiträge breitere Anerkennung finden und im Rahmen der Umsetzung der Agenda 2030 sogar noch gestärkt werden.

47. Wir werden sicherstellen, dass alle Aspekte der Migration in globale, regionale und nationale Pläne für nachhaltige Entwicklung und in die Politik und die Programme im humanitären Bereich und im Bereich der Friedenskonsolidierung und der Menschenrechte integriert werden.

48. Wir fordern die Staaten, die die Internationale Konvention zum Schutz der Rechte aller Wanderarbeitnehmer und ihrer Familienangehörigen[10)] noch nicht ratifiziert haben oder ihr noch nicht beigetreten sind, auf, dies zu erwägen. Wir fordern außerdem die Staaten, die den einschlägigen Übereinkommen der Internationalen Arbeitsorganisation noch nicht beigetreten sind, auf, dies gegebenenfalls zu erwägen. Wir stellen im Übrigen fest, dass Migranten gemäß zahlreichen Bestimmungen des Völkerrechts Rechte und Schutz genießen.

49. Wir verpflichten uns auf eine Stärkung des globalen Systems zur Regelung der Migration. Wir unterstützen und begrüßen daher ausdrücklich das Abkommen zur Herstellung engerer Rechts- und Arbeitsbeziehungen zwischen der Internationalen Organisation für Migration, deren Mitgliedstaaten sie als die im Migrationsbereich weltweit federführende Organisation ansehen, und den Vereinten Nationen als einer verwandten Organisation[11)]. Wir erwarten mit Interesse die Durchführung dieses Abkommens, die Migranten umfassender unterstützen und schützen, Staaten bei der Behandlung von Migrationsfragen helfen und eine stärkere Kohärenz zwischen Migration und verwandten Politikbereichen fördern wird.

50. Wir werden Migranten in Ländern, die von Konflikten oder Naturkatastrophen heimgesucht werden, unparteiisch und bedarfsgerecht helfen und uns dabei nach Bedarf mit den zuständigen nationalen Behörden abstimmen. In dem Bewusstsein, dass nicht alle Staaten an den nachstehenden Initiativen beteiligt sind, verweisen wir in dieser Hinsicht auf die Initiative „Migranten in Krisenländern" und die aus der Nansen-Initiative hervorgegangene Agenda zum Schutz der aufgrund von Katastrophen und Klimaänderungen über Grenzen hinweg Vertriebenen.

51. Wir nehmen Kenntnis von der Arbeit, die die Globale Gruppe für Migrationsfragen zur Entwicklung von Grundsätzen und praktischen

Zu Z. 48:

[10)] United Nations, Treaty Series, Vol. 2220, Nr. 39481. Deutschsprachige Fassung: Resolution 45/158 der Generalversammlung, Anlage.

Zu Z. 49:

[11)] Resolution 70/296, Anlage.

Leitlinien zum Schutz der Menschenrechte von Migranten in prekären Situationen geleistet hat.

52. Wir werden in Erwägung ziehen, völkerrechtskonforme, nicht bindende Leitprinzipien und freiwillige Leitlinien zur Behandlung von Migranten in prekären Situationen zu erarbeiten, insbesondere für unbegleitete und von ihren Familien getrennte Kinder, die die Voraussetzungen für den internationalen Schutz als Flüchtlinge nicht erfüllen und möglicherweise Hilfe benötigen. Diese Leitprinzipien und Leitlinien werden im Rahmen eines von den Staaten gelenkten Verfahrens unter Beteiligung aller maßgeblichen Interessenträger und mit Beiträgen des Sonderbeauftragten des Generalsekretärs für internationale Migration und Entwicklung, der Internationalen Organisation für Migration, des Amtes des Hohen Kommissars der Vereinten Nationen für Menschenrechte, des Amtes des Hohen Flüchtlingskommissars der Vereinten Nationen und anderer zuständiger Institutionen des Systems der Vereinten Nationen erstellt werden und die nationalen Anstrengungen zum Schutz und zur Unterstützung von Migranten ergänzen.

53. Wir begrüßen die Bereitschaft einiger Staaten, Migranten, die die Voraussetzungen für den Flüchtlingsstatus nicht erfüllen und wegen der Bedingungen in ihren Ländern nicht dorthin zurückkehren können, vorübergehenden Schutz vor Rückführung zu gewähren.

54. Wir werden im Einklang mit dem Völkerrecht auf den bestehenden bilateralen, regionalen und globalen Mechanismen für Kooperation und Partnerschaft aufbauen, um die Migration in Übereinstimmung mit der Agenda 2030 zu erleichtern. Wir werden die diesbezügliche Zusammenarbeit zwischen den Herkunfts-, Transit- und Zielländern verstärken, unter anderem durch regionale Beratungsprozesse, internationale Organisationen, die Internationale Rotkreuz- und Rothalbmond-Bewegung, regionale Wirtschaftsorganisationen und lokale staatliche Stellen sowie durch Zusammenarbeit mit den in Betracht kommenden Personalvermittlern und Arbeitgebern des Privatsektors, mit Gewerkschaften, der Zivilgesellschaft und Migranten- und Diasporagruppen. Wir sind uns der besonderen Bedürfnisse der lokalen Behörden bewusst, die für Migranten die erste Anlaufstelle sind.

55. Wir sind uns der Fortschritte bewusst, die in Fragen der internationalen Migration und Entwicklung im Rahmen des Systems der Vereinten Nationen, namentlich beim ersten und zweiten Dialog auf hoher Ebene über internationale Migration und Entwicklung, erzielt wurden. Wir werden einen verstärkten globalen und regionalen Dialog und eine vertiefte Zusammenarbeit in Migrationsfragen unterstützen, insbesondere durch den Austausch bewährter Verfahren, durch Lernen voneinander und durch die Entwicklung nationaler oder regionaler Initiativen. Wir verweisen in diesem Zusammenhang auf den wertvollen Beitrag des Globalen Forums über Migration und Entwicklung und anerkennen die Bedeutung von Dialogen zwischen der Vielzahl der Interessenträger über Migration und Entwicklung.

56. Wir bekräftigen, dass Kinder nicht wegen ihres Migrationsstatus oder desjenigen ihrer Eltern als kriminell eingestuft oder Strafmaßnahmen unterworfen werden dürfen.

57. Wir werden erwägen, Wege für eine sichere, geordnete und reguläre Migration zu eröffnen, so auch gegebenenfalls durch die Schaffung von Arbeitsplätzen, Arbeitskräftemobilität auf allen Qualifikationsebenen, zirkuläre Migration, Familienzusammenführung und Chancen im Bereich der Bildung. Wir werden der Anwendung von Mindestarbeitsnormen für Wanderarbeitnehmer und -arbeitnehmerinnen ungeachtet ihrer Rechtsstellung sowie den Einstellungs- und anderen Kosten im Zusammenhang mit der Migration, den Überweisungsströmen, dem Qualifikations- und Wissenstransfer und der Schaffung von Beschäftigungschancen für junge Menschen besondere Aufmerksamkeit widmen.

58. Wir legen den Ländern der Herkunft oder der Staatsangehörigkeit, den Transitländern, Zielländern und anderen betroffenen Ländern eindringlich nahe, zusammenzuarbeiten, um sicherzustellen, dass Migranten, die keine Aufenthaltsgenehmigung für das Zielland haben, im Einklang mit den internationalen Verpflichtungen aller Staaten auf geordnete Weise, in Sicherheit und Würde, vorzugsweise auf freiwilliger Grundlage, unter Berücksichtigung der völkerrechtskonformen innerstaatlichen Rechtsvorschriften in das Land ihrer Herkunft oder Staatsangehörigkeit zurückkehren können. Wir stellen fest, dass die Kooperation bei der Rückführung und Rückübernahme wichtiger Bestandteil der internationalen Zusammenarbeit in Migrationsfragen ist. Im Rahmen dieser Zusammenarbeit wären auch eine ordnungsgemäße Identifizierung und die Ausstellung der entsprechenden Reisedokumente sicherzustellen. Jede Art von Rückkehr, ob freiwillig oder nicht, muss mit unseren Verpflichtungen nach den internationalen Menschenrechtsnormen und mit dem Grundsatz der Nichtzurückweisung übereinstimmen. Sie soll außerdem unter Einhaltung der Regeln des Völkerrechts erfolgen und muss zusätzlich unter Wahrung des Kindeswohls und im Rahmen eines ordnungsgemäßen Verfahrens durchgeführt werden. Die bestehenden Rückübernahmeabkommen gelten zwar

nur für die Staaten, die sie geschlossen haben, sind aber vollständig durchzuführen. Wir befürworten eine bessere Unterstützung bei der Aufnahme und Wiedereingliederung der Rückkehrer. Besondere Aufmerksamkeit soll den Bedürfnissen rückkehrender Migranten in prekären Situationen gelten, zum Beispiel Kindern, älteren Menschen, Menschen mit Behinderungen und Opfern des Menschenhandels.

59. Wir bekräftigen unsere Entschlossenheit, die Menschenrechte von Kindermigranten zu schützen, insbesondere unbegleiteten Kindermigranten, da sie sich in einer besonders prekären Lage befinden, und den Zugang zu grundlegenden Gesundheits-, Bildungs- und psychosozialen Diensten zu ermöglichen, damit sichergestellt ist, dass das Wohl des Kindes bei allen relevanten Maßnahmen vorrangig berücksichtigt wird.

60. Wir sind uns dessen bewusst, dass der besonderen Lage und Verwundbarkeit von Migrantinnen, Frauen wie Mädchen, Rechnung getragen werden muss, unter anderem durch die Einbeziehung einer Geschlechterperspektive in die Migrationspolitik und die Stärkung der innerstaatlichen Rechtsvorschriften, Institutionen und Programme zur Bekämpfung geschlechtsspezifischer Gewalt, einschließlich des Menschenhandels und der Diskriminierung von Frauen und Mädchen.

61. Wir anerkennen den Beitrag der Zivilgesellschaft, einschließlich nichtstaatlicher Organisationen, zur Förderung des Wohlergehens von Migranten und ihrer Integration in die Gesellschaft, insbesondere unter Bedingungen extremer Verwundbarkeit, sowie die Unterstützung der internationalen Gemeinschaft für die Anstrengungen dieser Organisationen, befürworten jedoch auch ein intensiveres Zusammenwirken zwischen Regierungen und der Zivilgesellschaft, um Antworten auf die mit der internationalen Migration verbundenen Herausforderungen und Chancen zu finden.

62. Wir weisen darauf hin, dass der Sonderbeauftragte des Generalsekretärs für internationale Migration und Entwicklung, Peter Sutherland, bis Ende 2016 einen Bericht mit Vorschlägen zur Stärkung der internationalen Zusammenarbeit und des Engagements der Vereinten Nationen im Bereich der Migration vorlegen wird.

63. Wir verpflichten uns, 2016 einen Prozess zwischenstaatlicher Verhandlungen einzuleiten, der zur Annahme eines globalen Paktes für sichere, geordnete und reguläre Migration auf einer zwischenstaatlichen Konferenz im Jahr 2018 führt. Wir bitten den Präsidenten der Generalversammlung, Vorkehrungen zur Festlegung der Modalitäten, des Zeitplans und anderer praktischer Aspekte des Verhandlungsprozesses zu treffen. Genauere Einzelheiten zu diesem Prozess finden sich in Anhang II dieser Erklärung.

IV. Verpflichtungen zugunsten von Flüchtlingen

64. In der Erkenntnis, dass bewaffnete Konflikte, Verfolgung und Gewalt, einschließlich Terrorismus, zu den Faktoren gehören, die große Flüchtlingsströme auslösen, werden wir darauf hinarbeiten, die tieferen Ursachen dieser Krisensituationen zu bekämpfen und Konflikte zu verhüten oder auf friedlichem Weg beizulegen. Wir werden uns nach besten Kräften für die friedliche Beilegung von Streitigkeiten, die Verhütung von Konflikten und die Herbeiführung der erforderlichen langfristigen politischen Lösungen einsetzen. Vorbeugende Diplomatie und ein frühes Reagieren der Staaten und der Vereinten Nationen auf Konflikte sind von entscheidender Bedeutung. Auch die Förderung der Menschenrechte ist unabdingbar. Darüber hinaus werden wir eine gute Regierungsführung, Rechtsstaatlichkeit, leistungsfähige, rechenschaftspflichtige und inklusive Institutionen und eine nachhaltige Entwicklung auf internationaler, regionaler, nationaler und lokaler Ebene fördern. Angesichts dessen, dass sich die Vertreibung von Menschen verringern könnte, wenn alle an einem bewaffneten Konflikt beteiligten Parteien das humanitäre Völkerrecht einhielten, verpflichten wir uns erneut darauf, die humanitären Grundsätze und das humanitäre Völkerrecht zu achten. Ebenso bekräftigen wir unsere Achtung der Regeln zum Schutz von Zivilpersonen in Konflikten.

65. Wir bekräftigen, dass das Abkommen von 1951 über die Rechtsstellung der Flüchtlinge[12)] und das dazugehörige Protokoll von 1967[13)] die Grundlage des internationalen Flüchtlingsschutzregimes bilden. Wir erkennen an, wie wichtig ihre volle und wirksame Anwendung durch die Vertragsstaaten und die in ihnen verankerten Werte sind. Wir nehmen mit Befriedigung davon Kenntnis, dass 148 Staaten inzwischen Vertragsparteien einer oder beider Übereinkünfte sind. Wir ermutigen die Staaten, die nicht Vertragsparteien sind, den Beitritt zu diesen Übereinkünften zu erwägen, und die Vertragsstaaten, die Vorbehalte angebracht haben, zu erwägen, diese zurückzunehmen. Außerdem erkennen wir an, dass eini-

Zu Z. 65:

12) United Nations, Treaty Series, Vol. 189, Nr. 2545. Amtliche deutschsprachige Fassungen: dBGBl. 1953 II S. 559; LGBl. 1956 Nr. 15; öBGBl. Nr. 55/1955; AS 1955 443.

13) Ebd., Vol. 606, Nr. 8791. Amtliche deutschsprachige Fassungen: dBGBl. 1969 II S. 1293; LGBl. 1986 Nr. 75; öBGBl. Nr. 78/1974; AS 1968 1189.

ge Staaten, die nicht Vertragsparteien der internationalen Flüchtlingsübereinkünfte sind, bei der Aufnahme von Flüchtlingen Großzügigkeit gezeigt haben.

66. Wir bekräftigen, dass das Flüchtlingsvölkerrecht, die internationalen Menschenrechtsnormen und das humanitäre Völkerrecht den rechtlichen Rahmen für die Stärkung des Flüchtlingsschutzes bilden. In diesem Zusammenhang werden wir sicherstellen, dass alle Schutz erhalten, die ihn benötigen. Wir nehmen Kenntnis von regionalen Flüchtlingsübereinkünften wie dem Übereinkommen der Organisation der Afrikanischen Einheit zur Regelung der spezifischen Aspekte der Flüchtlingsprobleme in Afrika[14)] und der Erklärung von Cartagena über Flüchtlinge.

67. Wir bekräftigen die Achtung des Instituts des Asyls und des Rechts, Asyl zu suchen. Wir bekräftigen außerdem die Achtung und Einhaltung des Grundsatzes der Nichtzurückweisung im Einklang mit dem Flüchtlingsvölkerrecht.

68. Wir unterstreichen, dass die internationale Zusammenarbeit von zentraler Bedeutung für das Flüchtlingsschutzregime ist. Wir sind uns der Belastung bewusst, die große Flüchtlingsströme für die Ressourcen der Länder, insbesondere der Entwicklungsländer, bedeuten. Um den Bedürfnissen der Flüchtlinge und der Empfangsstaaten Rechnung zu tragen, verpflichten wir uns auf eine ausgewogenere Verteilung der Lasten und Verantwortlichkeiten bei der Aufnahme und Unterstützung der Flüchtlinge der Welt, unter Berücksichtigung der bereits geleisteten Beiträge und der von Staat zu Staat unterschiedlichen Kapazitäten und Ressourcen.

69. Wir vertreten die Auffassung, dass das Amt des Hohen Flüchtlingskommissars der Vereinten Nationen für jede Situation, die große Flüchtlingsströme bewirkt, in enger Zusammenarbeit mit den betreffenden Staaten, einschließlich der Aufnahmestaaten, und unter Einbeziehung anderer zuständiger Institutionen der Vereinten Nationen umfassende Flüchtlingshilfemaßnahmen erarbeiten und einleiten soll. Dabei soll eine Vielzahl von Interessenträgern, darunter nationale und lokale Behörden, internationale Organisationen, internationale Finanzinstitutionen, Partner aus der Zivilgesellschaft (einschließlich religiöser Organisationen, Diaspora-Organisationen und Hochschulen), der Privatsektor, die Medien und die Flüchtlinge selbst, eingebunden werden. Ein umfassender Rahmenplan für diesen Zweck findet sich im Anhang zu dieser Erklärung.

70. Wir werden sicherstellen, dass die Grundsätze oder Regelungen für die Aufnahme von Flüchtlingen mit unseren völkerrechtlichen Verpflichtungen im Einklang stehen. Wir wünschen uns den Abbau administrativer Hürden, um die Aufnahmeverfahren für Flüchtlinge möglichst weitgehend zu beschleunigen. Wir werden den Staaten gegebenenfalls bei der frühzeitigen und wirksamen Registrierung und Dokumentation von Flüchtlingen behilflich sein. Wir werden außerdem den Zugang von Kindern zu kindgerechten Verfahren fördern. Zugleich erkennen wir an, dass die Möglichkeit von Flüchtlingen, im Land ihrer Wahl Asyl zu beantragen, reguliert werden kann, solange garantiert ist, dass sie anderswo Schutz erhalten und genießen.

71. Wir befürworten die Annahme von Maßnahmen, die Flüchtlingen den Zugang zu Zivilregistrierung und Dokumentation erleichtern. In dieser Hinsicht sind wir uns dessen bewusst, wie wichtig eine frühzeitige und wirksame Registrierung und Dokumentation als Schutzmaßnahme und zur Erleichterung der Bereitstellung humanitärer Hilfe ist.

72. Wir sind uns dessen bewusst, dass Staatenlosigkeit eine tiefere Ursache von Vertreibung sein kann und dass Vertreibung wiederum zu Staatenlosigkeit führen kann. Wir nehmen Kenntnis von der Kampagne des Amtes des Hohen Flüchtlingskommissars der Vereinten Nationen zur Beendigung der Staatenlosigkeit innerhalb eines Jahrzehnts und ermutigen die Staaten, zu prüfen, welche Maßnahmen sie ergreifen könnten, um die Fälle von Staatenlosigkeit zu verringern. Wir legen den Staaten, die dem Übereinkommen von 1954 über die Rechtsstellung der Staatenlosen[15)] und dem Übereinkommen von 1961 zur Verminderung der Staatenlosigkeit[16)] noch nicht beigetreten sind, nahe, dies zu erwägen.

73. Wir stellen fest, dass Flüchtlingslager die Ausnahme und nach Möglichkeit eine vorübergehende Maßnahme zur Bewältigung einer Notsituation sein sollen. Wir stellen fest, dass sich 60 Prozent der Flüchtlinge weltweit in einem städtischen Umfeld und nur eine Minderheit in Lagern aufhalten. Wir werden sicherstellen, dass

Zu Z. 66:

[14)] *Ebd., Vol. 1001, Nr. 14691.*

Zu Z. 72:

[15)] *Ebd., Vol. 360, Nr. 5158. Amtliche deutschsprachige Fassungen: dBGBl. 1976 II S. 473; LGBl. 2009 Nr. 289; öBGBl. III Nr. 81/2008; AS 1972 2320.*

[16)] *Ebd., Vol. 989, Nr. 14458. Amtliche deutschsprachige Fassungen: dBGBl. 1977 II S. 597; LGBl. 2009 Nr. 290; öBGBl. Nr. 538/1974.*

die Bereitstellung von Hilfe für Flüchtlinge und die Aufnahmegemeinschaften an den jeweiligen Kontext angepasst ist. Wir unterstreichen, dass die Aufnahmestaaten die Hauptverantwortung für die Gewährleistung des zivilen und humanitären Charakters von Flüchtlingslagern und -siedlungen tragen. Wir werden aktiv dafür sorgen, dass dieser Charakter nicht durch die Anwesenheit oder die Aktivitäten bewaffneter Elemente beeinträchtigt wird und dass die Lager nicht für Zwecke verwendet werden, die mit ihrem zivilen Charakter unvereinbar sind. Wir werden darauf hinarbeiten, die Sicherheit in den Flüchtlingslagern und den umliegenden lokalen Gemeinschaften auf Ersuchen und mit Zustimmung des Aufnahmelands zu erhöhen.

74. Wir begrüßen den außerordentlich großzügigen Beitrag, den die Länder, die eine große Flüchtlingsbevölkerung beherbergen, bislang geleistet haben, und werden darauf hinarbeiten, die Unterstützung für diese Länder aufzustocken. Wir rufen dazu auf, die auf den einschlägigen Konferenzen zugesagten Mittel umgehend auszuzahlen.

75. Wir verpflichten uns, von Anbeginn einer Flüchtlingssituation auf Lösungen hinzuarbeiten. Wir werden aktiv dauerhafte Lösungen fördern, insbesondere in Langzeitflüchtlingskrisen, und dabei den Schwerpunkt auf eine dauerhafte und rasche Rückkehr in Sicherheit und Würde legen. Dies umfasst Rückführungs-, Wiedereingliederungs-, Rehabilitations- und Wiederaufbaumaßnahmen. Wir legen den Staaten und anderen maßgeblichen Akteuren nahe, unter anderem durch die Zuweisung von Mitteln Unterstützung zu leisten.

76. Wir bekräftigen, dass die Herbeiführung einer politischen Lösung im Herkunftsland nicht zwangsläufig die Bedingung für eine freiwillige Rückkehr sein soll.

77. Wir beabsichtigen, die Zahl und das Spektrum legaler Wege, auf denen Flüchtlinge in Drittländern aufgenommen oder neu angesiedelt werden können, zu erweitern. Dies lindert nicht nur die Not der Flüchtlinge, sondern hat auch Vorteile für Länder, die eine große Flüchtlingsbevölkerung beherbergen, und für Drittländer, die Flüchtlinge empfangen.

78. Wir legen den Staaten, die noch keine Neuansiedlungsprogramme eingerichtet haben, eindringlich nahe, dies baldmöglichst zu erwägen. Diejenigen, die dies bereits getan haben, werden ermutigt, eine Ausweitung ihrer Programme zu erwägen. Unser Ziel ist es, genügend Orte für die Neuansiedlung und andere legale Aufnahmemöglichkeiten zu schaffen, damit der vom Amt des Hohen Flüchtlingskommissars der Vereinten Nationen ermittelte jährliche Neuansiedlungsbedarf gedeckt werden kann.

79. Wir werden die Ausweitung der bestehenden humanitären Aufnahmeprogramme ebenso erwägen wie die Möglichkeit von Programmen zur vorübergehenden Evakuierung, einschließlich aus medizinischen Gründen, flexible Regelungen zur Unterstützung der Familienzusammenführung, private Patenschaften für einzelne Flüchtlinge und Möglichkeiten der Arbeitskräftemobilität für Flüchtlinge, unter anderem über Partnerschaften mit dem Privatsektor, sowie für Bildungsmaßnahmen wie Stipendien und Studentenvisa.

80. Wir verpflichten uns, Flüchtlingen humanitäre Hilfe zu leisten, um eine grundlegende Unterstützung in lebenswichtigen Bereichen wie Gesundheitsversorgung, Unterkunft, Ernährung und Wasser- und Sanitärversorgung sicherzustellen. Wir verpflichten uns, die Aufnahmeländer und -gemeinschaften in dieser Hinsicht zu unterstützen, insbesondere durch die Nutzung vor Ort vorhandener Kenntnisse und Fähigkeiten. Wir werden lokale Entwicklungsprogramme unterstützen, die sowohl den Flüchtlingen als auch den Aufnahmegemeinschaften zugutekommen.

81. Wir sind entschlossen, allen Flüchtlingskindern schon innerhalb weniger Monate nach ihrer Vertreibung eine hochwertige Grund- und Sekundarschulbildung in einem sicheren Lernumfeld bereitzustellen. Wir verpflichten uns, die Aufnahmeländer in dieser Hinsicht zu unterstützen. Zugang zu hochwertiger Bildung, auch für die Aufnahmegemeinschaften, sorgt für einen grundlegenden Schutz von Kindern und Jugendlichen in Vertreibungssituationen, insbesondere in Konflikt- und Krisensituationen.

82. Wir werden die frühkindliche Bildung und Erziehung für Flüchtlingskinder unterstützen. Außerdem werden wir die tertiäre Bildung, die Vermittlung von Kompetenzen und die Berufsausbildung fördern. In Konflikt- und Krisensituationen dient Hochschulbildung als starker Motor des Wandels; sie bietet einer wichtigen Gruppe junger Männer und Frauen Zuflucht und Schutz, indem sie ihre Zukunftshoffnungen aufrechterhält, sie fördert Inklusion und Nichtdiskriminierung und wirkt als Katalysator für die Erholung und den Wiederaufbau von Postkonfliktländern.

83. Wir werden aktiv darauf hinarbeiten, dass die gesundheitlichen Grundbedürfnisse von Flüchtlingsgemeinschaften gedeckt werden und dass Frauen und Mädchen Zugang zu grundlegenden Gesundheitsdiensten haben. Wir verpflichten uns, die Aufnahmeländer in dieser Hinsicht zu

unterstützen. Außerdem werden wir nach Bedarf nationale Strategien für den Schutz von Flüchtlingen im Rahmen der nationalen Sozialschutzsysteme entwickeln.

84. Unter Begrüßung der positiven Maßnahmen, die einzelne Staaten bereits ergriffen haben, legen wir den Regierungen der Aufnahmeländer nahe, eine Öffnung ihrer Arbeitsmärkte für Flüchtlinge zu erwägen. Wir werden darauf hinarbeiten, die Resilienz der Aufnahmeländer und -gemeinschaften zu stärken, indem wir ihnen beispielsweise bei Programmen zur Schaffung von Arbeitsplätzen und Einkommen helfen. In dieser Hinsicht anerkennen wir das Potenzial junger Menschen und werden auf die Schaffung wachstums-, beschäftigungs- und bildungsfördernder Bedingungen hinarbeiten, die es ihnen ermöglichen, zu treibenden Kräften der Entwicklung zu werden.

85. Um den Herausforderungen zu begegnen, die durch große Flüchtlingsströme entstehen, wird eine enge Abstimmung zwischen einer Reihe von humanitären und Entwicklungsakteuren notwendig sein. Wir verpflichten uns, die am stärksten Betroffenen in den Mittelpunkt der Planung und des Handelns zu stellen. Die Regierungen der Aufnahmeländer und die Aufnahmegemeinschaften benötigen möglicherweise die Unterstützung der zuständigen Institutionen der Vereinten Nationen, der lokalen Behörden, der internationalen Finanzinstitutionen, der regionalen Entwicklungsbanken, der bilateralen Geber, des Privatsektors und der Zivilgesellschaft. Wir sprechen uns nachdrücklich für gemeinsame Maßnahmen unter Einbeziehung aller dieser Akteure aus, um die Verbindungen zwischen humanitären und Entwicklungsakteuren zu stärken, die Zusammenarbeit über institutionelle Mandate hinweg zu erleichtern und durch Hilfe beim Aufbau von Eigenständigkeit und Widerstandsfähigkeit die Grundlagen für nachhaltige Lösungen zu schaffen. Neben der Deckung unmittelbarer humanitärer und entwicklungsbezogener Bedürfnisse werden wir auch aktiv die ökologische, soziale und infrastrukturelle Erholung in Gebieten unterstützen, die von großen Flüchtlingsströmen betroffen sind.

86. Wir nehmen mit Sorge Kenntnis von einer erheblichen Diskrepanz zwischen den Bedürfnissen der Flüchtlinge und den vorhandenen Mitteln. Zur Behebung dieser Diskrepanz befürworten wir eine Unterstützung durch ein breiteres Spektrum von Gebern und werden Maßnahmen ergreifen, um die Finanzierung humanitärer Maßnahmen flexibler und verlässlicher zu machen und dabei die Zweckbindung zu verringern und die Finanzierung stärker mehrjährig auszulegen. Institutionen der Vereinten Nationen wie das Amt des Hohen Flüchtlingskommissars der Vereinten Nationen und das Hilfswerk der Vereinten Nationen für Palästinaflüchtlinge im Nahen Osten und andere zuständige Organisationen benötigen ausreichende Mittel, um ihre Tätigkeiten wirksam und verlässlich durchführen zu können. Wir begrüßen das verstärkte Engagement der Weltbank und der multilateralen Entwicklungsbanken und die Verbesserungen beim Zugang zur Entwicklungsfinanzierung zu Vorzugsbedingungen für betroffene Gemeinschaften. Darüber hinaus ist es offensichtlich, dass Investitionen des Privatsektors zur Unterstützung von Flüchtlingsgemeinschaften und Aufnahmeländern in den kommenden Jahren von entscheidender Bedeutung sein werden. Auch die Zivilgesellschaft ist in allen Regionen der Welt ein wichtiger Partner, wenn es darum geht, den Bedürfnissen von Flüchtlingen Rechnung zu tragen.

87. Wir nehmen davon Kenntnis, dass die Vereinigten Staaten von Amerika, Äthiopien, Deutschland, Jordanien, Kanada, Mexiko, Schweden und der Generalsekretär am 20. September 2016 eine Tagung auf hoher Ebene über Flüchtlinge ausrichten werden.

V. Weiterverfolgung und Überprüfung unserer Verpflichtungen

88. Wir sind uns dessen bewusst, dass Vorkehrungen getroffen werden müssen, um die systematische Weiterverfolgung und Überprüfung aller Verpflichtungen sicherzustellen, die wir heute eingehen. Daher ersuchen wir den Generalsekretär, dafür zu sorgen, dass die Fortschritte, die die Mitgliedstaaten und die Vereinten Nationen bei der Umsetzung der auf der heutigen Tagung auf hoher Ebene eingegangenen Verpflichtungen erzielen, Gegenstand regelmäßiger Bewertungen sein werden, die der Generalversammlung unter Bezugnahme auf die Agenda 2030 für nachhaltige Entwicklung, soweit angemessen, vorzulegen sind.

89. Darüber hinaus soll für die regelmäßigen Dialoge auf hoher Ebene über internationale Migration und Entwicklung und für den Jahresbericht des Hohen Flüchtlingskommissars der Vereinten Nationen an die Generalversammlung eine Rolle bei der Überprüfung der maßgeblichen Aspekte dieser Erklärung vorgesehen werden.

90. In der Erkenntnis, dass für die von großen Flüchtlings- und Migrantenströmen betroffenen Aufnahmeländer und -gemeinschaften eine umfangreiche Finanz- und Programmunterstützung benötigt wird, ersuchen wir den Generalsekretär, der Generalversammlung auf ihrer einundsiebzigsten Tagung darüber Bericht zu erstatten, wie die Effizienz, die operative Wirksamkeit und die systemweite Kohärenz erhöht werden können und

wie das Zusammenwirken der Vereinten Nationen mit den internationalen Finanzinstitutionen und dem Privatsektor gestärkt werden kann, mit dem Ziel, die in dieser Erklärung dargelegten Verpflichtungen vollständig umzusetzen.

Anhang I

Umfassender Rahmenplan für Flüchtlingshilfemaßnahmen

1. Das Ausmaß und die Art der Flüchtlingsbewegungen von heute verlangen von uns ein umfassendes und vorhersehbares Handeln, wenn es zu großen Flüchtlingsströmen kommt. Durch umfassende Flüchtlingshilfemaßnahmen, die auf dem Prinzip der internationalen Zusammenarbeit, der Lastenteilung und der geteilten Verantwortung beruhen, sind wir besser in der Lage, Flüchtlinge zu schützen und ihnen zu helfen und die betroffenen Aufnahmestaaten und -gemeinschaften zu unterstützen.

2. Das Amt des Hohen Flüchtlingskommissars der Vereinten Nationen wird den umfassenden Rahmenplan für Flüchtlingshilfemaßnahmen für jede Situation, in der es zu großen Flüchtlingsströmen kommt, ausarbeiten und einleiten, in enger Abstimmung mit den betroffenen Staaten, einschließlich der Aufnahmeländer, und unter Einbeziehung anderer zuständiger Institutionen der Vereinten Nationen. Für umfassende Flüchtlingshilfemaßnahmen soll eine Vielzahl von Interessenträgern eingebunden werden, darunter nationale und lokale Behörden, internationale Organisationen, internationale Finanzinstitutionen, regionale Organisationen, regionale Koordinierungs- und Partnerschaftsmechanismen, Partner aus der Zivilgesellschaft, einschließlich religiöser Organisationen und der Hochschulen, der Privatsektor, die Medien und die Flüchtlinge selbst.

3. Während jeder große Flüchtlingsstrom eine andere Form annimmt, bieten die nachstehenden Elemente einen Rahmen für umfassende, am Menschen ausgerichtete Flüchtlingshilfemaßnahmen, die mit dem Völkerrecht und mit bewährten internationalen Verfahren im Einklang stehen und an die jeweiligen Umstände angepasst sind.

4. Wir sehen für jede mit großen Flüchtlingsströmen verbundene Situation, einschließlich Langzeitkrisen, einen umfassenden Rahmenplan für Flüchtlingshilfemaßnahmen vor, der einen festen und eigenen Bestandteil der gesamten humanitären Maßnahmen, soweit vorhanden, bilden und üblicherweise die nachstehenden Elemente umfassen würde.

Empfang und Aufnahme

5. Zu Beginn einer großen Flüchtlingsbewegung würden die Empfangsstaaten, eingedenk ihrer nationalen Kapazitäten und völkerrechtlichen Verpflichtungen, gegebenenfalls in Zusammenarbeit mit dem Amt des Hohen Flüchtlingskommissars der Vereinten Nationen, internationalen Organisationen und anderen Partnern sowie auf Anfrage mit Unterstützung anderer Staaten, in Übereinstimmung mit den internationalen Verpflichtungen

a) so weit wie möglich sicherstellen, dass Maßnahmen getroffen werden, um die Personen zu ermitteln, die internationalen Schutz als Flüchtlinge benötigen, für einen angemessenen, sicheren und würdigen Empfang zu sorgen, mit besonderem Schwerpunkt auf Menschen mit besonderen Bedürfnissen, Opfern von Menschenhandel, dem Schutz von Kindern, der Einheit der Familie sowie der Verhütung und Bekämpfung sexueller und geschlechtsspezifischer Gewalt, und den entscheidenden Beitrag der Aufnahmegemeinschaften und -gesellschaften in dieser Hinsicht zu unterstützen;

b) den Rechten, besonderen Bedürfnissen, Beiträgen und Stimmen der Frauen und Mädchen unter den Flüchtlingen Rechnung tragen;

c) die Grundbedürfnisse der Flüchtlinge ermitteln und decken, unter anderem indem ihnen ein angemessener Zugang zu einwandfreiem Trinkwasser, sanitären Einrichtungen, Nahrungsmitteln, Unterkünften, psychosozialer Unterstützung und Gesundheitsversorgung, einschließlich im Bereich der sexuellen und reproduktiven Gesundheit, gewährt wird und die Aufnahmeländer und -gemeinschaften in dieser Hinsicht nach Bedarf unterstützt werden;

d) diejenigen, die Flüchtlingsschutz suchen, einschließlich in dem ersten Land, in dem sie Asyl suchen, so rasch wie möglich nach ihrer Ankunft einzeln registrieren und entsprechende Dokumente ausstellen. Zu diesem Zweck könnte die Bereitstellung von Hilfe in Bereichen wie der biometrischen Technologie und sonstige technische und finanzielle Unterstützung erforderlich sein, die nötigenfalls vom Amt des Hohen Flüchtlingskommissars der Vereinten Nationen gemeinsam mit maßgeblichen Akteuren und Partnern zu koordinieren wäre;

e) nach Möglichkeit während des Registrierungsvorgangs den spezifischen Hilfebedarf und die konkreten Schutzvorkehrungen ermitteln, unter anderem für Flüchtlinge mit besonderem Schutzbedarf, wie gefährdete Frauen, Kinder, insbesondere unbegleitete und von ihrer Familie getrennte Kinder, Haushalte, denen Kinder vorstehen, und Haushalte von Alleinerziehenden, Opfer von Menschenhandel, Traumatisierte und Überlebende sexueller Gewalt sowie Flüchtlinge mit Behinderungen und ältere Menschen;

f) dafür sorgen, dass alle in ihrem Hoheitsgebiet geborenen Flüchtlingskinder sofort registriert werden, und zum frühestmöglichen Zeitpunkt angemessene Unterstützung bei der Beschaffung anderer gegebenenfalls notwendiger Dokumente in Verbindung mit dem Personenstand, beispielsweise Heirats-, Scheidungs- und Sterbeurkunden, bereitstellen;

g) Maßnahmen mit angemessenen rechtlichen Garantien zur Wahrung der Menschenrechte der Flüchtlinge einleiten, mit dem Ziel, die Sicherheit der Flüchtlinge zu gewährleisten, sowie Maßnahmen einleiten, die den legitimen Sicherheitsanliegen der Aufnahmeländer Rechnung tragen;

h) Maßnahmen treffen, um den zivilen und humanitären Charakter der Flüchtlingslager und -siedlungen zu wahren;

i) Schritte unternehmen, um die Glaubwürdigkeit der Asylsysteme zu gewährleisten, einschließlich durch Zusammenarbeit zwischen Herkunfts-, Transit- und Zielländern, und die Rückkehr und Rückübernahme derjenigen zu erleichtern, die die Voraussetzungen für die Zuerkennung des Flüchtlingsstatus nicht erfüllen.

Unterstützung für die Deckung sofortiger und laufender Bedürfnisse

6. Die Staaten würden, gegebenenfalls in Zusammenarbeit mit multilateralen Gebern und Partnern aus dem Privatsektor, in Abstimmung mit den Empfangsstaaten

a) ausreichende finanzielle und sonstige Mittel mobilisieren, um den im Rahmen des umfassenden Rahmenplans für Flüchtlingshilfemaßnahmen ermittelten humanitären Bedarf zu decken;

b) auf rasche, verlässliche, beständige und flexible Weise Ressourcen zur Verfügung stellen, einschließlich durch breitere Partnerschaften unter Beteiligung von Staaten, der Zivilgesellschaft sowie religiösen und privatwirtschaftlichen Partnern;

c) Maßnahmen treffen, um die für Entwicklungsländer bestehenden Kreditvergabeprogramme auf Länder mit mittlerem Einkommen, die Flüchtlinge in großer Zahl aufgenommen haben, auszuweiten, eingedenk der wirtschaftlichen und sozialen Kosten für diese Länder;

d) die Schaffung von Mechanismen zur Entwicklungsfinanzierung für diese Länder erwägen;

e) Aufnahmeländern Hilfe zum Schutz der Umwelt und zur Stärkung der von großen Flüchtlingsströmen betroffenen Infrastruktur bereitstellen;

f) Mechanismen zur Bereitstellung von Barleistungen und andere innovative Möglichkeiten zur effizienten Bereitstellung humanitärer Hilfe stärker unterstützen, soweit angebracht, und gleichzeitig die Verantwortlichkeit erhöhen, um sicherzustellen, dass die humanitäre Hilfe diejenigen erreicht, denen sie zugutekommen soll.

7. Die Aufnahmestaaten würden in Zusammenarbeit mit dem Amt des Hohen Flüchtlingskommissars der Vereinten Nationen und anderen Institutionen der Vereinten Nationen, Finanzinstitutionen und anderen maßgeblichen Partnern nach Bedarf

a) Flüchtlingen im Einklang mit den bestehenden humanitären Grundsätzen sofortigen, sicheren und ungehinderten Zugang zu humanitärer Hilfe gewähren;

b) die Hilfe so weit wie möglich über geeignete nationale und lokale Dienstleister, beispielsweise öffentliche Gesundheits-, Bildungs-, Sozial- und Kinderschutzbehörden, bereitstellen;

c) Flüchtlinge zu Beginn einer Notstandsphase dazu ermutigen und in die Lage versetzen, alters- und geschlechtergerechte Unterstützungssysteme und -netzwerke zu schaffen, an denen die Flüchtlinge und die Aufnahmegemeinschaften beteiligt sind, mit besonderem Schwerpunkt auf dem Schutz und der Stärkung der Frauen und Kinder sowie anderer Menschen mit besonderen Bedürfnissen;

d) lokale Partner aus der Zivilgesellschaft, die zu humanitären Maßnahmen beitragen, in Anerkennung ihres ergänzenden Beitrags unterstützen;

e) gegebenenfalls für eine enge Zusammenarbeit zwischen humanitären Akteuren, Entwicklungsakteuren und anderen maßgeblichen Akteuren sorgen und sie zu gemeinsamer Planung ermutigen.

Unterstützung für Aufnahmeländer und -gemeinschaften

8. Die Staaten, das Amt des Hohen Flüchtlingskommissars der Vereinten Nationen und die maßgeblichen Partner würden

a) im Vorfeld oder nach dem Einsetzen einer großen Flüchtlingsbewegung eine gemeinsame, unparteiische und rasche Risikobewertung und/oder Folgenabschätzung durchführen, um die erforderliche Hilfe für die Flüchtlinge, die nationalen und lokalen Behörden sowie die von der Präsenz der Flüchtlinge betroffenen Gemeinschaften zu ermitteln und zu priorisieren;

b) den umfassenden Rahmenplan für Flüchtlingshilfemaßnahmen gegebenenfalls in die nationale Entwicklungsplanung einbeziehen, um die Bereitstellung grundlegender Dienste und Infrastruktur zugunsten der Aufnahmegemeinschaften und der Flüchtlinge zu verbessern;

c) angesichts des erhöhten Bedarfs und der erhöhten Belastung für die sozialen Dienste den nationalen und lokalen staatlichen Behörden und anderen Dienstleistern unbeschadet der öffentli-

Menschenrechte
UDHR
ICCPR + Fak.prot.
ICESCR
CAT
EMRK
Minderh. Übk
Rassendiskr. Übk
EU-Charta
GFK, NY Erkl.
Migrationspakt
Flüchtlingspakt

chen Entwicklungshilfe ausreichende Ressourcen zur Verfügung stellen. Die Programme sollen den Flüchtlingen und dem Aufnahmeland und den Aufnahmegemeinschaften zugutekommen.

Dauerhafte Lösungen

9. Wir sind uns dessen bewusst, dass gegenwärtig Millionen Flüchtlinge weltweit keinen Zugang zu raschen und dauerhaften Lösungen haben, die bereitzustellen eines der Hauptziele des internationalen Schutzes ist. Der Erfolg bei der Suche nach Lösungen hängt in hohem Maße von entschlossener und dauerhafter internationaler Zusammenarbeit und Unterstützung ab.

10. Wir sind der Auffassung, dass Maßnahmen zur Umsetzung der folgenden dauerhaften Lösungen getroffen werden sollen: auf Freiwilligkeit beruhende Rückführung, lokale Lösungen und Neuansiedlung sowie ergänzende Wege zur Aufnahme. Diese Maßnahmen sollen die nachstehenden Elemente beinhalten.

11. Wir bekräftigen das vorrangige Ziel, Bedingungen zu schaffen, die Flüchtlingen helfen, in Sicherheit und Würde in ihre Länder zurückzukehren, und betonen die Notwendigkeit, die grundlegenden Ursachen von Gewalt und bewaffneten Konflikten zu bekämpfen, die notwendigen politischen Lösungen und eine friedliche Beilegung von Streitigkeiten zu erzielen sowie die Wiederaufbaubemühungen zu unterstützen. In diesem Zusammenhang würden die Herkunftsstaaten/Staaten der Staatsangehörigkeit

a) anerkennen, dass jeder das Recht hat, jedes Land, einschließlich seines eigenen, zu verlassen und in sein Land zurückzukehren;

b) dieses Recht achten sowie die Verpflichtung einhalten, ihre Staatsangehörigen wieder aufzunehmen. Dies soll auf eine sichere, würdevolle und menschliche Weise und unter voller Achtung der Menschenrechte im Einklang mit den völkerrechtlichen Verpflichtungen geschehen;

c) die notwendigen Ausweispapiere und Reisedokumente zur Verfügung stellen;

d) die sozioökonomische Wiedereingliederung der Rückkehrer erleichtern;

e) Maßnahmen erwägen, die die Rückgabe von Eigentum ermöglichen.

12. Um eine dauerhafte Rückkehr und Wiedereingliederung zu gewährleisten, würden die Staaten, die Organisationen der Vereinten Nationen und die maßgeblichen Partner

a) anerkennen, dass die Rückführung so lange auf Freiwilligkeit beruhen muss, wie Flüchtlinge internationalen Schutz benötigen, das heißt, so lange wie sie den Schutz durch ihr eigenes Land nicht vollständig wiedererlangen können;

b) Maßnahmen zur Förderung einer auf Freiwilligkeit und informationsgestützter Entscheidung beruhenden Rückführung, der Wiedereingliederung und der Aussöhnung planen und unterstützen;

c) die Herkunftsländer/Länder der Staatsangehörigkeit nach Bedarf unterstützen, insbesondere durch Finanzmittel für Wiederherstellung, Wiederaufbau und Entwicklung, und mit den erforderlichen rechtlichen Garantien, um den Flüchtlingen den Zugang zu den rechtlichen, physischen und sonstigen Unterstützungsmechanismen zu ermöglichen, die für die Wiederherstellung des nationalen Schutzes und für ihre Wiedereingliederung notwendig sind;

d) Maßnahmen zur Förderung der Aussöhnung und des Dialogs, insbesondere mit Flüchtlingsgemeinschaften und mit der gleichberechtigten Teilhabe von Frauen und jungen Menschen, sowie zur Gewährleistung der Achtung der Rechtsstaatlichkeit auf nationaler und lokaler Ebene unterstützen;

e) die Mitwirkung von Flüchtlingen, einschließlich Frauen, an Friedens- und Aussöhnungsprozessen erleichtern und sicherstellen, dass die Ergebnisse dieser Prozesse ihre Rückkehr in Sicherheit und Würde angemessen unterstützen;

f) sicherstellen, dass die nationale Entwicklungsplanung den besonderen Bedürfnisse der Rückkehrer Rechnung trägt und ihre dauerhafte und inklusive Wiedereingliederung fördert, um eine künftige Vertreibung zu verhüten.

13. Eingedenk ihrer Kapazitäten und ihrer völkerrechtlichen Verpflichtungen würden die Aufnahmestaaten in Zusammenarbeit mit dem Amt des Hohen Flüchtlingskommissars der Vereinten Nationen, mit dem Hilfswerk der Vereinten Nationen für Palästinaflüchtlinge im Nahen Osten, wo angezeigt, und mit anderen Institutionen der Vereinten Nationen, Finanzinstitutionen und anderen maßgeblichen Partnern

a) denjenigen, die internationalen Schutz als Flüchtlinge suchen und benötigen, einen legalen Aufenthalt ermöglichen, in der Erkenntnis, dass jede Entscheidung über jede Art der dauerhaften Ansiedlung, einschließlich einer möglichen Einbürgerung, beim Aufnahmeland verbleibt;

b) Maßnahmen zur Förderung der Eigenständigkeit ergreifen, indem sie sich verpflichten, Flüchtlingen mehr Möglichkeiten für den Zugang zu Bildung, Gesundheitsversorgung und -diensten, Wegen der Existenzsicherung und Arbeitsmärkten zu verschaffen, ohne Diskriminierung und auf eine Art und Weise, die auch den Aufnahmegemeinschaften zugutekommt;

c) Maßnahmen ergreifen, die es Flüchtlingen, darunter insbesondere Frauen und jungen Menschen, ermöglichen, ihre Kompetenzen und Fähigkeiten bestmöglich zu nutzen, in der Erkenntnis, dass selbstbestimmte Flüchtlinge besser zu ihrem eigenen Wohlergehen und dem ihrer Gemeinschaften beitragen können;

d) als wichtigen Schritt hin zu langfristigen Lösungen in den Aufbau von Humankapital, Eigenständigkeit und übertragbaren Kompetenzen investieren.

14. Drittländer würden

a) erwägen, Möglichkeiten zur Neuansiedlung sowie ergänzende Wege für die Aufnahme von Flüchtlingen, etwa über medizinische Evakuierung und humanitäre Aufnahmeprogramme, Familienzusammenführung und Möglichkeiten der Migration von Fachkräften, Arbeitskräftemobilität und Bildung, bereitzustellen und zu erweitern, einschließlich indem sie die aktive Beteiligung des Privatsektors als ergänzende Maßnahme fördern;

b) sich dazu verpflichten, bewährte Verfahren auszutauschen, Flüchtlinge mit ausreichenden Informationen zu versorgen, damit sie fundierte Entscheidungen treffen können, und die Schutzstandards zu wahren;

c) erwägen, bei Massenvertreibung und in Langzeitkrisen die Kriterien für Neuansiedlungs- und humanitäre Aufnahmeprogramme zu erweitern, gegebenenfalls in Verbindung mit Programmen für eine zeitlich begrenzte humanitäre Evakuierung und anderen Aufnahmeformen.

15. Den Staaten, die noch keine Neuansiedlungsprogramme eingerichtet haben, wird nahegelegt, dies zum frühestmöglichen Zeitpunkt zu tun. Den Staaten, die solche Programme bereits eingerichtet haben, wird nahegelegt, ihre Ausweitung zu erwägen. Bei diesen Programmen soll durchgehend nach dem Grundsatz der Nichtdiskriminierung und unter Einbeziehung einer Geschlechterperspektive verfahren werden.

16. Ziel der Staaten ist die Bereitstellung von Neuansiedlungsmöglichkeiten und anderen legalen Wegen in einem Umfang, der es ermöglicht, den vom Amt des Hohen Flüchtlingskommissars der Vereinten Nationen erhobenen jährlichen Neuansiedlungsbedarf zu decken.

Der weitere Weg

17. Wir verpflichten uns, den umfassenden Rahmenplan für Flüchtlingshilfemaßnahmen umzusetzen.

18. Wir bitten das Amt des Hohen Flüchtlingskommissars der Vereinten Nationen, in den kommenden zwei Jahren mit den Staaten zusammenzuarbeiten und alle maßgeblichen Interessenträger zu konsultieren, mit dem Ziel, die praktische Anwendung des umfassenden Rahmenplans für Flüchtlingshilfemaßnahmen im Detail zu evaluieren und Möglichkeiten zu seiner Verbesserung und Weiterentwicklung zu ermitteln. In diesen Prozess sollen die praktischen Erfahrungen mit der Umsetzung des Rahmenplans in einer Reihe konkreter Situationen einfließen. Ziel ist es, den Druck auf die betroffenen Aufnahmeländer zu mindern, die Eigenständigkeit der Flüchtlinge zu erhöhen, den Zugang zu Drittlandlösungen zu erweitern und in den Herkunftsländern Bedingungen für eine Rückkehr in Sicherheit und Würde zu fördern.

19. Wir werden darauf hinarbeiten, im Jahr 2018 einen globalen Pakt für Flüchtlinge zu beschließen, der auf dem umfassenden Rahmenplan für Flüchtlingshilfemaßnahmen und den Ergebnissen des oben beschriebenen Prozesses basiert. Wir bitten den Hohen Flüchtlingskommissar der Vereinten Nationen, in seinen Jahresbericht an die Generalversammlung im Jahr 2018 einen Entwurf dieses globalen Paktes für Flüchtlinge aufzunehmen, damit ihn die Versammlung auf ihrer dreiundsiebzigsten Tagung in Verbindung mit ihrer jährlichen Resolution über das Amt des Hohen Flüchtlingskommissars der Vereinten Nationen behandeln kann.

Anhang II

Auf dem Weg zu einem globalen Pakt für sichere, geordnete und reguläre Migration

I. Einleitung

1. Wir werden in diesem Jahr einen Prozess zwischenstaatlicher Verhandlungen aufnehmen, der zur Annahme eines globalen Paktes für sichere, geordnete und reguläre Migration führen wird.

2. Der globale Pakt würde eine Reihe von Grundsätzen, Verpflichtungen und Vereinbarungen zwischen den Mitgliedstaaten zur internationalen Migration in allen ihren Dimensionen festlegen. Er wäre ein wichtiger Beitrag zum globalen Regelungssystem für die internationale Migration und würde die Koordinierung in diesem Bereich stärken. Er würde einen Rahmen für eine umfassende internationale Zusammenarbeit in Bezug auf Migranten und menschliche Mobilität bieten. Er würde alle Aspekte der internationalen Migration abdecken, einschließlich der humanitären, entwicklungsbezogenen, menschenrechtlichen und anderen Aspekte der Migration. Er wäre von

der Agenda 2030 für nachhaltige Entwicklung[17] und der Aktionsagenda von Addis Abeba der dritten internationalen Konferenz über Entwicklungsfinanzierung[18] geleitet und würde der im Oktober 2013 angenommenen Erklärung des Dialogs auf hoher Ebene über internationale Migration und Entwicklung[19] Rechnung tragen.

II. Kontext

3. Wir sind uns des wichtigen Beitrags, den Migranten und die Migration in den Herkunfts-, Transit- und Zielländern zur Entwicklung leisten, sowie der vielschichtigen Wechselbeziehungen zwischen Migration und Entwicklung bewusst.

4. Wir sind uns des positiven Beitrags bewusst, den Migranten zu einer nachhaltigen und inklusiven Entwicklung leisten. Wir sind uns außerdem dessen bewusst, dass die internationale Migration eine mehrdimensionale Realität von großer Bedeutung für die Entwicklung der Herkunfts-, Transit- und Zielländer ist und deshalb kohärente und umfassende Antworten erforderlich sind.

5. Wir werden auf internationaler Ebene zusammenarbeiten, um eine sichere, geordnete und reguläre Migration zu gewährleisten, bei der die Menschenrechte uneingeschränkt geachtet werden und Migranten ungeachtet ihres Migrationsstatus eine humane Behandlung erfahren. Wir betonen, dass die Achtung der Würde der Migranten und der Schutz ihrer Rechte nach dem anwendbaren Völkerrecht, einschließlich des Grundsatzes der Nichtdiskriminierung gemäß dem Völkerrecht, gewährleistet werden müssen.

6. Wir unterstreichen den mehrdimensionalen Charakter der internationalen Migration, die Bedeutung der internationalen, regionalen und bilateralen Zusammenarbeit und des Dialogs in diesem Zusammenhang und die Notwendigkeit, die Menschenrechte aller Migranten ungeachtet ihres Status zu schützen, insbesondere in einer Zeit verstärkter Migrationsströme.

7. Wir bedenken, dass im Rahmen der Politik und der Initiativen im Bereich der Migration ganzheitliche Ansätze gefördert werden sollen, die den Ursachen und Folgen des Phänomens Rechnung tragen. Wir erkennen an, dass Armut, Unterentwicklung, ein Mangel an Chancen, schlechte Regierungsführung und Umweltfaktoren zu den Triebkräften der Migration gehören. Im Gegenzug können armutsmindernde politische Maßnahmen im Zusammenhang mit Handel, Beschäftigung und produktiven Investitionen Wachstum stimulieren und ein enormes Entwicklungspotenzial schaffen. Wir stellen fest, dass internationale wirtschaftliche Ungleichgewichte, Armut und Umweltzerstörung, die mit einem Mangel an Frieden und Sicherheit und einer Missachtung der Menschenrechte einhergehen, allesamt Faktoren sind, die sich auf die internationale Migration auswirken.

III. Inhalt

8. Der globale Pakt könnte unter anderem folgende Elemente beinhalten:

a) die internationale Migration als mehrdimensionale Realität von großer Bedeutung für die Entwicklung der Herkunfts-, Transit- und Zielländer, wie in der Agenda 2030 für nachhaltige Entwicklung anerkannt;

b) die internationale Migration als potenzielle Chance für Migranten und ihre Familien;

c) die Notwendigkeit, gegen die Triebkräfte der Migration vorzugehen, unter anderem durch verstärkte Anstrengungen zugunsten der Entwicklung, der Armutsbeseitigung und der Verhütung und Beilegung von Konflikten;

d) den Beitrag der Migranten zur nachhaltigen Entwicklung und die vielschichtigen Wechselbeziehungen zwischen Migration und Entwicklung;

e) die Erleichterung einer sicheren, geordneten, regulären und verantwortungsvollen Migration und Mobilität von Menschen, unter anderem durch die Anwendung einer planvollen und gut gesteuerten Migrationspolitik; dies kann die Schaffung und Ausweitung sicherer und regulärer Wege für die Migration umfassen;

f) die Möglichkeiten einer verstärkten internationalen Zusammenarbeit zur Verbesserung der Regelung der Migration;

g) die Auswirkungen der Migration auf das Humankapital in den Herkunftsländern;

h) Überweisungen als wichtige Quelle von Privatkapital und als Beitrag zur Entwicklung sowie die Förderung schnellerer, billigerer und sichererer Überweisungen über legale Kanäle in den Ursprungs- wie den Empfängerländern, unter anderem durch eine Verringerung der Transaktionskosten;

i) den wirksamen Schutz der Menschenrechte und Grundfreiheiten von Migranten, einschließlich Frauen und Kindern, ungeachtet ihres Migrationsstatus sowie die speziellen Bedürfnisse von Migranten in prekären Situationen;

j) die internationale Zusammenarbeit bei der Grenzkontrolle unter voller Achtung der Menschenrechte der Migranten;

Zu Z. 2:

[17] *Resolution 70/1.*

[18] *Resolution 69/313, Anlage.*

[19] *Resolution 68/4.*

k) die Bekämpfung des Menschenhandels, der Schleusung von Migranten und der modernen Formen der Sklaverei;

l) die Ermittlung der Opfer von Menschenhandel und die Erwägung der Bereitstellung von Hilfe, einschließlich befristeter oder dauerhafter Aufenthaltsgenehmigungen und gegebenenfalls Arbeitsgenehmigungen;

m) die Verringerung der Häufigkeit und der Auswirkungen der irregulären Migration;

n) die Auseinandersetzung mit der Lage von Migranten in Krisenländern;

o) gegebenenfalls die Förderung der Inklusion der Migranten in die Aufnahmegesellschaft, den Zugang zu grundlegenden Diensten für Migranten sowie geschlechtergerechte Dienstleistungen;

p) die Prüfung von Maßnahmen zur Regularisierung des Status von Migranten;

q) den Schutz von Arbeitsrechten und ein sicheres Umfeld für Wanderarbeitnehmer und Menschen in prekären Beschäftigungsverhältnissen, den Schutz von Wanderarbeitnehmerinnen in allen Sektoren und die Förderung der Arbeitskräftemobilität, einschließlich der zirkulären Migration;

r) die Verantwortlichkeiten und Pflichten der Migranten gegenüber dem Aufnahmeland;

s) die Rückführung und Rückübernahme und die Verbesserung der diesbezüglichen Zusammenarbeit zwischen den Herkunfts- und den Zielländern;

t) die Nutzung des Beitrags der Diaspora und die Stärkung der Beziehungen zu den Herkunftsländern;

u) die Bekämpfung von Rassismus, Fremdenfeindlichkeit, Diskriminierung und Intoleranz gegenüber allen Migranten;

v) aufgeschlüsselte Daten über die internationale Migration;

w) die Anerkennung im Ausland erworbener Qualifikationen, Bildungsnachweise und Kompetenzen und die Zusammenarbeit hinsichtlich des Zugangs zu erworbenen Sozialleistungen und ihrer Übertragbarkeit;

x) die Zusammenarbeit auf nationaler, regionaler und internationaler Ebene zu allen Aspekten der Migration.

IV. Der weitere Weg

9. Die Ausarbeitung des globalen Paktes würde im Rahmen eines zwischenstaatlichen Verhandlungsprozesses erfolgen, dessen Vorbereitungen sofort beginnen werden. Die Verhandlungen, die Anfang 2017 aufgenommen werden, sollen 2018 in einer zwischenstaatlichen Konferenz über internationale Migration gipfeln, auf der der globale Pakt zur Annahme vorgelegt wird.

10. Da spätestens 2019 der dritte Dialog auf hoher Ebene über internationale Migration und Entwicklung in New York stattfindet[20], soll dem Dialog eine Rolle in diesem Prozess zugedacht werden.

11. Der Präsident der Generalversammlung wird gebeten, frühzeitige Vorkehrungen für die Ernennung von zwei Ko-Moderatoren zu treffen, die beauftragt werden, offene, transparente und inklusive Konsultationen mit den Staaten zu führen, um die Modalitäten, einen Zeitplan, die Abhaltung möglicher Vorbereitungskonferenzen und andere praktische Aspekte im Zusammenhang mit den zwischenstaatlichen Verhandlungen festzulegen, einschließlich der Einbeziehung des in Genf vorhandenen Sachverstands in Migrationsfragen.

12. Der Generalsekretär wird ersucht, die Verhandlungen in geeigneter Weise zu unterstützen. Wir sehen vor, dass das Sekretariat der Vereinten Nationen und die Internationale Organisation für Migration die Verhandlungen gemeinsam betreuen werden, wobei die eine Seite Kapazität und Unterstützung und die andere Seite die notwendigen fachlichen und grundsatzpolitischen Kompetenzen bereitstellt.

13. Wir sehen außerdem vor, dass der Sonderbeauftragte des Generalsekretärs für internationale Migration und Entwicklung, Peter Sutherland, die Beiträge koordinieren wird, die von dem Globalen Forum für Migration und Entwicklung und der Globalen Gruppe für Migrationsfragen zu dem Verhandlungsprozess zu leisten sind. Wir sehen vor, dass die Internationale Arbeitsorganisation, das Büro der Vereinten Nationen für Drogen- und Verbrechensbekämpfung, das Amt des Hohen Flüchtlingskommissars der Vereinten Nationen, das Entwicklungsprogramm der Vereinten Nationen, das Amt des Hohen Kommissars der Vereinten Nationen für Menschenrechte und andere Institutionen mit umfassenden Mandaten und Kompetenzen auf dem Gebiet der Migration zu dem Prozess beitragen werden.

14. Es wäre wünschenswert, zur Unterstützung der Verhandlungen regionale Konsultationen durchzuführen, unter anderem über bestehende Beratungsprozesse und -mechanismen, soweit angezeigt.

15. Die Zivilgesellschaft, der Privatsektor, Diasporagemeinschaften und Migrantenorganisationen würden um Beiträge zu dem Prozess der Erarbeitung des globalen Paktes gebeten.

Zu Z. 10:

[20] Siehe Resolution 69/229, Ziff. 32.

15/13. Migrationspakt

A/RES/73/195 (2018) (19. Dezember 2018)

Resolution 73/195 (2018) der Generalversammlung, verabschiedet am 19. Dezember 2018, Globaler Pakt für eine sichere, geordnete und reguläre Migration

Die Generalversammlung,

unter Hinweis auf ihre Resolution 71/1vom 19. September 2016, in der sie beschloss, eine zwischenstaatliche Konferenz zur Annahme eines globalen Paktes für eine sichere, geordnete und reguläre Migration einzuberufen, sowie auf ihre Resolutionen 71/280 vom 6. April 2017, 72/244 vom 24. Dezember 2017 und 72/308 vom 6. August 2018,

1. *spricht* der Regierung und dem Volk Marokkos *ihren tief empfundenen Dank* für die Ausrichtung der Zwischenstaatlichen Konferenz zur Annahme des Globalen Paktes für eine sichere, geordnete und reguläre Migration am 10. und 11. Dezember 2018 in Marrakesch und für die Bereitstellung aller erforderlichen Unterstützung *aus*;

2. *billigt* den von der Zwischenstaatlichen Konferenz angenommenen Globalen Pakt für eine sichere, geordnete und reguläre Migration, der dieser Resolution als Anlage beigefügt ist und auch als „Migrationspakt von Marrakesch" bezeichnet wird.

60. Plenarsitzung
19. Dezember 2018

Resolution 73/195 (2018) der Generalversammlung, verabschiedet am 19. Dezember 2018, Globaler Pakt für eine sichere, geordnete und reguläre Migration

Anlage

Anlage

Globaler Pakt für eine sichere, geordnete und reguläre Migration[*)]

Wir, die Staats- und Regierungsoberhäupter und Hohen Beauftragten, zusammengetreten am 10. und 11. Dezember 2018 in Marokko, in Bekräftigung der New Yorker Erklärung für Flüchtlinge und Migranten[1)] und entschlossen, einen bedeutenden Beitrag zur verstärkten Zusammenarbeit auf dem Gebiet der internationalen Migration in allen ihren Dimensionen zu leisten, haben den nachstehenden Globalen Pakt für eine sichere, geordnete und reguläre Migration angenommen:

Präambel

1. Dieser Globale Pakt beruht auf den Zielen und Grundsätzen der Charta der Vereinten Nationen.

2. Er beruht außerdem auf der Allgemeinen Erklärung der Menschenrechte[2)], dem Internationalen Pakt über bürgerliche und politische Rechte[3)], dem Internationalen Pakt über wirtschaftliche, soziale und kulturelle Rechte[3)] 3, den anderen grundlegenden internationalen Menschenrechtsverträgen[4)], dem Übereinkommen der Vereinten Nationen gegen die grenzüberschreitende organisierte Krimina-

*) *Personenbezeichnungen, die in diesem Dokument aus Gründen der Lesbarkeit nur in der männlichen Form wiedergegeben sind, umfassen Personen jeden Geschlechts.*

1) *Resolution 71/1.*

Zu Z. 2:

2) *Resolution 217 A (III). In Deutsch verfügbar unter http://www.un.org/Depts/german/menschenrechte/aemr.pdf.*

3) *Siehe Resolution 2200 A (XXI), Anlage. Amtliche deutschsprachige Fassungen: dBGBl. 1973 II S. 1533; LGBl. 1999 Nr. 58; öBGBl. Nr. 591/1978; AS 1993 750 (Zivilpakt); dBGBl. 1973 II S. 1569; LGBl. 1999 Nr. 57; öBGBl. Nr. 590/1978; AS 1993 725 (Sozialpakt).*

4) *Internationales Übereinkommen zur Beseitigung jeder Form von Rassendiskriminierung, Übereinkommen zur Beseitigung jeder Form von Diskriminierung der Frau, Übereinkommen gegen Folter und andere grausame, unmenschliche oder erniedrigende Behandlung oder Strafe, Übereinkommen über die Rechte des Kindes, Internationale Konvention zum Schutz der Rechte aller Wanderarbeitnehmer und ihrer Familienangehörigen, Internationales Übereinkommen zum Schutz aller Personen vor dem Verschwindenlassen und Übereinkommen über die Rechte von Menschen mit Behinderungen.*

lität[5], einschließlich des Zusatzprotokolls zur Verhütung, Bekämpfung und Bestrafung des Menschenhandels, insbesondere des Frauen- und Kinderhandels[6], und des Zusatzprotokolls gegen die Schleusung von Migranten auf dem Land-, See- und Luftweg[7], dem Übereinkommen betreffend die Sklaverei[8] und dem Zusatzübereinkommen über die Abschaffung der Sklaverei, des Sklavenhandels und sklavereiähnlicher Einrichtungen und Praktiken[9], dem Rahmenübereinkommen der Vereinten Nationen über

Klimaänderungen[10], dem Übereinkommen der Vereinten Nationen zur Bekämpfung der Wüstenbildung in den von Dürre und/oder Wüstenbildung schwer betroffenen Ländern, insbesondere in Afrika[11], dem Übereinkommen von Paris[12] und den Übereinkommen der Internationalen Arbeitsorganisation über die Förderung menschenwürdiger Arbeit und Arbeitsmigration[13] sowie auf der Agenda 2030 für nachhaltige Entwicklung[14], der Aktionsagenda von Addis Abeba der dritten Internationalen Konferenz über Entwicklungsfinanzierung[15], dem Sendai-Rahmen für Katastrophenvorsorge 2015-2030[16] und der Neuen Urbanen Agenda[17].

3. Die Diskussionen auf globaler Ebene zur internationalen Migration sind nicht neu. Wir erinnern an die Fortschritte, die im Rahmen der Dialoge der Vereinten Nationen auf hoher Ebene über internationale Migration und Entwicklung 2006 und 2013 erzielt wurden. Wir anerkennen außerdem die Beiträge des Globalen Forums für Migration und Entwicklung, das 2007 ins Leben gerufen wurde. Diese Plattformen waren Wegbereiter für die New Yorker Erklärung für Flüchtlinge und Migranten, mit der wir uns verpflichteten, im Rahmen zweier getrennter Prozesse einen Globalen Pakt für Flüchtlinge auszuarbeiten und diesen Globalen Pakt für eine sichere, geordnete und reguläre Migration anzunehmen. Gemeinsam bilden die beiden Globalen Pakte komplementäre internationale Kooperationsrahmen, deren jeweilige Mandate entsprechend der New Yorker Erklärung für Flüchtlinge und Migranten zu erfüllen sind, in der anerkannt wird, dass Migranten und Flüchtlinge sich vielen gemeinsamen Problemen gegenübersehen und ähnlichen Risiken ausgesetzt sind.

4. Flüchtlinge und Migranten haben Anspruch auf dieselben allgemeinen Menschenrechte und Grundfreiheiten, die stets geachtet, geschützt und gewährleistet werden müssen. Dennoch handelt es sich bei ihnen um verschiedene Gruppen, die separaten Rechtsrahmen unterliegen. Lediglich Flüchtlinge haben ein Anrecht auf den spezifischen internationalen Schutz, den das internationale Flüchtlingsrecht vorsieht. Der vorliegende Globale Pakt bezieht sich auf Migranten und stellt einen Kooperationsrahmen zur Migration in allen ihren Dimensionen dar.

5. Wir anerkennen die von den Mitgliedstaaten und relevanten Interessenträgern während der Konsultations- und Bestandsaufnahmephasen eingebrachten Beiträge sowie den Bericht des Gene-

---

[5] United Nations, Treaty Series, Vol. 2225, Nr. 39574. Amtliche deutschsprachige Fassungen: dBGBl. 2005 II S. 954, 956; LGBl. 2008 Nr. 72; öBGBl. III Nr. 84/2005; AS 2006 5861.

[6] Ebd., Vol. 2237, Nr. 39574. Amtliche deutschsprachige Fassungen: dBGBl. 2005 II S. 954, 995; LGBl. 2008 Nr. 74; öBGBl. III Nr. 220/2005; AS 2006 5917.

[7] Ebd., Vol. 2241, Nr. 39574. Amtliche deutschsprachige Fassungen: dBGBl. 2005 II S. 954, 1007; LGBl. 2008 Nr. 73; öBGBl. III Nr. 11/2008; AS 2006 5899.

[8] League of Nations, Treaty Series, Vol. LX, No. 1414. Amtliche deutschsprachige Fassungen: dRGBl. 1929 II S. 63, dBGBl. 1972 II S. 1473; öBGBl. Nr. 17/1928, Nr. 183/1956; SR 0.311.37.

[9] United Nations, Treaty Series, Vol. 266, Nr. 3822. Amtliche deutschsprachige Fassungen: dBGBl. 1958 II S. 203; öBGBl. Nr. 66/1964; AS 1965 135.

[10] Ebd., Vol. 1771, Nr. 30822. Amtliche deutschsprachige Fassungen: dBGBl. 1993 II S. 1783; LGBl. 1995 Nr. 118; öBGBl. Nr. 414/1994; AS 1994 1052.

[11] Ebd., Vol. 1954, Nr. 33480. Amtliche deutschsprachige Fassungen: dBGBl. 1997 II S. 1468; LGBl. 2000 Nr. 69; öBGBl. III Nr. 139/1997; AS 2003 788.

[12] Angenommen nach dem Rahmenübereinkommen der Vereinten Nationen über Klimaänderungen in FCCC/CP/2015/10/Add.1, Beschluss 1/CP.21.

[13] Übereinkommen (Nr. 97) über Wanderarbeiter (Neufassung), 1949, Übereinkommen (Nr. 143) über Wanderarbeitnehmer (ergänzende Bestimmungen), 1975, Übereinkommen (Nr. 118) über die Gleichbehandlung (Soziale Sicherheit), 1962, und Übereinkommen (Nr. 189) über Hausangestellte, 2011.

[14] Resolution 70/1.

[15] Resolution 69/313, Anlage.

[16] Resolution 69/283, Anlage II.

[17] Resolution 71/256, Anlage.

ralsekretärs mit dem Titel „Migration zum Nutzen aller gestalten"[18] als Beitrag zum Vorbereitungsprozess für diesen Globalen Pakt.

6. Dieser Globale Pakt stellt einen Meilenstein in der Geschichte des globalen Dialogs und der internationalen Zusammenarbeit auf dem Gebiet der Migration dar. Ihm liegen die Agenda 2030 für nachhaltige Entwicklung und die Aktionsagenda von Addis Abeba sowie die im Oktober 2013 verabschiedete Erklärung des Dialogs auf hoher Ebene über internationale Migration und Entwicklung[19] zugrunde. Er fußt auf der Pionierarbeit des ehemaligen Sonderbeauftragten des Generalsekretärs für Migration, unter anderem auf seinem Bericht vom 3. Februar 2017[20].

7. Dieser Globale Pakt stellt einen rechtlich nicht bindenden Kooperationsrahmen dar, der auf den Verpflichtungen aufbaut, auf die sich die Mitgliedstaaten in der New Yorker Erklärung für Flüchtlinge und Migranten geeinigt haben. In der Erkenntnis, dass die Migrationsproblematik von keinem Staat allein bewältigt werden kann, fördert er die internationale Zusammenarbeit zwischen allen relevanten Akteuren im Bereich der Migration und wahrt die Souveränität der Staaten und ihre völkerrechtlichen Pflichten.

Unsere Vision und Leitprinzipien

8. Dieser Globale Pakt ist Ausdruck unserer gemeinsamen Entschlossenheit, die Zusammenarbeit im Bereich der internationalen Migration zu verbessern. Migration war schon immer Teil der Menschheitsgeschichte, und wir erkennen an, dass sie in unserer globalisierten Welt eine Quelle des Wohlstands, der Innovation und der nachhaltigen Entwicklung darstellt und dass diese positiven Auswirkungen durch eine besser gesteuerte Migrationspolitik optimiert werden können. Die meisten Migranten auf der Welt reisen, leben und arbeiten heute auf sichere, geordnete und reguläre Weise. Dennoch hat Migration unbestreitbar sehr unterschiedliche und manchmal unvorhersehbare Auswirkungen auf unsere Länder und Gemeinschaften und auf die Migranten und ihre Familien selbst.

9. Es ist von entscheidender Wichtigkeit, dass die Herausforderungen und Chancen der internationalen Migration uns einen, anstatt uns zu spalten. Dieser Globale Pakt ist Ausdruck unseres gemeinsamen Verständnisses, unserer gemeinsamen Verantwortung und unseres gemeinsamen Zwecks in der Frage der Migration, mit dem Ziel, sie zum Nutzen aller zu gestalten.

Gemeinsames Verständnis

10. Dieser Globale Pakt ist das Ergebnis einer beispiellosen Überprüfung von Fakten und Daten, die im Rahmen eines offenen, transparenten und inklusiven Prozesses gesammelt wurden. Wir haben uns über unsere jeweiligen Realitäten ausgetauscht und eine Vielfalt von Stimmen gehört, die unser gemeinsames Verständnis dieses komplexen Phänomens bereichert und geprägt haben. Wir haben gelernt, dass Migration ein bestimmendes Merkmal unserer globalisierten Welt ist, Gesellschaften innerhalb aller Regionen und über sie hinaus verbindet und alle unsere Länder zu Herkunfts-, Transit- und Zielländern macht. Wir sind uns dessen bewusst, dass fortlaufend internationale Anstrengungen zur Verstärkung unseres Wissens über Migration und ihrer Analyse unternommen werden müssen, denn ein gemeinsames Verständnis wird eine bessere Politik hervorbringen, die das Potenzial der nachhaltigen Entwicklung für alle freisetzt. Wir müssen Daten hoher Qualität erheben und verbreiten. Wir müssen sicherstellen, dass gegenwärtige und potenzielle Migranten vollständig über ihre Rechte und Pflichten und die Möglichkeiten für eine sichere, geordnete und reguläre Migration informiert sind und sich der mit irregulärer Migration verbundenen Risiken bewusst sind. Wir müssen außerdem allen unseren Bürgerinnen und Bürgern objektive, faktengestützte und klare Informationen über die Vorteile und Herausforderungen der Migration vermitteln, um irreführende Narrative, die zu einer negativen Wahrnehmung von Migranten führen, auszuräumen.

Zu Z. 5:

[18] A/72/643.

Zu Z. 6:

[19] Resolution 68/4.

[20] Siehe A/71/728.

Gemeinsame Verantwortung

11. Dieser Globale Pakt betrachtet internationale Migration aus einer 360-Grad-Perspektive und folgt der Erkenntnis, dass ein umfassender Ansatz erforderlich ist, um den Gesamtnutzen von Migration zu optimieren und gleichzeitig die Risiken und Herausforderungen anzugehen, die sich den einzelnen Menschen und den Gemeinschaften in den Herkunfts-, Transit- und Zielländern stellen. Kein Land kann die mit diesem globalen Phänomen verbundenen Herausforderungen und Chancen allein bewältigen. Mit diesem umfassenden Ansatz wollen wir eine sichere, geordnete und reguläre Migration erleichtern und gleichzeitig das Auftreten und die negativen Auswirkungen irregulärer Migration durch internationale Zusammenarbeit und eine Kombination der in diesem Pakt dargelegten Maßnahmen reduzieren. Als Mitgliedstaaten der Vereinten Nationen sind wir uns der gegenseitigen Verantwortung bewusst, den Bedürfnissen und Anliegen der jeweils anderen Rechnung zu tragen, sowie dessen, dass wir der übergeordneten Verpflichtung unterliegen, die Menschenrechte aller Migranten ungeachtet ihres Migrationsstatus zu achten, zu schützen und zu gewährleisten und dabei gleichzeitig die Sicherheit und das Wohlergehen aller unserer Gemeinschaften zu fördern.

12. Dieser Globale Pakt hat das Ziel, die nachteiligen Triebkräfte und strukturellen Faktoren zu minimieren, die Menschen daran hindern, in ihren Herkunftsländern eine nachhaltige Existenzgrundlage aufzubauen und aufrechtzuerhalten, und die sie dazu veranlassen, anderswo nach einer besseren Zukunft zu suchen. Er beabsichtigt, die Risiken und prekären Situationen, denen Migranten in verschiedenen Phasen der Migration ausgesetzt sind, zu mindern, indem ihre Menschenrechte geachtet, geschützt und gewährleistet werden und ihnen Fürsorge und Unterstützung zukommen. Mit dem Pakt wird versucht, legitimen Anliegen von Gemeinschaften Rechnung zu tragen und gleichzeitig anzuerkennen, dass Gesellschaften demografische, wirtschaftliche, soziale und umweltbedingte Veränderungen unterschiedlichen Ausmaßes durchlaufen, die sich auf die Migration auswirken und aus ihr resultieren können. Er soll förderliche Bedingungen schaffen, die es allen Migranten ermöglichen, unsere Gesellschaften durch ihre menschlichen, wirtschaftlichen und sozialen Fähigkeiten zu bereichern und so besser zu einer nachhaltigen Entwicklung auf lokaler, nationaler, regionaler und globaler Ebene beizutragen.

Gemeinsamer Zweck

13. Mit dem Globalen Pakt wird anerkannt, dass eine sichere, geordnete und reguläre Migration dann für alle funktioniert, wenn sie auf der Basis von guter Information, Planung und Konsens stattfindet. Migration sollte nie ein Akt der Verzweiflung sein. Ist sie es dennoch, müssen wir zusammenarbeiten, um den Bedürfnissen von Migranten in prekären Situationen Rechnung zu tragen, und die jeweiligen Herausforderungen angehen. In gemeinsamer Arbeit müssen wir die Bedingungen schaffen, die es den Gemeinschaften und den einzelnen Menschen ermöglichen, in ihren eigenen Ländern in Sicherheit und Würde zu leben. Wir müssen Menschenleben retten und Migranten vor Gefahren schützen. Wir müssen sie in die Lage versetzen, zu vollwertigen Mitgliedern unserer Gesellschaften zu werden, ihre positiven Beiträge herausstellen und Inklusion und sozialen Zusammenhalt fördern. Wir müssen für Staaten, Gemeinschaften und Migranten gleichermaßen mehr Planbarkeit und Rechtssicherheit schaffen. Zu diesem Zweck verpflichten wir uns, eine sichere, geordnete und reguläre Migration zum Wohle aller zu erleichtern und zu gewährleisten.

14. Unser Erfolg beruht auf dem gegenseitigen Vertrauen, der Entschlossenheit und der Solidarität unter den Staaten bei der Erfüllung der in diesem Globalen Pakt enthaltenen Ziele und Verpflichtungen. Vereint im Geiste einer für alle Seiten gewinnbringenden Zusammenarbeit stellen wir uns in geteilter Verantwortung und mit innovativen Lösungen den Herausforderungen und Chancen der Migration in allen ihren Dimensionen. Mit diesem gemeinsamen Ziel vor Augen und im vollen Bewusstsein, dass der Globale Pakt für eine sichere, geordnete und reguläre Migration einen Meilenstein, aber noch nicht den Endpunkt unserer Anstrengungen darstellt, gehen wir diesen historischen Schritt. Wir verpflichten uns, den multilateralen Dialog im Rahmen der Vereinten Nationen durch einen periodischen und wirksamen Folge- und Überprüfungsmechanismus fortzusetzen, der sicherstellt, dass die in diesem Dokument enthaltenen Worte in konkrete Taten zum Nutzen von Millionen von Menschen in allen Regionen der Welt umgesetzt werden.

15. Wir sind uns darin einig, dass dieser Globale Pakt auf einer Reihe übergreifender und interdependenter Leitprinzipien beruht:

a) *Der Mensch im Mittelpunkt.* Dem Globalen Pakt wohnt wie der Migrationserfahrung selbst eine starke menschliche Dimension inne. Er fördert das Wohlergehen von Migranten und der Mitglieder

der Gemeinschaften in den Herkunfts-, Transit- und Zielländern. Infolgedessen steht in seinem Mittelpunkt der einzelne Mensch;

b) *Internationale Zusammenarbeit*. Der Globale Pakt ist ein rechtlich nicht bindender Kooperationsrahmen, der anerkennt, dass Migration von keinem Staat allein gesteuert werden kann, da das Phänomen von Natur aus grenzüberschreitend ist und somit Zusammenarbeit und Dialog auf internationaler, regionaler und bilateraler Ebene erfordert. Die Autorität des Paktes beruht auf seinem Konsenscharakter, seiner Glaubwürdigkeit, seiner kollektiven Trägerschaft und seiner gemeinsamen Umsetzung, Weiterverfolgung und Überprüfung;

c) *Nationale Souveränität*. Der Globale Pakt bekräftigt das souveräne Recht der Staaten, ihre nationale Migrationspolitik selbst zu bestimmen, sowie ihr Vorrecht, die Migration innerhalb ihres Hoheitsbereichs in Übereinstimmung mit dem Völkerrecht selbst zu regeln. Innerhalb ihres Hoheitsbereichs dürfen die Staaten zwischen regulärem und irregulärem Migrationsstatus unterscheiden, einschließlich bei der Festlegung ihrer gesetzgeberischen und politischen Maßnahmen zur Umsetzung des Globalen Paktes, unter Berücksichtigung der verschiedenen nationalen Realitäten, Politiken, Prioritäten und Bestimmungen für Einreise, Aufenthalt und Arbeit und im Einklang mit dem Völkerrecht;

d) *Rechtsstaatlichkeit und ordnungsgemäße Verfahren*. Der Globale Pakt erkennt an, dass die Achtung der Rechtsstaatlichkeit, die Einhaltung ordnungsgemäßer Verfahren und der Zugang zur Justiz für alle Aspekte einer gesteuerten Migration von grundlegender Bedeutung sind. Das bedeutet, dass der Staat, öffentliche und private Institutionen und Einrichtungen sowie alle Personen an Gesetze gebunden sind, die öffentlich verkündet und in gleicher Weise angewandt werden, über deren Einhaltung unabhängige Gerichte wachen und die mit dem Völkerrecht im Einklang stehen;

e) *Nachhaltige Entwicklung*. Der Globale Pakt wurzelt in der Agenda 2030 für nachhaltige Entwicklung und baut auf der in der Agenda enthaltenen Erkenntnis auf, dass Migration eine multidimensionale Realität darstellt, die für die nachhaltige Entwicklung der Herkunfts-, Transit- und Zielländer von großer Bedeutung ist und kohärente und umfassende Antworten erfordert. Migration trägt, insbesondere wenn sie gut gesteuert wird, zu positiven Entwicklungsergebnissen und zur Verwirklichung der Ziele der Agenda 2030 für nachhaltige Entwicklung bei. Ziel des Globalen Paktes ist es, das Potenzial der Migration für die Erreichung aller Ziele für nachhaltige Entwicklung zu nutzen sowie die Wirkung zu erhöhen, die die Erreichung der Ziele in Zukunft auf Migration haben wird;

f) *Menschenrechte*. Der Globale Pakt gründet auf den internationalen Menschenrechtsnormen und wahrt die Grundsätze der Nichtregression und Nichtdiskriminierung. Durch die Umsetzung des Globalen Paktes sorgen wir dafür, dass die Menschenrechte aller Migranten, ungeachtet ihres Migrationsstatus, während des gesamten Migrationszyklus wirksam geachtet, geschützt und gewährleistet werden. Wir bekräftigen außerdem die Verpflichtung, alle Formen der Diskriminierung, einschließlich Rassismus, Fremdenfeindlichkeit und Intoleranz, gegenüber Migranten und ihren Familien zu beseitigen;

g) *Geschlechtersensibilität*. Der Globale Pakt gewährleistet, dass die Menschenrechte von Frauen, Männern, Mädchen und Jungen in allen Phasen der Migration geachtet werden, dass ihre besonderen Bedürfnisse richtig verstanden und berücksichtigt werden und dass sie als Trägerinnen und Träger des Wandels gestärkt werden. Der Pakt trägt der Geschlechterperspektive durchgängig Rechnung und fördert die Gleichstellung der Geschlechter und die Stärkung aller Frauen und Mädchen, in Anerkennung ihrer Unabhängigkeit, Handlungsfähigkeit und Führungsrolle und mit dem Ziel, davon wegzukommen, dass Migrantinnen primär aus der Perspektive der Viktimisierung betrachtet werden;

h) *Kindergerechtigkeit*. Der Globale Pakt fördert die bestehenden völkerrechtlichen Verpflichtungen in Bezug auf die Rechte des Kindes und wahrt den Grundsatz, dass das Wohl des Kindes im Kontext der internationalen Migration in allen Situationen, an denen Kinder, einschließlich unbegleiteter und von ihren Familien getrennter Kinder, beteiligt sind, stets vorrangig zu berücksichtigen ist.

i) *Gesamtregierungsansatz*. Der Globale Pakt trägt dem Umstand Rechnung, dass Migration eine multidimensionale Realität darstellt, die nicht von einem Regierungsressort allein behandelt werden kann. Die Erarbeitung und Umsetzung wirksamer migrationspolitischer Maßnahmen und Verfahren erfordert einen Gesamtregierungsansatz, der eine horizontale und vertikale Politikkohärenz quer über alle staatlichen Bereiche und Ebenen hinweg gewährleistet;

j) *Alle Teile der Gesellschaft umfassender Ansatz*. Der Globale Pakt fördert breit angelegte Multi-Akteur-Partnerschaften, die sich mit der Migration in allen ihren Dimensionen befassen und Migranten, die Diaspora, lokale Gemeinwesen, die Zivilgesellschaft, die Wissenschaft, den Privatsektor, Parlamentsabgeordnete, Gewerkschaften, nationale Menschenrechtsinstitutionen, die Medien und andere relevante Interessenträger in die Steuerung der Migration einbinden.

Anlage

Unser Kooperationsrahmen

16. Mit der New Yorker Erklärung für Flüchtlinge und Migranten haben wir eine politische Erklärung und ein Paket von Verpflichtungen angenommen. Wir bekräftigen diese Erklärung in ihrer Gesamtheit und bauen mit dem nachstehenden Kooperationsrahmen auf ihr auf; dieser umfasst 23 Ziele und deren Umsetzung, Weiterverfolgung und Überprüfung. Jedes Ziel enthält eine Verpflichtung, gefolgt von einer Reihe von Maßnahmen, die als relevante Politikinstrumente und bewährte Verfahren angesehen werden. Zur Erfüllung der 23 Ziele werden wir aus diesen Maßnahmen schöpfen, um eine sichere, geordnete und reguläre Migration entlang des gesamten Migrationszyklus zu erreichen.

Ziele für eine sichere, geordnete und reguläre Migration	
1.	Erhebung und Nutzung korrekter und aufgeschlüsselter Daten als Grundlage für eine Politikgestaltung, die auf nachweisbaren Fakten beruht
2.	Minimierung nachteiliger Triebkräfte und struktureller Faktoren, die Menschen dazu bewegen, ihre Herkunftsländer zu verlassen
3.	Bereitstellung korrekter und zeitnaher Informationen in allen Phasen der Migration
4.	Sicherstellung dessen, dass alle Migranten über den Nachweis einer rechtlichen Identität und ausreichende Dokumente verfügen
5.	Verbesserung der Verfügbarkeit und Flexibilität der Wege für eine reguläre Migration
6.	Förderung einer fairen und ethisch vertretbaren Rekrutierung von Arbeitskräften und Gewährleistung der Bedingungen für eine menschenwürdige Arbeit
7.	Bewältigung und Minderung prekärer Situationen im Rahmen von Migration
8.	Rettung von Menschenleben und Festlegung koordinierter internationaler Maßnahmen betreffend vermisste Migranten
9.	Verstärkung der grenzübergreifenden Bekämpfung der Schleusung von Migranten
10.	Prävention, Bekämpfung und Beseitigung von Menschenhandel im Kontext der internationalen Migration
11.	Integriertes, sicheres und koordiniertes Grenzmanagement
12.	Stärkung der Rechtssicherheit und Planbarkeit bei Migrationsverfahren zur Gewährleistung einer angemessenen Prüfung, Bewertung und Weiterverweisung
13.	Freiheitsentziehung bei Migranten nur als letztes Mittel und Bemühung um Alternativen
14.	Verbesserung des konsularischen Schutzes und der konsularischen Hilfe und Zusammenarbeit im gesamten Migrationszyklus
15.	Gewährleistung des Zugangs von Migranten zu Grundleistungen
16.	Befähigung von Migranten und Gesellschaften zur Verwirklichung der vollständigen Inklusion und des sozialen Zusammenhalts
17.	Beseitigung aller Formen der Diskriminierung und Förderung eines auf nachweisbaren Fakten beruhenden öffentlichen Diskurses zur Gestaltung der Wahrnehmung von Migration
18.	Investition in Aus- und Weiterbildung und Erleichterung der gegenseitigen Anerkennung von Fertigkeiten, Qualifikationen und Kompetenzen
19.	Herstellung von Bedingungen, unter denen Migranten und Diasporas in vollem Umfang zur nachhaltigen Entwicklung in allen Ländern beitragen können
20.	Schaffung von Möglichkeiten für schnellere, sicherere und kostengünstigere Rücküberweisungen und Förderung der finanziellen Inklusion von Migranten
21.	Zusammenarbeit bei der Ermöglichung einer sicheren und würdevollen Rückkehr und Wiederaufnahme sowie einer nachhaltigen Reintegration
22.	Schaffung von Mechanismen zur Übertragbarkeit von Sozialversicherungs- und erworbenen Leistungsansprüchen
23.	Stärkung internationaler Zusammenarbeit und globaler Partnerschaften für eine sichere, geordnete und reguläre Migration

Ziele und Verpflichtungen

Ziel 1: Erhebung und Nutzung korrekter und aufgeschlüsselter Daten als Grundlage für eine Politikgestaltung, die auf nachweisbaren Fakten beruht

17. Wir verpflichten uns, die globale Faktengrundlage zur internationalen Migration zu stärken und zu diesem Zweck die Erhebung, Analyse und Verbreitung genauer, verlässlicher und vergleichbarer Daten, die nach Geschlecht, Alter, Migrationsstatus und anderen im nationalen Kontext relevanten Merkmalen aufgeschlüsselt sind, zu verbessern und darin zu investieren und dabei gleichzeitig das Recht auf Privatheit gemäß den internationalen Menschenrechtsnormen zu wahren und personenbezogene Daten zu schützen. Wir verpflichten uns ferner, sicherzustellen, dass diese Daten die Forschung fördern, als Orientierung für eine faktengestützte Politikgestaltung und einen aufgeklärten öffentlichen Diskurs dienen und eine wirksame Überwachung und Evaluierung der Umsetzung der Verpflichtungen im Laufe der Zeit ermöglichen.

Um diese Verpflichtung zu verwirklichen, werden wir aus den folgenden Maßnahmen schöpfen. Wir werden

a) unter Mitwirkung aller relevanten Interessenträger und unter Anleitung der Statistischen Kommission der Vereinten Nationen eine umfassende Strategie ausarbeiten und umsetzen, die das Ziel hat, migrationsbezogene Daten auf lokaler, nationaler, regionaler und globaler Ebene zu verbessern, indem die Methoden der Datenerhebung harmonisiert und die Analyse und Verbreitung migrationsbezogener Daten und Indikatoren gestärkt werden;

b) die internationale Vergleichbarkeit und Kompatibilität von Statistiken und nationalen Datensystemen im Bereich Migration verbessern, einschließlich durch die Weiterentwicklung und Anwendung der statistischen Definition des Begriffs „internationaler Migrant", die Ausarbeitung eines Katalogs von Standards zur Messung von Migrationsbeständen und -strömen und die Dokumentierung von Migrationsmustern und -trends, Migrantenmerkmalen sowie Triebkräften und Auswirkungen von Migration;

c) ein globales Programm zum Aufbau und zur Stärkung nationaler Kapazitäten im Bereich der Datenerhebung, -analyse und -verbreitung entwickeln, das dem Zweck dient, Daten auszutauschen, Datenlücken zu schließen und wichtige Migrationstrends zu bewerten, die Zusammenarbeit zwischen relevanten Interessenträgern auf allen Ebenen zu fördern, gezielte Aus- und Fortbildung sowie finanzielle Unterstützung und technische Hilfe bereitzustellen und neue Datenquellen, einschließlich Megadaten, wirksam zu nutzen, und das von der Statistischen Kommission regelmäßig überprüft wird;

d) Daten zu den Auswirkungen und Vorteilen der Migration sowie zu den Beiträgen von Migranten und der Diaspora zur nachhaltigen Entwicklung erheben, analysieren und als Informationsquelle für die Umsetzung der Agenda 2030 für nachhaltige Entwicklung und der damit zusammenhängenden Strategien und Programme auf lokaler, nationaler, regionaler und globaler Ebene nutzen;

e) die Weiterentwicklung bestehender globaler und regionaler Datenbanken und -depots, darunter das globale Migrationsdatenportal der Internationalen Organisation für Migration (IOM) und die Globale Wissenspartnerschaft für Migration und Entwicklung (KNOMAD) der Weltbank, und die Zusammenarbeit zwischen ihnen unterstützen, mit dem Ziel, einschlägige Daten auf transparente und nutzerfreundliche Weise systematisch zu konsolidieren und gleichzeitig die interinstitutionelle Zusammenarbeit zu fördern, um Doppelspurigkeiten zu vermeiden;

f) regionale Forschungs- und Ausbildungszentren zum Thema Migration oder Migrationsbeobachtungsstellen, wie die Afrikanische Beobachtungsstelle für Migration und Entwicklung, einrichten und stärken, um Daten gemäß den Standards der Vereinten Nationen zu erheben und zu analysieren, einschließlich zu bewährten Verfahren, den Beiträgen von Migranten, den gesamten wirtschaftlichen, sozialen und politischen Vorteilen und Herausforderungen der Migration in den Herkunfts-, Transit- und Zielländern sowie den Triebkräften der Migration, mit dem Ziel, gemeinsame Strategien zu entwickeln und den Wert aufgeschlüsselter Migrationsdaten zu maximieren, in Abstimmung mit bestehenden regionalen und subregionalen Mechanismen;

g) die Datenerhebung auf nationaler Ebene durch eine möglichst frühzeitige Einbeziehung migrationsbezogener Fragen in nationale Zählungen verbessern, wie etwa zum Geburtsland, zum Geburtsland der Eltern, zum Land der Staatsangehörigkeit, zum Wohnsitzland fünf Jahre vor der Zählung, zum letzten Einreisedatum und zum Migrationsgrund, und so sicherstellen, dass die Ergebnisse, aufgeschlüsselt und tabelliert gemäß internationalen Standards, zeitnah für statistische Zwecke analysiert und verbreitet werden;

h) Haushalts-, Arbeitskräfte- und sonstige Erhebungen zur Sammlung von Informationen über die soziale und wirtschaftliche Integration von Migranten durchführen oder bestehenden Haushaltserhebungen Standard-Migrationsmodule anfügen, um die nationale, regionale und internationale Vergleichbarkeit zu verbessern, und die erhobenen Daten in Form öffentlich nutzbarer statistischer Mikrodatendateien zugänglich machen;

i) die Zusammenarbeit zwischen den für migrationsbezogene Daten zuständigen staatlichen Stellen und nationalen statistischen Ämtern verbessern, um migrationsbezogene Statistiken zu erstellen, unter anderem durch die Verwendung administrativer Aufzeichnungen für statistische Zwecke, wie etwa Ein- und Ausreisedaten, Visa, Aufenthaltsgenehmigungen, Bevölkerungsregister und andere einschlägige Quellen, bei gleichzeitiger Wahrung des Rechts auf Privatheit und Schutz personenbezogener Daten;

j) länderspezifische Migrationsprofile entwickeln und nutzen, die aufgeschlüsselte Daten zu allen migrationsrelevanten Aspekten im nationalen Kontext enthalten, darunter zum Bedarf auf dem Arbeitsmarkt, zur Nachfrage nach Fertigkeiten und deren Verfügbarkeit, zu den wirtschaftlichen, ökologischen und sozialen Auswirkungen von Migration, zu den Kosten für Rücküberweisungen, zu Gesundheit, Bildung, Beruf, Lebens- und Arbeitsbedingungen, Löhnen und Gehältern sowie zu den Bedürfnissen der Migranten und der Aufnahmegemeinschaften, mit dem Ziel, eine auf nachweisbaren Fakten beruhende Migrationspolitik zu entwickeln;

k) in Zusammenarbeit mit relevanten Interessenträgern in Herkunfts-, Transit- und Zielländern Forschungsarbeiten, Studien und Erhebungen zur Wechselbeziehung zwischen Migration und den drei Dimensionen der nachhaltigen Entwicklung, zu den Beiträgen und Fertigkeiten von Migranten und der Diaspora sowie zu ihren Bindungen zu den Herkunfts- und Zielländern durchführen.

Ziel 2: Minimierung nachteiliger Triebkräfte und struktureller Faktoren, die Menschen dazu bewegen, ihre Herkunftsländer zu verlassen

18. Wir verpflichten uns, förderliche politische, wirtschaftliche und soziale Bedingungen sowie Umweltbedingungen zu schaffen, unter denen die Menschen in ihren eigenen Ländern ein friedliches, produktives und nachhaltiges Leben führen und ihre persönlichen Ambitionen verwirklichen können, und gleichzeitig dafür zu sorgen, dass Verzweiflung und sich verschlechternde Umweltbedingungen sie nicht dazu veranlassen, durch irreguläre Migration anderswo eine Existenzgrundlage zu suchen. Wir verpflichten uns ferner, für eine rasche und vollständige Umsetzung der Agenda 2030 für nachhaltige Entwicklung zu sorgen sowie auf anderen bestehenden Rahmenwerken aufzubauen und in ihre Umsetzung zu investieren, um die Gesamtwirkung des Globalen Paktes zur Erleichterung einer sicheren, geordneten und regulären Migration zu erhöhen.

Um diese Verpflichtung zu verwirklichen, werden wir aus den folgenden Maßnahmen schöpfen. Wir werden

a) die Umsetzung der Agenda 2030 für nachhaltige Entwicklung, einschließlich der Ziele für nachhaltige Entwicklung und der Aktionsagenda von Addis Abeba, und der Verpflichtung, diejenigen zuerst zu erreichen, die am weitesten zurückliegen, sowie die Umsetzung des Übereinkommens von Paris und des Sendai-Rahmens für Katastrophenvorsorge 2015-2030 fördern;

b) in Programme investieren, die die Erfüllung der Ziele für nachhaltige Entwicklung durch die Staaten beschleunigen, mit dem Ziel, die nachteiligen Triebkräfte und strukturellen Faktoren zu beseitigen, die Menschen dazu bewegen, ihr Herkunftsland zu verlassen, unter anderem durch Armutsbeseitigung, Ernährungssicherung, Gesundheits- und Sanitärversorgung, Bildung, inklusives Wirtschaftswachstum, Infrastrukturentwicklung, städtische und ländliche Entwicklung, Schaffung von Arbeitsplätzen, menschenwürdige Arbeit, Gleichstellung der Geschlechter und Stärkung der Selbstbestimmung von Frauen und Mädchen, Aufbau von Resilienz und Katastrophenvorsorge, Klimawandelabschwächung und -anpassung, Bekämpfung der sozioökonomischen Auswirkungen aller Formen der Gewalt, Nichtdiskriminierung, Rechtsstaatlichkeit und gute Regierungsführung, Zugang zur Justiz und Schutz der Menschenrechte, sowie mit dem Ziel, friedliche und inklusive Gesellschaften mit wirksamen, rechenschaftspflichtigen und transparenten Institutionen zu schaffen und zu erhalten;

c) in enger Zusammenarbeit mit und zur Unterstützung von anderen Staaten, zuständigen nationalen und lokalen Behörden, nationalen Menschenrechtsinstitutionen und der Zivilgesellschaft Mechanismen zur Beobachtung und Vorauserkennung der Entwicklung von Gefahren und Bedrohungen, die Migrationsbewegungen auslösen oder beeinflussen könnten, einrichten oder stärken, Frühwarnsysteme stärken, Notstandsverfahren und -instrumentarien entwickeln, Notfalleinsätze in Gang setzen und die Normalisierung nach Notsituationen unterstützen;

d) in allen Regionen auf lokaler und nationaler Ebene in die nachhaltige Entwicklung investieren, damit alle Menschen ihr Leben verbessern und ihre Ambitionen verwirklichen können, durch Förderung dauerhaften, inklusiven und nachhaltigen Wirtschaftswachstums, einschließlich durch private und ausländische Direktinvestitionen und Handelspräferenzen, mit dem Ziel, förderliche Bedingungen zu schaffen, unter denen die Gemeinschaften und der einzelne Mensch Chancen im eigenen Land nutzen und eine nachhaltige Entwicklung voranbringen können;

e) in die Erschließung von Humanressourcen investieren, durch Förderung von Unternehmertum, Bildung, berufsausbildenden und -qualifizierenden Programmen und Partnerschaften sowie die Schaffung produktiver Arbeitsplätze, entsprechend den Bedürfnissen des Arbeitsmarktes und in Zusammenarbeit mit dem Privatsektor und den Gewerkschaften, mit dem Ziel, die Jugendarbeitslosigkeit zu senken, die Abwanderung hochqualifizierter Arbeitskräfte („brain drain") zu vermeiden und die Zuwanderung hochqualifizierter Arbeitskräfte („brain gain") in den Herkunftsländern zu optimieren sowie die demografische Dividende bestmöglich zu nutzen;

f) die Zusammenarbeit zwischen humanitären Akteuren und Entwicklungsakteuren stärken, unter anderem durch Förderung von gemeinsamen Analysen, Multi-Geber-Konzepten und mehrjährigen Finanzierungszyklen, um langfristige Maßnahmen zu entwickeln und Ergebnisse zu erzielen, die die Achtung der Rechte von Betroffenen, die Resilienz und die Bewältigungskapazitäten der Bevölkerung sowie die wirtschaftliche und soziale Eigenständigkeit sicherstellen, und durch Sicherstellung dessen, dass bei diesen Bemühungen die Migration berücksichtigt wird;

g) Migranten im Rahmen der nationalen Notfallvorsorge und -bewältigung berücksichtigen, einschließlich durch Berücksichtigung einschlägiger Empfehlungen aus den von Staaten gelenkten Beratungsprozessen, wie etwa der *Guidelines to Protect Migrants in Countries Experiencing Conflict or Natural Disaster* (Leitlinien der Initiative „Migrants in Countries in Crisis" zum Migrantenschutz in von Konflikten oder Naturkatastrophen betroffenen Ländern);

Naturkatastrophen, die nachteiligen Auswirkungen des Klimawandels und Umweltzerstörung

h) gemeinsame Analysen und den Informationsaustausch verstärken, um Migrationsbewegungen, die etwa durch plötzliche und schleichende Naturkatastrophen, die nachteiligen Auswirkungen des Klimawandels, Umweltzerstörung und andere prekäre Situationen ausgelöst werden können, besser zu dokumentieren, zu verstehen, vorherzusagen und zu bewältigen, und gleichzeitig sicherstellen, dass die Menschenrechte aller Migranten wirksam geachtet, geschützt und gewährleistet werden;

i) Strategien zur Anpassung und zur Stärkung der Resilienz gegenüber plötzlichen und schleichenden Naturkatastrophen, den nachteiligen Auswirkungen des Klimawandels und der Umweltzerstörung wie Wüstenbildung, Landverödung, Dürre und Anstieg des Meeresspiegels entwickeln, unter Berücksichtigung der möglichen Implikationen für Migration und in Anerkennung dessen, dass die Anpassung im Herkunftsland vorrangig ist;

j) Erwägungen betreffend Vertreibung in Katastrophenschutzstrategien einbeziehen und die Zusammenarbeit mit Nachbarländern und anderen in Betracht kommenden Ländern fördern, um hinsichtlich Frühwarnung, Notfallplanung, Vorratshaltung, Koordinierungsmechanismen, Evakuierungsplanung, Vorkehrungen für Aufnahme und Hilfeleistung sowie Aufklärung der Bevölkerung vorbereitet zu sein;

k) auf subregionaler und regionaler Ebene Konzepte und Mechanismen abstimmen und entwickeln, um der prekären Situation der von plötzlichen und schleichenden Naturkatastrophen betroffenen Menschen entgegenzuwirken, indem ihr Zugang zu einer humanitären Hilfe, die ihre Grundbedürfnisse deckt, gewährleistet wird, unter voller Achtung ihrer Rechte, gleichviel wo sie sich befinden, und indem nachhaltige Lösungen zur Steigerung der Resilienz und Eigenständigkeit gefördert werden, unter Berücksichtigung der Kapazitäten aller beteiligten Länder;

l) kohärente Ansätze zur Bewältigung der Herausforderungen von Migrationsbewegungen im Kontext plötzlicher und schleichender Naturkatastrophen entwickeln, einschließlich durch Berücksichtigung einschlägiger Empfehlungen aus den von Staaten gelenkten Beratungsprozessen, wie etwa der *Agenda for the Protection of Cross-Border Displaced Persons in the Context of Disasters and Climate Change* (Agenda zum Schutz der aufgrund von Katastrophen und Klimaänderungen über Grenzen hinweg Vertriebenen) und der Plattform zu Flucht vor Naturkatastrophen.

Ziel 3: Bereitstellung korrekter und zeitnaher Informationen in allen Phasen der Migration

19. Wir verpflichten uns zur Verstärkung unserer Anstrengungen, korrekte, aktuelle, zugängliche und transparente Informationen zu Migrationsfragen für Staaten, Gemeinschaften und Migranten in allen Phasen der Migration bereitzustellen, verfügbar zu machen und unter ihnen zu verbreiten. Wir verpflichten uns ferner, diese Informationen zur Entwicklung einer Migrationspolitik zu verwenden, die für alle Beteiligten ein hohes Maß an Planbarkeit und Rechtssicherheit schafft.

Um diese Verpflichtung zu verwirklichen, werden wir aus den folgenden Maßnahmen schöpfen. Wir werden

Menschenrechte
UDHR
ICCPR + Fak.prot.
ICESCR
CAT
EMRK
Minderh. Übk
Rassendiskr. Übk
EU-Charta
GFK, NY Erkl.
Migrationspakt
Flüchtlingspakt

a) eine zentralisierte und öffentlich zugängliche nationale Website erstellen und veröffentlichen, die über Möglichkeiten für eine reguläre Migration informiert, so etwa über landesspezifische Einwanderungsgesetze und -regelungen, Visumspflicht, Antragstellungs- formalitäten, Gebühren und Umwandlungskriterien, Voraussetzungen für eine Arbeitserlaubnis, erforderliche berufliche Qualifikationen, Prüfung und Anerkennung von Zeugnissen, Ausbildungs- und Studienmöglichkeiten sowie Lebenshaltungskosten und Lebensbedingungen, damit Migranten über eine Entscheidungsgrundlage verfügen;

b) eine systematische Zusammenarbeit und einen systematischen Dialog auf bilateraler, regionaler und internationaler Ebene fördern und verbessern, um Informationen über Migrationstrends auszutauschen, einschließlich durch gemeinsame Datenbanken, Online-Plattformen, internationale Ausbildungszentren und Verbindungsnetzwerke, bei gleichzeitiger Wahrung des Rechts auf Privatheit und Schutz personenbezogener Daten;

c) entlang wichtiger Migrationsrouten offene und frei zugängliche Informationsstellen einrichten, die Migranten auf Möglichkeiten für eine kindergerechte und geschlechtersensible Unterstützung und Beratung verweisen, Möglichkeiten zur Kommunikation mit der konsularischen Vertretung des Herkunftslandes bereitstellen und in einer für die Betroffenen verständlichen Sprache relevante Informationen bereitstellen können, unter anderem über Menschenrechte und Grundfreiheiten, angemessenen Schutz und angemessene Hilfe, Optionen und Wege für eine reguläre Migration und Rückkehrmöglichkeiten;

d) Neuankömmlingen gezielte, geschlechtersensible, kindergerechte, barrierefreie und umfassende Informationen und rechtliche Beratung über ihre Rechten und Pflichten zur Verfügung stellen, einschließlich über die Einhaltung der nationalen und lokalen Rechtsvorschriften, die Erlangung einer Arbeits- und Aufenthaltsgenehmigung, Statusanpassungen, die Registrierung bei Behörden, den Zugang zur Justiz für die Erstattung von Anzeigen wegen Rechtsverletzungen sowie den Zugang zu Grundleistungen;

e) in Zusammenarbeit mit lokalen Behörden, konsularischen und diplomatischen Vertretungen, dem Privatsektor, der Wissenschaft, Migranten- und Diasporaorganisationen sowie der Zivilgesellschaft mehrsprachige, geschlechtersensible und faktengestützte Informationskampagnen in den Herkunftsländern fördern und Aufklärungsveranstaltungen sowie Orientierungskurse vor der Abreise organisieren, um eine sichere, geordnete und reguläre Migration zu fördern und auf die mit irregulärer und unsicherer Migration verbundenen Risiken hinzuweisen.

Ziel 4: Sicherstellung, dass alle Migranten über den Nachweis einer rechtlichen Identität und ausreichende Dokumente verfügen

20. Wir verpflichten uns, das Recht aller Menschen auf eine rechtliche Identität zu erfüllen, indem wir alle unsere Staatsangehörigen mit Nachweisen ihrer Staatsangehörigkeit und relevanten Dokumenten ausstatten, die es nationalen und lokalen Behörden ermöglichen, die rechtliche Identität von Migranten bei der Einreise, während des Aufenthalts und zum Zwecke der Rückkehr festzustellen sowie effektive Migrationsverfahren, eine effiziente Bereitstellung von Diensten und eine bessere öffentliche Sicherheit zu gewährleisten. Wir verpflichten uns ferner, mittels geeigneter Maßnahmen sicherzustellen, dass Migranten in allen Phasen der Migration ausreichende Dokumente und Personenstandsurkunden wie Geburts-, Heirats- und Sterbeurkunden ausgestellt werden, um sie in die Lage zu versetzen, ihre Menschenrechte effektiv auszuüben.

Um diese Verpflichtung zu verwirklichen, werden wir aus den folgenden Maßnahmen schöpfen. Wir werden

a) die Systeme der Personenstandsregistrierung verbessern, mit besonderem Schwerpunkt darauf, nicht registrierte Personen und unsere im Ausland lebenden Staatsangehörigen zu erreichen, einschließlich durch die Ausstellung relevanter Ausweise und Personenstandsdokumente, die Stärkung der Kapazitäten und Investitionen in informations- und kommunikationstechnologische Lösungen, und dabei gleichzeitig das Recht auf Privatheit wahren und personenbezogene Daten schützen;

b) gemäß den Vorgaben der Internationalen Zivilluftfahrt-Organisation Reisedokumente vereinheitlichen, um die interoperable und universelle Anerkennung von Reisedokumenten zu erleichtern und Identitätsbetrug und Dokumentenfälschung zu bekämpfen, unter anderem durch Investitionen in die Digitalisierung und die Stärkung von Mechanismen zum Austausch biometrischer Daten, und dabei gleichzeitig das Recht auf Privatheit wahren und personenbezogene Daten schützen;

c) sicherstellen, dass unsere in anderen Ländern wohnhaften Staatsangehörigen auf angemessene, rasche, verlässliche und leicht zugängliche Weise konsularische Dokumente, einschließlich Ausweisen und Reisedokumenten, erhalten, unter Einsatz von Informations- und Kommunikationstechnologien sowie durch lokale Informations- und Kontaktarbeit, insbesondere in entfernt gelegenen Gebieten;

d) den Zugang zu personenbezogenen Dokumenten wie Reisepässen und Visa erleichtern und sicherstellen, dass die einschlägigen Vorschriften und Kriterien für den Erhalt solcher Dokumente nichtdiskriminierend sind, indem eine geschlechts- und alterssensible Überprüfung vorgenommen wird, um während des gesamten Migrationszyklus eine Erhöhung des Risikos, in eine prekäre Situation zu geraten, abzuwenden;

e) verstärkte Maßnahmen zur Verminderung der Staatenlosigkeit ergreifen, unter anderem, indem wir neugeborene Migranten registrieren, dafür sorgen, dass Frauen und Männer gleichermaßen ihre Staatsangehörigkeit an ihre Kinder weitergeben können, und im Hoheitsgebiet eines anderen Staates geborenen Kindern die Staatsangehörigkeit zuerkennen, insbesondere in Fällen, in denen das Kind sonst staatenlos wäre, unter voller Achtung des Menschenrechts auf eine Staatsangehörigkeit und im Einklang mit den innerstaatlichen Rechtsvorschriften;

f) die Bestimmungen zur Erbringung des Staatsangehörigkeitsnachweises in Einrichtungen zur Bereitstellung von Diensten überprüfen und revidieren, um sicherzustellen, dass Migranten, die ihre Staatsangehörigkeit oder rechtliche Identität nicht nachweisen können, weder der Zugang zu Grundleistungen noch ihre Menschenrechte verwehrt werden;

g) aufbauend auf bestehenden Praktiken auf lokaler Ebene, die die Teilhabe am Leben der Gemeinschaft erleichtern, etwa den Kontakt mit Behörden und den Zugang zu wichtigen Diensten, allen in einer Gemeinde lebenden Personen, einschließlich Migranten, Registrierungskarten ausstellen, auf denen grundlegende Informationen zur Person vermerkt sind, die aber keinen Anspruch auf Staatsangehörigkeit oder Aufenthalt begründen.

Ziel 5: Verbesserung der Verfügbarkeit und Flexibilität der Wege für eine reguläre Migration

21. Wir verpflichten uns, die Optionen und Wege für eine reguläre Migration in einer Weise anzupassen, die in Widerspiegelung der demografischen Wirklichkeit und der Realität auf dem Arbeitsmarkt Arbeitskräftemobilität und menschenwürdige Arbeit erleichtert, Bildungschancen optimiert, das Recht auf ein Familienleben wahrt und den Bedürfnissen von Migranten in einer prekären Situation gerecht wird, mit dem Ziel, die Verfügbarkeit von Wegen für eine sichere, geordnete und reguläre Migration zu verbessern und zu diversifizieren.

Um diese Verpflichtung zu verwirklichen, werden wir aus den folgenden Maßnahmen schöpfen. Wir werden

a) in Zusammenarbeit mit relevanten Interessenträgern menschenrechtsbasierte und geschlechtersensible bilaterale, regionale und multilaterale Vereinbarungen zur Arbeitskräftemobilität mit sektorspezifischen Standard-Beschäftigungsbedingungen entwickeln, unter Heranziehung der einschlägigen Standards, Richtlinien und Grundsätze der Internationalen Arbeitsorganisation (IAO) und im Einklang mit den internationalen Menschenrechtsnormen und dem internationalen Arbeitsrecht;

b) durch internationale und bilaterale Kooperationsvereinbarungen, wie beispielsweise Freizügigkeitsregelungen, Visaliberalisierung oder Visa für mehrere Länder, und durch Kooperationsrahmen für Arbeitskräftemobilität die regionale und regionenübergreifende Arbeitskräftemobilität erleichtern, im Einklang mit den nationalen Prioritäten, den Bedürfnissen des örtlichen Marktes und dem Qualifikationsangebot;

c) in Abstimmung mit dem Privatsektor und anderen relevanten Interessenträgern bestehende Optionen und Wege für eine reguläre Migration überprüfen und überarbeiten, mit dem Ziel, die Abstimmung von Qualifikationen mit dem Arbeitsmarktbedarf zu optimieren und den demografischen Realitäten und Entwicklungsherausforderungen und -chancen Rechnung zu tragen, im Einklang mit der Arbeitsmarktnachfrage und dem Qualifikationsangebot auf lokaler und nationaler Ebene;

d) flexible, auf Rechte gestützte und geschlechtersensible Arbeitsmobilitätsprogramme für Migranten entwickeln, im Einklang mit der Arbeitsmarktnachfrage auf lokaler und nationaler Ebene und dem Qualifikationsangebot auf allen Niveaus, darunter befristete, saisonale und zirkuläre Programme sowie Schnellspurprogramme in Bereichen mit Arbeitskräftemangel, durch Ausstellung flexibler, umwandelbarer und nichtdiskriminierender Visa und Genehmigungen, beispielsweise für dauerhafte und befristete Beschäftigung oder die mehrfache Einreise zu Studien-, Geschäfts-, Besuchs-, Investitions- und unternehmerischen Zwecken;

e) eine effektive Abstimmung von Qualifikationen mit dem Arbeitsmarktbedarf der Volkswirtschaft fördern, indem lokale Behörden und andere relevante Interessenträger, vor allem der Privatsektor und die Gewerkschaften, in die Analyse des lokalen Arbeitsmarktes, die Ermittlung von Qualifikationsdefiziten, die Festlegung von Qualifikationsanforderungsprofilen und die Bewertung der Wirksamkeit von Arbeitsmigrationsregelungen einbezogen werden, mit dem Ziel, durch reguläre Zugangswege eine marktorientierte Mobilität von Vertragsarbeitskräften sicherzustellen;

f) effiziente und wirksame Programme der Qualifikationsabstimmung fördern, in- dem die Fristen für die Bearbeitung von Visa und Erlaubnissen für Standard-Beschäftigungsgenehmigungen verkürzt werden und Arbeitgebern, die sich nachweislich an die Regeln halten, eine Beschleunigung und Erleichterung der Bearbeitung von Visa und Erlaubnissen angeboten wird;

g) nationale und regionale Verfahren für die Einreise und Aufenthalte von angemessener Dauer entwickeln oder bestehende Verfahren ausbauen, die auf der Grundlage mitmenschlicher, humanitärer oder sonstiger Erwägungen für Migranten gelten, die aufgrund plötzlicher Naturkatastrophen und anderer prekärer Situationen gezwungen sind, ihr Herkunftsland zu verlassen, beispielsweise durch die Erteilung von Visa aus humanitären Gründen, die Übernahme privater Patenschaften, die Gewährleistung des Bildungszugangs für Kinder und die Erteilung befristeter Arbeitsgenehmigungen, solange eine Anpassung im Herkunftsland oder eine Rückkehr dorthin nicht möglich ist;

h) bei der Ermittlung, Entwicklung und Verstärkung von Lösungen für Migranten zusammenarbeiten, die aufgrund von schleichenden Naturkatastrophen, den nachteiligen Auswirkungen des Klimawandels und Umweltzerstörung, beispielsweise Wüstenbildung, Landverödung, Dürren und Anstieg des Meeresspiegels, gezwungen sind, ihr Herkunftsland zu verlassen, einschließlich indem in Fällen, in denen eine Anpassung im Herkunftsland oder eine Rückkehr dorthin nicht möglich ist, Optionen für eine geplante Neuansiedlung und Visumerteilung konzipiert werden;

i) für Migranten auf allen Qualifikationsniveaus den Zugang zu Verfahren der Familienzusammenführung durch geeignete Maßnahmen erleichtern, die die Verwirklichung des Rechts auf ein Familienleben und das Wohl des Kindes fördern, einschließlich durch Überprüfung und Neufassung geltender Vorschriften, beispielsweise in Bezug auf Einkommen, Sprachkenntnisse, Aufenthaltsdauer, Arbeitsgenehmigung und Zugang zu sozialer Sicherheit und sozialen Diensten;

j) in Zusammenarbeit mit wissenschaftlichen Einrichtungen und anderen relevanten Interessenträgern vorhandene Möglichkeiten für akademische Mobilität erweitern, einschließlich durch bilaterale und multilaterale Vereinbarungen, die akademische Austausche ermöglichen, wie zum Beispiel Stipendien für Studierende und wissenschaftliche Fachkräfte, Gastprofessuren, gemeinsame Ausbildungsprogramme und internationale Forschungsmöglichkeiten.

Ziel 6: Förderung einer fairen und ethisch vertretbaren Rekrutierung von Arbeitskräften und Gewährleistung der Bedingungen für eine menschenwürdige Arbeit

22. Wir verpflichten uns, bestehende Rekrutierungsmechanismen zu überprüfen, um zu gewährleisten, dass sie fair und ethisch vertretbar sind, und alle Arbeitsmigranten vor allen Formen von Ausbeutung und Missbrauch zu schützen, um eine menschenwürdige Arbeit zu garantieren und den sozioökonomischen Beitrag von Migranten sowohl in ihren Herkunfts- als auch in ihren Zielländern zu maximieren.

Um diese Verpflichtung zu verwirklichen, werden wir aus den folgenden Maßnahmen schöpfen. Wir werden

a) die Unterzeichnung und Ratifikation der einschlägigen internationalen Übereinkünfte betreffend internationale Arbeitsmigration, Arbeitsrechte, menschenwürdige Arbeit und Zwangsarbeit sowie den Beitritt zu diesen Übereinkünften und ihre Durchführung fördern;

b) auf bestehenden bilateralen, subregionalen und regionalen Plattformen aufbauen, die Hindernisse für die Arbeitskräftemobilität überwunden und bewährte Verfahren in diesem Bereich aufgezeigt haben, indem ein regionenübergreifender Dialog gefördert wird, um dieses Wissen weiterzugeben und um die volle Achtung der Menschen- und Arbeitsrechte von Arbeitsmigranten auf allen Qualifikationsniveaus, einschließlich Hausangestellter mit Migrationshintergrund, zu fördern;

c) die Vorschriften betreffend öffentliche und private Vermittler von Arbeitskräften verbessern, um sie mit internationalen Richtlinien und bewährten Verfahren in Einklang zu bringen, und Vermittlern und Arbeitgebern verbieten, Arbeitsmigranten Vermittlungsgebühren oder ähnliche Kosten in Rechnung zu stellen oder auf sie zu verlagern, mit dem Ziel, Schuldknechtschaft, Ausbeutung und Zwangsarbeit zu verhindern, einschließlich durch die Schaffung verbindlicher, durchsetzbarer Mechanismen für eine wirksame Regulierung und Überwachung der Vermittlungsbranche;

d) mit allen relevanten Interessenträgern, einschließlich Arbeitgebern, Arbeitsmigrantenorganisationen und Gewerkschaften, Partnerschaften bilden, um sicherzustellen, dass Arbeitsmigranten schriftliche Verträge erhalten und in einer ihnen verständlichen Sprache über die darin enthaltenen Bestimmungen, die Vorschriften in Bezug auf die internationale Rekrutierung von Arbeitskräften und die Beschäftigung im Zielland, ihre Rechte und Pflichten sowie über ihre Zugangsmöglichkeiten zu wirksamen Beschwerde- und Rechtsbehelfsmechanismen aufgeklärt werden;

e) innerstaatliche Rechtsvorschriften zur Bestrafung von Menschenrechts- und Arbeitsrechtsverletzungen, insbesondere in Fällen von Zwangs- und Kinderarbeit, erlassen und umsetzen und in Zusammenarbeit mit dem Privatsektor, einschließlich Arbeitgebern, Arbeitskräftevermittlern, Subunternehmern und Lieferanten, Partnerschaften aufbauen, die menschenwürdige Arbeitsbedingungen fördern, Missbrauch und Ausbeutung verhindern und sicherstellen, dass die Rollen und Verantwortlichkeiten innerhalb der Rekrutierungs- und Beschäftigungsprozesse klar umrissen sind, wodurch die Transparenz der Lieferkette erhöht wird;

f) die Durchsetzung von Normen und Grundsätzen für eine faire und ethisch vertretbare Rekrutierung von Arbeitskräften und menschenwürdige Arbeit verstärken und zu diesem Zweck die Fähigkeit von Arbeitsaufsichts- und anderen Behörden verbessern, Arbeitskräftevermittler, Arbeitgeber und Dienstleister in allen Sektoren besser zu überwachen, und so sicherstellen, dass die internationalen Menschenrechts- und Arbeitsrechtsnormen eingehalten werden, um alle Formen der Ausbeutung, Sklaverei, Knechtschaft und Zwangs-, Pflicht- oder Kinderarbeit zu verhindern;

g) Prozesse der Arbeitsmigration und einer fairen und ethisch vertretbaren Rekrutierung entwickeln und verstärken, die es Migranten ermöglichen, mit minimalem Verwaltungsaufwand den Arbeitgeber zu wechseln und die Bedingungen oder die Dauer ihres Aufenthalts zu ändern, und dabei gleichzeitig mehr Chancen auf menschenwürdige Arbeit und die Achtung der internationalen Menschenrechts- und Arbeitsrechtsnormen fördern;

h) Maßnahmen ergreifen, die die Einziehung oder ohne Einwilligung erfolgende Einbehaltung von Arbeitsverträgen und Reise- oder Ausweisdokumenten von Migranten verbieten, um Missbrauch, alle Formen von Ausbeutung, Zwangs-, Pflicht- und Kinderarbeit, Erpressung und andere Situationen der Abhängigkeit zu verhindern und Migranten zu ermöglichen, ihre Menschenrechte in vollem Umfang auszuüben;

i) Arbeitsmigranten, die einer bezahlten und vertragsgemäßen Arbeit nachgehen, dieselben Arbeitsrechte und denselben Arbeitsschutz gewährleisten, die allen Arbeitskräften im jeweiligen Sektor gewährt werden, beispielsweise das Recht auf gerechte und befriedigende Arbeitsbedingungen, auf gleiches Entgelt für gleichwertige Arbeit, auf Versammlungs- und Vereinigungsfreiheit zu friedlichen Zwecken und auf das erreichbare Höchstmaß an körperlicher und geistiger Gesundheit, einschließlich durch Lohnschutzmechanismen, sozialen Dialog und Mitgliedschaft in Gewerkschaften;

j) sicherstellen, dass Migranten, die in der informellen Wirtschaft arbeiten, bei Ausbeutung, Missbrauch oder Verletzung ihrer Rechte am Arbeitsplatz einen sicheren Zugang zu wirksamen Anzeige-, Beschwerde- und Rechtsbehelfsmechanismen haben, ohne dass diejenigen von ihnen, die solche Vorkommnisse anprangern, in eine noch prekärere Situation geraten, und dass sie an den jeweiligen Rechtsverfahren, sei es im Herkunfts- oder im Zielland, teilnehmen können;

k) die einschlägigen nationalen Arbeitsgesetze und beschäftigungspolitischen Strategien und Programme überprüfen, um sicherzustellen, dass sie den besonderen Bedürfnissen und Beiträgen von Arbeitsmigrantinnen Rechnung tragen, insbesondere denjenigen, die als Hausangestellte arbeiten oder Tätigkeiten nachgehen, die eine geringe Qualifikation erfordern, und gezielte Maßnahmen ergreifen, um alle Formen von Ausbeutung und Missbrauch, einschließlich sexueller und geschlechtsspezifischer Gewalt, zu verhindern, zu melden, zu bekämpfen und wirksame Rechtsbehelfe dagegen zu schaffen, als Grundlage für die Förderung einer geschlechtersensiblen Politik zur Arbeitskräftemobilität;

l) nationale Richtlinien und Programme betreffend die internationale Arbeitskräftemobilität entwickeln und verbessern und dabei die einschlägigen Empfehlungen der von der IAO herausgegebenen *General Principles and Operational Guidelines for Fair Recruitment* (Allgemeine Grundsätze und operative Leitlinien für faire Rekrutierung), der Leitprinzipien der Vereinten Nationen für Wirtschaft und Menschenrechte[21] und des Internationalen Systems für Integrität bei der Rekrutierung (International Recruitment Integrity System, IRIS) der IOM zu berücksichtigen.

Zu Z. 22:

[21] Guiding Principles on Business and Human Rights: Implementing the United Nations „Protect, Respect and Remedy" Framework (A/HRC/17/31, Anhang). In Deutsch verfügbar unter https://www.globalcompact.de/wAssets/docs/Menschenrechte/UN-Leitprinzipien-DE.pdf.

Ziel 7: Bewältigung und Minderung prekärer Situationen im Rahmen von Migration

23. Wir verpflichten uns, auf die Bedürfnisse von Migranten einzugehen, die sich aufgrund der Bedingungen, unter denen sie unterwegs sind oder mit denen sie im Herkunfts-, Transit- oder Zielland konfrontiert sind, in prekären Situationen befinden können, und sie zu diesem Zweck im Einklang mit unseren völkerrechtlichen Verpflichtungen zu unterstützen und ihre Menschenrechte zu schützen. Wir verpflichten uns ferner, in Situationen, in denen Kinder betroffen sind, jederzeit das Wohl des Kindes als vorrangigen Gesichtspunkt zu wahren und im Umgang mit prekären Situationen einen geschlechtersensiblen Ansatz anzuwenden, einschließlich bei Antwortmaßnahmen auf gemischte Flucht- und Migrationsbewegungen.

Um diese Verpflichtung zu verwirklichen, werden wir aus den folgenden Maßnahmen schöpfen. Wir werden

a) einschlägige Richtlinien und Verfahrensweisen überprüfen, um sicherzustellen, dass sie Migranten nicht in prekäre Situationen bringen oder solche Situationen verschärfen oder unabsichtlich verstärken, unter anderem indem ein menschenrechtsbasierter, geschlechter- und behindertensensibler sowie alters- und kindergerechter Ansatz verfolgt wird;

b) umfassende Regelungen treffen und Partnerschaften entwickeln, die Migranten in einer prekären Situation ungeachtet ihres Migrationsstatus in allen Phasen der Migration notwendige Unterstützung geben, durch Identifizierung und Hilfestellung sowie Schutz ihrer Menschenrechte, insbesondere in Fällen im Zusammenhang mit gefährdeten Frauen, Kindern, insbesondere unbegleiteten und von ihrer Familie getrennten Kindern, Angehörigen ethnischer und religiöser Minderheiten, Opfern von Gewalt, einschließlich sexueller und geschlechtsspezifischer Gewalt, älteren Menschen, Menschen mit Behinderungen, Menschen, die aus irgendeinem Grund diskriminiert werden, Angehörigen indigener Völker, Arbeitskräften, die Ausbeutung und Missbrauch ausgesetzt sind, Hausangestellten, Opfern von Menschenhandel und Migranten, die im Kontext von Migrantenschleusung Ausbeutung und Missbrauch ausgesetzt sind;

c) eine geschlechtersensible Migrationspolitik entwickeln, die den besonderen Bedürfnissen und prekären Situationen migrierender Frauen, Mädchen und Jungen Rechnung trägt und Hilfeleistung, Gesundheitsversorgung, psychologische und sonstige Beratungsdienste sowie Zugang zur Justiz und die Bereitstellung wirksamer Rechtsbehelfe, insbesondere in Fällen sexueller und geschlechtsspezifischer Gewalt, Misshandlung und Ausbeutung, einschließen kann;

d) in Zusammenarbeit mit relevanten Interessenträgern, insbesondere dem Privatsektor, die bestehenden einschlägigen Arbeitsgesetze und Arbeitsbedingungen überprüfen, um die Gefahren und Missbräuche zu ermitteln und wirksam zu bekämpfen, denen Arbeitsmigranten aller Qualifikationsniveaus am Arbeitsplatz ausgesetzt sind, einschließlich derjenigen, die Hausangestellte sind und die in der informellen Wirtschaft arbeiten;

e) im Rahmen nationaler Kinderschutzsysteme Kindermigranten Rechnung tragen und zu diesem Zweck robuste Verfahren zu ihrem Schutz in relevanten gesetzgeberischen, administrativen und gerichtlichen Verfahren und Entscheidungen sowie in allen migrationspolitischen Strategien und Programmen, die sich auf Kinder auswirken, festlegen, darunter Maßnahmen und Leistungen im Bereich des konsularischen Schutzes sowie grenzübergreifende Kooperationsrahmen, um zu gewährleisten, dass der Grundsatz des Kindeswohls angemessen integriert, einheitlich ausgelegt und in Abstimmung und Zusammenarbeit mit Kinderschutzbehörden angewandt wird;

f) unbegleitete und von ihren Familien getrennte Kinder in allen Phasen der Migration durch die Festlegung spezieller Verfahren zu ihrer Identifizierung, Weiterverweisung, Betreuung und Familienzusammenführung schützen und ihnen den Zugang zu Gesundheitsversorgung, einschließlich im Bereich der psychischen Gesundheit, sowie zu Bildung, rechtlicher Unterstützung und dem Recht, in Verwaltungs- und Gerichtsverfahren gehört zu werden, gewährleisten, einschließlich durch die zügige Bestellung eines kompetenten und unparteiischen Vormunds, als wesentliches Mittel, um den besonderen Verwundbarkeiten und der Diskriminierung, denen sie ausgesetzt sind, zu begegnen, sie vor allen Formen von Gewalt zu schützen und ihnen zu nachhaltigen Lösungen zu verhelfen, die in ihrem besten Interesse liegen;

g) sicherstellen, dass Migranten in sie betreffenden Gerichtsverfahren, einschließlich bei jeder damit zusammenhängenden gerichtlichen oder administrativen Anhörung, Zugang zu einer staatlichen oder bezahlbaren unabhängigen rechtlichen Unterstützung und Vertretung haben, um zu gewährleisten, dass alle Migranten überall vor dem Gesetz als Person anerkannt werden und dass die Rechtsprechung unparteiisch und nichtdiskriminierend ist;

h) zugängliche und zweckdienliche Verfahren entwickeln, die den Übergang von einem Status zum anderen erleichtern und Migranten über ihre Rechte und Pflichten informieren, um zu vermeiden, dass sie im Zielland in einen irregulären Status geraten, die Unsicherheit in Bezug auf den Status und die damit verbundenen Verwundbarkeiten zu mindern sowie individuelle Statusprüfungen für

Migranten zu ermöglichen, auch für diejenigen, die ihren regulären Status verloren haben, ohne dass sie eine willkürliche Ausweisung befürchten müssen;

i) aufbauend auf bestehenden Verfahrensweisen Migranten mit irregulärem Status auf Einzelfallbasis und mit klaren und transparenten Kriterien den Zugang zu einer individuellen Prüfung, die zu einem regulären Status führen kann, erleichtern, insbesondere in Fällen, in denen Kinder, Jugendliche und Familien betroffen sind, als Option, um prekäre Situationen zu mindern sowie Staaten zu ermöglichen, sich ein besseres Wissen über die ansässige Bevölkerung zu verschaffen;

j) konkrete Unterstützungsmaßnahmen treffen, um sicherzustellen, dass Migranten, die in Transit- und Zielländern in Krisensituationen geraten sind, Zugang zu konsularischem Schutz und humanitärer Hilfe haben, so auch durch Erleichterung der grenzübergreifenden und breiteren internationalen Zusammenarbeit und Berücksichtigung von Migrantengruppen bei der Krisenvorsorge, bei Notfallmaßnahmen und bei der Krisennachsorge;

k) lokale Behörden und relevante Interessenträger an der Identifizierung, Weiterverweisung und Unterstützung von Migranten, die sich in einer prekären Situation befinden, beteiligen, einschließlich durch Vereinbarungen mit nationalen Schutzeinrichtungen und Anbietern von rechtlicher Unterstützung und Diensten sowie die Inanspruchnahme mobiler Einsatzteams, wo diese bestehen;

l) nationale Strategien und Programme zur Verbesserung der nationalen Maßnahmen entwickeln, die den Bedürfnissen von Migranten in prekären Situationen Rechnung tragen, und dabei die einschlägigen Empfehlungen der von der Globalen Gruppe für Migrationsfragen herausgegebenen *Principles and Guidelines, supported by practical guidance, on the human rights protection of migrants in vulnerable situations* (Grundsätze und Leitlinien, gestützt auf praktische Anleitung, über den Schutz der Menschenrechte von Migranten in prekären Situationen) berücksichtigen.

Ziel 8: Rettung von Menschenleben und Festlegung koordinierter internationaler Maßnahmen betreffend vermisste Migranten

24. Wir verpflichten uns zur internationalen Zusammenarbeit mit dem Ziel, durch einzelne oder gemeinsame Such- und Rettungseinsätze und durch standardisierte Sammlung und Austausch einschlägiger Informationen Menschenleben zu retten und den Tod und die Verletzung von Migranten zu verhindern, in kollektiver Verantwortung für den Schutz des Lebens aller Migranten und im Einklang mit dem Völkerrecht. Wir verpflichten uns ferner, die Toten oder Vermissten zu identifizieren und die Kommunikation mit den betroffenen Familien zu erleichtern.

Um diese Verpflichtung zu verwirklichen, werden wir aus den folgenden Maßnahmen schöpfen. Wir werden

a) Verfahren und Vereinbarungen für die Suche und Rettung von Migranten erarbeiten, deren primäres Ziel es ist, das Recht von Migranten auf Leben zu schützen, und die das Verbot der Kollektivausweisung aufrechterhalten, ordnungsgemäße Verfahren und Einzelprüfungen garantieren, Aufnahme- und Hilfskapazitäten verbessern und sicherstellen, dass die Bereitstellung von Hilfe aus rein humanitären Gründen nicht als rechtswidrig erachtet wird;

b) die Auswirkungen migrationsbezogener Politik und Gesetzgebung überprüfen, um sicherzustellen, dass diese nicht das Risiko des Verschwindens von Migranten erhöhen oder hervorrufen, unter anderem indem die gefährlichen Migrationsrouten ermittelt werden, mit anderen Staaten sowie relevanten Interessenträgern und internationalen Organisationen zusammengearbeitet wird, um die kontextuellen Risiken zu erkennen, und entsprechende Mechanismen zur Verhinderung solcher Situationen und zur Reaktion darauf geschaffen werden, mit besonderer Aufmerksamkeit auf Kindern, insbesondere unbegleiteten oder von ihren Familien getrennten Kindern;

c) Migranten ermöglichen, unverzüglich mit ihren Familien Kontakt aufzunehmen und ihnen mitzuteilen, dass sie am Leben sind, indem ihnen entlang der Routen und an ihren Zielorten, einschließlich an Orten, wo sie in Gewahrsam gehalten werden, Zugang zu Kommunikationsmitteln sowie zu konsularischen Vertretungen, lokalen Behörden und Organisationen, die bei der Kontaktaufnahme zur Familie Hilfestellung leisten können, verschafft wird, insbesondere in Fällen, in denen unbegleitete oder von ihren Familien getrennte Kinder und Jugendliche betroffen sind;

d) grenzüberschreitende Koordinierungskanäle einrichten, einschließlich im Wege konsularischer Zusammenarbeit, und Kontaktstellen benennen, an die sich Familien auf der Suche nach vermissten Migranten wenden können, um über den Stand der Suche auf dem Laufenden gehalten zu werden, bei gleichzeitiger Wahrung des Rechts auf Privatheit und Schutz personenbezogener Daten;

e) Daten in Bezug auf Leichen sammeln, zentralisieren und systematisieren und die Rückverfolgbarkeit nach der Bestattung im Einklang mit international anerkannten forensischen Standards sicherstellen sowie Koordinierungskanäle auf grenzüberschreitender Ebene einrichten, um die Identifizierung der Leichen und die Bereitstellung von Informationen für die Familien zu erleichtern;

f) alles tun, einschließlich durch internationale Zusammenarbeit, um die sterblichen Überreste von Migranten zu bergen, zu identifizieren und in ihre Herkunftsländer zurückzuführen, entsprechend den Wünschen der trauernden Familien, und im Falle nicht identifizierter Personen die Identifizierung und nachfolgende Bergung der sterblichen Überreste erleichtern, wobei wir sicherstellen, dass die Überreste in einer würdigen, respektvollen und angemessenen Weise behandelt werden.

Ziel 9: Verstärkung der grenzübergreifenden Bekämpfung der Schleusung von Migranten

25. Wir verpflichten uns, die gemeinsamen Anstrengungen zur Prävention und Bekämpfung der Schleusung von Migranten zu intensivieren, indem wir die Kapazitäten und die internationale Zusammenarbeit zur Prävention, Untersuchung, strafrechtlichen Verfolgung und Bestrafung der Schleusung von Migranten verstärken, mit dem Ziel, der Straflosigkeit der Schleusernetzwerke ein Ende zu bereiten. Wir verpflichten uns ferner, zu gewährleisten, dass Migranten nicht strafrechtlich dafür verfolgt werden können, dass sie Gegenstand der Schleusung waren, ungeachtet einer potenziellen strafrechtlichen Verfolgung wegen anderer Verstöße gegen nationales Recht. Wir verpflichten uns außerdem, geschleuste Migranten zu identifizieren, um ihre Menschenrechte zu schützen, und dabei die besonderen Bedürfnisse von Frauen und Kindern zu berücksichtigen und insbesondere diejenigen Migranten, die unter erschwerenden Umständen geschleust wurden, zu unterstützen, im Einklang mit dem Völkerrecht.

Um diese Verpflichtung zu verwirklichen, werden wir aus den folgenden Maßnahmen schöpfen. Wir werden

a) die Ratifikation des Protokolls gegen die Schleusung von Migranten auf dem Land-, See- und Luftweg zum Übereinkommen der Vereinten Nationen gegen die grenzüberschreitende organisierte Kriminalität, den Beitritt zu diesem Protokoll und seine Durchführung fördern;

b) über grenzüberschreitende, regionale und bilaterale Mechanismen einschlägige Informationen und erkennungsdienstliche Daten über Schleuserrouten, Modus Operandi und Finanztransaktionen von Schleusernetzwerken und die Gefahren, denen geschleuste Migranten ausgesetzt sind, sowie andere Daten austauschen, um die Schleusernetzwerke zu zerschlagen und gemeinsame Abwehrmaßnahmen zu verbessern;

c) geschlechtersensible und kindergerechte Protokolle für die Kooperation entlang der Migrationsrouten erarbeiten, in denen Schritt für Schritt Maßnahmen zur adäquaten Identifizierung und Unterstützung geschleuster Migranten aufgeführt sind, im Einklang mit dem Völkerrecht, sowie die grenzüberschreitende Zusammenarbeit von Strafverfolgungsbehörden und Nachrichtendiensten erleichtern, um die Schleusung von Migranten zu verhüten und zu bekämpfen und so die Straflosigkeit für Schleuser zu beenden und irreguläre Migration zu verhindern, und dabei gleichzeitig sicherstellen, dass bei allen Maßnahmen zur Bekämpfung der Schleusung die Menschenrechte in vollem Umfang geachtet werden;

d) im Einklang mit dem Völkerrecht die erforderlichen gesetzgeberischen und sonstigen Maßnahmen treffen, um die Schleusung von Migranten, wenn vorsätzlich und zur Erlangung eines finanziellen oder sonstigen materiellen Vorteils begangen, als Straftat zu umschreiben, und für Schleusung von Migranten unter erschwerenden Umständen höhere Strafen vorsehen;

e) einschlägige Politiken und Verfahren konzipieren, überprüfen oder ändern, um zwischen den Straftatbeständen der Schleusung von Migranten und des Menschenhandels mittels der korrekten Definitionen und Anwendung unterschiedlicher Maßnahmen gegen diese separaten Verbrechen zu unterscheiden, bei gleichzeitiger Anerkennung dessen, dass geschleuste Migranten auch Opfer von Menschenhandel werden können und daher geeigneten Schutz und Hilfe benötigen;

f) in Partnerschaft mit anderen Staaten und relevanten Interessenträgern Maßnahmen zur Prävention der Schleusung von Migranten entlang des Migrationszyklus ergreifen, unter anderem durch Zusammenarbeit auf dem Gebiet der Entwicklung, der Öffentlichkeitsarbeit, der Justiz sowie der Ausbildung und des Aufbaus technischer Kapazitäten auf nationaler und regionaler Ebene, mit besonderem Augenmerk auf den geografischen Gebieten, in denen die irreguläre Migration systematisch ihren Ursprung hat.

Ziel 10: Prävention, Bekämpfung und Beseitigung von Menschenhandel im Kontext der internationalen Migration

26. Wir verpflichten uns, gesetzgeberische oder sonstige Maßnahmen zu treffen, um Menschen-

handel im Kontext internationaler Migration zu verhüten, zu bekämpfen und zu beseitigen, indem wir die Kapazitäten und die internationale Zusammenarbeit zur Untersuchung, strafrechtlichen Verfolgung und Bestrafung von Menschenhandel verstärken, der Nachfrage entgegenwirken, die eine zu Menschenhandel führende Ausbeutung fördert, und der Straflosigkeit für Menschenhändlernetzwerke ein Ende setzen. Wir verpflichten uns ferner, die Identifizierung, den Schutz und die Unterstützung von Migranten, die Opfer von Menschenhandel geworden sind, zu verbessern und dabei Frauen und Kindern besondere Aufmerksamkeit zu widmen.

Um diese Verpflichtung zu verwirklichen, werden wir aus den folgenden Maßnahmen schöpfen. Wir werden

a) die Ratifikation des Protokolls zur Verhütung, Bekämpfung und Bestrafung des Menschenhandels, insbesondere des Frauen- und Kinderhandels, zum Übereinkommen der Vereinten Nationen gegen die grenzüberschreitende organisierte Kriminalität, den Beitritt zu diesem Protokoll und seine Durchführung fördern;

b) die Umsetzung des Weltaktionsplans der Vereinten Nationen zur Bekämpfung des Menschenhandels[22)] fördern und bei der Ausarbeitung und Umsetzung nationaler und regionaler Politiken und Maßnahmen gegen den Menschenhandel die einschlägigen Empfehlungen des vom Büro der Vereinten Nationen für Drogen- und Verbrechensbekämpfung (UNODC) entwickelten *Toolkit to Combat Trafficking in Persons* (Instrumentarium zur Bekämpfung des Menschenhandels) und anderer einschlägiger Dokumente des UNODC berücksichtigen;

c) die Routen irregulärer Migration, die von Menschenhändlernetzwerken zum Zweck der Anwerbung und Viktimisierung geschleuster oder irregulärer Migranten ausgenutzt werden können, überwachen, mit dem Ziel, die Zusammenarbeit bei der Prävention und Untersuchung von Menschenhandel und der strafrechtlichen Verfolgung der Tatverantwortlichen sowie bei der Identifizierung, dem Schutz und der Unterstützung der Opfer von Menschenhandel auf bilateraler, regionaler und regionenübergreifender Ebene zu verstärken;

d) über transnationale und regionale Mechanismen einschlägige Informationen und nachrichtendienstliche Erkenntnisse austauschen, einschließlich über den Modus Operandi, die Geschäftsmodelle und die Bedingungen, die Menschenhändlernetzwerke antreiben, die Zusammenarbeit zwischen allen zuständigen Akteuren, darunter Zentralstellen für Geldwäschemeldungen und Finanztransaktionsuntersuchungen („financial intelligence units"), Regulierungsbehörden und Finanzinstitutionen verstärken, um die mit Menschenhandel zusammenhängenden Finanzströme zu ermitteln und zu unterbinden, und die justizielle Zusammenarbeit und Durchsetzung verbessern, um Rechenschaft zu gewährleisten und die Straflosigkeit zu beenden;

e) Maßnahmen anwenden, die den besonderen Verwundbarkeiten von Frauen, Männern, Mädchen und Jungen, die Menschenhandel und anderen Formen der Ausbeutung unterworfen wurden oder davon bedroht sind, ungeachtet ihres Migrationsstatus Rechnung tragen, indem ihnen der Zugang zur Justiz erleichtert und eine sichere Anzeigenerstattung ohne Furcht vor Freiheitsentzug, Abschiebung oder Bestrafung ermöglicht wird, der Schwerpunkt auf Prävention, Identifizierung, angemessenen Schutz und Unterstützung gelegt wird und gegen spezifische Formen von Missbrauch und Ausbeutung vorgegangen wird;

f) sicherstellen, dass der Begriff des Menschenhandels, der in den Rechtsvorschriften, in der Migrationspolitik und -planung sowie in der strafrechtlichen Verfolgung verwendet wird, der völkerrechtlichen Definition entspricht, damit zwischen den Straftatbeständen des Menschenhandels und der Schleusung von Migranten unterschieden wird;

g) die Rechtsvorschriften und einschlägigen Verfahren stärken, um die Strafverfolgung von Menschenhändlern zu verbessern, Migranten, die Opfer von Menschenhandel sind, nicht wegen Straftaten in Verbindung mit Menschenhandel zu kriminalisieren und sicherzustellen, dass das Opfer einen angemessenen Schutz und eine angemessene Unterstützung erhält, an die nicht die Bedingung einer Kooperation mit den Behörden gegen mutmaßliche Menschenhändler geknüpft ist;

h) im Einklang mit dem Völkerrecht Migranten, die Opfer von Menschenhandel geworden sind, Schutz und Unterstützung gewähren, beispielsweise in Form von Maßnahmen zur körperlichen, seelischen und sozialen Genesung sowie Maßnahmen, die ihnen in geeigneten Fällen ein vorübergehendes oder dauerhaftes Bleiberecht im Zielland gestatten, und ihnen den Zugang zur Justiz, einschließlich Wiedergutmachung und Entschädigung, ermöglichen;

Zu Z. 26:

[22)] *Resolution 64/293.*

i) nationale und lokale Informationssysteme und Programme zur Sensibilisierung und Aufklärung von Bürgerinnen und Bürgern, Arbeitgebern, Beamten und Strafverfolgungspersonal einrichten und die Kapazitäten zur Erkennung von Anzeichen von Menschenhandel, wie etwa Zwangs-, Pflicht- oder Kinderarbeit, in den Herkunfts-, Transit- und Zielländern verstärken;

j) in Partnerschaft mit relevanten Interessenträgern in Kampagnen zur Sensibilisierung von Migranten sowie Migrationswilligen für die Risiken und Gefahren des Menschenhandels investieren und sie darüber informieren, wie Menschenhandelsaktivitäten verhindert und angezeigt werden können.

Ziel 11: Integriertes, sicheres und koordiniertes Grenzmanagement

27. Wir verpflichten uns, das Management unserer nationalen Grenzen zu koordinieren, die bilaterale und regionale Zusammenarbeit zu fördern, die Sicherheit der Staaten, Gemeinschaften und Migranten zu gewährleisten, sichere und reguläre Grenzübertritte zu ermöglichen und gleichzeitig irreguläre Migration zu verhindern. Wir verpflichten uns ferner, eine Grenzmanagementpolitik durchzuführen, die die nationale Souveränität, die Rechtsstaatlichkeit, die völkerrechtlichen Verpflichtungen und die Menschenrechte aller Migranten ungeachtet ihres Migrationsstatus achtet und nichtdiskriminierend, geschlechtersensibel und kindergerecht ist.

Um diese Verpflichtung zu verwirklichen, werden wir aus den folgenden Maßnahmen schöpfen. Wir werden

a) unter Berücksichtigung der besonderen Situation der Transitländer die internationale, regionale und regionenübergreifende Zusammenarbeit im Grenzmanagement bei der ordnungsgemäßen Identifizierung, der raschen und effizienten Weiterverweisung, der Unterstützung und dem angemessenen Schutz von Migranten in prekären Situationen an oder in der Nähe von internationalen Grenzen verbessern, unter Einhaltung der internationalen Menschenrechtsnormen, und zu diesem Zweck einen Gesamtregierungsansatz verfolgen, gemeinsame grenzübergreifende Trainings durchführen und Kapazitätsaufbaumaßnahmen fördern;

b) geeignete Strukturen und Mechanismen für ein effektives integriertes Grenzmanagement schaffen und zu diesem Zweck für umfassende und effiziente Grenzübertrittsverfahren sorgen, einschließlich durch Vorabkontrollen ankommender Personen, Vorabübermittlung von Passagierinformationen durch Beförderungsunternehmen und Nutzung der Informations- und Kommunikationstechnologien, und dabei den Grundsatz der Nichtdiskriminierung wahren, das Recht auf Privatheit achten und personenbezogene Daten schützen;

c) die einschlägigen nationalen Verfahren der Grenzkontrolle, der Einzelprüfung und der Befragung überprüfen und revidieren, um zu gewährleisten, dass die Verfahren an internationalen Grenzen ordnungsgemäß ablaufen und dass alle Migranten im Einklang mit den internationalen Menschenrechtsnormen behandelt werden, einschließlich in Zusammenarbeit mit nationalen Menschenrechtsinstitutionen und anderen relevanten Interessenträgern;

d) Vereinbarungen zur technischen Zusammenarbeit erarbeiten, die es Staaten ermöglichen, Ressourcen, Ausrüstungen und sonstige technische Hilfe zur Stärkung des Grenzmanagements anzufordern und anzubieten, insbesondere bei Such- und Rettungseinsätzen sowie in anderen Notfallsituationen;

e) im Einklang mit dem Völkerrecht sicherstellen, dass Kinderschutzbehörden unverzüglich informiert und angewiesen werden, sich an Verfahren zur Feststellung des Kindeswohls zu beteiligen, sobald ein unbegleitetes oder von seiner Familie getrenntes Kind eine internationale Grenze überschreitet, was die Schulung von Grenzbeamten im Umgang mit den Rechten des Kindes und mit kindergerechten Verfahren einschließt, wie etwa Verfahren zur Prävention von Familientrennungen oder zur Zusammenführung getrennter Familien;

f) die einschlägigen Gesetze und Vorschriften überprüfen und revidieren, um festzustellen, ob Sanktionen eine geeignete Antwort auf irreguläre Einreise oder irregulären Aufenthalt sind, und wenn ja, sicherzustellen, dass die Sanktionen verhältnismäßig, ausgewogen und nichtdiskriminierend sind und in vollem Umfang rechtsstaatlichen Verfahren und anderen völkerrechtlichen Verpflichtungen entsprechen;

g) die grenzüberschreitende Zusammenarbeit zwischen Nachbarstaaten und anderen Staaten im Zusammenhang mit der Behandlung von Menschen, die internationale Grenzen überschreiten oder zu überschreiten versuchen, verbessern, einschließlich durch Berücksichtigung der einschlägigen Empfehlungen der vom Hohen Kommissariat der Vereinten Nationen für Menschenrechte herausgegebenen *Recommended Principles and Guidelines on Human Rights at International Borders* (Empfohlene Grundsätze und Leitlinien zu Menschenrechten an internationalen Grenzen) bei der Ermittlung bewährter Verfahren.

Ziel 12: Stärkung der Rechtssicherheit und Planbarkeit bei Migrationsverfahren zur Gewährleistung einer angemessenen Prüfung, Bewertung und Weiterverweisung

28. Wir verpflichten uns, im Einklang mit dem Völkerrecht die Rechtssicherheit und Planbarkeit der Migrationsverfahren zu erhöhen, indem wir effektive und menschenrechtsbasierte Mechanismen für die adäquate und zeitnahe Prüfung und Einzelbeurteilung aller Migranten entwickeln und stärken, zu dem Zweck, geeignete Weiterverweisungsverfahren festzulegen und den Zugang zu ihnen zu erleichtern.

Um diese Verpflichtung zu verwirklichen, werden wir aus den folgenden Maßnahmen schöpfen. Wir werden

a) die Transparenz von Migrationsverfahren und den Zugang zu ihnen verbessern und zu diesem Zweck über die Voraussetzungen für Einreise, Aufnahme, Aufenthalt, Arbeit, Studium oder andere Tätigkeiten informieren und Technologien zur Vereinfachung der Antragsverfahren einführen, um unnötige Verzögerungen und Kosten für die Staaten und Migranten zu vermeiden;

b) intraregionale und regionenübergreifende menschenrechtsbasierte und traumasensible Spezialausbildungen für Ersthelfer und Beamte entwickeln und durchführen, einschließlich für Strafverfolgungsbehörden, Grenzbeamte, konsularische Vertretungen und Justizbehörden, um die Identifizierung und Weiterleitung sowie die angemessene Unterstützung und kultursensible Beratung von Opfern von Menschenhandel, Migranten in prekären Situationen, einschließlich Kindern, insbesondere unbegleiteten und von ihren Familien getrennten Kindern, sowie von Personen, die von irgendeiner Form von Ausbeutung und Missbrauch im Zusammenhang mit der Schleusung von Migranten unter erschwerenden Umständen betroffen sind, zu erleichtern und vereinheitlichen;

c) geschlechtersensible und kindergerechte Weiterverweisungsmechanismen einrichten, einschließlich verbesserter Prüfmaßnahmen und Einzelbeurteilungen an den Grenzen und ersten Ankunftsorten, und dabei standardisierte Verfahren anwenden, die in Abstimmung mit lokalen Behörden, nationalen Menschenrechtsinstitutionen, internationalen Organisationen und der Zivilgesellschaft entwickelt wurden;

d) sicherstellen, dass die Identität von Kindermigranten am ersten Ankunftsort in Transit- und Zielländern unverzüglich festgestellt wird und unbegleitete oder von ihren Familien getrennte Kinder zügig an Kinderschutzbehörden und andere zuständige Stellen weiterverwiesen werden und einen kompetenten und unparteiischen Vormund zugewiesen bekommen, dass die Einheit der Familie geschützt wird und dass jede Person, die rechtmäßig behauptet, ein Kind zu sein, als solches behandelt wird, es sei denn, eine multidisziplinäre, unabhängige und kindergerechte Altersprüfung kommt zu einem anderen Schluss;

e) sicherstellen, dass im Kontext gemischter Flucht- und Migrationsbewegungen einschlägige Informationen über Rechte und Pflichten gemäß der innerstaatlichen Gesetze und Verfahren, einschließlich über Einreise- und Aufenthaltsbedingungen, verfügbare Formen des Schutzes sowie Möglichkeiten der Rückkehr und Wiedereingliederung, auf angemessene, schnelle und wirksame Weise vermittelt werden und zugänglich sind.

Ziel 13: Freiheitsentziehung bei Migranten nur als letztes Mittel und Bemühung um Alternativen

29. Wir verpflichten uns, zu gewährleisten, dass jegliche Freiheitsentziehung im Kontext der internationalen Migration einem rechtsstaatlichen Verfahren folgt, nicht willkürlich ist, auf der Grundlage des Gesetzes, der Notwendigkeit, der Verhältnismäßigkeit und einer Einzelprüfung erfolgt, von entsprechend befugtem Personal vorgenommen wird und von möglichst kurzer Dauer ist, ungeachtet dessen, ob die Freiheitsentziehung bei der Einreise, beim Transit oder beim Rückkehrverfahren stattfindet und an welchem Ort sie erfolgt. Wir verpflichten uns ferner, nicht freiheitsentziehenden Alternativen, die im Einklang mit dem Völkerrecht stehen, den Vorzug zu geben und einen menschenrechtsbasierten Ansatz zu verfolgen, bei dem die Entziehung der Freiheit von Migranten nur als letztes Mittel eingesetzt wird.

Um diese Verpflichtung zu verwirklichen, werden wir aus den folgenden Maßnahmen schöpfen. Wir werden

a) mittels bestehender relevanter Menschenrechtsmechanismen die unabhängige Überwachung der Freiheitsentziehung bei Migranten verbessern und dabei gewährleisten, dass sie nur als letztes Mittel eingesetzt wird, dass keine Menschenrechtsverletzungen begangen werden und dass Staaten Alternativen zur Freiheitsentziehung fördern, umsetzen und ausbauen, vorzugsweise nicht freiheitsentziehende Maßnahmen und Regelungen für die Betreuung in der Gemeinschaft, insbesondere im Falle von Familien und Kindern;

b) ein umfassendes Repositorium zur Verbreitung bewährter Verfahrensweisen für menschenrechtsbasierte Alternativen zur Freiheitsentziehung im Kontext internationaler Migration aufbauen, so auch indem regelmäßige Austausche und die Entwicklung von Initiativen auf der Grundlage erfolgreicher Verfahrensweisen zwischen Staaten und relevanten Interessenträgern erleichtert werden;

c) die einschlägige Gesetzgebung, Politik und Praxis betreffend die Entziehung der Freiheit von Migranten überprüfen und revidieren, um sicherzustellen, dass keine willkürliche Freiheitsentziehung stattfindet, dass Entscheidungen zur Freiheitsentziehung auf der Grundlage des Gesetzes erfolgen, verhältnismäßig sind, einen rechtmäßigen Zweck erfüllen und auf Einzelfallbasis und unter voller Einhaltung rechtsstaatlicher Verfahren und Verfahrensgarantien erfolgen und dass die Freiheitsentziehung weder dem Zweck der Abschreckung dient noch als eine Form grausamer, unmenschlicher oder erniedrigender Behandlung eingesetzt wird, im Einklang mit den internationalen Menschenrechtsnormen;

d) allen Migranten, denen in Transit- und Zielländern die Freiheit entzogen wird oder werden könnte, Zugang zur Justiz gewähren, unter anderem indem der Zugang zu einer kostenlosen oder bezahlbaren qualifizierten und unabhängigen Rechtsberatung und -hilfe sowie der Zugang zu Informationen und dem Recht auf ordnungsgemäße Prüfung einer Anordnung zur Freiheitsentziehung erleichtert werden;

e) gewährleisten, dass alle in Gewahrsam befindlichen Migranten in einer ihnen verständlichen Sprache eine Begründung für den Entzug ihrer Freiheit erhalten, und ihnen die Ausübung ihrer Rechte ermöglichen, einschließlich des Rechts, unverzüglich mit der entsprechenden konsularischen oder diplomatischen Vertretung, Rechtsvertretern und Familienangehörigen zu kommunizieren, im Einklang mit dem Völkerrecht und rechtsstaatlichen Verfahrensgarantien;

f) die negativen und potenziell anhaltenden Auswirkungen einer Freiheitsentziehung bei Migranten verringern, indem ordnungsgemäße Verfahren und Verhältnismäßigkeit garantiert werden sowie gewährleistet wird, dass die Freiheitsentziehung von minimaler Dauer ist, die körperliche und geistigseelische Unversehrtheit gewahrt bleibt und mindestens der Zugang zu Nahrung, medizinischer Grundversorgung, rechtlicher Orientierung und Unterstützung und Informations- und Kommunikationsmöglichkeiten sowie eine angemessene Unterbringung gewährleistet ist, im Einklang mit den internationalen Menschenrechtsnormen;

g) sicherstellen, dass alle staatlichen Behörden und privaten Akteure, die ordnungsgemäß befugt sind, Migranten in Gewahrsam zu nehmen und zu halten, dies auf eine menschenrechtskonforme Weise tun, dass sie in Nichtdiskriminierung und Prävention willkürlicher Festnahme und Freiheitsentziehung im Kontext internationaler Migration geschult sind und dass sie für Menschenrechtsverletzungen oder -übergriffe zur Rechenschaft gezogen werden;

h) jederzeit die Rechte und das Wohl des Kindes ungeachtet seines Migrationsstatus schützen und achten und zu diesem Zweck sicherstellen, dass eine Reihe gangbarer Alternativen zur Freiheitsentziehung zur Verfügung stehen und genutzt werden können, vorzugsweise Regelungen für die Betreuung in der Gemeinschaft, die den Zugang zu Bildung und Gesundheitsversorgung gewährleisten und das Recht auf Familienleben und die Einheit der Familie achten, und uns dafür einsetzen, dass die Praxis der Freiheitsentziehung bei Kindern im Kontext internationaler Migration beendet wird.

Ziel 14: Verbesserung des konsularischen Schutzes und der konsularischen Hilfe und Zusammenarbeit im gesamten Migrationszyklus

30. Wir verpflichten uns, den konsularischen Schutz und die konsularische Hilfe für unsere Staatsangehörigen im Ausland sowie die konsularische Zusammenarbeit zwischen den Staaten zu verstärken, um die Rechte und Interessen aller Migranten zu jeder Zeit besser zu schützen, und aufbauend auf den Funktionen konsularischer Vertretungen die Interaktionen zwischen Migranten und den staatlichen Behörden der Herkunfts-, Transit- und Zielländer zu verbessern, im Einklang mit dem Völkerrecht.

Um diese Verpflichtung zu verwirklichen, werden wir aus den folgenden Maßnahmen schöpfen. Wir werden

a) dabei zusammenarbeiten, konsularische Kapazitäten aufzubauen, Konsularbeamte zu schulen und Regelungen für die kollektive Bereitstellung konsularischer Dienste zu fördern, wenn einzelne Staaten nicht über die Kapazitäten verfügen, einschließlich durch Bereitstellung technischer Hilfe, und bilaterale oder regionale Vereinbarungen zu verschiedenen Aspekten der konsularischen Zusammenarbeit erarbeiten;

b) zuständiges konsularisches Personal und Personal von Einwanderungsbehörden an bestehenden globalen und regionalen Migrationsforen beteiligen, um Informationen und bewährte Verfahrensweisen in Fragen von gegenseitigem Interesse, die sich auf im Ausland befindliche Bürgerinnen und Bürger beziehen, auszutauschen, und zur Gestaltung einer umfassenden und auf nachweisbaren Fakten beruhenden Migrationspolitik beitragen;

c) bilaterale oder regionale Abkommen schließen über konsularische Hilfe und Vertretung an Orten, an denen Staaten ein Interesse an einer Stärkung wirksamer konsularischer Dienste im Zusammenhang mit Migration haben, aber über keine diplomatische oder konsularische Präsenz verfügen;

d) die konsularischen Kapazitäten verstärken, um unsere Staatsangehörigen im Ausland, die sich in prekären Situationen befinden, zu identifizieren, zu schützen und zu unterstützen, unter anderem von Menschenrechts- und Arbeitsrechtsverletzungen oder -verstößen Betroffene, Opfer von Verbrechen, Opfer von Menschenhandel, Migranten, die unter erschwerenden Umständen geschleust wurden, sowie Arbeitsmigranten, die im Prozess der Rekrutierung ausgebeutet wurden, und zu diesem Zweck Konsularbeamten menschenrechtsbasierte, geschlechtersensible und kindergerechte Vorgehensweisen vermitteln;

e) unseren Staatsangehörigen im Ausland die Möglichkeit zur Registrierung im Herkunftsland geben, in enger Zusammenarbeit mit konsularischen, nationalen und lokalen Behörden sowie relevanten Migrantenorganisationen, damit Migranten in Notsituationen leichter Informationen, Dienste und Hilfestellung erhalten können und Zugang zu sachdienlichen und aktuellen Informationen haben, zum Beispiel durch die Einrichtung telefonischer Beratungsdienste und die Konsolidierung nationaler digitaler Datenbanken, wobei das Recht auf Privatheit gewahrt und personenbezogene Daten geschützt werden;

f) unseren Staatsangehörigen konsularische Unterstützung leisten, indem wir ihnen Rat erteilen, unter anderem im Hinblick auf lokale Gesetze und Gebräuche, den Umgang mit Behörden, finanzielle Inklusion und Geschäftsgründungen, und ihnen einschlägige Dokumente wie Reiseausweise und konsularische Identitätsausweise ausstellen, die den Zugang zu Diensten, Hilfe in Notsituationen, die Eröffnung eines Bankkontos und den Zugang zu Rücküberweisungsstellen erleichtern können.

Ziel 15: Gewährleistung des Zugangs von Migranten zu Grundleistungen

31. Wir verpflichten uns, sicherzustellen, dass alle Migranten ungeachtet ihres Migrationsstatus ihre Menschenrechte durch einen sicheren Zugang zu Grundleistungen wahrnehmen können. Wir verpflichten uns ferner zur Stärkung von Leistungserbringungssystemen, die Migranten einschließen, ungeachtet dessen, dass Staatsangehörige und reguläre Migranten möglicherweise Anspruch auf umfassendere Leistungen haben; dabei ist sicherzustellen, dass jede unterschiedliche Behandlung auf dem Gesetz beruht, verhältnismäßig ist und einen rechtmäßigen Zweck verfolgt, im Einklang mit den internationalen Menschenrechtsnormen.

Um diese Verpflichtung zu verwirklichen, werden wir aus den folgenden Maßnahmen schöpfen. Wir werden

a) Gesetze erlassen und Maßnahmen ergreifen, um sicherzustellen, dass bei der Erbringung von Leistungen keine Diskriminierung von Migranten aufgrund der Rasse, der Hautfarbe, des Geschlechts, der Sprache, der Religion, der politischen oder sonstigen Überzeugung, der nationalen oder sozialen Herkunft, des Vermögens, der Geburt, einer Behinderung oder aus anderen Gründen stattfindet, ungeachtet der Fälle, in denen eine unterschiedliche Leistungserbringung aufgrund des Migrationsstatus zutreffen kann;

b) sicherstellen, dass die Zusammenarbeit zwischen Leistungserbringern und Einwanderungsbehörden nicht die prekäre Situation irregulärer Migranten verschärft, indem ihr sicherer Zugang zu Grundleistungen beeinträchtigt oder das Menschenrecht auf Privatheit, Freiheit und Sicherheit der Person an Orten der Erbringung von Grundleistungen verletzt wird;

c) ganzheitliche und leicht erreichbare Servicestellen auf lokaler Ebene einrichten und stärken, die Migranten einschließen, einschlägige Informationen über Grundleistungen in einer geschlechter- und behindertensensiblen sowie kindergerechten Weise bereitstellen und einen sicheren Zugang dazu ermöglichen;

d) unabhängige Institutionen auf nationaler oder lokaler Ebene, wie etwa nationale Menschenrechtsorganisationen, zu dem Zweck einrichten oder damit beauftragen, Beschwerden über Situationen, in denen der Zugang von Migranten zu Grundleistungen systematisch verweigert oder behindert wird, entgegenzunehmen, zu untersuchen und zu verfolgen, den Zugang zu Rechtsbehelfen zu erleichtern und auf eine Änderung in der Praxis hinzuwirken;

e) den gesundheitlichen Bedürfnissen von Migranten im Rahmen der nationalen und lokalen Gesundheitspolitik und -planung Rechnung tragen, indem beispielsweise die Kapazitäten für die Leistungserbringung verstärkt werden, ein bezahlbarer und nichtdiskriminierender Zugang gefördert wird, Kommunikationshindernisse abgebaut werden und die Leistungserbringer im Gesundheitswesen in kultureller Sensibilität geschult werden, um die körperliche und geistigseelische Gesundheit von Migranten und Gemeinschaften allgemein zu fördern, einschließlich unter Berücksichtigung der einschlägigen Empfehlungen des von der Weltgesundheitsorganisation entwickelten *Framework of Priorities and Guiding Principles to Promote the Health of Refugees and Migrants* (Rahmen der Prioritäten und Leitprinzipien zur Förderung der Gesundheit von Flüchtlingen und Migranten);

f) Migranten im Kindes- und Jugendalter eine inklusive und gleichberechtigte hochwertige Bildung gewährleisten sowie den Zugang zu Möglichkeiten des lebenslangen Lernens erleichtern, so auch indem die Kapazitäten der Bildungssysteme verstärkt werden und ein nichtdiskriminierender Zugang zu Programmen der frühkindlichen Erziehung, der formalen Schulbildung und der informellen Bildung für Kinder, die keinen Zugang zum formalen Bildungssystem haben, sowie zu einer Ausbildung am Arbeitsplatz, Berufs- und Fachausbildung und Sprachunterricht erleichtert wird sowie Partnerschaften mit allen Interessenträgern gefördert werden, die solche Vorhaben unterstützen können.

Ziel 16: Befähigung von Migranten und Gesellschaften zur Verwirklichung der vollständigen Inklusion und des sozialen Zusammenhalts

32. Wir verpflichten uns, inklusive, von sozialem Zusammenhalt geprägte Gesellschaften zu fördern, indem wir Migranten befähigen, zu aktiven Mitgliedern der Gesellschaft zu werden, und das gegenseitige Engagement der Aufnahmegesellschaft und der Migranten bei der Ausübung ihrer Rechte und Pflichten zueinander fördern, einschließlich der Einhaltung der innerstaatlichen Gesetze und der Achtung der Gebräuche des Ziellandes. Wir verpflichten uns ferner, das Wohlergehen aller Mitglieder der Gesellschaft zu stärken, indem wir Ungleichheiten so weit wie möglich verringern, Polarisierung vermeiden und das Vertrauen der Öffentlichkeit in die Migrationspolitik und die mit Migration befassten Institutionen stärken, entsprechend der Erkenntnis, dass vollständig integrierte Migranten besser in der Lage sind, zum Wohlstand beizutragen.

Um diese Verpflichtung zu verwirklichen, werden wir aus den folgenden Maßnahmen schöpfen. Wir werden

a) den gegenseitigen Respekt für die Kultur, die Traditionen und die Gebräuche der Zielgesellschaft und der Migranten fördern und zu diesem Zweck bewährte Verfahrensweisen im Bereich von Integrationspolitik, -programmen und -tätigkeiten, einschließlich Wegen zur Förderung der Akzeptanz von Vielfalt und der Erleichterung von sozialem Zusammenhalt und Inklusion, austauschen und umsetzen;

b) umfassende und bedarfsabhängige Programme einrichten, die vor der Abreise und nach der Ankunft über Rechte und Pflichten informieren, grundlegende Sprachkenntnisse vermitteln sowie eine Orientierung über die sozialen Normen und Gebräuche im Ziel- land umfassen können;

c) nationale kurz-, mittel- und langfristige Politikziele zur gesellschaftlichen Inklusion von Migranten entwickeln, insbesondere zur Eingliederung in den Arbeitsmarkt, Familienzusammenführung, Bildung, Nichtdiskriminierung und Gesundheit, einschließlich durch die Förderung von Partnerschaften mit relevanten Interessenträgern;

d) auf inklusive Arbeitsmärkte und eine umfassende Teilhabe von Arbeitsmigranten in der formellen Wirtschaft hinarbeiten, indem der Zugang zu einer menschenwürdigen Arbeit und Beschäftigung, für die sie am besten qualifiziert sind, erleichtert wird, im Einklang mit der Arbeitsmarktnachfrage und dem Qualifikationsangebot auf lokaler und nationaler Ebene;

e) Arbeitsmigrantinnen stärken, indem geschlechtsspezifische diskriminierende Hindernisse für die formelle Beschäftigung beseitigt werden, das Recht auf Vereinigungsfreiheit gewährleistet wird und der Zugang zu Grundleistungen erleichtert wird, mit dem Ziel, ihre Führungsfähigkeiten zu fördern und ihre volle, freie und gleichberechtigte Teilhabe in Gesellschaft und Wirtschaft zu garantieren;

f) auf lokaler Ebene kommunale Zentren oder Programme zur Förderung der Teilhabe von Migranten in der Aufnahmegesellschaft einrichten, in denen sich Migranten, Mitglieder der örtlichen Gemeinschaft, Diasporaorganisationen, Migrantenverbände und lokale Behörden an einem interkulturellen Dialog, dem Austausch von Geschichten, Mentorenprogrammen und der Entwicklung geschäftlicher Beziehungen beteiligen, die die Integrationsergebnisse verbessern und den gegenseitigen Respekt fördern;

g) aus den Fertigkeiten und kulturellen und sprachlichen Kenntnissen von Migranten und Aufnahmegemeinschaften Nutzen ziehen, indem Programme der Peer-to-Peer-Ausbildung und geschlechtersensible, berufsausbildende und der bürgerschaftlichen Integration dienende Kurse und Workshops entwickelt und gefördert werden;

h) multikulturelle Aktivitäten durch Sport, Musik, Kunst, kulinarische Feste, ehrenamtliches Engagement und andere soziale Veranstaltungen unterstützen, die das gegenseitige Verständnis und die Wertschätzung der Kulturen von Migranten und Zielgesellschaften fördern;

i) ein schulisches Umfeld fördern, in dem Kindermigranten sich wohlfühlen und sicher sind und das ihre Bestrebungen unterstützt, und zu diesem Zweck die Beziehungen innerhalb der schulischen Gemeinschaft verbessern, faktengestützte Informationen über Migration in die Lehrpläne aufnehmen und für Schulen mit einer hohen Konzentration von Kindermigranten gezielte Mittel für Integrationsaktivitäten bereitstellen, um die Achtung von Vielfalt und Inklusion zu fördern und alle Formen der Diskriminierung, einschließlich Rassismus, Fremdenfeindlichkeit und Intoleranz, zu verhüten.

Ziel 17: Beseitigung aller Formen der Diskriminierung und Förderung eines auf nachweisbaren Fakten beruhenden öffentlichen Diskurses zur Gestaltung der Wahrnehmung von Migration

33. Wir verpflichten uns, im Einklang mit den internationalen Menschenrechtsnormen alle Formen der Diskriminierung zu beseitigen und Äußerungen, Handlungen und Ausprägungen von Rassismus, Rassendiskriminierung, Gewalt, Fremdenfeindlichkeit und damit zusammenhängender Intoleranz gegenüber allen Migranten zu verurteilen und zu bekämpfen. Wir verpflichten uns ferner, in Partnerschaft mit allen Teilen der Gesellschaft einen offenen und auf nachweisbaren Fakten beruhenden öffentlichen Diskurs zu fördern, der zu einer realistischeren, humaneren und konstruktiveren Wahrnehmung von Migration und Migranten führt. Wir verpflichten uns außerdem, im Einklang mit dem Völkerrecht das Recht der freien Meinungsäußerung zu schützen, in der Erkenntnis, dass eine offene und freie Debatte zu einem umfassenden Verständnis aller Aspekte der Migration beiträgt.

Um diese Verpflichtung zu verwirklichen, werden wir aus den folgenden Maßnahmen schöpfen. Wir werden

a) Rechtsvorschriften erlassen, umsetzen oder aufrechterhalten, die Hassstraftaten und schwerere Hassstraftaten, die sich gegen Migranten richten, unter Strafe stellen, und Strafverfolgungs- und andere Beamte darin schulen, solche Straftaten und andere Gewalttaten, die sich gegen Migranten richten, zu erkennen, zu verhindern und darauf zu reagieren sowie den Opfern medizinische, rechtliche und psychosoziale Hilfe zu leisten;

b) Migranten und Gemeinschaften befähigen, jede Aufstachelung zu Gewalt gegen Migranten anzuzeigen, indem sie über vorhandene Rechtsbehelfsmechanismen informiert werden, und sicherstellen, dass diejenigen, die sich aktiv an der Begehung einer Hassstraftat gegen Migranten beteiligen, im Einklang mit den innerstaatlichen Rechtsvorschriften zur Rechenschaft gezogen werden, wobei die internationalen Menschenrechtsnormen, insbesondere das Recht auf freie Meinungsäußerung, zu wahren sind;

c) unter voller Achtung der Medienfreiheit eine unabhängige, objektive und hochwertige Berichterstattung durch die Medien, einschließlich Informationen im Internet, fördern, unter anderem durch Sensibilisierung und Aufklärung von Medienschaffenden hinsichtlich Migrationsfragen und -begriffen, durch Investitionen in ethische Standards der Berichterstattung und Werbung und durch Einstellung der öffentlichen Finanzierung oder materiellen Unterstützung von Medien, die systematisch Intoleranz, Fremdenfeindlichkeit, Rassismus und andere Formen der Diskriminierung gegenüber Migranten fördern;

d) in Partnerschaft mit nationalen Menschenrechtsinstitutionen Mechanismen schaffen, um die Behördenpraxis der Erstellung von Migrantenprofilen aufgrund der Rasse, der Ethnie oder der Religion sowie systematische Fälle von Intoleranz, Fremdenfeindlichkeit, Rassismus und allen anderen mehrfachen und sich überschneidenden Formen der Diskriminierung zu verhüten, aufzudecken und zu bekämpfen, einschließlich durch Beobachtung und Veröffentlichung von Trendanalysen, und einen Zugang zu wirksamen Beschwerde- und Rechtsbehelfsmechanismen sicherstellen;

e) Migranten, insbesondere Migrantinnen, Zugang zu nationalen und regionalen Beschwerde- und Rechtsbehelfsmechanismen verschaffen, mit dem Ziel, die Rechenschaftspflicht zu fördern und staatliche Maßnahmen im Zusammenhang mit diskriminierenden Handlungen und Bekundungen, die sich gegen Migranten und ihre Familien richten, anzugehen;

f) Aufklärungskampagnen fördern, die an die Gesellschaften in den Herkunfts-, Transit- und Zielländern gerichtet sind und den Zweck haben, auf der Grundlage von Beweisen und Fakten die öffentliche Wahrnehmung des positiven Beitrags einer sicheren, geordneten und regulären Migration zu gestalten und Rassismus, Fremdenfeindlichkeit und die Stigmatisierung aller Migranten zu beenden;

g) Migranten, Führungsverantwortliche aus Politik, Religion und Gesellschaft sowie Pädagogen und Dienstleister darin einbeziehen, Fälle von Intoleranz, Rassismus, Fremdenfeindlichkeit und anderen Formen der Diskriminierung von Migranten und Diasporagemeinschaften aufzudecken und zu verhüten und Aktivitäten in lokalen Gemeinschaften zur Förderung der gegenseitigen Achtung zu unterstützen, einschließlich im Rahmen von Wahlkampagnen.

Ziel 18: Investition in Aus- und Weiterbildung und Erleichterung der gegenseitigen Anerkennung von Fertigkeiten, Qualifikationen und Kompetenzen

34. Wir verpflichten uns, in innovative Lösungen zu investieren, die die gegenseitige Anerkennung der Fertigkeiten, Qualifikationen und Kompetenzen von Arbeitsmigranten auf allen Qualifikationsniveaus erleichtern und eine bedarfsorientierte Aus- und Weiterbildung fördern, um die Beschäftigungsfähigkeit von Migranten auf dem formalen Arbeitsmarkt in den Zielländern und nach ihrer Rückkehr in die Herkunftsländer zu optimieren und eine menschenwürdige Arbeit für Arbeitsmigranten zu gewährleisten.

Um diese Verpflichtung zu verwirklichen, werden wir aus den folgenden Maßnahmen schöpfen. Wir werden

a) in Zusammenarbeit mit den jeweiligen Industrien Standards und Leitlinien für die gegenseitige Anerkennung ausländischer Qualifikationsabschlüsse und nicht formal erworbener Fertigkeiten in verschiedenen Sektoren erarbeiten, mit dem Ziel, weltweite Kompatibilität auf der Grundlage bestehender Modelle und bewährter Verfahrensweisen zu gewährleisten;

b) die Transparenz der Zertifizierungen und die Kompatibilität nationaler Qualifikationsrahmen fördern, indem einheitliche Kriterien, Indikatoren und Bewertungsparameter vereinbart und nationale Instrumente, Register oder Institutionen zur Erstellung von Qualifikationsprofilen geschaffen und gestärkt werden, um wirksame und effiziente Verfahren für die gegenseitige Anerkennung auf allen Qualifikationsniveaus zu erleichtern;

c) bilaterale, regionale oder multilaterale Vereinbarungen zur gegenseitigen Anerkennung schließen oder in andere Vereinbarungen, etwa in Vereinbarungen zur Arbeitskräftemobilität oder Handelsabkommen, Anerkennungsklauseln aufnehmen, um Gleichwertigkeit oder Vergleichbarkeit in nationalen Systemen herzustellen, zum Beispiel durch automatische oder gesteuerte Mechanismen zur gegenseitigen Anerkennung;

d) Technologie und Digitalisierung einsetzen, um Fertigkeiten auf der Grundlage formaler Zeugnisse sowie nicht formal erworbene Kompetenzen und Berufserfahrung auf allen Qualifikationsniveaus umfassender zu bewerten und gegenseitig anzuerkennen;

e) globale Kompetenzpartnerschaften zwischen Ländern aufbauen, die die Ausbildungskapazitäten der nationalen Behörden und relevanten Interessenträger, einschließlich des Privatsektors und der Gewerkschaften, stärken und die Aus- und Weiterbildung von Arbeitskräften in den Herkunftsländern und von Migranten in den Zielländern fördern, mit dem Ziel, die Auszubildenden für eine Beschäftigung auf den Arbeitsmärkten aller teilnehmenden Länder zu qualifizieren;

f) interinstitutionelle Netzwerke und Kooperationsprogramme für Partnerschaften zwischen dem Privatsektor und Bildungseinrichtungen in den Herkunfts- und Zielländern fördern, um Migranten, Gemeinwesen und teilnehmenden Partnern wechselseitig nutzbringende Möglichkeiten der Aus- und Weiterbildung zu eröffnen, einschließlich auf der Grundlage der bewährten Verfahren des im Rahmen des Globalen Forums für Migration und Entwicklung entwickelten *Business Mechanism* (Mechanismus zur Einbindung der Wirtschaft);

g) in Zusammenarbeit mit relevanten Interessenträgern bilaterale Partnerschaften eingehen und Programme durchführen, die die Vermittlung und Verbreitung von Fertigkeiten und die berufliche Mobilität fördern, zum Beispiel Studienaustauschprogramme, Stipendien, berufliche Austauschprogramme und Praktikanten- oder Auszubildendenprogramme, die den daran Teilnehmenden nach erfolgreichem Abschluss Möglichkeiten eröffnen, eine Beschäftigung zu suchen und sich unternehmerisch zu betätigen;

h) mit dem Privatsektor und Arbeitgebern zusammenarbeiten, um Migranten auf allen Qualifikationsniveaus leicht zugängliche und geschlechtersensible Fern- oder Onlineprogramme zur Vermittlung und Abstimmung von Qualifikationen zur Verfügung zu stellen, einschließlich einer frühzeitigen und berufsspezifischen Sprachausbildung, Ausbildung am Arbeitsplatz und Bereitstellung von Fortbildungsprogrammen, und so ihre Beschäftigungsfähigkeit in Sektoren mit entsprechendem Arbeitskräftebedarf auf der Grundlage des Wissens der jeweiligen Branche über die Arbeitsmarktdynamik zu verbessern und insbesondere die wirtschaftliche Selbstbestimmung der Frauen zu stärken;

i) die Fähigkeit von Arbeitsmigranten verbessern, von einem Arbeitsplatz oder Arbeitgeber zu einem anderen zu wechseln, indem Dokumente zur Anerkennung von am Arbeitsplatz oder durch Ausbildung erworbenen Fertigkeiten bereitgestellt werden, um den Nutzen der Weiterqualifizierung zu optimieren;

j) innovative Methoden zur gegenseitigen Anerkennung und zur Bewertung formal und informell erworbener Fertigkeiten entwickeln und fördern, einschließlich durch eine zeitige und ergänzende Ausbildung von Arbeitsuchenden, Mentoring und Praktikumsprogramme, um bestehende Zeugnisse voll anzuerkennen und Befähigungsnachweise zur Validierung neu erworbener Fertigkeiten bereitzustellen;

k) Zeugnisüberprüfungsmechanismen einrichten und Migranten darüber informieren, wie sie ihre Fertigkeiten und Qualifikationen vor ihrer Abreise bewerten und anerkennen lassen können, einschließlich in Rekrutierungsverfahren oder frühzeitig nach der Ankunft, um die Beschäftigungsfähigkeit zu verbessern;

l) zusammenarbeiten, um in Partnerschaft mit den relevanten Interessenträgern Dokumentations- und Informationsinstrumente zu fördern, die einen Überblick über die in den Herkunfts-, Transit- und Zielländern anerkannten Zeugnisse, Fertigkeiten und Qualifikationen einer Arbeitskraft geben und so Arbeitgeber in die Lage versetzen, im Rahmen von Bewerbungsverfahren die Eignung von Arbeitsmigranten einzuschätzen.

Ziel 19: Herstellung von Bedingungen, unter denen Migranten und Diasporas in vollem Umfang zur nachhaltigen Entwicklung in allen Ländern beitragen können

35. Wir verpflichten uns, Migranten und Diasporas zu befähigen, einen katalysatorischen Beitrag zur Entwicklung zu leisten, und die Vorteile der Migration als Quelle für nachhaltige Entwicklung zu nutzen, in Bekräftigung dessen, dass Migration eine multidimensionale Realität von hoher Bedeutung für die nachhaltige Entwicklung der Herkunfts-, Transit- und Zielländer ist.

Um diese Verpflichtung zu verwirklichen, werden wir aus den folgenden Maßnahmen schöpfen. Wir werden

a) die vollständige und wirksame Umsetzung der Agenda 2030 für nachhaltige Entwicklung und der Aktionsagenda von Addis Abeba sicherstellen, indem die positiven Auswirkungen von Migration für die Verwirklichung aller Ziele für nachhaltige Entwicklung befördert und verstärkt werden;

b) den Bereich Migration in die Entwicklungsplanung und Sektorpolitik auf lokaler, nationaler, regionaler und globaler Ebene integrieren, unter Berücksichtigung vorhandener einschlägiger Richtlinien und Empfehlungen, wie etwa des von der Globalen Gruppe für Migrationsfragen herausgegebenen Handbuchs *Mainstreaming Migration into Development Planning: A Handbook for Policymakers and Practicioners* (Integration der Migration in die Entwicklungsplanung: Handbuch für Verantwortliche in Politik und Praxis), um die Politikkohärenz und Wirksamkeit der Entwicklungszusammenarbeit zu verstärken;

c) in die Erforschung der Wirkung investieren, die von den nichtfinanziellen Beiträgen von Migranten und Diasporas zur nachhaltigen Entwicklung in den Herkunfts- und Zielländern ausgeht, etwa von der Übertragung von Kenntnissen und Fertigkeiten, sozialem und bürgerschaftlichem Engagement und dem kulturellen Austausch, mit dem Ziel, eine faktengestützte Politik zu entwickeln und die globalen Politikdiskussionen zu stärken;

d) die Beiträge von Migranten und Diasporas zu ihren Herkunftsländern fördern, insbesondere durch die Einrichtung oder Stärkung staatlicher Strukturen oder Mechanismen auf allen Ebenen, zum Beispiel für die Diaspora zuständiger Büros oder Anlaufstellen, diasporapolitischer Beiräte für Regierungen, um dem Potenzial von Migranten und Diasporas bei der Gestaltung der Migrations- und Entwicklungspolitik Rechnung zu tragen, und für die Diaspora zuständiger Anlaufstellen in diplomatischen oder konsularischen Vertretungen;

e) gezielte Förderprogramme und Finanzprodukte entwickeln, die Investitionen und die unternehmerische Betätigung von Migranten und der Diaspora erleichtern, unter anderem durch administrative und rechtliche Unterstützung bei der Unternehmensgründung, Gewährung von Startkapital-Zuschüssen, Auflage von Diaspora-Anleihen, Diaspora-Entwicklungsfonds und Investitionsfonds und die Veranstaltung spezieller Handelsmessen;

f) leicht zugängliche Informationen und Orientierungshilfen bereitstellen, einschließlich über digitale Plattformen, sowie maßgeschneiderte Mechanismen für ein koordiniertes und wirksames finanzielles, freiwilliges oder philanthropisches Engagement von Migranten und Diasporas, insbesondere bei humanitären Notsituationen in ihren Herkunftsländern, auch unter Einbeziehung konsularischer Vertretungen;

g) die politische Teilhabe und das politische Engagement von Migranten in ihren Herkunftsländern ermöglichen, insbesondere bei Friedens- und Aussöhnungsprozessen, bei Wahlen und politischen Reformen, zum Beispiel durch die Einrichtung von Wahlregistern für Staatsangehörige im Ausland, und durch parlamentarische Vertretung, im Einklang mit den innerstaatlichen Rechtsvorschriften;

h) eine Migrationspolitik fördern, die den Nutzen der Diasporas für die Herkunfts- und Zielländer und ihre Gemeinschaften optimiert, indem mit minimalem Verwaltungsaufwand flexible Reise-, Arbeits- und Investitionsregelungen ermöglicht werden, einschließlich durch Überprüfung und Neufassung von Visums-, Aufenthalts- und Staatsangehörigkeitsbestimmungen, soweit angezeigt;

i) mit anderen Staaten, dem Privatsektor und Arbeitgeberorganisationen zusammenarbeiten, um Migranten und Diasporas die Möglichkeit zu geben, insbesondere in hochgradig technischen und stark nachgefragten Bereichen, einen Teil ihrer beruflichen Tätigkeit in ihren Heimatländern auszuüben und dort Wissen zu transferieren, ohne dadurch zwangsläufig ihre Beschäftigung, ihren Aufenthaltsstatus oder ihre Sozialleistungsansprüche zu verlieren;

j) Partnerschaften zwischen lokalen Behörden, lokalen Gemeinschaften, dem Privatsektor, Diasporas, Heimatverbänden und Migrantenorganisationen aufbauen, um den Transfer von Kenntnissen und Fertigkeiten zwischen ihren Herkunfts- und Zielländern zu fördern, einschließlich durch Erfassung der Diasporas und ihrer Fertigkeiten, und so die Verbindung zwischen den Diasporas und ihren Herkunftsländern aufrechtzuerhalten.

Ziel 20: Schaffung von Möglichkeiten für schnellere, sicherere und kostengünstigere Rücküberweisungen und Förderung der finanziellen Inklusion von Migranten

36. Wir verpflichten uns, schnellere, sicherere und kostengünstigere Rücküberweisungen zu fördern, indem wir die bestehenden förderlichen politischen und regulatorischen Rahmenbedingungen, die Wettbewerb, Regulierung und Innovation auf dem Überweisungsmarkt ermöglichen, weiterentwickeln und geschlechtersensible Programme und Instrumente bereitstellen, die die finanzielle Inklusion von Migranten und ihren Familien fördern. Wir verpflichten uns ferner, die transformative Wirkung von Rücküberweisungen auf das Wohlergehen von Arbeitsmigranten und ihren Familien sowie auf die nachhaltige Entwicklung der Länder zu optimieren, unter Berücksichtigung dessen, dass Rücküberweisungen eine wichtige Quelle privaten Kapitals darstellen und nicht mit anderen internationalen Finanzströmen wie ausländischen Direktinvestitionen, öffentlicher Entwicklungshilfe oder anderen öffentlichen Quellen der Entwicklungsfinanzierung gleichgesetzt werden können.

Um diese Verpflichtung zu verwirklichen, werden wir aus den folgenden Maßnahmen schöpfen. Wir werden

a) einen Fahrplan erstellen, um bis 2030 im Einklang mit Ziel 10.c der Agenda 2030 für nachhaltige Entwicklung die Transaktionskosten für Rücküberweisungen von Migranten auf weniger als 3 Prozent zu senken und Überweisungskorridore mit Kosten von über 5 Prozent zu beseitigen;

b) den von den Vereinten Nationen verkündeten Internationalen Tag der Heimatüberweisungen an Familienangehörige und das vom Internationalen Fonds für landwirtschaftliche Entwicklung organisierte Globale Forum für Rücküberweisungen, Investition und Entwicklung als wichtige Plattform zur Bildung und Stärkung von Partnerschaften für innovative Lösungen für kostengünstigere, schnellere und sicherere Rücküberweisungen mit allen relevanten Interessenträgern fördern und unterstützen;

c) die Vorschriften für den Überweisungsmarkt harmonisieren und die Interoperabilität der Überweisungsinfrastruktur entlang der Korridore verbessern, indem sichergestellt wird, dass Maßnahmen zur Bekämpfung von illegalen Finanzströmen und Geldwäsche die Rücküberweisungen von Migranten nicht durch unangemessene, exzessive oder diskriminierende Politikvorgaben behindern;

d) politische und regulatorische Rahmenbedingungen schaffen, die einen wettbewerbsfähigen und innovativen Überweisungsmarkt fördern, ungerechtfertigte Hindernisse für Überweisungsdienstleister, die keine Banken sind, beim Zugang zur Zahlungsverkehrsinfrastruktur beseitigen, Steuerbefreiungen oder -anreize in Bezug auf Rücküberweisungen anwenden, den Marktzugang für unterschiedliche Dienstleister fördern, dem Privatsektor Anreize zur Erweiterung des Angebots an Überweisungsdiensten verschaffen und die Sicherheit und Planbarkeit von Transaktionen mit geringem Wert verbessern, unter Berücksichtigung von Fragen im Zusammenhang mit dem Abbau von Risiken, und in Konsultation mit Überweisungsdienstleistern und Finanzaufsichtsbehörden eine Methodologie zur Unterscheidung von Rücküberweisungen und illegalen Geldströmen entwickeln;

e) innovative technologische Lösungen für Rücküberweisungen entwickeln, zum Beispiel mobile Zahlungen, digitale Instrumente oder Online-Banking, um Kosten zu senken, die Geschwindigkeit und die Sicherheit zu erhöhen, mehr Überweisungen über reguläre Kanäle zu ermöglichen und geschlechtersensible Distributionswege für unterversorgte Bevölkerungsgruppen zu öffnen, insbesondere für Menschen in ländlichen Gebieten, Menschen mit niedrigem Alphabetisierungsniveau und Menschen mit Behinderungen;

f) leicht zugängliche Informationen über Überweisungskosten nach Dienstleister und Überweisungsweg bereitstellen, zum Beispiel über Preisvergleich-Websites, um die Transparenz und den Wettbewerb auf dem Überweisungsmarkt zu erhöhen und die finanzielle Kompetenz und Inklusion von Migranten und ihren Familien durch Ausbildung und Schulung zu fördern;

g) Programme und Instrumente entwickeln, um Investitionen von Überweisungsabsendern in lokale Entwicklung und unternehmerische Tätigkeit in den Herkunftsländern zu fördern, zum Beispiel durch Beihilfemechanismen, kommunale Anleihen und Partnerschaften mit Heimatverbänden, mit dem Ziel, das transformative Potenzial von Rücküberweisungen über die einzelnen Haushalte von Arbeitsmigranten aller Qualifikationsniveaus hinaus zu erhöhen;

h) Migrantinnen in die Lage versetzen, eine finanzielle Allgemeinbildung zu erlangen, Zugang zu formalen Systemen für den Überweisungsverkehr zu erhalten, ein Bankkonto zu eröffnen und finanzielle Vermögenswerte, Investitionen und Geschäfte zu besitzen und zu lenken, und auf diese Weise geschlechtsspezifische Ungleichheiten bekämpfen und die aktive Teilhabe von Migrantinnen an der Wirtschaft fördern;

i) für Migranten, einschließlich einkommensschwacher und von Frauen geführter Haushalte, Banklösungen und Finanzinstrumente bereitstellen und in Zusammenarbeit mit dem Bankensektor entwickeln, zum Beispiel Bankkonten, die direkte Einzahlungen von Arbeitgebern ermöglichen, Sparkonten, Darlehen und Kredite.

Ziel 21: Zusammenarbeit bei der Ermöglichung einer sicheren und würdevollen Rückkehr und Wiederaufnahme sowie einer nachhaltigen Reintegration

37. Wir verpflichten uns, eine sichere und würdevolle Rückkehr und Wiederaufnahme zu ermöglichen und diesbezüglich zusammenzuarbeiten und ordnungsgemäße Verfahren, Einzelprüfungen und effektiven Rechtsschutz zu gewährleisten, indem wir im Einklang mit unseren internationalen menschenrechtlichen Verpflichtungen das Verbot der kollektiven Ausweisung und der Rückführung von Migranten aufrechterhalten, wenn eine reale und vorhersehbare Gefahr von Tod, Folter und anderer grausamer, unmenschlicher und erniedrigender Behandlung oder Strafe oder anderer nicht wiedergutzumachender Schädigung besteht. Wir verpflichten uns ferner, zu gewährleisten, dass unsere Staatsangehörigen ordnungsgemäß empfangen und wiederaufgenommen werden, unter voller Achtung des Menschenrechts auf Rückkehr in das eigene Land und der Verpflichtung der Staaten, ihre eigenen Staatsangehörigen wiederaufzunehmen. Wir verpflichten uns außerdem, förderliche Bedingungen für persönliche Sicherheit, wirtschaftliche Stärkung, Inklusion und sozialen Zusammenhalt in Gemeinschaften zu schaffen, um sicherzustellen, dass die Reintegration von Migranten nach ihrer Rückkehr in ihre Herkunftsländer nachhaltig ist.

Um diese Verpflichtung zu verwirklichen, werden wir aus den folgenden Maßnahmen schöpfen. Wir werden

a) bilaterale, regionale und multilaterale Kooperationsrahmen und -vereinbarungen, einschließlich Wiederaufnahmevereinbarungen, ausarbeiten und umsetzen, die gewährleisten, dass die Rückkehr von Migranten in ihr eigenes Land und ihre Wiederaufnahme in Sicherheit und Würde sowie unter voller Einhaltung der internationalen Menschenrechtsnormen, einschließlich der Rechte des Kindes, erfolgt, und werden zu diesem Zweck klare und einvernehmliche Verfahren festlegen, die Verfahrensgarantien wahren, Einzelprüfungen und Rechtssicherheit gewährleisten, und sicherstellen, dass diese Verfahren auch Regelungen enthalten, die eine nachhaltige Reintegration erleichtern;

b) geschlechtersensible und kindergerechte Rückkehr- und Reintegrationsprogramme fördern, die eine rechtliche, soziale und finanzielle Unterstützung umfassen können, und gewährleisten, dass jede Rückkehr im Rahmen solcher freiwilliger Programme tatsächlich auf der Grundlage der freien, vorherigen und aufgeklärten Einwilligung der Betroffenen erfolgt und dass zurückkehrende Migranten bei ihrem Reintegrationsprozess durch wirksame Partnerschaften unterstützt werden, auch um zu verhindern, dass sie nach der Rückkehr im Herkunftsland zu Vertriebenen werden;

c) bei der Feststellung der Identität von Staatsangehörigen und der Ausstellung von Reisedokumenten für eine sichere und würdevolle Rückkehr und Wiederaufnahme von Personen, die im Hoheitsgebiet eines anderen Staates kein Bleiberecht haben, zusammenarbeiten, indem zuverlässige und effiziente Instrumente zur Feststellung der Identität der eigenen Staatsangehörigen geschaffen werden, zum Beispiel durch die Aufnahme biometrischer Identifikatoren in die Bevölkerungsregister und die Digitalisierung von Personenstandsregistern, unter voller Achtung des Rechts auf Privatheit und des Schutzes personenbezogener Daten;

d) institutionelle Kontakte zwischen den konsularischen Behörden und zuständigen Beamten der Herkunfts- und Zielländer fördern und Migranten vor ihrer Rückkehr adäquate konsularische Hilfe leisten, indem ihnen der Zugang zu Ausweisen, Reisedokumenten und anderen Diensten erleichtert und so Planbarkeit, Sicherheit und Würde bei der Rückkehr und Wiederaufnahme gewährleistet werden;

e) sicherstellen, dass die Rückführung von Migranten, die im Hoheitsgebiet eines anderen Staates kein Bleiberecht haben, in Sicherheit und Würde und nach Einzelprüfung erfolgt und von den zuständigen Behörden im Rahmen einer raschen und wirksamen Zusammenarbeit zwischen Herkunfts- und Zielländern durchgeführt wird und dass dabei alle anwendbaren Rechtsbehelfe ausgeschöpft werden können, unter Einhaltung der Garantien eines ordnungsgemäßen Verfahrens und der anderen internationalen menschenrechtlichen Verpflichtungen;

f) in Partnerschaft mit relevanten Interessenträgern nationale Mechanismen des Rückkehrmonitorings einrichten oder stärken, die unabhängige Empfehlungen zu Mitteln und Wegen zur Stärkung der Rechenschaftspflicht erteilen, mit dem Ziel, die Sicherheit, die Würde und die Menschenrechte aller zurückkehrenden Migranten zu gewährleisten;

g) sicherstellen, dass Verfahren zur Rückführung und Wiederaufnahme von Kindern erst nach Feststellung des Kindeswohls durchgeführt werden und dabei dem Recht auf Familienleben und die Einheit der Familie Rechnung getragen wird und dass ein Elternteil, ein Vormund oder eine speziell befugte Person das Kind während des gesamten Verfahrens begleitet und dafür gesorgt ist, dass im Herkunftsland geeignete Regelungen für die Aufnahme, Betreuung und Reintegration zurückkehrender Kinder bestehen;

h) die nachhaltige Reintegration zurückkehrender Migranten in das Leben der Gemeinschaft fördern, indem ihnen gleicher Zugang zu sozialem Schutz und sozialer Versorgung, zur Justiz, zu psychosozialer Hilfe und beruflicher Ausbildung, zu Beschäftigungsmöglichkeiten und menschenwürdiger Arbeit verschafft, ihre im Ausland erworbenen Fertigkeiten anerkannt und ihnen Zugang zu Finanzdienstleistungen gegeben werden, um ihr unternehmerisches Können, ihre Fertigkeiten und ihr Humankapital als aktive und zur nachhaltigen Entwicklung im Herkunftsland beitragenden Mitglieder der Gesellschaft voll zu nutzen;

i) die Bedürfnisse der Gemeinschaften, in die Migranten zurückkehren, ermitteln und ihnen Rechnung tragen, indem in nationale und lokale Entwicklungsstrategien, die Infrastrukturplanung, Haushaltszuweisungen und andere relevante Politikentscheidungen entsprechende Bestimmungen aufgenommen werden und mit lokalen Behörden und relevanten Interessenträgern zusammengearbeitet wird.

Ziel 22: Schaffung von Mechanismen zur Übertragbarkeit von Sozialversicherungs- und erworbenen Leistungsansprüchen

38. Wir verpflichten uns, Arbeitsmigranten aller Qualifikationsniveaus dabei zu helfen, in den Zielländern Zugang zu Sozialschutz zu erhalten und von der Übertragbarkeit geltender Sozialversicherungs- und erworbener Leistungsansprüche in ihren Herkunftsländern oder beim Entschluss zur Aufnahme einer Beschäftigung in einem anderen Land zu profitieren.

Um diese Verpflichtung zu verwirklichen, werden wir aus den folgenden Maßnahmen schöpfen. Wir werden

a) im Einklang mit der Empfehlung Nr. 202 der IAO betreffend den sozialen Basisschutz (2012) nichtdiskriminierende innerstaatliche Sozialschutzsysteme, einschließlich sozialer Basisschutzniveaus für Staatsangehörige und Migranten, einrichten oder aufrechterhalten;

b) bilaterale, regionale oder multilaterale Gegenseitigkeitsabkommen über die Übertragbarkeit der Sozialversicherungs- und erworbenen Leistungsansprüche von Arbeitsmigranten aller Qualifikationsniveaus schließen, die sich auf die in den jeweiligen Staaten geltenden sozialen Basisschutzniveaus und die geltenden Sozialversicherungsansprüche und -regelungen wie Renten, Gesundheitsversorgung oder andere erworbene Leistungen beziehen, oder solche Regelungen in andere einschlägige Vereinbarungen aufnehmen, etwa zur langfristigen und befristeten Arbeitsmigration;

c) in die nationalen Rahmenwerke zur sozialen Sicherheit Bestimmungen zur Übertragbarkeit von Ansprüchen und erworbenen Leistungen integrieren, Anlaufstellen in den Herkunfts-, Transit- und Zielländern benennen, die Migranten die Antragstellung auf Übertragung von Ansprüchen erleichtern, den Schwierigkeiten von Frauen und älteren Menschen beim Zugang zum Sozialschutz Rechnung tragen und spezielle Instrumente schaffen, zum Beispiel Sozialfonds für Migranten in den Herkunftsländern, die Arbeitsmigranten und ihre Familien unterstützen.

Ziel 23: Stärkung internationaler Zusammenarbeit und globaler Partnerschaften für eine sichere, geordnete und reguläre Migration

39. Wir verpflichten uns, einander durch verstärkte internationale Zusammenarbeit und eine neu belebte globale Partnerschaft bei der Verwirklichung der in diesem Globalen Pakt festgelegten Ziele und Verpflichtungen zu unterstützen, wobei wir im Geist der Solidarität die zentrale Bedeutung eines umfassenden und integrierten Ansatzes für die Erleichterung einer sicheren, geordneten und regulären Migration bekräftigen und anerkennen, dass wir alle Herkunfts-, Transit- und Zielländer sind. Wir verpflichten uns ferner, gemeinsam zu handeln, um die Herausforderungen, die sich jedem Land bei der Umsetzung dieses Globalen Paktes stellen, zu bewältigen, und unterstreichen die spezifischen Herausforderungen, vor denen insbesondere afrikanische Länder, am wenigsten entwickelte Länder, Binnenentwicklungsländer, kleine Inselentwicklungsländer und Länder mit mittlerem Einkommen stehen. Wir verpflichten uns außerdem, die wechselseitige Wirkung zwischen diesem Globalen Pakt und den bestehenden internationalen Rechts- und Politikrahmen zu fördern, indem wir die Umsetzung des Paktes an diesen Rahmen ausrichten, insbesondere an der Agenda 2030 für nachhaltige Entwicklung sowie der Aktionsagenda von Addis Abeba, und an ihrer Anerkennung dessen, dass Migration und nachhaltige Entwicklung mehrdimensional und interdependent sind.

Um diese Verpflichtung zu verwirklichen, werden wir aus den folgenden Maßnahmen schöpfen. Wir werden

a) andere Staaten bei der gemeinsamen Umsetzung des Globalen Paktes unterstützen, unter anderem durch die Bereitstellung finanzieller und technischer Hilfe im Einklang mit nationalen Prioritäten, politischen Richtlinien, Aktionsplänen und Strategien, im Rahmen eines Gesamtregierungs- und alle Teile der Gesellschaft umfassenden Ansatzes;

b) die internationale und regionale Zusammenarbeit verstärken, um die Umsetzung der Agenda 2030 für nachhaltige Entwicklung in den geografischen Gebieten, in denen die irreguläre Migration aufgrund der konsistenten Auswirkungen von Armut, Arbeitslosigkeit, Klimawandel und Katastrophen, Ungleichheit, Korruption, schlechter Regierungsführung und anderen strukturellen Faktoren systematisch ihren Ursprung hat, durch geeignete Kooperationsrahmen, innovative Partnerschaften und die Einbeziehung aller relevanten Interessenträger zu beschleunigen, bei gleichzeitiger Wahrung der nationalen Eigenverantwortung und einer geteilten Verantwortung;

c) die lokalen Behörden bei der Ermittlung des Bedarfs und der Chancen für internationale Zusammenarbeit zur wirksamen Umsetzung des Globalen Paktes einbeziehen und unterstützen und ihre Perspektiven und Prioritäten in die Entwicklungsstrategien, -programme und -pläne zum Thema Migration integrieren, um eine gute Regierungsführung sowie Politikkohärenz quer über die staatlichen Ebenen und Politikbereiche hinweg zu gewährleisten und die Effektivität und Wirkung der internationalen Entwicklungszusammenarbeit zu maximieren;

d) den Kapazitätsaufbaumechanismus nutzen und auf anderen bestehenden Instrumenten aufbauen, um die Kapazitäten der zuständigen Behörden zu stärken, indem technische, finanzielle und personelle Ressourcen von Staaten, internationalen Finanzinstitutionen, dem Privatsektor, internationalen Organisationen und anderen Quellen mobilisiert werden, mit dem Ziel, allen Staaten bei der Erfüllung der in diesem Globalen Pakt niedergelegten Verpflichtungen zu helfen;

e) im Einklang mit dem Völkerrecht auf bilateraler, regionaler oder multilateraler Ebene gegenseitig nutzbringende, maßgeschneiderte und transparente Partnerschaften schließen, die gezielte Lösungen für migrationspolitische Fragen von gemeinsamem Interesse entwickeln und die Chancen und Herausforderungen der Migration im Einklang mit dem Globalen Pakt angehen.

Umsetzung

40. Für die wirksame Umsetzung des Globalen Paktes benötigen wir konzertierte Anstrengungen auf globaler, regionaler, nationaler und lokaler Ebene, einschließlich eines kohärenten Systems der Vereinten Nationen.

41. Wir verpflichten uns, die im Globalen Pakt niedergelegten Ziele und Verpflichtungen im Einklang mit unserer Vision und unseren Leitprinzipien zu erfüllen und zu diesem Zweck auf allen Ebenen wirksame Maßnahmen zu ergreifen, um eine in allen Phasen sichere, geordnete und reguläre

Migration zu ermöglichen. Wir werden den Globalen Pakt in unseren eigenen Ländern und auf regionaler und globaler Ebene unter Berücksichtigung der unterschiedlichen nationalen Realitäten, Kapazitäten und Entwicklungsstufen und unter Beachtung der nationalen Politiken und Prioritäten umsetzen. Wir bekräftigen unser Bekenntnis zum Völkerrecht und betonen, dass der Globale Pakt in einer Weise umgesetzt werden muss, die mit unseren Rechten und Pflichten nach dem Völkerrecht im Einklang steht.

42. Wir werden den Globalen Pakt durch eine verstärkte bilaterale, regionale und multilaterale Zusammenarbeit und eine neu belebte globale Partnerschaft im Geist der Solidarität umsetzen. Wir werden weiter auf den bestehenden Mechanismen, Plattformen und Rahmenwerken aufbauen, um allen Dimensionen der Migration Rechnung zu tragen. In Anerkennung der zentralen Bedeutung der internationalen Zusammenarbeit für die wirksame Erfüllung der Ziele und Verpflichtungen werden wir uns bemühen, unser Engagement im Bereich der Nord-Süd-, Süd-Süd- und Dreieckskooperation und -hilfe zu verstärken. Unsere diesbezüglichen Kooperationsbemühungen werden sich an der Agenda 2030 für nachhaltige Entwicklung und der Aktionsagenda von Addis Abeba ausrichten.

43. Wir beschließen, aufbauend auf bestehenden Initiativen einen Kapazitätsaufbaumechanismus innerhalb der Vereinten Nationen einzurichten, der die Mitgliedstaaten bei der Umsetzung des Globalen Paktes unterstützt. Er ermöglicht den Mitgliedstaaten, den Vereinten Nationen und anderen relevanten Interessenträgern, einschließlich des Privatsektors und philanthropischer Stiftungen, auf freiwilliger Basis technische, finanzielle und personelle Ressourcen bereitzustellen, um Kapazitäten zu stärken und Multi-Partner-Zusammenarbeit zu fördern. Der Kapazitätsaufbaumechanismus wird Folgendes umfassen:

a) eine Verbindungsstelle, die nachfrageorientierte, maßgeschneiderte und integrierte Lösungen ermöglicht, indem sie

i) Ersuchen von Ländern um die Entwicklung von Lösungen prüft und bearbeitet und diesbezüglich Beratung erteilt;

ii) die Hauptdurchführungspartner inner- und außerhalb des Systems der Vereinten Nationen ermittelt, entsprechend den jeweiligen komparativen Vorteilen und operativen Kapazitäten;

iii) das Ersuchen mit ähnlichen Initiativen und Lösungen für einen Peer-to-Peer-Austausch und eine potenzielle Replizierung verknüpft, soweit vorhanden und relevant;

iv) effektive Voraussetzungen für eine Umsetzung unter Beteiligung mehrerer Organisationen und Interessenträger sicherstellt;

v) Finanzierungsmöglichkeiten aufzeigt, einschließlich durch Initiierung des Anschubfonds;

b) einen Anschubfonds zur Erstfinanzierung projektorientierter Lösungen, der

i) bei Bedarf Mittel zur Startfinanzierung eines konkreten Projekts bereitstellt;

ii) andere Finanzierungsquellen ergänzt;

iii) freiwillige finanzielle Beiträge von Mitgliedstaaten, den Vereinten Nationen, internationalen Finanzinstitutionen und anderen Interessenträgern, einschließlich des Privatsektors und philanthropischer Stiftungen, entgegennimmt;

c) eine globale Wissensplattform als Online-Quelle für frei zugängliche Daten, die

i) als Repositorium für bestehende nachweisbare Fakten, Verfahrensweisen und Initiativen dient;

ii) den Zugang zu Wissen und den Austausch von Lösungen erleichtert;

iii) auf der Plattform für Partnerschaften des Globalen Forums für Migration und Entwicklung und anderen relevanten Quellen aufbaut.

44. Wir werden den Globalen Pakt in Zusammenarbeit und Partnerschaft mit Migranten, der Zivilgesellschaft, Migranten- und Diasporaorganisationen, religiösen Organisationen, lokalen Behörden und Gemeinwesen, dem Privatsektor, Gewerkschaften, Parlamentsabgeordneten, nationalen Menschenrechtsinstitutionen, der Internationalen Rotkreuz- und Rothalbmondbewegung, der Wissenschaft, den Medien und anderen relevanten Interessenträgern umsetzen.

45. Wir begrüßen den Beschluss des Generalsekretärs zur Schaffung eines Migrationsnetzwerks der Vereinten Nationen, das den Zweck hat, entsprechend den Bedürfnissen der Mitgliedstaaten eine wirksame und kohärente systemweite Unterstützung bei der Umsetzung, einschließlich des Kapazitätsaufbaumechanismus, sowie die Weiterverfolgung und Überprüfung der Umsetzung des Globalen Paktes sicherzustellen. In dieser Hinsicht stellen wir fest, dass

a) die IOM als Koordinatorin und Sekretariat des Netzwerks fungieren wird;

b) das Netzwerk den technischen Sachverstand und die Erfahrung der einschlägigen Stellen innerhalb des Systems der Vereinten Nationen in vollem Umfang nutzen wird;

c) die Arbeit des Netzwerks in vollem Einklang mit den bestehenden Koordinierungsmechanismen und der Neupositionierung des Entwicklungssystems der Vereinten Nationen stehen wird.

46. Wir ersuchen den Generalsekretär, der Generalversammlung unter Nutzung des Netzwerks alle zwei Jahre über die Umsetzung des Globalen Paktes, die diesbezüglichen Tätigkeiten des Systems der Vereinten Nationen sowie die Funktionsweise der institutionellen Regelungen Bericht zu erstatten.

47. In weiterer Anerkennung der wichtigen Rolle der von den Staaten gelenkten Prozesse und Plattformen auf globaler und regionaler Ebene zur Förderung des internationalen Dialogs über Migration laden wir das Globale Forum für Migration und Entwicklung, die regionalen Beratungsprozesse und andere globale, regionale und subregionale Foren dazu ein, Plattformen bereitzustellen, um Erfahrungen über die Umsetzung des Globalen Paktes und bewährte Verfahrensweisen zu Politik und Zusammenarbeit auszutauschen sowie innovative Ansätze und Multi-Akteur-Partnerschaften zu spezifischen Politikfragen zu fördern.

Weiterverfolgung und Überprüfung

48. Wir werden den Stand der Umsetzung des Globalen Paktes auf lokaler, nationaler, regionaler und globaler Ebene im Rahmen der Vereinten Nationen mittels eines von den Staaten gelenkten Ansatzes und unter Beteiligung aller relevanten Interessenträger überprüfen. Zur Weiterverfolgung und Überprüfung vereinbaren wir zwischenstaatliche Maßnahmen, die uns bei der Erfüllung unserer Ziele und Verpflichtungen unterstützen werden.

49. In der Erwägung, dass das Thema der internationalen Migration ein Forum auf globaler Ebene erfordert, über welches die Mitgliedstaaten den Stand der Umsetzung überprüfen und die Arbeit der Vereinten Nationen ausrichten können, beschließen wir Folgendes:

a) Der Dialog auf hoher Ebene über internationale Migration und Entwicklung, der gegenwärtig auf jeder vierten Tagung der Generalversammlung stattfinden soll, wird neu ausgerichtet und in „Überprüfungsforum Internationale Migration" umbenannt;

b) das Überprüfungsforum Internationale Migration fungiert als die primäre zwischenstaatliche globale Plattform für die Mitgliedstaaten zur Erörterung und zum Austausch der Fortschritte bei der Umsetzung aller Aspekte des Globalen Paktes unter Beteiligung aller relevanten Interessenträger, einschließlich in seinem Zusammenhang mit der Agenda 2030 für nachhaltige Entwicklung;

c) das Überprüfungsforum Internationale Migration findet ab dem Jahr 2022 alle vier Jahre statt;

d) das Überprüfungsforum Internationale Migration erörtert die Umsetzung des Globalen Paktes auf lokaler, nationaler, regionaler und globaler Ebene und erlaubt die Interaktion mit anderen relevanten Interessenträgern mit dem Ziel, auf erzielten Ergebnissen aufzubauen und Möglichkeiten für eine weitere Zusammenarbeit zu ermitteln;

e) aus jedem Überprüfungsforum Internationale Migration wird eine zwischenstaatlich vereinbarte Fortschrittserklärung hervorgehen, die vom hochrangigen politischen Forum über nachhaltige Entwicklung berücksichtigt werden kann.

50. In Anbetracht dessen, dass internationale Migration zumeist innerhalb von Regionen stattfindet, laden wir die relevanten subregionalen, regionalen und regionenübergreifenden Prozesse, Plattformen und Organisationen, einschließlich der regionalen Wirtschaftskommissionen der Vereinten Nationen oder der regionalen Beratungsprozesse, dazu ein, unter Beteiligung aller relevanten Interessenträger die Umsetzung des Globalen Paktes in den jeweiligen Regionen ab dem Jahr 2020 im Wechsel mit alle vier Jahre stattfindenden Erörterungen auf globaler Ebene zu überprüfen und so einen wirksamen Beitrag zu jeder Ausgabe des Überprüfungsforums Internationale Migration zu leisten.

51. Wir laden das Globale Forum für Migration und Entwicklung dazu ein, für einen jährlichen informellen Austausch über die Umsetzung des Globalen Paktes Raum zu schaffen und dem Überprüfungsforum Internationale Migration über die Ergebnisse, bewährten Verfahrensweisen und innovativen Konzepte Bericht zu erstatten.

52. In Anerkennung der wichtigen Beiträge der von den Staaten gelenkten Initiativen im Bereich der internationalen Migration laden wir Foren wie den Internationalen Dialog über Migrationsfragen der IOM, die regionalen Beratungsprozesse und andere dazu ein, durch die Bereitstellung von einschlägigen Daten, nachweisbaren Fakten, bewährten Verfahrensweisen, innovativen Konzepten und Empfehlungen, die in einem Zusammenhang mit der Umsetzung des Globalen Paktes für eine sichere, geordnete und reguläre Migration stehen, einen Beitrag zum Überprüfungsforum Internationale Migration zu leisten.

53. Wir legen allen Mitgliedstaaten nahe, so bald wie möglich ambitionierte nationale Strategien zur Umsetzung des Globalen Paktes zu entwickeln und die Fortschritte auf nationaler Ebene regelmäßig und auf inklusive Weise zu überprüfen, beispielsweise durch die freiwillige Ausarbeitung und Anwendung eines nationalen Umsetzungsplans. Diese Überprüfungen sollten sich auf Beiträge aller relevanten Interessenträger sowie von Parlamenten und lokalen Behörden stützen und als effektive Informationsgrundlage für die am Überprüfungsforum Internationale Migration und anderen relevanten Foren teilnehmenden Mitgliedstaaten dienen.

54. Wir ersuchen die Präsidentschaft der Generalversammlung, offene, transparente und inklusive zwischenstaatliche Konsultationen im Jahr 2019 einzuleiten und abzuschließen, um die genauen Modalitäten und organisatorischen Aspekte der Überprüfungsforen Internationale Migration festzulegen und zu artikulieren, wie die regionalen Überprüfungen und anderen relevanten Prozesse zu den Foren beitragen werden, damit die gesamte Wirksamkeit und Konsistenz des im Globalen Pakt dargelegten Weiterverfolgungs- und Überprüfungsprozesses weiter gestärkt wird.

15/14. Flüchtlingspakt

A/RES/73/12 (Part II) (2018) (19. Dezember 2018)

Resolution 73/12 (Part II) (2018) Bericht des Hohen Flüchtlingskommissars der Vereinten Nationen, Globaler Pakt für Flüchtlinge

Inhalt

I. Einleitung*)

A. Hintergrund

1. Die leidvolle Situation der Flüchtlinge ist eine Sache, die alle Menschen angeht. Flüchtlingssituationen haben an Tragweite, Ausmaß und Komplexität zugenommen, und Flüchtlinge benötigen Schutz, Hilfe und Lösungen. Millionen Flüchtlinge befinden sich in Langzeitsituationen, oftmals in Ländern mit niedrigem und mittlerem Einkommen, die mit ihren eigenen Wirtschafts- und Entwicklungsproblemen zu kämpfen haben, und ihre durchschnittliche Aufenthaltsdauer ist weiter angestiegen. Trotz der enormen Großzügigkeit der Aufnahmeländer und Geber, die Finanz-

*) *Personenbezeichnungen, die in diesem Dokument aus Gründen der Lesbarkeit nur in der männlichen Form wiedergegeben sind, umfassen Personen jeden Geschlechts.*

mittel für humanitäre Maßnahmen in bisher beispielloser Höhe aufgebracht haben, klafft die Lücke zwischen Bedürfnissen und vorhandenen Mitteln für humanitäre Maßnahmen weiter auf. Es besteht die dringende Notwendigkeit einer ausgewogeneren Lasten- und Verantwortungsteilung bei der Aufnahme und Unterstützung der Flüchtlinge auf der Welt, unter gleichzeitiger Berücksichtigung der bereits geleisteten Beiträge und der von Staat zu Staat unterschiedlichen Kapazitäten und Ressourcen. Weder die Flüchtlinge noch die Aufnahmegemeinschaften dürfen im Stich gelassen werden.

2. Die Herbeiführung einer internationalen Zusammenarbeit zur Lösung internationaler Probleme humanitärer Art ist ein Kernziel der Vereinten Nationen gemäß ihrer Charta und steht im Einklang mit dem Grundsatz der souveränen Gleichheit der Staaten[1)]. Das Abkommen über die Rechtsstellung der Flüchtlinge von 1951 (Genfer Flüchtlingskonvention) anerkennt ebenfalls, dass eine befriedigende Lösung für Flüchtlingssituationen ohne internationale Zusammenarbeit nicht erreicht werden kann, da sich aus der Gewährung des Asylrechts nicht zumutbare schwere Belastungen für einzelne Länder ergeben können[2)]. Dieser langjährige Grundsatz muss unbedingt in konkrete und praktische Maßnahmen umgesetzt werden, einschließlich durch eine Ausweitung der Unterstützerbasis über diejenigen Länder hinaus, die in der Vergangenheit Flüchtlinge aufgenommen oder sich anderweitig für Flüchtlinge eingesetzt haben.

3. Vor diesem Hintergrund soll der Globale Pakt für Flüchtlinge Grundlage für eine berechenbare und ausgewogene Lasten- und Verantwortungsteilung zwischen allen Mitgliedstaaten der Vereinten Nationen und gegebenenfalls anderen relevanten Interessenträgern sein, darunter internationale Organisationen inner- und außerhalb des Systems der Vereinten Nationen, einschließlich der Organisationen der Internationalen Rotkreuz- und Rothalbmond-Bewegung, andere Akteure im Bereich der humanitären Hilfe und der Entwicklung, internationale und regionale Finanzinstitutionen, Regionalorganisationen, lokale Behörden, die Zivilgesellschaft, einschließlich religiöser Organisationen und wissenschaftlicher und anderer Sachverständiger, der Privatsektor, Medien, Mitglieder der Aufnahmegemeinschaften sowie die Flüchtlinge selbst (im Folgenden „relevante Interessenträger").

4. Der Globale Pakt ist rechtlich nicht bindend. Er steht jedoch für den politischen Willen und das Bestreben der internationalen Gemeinschaft als Ganzes, die Zusammenarbeit und die Solidarität mit Flüchtlingen und betroffenen Aufnahmeländern zu verstärken. Seine Operationalisierung erfolgt über freiwillige Beiträge zur Erzielung kollektiver Ergebnisse und Fortschritte bei der Erreichung der in Absatz 7 dargelegten Ziele. Diese Beiträge werden von jedem Staat und relevanten Interessenträger selbst festgelegt, unter Berücksichtigung der Realitäten, Kapazitäten und Entwicklungsstufen der einzelnen Länder und unter Beachtung der nationalen Politiken und Prioritäten.

B. Leitprinzipien

5. Der Globale Pakt leitet sich aus den Grundprinzipien der Menschlichkeit und der internationalen Solidarität ab und ist darauf gerichtet, die Grundsätze der Lasten- und Verantwortungsteilung in die Tat umzusetzen, damit der Schutz und die Hilfe für Flüchtlinge verbessert und die Aufnahmeländer und -gemeinschaften unterstützt werden. Der Globale Pakt ist in seiner Art völlig unpolitisch, einschließlich in seiner Umsetzung, und steht mit den Zielen und Grundsätzen der Charta der Vereinten Nationen im Einklang. Er beruht auf dem internationalen Flüchtlingsschutzsystem, dessen Kern das Kardinalprinzip der Nichtzurückweisung und die Genfer Flüchtlingskonvention und ihr Protokoll von 1967[3)] ausmachen. Einige Regionen haben darüber hinaus spezifische Übereinkünfte geschlossen, die auf ihre jeweilige Situation Anwendung finden[4)]. Der Globale Pakt orientiert sich an den einschlägigen internationalen Menschenrechtsübereinkünften[5)],

---

Zu Z. 2:

[1)] Artikel 1 (3) der Charta der Vereinten Nationen, A/RES/25/2625.

[2)] Präambel, Erwägungsgrund 4 (United Nations, Treaty Series, Vol. 189, Nr. 2545. Amtliche deutschsprachige Fassungen: dBGBl. 1953 II S. 559; LGBl. 1956 Nr. 15; öBGBl. Nr. 55/1955; AS 1955 443). Siehe auch A/RES/22/2312, Artikel 2 (2).

Zu Z. 5:

[3)] United Nations, Treaty Series, Vol. 606, Nr. 8791. Amtliche deutschsprachige Fassungen: dBGBl. 1969 II S. 1293; LGBl. 1986 Nr. 75; öBGBl. Nr. 78/1974; AS 1968 1189.

[4)] Siehe Übereinkommen der Organisation der afrikanischen Einheit von 1969 zur Regelung der spezifischen Aspekte der Flüchtlingsprobleme in Afrika (United Nations, Treaty Series, Vol. 1001, Nr. 14691), Erklärung von Cartagena über Flüchtlinge von 1984, Artikel 78 des Vertrags über die Arbeitsweise der Europäischen Union und Artikel 18 der Charta der Grundrechte der Europäischen Union. Siehe auch die Bangkok-Grundsätze über den Status und die Behandlung von Flüchtlingen vom 31. Dezember 1966 (in ihrer endgültigen Fassung vom 24. Juni 2001).

[5)] Unter anderem die Allgemeine Erklärung der Menschenrechte (in der unter anderem das Recht, Asyl zu suchen, verankert ist (Artikel 14) (A/RES/3/217 A; in Deutsch verfügbar unter http://www.un.org/Depts/german/menschenrechte/aemr.pdf), die Erklärung und das Aktionsprogramm von Wien, das Übereinkommen über die Rechte

dem humanitären Völkerrecht sowie anderen internationalen Übereinkünften, soweit anwendbar[6]. Er wird ergänzt durch Übereinkünfte zum Schutz Staatenloser[7]. Außerdem wird die allgemeine Anwendung des Globalen Paktes von den humanitären Grundsätzen der Menschlichkeit, Neutralität, Unparteilichkeit und Unabhängigkeit ? siehe A/RES/46/182 und alle späteren Resolutionen der Generalversammlung zu diesem Thema, namentlich A/RES/71/127 ? sowie von der zentralen Bedeutung des Schutzes geleitet. Die nationale Eigen- und Führungsverantwortung ist entscheidend für eine erfolgreiche Umsetzung des Paktes, unter Berücksichtigung der nationalen Rechtsvorschriften, Politiken und Prioritäten.

6. Es wird anerkannt, dass einige Staaten, die nicht Vertragsparteien der internationalen Flüchtlingsübereinkünfte sind, bei der Aufnahme von Flüchtlingen Großzügigkeit gezeigt haben. Allen Staaten, die noch nicht Vertragsparteien sind, wird nahegelegt, den Beitritt zu diesen Übereinkünften zu erwägen, und den Vertragsstaaten, die Vorbehalte angebracht haben, wird nahegelegt, deren Zurücknahme zu erwägen.

C. Ziele

7. Die Ziele des Globalen Paktes als Ganzes bestehen darin, i) den Druck auf die Aufnahmeländer zu mindern, ii) die Eigenständigkeit der Flüchtlinge zu erhöhen, iii) den Zugang zu Drittstaatenlösungen zu erweitern und iv) in den Herkunftsländern Bedingungen für eine Rückkehr in Sicherheit und Würde zu fördern. Zur Erreichung dieser vier miteinander verknüpften und interdependenten Ziele sollen der politische Wille mobilisiert, die Unterstützerbasis erweitert und Regelungen getroffen werden, die ausgewogenere, nachhaltigere und berechenbarere Beiträge seitens der Staaten und anderen relevanten Interessenträger ermöglichen.

D. Prävention und Bekämpfung der tieferen Fluchtursachen

8. Große Fluchtbewegungen und Langzeit-Flüchtlingssituationen bestehen weltweit fort. Flüchtlingsschutz und -betreuung retten den Betroffenen das Leben und bedeuten eine Investition in die Zukunft, müssen jedoch unbedingt mit engagierten Anstrengungen zur Bekämpfung der tieferen Fluchtursachen einhergehen. Klima, Umweltzerstörung und Naturkatastrophen sind zwar für sich selbst genommen keine Ursachen für Fluchtbewegungen, stehen aber immer häufiger in Wechselwirkung mit den Triebkräften solcher Bevölkerungsbewegungen. Zunächst sind die Länder, in denen Fluchtbewegungen ihren Ausgang nehmen, für die Bekämpfung der tieferen Ursachen verantwortlich. Die Verhinderung und Bewältigung großer Flüchtlingssituationen ist aber auch eine Angelegenheit von erheblicher Bedeutung für die internationale Gemeinschaft als Ganzes und erfordert frühzeitige Maßnahmen zur Bekämpfung der Triebkräfte und Auslöser sowie eine verbesserte Zusammenarbeit zwischen Akteuren aus den Bereichen der Politik, der humanitären Hilfe, der Entwicklung und der Friedensarbeit.

9. Vor diesem Hintergrund ergänzt der Globale Pakt die fortlaufenden Bemühungen der Vereinten Nationen in den Bereichen Prävention, Frieden,

---

des Kindes (United Nations, Treaty Series, Vol. 1577, Nr. 27531. Amtliche deutschsprachige Fassungen: dBGBl. 1992 II S. 121; LGBl. 1996 Nr. 163; öBGBl. Nr. 7/1993; AS 1998 2055), das Übereinkommen gegen Folter (United Nations, Treaty Series, Vol. 1465, Nr. 24841. Amtliche deutschsprachige Fassungen: dBGBl. 1990 II S. 246; LGBl. 1991 Nr. 59; öBGBl. Nr. 492/1987; AS 1987 1307), das Internationale Übereinkommen zur Beseitigung jeder Form von Rassendiskriminierung (United Nations, Treaty Series, Vol. 660, Nr. 9464. Amtliche deutschsprachige Fassungen: dBGBl. 1969 II S. 961; LGBl. 2000 Nr. 80; öBGBl. Nr. 377/1972; AS 1995 1164), der Internationale Pakt über bürgerliche und politische Rechte (United Nations, Treaty Series, vol. 999, Nr. 14668. Amtliche deutschsprachige Fassungen: dBGBl. 1973 II S. 1533; LGBl. 1999 Nr. 58; öBGBl. Nr. 591/1978; AS 1993 750), der Internationale Pakt über wirtschaftliche, soziale und kulturelle Rechte (United Nations, Treaty Series, vol. 993, Nr. 14531. Amtliche deutschsprachige Fassungen: dBGBl. 1973 II S. 1569; LGBl. 1999 Nr. 57; öBGBl. Nr. 590/1978; AS 1993 725), das Übereinkommen zur Beseitigung jeder Form von Diskriminierung der Frau (United Nations, Treaty Series, Vol. 1249, Nr. 20378. Amtliche deutschsprachige Fassungen: dBGBl. 1985 II S. 647; LGBl. 1996 Nr. 164; öBGBl. Nr. 443/1982; AS 1999 1579) und das Übereinkommen über die Rechte von Menschen mit Behinderungen (United Nations, Treaty Series, Vol. 2515, Nr. 44910. Amtliche deutschsprachige Fassungen: dBGBl. 2008 II S. 1419; öBGBl. III Nr. 155/2008, Nr. 105/2016; AS 2014 1119).

6) Z. B. Zusatzprotokoll zur Verhütung, Bekämpfung und Bestrafung des Menschenhandels, insbesondere des Frauen- und Kinderhandels, zum Übereinkommen der Vereinten Nationen gegen die grenzüberschreitende organisierte Kriminalität (United Nations, Treaty Series, Vol. 2237, Nr. 39574. Amtliche deutschsprachige Fassungen: dBGBl. 2005 II S. 954, 995; LGBl. 2008 Nr. 74; öBGBl. III Nr. 220/2005; AS 2006 5917), Zusatzprotokoll gegen die Schleusung von Migranten auf dem Land-, See- und Luftweg zum Übereinkommen der Vereinten Nationen gegen die grenzüberschreitende organisierte Kriminalität (United Nations, Treaty Series, Vol. 2241, Nr. 39574. Amtliche deutschsprachige Fassungen: dBGBl. 2005 II S. 954, 1007; LGBl. 2008 Nr. 73; öBGBl. III Nr. 11/2008; AS 2006 5899).

7) Übereinkommen von 1954 über die Rechtsstellung der Staatenlosen (United Nations, Treaty Series, Vol. 360, Nr. 5158. Amtliche deutschsprachige Fassungen: dBGBl. 1976 II S. 473; LGBl. 2009 Nr. 289; öBGBl. III Nr. 81/2008; AS 1972 2320), Übereinkommen von 1961 zur Verminderung der Staatenlosigkeit (United Nations, Treaty Series, Vol. 989, Nr. 14458. Amtliche deutschsprachige Fassungen: dBGBl. 1977 II S. 597; LGBl. 2009 Nr. 290; öBGBl. Nr. 538/1974).

Sicherheit, nachhaltige Entwicklung, Migration und Friedenskonsolidierung. Alle Staaten und relevanten Interessenträger sind aufgefordert, die tieferen Ursachen großer Flüchtlingssituationen zu bekämpfen, unter anderem durch verstärkte internationale Anstrengungen, Konflikte zu verhüten und beizulegen, die Charta der Vereinten Nationen, das Völkerrecht, einschließlich des humanitären Völkerrechts, sowie die Rechtsstaatlichkeit auf nationaler und internationaler Ebene zu achten, die Menschenrechte und Grundfreiheiten für alle Menschen zu fördern, zu achten, zu schützen und zu erfüllen und Ausbeutung und Missbrauch sowie jede Diskriminierung aufgrund der Rasse, der Hautfarbe, des Geschlechts, der Sprache, der Religion, der politischen oder sonstigen Überzeugung, der nationalen oder sozialen Herkunft, des Vermögens, der Geburt, einer Behinderung, des Alters oder eines sonstigen Status zu beenden. Die internationale Gemeinschaft als Ganzes ist außerdem aufgefordert, Bemühungen zur Minderung der Armut, zur Verringerung von Katastrophenrisiken und zur Bereitstellung von Entwicklungshilfe für Herkunftsländer zu unterstützen, im Einklang mit der Agenda 2030 für nachhaltige Entwicklung und anderen einschlägigen Rahmenplänen[8)].

II. Umfassender Rahmenplan für Flüchtlingshilfemaßnahmen

10. Teil II und somit fester Bestandteil des Globalen Paktes ist der von der Generalversammlung der Vereinten Nationen verabschiedete Umfassende Rahmenplan für Flüchtlingshilfemaßnahmen (A/RES/71/1, Anlage I).

III. Aktionsprogramm

11. Im Einklang mit A/RES/71/1 besteht das Ziel des Aktionsprogramms darin, die Anwendung einer umfassenden Strategie zur Unterstützung von Flüchtlingen und der von einer großen Fluchtbewegung oder Langzeit-Flüchtlingssituation besonders betroffenen Länder durch wirksame Regelungen zur Lasten- und Verantwortungsteilung (Teil III.A) und in Bereichen, die zeitige Beiträge zur Unterstützung der Aufnahmeländer und, wo angezeigt, der Herkunftsländer erfordern (Teil III.B), zu erleichtern. Diese Teile sind als miteinander verknüpft zu betrachten.

12. Während sich der Umfassende Rahmenplan für Flüchtlingshilfemaßnahmen spezifisch auf große Flüchtlingssituationen bezieht, sind Bevölkerungsbewegungen nicht zwangsläufig homogen und können einen Mischcharakter aufweisen. In manchen Fällen können große Bewegungen sowohl Flüchtlinge als auch andere Menschen, die unterwegs sind, umfassen; in anderen Fällen kann es um Flüchtlinge und Binnenvertriebene gehen, und in bestimmten Fällen kann eine Vertreibung über die Staatsgrenzen hinaus durch plötzliche Naturkatastrophen oder Umweltzerstörung verursacht sein. Diese Situationen stellen für die betroffenen Staaten komplexe Herausforderungen dar, zu deren Bewältigung sie die internationale Gemeinschaft um Unterstützung ersuchen können. Die Unterstützung für geeignete Reaktionsmaßnahmen könnte auf den operativen Partnerschaften zwischen den relevanten Akteuren, einschließlich des Hohen Flüchtlingskommissariats der Vereinten Nationen (UNHCR) und der Internationalen Organisation für Migration (IOM), aufbauen, die ihre jeweiligen Mandate, Rollen und Sachkenntnisse zur Anwendung bringen, um einen koordinierten Ansatz zu gewährleisten.

13. Das Aktionsprogramm beruht auf einem fundamental partnerschaftlichen und partizipatorischen Ansatz, der Flüchtlinge und Aufnahmegemeinschaften einbezieht sowie Alters-, Geschlechts- und Diversitätsaspekten[9)] Rechnung trägt, einschließlich Förderung der Geschlechtergleichstellung und Stärkung von Frauen und Mädchen, Beendigung aller Formen sexueller und geschlechtsspezifischer Gewalt, des Menschenhandels, der sexuellen Ausbeutung und des sexuellen Missbrauchs sowie schädlicher Praktiken, Förderung einer sinnvollen Teilhabe junger und älterer Menschen sowie von Menschen mit Behinderungen, Wahrung des Kindeswohls und Bekämpfung von Diskriminierung.

A. Regelungen zur Lasten- und Verantwortungsteilung

14. Die Länder, die Flüchtlinge aufnehmen und unterbringen, oftmals über einen längeren Zeitraum hinweg, leisten im Rahmen ihrer eigenen begrenzten Mittel einen enormen Beitrag zum Gemeinwohl, ja zur Menschlichkeit. Daher ist es unerlässlich, dass diese Länder zur Bewältigung der Aufgabe an vorderster Front greifbare Unterstützung von der internationalen Gemeinschaft als Ganzes erhalten.

15. Die folgenden Regelungen sind darauf gerichtet, eine ausgewogenere und berechenbarere Teilung der Lasten und der Verantwortung mit Aufnahmeländern und -gemeinschaften zu erreichen und die Suche nach Lösungen zu unterstüt-

Zu Z. 9:

8) Z. B. Sendai-Rahmen für Katastrophenvorsorge 2015-2030 und Agenda 2063.

Zu Z. 13:

9) Siehe Schlussfolgerung Nr. 108 (LIX) (2008), f)-k) des UNHCR-Exekutivausschusses (ExCom).

zen, gegebenenfalls auch durch Gewährung von Hilfe für die Herkunftsländer. Sie umfassen einander ergänzende Maßnahmen auf globaler, regionaler oder landesspezifischer Ebene.

16. Um eine vollständige Verwirklichung der Grundsätze der internationalen Solidarität und Zusammenarbeit zu gewährleisten, müssen die Regelungen effizient, wirksam und praktisch durchführbar sein. Es werden Maßnahmen getroffen werden, um Doppelspurigkeiten zu vermeiden und die Regelungen in bestehende Verfahren einzubetten, wo angezeigt, einschließlich zur Sicherstellung geeigneter Verknüpfungen mit dem Exekutivausschuss des Programms des Hohen Flüchtlingskommissariats (Exekutivausschuss). Gleichzeitig werden diese Regelungen notwendigerweise über bestehende Verfahren hinausgehen und die Art und Weise, auf die die internationale Gemeinschaft als Ganzes auf große Flüchtlingssituationen reagiert, so verändern, dass eine bessere Teilung der aus der Anwesenheit einer großen Zahl von Flüchtlingen entstehenden Lasten und Verantwortung gewährleistet ist.

1. Globale Vereinbarung für internationale Zusammenarbeit: Globales Flüchtlingsforum

17. Es wird regelmäßig ein Globales Flüchtlingsforum auf Ministerebene stattfinden, auf dem alle Mitgliedstaaten der Vereinten Nationen und relevanten Interessenträger konkrete Zusagen und Beiträge zur Verwirklichung der in Absatz 7 genannten Ziele des Globalen Paktes ankündigen und Chancen, Herausforderungen und Möglichkeiten der Verbesserung der Lasten- und Verantwortungsteilung prüfen werden. Das erste Forum wird 2019 stattfinden. Sofern die Generalversammlung nichts anderes vereinbart, wird jedes weitere Forum alle vier Jahre einberufen, um die Schwungkraft und den politischen Willen auf Dauer aufrechtzuerhalten. Ein oder mehrere Staaten und das UNHCR werden gemeinsam die Foren einberufen und ausrichten und den Generalsekretär zur Teilnahme einladen. Die Foren werden grundsätzlich in Genf stattfinden, um die Teilnahme aller Staaten zu erleichtern. In den Jahren, in denen ein Forum stattfindet, wird kein Dialog des Hohen Flüchtlingskommissars zu Herausforderungen im Bereich Flüchtlingsschutz abgehalten.

18. Die auf den Globalen Flüchtlingsforen angekündigten Zusagen und Beiträge könnten verschiedene Formen annehmen, wie etwa finanzielle, materielle und technische Hilfe[10)], Neuansiedlungsorte und komplementäre Wege für die Aufnahme in Drittstaaten sowie andere Maßnahmen, zu denen sich Staaten auf nationaler Ebene entschließen, um die Ziele des Globalen Paktes zu fördern. Teil III.B dient als nicht erschöpfender Leitfaden für Bereiche, in denen Zusagen und Beiträge möglich wären.

19. Das erste Globale Flüchtlingsforum 2019 wird der Annahme formeller Zusagen und Beiträge gewidmet sein. Auf den darauffolgenden Foren werden die Staaten und relevanten Interessenträger Gelegenheit haben, nicht nur neue Zusagen abzugeben, sondern auch eine Bestandsaufnahme der Umsetzung ihrer bisherigen Zusagen und der Fortschritte bei der Erreichung der Ziele des Globalen Paktes vorzunehmen. Ergänzend werden zwischen den Foren alle zwei Jahre Beamtentreffen auf hoher Ebene stattfinden, die die Möglichkeit für eine Zwischenbilanz bieten. Die laufenden Bestandsaufnahmen auf den Globalen Flüchtlingsforen und den Beamtentreffen auf hoher Ebene werden Schlüsselkomponenten der Weiterverfolgung des Globalen Paktes (siehe Teil IV) sein.

2. Regelungen zur Unterstützung einer umfassenden Reaktion auf eine konkrete Flüchtlingssituation

2.1 Nationale Regelungen

20. Auf der Grundlage bewährter Verfahren und in Anerkennung der Wichtigkeit nationaler Führungsverantwortung können betroffene Aufnahmeländer nationale Regelungen festlegen, um die Bemühungen aller relevanten Interessenträger um eine umfassende Reaktion zu koordinieren und zu erleichtern. Die Zusammensetzung und die Funktionsweise der nationalen Regelungen würden von den Aufnahmestaaten festgelegt werden, ebenso wie der Kapazitätsaufbaubedarf der zuständigen nationalen Behörden für die Durchführung dieser Arbeit.

21. Solche Bemühungen könnten die Ausarbeitung eines umfassenden Plans unter nationaler Führungsverantwortung, im Einklang mit nationalen Politiken und Prioritäten und gegebenenfalls mit Hilfe des UNHCR und anderer relevanter Interessenträger unterstützen, in dem Politikprioritäten, institutionelle und operative Regelungen, der Bedarf an Unterstützung durch die internationale Gemeinschaft, einschließlich Investitionen, Finanzierung, materieller und technischer Hilfe, sowie Lösungen, darunter Neuansiedlung, komplementäre Wege für die Aufnahme in Drittstaaten und freiwillige Repatriierung, dargelegt sind.

Zu Z. 18:

10) Z. B. Bereitschaftskapazität oder Beiträge zu den Unterstützungsplattformen (Abschnitt 2.2).

2.2 Unterstützungsplattform

22. Zur Unterstützung der nationalen Regelungen könnten die Aufnahmeländer die Aktivierung einer Unterstützungsplattform anstreben[11)].

23. Die Unterstützungsplattform würde eine kontextspezifische Unterstützung für Flüchtlinge und betroffene Aufnahmeländer und -gemeinschaften ermöglichen. Im Geiste der Partnerschaft und im Einklang mit der Eigen- und Führungsverantwortung des Aufnahmelandes hätte diese Plattform unter anderem die Funktion,

- das politische Engagement und die Werbung für Präventions-, Schutz- und Reaktionsmaßnahmen sowie Lösungen zu mobilisieren;
- finanzielle, materielle und technische Hilfe sowie Möglichkeiten der Neuansiedlung und komplementäre Wege für die Aufnahme in Drittstaaten zu mobilisieren, in Unterstützung des umfassenden Plans (Absatz 21), soweit anwendbar, und aufbauend auf den im Rahmen des Globalen Flüchtlingsforums abgegebenen Zusagen;
- kohärente humanitäre Maßnahmen und Entwicklungsmaßnahmen zu fördern, unter anderem durch die frühzeitige und dauerhafte Einbindung von Entwicklungsakteuren in die Unterstützung der Aufnahmegemeinschaften und Flüchtlinge, und
- umfassende Politikinitiativen zur Minderung des auf den Aufnahmeländern lastenden Drucks, zum Aufbau von Resilienz und Eigenständigkeit und zur Lösungsfindung zu unterstützen.

24. Auf Ersuchen betroffener Aufnahmeländer oder gegebenenfalls Herkunftsländer könnte eine Unterstützungsplattform aktiviert/deaktiviert werden und vom UNHCR Hilfe erhalten, in enger Abstimmung mit relevanten Staaten, die grundsätzlich einen Beitrag zugesagt haben, und unter Berücksichtigung bestehender Reaktionsmaßnahmen und politischer Initiativen sowie Friedenssicherungs- und Friedenskonsolidierungsinitiativen. Aktivierungskriterien wären unter anderem

- eine große und/oder komplexe Flüchtlingssituation, die die Bewältigungskapazität eines Aufnahmelandes übersteigt oder voraussichtlich übersteigt, oder
- eine Langzeit-Flüchtlingssituation, in der ein oder mehrere Aufnahmestaaten zusätzliche Unterstützung in erheblichem Ausmaß benötigen und/oder sich eine große Chance auf eine Lösung bietet (z. B. eine groß angelegte freiwillige Repatriierung in das Herkunftsland).

25. Jede Unterstützungsplattform würde sich auf die Führung und das Engagement einer Gruppe von Staaten für die Mobilisierung von Beiträgen und Unterstützung in verschiedenster Form (siehe Absatz 23) stützen. Die Zusammensetzung dieser Gruppe wäre kontextspezifisch. Gegebenenfalls würden andere relevante Interessenträger eingeladen, daran mitzuwirken.

26. Die Unterstützungsplattformen wären keine feste Einrichtung und würden keine operativen Tätigkeiten ausüben. Sie würden auf bereits abgegebenen Interessensbekundungen (namentlich auf dem Globalen Flüchtlingsforum) und Bereitschaftsvereinbarungen beruhen, bestehende Koordinierungsmechanismen für humanitäre Zusammenarbeit und Entwicklungszusammenarbeit ergänzen und mit ihnen interagieren. In Abstimmung mit den beteiligten Staaten würde das UNHCR seinem Exekutivausschuss, der Generalversammlung der Vereinten Nationen und dem Globalen Flüchtlingsforum regelmäßig über die Arbeit der Unterstützungsplattformen Bericht erstatten, einschließlich um den Austausch von Informationen, Verfahrensweisen und Erfahrungen zwischen verschiedenen Plattformen zu erleichtern.

27. Bei der Wahl einer Strategie zur Unterstützung durch eine Plattform bieten sich zahlreiche Optionen. Eine Möglichkeit wäre die Abhaltung einer Solidaritätskonferenz zur Mobilisierung von Unterstützung für den umfassenden Plan, sofern dies einen Mehrwert bringt und nicht andere Prozesse dupliziert, eingedenk dessen, dass humanitäre Hilfe entsprechend Absatz 32 flexibel, mehrjährig und nicht zweckgebunden sein soll. Eine Solidaritätskonferenz wäre situationsspezifisch und ein strategisches Instrument zur Mobilisierung einer breit angelegten Unterstützung für Aufnahmestaaten oder Herkunftsländer, das Staaten, Entwicklungsakteure, die Zivilgesellschaft, lokale Gemeinschaften und den Privatsektor einschließt und mit dem finanzielle, materielle und technische Beiträge sowie Neuansiedlungsmöglichkeiten und komplementäre Aufnahmewege erwirkt werden sollen.

2.3 Regionale und subregionale Ansätze

28. Fluchtbewegungen weisen oft eine signifikante regionale oder subregionale Dimension auf. Trotz der Verschiedenartigkeit regionaler und subregionaler Mechanismen und Gruppierungen können diese gegebenenfalls eine wichtige Rolle bei umfassenden Reaktionsmaßnahmen spielen. Im Rahmen umfassender Reaktionsmaßnahmen

---

Zu Z. 22:

[11)] Im Einklang mit Abs. 5.

der Vergangenheit hat sich zudem gezeigt, wie nützlich eine regionale Zusammenarbeit für die Bewältigung von Flüchtlingssituationen ist, die die politischen Dimensionen der Ursachen mitberücksichtigt.

29. Ohne Beeinträchtigung einer globalen Unterstützung könnten regionale und subregionale Mechanismen und Gruppierungen aktiv zur Bewältigung von Flüchtlingssituationen in ihren jeweiligen Regionen beitragen, soweit angezeigt, einschließlich indem sie mit Zustimmung der betroffenen Staaten eine wichtige Rolle in den Unterstützungsplattformen, Solidaritätskonferenzen und anderen Vereinbarungen einnehmen. Umfassende Reaktionsmaßnahmen werden außerdem auf bestehenden regionalen und subregionalen Initiativen zum Flüchtlingsschutz und dauerhaften Lösungen aufbauen, soweit vorhanden und angemessen, einschließlich auf regionalen und subregionalen Neuansiedlungsinitiativen, mit dem Ziel, Komplementarität zu gewährleisten und Doppelspurigkeiten zu vermeiden.

30. Im Rahmen der Globalen Flüchtlingsforen wird das UNHCR regelmäßig den Austausch bewährter Verfahren zwischen relevanten regionalen und subregionalen Mechanismen fördern, um verschiedene Perspektiven einzubeziehen und mehr Kohärenz zu fördern.

3. Schlüsselinstrumente zur Verwirklichung der Lasten- und Verantwortungsteilung

31. Die folgenden Absätze beschreiben die Instrumente zur Verwirklichung der Lasten- und Verantwortungsteilung; sie untermauern die oben dargelegten Regelungen.

3.1 Finanzierung und wirksamer und effizienter Ressourceneinsatz

32. Wenngleich die Beiträge der internationalen Gemeinschaft als Ganzes zur Lasten- und Verantwortungsteilung über Finanzierungen hinausgeht, ist die rechtzeitige Mobilisierung berechenbarer, ausreichender und langfristiger öffentlicher und privater Finanzmittel dennoch von entscheidender Bedeutung für eine erfolgreiche Umsetzung des Globalen Paktes, eingedenk dessen, dass alle relevanten Interessenträger ein Interesse daran haben, die Wirksamkeit und Effizienz der eingesetzten Ressourcen zu maximieren, Betrug zu verhindern und Transparenz zu gewährleisten. Über die oben dargelegten Regelungen und andere damit verbundene Kanäle werden Ressourcen für Länder bereitgestellt werden, die im Verhältnis zu ihren Kapazitäten mit großen Flüchtlingssituationen, sowohl Neu- als auch Langzeitsituationen, konfrontiert sind, einschließlich durch Bemühungen, die Unterstützerbasis über die traditionellen Geber hinaus zu erweitern[12]. Dies schließt Folgendes ein:

- Humanitäre Hilfe: Die Staaten und humanitären Akteure werden sich bemühen, sowohl zu Nothilfezwecken als auch zur Bewältigung von Langzeitsituationen die Bereitstellung rascher, ausreichender und bedürfnisorientierter humanitärer Hilfe zu gewährleisten, die, wann immer möglich, mit berechenbaren, flexiblen, nicht zweckgebundenen und mehrjährigen Mitteln finanziert[13] und unter vollständiger Einhaltung der humanitären Grundsätze erbracht wird;
- Entwicklungszusammenarbeit: Die Staaten und anderen Entwicklungsakteure werden sich bemühen, ihr Engagement zur Unterstützung von Flüchtlingen, Aufnahmeländern und Aufnahmegemeinschaften zu erhöhen und den Auswirkungen einer Flüchtlingssituation auf Aufnahmeländer und -gemeinschaften im Rahmen ihrer Planung und Politik Rechnung zu tragen. Dies wird bedeuten, über die reguläre Entwicklungshilfe hinaus über bilaterale und multilaterale Kanäle zusätzliche Entwicklungsressourcen in Form von Zuschüssen oder mit einem hohen Vergünstigungsgrad bereitzustellen, die den Aufnahmeländern und -gemeinschaften sowie den Flüchtlingen direkt zugutekommen. Es werden Anstrengungen unternommen werden, die sicherstellen, dass die Entwicklungshilfe effektiv ist, im Zeichen der Partnerschaft steht und die Vorrangstellung der Eigen- und Führungsverantwortung des betreffenden Landes anerkennt[14]. Wenn möglich wird außerdem der Entwicklungshilfe zugunsten der Herkunftsländer Vorrang eingeräumt, um Bedingungen für eine freiwillige Repatriierung zu ermöglichen;
- Maximierung der Beiträge des Privatsektors: Auf entsprechendes Ersuchen des betroffenen Aufnahmelandes oder Herkunftslandes könnte der Privatsektor gemeinsam mit Staaten und anderen relevanten Interessenträgern Politikmaßnahmen und Regelungen zur Risikominderung verfolgen, Möglichkeiten für Investitionen des Privatsektors, die Stärkung von Infrastrukturen und die Schaffung von Arbeitsplätzen unter wirtschaftsförderlichen Rahmenbedingungen erkunden, innovative Technologien, ein-

Zu Z. 32:

[12] *Einschließlich durch innovative Finanzierungspläne, wie in dem Bericht der Hochrangigen Gruppe für die Finanzierung humanitärer Maßnahmen an den Generalsekretär (Januar 2016) empfohlen.*

[13] *Siehe z. B. A/RES/71/127, A/71/353.*

[14] *Siehe z. B. A/RES/71/127, A/71/353, A/RES/69/313.*

schließlich erneuerbarer Energie, entwickeln, insbesondere mit dem Ziel, die Technologielücke zu schließen und die Kapazitäten der Entwicklungsländer und am wenigsten entwickelten Länder, die Flüchtlinge aufgenommen haben, zu unterstützen, sowie den Zugang zu Finanzprodukten und Informationsdiensten für Flüchtlinge und Aufnahmegemeinschaften erweitern.

3.2 Ein Multi-Akteur- und Partnerschaftsansatz

33. Bei Anerkennung der Hauptverantwortung und Souveränität der Staaten wird gleichzeitig ein Multi-Akteur- und Partnerschaftsansatz verfolgt, im Einklang mit den einschlägigen Rechtsrahmen und in enger Abstimmung mit den nationalen Institutionen. Das UNHCR wird zusätzlich zur Erfüllung seiner mandatsmäßigen Aufgaben eine Unterstützer- und Katalysatorrolle übernehmen.

34. Reaktionsmaßnahmen sind dann am effektivsten, wenn sie diejenigen, die geschützt und unterstützt werden sollen, aktiv und auf sinnvolle Weise einbinden. Die zuständigen Akteure werden, wo immer möglich, auch weiterhin Beratungsprozesse entwickeln und unterstützen, die es *Flüchtlingen und Mitgliedern der Aufnahmegemeinschaften* ermöglichen, geeignete, zugängliche und inklusive Reaktionsmaßnahmen mitzugestalten. Staaten und relevante Interessenträger werden nach Möglichkeiten suchen, wie Flüchtlinge und Mitglieder der Aufnahmegemeinschaften, insbesondere Frauen, junge Menschen und Menschen mit Behinderungen, sowie gegebenenfalls die Diaspora in die wichtigen Foren und Prozesse einbezogen werden können. Mechanismen zur Entgegennahme von Beschwerden und zur Untersuchung und Prävention von Betrug, Missbrauch und Korruption tragen dazu bei, Rechenschaft zu gewährleisten.

35. Ungeachtet der von den humanitären Organisationen im Einklang mit ihren jeweiligen Mandaten durchgeführten Aktivitäten werden *humanitäre Akteure und Entwicklungsakteure* von Beginn einer Flüchtlingssituation an und in Langzeitsituationen zusammenarbeiten. Sie werden Methoden entwickeln, um die wirksame Komplementarität ihrer Interventionen zur Unterstützung der Aufnahmeländer und gegebenenfalls der Herkunftsländer zu gewährleisten, auch in den Ländern, denen die institutionellen Kapazitäten fehlen, um den Bedürfnissen von Flüchtlingen gerecht zu werden. Die direkte Unterstützung der Aufnahmegemeinschaften und Flüchtlinge durch bilaterale und multilaterale Entwicklungs- und Finanzakteure wird zusätzlich und partnerschaftlich erfolgen, unter Beachtung der nationalen Eigen- und Führungsverantwortung und unter Vermeidung negativer Auswirkungen oder verminderter Unterstützung für die umfassenderen Entwicklungsziele in dem betroffenen Land.

36. Das Instrumentarium des *Systems der Vereinten Nationen* wird voll genutzt werden und Beiträge der Gruppe der Vereinten Nationen für nachhaltige Entwicklung und des Landesteams der Vereinten Nationen sowie aller zuständigen Einrichtungen zur Gewährleistung der operativen Zusammenarbeit vor Ort umfassen, im Einklang mit der Reformagenda des Generalsekretärs der Vereinten Nationen, insbesondere in den Bereichen Frieden, Sicherheit und Entwicklung. Unter der Leitung der Residierenden Koordinatorin oder des Residierenden Koordinators und in Verfolgung der nationalen Entwicklungsimperative wird die Entwicklungsarbeit der Vereinten Nationen zur Unterstützung der Aufnahmegemeinschaften und Flüchtlinge nach Möglichkeit in den Entwicklungshilfe-Programmrahmen der Vereinten Nationen berücksichtigt werden, die in voller Konsultation und Übereinstimmung mit der Regierung des jeweiligen Landes zu erstellen und abzuschließen sind[15]. Technische Beratung und Unterstützung wird außerdem über die Regionalbüros der Vereinten Nationen geleistet werden.

37. *Lokale Behörden und andere lokale Akteure* in Städten und auf dem Land, einschließlich Führungsverantwortlicher der lokalen Gemeinwesen und traditioneller Lenkungsinstitutionen der Gemeinschaft, sind häufig die Ersthelfer in Flüchtlingssituationen großen Ausmaßes und zählen zu den Akteuren, die mittelfristig die stärkste Wirkung entfalten. In Abstimmung mit nationalen Behörden und unter Beachtung der einschlägigen Rechtsrahmen kann die internationale Gemeinschaft als Ganzes Unterstützung leisten, um institutionelle Kapazitäten, Infrastrukturen und die Unterbringung auf lokaler Ebene zu stärken, einschließlich durch Finanzierung und Kapazitätsaufbau, soweit angezeigt. Die humanitären Hilfs- und Entwicklungsorganisationen werden ermutigt, im Einklang mit den einschlägigen Gesetzen und Politiken Ortskräfte anzuwerben, unter gleichzeitiger Berücksichtigung des fortgesetzten Kapazitätsbedarfs der lokalen Akteure, Organisationen und Strukturen.

38. *Netzwerke von Städten und Gemeinden*, die Flüchtlinge aufgenommen haben, sind eingeladen, bewährte Verfahren und innovative Ansätze für Maßnahmen im urbanen Umfeld auszutauschen, unter anderem durch Partnerschaftsvereinbarun-

---

Zu Z. 36:

[15] *A/RES/72/279.*

gen und mit Unterstützung des UNHCR und anderer relevanter Interessenträger.

39. Desgleichen werden die *Parlamente* ermutigt, nach Bedarf und im Rahmen einschlägiger nationaler Regelungen an der Unterstützung des Globalen Paktes mitzuwirken[16].

40. In Anbetracht der wichtigen Arbeit, die sie in einem Geist der Partnerschaft für Flüchtlinge sowie Aufnahmestaaten und -gemeinschaften leisten, werden *Organisationen der Zivilgesellschaft*, einschließlich Organisationen, die von Flüchtlingen, Frauen, jungen Menschen oder Menschen mit Behinderungen geleitet werden, und Organisationen auf lokaler und nationaler Ebene, zur Bewertung der Stärken und Bedürfnisse der Gemeinschaften, zu einer inklusiven und zugänglichen Planung sowie zur Programmdurchführung und zum Kapazitätsaufbau beitragen, soweit anwendbar.

41. *Konfessionelle Akteure* könnten zur Planung und Umsetzung von Regelungen zur Unterstützung von Flüchtlingen und Aufnahmegemeinschaften beitragen, unter anderem in den Bereichen Konfliktprävention, Aussöhnung und Friedenskonsolidierung sowie in anderen relevanten Bereichen.

42. Es werden *öffentlich-private Partnerschaften* in Betracht gezogen werden[17], unter voller Achtung der humanitären Grundsätze; dazu zählen mögliche neue institutionelle Regelungen und Methodologien zur Schaffung von Bedingungen für kommerzielle Geschäftsprojekte und von Finanz-/Geschäftsinstrumenten, zur Förderung der Beschäftigung für Flüchtlinge und Aufnahmegemeinschaften und der Arbeitskräftemobilität und zur Vermehrung von Möglichkeiten für Investitionen des Privatsektors. Dem Privatsektor wird nahegelegt, Standards für ethisches Verhalten in Flüchtlingssituationen zu fördern, Instrumente zur Ermittlung von Geschäftsmöglichkeiten in Aufnahmeländern auszutauschen und dort, wo es einen Mehrwert schafft, Plattformen auf Landesebene zur Förderung des Privatsektors zu entwickeln.

43. Es wird ein *globales akademisches Netzwerk* für Fragen im Zusammenhang mit Flucht, sonstiger Vertreibung und Staatenlosigkeit geschaffen werden, an dem sich Universitäten, akademische Allianzen und Forschungsinstitutionen gemeinsam mit dem UNHCR und anderen relevanten Interessenträgern beteiligen, um Forschungs-, Ausbildungs- und Stipendienmöglichkeiten zu fördern, die zu konkreten Ergebnissen zugunsten der Ziele des Globalen Paktes führen. Es werden Bemühungen zur Gewährleistung regionaler Vielfalt und zur Bereitstellung von Sachverstand aus einem breiten Spektrum relevanter Themenbereiche unternommen werden.

44. In Anerkennung der wichtigen Rolle, die *sportliche und kulturelle Aktivitäten* für die Entwicklung, die Inklusion, den Zusammenhalt und das Wohl der Gesellschaft spielen können, insbesondere für die Kinder (Jungen wie Mädchen), Heranwachsenden und Jugendlichen sowie älteren Menschen und Menschen mit Behinderungen unter den Flüchtlingen, werden Partnerschaften angestrebt werden, die den Zugang zu Sport- und Kultureinrichtungen und -aktivitäten in Flüchtlingsaufnahmegebieten erweitern[18].

3.3 Daten und nachweisbare Fakten

45. Verlässliche, vergleichbare und aktuelle Daten sind eine grundlegende Voraussetzung für faktengestützte Maßnahmen zur Verbesserung der sozioökonomischen Bedingungen für Flüchtlinge und Aufnahmegemeinschaften, zur Bewertung und Bewältigung der Auswirkungen großer Flüchtlingsbevölkerungen in Not- und Langzeitsituationen auf die Aufnahmeländer und zur Ermittlung und Planung geeigneter Lösungen. Die einschlägigen Grundsätze des Datenschutzes und der Datensicherheit, darunter die Grundsätze der Notwendigkeit, der Verhältnismäßigkeit und der Vertraulichkeit, sind bei der Erfassung und Verbreitung personenbezogener Daten durchgängig anzuwenden.

46. Als Beitrag zu faktengestützten Reaktionsmaßnahmen werden die Staaten und relevanten Interessenträger nach Bedarf die Erarbeitung harmonisierter oder interoperabler Standards für die Erfassung, Analyse und Verbreitung von nach Alter, Geschlecht, Behinderung und Diversität aufgeschlüsselten Daten über Flüchtlinge und

Zu Z. 39:

[16] *A/RES/72/278 sowie unter Hinweis auf die Arbeit der Interparlamentarischen Union.*

Zu Z. 42:

[17] *Unter Hinweis auf die Arbeit der Internationalen Handelskammer und des Weltwirtschaftsforums sowie das Modell des Business Mechanism des Globalen Forums für Migration und Entwicklung.*

Zu Z. 44:

[18] *Unter Hinweis auf die Arbeit der Olympischen Flüchtlingsstiftung und die Partnerschaft zwischen dem UNHCR und dem Internationalen Olympischen Komitee sowie andere Einrichtungen wie die FC Barcelona-Stiftung. Siehe auch die Internationale Charta für Leibeserziehung, körperliche Aktivität und Sport sowie A/RES/71/160.*

Menschenrechte
UDHR
ICCPR + Fak.prot.
ICESCR
CAT
EMRK
Minderh. Übk
Rassendiskr. Übk
EU-Charta
GFK, NY Erkl.
Migrationspakt
Flüchtlingspakt

zurückgekehrte Personen fördern[19]. Auf Ersuchen betroffener Staaten wird Unterstützung für die Einbeziehung von Flüchtlingen und Aufnahmegemeinschaften sowie gegebenenfalls zurückgekehrten Personen und Staatenlosen in nationale Daten- und Statistikerhebungsprozesse und zur Stärkung nationaler Systeme zur Erhebung von Daten betreffend die Lage von Flüchtlingen und Aufnahmegemeinschaften sowie zurückgekehrten Personen bereitgestellt.

47. Bessere Daten und besser nachweisbare Fakten werden außerdem die Anstrengungen zur Lösungsfindung erleichtern. Die Daten und nachweisbaren Fakten werden zur Ausarbeitung von Politikmaßnahmen, Investitionen und Programmen zur Förderung der freiwilligen Repatriierung in die Herkunftsländer und zur Wiedereingliederung der Zurückgekehrten beitragen. Darüber hinaus werden die Staaten, das UNHCR und andere relevante Interessenträger darauf hinarbeiten, die systematische Erhebung, Verbreitung und Analyse aufgeschlüsselter Daten zur Verfügbarkeit und Inanspruchnahme von Neuansiedlungsmöglichkeiten und komplementären Aufnahmewegen für diejenigen, die internationalen Schutz benötigen, zu ermöglichen, und sie werden bewährte Verfahren und Erkenntnisse in diesem Bereich austauschen.

48. Als Beitrag zu den Regelungen der Lasten- und Verantwortungsteilung wird das UNHCR in Koordinierung mit betroffenen Staaten und geeigneten Partnern bei der Messung der Auswirkungen der Aufnahme von Flüchtlingen, des Flüchtlingsschutzes und der Flüchtlingshilfe behilflich sein, mit dem Ziel, Defizite im Bereich der internationalen Zusammenarbeit festzustellen und eine ausgewogenere, berechenbarere und dauerhaftere Lasten- und Verantwortungsteilung zu fördern[20]. Das UNHCR wird 2018 technischen Sachverstand aus internationalen Organisationen und Mitgliedstaaten einholen und eine technische Überprüfung relevanter Methodologien koordinieren, um einen breiten Konsens in Bezug auf den zu verfolgenden Ansatz zu schaffen. Die Ergebnisse werden weitergegeben werden und Gelegenheit für formelle zwischenstaatliche Erörterungen 2018-2019 bieten. Die Veröffentlichung des ersten Berichts 2019 wird mit dem ersten Globalen Flüchtlingsforum zusammenfallen. In regelmäßigen Abständen werden weitere Berichte folgen, um festzustellen, ob es Fortschritte auf dem Weg zu einer ausgewogeneren und berechenbareren Lasten- und Verantwortungsteilung im Einklang mit Absatz 7 gegeben hat (siehe auch Teil IV).

B. Bereiche mit Unterstützungsbedarf

49. Die in Teil B behandelten Bereiche mit Unterstützungsbedarf sind darauf ausgerichtet, Aufnahmeländer zu entlasten und Flüchtlingen und Mitgliedern der Aufnahmegemeinschaften zu nutzen. Sie sind um die Säulen des Umfassenden Rahmenplans für Flüchtlingshilfemaßnahmen gruppiert und beruhen auf umfassenden Lösungen aus der Vergangenheit; sie zeigen auf, wo die internationale Gemeinschaft gezielt und auf nützliche Weise Unterstützung leisten kann, um eine umfassende und den Menschen in den Mittelpunkt stellende Lösung für große Flüchtlingssituationen zu finden, die an den konkreten Kontext angepasst ist und mit nationalen Prioritäten, Strategien und Politiken im Einklang steht. Ob die in Teil B beschriebenen Maßnahmen zum Erfolg führen, hängt von robusten und gut funktionierenden Regelungen zur Lasten- und Verantwortungsteilung (Teil A) ab und von der Verpflichtung der internationalen Gemeinschaft als Ganzes, konkrete Beiträge zu leisten[21], um diese Regelungen gemäß dem Grundsatz der Lasten- und Verantwortungsteilung in die Tat umzusetzen.

50. Eine Unterstützung erfolgt auf Ersuchen des Aufnahmelandes oder gegebenenfalls des Herkunftslandes und unter Beachtung der nationalen Eigen- und Führungsverantwortung und der nationalen Politiken und Prioritäten. Es wird anerkannt, dass jeder Kontext spezifisch ist und die Staaten über jeweils unterschiedliche Rahmenbedingungen, Kapazitäten und Ressourcen verfügen. Teil B ist weder erschöpfend oder bindend noch sollen den Aufnahmeländern daraus zusätzliche Belastungen oder Zumutungen entstehen. Vielmehr ist es ein zentrales Ziel des Globalen Paktes, die Länder, insbesondere jene mit geringem und mittlerem Einkommen, durch Beiträge anderer Staaten und relevanter Interessenträger zu entlasten.

51. Die in Teil B beschriebenen Maßnahmen werden Menschen mit verschiedenartigen Bedürfnissen und in potenziell prekären Situationen gerecht werden, einschließlich Mädchen und Frauen, Kindern, Heranwachsender und Jugendlicher, Angehöriger von Minderheiten, Überlebender sexueller und geschlechtsspezifischer Gewalt, sexueller Ausbeutung und sexuellen Missbrauchs oder des Menschenhandels, älterer Menschen und Menschen mit Behinderungen, und sie werden so

Zu Z. 46:

[19] „International recommendations on refugee statistics" (Internationale Empfehlungen über Flüchtlingsstatistiken).

Zu Z. 48:

[20] A/RES/72/150, Ziff. 20.

Zu Z. 49:

[21] Im Einklang mit Abs. 4.

angelegt sein, dass diese Menschen auf sinnvolle Weise darin eingebunden werden und dazu beitragen können.

1. Empfang und Aufnahme

1.1 Frühwarnung, Vorsorge und Eventualplanung

52. Vorsorge, einschließlich Eventualplanung, stärkt umfassende Reaktionsmaßnahmen auf große Flüchtlingssituationen, auch mittelfristig. Unbeschadet der Anstrengungen zur Bekämpfung tieferer Ursachen, im Einklang mit der Präventionsagenda des Generalsekretärs der Vereinten Nationen, werden die Staaten und relevanten Interessenträger Ressourcen und Sachverstand bereitstellen, um die Vorbereitung auf große Fluchtbewegungen zum Bestandteil der nationalen, regionalen und von den Vereinten Nationen unterstützten Vorsorge- und Eventualplanungsmaßnahmen zu machen, nach Möglichkeit entsprechend dem Umfassenden Rahmenplan für Flüchtlingshilfemaßnahmen.

53. Unter nationaler Führungsverantwortung werden die zuständigen Behörden beim Kapazitätsaufbau unterstützt und so in die Lage versetzt werden, im Voraus Risikoüberwachungs- und -vorsorgemaßnahmen zu treffen und die Unterstützung eines breiten Spektrums relevanter Interessenträger, gegebenenfalls einschließlich des Privatsektors, in Anspruch zu nehmen. In die Vorsorgemaßnahmen werden globale, regionale, subregionale und nationale Frühwarn- und Schnellreaktionsmechanismen, Maßnahmen zur Katastrophenvorsorge und Maßnahmen zur Verbesserung faktengestützter Prognosen zukünftiger Fluchtbewegungen und Notsituationen einfließen. Zudem könnten sie gegebenenfalls Binnenvertreibungen, die aus einer bestimmten Situation resultieren können, mitberücksichtigen. Das UNHCR wird die betroffenen Länder durch Weitergabe von Informationen über die Bewegungen von Menschen, für die es zuständig ist, unterstützen. Unterstützung wird auch in Form einer Bereitschaftskapazität geleistet werden, einschließlich etwaiger verfügungsbereiter Hilfeleistungspakete und im Voraus zugesagter erforderlicher technischer und personeller Ressourcen.

1.2 Regelungen für die Sofortaufnahme

54. Wenn Flüchtlinge in großer Zahl ankommen, unternehmen Länder und Gemeinden große Anstrengungen zum Ausbau der Vorkehrungen für ihre Aufnahme. Um die staatlichen Strategien für den Umgang mit den Angekommenen zu unterstützen, werden das UNHCR, die Staaten und die relevanten Interessenträger Ressourcen und Sachverstand zur Stärkung der nationalen Aufnahmekapazitäten bereitstellen, so auch für die Einrichtung alters-, geschlechter- und behindertengerechter und auf andere besondere Bedürfnisse eingestellter Aufnahme- und Transitbereiche (durch „sichere Zonen", sofern angezeigt) sowie zur Erbringung grundlegender humanitärer Hilfe und Dienste in den Empfangs-/Aufnahmebereichen. Es werden effiziente Mechanismen zur Ermittlung grenzfernerer Alternativen zu Lagern unterstützt werden, sofern das betroffene Aufnahmeland dies für nötig erachtet.

55. Der Unterstützung der von den betroffenen Staaten ergriffenen Reaktionsmaßnahmen wird Vorrang eingeräumt werden, einschließlich durch die Bereitstellung von Hilfe mittels nationaler Systeme der Leistungserbringung, soweit durchführbar und angebracht. In Absprache mit betroffenen Staaten könnten regionale und internationale Bereitschaftsvereinbarungen für personelle sowie technische und materielle Hilfe aktiviert werden. Betroffenen Staaten wird nahegelegt, Maßnahmen zur Erleichterung eines raschen Zugangs für Bereitschafts- und Notfalleinsätze zu erleichtern.

1.3 Schutz und Sicherheit

56. Sicherheitserwägungen und internationaler Schutz sind komplementär. Die Hauptverantwortung für Schutz und Sicherheit liegt bei den Staaten; diese können von der Förderung nationaler integrierter Ansätze zum Schutz von Flüchtlingen und ihren Menschenrechten profitieren, bei gleichzeitiger Gewährleistung der nationalen Sicherheit. Die legitimen Sicherheitsanliegen der Aufnahmestaaten werden voll anerkannt, ebenso wie die Bedeutung der Aufrechterhaltung des zivilen und humanitären Charakters des internationalen Schutzes und des anwendbaren Völkerrechts sowohl in Not- als auch in Langzeitsituationen[22].

57. Auf Ersuchen der betroffenen Staaten und unter voller Achtung innerstaatlicher Gesetzgebung und Politik werden das UNHCR und relevante Interessenträger Ressourcen und Sachverstand bereitstellen, um schutzbedarfsgerechte Regelungen für rasche Sicherheitsüberprüfungen und Gesundheitsuntersuchungen der Neuankömmlinge zu unterstützen. Darüber hinaus wird Unterstützung geleistet werden für den Kapazitätsaufbau zuständiger Behörden, so etwa zum internationalen Flüchtlingsschutz und zu den Ausschluss-

Zu Z. 56:

[22] *Siehe Artikel 9 der Genfer Flüchtlingskonvention, ExCom-Schlussfolgerungen Nr. 94 (LIII) (2002) und 109 (LX) (2009) und A/RES/72/150, Ziff. 28.*

kriterien, für die Verstärkung internationaler Maßnahmen zur Prävention und Bekämpfung sexueller und geschlechtsspezifischer Gewalt sowie des Menschenhandels und der Schleusung von Personen, für den Aufbau von Kapazitäten für bürgernahe Polizeiarbeit und den Zugang zur Justiz und für die Ermittlung und Aussonderung von Kämpfern und Kombattanten an Grenzübergängen oder so bald wie möglich nach der Ankunft im Einklang mit entsprechenden Schutzgarantien. Die Entwicklung und Umsetzung von Schutz- und Hilfsprogrammen für ehemals bewaffneten Gruppen angehörende Kinder wird ebenfalls unterstützt werden.

1.4 Registrierung und Dokumentation

58. Die Registrierung und Identifizierung von Flüchtlingen ist unerlässlich für die Betroffenen sowie für die Staaten, die wissen wollen, wer einreist. Die Registrierung und Identifizierung erleichtert den Zugang zu grundlegenden Hilfs- und Schutzleistungen, einschließlich für Menschen mit besonderen Bedürfnissen. Außerdem ist sie ein wichtiges Instrument, um die Integrität der Flüchtlingsschutzsysteme zu wahren und Betrug, Korruption und Kriminalität, einschließlich des Menschenhandels, zu verhüten und zu bekämpfen. Die Registrierung ist nicht minder wichtig für die Herbeiführung von Lösungen. Zur Unterstützung betroffener Länder wird das UNHCR gemeinsam mit Staaten und relevanten Interessenträgern auf Ersuchen Ressourcen und Sachverstand zur Stärkung nationaler Kapazitäten für die individuelle Registrierung und Dokumentation, einschließlich von Frauen und Mädchen, ungeachtet ihres Familienstands, bereitstellen. Hierzu wird Unterstützung für die Digitalisierung, Biometrie und sonstige relevante Technologie sowie für die Erhebung, Nutzung und Weitergabe hochwertiger, nach Alter, Geschlecht, Behinderung und Diversität aufgeschlüsselter Daten gehören, im Einklang mit den einschlägigen Grundsätzen des Datenschutzes und der Datensicherheit.

1.5 Besondere Bedürfnisse

59. Die Kapazität zur Behandlung besonderer Bedürfnisse stellt eine besondere Herausforderung dar, die zusätzliche Ressourcen und gezielte Hilfe erfordert. Zu den Menschen mit besonderen Bedürfnissen zählen Kinder, einschließlich derjenigen, die unbegleitet oder von ihren Familien getrennt sind, gefährdete Frauen, Überlebende von Folter, Trauma, Menschenhandel, sexueller und geschlechtsspezifischer Gewalt, sexueller Ausbeutung und sexuellem Missbrauch oder schädlichen Praktiken, Personen, die medizinische Hilfe benötigen, behindert sind oder nicht lesen und schreiben können, Heranwachsende und Jugendliche sowie ältere Menschen[23].

60. Zur Unterstützung betroffener Länder werden die Staaten und relevanten Interessenträger Ressourcen und Sachverstand zur Einrichtung von Mechanismen für die Identifizierung und Überprüfung von Menschen mit besonderen Bedürfnissen und ihre Weiterverweisung an geeignete und zugängliche Prozesse und Verfahren bereitstellen. Zur operativen Erleichterung dieses Prozesses könnten Multi-Akteur-Teams eingesetzt werden[24]. Dies wird die Aufgabe umfassen, Kinder, einschließlich unbegleiteter oder von ihren Familien getrennter Kinder, zu identifizieren und an Verfahren zur Beurteilung und/ oder Feststellung des Kindeswohls sowie andere geeignete Betreuungseinrichtungen oder sonstige Dienste weiterzuverweisen[25]. Die Identifizierung von Opfern des Menschenhandels und anderer Formen der Ausbeutung und ihre Weiterverweisung an geeignete Prozesse und Verfahren, namentlich zur Feststellung des Bedarfs an internationalem Schutz oder Opferhilfe, sind von grundlegender Bedeutung[26], ebenso wie die Identifizierung Staatenloser und derjenigen, die dem Risiko der Staatenlosigkeit ausgesetzt sind, und ihre Weiterverweisung, einschließlich an Verfahren zur Feststellung der Staatenlosigkeit. Die Entwicklung nicht freiheitsentziehender und gemeindenaher Alternativen zu einer Internierung, insbesondere für Kinder, wird ebenfalls unterstützt werden.

1.6 Feststellung der internationalen Schutzbedürftigkeit

61. Mechanismen zur fairen und effizienten Feststellung individueller Ansprüche auf internationalen Schutz bieten den Staaten die Möglichkeit, den Status der in ihrem Hoheitsgebiet befindlichen Personen im Einklang mit ihren geltenden internationalen und regionalen Verpflichtungen ordnungsgemäß festzustellen (A/RES/72/150, Ziffer 51) und dies auf eine Weise zu tun, die Schutzlücken vermeidet und allen, die internationalen Schutzes bedürfen, ermöglicht, ihn zu fin-

Zu Z. 59:

[23] *A/RES/46/91.*

Zu Z. 60:

[24] *Diese Teams könnten die Zivilgesellschaft, Regionalorganisationen und internationale Organisationen wie das UNHCR und die IOM umfassen.*

[25] *A/RES/64/142.*

[26] *Im Einklang mit dem Zusatzprotokoll zur Verhütung, Bekämpfung und Bestrafung des Menschenhandels, insbesondere des Frauen- und Kinderhandels, zum Übereinkommen der Vereinten Nationen gegen die grenzüberschreitende organisierte Kriminalität.*

den und in Anspruch zu nehmen[27]. Im Kontext großer Fluchtbewegungen kann die Gewährung von Schutz aufgrund der Zugehörigkeit zu einer bestimmten Gruppe (wie etwa die Prima-facie-Anerkennung der Flüchtlingseigenschaft) bei der Behandlung der Frage der internationalen Schutzbedürftigkeit behilflich sein, sofern der Staat es für angemessen erachtet.

62. Unbeschadet der im Rahmen seines Mandats durchgeführten Aktivitäten wird das UNHCR eine Gruppe zur Unterstützung des Kapazitätsaufbaus im Bereich Asyl unter Beteiligung von Sachverständigen aus relevanten Fachbereichen einrichten. Die regionale Diversität wird gebührend berücksichtigt werden. Die Gruppe würde sich auf die im Rahmen der Globalen Flüchtlingsforen abgegebenen Zusagen und geleisteten Beiträge, sei es in Form von Sachverstand oder Finanzierung, stützen. Die Gruppe könnte auf Ersuchen eines betroffenen Staates aktiviert werden, um die zuständigen nationalen Behörden im Einklang mit den anwendbaren internationalen, regionalen und nationalen Rechtsinstrumenten und -vorschriften dabei zu unterstützen, Aspekte ihres Asylsystems zu stärken und so deren Fairness, Effizienz, Anpassungsfähigkeit und Integrität zu gewährleisten. Die Unterstützung könnte Bereitschaftsvereinbarungen und den Austausch bewährter Verfahren zwischen den Staaten zu allen Aspekten der Asylsysteme umfassen, einschließlich der Modalitäten der Fallbearbeitung (z. B. vereinfachte oder beschleunigte Verfahren in offensichtlich begründeten oder unbegründeten Fällen), der Registrierungs- und Fallmanagementverfahren, Befragungstechniken und des umfassenderen institutionellen Kapazitätsaufbaus.

63. Ferner werden Interessenträger mit entsprechenden Mandaten und Sachkenntnissen Orientierungshilfe und Unterstützung für Maßnahmen zur Bewältigung anderer Herausforderungen im Bereich von Schutz und humanitärer Hilfe bereitstellen. Dies könnte Maßnahmen zur Bereitstellung von Hilfe für Vertriebene aufgrund von Naturkatastrophen einschließen, unter Berücksichtigung der anwendbaren innerstaatlichen Rechtsvorschriften und regionalen Übereinkünfte, sowie Praktiken wie vorübergehender Schutz[28] und humanitäre Aufenthaltsregelungen, soweit angezeigt.

2. Deckung von Bedürfnissen und Unterstützung der Gemeinschaften

64. Die umfassende Bewältigung einer Flüchtlingssituation hängt oft von der Resilienz der Aufnahmegemeinschaft ab. Zudem wird immer mehr anerkannt, welche Herausforderungen große Flüchtlingssituationen für die Entwicklung darstellen und welche Vorteile ein geteiltes und inklusives Wirtschaftswachstum in den Aufnahmegebieten gemäß der Agenda 2030 für nachhaltige Entwicklung für alle haben kann. Der Globale Pakt kann dazu beitragen, die Unterstützung zu mobilisieren, mit der sichergestellt werden kann, dass die Flüchtlinge und ihre Aufnahmegemeinschaften auf dem Weg eines Landes zur Verwirklichung der Ziele für nachhaltige Entwicklung nicht zurückgelassen werden. Zugleich benötigen die Aufnahmestaaten, die ihre nationalen Politiken und Institutionen im Hinblick auf die Resilienz der lokalen Gemeinschaften und der Flüchtlinge stärken wollen, häufig Beiträge der internationalen Gemeinschaft als Ganzes, die ihre Anstrengungen ausreichend flankieren, bis dauerhafte Lösungen gefunden werden können. Maßnahmen zur Unterstützung der Flüchtlinge und Aufnahmegemeinschaften verringern in keiner Weise die Notwendigkeit, künftige Regelungen für dauerhafte Lösungen zu erleichtern. Vielmehr ergänzen sie diese[29].

65. Ohne Beeinträchtigung der humanitären Hilfe werden die Entwicklungsakteure komplementär zu humanitären Hilfseinsätzen darauf hinwirken, dass die Auswirkungen einer großen Flüchtlingssituation auf ein Aufnahmeland bei der Planung und Umsetzung von Entwicklungsprogrammen und -politiken berücksichtigt werden, von denen die Aufnahmegemeinschaft als auch die Flüchtlinge unmittelbar profitieren. Entscheidend für die Gewährleistung der Nachhaltigkeit sind ein Geist der Partnerschaft, der Primat der Führungs- und Eigenverantwortung des betreffenden Landes und die Mobilisierung vorhersehbarer internationaler Reaktionsmaßnahmen, die mit den nationalen Entwicklungsstrategien und der Agenda 2030 für nachhaltige Entwicklung konform sind. Zugleich müssen die Aufnahmeländer auf zusätzliche Entwicklungsressourcen zurückgreifen können, um sicherzustellen, dass die von einer Flüchtlingssituation betroffenen Gemeinschaften bei der Erzielung von Fortschritten auf dem Weg zur Verwirklichung der Ziele für nachhaltige Entwicklung nicht behindert werden.

Menschenrechte
UDHR
ICCPR + Fak.prot.
ICESCR
CAT
EMRK
Minderh. Übk
Rassendiskr. Übk
EU-Charta
GFK, NY Erkl.
Migrationspakt
Flüchtlingspakt

Zu Z. 61:

[27] Siehe oben, Abs. 5; ExCom-Schlussfolgerungen Nr. 103 (LVI) (2005) und 96 (LIV) (2003).

Zu Z. 63:

[28] ExCom-Schlussfolgerungen Nr. 22 (XXXII) (1981), 74 (XLV) (1994), r)-u), und 103 (LVI) (2005), l).

Zu Z. 64:

[29] Siehe auch ExCom-Schlussfolgerung Nr. 109 (LX) (2009).

66. Die humanitäre Hilfe bleibt weiter bedürfnisorientiert und gestützt auf die humanitären Grundsätze der Menschlichkeit, der Neutralität, der Unparteilichkeit und der Unabhängigkeit. Wo immer möglich wird diese Hilfe auf eine Weise erbracht werden, die sowohl den Flüchtlingen als auch den Aufnahmegemeinschaften zugutekommt. Zu diesem Zweck werden Bemühungen unternommen werden, die Hilfe gegebenenfalls über lokale und nationale Diensteanbieter bereitzustellen (einschließlich durch Mehrzweck-Bargeldhilfen), anstatt Parallelsysteme für Flüchtlinge zu schaffen, von denen die Aufnahmegemeinschaften längerfristig nicht profitieren. Da Flüchtlinge zunehmend außerhalb von Lagern in städtischen und ländlichen Gebieten untergebracht werden, ist es wichtig, auch dieser Wirklichkeit Rechnung zu tragen.

67. Die nachfolgend behandelten Bereiche erfordern besondere Unterstützung seitens der internationalen Gemeinschaft als Ganzes, um die Resilienz von Aufnahmegemeinschaften und Flüchtlingen zu stärken. Es handelt sich um indikative Bereiche, die auf Beiträge anderer zur Umsetzung einer umfassenden Strategie angewiesen sind, einschließlich mittels der in Teil A beschriebenen Regelungen. Sie sind weder als bindend oder erschöpfend zu verstehen noch sollen den Aufnahmeländern daraus zusätzliche Zumutungen oder Belastungen entstehen. Sämtliche Unterstützung wird in Abstimmung mit den zuständigen nationalen Behörden und in einem Geist enger Partnerschaft und Zusammenarbeit gewährt werden und mit den laufenden nationalen Bemühungen und politischen Maßnahmen auf relevante Weise verknüpft sein.

2.1 Bildung

68. Die Staaten und relevanten Interessenträger[30] werden im Einklang mit der innerstaatlichen Gesetzgebung, Politik und Planung im Bereich der Bildung Ressourcen und Sachverstand bereitstellen, die die Aufnahmeländer dabei unterstützen sollen, ihre nationalen Bildungssysteme zu erweitern und deren Qualität und Inklusivität zu erhöhen, um Kindern (Jungen wie Mädchen), Jugendlichen und Heranwachsenden in den Flüchtlings- und Aufnahmegemeinschaften den Zugang zur Grund-, Sekundar- und Hochschulbildung zu erleichtern. Mehr direkte finanzielle Unterstützung wird mobilisiert und besondere Anstrengungen werden unternommen werden, um die Zeit, in der Flüchtlingsjungen und -mädchen nicht zur Schule gehen, auf ein Mindestmaß zu beschränken, idealerweise auf höchstens drei Monate ab ihrer Ankunft.

69. Je nach Kontext könnte zusätzliche Unterstützung bereitgestellt werden, um Bildungseinrichtungen auszubauen (einschließlich für die frühkindliche Erziehung und die Fach- oder Berufsausbildung) und mehr Lehrkapazitäten zu schaffen (gegebenenfalls einschließlich Unterstützung für Flüchtlinge und Mitglieder der Aufnahmegemeinschaften, die entsprechend den innerstaatlichen Gesetzen und Regelungen als Lehrkräfte eingestellt sind oder werden könnten). Zusätzliche Unterstützung könnte in Bemühungen fließen, die darauf gerichtet sind, den besonderen Bildungsbedürfnissen von Flüchtlingen zu entsprechen (etwa durch „sichere Schulen" und innovative Methoden wie Online-Bildungs-angebote) und Hindernisse für ihre Einschulung und ihren Schulbesuch zu beseitigen, etwa durch flexible zertifizierte Lernprogramme, insbesondere für Mädchen sowie für Menschen mit Behinderungen und psychosozialem Trauma. Es wird Unterstützung für die Erarbeitung und Umsetzung nationaler Pläne für den Bildungssektor, die Flüchtlinge einbeziehen, bereitgestellt werden. Zudem wird im Bedarfsfall Unterstützung geleistet werden, um die Anerkennung der Gleichwertigkeit akademischer, fachlicher und beruflicher Qualifikationen zu erleichtern. (Siehe auch Abschnitt 3.3 über komplementäre Wege für die Aufnahme in Drittstaaten.)

2.2 Beschäftigung und Lebensunterhalt

70. Zur Förderung eines inklusiven Wirtschaftswachstums werden die Staaten und relevanten Interessenträger[31] den Aufnahmeländern entsprechend ihren einschlägigen innerstaatlichen Geset-

Zu Z. 68:

[30] *Neben Bildungsministerien und nationalen Organen der Bildungsplanung könnten dazu das Kinderhilfswerk der Vereinten Nationen (UNICEF), das Connected Learning in Crisis Consortium (Konsortium für vernetztes Lernen in Krisensituationen), die Globale Partnerschaft für Bildung, das UNHCR, die Organisation der Vereinten Nationen für Erziehung, Wissenschaft und Kultur (UNESCO), das Internationale Institut der UNESCO für Bildungsplanung, das Statistische Institut der UNESCO, das Hilfswerk der Vereinten Nationen für Palästinaflüchtlinge im Nahen Osten (UNRWA), der Bildungsfonds für Notsituationen Education Cannot Wait (Bildung kann nicht warten), das Interinstitutionelle Netzwerk für Bildung in Notsituationen, nichtstaatliche Organisationen und der Privatsektor gehören.*

Zu Z. 70:

[31] *Dazu könnten der Privatsektor und lokale Unternehmen sowie die Internationale Arbeitsorganisation (IAO), die Weltbankgruppe, das Entwicklungsprogramm der Vereinten Nationen (UNDP), die Organisation für wirtschaftliche Zusammenarbeit und Entwicklung (OECD), das UNHCR, der Kapitalentwicklungsfonds der Vereinten Nationen, die IOM, Arbeitnehmer- und Arbeitgeberverbände, Mikrofinanzierungsinstitutionen und akademische Institutionen gehören.*

zen und Politiken Ressourcen und Sachverstand bereitstellen, um wirtschaftliche Chancen, menschenwürdige Arbeit, die Schaffung von Arbeitsplätzen und Unternehmerprogramme für Mitglieder der Aufnahmegemeinschaften und Flüchtlinge, einschließlich Frauen, junger Erwachsener, älterer Menschen und Menschen mit Behinderungen, zu fördern[32].

71. Je nach Kontext könnten Ressourcen und Sachverstand bereitgestellt werden, um folgende Zwecke zu unterstützen: Analyse des Arbeitsmarkts zur Ermittlung von Lücken und Chancen für die Schaffung von Arbeitsplätzen und Einkommen, Erfassung und Anerkennung der Fertigkeiten und Qualifikationen der Flüchtlinge und Mitglieder der Aufnahmegemeinschaften und Förderung dieser Fertigkeiten und Qualifikationen durch spezifische Aus- und Fortbildungsprogramme, einschließlich Sprachunterricht und Berufsausbildung, die mit Chancen am Arbeitsmarkt verbunden sind, insbesondere für Frauen, Menschen mit Behinderungen und Jugendliche. Der Schließung von Technologielücken und dem Kapazitätsaufbau (insbesondere in Aufnahmeländern, die Entwicklungs- und am wenigsten entwickelte Länder sind) wird besondere Aufmerksamkeit gewidmet werden, einschließlich zur Erleichterung von Möglichkeiten der Sicherung des Lebensunterhalts online. Es werden Bemühungen unternommen werden, um Frauen und Männern in den Aufnahme- und Flüchtlingsgemeinschaften den Zugang zu erschwinglichen Finanzprodukten und -dienstleistungen zu erleichtern, unter anderem durch Minderung damit verbundener Risiken und Bereitstellung des Mobil- und Internetzugangs zu diesen Dienstleistungen zu niedrigen Preisen, soweit möglich, sowie um die Abwicklung von Rücküberweisungen zu unterstützen. In manchen Kontexten könnten gegebenenfalls präferenzielle Handelsregelungen im Einklang mit einschlägigen internationalen Verpflichtungen in Erwägung gezogen werden, insbesondere für Güter und Sektoren mit einem hohen Anteil von Flüchtlingen unter den Arbeitskräften. Auch Instrumente zur Anziehung von Privatsektor- und Infrastrukturinvestitionen und zur Förderung des Kapazitätsaufbaus lokaler Unternehmen kämen in Betracht.

[32] Diese Bemühungen werden außerdem von der Empfehlung Nr. 205 betreffend Beschäftigung und menschenwürdige Arbeit für Frieden und Resilienz (2017), die von der Allgemeinen Konferenz der IAO verabschiedet wurde, und den Guiding principles on the access of refugees and other forcibly displaced persons to the labour market (Leitprinzipien für den Zugang von Flüchtlingen und anderen Vertriebenen zum Arbeitsmarkt) (IAO, Juli 2016) geleitet sein.

2.3 Gesundheit

72. Die Staaten und relevanten Interessenträger[33] werden im Einklang mit der innerstaatlichen Gesetzgebung, Politik und Planung im Gesundheitswesen Ressourcen und Sachverstand bereitstellen, die die Aufnahmeländer dabei unterstützen sollen, ihre nationalen Gesundheitssysteme zu erweitern und deren Qualität zu erhöhen, um den Zugang für Flüchtlinge und Aufnahmegemeinschaften zu erleichtern, insbesondere für Frauen und Mädchen, Kinder, Heranwachsende und Jugendliche, ältere Menschen, Menschen mit chronischen Erkrankungen, einschließlich Tuberkulose und HIV, Überlebende von Menschenhandel, Folter, Trauma oder Gewalt, einschließlich sexueller und geschlechtsspezifischer Gewalt, und Menschen mit Behinderungen.

73. Je nach Kontext könnte dies Ressourcen und Sachverstand umfassen, die dazu verwendet werden, Gesundheitseinrichtungen aufzubauen und auszustatten oder die Versorgung zu verbessern, unter anderem durch Kapazitätsaufbau und Ausbildungsangebote für Flüchtlinge und Mitglieder der Aufnahmegemeinschaften, die im Einklang mit der innerstaatlichen Gesetzgebung und Politik als Gesundheitsfachkräfte eingestellt sind oder werden könnten (einschließlich im Bereich der psychischen und psychosozialen Betreuung). Prophylaxe, Immunisierungsdienste und gesundheitsfördernde Aktivitäten, einschließlich Beteiligung an körperlichen Aktivitäten und Sport, werden ebenso gefördert wie das Eingehen von Verpflichtungen zur Erleichterung des bezahlbaren und gleichen Zugangs zu ausreichenden Mengen an Medikamenten, medizinischen Versorgungsgütern, Impfstoffen, Diagnostika und Präventionsmitteln.

2.4 Frauen und Mädchen

74. Frauen und Mädchen können sich besonderen geschlechtsspezifischen Hindernissen gegenübersehen, die eine Anpassung der Maßnahmen zur Bewältigung großer Flüchtlingssituationen erfordern. Die Staaten und relevanten Interessenträger werden im Einklang mit den einschlägigen internationalen Übereinkünften und nationalen Regelungen Politiken und Programme beschließen und umsetzen, die das Ziel haben, Frauen und Mädchen in den Flüchtlings- und Aufnahmege-

Zu Z. 72:

[33] Dazu könnten die Weltgesundheitsorganisation (WHO), das UNHCR, das UNICEF, der Bevölkerungsfonds der Vereinten Nationen (UNFPA), die IOM, die Globale Allianz für Impfstoffe und Immunisierung (GAVI), der Globale Fonds zur Bekämpfung von Aids, Tuberkulose und Malaria und einschlägige Organisationen der Zivilgesellschaft gehören. Siehe auch das Dokument WHA70.15 (2017).

meinschaften zu stärken und den vollen Genuss ihrer Menschenrechte sowie ihren gleichberechtigten Zugang zu Diensten und Chancen zu fördern, unter Berücksichtigung der besonderen Bedürfnisse und Situation von Männern und Jungen.

75. Dies wird Beiträge zur Förderung einer produktiven Teilhabe und Führungsverantwortung von Frauen und Mädchen und zur Unterstützung der institutionellen Kapazität und Beteiligung nationaler und lokaler Frauenorganisationen sowie aller zuständigen staatlichen Ministerien umfassen. Es gilt, Ressourcen und Sachverstand zur Verbesserung des Zugangs zur Justiz und der Sicherheit von Frauen und Mädchen bereitzustellen, insbesondere um alle Formen der Gewalt, einschließlich sexueller Ausbeutung und sexuellen Missbrauchs, sexueller und geschlechtsspezifischer Gewalt und schädlicher Praktiken, zu verhüten und zu bekämpfen. Ebenso angebracht ist eine Unterstützung zur Förderung des Zugangs zu alters-, behinderten- und geschlechtersensiblen Sozial- und Gesundheitsdiensten, einschließlich durch die Anwerbung und den Einsatz weiblicher Gesundheitsfachkräfte. Maßnahmen zur Stärkung der Handlungsfreiheit von Frauen und Mädchen, zur Förderung der wirtschaftlichen Selbstbestimmung der Frauen und zur Erleichterung des Zugangs von Frauen und Mädchen zu Bildung (einschließlich Sekundar- und Hochschulbildung) werden gefördert werden.

2.5 Kinder, Heranwachsende und Jugendliche

76. Kinder machen mehr als die Hälfte der Flüchtlinge weltweit aus. Zur Unterstützung der Aufnahmeländer werden die Staaten und relevanten Interessenträger[34)] Ressourcen und Sachverstand für Politiken und Programme bereitstellen, die der besonderen Verwundbarkeit und Schutzbedürftigkeit von Mädchen und Jungen, Kindern mit Behinderungen, Heranwachsenden, unbegleiteten und von ihren Familien getrennten Kindern, Überlebenden sexueller und geschlechtsspezifischer Gewalt, sexueller Ausbeutung und sexuellen Missbrauchs und schädlicher Praktiken und anderen gefährdeten Kindern Rechnung tragen. Je nach Kontext wird dies Ressourcen und Sachverstand zur Förderung integrierter und altersgerechter Dienste für Mädchen und Jungen aus den Flüchtlings- und Aufnahmegemeinschaften umfassen, einschließlich zum Zweck ihrer psychischen und psychosozialen Betreuung, wie auch Investitionen in nationale Kinderschutzsysteme, grenzüberschreitende Zusammenarbeit und regionale Partnerschaften, um gefährdeten Kindern durchgehend Schutz, Betreuung und Versorgung zu gewährleisten. Die zuständigen Behörden werden beim Aufbau von Kapazitäten zur Feststellung und Beurteilung des Kindeswohls unterstützt werden, welches die Grundlage bildet für Entscheidungen, von denen Flüchtlingskinder betroffen sind, sowie bei der Durchführung anderer kindergerechter Verfahren und der Suche nach Familienangehörigen. Das UNHCR wird in Kooperation mit den Staaten darauf hinwirken, Flüchtlingsjungen und -mädchen den Zugang zu Neuansiedlungsmöglichkeiten und komplementären Aufnahmewegen zu erleichtern.

77. Die Erschließung der Talente, des Potenzials und der Energie junger Flüchtlinge und junger Menschen aus der Aufnahmegemeinschaft fördert ihre Selbstbestimmung und trägt zur Resilienz und zu späteren Lösungen bei. Die Staaten und relevanten Interessenträger werden das aktive Mitwirken und Engagement dieser Jugendlichen fördern, insbesondere durch Projekte, die ihre Fähigkeiten und Kompetenzen erkennen, nutzen und entwickeln und ihr körperliches und emotionales Wohlergehen fördern.

2.6 Unterbringung, Energie und Umgang mit natürlichen Ressourcen

78. Je nach Kontext könnten die Aufnahmeländer die internationale Gemeinschaft als Ganzes darum ersuchen, sie bei der Unterbringung von Flüchtlingen in großer Zahl und der Bewältigung der damit verbundenen Auswirkungen auf die Umwelt zu unterstützen. Dementsprechend werden die Staaten und relevanten Interessenträger Ressourcen und Sachverstand bereitstellen, um die Aufnahmeländer im Einklang mit den innerstaatlichen Gesetzen, Politiken und Strategien bei der Stärkung der Infrastruktur zu unterstützen und so den Flüchtlingen und Aufnahmegemeinschaften den Zugang zu angemessenen Unterbringungsmöglichkeiten zu erleichtern und einen integrierten und nachhaltigen Umgang mit den natürlichen Ressourcen und Ökosystemen in städtischen wie ländlichen Gebieten zu fördern.

79. Dies wird Beiträge umfassen, die den Zweck haben, die nationalen Kapazitäten zur Bewältigung von Herausforderungen in den Bereichen Unterbringung, Wasser, Sanitärversorgung und Hygiene, Infrastruktur und Umwelt in oder in der Nähe ländlicher und städtischer Aufnahmegebiete zu stärken und in die Schließung der Technologielücke und den Ausbau von Kapazitäten für intelligente, bezahlbare und geeignete Technologien und erneuerbare Energie in den Aufnahmeländern, die Entwicklungsländer und am wenigsten entwickelte Länder sind, zu investieren. Umweltverträglichkeitsprüfungen, nationale Projekte der nachhaltigen Entwicklung und

Zu Z. 76:

[34)] Einschließlich des UNICEF und einschlägiger Organisationen der Zivilgesellschaft.

Geschäftsmodelle für eine saubere Energieversorgung, die dem Bedarf von Flüchtlingen und Aufnahmegemeinschaften effektiver entsprechen, werden ebenso aktiv unterstützt werden wie Programme zur Förderung eines sicheren Zugangs zu Brennstoffen und Energie, die die Qualität von Siedlungen, einschließlich der Lebens- und Arbeitsbedingungen der Stadt- und Landbevölkerung, verbessern. Der technische Kapazitätsaufbau wird gefördert werden, einschließlich durch den Privatsektor und durch Vereinbarungen von Staat zu Staat. Zudem wird nach Bedarf die Einbeziehung von Flüchtlingen in Strategien zur Verringerung von Katastrophenrisiken unterstützt werden.

2.7 Nahrungssicherheit und Ernährung

80. Da Ernährung ein vorrangiges Grundbedürfnis ist, werden die Staaten und relevanten Interessenträger[35] Ressourcen und Sachverstand bereitstellen, um die Aufnahmeländer dabei zu unterstützen, den Flüchtlingen und Aufnahmegemeinschaften den Zugang zu ausreichenden, gesundheitlich unbedenklichen und nährstoffreichen Nahrungsmitteln zu erleichtern und mehr Eigenständigkeit im Bereich der Nahrungssicherheit und Ernährung zu fördern, unter anderem für Frauen, Kinder, Jugendliche, Menschen mit Behinderungen und ältere Menschen.

81. Dies wird Ressourcen und Sachverstand für eine gezielte Nahrungsmittelhilfe umfassen, die den Zweck hat, den unmittelbaren Nahrungs- und Ernährungsbedarf von Flüchtlingen und Aufnahmegemeinschaften auf die passendste Weise zu decken, wie etwa durch die verstärkte Nutzung von Bargeldtransfers oder Sozialschutzsystemen, und zugleich den Zugang der Flüchtlinge und Aufnahmegemeinschaften zu sozialen Sicherheitsnetzen zu verbessern, die Aspekte der Ernährungssicherung mitberücksichtigen, einschließlich Schulspeisungsprogrammen. Zudem wird die Stärkung der Resilienz der Haushalte und der Nahrungsmittel- und Agrarproduktionssysteme in Flüchtlingsaufnahmegebieten unterstützt werden, unter anderem durch die Förderung der Beschaffung bei lokalen Landwirten und die Beseitigung von Engpässen entlang der Nahrungsmittelwertschöpfungskette, unter Berücksichtigung der Vielfalt, der vorherrschenden kulturellen und religiösen Gebräuche und der Präferenzen in der Nahrungsmittel- und Agrarproduktion. Dem Aufbau der Kapazität der Regierungen der Aufnahmeländer und der lokalen Gemeinwesen, Schocks und Stressfaktoren standzuhalten, die die Verfügbarkeit von Nahrungsmitteln, einschließlich ihrer Herstellung, oder den Zugang dazu einschränken, wird Vorrang eingeräumt werden.

2.8 Personenstandsregister

82. Die Personenstands- und Geburtenregistrierung verschafft Staaten genaue Informationen über die in ihrem Hoheitsgebiet lebenden Personen und stellt ein wichtiges Instrument im Hinblick auf Schutz und Lösungen dar, einschließlich für geflüchtete Frauen und Mädchen und andere Menschen mit besonderen Bedürfnissen. Die Geburtenregistrierung führt nicht zwangsläufig zur Verleihung der Staatsbürgerschaft, ermöglicht jedoch die Feststellung der rechtlichen Identität und vermeidet das Risiko der Staatenlosigkeit. Die Staaten und relevanten Interessenträger werden Ressourcen und Sachverstand bereitstellen, um die Aufnahmeländer dabei zu unterstützen, die Kapazitäten der nationalen Personenstandsregister zu stärken und Flüchtlingen und Staatenlosen nach Bedarf einen rascheren Zugang zur Personenstands- und Geburtenregistrierung und Dokumentation zu ermöglichen, insbesondere mittels Digitaltechnologie und der Bereitstellung mobiler Dienste, unter voller Achtung der Grundsätze des Datenschutzes und der Datensicherheit.

2.9 Staatenlosigkeit

83. In dem Bewusstsein, dass Staatenlosigkeit sowohl Ursache als auch Folge von Fluchtbewegungen sein kann[36], werden die Staaten, das UNHCR und andere relevante Interessenträger Ressourcen und Sachverstand zur Förderung des Austauschs bewährter, geschlechtersensibler Verfahren zur Verhinderung und Verminderung der Staatenlosigkeit und nach Bedarf zur Erarbeitung nationaler, regionaler und internationaler Aktionspläne zur Beendigung der Staatenlosigkeit bereitstellen, im Einklang mit einschlägigen Standards und Initiativen, einschließlich der Kampagne des UNHCR zur Beendigung der Staatenlosigkeit. Den Staaten, die dem Übereinkommen von 1954 über die Rechtsstellung der Staatenlosen und dem Übereinkommen von 1961 zur Verminderung der Staatenlosigkeit noch nicht beigetreten sind, wird nahegelegt, dies in Erwägung zu ziehen.

Zu Z. 80:

[35] Dazu könnten das Welternährungsprogramm (WFP) und die Ernährungs- und Landwirtschaftsorganisation der Vereinten Nationen (FAO) sowie der Internationale Fonds für landwirtschaftliche Entwicklung (IFAD) gehören.

Zu Z. 83:

[36] Siehe ExCom-Schlussfolgerung Nr. 101 (LV) (2004), k).

2.10 Förderung guter Beziehungen und des friedlichen Zusammenlebens

84. In Anbetracht dessen, wie wichtig gute zwischengemeinschaftliche Beziehungen sind, werden bis zur Verfügbarkeit dauerhafter Lösungen Programme und Projekte konzipiert werden, die dem Zweck dienen, alle Formen der Diskriminierung zu bekämpfen und ein friedliches Zusammenleben zwischen Flüchtlingen und Aufnahmegemeinschaften zu fördern, im Einklang mit den nationalen Politikvorgaben. Es werden spezifische Programme und Projekte unterstützt werden, die das Verständnis für die Notlage von Flüchtlingen verbessern sollen, unter anderem durch technische Zusammenarbeit und Kapazitätsaufbau bei den lokalen Gemeinden und lokalem Personal. Das Engagement von Kindern, Heranwachsenden und Jugendlichen wird gefördert werden, namentlich durch sportliche und kulturelle Aktivitäten, Sprachunterricht und Bildung. Zur Förderung des Respekts und der Verständigung sowie zur Bekämpfung der Diskriminierung werden das Potenzial und der positive Einfluss der Zivilgesellschaft, religiöser Organisationen und der Medien, einschließlich der sozialen Medien, zur Geltung gebracht werden.

3. Lösungen

85. Eines der Hauptziele des Globalen Paktes (Absatz 7) ist es, den Zugang zu dauerhaften Lösungen zu erleichtern, so auch indem von Beginn einer Flüchtlingssituation an Lösungen geplant werden. Die Beseitigung tieferer Fluchtursachen ist das wirksamste Mittel, um Lösungen zu erreichen. Politische und sicherheitsbezogene Zusammenarbeit, Diplomatie, Entwicklung sowie die Förderung und der Schutz der Menschenrechte im Einklang mit dem Völkerrecht und der Charta der Vereinten Nationen sind von entscheidender Bedeutung für die Bewältigung von Langzeit-Flüchtlingssituationen und die Prävention neuer Krisen. Zugleich kann jedoch die Bekämpfung der Ursachen von Fluchtbewegungen eine bestimmte Zeit in Anspruch nehmen. Das Aktionsprogramm sieht daher eine Kombination von Lösungen vor, die an den jeweiligen Kontext angepasst sind und die Aufnahmekapazität, den Entwicklungsstand und die demografische Situation der verschiedenen Länder berücksichtigen. Hierzu zählen die drei traditionellen dauerhaften Lösungen der freiwilligen Repatriierung, der Neuansiedlung und der Integration vor Ort sowie andere lokale Lösungen[37] und komplementäre Wege für die Aufnahme in Drittstaaten, die zusätzliche Möglichkeiten bieten können.

Zu Z. 85:

[37] *Siehe Abs. 100.*

86. Wie in den vorhergehenden Abschnitten in Teil B sollen die nachstehend behandelten Elemente für mehr Planbarkeit sorgen und ein breiteres Spektrum von Staaten und relevanten Interessenträgern in die Herbeiführung von Lösungen einbinden. Das bedeutet insbesondere Folgendes:

– Herkunftsländer und nach Bedarf Aufnahmeländer werden auf ihr Ersuchen Unterstützung erhalten, einschließlich über die Globalen Flüchtlingsforen und die Unterstützungsplattformen, um förderlichere Bedingungen für eine freiwillige Repatriierung zu schaffen;
– Angebote der Neuansiedlung und von komplementären Aufnahmewegen[38] werden einen unverzichtbaren Bestandteil der in Teil A vorgesehenen Regelungen darstellen;
– zwar ist die Integration vor Ort die souveräne Entscheidung eines Staates, aber die Staaten, die sich für diese Lösung oder andere lokale Lösungen entscheiden, werden besondere Unterstützung benötigen.

3.1 Unterstützung für Herkunftsländer und freiwillige Repatriierung

87. In den meisten Flüchtlingssituationen bleibt die freiwillige Repatriierung in Sicherheit und Würde die bevorzugte Lösung[39]. Höchste Priorität ist es, unter voller Achtung des Grundsatzes der Nichtzurückweisung förderliche Bedingungen für eine freiwillige Repatriierung zu schaffen, zu gewährleisten, dass die Ausübung dieser Option auf einer freien und aufgeklärten Entscheidung beruht[40], und Unterstützung für eine Repatriierung in Sicherheit und Würde zu mobilisieren. Es wird anerkannt, dass die Herbeiführung einer politischen Lösung im Herkunftsland nicht zwangsläufig die Bedingung für eine freiwillige Repatriierung ist, um die Ausübung des Rechts von Flüchtlingen auf Rückkehr in ihr Heimatland nicht zu beeinträchtigen[41]. Es wird ebenfalls anerkannt, dass es Situationen gibt, in denen Flüchtlinge außerhalb formeller Programme der freiwilligen Repatriierung freiwillig zurückkeh-

Zu Z. 86:

[38] *Im Einklang mit Abs. 4 gemachte Angebote.*

Zu Z. 87:

[39] *A/RES/72/150, Ziff. 39; ExCom-Schlussfolgerungen Nr. 90 (LII) (2001), j), 101 (LV) (2004) und 40 (XXXVI) (1985).*

[40] *Im Einklang mit ExCom-Schlussfolgerung Nr. 101 (LV) (2004).*

[41] *Wie z. B. in der ExCom-Schlussfolgerung Nr. 112 (LXVII) (2016), 7) anerkannt. Siehe auch Abs. 8 über die Notwendigkeit von Zusammenarbeit und Maßnahmen zur Bekämpfung der tieferen Ursachen von Langzeit-Flüchtlingssituationen.*

ren, und dass dies unterstützt werden muss. Obwohl es in erster Linie in der Verantwortung des Herkunftslandes liegt, seiner eigenen Bevölkerung eine freiwillige Repatriierung zu ermöglichen, steht die internationale Gemeinschaft als Ganzes bereit, Unterstützung zu leisten, insbesondere im Hinblick auf die Förderung einer dauerhaften Rückkehr.

88. Dementsprechend wird die internationale Gemeinschaft als Ganzes unbeschadet der laufenden Unterstützung für die Aufnahmeländer Ressourcen und Sachverstand bereitstellen, um die Herkunftsländer auf Ersuchen dabei zu unterstützen, tiefere Fluchtursachen zu bekämpfen, Rückkehrhindernisse zu beseitigen und förderliche Bedingungen für eine freiwillige Repatriierung zu ermöglichen. Diese Bemühungen werden unter Berücksichtigung der bestehenden politischen und technischen Mechanismen zur Koordinierung von humanitären Hilfs-, Friedenskonsolidierungs- und Entwicklungsmaßnahmen erfolgen und sich an der Agenda 2030 für nachhaltige Entwicklung ausrichten. In manchen Kontexten ist es für die betreffenden Staaten und das UNHCR von Nutzen, Dreiparteienvereinbarungen zur Erleichterung der freiwilligen Repatriierung zu schließen.

89. Zusätzlich werden die Staaten und relevanten Interessenträger Ressourcen und Sachverstand bereitstellen, um die Herkunftsländer auf Ersuchen dabei zu unterstützen, sich in sozialer, politischer, wirtschaftlicher und rechtlicher Hinsicht in die Lage zu versetzen, zurückkehrende Flüchtlinge, insbesondere Frauen, Jugendliche, Kinder, ältere Menschen und Menschen mit Behinderungen, aufzunehmen und wiedereinzugliedern. Diese Unterstützung kann die Förderung von Entwicklung, Möglichkeiten der Existenzsicherung und wirtschaftlichen Chancen und Maßnahmen zur Bewältigung von Problemen in Bezug auf Wohnraum, Grund und Boden und Eigentum umfassen. Es werden Beiträge für direkte Repatriierungshilfen in Form von Bargeld und gegebenenfalls anderer Unterstützung geleistet werden. Je nach Kontext können betroffene Länder um technischen Rat für Maßnahmen ersuchen, die weitere Vertreibungen bei der Rückkehr (landesintern oder grenzüberschreitend) verhindern und der Situation der binnenvertriebenen und nicht vertriebenen ortsansässigen Bevölkerung Rechnung tragen sollen[42]. Die relevanten Interessenträger werden nach Bedarf mit den Behörden zusammenarbeiten, um den Austausch von Informationen über Schutzrisiken in Rückkehrgebieten und die Einrichtung von Systemen zur Analyse solcher Risiken zu fördern[43].

3.2 Neuansiedlung

90. Neuansiedlung dient nicht nur als Instrument zum Schutz von Flüchtlingen und zur Lösung ihrer Situation, sondern stellt auch einen konkreten Mechanismus zur Lasten- und Verantwortungsteilung und einen Solidaritätsbeweis dar. Sie ermöglicht den Staaten, einander bei der Lastenteilung zu helfen und die Auswirkungen großer Flüchtlingssituationen auf die Aufnahmeländer zu verringern. Traditionell hat jedoch nur eine begrenzte Zahl von Ländern Neuansiedlungen angeboten. Die Notwendigkeit, ein positives Klima für Neuansiedlungen zu fördern und die dafür nötigen Kapazitäten zu stärken sowie den Bestand an Neuansiedlungsmöglichkeiten zu erweitern, kann nicht genug betont werden.

91. Die Staaten werden um Beiträge gebeten werden[44], um mit Unterstützung der relevanten Interessenträger[45] Neuansiedlungsprogramme einzurichten oder auszuweiten, zu vergrößern und zu verbessern[46]. Zur Unterstützung dieser Bemühungen wird das UNHCR in Zusammenarbeit mit den Staaten und relevanten Interessenträgern eine Dreijahresstrategie (2019-2021) erarbeiten, um den Pool von Neuansiedlungsorten um Länder, die noch nicht an globalen Neuansiedlungsmaßnahmen beteiligt sind, zu erweitern und neu entstehende Neuansiedlungsprogramme zu konsolidieren, aufbauend auf den bewährten Verfahren und Erkenntnissen im Rahmen des Gemeinsamen Mechanismus zur Unterstützung neuer Neuansiedlungsländer (ERCM) und regionaler Abmachungen. Mittels der Strategie werden neue Neuansiedlungsländer ermittelt, vernetzt und unterstützt werden, darunter durch sachverständige und sonstige technische Unterstützung, Partnerschaftsprojekte, personelle und finanzielle Ressourcen für den Kapazitätsaufbau und die Beteiligung relevanter Interessenträger.

92. Darüber hinaus wird um geeignete Beitragszusagen für die Festlegung oder Stärkung bewährter Verfahren in Neuansiedlungsprogrammen ge-

Zu Z. 89:

[42] *Siehe auch A/RES/54/167 über den Schutz und die Unterstützung von Binnenvertriebenen sowie spätere Resolutionen der Generalversammlung zu dieser Frage, namentlich A/RES/72/182.*

[43] *Einschließlich im Einklang mit dem Mandat des UNHCR im Bereich des Rückkehrmonitorings: ExCom-Schlussfolgerungen Nr. 40 (XXXVI) (1985), l), 101 (LV) (2004), q) und 102 (LVI) (2005), r).*

Zu Z. 91:

[44] *Im Einklang mit Abs. 4.*

[45] *Dazu könnten das UNHCR, die IOM, Organisationen der Zivilgesellschaft, Bürgergruppen, religiöse Organisationen, akademische Institutionen, Einzelpersonen und der Privatsektor gehören.*

[46] *Im Einklang mit A/RES/71/1, Anlage I, Ziff. 16.*

beten werden. Dies könnte Maßnahmen einschließen wie die Schaffung mehrjähriger Neuansiedlungsprogramme, Maßnahmen zur Gewährleistung berechenbarer, effizienter und wirksamer Bearbeitungsverfahren für die Neuansiedlung (z. B. durch Anwendung flexibler Bearbeitungsmodalitäten, die den Sicherheitsanliegen vollständig Rechnung tragen und durch die mindestens 25 Prozent der jährlichen Neuansiedlungsanträge innerhalb von sechs Monaten nach ihrer Weiterleitung durch das UNHCR erfüllt werden können), die Sicherstellung dessen, dass Neuansiedlung strategisch eingesetzt wird, die Verbesserung des Schutzumfelds und die Leistung von Beiträgen zu einem umfassenden Ansatz für Flüchtlingssituationen (z. B. die Zuweisung von Orten für die Neuansiedlung von Flüchtlingen entsprechend den Neuansiedlungskriterien des UNHCR für die im Rahmen seiner jährlichen Prognose des globalen Neuansiedlungsbedarfs genannten prioritären Situationen, einschließlich Langzeitsituationen, und/oder die Zuordnung von mindestens 10 Prozent der Neuansiedlungsanträge zu nicht zugewiesenen Orten für vom UNHCR identifizierte Not- oder dringende Fälle), Investitionen in robuste Aufnahme- und Integrationsdienste für neu angesiedelte Flüchtlinge, einschließlich gefährdeter Frauen und Mädchen, und die Nutzung von Transiteinrichtungen für Notsituationen oder anderer Regelungen für eine Neuansiedlung in Notfällen, wie etwa bei gefährdeten Frauen und Kindern[47)].

93. In bestimmten Situationen und in Anbetracht ihres erwiesenen Nutzens werden Koordinierungsgruppen für Neuansiedlung auch künftig koordinierte Reaktionsmaßnahmen fördern, unter gebührender Berücksichtigung von Schutzbedürftigkeit und Sicherheitsaspekten[48)]. Allgemein werden alle im Rahmen des Globalen Paktes unternommenen Bemühungen an der bestehenden multilateralen Architektur für Neuansiedlung ausgerichtet sein, einschließlich der jährlichen dreiseitigen Konsultationen zur Neuansiedlung, der Arbeitsgruppe für Neuansiedlung und der Koordinierungsgruppen, mit dem Ziel, ihren Nutzen zu erhöhen.

Zu Z. 92:

[47)] Zur Erleichterung der Evakuierung ist möglicherweise die Ausstellung einmaliger Konventionsreiseausweise erforderlich. Dieses Verfahren könnte vom UNHCR auf Ausnahmebasis erleichtert werden.

Zu Z. 93:

[48)] Möglicherweise in Koordinierung mit oder als Teil der Unterstützungsplattform.

3.3 Komplementäre Wege für die Aufnahme in Drittstaaten

94. Komplementär zur Neuansiedlung können andere Wege für die Aufnahme von Personen, die internationalen Schutz benötigen, den Zugang zu Schutz und/oder Lösungen erleichtern. Es besteht eine Notwendigkeit, dafür zu sorgen, dass solche Wege auf eine systematischere, besser organisierte, nachhaltigere und geschlechtersensiblere Weise bereitgestellt werden, dass sie angemessene Schutzgarantien beinhalten und dass insgesamt mehr Länder solche Möglichkeiten anbieten.

95. Die Dreijahresstrategie für Neuansiedlung (Abschnitt 3.2) wird auch komplementäre Aufnahmewege umfassen, mit dem Ziel, die Verfügbarkeit und Planbarkeit dieser Wege erheblich zu erhöhen. Die Staaten werden um Beiträge gebeten werden, um mit Unterstützung der relevanten Interessenträger[49)] wirksame Verfahren und klare Wege der Weiterverweisung zum Zweck der Familienzusammenführung zu fördern oder um private oder von einer Gemeinschaft getragene Sponsorenprogramme einzurichten, die zusätzlich zu regulären Programmen der Neuansiedlung angeboten werden, einschließlich gemeinschaftsgetragener Programme, die über die Globale Initiative für Gemeinschaftssponsoring von Flüchtlingen (Global Refugee Sponsorship Initiative, GRSI) gefördert werden. Andere Beiträge zu komplementären Aufnahmewegen wären humanitäre Visa, humanitäre Korridore und andere humanitäre Aufnahmeprogramme, die Schaffung von Bildungsmöglichkeiten für Flüchtlinge (insbesondere Frauen und Mädchen) durch die Vergabe von Stipendien und Studentenvisa, einschließlich durch Partnerschaften zwischen Regierungen und akademischen Institutionen, und die Schaffung von Möglichkeiten der Arbeitskräftemobilität für Flüchtlinge, unter anderem durch die Ermittlung von Flüchtlingen mit Fertigkeiten, an denen in Drittstaaten Bedarf besteht.

96. Es wird um Beiträge gebeten werden, um den Austausch von bewährten Verfahren und Erkenntnissen und den Kapazitätsaufbau für neue Staaten, die solche Programme in Betracht ziehen, zu unterstützen (siehe Absatz 47).

3.4 Integration vor Ort

97. Zwar bleibt die freiwillige Repatriierung in den meisten Flüchtlingssituationen die bevor-

Zu Z. 95:

[49)] Einschließlich der Zivilgesellschaft, religiöser Organisationen, des Privatsektors, Arbeitgebern, internationaler Organisationen, Einzelpersonen und akademischer Institutionen.

zugte Lösung, aber es ist auch wichtig, die Länder zu unterstützen, die sich für eine lokale Lösung einer Flüchtlingssituation entscheiden. Die Integration vor Ort ist eine souveräne Entscheidung des Staates und eine Option, die von den Staaten entsprechend ihren Verpflichtungen aus Verträgen und den Menschenrechtsprinzipien auszuüben ist[50]. Einige Staaten haben es für sinnvoll befunden, die Integration von Flüchtlingen vor Ort anzustreben, einschließlich durch Gewährung eines dauerhaften Bleiberechts und gegebenenfalls die Einbürgerung, unbeschadet der spezifischen Situation mancher Länder mit mittlerem Einkommen und Entwicklungsländer, die mit einer großen Flüchtlingssituation konfrontiert sind.

98. Integration vor Ort ist ein dynamischer und in beide Richtungen verlaufender Prozess, der von allen Parteien Anstrengungen erfordert, einschließlich der Bereitschaft der Flüchtlinge zur Anpassung an die Aufnahmegesellschaft und einer entsprechenden Bereitschaft seitens der Aufnahmegemeinschaften und öffentlichen Institutionen, Flüchtlinge aufzunehmen und den Bedürfnissen einer diversen Bevölkerung zu entsprechen. Länder mit niedrigem und mittlerem Einkommen benötigen zusätzliche finanzielle und technische Unterstützung der internationalen Gemeinschaft, um eine erfolgreiche Integration vor Ort zu bewirken, die den Bedürfnissen der Flüchtlinge wie auch der Aufnahmegemeinschaften Rechnung trägt.

99. Die internationale Gemeinschaft als Ganzes wird in enger Zusammenarbeit mit den nationalen Behörden der Aufnahmeländer Ressourcen und Sachverstand bereitstellen, um Länder, die sich für die Integration vor Ort entscheiden, bei der Erarbeitung eines strategischen Rahmens für diese Integration zu unterstützen. Die Kapazität der zuständigen staatlichen Institutionen, der lokalen Gemeinschaften und der Zivilgesellschaft wird gestärkt werden, um den Prozess der Integration vor Ort zu unterstützen (z. B. zur Lösung von Fragen hinsichtlich Dokumentation und zur Förderung von Sprachunterricht und Berufsausbildung, einschließlich für Frauen und Mädchen). Es werden Programme unterstützt werden, die Respekt und gute Beziehungen fördern und den Zugang zu Möglichkeiten der Existenzsicherung für die Integration von Flüchtlingen erleichtern sollen, einschließlich durch die Analyse der Wirtschaft in den Aufnahmegebieten, unter Berücksichtigung von Beurteilungen des lokalen Arbeitsmarktes und Qualifikationsprofilen, einschließlich derjenigen von Frauen und jungen Erwachsenen. Zur Unterstützung nationaler Entwicklungspläne und -strategien und im Einklang mit der Agenda 2030 für nachhaltige Entwicklung werden Investitionen in Gebieten, in denen sich Flüchtlinge ansiedeln, aktiv gefördert werden. Zudem werden gegebenenfalls regionale Rahmenwerke in Betracht gezogen werden, die innerstaatliche Rechtsvorschriften ergänzen können, um Wege zu einem dauerhaften Bleiberecht für Flüchtlinge oder zu ihrer Einbürgerung zu eröffnen.

3.5. Andere lokale Lösungen

100. Neben der Integration vor Ort, mit der Flüchtlinge eine dauerhafte Lösung für ihre Notlage finden können, gibt es andere lokale Lösungen für Flüchtlinge, für die sich manche Aufnahmeländer entscheiden können. Solche Lösungen umfassen ein befristetes Aufenthaltsrecht, das unter anderem gewährt wird, um die angemessene wirtschaftliche, soziale und kulturelle Inklusion von Flüchtlingen zu fördern, und das den Weg zu einer dauerhaften Lösung ebnen kann. Je nach Kontext und dem angezeigten Bedarf der Länder, die sich für andere lokale Lösungen für Flüchtlinge entscheiden[51], werden die Staaten und relevanten Interessenträger Ressourcen und Sachverstand bereitstellen, einschließlich fachlichen Rats zu den rechtlichen und institutionellen Rahmenbedingungen zur Förderung der friedlichen und produktiven Inklusion von Flüchtlingen und des Wohlergehens der lokalen Gemeinschaften und zur Behandlung von Fragen wie Dokumentation und Aufenthaltstitel.

IV. Weiterverfolgung und Überprüfung

101. Die internationale Gemeinschaft als Ganzes wird alles tun, um Unterstützung für den Globalen Pakt und die Verwirklichung seiner Ziele auf gleicher Grundlage und über eine berechenbarere und ausgewogenere Lasten- und Verantwortungsteilung zu mobilisieren. Dies ist eine Aufgabe für alle Staaten und relevanten Interessenträger. Das UNHCR wird dabei entsprechend seinem Mandat eine Katalysator- und Unterstützerrolle spielen. Die Weiterverfolgung und Überprüfung des Globalen Paktes wird primär im Rahmen des Globalen Flüchtlingsforums (das alle vier Jahre stattfindet, sofern nichts anderes beschlossen wird), der Beamtentreffen auf hoher Ebene (die alle zwei Jahre zwischen den Foren stattfinden) sowie der jährlichen Berichterstattung des Hohen Flüchtlingskommissars an die Generalversammlung der Vereinten Nationen erfolgen. Die Staaten, das UNHCR und die relevanten In-

Zu Z. 97:

50) ExCom-Schlussfolgerung Nr. 104 (LVI) (2005), Erwägungsgrund 1.

Zu Z. 100:

51) Siehe auch Abs. 99 für mögliche Bereiche mit Unterstützungsbedarf.

teressenträger werden sich bemühen, die Weiterverfolgung des Globalen Paktes so zu koordinieren, dass die Kohärenz mit anderen Prozessen und Maßnahmen betreffend Menschen, die unterwegs sind, gewährleistet ist.

102. Der Erfolg des Globalen Paktes wird an den Fortschritten bei der Verwirklichung seiner vier Ziele (Absatz 7) gemessen werden. Zu diesem Zweck werden vor dem ersten Globalen Flüchtlingsforum 2019 für jedes der Ziele entsprechende Indikatoren erarbeitet werden.

103. Die Globalen Flüchtlingsforen werden für die Staaten und anderen relevanten Interessenträger ein wichtiges Instrument für eine Bestandsaufnahme der Fortschritte bei der Verwirklichung der Ziele des Globalen Paktes sein und ihnen außerdem die Möglichkeit geben, bewährte Verfahren und Erfahrungen auszutauschen, sowohl im Hinblick auf die Situation bestimmter Länder oder Regionen als auch auf globaler Ebene, und die fortlaufende Wirksamkeit der Regelungen zur Lasten- und Verantwortungsteilung zu überprüfen. Die Bestandsaufnahme wird sich auf die Ergebnisse des vom UNHCR koordinierten Prozesses zur Messung der Auswirkungen der Aufnahme von Flüchtlingen, des Flüchtlingsschutzes und der Flüchtlingshilfe (Absatz 48) und einen vom UNHCR in engem Benehmen mit den Staaten und anderen relevanten Interessenträgern eingerichteten Mechanismus zur Verfolgung der Umsetzung der Zusagen und Beiträge sowie zur Messung der Wirkung des Globalen Paktes stützen.

104. Zwischen den Globalen Flüchtlingsforen werden Beamtentreffen auf hoher Ebene über den Globalen Pakt stattfinden, die in Verbindung mit dem Dialog des Hohen Flüchtlingskommissars im Bereich Flüchtlingsschutz organisiert werden. Diese Treffen werden allen Mitgliedstaaten der Vereinten Nationen und relevanten Interessenträgern offenstehen und Zwischenbilanzen der Fortschritte ermöglichen, die regelmäßige Bestandsaufnahme erleichtern und auf Dauer Impulse geben. Das erste Treffen dieser Art wird 2021 stattfinden.

105. Der Hohe Flüchtlingskommissar der Vereinten Nationen wird jährlich in seinem regelmäßigen Bericht an die Generalversammlung der Vereinten Nationen aktuelle Informationen über die Fortschritte bei der Verwirklichung der Ziele des Globalen Paktes vorlegen.

106. Die Staaten und relevanten Interessenträger werden eine sinnvolle Beteiligung von Flüchtlingen, einschließlich Frauen, Menschen mit Behinderungen und Jugendlichen, an den Globalen Flüchtlingsforen fördern und so sicherstellen, dass ihre Sichtweisen im Hinblick auf Fortschritte einbezogen werden. Eine vom UNHCR entwickelte und für alle zugängliche digitale Plattform wird den Austausch bewährter Verfahren, insbesondere aus dem Blickwinkel von Alter, Geschlecht, Behinderung und Diversität, bei der Umsetzung der verschiedenen Elemente des Globalen Paktes ermöglichen.

107. Der Globale Pakt hat das Potenzial, alle relevanten Interessenträger für die Förderung einer gemeinsamen Agenda und kollektiver Ergebnisse zu mobilisieren. Gemeinsam können wir Ergebnisse erzielen, die das Leben von Flüchtlingen und Aufnahmegemeinschaften grundlegend ändern werden.

16/1. Römisches Statut des Internationalen Strafgerichtshofs

BGBl III 2002/180 idF

1 BGBl III 2015/95 **2** BGBl III 2015/96

Römisches Statut des Internationalen Strafgerichtshofs

Erklärung der Republik Österreich gemäß Artikel 87 Abs. 2 des Römer Statuts

Gemäß Artikel 87 Abs. 2 des Römer Statuts erklärt die Republik Österreich, dass Ersuchen um Zusammenarbeit und alle zu ihrer Begründung beigefügten Unterlagen in deutscher Sprache abgefaßt oder von einer Übersetzung in die deutsche Sprache begleitet werden müssen.

Die vom Bundespräsidenten unterzeichnete und vom Bundeskanzler gegengezeichnete Ratifikationsurkunde wurde am 28. Dezember 2000 beim Generalsekretär der Vereinten Nationen hinterlegt; das Statut ist gemäß seinem Art. 126 Abs. 1 mit 1. Juli 2002 in Kraft getreten.

Präambel

DIE VERTRAGSSTAATEN DIESES STATUTS –

IM BEWUSSTSEIN, dass alle Völker durch gemeinsame Bande verbunden sind und ihre Kulturen ein gemeinsames Erbe bilden, und besorgt darüber, dass dieses zerbrechliche Mosaik jederzeit zerstört werden kann,

EINGEDENK DESSEN, dass in diesem Jahrhundert Millionen von Kindern, Frauen und Männern Opfer unvorstellbarer Gräueltaten geworden sind, die das Gewissen der Menschheit zutiefst erschüttern,

IN DER ERKENNTNIS, dass solche schweren Verbrechen den Frieden, die Sicherheit und das Wohl der Welt bedrohen,

BEKRÄFTIGEND, dass die schwersten Verbrechen, welche die internationale Gemeinschaft als Ganzes berühren, nicht unbestraft bleiben dürfen und dass ihre wirksame Verfolgung durch Maßnahmen auf einzelstaatlicher Ebene und durch verstärkte internationale Zusammenarbeit gewährleistet werden muss,

ENTSCHLOSSEN, der Straflosigkeit der Täter ein Ende zu setzen und so zur Verhütung solcher Verbrechen beizutragen,

DARAN ERINNERND, dass es die Pflicht eines jeden Staates ist, seine Strafgerichtsbarkeit über die für internationale Verbrechen Verantwortlichen auszuüben,

IN BEKRÄFTIGUNG der Ziele und Grundsätze der Charta der Vereinten Nationen und insbesondere des Grundsatzes, dass alle Staaten jede gegen die territoriale Unversehrtheit oder die politische Unabhängigkeit eines Staates gerichtete oder sonst mit den Zielen der Vereinten Nationen unvereinbare Androhung oder Anwendung von Gewalt zu unterlassen haben,

in diesem Zusammenhang NACHDRÜCKLICH DARAUF HINWEISEND, dass dieses Statut nicht so auszulegen ist, als ermächtige es einen Vertragsstaat, in einen bewaffneten Konflikt oder in die inneren Angelegenheiten eines Staates einzugreifen,

IM FESTEN WILLEN, zu diesem Zweck und um der heutigen und der künftigen Generationen willen einen mit dem System der Vereinten Nationen in Beziehung stehenden unabhängigen ständigen Internationalen Strafgerichtshof zu errichten, der Gerichtsbarkeit über die schwersten Verbrechen hat, welche die internationale Gemeinschaft als Ganzes berühren,

NACHDRÜCKLICH DARAUF HINWEISEND, dass der aufgrund dieses Statuts errichtete Internationale Strafgerichtshof die innerstaatliche Strafgerichtsbarkeit ergänzt,

ENTSCHLOSSEN, die Achtung und die Durchsetzung der internationalen

Rechtspflege dauerhaft zu gewährleisten –

SIND WIE FOLGT ÜBEREINGEKOMMEN:

TEIL 1

ERRICHTUNG DES GERICHTSHOFS

Artikel 1
Der Gerichtshof

Hiermit wird der Internationale Strafgerichtshof („Gerichtshof") errichtet. Der Gerichtshof ist eine ständige Einrichtung und ist befugt, seine Gerichtsbarkeit über Personen wegen der in diesem Statut genannten schwersten Verbrechen von internationalem Belang auszuüben; er ergänzt die innerstaatliche Strafgerichtsbarkeit. Die Zuständigkeit und die Arbeitsweise des Gerichtshofs werden durch dieses Statut geregelt.

Artikel 2
Verhältnis des Gerichtshofs zu den Vereinten Nationen

Der Gerichtshof wird durch ein Abkommen, das von der Versammlung der Vertragsstaaten dieses Statuts zu genehmigen und danach vom Präsidenten des Gerichtshofs in dessen Namen zu schließen ist, mit den Vereinten Nationen in Beziehung gebracht.

Artikel 3
Sitz des Gerichtshofs

(1) Sitz des Gerichtshofs ist Den Haag in den Niederlanden („Gaststaat").

(2) Der Gerichtshof schließt mit dem Gaststaat ein Sitzabkommen, das von der Versammlung der Vertragsstaaten zu genehmigen und danach vom Präsidenten des Gerichtshofs in dessen Namen zu schließen ist.

(3) Der Gerichtshof kann, wie in diesem Statut vorgesehen, an einem anderen Ort tagen, wenn er dies für wünschenswert hält.

Artikel 4
Rechtsstellung und Befugnisse des Gerichtshofs

(1) Der Gerichtshof besitzt Völkerrechtspersönlichkeit. Er besitzt außerdem die Rechts- und Geschäftsfähigkeit, die zur Wahrnehmung seiner Aufgaben und zur Verwirklichung seiner Ziele erforderlich ist.

(2) Der Gerichtshof kann seine Aufgaben und Befugnisse, wie in diesem Statut vorgesehen, im Hoheitsgebiet eines jeden Vertragsstaats und nach Maßgabe einer besonderen Übereinkunft im Hoheitsgebiet eines jeden anderen Staates wahrnehmen.

TEIL 2

GERICHTSBARKEIT, ZULÄSSIGKEIT UND ANWENDBARES RECHT

Artikel 5
Der Gerichtsbarkeit des Gerichtshofs unterliegende Verbrechen

(1) Die Gerichtsbarkeit des Gerichtshofs ist auf die schwersten Verbrechen beschränkt, welche die internationale Gemeinschaft als Ganzes berühren. Die Gerichtsbarkeit des Gerichtshofs erstreckt sich in Übereinstimmung mit diesem Statut auf folgende Verbrechen:

a) das Verbrechen des Völkermords;

b) Verbrechen gegen die Menschlichkeit;

c) Kriegsverbrechen;

d) das Verbrechen der Aggression.[1)]

(2) *(aufgehoben, BGBl III 2015/96)*

Artikel 6
Völkermord

Im Sinne dieses Statuts bedeutet „Völkermord" jede der folgenden Handlungen, die in der Absicht begangen wird, eine nationale, ethnische, rassische oder religiöse Gruppe als solche ganz oder teilweise zu zerstören:

a) Tötung von Mitgliedern der Gruppe;

b) Zufügung von schwerem körperlichem oder seelischem Schaden an Mitgliedern der Gruppe;

c) vorsätzliche Unterwerfung der Gruppe unter Lebensbedingungen mit dem Ziel, ihre körperliche Zerstörung ganz oder teilweise herbeizuführen;

d) Verhängung von Maßnahmen, die auf die Geburtenverhinderung innerhalb der Gruppe gerichtet sind;

e) gewaltsame Überführung von Kindern der Gruppe in eine andere Gruppe.

Artikel 7
Verbrechen gegen die Menschlichkeit

(1) Im Sinne dieses Statuts bedeutet „Verbrechen gegen die Menschlichkeit" jede der folgenden Handlungen, die im Rahmen eines ausgedehnten oder systematischen Angriffs gegen die Zivilbevölkerung und in Kenntnis des Angriffs begangen wird:

a) vorsätzliche Tötung;

b) Ausrottung;

c) Versklavung;

d) Vertreibung oder zwangsweise Überführung der Bevölkerung;

e) Freiheitsentzug oder sonstige schwerwiegende Beraubung der körperlichen Freiheit unter Verstoß gegen die Grundregeln des Völkerrechts;

f) Folter;

g) Vergewaltigung, sexuelle Sklaverei, Nötigung zur Prostitution, erzwungene Schwangerschaft, Zwangssterilisation oder jede andere Form sexueller Gewalt von vergleichbarer Schwere;

h) Verfolgung einer identifizierbaren Gruppe oder Gemeinschaft aus politischen, rassischen, nationalen, ethnischen, kulturellen oder religiösen Gründen, Gründen des Geschlechts im Sinne des Absatzes 3 oder aus anderen nach dem Völkerrecht universell als unzulässig anerkannten

---

Zu Artikel 5:

[1)] Die Gerichtsbarkeit des Internationalen Strafgerichtshofs über diesen Tatbestand wurde von der Versammlung der Vertragsstaaten durch Resolution ICC-ASP/16/Res.5 mit Wirkung vom 17. Juli 2018 aktiviert.

Gründen im Zusammenhang mit einer in diesem Absatz genannten Handlung oder einem der Gerichtsbarkeit des Gerichtshofs unterliegenden Verbrechen;

i) zwangsweises Verschwindenlassen von Personen;

j) das Verbrechen der Apartheid;

k) andere unmenschliche Handlungen ähnlicher Art, mit denen vorsätzlich große Leiden oder eine schwere Beeinträchtigung der körperlichen Unversehrtheit oder der geistigen oder körperlichen Gesundheit verursacht werden.

(2) Im Sinne des Absatzes 1

a) bedeutet „Angriff gegen die Zivilbevölkerung" eine Verhaltensweise, die mit der mehrfachen Begehung der in Absatz 1 genannten Handlungen gegen eine Zivilbevölkerung verbunden ist, in Ausführung oder zur Unterstützung der Politik eines Staates oder einer Organisation, die einen solchen Angriff zum Ziel hat;

b) umfasst „Ausrottung" die vorsätzliche Unterwerfung unter Lebensbedingungen – unter anderem das Vorenthalten des Zugangs zu Nahrungsmitteln und Medikamenten – mit dem Ziel die Vernichtung eines Teiles der Bevölkerung herbeizuführen;

c) bedeutet „Versklavung" die Ausübung aller oder einzelner mit einem Eigentumsrecht an einer Person verbundenen Befugnisse und umfasst die Ausübung dieser Befugnisse im Rahmen des Handels mit Menschen, insbesondere mit Frauen und Kindern;

d) bedeutet „Vertreibung oder zwangsweise Überführung der Bevölkerung" die erzwungene, völkerrechtlich unzulässige Verbringung der betroffenen Personen durch Ausweisung oder andere Zwangsmaßnahmen aus dem Gebiet, in dem sie sich rechtmäßig aufhalten;

e) bedeutet „Folter", dass einer im Gewahrsam oder unter der Kontrolle des Beschuldigten befindlichen Person vorsätzlich große körperliche oder seelische Schmerzen oder Leiden zugefügt werden; Folter umfasst jedoch nicht Schmerzen oder Leiden, die sich lediglich aus gesetzlich zulässigen Sanktionen ergeben, dazu gehören oder damit verbunden sind;

f) bedeutet „erzwungene Schwangerschaft" die rechtswidrige Gefangenhaltung einer zwangsweise geschwängerten Frau in der Absicht, die ethnische Zusammensetzung einer Bevölkerung zu beeinflussen oder andere schwere Verstöße gegen das Völkerrecht zu begehen. Diese Begriffsbestimmung ist nicht so auszulegen, als berühre sie innerstaatliche Gesetze in Bezug auf Schwangerschaft;

g) bedeutet „Verfolgung" den völkerrechtswidrigen, vorsätzlichen und schwerwiegenden Entzug von Grundrechten wegen der Identität einer Gruppe oder Gemeinschaft;

h) bedeutet „Verbrechen der Apartheid" unmenschliche Handlungen ähnlicher Art wie die in Absatz 1 genannten, die von einer rassischen Gruppe im Zusammenhang mit einem institutionalisierten Regime der systematischen Unterdrückung und Beherrschung einer oder mehrerer anderer rassischer Gruppen in der Absicht begangen werden, dieses Regime aufrechtzuerhalten;

i) bedeutet „zwangsweises Verschwindenlassen von Personen" die Festnahme, den Entzug der Freiheit oder die Entführung von Personen durch einen Staat oder eine politische Organisation oder mit Ermächtigung, Unterstützung oder Duldung des Staates oder der Organisation, gefolgt von der Weigerung, diese Freiheitsberaubung anzuerkennen oder Auskunft über das Schicksal oder den Verbleib dieser Personen zu erteilen, in der Absicht, sie für längere Zeit dem Schutz des Gesetzes zu entziehen.

(3) Im Sinne dieses Statuts bezieht sich der Ausdruck „Geschlecht" auf beide Geschlechter, das männliche und das weibliche, im gesellschaftlichen Zusammenhang. Er hat keine andere als die vorgenannte Bedeutung.

Artikel 8
Kriegsverbrechen

(1) Der Gerichtshof hat Gerichtsbarkeit in Bezug auf Kriegsverbrechen, insbesondere wenn diese als Teil eines Planes oder einer Politik oder als Teil der Begehung solcher Verbrechen in großem Umfang verübt werden.

(2) Im Sinne dieses Statuts bedeutet „Kriegsverbrechen"

a) schwere Verletzungen der Genfer Abkommen[3] vom 12. August 1949, nämlich jede der folgenden Handlungen gegen die nach dem jeweiligen Genfer Abkommen geschützten Personen oder Güter:

i) vorsätzliche Tötung;

ii) Folter oder unmenschliche Behandlung einschließlich biologischer Versuche;

iii) vorsätzliche Verursachung großer Leiden oder schwere Beeinträchtigung der körperlichen Unversehrtheit oder der Gesundheit;

iv) Zerstörung und Aneignung von Eigentum in großem Ausmaß, die durch militärische Erfordernisse nicht gerechtfertigt sind und rechtswidrig und willkürlich vorgenommen werden;

v) Nötigung eines Kriegsgefangenen oder einer anderen geschützten Person zur Dienstleistung in den Streitkräften einer feindlichen Macht;

vi) vorsätzlicher Entzug des Rechts eines Kriegsgefangenen oder einer anderen geschützten

---

Zu Artikel 8:

[3] Kundgemacht in BGBl. Nr. 155/1953

Person auf ein unparteiisches ordentliches Gerichtsverfahren;

vii) rechtswidrige Verschleppung oder Versetzung oder rechtswidrige Gefangenhaltung;

viii) Geiselnahme;

b) andere schwere Verstöße gegen die innerhalb des feststehenden Rahmens des Völkerrechts im internationalen bewaffneten Konflikt anwendbaren Gesetze und Gebräuche, nämlich jede der folgenden Handlungen:

i) vorsätzliche Angriffe auf die Zivilbevölkerung als solche oder auf einzelne Zivilpersonen, die an den Feindseligkeiten nicht unmittelbar teilnehmen;

ii) vorsätzliche Angriffe auf zivile Objekte, das heißt auf Objekte, die nicht militärische Ziele sind;

iii) vorsätzliche Angriffe auf Personal, Einrichtungen, Material, Einheiten oder Fahrzeuge, die an einer humanitären Hilfsmission oder friedenserhaltenden Mission in Übereinstimmung mit der Charta der Vereinten Nationen beteiligt sind, solange sie Anspruch auf den Schutz haben, der Zivilpersonen oder zivilen Objekten nach dem internationalen Recht des bewaffneten Konflikts gewährt wird;

iv) vorsätzliches Führen eines Angriffs in der Kenntnis, dass dieser auch Verluste an Menschenleben, die Verwundung von Zivilpersonen, die Beschädigung ziviler Objekte oder weitreichende, langfristige und schwere Schäden an der natürlichen Umwelt verursachen wird, die eindeutig in keinem Verhältnis zu dem insgesamt erwarteten konkreten und unmittelbaren militärischen Vorteil stehen;

v) der Angriff auf unverteidigte Städte, Dörfer, Wohnstätten oder Gebäude, die nicht militärische Ziele sind, oder deren Beschießung, gleichviel mit welchen Mitteln;

vi) die Tötung oder Verwundung eines die Waffen streckenden oder wehrlosen Kombattanten, der sich auf Gnade oder Ungnade ergeben hat;

vii) der Missbrauch der Parlamentärflagge, der Flagge oder der militärischen Abzeichen oder der Uniform des Feindes oder der Vereinten Nationen sowie der Schutzzeichen der Genfer Abkommen, wodurch Tod oder schwere Verletzungen verursacht werden;

viii) die unmittelbare oder mittelbare Überführung durch die Besatzungsmacht eines Teiles ihrer eigenen Zivilbevölkerung in das von ihr besetzte Gebiet oder die Vertreibung oder Überführung der Gesamtheit oder eines Teiles der Bevölkerung des besetzten Gebiets innerhalb desselben oder aus diesem Gebiet;

ix) vorsätzliche Angriffe auf Gebäude, die dem Gottesdienst, der Erziehung, der Kunst, der Wissenschaft oder der Wohltätigkeit gewidmet sind, auf geschichtliche Denkmäler, Krankenhäuser und Sammelplätze für Kranke und Verwundete, sofern es nicht militärische Ziele sind;

x) die körperliche Verstümmelung von Personen, die sich in der Gewalt einer gegnerischen Partei befinden, oder die Vornahme medizinischer oder wissenschaftlicher Versuche jeder Art an diesen Personen, die nicht durch deren ärztliche, zahnärztliche oder Krankenhausbehandlung gerechtfertigt sind oder in ihrem Interesse durchgeführt werden und die zu ihrem Tod führen oder ihre Gesundheit ernsthaft gefährden;

xi) die meuchlerische Tötung oder Verwundung von Angehörigen des feindlichen Volkes oder Heeres;

xii) die Erklärung, dass kein Pardon gegeben wird;

xiii) die Zerstörung oder Beschlagnahme feindlichen Eigentums, sofern diese nicht durch die Erfordernisse des Krieges zwingend geboten ist;

xiv) die Erklärung, dass Rechte und Forderungen von Angehörigen der Gegenpartei aufgehoben, zeitweilig ausgesetzt oder vor Gericht nicht einklagbar sind;

xv) der Zwang gegen Angehörige der Gegenpartei, an den Kriegshandlungen gegen ihr eigenes Land teilzunehmen, selbst wenn sie bereits vor Ausbruch des Krieges im Dienst des Kriegführenden standen;

xvi) die Plünderung einer Stadt oder Ansiedlung, selbst wenn sie im Sturm genommen wurde;

xvii) die Verwendung von Gift oder vergifteten Waffen;

xviii) die Verwendung erstickender, giftiger oder gleichartiger Gase sowie aller ähnlichen Flüssigkeiten, Stoffe oder Vorrichtungen;

xix) die Verwendung von Geschossen, die sich im Körper des Menschen leicht ausdehnen oder flachdrücken, beispielsweise Geschosse mit einem harten Mantel, der den Kern nicht ganz umschließt oder mit Einschnitten versehen ist;

xx) die Verwendung von Waffen, Geschossen, Stoffen und Methoden der Kriegführung, die geeignet sind, überflüssige Verletzungen oder unnötige Leiden zu verursachen, oder die unter Verstoß gegen das internationale Recht des bewaffneten Konflikts ihrer Natur nach unterschiedslos wirken, vorausgesetzt, dass diese Waffen, Geschosse, Stoffe und Methoden der Kriegführung Gegenstand eines umfassenden Verbots und auf Grund einer Änderung entsprechend den einschlägigen Bestimmungen in den Artikeln 121 und 123 in einer Anlage dieses Statuts enthalten sind;

xxi) die Beeinträchtigung der persönlichen Würde, insbesondere eine entwürdigende und erniedrigende Behandlung;

xxii) Vergewaltigung, sexuelle Sklaverei, Nötigung zur Prostitution, erzwungene Schwangerschaft im Sinne des Artikels 7 Absatz 2 Buchstabe f, Zwangssterilisation oder jede andere Form sexueller Gewalt, die ebenfalls eine schwere Verletzung der Genfer Abkommen darstellt;

xxiii) die Benutzung der Anwesenheit einer Zivilperson oder einer anderen geschützten Person, um Kampfhandlungen von gewissen Punkten, Gebieten oder Streitkräften fernzuhalten;

xxiv) vorsätzliche Angriffe auf Gebäude, Material, Sanitätseinheiten, Sanitätstransportmittel und Personal, die in Übereinstimmung mit dem Völkerrecht mit den Schutzzeichen der Genfer Abkommen versehen sind;

xxv) das vorsätzliche Aushungern von Zivilpersonen als Methode der Kriegführung durch das Vorenthalten der für sie lebensnotwendigen Gegenstände, einschließlich der vorsätzlichen Behinderung von Hilfslieferungen, wie sie nach den Genfer Abkommen vorgesehen sind;

xxvi) die Zwangsverpflichtung oder Eingliederung von Kindern unter fünfzehn Jahren in die nationalen Streitkräfte oder ihre Verwendung zur aktiven Teilnahme an Feindseligkeiten;

c) im Fall eines bewaffneten Konflikts, der keinen internationalen Charakter hat, schwere Verstöße gegen den gemeinsamen Artikel 3 der vier Genfer Abkommen vom 12. August 1949, nämlich die Verübung jeder der folgenden Handlungen gegen Personen, die nicht unmittelbar an den Feindseligkeiten teilnehmen, einschließlich der Angehörigen der Streitkräfte, welche die Waffen gestreckt haben, und der Personen, die durch Krankheit, Verwundung, Gefangennahme oder eine andere Ursache außer Gefecht befindlich sind:

i) Angriffe auf Leib und Leben, insbesondere vorsätzliche Tötung jeder Art, Verstümmelung, grausame Behandlung und Folter;

ii) die Beeinträchtigung der persönlichen Würde, insbesondere entwürdigende und erniedrigende Behandlung;

iii) Geiselnahme;

iv) Verurteilungen und Hinrichtungen ohne vorhergehendes Urteil eines ordentlich bestellten Gerichts, das die allgemein als unerlässlich anerkannten Rechtsgarantien bietet;

d) Absatz 2 Buchstabe c findet Anwendung auf bewaffnete Konflikte, die keinen internationalen Charakter haben, und somit nicht auf Fälle innerer Unruhen und Spannungen wie Tumulte, vereinzelt auftretende Gewalttaten oder andere ähnliche Handlungen;

e) andere schwere Verstöße gegen die innerhalb des feststehenden Rahmens des Völkerrechts anwendbaren Gesetze und Gebräuche im bewaffneten Konflikt, der keinen internationalen Charakter hat, nämlich jede der folgenden Handlungen:

i) vorsätzliche Angriffe auf die Zivilbevölkerung als solche oder auf einzelne Zivilpersonen, die an den Feindseligkeiten nicht unmittelbar teilnehmen;

ii) vorsätzliche Angriffe auf Gebäude, Material, Sanitätseinheiten, Sanitätstransportmittel und Personal, die in Übereinstimmung mit dem Völkerrecht mit den Schutzzeichen der Genfer Abkommen versehen sind;

iii) vorsätzliche Angriffe auf Personal, Einrichtungen, Material, Einheiten oder Fahrzeuge, die an einer humanitären Hilfsmission oder friedenserhaltenden Mission in Übereinstimmung mit der Charta der Vereinten Nationen beteiligt sind, solange sie Anspruch auf den Schutz haben, der Zivilpersonen oder zivilen Objekten nach dem internationalen Recht des bewaffneten Konflikts gewährt wird;

iv) vorsätzliche Angriffe auf Gebäude, die dem Gottesdienst, der Erziehung, der Kunst, der Wissenschaft oder der Wohltätigkeit gewidmet sind, auf geschichtliche Denkmäler, Krankenhäuser und Sammelplätze für Kranke und Verwundete, sofern es nicht militärische Ziele sind;

v) die Plünderung einer Stadt oder Ansiedlung, selbst wenn sie im Sturm genommen wurde;

vi) Vergewaltigung, sexuelle Sklaverei, Nötigung zur Prostitution, erzwungene Schwangerschaft im Sinne des Artikels 7 Absatz 2 Buchstabe f, Zwangssterilisation und jede andere Form sexueller Gewalt, die ebenfalls einen schweren Verstoß gegen den gemeinsamen Artikel 3 der vier Genfer Abkommen darstellt;

vii) die Zwangsverpflichtung oder Eingliederung von Kindern unter fünfzehn Jahren in Streitkräfte oder bewaffnete Gruppen oder ihre Verwendung zur aktiven Teilnahme an Feindseligkeiten;

viii) die Anordnung der Verlegung der Zivilbevölkerung aus Gründen im Zusammenhang mit dem Konflikt, sofern dies nicht im Hinblick auf die Sicherheit der betreffenden Zivilpersonen oder aus zwingenden militärischen Gründen geboten ist;

ix) die meuchlerische Tötung oder Verwundung eines gegnerischen Kombattanten;

x) die Erklärung, dass kein Pardon gegeben wird;

xi) die körperliche Verstümmelung von Personen, die sich in der Gewalt einer anderen Konfliktpartei befinden, oder die Vornahme medizinischer oder wissenschaftlicher Versuche jeder Art an diesen Personen, die nicht durch deren ärztliche, zahnärztliche oder Krankenhausbehandlung gerechtfertigt sind oder in ihrem Interesse durchgeführt werden und die zu ihrem Tod führen oder ihre Gesundheit ernsthaft gefährden;

xii) die Zerstörung oder Beschlagnahme gegnerischen Eigentums, sofern diese nicht durch die

Erfordernisse des Konflikts zwingend geboten ist;

xiii) die Verwendung von Gift oder vergifteten Waffen; *(BGBl III 2015/95)*

xiv) die Verwendung erstickender, giftiger oder gleichartiger Gase sowie aller ähnlichen Flüssigkeiten, Stoffe oder Vorrichtungen; *(BGBl III 2015/95)*

xv) die Verwendung von Geschossen, die sich im Körper des Menschen leicht ausdehnen oder flachdrücken, beispielsweise Geschosse mit einem harten Mantel, der den Kern nicht ganz umschließt oder mit Einschnitten versehen ist. *(BGBl III 2015/95)*

f) Absatz 2 Buchstabe e findet Anwendung auf bewaffnete Konflikte, die keinen internationalen Charakter haben, und somit nicht auf Fälle innerer Unruhen und Spannungen wie Tumulte, vereinzelt auftretende Gewalttaten oder andere ähnliche Handlungen. Er findet Anwendung auf bewaffnete Konflikte, die im Hoheitsgebiet eines Staates stattfinden, wenn zwischen den staatlichen Behörden und organisierten bewaffneten Gruppen oder zwischen solchen Gruppen ein lang anhaltender bewaffneter Konflikt besteht.

(3) Absatz 2 Buchstaben c und e berührt nicht die Verantwortung einer Regierung, die öffentliche Ordnung im Staat aufrechtzuerhalten oder wiederherzustellen oder die Einheit und territoriale Unversehrtheit des Staates mit allen rechtmäßigen Mitteln zu verteidigen.

Artikel 8bis
Kriegsverbrechen

(1) Im Sinne dieses Statuts bedeutet „Verbrechen der Aggression" die Planung, Vorbereitung, Einleitung oder Ausführung einer Angriffshandlung, die ihrer Art, ihrer Schwere und ihrem Umfang nach eine offenkundige Verletzung der Charta der Vereinten Nationen darstellt, durch eine Person, die tatsächlich in der Lage ist, das politische oder militärische Handeln eines Staates zu kontrollieren oder zu lenken.

(2) Im Sinne des Absatzes 1 bedeutet „Angriffshandlung" die gegen die Souveränität, die territoriale Unversehrtheit oder die politische Unabhängigkeit eines Staates gerichtete oder sonst mit der Charta der Vereinten Nationen unvereinbare Anwendung von Waffengewalt durch einen anderen Staat. Unabhängig von dem Vorliegen einer Kriegserklärung gilt in Übereinstimmung mit der Resolution 3314 (XXIX) der Generalversammlung der Vereinten Nationen vom 14. Dezember 1974 jede der folgenden Handlungen als Angriffshandlung:

a) die Invasion des Hoheitsgebiets eines Staates oder der Angriff auf dieses durch die Streitkräfte eines anderen Staates oder jede, wenn auch vorübergehende, militärische Besetzung, die sich aus einer solchen Invasion oder einem solchen Angriff ergibt, oder jede gewaltsame Annexion des Hoheitsgebiets eines anderen Staates oder eines Teiles desselben;

b) die Bombardierung oder Beschießung des Hoheitsgebiets eines Staates durch die Streitkräfte eines anderen Staates oder der Einsatz von Waffen jeder Art durch einen Staat gegen das Hoheitsgebiet eines anderen Staates;

c) die Blockade der Häfen oder Küsten eines Staates durch die Streitkräfte eines anderen Staates;

d) ein Angriff der Streitkräfte eines Staates auf die Land-, See-oder Luftstreitkräfte oder die See- und Luftflotte eines anderen Staates;

e) der Einsatz von Streitkräften eines Staates, die sich mit der Zustimmung eines anderen Staates indessen Hoheitsgebiet befinden, unter Verstoß gegen die in der entsprechenden Einwilligung oder Vereinbarung vorgesehenen Bedingungen oder jede Verlängerung ihrer Anwesenheit in diesem Hoheitsgebiet über den Ablauf der Geltungsdauer der Einwilligung oder Vereinbarung hinaus;

f) das Handeln eines Staates, wodurch er erlaubt, dass sein Hoheitsgebiet, das er einem anderen Staat zur Verfügung gestellt hat, von diesem anderen Staat dazu benutzt wird, eine Angriffshandlung gegen einen dritten Staat zu begehen;

g) das Entsenden bewaffneter Banden, Gruppen, irregulärer Kräfte oder Söldner durch einen Staat oder in seinem Namen, die mit Waffengewalt gegen einen anderen Staat Handlungen von solcher Schwere ausführen, dass sie den oben aufgeführten Handlungen gleichkommen, oder seine wesentliche Beteiligung daran.

(BGBl III 2015/96)

Artikel 9
„Verbrechenselemente"

(1) Die „Verbrechenselemente" helfen dem Gerichtshof bei der Auslegung und Anwendung der Artikel6, 7, 8 und 8bis. Sie werden von den Mitgliedern der Versammlung der Vertragsstaaten mit Zweidrittelmehrheit angenommen. *(BGBl III 2015/96)*

(2) Änderungen der „Verbrechenselemente" können vorgeschlagen werden von

a) jedem Vertragsstaat;

b) den Richtern mit absoluter Mehrheit;

c) dem Ankläger.

Diese Änderungen werden von den Mitgliedern der Versammlung der Vertragsstaaten mit Zweidrittelmehrheit angenommen.

(3) Die „Verbrechenselemente" und ihre Änderungen müssen mit dem Statut vereinbar sein.

Artikel 10

Dieser Teil ist nicht so auszulegen, als beschränke oder berühre er bestehende oder sich entwickelnde Regeln des Völkerrechts für andere Zwecke als diejenigen dieses Statuts.

Artikel 11
Gerichtsbarkeit ratione temporis

(1) Die Gerichtsbarkeit des Gerichtshofs erstreckt sich nur auf Verbrechen, die nach In-Kraft-Treten dieses Statuts begangen werden.

(2) Wird ein Staat nach In-Kraft-Treten dieses Statuts dessen Vertragspartei, so kann der Gerichtshof seine Gerichtsbarkeit nur in Bezug auf Verbrechen ausüben, die nach In-Kraft-Treten des Statuts für diesen Staat begangen wurden, es sei denn, der Staat hat eine Erklärung nach Artikel 12 Absatz 3 abgegeben.

Artikel 12
Voraussetzungen für die Ausübung der Gerichtsbarkeit

(1) Ein Staat, der Vertragspartei dieses Statuts wird, erkennt damit die Gerichtsbarkeit des Gerichtshofs für die in Artikel 5 bezeichneten Verbrechen an.

(2) Im Fall des Artikels 13 Buchstabe a oder c kann der Gerichtshof seine Gerichtsbarkeit ausüben, wenn einer oder mehrere der folgenden Staaten Vertragspartei dieses Statuts sind oder in Übereinstimmung mit Absatz 3 die Gerichtsbarkeit des Gerichtshofs anerkannt haben:

a) der Staat, in dessen Hoheitsgebiet das fragliche Verhalten stattgefunden hat, oder, sofern das Verbrechen an Bord eines Schiffes oder Luftfahrzeugs begangen wurde, der Staat, in dem dieses registriert ist;

b) der Staat, dessen Staatsangehörigkeit die des Verbrechens beschuldigte Person besitzt.

(3) Ist nach Absatz 2 die Anerkennung der Gerichtsbarkeit durch einen Staat erforderlich, der nicht Vertragspartei dieses Statuts ist, so kann dieser Staat durch Hinterlegung einer Erklärung beim Kanzler die Ausübung der Gerichtsbarkeit durch den Gerichtshof in Bezug auf das fragliche Verbrechen anerkennen. Der anerkennende Staat arbeitet mit dem Gerichtshof ohne Verzögerung oder Ausnahme in Übereinstimmung mit Teil 9 zusammen.

Artikel 13
Ausübung der Gerichtsbarkeit

Der Gerichtshof kann in Übereinstimmung mit diesem Statut seine Gerichtsbarkeit über ein in Artikel 5 bezeichnetes Verbrechen ausüben, wenn

a) eine Situation, in der es den Anschein hat, dass eines oder mehrere dieser Verbrechen begangen wurden, von einem Vertragsstaat nach Artikel 14 dem Ankläger unterbreitet wird,

b) eine Situation, in der es den Anschein hat, dass eines oder mehrere dieser Verbrechen begangen wurden, vom Sicherheitsrat, der nach Kapitel VII der Charta der Vereinten Nationen tätig wird, dem Ankläger unterbreitet wird, oder

c) der Ankläger nach Artikel 15 Ermittlungen in Bezug auf eines dieser Verbrechen eingeleitet hat.

Artikel 14
Unterbreitung einer Situation durch einen Vertragsstaat

(1) Ein Vertragsstaat kann eine Situation, in der es den Anschein hat, dass ein oder mehrere der Gerichtsbarkeit des Gerichtshofs unterliegende Verbrechen begangen wurden, dem Ankläger unterbreiten und diesen ersuchen, die Situation zu untersuchen, um festzustellen, ob eine oder mehrere bestimmte Personen angeklagt werden sollen, diese Verbrechen begangen zu haben.

(2) Soweit möglich, sind in der Unterbreitung die maßgeblichen Umstände anzugeben und diejenigen Unterlagen zur Begründung beizufügen, über die der unterbreitende Staat verfügt.

Artikel 15
Ankläger

(1) Der Ankläger kann auf der Grundlage von Informationen über der Gerichtsbarkeit des Gerichtshofs unterliegende Verbrechen aus eigener Initiative Ermittlungen einleiten.

(2) Der Ankläger prüft die Stichhaltigkeit der erhaltenen Informationen. Zu diesem Zweck kann er von Staaten, Organen der Vereinten Nationen, zwischenstaatlichen oder nichtstaatlichen Organisationen oder anderen von ihm als geeignet erachteten zuverlässigen Stellen zusätzliche Auskünfte einholen und am Sitz des Gerichtshofs schriftliche oder mündliche Zeugenaussagen entgegennehmen.

(3) Gelangt der Ankläger zu dem Schluss, dass eine hinreichende Grundlage für die Aufnahme von Ermittlungen besteht, so legt er der Vorverfahrenskammer einen Antrag auf Genehmigung von Ermittlungen zusammen mit den gesammelten Unterlagen zu seiner Begründung vor. Opfer können in Übereinstimmung mit der Verfahrens- und Beweisordnung Eingaben an die Vorverfahrenskammer machen.

(4) Ist die Vorverfahrenskammer nach Prüfung des Antrags und der Unterlagen zu seiner Begründung der Auffassung, dass eine hinreichende Grundlage für die Aufnahme von Ermittlungen besteht und dass die Sache unter die Gerichtsbar-

keit des Gerichtshofs zu fallen scheint, so erteilt sie die Genehmigung zur Einleitung der Ermittlungen, unbeschadet späterer Entscheidungen des Gerichtshofs betreffend die Gerichtsbarkeit für eine Sache und ihre Zulässigkeit.

(5) Verweigert die Vorverfahrenskammer die Genehmigung zur Aufnahme von Ermittlungen, so schließt dies einen auf neue Tatsachen oder Beweismittel gestützten späteren Antrag des Anklägers in Bezug auf dieselbe Situation nicht aus.

(6) Gelangt der Ankläger nach der in den Absätzen 1 und 2 genannten Vorprüfung zu dem Schluss, dass die zur Verfügung gestellten Informationen keine hinreichende Grundlage für Ermittlungen darstellen, so teilt er dies den Informanten mit. Dies schließt nicht aus, dass der Ankläger im Licht neuer Tatsachen oder Beweismittel weitere Informationen prüft, die ihm in Bezug auf dieselbe Situation zur Verfügung gestellt werden.

Artikel 15bis
Ausübung der Gerichtsbarkeit über das Verbrechen der Aggression (Unterbreitung durch einen Staat oder aus eigener Initiative)

(1) Der Gerichtshof kann vorbehaltlich dieses Artikels seine Gerichtsbarkeit über das Verbrechen der Aggression in Übereinstimmung mit Artikel 13 Buchstaben a und c ausüben.

(2) Der Gerichtshof kann seine Gerichtsbarkeit nur über Verbrechen der Aggression ausüben, die ein Jahr nach Ratifikation oder Annahme der Änderungen durch dreißig Vertragsstaaten begangen werden.

(3) Der Gerichtshof übt seine Gerichtsbarkeit über das Verbrechen der Aggression in Übereinstimmung mit diesem Artikel vorbehaltlich eines Beschlusses aus, der nach dem 1. Jänner 2017 mit der selben Mehrheit von Vertragsstaaten zu fassen ist, wie sie für die Annahme einer Änderung des Statuts erforderlich ist.

(4) Der Gerichtshof kann in Übereinstimmung mit Artikel 12 seine Gerichtsbarkeit über ein Verbrechen der Aggression ausüben, das sich aus einer Angriffshandlung eines Vertragsstaats ergibt, es sei denn, dieser Vertragsstaat hat zuvor durch Hinterlegung einer Erklärung beim Kanzler bekanntgegeben, dass er diese Gerichtsbarkeit nicht anerkennt. Die Rücknahme dieser Erklärung kann jederzeit erfolgen und wird von dem Vertragsstaat innerhalb von drei Jahren geprüft.

(5) Hinsichtlich eines Staates, der nicht Vertragspartei dieses Statuts ist, übt der Gerichtshof seine Gerichtsbarkeit über das Verbrechen der Aggression nicht aus, wenn das Verbrechen von Staatsangehörigen des betreffenden Staates oder in dessen Hoheitsgebiet begangen wurde.

(6) Gelangt der Ankläger zu dem Schluss, dass eine hinreichende Grundlage für die Aufnahme von Ermittlungen in Bezug auf ein Verbrechen der Aggression besteht, vergewissert er sich zunächst, ob der Sicherheitsrat festgestellt hat, dass der betreffende Staat eine Angriffshandlung begangen hat. Der Ankläger benachrichtigt den Generalsekretär der Vereinten Nationen über die beim Gerichtshof anhängige Situation unter Einschluss sachdienlicher Informationen und Unterlagen.

(7) Hat der Sicherheitsrat eine entsprechende Feststellung getroffen, so kann der Ankläger die Ermittlungen in Bezug auf ein Verbrechen der Aggression aufnehmen.

(8) Wird innerhalb von sechs Monaten nach dem Zeitpunkt der Benachrichtigung keine entsprechende Feststellung getroffen, so kann der Ankläger die Ermittlungen in Bezug auf ein Verbrechen der Aggression aufnehmen, sofern die Vorverfahrensabteilung nach dem in Artikel 15 vorgesehenen Verfahren die Genehmigung zur Einleitung der Ermittlungen in Bezug auf ein Verbrechen der Aggression erteilt und der Sicherheitsrat nicht einen anderweitigen Beschluss nach Artikel 16 gefasst hat.

(9) Die Feststellung einer Angriffshandlung durch ein Organ außerhalb des Gerichtshofs berührt nicht die eigenen Erkenntnisse des Gerichtshofs nach diesem Statut.

(10) Dieser Artikel lässt die Bestimmungen über die Ausübung der Gerichtsbarkeit über die anderen in Artikel5 bezeichneten Verbrechen unberührt.

(BGBl III 2015/96)

Artikel 15ter
Ausübung der Gerichtsbarkeit über das Verbrechen der Aggression (Unterbreitung durch den Sicherheitsrat)

(1) Der Gerichtshof kann vorbehaltlich dieses Artikels seine Gerichtsbarkeit über das Verbrechen der Aggression in Übereinstimmung mit Artikel 13 Buchstabe b ausüben.

(2) Der Gerichtshof kann seine Gerichtsbarkeit nur über Verbrechen der Aggression ausüben, die ein Jahr nach Ratifikation oder Annahme der Änderungen durch dreißig Vertragsstaaten begangen werden.

(3) Der Gerichtshof übt seine Gerichtsbarkeit über das Verbrechen der Aggression in Übereinstimmung mit diesem Artikel vorbehaltlich eines Beschlusses aus, der nach dem 1. Jänner 2017 mit derselben Mehrheit von Vertragsstaaten zu fassen ist, wie sie für die Annahme einer Änderung des Statuts erforderlich ist.

(4) Die Feststellung einer Angriffshandlung durch ein Organ außerhalb des Gerichtshofs be-

rührt nicht die eigenen Erkenntnisse des Gerichtshofs nach diesem Statut.

(5) Dieser Artikel lässt die Bestimmungen über die Ausübung der Gerichtsbarkeit über die anderen in Artikel 5 bezeichneten Verbrechen unberührt.

(BGBl III 2015/96)

Artikel 16
Aufschub der Ermittlungen oder der Strafverfolgung

Richtet der Sicherheitsrat in einer nach Kapitel VII der Charta der Vereinten Nationen angenommenen Resolution ein entsprechendes Ersuchen an den Gerichtshof, so dürfen für einen Zeitraum von 12 Monaten keine Ermittlungen und keine Strafverfolgung auf Grund dieses Statuts eingeleitet oder fortgeführt werden; das Ersuchen kann vom Sicherheitsrat unter denselben Bedingungen erneuert werden.

Artikel 17
Fragen der Zulässigkeit

(1) Im Hinblick auf Absatz 10 der Präambel und Artikel 1 entscheidet der Gerichtshof, dass eine Sache nicht zulässig ist, wenn

a) in der Sache von einem Staat, der Gerichtsbarkeit darüber hat, Ermittlungen oder eine Strafverfolgung durchgeführt werden, es sei denn, der Staat ist nicht willens oder nicht in der Lage, die Ermittlungen oder die Strafverfolgung ernsthaft durchzuführen;

b) in der Sache von einem Staat, der Gerichtsbarkeit darüber hat, Ermittlungen durchgeführt worden sind und der Staat entschieden hat, die betreffende Person nicht strafrechtlich zu verfolgen, es sei denn, die Entscheidung war das Ergebnis des mangelnden Willens oder des Unvermögens des Staates, eine Strafverfolgung ernsthaft durchzuführen;

c) die betreffende Person wegen des Verhaltens, das Gegenstand des Tatvorwurfs ist, bereits gerichtlich belangt worden ist und die Sache nach Artikel 20 Absatz 3 nicht beim Gerichtshof anhängig gemacht werden kann;

d) die Sache nicht schwerwiegend genug ist, um weitere Maßnahmen des Gerichtshofs zu rechtfertigen.

(2) Zur Feststellung des mangelnden Willens in einem bestimmten Fall prüft der Gerichtshof unter Berücksichtigung der völkerrechtlich anerkannten Grundsätze eines ordnungsgemäßen Verfahrens, ob gegebenenfalls eine oder mehrere der folgenden Voraussetzungen vorliegen:

a) Das Verfahren wurde oder wird geführt oder die staatliche Entscheidung wurde getroffen, um die betreffende Person vor strafrechtlicher Verantwortlichkeit für die in Artikel 5 bezeichneten, der Gerichtsbarkeit des Gerichtshofs unterliegenden Verbrechen zu schützen;

b) in dem Verfahren gab es eine nicht gerechtfertigte Verzögerung, die unter den gegebenen Umständen mit der Absicht unvereinbar ist, die betreffende Person vor Gericht zu stellen;

c) das Verfahren war oder ist nicht unabhängig oder unparteiisch und wurde oder wird in einer Weise geführt, die unter den gegebenen Umständen mit der Absicht unvereinbar ist, die betreffende Person vor Gericht zu stellen.

(3) Zur Feststellung des Unvermögens in einem bestimmten Fall prüft der Gerichtshof, ob der Staat wegen des völligen oder weitgehenden Zusammenbruchs oder der mangelnden Verfügbarkeit seines innerstaatlichen Justizsystems nicht in der Lage ist, des Beschuldigten habhaft zu werden oder die erforderlichen Beweismittel und Zeugenaussagen zu erlangen, oder aus anderen Gründen nicht in der Lage ist, ein Verfahren durchzuführen.

Artikel 18
Vorläufige Entscheidungen betreffend die Zulässigkeit

(1) Wurde eine Situation nach Artikel 13 Buchstabe a dem Gerichtshof unterbreitet und hat der Ankläger festgestellt, dass eine hinreichende Grundlage für die Einleitung von Ermittlungen bestünde, oder leitet der Ankläger Ermittlungen nach Artikel 13 Buchstabe c und Artikel 15 ein, so benachrichtigt der Ankläger förmlich alle Vertragsstaaten und diejenigen Staaten, die unter Berücksichtigung der zur Verfügung stehenden Informationen im Regelfall die Gerichtsbarkeit über die betreffenden Verbrechen ausüben würden. Der Ankläger kann diese Staaten vertraulich benachrichtigen und, sofern er dies für notwendig hält, um Personen zu schützen, die Vernichtung von Beweismitteln oder die Flucht von Personen zu verhindern, den Umfang der den Staaten zur Verfügung gestellten Informationen begrenzen.

(2) Binnen eines Monats nach Eingang dieser förmlichen Benachrichtigung kann ein Staat den Gerichtshof davon in Kenntnis setzen, dass er gegen seine Staatsangehörigen oder andere Personen unter seiner Hoheitsgewalt in Bezug auf Straftaten ermittelt oder ermittelt hat, die möglicherweise den Tatbestand der in Artikel 5 bezeichneten Verbrechen erfüllen und die mit den Informationen in Zusammenhang stehen, welche in der an die Staaten gerichteten Benachrichtigung enthalten sind. Auf Ersuchen des betreffenden Staates stellt der Ankläger die Ermittlungen gegen diese Personen zugunsten der Ermittlungen des Staates zurück, es sei denn, die Vorverfahrenskammer beschließt auf Antrag des Anklägers, diesen zu den Ermittlungen zu ermächtigen.

(3) Die Zurückstellung der Ermittlungen durch den Ankläger zugunsten der Ermittlungen eines Staates kann vom Ankläger sechs Monate nach dem Zeitpunkt der Zurückstellung oder jederzeit überprüft werden, wenn sich auf Grund des mangelnden Willens oder des Unvermögens des betreffenden Staates zur ernsthaften Durchführung von Ermittlungen die Sachlage wesentlich geändert hat.

(4) Der betreffende Staat oder der Ankläger kann nach Artikel 82 gegen eine Entscheidung der Vorverfahrenskammer bei der Berufungskammer Beschwerde einlegen. Die Beschwerde kann beschleunigt behandelt werden.

(5) Hat der Ankläger nach Absatz 2 Ermittlungen zurückgestellt, so kann er den betreffenden Staat ersuchen, ihn regelmäßig über den Fortgang seiner Ermittlungen und jede anschließende Strafverfolgung zu unterrichten. Die Vertragsstaaten kommen einem solchen Ersuchen ohne unangemessene Verzögerung nach.

(6) Bis zu einer Entscheidung der Vorverfahrenskammer oder jederzeit, nachdem der Ankläger nach diesem Artikel Ermittlungen zurückgestellt hat, kann er ausnahmsweise die Vorverfahrenskammer um die Ermächtigung zu notwendigen Ermittlungsmaßnahmen zum Zweck der Sicherung von Beweismitteln ersuchen, wenn eine einmalige Gelegenheit zur Beschaffung wichtiger Beweismittel oder eine erhebliche Gefahr besteht, dass diese Beweismittel später nicht verfügbar sein werden.

(7) Ein Staat, der eine Entscheidung der Vorverfahrenskammer nach diesem Artikel angefochten hat, kann die Zulässigkeit einer Sache nach Artikel 19 auf Grund zusätzlicher wesentlicher Tatsachen oder einer wesentlichen Änderung der Sachlage anfechten.

Artikel 19
Anfechtung der Gerichtsbarkeit des Gerichtshofs oder der Zulässigkeit einer Sache

(1) Der Gerichtshof vergewissert sich, dass er in jeder bei ihm anhängig gemachten Sache Gerichtsbarkeit hat. Der Gerichtshof kann aus eigener Initiative über die Zulässigkeit einer Sache nach Artikel 17 entscheiden.

(2) Sowohl die Zulässigkeit einer Sache aus den in Artikel 17 genannten Gründen als auch die Gerichtsbarkeit des Gerichtshofs können angefochten werden von

a) einem Angeklagten oder einer Person, gegen die ein Haftbefehl oder eine Ladung nach Artikel 58 ergangen ist,

b) einem Staat, der Gerichtsbarkeit über eine Sache hat, weil er in der Sache Ermittlungen oder eine Strafverfolgung durchführt oder durchgeführt hat, oder

c) einem Staat, der nach Artikel 12 die Gerichtsbarkeit anerkannt haben muss.

(3) Der Ankläger kann über eine Frage der Gerichtsbarkeit oder der Zulässigkeit eine Entscheidung des Gerichtshofs erwirken. In Verfahren über die Gerichtsbarkeit oder die Zulässigkeit können beim Gerichtshof auch diejenigen, welche ihm die Situation nach Artikel 13 unterbreitet haben, sowie die Opfer Stellungnahmen abgeben.

(4) Die Zulässigkeit einer Sache oder die Gerichtsbarkeit des Gerichtshofs kann von jeder in Absatz 2 bezeichneten Person oder jedem dort bezeichneten Staat nur einmal angefochten werden. Die Anfechtung erfolgt vor oder bei Eröffnung des Hauptverfahrens. Unter außergewöhnlichen Umständen kann der Gerichtshof gestatten, eine Anfechtung mehr als einmal oder erst nach Eröffnung des Hauptverfahrens vorzubringen. Anfechtungen der Zulässigkeit einer Sache, die bei oder, sofern der Gerichtshof dies gestattet, nach Eröffnung des Hauptverfahrens vorgebracht werden, können nur auf Artikel 17 Absatz 1 Buchstabe c gestützt werden.

(5) Ein in Absatz 2 Buchstaben b und c bezeichneter Staat bringt eine Anfechtung bei frühestmöglicher Gelegenheit vor.

(6) Vor Bestätigung der Anklage werden Anfechtungen der Zulässigkeit einer Sache oder Anfechtungen der Gerichtsbarkeit des Gerichtshofs an die Vorverfahrenskammer verwiesen. Nach Bestätigung der Anklage werden sie an die Hauptverfahrenskammer verwiesen. Gegen Entscheidungen über die Gerichtsbarkeit oder die Zulässigkeit kann nach Artikel 82 bei der Berufungskammer Beschwerde eingelegt werden.

(7) Bringt ein in Absatz 2 Buchstabe b oder c bezeichneter Staat eine Anfechtung vor, so setzt der Ankläger die Ermittlungen so lange aus, bis der Gerichtshof eine Entscheidung nach Artikel 17 getroffen hat.

(8) Bis zu einer Entscheidung des Gerichtshofs kann der Ankläger diesen um die Ermächtigung ersuchen,

a) notwendige Ermittlungsmaßnahmen der in Artikel 18 Absatz 6 bezeichneten Art zu ergreifen,

b) schriftliche oder mündliche Zeugenaussagen einzuholen oder die Erhebung und Prüfung von Beweismitteln abzuschließen, mit der vor Erklärung der Anfechtung begonnen worden war, und

c) in Zusammenarbeit mit den in Betracht kommenden Staaten die Flucht von Personen zu verhindern, für die er bereits einen Haftbefehl nach Artikel 58 beantragt hat.

(9) Das Vorbringen einer Anfechtung beeinträchtigt nicht die Gültigkeit einer zuvor vom Ankläger vorgenommenen Handlung oder einer Anordnung oder eines Befehls des Gerichtshofs.

(10) Hat der Gerichtshof entschieden, dass eine Sache nach Artikel 17 unzulässig ist, so kann der

Ankläger eine Überprüfung der Entscheidung beantragen, wenn seiner vollen Überzeugung nach infolge neuer Tatsachen die Grundlage entfällt, derentwegen die Sache zuvor nach Artikel 17 für unzulässig befunden worden war.

(11) Stellt der Ankläger unter Berücksichtigung der in Artikel 17 genannten Angelegenheiten Ermittlungen zurück, so kann er den betreffenden Staat ersuchen, ihm Informationen über das Verfahren zur Verfügung zu stellen. Auf Ersuchen des betreffenden Staates sind diese Informationen vertraulich. Beschließt der Ankläger danach die Fortführung der Ermittlungen, so benachrichtigt er den Staat, zu dessen Gunsten das Verfahren zurückgestellt wurde.

Artikel 20
Ne bis in idem

(1) Sofern in diesem Statut nichts anderes bestimmt ist, darf niemand wegen eines Verhaltens vor den Gerichtshof gestellt werden, das den Tatbestand der Verbrechen erfüllt, derentwegen er bereits vom Gerichtshof verurteilt oder freigesprochen wurde.

(2) Niemand darf wegen eines in Artikel 5 bezeichneten Verbrechens, dessentwegen er vom Gerichtshof bereits verurteilt oder freigesprochen wurde, vor ein anderes Gericht gestellt werden.

(3) Niemand, der wegen eines auch nach Artikel 6, 7, 8 oder 8bis verbotenen Verhaltens vor ein anderes Gericht gestellt wurde, darf vom Gerichtshof für dasselbe Verhalten belangt werden, es sei denn, das Verfahren vor dem anderen Gericht: *(BGBl III 2015/96)*

a) diente dem Zweck, ihn vor strafrechtlicher Verantwortlichkeit für der Gerichtsbarkeit des Gerichtshofs unterliegende Verbrechen zu schützen, oder

b) war in sonstiger Hinsicht nicht unabhängig oder unparteiisch entsprechend den völkerrechtlich anerkannten Grundsätzen eines ordnungsgemäßen Verfahrens und wurde in einer Weise geführt, die unter den gegebenen Umständen mit der Absicht, die betreffende Person vor Gericht zu stellen, unvereinbar war.

Artikel 21
Anwendbares Recht

(1) Der Gerichtshof wendet Folgendes an:

a) an erster Stelle dieses Statut, die „Verbrechenselemente" sowie seine Verfahrens- und Beweisordnung;

b) an zweiter Stelle, soweit angebracht, anwendbare Verträge sowie die Grundsätze und Regeln des Völkerrechts, einschließlich der anerkannten Grundsätze des internationalen Rechts des bewaffneten Konflikts;

c) soweit solche fehlen, allgemeine Rechtsgrundsätze, die der Gerichtshof aus einzelstaatlichen Rechtsvorschriften der Rechtssysteme der Welt, einschließlich, soweit angebracht, der innerstaatlichen Rechtsvorschriften der Staaten, die im Regelfall Gerichtsbarkeit über das Verbrechen ausüben würden, abgeleitet hat, sofern diese Grundsätze nicht mit diesem Statut, dem Völkerrecht und den international anerkannten Regeln und Normen unvereinbar sind.

(2) Der Gerichtshof kann Rechtsgrundsätze und Rechtsnormen entsprechend seiner Auslegung in früheren Entscheidungen anwenden.

(3) Die Anwendung und Auslegung des Rechts nach diesem Artikel muss mit den international anerkannten Menschenrechten vereinbar sein und darf keine benachteiligende Unterscheidung etwa auf Grund des Geschlechts im Sinne des Artikels 7 Absatz 3, des Alters, der Rasse, der Hautfarbe, der Sprache, der Religion oder Weltanschauung, der politischen oder sonstigen Anschauung, der nationalen, ethnischen oder sozialen Herkunft, des Vermögens, der Geburt oder des sonstigen Status machen.

TEIL 3
ALLGEMEINE GRUNDSÄTZE DES STRAFRECHTS

Artikel 22
Nullum crimen sine lege

(1) Eine Person ist nur dann nach diesem Statut strafrechtlich verantwortlich, wenn das fragliche Verhalten zur Zeit der Tat den Tatbestand eines der Gerichtsbarkeit des Gerichtshofs unterliegenden Verbrechens erfüllt.

(2) Die Begriffsbestimmung eines Verbrechens ist eng auszulegen und darf nicht durch Analogie erweitert werden. Im Zweifelsfall ist die Begriffsbestimmung zugunsten der Person auszulegen, gegen die sich die Ermittlungen, die Strafverfolgung oder das Urteil richten.

(3) Dieser Artikel bedeutet nicht, dass ein Verhalten nicht unabhängig von diesem Statut als nach dem Völkerrecht strafbar beurteilt werden kann.

Artikel 23
Nulla poena sine lege

Eine vom Gerichtshof für schuldig erklärte Person darf nur nach Maßgabe dieses Statuts bestraft werden.

Artikel 24
Rückwirkungsverbot ratione personae

(1) Niemand ist nach diesem Statut für ein Verhalten strafrechtlich verantwortlich, das vor In-Kraft-Treten des Statuts stattgefunden hat.

(2) Ändert sich das auf einen bestimmten Fall anwendbare Recht vor dem Ergehen des rechtskräftigen Urteils, so ist das für die Person, gegen die sich die Ermittlungen, die Strafverfolgung oder das Urteil richten, mildere Recht anzuwenden.

Artikel 25
Individuelle strafrechtliche Verantwortlichkeit

(1) Der Gerichtshof hat auf Grund dieses Statuts Gerichtsbarkeit über natürliche Personen.

(2) Wer ein der Gerichtsbarkeit des Gerichtshofs unterliegendes Verbrechen begeht, ist dafür in Übereinstimmung mit diesem Statut individuell verantwortlich und strafbar.

(3) In Übereinstimmung mit diesem Statut ist für ein der Gerichtsbarkeit des Gerichtshofs unterliegendes Verbrechen strafrechtlich verantwortlich und strafbar, wer

a) ein solches Verbrechen selbst, gemeinschaftlich mit einem anderen oder durch einen anderen begeht, gleichviel ob der andere strafrechtlich verantwortlich ist;

b) die Begehung eines solchen Verbrechens, das tatsächlich vollendet oder versucht wird, anordnet, dazu auffordert oder dazu anstiftet;

c) zur Erleichterung eines solchen Verbrechens Beihilfe oder sonstige Unterstützung bei seiner Begehung oder versuchten Begehung leistet, einschließlich der Bereitstellung der Mittel für die Begehung;

d) auf sonstige Weise zur Begehung oder versuchten Begehung eines solchen Verbrechens durch eine mit einem gemeinsamen Ziel handelnde Gruppe von Personen beiträgt. Ein derartiger Beitrag muss vorsätzlich sein und entweder

i) mit dem Ziel geleistet werden, die kriminelle Tätigkeit oder die strafbare Absicht der Gruppe zu fördern, soweit sich diese auf die Begehung eines der Gerichtsbarkeit des Gerichtshofs unterliegenden Verbrechens beziehen, oder

ii) in Kenntnis des Vorsatzes der Gruppe, das Verbrechen zu begehen, geleistet werden;

e) in Bezug auf das Verbrechen des Völkermords andere unmittelbar und öffentlich zur Begehung von Völkermord aufstachelt;

f) versucht, ein solches Verbrechen zu begehen, indem er eine Handlung vornimmt, die einen wesentlichen Schritt zum Beginn seiner Ausführung darstellt, wobei es jedoch auf Grund von Umständen, die vom Willen des Täters unabhängig sind, nicht zur Tatausführung kommt. Wer jedoch die weitere Ausführung des Verbrechens aufgibt oder dessen Vollendung auf andere Weise verhindert, ist auf Grund dieses Statuts für den Versuch des Verbrechens nicht strafbar, wenn er das strafbare Ziel vollständig und freiwillig aufgegeben hat.

(3bis) In Bezug auf das Verbrechen der Aggression findet dieser Artikel nur auf Personen Anwendung, die tatsächlich in der Lage sind, das politische oder militärische Handeln eines Staates zu kontrollieren oder zu lenken. *(BGBl III 2015/96)*

(4) Die Bestimmungen dieses Statuts betreffend die individuelle strafrechtliche Verantwortlichkeit berühren nicht die Verantwortung der Staaten nach dem Völkerrecht.

Artikel 26
Ausschluss der Gerichtsbarkeit über Personen unter achtzehn Jahren

Der Gerichtshof hat keine Gerichtsbarkeit über eine Person, die zum Zeitpunkt der angeblichen Begehung eines Verbrechens noch nicht achtzehn Jahre alt war.

Artikel 27
Unerheblichkeit der amtlichen Eigenschaft

(1) Dieses Statut gilt gleichermaßen für alle Personen, ohne jeden Unterschied nach amtlicher Eigenschaft. Insbesondere enthebt die amtliche Eigenschaft als Staats- oder Regierungschef, als Mitglied einer Regierung oder eines Parlaments, als gewählter Vertreter oder als Amtsträger einer Regierung eine Person nicht der strafrechtlichen Verantwortlichkeit nach diesem Statut und stellt für sich genommen keinen Strafmilderungsgrund dar.

(2) Immunitäten oder besondere Verfahrensregeln, die nach innerstaatlichem Recht oder nach dem Völkerrecht mit der amtlichen Eigenschaft einer Person verbunden sind, hindern den Gerichtshof nicht an der Ausübung seiner Gerichtsbarkeit über eine solche Person.

Artikel 28
Verantwortlichkeit militärischer Befehlshaber und anderer Vorgesetzter

Neben anderen Gründen für die strafrechtliche Verantwortlichkeit auf Grund dieses Statuts für der Gerichtsbarkeit des Gerichtshofs unterliegende Verbrechen gilt Folgendes:

a) Ein militärischer Befehlshaber oder eine tatsächlich als militärischer Befehlshaber handelnde Person ist strafrechtlich verantwortlich für der Gerichtsbarkeit des Gerichtshofs unterliegende Verbrechen, die von Truppen unter seiner oder ihrer tatsächlichen Befehls- beziehungsweise Führungsgewalt und Kontrolle als Folge seines oder ihres Versäumnisses begangen wurden, eine ordnungsgemäße Kontrolle über diese Truppen auszuüben, wenn

i) der betreffende militärische Befehlshaber oder die betreffende Person wusste oder auf Grund der zu der Zeit gegebenen Umstände hätte wissen müssen, dass die Truppen diese Verbrechen begingen oder zu begehen im Begriff waren, und

ii) der betreffende militärische Befehlshaber oder die betreffende Person nicht alle in seiner oder ihrer Macht stehenden erforderlichen und angemessenen Maßnahmen ergriff, um ihre Begehung zu verhindern oder zu unterbinden oder die Angelegenheit den zuständigen Behörden zur Untersuchung und Strafverfolgung vorzulegen.

b) In Bezug auf unter Buchstabe a nicht beschriebene Vorgesetzten- und Untergebenenverhältnisse ist ein Vorgesetzter strafrechtlich verantwortlich für der Gerichtsbarkeit des Gerichtshofs unterliegende Verbrechen, die von Untergebenen unter seiner tatsächlichen Führungsgewalt und Kontrolle als Folge seines Versäumnisses begangen wurden, eine ordnungsgemäße Kontrolle über diese Untergebenen auszuüben, wenn

i) der Vorgesetzte entweder wusste, dass die Untergebenen solche Verbrechen begingen oder zu begehen im Begriff waren, oder eindeutig darauf hinweisende Informationen bewusst außer Acht ließ;

ii) die Verbrechen Tätigkeiten betrafen, die unter die tatsächliche Verantwortung und Kontrolle des Vorgesetzten fielen, und

iii) der Vorgesetzte nicht alle in seiner Macht stehenden erforderlichen und angemessenen Maßnahmen ergriff, um ihre Begehung zu verhindern oder zu unterbinden oder die Angelegenheit den zuständigen Behörden zur Untersuchung und Strafverfolgung vorzulegen.

Artikel 29
Nichtanwendbarkeit von Verjährungsvorschriften

Die der Gerichtsbarkeit des Gerichtshofs unterliegenden Verbrechen verjähren nicht.

Artikel 30
Subjektive Tatbestandsmerkmale

(1) Sofern nichts anderes bestimmt ist, ist eine Person für ein der Gerichtsbarkeit des Gerichtshofs unterliegendes Verbrechen nur dann strafrechtlich verantwortlich und strafbar, wenn die objektiven Tatbestandsmerkmale vorsätzlich und wissentlich verwirklicht werden.

(2) „Vorsatz" im Sinne dieses Artikels liegt vor, wenn die betreffende Person

a) im Hinblick auf ein Verhalten dieses Verhalten setzen will;

b) im Hinblick auf die Folgen diese Folgen herbeiführen will oder ihr bewusst ist, dass diese im gewöhnlichen Verlauf der Ereignisse eintreten werden.

(3) „Wissen" im Sinne dieses Artikels bedeutet das Bewusstsein, dass ein Umstand vorliegt oder dass im gewöhnlichen Verlauf der Ereignisse eine Folge eintreten wird. „Wissentlich" und „wissen" sind entsprechend auszulegen.

Artikel 31
Gründe für den Ausschluss der strafrechtlichen Verantwortlichkeit

(1) Neben anderen in diesem Statut vorgesehenen Gründen für den Ausschluss der strafrechtlichen Verantwortlichkeit ist strafrechtlich nicht verantwortlich, wer zur Zeit des fraglichen Verhaltens

a) wegen einer seelischen Krankheit oder Störung unfähig ist, die Rechtswidrigkeit oder Art seines Verhaltens zu erkennen oder dieses so zu steuern, dass es den gesetzlichen Anforderungen entspricht;

b) wegen eines Rauschzustands unfähig ist, die Rechtswidrigkeit oder Art seines Verhaltens zu erkennen oder dieses so zu steuern, dass es den gesetzlichen Anforderungen entspricht, sofern er sich nicht freiwillig und unter solchen Umständen berauscht hat, unter denen er wusste oder in Kauf nahm, dass er sich infolge des Rausches wahrscheinlich so verhält, dass der Tatbestand eines der Gerichtsbarkeit des Gerichtshofs unterliegenden Verbrechens erfüllt wird;

c) in angemessener Weise handelt, um sich oder einen anderen oder, im Fall von Kriegsverbrechen, für sich oder einen anderen lebensnotwendiges oder für die Ausführung eines militärischen Einsatzes unverzichtbares Gut vor einer unmittelbar drohenden und rechtswidrigen Anwendung von Gewalt in einer Weise zu verteidigen, die in einem angemessenen Verhältnis zum Umfang der ihm, dem anderen oder dem geschützten Gut drohenden Gefahr steht. Die Teilnahme an einem von Truppen durchgeführten Verteidigungseinsatz stellt für sich genommen keinen Grund für den Ausschluss der strafrechtlichen Verantwortlichkeit nach diesem Buchstaben dar;

d) wegen einer ihm selbst oder einem anderen unmittelbar drohenden Gefahr für das Leben oder einer dauernden oder unmittelbar drohenden Gefahr schweren körperlichen Schadens zu einem Verhalten genötigt ist, das angeblich den Tatbestand eines der Gerichtsbarkeit des Gerichtshofs unterliegenden Verbrechens erfüllt, und in notwendiger und angemessener Weise handelt, um diese Gefahr abzuwenden, sofern er nicht größeren Schaden zuzufügen beabsichtigt als den, den er abzuwenden trachtet. Eine solche Gefahr kann entweder

i) von anderen Personen ausgehen oder

ii) durch andere Umstände bedingt sein, die von ihm nicht zu vertreten sind.

(2) Der Gerichtshof entscheidet über die Anwendbarkeit der in diesem Statut vorgesehenen Gründe für den Ausschluss der strafrechtlichen Verantwortlichkeit auf die anhängige Sache.

(3) Bei der Verhandlung kann der Gerichtshof einen anderen als die in Absatz 1 genannten Gründe für den Ausschluss der strafrechtlichen Verantwortlichkeit in Betracht ziehen, sofern dieser aus dem anwendbaren Recht nach Artikel 21 abgeleitet ist. Das entsprechende Verfahren ist in der Verfa hrens- und Beweisordnung festzulegen.

Artikel 32
Tat- oder Rechtsirrtum

(1) Ein Tatirrtum ist nur dann ein Grund für den Ausschluss der strafrechtlichen Verantwortlichkeit, wenn er die für den Verbrechenstatbestand erforderlichen subjektiven Tatbestandsmerkmale aufhebt.

(2) Ein Rechtsirrtum im Hinblick auf die Frage, ob ein bestimmtes Verhalten den Tatbestand eines der Gerichtsbarkeit des Gerichtshofs unterliegenden Verbrechens erfüllt, ist kein Grund für den Ausschluss der strafrechtlichen Verantwortlichkeit. Ein Rechtsirrtum kann jedoch ein Grund für den Ausschluss der strafrechtlichen Verantwortlichkeit sein, wenn er die für den Verbrechenstatbestand erforderlichen subjektiven Tatbestandsmerkmale aufhebt oder wenn die in Artikel 33 genannten Umstände vorliegen.

Artikel 33
Anordnungen Vorgesetzter und gesetzliche Vorschriften

(1) Die Tatsache, dass ein der Gerichtsbarkeit des Gerichtshofs unterliegendes Verbrechen auf Anordnung einer Regierung oder eines militärischen oder zivilen Vorgesetzten begangen wurde, enthebt den Täter nicht der strafrechtlichen Verantwortlichkeit, es sei denn

a) der Täter war gesetzlich verpflichtet, den Anordnungen der betreffenden Regierung oder des betreffenden Vorgesetzten Folge zu leisten,

b) der Täter wusste nicht, dass die Anordnung rechtswidrig ist, und

c) die Anordnung war nicht offensichtlich rechtswidrig.

(2) Anordnungen zur Begehung von Völkermord oder von Verbrechen gegen die Menschlichkeit sind im Sinne dieses Artikels offensichtlich rechtswidrig.

TEIL 4
ZUSAMMENSETZUNG UND VERWALTUNG DES GERICHTSHOFS

Artikel 34
Organe des Gerichtshofs

Der Gerichtshof setzt sich aus folgenden Organen zusammen:

a) dem Präsidium;

b) einer Berufungsabteilung, einer Hauptverfahrensabteilung und einer Vorverfahrensabteilung;

c) der Anklagebehörde;

d) der Kanzlei.

Artikel 35
Richteramt

(1) Alle Richter werden als hauptamtliche Mitglieder des Gerichtshofs gewählt und stehen als solche mit Beginn ihrer Amtszeit zur Ausübung ihres Amtes zur Verfügung.

(2) Die Richter, die das Präsidium bilden, üben ihr Amt hauptamtlich aus, sobald sie gewählt worden sind.

(3) Das Präsidium kann von Zeit zu Zeit auf der Grundlage des Arbeitsanfalls des Gerichtshofs und nach Rücksprache mit seinen Mitgliedern entscheiden, inwieweit die übrigen Richter ihr Amt hauptamtlich auszuüben haben. Eine solche Regelung erfolgt unbeschadet des Artikels 40.

(4) Die finanziellen Regelungen für Richter, die ihr Amt nicht hauptamtlich auszuüben brauchen, werden nach Artikel 49 getroffen.

Artikel 36
Befähigung, Benennung und Wahl der Richter

(1) Vorbehaltlich des Absatzes 2 hat der Gerichtshof achtzehn Richter.

(2) a) Das Präsidium kann im Namen des Gerichtshofs unter Angabe der Gründe, aus denen es dies als notwendig und angemessen erachtet, eine Erhöhung der in Absatz 1 genannten Anzahl der Richter vorschlagen. Der Kanzler leitet einen solchen Vorschlag umgehend allen Vertragsstaaten zu.

b) Jeder derartige Vorschlag wird sodann auf einer nach Artikel 112 einberufenen Sitzung der Versammlung der Vertragsstaaten erörtert. Der Vorschlag gilt als angenommen, wenn er auf der Sitzung von zwei Dritteln der Mitglieder der Versammlung der Vertragsstaaten genehmigt wird; er tritt zu dem von der Versammlung der Vertragsstaaten beschlossenen Zeitpunkt in Kraft.

c) i) Ist ein Vorschlag auf Erhöhung der Anzahl der Richter nach Buchstabe b angenommen worden, so findet die Wahl der zusätzlichen Richter nach den Absätzen 3 bis 8 sowie nach Artikel 37 Absatz 2 auf der darauf folgenden Sitzung der Versammlung der Vertragsstaaten statt.

ii) Ist ein Vorschlag auf Erhöhung der Anzahl der Richter nach den Buchstaben b und c Ziffer i angenommen worden und wirksam geworden, so steht es dem Präsidium jederzeit danach frei, wenn der Arbeitsanfall des Gerichtshofs dies rechtfertigt, eine Verringerung der Anzahl der Richter vorzuschlagen; diese darf jedoch die in Absatz 1 festgelegte Anzahl nicht unterschreiten. Der Vorschlag wird nach dem unter den Buchstaben a und b festgelegten Verfahren behandelt. Wird der Vorschlag angenommen, so wird die Anzahl der Richter mit dem Auslaufen der Amtszeiten der amtierenden Richter so lange schrittweise verringert, bis die notwendige Anzahl erreicht ist.

(3) a) Die Richter werden unter Personen von hohem sittlichem Ansehen ausgewählt, die sich durch Unparteilichkeit und Ehrenhaftigkeit auszeichnen und die in ihrem Staat die für die höchsten richterlichen Ämter erforderlichen Voraussetzungen erfüllen.

b) Jeder Kandidat für die Wahl zum Gerichtshof muss

i) über nachweisliche Fachkenntnisse auf dem Gebiet des Straf- und des Strafverfahrensrechts sowie über die notwendige einschlägige Erfahrung als Richter, Ankläger, Anwalt oder in ähnlicher Eigenschaft bei Strafverfahren oder

ii) über nachweisliche Fachkenntnisse in einschlägigen Bereichen des Völkerrechts, wie etwa des humanitären Völkerrechts und der Menschenrechte, sowie über weitreichende Erfahrung in einem Rechtsberuf, der für die richterliche Arbeit des Gerichtshofs von Bedeutung ist, verfügen.

c) Jeder Kandidat für die Wahl zum Gerichtshof muss über ausgezeichnete Kenntnisse mindestens einer der Arbeitssprachen des Gerichtshofs verfügen und diese fließend sprechen.

(4) a) Jeder Vertragsstaat dieses Statuts kann Kandidaten für die Wahl zum Gerichtshof benennen, und zwar entweder

i) nach dem Verfahren für die Benennung von Kandidaten für die höchsten richterlichen Ämter des jeweiligen Staates oder

ii) nach dem Verfahren, das im Statut des Internationalen Gerichtshofs für die Benennung von Kandidaten für jenen Gerichtshof vorgesehen ist.

Den Benennungen ist eine hinreichend ausführliche Erklärung beizufügen, aus der hervorgeht, inwiefern der Kandidat die Anforderungen in Absatz 3 erfüllt.

b) Jeder Vertragsstaat kann für jede Wahl einen Kandidaten aufstellen, der zwar nicht unbedingt Staatsangehöriger dieses Vertragsstaats, in jedem Fall jedoch Staatsangehöriger eines Vertragsstaats sein muss.

c) Die Versammlung der Vertragsstaaten kann beschließen, gegebenenfalls einen Beratenden Ausschuss für Benennungen einzusetzen. In diesem Fall bestimmt die Versammlung der Vertragsstaaten die Zusammensetzung und das Mandat des Ausschusses.

(5) Für die Zwecke der Wahl werden zwei Kandidatenlisten aufgestellt:

Liste A enthält die Namen der Kandidaten mit den in Absatz 3 Buchstabe b Ziffer i genannten Voraussetzungen, und

Liste B enthält die Namen der Kandidaten mit den in Absatz 3 Buchstabe b Ziffer ii genannten Voraussetzungen.

Kandidaten, die über hinreichende Voraussetzungen für beide Listen verfügen, können wählen, auf welche Liste sie gesetzt werden möchten. Bei der ersten Wahl zum Gerichtshof werden mindestens neun Richter aus der Liste A und mindestens fünf Richter aus der Liste B gewählt. Darauf folgende Wahlen sind so zu gestalten, dass das zahlenmäßige Verhältnis der Richter im Gerichtshof, welche die Voraussetzungen für die jeweilige Liste erfüllen, gewahrt bleibt.

(6) a) Die Richter werden in geheimer Abstimmung auf einer zu diesem Zweck nach Artikel 112 einberufenen Sitzung der Versammlung der Vertragsstaaten gewählt. Vorbehaltlich des Absatzes 7 werden die achtzehn Kandidaten zum Gerichtshof gewählt, welche die höchste Stimmenzahl und die Zweidrittelmehrheit der anwesenden und abstimmenden Vertragsstaaten auf sich vereinen.

b) Wird im ersten Wahlgang nicht die ausreichende Anzahl der Richter gewählt, so finden so lange weitere Wahlgänge nach dem Verfahren unter Buchstabe a statt, bis die verbleibenden Sitze besetzt sind.

(7) Nicht mehr als ein Richter darf Staatsangehöriger desselben Staates sein. Wer im Hinblick auf die Mitgliedschaft beim Gerichtshof als Staatsangehöriger mehr als eines Staates angesehen werden kann, gilt als Staatsangehöriger des Staates, in dem er gewöhnlich seine bürgerlichen und politischen Rechte ausübt.

(8) a) Bei der Auswahl der Richter berücksichtigen die Vertragsstaaten die Notwendigkeit, in der Mitgliedschaft des Gerichtshofs Folgendes zu gewährleisten:

i) die Vertretung der hauptsächlichen Rechtssysteme der Welt,

ii) eine gerechte geografische Verteilung und

iii) eine ausgewogene Vertretung weiblicher und männlicher Richter.

b) Die Vertragsstaaten berücksichtigen außerdem die Notwendigkeit, Richter mit juristischen Fachkenntnissen auf bestimmten Gebieten einzubeziehen, insbesondere, jedoch nicht ausschließlich, auf dem Gebiet der Gewalt gegen Frauen oder Kinder.

(9) a) Vorbehaltlich des Buchstabens b werden die Richter für die Dauer von neun Jahren gewählt; vorbehaltlich des Buchstabens c und des Artikels 37 Absatz 2 ist eine Wiederwahl nicht zulässig.

b) Bei der ersten Wahl wird durch das Los die Amtszeit eines Drittels der gewählten Richter auf drei Jahre und eines weiteren Drittels auf sechs Jahre festgelegt; die Amtszeit der übrigen Richter beträgt neun Jahre.

c) Ein Richter, dessen Amtszeit nach Buchstabe b auf drei Jahre festgelegt wurde, kann für eine volle Amtszeit wieder gewählt werden.

(10) Ungeachtet des Absatzes 9 bleibt ein Richter, der nach Artikel 39 einer Hauptverfahrens- oder einer Berufungskammer zugeteilt wurde, so lange im Amt, bis alle Haupt- oder Rechtsmittelverfahren abgeschlossen sind, deren Verhandlung vor dieser Kammer bereits begonnen hat.

Artikel 37
Frei gewordene Sitze

(1) Wird ein Sitz frei, so findet zur Besetzung des frei gewordenen Sitzes eine Wahl nach Artikel 36 statt.

(2) Ein Richter, der auf einen frei gewordenen Sitz gewählt wird, übt sein Amt für die restliche Laufzeit seines Vorgängers aus; beträgt diese drei Jahre oder weniger, so ist seine Wiederwahl für eine volle Amtszeit nach Artikel 36 zulässig.

Artikel 38
Präsidium

(1) Der Präsident sowie der Erste und der Zweite Vizepräsident werden von den Richtern mit absoluter Mehrheit gewählt. Sie üben ihr Amt für die Dauer von drei Jahren beziehungsweise bis zum Ende ihrer jeweiligen Amtszeit als Richter aus, sofern dieser Zeitpunkt früher liegt. Ihre einmalige Wiederwahl ist zulässig.

(2) Der Erste Vizepräsident tritt an die Stelle des Präsidenten, wenn dieser verhindert ist oder ausgeschlossen wurde. Der Zweite Vizepräsident tritt an die Stelle des Präsidenten, wenn sowohl der Präsident als auch der Erste Vizepräsident verhindert sind oder ausgeschlossen wurden.

(3) Der Präsident sowie der Erste und der Zweite Vizepräsident bilden das Präsidium, dem Folgendes obliegt:

a) die ordnungsgemäße Verwaltung des Gerichtshofs mit Ausnahme der Anklagebehörde und

b) die sonstigen ihm auf Grund dieses Statuts übertragenen Aufgaben.

(4) Bei der Wahrnehmung seiner Verantwortung nach Absatz 3 Buchstabe a handelt das Präsidium in Abstimmung mit dem Ankläger und sucht dessen Zustimmung in allen Angelegenheiten von gemeinsamem Belang.

Artikel 39
Kammern

(1) Nach der Wahl der Richter bildet der Gerichtshof so bald wie möglich die in Artikel 34 Buchstabe b genannten Abteilungen. Die Berufungsabteilung setzt sich aus dem Präsidenten und vier weiteren Richtern, die Hauptverfahrensabteilung aus mindestens sechs Richtern und die Vorverfahrensabteilung aus mindestens sechs Richtern zusammen. Die Zuteilung der Richter zu den Abteilungen richtet sich nach der Art der von jeder Abteilung wahrzunehmenden Aufgaben sowie nach der Befähigung und der Erfahrung der in den Gerichtshof gewählten Richter, so dass in jeder Abteilung eine angemessene Mischung von Fachwissen auf dem Gebiet des Straf- und des Strafverfahrensrechts sowie des Völkerrechts vorhanden ist. Die Hauptverfahrensabteilung und die Vorverfahrensabteilung sollen überwiegend aus Richtern mit Erfahrung auf dem Gebiet der Verhandlung von Strafsachen bestehen.

(2) a) Die richterlichen Aufgaben des Gerichtshofs werden in jeder Abteilung von Kammern wahrgenommen.

b) i) Die Berufungskammer setzt sich aus allen Richtern der Berufungsabteilung zusammen;

ii) die Aufgaben der Hauptverfahrenskammer werden von drei Richtern der Hauptverfahrensabteilung wahrgenommen;

iii) die Aufgaben der Vorverfahrenskammer werden entweder von drei Richtern der Vorverfahrensabteilung oder in Übereinstimmung mit diesem Statut sowie mit der Verfahrens- und Beweisordnung von einem einzelnen Richter dieser Abteilung wahrgenommen;

c) dieser Absatz schließt die gleichzeitige Bildung von mehr als einer Hauptverfahrenskammer oder Vorverfahrenskammer nicht aus, wenn die wirksame Erledigung der beim Gerichtshof anfallenden Arbeit dies verlangt.

(3) a) Die der Hauptverfahrensabteilung und der Vorverfahrensabteilung zugeteilten Richter üben ihr Amt in diesen Abteilungen für die Dauer von drei Jahren aus und danach so lange, bis jede Sache abgeschlossen ist, deren Verhandlung in der betreffenden Abteilung bereits begonnen hat.

b) Die der Berufungsabteilung zugeteilten Richter üben ihr Amt in dieser Abteilung für die gesamte Dauer ihrer Amtszeit aus.

(4) Die der Berufungsabteilung zugeteilten Richter üben ihr Amt ausschließlich in dieser Abteilung aus. Dieser Artikel schließt jedoch die

zeitweilige Zuteilung von Richtern der Hauptverfahrensabteilung zur Vorverfahrensabteilung oder umgekehrt nicht aus, wenn das Präsidium dies im Interesse der wirksamen Erledigung der beim Gerichtshof anfallenden Arbeit für erforderlich hält; allerdings darf ein Richter, der am Vorverfahren in einer Sache mitgewirkt hat, unter keinen Umständen der Hauptverfahrenskammer angehören, die in dieser Sache verhandelt.

Artikel 40
Unabhängigkeit der Richter

(1) Die Richter sind bei der Erfüllung ihrer Aufgaben unabhängig.

(2) Die Richter dürfen keine Tätigkeit ausüben, die sich auf ihre richterlichen Aufgaben auswirken oder das Vertrauen in ihre Unabhängigkeit beeinträchtigen könnte.

(3) Die Richter, die ihr Amt hauptamtlich am Sitz des Gerichtshofs auszuüben haben, dürfen sich keiner anderen Beschäftigung beruflicher Art widmen.

(4) Alle Fragen betreffend die Anwendung der Absätze 2 und 3 werden von den Richtern mit absoluter Mehrheit entschieden. Betrifft eine solche Frage einen einzelnen Richter, so nimmt dieser an der Entscheidung nicht teil.

Artikel 41
Freistellung und Ausschluss von Richtern

(1) Das Präsidium kann einen Richter auf dessen Ersuchen in Übereinstimmung mit der Verfahrens- und Beweisordnung von der Wahrnehmung einer Aufgabe nach diesem Statut freistellen.

(2) a) Ein Richter nimmt an einer Sache nicht teil, wenn aus irgendeinem Grund berechtigte Zweifel an seiner Unparteilichkeit geltend gemacht werden könnten. Ein Richter wird unter anderem dann von einer Sache in Übereinstimmung mit diesem Absatz ausgeschlossen, wenn er zuvor in irgendeiner Eigenschaft an dieser beim Gerichtshof anhängigen Sache oder einer damit zusammenhängenden Strafsache auf einzelstaatlicher Ebene beteiligt war, welche die Person betraf, gegen die sich die Ermittlungen oder die Strafverfolgung richten. Ein Richter kann auch aus anderen in der Verfahrens- und Beweisordnung vorgesehenen Gründen ausgeschlossen werden.

b) Der Ankläger oder die Person, gegen die sich die Ermittlungen oder die Strafverfolgung richten, können nach diesem Absatz den Ausschluss eines Richters beantragen.

c) Jede Frage betreffend den Ausschluss eines Richters wird von den Richtern mit absoluter Mehrheit entschieden. Der Richter, dessen Ausschluss beantragt wird, hat Anspruch darauf, zu der Angelegenheit Stellung zu nehmen, nimmt jedoch an der Entscheidung nicht teil.

Artikel 42
Anklagebehörde

(1) Die Anklagebehörde handelt unabhängig als selbstständiges Organ des Gerichtshofs. Ihr obliegt es, Unterbreitungen und inhaltlich erhärtete Informationen über der Gerichtsbarkeit des Gerichtshofs unterliegende Verbrechen entgegenzunehmen und zu prüfen sowie die Ermittlungen durchzuführen und vor dem Gerichtshof die Anklage zu vertreten. Ein Mitglied der Anklagebehörde darf Weisungen von einer Stelle außerhalb des Gerichtshofs weder einholen noch befolgen.

(2) Der Ankläger ist Leiter der Anklagebehörde. Er besitzt die volle Dienstaufsicht über Führung und Verwaltung der Behörde einschließlich ihres Personals, ihrer Einrichtungen und sonstigen Mittel. Dem Ankläger stehen ein oder mehrere Stellvertretende Ankläger zur Seite, die zur Ausführung aller Handlungen befugt sind, welche nach diesem Statut dem Ankläger obliegen. Der Ankläger und die Stellvertretenden Ankläger müssen unterschiedliche Staatsangehörigkeit besitzen. Sie üben ihr Amt hauptamtlich aus.

(3) Der Ankläger und die Stellvertretenden Ankläger müssen ein hohes sittliches Ansehen genießen sowie ein Höchstmaß an Sachverstand und umfangreiche praktische Erfahrung in der Strafverfolgung oder der Verhandlung von Strafsachen besitzen. Sie müssen über ausgezeichnete Kenntnisse mindestens einer der Arbeitssprachen des Gerichtshofs verfügen und diese fließend sprechen.

(4) Der Ankläger wird in geheimer Abstimmung von der absoluten Mehrheit der Mitglieder der Versammlung der Vertragsstaaten gewählt. Die Stellvertretenden Ankläger werden in derselben Weise aus einer vom Ankläger vorgelegten Kandidatenliste gewählt. Der Ankläger benennt drei Kandidaten für jede zu besetzende Stelle eines Stellvertretenden Anklägers. Sofern nicht zum Zeitpunkt ihrer Wahl eine kürzere Amtszeit beschlossen wird, werden der Ankläger und die Stellvertretenden Ankläger für die Dauer von neun Jahren gewählt; ihre Wiederwahl ist nicht zulässig.

(5) Weder der Ankläger noch die Stellvertretenden Ankläger dürfen eine Tätigkeit ausüben, die sich auf ihre Aufgaben bei der Strafverfolgung auswirken oder das Vertrauen in ihre Unabhängigkeit beeinträchtigen könnte. Sie dürfen sich keiner anderen Beschäftigung beruflicher Art widmen.

(6) Das Präsidium kann den Ankläger oder einen Stellvertretenden Ankläger auf dessen Ersuchen von einem Tätigwerden in einer bestimmten Sache freistellen.

(7) Der Ankläger oder ein Stellvertretender Ankläger nimmt an einer Angelegenheit nicht teil, wenn aus irgendeinem Grund berechtigte Zweifel an seiner Unparteilichkeit geltend gemacht werden könnten. Er wird unter anderem dann von einer Sache in Übereinstimmung mit diesem Absatz ausgeschlossen, wenn er zuvor in irgendeiner Eigenschaft an dieser beim Gerichtshof anhängigen Sache oder einer damit zusammenhängenden Strafsache auf einzelstaatlicher Ebene beteiligt war, welche die Person betraf, gegen die sich die Ermittlungen oder die Strafverfolgung richten.

(8) Jede Frage betreffend den Ausschluss des Anklägers oder eines Stellvertretenden Anklägers wird von der Berufungskammer entschieden.

a) Die Person, gegen die sich die Ermittlungen oder die Strafverfolgung richten, kann jederzeit den Ausschluss des Anklägers oder eines Stellvertretenden Anklägers aus den in diesem Artikel festgelegten Gründen beantragen.

b) Der Ankläger beziehungsweise der Stellvertretende Ankläger hat Anspruch darauf, zu der Angelegenheit Stellung zu nehmen.

(9) Der Ankläger ernennt Berater mit juristischen Fachkenntnissen auf bestimmten Gebieten, insbesondere, jedoch nicht ausschließlich, auf dem Gebiet der sexuellen und geschlechtsspezifischen Gewalt sowie der Gewalt gegen Kinder.

Artikel 43
Kanzlei

(1) Der Kanzlei obliegen die nicht mit der Rechtsprechung zusammenhängenden Aspekte der Verwaltung und der Betreuung des Gerichtshofs, unbeschadet der Aufgaben und Befugnisse des Anklägers nach Artikel 42.

(2) Der Kanzler ist Leiter der Kanzlei und höchster Verwaltungsbeamter des Gerichtshofs. Er nimmt seine Aufgaben unter der Aufsicht des Präsidenten des Gerichtshofs wahr.

(3) Der Kanzler und der Stellvertretende Kanzler müssen ein hohes sittliches Ansehen genießen sowie ein Höchstmaß an Sachverstand und ausgezeichnete Kenntnisse mindestens einer der Arbeitssprachen des Gerichtshofs besitzen und diese fließend sprechen.

(4) Die Richter wählen den Kanzler in geheimer Abstimmung mit absoluter Mehrheit unter Berücksichtigung etwaiger Empfehlungen der Versammlung der Vertragsstaaten. Bei Bedarf wählen die Richter auf Empfehlung des Kanzlers in derselben Weise einen Stellvertretenden Kanzler.

(5) Der Kanzler wird für die Dauer von fünf Jahren gewählt; seine einmalige Wiederwahl ist zulässig; er übt sein Amt hauptamtlich aus. Der Stellvertretende Kanzler wird für die Dauer von fünf Jahren oder für eine von den Richtern mit absoluter Mehrheit beschlossene kürzere Zeit gewählt; er kann auch mit der Maßgabe gewählt werden, dass er sein Amt nach Bedarf ausübt.

(6) Der Kanzler richtet innerhalb der Kanzlei eine Abteilung für Opfer und Zeugen ein. Diese Abteilung stellt nach Rücksprache mit der Anklagebehörde Schutzmaßnahmen, Sicherheitsvorkehrungen, Beratung und andere angemessene Hilfe für Zeugen, für die vor dem Gerichtshof erscheinenden Opfer und andere durch die Aussagen dieser Zeugen gefährdete Personen zur Verfügung. Die Abteilung umfasst auch Personal mit Fachkenntnissen über Traumata, einschließlich der Traumata im Zusammenhang mit sexuellen Gewaltverbrechen.

Artikel 44
Personal

(1) Der Ankläger und der Kanzler ernennen für ihre jeweilige Behörde das notwendige fachlich befähigte Personal. Im Fall des Anklägers schließt dies die Ernennung von Ermittlern ein.

(2) Bei der Einstellung des Personals stellen der Ankläger und der Kanzler ein Höchstmaß an Leistungsfähigkeit, fachlichem Können und Ehrenhaftigkeit sicher und berücksichtigen sinngemäß die in Artikel 36 Absatz 8 enthaltenen Kriterien.

(3) Der Kanzler schlägt mit Zustimmung des Präsidiums und des Anklägers ein Personalstatut vor, das die Bedingungen für die Ernennung, Besoldung und Entlassung des Personals des Gerichtshofs enthält. Das Personalstatut wird von der Versammlung der Vertragsstaaten genehmigt.

(4) In Ausnahmefällen kann der Gerichtshof die Fachkenntnisse von Personal heranziehen, das ihm von Vertragsstaaten, von zwischenstaatlichen oder nichtstaatlichen Organisationen unentgeltlich zur Verfügung gestellt wird, um ein Organ des Gerichtshofs bei seiner Arbeit zu unterstützen. Der Ankläger kann ein solches Angebot im Namen der Anklagebehörde annehmen. Dieses Personal wird in Übereinstimmung mit Richtlinien beschäftigt, die von der Versammlung der Vertragsstaaten aufzustellen sind.

Artikel 45
Feierliches Versprechen

Bevor die Richter, der Ankläger, die Stellvertretenden Ankläger, der Kanzler und der Stellvertretende Kanzler ihr Amt nach diesem Statut antreten, geben sie in öffentlicher Sitzung das feierliche Versprechen ab, ihre Aufgaben unparteiisch und gewissenhaft wahrzunehmen.

Artikel 46
Amtsenthebung

(1) Ein Richter, der Ankläger, ein Stellvertretender Ankläger, der Kanzler oder der Stellvertretende Kanzler wird durch einen entsprechenden Beschluss nach Absatz 2 seines Amtes enthoben, wenn er

a) wie in der Verfahrens- und Beweisordnung festgelegt, nachweislich eine schwere Verfehlung oder eine schwere Verletzung seiner Amtspflichten nach diesem Statut begangen hat oder

b) zur Wahrnehmung der ihm nach diesem Statut obliegenden Aufgaben unfähig ist.

(2) Die Amtsenthebung eines Richters, des Anklägers oder eines Stellvertretenden Anklägers nach Absatz 1 wird von der Versammlung der Vertragsstaaten in geheimer Abstimmung beschlossen

a) im Fall eines Richters mit Zweidrittelmehrheit der Vertragsstaaten auf Grund einer von den übrigen Richtern mit Zweidrittelmehrheit beschlossenen Empfehlung;

b) im Fall des Anklägers mit der absoluten Mehrheit der Vertragsstaaten;

c) im Fall eines Stellvertretenden Anklägers mit der absoluten Mehrheit der Vertragsstaaten auf Empfehlung des Anklägers.

(3) Die Amtsenthebung des Kanzlers oder des Stellvertretenden Kanzlers wird von den Richtern mit absoluter Mehrheit beschlossen.

(4) Ein Richter, Ankläger, Stellvertretender Ankläger, Kanzler oder Stellvertretender Kanzler, dessen Verhalten oder Fähigkeit zur Wahrnehmung der ihm nach diesem Statut obliegenden dienstlichen Aufgaben nach diesem Artikel in Frage gestellt wird, erhält uneingeschränkt Gelegenheit, in Übereinstimmung mit der Verfahrens- und Beweisordnung Beweismittel vorzulegen und entgegenzunehmen und Stellungnahmen abzugeben. An der Erörterung der Angelegenheit darf er im Übrigen nicht teilnehmen.

Artikel 47
Disziplinarmaßnahmen

Gegen einen Richter, Ankläger, Stellvertretenden Ankläger, Kanzler oder Stellvertretenden Kanzler, der eine weniger schwere Verfehlung als die in Artikel 46 Absatz 1 genannte begangen hat, werden in Übereinstimmung mit der Verfahrens- und Beweisordnung Disziplinarmaßnahmen ergriffen.

Artikel 48
Vorrechte und Immunitäten

(1) Der Gerichtshof genießt im Hoheitsgebiet jedes Vertragsstaats die für die Erfüllung seiner Ziele notwendigen Vorrechte und Immunitäten.

(2) Die Richter, der Ankläger, die Stellvertretenden Ankläger und der Kanzler genießen bei der Wahrnehmung der Geschäfte des Gerichtshofs oder in Bezug auf diese die gleichen Vorrechte und Immunitäten wie Chefs diplomatischer Missionen; nach Ablauf ihrer Amtszeit wird ihnen weiterhin Immunität von der Gerichtsbarkeit in Bezug auf ihre in amtlicher Eigenschaft vorgenommenen Handlungen, einschließlich ihrer mündlichen oder schriftlichen Äußerungen, gewährt.

(3) Der Stellvertretende Kanzler, das Personal der Anklagebehörde und das Personal der Kanzlei genießen in Übereinstimmung mit dem Übereinkommen über die Vorrechte und Immunitäten des Gerichtshofs die zur Erfüllung ihrer Aufgaben notwendigen Vorrechte, Immunitäten und Erleichterungen.

(4) Beratern, Sachverständigen, Zeugen und allen anderen Personen, deren Anwesenheit am Sitz des Gerichtshofs erforderlich ist, wird in Übereinstimmung mit dem Übereinkommen über die Vorrechte und Immunitäten des Gerichtshofs die Stellung eingeräumt, die für die ordnungsgemäße Arbeit des Gerichtshofs erforderlich ist.

(5) Die Vorrechte und Immunitäten

a) eines Richters oder des Anklägers können von den Richtern mit absoluter Mehrheit aufgehoben werden;

b) des Kanzlers können vom Präsidium aufgehoben werden;

c) der Stellvertretenden Ankläger und des Personals der Anklagebehörde können vom Ankläger aufgehoben werden;

d) des Stellvertretenden Kanzlers und des Personals der Kanzlei können vom Kanzler aufgehoben werden.

Artikel 49
Gehälter, Zulagen und Aufwandsentschädigung

Die Richter, der Ankläger, die Stellvertretenden Ankläger, der Kanzler und der Stellvertretende Kanzler erhalten die von der Versammlung der Vertragsstaaten beschlossenen Gehälter, Zulagen und Aufwandsentschädigungen. Diese Gehälter und Zulagen werden während ihrer Amtszeit nicht herabgesetzt.

Artikel 50
Amts- und Arbeitssprachen

(1) Die Amtssprachen des Gerichtshofs sind Arabisch, Chinesisch, Englisch, Französisch, Russisch und Spanisch. Die Urteile des Gerichtshofs sowie sonstige Entscheidungen zur Regelung grundlegender Fragen, die beim Gerichtshof anhängig sind, werden in den Amtssprachen veröffentlicht. Das Präsidium entscheidet in Übereinstimmung mit den durch die Verfahrens- und Beweisordnung festgelegten Kriterien, welche Entscheidungen als Entscheidungen zur Regelung grundlegender Fragen im Sinne dieses Absatzes angesehen werden können.

(2) Die Arbeitssprachen des Gerichtshofs sind Englisch und Französisch. Die Verfahrens- und Beweisordnung bestimmt die Fälle, in denen andere Amtssprachen als Arbeitssprachen benutzt werden können.

(3) Auf Ersuchen einer Partei eines Verfahrens oder eines zur Teilnahme an einem Verfahren zugelassenen Staates gestattet der Gerichtshof die Benutzung einer anderen als der englischen oder französischen Sprache, sofern er dies als ausreichend gerechtfertigt erachtet.

Artikel 51
Verfahrens- und Beweisordnung

(1) Die Verfahrens- und Beweisordnung tritt nach ihrer Annahme durch zwei Drittel der Mitglieder der Versammlung der Vertragsstaaten in Kraft.

(2) Änderungen der Verfahrens- und Beweisordnung können

a) von jedem Vertragsstaat,

b) von den Richtern mit absoluter Mehrheit oder

c) vom Ankläger

vorgeschlagen werden. Die Änderungen treten nach ihrer Annahme durch zwei Drittel der Mitglieder der Versammlung der Vertragsstaaten in Kraft.

(3) Nach Annahme der Verfahrens- und Beweisordnung können die Richter in dringenden Fällen, wenn eine bestimmte beim Gerichtshof anhängige Situation durch die Verfahrens- und Beweisordnung nicht erfasst ist, mit Zweidrittelmehrheit vorläufige Regeln aufstellen, die bis zu ihrer Annahme, Änderung oder Ablehnung auf der nächsten ordentlichen oder außerordentlichen Tagung der Versammlung der Vertragsstaaten Anwendung finden.

(4) Die Verfahrens- und Beweisordnung, ihre Änderungen und jede vorläufige Regel müssen mit diesem Statut vereinbar sein. Änderungen der Verfahrens- und Beweisordnung sowie vorläufige Regeln werden nicht rückwirkend zum Nachteil der Person angewandt, gegen die sich die Ermittlungen, die Strafverfolgung oder das Urteil richten.

(5) Im Fall eines Widerspruchs zwischen dem Statut und der Verfahrens- und Beweisordnung hat das Statut Vorrang.

Artikel 52
Geschäftsordnung des Gerichtshofs

(1) Die Richter nehmen in Übereinstimmung mit diesem Statut sowie der Verfahrens- und Beweisordnung die für den normalen Geschäftsgang notwendige Geschäftsordnung des Gerichtshofs mit absoluter Mehrheit an.

(2) Der Ankläger und der Kanzler sind bei der Ausarbeitung der Geschäftsordnung und aller Änderungen zu konsultieren.

(3) Sofern die Richter nichts anderes beschließen, treten die Geschäftsordnung und alle Änderungen mit ihrer jeweiligen Annahme in Kraft. Unmittelbar nach ihrer Annahme werden sie den Vertragsstaaten zur Stellungnahme zugeleitet. Liegen binnen sechs Monaten keine Einwände seitens der Mehrheit der Vertragsstaaten vor, so bleiben sie in Kraft.

TEIL 5

ERMITTLUNGEN UND STRAFVERFOLGUNG

Artikel 53
Einleitung von Ermittlungen

(1) Nach Auswertung der ihm zur Verfügung gestellten Informationen leitet der Ankläger Ermittlungen ein, sofern er nicht feststellt, dass es für die Verfahrenseinleitung nach diesem Statut keine hinreichende Grundlage gibt. Bei seiner Entscheidung über die Einleitung von Ermittlungen prüft der Ankläger,

a) ob die ihm vorliegenden Informationen hinreichende Verdachtsgründe dafür bieten, dass ein der Gerichtsbarkeit des Gerichtshofs unterliegendes Verbrechen begangen wurde oder wird,

b) ob die Sache nach Artikel 17 zulässig ist oder wäre und

c) ob unter Berücksichtigung der Schwere des Verbrechens und der Interessen der Opfer dennoch wesentliche Gründe für die Annahme vorliegen, dass die Durchführung von Ermittlungen nicht im Interesse der Gerechtigkeit läge.

Stellt der Ankläger fest, dass es für die Verfahrenseinleitung keine hinreichende Grundlage gibt, und beruht diese Feststellung ausschließlich auf Buchstabe c, so unterrichtet er die Vorverfahrenskammer.

(2) Gelangt der Ankläger nach den Ermittlungen zu dem Schluss, dass es für eine Strafverfolgung keine hinreichende Grundlage gibt, weil

a) keine hinreichende rechtliche oder sachliche Grundlage für die Beantragung eines Haftbefehls oder einer Ladung nach Artikel 58 besteht,

b) die Sache nach Artikel 17 unzulässig ist oder

c) eine Strafverfolgung unter Berücksichtigung aller Umstände, einschließlich der Schwere des Verbrechens, der Interessen der Opfer, des Alters oder der Gebrechlichkeit des angeblichen Täters sowie seiner Rolle bei dem angeblichen Verbrechen, nicht im Interesse der Gerechtigkeit liegt,

so unterrichtet der Ankläger die Vorverfahrenskammer und den nach Artikel 14 unterbreitenden Staat oder den Sicherheitsrat im Fall des Artikels 13 Buchstabe b von seiner Schlussfolgerung und den Gründen dafür.

(3) a) Auf Ersuchen des nach Artikel 14 unterbreitenden Staates oder des Sicherheitsrats im Fall des Artikels 13 Buchstabe b kann die Vorverfahrenskammer eine Entscheidung des Anklägers nach Absatz 1 oder 2, nicht weiter vorzugehen, nachprüfen und den Ankläger ersuchen, sie zu überprüfen.

b) Darüber hinaus kann die Vorverfahrenskammer aus eigener Initiative eine Entscheidung des Anklägers, nicht weiter vorzugehen, nachprüfen, wenn diese ausschließlich auf Absatz 1 Buchstabe c oder Absatz 2 Buchstabe c beruht. In diesem Fall wird die Entscheidung des Anklägers nur dann wirksam, wenn sie von der Vorverfahrenskammer bestätigt wird.

(4) Der Ankläger kann eine Entscheidung über die Einleitung der Ermittlungen oder der Strafverfolgung auf der Grundlage neuer Tatsachen oder Informationen jederzeit überprüfen.

Artikel 54
Pflichten und Befugnisse des Anklägers bei Ermittlungen

(1) Der Ankläger

a) dehnt die Ermittlungen zum Zweck der Wahrheitsfindung auf alle Tatsachen und Beweismittel aus, die für die Beurteilung, ob eine strafrechtliche Verantwortlichkeit auf Grund dieses Statuts besteht, erheblich sind, und erforscht dabei gleichermaßen die belastenden wie die entlastenden Umstände,

b) ergreift geeignete Maßnahmen, um die wirksame Ermittlung und Strafverfolgung von der Gerichtsbarkeit des Gerichtshofs unterliegenden Verbrechen zu gewährleisten, wobei er die Interessen und persönlichen Lebensumstände der Opfer und Zeugen, namentlich Alter, Geschlecht im Sinne des Artikels 7 Absatz 3 und Gesundheitszustand, achtet und die Art des Verbrechens berücksichtigt, insbesondere soweit es mit sexueller Gewalt, geschlechtsspezifischer Gewalt oder Gewalt gegen Kinder verbunden ist, und

c) achtet uneingeschränkt die sich aus diesem Statut ergebenden Rechte der Personen.

(2) Der Ankläger kann Ermittlungen im Hoheitsgebiet eines Staates durchführen

a) in Übereinstimmung mit Teil 9 oder

b) auf Grund einer Ermächtigung der Vorverfahrenskammer nach Artikel 57 Absatz 3 Buchstabe d.

(3) Der Ankläger kann

a) Beweismittel sammeln und prüfen,

b) die Anwesenheit von Personen, gegen die ermittelt wird, von Opfern und von Zeugen verlangen und diese vernehmen,

c) einen Staat oder eine zwischenstaatliche Organisation oder Stelle entsprechend ihrer jeweiligen Zuständigkeit beziehungsweise ihrem Mandat um Zusammenarbeit ersuchen,

d) alle diesem Statut nicht entgegenstehenden Abmachungen und Übereinkünfte eingehen, die notwendig sind, um einem Staat, einer zwischenstaatlichen Organisation oder einer Person die Zusammenarbeit zu erleichtern,

e) einwilligen, in keiner Phase des Verfahrens Dokumente oder Informationen offenzulegen, die er unter der Bedingung der Vertraulichkeit und ausschließlich zum Zweck der Erlangung neuer Beweismittel erhält, sofern nicht der Informant sein Einverständnis erklärt, und

f) die notwendigen Maßnahmen zur Gewährleistung der Vertraulichkeit von Informationen, des Schutzes einer Person oder der Beweissicherung treffen oder verlangen, dass sie getroffen werden.

Artikel 55
Rechte der Personen während der Ermittlungen

(1) Bei Ermittlungen auf Grund dieses Statuts

a) darf eine Person nicht gezwungen werden, sich selbst zu belasten oder sich schuldig zu bekennen;

b) darf eine Person nicht Zwang, Nötigung oder Drohung, Folter oder einer anderen Form grausamer, unmenschlicher oder erniedrigender Behandlung oder Strafe unterworfen werden;

c) werden einer Person, deren Vernehmung in einer Sprache erfolgt, die sie nicht vollständig versteht und spricht, unentgeltlich ein sachkundiger Dolmetscher und die Übersetzungen zur Verfügung gestellt, die erforderlich sind, um dem Gebot der Fairness Genüge zu tun, und

d) darf eine Person nicht willkürlich festgenommen oder in Haft gehalten werden und darf einer Person die Freiheit nur aus Gründen und in

Übereinstimmung mit Verfahren entzogen werden, die in diesem Statut vorgesehen sind.

(2) Bestehen Verdachtsgründe, dass eine Person ein der Gerichtsbarkeit des Gerichtshofs unterliegendes Verbrechen begangen hat, und steht ihre Vernehmung entweder durch den Ankläger oder durch einzelstaatliche Behörden entsprechend einem Ersuchen nach Teil 9 unmittelbar bevor, so hat sie außerdem folgende Rechte, über die sie vor der Vernehmung zu belehren ist:

a) das Recht, vor der Vernehmung darüber belehrt zu werden, dass Verdachtsgründe bestehen, wonach sie ein der Gerichtsbarkeit des Gerichtshofs unterliegendes Verbrechen begangen hat;

b) das Recht, zu schweigen, ohne dass dieses Schweigen bei der Feststellung von Schuld oder Unschuld in Betracht gezogen wird;

c) das Recht, sich durch einen Verteidiger ihrer Wahl verteidigen zu lassen oder, falls sie keinen Verteidiger hat, auf Bestellung eines Verteidigers, wenn dies im Interesse der Rechtspflege erforderlich ist; fehlen ihr die Mittel zur Bezahlung eines Verteidigers, so ist ihr in einem solchen Fall ein Verteidiger unentgeltlich zu bestellen, und

d) das Recht, in Anwesenheit eines Rechtsbeistands vernommen zu werden, sofern sie nicht freiwillig auf ihr Recht auf Rechtsbeistand verzichtet hat.

Artikel 56
Rolle der Vorverfahrenskammer bei einer einmaligen Gelegenheit zu Ermittlungsmaßnahmen

(1) a) Ist der Ankläger der Auffassung, dass Ermittlungen eine einmalige Gelegenheit darstellen, mündliche oder schriftliche Zeugenaussagen zu erhalten oder Beweismittel zu prüfen, zu sammeln oder auf ihre Beweiskraft zu untersuchen, die für die Zwecke einer Verhandlung später möglicherweise nicht mehr verfügbar sein werden, so unterrichtet er die Vorverfahrenskammer dahingehend.

b) In diesem Fall kann die Vorverfahrenskammer auf Antrag des Anklägers die notwendigen Maßnahmen ergreifen, um die Wirksamkeit und Ordnungsmäßigkeit des Verfahrens zu gewährleisten und insbesondere die Rechte der Verteidigung zu wahren.

c) Sofern die Vorverfahrenskammer nichts anderes anordnet, stellt der Ankläger der festgenommenen oder der nach Ladung im Zusammenhang mit den unter Buchstabe a genannten Ermittlungen erschienenen Person die sachdienlichen Informationen zur Verfügung, damit sie in der Angelegenheit gehört werden kann.

(2) Die in Absatz 1 Buchstabe b genannten Maßnahmen können Folgendes umfassen:

a) die Abgabe von Empfehlungen oder Anordnungen betreffend die anzuwendenden Verfahren;

b) die Anordnung, ein Verfahrensprotokoll zu führen;

c) die Bestellung eines Sachverständigen zur Unterstützung;

d) die Ermächtigung des Rechtsbeistands einer festgenommenen oder einer nach Ladung vor dem Gerichtshof erschienenen Person zur Teilnahme oder, falls eine Festnahme noch nicht erfolgt ist, die Person noch nicht erschienen ist oder kein Rechtsbeistand benannt wurde, die Bestellung eines anderen Rechtsbeistands, der die Interessen der Verteidigung wahrnimmt und vertritt;

e) die Benennung eines ihrer Mitglieder oder erforderlichenfalls eines anderen verfügbaren Richters der Vorverfahrensabteilung oder der Hauptverfahrensabteilung, der hinsichtlich der Sammlung und Sicherung von Beweismitteln und der Vernehmung von Personen als Beobachter tätig wird und Empfehlungen abgibt oder Anordnungen erlässt;

f) das Ergreifen etwaiger anderer zur Sammlung oder Sicherung von Beweismitteln erforderlicher Maßnahmen.

(3) a) Hat der Ankläger keine Maßnahmen nach diesem Artikel beantragt, ist die Vorverfahrenskammer jedoch der Auffassung, dass es solcher Maßnahmen bedarf, um Beweismittel zu sichern, die sie für die Verteidigung im Hauptverfahren als wesentlich erachtet, so konsultiert sie den Ankläger bezüglich der Frage, ob er diese Maßnahmen aus gutem Grund nicht beantragt hat. Gelangt die Vorverfahrenskammer auf Grund der Konsultation zu dem Schluss, dass die Nichtbeantragung dieser Maßnahmen durch den Ankläger nicht gerechtfertigt ist, so kann die Vorverfahrenskammer diese Maßnahmen aus eigener Initiative ergreifen.

b) Der Ankläger kann gegen die Entscheidung der Vorverfahrenskammer, nach diesem Absatz aus eigener Initiative tätig zu werden, Beschwerde einlegen. Über die Beschwerde wird beschleunigt verhandelt.

(4) Die Zulässigkeit der nach diesem Artikel für das Hauptverfahren gesicherten oder gesammelten Beweismittel oder des darüber aufgenommenen Protokolls richtet sich im Hauptverfahren nach Artikel 69; die Beweiswürdigung erfolgt durch die Hauptverfahrenskammer.

Artikel 57
Aufgaben und Befugnisse der Vorverfahrenskammer

(1) Sofern in diesem Statut nichts anderes bestimmt ist, nimmt die Vorverfahrenskammer ihre Aufgaben in Übereinstimmung mit diesem Artikel wahr.

(2) a) Von der Vorverfahrenskammer erlassene Anordnungen oder Entscheidungen nach den Artikeln 15, 18, 19, 54 Absatz 2, 61 Absatz 7 und 72 bedürfen der Zustimmung der Mehrheit ihrer Richter.

b) In allen anderen Fällen kann ein einzelner Richter der Vorverfahrenskammer die in diesem Statut vorgesehenen Aufgaben wahrnehmen, sofern in der Verfahrens- und Beweisordnung oder durch Stimmenmehrheit der Vorverfahrenskammer nichts anderes bestimmt wird.

(3) Neben ihren anderen Aufgaben auf Grund dieses Statuts kann die Vorverfahrenskammer

a) auf Antrag des Anklägers die für die Zwecke der Ermittlungen erforderlichen Anordnungen und Befehle erlassen;

b) auf Antrag einer festgenommenen oder einer auf Grund einer Ladung nach Artikel 58 erschienenen Person die notwendigen Anordnungen erlassen, einschließlich der in Artikel 56 beschriebenen Maßnahmen, und sich um die notwendige Zusammenarbeit nach Teil 9 bemühen, um ihr bei der Vorbereitung ihrer Verteidigung behilflich zu sein;

c) erforderlichenfalls für den Schutz von Opfern und Zeugen und die Wahrung ihrer Privatsphäre, die Sicherung von Beweismitteln, den Schutz der festgenommenen oder auf Grund einer Ladung erschienenen Personen sowie den Schutz von Informationen, welche die nationale Sicherheit betreffen, Sorge tragen;

d) den Ankläger ermächtigen, bestimmte Ermittlungsmaßnahmen im Hoheitsgebiet eines Vertragsstaats vorzunehmen, ohne sich der Zusammenarbeit dieses Staates nach Teil 9 versichert zu haben, wenn die Vorverfahrenskammer, nach Möglichkeit unter Berücksichtigung der Auffassungen des betreffenden Staates, in dieser Sache entschieden hat, dass der Staat eindeutig nicht in der Lage ist, ein Ersuchen um Zusammenarbeit nach Teil 9 zu erledigen, weil keine zuständige Behörde beziehungsweise kein zuständiger Teil seines Justizsystems für die Erledigung eines solchen Ersuchens zur Verfügung steht;

e) die Staaten nach Artikel 93 Absatz 1 Buchstabe k um ihre Zusammenarbeit im Hinblick auf vorsorgliche Maßnahmen für die Zwecke der Einziehung ersuchen, insbesondere zum letztendlichen Nutzen der Opfer, wenn nach Artikel 58 ein Haftbefehl oder eine Ladung ergangen ist und unter gebührender Berücksichtigung der Beweiskraft der Beweismittel und der Rechte der betroffenen Parteien, wie in diesem Statut und der Verfahrens- und Beweisordnung vorgesehen.

Artikel 58
Erlass eines Haftbefehls oder einer Ladung durch die Vorverfahrenskammer

(1) Jederzeit nach Einleitung der Ermittlungen erlässt die Vorverfahrenskammer auf Antrag des Anklägers einen Haftbefehl gegen eine Person, wenn sie nach Prüfung des Antrags und der Beweismittel oder anderer vom Ankläger beigebrachter Informationen zu der Überzeugung gelangt ist,

a) dass begründeter Verdacht besteht, dass die Person ein der Gerichtsbarkeit des Gerichtshofs unterliegendes Verbrechen begangen hat, und

b) dass die Festnahme der Person notwendig erscheint,

i) um sicherzustellen, dass sie zur Verhandlung erscheint,

ii) um sicherzustellen, dass sie die Ermittlungen oder das Gerichtsverfahren nicht behindert oder gefährdet, oder

iii) um sie gegebenenfalls an der weiteren Begehung dieses Verbrechens oder eines damit im Zusammenhang stehenden, der Gerichtsbarkeit des Gerichtshofs unterliegenden Verbrechens zu hindern, das sich aus den gleichen Umständen ergibt.

(2) Der Antrag des Anklägers enthält

a) den Namen der Person und alle anderen sachdienlichen Angaben zu ihrer Identifizierung,

b) eine konkrete Bezugnahme auf die der Gerichtsbarkeit des Gerichtshofs unterliegenden Verbrechen, welche die Person begangen haben soll,

c) eine knappe Darstellung des Sachverhalts, der angeblich die Tatbestandsmerkmale dieser Verbrechen erfüllt,

d) eine Zusammenfassung der Beweismittel sowie aller anderen Informationen, die den Verdacht begründen, dass die Person diese Verbrechen begangen hat, und

e) den Grund, aus dem der Ankläger die Festnahme der Person für notwendig hält.

(3) Der Haftbefehl enthält

a) den Namen der Person und alle anderen sachdienlichen Angaben zu ihrer Identifizierung,

b) eine konkrete Bezugnahme auf die der Gerichtsbarkeit des Gerichtshofs unterliegenden Verbrechen, derentwegen die Festnahme der Person beantragt wird, und

c) eine knappe Darstellung des Sachverhalts, der angeblich die Tatbestandsmerkmale dieser Verbrechen erfüllt.

(4) Der Haftbefehl bleibt bis zu einer anders lautenden Anordnung des Gerichtshofs in Kraft.

(5) Auf der Grundlage des Haftbefehls kann der Gerichtshof um die vorläufige Festnahme

oder die Festnahme und Überstellung der Person nach Teil 9 ersuchen.

(6) Der Ankläger kann bei der Vorverfahrenskammer die Änderung des Haftbefehls durch Änderung der darin aufgeführten Verbrechen oder Aufnahme zusätzlicher Verbrechen beantragen. Die Vorverfahrenskammer ändert den Haftbefehl entsprechend, wenn ihrer Überzeugung nach begründeter Verdacht besteht, dass die Person diese anderen oder zusätzlichen Verbrechen begangen hat.

(7) Anstelle eines Haftbefehls kann der Ankläger beantragen, dass die Vorverfahrenskammer die Person lädt. Besteht nach Überzeugung der Vorverfahrenskammer begründeter Verdacht, dass die Person das ihr zur Last gelegte Verbrechen begangen hat und dass eine Ladung ausreicht, um ihr Erscheinen vor dem Gerichtshof sicherzustellen, so erlässt sie die Ladung, mit der freiheitsbeschränkende Bedingungen (außer Freiheitsentzug) verknüpft sein können, wenn das einzelstaatliche Recht dies vorsieht. Die Ladung enthält

a) den Namen der Person und alle anderen sachdienlichen Angaben zu ihrer Identifizierung,

b) den Termin, an dem die Person zu erscheinen hat,

c) eine konkrete Bezugnahme auf die der Gerichtsbarkeit des Gerichtshofs unterliegenden Verbrechen, welche die Person begangen haben soll, und

d) eine knappe Darstellung des Sachverhalts, der angeblich die Tatbestandsmerkmale des Verbrechens erfüllt.

Die Ladung ist der Person zuzustellen.

Artikel 59
Festnahmeverfahren im Gewahrsamsstaat

(1) Ein Vertragsstaat, dem ein Ersuchen um vorläufige Festnahme oder um Festnahme und Überstellung zugegangen ist, ergreift sofort Maßnahmen zur Festnahme der fraglichen Person in Übereinstimmung mit seinen Rechtsvorschriften und mit Teil 9.

(2) Die festgenommene Person wird umgehend der zuständigen Justizbehörde im Gewahrsamsstaat vorgeführt, die in Übereinstimmung mit dem Recht dieses Staates feststellt, dass

a) sich der Haftbefehl auf sie bezieht,

b) sie entsprechend einem ordnungsgemäßen Verfahren festgenommen wurde und

c) ihre Rechte geachtet wurden.

(3) Die festgenommene Person hat das Recht, bei der zuständigen Behörde im Gewahrsamsstaat die vorläufige Haftentlassung bis zur Überstellung zu beantragen.

(4) Bei der Entscheidung über einen solchen Antrag prüft die zuständige Behörde im Gewahrsamsstaat, ob in Anbetracht der Schwere der angeblichen Verbrechen dringende und außergewöhnliche Umstände vorliegen, die eine vorläufige Haftentlassung rechtfertigen, und ob durch die notwendigen Sicherheitsvorkehrungen gewährleistet ist, dass der Gewahrsamsstaat seine Pflicht zur Überstellung der Person an den Gerichtshof erfüllen kann. Der zuständigen Behörde des Gewahrsamsstaats steht es nicht frei, zu prüfen, ob der Haftbefehl nach Artikel 58 Absatz 1 Buchstaben a und b ordnungsgemäß erlassen wurde.

(5) Die Vorverfahrenskammer wird von jedem Antrag auf vorläufige Haftentlassung in Kenntnis gesetzt und erteilt der zuständigen Behörde im Gewahrsamsstaat Empfehlungen. Diese zieht die Empfehlungen, einschließlich etwaiger Empfehlungen betreffend Maßnahmen zur Verhütung der Flucht, vollständig in Betracht, bevor sie ihre Entscheidung fällt.

(6) Wird der Person vorläufige Haftentlassung gewährt, so kann die Vorverfahrenskammer hierzu regelmäßige Berichte verlangen.

(7) Sobald eine Anordnung auf Überstellung der Person getroffen wurde, ist diese vom Gewahrsamsstaat so bald wie möglich an den Gerichtshof zu überstellen.

Artikel 60
Einleitende Verfahrensschritte vor dem Gerichtshof

(1) Nach Überstellung einer Person an den Gerichtshof oder ihrem freiwilligen oder auf Grund einer Ladung erfolgten Erscheinen vor dem Gerichtshof überzeugt sich die Vorverfahrenskammer davon, dass die Person über die ihr zur Last gelegten Verbrechen sowie über ihre Rechte auf Grund dieses Statuts belehrt worden ist, einschließlich des Rechts, ihre vorläufige Haftentlassung bis zum Hauptverfahren zu beantragen.

(2) Eine Person, gegen die ein Haftbefehl ergangen ist, kann ihre vorläufige Haftentlassung bis zum Hauptverfahren beantragen. Liegen nach Überzeugung der Vorverfahrenskammer die in Artikel 58 Absatz 1 genannten Voraussetzungen vor, so bleibt die Person weiterhin in Haft. Andernfalls wird sie mit oder ohne Anwendung gelinderer Mittel auf freien Fuß gesetzt.

(3) Die Vorverfahrenskammer überprüft regelmäßig ihre Entscheidung über die Haftentlassung der Person oder die Aufrechterhaltung der Haft; sie kann dies jederzeit auf Antrag des Anklägers oder der Person tun. Nach dieser Überprüfung kann sie ihre Entscheidung über die Aufrechterhaltung der Haft, die Haftentlassung oder Anwendung gelinderer Mittel für die Haftentlassung än-

dern, wenn sie überzeugt ist, dass veränderte Umstände dies erfordern.

(4) Die Vorverfahrenskammer stellt sicher, dass eine Person nicht wegen unentschuldbarer Verzögerungen seitens des Anklägers unangemessen lange in Untersuchungshaft gehalten wird. Tritt eine solche Verzögerung ein, so erwägt der Gerichtshof die Haftentlassung der Person mit oder ohne Anwendung gelinderer Mittel.

(5) Bei Bedarf kann die Vorverfahrenskammer einen Haftbefehl erlassen, um die Anwesenheit einer auf freien Fuß gesetzten Person sicherzustellen.

Artikel 61
Bestätigung der Anklage vor dem Hauptverfahren

(1) Vorbehaltlich des Absatzes 2 hält die Vorverfahrenskammer innerhalb einer angemessenen Frist nach Überstellung der Person oder ihrem freiwilligen Erscheinen vor dem Gerichtshof eine mündliche Verhandlung ab, um die Anklagepunkte zu bestätigen, die der Ankläger zum Gegenstand des Hauptverfahrens zu machen beabsichtigt. Die mündliche Verhandlung findet in Anwesenheit des Anklägers und des Beschuldigten sowie seines Rechtsbeistands statt.

(2) Die Vorverfahrenskammer kann auf Ersuchen des Anklägers oder aus eigener Initiative in Abwesenheit des Beschuldigten eine mündliche Verhandlung abhalten, um die Anklagepunkte zu bestätigen, die der Ankläger zum Gegenstand des Hauptverfahrens zu machen beabsichtigt, wenn der Beschuldigte

a) auf sein Anwesenheitsrecht verzichtet hat oder

b) flüchtig oder unauffindbar ist und alle angemessenen Maßnahmen ergriffen worden sind, um sein Erscheinen vor dem Gerichtshof sicherzustellen und ihn über die Anklagepunkte sowie über die bevorstehende Verhandlung betreffend deren Bestätigung zu unterrichten.

In diesem Fall wird der Beschuldigte durch einen Rechtsbeistand vertreten, wenn die Vorverfahrenskammer entscheidet, dass dies im Interesse der Rechtspflege liegt.

(3) Innerhalb einer angemessenen Frist vor der mündlichen Verhandlung

a) erhält der Beschuldigte eine Abschrift des Schriftstücks, aus dem die Anklagepunkte hervorgehen, die der Ankläger zum Gegenstand des Hauptverfahrens zu machen beabsichtigt, und

b) wird der Beschuldigte von den Beweismitteln in Kenntnis gesetzt, auf die sich der Ankläger bei der mündlichen Verhandlung zu stützen beabsichtigt.

Die Vorverfahrenskammer kann die Offenlegung von Informationen für die Zwecke der Verhandlung anordnen.

(4) Vor der mündlichen Verhandlung kann der Ankläger die Ermittlungen fortsetzen, und er kann Anklagepunkte ändern oder zurücknehmen. Der Beschuldigte wird unter Wahrung einer angemessenen Frist vor der mündlichen Verhandlung von der Änderung oder Rücknahme von Anklagepunkten in Kenntnis gesetzt. Werden Anklagepunkte zurückgenommen, so teilt der Ankläger der Vorverfahrenskammer die Gründe dafür mit.

(5) Bei der mündlichen Verhandlung belegt der Ankläger jeden Anklagepunkt durch ausreichende Beweise, um den dringenden Verdacht zu begründen, dass der Beschuldigte das ihm zur Last gelegte Verbrechen begangen hat. Der Ankläger kann sich auf schriftliche oder summarische Beweise stützen und ist nicht gehalten, die Zeugen aufzurufen, deren Aussage bei dem Verfahren erwartet wird.

(6) Bei der Verhandlung kann der Beschuldigte

a) Einwendungen gegen die Anklagepunkte vorbringen,

b) die vom Ankläger beigebrachten Beweismittel anfechten und

c) Beweismittel beibringen.

(7) Die Vorverfahrenskammer stellt auf der Grundlage der mündlichen Verhandlung fest, ob ausreichende Beweise für den dringenden Verdacht vorliegen, dass der Beschuldigte jedes der ihm zur Last gelegten Verbrechen begangen hat. Auf der Grundlage ihrer Feststellungen

a) bestätigt die Vorverfahrenskammer diejenigen Anklagepunkte, bezüglich deren sie entschieden hat, dass ausreichende Beweise vorliegen, und weist den Beschuldigten einer Hauptverfahrenskammer zu, die das Hauptverfahren hinsichtlich der bestätigten Anklagepunkte durchführt;

b) lehnt die Vorverfahrenskammer die Bestätigung derjenigen Anklagepunkte ab, bezüglich deren sie entschieden hat, dass keine ausreichenden Beweise vorliegen;

c) vertagt die Vorverfahrenskammer die mündliche Verhandlung und ersucht den Ankläger zu erwägen,

i) zu einem bestimmten Anklagepunkt weitere Beweismittel beizubringen oder weitere Ermittlungen durchzuführen oder

ii) einen Anklagepunkt zu ändern, weil die beigebrachten Beweismittel den Nachweis für die Begehung eines anderen der Gerichtsbarkeit des Gerichtshofs unterliegenden Verbrechens zu erbringen scheinen.

(8) Lehnt die Vorverfahrenskammer die Bestätigung eines Anklagepunkts ab, so schließt dies nicht aus, dass der Ankläger später dessen Bestä-

tigung auf Grund zusätzlicher Beweismittel beantragt.

(9) Nach Bestätigung der Anklagepunkte und vor Beginn der Hauptverhandlung kann der Ankläger mit Genehmigung der Vorverfahrenskammer und nach Benachrichtigung des Angeklagten die Anklagepunkte ändern. Beabsichtigt der Ankläger, weitere Anklagepunkte hinzuzufügen oder bestehende Anklagepunkte durch schwerer wiegende zu ersetzen, so muss zu deren Bestätigung eine mündliche Verhandlung nach diesem Artikel stattfinden. Nach Beginn der Hauptverhandlung kann der Ankläger mit Genehmigung der Hauptverfahrenskammer die Anklagepunkte zurücknehmen.

(10) Jeder zuvor ergangene Befehl tritt bezüglich aller Anklagepunkte außer Kraft, die von der Vorverfahrenskammer nicht bestätigt oder vom Ankläger zurückgenommen worden sind.

(11) Nach Bestätigung der Anklagepunkte in Übereinstimmung mit diesem Artikel setzt das Präsidium eine Hauptverfahrenskammer ein, die vorbehaltlich des Absatzes 9 und des Artikels 64 Absatz 4 für die Durchführung des anschließenden Verfahrens zuständig ist und jede Aufgabe der Vorverfahrenskammer wahrnehmen kann, die in diesem Verfahren von Belang ist und zur Anwendung kommen kann.

TEIL 6

HAUPTVERFAHREN

Artikel 62

Ort des Hauptverfahrens

Sofern nichts anderes beschlossen wird, findet das Hauptverfahren am Sitz des Gerichtshofs statt.

Artikel 63

Verhandlung in Anwesenheit des Angeklagten

(1) Der Angeklagte hat während der Verhandlung anwesend zu sein.

(2) Stört der vor dem Gerichtshof anwesende Angeklagte wiederholt den Verlauf der Verhandlung, so kann die Hauptverfahrenskammer ihn entfernen lassen und sorgt dann dafür, dass er von außerhalb des Gerichtssaals die Verhandlung verfolgen und seinem Rechtsbeistand Weisungen erteilen kann, bei Bedarf mit Hilfe von Kommunikationstechnologie. Diese Maßnahmen werden nur in Ausnahmefällen, nachdem sich andere vertretbare Alternativen als unzulänglich erwiesen haben, und nur für die unbedingt notwendige Dauer getroffen.

Artikel 64

Aufgaben und Befugnisse der Hauptverfahrenskammer

(1) Die in diesem Artikel genannten Aufgaben und Befugnisse der Hauptverfahrenskammer werden in Übereinstimmung mit diesem Statut sowie der Verfahrens- und Beweisordnung wahrgenommen.

(2) Die Hauptverfahrenskammer stellt sicher, dass das Hauptverfahren fair und zügig verläuft und unter voller Beachtung der Rechte des Angeklagten und gebührender Berücksichtigung des Schutzes der Opfer und Zeugen geführt wird.

(3) Die Hauptverfahrenskammer, der in Übereinstimmung mit diesem Statut eine Sache für das Hauptverfahren zugewiesen worden ist,

a) berät sich mit den Parteien und beschließt die Verfahren, die erforderlich sind, um eine faire und zügige Durchführung des Hauptverfahrens zu gewährleisten,

b) bestimmt die im Hauptverfahren zu verwendende Sprache oder zu verwendenden Sprachen und

c) sorgt vorbehaltlich anderer einschlägiger Bestimmungen dieses Statuts rechtzeitig vor Beginn der Verhandlung für die Offenlegung zuvor nicht offengelegter Schriftstücke oder Informationen, damit eine hinreichende Vorbereitung auf die Verhandlung möglich ist.

(4) Soweit dies für ihre wirksame und faire Arbeitsweise erforderlich ist, kann die Hauptverfahrenskammer Vorfragen an die Vorverfahrenskammer oder, im Bedarfsfall, an einen anderen verfügbaren Richter in der Vorverfahrensabteilung verweisen.

(5) Nach Benachrichtigung der Parteien kann die Hauptverfahrenskammer gegebenenfalls verfügen, dass Verhandlungen über Anklagen, die gegen mehrere Angeklagte erhoben worden sind, verbunden oder getrennt werden.

(6) In Wahrnehmung ihrer Aufgaben vor oder während der Hauptverhandlung kann die Hauptverfahrenskammer, soweit erforderlich,

a) alle in Artikel 61 Absatz 11 genannten Aufgaben der Vorverfahrenskammer wahrnehmen;

b) die Anwesenheit und Aussage von Zeugen und die Beibringung von Schriftstücken und anderen Beweismitteln verlangen, soweit notwendig mit Hilfe der Staaten, wie in diesem Statut vorgesehen;

c) für den Schutz vertraulicher Informationen sorgen;

d) die Beibringung von Beweismitteln zusätzlich zu den von den Parteien bereits vor dem Hauptverfahren gesammelten oder während des Hauptverfahrens vorgelegten Beweismitteln anordnen;

e) für den Schutz des Angeklagten, der Zeugen und der Opfer sorgen;

f) alle sonstigen Angelegenheiten entscheiden, die von Belang sind.

(7) Die Verhandlung ist öffentlich. Die Hauptverfahrenskammer kann jedoch feststellen, dass auf Grund besonderer Umstände bestimmte Teile der Verhandlung für die in Artikel 68 genannten Zwecke oder zum Schutz vertraulicher oder schutzwürdiger Informationen, die im Zuge der Beweiserhebung vorgelegt werden, unter Ausschluss der Öffentlichkeit stattfinden müssen.

(8) a) Zu Beginn der Verhandlung lässt die Hauptverfahrenskammer dem Angeklagten die zuvor von der Vorverfahrenskammer bestätigte Anklage vorlesen. Die Hauptverfahrenskammer überzeugt sich davon, dass der Angeklagte die Art der gegen ihn erhobenen Anklage versteht. Sie gibt ihm Gelegenheit, ein Geständnis in Übereinstimmung mit Artikel 65 abzulegen oder sich für nicht schuldig zu erklären.

b) In der Verhandlung kann der vorsitzende Richter prozessleitende Verfügungen erlassen, insbesondere auch, um die faire und unparteiische Führung des Verfahrens sicherzustellen. Vorbehaltlich etwaiger Verfügungen des vorsitzenden Richters können die Parteien in Übereinstimmung mit diesem Statut Beweismittel vorlegen.

(9) Die Hauptverfahrenskammer ist unter anderem befugt, auf Antrag einer Partei oder aus eigener Initiative

a) über die Zulässigkeit beziehungsweise Erheblichkeit von Beweismitteln zu entscheiden und

b) alle erforderlichen Maßnahmen zur Aufrechterhaltung der Ordnung während der Verhandlung zu treffen.

(10) Die Hauptverfahrenskammer stellt sicher, dass ein vollständiges Verhandlungsprotokoll, welches das Verfahren korrekt wiedergibt, erstellt und vom Kanzler geführt und aufbewahrt wird.

Artikel 65
Verfahren nach einem Geständnis

(1) Legt der Angeklagte ein Geständnis nach Artikel 64 Absatz 8 Buchstabe a ab, so stellt die Hauptverfahrenskammer fest, ob

a) der Angeklagte die Art und die Folgen des Geständnisses versteht,

b) das Geständnis vom Angeklagten nach hinreichender Beratung mit seinem Verteidiger freiwillig abgelegt wird und

c) das Geständnis durch die Tatsachen untermauert wird, die hervorgehen aus

i) den vom Ankläger erhobenen Anklagepunkten, die der Angeklagte zugibt,

ii) allen vom Ankläger vorgelegten Unterlagen, welche die Anklage erhärten und die der Angeklagte anerkennt, und

iii) allen sonstigen Beweismitteln, beispielsweise Zeugenaussagen, die vom Ankläger oder vom Angeklagten beigebracht werden.

(2) Ist die Hauptverfahrenskammer davon überzeugt, dass die in Absatz 1 genannten Umstände erwiesen sind, so erachtet sie den gesamten Tatbestand des Verbrechens, auf das sich das Geständnis bezieht, als durch das Geständnis und etwaige zusätzlich beigebrachte Beweismittel erwiesen; sie kann den Angeklagten wegen dieses Verbrechens verurteilen.

(3) Ist die Hauptverfahrenskammer nicht davon überzeugt, dass die in Absatz 1 genannten Umstände erwiesen sind, so erachtet sie das Geständnis als nicht abgelegt; in diesem Fall ordnet sie die Fortsetzung des Hauptverfahrens nach dem in diesem Statut vorgesehenen gewöhnlichen Verfahren an; sie kann die Sache an eine andere Hauptverfahrenskammer verweisen.

(4) Ist die Hauptverfahrenskammer der Auffassung, dass im Interesse der Gerechtigkeit, insbesondere im Interesse der Opfer, eine vollständigere Tatsachendarstellung erforderlich ist, so kann die Hauptverfahrenskammer

a) den Ankläger ersuchen, zusätzliche Beweismittel, einschließlich Zeugenaussagen, beizubringen, oder

b) die Fortsetzung des Hauptverfahrens nach dem in diesem Statut vorgesehenen gewöhnlichen Verfahren anordnen; in diesem Fall erachtet sie das Geständnis als nicht abgelegt; sie kann die Sache an eine andere Hauptverfahrenskammer verweisen.

(5) Erörterungen zwischen dem Ankläger und der Verteidigung in Bezug auf eine Änderung der Anklagepunkte, das Geständnis oder die zu verhängende Strafe sind für den Gerichtshof nicht bindend.

Artikel 66
Unschuldsvermutung

(1) Jeder gilt als unschuldig, solange seine Schuld nicht in Übereinstimmung mit dem anwendbaren Recht vor dem Gerichtshof nachgewiesen ist.

(2) Die Beweislast für die Schuld des Angeklagten liegt beim Ankläger.

(3) Für eine Verurteilung des Angeklagten muss der Gerichtshof von der Schuld des Angeklagten so überzeugt sein, dass kein vernünftiger Zweifel besteht.

Artikel 67
Rechte des Angeklagten

(1) Der Angeklagte hat Anspruch darauf, dass über die gegen ihn erhobene Anklage öffentlich nach Maßgabe dieses Statuts und in billiger Weise unparteiisch verhandelt wird; außerdem hat er in gleicher Weise Anspruch auf folgende Mindestgarantien:

a) Er ist unverzüglich und im Einzelnen in einer Sprache, die er vollständig versteht und spricht, über Art, Grund und Inhalt der gegen ihn erhobenen Anklage zu unterrichten,

b) er muss hinreichend Zeit und Gelegenheit zur Vorbereitung seiner Verteidigung und zum freien und vertraulichen Verkehr mit einem Verteidiger seiner Wahl haben,

c) es muss ohne unangemessene Verzögerung ein Urteil gegen ihn ergehen,

d) vorbehaltlich des Artikels 63 Absatz 2 muss er bei der Verhandlung anwesend sein und sich selbst verteidigen dürfen oder durch einen Verteidiger seiner Wahl verteidigen lassen; falls er keinen Verteidiger hat, ist er über das Recht, einen Verteidiger in Anspruch zu nehmen, zu unterrichten; ihm ist vom Gerichtshof ein Verteidiger beizuordnen, wenn dies im Interesse der Rechtspflege erforderlich ist, und zwar unentgeltlich, wenn ihm die Mittel zur Bezahlung eines Verteidigers fehlen,

e) er darf Fragen an die Belastungszeugen stellen oder stellen lassen und das Erscheinen und die Vernehmung der Entlastungszeugen unter den für die Belastungszeugen geltenden Bedingungen erwirken. Er darf auch Gründe, welche die Strafbarkeit ausschließen, geltend machen und sonstige auf Grund dieses Statuts zulässige Beweismittel beibringen,

f) er kann die unentgeltliche Beiziehung eines sachkundigen Dolmetschers und die Übersetzungen verlangen, die erforderlich sind, um dem Gebot der Fairness Genüge zu tun, wenn Teile des Verfahrens oder dem Gerichtshof vorgelegte Schriftstücke nicht in einer Sprache gehalten sind, die der Angeklagte vollständig versteht und spricht,

g) er darf nicht gezwungen werden, gegen sich selbst als Zeuge auszusagen oder sich schuldig zu bekennen, und er darf schweigen, ohne dass sein Schweigen bei der Feststellung von Schuld oder Unschuld in Betracht gezogen wird,

h) er kann eine unbeeidigte mündliche oder schriftliche Erklärung zu seiner Verteidigung abgeben, und

i) es darf ihm weder eine Umkehr der Beweislast noch eine Widerlegungspflicht auferlegt werden.

(2) Neben anderen in diesem Statut vorgesehenen Offenlegungen legt der Ankläger, so bald wie möglich, der Verteidigung die in seinem Besitz oder seiner Verfügungsgewalt befindlichen Beweismittel offen, die seiner Überzeugung nach die Unschuld des Angeklagten beweisen oder zu beweisen geeignet sind, dessen Schuld mildern oder die Glaubwürdigkeit der vom Ankläger beigebrachten Beweismittel beeinträchtigen können. Bei Zweifeln hinsichtlich der Anwendung dieses Absatzes entscheidet der Gerichtshof.

Artikel 68
Schutz der Opfer und Zeugen und ihre Teilnahme am Verfahren

(1) Der Gerichtshof trifft geeignete Maßnahmen zum Schutz der Sicherheit, des körperlichen und seelischen Wohles, der Würde und der Privatsphäre der Opfer und Zeugen. Dabei zieht der Gerichtshof alle maßgeblichen Umstände in Betracht, namentlich Alter, Geschlecht im Sinne des Artikels 7 Absatz 3 und Gesundheitszustand sowie die Art des Verbrechens, insbesondere, jedoch nicht ausschließlich, soweit es mit sexueller oder geschlechtsspezifischer Gewalt oder Gewalt gegen Kinder zusammenhängt. Der Ankläger trifft diese Maßnahmen insbesondere während der Ermittlungen und der Strafverfolgung solcher Verbrechen. Diese Maßnahmen dürfen die Rechte des Angeklagten sowie die Fairness und Unparteilichkeit des Verfahrens nicht beeinträchtigen oder damit unvereinbar sein.

(2) Als Ausnahme vom Grundsatz der öffentlichen Verhandlung nach Artikel 67 können die Kammern des Gerichtshofs zum Schutz der Opfer und Zeugen oder des Angeklagten einen Teil des Verfahrens unter Ausschluss der Öffentlichkeit führen oder die Vorlage von Beweisen mittels elektronischer oder sonstiger besonderer Mittel gestatten. Diese Maßnahmen werden insbesondere im Fall eines Opfers sexueller Gewalt oder eines Kindes getroffen, das Opfer oder Zeuge ist, es sei denn, der Gerichtshof ordnet unter Berücksichtigung aller Umstände, insbesondere der Auffassungen der Opfer oder Zeugen, etwas anderes an.

(3) Sind die persönlichen Interessen der Opfer betroffen, so gestattet der Gerichtshof, dass ihre Auffassungen und Anliegen in von ihm für geeignet befundenen Verfahrensabschnitten in einer Weise vorgetragen und behandelt werden, welche die Rechte des Angeklagten sowie die Fairness und Unparteilichkeit des Verfahrens nicht beeinträchtigt oder damit unvereinbar ist. Diese Auffassungen und Anliegen können in Übereinstimmung mit der Verfahrens- und Beweisordnung von den gesetzlichen Vertretern der Opfer vorgetragen werden, wenn der Gerichtshof dies für angebracht hält.

(4) Die Abteilung für Opfer und Zeugen kann den Ankläger und den Gerichtshof im Hinblick auf angemessene Schutzmaßnahmen, Sicherheits-

vorkehrungen, Beratung und Hilfe nach Artikel 43 Absatz 6 beraten.

(5) Kann die Offenlegung von Beweismitteln oder Informationen auf Grund dieses Statuts zu einer ernsten Gefährdung der Sicherheit eines Zeugen oder seiner Familie führen, so kann der Ankläger diese für die Zwecke jedes vor Eröffnung des Hauptverfahrens geführten Verfahrens zurückhalten und stattdessen eine Zusammenfassung vorlegen. Diese Maßnahmen müssen in einer Weise angewendet werden, welche die Rechte des Angeklagten sowie die Fairness und Unparteilichkeit des Verfahrens nicht beeinträchtigt oder damit unvereinbar ist.

(6) Ein Staat kann darum ersuchen, dass die notwendigen Maßnahmen zum Schutz seiner Bediensteten oder Vertreter sowie vertraulicher oder schutzwürdiger Informationen getroffen werden.

Artikel 69
Beweismittel

(1) Vor seiner Aussage verpflichtet sich jeder Zeuge in Übereinstimmung mit der Verfahrens- und Beweisordnung, in seinem Zeugnis die Wahrheit zu sagen.

(2) Ein Zeuge muss für sein Zeugnis in der Verhandlung persönlich erscheinen, vorbehaltlich der in Artikel 68 oder in der Verfahrens- und Beweisordnung vorgesehenen Maßnahmen. Der Gerichtshof kann auch nach Maßgabe dieses Statuts und in Übereinstimmung mit der Verfahrens- und Beweisordnung das mit Hilfe der Video- oder Audiotechnik direkt übertragene (mündliche) oder aufgezeichnete Zeugnis eines Zeugen sowie die Vorlage von Schriftstücken oder schriftlichen Wortprotokollen gestatten. Diese Maßnahmen dürfen die Rechte des Angeklagten nicht beeinträchtigen oder mit ihnen unvereinbar sein.

(3) Die Parteien können in Übereinstimmung mit Artikel 64 die Beweismittel beibringen, die für die Sache erheblich sind. Der Gerichtshof ist befugt, die Beibringung sämtlicher Beweismittel zu verlangen, die er für die Wahrheitsfindung für erforderlich hält.

(4) Der Gerichtshof kann in Übereinstimmung mit der Verfahrens- und Beweisordnung über die Erheblichkeit oder Zulässigkeit jedes Beweismittels entscheiden, wobei er unter anderem die Beweiskraft des Beweismittels und alle Nachteile in Betracht zieht, die sich für ein faires Verfahren oder für eine faire Bewertung des Zeugnisses eines Zeugen möglicherweise daraus ergeben.

(5) Der Gerichtshof achtet und wahrt die in der Verfahrens- und Beweisordnung vorgesehenen Rechte in Bezug auf Vertraulichkeit.

(6) Der Gerichtshof verlangt nicht den Nachweis allgemein bekannter Tatsachen, kann sie jedoch als offenkundig anerkennen.

(7) Beweismittel, die durch Verletzung dieses Statuts oder international anerkannter Menschenrechte erlangt wurden, sind nicht zulässig, wenn

a) die Verletzung erhebliche Zweifel an ihrer Glaubwürdigkeit entstehen lässt oder

b) ihre Zulassung im grundsätzlichen Widerspruch zur Ordnungsmäßigkeit des Verfahrens stehen und dieser schweren Schaden zufügen würde.

(8) Bei der Entscheidung über die Erheblichkeit oder Zulässigkeit der von einem Staat gesammelten Beweismittel entscheidet der Gerichtshof nicht über die Anwendung der Rechtsvorschriften dieses Staates.

Artikel 70
Straftaten gegen die Rechtspflege

(1) Der Gerichtshof hat Gerichtsbarkeit über folgende Straftaten gegen seine Rechtspflege, wenn diese vorsätzlich verübt werden:

a) falsche Beweisaussage, wenn nach Artikel 69 Absatz 1 die Verpflichtung bestand, die Wahrheit zu sagen;

b) Vorlage von Beweismitteln, von denen die Partei weiß, dass sie falsch, ge- oder verfälscht sind;

c) Beeinflussung eines Zeugen durch Vorteilsgewährung, Behinderung oder Störung des Erscheinens oder des Zeugnisses eines Zeugen, Vergeltungsmaßnahmen gegen einen Zeugen wegen seines Zeugnisses, Vernichtung oder Fälschung von Beweismitteln oder Störung der Beweisaufnahme;

d) Behinderung oder Einschüchterung eines Bediensteten des Gerichtshofs oder Beeinflussung desselben durch Vorteilsgewährung mit dem Ziel, ihn zu zwingen oder zu veranlassen, seine Pflichten gar nicht oder nicht ordnungsgemäß wahrzunehmen;

e) Vergeltungsmaßnahmen gegen einen Bediensteten des Gerichtshofs wegen von ihm oder einem anderen Bediensteten wahrgenommener Pflichten;

f) Forderung oder Annahme einer Bestechung durch einen Bediensteten des Gerichtshofs im Zusammenhang mit seinen Dienstpflichten.

(2) Der Gerichtshof übt seine Gerichtsbarkeit über Straftaten nach diesem Artikel entsprechend den in der Verfahrens- und Beweisordnung vorgesehenen Grundsätzen und Verfahren aus. Die Bedingungen, unter denen dem Gerichtshof internationale Zusammenarbeit im Hinblick auf seine Verfahren nach diesem Artikel gewährt wird, richten sich nach dem innerstaatlichen Recht des ersuchten Staates.

(3) Im Fall einer Verurteilung kann der Gerichtshof eine Freiheitsstrafe von höchstens fünf Jahren oder eine Geldstrafe in Übereinstimmung mit der Verfahrens- und Beweisordnung oder beides verhängen.

(4) a) Jeder Vertragsstaat dehnt seine Strafgesetze, durch die Straftaten gegen seine eigenen Ermittlungs- oder Gerichtsverfahren unter Strafe gestellt werden, auf die in diesem Artikel genannten Straftaten gegen die Rechtspflege aus, die in seinem Hoheitsgebiet oder von einem seiner Staatsangehörigen begangen werden.

b) Auf Ersuchen des Gerichtshofs, wenn er dies für angebracht hält, unterbreitet der Vertragsstaat die Sache seinen zuständigen Behörden zwecks Strafverfolgung. Diese Behörden behandeln diese Sachen mit Sorgfalt und stellen ausreichende Mittel zu deren wirksamer Abwicklung bereit.

Artikel 71
Strafmaßnahmen wegen ordnungswidrigen Verhaltens vor Gericht

(1) Der Gerichtshof kann vor ihm anwesende Personen, die sich ordnungswidrig verhalten, etwa durch Störung seines Verfahrens oder vorsätzliche Weigerung, seine Anordnungen zu befolgen, durch Ordnungsmittel wie vorübergehende oder dauernde Entfernung aus dem Gerichtssaal, Geldstrafe oder andere ähnliche in der Verfahrens- und Beweisordnung vorgesehene Maßnahmen, nicht jedoch durch Freiheitsstrafe, bestrafen.

(2) Die in Absatz 1 enthaltenen Maßnahmen werden nach den in der Verfahrens- und Beweisordnung vorgesehenen Verfahren verhängt.

Artikel 72
Schutz von Informationen betreffend die nationale Sicherheit

(1) Dieser Artikel findet in jedem Fall Anwendung, in dem die Offenlegung von Informationen oder Schriftstücken eines Staates nach dessen Auffassung seine nationalen Sicherheitsinteressen beeinträchtigen würde. Dazu gehören die Fälle, die in den Geltungsbereich des Artikels 56 Absätze 2 und 3, des Artikels 61 Absatz 3, des Artikels 64 Absatz 3, des Artikels 67 Absatz 2, des Artikels 68 Absatz 6, des Artikels 87 Absatz 6 und des Artikels 93 fallen, sowie die Fälle, die in einem sonstigen Verfahrensabschnitt auftreten, in dem sich die Frage einer solchen Offenlegung stellen kann.

(2) Dieser Artikel findet auch Anwendung, wenn eine Person, die zur Beibringung von Informationen oder Beweismitteln aufgefordert wurde, diese verweigert oder die Angelegenheit aus dem Grund an den Staat verwiesen hat, dass eine Offenlegung die nationalen Sicherheitsinteressen dieses Staates beeinträchtigen würde, und der betreffende Staat bestätigt, dass eine Offenlegung seiner Auffassung nach seine nationalen Sicherheitsinteressen beeinträchtigen würde.

(3) Dieser Artikel lässt die Erfordernisse der Vertraulichkeit nach Artikel 54 Absatz 3 Buchstaben e und f und die Anwendung des Artikels 73 unberührt.

(4) Erfährt ein Staat, dass Informationen oder Unterlagen dieses Staates in irgendeinem Abschnitt des Verfahrens offengelegt werden oder wahrscheinlich offengelegt werden sollen, und ist er der Auffassung, dass die Offenlegung seine nationalen Sicherheitsinteressen beeinträchtigen würde, so hat er das Recht, dem Verfahren beizutreten, um eine Regelung dieser Frage in Übereinstimmung mit diesem Artikel herbeizuführen.

(5) Würde die Offenlegung von Informationen nach Auffassung eines Staates dessen nationale Sicherheitsinteressen beeinträchtigen, so unternimmt dieser Staat alle angemessenen Schritte, um gemeinsam mit dem Ankläger, der Verteidigung oder der Vorverfahrenskammer beziehungsweise der Hauptverfahrenskammer zu versuchen, die Angelegenheit auf dem Weg der Zusammenarbeit zu regeln. Dabei kann es sich insbesondere um folgende Schritte handeln:

a) Änderung oder Klarstellung des Ersuchens,

b) eine Entscheidung des Gerichtshofs über die Erheblichkeit der verlangten Informationen oder Beweismittel oder eine Entscheidung, ob die Beweismittel, obzwar erheblich, nicht von einer anderen Stelle als dem ersuchten Staat erlangt werden könnten oder wurden,

c) Erlangung der Informationen oder Beweismittel von einer anderen Stelle oder in anderer Form oder

d) Einigung über die Bedingungen, unter denen die verlangte Hilfe gewährt werden könnte, so unter anderem durch die Beibringung von Zusammenfassungen oder redigierten Textfassungen, Beschränkung der Offenlegung, Verfahren unter Ausschluss der Öffentlichkeit oder der Gegenpartei oder sonstige auf Grund des Statuts und der Verfahrens- und Beweisordnung zulässige Schutzmaßnahmen.

(6) Wurden alle angemessenen Schritte unternommen, um die Angelegenheit auf dem Weg der Zusammenarbeit zu regeln, und gibt es nach Auffassung des Staates keine Möglichkeiten oder Voraussetzungen für die Bereitstellung oder Offenlegung der Informationen oder Unterlagen, ohne dass seine nationalen Sicherheitsinteressen beeinträchtigt werden, so teilt er dem Ankläger oder dem Gerichtshof die konkreten Gründe für seine Entscheidung mit, sofern nicht die konkrete Darlegung der Gründe selbst zwangsläufig zu einer Beeinträchtigung der nationalen Sicherheitsinteressen dieses Staates führen würde.

(7) Danach kann der Gerichtshof, sofern er entscheidet, dass die Beweismittel erheblich und für den Nachweis der Schuld oder Unschuld des Angeklagten erforderlich sind, folgende Maßnahmen ergreifen:

a) Wird die Offenlegung der Informationen oder der Unterlage auf Grund eines Ersuchens um Zusammenarbeit nach Teil 9 oder unter den in Absatz 2 beschriebenen Umständen verlangt und hat der Staat den in Artikel 93 Absatz 4 genannten Ablehnungsgrund geltend gemacht, so kann der Gerichtshof,

i) bevor er zu einem in Absatz 7 Buchstabe a Ziffer ii genannten Schluss gelangt, um weitere Konsultationen zur Prüfung der Darlegungen des Staates ersuchen, wozu gegebenenfalls auch Verhandlungen unter Ausschluss der Öffentlichkeit und der Gegenpartei gehören können,

ii) wenn er zu dem Schluss gelangt, dass der ersuchte Staat durch Geltendmachung des Ablehnungsgrunds nach Artikel 93 Absatz 4 unter den gegebenen Umständen nicht in Übereinstimmung mit seinen Verpflichtungen aus dem Statut handelt, die Angelegenheit unter Angabe der Gründe für seinen Schluss in Übereinstimmung mit Artikel 87 Absatz 7 verweisen und

iii) im Verfahren gegen den Angeklagten hinsichtlich des Erwiesenseins oder Nichterwiesenseins einer Tatsache die Schlüsse ziehen, die unter den Umständen angebracht erscheinen,

oder

b) unter allen anderen Umständen

i) die Offenlegung anordnen, oder

ii) soweit er die Offenlegung nicht anordnet, im Verfahren gegen den Angeklagten hinsichtlich des Erwiesenseins oder Nichterwiesenseins einer Tatsache die Schlüsse ziehen, die unter den Umständen angebracht erscheinen.

Artikel 73
Informationen oder Unterlagen von Dritten

Wird ein Vertragsstaat vom Gerichtshof ersucht, Unterlagen oder Informationen zur Verfügung zu stellen, die sich in seinem Gewahrsam, in seinem Besitz oder unter seiner Verfügungsgewalt befinden und die ihm von einem Staat, einer zwischenstaatlichen oder internationalen Organisation unter dem Vorbehalt der Vertraulichkeit offengelegt worden sind, so ersucht er den Urheber um seine Zustimmung zu deren Offenlegung. Ist der Urheber ein Vertragsstaat, so gibt er entweder die Zustimmung zur Offenlegung der Informationen oder Unterlagen oder verpflichtet sich, vorbehaltlich des Artikels 72 die Frage der Offenlegung mit dem Gerichtshof zu regeln. Ist der Urheber kein Vertragsstaat und verweigert er die Zustimmung zur Offenlegung, so teilt der ersuchte Staat dem Gerichtshof mit, dass er wegen einer gegenüber dem Urheber zuvor eingegangenen Verpflichtung zur Geheimhaltung nicht in der Lage ist, die Unterlagen oder Informationen zur Verfügung zu stellen.

Artikel 74
Anforderungen an das Urteil

(1) Alle Richter der Hauptverfahrenskammer sind in jeder Phase der Verhandlung und während der gesamten Dauer ihrer Beratungen anwesend. Das Präsidium kann fallweise, soweit verfügbar, einen oder mehrere Ersatzrichter bestimmen, die der Verhandlung in jeder Phase beiwohnen und an die Stelle eines Mitglieds der Hauptverfahrenskammer treten, wenn dieses nicht in der Lage ist, weiter anwesend zu sein.

(2) Das Urteil der Hauptverfahrenskammer gründet sich auf ihre Beweiswürdigung und das gesamte Verfahren. Das Urteil darf nicht über die in der Anklage dargestellten Tatsachen und Umstände und etwaige Änderungen der Anklage hinausgehen. Der Gerichtshof darf seinem Urteil lediglich die Beweismittel zugrunde legen, die während der Verhandlung beigebracht und vor ihm erörtert wurden.

(3) Die Richter bemühen sich, ihr Urteil einstimmig zu fällen; gelingt dies nicht, so ergeht das Urteil durch die Mehrheit der Richter.

(4) Die Beratungen der Hauptverfahrenskammer bleiben geheim.

(5) Das Urteil ergeht schriftlich und enthält eine vollständige und begründete Darstellung der Ergebnisse der Beweiswürdigung und der Schlussfolgerungen der Hauptverfahrenskammer. Die Hauptverfahrenskammer erlässt ein einheitliches Urteil. Besteht keine Einstimmigkeit, so enthält das Urteil der Hauptverfahrenskammer die Auffassungen der Mehrheit und die der Minderheit. Das Urteil oder eine Zusammenfassung des Urteils wird in öffentlicher Sitzung verkündet.

Artikel 75
Wiedergutmachung für die Opfer

(1) Der Gerichtshof stellt Grundsätze für die Wiedergutmachung auf, die an oder in Bezug auf die Opfer zu leisten ist, einschließlich Rückerstattung, Entschädigung und Rehabilitierung. Auf dieser Grundlage kann der Gerichtshof in seiner Entscheidung entweder auf Antrag oder unter außergewöhnlichen Umständen aus eigener Initiative den Umfang und das Ausmaß des Schadens, Verlustes oder Nachteils feststellen, der den Opfern oder in Bezug auf die Opfer entstanden ist, wobei er die Grundsätze nennt, auf Grund deren er tätig wird.

(2) Der Gerichtshof kann eine Anordnung unmittelbar gegen den Verurteilten erlassen, in der er die den Opfern oder in Bezug auf die Opfer zu

leistende angemessene Wiedergutmachung, wie Rückerstattung, Entschädigung und Rehabilitierung, im Einzelnen festlegt.

Gegebenenfalls kann der Gerichtshof anordnen, dass die zuerkannte Wiedergutmachung über den in Artikel 79 vorgesehenen Treuhandfonds erfolgt.

(3) Vor Erlass einer Anordnung nach diesem Artikel kann der Gerichtshof zu Eingaben seitens oder zugunsten des Verurteilten, der Opfer, anderer interessierter Personen oder interessierter Staaten auffordern, die er berücksichtigt.

(4) In Wahrnehmung seiner Befugnis nach diesem Artikel kann der Gerichtshof, nachdem eine Person wegen eines der Gerichtsbarkeit des Gerichtshofs unterliegenden Verbrechens verurteilt worden ist, entscheiden, ob es notwendig ist, Maßnahmen nach Artikel 93 Absatz 1 treffen zu lassen, um eine von ihm nach dem vorliegenden Artikel erlassene Anordnung in Kraft zu setzen.

(5) Ein Vertragsstaat setzt eine nach diesem Artikel ergangene Entscheidung in Kraft, als fände Artikel 109 auf diesen Artikel Anwendung.

(6) Dieser Artikel ist nicht so auszulegen, als beeinträchtige er die Rechte der Opfer nach einzelstaatlichem Recht oder nach dem Völkerrecht.

Artikel 76
Strafspruch

(1) Im Fall einer Verurteilung prüft die Hauptverfahrenskammer die zu verhängende angemessene Strafe und berücksichtigt dabei die während der Verhandlung beigebrachten Beweismittel und die Anträge, die für den Strafspruch von Bedeutung sind.

(2) Sofern nicht Artikel 65 Anwendung findet und vor Abschluss der Verhandlung kann die Hauptverfahrenskammer aus eigener Initiative beziehungsweise muss sie auf Antrag des Anklägers oder des Angeklagten in Übereinstimmung mit der Verfahrens- und Beweisordnung eine weitere mündliche Verhandlung abhalten, um zusätzliche Beweismittel oder Anträge entgegenzunehmen, die für den Strafspruch von Bedeutung sind.

(3) Findet Absatz 2 Anwendung, so werden Eingaben nach Artikel 75 bei der in Absatz 2 genannten weiteren mündlichen Verhandlung und erforderlichenfalls bei jeder zusätzlichen mündlichen Verhandlung entgegengenommen.

(4) Die Strafe wird in öffentlicher Sitzung und soweit möglich in Anwesenheit des Angeklagten verkündet.

TEIL 7
STRAFEN

Artikel 77
Anwendbare Strafen

(1) Vorbehaltlich des Artikels 110 kann der Gerichtshof über eine Person, die wegen eines in Artikel 5 dieses Statuts genannten Verbrechens verurteilt worden ist, eine der folgenden Strafen verhängen:

a) eine zeitlich begrenzte Freiheitsstrafe bis zu einer Höchstdauer von 30 Jahren;

b) eine lebenslange Freiheitsstrafe, wenn dies durch die außergewöhnliche Schwere des Verbrechens und die persönlichen Verhältnisse des Verurteilten gerechtfertigt ist.

(2) Neben der Freiheitsstrafe kann der Gerichtshof Folgendes anordnen:

a) eine Geldstrafe nach den in der Verfahrens- und Beweisordnung enthaltenen Kriterien;

b) die Einziehung des Erlöses, des Eigentums und der Vermögensgegenstände, die unmittelbar oder mittelbar aus diesem Verbrechen stammen, unbeschadet der Rechte gutgläubiger Dritter.

Artikel 78
Festsetzung der Strafe

(1) Bei der Festsetzung der Strafe berücksichtigt der Gerichtshof in Übereinstimmung mit der Verfahrens- und Beweisordnung Faktoren wie die Schwere des Verbrechens und die persönlichen Verhältnisse des Verurteilten.

(2) Bei der Verhängung einer Freiheitsstrafe rechnet der Gerichtshof die auf Grund seiner Anordnung zuvor in Haft verbrachte Zeit an. Der Gerichtshof kann alle sonst im Zusammenhang mit dem Verhalten, das dem Verbrechen zugrunde liegt, in Haft verbrachten Zeiten anrechnen.

(3) Ist eine Person mehr als eines Verbrechens für schuldig befunden worden, so verhängt der Gerichtshof eine Strafe für jedes Verbrechen und eine Gesamtstrafe unter Angabe der Gesamtlänge der Freiheitsstrafe. Diese darf nicht kürzer sein als die höchste verhängte Einzelstrafe; sie darf 30 Jahre Freiheitsentzug oder eine lebenslange Freiheitsstrafe entsprechend Artikel 77 Absatz 1 Buchstabe b nicht überschreiten.

Artikel 79
Treuhandfonds

(1) Auf Beschluss der Versammlung der Vertragsstaaten wird zugunsten der Opfer von Verbrechen, die der Gerichtsbarkeit des Gerichtshofs unterliegen, und der Angehörigen der Opfer ein Treuhandfonds errichtet.

(2) Der Gerichtshof kann anordnen, dass durch Geldstrafen oder Einziehung erlangte Gelder und sonstiges Eigentum auf Anordnung des Gerichtshofs an den Treuhandfonds überwiesen werden.

(3) Der Treuhandfonds wird nach Kriterien verwaltet, die von der Versammlung der Vertragsstaaten festzulegen sind.

Artikel 80
Unberührtheit der einzelstaatlichen Anwendung von Strafen und einzelstaatlichen Rechtsvorschriften

Dieser Teil lässt die Anwendung der in den einzelstaatlichen Rechtsvorschriften vorgesehenen Strafen durch die Staaten ebenso unberührt wie die Rechtsvorschriften von Staaten, welche die in diesem Teil vorgesehenen Strafen nicht kennen.

TEIL 8
BERUFUNG UND WIEDERAUFNAHME

Artikel 81
Berufung gegen Frei- oder Schuldspruch oder gegen den Strafspruch

(1) Gegen ein Urteil nach Artikel 74 kann in Übereinstimmung mit der Verfahrens- und Beweisordnung wie folgt Berufung eingelegt werden:

a) Der Ankläger kann aus einem der folgenden Gründe Berufung einlegen:

i) Verfahrensfehler,

ii) fehlerhafte Tatsachenfeststellung oder

iii) fehlerhafte Rechtsanwendung.

b) Der Verurteilte oder zu seinen Gunsten der Ankläger kann aus einem der folgenden Gründe Berufung einlegen:

i) Verfahrensfehler,

ii) fehlerhafte Tatsachenfeststellung,

iii) fehlerhafte Rechtsanwendung oder

iv) jeder andere Grund, der die Fairness oder Verlässlichkeit des Verfahrens oder des Urteils beeinträchtigt.

(2) a) Gegen den Strafspruch kann der Ankläger oder der Verurteilte in Übereinstimmung mit der Verfahrens- und Beweisordnung wegen der Unverhältnismäßigkeit zwischen Verbrechen und Strafmaß Berufung einlegen.

b) Gelangt der Gerichtshof aus Anlass einer Berufung gegen den Strafspruch zu der Auffassung, dass Gründe für eine vollständige oder teilweise Aufhebung des Schuldspruchs vorliegen, so kann er den Ankläger und den Verurteilten auffordern, Gründe nach Absatz 1 Buchstabe a oder b vorzubringen; er kann in Übereinstimmung mit Artikel 83 eine Entscheidung über den Schuldspruch fällen.

c) Das gleiche Verfahren findet Anwendung, wenn der Gerichtshof aus Anlass einer allein gegen den Schuldspruch gerichteten Berufung zu der Auffassung gelangt, dass Gründe für die Herabsetzung des Strafmaßes nach Absatz 2 Buchstabe a vorliegen.

(3) a) Soweit die Hauptverfahrenskammer nichts anderes anordnet, bleibt ein Verurteilter während des Berufungsverfahrens in Haft.

b) Überschreitet die Haftzeit eines Verurteilten die verhängte Freiheitsstrafe, so wird er freigelassen; hat indessen der Ankläger ebenfalls Berufung eingelegt, so kann die Haftentlassung nach Maßgabe der unter Buchstabe c genannten Bedingungen erfolgen.

c) Im Fall eines Freispruchs wird der Angeklagte vorbehaltlich der folgenden Bestimmungen sofort freigelassen:

i) unter außergewöhnlichen Umständen und mit Rücksicht unter anderem auf die konkrete Fluchtgefahr, die Schwere der zur Last gelegten Straftat und die Wahrscheinlichkeit eines erfolgreichen Ausgangs der Berufung kann die Hauptverfahrenskammer auf Antrag des Anklägers den Freigesprochenen während des Berufungsverfahrens weiterhin in Haft halten;

ii) gegen eine Entscheidung der Hauptverfahrenskammer nach Buchstabe c Ziffer i kann in Übereinstimmung mit der Verfahrens- und Beweisordnung Beschwerde eingelegt werden.

(4) Vorbehaltlich des Absatzes 3 Buchstaben a und b wird die Vollstreckung des Urteils beziehungsweise der Strafe während der zulässigen Berufungsfrist und für die Dauer des Berufungsverfahrens ausgesetzt.

Artikel 82
Beschwerde gegen sonstige Entscheidungen

(1) Jede der Parteien kann in Übereinstimmung mit der Verfahrens- und Beweisordnung gegen jede der nachstehenden Entscheidungen Beschwerde einlegen:

a) eine Entscheidung betreffend die Gerichtsbarkeit oder Zulässigkeit;

b) eine Entscheidung, mit der die Haftentlassung der Person, gegen die sich die Ermittlungen oder die Strafverfolgung richten, gewährt beziehungsweise abgelehnt wird;

c) eine Entscheidung der Vorverfahrenskammer, nach Artikel 56 Absatz 3 aus eigener Initiative tätig zu werden;

d) eine Entscheidung betreffend eine Frage, welche die faire und zügige Durchführung des Verfahrens oder das Ergebnis des Hauptverfahrens maßgeblich beeinflussen würde und deren sofortige Regelung durch die Berufungskammer das Verfahren nach Auffassung der Vorverfahrenskammer oder der Hauptverfahrenskammer wesentlich voranbringen kann.

(2) Gegen eine Entscheidung der Vorverfahrenskammer nach Artikel 57 Absatz 3 Buchstabe d kann der betroffene Staat beziehungsweise der Ankläger mit Zustimmung der Vorverfahrenskammer Beschwerde einlegen. Über die Beschwerde wird beschleunigt verhandelt.

(3) Eine Beschwerde hat nur dann aufschiebende Wirkung, wenn die Berufungskammer dies auf entsprechenden Antrag in Übereinstimmung mit der Verfahrens- und Beweisordnung anordnet.

(4) Der gesetzliche Vertreter der Opfer, der Verurteilte oder ein gutgläubiger Eigentümer von Vermögensgegenständen, auf die sich eine Anordnung nach Artikel 75 nachteilig auswirkt, kann entsprechend der Verfahrens- und Beweisordnung gegen die Anordnung zur Leistung von Wiedergutmachung Beschwerde einlegen.

Artikel 83
Berufungsverfahren

(1) Für die Zwecke eines Verfahrens nach Artikel 81 und diesem Artikel verfügt die Berufungskammer über alle Befugnisse der Hauptverfahrenskammer.

(2) Befindet die Berufungskammer, dass es dem Verfahren, gegen das Berufung eingelegt wurde, in einer Weise an Fairness mangelte, dass die Verlässlichkeit des Urteils oder des Strafspruchs beeinträchtigt wurde, oder dass das Urteil oder der Strafspruch, gegen die Berufung eingelegt wurde, durch fehlerhafte Tatsachenfeststellung, fehlerhafte Rechtsanwendung oder Verfahrensfehler wesentlich beeinträchtigt wurde, so kann sie

a) das Urteil oder den Strafspruch aufheben oder abändern oder

b) eine neue Verhandlung vor einer anderen Hauptverfahrenskammer anordnen.

Zu diesem Zweck kann die Berufungskammer eine Tatsachenfrage an die ursprüngliche Hauptverfahrenskammer zur Entscheidung und entsprechenden Berichterstattung zurückverweisen, oder sie kann selbst Beweis erheben, um die Frage zu entscheiden. Wenn nur der Verurteilte oder zu seinen Gunsten der Ankläger Berufung gegen das Urteil oder den Strafspruch eingelegt hat, kann das Urteil oder der Strafspruch nicht zum Nachteil des Verurteilten abgeändert werden.

(3) Stellt die Berufungskammer bei einer Berufung gegen den Strafspruch fest, dass das Strafmaß in keinem Verhältnis zum Verbrechen steht, so kann sie das Strafmaß in Übereinstimmung mit Teil 7 abändern.

(4) Das Urteil der Berufungskammer ergeht mit der Stimmenmehrheit der Richter; es wird in öffentlicher Sitzung verkündet. Das Urteil enthält eine Urteilsbegründung. Besteht keine Einstimmigkeit, so enthält das Urteil die Auffassungen der Mehrheit und die der Minderheit, doch können die Richter auch persönliche oder abweichende Meinungen zu Rechtsfragen abgeben.

(5) Die Berufungskammer kann ihr Urteil in Abwesenheit des Freigesprochenen oder des Verurteilten verkünden.

Artikel 84
Wiederaufnahme des Verfahrens hinsichtlich des Schuldspruchs oder des Strafspruchs

(1) Der Verurteilte oder nach seinem Tod sein Ehepartner, seine Kinder, Eltern oder eine zum Zeitpunkt des Todes des Verurteilten lebende Person, die vom Verurteilten ausdrücklich schriftliche Anweisungen erhalten hat, einen solchen Antrag zu stellen, oder zugunsten des Verurteilten der Ankläger können bei der Berufungskammer einen Antrag auf Wiederaufnahme des Verfahrens hinsichtlich des rechtskräftigen Schuldspruchs oder Strafspruchs stellen mit der Begründung, dass

a) neue Beweismittel bekannt geworden sind, die

i) zum Zeitpunkt der Verhandlung nicht vorlagen, ohne dass dies ganz oder teilweise der antragstellenden Partei zuzuschreiben war, und

ii) so wichtig sind, dass sie wahrscheinlich zu einem anderen Urteil geführt hätten, wenn sie während der Verhandlung entsprechend gewürdigt worden wären;

b) erst jetzt entdeckt wurde, dass entscheidende Beweismittel, die bei der Verhandlung berücksichtigt wurden und auf denen der Schuldspruch beruht, falsch sind, ge- oder verfälscht wurden;

c) ein oder mehrere an dem Schuldspruch oder der Bestätigung der Anklage beteiligte Richter in dieser Sache eine so schwere Verfehlung oder Amtspflichtverletzung begangen haben, dass ihre Amtsenthebung nach Artikel 46 gerechtfertigt ist.

(2) Die Berufungskammer verwirft den Wiederaufnahmeantrag, wenn sie ihn für unbegründet hält. Erachtet sie den Antrag als begründet, so kann sie je nach Sachlage

a) die ursprüngliche Hauptverfahrenskammer wieder einberufen;

b) eine neue Hauptverfahrenskammer bilden oder

c) selbst die Zuständigkeit für die Angelegenheit behalten,

mit dem Ziel, nach Anhörung der Parteien in einer der Verfahrens- und Beweisordnung entsprechenden Weise zu entscheiden, ob das Urteil revidiert werden soll.

Artikel 85
Entschädigung an Festgenommene oder Verurteilte

(1) Jeder, der unrechtmäßig festgenommen oder in Haft gehalten worden ist, hat einen Anspruch auf Entschädigung.

(2) Ist jemand wegen einer strafbaren Handlung rechtskräftig verurteilt und ist das Urteil später aufgehoben worden, weil eine neue oder neu bekannt gewordene Tatsache schlüssig beweist, dass ein Fehlurteil vorlag, so ist derjenige, der auf Grund eines solchen Urteils eine Strafe verbüßt hat, nach rechtlichen Vorschriften zu entschädigen, sofern nicht nachgewiesen wird, dass das nicht rechtzeitige Bekanntwerden der betreffenden Tatsache ganz oder teilweise ihm zuzuschreiben ist.

(3) Unter außergewöhnlichen Umständen kann der Gerichtshof, wenn er schlüssige Tatsachen feststellt, aus denen hervorgeht, dass es zu einem schwerwiegenden und offenkundigen Fehlurteil gekommen ist, nach eigenem Ermessen in Übereinstimmung mit den in der Verfahrens- und Beweisordnung vorgesehenen Kriterien einer Person Entschädigung zuerkennen, die nach einem rechtskräftigen Freispruch oder einer aus diesem Grund erfolgten Verfahrenseinstellung aus der Haft entlassen worden ist.

TEIL 9
INTERNATIONALE ZUSAMMENARBEIT UND RECHTSHILFE

Artikel 86
Allgemeine Verpflichtung zur Zusammenarbeit

Die Vertragsstaaten arbeiten nach Maßgabe dieses Statuts bei den Ermittlungen in Bezug auf Verbrechen, die der Gerichtsbarkeit des Gerichtshofs unterliegen, und bei deren strafrechtlicher Verfolgung uneingeschränkt mit dem Gerichtshof zusammen.

Artikel 87
Ersuchen um Zusammenarbeit: Allgemeine Bestimmungen

(1) a) Der Gerichtshof ist befugt, die Vertragsstaaten um Zusammenarbeit zu ersuchen. Diese Ersuchen werden auf diplomatischem oder jedem sonstigen geeigneten Weg übermittelt, den die Vertragsstaaten bei der Ratifikation, Annahme oder Genehmigung des Statuts oder dem Beitritt dazu festlegen.

Spätere Änderungen der Festlegung werden von jedem Vertragsstaat in Übereinstimmung mit der Verfahrens- und Beweisordnung vorgenommen.

b) Gegebenenfalls können unbeschadet des Buchstabens a die Ersuchen auch über die Internationale Kriminalpolizeiliche Organisation oder eine geeignete Regionalorganisation übermittelt werden. (2) Ersuchen um Zusammenarbeit und alle zu ihrer Begründung beigefügten Unterlagen werden in einer Amtssprache des ersuchten Staates oder einer der Arbeitssprachen des Gerichtshofs abgefasst, oder sie werden von einer Übersetzung in eine dieser Sprachen begleitet, entsprechend der Wahl, die der Staat bei der Ratifikation, Annahme oder Genehmigung des Statuts oder dem Beitritt dazu getroffen hat. Spätere Änderungen dieser Wahl werden in Übereinstimmung mit der Verfahrens- und Beweisordnung vorgenommen.

(3) Der ersuchte Staat behandelt ein Ersuchen um Zusammenarbeit und alle zu seiner Begründung beigefügten Unterlagen vertraulich, soweit eine Offenlegung nicht für die Erledigung des Ersuchens erforderlich ist.

(4) In Bezug auf die nach diesem Teil gestellten Rechtshilfeersuchen kann der Gerichtshof alle notwendigen Maßnahmen treffen, einschließlich Maßnahmen zum Schutz von Informationen, um die Sicherheit oder das körperliche oder seelische Wohl der Opfer, möglichen Zeugen und deren Angehörigen zu gewährleisten. Der Gerichtshof kann darum ersuchen, dass alle nach diesem Teil zur Verfügung gestellten Informationen in einer Weise bereitgestellt und gehandhabt werden, welche die Sicherheit und das körperliche oder seelische Wohl der Opfer, möglichen Zeugen und deren Angehörigen schützt.

(5) a) Der Gerichtshof kann jeden Staat, der nicht Vertragspartei dieses Statuts ist, ersuchen, auf Grund einer Ad-hoc Vereinbarung, einer Übereinkunft mit diesem Staat oder auf jeder anderen geeigneten Grundlage Unterstützung nach diesem Teil zu leisten.

b) Leistet ein Staat, der nicht Vertragspartei dieses Statuts ist und der eine Ad-hoc-Vereinbarung oder eine Übereinkunft mit dem Gerichtshof getroffen hat, einem auf Grund der Vereinbarung oder Übereinkunft gestellten Ersuchen um Zusammenarbeit nicht Folge, so kann der Gerichtshof die Versammlung der Vertragsstaaten oder, wenn der Sicherheitsrat die Angelegenheit dem Gerichtshof unterbreitet hat, den Sicherheitsrat davon unterrichten.

(6) Der Gerichtshof kann jede zwischenstaatliche Organisation ersuchen, Informationen oder Unterlagen beizubringen. Der Gerichtshof kann auch um andere Formen der Zusammenarbeit und Unterstützung bitten, die mit dieser Organisation vereinbart werden und mit ihrer Zuständigkeit oder ihrem Auftrag vereinbar sind.

(7) Leistet ein Vertragsstaat entgegen diesem Statut einem Ersuchen des Gerichtshofs um Zusammenarbeit nicht Folge und hindert er dadurch

den Gerichtshof an der Wahrnehmung seiner Aufgaben und Befugnisse auf Grund dieses Statuts, so kann der Gerichtshof eine entsprechende Feststellung treffen und die Angelegenheit der Versammlung der Vertragsstaaten oder, wenn der Sicherheitsrat die Angelegenheit dem Gerichtshof unterbreitet hat, dem Sicherheitsrat übergeben.

Artikel 88
Nach innerstaatlichem Recht zur Verfügung stehende Verfahren

Die Vertragsstaaten sorgen dafür, dass in ihrem innerstaatlichen Recht für alle in diesem Teil vorgesehenen Formen der Zusammenarbeit Verfahren zur Verfügung stehen.

Artikel 89
Überstellung von Personen an den Gerichtshof

(1) Der Gerichtshof kann jedem Staat, in dessen Hoheitsgebiet sich eine Person vermutlich befindet, ein Ersuchen um Festnahme und Überstellung dieser Person samt den in Artikel 91 genannten zu seiner Begründung beigefügten Unterlagen übermitteln und diesen Staat um Zusammenarbeit bei der Festnahme und Überstellung der Person ersuchen. Die Vertragsstaaten leisten Ersuchen um Festnahme und Überstellung in Übereinstimmung mit diesem Teil und den in ihrem innerstaatlichen Recht vorgesehenen Verfahren Folge.

(2) Ficht die Person, um deren Überstellung ersucht wurde, vor einem innerstaatlichen Gericht auf der Grundlage des in Artikel 20 festgelegten Grundsatzes ne bis in idem die Überstellung an, so konsultiert der ersuchte Staat sofort den Gerichtshof, um festzustellen, ob eine entsprechende Entscheidung über die Zulässigkeit ergangen ist. Ist die Sache zulässig, so fährt der ersuchte Staat mit der Erledigung des Ersuchens fort. Steht eine Zulässigkeitsentscheidung noch aus, so kann der ersuchte Staat die Erledigung des Ersuchens um Überstellung so lange aufschieben, bis der Gerichtshof eine Entscheidung über die Zulässigkeit fällt.

(3) a) Ein Vertragsstaat genehmigt in Übereinstimmung mit seinem innerstaatlichen Verfahrensrecht die Beförderung einer von einem anderen Staat an den Gerichtshof überstellten Person durch sein Hoheitsgebiet, soweit nicht die Durchbeförderung durch diesen Staat die Überstellung verhindern oder verzögern würde.

b) Ein Durchbeförderungsersuchen des Gerichtshofs wird in Übereinstimmung mit Artikel 87 übermittelt. Das Durchbeförderungsersuchen enthält

i) eine Beschreibung der zu befördernden Person,

ii) eine kurze Darlegung des Sachverhalts und dessen rechtliche Würdigung und

iii) den Haftbefehl und das Überstellungsersuchen.

c) Während der Durchbeförderung ist die beförderte Person in Haft zu halten.

d) Eine Genehmigung ist nicht erforderlich, wenn die Person auf dem Luftweg befördert wird und eine Zwischenlandung im Hoheitsgebiet des Durchbeförderungsstaats nicht vorgesehen ist.

e) Kommt es zu einer unvorhergesehenen Zwischenlandung im Hoheitsgebiet des Durchbeförderungsstaats, so kann dieser Staat den Gerichtshof um ein Durchbeförderungsersuchen nach Buchstabe b ersuchen. Der Durchbeförderungsstaat hält die beförderte Person so lange in Haft, bis das Durchbeförderungsersuchen eingetroffen und die Durchbeförderung erfolgt ist; die Haft im Sinne dieses Buchstabens darf 96 Stunden von der unvorhergesehenen Zwischenlandung an nicht überschreiten, es sei denn, das Ersuchen geht innerhalb dieser Frist ein.

(4) Wird im ersuchten Staat gegen die gesuchte Person gerichtlich vorgegangen oder verbüßt sie dort eine Strafe wegen eines anderen Verbrechens als desjenigen, dessentwegen die Überstellung an den Gerichtshof verlangt wird, so konsultiert der ersuchte Staat den Gerichtshof, nachdem er beschlossen hat, dem Ersuchen stattzugeben.

Artikel 90
Konkurrierende Ersuchen

(1) Ein Vertragsstaat, der ein Ersuchen des Gerichtshofs um Überstellung einer Person nach Artikel 89 und außerdem von einem anderen Staat ein Ersuchen um Auslieferung derselben Person wegen desselben Verhaltens erhält, das die Grundlage für das Verbrechen bildet, dessentwegen der Gerichtshof um die Überstellung der Person ersucht, teilt dies dem Gerichtshof und dem ersuchenden Staat mit.

(2) Ist der ersuchende Staat ein Vertragsstaat, so räumt der ersuchte Staat dem Ersuchen des Gerichtshofs Vorrang ein, wenn

a) der Gerichtshof nach Artikel 18 oder 19 entschieden hat, dass die Sache, derentwegen die Überstellung verlangt wird, zulässig ist, und bei seiner Entscheidung die Ermittlungen oder die Strafverfolgung des ersuchenden Staates in Bezug auf dessen Auslieferungsersuchen berücksichtigt hat, oder

b) der Gerichtshof die unter Buchstabe a beschriebene Entscheidung auf Grund der Mitteilung des ersuchten Staates nach Absatz 1 trifft.

(3) Wurde keine Entscheidung nach Absatz 2 Buchstabe a getroffen, so kann der ersuchte Staat nach eigenem Ermessen bis zur Entscheidung des Gerichtshofs nach Absatz 2 Buchstabe b das

Auslieferungsersuchen des ersuchenden Staates weiterbehandeln, liefert die Person jedoch nicht aus, bis der Gerichtshof entschieden hat, dass die Sache unzulässig ist. Die Entscheidung des Gerichtshofs wird beschleunigt gefällt.

(4) Handelt es sich beim ersuchenden Staat um einen Staat, der nicht Vertragspartei dieses Statuts ist, so räumt der ersuchte Staat, sofern er nicht völkerrechtlich verpflichtet ist, die Person an den ersuchenden Staat auszuliefern, dem Überstellungsersuchen des Gerichtshofs Vorrang ein, wenn der Gerichtshof entschieden hat, dass die Sache zulässig ist.

(5) Hat der Gerichtshof nicht entschieden, dass eine Sache nach Absatz 4 zulässig ist, so kann der ersuchte Staat nach eigenem Ermessen das Auslieferungsersuchen des ersuchenden Staates weiterbehandeln.

(6) Findet Absatz 4 Anwendung, ist der ersuchte Staat jedoch völkerrechtlich verpflichtet, die Person an den ersuchenden Staat, der nicht Vertragspartei dieses Statuts ist, auszuliefern, so entscheidet der ersuchte Staat, ob er die Person an den Gerichtshof überstellt oder an den ersuchenden Staat ausliefert. Bei seiner Entscheidung berücksichtigt der ersuchte Staat alle maßgeblichen Umstände, insbesondere, jedoch nicht ausschließlich,

a) das jeweilige Datum der Ersuchen,

b) die Interessen des ersuchenden Staates, darunter gegebenenfalls die Frage, ob das Verbrechen in seinem Hoheitsgebiet begangen wurde, und die Staatsangehörigkeit der Opfer und der gesuchten Person und

c) die Möglichkeit einer späteren Überstellung der Person zwischen dem Gerichtshof und dem ersuchenden Staat.

(7) Erhält ein Vertragsstaat vom Gerichtshof ein Ersuchen um Überstellung einer Person und außerdem von einem Staat ein Ersuchen um Auslieferung derselben Person wegen eines anderen Verhaltens als desjenigen, das den Tatbestand des Verbrechens erfüllt, dessentwegen der Gerichtshof die Überstellung der Person verlangt,

a) so räumt der ersuchte Staat, soweit er nicht völkerrechtlich verpflichtet ist, die Person an den ersuchenden Staat auszuliefern, dem Ersuchen des Gerichtshofs Vorrang ein;

b) so entscheidet der ersuchte Staat, sofern er völkerrechtlich verpflichtet ist, die Person an den ersuchenden Staat auszuliefern, ob er die Person an den Gerichtshof überstellt oder an den ersuchenden Staat ausliefert. Bei seiner Entscheidung berücksichtigt der ersuchte Staat alle maßgeblichen Umstände, insbesondere, jedoch nicht ausschließlich, die in Absatz 6 genannten Umstände; besondere Berücksichtigung finden dabei jedoch das Wesen und die Schwere des fraglichen Verhaltens im jeweiligen Fall.

(8) Hat der Gerichtshof auf Grund einer Mitteilung nach diesem Artikel entschieden, dass eine Sache unzulässig ist, und wird später die Auslieferung an den ersuchenden Staat abgelehnt, so teilt der ersuchte Staat dem Gerichtshof diese Entscheidung mit.

Artikel 91
Inhalt des Festnahme- und Überstellungsersuchens

(1) Ein Festnahme- und Überstellungsersuchen erfolgt schriftlich. In dringenden Fällen kann ein Ersuchen über jedes Medium erfolgen, das in der Lage ist, eine schriftliche Aufzeichnung zu hinterlassen; allerdings muss das Ersuchen auf dem in Artikel 87 Absatz 1 Buchstabe a vorgesehenen Weg bestätigt werden.

(2) Ein Ersuchen um Festnahme und Überstellung einer Person, gegen die von der Vorverfahrenskammer ein Haftbefehl nach Artikel 58 erlassen wurde, enthält beziehungsweise wird begleitet durch

a) eine Beschreibung der gesuchten Person, die ausreicht, um sie zu identifizieren, sowie Angaben über den Ort, an dem sie sich vermutlich aufhält,

b) eine Abschrift des Haftbefehls und

c) die Unterlagen, Erklärungen oder Informationen, die erforderlich sind, um den Vorschriften für das Überstellungsverfahren im ersuchten Staat Genüge zu tun; diese Vorschriften sollen jedoch keine größere Belastung als die auf Auslieferungsersuchen auf Grund von Verträgen oder Vereinbarungen zwischen dem ersuchten Staat und anderen Staaten anwendbaren Vorschriften darstellen; sie sollen vielmehr unter Berücksichtigung des besonderen Charakters des Gerichtshofs möglichst eine geringere Belastung darstellen.

(3) Ein Ersuchen um Festnahme und Überstellung eines bereits Verurteilten enthält beziehungsweise wird begleitet durch

a) eine Abschrift jedes Haftbefehls gegen diese Person,

b) eine Abschrift des Schuldspruchs,

c) Informationen, aus denen hervorgeht, dass es sich bei der gesuchten Person um diejenige handelt, die im Schuldspruch genannt ist, und

d) wenn ein Strafspruch gegen die gesuchte Person ergangen ist, eine Abschrift des Strafspruchs, und im Fall einer Freiheitsstrafe eine Erklärung über die bereits verbüßte und die noch zu verbüßende Freiheitsstrafe.

(4) Auf Ersuchen des Gerichtshofs konsultiert ein Vertragsstaat den Gerichtshof entweder allgemein oder in Bezug auf eine bestimmte Angelegenheit hinsichtlich aller Vorschriften seines innerstaatlichen Rechts, die nach Absatz 2 Buchstabe c Anwendung finden können. Dabei setzt der Vertragsstaat den Gerichtshof von den besonderen

Vorschriften seines innerstaatlichen Rechts in Kenntnis.

Artikel 92
Vorläufige Festnahme

(1) In dringenden Fällen kann der Gerichtshof bis zur Vorlage des Überstellungsersuchens und der in Artikel 91 genannten Unterlagen um vorläufige Festnahme der gesuchten Person ersuchen.

(2) Das Ersuchen um vorläufige Festnahme kann über jedes Medium erfolgen, das in der Lage ist, eine schriftliche Aufzeichnung zu hinterlassen; es enthält

a) eine Beschreibung der gesuchten Person, die ausreicht, um sie zu identifizieren, sowie Angaben über den Ort, an dem sie sich vermutlich aufhält,

b) eine knappe Darstellung der Verbrechen, derentwegen die Festnahme der gesuchten Person verlangt wird, sowie der Tatsachen, die angeblich den Tatbestand dieser Verbrechen erfüllen, einschließlich, soweit möglich, des Datums und des Ortes der Verbrechensbegehung,

c) eine Erklärung über das Vorliegen eines Haftbefehls oder eines Schuldspruchs gegen die gesuchte Person und

d) eine Erklärung, dass ein Überstellungsersuchen nachgereicht werden wird.

(3) Eine vorläufig festgenommene Person kann aus der Haft entlassen werden, wenn der ersuchte Staat das Überstellungsersuchen und die in Artikel 91 genannten Unterlagen nicht innerhalb der in der Verfahrens- und Beweisordnung vorgesehenen Fristen erhalten hat. Die Person kann jedoch vor Ablauf dieser Frist der Überstellung zustimmen, wenn das Recht des ersuchten Staates dies zulässt. In diesem Fall nimmt der ersuchte Staat ihre Überstellung an den Gerichtshof so bald wie möglich vor.

(4) Die Tatsache, dass die gesuchte Person nach Absatz 3 aus der Haft entlassen wurde, schließt ihre spätere Festnahme und Überstellung nicht aus, wenn das Überstellungsersuchen und die beigefügten Unterlagen zu einem späteren Zeitpunkt übermittelt werden.

Artikel 93
Andere Formen der Zusammenarbeit

(1) Die Vertragsstaaten entsprechen in Übereinstimmung mit diesem Teil und nach den im innerstaatlichen Recht vorgesehenen Verfahren den Ersuchen des Gerichtshofs um die nachstehenden Formen der Rechtshilfe im Zusammenhang mit Ermittlungen oder Strafverfolgungen:

a) Identifizierung und Feststellung des Verbleibs von Personen oder Lokalisierung von Gegenständen,

b) Beweisaufnahme, einschließlich beeideter Zeugenaussagen, und Beibringung von Beweismitteln, einschließlich Sachverständigengutachten und Berichten, die der Gerichtshof benötigt,

c) Vernehmung von Personen, gegen die ermittelt wird oder die strafrechtlich verfolgt werden,

d) Zustellung von Unterlagen, einschließlich gerichtlicher Schriftstücke,

e) Erleichterung des freiwilligen Erscheinens von Personen als Zeugen oder Sachverständige vor dem Gerichtshof,

f) zeitweilige Übergabe von Personen nach Absatz 7,

g) Untersuchung von Orten oder Stätten, einschließlich Exhumierung und Untersuchung von Grabstätten,

h) Durchführung von Durchsuchungen und Beschlagnahmen,

i) Beibringung von Akten und Unterlagen, einschließlich amtlicher Akten und Unterlagen,

j) Schutz von Opfern und Zeugen und Sicherstellung von Beweismitteln,

k) Identifizierung, Aufspüren und Einfrieren oder Beschlagnahme von Erlösen, Eigentum und Vermögensgegenständen sowie Tatwerkzeugen zum Zweck der späteren Einziehung, unbeschadet der Rechte gutgläubiger Dritter, und

l) jede andere Form der Rechtshilfe, die nach dem Recht des ersuchten Staates nicht verboten ist, mit dem Ziel, die Ermittlungen in Bezug auf Verbrechen, die der Gerichtsbarkeit des Gerichtshofs unterliegen, und deren strafrechtliche Verfolgung zu erleichtern.

(2) Der Gerichtshof ist befugt, einem vor dem Gerichtshof erscheinenden Zeugen oder Sachverständigen die Zusicherung zu geben, dass er wegen einer Handlung oder Unterlassung, die vor seiner Abreise aus dem ersuchten Staat erfolgte, vom Gerichtshof nicht strafrechtlich verfolgt, in Haft genommen oder einer sonstigen Einschränkung seiner persönlichen Freiheit unterworfen wird.

(3) Ist die Durchführung einer in einem Ersuchen nach Absatz 1 genannten besonderen Rechtshilfemaßnahme im ersuchten Staat auf Grund eines bestehenden, allgemein gültigen wesentlichen Rechtsgrundsatzes verboten, so konsultiert der ersuchte Staat umgehend den Gerichtshof, um zu versuchen, die Angelegenheit zu regeln. Dabei sollte geprüft werden, ob die Rechtshilfe auf andere Weise oder unter bestimmten Bedingungen geleistet werden kann. Kann die Angelegenheit auch nach den Konsultationen nicht geregelt werden, so ändert der Gerichtshof das Ersuchen soweit erforderlich ab.

(4) Ein Vertragsstaat kann ein Rechtshilfeersuchen nur dann nach Artikel 72 ganz oder teilweise ablehnen, wenn das Ersuchen die Beibringung

von Unterlagen oder die Offenlegung von Beweismitteln betrifft, die seine nationale Sicherheit betreffen.

(5) Vor Ablehnung eines Rechtshilfeersuchens nach Absatz 1 Buchstabe l prüft der ersuchte Staat, ob die Rechtshilfe unter bestimmten Bedingungen oder zu einem späteren Zeitpunkt oder auf andere Art und Weise geleistet werden kann; nimmt der Gerichtshof oder der Ankläger jedoch die Rechtshilfe unter diesen Bedingungen an, so muss sich der Gerichtshof oder der Ankläger an diese Bedingungen halten.

(6) Wird ein Rechtshilfeersuchen abgelehnt, so setzt der ersuchte Vertragsstaat den Gerichtshof oder den Ankläger umgehend von den Gründen für die Ablehnung in Kenntnis.

(7) a) Der Gerichtshof kann um zeitweilige Übergabe eines Häftlings zum Zweck der Identifizierung, der Vernehmung oder einer sonstigen Form der Rechtshilfe ersuchen. Der Häftling kann unter den folgenden Bedingungen übergeben werden:

i) er gibt aus freien Stücken in Kenntnis sämtlicher Umstände seine Zustimmung zur Übergabe, und

ii) der ersuchte Staat stimmt der Übergabe unter den zwischen ihm und dem Gerichtshof vereinbarten Bedingungen zu.

b) Die übergebene Person bleibt in Haft. Sind die Zwecke der Übergabe erfüllt, so sorgt der Gerichtshof für ihre unverzügliche Rücküberstellung an den ersuchten Staat.

(8) a) Der Gerichtshof stellt die Vertraulichkeit der Unterlagen und Informationen sicher, soweit die in dem Ersuchen beschriebenen Ermittlungen und Verfahren nichts anderes erfordern.

b) Der ersuchte Staat kann dem Ankläger, soweit notwendig, Unterlagen oder Informationen vertraulich übermitteln. Diese können vom Ankläger sodann nur zum Zweck der Erlangung neuer Beweismittel benutzt werden.

c) Der ersuchte Staat kann von sich aus oder auf Ersuchen des Anklägers später der Offenlegung dieser Unterlagen oder Informationen zustimmen. Sie können sodann nach den Teilen 5 und 6 und in Übereinstimmung mit der Verfahrens- und Beweisordnung als Beweismittel verwendet werden.

(9) a) i) Erhält ein Vertragsstaat vom Gerichtshof und im Rahmen einer völkerrechtlichen Verpflichtung von einem anderen Staat konkurrierende Ersuchen zu einem anderen Zweck als zur Überstellung oder Auslieferung, so bemüht sich der Vertragsstaat nach Rücksprache mit dem Gerichtshof und dem anderen Staat, beiden Ersuchen nachzukommen, indem er, soweit erforderlich, das eine oder das andere Ersuchen zurückstellt oder Bedingungen damit verknüpft.

ii) Andernfalls werden konkurrierende Ersuchen nach den in Artikel 90 festgelegten Grundsätzen geregelt.

b) Betrifft das Ersuchen des Gerichtshofs jedoch Informationen, Eigentum oder Personen, die auf Grund einer internationalen Übereinkunft der Verfügungsgewalt eines Drittstaats oder einer internationalen Organisation unterliegen, so setzt der ersuchte Staat den Gerichtshof davon in Kenntnis; der Gerichtshof richtet sein Ersuchen dann an den Drittstaat oder die internationale Organisation.

(10) a) Der Gerichtshof kann auf entsprechendes Ersuchen mit einem Vertragsstaat zusammenarbeiten und ihm Rechtshilfe leisten, wenn dieser Staat Ermittlungen oder ein Verfahren durchführt wegen eines Verhaltens, das den Tatbestand eines der Gerichtsbarkeit des Gerichtshofs unterliegenden Verbrechens oder eines schweren Verbrechens nach dem innerstaatlichen Recht des ersuchenden Staates erfüllt.

b) i) Die nach Buchstabe a geleistete Rechtshilfe umfasst unter anderem

a. die Übermittlung von Erklärungen, Unterlagen oder sonstigen Beweismitteln, die im Lauf der Ermittlungen oder des Verfahrens erlangt worden sind, welche der Gerichtshof durchgeführt hat, und

b. die Vernehmung einer auf Anordnung des Gerichtshofs inhaftierten Person;

ii) im Fall der Rechtshilfe nach Ziffer i Unterabsatz a gilt Folgendes:

a. Wurden die Unterlagen oder sonstigen Beweismittel mit Hilfe eines Staates erlangt, so bedarf die Übermittlung seiner Zustimmung;

b. wurden die Erklärungen, Unterlagen oder sonstigen Beweismittel durch einen Zeugen oder Sachverständigen beigebracht, so erfolgt die Übermittlung vorbehaltlich des Artikels 68.

c) Der Gerichtshof kann unter den in diesem Absatz genannten Bedingungen einem von einem Staat, der nicht Vertragspartei dieses Statuts ist, gestellten Rechtshilfeersuchen nach diesem Absatz stattgeben.

Artikel 94
Aufschub der Erledigung eines Ersuchens wegen laufender Ermittlungen oder laufender Strafverfolgung

(1) Würde die sofortige Erledigung eines Ersuchens die laufenden Ermittlungen oder die laufende Strafverfolgung in einer anderen Sache als derjenigen beeinträchtigen, auf die sich das Ersuchen bezieht, so kann der ersuchte Staat die Erledigung des Ersuchens um eine mit dem Gerichts-

hof vereinbarte Zeitspanne aufschieben. Der Aufschub darf jedoch nicht länger dauern, als notwendig ist, um die entsprechenden Ermittlungen oder die Strafverfolgung im ersuchten Staat zum Abschluss zu bringen. Vor der Entscheidung über den Aufschub soll der ersuchte Staat prüfen, ob die erbetene Rechtshilfe unter bestimmten Bedingungen sofort geleistet werden kann.

(2) Wird nach Absatz 1 ein Aufschub beschlossen, so kann der Ankläger dennoch nach Artikel 93 Absatz 1 Buchstabe j um Maßnahmen zur Beweissicherung ersuchen.

Artikel 95
Aufschub der Erledigung eines Ersuchens wegen Anfechtung der Zulässigkeit

Prüft der Gerichtshof eine Anfechtung der Zulässigkeit nach Artikel 18 oder 19, so kann der ersuchte Staat die Erledigung eines Ersuchens nach diesem Teil bis zu einer Entscheidung durch den Gerichtshof aufschieben, sofern der Gerichtshof nicht ausdrücklich angeordnet hat, dass der Ankläger die Beweisaufnahme nach Artikel 18 oder 19 fortsetzen kann.

Artikel 96
Inhalt eines Ersuchens um andere Formen der Rechtshilfe nach Artikel 93

(1) Ein Ersuchen um die in Artikel 93 genannten anderen Formen der Rechtshilfe erfolgt schriftlich. In dringenden Fällen kann ein Ersuchen über jedes Medium erfolgen, das in der Lage ist, eine schriftliche Aufzeichnung zu hinterlassen; allerdings muss das Ersuchen auf dem in Artikel 87 Absatz 1 Buchstabe a vorgesehenen Weg bestätigt werden.

(2) Das Ersuchen enthält beziehungsweise wird begleitet durch, soweit anwendbar,

a) eine knappe Darstellung des Zweckes des Ersuchens und der erbetenen Rechtshilfe, einschließlich der Rechtsgrundlage und der Gründe für das Ersuchen,

b) möglichst ausführliche Informationen über den Aufenthaltsort oder die Identifizierung von Personen oder die Orte, die gefunden oder identifiziert werden müssen, damit die erbetene Rechtshilfe geleistet werden kann,

c) eine knappe Darstellung des wesentlichen Sachverhalts, der dem Ersuchen zugrunde liegt,

d) die Gründe für alle einzuhaltenden Verfahren oder Bedingungen und deren Einzelheiten,

e) alle Informationen, die nach dem Recht des ersuchten Staates erforderlich sind, damit dem Ersuchen entsprochen werden kann, und

f) alle sonstigen Informationen, die von Bedeutung sind, damit die erbetene Rechtshilfe geleistet werden kann.

(3) Auf Ersuchen des Gerichtshofs konsultiert ein Vertragsstaat den Gerichtshof entweder allgemein oder in Bezug auf eine bestimmte Angelegenheit hinsichtlich aller Vorschriften seines innerstaatlichen Rechts, die nach Absatz 2 Buchstabe e Anwendung finden können. Dabei setzt der Vertragsstaat den Gerichtshof von den besonderen Vorschriften seines innerstaatlichen Rechts in Kenntnis.

(4) Dieser Artikel findet gegebenenfalls auch auf ein an den Gerichtshof gerichtetes Rechtshilfeersuchen Anwendung.

Artikel 97
Konsultationen

Erhält ein Vertragsstaat ein Ersuchen auf Grund dieses Teiles, in dessen Zusammenhang er Probleme feststellt, welche die Erledigung des Ersuchens be- oder verhindern können, so konsultiert der Vertragsstaat unverzüglich den Gerichtshof, um die Angelegenheit zu regeln. Bei diesen Problemen kann es sich unter anderem um Folgendes handeln:

a) unzureichende Informationen für die Erledigung des Ersuchens,

b) im Fall eines Überstellungsersuchens der Umstand, dass die gesuchte Person trotz aller Anstrengungen nicht ausfindig gemacht werden kann oder dass die Ermittlungen ergeben haben, dass die im ersuchten Staat befindliche Person eindeutig nicht die im Haftbefehl genannte Person ist, oder

c) der Umstand, dass die Erledigung des Ersuchens in seiner derzeitigen Form vom ersuchten Staat verlangen würde, eine gegenüber einem anderen Staat bereits bestehende vertragliche Verpflichtung zu verletzen.

Artikel 98
Zusammenarbeit im Hinblick auf den Verzicht auf Immunität und die Zustimmung zur Überstellung

(1) Der Gerichtshof darf kein Überstellungs- oder Rechtshilfeersuchen stellen, das vom ersuchten Staat verlangen würde, in Bezug auf die Staatenimmunität oder die diplomatische Immunität einer Person oder des Eigentums eines Drittstaats entgegen seinen völkerrechtlichen Verpflichtungen zu handeln, sofern der Gerichtshof nicht zuvor die Zusammenarbeit des Drittstaats im Hinblick auf den Verzicht auf Immunität erreichen kann.

(2) Der Gerichtshof darf kein Überstellungsersuchen stellen, das vom ersuchten Staat verlangen würde, entgegen seinen Verpflichtungen aus völkerrechtlichen Übereinkünften zu handeln, denen zufolge die Überstellung eines Angehörigen des Entsendestaats an den Gerichtshof der Zustim-

mung dieses Staates bedarf, sofern der Gerichtshof nicht zuvor die Zusammenarbeit des Entsendestaats im Hinblick auf die Zustimmung zur Überstellung erreichen kann.

Artikel 99
Erledigung von Ersuchen nach den Artikeln 93 und 96

(1) Rechtshilfeersuchen werden nach dem im Recht des ersuchten Staates vorgesehenen Verfahren und, soweit durch dieses Recht nicht verboten, in der in dem Ersuchen angegebenen Weise erledigt; in diesem Sinne hält der ersuchte Staat insbesondere jedes beschriebene Verfahren ein oder gestattet den im Ersuchen genannten Personen, bei der Erledigung anwesend und behilflich zu sein.

(2) Im Fall eines dringenden Ersuchens werden die beigebrachten Unterlagen oder Beweismittel auf Ersuchen des Gerichtshofs beschleunigt versandt.

(3) Antworten des ersuchten Staates werden in ihrer Originalsprache und -form übermittelt.

(4) Unbeschadet anderer Artikel dieses Teiles kann der Ankläger, sofern dies für die erfolgreiche Erledigung eines Ersuchens notwendig ist, das ohne Zwangsmaßnahmen erledigt werden kann – so insbesondere auch die Befragung einer Person oder die Beweiserhebung von ihr auf freiwilliger Grundlage, einschließlich einer solchen Vorgehensweise in Abwesenheit der Behörden des ersuchten Vertragsstaats, falls dies für die Erledigung des Ersuchens entscheidend ist, und die nicht mit der Vornahme von Veränderungen verbundene Untersuchung einer öffentlichen Stätte oder eines sonstigen öffentlichen Ortes – dieses Ersuchen wie folgt unmittelbar im Hoheitsgebiet eines Staates erledigen:

a) Wenn der ersuchte Vertragsstaat der Staat ist, in dessen Hoheitsgebiet das Verbrechen begangen worden sein soll, und nach Artikel 18 oder 19 eine Entscheidung ergangen ist, dass die Sache zulässig ist, kann der Ankläger das Ersuchen nach sämtlichen möglichen Konsultationen mit dem ersuchten Vertragsstaat unmittelbar erledigen;

b) in anderen Fällen kann der Ankläger das Ersuchen nach Konsultationen mit dem ersuchten Vertragsstaat und unter allen sinnvollen Bedingungen oder Anliegen dieses Vertragsstaats erledigen. Stellt der ersuchte Vertragsstaat Probleme bei der Erledigung eines Ersuchens nach diesem Buchstaben fest, so konsultiert er unverzüglich den Gerichtshof, um die Angelegenheit zu regeln.

(5) Die Bestimmungen, auf Grund deren es einer vom Gerichtshof angehörten oder vernommenen Person nach Artikel 72 gestattet ist, Einschränkungen geltend zu machen, um die Offenlegung vertraulicher Informationen im Zusammenhang mit der nationalen Sicherheit zu verhindern, finden auch auf die Erledigung von Rechtshilfeersuchen nach diesem Artikel Anwendung.

Artikel 100
Kosten

(1) Die gewöhnlichen Kosten der Erledigung von Ersuchen im Hoheitsgebiet des ersuchten Staates gehen zu dessen Lasten, mit Ausnahme folgender Kosten, die zu Lasten des Gerichtshofs gehen:

a) Kosten im Zusammenhang mit den Reisen und der Sicherheit von Zeugen und Sachverständigen oder der Übergabe von Häftlingen nach Artikel 93,

b) Übersetzungs-, Dolmetsch- und Transkriptionskosten,

c) Reisekosten und Tagegelder für die Richter, den Ankläger, die Stellvertretenden Ankläger, den Kanzler, den Stellvertretenden Kanzler und das Personal der Organe des Gerichtshofs,

d) Kosten etwaiger vom Gerichtshof angeforderter Sachverständigengutachten oder -berichte,

e) Kosten im Zusammenhang mit der Beförderung einer Person, die vom Gewahrsamsstaat an den Gerichtshof überstellt wird, und

f) nach Konsultationen alle außergewöhnlichen Kosten, die sich aus der Erledigung eines Ersuchens ergeben können.

(2) Absatz 1 gilt entsprechend auch für Ersuchen, die von Vertragsstaaten an den Gerichtshof gerichtet werden. In diesem Fall trägt der Gerichtshof die gewöhnlichen Kosten der Erledigung.

Artikel 101
Grundsatz der Spezialität

(1) Eine Person, die auf Grund dieses Statuts an den Gerichtshof überstellt wird, darf nicht wegen eines anderen vor der Überstellung begangenen Verhaltens strafrechtlich verfolgt, bestraft oder in Haft genommen werden als desjenigen Verhaltens oder derjenigen Verhaltensweise, welche die Grundlage der Verbrechen bildet, derentwegen sie überstellt wird.

(2) Der Gerichtshof kann den Staat, der die Person an den Gerichtshof überstellt hat, darum ersuchen, ihn von den Anforderungen des Absatzes 1 zu befreien; der Gerichtshof bringt bei Bedarf zusätzliche Informationen nach Artikel 91 bei. Die Vertragsstaaten sind befugt und sollen sich bemühen, dem Gerichtshof diese Befreiung zu gewähren.

Artikel 102
Begriffsbestimmungen

Im Sinne dieses Statuts

a) bedeutet „Überstellung" die Verbringung einer Person durch einen Staat an den Gerichtshof auf Grund dieses Statuts;

b) bedeutet „Auslieferung" die in einem Vertrag, einem Übereinkommen oder dem innerstaatlichen Recht vorgesehene Verbringung einer Person durch einen Staat in einen anderen Staat.

TEIL 10
VOLLSTRECKUNG

Artikel 103
Rolle der Staaten bei der Vollstreckung von Freiheitsstrafen

(1) a) Eine Freiheitsstrafe wird in einem Staat verbüßt, der vom Gerichtshof anhand einer Liste von Staaten bestimmt wird, die dem Gerichtshof ihre Bereitschaft bekundet haben, Verurteilte zu übernehmen.

b) Zu dem Zeitpunkt, zu dem ein Staat seine Bereitschaft zur Übernahme von Verurteilten bekundet, kann er mit Zustimmung des Gerichtshofs und in Übereinstimmung mit diesem Teil Bedingungen an die Übernahme knüpfen.

c) Ein Staat, der im Einzelfall bestimmt wird, setzt den Gerichtshof umgehend davon in Kenntnis, ob er die vom Gerichtshof vorgenommene Bestimmung anerkennt.

(2) a) Der Vollstreckungsstaat teilt dem Gerichtshof alle Umstände mit, namentlich die Anwendung von nach Absatz 1 vereinbarten Bedingungen, die sich wesentlich auf die Bedingungen oder die Länge der Freiheitsstrafe auswirken könnten. Solche bekannten oder vorhersehbaren Umstände sind dem Gerichtshof mindestens 45 Tage im Voraus mitzuteilen. Während dieser Frist ergreift der Vollstreckungsstaat keine Maßnahmen, die zu seinen Verpflichtungen nach Artikel 110 im Widerspruch stehen könnten.

b) Kann sich der Gerichtshof mit den unter Buchstabe a genannten Umständen nicht einverstanden erklären, so teilt er dies dem Vollstreckungsstaat mit und verfährt in Übereinstimmung mit Artikel 104 Absatz 1.

(3) In Ausübung seines Ermessens bei der Bestimmung eines Vollstreckungsstaats nach Absatz 1 berücksichtigt der Gerichtshof

a) den Grundsatz, dass die Vertragsstaaten sich in Übereinstimmung mit den in der Verfahrens- und Beweisordnung vorgesehenen Grundsätzen der ausgewogenen Verteilung die Verantwortung für die Strafvollstreckung teilen sollen,

b) die Anwendung allgemein anerkannter Normen völkerrechtlicher Verträge betreffend die Behandlung von Strafgefangenen,

c) die Auffassungen des Verurteilten,

d) die Staatsangehörigkeit des Verurteilten und

e) sonstige Faktoren im Zusammenhang mit den Umständen des Verbrechens, dem Verurteilten oder der wirksamen Strafvollstreckung, die für die Bestimmung des Vollstreckungsstaats in Betracht kommen.

(4) Wird nach Absatz 1 kein Staat bestimmt, so wird die Freiheitsstrafe in einer Vollzugsanstalt verbüßt, die der Gaststaat entsprechend den Bedingungen des in Artikel 3 Absatz 2 genannten Sitzabkommens zur Verfügung gestellt hat. In diesem Fall werden die Kosten der Strafvollstreckung vom Gerichtshof getragen.

Artikel 104
Wechsel der Bestimmung des Vollstreckungsstaats

(1) Der Gerichtshof kann jederzeit beschließen, einen Verurteilten in eine Vollzugsanstalt eines anderen Staates zu verlegen.

(2) Ein Verurteilter kann jederzeit beim Gerichtshof eine Verlegung aus dem Vollstreckungsstaat beantragen.

Artikel 105
Vollstreckung der Strafe

(1) Vorbehaltlich der von einem Staat in Übereinstimmung mit Artikel 103 Absatz 1 Buchstabe b erklärten Bedingungen ist die verhängte Freiheitsstrafe für die Vertragsstaaten bindend und darf von ihnen nicht geändert werden.

(2) Der Gerichtshof allein hat das Recht, über einen Berufungs- und Wiederaufnahmeantrag zu entscheiden. Der Vollstreckungsstaat hindert einen Verurteilten nicht daran, einen solchen Antrag zu stellen.

Artikel 106
Aufsicht über die Strafvollstreckung und Haftbedingungen

(1) Die Vollstreckung einer Freiheitsstrafe unterliegt der Aufsicht des Gerichtshofs; sie steht im Einklang mit den allgemein anerkannten Normen völkerrechtlicher Verträge betreffend die Behandlung von Strafgefangenen.

(2) Die Haftbedingungen werden durch das Recht des Vollstreckungsstaats geregelt; sie stehen im Einklang mit den allgemein anerkannten Normen völkerrechtlicher Verträge betreffend die Behandlung von Strafgefangenen; sie dürfen keinesfalls günstiger oder ungünstiger sein als diejenigen für Strafgefangene, die im Vollstreckungsstaat wegen ähnlicher Straftaten verurteilt wurden.

(3) Der Verkehr zwischen einem Verurteilten und dem Gerichtshof ist ungehindert und vertraulich.

Artikel 107
Verbringung einer Person nach verbüßter Strafe

(1) Eine Person, die nicht Staatsangehörige des Vollstreckungsstaats ist, kann nach verbüßter Strafe, sofern der Vollstreckungsstaat der Person nicht den Verbleib in seinem Hoheitsgebiet gestattet, in Übereinstimmung mit dem Recht des Vollstreckungsstaats in einen Staat verbracht werden, der zu ihrer Aufnahme verpflichtet ist, oder in einen anderen Staat, der in ihre Aufnahme einwilligt, wobei die Wünsche der in diesen Staat zu verbringenden Person mit berücksichtigt werden.

(2) Werden die aus der Verbringung der Person in einen anderen Staat nach Absatz 1 entstehenden Kosten nicht von einem Staat getragen, so trägt sie der Gerichtshof.

(3) Vorbehaltlich des Artikels 108 kann der Vollstreckungsstaat in Übereinstimmung mit seinem innerstaatlichen Recht die Person auch an einen Staat ausliefern oder auf andere Weise überstellen, der um ihre Auslieferung oder Überstellung zum Zweck eines Strafverfahrens oder der Strafvollstreckung ersucht hat.

Artikel 108
Einschränkung der Strafverfolgung oder Bestrafung wegen anderer Straftaten

(1) Ein Verurteilter im Gewahrsam des Vollstreckungsstaats darf für Handlungen, die er vor seiner Verbringung in den Vollstreckungsstaat vorgenommen hat, nicht strafrechtlich verfolgt, bestraft oder an einen Drittstaat ausgeliefert werden, es sei denn, der Gerichtshof hat diese Maßnahme auf Ersuchen des Vollstreckungsstaats genehmigt.

(2) Der Gerichtshof entscheidet die Angelegenheit nach Anhörung des Verurteilten.

(3) Absatz 1 findet keine Anwendung, wenn der Verurteilte freiwillig länger als 30 Tage im Hoheitsgebiet des Vollstreckungsstaats bleibt, nachdem er die gesamte vom Gerichtshof verhängte Strafe verbüßt hat, oder wenn er in das Hoheitsgebiet dieses Staates zurückkehrt, nachdem er es verlassen hatte.

Artikel 109
Vollstreckung von Geldstrafen und Einziehungsanordnungen

(1) Die Vertragsstaaten vollstrecken Geldstrafen oder eine Einziehung, die der Gerichtshof nach Teil 7 angeordnet hat, unbeschadet der Rechte gutgläubiger Dritter und in Übereinstimmung mit dem Verfahren ihres innerstaatlichen Rechts.

(2) Ist ein Vertragsstaat nicht in der Lage, eine angeordnete Einziehung zu vollstrecken, so trifft er Maßnahmen zur Eintreibung des Gegenwerts der Erlöse, des Eigentums oder der Vermögensgegenstände, deren Einziehung der Gerichtshof angeordnet hatte, unbeschadet der Rechte gutgläubiger Dritter.

(3) Eigentum oder die Erlöse aus dem Verkauf von Grundeigentum oder gegebenenfalls dem Verkauf anderen Eigentums, die ein Vertragsstaat durch die Vollstreckung eines Urteils des Gerichtshofs erlangt, werden auf den Gerichtshof übertragen.

Artikel 110
Überprüfung einer Herabsetzung des Strafmaßes durch den Gerichtshof

(1) Der Vollstreckungsstaat entlässt den Verurteilten nicht vor Ablauf der vom Gerichtshof verhängten Strafe aus dem Strafvollzug.

(2) Der Gerichtshof allein hat das Recht, über eine Herabsetzung des Strafmaßes zu entscheiden; er trifft seine Entscheidung in der Angelegenheit nach Anhörung des Verurteilten.

(3) Hat der Verurteilte zwei Drittel seiner Strafe oder bei lebenslanger Freiheitsstrafe 25 Jahre verbüßt, so überprüft der Gerichtshof die Strafe, um zu entscheiden, ob sie herabgesetzt werden soll. Diese Überprüfung findet nicht vor dem genannten Zeitpunkt statt.

(4) Bei seiner Überprüfung nach Absatz 3 kann der Gerichtshof das Strafmaß herabsetzen, wenn er feststellt, dass einer oder mehrere der nachstehenden Faktoren gegeben sind:

a) die frühzeitige und fortgesetzte Bereitschaft des Verurteilten, mit dem Gerichtshof bei seinen Ermittlungen und Strafverfolgungen zusammenzuarbeiten,

b) die freiwillige Hilfe des Verurteilten bei der Durchsetzung von Entscheidungen und Anordnungen des Gerichtshofs in anderen Sachen, insbesondere die Hilfe bei der Lokalisierung von Vermögensgegenständen, hinsichtlich deren eine Geldstrafe, eine Einziehung oder eine Wiedergutmachung angeordnet wurde und die zugunsten der Opfer verwendet werden können, oder

c) sonstige in der Verfahrens- und Beweisordnung vorgesehene Faktoren, die eine deutliche und beachtliche Änderung der Verhältnisse erkennen lassen, die ausreicht, um eine Herabsetzung des Strafmaßes zu rechtfertigen.

(5) Stellt der Gerichtshof bei seiner ersten Überprüfung nach Absatz 3 fest, dass eine Herabsetzung des Strafmaßes nicht angebracht ist, so überprüft er die Frage einer Herabsetzung des Strafmaßes danach in den Zeitabständen und nach den Kriterien, die in der Verfahrens- und Beweisordnung vorgesehen sind.

Artikel 111
Flucht

Entweicht ein Verurteilter aus der Haft und flieht er aus dem Vollstreckungsstaat, so kann dieser Staat nach Rücksprache mit dem Gerichtshof den Staat, in dem sich der Flüchtige aufhält, auf Grund bestehender zweiseitiger oder mehrseitiger Übereinkünfte um dessen Überstellung ersuchen oder den Gerichtshof ersuchen, die Überstellung des Flüchtigen in Übereinstimmung mit Teil 9 zu erwirken. Der Gerichtshof kann verfügen, dass der Flüchtige in den Staat, in dem er die Strafe verbüßte, oder in einen anderen vom Gerichtshof bestimmten Staat verbracht wird.

TEIL 11
VERSAMMLUNG DER VERTRAGSSTAATEN

Artikel 112
Versammlung der Vertragsstaaten

(1) Hiermit wird die Versammlung der Vertragsstaaten dieses Statuts gebildet. Jeder Vertragsstaat hat einen Vertreter in der Versammlung, der von Stellvertretern und Beratern begleitet sein kann. Andere Staaten, die dieses Statut oder die Schlussakte unterzeichnet haben, können als Beobachter an der Versammlung teilnehmen.

(2) Die Versammlung

a) erörtert Empfehlungen der Vorbereitungskommission und nimmt sie gegebenenfalls an;

b) hat die Aufsicht über das Präsidium, den Ankläger und den Kanzler betreffend die Verwaltung des Gerichtshofs;

c) erörtert die Berichte und Tätigkeiten des nach Absatz 3 geschaffenen Büros und trifft diesbezüglich die entsprechenden Maßnahmen;

d) erörtert und beschließt den Haushalt des Gerichtshofs;

e) beschließt, ob in Übereinstimmung mit Artikel 36 die Anzahl der Richter zu ändern ist;

f) erörtert nach Artikel 87 Absätze 5 und 7 jede Frage in Bezug auf fehlende Zusammenarbeit;

g) nimmt alle anderen Aufgaben wahr, die mit diesem Statut oder der Verfahrens- und Beweisordnung vereinbar sind.

(3) a) Die Versammlung hat ein Büro, das aus einem Präsidenten, zwei Vizepräsidenten und achtzehn von der Versammlung für eine dreijährige Amtszeit gewählten Mitgliedern besteht.

b) Das Büro hat repräsentativen Charakter, insbesondere unter Berücksichtigung einer ausgewogenen geografischen Verteilung und einer angemessenen Vertretung der hauptsächlichen Rechtssysteme der Welt.

c) Das Büro tritt so oft wie nötig, mindestens jedoch einmal im Jahr zusammen. Es hilft der Versammlung bei der Wahrnehmung ihrer Aufgaben.

(4) Die Versammlung kann Nebenorgane einsetzen, soweit dies erforderlich ist, einschließlich einer unabhängigen Aufsichtsinstanz für die Inspektion, Bewertung und Überprüfung des Gerichtshofs, mit dem Ziel, seine Leistungsfähigkeit und Wirtschaftlichkeit zu erhöhen.

(5) Der Präsident des Gerichtshofs, der Ankläger und der Kanzler oder ihre Stellvertreter können nach Bedarf an den Sitzungen der Versammlung und des Büros teilnehmen.

(6) Die Versammlung tritt einmal im Jahr am Sitz des Gerichtshofs oder am Sitz der Vereinten Nationen zusammen; wenn die Umstände es erfordern, hält sie außerordentliche Tagungen ab. Soweit dieses Statut nichts anderes bestimmt, beruft das Büro die außerordentlichen Tagungen entweder von sich aus oder auf Ersuchen eines Drittels der Vertragsstaaten ein.

(7) Jeder Vertragsstaat hat eine Stimme. Es werden alle Anstrengungen unternommen, um Entscheidungen in der Versammlung und im Büro durch Konsens zu treffen. Wenn kein Konsens erzielt werden kann und das Statut nichts anderes bestimmt,

a) müssen Beschlüsse über Sachfragen von der Zweidrittelmehrheit der Anwesenden und Abstimmenden angenommen werden, wobei die Versammlung beschlussfähig ist, wenn die absolute Mehrheit der Vertragsstaaten vertreten ist;

b) werden Beschlüsse über Verfahrensfragen von der einfachen Mehrheit der anwesenden und abstimmenden Vertragsstaaten gefasst.

(8) Ein Vertragsstaat, der mit der Zahlung seiner finanziellen Beiträge zur Deckung der Kosten des Gerichtshofs im Rückstand ist, hat in der Versammlung und im Büro kein Stimmrecht, wenn die Höhe seiner Rückstände den Betrag seiner Beiträge für die vorangegangenen zwei vollen Jahre erreicht oder übersteigt. Die Versammlung kann ihm jedoch die Ausübung des Stimmrechts in der Versammlung und im Büro gestatten, wenn nach ihrer Überzeugung der Zahlungsverzug auf Umstände zurückzuführen ist, die der Vertragsstaat nicht zu vertreten hat.

(9) Die Versammlung gibt sich eine Geschäftsordnung.

(10) Die Amts- und Arbeitssprachen der Versammlung sind diejenigen der Generalversammlung der Vereinten Nationen.

TEIL 12
FINANZIERUNG

Artikel 113
Finanzvorschriften

Soweit nicht ausdrücklich etwas anderes vorgesehen ist, werden alle finanziellen Angelegenheiten im Zusammenhang mit dem Gerichtshof und den Sitzungen der Versammlung der Vertragsstaaten, einschließlich ihres Büros und ihrer Nebenorgane, durch dieses Statut sowie durch die von der Versammlung der Vertragsstaaten angenommenen Finanzvorschriften und Finanzordnung geregelt.

Artikel 114
Kostenregelung

Die Kosten des Gerichtshofs und der Versammlung der Vertragsstaaten einschließlich ihres Büros und ihrer Nebenorgane werden aus den finanziellen Mitteln des Gerichtshofs bestritten.

Artikel 115
Finanzielle Mittel des Gerichtshofs und der Versammlung der Vertragsstaaten

Die Kosten des Gerichtshofs und der Versammlung der Vertragsstaaten einschließlich ihres Büros und ihrer Nebenorgane, die in dem von der Versammlung der Vertragsstaaten beschlossenen Haushalt vorgesehen sind, werden aus folgenden Quellen bestritten:

a) den berechneten Beiträgen der Vertragsstaaten;

b) den von den Vereinten Nationen vorbehaltlich der Zustimmung der Generalversammlung bereitgestellten finanziellen Mitteln, insbesondere im Zusammenhang mit den Kosten, die infolge von durch den Sicherheitsrat unterbreiteten Situationen entstanden sind.

Artikel 116
Freiwillige Beiträge

Unbeschadet des Artikels 115 kann der Gerichtshof von Regierungen, internationalen Organisationen, Einzelpersonen, Unternehmen und anderen Rechtsträgern in Übereinstimmung mit den von der Versammlung der Vertragsstaaten angenommenen diesbezüglichen Kriterien freiwillige Beiträge als zusätzliche finanzielle Mittel entgegennehmen und verwenden.

Artikel 117
Beitragsberechnung

Die Beiträge der Vertragsstaaten werden nach einem vereinbarten Beitragsschlüssel berechnet, dem der von den Vereinten Nationen für ihren ordentlichen Haushalt beschlossene Beitragsschlüssel zugrunde liegt und der in Übereinstimmung mit den Grundsätzen angepasst wird, auf denen dieser Beitragsschlüssel beruht.

Artikel 118
Jährliche Rechnungsprüfung

Die Unterlagen, Bücher und Konten des Gerichtshofs, einschließlich seiner Jahresabschlüsse, werden alljährlich von einem unabhängigen Rechnungsprüfer geprüft.

TEIL 13
SCHLUSSBESTIMMUNGEN

Artikel 119
Beilegung von Streitigkeiten

(1) Streitigkeiten über die richterlichen Aufgaben des Gerichtshofs werden durch eine Entscheidung des Gerichtshofs beigelegt.

(2) Jede andere Streitigkeit zwischen zwei oder mehr Vertragsstaaten über die Auslegung oder Anwendung dieses Statuts, die nicht binnen drei Monaten nach ihrem Beginn durch Verhandlung beigelegt wird, wird der Versammlung der Vertragsstaaten vorgelegt. Die Versammlung selbst kann die Streitigkeit beizulegen versuchen oder weitere Mittel der Streitbeilegung empfehlen, einschließlich der Vorlage an den Internationalen Gerichtshof in Übereinstimmung mit dessen Statut.

Artikel 120
Vorbehalte

Vorbehalte zu diesem Statut sind nicht zulässig.

Artikel 121
Änderungen

(1) Nach Ablauf von sieben Jahren nach Inkraft-Treten dieses Statuts kann jeder Vertragsstaat Änderungen des Statuts vorschlagen. Der Wortlaut jedes Änderungsvorschlags wird dem Generalsekretär der Vereinten Nationen unterbreitet, der ihn umgehend an alle Vertragsstaaten weiterleitet.

(2) Frühestens drei Monate nach dem Zeitpunkt der Notifikation beschließt die nächste Versammlung der Vertragsstaaten auf ihrer nächsten Sitzung mit der Mehrheit der Anwesenden und Abstimmenden, ob der Vorschlag behandelt werden soll. Die Versammlung kann sich mit dem Vorschlag unmittelbar befassen oder eine Überprüfungskonferenz einberufen, wenn die Angelegenheit dies rechtfertigt.

(3) Die Annahme einer Änderung, über die auf einer Sitzung der Versammlung der Vertragsstaa-

ten oder auf einer Überprüfungskonferenz kein Konsens erzielt werden kann, bedarf der Zweidrittelmehrheit der Vertragsstaaten.

(4) Soweit in Absatz 5 nichts anderes vorgesehen ist, tritt eine Änderung für alle Vertragsstaaten ein Jahr nach dem Zeitpunkt in Kraft, zu dem sieben Achtel der Vertragsstaaten ihre Ratifikations- oder Annahmeurkunden beim Generalsekretär der Vereinen Nationen hinterlegt haben.

(5) Eine Änderung der Artikel 5, 6, 7 und 8 dieses Statuts tritt für die Vertragsstaaten, welche die Änderung angenommen haben, ein Jahr nach Hinterlegung ihrer Ratifikations- oder Annahmeurkunde in Kraft. Hinsichtlich eines Vertragsstaats, der die Änderung nicht angenommen hat, übt der Gerichtshof seine Gerichtsbarkeit über ein von der Änderung erfasstes Verbrechen nicht aus, wenn das Verbrechen von Staatsangehörigen des betreffenden Vertragsstaats oder in dessen Hoheitsgebiet begangen wurde.

(6) Ist eine Änderung in Übereinstimmung mit Absatz 4 von sieben Achteln der Vertragsstaaten angenommen worden, so kann ein Vertragsstaat, der die Änderung nicht angenommen hat, ungeachtet des Artikels 127 Absatz 1, jedoch vorbehaltlich des Artikels 127 Absatz 2 durch Kündigung spätestens ein Jahr nach In-Kraft-Treten der Änderung mit sofortiger Wirkung von dem Statut zurücktreten.

(7) Der Generalsekretär der Vereinten Nationen leitet eine auf einer Sitzung der Versammlung der Vertragsstaaten oder einer Überprüfungskonferenz angenommene Änderung an alle Vertragsstaaten weiter.

Artikel 122
Änderungen der institutionellen Bestimmungen

(1) Änderungen der Bestimmungen des Statuts, die ausschließlich institutioneller Art sind, nämlich Artikel 35, Artikel 36 Absätze 8 und 9, Artikel 37, Artikel 38, Artikel 39 Absätze 1 (Sätze 1 und 2), 2 und 4, Artikel 42 Absätze 4 bis 9, Artikel 43 Absätze 2 und 3 und die Artikel 44, 46, 47 und 49 können ungeachtet des Artikels 121 Absatz 1 jederzeit von einem Vertragsstaat vorgeschlagen werden. Der Wortlaut eines Änderungsvorschlags wird dem Generalsekretär der Vereinten Nationen oder einer von der Versammlung der Vertragsstaaten bestimmten anderen Person unterbreitet; diese oder der Generalsekretär leitet sie umgehend an alle Vertragsstaaten und die anderen Teilnehmer der Versammlung weiter.

(2) Änderungen auf Grund dieses Artikels, über die kein Konsens erzielt werden kann, werden von der Versammlung der Vertragsstaaten oder von einer Überprüfungskonferenz mit Zweidrittelmehrheit der Vertragsstaaten angenommen. Die Änderungen treten für alle Vertragsstaaten sechs Monate nach ihrer Annahme durch die Versammlung oder durch die Konferenz in Kraft.

Artikel 123
Überprüfung des Statuts

(1) Sieben Jahre nach In-Kraft-Treten dieses Statuts beruft der Generalsekretär der Vereinten Nationen eine Überprüfungskonferenz zur Prüfung etwaiger Änderungen des Statuts ein. Eine solche Überprüfung kann insbesondere, jedoch nicht ausschließlich, die in Artikel 5 enthaltene Liste der Verbrechen umfassen. Die Konferenz steht allen Teilnehmern der Versammlung der Vertragsstaaten zu denselben Bedingungen offen.

(2) Jederzeit danach beruft der Generalsekretär der Vereinten Nationen auf Ersuchen eines Vertragsstaats und für den in Absatz 1 genannten Zweck nach Genehmigung der Mehrheit der Vertragsstaaten eine Überprüfungskonferenz ein.

(3) Artikel 121 Absätze 3 bis 7 findet auf die Annahme und das In-Kraft-Treten jeder auf einer Überprüfungskonferenz behandelten Änderung des Statuts Anwendung.

Artikel 124
Übergangsbestimmung

Ungeachtet des Artikels 12 Absätze 1 und 2 kann ein Staat, wenn er Vertragspartei dieses Statuts wird, erklären, dass er für einen Zeitraum von sieben Jahren, nachdem das Statut für ihn in Kraft getreten ist, die Gerichtsbarkeit des Gerichtshofs für die Kategorie der in Artikel 8 bezeichneten Verbrechen nicht anerkennt, wenn angeblich ein Verbrechen von seinen Staatsangehörigen oder in seinem Hoheitsgebiet begangen worden ist. Eine Erklärung nach diesem Artikel kann jederzeit zurückgenommen werden. Dieser Artikel wird auf der in Übereinstimmung mit Artikel 123 Absatz 1 einberufenen Überprüfungskonferenz überprüft.

Artikel 125
Unterzeichnung, Ratifikation, Annahme, Genehmigung oder Beitritt

(1) Dieses Statut liegt am 17. Juli 1998 für alle Staaten am Sitz der Ernährungs- und Landwirtschaftsorganisation der Vereinten Nationen in Rom zur Unterzeichnung auf. Danach liegt es bis zum 17. Oktober 1998 im Ministerium für auswärtige Angelegenheiten Italiens in Rom zur Unterzeichnung auf. Nach diesem Zeitpunkt liegt es bis zum 31. Dezember 2000 am Sitz der Vereinten Nationen in New York zur Unterzeichnung auf.

(2) Dieses Statut bedarf der Ratifikation, Annahme oder Genehmigung durch die Unterzeichnerstaaten. Die Ratifikations-, Annahme- oder

Genehmigungsurkunden werden beim Generalsekretär der Vereinten Nationen hinterlegt.

(3) Dieses Statut steht allen Staaten zum Beitritt offen. Die Beitrittsurkunden werden beim Generalsekretär der Vereinten Nationen hinterlegt.

Artikel 126
In-Kraft-Treten

(1) Dieses Statut tritt am ersten Tag des Monats in Kraft, der auf den sechzigsten Tag nach Hinterlegung der sechzigsten Ratifikations-, Annahme-, Genehmigungs- oder Beitrittsurkunde beim Generalsekretär der Vereinten Nationen folgt.

(2) Für jeden Staat, der das Statut nach Hinterlegung der sechzigsten Ratifikations-, Annahme-, Genehmigungs- oder Beitrittsurkunde ratifiziert, annimmt, genehmigt oder ihm beitritt, tritt es am ersten Tag des Monats in Kraft, der auf den sechzigsten Tag nach Hinterlegung seiner Ratifikations-, Annahme-, Genehmigungs- oder Beitrittsurkunde folgt.

Artikel 127
Rücktritt

(1) Ein Vertragsstaat kann durch eine an den Generalsekretär der Vereinten Nationen gerichtete schriftliche Notifikation von diesem Statut zurücktreten. Der Rücktritt wird ein Jahr nach Eingang der Notifikation wirksam, sofern in der Notifikation nicht ein späterer Zeitpunkt angegeben ist.

(2) Der Rücktritt entbindet einen Staat nicht von den Verpflichtungen, einschließlich etwaiger finanzieller Verpflichtungen, die ihm als Vertragspartei dieses Statuts erwachsen sind. Sein Rücktritt berührt nicht eine etwaige Zusammenarbeit mit dem Gerichtshof im Zusammenhang mit strafrechtlichen Ermittlungen und Verfahren, bei denen der zurücktretende Staat zur Zusammenarbeit verpflichtet war und die begonnen wurden, bevor der Rücktritt wirksam wurde; er berührt auch nicht die weitere Behandlung einer Angelegenheit, mit welcher der Gerichtshof bereits befasst war, bevor der Rücktritt wirksam wurde.

Artikel 128
Verbindliche Wortlaute

Die Urschrift dieses Statuts, dessen arabischer, chinesischer, englischer, französischer, russischer und spanischer Wortlaut gleichermaßen verbindlich ist, wird beim Generalsekretär der Vereinten Nationen hinterlegt; dieser leitet allen Staaten beglaubigte Abschriften zu.

ZU URKUND DESSEN haben die von ihren Regierungen hierzu gehörig befugten Unterzeichneten dieses Statut unterschrieben.

GESCHEHEN zu Rom am 17. Juli 1998.

16/2. Konvention über die Verhütung und Bestrafung des Völkermordes

BGBl 1958/91 idF

1 BGBl 1959/42
2 BGBl 1959/103
3 BGBl 1959/239

Konvention über die Verhütung und Bestrafung des Völkermordes

Artikel I

Die Vertragschließenden Parteien bestätigen, daß Völkermord, ob in Friedens- oder in Kriegszeiten begangen, ein Verbrechen nach Völkerrecht ist, zu dessen Verhütung und Bestrafung sie sich verpflichten.

Artikel II

In dieser Konvention bedeutet Völkermord eine der folgenden Handlungen, die in der Absicht begangen wird, eine nationale, ethnische, rassische oder religiöse Gruppe als solche ganz oder teilweise zu zerstören:

a) Tötung von Mitgliedern der Gruppe;

b) Zufügung von schwerem körperlichem oder seelischem Schaden an Mitgliedern der Gruppe;

c) vorsätzliche Unterwerfung der Gruppe unter Lebensbedingungen mit dem Ziel, ihre körperliche Zerstörung ganz oder teilweise herbeizuführen;

d) Verhängung von Maßnahmen, die auf die Geburtenverhinderung innerhalb der Gruppe gerichtet sind;

e) gewaltsame Überführung von Kindern der Gruppe in eine andere Gruppe.

Artikel III

Die folgenden Handlungen werden bestraft:

a) Völkermord;

b) Verschwörung zur Begehung von Völkermord;

c) unmittelbare und öffentliche Anreizung zur Begehung von Völkermord;

d) Versuch des Völkermordes;

e) Beteiligung am Völkermord.

Verfassungsbestimmung (gem. Art. II Z 5 BVG, BGBl. Nr. 59/1964)

Artikel IV

Personen, die Völkermord oder eine der sonstigen in Artikel III angeführten Handlungen begehen, werden bestraft, gleichviel ob sie nach der Verfassung verantwortliche regierende Personen, öffentliche Beamte oder Privatpersonen sind.

Artikel V

Die Vertragschließenden Parteien verpflichten sich, in Übereinstimmung mit ihren Verfassungen die notwendigen gesetzgeberischen Maßnahmen zu ergreifen, um die Anwendung der Bestimmungen dieser Konvention sicherzustellen und insbesondere wirksame Strafen für Personen vorzusehen, die des Völkermordes oder einer der sonstigen in Artikel III angeführten Handlungen schuldig sind.

Verfassungsbestimmung (gem. Art. II Z 5 BVG, BGBl. Nr. 59/1964)

Artikel VI

Personen, denen Völkermord oder eine der sonstigen in Artikel III angeführten Handlungen zur Last gelegt wird, werden vor ein zuständiges Gericht des Staates, in dessen Gebiet die Handlung begangen worden ist, oder vor das internationale Strafgericht gestellt, das für jene Vertragschließenden Parteien zuständig ist, die seine Gerichtsbarkeit anerkannt haben.

Artikel VII

Völkermord und die sonstigen in Artikel III angeführten Handlungen werden bei der Auslieferung nicht als politische Straftaten angesehen.

Die Vertragschließenden Parteien verpflichten sich, in derartigen Fällen die Auslieferung gemäß ihren geltenden Gesetzen und Verträgen zu bewilligen.

Artikel VIII

Jede Vertragschließende Partei kann die zuständigen Organe der Vereinten Nationen damit befassen, gemäß der Charta der Vereinten Nationen jene Maßnahmen zu ergreifen, die sie für die Verhütung und Bekämpfung von Völkermordhandlungen oder einer der sonstigen in Artikel III angeführten Handlungen für geeignet erachten.

Artikel IX

Streitigkeiten zwischen den Vertragschließenden Parteien bezüglich der Auslegung, Anwendung oder Durchführung dieser Konvention, einschließlich derjenigen, die sich auf die Verantwortlichkeit eines Staates für Völkermord oder eine der sonstigen in Artikel III angeführten Handlungen beziehen, werden auf Antrag einer der an dem Streitfall beteiligten Parteien dem Internationalen Geichtshof unterbreitet.

Artikel X

Diese Konvention, deren chinesischer, englischer, französischer, russischer und spanischer Text gleichermaßen authentisch ist, trägt das Datum des 9. Dezember 1948.

Artikel XI

Diese Konvention steht bis zum 31. Dezember 1949 jedem Mitglied der Vereinten Nationen und jedem Nicht-Mitgliedstaat, an den die Generalversammlung eine Einladung zur Unterzeichnung gerichtet hat, zur Unterzeichnung offen.

Diese Konvention bedarf der Ratifikation; die Ratifikationsurkunden werden bei dem Generalsekretär der Vereinten Nationen hinterlegt.

Nach dem 1. Jänner 1950 kann jedes Mitglied der Vereinten Nationen und jeder Nicht-Mitgliedstaat, der, wie oben erwähnt, eine Einladung erhalten hat, der Konvention beitreten.

Die Beitrittsurkunden werden bei dem Generalsekretär der Vereinten Nationen hinterlegt.

Artikel XII

Eine Vertragschließende Partei kann jederzeit durch Mitteilung an den Generalsekretär der Vereinten Nationen die Anwendung dieser Konvention auf alle oder eines der Gebiete erstrecken, für deren internationale Beziehungen diese Vertragschließende Partei verantwortlich ist.

Artikel XIII

An dem Tag, an dem die ersten zwanzig Ratifikations- oder Beitrittsurkunden hinterlegt sind, errichtet der Generalsekretär ein Protokoll und übermittelt jedem Mitglied der Vereinten Nationen und jedem der in Artikel XI erwähnten Nicht-Mitgliedstaaten eine Abschrift desselben.

Diese Konvention tritt am neunzigsten Tag nach dem Zeitpunkt der Hinterlegung der zwanzigsten Ratifikations- oder Beitrittsurkunde in Kraft.

Ratifikationen oder Beitritte, die nach letzterem Zeitpunkt erfolgen, werden am neunzigsten Tag nach der Hinterlegung der Ratifikations- oder Beitrittsurkunde wirksam.

Artikel XIV

Diese Konvention bleibt für die Dauer von zehn Jahren vom Zeitpunkt ihres Inkrafttretens an in Kraft.

Danach bleibt sie für die Dauer von jeweils weiteren fünf Jahren für jene Vertragschließenden Parteien in Kraft, die sie nicht mindestens sechs Monate vor Ablauf des laufenden Zeitraumes gekündigt haben.

Die Kündigung erfolgt durch schriftliche Mitteilung an den Generalsekretär der Vereinten Nationen.

Artikel XV

Wenn infolge von Kündigungen die Zahl der Parteien dieser Konvention auf weniger als sechzehn sinkt, tritt die Konvention mit dem Zeitpunkt außer Kraft, in dem die letzte dieser Kündigungen wirksam wird.

Artikel XVI

Ein Antrag auf Revision dieser Konvention kann jederzeit von einer Vertragschließenden Partei durch eine schriftliche Mitteilung an den Generalsekretär gestellt werden.

Die Generalversammlung entscheidet über die Schritte, die gegebenenfalls auf einen solchen Antrag hin zu unternehemen sind.

Artikel XVII

Der Generalsekretär der Vereinten Nationen macht allen Mitgliedern der Vereinten Nationen und den in Artikel XI erwähnten Nicht-Mitgliedstaaten über die folgenden Angelegenheiten Mitteilung:

a) Unterzeichnungen, Ratifikationen und Beitritte, die gemäß Artikel XI eingegangen sind;

b) Mitteilungen, die gemäß Artikel XII eingegangen sind;

c) den Zeitpunkt, zu dem diese Konvention gemäß Artikel XIII in Kraft tritt;

d) Kündigungen, die gemäß Artikel XIV eingegangen sind;

e) Außerkrafttreten der Konvention gemäß Artikel XV;

f) Mitteilungen, die gemäß Artikel XVI eingegangen sind.

Artikel XVIII

Das Original dieser Konvention wird in den Archiven der Vereinten Nationen hinterlegt.

Eine beglaubigte Abschrift der Konvention wird jedem Mitglied der Vereinten Nationen und jedem der in Artikel XI erwähnten Nicht-Mitgliedstaaten übermittelt.

Artikel XIX

Diese Konvention wird am Tag ihres Inkrafttretens beim Generalsekretär der Vereinten Nationen registriert.

16/3. Bundesgesetz über die Zusammenarbeit mit dem Internationalen Strafgerichtshof

BGBl I 2002/135 idF

1 BGBl I 2008/2

Bundesgesetz über die Zusammenarbeit mit dem Internationalen Strafgerichtshof

Inhaltsverzeichnis

Erster Teil

Allgemeine Bestimmungen

Internationaler Strafgerichtshof

§ 1. Der Begriff „Internationaler Strafgerichtshof" im Sinne dieses Bundesgesetzes bezeichnet den mit dem Römischen Statut des Internationalen Strafgerichtshofs vom 17. Juli 1998, BGBl. III Nr. 180, (in der Folge: Statut) errichteten Internationalen Strafgerichtshof einschließlich seiner Kammern und der Anklagebehörde, der Mitglieder dieser Kammern und der Anklagebehörde sowie des Präsidiums und der Kanzlei.

Grundsatz der Zusammenarbeit

§ 2. (1) Alle Organe des Bundes, insbesondere die Gerichte, Staatsanwaltschaften, Strafvollstreckungsbehörden und Sicherheitsbehörden, sind verpflichtet, mit dem Internationalen Strafgerichtshof umfassend zusammenzuarbeiten.

(2) Die Verpflichtung nach Abs. 1 besteht insbesondere darin, dem Internationalen Strafgerichtshof nach den Bestimmungen dieses Bundesgesetzes und nach Maßgabe des Statuts sowie der Verfahrens- und Beweisordnung des Internationalen Strafgerichtshofs Informationen und Unterlagen über den Verdacht von Verbrechen, die in seine Zuständigkeit fallen, zugänglich zu machen, ihm Rechtshilfe zu leisten und Beschuldigte zu überstellen sowie Verurteilte zum Strafvollzug zu übernehmen und Geldstrafen und vermögensrechtliche Anordnungen zu vollstrecken.

(3) Soweit sich aus diesem Bundesgesetz nichts anderes ergibt, sind auf das Verfahren die Bestimmungen des Auslieferungs- und Rechtshilfegesetzes (ARHG) und der Strafprozessordnung 1975 (StPO) anzuwenden.

Zuständigkeit des Internationalen Strafgerichtshofs

§ 3. Der Internationale Strafgerichtshof ist nach Maßgabe der Bestimmungen des Statuts über die Ausübung seiner Gerichtsbarkeit für die Verfolgung und Bestrafung von Personen zuständig, denen ein Verbrechen im Sinne der Art. 5 Abs. 1 lit. a bis c, 6 bis 8 und 25 des Statuts (Völkermord, Verbrechen gegen die Menschlichkeit und Kriegsverbrechen) zur Last liegt, das nach dessen

In-Kraft-Treten (Art. 10 bis 13 des Statuts) begangen wurde.

Österreichische Gerichtsbarkeit

§ 4. (1) Die Zuständigkeit der österreichischen Gerichte wird durch die Zuständigkeit des Internationalen Strafgerichtshofs nicht ausgeschlossen.

(2) Die österreichische Gerichtsbarkeit entfällt jedoch für Taten, derentwegen die Person vom Internationalen Strafgerichtshof rechtskräftig verurteilt oder freigesprochen wurde.

Anfechtung der Zulässigkeit des Verfahrens und Verfahrensabtretung an den Internationalen Strafgerichtshof

§ 5. (1) Beansprucht der Internationale Strafgerichtshof seine Zuständigkeit für eine Strafsache, so kann der Bundesminister für Justiz die österreichische Zuständigkeit im Sinne von Art. 18 des Statuts geltend machen oder die Zulässigkeit des Verfahrens oder die Gerichtsbarkeit des Gerichtshofs nach Art. 19 des Statuts anfechten.

(2) Die Zulässigkeit des Verfahrens ist anzufechten, wenn

1. die Person wegen der Tat von einem österreichischen Gericht rechtskräftig verurteilt oder freigesprochen wurde;

2. vor einer inländischen Staatsanwaltschaft oder vor einem solchen Gericht wegen der im Inland begangenen Tat oder wegen der Tat eines im Inland betretenen österreichischen Staatsbürgers eine Strafsache anhängig ist oder auf Grund eines Ersuchens des Internationalen Strafgerichtshofs um Verhaftung und Überstellung oder um Leistung von Rechtshilfe anhängig gemacht wird, es sei denn, dass der Durchführung des Strafverfahrens durch den Internationalen Strafgerichtshof mit Rücksicht auf besondere Umstände, insbesondere aus Gründen der Wahrheitsfindung oder der Konnexität mit anderen, dem Verfahren vor dem Gerichtshof zu Grunde liegenden Straftaten, der Vorzug zu geben ist; oder

3. wegen der Tat ein Verfahren vor einer Staatsanwaltschaft oder einem Gericht im Inland anhängig war, welches aus anderen als ausschließlich verfahrensrechtlichen Gründen eingestellt wurde.

(3) Um die Anfechtung der Zulässigkeit zu ermöglichen, hat die zuständige Staatsanwaltschaft dem Bundesministerium für Justiz über anhängige Strafsachen wegen in die Zuständigkeit des Internationalen Strafgerichtshofs fallender strafbarer Handlungen zu berichten.

(4) Gegen die Entscheidung des Internationalen Strafgerichtshofs über die Zulässigkeit des Verfahrens steht dem Bundesminister für Justiz die binnen fünf Tagen beim Gerichtshof einzubringende Beschwerde offen.

(5) Wird die Zulässigkeit des Verfahrens vor dem Internationalen Strafgerichtshof oder dessen Gerichtsbarkeit nicht angefochten oder bejaht der Internationale Strafgerichtshof seine Zuständigkeit endgültig, so hat das zuständige österreichische Gericht alle zur Sicherung der Person und der Beweise erforderlichen Veranlassungen zu treffen und sodann das Verfahren vorläufig einzustellen und dem Bundesministerium für Justiz eine vollständige Aktenablichtung zum Zweck der Weiterleitung an den Internationalen Strafgerichtshof vorzulegen. Werden Beweisgegenstände angeschlossen, so ist anzuführen, ob auf deren Rückgabe verzichtet wird.

(6) Das österreichische Strafverfahren ist nach endgültiger Entscheidung durch den Internationalen Strafgerichtshof einzustellen. Das Verfahren ist jedoch auf Antrag der Staatsanwaltschaft mit Beschluss fortzusetzen, wenn

1. der Ankläger beim Internationalen Strafgerichtshof beschließt, keine Anklage zu erheben, oder von der Anklage zurücktritt;

2. der Internationale Strafgerichtshof die Anklage nach Prüfung zurückweist; oder

3. der Internationale Strafgerichtshof seine Unzuständigkeit oder die Unzulässigkeit des Verfahrens feststellt.

Unterbreitung eines Sachverhalts an den Internationalen Strafgerichtshof

§ 6. (1) Über die Unterbreitung eines Sachverhalts im Sinne von Art. 14 des Statuts an den Internationalen Strafgerichtshof entscheidet die Bundesregierung.

(2) In den in § 5 Abs. 2 angeführten Fällen kommt die Unterbreitung eines Sachverhalts an den Internationalen Strafgerichtshof nicht in Betracht.

Überstellung österreichischer Staatsbürger

§ 7. (Verfassungsbestimmung) Die österreichische Staatsbürgerschaft steht einer Überstellung an den Internationalen Strafgerichtshof (§§ 24 bis 28), einer Durchlieferung oder Durchbeförderung (§ 31) sowie einer Überstellung an einen anderen Staat zur Vollstreckung einer vom Internationalen Strafgerichtshof verhängten Strafe nicht entgegen.

Verkehr mit dem Internationalen Strafgerichtshof

§ 8. (1) Der Verkehr mit dem Internationalen Strafgerichtshof findet grundsätzlich unter Vermittlung des Bundesministeriums für auswärtige Angelegenheiten statt. Erledigungsakten sind auch dann unter Vermittlung des Bundesministeriums für auswärtige Angelegenheiten dem Internationalen Strafgerichtshof zu übermitteln, wenn dessen Ersuchen den österreichischen Gerichts- oder Verwaltungsbehörden auf anderem Weg zugekommen sind.

(2) Die Gerichte und Staatsanwaltschaften haben an den Internationalen Strafgerichtshof gerichtete Mitteilungen sowie die Erledigungsakten dem Bundesministerium für Justiz zur Weiterleitung vorzulegen.

(3) In dringenden Fällen und im Rahmen kriminalpolizeilicher Amtshilfe ist der unmittelbare Verkehr der österreichischen Behörden mit dem Internationalen Strafgerichtshof oder der Verkehr im Wege der Internationalen Kriminalpolizeilichen Organisation (INTERPOL) zulässig. In dringenden Fällen ist ferner die Verwendung jedes Nachrichtenmittels zulässig, das die Erstellung einer schriftlichen Fassung unter Bedingungen ermöglicht, die die Feststellung der Echtheit des Ersuchens gestatten. Die derart übermittelten Ersuchen bedürfen der Bestätigung auf dem in Abs. 1 vorgesehenen Geschäftsweg.

(4) Ersuchen des Internationalen Strafgerichtshofs bedürfen der Schriftform. Den Ersuchschreiben und den zu ihrer Begründung beigefügten Unterlagen sind beglaubigte Übersetzungen in die deutsche Sprache anzuschließen. Erledigungen von Ersuchen des Internationalen Strafgerichtshofs und Aktenablichtungen zum Zweck der Verfahrensabtretung an diesen bedürfen keiner Übersetzung.

Konsultationspflicht; Ablehnung von Ersuchen des Gerichtshofs

§ 9. (1) Mit dem Internationalen Strafgerichtshof sind Konsultationen zum Zweck der Regelung der Angelegenheit insbesondere dann durchzuführen, wenn die Erledigung eines Ersuchens des Gerichtshofs

1. einem anerkannten Rechtsgrundsatz entgegenstünde (Art. 93 Abs. 3 des Statuts);

2. die nationale Sicherheit beeinträchtigen würde (Art. 72 und 93 Abs. 4 des Statuts);

3. die Staatenimmunität oder die diplomatische Immunität einer Person oder des Eigentums eines anderen Staates verletzen würde (Art. 98 Abs. 1 des Statuts);

4. mit völkerrechtlichen Verpflichtungen im Widerspruch stünde, denen zufolge die Überstellung eines Angehörigen des Entsendestaates an den Gerichtshof der Zustimmung dieses Staates bedarf (Art. 98 Abs. 2 des Statuts).

(2) Im Zuge der Konsultationen ist zu prüfen, ob dem Ersuchen auf andere Weise oder unter bestimmten Bedingungen entsprochen werden kann.

(3) Kann die Angelegenheit im Zuge der Konsultationen nicht geregelt werden, so ist der Internationale Strafgerichtshof um Abänderung des Ersuchens zu ersuchen. Kommt die Abänderung des Ersuchens durch den Internationalen Strafgerichtshof nicht in Betracht, so ist das Ersuchen abzulehnen.

(4) Über die Ablehnung entscheidet der Bundesminister für Justiz, in den in Abs. 1 Z 2 bis 4 angeführten Fällen im Einvernehmen mit dem Bundesminister für auswärtige Angelegenheiten. Im Fall des Abs. 1 Z 2 ist darüber hinaus das Einvernehmen mit dem sachlich zuständigen Bundesminister herzustellen. Der Internationale Strafgerichtshof ist von der Ablehnung des Ersuchens unter Angabe der Gründe in Kenntnis zu setzen.

Kosten

§ 10. (1) Kosten der Erledigung von Ersuchen des Internationalen Strafgerichtshofs sind von der Republik Österreich zu tragen. Ausgenommen sind:

1. Kosten im Zusammenhang mit der Überstellung von Häftlingen zu Beweiszwecken nach Art. 93 des Statuts;

2. Übersetzungs-, Dolmetsch- und Transkriptionskosten;

3. Kosten von Befunden oder Sachverständigengutachten, die der Gerichtshof angefordert hat;

4. Kosten im Zusammenhang mit der Beförderung einer Person, die dem Gerichtshof überstellt wird;

5. nach Konsultationen außergewöhnliche Kosten, die sich aus der Erledigung eines Ersuchens ergeben können.

(2) Auf die Geltendmachung der in Abs. 1 angeführten Kosten gegenüber dem Internationalen Strafgerichtshof kann durch das Bundesministerium für Justiz verzichtet werden, wenn diese nur geringfügig sind oder sonstige berücksichtigungswürdige Gründe vorliegen.

(3) Abs. 1 findet auf Ersuchen nach § 21 mit der Maßgabe Anwendung, dass die Kosten, vorbehaltlich der in Z 1 bis 5 angeführten Fälle, vom Internationalen Strafgerichtshof zu tragen sind.

Vertraulichkeit

§ 11. Ersuchen des Internationalen Strafgerichtshofs und alle zu ihrer Begründung beigefügten Unterlagen sind vertraulich zu behandeln, soweit deren Offenlegung nicht für die Erledigung des Ersuchens erforderlich ist.

Freies Geleit

§ 12. (1) Personen, die vom Internationalen Strafgerichtshof aus dem Ausland geladen worden sind, um vor dem Gerichtshof zu erscheinen, oder deren Anwesenheit am Sitz des Internationalen Strafgerichtshofs erforderlich ist, haben zu diesem Zweck das Recht auf freie Durchreise durch das Gebiet der Republik Österreich. Sie dürfen im Inland wegen einer vor ihrer Einreise begangenen Handlung nicht verfolgt, bestraft oder in ihrer persönlichen Freiheit beschränkt werden.

(2) Die Verfolgung, Bestrafung oder Beschränkung der persönlichen Freiheit wegen einer vor ihrer Einreise begangenen Handlung ist aber zulässig, wenn die geladene Person die für die Durchreise angemessene Dauer des Aufenthaltes im Bundesgebiet überschreitet, obwohl sie das Gebiet der Republik Österreich tatsächlich verlassen hätte können.

(3) Das freie Geleit entfällt, wenn der Internationale Strafgerichtshof um die Festnahme der geladenen Person ersucht (§§ 24, 26).

Zweiter Teil

Besondere Bestimmungen

ERSTER ABSCHNITT

Ermittlungen und Verhandlungen des Internationalen Strafgerichtshofs in Österreich

§ 13. (1) Der Internationale Strafgerichtshof ist befugt, selbständig Zeugen und Beschuldigte in Österreich zu vernehmen sowie einen nicht mit der Vornahme von Veränderungen verbundenen Augenschein an öffentlichen Orten und andere Beweisaufnahmen durchzuführen, wenn dies dem Bundesministerium für auswärtige Angelegenheiten unter Angabe der Zeit und des Gegenstandes der Ermittlungen im Voraus mitgeteilt wurde und bei der Durchführung der Ermittlungen vom Internationalen Strafgerichtshof Zwangsmaßnahmen weder angewandt noch angedroht werden. Einer besonderen Zustimmung zur Dienstverrichtung der Mitglieder und Erhebungsbeamten des Internationalen Strafgerichtshofs in Österreich bedarf es in diesen Fällen nicht.

(2) Der Internationale Strafgerichtshof ist befugt, Verhandlungen in Österreich durchzuführen, es sei denn, dass der Bundesminister für auswärtige Angelegenheiten einem solchen Ersuchen wegen schwerwiegender, die Sicherheit der Republik Österreich oder des Internationalen Strafgerichtshofs betreffender Bedenken widerspricht.

(3) Die österreichischen Behörden haben die Mitglieder und Erhebungsbeamten des Internationalen Strafgerichtshofs bei ihren selbständigen Tätigkeiten in Österreich zu unterstützen. Sie dürfen hiebei Zwangsmaßnahmen nur ergreifen, wenn ein schriftliches Rechtshilfeersuchen des Gerichtshofs vorliegt und die begehrte Rechtshilfe vom österreichischen Gericht angeordnet wurde. Zulässigkeit und Durchsetzung solcher Zwangsmaßnahmen richten sich nach österreichischem Recht.

ZWEITER ABSCHNITT

Rechtshilfe; Verfahrensvorschriften bei der Erledigung von Rechtshilfeersuchen

§ 14. (1) Die Rechtshilfe für den Internationalen Strafgerichtshof ist nach den in Österreich geltenden Vorschriften über die Rechtshilfe in Strafsachen durchzuführen.

(2) Einem Ersuchen des Internationalen Strafgerichtshofs um Einhaltung bestimmter Formvorschriften ist dann zu entsprechen, wenn dies mit den Grundsätzen des österreichischen Strafverfahrensrechts vereinbar ist. Die Ton- oder Bildaufzeichnung und die Videoübertragung von Rechtshilfehandlungen ist immer zu gestatten, wenn dies vom Internationalen Strafgerichtshof begehrt wird.

(3) Den Mitgliedern und Erhebungsbeamten des Internationalen Strafgerichtshofs und anderen am Verfahren beteiligten Personen sowie ihren Rechtsbeiständen kann auf Ersuchen des Internationalen Strafgerichtshofs die Anwesenheit und Mitwirkung bei Rechtshilfehandlungen gestattet werden. Sie sind zu diesem Zweck von Ort und Zeitpunkt der Durchführung der Rechtshilfehandlungen zu verständigen.

(4) Die Erledigung eines Ersuchens des Internationalen Strafgerichtshofs um kriminalpolizeiliche Erhebungen oder Auskünfte kann auch ohne Befassung des Gerichts durch das Bundesministerium für Inneres nach österreichischem Recht vorgenommen werden.

Aufschub der Erledigung von Rechtshilfeersuchen

§ 15. (1) Die Erledigung eines Rechtshilfeersuchens kann aufgeschoben werden:

1. bis zur Entscheidung über eine Anfechtung der Zuständigkeit nach den Art. 17 bis 19 des Statuts, sofern der Internationale Strafgerichtshof nicht ausdrücklich angeordnet hat, dass der Ankläger die Beweisaufnahme nach Art. 18 oder 19 des Statuts fortsetzen kann;

2. um eine mit dem Gerichtshof vereinbarte Zeitspanne, wenn die sofortige Erledigung des Ersuchens laufende Ermittlungen oder die laufende Strafverfolgung in einer anderen Sache als derjenigen beeinträchtigen würde, auf die sich das Ersuchen bezieht.

(2) Über den Aufschub entscheidet der Bundesminister für Justiz.

(3) Vor der Entscheidung über den Aufschub nach Abs. 1 Z 2 ist zu prüfen, ob die erbetene Rechtshilfe unter bestimmten Bedingungen sofort geleistet werden kann. Wird ein Aufschub be-

schlossen, so ist einem Ersuchen des Internationalen Strafgerichtshofs um Maßnahmen zur Beweissicherung dennoch zu entsprechen.

Ladung von Personen

§ 16. (1) Der Internationale Strafgerichtshof ist befugt, Personen, die sich in der Republik Österreich aufhalten, Ladungen und andere Aktenstücke unmittelbar im Weg der Post zuzustellen. Die Zustellung durch Vermittlung des Bundesministeriums für Justiz wird dadurch nicht ausgeschlossen.

(2) Die geladene Person ist nicht verpflichtet, der Ladung Folge zu leisten. Auf Ersuchen der geladenen Person, des Beschuldigten oder seines Verteidigers holt das Bundesministerium für Justiz beim Internationalen Strafgerichtshof die Zusicherung ein, dass die Person wegen einer vor ihrer Ausreise aus der Republik Österreich begangenen Handlung nicht verfolgt, in Haft genommen oder sonstigen Beschränkungen ihrer persönlichen Freiheit unterworfen wird.

(3) Auf Ersuchen des Internationalen Strafgerichtshofs hat das österreichische Gericht Zeugen und Sachverständigen, die vor den Internationalen Strafgerichtshof geladen wurden, auf Antrag einen angemessenen Vorschuss auf die Reisekosten anzuweisen. Dieser Vorschuss ist zurückzufordern, wenn der Zeuge oder Sachverständige der Verhandlung vor dem Internationalen Strafgerichtshof fernbleibt oder den Pflichten, die durch die Ladung begründet werden, auf andere Weise nicht nachkommt.

Vernehmung einer verdächtigen Person

§ 17. (1) Eine Person, die auf Grund eines Ersuchens des Internationalen Strafgerichtshofs wegen des Verdachts, eine in seine Zuständigkeit fallende strafbare Handlung begangen zu haben, vernommen wird, ist vor der Vernehmung über den gegen sie bestehenden Tatverdacht sowie darüber zu unterrichten, dass sie das Recht habe,

1. nicht auszusagen, ohne dabei befürchten zu müssen, dass ihr Schweigen bei der Feststellung von Schuld oder Unschuld in Betracht gezogen werde,

2. sich von einem Verteidiger ihrer Wahl vertreten zu lassen, und, falls sie keinen Verteidiger hat, die Beigebung eines Verfahrenshilfeverteidigers nach § 41 Abs. 2 StPO zu verlangen und

3. in Anwesenheit eines Verteidigers vernommen zu werden, es sei denn, sie würde auf dieses Recht ausdrücklich und freiwillig verzichten.

(2) Die Belehrung und die darüber abgegebene Erklärungen der zu vernehmenden Person sind in das Protokoll aufzunehmen. Liegen die Voraussetzungen nach § 41 Abs. 2 vor und verlangt die Person, in Anwesenheit eines Verteidigers vernommen zu werden, ohne einen Antrag auf Beigebung eines Verteidigers zu stellen, ist nach § 41 Abs. 4 StPO vorzugehen.

Überstellung von Häftlingen zu Beweiszwecken

§ 18. (1) Eine im Inland in Untersuchungs- oder Strafhaft befindliche Person ist auf Ersuchen des Internationalen Strafgerichtshofs zum Zweck der Identifizierung, der Vernehmung, der Gegenüberstellung oder einer sonstigen Untersuchungshandlung unter zu vereinbarenden Bedingungen dem Gerichtshof zu überstellen, wenn sie der Überstellung zustimmt.

(2) Befindet sich die zu überstellende Person auf Grund eines Ersuchens des Internationalen Strafgerichtshofs um Übernahme der Strafvollstreckung gemäß § 33 Abs. 1 in Haft, so ist ihre Zustimmung zur Überstellung nicht erforderlich.

(3) Die Überstellung unterbricht den Vollzug der Untersuchungs- oder Strafhaft nicht.

Akteneinsicht und Übermittlung von Informationen, die die nationale Sicherheit betreffen

§ 19. (1) **(Verfassungsbestimmung)** Auf Ersuchen des Internationalen Strafgerichtshofs ist Rechtshilfe durch Übermittlung von Gegenständen, Akten oder Aktenabschriften (Ablichtungen) sowie durch Gewährung von Akteneinsicht zu leisten.

(2) Betreffen die Akten die nationale Sicherheit, insbesondere im Zusammenhang mit militärischen Erkenntnissen, so ist der Internationale Strafgerichtshof zu konsultieren, um festzustellen, ob die Informationen von einer anderen Stelle oder in anderer Form erlangt werden können.

(3) Kann die Angelegenheit im Zuge der Konsultationen nach Abs. 2 nicht geregelt werden, so hat der Bundesminister für auswärtige Angelegenheiten im Einvernehmen mit dem sachlich zuständigen Bundesminister vor der Gewährung von Akteneinsicht oder der Übermittlung der Aktenabschriften zu prüfen, ob die Geheimhaltungsinteressen die Interessen an der Übersendung von Beweismitteln für die internationale Strafverfolgung beträchtlich überwiegen. Ist dies der Fall, so ist der Internationale Strafgerichtshof um Zusicherung der Geheimhaltung und um Bekanntgabe zu ersuchen, in welcher Weise die Geheimhaltung gewahrt werden wird.

(4) Der Bundesminister für auswärtige Angelegenheiten hat im Einvernehmen mit dem sachlich zuständigen Bundesminister zu prüfen, ob die gegebene Zusicherung für die Wahrung der Geheimhaltungsinteressen als ausreichend zu betrachten ist. Die Akteneinsicht oder die Übermittlung von Aktenabschriften ist abzulehnen, wenn die Geheimhaltung nicht gewährleistet werden kann

und für den Fall der Offenbarung zu besorgen ist, dass die nationale Sicherheit beeinträchtigt werden könnte.

(5) Die Abs. 2 bis 4 finden auch Anwendung, wenn eine Person, die zur Beibringung von Informationen oder Beweismitteln aufgefordert wurde, dies mit der Begründung verweigert, dass eine Offenlegung die nationale Sicherheit beeinträchtigen würde.

(6) Wird eine Person auf Grund eines Rechtshilfeersuchens des Internationalen Strafgerichtshofs vernommen, so ist sie vor der Vernehmung darüber zu belehren, dass sie die Aussage verweigern kann, um die Offenlegung vertraulicher Informationen, die die nationale Sicherheit betreffen, zu verhindern. Die erfolgte Belehrung ist im Protokoll festzuhalten. Über die Zulässigkeit der Rechtshilfe ist in einem derartigen Fall auf Grund der Bestimmungen der Abs. 2 bis 4 zu entscheiden.

Übermittlung von Aktenabschriften oder Informationen Dritter

§ 20. Ersucht der Internationale Strafgerichtshof um Rechtshilfe durch Übermittlung von Aktenabschriften (Ablichtungen) oder Informationen, die den österreichischen Behörden von einem anderen Staat oder einer zwischenstaatlichen oder internationalen Organisation unter dem Vorbehalt der Vertraulichkeit überlassen worden sind, so dürfen die Unterlagen dem Internationalen Strafgerichtshof nur mit deren Zustimmung übermittelt werden. Von der Verweigerung der Zustimmung ist der Gerichtshof in Kenntnis zu setzen.

Rechtshilfeleistung durch den Internationalen Strafgerichtshof

§ 21. (1) Ist bei einem österreichischen Gericht ein Strafverfahren wegen eines Verhaltens anhängig, das den Tatbestand eines der Gerichtsbarkeit des Internationalen Strafgerichtshofs unterliegenden Verbrechens oder eines anderen schweren Verbrechens nach österreichischem Recht erfüllt, so kann der Gerichtshof um Rechtshilfe ersucht werden.

(2) Ersuchen bedürfen der Schriftform. Den Ersuchschreiben und den zu ihrer Begründung beigefügten Unterlagen sind beglaubigte Übersetzungen in die englische oder französische Sprache anzuschließen.

(3) Die Gerichte und Staatsanwaltschaften haben an den Internationalen Strafgerichtshof gerichtete Ersuchen dem Bundesministerium für Justiz zur Weiterleitung vorzulegen.

DRITTER ABSCHNITT
Fahndung

§ 22. (1) Ersucht der Internationale Strafgerichtshof um Fahndung zur Festnahme oder erlangen die österreichischen Behörden sonst Kenntnis von einer Haftanordnung dieses Gerichtshofs, so hat das Bundesministerium für Inneres die gesuchte Person zur Verhaftung im Inland zum Zweck der Überstellung an den Internationalen Strafgerichtshof auszuschreiben, wenn das Ersuchen oder die Haftanordnung die notwendigen Angaben über die gesuchte Person und die ihr zur Last gelegte Tat enthält. Eine Befassung des nach § 26 Abs. 1 ARHG zuständigen Gerichts kann unterbleiben, wenn die gesuchte Person weder österreichischer Staatsbürger ist noch Grund zur Annahme besteht, dass sie sich in Österreich aufhält.

(2) Wird eine vom Internationalen Strafgerichtshof gesuchte Person in Österreich ausgeforscht oder festgenommen, so hat das Bundesministerium für Inneres dies im Weg der Internationalen Kriminalpolizeilichen Organisation (INTERPOL) dem Internationalen Strafgerichtshof mitzuteilen.

VIERTER ABSCHNITT
Überstellungshaft, Überstellung und Durchlieferung

Anbot der Überstellung

§ 23. (1) Liegen hinreichende Gründe für die Annahme vor, dass eine im Inland betretene Person eine in die Zuständigkeit des Internationalen Strafgerichtshofs fallende strafbare Handlung begangen habe, bei der die Voraussetzungen nach § 5 Abs. 2 nicht vorliegen, so hat die Staatsanwaltschaft nach Vernehmung der Person durch den Untersuchungsrichter bei diesem die Vorlage einer Sachverhaltsdarstellung an das Bundesministerium für Justiz zu beantragen.

(2) Das Bundesministerium für Justiz hat den Internationalen Strafgerichtshof zu befragen, ob die Überstellung begehrt wird. Befindet sich der Beschuldigte in Haft, so ist für das Einlangen des Überstellungsersuchens eine angemessene Frist zu bestimmen. Langt das Überstellungsersuchen nicht rechtzeitig ein, so ist dies dem Untersuchungsrichter unverzüglich mitzuteilen.

(3) Die Vorschriften über das Anbot der Auslieferung nach § 28 Abs. 1 ARHG an den Staat, in dem die strafbare Handlung begangen worden ist, bleiben unberührt.

Vorläufige Überstellungshaft

§ 24. (1) Liegt ein Ersuchen des Internationalen Strafgerichtshofs um vorläufige Festnahme vor, so hat der Untersuchungsrichter auf Antrag der Staatsanwaltschaft die Festnahme der gesuchten

Person zu veranlassen und über sie die vorläufige Überstellungshaft zu verhängen, wenn auf Grund der vom Internationalen Strafgerichtshof mitgeteilten Tatsachen hinreichende Gründe für die Annahme vorliegen, dass eine im Inland betretene Person eine in die Zuständigkeit des Internationalen Strafgerichtshofs fallende strafbare Handlung begangen habe, welche die Verhängung der Untersuchungshaft (§ 180 StPO) rechtfertigen würde, wenn die strafbare Handlung im Inland begangen worden wäre.

(2) Die vorläufige Überstellungshaft darf nicht verhängt oder aufrechterhalten werden, wenn die Haftzwecke durch eine gleichzeitige Strafhaft, Untersuchungshaft oder Auslieferungshaft erreicht werden können. In diesem Fall hat der Untersuchungsrichter die Abweichungen vom Haftvollzug zu verfügen, die für die Zwecke der vorläufigen Überstellungshaft für den Internationalen Strafgerichtshof unentbehrlich sind. Im Übrigen sind auf die vorläufige Überstellungshaft die Bestimmungen der StPO über die Untersuchungshaft anzuwenden.

(3) Die vorläufige Überstellungshaft kann aufgehoben werden, wenn das Überstellungsersuchen und die beigefügten Unterlagen nicht innerhalb von 60 Tagen ab dem Zeitpunkt der Festnahme übermittelt werden. Die Enthaftung steht einer neuerlichen Festnahme und Überstellung nicht entgegen, wenn das Überstellungsersuchen und die beigefügten Unterlagen zu einem späteren Zeitpunkt übermittelt werden.

(4) Der Untersuchungsrichter hat der Sicherheitsbehörde zum Zweck der Unterrichtung des Internationalen Strafgerichtshofs im Weg der Internationalen Kriminalpolizeilichen Organisation (INTERPOL) und dem Bundesministerium für Justiz unverzüglich Ausfertigungen der Beschlüsse über die Verhängung, Fortsetzung oder Aufhebung der vorläufigen Überstellungshaft zu übermitteln.

Vereinfachte Überstellung

§ 25. (1) Hat die auf Grund eines Ersuchens des Internationalen Strafgerichtshofs gemäß § 24 Abs. 1 in vorläufige Überstellungshaft genommene Person vor Ablauf der in § 24 Abs. 3 angeführten Frist eingewilligt, an den Internationalen Strafgerichtshof überstellt zu werden, so hat der Untersuchungsrichter, vorbehaltlich einer Anfechtung der Zulässigkeit nach § 5 Abs 2, die Überstellung anzuordnen. Die Person ist in einem solchen Fall so bald wie möglich an den Internationalen Strafgerichtshof zu überstellen.

(2) Der Untersuchungsrichter hat die Person zu belehren, dass ihre Einwilligung nicht widerrufen werden kann. Die erfolgte Belehrung ist im Protokoll festzuhalten.

(3) Im Fall der vereinfachten Überstellung kann die Übermittlung des Überstellungsersuchens und der begleitenden Unterlagen durch den Internationalen Strafgerichtshof unterbleiben.

Überstellungshaft und Anordnung der Überstellung

§ 26. (1) Ersucht der Internationale Strafgerichtshof um Festnahme und Überstellung eines Beschuldigten, so hat der Untersuchungsrichter auf Antrag der Staatsanwaltschaft ein Überstellungsverfahren einzuleiten, die Festnahme des Beschuldigten zu veranlassen und über ihn die Überstellungshaft zu verhängen sowie nach Maßgabe der folgenden Absätze seine Überstellung an den Internationalen Strafgerichtshof anzuordnen. Die Prüfung des dem Haftbefehl zu Grunde liegenden Verdachts und der Haftgründe steht dem Untersuchungsrichter nicht zu.

(2) Ergeben sich erhebliche Zweifel an der Identität der festgenommenen Person, so hat der Untersuchungsrichter geeignete Erhebungen zu veranlassen oder den Internationalen Strafgerichtshof um die Vorlage zusätzlicher Unterlagen zu ersuchen. In jedem Fall hat der Untersuchungsrichter den Beschuldigten über die Begründung des gegen ihn ergangenen Haftbefehls des Internationalen Strafgerichtshofs und über sein Recht zu informieren, die Überstellung wegen Verletzung des in Art. 20 des Statuts festgelegten Grundsatzes „ne bis in idem" oder mangels Zuständigkeit des Internationalen Strafgerichtshofs nach den Art. 17 bis 19 des Statuts anzufechten. Er ist darüber hinaus auf sein Recht hinzuweisen, bis zur Anordnung der Überstellung seine vorläufige Enthaftung zu beantragen. Dem Beschuldigten sind Abschriften (Ablichtungen) des Haftbefehls oder verurteilenden Erkenntnisses und der Bezug habenden Bestimmungen des Statuts samt der vom Internationalen Strafgerichtshof übermittelten Übersetzung auszufolgen.

(3) Erklärt der Beschuldigte, die Überstellung wegen Verletzung des Art. 20 des Statuts oder mangels Zuständigkeit des Internationalen Strafgerichtshofs anzufechten, so ist dies dem Internationalen Strafgerichtshof unter Anschluss der erforderlichen Unterlagen mitzuteilen. Zugleich ist der Gerichtshof davon in Kenntnis zu setzen, ob der Anfechtung aufschiebende Wirkung zukommt.

(4) Die Entscheidung über die Überstellung ist nur im Fall einer Anfechtung der Zulässigkeit nach § 5 Abs. 2 bis zur Entscheidung des Internationalen Strafgerichtshofs aufzuschieben. Im Fall der Anfechtung der Zuständigkeit nach den Art. 17 bis 19 des Statuts durch einen dritten Staat ist nach § 28 vorzugehen.

(5) Bis zur Anordnung der Überstellung hat der Beschuldigte das Recht, seine vorläufige

Enthaftung zu beantragen. Bei der Entscheidung über einen solchen Antrag ist zu prüfen, ob ungeachtet der Schwere der zur Last gelegten Verbrechen dringende und außergewöhnliche Umstände vorliegen, die eine vorläufige Enthaftung rechtfertigen und ob der Zweck der Haft durch gelindere Mittel (§ 180 Abs. 5 StPO) erreicht werden kann. Einem solchen Antrag kommt aufschiebende Wirkung nicht zu.

(6) Ein Antrag nach Abs. 5 ist dem Internationalen Strafgerichtshof mit dem Bemerken mitzuteilen, dass er das Recht habe, dazu binnen sieben Tagen eine Empfehlung abzugeben. Die Empfehlung ist bei der Entscheidung über den Enthaftungsantrag zu berücksichtigen.

(7) Spricht sich der Internationale Strafgerichtshof in seiner Empfehlung oder spricht sich die Staatsanwaltschaft gegen die Enthaftung des Beschuldigten aus, so hat der Untersuchungsrichter über den Antrag unverzüglich in einer Haftverhandlung zu entscheiden.

(8) Gegen einen Beschluss, mit dem der Antrag des Beschuldigten auf vorläufige Enthaftung abgelehnt wird, steht diesem die binnen drei Tagen nach Eröffnung des Beschlusses einzubringende Beschwerde an den Gerichtshof zweiter Instanz zu. Einer solchen Beschwerde kommt aufschiebende Wirkung nicht zu.

(9) Gegen Beschlüsse auf Verhängung der Überstellungshaft und auf Anordnung der Überstellung steht nur die Beschwerde nach § 1 Abs. 1 des Grundrechtsbeschwerdegesetzes, BGBl. Nr. 864/1992, zu. Gegen einen Beschluss, mit dem das Überstellungsverfahren eingeleitet wird, steht ein Rechtsmittel nicht zu.

Übergabe an den Internationalen Strafgerichtshof

§ 27. (1) Nach Rechtskraft der Anordnung der Überstellung an den Internationalen Strafgerichtshof hat der Untersuchungsrichter die Sicherheitsbehörde zu beauftragen, die zu überstellende Person unverzüglich dem Internationalen Strafgerichtshof zu übergeben. Sofern keine schwerwiegenden Sicherheitsbedenken entgegenstehen oder der Internationale Strafgerichtshof nicht eine andere Art der Übergabe begehrt, ist die zu überstellende Person im Luftweg unter Eskorte österreichischer Beamter zu befördern.

(2) Der Zeitpunkt der Überstellung ist mit dem Internationalen Strafgerichtshof zu vereinbaren. Wird die Übergabe der zu überstellenden Person durch bestimmte Umstände verhindert, so ist mit dem Gerichtshof ein neuer Überstellungszeitpunkt zu vereinbaren.

(3) Der Untersuchungsrichter hat eine Ausfertigung des Beschlusses, mit dem die Überstellung angeordnet wird, dem Bundesministerium für Justiz zur Weiterleitung an den Internationalen Strafgerichtshof vorzulegen.

Vorläufige Übergabe und Widerruf der Anordnung der Überstellung

§ 28. (1) Ist gegen den Beschuldigten ein inländisches Strafverfahren anhängig oder verbüßt er im Inland eine Strafe wegen einer anderen Tat als derjenigen, derentwegen die Überstellung an den Internationalen Strafgerichtshof angeordnet wurde, so kann er dem Internationalen Strafgerichtshof unter den mit diesem zu vereinbarenden Bedingungen vorläufig übergeben werden.

(2) Der Untersuchungsrichter hat unverzüglich die Überstellungshaft aufzuheben und die Anordnung der Überstellung zu widerrufen, wenn

1. der Internationale Strafgerichtshof darum ersucht oder sein Ersuchen um Überstellung sonst widerruft,

2. festgestellt wird, dass die festgenommene Person allem Anschein nach nicht mit der gesuchten Person ident ist, oder

3. der Internationale Strafgerichtshof seine Unzuständigkeit oder die Unzulässigkeit des Verfahrens vor diesem Gerichtshof feststellt.

Konkurrierende Ersuchen

§ 29. (1) Erhält die Republik Österreich ein Überstellungsersuchen des Internationalen Strafgerichtshofs und ein Auslieferungsersuchen eines anderen Staates, die dieselbe Person betreffen, so entscheidet der Bundesminister für Justiz nach Art. 90 des Statuts, welchem Ersuchen Vorrang zukommt.

(2) Hat der Bundesminister für Justiz einem Auslieferungsersuchen eines anderen Staates den Vorrang gegenüber einem Überstellungsersuchen des Internationalen Strafgerichtshofs eingeräumt, wird das Auslieferungsersuchen in der Folge aber abgelehnt oder zurückgezogen, so ist dies dem Internationalen Strafgerichtshof unverzüglich mitzuteilen.

Spezialität

§ 30. (1) Eine Person, die nach diesem Bundesgesetz an den Internationalen Strafgerichtshof überstellt wird, darf wegen einer anderen, vor der Übergabe begangenen Handlung als jener, die der Überstellung zu Grunde liegt, nicht verfolgt, in Haft genommen oder abgeurteilt werden.

(2) Auf Ersuchen des Internationalen Strafgerichtshofs kann dieser von den in Abs. 1 enthaltenen Beschränkungen befreit werden. Vor der Entscheidung über das Ersuchen kann der Internationale Strafgerichtshof um Übermittlung eines Protokolls über die Erklärungen der überstellten

Person und um zusätzliche Informationen ersucht werden.

(3) Über das Ersuchen entscheidet der Bundesminister für Justiz. Die Befreiung ist zu erteilen, wenn die dem Ersuchen zu Grunde liegende Handlung in die Zuständigkeit des Internationalen Strafgerichtshofs fällt und kein Anlass für eine Anfechtung der Zulässigkeit des Verfahrens vor dem Internationalen Strafgerichtshof nach § 5 Abs. 2 besteht.

Durchlieferung und Durchbeförderung

§ 31. (1) Auf Ersuchen des Internationalen Strafgerichtshofs werden Personen durch Österreich durchgeliefert und zur Sicherung der Durchlieferung in Haft gehalten.

(2) Ein Ersuchen um Bewilligung der Durchlieferung ist nicht erforderlich, wenn die Person auf dem Luftweg befördert wird und eine Zwischenlandung auf österreichischem Hoheitsgebiet nicht vorgesehen ist.

(3) Im Fall einer unvorhergesehenen Zwischenlandung ist die durchzuliefernde Person festzunehmen und der Internationale Strafgerichtshof um Übermittlung eines Ersuchens um Durchlieferung unter Anschluss der in Art. 89 Abs. 3 lit. b des Statuts angeführten Unterlagen zu ersuchen.

(4) Die durchzuliefernde Person ist zu enthaften, wenn das Ersuchen um Durchlieferung nicht innerhalb von 96 Stunden eingelangt ist. Die Enthaftung steht einer neuerlichen Festnahme auf der Grundlage eines Ersuchens nach den §§ 24 Abs. 1 oder 26 Abs. 1 nicht entgegen.

(5) Über die Durchlieferung hat der Bundesminister für Justiz im Einvernehmen mit dem Bundesminister für Inneres zu entscheiden. Die Durchlieferung ist zu bewilligen, sofern dadurch die Überstellung nicht verhindert oder verzögert wird. Ein inländischer Strafanspruch wegen einer nicht in die Zuständigkeit des Internationalen Strafgerichtshofs fallenden strafbaren Handlung steht der Durchlieferung nicht entgegen. Gegen die Bewilligung der Durchlieferung ist ein Rechtsmittel nicht zulässig.

(6) Die Abs. 1 bis 3 und 5 finden auf Ersuchen des Internationalen Strafgerichtshofs oder eines Staates, der die Vollstreckung einer vom Gerichtshof verhängten Strafe übernommen hat, um Durchbeförderung von Personen durch das Gebiet der Republik Österreich mit der Maßgabe Anwendung, dass der Internationale Strafgerichtshof im Fall einer unvorhergesehenen Zwischenlandung um Übermittlung eines Ersuchens um Durchbeförderung unter Anschluss einer Kopie des rechtskräftigen Urteils zu ersuchen ist.

FÜNFTER ABSCHNITT

Übernahme der Vollstreckung von Freiheitsstrafen

Allgemeine Bestimmungen

§ 32. (1) Der Bundesminister für auswärtige Angelegenheiten kann im Einvernehmen mit dem Bundesminister für Justiz durch eine an den Internationalen Strafgerichtshof gerichtete Erklärung die Bereitschaft der Republik Österreich bekunden, Personen zur Vollstreckung der vom Internationalen Strafgerichtshof verhängten Freiheitsstrafen zu übernehmen. Die Erklärung kann hinsichtlich des Zeitraums der Übernahme zur Vollstreckung befristet und hinsichtlich der Anzahl und der Art der zu übernehmenden Personen beschränkt werden.

(2) Die vom Internationalen Strafgerichtshof verhängten Freiheitsstrafen werden unmittelbar vollzogen. Eine Anpassung des vom Internationalen Strafgerichtshof verhängten Strafe ist nicht zulässig. Auf den Vollzug sind nach Maßgabe der Anordnungen des Internationalen Strafgerichtshofs die für den Strafvollzug geltenden Bestimmungen des österreichischen Rechts mit der Maßgabe anzuwenden, dass die Haftbedingungen jenen von Personen zu entsprechen haben, die in Österreich wegen vergleichbarer Taten verurteilt wurden.

(3) Die Vollstreckung der vom Internationalen Strafgerichtshof verhängten Freiheitsstrafen unterliegt der Aufsicht des Gerichtshofs. Auf Ersuchen des Internationalen Strafgerichtshofs wird seinen Mitgliedern Zutritt zu den Vollzugseinrichtungen gewährt.

(4) Kommt eine vom Internationalen Strafgerichtshof verurteilte Person, die zum Strafvollzug übernommen wurde, nach österreichischem Recht für einen Strafvollzug in gelockerter Form in Betracht, der mit Arbeiten ohne Bewachung außerhalb der Justizanstalt verbunden wäre, so ist der Internationale Strafgerichtshof vor Anordnung der Arbeiten von diesem Umstand in Kenntnis zu setzen. Seine Stellungnahme ist bei der Entscheidung zu berücksichtigen.

(5) Verurteilten Personen im Sinne dieses Abschnitts ist der ungehinderte und vertrauliche schriftliche Verkehr mit dem Internationalen Strafgerichtshof zu ermöglichen.

Verfahren zur Übernahme der Strafvollstreckung

§ 33. (1) Hat der Internationale Strafgerichtshof bestimmt, dass ein Verurteilter die über ihn verhängte Freiheitsstrafe in Österreich zu verbüßen hat, und ersucht er, den Verurteilten zum Strafvollzug zu übernehmen, so ist diese Mitteilung dem Bundesminister für Justiz zuzuleiten.

(2) Der Bundesminister für Justiz darf die Übernahme einer Vollstreckung, die der Erklärung nach § 32 Abs. 1 entspricht, nur ablehnen, wenn sie unvertretbare Nachteile für die Sicherheit und die öffentliche Ordnung der Republik Österreich nach sich ziehen würde. Bei österreichischen Staatsbürgern darf die Übernahme der Vollstreckung nicht abgelehnt werden. Gegen die Entscheidung des Bundesministers für Justiz ist ein Rechtsmittel nicht zulässig.

(3) Die Entscheidung des Bundesministers für Justiz ist dem Internationalen Strafgerichtshof mit dem Ersuchen zu übermitteln, Ort und Zeitpunkt der Übergabe des Verurteilten den österreichischen Behörden vorzuschlagen.

(4) Flieht die verurteilte Person vor Abschluss der Vollstreckung der Freiheitsstrafe aus der Haft, so hat das Vollzugsgericht (§ 16 des Strafvollzugsgesetzes) einen Haftbefehl zu erlassen und die Fahndung einzuleiten. Wird die gesuchte Person in der Folge im Ausland festgenommen, so hat das Gericht auch ohne Antrag der Staatsanwaltschaft die Verhängung der Auslieferungshaft nach § 69 ARHG zu erwirken und dem Bundesminister für Justiz die nach § 68 ARHG erforderlichen Unterlagen zu übermitteln. Der Bundesminister für Justiz hat die Auslieferung zu erwirken, sofern der ersuchte Staat nicht der Überstellung ohne Auslieferungsverfahren zustimmt oder der Internationale Strafgerichtshof nicht eine andere Entscheidung trifft.

(5) Die im ersuchten Staat oder beim Internationalen Strafgerichtshof in Haft verbrachte Zeit ist auf die zu verbüßende Freiheitsstrafe anzurechnen.

(6) Werden in Österreich Personen festgenommen, die aus dem Vollzug einer vom Internationalen Strafgerichtshof verhängten Freiheitsstrafe geflohen sind, so ist bei der Überstellung dieser Personen an den Staat, der die Vollstreckung übernommen hat, nach den Bestimmungen über die Überstellung von Personen an den Internationalen Strafgerichtshof vorzugehen.

Spezialität der Vollstreckung

§ 34. (1) Eine zur Vollstreckung einer vom Internationalen Strafgerichtshof verhängten Freiheitsstrafe übernommene Person darf in Österreich ohne Zustimmung des Internationalen Strafgerichtshofs wegen einer vor ihrer Übergabe begangenen Handlung, auf die sich das Urteil des Internationalen Strafgerichtshofs nicht bezieht, weder verfolgt oder bestraft noch in ihrer persönlichen Freiheit beschränkt oder an einen dritten Staat ausgeliefert werden.

(2) Die Spezialität der Vollstreckung steht einer solchen Maßnahme nicht entgegen, wenn

1. sich die Person nach ihrer Entlassung länger als 30 Tage auf dem Gebiet der Republik Österreich aufhält, obwohl sie es verlassen konnte und durfte;

2. die Person das Gebiet der Republik Österreich, auf welche Weise auch immer, verlässt und freiwillig zurückkehrt oder rechtmäßig aus einem dritten Staat zurückgebracht wird; oder

3. der Internationale Strafgerichtshof auf die Einhaltung der Spezialität verzichtet.

Berichte über den Strafvollzug

§ 35. Die Justizanstalt, in der der Strafgefangene die vom Internationalen Strafgerichtshof verhängte Freiheitsstrafe verbüßt, hat dem Bundesministerium für Justiz zumindest einmal jährlich und nach Abschluss der Vollstreckung einen Führungs- und Gesundheitsbericht vorzulegen. Dem Bundesministerium für Justiz ist umgehend zu berichten, wenn der Strafgefangene vor Abschluss der Vollstreckung der Freiheitsstrafe aus der Haft geflohen ist oder wenn die Vollstreckung aus sonstigen Gründen nicht mehr möglich ist. Solche Berichte sind dem Internationalen Strafgerichtshof unverzüglich zur Kenntnis zu bringen.

Bedingte Entlassung und Begnadigung

§ 36. (1) **(Verfassungsbestimmung)** Über die bedingte Entlassung, eine Begnadigung oder die Herabsetzung der Strafe eines vom Internationalen Strafgerichtshof Verurteilten entscheidet der Internationale Strafgerichtshof.

(2) Stellt die verurteilte Person einen Antrag auf bedingte Entlassung, Begnadigung oder Herabsetzung der Strafe, so ist dieser dem Bundesministerium für Justiz zur Weiterleitung an den Internationalen Strafgerichtshof vorzulegen.

(3) Umstände, die für eine bedingte Entlassung, Begnadigung oder Herabsetzung der Strafe sprechen, sind dem Internationalen Strafgerichtshof von Amts wegen mitzuteilen.

Übertragung der Strafvollstreckung an einen anderen Staat

§ 37. (1) Einem Ersuchen des Internationalen Strafgerichtshofs auf Überstellung des Strafgefangenen in einen anderen Staat zur Fortsetzung der Strafvollstreckung ist umgehend zu entsprechen.

(2) Ersucht ein Strafgefangener um Vollstreckung der über ihn vom Internationalen Strafgerichtshof verhängten Freiheitsstrafe in einem anderen Staat, so ist sein Ansuchen dem Internationalen Strafgerichtshof zuzuleiten.

Beendigung des Strafvollzuges

§ 38. (1) Teilt der Internationale Strafgerichtshof mit, dass die Vollstreckung der Freiheitsstrafe zu beenden ist, so ist der Strafgefangene umgehend freizulassen oder der für die Vollziehung fremdenrechtlicher Vorschriften zuständigen Behörde zu übergeben, sofern nicht ein inländisches Strafverfahren oder ein Auslieferungsverfahren anhängig ist oder Anlass besteht, ein solches Verfahren einzuleiten.

(2) Die Verfolgung, Bestrafung oder Auslieferung wegen einer vor der Übernahme der Strafvollstreckung begangenen Handlung ist nur nach Maßgabe des § 34 zulässig.

Kosten

§ 39. (1) Die gewöhnlichen Kosten des Strafvollzugs sind von Österreich zu tragen.

(2) Andere Kosten einschließlich der Kosten der Überstellung des Verurteilten vom oder zum Gerichtshof oder aus einem oder in einen anderen Vollstreckungsstaat sowie der Kosten eines vom Internationalen Strafgerichtshof begehrten Sachverständigengutachtens sind vom Internationalen Strafgerichtshof zu tragen.

Vollstreckung von Freiheitsstrafen wegen Straftaten gegen die Rechtspflege

§ 40. Auf die Vollstreckung von Freiheitsstrafen, die vom Internationalen Strafgerichtshof wegen Straftaten gegen die Rechtspflege nach Art. 70 des Statuts verhängt wurden, findet dieses Bundesgesetz mit Ausnahme der Bestimmungen der §§ 32 Abs. 1 und 5, 33 Abs. 1 bis 5 und 39 keine Anwendung. Das Verfahren richtet sich nach den §§ 65 bis 67 ARHG.

SECHSTER ABSCHNITT

Übernahme der Vollstreckung von Geldstrafen und vermögensrechtlichen Anordnungen

§ 41. (1) Einem Ersuchen des Internationalen Strafgerichtshofs um Vollstreckung einer Entscheidung, mit der eine Geldstrafe verhängt oder eine vermögensrechtliche Anordnung ausgesprochen wurde, ist durch das zuständige Gericht zu entsprechen, wenn die Einbringung der Geldstrafe im Inland zu erwarten ist oder wenn sich die von der Entscheidung erfassten Gegenstände oder Vermögenswerte im Inland befinden. Vor der Bewilligung der Vollstreckung sind der zur Zahlung der Geldstrafe Verurteilte und Personen, die Rechte an den Gegenständen oder Vermögenswerten behaupten, zu hören. Von der Anhörung des Verurteilten kann abgesehen werden, wenn er unerreichbar ist.

(2) Über das Ersuchen um Vollstreckung einer Geldstrafe entscheidet der im § 26 Abs. 1 ARHG bezeichnete Gerichtshof erster Instanz, über das Ersuchen um Vollstreckung einer vermögensrechtlichen Anordnung jedoch der Gerichtshof erster Instanz, in dessen Sprengel sich der Vermögenswert oder Gegenstand befindet, jeweils durch einen Senat von drei Richtern (§ 13 Abs. 3 StPO) mit Beschluss. Eine Anpassung der vom Internationalen Strafgerichtshof verhängten Geldstrafe oder vermögensrechtlichen Anordnung ist nicht zulässig. Gegen den Beschluss steht der Staatsanwaltschaft und dem Betroffenen die binnen 14 Tagen einzubringende Beschwerde an den Gerichtshof zweiter Instanz offen.

(3) Eine vom Internationalen Strafgerichtshof verhängte Geldstrafe wird in Euro vollstreckt. Ist die Höhe der zu vollstreckenden Geldstrafe in einer anderen Währung als Euro angegeben, so ist für die Umrechnung der zum Zeitpunkt der Entscheidung des Internationalen Strafgerichtshofs geltende amtliche Devisenkurs maßgebend.

(4) Alle vom Internationalen Strafgerichtshof gewährten Erleichterungen in Bezug auf den Zahlungstermin verhängter Geldstrafen oder deren Entrichtung in Teilbeträgen werden berücksichtigt.

(5) Erweist sich die Vollstreckung einer vom Internationalen Strafgerichtshof verhängten Geldstrafe ganz oder teilweise als unmöglich, so ist der Internationale Strafgerichtshof von diesem Umstand in Kenntnis zu setzen.

(6) Wenn der Internationale Strafgerichtshof wegen Uneinbringlichkeit der verhängten Geldstrafe über die verurteilte Person eine Ersatzfreiheitsstrafe verhängt und die Republik Österreich um deren Vollstreckung ersucht, finden die Bestimmungen der §§ 32 bis 39 Anwendung.

(7) Erweist sich die Vollstreckung einer vom Internationalen Strafgerichtshof ausgesprochenen vermögensrechtlichen Anordnung als unmöglich, so sind nach Maßgabe des § 19 Abs. 1 bis 4 FinStrG Maßnahmen zur Eintreibung des Gegenwerts der Gegenstände oder Vermögenswerte zu treffen.

(8) Der Erlös aus der Vollstreckung von Geldstrafen und vermögensrechtlichen Anordnungen ist, vorbehaltlich der Bestimmung des Abs. 9, an den Internationalen Strafgerichtshof zu überweisen.

(9) Geldbeträge, Gegenstände oder sonstige Vermögenswerte können in der Republik Österreich zurückbehalten werden, wenn

1. die geschädigte Person ihren Wohnsitz oder gewöhnlichen Aufenthalt in Österreich hat und sie ihr auszufolgen sind;

2. eine Behörde Rechte an diesen geltend macht;

3. eine an der strafbaren Handlung nicht beteiligte Person Rechte daran behauptet; oder

4. sie für ein in Österreich anhängiges Strafverfahren benötigt werden.

(10) Macht eine Person Ansprüche nach Abs. 9 geltend, so kommt eine Ausfolgung der Geldbeträge oder Gegenstände nur im Einvernehmen

mit dem Internationalen Strafgerichtshof in Betracht.

(11) Die Bestimmungen dieses Abschnitts finden auch auf die Vollstreckung von Geldstrafen Anwendung, die vom Internationalen Strafgerichtshof wegen Straftaten gegen die Rechtspflege nach Artikel 70 des Statuts verhängt wurden.

Übernahme der Vollstreckung von Wiedergutmachungsanordnungen

§ 42. (1) Die Vollstreckung der Entscheidung des Internationalen Strafgerichtshofs, mit der eine Wiedergutmachungsanordnung, die auf die Zahlung einer Geldsumme gerichtet ist, rechtskräftig ausgesprochen worden ist, ist auf Ersuchen des Internationalen Strafgerichtshofs zulässig, wenn die Einbringung im Inland zu erwarten ist.

(2) Die Vollstreckung richtet sich nach § 41.

(3) Rechtskräftige Entscheidungen des Internationalen Strafgerichtshofs auf Rückstellung von Eigentum oder Erträgen aus strafbaren Handlungen gelten als Erkenntnisse auswärtiger Gerichte, die die Bedingungen des § 79 Abs. 2 der Exekutionsordnung erfüllen.

SIEBENTER ABSCHNITT

Wirkung der Entscheidungen des Internationalen Strafgerichtshofs

§ 43. Ein rechtskräftiges Urteil des Internationalen Strafgerichtshofs begründet in Verfahren vor den österreichischen Gerichten wegen Schadenersatzes des Opfers gegenüber dem Verurteilten den vollen Beweis dessen, was darin auf Grund eines Beweisverfahrens festgestellt wird. Der Beweis der Unrichtigkeit der Feststellungen ist zulässig. *(BGBl I 2008/2)*

ACHTER ABSCHNITT

Übernahme der Strafverfolgung wegen Straftaten gegen die Rechtspflege

§ 44. (1) Auf Ersuchen des Internationalen Strafgerichtshofs kann die Verfolgung der in Art. 70 Abs. 1 des Statuts angeführten Straftaten gegen die Rechtspflege des Gerichtshofs übernommen werden, die auf österreichischem Hoheitsgebiet oder von österreichischen Staatsbürgern begangen wurden.

(2) Bei der Beurteilung dieser Straftaten ist so vorzugehen, als ob es sich beim Internationalen Strafgerichtshof um ein österreichisches Gericht und bei seinen Bediensteten um österreichische Beamte handelt.

(3) § 60 ARHG ist mit der Maßgabe anzuwenden, dass die in dieser Bestimmung enthaltenen Verweise auf den ersuchenden Staat als solche auf den Internationalen Strafgerichtshof zu verstehen sind.

Dritter Teil

In-Kraft-Treten und Schlussbestimmungen

§ 45. (1) Dieses Bundesgesetz tritt mit 1. Oktober 2002 in Kraft.

(2) In diesem Bundesgesetz enthaltene Verweisungen auf andere Rechtsvorschriften des Bundes sind als Verweisung auf die jeweils geltende Fassung zu verstehen.

(3) Mit der Vollziehung dieses Bundesgesetzes sind die Bundesminister für auswärtige Angelegenheiten, für Justiz und für Inneres – je nach ihrem Wirkungsbereich – betraut.

Klestil
Schüssel

16/4. Strafgesetzbuch

(Auszug)

BGBl 1974/60 idF

1 BGBl 1987/605
2 BGBl 1988/599
3 BGBl 1993/527
4 BGBl 1996/762
5 BGBl I 1997/12
6 BGBl I 1997/105
7 BGBl I 1997/112
8 BGBl I 1998/153
9 BGBl I 2001/19
10 BGBl I 2001/130
11 BGBl I 2002/134
12 BGBl I 2004/15
13 BGBl I 2004/136 (BudgetbegleitG 2005)
14 BGBl I 2006/56 (StrRÄG 2006)
15 BGBl I 2007/93
16 BGBl I 2007/109
17 BGBl I 2009/40 (2. GeSchG)
18 BGBl I 2009/52 (BudgetbegleitG 2009)
19 BGBl I 2009/98 (KorrStrÄG 2009)
20 BGBl I 2009/135
21 BGBl I 2009/142
22 BGBl I 2010/38
23 BGBl I 2010/108 (sKp)
24 BGBl I 2010/111 (BudgetbegleitG 2011)
25 BGBl I 2011/103
26 BGBl I 2011/130 (Strafgesetznovelle 2011)
27 BGBl I 2012/61 (KorrStrÄG 2012)
28 BGBl I 2012/120 (Dienstrechts-Novelle 2012)
29 BGBl I 2013/25 (VfGH)
30 BGBl I 2013/116 (Sexualstrafrechtsänderungsgesetz 2013)
31 BGBl I 2013/134
32 BGBl I 2014/101
33 BGBl I 2014/106
34 BGBl I 2015/112 (Strafrechtsänderungsgesetz – StRÄG 2015)
35 BGBl I 2015/154 (JGG-ÄndG 2015)
36 BGBl I 2017/117 (Strafgesetznovelle 2017)
37 BGBl I 2018/70 (Strafrechtsänderungsgesetz 2018)
38 BGBl I 2019/xx (Gewaltschutzgesetz 2019; 239/BNR)

Bundesgesetz vom 23. Jänner 1974 über die mit gerichtlicher Strafe bedrohten Handlungen (Strafgesetzbuch – StGB)

Der Nationalrat hat beschlossen:

Allgemeiner Teil

ERSTER ABSCHNITT

Allgemeine Bestimmungen

Keine Strafe ohne Gesetz

§ 1. (1) Eine Strafe oder eine vorbeugende Maßnahme darf nur wegen einer Tat verhängt werden, die unter eine ausdrückliche gesetzliche Strafdrohung fällt und schon zur Zeit ihrer Begehung mit Strafe bedroht war.

(2) Eine schwerere als die zur Zeit der Begehung angedrohte Strafe darf nicht verhängt werden. Eine vorbeugende Maßnahme darf nur angeordnet werden, wenn zur Zeit der Begehung diese vorbeugende Maßnahme oder eine der Art nach vergleichbare Strafe oder vorbeugende Maßnahme vorgesehen war. Durch die Anordnung einer bloß der Art nach vergleichbaren vorbeugenden Maßnahme darf der Täter keiner ungünstigeren Behandlung unterworfen werden, als sie nach dem zur Zeit der Tat geltenden Gesetz zulässig war.

Begehung durch Unterlassung

§ 2. Bedroht das Gesetz die Herbeiführung eines Erfolges mit Strafe, so ist auch strafbar, wer es unterläßt, ihn abzuwenden, obwohl er zufolge einer ihn im besonderen treffenden Verpflichtung durch die Rechtsordnung dazu verhalten ist und die Unterlassung der Erfolgsabwendung einer Verwirklichung des gesetzlichen Tatbildes durch ein Tun gleichzuhalten ist.

Notwehr

§ 3. (1) Nicht rechtswidrig handelt, wer sich nur der Verteidigung bedient, die notwendig ist, um einen gegenwärtigen oder unmittelbar drohenden rechtswidrigen Angriff auf Leben, Gesundheit, körperliche Unversehrtheit, sexuelle Integrität und Selbstbestimmung, Freiheit oder Vermögen von sich oder einem anderen abzuwehren. Die Handlung ist jedoch nicht gerechtfertigt, wenn es offensichtlich ist, daß dem Angegriffenen bloß ein geringer Nachteil droht und die Verteidigung, insbesondere wegen der Schwere der zur Abwehr nötigen Beeinträchtigung des Angreifers, unangemessen ist. *(BGBl I 2017/117)*

(2) Wer das gerechtfertigte Maß der Verteidigung überschreitet oder sich einer offensichtlich unangemessenen Verteidigung (Abs. 1) bedient, ist, wenn dies lediglich aus Bestürzung, Furcht oder Schrecken geschieht, nur strafbar, wenn die Überschreitung auf Fahrlässigkeit beruht und die fahrlässige Handlung mit Strafe bedroht ist.

Keine Strafe ohne Schuld

§ 4. Strafbar ist nur, wer schuldhaft handelt.

Vorsatz

§ 5. (1) Vorsätzlich handelt, wer einen Sachverhalt verwirklichen will, der einem gesetzlichen Tatbild entspricht; dazu genügt es, daß der Täter diese Verwirklichung ernstlich für möglich hält und sich mit ihr abfindet.

(2) Der Täter handelt absichtlich, wenn es ihm darauf ankommt, den Umstand oder Erfolg zu verwirklichen, für den das Gesetz absichtliches Handeln voraussetzt.

(3) Der Täter handelt wissentlich, wenn er den Umstand oder Erfolg, für den das Gesetz Wissentlichkeit voraussetzt, nicht bloß für möglich hält, sondern sein Vorliegen oder Eintreten für gewiß hält.

Fahrlässigkeit

§ 6. (1) Fahrlässig handelt, wer die Sorgfalt außer acht läßt, zu der er nach den Umständen verpflichtet und nach seinen geistigen und körperlichen Verhältnissen befähigt ist und die ihm zuzumuten ist, und deshalb nicht erkennt, daß er einen Sachverhalt verwirklichen könne, der einem gesetzlichen Tatbild entspricht.

(2) Fahrlässig handelt auch, wer es für möglich hält, daß er einen solchen Sachverhalt verwirkliche, ihn aber nicht herbeiführen will.

(3) Grob fahrlässig handelt, wer ungewöhnlich und auffallend sorgfaltswidrig handelt, sodass der Eintritt eines dem gesetzlichen Tatbild entsprechenden Sachverhaltes als geradezu wahrscheinlich vorhersehbar war. *(BGBl I 2015/112)*

Strafbarkeit vorsätzlichen und fahrlässigen Handelns

§ 7. (1) Wenn das Gesetz nichts anderes bestimmt, ist nur vorsätzliches Handeln strafbar.

(2) Eine schwerere Strafe, die an eine besondere Folge der Tat geknüpft ist, trifft den Täter nur, wenn er diese Folge wenigstens fahrlässig herbeigeführt hat.

Irrtümliche Annahme eines rechtfertigenden Sachverhaltes

§ 8. Wer irrtümlich einen Sachverhalt annimmt, der die Rechtswidrigkeit der Tat ausschließen würde, kann wegen vorsätzlicher Begehung nicht bestraft werden. Er ist wegen fahrlässiger Begehung zu bestrafen, wenn der Irrtum auf Fahrlässigkeit beruht und die fahrlässige Begehung mit Strafe bedroht ist.

Rechtsirrtum

§ 9. (1) Wer das Unrecht der Tat wegen eines Rechtsirrtums nicht erkennt, handelt nicht schuldhaft, wenn ihm der Irrtum nicht vorzuwerfen ist.

(2) Der Rechtsirrtum ist dann vorzuwerfen, wenn das Unrecht für den Täter wie für jedermann leicht erkennbar war oder wenn sich der Täter mit den einschlägigen Vorschriften nicht bekannt gemacht hat, obwohl er seinem Beruf, seiner Beschäftigung oder sonst den Umständen nach dazu verpflichtet gewesen wäre.

(3) Ist der Irrtum vorzuwerfen, so ist, wenn der Täter vorsätzlich handelt, die für die vorsätzliche Tat vorgesehene Strafdrohung anzuwenden, wenn er fahrlässig handelt, die für die fahrlässige Tat.

Entschuldigender Notstand

§ 10. (1) Wer eine mit Strafe bedrohte Tat begeht, um einen unmittelbar drohenden bedeutenden Nachteil von sich oder einem anderen abzuwenden, ist entschuldigt, wenn der aus der Tat drohende Schaden nicht unverhältnismäßig schwerer wiegt als der Nachteil, den sie abwenden soll, und in der Lage des Täters von einem mit den rechtlich geschützten Werten verbundenen Menschen kein anderes Verhalten zu erwarten war.

(2) Der Täter ist nicht entschuldigt, wenn er sich der Gefahr ohne einen von der Rechtsordnung anerkannten Grund bewußt ausgesetzt hat. Der Täter ist wegen fahrlässiger Begehung zu bestrafen, wenn er die Voraussetzungen, unter denen seine Handlung entschuldigt wäre, in einem Irrtum angenommen hat, der auf Fahrlässigkeit beruhte, und die fahrlässige Begehung mit Strafe bedroht ist.

Zurechnungsunfähigkeit

§ 11. Wer zur Zeit der Tat wegen einer Geisteskrankheit, wegen einer geistigen Behinderung, wegen einer tiefgreifenden Bewußtseinsstörung oder wegen einer anderen schweren, einem dieser Zustände gleichwertigen seelischen Störung unfähig ist, das Unrecht seiner Tat einzusehen oder nach dieser Einsicht zu handeln, handelt nicht schuldhaft. *(BGBl I 2009/40)*

Behandlung aller Beteiligten als Täter

§ 12. Nicht nur der unmittelbare Täter begeht die strafbare Handlung, sondern auch jeder, der einen anderen dazu bestimmt, sie auszuführen, oder der sonst zu ihrer Ausführung beiträgt.

Selbständige Strafbarkeit der Beteiligten

§ 13. Waren an der Tat mehrere beteiligt, so ist jeder von ihnen nach seiner Schuld zu bestrafen.

Eigenschaften und Verhältnisse des Täters

§ 14. (1) Macht das Gesetz die Strafbarkeit oder die Höhe der Strafe von besonderen persönlichen Eigenschaften oder Verhältnissen des Täters abhängig, die das Unrecht der Tat betreffen, so ist das Gesetz auf alle Beteiligten anzuwenden, wenn diese Eigenschaften oder Verhältnisse auch nur bei einem von ihnen vorliegen. Hängt das Unrecht der Tat jedoch davon ab, daß der Träger der besonderen persönlichen Eigenschaften oder Verhältnisse die Tat unmittelbar ausführt oder sonst in bestimmter Weise an ihr mitwirkt, so muß auch diese Voraussetzung erfüllt sein.

(2) Betreffen die besonderen persönlichen Eigenschaften oder Verhältnisse hingegen ausschließlich die Schuld, so ist das Gesetz nur auf die Beteiligten anzuwenden, bei denen diese Eigenschaften oder Verhältnisse vorliegen.

Strafbarkeit des Versuches

§ 15. (1) Die Strafdrohungen gegen vorsätzliches Handeln gelten nicht nur für die vollendete Tat, sondern auch für den Versuch und für jede Beteiligung an einem Versuch.

(2) Die Tat ist versucht, sobald der Täter seinen Entschluß, sie auszuführen oder einen anderen dazu zu bestimmen (§ 12), durch eine der Ausführung unmittelbar vorangehende Handlung betätigt.

(3) Der Versuch und die Beteiligung daran sind nicht strafbar, wenn die Vollendung der Tat mangels persönlicher Eigenschaften oder Verhältnisse, die das Gesetz beim Handelnden voraussetzt, oder nach der Art der Handlung oder des Gegenstands, an dem die Tat begangen wurde, unter keinen Umständen möglich war.

Rücktritt vom Versuch

§ 16. (1) Der Täter wird wegen des Versuches oder der Beteiligung daran nicht bestraft, wenn er freiwillig die Ausführung aufgibt oder, falls mehrere daran beteiligt sind, verhindert oder wenn er freiwillig den Erfolg abwendet.

(2) Der Täter wird auch straflos, wenn die Ausführung oder der Erfolg ohne sein Zutun unterbleibt, er sich jedoch in Unkenntnis dessen freiwillig und ernstlich bemüht, die Ausführung zu verhindern oder den Erfolg abzuwenden.

ZWEITER ABSCHNITT

Einteilung der strafbaren Handlungen

Einteilung der strafbaren Handlungen

§ 17. (1) Verbrechen sind vorsätzliche Handlungen, die mit lebenslanger oder mit mehr als dreijähriger Freiheitsstrafe bedroht sind.

(2) Alle anderen strafbaren Handlungen sind Vergehen.

DRITTER ABSCHNITT

Strafen, Verfall und vorbeugende Maßnahmen

Freiheitsstrafen

§ 18. (1) Freiheitsstrafen werden auf Lebensdauer oder auf bestimmte Zeit verhängt.

(2) Die zeitliche Freiheitsstrafe beträgt mindestens einen Tag und höchstens zwanzig Jahre.

Geldstrafen

§ 19. (1) Die Geldstrafe ist in Tagessätzen zu bemessen. Sie beträgt mindestens zwei Tagessätze.

(2) Der Tagessatz ist nach den persönlichen Verhältnissen und der wirtschaftlichen Leistungsfähigkeit des Rechtsbrechers im Zeitpunkt des Urteils erster Instanz zu bemessen. Der Tagessatz ist jedoch mindestens mit 4 Euro und höchstens mit 5 000 Euro festzusetzen. *(BGBl I 2009/52)*

(3) Für den Fall der Uneinbringlichkeit der Geldstrafe ist eine Ersatzfreiheitsstrafe festzusetzen. Ein Tag Ersatzfreiheitsstrafe entspricht dabei zwei Tagessätzen.

Konfiskation

§ 19a. (1) Gegenstände, die der Täter zur Begehung einer vorsätzlichen Straftat verwendet hat, die von ihm dazu bestimmt worden waren, bei der Begehung dieser Straftat verwendet zu werden, oder die durch diese Handlung hervorgebracht worden sind, sind zu konfiszieren, wenn sie zur Zeit der Entscheidung erster Instanz im Eigentum des Täters stehen. *(BGBl I 2015/112)*

(1a) Die Konfiskation erstreckt sich auch auf die zur Zeit der Entscheidung erster Instanz im Eigentum des Täters stehenden Ersatzwerte der in Abs. 1 bezeichneten Gegenstände. *(BGBl I 2015/112)*

(2) Von der Konfiskation ist abzusehen, soweit sie zur Bedeutung der Tat oder zu dem den Täter treffenden Vorwurf außer Verhältnis steht.

(BGBl I 2010/108)

Verfall

§ 20. (1) Das Gericht hat Vermögenswerte, die für die Begehung einer mit Strafe bedrohten Handlung oder durch sie erlangt wurden, für verfallen zu erklären.

(2) Der Verfall erstreckt sich auch auf Nutzungen und Ersatzwerte der nach Abs. 1 für verfallen zu erklärenden Vermögenswerte.

(3) Soweit die dem Verfall nach Abs. 1 oder 2 unterliegenden Vermögenswerte nicht sichergestellt oder beschlagnahmt sind (§§ 110 Abs. 1 Z 3, 115 Abs. 1 Z 3 StPO), hat das Gericht einen Geldbetrag für verfallen zu erklären, der den nach Abs. 1 und Abs. 2 erlangten Vermögenswerten entspricht.

(4) Soweit der Umfang der für verfallen zu erklärenden Vermögenswerte nicht oder nur mit unverhältnismäßigem Aufwand ermittelt werden kann, hat das Gericht ihn nach seiner Überzeugung festzusetzen.

(BGBl I 2010/108)

Unterbleiben des Verfalls

§ 20a. (1) Der Verfall gegenüber einem Dritten nach § 20 Abs. 2 und 3 ist ausgeschlossen, soweit dieser die Vermögenswerte in Unkenntnis der mit Strafe bedrohten Handlung erworben hat.

(2) Der Verfall ist überdies ausgeschlossen:

1. gegenüber einem Dritten, soweit dieser die Vermögenswerte in Unkenntnis der mit Strafe bedrohten Handlung entgeltlich erworben hat,

2. soweit der Betroffene zivilrechtliche Ansprüche aus der Tat befriedigt oder für sie Sicherheit geleistet hat, oder

3. soweit seine Wirkung durch andere rechtliche Maßnahmen erreicht wird.

(3) Vom Verfall ist abzusehen, soweit der für verfallen zu erklärende Vermögenswert oder die Aussicht auf dessen Einbringung außer Verhältnis zum Verfahrensaufwand steht, den der Verfall oder die Einbringung erfordern würde.

(BGBl I 2010/108)

Erweiterter Verfall

§ 20b. (1) Vermögenswerte, die der Verfügungsmacht einer kriminellen Organisation (§ 278a) oder einer terroristischen Vereinigung (§ 278b) unterliegen oder als Mittel der Terrorismusfinanzierung (§ 278d) bereitgestellt oder gesammelt wurden, sind für verfallen zu erklären.

(2) Ist eine rechtswidrige Tat nach den §§ 165, 278, 278c, für deren Begehung oder durch die Vermögenswerte erlangt wurden, oder ein solches Verbrechen begangen worden, sind auch jene Vermögenswerte für verfallen zu erklären, die in einem zeitlichen Zusammenhang mit dieser Tat erlangt wurden, sofern die Annahme naheliegt, dass sie aus einer rechtswidrigen Tat stammen und ihre rechtmäßige Herkunft nicht glaubhaft gemacht werden kann.

(3) § 20 Abs. 2 bis Abs. 4 StGB gilt entsprechend.

(BGBl I 2010/108)

Unterbleiben des erweiterten Verfalls

§ 20c. (1) Der erweiterte Verfall nach § 20b Abs. 1 StGB ist ausgeschlossen, soweit an den betroffenen Vermögenswerten Rechtsansprüche von Personen bestehen, die an der kriminellen Organisation oder terroristischen Vereinigung oder Terrorismusfinanzierung nicht beteiligt sind.

(2) § 20a StGB gilt entsprechend.

(BGBl I 2010/108)

Unterbringung in einer Anstalt für geistig abnorme Rechtsbrecher

§ 21. (1) Begeht jemand eine Tat, die mit einer ein Jahr übersteigenden Freiheitsstrafe bedroht ist, und kann er nur deshalb nicht bestraft werden, weil er sie unter dem Einfluß eines die Zurechnungsfähigkeit ausschließenden Zustandes (§ 11) begangen hat, der auf einer geistigen oder seelischen Abartigkeit von höherem Grad beruht, so hat ihn das Gericht in eine Anstalt für geistig abnorme Rechtsbrecher einzuweisen, wenn nach seiner Person, nach seinem Zustand und nach der Art der Tat zu befürchten ist, daß er sonst unter dem Einfluß seiner geistigen oder seelischen Abartigkeit eine mit Strafe bedrohte Handlung mit schweren Folgen begehen werde.

(2) Liegt eine solche Befürchtung vor, so ist in eine Anstalt für geistig abnorme Rechtsbrecher auch einzuweisen, wer, ohne zurechnungsunfähig zu sein, unter dem Einfluß seiner geistigen oder seelischen Abartigkeit von höherem Grad eine Tat begeht, die mit einer ein Jahr übersteigenden Freiheitsstrafe bedroht ist. In einem solchen Fall ist die Unterbringung zugleich mit dem Ausspruch über die Strafe anzuordnen.

(3) Als Anlasstaten im Sinne der Abs. 1 und 2 kommen mit Strafe bedrohte Handlungen gegen fremdes Vermögen nicht in Betracht, es sei denn, sie wurden unter Anwendung von Gewalt gegen eine Person oder unter Drohung mit einer gegenwärtigen Gefahr für Leib oder Leben (§ 89) begangen. *(BGBl I 2010/111)*

Unterbringung in einer Anstalt für entwöhnungsbedürftige Rechtsbrecher

§ 22. (1) Wer dem Mißbrauch eines berauschenden Mittels oder Suchtmittels ergeben ist und wegen einer im Rausch oder sonst im Zusammenhang mit seiner Gewöhnung begangenen strafbaren Handlung oder wegen Begehung einer mit Strafe bedrohten Handlung im Zustand voller Berauschung (§ 287) verurteilt wird, ist vom Gericht in eine Anstalt für entwöhnungsbedürftige Rechtsbrecher einzuweisen, wenn nach seiner Person und nach der Art der Tat zu befürchten ist, daß er sonst im Zusammenhang mit seiner Gewöhnung an berauschende Mittel oder Suchtmittel eine mit Strafe bedrohte Handlung mit schweren Folgen oder doch mit Strafe bedrohte Handlungen mit nicht bloß leichten Folgen begehen werde.

(2) Von der Unterbringung ist abzusehen, wenn der Rechtsbrecher mehr als zwei Jahre in Strafhaft zu verbüßen hat, die Voraussetzungen für seine Unterbringung in einer Anstalt für geistig abnorme Rechtsbrecher vorliegen oder der Versuch einer Entwöhnung von vornherein aussichtslos scheint.

Unterbringung in einer Anstalt für gefährliche Rückfallstäter

§ 23. (1) Wird jemand nach Vollendung des vierundzwanzigsten Lebensjahres zu einer mindestens zweijährigen Freiheitsstrafe verurteilt, so hat das Gericht zugleich seine Unterbringung in einer Anstalt für gefährliche Rückfallstäter anzuordnen,

1. wenn die Verurteilung ausschließlich oder überwiegend wegen einer oder mehrerer vorsätzlicher strafbarer Handlungen gegen Leib und Leben, gegen die Freiheit, gegen fremdes Vermögen unter Anwendung oder Androhung von Gewalt gegen eine Person, gegen die sexuelle Integrität und Selbstbestimmung, nach § 28a des Suchtmittelgesetzes oder wegen einer oder mehrerer vorsätzlicher gemeingefährlicher strafbarer Handlungen erfolgt, *(BGBl I 2007/109)*

2. wenn er bereits zweimal ausschließlich oder überwiegend wegen Handlungen der in Z. 1 genannten Art zu Freiheitsstrafen in der Dauer von jeweils mehr als sechs Monaten verurteilt worden ist und deshalb vor Begehung der nunmehr abgeurteilten Handlungen, jedoch nach Vollendung des neunzehnten Lebensjahres mindestens achtzehn Monate in Strafhaft zugebracht hat und

3. wenn zu befürchten ist, daß er wegen seines Hanges zu strafbaren Handlungen der in Z. 1 genannten Art oder weil er seinen Lebensunterhalt überwiegend durch solche strafbare Handlungen zu gewinnen pflegt, sonst weiterhin solche strafbare Handlungen mit schweren Folgen begehen werde.

(2) Von der Unterbringung ist abzusehen, wenn die Voraussetzungen für die Unterbringung des Rechtsbrechers in einer Anstalt für geistig abnorme Rechtsbrecher vorliegen.

(3) Die Anhaltung in einer Anstalt für geistig abnorme Rechtsbrecher nach § 21 Abs. 2 oder in einer Anstalt für entwöhnungsbedürftige Rechtsbrecher steht der Strafhaft (Abs. 1 Z. 2) insoweit gleich, als die Zeit der Anhaltung auf die Strafe anzurechnen ist.

(4) Eine frühere Strafe bleibt außer Betracht, wenn seit ihrer Verbüßung bis zur folgenden Tat mehr als fünf Jahre vergangen sind. In diese Frist werden Zeiten, in denen der Verurteilte auf behördliche Anordnung angehalten worden ist, nicht eingerechnet. Ist die Strafe nur durch Anrechnung einer Vorhaft verbüßt worden, so beginnt die Frist erst mit Rechtskraft des Urteils.

(5) Ausländische Verurteilungen sind zu berücksichtigen, wenn die Voraussetzungen des § 73 vorliegen und anzunehmen ist, daß der Täter auch von einem inländischen Gericht zu einer Freiheitsstrafe von mehr als sechs Monaten verurteilt worden wäre und die zur Erfüllung der Voraussetzungen des Abs. 1 Z. 2 erforderliche Zeit in Strafhaft zugebracht hätte.

(BGBl I 1997/112)

Reihenfolge des Vollzugs von Freiheitsstrafen und mit Freiheitsentziehung verbundenen vorbeugenden Maßnahmen

§ 24. (1) Die Unterbringung in einer Anstalt für geistig abnorme Rechtsbrecher oder in einer Anstalt für entwöhnungsbedürftige Rechtsbrecher ist vor der Freiheitsstrafe zu vollziehen. Die Zeit der Anhaltung ist auf die Strafe anzurechnen. Wird die Unterbringung vor dem Ablauf der Strafzeit aufgehoben, so ist der Rechtsbrecher in den Strafvollzug zu überstellen, es sei denn, daß ihm der Rest der Strafe bedingt oder unbedingt erlassen wird.

(2) Die Unterbringung in einer Anstalt für gefährliche Rückfallstäter ist nach der Freiheitsstrafe zu vollziehen. Vor der Überstellung des Rechtsbrechers in die Anstalt für gefährliche Rückfallstäter hat das Gericht von Amts wegen zu prüfen, ob die Unterbringung noch notwendig ist.

Dauer der mit Freiheitsentziehung verbundenen vorbeugenden Maßnahmen

§ 25. (1) Vorbeugende Maßnahmen sind auf unbestimmte Zeit anzuordnen. Sie sind so lange zu vollziehen, wie es ihr Zweck erfordert. Die Unterbringung in einer Anstalt für entwöhnungsbedürftige Rechtsbrecher darf jedoch nicht länger als zwei Jahre dauern, die Unterbringung in einer Anstalt für gefährliche Rückfallstäter nicht länger als zehn Jahre.

(2) Über die Aufhebung der vorbeugenden Maßnahme entscheidet das Gericht.

(3) Ob die Unterbringung in einer Anstalt für geistig abnorme Rechtsbrecher oder in einer Anstalt für gefährliche Rückfallstäter noch notwendig ist, hat das Gericht von Amts wegen mindestens alljährlich zu prüfen.

(4) Ob die Unterbringung in einer Anstalt für entwöhnungsbedürftige Rechtsbrecher aufrechtzuerhalten ist, hat das Gericht von Amts wegen mindestens alle sechs Monate zu prüfen.

Einziehung

§ 26. (1) Gegenstände, die der Täter zur Begehung der mit Strafe bedrohten Handlung verwendet hat, die von ihm dazu bestimmt worden waren, bei Begehung dieser Handlung verwendet zu werden, oder die durch diese Handlung hervorgebracht worden sind, sind einzuziehen, wenn dies nach der besonderen Beschaffenheit der Gegenstände geboten erscheint, um der Begehung mit Strafe bedrohter Handlungen entgegenzuwirken.

(2) Von der Einziehung ist abzusehen, wenn der Berechtigte die besondere Beschaffenheit der Gegenstände beseitigt, insbesondere indem er Vorrichtungen oder Kennzeichnungen entfernt oder unbrauchbar macht, die die Begehung mit Strafe bedrohter Handlungen erleichtern. Gegenstände, auf die eine an der strafbaren Handlung nicht beteiligte Person Rechtsansprüche hat, dürfen nur eingezogen werden, wenn die betreffende Person keine Gewähr dafür bietet, daß die Gegenstände nicht zur Begehung strafbarer Handlungen verwendet werden.

(3) Liegen die Voraussetzungen der Einziehung vor, so sind die Gegenstände auch dann einzuziehen, wenn keine bestimmte Person wegen der mit Strafe bedrohten Handlung verfolgt oder verurteilt werden kann.

(BGBl 1996/762)

Amtsverlust und andere Rechtsfolgen der Verurteilung

§ 27. (1) Mit der Verurteilung durch ein inländisches Gericht wegen einer oder mehrerer mit Vorsatz begangener strafbarer Handlungen zu einer Freiheitsstrafe ist bei einem Beamten der Verlust des Amtes verbunden, wenn

1. die verhängte Freiheitsstrafe ein Jahr übersteigt,

2. die nicht bedingt nachgesehene Freiheitsstrafe sechs Monate übersteigt oder

3. die Verurteilung auch oder ausschließlich wegen des Vergehens des Missbrauchs eines Autoritätsverhältnisses (§ 212 StGB) erfolgt ist.

(2) Zieht eine strafgerichtliche Verurteilung nach einem Bundesgesetz eine andere als die im Abs. 1 genannte Rechtsfolge nach sich, so endet die Rechtsfolge, wenn nichts anderes bestimmt ist, soweit sie nicht im Verlust besonderer auf Wahl, Verleihung oder Ernennung beruhender Rechte besteht, nach fünf Jahren. Die Frist beginnt, sobald die Strafe vollstreckt ist und vorbeugende Maßnahmen vollzogen oder weggefallen sind; ist die Strafe nur durch Anrechnung einer Vorhaft verbüßt worden, so beginnt die Frist mit Rechtskraft des Urteils.

(BGBl I 2001/130)

Zusammentreffen strafbarer Handlungen

§ 28. (1) Hat jemand durch eine Tat oder durch mehrere selbständige Taten mehrere strafbare Handlungen derselben oder verschiedener Art begangen und wird über diese strafbaren Handlungen gleichzeitig erkannt, so ist, wenn die zusammentreffenden Gesetze nur Freiheitsstrafen oder nur Geldstrafen vorsehen, auf eine einzige Freiheitsstrafe oder Geldstrafe zu erkennen. Diese Strafe ist nach dem Gesetz zu bestimmen, das die höchste Strafe androht. Von der außerordentlichen Strafmilderung abgesehen, darf jedoch keine geringere Strafe als die höchste der in den zusammentreffenden Gesetzen vorgesehenen Mindeststrafen verhängt werden.

(2) Ist in einem der zusammentreffenden Gesetze Freiheitsstrafe, in einem anderen Geldstrafe oder sind auch nur in einem von ihnen Freiheits- und Geldstrafen nebeneinander angedroht, so ist, wenn beide Strafen zwingend vorgeschrieben sind, auf eine Freiheitsstrafe und auf eine Geldstrafe zu erkennen. Ist eine von ihnen nicht zwingend angedroht, so kann sie verhängt werden. Das gleiche gilt für Strafen anderer Art, die neben einer Freiheits- oder einer Geldstrafe angedroht sind. Für die Bestimmung der Freiheitsstrafe und der Geldstrafe gilt Abs. 1.

(3) Wäre nach Abs. 2 auf eine Freiheitsstrafe und auf eine Geldstrafe zu erkennen, so ist, wenn statt der Freiheitsstrafe eine Geldstrafe zu verhängen ist (§ 37), gemäß Abs. 1 nur auf eine Geldstrafe zu erkennen.

(4) Vorbeugende Maßnahmen sind anzuordnen, wenn die Voraussetzungen hiefür auf Grund einer oder mehrerer der mit Strafe bedrohten Handlungen, über die gleichzeitig geurteilt wird, gegeben sind.

Zusammenrechnung der Werte und Schadensbeträge

§ 29. Hängt die Höhe der Strafdrohung von dem ziffernmäßig bestimmten Wert einer Sache, gegen die sich die Handlung richtet, oder von der ziffernmäßig bestimmten Höhe des Schadens ab, den sie verursacht oder auf den sich der Vorsatz des Täters erstreckt, so ist, wenn der Täter mehrere Taten derselben Art begangen hat, die Summe der Werte oder Schadensbeträge maßgebend.

Unzulässigkeit mehrfacher Erhöhung der im Gesetz bestimmten Obergrenze

§ 30. Eine Überschreitung der im Gesetz bestimmten Obergrenze einer Strafdrohung um die Hälfte ist immer nur einmal zulässig, mögen auch verschiedene Gründe, aus denen eine solche Überschreitung zulässig ist (§§ 39, 313), zusammentreffen.

Strafe bei nachträglicher Verurteilung

§ 31. (1) Wird jemand, der bereits zu einer Strafe verurteilt worden ist, wegen einer anderen Tat verurteilt, die nach der Zeit ihrer Begehung schon in dem früheren Verfahren hätte abgeurteilt werden können, so ist eine Zusatzstrafe zu verhängen. Diese darf das Höchstmaß der Strafe nicht übersteigen, die für die nun abzuurteilende Tat angedroht ist. Die Summe der Strafen darf die Strafe nicht übersteigen, die nach den Regeln über die Strafbemessung beim Zusammentreffen strafbarer Handlungen und über die Zusammenrechnung der Werte und Schadensbeträge zulässig wäre.

(2) Einer früheren inländischen Verurteilung steht eine frühere ausländische auch dann gleich, wenn die Voraussetzungen nach § 73 nicht vorliegen.

Nachträgliche Milderung der Strafe und des Verfalls

§ 31a. (1) Wenn nachträglich Umstände eintreten oder bekannt werden, die zu einer milderen Bemessung der Strafe geführt hätten, hat das Gericht die Strafe angemessen zu mildern.

(2) Verschlechtern sich nachträglich die persönlichen Verhältnisse oder die wirtschaftliche Leistungsfähigkeit eines zu einer Geldstrafe Verurteilten nicht bloß unerheblich, so hat das Gericht für die noch aushaftende Geldstrafe die Höhe des Tagessatzes innerhalb der Grenzen des § 19 Abs. 2 neu zu bemessen, es sei denn, daß der Verurteilte die Verschlechterung vorsätzlich, und sei es auch nur durch Unterlassung einer zumutbaren Erwerbstätigkeit, herbeigeführt hat.

(3) Wenn nachträglich Umstände eintreten oder bekannt werden, bei deren Vorliegen im Zeitpunkt des Urteils nicht auf Verfall oder nur auf Verfall geringerer Vermögenswerte zu erkennen gewesen wäre, hat das Gericht die Entscheidung entsprechend zu ändern. *(BGBl I 2010/108)*

(BGBl 1996/762)

VIERTER ABSCHNITT
Strafbemessung

Allgemeine Grundsätze

§ 32. (1) Grundlage für die Bemessung der Strafe ist die Schuld des Täters.

(2) Bei Bemessung der Strafe hat das Gericht die Erschwerungs- und die Milderungsgründe, soweit sie nicht schon die Strafdrohung bestimmen, gegeneinander abzuwägen und auch auf die Auswirkungen der Strafe und anderer zu erwartender Folgen der Tat auf das künftige Leben des Täters in der Gesellschaft Bedacht zu nehmen. Dabei ist vor allem zu berücksichtigen, inwieweit die Tat auf eine gegenüber rechtlich geschützten Werten ablehnende oder gleichgültige Einstellung des Täters und inwieweit sie auf äußere Umstände oder Beweggründe zurückzuführen ist, durch die sie auch einem mit den rechtlich geschützten Werten verbundenen Menschen naheliegen könnte.

(3) Im allgemeinen ist die Strafe um so strenger zu bemessen, je größer die Schädigung oder Gefährdung ist, die der Täter verschuldet hat oder die er zwar nicht herbeigeführt, aber auf die sich sein Verschulden erstreckt hat, je mehr Pflichten er durch seine Handlung verletzt, je reiflicher er seine Tat überlegt, je sorgfältiger er sie vorbereitet oder je rücksichtsloser er sie ausgeführt hat und je weniger Vorsicht gegen die Tat hat gebraucht werden können.

(BGBl 1996/762)

Besondere Erschwerungsgründe

§ 33. (1) Ein Erschwerungsgrund ist es insbesondere, wenn der Täter

1. mehrere strafbare Handlungen derselben oder verschiedener Art begangen oder die strafbare Handlung durch längere Zeit fortgesetzt hat;

2. schon wegen einer auf der gleichen schädlichen Neigung beruhenden Tat verurteilt worden ist;

3. einen anderen zur strafbaren Handlung verführt hat;

4. der Urheber oder Anstifter einer von mehreren begangenen strafbaren Handlung oder an einer solchen Tat führend beteiligt gewesen ist;

5. aus rassistischen, fremdenfeindlichen oder anderen besonders verwerflichen Beweggründen, insbesondere solchen, die sich gegen eine der in § 283 Abs. 1 Z 1 genannten Gruppen von Personen oder ein Mitglied einer solchen Gruppe ausdrücklich wegen der Zugehörigkeit zu dieser Gruppe richten, gehandelt hat; *(BGBl I 2015/112; BGBl I 2015/154)*

6. heimtückisch, grausam oder in einer für das Opfer qualvollen Weise gehandelt hat;

7. bei Begehung der Tat die Wehr- oder Hilflosigkeit eines anderen ausgenützt hat; *(BGBl I 2015/112)*

8. die Tat unter Missbrauch der personenbezogenen Daten einer anderen Person begangen hat, um das Vertrauen eines Dritten zu gewinnen, wodurch dem rechtmäßigen Identitätseigentümer ein Schaden zugefügt wird. *(BGBl I 2015/112)*

(2) Ein Erschwerungsgrund ist es außer in den Fällen des § 39a Abs. 1 auch, wenn ein volljähriger Täter vorsätzlich eine strafbare Handlung unter Anwendung von Gewalt oder gefährlicher Drohung gegen eine unmündige Person oder für diese wahrnehmbar gegen eine ihr nahestehende Person begangen hat. *(BGBl I 2015/112)*

Fassung ab 1. 1. 2020 (BGBl I 2019/xx):

(2) Ein Erschwerungsgrund ist es auch, wenn der Täter eine vorsätzliche strafbare Handlung nach dem ersten bis dritten oder zehnten Abschnitt des Besonderen Teils oder eine sonstige strafbare Handlung unter Anwendung von Gewalt oder gefährlicher Drohung

1. als Volljähriger gegen eine minderjährige Person oder für diese wahrnehmbar gegen eine ihr nahestehende Person

2. gegen eine Angehörige oder einen Angehörigen (§ 72), einschließlich einer früheren Ehefrau, eingetragenen Partnerin oder Lebensgefährtin oder eines früheren Ehemanns, eingetragenen Partners oder Lebensgefährten oder als mit dem Opfer zusammenlebende Person;

3. unter Missbrauch einer Autoritätsstellung;

4. gegen eine aufgrund besonderer Umstände schutzbedürftige Person unter Ausnützung deren besonderer Schutzbedürftigkeit;

5. unter Einsatz eines außergewöhnlich hohen Ausmaßes an Gewalt oder nachdem der Tat eine solche Gewaltanwendung vorausgegangen ist;

6. unter Einsatz oder Drohung mit einer Waffe

begangen hat. *(BGBl I 2019/xx)*

(3) Ein Erschwerungsgrund ist es ferner auch, wenn der Täter vorsätzlich eine strafbare Handlung nach dem ersten bis dritten oder zehnten Abschnitt des Besonderen Teils,

1. gegen eine Angehörige oder einen Angehörigen (§ 72), einschließlich einer früheren Ehefrau, eingetragenen Partnerin oder Lebensgefährtin oder eines früheren Ehemanns, eingetragenen Partners oder Lebensgefährten, als mit dem Opfer zusammenlebende Person oder eine ihre Autoritätsstellung missbrauchende Person;

2. gegen eine aufgrund besonderer Umstände schutzbedürftige Person unter Ausnützung deren besonderer Schutzbedürftigkeit;

3. unter Einsatz eines außergewöhnlich hohen Ausmaßes an Gewalt oder nachdem der Tat eine solche Gewaltanwendung vorausgegangen ist;

4. unter Einsatz oder Drohung mit einer Waffe

begangen hat. *(BGBl I 2015/112)*

Fassung ab 1. 1. 2020 (BGBl I 2019/xx):

(3) *(entfällt, BGBl I 2019/xx)*

(BGBl I 2011/130)

Besondere Milderungsgründe

§ 34. (1) Ein Milderungsgrund ist es insbesondere, wenn der Täter

1. die Tat nach Vollendung des achtzehnten, jedoch vor Vollendung des einundzwanzigsten Lebensjahres oder wenn er sie unter dem Einfluß eines abnormen Geisteszustands begangen hat, wenn er schwach an Verstand ist oder wenn seine Erziehung sehr vernachlässigt worden ist;

2. bisher einen ordentlichen Lebenswandel geführt hat und die Tat mit seinem sonstigen Verhalten in auffallendem Widerspruch steht;

3. die Tat aus achtenswerten Beweggründen begangen hat;

4. die Tat unter der Einwirkung eines Dritten oder aus Furcht oder Gehorsam verübt hat;

5. sich lediglich dadurch strafbar gemacht hat, daß er es in einem Fall, in dem das Gesetz die Herbeiführung eines Erfolges mit Strafe bedroht, unterlassen hat, den Erfolg abzuwenden;

6. an einer von mehreren begangenen strafbaren Handlung nur in untergeordneter Weise beteiligt war;

7. die Tat nur aus Unbesonnenheit begangen hat;

8. sich in einer allgemein begreiflichen heftigen Gemütsbewegung zur Tat hat hinreißen lassen;

9. die Tat mehr durch eine besonders verlockende Gelegenheit verleitet als mit vorgefaßter Absicht begangen hat;

10. durch eine nicht auf Arbeitsscheu zurückzuführende drückende Notlage zur Tat bestimmt worden ist;

11. die Tat unter Umständen begangen hat, die einem Schuldausschließungs- oder Rechtfertigungsgrund nahekommen;

12. die Tat in einem die Schuld nicht ausschließenden Rechtsirrtum (§ 9) begangen hat, insbesondere wenn er wegen vorsätzlicher Begehung bestraft wird;

13. trotz Vollendung der Tat keinen Schaden herbeigeführt hat oder es beim Versuch geblieben ist;

14. sich der Zufügung eines größeren Schadens, obwohl ihm dazu die Gelegenheit offenstand, freiwillig enthalten hat oder wenn der Schaden vom Täter oder von einem Dritten für ihn gutgemacht worden ist;

15. sich ernstlich bemüht hat, den verursachten Schaden gutzumachen oder weitere nachteilige Folgen zu verhindern;

16. sich selbst gestellt hat, obwohl er leicht hätte entfliehen können oder es wahrscheinlich war, daß er unentdeckt bleiben werde;

17. ein reumütiges Geständnis abgelegt oder durch seine Aussage wesentlich zur Wahrheitsfindung beigetragen hat;

18. die Tat schon vor längerer Zeit begangen und sich seither wohlverhalten hat;

19. dadurch betroffen ist, daß er oder eine ihm persönlich nahestehende Person durch die Tat oder als deren Folge eine beträchtliche Körperverletzung oder Gesundheitsschädigung oder sonstige gewichtige tatsächliche oder rechtliche Nachteile erlitten hat.

(2) Ein Milderungsgrund ist es auch, wenn das gegen den Täter geführte Verfahren aus einem nicht von ihm oder seinem Verteidiger zu vertretenden Grund unverhältnismäßig lange gedauert hat.

(BGBl I 2001/19)

Berauschung

§ 35. Hat der Täter in einem die Zurechnungsfähigkeit nicht ausschließenden Rauschzustand gehandelt, so ist dies nur insoweit mildernd, als die dadurch bedingte Herabsetzung der Zurechnungsfähigkeit nicht durch den Vorwurf aufgewogen wird, den der Genuß oder Gebrauch des berauschenden Mittels den Umständen nach begründet.

Verhängung von Freiheitsstrafen über Personen unter einundzwanzig Jahren

§ 36. Für eine Person, die zur Zeit der Tat das einundzwanzigste Lebensjahr noch nicht vollendet hat, gelten die in § 19 JGG vorgesehenen Strafdrohungen.

(BGBl I 2015/154)

Verhängung von Geldstrafen an Stelle von Freiheitsstrafen

§ 37. (1) Ist für eine Tat keine strengere Strafe als Freiheitsstrafe bis zu fünf Jahren angedroht, so ist statt auf eine Freiheitsstrafe von nicht mehr als einem Jahr gleichwohl auf eine Geldstrafe von nicht mehr als 720 Tagessätzen zu erkennen, wenn es nicht der Verurteilung zu einer Freiheitsstrafe bedarf, um den Täter von weiteren strafbaren Handlungen abzuhalten. *(BGBl I 2015/112; BGBl I 2015/154)*

(2) Ist für eine Tat eine strengere Freiheitsstrafe als nach Abs. 1, aber keine strengere als eine zehnjährige Freiheitsstrafe, angedroht, so ist die Verhängung einer Geldstrafe von nicht mehr als 720 Tagessätzen an Stelle einer Freiheitsstrafe von nicht mehr als einem Jahr nur zulässig, wenn es nicht der Verurteilung zu einer Freiheitsstrafe bedarf, um den Täter von weiteren strafbaren Handlungen abzuhalten, und die Verhängung einer Geldstrafe genügt, um der Begehung strafbarer Handlungen durch andere entgegenzuwirken. *(BGBl I 2015/112)*

Anrechnung der Vorhaft

§ 38. (1) Die verwaltungsbehördliche und die gerichtliche Verwahrungshaft und die Untersuchungshaft sind auf Freiheitsstrafen und Geldstrafen anzurechnen, wenn der Täter die Haft

1. in einem Verfahren wegen der Tat, für die er bestraft wird, oder

2. sonst nach der Begehung dieser Tat wegen des Verdachtes einer mit Strafe bedrohten Handlung

erlitten hat, und zwar in beiden Fällen nur soweit die Haft nicht bereits auf eine andere Strafe angerechnet oder der Verhaftete dafür entschädigt worden ist.

(2) Für die Anrechnung der Vorhaft auf eine Geldstrafe ist die Ersatzfreiheitsstrafe maßgebend.

Strafschärfung bei Rückfall

§ 39. (1) Ist der Täter schon zweimal wegen Taten, die auf der gleichen schädlichen Neigung beruhen, zu einer Freiheitsstrafe verurteilt worden und hat er diese Strafen wenigstens zum Teil, wenn auch nur durch Anrechnung einer Vorhaft oder der mit dem Vollzug einer vorbeugenden Maßnahme verbundenen Freiheitsentziehung, verbüßt, so kann, wenn er nach Vollendung des neunzehnten Lebensjahres neuerlich aus der gleichen schädlichen Neigung eine strafbare Handlung begeht, das Höchstmaß der angedrohten Freiheitsstrafe oder Geldstrafe um die Hälfte überschritten werden. Doch darf die zeitliche Freiheitsstrafe die Dauer von zwanzig Jahren nicht überschreiten.

Fassung ab 1. 1. 2020 (BGBl I 2019/xx):

(1) Ist der Täter schon zweimal wegen Taten, die auf der gleichen schädlichen Neigung beruhen, zu einer Freiheitsstrafe verurteilt worden und hat er diese Strafen wenigstens zum Teil, wenn auch nur durch Anrechnung einer Vorhaft oder der mit dem Vollzug einer vorbeugenden Maßnahme verbundenen Freiheitsentziehung, verbüßt, so erhöht sich, wenn er nach Vollendung des neunzehnten Lebensjahres neuerlich aus der gleichen schädlichen Neigung eine strafbare Handlung begeht, das Höchstmaß der angedrohten Freiheitsstrafe oder Geldstrafe um die Hälfte. Doch darf die zeitliche Freiheitsstrafe die Dauer von zwanzig Jahren nicht überschreiten. *(BGBl I 2019/xx)*

Fassung ab 1. 1. 2020 (BGBl I 2019/xx):

(1a) Ist der Täter schon zweimal wegen vorsätzlicher strafbarer Handlungen gegen Leib und Leben, gegen die Freiheit oder gegen die sexuelle Integrität und Selbstbestimmung zu einer Freiheitsstrafe verurteilt worden, so erhöht sich, wenn er nach Vollendung des neunzehnten Lebensjahres neuerlich eine vorsätzliche strafbare Handlung gegen eines dieser Rechtsgüter begeht, das Höchstmaß der angedrohten Freiheitsstrafe oder Geldstrafe um die Hälfte, höchstens jedoch auf zwanzig Jahre. *(BGBl I 2019/xx)*

(2) Eine frühere Strafe bleibt außer Betracht, wenn seit ihrer Verbüßung bis zur folgenden Tat mehr als fünf Jahre vergangen sind. In diese Frist werden Zeiten, in denen der Verurteilte auf behördliche Anordnung angehalten worden ist, nicht eingerechnet. Ist die Strafe nur durch Anrechnung einer Vorhaft verbüßt worden, so beginnt die Frist erst mit Rechtskraft des Urteils.

Fassung ab 1. 1. 2020 (BGBl I 2019/xx):

(2) Eine frühere Strafe bleibt außer Betracht, wenn seit ihrer Verbüßung bis zur folgenden Tat mehr als fünf Jahre, bei einer Verurteilung wegen einer mit zehn oder mehr Jahren Freiheitsstrafe bedrohten strafbaren Handlung mehr als zehn Jahre, vergangen sind. In diese Frist werden Zeiten, in denen der Verurteilte auf behördliche Anordnung angehalten worden ist, nicht eingerechnet. Ist die Strafe bedingt nachgesehen oder nur durch Anrechnung einer Vorhaft verbüßt worden, so beginnt die Frist erst mit Rechtskraft des Urteils. *(BGBl I 2019/xx)*

(BGBl 1988/599)

Fassung ab 1. 1. 2020 (BGBl I 2019/xx):

Änderung der Strafdrohung bei bestimmten Gewalttaten

§ 39a. (1) Hat ein Täter eine vorsätzliche strafbare Handlung unter Anwendung von Gewalt oder gefährlicher Drohung

1. als volljährige gegen eine unmündige Person,

2. gegen eine aufgrund besonderer Umstände schutzbedürftige Person unter Ausnützung deren besonderer Schutzbedürftigkeit,

3. unter Einsatz eines außergewöhnlich hohen Ausmaßes an Gewalt oder nachdem der Tat eine solche Gewaltanwendung vorausgegangen ist oder

4. unter Einsatz oder Drohung mit einer Waffe oder

5. mit mindestens einer weiteren Person in verabredeter Verbindung begangen,

so treten die in Abs. 2 genannten Änderungen der Strafdrohung ein, wenn der jeweilige Umstand nicht schon die Strafdrohung bestimmt.

(2) Demnach tritt an die Stelle der Androhung

1. einer Freiheitsstrafe bis zu einem Jahr oder der Androhung einer solchen Freiheitsstrafe oder einer Geldstrafe bis zu 720 Tagessätzen die Androhung einer Freiheitsstrafe von zwei Monaten bis zu einem Jahr,

2. einer Freiheitsstrafe, die kein Mindestmaß vorsieht und deren Höchstmaß ein Jahr übersteigt, die Androhung eines Mindestmaßes von drei Monaten Freiheitsstrafe,

3. einer Freiheitsstrafe, deren Mindestmaß sechs Monate beträgt, die Androhung eines Mindestmaßes von einem Jahr Freiheitsstrafe,

4. einer Freiheitsstrafe, deren Mindestmaß ein Jahr beträgt, die Androhung eines Mindestmaßes von zwei Jahren Freiheitsstrafe.

(3) Die Anwendung des § 39 bleibt hievon unberührt. Bei der Anwendung des § 41 ist von den nach Abs. 2 geänderten Strafdrohungen auszugehen.

(BGBl I 2019/xx)

Strafbemessung bei nachträglicher Verurteilung

§ 40. Bei nachträglicher Verurteilung ist die Zusatzstrafe innerhalb der im § 31 bestimmten Grenzen so zu bemessen, daß die Summe der Strafen jener Strafe entspricht, die bei gemeinsamer Aburteilung zu verhängen wäre. Wäre bei gemeinsamer Aburteilung keine höhere Strafe als die im früheren Urteil verhängte auszusprechen, so ist von einer Zusatzstrafe abzusehen.

Außerordentliche Strafmilderung bei Überwiegen der Milderungsgründe

§ 41. (1) Überwiegen die Milderungsgründe die Erschwerungsgründe beträchtlich, und besteht begründete Aussicht, daß der Täter auch bei Verhängung einer das gesetzliche Mindestmaß unterschreitenden Freiheitsstrafe keine weiteren strafbaren Handlungen begehen werde, so kann erkannt werden:

1. wenn die Tat mit lebenslanger Freiheitsstrafe bedroht ist oder wenn sie mit Freiheitsstrafe von zehn bis zu zwanzig Jahren oder mit lebenslanger Freiheitsstrafe bedroht ist, auf Freiheitsstrafe nicht unter einem Jahr;

2. wenn die Tat zwar nicht mit lebenslanger Freiheitsstrafe, aber mit Freiheitsstrafe von mindestens zehn Jahren bedroht ist, auf Freiheitsstrafe nicht unter sechs Monaten;

3. wenn die Tat mit Freiheitsstrafe von mindestens fünf Jahren bedroht ist, auf Freiheitsstrafe nicht unter drei Monaten;

4. wenn die Tat mit Freiheitsstrafe von mindestens einem Jahr bedroht ist, auf Freiheitsstrafe nicht unter einem Monat;

5. wenn die Tat mit geringerer Freiheitsstrafe bedroht ist, auf Freiheitsstrafe von mindestens einem Tag.

(2) Unter den Voraussetzungen des Abs. 1 Z. 3 und 4 muß jedoch auf Freiheitsstrafe von mindestens sechs Monaten erkannt werden, wenn die Tat den Tod eines Menschen zur Folge gehabt hat (§ 7 Abs. 2), mag dieser Umstand auch schon die Strafdrohung bestimmen.

(3) Die §§ 43 und 43a können auch angewendet werden, wenn auf eine Freiheitsstrafe von mehr als zwei beziehungsweise drei, aber nicht mehr als fünf Jahren erkannt wird oder zu erkennen wäre, sofern die Milderungsgründe die Erschwerungsgründe beträchtlich überwiegen und begründete Aussicht besteht, dass der Täter auch bei Verhängung einer solchen Strafe keine weiteren strafbaren Handlungen begehen werde.

(BGBl I 2001/19)

Außerordentliche Strafmilderung bei Zusammenarbeit mit den Strafverfolgungsbehörden

§ 41a. (1) Offenbart der Täter einer nach den §§ 277, 278, 278a oder 278b strafbaren Handlung oder einer strafbaren Handlung, die mit einer solchen Verabredung, Vereinigung oder Organisation im Zusammenhang steht, einer Strafverfolgungsbehörde sein Wissen über Tatsachen, deren Kenntnis wesentlich dazu beiträgt,

1. die aus der Verabredung, Vereinigung oder Organisation entstandene Gefahr zu beseitigen oder erheblich zu vermindern,

2. die Aufklärung einer solchen strafbaren Handlung über seinen eigenen Tatbeitrag hinaus zu fördern oder

3. eine Person auszuforschen, die an einer solchen Verabredung führend teilgenommen hat oder in einer solchen Vereinigung oder Organisation führend tätig war,

so kann ein gesetzliches Mindestmaß der Strafe nach Maßgabe des § 41 unterschritten werden, wenn dies der Bedeutung der geoffenbarten Tatsachen im Verhältnis zur Schuld des Täters entspricht. § 41 Abs. 3 gilt entsprechend.

(2) Abs. 1 gilt für den Beteiligten einer Verabredung, Verbindung oder Organisation, die nach dem Verbotsgesetz strafbar ist, und für den Täter einer strafbaren Handlung, die mit einer solchen Verabredung, Verbindung oder Organisation im Zusammenhang steht, entsprechend.

(3) Bezieht sich das Wissen des Täters auf strafbare Handlungen, für die die österreichischen Strafgesetze nicht gelten, so ist Abs. 1 gleichwohl anzuwenden, soweit die Leistung von Rechtshilfe zulässig wäre.

(BGBl I 2002/134)

§ 42. *(aufgehoben, BGBl I 2007/93)*

FÜNFTER ABSCHNITT

Bedingte Strafnachsicht und bedingte Entlassung, Weisungen und Bewährungshilfe

Bedingte Strafnachsicht

§ 43. (1) Wird ein Rechtsbrecher zu einer zwei Jahre nicht übersteigenden Freiheitsstrafe verurteilt, so hat ihm das Gericht die Strafe unter Bestimmung einer Probezeit von mindestens einem und höchstens drei Jahren bedingt nachzusehen, wenn anzunehmen ist, daß die bloße Androhung der Vollziehung allein oder in Verbindung mit anderen Maßnahmen genügen werde, um ihn von weiteren strafbaren Handlungen abzuhalten, und es nicht der Vollstreckung der Strafe bedarf, um der Begehung strafbarer Handlungen durch andere entgegenzuwirken. Dabei sind insbesondere die Art der Tat, die Person des Rechtsbrechers, der Grad seiner Schuld, sein Vorleben und sein Verhalten nach der Tat zu berücksichtigen. *(BGBl I 2010/111)*

(2) Wird die Nachsicht nicht widerrufen, so ist die Strafe endgültig nachzusehen. Fristen, deren Lauf beginnt, sobald die Strafe vollstreckt ist, sind in einem solchen Fall ab Rechtskraft des Urteils zu berechnen.

Fassung ab 1. 1. 2020 (BGBl I 2019/xx):

(3) Die bedingte Nachsicht (Abs. 1) einer wegen Vergewaltigung (§ 201) verhängten Strafe ist ausgeschlossen. *(BGBl I 2019/xx)*

(BGBl I 1997/105)

Bedingte Nachsicht eines Teiles der Strafe

§ 43a. (1) Wird auf eine Geldstrafe erkannt und treffen die Voraussetzungen des § 43 auf einen Teil der Strafe zu, so hat das Gericht diesen Teil , höchstens jedoch drei Viertel davon, bedingt nachzusehen. *(BGBl I 2010/111; BGBl I 2015/112)*

Fassung ab 1. 1. 2020 (BGBl I 2019/xx):

(1) Wird auf eine Geldstrafe erkannt und treffen die Voraussetzungen des § 43 Abs. 1 auf einen Teil der Strafe zu, so hat das Gericht diesen Teil , höchstens jedoch drei Viertel davon, bedingt nachzusehen. *(BGBl I 2010/111; BGBl I 2015/112; BGBl I 2019/xx)*

(2) Wäre auf eine Freiheitsstrafe von mehr als sechs Monaten, aber nicht mehr als zwei Jahren zu erkennen und liegen nicht die Voraussetzungen für eine bedingte Nachsicht der ganzen Strafe vor, so ist an Stelle eines Teiles der Freiheitsstrafe auf eine Geldstrafe bis zu 720 Tagessätzen zu erkennen, wenn im Hinblick darauf der verbleibende Teil der Freiheitsstrafe nach § 43 bedingt nachgesehen werden kann. *(BGBl I 2015/112)*

Fassung ab 1. 1. 2020 (BGBl I 2019/xx):

(2) Wäre auf eine Freiheitsstrafe von mehr als sechs Monaten, aber nicht mehr als zwei Jahren zu erkennen und liegen nicht die Voraussetzungen für eine bedingte Nachsicht der ganzen Strafe vor, so ist an Stelle eines Teiles der Freiheitsstrafe auf eine Geldstrafe bis zu 720 Tagessätzen zu erkennen, wenn im Hinblick darauf der verbleibende Teil der Freiheitsstrafe nach § 43 Abs. 1 bedingt nachgesehen werden kann. *(BGBl I 2015/112; BGBl I 2019/xx)*

(3) Wird auf eine Freiheitsstrafe von mehr als sechs Monaten, aber nicht mehr als zwei Jahren erkannt und kann, insbesondere im Hinblick auf frühere Verurteilungen des Rechtsbrechers, weder die ganze Strafe bedingt nachgesehen noch nach Abs. 2 vorgegangen werden, so ist unter den Voraussetzungen des § 43 ein Teil der Strafe bedingt nachzusehen. Der nicht bedingt nachgesehene Teil der Strafe muß mindestens einen Monat und darf nicht mehr als ein Drittel der Strafe betragen.

Fassung ab 1. 1. 2020 (BGBl I 2019/xx):

(3) Wird auf eine Freiheitsstrafe von mehr als sechs Monaten, aber nicht mehr als zwei Jahren erkannt und kann, insbesondere im Hinblick auf frühere Verurteilungen des Rechtsbrechers, weder die ganze Strafe bedingt nachgesehen noch nach Abs. 2 vorgegangen werden, so ist unter den Voraussetzungen des § 43 Abs. 1 ein Teil der Strafe bedingt nachzusehen. Der nicht bedingt nachgesehene Teil der Strafe muß mindestens einen Monat und darf nicht mehr als ein Drittel der Strafe betragen. *(BGBl I 2019/xx)*

(4) Wird auf eine Freiheitsstrafe von mehr als zwei, aber nicht mehr als drei Jahren erkannt und besteht eine hohe Wahrscheinlichkeit, daß der Rechtsbrecher keine weiteren strafbaren Handlungen begehen werde, so ist unter den Voraussetzungen des § 43 ein Teil der Strafe bedingt nachzusehen. Abs. 3 letzter Satz ist anzuwenden.

Fassung ab 1. 1. 2020 (BGBl I 2019/xx):

(4) Wird auf eine Freiheitsstrafe von mehr als zwei, aber nicht mehr als drei Jahren erkannt und besteht eine hohe Wahrscheinlichkeit, daß der Rechtsbrecher keine weiteren strafbaren Handlungen begehen werde, so ist unter den Voraussetzungen des § 43 Abs. 1 ein Teil der Strafe bedingt nachzusehen. Abs. 3 letzter Satz ist anzuwenden. *(BGBl I 2019/xx)*

(BGBl I 1997/105)

Bedingte Nachsicht bei Zusammentreffen mehrerer Strafen

§ 44. (1) Werden eine Freiheitsstrafe und eine Geldstrafe nebeneinander verhängt, so sind, wenn die Voraussetzungen dafür zutreffen, beide Strafen bedingt nachzusehen. Ist anzunehmen, daß der Vollzug einer dieser Strafen oder eines Teiles einer Strafe genügen werde, so können die §§ 43 und 43a auf jede der beiden Strafen angewendet werden.

(2) Nebenstrafen und Rechtsfolgen der Verurteilung können unabhängig von der Hauptstrafe bedingt nachgesehen werden.

(BGBl 1996/762)

Bedingte Nachsicht von vorbeugenden Maßnahmen

§ 45. (1) Die Unterbringung in einer Anstalt für geistig abnorme Rechtsbrecher ist bedingt nachzusehen, wenn nach der Person des Betroffenen, seinem Gesundheitszustand, seinem Vorleben, nach der Art der Tat und nach seinen Aussichten auf ein redliches Fortkommen, insbesondere nach einem während vorläufiger Anhaltung nach § 429 Abs. 4 StPO oder eines Vollzugs der Untersuchungshaft durch vorläufige Unterbringung nach § 438 StPO erzielten Behandlungserfolg, anzunehmen ist, dass die bloße Androhung der Unterbringung in Verbindung mit einer Behandlung außerhalb der Anstalt und allfälligen weiteren in den §§ 50 bis 52 vorgesehenen Maßnahmen ausreichen werde, um die Gefährlichkeit, gegen die sich die vorbeugende Maßnahme richtet, hintanzuhalten. Die Unterbringung nach § 21 Abs. 2 darf überdies nur zugleich mit der Strafe bedingt nachgesehen werden. Die Probezeit bei der bedingten Nachsicht der Unterbringung nach § 21 beträgt zehn Jahre, ist die der Unterbringung zugrunde liegende strafbare Handlung aber mit keiner strengeren Strafe als einer Freiheitsstrafe von zehn Jahren bedroht, fünf Jahre.

(2) Die Unterbringung in einer Anstalt für entwöhnungsbedürftige Rechtsbrecher darf nur zugleich mit der Strafe und nur dann bedingt nachgesehen werden, wenn anzunehmen ist, dass die bloße Androhung der Unterbringung in Verbindung mit einer oder mehreren der in den §§ 50 bis 52 vorgesehenen Maßnahmen genügen werde, um die Gewöhnung des Rechtsbrechers an berauschende Mittel oder Suchtmittel zu überwinden. Die für die bedingte Strafnachsicht bestimmte Probezeit gilt auch für die bedingte Nachsicht der Unterbringung in einer Anstalt für entwöhnungsbedürftige Rechtsbrecher.

(3) § 43 Abs. 2 gilt dem Sinne nach.

(4) Die bedingte Nachsicht anderer vorbeugender Maßnahmen ist unzulässig.

(BGBl I 2001/130)

Bedingte Entlassung aus einer Freiheitsstrafe

§ 46. (1) Hat ein Verurteilter die Hälfte der im Urteil verhängten oder im Gnadenweg festgesetzten zeitlichen Freiheitsstrafe oder des nicht bedingt nachgesehenen Teils einer solchen Strafe, mindestens aber drei Monate verbüßt, so ist ihm der Rest der Strafe unter Bestimmung einer Probezeit bedingt nachzusehen, sobald unter Berücksichtigung der Wirkung von Maßnahmen gemäß §§ 50 bis 52 anzunehmen ist, dass der Verurteilte durch die bedingte Entlassung nicht weniger als durch die weitere Verbüßung der Strafe von der Begehung strafbarer Handlungen abgehalten wird.

(2) Hat ein Verurteilter die Hälfte, aber noch nicht zwei Drittel einer Freiheitsstrafe verbüßt, so ist er trotz Vorliegens der Voraussetzungen nach Abs. 1 solange nicht bedingt zu entlassen, als es im Hinblick auf die Schwere der Tat ausnahmsweise des weiteren Vollzuges der Strafe bedarf, um der Begehung strafbarer Handlungen durch andere entgegenzuwirken.

(3) *(aufgehoben, BGBl I 2015/154)*

(4) Bei Entscheidungen nach Abs. 1 ist auf den Umstand Bedacht zu nehmen, inwieweit durch den bisherigen Vollzug der Strafe, insbesondere auch durch eine während des Vollzugs begonnene freiwillige Behandlung im Sinne von § 51 Abs. 3, die der Verurteilte in Freiheit fortzusetzen bereit ist, eine Änderung der Verhältnisse, unter denen die Tat begangen wurde, eingetreten ist, oder durch Maßnahmen gemäß §§ 50 bis 52 erreicht werden kann.

(5) Verbüßt ein Verurteilter mehrere Freiheitsstrafen, Strafteile oder Strafreste, so ist ihre Gesamtdauer maßgebend, sofern sie unmittelbar nacheinander verbüßt oder lediglich durch Zeiten unterbrochen werden, in denen er sonst auf behördliche Anordnung angehalten wird. Nach spätestens fünfzehn Jahren ist jedoch in jedem Fall über die bedingte Entlassung zu entscheiden. Wurde auf eine Zusatzstrafe erkannt (§§ 31, 40), so sind auch bei unterbrochenem Vollzug alle Strafen maßgebend, auf die beim Ausspruch der Zusatzstrafe Bedacht zu nehmen war; wurde der Verurteilte aus einer dieser Strafen bedingt entlassen, so ist bei Berechnung des Stichtages (§ 46 Abs. 1 und 2) sowie der noch zu verbüßenden Strafzeit die tatsächlich in Haft zugebrachte Zeit in Abzug zu bringen. Eine frühere Strafe, zu der eine Zusatzstrafe verhängt wurde, hat jedoch außer Betracht zu bleiben, soweit der Verurteilte daraus vor Verbüßung der Hälfte der Strafzeit entlassen wurde. *(BGBl I 2009/142)*

(6) Ein zu einer lebenslangen Freiheitsstrafe Verurteilter darf nur bedingt entlassen werden, wenn er mindestens fünfzehn Jahre verbüßt hat und anzunehmen ist, dass er keine weiteren strafbaren Handlungen begehen werde.

(BGBl I 2007/109)

Entlassung aus einer mit Freiheitsentziehung verbundenen vorbeugenden Maßnahme

§ 47. (1) Aus einer Anstalt für geistig abnorme Rechtsbrecher sind die Eingewiesenen stets nur unter Bestimmung einer Probezeit bedingt zu entlassen. Aus einer Anstalt für entwöhnungsbedürftige Rechtsbrecher und aus einer Anstalt für gefährliche Rückfallstäter sind die Eingewiesenen unbedingt zu entlassen, wenn die Anhaltezeit (§ 25 Abs. 1) abgelaufen ist oder im Fall der Anhaltung in einer Anstalt für entwöhnungsbedürftige Rechtsbrecher eine Fortsetzung oder Ergänzung der Entwöhnungsbehandlung keinen Erfolg verspräche, sonst unter Bestimmung einer Probezeit nur bedingt.

(2) Die bedingte Entlassung aus einer mit Freiheitsentziehung verbundenen vorbeugenden Maßnahme ist zu verfügen, wenn nach der Aufführung und der Entwicklung des Angehaltenen in der Anstalt, nach seiner Person, seinem Gesundheitszustand, seinem Vorleben und nach seinen Aussichten auf ein redliches Fortkommen anzunehmen ist, daß die Gefährlichkeit, gegen die sich die vorbeugende Maßnahme richtet, nicht mehr besteht.

(3) Wird der Rechtsbrecher aus einer Anstalt für geistig abnorme Rechtsbrecher oder aus einer Anstalt für entwöhnungsbedürftige Rechtsbrecher vor Ablauf der Strafzeit bedingt oder unbedingt entlassen, so ist nach § 24 Abs. 1 letzter Satz vorzugehen.

(4) Die Entscheidung, daß die Überstellung des Rechtsbrechers in die Anstalt für gefährliche Rückfallstäter nicht mehr notwendig ist (§ 24 Abs. 2), steht einer bedingten Entlassung aus der Anstalt für gefährliche Rückfallstäter gleich.

Probezeiten

§ 48. (1) Die Probezeit bei der bedingten Entlassung aus einer Freiheitsstrafe ist mit mindestens einem Jahr und höchstens drei Jahren zu bemessen. Erweist sich die Fortsetzung einer Behandlung im Sinne von § 51 Abs. 3, zu der sich der Verurteilte bereit erklärt hat, als notwendig, um eine bedingte Entlassung rechtfertigen zu können (§ 46 Abs. 4), so ist die Probezeit mit mindestens einem und höchstens fünf Jahren zu bemessen. Übersteigt der bedingt erlassene Strafrest drei Jahre oder erfolgt die bedingte Entlassung aus einer Freiheitsstrafe wegen einer strafbaren Handlung gegen die sexuelle Integrität und Selbstbestimmung von mehr als einem Jahr, so beträgt die Probezeit fünf Jahre. Bei der bedingten Entlassung aus einer lebenslangen Freiheitsstrafe beträgt die Probezeit 10 Jahre. *(BGBl I 2009/40; BGBl I 2009/98)*

(2) Die Probezeit bei der Entlassung aus einer Anstalt für geistig abnorme Rechtsbrecher und aus einer Anstalt für gefährliche Rückfallstäter beträgt zehn Jahre, ist die der Unterbringung zugrunde liegende strafbare Handlung aber mit keiner strengeren Strafe als einer Freiheitsstrafe von zehn Jahren bedroht, nur fünf Jahre. Bei der Entlassung aus einer Anstalt für entwöhnungsbedürftige Rechtsbrecher ist die Probezeit mindestens mit einem und höchstens mit fünf Jahren zu bestimmen.

(3) Wird die bedingte Nachsicht des Strafrestes oder die bedingte Entlassung aus einer mit Freiheitsentziehung verbundenen vorbeugenden Maßnahme nicht widerrufen, so ist sie für endgültig zu erklären. Fristen, deren Lauf beginnt, sobald die Strafe vollstreckt oder die vorbeugende Maßnahme vollzogen ist, sind in einem solchen Fall ab der bedingten Entlassung aus der Strafe oder aus der vorbeugenden Maßnahme zu berechnen.

(BGBl 1987/605)

Berechnung der Probezeiten

§ 49. Die Probezeit beginnt mit der Rechtskraft der Entscheidung, mit der die bedingte Nachsicht (§§ 43 bis 45) oder die bedingte Entlassung (§§ 46 und 47) ausgesprochen worden ist. Zeiten, in denen der Verurteilte auf behördliche Anordnung angehalten worden ist, werden in die Probezeit nicht eingerechnet. Wird ein Verurteilter aus dem nicht bedingt nachgesehenen Teil einer Freiheitsstrafe vor Ablauf der für den bedingt nachgesehenen Strafteil bestimmten Probezeit bedingt entlassen, so laufen beide Probezeiten nur gemeinsam ab. *(BGBl I 2007/109)*

Erteilung von Weisungen und Anordnung der Bewährungshilfe

§ 50. (1) Wird einem Rechtsbrecher die Strafe oder die mit Freiheitsentziehung verbundene vorbeugende Maßnahme bedingt nachgesehen oder wird er aus einer Freiheitsstrafe oder einer mit Freiheitsentziehung verbundenen vorbeugenden Maßnahme bedingt entlassen, so hat das Gericht ihm Weisungen zu erteilen oder Bewährungshilfe anzuordnen, soweit das notwendig oder zweckmäßig ist, um den Rechtsbrecher von weiteren mit Strafe bedrohten Handlungen abzuhalten. Dasselbe gilt, wenn der Ausspruch der Strafe für eine Probezeit vorbehalten wird (§ 13 des Jugendgerichtsgesetzes 1988) oder die Einleitung des Vollzuges einer Freiheitsstrafe, die wegen einer vor Vollendung des einundzwanzigsten Lebensjahres begangenen Tat verhängt worden ist, nach § 6 Abs. 1 Z 2 lit. a des Strafvollzugsgesetzes oder nach § 52 des Jugendgerichtsgesetzes 1988 für die Dauer von mehr als drei Monaten aufgeschoben wird.

(2) Bewährungshilfe ist stets anzuordnen, wenn ein Verurteilter

1. vor Verbüßung von zwei Dritteln einer Freiheitsstrafe (§ 46 Abs. 1),

2. aus einer Freiheitsstrafe wegen einer vor Vollendung des einundzwanzigsten Lebensjahres begangenen Tat,

2a. aus einer Freiheitsstrafe wegen einer strafbaren Handlung gegen die sexuelle Integrität und Selbstbestimmung, *(BGBl I 2009/40)*

3. aus einer mehr als fünfjährigen Freiheitsstrafe oder

4. aus lebenslanger Freiheitsstrafe

bedingt entlassen wird. In den Fällen der Z 1 bis 2 ist von der Anordnung der Bewährungshilfe nur abzusehen, wenn nach der Art der Tat, der Person des Rechtsbrechers und seiner Entwicklung angenommen werden kann, dass er auch ohne eine solche Anordnung keine weiteren strafbaren Handlungen begehen werde.

(3) Weisungen sowie die Anordnung der Bewährungshilfe gelten für die Dauer des vom Gericht bestimmten Zeitraums, höchstens jedoch bis zum Ende der Probezeit, soweit sie nicht vorher aufgehoben oder gegenstandslos werden. Im Fall des Abs. 2 Z 3 ist Bewährungshilfe zumindest für das erste Jahr und im Fall der Abs. 2 Z 4 zumindest für die ersten drei Jahre nach der Entlassung anzuordnen.

(BGBl I 2007/109)

Weisungen

§ 51. (1) Als Weisungen kommen Gebote und Verbote in Betracht, deren Beachtung geeignet scheint, den Rechtsbrecher von weiteren mit Strafe bedrohten Handlungen abzuhalten. Weisungen, die einen unzumutbaren Eingriff in die Persönlichkeitsrechte oder in die Lebensführung des Rechtsbrechers darstellen würden, sind unzulässig.

(2) Dem Rechtsbrecher kann insbesondere aufgetragen werden, an einem bestimmten Ort, bei einer bestimmten Familie oder in einem bestimmten Heim zu wohnen, eine bestimmte Wohnung, bestimmte Orte oder einen bestimmten Umgang zu meiden, sich alkoholischer Getränke zu enthalten, einen geeigneten, seinen Kenntnissen, Fähigkeiten und Neigungen tunlichst entsprechenden Beruf zu erlernen oder auszuüben, jeden Wechsel seines Aufenthaltsortes oder Arbeitsplatzes anzuzeigen und sich in bestimmten Zeitabständen bei Gericht oder einer anderen Stelle zu melden. Den aus seiner Tat entstandenen Schaden

nach Kräften gutzumachen, kann dem Rechtsbrecher auch dann aufgetragen werden, wenn das von Einfluß darauf ist, ob es der Vollstreckung der Strafe bedarf, um der Begehung strafbarer Handlungen durch andere entgegenzuwirken.

(3) Mit seiner Zustimmung kann dem Rechtsbrecher unter den Voraussetzungen des Abs. 1 auch die Weisung erteilt werden, sich einer Entwöhnungsbehandlung, einer psychotherapeutischen oder einer medizinischen Behandlung zu unterziehen. Die Weisung, sich einer medizinischen Behandlung zu unterziehen, die einen operativen Eingriff umfaßt, darf jedoch auch mit Zustimmung des Rechtsbrechers nicht erteilt werden.

(4) Das Gericht hat während der Probezeit Weisungen auch nachträglich zu erteilen oder erteilte Weisungen zu ändern oder aufzuheben, soweit dies nach § 50 geboten scheint.

(5) Für Weisungen im Zusammenhang mit der bedingten Nachsicht einer vorbeugenden Maßnahme nach § 45 gilt § 179a des Strafvollzugsgesetzes (StVG), BGBl. Nr.144/1969, sinngemäß. *(BGBl I 2009/40)*

(BGBl 1996/762)

Bewährungshilfe

§ 52. (1) Ordnet das Gericht die Bewährungshilfe an, so hat der Leiter der zuständigen Geschäftsstelle für Bewährungshilfe dem Rechtsbrecher einen Bewährungshelfer zu bestellen und diesen dem Gericht bekanntzugeben. Der Bewährungshelfer hat sich mit Rat und Tat darum zu bemühen, dem Rechtsbrecher zu einer Lebensführung und Einstellung zu verhelfen, die diesen in Zukunft von der Begehung mit Strafe bedrohter Handlungen abzuhalten vermag. Soweit es dazu nötig ist, hat er ihn auf geeignete Weise bei seinen Bemühungen zu unterstützen, wesentliche Lebensbedürfnisse zu decken, insbesondere Unterkunft und Arbeit zu finden. *(BGBl I 2007/109)*

(2) Der Bewährungshelfer hat dem Gericht über seine Tätigkeit und seine Wahrnehmungen zu berichten,

1. soweit dies das Gericht verlangt oder es erforderlich oder zweckmäßig ist, um den Zweck der Bewährungshilfe zu erreichen,

2. wenn Anlaß besteht, die Bewährungshilfe aufzuheben,

3. in jedem Fall aber sechs Monate nach Anordnung der Bewährungshilfe sowie bei deren Beendigung, *(BGBl I 2009/40)*

4. während der gerichtlichen Aufsicht (§ 52a Abs. 2). *(BGBl I 2009/40)*

(3) Das Gericht hat während der Probezeit die Bewährungshilfe auch nachträglich anzuordnen oder sie aufzuheben, soweit dies nach § 50 geboten erscheint. In den Fällen des § 50 Abs. 2 Z 1 bis 3 ist jedenfalls nach Ablauf eines Jahres seit der Entlassung nach Einholung eines Berichtes des Bewährungshelfers und einer Stellungnahme des Leiters der zuständigen Geschäftsstelle für Bewährungshilfe zu entscheiden, ob die Anordnung der Bewährungshilfe weiterhin notwendig oder zweckmäßig ist. *(BGBl I 2007/109)*

(BGBl 1996/762)

Gerichtliche Aufsicht bei Sexualstraftätern und sexuell motivierten Gewalttätern

§ 52a. (1) Wird ein Rechtsbrecher, der wegen einer strafbaren Handlung

1. gegen die sexuelle Integrität und Selbstbestimmung oder

2. gegen Leib und Leben oder die Freiheit, wenn diese Handlung begangen wurde, um sich geschlechtlich zu erregen oder zu befriedigen,

zu einer Freiheitsstrafe verurteilt oder gegen den wegen einer solchen Handlung eine mit Freiheitsentziehung verbundene vorbeugende Maßnahme angeordnet worden ist, bedingt entlassen, so ist er für die Dauer der Probezeit unter gerichtliche Aufsicht zu stellen, soweit die Überwachung des Verhaltens des Rechtsbrechers (Abs. 2), insbesondere hinsichtlich der Befolgung einer Weisung gemäß § 51 Abs. 3 oder einer Weisung, bestimmte Tätigkeiten nicht auszuüben, notwendig oder zweckmäßig ist, ihn von weiteren solchen mit Strafe bedrohten Handlungen abzuhalten.

(2) Das Gericht hat während der gerichtlichen Aufsicht das Verhalten des Rechtsbrechers und die Erfüllung der Weisungen mit Unterstützung der Bewährungshilfe, in geeigneten Fällen unter Betrauung der Sicherheitsbehörden, der Jugendgerichtshilfe oder anderer geeigneter Einrichtungen, zu überwachen. Die mit der Überwachung betrauten Stellen haben dem Gericht über die von ihnen gesetzten Maßnahmen und ihre Wahrnehmungen zu berichten. Der Bewährungshelfer hat dem Gericht bei Anordnung der gerichtlichen Aufsicht, soweit dies das Gericht verlangt oder es erforderlich oder zweckmäßig ist, in jedem Fall aber in der ersten Hälfte der gerichtlichen Aufsicht mindestens alle drei, in der zweiten Hälfte mindestens alle sechs Monate zu berichten.

(3) Die Organe des öffentlichen Sicherheitsdienstes sind zur Erfüllung der den Sicherheitsbehörden gemäß Abs. 2 übertragenen Aufgaben zur Feststellung der Identität einer Person nach den Vorschriften des Sicherheitspolizeigesetzes ermächtigt, wenn aufgrund bestimmter Tatsachen anzunehmen ist, sie stehe unter gerichtlicher Aufsicht und habe die ihr erteilten Weisungen nicht befolgt oder sonst ein Verhalten gesetzt, das mit den Zwecken der gerichtlichen Aufsicht nicht vereinbar ist.

(BGBl I 2009/40)

Widerruf der bedingten Strafnachsicht und der bedingten Entlassung aus einer Freiheitsstrafe

§ 53. (1) Wird der Rechtsbrecher wegen einer während der Probezeit begangenen strafbaren Handlung verurteilt, so hat das Gericht die bedingte Strafnachsicht oder die bedingte Entlassung aus einer Freiheitsstrafe zu widerrufen und die Strafe, den Strafteil oder den Strafrest vollziehen zu lassen, wenn dies in Anbetracht der neuerlichen Verurteilung zusätzlich zu dieser geboten erscheint, um den Rechtsbrecher von weiteren strafbaren Handlungen abzuhalten. Im Fall des Widerrufs der bedingten Entlassung aus einer lebenslangen Freiheitsstrafe steht der Strafrest hinsichtlich der zeitlichen Voraussetzungen für eine abermalige bedingte Entlassung einer Freiheitsstrafe von zehn Jahren gleich. Eine strafbare Handlung, die der Rechtsbrecher in der Zeit zwischen der Entscheidung erster Instanz und der Rechtskraft der Entscheidung über die Gewährung der bedingten Strafnachsicht oder der bedingten Entlassung oder während einer behördlichen Anhaltung, die in die Probezeit nicht einzurechnen ist (§ 49), begangen hat, steht einer in der Probezeit verübten strafbaren Handlung gleich. *(BGBl I 2007/109; BGBl I 2013/116)*

(2) Wenn der Rechtsbrecher während des vom Gericht bestimmten Zeitraumes eine Weisung trotz förmlicher Mahnung mutwillig nicht befolgt oder sich beharrlich dem Einfluß des Bewährungshelfers entzieht, hat das Gericht die bedingte Strafnachsicht oder die bedingte Entlassung zu widerrufen und die Strafe oder den Strafrest vollziehen zu lassen, wenn dies nach den Umständen geboten erscheint, um den Rechtsbrecher von der Begehung strafbarer Handlungen abzuhalten. Abs. 1 Satz 2 gilt entsprechend. *(BGBl I 2013/116)*

(3) Wird in den Fällen der Abs. 1 und 2 die bedingte Strafnachsicht oder Entlassung nicht widerrufen, so kann das Gericht die Probezeit, falls sie kürzer bestimmt war, bis auf höchstens fünf Jahre verlängern; im Falle der bedingten Entlassung aus einer lebenslangen Freiheitsstrafe kann das Gericht die Probezeit bis auf höchstens fünfzehn Jahre verlängern. Zugleich hat es zu prüfen, ob und welche Weisungen neu zu erteilen sind und ob, falls das noch nicht geschehen sein sollte, Bewährungshilfe anzuordnen ist.

(4) Bestehen gegen Ende der ursprünglichen oder verlängerten Probezeit nach bedingter Entlassung aus einer lebenslangen Freiheitsstrafe oder aus einer Freiheitsstrafe wegen einer strafbaren Handlung gegen die sexuelle Integrität und Selbstbestimmung von mehr als fünf Jahren sonst besondere Gründe zur Annahme, dass es einer weiteren Erprobung des Rechtsbrechers bedarf, so kann das Gericht die Probezeit um höchstens drei Jahre verlängern. Eine wiederholte Verlängerung ist zulässig. *(BGBl I 2009/40)*

(BGBl I 2001/130)

Widerruf der bedingten Nachsicht und der bedingten Entlassung bei einer vorbeugenden Maßnahme

§ 54. (1) Die bedingte Nachsicht der Unterbringung in einer Anstalt für geistig abnorme oder für entwöhnungsbedürftige Rechtsbrecher und die bedingte Entlassung aus einer der in den §§ 21 bis 23 bezeichneten Anstalten sind unter den im § 53 genannten Voraussetzungen zu widerrufen, wenn sich aus den dort genannten Umständen ergibt, dass die Gefährlichkeit, gegen die sich die vorbeugende Maßnahme richtet, noch besteht.

(2) Wird im Falle des Abs. 1 die bedingte Nachsicht der Unterbringung in oder die bedingte Entlassung aus einer im § 21 bezeichneten Anstalt nicht widerrufen, so kann das Gericht die Probezeit bis auf höchstens fünfzehn Jahre verlängern. Beträgt die Probezeit nur fünf Jahre, so kann sie das Gericht bis auf höchstens zehn Jahre verlängern. Zugleich hat es zu prüfen, ob und welche Weisungen neu zu erteilen sind und ob, falls das noch nicht geschehen sein sollte, Bewährungshilfe anzuordnen ist.

(3) Bestehen gegen Ende der ursprünglichen oder verlängerten Probezeit besondere Gründe zur Annahme, dass es weiterhin der Androhung der Unterbringung bedarf, um die Gefährlichkeit, gegen die sich die vorbeugende Maßnahme richtet, hintanzuhalten, so kann das Gericht die Probezeit um höchstens drei Jahre verlängern. Eine wiederholte Verlängerung ist zulässig.

(4) Ist im Falle der bedingten Nachsicht der Unterbringung in oder der bedingten Entlassung aus einer Anstalt nach § 21 Abs. 1 dem Rechtsbrecher die Weisung erteilt worden, sich einer medizinischen Behandlung zu unterziehen und besteht Grund zur Annahme, dass der Rechtsbrecher die Weisung nicht befolgt und es deshalb einer stationären Behandlung bedarf, um die Gefährlichkeit, gegen die sich die vorbeugende Maßnahme gerichtet hat, hintanzuhalten, so hat das Gericht die Sicherheitsbehörde zu verständigen, die nach § 9 des Unterbringungsgesetzes vorzugehen hat. Das Gericht ist von den in der Folge getroffenen Maßnahmen zu unterrichten.

(5) Wird jedoch im Falle einer bedingten Entlassung aus einer der in den §§ 21 bis 23 bezeichneten Anstalten wegen einer während der Probezeit (§ 53 Abs. 1) begangenen mit Strafe bedrohten Handlung die vorbeugende Maßnahme neuerlich angeordnet, so wird damit die frühere Anordnung dieser Maßnahme gegenstandslos.

(6) Die bedingte Entlassung aus einer Anstalt für entwöhnungsbedürftige Rechtsbrecher ist nicht

zu widerrufen, wenn die Fortsetzung der Behandlung von vornherein aussichtslos scheint.

(BGBl I 2001/130)

Widerruf bei nachträglicher Verurteilung

§ 55. (1) Die bedingte Nachsicht einer Strafe, eines Strafteiles und der Unterbringung in einer Anstalt für entwöhnungsbedürftige Rechtsbrecher ist zu widerrufen, wenn eine nachträgliche Verurteilung gemäß § 31 erfolgt und die bedingte Nachsicht bei gemeinsamer Aburteilung nicht gewährt worden wäre.

(2) Wurde die Strafe, ein Strafteil oder die Unterbringung in einer Anstalt für entwöhnungsbedürftige Rechtsbrecher bei der nachträglichen Verurteilung bedingt nachgesehen, so ist diese Nachsicht zu widerrufen, wenn sie bei gleichzeitiger Aburteilung nicht gewährt worden wäre und die Verurteilung, auf die gemäß § 31 Bedacht zu nehmen gewesen wäre, nicht aktenkundig war.

(3) Wird die bedingte Nachsicht nicht widerrufen, so dauert jede der zusammentreffenden Probezeiten bis zum Ablauf der Probezeit, die zuletzt endet, jedoch nicht länger als fünf Jahre.

(BGBl 1987/605)

Widerrufsfristen

§ 56. Die in den §§ 53 bis 55 vorgesehenen Verfügungen kann das Gericht nur in der Probezeit, wegen einer während dieser Zeit begangenen strafbaren Handlung jedoch auch innerhalb von sechs Monaten nach Ablauf der Probezeit oder nach Beendigung eines bei deren Ablauf gegen den Rechtsbrecher anhängigen Strafverfahrens treffen.

SECHSTER ABSCHNITT

Verjährung

Verjährung der Strafbarkeit

§ 57. (1) Strafbare Handlungen, die mit Freiheitsstrafe von zehn bis zu zwanzig Jahren oder mit lebenslanger Freiheitsstrafe bedroht sind, sowie strafbare Handlungen nach dem fünfundzwanzigsten Abschnitt verjähren nicht.Nach Ablauf einer Frist von zwanzig Jahren tritt jedoch an die Stelle der angedrohten lebenslangen Freiheitsstrafe eine Freiheitsstrafe von zehn bis zu zwanzig Jahren. Für die Frist gelten Abs. 2 und § 58 entsprechend. *(BGBl I 2014/106)*

(2) Die Strafbarkeit anderer Taten erlischt durch Verjährung. Die Verjährungsfrist beginnt, sobald die mit Strafe bedrohte Tätigkeit abgeschlossen ist oder das mit Strafe bedrohte Verhalten aufhört.

(3) Die Verjährungsfrist beträgt

zwanzig Jahre,

wenn die Handlung zwar nicht mit lebenslanger Freiheitsstrafe, aber mit mehr als zehnjähriger Freiheitsstrafe bedroht ist;

zehn Jahre,

wenn die Handlung mit mehr als fünfjähriger, aber höchstens zehnjähriger Freiheitsstrafe bedroht ist;

fünf Jahre,

wenn die Handlung mit mehr als einjähriger, aber höchstens fünfjähriger Freiheitsstrafe bedroht ist;

drei Jahre,

wenn die Handlung mit mehr als sechsmonatiger, aber höchstens einjähriger Freiheitsstrafe bedroht ist;

ein Jahr,

wenn die Handlung mit nicht mehr als sechsmonatiger Freiheitsstrafe oder nur mit Geldstrafe bedroht ist.

(4) Mit dem Eintritt der Verjährung werden auch der Verfall und vorbeugende Maßnahmen unzulässig. *(BGBl I 2010/108)*

(BGBl 1996/762)

Verlängerung der Verjährungsfrist

§ 58. (1) Tritt ein zum Tatbild gehörender Erfolg erst ein, nachdem die mit Strafe bedrohte Tätigkeit abgeschlossen worden ist oder das mit Strafe bedrohte Verhalten aufgehört hat, so endet die Verjährungsfrist nicht, bevor sie entweder auch vom Eintritt des Erfolges ab verstrichen ist oder seit dem im § 57 Abs. 2 bezeichneten Zeitpunkt ihr Eineinhalbfaches, mindestens aber drei Jahre abgelaufen sind.

(2) Begeht der Täter während der Verjährungsfrist neuerlich eine mit Strafe bedrohte Handlung, die auf der gleichen schädlichen Neigung beruht, so tritt die Verjährung nicht ein, bevor auch für diese Tat die Verjährungsfrist abgelaufen ist.

(3) In die Verjährungsfrist werden nicht eingerechnet:

1. die Zeit, während der nach einer gesetzlichen Vorschrift die Verfolgung nicht eingeleitet oder fortgesetzt werden kann, soweit das Bundes-Verfassungsgesetz, BGBl. Nr. 1/1930, und Abs. 4 nichts anderes bestimmen; *(BGBl I 2014/101)*

2. die Zeit zwischen der erstmaligen Vernehmung als Beschuldigter, der erstmaligen Androhung oder Ausübung von Zwang gegen den Täter wegen der Tat (§§ 93 Abs. 1, 105 Abs. 1 StPO), der ersten staatsanwaltlichen Anordnung oder Antragstellung auf Durchführung oder Bewilligung von im 8. Hauptstück der StPO geregelten Ermittlungsmaßnahmen und Beweisaufnahmen zur Aufklärung des gegen den Täter gerichteten Verdachts, der Anordnung der Fahndung oder Festnahme, des Antrags auf Verhängung der Untersuchungshaft oder der Einbringung der Ankla-

ge und der rechtskräftigen Beendigung des Verfahrens; *(BGBl I 2009/40)*

3. die Zeit bis zur Vollendung des 28. Lebensjahres des Opfers einer strafbaren Handlung gegen Leib und Leben, gegen die Freiheit oder gegen die sexuelle Integrität und Selbstbestimmung, wenn das Opfer zur Zeit der Tatbegehung minderjährig war; *(BGBl I 2009/40; BGBl I 2009/142)*

4. die Probezeit nach § 203 Abs. 1 StPO, die Fristen zur Zahlung eines Geldbetrages samt allfälliger Schadensgutmachung und zur Erbringung gemeinnütziger Leistungen samt allfälligem Tatfolgenausgleich (§§ 200 Abs. 2 und 3, 201 Abs. 1 und 3 StPO), sowie die Zeit von der Stellung eines Ersuchens der Staatsanwaltschaft gemäß § 204 Abs. 3 StPO bis zur Mitteilung des Konfliktreglers über die Ausgleichsvereinbarungen und ihre Erfüllung (§ 204 Abs. 4 StPO). *(BGBl I 2007/93)*

(3a) Eine nach den vorstehenden Absätzen eingetretene Hemmung der Verjährung bleibt wirksam, auch wenn durch eine spätere Änderung des Gesetzes die Tat im Zeitpunkt der Hemmung nach dem neuen Recht bereits verjährt gewesen wäre. *(BGBl I 2015/112)*

(4) Wird die Tat nur auf Verlangen oder mit Ermächtigung eines dazu Berechtigten verfolgt, so wird der Lauf der Verjährung nicht dadurch gehemmt, daß die Verfolgung nicht verlangt oder die Ermächtigung nicht erteilt wird. *(BGBl I 2007/93; BGBl I 2017/117)*

(BGBl I 2004/15)

Verjährung der Vollstreckbarkeit

§ 59. (1) Die Vollstreckbarkeit einer lebenslangen Freiheitsstrafe, einer Freiheitsstrafe von mehr als zehn Jahren, einer wegen einer strafbaren Handlung nach dem fünfundzwanzigsten Abschnitt verhängten Strafe und einer Unterbringung in einer Anstalt für geistig abnorme Rechtsbrecher oder für gefährliche Rückfallstäter verjährt nicht. *(BGBl I 2014/106)*

(2) Die Vollstreckbarkeit anderer Strafen,, eines Verfalls und vorbeugender Maßnahmen erlischt durch Verjährung. Die Frist für die Verjährung beginnt mit der Rechtskraft der Entscheidung, in der auf die Strafe, den Verfall oder die vorbeugende Maßnahme erkannt worden ist. *(BGBl I 2010/108)*

(3) Die Frist beträgt

fünfzehn Jahre,

wenn auf Freiheitsstrafe von mehr als einem Jahr, aber nicht mehr als zehn Jahren erkannt worden ist;

zehn Jahre,

wenn auf Freiheitsstrafe von mehr als drei Monaten, aber nicht mehr als einem Jahr oder auf eine Geldstrafe unter Festsetzung einer Ersatzfreiheitsstrafe von mehr als drei Monaten erkannt worden ist;

fünf Jahre

in allen übrigen Fällen.

(4) Ist gleichzeitig auf mehrere Strafen oder vorbeugende Maßnahmen erkannt worden, so richtet sich die Verjährung der Vollstreckbarkeit aller dieser Strafen oder Maßnahmen nach der Strafe oder Maßnahme, für die die längste Verjährungsfrist vorgesehen ist. Sind eine Freiheitsstrafe und eine Geldstrafe gleichzeitig verhängt worden, so ist zur Berechnung der Verjährungsfrist die Ersatzfreiheitsstrafe zur Freiheitsstrafe hinzuzurechnen. *(BGBl I 2010/108)*

(BGBl 1996/762)

Verlängerung der Frist für die Vollstreckungsverjährung

§ 60. (1) Wird gegen den Verurteilten in der Verjährungsfrist auf eine neue Strafe oder vorbeugende Maßnahme erkannt, so tritt die Verjährung der Vollstreckbarkeit nicht ein, bevor nicht auch die Vollstreckbarkeit dieser Strafe oder vorbeugenden Maßnahme erloschen ist.

(2) In die Verjährungsfrist werden nicht eingerechnet:

1. die Probezeit im Fall einer bedingten Nachsicht der Strafe oder der Unterbringung in einer Anstalt für entwöhnungsbedürftige Rechtsbrecher oder im Fall einer bedingten Entlassung;

2. Zeiten, für die dem Verurteilten ein Aufschub des Vollzuges einer Freiheitsstrafe, es sei denn wegen Vollzugsuntauglichkeit, oder der Zahlung einer Geldstrafe gewährt worden ist;

3. Zeiten, in denen der Verurteilte auf behördliche Anordnung angehalten worden ist;

4. Zeiten, in denen sich der Verurteilte im Ausland aufgehalten hat.

(3) Der Vollzug der Freiheitsstrafe oder der mit Freiheitsentziehung verbundenen vorbeugenden Maßnahme unterbricht die Verjährung. Hört die Unterbrechung auf, ohne daß der Verurteilte endgültig entlassen wird, so beginnt die Verjährungsfrist unbeschadet der Bestimmungen des Abs. 2 von neuem zu laufen.

SIEBENTER ABSCHNITT
Geltungsbereich

Zeitliche Geltung

§ 61. Die Strafgesetze sind auf Taten anzuwenden, die nach dem Inkrafttreten begangen worden sind. Auf früher begangene Taten sind sie dann anzuwenden, wenn die Gesetze, die zur Zeit der Tat gegolten haben, für den Täter in ihrer Gesamtauswirkung nicht günstiger waren.

Strafbare Handlungen im Inland

§ 62. Die österreichischen Strafgesetze gelten für alle Taten, die im Inland begangen worden sind.

Strafbare Handlungen an Bord österreichischer Schiffe oder Luftfahrzeuge

§ 63. Die österreichischen Strafgesetze gelten auch für Taten, die auf einem österreichischen Schiff oder Luftfahrzeug begangen worden sind, unabhängig davon, wo sich dieses befindet.

Strafbare Handlungen im Ausland, die ohne Rücksicht auf die Gesetze des Tatorts bestraft werden

§ 64. (1) Die österreichischen Strafgesetze gelten unabhängig von den Strafgesetzen des Tatorts für folgende im Ausland begangene Taten:

1. Auskundschaftung eines Geschäfts- oder Betriebsgeheimnisses zugunsten des Auslands (§ 124), Hochverrat (§ 242), Vorbereitung eines Hochverrats (§ 244), staatsfeindliche Verbindungen (§ 246), Angriffe auf oberste Staatsorgane (§§ 249 bis 251), Landesverrat (§§ 252 bis 258) und strafbare Handlungen gegen das Bundesheer (§§ 259 und 260);

2. strafbare Handlungen, die jemand gegen einen österreichischen Beamten (§ 74 Abs. 1 Z 4), einen österreichischen Amtsträger (§ 74 Abs. 1 Z 4a) oder einen österreichischen Schiedsrichter (§ 74 Abs. 1 Z 4c) während oder wegen der Vollziehung seiner Aufgaben und die jemand als österreichischer Beamter, österreichischer Amtsträger oder österreichischer Schiedsrichter begeht; *(BGBl I 2012/61)*

2a. außer dem Fall der Z 2 strafbare Verletzungen der Amtspflicht, Korruption und verwandte strafbare Handlungen (§§ 302 bis 309), wenn

a) der Täter zur Zeit der Tat Österreicher war oder

b) die Tat zugunsten eines österreichischen Amtsträgers oder österreichischen Schiedsrichters begangen wurde;
(BGBl I 2012/61)

3. falsche Beweisaussage (§ 288) und unter Eid abgelegte oder mit einem Eid bekräftigte falsche Beweisaussage vor einer Verwaltungsbehörde (§ 289) in einem Ermittlungsverfahren nach der Strafprozessordnung oder in einem Verfahren, das bei einem österreichischen Gericht oder einer österreichischen Verwaltungsbehörde anhängig ist; *(BGBl I 2007/93)*

4. Geldfälschung (§ 232), Weitergabe und Besitz nachgemachten oder verfälschten Geldes (§ 233), die nach § 232 strafbare Fälschung besonders geschützter Wertpapiere (§ 237), kriminelle Organisation (§ 278a) und die nach den §§ 28a, 31a sowie 32 Abs. 3 des Suchtmittelgesetzes strafbaren Handlungen, wenn durch die Tat österreichische Interessen verletzt worden sind oder der Täter nicht ausgeliefert werden kann; *(BGBl I 2011/130; BGBl I 2014/106; BGBl I 2015/112)*

4a. Genitalverstümmelung im Sinne von § 90 Abs. 3, erpresserische Entführung (§ 102), Überlieferung an eine ausländische Macht (§ 103), Sklavenhandel (§ 104), Menschenhandel (§ 104a), schwere Nötigung nach § 106 Abs. 1 Z 3, Zwangsheirat (§ 106a), verbotene Adoptionsvermittlung (§ 194), Vergewaltigung (§ 201), geschlechtliche Nötigung (§ 202), sexueller Missbrauch einer wehrlosen oder psychisch beeinträchtigten Person (§ 205), schwerer sexueller Missbrauch von Unmündigen (§ 206), sexueller Missbrauch von Unmündigen (§ 207), pornographische Darstellungen Minderjähriger nach § 207a Abs. 1 und 2, sexueller Missbrauch von Jugendlichen (§ 207b), Missbrauch eines Autoritätsverhältnisses nach § 212 Abs. 1, Förderung der Prostitution und pornographischer Darbietungen Minderjähriger (§ 215a), grenzüberschreitender Prostitutionshandel (§ 217), wenn *(BGBl I 2013/116; BGBl I 2015/112)*

a) der Täter oder das Opfer Österreicher ist oder seinen gewöhnlichen Aufenthalt im Inland hat,

b) durch die Tat sonstige österreichische Interessen verletzt worden sind oder

c) der Täter zur Zeit der Tat Ausländer war, sich in Österreich aufhält und nicht ausgeliefert werden kann;
(BGBl I 2011/130)

Fassung ab 1. 1. 2020 (BGBl I 2019/xx):
4a. Genitalverstümmelung (§ 85 Abs. 1 Z 2a), erpresserische Entführung (§ 102), Überlieferung an eine ausländische Macht (§ 103), Sklavenhandel (§ 104), Menschenhandel (§ 104a), schwere Nötigung nach § 106 Abs. 1 Z 3, Zwangsheirat (§ 106a), verbotene Adoptionsvermittlung (§ 194), Vergewaltigung (§ 201), geschlechtliche Nötigung (§ 202), sexueller Missbrauch einer wehrlosen oder psychisch beeinträchtigten Person (§ 205), schwerer sexueller Missbrauch von Unmündigen (§ 206), sexueller Missbrauch von Unmündigen (§ 207), pornographische Darstellungen Minderjähriger nach § 207a Abs. 1 und 2, sexueller Missbrauch von Jugendlichen (§ 207b), Missbrauch eines Autoritätsverhältnisses nach § 212 Abs. 1, Förderung der Prostitution und pornographischer Darbietungen Minderjähriger (§ 215a), grenzüberschreitender Prostitutionshandel (§ 217), wenn *(BGBl I 2013/116; BGBl I 2015/112; BGBl I 2019/xx)*

a) der Täter oder das Opfer Österreicher ist oder seinen gewöhnlichen Aufenthalt im Inland hat,

b) durch die Tat sonstige österreichische Interessen verletzt worden sind oder

c) der Täter zur Zeit der Tat Ausländer war, sich in Österreich aufhält und nicht ausgeliefert werden kann;
(BGBl I 2011/130)

4b. Herstellung und Verbreitung von Massenvernichtungswaffen (§ 177a), wenn der Täter Österreicher ist, in bezug auf die Entwicklung nuklearer oder radiologischer Kampfmittel jedoch nur, soweit die Tat nicht im Auftrag oder unter der Verantwortung einer Vertragspartei des Vertrages über die Nichtweiterverbreitung von Atomwaffen, BGBl. Nr. 258/1970, die Atomwaffenstaat ist, begangen worden ist; *(BGBl I 2018/70)*

4c. Folter (§ 312a), Verschwindenlassen einer Person (§ 312b) und strafbare Handlungen nach dem fünfundzwanzigsten Abschnitt, wenn

a) der Täter oder das Opfer Österreicher ist,

b) durch die Tat sonstige österreichische Interessen verletzt worden sind oder

c) der Täter zur Zeit der Tat Ausländer war und entweder seinen gewöhnlichen Aufenthalt im Inland hat oder sich in Österreich aufhält und nicht ausgeliefert werden kann.
(BGBl I 2014/106)

5. Luftpiraterie (§ 185), damit im Zusammenhang begangene strafbare Handlungen gegen Leib und Leben oder gegen die Freiheit und vorsätzliche Gefährdung der Sicherheit der Luftfahrt (§ 186), wenn

a) die strafbare Handlung gegen ein österreichisches Luftfahrzeug gerichtet ist,

b) das Luftfahrzeug in Österreich landet und der Täter sich noch an Bord befindet,

c) das Luftfahrzeug ohne Besatzung an jemanden vermietet ist, der seinen Geschäftssitz oder in Ermangelung eines solchen Sitzes seinen ständigen Aufenthalt in Österreich hat, oder

d) sich der Täter in Österreich aufhält und nicht ausgeliefert werden kann;

6. sonstige strafbare Handlungen, zu deren Verfolgung Österreich, auch wenn sie im Ausland begangen worden sind, unabhängig von den Strafgesetzen des Tatorts verpflichtet ist;

7. strafbare Handlungen, die ein Österreicher gegen einen Österreicher begeht, wenn beide ihren Wohnsitz oder gewöhnlichen Aufenthalt im Inland haben;

8. Beteiligung (§ 12) an einer strafbaren Handlung, die der unmittelbare Täter im Inland begangen hat, sowie Hehlerei (§ 164) und Geldwäscherei (§ 165) in bezug auf eine im Inland begangene Tat;

9. terroristische Vereinigung (§ 278b) und terroristische Straftaten (§ 278c) sowie damit im Zusammenhang begangene strafbare Handlungen nach den §§ 128 bis 131, 144 und 145 sowie 223 und 224, ferner Terrorismusfinanzierung (§ 278d), Ausbildung für terroristische Zwecke (§ 278e), Anleitung zur Begehung einer terroristischen Straftat (§ 278f), Reisen für terroristische Zwecke (§ 278g) und damit im Zusammenhang begangene strafbare Handlungen nach den §§ 223 und 224 sowie Aufforderung zu terroristischen Straftaten und Gutheißung terroristischer Straftaten (§ 282a), wenn *(BGBl I 2010/108; BGBl I 2011/103; BGBl I 2018/70)*

a) der Täter zur Zeit der Tat Österreicher war oder wenn er die österreichische Staatsbürgerschaft später erworben hat und zur Zeit der Einleitung des Strafverfahrens noch besitzt,

b) der Täter zur Zeit der Tat oder der Einleitung des Strafverfahrens seinen Wohnsitz oder gewöhnlichen Aufenthalt im Inland hatte oder hat, *(BGBl I 2018/70)*

c) die Tat zugunsten einer juristischen Person mit Sitz in Österreich begangen wurde,

d) die Tat gegen den Nationalrat, den Bundesrat, die Bundesversammlung, die Bundesregierung, einen Landtag, eine Landesregierung, den Verfassungsgerichtshof, den Verwaltungsgerichtshof, den Obersten Gerichtshof, sonst ein Gericht oder eine Behörde oder gegen die Bevölkerung der Republik Österreich begangen wurde,

e) die Tat gegen ein Organ der Europäischen Union oder eine gemäß den Verträgen zur Gründung der Europäischen Gemeinschaften oder dem Vertrag über die Europäische Union geschaffene Einrichtung mit Sitz in der Republik Österreich begangen wurde oder

f) der Täter zur Zeit der Tat Ausländer war, sich in Österreich aufhält und nicht ausgeliefert werden kann;

10. *(aufgehoben, BGBl I 2018/70)*

11. Unvertretbare Darstellung wesentlicher Informationen über bestimmte Verbände (§ 163a) und Unvertretbare Berichte von Prüfern bestimmter Verbände (§ 163b), wenn die Hauptniederlassung oder der Sitz des Verbandes im Inland liegt.
(BGBl I 2015/112)

(2) Können die im Abs. 1 genannten Strafgesetze bloß deshalb nicht angewendet werden, weil sich die Tat als eine mit strengerer Strafe bedrohte Handlung darstellt, so ist die im Ausland begangene Tat gleichwohl unabhängig von den Strafgesetzen des Tatorts nach den österreichischen Strafgesetzen zu bestrafen.

(BGBl I 2004/15)

Strafbare Handlungen im Ausland, die nur bestraft werden, wenn sie nach den Gesetzen des Tatorts mit Strafe bedroht sind

§ 65. (1) Für andere als die in den §§ 63 und 64 bezeichneten Taten, die im Ausland begangen worden sind, gelten, sofern die Taten auch durch die Gesetze des Tatorts mit Strafe bedroht sind, die österreichischen Strafgesetze:

1. wenn der Täter zur Zeit der Tat Österreicher war oder wenn er die österreichische Staatsbürgerschaft später erworben hat und zur Zeit der Einleitung des Strafverfahrens noch besitzt;

2. wenn der Täter zur Zeit der Tat Ausländer war, im Inland betreten wird und aus einem anderen Grund als wegen der Art oder Eigenschaft seiner Tat nicht an das Ausland ausgeliefert werden kann.

(2) Die Strafe ist so zu bestimmen, daß der Täter in der Gesamtauswirkung nicht ungünstiger gestellt ist als nach dem Gesetz des Tatorts.

(3) Besteht am Ort der Tat keine Strafgewalt, so genügt es, wenn die Tat nach den österreichischen Gesetzen strafbar ist.

(4) Die Strafbarkeit entfällt jedoch:

1. wenn die Strafbarkeit der Tat nach den Gesetzen des Tatorts erloschen ist;

2. wenn der Täter von einem Gericht des Staates, in dem die Tat begangen worden ist, rechtskräftig freigesprochen oder sonst außer Verfolgung gesetzt worden ist;

3. wenn der Täter von einem ausländischen Gericht rechtskräftig verurteilt und die Strafe ganz vollstreckt oder, soweit sie nicht vollstreckt wurde, erlassen worden oder ihre Vollstreckbarkeit nach dem ausländischen Recht verjährt ist;

4. solange die Vollstreckung der vom ausländischen Gericht verhängten Strafe ganz oder teilweise ausgesetzt ist.

(5) Nach den österreichischen Gesetzen vorgesehene vorbeugende Maßnahmen sind, wenn die Voraussetzungen hiefür zutreffen, gegen einen Österreicher auch dann anzuordnen, wenn er aus einem der Gründe des vorhergehenden Absatzes im Inland nicht bestraft werden kann.

(BGBl 1987/605)

Erweiterter Geltungsbereich des Verfalls und der Einziehung bei Auslandstaten

§ 65a. Der Verfall und die Einziehung treffen auch im Inland befindliche Vermögenswerte und Gegenstände in Bezug auf Taten, die auch durch die Gesetze des Tatorts mit Strafe bedroht sind, aber nach den §§ 62 bis 65 nicht den österreichischen Strafgesetzen unterliegen.

(BGBl I 2013/116)

Anrechnung im Ausland erlittener Strafen

§ 66. Hat der Täter für die Tat, derentwegen er im Inland bestraft wird, schon im Ausland eine Strafe verbüßt, so ist sie auf die im Inland verhängte Strafe anzurechnen.

Zeit und Ort der Tat

§ 67. (1) Eine mit Strafe bedrohte Handlung hat der Täter zu der Zeit begangen, da er gehandelt hat oder hätte handeln sollen; wann der Erfolg eintritt, ist nicht maßgebend.

(2) Eine mit Strafe bedrohte Handlung hat der Täter an jedem Ort begangen, an dem er gehandelt hat oder hätte handeln sollen oder ein dem Tatbild entsprechender Erfolg ganz oder zum Teil eingetreten ist oder nach der Vorstellung des Täters hätte eintreten sollen.

ACHTER ABSCHNITT

Begriffsbestimmungen

Zeitberechnung

§ 68. Jahre und Monate sind nach dem Kalender zu berechnen. Zeiträume werden so berechnet, daß der Tag, auf den das Ereignis fällt, mit dem der Zeitraum beginnt, nicht mitgezählt wird. Sie enden mit dem Ablauf des letzten Tages.

Öffentliche Begehung

§ 69. Eine Handlung wird nur dann öffentlich begangen, wenn sie unmittelbar von einem größeren Personenkreis wahrgenommen werden kann.

Gewerbsmäßige Begehung

§ 70. (1) Gewerbsmäßig begeht eine Tat, wer sie in der Absicht ausführt, sich durch ihre wiederkehrende Begehung längere Zeit hindurch ein nicht bloß geringfügiges fortlaufendes Einkommen zu verschaffen, und

1. unter Einsatz besonderer Fähigkeiten oder Mittel handelt, die eine wiederkehrende Begehung nahelegen, oder

2. zwei weitere solche Taten schon im Einzelnen geplant hat oder

3. bereits zwei solche Taten begangen hat oder einmal wegen einer solchen Tat verurteilt worden ist.

(2) Ein nicht bloß geringfügiges fortlaufendes Einkommen ist ein solches, das nach einer jährlichen Durchschnittsbetrachtung monatlich den Betrag von 400 Euro übersteigt.

(3) Eine frühere Tat oder Verurteilung bleibt außer Betracht, wenn seit ihrer Begehung oder Rechtskraft bis zur folgenden Tat mehr als ein Jahr vergangen ist. In diese Frist werden Zeiten, in denen der Täter auf behördliche Anordnung angehalten worden ist, nicht eingerechnet.

(BGBl I 2015/112)

Schädliche Neigung

§ 71. Auf der gleichen schädlichen Neigung beruhen mit Strafe bedrohte Handlungen, wenn sie gegen dasselbe Rechtsgut gerichtet oder auf gleichartige verwerfliche Beweggründe oder auf den gleichen Charaktermangel zurückzuführen sind.

Angehörige

§ 72. (1) Unter Angehörigen einer Person sind ihre Verwandten und Verschwägerten in gerader Linie, ihr Ehegatte oder eingetragener Partner und die Geschwister des Ehegatten oder eingetragenen Partners, ihre Geschwister und deren Ehegatten oder eingetragene Partner, Kinder und Enkel, die Geschwister ihrer Eltern und Großeltern, ihre Vettern und Basen, der Vater oder die Mutter ihres Kindes, ihre Wahl- und Pflegeeltern, ihre Wahl- und Pflegekinder, sowie Personen, über die ihnen die Obsorge zusteht oder unter deren Obsorge sie stehen, zu verstehen. *(BGBl I 2009/135; BGBl I 2013/25 (VfGH))*

(2) Personen, die miteinander in Lebensgemeinschaft leben, werden wie Angehörige behandelt, Kinder und Enkel einer von ihnen werden wie Angehörige auch der anderen behandelt.

(BGBl I 1998/153)

Ausländische Verurteilungen

§ 73. Sofern das Gesetz nicht ausdrücklich auf die Verurteilung durch ein inländisches Gericht abstellt, stehen ausländische Verurteilungen inländischen gleich, wenn sie den Rechtsbrecher wegen einer Tat schuldig sprechen, die auch nach österreichischem Recht gerichtlich strafbar ist, und in einem den Grundsätzen des Art. 6 der europäischen Konvention zum Schutze der Menschenrechte und Grundfreiheiten, BGBl. Nr. 210/1958, entsprechenden Verfahren ergangen sind.

Andere Begriffsbestimmungen

§ 74. (1) Im Sinn dieses Bundesgesetzes ist

1. unmündig: wer das vierzehnte Lebensjahr noch nicht vollendet hat;

2. *(aufgehoben, BGBl I 2001/19)*

3. minderjährig: wer das achtzehnte Lebensjahr noch nicht vollendet hat;

4. Beamter: jeder, der bestellt ist, im Namen des Bundes, eines Landes, eines Gemeindeverbandes, einer Gemeinde oder einer anderen Person des öffentlichen Rechtes, ausgenommen einer Kirche oder Religionsgesellschaft, als deren Organ allein oder gemeinsam mit einem anderen Rechtshandlungen vorzunehmen, oder sonst mit Aufgaben der Bundes-, Landes- oder Gemeindeverwaltung betraut ist; als Beamter gilt auch, wer nach einem anderen Bundesgesetz oder auf Grund einer zwischenstaatlichen Vereinbarung bei einem Einsatz im Inland einem österreichischen Beamten gleichgestellt ist;

4a. Amtsträger: jeder, der

a) *(aufgehoben, BGBl I 2012/61)*

b) für den Bund, ein Land, einen Gemeindeverband, eine Gemeinde, für eine andere Person des öffentlichen Rechts, ausgenommen eine Kirche oder Religionsgesellschaft, für einen anderen Staat oder für eine internationale Organisation Aufgaben der Gesetzgebung, Verwaltung oder Justiz als deren Organ oder Dienstnehmer wahrnimmt, *(BGBl I 2012/61)*

c) sonst im Namen der in lit. b genannten Körperschaften befugt ist, in Vollziehung der Gesetze Amtsgeschäfte vorzunehmen, oder

d) als Organ oder Bediensteter eines Unternehmens tätig ist, an dem eine oder mehrere inländische oder ausländische Gebietskörperschaften unmittelbar oder mittelbar mit mindestens 50 vH des Stamm-, Grund- oder Eigenkapitals beteiligt sind, das eine solche Gebietskörperschaft allein oder gemeinsam mit anderen solchen Gebietskörperschaften betreibt oder durch finanzielle oder sonstige wirtschaftliche oder organisatorische Maßnahmen tatsächlich beherrscht, jedenfalls aber jedes Unternehmens, dessen Gebarung der Überprüfung durch den Rechnungshof, dem Rechnungshof gleichartige Einrichtungen der Länder oder einer vergleichbaren internationalen oder ausländischen Kontrolleinrichtung unterliegt. *(BGBl I 2012/61)*
(BGBl I 2009/98)

4b. Gemeinschaftsbeamter: jeder, der Beamter oder Vertragsbediensteter im Sinne des Statuts der Beamten der Europäischen Gemeinschaften oder der Beschäftigungsbedingungen für die sonstigen Bediensteten der Europäischen Gemeinschaften ist oder der den Europäischen Gemeinschaften von den Mitgliedstaaten oder von öffentlichen oder privaten Einrichtungen zur Verfügung gestellt wird und dort mit Aufgaben betraut ist, die den Aufgaben der Beamten oder sonstigen Bediensteten der Europäischen Gemeinschaften entsprechen; Gemeinschaftsbeamte sind auch die Mitglieder von Einrichtungen, die nach den Verträgen zur Gründung der Europäischen Gemeinschaften errichtet wurden, und die Bediensteten dieser Einrichtungen, die Mitglieder der Kommission, des Europäischen Parlaments, des Gerichtshofs und des Rechnungshofs der Europäischen Gemeinschaften sowie die Organwalter und Bediensteten des Europäischen Polizeiamtes (Europol); *(BGBl I 2007/109)*

4c. Schiedsrichter: jeder Entscheidungsträger eines Schiedsgerichtes im Sinne der §§ 577 ff ZPO mit Sitz im Inland oder noch nicht bestimmtem Sitz (österreichischer Schiedsrichter) oder mit Sitz im Ausland; *(BGBl I 2007/109)*

5. gefährliche Drohung: eine Drohung mit einer Verletzung an Körper, Freiheit, Ehre, Vermögen oder des höchstpersönlichen Lebensbereiches durch Zugänglichmachen, Bekanntgeben oder Veröffentlichen von Tatsachen oder Bildaufnahmen, die geeignet ist, dem Bedrohten mit Rücksicht auf die Verhältnisse und seine persönliche Beschaffenheit oder die Wichtigkeit des angedrohten Übels begründete Besorgnisse einzuflößen, ohne Unterschied, ob das angedrohte Übel gegen den Bedrohten selbst, gegen dessen Angehörige oder gegen andere unter seinen Schutz gestellte oder ihm persönlich nahestehende Personen gerichtet ist; *(BGBl I 2015/112)*

6. Entgelt: jede einer Bewertung in Geld zugängliche Gegenleistung, auch wenn sie einer anderen Person zugute kommen soll als der, der sie angeboten oder gegeben wird;

7. Urkunde: eine Schrift, die errichtet worden ist, um ein Recht oder ein Rechtsverhältnis zu begründen, abzuändern oder aufzuheben oder eine Tatsache von rechtlicher Bedeutung zu beweisen;

8. Computersystem: sowohl einzelne als auch verbundene Vorrichtungen, die der automationsunterstützten Datenverarbeitung dienen;

9. Prostitution: die Vornahme geschlechtlicher Handlungen oder die Duldung geschlechtlicher Handlungen am eigenen Körper gegen Entgelt durch

a) eine minderjährige Person oder

b) eine volljährige Person in der Absicht, sich oder einem Dritten durch die wiederkehrende Vornahme oder Duldung eine fortlaufende Einnahme zu verschaffen;
(BGBl I 2013/116)

10. unbares Zahlungsmittel: jedes personengebundene oder übertragbare körperliche Zahlungsmittel, das den Aussteller erkennen lässt, durch Codierung, Ausgestaltung oder Unterschrift gegen Fälschung oder missbräuchliche Verwendung geschützt ist und im Rechtsverkehr bargeldvertretende Funktion hat oder der Ausgabe von Bargeld dient; *(BGBl I 2015/112)*

11. kritische Infrastruktur: Einrichtungen, Anlagen, Systeme oder Teile davon, die eine wesentliche Bedeutung für die Aufrechterhaltung der öffentlichen Sicherheit, die Landesverteidigung oder den Schutz der Zivilbevölkerung gegen Kriegsgefahren, die Funktionsfähigkeit öffentlicher Informations- und Kommunikationstechnologie, die Verhütung oder Bekämpfung von Katastrophen, den öffentlichen Gesundheitsdienst, die öffentliche Versorgung mit Wasser, Energie sowie lebenswichtigen Gütern, das öffentliche Abfallentsorgungs- und Kanalwesen oder den öffentlichen Verkehr haben. *(BGBl I 2015/154)*

(2) Im Sinne dieses Bundesgesetzes sind Daten sowohl personenbezogene und nicht personenbezogene Daten als auch Programme.

(3) Unter leitenden Angestellten sind Angestellte eines Unternehmens, auf dessen Geschäftsführung ihnen ein maßgeblicher Einfluss zusteht, zu verstehen. Ihnen stehen Geschäftsführer, Mitglieder des Vorstands oder Aufsichtsrats und Prokuristen ohne Angestelltenverhältnis gleich. *(BGBl I 2009/98)*

(BGBl I 2004/15)

Besonderer Teil

DRITTER ABSCHNITT

Strafbare Handlungen gegen die Freiheit

Überlieferung an eine ausländische Macht

§ 103. (1) Wer einen anderen ohne dessen Einwilligung mit Gewalt oder nachdem er seine Einwilligung durch gefährliche Drohung oder List erlangt hat, ebenso wer eine unmündige, geisteskranke oder wegen ihres Zustands zum Widerstand unfähige Person einer ausländischen Macht überliefert, ist, wenn der Täter oder der Überlieferte ein Österreicher ist oder sich der Überlieferte zur Zeit der Tat im Inland aufgehalten hat, mit Freiheitsstrafe von zehn bis zu zwanzig Jahren zu bestrafen.

(2) Wird das Opfer durch die Tat keiner erheblichen Gefahr ausgesetzt, so ist der Täter mit Freiheitsstrafe von fünf bis zu zehn Jahren zu bestrafen.

Sklaverei

§ 104. (1) Wer Sklavenhandel treibt oder sonst einer anderen Person in Form von Sklaverei oder einer sklavereiähnlichen Lage die persönliche Freiheit entzieht, ist mit Freiheitsstrafe von zehn bis zu zwanzig Jahren zu bestrafen. *(BGBl I 2009/40)*

(2) Ebenso ist zu bestrafen, wer bewirkt, daß ein anderer versklavt oder in eine sklavereiähnliche Lage gebracht wird oder daß sich ein anderer in Sklaverei oder eine sklavereiähnliche Lage begibt.

Menschenhandel

§ 104a. (1) Wer eine volljährige Person mit dem Vorsatz, dass sie ausgebeutet werde (Abs. 3), unter Einsatz unlauterer Mittel (Abs. 2) gegen diese Person anwirbt, beherbergt oder sonst aufnimmt, befördert oder einem anderen anbietet oder weitergibt, ist mit Freiheitsstrafe von sechs Monaten bis zu fünf Jahren zu bestrafen.

(2) Unlautere Mittel sind der Einsatz von Gewalt oder gefährlicher Drohung, die Täuschung über Tatsachen, die Ausnützung einer Autoritätsstellung, einer Zwangslage, einer Geisteskrankheit oder eines Zustands, der die Person wehrlos macht, die Einschüchterung und die Gewährung oder Annahme eines Vorteils für die Übergabe der Herrschaft über die Person.

(3) Ausbeutung umfasst die sexuelle Ausbeutung, die Ausbeutung durch Organentnahme, die Ausbeutung der Arbeitskraft, die Ausbeutung zur Bettelei sowie die Ausbeutung zur Begehung mit Strafe bedrohter Handlungen.

(4) Wer die Tat im Rahmen einer kriminellen Vereinigung, unter Anwendung schwerer Gewalt oder so begeht, dass durch die Tat das Leben der Person vorsätzlich oder grob fahrlässig (§ 6 Abs. 3) gefährdet wird oder die Tat einen besonders schweren Nachteil für die Person zur Folge hat, ist mit Freiheitsstrafe von einem bis zu zehn Jahren zu bestrafen. *(BGBl I 2015/112)*

(5) Mit Freiheitsstrafe von einem bis zu zehn Jahren ist auch zu bestrafen, wer eine minderjährige Person mit dem Vorsatz, dass sie ausgebeutet werde (Abs. 3), anwirbt, beherbergt oder sonst aufnimmt, befördert oder einem anderen anbietet oder weitergibt.

(BGBl I 2013/116)

FÜNFTER ABSCHNITT
Verletzungen der Privatsphäre und bestimmter Berufsgeheimnisse

Auskundschaftung eines Geschäfts- oder Betriebsgeheimnisses zugunsten des Auslands

§ 124. (1) Wer ein Geschäfts- oder Betriebsgeheimnis mit dem Vorsatz auskundschaftet, daß es im Ausland verwertet, verwendet oder sonst ausgewertet werde, ist mit Freiheitsstrafe bis zu drei Jahren zu bestrafen. *(BGBl I 2015/112)*

(2) Ebenso ist zu bestrafen, wer ein Geschäfts- oder Betriebsgeheimnis, zu dessen Wahrung er verpflichtet ist, der Verwertung, Verwendung oder sonstigen Auswertung im Ausland preisgibt.

SECHSTER ABSCHNITT
Strafbare Handlungen gegen fremdes Vermögen

Geldwäscherei

§ 165. (1) Wer Vermögensbestandteile, die aus einer mit mehr als einjährigen Freiheitsstrafe bedrohten Handlung oder einem Vergehen nach den §§ 223, 229, 289, 293, 295 oder nach den §§ 27 oder 30 Suchtmittelgesetz herrühren, verbirgt oder ihre Herkunft verschleiert, insbesondere, indem er im Rechtsverkehr über den Ursprung oder die wahre Beschaffenheit dieser Vermögensbestandteile, das Eigentum oder sonstige Rechte an ihnen, die Verfügungsbefugnis über sie, ihre Übertragung oder darüber, wo sie sich befinden, falsche Angaben macht, ist mit Freiheitsstrafe bis zu drei Jahren zu bestrafen. *(BGBl I 2017/117)*

(2) Ebenso ist zu bestrafen, wer wissentlich Vermögensbestandteile an sich bringt, verwahrt, anlegt, verwaltet, umwandelt, verwertet oder einem Dritten überträgt, die aus einer in Abs. 1 genannten mit Strafe bedrohten Handlung eines anderen stammen.

(3) Ebenso ist zu bestrafen, wer wissentlich der Verfügungsmacht einer kriminellen Organisation (§ 278a) oder einer terroristischen Vereinigung (§ 278b) unterliegende Vermögensbestandteile in deren Auftrag oder Interesse an sich bringt, verwahrt, anlegt, verwaltet, umwandelt, verwertet oder einem Dritten überträgt.

(4) Wer die Tat in Bezug auf einen 50 000 Euro übersteigenden Wert oder als Mitglied einer kriminellen Vereinigung begeht, die sich zur fortgesetzten Geldwäscherei verbunden hat, ist mit Freiheitsstrafe von einem bis zu zehn Jahren zu bestrafen.

(5) Ein Vermögensbestandteil rührt aus einer strafbaren Handlung her, wenn ihn der Täter der strafbaren Handlung durch die Tat erlangt oder für ihre Begehung empfangen hat oder wenn sich in ihm der Wert des ursprünglich erlangten oder empfangenen Vermögenswertes verkörpert.

(BGBl I 2010/38)

Tätige Reue

§ 165a. (1) Wegen Geldwäscherei ist nicht zu bestrafen, wer freiwillig und bevor die Behörde (§ 151 Abs. 3) von seinem Verschulden erfahren hat, durch Mitteilung an die Behörde oder auf andere Weise die Sicherstellung wesentlicher Vermögensbestandteile, auf die sich die Geldwäscherei bezogen hat, bewirkt.

(2) Wenn ohne Zutun des Täters wesentliche Vermögensbestandteile, auf die sich die Geldwäscherei bezogen hat, sichergestellt werden, ist der Täter nicht zu bestrafen, wenn er sich in Unkenntnis dessen freiwillig und ernstlich um die Sicherstellung bemüht hat.

(BGBl 1993/527)

SIEBENTER ABSCHNITT

Gemeingefährliche strafbare Handlungen und strafbare Handlungen gegen die Umwelt

Herstellung und Verbreitung von Massenvernichtungswaffen

§ 177a. (1) Wer zur Massenvernichtung bestimmte und geeignete nukleare, radiologische, biologische oder chemische Kampfmittel *(BGBl I 2018/70)*

1. herstellt, verarbeitet oder zum Zweck der Herstellung entwickelt,

2. in das Inland einführt, aus dem Inland ausführt oder durch das Inland durchführt oder

3. erwirbt, besitzt oder einem anderen überläßt oder verschafft,

ist mit Freiheitsstrafe von einem bis zu zehn Jahren zu bestrafen.

(2) Weiß der Täter, daß die Kampfmittel in ein Gebiet gelangen sollen, in dem ein Krieg oder ein bewaffneter Konflikt ausgebrochen ist oder unmittelbar auszubrechen droht, so ist er mit Freiheitsstrafe von fünf bis zu fünfzehn Jahren, weiß er aber, daß die Kampfmittel zum Einsatz gelangen sollen, mit Freiheitsstrafe von zehn bis zu zwanzig Jahren oder mit lebenslanger Freiheitsstrafe zu bestrafen.

(BGBl 1996/762)

Unerlaubter Umgang mit Kernmaterial, radioaktiven Stoffen oder Strahleneinrichtungen

§ 177b. (1) Wer entgegen einer Rechtsvorschrift oder einem behördlichen Auftrag Kernmaterial herstellt, bearbeitet, verarbeitet, verwendet, besitzt, beseitigt, befördert, in das Inland einführt, aus dem Inland ausführt oder durch das Inland durchführt, ist mit Freiheitsstrafe bis zu drei Jahren zu bestrafen. *(BGBl I 2011/103)*

(2) Ebenso ist zu bestrafen, wer entgegen einer Rechtsvorschrift oder einem behördlichen Auftrag radioaktive Stoffe oder Strahleneinrichtungen so herstellt, bearbeitet, verarbeitet, verwendet, besitzt, beseitigt, befördert, in das Inland einführt, aus dem Inland ausführt oder durch das Inland durchführt, dass dadurch

1. eine Gefahr für das Leben oder einer schweren Körperverletzung (§ 84 Abs. 1) eines anderen oder sonst für die Gesundheit oder körperliche Sicherheit einer größeren Zahl von Menschen,

2. eine Gefahr für den Tier- oder Pflanzenbestand in erheblichem Ausmaß,

3. eine lange Zeit andauernde Verschlechterung des Zustands eines Gewässers, des Bodens oder der Luft oder

4. ein Beseitigungsaufwand, der 50 000 Euro übersteigt,

entstehen kann. *(BGBl I 2011/103)*

(3) Wer entgegen einer Rechtsvorschrift oder einem behördlichen Auftrag Kernmaterial oder radioaktive Stoffe herstellt, bearbeitet, verarbeitet, verwendet, besitzt, beseitigt, befördert, in das Inland einführt, aus dem Inland ausführt oder durch das Inland durchführt und dadurch die Gefahr herbeiführt, dass Kernmaterial oder radioaktive Stoffe der Herstellung oder Verarbeitung von zur Massenvernichtung geeigneten nuklearen oder radiologischen Kampfmitteln zugänglich werden, ist mit Freiheitsstrafe von sechs Monaten bis zu fünf Jahren zu bestrafen. Ebenso ist zu bestrafen, wer eine der in Abs. 1 oder Abs. 2 erwähnten Handlungen gewerbsmäßig begeht. *(BGBl I 2011/103; BGBl I 2018/70)*

(4) Wird durch eine der im Abs. 1 oder Abs. 2 erwähnten Handlungen die im § 171 Abs. 1 genannte Gefahr herbeigeführt, der Tier- oder Pflanzenbestand erheblich geschädigt oder eine lange Zeit andauernde Verschlechterung des Zustands eines Gewässers, des Bodens oder der Luft bewirkt, so ist der Täter mit Freiheitsstrafe von einem bis zu zehn Jahren zu bestrafen. Hat die Tat eine der im § 169 Abs. 3 genannten Folgen, so sind die dort angedrohten Strafen zu verhängen.

(5) Der Begriff Kernmaterial bezeichnet Ausgangsmaterial und besonderes spaltbares Material sowie Ausrüstung, Technologie und Material, die dem Sicherheitskontrollsystem nach dem Sicherheitskontrollgesetz 1991, BGBl. Nr. 415/1992, unterliegen. Der Begriff radioaktive Stoffe bezeichnet Stoffe, die ein oder mehrere Radionuklide enthalten, sofern deren Aktivität oder Konzentration nach dem Stand der Technik im Zusammenhang mit dem Strahlenschutz nicht außer Acht gelassen werden kann; Gegenstände, die radioaktive Stoffe enthalten oder an deren Oberfläche sich solche Stoffe befinden, stehen radioaktiven Stoffen gleich. Unter Strahleneinrichtungen sind solche Geräte oder Anlagen zu verstehen, die, ohne radioaktive Stoffe zu enthalten, imstande sind, ionisierende Strahlung auszusenden, und deren Betrieb einer Bewilligungspflicht nach dem Strahlenschutzgesetz, BGBl. Nr.227/1969 in der jeweils geltenden Fassung, unterliegt.

(BGBl I 2006/56)

Fahrlässiger unerlaubter Umgang mit Kernmaterial, radioaktiven Stoffen oder Strahleneinrichtungen

§ 177c. (1) Wer fahrlässig entgegen einer Rechtsvorschrift oder einem behördlichen Auftrag eine der im § 177b Abs. 1, 2 oder 3 mit Strafe bedrohten Handlungen begeht, ist mit Freiheitsstrafe bis zu einem Jahr oder mit Geldstrafe bis zu 720 Tagessätzen zu bestrafen. *(BGBl I 2015/112)*

(2) Wird durch die Tat die im § 171 Abs. 1 genannte Gefahr herbeigeführt, der Tier- oder Pflanzenbestand erheblich geschädigt oder eine lange Zeit andauernde Verschlechterung des Zustands eines Gewässers, des Bodens oder der Luft bewirkt, so ist der Täter mit Freiheitsstrafe bis zu zwei Jahren zu bestrafen. Hat die Tat eine der im § 170 Abs. 2 genannten Folgen, so sind die dort angedrohten Strafen zu verhängen. *(BGBl I 2015/112)*

(BGBl I 2006/56)

Vorsätzlicher unerlaubter Umgang mit Stoffen, die zum Abbau der Ozonschicht beitragen

§ 177d. Wer Stoffe, die zum Abbau der Ozonschicht beitragen, entgegen einer Rechtsvorschrift oder einem behördlichen Auftrag herstellt, einführt, ausführt, in Verkehr setzt oder verwendet, ist mit Freiheitsstrafe bis zu einem Jahr oder mit Geldstrafe bis zu 720 Tagessätzen zu bestrafen. *(BGBl I 2015/112)*

(BGBl I 2011/103)

Grob fahrlässiger unerlaubter Umgang mit Stoffen, die zum Abbau der Ozonschicht beitragen

§ 177e. Wer grob fahrlässig (§ 6 Abs. 3) entgegen einer Rechtsvorschrift oder einem behördlichen Auftrag eine der im § 177d mit Strafe bedrohten Handlungen begeht, ist mit Freiheitsstrafe bis zu sechs Monaten oder mit Geldstrafe bis zu 360 Tagessätzen zu bestrafen. *(BGBl I 2015/112)*

(BGBl I 2011/103)

Luftpiraterie

§ 185. (1) Wer unter Ausnutzung der besonderen Verhältnisse des Luftverkehrs mit Gewalt oder durch gefährliche Drohung gegen eine an Bord des Luftfahrzeuges befindliche Person oder gegen eine Person, die auf den Kurs des Luftfahrzeuges oder auf die Sicherheit an Bord Einfluß nehmen kann, ein Luftfahrzeug in seine Gewalt oder unter seine Kontrolle bringt oder die Herrschaft darüber ausübt, ist mit Freiheitsstrafe von einem bis zu zehn Jahren zu bestrafen.

(2) Hat die Tat den Tod eines Menschen oder schwere Körperverletzungen (§ 84 Abs. 1) einer größeren Zahl von Menschen zur Folge, so ist der Täter mit Freiheitsstrafe von fünf bis zu fünfzehn Jahren, hat sie aber den Tod einer größeren Zahl von Menschen nach sich gezogen, mit Freiheitsstrafe von zehn bis zu zwanzig Jahren oder mit lebenslanger Freiheitsstrafe zu bestrafen.

Vorsätzliche Gefährdung der Sicherheit der Luftfahrt

§ 186. (1) Wer auf solche Weise, daß dadurch die Sicherheit eines Luftfahrzeuges im Flug gefährdet werden kann,

1. gegen eine an Bord des Luftfahrzeuges befindliche Person Gewalt übt oder ihr mit Gewalt droht,

2. das im Einsatz befindliche Luftfahrzeug beschädigt oder

3. Einrichtungen der Luftfahrt zerstört, beschädigt oder in ihrem Betrieb beeinträchtigt,

ist, wenn die Tat nicht nach einer anderen Bestimmung mit strengerer Strafe bedroht ist, mit Freiheitsstrafe von einem bis zu zehn Jahren zu bestrafen.

(2) Ebenso ist zu bestrafen,

1. wer ein im Einsatz befindliches Luftfahrzeug zerstört oder derart beschädigt, daß es flugunfähig wird oder

2. wer durch eine wissentlich unrichtige Mitteilung eine Gefahr für die Sicherheit eines Luftfahrzeuges im Flug herbeiführt.

(3) Hat die Tat den Tod eines Menschen oder schwere Körperverletzungen (§ 84 Abs. 1) einer größeren Zahl von Menschen zur Folge, so ist der Täter mit Freiheitsstrafe von fünf bis zu fünfzehn Jahren, hat sie aber den Tod einer größeren Zahl von Menschen nach sich gezogen, mit Freiheitsstrafe von zehn bis zu zwanzig Jahren oder mit lebenslanger Freiheitsstrafe zu bestrafen.

VIERZEHNTER ABSCHNITT

Hochverrat und andere Angriffe gegen den Staat

Hochverrat

§ 242. (1) Wer es unternimmt, mit Gewalt oder durch Drohung mit Gewalt die Verfassung der Republik Österreich oder eines ihrer Bundesländer zu ändern oder ein zur Republik Österreich gehörendes Gebiet abzutrennen, ist mit Freiheitsstrafe von zehn bis zu zwanzig Jahren zu bestrafen.

(2) Ein Unternehmen im Sinn des Abs. 1 liegt auch schon bei einem Versuch vor.

Tätige Reue

§ 243. (1) Der Täter ist wegen Hochverrats nicht zu bestrafen, wenn er freiwillig die Ausführung aufgibt oder diese, falls mehrere an dem Vorhaben beteiligt sind, verhindert oder wenn er freiwillig den Erfolg abwendet.

(2) Der Täter ist auch dann nicht zu bestrafen, wenn die Ausführung oder der Erfolg ohne sein

Zutun unterbleibt, er sich jedoch in Unkenntnis dessen freiwillig und ernstlich bemüht, die Ausführung zu verhindern oder den Erfolg abzuwenden.

Vorbereitung eines Hochverrats

§ 244. (1) Wer mit einem anderen die gemeinsame Begehung eines Hochverrats verabredet, ist mit Freiheitsstrafe von einem bis zu zehn Jahren zu bestrafen.

(2) Ebenso ist zu bestrafen, wer einen Hochverrat in anderer Weise vorbereitet und dadurch die Gefahr eines hochverräterischen Unternehmens herbeiführt oder erheblich vergrößert oder wer einen Hochverrat im Zusammenwirken mit einer ausländischen Macht vorbereitet.

Tätige Reue

§ 245. (1) Der Täter ist wegen Vorbereitung eines Hochverrats nicht zu bestrafen, wenn er freiwillig seine Tätigkeit aufgibt oder, falls mehrere an der Vorbereitung beteiligt sind, den Hochverrat verhindert.

(2) § 243 Abs. 2 gilt entsprechend.

Staatsfeindliche Verbindungen

§ 246. (1) Wer eine Verbindung gründet, deren wenn auch nicht ausschließlicher Zweck es ist, auf gesetzwidrige Weise die Unabhängigkeit, die in der Verfassung festgelegte Staatsform oder eine verfassungsmäßige Einrichtung der Republik Österreich oder eines ihrer Bundesländer zu erschüttern, ist mit Freiheitsstrafe von sechs Monaten bis zu fünf Jahren zu bestrafen.

(2) Ebenso ist zu bestrafen, wer sich in einer solchen Verbindung führend betätigt, für sie Mitglieder wirbt oder sie mit Geldmitteln oder sonst in erheblicher Weise unterstützt.

(3) Wer an einer solchen Verbindung sonst teilnimmt oder sie auf eine andere als die im Abs. 2 bezeichnete Weise unterstützt, ist mit Freiheitsstrafe bis zu einem Jahr oder mit Geldstrafe bis zu 720 Tagessätzen zu bestrafen. *(BGBl I 2015/112)*

Tätige Reue

§ 247. Nach § 246 ist nicht zu bestrafen, wer freiwillig, bevor die Behörde (§ 151 Abs. 3) von seinem Verschulden erfahren hat, alles, was ihm von der Verbindung und ihren Plänen bekannt ist, zu einer Zeit, da es noch geheim ist, einer solchen Behörde aufdeckt.

Herabwürdigung des Staates und seiner Symbole

§ 248. (1) Wer auf eine Art, daß die Tat einer breiten Öffentlichkeit bekannt wird, in gehässiger Weise die Republik Österreich oder eines ihrer Bundesländer beschimpft oder verächtlich macht, ist mit Freiheitsstrafe bis zu einem Jahr oder mit Geldstrafe bis zu 720 Tagessätzen zu bestrafen. *(BGBl I 2015/112)*

(2) Wer in der im Abs. 1 bezeichneten Art in gehässiger Weise eine aus einem öffentlichen Anlaß oder bei einer allgemein zugänglichen Veranstaltung gezeigte Fahne der Republik Österreich oder eines ihrer Bundesländer, ein von einer österreichischen Behörde angebrachtes Hoheitszeichen, die Bundeshymne oder eine Landeshymne beschimpft, verächtlich macht oder sonst herabwürdigt, ist mit Freiheitsstrafe bis zu sechs Monaten oder mit Geldstrafe bis zu 360 Tagessätzen zu bestrafen.

FÜNFZEHNTER ABSCHNITT
Angriffe auf oberste Staatsorgane

Gewalt und gefährliche Drohung gegen den Bundespräsidenten

§ 249. Wer es unternimmt (§ 242 Abs. 2), mit Gewalt oder durch gefährliche Drohung den Bundespräsidenten abzusetzen oder durch eines dieser Mittel zu nötigen oder zu hindern, seine Befugnisse überhaupt oder in einem bestimmten Sinn auszuüben, ist mit Freiheitsstrafe von einem bis zu zehn Jahren zu bestrafen.

Nötigung eines verfassungsmäßigen Vertretungskörpers, einer Regierung, des Verfassungsgerichtshofs, des Verwaltungsgerichtshofs oder des Obersten Gerichtshofs

§ 250. Wer es unternimmt (§ 242 Abs. 2), den Nationalrat, den Bundesrat, die Bundesversammlung, die Bundesregierung, einen Landtag, eine Landesregierung, den Verfassungsgerichtshof, den Verwaltungsgerichtshof oder den Obersten Gerichtshof mit Gewalt oder durch Drohung mit Gewalt zu nötigen oder zu hindern, ihre Befugnisse überhaupt oder in einem bestimmten Sinn auszuüben, ist mit Freiheitsstrafe von einem bis zu zehn Jahren zu bestrafen.

Nötigung von Mitgliedern eines verfassungsmäßigen Vertretungskörpers, einer Regierung, des Verfassungsgerichtshofs, des Verwaltungsgerichtshofs oder des Obersten Gerichtshofs oder des Präsidenten des Rechnungshofs oder des Leiters eines Landesrechnungshofs

§ 251. Wer ein Mitglied des Nationalrats, des Bundesrats, der Bundesversammlung, der Bundesregierung, eines Landtags, einer Landesregierung, des Verfassungsgerichtshofs, des Verwaltungsgerichtshofs oder des Obersten Gerichtshofs oder den Präsidenten des Rechnungshofs, den Leiter eines Landesrechnungshofs oder deren Stellvertreter mit Gewalt oder durch gefährliche Drohung nötigt oder hindert, seine Befugnisse überhaupt oder in einem bestimmten Sinn auszuüben, ist mit Freiheitsstrafe von sechs Monaten bis zu fünf Jahren und im Fall einer schweren Nötigung (§ 106) mit Freiheitsstrafe von einem bis zu zehn Jahren zu bestrafen. *(BGBl I 2007/109)*

SECHZEHNTER ABSCHNITT

Landesverrat

Verrat von Staatsgeheimnissen

§ 252. (1) Wer einer fremden Macht oder einer über- oder zwischenstaatlichen Einrichtung ein Staatsgeheimnis bekannt oder zugänglich macht, ist mit Freiheitsstrafe von einem bis zu zehn Jahren zu bestrafen.

(2) Wer der Öffentlichkeit ein Staatsgeheimnis bekannt oder zugänglich macht, ist mit Freiheitsstrafe von sechs Monaten bis zu fünf Jahren zu bestrafen. Betrifft das Staatsgeheimnis verfassungsgefährdende Tatsachen (Abs. 3), so ist der Täter jedoch nur zu bestrafen, wenn er in der Absicht handelt, der Republik Österreich einen Nachteil zuzufügen. Die irrtümliche Annahme verfassungsgefährdender Tatsachen befreit den Täter nicht von Strafe.

(3) Verfassungsgefährdende Tatsachen sind solche, die Bestrebungen offenbaren, in verfassungswidriger Weise den demokratischen, bundesstaatlichen oder rechtsstaatlichen Aufbau der Republik Österreich zu beseitigen, deren dauernde Neutralität aufzuheben oder ein verfassungsgesetzlich gewährleistetes Recht abzuschaffen oder einzuschränken oder wiederholt gegen ein solches Recht zu verstoßen.

Preisgabe von Staatsgeheimnissen

§ 253. (1) Wer zufolge einer ihn im besonderen treffenden rechtlichen Verpflichtung dazu verhalten ist, ein Geheimnis zu wahren, von dem er weiß, daß es ein Staatsgeheimnis ist, und diese Verpflichtung unter Umständen verletzt, unter denen das Geheimnis einer fremden Macht, einer über- oder zwischenstaatlichen Einrichtung oder der Öffentlichkeit bekannt oder zugänglich werden kann, ist mit Freiheitsstrafe bis zu drei Jahren zu bestrafen.

(2) Betrifft das Staatsgeheimnis verfassungsgefährdende Tatsachen (§ 252 Abs. 3), so ist der Täter jedoch nur zu bestrafen, wenn er in der Absicht handelt, der Republik Österreich einen Nachteil zuzufügen. Die irrtümliche Annahme verfassungsgefährdender Tatsachen befreit den Täter nicht von Strafe.

Ausspähung von Staatsgeheimnissen

§ 254. (1) Wer ein Staatsgeheimnis mit dem Vorsatz zurückhält oder sich verschafft, es einer fremden Macht, einer über- oder zwischenstaatlichen Einrichtung oder der Öffentlichkeit bekannt oder zugänglich zu machen und dadurch die Gefahr eines schweren Nachteils für die Landesverteidigung der Republik Österreich oder für die Beziehungen der Republik Österreich zu einer fremden Macht oder einer über- oder zwischenstaatlichen Einrichtung herbeizuführen, ist mit Freiheitsstrafe von sechs Monaten bis zu fünf Jahren zu bestrafen.

(2) § 253 Abs. 2 gilt entsprechend.

Begriff des Staatsgeheimnisses

§ 255. Staatsgeheimnisse im Sinn dieses Abschnitts sind Tatsachen, Gegenstände oder Erkenntnisse, insbesondere Schriften, Zeichnungen, Modelle und Formeln, und Nachrichten darüber, die nur einem begrenzten Personenkreis zugänglich sind und vor einer fremden Macht oder einer über- oder zwischenstaatlichen Einrichtung geheimgehalten werden müssen, um die Gefahr eines schweren Nachteils für die Landesverteidigung der Republik Österreich oder für die Beziehungen der Republik Österreich zu einer fremden Macht oder einer über- oder zwischenstaatlichen Einrichtung hintanzuhalten.

Geheimer Nachrichtendienst zum Nachteil Österreichs

§ 256. Wer zum Nachteil der Republik Österreich einen geheimen Nachrichtendienst einrichtet oder betreibt oder einen solchen Nachrichtendienst wie immer unterstützt, ist mit Freiheitsstrafe bis zu drei Jahren zu bestrafen.

Begünstigung feindlicher Streitkräfte

§ 257. (1) Ein Österreicher, der während eines Krieges oder eines bewaffneten Konfliktes, an denen die Republik Österreich beteiligt ist, in den Dienst der feindlichen Streitkräfte tritt oder gegen die Republik Österreich Waffen trägt, ist mit

Freiheitsstrafe von einem bis zu zehn Jahren zu bestrafen.

(2) Ebenso ist zu bestrafen, wer während eines Krieges oder eines bewaffneten Konfliktes, an denen die Republik Österreich beteiligt ist, oder bei unmittelbar drohender Gefahr eines solchen Krieges oder bewaffneten Konfliktes den feindlichen Streitkräften einen Vorteil verschafft oder dem österreichischen Bundesheer einen Nachteil zufügt. Ausländer sind nach dieser Bestimmung nur zu bestrafen, wenn sie die Tat begehen, während sie sich im Inland befinden.

Landesverräterische Fälschung und Vernichtung von Beweisen

§ 258. (1) Wer

1. über ein Rechtsverhältnis zwischen der Republik Österreich oder einem ihrer Bundesländer und einer fremden Macht oder einer über- oder zwischenstaatlichen Einrichtung oder

2. über eine Tatsache, die für die Beziehungen zwischen der Republik Österreich oder einem ihrer Bundesländer und einer fremden Macht oder einer über- oder zwischenstaatlichen Einrichtung von Bedeutung ist,

ein falsches Beweismittel herstellt oder ein echtes verfälscht, vernichtet, beschädigt oder beseitigt und dadurch die Interessen der Republik Österreich oder eines ihrer Bundesländer gefährdet, ist mit Freiheitsstrafe von sechs Monaten bis zu fünf Jahren zu bestrafen.

(2) Ebenso ist zu bestrafen, wer von einem solchen falschen oder verfälschten Beweismittel Gebrauch macht und dadurch die Interessen der Republik Österreich oder eines ihrer Bundesländer gefährdet.

SIEBZEHNTER ABSCHNITT

Strafbare Handlungen gegen das Bundesheer

Beteiligung an militärischen strafbaren Handlungen

§ 259. Wer, ohne Soldat zu sein, einen anderen bestimmt, eine ausschließlich im Militärstrafgesetz mit einer drei Jahre übersteigenden Freiheitsstrafe bedrohte Handlung oder eine der in den §§ 16, 19 und 21 des Militärstrafgesetzes mit Strafe bedrohten Handlungen auszuführen oder sonst zur Ausführung einer solchen Handlung beiträgt, ist mit Freiheitsstrafe bis zu zwei Jahren, wer die Tat aber mit Beziehung auf die im § 18 des Militärstrafgesetzes mit Strafe bedrohte Handlung begeht, mit Freiheitsstrafe von sechs Monaten bis zu fünf Jahren zu bestrafen.

Wehrmittelsabotage

§ 260. Wer ein Wehrmittel oder eine Einrichtung oder Anlage, die ausschließlich oder vorwiegend der Landesverteidigung oder dem Schutz der Zivilbevölkerung gegen Kriegsgefahren dient, oder einen dafür bestimmten Werkstoff entgegen einer übernommenen Verpflichtung nicht oder fehlerhaft herstellt oder liefert und dadurch wissentlich die Landesverteidigung, die Schlagkraft des Bundesheeres oder eines Teiles des Bundesheeres oder den Schutz der Zivilbevölkerung gefährdet, ist, wenn die Tat nicht nach einer anderen Bestimmung mit strengerer Strafe bedroht ist, mit Freiheitsstrafe von sechs Monaten bis zu fünf Jahren zu bestrafen.

ZWANZIGSTER ABSCHNITT

Strafbare Handlungen gegen den öffentlichen Frieden

Kriminelle Vereinigung

§ 278. (1) Wer eine kriminelle Vereinigung gründet oder sich an einer solchen als Mitglied beteiligt, ist mit Freiheitsstrafe bis zu drei Jahren zu bestrafen.

(2) Eine kriminelle Vereinigung ist ein auf längere Zeit angelegter Zusammenschluss von mehr als zwei Personen, der darauf ausgerichtet ist, dass von einem oder mehreren Mitgliedern der Vereinigung ein oder mehrere Verbrechen, andere erhebliche Gewalttaten gegen Leib und Leben, nicht nur geringfügige Sachbeschädigungen, Diebstähle oder Betrügereien, Vergehen nach den §§ 165, 177b, 233 bis 239, 241a bis 241c, 241e, 241f, 283, 304 oder 307, in § 278d Abs. 1 genannte andere Vergehen oder Vergehen nach den §§ 114 Abs. 1 oder 116 des Fremdenpolizeigesetzes ausgeführt werden. *(BGBl I 2010/38; BGBl I 2015/112; BGBl I 2017/117)*

(3) Als Mitglied beteiligt sich an einer kriminellen Vereinigung, wer im Rahmen ihrer kriminellen Ausrichtung eine strafbare Handlung begeht oder sich an ihren Aktivitäten durch die Bereitstellung von Informationen oder Vermögenswerten oder auf andere Weise in dem Wissen beteiligt, dass er dadurch die Vereinigung oder deren strafbare Handlungen fördert.

(4) Hat die Vereinigung zu keiner strafbaren Handlung der geplanten Art geführt, so ist kein Mitglied zu bestrafen, wenn sich die Vereinigung freiwillig auflöst oder sich sonst aus ihrem Verhalten ergibt, dass sie ihr Vorhaben freiwillig aufgegeben hat. Ferner ist wegen krimineller Vereinigung nicht zu bestrafen, wer freiwillig von der Vereinigung zurücktritt, bevor eine Tat der geplanten Art ausgeführt oder versucht worden ist; wer an der Vereinigung führend teilgenommen hat, jedoch nur dann, wenn er freiwillig

durch Mitteilung an die Behörde (§ 151 Abs. 3) oder auf andere Art bewirkt, dass die aus der Vereinigung entstandene Gefahr beseitigt wird.

(BGBl I 2004/15)

Kriminelle Organisation

§ 278a. Wer eine auf längere Zeit angelegte unternehmensähnliche Verbindung einer größeren Zahl von Personen gründet oder sich an einer solchen Verbindung als Mitglied beteiligt (§ 278 Abs. 3),

1. die, wenn auch nicht ausschließlich, auf die wiederkehrende und geplante Begehung schwerwiegender strafbarer Handlungen, die das Leben, die körperliche Unversehrtheit, die Freiheit oder das Vermögen bedrohen, oder schwerwiegender strafbarer Handlungen im Bereich der sexuellen Ausbeutung von Menschen, der Schlepperei oder des unerlaubten Verkehrs mit Kampfmitteln, Kernmaterial und radioaktiven Stoffen, gefährlichen Abfällen, Falschgeld oder Suchtmitteln ausgerichtet ist,

2. die dadurch eine Bereicherung in großem Umfang anstrebt und *(BGBl I 2013/134)*

3. die andere zu korrumpieren oder einzuschüchtern oder sich auf besondere Weise gegen Strafverfolgungsmaßnahmen abzuschirmen sucht,

ist mit Freiheitsstrafe von sechs Monaten bis zu fünf Jahren zu bestrafen. § 278 Abs. 4 gilt entsprechend.

(BGBl I 2002/134)

Terroristische Vereinigung

§ 278b. (1) Wer eine terroristische Vereinigung (Abs. 3) anführt, ist mit Freiheitsstrafe von fünf bis zu fünfzehn Jahren zu bestrafen. *(BGBl I 2018/70)*

(2) Wer sich als Mitglied (§ 278 Abs. 3) an einer terroristischen Vereinigung beteiligt, ist mit Freiheitsstrafe von einem bis zu zehn Jahren zu bestrafen.

(3) Eine terroristische Vereinigung ist ein auf längere Zeit angelegter Zusammenschluss von mehr als zwei Personen, der darauf ausgerichtet ist, dass von einem oder mehreren Mitgliedern dieser Vereinigung eine oder mehrere terroristische Straftaten (§ 278c) ausgeführt werden oder Terrorismusfinanzierung (§ 278d) betrieben wird. *(BGBl I 2010/38)*

(BGBl I 2002/134)

Terroristische Straftaten

§ 278c. (1) Terroristische Straftaten sind

1. Mord (§ 75),

2. Körperverletzungen nach den §§ 83 bis 87, *(BGBl I 2017/117)*

3. erpresserische Entführung (§ 102),

4. schwere Nötigung (§ 106),

5. gefährliche Drohung nach § 107 Abs. 2,

6. schwere Sachbeschädigung (§ 126), Datenbeschädigung (§ 126a) und Störung der Funktionsfähigkeit eines Computersystems (§ 126b), wenn dadurch eine Gefahr für das Leben eines anderen oder für fremdes Eigentum in großem Ausmaß entstehen kann oder viele Computersysteme (§§ 126a Abs. 3, 126b Abs. 3) oder wesentliche Bestandteile der kritischen Infrastruktur (§§ 126a Abs. 4 Z 2, 126b Abs. 4 Z 2) beeinträchtigt werden, *(BGBl I 2018/70)*

7. vorsätzliche Gemeingefährdungsdelikte (§§ 169, 171, 173, 175, 176, 177a, 177b, 178) oder vorsätzliche Beeinträchtigung der Umwelt (§ 180),

8. Luftpiraterie (§ 185),

9. vorsätzliche Gefährdung der Sicherheit der Luftfahrt (§ 186) , *(BGBl I 2011/103)*

9a. Aufforderung zu terroristischen Straftaten und Gutheißung terroristischer Straftaten (§ 282a) oder *(BGBl I 2011/103)*

10. eine nach § 50 des Waffengesetzes 1996 oder § 7 des Kriegsmaterialgesetzes strafbare Handlung,

wenn die Tat geeignet ist, eine schwere oder längere Zeit anhaltende Störung des öffentlichen Lebens oder eine schwere Schädigung des Wirtschaftslebens herbeizuführen, und mit dem Vorsatz begangen wird, die Bevölkerung auf schwerwiegende Weise einzuschüchtern, öffentliche Stellen oder eine internationale Organisation zu einer Handlung, Duldung oder Unterlassung zu nötigen oder die politischen, verfassungsrechtlichen, wirtschaftlichen oder sozialen Grundstrukturen eines Staates oder einer internationalen Organisation ernsthaft zu erschüttern oder zu zerstören.

(2) Wer eine terroristische Straftat im Sinn des Abs. 1 begeht, ist nach dem auf die dort genannte Tat anwendbaren Gesetz zu bestrafen, wobei das Höchstmaß der jeweils angedrohten Strafe um die Hälfte, höchstens jedoch auf zwanzig Jahre, hinaufgesetzt wird.

(3) Die Tat gilt nicht als terroristische Straftat, wenn sie auf die Herstellung oder Wiederherstellung demokratischer und rechtsstaatlicher Verhältnisse oder die Ausübung oder Wahrung von Menschenrechten ausgerichtet ist.

(BGBl I 2002/134)

Terrorismusfinanzierung

§ 278d. (1) Wer Vermögenswerte mit dem Vorsatz bereitstellt oder sammelt, dass sie, wenn auch nur zum Teil, zur Ausführung

1. einer Luftpiraterie (§ 185) oder einer vorsätzlichen Gefährdung der Sicherheit der Luftfahrt (§ 186),

2. einer erpresserischen Entführung (§ 102) oder einer Drohung damit,

3. eines Angriffs auf Leib, Leben oder Freiheit einer völkerrechtlich geschützten Person oder eines gewaltsamen Angriffs auf eine Wohnung, einen Dienstraum oder ein Beförderungsmittel einer solchen Person, der geeignet ist, Leib, Leben oder Freiheit dieser Person zu gefährden, oder einer Drohung damit,

4. einer vorsätzlichen Gefährdung durch Kernenergie oder ionisierende Strahlen (§ 171), einer Drohung damit, eines unerlaubten Umgangs mit Kernmaterial oder radioaktiven Stoffen (§ 177b), einer sonstigen strafbaren Handlung zur Erlangung von Kernmaterial oder radioaktiven Stoffen oder einer Drohung mit der Begehung eines Diebstahls oder Raubes von Kernmaterial oder radioaktiven Stoffen, um einen anderen zu einer Handlung, Duldung oder Unterlassung zu nötigen,

5. eines erheblichen Angriffs auf Leib oder Leben eines anderen auf einem Flughafen, der der internationalen Zivilluftfahrt dient, einer Zerstörung oder erheblichen Beschädigung eines solchen Flughafens oder eines darauf befindlichen Luftfahrzeugs oder einer Unterbrechung der Dienste des Flughafens, sofern die Tat unter Verwendung einer Waffe oder sonstigen Vorrichtung begangen wird und geeignet ist, die Sicherheit auf dem Flughafen zu gefährden,

6. einer strafbaren Handlung, die auf eine in den §§ 185 oder 186 geschilderte Weise gegen ein Schiff oder eine feste Plattform, gegen eine Person, die sich an Bord eines Schiffes oder auf einer festen Plattform befindet, gegen die Ladung eines Schiffes oder eine Schifffahrtseinrichtung begangen wird,

7. der Beförderung eines Sprengsatzes oder einer anderen tödlichen Vorrichtung an einen öffentlichen Ort, zu einer staatlichen oder öffentlichen Einrichtung, einem öffentlichen Verkehrssystem oder einer Versorgungseinrichtung oder des Einsatzes solcher Mittel mit dem Ziel, den Tod oder eine schwere Körperverletzung eines anderen oder eine weitgehende Zerstörung des Ortes, der Einrichtung oder des Systems zu verursachen, sofern die Zerstörung geeignet ist, einen erheblichen wirtschaftlichen Schaden herbeizuführen,

8. einer strafbaren Handlung, die den Tod oder eine schwere Körperverletzung einer Zivilperson oder einer anderen Person, die in einem bewaffneten Konflikt nicht aktiv an den Feindseligkeiten teilnimmt, herbeiführen soll, wenn diese Handlung auf Grund ihres Wesens oder der Umstände darauf abzielt, eine Bevölkerungsgruppe einzuschüchtern oder eine Regierung oder eine internationale Organisation zu einem Tun oder Unterlassen zu nötigen,

9. einer sonstigen strafbaren Handlung nach § 278c Abs. 1, einer strafbaren Handlung nach den §§ 278e, 278f oder 278g oder der Anwerbung eines anderen zur Begehung einer terroristischen Straftat nach § 278c Abs. 1 Z 1 bis 9 oder 10, *(BGBl I 2018/70)*

verwendet werden, ist mit Freiheitsstrafe von einem bis zu zehn Jahren zu bestrafen. *(BGBl I 2013/134)*

(1a) Ebenso ist zu bestrafen, wer Vermögenswerte für

1. eine andere Person, von der er weiß, dass sie Handlungen nach Abs. 1 begeht, oder

2. ein Mitglied einer terroristischen Vereinigung, von der er weiß, dass sie darauf ausgerichtet ist, Handlungen nach Abs. 1 zu begehen,

bereitstellt oder sammelt. *(BGBl I 2013/134)*

(2) Der Täter ist nach Abs. 1 oder Abs. 1a nicht zu bestrafen, wenn die Tat nach einer anderen Bestimmung mit strengerer Strafe bedroht ist. *(BGBl I 2013/134)*

(BGBl I 2002/134)

Ausbildung für terroristische Zwecke

§ 278e. (1) Wer eine andere Person in der Herstellung oder im Gebrauch von Sprengstoff, Schuss- oder sonstigen Waffen oder schädlichen oder gefährlichen Stoffen oder in einer anderen ebenso schädlichen oder gefährlichen spezifisch zur Begehung einer terroristischen Straftat nach § 278c Abs. 1 Z 1 bis 9 oder 10 geeigneten Methode oder einem solchen Verfahren zum Zweck der Begehung einer solchen terroristischen Straftat unterweist, ist mit Freiheitsstrafe von einem bis zu zehn Jahren zu bestrafen, wenn er weiß, dass die vermittelten Fähigkeiten für diesen Zweck eingesetzt werden sollen.

(2) Wer sich in der Herstellung oder im Gebrauch von Sprengstoff, Schuss- oder sonstigen Waffen oder schädlichen oder gefährlichen Stoffen oder in einer anderen ebenso schädlichen oder gefährlichen spezifisch zur Begehung einer terroristischen Straftat nach § 278c Abs. 1 Z 1 bis 9 oder 10 geeigneten Methode oder einem solchen Verfahren unterweisen lässt, um eine solche terroristische Straftat unter Einsatz der erworbenen Fähigkeiten zu begehen, ist mit Freiheitsstrafe von sechs Monaten bis zu fünf Jahren zu bestrafen. Die Strafe darf jedoch nach Art und Maß

nicht strenger sein, als sie das Gesetz für die beabsichtigte Tat androht.

(BGBl I 2010/108)

Anleitung zur Begehung einer terroristischen Straftat

§ 278f. (1) Wer ein Medienwerk, das nach seinem Inhalt dazu bestimmt ist, zur Begehung einer terroristischen Straftat (§ 278c Abs. 1 Z 1 bis 9 oder 10) mit den im § 278e genannten Mitteln anzuleiten, oder solche Informationen im Internet in einer Art anbietet oder einer anderen Person zugänglich macht, um zur Begehung einer terroristischen Straftat aufzureizen, ist mit Freiheitsstrafe bis zu zwei Jahren zu bestrafen.

(2) Ebenso ist zu bestrafen, wer sich ein Medienwerk im Sinne des Abs. 1 oder solche Informationen aus dem Internet verschafft, um eine terroristische Straftat (§ 278c Abs. 1 Z 1 bis 9 oder 10) zu begehen.

(BGBl I 2011/103)

Bewaffnete Verbindungen

§ 279. (1) Wer unbefugt eine bewaffnete oder zur Bewaffnung bestimmte Verbindung aufstellt oder eine bestehende Verbindung bewaffnet, sich in dieser Verbindung führend betätigt, für sie Mitglieder wirbt, aushebt oder militärisch oder sonst zum Kampf ausbildet oder die Verbindung mit Kampfmitteln, Verkehrsmitteln oder Einrichtungen zur Nachrichtenübermittlung ausrüstet oder mit Geldmitteln oder sonst in erheblicher Weise unterstützt, ist mit Freiheitsstrafe bis zu drei Jahren zu bestrafen.

(2) Nach Abs. 1 ist nicht zu bestrafen, wer freiwillig, bevor die Behörde (§ 151 Abs. 3) von seinem Verschulden erfahren hat, alles, was ihm von der Verbindung und ihren Plänen bekannt ist, zu einer Zeit, da es noch geheim ist, einer solchen Behörde aufdeckt.

Ansammeln von Kampfmitteln

§ 280. (1) Wer Waffen, Munition oder andere Kampfmittel an sich bringt, besitzt oder einem anderen verschafft, um eine größere Zahl von Menschen zum Kampf auszurüsten, ist mit Freiheitsstrafe bis zu drei Jahren zu bestrafen.

(2) Nach Abs. 1 ist nicht zu bestrafen, wer freiwillig, bevor die Behörde (§ 151 Abs. 3) von seinem Verschulden erfahren hat, die Kampfmittel auf Dauer unbrauchbar macht, einer solchen Behörde übergibt oder es ihr ermöglicht, der Kampfmittel habhaft zu werden.

(BGBl I 1997/12)

Aufforderung zum Ungehorsam gegen Gesetze

§ 281. *(aufgehoben, BGBl I 2015/112)*

Aufforderung zu mit Strafe bedrohten Handlungen und Gutheißung mit Strafe bedrohter Handlungen

§ 282. (1) Wer in einem Druckwerk, im Rundfunk oder sonst auf eine Weise, daß es einer breiten Öffentlichkeit zugänglich wird, zu einer mit Strafe bedrohten Handlung auffordert, ist, wenn er nicht als an dieser Handlung Beteiligter (§ 12) mit strengerer Strafe bedroht ist, mit Freiheitsstrafe bis zu zwei Jahren zu bestrafen.

(2) Ebenso ist zu bestrafen, wer auf die im Abs. 1 bezeichnete Weise eine vorsätzlich begangene, mit einer ein Jahr übersteigenden Freiheitsstrafe bedrohte Handlung in einer Art gutheißt, die geeignet ist, das allgemeine Rechtsempfinden zu empören oder zur Begehung einer solchen Handlung aufzureizen.

Aufforderung zu terroristischen Straftaten und Gutheißung terroristischer Straftaten

§ 282a. (1) Wer in einem Druckwerk, im Rundfunk oder in einem anderen Medium oder sonst öffentlich auf eine Weise, dass es vielen Menschen zugänglich wird, zur Begehung einer terroristischen Straftat (§ 278c Abs. 1 Z 1 bis 9 oder 10) auffordert, ist, wenn er nicht als an dieser Handlung Beteiligter (§ 12) mit strengerer Strafe bedroht ist, mit Freiheitsstrafe bis zu zwei Jahren zu bestrafen.

(2) Ebenso ist zu bestrafen, wer auf die im Abs. 1 bezeichnete Weise eine terroristische Straftat (§ 278c Abs. 1 Z 1 bis 9 oder 10) in einer Art gutheißt, die geeignet ist, die Gefahr der Begehung einer oder mehrerer solcher Straftaten herbeizuführen.

(BGBl I 2011/103)

Verhetzung

§ 283. (1) Wer öffentlich auf eine Weise, dass es vielen Menschen zugänglich wird,

1. zu Gewalt gegen eine Kirche oder Religionsgesellschaft oder eine andere nach den vorhandenen oder fehlenden Kriterien der Rasse, der Hautfarbe, der Sprache, der Religion oder Weltanschauung, der Staatsangehörigkeit, der Abstammung oder nationalen oder ethnischen Herkunft, des Geschlechts, einer körperlichen oder geistigen Behinderung, des Alters oder der sexuellen Ausrichtung definierte Gruppe von Personen oder gegen ein Mitglied einer solchen Gruppe ausdrücklich wegen der Zugehörigkeit zu dieser Gruppe auffordert oder zu Hass gegen sie aufstachelt, *(BGBl I 2015/154)*

2. in der Absicht, die Menschenwürde anderer zu verletzen, eine der in Z 1 bezeichneten Gruppen in einer Weise beschimpft, die geeignet ist, diese Gruppe in der öffentlichen Meinung verächtlich zu machen oder herabzusetzen, oder

3. Verbrechen im Sinne der §§ 321 bis 321f sowie § 321k, die von einem inländischen oder einem internationalen Gericht rechtskräftig festgestellt wurden, billigt, leugnet, gröblich verharmlost oder rechtfertigt, wobei die Handlung gegen eine der in Z 1 bezeichneten Gruppen oder gegen ein Mitglied einer solchen Gruppe ausdrücklich wegen der Zugehörigkeit zu dieser Gruppe gerichtet ist und in einer Weise begangen wird, die geeignet ist, zu Gewalt oder Hass gegen solch eine Gruppe oder gegen ein Mitglied einer solchen Gruppe aufzustacheln, *(BGBl I 2015/154)*

ist mit Freiheitsstrafe bis zu zwei Jahren zu bestrafen.

(2) Wer die Tat nach Abs. 1 in einem Druckwerk, im Rundfunk oder sonst auf eine Weise begeht, wodurch die in Abs. 1 bezeichneten Handlungen einer breiten Öffentlichkeit zugänglich werden, ist mit Freiheitsstrafe bis zu drei Jahren zu bestrafen.

(3) Wer durch eine Tat nach Abs. 1 oder 2 bewirkt, dass andere Personen gegen eine in Abs. 1 Z 1 bezeichnete Gruppe oder gegen ein Mitglied einer solchen Gruppe wegen dessen Zugehörigkeit zu dieser Gruppe Gewalt ausüben, ist mit Freiheitsstrafe von sechs Monaten bis zu fünf Jahren zu bestrafen.

(4) Wer, wenn er nicht als an einer Handlung nach den Abs. 1 bis 3 Beteiligter (§ 12) mit strengerer Strafe bedroht ist, schriftliches Material, Bilder oder andere Darstellungen von Ideen oder Theorien, die Hass oder Gewalt gegen eine in Abs. 1 Z 1 bezeichnete Gruppe oder gegen ein Mitglied einer solchen Gruppe wegen dessen Zugehörigkeit zu dieser Gruppe befürworten, fördern oder dazu aufstacheln, in einem Druckwerk, im Rundfunk oder sonst auf eine Weise, wodurch diese einer breiten Öffentlichkeit zugänglich werden, in gutheißender oder rechtfertigender Weise verbreitet oder anderweitig öffentlich verfügbar macht, ist mit Freiheitsstrafe bis zu einem Jahr oder mit Geldstrafe bis zu 720 Tagessätzen zu bestrafen.

(BGBl I 2015/112)

ZWEIUNDZWANZIGSTER ABSCHNITT

Strafbare Verletzungen der Amtspflicht, Korruption und verwandte strafbare Handlungen

Quälen oder Vernachlässigen eines Gefangenen

§ 312. (1) Ein Beamter, der einem Gefangenen oder einem sonst auf behördliche Anordnung Verwahrten, der seiner Gewalt unterworfen ist oder zu dem er dienstlich Zugang hat, körperliche oder seelische Qualen zufügt, ist mit Freiheitsstrafe bis zu zwei Jahren zu bestrafen.

(2) Ebenso ist ein Beamter zu bestrafen, der seine Verpflichtung zur Fürsorge oder Obhut einem solchen Menschen gegenüber gröblich vernachlässigt und dadurch, wenn auch nur fahrlässig, dessen Gesundheit oder dessen körperliche oder geistige Entwicklung beträchtlich schädigt.

(3) Hat die Tat eine schwere Körperverletzung (§ 84 Abs. 1) zur Folge, so ist der Täter mit Freiheitsstrafe bis zu drei Jahren, hat sie eine Körperverletzung mit schweren Dauerfolgen (§ 85) zur Folge, mit Freiheitsstrafe bis zu fünf Jahren, hat sie den Tod des Geschädigten zur Folge, mit Freiheitsstrafe von einem bis zu zehn Jahren zu bestrafen.

Folter

§ 312a. (1) Wer als Amtsträger nach § 74 Abs. 1 Z 4a lit. b oder c, auf Veranlassung eines solchen Amtsträgers oder mit ausdrücklichem oder stillschweigendem Einverständnis eines solchen Amtsträgers einer anderen Person, insbesondere um von ihr oder einem Dritten eine Aussage oder ein Geständnis zu erlangen, um sie für eine tatsächlich oder mutmaßlich von ihr oder einem Dritten begangene Tat zu bestrafen, um sie oder einen Dritten einzuschüchtern oder zu nötigen, oder aus einem auf Diskriminierung beruhenden Grund große körperliche oder seelische Schmerzen oder Leiden zufügt, ist mit Freiheitsstrafe von einem bis zu zehn Jahren zu bestrafen.

(2) Hat die Tat eine Körperverletzung mit schweren Dauerfolgen (§ 85) zur Folge, so ist der Täter mit Freiheitsstrafe von fünf bis zu fünfzehn Jahren, hat die Tat den Tod des Geschädigten zur Folge, mit Freiheitsstrafe von zehn bis zu zwanzig Jahren oder mit lebenslanger Freiheitsstrafe zu bestrafen.

(3) Amtsträger im Sinne dieser Bestimmung ist auch, wer im Falle der Abwesenheit oder des Ausfalls der staatlichen Stellen faktisch als Amtsträger handelt.

(BGBl I 2012/120)

Verschwindenlassen einer Person

§ 312b. Wer eine Person im Auftrag oder mit Billigung eines Staates oder einer politischen Organisation entführt oder ihr sonst die persönliche Freiheit entzieht und das Schicksal oder den Verbleib der verschwundenen Person verschleiert, ist mit Freiheitsstrafe von einem bis zu zehn Jahren zu bestrafen.

(BGBl I 2014/106)

Strafbare Handlungen unter Ausnützung einer Amtsstellung

§ 313. Wird eine auch sonst mit Strafe bedrohte vorsätzliche Handlung von einem Beamten unter Ausnützung der ihm durch seine Amtstätigkeit gebotenen Gelegenheit begangen, so kann bei ihm das Höchstmaß der angedrohten Freiheitsstrafe oder Geldstrafe um die Hälfte überschritten werden. Doch darf die zeitliche Freiheitsstrafe die Dauer von zwanzig Jahren nicht überschreiten.

DREIUNDZWANZIGSTER ABSCHNITT
Amtsanmaßung und Erschleichung eines Amtes

Amtsanmaßung

§ 314. Wer sich die Ausübung eines öffentlichen Amtes anmaßt oder, ohne dazu befugt zu sein, eine Handlung vornimmt, die nur kraft eines öffentlichen Amtes vorgenommen werden darf, ist mit Freiheitsstrafe bis zu sechs Monaten oder mit Geldstrafe bis zu 360 Tagessätzen zu bestrafen.

Erschleichung eines Amtes

§ 315. Wer wissentlich eine zur Übertragung eines öffentlichen Amtes berufene Stelle über eine Tatsache täuscht, die nach einem Gesetz oder einer Rechtsverordnung die Übertragung eines bestimmten öffentlichen Amtes ausschließen würde, und dadurch bewirkt, daß ihm dieses Amt übertragen wird, ist mit Freiheitsstrafe bis zu einem Jahr oder mit Geldstrafe bis zu 720 Tagessätzen zu bestrafen. *(BGBl I 2015/112)*

VIERUNDZWANZIGSTER ABSCHNITT
Störung der Beziehungen zum Ausland

Hochverräterische Angriffe gegen einen fremden Staat

§ 316. (1) Wer es im Inland unternimmt (§ 242 Abs. 2), mit Gewalt oder durch Drohung mit Gewalt die Verfassung eines fremden Staates zu ändern oder ein zu einem fremden Staat gehörendes Gebiet abzutrennen, ist mit Freiheitsstrafe von sechs Monaten bis zu fünf Jahren zu bestrafen.

(2) § 243 gilt entsprechend.

Herabwürdigung fremder Symbole

§ 317. Wer auf eine Art, daß die Tat einer breiten Öffentlichkeit bekannt wird, in gehässiger Weise eine Fahne oder ein Hoheitszeichen eines fremden Staates oder einer zwischenstaatlichen Einrichtung, die von einer inländischen Behörde oder von einer Vertretung des fremden Staates oder der zwischenstaatlichen Einrichtung nach den allgemeinen Regeln des Völkerrechts oder nach zwischenstaatlichen Vereinbarungen angebracht worden ist, oder die bei einem öffentlichen Anlaß vorgetragene Hymne eines fremden Staates beschimpft, verächtlich macht oder sonst herabwürdigt, ist mit Freiheitsstrafe bis zu sechs Monaten oder mit Geldstrafe bis zu 360 Tagessätzen zu bestrafen.

Voraussetzungen der Bestrafung

§ 318. (1) Der Täter ist in den Fällen der §§ 316 und 317 nur mit Ermächtigung der Bundesregierung zu verfolgen. *(BGBl I 2007/93)*

(2) Die Bestimmungen der §§ 316 und 317 sind nur anzuwenden, wenn die Republik Österreich zu dem verletzten Staat diplomatische Beziehungen unterhält und die Gegenseitigkeit nach Mitteilung des Bundesministeriums für Auswärtige Angelegenheiten verbürgt ist.

(3) Wegen der im § 317 mit Strafe bedrohten Handlungen gegen eine zwischenstaatliche Einrichtung ist der Täter nur zu bestrafen, wenn die Republik Österreich dieser Einrichtung angehört.

Militärischer Nachrichtendienst für einen fremden Staat

§ 319. Wer im Inland für eine fremde Macht oder eine über- oder zwischenstaatliche Einrichtung einen militärischen Nachrichtendienst einrichtet oder betreibt oder einen solchen Nachrichtendienst wie immer unterstützt, ist mit Freiheitsstrafe bis zu zwei Jahren zu bestrafen.

Verbotene Unterstützung von Parteien bewaffneter Konflikte

§ 320. (1) Wer wissentlich im Inland während eines Krieges oder eines bewaffneten Konfliktes, an denen die Republik Österreich nicht beteiligt ist, oder bei unmittelbar drohender Gefahr eines solchen Krieges oder Konfliktes für eine der Parteien

1. eine militärische Formation oder ein Wasser-, ein Land- oder ein Luftfahrzeug einer der Parteien zur Teilnahme an den kriegerischen Unternehmungen ausrüstet oder bewaffnet,

2. ein Freiwilligenkorps bildet oder unterhält oder eine Werbestelle hiefür oder für den Wehrdienst einer der Parteien errichtet oder betreibt,

3. Kampfmittel entgegen den bestehenden Vorschriften aus dem Inland ausführt oder durch das Inland durchführt,

4. für militärische Zwecke einen Finanzkredit gewährt oder eine öffentliche Sammlung veranstaltet oder

5. unbefugt eine militärische Nachricht übermittelt oder zu diesem Zweck eine Fernmeldeanlage errichtet oder gebraucht,

ist mit Freiheitsstrafe von sechs Monaten bis zu fünf Jahren zu bestrafen.

(2) Abs. 1 ist in den Fällen nicht anzuwenden, in denen

1. ein Beschluss des Sicherheitsrates der Vereinten Nationen,

2. ein Beschluss auf Grund des Titels V des Vertrages über die Europäische Union,

3. ein Beschluss im Rahmen der Organisation für Sicherheit und Zusammenarbeit in Europa (OSZE) oder

4. eine sonstige Friedensoperation entsprechend den Grundsätzen der Satzung der Vereinten Nationen, wie etwa Maßnahmen zur Abwendung einer humanitären Katastrophe oder zur Unterbindung schwerer und systematischer Menschenrechtsverletzungen, im Rahmen einer internationalen Organisation

durchgeführt wird.

(BGBl I 2002/134)

FÜNFUNDZWANZIGSTER ABSCHNITT

Völkermord, Verbrechen gegen die Menschlichkeit, Kriegsverbrechen

Völkermord

§ 321. (1) Wer in der Absicht, eine durch ihre Zugehörigkeit zu einer Kirche oder Religionsgesellschaft, zu einer Rasse, einem Volk, einem Volksstamm oder einem Staat bestimmte Gruppe als solche ganz oder teilweise zu vernichten, Mitglieder der Gruppe tötet, ihnen schwere körperliche (§ 84 Abs. 1) oder seelische Schäden zufügt, die Gruppe Lebensbedingungen unterwirft, die geeignet sind, den Tod aller Mitglieder oder eines Teiles der Gruppe herbeizuführen, Maßnahmen verhängt, die auf die Geburtenverhinderung innerhalb der Gruppe gerichtet sind, oder Kinder der Gruppe mit Gewalt oder durch Drohung mit Gewalt in eine andere Gruppe überführt, ist mit lebenslanger Freiheitsstrafe zu bestrafen.

(2) Wer mit einem anderen die gemeinsame Ausführung einer der im Abs. 1 bezeichneten strafbaren Handlungen verabredet, ist mit Freiheitsstrafe von einem bis zu zehn Jahren zu bestrafen.

Verbrechen gegen die Menschlichkeit

§ 321a. (1) Wer im Rahmen eines ausgedehnten oder systematischen Angriffs gegen eine Zivilbevölkerung

1. eine Person tötet (§ 75) oder

2. in der Absicht, eine Bevölkerung ganz oder teilweise zu vernichten, diese oder Teile hiervon unter Lebensbedingungen stellt, die geeignet sind, deren Vernichtung ganz oder teilweise herbeizuführen,

ist mit lebenslanger Freiheitsstrafe zu bestrafen.

(2) Wer im Rahmen eines in Abs. 1 bezeichneten Angriffs Sklaverei (§ 104) treibt, ist mit Freiheitsstrafe von zehn bis zu zwanzig Jahren oder mit lebenslanger Freiheitsstrafe, hat die Tat den Tod einer Person zur Folge, mit lebenslanger Freiheitsstrafe zu bestrafen.

(3) Wer im Rahmen eines in Abs. 1 bezeichneten Angriffs

1. Menschenhandel (§ 104a) ausübt,

2. die Bevölkerung unter Verstoß gegen das Völkerrecht aus dem Gebiet, in dem sie sich rechtmäßig aufhält, vertreibt oder zwangsweise in ein anderes Gebiet überführt,

3. einer Person, die sich in seinem Gewahrsam oder in sonstiger Weise unter seiner Kontrolle befindet, große körperliche oder seelische Schmerzen oder Leiden zufügt, sofern sich diese nicht lediglich aus einer rechtlich zulässigen Sanktion ergeben, dazu gehören oder damit verbunden sind,

4. eine Person vergewaltigt (§ 201) oder geschlechtlich nötigt (§ 202), sie zur Prostitution nötigt (§ 106 Abs. 3), der Fortpflanzungsfähigkeit beraubt (§ 85 Z 1) oder in der Absicht, die ethnische Zusammensetzung einer Bevölkerung zu beeinflussen oder andere schwere Verstöße gegen das Völkerrecht zu begehen, eine unter Anwendung von Zwang geschwängerte Frau gefangen hält oder

5. eine Person verschwinden lässt (§ 312b)

ist mit Freiheitsstrafe von fünf bis zu fünfzehn Jahren, hat die Tat den Tod einer Person zur Folge, mit Freiheitsstrafe von zehn bis zu zwanzig Jahren oder mit lebenslanger Freiheitsstrafe zu bestrafen.

(4) Wer im Rahmen eines in Abs. 1 bezeichneten Angriffs

1. einer Person eine schwere Körperverletzung (§ 84 Abs. 1) zufügt,

2. einer Person unter Verstoß gegen das Völkerrecht in schwerwiegender Weise die persönliche Freiheit entzieht oder

3. eine identifizierbare Gruppe oder Gemeinschaft verfolgt, indem er ihr aus politischen, rassischen, nationalen, ethnischen, kulturellen oder religiösen Gründen, aus Gründen des Geschlechts oder aus anderen nach dem Völkerrecht als unzulässig anerkannten Gründen grundlegende Menschenrechte entzieht oder diese wesentlich einschränkt,

ist mit Freiheitsstrafe von einem bis zu zehn Jahren, hat die Tat den Tod einer Person zur Folge oder wird sie in der Absicht begangen, ein institutionalisiertes Regime der systematischen Unterdrückung und Beherrschung einer rassischen Gruppe durch eine andere aufrechtzuerhalten, mit Freiheitsstrafe von fünf bis zu fünfzehn Jahren zu bestrafen.

(BGBl I 2014/106)

Kriegsverbrechen gegen Personen

§ 321b. (1) Wer im Zusammenhang mit einem bewaffneten Konflikt eine nach dem humanitären Völkerrecht zu schützende Person tötet (§ 75), ist mit lebenslanger Freiheitsstrafe zu bestrafen.

(2) Wer im Zusammenhang mit einem bewaffneten Konflikt eine nach dem humanitären Völkerrecht zu schützende Person als Geisel nimmt, ist mit Freiheitsstrafe von zehn bis zu zwanzig Jahren zu bestrafen, hat die Tat den Tod des Opfers zur Folge, mit Freiheitsstrafe von zehn bis zu zwanzig Jahren oder mit lebenslanger Freiheitsstrafe.

(3) Wer im Zusammenhang mit einem bewaffneten Konflikt

1. einer nach dem humanitären Völkerrecht zu schützenden Person, die sich in seinem Gewahrsam oder in sonstiger Weise unter seiner Kontrolle befindet, große körperliche oder seelische Schmerzen oder Leiden zufügt, sofern sich diese nicht lediglich aus einer rechtlich zulässigen Sanktion ergeben, dazu gehören oder damit verbunden sind, oder

2. eine nach dem humanitären Völkerrecht zu schützende Person vergewaltigt (§ 201) oder geschlechtlich nötigt (§ 202), sie zur Prostitution nötigt (§ 106 Abs. 3), der Fortpflanzungsfähigkeit beraubt (§ 85 Z 1) oder in der Absicht, die ethnische Zusammensetzung einer Bevölkerung zu beeinflussen, eine unter Anwendung von Zwang geschwängerte Frau gefangen hält,

ist mit Freiheitsstrafe von fünf bis zu fünfzehn Jahren, hat die Tat den Tod des Opfers zur Folge, mit Freiheitsstrafe von zehn bis zu zwanzig Jahren oder mit lebenslanger Freiheitsstrafe zu bestrafen.

(4) Wer im Zusammenhang mit einem bewaffneten Konflikt

1. einer nach dem humanitären Völkerrecht zu schützenden Person große körperliche oder seelische Qualen oder eine schwere Körperverletzung (§ 84 Abs. 1) zufügt,

2. Personen unter 15 Jahren für Streitkräfte zwangsverpflichtet oder in diese eingliedert oder Personen unter 18 Jahren für bewaffnete Gruppen zwangsverpflichtet oder in diese eingliedert oder Personen unter 18 Jahren zur aktiven Teilnahme an Feindseligkeiten verwendet,

3. die Gesamtheit oder einen Teil der Zivilbevölkerung vertreibt oder zwangsweise in ein anderes Gebiet überführt oder diese Vertreibung oder Überführung anordnet, sofern es sich nicht um eine vorübergehende Verlegung handelt, die im Hinblick auf die Sicherheit der betreffenden Zivilpersonen oder aus zwingenden militärischen Gründen geboten ist,

4. gegen eine nach dem humanitären Völkerrecht zu schützende Person eine erhebliche Strafe verhängt oder vollstreckt, ohne dass diese Person in einem unparteiischen ordentlichen Gerichtsverfahren, das die völkerrechtlich erforderlichen Rechtsgarantien bietet, abgeurteilt worden ist,

5. eine nach dem humanitären Völkerrecht zu schützende Person, die sich in der Gewalt einer anderen Konfliktpartei befindet, in die Gefahr des Todes oder einer schweren Gesundheitsschädigung bringt, indem er selbst mit deren Einwilligung

a) an einer solchen Person Versuche vornimmt, die weder medizinisch notwendig sind noch in ihrem Interesse durchgeführt werden,

b) einer solchen Person Gewebe oder Organe für Übertragungszwecke entnimmt, sofern es sich nicht um die Entnahme von Blut oder Haut zu therapeutischen Zwecken im Einklang mit den allgemein anerkannten medizinischen Grundsätzen handelt, in welche die Person zuvor freiwillig und ausdrücklich eingewilligt hat, oder

c) eine solche Person auf sonstige Weise einem medizinischen Verfahren unterzieht, das nicht durch ihren Gesundheitszustand geboten ist und das nicht mit den allgemein anerkannten medizinischen Grundsätzen im Einklang steht, oder

6. eine nach dem humanitären Völkerrecht zu schützende Person in schwerwiegender Weise entwürdigend oder erniedrigend behandelt,

ist mit Freiheitsstrafe von einem bis zu zehn Jahren, hat die Tat den Tod des Opfers zur Folge, mit Freiheitsstrafe von fünf bis zu fünfzehn Jahren zu bestrafen.

(5) Wer im Zusammenhang mit einem internationalen bewaffneten Konflikt

1. eine nach dem humanitären Völkerrecht zu schützende Person widerrechtlich verschleppt oder gefangenhält (§ 99) oder ihre Heimschaffung ungerechtfertigt verzögert,

2. als Angehöriger einer Besatzungsmacht einen Teil der eigenen Zivilbevölkerung in das besetzte Gebiet überführt oder die Gesamtheit oder einen Teil der Bevölkerung des besetzten Gebiets innerhalb desselben oder aus diesem Gebiet vertreibt oder überführt,

3. eine nach dem humanitären Völkerrecht zu schützende Person zum Dienst in den Streitkräften einer feindlichen Macht nötigt (§ 105) oder

4. einen Angehörigen der gegnerischen Partei nötigt (§ 105), an Kriegshandlungen gegen sein eigenes Land teilzunehmen,

ist mit Freiheitsstrafe von einem bis zu zehn Jahren zu bestrafen.

(6) Nach dem humanitären Völkerrecht zu schützende Personen sind geschützte Personen im Sinne der Genfer Abkommen zum Schutze der Opfer des Krieges, BGBl. Nr. 155/1953, und deren Zusatzprotokolle I und II (Zusatzprotokoll zu den Genfer Abkommen über den Schutz der Opfer internationaler bewaffneter Konflikte (Protokoll I) samt Anhängen und Zusatzprotokoll zu den Genfer Abkommen über den Schutz der Opfer nicht internationaler bewaffneter Konflikte (Protokoll II) samt Erklärung und Vorbehalten, BGBl. Nr. 527/1982) insbesondere Verwundete, Kranke, Schiffbrüchige, Angehörige der Streitkräfte und Kämpfer der gegnerischen Partei, die sich bedingungslos ergeben haben oder sonst außer Gefecht sind, Kriegsgefangene und Zivilpersonen, sofern und solange letztere nicht unmittelbar an Feindseligkeiten teilnehmen.

(BGBl I 2014/106)

Kriegsverbrechen gegen Eigentum und sonstige Rechte

§ 321c. Wer im Zusammenhang mit einem bewaffneten Konflikt

1. plündert oder, ohne dass dies durch die Erfordernisse des bewaffneten Konflikts geboten ist, sonst in erheblichem Umfang völkerrechtswidrig Sachen der gegnerischen Partei oder von deren Angehörigen zerstört, sich aneignet oder beschlagnahmt,

2. Kulturgut im Sinne der Konvention zum Schutz von Kulturgut bei bewaffneten Konflikten, BGBl. Nr. 58/1964, in großem Ausmaß zerstört oder sich aneignet, oder

3. völkerrechtswidrig anordnet, dass Rechte und Forderungen aller oder eines Teils der Angehörigen der gegnerischen Partei aufgehoben oder ausgesetzt werden oder vor Gericht nicht einklagbar sind,

ist mit Freiheitsstrafe von einem bis zu zehn Jahren zu bestrafen.

(BGBl I 2014/106)

Kriegsverbrechen gegen internationale Missionen und Missbrauch von Schutz- und Nationalitätszeichen

§ 321d. (1) Wer im Zusammenhang mit einem bewaffneten Konflikt

1. einen Angriff gegen Personen, Einrichtungen, Material, Einheiten oder Fahrzeuge richtet, die an einer humanitären Hilfsmission oder an einer friedenssichernden Mission in Übereinstimmung mit der Satzung der Vereinten Nationen beteiligt sind, solange sie Anspruch auf den Schutz haben, der Zivilpersonen oder zivilen Objekten nach dem humanitären Völkerrecht gewährt wird, oder

2. einen Angriff gegen Personen, Gebäude, Material, Sanitätseinheiten oder Sanitätstransportmittel richtet, die in Übereinstimmung mit dem humanitären Völkerrecht mit den Schutzzeichen der Genfer Abkommen zum Schutze der Opfer des Krieges oder deren Zusatzprotokolle I und II (Zusatzprotokoll zu den Genfer Abkommen über den Schutz der Opfer internationaler bewaffneter Konflikte - Protokoll I samt Anhängen und Zusatzprotokoll zu den Genfer Abkommen über den Schutz der Opfer nicht internationaler bewaffneter Konflikte - Protokoll II samt Erklärung und Vorbehalten) sowie des Zusatzprotokolls zu den Genfer Abkommen vom 12. August 1949 über die Annahme eines zusätzlichen Schutzzeichens (Protokoll III), BGBl. III Nr. 137/2009, gekennzeichnet sind,

ist mit Freiheitsstrafe von einem bis zu zehn Jahren zu bestrafen.

(2) Wer im Zusammenhang mit einem bewaffneten Konflikt die durch die Genfer Abkommen zum Schutze der Opfer des Krieges oder deren Protokoll III anerkannten Schutzzeichen, die Parlamentärflagge oder die Flagge, die militärischen Abzeichen oder die Uniform des Feindes, neutraler oder anderer nicht am Konflikt beteiligter Staaten, oder der Vereinten Nationen missbraucht und dadurch die schwere Verletzung einer Person (§ 84 Abs. 1) verursacht, ist mit Freiheitsstrafe von fünf bis zu fünfzehn Jahren, hat die Tat den Tod einer Person zu Folge, mit Freiheitsstrafe von zehn bis zu zwanzig Jahren zu bestrafen.

(BGBl I 2014/106)

Kriegsverbrechen des Einsatzes verbotener Methoden der Kriegsführung

§ 321e. (1) Wer im Zusammenhang mit einem bewaffneten Konflikt

1. einen Angriff gegen die Zivilbevölkerung als solche oder gegen einzelne Zivilpersonen richtet, die an den Feindseligkeiten nicht unmittelbar teilnehmen,

2. einen Angriff gegen zivile Objekte, einschließlich Kulturgut, richtet, solange sie durch das humanitäre Völkerrecht als solche geschützt sind,

3. einen Angriff auf unverteidigte Orte oder entmilitarisierte Zonen durchführt,

4. Kulturgut unter verstärktem Schutz oder dessen unmittelbare Umgebung zur Unterstützung militärischer Handlungen verwendet,

5. einen Angriff durchführt, wobei er weiß (§ 5 Abs. 3), dass der Angriff die Tötung oder Verletzung von Zivilpersonen oder die Beschädigung ziviler Objekte in einem Ausmaß verursachen wird, das in keinem Verhältnis zu dem insgesamt

erwarteten konkreten und unmittelbaren militärischen Vorteil steht,

6. einen Angriff gegen Staudämme, Deiche und Kernkraftwerke richtet, sofern sie nicht zivile Objekte im Sinne der Z 2 sind, in Kenntnis davon, dass der Angriff die Tötung oder Verletzung von Zivilpersonen oder die Beschädigung ziviler Objekte in einem Ausmaß verursachen wird, das in keinem Verhältnis zu dem insgesamt erwarteten konkreten und unmittelbaren militärischen Vorteil steht,

7. einen Angriff durchführt, in Kenntnis davon, dass der Angriff weitreichende, langfristige und schwere Schäden an der natürlichen Umwelt verursachen wird,

8. eine nach dem humanitären Völkerrecht zu schützende Person (§ 21b Abs. 6) als Schutzschild benutzt, um den Gegner von Kriegshandlungen gegen bestimmte Ziele abzuhalten,

9. das Aushungern von Zivilpersonen als Methode der Kriegsführung einsetzt, indem er ihnen die für sie lebensnotwendigen Gegenstände vorenthält oder Hilfslieferungen unter Verstoß gegen das humanitäre Völkerrecht behindert,

10. als Vorgesetzter (§ 321g Abs. 2) einem Untergebenen, der seiner tatsächlichen Befehls- oder Führungsgewalt und Kontrolle untersteht, anordnet oder erklärt, dass kein Pardon gegeben wird, oder

11. einen Angehörigen der gegnerischen Streitkräfte oder einen Kämpfer der gegnerischen Partei heimtückisch tötet oder verwundet,

ist in den Fällen der Z 1 bis 10 mit Freiheitsstrafe von einem bis zu zehn Jahren und im Fall der Z 11 mit Freiheitsstrafe von fünf bis zu fünfzehn Jahren zu bestrafen.

(2) Hat eine Tat nach Abs. 1 Z 1 bis 10 die schwere Verletzung (§ 84 Abs. 1) einer nach dem humanitären Völkerrecht zu schützenden Person (§ 321b Abs. 6) zur Folge, so ist der Täter mit Freiheitsstrafe von fünf bis zu fünfzehn Jahren, hat sie den Tod einer solchen Person zur Folge, mit Freiheitsstrafe von zehn bis zu zwanzig Jahren zu bestrafen.

(BGBl I 2014/106)

Kriegsverbrechen des Einsatzes verbotener Mittel der Kriegsführung

§ 321f. (1) Wer im Zusammenhang mit einem bewaffneten Konflikt

1. Gift oder vergiftete Kampfmittel verwendet,

2. biologische oder chemische Kampfmittel verwendet oder

3. Geschosse verwendet, die sich leicht im Körper des Menschen ausdehnen oder flachdrücken, insbesondere Geschosse mit einem harten Mantel, der den Kern nicht ganz umschließt oder mit Einschnitten versehen ist,

ist mit Freiheitsstrafe von einem bis zu zehn Jahren zu bestrafen.

(2) Hat die Tat die schwere Körperverletzung einer Person (§ 84 Abs. 1) zur Folge, so ist der Täter mit Freiheitsstrafe von fünf bis zu fünfzehn Jahren, hat sie den Tod einer Person zur Folge oder sind die verwendeten Mittel (Abs. 1) zur Massenvernichtung bestimmt und geeignet, mit Freiheitsstrafe von zehn bis zu zwanzig Jahren zu bestrafen.

(BGBl I 2014/106)

Verantwortlichkeit als Vorgesetzter

§ 321g. (1) Wer es als Vorgesetzter (Abs. 2) unterlässt, einen Untergebenen, der seiner tatsächlichen Befehls- oder Führungsgewalt und Kontrolle untersteht, daran zu hindern, eine Tat nach diesem Abschnitt zu begehen, ist wie ein Täter der von dem Untergebenen begangenen Tat zu bestrafen.

(2) Vorgesetzte sind militärische oder zivile Vorgesetzte sowie Personen, die ohne militärischer oder ziviler Vorgesetzter zu sein, in einer Truppe, in einer zivilen Organisation oder in einem Unternehmen tatsächliche Führungsgewalt und Kontrolle ausüben.

(BGBl I 2014/106)

Verletzung der Aufsichtspflicht

§ 321h. (1) Ein Vorgesetzter (§ 321g Abs. 2), der es unterlässt, einen Untergebenen, der seiner tatsächlichen Befehls- oder Führungsgewalt und Kontrolle untersteht, gehörig zu beaufsichtigen, ist mit Freiheitsstrafe von sechs Monaten bis zu fünf Jahren zu bestrafen, wenn der Untergebene eine Tat nach diesem Abschnitt begeht, deren Bevorstehen dem Vorgesetzten erkennbar war und die er hätte verhindern können.

(2) Wer als Vorgesetzter (§ 321g Abs. 2) eine im Abs. 1 mit Strafe bedrohte Handlung fahrlässig begeht, ist mit Freiheitsstrafe bis zu drei Jahren zu bestrafen.

(BGBl I 2014/106)

Unterlassen der Meldung einer Straftat

§ 321i. Ein Vorgesetzter (§ 321g Abs. 2), der es unterlässt, eine Tat nach diesem Abschnitt, die ein Untergebener begangen hat, unverzüglich den für die Untersuchung oder Verfolgung solcher Taten zuständigen Stellen zur Kenntnis zu bringen, ist mit Freiheitsstrafe von sechs Monaten bis zu fünf Jahren zu bestrafen.

(BGBl I 2014/106)

Handeln auf Befehl oder sonstige Anordnung

§ 321j. Der Täter ist wegen einer Tat nach den §§ 321b bis 321i nicht zu bestrafen, wenn er die Tat in Ausführung eines militärischen Befehls oder einer sonstigen Anordnung von vergleichbarer Bindungswirkung begeht, sofern der Täter nicht erkennt, dass der Befehl oder die Anordnung rechtswidrig ist und deren Rechtswidrigkeit auch nicht offensichtlich ist.

(BGBl I 2014/106)

Schlußteil

Inkrafttreten

§ 322. (1) Dieses Bundesgesetz tritt mit dem 1. Jänner 1975 in Kraft.

(2) § 23 und die damit zusammenhängenden Bestimmungen über die Unterbringung in einer Anstalt für gefährliche Rückfallstäter sind auf Taten (§ 23 Abs. 1 Z. 1), die vor dem Inkrafttreten dieses Bundesgesetzes begangen worden sind, mit folgender Maßgabe anzuwenden:

1. Die Unterbringung in einer Anstalt für gefährliche Rückfallstäter ist nur anzuordnen, wenn zugleich mit den Voraussetzungen nach § 23 auch die Voraussetzungen für die Unterbringung in einem Arbeitshaus nach § 1 Abs. 2 des Arbeitshausgesetzes 1951, BGBl. Nr. 211, vorliegen.

2. Die Unterbringung darf nicht länger als fünf Jahre dauern.

(3) Die §§ 50 und 52 Abs. 3 sind bis zum 31. Dezember 1978 auf Personen, die zur Tatzeit zwar das einundzwanzigste, nicht aber das achtundzwanzigste Lebensjahr vollendet haben, mit der Maßgabe anzuwenden, daß diesen Personen ein Bewährungshelfer nur zu bestellen ist, wenn dies aus besonderen Gründen geboten ist, um den Rechtsbrecher von weiteren mit Strafe bedrohten Handlungen abzuhalten. Das Entsprechende gilt bis zum 31. Dezember 1982 für Personen, die zur Tatzeit bereits das achtundzwanzigste Lebensjahr vollendet haben.

(4) Welche Bundesgesetze mit dem Tag des Inkrafttretens dieses Bundesgesetzes aufgehoben oder an die Bestimmungen dieses Bundesgesetzes angepaßt werden, bestimmen besondere Bundesgesetze.

Übergangsbestimmungen

§ 323. (1) Die §§ 27, 28, 31 bis 38 und 40 bis 56 sind auch auf Taten anzuwenden, auf die im übrigen die Gesetze anzuwenden sind, die vor dem Inkrafttreten dieses Bundesgesetzes gegolten haben.

(2) Dieses Bundesgesetz ist in Strafsachen nicht anzuwenden, in denen vor seinem Inkrafttreten das Urteil in erster Instanz gefällt worden ist. Nach Aufhebung eines solchen Urteiles infolge einer Nichtigkeitsbeschwerde, Berufung oder Wiederaufnahme des Strafverfahrens oder eines Einspruches ist jedoch im Sinne der §§ 1 und 61 in Verbindung mit Abs. 1 vorzugehen.

(3) Die Bestimmungen dieses Bundesgesetzes darüber, daß der Täter einer strafbaren Handlung nur auf Verlangen, auf Antrag oder mit Ermächtigung einer Person zu verfolgen ist, gelten auch für strafbare Handlungen, die vor dem Inkrafttreten dieses Bundesgesetzes begangen worden sind, es sei denn, daß im Zeitpunkt des Inkrafttretens bereits die Anklageschrift oder der Antrag auf Bestrafung eingebracht sind.

(4) Bei einer Tat, wegen der zum Zeitpunkt des In-Kraft-Tretens des Strafprozessreformgesetzes, BGBl. I Nr. 19/2004, bereits gerichtliche Fahndungsmaßnahmen gegen den Beschuldigten eingeleitet waren oder Anklage eingebracht worden ist, wird die Zeit, während der wegen dieser Tat Fahndungsmaßnahmen aufrecht sind oder ein Hauptverfahren anhängig ist, nicht in die Verjährungsfrist eingerechnet. *(BGBl I 2009/40)*

Vollzugsklausel

§ 324. Mit der Vollziehung dieses Bundesgesetzes ist der Bundesminister für Justiz betraut.

16/5. Auslieferungs- und Rechtshilfegesetz

BGBl 1979/529 idF

1 BGBl 1992/756
2 BGBl 1996/762
3 BGBl I 2000/108
4 BGBl I 2003/6
5 BGBl I 2004/15
6 BGBl I 2004/164 (StPNov 2005)
7 BGBl I 2007/112 (Strafprozessreformbegleitgesetz II)
8 BGBl I 2011/134 (EU-JZG-ÄndG 2011)
9 BGBl I 2013/175 (EU-JZG-ÄndG 2013)
10 BGBl I 2014/107 (EU-JZG-ÄndG 2014)
11 BGBl I 2016/121 (Strafprozessrechtsänderungsgesetz II 2016)
12 BGBl I 2018/32 (Materien-Datenschutz-Anpassungsgesetz 2018)

Bundesgesetz vom 4. Dezember 1979 über die Auslieferung und die Rechtshilfe in Strafsachen (Auslieferungs- und Rechtshilfegesetz – ARHG)

Der Nationalrat hat beschlossen:

I. HAUPTSTÜCK
Allgemeine Bestimmungen

Vorrang zwischenstaatlicher Vereinbarungen

§ 1. Die Bestimmungen dieses Bundesgesetzes finden nur insoweit Anwendung, als in zwischenstaatlichen Vereinbarungen nichts anderes bestimmt ist.

Allgemeiner Vorbehalt

§ 2. Einem ausländischen Ersuchen darf nur entsprochen werden, wenn die öffentliche Ordnung oder andere wesentliche Interessen der Republik Österreich nicht verletzt werden.

Gegenseitigkeit

§ 3. (1) Einem ausländischen Ersuchen darf nur entsprochen werden, wenn gewährleistet ist, daß auch der ersuchende Staat einem gleichartigen österreichischen Ersuchen entsprechen würde.

(2) Ein Ersuchen nach diesem Bundesgesetz darf von einer österreichischen Behörde nicht gestellt werden, wenn einem gleichartigen Ersuchen eines anderen Staates nicht entsprochen werden könnte, es sei denn, daß ein Ersuchen aus besonderen Gründen dringend geboten erscheint. In diesem Fall ist der ersuchte Staat auf das Fehlen der Gegenseitigkeit hinzuweisen.

(3) Ist die Einhaltung der Gegenseitigkeit zweifelhaft, so ist hierüber eine Auskunft des Bundesministers für Justiz einzuholen.

(4) Einem anderen Staat kann im Zusammenhang mit einem Ersuchen nach diesem Bundesgesetz die Gegenseitigkeit zugesichert werden, wenn eine zwischenstaatliche Vereinbarung nicht besteht und wenn es nach den Bestimmungen dieses Bundesgesetzes zulässig wäre, einem gleichartigen Ersuchen dieses Staates zu entsprechen.

Bedingungen

§ 4. Bedingungen, die ein anderer Staat anläßlich der Bewilligung einer Auslieferung, Durchlieferung oder Ausfolgung, der Leistung von Rechtshilfe oder im Zusammenhang mit der Übernahme der Strafverfolgung, der Überwachung oder der Vollstreckung gestellt hat und die nicht zurückgewiesen wurden, sind einzuhalten.

Kosten

§ 5. Kosten, die durch die Bewilligung einer Auslieferung oder Ausfolgung, durch die Leistung von Rechtshilfe oder im Zusammenhang mit der Übernahme der Strafverfolgung, der Überwachung oder der Vollstreckung im Inland entstanden sind, hat die Republik Österreich zu tragen, sofern auch insoweit die Gegenseitigkeit gewährleistet ist. Für die durch Leistung von Rechtshilfe entstandenen Sachverständigengebühren sowie für Kosten einer Durchlieferung ist stets Ersatz durch den ersuchenden Staat zu verlangen.

Vorschriften über die Einfuhr, Ausfuhr und Durchfuhr

§ 6. Die in zoll-, devisen- oder monopolrechtlichen Vorschriften oder in Vorschriften über den Warenverkehr enthaltenen Beschränkungen oder Verbote der Einfuhr, Ausfuhr und Durchfuhr von Gegenständen, einschließlich von Waren und Werten, stehen der nach den Bestimmungen dieses Bundesgesetzes zulässigen Ausfolgung, Durchbeförderung oder Übersendung von Gegenständen nicht entgegen.

Reisedokumente

§ 7. Personen, die nach den Bestimmungen dieses Bundesgesetzes einem anderen Staat übergeben oder von einem anderen Staat übernommen werden, benötigen für den Grenzübertritt weder ein Reisedokument (Reisepaß oder Paßersatz) noch einen Sichtvermerk.

Vorbeugende Maßnahmen

§ 8. Eine vorbeugende Maßnahme im Sinne dieses Bundesgesetzes ist eine mit Freiheitsentziehung verbundene Maßnahme, die durch eine in den Strafgesetzen vorgesehene gerichtliche Entscheidung neben oder an Stelle einer Strafe ausgesprochen wird. Ist die Dauer einer noch zu vollziehenden Maßnahme unbestimmt, so ist von dem gesetzlich zulässigen Höchstmaß auszugehen.

Anwendung der Strafprozeßordnung

§ 9. (1) Soweit sich aus den Bestimmungen dieses Bundesgesetzes nichts anderes ergibt, ist die Strafprozessordnung 1975, BGBl. Nr. 631/1975 (StPO) sinngemäß anzuwenden. *(BGBl I 2007/112)*

(2) Auf das Verfahren zur Auslieferung von Personen sind die §§ 64, 71 bis 73 und 381 bis 392 StPO nicht, die §§ 51 bis 53 und § 59 Abs. 2 StPO aber nur mit der Maßgabe anzuwenden, daß an die Stelle des Einbringens der Anklage der Zeitpunkt der Vernehmung der betroffenen Person zum Auslieferungsersuchen (§ 31 Abs. 1) tritt. *(BGBl I 2007/112)*

(3) Von der Verfolgung einer Straftat kann die Staatsanwaltschaft absehen und das Ermittlungsverfahren insoweit einstellen, wenn sich die österreichische Strafgerichtsbarkeit nur auf § 65 Abs. 1 Z. 2 des Strafgesetzbuches gründet und öffentliche Interessen dem Absehen von der Verfolgung nicht entgegenstehen, insbesondere eine Bestrafung nicht geboten ist, um der Begehung strafbarer Handlungen durch andere entgegenzuwirken. *(BGBl I 2007/112)*

(4) Soll die Überwachung eines von einem ausländischen Gericht Verurteilten übernommen oder die Entscheidung eines ausländischen Gerichtes vollstreckt werden, so kann die Staatsanwaltschaft von der Verfolgung der der ausländischen Verurteilung zu Grunde liegenden Straftat absehen und das Ermittlungsverfahren insoweit einstellen, wenn anzunehmen ist, daß das inländische Gericht keine erheblich strengere Strafe oder vorbeugende Maßnahme als die vom ausländischen Gericht ausgesprochene verhängen würde. *(BGBl I 2007/112)*

(BGBl I 2004/15)

Datenschutz

§ 9a. (1) Die Übermittlung personenbezogener Daten aus einem anderen Mitgliedstaat, die bereits verarbeitet wurden oder nach ihrer Übermittlung verarbeitet werden sollen, an einen Drittstaat oder eine internationale Organisation sowie deren Weiterübermittlung an einen anderen Drittstaat oder eine andere internationale Organisation ist zulässig, wenn

1. die Übermittlung zur Verhinderung, Untersuchung, Aufdeckung oder Verfolgung von Straftaten oder zur Strafvollstreckung erforderlich ist und an eine Behörde erfolgt, die für einen oder mehrere dieser Zwecke zuständig ist;

2. die Behörde, die die personenbezogenen Daten übermittelt hat, der Weiterleitung zugestimmt hat; und

3. die Europäische Kommission eine Entscheidung getroffen hat, wonach der betreffende Drittstaat oder die internationale Organisation ein angemessenes Datenschutzniveau bietet, oder, in Ermangelung einer solchen Entscheidung, angemessene Garantien für den Schutz personenbezogener Daten im betreffenden Drittstaat oder der internationalen Organisation bestehen;

(2) Die Zustimmung nach Abs. 1 Z 2 ist nicht erforderlich, wenn die Datenübermittlung zur Abwendung einer unmittelbaren und ernsthaften Gefahr für die öffentliche Sicherheit eines Mitgliedstaats oder eines Drittstaats oder für die wesentlichen Interessen eines Mitgliedstaats erforderlich ist und die Zustimmung nicht rechtzeitig eingeholt werden kann. In einem solchen Fall ist die für die Zustimmungserteilung zuständige Behörde unverzüglich in Kenntnis zu setzen.

(3) Die Aufsichtsbehörde ist von Datenübermittlungen nach Abs. 1 Z 3, zweiter Fall in Kenntnis zu setzen.

(4) Liegen die Voraussetzungen nach Abs. 1 Z 3 nicht vor, so ist die Datenübermittlung unter folgenden Voraussetzungen dennoch zulässig:

1. zum Schutz lebenswichtiger Interessen des Betroffenen oder einer anderen Person;

2. zur Wahrung berechtigter, gesetzlich vorgesehener Interessen des Betroffenen;

3. zur Abwehr einer unmittelbaren und ernsthaften Gefahr für die öffentliche Sicherheit eines Mitgliedstaats oder eines Drittstaats;

4. im Einzelfall zu den in Abs. 1 Z 1 angeführten Zwecken, es sei denn, dass die Grundrechte des Betroffenen das öffentliche Interesse an der Datenübermittlung überwiegen; oder

5. im Einzelfall zur Geltendmachung, Ausübung oder Verteidigung von Rechtsansprüchen im Zusammenhang mit den in Abs. 1 Z 1 angeführten Zwecken, es sei denn, dass die Grundrechte des Betroffenen das öffentliche Interesse an der Datenübermittlung überwiegen.

(5) Datenübermittlungen nach Abs. 4, einschließlich Datum und Uhrzeit der Übermittlung, Bezeichnung der empfangenden Behörde, Anführung der übermittelten personenbezogenen Daten und Begründung der Übermittlung, sind zu dokumentieren.

(BGBl I 2018/32)

II. HAUPTSTÜCK

Auslieferung aus Österreich

ERSTER ABSCHNITT

Zulässigkeit der Auslieferung

Allgemeiner Grundsatz

§ 10. Eine Auslieferung von Personen an einen anderen Staat zur Verfolgung wegen einer mit gerichtlicher Strafe bedrohten Handlung oder zur Vollstreckung einer wegen einer solchen Handlung verhängten Freiheitsstrafe oder vorbeugenden Maßnahme ist auf Ersuchen eines anderen Staates nach den Bestimmungen dieses Bundesgesetzes zulässig.

Strafbare Handlungen, die der Auslieferung unterliegen

§ 11. (1) Eine Auslieferung zur Verfolgung ist wegen vorsätzlich begangener Handlungen zulässig, die nach dem Recht des ersuchenden Staates mit einer mehr als einjährigen Freiheitsstrafe oder mit einer vorbeugenden Maßnahme dieser Dauer und nach österreichischem Recht mit einer mehr als einjährigen Freiheitsstrafe bedroht sind. Bei der Beurteilung, ob eine strafbare Handlung zu einer Auslieferung Anlaß gibt, ist nicht von den durch § 5 Z. 4 des Jugendgerichtsgesetzes 1988 geänderten Strafdrohungen auszugehen. Ob ein nach österreichischem Recht zur Verfolgung notwendiger Antrag oder eine solche Ermächtigung vorliegt, ist unbeachtlich.

(2) Eine Auslieferung zur Vollstreckung ist zulässig, wenn die Freiheitsstrafe oder vorbeugende Maßnahme wegen einer oder mehrerer der in Abs. 1 angeführten strafbaren Handlungen ausgesprochen worden ist und noch mindestens vier Monate zu vollstrecken sind. Mehrere Freiheitsstrafen oder ihre zu vollstreckenden Reste sind zusammenzurechnen.

(3) Ist nach den Bestimmungen der Abs. 1 oder 2 eine Auslieferung zulässig, so darf zusätzlich auch zur Verfolgung wegen anderer strafbarer Handlungen oder zur Vollstreckung von anderen Freiheitsstrafen oder vorbeugenden Maßnahmen ausgeliefert werden, wenn sonst wegen der Höhe der Strafdrohung (Abs. 1) oder des Ausmaßes der Strafe oder Maßnahme (Abs. 2) nicht ausgeliefert werden dürfte.

(BGBl 1996/762)

Verbot der Auslieferung österreichischer Staatsbürger

§ 12. (Verfassungsbestimmung) (1) Eine Auslieferung österreichischer Staatsbürger ist unzulässig.

(2) Abs. 1 steht der Zurückstellung eines den österreichischen Behörden von einer ausländischen Behörde zur Durchführung bestimmter Verfahrenshandlungen oder im Zusammenhang mit der Leistung von Rechtshilfe nur vorläufig übergebenen österreichischen Staatsbürgers nicht entgegen.

Vorrang der Auslieferung

§ 13. Ist ein Auslieferungsverfahren gegen einen Ausländer anhängig oder liegen hinreichende Gründe für die Einleitung eines solchen Verfahrens vor, so ist es unzulässig, ihn auf Grund anderer gesetzlicher Bestimmungen außer Landes zu bringen.

Strafbare Handlungen politischen Charakters

§ 14. Eine Auslieferung ist unzulässig

1. wegen politischer strafbarer Handlungen,

2. wegen anderer strafbarer Handlungen, denen politische Beweggründe oder Ziele zugrunde liegen, es sei denn, daß unter Berücksichtigung aller Umstände des Einzelfalles, insbesondere der Art der Begehung, der angewendeten oder angedrohten Mittel oder der Schwere der eingetretenen oder beabsichtigten Folgen, der kriminelle Charakter der Tat den politischen überwiegt.

Militärische und fiskalische strafbare Handlungen

§ 15. Eine Auslieferung wegen strafbarer Handlungen, die nach österreichischem Recht ausschließlich

1. militärischer Art sind, oder

2. in der Verletzung von Abgaben-, Monopol-, Zoll- oder Devisenvorschriften oder von Vorschriften über die Warenbewirtschaftung oder über den Außenhandel bestehen,

ist unzulässig.

Österreichische Gerichtsbarkeit

§ 16. (1) Eine Auslieferung wegen strafbarer Handlungen, die der österreichischen Gerichtsbarkeit unterliegen, ist unzulässig.

(2) Abs. 1 steht einer Auslieferung jedoch nicht entgegen,

1. wenn die Gerichtsbarkeit nur stellvertretend für einen anderen Staat ausgeübt wird, oder

2. wenn der Durchführung des Strafverfahrens im ersuchenden Staat mit Rücksicht auf besondere Umstände, insbesondere aus Gründen der Wahrheitsfindung, der Strafbemessung oder der Vollstreckung der Vorzug zu geben ist.

(3) Auch unter den Voraussetzungen des Abs. 2 ist eine Auslieferung dann unzulässig, wenn die auszuliefernde Person im Inland bereits rechtskräftig verurteilt, rechtskräftig freigesprochen oder aus anderen als den im § 9 Abs. 3 angeführten Gründen außer Verfolgung gesetzt worden ist. Im Fall des Abs. 2 Z. 2 ist eine Auslieferung überdies dann unzulässig, wenn zu besorgen ist, daß die auszuliefernde Person durch eine Verurteilung im anderen Staat in der Gesamtauswirkung erheblich schlechter gestellt wäre als nach österreichischem Recht.

Gerichtsbarkeit eines dritten Staates

§ 17. Eine Auslieferung ist unzulässig, wenn die auszuliefernde Person wegen der strafbaren Handlung

1. von einem Gericht des Tatortstaates rechtskräftig freigesprochen oder sonst außer Verfolgung gesetzt worden ist, oder

2. von einem Gericht eines dritten Staates rechtskräftig verurteilt worden ist und die Strafe ganz vollstreckt oder zur Gänze oder für den noch nicht vollstreckten Teil nachgesehen worden ist oder ihre Vollstreckbarkeit nach dem Recht des dritten Staates verjährt ist.

Verjährung

§ 18. Eine Auslieferung ist unzulässig, wenn die Verfolgung oder die Vollstreckung nach dem Recht des ersuchenden Staates oder nach österreichischem Recht verjährt ist.

Wahrung rechtsstaatlicher Grundsätze; Asyl

§ 19. Eine Auslieferung ist unzulässig, wenn zu besorgen ist, daß

1. das Strafverfahren im ersuchenden Staat den Grundsätzen der Art. 3 und 6 der Konvention zum Schutze der Menschenrechte und Grundfreiheiten, BGBl. Nr. 210/1958, nicht entsprechen werde oder nicht entsprochen habe,

2. die im ersuchenden Staat verhängte oder zu erwartende Strafe oder vorbeugende Maßnahme in einer den Erfordernissen des Art. 3 der Konvention zum Schutze der Menschenrechte und Grundfreiheiten, BGBl. Nr. 210/1958, nicht entsprechenden Weise vollstreckt werden würde, oder

3. die auszuliefernde Person im ersuchenden Staat wegen ihrer Abstammung, Rasse, Religion, ihrer Zugehörigkeit zu einer bestimmten Volks- oder Gesellschaftsgruppe, ihrer Staatsangehörigkeit oder wegen ihrer politischen Anschauungen einer Verfolgung ausgesetzt wäre oder aus einem dieser Gründe andere schwerwiegende Nachteile zu erwarten hätte (Auslieferungsasyl).

Abwesenheitsurteile

§ 19a. (1) Die Auslieferung zur Vollstreckung einer in Abwesenheit verhängten Freiheitsstrafe oder zur Vollziehung einer in Abwesenheit angeordneten vorbeugenden Maßnahme, die mit Freiheitsentziehung verbunden ist, ist nur zulässig, wenn die auszuliefernde Person

1. fristgerecht durch persönliche Ladung oder auf andere Weise von Zeit und Ort der Verhandlung, die zu der Entscheidung geführt hat, Kenntnis erlangt hat und darüber belehrt worden ist, dass das Urteil in ihrer Abwesenheit ergehen kann;

2. in Kenntnis der anberaumten Verhandlung einen selbst gewählten oder vom Gericht beigegebenen Verteidiger mit ihrer Vertretung in der Verhandlung betraut hat und von diesem in der Verhandlung tatsächlich vertreten wurde; oder

3. nach Zustellung des in Abwesenheit ergangenen Urteils und nach Belehrung über das Recht, die Neudurchführung der Verhandlung zu beantragen oder ein Rechtsmittel zu ergreifen und auf diesem Weg eine neuerliche Prüfung des Sachverhalts, auch unter Berücksichtigung neuer Beweise, in seiner Anwesenheit und eine Aufhebung der Entscheidung zu erreichen,

a) ausdrücklich erklärt hat, keine Neudurchführung der Verhandlung zu beantragen oder kein Rechtsmittel zu ergreifen; oder

b) innerhalb der bestehenden Fristen keine Neudurchführung der Verhandlung beantragt oder kein Rechtsmittel ergriffen hat.

(2) Kann das Vorliegen der Voraussetzungen nach Abs. 1 nicht festgestellt werden, hat der Bundesminister für Justiz auf Antrag der Staatsanwaltschaft oder des Gerichts eine ausreichende Zusicherung des ersuchenden Staats einzuholen, wonach die auszuliefernde Person das Recht hat, die Neudurchführung der Verhandlung zu beantragen oder ein Rechtsmittel zu ergreifen und auf diesem Weg eine neuerliche Prüfung des Sachverhalts, auch unter Berücksichtigung neuer Beweise, in ihrer Anwesenheit und eine Aufhebung der Entscheidung zu erreichen.

(BGBl I 2014/107)

Unzulässige Strafen oder vorbeugende Maßnahmen

§ 20. (1) Eine Auslieferung zur Verfolgung wegen einer nach dem Recht des ersuchenden Staates mit der Todesstrafe bedrohten strafbaren Handlung ist nur zulässig, wenn gewährleistet ist, daß die Todesstrafe nicht ausgesprochen werden wird.

(2) Eine Auslieferung zur Vollstreckung der Todesstrafe ist unzulässig.

(3) Die Bestimmungen der Abs. 1 und 2 sind auch auf Strafen oder vorbeugende Maßnahmen, die den Erfordernissen des Art. 3 der Konvention zum Schutze der Menschenrechte und Grundfreiheiten, BGBl. Nr. 210/1958, nicht entsprechen, sinngemäß anzuwenden.

Strafunmündige

§ 21. Eine Auslieferung von Personen, die nach österreichischem Recht oder nach dem Recht des ersuchenden Staates zur Zeit der Tat strafunmündig waren, ist unzulässig.

Härtefälle

§ 22. Eine Auslieferung ist unzulässig, wenn sie die auszuliefernde Person unter Berücksichtigung der Schwere der ihr zur Last gelegten strafbaren Handlung wegen ihres jugendlichen Alters (§ 1 Z. 2 des Jugendgerichtsgesetzes 1988), wegen ihres seit langem bestehenden inländischen Wohnsitzes oder aus anderen schwerwiegenden, in ihren persönlichen Verhältnissen gelegenen Gründen offenbar unverhältnismäßig hart träfe.

(BGBl 1996/762)

Spezialität der Auslieferung

§ 23. (1) Eine Auslieferung ist nur zulässig, wenn gewährleistet ist, daß

1. die ausgelieferte Person im ersuchenden Staat weder wegen einer vor ihrer Übergabe begangenen Handlung, auf die sich die Auslieferungsbewilligung nicht erstreckt, noch ausschließlich wegen einer oder mehrerer für sich allein nicht der Auslieferung unterliegenden Handlungen (§ 11 Abs. 3) verfolgt, bestraft, in ihrer persönlichen Freiheit beschränkt oder an einen dritten Staat weitergeliefert wird,

2. bei einer Änderung der rechtlichen Würdigung der der Auslieferung zugrunde liegenden Handlung oder bei Anwendung anderer als der ursprünglich angenommenen strafgesetzlichen Bestimmungen die ausgelieferte Person nur insoweit verfolgt und bestraft wird, als die Auslieferung auch unter den neuen Gesichtspunkten zulässig wäre.

(2) Der Strafverfolgung oder der Vollstreckung einer Freiheitsstrafe oder vorbeugenden Maßnahme kann auf Ersuchen nach Durchführung der Auslieferung zugestimmt werden, wenn im Verhältnis zum ersuchenden Staat die Auslieferung wegen der dem Ersuchen zugrunde liegenden Handlung, wenn auch nur im Zusammenhang mit einer früheren Bewilligung, zulässig wäre. Ebenso kann der Weiterlieferung an einen dritten Staat zugestimmt werden, wenn eine Auslieferung im Verhältnis zu diesem Staat zulässig wäre.

(3) Einer Zustimmung nach Abs. 2 bedarf es nicht, wenn

1. sich die ausgelieferte Person nach ihrer Freilassung länger als fünfundvierzig Tage auf dem Gebiet des ersuchenden Staates aufhält, obwohl sie es verlassen konnte und durfte,

2. die ausgelieferte Person das Gebiet des ersuchenden Staates verläßt und dorthin freiwillig zurückkehrt oder aus einem dritten Staat rechtmäßig dorthin zurückgebracht wird,

3. die Auslieferung nach § 32 erfolgt ist.

Auslieferungsersuchen mehrerer Staaten

§ 24. Ersuchen zwei oder mehrere Staaten um die Auslieferung derselben Person, so ist über den Vorrang zwischen den Auslieferungsersuchen unter Berücksichtigung aller Umstände, insbesondere der vertraglichen Verpflichtungen, des Tatortes, der zeitlichen Reihenfolge des Einlangens der Ersuchen, der Staatsangehörigkeit der auszuliefernden Person, der Möglichkeit ihrer Weiterlieferung und, wenn sich die Ersuchen auf verschiedene strafbare Handlungen beziehen, auch der Schwere der strafbaren Handlungen, zu entscheiden (§ 34 Abs. 2).

(BGBl I 2004/15)

Ausfolgung von Gegenständen

§ 25. (1) Im Zusammenhang mit einer Auslieferung ist eine Ausfolgung von Gegenständen zulässig, die als Beweismittel dienen können oder welche die auszuliefernde Person durch die strafbare Handlung oder durch die Verwertung der daher stammenden Gegenstände erlangt hat.

(2) Kann eine Auslieferung, die nach den Bestimmungen dieses Bundesgesetzes zulässig wäre, nicht bewilligt werden, weil die auszuliefernde Person geflüchtet oder gestorben ist oder im Inland nicht betreten werden konnte, so ist eine Ausfolgung auf Grund des Auslieferungsersuchens oder eines gesonderten Ersuchens dennoch zulässig.

(3) Eine Ausfolgung zu Beweiszwecken kann mit dem Vorbehalt bewilligt werden, daß die Gegenstände auf Verlangen unverzüglich zurückgegeben werden.

(4) Eine Ausfolgung ist jedenfalls unzulässig, wenn zu besorgen ist, daß durch sie die Verfolgung oder Verwirklichung der Rechte dritter Personen vereitelt oder unangemessen erschwert würde.

ZWEITER ABSCHNITT
Zuständigkeit und Verfahren

Sachliche und örtliche Zuständigkeit

§ 26. (1) Die Staatsanwaltschaft führt das Auslieferungsverfahren in sinngemäßer Anwendung der Bestimmungen des 1. und 2. Teils der StPO. Örtlich ist jene Staatsanwaltschaft zuständig, in deren Sprengel die betroffene Person ihren Wohnsitz oder Aufenthalt hat; fehlt es an einem solchen Ort, ist die Staatsanwaltschaft zuständig, in deren Sprengel die Person betreten wurde. Befindet sich die betroffene Person in gerichtlicher Haft, so ist der Haftort maßgebend. Ergibt sich nach diesen Bestimmungen keine Zuständigkeit einer bestimmten Staatsanwaltschaft, so ist die Staatsanwaltschaft Wien zuständig.

(2) Im Auslieferungsverfahren obliegen gerichtliche Entscheidungen dem Einzelrichter des Landesgerichts (§ 31 Abs. 1 StPO), an dessen Sitz sich die Staatsanwaltschaft befindet, die das Auslieferungsverfahren führt.

(3) Die Bestimmungen der Abs. 1 und 2 gelten auch für die Ausfolgung von Gegenständen im Zusammenhang mit einer Auslieferung (Sachauslieferung). Zur Prüfung eines gesonderten Ersuchens um Sachauslieferung ist die Staatsanwaltschaft zuständig, in deren Sprengel sich der auszuliefernde Gegenstand befindet.

(BGBl I 2007/112)

Fahndung

§ 27. (1) Einlangende Ersuchen um Verhängung der Auslieferungshaft sind von der Staatsanwaltschaft dahin zu prüfen, ob hinreichende Gründe für die Annahme vorliegen, daß die ihnen zugrunde liegende strafbare Handlung zu einer Auslieferung Anlaß gibt. Bei Vorliegen dieser Voraussetzungen hat die Staatsanwaltschaft die im 9. Hauptstück der StPO vorgesehenen Fahndungsmaßnahmen oder erforderlichenfalls die Festnahme der gesuchten Person anzuordnen. *(BGBl I 2007/112)*

(2) Die Befassung der Staatsanwaltschaft mit einem im Wege eines automationsunterstützt geführten Fahndungssystems, im Wege der Internationalen Kriminalpolizeilichen Organisation – INTERPOL – oder sonst im Wege der internationalen kriminalpolizeilichen Amtshilfe einlangenden Ersuchens kann unterbleiben, wenn kein Grund zur Annahme besteht, daß sich die gesuchte Person in Österreich aufhält und das Ersuchen nur zu Fahndungsmaßnahmen Anlaß gibt, die keine öffentliche Bekanntmachung (§ 169 Abs. 1 zweiter Satz StPO) erfordern. *(BGBl I 2007/112)*

(BGBl 1996/762)

Anbot der Auslieferung

§ 28. (1) Liegen hinreichende Gründe für die Annahme vor, daß eine im Inland betretene Person eine der Auslieferung unterliegende strafbare Handlung begangen habe, so hat die Staatsanwaltschaft zu prüfen, ob Anlaß zu einer Auslieferung besteht. Ist dies der Fall, so hat die Staatsanwaltschaft die Vernehmung der betroffenen Person und die Berichterstattung an den Bundesminister für Justiz durch das Gericht zu beantragen. Dieser hat den Staat, in dem die strafbare Handlung begangen worden ist, zu befragen, ob um die Auslieferung ersucht wird. Der Bundesminister für Justiz kann von der Befragung absehen, wenn angenommen werden muß, daß ein solches Ersuchen nicht gestellt werden wird, oder auf Grund der Unterlagen zu ersehen ist, daß eine Auslieferung aus einem der Gründe der §§ 2 und 3 Abs. 1, insbesondere weil dem Betroffenen völkerrechtlicher Schutz zukommt abgelehnt werden müßte. Das Absehen von der Befragung und seine Gründe sind dem Gericht mitzuteilen. Für das Einlangen des Auslieferungsersuchens ist eine angemessene Frist zu bestimmen. Langt ein Auslieferungsersuchen nicht rechtzeitig ein, so hat dies der Bundesminister für Justiz dem Gericht mitzuteilen. *(BGBl I 2007/112)*

(2) Auf Grund der Mitteilung, daß von einer Befragung nach Abs. 1 abgesehen wird oder daß ein Auslieferungsersuchen nicht rechtzeitig eingelangt ist, hat das Gericht die in Auslieferungshaft befindliche Person unverzüglich zu enthaften, sofern nicht die Staatsanwaltschaft sogleich die Verhängung der Untersuchungshaft beantragt. Die Auslieferungshaft ist im Falle der Verurteilung durch ein inländisches Gericht nach § 38 des Strafgesetzbuches anzurechnen. *(BGBl I 2007/112)*

(BGBl I 2004/15)

Auslieferungshaft

§ 29. (1) Die Auslieferungshaft darf nur verhängt oder fortgesetzt werden, wenn hinreichende Gründe für die Annahme vorliegen, daß eine im Inland betretene Person eine der Auslieferung unterliegende strafbare Handlung begangen habe. Auf die Auslieferungshaft sind, soweit sich aus den Bestimmungen dieses Bundesgesetzes nichts anderes ergibt, die Bestimmungen über die Untersuchungshaft sinngemäß anzuwenden. *(BGBl I 2007/112)*

(2) Die Auslieferungshaft darf nicht verhängt oder aufrechterhalten werden, wenn die Haftzwecke durch eine gleichzeitige gerichtliche Untersuchungshaft oder Strafhaft erreicht werden können. Die Staatsanwaltschaft hat die Abweichungen vom Vollzug der Untersuchungshaft oder der Strafhaft zu verfügen, die für die Zwecke des Auslieferungsverfahrens unentbehrlich sind. Können die Haftzwecke durch eine gleichzeitige Strafhaft nicht erreicht werden oder würde das Auslieferungsverfahren durch die Aufrechterhaltung der Strafhaft wesentlich erschwert, so ist vom Gericht die Auslieferungshaft zu verhängen; damit tritt eine Unterbrechung des Strafvollzuges ein. Die Auslieferungshaft ist auf die durch sie unterbrochene Strafhaft anzurechnen. *(BGBl I 2007/112)*

(3) Vor der Entscheidung über die Verhängung der Auslieferungshaft ist die betroffene Person über die gegen sie erhobenen Anschuldigungen zu unterrichten und darauf hinzuweisen, daß es ihr freistehe, sich zu äußern oder nicht zur Sache auszusagen und sich zuvor mit einem Verteidiger zu verständigen. Sie ist auch über ihr Recht zu belehren, die Durchführung einer Verhandlung über die Zulässigkeit der Auslieferung zu beantragen. Wurde die Person festgenommen und hat sie noch keinen Verteidiger, so ist nach § 59 StPO vorzugehen. *(BGBl I 2016/121)*

(4) Wird über eine Person, die nicht durch einen Verteidiger vertreten ist, die Auslieferungshaft verhängt, so ist ihr sogleich ein Verteidiger (§ 61 Abs. 1 Z 1 StPO) beizugeben. § 61 Abs. 2 bis 4 und § 62 der StPO sind sinngemäß anzuwenden. *(BGBl I 2007/112; BGBl I 2013/175)*

(5) Die Wirksamkeit des zuletzt ergangenen Beschlusses auf Verhängung oder Fortsetzung der Auslieferungshaft ist durch die Haftfrist nicht mehr begrenzt, wenn und sobald sich die betroffene Person mit der vereinfachten Auslieferung einverstanden erklärt (§ 32) oder das Gericht beschließt, dass die Auslieferung zulässig sei (§ 31); Haftverhandlungen von Amts wegen finden danach nicht mehr statt. *(BGBl I 2007/112)*

(6) Die betroffene Person ist jedenfalls zu enthaften, wenn sie sich schon ein Jahr in Auslieferungshaft befindet, ohne dass der Bundesminister für Justiz die Auslieferung bewilligt oder abgelehnt hat (§ 34). Über sechs Monate hinaus darf die Auslieferungshaft nur dann aufrechterhalten werden, wenn dies wegen besonderer Schwierigkeiten oder besonderen Umfangs des Verfahrens unvermeidbar ist und es sich bei der der Auslieferung unterliegenden strafbaren Handlung um ein Verbrechen (§ 17 des Strafgesetzbuches) handelt.

(BGBl I 2004/15)

Behandlung einlangender Ersuchen

§ 30. Auslieferungsersuchen sind vom Bundesministerium für Justiz unmittelbar der zuständigen Staatsanwaltschaft unter gleichzeitiger Unterrichtung der Oberstaatsanwaltschaft zur weiteren Verfügung zuzuleiten. Liegen Umstände zutage, die einer Auslieferung aus einem der in den §§ 2 und 3 Abs. 1 angeführten Gründe entgegenstehen, oder ist das Ersuchen zur gesetzmäßigen Behandlung ungeeignet, so hat der Bundesminister für Justiz das Ersuchen sogleich abzulehnen. *(BGBl I 2007/112)*

Verfahren über die Zulässigkeit der Auslieferung

§ 31. (1) Das Gericht hat die betroffene Person zum Auslieferungsersuchen zu vernehmen; § 29 Abs. 3 gilt sinngemäß. Über die Zulässigkeit der Auslieferung entscheidet das Gericht nach Maßgabe des § 33 mit Beschluss. *(BGBl I 2007/112)*

(2) Der Beschluss hat auf Grund öffentlicher mündlicher Verhandlung zu ergehen, wenn die betroffene Person oder die Staatsanwaltschaft eine solche beantragt oder das Gericht sie zur Prüfung der Zulässigkeit der Auslieferung für notwendig erachtet. Befindet sich die betroffene Person in Auslieferungshaft, so hat die Verhandlung über die Zulässigkeit der Auslieferung im Rahmen einer Haftverhandlung nach Maßgabe der Bestimmungen des Abs. 3 stattzufinden. Ungeachtet eines Antrags auf Durchführung einer Verhandlung kann das Gericht die Auslieferung stets ohne eine solche für unzulässig erklären. Entscheidet das Gericht ohne Verhandlung, so muss in jedem Fall der betroffenen Person und ihrem Verteidiger sowie der Staatsanwaltschaft Gelegenheit geboten worden sein, zum Auslieferungsersuchen Stellung zu nehmen. *(BGBl I 2007/112)*

(3) Die betroffene Person muss in der Verhandlung durch einen Verteidiger vertreten sein (§ 61 Abs. 1 StPO). Ist die betroffene Person verhaftet, so ist ihre Vorführung zu veranlassen, es sei denn, sie hätte durch ihren Verteidiger auf die Anwesenheit ausdrücklich verzichtet. § 172 StPO ist sinngemäß anzuwenden. *(BGBl I 2007/112)*

(4) Die Öffentlichkeit der Verhandlung kann außer in den in § 229 StPO angeführten Fällen ausgeschlossen werden, wenn zwischenstaatliche Beziehungen beeinträchtigt werden könnten. In der Verhandlung hat der Einzelrichter zunächst den Inhalt der bei Gericht eingelangten Unterlagen und den bisherigen Gang des Verfahrens zusammen zu fassen. Hierauf erhält der Staatsanwalt das Wort. Danach ist der betroffenen Person und ihrem Verteidiger Gelegenheit zu geben, zum Auslieferungsersuchen und zu den Ausführungen des Staatsanwaltes Stellung zu nehmen. Der betroffenen Person und ihrem Verteidiger gebührt

jedenfalls das Recht der letzten Äußerung. *(BGBl I 2007/112)*

(5) Der Beschluss über die Zulässigkeit der Auslieferung ist vom Einzelrichter zu verkünden und zu begründen. Er ist schriftlich auszufertigen und hat jedenfalls jene Sachverhalte zu bezeichnen, hinsichtlich deren die Auslieferung für zulässig oder unzulässig erklärt wird. *(BGBl I 2007/112)*

(6) Meldet im Fall einer mündlichen Verkündung des Beschlusses die betroffene Person oder die Staatsanwaltschaft binnen drei Tagen eine Beschwerde an, so kann der Beschwerdeführer diese binnen vierzehn Tagen nach Zustellung der schriftlichen Ausfertigung näher ausführen. Die Beschwerde hat aufschiebende Wirkung. Die Bestimmungen über das Verfahren vor dem Rechtsmittelgericht (§ 89 StPO) gelten mit der Maßgabe, dass das Oberlandesgericht über die Beschwerde in einer öffentlichen mündlichen Verhandlung unter sinngemäßer Anwendung des § 294 Abs. 5 StPO zu entscheiden hat, es sei denn, dass sie gemäß § 89 Abs. 2 StPO als unzulässig zurückzuweisen ist oder dass einer der in § 89 Abs. 2a Z 1 bis 3 StPO genannten Umstände vorliegt. Das Oberlandesgericht hat seinen Beschluss unter Anschluss der Akten dem Bundesministerium für Justiz vorzulegen. *(BGBl I 2007/112; BGBl I 2014/107)*

(7) Wird eine Beschwerde nicht erhoben, so hat das Gericht die Akten unmittelbar dem Bundesministerium für Justiz vorzulegen. *(BGBl I 2007/112)*

(BGBl I 2004/15)

Vereinfachte Auslieferung

§ 32. (1) Die betroffene Person kann sich aufgrund eines ausländischen Ersuchens um Auslieferung oder um Verhängung der Auslieferungshaft mit der Auslieferung einverstanden erklären und einwilligen, ohne Durchführung eines förmlichen Auslieferungsverfahrens übergeben zu werden. Liegen mehrere Ersuchen vor, so ist die Erklärung der Einwilligung nur wirksam, wenn sie alle Ersuchen umfasst. Die betroffene Person hat das Recht, sich vor Erklärung der Einwilligung mit einem Verteidiger zu beraten. Befindet sich die betroffene Person in Auslieferungshaft, so kann sie diese Einwilligung jedoch frühestens in der gemäß § 175 Abs. 2 Z 1 StPO durchzuführenden Haftverhandlung wirksam abgeben. Die Einwilligung wird jedenfalls nur dann rechtsgültig, wenn sie gerichtlich zu Protokoll gegeben wird. *(BGBl I 2007/112; BGBl I 2014/107)*

(2) Das Gericht hat die betroffene Person zu belehren, dass sie das Recht auf Beratung mit einem Verteidiger habe, daß sie im Fall einer Auslieferung nach Abs. 1 keinen Anspruch auf den Schutz nach § 23 Abs. 1 und 2 oder nach entsprechenden Bestimmungen in zwischenstaatlichen Vereinbarungen habe, und daß sie ihre Einwilligung nicht widerrufen könne. *(BGBl I 2007/112; BGBl I 2014/107)*

(3) Die vereinfachte Auslieferung eines Jugendlichen ist nur zulässig, wenn auch sein gesetzlicher Vertreter zustimmt oder er durch einen Verteidiger vertreten ist.

(4) Hat sich die betroffene Person mit der vereinfachten Auslieferung einverstanden erklärt, so hat das Gericht die Akten unmittelbar dem Bundesministerium für Justiz vorzulegen. *(BGBl I 2007/112)*

(BGBl I 2004/15)

Prüfung des Auslieferungsersuchens durch das Gericht

§ 33. (1) Die Zulässigkeit der Auslieferung ist an Hand des Auslieferungsersuchens und seiner Unterlagen zu prüfen.

(2) Ob die betroffene Person der ihr zur Last gelegten strafbaren Handlung nach den Auslieferungsunterlagen hinreichend verdächtig ist, ist nur zu prüfen, wenn insoweit erhebliche Bedenken bestehen, insbesondere wenn Beweise vorliegen oder angeboten werden, durch die der Verdacht ohne Verzug entkräftet werden könnte.

(3) Die Zulässigkeit der Auslieferung ist in rechtlicher Hinsicht einschließlich aller sich aus den zwischenstaatlichen Vereinbarungen ergebenden Voraussetzungen und Hindernisse für die Auslieferung der betroffenen Person, insbesondere auf dem Gebiet des Asylrechtes, umfassend unter dem Gesichtspunkt der der betroffenen Person nach Gesetz und Bundesverfassung zukommenden subjektiven Rechte zu prüfen.

(BGBl I 2004/15)

Bewilligung und Ablehnung der Auslieferung

§ 34. (1) Über das Auslieferungsersuchen befindet der Bundesminister für Justiz nach Maßgabe zwischenstaatlicher Vereinbarungen und der Grundsätze des zwischenstaatlichen Rechtsverkehrs. Er nimmt dabei auf die Interessen und die völkerrechtlichen Verpflichtungen der Republik Österreich Bedacht. Er hat die Auslieferung abzulehnen, soweit sie rechtskräftig für unzulässig erklärt wurde.

(2) Ist die Auslieferung im Verhältnis zu mehreren Staaten zulässig, so hat der Bundesminister für Justiz auch darüber zu entscheiden, welchem Auslieferungsersuchen der Vorrang zukommt.

(3) Liegen die Voraussetzungen des § 32 vor, so hat der Bundesminister für Justiz die Übergabe der auszuliefernden Person anzuordnen. Bestehen jedoch aus einem der im ersten Abschnitt des II. Hauptstückes angeführten Gründe Bedenken ge-

gen die Zulässigkeit der Auslieferung, so ist das Verfahren nach den §§ 31, 33 und 34 Abs. 1, 2 und 4 durchzuführen.

(4) Der Bundesminister für Justiz hat die Bewilligung oder Ablehnung der Auslieferung dem ersuchenden Staat und dem Gericht, im Fall einer Beschwerde nach § 31 Abs. 6 auch dem Oberlandesgericht, mitzuteilen. Besteht Anlass für einen Aufschub nach § 37, so hat er auf die gleiche Weise vorzugehen. Die Benachrichtigung der betroffenen Person und ihres Verteidigers hat durch das Gericht zu erfolgen. *(BGBl I 2007/112)*

(BGBl I 2004/15)

Unterlagen

§ 35. (1) Die Auslieferungsunterlagen müssen jedenfalls die Ausfertigung oder die beglaubigte Abschrift oder Ablichtung einer gerichtlichen Entscheidung über die Festnahme, einer Urkunde von gleicher Wirksamkeit oder einer vollstreckbaren verurteilenden Entscheidung umfassen. *(BGBl I 2007/112)*

(2) Der Bundesminister für Justiz kann in jeder Lage des Verfahrens von sich aus oder auf Antrag der Staatsanwaltschaft, des Landesgerichts oder des Oberlandesgerichts von dem um die Auslieferung ersuchenden Staat eine Ergänzung der Unterlagen verlangen und hiefür eine angemessene Frist bestimmen. Bei fruchtlosem Ablauf dieser Frist ist auf Grund der vorhandenen Unterlagen zu entscheiden. *(BGBl I 2007/112)*

(BGBl I 2004/15)

Übergabe

§ 36. (1) Das Gericht hat die Durchführung der Auslieferung zu veranlassen. Befindet sich die auszuliefernde Person auf freiem Fuß, so hat das Gericht auf Antrag der Staatsanwaltschaft die Festnahme anzuordnen, sofern die Durchführung der Auslieferung sonst nicht gewährleistet ist. Die Überstellung der auszuliefernden Person zu dem in Betracht kommenden Grenzübergang oder zu dem sonst vereinbarten Übergabeort hat durch Justizwachebeamte zu erfolgen. Persönliche Gegenstände, die verwahrt wurden, sind, sofern die auszuliefernde Person darüber nicht anders verfügt, ebenfalls zu übergeben. *(BGBl I 2007/112)*

(2) Die Übergabe eines Jugendlichen kann, wenn die Zwecke der Auslieferung dem nicht entgegenstehen, auch in der Weise geschehen, daß der Jugendliche dem Erziehungsberechtigten oder einer von diesem beauftragten Person übergeben wird.

(3) Ein Jugendlicher, dessen Auslieferung voraussichtlich zu bewilligen sein wird, kann schon vor der Entscheidung über das Auslieferungsersuchen übergeben werden, wenn das notwendig erscheint, um von ihm mit einem längeren Auslieferungsverfahren verbundene Nachteile abzuwenden, und die Beachtung des Grundsatzes der Spezialität gewährleistet ist. Über die vorzeitige Übergabe hat der Bundesminister für Justiz zu entscheiden.

Aufschub der Übergabe

§ 37. Das Gericht hat auf Antrag der betroffenen Person oder der Staatsanwaltschaft oder von Amts wegen die Übergabe aufzuschieben, wenn

1. die auszuliefernde Person nicht transportfähig ist oder

2. gegen die auszuliefernde Person ein Strafverfahren bei der Staatsanwaltschaft oder bei Gericht geführt wird, sie sich in finanzbehördlicher Untersuchungshaft befindet oder an ihr eine verhängte Freiheitsstrafe oder vorbeugende Maßnahme zu vollstrecken ist. Wird jedoch von der Verfolgung oder Vollstreckung wegen der Auslieferung abgesehen (§ 192 Abs. 1 Z 2 StPO; §§ 4 und 157 StVG), so hat das Gericht die Übergabe unverzüglich durchzuführen. *(BGBl I 2011/134)*

(BGBl I 2007/112)

Vorläufige Übergabe

§ 38. (1) Ungeachtet des Aufschubes der Übergabe nach § 37 Z 2 kann eine Person, an der eine Freiheitsstrafe oder vorbeugende Maßnahme vollzogen wird, einem anderen Staat auf sein Ersuchen zur Durchführung bestimmter Verfahrenshandlungen, insbesondere der Hauptverhandlung und Urteilsfällung, vorläufig übergeben werden, wenn ihre Zurückstellung nach Durchführung dieser Verfahrenshandlungen gewährleistet ist. Die vorläufige Übergabe hat zu unterbleiben, wenn sie unangemessene Nachteile für die auszuliefernde Person zur Folge haben könnte. *(BGBl I 2011/134)*

(2) Die vorläufige Übergabe unterbricht den Vollzug der inländischen Freiheitsstrafe oder vorbeugenden Maßnahme nicht.

(3) Über das Ersuchen um vorläufige Übergabe entscheidet der Bundesminister für Justiz.

Wiederaufnahme des Auslieferungsverfahrens

§ 39. Das Auslieferungsverfahren ist auf Antrag der betroffenen Person oder der Staatsanwaltschaft oder von Amts wegen wiederaufzunehmen, wenn sich neue Tatsachen oder Beweismittel ergeben, die geeignet erscheinen, erhebliche Bedenken gegen die Richtigkeit des Beschlusses zu bewirken. Über die Wiederaufnahme entscheidet das Gericht (§ 43 Abs. 4 StPO) in sinngemäßer Anwendung der Bestimmungen des § 357 Abs. 2 zweiter bis fünfter Satz und Abs. 3 StPO. Für das weitere Verfahren nach einem Beschluss, durch den das Auslieferungsverfahren wiederaufgenommen wird, gelten die Bestimmungen des §§ 31, 33 und 34; § 43 Abs. 2 StPO ist sinngemäß anzuwenden. *(BGBl I 2011/134)*

(BGBl I 2007/112)

Nachträgliches Auslieferungsverfahren

§ 40. Auf das Verfahren über Ersuchen nach § 23 Abs. 2 sind, wenn die ausgelieferte Person nicht im Weg der vereinfachten Auslieferung übergeben worden ist, die §§ 31, 33 und 34 mit der Maßgabe anzuwenden, dass das Gericht stets ohne Verhandlung entscheidet. Vor der Entscheidung muß der ausgelieferten Person Gelegenheit geboten worden sein, sich zu dem Ersuchen zu äußern. *(BGBl I 2007/112)*

(BGBl I 2004/15)

Verfahren bei der Ausfolgung von Gegenständen

§ 41. (1) Auf die Ausfolgung von Gegenständen sind die §§ 31 bis 35 sinngemäß anzuwenden. An die Stelle der im § 35 Abs. 1 bezeichneten Unterlagen kann im Fall eines gesonderten Ersuchens um Ausfolgung die Ausfertigung oder die beglaubigte Abschrift oder Ablichtung eines gerichtlichen Beschlagnahmebeschlusses oder einer Urkunde gleicher Wirksamkeit treten.

(2) Die Übergabe von Gegenständen ist aufzuschieben, solange diese für ein im Inland anhängiges Gerichts- oder Verwaltungsverfahren benötigt werden.

(3) Ein durch eine strafbare Handlung entzogener Gegenstand kann dem Berechtigten nach Maßgabe des § 367 der Strafprozeßordnung 1975 auch ohne Durchführung des Verfahrens nach Abs. 1 zurückgestellt werden.

III. HAUPTSTÜCK
Durchlieferung

ERSTER ABSCHNITT
Zulässigkeit

Allgemeiner Grundsatz

§ 42. (1) Eine Durchlieferung von Personen durch das Gebiet der Republik Österreich zur Verfolgung wegen einer mit gerichtlicher Strafe bedrohten Handlung oder zur Vollstreckung einer wegen einer solchen Handlung verhängten Strafe oder vorbeugenden Maßnahme ist auf Ersuchen eines Staates, an den die Personen von einem dritten Staat ausgeliefert werden sollen, nach den Bestimmungen dieses Bundesgesetzes zulässig.

(2) Die Bestimmungen dieses Hauptstückes sind sinngemäß auch auf Ersuchen um Durchbeförderung von Personen durch das Gebiet der Republik Österreich in einen dritten Staat zum Zweck der Übernahme der Strafverfolgung oder der Vollstreckung einer ausländischen gerichtlichen Entscheidung anzuwenden. Die Durchbeförderung ist auch zu bewilligen, wenn aus einem der im § 11 angeführten Gründe eine Auslieferung nicht zulässig wäre.

Zulässigkeit der Durchlieferung

§ 43. Eine Durchlieferung ist nur zulässig, wenn nach den §§ 11, 14, 15, 18 bis 21 und 23 eine Auslieferung zulässig wäre.

Verbot der Durchlieferung österreichischer Staatsbürger

§ 44. (Verfassungsbestimmung) Eine Durchlieferung österreichischer Staatsbürger durch das Gebiet der Republik Österreich ist unzulässig.

Österreichische Gerichtsbarkeit

§ 45. (1) Eine Durchlieferung wegen einer strafbaren Handlung, die der österreichischen Gerichtsbarkeit unterliegt, ist zulässig, sofern nicht wegen dieser strafbaren Handlung

1. die Auslieferung der durchzuliefernden Person an die Republik Österreich zu erwirken ist, oder

2. die durchzuliefernde Person im Inland bereits rechtskräftig verurteilt oder aus einem anderen Grund als wegen Fehlens der österreichischen Gerichtsbarkeit rechtskräftig freigesprochen oder sonst außer Verfolgung gesetzt worden ist.

(2) Ein inländischer Strafanspruch gegen die durchzuliefernde Person wegen einer vom Durchlieferungsersuchen nicht erfaßten strafbaren Handlung steht der Durchlieferung nur entgegen, wenn wegen dieser strafbaren Handlung die Auslieferung an die Republik Österreich zu erwirken ist.

Benützung des Luftweges

§ 46. (1) Der Bewilligung der Durchlieferung bedarf es nicht, wenn der Luftweg benützt werden soll und eine Zwischenlandung auf dem Gebiet der Republik Österreich nicht vorgesehen ist. In diesem Fall genügt es, wenn der ersuchende Staat bestätigt, daß die durchzuliefernde Person nicht österreichischer Staatsbürger ist, daß sie nicht wegen einer der in den §§ 14 und 15 Z. 1 angeführten strafbaren Handlungen durchgeliefert werden soll und daß eine der im § 48 Abs. 1 bezeichneten Unterlagen vorhanden ist.

(2) Kann im Fall einer unvorhergesehenen Zwischenlandung der Flug nicht ohne Verzug fortgesetzt werden, so ist die Mitteilung über die

Benützung des Luftweges als Ersuchen um Verhängung der Auslieferungshaft anzusehen.

ZWEITER ABSCHNITT

Zuständigkeit und Verfahren

Entscheidung

§ 47. (1) Über das Durchlieferungsersuchen hat der Bundesminister für Justiz im Einvernehmen mit dem Bundesminister für Inneres zu entscheiden. Er hat diese Entscheidung dem ersuchenden Staat auf dem vorgesehenen Weg mitzuteilen.

(2) Eine Mitteilung über die Benützung des Luftweges wird vom Bundesminister für Justiz im Einvernehmen mit dem Bundesminister für Inneres geprüft. Ist die Benützung des Luftweges unzulässig, so hat der Bundesminister für Justiz dies dem ersuchenden Staat auf dem vorgesehenen Weg bekanntzugeben.

Unterlagen

§ 48. (1) Die Zulässigkeit der Durchlieferung ist an Hand des Durchlieferungsersuchens und seiner Unterlagen zu prüfen. Diese Unterlagen müssen jedenfalls die Ausfertigung oder die beglaubigte Abschrift oder Ablichtung einer gerichtlichen Entscheidung über die Festnahme, einer Urkunde von gleicher Wirksamkeit oder einer vollstreckbaren verurteilenden Entscheidung umfassen. *(BGBl I 2007/112)*

(2) Der Bundesminister für Justiz kann im Einvernehmen mit dem Bundesminister für Inneres von dem um die Durchlieferung ersuchenden Staat eine Ergänzung der Unterlagen verlangen und hiefür eine angemessene Frist bestimmen. Bei fruchtlosem Ablauf dieser Frist ist auf Grund der vorhandenen Unterlagen zu entscheiden.

Übergabe

§ 49. (1) Bei Bewilligung der Durchlieferung sind die Grenzübergänge anzugeben, an denen die durchzuliefernde Person zu übernehmen und zu übergeben ist. Die durchzuliefernde Person darf nur übernommen werden, wenn ihre Durchlieferung bewilligt worden ist und wenn sie transportfähig ist.

(2) Der Vollzug der Durchlieferung obliegt den Sicherheitsbehörden. Im Zusammenhang mit der Durchlieferung sind auch Gegenstände zu befördern, die mit der durchzuliefernden Person übergeben worden sind.

(3) Der Vollzug der Durchlieferung ist zu unterbrechen, wenn

1. sich nach der Übernahme der durchzuliefernden Person neue Tatsachen oder Beweismittel ergeben, die allein oder in Verbindung mit den Durchlieferungsunterlagen und dem Ergebnis allfälliger Erhebungen erhebliche Bedenken gegen die Zulässigkeit der Durchlieferung begründen,

2. die durchzuliefernde Person während der Durchlieferung auf dem Gebiet der Republik Österreich eine von Amts wegen zu verfolgende gerichtlich strafbare Handlung begangen hat, es sei denn, daß in sinngemäßer Anwendung des § 192 Abs. 1 Z 2 StPO oder der §§ 4 und 157 des Strafvollzugsgesetzes von der Strafverfolgung oder vom Vollzug abgesehen wird, oder *(BGBl I 2007/112)*

3. die durchzuliefernde Person transportunfähig wird.

IV. HAUPTSTÜCK

Rechtshilfe für das Ausland

ERSTER ABSCHNITT

Voraussetzungen

Allgemeiner Grundsatz

§ 50. (1) In Strafsachen einschließlich der Verfahren zur Anordnung vorbeugender Maßnahmen und zum Ausspruch einer vermögensrechtlichen Anordnung sowie der Angelegenheiten der Tilgung und des Strafregisters, der Verfahren über die Entschädigung für strafgerichtliche Anhaltung und Verurteilung, der Gnadensachen und der Angelegenheiten des Straf- und Maßnahmenvollzuges kann nach den Bestimmungen dieses Bundesgesetzes auf Ersuchen einer ausländischen Behörde Rechtshilfe geleistet werden. Ohne ein solches Ersuchen ist eine Datenübermittlung an eine ausländische Behörde nach Maßgabe des § 59a zulässig. *(BGBl I 2004/164)*

(2) Als Behörde im Sinn des Abs. 1 ist ein Gericht, eine Staatsanwaltschaft oder eine in Angelegenheiten des Straf- oder Maßnahmenvollzuges tätige Behörde anzusehen.

(3) Rechtshilfe im Sinn des Abs. 1 ist jede Unterstützung, die für ein ausländisches Verfahren in einer strafrechtlichen Angelegenheit gewährt wird. Sie umfaßt auch die Genehmigung von Tätigkeiten im Rahmen von grenzüberschreitenden Observationen auf Grund zwischenstaatlicher Vereinbarungen.

(BGBl 1996/762)

Unzulässigkeit der Rechtshilfe

§ 51. (1) Die Leistung von Rechtshilfe ist insoweit unzulässig, als

1. die dem Ersuchen zugrunde liegende Handlung entweder nach österreichischem Recht nicht mit gerichtlicher Strafe bedroht ist oder nach den §§ 14 und 15 nicht der Auslieferung unterliegt,

2. für das dem Ersuchen zugrunde liegende Verfahren nach dem § 19 Z. 1 und 2 die Auslieferung unzulässig wäre, oder

3. entweder die materiellen Voraussetzungen für die Vornahme bestimmter Ermittlungsmaßnahmen nach dem 8. Hauptstück der Strafprozessordnung nicht vorliegen oder die Leistung von Rechtshilfe die Verletzung einer nach den österreichischen Rechtsvorschriften auch den Strafgerichten gegenüber (§ 76 Abs. 2 StPO) zu wahrenden Geheimhaltungspflicht zur Folge hätte. *(BGBl I 2007/112)*

(2) Das Fehlen der Strafbarkeit nach österreichischem Recht steht der Zustellung von Schriftstücken nicht entgegen, wenn der Empfänger zur Annahme bereit ist.

Übersendung von Gegenständen und Akten

§ 52. (1) Gegenstände oder Akten dürfen nur übersendet werden, wenn gewährleistet ist, daß sie sobald wie möglich zurückgegeben werden. Auf die Rückgabe übersendeter Gegenstände kann verzichtet werden, wenn diese nicht mehr benötigt werden.

(2) Gegenstände, an denen Rechte der Republik Österreich oder Rechte dritter Personen bestehen, dürfen nur mit dem Vorbehalt übersendet werden, daß diese Rechte unberührt bleiben. Eine Übersendung ist unzulässig, wenn zu besorgen ist, daß durch sie die Verfolgung oder die Verwirklichung solcher Rechte vereitelt oder unangemessen erschwert würde.

(3) Eine Übersendung von Gegenständen oder Akten ist aufzuschieben, solange diese für ein im Inland anhängiges Gerichts- oder Verwaltungsverfahren benötigt werden.

Vorladungen

§ 53. (1) Einer im Inland befindlichen Person darf eine Aufforderung, vor einer ausländischen Behörde zu erscheinen, nur zugestellt werden, wenn gewährleistet ist, daß sie wegen einer vor ihrer Ausreise aus der Republik Österreich begangenen Handlung nicht verfolgt, bestraft oder in ihrer persönlichen Freiheit beschränkt werden wird. Die Verfolgung, Bestrafung oder Beschränkung der persönlichen Freiheit ist aber zulässig

1. wegen einer strafbaren Handlung, die den Gegenstand der Vorladung einer Person als Beschuldigter bildet,

2. wenn sich die vorgeladene Person nach Abschluß der Vernehmung länger als fünfzehn Tage auf dem Gebiet des ersuchenden Staates aufhält, obwohl sie es verlassen konnte und durfte, oder

3. wenn sie nach Verlassen des Gebietes des ersuchenden Staates dorthin freiwillig zurückkehrt oder rechtmäßig dorthin zurückgebracht wird.

(2) Vorladungen, die Zwangsandrohungen für den Fall ihrer Nichtbefolgung enthalten, dürfen nur mit der Belehrung, daß die angedrohten Maßnahmen in Österreich nicht vollstreckt werden können, zugestellt werden.

(3) Zeugen und Sachverständigen ist auf ihr Verlangen ein angemessener Vorschuß auf die Reisekosten auszuzahlen, wenn der andere Staat darum ersucht hat und die Erstattung des Vorschusses durch den anderen Staat gewährleistet ist.

Überstellung verhafteter Personen zu Beweiszwecken

§ 54. (1) Eine Person, die sich im Inland in Untersuchungs- oder Strafhaft befindet oder im Maßnahmenvollzug angehalten wird, kann zur Vornahme wichtiger Ermittlungsmaßnahmen oder Beweisaufnahmen, insbesondere zum Zweck ihrer Vernehmung oder Gegenüberstellung, auf Ersuchen einer ausländischen Behörde in das Ausland überstellt werden, wenn *(BGBl I 2007/112)*

1. sie dieser Überstellung zustimmt,

2. ihre Anwesenheit für ein im Inland anhängiges Strafverfahren nicht erforderlich ist,

3. die Haft durch die Überstellung nicht verlängert wird, und

4. der ersuchende Staat zusichert, sie in Haft zu halten, nach Durchführung der Ermittlungsmaßnahme oder Beweisaufnahme unverzüglich zurückzustellen und sie wegen einer vor der Überstellung begangenen Handlung nicht zu verfolgen oder zu bestrafen. *(BGBl I 2007/112)*

(2) Die Überstellung unterbricht den Vollzug der Untersuchungs- oder Strafhaft oder der vorbeugenden Maßnahme nicht.

ZWEITER ABSCHNITT

Zuständigkeit und Verfahren

Zuständigkeit zur Erledigung eines Rechtshilfeersuchens

§ 55. (1) Zur Erledigung eines Rechtshilfeersuchens ist unbeschadet der Abs. 2 und 3 die Staatsanwaltschaft zuständig, in deren Sprengel die Rechtshilfehandlung vorzunehmen ist. Wird um Anordnung einer grenzüberschreitenden Observation ersucht, so ist die Staatsanwaltschaft zuständig, in deren Sprengel die Grenze voraussichtlich überschritten werden wird; im Fall einer Observation in einem nach Österreich fliegenden Luftfahrzeug aber die Staatsanwaltschaft, in deren Sprengel der Ort der Landung liegt. Ist eine Zuständigkeit nach diesen Bestimmungen nicht feststellbar, so ist die Staatsanwaltschaft Wien zuständig. Für die Erledigung des Rechtshilfeersuchens gelten die Bestimmungen des 7. Hauptstückes der StPO sinngemäß. *(BGBl I 2007/112)*

(1a) Auskünfte über ein Hauptverfahren sowie über die Vollstreckung einer Freiheitsstrafe oder vorbeugenden Maßnahme hat das erkennende Gericht zu erteilen; gleiches gilt für die Vernehmung von Personen und für die Überlassung von Akten, soweit im inländischen Verfahren bereits Anklage eingebracht worden ist und das Thema der Rechtshilfe mit dem inländischen Verfahren im Zusammenhang steht. Die Durchführung der Vernehmung obliegt in diesem Fall dem Einzelrichter (§ 31 Abs. 1 Z 1 StPO). *(BGBl I 2007/112)*

(2) Befindet sich eine zu überstellende Person in Strafhaft oder im Maßnahmenvollzug, so entscheidet über das Ersuchen um Überstellung das im § 16 des Strafvollzugsgesetzes bezeichnete Gericht durch einen Einzelrichter, ansonsten das Gericht, auf dessen Anordnung die Haft beruht. Die Entscheidung ist dem Bundesministerium für Justiz mitzuteilen. Der Bundesminister für Justiz hat die Überstellung abzulehnen, wenn einer der in den §§ 2 und 3 Abs. 1 angeführten Umstände vorliegt. Die Überstellung zu dem in Betracht kommenden Grenzübergang oder zu dem sonst vereinbarten Übergabeort hat durch Justizwachebeamte zu erfolgen.

(3) Soll eine in einem anderen Staat in Haft befindliche Person zur Vornahme wichtiger Ermittlungsmaßnahmen oder Beweisaufnahmen, insbesondere zum Zweck ihrer Vernehmung oder Gegenüberstellung, durch das Gebiet der Republik Österreich in einen dritten Staat überstellt werden, so sind die §§ 44, 47 und 49 sinngemäß anzuwenden. *(BGBl I 2007/112)*

(BGBl I 2000/108)

Form und Inhalt eines Rechtshilfeersuchens

§ 56. (1) Rechtshilfe darf nur geleistet werden, wenn dem Ersuchen der Sachverhalt und die rechtliche Beurteilung der dem Ersuchen zugrunde liegenden strafbaren Handlung entnommen werden kann. Bei Zustellersuchen genügt ein Hinweis auf die im ersuchenden Staat anzuwendenden oder angewendeten strafgesetzlichen Bestimmungen.

(2) Einem Ersuchen um Anordnung und Durchführung einer im 1. bis 8. Abschnitt des 8. Hauptstückes der StPO geregelten Ermittlungsmaßnahme muss die Ausfertigung, beglaubigte Abschrift oder Ablichtung der Anordnung der zuständigen Behörde beigefügt sein. Handelt es sich nicht um die Anordnung eines Gerichts, so muß eine Erklärung der um die Rechtshilfe ersuchenden Behörde vorliegen, daß die für diese Maßnahme erforderlichen Voraussetzungen nach dem im ersuchenden Staat geltenden Recht erfüllt sind. *(BGBl I 2007/112)*

(BGBl 1996/762)

Ablehnung der Rechtshilfe; Unzuständigkeit

§ 57. (1) Wird die Rechtshilfe ganz oder teilweise nicht geleistet, so ist die ersuchende ausländische Behörde hievon unter Angabe der Gründe auf dem vorgesehenen Weg zu benachrichtigen.

(2) Ist das ersuchte Gericht oder die ersuchte Staatsanwaltschaft zur Erledigung nicht zuständig, so ist das Rechtshilfeersuchen an das zuständige Gericht oder an die sonst zuständige Behörde weiterzuleiten.

Anzuwendende Verfahrensvorschriften

§ 58. Einem Rechtshilfeersuchen, das ein vom österreichischen Strafverfahrensrecht abweichendes Vorgehen erfordert, ist zu entsprechen, wenn dies mit dem Strafverfahren und seinen Grundsätzen gemäß den Bestimmungen des 1. Hauptstückes der StPO vereinbar ist. Wird Rechtshilfe durch Beschlagnahme, Auskünfte über Bankkonten und Bankgeschäfte oder eine im 4. oder 5. Abschnitt des 8. Hauptstückes der StPO geregelte Ermittlungsmaßnahme geleistet, so ist diese zu befristen, wovon die ersuchende ausländische Behörde auf dem vorgesehen Weg zu benachrichtigen ist.

(BGBl I 2007/112)

Zustimmung zur Datenweiterleitung

§ 58a. Einem Ersuchen der zuständigen Behörde des ersuchenden Staates um Zustimmung zur Weiterleitung der in Erledigung eines Rechtshilfeersuchens übermittelten personenbezogenen Daten (§ 9a Abs. 1 Z 2) ist unter Berücksichtigung sämtlicher maßgeblicher Umstände, einschließlich der Schwere der strafbaren Handlung, des Zwecks der ursprünglichen Datenübermittlung und des Datenschutzniveaus im betreffenden Drittstaat zu entsprechen.

(BGBl I 2018/32)

Zulassung ausländischer Organe und am Verfahren Beteiligter zu Rechtshilfehandlungen

§ 59. (1) Die Vornahme von Ermittlungen und Verfahrenshandlungen nach diesem Bundesgesetz durch ausländische Organe auf dem Gebiet der Republik Österreich ist unzulässig. Dem zuständigen ausländischen Richter, Staatsanwalt und anderen am Verfahren beteiligten Personen sowie ihren Rechtsbeiständen ist jedoch die Anwesenheit und Mitwirkung bei Rechtshilfehandlungen zu gestatten, wenn dies zur sachgemäßen Erledigung des Rechtshilfeersuchens erforderlich erscheint. Die hiezu erforderlichen Dienstverrichtungen ausländischer Organe bedürfen, außer im Fall grenzüberschreitender Observationen, der

Bewilligung durch den Bundesminister für Justiz. *(BGBl I 2007/112)*

(2) Personen, welchen die Anwesenheit bei einer Rechtshilfehandlung nach Abs. 1 gestattet worden ist, dürfen während ihres Aufenthaltes im Inland wegen einer vor ihrer Einreise begangenen Handlung nicht verfolgt, bestraft oder in ihrer persönlichen Freiheit beschränkt werden. Die Verfolgung, Bestrafung oder Beschränkung der persönlichen Freiheit ist aber zulässig,

1. wenn sich die zur Rechtshilfehandlung zugelassene Person nach Abschluß der Rechtshilfehandlung länger als fünfzehn Tage auf dem Gebiet der Republik Österreich aufhält, obwohl sie es verlassen konnte und durfte, oder

2. wenn sie nach Verlassen des Gebietes der Republik Österreich freiwillig zurückkehrt oder rechtmäßig zurückgebracht wird.

(3) Befindet sich eine zur Rechtshilfehandlung zugelassene Person im Ausland in Haft, so kann sie auf Ersuchen des anderen Staates übernommen werden, wenn die Haft auf der Verurteilung eines zuständigen Gerichtes beruht oder ein auch nach österreichischem Recht anerkannter Haftgrund besteht. Die überstellte Person ist im Inland in Haft zu halten und nach Durchführung der Rechtshilfehandlung unverzüglich zurückzustellen.

(BGBl 1996/762)

Datenübermittlung ohne Ersuchen

§ 59a. Gerichte und Staatsanwaltschaften können auch ohne Vorliegen eines Rechtshilfeersuchens personenbezogene Daten auf der Grundlage einer zwischenstaatlichen Vereinbarung an Justizbehörden eines anderen Staats übermitteln, soweit

1. die Informationen auslieferungsfähige Handlungen betreffen,

2. eine Übermittlung dieser Informationen an ein inländisches Gericht oder an eine inländische Staatsanwaltschaft auch ohne Ersuchen zulässig wäre, und

3. auf Grund bestimmter Tatsachen anzunehmen ist, dass durch den Inhalt der Informationen

a) ein Strafverfahren in dem anderen Staat eingeleitet,

b) ein bereits eingeleitetes Strafverfahren gefördert oder

c) eine Straftat von erheblicher Bedeutung verhindert oder eine unmittelbare und ernsthafte Gefahr für die öffentliche Sicherheit abgewehrt werden kann.
(BGBl I 2018/32)

(2) *(aufgehoben, BGBl I 2018/32)*

DRITTER ABSCHNITT

Besondere Ermittlungsmaßnahmen

Kontrollierte Lieferung

§ 59b. (1) Über ausländisches Ersuchen kann die Staatsanwaltschaft eine kontrollierte Lieferung durch Österreich bewilligen, wenn der kontrollierten Lieferung oder dem ausländischen Strafverfahren eine auslieferungsfähige Straftat zugrunde liegt.

(2) Eine kontrollierte Lieferung ist zu untersagen, wenn

1. ein Aufschub kriminalpolizeilicher Ermittlungen nicht zulässig ist (§ 99 Abs. 4 StPO), oder

2. die weitere Überwachung des Transports sowie ein Zugriff im anderen Staat nicht sichergestellt erscheint.

(3) Zur Entscheidung über eine kontrollierte Lieferung durch Österreich ist die Staatsanwaltschaft zuständig, in deren Sprengel die Grenze voraussichtlich überschritten wird oder von deren Sprengel die kontrollierte Lieferung ausgehen soll. Bestehen keine Anhaltspunkte im Hinblick auf den Ort des geplanten Grenzübertritts, so ist die Staatsanwaltschaft Wien zuständig. Die Kriminalpolizei hat die zuständige Staatsanwaltschaft unverzüglich von einer geplanten kontrollierten Lieferung zu verständigen.

(4) Die kontrollierte Lieferung durch das oder aus dem Bundesgebiet ist von österreichischen Behörden zu übernehmen und zu leiten. Sie ist so zu gestalten, dass ein Zugriff auf die Verdächtigen und die Waren jederzeit möglich ist. Die Durchführung einer kontrollierten Lieferung durch oder in Begleitung ausländischer Organe ist nur unter Beachtung der Grundsätze des § 5 Abs. 3 StPO zu bewilligen.

(5) Nach Abschluss der kontrollieren Lieferung hat die Staatsanwaltschaft zu prüfen, ob Anlass besteht, jenen Staat, in dem die Verdächtigen betreten wurden, um Übernahme der Strafverfolgung (§ 74) zu ersuchen.

(BGBl I 2014/107)

Verdeckte Ermittlungen

§ 59c. (1) Der Einsatz eines verdeckt oder unter falscher Identität handelnden ausländischen Organes im Inland ist nur auf Grund des Ersuchens einer Justizbehörde eines anderen Staates zulässig, die diesen Einsatz in einem bereits eingeleiteten Straf- oder Ermittlungsverfahren bewilligt hat. Er bedarf vor Beginn des Einsatzes einer Anordnung jener Staatsanwaltschaft, in deren Sprengel der Einsatz voraussichtlich beginnen soll, die eine solche nur unter den Voraussetzungen nach § 131 StPO erteilen darf.

(2) Der Einsatz darf nur für jenen Zeitraum angeordnet werden, der zur Erreichung seines Zwecks voraussichtlich erforderlich ist, längstens jedoch für einen Monat. Eine neuerliche Anordnung ist nur zulässig, soweit die Voraussetzungen fortbestehen und aufgrund bestimmter Tatsachen anzunehmen ist, dass die weitere Durchführung Erfolg haben werde. Sobald die Voraussetzungen für die weitere Durchführung wegfallen oder der Zweck der Ermittlungshandlungen nicht mehr erreicht wird oder voraussichtlich nicht mehr erreicht werden kann, ist der Einsatz sofort zu beenden.

(3) Der ausländische verdeckte Ermittler ist ausschließlich durch das Bundesministerium für Inneres zu führen und zu überwachen; sein Einsatz richtet sich nach § 131 Abs. 3 StPO. Die Staatsanwaltschaft hat dieser Behörde die Anordnung einer verdeckten Ermittlung nach den Bestimmungen der Verschlusssachenordnung, BGBl. II Nr. 256/1998, zu übermitteln.

(4) Für ausländische verdeckte Ermittler, die kriminalpolizeiliche Organe (§ 129 Z 2 StPO) sind, gelten die Bestimmungen der §§ 131 Abs. 2 letzter Satz, Abs. 4 und 132 StPO.

(BGBl I 2014/107)

V. HAUPTSTÜCK

Übernahme der Strafverfolgung und der Überwachung; Vollstreckung ausländischer strafgerichtlicher Entscheidungen

ERSTER ABSCHNITT

Übernahme der Strafverfolgung

Zuständigkeit und Verfahren

§ 60. (1) Ersuchen um Übernahme der Strafverfolgung sind vom Bundesministerium für Justiz vorläufig zu prüfen. Kann das Ersuchen zu einer Strafverfolgung keinen Anlaß geben, so hat der Bundesminister für Justiz die weitere Behandlung des Ersuchens abzulehnen, andernfalls das Ersuchen der zuständigen Staatsanwaltschaft zu übersenden. Der Bundesminister für Justiz kann in jeder Lage des Verfahrens von sich aus oder auf Antrag der Staatsanwaltschaft von dem um die Übernahme der Strafverfolgung ersuchenden Staat eine Ergänzung der Unterlagen verlangen. Er hat den ersuchenden Staat von den getroffenen Verfügungen und vom Ergebnis eines Strafverfahrens zu verständigen. *(BGBl I 2007/112)*

(2) Ist die Strafverfolgung zu übernehmen, eine örtliche Zuständigkeit aber nicht feststellbar, so ist die Staatsanwaltschaft Wien zuständig. *(BGBl I 2007/112)*

(3) Gründet sich die österreichische Gerichtsbarkeit ausschließlich auf eine zwischenstaatliche Vereinbarung, so hat die Staatsanwaltschaft die betroffene Person zu den Voraussetzungen für die Übernahme der Strafverfolgung zu vernehmen. *(BGBl I 2007/112)*

(BGBl I 2004/15)

ZWEITER ABSCHNITT

Übernahme der Überwachung

Voraussetzungen

§ 61. Die Überwachung eines von einem ausländischen Gericht rechtskräftig Verurteilten, bei dem die Verhängung einer Strafe bedingt aufgeschoben wurde, dem eine Strafe oder vorbeugende Maßnahme bedingt nachgesehen wurde oder der aus einer Freiheitsstrafe oder einer mit Freiheitsentziehung verbundenen vorbeugenden Maßnahme bedingt entlassen wurde, ist auf Ersuchen eines anderen Staates zulässig, wenn

1. die Entscheidung des ausländischen Gerichtes in einem den Grundsätzen des Art. 6 der Konvention zum Schutze der Menschenrechte und Grundfreiheiten, BGBl. Nr. 210/1958, entsprechenden Verfahren ergangen ist,

2. die Verurteilung wegen einer Handlung erfolgt ist, die nach österreichischem Recht mit gerichtlicher Strafe bedroht ist,

3. die Verurteilung nicht wegen einer der in den §§ 14 und 15 bezeichneten strafbaren Handlungen erfolgt ist,

4. der Verurteilte nicht wegen der Tat im Inland verfolgt wird, rechtskräftig verurteilt oder aus einem anderen Grund als wegen Fehlens der österreichischen Gerichtsbarkeit rechtskräftig freigesprochen oder sonst außer Verfolgung gesetzt worden ist, und

5. der Verurteilte seinen Wohnsitz oder Aufenthalt im Inland hat.

Überwachungsmaßnahmen

§ 62. Die Überwachung soll den Rechtsbrecher von weiteren mit Strafe bedrohten Handlungen abhalten. Soweit es hiezu notwendig oder zweckmäßig ist, sind unter Bedachtnahme auf die ausländische Entscheidung die nach österreichischem Recht hiefür vorgesehenen Maßnahmen (§§ 51 und 52 des Strafgesetzbuches) anzuordnen.

Zuständigkeit und Verfahren

§ 63. (1) Ersuchen um Übernahme der Überwachung sind vom Bundesministerium für Justiz dem zuständigen Gericht (Abs. 2) zuzuleiten. Kann ein Ersuchen aus einem der in den §§ 2 und 3 Abs. 1 angeführten Gründen keinen Anlaß zu einer Überwachung geben oder ist das Ersuchen zur gesetzmäßigen Behandlung ungeeignet, so hat der Bundesminister für Justiz die weitere Behandlung des Ersuchens abzulehnen. Er kann in jeder Lage des Verfahrens von sich aus oder auf Antrag des Gerichtes von dem um die Übernahme der Überwachung ersuchenden Staat eine Ergänzung der Unterlagen verlangen.

(2) Zur Entscheidung über das Ersuchen um Überwachung sowie zur Anordnung der Überwachungsmaßnahmen ist das Gericht örtlich zuständig, in dessen Sprengel der Verurteilte seinen Wohnsitz oder Aufenthalt hat. Liegt der ausländischen Verurteilung eine nach österreichischem Recht in die Zuständigkeit der Bezirksgerichte fallende strafbare Handlung zugrunde, so ist für die Anordnung der erforderlichen Maßnahmen das Bezirksgericht, sonst der Einzelrichter des Landesgerichts zuständig. *(BGBl I 2007/112)*

(3) Der Bundesminister für Justiz hat dem ersuchenden Staat die Entscheidung über das Ersuchen um Übernahme der Überwachung auf dem vorgesehenen Weg mitzuteilen und ihn von den auf Grund dieses Ersuchens angeordneten Maßnahmen und deren Ergebnis zu verständigen.

(BGBl 1996/762)

DRITTER ABSCHNITT
Vollstreckung ausländischer strafgerichtlicher Entscheidungen

Voraussetzungen

§ 64. (1) Die Vollstreckung oder weitere Vollstreckung der Entscheidung eines ausländischen Gerichtes, mit der eine Geld- oder Freiheitsstrafe, eine mit Freiheitsentziehung verbundene vorbeugende Maßnahme oder eine vermögensrechtliche Anordnung rechtskräftig ausgesprochen worden ist, ist auf Ersuchen eines anderen Staates zulässig, wenn

1. die Entscheidung des ausländischen Gerichtes in einem den Grundsätzen des Art. 6 der Konvention zum Schutze der Menschenrechte und Grundfreiheiten, BGBl. Nr. 210/1958, entsprechenden Verfahren ergangen ist,

2. die Entscheidung wegen einer Handlung ergangen ist, die nach österreichischem Recht mit gerichtlicher Strafe bedroht ist,

3. die Entscheidung nicht wegen einer der in den §§ 14 und 15 angeführten strafbaren Handlungen ergangen ist,

4. nach österreichischem Recht noch keine Verjährung der Vollstreckbarkeit eingetreten wäre,

5. der durch die Entscheidung des ausländischen Gerichtes Betroffene nicht wegen der Tat im Inland verfolgt wird, rechtskräftig verurteilt oder freigesprochen oder sonst außer Verfolgung gesetzt worden ist.
(BGBl I 2013/175)

(2) Die Vollstreckung der Entscheidung eines ausländischen Gerichtes, mit der eine Freiheitsstrafe oder mit Freiheitsentziehung verbundene vorbeugende Maßnahme ausgesprochen worden ist, ist nur zulässig, wenn der Verurteilte österreichischer Staatsbürger ist, seinen Wohnsitz oder Aufenthalt im Inland hat und der inländischen Vollstreckung zugestimmt hat. *(BGBl I 2013/175)*

(3) Der Vollzug mit Freiheitsentziehung verbundener vorbeugender Maßnahmen ist nur zulässig, wenn das österreichische Recht eine gleichartige Maßnahme vorsieht. *(BGBl I 2013/175)*

(4) Die Vollstreckung der Entscheidung eines ausländischen Gerichtes, mit der vermögensrechtliche Anordnungen getroffen werden, ist nur zulässig, soweit nach österreichischem Recht die Voraussetzungen für eine Geldstrafe oder eine vermögensrechtliche Anordnung vorliegen und eine entsprechende inländische Anordnung noch nicht ergangen ist. *(BGBl I 2013/175)*

(5) Die Vollstreckung der Entscheidung eines ausländischen Gerichtes, mit der eine Geldstrafe oder Verfall ausgesprochen worden ist, ist überdies nur zulässig, wenn die Einbringung im Inland zu erwarten ist und der Betroffene gehört worden ist, sofern er erreichbar ist. *(BGBl I 2013/175)*

(6) Die Vollstreckung der Entscheidung eines ausländischen Gerichtes, mit der eine Konfiskation oder eine Einziehung rechtskräftig ausgesprochen worden ist, ist überdies nur zulässig, wenn sich von der Entscheidung erfaßte Gegenstände oder Vermögenswerte im Inland befinden und der Betroffene gehört worden ist, sofern er erreichbar ist. *(BGBl I 2013/175)*

(7) Geldstrafen, verfallene Vermögenswerte und eingezogene und konfiszierte Gegenstände fallen dem Bund zu. *(BGBl I 2013/175)*

(8) „Vermögensrechtliche Anordnung" bedeutet Konfiskation (§ 19a StGB), Verfall (§§ 20, 20b StGB), Einziehung (§ 26 StGB) und jede andere im Entzug eines Vermögenswertes oder Gegenstandes bestehende Strafe, vorbeugende Maßnahme oder Rechtsfolge, die nach Durchführung eines strafgerichtlichen Verfahrens im In- oder Ausland ausgesprochen wird, mit Ausnahme von Geldstrafen, Geldbußen, Opferentschädigungen und Verfahrenskosten. *(BGBl I 2013/175)*

(BGBl 1996/762)

Inländische Vollstreckungsentscheidung

§ 65. (1) Wird die Vollstreckung einer ausländischen gerichtlichen Entscheidung in Strafsachen übernommen, so ist unter Bedachtnahme auf die darin ausgesprochene Maßnahme nach österreichischem Recht die im Inland zu vollstreckende Strafe, mit Freiheitsentziehung verbundene vorbeugende Maßnahme oder vermögensrechtliche Anordnung zu bestimmen. *(BGBl I 2013/175)*

(2) Der von der Entscheidung Betroffene darf durch die Übernahme der Vollstreckung nicht ungünstiger gestellt werden als durch die Vollstreckung im anderen Staat.

(3) Die §§ 38 und 66 des Strafgesetzbuches sind sinngemäß anzuwenden.

(BGBl 1996/762)

Behandlung einlangender Ersuchen

§ 66. Ersuchen um Vollstreckung ausländischer strafgerichtlicher Entscheidungen sind vom Bundesministerium für Justiz dem zuständigen Landesgericht (§ 67 Abs. 1) zuzuleiten. Liegen bereits zum Zeitpunkt des Einlangens des Ersuchens Umstände zutage, die eine Übernahme der Vollstreckung aus einem der in den §§ 2 und 3 Abs. 1 angeführten Gründe unzulässig machen, oder ist das Ersuchen zur gesetzmäßigen Behandlung ungeeignet, so hat der Bundesminister für Justiz das Ersuchen sogleich abzulehnen. Der Bundesminister für Justiz kann in jeder Lage des Verfahrens von sich aus oder auf Antrag des Gerichtshofes erster Instanz von dem um Übernahme der Vollstreckung ersuchenden Staat eine Ergänzung der Unterlagen verlangen. *(BGBl I 2007/112)*

Zuständigkeit und Verfahren

§ 67. (1) Für Ersuchen um Vollstreckung und die Anpassung der Strafe oder der mit Freiheitsentziehung verbundenen vorbeugenden Maßnahme ist das Landesgericht zuständig, in dessen Sprengel die betroffene Person ihren Wohnsitz oder Aufenthalt hat oder zuletzt hatte. Ergibt sich nach diesen Bestimmungen keine Zuständigkeit eines bestimmten Landesgerichts, so ist das Landesgericht für Strafsachen Wien zuständig. Bezieht sich das Ersuchen auf die Vollstreckung einer Freiheitsstrafe oder einer mit Freiheitsentziehung verbundenen vorbeugenden Maßnahme im Ausmaß von mindestens fünf Jahren, so entscheidet das Landesgericht als Senat von drei Richtern (§ 31 Abs. 6 StPO). Für Ersuchen um Vollstreckung einer Entscheidung über eine vermögensrechtliche Anordnung ist das Landesgericht zuständig, in dessen Sprengel sich der Vermögenswert oder Gegenstand befindet. *(BGBl I 2007/112; BGBl I 2011/134; BGBl I 2013/175)*

(2) Der Bundesminister für Justiz hat dem ersuchenden Staat die Entscheidung über das Ersuchen um Übernahme der Vollstreckung auf dem vorgesehenen Weg mitzuteilen und ihn von der Vollstreckung zu verständigen.

(3) Nach der Übernahme der Vollstreckung einer Strafe oder mit Freiheitsentziehung verbundenen vorbeugenden Maßnahme darf ein Strafverfahren wegen der dem Urteil zugrundeliegenden Tat nicht mehr eingeleitet werden. *(BGBl I 2013/175)*

(4) Auf den Vollzug, die bedingte Entlassung und das Gnadenrecht sind die Bestimmungen des österreichischen Rechts anzuwenden.

(5) Der Vollzug ist jedenfalls zu beenden, wenn die Vollstreckbarkeit der Strafe oder mit Freiheitsentziehung verbundenen vorbeugenden Maßnahme nach dem Recht des ersuchenden Staates erlischt. *(BGBl I 2013/175)*

(BGBl 1996/762)

VI. HAUPTSTÜCK

Erwirkung der Auslieferung, der Durchlieferung, der Ausfolgung, der Rechtshilfe sowie der Übernahme der Strafverfolgung, der Überwachung und der Vollstreckung

ERSTER ABSCHNITT

Erwirkung der Auslieferung, der Durchlieferung und der Ausfolgung

Zuständigkeit und Verfahren

§ 68. (1) Soll die Auslieferung einer im Ausland befindlichen Person zur

1. Strafverfolgung oder

2. Vollstreckung einer Freiheitsstrafe oder vorbeugenden Maßnahme

erwirkt werden, so hat das im inländischen Verfahren zuständige Gericht auf Antrag der Staatsanwaltschaft dem Bundesministerium für Justiz die zur Erwirkung der Auslieferung erforderlichen Unterlagen zu übermitteln. *(BGBl I 2007/112)*

(2) Der Bundesminister für Justiz kann von der Erwirkung der Auslieferung absehen, wenn

1. eine Auslieferung nicht zu erwarten ist,

2. voraussichtlich nur eine Geldstrafe oder eine geringfügige oder bedingt nachzusehende Freiheitsstrafe verhängt werden würde,

3. die zu vollstreckende Freiheitsstrafe geringfügig ist, oder

4. mit der Auslieferung für die Republik Österreich Nachteile oder Belastungen verbunden wären, die zu dem öffentlichen Interesse an der Strafverfolgung oder an der Vollstreckung in keinem angemessenen Verhältnis stehen.

(3) Für die Erwirkung der Durchlieferung und der Ausfolgung von Gegenständen sind die Bestimmungen der Abs. 1 und 2 sinngemäß anzuwenden.

Erwirkung der Auslieferungshaft

§ 69. Liegen die Voraussetzungen zur Erwirkung der Auslieferung vor, so kann das zuständige Gericht auf Antrag der Staatsanwaltschaft das zuständige ausländische Gericht auf dem vorgesehenen Weg um die Verhängung der Auslieferungshaft ersuchen. Dies ist dem Bundesministerium für Justiz unverzüglich mitzuteilen. *(BGBl I 2007/112)*

Spezialität der Auslieferung

§ 70. (1) Eine Person, die nach Österreich ausgeliefert wurde, darf ohne Zustimmung des ersuchten Staates weder wegen einer vor ihrer Übergabe begangenen Handlung, auf die sich die Auslieferungsbewilligung nicht erstreckt, noch ausschließlich wegen einer oder mehrerer für sich allein nicht der Auslieferung unterliegenden Handlungen verfolgt, bestraft, in ihrer persönlichen Freiheit beschränkt oder an einen dritten Staat weitergeliefert werden. Die Spezialität der Auslieferung steht solchen Maßnahmen jedoch nicht entgegen, wenn

1. sich die ausgelieferte Person nach ihrer Freilassung länger als fünfundvierzig Tage auf dem Gebiet der Republik Österreich aufhält, obwohl sie es verlassen konnte und durfte,

2. die ausgelieferte Person das Gebiet der Republik Österreich verläßt und freiwillig zurückkehrt oder aus einem dritten Staat rechtmäßig zurückgebracht wird, oder

3. der ersuchte Staat auf die Einhaltung der Spezialität verzichtet.

(2) Soll die der Auslieferung zugrunde liegende Handlung rechtlich anders als im Auslieferungsersuchen gewürdigt werden oder sollen andere als die ursprünglich angenommenen strafgesetzlichen Bestimmungen zur Anwendung kommen, so darf die ausgelieferte Person nur insoweit verfolgt und bestraft werden, als die Auslieferung auch unter den neuen Gesichtspunkten zulässig wäre.

(3) Wurde die Auslieferung einer wegen mehrerer zusammentreffender strafbarer Handlungen verurteilten Person nur zur Vollstreckung des auf einzelne dieser strafbaren Handlungen entfallenden Teiles der Strafe bewilligt, so darf nur dieser Teil vollstreckt werden. Das Ausmaß der zu vollstreckenden Strafe ist von dem Gericht, das in erster Instanz erkannt hat, durch Beschluß festzusetzen. *(BGBl I 2011/134)*

(4) Das im Abs. 3 genannte Gericht hat auf Antrag der Staatsanwaltschaft mit Beschluss festzustellen, welcher Teil einer verhängten Strafe auf die einzelnen einem Auslieferungsersuchen zugrundeliegenden strafbaren Handlungen entfällt. *(BGBl I 2007/112)*

(5) *(aufgehoben, BGBl I 2007/112)*

(6) Die Bestimmungen der Abs. 1 bis 4 sind sinngemäß auch auf die Durchlieferung anzuwenden. *(BGBl I 2007/112)*

(BGBl I 2004/15)

ZWEITER ABSCHNITT

Erwirkung der Rechtshilfe

Voraussetzungen und Verfahren

§ 71. (1) Ersuchen um Rechtshilfe sind auf dem vorgesehenen Weg an das ausländische Gericht, die ausländische Staatsanwaltschaft oder die im Straf- oder Maßnahmenvollzug tätige Behörde zu richten, in deren Sprengel die Rechtshilfehandlung vorgenommen werden soll. Das Ersuchen hat den dem Verfahren zugrunde liegenden Sachverhalt und die sonst zur sachgemäßen Erledigung erforderlichen Angaben zu enthalten.

(2) Soweit nicht unmittelbarer Rechtshilfeverkehr vorgesehen ist, kann der Bundesminister für Justiz von der Weiterleitung eines Rechtshilfeersuchens aus einem der in den §§ 2 und 3 Abs. 1 angeführten Gründe absehen.

Ersuchen an Private

§ 71a. (1) Ersuchen um Übermittlung von Stammdaten (§ 76a Abs. 1 StPO) können unmittelbar an den zuständigen Anbieter von Kommunikationsdiensten im ersuchten Staat übermittelt werden, wenn

1. die begehrten Informationen zur Verhinderung, Untersuchung, Aufdeckung oder Verfolgung von Straftaten oder zur Strafvollstreckung unbedingt erforderlich sind,

2. das öffentliche Interesse an der Übermittlung die Grundrechte des Betroffenen überwiegt und

3. die Übermittlung an die zuständige Behörde wirkungslos oder ungeeignet wäre.

(2) Die zuständige Behörde im ersuchten Staat ist unverzüglich über Ersuchen nach Abs. 1 in Kenntnis zu setzen.

(3) Datenübermittlungen nach Abs. 1, einschließlich Datum und Uhrzeit der Übermittlung, Bezeichnung des empfangenden Anbieters, Anführung der übermittelten personenbezogenen Daten und Begründung der Übermittlung, sind zu dokumentieren.

(BGBl I 2018/32)

Vorladung von Personen aus dem Ausland

§ 72. (1) Erweist sich das persönliche Erscheinen einer zu vernehmenden Person vor Gericht als notwendig, so ist das zuständige ausländische Gericht auf dem vorgesehenen Weg um die Zustellung der Vorladung zu ersuchen. In dieser dürfen Zwangsandrohungen für den Fall ihrer Nichtbefolgung nicht enthalten sein.

(2) Die vorgeladene Person darf im Inland wegen einer vor ihrer Einreise begangenen Handlung nicht verfolgt, bestraft oder in ihrer persönlichen Freiheit beschränkt werden. Die

Verfolgung, Bestrafung oder Beschränkung der persönlichen Freiheit ist aber zulässig,

1. wegen einer strafbaren Handlung, die den Gegenstand der Vorladung einer Person als Beschuldigter bildet,

2. wenn sich die vorgeladene Person nach Abschluß der Vernehmung länger als fünfzehn Tage auf dem Gebiet der Republik Österreich aufhält, obwohl sie es verlassen konnte und durfte, oder

3. wenn sie nach Verlassen des Gebietes der Republik Österreich freiwillig zurückkehrt oder rechtmäßig zurückgebracht wird.

Überstellung verhafteter Personen zu Beweiszwecken

§ 73. (1) Eine im Ausland in Haft befindliche Person kann zur Vornahme wichtiger Ermittlungsmaßnahmen oder Beweisaufnahmen, insbesondere zum Zweck ihrer Vernehmung oder Gegenüberstellung, nach Österreich überstellt werden. Die Bestimmungen des § 59 Abs. 2 und 3 sind sinngemäß anzuwenden. *(BGBl I 2007/112)*

(2) Soll eine im Inland in Untersuchungs- oder Strafhaft befindliche Person zum Zweck einer zu erwirkenden wichtigen Ermittlungsmaßnahme oder Beweisaufnahme Untersuchungshandlung, insbesondere einer Vernehmung oder Gegenüberstellung, in das Ausland überstellt werden, so ist § 54 sinngemäß anzuwenden. Der Zustimmung der zu überstellenden Person (§ 54 Abs. 1 Z. 1) bedarf es jedoch nicht. *(BGBl I 2007/112)*

DRITTER ABSCHNITT

Erwirkung der Übernahme der Strafverfolgung, der Überwachung sowie Vollstreckung inländischer strafgerichtlicher Verurteilungen im Ausland

Erwirkung der Übernahme der Strafverfolgung

§ 74. (1) Der Bundesminister für Justiz kann einen anderen Staat ersuchen, gegen eine Person wegen einer strafbaren Handlung, die der österreichischen Gerichtsbarkeit unterliegt, ein Strafverfahren einzuleiten, wenn die Gerichtsbarkeit dieses Staates begründet erscheint und

1. die Auslieferung einer im Ausland befindlichen Person nicht erwirkt werden kann oder von der Erwirkung der Auslieferung aus einem anderen Grund abgesehen wird, oder

2. die Aburteilung einer im Inland befindlichen Person im anderen Staat im Interesse der Wahrheitsfindung oder aus Gründen der Strafzumessung oder der Vollstreckung zweckmäßig ist und wenn diese Person wegen einer anderen strafbaren Handlung ausgeliefert wird oder sonst anzunehmen ist, daß das Strafverfahren im anderen Staat in Anwesenheit dieser Person durchgeführt werden wird.

(2) Soll die Übernahme der Strafverfolgung erwirkt werden, so hat die Staatsanwaltschaft dem Bundesministerium für Justiz unter Anschluss der erforderlichen Unterlagen zu berichten. *(BGBl I 2007/112)*

(3) Ein Ersuchen nach Abs. 1 ist unzulässig, wenn zu besorgen ist, daß die Person aus einem der im § 19 angeführten Gründe einem Nachteil ausgesetzt wäre, oder wenn die strafbare Handlung im ersuchten Staat mit der Todesstrafe bedroht ist.

(4) Nach Einlangen der Mitteilung, daß die Strafverfolgung im ersuchten Staat übernommen worden ist, hat das inländische Strafverfahren vorläufig auf sich zu beruhen. Ist der Täter von dem ausländischen Gericht rechtskräftig verurteilt und ist die Strafe ganz vollstreckt oder, soweit sie nicht vollstreckt wurde, erlassen worden, so ist das inländische Verfahren einzustellen.

(5) Vor einem Ersuchen um Übernahme der Strafverfolgung ist der Beschuldigte zu hören, wenn er sich im Inland befindet. *(BGBl I 2007/112)*

Erwirkung der Überwachung

§ 75. Besteht Anlaß, einen anderen Staat um die Überwachung einer Person zu ersuchen, für die auf Grund der Entscheidung eines inländischen Gerichtes nach den §§ 43, 43a, 45, 46 oder 47 des Strafgesetzbuches oder § 13 des Jugendgerichtsgesetzes 1988 eine Probezeit bestimmt worden ist, so hat der Vorsitzende (Einzelrichter) des Gerichtes, das in erster Instanz diese Entscheidung gefällt hat, dem Bundesministerium für Justiz die zur Erwirkung der Überwachung erforderlichen Unterlagen zu übermitteln. Vor einem Ersuchen um Überwachung ist eine Äußerung der Staatsanwaltschaft einzuholen und der Verurteilte zu hören, wenn er sich im Inland befindet. *(BGBl I 2007/112)*

(BGBl 1996/762)

Erwirkung der Vollstreckung

§ 76. (1) Besteht Anlaß, einen anderen Staat um die Übernahme der Vollstreckung einer rechtskräftigen Entscheidung zu ersuchen, mit der eine Strafe oder mit Freiheitsentziehung verbundene vorbeugende Maßnahme ausgesprochen oder widerrufen oder eine vermögensrechtliche Anordnung angeordnet wurde, so hat der Vorsitzende (Einzelrichter) des Gerichtes, das zuletzt in erster Instanz erkannt hat, dem Bundesministerium für Justiz die zur Erwirkung der Übernahme der Vollstreckung erforderlichen Unterlagen zu übermitteln. Der Bundesminister für Justiz hat von der Stellung des Ersuchens abzusehen, wenn anzunehmen ist, daß die Übernahme der Vollstreckung aus Gründen der in den §§ 2, 3 Abs. 1 oder in Abs. 3 Z. 2 und 3 genannten Art abgelehnt werden wird. *(BGBl I 2013/175)*

(2) Ein Ersuchen um Übernahme der Vollstreckung einer Freiheitsstrafe oder einer mit Freiheitsentziehung verbundenen vorbeugenden Maßnahme ist zulässig, wenn

1. sich der Verurteilte im ersuchten Staat befindet und seine Auslieferung nicht erwirkt werden kann oder von der Erwirkung der Auslieferung aus einem anderen Grund abgesehen wird, oder

2. die Vollzugszwecke durch die Vollstreckung oder weitere Vollstreckung im ersuchten Staat besser erreicht werden könnten.
(BGBl I 2013/175)

(3) Um eine Übernahme der Vollstreckung einer Freiheitsstrafe oder einer mit Freiheitsentziehung verbundenen vorbeugenden Maßnahme darf nicht ersucht werden, wenn

1. der Verurteilte österreichischer Staatsbürger ist, es sei denn, daß er seinen Wohnsitz oder Aufenthalt im ersuchten Staat hat und sich dort befindet,

2. zu besorgen ist, daß die Strafe oder vorbeugende Maßnahme in einer den Erfordernissen des Art. 3 der Konvention zum Schutze der Menschenrechte und Grundfreiheiten, BGBl. Nr. 210/1958, nicht entsprechenden Weise vollstreckt würde,

3. zu besorgen ist, daß der Verurteilte im Fall seiner Überstellung in den ersuchten Staat dort eine Verfolgung oder Nachteile der im § 19 Z. 3 bezeichneten Art zu erwarten hätte, oder

4. zu besorgen ist, daß der Verurteilte im anderen Staat in der Gesamtauswirkung erheblich schlechter gestellt wäre als durch die Vollstreckung oder weitere Vollstreckung im Inland.
(BGBl I 2013/175)

(4) Ein Ersuchen um Übernahme der Vollstreckung einer Geldstrafe oder der Anordnung einer vermögensrechtlichen Anordnungist zulässig, wenn die Einbringung im ersuchten Staat zu erwarten ist. *(BGBl I 2013/175)*

(5) Teilt der ersuchte Staat mit, daß er die Vollstreckung übernimmt, so hat diese im Inland vorläufig auf sich zu beruhen. Kehrt der Verurteilte in das Gebiet der Republik Österreich zurück, ohne daß die im ersuchten Staat auf Grund des Ersuchens um Übernahme der Vollstreckung angeordnete Strafe oder mit Freiheitsentziehung verbundene vorbeugende Maßnahme zur Gänze vollstreckt oder für den nicht vollstreckten Teil nachgesehen worden ist, so hat das Gericht den Rest der Strafe oder vorbeugenden Maßnahme vollstrecken zu lassen. Das Gericht hat jedoch von der nachträglichen Vollstreckung abzusehen und dem Verurteilten den Rest der Strafe bedingt oder unbedingt nachzusehen oder ihn aus der vorbeugenden Maßnahme bedingt oder unbedingt zu entlassen, soweit der Verurteilte durch die Vollstreckung in der Gesamtauswirkung ungünstiger gestellt wäre, als wenn die im Ausland stattgefundene Vollstreckung in Österreich stattgefunden hätte. *(BGBl I 2013/175)*

(6) Wurde die Vollstreckung einer wegen mehrerer zusammentreffender strafbarer Handlungen verhängten Strafe nur wegen des auf einzelne dieser strafbaren Handlungen entfallenden Teiles erwirkt und wird die Strafe nicht im ersuchten Staat geteilt, so ist § 70 Abs. 3 sinngemäß anzuwenden.

(7) Auf die im ersuchten Staat zu vollstreckende Strafe oder vermögensrechtliche Anordnung bleiben die Bestimmungen des österreichischen Gnadenrechtes weiterhin anwendbar.

(8) Die Übergabe des Verurteilten an die Behörden des ersuchten Staates hat der Vorsitzende (Abs. 1) in sinngemäßer Anwendung des § 36 Abs. 1 zu veranlassen.

(9) Vor einem Ersuchen um Übernahme der Vollstreckung ist eine Äußerung der Staatsanwaltschaft einzuholen und der Betroffene zu hören, wenn er sich im Inland befindet. Der Betroffene hat keinen Anspruch auf die Stellung oder das Unterbleiben eines Ersuchens um Übernahme der Vollstreckung. Erteilt er seine Zustimmung zur Übertragung der Vollstreckung zu gerichtlichem Protokoll, so ist er zuvor darüber zu belehren, dass er diese Zustimmung nicht widerrufen kann.
(BGBl I 2007/112)

(BGBl I 2004/15)

VII. HAUPTSTÜCK

Gemeinsame Ermittlungsgruppen

Bildung einer gemeinsamen Ermittlungsgruppe im Inland

§ 76a. (1) Erweist sich in einem inländischen Strafverfahren die Bildung einer gemeinsamen Ermittlungsgruppe (§ 60 EU-JZG) als erforderlich und sollen im Inland Ermittlungen durchgeführt werden, an denen die Beteiligung von Organen anderer Staaten zweckmäßig erscheint, so hat die Staatsanwaltschaft den in Betracht kommenden Justizbehörden dieser Staaten im Wege des Bundesministeriums für Justiz die Bildung einer gemeinsamen Ermittlungsgruppe vorzuschlagen. Dieser Vorschlag hat auch an die zuständige österreichische Sicherheitsbehörde zu ergehen, die weitere Mitglieder vorschlagen kann.

(2) Über ein Ersuchen eines anderen Staates um Bildung einer gemeinsamen Ermittlungsgruppe entscheidet die Staatsanwaltschaft.

(3) Eine im Inland tätig werdende gemeinsame Ermittlungsgruppe ist von der Staatsanwaltschaft zu leiten und organisatorisch zu unterstützen. Ihre Befugnisse richten sich nach den im Inland gel-

tenden Vorschriften über das Strafverfahren. § 62 Abs. 1 EU-JZG ist sinngemäß anzuwenden.

(4) Der Leiter der Ermittlungsgruppe kann ausländische Organe von der Anwesenheit bei bestimmten Ermittlungshandlungen ausschließen, wenn die Durchführung ansonsten erheblich erschwert oder der Erfolg gefährdet wäre.

(BGBl I 2014/107)

Bildung einer gemeinsamen Ermittlungsgruppe im Inland

§ 76b. (1) Sind im Rahmen eines inländischen Strafverfahrens Ermittlungen in einem oder mehreren anderen Staaten durchzuführen, die Anlass zur Bildung einer gemeinsamen Ermittlungsgruppe geben, so kann die Staatsanwaltschaft die zuständigen Justizbehörden dieser Staaten im Wege des Bundesministeriums für Justiz um Bildung einer gemeinsamen Ermittlungsgruppe ersuchen.

(2) Eine Beteiligung österreichischer Justizbehörden an einer in einem anderen Staat gebildeten gemeinsamen Ermittlungsgruppe kann stattfinden, wenn die zugrunde liegenden Straftaten auch nach österreichischem Recht mit gerichtlicher Strafe bedroht sind und die Teilnahme auch der Aufklärung einer unter den Geltungsbereich der österreichischen Strafgesetze fallenden Straftat dient. § 62 Abs. 2 und 3 EU-JZG ist sinngemäß anzuwenden.

(BGBl I 2014/107)

VIII. HAUPTSTÜCK
Schlußbestimmungen

Inkrafttreten und Übergangsbestimmungen

§ 77. (1) Dieses Bundesgesetz tritt mit 1. Juli 1980 in Kraft.

(2) Verordnungen auf Grund dieses Bundesgesetzes dürfen bereits von dem seiner Kundmachung folgenden Tag an erlassen, aber frühestens mit 1. Juli 1980 in Kraft gesetzt werden.

(3) Mit Ablauf des 30. Juni 1980 verlieren ihre Wirksamkeit:

1. die §§ 59, 157 und 421 Abs. 3 der Strafprozeßordnung 1975, § 59 Abs. 1 der Strafprozeßordnung 1975 jedoch mit der Maßgabe, daß er auf Auslieferungsverfahren, die beim inländischen Gericht vor dem Inkrafttreten dieses Bundesgesetzes anhängig geworden sind, weiterhin anzuwenden ist;

2. die Verordnung des Justizministeriums vom 2. September 1891 betreffend die Durchlieferung von Verbrechern durch Österreich, JMVBl. Nr. 34/1891.

(4) § 9a samt Überschrift, § 58a samt Überschrift, § 59a, § 71a samt Überschrift sowie Artikel XXV in der Fassung des Materien-Datenschutz-Anpassungsgesetzes 2018, BGBl. I Nr. 32/2018, treten mit 25. Mai 2018 in Kraft. *(BGBl I 2018/32)*

Vollziehungsklausel

§ 78. (1) Mit der Vollziehung dieses Bundesgesetzes, mit Ausnahme des § 6, ist der Bundesminister für Justiz, hinsichtlich der §§ 2 und 42 bis 49 im Einvernehmen mit dem Bundesminister für Inneres, hinsichtlich des § 6 die Bundesregierung betraut.

(2) Der Bundesminister für Justiz hat die zur Vollziehung dieses Bundesgesetzes erforderlichen Vorschriften, insbesondere über den im Verkehr mit ausländischen Behörden einzuhaltenden Geschäftsweg, über die geschäftsordnungsmäßige Behandlung, über Form und Inhalt von Ersuchen, Mitteilungen und Unterlagen im Auslieferungs- und Rechtshilfeverkehr und in Angelegenheiten der Übernahme der Strafverfolgung, der Überwachung und der Vollstreckung, über den Anschluß von Übersetzungen sowie über die Erledigung von Ersuchen ausländischer Behörden und die Durchführung einer Auslieferung oder Ausfolgung durch Verordnung zu erlassen.

Art XXV

Übergangsbestimmung

§ 9a findet keine Anwendung auf vor dem 6. Mai 2016 abgeschlossene und mit dem Unionsrecht vor diesem Zeitpunkt vereinbare völkerrechtliche Übereinkommen mit Drittstaaten oder internationalen Organisationen, die die Übermittlung personenbezogener Daten zum Gegenstand haben. *(BGBl I 2018/32)*

Kirchschläger

Kreisky Androsch Pahr Sekanina

Salcher Staribacher Lanc Broda

Haiden Weißenberg Sinowatz

Lausecker Firnberg

17/1. Artikel über die Verantwortlichkeit von Staaten für völkerrechtswidrige Handlungen

UNGV-Res 56/83 (12. Dezember 2001)

Artikel über die Verantwortlichkeit von Staaten für völkerrechtswidrige Handlungen

Die Generalversammlung,

nach Prüfung des Kapitels IV des Berichts der Völkerrechtskommission über ihre dreiundfünfzigste Tagung[1], das die Artikelentwürfe über die Verantwortlichkeit der Staaten für völkerrechtswidrige Handlungen enthält,

davon Kenntnis nehmend, dass die Völkerrechtskommission beschlossen hat, der Generalversammlung zu empfehlen, von den Artikelentwürfen über die Verantwortlichkeit der Staaten für völkerrechtswidrige Handlungen in einer Resolution Kenntnis zu nehmen und die Artikelentwürfe der Resolution als Anlage beizufügen sowie in Anbetracht der Wichtigkeit dieser Frage zu einem späteren Zeitpunkt die Möglichkeit zu prüfen, eine internationale Bevollmächtigtenkonferenz zur Prüfung der Artikelentwürfe einzuberufen, mit dem Ziel des Abschlusses eines Übereinkommens zu dieser Frage[2],

betonend, wie wichtig auch weiterhin die Kodifizierung und fortschreitende Entwicklung des Völkerrechts ist, wie in Artikel 13 Absatz 1 Buchstabe a der Charta der Vereinten Nationen vorgesehen,

feststellend, dass die Frage der Verantwortlichkeit der Staaten für völkerrechtswidrige Handlungen für die Beziehungen zwischen den Staaten von großer Bedeutung ist,

1. *begrüßt* es, dass die Völkerrechtskommission ihre Arbeit über die Verantwortlichkeit der Staaten für völkerrechtswidrige Handlungen abgeschlossen und die Artikelentwürfe und einen ausführlichen Kommentar zu dieser Frage verabschiedet hat;
2. *dankt* der Völkerrechtskommission für den Beitrag, den sie auch weiterhin zur Kodifizierung und fortschreitenden Entwicklung des Völkerrechts leistet;
3. *nimmt Kenntnis* von den von der Völkerrechtskommission vorgelegten Artikeln über die Verantwortlichkeit der Staaten für völkerrechtswidrige Handlungen, deren Wortlaut dieser Resolution als Anlage beigefügt ist, und empfiehlt sie der Aufmerksamkeit der Regierungen, ohne dass davon die Frage ihrer künftigen Annahme oder sonstiger geeigneter Maßnahmen berührt würde;
4. *beschließt,* den Punkt „Verantwortlichkeit der Staaten für völkerrechtswidrige Handlungen" in die vorläufige Tagesordnung ihrer neunundfünfzigsten Tagung aufzunehmen.

[1] *Offizielles Protokoll der Generalversammlung, Sechsundfünfzigste Tagung, Beilage 10 und Korrigendum (A/56/10 und Corr.1).*

[2] *Ebd., Ziffern 72 und 73.*

Anlage

Verantwortlichkeit der Staaten für völkerrechtswidrige Handlungen

Erster Teil

Die Völkerrechtswidrige Handlung eines Staates

Kapitel I

Allgemeine Grundsätze

Artikel 1
Verantwortlichkeit eines Staates für seine völkerrechtswidrigen Handlungen

Jede völkerrechtswidrige Handlung eines Staates hat die völkerrechtliche Verantwortlichkeit dieses Staates zur Folge.

Artikel 2
Elemente der völkerrechtswidrigen Handlung eines Staates

Eine völkerrechtswidrige Handlung eines Staates liegt vor, wenn ein Verhalten in Form eines Tuns oder eines Unterlassens

a) dem Staat nach dem Völkerrecht zurechenbar ist und

b) eine Verletzung einer völkerrechtlichen Verpflichtung des Staates darstellt.

Artikel 3
Beurteilung der Handlung eines Staates als völkerrechtswidrig

Die Beurteilung der Handlung eines Staates als völkerrechtswidrig bestimmt sich nach dem Völkerrecht. Diese Beurteilung bleibt davon unberührt, dass die gleiche Handlung nach innerstaatlichem Recht als rechtmäßig beurteilt wird.

Kapitel II
Zurechnung eines Verhaltens zu einem Staat

Artikel 4
Verhalten von Staatsorganen

1. Das Verhalten eines jeden Staatsorgans ist als Handlung des Staates im Sinne des Völkerrechts zu werten, gleichviel ob das Organ Aufgaben der Gesetzgebung, der vollziehenden Gewalt, der Rechtsprechung oder andere Aufgaben wahrnimmt, welche Stellung es innerhalb des Staatsaufbaus einnimmt und ob es sich um ein Organ der Zentralregierung oder einer Gebietseinheit des Staates handelt.

2. Ein Organ schließt jede Person oder Stelle ein, die diesen Status nach dem innerstaatlichen Recht des Staates innehat.

Artikel 5
Verhalten von Personen oder Stellen, die hoheitliche Befugnisse ausüben

Das Verhalten einer Person oder Stelle, die kein Staatsorgan im Sinne von Artikel 4 ist, die jedoch nach dem Recht des betreffenden Staates ermächtigt ist, hoheitliche Befugnisse auszuüben, ist als Handlung des Staates im Sinne des Völkerrechts zu werten, sofern die Person oder Stelle im Einzelfall in dieser Eigenschaft handelt.

Artikel 6
Verhalten von Organen, die einem Staat von einem anderen Staat zur Verfügung gestellt werden

Das Verhalten eines Organs, das einem Staat von einem anderen Staat zur Verfügung gestellt wird, ist als eine Handlung des ersteren Staates im Sinne des Völkerrechts zu werten, wenn das Organ in Ausübung hoheitlicher Befugnisse des Staates handelt, dem es zur Verfügung gestellt wird.

Artikel 7
Kompetenzüberschreitung oder weisungswidriges Handeln

Das Verhalten eines Staatsorgans oder einer zur Ausübung hoheitlicher Befugnisse ermächtigten Person oder Stelle ist als Handlung des Staates im Sinne des Völkerrechts zu werten, wenn das Organ, die Person oder die Stelle in dieser Eigenschaft handelt, selbst wenn sie ihre Kompetenzen überschreiten oder Weisungen zuwiderhandeln.

Artikel 8
Von einem Staat geleitetes oder kontrolliertes Verhalten

Das Verhalten einer Person oder Personengruppe ist als Handlung eines Staates im Sinne des Völkerrechts zu werten, wenn die Person oder Personengruppe dabei faktisch im Auftrag oder unter der Leitung oder Kontrolle dieses Staates handelt.

Artikel 9
Verhalten im Falle der Abwesenheit oder des Ausfalls der staatlichen Stellen

Das Verhalten einer Person oder Personengruppe ist als Handlung eines Staates im Sinne des Völkerrechts zu werten, wenn die Person oder Personengruppe im Falle der Abwesenheit oder des Ausfalls der staatlichen Stellen faktisch hoheitliche Befugnisse ausübt und die Umstände die Ausübung dieser Befugnisse erfordern.

Artikel 10
Verhalten einer aufständischen oder sonstigen Bewegung

1. Das Verhalten einer aufständischen Bewegung, die zur neuen Regierung eines Staates wird, ist als Handlung des Staates im Sinne des Völkerrechts zu werten.

2. Das Verhalten einer aufständischen oder sonstigen Bewegung, der es gelingt, in einem Teil des Hoheitsgebiets eines bestehenden Staates oder in einem seiner Verwaltung unterstehenden Gebiet einen neuen Staat zu gründen, ist als Handlung des neuen Staates im Sinne des Völkerrechts zu werten.

3. Dieser Artikel berührt nicht die Zurechnung eines Verhaltens zu einem Staat, gleichviel in welcher Beziehung es zu dem der betreffenden Bewegung steht, wenn dieses Verhalten auf Grund der Artikel 4 bis 9 als Handlung dieses Staates zu gelten hat.

Artikel 11
Verhalten, das ein Staat als sein eigenes anerkennt und annimmt

Ein Verhalten, das einem Staat nach den vorstehenden Artikeln nicht zugerechnet werden kann, ist gleichwohl als Handlung des Staates im Sinne des Völkerrechts zu werten, wenn und soweit der Staat dieses Verhalten als sein eigenes anerkennt und annimmt.

Kapitel III

Verletzung einer völkerrechtlichen Verpflichtung

Artikel 12
Vorliegen der Verletzung einer völkerrechtlichen Verpflichtung

Eine Verletzung einer völkerrechtlichen Verpflichtung seitens eines Staates liegt vor, wenn eine Handlung dieses Staates nicht im Einklang mit dem steht, was die Verpflichtung, unabhängig von ihrem Ursprung oder ihrem Wesen, von ihm verlangt.

Artikel 13
Gültige völkerrechtliche Verpflichtung eines Staates

Eine Handlung eines Staates stellt nur dann eine Verletzung einer völkerrechtlichen Verpflichtung dar, wenn die Verpflichtung zum Zeitpunkt der Handlung für den Staat bindend war.

Artikel 14
Dauer der Verletzung einer völkerrechtlichen Verpflichtung

1. Die Verletzung einer völkerrechtlichen Verpflichtung durch eine nicht fortdauernde Handlung eines Staates tritt in dem Zeitpunkt ein, in dem die Handlung stattfindet, selbst wenn ihre Auswirkungen andauern.

2. Die Verletzung einer völkerrechtlichen Verpflichtung durch eine fortdauernde Handlung eines Staates erstreckt sich über den gesamten Zeitraum, während dessen die Handlung andauert und nicht im Einklang mit dieser völkerrechtlichen Verpflichtung steht.

3. Die Verletzung einer völkerrechtlichen Verpflichtung eines Staates, ein bestimmtes Ereignis zu verhindern, tritt ein, wenn das Ereignis stattfindet, und erstreckt sich über den gesamten Zeitraum, während dessen das Ereignis andauert und nicht im Einklang mit dieser Verpflichtung steht.

Artikel 15
Verletzung durch eine zusammengesetzte Handlung

1. Die Verletzung einer völkerrechtlichen Verpflichtung eines Staates durch eine Reihe von Handlungen oder Unterlassungen, die in ihrer Gesamtheit als rechtswidrig definiert werden, tritt ein, wenn die Handlung oder Unterlassung stattfindet, die zusammen mit den anderen Handlungen oder Unterlassungen ausreicht, um den deliktischen Tatbestand zu erfüllen.

2. In einem solchen Fall erstreckt sich die Verletzung über den gesamten Zeitraum, der mit der ersten Handlung oder Unterlassung beginnt, und dauert so lange an, wie diese Handlungen oder Unterlassungen wiederholt werden und nicht im Einklang mit der völkerrechtlichen Verpflichtung stehen.

Kapitel IV

Verantwortlichkeit eines Staates im Zusammenhang mit der Handlung eines anderen Staates

Artikel 16
Beihilfe oder Unterstützung bei der Begehung einer völkerrechtswidrigen Handlung

Ein Staat, der einem anderen Staat bei der Begehung einer völkerrechtswidrigen Handlung Beihilfe leistet oder Unterstützung gewährt, ist dafür völkerrechtlich verantwortlich,

a) wenn er dies in Kenntnis der Umstände der völkerrechtswidrigen Handlung tut und

b) wenn die Handlung völkerrechtswidrig wäre, wenn er sie selbst beginge.

Artikel 17
Leitung und Kontrolle bei der Begehung einer völkerrechtswidrigen Handlung

Ein Staat, der einen anderen Staat bei der Begehung einer völkerrechtswidrigen Handlung leitet und ihn kontrolliert, ist dafür völkerrechtlich verantwortlich,

a) wenn er dies in Kenntnis der Umstände der völkerrechtswidrigen Handlung tut und

b) wenn die Handlung völkerrechtswidrig wäre, wenn er sie selbst beginge.

Artikel 18
Nötigung eines anderen Staates

Ein Staat, der einen anderen Staat nötigt, eine Handlung zu begehen, ist für diese Handlung völkerrechtlich verantwortlich,

a) wenn die Handlung bei Abwesenheit von Nötigung eine völkerrechtswidrige Handlung des gezwungenen Staates wäre und

b) wenn der nötigende Staat dies in Kenntnis der Umstände der Handlung tut.

Artikel 19
Wirkung dieses Kapitels

Dieses Kapitel lässt die nach anderen Bestimmungen dieser Artikel bestehende völkerrechtliche Verantwortlichkeit des Staates, der die betreffende Handlung begeht, oder jedes anderen Staates unberührt.

Kapitel V
Umstände, welche die Rechtswidrigkeit ausschließen

Artikel 20
Einwilligung

Die gültige Einwilligung eines Staates in die Begehung einer bestimmten Handlung durch einen anderen Staat schließt die Rechtswidrigkeit dieser Handlung in Bezug auf den ersteren Staat aus, soweit die Handlung im Rahmen dieser Einwilligung bleibt.

Artikel 21
Selbstverteidigung

Die Rechtswidrigkeit der Handlung eines Staates ist ausgeschlossen, wenn es sich bei der Handlung um eine rechtmäßige Maßnahme der Selbstverteidigung handelt, die im Einklang mit der Charta der Vereinten Nationen ergriffen wird.

Artikel 22
Gegenmaßnahmen auf Grund einer völkerrechtswidrigen Handlung

Die Rechtswidrigkeit der Handlung eines Staates, die mit einer völkerrechtlichen Verpflichtung gegenüber einem anderen Staat nicht im Einklang steht, ist ausgeschlossen, wenn und soweit die Handlung eine Gegenmaßnahme gegen den anderen Staat nach Kapitel II des Dritten Teils darstellt.

Artikel 23
Höhere Gewalt

1. Die Rechtswidrigkeit der Handlung eines Staates, die mit einer völkerrechtlichen Verpflichtung dieses Staates nicht im Einklang steht, ist ausgeschlossen, wenn die Handlung auf höhere Gewalt, das heißt das Auftreten einer unwiderstehlichen Gewalt oder eines unvorhergesehenen Ereignisses, zurückzuführen ist, die außerhalb des Einflussbereichs des Staates liegt und die Erfüllung der Verpflichtung unter den gegebenen Umständen tatsächlich unmöglich macht.

2. Absatz 1 findet keine Anwendung,

a) wenn die Situation höherer Gewalt entweder ausschließlich oder zusammen mit anderen Umständen auf das Verhalten des Staates zurückzuführen ist, der höhere Gewalt geltend macht, oder

b) wenn der Staat die Gefahr des Eintretens dieser Situation in Kauf genommen hat.

Artikel 24
Notlage

1. Die Rechtswidrigkeit der Handlung eines Staates, die mit einer völkerrechtlichen Verpflichtung dieses Staates nicht im Einklang steht, ist ausgeschlossen, wenn der Urheber der Handlung in einer Notlage keine andere geeignete Möglichkeit hat, sein eigenes Leben oder das Leben anderer Personen, die seiner Obhut anvertraut sind, zu retten.

2. Absatz 1 findet keine Anwendung,

a) wenn die Notlage entweder ausschließlich oder zusammen mit anderen Umständen auf das Verhalten des Staates zurückzuführen ist, der sich auf die Notlage beruft, oder

b) wenn die Handlung geeignet ist, eine vergleichbare oder größere Gefahr herbeizuführen.

Artikel 25
Notstand

1. Ein Staat kann sich nur dann auf einen Notstand als Grund für den Ausschluss der Rechtswidrigkeit einer Handlung, die mit einer völkerrechtlichen Verpflichtung dieses Staates nicht im Einklang steht, berufen, wenn die Handlung

a) die einzige Möglichkeit für den Staat ist, ein wesentliches Interesse vor einer schweren und unmittelbar drohenden Gefahr zu schützen, und

b) kein wesentliches Interesse des Staates oder der Staaten, gegenüber denen die Verpflichtung besteht, oder der gesamten internationalen Gemeinschaft ernsthaft beeinträchtigt.

2. In keinem Fall kann ein Staat sich auf einen Notstand als Grund für den Ausschluss der Rechtswidrigkeit berufen,

a) wenn die betreffende völkerrechtliche Verpflichtung die Möglichkeit der Berufung auf einen Notstand ausschließt oder

b) wenn der Staat zu der Notstandssituation beigetragen hat.

Artikel 26
Einhaltung zwingender Normen

Dieses Kapitel schließt die Rechtswidrigkeit der Handlung eines Staates nicht aus, die mit einer Verpflichtung, die sich aus einer zwingenden Norm des allgemeinen Völkerrechts ergibt, nicht im Einklang steht.

Artikel 27
Folgen der Geltendmachung von Umständen, welche die Rechtswidrigkeit ausschließen

Die Geltendmachung eines Umstands, der die Rechtswidrigkeit nach diesem Kapitel ausschließt, berührt nicht

a) die Erfüllung der betreffenden Verpflichtung, wenn und soweit der die Rechtswidrigkeit ausschließende Umstand nicht weiter besteht;

b) die Frage der Entschädigung für jeden durch die betreffende Handlung verursachten erheblichen Schaden.

Zweiter Teil

Inhalt der völkerrechtlichen Verantwortlichkeit eines Staates

Kapitel I

Allgemeine Grundsätze

Artikel 28
Rechtsfolgen einer völkerrechtswidrigen Handlung

Die völkerrechtliche Verantwortlichkeit eines Staates, die sich aus einer völkerrechtswidrigen Handlung nach den Bestimmungen des Ersten Teils ergibt, zieht die in diesem Teil beschriebenen Rechtsfolgen nach sich.

Artikel 29
Fortbestehen der Erfüllungspflicht

Die Rechtsfolgen einer völkerrechtswidrigen Handlung nach diesem Teil berühren nicht die fortbestehende Verpflichtung des verantwortlichen Staates zur Erfüllung der verletzten Verpflichtung.

Artikel 30
Beendigung und Nichtwiederholung

Der für die völkerrechtswidrige Handlung verantwortliche Staat ist verpflichtet,

a) die Handlung, falls sie andauert, zu beenden;

b) angemessene Zusagen und Garantien der Nichtwiederholung zu geben, falls die Umstände dies erfordern.

Artikel 31
Wiedergutmachung

1. Der verantwortliche Staat ist verpflichtet, volle Wiedergutmachung für den durch die völkerrechtswidrige Handlung verursachten Schaden zu leisten.

2. Der Schaden umfasst jeden materiellen oder immateriellen Schaden, der durch die völkerrechtswidrige Handlung eines Staates verursacht worden ist.

Artikel 32
Unerheblichkeit des innerstaatlichen Rechts

Der verantwortliche Staat kann sich nicht auf sein innerstaatliches Recht berufen, um die Nichterfüllung der ihm nach diesem Teil obliegenden Verpflichtungen zu rechtfertigen.

Artikel 33
Umfang der in diesem Teil aufgeführten völkerrechtlichen Verpflichtungen

1. Die in diesem Teil aufgeführten Verpflichtungen des verantwortlichen Staates können gegenüber einem anderen Staat, mehreren Staaten oder der gesamten internationalen Gemeinschaft bestehen, insbesondere je nach Wesen und Inhalt der völkerrechtlichen Verpflichtung sowie den Umständen ihrer Verletzung.

2. Dieser Teil berührt kein sich aus der völkerrechtlichen Verantwortlichkeit eines Staates ergebendes Recht, das einer Person oder einer Stelle, die kein Staat ist, unmittelbar erwächst.

Kapitel II

Wiedergutmachung des Schadens

Artikel 34
Formen der Wiedergutmachung

Die volle Wiedergutmachung des durch eine völkerrechtswidrige Handlung verursachten Schadens erfolgt durch Restitution, Schadenersatz und Genugtuung, entweder einzeln oder in Verbindung miteinander, in Übereinstimmung mit diesem Kapitel.

Artikel 35
Restitution

Ein für eine völkerrechtswidrige Handlung verantwortlicher Staat ist verpflichtet, Restitution zu leisten, das heißt den vor der Begehung der Handlung herrschenden Zustand wiederherzustellen, sofern und soweit die Restitution

a) nicht tatsächlich unmöglich ist;

b) nicht mit einer Belastung verbunden ist, die außer allem Verhältnis zu dem Nutzen steht, der durch Restitution anstelle von Schadenersatz entsteht.

Artikel 36
Schadenersatz

1. Der für eine völkerrechtswidrige Handlung verantwortliche Staat ist verpflichtet, den durch die Handlung verursachten Schaden zu ersetzen, soweit dieser Schaden nicht durch Restitution wiedergutgemacht wird.

2. Der Schadenersatz umfasst jeden finanziell messbaren Schaden, einschließlich des entgangenen Gewinns, soweit ein solcher ermittelt wird.

Artikel 37
Genugtuung

1. Der für eine völkerrechtswidrige Handlung verantwortliche Staat ist verpflichtet, für den durch die Handlung verursachten Schaden Genugtuung zu leisten, soweit er nicht durch Restitution oder Schadenersatz wiedergutzumachen ist.

2. Die Genugtuung kann in Form des Geständnisses der Verletzung, eines Ausdrucks des Bedauerns, einer förmlichen Entschuldigung oder auf andere geeignete Weise geleistet werden.

3. Die Genugtuung darf nicht außer Verhältnis zu dem Schaden stehen und darf keine für den verantwortlichen Staat erniedrigende Form annehmen.

Artikel 38
Zinsen

1. Zinsen auf jede nach diesem Kapitel geschuldete Hauptforderung sind zahlbar, soweit dies notwendig ist, um eine vollständige Wiedergutmachung zu gewährleisten. Der Zinssatz und die Berechnungsmethode sind so festzusetzen, dass dieses Ergebnis erreicht wird.

2. Die Zinsen laufen von dem Tag, an dem der Kapitalbetrag hätte gezahlt werden sollen, bis zu dem Tag, an dem die Zahlungsverpflichtung erfüllt wird.

Artikel 39
Mitverschulden am Schaden

Bei der Festsetzung der Wiedergutmachung ist zu berücksichtigen, inwieweit der verletzte Staat oder eine Person oder Stelle, bezüglich deren Wiedergutmachung verlangt wird, den Schaden durch vorsätzliches oder fahrlässiges Tun oder Unterlassen mitverschuldet hat.

Kapitel III

Schwerwiegende Verletzungen von Verpflichtungen, die sich aus zwingenden Normen des allgemeinen Völkerrechts ergeben

Artikel 40
Anwendungsbereich dieses Kapitels

1. Dieses Kapitel findet Anwendung auf die völkerrechtliche Verantwortlichkeit, die begründet wird, wenn ein Staat eine sich aus einer zwingenden Norm des allgemeinen Völkerrechts ergebende Verpflichtung in schwerwiegender Weise verletzt.

2. Die Verletzung einer solchen Verpflichtung ist schwerwiegend, wenn sie eine grobe oder systematische Nichterfüllung der Verpflichtung durch den verantwortlichen Staat bedeutet.

Artikel 41
Besondere Folgen der schwerwiegenden Verletzung einer Verpflichtung nach diesem Kapitel

1. Die Staaten arbeiten zusammen, um jeder schwerwiegenden Verletzung im Sinne des Artikels 40 mit rechtmäßigen Mitteln ein Ende zu setzen.

2. Kein Staat erkennt einen Zustand, der durch eine schwerwiegende Verletzung im Sinne des Artikels 40 herbeigeführt wurde, als rechtmäßig an oder leistet Beihilfe oder Unterstützung zur Aufrechterhaltung dieses Zustands.

3. Dieser Artikel berührt nicht die anderen in diesem Teil genannten Folgen und alle weiteren Folgen, die eine Verletzung, auf die dieses Kapitel Anwendung findet, nach dem Völkerrecht nach sich ziehen kann.

Dritter Teil

Durchsetzung der völkerrechtlichen Verantwortlichkeit eines Staates

Kapitel I

Geltendmachung der Verantwortlichkeit eines Staates

Artikel 42
Geltendmachung der Verantwortlichkeit durch einen verletzten Staat

Ein Staat ist berechtigt, als verletzter Staat die Verantwortlichkeit eines anderen Staates geltend zu machen, wenn die Verpflichtung, die verletzt wurde,

a) allein diesem Staat gegenüber besteht oder

b) gegenüber einer Gruppe von Staaten, die diesen Staat einschließt, oder gegenüber der gesamten internationalen Gemeinschaft, und die Verletzung der Verpflichtung

i) speziell diesen Staat betrifft oder

ii) so beschaffen ist, dass sie die Lage aller anderen Staaten, gegenüber denen die Verpflichtung besteht, hinsichtlich der weiteren Erfüllung der Verpflichtung grundlegend ändert.

Artikel 43
Anzeige des Anspruchs durch den verletzten Staat

1. Macht der verletzte Staat die Verantwortlichkeit eines anderen Staates geltend, so zeigt er diesem Staat seinen Anspruch an.

2. Der verletzte Staat kann insbesondere angeben,

a) welches Verhalten der verantwortliche Staat befolgen soll, um die völkerrechtswidrige Handlung, sofern sie andauert, zu beenden;

b) in welcher Form die Wiedergutmachung nach den Bestimmungen des Zweiten Teils erfolgen soll.

Artikel 44
Zulässigkeit von Ansprüchen

Die Verantwortlichkeit eines Staates kann nicht geltend gemacht werden,

a) wenn der Anspruch nicht im Einklang mit den anwendbaren Regeln über die Nationalität von Ansprüchen geltend gemacht wird;

b) wenn auf den Anspruch die Regel über die Erschöpfung der innerstaatlichen Rechtsmittel Anwendung findet und nicht alle verfügbaren und wirksamen innerstaatlichen Rechtsmittel erschöpft wurden.

Artikel 45
Verlust des Rechts, die Verantwortlichkeit eines Staates geltend zu machen

Die Verantwortlichkeit eines Staates kann nicht geltend gemacht werden,

a) wenn der verletzte Staat wirksam auf den Anspruch verzichtet hat;

b) wenn auf Grund des Verhaltens des verletzten Staates anzunehmen ist, dass er wirksam in das Erlöschen seines Anspruchs eingewilligt hat.

Artikel 46
Mehrheit verletzter Staaten

Werden mehrere Staaten durch dieselbe völkerrechtswidrige Handlung verletzt, so kann jeder verletzte Staat gesondert die Verantwortlichkeit des Staates geltend machen, der die völkerrechtswidrige Handlung begangen hat.

Artikel 47
Mehrheit verantwortlicher Staaten

1. Sind mehrere Staaten für dieselbe völkerrechtswidrige Handlung verantwortlich, so kann in Bezug auf diese Handlung die Verantwortlichkeit eines jeden Staates geltend gemacht werden.

2. Absatz 1

a) gestattet einem verletzten Staat nicht, einen Schadenersatz zu erlangen, der den von ihm erlittenen Schaden übersteigt;

b) berührt nicht das Recht, bei den anderen verantwortlichen Staaten Rückgriff zu nehmen.

Artikel 48
Geltendmachung der Verantwortlichkeit eines Staates durch einen anderen Staat als den verletzten Staat

1. Jeder andere Staat als der verletzte Staat ist berechtigt, nach Absatz 2 die Verantwortlichkeit eines anderen Staates geltend zu machen,

a) wenn die Verpflichtung, die verletzt wurde, gegenüber einer Gruppe von Staaten besteht, die diesen Staat einschließt, und zum Schutz eines gemeinschaftlichen Interesses der Gruppe begründet wurde, oder

b) wenn die Verpflichtung, die verletzt wurde, gegenüber der gesamten internationalen Gemeinschaft besteht.

2. Jeder Staat, der nach Absatz 1 berechtigt ist, die Verantwortlichkeit eines Staates geltend zu machen, kann von dem verantwortlichen Staat verlangen,

a) im Einklang mit Artikel 30 die völkerrechtswidrige Handlung zu beenden sowie Zusagen und Garantien der Nichtwiederholung zu geben und

b) die Verpflichtung zur Wiedergutmachung nach den vorstehenden Artikeln zu Gunsten des verletzten Staates oder der Begünstigten der Verpflichtung, die verletzt wurde, zu erfüllen.

3. Die in den Artikeln 43, 44 und 45 genannten Bedingungen für die Geltendmachung der Verantwortlichkeit durch einen verletzten Staat finden Anwendung auf die Geltendmachung der Verantwortlichkeit durch einen Staat, der nach Absatz 1 dazu berechtigt ist.

Kapitel II
Gegenmaßnahmen

Artikel 49
Zweck und Begrenzung von Gegenmaßnahmen

1. Der verletzte Staat darf gegen den für die völkerrechtswidrige Handlung verantwortlichen Staat Gegenmaßnahmen nur zu dem Zweck ergreifen, ihn zur Erfüllung seiner Verpflichtungen nach dem Zweiten Teil zu veranlassen.

2. Gegenmaßnahmen sind auf die vorübergehende Nichterfüllung völkerrechtlicher Verpflichtungen begrenzt, die der die Maßnahmen ergreifende Staat gegenüber dem verantwortlichen Staat hat.

3. Gegenmaßnahmen sind möglichst in einer Weise zu ergreifen, die die Wiederaufnahme der

Erfüllung der betreffenden Verpflichtungen zulässt.

Artikel 50
Verpflichtungen, die von Gegenmaßnahmen nicht berührt werden

1. Gegenmaßnahmen lassen folgende Verpflichtungen unberührt:

a) die in der Charta der Vereinten Nationen verankerte Verpflichtung, die Androhung oder Anwendung von Gewalt zu unterlassen;

b) die Verpflichtungen zum Schutz der grundlegenden Menschenrechte;

c) die Verpflichtungen humanitärer Art, die Repressalien verbieten;

d) andere Verpflichtungen, die sich aus zwingenden Normen des allgemeinen Völkerrechts ergeben.

2. Der Staat, der Gegenmaßnahmen ergreift, ist nicht von seinen Verpflichtungen entbunden,

a) die ihm nach einem Streitbeilegungsverfahren obliegen, das zwischen ihm und dem verantwortlichen Staat Anwendung findet;

b) die Unverletzlichkeit der diplomatischen und konsularischen Vertreter, Räumlichkeiten, Archive und Dokumente zu achten.

Artikel 51
Verhältnismäßigkeit

Gegenmaßnahmen müssen in einem angemessenen Verhältnis zu dem erlittenen Schaden stehen, wobei die Schwere der völkerrechtswidrigen Handlung und die betreffenden Rechte zu berücksichtigen sind.

Artikel 52
Bedingungen für die Anwendung von Gegenmaßnahmen

1. Bevor der verletzte Staat Gegenmaßnahmen ergreift,

a) hat er den verantwortlichen Staat im Einklang mit Artikel 43 aufzufordern, die ihm nach dem Zweiten Teil obliegenden Verpflichtungen zu erfüllen;

b) hat er dem verantwortlichen Staat jeden Beschluss, Gegenmaßnahmen zu ergreifen, zu notifizieren und ihm Verhandlungen anzubieten.

2. Ungeachtet des Absatzes 1 Buchstabe b kann der verletzte Staat die dringlichen Gegenmaßnahmen ergreifen, die zur Wahrung seiner Rechte erforderlich sind.

3. Gegenmaßnahmen dürfen nicht ergriffen werden, und bereits ergriffene Gegenmaßnahmen müssen ohne schuldhaftes Zögern suspendiert werden,

a) wenn die völkerrechtswidrige Handlung nicht länger andauert und

b) wenn die Streitigkeit vor einem Gericht anhängig ist, das befugt ist, für die Parteien bindende Entscheidungen zu fällen.

4. Absatz 3 findet keine Anwendung, wenn der verantwortliche Staat die Streitbeilegungsverfahren nicht nach Treu und Glauben anwendet.

Artikel 53
Beendigung der Gegenmaßnahmen

Gegenmaßnahmen sind zu beenden, sobald der verantwortliche Staat die ihm nach dem Zweiten Teil obliegenden Verpflichtungen in Bezug auf die völkerrechtswidrige Handlung erfüllt hat.

Artikel 54
Ergreifung von Maßnahmen durch andere Staaten als den verletzten Staat

Dieses Kapitel berührt nicht das Recht eines Staates, der nach Artikel 48 Absatz 1 berechtigt ist, die Verantwortlichkeit eines anderen Staates geltend zu machen, rechtmäßige Maßnahmen gegen diesen Staat zu ergreifen, um die Beendigung der Verletzung und die Wiedergutmachung zu Gunsten des verletzten Staates oder der Begünstigten der Verpflichtung, die verletzt wurde, sicherzustellen.

Vierter Teil
Allgemeine Bestimmungen

Artikel 55
Lex specialis

Diese Artikel finden keine Anwendung, wenn und soweit die Voraussetzungen für das Vorliegen einer völkerrechtswidrigen Handlung oder der Inhalt oder die Durchsetzung der völkerrechtlichen Verantwortlichkeit eines Staates speziellen Regeln des Völkerrechts unterliegen.

Artikel 56
Fragen der Staatenverantwortlichkeit, die nicht durch diese Artikel geregelt sind

Soweit Fragen der Verantwortlichkeit eines Staates für eine völkerrechtswidrige Handlung durch diese Artikel nicht geregelt werden, unterliegen sie weiterhin den anwendbaren Regeln des Völkerrechts.

Artikel 57
Verantwortlichkeit internationaler Organisationen

Diese Artikel lassen Fragen der völkerrechtlichen Verantwortlichkeit einer internationalen

Organisation oder eines Staates für das Verhalten einer internationalen Organisation unberührt.

Artikel 58
Individuelle Verantwortlichkeit

Diese Artikel lassen Fragen der individuellen völkerrechtlichen Verantwortlichkeit von Personen, die im Namen eines Staates handeln, unberührt.

Artikel 59
Charta der Vereinten Nationen

ese Artikel lassen die Charta der Vereinten Nationen unberührt.

17/2. Artikel über die Verantwortlichkeit Internationaler Organisationen für völkerrechtswidrige Handlungen

UNGV-Res 66/100 (9. Dezember 2011)

Artikel über die Verantwortlichkeit Internationaler Organisationen für völkerrechtswidrige Handlungen

Die Generalversammlung,

nach Prüfung des Kapitels V des Berichts der Völkerrechtskommission über ihre dreiundsechzigste Tagung[1)], das den Entwurf von Artikeln über die Verantwortlichkeit internationaler Organisationen enthält,

Kenntnis nehmend von dem Beschluss der Völkerrechtskommission, der Generalversammlung zu empfehlen, von dem Entwurf der Artikel über die Verantwortlichkeit internationaler Organisationen in einer Resolution Kenntnis zu nehmen und ihn der Resolution als Anlage beizufügen sowie zu einem späteren Zeitpunkt die Ausarbeitung eines Übereinkommens auf der Grundlage des Entwurfs der Artikel zu erwägen[2)],

betonend, wie wichtig auch künftig die Kodifizierung und fortschreitende Entwicklung des Völkerrechts ist, wie in Artikel 13 Absatz 1 Buchstabe a der Charta der Vereinten Nationen vorgesehen,

feststellend, dass die Frage der Verantwortlichkeit internationaler Organisationen für die Beziehungen zwischen den Staaten und internationalen Organisationen von großer Bedeutung ist,

Kenntnis nehmend von den Stellungnahmen der Regierungen und den auf der sechsundsechzigsten Tagung der Generalversammlung im Sechsten Ausschuss geführten Erörterungen zu diesem Thema[3)],

1. *begrüßt* es, dass die Völkerrechtskommission ihre Arbeit über die Verantwortlichkeit internationaler Organisationen abgeschlossen und den Entwurf von Artikeln sowie einen ausführlichen Kommentar zu dieser Frage verabschiedet hat[1)];
2. *dankt* der Völkerrechtskommission für den Beitrag, den sie auch weiterhin zur Kodifizierung und fortschreitenden Entwicklung des Völkerrechts leistet;
3. *nimmt Kenntnis* von den von der Völkerrechtskommission vorgelegten Artikeln über die Verantwortlichkeit internationaler Organisationen, deren Wortlaut dieser Resolution als Anlage beigefügt ist, und empfiehlt sie der Aufmerksamkeit der Regierungen und internationalen Organisationen, unbeschadet der Frage ihrer künftigen Annahme oder sonstiger geeigneter Maßnahmen;
4. *beschließt*, den Punkt „Die Verantwortlichkeit internationaler Organisationen" in die vorläufige Tagesordnung ihrer neunundsechzigsten Tagung aufzunehmen, um unter anderem die Frage der den Artikeln zu gebenden Form zu prüfen.

Anlage

Die Verantwortlichkeit internationaler Organisationen

Erster Teil
Einleitung

Artikel 1
Geltungsbereich dieser Artikel

1. Diese Artikel finden Anwendung auf die völkerrechtliche Verantwortlichkeit einer internationalen Organisation für eine völkerrechtswidrige Handlung.

2. Diese Artikel finden außerdem Anwendung auf die völkerrechtliche Verantwortlichkeit eines Staates für eine völkerrechtswidrige Handlung im Zusammenhang mit dem Verhalten einer internationalen Organisation.

Artikel 2
Begriffsbestimmungen

Im Sinne dieser Artikel

a) bedeutet „internationale Organisation" eine durch einen Vertrag oder eine andere vom Völkerrecht bestimmte Übereinkunft geschaffene Organisation mit eigener Völkerrechtspersönlichkeit. Mitglieder einer internationalen Organisation können neben Staaten auch andere Rechtsträger sein;

b) bedeutet „Vorschriften der Organisation" insbesondere die Gründungsurkunden, die im Einklang damit angenommenen Beschlüsse, Entschließungen und sonstigen Akte der internatio-

---

1) *Official Records of the General Assembly, Sixty-sixth Session, Supplement No. 10 (A/66/10).*

2) *Ebd., Ziff. 85.*

3) *Ebd., Sixth Committee, 18. bis 28. und 30. Sitzung (A/C.6/66/SR.18-28 und 30) und Korrigendum.*

nalen Organisation sowie die feststehende Übung der Organisation;

c) bedeutet „Organ einer internationalen Organisation" jede Person oder Stelle, die diesen Status nach den Vorschriften der Organisation innehat;

d) bedeutet „Beauftragter einer internationalen Organisation" einen Bediensteten oder eine andere Person oder Stelle, die nicht ein Organ ist und die von der Organisation beauftragt wird, eine ihrer Aufgaben durchzuführen oder bei deren Durchführung behilflich zu sein, und durch die die Organisation somit handelt.

Zweiter Teil
Die völkerrechtswidrige Handlung einer internationalen Organisation

Kapitel I
Allgemeine Grundsätze

Artikel 3
Verantwortlichkeit einer internationalen Organisation für ihre völkerrechtswidrigen Handlungen

Jede völkerrechtswidrige Handlung einer internationalen Organisation hat die völkerrechtliche Verantwortlichkeit dieser Organisation zur Folge.

Artikel 4
Elemente der völkerrechtswidrigen Handlung einer internationalen Organisation

Eine völkerrechtswidrige Handlung einer Organisation liegt vor, wenn ein Verhalten in Form eines Tuns oder eines Unterlassens

a) der Organisation nach dem Völkerrecht zurechenbar ist und

b) eine Verletzung einer völkerrechtlichen Verpflichtung der Organisation darstellt.

Artikel 5
Beurteilung einer Handlung einer internationalen Organisation als völkerrechtswidrig

Die Beurteilung einer Handlung einer internationalen Organisation als völkerrechtswidrig bestimmt sich nach dem Völkerrecht.

Kapitel II
Zurechnung eines Verhaltens zu einer internationalen Organisation

Artikel 6
Verhalten von Organen oder Beauftragten einer internationalen Organisation

1. Das Verhalten eines Organs oder Beauftragten einer internationalen Organisation in Ausübung seiner Aufgaben ist als Handlung der Organisation im Sinne des Völkerrechts zu werten, gleichviel welche Stellung das Organ oder der Beauftragte in Bezug auf die Organisation einnimmt.

2. Bei der Bestimmung der Aufgaben der Organe und Beauftragten der Organisation finden die Vorschriften der Organisation Anwendung.

Artikel 7
Verhalten von Organen eines Staates oder von Organen oder Beauftragten einer internationalen Organisation, die einer anderen internationalen Organisation zur Verfügung gestellt werden

Das Verhalten von Organen eines Staates oder von Organen oder Beauftragten einer internationalen Organisation, die einer anderen internationalen Organisation zur Verfügung gestellt werden, ist im Sinne des Völkerrechts als Handlung der letzteren Organisation zu werten, wenn diese eine wirksame Kontrolle über dieses Verhalten ausübt.

Artikel 8
Kompetenzüberschreitung oder weisungswidriges Handeln

Das Verhalten eines Organs oder Beauftragten einer internationalen Organisation ist als Handlung dieser Organisation im Sinne des Völkerrechts zu werten, wenn das Organ oder der Beauftragte dabei in amtlicher Eigenschaft und im Rahmen der allgemeinen Aufgaben dieser Organisation handelt, selbst wenn das Organ oder der Beauftragte mit seinem Verhalten seine Kompetenzen überschreitet oder Weisungen zuwiderhandelt.

Artikel 9
Verhalten, das eine internationale Organisation als ihr eigenes anerkennt und annimmt

Ein Verhalten, das einer internationalen Organisation nicht nach den Artikeln 6 bis 8 zugerechnet werden kann, ist gleichwohl als Handlung der Organisation im Sinne des Völkerrechts zu werten, wenn und soweit die Organisation dieses Verhalten als ihr eigenes anerkennt und annimmt.

Kapitel III

Verletzung einer völkerrechtlichen Verpflichtung

Artikel 10
Vorliegen der Verletzung einer völkerrechtlichen Verpflichtung

1. Eine Verletzung einer völkerrechtlichen Verpflichtung seitens einer internationalen Organisation liegt vor, wenn eine Handlung dieser Organisation nicht im Einklang mit dem steht, was die Verpflichtung, unabhängig von ihrem Ursprung oder Wesen, von der Organisation verlangt.

2. Absatz 1 umfasst auch die Verletzung jeder völkerrechtlichen Verpflichtung einer internationalen Organisation gegenüber ihren Mitgliedern, die sich aus den Vorschriften der Organisation ergibt.

Artikel 11
Gültige völkerrechtliche Verpflichtung einer internationalen Organisation

Eine Handlung einer internationalen Organisation stellt nur dann eine Verletzung einer völkerrechtlichen Verpflichtung dar, wenn die Verpflichtung zum Zeitpunkt der Handlung für die Organisation bindend war.

Artikel 12
Dauer der Verletzung einer völkerrechtlichen Verpflichtung

1. Die Verletzung einer völkerrechtlichen Verpflichtung durch eine nicht fortdauernde Handlung einer internationalen Organisation tritt in dem Zeitpunkt ein, in dem die Handlung stattfindet, selbst wenn ihre Auswirkungen andauern.

2. Die Verletzung einer völkerrechtlichen Verpflichtung durch eine fortdauernde Handlung einer internationalen Organisation erstreckt sich über den gesamten Zeitraum, während dessen die Handlung andauert und nicht im Einklang mit dieser Verpflichtung steht.

3. Die Verletzung einer völkerrechtlichen Verpflichtung einer internationalen Organisation, ein bestimmtes Ereignis zu verhindern, tritt ein, wenn das Ereignis stattfindet, und erstreckt sich über den gesamten Zeitraum, während dessen das Ereignis andauert und nicht im Einklang mit dieser Verpflichtung steht.

Artikel 13
Verletzung durch eine zusammengesetzte Handlung

1. Die Verletzung einer völkerrechtlichen Verpflichtung einer internationalen Organisation durch eine Reihe von Handlungen und Unterlassungen, die in ihrer Gesamtheit als rechtswidrig definiert werden, tritt ein, wenn die Handlung oder Unterlassung stattfindet, die zusammen mit den anderen Handlungen oder Unterlassungen ausreicht, um den deliktischen Tatbestand zu erfüllen.

2. In einem solchen Fall erstreckt sich die Verletzung über den gesamten Zeitraum, der mit der ersten Handlung oder Unterlassung beginnt, und dauert so lange an, wie diese Handlungen oder Unterlassungen wiederholt werden und nicht im Einklang mit der völkerrechtlichen Verpflichtung stehen.

Kapitel IV

Verantwortlichkeit einer internationalen Organisation im Zusammenhang mit der Handlung eines Staates oder einer anderen internationalen Organisation

Artikel 14
Beihilfe oder Unterstützung bei der Begehung einer völkerrechtswidrigen Handlung

Eine internationale Organisation, die einem Staat oder einer anderen internationalen Organisation bei der Begehung einer völkerrechtswidrigen Handlung durch den Staat oder die letztere Organisation Beihilfe leistet oder Unterstützung gewährt, ist dafür völkerrechtlich verantwortlich,

a) wenn sie dies in Kenntnis der Umstände der völkerrechtswidrigen Handlung tut und

b) wenn die Handlung völkerrechtswidrig wäre, wenn sie sie selbst beginge.

Artikel 15
Leitung und Kontrolle bei der Begehung einer völkerrechtswidrigen Handlung

Eine internationale Organisation, die einen Staat oder eine andere internationale Organisation bei der Begehung einer völkerrechtswidrigen Handlung leitet und kontrolliert, ist für diese Handlung völkerrechtlich verantwortlich,

a) wenn sie dies in Kenntnis der Umstände der völkerrechtswidrigen Handlung tut und

b) wenn die Handlung völkerrechtswidrig wäre, wenn sie sie selbst beginge.

Artikel 16
Nötigung eines Staates oder einer anderen internationalen Organisation

Eine internationale Organisation, die einen Staat oder eine andere internationale Organisation nötigt, eine Handlung zu begehen, ist für diese Handlung völkerrechtlich verantwortlich,

a) wenn die Handlung bei Abwesenheit von Nötigung eine völkerrechtswidrige Handlung des genötigten Staates oder der genötigten internationalen Organisation wäre und

b) wenn die nötigende internationale Organisation dies in Kenntnis der Umstände der Handlung tut.

Artikel 17
Umgehung völkerrechtlicher Verpflichtungen durch Beschlüsse und Ermächtigungen, die an die Mitglieder gerichtet sind

1. Eine internationale Organisation wird völkerrechtlich verantwortlich, wenn sie eine ihrer völkerrechtlichen Verpflichtungen umgeht, indem sie einen Beschluss fasst, der Staaten oder internationale Organisationen, die Mitglieder der Organisation sind, dazu verpflichtet, eine Handlung zu begehen, die völkerrechtswidrig wäre, wenn sie sie selbst beginge.

2. Eine internationale Organisation wird völkerrechtlich verantwortlich, wenn sie eine ihrer völkerrechtlichen Verpflichtungen umgeht, indem sie Staaten oder internationale Organisationen, die Mitglieder der Organisation sind, dazu ermächtigt, eine Handlung zu begehen, die völkerrechtswidrig wäre, wenn sie sie selbst beginge, und wenn die betreffende Handlung aufgrund dieser Ermächtigung begangen wird.

3. Die Absätze 1 und 2 finden unabhängig davon Anwendung, ob die betreffende Handlung für die Staaten oder internationalen Organisationen, die Mitglieder der Organisation sind und an die der Beschluss oder die Ermächtigung gerichtet ist, völkerrechtswidrig ist oder nicht.

Artikel 18
Verantwortlichkeit einer internationalen Organisation, die Mitglied einer anderen internationalen Organisation ist

Unbeschadet der Artikel 14 bis 17 entsteht völkerrechtliche Verantwortlichkeit einer internationalen Organisation, die Mitglied einer anderen internationalen Organisation ist, außerdem in Bezug auf eine Handlung dieser anderen Organisation unter den in den Artikeln 61 und 62 genannten Bedingungen für Staaten, die Mitglied einer internationalen Organisation sind.

Artikel 19
Wirkung dieses Kapitels

Dieses Kapitel lässt die völkerrechtliche Verantwortlichkeit des Staates oder der internationalen Organisation, die die betreffende Handlung begeht, oder jedes anderen Staates oder jeder anderen internationalen Organisation unberührt.

Kapitel V
Umstände, welche die Rechtswidrigkeit ausschließen

Artikel 20
Einwilligung

Die gültige Einwilligung eines Staates oder einer internationalen Organisation in die Begehung einer bestimmten Handlung durch eine andere internationale Organisation schließt die Rechtswidrigkeit dieser Handlung in Bezug auf den Staat oder die erstere Organisation aus, soweit die Handlung im Rahmen dieser Einwilligung bleibt.

Artikel 21
Selbstverteidigung

Die Rechtswidrigkeit der Handlung einer internationalen Organisation ist ausgeschlossen, wenn und soweit es sich bei der Handlung um eine rechtmäßige Maßnahme der Selbstverteidigung im Einklang mit dem Völkerrecht handelt.

Artikel 22
Gegenmaßnahmen

1. Vorbehaltlich der Absätze 2 und 3 ist die Rechtswidrigkeit einer Handlung einer internationalen Organisation, die mit einer völkerrechtlichen Verpflichtung gegenüber einem Staat oder einer anderen internationalen Organisation nicht im Einklang steht, ausgeschlossen, wenn und soweit die Handlung eine Gegenmaßnahme darstellt, die entsprechend den im Völkerrecht vorgesehenen materiellen und verfahrensmäßigen Bedingungen ergriffen wird, einschließlich derjenigen, die im Vierten Teil, Kapitel II in Bezug auf Gegenmaßnahmen gegen eine andere internationale Organisation genannt sind.

2. Vorbehaltlich des Absatzes 3 darf eine internationale Organisation gegen einen verantwortlichen Staat oder eine verantwortliche internationale Organisation, die Mitglied der Organisation sind, keine Gegenmaßnahmen ergreifen, es sei denn,

a) die in Absatz 1 genannten Bedingungen sind erfüllt;

b) die Gegenmaßnahmen sind mit den Vorschriften der Organisation nicht unvereinbar und

c) es stehen keine geeigneten Mittel zur Verfügung, den verantwortlichen Staat oder die verantwortliche internationale Organisation auf andere Weise zu veranlassen, ihre Verpflichtungen zur Beendigung der Verletzung und zur Wiedergutmachung einzuhalten.

3. Eine internationale Organisation darf gegen einen Staat oder eine internationale Organisation, die Mitglied der Organisation sind, keine Gegen-

maßnahmen aufgrund der Verletzung einer völkerrechtlichen Verpflichtung nach den Vorschriften der Organisation ergreifen, es sei denn, diese Vorschriften sehen solche Gegenmaßnahmen vor.

Artikel 23
Höhere Gewalt

1. Die Rechtswidrigkeit der Handlung einer internationalen Organisation, die mit einer völkerrechtlichen Verpflichtung dieser Organisation nicht im Einklang steht, ist ausgeschlossen, wenn die Handlung auf höhere Gewalt, das heißt das Auftreten einer unwiderstehlichen Gewalt oder eines unvorhergesehenen Ereignisses, zurückzuführen ist, die außerhalb der Kontrolle der Organisation liegt und die Erfüllung der Verpflichtung unter den gegebenen Umständen tatsächlich unmöglich macht.

2. Absatz 1 findet keine Anwendung,

a) wenn die Situation höherer Gewalt entweder ausschließlich oder zusammen mit anderen Umständen auf das Verhalten der Organisation zurückzuführen ist, die höhere Gewalt geltend macht, oder

b) wenn die Organisation die Gefahr des Eintretens dieser Situation in Kauf genommen hat.

Artikel 24
Notlage

1. Die Rechtswidrigkeit der Handlung einer internationalen Organisation, die mit einer völkerrechtlichen Verpflichtung dieser Organisation nicht im Einklang steht, ist ausgeschlossen, wenn der Urheber der Handlung in einer Notlage keine andere geeignete Möglichkeit hat, sein eigenes Leben oder das Leben anderer Personen, die seiner Obhut anvertraut sind, zu retten.

2. Absatz 1 findet keine Anwendung,

a) wenn die Notlage entweder ausschließlich oder zusammen mit anderen Umständen auf das Verhalten der Organisation zurückzuführen ist, die sich auf die Notlage beruft, oder

b) wenn die Handlung geeignet ist, eine vergleichbare oder größere Gefahr herbeizuführen.

Artikel 25
Notstand

1. Eine internationale Organisation kann sich nur dann auf einen Notstand als Grund für den Ausschluss der Rechtswidrigkeit einer Handlung, die mit einer völkerrechtlichen Verpflichtung dieser Organisation nicht im Einklang steht, berufen, wenn die Handlung

a) die einzige Möglichkeit für die Organisation ist, ein wesentliches Interesse ihrer Mitgliedstaaten oder der gesamten internationalen Gemeinschaft vor einer schweren und unmittelbar drohenden Gefahr zu schützen, wenn die Organisation im Einklang mit dem Völkerrecht die Aufgabe hat, das betreffende Interesse zu schützen, und

b) kein wesentliches Interesse des Staates oder der Staaten, gegenüber denen die völkerrechtliche Verpflichtung besteht, oder der gesamten internationalen Gemeinschaft ernsthaft beeinträchtigt.

2. In keinem Fall kann eine internationale Organisation sich auf einen Notstand als Grund für den Ausschluss der Rechtswidrigkeit berufen,

a) wenn die betreffende völkerrechtliche Verpflichtung die Möglichkeit der Berufung auf einen Notstand ausschließt oder

b) wenn die internationale Organisation zu der Notstandssituation beigetragen hat.

Artikel 26
Einhaltung zwingender Normen

Dieses Kapitel schließt die Rechtswidrigkeit der Handlung einer internationalen Organisation, die mit einer Verpflichtung aufgrund einer zwingenden Norm des allgemeinen Völkerrechts nicht im Einklang steht, nicht aus.

Artikel 27
Folgen der Geltendmachung eines die Rechtswidrigkeit ausschließenden Umstands

Die Geltendmachung eines Umstands, der Rechtswidrigkeit nach diesem Kapitel ausschließt, berührt nicht

a) die Erfüllung der betreffenden Verpflichtung, wenn und soweit der die Rechtswidrigkeit ausschließende Umstand nicht weiter besteht;

b) die Frage der Entschädigung für jeden durch die betreffende Handlung verursachten echten Schaden.

Dritter Teil
Inhalt der völkerrechtlichen Verantwortlichkeit einer internationalen Organisation

Kapitel I
Allgemeine Grundsätze

Artikel 28
Rechtsfolgen einer völkerrechtswidrigen Handlung

Die völkerrechtliche Verantwortlichkeit einer internationalen Organisation, die sich aus einer völkerrechtswidrigen Handlung nach den Bestimmungen des Zweiten Teils ergibt, zieht die in diesem Teil beschriebenen Rechtsfolgen nach sich.

Artikel 29
Fortbestehen der Erfüllungspflicht

Die Rechtsfolgen einer völkerrechtswidrigen Handlung nach diesem Teil berühren nicht die fortbestehende Verpflichtung der verantwortlichen internationalen Organisation zur Erfüllung der verletzten Verpflichtung.

Artikel 30
Beendigung und Nichtwiederholung

Die für die völkerrechtswidrige Handlung verantwortliche internationale Organisation ist verpflichtet,

a) die Handlung, falls sie andauert, zu beenden;

b) angemessene Zusagen und Garantien der Nichtwiederholung zu geben, falls die Umstände dies erfordern.

Artikel 31
Wiedergutmachung

1. Die verantwortliche internationale Organisation ist verpflichtet, volle Wiedergutmachung für den durch die völkerrechtswidrige Handlung verursachten Schaden zu leisten.

2. Der Schaden umfasst jeden materiellen oder immateriellen Schaden, der durch die völkerrechtswidrige Handlung einer internationalen Organisation verursacht worden ist.

Artikel 32
Erheblichkeit der Vorschriften der Organisation

1. Die verantwortliche internationale Organisation kann sich nicht auf ihre Vorschriften berufen, um die Nichterfüllung der ihr nach diesem Teil obliegenden Verpflichtungen zu rechtfertigen.

2. Absatz 1 lässt die Anwendbarkeit der Vorschriften einer internationalen Organisation auf die Beziehungen zwischen der Organisation und ihren Mitgliedstaaten und -organisationen unberührt.

Artikel 33
Umfang der in diesem Teil aufgeführten völkerrechtlichen Verpflichtungen

1. Die in diesem Teil aufgeführten Verpflichtungen der verantwortlichen internationalen Organisation können gegenüber einem oder mehreren Staaten, einer oder mehreren anderen Organisationen oder der gesamten internationalen Gemeinschaft bestehen, insbesondere je nach Wesen und Inhalt der völkerrechtlichen Verpflichtung sowie den Umständen ihrer Verletzung.

2. Dieser Teil berührt kein sich aus der völkerrechtlichen Verantwortlichkeit einer internationalen Organisation ergebendes Recht, das einer Person oder einer Stelle, die kein Staat und keine internationale Organisation ist, unmittelbar erwächst.

Kapitel II

Wiedergutmachung des Schadens

Artikel 34
Formen der Wiedergutmachung

Die volle Wiedergutmachung des durch die völkerrechtswidrige Handlung verursachten Schadens erfolgt durch Restitution, Schadenersatz und Genugtuung, entweder einzeln oder in Verbindung miteinander, in Übereinstimmung mit diesem Kapitel.

Artikel 35
Restitution

Eine für eine völkerrechtswidrige Handlung verantwortliche internationale Organisation ist verpflichtet, Restitution zu leisten, das heißt den vor der Begehung der Handlung herrschenden Zustand wiederherzustellen, sofern und soweit die Restitution

a) nicht tatsächlich unmöglich ist;

b) nicht mit einer Belastung verbunden ist, die außer allem Verhältnis zu dem Nutzen steht, der durch Restitution anstelle von Schadenersatz entsteht.

Artikel 36
Schadenersatz

1. Die für eine völkerrechtswidrige Handlung verantwortliche internationale Organisation ist verpflichtet, den durch die Handlung verursachten Schaden zu ersetzen, soweit dieser Schaden nicht durch Restitution wiedergutgemacht wird.

2. Der Schadenersatz umfasst jeden finanziell messbaren Schaden, einschließlich des entgangenen Gewinns, soweit ein solcher ermittelt wird.

Artikel 37
Genugtuung

1. Die für eine völkerrechtswidrige Handlung verantwortliche internationale Organisation ist verpflichtet, für den durch die Handlung verursachten Schaden Genugtuung zu leisten, soweit er nicht durch Restitution oder Schadenersatz wiedergutzumachen ist.

2. Die Genugtuung kann in Form des Geständnisses der Verletzung, eines Ausdrucks des Bedauerns, einer förmlichen Entschuldigung oder auf andere geeignete Weise geleistet werden.

3. Die Genugtuung darf nicht außer Verhältnis zu dem Schaden stehen und darf keine für die

verantwortliche internationale Organisation erniedrigende Form annehmen.

Artikel 38
Zinsen

1. Zinsen auf jede nach diesem Kapitel geschuldete Hauptforderung sind zahlbar, soweit dies notwendig ist, um eine vollständige Wiedergutmachung zu gewährleisten. Der Zinssatz und die Berechnungsmethode sind so festzusetzen, dass dieses Ergebnis erreicht wird.

2. Die Zinsen laufen von dem Tag, an dem die Hauptforderung hätte gezahlt werden sollen, bis zu dem Tag, an dem die Zahlungsverpflichtung erfüllt wird.

Artikel 39
Mitverschulden am Schaden

Bei der Festsetzung der Wiedergutmachung ist zu berücksichtigen, inwieweit der verletzte Staat, die verletzte internationale Organisation oder eine Person oder Stelle, bezüglich deren Wiedergutmachung verlangt wird, den Schaden durch vorsätzliches oder fahrlässiges Tun oder Unterlassen mitverschuldet hat.

Artikel 40
Gewährleistung der Erfüllung der Verpflichtung, Wiedergutmachung zu leisten

1. Die verantwortliche internationale Organisation ergreift alle geeigneten Maßnahmen im Einklang mit ihren Vorschriften, um zu gewährleisten, dass ihre Mitglieder ihr die Mittel zur wirksamen Erfüllung ihrer Verpflichtungen nach diesem Kapitel bereitstellen.

2. Die Mitglieder einer verantwortlichen internationalen Organisation ergreifen alle geeigneten Maßnahmen, die nach den Vorschriften der Organisation erforderlich sein können, um die Organisation in die Lage zu versetzen, ihre Verpflichtungen nach diesem Kapitel zu erfüllen.

Kapitel III

Schwerwiegende Verletzungen von Verpflichtungen, die sich aus zwingenden Normen des allgemeinen Völkerrechts ergeben

Artikel 41
Anwendungsbereich dieses Kapitels

1. Dieses Kapitel findet Anwendung auf die völkerrechtliche Verantwortlichkeit, die begründet wird, wenn eine internationale Organisation eine sich aus einer zwingenden Norm des allgemeinen Völkerrechts ergebende Verpflichtung in schwerwiegender Weise verletzt.

2. Die Verletzung einer solchen Verpflichtung ist schwerwiegend, wenn sie eine grobe oder systematische Nichterfüllung der Verpflichtung durch die verantwortliche internationale Organisation bedeutet.

Artikel 42
Besondere Folgen der schwerwiegenden Verletzung einer Verpflichtung nach diesem Kapitel

1. Die Staaten und internationalen Organisationen arbeiten zusammen, um jeder schwerwiegenden Verletzung im Sinne des Artikels 41 mit rechtmäßigen Mitteln ein Ende zu setzen.

2. Kein Staat und keine internationale Organisation erkennt einen Zustand, der durch eine schwerwiegende Verletzung im Sinne des Artikels 41 herbeigeführt wurde, als rechtmäßig an oder leistet Beihilfe oder Unterstützung zur Aufrechterhaltung dieses Zustands.

3. Artikel 42 berührt nicht die anderen in diesem Teil genannten Folgen und alle weiteren Folgen, die eine Verletzung, auf die dieses Kapitel Anwendung findet, nach dem Völkerrecht nach sich ziehen kann.

Vierter Teil

Durchsetzung der völkerrechtlichen Verantwortlichkeit einer internationalen Organisation

Kapitel I

Geltendmachung der Verantwortlichkeit einer internationalen Organisation

Artikel 43
Geltendmachung der Verantwortlichkeit durch einen verletzten Staat oder eine verletzte internationale Organisation

Ein Staat oder eine internationale Organisation ist berechtigt, als verletzter Staat beziehungsweise verletzte internationale Organisation die Verantwortlichkeit einer anderen internationalen Organisation geltend zu machen, wenn die Verpflichtung, die verletzt wurde,

a) allein gegenüber diesem Staat oder der ersteren internationalen Organisation besteht;

b) gegenüber einer Gruppe von Staaten oder internationalen Organisationen, die diesen Staat oder die erstere internationale Organisation einschließt, oder gegenüber der gesamten internationalen Gemeinschaft besteht und die Verletzung der Verpflichtung

i) speziell diesen Staat oder diese internationale Organisation betrifft oder

ii) so beschaffen ist, dass sie die Lage aller anderen Staaten und internationalen Organisationen, gegenüber denen die Verpflichtung besteht, hinsichtlich der weiteren Erfüllung der Verpflichtung grundlegend ändert.

Artikel 44
Anzeige des Anspruchs durch den verletzten Staat oder die verletzte internationale Organisation

1. Machen der verletzte Staat oder die verletzte internationale Organisation die Verantwortlichkeit einer anderen internationalen Organisation geltend, so zeigen sie dieser Organisation ihren Anspruch an.

2. Der verletzte Staat oder die verletzte internationale Organisation kann insbesondere angeben,

a) welches Verhalten die verantwortliche internationale Organisation befolgen soll, um die völkerrechtswidrige Handlung, sofern sie andauert, zu beenden;

b) in welcher Form die Wiedergutmachung nach den Bestimmungen des Dritten Teils erfolgen soll.

Artikel 45
Zulässigkeit von Ansprüchen

1. Ein verletzter Staat kann die Verantwortlichkeit einer internationalen Organisation nicht geltend machen, wenn der Anspruch nicht im Einklang mit den anwendbaren Regeln über die Nationalität von Ansprüchen geltend gemacht wird.

2. Findet die Regel über die Erschöpfung der innerstaatlichen Rechtsmittel auf einen Anspruch Anwendung, so kann der verletzte Staat oder die verletzte internationale Organisation die Verantwortlichkeit einer anderen internationalen Organisation nicht geltend machen, wenn nicht alle verfügbaren und wirksamen Rechtsmittel erschöpft wurden.

Artikel 46
Verlust des Rechts, die Verantwortlichkeit einer internationalen Organisation geltend zu machen

Die Verantwortlichkeit einer internationalen Organisation kann nicht geltend gemacht werden,

a) wenn der verletzte Staat oder die verletzte internationale Organisation wirksam auf den Anspruch verzichtet hat;

b) wenn aufgrund des Verhaltens des verletzten Staates oder der verletzten internationalen Organisation anzunehmen ist, dass er oder sie wirksam in das Erlöschen seines beziehungsweise ihres Anspruchs eingewilligt hat.

Artikel 47
Mehrheit verletzter Staaten oder internationaler Organisationen

Werden mehrere Staaten oder internationale Organisationen durch dieselbe völkerrechtswidrige Handlung einer internationalen Organisation verletzt, so kann jeder verletzte Staat und jede verletzte internationale Organisation gesondert die Verantwortlichkeit der internationalen Organisation für die völkerrechtswidrige Handlung geltend machen.

Artikel 48
Verantwortlichkeit einer internationalen Organisation und eines oder mehrerer Staaten oder internationaler Organisationen

1. Sind eine internationale Organisation und ein oder mehrere Staaten oder andere internationale Organisationen für dieselbe völkerrechtswidrige Handlung verantwortlich, so kann in Bezug auf diese Handlung die Verantwortlichkeit eines jeden Staates und einer jeden Organisation geltend gemacht werden.

2. Eine subsidiäre Verantwortlichkeit kann insoweit geltend gemacht werden, als die Geltendmachung der primären Verantwortlichkeit nicht zu einer Wiedergutmachung geführt hat.

3. Die Absätze 1 und 2

a) gestatten einem verletzten Staat oder einer verletzten internationalen Organisation nicht, einen Schadenersatz zu erlangen, der den erlittenen Schaden übersteigt;

b) berühren nicht ein Recht des Wiedergutmachung leistenden Staates oder der Wiedergutmachung leistenden internationalen Organisation, bei den anderen verantwortlichen Staaten oder internationalen Organisationen Rückgriff zu nehmen.

Artikel 49
Geltendmachung der Verantwortlichkeit durch einen anderen Staat oder eine andere internationale Organisation als den verletzten Staat oder die verletzte internationale Organisation

1. Ein anderer Staat oder eine andere internationale Organisation als der verletzte Staat oder die verletzte internationale Organisation ist berechtigt, die Verantwortlichkeit einer anderen internationalen Organisation nach Absatz 4 geltend zu machen, wenn die Verpflichtung, die verletzt wurde, gegenüber einer Gruppe von Staaten oder internationalen Organisationen besteht, die den Staat oder die Organisation einschließt, von denen die Verantwortlichkeit geltend gemacht wird, und die zum Schutz eines kollektiven Interesses der Gruppe gegründet wurde.

2. Ein anderer Staat als der verletzte Staat ist berechtigt, die Verantwortlichkeit einer internationalen Organisation nach Absatz 4 geltend zu machen, wenn die Verpflichtung, die verletzt wurde, gegenüber der gesamten internationalen Gemeinschaft besteht.

3. Eine andere internationale Organisation als die verletzte internationale Organisation ist berechtigt, die Verantwortlichkeit einer anderen internationalen Organisation nach Absatz 4 geltend zu machen, wenn die Verpflichtung, die verletzt wurde, gegenüber der gesamten internationalen Gemeinschaft besteht und wenn der Schutz des der verletzten Verpflichtung zugrundeliegenden Interesses der gesamten internationalen Gemeinschaft in den Aufgabenbereich der internationalen Organisation fällt, die die Verantwortlichkeit geltend macht.

4. Ein Staat oder eine internationale Organisation, der oder die nach den Absätzen 1 bis 3 berechtigt ist, die Verantwortlichkeit geltend zu machen, kann von der verantwortlichen internationalen Organisation verlangen,

a) im Einklang mit Artikel 30 die völkerrechtswidrige Handlung zu beenden sowie Zusagen und Garantien der Nichtwiederholung zu geben und

b) die Verpflichtung zur Wiedergutmachung nach dem Dritten Teil zugunsten des verletzten Staates, der verletzten internationalen Organisation oder der Begünstigten der Verpflichtung, die verletzt wurde, zu erfüllen.

5. Die in den Artikeln 44, 45 Absatz 2 und 46 genannten Bedingungen für die Geltendmachung der Verantwortlichkeit durch einen verletzten Staat oder eine verletzte internationale Organisation finden Anwendung auf die Geltendmachung der Verantwortlichkeit durch einen Staat oder eine internationale Organisation, der oder die nach den Absätzen 1 bis 4 dazu berechtigt ist.

Artikel 50
Anwendungsbereich dieses Kapitels

Dieses Kapitel berührt nicht das Recht einer Person oder Stelle, die weder ein Staat noch eine internationale Organisation ist, die völkerrechtliche Verantwortlichkeit einer internationalen Organisation geltend zu machen.

Kapitel II

Gegenmaßnahmen

Artikel 51
Zweck und Begrenzung von Gegenmaßnahmen

1. Der verletzte Staat oder die verletzte internationale Organisation darf gegen die für die völkerrechtswidrige Handlung verantwortliche internationale Organisation Gegenmaßnahmen nur zu dem Zweck ergreifen, sie zur Erfüllung ihrer Verpflichtungen nach dem Dritten Teil zu veranlassen.

2. Gegenmaßnahmen sind auf die vorübergehende Nichterfüllung völkerrechtlicher Verpflichtungen begrenzt, die der Staat oder die internationale Organisation, der oder die die Maßnahmen ergreift, gegenüber der verantwortlichen internationalen Organisation hat.

3. Gegenmaßnahmen sind möglichst in einer Weise zu ergreifen, die die Wiederaufnahme der Erfüllung der betreffenden Verpflichtungen zulässt.

4. Gegenmaßnahmen sind möglichst in einer Weise zu ergreifen, die ihre Auswirkungen auf die Wahrnehmung der Aufgaben der verantwortlichen internationalen Organisation begrenzt.

Artikel 52
Bedingungen für die Ergreifung von Gegenmaßnahmen durch Mitglieder einer internationalen Organisation

1. Vorbehaltlich des Absatzes 2 darf ein verletzter Staat oder eine verletzte internationale Organisation, der oder die Mitglied einer verantwortlichen internationalen Organisation ist, keine Gegenmaßnahmen gegen diese Organisation ergreifen, es sei denn

a) die in Artikel 51 genannten Bedingungen sind erfüllt;

b) die Gegenmaßnahmen sind mit den Vorschriften der Organisation nicht unvereinbar und

c) es stehen keine geeigneten Mittel zur Verfügung, um die verantwortliche internationale Organisation auf andere Weise zu veranlassen, ihre Verpflichtungen zur Beendigung der Verletzung und zur Wiedergutmachung einzuhalten.

2. Ein verletzter Staat oder eine verletzte internationale Organisation, der oder die Mitglied einer verantwortlichen internationalen Organisation ist, darf gegen diese Organisation keine Gegenmaßnahmen aufgrund einer Verletzung einer völkerrechtlichen Verpflichtung nach den Vorschriften der Organisation ergreifen, es sei denn, diese Vorschriften sehen solche Gegenmaßnahmen vor.

Artikel 53
Verpflichtungen, die von Gegenmaßnahmen nicht berührt werden

1. Gegenmaßnahmen lassen folgende Verpflichtungen unberührt:

a) die in der Charta der Vereinten Nationen verankerte Verpflichtung, die Androhung oder Anwendung von Gewalt zu unterlassen;

b) die Verpflichtungen zum Schutz der Menschenrechte;

c) die Verpflichtungen humanitärer Art, die Repressalien verbieten;

d) andere Verpflichtungen, die sich aus zwingenden Normen des allgemeinen Völkerrechts ergeben.

2. Der verletzte Staat oder die verletzte internationale Organisation, die Gegenmaßnahmen ergreifen, sind nicht von den Verpflichtungen entbunden,

a) die ihnen nach einem Streitbeilegungsverfahren obliegen, das zwischen ihnen und der verantwortlichen internationalen Organisation Anwendung findet;

b) die Unverletzlichkeit der Organe oder Beauftragten der verantwortlichen internationalen Organisation und der Räumlichkeiten, Archive und Dokumente dieser Organisation zu achten.

Artikel 54
Verhältnismäßigkeit von Gegenmaßnahmen

Gegenmaßnahmen müssen in einem angemessenen Verhältnis zu dem erlittenen Schaden stehen, wobei die Schwere der völkerrechtswidrigen Handlung und die betreffenden Rechte zu berücksichtigen sind.

Artikel 55
Bedingungen für die Anwendung von Gegenmaßnahmen

1. Bevor der verletzte Staat oder die verletzte internationale Organisation Gegenmaßnahmen ergreifen,

a) haben sie die verantwortliche internationale Organisation im Einklang mit Artikel 44 aufzufordern, die ihr nach dem Dritten Teil obliegenden Verpflichtungen zu erfüllen;

b) haben sie der verantwortlichen internationalen Organisation jeden Beschluss, Gegenmaßnahmen zu ergreifen, zu notifizieren und ihr Verhandlungen anzubieten.

2. Ungeachtet des Absatzes 1 Buchstabe b können der verletzte Staat oder die verletzte internationale Organisation die dringlichen Gegenmaßnahmen ergreifen, die zur Wahrung ihrer Rechte erforderlich sind.

3. Gegenmaßnahmen dürfen nicht ergriffen werden, und bereits ergriffene Gegenmaßnahmen müssen ohne schuldhaftes Zögern suspendiert werden,

a) wenn die völkerrechtswidrige Handlung nicht länger andauert und

b) wenn die Streitigkeit vor einem Gericht anhängig ist, das befugt ist, für die Parteien bindende Entscheidungen zu fällen.

4. Absatz 3 findet keine Anwendung, wenn die verantwortliche internationale Organisation die Streitbeilegungsverfahren nicht nach Treu und Glauben anwendet.

Artikel 56
Beendigung der Gegenmaßnahmen

Gegenmaßnahmen sind zu beenden, sobald die verantwortliche internationale Organisation die ihr nach dem Dritten Teil obliegenden Verpflichtungen in Bezug auf die völkerrechtswidrige Handlung erfüllt hat.

Artikel 57
Ergreifung von Maßnahmen durch andere Staaten oder andere internationale Organisationen als den verletzten Staat oder die verletzte Organisation

Dieses Kapitel berührt nicht das Recht eines Staates oder einer internationalen Organisation, der oder die nach Artikel 49 Absätze 1 bis 3 berechtigt ist, die Verantwortlichkeit einer anderen internationalen Organisation geltend zu machen, rechtmäßige Maßnahmen gegen diese Organisation zu ergreifen, um die Beendigung der Verletzung und die Wiedergutmachung zugunsten des verletzten Staates, der verletzten Organisation oder der Begünstigten der Verpflichtung, die verletzt wurde, sicherzustellen.

Fünfter Teil
Verantwortlichkeit eines Staates im Zusammenhang mit dem Verhalten einer internationalen Organisation

Artikel 58
Beihilfe oder Unterstützung durch einen Staat bei der Begehung einer völkerrechtswidrigen Handlung durch eine internationale Organisation

1. Ein Staat, der einer internationalen Organisation bei der Begehung einer völkerrechtswidrigen Handlung Beihilfe leistet oder Unterstützung gewährt, ist dafür völkerrechtlich verantwortlich,

a) wenn er dies in Kenntnis der Umstände der völkerrechtswidrigen Handlung tut und

b) wenn die Handlung völkerrechtswidrig wäre, wenn er sie selbst beginge.

2. Eine von einem Mitgliedstaat einer internationalen Organisation im Einklang mit den Vorschriften der Organisation begangene Handlung löst als solche nicht die völkerrechtliche Verantwortlichkeit dieses Staates nach Artikel 58 aus.

Artikel 59
Leitung und Kontrolle durch einen Staat bei der Begehung einer völkerrechtswidrigen Handlung durch eine internationale Organisation

1. Ein Staat, der eine internationale Organisation bei der Begehung einer völkerrechtswidrigen Handlung leitet und sie kontrolliert, ist für diese Handlung völkerrechtlich verantwortlich,

a) wenn er dies in Kenntnis der Umstände der völkerrechtswidrigen Handlung tut und

b) wenn die Handlung völkerrechtswidrig wäre, wenn er sie selbst beginge.

2. Eine von einem Mitgliedstaat einer internationalen Organisation im Einklang mit den Vorschriften der Organisation begangene Handlung löst als solche nicht die völkerrechtliche Verantwortlichkeit dieses Staates nach Artikel 59 aus.

Artikel 60
Nötigung einer internationalen Organisation durch einen Staat

Ein Staat, der eine internationale Organisation nötigt, eine Handlung zu begehen, ist für diese Handlung völkerrechtlich verantwortlich,

a) wenn die Handlung bei Abwesenheit von Nötigung eine völkerrechtswidrige Handlung der genötigten internationalen Organisation wäre und

b) wenn der nötigende Staat dies in Kenntnis der Umstände der Handlung tut.

Artikel 61
Umgehung völkerrechtlicher Verpflichtungen eines Mitgliedstaats einer internationalen Organisation

1. Ein Mitgliedstaat einer internationalen Organisation wird völkerrechtlich verantwortlich, wenn er unter Ausnutzung der Tatsache, dass die Organisation Zuständigkeit in Bezug auf den Gegenstand einer der völkerrechtlichen Verpflichtungen des Staates besitzt, diese Verpflichtung umgeht, indem er die Organisation zur Begehung einer Handlung veranlasst, die eine Verletzung der Verpflichtung dargestellt hätte, wenn sie von ihm selbst begangen worden wäre.

2. Absatz 1 findet Anwendung unabhängig davon, ob die betreffende Handlung für die internationale Organisation völkerrechtswidrig ist oder nicht.

Artikel 62
Verantwortlichkeit eines Staates, der Mitglied einer internationalen Organisation ist, für eine völkerrechtswidrige Handlung dieser Organisation

1. Ein Staat, der Mitglied einer internationalen Organisation ist, ist für eine völkerrechtswidrige Handlung dieser Organisation verantwortlich,

a) wenn er gegenüber der verletzten Partei die Verantwortlichkeit für diese Handlung übernommen hat oder

b) wenn er die verletzte Partei veranlasst hat, sich auf seine Verantwortlichkeit zu verlassen.

2. Jede völkerrechtliche Verantwortlichkeit eines Staates nach Absatz 1 gilt als subsidiär.

Artikel 63
Wirkung dieses Teils

Dieser Teil lässt die völkerrechtliche Verantwortlichkeit der internationalen Organisation, die die betreffende Handlung begeht, oder jedes Staates oder jeder anderen internationalen Organisation unberührt.

Sechster Teil
Allgemeine Bestimmungen

Artikel 64
Lex specialis

Diese Artikel finden keine Anwendung, wenn und soweit die Voraussetzungen für das Vorliegen einer völkerrechtswidrigen Handlung oder der Inhalt oder die Durchsetzung der völkerrechtlichen Verantwortlichkeit einer internationalen Organisation oder eines Staates im Zusammenhang mit dem Verhalten einer internationalen Organisation speziellen Regeln des Völkerrechts unterliegen. Solche speziellen Regeln des Völkerrechts können in den Vorschriften der Organisation enthalten sein, die auf die Beziehungen zwischen einer internationalen Organisation und ihren Mitgliedern anwendbar sind.

Artikel 65
Fragen der völkerrechtlichen Verantwortlichkeit, die nicht durch diese Artikel geregelt sind

Soweit Fragen der Verantwortlichkeit einer internationalen Organisation oder eines Staates für eine völkerrechtswidrige Handlung durch diese Artikel nicht geregelt werden, unterliegen sie weiterhin den anwendbaren Regeln des Völkerrechts.

Artikel 66
Individuelle Verantwortlichkeit

Diese Artikel lassen Fragen der individuellen völkerrechtlichen Verantwortlichkeit von Personen, die im Namen einer internationalen Organisation oder eines Staates handeln, unberührt.

Artikel 67

Charta der Vereinten Nationen

Diese Artikel lassen die Charta der Vereinten Nationen unberührt.

KODEX

DES ÖSTERREICHISCHEN RECHTS

SAMMLUNG DER ÖSTERREICHISCHEN BUNDESGESETZE

DOPPEL-BESTEUERUNGS-ABKOMMEN

1 Deutschland
2 Liechtenstein
3 Schweiz
4 Italien
5 Slowenien
6 Ungarn
7 Slowakei
8 Tschechien
9 CSSR
10 Belgien
11 Bulgarien
12 Dänemark
13 Finnland
14 Frankreich
15 Griechenland
16 Großbritannien
17 Irland
18 Kroatien
19 Luxemburg
20 Malta
21 Moldova
22 Niederlande
23 Norwegen
24 Polen
25 Portugal
26 Rumänien
27 Russland
28 Schweden
29 Spanien
30 Türkei
31 UdSSR
32 Ukraine
33 Weißrussland
34 Zypern
35 USA
36 Kanada
37 Argentinien
38 Brasilien
39 Australien
40 China
41 Japan
42 Armenien
43 Aserbaidschan
44 Georgien
45 Indien
46 Indonesien
47 Israel
48 Korea, Rep.
49 Malaysia
50 Pakistan
51 Philippinen
52 Tadschikistan
53 Thailand
54 Turkmenistan
55 Usbekistan
56 Ägypten
57 Südafrika
58 Tunesien
Anhang EU-Recht

LINDE VERLAG

KODEX

DES ÖSTERREICHISCHEN RECHTS

SAMMLUNG DER ÖSTERREICHISCHEN BUNDESGESETZE

VERKEHRS-RECHT

1 StVO VO
2 PARKGEBÜHRENGESETZE: Bgld, Kärnten, NÖ, OÖ, Salzburg, Steiermark, Tirol, Vorarlberg, Wien
3 BStG
4 KFG, KDV, PBStV, Kraftstoff-VO, FSG + VO
5 GGBG VO
6 GüterbefG VO
7 GelegenheitsVG VO
8 KraftfahrlinienG
9 KHVG 1994, Kfz StG 1992, Nov AG 1991, BStFG 1996, Mautstrecken-VO, StraBAG 1994
10 TGSt, VO, TGEisb
11 EKHG
12 EisenbahnG, E-Kr VO, SchlV, SchlV
13 EBG
14 Transit
15 Ökopunkte-Vereinbarungen
16 EWG-RECHTSAKTE: VO 3820, VO 3821, Einheitsformulare, Verfahrensrichtlinie

LexisNexis

KODEX

DES ÖSTERREICHISCHEN RECHTS

SAMMLUNG DER ÖSTERREICHISCHEN BUNDESGESETZE

WEHR-RECHT

1 WG
2 B-VG, NeutralVG, SichVertDok, NSR, EMRK, ZDG
3 AuslEins, KSE-BVG, AuslEG, AZHG
4 HGG
5 APSG
6 HVG
7 MilStG
8 HDG
9 MBG
10 SperrGG
11 MunLG
12 MAG, VerwMG
13 EZG
14 MilBFG
15 VFüDgrd
16 TrAufG, InfoSiG, NATO-SOFA, NATO-PFP-SOFA

LexisNexis

KODEX

DES ÖSTERREICHISCHEN RECHTS

SAMMLUNG DER ÖSTERREICHISCHEN BUNDESGESETZE

ZOLLRECHT UND VERBRAUCHSTEUERN

1 ZK
2 ZBefrVO
3 ZK-DVO
4 ZollR-DG
5 ZollR-DV
6 KN-VO
7 EGV
8 EUBeitr
9 FristVO
10 AußHR
11 AußHStat
12 AHVO
13 BeitrRL
14 Nachg Waren
15 AusfErst
16 GrekoG
17 StraBAG
18 KfzStG
19 SystemRL
20 BeglDokVO, VereinfBeglDokVO, FrStellBeschVO
21 VStBefrV, VStBeglDokV
22 AlkStG
23 BierStG
24 SchwStG
25 TabStG
26 MinStG
27 €
28 EG-AHG
29 EG-VAHG
30 TabMG
31 ALSaG
32 UStG
33 AVOG
34 FinStrG
35 BetrBek

LexisNexis

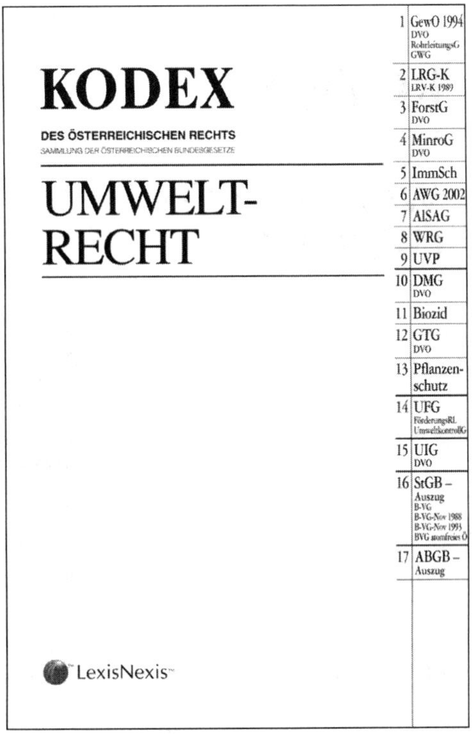
KODEX
DES ÖSTERREICHISCHEN RECHTS
SAMMLUNG DER ÖSTERREICHISCHEN BUNDESGESETZE
UMWELT-
RECHT
LexisNexis
1 GewO 1994
DVO
RohrleitungsG
GWG
2 LRG-K
LRV-K 1989
3 ForstG
DVO
4 MinroG
DVO
5 ImmSch
6 AWG 2002
7 AlSAG
8 WRG
9 UVP
10 DMG
DVO
11 Biozid
12 GTG
DVO
13 Pflanzen-
schutz
14 UFG
FörderungsRL
UmweltkontrollG
15 UIG
DVO
16 StGB –
Auszug
B-VG
B-VG-Nov 1988
B-VG-Nov 1993
BVG atomfreies Ö
17 ABGB –
Auszug
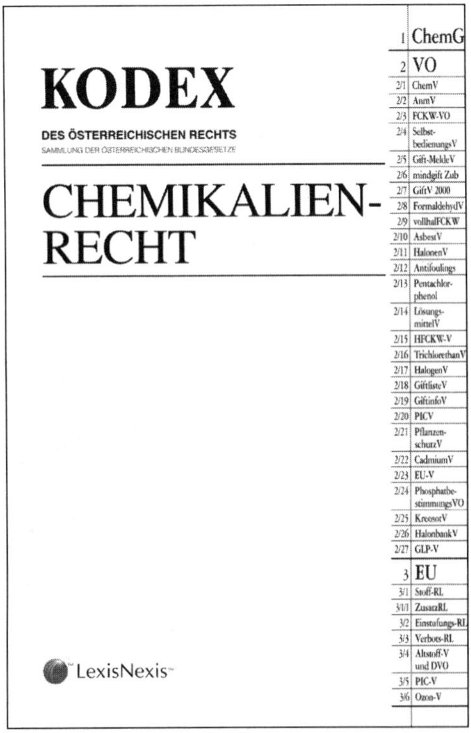
KODEX
DES ÖSTERREICHISCHEN RECHTS
SAMMLUNG DER ÖSTERREICHISCHEN BUNDESGESETZE
CHEMIKALIEN-
RECHT
LexisNexis
1 ChemG
2 VO
2/1 ChemV
2/2 AnmV
2/3 FCKW-VO
2/4 Selbst-
bedienungsV
2/5 Gift-MeldeV
2/6 mindgift Zub
2/7 GiftV 2000
2/8 FormaldehydV
2/9 vollhalFCKW
2/10 AsbestV
2/11 HalonenV
2/12 Antifoulings
2/13 Pentachlor-
phenol
2/14 Lösungs-
mittelV
2/15 HFCKW-V
2/16 TrichlorethanV
2/17 HalogenV
2/18 GiftlisteV
2/19 GiftinfoV
2/20 PICV
2/21 Pflanzen-
schutzV
2/22 CadmiumV
2/23 EU-V
2/24 Phosphatbe-
stimmungsVO
2/25 KreosotV
2/26 HalonbankV
2/27 GLP-V
3 EU
3/1 Stoff-RL
3/1/1 ZusatzRL
3/2 Einstufungs-RL
3/3 Verbots-RL
3/4 Altstoff-V
und DVO
3/5 PIC-V
3/6 Ozon-V

KODEX
DES ÖSTERREICHISCHEN RECHTS
SAMMLUNG DER ÖSTERREICHISCHEN BUNDESGESETZE
WASSER-
RECHT
LexisNexis
1 WRG
2 VO
3/1 Best im AWG
für Deponien
3/2 DeponieV
4 EU-RL

KODEX
DES ÖSTERREICHISCHEN RECHTS
SAMMLUNG DER ÖSTERREICHISCHEN BUNDESGESETZE
ABFALL-
RECHT UND ÖKO-AUDIT
LexisNexis
1/1. AWG 2002
1/2/1. AltölVO
1/2/2. LampenVO
1/2/3. Kunststoff
GetränkeVO
1/2/4. BatterieVO
1/2/5/1. FestsetzungsVO
1/2/5/2. K Ausstattung
1/2/6. SchmiermittelVO
1/2/9. AbfallnachweisVO
1/2/10. BauschuttVO
1/2/11. BiogeneVO
1/2/12. KunststoffleimenVO
1/2/13. KühlgeräteVO
1/2/14/1. VO Außerkrafttreten
und Inkrafttreten
VerpackungsVO
1/2/14/2. VerpackungsVO
1/2/14/3. ZielVO
Verpackabfälle
1/2/16. DeponieVO
1/2/17. V Verbrennung
gef Abfälle
1/2/18. AbfallWP 2001
1/2/19. KompostV
1/3. Basler
Übereinkommen
1/4/1. GewO 1994
(Auszug)
1/4/2. V Verbrennung
gef A in
gewerbl BA
1/5. MinroG
(Auszug)
2. Landesabfall-
vorschriften
(Auszug)
2/1. Burgenland
2/2. Kärnten
2/3. Niederösterreich
2/4. Oberösterreich
2/5. Salzburg
2/6. Steiermark
2/7. Tirol
2/8. Vorarlberg
2/9. Wien
3. AlSAG
4. EU-Richtlinien und
Verordnungen
5. Öko-Audit

KODEX
DES ÖSTERREICHISCHEN RECHTS

SAMMLUNG DER ÖSTERREICHISCHEN BUNDESGESETZE

SCHUL-GESETZE

1 SchUG
- SchUG-B Berufsreifeprüf-G
- SchVeranst VO, LB VO, Zeugn.form VO
- Aufn.prüf VO
- abschl.Prüf VO AHS, AHS-B, BMHS, KIGA/SOZ
- Extern.prüf VO
- Schulordnung, Aufsichtserlass, sonst. SchUG VO
- Wahl VO Schüler, Eltern, SGA
- AStG Dipl.Supplement ASchO, UPG

2 SchOG
- Beitrags VO, Eröf. u. Teilz VO, Univ.berecht VO, sonst. SchOG VO
- BA f Leibeserzieher

3 SchZG SchZG-VO

4 SchPflG SchPflG-VO BAG, JASG

5 SchBeihG

6 PflSchErh-GG Bild.Dok.G

7 PrivSchG Luf PrivSchG

8 BSchAufsG BSchAufsG-VO

9 Luf SchGe LufBSchG ForstG Luf BerufsSchG Luf FachSchG

10 MindSchG Bgld MindSchG Ktn

11 SchVG SchVG-VO

12 Schule/Kirche RelUG, VO, StV, rel.Bekenntnisgem.G, OrientKG

13 FLAG, TabakG, ASVG

14 B-VG BVG 1962, 1975, StGG, StV, FAG 2001

15 Wr. SchulG

LexisNexis

KODEX
DES ÖSTERREICHISCHEN RECHTS

SAMMLUNG DER ÖSTERREICHISCHEN BUNDESGESETZE

WOHNUNGS-GESETZE

1 MRG MRG-Nov 1985, 2. WÄG, 3. WÄG, RichtWG, ABGB §§ 1090 ff, ZPO §§ 560 ff, JN §§ 49, 83, EO § 349, AO § 12a

2 WEG IRÄG 1982 Art X

3 WGG mit Verordnungen

4 HeizKG mit Verordnungen

5 BTVG

6 BauRG

7 LPG

8 KlGG

9 StadtEG

10 BodenbG

11 WFG

12 WSG

13 StartWG

14 B-SWBG

15 WWG

16 BWSF-G

17 KSchG

18 MaklerG ImmMV

19 HbG mit ArbVG

20 Mietzins-beihilfe

Anhang ÖVI-Ehren-kodex

LexisNexis

KODEX
DES ÖSTERREICHISCHEN RECHTS

SAMMLUNG DER ÖSTERREICHISCHEN BUNDESGESETZE

UNIVERSITÄTS-RECHT

1 UOG 1993

2 KUOG

3 VOen aufgrund der Organisationsgesetze
- ImplemVOen
- GIVO
- EvalVO
- UBV
- BBVO
- KOVO

4 UniAkkG

5 DUK-Gesetz

6 UniStG
- EinrichtVO
- Studienstandort VOen
- UniStEVO 1997
- PersgrupVO

7 FHStG

8 HSG 1998
- HSWO 2001

9 StudFG

10 HTaxG
- StuBeiVO
- RErstVO

11 BDG 1979

12 GG

13 VBG

14 AbgeltG

15 B-GBG
- FFP

LexisNexis

KODEX
DES ÖSTERREICHISCHEN RECHTS

SAMMLUNG DER ÖSTERREICHISCHEN BUNDESGESETZE

INNERE VERWALTUNG

1 EGVG

2 AVG+VOen

3 VStG+VOen

4 VVG+VO

5 AgrVG

6 DVG+VO

7 ZustellG +VO +Üb

8 VwFormVO

9 FristenÜb

10 AmtssprVOen

11 AuskPflG B-BerichtspflG

12 SPG+VOen +Div. Gesetze +BKAG

13 MeldeG+VO

14 PaßG+VOen

15 StbG +VOen +BG

16 FrG+VOen

17 FlüchtlingsK +Abk, Prot, Üb

18 AsylG+VOen UBASG

19 BBetrG+VOen

20 GrekoG +VO und Kdm

21 SDÜ-BeitrittsÜb +Kdm, Prot, Beschl

22 SuSprmittelG

23 PyrotechG

24 WaffG+VOen

25 KriegsmatG+VO

26 VereinsG

27 VersammlG

28 DSG+VOen

29 MedienG+VOen

30 PornoG

Anhang

LexisNexis

KODEX
DES ÖSTERREICHISCHEN RECHTS
HERAUSGEBER: UNIV.-PROF. DR. WERNER DORALT
FINANZMARKT-
RECHT I
1 BWG
CRR-BegleitV
KI-RMV
MündelsicherheitsV
ReservemeldungsV
ZKR-Austausch-VO
AP-VO
JKAB-V
VERA-V
STDM-V 2016
ZKRMV
EKV 2016
SK-EMV
KP-V
ParameterV
2 CRR + Ven
EZB-Finrep Ext-VO
EZB-Wahlrechte-VO
EZB-Ana-Credit-VO
CRD-IV + Ven
3 ESAEG + Ven
4 BaSAG + Ven
EU-DelV und DVen
SRM-VO + Ven
5 SpG
6 BSpG + V
7 PSK-G
8 HypBG
PfandbriefG
+ EinfVen
FBSchVG
PfandbriefstelleG
KuratorenG
9 WBIB-G
LexisNexis

KODEX
DES ÖSTERREICHISCHEN RECHTS
HERAUSGEBER: UNIV.-PROF. DR. WERNER DORALT
FINANZMARKT-
RECHT II
1 ZaDiG + Ven
SEPA-VO
VZKG + VO
ÜberweisungsVO
Auftraggeberdaten VO
GeldtransferVO
ZertifizierungsVO
ZertifizierungsVO-Beschl
ZahlungsdiensteRL (PSD II)
Interbankenentgelte VO (MIF)
E-GeldG + VO
DevisenG + Ven
SanktionenG
Euro-Begleitgesetze
SchMG
WechselG + ScheckG
2 VKrG
VKrRL
HIKrG
FMA-MiKaNa-V
ImmoKrRL + VO
FernFinG
FernFinRL
3 FM-GwG + V
4. GW-RL
DelVO Drittländer
4 StabAbgG
5 KontRegG/KapAbflMG + Ven
6 GMSG + V
ADG
EU-Amtshilfe-RL
7 FMABG + Ven
NBG
EBA-VO
ESRB-VO
SSM-VO + Ven
8 FinStaG + Ven
ZaBiStaG
ÖIAG-G/ÖBIB-G
HypoSanG
HaftungsG Ktn
9 Finanzkonglomerate G + V
FK-DelVO
10 APAG
RL-KG
LexisNexis

KODEX
DES ÖSTERREICHISCHEN RECHTS
HERAUSGEBER: UNIV.-PROF. DR. WERNER DORALT
FINANZMARKT-
RECHT III
1 WAG
HTAusnV
AusnV
IIKV
WPMV
WAG 2018
MiFIR
MiFIR DfVO
MiFID II
MiFID DfVO
2 BörseG + Ven
BörseG 2018
Veröff-V
MpV
VMV
TransV
ECV
2.LVV
3 Short-Selling-VO
4 Benchmark-VO
Benchmark-DfVO
RW-VG
5 REMIT-VO
6 Strommärkte-VO
7 Treibhausgas-VO
8 Marktmissbrauchs-VO + Ven
MAD-Sankt
DRL-Meldung
Del-VO Ausn
DfVO Meldung Form
DfVO Eigengeschäft
DfVO Insider
TransRL + delVen
DfVO Infoaustausch ESMA
9 ESMA-VO
LexisNexis

KODEX
DES ÖSTERREICHISCHEN RECHTS
HERAUSGEBER: UNIV.-PROF. DR. WERNER DORALT
FINANZMARKT-
RECHT IV
1 KMG
HGebV
MVS-V
EU-ProspektVO
Prospekt-DfV
DelV VeröffNach
DelV Veröff
AquivalenzV
2 UDRBG
UDRB-KorrV
3 AltFG
AltF-InfoV
4 PRIIP-VO
5 DepG
6 FinSG
7 KEG
8 InvFG
AnteileV
InfoGlwV
4. DerRiskM-V
Geldmarktf-V
EU-Geldmarktf-VO
ÜbHi-V
TeilfondsV
KID-V
InvF-LRMV
FMV, WPV
OGAW KID-V
OGAW VerfV
OGAW Asset-RL
OGAW VwGesRL
OGAW-MF-RL
OGAW DelV VwSt
OGAW DfV Infoü
9 AIFMG
AIF-WarnV
AIFM-MV
AIFM-Ven
RisikokapitalfondsVO + DfVO
SozUnternehm-FondsVO + DfVO
ELIF-VO
10 ImmoInvFG
RisikohinweisV
OTC DerV
ProspInV
11 EMIR-VO + Ven
SFT-VO
SFT-VollzugsG
ZGVG + ZG-EKV
12 FinalitätsG
CSD-VO + ZvVG
13 BMSVG + Ven
PKG, BPG
DfV Pensfonds
EU-EbAV-RL
14 CRA-VO
RAVG
Ratingagenturliste
LexisNexis

KODEX

DES ÖSTERREICHISCHEN RECHTS
HERAUSGEBER: UNIV.-PROF. DR. WERNER DORALT

COMPLIANCE FÜR UNTERNEHMEN

1 StrafR – StGB, VbVG, VStG
2 Lobbying u Medientransp. – LobbyG, BVG MedKF-T
3 FinanzR – FinStrG, BAO
4 Wettbewerbsrecht – KartG, UWG, AEUV
5 DatenschutzR – DSG, DSGVO
6 KapitalmarktR – BörseG, ECV, EU-Verordnungen
7 GesellschaftsR – ÖCGK, GmbH, AktG, EKEG, UGB
8 GewO – GewO, 2. GTV-GewO
9 ImmaterialgR – UrhG, MarkschG, MuSchG, PatG
10 ArbeitsR – AZG, ARG, ASchG, GlBG, LSD-BG, ASVG, ArbVG
11 Produktsicherheit – PSG 2004, PHG

LexisNexis

KODEX

DES ÖSTERREICHISCHEN RECHTS
HERAUSGEBER: UNIV.-PROF. DR. WERNER DORALT

DATENSCHUTZ

1 Datenschutz international – DSGVO, GDPR, RGPD, DS Übk, EMRK, GRC
2 Datenschutz national – DSG 2018, ABGB, ArbVG, MedienG, StGB, VStG, ECG
3 Telekom u E-Gov – DSRL elektr Kom, TKG, TKG-DSVO, E-GovG, StZRegBehV, ERegV
4 AuskPfl u Infoweiterv – AuskPflG, AuskPflG Länder, IWG
5 InfoSicherheit – NIS-RL, InfoSiG, InfoSiV
6 Gesundheit – GTelG, GTelV, ÄrzteG
7 Finanz – FM-GwG, WAG, VersVG, ZaDiG, VKrG, WiEReg
8 Transparenzdatenbank – TDBG, TDB-BetriebsV, 2. TDB-LeistAngV, TDB-LeistungsV, TDB-ÜbertragV, 2. TDB-ÜbertragV
9 Fluggastdaten – PNR-Daten RL
Anhang

Linde
LexisNexis

KODEX

DES ÖSTERREICHISCHEN RECHTS
HERAUSGEBER: UNIV.-PROF. DR. WERNER DORALT

VERSICHERUNGSRECHT

1 VersVG
2 PHG, KSchG, FernFinG
3 EuGVVO, Rom I + IPRG
4 KFG + ZustV, EKHG
5 KHVG, AKHB + AKKB
6 KHV Euro-Üb, Abk Ö-Schweiz
7 VOEG, Vertrag Ö-Schweiz
8 LFG, BGzLV
9 GewO, RSV + ERV-RVB
10 RAO | EIRAG | NO, WTBG | BiBuG, ÄrzteG
11 Sonstige HP-Vers
12 AVB – Leben, Kranken | Unfall, Sachversicherung, Einbruchdiebstahl, Feuer | Glas, Haftpfl., USKV, ÖAK, Haushalt, Rechtsschutz, Transport, + AÖSp (SVS/RVS)
13 VAG + VOen
14 PRIIP-VO
15 FMABG + VOen
16 BAG + VOen
17 GewO + VOen
18 MaklerG, AGB-VersMakler
19 Hagelvers-FöG
20 Tiervers-FöG
21 Waldbrandvers-FöG, ForstG + VO
22 Kapitalvers-FöG, EStG
23 VersStG + VO
24 FeuerschStG + VO
25 PKG + VOen
26 BPG
27 Kartellrecht
28 FM-GwG + VOen

LexisNexis

KODEX

DES ÖSTERREICHISCHEN RECHTS
HERAUSGEBER: UNIV.-PROF. DR. WERNER DORALT

VERSICHERUNGSRECHT

1 Solvency II
2 L2-VO
3 ITS – Zweckgesellschaften, Solvabilität, Gruppenaufsicht, Informationen, Aufsicht und Verfahren, Übergangsbestimmungen
4 EIOPA-GL – Allg. Best., Governance, Solvabilität, Gruppenaufsicht, Informationen, Aufsicht und Verfahren, Übergangsbestimmungen
5 Intl. Abk. Gleichwertigkeit
6 IMD + IDD + Beschwerde-Management
7 PRIIP-VO
8 EIOPA-VO
9 §§ 189 ff UGB, Bilanz-RL, VersBil-RL
10 §§ 268 ff UGB, AP-RL & VO
11 IORP/EbAV
12 4. GW-RL

LexisNexis

KODEX-Bestellformular

Titel	Preis im Abo EUR	Einzelpreis EUR
Verfassungsrecht 2019/20, inkl. App	32.-	40,-
Europarecht (EU-Verfassungsrecht) 2019, inkl. App	29,20	36,50
Völkerrecht 2020, inkl. App	27,60	34,50
Einführungsgesetze ABGB und B-VG 2019/20, inkl. App		13,00
Bürgerliches Recht 2019/20, inkl. App	28,80	36,-
Taschen-Kodex ABGB 2019		19,-
Familienrecht 2017, inkl. App	40,80	51,-
Unternehmensrecht 2019/20, inkl. App	30,-	37,50
Zivilgerichtliches Verfahren 2019/20, inkl. App	32,-	40,-
Internationales Privatrecht 2019/20, inkl. App	27,20	34,-
Taschen-Kodex Strafgesetzbuch 2019		14,-
Strafrecht 2019, inkl. App	28,80	36,-
Gerichtsorganisation 2019, inkl. App	60,80	76,-
Anwalts- und Gerichtstarife 7/2019	29,-	23,20
Justizgesetze 2018/19, inkl. App	21,20	26,50
Wohnungsgesetze 2018/19, inkl. App	41,60	52,-
Finanzmarktrecht Band I (Bankenaufsicht), inkl. App	60,80	76,-
Finanzmarktrecht Band II (Zahlungsverkehr), inkl. App	60,80	76,-
Finanzmarktrecht Band III (Wertpapierrecht, Börse), inkl. App	60,80	76,-
Finanzmarktrecht Band IV (Kapitalmarkt, Prospektrecht), inkl. App	60,80	76,-
Versicherungsrecht Band I 2019/20, inkl. App	60,-	75,-
Versicherungsrecht Band II 2018/19, inkl. App	44,-	55,-
Compliance für Unternehmen 2019/20, inkl. App	58,40	73,-
Legal Tech, inkl. App	49,60	62,-
Wirtschaftsprivatrecht, inkl. App	23,20	29,-
WirtschaftsG I (Öffentliches Wirtschaftsrecht) 2018/19, inkl. App	46,40	58,-
WirtschaftsG II (Wettbewerb, Gew. Rechtsschutz) 2019, inkl. App	52,-	65,-
WirtschaftsG III (UWG) 2015/16, inkl. App	27,20	34,-
WirtschaftsG IV (Telekommunikation) 2019/20	65,60	82,-
WirtschaftsG V (Wettbewerbs- und Kartellrecht) 2017	52,-	65,-
WirtschaftsG VI (Datenschutz) 2019, inkl. App	52,-	65,-
Vergabegesetze 2019	42,40	53,-
Arbeitsrecht 2019/20	32,-	40,-
EU-Arbeitsrecht 2016/17	52,-	65,-
Arbeitnehmerschutz 2019	28,-	35,-
Sozialversicherung (Bd. I) 2019/20, inkl. App	32,-	40,-
Sozialversicherung (Bd. II) 2019/20, inkl. App	30,40	38,-
Sozialversicherung (Bd. III) 2019	25,60	32,-
Personalverrechnung 2019	30,40	38,-
Steuergesetze 2019, inkl. App	31,20	39,-
Steuer-Erlässe (Bd. I) 2019, inkl. App	47,20	59,-
Steuer-Erlässe (Bd. II) 2019, inkl. App	25,60	32,-
Steuer-Erlässe (Bd. III) 2018/19, inkl. App	46,40	58,-
Steuer-Erlässe (Bd. IV) 2019, inkl. App	47,20	59,-
EStG - Richtlinienkommentar 2019, inkl. App	54,40	68,-
LStG - Richtlinienkommentar 2019	45,60	57,-
KStG - Richtlinienkommentar 2018	37,60	47,-
UmgrStG - Richtlinienkommentar 2018/19	46,40	58,-
UStG - Richtlinienkommentar 2019	40,80	51,-
Doppelbesteuerungsabkommen 2019, inkl. App	49,60	62,-
Zollrecht 2019, inkl. App	88,-	110,-
Finanzpolizei 2017, inkl. App	36,-	45,-
Rechnungslegung- und Prüfung 2019	41,60	52,-
Internationale Rechnungslegung IAS/IFRS 2019	22,40	28,-
Verkehrsrecht 2019, inkl. App	69,60	87,-
Wehrrecht 2019, inkl. App	41,60	52,-
Ärzterecht 2018/19, inkl. App	72,-	90,-
Krankenanstaltengesetze 2019	56,80	71,-
Gesundheitsberufe 2019, inkl. App	44,80	56,-
Veterinärrecht 2019/20	76,80	96,-
Umweltrecht 2019, inkl. App	84,-	105,-
EU-Umweltrecht 2019, inkl. App	78,40	98,-
Wasserrecht 2019, inkl. App	77,60	97,-
Abfallrecht mit ÖKO-Audit 2019, inkl. App	83,20	104,-
Chemikalienrecht 2018/19, inkl. App	32,-	40,-
EU-Chemikalienrecht 2019, inkl. App	76,-	95,-
Lebensmittelrecht 2018/19, inkl. App	69,60	87,-
Schulgesetze 2019/20	56,80	71,-
Universitätsrecht 2019, inkl. App	47,20	59,-
Besonderes Verwaltungsrecht 2019/20, inkl. App	55,20	69,-
Innere Verwaltung 2020, inkl. App	79,20	99,-
Asyl- und Fremdenrecht 2019/20, inkl. App	38,30	48,-
Polizeirecht 2020, inkl. App	46,40	58,-
Verwaltungsverfahrensgesetze (AVG) 2019/20, inkl. App	19,20	24,-
Landesrecht Vorarlberg 2018	92,-	115,-
Landesrecht Tirol 2019	102,40	128,-

Die Preise beziehen sich auf die angegebene Auflage, zzgl. Porto und Versandspesen. Satz- und Druckfehler vorbehalten.

Für Ihre Bestellung einfach Seite kopieren, gewünschte Anzahl eintragen, Bestellabschnitt ausfüllen und an Ihren Buchhändler oder an den Verlag LexisNexis ARD Orac **faxen: (01) 534 52-141** oder Tel.: (01) 534 52-5555.

Firma: .... Kundennr.: ....

Name: ....

Straße: ....

PLZ/Ort: .... Datum/Unterschrift: ....